Bildung und Gesellschaft

Herausgegeben von
U. Bauer, Essen, Deutschland
U. H. Bittlingmayer, Freiburg, Deutschland
A. Scherr, Freiburg, Deutschland

Die Reihe Bildung und Gesellschaft bietet einen Publikationsort für Veröffentlichungen, die zur Weiterentwicklung sozialwissenschaftlicher Bildungsforschung beitragen. Im Zentrum steht die Untersuchung der gesellschaftlichen Voraussetzungen, Bedingungen, Formen und Folgen von Bildungsprozessen sowie der gesellschaftlichen Hintergründe und Rahmenbedingungen institutioneller und außerinstitutioneller Bildung. Dabei wird von einem Bildungsverständnis ausgegangen, das Bildung nicht mit den Organisationen und Effekten des sog. ‚Bildungssystems‘ gleichsetzt. Vielmehr verstehen wir Bildung als Oberbegriff für Lern- und Entwicklungsprozesse, in denen Individuen ihre Fähigkeiten und ihre Autonomiepotenziale entfalten. Die Reihe ist sowohl für empirisch ausgerichtete Arbeiten als auch für theoretische Studien offen. Überschneidungen mit dem Gegenstandsbereich der Sozialisations-, Kindheits-, Jugend-, Erziehungs- und Familienforschung sind damit im Sinne einer produktiven Überschreitung gängiger Grenzziehungen durchaus beabsichtigt. Die Reihe will damit nicht zuletzt zur interdisziplinären Kommunikation zwischen der sozial- und erziehungswissenschaftlichen Bildungsforschung beitragen.

Herausgegeben von

Ullrich Bauer
Universität Duisburg-Essen

Albert Scherr
Pädagogische Hochschule Freiburg

Uwe H. Bittlingmayer
Pädagogische Hochschule Freiburg

Ullrich Bauer • Uwe H. Bittlingmayer
Albert Scherr (Hrsg.)

Handbuch Bildungs-
und Erziehungssoziologie

 Springer VS

Herausgeber
Ullrich Bauer
Essen, Deutschland

Uwe H. Bittlingmayer,
Albert Scherr,
Freiburg i. Br., Deutschland

Der Verlag hat sich bemüht, alle uns bekannten Rechteinhaber zu ermitteln. Sollten dennoch Inhaber von Urheberrechten unberücksichtigt geblieben sein, bitten wir sie, sich mit dem Verlag in Verbindung zu setzen.

ISBN 978-3-531-17922-3
DOI 10.1007/978-3-531-18944-4

ISBN 978-3-531-18944-4 (eBook)

Die Deutsche Nationalbibliothek verzeichnet diese Publikation in der Deutschen Nationalbibliografie; detaillierte bibliografische Daten sind im Internet über http://dnb.d-nb.de abrufbar.

Springer VS
© VS Verlag für Sozialwissenschaften | Springer Fachmedien Wiesbaden 2012

Satz: text plus form, Dresden
Lektorat: Katrin Emmerich
Einbandentwurf: KünkelLopka GmbH, Heidelberg

Gedruckt auf säurefreiem und chlorfrei gebleichtem Papier

Springer VS ist eine Marke von Springer DE. Springer DE ist Teil der Fachverlagsgruppe Springer Science+Business Media.
www.springer-vs.de

Inhalt

Teil III
Erziehungs- und Bildungsinstitutionen

Teil IV
Bedingungen und Kontexte von Erziehungs- und Bildungsprozessen

Vorwort

Die Bildungs- und Erziehungsthematik hat im deutschen Sprachraum seit über einem Jahrzehnt eine erstaunliche Konjunktur. Bildungsforschung wird politisch, insbesondere vom BMBF, mit enormen Summen gefördert und die Anzahl der bildungspolitischen Absichtserklärungen ist bemerkenswert. Die ambitionierten Versuche, das deutsche Bildungs- und Erziehungssystem zu modernisieren umfassen die Umwandlung von Kindergärten und Kindertagesstätten in Stätten früher Bildung, die Einführung von Ganztagsschulen, des G8-Abiturs, von BA und MA Studiengängen, moderate Schulstrukturreformen, bundesweite Lehramtsstudienreformen sowie universitäre Exzellenzinitiativen und die Einrichtung eines Nationalen Bildungspanels. Dabei ist die enge Verzahnung von ökonomischen und bildungsbezogenen Argumentationen bemerkenswert; eine Sichtweise die akzentuiert, dass Bildung auch als Selbstzweck und als Bestandteil von Emanzipationsprozessen verstanden werden kann, rückt in den Hintergrund und gilt als unzeitgemäß.

In diesem Boom der Bildungsthematik kommt der Soziologie nur eine Nebenrolle zu: Soziologische Analysen sind weniger gefragt als eine empirische Bildungsforschung, die vorrangig in der Form von large-scale-assessments und psychologisch-pädagogischer Lehr-Lernforschung realisiert wird. Das hier vorgelegte Handbuch richtet sich gegen eine solche Engführung und akzentuiert die theoretische und empirische Reichhaltigkeit der historischen und aktuellen Bildungs- und Erziehungssoziologie.

Aufbau und Umfang dieses Handbuchs sind der Absicht geschuldet, das Analyse- und Reflexionspotenzial soziologischer Beiträge zur Bildungs- und Erziehungsforschung möglichst umfassend abzubilden. Im ersten Teil sind klassische Beiträge zur Erziehungs- und Bildungssoziologie zusammengestellt. Damit sollen diese häufig verstreuten Texte zugänglich gemacht sowie gesellschaftstheoretische Grundlagen und Bezüge verdeutlicht werden. Im zweiten Hauptabschnitt werden theoretische Paradigmen und grundlegende Orientierungen der Bildungs- und Erziehungssoziologie dargestellt. Die Beiträge, die das breite Spektrum theoretischer Bezüge in der Bildungs- und Erziehungssoziologie verdeutlichen sollen, sind so angelegt, dass zunächst die Grundgedanken und Grundthesen der jeweiligen Theorien dargestellt und dann in einem zweiten Schritt auf die Bildungs- und Erziehungsthematik bezogen werden. Der dritte Abschnitt soll den Forschungsstand über Erziehungs- und Bildungsinstitutionen bündeln. Wir haben uns bemüht, auch dort das Spektrum der Themen weit zu fassen und unter anderem auch das häufig vernachlässigte Förderschulsystem oder das Berufsbildungssystem mit einzubeziehen. Im vierten Abschnitt werden Bedingungen und Kontexte von Erziehungs- und Bildungsprozessen thematisiert. Die Beiträge bearbeiten einerseits spezielle, empirisch klar abgegrenzte Themenstellungen wie Elternbildung, Interkulturalität und institutionelle Diskriminierung. Andererseits zielen sie darauf, neue sowie theoretisch kontroverse Aspekte wie etwa die Ökonomisierung von Bildungs- und Erziehungsprozessen zu fokussieren.

Die Arbeit an diesem Handbuch war ohne erhebliche Unterstützung nicht zu realisieren. Wir sind zunächst Frank Engelhardt, der mittlerweile seine Wirkungsstätte gewechselt hat, und Katrin Emmerich vom VS Verlag für umfassende Hilfestellungen sehr zu Dank verpflichtet. Ferner möchten wir uns bei Christian Claßen, Carina Jung, Miriam Redlich und Michael Rehder für redaktionelle Unterstützung bedanken. Ebenfalls bedanken möchten wir uns bei allen Autorinnen und Autoren, ohne die dieses Handbuch nicht über den Projektstatus hinausgelangt wäre.

Die Herausgeber   Essen und Freiburg im Mai 2012

Einleitung der Herausgeber

Ullrich Bauer, Uwe H. Bittlingmayer und Albert Scherr

Die Bildungs- und Erziehungssoziologie untersucht Bildung und Erziehung als gesellschaftlich situierte und strukturierte Praxis. Ihr grundlegender Ausgangspunkt ist die Annahme, dass pädagogische Organisationen, Institutionen, Praktiken und Theorien nur dann angemessen verstanden werden können, wenn ihre Bezüge zu den Strukturen und Dynamiken analysiert werden, die andere gesellschaftliche Teilbereiche kennzeichnen. Das soziologische Interesse an Bildung und Erziehung richtet sich deshalb auf die gesellschaftlichen Voraussetzungen von Erziehung und Bildung, den Einfluss von gesellschaftlichen Strukturen und Dynamiken auf pädagogische Institutionen, Theorien und Praktiken sowie auf die sozialen Folgen dessen, was im Bildungs- und Erziehungssystem der Gesellschaft geschieht.

Das vorliegende Handbuch der Bildungs- und Erziehungssoziologie ist vor diesem Hintergrund als ein breit angelegter Überblick zu soziologischen Theorien, Begriffen, Forschungskonzepten und -ergebnissen konzipiert, die für ein Verständnis von Bildung und Erziehung als gesellschaftlich situierte Prozesse relevant sind. Es greift also nicht nur solche Themen auf, die im Zentrum der aktuellen politischen und medialen Diskussion stehen, sondern auch solche Aspekte, die dort vernachlässigt werden.

Grundlegende Entwicklungslinien der internationalen Bildungs- und Erziehungssoziologie sind in dem auf diese Einleitung folgenden Beitrag von Alan R. Sadovnik dargestellt. Deshalb können wir uns hier darauf beschränken, ergänzend auf einige Aspekte hinzuweisen, die für den Bildungs- und Erziehungsdiskurs im deutschsprachigen Kontext von besonderer Relevanz sind.

Die Differenz von Bildung und Erziehung

Die gängige Rede von Erziehungs- und Bildungssoziologie legt ebenso wie die alltagssprachlich und medial wenig trennscharfe Verwendung der Termini nahe, dass es sich um Gleiches handelt. Dem korrespondiert, dass der englische Begriff „education" und der französische Begriff „éducation" keine Unterscheidung von Bildung und Erziehung ermöglichen.[1] Vor dem Hintergrund der philosophischen und sozialwissenschaft-

---

[1] Auch wenn darauf hingewiesen werden muss, dass es eine eigenständige Sociology of Child Rearing und eine Sociology of Parenting im angelsächsischen Raum gibt. Vgl. etwa u. v. a. Collins et al. 2000; Amato/Fowler 2002; Lareau 2003.

lichen Tradition der Begriffe ist es gleichwohl sinnvoll, den Unterschied von Erziehung und Bildung auch in der soziologischen Theoriebildung und Forschung nicht einfach zu nivellieren. So lassen sich auch im Handbuch Beiträge, die im engeren Sinne der Erziehungssoziologie zuzurechnen sind (siehe v. a. die klassischen Beiträge von Durkheim, Geiger, Adorno und Luhmann sowie die Texte von Hoffmeister, Stroß, Hartung, Schnabel und Choi in diesem Band), von explizit bildungssoziologischen Themenstellungen unterscheiden.

Im Sinne einer groben Vereinfachung kann diese Unterscheidung wie folgt gefasst werden: Erziehung verweist auf gezielte und bewusste Versuche, absichtsvoll auf die Persönlichkeitsentwicklung, auf Verhaltensmuster, Gewohnheiten, Werte, Normen und Überzeugungen einzuwirken. Erziehung bezeichnet hiernach den Teilbereich der sozialisatorischen Einflussnahmen, der als absichtsvolle Sozialisation (Luhmann 1987; Becker 2011: 15) charakterisiert werden kann. Erziehung zielt auf die Übermittlung dessen, was jeweilige Erziehungsinstitutionen bzw. Erzieher/innen als erwünschte Empfindungs-, Wahrnehmungs-, Denk- und Handlungsweisen betrachten. Auch wenn zweifellos heterogene, gesellschaftlich uneinheitliche Erziehungskonzepte in Rechnung zu stellen sind, ist ein Charakteristikum von Erziehung darin zu sehen, dass es sich um einen asymmetrischen Vorgang handelt, dem einseitige Vermittlungsabsichten zugrunde liegen. Eine solche Asymmetrie kennzeichnet zwar auch solche Bildungskonzepte, die auf die Vermittlung eines nach jeweiligen Kriterien als relevant betrachteten Wissens zielen. Gleichwohl verwenden kritische Bildungstheorien den Bildungsbegriff als systematischen Differenzbegriff zu Erziehung (s. dazu etwa Adorno 1972; Heydorn 1970; Liessmann 2006; Scherr 2008): Bildung steht demnach für Prozesse, in denen Individuen sich in Auseinandersetzung mit kulturellen Überlieferungen und eigenen Erfahrungen befähigen, eigensinnig und eigenständig zu denken und zu handeln. Emphatisch formuliert: auf Prozesse der Selbstbildung zum autonomen, selbstbewussten und selbstbestimmungsfähigen Subjekt. Der Erziehungsbegriff akzentuiert so betrachtet Erfordernisse der gesellschaftlichen An- und Einpassung, der Bildungsbegriff Prozesse der Individuierung zum selbstbestimmungsfähigen Subjekt (s. dazu im vorliegenden Band insbesondere die Texte von Adorno und Oevermann).

Auch der Erwerb funktionaler Kenntnisse und Fertigkeiten von Qualifikationen und Kompetenzen in organisierten Lernprozessen, also in der schulischen und beruflichen Ausbildung, ist somit von Bildung im umfassenden Sinn des Begriffs zu unterscheiden. Insofern sind die gängige Bezeichnung von Schulen als Bildungseinrichtungen und die Rede vom Bildungssystem durchaus problematisch, worauf Theodor W. Adorno in seiner Theorie der Halbbildung (1972) ebenso hingewiesen hat wie Niklas Luhmann (2002) mit seiner Präferenz für den Terminus ‚Erziehungssystem'.

Vor diesem Hintergrund betrachtet stellt die gegenwärtig dominante Ausrichtung der soziologischen, erziehungswissenschaftlichen und psychologischen Bildungsforschung auf die Bedingungen, Formen und Effekte eines Lernens, das zentral auf Qualifizierung für den Arbeitsmarkt ausgerichtet ist, auch dann eine Engführung dar, wenn der Zusammenhang von Bildungskarrieren und sozialer Herkunft zum Thema wird. Denn die Frage nach den sozialen Ermöglichungsbedingungen von Bildungsprozessen, die die Autonomie und Selbstbestimmungsfähigkeit des Einzelnen fördern, wird dort nicht, oder jedenfalls nur nachrangig in den Blick genommen. Bildungssoziologie kann eine solche Engführung des Bildungsverständnisses nicht als Grundlage eigener Forschung voraussetzen, sondern ist darauf verwiesen, diese selbst als Folge gesellschaftlicher Veränderungen zu analysieren.

Für eine stärker gesellschaftstheoretisch fundierte Forschung und Theoriebildung bieten die Texte der älteren Erziehungs- und Bildungssoziologie, die im Kapitel I des vorliegenden Bandes wieder abgedruckt vorliegen, vielfältige und zum Teil noch immer unabgegoltene Anknüpfungspunkte.

Bildungssoziologische Traditionslinien

Bereits in den soziologischen Theorien des 19. und des frühen 20. Jahrhunderts, so bei Karl Marx, Max Weber, Georg Simmel oder Émile Durkheim, finden sich Überlegungen zum Zusammenhang zwischen der gesellschaftlichen Struktur und Dynamik einerseits, den Bedingungen, Formen und Folgen von Erziehung und Bildung andererseits. So war die Beobachtung, dass gesellschaftliche Veränderungen immer zugleich auch Veränderungen von Erziehung und Bildung einschließen, bereits bei Émile Durkheim (1922) Anlass für die Formulierung einer eigenständigen Erziehungssoziologie. Während Durkheims Theorie Ausgangspunkt einer Betrachtung von Erziehung als notwendiges Mittel der Einfügung von Kindern und Jugendlichen in die bestehende gesellschaftliche Ordnung ist, werden Erziehung und Bildung in der von Marx ausgehenden Tradition als Voraussetzung und Mittel gesellschaftlicher Veränderung zum Thema: Die „Veränderung der Umstände und der Erziehung" (Marx 1845/1973: 5) werden als Momente eines Zusammenhangs in den Blick genommen, der einschließt, dass auch „der Erzieher selbst erzogen werden muß" (ebd.: 6). Bei Max Weber erfolgt die Thematisierung von Erziehung und Bildung dagegen im Rahmen seiner Analyse der Bürokratie als Herrschaftsform und mit dem pessimistischen Blick auf die Ersetzung umfassender Bildung durch „Fachschulung", Fachprüfung" im Zuge einer Entwicklung zum „,Berufs'- und ‚Fachmenschentum'" (Weber 1922/1980: 576).

Bereits im Rückblick auf die Soziologie des frühen 20. Jahrhunderts kann deshalb festgestellt werden: Die Thematisierung von Bildung und Erziehung erfolgt im Rahmen der unterschiedlichen Gesellschaftstheorien und ist gleichzeitig ein Element der Analyse moderner Vergesellschaftung. Vor diesem Hintergrund werden Erziehung und Bildung vor allem in Hinblick auf ihre gesellschaftliche Bedeutung in den Blick genommen, als Mittel der Einfügung in die gesellschaftliche Ordnung und in soziale Milieus bei Durkheim, als unverzichtbares Moment gesellschaftsverändernder Praxis bei Marx und als bürokratisierte Schulung von Fachmenschen bei Weber.

Auch in der an die erwähnten Klassiker anschließenden Soziologie der 1930er und 40er Jahre liegen wichtige Analysen von Bildungs- und Erziehungsprozessen vor. Zu erwähnen ist diesbezüglich im deutschsprachigen Kontext der vor allem durch seine Schichtungssoziologie bekannt gewordene Theodor Geiger (1881–1952). Geiger setzt sich kritisch mit pädagogisch-normativen Konzepten von Erziehung und Bildung, aber auch mit Versuchen einer politischen Instrumentalisierung von Pädagogik auseinander und fragt vor diesem Hintergrund danach, wie öffentliche Erziehung in einer soziokulturell pluralen Gesellschaft begründet werden kann (s. den Textauszug im vorliegenden Band). Hinzuweisen ist aber auch auf frühe Ansätze einer marxistischen Erziehungs- und Bildungssoziologie (s. dazu den Beitrag von Sünker im vorliegenden Band).

Die Ausdifferenzierung einer eigenständigen Bildungs- und Erziehungssoziologie

Die Ausdifferenzierung einer eigenständigen Bildungs- und Erziehungssoziologie erfolgt in Deutschland erst in den 1960er Jahren. Ein wichtiger Ausgangspunkt hierfür ist der im Jahr 1959 von der Kölner Zeitschrift für Soziologie und Sozialpsychologie herausgegebene Sonderband zum Thema „Soziologie der Schule". Dort wurden vor allem internationale Arbeiten rezipiert, gleichzeitig ist damit der Beginn einer Diskussion markiert, in deren Verlauf das Erziehungs- und Bildungsthema dann zu einem zentralen Teilbereich der soziologischen Diskussion wird. Anfang der 1970er Jahre beginnt sich in Deutschland auch eine gesellschaftstheoretisch ausgerichtete kritische Bildungs- und Erziehungssoziologie zu entwickeln; die programmatischen Titel einschlägiger Veröffentlichungen lauten ‚Erziehung im Gesellschaftssystem' (Vogel 1970). ‚Lernen und soziale Struktur' (Bernstein u. a. 1971) oder ‚Erziehung in der Klassengesellschaft' (Beck u. a. 1970). Noch im Jahr 1971 gelangte Rosemarie Nave-Herz gleichwohl zu folgender Einschätzung: „Obwohl sich Soziologen in den letzten Jahren im verstärkten Maß der Erziehungs- und Bildungssoziologie zugewandt haben, blieb die soziologische Analyse der Schule und des Lehrers in der Bundesrepublik auf Teilprobleme oder die Darstellung einzelner Aspekte beschränkt (…): Symptomatischerweise führen viele der neu herausgegebenen Handbücher (…) kein Stichwort ‚Soziologie der Schule', Soziologie des Lehrers' oder ‚Bildungs- und Erziehungssoziologie' (…)." (Nave-Herz 1971: 353)

Mit der Bildungsreformdiskussion, die in der zweiten Hälfte der 1960er Jahre zu greifen beginnt, war jedoch eine Veränderung des Stellenwerts der Erziehungs- und Bildungsthematik auch in der Soziologie in Gang gekommen. Von zentraler Bedeutung sowohl für die wissenschaftliche, als auch für die politische Diskussion war Ralf Dahrendorfs Deklaration eines Bürgerrechts auf Bildung (s. Dahrendorf 1965). Bildung wird hier, anders als bei Georg Picht (1964) nicht primär unter ökonomischen, sondern unter demokratietheoretischen Gesichtspunkten sowie in Verschränkung mit der Frage der Gewährleistung von Chancengleichheit zum Thema.

Auf Demokratisierung ausgerichtete politische Interessen (Bildung als Moment von Demokratisierung) und ökonomische Interessen (Bildung als Moment ökonomischer Modernisierung) gehen in der damaligen Bildungsreformdiskussion eine zeitlich begrenzte Allianz ein (s. dazu von Friedeburg 1989: 344 ff.). Die sozialdemokratische Forderung durch ein reformiertes Bildungssystem zu Demokratisierung und Chancengleichheit beizutragen, war ein wichtiger Anstoß für bildungssoziologische Forschungen, deren Interesse sich zentral auf die Ursachen sozialer ungleicher Bildungschancen sowie die Funktionalität von Bildungsungleichheiten für die Reproduktion sozialer Ungleichheiten richtet. Soziologische Expertise wird in diesem Kontext politisch nachgefragt und bildet eine Grundlage für den vom Deutschen Bildungsrat 1970 vorlegten „Strukturplan für das Bildungswesen".[2]

Die damalige Konjunktur von Erziehungs- und Bildungssoziologie ging einher mit einer Rezeption der einschlägigen internationalen soziologischen Theoriebildung und Forschung, so nicht zuletzt mit Übersetzungen der Arbeiten von Basil Bernstein und Pierre Bourdieu.[3] Zu verzeichnen war auch ein Aufschwung der soziologischen Sozialisationsforschung, die zu einer Delegitimation naturalistischer Begabungsideologien beitrug.[4]

Rückgang und Wiederkehr des Interesses an der Bildungssoziologie

Trotz unterschiedlicher theoretischer Grundannahmen, die in Kontroversen zwischen strukturfunktionalistischen und (neo-)marxistischen Theorien, schichtungssoziologischen und klassentheoretischen Ansätzen, einer empirisch gerichteten Forschung und der Forderung nach einer umfassenden gesellschaftstheoretischen Fundierung deutlich werden, besteht in der Bildungsforschung der 1960er und 70er Jahre weitgehende Übereinstimmung in der Kritik einerseits der ungleichheitsreproduzierenden Funktion des Bildungs- und Erziehungssystems, andererseits einer pädagogischen Theoriebildung, die gesellschaftliche Bedingungen pädagogischer Praxis vernachlässigt. Die Bildungs-

---

2   Ralf Dahrendorf und Renate Mayntz waren als Soziolog/innen Mitglieder der Bildungskommission des Deutschen Bildungsrates, soziologische Gutachten verfasst hatten u. a. Wolfgang Edelstein, Burkhart Lutz und Ulrich Oevermann.

3   1971 erschien in Deutschland Pierre Bourdieus und Claude Passerons Studie ‚Die Illusion der Chancengleichheit', 1973 dann ihre ‚Grundlagen einer Theorie der symbolischen Gewalt'. Bernsteins einflussreicher Aufsatz ‚Der Unfug mit der kompensatorischen Erziehung' wurde 1970 in der Zeitschrift ‚betrifft erziehung' publiziert, 1972 dann der Sammelband ‚Studien zur sprachlichen Sozialisation'; s. auch die Beiträge in Hurrelmann (1974).

4   Exemplarisch deutlich werden dieser Aufschwung und seine relative Breitenwirkungen darin, dass eine Einführung in die Sozialisationsforschung mit einem thematischen Schwerpunkt ‚schichtenspezifische Sozialisationsforschung' zwischen 1971 und 1973 in 6 Auflagen mit insgesamt 100 000 Exemplaren erschien (Gottschalch/Neumann-Schönwetter/Soukup 1973).

und Erziehungssoziologie war dabei auf einen gesellschaftspolitischen Diskurs bezogen, in dem ihre Theorien und Forschungsergebnisse für die Begründung bildungspolitischer Reformbemühungen bedeutsam sind. Dies gilt nicht zuletzt auch für die Kritik tradierter Begabungsideologien, an deren Stelle sozialisationstheoretische Modelle zur sozialen Genese von Motivation, sprachlicher und kognitiver Fähigkeiten treten.

Mit dem Ende der bildungspolitischen Reformdynamik in den 1970er Jahren zeichnet sich dann auch ein Rückgang des Interesses an der Bildungs- und Erziehungssoziologie ab; dies sowohl in der öffentlichen Debatte, als auch innerhalb der Soziologie selbst. Das zentrale Thema der Bildungssoziologie der 1960er und 1970er Jahre, der Zusammenhang von Bildung und sozialer Ungleichheit, tritt in den Hintergrund und wird – außerhalb soziologischer Expertenkreise – erst zu Beginn des neuen Jahrtausends wiederentdeckt. Mittlerweile liegt eine große Anzahl an Monografien und Sammelbänden vor, die in der einen oder anderen Weise Aspekte und Dimensionen von Bildungsungleichheiten bearbeiten (vgl. etwa Becker/Lauterbach 2010; Quenzel/Hurrelmann 2010a; Becker/Solga 2012). Die aktuellen Diskussionen über Bildungsungleichheiten werden flankiert von erziehungswissenschaftlichen und philosophischen Studien, in denen der gleichberechtigte Zugang zu Bildungsressourcen als zentrale gesellschaftliche Herausforderung verhandelt wird. Dabei werden strukturelle Benachteiligungen und Formen der institutionellen Diskriminierung von Kindern und Jugendlichen mit Migrationshintergrund genauso zum Thema (s. dazu die Beiträge von Hormel und Scherr/Niermann in diesem Band) wie die Bemühungen um eine Thematisierung der Bedeutung von Bildung für Demokratie und Menschenrechte bzw. für die Ermöglichung des Zusammenlebens in einer pluralisierten Einwanderungsgesellschaft im Kontext politischer Bildung zu verzeichnen sind (u. a. Edelstein/Fauser 2001; Hormel/Scherr 2004; Fürstenau/Gomolla 2009). Zudem beginnt sich eine Diskussion zur geschlechtsbezogenen Benachteiligung von Jungen in der schulischen Bildung zu etablieren (s. Blossfeld u. a. 2009; Quenzel/Hurrelmann 2010b).

Das Verhältnis von soziologischer und erziehungswissenschaftlicher Bildungsforschung

Die Bildungs- und Erziehungssoziologie kann, wie auch in den Beiträgen des vorliegenden Bandes deutlich wird, gegenwärtig als eine sich ausdifferenzierte spezielle Soziologie charakterisiert werden, deren Bezug auf Fragestellungen der allgemeinen Soziologie, insbesondere zu soziologischen Gesellschaftstheorien sowie deren Abgrenzung zu erziehungswissenschaftlicher Erziehungs- und Bildungsforschung undeutlich ist. Letzteres ist die Folge einer Entwicklung, bei der mit der Wende von der älteren Pädagogik zur zeitgenössischen Erziehungswissenschaft ein weitreichender Import soziologischer Theorien, Begriffe und Forschungsmethoden in die Erziehungswissenschaft erfolgt ist, sodass die disziplinären Konturen nicht mehr trennscharf sind. Hierin kann man ein

Problem – im Sinne einer Unsichtbarkeit genuin soziologischer Perspektiven –, aber auch den Erfolg der Soziologie sehen: Soziologisches Wissen ist inzwischen auch als ein zentraler Bestandteil erziehungswissenschaftlicher Forschung und Theoriebildung einflussreich. Auf institutioneller Ebene ist allerdings festzustellen, dass Bildungs- und Erziehungssoziologie in der Folge dann erhebliche Schwierigkeiten hat, den Bedarf an disziplinär eigenständiger Forschung und eigener Lehrstühle zu begründen, wenn Erziehungswissenschaftler/innen erfolgreich reklamieren, den Gegenstandsbereich in einer umfassenden interdisziplinären Perspektive zu bearbeiten.

Darauf bezogen ist es unseres Erachtens wenig plausibel und aussichtsreich, eine Rückkehr zu einer – international ohnehin unüblichen – klaren Grenzziehung von Soziologie und Erziehungswissenschaft einzufordern. Gleichwohl gibt es gute Gründe darauf zu beharren, dass Soziologie als Gesellschaftswissenschaft durch eigenständige, in erziehungswissenschaftlicher Forschung nicht aufgehobene Fragestellungen und Perspektiven gekennzeichnet ist. Dies betrifft insbesondere das genuin soziologische Interesse am Zusammenhang zwischen gesellschaftlichen Strukturen und Dynamiken und Erziehung und Bildung. Das erziehungswissenschaftliche Interesse an den sozialen, insbesondere den sozialisatorischen Bedingungen von Erziehung und Bildung greift einen zweifellos wichtigen, aber durchaus selektiven Aspekt dieses Zusammenhanges auf, wobei vielfach zudem die Absicht einer verbesserten Gestaltung von Erziehungs- und Bildungsprozessen leitend ist.

Bildung in der „Wissensgesellschaft" – ein Ausblick auf künftige Aufgabenfelder

Bildung ist seit etwa zehn Jahren zu einem gesellschaftlichen Zentralthema geworden und Bildungsforschung hat gegenwärtig (wieder) Konjunktur. Die Expertise wissenschaftlicher Expert/innen aus unterschiedlichen Disziplinen (Erziehungswissenschaft, Ökonomie, Psychologie, Soziologie) wird in politischen und medialen Diskursen nachgefragt, und populärwissenschaftliche Veröffentlichungen zu Fragen einer zeitgemäßen Bildung und Erziehung erzielen hohe Auflagen. Im wissenschaftlichen Diskurs konturiert sich eine interdisziplinär ausgerichtete empirische Bildungsforschung, die durch erhebliche Forschungsmittel gefördert und von der erwartet wird, für arbeitsmarkt- und bildungspolitische Zwecke relevante Informationen zur Verfügung zu stellen und dadurch einen Beitrag zur Beantwortung der Frage nach den Erfordernissen einer zeitgemäßen Modernisierung des Bildungssystems zu leisten.[5]

---

5   Maßgeblich für Deutschland ist hier zunächst das Nationale Bildungspanel (NEPS), das von Bamberg aus koordiniert wird und an dem 29 Institute und Universitäten wissenschaftliche Einrichtungen unmittelbar partizipieren; vgl. Kurzporträt Nationales Bildungspanel [https://portal.neps-data.de/Portals/0/Neps/projekt/NEPS_Projektvorstellung.pdf; Zugriff am 3. 11. 2011]. Daneben sind die politisch unterstützten Studien IGLU, TIMMS und PISA als die aktuell zentralen Arbeiten der empirischen Bildungsforschung zu nennen (vgl. BMBF 2008). Ferner hat das BMBF 2010 eine große Ausschreibung

Die Zeitdiagnose der Wissensgesellschaft nimmt in diesen aktuellen, ökonomisch orientierten Debatten einen äußerst prominenten Stellenwert ein und gilt als unproblematische Konsensformel, die in der politischen Programmatik der Europäischen Union verankert ist und auf die alle im Bundestag vertretenen Parteien sowie Gewerkschaften und Unternehmerverbände gleichermaßen Bezug nehmen. Dabei wird von der Annahme ausgegangen, dass es unter Bedingungen eines zunehmenden globalen Wettbewerbs der Wirtschaftsstandorte erforderlich sei, in der Europäischen Union den strukturellen Wandel zu einer wissensbasierten Wirtschaft zu bewältigen und „die Union zum wettbewerbsfähigsten und dynamischsten wissensbasierten Wirtschaftsraum in der Welt zu machen" (Europäischer Rat 2000: 1). Dazu wird es u. a. als erforderlich betrachtet, „in die Menschen zu investieren", um das Bildungsniveau der Bevölkerung insgesamt zu steigern, sowie „Europas Bildungs- und Ausbildungssysteme" am „Bedarf der Wissensgesellschaft" sowie der „Notwendigkeit von mehr und besserer Beschäftigung" auszurichten (ebd.). Vor diesem Hintergrund wird einer vor allem als arbeitsmarktbezogene Qualifizierung verstandenen ‚Bildung' zentrale Bedeutung im internationalen Wettbewerb der Wirtschaftsstandorte zugesprochen.

Der erziehungswissenschaftliche Bildungsdiskurs hat diese Programmatik aufgegriffen und daraus Argumente für die zentrale Bedeutung aller Bildungsinstitutionen sowie für die des lebenslangen Lernens abgeleitet (siehe hierzu die Beiträge in Coelen/Otto 2008; Tippelt/Schmidt 2010). Der Verweis auf diese Zeitdiagnose wird zudem als Legitimation so unterschiedlicher institutioneller Veränderungen wie den Umbau von Kindergärten und Kindertagesstätten zu frühen Bildungszentren, die Einführung des G8-Abiturs oder die Durchsetzung des Bologna-Prozesses herangezogen: Nicht mehr nur die Schulen, sondern auch die gesamte außerschulische Kinder- und Jugendhilfe werden als Bestandteil des Bildungssystems in den Blick genommen (s. dazu BMFSFJ 2005). Im Rahmen dieses Diskurses werden Erwartungen an Erziehungs- und Bildungsinstitutionen eng auf europäisch bzw. nationalökonomisch gefasste Interessen bezogen – in einem vielleicht noch intensiveren Maße, als dies bereits in der Phase der Bildungsreform der Fall war. Die Annahme, dass individuelle Bildungsprozesse ein eigenes, schwer von außen steuerbares Zeitregime benötigen sowie dass Bildung als umfassende Kulturaneignung zu verstehen sei, gelten im wissensgesellschaftlichen Zeitalter als antiquiert und eine umfassende Bildung für Alle wird verzichtbar bzw. als volkswirt-

---

ausgelobt, bei der über 100 Forschungsanträge eingegangen sind. Vergleichbare Anstrengungen in der Bildungsforschung gibt es auch in Österreich. So wurde 2009 erstmals ein nationaler Bildungsbericht vorgelegt. Die Situation in der Schweiz ist etwas unübersichtlich, aber eine durch politische Unterstützung des Schweizer Staatssekretariats für Bildung und Forschung breit angelegte Bildungsforschung ist nicht auszumachen. Das wird vor allem deutlich anhand der veröffentlichten Listen der geförderten Nationalen Forschungsprogramme und der Nationalen Forschungsschwerpunkte, in denen Bildung im Rahmen eines Nationalen Forschungsprogramms nur ein einziges Mal auftaucht – im Zeitraum von 2000 bis 2004 wurde die Erforschung des Zusammenhangs von Bildung und Beschäftigung gefördert [Vgl. http://www.sbf.admin.ch/htm/themen/forschung/nccr_de.html; Zugriff am 3. 11. 2011].

schaftlich nicht finanzierbar betrachtet (Bittlingmayer 2005; Bittlingmayer/Bauer 2006). Weitgehend ausgeblendet bleibt in diesem Diskurs, der die Bildungserfordernisse der Wissensgesellschaft thematisiert, zudem, dass manuelle Arbeit in Industrie und Handwerk sowie gering qualifizierte Tätigkeiten im Dienstleistungssektor keineswegs umfassend durch sog. Wissensarbeit ersetzt werden.

Bildung, Ungleichheit und ökonomischer Wettbewerb

Hintergrund des gegenwärtigen Interesses an Bildung sind darüber hinaus zwei weitere Entwicklungen: In internationalen Vergleichsstudien (PISA, IGLU) wurde deutlich, dass das deutsche Bildungssystem im Kontext der OECD-Staaten keineswegs einen Spitzenplatz einnimmt, sondern im Hinblick auf die durchschnittlichen Kompetenzen von Schüler/innen weniger leistungsfähig ist, als bis zur ersten PISA-Studie gewöhnlich angenommen wurde.[6] In der politischen und medialen Diskussion wurde dies als ökonomischer Standortnachteil diskutiert, der bildungspolitische Anstrengungen erfordert, aber auch als eine vor dem Hintergrund des nationalen Selbstverständnisses als Kulturnation nicht akzeptable Kränkung. Zudem fand in Folge der Veröffentlichung der ersten PISA-Studie die Thematik der Bildungsungleichheiten verstärkte öffentliche Beobachtung. Zwar waren in der Bildungssoziologie in den 1980er und 90er Jahren kontinuierlich empirische Studien vorlegt worden, die auf fortbestehende Ungleichheit der Bildungschancen hinwiesen (vgl. u. a. W. Müller 1988; Rodax 1989; Grundmann 1994; Geißler 1996; Schimpl-Neimann 2000), diese erzielten jedoch kaum noch eine politische und mediale Resonanz.

Höhere Bildungsabschlüsse werden in der Bildungssoziologie klassisch einerseits als Zugangsberechtigungen für höher qualifizierte und besser bezahlte Berufstätigkeiten betrachtet, anderseits als eine Grundlage sozialer Distinktionsprozesse. In Folge der Bildungsexpansion und der Veränderungen der Arbeitsmarktstruktur sind diesbezüglich jedoch Verschiebungen zu beobachten, die bislang noch nicht zureichend analysiert sind. Während das Abitur noch in den 1970er Jahre eine soziale Distinktionslinie markiert, einen Titel, mit dem sich die Gebildeten von den Ungebildeten unterscheiden (s. dazu Bourdieu u. a. 1981; Bourdieu 1982), stellt es gegenwärtig keine Qualifikation mehr dar, die einen Zugang zu privilegierten Berufen garantiert; mit dem Abitur und auch mit einem abgeschlossenen Studium ist auch keineswegs mehr selbstverständlich ein Distinktionsgewinn verknüpft. Mit den Veränderungen der hochschulischen Bildung werden auch tradierte Unterschiede zwischen einem universitären Studium

---

6   Inzwischen ist Deutschland im Mittelmaß angekommen, was bildungspolitisch als großer Erfolg gewertet wird. Dabei ist unklar, ob der Anstieg auf der Rankingliste auf eine verbesserte Pädagogik und Wissensvermittlung oder aber auf eine schuljahrsbegleitende besonders intensive Vorbereitung auf eben diese Testläufe resultiert.

und einer beruflichen Ausbildung nivelliert. Dass dies auch für die Berufstätigen an Hochschulen folgenreich ist, wird in den vergangenen Jahren immer deutlicher sichtbar. Mit den Bologna-Reformen wird ein Prozess beschleunigt, durch den an die Stelle selbstbestimmter Forschung und Lehre ein Arbeitsalltag tritt, der von der Konkurrenz um Drittmittel und die Verschulung des Lehrbetriebs geprägt ist. Dass Hochschulen und Hochschullehrer/innen in der Folge auch ein anderes Verständnis ihres Bildungsauftrags entwickeln, wird häufig kritisch vermutet, systematische Analysen existieren hierzu jedoch bislang kaum.

Ein weiteres Forschungsdesiderat resultiert aus der Konzentration der Bildungsforschung auf bildungshemmende Bedingungen und Bildungsbenachteiligungen. Gerade für die Forschung im Bereich primärer und sekundärer Bildung führt diese Fokussierung zu dem Effekt, dass kaum Erkenntnisse dazu existieren, unter welchen Bedingungen Kinder und Jugendliche Bildungsaufstiege und Bildungserfolge trotz widriger Umstände realisieren können. Die in der Regel als statistische Restkategorie im Rahmen von large-scale-Untersuchungen betrachteten Gruppen der Bildungsaufsteiger/innen werden in Deutschland noch immer zu zögerlich in die Diskussion mit einbezogen. Zudem ist für die gegenwärtige Situation festzuhalten, dass nur wenige schulethnographische Studien vorliegen (vgl. als nennenswerte Ausnahmen v. a. Kalthoff 1997; Breidenstein 2006; Jünger 2008), die eine detailliertere Beschreibung der innerschulischen Herstellung ungleicher Bildungsverläufe ermöglichen.

Im Sinne eines abschließenden Ausblicks ist anzumerken, dass es durchaus ungewiss ist, ob und ggf. wie sich die Konjunktur der Bildungsthematik fortsetzen wird. Gegenwärtig sind Bildungsbenachteiligung und Bildungsarmut deshalb in besonderer Weise problematisierbare und politisch skandalisierbare Sachverhalte, weil davon ausgegangen wird, dass formelle Bildung von zunehmender Bedeutung für Arbeitsmarkt- und Lebenschancen jedes Einzelnen ist. In dieser Hinsicht ist der aktuelle Diskurs eng mit einer Gerechtigkeitsperspektive verbunden, die auch für die kritische Bildungs- und Erziehungssoziologie von zentraler Bedeutung war und ist. Ein weiterer wichtiger Bezugspunkt des neueres Diskurses ist zugleich die Annahme, dass ein steigender Bedarf an höher Qualifizierten mit einer sinkenden Nachfrage nach gering Qualifizierten einhergeht, sodass auch unabhängig von Fragen sozialer Gerechtigkeit ein ökonomisches und sozialpolitisches Interesse an der Überwindung von Bildungsbenachteiligungen besteht. Die ‚Ausschöpfung der Begabungsreserven' wird – auch im Hinblick auf die demographische Entwicklung – zum politischen Ziel erklärt und diejenigen, die nicht zureichend qualifiziert werden können, treten tendenziell als Sozialgruppe in den Blick, deren Arbeitskraft nicht benötigt wird und die den Sozialetat belastet. Diese Perspektive fokussiert weniger die Erfordernisse einer sozial gerechten Gestaltung des Bildungs- und Gesellschaftssystems, sondern stellt arbeitsmarkt- und sozialpolitische Kalküle ins Zentrum. Zudem stellt es eine erhebliche Verkürzung dar, die Fragen nach den Erfordernissen und Möglichkeiten einer sozial gerechten Gesellschaftsgestaltung auf die Dimension der Bildungsgerechtigkeit zu verkürzen.

Der gegenwärtige Bildungsdiskurs hat eine erhebliche Nachfrage nach einer empirischen Bildungsforschung erzeugt, die eine Datengrundlage für politische Entscheidungen bereit stellt. Die Aufgabe soziologischer Analyse besteht jedoch nicht allein darin, durch Theorieentwicklung und empirische Forschung zu einer weiteren Vertiefung des Wissens über ökonomische Bildungserfordernisse und die Ursachen von Bildungsungleichheit beizutragen, sondern auch die Prämissen des gesellschaftlichen Bildungsdiskurses zu analysieren und zu hinterfragen. Bildungs- und Erziehungssoziologie ist deshalb darauf verwiesen, sich nicht nur als Forschung über einen gesellschaftlichen Teilbereich zu verstehen, sondern auch die gesellschaftlichen Bedingungen und Kontexte von Erziehung und Bildung zu analysieren.

Literatur

Adorno, Theodor W. (1972): Theorie der Halbbildung. In: Ders.: Soziologische Schriften. Band I. S. 93–121. Frankfurt: Suhrkamp.

Amato, Paul R./Fowler, Frieda (2002): Parenting Practices, Child Adjustment, and Family Diversity. In: Journal of Marriage and Family, Vol. 64 (3), S. 703–716.

Beck, Johannes u. a. (1970): Erziehung in der Klassengesellschaft. Frankfurt: Syndikat.

Becker, Rolf (2011): Bildungssoziologie – was sie ist, was sie will, was sie kann. In: Becker, Rolf (Hrsg.): Lehrbuch der Bildungssoziologie, S. 11–36. Wiesbaden: VS Verlag.

Becker, Rolf/Solga, Heike (Hrsg.) (2012): Soziologische Bildungsforschung. Sonderheft der Kölner Zeitschrift für Soziologie und Sozialpsychologie. Wiesbaden: VS Verlag.

Becker, Rolf/Lauterbach, Wolfgang (2010): Bildung als Privileg. Erklärungen und Befunde zu den Ursachen der Bildungsungleichheit. 4. Aufl. Wiesbaden: VS Verlag.

Bernstein, Basil/Oevermann, Ulrich/Reichwein, Regine/Roth, Heinrich (1971): Lernen und soziale Struktur. Amsterdam: Contact Press.

Bittlingmayer, Uwe H. (2005): „Wissensgesellschaft" als Wille und Vorstellung. Konstanz: UVK.

Bittlingmayer, Uwe H./Bauer, Ullrich (Hrsg.) (2006): Die „Wissensgesellschaft". Mythos, Ideologie oder Realität? Wiesbaden: VS Verlag.

Blossfeld, Hans-Peter u. a. (2009): Geschlechterdifferenzen im Bildungssystem. Jahresgutachten 2009. Wiesbaden: VS Verlag.

BMBF (2008): Rahmenprogramm zur Förderung der empirischen Bildungsforschung. Bildungsforschung Bd. 22. Bonn.

BMFSFJ (2005): 12. Kinder- und Jugendbericht der Bundesregierung. Berlin: o. V.

Bourdieu, Pierre u. a. (1981): Titel und Stelle. Über die Reproduktion sozialer Macht. Frankfurt: Europäische Verlagsanstalt.

Bourdieu, Pierre (1982): Die feinen Unterschiede. Kritik der gesellschaftlichen Urteilskraft. Frankfurt: Suhrkamp.

Breidenstein, Georg (2006): Teilnahme am Unterricht. Ethnografische Studien zum Schülerjob. Wiesbaden: VS Verlag.

Coelen, Thomas/Otto, Hans-Uwe (Hrsg.) (2008): Grundbegriffe der Ganztagsbildung. Wiesbaden: VS Verlag.

Collins, W. Andrew/Maccoby, Eleanor E./Steinberg, Laurence/Hetherington, E. Mavis/Bornstein, Marc H. (2000): Contemporary research on parenting: The case for nature and nurture. In: American Psychologist, Vol 55 (2), S. 218–232.

Deutscher Bildungsrat (1970): Strukturplan für das Bildungswesen. Stuttgart.

Durkheim. Émile (1922): Èducation et sociologie. Paris:Presses universitaires de France.

Edelstein, Wolfgang/Fauser, Peter (2001): Demokratie-Lernen als Aufgabe politischer Bildung. Gutachten zum BLK-Programm. Bonn.

Europäischer Rat (2000): Europäischer Rat 23. und 24. März 2000 Lissabon. Schlussfolgerungen des Vorsitzes (http://www.europarl.europa.eu/summits/lis1_de.htm).

Fürstenau, Sara/Gomolla, Mechthild (Hrsg.) (2009): Migration und schulischer Wandel. Wiesbaden: VS Verlag.

Geißler, Rainer (1996): Die Sozialstruktur Deutschlands. Wiesbaden: VS Verlag.

Gottschalch, Wilfried/Neumann-Schönwetter, Monika/Soukup, Gunther (1973): Sozialisationsforschung. Materialien, Probleme, Kritik. Frankfurt: Fischer Taschenbuch Verlag.

Grundmann, Matthias (1994): Das „Scheitern" der sozialstrukturellen Sozialisationsforschung oder frühzeitiger Abbruch einer fruchtbaren Diskussion, in: Zeitschrift für Sozialisationsforschung und Erziehungssoziologie, 14, S. 163–186.

Heydorn, Heinz J. (1970): Über den Widerspruch von Bildung und Herrschaft. Frankfurt: Syndikat

Hormel, Ulrike/Scherr, Albert (2004): Bildung für die Einwanderungsgesellschaft. Perspektiven der Auseinandersetzung mit struktureller, institutioneller und interaktiver Diskriminierung. Wiesbaden: VS Verlag.

Hurrelmann, Klaus (Hrsg.) (1974): Soziologie der Erziehung. Weinheim und Basel: Beltz.

Jünger, Rahel (2008): Bildung für alle? Die schulischen Logiken von ressourcenprivilegierten und -nichtprivigierten Kindern als Ursache der bestehenden Bildungsungleichheit. Wiesbaden: VS Verlag.

Kalthoff, Herbert (1997): Wohlerzogenheit. Eine Ethnografie deutscher Internatsschulen. Frankfurt/Main, New York: Campus.

Lareau, Annette (2003): Unequal Childhood. Class, race, and family life. Berkeley.

Liessmann, Konrad Paul (2006): Theorie der Unbildung. Wien: Zsolnay Verlag.

Luhmann, Niklas (2002): Das Erziehungssystem der Gesellschaft. Frankfurt: Suhrkamp.

Marx, Karl (1845/1973): Thesen über Feuerbach. In: Marx Engels Werke, Band 3. Berlin, S. 5–7.

Müller, Walter (1998): Erwartete und unerwartete Folgen der Bildungsexpansion. In: Kölner Zeitschrift für Soziologie und Sozialpsychologie, Sonderheft Nr. 38, S. 81–112.

Nave-Herz, Rosemarie (1971): Soziologie der Schule und des Lehrers. In: T. Ellwein u. a. (Hrsg.): Erziehungswissenschaftliches Handbuch. Dritter Band, zweiter Teil. S. 321–352. Berlin: Athenäum.

Prange, Klaus (2007): Erziehung als pädagogischer Grundbegriff. In: Mertens, G./Frost, U./Böhm, W. (Hrsg.): Handbuch der Erziehungswissenschaft. Bd. 1. S. 193–204. Paderborn: Schöningh.

Quenzel, Gudrun/Hurrelmann, Klaus (Hrsg.) (2010a): Bildungsverlierer. Neue Ungleichheiten. Wiesbaden: VS Verlag.

Quenzel, Gudrun/Hurrelmann, Klaus (2010b): Geschlecht und Schulerfolg. Ein soziales Stratifikationsmuster kehrt sich um. In: Kölner Zeitschrift für Soziologie und Sozialpsychologie, 62 (1), S. 1–30.

Rodax, Klaus (1989): Strukturwandel der Bildungsbeteiligung 1950–1985. Eine Bestandsaufnahme im Spiegel der amtlichen Bildungsstatistik. Darmstadt: Wissenschaftliche Buchgesellschaft.

Scherr, Albert (2008): Subjekt- und Identitätsbildung. In: H.-U. Otto/T. Coelen (Hrsg.): Grundbegriffe der Ganztagsbildung. Wiesbaden: VS Verlag. S. 137–145.

Scherr, Albert (2010): Sozialisation, Person, Individuum. In: H. Korte/B. Schäfers (Hrsg.): Einführung in die Hauptbegriffe der Soziologie. 8. Auflage. S. 45–68. Wiesbaden: VS Verlag.

Schimpl-Neimanns, (2000): Soziale Herkunft und Bildungsbeteiligung. Empirische Analysen zu
herkunftsspezifischen Bildungsungleichheiten zwischen 1950 und 1989. In: Kölner Zeitschrift für Soziologie und Sozialpsychologie, 52 (4), S. 636–669.

Tippelt, Rudolf/Schmidt, Bernhard (Hrsg.) (2010): Handbuch Bildungsforschung. 3. akt. Aufl.
Wiesbaden: VS Verlag.

Vogel, Martin-Rudolf (1970): Erziehung im Gesellschaftssystem. München: Juventa.

von Friedeburg, Ludwig (1989): Bildungsreform in Deutschland. Frankfurt: Suhrkamp.

Weber, Max (1922/1980) Wirtschaft und Gesellschaft. Tübingen: J.C.B. Mohr.

Theorie und Forschung in der Erziehungs- und Bildungssoziologie

Alan R. Sadovnik

In der Bildungssoziologie spiegeln sich die großen theoretischen Stränge der Soziologie wider. Von den Ursprüngen in den klassischen Positionen bei Karl Marx, Max Weber und Émile Durkheim bis zu den zeitgenössisch einflussreichen Richtungen wie dem symbolischen Interaktionismus, dem Postmodernismus und der Kritischen Theorie wurde die Bildungssoziologie immer wieder von einer Vielzahl unterschiedlicher theoretischer Perspektiven beeinflusst. Dieser Beitrag bietet einen Überblick über die wichtigsten dieser Perspektiven in der Erziehungs- und Bildungssoziologie. Hierzu gehören – wie im Folgenden dargestellt – der Funktionalismus, die Konflikttheorie, der symbolische Interaktionismus und zeitgenössische Ansätze: Basil Bernsteins Code-Theorie, Pierre Bourdieus Theorie des kulturellen Kapitals, Randall Collins Theorie der Statuskonkurrenz, John Meyers Institutionen-Theorie sowie schließlich die postmoderne kritische Theorie [postmodern critical theory].

1 Funktionalistische Theorieansätze[1]

1.1 Strukturfunktionalistische Theorie

Die Vertreter/innen funktionalistischer Theorieansätze in der Soziologie beginnen mit einem grundlegenden Verständnis von Gesellschaft, das die wechselseitige Interdependenz des sozialen Systems betont; Forscher/innen dieser Tradition untersuchen häufig, wie gut Teile der Gesellschaft wechselseitig integriert sind. In der funktionalistischen Theorieanlage wird Gesellschaft im übertragenen Sinne als eine Art Maschine verstanden, in der jedes Teil mit anderen verbunden ist und wo also auch jeder Bestandteil einer Gesellschaft zum Funktionieren des Ganzen benötigt wird. Vor allem aber konzentriert sich die strukturfunktionalistische Sichtweise auf Prozesse, die die soziale Ordnung aufrechterhalten, und zwar durch die Betonung von Konsens und Einverständnis. Obwohl der soziale Wandel auch in der funktionalistischen Theorie als unver-

---

1   Anm. der Übersetzer: Textgrundlage der vorliegenden Übersetzung ist der einleitende Aufsatz, den Alan R. Sadovnik für die von ihm 2007 herausgegebene Veröffentlichung „Sociology of Education. A Critical Reader" verfasst hat.

meidlich betrachtet wird, wird dennoch die evolutionäre Natur dieses Wandels betont. Und obwohl die Existenz von Konflikten zwischen sozialen Gruppen anerkannt wird, argumentieren Funktionalisten, dass die Gesellschaft ohne ein allen sozialen Gruppen gemeinsames einigendes Band zerfallen würde und untersuchen konsequenterweise die zur Schaffung und Aufrechterhaltung gesellschaftlicher Ordnung notwendigen sozialen Prozesse.

Funktionalistische Theorieansätze zum Zusammenhang zwischen Schule und Gesellschaft haben ihren Ausgang in der allgemeinen Sozialtheorie des französischen Soziologen Émile Durkheims (1858–1917). In Durkheims Ansatz stehen die Folgen des Niedergangs der traditionellen Gemeinschaften und Rituale im Übergang von traditionellen zu modernen Gesellschaften im Zentrum. Seine Analyse des Unterschieds zwischen mechanischer und organischer Solidarität in „Über die Teilung der sozialen Arbeit" (1893) und sein Konzept der Anomie in „Der Selbstmord" (1897) analysierten das gesellschaftliche Erfordernis, Rituale und Institutionen zu schaffen, um soziale Kohäsion und Sinnstiftung zu ermöglichen. Wie zuvor bereits Ferdinand Tönnies zielt auch Durkheim auf eine soziologische Analyse der Auswirkungen der Moderne auf soziales Zusammenleben.

Nach Durkheim haben Prozesse der Industrialisierung, Urbanisierung und Modernisierung zum Zusammenbruch von traditionellen Ritualsystemen und Methoden sozialer Kontrolle geführt, die ihrerseits den Prozess der Erosion gesellschaftlicher Solidarität und sozialer Kohäsion zur Folge hatte. In „Der Selbstmord" (1897) weist Durkheim empirisch nach, wie der Zusammenbruch traditioneller Vergemeinschaftung zum Niedergang des Kollektivbewusstseins und zum Anstieg individualistischer Orientierungen führte. Dieser Zusammenbruch bewirkt das, was in Durkheims Analyse als Anomie verhandelt wird: ein Zustand der individuellen und gesellschaftlichen Normenlosigkeit.

Da die Bindungen zwischen den Individuen sowie den Individuen und der Gesellschaft zerrüttet wurden, sind moderne Gesellschaften demnach durch einen Prozess der inneren Desintegration bedroht. Allerdings war Durkheim kein Reaktionär. Denn er geht nicht davon aus, dass eine Lösung für das Problem gesellschaftlicher Desintegration in einer Rückkehr zur Vergangenheit, mit ihren strengen Formen der sozialen Kontrolle und Regulation, besteht. Vielmehr war Durkheim der Überzeugung, dass moderne Gesellschaften ebenso moderne Formen der Kontrolle und Kohäsion ausbilden müssten, die es ermöglichen, dass sich der Individualismus der Moderne innerhalb einer integrierten modernen Sozialordnung entwickeln kann. Das von Durkheim als organische Solidarität bezeichnete Ordnungsprinzip sollte eine Balance zwischen Individualismus und Gesellschaftlichkeit ermöglichen.

Durkheim war der erste Soziologe, der seine soziologische Theorie auf den Bereich der Erziehung angewandt hat. Einige seiner wichtigsten Untersuchungen zum Bereich Bildung und Erziehung sind „L'éducation morale" (1925), „L'évolution pédagogique en France" (1938) und „Éducation et Sociologie" (1922). Obwohl Durkheim in diesen Arbeiten betont, dass die Formen von Bildung und Erziehung sich historisch wandeln und in Gesellschaften unterschiedlich ausgeprägt sind, war er der Überzeugung, dass Erziehung und Bildung in allen Gesellschaften von zentraler Bedeutung für die Herstellung einer moralischen Einheitlichkeit sind, die ihrerseits notwendig ist für soziale Kohäsion und Harmonie. Für Durkheim waren moralische Werte das Fundament der Gesellschaft, seine Betonung von Werten und sozialer Kohäsion ist die Grundlage einer Perspektive, mit der sich auch noch heute Vertreter/innen des Strukturfunktionalismus der Erziehungs- und Bildungsthematik nähern. Funktionalisten tendieren zu der Annahme, dass Konsens der gesellschaftliche Normalzustand sei und Konflikte einen Zusammenbruch geteilter Werthaltungen zum Ausdruck bringen. In einer hoch integrierten, gut funktionierenden Gesellschaft besteht schulische Sozialisation darin, dass Schulen ihren Schüler/innen die gesellschaftlichen Werte vermitteln und Schüler/innen nach Kompetenzen und Fähigkeiten selektieren. Aus funktionalistischer Perspektive ist demnach der Zweck einer jeden Bildungsreform, Strukturen, Rahmenrichtlinien und Lehrpläne zu schaffen, die rational und technisch fortgeschritten sind sowie den sozialen Zusammenhalt begünstigen. Es ist offenkundig, dass die meisten Reformvorschläge amerikanischer Pädagogen/innen und Bildungspolitiker/innen implizit auf einer funktionalistischen Theorie der Schule basieren. Als beispielsweise im Jahr 1983 der Regierungsbericht über die US-amerikanischen Schulen, „A Nation at Risk" veröffentlicht wurde, wurde darin die Schule für eine lange Reihe von sozialen und ökonomischen Verwerfungen in der Gesellschaft verantwortlich gemacht. Nirgendwo fand sich auch nur angedeutet, dass das Bildungssystem unter Umständen gar nicht die Macht hat, soziale und ökonomische Probleme zu lösen, ohne dass andere Bereiche der amerikanischen Gesellschaft verändert würden.

Die funktionalistische Perspektive beschäftigt sich also mit der Rolle des Schulsystems bei der Aufrechterhaltung gesellschaftlicher Ordnung. Im Unterschied zur Konflikttheorie (s. u.), nach der das Schulsystem nach den Interessen dominanter gesellschaftlicher Gruppen organisiert ist, argumentiert der Funktionalismus, dass die Schule den Interessen der Mehrheit entspricht, zumindest in demokratischen Gesellschaften. Deshalb analysieren Funktionalist/innen die spezifischen Ziele von Schule und deren Bedeutung für die Gesellschaft. Diese Ziele oder Funktionen sind intellektueller, politischer, sozialer und ökonomischer Natur (vgl. Bennett/LeCompte 1990: 5–21) (s. u.). Obwohl diese Zwecke und da Funktionen von Schule in allen Gesellschaften vorhanden sind, befassen sich Funktionalisten vor allem mit der Rolle von Schule in modernen demokratischen Gesellschaften.

Die *intellektuellen Ziele* schulischer Erziehung und Bildung umfassen die folgenden Aspekte: die Vermittlung fundamentaler kognitiver Fähigkeiten wie Lesen, Schreiben, Rechnen sowie eines spezifizierten Wissens, z. B. in den Fächern Literatur, Geschichte und Naturwissenschaften. Zudem sollen Schüler/innen zum Erwerb anspruchsvollerer intellektueller Fähigkeiten wie dem Analysieren, Bewerten und Synthetisieren (von Informationen) geführt werden.

Die *politischen Ziele* schulischer Erziehung und Bildung sind das Einimpfen von Loyalität zur bestehenden Ordnung (Patriotismus), die Vorbereitung zur staatsbürgerlichen Partizipation an dieser Ordnung (z. B. in demokratischen Diskursen), die Unterstützung der Assimilation verschiedener kultureller Gruppen sowie die Vermittlung grundlegender Regeln des gesellschaftlichen Zusammenlebens.

Die *sozialen Ziele* schulischer Erziehung und Bildung stehen in der Sozialisation der Kinder für unterschiedliche Rollen und Verhaltensweisen sowie im Hinblick auf die Werte der Gesellschaft. Dem Prozess, den Soziologen/innen als Sozialisation bezeichnen, kommt eine Schlüsselstellung für den Erhalt der Stabilität einer jeden Gesellschaft zu; er befähigt Mitglieder zur Lösung sozialer Probleme und durch die Mitwirkung an der Sozialisation tragen Schulen, zusammen mit anderen Institutionen wie der Familie oder der Kirche, dazu bei, den sozialen Zusammenhalt zu gewährleisten.

Die *ökonomischen Ziele* schulischer Erziehung und Bildung bestehen darin, Schüler/innen auf ihre spätere Rolle im Beruf vorzubereiten sowie in der Selektion, Ausbildung und Allokation in Bezug auf die gesellschaftliche Arbeitsteilung. Obgleich das Ausmaß der direkten schulischen Vorbereitung auf das Arbeitsleben von Gesellschaft zu Gesellschaft variiert, haben die meisten Schulen zumindest eine indirekte Rolle in diesem Prozess.

Mitunter widersprechen sich die genannten Zielsetzungen jedoch. Das folgende Beispiel unterstreicht diesen Konflikt zwischen den intellektuellen und den politischen Zielsetzungen von Schule: Wenn die Schule anspruchsvolle geistige Fähigkeiten wie das kritische Denken und Beurteilen lehren soll, wie kann sie dann zugleich Patriotismus und die Konformität mit den Regeln der Gesellschaft erzeugen?

Moderne funktionalistische Bildungs- und Erziehungstheorien haben ihren Ursprung im Werk von Talcott Parsons (1959). Parsons (1902–1979) nahm an, dass Bildung eine essenzielle Funktion in der modernen Gesellschaft hat, also in einer Gesellschaft, die sich von allen vorherigen Gesellschaften wesentlich unterscheidet. Aus dieser Sicht übernimmt die schulische Bildung eine zentrale Aufgabe in der Entwicklung und Stabilisierung moderner demokratischer Gesellschaften, insbesondere hinsichtlich der Gewährleistung von Chancengleichheit für alle Bürger/innen. Funktionalisten wie Kingsley Davis und Wilbert Moore (1945) vertraten die Ansicht, Ungleichheit sei in *allen* Gesellschaften funktional und notwendig, da sie sicherstelle, dass die talentiertesten Individuen die funktional wichtigsten Positionen besetzten. Gleichwohl unterscheiden sich moderne Gesellschaften von früheren, traditionellen agrarischen, weil sie meritokratisch organisiert sind: D. h. Talent und Leistung sollen, anstelle der Zufälligkeit der Abstammung, über die Verteilung der Individuen auf die gesellschaftlichen Positionen entscheiden.

Dadurch kommt die Schlüsselrolle in solch einem meritokratischen Selektionsprozess dem Bildungssystem zu. Aus dieser demokratisch-liberal geprägten funktionalistischen Sicht sind Erziehung und Bildung als eine Institution von zentraler Bedeutung für moderne kapitalistische Gesellschaften zu verstehen, welche ihrem Wesen nach technokratisch, meritokratisch und demokratisch sind (Hurn 1993: 44–47). Innerhalb dieses theoretischen Rahmens ist Gesellschaft, trotz weiter bestehender erheblicher sozialer Ungleichheiten, durch eine evolutionäre Bewegung charakterisiert, die das Prinzip der Diskriminierung durch zugeschriebene Merkmale (ascription) durch das der Leistung (achievement) ersetzt. Dies ist als evolutionärer Prozess zu verstehen, in dem die Gleichheit der Bildungschancen den entscheidenden Faktor darstellt. Die akademischen Misserfolge von Schüler/innen und Student/innen aus ethnischen Minderheiten und aus der Arbeiterklasse stellen für diese Perspektive einen inakzeptablen Verstoß gegen das demokratische Prinzip der Chancengerechtigkeit und -gleichheit dar. Dieses stabile bildungsinstitutionelle Muster des Scheiterns machte die Ausarbeitung von Reformprogrammen notwendig, die Chancengleichheit sicherstellen sollten. Während Funktionalist/innen durchaus verschiedener Meinung über die Gründe des bildungsbezogenen Scheiterns waren, haben sie dennoch vehement daran festgehalten, dass die Lösung sowohl von Bildungsproblemen als auch von sozialen Problemen innerhalb der sozialen Strukturen des Kapitalismus möglich sei.

Diane Ravitch (1977: 114–115) argumentiert aus einer funktionalistischen Perspektive, dass es zwar unbestreitbar sei, dass umfassende Gleichheit auch in modernen Gesellschaften nicht erreicht ist. Dennoch sei es plausibel davon auszugehen, dass demokratische Gesellschaften wirksame soziale Veränderungen herbeiführen können, wenn sowohl Führungsqualitäten [leadership] als auch ein entsprechender politischer Wille dafür vorhanden sind. Behauptet man dennoch – im Widerspruch zur empirischen Evidenz –, dass sozialer Wandel unmöglich ist, dann untergräbt man damit den politischen Willen, der zur Herbeiführung von Wandel unabdingbar ist.

Eine für den Funktionalismus zentrale Unterscheidung ist die zwischen der formalen Chancengleichheit und der Ergebnisgleichheit. In dieser Denktradition ist eine demokratische Gesellschaft bereits dann als gerecht einzustufen, wenn sie die formale Chancengleichheit sicherstellt. Die funktionalistische Theorie beruht auf der positiven Wertung von Meritokratie als einem lohnenswerten Ziel und betrachtet das Bildungssystem als notwendige institutionelle Komponente, die fairen Wettbewerb um ungleiche Belohnungen garantiert bzw. garantieren kann. Eine gerechte Gesellschaft ist dieser Annahme entsprechend eine Gesellschaft, in der jedes Mitglied der Gesellschaft die gleichen Chancen hat, soziale und ökonomische Privilegien zu erreichen und in der individuelle Fähigkeiten und Verdienste an die Stelle von zugeschriebenen Merkmalen und Klassenunterschieden als Determinanten des soziales Status treten. Erziehung und Bildung sind somit das entscheidende Mittel, um eine kontinuierliche Entwicklung zu einem so verstandenen meritokratischen System sicherzustellen.

Zusätzlich zu ihrer Rolle in einer meritokratischen Gesellschaft kommt Erziehung und Bildung eine zentrale Funktion bei der Aufrechterhaltung der modernen demokratischen und technokratischen Gesellschaft zu. In modernen Demokratien vermitteln Schulen das notwendige Wissen und die Bereitschaft zur wirksamen Beteiligung an der Zivilgesellschaft. In einer zunehmend technisierten Gesellschaft erlernen Schüler/innen zudem die Fähigkeiten und Dispositionen, die es ihnen ermöglichen, in einer solchen Gesellschaft zu arbeiten. Schulen vermitteln dafür zum einen Fertigkeiten sowie zum anderen die Fähigkeit, kontinuierlich zu lernen und sich wechselnden Berufsrollen und beruflichen Anforderungen anzupassen.

Bis in die 1960er Jahre hinein war die (struktur-)funktionalistische Theorie das vorherrschende Paradigma in der Soziologie und auch in der Erziehungs- und Bildungssoziologie. In den 1960er Jahren entstand dann jedoch die Konflikttheorie als eine bedeutsame Kritik am und als Alternative zum Funktionalismus. Konflikttheoretiker/innen argumentierten, dass Schulen weniger dem Allgemeininteresse, sondern eher dem Interesse gesellschaftlich herrschender Gruppen dienen. Dem funktionalistischen Standpunkt warfen sie damit vor, den gesellschaftlichen Sollzustand mit dem Istzustand zu verwechseln. Schulen sollten demokratisch und meritokratisch sein, die Empirie unterstützt die Behauptung der Funktionalisten aber nicht, dass Schulen dies auch real sind.

Bevor aber im nächsten Abschnitt näher auf die spezifischen Annahmen der Konflikttheorie eingegangen wird, ist es wichtig, einige aus konflikttheoretischer Sicht relevante Probleme des Strukturfunktionalismus kurz zu benennen: *Erstens* ist für Konflikttheoretiker/innen das Verhältnis zwischen Schulausbildung, Fähigkeiten und Berufen weit weniger rational, als die strukturfunktionalistische Theorietradition behauptet (Hurn 1993: 50–52). *Zweitens* weisen Konflikttheoretiker/innen darauf hin, dass die Rolle von Schulen bei der Herstellung von Chancengleichheit weit problematischer ist, als dies Funktionalist/innen nahe legen (Hurn 1993: 52–54). *Drittens* begründet empirische Forschung über die Wirkungen schulischer Erziehung und Bildung erhebliche Zweifel an der Behauptung, die Bildungsexpansion allein bewirke eine zunehmend gerechtere und meritokratischere soziale Ordnung (Hurn 1993: 54–55).

1.2 Konflikttheorie

Nicht alle Vertreter/innen der Bildungs- und Erziehungssoziologie sind – wie bereits angedeutet – der Überzeugung, dass die Gesellschaften allein durch geteilte Wertorientierungen und kollektive Übereinstimmungen zusammengehalten wird. Demgegenüber wird auf die Fähigkeit mächtiger Gruppen verwiesen, ihren Willen den untergeordneten Gruppen auf unterschiedliche Weise (Gewalt, Kooption, Manipulation etc.) aufzuzwingen. Aus dieser Sicht werden Gesellschaften durch ökonomische, politische, kulturelle und militärische Macht zusammengehalten. Ideologien oder intellektuelle Rechtfertigungen, die von den Mächtigen entwickelt werden, sind darauf ausgerichtet, ihre Position weiter zu festigen und die Ungleichheit und die ungleiche Verteilung materieller und kultureller Güter zu legitimieren. Als ideologisch wird hiernach beispielsweise die Behauptung angesehen, dass Ungleichheit das unausweichliche Resultat biologischer Anlagen oder der historischen Entwicklung sei. Konflikttheorien betrachten das Verhältnis zwischen Schule und Gesellschaft insgesamt als problematisch. Während der strukturfunktionalistische Ansatz für die Erklärung einer gesellschaftlichen Ordnung die Bedeutung von sozialer Kohäsion betont, fokussieren die Konflikttheorien soziale Konflikte und Kämpfe.

In dieser Sicht sind Schulen mit sozialen Schlachtfeldern vergleichbar, auf denen Schüler/innen gegen Lehrer/innen, Lehrer/innen gegen die Verwaltung etc. kämpfen. Zwei Faktoren sorgen jedoch dafür, dass diese Antagonismen zumeist verdeckt bleiben: die Autorität und Macht der Schule und die Leistungsideologie. Die Wirkung der Leistungsideologie besteht darin, dass Lehrer/innen und Schüler/innen davon überzeugt sind, dass Schulen Lernen fördern sowie Schüler/innen nach ihren Fähigkeiten und nicht nach ihrem sozialen Status selektieren und einsortieren. Aus dieser Sicht verschleiert die Leistungsideologie die „wirklichen" Machtverhältnisse innerhalb der Schule, die wiederum die gesamtgesellschaftlichen Machtverhältnisse spiegeln bzw. diesen entsprechen (Bowles/Gintis 1976).

Obwohl Karl Marx (1818–1883) sich selbst nicht ausführlich zur Funktion des Bildungssystems geäußert hat, ist er doch als der geistige Vater der konflikttheoretischen Schule in der Bildungs- und Erziehungssoziologie anzusehen. Hintergrund seiner analytischen Vorstellungskraft und seiner moralischen Empörung waren die gesellschaftlichen Zustände in Europa in der Mitte und am Ende des 19. Jahrhunderts. Industrialisierung und Verstädterung hatten eine neue Klasse von Arbeitern – das Proletariat– hervorgebracht. Das Proletariat lebte in Armut, arbeitete bis zu 18 Stunden am Tag und hatte wenig oder gar keine Hoffnung, den eigenen Kindern ein besseres Leben ermöglichen zu können. Marx glaubte, dass die Klassenstruktur, die die Eigentümer der Produktionsmittel von den Arbeitern und damit von den Früchten ihrer eigenen Arbeit trennte, unausweichlich zum Klassenkampf führen muss, weil die Arbeiter sich schließlich erheben, die Kapitalisten stürzen und eine neue soziale Ordnung schaffen würden, in der Männer und Frauen nicht länger von ihrer eigenen Arbeit „entfremdet" wären. Marx kraftvolle und oft zwingende Kritik des frühen Kapitalismus lieferte die intellektuelle Energiequelle für die folgenden Generationen linker und links-liberaler Denker/innen, die davon ausgingen, dass nur durch die Abschaffung oder Modifikation des Kapitalismus und die Einführung des Sozialismus eine gerechtere und produktivere Gesellschaftsform zu erreichen sei.

Die politischen Ökonomen Samuel Bowles und Herbert Gintis untersuchen in ihrem Buch „Schooling in Capitalist America" (1976) das Wachstum des öffentlichen amerikanischen Schulwesens in einer an Marx angelehnten Perspektive. Sie sind davon überzeugt, dass eine direkte „Entsprechung" zwischen der Organisationsform Schule und der Organisationsform der Gesamtgesellschaft existiert, so dass ohne einen fundamentalen Wandel der Gesellschaftsordnung wenig Hoffnung auf eine wirkliche Schulreform besteht. Andere konflikttheoretische Untersuchungen zum Bildungssystem argumentieren demgegenüber, dass der traditionelle marxistische Standpunkt in der Analyse zu deterministisch vorgehe und die Eigenständigkeit von Kultur und menschlicher Handlungsfähigkeit [agency] für Prozesse des sozialen Wandels unterschätze. Damit wird vor allem bemängelt, dass der Marxismus die eigenmächtigen, unabhängigen Effekte der Ökonomie zu stark betone, die Bedeutung von kulturellen, sozialen und politischen Faktoren dagegen zu wenig.

Ein anderer früher Konfliktsoziologe, der eine von Marx leicht unterschiedene gesellschaftstheoretische Orientierung vertrat, war Max Weber (1864–1920). Wie Marx war Weber davon überzeugt, dass die Machtverteilung zwischen herrschenden und beherrschten Gruppen Gesellschaften strukturieren. Im Unterschied zu Marx nahm Weber aber an, dass Klassenunterschiede allein zur Erklärung der komplexen Prozesse nicht ausreichen, innerhalb derer sich in sozialen Strukturen Hierarchien herausbilden und Glaubenssysteme entwickeln, die ihrerseits diese Hierarchien als gerecht und unvermeidlich erscheinen lassen. Aus diesem Grund nahm Weber Standesunterschiede ebenso in den Blick wie Klassenpositionen. Der „Stand" ist ein wichtiges soziologisches Konzept, weil es darauf aufmerksam macht, dass Menschen ihre Gruppenidentifikation daraus ableiten, was sie konsumieren und mit wem sie sich vergemeinschaften. Weber verweist zudem darauf, dass der Staat ohne direkte Bezugnahme auf die Wünsche der dominanten Klassen politische und militärische Macht ausüben kann. Zudem hatte Weber ein scharfsinniges und kritisches Bewusstsein davon, dass die Bürokratie zum dominanten Autoritätstyp im modernen Staat wurde und dass bürokratische Denkweisen die Reichweite von Bildungsreformen begrenzen. Weber unterschied hierbei zwischen „Fachmenschen" und „Kulturmenschen". Was aber – so seine Fragen – sollte der Zweck von Bildung sein? Training für die Erwerbsarbeit oder Befähigung zum Denken? Und sind beide Ziele miteinander kompatibel?

Der weberianische Ansatz hat eine eigene produktive Tradition der soziologischen Betrachtung des Verhältnisses zwischen Schule und Gesellschaft begründet. Die in dieser Tradition stehenden Soziologen/innen analysieren schulische Organisationsformen und Prozesse bevorzugt mit Blick auf Statuskonkurrenz sowie organisatorischer Einschränkungen. Einer der ersten amerikanischen Bildungssoziologen, der sich weberscher Konzepte bediente, war Willard Waller. In seinem Buch „The Sociology of Teaching" (1965) beschreibt er Schulen als Autokratien im Zustand eines „gefährdeten Gleichgewichts". Es bedürfe hiernach ständiger Wachsamkeit, damit Schulen nicht in einer Form der Anarchie versinken, weil Schüler/innen gegen ihren Willen zum Schulbesuch gezwungen werden. Nach Wallers Ansicht verschleiern die rationalen Modelle der Schulorganisation und Schulverwaltung die inhärenten Spannungsverhältnisse von Schule. Noch heute teilen Konflikttheoretiker/innen diese Sichtweise und betrachten Schulen als unterdrückend und erniedrigend; sie beschreiben die Nichtbefolgung schulischer Regeln durch Schüler/innen als eine Form von Widerstand.

Die zeitgenössische Konflikttheorie enthält eine Reihe weiterer wichtiger Ansätze. Zunächst ein von Randall Collins repräsentierter und aus der Weber-Schule direkt hervorgegangener bedeutender Forschungszweig, der die Expansion des Bildungswesens aus der Statuskonkurrenz verschiedener gesellschaftlicher Gruppen erklärt. Bildungszertifikate, wie z. B. Universitätsdiplome, sind Collins zufolge nicht in erster Linie Indikatoren wirklich erbrachter Leistungen, sondern Statussymbole. Die zunehmende Bedeutung von Bildungsabschlüssen [credentialism] bedeute demnach keineswegs, dass eine Gesellschaft klüger oder kompetenter wird, sondern dass die herrschenden Gruppen sich zunehmend des Bildungssystems bedienen, um sich und ihren Kinder die vorteilhafteren Positionen in der gesellschaftlichen Güterverteilung zu sichern.

Eine zweite konflikttheoretische Schule, die so genannte *Institutional Theory*[2] baut auf dem Werk von John Meyer und seinen Mitarbeiter/innen auf. Meyer argumentiert, die weltweite Expansion des Bildungswesens sei nicht funktionalen Notwendigkeiten oder der Nachfrage des Arbeitsmarktes geschuldet, sondern der globalen Ausweitung politischer Bürgerrechte und der demokratischen Grundüberzeugung, dass der Ausbau von Bildung [educational development] die Voraussetzung für die Zivilgesellschaft sei. Wie Collins glaubt auch Meyer, dass die Ausweitung von Bildungsmöglichkeiten noch kein Beweis für Demokratie, sondern nur für den Glauben an die Notwendigkeit der Bildungsexpansion bezeichnet. Durch komparative Analysen zeigen Meyer et al. (Meyer and Rowan, 1977, 1978; Meyer et al. 1992; Rubinson 1986), dass Bildungsexpansionen den Nachfragekrisen des Arbeitsmarktes häufig bereits vorangingen und durch institutionelle Ritualisierungen und Zeremonien legitimiert wurden, anstatt durch wirkliche praktische Erfordernisse.

Eine dritte Variante der Konflikttheorie, die so genannte „Neue Bildungssoziologie" („New Sociology of Education") (Young 1971), nahm ihren Anfang in Frankreich und England in den 1960er Jahren. Im Unterschied zu den meisten Marxisten, die zur Betonung der Ökonomie neigen, argumentieren diese Theoretiker/innen der sozialen und kulturellen Reproduktion, dass schulische Prozesse die Interessen sozialer und kultureller Eliten widerspiegeln. Die „neuen Bildungssoziolog/innen" versuchten, die Betrachtungen von Mikro- und Makroprozessen zu einer umfassenden Theorie der Schule und der Gesellschaft zu verbinden. Pierre Bourdieu (1930–2002) untersuchte, wie kulturelles Kapital (bestimmte Formen von Kultur, wie etwa die Vertrautheit mit Musik, Kunst und Literatur) durch die Familie und die Schule weitergegeben wird (1977). Das Konzept des „kulturellen Kapitals" ist wichtig, weil es darauf hinweist, dass wir zum Verständnis der Weitergabe sozialer Ungleichheiten beachten müssen, dass die kulturellen Charakteristika von Individuen und Gruppen wichtige Indikatoren für deren Status und Klassenposition sind. Es gibt eine ständig wachsende Anzahl von Studien, die den Schluss nahelegen, dass Schulen ihren Absolvent/innen spezifische soziale Identitäten mit auf den Weg geben, die deren Lebenschancen entweder befördern oder behindern. Zum Beispiel hat, wer eine elitäre Privatschule besucht hat, deutliche Vorteile gegenüber den Absolvent/innen öffentlicher Schulen, etwa bei der Aufnahme in elitäre Colleges oder hinsichtlich beruflicher Aufstiegschancen. Das hat allerdings sehr wenig damit zu

---

2 Anm. der Übersetzer: Im Deutschen wird diese Theorierichtung in der Regel als Institutionalismus bzw. als Neoinstitutionalismus bezeichnet.

tun, was man auf so einer Privatschule lernt, dafür aber umso mehr mit dem Einfluss, die vom Ruf dieser Schule als Bildungsstätte der Oberklasse ausgeht.

Bourdieus Theorien führen das Werk anderer Soziologen/innen fort, die überzeugend dargelegt haben, dass menschliche Bildung und Kultur (culture) nicht als isolierter, abgeschlossener Gegenstand verstanden werden können, sondern als Teil einer größeren gesellschaftlichen und kulturellen Struktur untersucht werden müssen. Um die Auswirkung von Kultur auf das Leben von Individuen und Gruppen zu begreifen, muss man verstehen, welche Bedeutungen kulturelle Erfahrungen von denen zugeschrieben werden, die sie machen (Mannheim 1936). Ein weiterer Theoretiker der sozialen Reproduktion, Basil Bernstein (1924–2000), integrierte makro- und mikrosoziologische Ansätze und ging dabei im Wesentlichen von der Konflikt-Perspektive aus. Er argumentierte, dass sich die strukturellen und interaktionellen Aspekte des Systems gegenseitig beeinflussen und deshalb ganzheitlich betrachtet werden müssen. Er untersuchte, wie Sprachmuster die Klassenzugehörigkeit von Schüler/innen widerspiegeln und wie Schüler/innen, die aus der Arbeiterklasse stammen in der Schule benachteiligt sind, weil Schule im Kern eine Institution der Mittelklasse ist. Bernstein verband eine Klassenanalyse mit einer Untersuchung von Interaktionen, die den Zusammenhang von Sprache mit Bildungsprozessen und -resultaten verdeutlicht. Er zeigte empirisch, wie Prozesse auf der Mikroebene der Schule zur Reproduktion der sozialen Schichtung auf der Makroebene führen. Die Arbeiten von Bernstein, Bourdieu und Collins werden weiter unten in diesem Kapitel noch detaillierter untersucht.

1.3 Interaktionistische Theorie

Generell betrachtet stellen interaktionistische Theorien zum Verhältnis von Schule und Gesellschaft Kritiken und Erweiterungen der funktionalistischen und der konflikttheoretischen Ansätze dar. Die Kritik entzündet sich an der Beobachtung, dass Funktionalismus und Konflikttheorie sehr abstrakt angelegt sind und Strukturen und Prozesse auf der gesellschaftlichen (makro-soziologischen) Ebene ins Zentrum rücken. Obwohl diese Untersuchungsebene durchaus hilfreich für das Verständnis von Erziehung und Bildung im „großen Ganzen" ist, liefern sie doch kaum interpretierbare Beobachtungen des Schulalltags. Was genau tun eigentlich Schüler/innen und Lehrer/innen in der Schule? Interaktionistische Theorien versuchen, das Alltägliche fremd erscheinen zu lassen, indem sie scheinbar selbstverständliche Verhaltensweisen und Interaktionen zwischen Schüler/innen und Lehrer/innen gleichsam „auf den Kopf stellen". Gerade das, was von den meisten Menschen nie in Frage gestellt wird, ist für die Interaktionisten/innen das Problematischste. Zum Beispiel ist es aus interaktionistischer Sicht dringend geboten zu analysieren, wie Schüler/innen als entweder „begabt" oder „lernbehindert" kategorisiert werden, weil solche Vorgänge viele implizite Annahmen über die Natur des Lernens und des Kindes beinhalten. Bei der Untersuchung der mikrosozialen oder interaktionellen Aspekte des Schullebens besteht eine geringere Gefahr, Theorien zu entwickeln, die zwar in sich logisch und überzeugend, aber wenig aussagekräftig sind.

Die interaktionistische Theorie hat ihren Ursprung in der Sozialpsychologie zweier Soziologen des frühen 20. Jahrhunderts: George Herbert Mead (1863–1931) und Charles Horton Cooley (1864–1929). Mead und Cooley untersuchten die Arten und Weisen, durch die das Individuum durch fortlaufende soziale Interaktionen auf Gesellschaft bezogen ist. Diese Denkschule, der so genannte symbolische Interaktionismus, betrachtet das individuelle Selbst [the self] als sozial konstruiert, wobei dieser Konstruktionsprozess Ergebnis der Aushandlung von Bedeutungen ist und in Bezug zu gesellschaftlichen Kräften und Strukturen steht. Das soziale Selbst ist demnach das Ergebnis menschlicher Aktivität und nicht ein durch die Sozialstruktur determiniertes Produkt. Diese existenzielle Perspektive mit ihrem Ursprung in der philosophischen Phänomenologie (Giddens 1975), betont das, was die Soziologen Peter Berger und Thomas Luckmann (1963) die soziale Konstruktion der Wirklichkeit nennen. Um zu einer umfassenderen Theorie der Gesellschaft zu gelangen, wird der Interaktionismus zumeist mit dem Funktionalismus und/oder der Konflikttheorie kombiniert.

Einer der einflussreichsten interaktionistischen Theoretiker/innen war der gebürtige Kanadier Erving Goffman, der in seinem Werk die Mikrosoziologie des Alltagslebens und die Funktion von Interaktionsritualen für den gesellschaftlichen Zusammenhalt untersuchte. Als in der funktionalistischen Tradition Durkheims und A. R. Radcliffe-Browns ausgebildeter Anthropologe war Goffman besonders daran interessiert, wie fraglos-selbstverständlich hingenommene Interaktionsmuster des Alltagshandelns dazu dienen, die Gesellschaft zusammenzuhalten. Goffmans Version des Interaktionismus war funktionalistisch, denn er betrachtete soziale Interaktionsmuster als Rituale, die durch eine unsichtbare mikrosoziale Ordnung zur Aufrechterhaltung der Gesellschaft beitragen. Obwohl Goffman sich nicht direkt mit Erziehung und Bildung befasste, sind seine Schriften über psychiatrische Anstalten in „Asylums" (1961a), über die Stigmatisierung des so genannten abweichenden Verhaltens in „Stigma" (1963a) sowie über die Muster interpersonellen Verhaltens in „The Presentation of Self in Everyday Life" (1959), „Encounters" (1961b), „Behavior in Public Places" (1963b) und „Interaction Ritual" (1967) eine wahre Fundgrube an Begriffen und Theorien für Erziehungs- und Bildungssoziolog/innen. Dabei hat sich insbesondere seine Labeling-Theorie als anschlussfähig erwiesen und wurde in Untersuchungen über die Erwartungen von Lehrer/innen (Persell, 1977), über die Einteilung von Schüler/innen nach Begabung und Schullaufbahnen (Oakes, 1985) und über Schulen als totale Institutionen (Cookson und Persell, 1985) angewandt.

Ray Rist hat einige der wichtigsten Erkenntnisse dazu beigesteuert, wie schulische Prozesse sich auf den schulischen Erfolg auswirken. Seine Erforschung der alltäglichen schulischen Prozesse (1970, 1973, 1977) an einer innerstädtischen Schule ermöglichte ein besseres Verständnis davon, wie bestimmte schulische Praktiken – wie zum Beispiel die Etikettierungspraxis oder die Einteilung der Schüler/innen in Begabungsgruppen – zur Reproduktion sozialer und bildungsbezogener Ungleichheiten beitragen. In seinem klassisch gewordenen Aufsatz „On understanding the processes of schooling: the contributions of labeling theory" (1977) argumentiert Rist, dass der Interaktionismus einen wichtigen Beitrag zum Verständnis des Sachverhalts erbracht hat, dass und wie der schulische Alltag (einschließlich der Interaktionen von Lehrer/innen und Schüler/innen), in Verbindung mit der Etikettierung und den Sprechweisen (linguistic discourse) die Wurzel ungleicher Bildungserfolge ist. Gestützt auf die Labeling-Theorie, die ursprünglich ein zentraler Ansatz der Soziologie abweichenden Verhaltens war, zeigt Rist, wie die Erwartungen der Lehrer/innen an die Schüler/innen, gegründet auf Kategorien wie „Rasse"[3], Klasse, Ethnizität und Geschlecht, sich auf die Selbstwahrnehmung der Schüler/innen und ihre Leistungen auswirken. In einem anderen klassischen Aufsatz, „Student Social Class and Teacher Expectations: the Self-fulfilling Prophecy in Ghetto Education" (1970), berichtet Rist von seiner ethnographischen Untersuchung einer Grundschule in St. Louis, die hauptsächlich von afro-amerikanischen Schülern besucht wird. Er zeigt, wie die Etikettierung von Schüler/innen als afro-amerikanisch durch Lehrer/innen mit einem anderen sozialen Klassenhintergrund dazu führte, dass Kinder aus einkommensschwachen Verhältnissen den schwächeren, die aus der Mittelschicht stammenden Kinder aber den stärkeren Lesegruppen zugeteilt wurden, und dies unabhängig von ihren Fähigkeiten. Diese Etiketten erwiesen sich praktisch als „lebenslängliches Urteil", das sich sehr negativ auf die schulischen Erfolge der Schüler/innen aus einkommensschwachen Schichten auswirkte, die auch später durch ihr ganzes Berufsleben hindurch nie die Gruppen verließen, denen geringe Fähigkeiten zugeschrieben wurden. Rists Schlussfolgerung war, dass die Interaktionsprozesse in Schulen Bildungsungleichheiten produzieren, welche die übergreifenden Strukturen der Gesellschaft widerspiegeln. Sein Fazit war, dass „das öffentliche Bildungssystem in Wahrheit gerade das perpetuiert, auf dessen Überwindung der offiziellen Ideologie nach das Bildungssystem verpflichtet ist: Klassenschranken abzuschaffen, die zu sozialen und wirtschaftlichen Ungleichheiten unter den Bürger/innen führen" (Rist 1970: 449). Die Ergebnisse der Konflikttheorie ergänzend, ermöglicht der interaktionistische Ansatz von Rist empirisch aufzuzeigen, wie Schulen Ungleichheiten reproduzieren.

---

3   Anm. der Übersetzer: Den englischen Terminus ‚race' übersetzen wir hier und im Folgenden mit ‚Rasse'; damit wird selbstverständlich nicht behauptet, dass es Rassen als soziale Gruppen gibt, sondern ist die soziale Bedeutsamkeit von Rassenkonstruktionen und rassistischen Klassifikation angezeigt.

2 Zeitgenössische Ansätze in der Bildungssoziologie

2.1 Basil Bernsteins Codetheorie als Beitrag zum Verständnis von Bildung

Das theoretische und empirische Projekt des britischen Soziologen Basil Bernstein wird gewöhnlich als Code-Theorie bezeichnet. Dieser Ansatz befasst sich mit der Frage, wie die Makroebene (soziale, politische und ökonomische Strukturen und Institutionen) dialektisch mit der Art und Weise verbunden ist, in der Menschen Bedeutungssysteme (Codes) verstehen. Für einen Zeitraum von mehr als drei Jahrzehnten war Bernstein einer der wichtigsten und meistdiskutierten Soziolog/innen, dessen Werk Generationen von Erziehungs- und Bildungssoziolog/innen und Linguist/innen beeinflusste. Von seinen frühen Arbeiten über Sprache, Kommunikationscodes und schulische Bildung bis zu seinen späteren Werken über Lehrpläne und Pädagogik (Unterrichtsmethoden) war Bernstein bemüht, eine Theorie sozialer und bildungsspezifischer Codes und ihrer Auswirkungen auf die soziale Reproduktion zu entwickeln. Obgleich sie strukturalistisch angelegt ist, bezog Bernsteins Soziologie die wichtigsten theoretischen Richtungen – Durkheim, Weber, Marx, Interaktionismus – ein und lieferte die Möglichkeit einer wichtigen Synthese.

Bernsteins frühe Arbeiten zur Codetheorie waren hoch kontrovers, weil sie sich mit klassenspezifischen Sprachunterschieden in einer Weise befassten, die einige als Defizittheorie bezeichneten. Gleichwohl warfen diese Arbeiten entscheidende Fragen zum Verhältnis von gesellschaftlicher Arbeitsteilung, Familie und Schule auf und erforschten, wie diese Verhältnisse sich auf Unterschiede im schulischen Lernen zwischen den Klassen auswirkten. In seinen späteren Arbeiten (1977a) begann er mit dem schwierigen Projekt, die Machtstrukturen und Klassenverhältnisse auf der Makroebene mit den erziehungs- und bildungsbezogenen Prozessen in der Schule auf der Mikroebene zu verknüpfen [microeducational processes of the school]. Theoretiker/innen der Reproduktion von Klassenverhältnissen wie Bowles und Gintis (1976) vertraten die unverhüllt deterministische Sichtweise, Erziehung und Bildung seien ausschließlich von der Ökonomie beeinflusst, ohne jedoch zu beschreiben oder zu erklären, was genau in Schulen vor sich geht. Dagegen versprachen Bernsteins Arbeiten, die gesellschaftliche, die institutionelle, die interaktionelle und die innerpsychische Ebene soziologischer Analyse zu verbinden. Damit eröffneten sie zugleich die Möglichkeit, die klassischen theoretischen Schulen der Soziologie zusammenzuführen: die marxistische, die weberianische und die durkheimianische.

Der Begriff des Codes ist für Bernsteins strukturalistische Soziologie zentral. Seit seiner ersten Verwendung, also seit Bernsteins frühen Arbeiten über Sprache (restringierte und elaborierte Codes) bezeichnet der Begriff ein „regulatives Prinzip", das verschiedenen Systemen der Informationsübermittlung (message systems) zugrunde liegt, besonders der Pädagogik und den Lehrplänen (Atkinson 1985: 136). In seinen frühen Arbeiten über Sprache (1958, 1960, 1961) untersuchte Bernstein das Verhältnis zwischen öffentlicher Sprache, Autorität und intersubjektiv geteilten Bedeutungen (Danzig 1995: 146–147). 1962 begann Bernstein seine Codetheorie weiter zu entwickeln, indem er die Begriffe restringierter und komplexer Code einführte (1962a, 1962b). In „Class, Codes, and Control"(1973a, Bd. 1) baute er seine sozio-linguistische Codetheorie zu einer Gesellschaftstheorie aus, die die Beziehungen zwischen sozialer Klasse, Familie und der Reproduktion von Bedeutungssystemen untersucht.

Für Bernstein gab es klassenbedingte Unterschiede zwischen den Kommunikationscodes der Kinder aus der Arbeiterklasse und denen aus der Mittelklasse; Unterschiede, die die Klassen- und Machtbeziehungen in der gesellschaftlichen Arbeitsteilung, in Familien und Schulen widerspiegeln. Auf der Grundlage empirischer Forschung unterschied Bernstein zwischen dem restringierten Code der Arbeiterklasse und dem elaborierten Code der Mittelschicht. Restringierte Codes sind kontextabhängig und partikularistisch, komplexe Codes dagegen kontextunabhängig und universalistisch. Wenn zum Beispiel Jungen aus der Arbeiterklasse gebeten wurden, den Inhalt einer Bilderserie in eigenen Worten nachzuerzählen, benutzten sie dazu viele Pronomen und ihre Geschichten konnten nur dann verstanden werden, wenn man zugleich auch die Bilder betrachtete. Mittelklassejungen dagegen machten reichen Gebrauch von Substantiven, so dass man ihren Geschichten auch ohne Zuhilfenahme der Bilder folgen konnte (Bernstein 1970). Während Bernsteins Kritiker (vgl. Danzig 1995) behaupteten, seine sozio-linguistische Theorie sei eher ein Beispiel für eine Defizittheorie (und ihm damit unterstellten, er halte die Sprache der Arbeiterklasse für defizitär), wies Bernstein eine solche Interpretation konsequent von sich (vgl. Bernstein 1996: 147–156). Er argumentierte, restringierte Codes seien nicht defizitär, sondern funktional bezogen auf die gesellschaftliche Arbeitsteilung, weil im Kontext der Produktion kontextabhängige Sprache eine Notwendigkeit sei. Genauso reflektiere der komplexe Code der Mittelschicht einen durch die Veränderungen der gesellschaftlichen Arbeitsteilung bedingten funktionalen Wandel, welcher der Mittelschicht eine neue Position in der Sphäre der Reproduktion, nicht mehr der Produktion zugewiesen hat. Dass schulische Erfolge die Beherrschung eines elaborierten Codes erfordern, bedeute, dass Kinder aus der Arbeiterklasse durch den in der Schule vorherrschenden Code benachteiligt werden, nicht, dass sie Defizite haben. Für Bernstein wird aus einem Unterschied erst im Kontext der Machtverhältnisse auf der Makroebene ein Defizit.

Im dritten, vierten und fünften Band von „Class, Codes, and Control" (1977a, 1990, 1996) ging Bernstein nochmals zu den sozio-linguistischen Wurzeln der Codetheorie zurück und untersuchte die Verbindungen zwischen Kommunikationscodes, Lehrplänen und Lehrmethoden.

Unter diesem Gesichtspunkt befasste sich die Codetheorie mit den Prozessen der schulischen Erziehung und Bildung und der Frage, wie diese mit der Reproduktion der sozialen Klassen zusammenhängen. Bernstein analysierte die signifikanten Unterschiede zwischen diversen Formen des Unterrichtens und wies darauf hin, dass klassenspezifische Unterschiede bei Lehrplänen und Lehrmethoden im Zusammenhang stehen mit den Ungleichheiten des schulischen Erfolgs von Arbeiter- und Mittelschichtkindern. Schulen für Mittelschichtkinder haben andere Lehrpläne und Lehrmethoden als Schulen für Arbeiterkinder, und diese Unterschiede führen zu Bildungsungleichheiten. Durch eine sorgfältige und logische Betrachtung der inneren Funktionsweise der vorherrschenden Erziehungs- und Bildungspraktiken trug Bernstein wesentlich zu einem besseren Verständnis der Mechanismen bei, nach denen (vor allem in Großbritannien und den Vereinigten Staaten) Schulen genau das reproduzieren, was sie offiziell ausrotten sollen: Klassenprivilegien in Schule und Gesellschaft.

Bernsteins Analyse der klassenspezifischen Voraussetzungen pädagogischer Praxis ist die Grundlage für eine Verschränkung der Untersuchung pädagogischer Mikroprozesse mit makrosoziologischen Analysen sozialer Strukturen, Klassenverhältnisse und Machtbeziehungen.

Trotz der Kritik, Bernsteins Werk sei manchmal zu komplex und schwierig, stellt es doch unleugbar einen der nachhaltigsten und stärksten Versuche dar, bedeutsamen Fragestellungen der Bildungssoziologie auf den Grund zugehen. Schon vor nunmehr 50 Jahren stellte sich Bernstein eine so simple wie dringliche Aufgabe: Herauszufinden, was zu tun sei, um „die Verschwendung des Bildungspotenzials der Arbeiterklasse zu verhindern" (1961: 308). Im Ganzen betrachtet bietet Bernsteins Werk eine systematische Analyse der Beziehung zwischen Gesellschaft, den schulischen Institutionen und dem Individuum sowie der Frage, wie Schule, soziale Ungleichheit systematisch reproduziert.

2.2 Kulturelles Kapital und symbolische Gewalt: Der Beitrag Pierre Bourdieus

Wie Bernstein versuchte auch Pierre Bourdieu (Bourdieu and Passeron 1977; Bourdieu 1973, 1977, 1984) eine Gesellschafts-, Kultur- und Bildungstheorie empirisch zu überprüfen, die man als Synthese aus Durkheim und Marx bezeichnen könnte (Swarz 1997). Als Direktor des Centre de Sociologie Européenne in Paris stellte Bourdieu mit seinen Forscherkollegen/innen ein theoretisch und empirisch gut fundiertes Verständnis von Kultur und sozialer Schichtung zur Verfügung. Wie Collins (Collins und Makowsky 1993: 259) bemerkt, ist für Bourdieu „die Kultur selber auch Ökonomie (…), Schichtungen innerhalb der kulturellen wie der materiellen Ökonomie sind wechselseitig aufeinander bezogen. Für Bourdieu ist die Kultur eine Sphäre der Machtkämpfe und steht in Beziehung zu den Mitteln der Gewaltübung, welche die politische Sphäre kennzeichnen".

Bourdieu nutzt seine zentralen Begriffe, kulturelles Kapital und symbolische Gewalt, entwickelt in Bourdieus und Passerons „Education, Society and Culture" (1977),[4] um verständlich zu machen, dass die schulische Erziehung und Bildung Teil eines symbo-

---

4   Anm. der Übersetzer: Die französische Originalfassung ist mit dem Titel ‚Reproduction culturelle et reproduction sociale' im Jahr 1972 erschienen.

lischen Prozesses der kulturellen und sozialen Reproduktion ist. Symbolische Gewalt ist „die Macht, der es gelingt, Bedeutungen durchzusetzen, und zwar so, dass sie als legitim erscheinen, indem zugleich die Machtverhältnisse verschleiert werden, die die Grundlage ihrer eigenen Wirksamkeit sind" (Collins und Makowsky 1993: 259). Diese Art Macht findet sich nicht nur an Schulen, sondern auch in anderen Bildungsbereichen, z. B. bei der Kindererziehung, in Museen, musikalischen und künstlerischen Einrichtungen. Obwohl dem Anschein nach neutral, bevorteilen Schulen doch die Ober- und Mittelklassen und ihre Ausdrucksformen.

Diese Klassen besitzen kulturelles Kapital bzw. verfügen über symbolische Repräsentationen ihrer kulturellen Herrschaft, wie etwa Sprache, Ideen, Kenntnisse von Musik, Kunst, Literatur, alles Dinge mit einem großen Tauschwert auf dem Kultur- und Bildungsmarkt.

Obwohl er sich auf funktionalistische Elemente der Soziologie Durkheims und den Strukturalismus Lévi-Strauss bezieht, bietet Bourdieu, wie Bernstein, eine stärker konflikttheoretische, neo-marxistische Perspektive an, die aufzeigt, wie kulturelles Kapital soziale Klassen reproduziert und wie die Schule das kulturelle Kapital ungleich auf die sozialen Klassen verteilt. Schulische Erziehung und Bildung entsprechen Bourdieu zufolge den dominanten gesellschaftlichen Interessen; in der Konsequenz sind ober- und mittelschichttypische Formen kulturellen Kapitals in den Curricula festgeschrieben. Anders als für die Funktionalisten/innen betrachten Bourdieu und Bernstein dies nicht als Grundlage für sozialen Zusammenhalt und als Zustimmung, sondern für Klassenherrschaft.

Bourdieu blieb nicht unkritisiert. Nach Collins (Collins und Makowsky 1993: 264) ist „Bourdieus Theorie vollkommen abgeschlossen. Sie ist vollständig zynisch und vollständig pessimistisch. Wir sind bis in alle Ewigkeit zur sozialen Schichtung verurteilt (…). Wir können nicht aus unserer Haut, wir können nur die Plätze in einem unzerstörbaren Gehäuse tauschen." Diese Sichtweise ist laut Collins blind für die intensiven organisatorischen und gesellschaftlichen Konflikte, die oft aus Neuformierungen der sozialen Schichtung resultieren (ebd.: 265). Trotz allem zählt Collins (1993) Bourdieu aber zu den einflussreichsten europäischen Soziologen des 20. Jahrhunderts.

2.3 Statuskonkurrenz und Interaktionsrituale: Der Beitrag von Randall Collins

Wie Bourdieu und Bernstein in Europa versuchte der US-amerikanische Soziologe Randall Collins, Marx, Weber und Durkheim sowie den Mikrosoziologen Erving Goffman zu einer umfassenden Konflikttheorie der Gesellschaft zusammenzuführen. In seiner Theorie kommt Erziehung und Bildung eine zentrale Rolle zu. In seinem Werk „Conflict Sociology" (1975) entwarf Collins eine Theorie der Soziologie als erklärende Wissenschaft und überprüfte eine Reihe von Hypothesen über das Wesen sozialer Ordnung und sozialen Wandels. Obwohl in einer weberianischen Konfliktperspektive verwurzelt, versuchte Collins dort eine Synthese der Ansätze von Marx, Weber, Durkheim und Goffman. In diesem ambitionierten Buch argumentiert Collins, dass die Aufgabe der Soziologie darin liegt, die Beziehung zwischen Machtbeziehungen auf der Makroebene und mikrosozialen Prozessen wissenschaftlich zu verstehen. Mit Durkheim und Freud argumentiert Collins, dass die Welt sowohl von irrationalen wie von rationalen Faktoren zusammengehalten wird, mit Weber sieht er im Konflikt zwischen sozialen Gruppen um Reichtum, Macht und Status den Treibstoff gesellschaftlichen Lebens.

Collins (1978) unterscheidet zwischen produktiver und politischer Arbeit innerhalb von Organisationen: Produktive Arbeit bezeichnet die rationalen, funktionalen, auf Ziele und Zwecke ausgerichteten Prozesse, politische Arbeit dagegen die oft nicht rationalen Prozesse im Zusammenhang mit Statuskonkurrenz, Gruppendominanz und Privilegien. Obgleich die meisten Gruppen für sich beanspruchen, ihre Arbeit in den Organisationen sei funktional und produktiv, ist sie das doch in Wahrheit oft nicht, sondern nicht rational und wird als Mittel benutzt, um die Kontrollausübung und Herrschaft dominanter Gruppen zu legitimieren. Anders als Marxist/innen, die dominante Gruppen überwiegend durch ökonomische Machtmittel definieren, liefert Collins eine weberianische Analyse, die berücksichtigt, dass Gruppenbildung auch durch kulturelle oder politische Kräfte bestimmt sein kann.

Collins erste Arbeit über Erziehung und Bildung war der wichtige Artikel „Functionalist and Conflict Theories of Educational Stratification" (1971), in dem er eine Kritik funktionalistischer Schichtungstheorien entwickelt. Im Gegensatz zu den Funktionalist/innen, die die Expansion des Bildungssystems als Resultat der immer weiteren Ausbreitung von Demokratie, Leistungsgesellschaft und Technologie ansahen, argumentierte Collins, die Bildungsexpansion sei weit weniger rational. Statt die Expansion des Bildungssystems in demokratisch-liberalen Gesellschaften als rationale Reaktion auf den demokratischen Prozess der Herstellung von Chancengleichheit und die meritokratische Ideologie zu betrachten sowie als Ergebnis gestiegener Nachfrage nach Expertenwissen in einer hoch technologischen Gesellschaft zu verstehen, argumentiert Collins, dass die Zunahme von Bildungsabschlüssen sich nicht durch die Bedürfnisse des politischen Prozesses oder des Arbeitsmarktes erklären lässt.

In „The Credential Society" (1978) legt Collins die Einschätzung nahe, dass die Vermehrung der Bildungsabschlüsse ein Ergebnis der Statuskonkurrenz zwischen Gruppen ist, die sich an einem symbolischen Kampf um knappe kulturelle, politische und ökonomische Ressourcen beteiligen. Zum Beispiel ist die Anhebung der Einstellungsvoraussetzungen vom Highschoolabschluss zum Collegeabschluss nicht – wie die Funktionalist/innen es sehen – den gestiegenen Anforderungen an Wissen und Können in einer zunehmend technologischen Gesellschaft geschuldet. Collins argumentiert, dass der Wettbewerb um gute Positionen in Verbindung mit den erweiterten Möglichkeiten, höhere Bildungsabschlüsse zu erlangen, eine Antwort auf die Forderungen traditionell marginalisierter Gruppen nach Chancengleichheit waren und für alle Gruppen dazu geführt haben, dass der Einsatz erhöht werden muss. Als Gruppen, die traditionell nicht das College besucht hatten, dort Zugang erhielten, legten die privilegierten Gruppen keineswegs die Hände in den Schoß, um zu warten, bis die Neuankömmlinge den Vorsprung aufgeholt haben. Vielmehr verschärften sie, mit Hilfe professionsbezogener Organisationen und Interessengruppen die Zugangsvoraussetzungen für akademische Berufe unter Verwendung des rational-funktionalen Arguments, die Ansprüche an Wissen und Können in diesen Berufen hätten sich erhöht und erforderten höhere Abschlüsse.

Auf der Grundlage einer historisch-empirischen Analyse der Anforderungen verschiedener akademischer Berufe zeigte Collins, wie die Anforderungen an Bildungsabschlüsse weit über das durch Wissensfortschritt sachlich gerechtfertigte Maß hinaus gesteigert wurden. Wo man heute zum Beispiel von einem/r Apotheker/in einen fünfjährigen Studiengang verlangt, genügte in den 1930er Jahren eine praktische Berufsausbildung, obwohl das eigentliche Wissen und die Fertigkeiten in diesem Beruf sich in der Zwischenzeit nicht dramatisch vermehrt haben. In den 1930er Jahren hießen die Apotheker/innen Pharmazeut/innen, weil sie damals noch selbst Arzneien aus Rohmaterialien herstellten. Heute dagegen verkaufen die meisten Apotheker/innen nur noch industriell hergestellte Medikamente aus Flaschen und benutzen Computerprogramme, die ihnen helfen, gefährliche Arzneimittelwechselwirkungen zu vermeiden. Sicher hat sich das medizinische Wissen vermehrt, aber die Anforderungen an den Beruf haben sich nicht so erhöht, dass die Verschärfung der Bildungsanforderungen gerechtfertigt wäre.

Ein zweites Beispiel sind die gestiegenen Ausbildungsanforderungen an Krankenpfleger/innen. Es ist zwar noch möglich, durch ein zweijähriges College Associate Degree Program das Diplom zum/r staatlich anerkannten Krankenpfleger/in zu erwerben. Allerdings wird es doch allmählich zur Norm, ein vierjähriges Bachelorstudium zu verlangen. Die Verfechter/innen des Bachelorabschlusses für Krankenpflege argumentieren, die explosionsartige Vermehrung des medizinischen Wissens und der Bedarf an umfassend gebildeten Krankenpfleger/innen, die schnell auf Notfälle reagieren können, mache diese Verschärfung der Anforderungen notwendig. Collins gibt demgegenüber zu bedenken, dass es kaum eine empirische Bestätigung für diese Behauptung oder dafür gebe, dass Krankenpfleger/innen mit Bachelorabschluss effizienter arbeiteten als solche mit einem nach zweijährigem Studium erworbenen Associate Arts and Science-Abschluss. Vielmehr sei die Forderung nach höherwertigen Abschlüssen ein Versuch der Krankenpfleger/innen, ihren Status, insbesondere im Verhältnis zu den Ärzt/innen, durch gesteigerte Bildungsanforderungen zu erhöhen.

Die gestiegenen Bildungsanforderungen an Apotheker/innen können auch als Folge ihrer Bestrebungen interpretiert werden, den eigenen Status und ihr Einkommen zu erhöhen. Ähnliche Tendenzen lassen sich gerade im Lehrberuf beobachten, wo in der Lehrerbildung Lehrende und politische Akteure argumentieren, aufgrund der Vermehrung des zur Unterrichtung von Kindern notwendigen Wissens solle nun, statt des bisher verlangten Bachelorabschlusses ein Masterabschluss die Mindestvoraussetzung zur

Berufszulassung sein. Obwohl dieses Argument in Form einer rationalen und funktionalen Forderung vorgebracht wird, gibt es kaum gültige Belege dafür, dass Lehrer/innen, die vor dem Berufsstart einen Masterabschluss erworben haben, erfolgreicher lehren.

Nach Collins ist die gestiegene Bedeutung formaler Bildungsabschlüsse das Ergebnis des Versuchs der Angehörigen akademischer Berufe aus der Mittelklasse, ihren Status und zugleich die Mindesteinsätze im Konkurrenzkampf zu erhöhen. Während vormals marginalisierte Gruppen mühsam versuchen, ihren Rückstand aufzuholen, nutzen die Privilegierten ihre Berufsorganisationen, um nicht nur ihren Status zu erhöhen, sondern auch, um ihren Vorsprung im Rennen um gute Jobs zu vergrößern. Da sie ja bereits höhere Bildungsabschlüsse besitzen, können sie so die Konkurrenten, die nicht darüber verfügen, weiterhin auf Abstand halten.

Kritiker/innen werfen Collins vor, seine Sicht der Dinge sei zynisch und nicht rational, sie leugne oft die wichtigen funktionalen Aspekte des durch Ausbildung erworbenen Expertenwissens und den gestiegenen Bildungsbedarf. Obgleich diese Kritiker/innen insofern recht haben, als bei zunehmender Technisierung manchmal tatsächlich eine verbesserte Ausbildung wichtig ist, ist es doch auch richtig, dass die dramatische Vermehrung der Bildungsabschlüsse nicht allein durch funktionale Nachfrage erklärt werden kann.

2.4 Institutionentheorie: Der Beitrag John Meyers

Die Arbeiten John Meyers und seiner Kollegen/innen über die weltweite Entwicklung staatlich verantworteter Erziehung und Bildung für alle Bürger/innen war seit den 1970er Jahren ein wichtiger Theorieansatz in der Erziehungs- und Bildungssoziologie. Nach Meyers sogenannter Institutionentheorie[5] sind Schulen weltweit verbreitete Institutionen, die sich seit dem 19. Jahrhundert überall auf der Welt in ähnlicher Weise entwickelt haben. Obschon Schulen durchaus auch jeweilige Nationalkulturen widerspiegeln und es Unterschiede zwischen den nationalen Schulsystemen gibt, argumentieren Meyer und seine Kollegen/innen, dass Systeme der Massenerziehung und -bildung sich als Teil des internationalen Modells von Demokratisierung und Globalisierung herausgebildet haben. Meyer argumentiert, dass überall auf der Welt umfangreiche Bildungssysteme entstanden sind, zu denen immer mehr Menschen Zugang erhalten. Dennoch stimmt Meyer nicht dem funktionalistischen Argument zu, dass eine solche Bildungsexpansion automatisch demokratisch sei. Vielmehr argumentiert er analog zu Konflikttheoretiker/innen, dass die institutionalisierte Erziehung und Bildung oft von dominanten Gruppen kontrolliert wird und wie diese glaubt er nicht daran, dass die Expansion der Bildungssysteme hauptsächlich durch die Nachfrage des Arbeitsmarktes hervorgerufen wurde. Seine These ist vielmehr, dass der in demokratischen Bürgerge-

---

5 Anm. der Übersetzer: Im Deutschen ist die Bezeichnung Neoinstitutionalismus gängig.

sellschaften vorhandene Glaube an Bildung die treibende Kraft hinter der massenhaften Nachfrage danach ist.

David Baker und Gerald LeTendre haben die Institutionentheorie für die vergleichende Analyse internationaler Erziehungs- und Bildungssysteme und -prozesse verwendet. Auf der Grundlage von Meyers Theorie argumentieren sie, dass es eine Reihe ähnlicher Leitmotive in der weltweiten Entwicklung von Erziehungs- und Bildungssystemen gibt. Diese umfassen „den weltweiten Erfolg der Massenbeschulung", dass „Schule eine Institution ist" und dass deshalb „Veränderung von Erziehung und Bildung institutionellen Wandel" bedeutet (Baker/LeTendre 2005: 6–12). Sie gehen ferner davon aus, dass es einige fundamentale Glaubenssätze gibt, die die Entwicklung der allgemeinen Massenbeschulung geprägt haben, zum Beispiel, dass alle Kinder Bildung empfangen, dass Staaten Geld in die Schulbildung investieren sollten, dass Bildung im Sinne des Gemeinwohls wirkt, dass der Schulbesuch der Kinder bereits früh beginnen und möglichst von Dauer sein sollte, dass die in der Schule erlernten kognitiven Fähigkeiten für die Individuen wie die Gesellschaft von Vorteil sind und dass weder sozialer oder ökonomischer Status noch die Zuordnung zu einer Rasse [racial status] den Zugang zu Schulbildung einschränken sollten (Baker/LeTendre 2005: 7–8). Trotz aller Ähnlichkeiten zu den demokratisch-liberalen Funktionen von Schulen, wie sie von Funktionalisten/innen hervorgehoben worden sind, berücksichtigen Institutionentheoretiker/innen auch, wie Konflikte zwischen Gruppen über den Zugang zu und Möglichkeiten von schulischer Bildung Einfluss auf Erziehungs- und Bildungsinstitutionen genommen haben. Nach Baker und LeTendre hat „ein über dreißigjähriges Forschungsprogramm, das der Institutionstheoretiker und vergleichende Soziologe John Meyer zusammen mit seinen Kollegen/innen verfolgt hat, überzeugende Argumente dafür erbracht, schulische Bildung als Produkt einer Weltkultur zu betrachten, die schulische Erziehung und Bildung als unverwüstliche und mächtige Institution der modernen Gesellschaft verankert hat" (siehe z. B. Baker 1999; Meyer 1977; Ramirez/Boli 1987; Meyer , Ramirez/Soysal 1992; Fuller/Rubinson1992).

Sie haben gezeigt dass die Massenbeschulung weltweit ähnliche Formen annimmt und dass es geteilte Glaubenssätze darüber gibt, was Beschulung für die Gesellschaft leisten kann und soll. Sie sind der Auffassung, dass dieser Prozess zu einem Großteil durch eine dynamische Weltkultur angetrieben wird (Baker/LeTendre 2005: 10). Obwohl Meyer und seine Kollegen/innen der Überzeugung sind, dass nationale Unterschiede bedeutsam sind, betonen sie die Gemeinsamkeiten von Erziehungs- und Bildungsinstitutionen und des weltweiten Glaubens, dass die Massenbeschulung ebenso wichtig sei.

3 Postmoderne kritische Theorie

Der Postmodernismus hat sich auf der Grundlage einer tiefgreifenden Unzufriedenheit mit dem modernen Projekt der Aufklärung und Vernunft entwickelt. Ausgehend von den poststrukturalistischen Schriften Jacques Derridas (1973, 1981, 1992) und Jean Baudrillards (1981; 1984) haben Sozialtheoretiker/innen, insbesondere in Frankreich, die Angemessenheit moderner Kategorien für das Verständnis dessen in Frage gestellt, was sie als postmoderne Welt in den Blick nehmen: eine Welt, die über die ökonomischen und sozialen Beziehungen der industriellen Welt hinausgeht, welche die Theoretiker/innen der Moderne zu verstehen glaubten. Insbesondere im Werk von Jean-Francois Lyotard (1982; 1984) werden die marxistische Perspektive und die Perspektive der Aufklärung sowie die modernistischen Annahmen, die der marxistischen Theorie zu Grunde liegen in der Absicht zurückgewiesen, eine andere Theorie für das späte 20. Jahrhundert zu entwickeln.

Postmodernes Denken besteht aus zahlreichen miteinander verbundenen Leitmotiven. *Erstens* beharrt der Postmodernismus auf einer Position, die Lyotard (1984) als Ablehnung der großen Erzählungen (metanarratives) gekennzeichnet hat. Damit meinte Lyotard, dass die modernistische Präferenz für große, totale, allumfassende Welterklärungen durch lokale und partikulare Theorien ersetzt werden müsse. *Zweitens* betont der Postmodernismus die notwendige Verbindung von Theorie und Praxis als ein Korrektiv zu ihrer Separierung in einem Großteil des modernen Denkens. *Drittens* hebt der Postmodernismus die Bedeutung demokratischer Antworten auf Autoritarismus und Totalitarismus hervor. Insbesondere Stanley Aronowitz und Henry Giroux (1991) sowie Peter McLaren und R. Hammer (1989) fordern eine demokratische, emanzipatorische und antitotalitäre Theorie und Praxis. Dabei werden Schulen als Orte demokratischer Transformation gesehen. *Viertens* betrachtet der Postmodernismus das modernistische Denken als eurozentrisch und patriarchalisch. Henry Giroux (1991), Patricia Lather (1991), Elizabeth Ellsworth (1989) und andere haben eine wichtige Kritik des Rassismus und Sexismus in einigen Schriften der Moderne geleistet sowie den Modernismus dafür kritisiert, die Interessen von Frauen und die farbiger Menschen [people of color] nicht zu berücksichtigen. Postmodernisten/innen sind *fünftens* der Überzeugung, dass alle sozialen und politischen Diskurse in Beziehung zu Strukturen der Macht und Herrschaft stehen. *Sechstens* betonen Postmodernisten/innen das, was Nicholas Burbules und Susan Rice (1992) den „Dialog über Differenzen hinweg" genannt haben. Indem sie die partikulare und lokale Natur von Wissen anerkennen, fordern Theoretiker/innen der Postmoderne den Versuch, mit und über Differenzen zu arbeiten, statt sie als hoffnungslos unüberbrückbar zu betrachten. Deshalb fordern postmoderne Theorien der Erziehung und Bildung Lehrer/innen und Schüler/innen dazu auf, die Unterschiede zwischen dem zu erforschen, was den Eindruck immanent gegensätzlicher Haltungen oder Standpunkte erweckt, um so Verstehen, Respekt und Veränderungen zu ermöglichen.

Obwohl postmoderne Theorie überwiegend als kritische Gesellschaftstheorie und als Kritik der Moderne entwickelt wurde, wurde sie schnell integraler Bestandteil der Produktion von radikalen Texten über Erziehung und Bildung, die oft kritische Theorie genannt werden. Kritische Theorie der Erziehung und Bildung, die für mehr als zwei Jahrzehnte eine interdisziplinäre Gemengelage aus Sozialtheorie, Soziologie und Philosophie umfasst hat, wurde grundlegend vom postmodernen Denken beeinflusst. In den 1980er Jahren haben insbesondere kritische Erziehungs- und Bildungstheorien, die seit den späten 1970er Jahren versucht haben, ein Gegengewicht zum Determinismus von Bowles und Gintis (1976) zu profilieren, die Sprache der Postmoderne und postmoderne Anliegen aufgegriffen. Seitdem gibt es zahlreiche postmoderne Theorien von Erziehung und Bildung bzw. Anwendungen postmodernen Denkens auf die Bildungsthematik, die als postmoderne kritische Theorie bezeichnet werden.

Postmoderne kritische Theorien der Erziehung und Bildung beziehen sich vielfach sehr stark auf die Arbeiten des brasilianischen Pädagogen Paolo Freire (1971, 1985, 1987), dessen einflussreiches Werk „Pädagogik der Unterdrückten" (1971) zu einer wichtigen Grundlage für kritische Erziehungs- und Bildungstheorie in den Vereinigten Staaten wurde (s. Macedo 1990, 1994; Kincheloe/Steinberg 1993 und 1998). Postmoderne kritische Theorien der Erziehung und Bildung sind neo-marxistischen Theorien in Hinblick auf ihre Betrachtung von Curricula und Pädagogik ähnlich. Eine als kritische Pädagogik (critical pedagogy) bezeichnete Denkschule (Kincheloe/Steinberg 1998: Kapitel 1) betont, dass das Klassenzimmer ein Ort für politisches Handeln ist und Lehrer/innen Akteure sind, die Veränderungen herbeiführen können. Schließlich lehnen postmoderne Theorien der Erziehung und Bildung die überwiegend quantitative Herangehensweise der traditionellen Erziehungs- und Bildungssoziologie ab; stattdessen treten sie für qualitative, narrative, autobiografische Forschungskonzepte ein (Denzin/Lincoln 2006).

Alan Sadovnik (1995) hat auf eine Reihe von Problemen postmoderner kritischer Erziehungs- und Bildungstheorien hingewiesen. Erstens sind diese oft in einer schwer verständlichen Sprache geschrieben. Dies ist zwar eine Problematik jeder wissenschaftlichen Arbeit, aber umso mehr eine Problematik für eine Theorie, die behauptet ein Programm für Kritik und Veränderung in der Schule bereit zu stellen. Zweitens vermeiden sie in ihrer Schulforschung empirische Methoden. In der Folge finden sich manchmal umfangreiche Behauptungen mit geringen empirischen Belegen. Schließlich, und das ist am wichtigsten, scheitern postmoderne Theorien vielfach daran, Theorie und Praxis in einer Weise zu verbinden, die Praktiker/innen bedeutsam und nützlich finden. Es soll nicht behauptet werden, dass Postmodernist/innen ausschließlich für Praktiker/innen schreiben. Aber wenn es eines der erklärten Ziele von Theoretiker/innen wie Giroux ist, Lehrer/innen zu transformativen Intellektuellen auszubilden und eine für Schulentwicklung geeignete kritische Pädagogik zur Verfügung zu stellen, dann ist das Problem der Sprache (und Verständlichkeit) von zentraler Bedeutung. Wie können wir einen Dialog über Differenzen hinweg führen, wenn Lehrer/innen von diesem Dialog ausgeschlossen sind.

Was die postmoderne kritische Theorie vom Rest der Bildungssoziologie unterscheidet, ist ihr Mangel an empirischen Belegen. Obschon viele der hier diskutierten soziologischen Ansätze begrifflich-theoretisch orientiert sind, ist bei ihnen doch die Theorie die Basis für empirische Forschung. Die funktionalistische Theorie etwa führte zu einem sehr fruchtbaren empirischen Forschungsprojekt über die Beziehung zwischen Bildung, Erfolg und Mobilität. Die Konflikttheorie inspirierte eine ganze Palette komparativer, historischer und empirischer Studien über die Beziehungen zwischen Bildung und sozialer Reproduktion, zwischen Bildungsexpansion und Arbeitsmarktnachfrage und über Vorstellungen der Wirksamkeit staatsbürgerlicher Beteiligung (citizenship). Die Theorie des Interaktionismus schließlich zog vielfältige qualitative, ethnographische Studien über Schulen und Klassenraumverhalten nach sich, die den Zusammenhang zwischen schulischen Prozessen und sozialer Schichtung beschreiben. Die postmoderne kritische Theorie liefert demgegenüber keine ausreichende empirische Forschung, die es erlaubt, ihre oft tautologischen Behauptungen zu überprüfen. Trotzdem sie als Gesellschaftstheorie bedeutungsvoll ist, versäumt sie es, das Versprechen der Soziologie einzulösen: die Entwicklung eines wissenschaftlichen, empirisch überprüften Sets von Behauptungen, das erklärt, wie die soziale Welt funktioniert.

Der folgende Abschnitt untersucht die verschiedenen Arten sozialwissenschaftlicher Forschung, die in der Bildungssoziologie zur Anwendung kommen.

4   Der Aufstieg der empirischen Bildungsforschung: Methodologische Ansätze zum Studium von Erziehungs- und Bildungseffekten

In den 1960er Jahren begann die Vorherrschaft quantitativer Methoden in der bildungs- und erziehungssoziologischen Forschung. Großformatige Datensätze wie etwa „High School Beyond", die „National Educational Longitudinal Study" und die „School and Staffing Surveys", erhoben von Organisationen wie dem National Opinion Research Center der Universität von Chicago und dem National Center for Educational Statistics, wurden mit Hilfe komplexer und differenzierter statistischer Methoden (multivariate Datenanalyse, Hierarchische Lineare Modelle, Pfadanalyse usw.) ausgewertet. Der Zweck solcher Analysen war es, unter Berücksichtigung einer Reihe unabhängiger inner- und außerschulischer Kontrollvariablen die jeweiligen unabhängigen Effekte der Beschulung auf ökonomische und bildungsspezifische Ergebnisse [outcomes] zu untersuchen. Beginnend mit dem Coleman-Report in den 1960er Jahren (Coleman et al. 1966) und Jencks Analysen des Zusammenhangs von Familie und Schule (Jencks 1972; Jencks et al. 1979) untersuchten diese Studien die zum Teil erklärbaren, zum Teil noch unerklärten Unterschiede der schulischen und akademischen Erfolge verschiedener Bevölkerungsgruppen, unterteilt nach Kriterien wie Rasse, soziale Klasse, Ethnizität, Geschlecht, Alter, Behinderung, usw. Dieser Forschungszweig untersuchte auch die Auswirkungen des Besuchs verschiedener Schularten, z.B. von Privatschulen, öffentlichen Schulen und so genannter Vertragsschulen[6] sowie die Effekte bestimmter schulischer Organisationsformen und Praktiken, wie des Eingruppierens nach Fähigkeiten [ability grouping], der Sortierung nach speziellen Bildungslaufbahnen [tracking] und der Schul- und Klassengröße (Hallinan 2000; Levinson/Cookson/Sadovnik 2002) auf die genannten Gruppen. Obwohl dieser Forschungszweig wichtige Befunde hinsichtlich der Effekte schulischer Organisationsformen und Prozesse sowie der unabhängigen Effekte außerschulischer Faktoren wie Armut, Familie, Nachbarschaft, Gemeinde und Gleichaltrigengruppe [peer group] lieferte, argumentierten interaktionistisch orientierte Bildungssoziologen/innen, die auf riesigen Datenmengen basierende Forschung verfehle oft gerade die Gründe für die Effekte, da sie die alltägliche schulische Praxis nicht untersuche.

Als Gegengift und Ergänzung zu der ausufernden „Datenhuberei" der quantitativen Forschung arbeiteten qualitativ orientierte Soziologen/innen ethnographische Ansätze zum Verständnis schulischer Praktiken heraus. Ausgehend von den Methoden der Chicago School of Sociology aus den 1930er Jahren (Vidich/Lyman, 1994) lieferten Soziologen/innen wie Annette Lareau (1989, 2004), Lois Weis (1990, 2005) und Michelle Fine (1992) wertvolle Studien über die Auswirkungen schulischer Praktiken auf Schüler/innen verschiedener sozialer Herkunft.

Einige qualitativ orientierte Soziologen/innen stehen direkt in der wissenschaftlichen Tradition des Positivismus, die auf Objektivität und Methodenstrenge insistiert und Kausalzusammenhänge untersucht (Maxwell 2004), andere wiederum sind eher in interpretativen Traditionen wie dem Symbolischen Interaktionismus, der Ethnomethodologie, der Hermeneutik, dem Postmodernismus, dem Feminismus, der Kritischen Theorie oder den Cultural Studies verwurzelt (Riehl 2001) und lehnen, wenn auch nicht alle mit gleicher Entschiedenheit, post-positivistische Vorstellungen wissenschaftlicher Methodenstrenge ab. Wie schon erwähnt, bevorzugen viele postmoderne kritische Studien eher narrative und autobiographische Ansätze. Trotz einer Kritik qualitativer Forschung als unwissenschaftlich (vgl. Denzin/Lincoln 2006) bleibt diese ein wichtiger Teil der bildungssoziologischen Forschung.

Als Reaktion auf diese Kritik an der Unwissenschaftlichkeit qualitativer Forschung verlangten zu Beginn des 21. Jahrhunderts politische Entscheidungsträger/innen und Regierungsbeamten/innen des US-Bildungsministeriums, die bildungssoziologische Forschung solle ihre Methoden an denen der Naturwissenschaften ausrichten.

Mit der Forderung, naturwissenschaftlich-experimentelle Forschungsdesigns mit randomisierten Verfahren, der „Goldstandard" der medizinischen und pharmazeutischen Forschung, solle zur bevorzugten Methode auch der Bildungsforschung werden, gab das US-Bildungsministerium Richtlinien für die Finanzierung von Bildungsforschung vor, mit denen die quantitative Forschung im Allgemeinen und das naturwis-

---

6   Anm. der Übersetzer: Im Original ist von Charter Schools die Rede; Charter Schools in den U.S.A. sind öffentliche, aber von privaten Unternehmen geleitete Schulen.

senschaftlich-experimentelle Forschungsdesign im Besonderen klar gegenüber anderen Methoden privilegiert wurde. Außerdem verlangten mehrere vom Bildungsministerium initiierte Gesetze, darunter der „No Child Left Behind Act" (2001) wissenschaftliche Belege für die Wirksamkeit der Programme und Lehrpläne, die auf der einschlägigen „What Works Clearinghouse List" erscheinen oder die ein Anrecht auf staatliche Finanzierung nach der Title I-Klassifizierung von Stadtteilen (höchste/hohe Armutsrate) besitzen und Zuschüsse nach dem „Comprehensive School Reform Model" geltend machen wollen.

Obwohl sozialwissenschaftliche und bildungssoziologische (Dach-)Organisationen wie die American Educational Research Association sich in Stellungnahmen gegen eine solch enge Definition wissenschaftlicher Forschung ausgesprochen und die gleichberechtigte Berücksichtigung qualitativer Studien gefordert haben, bevorzugen die US-Regierung bzw. die Bundesbehörden in ihrer Politik und bei der Mittelvergabe weiterhin die quantitativ ausgerichteten Forschungsmethoden. Mehrere Sozialforscher/innen haben in diesem Zusammenhang argumentiert, sowohl quantitative als auch qualitative Methoden seien mit jeweiligen Schwächen behaftet und Ansätze, die beides kombinieren, seien daher sinnvoller (Chatterji 2005; Johnson/Onwuegbuzie 2004; Maxwell 2004). Aus der Existenz der jeweiligen Stärken und Schwächen ergibt sich, dass sowohl quantitative wie qualitative Methoden eine wichtige Rolle in der Bildungssoziologie spielen sollten. Riehl (2004) argumentiert, der qualitativ ausgerichtete Zweig der Bildungssoziologie habe wichtige Beiträge zum Verständnis der Probleme im Bildungssystem geliefert und den politischen Entscheidungsträger/innen nützliche Befunde an die Hand gegeben, die im Sinne einer Verbesserung der Schulen gebraucht werden können.

Andererseits haben auch die quantitativen Analysen großer Datenbestände wichtige Erkenntnisse über die Effekte der Beschulung geliefert und waren insofern von unschätzbarem Wert für Bildungspolitiker/innen. In einer Zeit, in der die bildungssoziologische Forschung vom Institute of Education Sciences – direkt am U.S. Departement of Education angesiedelt (Bildungsministerium) – dominiert wird und die an der pharmazeutischen und medizinischen Forschung orientierten naturwissenschaftlich-experimentellen Forschungsdesigns und randomisierten Feldversuche zum „Goldstandard" für die Beurteilung dessen, „was wirkt", und auch für bildungspolitische Empfehlungen und programmatische Maßnahmen erklärt werden, ist es geboten, sowohl die quantitativ wie die qualitativ ausgerichtete Forschung als wichtige Hilfsmittel für bildungspolitische Entscheidungsträger/innen anzuerkennen. Seien Studien nun rein quantitativ oder rein qualitativ oder eine Kombination aus beidem, die Bildungs- und Erziehungssoziologie liefert der Politik wichtige Daten. Chatterji (2005) führt überzeugend aus, dass, auch wenn er aufwendig und teuer ist, ein verschiedene Methoden kombinierender, stark qualitativ gesättigter Ansatz, Bestandteil langfristig ausgerichteter Evaluationsdesigns sein sollte, um sicherzustellen, dass die Forschung den politischen Entscheidungsträger/innen die bestmöglichen wissenschaftlichen Belege dafür liefert, welche bildungspolitischen Maßnahmen wirklich funktionieren.

5   Schluss

Die Bildungs- und Erziehungssoziologie nahm ihren Anfang in Problemfeldern der klassischen Soziologie des 19. und frühen 20. Jahrhunderts. In den 1960er Jahren wurde sie erwachsen und behandelte von da an vor allem wichtige Fragestellungen im Zusammenhang mit den Themen Meritokratie und Gleichheit. Die gegenwärtigen bildungs- und erziehungssoziologischen Theorien entstanden häufig aus dem Versuch heraus, die wichtigsten theoretischen Strömungen – Funktionalismus, Konflikttheorie und Interaktionismus – zu synthetisieren und haben eine fruchtbare theoretische Grundlage für die empirische Forschung geliefert. Zugleich führte die Besorgnis über soziale Bildungsungleichheiten zu einer starken Fokussierung auf die empirische, meist quantitative Erforschung der Effekte des Schulbesuchs. Auf der Grundlage großer Datensätze wie „High School and Beyond" und der „National Education Longitudinal Study" wurden vor allem die Auswirkungen schulischer Prozesse wie etwa der Zuweisung auf unterschiedliche Bildungslaufbahnen [tracking] erforscht. Diese Studien lieferten wichtige Erkenntnisse in Hinblick auf einerseits die unabhängigen Effekte des Schulbesuchs auf Erziehung und Bildung, die Bedeutung der Familie und anderer Faktoren aus dem nicht-schulischen Umfeld der Schüler/innen, waren andererseits jedoch theoretisch nicht durchdacht und komplex.

Heute befindet sich die Bildungssoziologie am Scheideweg. Im 20. Jahrhundert war sie geprägt durch den Versuch, die theoretischen Einsichten der klassischen Soziologie des 19. Jahrhunderts empirisch zu überprüfen und weiterzuentwickeln. Mittels elaborierter methodologischer Ansätze stellte Erziehungs- und Bildungssoziologie einerseits wichtige empirische Befunde über die Auswirkungen von Bildung auf verschiedene soziale Gruppe, andererseits eine wichtige Datenbasis für Diskussionen über ungleiche Bildungserfolge zur Verfügung. Postmoderne Theoretiker/innen und Forscher/innen hingegen, die sich hauptsächlich auf qualitative Methoden stützen, boten eine Alternative zu der, ihrer Meinung nach szientistischen, zu stark quantitativen Ausrichtung großer Teile der Bildungssoziologie an. Viele Bildungs- und Erziehungssoziologen/innen sind der Meinung, dass durch diesen Ansatz die wissenschaftliche Fundierung der erziehungs- und bildungssoziologischen Forschung geschwächt wurde. Für Andere (Cookson, 1987; Hallinan, 1996) sind alle Richtungen der Bildungssoziologie insgesamt zu politik- und praxisfern.

In den nächsten Jahren wird es die Aufgabe der Bildungs- und Erziehungssoziologen/innen sein, unterschiedliche Methoden, quantitative wie qualitative, in einer Weise zu kombinieren, die es erlaubt, die wichtigste Fragestellung sowohl des Funktionalismus als auch der Konflikttheorie – warum Schüler/innen mit einem niedrigeren sozioökonomischen Status in der Schule weniger erfolgreich sind – näher zu untersuchen, der Politik praktikable Vorschläge für eine erfolgreiche Schulreform und die Verringerung der stark ungleichen Bildungserfolge vorzulegen. Obwohl soziologische Theorien immer ein wichtiger Bestandteil der Erziehungs- und Bildungssoziologie sein werden, müssen Theorie, empirische Forschung und Praxis einander weiter angenähert werden.

Aus dem Englischen übersetzt von
Ullrich Bauer, Uwe H. Bittlingmayer, Konrad Jocksch und Albert Scherr

Literatur

Aronowitz, Stanley/Giroux, Henry (1991): Postmodern education: Politics, culture and social criticism. Minneapolis: University of Minnesota Press.

Atkinson, Paul (1981): Bernstein's structuralism, Education Analysis, 3, S. 85–96.

Atkinson, Paul (1985): Language, structure and reproduction: An introduction to the sociology of Basil Bernstein. London: Methuen.

Atkinson, Paul/Davies, Brian/Delamont, Sara (1995): Discourse and reproduction: Essays in honor of Basil Bernstein. Cresskill, NJ: Hampton Press.

Baker, David P. (1999): Schooling all the masses: Reconsidering the origins of American schooling in the post-bellum era, Sociology of Education, 72(4), S. 197–215.

Baker, David P./LeTendre, Gerald K. (2005): National differences, global similarities: World culture and the future of schooling. PaloAlto, CA: Stanford University Press.

Baudrillard, Jean (1981): For a critique of the political economy of the sign (Charles Leaven, Trans.). St. Louis: Tellos Press.

Baudrillard, Jean (1984): The precession of simulacra. In: B. Wallis, (Hrsg.): Art after modernism: Rethinking representation. Boston: David Godine, S. 213–281.

Bennett, Kathleen P./LeCompte, Margaret D. (1990): How schools work, New York: Longmann.

Berger, Peter/Luckmann, Thomas (1963): The social construction of reality. Garden City, NY: Doubleday.

Bernstein, Basil (1958): Some sociological determinants of perception: An enquiry into sub-cultural differences, British Journal of Sociology, 9, S. 159–174.

Bernstein, Basil (1960): Language and social class: A research note. British Journal of Sociology, 11, S. 271–276.

Bernstein, Basil (1961): Social structure, language, and learning, Educational Research, 3, S. 163–176.

Bernstein, Basil (1961): Social class and linguistic development: A theory of social learning. In: Halsey, Anna H./Floyd, J./Anderson, C. A. (Hrsg.): Education, economy and society. New York: Free Press, S. 288–314.

Bernstein, Basil (1962a): Linguistic codes, hesitation phenomena and intelligence. Language and Speech, 5, S. 31–46.

Bernstein, Basil (1962b): Social class, linguistic codes and grammatical elements. Language and Speech, 5, S. 221–240.

Bernstein, Basil (1970): Education cannot compensate for society. New Society, 387, S. 344–347.

Bernstein, Basil (1971): A sociolinguistic approach to socialisation with reference to educability. In: Hymes, Dell/Gumperz, John (Hrsg.): Directions in sociolinguistics. New York: Holt, Rinehart & Winston. (Reprinted in B. Bernstein: Class, codes and control (Vol. 1). London: Routledge & Kegan Paul, 1973).

Bernstein, Basil (1973c): Class, codes, and control (Vol. 1). London: Routledge & Kegan Paul. (Original veröffentlicht 1971).

Bernstein, Basil (1973a): Class, codes, and control (Vol. 2). London: Routledge & Kegan Paul. (Original veröffentlicht 1971).

Bernstein, Basil (1973b): On the classification and framing of educational knowledge. In: Bernstein, Basil (Hrsg.): Class, codes, and control. London: Routledge & Kegan Paul, Vol. 1, S. 202–230; Vol. 2, S. 85–115 (Ursprünglich veröffentlicht in: Young, Michael F. D. (Hrsg.) (1971): New directions for the sociology of education. London: Collier-Macmillan).

Bernstein, Basil (1973c): Class, codes, and control (Vol. 3). London: Routledge & Kegan Paul. (Ursprünglich veröffentlicht: 1975).

Bernstein, Basil (1977a): Class, codes, and control. (Vol. 3). London: Routledge & Kegan Paul. (Ursprünglich veröffentlicht: 1971).

Bernstein, Basil (1977b): Class and pedagogies: Visible and invisible (Rev. ed.). In: Bernstein, Basil: Class, codes, and control. London: Routledge & Kegan Paul, Vol. 3, S. 116–156.

Bernstein, Basil (1986): On pedagogic discourse. In: Richardson, John G. (Hrsg.): Handbook for theory and research in the sociology of education. New York: Greenwood, S. 205–240 (Redigiert und erneut veröffentlicht in: Bernstein, Basil (1990a): S. 165–218.)

Bernstein, Basil (1990a): Class, codes and control: Vol. 4: The structuring of pedagogic discourse. London: Routledge.

Bernstein, Basil (1990b): Social class and pedagogic practice. In: Basil Bernstein, Class, codes, and control: Vol. 4: The structuring of pedagogic discourse. London: Routledge, S. 63–93.

Bernstein, Basil (1990c): Elaborated and restricted codes: Overview and criticisms. In: Bernstein, Basil: Class, codes and control: Vol. 4: The structuring of pedagogic discourse. London: Routledge, S. 94–130.

Bernstein, Basil (1990d): The social construction of pedagogic discourse. In Bernstein, Basil: Class, codes, and control: Vol. 4: The structuring of pedagogic discourse. London: Routledge S. 165–218.

Bernstein, Basil (1995): A response. In: Sadovnik, Alan R. (Hrsg.): Knowledge and pedagogy: The sociology of Basil Bernstein, Norwood, NJ: Ablex Publishing Corporation, S. 385–424.

Bernstein, Basil (1996): Pedagogy, symbolic control and identity: Theory, research, critique. London: Taylor & Francis.

Bernstein, Basil/Cook-Gumperz, Jenny (1976): The coding grid, theory and operations. In: Cook-Gumperz, Jenny (Hrsg.): Social control and socialization: A study of social class differences in the language of maternal control. London: Routledge & Kegan Paul, S. 48–72.

Bourdieu, Pierre (1973): Cultural reproduction and social reproduction. In: Brown, Richard (Hrsg.): Knowledge, education, and cultural change. London: Tavistock, S. 71–112.

Bourdieu, Pierre (1977): Outline of a theory of practice. Cambridge, UK: Cambridge University Press.

Bourdieu, Pierre (1984): Distinction: A social critique of the judgment of taste. Cambridge, MA: Harvard University Press.

Bourdieu, Pierre/Passeron, J. C. (1977): Reproduction in education, society and culture. London: Sage.

Bowles, Samuel/Gintis, Herbert (1976): Schooling in capitalist America. New York: Basic Books.

Burbules, Nicholas/Rice, Suzanne (1991): Dialogue across differences: Continuing the conversation. Harvard Educational Review, 61 (4), S. 393–416.

Burbules, Nicholas/Rice, Suzanne (1992): Can we be heard? A reply to Leach. Harvard Educational Review, 62 (2), S. 264–271.

Chatterji, Madhabi (2005): Evidence of „What Works": An Argument for Extended-Term Mixed-Method (ETMM) Evaluation Designs. Educational Researcher, 34 (5), S. 14–24.

Cherryholmes, Cleo (1988): Power and criticism: Poststructural investigations in education. New York: Teachers College Press.

Coleman, James et al. (1966): Equality of educational opportunity. Washington D.C.: U.S. Government Printing Office.

Collins, Randall (1971): Functional and conflict theories of educational stratification. American Sociological Review, 36 (6), S. 1002–1019.

Collins, Randall (1975): Conflict sociology. New York: Academic Press.

Collins, Randall (1978): The credential society. New York: Academic Press.

Collins, Randall/Makowsky, Michael (1993): The discovery of society. New York: McGraw Hill.

Cookson, Peter W. (1987): Closing the rift between scholarship and practice: The need to revitalize educational research. Educational Policy, 1, S. 321–331.

Cookson, Peter W., Jr./Persell, Caroline H. (1985): Preparing for power: America's elite boarding schools. New York: Basic.

Danzig, Arnold (1995): Applications and distortions of Basil Bernstein's code theory, S. 145–170. In: Sadovnik, Alan R. (Hrsg.): Knowledge and pedagogy: The sociology of Basil Bernstein. Norwood, NJ: Ablex Publishing Corporation.

Davis, Kingsley/Moore, Wilbert (1945): Some principles of stratification. American Sociological Review, 10, S. 242–249.

Denzin, Norman K./Lincoln, Yvonna S. (2006): Handbook of qualitative research (3. Aufl.). Thousand Oaks, CA: Sage.

Derrida, Jacques (1973): Speech and phenomenon. Evanston, IL: Northwestern University Press.

Derrida, Jacques (1981): Positions. Chicago: University of Chicago Press.

Derrida, Jacques (1982): Of grammatology. Baltimore: Johns Hopkins University Press.

Dewey, John (1916): Democracy and education. New York: Free Press.

Dewey, John (1984): The public and its problems. In John Dewey: The later works, Vol. 2: 1925–1927. Carbondale & Edwardsville, IL: Southern Illinois University Press (Original veröffentlicht 1927).

Durkheim, Emil (1947): The division of labor in society. Glencoe, IL: Free Press. (Original veröffentlicht 1893).

Durkheim, Emil (1951): Suicide. Glencoe, IL: Free Press. (Original veröffentlicht 1897).

Durkheim, Emil (1954): The elementary forms of religious life. Glencoe, IL: Free Press. (Original veröffentlicht 1915).

Durkheim, Emil (1956): Education and sociology. New York: Free Press.

Durkheim, Emil (1962): Moral education. New York: Free Press.

Durkheim, Emil (1977): The evolution of educational thought (P. Collins, Trans.). London: Routledge & Kegan Paul.

Durkheim, Émile (1925/1992): L'éducation morale, Mit einer Einführung von Paul Faconnet. Neuauflage, Paris: Presses universitaires de France; deutsche Übersetzung (1973): Erziehung, Moral und Gesellschaft. Vorlesungen an der Sorbonne 1902/03. Neuwied a. Rh., Darmstadt: Luchterhand sowie Frankfurt/Main: Suhrkamp 1984.

Durkheim, Émile (1938/1990): L'evolution pédagogique en France. Mit einer Einführung von Maurice Halbwachs. Neuauflage, Paris: Presses universitaires de France; deutsche Übersetzung (1977): Die Entwicklung der Pädagogik. Zur Geschichte und Soziologie des gelehrten Unterrichts in Frankreich. Weinheim/Basel: Beltz.

Durkheim, Émile (1922/2005): Éducation et Sociologie. Neuauflage, Paris: Les Presses universitaires de France; deutsche Übersetzung (1972): Erziehung und Soziologie. Düsseldorf: Schwann. Anm. der Übersetzer.

Ellsworth, Elizabeth (1989): Why doesn't this feel empowering? Working through the repressive myths of critical pedagogy. Harvard Educational Review, 59 (3), S. 297–324.

Fine, Michelle (1992): Framing Dropouts. Albany, New York: SUNY Press.

Freire, Paolo (1972): Pedagogy of the oppressed. New York: Herder & Herder.

Freire, Paolo (1985): The politics of education. South Hadley, MA: Bergin & Garvey.

Freire, Paolo (1987): A pedagogy for liberation. South Hadley, MA: Bergin & Garvey.

Fuller, Bruce/Rubinson, Richard (Eds.) (1992): The political construction of education. New York: Praeger.

Giddens, Anthony (1975): The new rules of sociological method. London: Cambridge University Press.

Giroux, Henry (1981): Ideology, culture and the process of schooling. Philadelphia: Temple University Press.

Giroux, Henry (1983): Theory and resistance in education. South Hadley, MA: Bergin & Garvey.

Giroux, Henry (1988): Teachers as intellectuals. South Hadley, MA: Bergin & Garvey.

Giroux, Henry (1991): Postmodernism, feminism, and cultural politics: Redrawing educational boundaries. Albany, NY: SUNY Press.

Goffman, Erving (1959): The presentation of self in everyday life. Garden City, NY: Doubleday.

Goffman, Erving (1961a): Asylums. Garden City, NY: Doubleday.

Goffman, Erving (1961b): Encounters. Indianapolis, IN: Bobbs-Merrill.

Goffman, Erving (1963a): Stigma. Englewood Cliff s, NJ: Prentice-Hall.

Goffman, Erving (1963b): Behavior in public places. Garden City, NY: Doubleday.

Goffman, Erving (1967): Interaction ritual. Garden City, NY: Doubleday.

Habermas, Jürgen (1979): Communication and the evolution of society. Boston: Beacon Press

Habermas, Jürgen (1981): Modernity versus postmodernity. New German Critique, 8 (1), S. 3–18.

Habermas, Jürgen (1982): The entwinement of myth and enlightenment. New German Critique, 9 (3), S. 13–30.

Habermas, Jürgen (1983): Modernity: An incomplete project. In: Foster, Hal (Hrsg.): The antiaesthetic: Essays on postmodern culture. Seattle, WA: Bay Press, S. 3–16.

Habermas, Jürgen (1987): The philosophical discourse of modernity (F. Lawrence, Trans.). Cambridge, MA: MIT Press.

Hallinan, Maureen T. (Hrsg.) (2000): Handbook of sociology of education. New York: Kluwer.

Hallinan, Maureen T. (1996): Bridging the gap between scholarship and practice. Sociology of Education 69 (Extra Issue), S. 131–134.

Harvey, David (1989): The condition of postmodernity: An inquiry into the origins of cultural change. Cambridge, MA: Basil Blackwell.

Holland, J. (1986): Social class differences in adolescents' conception of the domestic and industrial division of labor, C.O.R.E., 10(1), University of London, Institute of Education.

Hurn, Christopher (1993): The limits and possibilities of schooling. Needham Heights, MA: Allyn & Bacon.

Jameson, Fredric (2002): Postmodernism and consumer society. In: Foster, Hal (Hrsg.): The antiaesthetic: Essays on postmodern culture. Seattle: Bay Press, S. 11–125.

Jencks, Charles (1987): What is post-modernism? New York: St. Martin's.

Jencks, Charles (1979): Who Get's Ahead. New York: Basic Books.

Jencks, Charles et al. (1972): Inequality. New York: Basic Books.

Jenkins, Celia (1990): The professional middle class and the origins of progressivism: A case study of the new educational fellowship, 1920–1950. C.O.R.E., 14 (1), University of London, Institute of Education.

Johnson, R. Burke/Onwuegbuzie, Anthony (2004): Mixed methods: a research paradigm whose time has come. Educational Researcher, 33 (7), S. 14–26.

Karabel, Jerome/Halsey, A. H. (1977): Power and ideology in education. New York: Oxford University Press.

Kincheloe, Joe L./Steinberg, Shirley R. (Hrsg.) (1998): Unauthorized methods: Strategies for critical teaching. New York: Routledge.

Lareau, Annette (1989): Home Advantage. New York: Routledge.

Lareau, Annette (2004): Unequal Childhood: Class, Race and Family Life. Berkeley: University of California Press.

Lather, Patti (1989): Critical theory, curriculum transformation, and feminist mainstreaming. Journal of Education, 1966 (März), S. 49–62.

Lather, Patti (1989): Postmodernism and the politics of enlightenment. Educational Foundations, 3 (3), S. 8–9.

Lather, Patti (1991): Getting smart: Feminist research and pedagogy with/in the postmodern. New York: Routledge.

Levinson, David L./Cookson, Peter W./Sadovnik, Alan R. (2002): Encyclopedia of education and sociology. New York: Routledge.

Lyotard, Jean-Francois (1984): The postmodern condition (G. Bennington & B. Massumi, Trans.). Minneapolis: University of Minnesota Press.

Mannheim, Karl (1936): Ideology and utopia. New York: Harcourt & Brace.

Marx, Karl (1971): The poverty of philosophy. New York: International Publishers.

Marx, Karl/Engels, Friedrich (1947): The German ideology. New York: International Publishers. (Original veröffentlicht 1846).

Maxwell, Joseph (2004): Causal explanation, qualitative research and scientific inquiry in education. Educational Researcher, 33 (2), S. 3–11.

McLaren, Peter (1991): Schooling and the postmodern body: Critical pedagogy and the politics of enfleshment. In: Giroux, Henry (1991): Postmodernism, feminism, and cultural politics: Redrawing educational boundaries. Albany, NY: SUNY Press, S. 144–173.

McLaren, Peter/Hammer, Rhonda (1989): Critical pedagogy and the postmodern challenge: Toward a critical postmodernist pedagogy of liberation. Educational Foundations, 3 (3), S. 29–62.

Meyer, John (1977): The effects of education as an institution. American Journal of Sociology, 83 (1), S. 55–77.

Meyer, John/Kamens, David/Benavot, A./Cha, Y. K./Wong, S. Y. (1992): School knowledge for the masses: World models and national primary curriculum categories in the twentieth century. London: Falmer.

Meyer, John/Rowan, Brian (1977): The structure of educational organizations. In: M. Meyer & Associates (Hrsg.): Environments and organizations. San Francisco: Jossey-Bass, S. 78–109.

Meyer, John/Rowan, Brian (1978): Institutionalized organizations: Formal structure as myth and ceremony. American Journal of Sociology, 83, S. 340–363.

Meyer, John/Ramirez, F. O./Rubinson, Richard/Boli, John (1977): The world of educational revolution, 1950–1970. Sociology of Education, 50, S. 242–258.

Meyer, John/Ramirez, F. O./Soysal, Yasmin (1992): World expansion of mass education, 1870–1980. Sociology of Education, 65, S. 128–149.

Oakes, Jeannie (1985, 2005): Keeping track: How schools structure inequality. New Haven: Yale.

Parsons, Talcott (1959): The school as a social system, Harvard Educational Review, 29, S. 297–318.

Persell, Caroline H. (1977): Education and inequality. New York: Free Press.

Ramirez, F./Boli, John (1987): The political construction of mass schooling: European origins and worldwide institutionalization, Sociology of Education, 60, S. 2–17.

Ravitch, Diane (1977): The revisionists revisited. New York: Basic Books.

Riehl, Carolyn (2001): Bridging to the future: The contributions of qualitative research to the sociology of education. Sociology of Education, 74 (Extra Issue), S. 115–134.

Rist, Ray (1970): Student social class and teacher expectations: The self fulfilling prophecy in ghetto education. Harvard Educational Review, 40, S. 411–451.

Rist, Ray (1973): The urban school: Factory for failure. Cambridge, MA: MIT Press.

Rist, Ray (1977): On understanding the processes of schooling: The contributions of labeling theory. In: Karabel, Jerome/Halsey, Albert (Hrsg.): Power and ideology in education. New York: Oxford University Press, S. 292–305.

Rubinson, Richard (1986): Class formation, politics and institutions: Schooling in the United States. American Journal of Sociology, 92, S. 519–548.

Sadovnik, Alan R. (1991): Basil Bernstein's theory of pedagogic practice: A structuralist approach. Sociology of Education, 64 (1), S. 48–63.

Sadovnik, Alan R. (Hrsg.) (1995): Knowledge and pedagogy: The sociology of Basil Bernstein. Norwood, NJ: Ablex Publishing Corporation.

Sadovnik, Alan R. (1995): Postmodernism and the sociology of education: Closing the rift among scholarship, research, and practice. In: Noblit, George/Pink, William (Hrsg.): Continuity and contradiction: The futures of the sociology of education. Cresskill, NJ: Hampton Press.

Semel, Susan F. (1995): Basil Bernstein's theory of pedagogic practice and the history of American progressive education: Three case studies. In: Sadovnik, Alan (Hrsg.): Knowledge and pedagogy: The sociology of Basil Bernstein. Norwood, NJ: Ablex Publishing Corporation, S. 337–358.

Swartz, David (1997): Culture and power: The sociology of Pierre Bourdieu. Chicago: University of Chicago Press.

Tönnies, Ferdinand (1957): Community and society. New York: Harper. (Original veröffentlicht 1887)

U.S. Department of Education. (1983). A nation at risk. Washington, DC: U.S. Government Printing Office.

Vidich, Arthur J./Lyman, Stanford M. (1994): Qualitative methods: Their history in sociology and anthropology, S. 23–59. In: Denzin, Norman/Lincoln, Yvonna (Hrsg.): Handbook of qualitative research (1. Aufl.). Thousand Oaks, CA: Sage Publications, Inc.

Waller, Willard (1965): The sociology of Teaching. John Wiley & Sons Inc.

Weber, Max (1978): Economy and society (Bd. 1 & 2). (G. Roth & C. Wittich, Hrsg.) Berkeley: University of California Press.

Weis, Lois (1990): Working class without work. New York: Routledge.

Weis, Lois (2004): Class reunion. New York: Routledge.

Wexler, Philip (1987): Social analysis: After the new sociology. London: Routledge & Kegan Paul.

Young, Michael F. D. (Hrsg.) (1971): Knowledge and control: New directions of the sociology of education. London: Collier-Macmillan.

Teil I
Klassische Positionen
der Erziehungs- und Bildungssoziologie

Klassische Positionen der Erziehungs- und Bildungssoziologie – einige Vorbemerkungen

Ullrich Bauer, Uwe H. Bittlingmayer und Albert Scherr

In diesem Kapitel sind Texte zusammengestellt, die theoriegeschichtlich bedeutsame, deshalb aber keineswegs nur theoriegeschichtlich interessante Positionen der Bildungs- und Erziehungssoziologie dokumentieren. Es handelt sich unseres Erachtens insofern um klassische Texte, wie diese Problemstellungen und analytische Perspektiven entwickeln, die auch gegenwärtig noch relevant sind.

Für den Wiederabdruck einer relativ umfassenden Textauswahl sprechen insbesondere zwei Gründe: *Erstens* sollen hierdurch Originaltexte zugänglich gemacht werden, in denen für die Entwicklung der Bildungs- und Erziehungssoziologie grundlegende Perspektiven deutlich werden. *Zweitens* sind in den ausgewählten Texten nicht nur Fragestellungen, Begriffe und Theoreme enthalten, an die aktuelle Theorien und Forschungen anschließen; vielmehr finden sich dort auch Analysen und Reflexionen, die in der gegenwärtigen Diskussion in Vergessenheit geraten sind bzw. vernachlässigt werden. Insofern fordert die erneute Lektüre der älteren Texte auch dazu auf, nach Blindstellen und Verkürzungen in den aktuellen wissenschaftlichen und politischen Bildungs- und Erziehungsdiskursen zu fragen.

Bei den folgenden Texten handelt es sich um eine notwendig selektive Auswahl, die zweifellos nicht den Anspruch erheben kann, die Entwicklung soziologischer Auseinandersetzungen mit den gesellschaftlichen Bedingungen, Formen und Folgen von Erziehung und Bildung umfassend und in allen relevanten Aspekten zu dokumentieren. Leitend für die vorgenommene Auswahl war – neben pragmatischen Gesichtspunkten – insbesondere die Absicht, heterogene theoretische Positionen und Perspektiven durch Beiträge darzustellen, für die unseres Erachtens gilt, dass ihre erneute Lektüre gegenwartsbezogenes Nachdenken über Erziehung und Bildung befruchten kann.

Die vorgenommene Auswahl soll im Folgenden nicht ausführlich begründet, sondern es soll lediglich knapp verdeutlicht werden, weshalb es sich bei den dokumentierten Texten um auch gegenwärtig noch lesenswerte Klassiker handelt. Wir weisen hier einleitend auf übergreifende Fragestellungen hin, die in den Texten in unterschiedlicher Weise bearbeitet werden, ohne zu beanspruchen, damit eine alternativlose und eindeutige Zuordnung der Texte vorzunehmen und alle relevanten Aspekte der Texte zu berücksichtigen.

Die gesamtgesellschaftliche Einbettung von Erziehung und Bildung

Für die Bildungs- und Erziehungssoziologie war immer wieder die Frage nach dem Verhältnis von Erziehung und Bildung zu gesamtgesellschaftlichen Strukturen und Dynamiken von zentraler Bedeutung. So wurde bei Karl Marx in den ‚Thesen über Feuerbach' (1845) Erziehung als gesellschaftlich bestimmte Praxis und zugleich als ein notwendiges Element gesellschaftsverändernder Praxis zum Thema. Max Weber setzt sich in ‚Wirtschaft und Gesellschaft' (1922) mit den Auswirkungen der „rationalen bürokratischen Herrschaft" auf die „Art der Erziehung und Bildung" auseinander und akzentuiert die Bedeutung von „Fachschulung", formalisierten Prüfungen und der selektiven Verteilung von „Bildungspatenten". Von Anfang an betrachtet also die Soziologie Erziehung und Bildung in Hinblick auf ihre Einbettung in übergreifende gesellschaftliche Strukturen und Prozesse.

Zu den ausgewählten Texten:
Émile Durkheims zuerst im Jahr 1911 veröffentlichte Analyse der gesellschaftlichen Funktion von Erziehung stellt einen wichtigen Ausgangspunkt für die Konturierung einer genuin soziologischen Betrachtung von Erziehung und Bildung dar. Durkheim setzt sich dort kritisch mit zeitgenössisch einflussreichen normativen Erziehungskonzepten auseinander und zeigt auf, dass Erziehungsideale nicht unabhängig von dem gesellschaftlichen Erfordernis betrachtet werden können, durch Erziehung bestimmte emotionale, kognitive und moralische Dispositionen zu vermitteln. Er unterscheidet dabei zwischen denjenigen „Ideen, Gefühlen und Praktiken", die für eine Gesellschaft insgesamt kennzeichnend sind und „durch Erziehung allen Kindern ohne Unterschied beigebracht" werden müssen und solchen, die nur für „spezielle Milieu(s)" bedeutsam sind. Dass Erziehung gesellschaftlich die Funktion zugewiesen ist, Heranwachsende auf gesellschaftlich vorgesehene Positionen vorzubereiten, ihre gesellschaftliche Ein- und Unterordnung zu gewährleisten, wird bei Durkheim nicht problematisiert, sondern als ein fraglos-selbstverständlicher Sachverhalt betrachtet.

Auch in dem von *Theodor Geiger* 1930 veröffentlichten Aufsatz, ‚Erziehung als Gegenstand der Soziologie' wird argumentiert, dass Erziehung auf gesellschaftliche Erfordernisse bezogen sowie in ihren Ausprägungen selbst gesellschaftlich bedingt ist. Er unterscheidet dabei Erziehung als Versuch der gezielten Einflussnahme von den sich durch die gesellschaftlichen Bedingungen nicht-intentional bewirkten Sozialisationsprozessen. Dabei grenzt er sich – in Auseinandersetzung mit zeitgenössischen sozialistischen Erziehungsmodellen sowie mit Konzepten einer völkischen Pädagogik, die dann im Nationalsozialismus dominant wurde – dezidiert gegen normative Erziehungskonzepte ab. Im Unterschied zu Durkheim wendet sich Geiger zugleich gegen die Vorstellung, dass staatlich institutionalisierte Erziehung sich unmittelbar an den Erwartungen sozialer Gruppen bzw. historisch gewordenen gesellschaftlichen Festlegungen orientieren kann oder soll. Demgegenüber argumentiert er für ein abstrakter gefasstes Verständnis der gesellschaftlichen Aufgabe von Pädagogik, das den Erfordernissen gesellschaftlichen Zusammenlebens ebenso Rechnung trägt wie dem individuellen „Drang zur Eigenständigkeit": „In der öffentlichen Erziehung gilt nur eines: die persönlichen Anlagen und Vergesellschaftungskräfte des jugendlichen Menschen an sich zu vollster Entfaltung zu fördern." Vor diesem Hintergrund skizziert er dann eine Programmatik bildungs- und erziehungssoziologischer Forschung.

Ausgangspunkt des zuerst 1967 publizierten Essays ‚Erziehung nach Auschwitz' von *Theodor W. Adorno* ist dagegen die explizite normative Setzung, die zentrale Aufgabe von Pädagogik sei darin zu sehen, dazu beizutragen, dass eine Wiederholung des Holocaust, ein erneuter Völkermord, verhindert wird. Die Perspektive einer dazu geeigneten Pädagogik wird jedoch nicht als Moralvermittlung, sondern als „Erziehung (…) zu kritischer Selbstreflexion" gefasst. Dies verbindet Adorno mit einer Analyse gesellschaftlicher Strukturen und Entwicklungstendenzen, die seines Erachtens dem Ziel einer auf Autonomieförderung ausgerichteten Pädagogik diametral entgegengesetzt sind. Damit ist ein Ausgangspunkt für eine kritische Bildungssoziologie und Erziehungswissenschaft gesetzt, in deren Zentrum die Frage nach dem Spannungsverhältnis zwischen Erfordernissen der gesellschaftlichen Strukturerhaltung und den Bedingungen steht, die Prozesse der Individuierung zum selbstbestimmungsfähigen Subjekt ermöglichen.

Bei *Helmut Fend* (1974) liegt eine knappe Skizze einer funktionalistischen Betrachtung von Bildungs- und Erziehungsprozessen vor, die sich an den theoretischen Vorgaben des Strukturfunktionalismus der Parson'schen Soziologie orientiert. Der breit angelegte Blick auf die Funktionen des Bildungswesens ergibt dabei eine Erweiterung. Das Bildungswesen ist danach nicht nur durch seine Qualifikations- und Selektionsfunktion gekennzeichnet. Fend legt den Schwerpunkt vielmehr darauf, dass die Schule auch eine zentrale gesellschaftliche Legitimationsfunktion erfüllt. Fend nennt dies die Erzeugung sozialintegrativer Bewusstseinslagen.

Samuel Bowles und *Herbert Gintis* argumentieren in ihrer Studie ‚Pädagogik und die Widersprüche der Ökonomie. Das Beispiel USA (1976)', dass Veränderungen innerhalb des Erziehungs- und Bildungssystems – also etwa die massive Expansion des Bildungswesens – nur dann angemessen verstanden werden können, wenn die Analyse die ökonomischen Hintergrundstrukturen und deren Eigengesetzlichkeiten mit einbezieht. In Auseinandersetzung mit anderen Erklärungsansätzen entfalten Bowles und Gintis ihre grundlegende These: Änderungen im staatlichen Erziehungswesen resultieren aus dem geschichtsmächtigen Spannungsverhältnis zwischen der auf Wandel und Akkumulation programmierten ökonomischen Sphäre und dem auf Stabilität, Kontinuität und Reproduktion ausgerichteten Erziehungssystems. Bowles und Gintis stehen stellvertretend für einen neomarxistischen Ansatz, für den die Annahme grundlegend ist, „daß die Dynamik der kapitalistischen Ökonomie und die Formen der Veränderung im Erziehungswesen in enger Beziehung zueinander stehen" (Bowles/Gintis 1978: 283; vgl. als deutsche Adaption z.B. Reichwein 1985).

Niklas Luhmann (2002) rückt die Schwierigkeiten in den Blick, die daraus resultieren, dass die moderne, funktional differenzierte Gesellschaft sich nicht auf die ohnehin geschehenen Sozialisationsprozesse in Familien, Verwandtschaften und Gleichaltrigengruppen beschränken kann, sondern darauf verwiesen ist, Erziehung als „absichtsvolle Sozialisation" zu institutionalisieren. Auf dieser Grundlage zeigt er auf, dass die gesellschaftliche Funktion von Pädagogik sowohl in der Befähigung zur Teilnahme an gesellschaftlicher Kommunikation als auch in der Selektion für ungleiche Bildungs- und Berufskarrieren liegt. Vor diesem Hintergrund setzt er sich kritisch mit einem Selbstverständnis von Pädagogik auseinander, das die auch in pädagogische Prozesse selbst eingelassenen Unterscheidungen und Selektionsprozesse als externe Zumutung zurückweist.

In diesen fünf Texten sind zentrale Bestimmungen des Verhältnisses von Erziehung, Bildung und Gesellschaft enthalten.

Die sozialisationstheoretische Perspektive

Bereits bei Émile Durkheim (s. u.) wird Erziehung von „Sozialisation" dahingehend unterschieden, dass Erziehung als der Sonderfall der geplanten Einwirkung auf Heranwachsende gegenüber den vielfältigen ungeplanten Einwirkungen gilt. Für die weitere Entwicklung der Bildungs- und Erziehungssoziologie ist damit ein wichtiger Ausgangspunkt gesetzt. Dies gilt auch für sein – zweifellos problematisches – Postulat, dass Erziehung und Sozialisation erforderlich seien, um als asozial-egoistische Wesen geborene Menschen zur Einfügung in die soziale Ordnung zu veranlassen. Davon ausgehend wird in der weiteren Sozialisationsforschung ein weiteres grundlegendes Spannungsverhältnis deutlich: Zum einen wird die Bedeutung von Sozialisationsprozessen darin gesehen, dass unterschiedliche Sozialisationsagenturen (vor allem die Schule, Familie, Peers und das Herkunftsmilieu) eine sozialintegrierende Funktion haben. Am deutlichsten verweisen hierbei strukturfunktionalistische Ansätze auf die Notwendigkeit der Übermittlung basaler Werte, Normen und Wissensbestände in Sozialisationsprozessen. Zum anderen akzentuieren Theoriestränge, die sich von der Theorietradition des Strukturfunktionalismus distanzieren, insbesondere der symbolische Interaktionismus, dass durch Sozialisation eigenständig sprach- und handlungsfähige Subjekte hervorgebracht werden, Sozialisation also auch ein Prozess der Individuierung zum Subjekt, nicht nur gesellschaftlich-funktionale Ein- und Anpassung ist. Der sozialisations- und bildungstheoretisch grundlegende Zusammenhang von Vergesellschaftung und Individuierung wird in den folgenden Texten in unterschiedlicher Weise thematisiert.

Zu den ausgewählten Texten:
Talcott Parsons eröffnet mit seiner 1959 veröffentlichen Analyse der Sozialisationsfunktion der Schulklasse eine Perspektive, die über eine generelle Betrachtung der gesell-

schaftlichen Situierung von Erziehung und Bildung hinausgeht. Er zeigt auf, dass und wie das institutionelle Arrangement Schule dazu geeignet ist, Rollen einzuüben sowie psychische Dispositionen und Handlungsorientierungen hervorzubringen, die gesellschaftlich funktional sind. Dies betrifft u. a. die Einübung in Geschlechterrollen sowie in eine individualistische Leistungsorientierung. In diesem Zusammenhang akzentuiert er auch die Selektionsfunktion der Schule, d. h. ihre Bedeutung für die Zuweisung und die Akzeptanz von Positionen in den Strukturen sozialer Ungleichheit.

Bei *Michel Foucault* (1976) wird Schule im Kontext seiner Analyse der Disziplinarinstitutionen in den Blick genommen, als ein „Beobachtungs-, Registrier- und Dressurapparat", der darauf ausgerichtet ist, Individuen hervorzubringen, die sich die Maßstäbe dessen, was gesellschaftlich als normal gilt, zu eigen machen. Foucault fordert damit zu einer Betrachtung pädagogischer Institutionen als Anordnungen auf, in denen die Orientierung an Standards der Normalität durch vielfältige Techniken der Disziplinierung eingeübt wird.

Auch bei *Aaron V. Cicourel* und *John I. Kitsuse* (1968) richtet sich das Interesse auf Sozialisationsprozesse in Schulen. Anders als bei Parsons und Foucault wird hier jedoch gerade nicht das Passungsverhältnis von schulischer Sozialisation und gesellschaftlicher Struktur betont, sondern Schule als ein sozialer Ort in den Blick genommen, der nicht nur Leistungskarrieren, sondern zugleich auch abweichende – delinquente und klinische – Karrieren Jugendlicher hervorbringt. Damit wird akzentuiert, dass die Organisation Schule sozialisatorische Auswirkungen hat, die pädagogische Zielsetzungen konterkariert und eine Verbindung zwischen soziologischer Erziehungs- und Bildungsforschung einerseits und der Soziologie abweichenden Verhaltens andererseits nahe gelegt.

Uri Bronfenbrenner (1976) beabsichtigt mit seinem Text ‚Ökologische Sozialisationsforschung – Ein Bezugsrahmen' eine Infragestellung konventioneller Annahmen der Sozialisationsforschung. Bronfenbrenner skizziert hier die Umrisse der sozialökologischen Sozialisationsperspektive. Sein maßgeblicher Zugang basiert auf der Annahme, dass allein die alltägliche Umwelt die Entwicklung von Heranwachsenden beeinflussen kann, weswegen gutgemeinte, aber nicht in der Lebenswelt verankerte Förder- und Interventionsprogramme so wenig Wirkung zeigen. Bronfenbrenners Beitrag ist der Beginn des sozialökologischen Paradigmas, das bis heute äußerst lebendig fortwirkt. Als Erster bezeichnet er die alltägliche Umwelt als soziale Ökologie und differenziert unterschiedliche sozialökologische Schichten der Beeinflussung menschlicher Entwicklungsprozesse.

Eine soziologische Analyse der „Bildung bzw. Sozialisation des Subjekts" ist erklärtes Ziel der programmatischen Überlegungen von *Ulrich Oevermann* (1976). Gegen ein verkürztes Verständnis von Erziehung und Sozialisation als Übermittlung gesellschaftlich erforderlicher Normen, Werte, Wissensbestände und Handlungsmuster argumentiert Oevermann, dass die Existenz sprach- und handlungsfähiger Individuen soziologisch nicht vorausgesetzt werden kann, sondern die Prozesse, in denen sich Individuen zu autonom handlungsfähigen und mit sich selbst identischen Subjekten bilden, soziologisch zu untersuchen sind.

Zum Zusammenhang zwischen Bildung und sozialer Ungleichheit

Die Frage nach dem Zusammenhang von Erziehung und Bildung mit der Reproduktion und Legitimation von sozialen Ungleichheiten verweist auf ein weiteres Thema, das anhaltend im Zentrum sozialwissenschaftlicher Erziehungs- und Bildungsforschung steht. Bereits Anfang des 20. Jahrhunderts wurde in einer an Marx angelehnten Perspektive die Annahme formuliert, dass die Ausgestaltung des Bildungssystems mit den Interessen der privilegierten Klassen an der Aufrechterhaltung ihrer gesellschaftlichen Vorherrschaft zusammenhängt, so etwa von Siegfried Bernfeld (1925) in seiner Studie ‚Sisyphos oder die Grenzen der Erziehung‘. Von zentraler Bedeutung war die Thematisierung der gesellschaftlichen Bedingungen ungleicher Bildungslaufbahnen dann im Kontext der Bildungsreformdiskussion der 1970er Jahre: Für eine zentral auch auf die Ermöglichung von Chancengleichheit ausgerichtete Bildungsreform waren sozialwissenschaftliche Theorien und Forschungsergebnisse von erheblicher Bedeutung, die nachgewiesen haben, dass für den Bildungserfolg bedeutsame Begabungen nicht auf genetische Veranlagungen zurückzuführen, sondern Folge ungleicher Sozialisationsbedingungen sind. Zudem wird bereits in den 1970er Jahren die Bedeutung der Strukturen des Bildungssystems für die Aufrechthaltung ungleicher Bildungschancen von sozialen Klassen bzw. Schichten in den Blick gerückt – bezeichnenderweise in weitgehender Kongruenz der Vertreter/innen einer strukturfunktionalistischen und einer (neo-) marxistischen Perspektive. Nach dem Ende der sozialdemokratischen Reformära trat die Frage nach den Ursachen von Bildungsungleichheiten und den Möglichkeiten ihrer Überwindung sowohl in der politischen als auch in der wissenschaftlichen Diskussion zunächst in den Hintergrund, die inzwischen, nunmehr nicht zuletzt in Hinblick auf die Bildungsbenachteiligung von Migranten/innen, wieder hoch aktuell ist. Dabei wird in der wissenschaftlichen Diskussion z. T. auf in den 1970er Jahren entwickelte theoretische Grundlagen zurückgegriffen, insbesondere auf das von Raymond Boudon (1973) entwickelte Modell der herkunftsabhängigen Bildungsentscheidungen sowie auf Pierre Bourdieus (Bourdieu/Passeron 1973) Analyse des Zusammenhangs von Klassenlagen, Habitusformierung und Bildungschancen. Gegenüber den 1970er Jahren zeichnen sich jedoch auch Verschiebungen ab: Zunehmend werden die Prozesse zum Thema, durch die gesellschaftliche Ungleichheiten nicht nur reproduziert, sondern im institutionellen Kontext von Schulen auch aktiv hergestellt werden.

Zu den ausgewählten Texten:
In den hier abgedruckten Texten von *Basil Bernstein* (1970), *Pierre Bourdieu* (1983), *Paul Willis* (1990) und *Hugh Mehan* (1992) werden durchaus unterschiedliche Zugänge zu

der Frage deutlich, wie der Zusammenhang von sozialer Herkunft und Bildungslaufbahnen soziologisch erklärt werden kann. *Bernstein* akzentuiert, dass die Schule als eine Institution gekennzeichnet werden kann, deren Regeln, Normen und Sprache durch ein Passungsverhältnis zur Kultur der Mittelklassen charakterisiert ist, während Arbeiterkinder vor der Schwierigkeit stehen, die soziokulturelle Differenz zwischen Schule und außerschulischem Alltagsleben zu bewältigen. *Bourdieu* erweitert diese Perspektive, indem er die ungleiche Ausstattung sozialer Klassen mit ökonomischem, sozialem sowie kulturellem Kapital als Bedingungen ungleicher Bildungskarrieren thematisiert. Er entwickelt eine für die Analyse von Bildungsprozessen instruktive Unterscheidung von drei Formen des kulturellen Kapitals. *Willis* akzentuiert demgegenüber, dass Bildungsprozesse auch aus der Perspektive derjenigen zu untersuchen sind, die sich als Schüler/innen vor dem Hintergrund ihrer vor- und außerschulischen Erfahrungen eigensinnig mit schulischen Erwartungen auseinander setzen. *Hugh Mehan* gibt einen instruktiven Überblick über Forschungsergebnisse und Perspektiven einer sinnverstehenden Bildungsforschung, die sich gegen ein Verständnis von Bildungslaufbahnen als Effekt struktureller Zwänge und institutioneller Festlegungen wendet und dagegen die Notwendigkeit einer theoretischen und empirischen Berücksichtigung der Motive und Praktiken der Adressat/innen von Erziehungs- und Bildungsprozessen betont.

Literatur

Bernfeld, Siegfried (1925/2010): Sisyphos oder die Grenzen der Erziehung. Frankfurt/M.: Suhrkamp.
Boudon, Raymond (1973/1985): L'Inégalité des chances. Paris: Armand Colin.
Bourdieu, Pierre/Passeron, Jean-Claude (1973): Grundlagen einer Theorie der symbolischen Gewalt. Frankfurt/M.: Suhrkamp.
Reichwein, Roland (1985): Das deutsche Schulsystem im Reproduktionsprozeß der Gesellschaft. In: Buer, Ferdinand/Cramer, Alfons/Dittrich, Eckhard/Reichwein, Roland/Thien, Hans-Günter (Hrsg.): Zur Gesellschaftsstruktur der BRD. Beiträge zur Einführung in ihre Kritik, 2. überarb. Aufl. Münster: Westfälisches Dampfboot, S. 234–300.
Weber, Max (1922/1980): Wirtschaft und Gesellschaft. Tübingen: Mohr Siebeck.

Editorischer Hinweis

Die Zitierweise der Primärtexte wurde für den Wiederabdruck beibehalten und die Rechtschreibung wurde nicht angepasst.

In den Texten wurden Kürzungen vorgenommen; diese sind durch folgendes Zeichen markiert: […]

Erziehung, ihre Natur und ihre Rolle[1]

Émile Durkheim

1 Definitionen von Erziehung. Eine kritische Untersuchung

Das Wort „Erziehung" wird oft in sehr weitem Sinne verwendet. Es bezeichnet dann die Gesamtheit von Einflüssen, welche die Natur oder andere Menschen auf unsere Intelligenz oder unseren Willen ausüben können. Das schließt, so sagt John Stuart Mill, „alles ein, was wir selbst tun und alles, was andere in der Absicht tun, uns der Vollkommenheit unserer Natur näherzubringen. Im weitesten Sinne verstanden, schließt Erziehung selbst indirekte Wirkungen auf den Charakter und die Anlagen des Menschen ein, welche durch Dinge hervorgebracht werden, die ganz verschiedenen Zwecken dienen: durch Gesetze, durch Regierungsformen, industrielle Fertigkeiten und selbst durch physische, vom menschlichen Willen unabhängige Phänomene wie Klima, Boden und geographische Lage". Eine solche Definition umfaßt jedoch gänzlich verschiedene Elemente, und man kann sie nicht ohne Verwirrung in einem einzigen Begriff zusammenfassen. Der Einfluß von Dingen auf Menschen unterscheidet sich sowohl im Verlauf wie in den Wirkungen erheblich von dem Einfluß, den Menschen aufeinander ausüben; und der Einfluß von Gleichaltrigen auf Gleichaltrige weicht ab von dem, den Erwachsene auf Jugendliche ausüben. Nur letzterer interessiert uns hier. Daher sollte man am besten für ihn das Wort „Erziehung" reservieren.

Was ist aber das spezifische Wesen dieses Einflusses? Sehr verschiedene Antworten wurden auf diese Frage gegeben; sie können nach zwei Haupttypen eingeteilt werden.

Nach Kant „besteht das Ziel der Erziehung darin, in jedem Individuum jede Vollkommenheit zu entwickeln, deren es fähig ist". Was aber bedeutet Vollkommenheit? Diese besteht, wie oft gesagt wurde, in der harmonischen Entwicklung aller menschlichen Anlagen, das heißt, alle Fähigkeiten in uns bis zur höchsten, erreichbaren Spitze zu entwickeln, sie so vollständig wie eben möglich zu verwirklichen, aber ohne daß sie miteinander in Konflikt geraten. Ist das nicht ein Ideal, über das hinaus es kein anderes gibt?

Aber wenn auch, bis zu einem gewissen Grad, eine solche harmonische Entwicklung notwendig und wünschenswert ist, so ist sie doch nicht ganz erreichbar; denn sie widerspricht einer anderen Regel menschlichen Verhaltens, die nicht weniger zwingend

---

1 Erstveröffentlichung in: Émile Durkheim (1922): Éducation et sociologie. Presses Universitaires de France.

ist: jener Regel, die uns anleitet, uns auf eine bestimmte, begrenzte Aufgabe zu konzentrieren. Wir können und wir dürfen uns nicht alle der gleichen Lebensweise verschreiben; wir müssen unseren Fähigkeiten gemäß verschiedene Aufgaben erfüllen; und wir müssen versuchen, uns mit unseren Fähigkeiten in Einklang zu bringen. Wir sind nicht alle für die Reflektion geschaffen; nötig sind Menschen des Gefühls und der Tat. Umgekehrt sind Menschen nötig, deren Aufgabe es ist, zu denken.

Nun kann aber das Denken sich nur in der Loslösung vom bewegten Leben entwickeln, nur indem es sich auf sich selbst zurückzieht, sich von dem äußeren Tun abwendet, gibt sich der Gegenstand ganz zu erkennen. Hierdurch geschieht eine erste Differenzierung, die von einer Zerstörung des Gleichgewichtes begleitet wird. Und das Handeln kann seinerseits, wie der Gedanke, eine ganze Anzahl verschiedener und spezialisierter Formen annehmen. Zweifelsohne schließt diese Spezialisierung eine gewisse gemeinsame Basis nicht aus, und folglich entsteht ein gewisser Ausgleich sowohl organischer als auch psychischer Funktionen, ohne welche die Gesundheit des Individuums ebenso wie die soziale Kohäsion in Gefahr geraten würde. Trotzdem bleibt es dabei, daß eine vollkommene Harmonie nicht als Endziel des Verhaltens und der Erziehung vorgestellt werden kann.

Noch weniger befriedigend ist die utilitaristische Definition, nach welcher das Ziel der Erziehung darin bestehen würde, „das Individuum zu einem Instrument des Glückes für es selbst und für seine Mitmenschen zu machen" (James Mill); denn Glück ist eine wesentlich subjektive Sache, die jedermann auf seine eigene Weise bewertet. Solch eine Definition läßt darum das Ziel der Erziehung und infolgedessen die Erziehung selbst unbestimmt, da sie individuellem Gutdünken überlassen bleibt. Spencer, soviel ist sicher, hat das Glück objektiv zu definieren versucht. Für ihn sind die Bedingungen des Glücks die Bedingungen des Lebens. Vollständiges Glück ist vollständiges Leben. Aber was ist mit Leben gemeint? Wenn es sich nur um die physische Existenz handeln würde, könnte man gut sagen, sie sei ohne Glück unmöglich; sie schließt in der Tat ein gewisses Gleichgewicht zwischen dem Organismus und seiner Umwelt ein. Und da die beiden Begriffe in ihrer Beziehung definierbare Daten sind, muß es sich mit ihrer Beziehung ebenso verhalten. Aber auf diese Weise kann man nur die unmittelbarsten vitalen Bedürfnisse ausdrücken. Nun aber ist für den Menschen, und das gilt vor allem für den heutigen Menschen, solch ein Leben kein Leben. Wir verlangen vom Leben mehr als das ungefähr normale Funktionieren unserer Organe. Ein gebildeter Geist zieht es eher vor, nicht zu leben, als auf die Freuden des Geistes zu verzichten. Selbst vom rein materiellen Standpunkt aus kann all das, was über das unabdingbar Notwendige hinausgeht, nicht genau bestimmt werden. Der standard of life, wie die Engländer sagen, jenes Minimum, das zu unterschreiten wir niemals glauben zulassen zu können, ist unendlich verschieden je nach Bedingungen, Milieu und Zeit. Was wir gestern für ausreichend hielten, scheint uns heute unterhalb der Menschenwürde zu liegen, wie wir sie jetzt definieren. Und alles führt uns dahin zu glauben, daß unsere Bedürfnisse in diesem Zusammenhang unaufhörlich wachsen.

Wir kommen hier zu dem Hauptvorwurf, dem sich alle diese Definitionen aussetzen. Sie gehen von dem Postulat aus, es gäbe eine ideale, vollkommene Erziehung, die sich auf alle Menschen ohne Unterschied anwenden ließe; und es handele sich um diese universale und einzige Erziehung, die der Theoretiker zu definieren trachte. Aber zunächst findet man, wenn die Geschichte mit in die Betrachtung einbezogen wird, nichts in ihr, was eine solche Hypothese bestätigen würde. Erziehung war unendlich verschieden je nach Zeit und Ort. In den Städten Griechenlands und des römischen Reiches hat die Erziehung das Individuum darin geübt, sich blind dem Kollektiv unterzuordnen, zur Sache der Gesellschaft zu werden. Heute versucht sie, das Individuum zu einer autonomen Persönlichkeit zu machen. In Athen suchte man kultivierte Geister heranzubilden, informiert, subtil, voll von Maß und Harmonie, die fähig waren, Schönheit und Freuden reiner Spekulation zu genießen. In Rom wollte man vor allem, daß die Kinder Männer der Tat wurden, die sich der militärischen Ehre verschrieben und der Literatur und den feinen Künsten gegenüber gleichgültig waren. Im Mittelalter war die Erziehung vor allem christlich; in der Renaissance hatte sie einen mehr weltlichen und literarischen Charakter; heute strebt die Wissenschaft danach, jenen Platz in der Erziehung einzunehmen, den früher die Künste einnahmen.

Darf demnach gesagt werden, daß das tatsächliche Geschehen eben nicht das Ideal sei? Darf gesagt werden, die Menschen hätten sich in dem, was Erziehung sein soll, geirrt, weil Erziehung sich so gewandelt hat? Wäre aber römische Erziehung von einem Individualismus geprägt gewesen – dem unseren vergleichbar –, so hätte sich der römische Stadtstaat nicht halten können; die lateinische Zivilisation hätte sich nicht entwickelt und desgleichen auch nicht unsere moderne Zivilisation, die sich zum Teil von ihr herleitet. Die christlichen Gemeinschaften des Mittelalters hätten nicht überleben können, wenn sie der freien Forschung den Raum gegeben hätten, den wir ihr heute geben. Es gibt demnach unbestreitbare Notwendigkeiten, die man unmöglich außer acht lassen darf. Welchen Nutzen hätte es, sich eine Art von Erziehung vorzustellen, die für die Gesellschaft, welche sie praktiziert, den Untergang bedeuten würde?

Dieses so zweifelhafte Postulat beruht aber nur auf einem allgemeineren Fehler. Beginnt man sich nämlich zu fragen, welche Erziehung die ideale sein solle, und sieht dabei ab von den Raum- und Zeitbedingungen, so gibt man implizit zu, daß ein System von Erziehung keine Realität aus sich selbst hat. Man sieht in ihr nicht eine Gesamtheit von Praktiken und Institutionen, die sich langsam im Laufe der Zeit herausgebildet haben, die im Einklang sind mit allen anderen sozialen Institutionen, und die sie ausdrücken, die folglich nicht nach Belieben anders geändert werden können als die Struktur der Gesellschaft selbst.

Es scheint jedoch, daß dies ein reines System realisierter Begriffe ist; und insofern scheint es sich wieder der Logik zu unterwerfen. Man kann sich vorstellen, daß Menschen jeden Zeitalters die Erziehung freiwillig organisieren, um ein bestimmtes Ziel zu erreichen. Wenn nun diese Organisation nicht überall dieselbe ist, so deshalb, weil Fehler gemacht wurden, entweder im Hinblick auf das Ziel, das es anzustreben gilt, oder im Hinblick auf die Mittel, welche erlauben, es zu erreichen. Von diesem Standpunkt aus erscheinen die Erziehungssysteme der Vergangenheit als viele totale oder partielle Irrtümer. Deshalb braucht man ihnen keine Aufmerksamkeit zu widmen; wir brauchen uns nicht mit der falschen Beobachtung oder Logik unserer Vorfahren zu solidarisieren; aber wir können und wir müssen die Frage stellen, ohne uns selbst mit Lösungen zu beschäftigen, die bereits gegeben wurden, d. h. indem wir alles beiseite lassen, was gewesen ist, müssen wir uns nur selbst die Frage stellen, was sein sollte. Die Lektionen der Geschichte können darüber hinaus dazu dienen, uns an der Wiederholung der Irrtümer, die begangen wurden, zu hindern. In der Tat hat jedoch jede Gesellschaft, wenn sie in einem bestimmten Stadium ihrer Entwicklung betrachtet wird, ein System von Erziehung, welches einen unwiderstehlichen Einfluß auf die Individuen ausübt. Es ist müßig zu glauben, daß wir unsere Kinder erziehen können, wie wir wollen. Es gibt Gebräuche, an die uns anzupassen wir verpflichtet sind. Wenn wir sie zu stark mißachten, so nehmen sie Rache an unseren Kindern. Sobald sie Erwachsene sind, sind sie unfähig, mit ihren Altersgenossen zu leben, mit denen sie nicht übereinstimmen. Ob sie nun erzogen wurden im Einklang mit Ideen, die entweder veraltet oder verfrüht waren, spielt keine Rolle. In dem einen wie in dem anderen Falle gehören sie nicht zu ihrer Zeit und entsprechen deshalb nicht den Bedingungen des normalen Lebens. Es gibt folglich in jeder Epoche einen vorherrschenden Typ der Erziehung, von dem wir nicht abweichen können, ohne jenen lebhaften Widerstand zu erfahren, der die Anwandlungen von Abweichlertum zurückdrängt.

Nun aber sind nicht wir es als Individuen, welche die Gebräuche und Ideen, die diesen Typ bestimmen, geschaffen haben. Sie sind das Produkt eines gemeinsamen Lebens, und sie drücken seine Bedürfnisse aus. Sie sind darüber hinaus zu einem Großteil das Werk vorangehender Generationen. Die gesamte menschliche Vergangenheit hat zur Bildung der Gesamtheit von Maximen, die unsere heutige Erziehung leiten, beigetragen; unsere gesamte Geschichte hat in ihr ihre Spuren hinterlassen, und selbst die Geschichte der Völker, die vorher gelebt haben. So kommt es, daß die höheren Organismen den Widerhall der gesamten biologischen Evolution, deren Endprodukt sie sind, in sich tragen. Die historische Untersuchung der Bildung und Entwicklung von Erziehungssystemen offenbart, daß sie von Religion, politischer Organisation, Grad der Wissenschaftsentwicklung, Zustand der Industrie usw. abhängen. Wenn sie unabhängig von all diesen historischen Ursachen gesehen werden, werden sie unverständlich.

Wie kann nun das Individuum vorgeben, durch seine eigene private Reflektion das zu rekonstruieren, was nicht ein Werk individuellen Gedankens ist? Nun, das Individuum ist nicht mit einer tabula rasa konfrontiert, auf der es errichten kann, was es möchte, sondern mit existierenden Realitäten, die es nicht schaffen, noch zerstören, noch beliebig transformieren kann. Es kann auf sie nur in dem Maße einwirken, in dem es gelernt hat, sie zu verstehen, ihre Natur und die Bedingungen, von denen sie abhängen, zu erkennen; und es kann sie nur verstehen, wenn es sie studiert, wenn es damit anfängt, sie zu beobachten, so wie der Physiker die unbelebte Materie untersucht und der Biologe lebende Körper.

Wie könnte man übrigens sonst vorgehen? Wenn man allein durch Dialektik bestimmen wollte, was Erziehung sein soll, wäre es notwendig, mit der Frage zu beginnen, welche Ziele sie haben muß. Aber was erlaubt uns die Behauptung, daß Erziehung bestimmte Ziele vor anderen hat? Wir können a priori nicht wissen, welches die Funktion der Atmung oder des Kreislaufs in einem Lebewesen ist. Mit welchem Recht sollten wir besser informiert sein im Hinblick auf die erzieherische Funktion? Es wird geantwortet, daß ihr Gegenstand auf jeden Fall die Ausbildung der Kinder sei. Aber diese Antwort bedeutet, daß wir das Problem mit kaum anderen Begriffen darstellen; das ist aber keine Lösung. Man muß sagen, worin diese Ausbildung besteht, welches ihre Richtung ist und welche menschlichen Bedürfnisse sie befriedigt. Nun kann man aber diese Fragen nur beantworten, indem man mit der Beobachtung beginnt, woraus sie bestanden hat, welche Bedürfnisse sie in der Vergangenheit befriedigt hat. So scheint eine historische Untersuchung unerläßlich zu sein, um einen vorläufigen Begriff von Erziehung zu bilden, um die Sache zu bestimmen, die so genannt wird.

2   Definition der Erziehung

Um Erziehung zu definieren, müssen wir also die gegenwärtigen und vergangenen Erziehungssysteme betrachten, müssen sie vergleichen und ihre gemeinsamen Charakteristika herausarbeiten. Das Zusammenfügen dieser Charakteristika wird die Definition ergeben, welche wir suchen.

Wir haben im Laufe der Betrachtung bereits zwei Elemente bestimmt. Damit Erziehung möglich ist, muß eine Generation von Erwachsenen einer Jugendgeneration gegenüberstehen, und es muß eine Einwirkung der ersteren auf die letztere stattfinden. Bleibt uns noch zu definieren, welches die Natur dieser Einwirkung ist.

Es besteht sozusagen keine Gesellschaft, in der das Erziehungssystem nicht einen zweifachen Aspekt darstellt: es ist zur gleichen Zeit etwas Einziges und Mannigfaltiges.

Es ist mannigfaltig. Man kann in der Tat gewissermaßen sagen, daß es so viele verschiedene Arten der Erziehung gibt, wie es verschiedene Milieus in dieser Gesellschaft gibt. Wird eine solche Gesellschaft von Kasten gebildet, so ist die Erziehung von einer Kaste zur anderen verschieden; jene der Patrizier war nicht die der Plebejer; jene des Brahmanismus war nicht die der Sudra. Ähnlich im Mittelalter, welch ein Unterschied zwischen der Kultur, die der junge Page empfing, der unterrichtet wurde in allen Künsten des Rittertums, und der Kultur des Menschen niederer Herkunft, der zur Pfarrschule ging, um ein bißchen Arithmetik, Gesang und Grammatik beigebracht zu bekommen!

Sehen wir nicht selbst heute, daß sich die Erziehung in den sozialen Klassen unterscheidet oder sogar unterschiedlich ist von Gegend zu Gegend? Jene der Stadt ist nicht die des ländlichen Gebietes, und die der Bourgeoisie ist nicht die der Arbeiter. Könnte man sagen, daß diese Organisation moralisch nicht gerechtfertigt sei, daß man darin nur ein Überbleibsel sehen dürfe, welches bestimmt sei, zu verschwinden? Dieser Satz ist leicht zu verteidigen. Es ist ganz klar, daß die Erziehung unserer Kinder nicht von dem Zufall abhängen sollte, hier oder dort geboren zu sein, eher diese als andere Eltern zu haben. Aber obwohl doch das moralische Bewußtsein unserer Zeit in diesem Punkte die erwartete Befriedigung erlangen würde, würde die Erziehung dennoch nicht uniform werden.

Obwohl die Karriere jedes Kindes zum größten Teil nicht länger durch ein blindes Erbe vorbestimmt sein wird, so wird doch die Vielfalt der beruflichen Moral nicht notwendigerweise eine große pädagogische Vielfalt mit sich bringen. Jeder Beruf konstituiert in der Tat ein Milieu sui generis, welches besondere Eignungen und spezialisiertes Wissen erfordert, in welchem gewisse Ideen, gewisse Praktiken, gewisse Weisen, die Dinge zu sehen, vorherrschen. Und da das Kind vorbereitet werden muß für die Funktion, die zu erfüllen es berufen ist, kann die Erziehung über ein gewisses Alter hinaus nicht länger für alle dieselbe bleiben. Daher bemerken wir mehr und mehr in allen zivilisierten Ländern die Tendenz, vielgestaltig und spezialisiert zu werden, und diese Spezialisierung schreitet täglich weiter fort. Die Heterogenität, welche so entsteht, beruht nicht wie die eben besprochene auf ungerechten Ungleichheiten; aber sie ist darum nicht unbedeutender. Um eine vollständig homogen und vereinheitlichte Erziehung zu finden, wäre es notwendig, zu vorgeschichtlichen Gesellschaften zurückzukehren, deren Strukturen noch keine Differenzierung aufweisen. Und doch repräsentieren diese Arten von Gesellschaften kaum mehr als ein logisches Stadium in der Geschichte der Menschheit.

Was immer aber die Bedeutung dieser speziellen Erziehungsformen sein mag, sie sind nicht das Ganze der Erziehung. Es darf sogar behauptet werden, daß sie in sich selbst ungenügend sind. Wo immer man sie beobachtet, unterscheiden sie sich voneinander nur von einem gewissen Punkt an, bis zu dem sie nicht differenziert sind. Sie beruhen alle auf einer gemeinsamen Grundlage. Es gibt kein Volk, in dem nicht eine gewisse Anzahl von Ideen, Gefühlen und Praktiken besteht, welche durch Erziehung allen Kindern ohne Unterschied beigebracht werden muß, ganz gleich, welcher sozialen Schicht auch immer sie angehören mögen.

Selbst in einer Gesellschaft, die sich in geschlossene Kasten aufgliedert, besteht zumindest eine allen gemeinsame Religion; und folglich sind die fundamentalen Prinzipien der religiösen Kultur die gleichen innerhalb der gesamten Bevölkerung. Selbst wenn jede Kaste, jede Familie ihre speziellen Götter hat, gibt es allgemeine Gottheiten, die von jedermann anerkannt werden und die alle Kinder zu verehren lernen. Und da diese Gottheiten gewisse Gefühle, gewisse Wege der Welt- und Lebensanschauung symbolisieren und personifizieren, kann man nicht in ihren Kult eingeweiht werden, ohne sich gleichzeitig alle möglichen Gedankenmuster anzueignen, die über die Sphäre des rein religiösen Lebens hinausgehen. Ähnlich erhielten im Mittelalter Diener, Leibeigene, Bürger und Adlige die gleiche christliche Erziehung. Wenn dies schon in Gesellschaften der Fall ist, in denen intellektuelle und moralische Unterschiede ein solches Maß von Gegensätzlichkeit erreicht haben, mit wieviel mehr Berechtigung verhält es sich so in fortschrittlichen Völkern, in denen Klassen, obzwar noch deutlich vorhanden, dennoch durch einen weniger tiefen Graben getrennt sind!

Dort, wo diese gemeinsamen Elemente jeder Erziehung nicht in der Form von religiösen Symbolen ausgedrückt werden, hören sie dennoch nicht auf zu existieren. Im Laufe unserer Geschichte entstand eine ganze Sammlung von Ideen über die menschliche Natur, über die Bedeutung unserer verschiedenen Anlagen, über Recht und Pflicht, über Gesellschaft, über das Individuum, über Fortschritt, über Wissenschaft, über Kunst etc., welche die wirkliche Grundlage unseres nationalen Geistes bilden. Jede Erziehung, die der Reichen wie die der Armen, jene, die zu freien Berufen führt, wie jene, die auf Funktionen in der Industrie vorbereitet, hat zum Ziel, diese Ideen in unseren Köpfen zu fixieren.

Aus diesen Tatsachen folgt, daß sich jede Gesellschaft ein gewisses Ideal vom Menschen schafft, wie er sowohl vom intellektuellen Standpunkt aus wie auch in physischer und moralischer Hinsicht sein soll. Dieses Ideal soll bis zu einem gewissen Maße dasselbe sein für alle Bürger, und über einen gewissen Punkt hinaus soll es sich differenzieren je nach den besonderen Milieus, die jede Gesellschaft in ihrer Struktur enthält.

Dieses zugleich eine und mannigfaltige Ideal ist der Brennpunkt der Erziehung. Ihre Funktion besteht darin, im Kinde folgendes zu schaffen: 1.) eine gewisse Anzahl physischer und geistiger Zustände, welche die Gesellschaft, zu der es gehört, bei jedem ihrer Mitglieder für unerläßlich erachtet; 2.) gewisse physische und geistige Zustände, welche die einzelnen sozialen Gruppen (Kaste, Klasse, Familie, Berufsgruppe) ebenso bei denjenigen, die zu ihnen gehören, als notwendig vorhanden erachten.

Demnach bestimmen die Gesellschaft als Ganzes und jedes besondere soziale Milieu das durch Erziehung zu realisierende Ideal. Die Gesellschaft kann nur überleben, wenn unter ihren Mitgliedern ein ausreichender Grad an Homogenität besteht. Die Erziehung erhält und bestärkt fortwährend diese Homogenität, indem sie in der Seele des Kindes von Anfang an jene wesentlichen Gleichförmigkeiten fixiert, welche das kollektive Leben erfordert.

Auf der anderen Seite würde aber ohne eine gewisse Verschiedenheit alle Zusammenarbeit unmöglich. Erziehung sichert die Fortdauer dieser notwendigen Verschiedenheit, indem sie sich selbst differenziert und spezialisiert. Hat die Gesellschaft einen Entwicklungsstand erreicht, bei dem die alten Aufteilungen in Kasten und Klassen nicht länger bestehen bleiben können, so wird sie eine einheitliche Erziehung an ihrer Basis vorschreiben. Gibt es gleichzeitig mehr Arbeitsteilung, so wird dies auf dem Fundus gemeinsamer Ideen und Gefühle bei den Kindern eine reichhaltigere Auswahl von beruflichen Eignungen wecken. Lebt die Gesellschaft im Kriegszustand mit den sie umgebenden Gesellschaften, versucht sie, die Menschen nach einem streng nationalistischen Modell zu bilden; ist die internationale Konkurrenz friedlich, so versucht sie, eine allgemeinere und humanistischere Form zu verwirklichen. Erziehung ist demnach nur das Mittel, mit dem die Gesellschaft in ihren Kindern die wesentlichen Bedingungen ihrer Existenz vorbereitet. Wir werden später sehen, wie das Individuum selbst ein Interesse daran hat, sich diesen Forderungen zu unterwerfen. Wir kommen somit zu folgender Definition:

Erziehung ist die Einwirkung, welche die Erwachsenengeneration auf jene ausübt, die für das soziale Leben noch nicht reif sind. Ihr Ziel ist es, im Kinde gewisse physische, intellektuelle und sittliche Zustände zu schaffen und zu entwickeln, die sowohl die politische Gesellschaft in ihrer Einheit als auch das spezielle Milieu, zu dem es in besonderer Weise bestimmt ist, von ihm verlangen.

3 Folgerungen aus der vorangegangenen Definition: Der soziale Charakter der Erziehung

Aus der vorangegangenen Definition folgt, daß Erziehung in einer planmäßigen Sozialisation der jungen Generation besteht. In jedem von uns, so kann gesagt werden, existieren zwei Seinsweisen, die, obgleich sie gedanklich unterschieden werden können, sich nicht voneinander trennen lassen. Das eine Sein wird aus allen geistigen Zuständen gebildet, die sich nur auf uns selbst und auf die Ereignisse unseres persönlichen Lebens beziehen: dies könnte das individuelle Sein genannt werden. Die andere Seinsweise ist ein System von Ideen, Gefühlen und Gewohnheiten, die nicht unsere Persönlichkeit ausdrücken, sondern die Gruppe oder verschiedene Gruppen, denen wir angehören. Dies sind religiöse Überzeugungen, sittliche Grundsätze und Praktiken, nationale und berufliche Traditionen, kollektive Meinungen jeglicher Art. Ihre Gesamtheit bildet das soziale Sein. Dieses Sein in jedem von uns zu schaffen, ist das Ziel der Erziehung.

Darüber hinaus wird hier am besten die Bedeutung ihrer Rolle und die Fruchtbarkeit ihres Handelns aufgezeigt. Beachtet werden muß, daß nicht nur dieses voll ausgebildete soziale Sein in der primitiven Konstitution des Menschen nicht vorhanden ist, sondern daß es sich aus ihr auch nicht spontan entwickelt hat. Spontan war der Mensch nicht geneigt sich einer politischen Autorität zu unterwerfen, eine moralische Disziplin anzuerkennen, sich hinzugeben und sich aufzuopfern. Es gab nichts in unserer angeborenen Natur, das uns notwendigerweise vordisponiert hätte, Diener von Gottheiten, symbolischen Emblemen der Gesellschaft, zu werden, ihnen Verehrung entgegenzubringen, uns selbst zu berauben, um ihnen die Ehre zu geben. Es ist die Gesellschaft selbst, die in dem Maße, in dem sie sich formte und festigte, aus sich selbst jene großen moralischen Kräfte gezogen hat, in deren Angesicht der Mensch seine Unterlegenheit spürte.

Läßt man aber nun die vagen und unbestimmten Tendenzen beiseite, die der Erbmasse zugeschrieben werden können, so bringt das Kind bei Eintritt ins Leben nur seine individuale Natur mit. Die Gesellschaft findet sich also selbst mit jeder neuen Generation im Angesicht einer ‚tabula rasa‘, auf der sie aufbauen muß. Zu dem eben geborenen egoistischen und asozialen Sein muß sie so schnell wie möglich ein anderes Sein hinzufügen, welches fähig ist, ein sittliches und soziales Leben zu führen. Dies ist das Werk der Erziehung. Darin kann man ihre große Bedeutung ermessen. Sie ist nicht begrenzt auf die Entwicklung des individuellen Organismus in die durch die Natur angegebene Richtung und nicht begrenzt darauf, die verborgenen Möglichkeiten, die nur offenbart werden müssen, ans Licht zu bringen. Sie schafft im Menschen ein neues Sein.

Diese schöpferische Qualität ist darüber hinaus ein besonderer Vorzug menschlicher Erziehung. Alles andere sonst ist das, was Tiere empfangen, wenn man die Bezeichnung Erziehung auf das progressive Training anwenden kann, dem sie durch ihre Eltern unterworfen werden. In der Tat kann es die Entwicklung gewisser Instinkte fördern, welche im Tiere schlummern. Aber ein solches Training führt es nicht in ein neues Leben. Es erleichtert das Spiel der natürlichen Funktionen, aber es erschafft nichts. Von seiner Mutter unterrichtet, lernt das Junge schneller die Kunst des Fliegens oder des Nestbaus. Aber es lernt fast nichts, was es nicht durch seine eigene individuelle Erfahrung hätte entdecken können. Dies kommt daher, weil Tiere entweder nicht gesellschaftlich leben oder ziemlich einfache Gesellschaften bilden, die dank jener instinktiven Mechanismen funktionieren, welche jedes Individuum voll ausgeprägt von Geburt an in sich trägt. Erziehung kann folglich nichts Wesentliches zur Natur hinzufügen, da letztere für alles adäquat ist, für das Leben der Gruppe ebenso wie für das Leben des Individuums.

Im Gegensatz dazu sind unter den Menschen die Eignungen jeglicher Art, welche das soziale Leben voraussetze, viel zu komplex, um gewissermaßen in unieren Geweben enthalten sein zu können und um die Form organischer Prädispositionen annehmen zu können. Daraus folgt, daß sie nicht durch Vererbung von einer Generation auf die andere übertragen werden können, sondern durch Erziehung geschieht diese Übertragung.

Wenn man jedoch – so wird man einwenden – in der Tat begreifen kann, daß gerade die sittlichen Qualitäten, die dem Individuum Entbehrungen auferlegen und die seine natürliche Entfaltung hindern, in uns nur unter äußerem Einfluß entwickelt werden können, gibt es da nicht andere Qualitäten, die jedermann zu erreichen wünscht und spontan erstrebt? Es sind die verschiedenen Qualitäten der Intelligenz, welche dem Menschen erlauben, sein Verhalten der Natur anzupassen. Es sind auch die physischen Qualitäten und all das, was zur Kraft und zur Gesundheit des Organismus beiträgt. Was sie betrifft, so scheint es wenigstens, kann die Erziehung bei ihrer Entwicklung nur die Entfaltung der Natur selbst unterstützen, kann sie das Individuum nur zu einem

Stadium relativer Vollkommenheit führen, zu welchem es selbst tendiert, obwohl es dieses Stadium schneller unter der Mithilfe der Gesellschaft erreichen könnte.

Was sich aber trotzdem deutlich zeigt, ist, daß sich hier wie anderswo die Erziehung vor allem auf soziale Bedürfnisse bezieht, und es ist eine Tatsache, daß es Gesellschaften gibt, in denen diese Qualitäten überhaupt noch nicht entwickelt worden sind, und daß in jedem Falle unter diesen Qualitäten in den verschiedenen Gesellschaften sehr Verschiedenes verstanden wurde. Die Vorteile einer soliden geistigen Kultur sind weit davon entfernt gewesen, von allen Völkern anerkannt zu werden. Die Wissenschaft und der kritische Verstand, die wir heute so hoch veranschlagen, wurden lange Zeit für verdächtig gehalten. Kennen wir nicht eine große Lehre, welche die Armen im Geiste selig preist? Wir müssen uns vor dem Glauben hüten, daß diese Gleichgültigkeit gegenüber dem Wissen den Menschen unter Verletzung ihrer Natur künstlich auferlegt wurde. Sie haben nicht aus sich selbst jenes instinktive Verlangen nach Wissenschaft, das man ihnen oft und willkürlich zuschreibt. Sie wünschen sich Wissenschaft nur in dem Maße, in dem die Erfahrung sie gelehrt hat, sie nicht entbehren zu können. Nun, was ihre individuelle Lebensführung betraf, brauchten sie nur zu handeln. Wie schon Rousseau gesagt hat, reichen zur Befriedigung der vitalen Bedürfnisse Empfindung, Erfahrung und Instinkt ebenso aus, wie sie für das Tier ausreichen. Hätte der Mensch keine anderen Bedürfnisse erfahren als diese sehr einfachen, welche ihre Wurzeln in der individuellen Konstitution haben, dann hätte er sich nicht auf das Streben nach Wissenschaft eingelassen, dies um so weniger, als sie ja nicht ohne mühevolle und schmerzliche Anstrengungen erlangt wurde. Er hat den Durst nach Wissen erst kennengelernt, nachdem die Gesellschaft diesen in ihm geweckt hat, und die Gesellschaft tat dies nur, als sie selbst ein Bedürfnis danach verspürte. Dieser Moment kam, als das soziale Leben in all seinen Formen zu komplex wurde, um auf andere Weise existieren zu können, als durch die Kooperation reflexiven Denkens, d.h. durch ein von der Wissenschaft aufgeklärtes Denken. Von da an wurde eine wissenschaftliche Kultur unerläßlich, und deswegen verlangt die Gesellschaft diese Kultur von ihren Mitgliedern, ja, sie legt sie ihnen als eine Pflicht auf. Aber anfangs, als die soziale Organisation noch sehr einfach, undifferenziert und gleichbleibend war, genügte die blinde Tradition, wie der Instinkt dem Tier genügt. Denken und freies Forschen waren nutzlos und sogar gefährlich, denn sie konnten nur die Tradition bedrohen. Deswegen waren sie geächtet.

Nicht anders verhält es sich mit den physischen Qualitäten. Dort, wo das soziale Milieu das öffentliche Bewußtsein der Askese geneigt macht, wird die Leibeserziehung an die zweite Stelle verdrängt. Etwas von dieser Art geschah in den Schulen des Mittelalters. Diese Askese war notwendig, denn der einzige Weg der Anpassung an die Rauheit der schwierigen Zeiten bestand darin, sie zu lieben. Daher wird man je nach Meinung die gleiche Erziehung sehr unterschiedlich verstehen müssen. In Sparta bestand ihr Ziel vor allem in der Abhärtung der Glieder gegen Ermüdung; in Athen war sie ein Mittel, um den Körper für den Anblick schön zu machen; in der Zeit des Rittertums war sie zur Ausbildung wendiger und geschickter Kriegsleute erforderlich; heute hat sie lediglich noch ein hygienisches Ziel, und es geht ihr vor allem um die Begrenzung der gefährlichen Auswirkungen einer zu intensiven geistigen Bildung. So sucht das Individuum selbst die auf den ersten Blick scheinbar so spontan wünschenswerten Qualitäten nur dann, wenn die Gesellschaft es dazu einlädt, und es sucht sie in der Weise, in der die Gesellschaft sie ihm vorschreibt.

Wir sind nun in der Lage, eine Frage, die von all dem Vorausgegangen gestellt wird, zu beantworten. Indem wir zeigten, daß die Gesellschaft die Individuen entsprechend ihren Bedürfnissen schafft, konnte es scheinen, als unterwürfen sich die Individuen so einer unerträglichen Tyrannei. Aber in Wirklichkeit sind sie selbst an dieser Unterwerfung interessiert; denn das neue Sein, welches das kollektive Handeln auf dem Wege der Erziehung in jedem von uns schafft, repräsentiert in uns das Beste, das, was in uns wirklich menschlich ist. Der Mensch ist in der Tat nur Mensch, weil er in Gesellschaft lebt. Es ist schwierig, in einem Abschnitt einen so allgemeinen und bedeutenden Satz zu beweisen, einen Satz, der die Arbeiten zeitgenössischer Soziologie zusammenfasst. Aber zunächst kann man sagen, daß er weniger und weniger umstritten ist. Darüber hinaus ist es nicht unmöglich, die wesentlichsten Fakten, die ihn rechtfertigen, zusammenfassend ins Gedächtnis zu rufen.

Zunächst ist zu sagen: wenn es heute eine historisch erwiesene Tatsache gibt, so ist es die, daß die Sittlichkeit in enger Verwandtschaft zur Natur der Gesellschaften steht, denn, wie wir eben gezeigt haben, sie ändert sich, wenn die Gesellschaften sich ändern. Dies geschieht deshalb, weil sie ein Produkt des gemeinsamen Lebens ist. Die Gesellschaft ist es in der Tat, die uns aus uns herauszieht, die uns verpflichtet, mit anderen Interessen als unseren eigenen zu rechnen. Es ist die Gesellschaft, die uns gelehrt hat, unsere Leidenschaften, unsere Instinkte zu beherrschen, sie dem Gesetz zu unterwerfen, uns selbst zu beschränken, uns zu berauben, uns zu opfern, unsere persönlichen Ziele höheren Zielen unterzuordnen. Es ist die Gesellschaft, die in unserm Bewußtsein das gesamte System der Repräsentation verankert hat, welche in uns den Gedanken und das Gefühl für die Regel sowie für die innere und die äußere Disziplin aufrecht erhält. Auf diese Weise haben wir die Macht zur Selbstkontrolle erlangt, die Herrschaft über unsere Neigungen, welche eine der hervorstechendsten Züge menschlichen Seins darstellt und welche um so mehr entwickelt ist, je mehr wir ganz Menschen sind.

Wir verdanken der Gesellschaft nicht weniger vom intellektuellen Standpunkt aus. Die Wissenschaft erarbeitet die grundlegenden Begriffe, die unser Denken beherrschen: Begriffe wie Ursache, Gesetz, Raum, Zahl, Begriffe wie Körper, Leben, Bewußtsein, Gesellschaft usw. All diese grundlegenden Begriffe sind in einer ständigen Entwicklung begriffen, weil sie die Zusammenfassung, das Ergebnis aller wissenschaftlichen Arbeiten sind und keinesfalls ihr Ausgangspunkt, wie Pestalozzi glaubte. Wir fassen den Menschen, die Natur, die Ursachen und selbst den Raum nicht mehr so auf, wie man sie sich im Mittelalter vorstellte. Dies kommt daher, weil unser Wissen und unsere wissenschaftlichen Methoden nicht mehr dieselben sind. Jetzt ist Wissenschaft eine kollektive Arbeit, da sie eine weitgehende Zusammenarbeit aller Wissenschaftler voraussetzt, nicht nur der gleichen Epoche, sondern eine Zusammenarbeit in allen aufeinander folgenden Geschichtsepochen.

Bevor sich die Wissenschaften etablierten, erfüllte die Religion die gleiche Aufgabe; denn jede Mythologie beinhaltet eine gut ausgearbeitete Vorstellung vom Menschen und vom Universum. Die Wissenschaft hat mithin auch in einer anderen Beziehung das Erbe der Religion angetreten. Denn auch eine Religion ist eine soziale Institution.

Beim Lernen einer Sprache lernen wir ein ganzes System von Begriffen, die unterschieden und klassifiziert sind, und wir erben all die Arbeit, aus der diese Klassifikationen, die Jahrhunderte von Erfahrungen zusammenfassen, entstanden sind. Aber noch mehr: Ohne Sprache würden wir gewissermaßen keine allgemeingültigen Begriffe haben, denn indem das Wort Begriffe fixiert, gibt es den Vorstellungen die nötige Beständigkeit, um vom Verstand entsprechend gehandhabt werden zu können. Die Sprache hat es uns sodann erlaubt, uns über bloße Empfindungen zu erheben; und es bedarf keines Beweises, daß die Sprache in erster Linie eine soziale Sache ist.

Aus diesen wenigen Beispielen ersieht man, wozu der Mensch reduziert würde, wäre ihm all das entzogen, was er der Gesellschaft verdankt: er würde auf das Niveau eines Tieres hinabsinken. Wenn der Mensch die Stufe, auf der die Tiere stehenblieben, überwunden hat, so primär deshalb, weil er nicht nur auf das Ergebnis seiner persönlichen Anstrengungen angewiesen ist, sondern weil er regelmäßig mit seinen Mitgeschöpfen zusammenarbeitet; und dies macht die Aktivität eines jeden produktiver. Daraus ergibt sich heute, daß die Früchte der Arbeit einer Generation für die folgende nicht verloren sind. Von dem, was ein Tier im Laufe seiner individuellen Existenz lernen konnte, kann fast nichts es überleben. Im Gegensatz dazu sind die Ergebnisse menschlicher Erfahrung fast gänzlich und im Detail aufgehoben. Dank der Bücher, Skulpturen, Werkzeuge, Instrumente jeder Art, die von Generation zu Generation weitergegeben werden, dank mündlicher Tradition usw. Der Boden der Natur ist folglich bedeckt mit einer reichhaltigen Ablagerung, die sich ständig vermehrt. Statt jedesmal, wenn eine Generation ausstirbt und durch eine andere ersetzt wird, zu verschwinden, häuft sich menschliche Weisheit grenzenlos an, und diese grenzenlose Anhäufung erhebt den Menschen über das wilde Tier und über sich selbst hinaus.

Aber ebenso wie im Falle der oben besprochenen Kooperation ist diese Anhäufung (accumulation) nur in und durch Gesellschaft möglich. Denn um die Hinterlassenschaft einer jeden Generation bewahren und den anderen hinzufügen zu können, ist die Existenz einer moralischen Persönlichkeit notwendig, welche die vorhergehenden Generationen überdauert und sie aneinander bindet: das ist die Gesellschaft. Der Antagonismus, der allzu oft zwischen Individuum und Gesellschaft angenommen wurde, entspricht demnach nicht den Tatsachen. Diese beiden Begriffe sind weit davon entfernt, in Opposition zueinander zu stehen, weit davon entfernt, daß ein jeder sich nur auf Kosten des andern entwickeln könne, sie schließen sich vielmehr gegenseitig ein. Indem das Individuum die Gesellschaft will, will es sich selbst. Der Einfluß, den die Gesellschaft vor allem durch Erziehung auf es ausübt, hat keineswegs zum Ziel oder zur

Folge, es zu unterdrücken, es zu verringern, es zu denaturieren, sondern im Gegenteil, es wachsen zu lassen und ein wirklich menschliches Wesen aus ihm zu machen. Zweifelsohne kann es demnach nur wachsen, indem es sich anstrengt. Aber gerade die Fähigkeit, willentlich Anstrengungen hervorzubringen, gehört zu den wesentlichsten Eigenschaften des Menschen.

4 Die Rolle des Staates bei der Erziehung

Die im vorhergehenden Abschnitt erarbeitete Definition der Erziehung sorgt für eine geeignete Lösung der umstrittenen Frage nach den Pflichten und den Rechten des Staates im Hinblick auf die Erziehung.

Man setzt ihnen die Rechte der Familie entgegen. Das Kind, so wird gesagt, gehört zunächst seinen Eltern; sie müssen demnach seine intellektuelle und sittliche Entwicklung so lenken, wie sie es wollen. Erziehung wird also als eine wesentlich private und häusliche Angelegenheit aufgefaßt. Nimmt man diesen Standpunkt ein, ist man natürlich geneigt, den Einfluß des Staates hier auf ein Minimum zu beschränken. Der Staat soll, so wird gesagt, sich darauf beschränken, als eine Hilfe und als Ersatz der Familien zu dienen. Wenn die Familien nicht in der Lage sind, ihren Pflichten nachzukommen, sollte natürlicherweise der Staat dies übernehmen. Es ist ebenso selbstverständlich, dass er ihnen ihre Pflicht so leicht wie möglich macht, indem er Schulen zur Verfügung stellt, in die sie nach ihrem Willen ihre Kinder schicken können. Aber dies soll streng innerhalb dieser Grenzen geschehen und unter Ausschluß jeder positiven Einwirkung, die dazu bestimmt ist, dem Geist der Jugend eine bestimmte Orientierung einzuprägen.

Aber muß die Rolle des Staates so negativ bleiben? Wenn Erziehung, wie wir zu zeigen versucht haben, vor allem eine kollektive Funktion hat, wenn ihr Ziel darin besteht, das Kind an das für sein Leben bestimmte soziale Milieu anzupassen, so ist es unmöglich, daß sich die Gesellschaft an einem solchen Vorgang uninteressiert zeigt. Wie könnte die Gesellschaft daran unbeteiligt sein, ist sie doch der Bezugspunkt, auf den sich das erzieherische Handeln richten muß! Es ist demnach Anliegen der Gesellschaft, dem Lehrer ständig das Denken und Fühlen bewußt zu machen, das dem Kinde eingeprägt werden muß, um es in eine Harmonie mit dem Milieu zu bringen, in dem es leben muß. Wäre die Gesellschaft nicht immer gegenwärtig und wachsam, um zu erzwingen, daß pädagogisches Handeln im sozialen Sinne geschieht, so würde dieses notwendigerweise in den Dienst partikulärer Überzeugungen gestellt, und der große Geist des Vaterlandes würde sich aufteilen und in eine unzusammmenhängende Menge kleiner fragmentarischer Geister zerfallen, die miteinander in Konflikt ständen.

Man könnte nicht vollständiger dem grundlegenden Ziel aller Erziehung widersprechen. Man muß wählen: wenn man der Existenz der Gesellschaft einigen Wert beimißt – und wir haben gerade gesehen, was sie für uns bedeutet –, muß die Erziehung unter den Bürgern eine ausreichende Gemeinsamkeit von Gedanken und Gefühlen sichern, ohne die jegliche Gesellschaft unmöglich ist. Und um dieses Ergebnis zu erzielen, ist es auch notwendig, daß Erziehung nicht vollständig der privaten Willkür überlassen bleibt.

Da Erziehung eine wesentlich soziale Aufgabe ist, kann der Staat ihr gegenüber nicht indifferent sein. Im Gegenteil, alles, was zur Erziehung gehört, muß in irgendeiner Weise seinem Einfluß unterworfen sein. Das bedeutet deswegen noch nicht daß er notwendigerweise ein Unterrichtssmonopol haben müsse. Diese Frage ist zu kompliziert, um sie so nebenher zu behandeln; wir werden sie später diskutieren. Man kann annehmen, daß der Ausbildungsfortschritt um so leichter und schneller vonstatten geht, wenn ein gewisser Spielraum für die individuellen Initiativen bleibt; denn das Individuum ist für Neuerungen bereitwilliger als der Staat. Der Staat muß im öffentlichen Interesse auch die Errichtung anderer Schulen als jener, für die er unmittelbar verantwortlich ist, gestatten. Daraus folgt nicht, daß er nichts mit dem zu tun hat, was in diesen anderen Schulen vorgeht. Im Gegenteil: die in Omen vermittelte Erziehung muß unter seiner Kontrolle bleiben. Es ist nicht einmal zulässig, daß die Funktion des Erziehers von jemandem ausgefüllt werden kann, der nicht besondere Garantien bietet, die der Staat allein beurteilen kann. Zweifelsohne mag es schwer sein, ein für allemal die Grenzen bestimmen zu können, in denen seine Intervention gehalten werden muß, aber das Prinzip der Intervention dürfte nicht umstritten sein. Es gibt keine Schule, die das Recht beanspruchen darf, in voller Freiheit eine antisoziale Erziehung zu vermitteln.

Man muß allerdings erkennen, daß der Zustand der Zersplitterung, in dem sich augenblicklich die Geister unseres Landes befinden, diese Pflicht des Staates besonders delikat und gleichzeitig auch bedeutsamer macht. Es ist in der Tat Aufgabe des Staates, diese Gemeinschaft den Denkens und Fühlens, ohne die es keine Gesellschaft gibt, zu schaffen; sie muß durch sie selbst entstehen, und der Staat kann sie nur bestätigen, sie aufrecht erhalten und die Individuen ihrer bewußter machen.

Es ist nun aber unglücklicherweise unbestreitbar, daß bei uns diese moralische Einheit nicht in allen Punkten das ist, was sie sein sollte. Wir sind durch unterschiedliche und manchmal sogar widersprüchliche Auffassungen gespalten. In diesen Divergenzen gibt es aber eine unmöglich zu leugnende Tatsache, der man Rechnung tragen muß. Fraglos wird man nicht der Mehrheit das Recht zuerkennen, ihre Ideen den Kindern der Minorität aufzuzwingen. Die Schule sollte nicht die Sache einer Partei sein, und der Lehrer verfehlt seine Aufgaben, wenn er seine ihm zur Verfügung stehende Autorität dazu benutzt, seine Schüler in die Geleise seiner persönlichen Entschlüsse zu zwingen, so gerechtfertigt sie ihm auch erscheinen mögen.

Aber trotz all der Meinungsverschiedenheiten gibt es neuerdings an der Basis unserer Zivilisation eine gewisse Anzahl von Prinzipien, die implizit oder explizit allen gemeinsam sind, die jedenfalls in der Tat nur wenige frei und offen zu leugnen wagen: Achtung vor der Vernunft, vor der Wissenschaft, vor den Ideen und Gefühlen, welche die Basis der demokratischen Moral ausmachen. Die Rolle des Staates ist es, diese wesentlichen Prinzipien zu entwerfen, sie in seinen Schulen lehren zu lassen, darauf zu sehen, daß nirgendwo die Kinder darüber unwissend gelassen werden und daß überall von ihnen mit dem ihnen schuldigen Respekt gesprochen wird. Es ist unter diesem Aspekt ein Handeln zu vollziehen, das vielleicht um so wirksamer sein wird, je weniger gewaltsam es ist, und bei dem es am besten ist, sich in weisen Grenzen zu halten.

[...]

Erziehung als Gegenstand der Soziologie[1]

Theodor Geiger

1   Vorbemerkungen

[...]

Der eminent gesellschaftliche Charakter der Erziehung steht über allem Zweifel. Gesellschaft ist ohne Erziehung nicht denkbar, wie andererseits Erziehung nur in der gesellschaftlichen Sphäre möglich ist. Weshalb denn auch das Erziehungsdenken immer dem Gesellschaftsdenken streng entspricht. Nicht allein, nicht einmal vorwiegend in dem Sinne, dass die Erziehungsziele jeweils am *gesellschaftlichen Willen* ihrer Epoche ausgerichtet sind, sondern schon rein stilistisch in der Weise, daß die Auffassung vom Wesen der Erziehung jeweils aufs engste mit zeitgenössischer Art und *Methode* des Gesellschaftsdenkens zusammenhängt.

Nicht alles Gesellschaftsdenken ist Soziologie im heutigen Sinn. Die platonische Gesellschaftslehre z. B. ist Schulbeispiel dafür, wie über gesellschaftliche Dinge so recht unsoziologisch gedacht werden kann; dieser Sozialethik entspricht die Kalokagathie der platonischen Tugendpädagogik. Eine spekulative Menschheitssozialphilosophie findet ihr genaues Seitenstück in humanitär orientierter Pädagogik; der pädagogische Naturalismus geht denknotwendig mit dem Kulturpessimismus des biologisch-naturalistischen Gesellschaftsdenkens Arm in Arm. Das sind nur Beispiele. Immer hat das Erziehungsdenken sich der Kategorien zeitgenössischen Gesellschaftsdenkens bewußt bedient oder sie unbewußt vorausgesetzt, weil Erziehung immer als Parthenogenesis der Gesellschaft ersichtlich war.

2   Forschungsgeschichtliches

Es konnte nicht anders sein, als daß die Soziologie, von Anbeginn ihres Auftretens als Gesellschaftswissenschaft mit dem Anspruch auf Geltung als selbständiger Forschungszweig, sich zugleich tiefstgehend mit den Fragen der Erziehung beschäftigte.

In Frankreich finden wir Gabriel Tardes soziologischen Widersacher Émile Durkheim (1858–1917) seit 1887 an der Faculté des Lettres zu Bordeaux damit beauftragt,

---

1   Erstveröffentlichung in: Die Erziehung. Monatsschrift für den Zusammenhang von Kultur und Erziehung in Wissenschaft und Leben, 5. Jg., Heft 7, Leipzig 1930, S. 405–427.

neben Sozialwissenschaften auch Pädagogik zu lehren. Für Durkheim mit seiner Theorie von der zwingenden Macht der „faits sociaux" war ja übrigens der Erziehungsvorgang geradezu Quintessenz des sozialen Lebens.

[…]

Über das Verhältnis zwischen Soziologie und Erziehungswissenschaft in den Vereinigten Staaten hat uns jüngst Andreas Walther[2] gute Aufschlüsse gegeben. Im letzten Viertel des vorigen Jahrhunderts bahnten der alte Giddins und L. F. Ward die Synthese beider Wissenschaften an. Seit etwa 1915 kann man vom Dasein einer besonderen Disziplin der „Educational Sociology" sprechen. 1922 gliedert sich die American Sociological Society eine Section on Educational Sociology an, 1925 gründen Snedden und Kulp eine National Society for the Study of Educational Sociology. Betts, Chancellor, Clow, Dewey, Dutton, King, Monroe, Peters, O'Shea, W. R. Smith, Snedden sind Verfasser von Lehrbüchern zur „Educational Sociology". Pädagogen und Soziologen beackern gemeinsam dieses Feld der Forschung und der Lehre. Am Teachers College der Columbia University New York haben Snedden und Kulp je einen ordentlichen Lehrstuhl für „Educational Sociology" inne, deren Studium für künftige Lehrer verpflichtend ist.

In Deutschland ist das Schrifttum zur Soziologie der Erziehung noch mager.

[…]

Im Lehrbetrieb unserer Hochschulen spielt die Soziologie der Erziehung noch keine anerkannte Rolle. […]

3   Das Verhältnis zwischen Pädagogik und Soziologie

Eislers Wörterbuch der philosophischen Begriffe belehrt uns noch 1922: Pädagogik ist „Erziehungskunst, Wissenschaft von den Prinzipien und Methoden der Erziehung des (jugendlichen) Menschen nach allen Richtungen der menschlich spezifischen Vervollkommnung im Sinne des (historisch-sozial bedingten, aber zuoberst allgemeingültigen) Menschheitsideals. Die Ziele der Erziehung gibt die Ethik und die Kulturauffassung (Kulturphilosophie), während die Psychologie die Handhabe für die richtige, zweckmäßige Beeinflussung des Menschen gewährt".

Noch ist es Herbart, der hier spricht, von einem leisen Hauch Fr. Paulsenschen Geistes berührt. Dilthey, der Vorkämpfer des pädagogischen Psychologismus wird sowenig erwähnt wie spätere Richtungen. Gleich einem Grenzland, über das die Stürme der Geschichte hinwegfegen, hat die Pädagogik so manche Fremdherrschaft im Lauf der Zeit ertragen, eine von Hand zu Hand gereichte Provinz. Der Theologie folgte auf den Thron die Ethik. Gegenüber Herbarts These von den beiden Grundwissenschaften der Pädagogik: der Ethik, die sie teleologisch normiert, und der Psychologie, die ihr methodisch die Richtung weist, werden erstmals 1882 von Fr. Paulsen die Ansprüche

---

2   Soziologie und Sozialwissenschaften in den Vereinigten Staaten, Karlsruhe 1927. S. 99 ff.

der Kulturphilosophie angemeldet. 1888 bricht Diltheys epochemachende Akademierede dem Psychologismus Bahn. Im Jahr danach erscheint G. A. Lindners Grundriß der Pädagogik, in dem – schon von o. Willmann 1882 vorbereitet – die Sozialphilosophie ihre Herrschaftsgelüste bekennt. (Sie nennt sich bei Lindner zwar „Soziologie", ist aber durchaus spekulative Sozialphilosophie.)

Es ist kein Wunder, daß ursprünglich auch die Soziologie, kaum auf eigenen Namen getauft und zu selbständigem Leben erwacht, ähnliche Absichten hegte. Hält sich doch die ältere Soziologie – und zum Teil auch noch die heutige – für die synthetische Kron- und Generalwissenschaft, die in der Dreistadienabfolge Auguste Comtes berufen ist, das Erbe der Metaphysik anzutreten. Letztes Maß aller Dinge bestimmend, kann sie die Pädagogik nicht ihre Bahn ziehen lassen.

Noch heute ist dies das Verhältnis zwischen Soziologie und Pädagogik in den Vereinigten Staaten mit ihrer noch nicht überwundenen positivistischen Überlieferung und dem optimistischen Glauben an den gradlinigen Fortschritt der Menschheit im Zeichen der Vernunft. Man muß L. F. Wards so bleibend und tief wirkende Soziologie kennen, um das ganz zu verstehen. Ähnlich Kants psychologischer und pragmatischer Anthropologie unterscheidet Ward eine reine und angewandte Soziologie. Die erste handelt von dem natürlichen Bau und Werden der menschlichen Gesellschaft nach ihren immanenten Gesetzen, die zweite aber von den Einflüssen planmäßig-zweckhafter („telic") Tätigkeit des Menschen auf die gesellschaftliche Entwicklung. Sozialpolitik und Erziehung sind die entscheidenden Mittel gesellschaftlicher Vervollkommnung, und die Erziehung vor allem nennt Ward selber „den Urweg gesellschaftlichen Fortschritts" – „das beste Mittel, um die Gesellschaft vor dumpfem Traditionalismus zu bewahren" fügt Ch. Ellwood hinzu. Nach dieser Verfahrensvorschrift baut sich die amerikanische Educational Sociology auf.

[…]

Wo immer die Soziologie enzyklopädische Wissenschaft von der menschlichen Gesellschaft sein will, dort kann sie nicht anders, als normativ gegenüber der Pädagogik aufzutreten. Die letzten Jahrzehnte brachten eine ganz neue soziologische Schule hervor, die an Levy-Bruhl und Durkheim anknüpft, deren Gedanken aber in engen Zusammenhang mit der marxistischen Lehre zu bringen sucht: es ist der Kreis der erkenntnistheoretischen Soziologen um Max Adler (W. Jerusalem, S. Bernfeld u. a.), Forscher, die es sich zur Aufgabe gemacht haben, die soziale Bedingtheit auch der letzten Grundkategorien unseres Denkens nachzuweisen. In eigentümlicher dialektischer Wendung bemühen sich die Mitglieder dieses Kreises, der sich zum Teil mit dem der entschiedenen Schulreformer überschneidet, nicht nur den Erziehungsstil einer Epoche aus ihrem ökonomisch-sozialen Aufbau zu erklären, sondern andererseits in der Erziehung unmittelbar ein Klassenkampfwerkzeug zu erblicken (Ressentiments-Pädagogik). Bei Max Adler treten diese Gedanken in Verbindung mit Kant-Fragmenten auf, bei Siegfried Bernfeld in einem eigenartigen Gemenge: mit Freudschen Ideen. Eine im Grunde ganz unmarxistische Auffassung; wie kann, wenn die geistige Welt nur Überbau der ökonomisch-sozialen ist, mit pädagogischen, also geistigen (ideologischen) Mitteln die Welt der Tatsachen verwandelt werden? Es ist vor allem Honigsheim, der die Doppelfunktion der Erziehung als ideologisches Werkzeug der Klassenherrschaft einerseits und des Klassenkampfes andererseits hervorzuheben nicht ermüdet. (In ähnlicher Weise, doch mit Marx-feindlicher konservativer Tendenz stellt sich neuerdings die Gesellschaftsweisheit Karl Dunkmanns dar, die ebenfalls mit einer soziologischen Kritik der Erkenntnis letzte, auch für die Pädagogik normative, Wahrheiten zu entdekken sich anheischig macht.)

Bezeichnenderweise sind es mehr die sozialistischen Pädagogen, als die Soziologen vom Fach, die solchen Gedanken nachhangen. [...]

Jene empirisch-einzelwissenschaftliche Soziologie aber, die in Frankreich von Gabriel Tarde, in Deutschland von Georg Simmel und Ferdinand Tönnies ihren Ausgang nahm und heute ihren klaren Weg macht, ist schlechthin abgeneigt, irgendeinem andern Forschungszweige gegenüber richtungweisend aufzutreten. Nicht-aktivistisch aus Überzeugung bleibt sie als reine Theorie zurückgezogen im Hintergrunde, zufrieden damit, wenn sie nur Fachnachbarn Anregungen bieten und Hilfe leisten darf und als bescheidene Hilfswissenschaft dort Anerkennung findet. Die Erziehungswissenschaft steht neuerdings im Begriffe, ihre Autonomie gegenüber der Philosophie, aber auch gegenüber jeder anderen Wissenschaft durchzusetzen. Fast scheint es, als könne ähnliches Schicksal Pädagogik und Soziologie darin zu Bundesgenossen machen. Hat doch auch die Soziologie Jahrzehnte hindurch gegen die Scheelsucht und den geistigen Imperialismus älterer Zweige einen zähen, heute noch nicht ganz verebbten Kampf um ihre Anerkennung als selbständige Disziplin zu führen gehabt.

Es sind bislang noch wenige Arbeiten zur Soziologie der Erziehung in diesem Sinne geleistet worden. 1927 erschien Rudolf Lochners Deskriptive Pädagogik, 1928 Hugo Schröders Soziologie der Volksschulklasse, 1929 Carl Weiss' Pädagogische Soziologie. Alle drei Werke stammen von Schulmännern, denen es an eigentlich soziologischer Schule gebricht. Unendlich viel mehr hätten sie leisten können, hätten sie sich nicht darauf angewiesen geglaubt, die Kategoriensysteme mehrerer Soziologen der Gegenwart ekletisch miteinander zu verbinden und so aus nicht zusammenstimmenden Elementen ein Kategoriensystem für den Augenblicksbedarf gebastelt.

Ich übergehe die Gelegenheitssoziologie in den pädagogischen Werken Ernst Kriecks, nenne aber einen erst noch angekündigten 3. und 4. Band des Riesenwerks der Mathilde Vaerting Zur Soziologie und Psychologie der Macht. Hier scheinen, nach dem bisher vorliegenden Band zu urteilen, historische und enzyklopädisch-soziologische Gedankengänge mit einzelnen wissenschaftlich-empirischen eine eigenartige Ehe eingehen zu wollen.

4 Die autonome Pädagogik und der Begriff der Erziehung in soziologischer Betrachtung

Die autonome Pädagogik wehrt sich dagegen, eine bloße Kunstlehre dafür zu sein, wie ein ihr von außen her vorgegebenes Ziel am Menschen verwirklicht werden solle. Sie wagt die Behauptung, der pädagogische Vorgang sei eigener Sonderart, trage in sich seine Gesetzlichkeit, die zu erforschen ihr allein aufgegeben sei. Es ist, wenn ich recht verstehe, der Gedanke der Bildsamkeit, der sich einerseits (passiv) als Entfaltungsfähigkeit des Menschen, andererseits (aktiv) als Gestaltungsdrang des Menschen darstellt. Während alle andern Wissenschaften diese beiden Funktionen notwendig auseinanderreißen, sieht eigentlich pädagogisches Denken (nach Ansicht der Autonomisten) die beiden Funktionen in einem einzigen Prozeß unlösbar miteinander verschmolzen. Damit bricht sowohl die Brücke zum pädagogischen Objektivismus (Kulturwert-Pädagogik) als auch zum pädagogischen Subjektivismus (Expressionismus und Naturalismus) ab.

Nach des Verfassers Überzeugung besteht hier eine unbedingte Übereinstimmung mit der Auffassung von der Erziehung, wie die erfahrungswissenschaftliche Soziologie diese Erscheinung sehen muß.

Paul Barth nennt bekanntlich die Erziehung „Fortpflanzung der Gesellschaft". Das ist nur möglich, wenn man einerseits im Sinne der enzyklopädischen Soziologie älterer Richtung die menschliche Gesellschaft als universelle Gesamtheit (substanzial) sieht. Die empirische Soziologie bezweifelt die Existenz eines sozialen Gebildes „Menschheit", zumindest tritt für sie dieses bestenfalls ideelle Gebilde hinter den realen kleineren Gruppen an Bedeutung zurück. Zum zweiten aber würde Paul Barths Definition nur zutreffen, wenn man, wie er, die Gesellschaft als Geistorganismus auffaßt und demnach Fortpflanzung der Gesellschaft von vornherein als geistige Fortpflanzung versteht. Es sei denn, man gliedere, Carl Weiss beipflichtend, die Erziehung in einen (physischen) Fürsorge-, einen (gesellschaftlichen) Sozialisierungs- und einen (objektiv-kulturlichen) Bildungsbereich.

Richtig ist: Erziehung ist die Kehrseite der Tatsache, daß menschliche Gruppen Geschichte haben und daß sie Schwund und Zuwachs des in ihnen vergesellschafteten Menschenkreises überdauern. Damit aber ist Erziehung für den Soziologen schon zu einem Teilphänomen innerhalb eines größeren Kreises von Erscheinungen zusammengeschrumpft. Allen menschlichen Gruppen naturnotwendige Daseinsäußerung ist, daß das Leben in ihnen den einzelnen, Menschen prägt, wie dieser wiederum das Gruppenleben von sich aus beeinflußt.

Wer als Soziologie die unendliche Fruchtbarkeit der Theodor Littschen phänomenologischen Strukturanalyse erkannt und für sich nutzbar zu machen versucht hat, für den ist in alle Zeit die Antithesis „Einzelmensch und Gruppe" ihrer logischen Schrecken entkleidet. Individuum und Gemeinschaft sind nur die polaren Ausdrücke für einen identischen Gegenstand: den Menschen.

Jeder Gruppe entspricht ein ihr eigener, im Mechanismus menschlichen Betätigungsdranges durchgesetzter So-Seins-Typus, den ich das Ich-Ideal[3] der Gruppe nannte. Diesem Ich-Ideal, einer zur vorgestellten Gestalt geballten Reihe von Person-Qualitäten, gleicht der Genosse sich im Gruppenleben an. Doch ist zugleich dieses Ich-Ideal elastisch genug, um fortlaufend unter dem Einfluß der Persönlichkeiten Wandlungen ertragen zu können.

Indem ich innerhalb einer Gruppe, mich ihr einfügend und doch wiederum auf sie zurückwirkend, mein Wesen entfalte, bilde ich mich. *Bildung ist ein Prozeß, der sich zwischen einer Gruppe und den ihr zugehörigen Menschen als Partnern oder Polen vollzieht.*

Welches sind die bildenden Mächte?

1. Die gesellschaftlich geformte Sachumwelt, Bauten, Kunstwerke, technische Vorrichtungen, die vom Menschen „domestizierte" Natur usw. wirken auf den Menschen allein schon dadurch, daß er sie Tag um Tag wahrnimmt und in seinem Bewußtsein verarbeitet. Es ist noch zu fragen, inwieweit auf diesem Wege allein, d. h. ohne vorherige Schaffung einer Verständnisvoraussetzung durch Beispiel und Mitteilung, bildende Einflüsse dem Menschen zuströmen können. Anders gefragt: Inwieweit wohnt den von Menschen gestalteten leblosen Dingen selber der Geist inne, der sie gezeugt hat, wieweit spricht dieser Geist durch die Maske der Dinge auch ohne Hilfe des Dolmetschers?

2. Die menschliche Mitwelt gibt mir Beispiele. Handlungsmuster, von den Genossen um mich her geübt, finden meine Nachahmung. Wie unter Ziffer 1 die Durkheimsche Erklärung der Gesellschaft ihren Beitrag liefert, so hier die Gabriel Tardesche. Man hat die Wirkung des Beispiels oft als „unbewußte Erziehung" bezeichnet. Deshalb wohl, weil man erst vor der planmäßigen, wissenschaftlich untergründeten Erziehung her vorstoßend gelegentlich auch auf die Bedeutung solcher Einwirkungen aufmerksam wurde. Der Ausdruck ist nichts als eine forschungspsychologisch verständliche Metapher. („Die heimlichen Miterzieher")

3. Auf die Handlungen des dem grupplichen Ich-Ideal unzulänglich Angepaßten antworten die Genossen durch ihr öffentliches Urteil. Öffentliches Urteil – es mag mich treffen seitens der Allgemeinheit oder seitens eines einzelnen Genossen, über den Genossen als solchen urteilend, ist jeder andere stets Vertreter der Gruppenöffentlichkeit. Nicht ausgesprochen braucht dieses Urteil zu werden. Der mißbilligende Blick, das Zeigen der kalten Schulter, die kühle Aufnahme genügen als Ausdrücke.

4. Jetzt erst folgt in der Stufenleiter die Erziehung. Ist Bildung ein Vorgang, so ist Erziehung die auf ihn gerichtete bewußte Tätigkeit. Bilden muß im Grunde der

---

3   Genaueres hierüber, insbesondere über die Genesis des Ich-Ideals, ist zu finden in meinem Aufsatz: „Gruppe als verwirklichtes Ich-Ideal". Archiv für angew. Soziologie I. Heft 2 und 3.

Mensch sich selbst – oder ihn das Leben. Bildung ist ein Prozeß, dem er ausgesetzt ist. Durch erzieherische Tätigkeit gewährt der Mitgenosse ihm Bildungshilfe.

Erziehung ist also bewußte Äußerung eines Einflusses in bestimmter Richtung. Nicht aller persönliche Einfluß stellt sich als Bildungshilfe dar. Suche ich den Mitmenschen zu einer bestimmten Handlung zu beschwätzen, so beeinflusse ich ihn, doch erzieh' ich ihn nicht. Ich suche ihn „herumzukriegen". Erziehung geht auf das ganze Wesen des Menschen, bloße Beeinflussung auf ein einzelnes Handeln. Erziehung trifft die innere Haltung, Beeinflussung das Verhalten. Erziehung zielt auf den Menschen. Beeinflussung auf ein bestimmtes Sachziel, zu dessen Erreichung mir ein Mensch als Werkzeug erscheint. Gleich aller Dressur drückt bloße Interessenbeeinflussung das lebende Wesen zum Werkzeug meines Willens herab.

Auch das Gruppenurteil ist persönlicher Einfluß. Es steht in der Mitte. Von bloßer Beeinflussung unterscheidet es sich, weil es nicht auf ein *einmaliges* So-Handeln, sondern auf die Wiederholung *typischen* Handelns, auf das Handeln selbst, nicht auf seinen sachlichen Erfolg zielt. Der Erziehung gegenüber steht es zurück, sofern es sich mit typischem *Verhalten* begnügt, der *Gesamthaltung* des Menschen, die auf die Erziehung sich richtet, nicht achtet.

Erziehung muß als solche beabsichtigt sein. Doch ist nicht nötig, daß der einzelne Erziehungsakt Glied in der Kette eines planvoll angelegten Erziehungswerkes sei. So unterscheidet sich bewußt *planmäßige* von bewußter, aber *spontaner,* gelegentlicher Erziehung. Es ist ein weiter Weg von planmäßiger Erziehung bis zur *anstaltlich eingerichteten.* Erst auf höherer Stufe der Kulturentfaltung beginnt ein Gesellschaftsgefüge die Bildungshilfe, deren es die Neulinge in seinem Kreis bedürftig glaubt, anstaltlich zu organisieren und Erziehungstätigkeit zum Inhalt eines Berufs zu machen. Manche Irrtümer und Widersprüche im Begriffsgebäude der wissenschaftlichen Pädagogik mögen davon kommen, daß die Erziehung vom Pädagogen einseitig aus dem Blickpunkt seines Standortes gesehen wird: ist er selbst als Vertreter seines Berufs doch erst auf der Stufe der Veranstaltlichung der Erziehung möglich! Darum ist für ihn als Berufswerk-veranstaltlichte Erziehung *die* Erziehung kat' exochen.

Spekulative, vor allem geist-organizistische (Schäffle, Barth) oder idealistisch-universalistische (Spann) Soziologie, sieht von vornherein für jeden Menschen eine Gruppe höchster Würde und letzten Geltungsanspruchs gegeben, innerhalb deren alle anderen Gruppierungen – Beruf, Partei, Familie, Bund und Verein, Religionsgemeinschaft und wirtschaftlicher Interessenverband – nur untergeordnete Teilerscheinungen sind. So auch zuletzt Dunkmann in seiner angewandten Soziologie. Dann ist die von der staatlich-volklichen Einheit veranstaltete und aufgebaute Erziehung die in erster Linie maßgebende. Alles andere Erziehungswerk kann hierzu höchstens Ergänzung, Besonderung, Abschattierung bieten. Auch die Familie macht hiervon keine Ausnahme. Jüngst hat in seinem Staat des deutschen Menschen (S. 66), auch Ernst Krieck hat wieder behauptet, nirgends in der Welt sei die Familie selbständiges Sozialgebilde.

(Dies unter sonderbarer Mißdeutung des Sinnes früh-patriarchalischer Zustände.) So scheint denn die Familie nur die widerruflich beauftragte erzieherische Unterinstanz der volklischen Gemeinschaft zu sein. Dies ist der letzte Grundsatz, der ausgesprochen oder stillschweigend vorausgesetzt alle Sozialpädagogik leitet.

Hier deckt sie sich mit der älteren, noch von W. H. Riehl vertretenen Soziallehre, wonach die Familie, Grundlage und Keimzelle völkisch-staatlichen Lebens und diesem sinngemäß untergeordnet sei.

Zuletzt hat Krieck, Naturrecht der Körperschaften auf Erziehung, 1930, diese Gedankengänge ausgebaut, indem er den im Sinne des sozialphilosophischen Organismus hierarchisch gestuften, von der „Volkheit" überhöhten Körperschaften ein (kollektives) „Naturrecht" auf Erziehung und Bildung unter der „natürlichen" Oberhoheit des Volkes zuschrieb. Mit diesem Buch hat Krieck den pädagogischen Autonomiegedanken praktisch preisgegeben. Sein Erziehungsdenken zeigt sich als normiert durch eine völkische Sozialprogrammatik.

Erfahrungswissenschaftliche Soziologie läßt sich nicht auf die Feststellung solcher Rangordnungen ein, die nur als Forderungen, nicht aber als Tatsachen bestehen können. Sie sieht vielmehr jeden Menschen in Dutzenden, ja Hunderten sozialer Gruppen stehen, von denen jede, dem natürlichen Gesetz grupplichen Daseins entsprechend, in einem Bildungsverhältnis zum Menschen steht. Jede Gruppe hegt ihr Ichideal, in jeder Gruppe findet ein besonderer Bildungsvorgang statt, jede Gruppe übt Erziehung. So viele Gruppen, so viele Erziehungen. Erziehung ist nichts, was nur Erwachsene an der Jugend vollbringen, Erziehung hat gleich der Bildung kein Ende bis in den Sarg. *Unser Leben lang stehen wir in so vielen Bildungsströmen wie Gruppen und müssen lebenslang Erziehungen dulden.*

Es stürzen zusammen die Theorien von dem konkret und ein für allemal bestimmten Ziel der Erziehung. Denn jede Gruppe setzt ihrer Erziehungstätigkeit den eigenen So-Seins-Typus zum Ziel.

5   Veranstaltlichte Erziehung und Erziehungsziel

Heiß tobt der Streit um das Ziel der Erziehung in der modernen Pädagogik. Nur *jener* Erziehung versteht sich, die vom Staat als dem Sachverwalter der Volksgemeinschaft veranstaltet und betreut ist. Die Unmöglichkeit, das ganze offizielle Erziehungswerk auf ein Ziel abzustellen, hat sich auf der schulgesetzgeberischen Entwicklungslinie von der Reichsverfassung bis zum Keudellschen Schulgesetzentwurf und zum Preußischen Konkordat erwiesen; hat noch die Reichsverfassung im wesentlichen sozial-pädagogisch gedacht, die simultane Gemeinschaftsschule als Norm gesehen und Bekenntnis- oder Weltanschauungsschule doch nur als Ausnahme zugelassen, so stehen die drei, genauer gesagt die vier Schularten im Reichsschulgesetzentwurf gleichen Ranges nebeneinander. Die öffentliche Schule unterstützt damit – trotz der im wesentlichen doch nur deklamatorischen Duldsamkeitsklausel – Keimlegung und Wachstum ideologischer Gegensätze in der Jugend des Volkes.

Unvermeidlich ist dies, solange Erziehung ein jenseits ihrer selbst liegendes Ziel anstrebt. Mir scheint, daß veranstaltliche Erziehung den Sinn und die Tendenz habe, bis zum äußersten möglichen Grad Erziehung ohne jenseits ihrer liegendes Ziel zu werden.

Solange Erziehung spontane Funktion jeder beliebigen Gruppe ist, hat sie kein planvoll überlegtes Ziel, sondern sie steht unreflektiert im Lebensablauf der Gruppe. In diesem Stadium, in dem sich noch heute die Erziehungstätigkeit ungezählter Gruppen bewegt, hat Erziehungswissenschaft keinen Platz. Sie tritt erst auf den Plan, wo Erziehung innerhalb eines größeren gesellschaftlichen Gesamtgefüges (z. B. der Staatsnation) sich als besonderes Aufgabengebiet berufsteilig herausgeschält hat. Erst als selbständig geschlossenes System geistig-kultureller Betätigung ist Erziehung Gegenstand einer besonderen Geisteswissenschaft.

Spontane Erziehung ist an den herrschenden Gruppengeist durchaus gebunden. Sie ist ihrer Tendenz nach vergangenheitsgebunden und konservativ. Wenn sie gleichwohl das Gruppenleben nicht zum Brackwasser macht, nicht die starre Verhornung einer einmal erreichten Zuständlichkeit zur Folge hat, so ist dies nur der Tatsache zu verdanken, daß dem Individuum Eigenständigkeit und schöpferische Kraft innewohnt, daß also eine bis zum Gruppenkretinismus restlos durchgesetzte soziale Uniformierung nicht statthaben kann. (Wir alle sind ja vieles, vielleicht das Beste dessen, was wir sind, nicht *durch* unsere Erziehung, sondern in *Abwehr* gegen sie geworden.) Jeder Gruppe wohnt eine Neigung zur strengen Wahrung des Gestrigen inne. Wo aber Erziehung anstaltlich verselbständigt und nach den Grundsätzen wissenschaftlicher Pädagogik zur Aufgabe eines besonderen Erzieherberufs wird, dort vermag dem Traditionalismus der Gruppen eine eigene Geistgesetzlichkeit der Erziehung wirksam entgegenzutreten.

Die volkliche Gemeinschaft überantwortet ihre Erziehungsfunktion Berufserziehern zu treuen Händen. Aufgabe der Berufserzieher ist es, ihre eigene berufliche Denkwelt zu entwickeln. In einer Zeit klaren Zusammenklangs aller gesellschaftlichen Lebenskreise unter einem obersten Sinn und Gesetz wird auch die veranstaltliche Erziehung in hohem Grade durch die allgemein anerkannten letzten Wertideen bestimmt sein. Zeigt aber eine Zeit wie unsere das Auseinanderfallen der einzelnen sozialen Lebenskreise in krassem Antagonismus, so ergibt sich notwendig eine allgemeine Ziel- und Richtungsunsicherheit, in deren Atmosphäre öffentliche Erziehung nur noch unter Verzicht auf ein jenseits ihrer liegendes Ziel möglich ist.

Wohl ist auch der Erzieher in seiner geistigen Form abhängig von den Idealen und Willensrichtungen der Gruppen, in denen er steht – seiner sozialen Klasse, seiner politischen oder weltanschaulichen Richtung –, doch ist er es nicht restlos, sondern in Grenzen. Im Bereich autonomen Erziehungsdenkens ist er vor allem Pädagoge, und in hohem Grad vermögen in der Sphäre dieses beruflichen Gedankenreiches die Gegensätzlichkeiten sonstiger Gruppenideologien zurückgedrängt zu werden. Er wird sich dann nicht mehr gedrungen sehen, zu letzten, ein für allemal feststehenden objektiven

Kulturwerten hin zu erziehen, wird nicht vergangenheitgebunden den Zögling auf eine einmal erreichte Zuständlichkeit der nationalen Gruppe verpflichten müssen, noch wird er, ein gesellschaftlicher Neuerer, zu dem von ihm geschauten Wunschbild einer irgendwie gearteten Zukunftsgesellschaft revolutionär den jugendlichen Menschen hinzutreiben suchen. Hier verbindet eine Brücke die Ufer der modernen Soziologie und der autonomen Pädagogik.

Autonome Pädagogik macht sich anheischig, die Gesetze der Erziehung aus dem Wesenhaften des Erziehungsphänomens selber abzuleiten. Eine von allen Spekulationen befreite Gesellschaftslehre aber sieht Gesellschaft als ein niemals fix-seiendes, ewig werdendes, als Geschehnis, nicht als gefestigtes Sein. Es wandelt sich nicht nur jede einzelne Gruppe, sondern im Rahmen eines mannigfach zusammengesetzten Gesamtgefüges auch die Verspannung der einzelnen Gruppen und das Gewicht oder Übergewicht dieser und jener. Unerforschlich ist der Ratschluß des Lebens. Wie heute der Soziologe sich hütet, Prophezeiungen künftiger Gesellschaftsentwicklung in die Welt zu senden, so kann auch der autonome Pädagoge einsehen, daß ihm nicht zusteht, den Büttel und Kerkermeister einer heute errichteten Gesellschaftsform zu spielen, noch auch als göttliche Vorsehung in der Gesellschaftsgeschichte aufzutreten, indem er sein Wunschbild der Zukunft als „das Erziehungsziel" propagiert. Er legt die gesellschaftliche Sendung des Erziehungsvorgangs zugrunde. Sie lautet: Vergesellschaftungsdrang und Drang zur Eigentätigkeit liebend fördern. Nicht für eine bestimmte Gruppe – und sei es auch die Volksgemeinschaft – in ihrem Jetzt-So-Hier, noch für künftige Gesellschaft in ihrem von uns geforderten Morgen- und Anders-Sein-Sollen erzieht er, sondern er leistet Menschen Bildungshilfe zur Sozialität als Haltung und Funktion überhaupt, zu geselliger Wirksamkeit, Verantwortlichkeit (je nach Anlage).

Für werdende Gesellschaft überhaupt, für das Werden als Urgesetz vergesellschafteten Menschtums wird erzogen. Gesellschaft an sich als freudig bejahtes Schicksal ist einziges Erziehungsprinzip. Der nicht voraussehbaren, noch bestimmbaren Geschichte überlassen wir als öffentliche Berufserzieher, in welcher Art Vergesellschaftungen dereinst Frucht bringen mag, was wir an Saat gelegt haben.

Der wilde Widerstreit im sozialen Willensleben unserer Epoche ist die große Stunde des Autonomiegedankens in der Erziehung. Das Erziehungsdenken sieht sich in dieser Stunde vor den Ruinen einst so sicher geglaubter absoluter Werte. Wo bleibt der Mut, Menschen, nach dem eigenen Bild zu formen, wenn dieses eigene Bild aus dem Spiegel, den der Mitmensch mir vorhält, mich verzerrt und geschändet angrinst? Entsagung tut not, Bescheidenheit und letzter Respekt vor dem, was werden will. Das ist nicht feiger und eisiger Relativismus, ein entmanntes Alles-gelten-lassen – es ist der letzte Schluß der Lebensweisheit dieser Zeit, die erst das ganze Leben in seiner komplexen Mannigfaltigkeit und Eigengesetzlichkeit erschaut hat, die es gewagt hat, nicht mehr in Substanzen, sondern in Prozessen zu denken.

Entsagen wir demütig und weise geneigten Hauptes dem Willen, Menschen zu formen für die Rückkehr einer besseren Vergangenheit oder Ressentiment-beladene

Menschen zu erziehen für eine Zukunft, die niemand ahnt, die deshalb Hinz und Kunz auf ihre Art verschieden wünschen. Nur Arm in Arm mit öffentlich veranstalteter Erziehung konnte eine Erziehungswissenschaft auftreten. Dem immanenten Gesetz wissenschaftlicher Disziplin folgend entdeckt die Erziehungswissenschaft die Möglichkeit ihrer Autonomie. Gleichzeitig vollzieht sich im Wirkungsraum wissenschaftlich grundgelegter Erziehung die Verunsicherung der Lebensformen und die Entzweiung gesellschaftlichen Wollens. In dieser Stunde ist öffentliche Erziehung, die von Staats wegen der Erziehung anderer Lebenskreise vorgreift, nur noch denkbar, wenn sie solchen Verzicht übt.

Öffentlich institutionelle Erziehung will und kann nicht einzige Bildungshilfe sein. Gewiß bedarf der Mensch auch gruppen-subjektiv gebundener Erziehung. Es mag Sache jener Gruppe sein, sie an ihm zu üben. Erziehung für vergesellschaftetes Menschtum überhaupt kann nicht fordern, daß der Mensch, als Katholik getauft, es bleibe bis in Ewigkeit; kann nicht fordern, daß er, geboren als Kind nationaldenkender Eltern, so denke wie sie; staatlich veranstaltete Erziehung kann nicht einmal zur Absicht haben, daß die heutige Verfassung des Deutschen Reichs, in der sie gesetzlich verankert ist, Geltung habe in alle Zeit.

Gleichwie die Rechtswissenschaft als autonome Lehre von dem, was Recht ist, den das Recht gewährleistenden Staat selber unter die Botmäßigkeit der Rechtsnormen stellt, wie sie zur letzten Folgerung vordringend dahin führt, daß der Staat selber nach den Gesetzen, die er garantiert, verurteilt werde, so ähnlich die Pädagogik. Der Staat, starrste aller modernen Lebensformen, schafft selber in seiner starren Verfassung dem Leben, das ihn in seinem So und Jetzt zu überwinden berufen ist, ein Ventil. Er überträgt die Aufgaben der Erziehung einer Berufsgruppe, verpflichtet sie, diese Aufgabe nach bestem Wissen und Gewissen und nach den Normen ihres Berufsdenkens zu erfüllen und sei es auch, daß die so erzogenen Menschen eines Tages aufstehen wider ihn selbst, weil niemand sie auf Vergangenes oder Gegenwärtiges vereidigt hat.

Wo Erziehung von Organen geübt wird, die als Berufserzieher nicht verpflichtet sind, die Leitgedanken ihres Berufshandelns gehorsam von der sie bestellenden sozialen Gruppe (Staats-Volk) anzunehmen, da kann Erziehung schon in ihrem gemeinten Sinn, in ihrer Absicht jenes gesellschaftliche Werden, die Ewigkeit veränderlichen Lebens mit einschließen, die spontane, vergangenheit-gebundene Erziehung zwar niemals hindern kann, ihrer Gesinnung nach aber nicht will.

Die naturalistische Erziehung „vom Kinde aus" erfährt hier ihre Vervollkommnung und zugleich Überwindung. Jener Naturalismus, Ausgeburt einer atomistisch denkenden Epoche, sieht den kindlichen Menschen als einmaliges in sich abgekapseltes Individuum, das autark zu seiner persönlichen Eigenart entfaltet zu werden heischt. Soziologisches Denken weiß um die Polarität des Ich-selbst und Ich-mit-andern; weiß, daß die Anlagen des Kindes nicht bloß „individuell" sind, sondern daß von allem Anfang an im Kinde der Drang zur Vergesellschaftung – gleichviel zu welcher – liegt. Es gibt keinen ungeselligen Menschen, auch nicht als Krankheitserscheinung, es gibt nur Menschen, die zur ungeselligen Lebensführung gezwungen sind, weil ihnen die ihrer besonderen Vergesellschaftungsneigung entsprechenden Lebenskreise in ihrer Lebenswelt nicht geboten werden.[4] Nicht das *Individuum* also ist – noch spukt bei den Sozialpädagogen der *contrat social*! – für leidliche Einfügung in spekulativ genormte speziale Lebensordnungen zu erziehen, sondern der *Mensch* ist in der Entfaltung seiner individuellen sowohl als seiner vom Uranfang gegebenen sozialen Anlagen im Rahmen seiner, die sozialen Bedingungen einschließenden Lebenswelt zu fördern.

Vom *Individuum zum Menschen* – das war der Weg der modernen Soziologie ebenso wie der Pädagogik. In welchen Vergesellschaftungen diese Anlagen des Menschen sich dereinst tätig entfalten werden, welchen Gruppierungen und Bestrebungen er sich zubekennen wird, das hängt unter anderem von dem Standort ab, der ihm im Leben gegeben wird. Es gibt keinen „Menschen an sich", sondern: Solche und Andere. Und hier bleibt jenseits der formalen Sphäre öffentlich veranstaltlichter Erziehung zur Vergesellschaftung überhaupt der breite Raum einer zielbildlich bestimmten Erziehung durch einzelne Gruppen. Mag die Kirche durch ihre Priester Menschen zur Gläubigkeit und frommem Lebenswandel erziehen mit dem Erfolg, der ihr beschieden ist. Mögen Gesellschaftsklassen und politisch-parteiliche Gesinnungsgruppen ihre Werbung in erzieherischen Formen treiben, soviel sie wollen, mögen Gruppen und Grüppchen am heranwachsenden Menschen ihre Bindekraft erproben mit Zielen und Zielchen, mit Ideen und Afterideen – es ist ihr gutes Recht.

In der öffentlichen Erziehung gilt nur eines: die persönlichen Anlagen und Vergesellschaftungskräfte des jugendlichen Menschen an sich zu vollster Entfaltung zu fördern. Damit ist die Methodik über die Ebene einer bloßen psychologisch unterbauten Kunstlehre für Erreichung einer bestimmten objektiv vorgegebenen Absicht hinausgehoben, ist zum Kernstück der Erziehungswissenschaft geworden. Freilich eine Methodik, die nicht mehr bloß psychologisch unterbaut ist, sondern sich zugleich herleiten muß von einer philosophischen Anthropologie, wie Plessner sie jüngst so geistvoll umrissen, und einer Strukturlehre des Menschen, wie Litt sie angebahnt hat.

6   Programm und Einteilung einer Soziologie der Erziehung

Es könnte der Versuch gemacht werden, die Soziologie der Erziehung in Anknüpfung an die Einteilung der allgemeinen Soziologie zu gliedern. Faßt man aber die Soziologie der Erziehung als eine Zweigdisziplin, die mit soziologischen Methoden den pädagogischen Gegenstand bearbeitet, so ist es richtiger und übersichtlicher, die Einteilung aus dem Gegenstand selbst zu entwickeln.

---

4   Auf diese Defekte und Lücken in der sozialen Umwelt angeblich asozialer Fürsorgezöglinge wäre zu achten, und bald würde ersichtlich, daß nichts verkehrter ist, als diese im Grunde sehr sozialen, von ihrer Mitwelt aber im Stich gelassenen Menschen einzusperren.

Die Soziologie der Erziehung ist ein Nebenzweig der Soziologie überhaupt und fällt daher in den Raum der besonderen Soziologie. Ich unterscheide:

A. *Systematischer Zweig*
Er untersucht Wesen, Vorgang und Vergesellschaftungsformen der Erziehung als Gegebenheiten von zeitloser Geltung. Er muß sich gliedern in zwei Teile:

I. Allgemeiner und prinzipieller Teil

1. Grundlegend ist zu untersuchen das *Wesen der Erziehung überhaupt als einer sozialen Erscheinung.* Hiervon ist ein Bruchstück als Probe in den beiden vorhergehenden Abschnitten enthalten. Es handelt sich darum, die Erziehung und die ihr verwandten sozialen Vorgänge zu typisieren und gegeneinander abzugrenzen. Hier steht also zur Aufgabe die Sicherung der (soziologischen) Begriffe der Erziehung, Bildung, des Unterrichts und der schon oben erwähnten anderen Gruppenanpassungsprozesse.

   Dabei zeigt sich alsbald, daß Gegenstand der Erziehungswissenschaft in erster Linie nur die *bewußte* Erziehung sein kann. So ergibt sich eine Unterteilung:
   a) Erziehung als spontane Funktion der Gruppe ist schon Gegenstand der allgemeinen Soziologie, und zwar unter dem Gesichtspunkt der sozialen Ersatzvorgänge. Sie ist dort zusammen mit den Prozessen der Sozialisierung und Gruppenadoption zu behandeln. In ein System der Soziologie der Erziehung wird sie als Grundvorgang einbezogen und erfährt hier freilich Behandlung unter einem etwas anderen Akzent, nämlich mehr unter Betonung des eigentlich erzieherischen Moments, während der Gesamtzusammenhang mit dem Gruppenleben überhaupt hier mehr den Hintergrund abgibt.
   b) Die Untersuchung der Erziehung als eines funktionsteilig verselbständigten Werksystems stellt ein besonderes Kapitel dar. Gestützt auf die im vorigen Kapitel gegebenen Andeutungen wäre der Aufbau veranstaltlichter Erziehung genauer zu untersuchen und der vielfach verwickelte Zusammenhang des institutionellen Erziehungswerkes mit dem übrigen Gesellschaftsleben zu erforschen.
2. *Der Erziehungsprozeß als zwischen-menschlicher Vorgang von bestimmtem gemeintem Sinn.* Unter Ziffer 1 berührt sich die Soziologie der Erziehung mit der allgemeinen Theorie der Bildung. In diesem zweiten Stück berührt sie sich dagegen mit der Sozialpsychologie einerseits, der Methodik andererseits. „Erziehung überhaupt" ist Kulturgeschehen im allgemeinen, ihr Ort ist die gesellschaftliche Lebenssphäre schlechthin. Der soziale *Erziehungsakt* spielt sich im Rahmen jenes Kulturgeschehens als Einzelfall ab. Es handelt sich also um die beziehungswissenschaftliche Untersuchung der erzieherisch gemeinten Verhältnisse zwischen Menschen. Hierzu enthält z. B. Schelers Sammelband „Versuche zu einer Soziologie des Wissens" den

Aufsatz von Luchtenberg „Übertragungsformen des Wissens" und einen andern von Stoltenberg über „Kundnehmen und Kundgeben". Es ist deutlich, daß die erzieherischen Akte nach Gepräge und Verlauf entsprechend dem herrschenden Erziehungsprinzip verschieden sein müssen. Naturalistische Erziehung „vom Kinde aus" vollzieht sich in andern Beziehungsformen als humanistische Erziehung zu ewigen Werten hin oder nationalistische Erziehung zur geheiligten Volkheit. Die Fragestellung des Soziologen ist theoretisch. Er interessiert sich für die Bedingtheit der sozialen Form des Erziehungsaktes durch dessen verschieden gemeinten Sinn. Der Pädagoge würde anders fragen: ich verbinde mit meinem Erziehungsakt eine bestimmte Absicht; gibt es eine Möglichkeit, durch den Vollzug des Aktes in einer bestimmten sozialen Form, also durch Herstellung einer bestimmten Beziehungssituation, die Erreichung meiner besonderen Erziehungsabsichten zu erleichtern? Ganz grob und ohne Rücksicht auf ungezählte Feinheiten gefragt: stelle ich mich herrschaftlich, kameradschaftlich, auf kühl-sachlichen Abstand oder irgendwie anders ein? Behandle ich eine Mehrheit von Zöglingen als solidarische Gruppe oder als Aggregat von Einzelwesen?

Wenn also der Erziehungsprozeß als zwischenmenschlicher Vorgang von bestimmt gemeintem Sinn untersucht wird, so ist zu beachten: generell ist dieser gemeinte Sinn durch den allgemeinen Begriff der Erziehung gegeben, speziell variiert er entsprechend der jeweiligen Erziehungsideologie.

II. Besonderer oder beschreibender Teil

1. Eine soziologische Analyse der Lebenskreise mit typisch erzieherischer Funktion ist zu entwerfen. Als *solcher Lebenskreis erscheint in erster Linie die Schule,* die Familie dagegen nur zum Teil. Denn sie hat außer der erzieherischen auch eine Fülle anderer Funktionen. In ihrer erzieherischen Wirkung aber ist sie hier nur so weit zu erörtern, als sie für den „Makrokosmos der Welt", nicht aber insoweit, als sie für ihren eigenen Mikrokosmos erzieht. Erziehung für die Familie gehört durchaus oben unter A I, 1. a).

Bei diesem Kapitel geht es um die Erscheinung der Familie und der Schule als Lebenskreise, d. h. als soziale Gruppen, in denen Menschen miteinander wesen und wirken. Greifen wir also die Hauptprobleme einer Soziologie der Schule als Lebenskreis heraus, so würde sich ergeben:

   a) Die Schulklasse in ihrer je nach Schulart und Erziehungsprinzip wandelbaren sozialen Struktur. Das wäre, was Hugo Schröder versucht hat, doch freilich unter allzu starker Betonung des Psychologischen nicht zur Vollendung im soziologischen Sinne zu führen vermochte.

   Man hört so gern die Schulklasse als „Lebensgemeinschaft" bezeichnen. Das ist sie nicht – man kann höchstens wünschen, daß sie es wird. Von Anfang an jedenfalls ist sie es nie, und es wäre gerade eine der bedeutendsten Aufgaben innerhalb dieses Kapitels, den Vergesellschaftungsprozeß zu untersuchen, der sich zwischen neu eingeschulten Kindern untereinander oder zwischen einer bestehenden Schulklasse und einem einzelnen neu eingeschulten Kinde abspielt.

Hier entrollt sich vor uns die ganze Problematik des *schulischen Zusammenseins der Kinder* in sowohl unterrichtlich als auch nicht-unterrichtlich gemeinter Gruppierung. Hierher gehört die Frage nach der sozialen Struktur des Verhältnisses zwischen Lehrer und Schüler, die sich wissenschaftlich als eine *Typologie der erzieherischen Führung* darstellt. Es folgen die Fragen nach der Selbstverwaltung der Schulkinder, nach den Klassenämtern, nach der autonomen Schulzucht, nach dem Strafensystem.

Die unendliche Mannigfaltigkeit der Fragestellungen wird erhöht durch Einbeziehung der Sonderfragen wie Koedukation und wenig gegliederte Schule, sowie durch die grundlegende Verschiedenheit der sozialen Struktur des Schullebens im Raum verschiedener Siedlungsformen.

b) Ähnlich ist die *Schule als Ganzes* zu analysieren. Dann tritt zur Frage nach dem Verhältnis der Schulklassen als Gruppen untereinander und nach dem Verhältnis zwischen Schülern verschiedener Schulklassen auch noch die Frage nach der Struktur des Lehrkörpers und deren Wirkungen auf die schulische Erziehungssituation.

Rudolf Lochner hat im Anhang zu seiner Deskriptiven Pädagogik den Entwurf eines Fragebogens gebracht, hat diesen Fragebogen dann zwei Jahre später in einer Broschüre Die Schulklasse als Gesellschaftsgruppe, Berlin 1929, etwas verändert noch einmal veröffentlicht. Es ist durchaus richtig, daß auf dem Weg der Umfrage und des Berichts mit Hilfe soziologisch vorgeschulter (aber nur solcher) Lehrer unschätzbares Erfahrungsgut zu a) und b) gesammelt werden könnte. Nur darf man meiner Meinung nach nicht mit Lochner eine solche Umfrage auf einen 173 Fragen umfassenden Bogen aufbauen, noch dazu, wenn die Fragen zum Teil unmöglich eindeutig beantwortet werden können.

2. Die Lehre von den *Anstalten* und den *Organisationen der Erziehung* betrachtet die Sozialgebilde von typisch erzieherisch gemeintem Sinn nicht mehr als Lebenskreise von Menschen, sondern als Anstalten, d. h. als *Organisationen eines Zwecks* und *des seiner Verfolgung dienenden* Apparates. (Dies ist der soziologische Begriff der Anstalt.) Das System der öffentlichen Erziehung in seinem Aufbau, seiner Gliederung in der anstaltlichen Struktur seiner einzelnen Elemente (Schulen) steht hier zur Verhandlung. Die Erziehungsanstalten sind zu sehen als jene Organisationsgebilde, die für Lebenskreise mit typisch erzieherischer Funktion den vorgegebenen Rahmen darstellen.[5]

---

5 Das dynamische Verhältnis zwischen Schulanstalt und schulischem Lebenskreis (Schulbeamter – Jugendführer) heischt um so mehr Aufmerksamkeit, als neuere Richtungen das „starre Zwangsmoment"

In diesem Zusammenhang wäre zu erörtern das Problem der *Verschulung*, falls man es nicht international vergleichend in der historischen Soziologie der Erziehung behandeln will.

Der *Familie als Gesellschaftseinrichtung* wäre hier ein Kapitel zu widmen. Denn gerade und vor allem, weil sie mit öffentlicher Erziehungsvollmacht ausgestattet ist, wird die Familie zur rechtlich geregelten Gesellschaftseinrichtung erhoben. Dabei ist sorgsam darauf Bedacht zu nehmen, daß die Familie als öffentliche Einrichtung (von Soll-Charakter) und die Familien als reale Gesellschaftsgruppen (von Tatsachen-Charakter) außerordentlich verschiedene Gesichter tragen.

3. *Die Lehre von Verflechtung und Wettbewerb erzieherischer Sozialgebilde untereinander und mit anderen Gesellschaftsgebilden.* Anknüpfend an die Ziffer 1 ist zunächst das Ineinandergreifen schulischer und außerschulischer Gesellschaftsbildungen am Kind und am Lehrer zu untersuchen. Wie wirken gesellschaftliche *Rangschichtungen* in die Struktur der Schulklasse herein? Von wann ab und wie z. B. gewinnt der Klassenunterschied für den kindlichen Menschen die Bedeutung einer kategorischen Distanz? Ich möchte hier anmerken, daß mir die Meinungen Bodes, Reinigers u. a., diese kategorische Distanz sei in den Städten ausgeprägt, auf dem Lande aber trete sie hinter harmonisch-patriarchalischen Verhältnissen zurück, auf Grund unmittelbarer Anschauung mindestens in dieser Allgemeinheit abwegig erscheinen. Die These gilt nur für klein- und mittelbäuerliche Verhältnisse. Leopold von Wieses Kollektivuntersuchungen über das Dorf bestätigen auch jüngst wieder, daß im Landleben infolge der engeren räumlichen Nähe bedeutende gesellschaftliche Rangabstände ungeheuer viel schärfer auch in der kindlichen Welt sich auswirken als in der unpersönlichen Atmosphäre der Großstadt, die für den Begriff des sozialen Ranges überhaupt wenig Sinn hat. Wir haben es auf dem Lande noch mit ständischer (besitzständischer) Ranggliederung zu tun, die den *Einzelnen* viel schärfer als die Klassengliederung absperrt.

Die Einbeziehung vom Kind mitgebrachter Sozialbindungen in die schulische Welt auf der einen und *die allmähliche Ausweitung der sozialen Lebenswelt* des Kindes über Elternhaus und Schule hinaus auf der anderen Seite, sind in diesem Zusammenhang zu untersuchen.

Hierzu gehört die Frage der *Stellung des Kindes zwischen Elternhaus und Schule, zwischen Jugendbund und Schule* usw.

Typische und Zufallsverpflichtungen sind dabei dauernd gut auseinander zu halten.

Entsprechend der oben unter Ziffer 2 genannten Fragestellung wäre des weiteren der Zusammenhang zwischen der Schule als Anstalt und der übrigen für die

---

der Organisation am liebsten ganz aus dem Erziehungsleben verbannen möchte („Überwindung der Schule").

Schule als solche oder für das Kind bedeutsamen sozialen Lebenswelt zu untersuchen. Schule und Kirche, Schule und Staat, Schule und Elternhaus wären Kernfragen. Andere würden sich in Fülle aus der Beantwortung dieser ergeben.

B. *Historischer Zweig*

Hier wird nicht mehr das Erziehungswerk mit der ganzen Mannigfaltigkeit seiner Vergesellschaftsformen im Ruhestand gesehen, sondern es wird die Betrachtung ergänzt durch die Einstellung des Erziehungswerkes in den gesellschaftsgeschichtlichen Ablauf. Hierzu und eigentlich nur hierzu sind viele Vorarbeiten vorhanden. Wir brauchen nicht erst an Paul Barth, Müller-Lyer, Kawerau oder Ernst Krieck zu denken; jede Geschichte der Erziehung und jede Geschichte der Pädagogik enthält nebenbei Bruchstücke auch zu diesem Kapitel. Es handelt sich vor allem darum:

1. Feststellung der *geschichtlichen Typen der Erziehung* in ihrer Abfolge und in ihrem stilverwandtschaftlichen Zusammenhang mit den jeweils zeitgenössischen Gesellschaftsstrukturen.
2. Um die Feststellung der *geschichtlichen Typen des Erziehungsdenkens* und ihrer Abfolge. Hier erst kämen wir zu einer Soziologie der *Pädagogik,* während wir es bisher ausschließlich mit Soziologie der *„Pädagogie"* zu tun hatten. Um zwei Fragen vor allem dreht es sich hier:
   a) Wie sind Erziehungsideologie und Erziehungswissenschaft durch den gesamten *Gesellschafts-* und *Geistesstil* bestimmt? Es wölbt sich sofort die Brücke zu einer allgemeinen historischen Soziologie des Wissens, wie sie von den erkenntnistheoretischen Soziologen einerseits, von Max Scheler und seinem Kreis oder neuerdings von Karl Mannheim anderseits angebahnt ist.
   b) Wie wirkt eine so beeinflußte Erziehungsideologie (Pädagogik) wieder auf die Erziehungspraxis (Pädagogie) zurück?

Ein besonderer Abschnitt wäre vielleicht der Frage zu widmen, die oben schon angeschnitten wurde: Inwieweit schafft ein durchgebildetes pädagogisches Berufsdenken einen besonderen Menschentypus des *homo paedagogicus,* der in besonderer pädagogischer Haltung dem Druck der auf ihn eindringenden sonstigen sozialen Mächte (z. B. parteipolitischer Ideenkreis, Klassenlage, Amtsschimmel usw.) Widerstand zu leisten geneigt und fähig ist? Und inwieweit wird umgekehrt die Erziehungsideologie durch derartige andere soziale Mächte in ihrer pädagogischen Eigengesetzlichkeit abgebogen oder abschattiert?

Was hier programmatisch in Kästchen sauber eingeteilt vorgeführt wurde, muß bei der Bearbeitung des Stoffes in mannigfacher Berührung stehen, und es ist fraglich, ob der Gliederung eines Werkes zur Soziologie der Erziehung zweckmäßigerweise gerade diese Einteilung zugrunde gelegt würde. Darum hat es sich auch hier nicht gehandelt, sondern um einen geordneten Überblick über die vielfache Verzweigung des Themas.

Der Pädagoge mag immerhin achselzuckend erklären, derartige Fragestellungen seien für ihn ohne praktisches Interesse. Man könnte ihm antworten, daß Wissenschaft grundsätzlich nicht nach ihrem praktischen Wert zu fragen hat, daß also der Soziologe als Forscher sich keineswegs lächerlich machen kann, wenn er in aller Tiefe und Breite die soziale Problematik der erzieherischen Sphäre durchforscht. Aber es ist nicht einmal ausgemacht, daß der Pädagoge solches Beginnen mit einem Kopfschütteln abtut. Deshalb nicht, weil ganz offenbar derartige Forschungsbemühungen, und mag es auf theoretisch noch so unzulängliche Weise sein, gerade von Pädagogen und noch dazu von pädagogischen Praktikern angegangen wurden. Es scheint also doch, daß die Praxis selber mindestens an bestimmten Ergebnissen dieser theoretischen Forschung ein nennenswertes Interesse habe.

Wie könnte es auch anders sein? Es gehört zum unverlierbaren Bestand gegenwärtigen Erziehungsdenkens, daß die Gesellschaft nicht nur, wie die idealistische Philosophie gemeint hat, sittliche Bestimmung des Menschen sei, sondern daß von Anfang an Sozialität eine Abmessung im Anlagegut des kindlichen Menschen ist. Wir erziehen also nicht mehr *für* die Gesellschaft, vielleicht nicht einmal *durch* sie, sondern *in* Vergesellschaftung. Im Kinde ist die Neigung, ja die konstitutionelle Notwendigkeit zu gesellschaftlichem Sein vor aller erzieherischen Einwirkung angelegt – wenn auch zur Vergesellschaftung in typisch kindlicher Weise. Hier und insofern hat die Formel recht, daß die Kindergesellschaft nicht Spiel und Vorstufe, sondern gleichberechtigte Daseinsform neben der Erwachsenengesellschaft sei.

Die sozialen Kräfte des jugendlichen Menschen bedürfen nicht nur der Pflege und Förderung durch Willenserziehung, sondern so wie sie vorhanden sind, müssen sie gleich allen andern körperlichen, seelischen und geistigen Anlagen des Kindes selbsttätig in den Erziehungsprozeß eingestellt werden. Um dies zu können, bedarf der Lehrer – und er weiß es wohl! – einer nicht nur unmittelbar aus der Anschauung geschöpften oder intuitiven Erfassung, sondern auch einer theoretischen Erkenntnis der Vergesellschaftungskräfte und -vorgänge im allgemeinen und insbesondere im Lebensbereich seiner Berufsaufgabe.

Die Schulklasse als soziales System: Einige ihrer Funktionen in der amerikanischen Gesellschaft[1]

Talcott Parsons

Dieser Essay möchte – wenn auch nur in groben Umrissen – die Grund- und Oberschulklasse als soziales System und die Beziehung ihrer Struktur zu ihren primären gesellschaftlichen Funktionen als Instanz der Sozialisation und Verteilung analysieren. Obwohl es wichtig ist, daß die Schulklasse normalerweise Teil der größeren Organisation einer Schule ist, wird hier nicht die ganze Schule, sondern die Klasse Untersuchungseinheit sein, denn sie wird sowohl vom Schulsystem als auch vom einzelnen Schüler als der Ort anerkannt, wo das „Geschäft" der formalen Erziehung tatsächlich besorgt wird. In der Grundschule stehen die Schüler typischerweise unter der Leitung eines verantwortlichen Lehrers, während in der Oberschule und manchmal in den oberen Klassen der Grundschule der Schüler in verschiedenen Fächern unter verschiedenen Lehrern arbeitet; in diesem Fall ist der Komplex der verschiedenen Unterrichtsstunden, an denen derselbe Schüler teilnimmt, die für unsere Zwecke entscheidende Einheit.

Das Problem: Sozialisation und Selektion

Unser Hauptinteresse ist damit auf ein doppeltes Problem gerichtet: erstens, wie die Schulklasse funktioniert, um bei den Schülern Bereitschaft und Fähigkeit zur erfolgreichen Erfüllung ihrer späteren Erwachsenenrollen zu verinnerlichen, und zweitens, wie sie funktioniert, um diese menschlichen Ressourcen innerhalb der Rollenstruktur der Erwachsenengesellschaft zu verteilen. Die Art und Weise, wie diese beiden Probleme miteinander verbunden sind, wird uns die wichtigsten Bezugspunkte liefern.

Vom funktionalen Gesichtspunkt aus kann die Schulklasse zunächst als Sozialisationsinstanz behandelt werden. Das heißt, es handelt sich dabei um eine Instanz, durch die einzelne Persönlichkeiten ausgebildet werden, um der Erfüllung von Erwachsenenrollen motivationsmäßig und technisch gewachsen zu sein. Sie ist nicht die einzige Instanz dieser Art; die Familie, informelle Gruppen Gleichaltriger, Kirchen und verschiedene freiwillige Organisationen spielen gleichfalls eine Rolle, ebenso die eigentliche Berufsausbildung. Aber in dem Zeitraum zwischen dem Eintritt in die erste

1 Erstveröffentlichung in Harvard Educational Review, Bd. 29, Nr.4, 1959, S. 297–318; deutsche Fassung in: Talcott Parsons: Sozialstruktur und Persönlichkeit. Frankfurt a. M. 1968, S. 161–193.

Klasse und dem Beginn der Erwerbstätigkeit oder der Ehe kann die Schulklasse als die zentrale Sozialisationsinstanz angesehen werden. Die Sozialisationsfunktion kann zusammenfassend gekennzeichnet werden als die Entwicklung von Bereitschaften und Fähigkeiten der Individuen als wesentliche Voraussetzung ihrer späteren Rollenerfüllung. Bereitschaft kann wiederum in zwei Komponenten aufgeteilt werden: Bereitschaft zur Verwirklichung der allgemeinen Werte der Gesellschaft und Bereitschaft zur Erfüllung eines spezifischen Rollentyps innerhalb der Struktur der Gesellschaft. So kann eine Person mit einem verhältnismäßig bescheidenen Beruf ein „solider Bürger" im Sinn einer Bereitschaft zu ernsthafter Arbeit in diesem Beruf sein, ohne jedoch intensives und aufgeklärtes Interesse an der Verwirklichung der differenzierteren Werte der Gesellschaft zu besitzen. Oder umgekehrt könnte jemand der Verankerung der weiblichen Rolle in Ehe und Familie deshalb widersprechen, weil eine derartige Verankerung verhindert, daß die gesamten Talentressourcen der Gesellschaft gleichmäßig auf Wirtschaft, Regierung und Verwaltung und so weiter verteilt werden. Fähigkeiten können ebenfalls in zwei Komponenten aufgeteilt werden: erstens, Kompetenz oder Fertigkeiten, die mit den individuellen Rollen verbundenen Aufgaben zu erfüllen; zweitens, „Rollenverantwortlichkeit" oder Fähigkeit, den Erwartungen der anderen hinsichtlich dem diesen rollenangemessenen interpersonellen Verhalten zu entsprechen. So bedarf ein Mechaniker ebenso wie ein Arzt nicht nur der grundlegenden „Fertigkeiten seines Gewerbes", sondern auch der Fähigkeit, sich verantwortungsvoll gegenüber jenen Leuten zu verhalten, mit denen er durch seine Arbeit in Berührung kommt.

Während die Schulklasse einerseits als die primäre Instanz betrachtet werden kann, durch welche die verschiedenen Komponenten der Bereitschaften und Fähigkeiten entwickelt werden, ist sie andererseits vom Gesichtspunkt der Gesellschaft aus eine Instanz zur Verteilung von „Arbeitskraft". Es ist allgemein bekannt, daß in der amerikanischen Gesellschaft eine sehr hohe – und wahrscheinlich wachsende Korrelation zwischen dem gesellschaftlichen Statusniveau einer Person und ihrem Erfolgsniveau in der formalen Erziehung besteht. Sozialer Status und Ausbildungsniveau sind offensichtlich mit dem erreichten Berufsstatus verbunden. Heute wird als Ergebnis steigender Ausbildungs- und Berufsanforderungen der Oberschulabschluß mehr und mehr als Untergrenze eines befriedigenden Ausbildungserfolgs betrachtet, und die wichtigste Trennungslinie für den zukünftigen Berufsstatus ist mittlerweile zwischen den Mitgliedern einer Altersgruppe gezogen worden, die ein College besuchen beziehungsweise nicht besuchen.

Wir sind deshalb daran interessiert, was in der Schulklasse unserer Gesellschaft die Trennung zwischen den Teilen einer Altersgruppe, die ein College besuchen, und denen, die es nicht besuchen, bestimmt. Aufgrund einer Tradition lokaler Eigenständigkeit und eines ziemlich pragmatischen Pluralismus gibt es anscheinend beträchtliche Unterschiede zwischen den Schulsystemen der verschiedenen Städte und Bundesstaaten. Obwohl die im folgenden zugrundegelegte Situation im Bostoner Stadtgebiet wahrscheinlich im Vergleich zu anderen Teilen des Landes ein differenzierteres Muster aufweist, ist dieses doch wohl nicht so extrem, daß es in seinen wesentlichen Zügen irreführend wäre. Obwohl natürlich der tatsächliche Eintritt ins College nicht vor dem Abgang von der Oberschule erfolgt, liegt hier die entscheidende Trennungslinie zwischen den in den College-Vorbereitungskurs eingeschriebenen beziehungsweise nicht eingeschriebenen Schülern; ungefähr nach der neunten Klasse, in der die Entscheidung normalerweise getroffen wird, findet nur noch geringfügiger Wechsel in beide Richtungen statt. Weiterhin sprechen die Anzeichen dafür, daß die Schulleistung in der Grundschule das bei weitem wichtigste Selektionskriterium darstellt. Die Berichte über die Schulleistungen werden von den Lehrern und Rektoren begutachtet, und es gibt wenig Fälle, bei denen der Besuch des College-Vorbereitungskurses gegen ihren Rat erfolgt. Es ist deshalb nicht zuviel behauptet, wenn gesagt wird, daß im großen und ganzen der primäre Selektionsprozeß durch unterschiedliche Schulleistung in der Grundschule erfolgt; in der „junior high school" wird dieser Prozeß dann „besiegelt".[2]

Die Anzeichen deuten darauf hin, daß es sich dabei um einen echten Selektionsprozeß handelt. Wie in praktisch allen vergleichbaren Prozessen beeinflussen vorgegebene (askriptive) und erworbene Faktoren das Ergebnis. In diesem Fall ist der askriptive Faktor der sozio-ökonomische Status der Familie, aus der das Kind stammt; der Faktor, der seinen erworbenen Chancen zugrundeliegt, ist die individuelle Befähigung. In einer Studie über 3348 Bostoner Oberschüler, auf der diese Verallgemeinerungen beruhen, korrelierte jeder dieser Faktoren sehr hoch mit geplantem College-Besuch. Der Prozentsatz der Schüler, die vorhaben, ein College zu besuchen, beträgt beispielsweise je nach Beruf des Vaters: 12 % bei angelernten und ungelernten Arbeitern, 19 % bei gelernten Arbeitern, 26 % bei unteren Angestellten, 52 % bei mittleren Angestellten, 80 % bei höheren Angestellten. Ähnlich verhält es sich, wenn die Absicht der Befähigung (gemessen am Intelligenzquotient) gegenübergestellt wird: 11 % im untersten Quintil, 17 % im nächsten, 24 % im mittleren, 30 % im vorletzten und 52 % im obersten. Es sollte auch beachtet werden, daß innerhalb jedes Befähigungsquintils der Zusammenhang zwischen den Studienplänen und der Beschäftigung des Vaters erkennbar ist. So reichen beispielsweise innerhalb des sehr umfangreichen Spitzenquintils der Befähigung (am oben angegebenen Maßstab gemessen) die College-Pläne von 29 % bei Arbeitersöhnen bis zu 89 % bei Söhnen höherer Angestellter.[3]

Der entscheidende Punkt scheint hier zu sein, daß es ein relativ einheitliches Auswahlkriterium gibt, das die Trennung von College- und Nicht-College-Kontingenten bewirkt, und daß für einen sehr wichtigen Teil der Gruppe das Funktionieren des Kriteriums keine „abgekartete Sache" ist – es ist nicht einfach eine Art der Bestätigung

---

2 Die Hauptquelle für diese Angaben ist eine von Samuel A. Stouffer, Florence R. Kluckhohn und dem Verfasser geleitete, noch unveröffentlichte Studie über soziale Mobilität bei Knaben in zehn öffentlichen Oberschulen des Bostoner Stadtgebiets.

3 Vgl. die dieser Studie entnommene Tabelle in: J. A. Kahl, The American Class Structure, New York, Rinehart & Co., 1953, S. 283. Angaben aus einem nationalen Sample von Oberschülern, veröffentlicht vom Educational Testing Service, zeigen ähnliche Muster des Zusammenhangs. [...]

eines bereits determinierten askriptiven Status. Gewiß, der Junge mit hohem Status und hoher Befähigung wird sehr wahrscheinlich das College besuchen und der Junge mit geringem Status und geringer Befähigung sehr wahrscheinlich nicht. Aber die Gruppe, die entgegengesetzten Einflüssen ausgesetzt ist („crosspressured" group), bei der diese beiden Faktoren nicht koinzidieren[...], ist von erheblicher Bedeutung.

Derartige Erwägungen führen mich zu der Schlußfolgerung, daß der während der Grundschule stattfindende, entscheidende Differenzierungsprozeß (der von einem anderen Gesichtspunkt aus Selektion bedeutet) sich auf einer einzigen Hauptachse, der Leistung, vollzieht. Darüber hinaus führt diese Differenzierung durch die Oberschule hindurch im großen und ganzen zu einer Zweiteilung in College-Besucher und Nicht-College-Besucher.

Um die Bedeutung dieses Musters abzuschätzen, wollen wir seinen Platz in der Sozialisation des Individuums untersuchen. Der Eintritt des Kindes in das System der formalen Erziehung ist sein erster wichtiger Schritt über die primären Bindungen der Herkunftsfamilie hinaus. Innerhalb der Familie sind gewisse Grundlagen eines Motivationssystems errichtet worden. Aber das einzige für spätere Rollen maßgebliche Merkmal, das eindeutig „determiniert" und psychologisch eingeprägt wurde, ist die Geschlechtsrolle. Das nach-ödipale Kind tritt eindeutig als Junge oder Mädchen kategorisiert in das System der formalen Erziehung ein, aber weiter ist seine Rolle noch nicht differenziert. Der Selektionsprozeß, durch den Personen Rollenkategorien auswählen beziehungsweise dafür ausgewählt werden, findet erst noch statt.

Aus Gründen, auf die hier nicht näher eingegangen werden kann, darf gesagt werden, daß der einzige wichtige, prädisponierende Faktor, mit dem das Kind in die Schule eintritt, sein Niveau der Unabhängigkeit ist. Darunter wird sein Niveau der Selbständigkeit hinsichtlich der Führung durch Erwachsene verstanden, seine Fähigkeit, Verantwortung zu übernehmen und eigene Entscheidungen zur Meisterung neuer und veränderlicher Situationen zu treffen. Dies wird, wie die Geschlechtsrolle, als Funktion der Erfahrungen in der Familie erworben.

Die Familie ist ein Kollektiv, in dem die grundlegende Statusstruktur im Rahmen der biologischen Position, das heißt als Generation, Geschlecht und Alter, askriptiv festgelegt ist. Im Hinblick darauf wird es unvermeidlich Unterschiede in den Verhaltensweisen geben, die in einer Form belohnt oder bestraft werden, die zur differentiellen Charakterbildung beiträgt. Aber diesen Unterschieden wird nicht die Sanktionierung eines institutionalisierten Status zuteil. Die Schule ist die erste Sozialisationsinstanz in der Erfahrung des Kindes, die eine Statusdifferenzierung auf nichtbiologischer Basis institutionalisiert. Darüber hinaus handelt es sich dabei nicht um einen askriptiven, sondern um einen erworbenen Status, der durch unterschiedliche Erfüllung der vom Lehrer gestellten Aufgaben „verdient" wird; der Lehrer wiederum handelt als Beauftragter des Schulsystems der Gemeinde. Wir wollen die Struktur dieser Situation untersuchen.

Die Struktur der Schulklasse

Entsprechend der allgemein großen Variabilität amerikanischer Institutionen und natürlich der im wesentlichen lokalen Kontrolle der Schulsysteme gibt es beträchtliche Unterschiede der Schulsituationen, aber im großen und ganzen haben sie einen einzigen, verhältnismäßig klar ausgeprägten strukturellen Rahmen.[4] Besonders für den Elementarteil der Grundschule, das heißt für die ersten drei Klassen, impliziert das grundlegende Muster einen Hauptlehrer für jede Klasse, der alle Fächer lehrt und allgemein für die Klasse verantwortlich ist. Manchmal treten schon zu diesem frühen Zeitpunkt, häufig aber später, andere Lehrer für besondere Fächer hinzu, besonders für Sport, Musik und Kunsterziehung, ohne daß dadurch die zentrale Stellung des Hauptlehrers geändert wird. Der Lehrer ist üblicherweise eine Frau.[5] Die Klasse bleibt für die Dauer des Schuljahres bei diesem Lehrer, in der Regel aber nicht länger.

Die Klasse besteht aus etwa 25 Gleichaltrigen beiderlei Geschlechts, die aus einem verhältnismäßig kleinen geographischen Gebiet stammen, das heißt aus der Nachbarschaft. Es gibt zunächst keine formelle Basis der Statusdifferenzierung in der Schule, außer, in gewisser Hinsicht, dem Geschlecht. Die wesentliche strukturelle Differenzierung erfolgt erst allmählich auf der einzigen, oben als Leistung bezeichneten Hauptachse. Daß die Differenzierung wirklich auf einer einzigen Hauptachse erfolgt, wird durch vier primäre Merkmale der Situation gewährleistet. Das erste ist die anfängliche Gleichheit des Status der „Wettbewerber" nach Alter und Familiensituation, da die Nachbarschaft typischerweise weitaus homogener ist als die ganze Gesellschaft. Zweitens wird eine Reihe gemeinsamer Aufgaben gestellt, die im Vergleich zu anderen Aufgabenbereichen verblüffend undifferenziert sind. Die Schulsituation gleicht in dieser Hinsicht weit mehr der Rasse als die meisten anderen Situationen, bei denen im Rahmen bestimmter Rollen bestimmte Leistungen vollbracht werden müssen. Drittens gibt es die scharfe Polarisierung zwischen den Schülern in ihrer ursprünglichen Gleichheit einerseits und dem einzelnen Lehrer andererseits, der ein Erwachsener ist und die Welt der Erwachsenen „repräsentiert". Und viertens gibt es einen verhältnismäßig systematischen Prozeß der Bewertung der Schulleistungen. Vom Blickpunkt des Schülers aus stellt diese Bewertung, besonders (obwohl nicht ausschließlich) in Form von Zeugnisnoten, Belohnung und (oder) Strafe dar; vom Schulsystem als Verteilungsinstanz aus betrachtet ist es die Selektionsbasis für zukünftigen gesellschaftlichen Status.

Zwei Reihen wichtiger Einschränkungen müssen bei der Interpretation dieses Strukturmusters im Gedächtnis behalten werden; ich glaube jedoch nicht, daß sie die Bedeutung seiner wesentlichen Züge verändern. Die erste Einschränkung betrifft Unterschiede der formellen Organisation und der Methoden in der Schulklasse selbst. Hier ist die wichtigste Art der Unterscheidung diejenige zwischen verhältnismäßig „tradi-

---

4   Diese Erörterung bezieht sich auf öffentliche Schulen. [...]
5   1955–56 waren 13 % der Lehrerschaft in öffentlichen Grundschulen Männer. [...]

tionellen" und verhältnismäßig „progressiven" Schulen. Die mehr traditionellen Schulen legen stärkeren Nachdruck auf getrennte Einheiten des Fachunterrichts, während der progressive Typ mehr „indirekten" Unterricht durch „Projekte" oder umfassendere Interessengebiete erlaubt, bei denen sozusagen mehrere Fliegen mit einer Klappe geschlagen werden können. Im Vergleich zur traditionellen, direkten Beziehung zwischen einzelnem Schüler und Lehrer wird in progressiven Schulen stärker die Zusammenarbeit von Schülergruppen gefördert. Dies hängt mit der stärkeren Betonung von Kooperation anstelle direkten Wettbewerbs, Großzügigkeit anstelle strikter Disziplin und einer gewissen Abwertung formeller Zensuren in progressiven Schulen zusammen.[6] In einigen Schulen wird diese, in andern jene Komponente etwas mehr im Vordergrund stehen. Eindeutig ist jedoch, daß es hier eine beträchtliche Variationsbreite gibt. Dies hat, denke ich, sehr weitgehend mit dem Abhängigkeits-Unabhängigkeitstraining zu tun, das für die frühe Sozialisation in der Familie so wichtig ist. Meine Interpretation geht ganz allgemein dahin, daß diejenigen, die Unabhängigkeitstraining hervorheben, zugleich auch eine verhältnismäßig progressive Erziehung bevorzugen. Der Zusammenhang zwischen Unterstützung progressiver Erziehung und verhältnismäßig hohem sozio-ökonomischen Status, „intellektuellen" Interessen und ähnlichem ist wohlbekannt. Betonung sowohl der Unabhängigkeit als auch der Kooperation und Gruppensolidarität unter Schülern widerspricht sich dabei nicht. Dies gilt vor allem deshalb, weil der Brennpunkt des Unabhängigkeitsproblems in diesem Alter Unabhängigkeit gegenüber Erwachsenen ist. Es kann allerdings auch gesagt werden, daß die hier in die Schulklasse eingebaute „peer group" ein von den Erwachsenen abgerückter Bereich des indirekten Ausdrucks von Abhängigkeitsbedürfnis ist.

Die zweite Reihe der Modifikationen betrifft die „informellen" Aspekte der Schulklasse, die stets irgendwie von den formellen Erwartungen abweichen. So kann zum Beispiel das formelle Muster der Nichtdifferenzierung zwischen den Geschlechtern informell modifiziert sein, weil gerade die Bedeutung der gleichgeschlechtlichen „peer group" in diesem Lebensalter dazu führt, daß ihr beträchtliche implizite Anerkennung zuteil wird – in der Form etwa, daß die Lehrer Gruppenwettbewerb zwischen Mädchen und Jungen anregen. Dennoch bleiben die Tatsache der Gemeinschaftserziehung und der Versuch, die Geschlechter in allen grundlegenden formellen Beziehungen gleich zu behandeln, am wichtigsten. Ein anderes Problem, das durch die informelle Organisation entsteht, ist die Frage, wieweit Lehrer unter Verletzung der universalistischen Erwartungen in der Schule die Schüler partikularistisch behandeln können und tatsächlich tun. Im Vergleich mit anderen Typen formeller Organisation erscheint meiner Ansicht nach das Ausmaß dieser Diskrepanz in Grundschulen nicht ungewöhnlich. Die Schulklasse ist so strukturiert, daß die Möglichkeit partikularistischer Behandlung stark eingeschränkt ist. Da es viel mehr Kinder in einer Schulklasse als in einer Familie

---

6   Diese Zusammenfassung einiger Kontraste zwischen traditionellen und progressiven Mustern stützt
     sich auf ein allgemeines Studium der Literatur, weniger auf eine einzige maßgebliche Quelle.

gibt und sie hier innerhalb einer viel stärker begrenzten Altersgruppe konzentriert sind, stehen dem Lehrer viel geringere Möglichkeiten für partikularistische Vergünstigungen zur Verfügung als den Eltern.

Wenn man diese Einschränkungen im Gedächtnis behält, bleibt meines Erachtens gleichwohl die Behauptung gerechtfertigt, daß die wesentlichen Merkmale der Grundschulklasse in den Vereinigten Staaten die oben skizzierten sind. Es sollte besonders betont werden, daß mehr oder weniger progressive Schulen – selbst mit ihrer relativen Vernachlässigung formeller Zensuren – kein eigenes Muster haben, sondern tendenziell eher eine Variante innerhalb desselben Musters darstellen. Eine progressive Lehrerin wird sich, wie jede andere Lehrerin, Meinungen über die verschiedenen Verdienste ihrer Schüler hinsichtlich der Normen und Ziele der Klasse bilden und den Schülern diese Einstufungen informell, wenn nicht formell mitteilen. Ich habe den Eindruck, daß die extremeren Fälle der Abwertung relativer Einstufung auf jene Schulen mit hohem Status beschränkt sind, wo der Besuch eines „guten" College als so selbstverständlich gilt, daß es sich für praktische Zwecke dabei um einen askriptiven Status handelt. Mit anderen Worten: bei der Interpretation dieser Fakten sollte die selektive Funktion der Schulklasse stets im Vordergrund der Aufmerksamkeit stehen. Die Bedeutung dieser Funktion hat sich ganz offensichtlich nicht verringert, eher ist das Gegenteil der Fall.

Die Eigenart der Schulleistung

Wie steht es nun mit dem Inhalt des von Volkschülern erwarteten „Leistungserfolgs"? Die vielleicht beste allgemeine Charakterisierung ist diese, daß sie die Leistungstypen umfaßt, die einerseits der Schulsituation angemessen sind und andererseits von Erwachsenen als in sich selbst bedeutungsvoll angesehen werden. Diese vage und etwas tautologische Charakterisierung kann, wie oben erwähnt, in zwei Hauptkomponenten zerlegt werden. Die erste ist das eher spezifisch „kognitive" Lernen von Informationen, Fertigkeiten und Bezugsrahmen, die mit empirischem Wissen und technologischer Bewältigung von Problemen verbunden sind. Die geschriebene Sprache und die frühen Stufen mathematischen Denkens sind von entscheidender Bedeutung; sie umfassen kognitive Fertigkeiten, die im Vergleich zu den vom Vorschulkind verlangten auf ganz neuen Ebenen der Allgemeinheit und Abstraktion stehen. Mit diesen grundlegenden Fertigkeiten geht die Assimilation umfangreicher faktischer Informationen über die Welt Hand in Hand.

Die zweite Hauptkomponente könnte allgemein eine „moralische" genannt werden. In früheren Schulgenerationen war dies als „Betragen" bekannt. Etwas genereller könnte es verantwortliche Mitbürgerschaft in der Schulgemeinschaft genannt werden. Grundlegend sind Dinge wie Respekt vor dem Lehrer, Rücksichtnahme und Zusammenarbeit mit den anderen Schülern, gute „Arbeitsgewohnheiten", aus denen die Befähigung zu „Führung" und „Initiative" hervorgehen.

Das Auffallende an dieser Leistungsdefinition ist, daß die beiden primären Komponenten in den unteren Klassen nicht klar voneinander unterschieden werden. Der Schüler wird vielmehr nach diffus allgemeinen Begriffen beurteilt; ein guter Schüler wird nach Begriffen definiert, in denen kognitive und moralische Komponenten miteinander verschmolzen sind, wobei jeweils die eine oder die andere Komponente mehr betont wird. Ganz allgemein können wir deshalb sagen, daß die „Spitzenschüler" in der Grundschule sowohl die „aufgeweckten" Schüler sind, die leicht mit ihren im engeren Sinn intellektuellen Aufgaben fertigwerden, als auch die „verantwortungsbewußten" Schüler, die sich gut betragen und auf die sich die Lehrerin bei ihrer schwierigen Aufgabe, die Klasse zu leiten, verlassen kann. Ein Zeichen dafür, daß dies zutrifft, ist die Tatsache, daß in der Grundschule die rein intellektuellen Aufgaben für einen Schüler mit hoher intellektueller Fähigkeit relativ einfach sind. Es kann angenommen werden, daß in vielen solchen Fällen sich nicht den intellektuellen, sondern den „moralischen" Fähigkeiten die größeren Schwierigkeiten bieten. Im großen und ganzen scheint die progressive Bewegung mehr dazu geneigt gewesen zu sein, die zweite Komponente stärker zu betonen; sie gab damit zu verstehen, daß von beiden die letztere die problematischere geworden ist.[7]

Der entscheidende Punkt scheint deshalb zu sein, daß die Grundschule unter dem Aspekt ihrer Sozialisationsfunktion eine Instanz ist, die die Schulklasse im wesentlichen nach einem einzigen Leistungskontinuum differenziert, dessen Inhalt relative Auszeichnung bei der Erfüllung der Erwartungen ist, die der Lehrer als Vertreter der Erwachsenen-Gesellschaft an die Schüler stellt. Die Kriterien dieser Leistung sind, generell gesprochen, nicht in die kognitive oder technische Leistung und die moralische oder „soziale" Komponente unterschieden. Hinsichtlich ihrer Beziehung auf gesellschaftliche Werte handelt es sich im wesentlichen jedoch um eine Unterscheidung von Ebenen der Fähigkeit, in Übereinstimmung mit diesen Werten zu handeln. Obwohl die Beziehung weit davon entfernt ist, einheitlich zu sein, liegt diese Differenzierung doch den Selektionsprozessen für die Ebenen von Status und Rolle in der Erwachsenen-Gesellschaft zugrunde.

Als Nächstes sollten einige Worte über den Zusammenhang gesagt werden, in dem sich dieser Prozeß außerhalb der Schule vollzieht. Neben der Schulklasse gibt es vor allem zwei primäre soziale Strukturen, an denen das Kind beteiligt ist: die Familie und die informelle „peer group".

---

7   Dieser Bericht über die beiden Komponenten der Grundschulleistung und ihres Verhältnisses zueinander faßt Eindrücke zusammen, die aus dem Studium der Literatur gewonnen wurden, und stützt sich nicht auf die Meinungen einzelner Autoritäten. Ich habe den Eindruck, daß Leistung in diesem Sinn weitgehend mit dem übereinstimmt, was McClelland und seine Mitarbeiter unter diesem Begriff verstehen. Vgl. D. C. McClelland u. a., The Achievement Motive, New York, Appleton-Century-Crofts, Inc., 1953.

Familie und „peer group" in Beziehung zur Schulklasse

Das Kind lebt im Schulalter natürlich weiterhin im Elternhaushalt und bleibt emotional und instrumental in hohem Maße von seinen Eltern abhängig. Aber es verbringt nun täglich mehrere Stunden außerhalb des Elternhauses, wo es einer Disziplin und einem Belohnungssystem unterworfen ist, die wesentlich von den dort geltenden unabhängig sind. Darüberhinaus nimmt der Grad dieser Unabhängigkeit ständig zu. Wenn das Kind älter wird, erhält es größere Bewegungsfreiheit jenseits der Aufsicht durch Eltern und Schule und darf immer mehr Dinge tun. Häufig erhält es Taschengeld und beginnt selbst, etwas Geld zu verdienen. Generell behält jedoch das emotionale Problem der Abhängigkeit-Unabhängigkeit während dieser Periode weiterhin seine Bedeutung, wobei es häufig zu Manifestationen zwanghafter Unabhängigkeit kommt.

Damit trifft zusammen, daß sich der Bereich der Assoziation mit Gleichaltrigen ohne besondere Beaufsichtigung durch Erwachsene erweitert. Diese Assoziationen sind einerseits an die Familie gebunden, insoweit das Haus, die Gärten und anliegenden Straßen den benachbarten Kindern als Betätigungsfeld dienen; andererseits an die Schule, insoweit die Spielzeiten und der Schulweg Gelegenheiten für informelle Assoziation bieten, obgleich organisierte Beschäftigungen außerhalb des eigentlichen Schulplanes erst später eingeführt werden. Die Art und Weise, wie ein Teil dieser Aktivität unter eine andere Form der Beaufsichtigung durch Erwachsene gebracht werden kann, zeigt sich etwa in den Organisationen der Pfadfinder und Pfadfinderinnen.

Zwei soziologische Merkmale der „peer groups" treten besonders hervor. Das eine ist die Durchlässigkeit ihrer Grenzen, die den einzelnen Kindern erlaubt, zwanglos von einer Gruppe zur anderen überzuwechseln. Dieses Element der „freiwilligen Assoziation" kontrastiert auffallend mit der askriptiven Mitgliedschaft des Kindes zur Familie und zur Schulklasse, auf die es keinen Einfluß hat. Das zweite Merkmal ist die scharfe Trennung der Gruppen nach dem Geschlecht. Das wird in verblüffenden Maße nicht von den Erwachsenen, sondern von den Kindern selbst erzwungen.

Die psychologischen Funktionen der „peer groups" werden durch diese beiden Merkmale skizziert. Auf der einen Seite kann die „peer group" als ein „Übungsfeld" der Unabhängigkeit von der Erwachsenenkontrolle betrachtet werden; es ist deshalb nicht überraschend, daß sie oft Mittelpunkt eines Verhaltens ist, das sich über die Unabhängigkeit von Erwachsenen hinaus in einen Verhaltensbereich erstreckt, der von Erwachsenen mißbilligt wird; wenn dies der Fall ist, so ist der Keim gelegt, der sich im extremen Fall zur Straffälligkeit entwickelt. Eine andere sehr wichtige Funktion ist, daß dem Kind eine Quelle der Zustimmung und Anerkennung von seiten Nicht-Erwachsener geboten wird. Diese hängen von „technischen" und „moralischen" Kriterien ab, die ebenso diffus sind wie diejenigen, die in der Schulsituation verlangt werden. Auf der einen Seite ist die „peer group" ein Bereich, in dem verschiedene Typen von „Mut" erworben und demonstriert werden können; für Jungen ist dies besonders körperlicher Mut, aus dem später vielleicht sportliche Leistung hervorgeht. Auf der anderen Seite handelt es sich darum, durch Anerkennung bei beliebten Gleichaltrigen Zugehörigkeit zur Gruppe zu gewinnen, aus der später die Konzeption des „patenten Burschen", des populären Teenagers erwächst. Zu den Eltern treten somit die Gleichaltrigen als eine Quelle der Belohnung für Leistungen und der Sicherheit durch Anerkennung hinzu.

Die Bedeutung der „peer group" für die Sozialisation in unserer Form der Gesellschaft dürfte klar sein. Die motivationsmäßigen Grundlagen des Charakters werden zwangsläufig zuerst durch Identifizierung mit den Eltern als den kraft Generation Überlegenen fixiert; der Generationsunterschied ist ein Beispiel für einen Typus der hierarchischen Statusdifferenzierung. Aber ein immenser Teil der Rollenleistung des erwachsenen Individuums wird in der Assoziation mit Individuen von gleichem oder beinahe gleichem Status erfolgen. Angesichts dieser Situation ist eine Reorganisation der Motivationsstrukturen wichtig, so daß die ursprüngliche Dominanz der hierarchischen Achse zugunsten einer Stärkung der egalitären Komponenten modifiziert wird. Die „peer group" spielt eine wichtige Rolle in diesem Prozeß.

Die Trennung nach Geschlechtern in den „peer groups" während der Latenzzeit kann als ein Prozeß der Verstärkung der Geschlechtsrollenidentifizierung verstanden werden. Durch intensive Assoziierung mit Gleichaltrigen desselben Geschlechts und Einbeziehung in geschlechtstypische Tätigkeiten verstärken diese Gruppen entscheidend die Zugehörigkeit zu den anderen Mitgliedern desselben Geschlechts und den Kontrast gegenüber dem anderen Geschlecht. Dies ist um so wichtiger, als in den Schulen mit Gemeinschaftserziehung eine Reihe von Kräften am Werk sind, die besonders die Geschlechtsrollendifferenzierung verringern.

Es ist beachtenswert, daß die Geschlechtsrollen-Muster der Latenzzeit, statt die Beziehungen zu den Mitgliedern des anderen Geschlechts zu institutionalisieren, durch eine Vermeidung solcher Beziehungen gekennzeichnet ist, die erst in der Adoleszenz dem „dating" weicht. Diese Vermeidung ist eindeutig mit dem Prozeß der Reorganisation der erotischen Komponenten der Motivationsstruktur verbunden. Die vorödipalen Objekte der erotischen Bindung waren intrafamiliär und gehörten der älteren Generation an. In beiden Beziehungen muß, bis das Kind erwachsen ist, eine fundamentale Verschiebung erfolgen. Ich würde sagen, daß es eine Hauptfunktion des Vermeidungsmusters ist, mit der psychologischen Schwierigkeit der Überwindung der früheren inzestuösen Bindung fertigzuwerden und damit das Kind darauf vorzubereiten, sich später an einen gleichaltrigen Partner des anderen Geschlechts zu binden.

Die Sozialisationsfunktion der Schulklasse erhält aus dieser Perspektive eine besondere Bedeutung. Die Sozialisationsfunktionen der Familie sind zu dieser Zeit relativ gering, obgleich ihre Bedeutung nicht unterschätzt werden sollte. Aber die Schule wird von Erwachsenen kontrolliert und ruft darüber hinaus dieselbe Art der Identifizierung hervor wie die Familie in der vor-ödipalen Phase des Kindes. Das heißt, daß das Erlernen von Leistungsmotivation, psychologisch gesprochen ein Prozeß der Identifizierung mit dem Lehrer, ist ein Prozeß, bei dem sich der Schüler (oftmals unter dem Druck der

Eltern) anstrengt, um dem Lehrer zu gefallen, im selben Sinne wie das vor-ödipale Kind neue Fertigkeiten erlernt, um der Mutter zu gefallen.

In diesem Zusammenhang bleibe ich bei der Ansicht, daß durch den Identifizierungsprozeß ein reziprokes Muster von Rollenbeziehungen verinnerlicht wird.[8] Wenn nicht überhaupt ein drastisches Versagen der Verinnerlichung vorliegt, werden nicht nur eine, sondern beide Seiten der Interaktion verinnerlicht. Dabei wird jedoch der Nachdruck auf der einen oder der anderen Seite liegen, so daß einige Kinder sich eher mit dem Sozialisationsagenten identifizieren, andere dagegen eher mit der entgegengesetzten Rolle. So hat sich das „unabhängige" Kind in der vor-ödipalen Phase mehr mit den Eltern identifiziert, das „abhängige" mehr in der Rolle des Kindes gegenüber den Eltern.

Der Lehrer ist in der Schule institutionell als dem Schüler überlegen definiert in bezug auf den lehrplanmäßigen Wissensstoff und in bezug auf seine Verantwortung als guter Bürger der Schule. Insoweit die Schulklasse zur Zweiteilung neigt (natürlich ist diese Dichotomisierung keineswegs absolut), erfolgt dies im großen und ganzen auf der Basis der Identifizierung mit dem Lehrer oder der Akzeptierung seiner Rolle als Vorbild einerseits, der Identifizierung mit der Gruppe der gleichaltrigen Schüler andererseits. Diese Zweiteilung der Klasse auf der Basis der Identifizierung mit dem Lehrer oder der „peer group" korrespondiert so auffallend mit der Zweiteilung der Schüler nach dem Kriterium des College-Besuchs, daß es schwerfällt, auf die Hypothese zu verzichten, daß diese strukturelle Dichotomisierung innerhalb des Schulsystems die primäre Ursache der selektiven Dichotomisierung ist. Natürlich ist diese Beziehung im Detail verwischt, aber sicherlich nicht mehr als in zahlreichen anderen Bereichen von vergleichbarer analytischer Komplexität.

Diese Überlegungen führen dazu, einige Züge der Rollen des Grundschul-Lehrers in der amerikanischen Gesellschaft zu interpretieren. Der erste wichtige Schritt der Sozialisation jenseits der Familie findet in der Grundschule statt, so daß die Erwartung gerechtfertigt erscheint, daß die Lehrerrolle durch eine Kombination von Ähnlichkeiten und Unterschieden gegenüber den Elternfiguren charakterisiert sein dürfte. Der Lehrer ist somit ein Erwachsener, der durch die generalisierte Überlegenheit – die auch die Eltern besitzen – des Erwachsenenstatus gegenüber den Kindern gekennzeichnet ist. Er ist jedoch nicht im Sinn eines vorgegebenen askriptiven Status mit seinen Schülern verwandt, sondern erfüllt eine Berufsrolle – freilich eine Rolle, bei der die Empfänger seiner Leistung solidarisch mit ihm verbunden sind. Darüber hinaus ist seine Verantwortung, im Vergleich zu der der Eltern, weit universalistischer, was durch die Größe der Klasse erzwungen wird, wie wir bereits sahen. Außerdem ist seine Verantwortung mehr daran orientiert, sich um die Leistung als um die emotionalen „Bedürf-

---

8 Über den Identifizierungsprozeß in der Familie vgl. 4. Kapitel dieses Bandes, „Sozialstruktur und Persönlichkeitsentwicklung".

nisse" der Kinder zu kümmern. Er ist nicht berechtigt, den Unterschied zwischen guten und schlechten Schülern einfach deshalb zu unterdrücken, weil es zu schwer für Klein-Hänschen wäre, nicht zur besseren Gruppe zu gehören – obwohl starke Tendenzen in dieser Richtung als abweichende Muster in Erscheinung treten. Eine Mutter andererseits muß unabhängig von den Leistungsfähigkeiten ihres Kindes seine Bedürfnisse unbedingt an erster Stelle berücksichtigen.

Bezeichnend für die Parallele zwischen der Grundschulklasse und der Familie ist außerdem, daß der Lehrer normalerweise eine Frau ist. Es sollte ergänzend angemerkt werden, daß bis vor kurzem in den meisten europäischen Schulsystemen die Geschlechter getrennt waren (und es oft noch heute in unseren privaten Konfessionsschulen sind, soweit sie nicht Sekten angehören) und jede Geschlechtsgruppe von Lehrern des eigenen Geschlechts unterrichtet wird. Bei der Gemeinschaftserziehung repräsentiert die Lehrerin jedoch die Kontinuität der Mutter-Rolle. Gerade der Mangel an Differenzierung im „Pensum" der Grundschule zwischen den Komponenten des fachlichen Wissens und der sozialen Verantwortung paßt zu der größeren Diffusheit der weiblichen Rolle.

Gleichzeitig ist jedoch wichtig, daß die Lehrerin für ihre Schüler keine Mutter ist, sondern auf universalistischen Normen und unterschiedlicher Belohnung von Leistungen bestehen muß. Vor allem muß sie die Entwicklung und Legitimierung einer Differenzierung der Schulklasse nach der Leistungsachse vermitteln. Dieser Aspekt ihrer Rolle wird durch die Tatsache gefördert, daß die weibliche Rolle in der amerikanischen Gesellschaft weniger als in den meisten anderen Gesellschaften auf den Rahmen der Familie beschränkt ist, sondern in beruflicher und gesellschaftlicher Hinsicht der männlichen Rolle gleicht, obwohl noch größeres Gewicht auf die Familie gelegt wird. Durch die Identifizierung mit ihrer Lehrerin erfahren die Kinder, daß die Kategorie „Mutter" (oder zukünftige Frau) nicht denselben Umfang besitzt, wie diejenige der „Frau", sondern daß die weibliche Rollenpersönlichkeit komplexer ist als jene.

[...]

Der hier postulierte Prozeß der Identifizierung mit der Lehrerin wird durch die Tatsache gefördert, daß das Kind in den Grundschulklassen typischerweise eine Lehrerin hat, genau wie seine Objektbeziehungen in der vor-ödipalen Phase in der Hauptsache einem Elternteil, der Mutter, galten. Die Kontinuität zwischen den beiden Phasen wird weiterhin durch die Tatsache begünstigt, daß der Lehrer, wie die Mutter, eine Frau ist. Aber wenn die Lehrerin nur wie eine Mutter handeln würde, gäbe es keine echte Reorganisation des Persönlichkeitssystems des Schülers. Diese Reorganisation wird durch diejenigen Züge der Lehrerinnen-Rolle gefördert, die sie von der mütterlichen Rolle unterscheiden. Ein weiterer Punkt ist, daß das Kind zwar in jeder Klasse eine Hauptlehrerin hat, aber in der Regel eine neue Lehrerin erhält, wenn es in die nächsthöhere Klasse versetzt wird. Das Kind ist somit an die Tatsache gewöhnt, daß Lehrerinnen, ungleich Müttern, in gewissem Sinne „austauschbar" sind. Das Schuljahr ist lang genug, um eine wichtige Beziehung zu einer einzelnen Lehrerin herzustellen, aber nicht lange genug für die Kristallisierung einer ausgesprochen partikularistischen Bindung. Mehr als bei der Eltern-Kind-Beziehung muß das Kind in der Schule seine Beziehung zu der Rolle der Lehrerin statt zu ihrer individuellen Persönlichkeit verinnerlichen; dies ist der wichtigste Schritt bei der Verinnerlichung universalistischer Muster.

Sozialisation und Selektion in der Grundschule

Um diese Diskussion der Grundschul-Klasse abzuschließen, sollte etwas über die wesentlichen Bedingungen gesagt werden, die dem Prozeß zugrundeliegen, der, wie wir gesehen haben, simultan folgende Bedeutungen besitzt: 1.) Emanzipation des Kindes von den primären emotionalen Bindungen an seine Familie; 2.) Verinnerlichung einer Ebene gesellschaftlicher Werte und Normen, die eine Stufe höher liegt als jene, die ihm nur durch seine Familie vermittelt wird; 3.) Differenzierung der Schulklasse im Rahmen sowohl der tatsächlichen Leistung als auch der differentiellen Bewertung des Leistungserfolges und 4.) vom Gesichtspunkt der Gesellschaft aus Selektion und Verteilung der menschlichen Ressourcen entsprechend dem Rollensystem der Erwachsenen.[9]

Die wahrscheinlich erste Bedingung, die diesem Prozeß zugrundeliegt, sind die gemeinsamen Werte der daran beteiligten Instanzen der Erwachsenen – der Familie und der Schule. In diesem Fall besteht der Kern in der gemeinsamen Bewertung der Leistung. Damit wird vor allem anerkannt, daß es fair ist, unterschiedliche Belohnungen für verschiedene Leistungsniveaus zu erteilen, solange eine faire Offenheit der Chancen besteht, und daß es ebenso fair ist, wenn diese Belohnungen zu Chancen höherer Ordnung für die Erfolgreichen führen. Die Grundschulklasse ist somit in einem grundsätzlichen Sinn eine Verkörperung des fundamentalen amerikanischen Wertes der Chancengleichheit, indem sie sowohl auf ursprüngliche Gleichheit als auch auf unterschiedliche Leistung Wert legt.

Die zweite Bedingung ist jedoch, daß die Härte dieses Bewertungsmusters durch Nachsicht für die Schwierigkeiten und Bedürfnisse des Kindes gemildert werden muß. Hier spielt die Quasi-Mütterlichkeit der Lehrerin eine wichtige Rolle. Das Schulsystem, unterstützt von anderen Instanzen, versucht dadurch die Unsicherheit, die aus dem Lerndruck resultiert, herabzusetzen, daß es ein gewisses Maß emotionaler Hilfe zur Verfügung stellt, die so definiert ist, daß sie für ein Kind einer bestimmten Altersstufe angemessen sein soll. In dieser Hinsicht ist jedoch die Rolle der Schule verhältnismäßig begrenzt. Das grundlegende Fundament dieser Hilfe kommt aus dem Elternhaus, außerdem kann, wie wir gesehen haben, eine wichtige Ergänzung hierzu aus der informellen Assoziation der Gleichaltrigen stammen. Es liegt nahe, daß die Entwicklung

---

9   Die folgende Zusammenfassung ist weitgehend aus: T. Parsons, F. Bales u. a., Family, Socialization and Interaction Process, New York, The Free Press of Glencoe, 1955, vor allem Kap. IV, übernommen worden.

extremer Muster der Entfremdung von der Schule oft mit unzureichender Hilfe in diesen Beziehung zusammenhängt.

Es muß drittens einen Prozeß selektiver Belohnungen für erwünschtes Verhalten geben. Hier ist der Lehrer eindeutig der primäre Agent, obwohl die progressiveren Formen der Erziehung versuchen, die Klassenkameraden systematischer als in den traditionellen Mustern einzubeziehen. Dieser Prozeß ist die unmittelbare Quelle der Differenzierung innerhalb der Klasse nach der Leistungsachse.

Die letzte Bedingung ist, daß diese ursprüngliche Differenzierung tendenziell ein Statussystem in der Klasse herausbildet, in dem nicht nur die unmittelbaren Ergebnisse der Arbeit in der Schule, sondern eine ganze Reihe von Einflüssen zur Festigung verschiedener Erwartungen konvergieren, die als die „Anspruchsniveaus" des Kindes betrachtet werden können. Im allgemeinen erfolgt ein Teil der Differenzierung von Freundschaftsgruppen entsprechend dieser Linie, obwohl wichtig ist, daß diese keineswegs ausschließlich ist und daß Kinder nicht nur für die Attitüden ihrer Freunde, sondern auch für diejenigen anderer empfindlich sind.

In dieser allgemeinen Diskussion von Prozessen und Bedingungen ist die Unterscheidung – die ich überall aufrechtzuerhalten versuchte – zwischen der Sozialisation des Individuums und der selektiven Verteilung von Personenkontingenten auf zukünftige Rollen wichtig. Für das Individuum zerbricht die alte familiäre Identifizierung (die Herkunftsfamilie wird, dem Freudschen Begriff zufolge, zu einem „verlorenen Objekt"); nach und nach wird eine Identifizierung aufgebaut, die gegenüber der ursprünglich askriptiven Identität als Sohn oder Tochter der „Maiers" die vorrangige Identitätsstruktur des Kindes ergibt. Das Kind überschreitet die familienbestimmte zugunsten einer unabhängigeren Identifizierung und beginnt, einen differenzierten Status innerhalb des neuen Systems einzunehmen. Sein persönlicher Status ist zwangsläufig eine direkte Funktion der erreichten Position, primär in der formellen Schulklasse und sekundär in der informellen Struktur der „peer group". Obwohl die Einstufung nach Leistung im hier verstandenen Sinne in einem Kontinuum stattfindet, habe ich Gründe für die Annahme vorgetragen, daß es hier eine wichtige Differenzierung von zwei breiten, verhältnismäßig getrennten Ebenen gibt und daß die Stellung des Individuums auf der einen oder der anderen in die Definition seiner eigenen Identität eingeht. Dieser Prozeß der Differenzierung ist weitgehend unabhängig vom sozio-ökonomischen Status seiner Familie in der Gemeinschaft, der für das Kind von Anfang an ein askriptiver ist.

Wenn wir dasselbe System unter dem gesellschaftlichen Aspekt als einen selektiven Mechanismus betrachten, werden einige weitere Überlegungen wichtig. Es darf zunächst bemerkt werden, daß die gemeinsame Bewirtung des Leistungserfolgs durch Familie und Schule nicht nur die für die Verinnerlichung geeigneten Werte liefert, sondern auch eine entscheidende integrative Funktion für das System erfüllt. Differenzierung der Klasse entlang der Leistungsachse ist notwendig eine Ursache von Spannung, weil sie innerhalb desselben Systems auf das eine Kontingent höhere Belohnungen und Privilegien überträgt als auf das andere. Diese gemeinsame Differenzierung hilft, die

Billigung der entscheidenden Differenzierung vor allem von seiten der Verlierer des Wettbewerbs zu ermöglichen. Hier kommt es im wesentlichen darauf an, daß diese gemeinsame Bewertung der Leistung von Einheiten mit verschiedenem Status innerhalb des Systems geteilt wird. Dies geht quer durch die Differenzierung von Familien nach sozio-ökonomischem Status hindurch. Es ist notwendig, daß es realistische Chancen gibt und daß auf den Lehrer Verlaß ist, in dem er die Verwirklichung dieser Chancen durch „Fairness" und Belohnung von Leistungen ermöglicht, wo immer Befähigung vorhanden ist. Entscheidend ist die Tatsache, daß die Verteilung von Befähigung, obwohl sie mit dem Familienstatus korrelliert, eindeutig nicht mit ihm koinzidiert. Damit ist ein echter Selektionsprozeß im Rahmen einer Reihe von „Spielregeln" möglich.

Diese Bindung an gemeinsame Werte ist jedoch nicht der einzige integrative Mechanismus, der der Spannung entgegenwirkt, die durch Differenzierung verursacht wurde. Der einzelne Schüler genießt nicht nur Rückhalt in der Familie. Vielmehr mögen und schätzen die Lehrer ihre Schüler auch auf Ebenen, die vom Leistungsstatus unabhängig sind; ebenso fallen die Freundschaftsbeziehungen der „peer group" keinesfalls mit der Stellung auf der Leistungsskala zusammen (obwohl sie damit korrelieren), sondern gehen quer durch sie hindurch. Es gibt somit querverlaufende Solidaritätsbeziehungen, welche die durch differentielle Belohnung von Leistungen hervorgerufenen Spannungen mildern.[10]

Dieser entscheidende selektive Prozeß durch selektive Belohnung und die Festigung seiner Ergebnisse in einer Stufendifferenzierung in der Schulklasse vollzieht sich nur innerhalb dieses Rahmens institutionalisierter Solidarität. Wir haben die Aufmerksamkeit besonders auf die Wirkung des Selektionsprozesses auf Kinder von relativ hoher Befähigung, aber niedrigem Familienstatus gelenkt. Genau in dieser Gruppe, aber generell über die Schulklasse hinausreichend, ergab sich eine Parallele zu dem Ergebnis der Untersuchungen des Wahlverhaltens.[11] In den Wahluntersuchungen zeigte sich, daß

---

10 In dieser wie in verschiedenen anderen Beziehungen gibt es eine Parallele zu anderen wichtigen Verteilungsprozessen in der Gesellschaft. Ein auffallendes Beispiel ist der Wahlprozeß, durch den politische Unterstützung zwischen Parteikandidaten verteilt wird. Hier erwächst die Spannung aus der Tatsache, daß ein Kandidat und seine Partei alle Akzidenzien des Amtes – vor allem Macht – genießen wird, während der andere vorübergehend davon ausgeschlossen wird. Diese Spannung wird einerseits durch die gemeinsame Bindung an das verfassungsmäßige Verfahren gemildert, andererseits durch die Tatsache, daß die nichtpolitischen Grundlagen sozialer Solidarität, die eine so hervorragende Bedeutung als Determinanten des Wahlverhaltens besitzen, quer zu den Parteifronten verlaufen. Der Durchschnittsbürger ist in vielen seiner Rollen mit Leuten assoziiert, deren politische Präferenzen er nicht teilt; er kann deshalb die andere Partei nicht schlechthin als eine Vereinigung von Erzgaunern betrachten, ohne einen Riß in der Gruppe zu verursachen, der er angehört. Dieser Zug in der Struktur der Wählerschaft wird stark hervorgehoben in: B. R. Berelson, P. F. Lazarsfeld und W. N. McPhee, Voting, Chicago, University of Chicago Press, 1954. Die begriffliche Analyse ist in meiner eigenen Arbeit, „Voting and the Equilibrium of the American Political System", in: E. Burdick und A. J. Brodbeck (Hg.), American Voting Behavior, New York, The Free Press of Glencoe, 1959, entwickelt worden.

11 ebd.

die „Pendler" („shifters") – diejenigen Wähler, die ihre Bindung an die eine oder die andere der großen Parteien wechselten – einerseits tendenziell die Personen waren, die gegensätzlichem Druck ausgesetzt („cross-pressured") waren; die verschiedene Statusmerkmale und Gruppenbildung besaßen, welche sie simultan für die Stimmabgabe in entgegengesetzte Richtungen prädisponierten. Die Analogie in der Schulklasse betrifft eindeutig jene Kinder, bei denen Befähigung und Familienstatus nicht koinzidieren. Andererseits war gerade in dieser Gruppe der gegensätzlichem Druck ausgesetzten Wähler die politische Indifferenz am auffallendsten. Nichtwähler waren in dieser Gruppe besonders zahlreich; ebenso war im allgemeinen die Haltung gegenüber einer Wahlkampagne emotional kühl. Ich vermute, daß ein Teil der Gleichgültigkeit des Schülers gegenüber der Schulleistung ähnliche Ursachen haben mag. Es handelt sich dabei zweifellos um ein komplexes Phänomen, das hier nicht weiter analysiert werden kann. Aber anstatt, wie es in der Regel aufgrund des gesunden Menschenverstandes geschieht, anzunehmen, daß die Gleichgültigkeit gegenüber der Schulleistung eine „Entfremdung" von kulturellen und intellektuellen Werten darstellt, würde ich genau im Gegenteil annehmen: daß eine wichtige Komponente derartiger Gleichgültigkeit – einschließlich offener Auflehnung gegen die Schuldisziplin – mit der Tatsache verbunden ist, daß die Einsätze wie in der Politik sehr hoch sind. Jene Schüler, die gegensätzlichem Druck ausgesetzt sind, werden wahrscheinlich ambivalent sein; gleichzeitig sind für sie die persönlichen Einsätze höher als für die anderen, denn was in der Schule passiert, kann für ihre Zukunft sehr viel mehr bedeuten als für die anderen, bei denen Befähigung und Familienstatus in dieselbe Richtung der Zukunftserwartung weisen. Besonders für die Schüler mit aufwärtsgerichteter Mobilität würde eine zu starke Betonung der Schulleistung pointiert bedeuten, daß die Brücken abgebrochen werden, die sie mit ihren Familien und Statusgefährten verbinden. Dieses Phänomen scheint selbst in der Grundschule wirksam zu sein, obwohl es später etwas auffälliger ist. Generell bin ich der Ansicht, daß ein wichtiger Teil des Anti-Intellektualismus der amerikanischen „Jugendkultur" von der Wichtigkeit des Selektionsprozesses im Rahmen des Erziehungssystems herrührt und nicht vom Gegenteil.

Eine weitere wesentliche Feststellung sollte in dieser Analyse getroffen werden. Wir haben bereits darauf hingewiesen, daß der allgemeine Trend in der amerikanischen Gesellschaft in die Richtung einer rapiden Aufwertung des Bildungsstatus der amerikanischen Bevölkerung verläuft. Das bedeutet, gemessen an früheren Erwartungen, daß in jeder Generation der Zwang zu Bildungserfolgen steigt, was oft mit beruflichem Ehrgeiz der Eltern für ihre Kinder verbunden ist.[12] Für einen Soziologen stellt dies eine mehr oder weniger klassische Situation anomischer Spannung dar; die Ideologie der „Jugendkultur", die intellektuelle Interessen und Schulleistung geringschätzig behandelt, scheint zu diesem Kontext zu passen. Die Orientierung der „Jugendkultur" ist natur-

---

12 J. A. Kahl, „Educational and Occupational Aspirations of ‚Common Man' Boys", in: Harvard Educational Review, XXIII (Sommer 1953), S. 186–203.

gemäß ambivalent, aber die anti-intellektuelle Seite der Ambivalenz wird in der Regel offen hervorgehoben. Einer der für die Dominanz der gegen die Schule gerichteten Seite der Ideologie ist, daß sie ein Mittel des Protests gegen die Erwachsenen darstellt, die sich auf der entgegengesetzten Seite der Sozialisations-Situation befinden. In bestimmten Beziehungen würde man erwarten, daß der Trend zur größeren Betonung der Unabhängigkeit, die wir mit der progressiven Erziehung in Zusammenhang gebracht haben, die Spannungen auf diesem Gebiet und damit zugleich die Tendenz verschärft, die Erwartungen der Erwachsenen verächtlich zu machen. Das ganze Problem sollte einer gründlichen Analyse im Lichte unseres allgemeinen Wissens über Ideologien unterzogen werden.

Dieselben allgemeinen Überlegungen sind für das vieldiskutierte Problem der jugendlichen Straffälligkeit relevant. Sowohl von dem allgemeinen Aufwertungsprozeß als auch von dem erhöhten Zwang zur Unabhängigkeit kann eine Verstärkung des Drucks auf die unteren, marginalsten Gruppen erwartet werden. Die Analyse dieser Arbeit hatte sich mit der Trennungslinie zwischen College- und Nicht-College-Kontingenten beschäftigt; es gibt jedoch noch eine andere Trennungslinie zwischen jenen, die ohne College einen soliden Bildungsstatus errreichen, und jenen, für die Anpassung an Bildungserwartungen auf allen Ebenen schwierig ist. Wenn das anerkannte Minimum der Bildungsqualifikation steigt, dann werden Personen nahe oder unterhalb der Grenze tendenziell in Attitüden der Zurückweisung dieser Erwartungen gedrängt. Schulschwänzen und Delinquenz sind Ausdrucksformen dieser Zurückweisung. So kann gerade die Verbesserung des Bildungsstandards der Gesamtgesellschaft zu einem wesentlichen Faktor für das Mißlingen des Erziehungsprozesses bei einer wachsenden Zahl von Personen am unteren Ende der Status- und Befähigungsverteilung werden. Es sollte deshalb nicht vorschnell unterstellt werden, daß Delinquenz ein Symptom des allgemeinen Mißlingens des Erziehungsprozesses ist.

Differenzierung und Selektion in der Oberschule

Es wird nicht möglich sein, die Oberschulphase der Erziehung nur annähernd so ausführlich zu diskutieren, wie es für die Grundschule getan wurde, aber es lohnt sich, ihre wesentlichen Züge zu skizzieren und die obige Analyse in einen weiteren Kontext einzuordnen. Ganz allgemein können wir sagen, daß die Grundschulphase auf die Verinnerlichung der Leistungsmotivation der Kinder und auf die Selektion von Personen auf der Basis unterschiedlicher Fähigkeit für Leistungen gerichtet ist. Der Akzent liegt auf dem Niveau der Fähigkeit. Demgegenüber liegt in der Oberschulphase der Akzent auf der Differenzierung qualitativer Typen der Leistung. Wie in der Grundschule verläuft diese Differenzierung quer zur Geschlechtsrolle. Ich würde auch die Ansicht vertreten, daß sie quer zu den Leistungsebenen verläuft, die sich in der Grundschulphase herausgebildet haben.

Versucht man, die Frage nach den Leistungstypen zu beantworten, die sich durch diese Differenzierung herausbilden, so muß im Gedächtnis behalten werden, daß die Oberschule für Personen mit niedrigem Status das entscheidende Sprungbrett zum Arbeitsmarkt ist, während jene, die einen höheren Status erreichen, ihre formale Erziehung im College – manche noch darüber hinaus – fortsetzen. Für Schüler mit niedrigem Status wird die wesentliche Differenzierungslinie diejenige sein, die zu prinzipiell verschiedenen Kategorien von Beschäftigungen führt, während sie für die Schüler mit hohem Status zu prinzipiell verschiedenen Rollen im College führt.

Ich bin der Ansicht, daß diese Differenzierung jene beiden Komponenten der Leistung voneinander trennt, die wir bei der Diskussion der ersten Phase als „kognitive" und „moralische" kennzeichneten. Jene Schüler mit relativ hoher „kognitiver" Leistung werden besser zu spezifischen Funktionen, zu mehr oder weniger technischen Rollen passen, während jene mit relativ hoher „moralischer" Leistung zu diffuseren, mehr „sozial" oder „menschlich" orientierten Rollen neigen werden. In Beschäftigungen, die keine College-Ausbildung erfordern, lernt man sich unter der einen Kategorie die unpersönlicheren und technischeren Berufe, etwa Industriearbeiter, Mechaniker oder Büroarbeiter vorstellen, unter der anderen Berufe, bei denen „human relations" im Vordergrund stehen, etwa verschiedene Typen der Verkäufer und Agenten. Auf College-Niveau bezieht sich die Differenzierung sicherlich auf das Interesse an dem spezifisch intellektuellen Arbeitspensum einerseits und auf die verschiedenen Typen diffuser Verantwortlichkeit in „human relations", etwa Führerrollen im Studentenparlament und Aktivitäten außerhalb des Studienplanes andererseits. Kandidaten für die akademische „post-graduate" Ausbildung werden wiederum hauptsächlich aus der ersten dieser beiden Gruppen stammen.

In der Struktur der Schule scheint sich der Übergang schrittweise von den ersten Klassen an und durch die Oberschule hindurch zu vollziehen, wobei der Wechsel in den verschiedenen Schulsystemen jeweils zu verschiedenen Zeitpunkten stattfindet. Die im ersten Teil dieser Diskussion hervorgehobene Struktur ist am deutlichsten ausgeprägt in den ersten drei Elementarklassen. Mit dem Übergang zu höheren Klassen gibt es häufiger mehrere Lehrer, aber in der Regel immer noch einen Hauptlehrer. In der sechsten, manchmal schon in der fünften Klasse ist ein Mann als Hauptlehrer zwar ungewöhnlich, aber keinesfalls ausgeschlossen. Ausgeprägter wird der Wandel der Muster jedoch in der „junior high school" und mehr noch in der „senior high school".

Zu diesem Zeitpunkt hat der Schüler verschiedene Lehrer beiderlei Geschlechts[13], die verschiedene, mehr oder weniger formell zu verschiedenen „Kursen" zusammengestellte Fächer lehren – dies können College-Vorbereitungskurse oder andere sein. Darüber hinaus werden die Schüler der Klasse nach der Entscheidung für die Wahlfächer nicht mehr alle in denselben Fächern sein, so daß der Schüler systematischer

---

13 Etwa die Hälfte (49 %) des Lehrkörpers der öffentlichen höheren Schulen besteht aus Männern. Biennal Survey of Education in the United States, 1954–56, a. a. o; Kap. II, S. 7.

der Assoziation mit anderen Menschen, Erwachsenen und Gleichaltrigen, in verschiedenem Kontext ausgesetzt wird. Außerdem wird die Schule, die er besucht, wesentlich größer sein als seine Grundschule und einen größeren geographischen Raum erfassen. Das Kind wird so mit einer größeren Statusskala als früher konfrontiert sein, indem es mit Gleichaltrigen zusammen ist, denen es nicht in seiner Nachbarschaft begegnet; wahrscheinlich werden auch seine Eltern nicht die Eltern jedes einzelnen Kindes kennen, mit dem es in Kontakt steht. Ich habe deshalb den Eindruck, daß der Übergang zur „junior" und „senior high school" eine beträchtliche Umgruppierung der Freundschaften bedeuten kann. Ein anderer auffallender Unterschied zwischen den Ebenen der Grund- und höheren Schule ist die große Zunahme der organisierten außerschulischen Aktivitäten. Jetzt wird zum ersten Mal organisierter Sport wichtig, ebenso eine Vielzahl von Klubs und Assoziationen, die in unterschiedlichem Maße von der Schule gefördert und überwacht werden.

In dieser Periode vollziehen sich zwei besonders wichtige Veränderungen im Muster der „Jugendkultur". Die eine ist natürlich das Hervortreten positiverer zwischengeschlechtlicher Beziehungen außerhalb der Klasse – durch Tanzveranstaltungen, „dating" und ähnliches. Die andere ist die viel schärfere Prestige-Schichtung der informellen Gruppierungen Gleichaltriger, die in der Tat ein Element des Snobismus enthält, welcher oft den der Erwachsenen in derselben Gemeinde übertrifft.[14] Es ist wichtig, daß es hier zwar eine weitgehende Übereinstimmung zwischen dem Prestige von Freundschaftsgruppen und dem Familienstatus ihrer Mitglieder gibt, dies aber, ebenso wie die Leistungsordnung in der Grundschule, keinesfalls eine einfache „Spiegelung" der Schichtungsskala der Gemeinde darstellt, denn eine beträchtliche Zahl von Kindern wird in Gruppen aufgenommen, deren Mitglieder einen höheren Familienstatus als jene besitzen. Dieses geschichtete Jugendsystem funktioniert als ein echter Verteilungsmechanismus, es bekräftigt nicht einfach nur den askriptiven Status.

Diese hervorragende Bedeutung der Jugendkultur in der amerikanischen höheren Schule ist, im Vergleich zu anderen Gesellschaften, eines der charakteristischen Merkmale des amerikanischen Erziehungssystems; in den meisten europäischen Systemen kommt ihr viel weniger Bedeutung zu. Man kann sagen, daß sie eine Art strukturelle Verschmelzung der Schulklasse mit der Struktur der „peer group" aus der Grundschul-Periode darstellt. Soviel scheint klar zu sein: das – wie ich es nannte – mehr an „human relations" orientierte Kontingent der Schüler in der höheren Schule wird eher in außerplanmäßigen Tätigkeiten aktiv sein und hervortreten; dies ist einer der Hauptaspekte ihrer Differenzierung gegenüber dem mehr unpersönlich und technisch orientierten Kontingent. Die persönlichen Eigenschaften, die bei dem „human-relations"-Kontingent an oberster Stelle stehen, können vielleicht zusammenfassend als die Eigenschaften bezeichnet werden, die für „Popularität" sorgen. Meine These lautet, daß unter dem

14   Vgl. zum Beispiel C. W. Gordon, The Social System of High School A Study in the Sociology of Adolescence, New York, The Free Press of Glencoe, 1957.

Aspekt der Selektionsfunktion der höheren Schule die Jugendkultur zur Differenzierung von Persönlichkeitstypen beiträgt, die als Erwachsene im großen und ganzen verschiedene Rolle spielen. Die Schichtung der Jugendgruppen hat, wie bemerkt, eine selektive Funktion; sie ist eine Brücke zwischen der Leistungsordnung und dem Schichtungssystem der Erwachsenen in der Gemeinde. Aber sie hat auch noch eine andere Funktion. Sie ist ein Brennpunkt des Prestiges und existiert neben und in gewissem Maße unabhängig von der Leistungsordnung, in deren Zentrum die eigentliche Schulleistung steht. Der Gewinn von Prestige in der informellen Jugendgruppe ist selbst eine positiv bewertete Leistung. Damit lassen sich unter den Individuen, die für einen höheren Status in der Gesellschaft bestimmt sind, zwei prinzipielle Gruppen unterscheiden: jene, deren Schulleistung mehr oder weniger hervorragend und deren informelles Prestige relativ befriedigend ist; umgekehrt jene, deren informelles Prestige hervorragend und deren Schulleistung befriedigend ist. Der Anspruch des Kindes, zur oberen Gruppe zu gehören, wäre jedoch gefährdet, wenn es in einer der beiden Beziehungen unter ein gewisses Minimum fallen würde.[15] In diesem Zusammenhang ist ein wichtiger Punkt, daß diejenigen, die eindeutig auf College-Besuch ausgerichtet sind, intensive Beschäftigung mit Schularbeiten zwar häufig abfällig beurteilen, aber dennoch ein Niveau der Schulleistung, das für die Zulassung zu einem guten College erforderlich ist, voraussetzen und aufrechterhalten. Wer unter dieses Niveau zu fallen droht, wird unter Druck gesetzt.

Bei der Diskussion der Grundschulebene hatten wir, wie erinnerlich, betont, daß die „peer group" als ein von der Familie getrenntes Objekt emotionaler Abhängigkeit diente. Gegenüber dem Zwang zur Schulleistung ermöglichte die Gruppe somit wenigstens teilweise den Ausdruck des Motivationssystems niedriger Ordnung, aus dem heraus das Kind sozialisiert wurde. Ähnliches kann – auf ihrem eigenen Niveau – über die Jugendkultur der Heranwachsenden gesagt werden; sie ist teilweise ein Ausdruck regressiver Motivationen. Dies gilt für die Betonung des Sports (trotz fehlenden Bezugs auf die Erwachsenenrollen), für die „homosexuellen" Untertöne in vielen intensiven gleichgeschlechtlichen Freundschaften und für eine gewisse „Unverantwortlichkeit" in den Attitüden gegenüber dem anderen Geschlecht, zum Beispiel dem „exploitativen" Element in den Attitüden der Jungen gegenüber den Mädchen. Dies ist jedoch nur die eine Seite. Die Jugendkultur ist ein Bereich, in dem die Übernahme höherrangiger Verantwortungen geübt wird, ebenso die Pflege delikater menschlicher Beziehungen ohne unmittelbare Beaufsichtigung und die Gewöhnung an die Übernahme der Konsequenzen. Das ist in diesem Zusammenhang offensichtlich für jenes Kontingent von besonderer Bedeutung, von dem wir sagten, daß es sich auf „human relations" spezialisiert.

Wir können vielleicht drei verschiedene Kristallisationsebenen der Muster dieser Jugendkultur unterscheiden. Die mittlere kann als altersgemäß ohne sonstige klare Sta-

---

15 M. W. Riley, J. W. Riley jr. und M. E. Moore, „Adolescent Values and the Riesman Typology", in: S. M. Lipset und L. Lowenthal (Hg.), Culture and Social Character, New York, The Free Press of Glencoe, 1961.

tus-Differenzierung angesehen werden. Die beiden Kernpunkte scheinen hier zu sein, daß jemand „ein netter Kerl", das heißt, im großen und ganzen freundlich und aufgeschlossen ist und Bereitschaft zeigt, Verantwortung in informellen sozialen Situationen zu übernehmen, in denen irgend etwas getan werden soll. Darüber liegt, was wir die höhere Ebene „hervorragender" Popularität und „Führungsqualitäten" einer Person nennen können, an die man sich wendet, wenn ungewöhnliche Verantwortungen erforderlich sind. Und unterhalb der mittleren Ebene befinden sich die jugendlichen Muster, die an Delinquenz, Aufsässigkeit und generell unannehmbares Verhalten grenzen. Nur diese letzte Ebene ist hinsichtlich der Erwartungen eines der Altersstufe angemessenen Verhaltens eindeutig „regressiv". Bei der Beurteilung dieser Ebenen sollten jedoch für eine ganze Reihe von Nuancen Einschränkungen gemacht werden. Die meisten Heranwachsenden experimentieren in gewissem Maße mit der Grenzlinie unannehmbaren Verhaltens; daß sie dies tun, ist angesichts des Zwangs zur Unabhängigkeit von Erwachsenen und des „Komplotts" im Zuge gegenseitiger Anregung der Gleichaltrigen zu erwarten. Die Frage ist, ob dieses regressive Verhalten sich zu einem wesentlichen Muster der ganzen Persönlichkeit verfestigt. Aus dieser Perspektive betrachtet scheint es gerechtfertigt, darauf zu bestehen, daß die erwähnten mittleren und höheren Muster die entscheidenden sind und daß nur eine Minderheit der Heranwachsenden in wirklich unannehmbaren Lebensmustern verharren wird. Diese Minderheit kann sehr wohl ein relativ konstanter Teil der Altersgruppe sein, aber aus dem verfügbaren Material geht nicht hervor, daß, abgesehen von Situationen spezieller sozialer Desorganisation, dieser Teil in den letzten Jahren progressiv zugenommen hat.

Die Ausbildung von Mustern zwischengeschlechtlicher Beziehungen in der Jugendkultur weist eindeutig auf die spätere Ehe und Familienbildung hin. Daß dem in der Schule eine so große Bedeutung zukommt, hängt mit der Tatsache zusammen, daß in unserer Gesellschaft das askriptive Element – einschließlich des elterlichen Einflusses – bei der Wahl eines Ehepartners sehr minimal ist. Für das Mädchen haben diese Muster die sehr wichtige Bedeutung, sie daran zu erinnern, daß ihr Status als Erwachsene sehr eng mit Ehe und Familie zusammenhängt. Diese grundlegende, an das Mädchen gerichtete Erwartung steht in einer gewissen Spannung zur planmäßigen Gemeinschaftserziehung in der Schule mit ihrem relativen Mangel an Differenzierung nach dem Geschlecht. Aber das Ausmaß, in dem die weibliche Rolle in der amerikanischen Gesellschaft weiterhin in Ehe und Familie verankert bleibt, sollte nicht dazu führen, die Bedeutung der Gemeinschaftserziehung zu verdunkeln. Vor allem ist der Beitrag der Frauen in verschiedenen Beschäftigungen und kommunalen Angelegenheiten rapid angewachsen; gewisse höhere Ebenen der Bildung dienten als Voraussetzung für diesen Beitrag. Gleichzeitig ist äußerst wichtig, daß die Familienrolle der Frau nicht als von den kulturellen Interessen der Gesellschaft als Ganzer drastisch losgelöst betrachtet werden sollte. Die gebildete Frau hat wichtige Funktionen als Frau und Mutter, besonders indem sie durch den Einfluß auf ihre Kinder die Schule unterstützt und ihnen die Bedeutung der Erziehung einprägt. Es ist, so denke ich, im großen und ganzen richtig, daß die unmittelbare Verantwortung der Frau für die Leitung der Familie gestiegen ist, obwohl ich gegenüber der angeblichen „Abdankung" des amerikanischen Mannes sehr skeptisch bin. Aber genau im Zusammenhang der vergrößerten Verantwortung der Frauen für die Familie ist der Einfluß der Mutter als Vermittlerin der Sozialisation und als Rollenmodell entscheidend. Dieser Einfluß sollte im Lichte des allgemeinen Aufwertungsprozesses beurteilt werden. Es ist sehr zweifelhaft, ob – von allen anderen Erwägungen einmal abgesehen – die motivationsmäßigen Voraussetzungen dieses allgemeinen Prozesses ohne ausreichend hohe Bildung der Frauen, die als Mütter ihre Kinder beeinflussen, aufrechterhalten werden könnten.

Schlußfolgerung

Durch den allgemeinen kulturellen Aufwertungsprozeß, der sich seit mehr als einem Jahrhundert in der amerikanischen Gesellschaft vollzieht, hat das Erziehungssystem eine immer wichtigere Rolle erhalten. Daß dies tatsächlich der Fall ist, ergibt sich meines Erachtens aus dem allgemeinen Trend zur strukturellen Differenzierung in der Gesellschaft. Die Schule ist – relativ gesehen – eine spezialisierte Instanz. Daß sie in zunehmendem Maße zum entscheidenden Selektionskanal und zur entscheidenden Sozialisationsinstanz geworden sein soll, stimmt mit dem überein, was man von einer zunehmend differenzierten und progressiv aufgewerteten Gesellschaft erwarten würde. Die Legende des Selfmade-Man enthält ein Element nostalgischen Romantizismus und ist dazu verurteilt, mehr und mehr zu einem Mythos zu werden, sofern man darunter weiterhin die „Schule der harten Schläge" versteht – so, als könne ein hoher Status ohne die Hilfe formaler Erziehung erreicht werden – statt damit ganz einfach den Aufstieg von niedrigen Anfängen zu einem hohen Status zu bezeichnen, wie er sich ja auch heute noch vollziehen kann.

Die Struktur des öffentlichen Schulsystems und die Analyse der Formen, in denen es sowohl zur Sozialisation der Individuen als auch zu ihrer Verteilung auf gesellschaftliche Rollen beiträgt, ist meiner Ansicht nach für alle, die sich als Wissenschaftler mit der amerikanischen Gesellschaft befassen, von entscheidender Bedeutung. Ungeachtet der vielfältigen Elemente, die in dieser Situation enthalten sind, denke ich, daß es möglich gewesen ist, einige zentrale Strukturmuster des öffentlichen Schulsystems zu skizzieren und wenigstens auf einige Formen hinzuweisen, in denen sie jene wichtigen Funktionen erfüllen. In dieser Arbeit konnte nur ein sehr knapper Umriß einer derartigen Analyse vorgelegt werden. Es ist jedoch zu hoffen, daß sie weit genug durchgeführt wurde, um einerseits die Sozialwissenschaftler und andererseits diejenigen, die am tatsächlichen Funktionieren der Schule interessiert sind, auf ein Gebiet hinzuweisen, das für beide Seiten von vitalem Interesse ist.

Erziehung nach Auschwitz[1]

Theodor W. Adorno

Die Forderung, daß Auschwitz nicht noch einmal sei, ist die allererste an Erziehung. Sie geht so sehr jeglicher anderen voran, daß ich weder glaube, sie begründen zu müssen noch zu sollen. Ich kann nicht verstehen, daß man mit ihr bis heute so wenig sich abgegeben hat. Sie zu begründen hätte etwas Ungeheuerliches angesichts des Ungeheuerlichen, das sich zutrug. Daß man aber die Forderung, und was sie an Fragen aufwirft, so wenig sich bewußt macht, zeigt, daß das Ungeheuerliche nicht in die Menschen eingedrungen ist, Symptom dessen, daß die Möglichkeit der Wiederholung, was den Bewußtseins- und Unbewußtseinsstand der Menschen anlangt, fortbesteht. Jede Debatte über Erziehungsideale ist nichtig und gleichgültig diesem einen gegenüber, daß Auschwitz nicht sich wiederhole. Es war die Barbarei, gegen die alle Erziehung geht. Man spricht vom drohenden Rückfall in die Barbarei. Aber er droht nicht, sondern Auschwitz war er; Barbarei besteht fort, solange die Bedingungen, die jenen Rückfall zeitigten, wesentlich fortdauern. Das ist das ganze Grauen. Der gesellschaftliche Druck lastet weiter, trotz aller Unsichtbarkeit der Not heute. Er treibt die Menschen zu dem Unsäglichen, das in Auschwitz nach weltgeschichtlichem Maß kulminierte. Unter den Einsichten von Freud, die wahrhaft auch in Kultur und Soziologie hineinreichen, scheint mir eine der tiefsten die, daß die Zivilisation ihrerseits das Antizivilisatorische hervorbringt und es zunehmend verstärkt. Seine Schriften ‚Das Unbehagen in der Kultur‘ und ‚Massenpsychologie und Ich-Analyse‘ verdienten die allerweiteste Verbreitung gerade im Zusammenhang mit Auschwitz. Wenn im Zivilisationsprinzip selbst die Barbarei angelegt ist, dann hat es etwas Desperates, dagegen aufzubegehren.

Die Besinnung darauf, wie die Wiederkehr von Auschwitz zu verhindern sei, wird verdüstert davon, daß man dieses Desperaten sich bewußt sein muß, wenn man nicht der idealistischen Phrase verfallen will. Trotzdem ist es zu versuchen, auch angesichts dessen, daß die Grundstruktur der Gesellschaft und damit ihrer Angehörigen, die es dahin gebracht haben, heute die gleichen sind wie vor fünfundzwanzig Jahren. Millionen schuldloser Menschen – die Zahlen zu nennen oder gar darüber zu feilschen, ist bereits menschenunwürdig – wurden planvoll ermordet. Das ist von keinem Lebendigen als Oberflächenphänomen, als Abirrung vom Lauf der Geschichte abzutun, die gegenüber der großen Tendenz des Fortschritts, der Aufklärung, der vermeintlich zunehmenden Humanität nicht in Betracht käme. Daß es sich ereignete, ist selbst Ausdruck

1   Erstveröffentlichung in: T. W. Adorno (1966): Erziehung zur Mündigkeit. Frankfurt a. M., S. 92–109.

einer überaus mächtigen gesellschaftlichen Tendenz. Ich möchte dabei auf eine Tatsache hinweisen, die sehr charakteristischerweise in Deutschland kaum bekannt zu sein scheint, obwohl ein Bestseller wie ,Die vierzig Tage des Musa Dagh' von Werfel seinen Stoff daraus zog. Schon im Ersten Weltkrieg haben die Türken – die sogenannte Jungtürkische Bewegung unter der Führung von Enver Pascha und Talaat Pascha – weit über eine Million Armenier ermorden lassen. Höchste deutsche militärische und auch Regierungsstellen haben offensichtlich davon gewußt, aber es strikt geheimgehalten. Der Völkermord hat seine Wurzel in jener Resurrektion des angriffslustigen Nationalismus, die seit dem Ende des neunzehnten Jahrhunderts in vielen Ländern sich zutrug.

Man wird weiter die Erwägung nicht von sich abweisen können, daß die Erfindung der Atombombe, die buchstäblich mit einem Schlag Hunderttausende auslöschen kann, in denselben geschichtlichen Zusammenhang hineingehört wie der Völkermord. Die sprunghafte Bevölkerungszunahme heute nennt man gern Bevölkerungsexplosion: es sieht aus, als ob die historische Fatalität für die Bevölkerungsexplosion auch Gegenexplosionen, die Tötung ganzer Bevölkerungen, bereit hätte. Das nur, um anzudeuten, wie sehr die Kräfte, gegen die man angehen muß, solche des Zuges der Weltgeschichte sind.

Da die Möglichkeit, die objektiven, nämlich gesellschaftlichen und politischen Voraussetzungen, die solche Ereignisse ausbrüten, zu verändern, heute aufs äußerste beschränkt ist, sind Versuche, der Wiederholung entgegenzuarbeiten, notwendig auf die subjektive Seite abgedrängt. Damit meine ich wesentlich auch die Psychologie der Menschen, die so etwas tun. Ich glaube nicht, daß es viel hülfe, an ewige Werte zu appellieren, über die gerade jene, die für solche Untaten anfällig sind, nur die Achseln zucken würden; glaube auch nicht, Aufklärung darüber, welche positiven Qualitäten die verfolgten Minderheiten besitzen, könnte viel nutzen. Die Wurzeln sind in den Verfolgern zu suchen, nicht in den Opfern, die man unter den armseligsten Vorwänden hat ermorden lassen. Nötig ist, was ich unter diesem Aspekt einmal die Wendung aufs Subjekt genannt habe. Man muß die Mechanismen erkennen, die die Menschen so machen, daß sie solcher Taten fähig werden, muß ihnen selbst diese Mechanismen aufzeigen und zu verhindern trachten, daß sie abermals so werden, indem man ein allgemeines Bewußtsein jener Mechanismen erweckt. Nicht die Ermordeten sind schuldig, nicht einmal in dem sophistischen und karikierten Sinn, in dem manche es heute noch konstruieren möchten. Schuldig sind allein die, welche besinnungslos ihren Haß und ihre Angriffswut an ihnen ausgelassen haben. Solcher Besinnungslosigkeit ist entgegenzuarbeiten, die Menschen sind davon abzubringen, ohne Reflexion auf sich selbst nach außen zu schlagen. Erziehung wäre sinnvoll überhaupt nur als eine zu kritischer Selbstreflexion. Da aber die Charaktere insgesamt, auch die, welche im späteren Leben die Untaten verübten, nach den Kenntnissen der Tiefenpsychologie schon in der frühen Kindheit sich bilden, so hat Erziehung, welche die Wiederholung verhindern will, auf die frühe Kindheit sich zu konzentrieren. Ich nannte Ihnen Freuds These vom Unbehagen in der Kultur. Sie ist aber umfassender noch, als er sie verstand; vor allem, weil unterdessen der zivilisatorische Druck, den er beobachtet hat, sich bis zum Unerträglichen vervielfachte. Damit haben auch die Tendenzen zur Explosion, auf die er aufmerksam machte, eine Gewalt angenommen, die er kaum absehen konnte. Das Unbehagen in der Kultur hat jedoch – was Freud nicht verkannte, wenn er dem auch nicht konkret nachging – seine soziale Seite. Man kann von der Klaustrophobie der Menschheit in der verwalteten Welt reden, einem Gefühl des Eingesperrtseins in einem durch und durch vergesellschafteten, netzhaft dicht gesponnenen Zusammenhang. Je dichter das Netz, desto mehr will man heraus, während gerade seine Dichte verwehrt, daß man herauskann. Das verstärkt die Wut gegen die Zivilisation. Gewalttätig und irrational wird gegen sie aufbegehrt.

Ein Schema, das in der Geschichte aller Verfolgungen sich bestätigt hat, ist, daß die Wut gegen die Schwachen sich richtet, vor allem gegen die, welche man als gesellschaftlich schwach und zugleich – mit Recht oder Unrecht – als glücklich empfindet. Soziologisch möchte ich wagen, dem hinzuzufügen, daß unsere Gesellschaft, während sie immer mehr sich integriert, zugleich Zerfallstendenzen ausbrütet. Diese Zerfallstendenzen sind, dicht unter der Oberfläche des geordneten, zivilisatorischen Lebens, äußerst weit fortgeschritten. Der Druck des herrschenden Allgemeinen auf alles Besondere, die einzelnen Menschen und die einzelnen Institutionen, hat eine Tendenz, das Besondere und Einzelne samt seiner Widerstandskraft zu zertrümmern. Mit ihrer Identität und mit ihrer Widerstandskraft büßen die Menschen auch, die Qualitäten ein, kraft deren sie es vermöchten, dem sich entgegenzustemmen, was zu irgendeiner Zeit wieder zur Untat lockt. Vielleicht sind sie kaum noch fähig zu widerstehen, wenn ihnen von etablierten Mächten befohlen wird, daß sie es abermals tun, solange es nur im Namen irgendwelcher halb oder gar nicht geglaubter Ideale geschieht.

Spreche ich von der Erziehung nach Auschwitz, so meine ich zwei Bereiche: einmal Erziehung der Kindheit, zumal der frühen; dann allgemeine Aufklärung, die ein geistiges, kulturelles und gesellschaftliches Klima schafft, das eine Wiederholung nicht zuläßt, ein Klima also, in dem die Motive, die zu dem Grauen geführt haben, einigermaßen bewußt werden. Ich kann mir selbstverständlich nicht anmaßen, den Plan einer solchen Erziehung auch nur im Umriß zu entwerfen. Aber ich möchte wenigstens einige Nervenpunkte bezeichnen. Vielfach hat man – etwa in Amerika – den autoritätsgläubigen deutschen Geist für den Nationalsozialismus und auch für Auschwitz verantwortlich gemacht. Ich halte diese Erklärung für zu oberflächlich, obwohl bei uns, wie in vielen anderen europäischen Ländern, autoritäre Verhaltensweisen und blinde Autorität viel zäher überdauern, als man es unter Bedingungen formaler Demokratie gern Wort hat. Eher ist anzunehmen, daß der Faschismus und das Entsetzen, das er bereitete, damit zusammenhängen, daß die alten, etablierten Autoritäten des Kaiserreichs zerfallen, gestürzt waren, nicht aber die Menschen psychologisch schon bereit, sich selbst zu bestimmen. Sie zeigten der Freiheit, die ihnen in den Schoß fiel, nicht sich gewachsen. Darum haben dann die Autoritätsstrukturen jene destruktive und – wenn ich so sagen darf – irre Dimension angenommen, die sie vorher nicht hatten, jedenfalls nicht offenbarten. Denkt man daran, wie Besuche irgendwelcher Potentaten, die politisch gar keine reale Funktion mehr haben, zu ekstatischen Ausbrüchen ganzer Bevölkerungen führen, so ist der Verdacht wohl begründet, daß das autoritäre Potential nach wie vor weit stärker ist, als man denken sollte. Ich möchte aber nachdrücklich betonen, daß die Wiederkehr oder Nichtwiederkehr des Faschismus im Entscheidenden keine psychologische, sondern eine gesellschaftliche Frage ist. Vorn Psychologischen rede ich nur deshalb soviel, weil die anderen, wesentlicheren Momente dem Willen gerade der Erziehung weitgehend entrückt, sind, wenn nicht dem Eingriff der Einzelnen überhaupt.

Vielfach wird von Wohlmeinenden, die nicht möchten, daß es noch einmal so komme, der Begriff der Bindung zitiert. Daß die Menschen keine Bindung mehr hätten, sei verantwortlich für das, was da vorging. Tatsächlich hängt der Autoritätsverlust, eine der Bedingungen des sadistisch-autoritären Grauens, damit zusammen. Für den gesunden Menschenverstand ist es plausibel, Bindungen anzurufen, die dem Sadistischen, Destruktiven, Zerstörerischen Einhalt tun durch ein nachdrückliches „Du sollst nicht". Trotzdem halte ich es für eine Illusion, daß die Berufung auf Bindungen oder gar die Forderung, man solle wieder Bindungen eingehen, damit es besser in der Welt und in den Menschen ausschaue, im Ernst frommt. Die Unwahrheit von Bindungen, die man fordert, nur damit sie irgend etwas – sei es auch Gutes – bewirken, ohne daß sie in sich selbst von den Menschen noch als substantiell erfahren werden, wird sehr rasch gefühlt. Erstaunlich, wie prompt selbst die törichtesten und naivsten Menschen reagieren, wenn es ums Aufspüren von Schwächen des Besseren geht. Leicht werden die sogenannten Bindungen entweder zum Gesinnungspaß – man nimmt sie an, um sich als ein zuverlässiger Bürger auszuweisen – oder sie produzieren gehässige Rancune, psychologisch das Gegenteil dessen, wofür sie aufgeboten werden. Sie bedeuten Heteronomie, ein Sichabhängigmachen von Geboten, von Normen, die sich nicht vor der eigenen Vernunft des Individuums verantworten. Was die Psychologie Über-Ich nennt, das Gewissen, wird im Namen von Bindung durch äußere unverbindliche auswechselbare Autoritäten ersetzt so wie man es nach dem Zusammenbruch des Dritten Reichs auch in Deutschland recht deutlich hat beobachten können. Gerade die Bereitschaft, mit der Macht es zu halten und äußerlich dem, was stärker ist, als Norm sich zu beugen, ist aber die Sinnesart der Quälgeister, die nicht mehr aufkommen soll. Deswegen ist die Empfehlung der Bindungen so fatal. Menschen, die sie mehr oder minder freiwillig annehmen, werden in eine Art von permanentem Befehlsnotstand versetzt. Die einzig wahrhafte Kraft gegen das Prinzip von Auschwitz wäre Autonomie, wenn ich den Kantischen Ausdruck verwenden darf; die Kraft zur Reflexion, zur Selbstbestimmung, zum Nicht-Mitmachen.

[...]

Beim Problem von Autorität und Barbarei drängt sich mir ein Aspekt auf, der im allgemeinen kaum beachtet wird. Auf ihn verweist eine Bemerkung in dem Buch ‚Der SS-Staat' von Eugen Kogon, das zentrale Einsichten zu dem gesamten Komplex enthält und das von der Wissenschaft und Pädagogik längst nicht so absorbiert ist, wie es absorbiert zu werden verdiente. Kogon sagt, die Quälgeister des Konzentrationslagers, in dem er selbst Jahre verbracht hat, seien zum größten Teil jüngere Bauernsöhne gewesen. Die immer noch fortdauernde kulturelle Differenz von Stadt und Land ist eine, wenn auch gewiß nicht die einzige und wichtigste, der Bedingungen des Grauens. Jeder Hochmut gegenüber der Landbevölkerung ist mir fern. Ich weiß, daß kein Mensch etwas dafür kann, ob er ein Städter ist oder im Dorf groß wird. Ich registriere dabei nur, daß wahrscheinlich die Entbarbarisierung auf dem platten Land noch weniger als sonstwo gelungen ist. Auch das Fernsehen und die anderen Massenmedien haben wohl an dem Zustand des mit der Kultur nicht ganz Mitgekommenseins nicht allzuviel geändert. Mir scheint es richtiger, das auszusprechen und dem entgegenzuwirken, als sentimental irgendwelche besonderen Qualitäten des Landlebens, die verlorenzugehen drohen, anzupreisen. Ich gehe so weit, die Entbarbarisierung des Landes für eines der wichtigsten Erziehungsziele zu halten. Sie setzt allerdings ein Studium des Bewußtseins und Unbewußtseins der Bevölkerung dort voraus. Vor allem auch wird man sich zu beschäftigen haben mit dem Aufprall der modernen Massenmedien auf einen Bewußtseinsstand, der den des bürgerlichen Kulturliberalismus des neunzehnten Jahrhunderts längst noch nicht erreicht hat.

[...]

Kein Mißverständnis allerdings sollte darüber aufkommen, daß die archaische Neigung zur Gewalt auch in städtischen Zentren, gerade in den großen, sich findet. Regressionstendenzen – will sagen, Menschen mit verdrückt sadistischen Zügen – werden von der gesellschaftlichen Gesamttendenz heute überall hervorgebracht. Dabei möchte ich an das verquere und pathogene Verhältnis zum Körper erinnern, das Horkheimer und ich in der ‚Dialektik der Aufklärung' dargestellt haben. Überall dort, wo Bewußtsein verstümmelt ist, wird es in unfreier, zur Gewalttat neigender Gestalt auf den Körper und die Sphäre des Körperlichen zurückgeworfen. Man muß nur bei einem bestimmten Typus von Ungebildeten einmal darauf achten, wie bereits ihre Sprache – vor allem, wenn irgend etwas ausgesetzt oder beanstandet wird – ins Drohende übergeht, als wären die Sprachgesten solche von kaum kontrollierter körperlicher Gewalt. Hier müßte man wohl auch die Rolle des Sports studieren, die von einer kritischen Sozialpsychologie wohl noch kaum zureichend erkannt wurde. Der Sport ist doppeldeutig: auf der einen Seite kann er antibarbarisch und antisadistisch wirken durch fair play, Ritterlichkeit, Rücksicht auf den Schwächeren. Andererseits kann er in manchen seiner Arten und Verfahrungsweisen Aggression, Roheit und Sadismus fördern, vor allem in Personen, die nicht selbst der Anstrengung und Disziplin des Sports sich aussetzen, sondern bloß zusehen; in jenen, die auf dem Sportfeld zu brüllen pflegen. Solche Doppeldeutigkeit wäre systematisch zu analysieren. Soweit Erziehung darauf Einfluß hat, wären die Ergebnisse aufs Sportleben anzuwenden.

All das hängt mehr oder weniger mit der alten autoritätsgebundenen Struktur zusammen, mit Verhaltensweisen – ich hätte beinahe gesagt – des guten alten autoritären Charakters. Was aber Auschwitz hervorbringt, die für die Welt von Auschwitz charakteristischen Typen, sind vermutlich ein Neues. Sie bezeichnen auf der einen Seite die blinde Identifikation mit dem Kollektiv. Auf der anderen sind sie danach zugeschnitten, Massen, Kollektive zu manipulieren, so wie die Himmler, Höss, Eichmann. Für das Allerwichtigste gegenüber der Gefahr einer Wiederholung halte ich, der blinden Vormacht aller Kollektive entgegenzuarbeiten, den Widerstand gegen sie dadurch zu steigern, daß man das Problem der Kollektivierung ins Licht rückt. Das ist nicht so abstrakt, wie es angesichts der Leidenschaft gerade junger, dem Bewußtsein nach progressiver Menschen, sich in irgend etwas einzugliedern, klingt. Anknüpfen ließe sich an das Leiden, das die Kollektive zunächst allen Individuen, die in sie aufgenommen werden, zufügen. Man braucht nur an die eigenen ersten Erfahrungen in der Schule zu denken. Anzugehen wäre gegen jene Art folkways, Volkssitten, Initiationsriten jeglicher Gestalt, die einem Menschen physischen Schmerz – oft bis zum Unerträglichen – antun als Preis dafür, daß er sich als Dazugehöriger, als einer des Kollektivs fühlen darf. Das Böse von Gebräuchen wie die Rauhnächte und das Haberfeldtreiben und wie derlei beliebte bodenständige Sitten sonst heißen mögen, ist eine unmittelbare Vorform der nationalsozialistischen Gewalttat. Kein Zufall, daß die Nazis solche Scheußlichkeiten unter dem Namen „Brauchtum" verherrlicht und gepflegt haben. Die Wissenschaft hätte hier eine höchst aktuelle Aufgabe. Sie könnte die Tendenz der Volkskunde, die von den Nationalsozialisten begeistert beschlagnahmt wurde, energisch umwenden, um dem zugleich brutalen und gespenstischen Überleben dieser Volksfreuden zu steuern.

In dieser gesamten Sphäre geht es um ein vorgebliches Ideal, das in der traditionellen Erziehung auch sonst seine erhebliche Rolle spielt, das der Härte. Es kann auch noch, schmachvoll genug, auf einen Ausspruch von Nietzsche sich berufen, obwohl er wahrhaft etwas anderes meinte. Ich erinnere daran, daß der fürchterliche Boger während der Auschwitz-Verhandlung einen Ausbruch hatte, der gipfelte in einer Lobrede auf Erziehung zur Disziplin durch Härte. Sie sei notwendig, um den ihm richtig erscheinenden Typus vom Menschen hervorzubringen. Dies Erziehungsbild der Härte, an das viele glauben mögen, ohne darüber nachzudenken, ist durch und durch verkehrt. Die Vorstellung, Männlichkeit bestehe in einem Höchstmaß an Ertragenkönnen, wurde längst zum Deckbild eines Masochismus, der – wie die Psychologie dartat – mit dem Sadismus nur allzu leicht sich zusammenfindet. Das gepriesene Hart-Sein, zu dem da erzogen werden soll, bedeutet Gleichgültigkeit gegen den Schmerz schlechthin. Dabei wird zwischen dem eigenen und dem anderer gar nicht einmal so sehr fest unterschieden. Wer hart ist gegen sich, der erkauft sich das Recht, hart auch gegen andere zu sein, und rächt sich für den Schmerz, dessen Regungen er nicht zeigen durfte, die er verdrängen mußte. Dieser Mechanismus ist ebenso bewußt zu machen wie eine Erziehung zu fördern, die nicht, wie früher, auch noch Prämien auf den Schmerz setzt und auf die Fähigkeit, Schmerzen auszuhalten. Mit anderen Worten: Erziehung müßte Ernst machen mit einem Gedanken, der der Philosophie keineswegs fremd ist: daß man die Angst nicht verdrängen soll. Wenn Angst nicht verdrängt wird, wenn man sich gestattet, real so viel Angst zu haben, wie diese Realität Angst verdient, dann wird gerade dadurch wahrscheinlich doch manches von dem zerstörerischen Effekt der unbewußten und verschobenen Angst verschwinden.

Menschen, die blind in Kollektive sich einordnen, machen sich selber schon zu etwas wie Material, löschen sich als selbstbestimmte Wesen aus. Dazu paßt die Bereitschaft, andere als amorphe Masse zu behandeln. Ich habe die, welche sich so verhalten, in der ‚Authoritarian Personality' den manipulativen Charakter genannt, und zwar zu einer Zeit, als das Tagebuch von Höss oder die Aufzeichnungen von Eichmann noch gar nicht bekannt waren. Meine Beschreibungen des manipulativen Charakters datieren auf die letzten Jahre des zweiten Weltkrieges zurück. Manchmal vermögen Sozialpsychologie und Soziologie Begriffe zu konstruieren, die erst später empirisch ganz sich bewahrheiten. Der manipulative Charakter – jeder kann das an den Quellen kontrollieren, die über jene Naziführer zur Verfügung stehen – zeichnet sich aus durch Organisationswut, durch Unfähigkeit, überhaupt unmittelbare menschliche Erfahrungen zumachen, durch eine gewisse Art von Emotionslosigkeit, durch überwertigen Realismus. Er will um jeden Preis angebliche, wenn auch wahnhafte Realpolitik betreiben. Er denkt oder wünscht nicht eine Sekunde lang die Welt anders, als sie ist, besessen vom Willen of *doing things,* Dinge zu tun, gleichgültig gegen den Inhalt solchen Tuns. Er macht aus der Tätigkeit, der Aktivität, der sogenannten *efficiency* als solcher einen Kultus, der in der Reklame für den aktiven Menschen anklingt. Dieser Typ ist unterdessen – wenn meine Beobachtungen mich nicht trügen und manche soziologische Untersuchungen Verallgemeinerung gestatten – viel weiter verbreitet, als man denken könnte. Was damals nur einige Nazimonstren exemplifizierten, wird man heute feststellen können an sehr zahlreichen Menschen, etwa jugendlichen Verbrechern, Bandenführern und ähnlichen, von denen man jeden Tag in der Zeitung liest. Hätte ich diesen Typus des manipulativen Charakters auf eine Formel zu bringen – vielleicht soll man es nicht, aber zur Verständigung mag es doch gut sein –, so würde ich ihn den Typus des *verdinglichten Bewußtseins* nennen. Erst haben die Menschen, die so geartet sind, sich selber gewissermaßen den Dingen gleichgemacht. Dann machen sie, wenn es ihnen möglich ist, die anderen den Dingen gleich. Der Ausdruck „fertigmachen", ebenso populär in der Welt jugendlicher Rowdies wie in der der Nazis, drückt das sehr genau aus. Menschen definiert dieser Ausdruck „fertigmachen" als im doppelten Sinn zugerichtete Dinge. Die Folter ist nach der Einsicht von Max Horkheimer die in Regie genommene und gewissermaßen beschleunigte Anpassung der Menschen an die Kollektive. Etwas davon liegt im Geist der Zeit, sowenig es auch mit Geist zu tun hat. Ich zitiere bloß das vor dem letzten Krieg gesprochene Wort von Paul Valéry, die Unmenschlichkeit habe eine große Zukunft. Besonders schwer ist es, dagegen anzugehen, weil jene manipulativen Menschen, die zu Erfahrungen eigentlich nicht fähig sind, eben deshalb Züge von Unansprechbarkeit aufweisen, die sie mit gewissen Geisteskranken oder psychotischen Charakteren, den Schizoiden, verbinden.

[...]

Weiter sollte man im Zusammenhang mit dem verdinglichten Bewußtsein auch das Verhältnis zur Technik genau betrachten, und zwar keineswegs nur bei kleinen Gruppen. Es ist so doppeldeutig wie das zum Sport, mit dem es im übrigen verwandt ist. Einerseits produziert jede Epoche diejenigen Charaktere – Typen der Verteilung von psychischer Energie –, die sie gesellschaftlich braucht. Eine Welt, in der die Technik eine solche Schlüsselposition hat wie heute, bringt technologische, auf Technik eingestimmte Menschen hervor. Das hat seine gute Rationalität: in ihrem engeren Bereich werden sie weniger sich vormachen lassen, und das kann auch ins Allgemeinere hinein wirken. Andererseits steckt im gegenwärtigen Verhältnis zur Technik etwas Übertriebenes, Irrationales, Pathogenes. Das hängt zusammen mit dem „technologischen Schleier". Die Menschen sind geneigt, die Technik für die Sache selbst, für Selbstzweck, für eine Kraft eigenen Wesens zu halten und darüber zu vergessen, daß sie der verlängerte Arm der Menschen ist. Die Mittel – und Technik ist ein Inbegriff von Mitteln zur Selbsterhaltung der Gattung Mensch – werden fetischisiert, weil die Zwecke – ein menschenwürdiges Leben – verdeckt und vom Bewußtsein der Menschen abgeschnitten sind. Solange man das so allgemein sagt, wie ich es eben formulierte, dürfte das einleuchten. Aber eine solche Hypothese ist noch viel zu abstrakt. Keineswegs weiß man bestimmt, wie die Fetischisierung der Technik in der individuellen Psychologie der einzelnen Menschen sich durchsetzt, wo die Schwelle ist zwischen einem rationalen Verhältnis zu ihr und jener Überwertung, die schließlich dazu führt, daß einer, der ein Zugsystem ausklügelt, das die Opfer möglichst schnell und reibungslos nach Auschwitz bringt, darüber vergißt, was in Auschwitz mit ihnen geschieht. Bei dem Typus, der zur Fetischisierung der Technik neigt, handelt es sich, schlicht gesagt, um Menschen, die nicht lieben können. Das ist nicht sentimental und nicht moralisierend gemeint, sondern bezeichnet die mangelnde libidinöse Beziehung zu anderen Personen. Sie sind durch und durch kalt, müssen auch zuinnerst die Möglichkeit von Liebe negieren, ihre Liebe von anderen Menschen von vornherein, ehe sie sich nur entfaltet, abziehen. Was an Liebesfähigkeit in ihnen irgend überlebt, müssen sie an Mittel verwenden. Die vorurteilsvollen, autoritätsgebundenen Charaktere, mit denen wir es in der ‚Authoritarian Personality' in Berkeley zu tun hatten, lieferten manche Belege dafür. Eine Versuchsperson – das Wort ist selber schon ein Wort aus dem verdinglichten Bewußtsein – sagte von sich: „I like nice equipment" (Ich habe hübsche Ausstattungen, hübsche Apparaturen gern), ganz gleichgültig, welche Apparaturen das sind. Seine Liebe wurde von Dingen, Maschinen als solchen absorbiert. Das Bestürzende ist dabei – bestürzend, weil es so hoffnungslos erscheinen läßt, dagegen anzugehen –, daß dieser Trend mit dem der gesamten Zivilisation verkoppelt ist. Ihn bekämpfen heißt soviel wie gegen den Weltgeist sein; aber damit wiederhole ich nur etwas, was ich zu Eingang als den düstersten Aspekt einer Erziehung gegen Auschwitz vorwegnahm.

Ich sagte, jene Menschen seien in einer besonderen Weise kalt.

Wohl sind ein paar Worte über Kälte überhaupt erlaubt. Wäre sie nicht ein Grundzug der Anthropologie, also der Beschaffenheit der Menschen, wie sie in unserer Gesellschaft tatsächlich sind; wären sie also nicht zutiefst gleichgültig gegen das, was mit allen anderen geschieht außer den paar, mit denen sie eng und womöglich, durch handgreifliche Interessen verbunden sind, so wäre Auschwitz nicht möglich gewesen, die Menschen hätten es dann nicht hingenommen. Die Gesellschaft in ihrer gegenwärtigen Gestalt – und wohl seit Jahrtausenden – beruht nicht, wie seit Aristoteles ideologisch unterstellt wurde, auf Anziehung, auf Attraktion, sondern auf der Verfolgung des je eigenen Interesses gegen die Interessen aller anderen. Das hat im Charakter der Menschen bis in ihr Innerstes hinein sich niedergeschlagen. Was dem widerspricht, der Herdentrieb der sogenannten lonely crowd, der einsamen Menge, ist eine Reaktion darauf, ein Sich-Zusammenrotten von Erkalteten, die die eigene Kälte nicht ertragen, aber auch nicht sie ändern können. Jeder Mensch heute, ohne jede Ausnahme, fühlt sich zuwenig geliebt, weil jeder zuwenig lieben kann. Unfähigkeit zur Identifikation war fraglos die wichtigste psychologische Bedingung dafür, daß so etwas wie Auschwitz sich inmitten von einigermaßen gesitteten und harmlosen Menschen hat abspielen können. Was man so „Mitläufertum" nennt, war primär Geschäftsinteresse: daß man seinen eigenen Vorteil vor allem anderen wahrnimmt und, um nur ja nicht sich zu gefährden, sich nicht den Mund verbrennt. Das ist ein allgemeines Gesetz des Bestehenden. Das Schweigen unter dem Terror war nur dessen Konsequenz. Die Kälte der gesellschaftlichen Monade, des isolierten Konkurrenten, war als Indifferenz gegen das Schicksal der anderen die Voraussetzung dafür, daß nur ganz wenige sich regten. Das wissen die Folterknechte; auch darauf machen sie stets erneut die Probe.

Verstehen Sie mich nicht falsch. Ich möchte nicht die Liebe predigen. Sie zu predigen, halte ich für vergeblich: keiner hätte auch nur das Recht, sie zu predigen, weil der Mangel an Liebe – ich sagte es schon – ein, Mangel aller Menschen ist ohne Ausnahme, so wie sie heute existieren. Liebe predigen setzt in denen, an die man sich wendet, bereits eine andere Charakterstruktur voraus als die, welche man verändern will. Denn die Menschen, die man lieben soll, sind ja selber so, daß sie nicht lieben können, und darum ihrerseits keineswegs so liebenswert. Es war einer der großen, mit dem Dogma nicht unmittelbar identischen Impulse des Christentums, die alles durchdringende Kälte zu tilgen. Aber dieser Versuch scheiterte; wohl darum, weil er nicht an die gesellschaftliche Ordnung rührte, welche die Kälte produziert und reproduziert. Wahrscheinlich ist jene Wärme unter den Menschen, nach der alle sich sehnen, außer in kurzen Perioden und ganz kleinen Gruppen, mag sein auch unter manchen friedlichen Wilden, bis heute überhaupt noch nicht gewesen. Die vielgeschmähten Utopisten haben das gesehen. So hat Charles Fourier die Attraktion als ein durch menschenwürdige gesellschaftliche Ordnung erst Herzustellendes bestimmt; auch erkannt, daß dieser Zustand nur möglich sei, wenn die Triebe der Menschen nicht länger unterdrückt sind, sondern erfüllt und freigegeben. Wenn irgend etwas helfen kann gegen Kälte als Bedingung des Unheils, dann die Einsicht in ihre eigenen Bedingungen und der Versuch, vorwegnehmend im individuellen Bereich diesen ihren Bedingungen entgegenzuarbeiten. Man möchte meinen, je weniger in der Kindheit versagt wird, je besser Kinder behandelt werden, um so mehr Chance sei. Aber auch hier drohen Illusionen. Kinder, die gar nichts von der Grausamkeit und Härte des Lebens ahnen, sind, einmal aus dem Geschützten entlassen, erst recht der Barbarei ausgesetzt. Vor allem aber kann man Eltern, die selber Produkte dieser Gesellschaft sind und ihre Male trage, zur Wärme nicht animieren. Die Aufforderung, den Kindern mehr Wärme zu geben, dreht die Wärme künstlich an und negiert sie dadurch. überdies läßt sich in beruflich vermittelten Verhältnissen wie dem von Lehrer und Schüler, von Arzt und Patient, von Anwalt und Klient Liebe nicht fordern. Sie ist ein Unmittelbares und widerspricht wesentlich vermittelten Beziehungen. Der Zuspruch zur Liebe – womöglich in der imperativischen Form, daß man es soll – ist selber Bestandstück der Ideologie welche die Kälte verewigt. Ihm eignet das Zwanghafte, Unterdrückende, das der Liebesfähigkeit entgegenwirkt. Das erste wäre darum, der Kälte zum Bewußtsein ihrer selbst zu verhelfen, der Gründe, warum sie wurde.

Lassen Sie mich zum Ende nur noch mit wenigen Worten eingehen auf einige Möglichkeiten der Bewußtmachung der subjektiven Mechanismen überhaupt, ohne die Auschwitz kaum wäre. Kenntnis dieser Mechanismen ist not; ebenso auch die der stereotypen Abwehr, die ein solches Bewußtsein blockiert. Wer heute noch sagt, es sei nicht so oder nicht ganz so schlimm gewesen, der verteidigt bereits, was geschah, und wäre fraglos bereit zuzusehen oder mitzutun, wenn es wieder geschieht. Wenn rationale Aufklärung auch – wie die Psychologie genau weiß – nicht geradeswegs die unbewußten Mechanismen auflöst, so kräftigt sie wenigstens im Vorbewußtsein gewisse Gegeninstanzen und hilft ein Klima bereiten, das dem Äußersten ungünstig ist. Würde wirklich das gesamte kulturelle Bewußtsein durchdrungen von der Ahnung des pathogenen Charakters der Züge, die in Auschwitz zu dem Ihren kamen, so würden die Menschen jene Züge vielleicht besser kontrollieren.

Weiter wäre aufzuklären über die Möglichkeit der Verschiebung dessen, was in Auschwitz sich austobte. Morgen kann eine andere Gruppe drankommen als die Juden, etwa die Alten, die ja im Dritten Reich gerade eben noch verschont wurden, oder die Intellektuellen, oder einfach abweichende Gruppen. Das Klima – ich deutete darauf hin –, das am meisten solche Auferstehung fördert, ist der wiedererwachende Nationalismus. Er ist deshalb so böse, weil er im Zeitalter der internationalen Kommunikation und der übernationalen Blöcke an sich selbst gar nicht mehr so recht glauben kann und sich ins Maßlose übertreiben muß, um sich und anderen einzureden, er wäre noch substantiell.

Konkrete Möglichkeiten des Widerstands wären immerhin zu zeigen. Es wäre etwa auf die Geschichte der Euthanasiemorde einzugehen, die in Deutschland, dank des Widerstands dagegen, doch nicht in dem ganzen Umfang begangen wurden, in dem die Nationalsozialisten sie geplant hatten. Der Widerstand war auf die eigene Gruppe beschränkt; gerade das ist ein besonders auffälliges, weitverbreitetes Symptom der universalen Kälte. Sie ist aber, zu allem anderen, auch borniert angesichts der Unersättlichkeit, die im Prinzip der Verfolgungen liegt. Schlechterdings jeder Mensch, der nicht gerade zu der verfolgenden Gruppe dazugehört, kann ereilt werden; es gibt also ein drastisches egoistisches Interesse, an das sich appellieren ließe. – Schließlich müßte man nach den spezifischen, geschichtlich objektiven Bedingungen der Verfolgungen fragen. Sogenannte nationale Erneuerungsbewegungen in einem Zeitalter, in dem der Nationalismus veraltet ist, sind offenbar besonders anfällig für sadistische Praktiken.

Aller politische Unterricht endlich sollte zentriert sein darin, daß Auschwitz nicht sich wiederhole. Das wäre möglich nur, wenn zumal er ohne Angst, bei irgendwelchen Mächten anzustoßen, offen mit diesem Allerwichtigsten sich beschäftigt. Dazu müßte er in Soziologie sich verwandeln, also über das gesellschaftliche Kräftespiel belehren, das hinter der Oberfläche der politischen Formen seinen Ort hat. Kritisch zu behandeln wäre, um nur ein Modell zu geben, ein so respektabler Begriff wie der der Staatsraison: indem man das Recht des Staates über das seiner Angehörigen stellt, ist das Grauen potentiell schon gesetzt. Walter Benjamin fragte mich einmal in Paris während der Emigration, als ich noch sporadisch nach Deutschland zurückkehrte, ob es denn dort noch genug Folterknechte gäbe, die das von den Nazis Befohlene ausführten. Es gab sie. Trotzdem hat die Frage ihr tiefes Recht. Benjamin spürte, daß die Menschen, die es tun, im Gegensatz zu den Schreibtischmördern und Ideologen, in Widerspruch zu ihren eigenen unmittelbaren Interessen handeln, Mörder an sich selbst, indem sie die anderen ermorden. Ich fürchte, durch Maßnahmen auch einer noch so weit gespannten Erziehung wird es sich kaum verhindern lassen, daß Schreibtischmörder nachwachsen. Aber daß es Menschen gibt, die unten, eben als Knechte das tun, wodurch sie ihre eigene Knechtschaft verewigen und sich selbst entwürdigen; daß es weiter Bogers und Kaduks gebe, dagegen läßt sich doch durch Erziehung und Aufklärung ein Weniges unternehmen.

Die soziale Organisation der Schule und abweichende jugendliche Karrieren[1]

Aaron V. Cicourel und John I. Kitsuse

Everett C. Hughes hat behauptet, von einer Erforschung von ‚Karrieren' („der sich verändernden Perspektiven, in der sich Personen in bezug auf die soziale Ordnung orientieren und der typischen Abfolgen und Verkettungen von beruflichen Stellungen") könne erwartet werden, daß sie Wesen und ‚Funktionsweise' der Gesellschaft offenbare[2]. Erving Goffman hat diese Konzeption von Karriere in seiner Analyse des Status geisteskranker Patienten angewandt, einer Analyse, die die „moralischen Aspekte der Karriere" erforscht – „d. h. die gewöhnliche Abfolge von Veränderungen, die die Karriere in der Persönlichkeitsstruktur einer Person und im System der Vorstellungen ihrer Selbstbeurteilung und ihrer Beurteilung anderer zur Folge hat"[3]. Unser Gebrauch des Begriffs Karriere folgt Hughes' Anregung, indem wir uns auf die ‚Funktionsweise' sozialer Organisationen konzentrieren, und wie Goffman richten wir unsere Aufmerksamkeit auf die alltäglichen Interaktionen zwischen Jugendlichen und anderen in mehreren organisatorischen Arrangements. Wir werden uns allerdings nicht mit den Konsequenzen dieser Interaktionen für das Selbstbild der Jugendlichen befassen. Vielmehr beschäftigen wir uns mit den Konsequenzen, die die täglichen Tätigkeiten des Organisationspersonals für die Aussonderung der jugendlichen Mitglieder einer gegebenen sozialen Organisation, nämlich der weiterführenden Schule ab 6. oder 8. Schuljahr (High-School), haben.[...] Dabei ist ein zentrales Problem, die Umwelt verbaler und nichtverbaler Objekte zu identifizieren, auf die dieses Personal achtet und seine Handlungen ausrichtet.

Die Vorstellung, daß jugendliche Karrieren ein Produkt organisatorischer Tätigkeiten seien, bezieht sich auf Entscheidungen, die den Übergang des Schülers von einem schulischen Status zu irgendeinem anderen innerhalb des Systems zur Folge haben. Wir haben diese Konzeption in zwei empirischen Studien angewandt; unsere Forschung richtete sich dabei auf die verschiedenen Wege, die Schüler in Routine- und Sonderbeziehungen mit dem Schulpersonal bringen; auf die Grundlagen, von denen aus Schüler

---

1   Erstveröffentlichung in: E. Rubington und M. S. Weinberg (Hg.), Deviance. The Interactionist Perspective. New York und London, MacMillan, 1968, S. 124–135; der deutschen Übersetzung K. Hurrelmann (Hg.): Soziologie der Erziehung. Weinheim/Basel 1974.
2   E. C. Hughes, Institutional Office and the Person, American Journal of Sociology, 43, 1937, S. 404–413.
3   E. Goffman, The Moral Career of the Mental Patient, Psychiatry, 22, 1959, S. 123.

für solche Kontakte ausgesondert werden; auf die organisatorisch strukturierten Situationen, in denen solche Entscheidungen gefällt wurden; und auf die organisatorisch definierten Handlungen gegenüber den derartig klassifizierten Jugendlichen, die auf diese Entscheidungen folgen.[4] Die Sammlung dieser Daten wurde durch das Interesse geleitet, die Vorstellungen des Personals beim Umgang mit den Jugendlichen in den Routinetätigkeiten der Organisation und im Gebrauch des „Vokabulars und der Syntax der Alltagssprache"[5] zu verstehen.

Die Beschreibung von ‚Vokabular' und ‚Syntax', wie sie vom Schulpersonal, von den Eltern, der Polizei und den Freundesgruppen (peers) benutzt werden, kennzeichnet die Vielfalt der sozialen Typisierungen, die innerhalb der verschiedenen Organisationen als ‚signifikant' anerkannt werden. In der Sprache von Schütz sind diese sozialen Typisierungen, alltagsweltliche Konstrukte, die im täglichen Leben gebraucht werden, um jugendliches Verhalten zu interpretieren und zu klassifizieren. Die Konsequenzen der Handlungen, die durch die Anwendung der sozialen Typisierungen gesteuert werden, produzieren das, was wir ‚jugendliche Karrieren' genannt haben. ‚Jugendliche Karriere' ist also ein ‚begriffliches Konstrukt zweiten Grades' und kann als das Ergebnis der sozialen Typisierung, Klassifizierung und ‚Behandlung' von Jugendlichen durch das Personal irgendeiner sozialen Organisation oder eines Organisationsverbundes definiert werden.

Der Schwerpunkt auf der Behandlung von Devianten durch soziale Instanzen unterscheidet den hier vorgestellten Ansatz der Erforschung von Devianz von denen, die versuchen, die Quoten abweichenden Verhaltens durch die Untersuchung der motivationalen ‚Quellen' abweichenden Verhaltens zu erklären, gleichgültig, ob diese Quellen in ihrem Ursprung nun als psychologisch oder sozialstrukturell begriffen werden. In der Auffassung von Devianz, der wir hier folgen, sind die motivationalen Prozesse, die mutmaßlich zu abweichendem Verhalten führen, konzeptionell unabhängig von den sozialen Prozessen, durch die die Mitglieder einer sozialen Organisation gemäß ihrer Auffassung vom Devianten Motive *zuschreiben* und Regelmäßigkeiten wahrnehmen, unabhängig auch von den Gründen für solche Entscheidungen und der nachfolgenden Behandlung der so definierten Personen.

Die erste Aufgabe des Soziologen ist es, den Spielraum des jugendlichen Verhaltens zu erkunden, der vom Personal der Schule und anderer Organisationen beobachtet und gedeutet wird, und die sozialen Prozesse zu erfassen, durch die Jugendliche als soziale ‚Typen' definiert und klassifiziert werden. Die zweite Aufgabe ist es, die Folgen solcher Prozesse für die Karriere irgendeines beliebigen Jugendlichen innerhalb der spezifizierten Organisationen zu bestimmen.

---

4 Vgl. A. V. Cicourel und J. I. Kitsuse, The Educational Decision-Makers, Indianapolis: Bobbs-Merril, 1963.
5 A. Schütz, Collected Papers I: The Problem of Social Reality, Den Haag: Martinus Nijhoff, 1962, S. 3–47.

Das Schulsystem kann als eine Organisation begriffen werden, die im Verlaufe ihrer Tätigkeiten eine Vielfalt jugendlicher Karrieren hervorbringt – die des Delinquenten eingeschlossen. Da die Schule eine strategische Position als eine Koordinationsinstanz zwischen den Handlungen der Familie, der Polizei und der Freundesgruppe gegenüber dem Jugendlichen inne hat, stellt sie auch eine Informationsbörse dar, die Informationen von anderen mit Jugendlichen befaßten Instanzen empfängt und an sie abgibt. In der folgenden Erörterung des Schulsystems als eines ‚institutionalisierten Differenzierers jugendlicher Karrieren' stellen wir dar, wie die Interpretationen und Handlungen der Eltern, der Polizei und der Freundesgruppe verschiedene Karrieren innerhalb der High School hervorbringen, aufrechterhalten und verändern können.

Die organisatorische Struktur der Schule und ihre Tätigkeiten schaffen eine Vielfalt ‚jugendlicher Probleme', die durch das Vokabular und die Syntax des Personals gedeutet werden. Die ‚Probleme' können unter drei groben Rubriken gruppiert werden: Solche, die sich 1.) auf das Leistungsverhalten des Schülers, 2.) auf die Verletzung allgemeiner Verhaltensregeln durch den Schüler und 3.) auf die emotionalen Probleme des Schülers beziehen. Das Schulpersonal bezeichnet die Schüler, die es als ‚Problemfälle im Leistungsbereich' betrachtet, häufig als ‚Streber' (over-achievers), ‚Faulenzer' (under-achievers), ‚durchschnittliche Schüler' (normal achievers) und ‚Gelegenheitsarbeiter' (opportunity students). Unter den Etiketten, die Schülern in der zweiten Kategorie angehängt werden, sind ‚Unruhestifter', ‚Rowdys' und ‚Delinquente'. In der dritten Kategorie finden sich Schüler, die als ‚nervös', ‚zurückgezogen', ‚ungesellig' und ‚isoliert' bezeichnet werden.[6] Der Leser sollte beachten, daß jeder einzelne Schüler das Objekt mehrerer sozialer Typisierungsvorgänge durch denselben Lehrer, durch verschiedene Lehrer oder durch die Mitschüler sein kann. Es ist folglich für den Schüler möglich, verschiedene ‚Karrieren' gleichzeitig oder der Reihe nach innerhalb der Schul-Organisation zu haben.

Die Typisierung der Schüler in den drei Problembereichen stellt die Grundlage für eine Vielfalt von Karrieren bereit. Jede dieser Karrieren kann schon vor der Eingliederung des Schülers in die Schule beginnen. Zum Beispiel kann in unserem hochbürokratisierten städtischen Schulsystem dem Übergang des Schülers in die weiterführende Schule eine Personalakte mit Unterlagen und Anmerkungen vorausgehen, die sowohl seinen sozialen als auch seinen leistungsmäßigen Entwicklungsstand in der Primar-

---

6   Dem Leser wird auffallen, daß wir die soziale Typisierung als ‚guter Schüler' oder ‚netter Kerl' nicht berücksichtigt haben – Schüler, von denen das Schulpersonal annimmt, sie seien ‚ohne Probleme'. Der ‚normale' Jugendliche würde vermutlich unter solch eine Kategorie fallen. Unsere Nichtberücksichtigung dieses Schülertyps ergibt sich aus der hier verwandten Formulierung, die nahelegt, daß der sog. ‚normale' Jugendliche ein seltener Fall ist. Wir werden versuchen, diese These in der folgenden Diskussion der organisatorischen Differenzierung der Schülerpopulation genauer auszuführen. Wir leugnen allerdings die theoretische und empirische Bedeutung des ‚normalen' Jugendlichen nicht, denn jede Untersuchung über den Prozeß der organisatorischen Differenzierung müßte sich der Frage stellen, wer als ‚normal' bezeichnet wird und bis zu welchem Ausmaße diese Individuen Verhaltensunterschiede gegenüber denjenigen zeigen, die als in verschiedener Weise abweichend bezeichnet werden.

und Orientierungsstufe dokumentiert. Eine Durchsicht dieser Personalakten durch das Zulassungspersonal der Sekundarstufe hat zur Folge, daß ein Schüler zum Beispiel als ‚Problemfall' im Leistungsbereich typisiert wird und auf diese Weise die Laufbahn des ‚Leistungsversagers', ‚Schulabbrechers' oder des ‚langsamen Lerners' eingeleitet wird.

Leistungskarrieren

Die soziale Typisierung eines Jugendlichen im Blick auf seine Karriere innerhalb der Schule gründet sich oft auf die frühere Biographie des Schülers und die Leistungstests, denen die Schulneulinge unterworfen werden. Gewöhnlich werden die Schüler auf der Basis der Interpretationen der Testergebnisse und anderer Informationen vorbereitend durch das Personal beraten, oft, während sich diese Schüler noch in der Junior High School befinden. Diese frühen organisatorischen Tätigkeiten können in folgende Klassifikationen der Schüler auslaufen:

1. Der Schüler kann als ‚Faulenzer' definiert werden, wenn seine Testergebnisse als höher eingestuft werden als seine früheren, durch die Zeugnisnoten gemessenen Leistungen.
2. Umgekehrt kann er als ‚Streber' bezeichnet werden, wenn seine tatsächlichen Leistungen höher sind als die ‚Begabung', die seine Testergebnisse signalisieren.
3. Der Schüler kann als ein ‚Gelegenheitsarbeiter' klassifiziert werden, wenn seine Ergebnisse in der Klasse und beim Eingangstest gleichmäßig schwach sind.
4. Der Schüler kann als ein ‚durchschnittlicher Lerner' eingestuft werden.[7]

Die soziale Typisierung in bezug auf ‚Leistungsprobleme' wird begleitet von einer Klassifizierung der Schüler als ‚hochschulorientiert', ‚praktisch orientiert' oder ‚kaufmännisch orientiert', die auf Grund der von ihnen getroffenen Auswahl der Wahlfächer erfolgt. Die Bekanntgabe dieser Wahl mag das Resultat der Interaktion des Schülers mit seinen Eltern – mit ihnen seine Entscheidung zu beraten, wird ihm vom Schulpersonal aufgetragen – und mit seinen Freunden sein. In den mittleren und gehobenen Einkommensgruppen gehen Eltern, Freunde und der Schüler selbst häufig von der Annahme aus, daß das Hochschulstudium wie selbstverständlich auf die Schule zu folgen habe. Es ist allerdings wichtig, sich klar zu machen, daß vom organisatorischen Standpunkt die Differenzierung der Schülergruppen in dieser Hinsicht nicht allein durch Kriterien entschieden wird, die in der Logik des Schulsystems liegen (zum Beispiel durch Leistungs-

---

7   In dem Maße, wie das Schulpersonal ‚Problemfälle' im Leistungsbereich durch die Diskrepanz zwischen einer als ‚objektiv' angesehenen Messung der Fähigkeiten des Schülers und seinem Leistungsstand, wie er durch die Zensuren angezeigt wird, identifiziert, wird der Prozeß der Zensurengebung ein großer Unsicherheitsfaktor in der Klassifizierung der Schüler als ‚Problemfälle' sein. [...]

ergebnisse), sondern daß sie auch durch solche Gesichtspunkte beeinflußt wird, die von denen unabhängig sein können, die das Personal für wichtig hält. Zum Beispiel können Eltern darauf bestehen, daß ihr Kind unabhängig von seinem vorherigen Leistungsstand in einem zum Studium führenden Ausbildungsprogramm platziert wird. Grundsätzlich hat also ein Schüler nach Zustimmung seiner Eltern das Recht, zwischen den verschiedenen Ausbildungsprogrammen zu wählen – ein Recht, das ihm allerdings nicht immer bekannt ist.

Selbst wo dieses Recht durchgesetzt wird, kann die Klassifizierung des Schülers als eines ‚Problemfalls' im Leistungsbereich durch das Schulpersonal erhebliche Folgen für die organisatorische Behandlung seiner angegebenen schulischen Kurswahl haben. Wenn ein ‚Streber', ‚Faulenzer' oder ein ‚Gelegenheitsarbeiter' seine Entscheidung verkündet, hochschulvorbereitende Kurse zu wählen, kann der Beratungslehrer befinden, daß er kein ‚Hochschulmaterial' oder ‚nicht ausreichend motiviert' sei und dieses Ausbildungsprogramm wahrscheinlich nicht erfolgreich abschließen könne. Unter solchen Umständen versucht der Beratungslehrer häufig, den Schüler oder seine Eltern zu überreden, auf ein berufsbezogenes Ausbildungsprogramm überzuwechseln, oder er verweigert dem Schüler die Erlaubnis, sich in bestimmten Wahlkursen einzuschreiben, weil diese Kurse als ‚zu schwierig' für ihn eingeschätzt werden müßten. Auf der anderen Seite kann einem Schüler, dessen Testergebnisse und Klassenleistungen beständig hoch sind, der sich aber für die Wahl eines berufsbezogenen Ausbildungsganges entscheidet, empfohlen werden, in die studienbezogenen Kurse überzugehen – für den Fall, daß er ‚seine Meinung geändert' habe. Unsere Erforschung der High School legt allerdings nahe, daß das Schulpersonal die Jugendlichen aus mittleren und höheren Einkommensgruppen mit größerer Wahrscheinlichkeit als ‚natürliche' Hochschulanwärter ansieht als die Schüler aus niedrigeren Einkommensgruppen mit vergleichbaren schulischen Leistungen.[8]

Solche Beratungsaktivitäten können Folgen sowohl für die Familienbeziehungen des Schülers als auch für seine Beziehungen zu seinen gleichaltrigen Freunden haben. Wenn die Eltern die Empfehlung des Beratungslehrers erfahren, entweder direkt durch die Schule oder über den Schüler, können sie nach einer Sprechstunde verlangen. In solchen Sprechstunden werden sie über das Abschneiden ihres Kindes in den Leistungstests informiert, über die Leistungsgruppe, in die der Schüler eingeordnet werden wird, und über die möglichen Schwierigkeiten, denen er sich bei seinen Aufnahmegesuchen bei bestimmten Hochschulen gegenübersehen könnte. Der Beratungslehrer kann indirekt nahelegen, daß die Ansprüche der Eltern für ihr Kind ‚unrealistisch' seien und daß seine Fähigkeiten nicht so groß seien, wie sie vielleicht angenommen hatten.

In dieser Weise beraten, mögen die Eltern nun in der Lage sein, ‚einzusehen', daß ihr Kind ‚schlechte Arbeitsgewohnheiten hat', ‚zu viel bummelt', ‚sich mit falschen Freun-

---

8   Vgl. A. V. Cicourel und J. I. Kitsuse, Fußnote 4.

desgruppen herumtreibt' und so weiter. Diese retrospektiven Interpretationen[9] des Verhaltens und der Tätigkeiten ihres Kindes können dem Schulpersonal zusammen mit zusätzlichen Informationen (daß ‚zu Hause einige Probleme aufgetreten sind' oder daß das Kind in der Vergangenheit ‚Schwierigkeiten gehabt hat') offenbart werden und auf diese Weise die Interpretation seines ‚Problems' durch die Schule unterstützen. Andere elterliche Reaktionen auf dieses Gespräch können sich in der Form der Aufforderung niederschlagen, daß die Schule ‚Druck auf ihn ausüben' solle, ihn intensiv beraten solle, einen Kontaktlehrer stellen solle, die Eltern wissen lassen solle, ‚ob wir irgendetwas in dieser Sache tun können'. Organisatorisch kann die Vielfalt der elterlichen Reaktionen zu der Typisierung der Schüler als ‚überängstlich', ‚verhaltensgestört', ‚widerspenstig', ‚Kind ehrgeiziger Eltern' usw. führen.

[…]

Die Gruppierung der Schüler, die aus der Angabe ihrer schulischen Wahlkurse resultiert, hat organisatorische Konsequenzen, die nicht nur ihre Leistungskarrieren betreffen. Eine dieser Konsequenzen ist die Tatsache, daß die Wahl die wahrscheinlichen und auch die möglichen Interaktionen zwischen dem Schüler und seinen gleichaltrigen Freunden, die andere Kurse gewählt haben, reduziert. Abgesehen von solchen Faktoren wie den Unterschieden der Interessen oder des sozioökonomischen Milieus, die sich hindernd auf die Interaktionen zwischen Schülern in verschiedenen Kursen auswirken, lassen diese Kurse Handlungsroutinen entstehen, die die Schüler ökologisch und sozial trennen. Schüler, die sich auf die Hochschule vorbereiten, sind in anderen Kursen eingeschrieben als ihre Mitschüler, die nicht zur Hochschule gehen wollen; ihre Klassenräume liegen häufig an entgegengesetzten Ecken des Schulgebäudes; ihre Lehrgänge verlangen verschiedene Arten und ein verschiedenes Ausmaß an Arbeit in der Schule und zu Hause. Weiterhin spiegelt sich die Unterscheidung Hochschule/Beruf in der Mitgliedschaft der von der Schule geförderten Schülerorganisationen wider (wie Honor Society, Sprach-, Naturwissenschafts-, Hauswirtschafts-, Auto- und andere an die schulischen Kurse gebundene Clubs).

Die Differenzierungen der Schüler nach diesen Merkmalen stellen nicht nur bloße Unterschiede dar, sondern sie werden vom Schulpersonal auch als sozial, kulturell und leistungsmäßig bedeutsame Unterschiede bewertet. Diese vom Schulpersonal abgegebenen unterschiedlichen Wertungen der hochschulvorbereitenden und berufsvorbereitenden Unterrichtsprogramme sind ein bekanntes ‚Problem' für die Erziehungstheorie und -praxis, – ein Problem, das durch die Suche nach ‚Begabungsreserven' noch verstärkt wurde. Diese unterschiedliche Wertung spiegelt sich nicht nur in der Statushier-

---

9   Die Konzeption der ‚retrospektiven Interpretationen' ist aus Karl Mannheims Diskussion der ‚dokumentarischen Methode' übernommen worden. Vgl. „On the Interpretation of Weltanschauung", in: Essays on the Sociology of Knowledge, übersetzt und herausgegeben von P. Kesckemeti, New York: Oxford University Press 1952, S. 53–63. Vgl. auch Garfinkels Diskussion der dokumentarischen Methode in: Studies on Ethnomethodology, Fußnote 3.

archie der Lehrer wider (z. B. rangieren Sprach- und Mathematiklehrer vor denen, die in technischen und hauswirtschaftlichen Kursen unterrichten), sondern auch in den Unterscheidungen, die den Vorstellungen der Lehrer von den Schülern in den hochschulvorbereitenden und berufsvorbereitenden Unterrichtsprogrammen und ihren Tätigkeiten implizit sind. Die ‚klügeren‘, ‚ehrgeizigeren‘ Schüler mit ‚besserem familiären Hintergrund‘ sind in den hochschulvorbereitenden Kursen eingeschrieben, sie gehören zu den ‚besseren Kreisen‘, und sie beschäftigen sich während und nach den Schulstunden mit den ‚wertvolleren‘ Aktivitäten.

In den städtischen und vorstädtischen Regionen mittleren Einkommens, wo die Eltern stark dazu motiviert sind, ihre Kinder auf das College zu schicken, erfahren die entsprechenden Schüler intensive Aufmerksamkeit durch das Schulpersonal, indem sie bei ‚schulischen‘ und ‚emotionalen‘ Problemen beraten werden, um ihre Begabung zu entdecken und zu fördern, d. h. also, um sie in die Hochschulen hineinzubekommen. Anlaß und Häufigkeit der Interaktionen zwischen Schülern und Schulpersonal in den hochschulvorbereitenden Unterrichtsprogrammen können also einen bedeutsamen Effekt auf die Absonderung ihrer Leistungs- und auch ihrer anderen Karrieren von denen der Schüler in den berufsvorbereitenden Unterrichtsprogrammen innerhalb der Schule haben.

Leistungskarrieren sind kontinuierlichen Wandlungen unterworfen und zwar als Konsequenz der routinemäßigen Überprüfung der Schülerleistungen, die in den meisten Schulen nach jeder Zeugnisvergabe und insbesondere nach der Eintragung der jeweiligen Schlußzensur für ein Halbjahr vorgenommen werden. Bei dieser Gelegenheit wird die Leistung des Schülers mit seinen getesteten Fähigkeiten verglichen; bemerkenswerte Unterschiede zwischen diesen beiden Daten können zu einer Reklassifizierung des Schülers im Blick auf die ‚Leistungsproblemfälle‘ führen. Diese Überprüfung kann die Tatsache bestätigen, daß ‚Streber‘ jetzt mit ihren Leistungen dichter an ihre Fähigkeiten herangekommen sind, oder daß ‚Normallerner‘ als ‚Faulenzer‘ umgestuft werden sollten usw).[10]

Die Leistungslaufbahn eines Schülers kann auch durch Mitteilungen der Eltern oder der Freunde an das Schulpersonal verändert werden. Ein Elternteil kann zum Beispiel einen Lehrer des Schülers anrufen, um zu klären, warum keine Hausarbeiten aufgegeben wurden, und der Lehrer kann bei einer Nachprüfung feststellen, daß die Hausarbeit des Schülers von der eines Freundes abgeschrieben wurde. Dieses wiederum kann dazu führen, daß der Schüler in das Büro des Direktors zu Disziplinarmaßnahmen gerufen wird oder auch zum Berater als ein ‚emotionaler Problemfall‘. Ein Freund kann einem Lehrer oder Berater berichten, daß ein Schüler sich ‚echte Sorgen‘ macht um das Bestehen eines Kurses. Wenn solch ein Schüler vorher als ein ‚Streber‘ eingestuft

---

10 Bei solchen Gelegenheiten können solche Faktoren wie der sozioökonomische Status des Schülers, seine ethnische Zugehörigkeit, sein Ruf als ein ‚Unruhestifter‘ usw. in die entscheidungsbeeinflussende Definition seiner Leistungslaufbahnen eingehen.

wurde, kann er zum Berater überwiesen werden, oder der Lehrer kann seinen Vorgesetzten fragen, ob ein Übergang des Schülers in einen ‚weniger anstrengenden‘ Kurs in Frage käme. In ähnlicher Weise können Polizeibehörden oder Jugendgerichte die Schule über delinquente Handlungen eines Schülers informieren, was zu Veränderungen im Leistungsstatus des Schülers führen kann, selbst wenn leistungsmäßige Schwierigkeiten bisher nicht aufgetreten sind.

Solche routinemäßigen und ‚speziellen‘ Überprüfungen des Entwicklungsstandes eines Schülers bieten eine Gelegenheit für die Klassifizierung, Bestätigung und Veränderung des Leistungsstatus der Schüler. Wir schreiben den Handlungen von Beratern, Lehrern und anderem schulischen Personal keinen bösen Willen oder Diskriminierungsabsichten zu, denn ihre Tätigkeiten können zukünftige Entwicklungsmöglichkeiten des Schülers sowohl eröffnen als auch verschließen. Die Bedeutung der Erforschung der Folgen des Beratungssystems für die soziale Typisierung der Schüler, die ihre Laufbahn verändern kann, muß in den Vorstellungen der Berater und Lehrer über das gesehen werden, was ‚Verbesserung‘, ‚befriedigende Entwicklung‘, ‚vorhersehbares Versagen‘ usw. ausmacht. Diese Vorstellungen sind Datenquellen für die Untersuchung der Frage, wie die Quoten der Hochschulübergänger, der Leistungsversager, der Schulabbrecher usw. organisatorisch produziert werden.

‚Delinquente‘ Karrieren

Die soziale Typisierung von Schülern, die auf Grund von Verletzungen allgemeiner Verhaltensregeln vorgenommen wird, kann Schüler in ‚delinquente‘ Karrieren innerhalb der Schule stoßen. Wie bei Leistungslaufbahnen kann eine Durchsicht der persönlichen und biographischen Unterlagen eines Schülers, die von der Grundschule übernommen werden, das Aufnahmepersonal dazu anregen, Lehrer, Berater und Verwaltungspersonal auf die Geschichte seiner ‚Schwierigkeiten‘ aufmerksam zu machen. Die Abstempelung eines Schülers als eines ‚Unruhestifters‘, ‚Schulschwänzers‘, ‚Rowdys‘ usw. kann den Anlaß dazu bieten, ihn für spezielle Behandlung auszusondern. Er kann zum Beispiel stärker überwacht werden, sein Leistungsfortschritt kann häufiger überprüft werden, seine Eltern können aufgefordert werden, zu Sprechstunden, Beratungen und Empfehlungen zu kommen usw. Auf diese Weise können die sich kumulierenden Personalakten und die Interpretationen und Handlungen, die aus ihnen folgen, zu wichtigen Datenquellen für die Erforschung sowohl der Delinquenten- als auch der Leistungslaufbahnen werden.

Ein anderer Kontext organisatorischen Handelns, der folgenreich für die Klassifizierung eines Schülers als eines ‚Problemfalls‘ im Verhaltensbereich sein kann, liegt im Klassenraum, wo sein Verhalten vom Lehrer als ‚störend‘ interpretiert werden kann, was zu einer Überweisung an den Beratungslehrer, den Direktor oder irgendeinen anderen Verwaltungsbeamten führen kann. Offizielle wie auch ‚inoffizielle‘ Aufzeichnungen solcher Aktionen hinterlassen ihre organisatorischen Spuren und nachfolgende ‚Schwierigkeiten' mit dem Schüler können im Lichte dieser organisatorischen Geschichte interpretiert werden. Der Schüler kann für Verhaltensweisen (oder sogar für ihm zugeschriebene Einstellungen) bestraft werden, die bei ‚guten' Schülern übersehen oder nicht bemerkt werden, und ihm können Gelegenheiten zur Teilnahme an außerschulischen sportlichen und Mitverwaltungstätigkeiten, schulisch geförderten Erholungsprogrammen usw. beschnitten werden.

Die Vorstellungen des Schulpersonals vom ‚guten' Schüler sind besonders bedeutsam für eine Erforschung der sozialen Prozesse, durch die Jugendliche als ‚Verhaltensproblemfälle' typisiert werden. Solche Vorstellungen können so allgemein sein, daß die Haltung, der Gang, der Haarschnitt, die Kleidung, der Gebrauch von Slang, die Sprechweise – also praktisch beinahe jeder Aspekt des sogenannten ‚jugendlichen Verhaltens' – die Grundlage für die Typisierung des Schülers als eines ‚Problemfalls' im allgemeinen Verhaltensbereich abgeben können. Die Stilisierungen solchen Verhaltens sind oft die Merkmale, die Freundesgruppen mit unterschiedlichem sozioökonomischen Hintergrund, Interessen, Leistungsorientierungen usw. unterscheiden; als eine Folge kann der Umgang des Schülers mit Freunden, die vom Schulpersonal als ‚Rowdys', ‚ernsthafte Schüler' oder als Schüler, die ‚bei schulischen Aktivitäten engagiert' sind, implizit als ein Indikator für den Typ von Schüler genommen werden, der er selbst ist.[11]

Auf diese Weise können die Tätigkeiten von Freundesgruppen und die Vielfalt der Typisierungen, die durch sie unterschieden werden, wichtige Folgen für die Bestimmung der Schülerlaufbahn haben. Die Betonung der ‚Anpassung' an die Freundesgruppe und die Vorstellung vom ‚ausgeglichenen Schüler', die faktisch als ein pädagogisches Prinzip in den High Schools propagiert wurde, haben Lehrer, Berater und anderes Schulpersonal auf die Vielfalt der Unterscheidungen sozialer Typen aufmerksam gemacht, die von den Jugendlichen selbst vorgenommen werden. Die Schüler können sowohl Gruppen als auch Individuen als ‚komisch', ‚kumpelhaft', ‚schlau', ‚hippieartig', ‚bissig', ‚rowdymäßig' usw. bezeichnen. Die Bewertung und Einstufung solcher Individuen und Gruppen beim Schulpersonal und bei den Jugendlichen können in einigen Fällen übereinstimmen, in anderen aber ziemlich voneinander abweichen. So können z. B. die ‚Braven' oder ‚Klugen' vom Schulpersonal als ‚nette' Schüler, von einigen Schülergruppen aber als ‚schlechte Kerle' angesehen werden; Sportasse können bei einigen Schülern und Lehrern wegen ihrer sportlichen Fähigkeiten in hoher Achtung stehen, von anderen hingegen ignoriert oder verachtet werden. Die Gruppierungen und Umgruppierungen der Freundeskreise, die Einbeziehung und der Ausschluß von Schülern aus ihren Aktivitäten können deshalb Anlaß für Kontakte zwischen Eltern und Schule werden, Beratungsaktivitäten in Gang setzen, Programme zur stärkeren Beauf-

---

11 Die Bedeutung von Ehrerbietung, Benehmen und Erscheinungsweise für die Behandlung jugendlicher Rechtsbrecher wird diskutiert bei Irving Piliavin und Scort Briar, Police Encounters with Juveniles, American Journal of Sociology, 70,1964, S. 206–214.

sichtigung einleiten, den Übergang von Schülern von einer Lerngruppe zur anderen bewirken und so weiter.

[...]

Im Gegensatz zur rechtlichen Verantwortung der Familie sind die Folgen des Vorhandenseins verschiedenartig delinquenter Schüler – gleichgültig, ob ihre delinquenten Handlungen innerhalb der Schule geschehen oder nicht – für die Schule primär organisatorischer Natur. Delinquente Schüler werden vom Schulpersonal als ‚störend‘, ‚von schlechtem Einfluß‘ und schlecht für den ‚Ruf‘ der Schule angesehen. Das trifft besonders dann zu, wenn die Schüler ‚offiziell‘ durch Polizeiaktionen als delinquent bezeichnet und öffentlich bekanntgemacht werden. Deshalb haben Kontakte zwischen der Polizei und den Jugendlichen und zwischen der Polizei und der Schule, die aus ihnen folgen, erhebliche Bedeutung für die Karriere des Jugendlichen als Delinquenter innerhalb des Schulsystems. Wenn das Fehlverhalten der Schüler besonders störend ist, leitet die Schule trotz des Fehlens rechtlicher Normbrüche oft Polizeikontakte ein, um die Organisation von ‚Störenfrieden‘ zu befreien.

Kontakte zwischen Polizei und Jugendlichen können natürlich in einer Vielfalt von Situationen und Umständen auftreten. Die Polizei kann auf Grund eigener Beobachtungen des Verhaltens des Jugendlichen handeln, auf Grund von Beschwerden von Gemeindemitgliedern, auf Anforderung der Eltern der Jugendlichen, der Schule oder anderer sozialer Instanzen hin. Die Polizei kann die Jugendlichen, mit denen sie in Kontakt kommt, als zu zwei allgemeinen ‚Typen‘ gehörig klassifizieren: Diejenigen, die sie als ‚gute Kerle‘ bezeichnet, die selten irgendwelche Unruhe stiften, und die ‚Störenfriede‘, die den größten Teil ihrer Kontakte mit Jugendlichen ausmachen. Bei den ‚guten Kerlen‘ kann die Polizei zwischen den ‚ruhigen, eifrigen Kindern, die nie irgendwelche Unruhe stiften‘ und denen unterscheiden, die sie als ‚gute Kinder‘ bezeichnet, die ‚ein bißchen vom Weg abgekommen sind und eine Warnung benötigen‘. Die Polizei unterscheidet auch zwischen zwei Typen von ‚Störenfrieden‘: Diejenigen, die als ‚unerzogene Kinder‘ gelten, die ‚einen kräftigen Tritt in den Hintern‘ benötigen und diejenigen, die als ‚wirklich nichtsnutzige Schläger‘ betrachtet werden, deren kriminelle Karriere vorgezeichnet ist.

[...]

Die Folgen der sozialen Typisierung für die unterschiedliche Interpretation und Behandlung des Verhaltens der derartig typisierten Individuen sind allgemein bekannt und ganz augenfällig. Nicht so deutlich – und deshalb der zentrale Bezugspunkt dieses Beitrages – sind die Interpretationsregeln, die vom Organisationspersonal benutzt werden, das entscheidet, welche Formen des Verhaltens und welche Arten von Beweismaterial Handlungen bezeugen, die bestimmte Individuen als abweichend innerhalb des Systems bezeichnen. Unsere Beschreibung der organisatorischen Aktionen, die zu verschiedenen Karrieren – delinquenten und anderen – führen können, soll nicht als eine Rechtfertigung dieser Handlungen oder der Grundlagen, auf denen sie getroffen werden, verstanden werden. Die Kernfrage, die wir stellen, ist theoretisch und methodologisch zu verstehen: untersucht man, wie ‚abweichende‘ und ‚nicht abweichende‘ Bevölkerungsgruppen innerhalb eines Systems differenziert werden, so müßten die Interpretationsregeln, die vom Personal in den alltäglichen Aktivitäten für die Bewertung der beobachteten und klassifizierten Verhaltenselemente eingesetzt werden, systematisch zum Gegenstand der Analyse werden.

‚Klinische‘ Karrieren

Das Personal, das vielen Schulen zur Verfügung steht, schließt klinisch ausgebildete Personen wie Psychiater, psychiatrisch orientierte Sozialarbeiter und klinische Psychologen ein, deren primäre Aufgabe die Beschäftigung mit den Schülern ist, die von Lehrern, Eltern, Beratungslehrern und anderen als ‚emotional gestört‘ angesehen werden. In solchen Schulen werden Eltern und oft auch Schüler über die Verfügbarkeit dieser klinischen Dienste als Teil ihrer Orientierung der Schule gegenüber informiert. Eine Überweisung an den klinischen Dienst ist die organisatorische Basis für die Aktivierung klinischer Karrieren.

Ein Schüler kann auf verschiedene Weise die Aufmerksamkeit des klinischen Personals erregen:

1. Der Schüler kann schon auf früheren Schulstufen ein ‚emotionaler Problemfall‘ gewesen sein und in seinen Personalakten für die weiterführende Schule mag die Empfehlung für eine weitere Behandlung mit aufgenommen sein.
2. Die Tatsache, daß sich ein Schüler privatfinanzierter Behandlung durch einen Psychiater unterzieht, kann der Schule durch den Therapeuten oder die Eltern berichtet werden.
3. In den Schulen, in denen alle Schüler einem Berater zugeteilt werden, können diese Routinekontakte zwischen Berater und Schüler der Anlaß für eine Überweisung an das klinische Personal sein.
4. Das Verhalten eines Schülers kann von einem Lehrer im Klassenzimmer oder auf dem Schulhof, durch das übrige Personal oder durch andere Schüler als ‚eigenartig‘ angesehen werden; jede dieser Personen kann den Überweisungsprozeß einleiten.
5. Das Verhalten des Schülers zu Hause oder in der Nachbarschaft (z. B. delinquente Handlungen) kann seine Eltern und das Personal anderer Instanzen dazu anregen, Informationen oder Ratschläge von den Schulpsychologen einzuholen.

Die organisatorische Behandlung der als ‚emotional gestört‘ bezeichneten Schüler ist aus einer Reihe von Gründen wahrscheinlich problematischer als die der Leistungs- und Verhaltensproblemfälle. Im Unterschied zur Klassifizierung des Schülers als eines Leistungsproblemfalles existiert hier relativ wenig organisatorische Kontrolle über die Zuständigkeit derjenigen Person, die von dem Verhalten berichtet, das zum Anlaß für die

Einleitung des Prozesses wird, durch den ein Schüler als ‚emotional gestört' klassifiziert wird. Fast jede Person innerhalb der Schule und auch außerhalb von ihr kann berichten, daß ein Schüler beobachtet wurde, wie er sich in einer ‚eigenartigen', ‚exzentrischen' oder ‚verrückten' Art aufführte. Da die alltägliche Interpretation solchen Verhaltens mit dem jeweiligen Beobachter wechselt, können über die ‚Objektivität' des Beobachters beträchtliche Meinungsverschiedenheiten herrschen. Insofern ist die Klassifizierung eines Schülers als ‚emotional gestört' ähnlich der als ‚verhaltensproblematisch'.

Im Unterschied zu den ‚Problemfällen' im Verhaltensbereich ist allerdings die organisatorische Behandlung der Schüler, deren Verhalten in verschiedener Weise als ‚eigenartig' dargestellt wird, durch die Aktivitäten von Beratern, klinischen Psychologen, Psychiatern und psychiatrisch ausgebildeten Sozialarbeitern professionalisiert worden. Die Berufsausbildung und die theoretische Orientierung solchen Personals kann für die Bestimmung der Klassifizierung eines Schülers als eines ‚klinischen' Falles entscheidend werden. Ein Psychiater oder Sozialarbeiter kann z. B. das berichtete Verhalten und ein erstes Gespräch mit dem Schüler als Anzeichen für ‚tiefschichtige Probleme' interpretieren – was bedeutet, daß der Schüler ‚krank' sei und der ‚geschulten Hilfe' bedürfe. Ein halbtagsbeschäftigter Beratungslehrer andererseits kann, dieselben Tatsachen' als ein ‚Situationsproblem' oder als überhaupt gar kein Problem interpretieren.[12]

Wenn solche Problemfälle dem Beratungspersonal bekannt werden, können die Eltern in der Regel routinemäßig über die ‚Schwierigkeiten' ihres Kindes unterrichtet und ein Besuch der Sprechstunde vorgeschlagen werden. Die Reaktionen der Eltern auf solch eine Mitteilung können für die Laufbahn des Schülers als ‚klinischer Fall' entscheidend sein. Wenn wir annehmen, daß der Eindruck der Eltern von ihrem Kind auf dessen Verhalten zu Hause basiert, dann kann die routinemäßige Anpassung an einen weiten Spielraum von Verhaltensweisen innerhalb der Familie die Eltern davon abhalten, dieses Verhalten als ‚eigentümlich', ‚fremdartig' oder ‚unreif' usw. zu bezeichnen. Wenn Mitteilungen, die von außerfamiliären Instanzen wie Nachbarschaft, Polizei, Schulautoritäten und Sozialbehörden eindringen können, fehlen, kann die elterliche Interpretation des Verhaltens ihres Kindes als ‚problematisch' – als emotional abweichend oder was auch immer – nur schwach oder gar nicht existent sein. Wenn Eltern über die ‚Schwierigkeiten' ihres Kindes unterrichtet werden, können sie deshalb sowohl überrascht als auch ablehnend, feindlich und oft aggressiv gegenüber dem Vorschlag der

---

12 Der gegenwärtige Trend zu psychologischen Interpretationen der jugendlichen ‚Probleme', der auch in der organisatorischen Bereitstellung klinischer Dienste seinen Niederschlag findet, hat bei Teilen des Schulpersonals die Auffassung entstehen lassen, daß Leistungs-, Führungs- und andere Probleme alle auf ‚emotionale Schwierigkeiten' zurückzuführen seien. So kann z. B. ein ‚Faulenzer' vom Psychologen als ein Schüler interpretiert werden, der auf ‚Konflikte zwischen den Eltern' reagiert und ein ‚Rowdy' als einer, der gegen die Autorität der Schule rebelliert usw. Aus organisationssoziologischer Sicht ist es wichtig zu untersuchen, ob und wie die Differenzierung der verschiedenen Problembereiche innerhalb desselben Systems aufrecht erhalten wird. Vgl. hierzu A. V. Cicourel und J. I. Kitsuse, The Educational Decision-Makers, 1963, Kapitel 4.

jeweiligen Instanz reagieren, daß das Kind einer psychotherapeutischen Behandlung bedürfe. Liegt solch ein ‚Widerstand‘ der Eltern vor, so können sie darüber informiert werden, daß die Überweisung des Kindes an eine andere Instanz, z. B. das Jugendgericht, notwendig werden könnte, um die elterliche Zustimmung zu den Empfehlungen des Beraters zu erwirken.

Diese Kooperation der Familie ist für die Schule besonders bedeutsam, wenn ein Schüler organisatorisch als ein ‚klinischer‘ Fall bezeichnet worden ist. Da die fragliche ‚Schwierigkeit‘ Berichte über solches Verhalten wie hysterisches Weinen, sexuellen Exhibitionismus, den Gebrauch von Marihuana oder LSD, verbale oder physische Belästigung des Schulpersonals und ähnliches einschließen kann, stellt der Inhalt dieser Mitteilungen selbst ein heikles Problem in der Beziehung zwischen Eltern und Schule dar. Die geläufige psychologische Interpretation solcher Verhaltensweisen schreibt darüber hinaus implizit, wenn nicht sogar explizit, der frühen Sozialisation oder der familiären Situation größte Bedeutung zu. Obwohl Eltern der mittleren Einkommensgruppen für solche Interpretationen und ihre Implikationen für die Bedeutung der ‚Kooperation‘ der Familie eher empfänglich sein mögen, kann doch eine Reaktion der Eltern in Form einer Ablehnung dieser Kooperation als ‚Unsinn‘ ziemlich häufig sein; es kann auch sein, daß die Eltern die Mitteilungen völlig ignorieren. Da die Einwilligung der Eltern an den meisten Schulen erforderlich ist für die Überweisung der Schüler an Psychiater oder Sozialarbeiter für intensive oder Tiefentherapie, hindert die Ablehnung solcher Empfehlungen die Schule daran, den Schüler offiziell als einen ‚klinischen Fall‘ zu behandeln. Er kann allerdings dennoch offiziell als ein ‚Problemfall‘ im Verhaltens- oder ‚Führungs‘-Bereich klassifiziert und registriert und an den Berater für eher ‚oberflächliche‘ Beratung überwiesen werden, für die die Einwilligung der Eltern nicht erforderlich ist.

Die Behandlung eines bestimmten Typs von Devianten innerhalb einer Organisation kann zu jedem Zeitpunkt durch Faktoren wie die Reaktionen der Eltern auf organisatorische Bestimmungen, Einführung von Informationen von externen Instanzen, Überprüfung früherer Berichte usw. beeinflußt werden. Die empirische Erforschung der hier aufgestellten Thesen muß die verhaltensrelevante Umgebung nachzeichnen, innerhalb derer der Austausch zwischen dem Personal der Organisation und den Jugendlichen stattfindet, um die verbalen und nicht-verbalen Merkmale herauszuarbeiten, durch die organisatorische Konzeptionen als Antwort auf die Entwicklung devianter Kategorien hervorgerufen oder geändert werden.

Eine Kritik des Begriffs ‚kompensatorische Erziehung'[1]

Basil Bernstein

Seit den späten 50er Jahren gab es in den USA ein ständig steigendes Angebot von Aufsätzen und Büchern, die sich mit der Erziehung von Unterschicht-Kindern befassen, deren *materielle* Lebensbedingungen unzulänglich sind, oder auch mit der Erziehung farbiger Unterschicht-Kinder, deren *materielle* Lebensverhältnisse dauernd unzureichend sind.

Eine breite Forschung und eine große Erziehungsbürokratie sind in den Vereinigten Staaten entstanden, finanziert durch Gelder von bundesstaatlichen und einzelstaatlichen Behörden oder privaten Gesellschaften. Es entstanden neue erziehungswissenschaftliche Begriffe („die kulturell Deprivierten", „die linguistisch Deprivierten", „die sozial Benachteiligten"); der Begriff „kompensatorische Erziehung" wurde eingeführt, weil man glaubte, damit ein Mittel zu haben, mit dem man die Lage dieser benachteiligten Kinder ändern könnte. Kompensatorische Erziehung kam auf in der Form von umfangreichen Vorschulprogrammen, aufwendigen Forschungsunternehmen [...] zu Beginn der sechziger Jahre und einer Vielzahl von kleineren „Eingreif"- oder „Leistungssteigerungsprogrammen" für Kinder im Vorschulalter oder in den ersten Schuljahren. [...]

So könnte es einige Zeilen wert sein, die Annahmen zu betrachten, die dieser Arbeit und ihren Begriffen zugrunde liegen, vor allem auch deshalb, weil meine eigenen Schriften gelegentlich dazu benutzt (und noch öfter missbraucht) wurden, bestimmte Aspekte der allgemeinen Probleme herauszustellen.

Um damit nun anzufangen: Ich finde den Ausdruck „kompensatorische Erziehung" aus verschiedenen Gründen sonderbar. Ich verstehe nicht, wie wir über das Angebot kompensatorischer Erziehung an Kinder sprechen können, denen bis jetzt nicht einmal eine angemessene pädagogische Umgebung geboten wurde. Der Newsom-Bericht über weiterführende Schulen zeigte, daß 79 % aller „secondary modern schools" in Slum- und „problematischen" Gegenden materiell nur sehr unzulänglich ausgestattet waren und daß die Zeit, in der Lehrer an diesen Schulen gehalten werden konnten, schokkierend gering war. Derselbe Bericht zeigte auch sehr deutlich den Tiefstand in den Lesetestergebnissen dieser Kinder, verglichen mit den Ergebnissen von Kindern, die in Gegenden zur Schule gingen, die weder „problematisch" noch Slum-Gebiete waren.

---

1 Erstveröffentlichung unter dem Titel: Der Unfug mit der ‚kompensatorischen Erziehung' in der Zeitschrift betrifft: erziehung, Heft 9/1970; die vorliegende Textfassung hat den Nachdruck in Basil Bernstein, Studien zur sprachlichen Sozialisation, Frankfurt/Berlin/Wien 1981 zur Grundlage.

Das ist kein Widerspruch zu Befunden, daß im Durchschnitt eine Verbesserung der Lesefähigkeit von Kindern im ganzen Land festzustellen war. Der Plowden-Bericht über die Grundschulen war in all diesen Punkten sehr zurückhaltend, aber es gibt keinen Grund zu der Annahme, daß die Situation der Grundschulen in ähnlichen Gebieten sehr viel besser ist. So bieten wir einer großen Zahl von Kindern sowohl in den Grund- wie in den weiterführenden Schulen materiell unzureichend ausgestattete Schulen und einen schnellen Wechsel der Lehrerschaft; und wir erwarten weiter von einer kleinen Gruppe von Lehrern, die in ihrer Arbeit aufgehen, daß sie mit allen Schwierigkeiten fertig wird. Die Belastung, der diese Lehrer ausgesetzt sind, führt unvermeidlich zu Erschöpfung und Krankheiten; schließlich ist es nicht ungewöhnlich, daß man in jeder beliebigen Woche Lehrer finden kann, die mit verdoppelten Klassen von 80 Kindern umgehen müssen. Und dann wundern wir uns, warum die Kinder schon sehr früh in ihrem Leben viele Lernschwierigkeiten zeigen. Zur selben Zeit schafft die Schulorganisation subtile offene und verschleierte Schulzüge (streaming arrangements), die die Erwartungen und Motivationen von Lehrenden wie Lernenden fein säuberlich sinken lassen. Eine Teufelsspirale entsteht, bei der das Endresultat nur allzu klar ist. Folglich scheinen wir in unserem Bemühen versagt zu haben, eine befriedigende Erziehungswelt im *gerade für die ersten Lebensjahre erforderlichen* Umfang bereitzustellen.

Die Vorstellung kompensatorischer Erziehung dient dazu, unsere Aufmerksamkeit von der internen Organisation und dem pädagogischen Milieu der Schule weg, hin auf die Familien und Kinder zu lenken. „Kompensatorische Erziehung" impliziert, daß der Familie und ebenso dem Kind etwas fehlt. Folglich sind die Kinder unfähig, von den Schulen zu profitieren. Daraus folgt, daß die Schule das, was in der Familie „fehlt", „kompensieren" muß und daß die Kinder als „unvollständige Systeme" betrachtet werden. Wenn nur die Eltern an den Wohltaten, die wir ihnen bieten, interessiert wären, wenn sie nur so wie Mittelschichteltern wären, dann könnten wir unsere Arbeit mit Erfolg verrichten. Wenn das Problem erst einmal, sei es auch nur implizit, so gesehen wird, dann sind die Ausdrücke „kulturelle Deprivation", „linguistische Deprivation" usw. angemessen. Und dann verrichten diese Benennungen ihr eigenes trauriges Werk.

Wenn Kinder „kulturell depriviert" genannt werden, folgt daraus, daß die Eltern unzulänglich sind, den kulturellen Anforderungen nicht entsprechen. Die spontanen Verwirklichungen ihrer Kultur, deren Bilder und symbolische Repräsentationen sind von verringertem Wert und minderer Bedeutung. Die Lehrer haben dann geringere Erwartungen von den Kindern, die diese zweifellos erfüllen. Alles, was das Kind außerhalb der Schule beeinflußt, für das Kind Bedeutung und Zweck hat, hört auf, wertvoll zu sein; weder wird ihm Bedeutung zuerkannt, noch bietet es Chancen für das Vorwärtskommen in der Schule. Das Kind muß sich auf eine neue, andersartige Struktur von Bedeutungen einstellen, ob in der Form von Lesebüchern („Janet und John"), in der Art des Sprachgebrauchs und Dialektes oder in den Mustern sozialer Beziehungen. Entsprechend werden die Wertvorstellungen und Bedeutungsstrukturen der Schule den

Eltern erklärt und der Form und dem Inhalt ihrer Welt aufgedrängt, statt mit dieser integriert zu werden. Zunehmend wird ein Keil getrieben zwischen das Kind als Mitglied einer Familie und Gruppe und als Mitglied einer Schule. In beiden Fällen werden Kinder wie Eltern gezwungen, ihre soziale Identität, ihre Lebensart und deren symbolische Repräsentation am Schultor abzugeben. Denn laut Definition ist ihre Kultur mangelhaft, und die Eltern sind ebenfalls unvollkommen sowohl hinsichtlich ihrer Moralauffassungen als auch der Ausbildungsanforderungen, die sie übermitteln. Ich meine damit nicht, daß sich unter diesen Umständen keine zufriedenstellenden Beziehungen zwischen Elternhaus und Schule entwickeln können oder daß sie sich nicht entwickeln: Ich meine vielmehr, daß es am besten ist, wenn die Eltern *in* den pädagogischen Erfahrungsbereich des Kindes eingehen, indem sie das was sie *können,* tun und daß sie dies mit *Selbstvertrauen* tun. Es gibt viele *innerhalb* der elterlichen Kompetenz liegende Möglichkeiten, dem Kind beim *Lernen* zu helfen. Wenn das realisiert wird, brauchen sich die Eltern sowohl gegenüber dem Kind wie gegenüber der Schule nicht unterlegen zu fühlen und können selbstbewußt sein. Das soll heißen, daß die schulischen *Lernstoffe* mehr den Erfahrungsbereich des Kindes in seiner Familie und Umgebung berücksichtigen sollten.

Bis jetzt habe ich den Gebrauch des Begriffes „kompensatorische Erziehung" kritisiert, weil er die Aufmerksamkeit von den Mängeln in der Schule selbst abzieht und auf die Mängel innerhalb der Gemeinschaft, der Familie und des Kindes konzentriert. Wir können noch einen dritten Punkt der Kritik hinzufügen. Dieser Begriff verweist auf die erdrückende Bedeutung der ersten Lebensjahre des Kindes für seine spätere Entwicklung. Sicher gibt es viel Beweismaterial, um diese Sicht und deren Implikation zu unterstützen (daß wir nämlich ein ausgebautes Kindergarten- und Vorschulsystem schaffen sollten). Tatsächlich wäre es jedoch tollkühn, den Erziehungseinfluß der folgenden sieben Jahre als nur von geringem Einfluß abzuschreiben. Wenigstens *zu Beginn* ist es notwendig, die ganze Altersperiode bis zum Abschluß der Grundschulstufen als eine Einheit zu betrachten. Dazu müßten wir unseren Ansatz in *jedem beliebigen Alter* im Zusammenhang mit der *ganzen* Grundschulzeit betrachten. Das hat eher einen *systematischen* als einen nur schrittweise vorangehenden Ansatz zur Folge. Ich plädiere hier dafür, daß man als Bezugsrahmen nicht einen speziellen Zeitabschnitt im Leben des Kindes – z.B. das Alter von drei bis fünf oder von fünf bis sieben Jahren – betrachtet, sondern einen *Erziehungsabschnitt* nimmt: die Grundschuljahre. Alles, was wir in Ausdrücken des Lernablaufs und der Sensitivitätsentwicklung erfassen, müssen wir innerhalb des Zusammenhangs der Primärstufe (Grundschule) sehen. Um das zu erreichen, müssen wir die gegenwärtige soziale und pädagogische Trennung zwischen Kindern im Vorschulalter und in den ersten Schuljahren ebenso wie die Absonderung zwischen Grundschule und weiterführender Schule abschwächen. Andernfalls könnten Erfolge des Kindes in irgendeinem Alter durch Verluste in einem späteren Alter wieder aufgehoben werden.

Wir sollten aufhören, in Ausdrücken der „kompensatorischen Erziehung" zu denken und statt dessen sehr ernst und systematisch die Bedingungen der pädagogischen Umwelt und die Zusammenhänge, in denen diese steht, studieren.

Schon die Form, die unsere Forschung annimmt, tendiert dazu, die Glaubenshaltungen zu bestätigen, die der Organisation, Übermittlung und Bewertung des Wissens durch die Schule zugrundeliegen. Die Forschung geht so vor sich, daß man zuerst die Leistungskriterien feststellt, die in der Schule gelten, und dann die Fähigkeit verschiedener sozialer Gruppen mißt, diesen Kriterien zu genügen. Wir nehmen eine Gruppe Kinder, von denen wir im voraus wissen, daß sie Eigenschaften besitzen, die schulische Leistung begünstigen, und eine zweite Gruppe Kinder, von denen wir vorher wissen, daß ihnen all diese Eigenschaften abgehen. Dann bewerten wir eine Gruppe, indem wir feststellen, was ihr fehlt, im Vergleich zu der anderen. So legt die Forschung unabsichtlich Nachdruck auf die Vorstellung eines *Mangels* und bekräftigt den gegebenen status quo der Organisation, Vermittlung und besonders der Bewertung des Wissens. Sehr selten fordert Forschung heraus oder legt die sozialen Annahmen bloß, die dem zugrundeliegen, was als gesichertes Wissen oder als gültige Verwirklichung dieses Wissens gilt. Es gibt Ausnahmen auf dem Gebiet der Curriculum-Entwicklung; aber sogar hier findet sich oft kein Versuch, in der Entwicklungsarbeit, die durch die Entwicklung eingeführten Veränderungen mit zu beantworten (evaluate). […] Wir gehen schließlich nicht entschlossen an die grundlegende Frage heran: Wo liegt innerhalb der pädagogischen Institutionen, wie sie heute beschaffen sind, das Wandlungspotential? Eine große Aktivität entfalten, bedeutet noch nicht notwendigerweise rational handeln.

Ich habe die neuen erziehungswissenschaftlichen Begriffe und Vorstellungen auf so breitem Raum diskutiert, weil meine eigene Arbeit unabsichtlich zu ihrer Formulierung beigetragen hat. Es könnte gesagt werden und ist auch tatsächlich gesagt worden, daß meine Forschungsarbeiten, indem sie sich auf die Subkultur und die Formen familiärer Sozialisation konzentrierten, auch die Aufmerksamkeit von den Bedingungen und Umständen des Lernens in der Schule abgezogen haben. Der auf den Sprachgebrauch gerichtete Blick führte die Menschen manchmal dazu, den Sprachgebrauch von der Grundlage der kulturellen Bedeutungen (substratum of cultural meanings) zu scheiden, die ursprünglich für den Sprachgebrauch verantwortlich sind. Der Begriff „restringierter Code" wurde mit „linguistischer Deprivation" oder sogar mit dem „nicht-verbalen" Kind gleichgesetzt.

Wir können zwischen Arten des Sprachgebrauchs unterscheiden, die „kontextgebunden" genannt werden können, und solchen, die weniger „kontextgebunden" sind. Betrachten wir zum Beispiel die zwei folgenden Geschichten, die der Linguist Peter Hawkins (Assistant Research Officer in der Soziological Research Unit) konstruierte, nachdem er die Ausdrucksweise fünf Jahre alter Kinder aus der Mittelschicht und aus der Arbeiterschicht analysiert hatte. Man reichte den Kindern eine Folge von vier Bildern, die eine Geschichte darstellten, und die Kinder wurden aufgefordert, diese Geschichte zu erzählen. Das erste Bild zeigt einige Jungen, die Fußball spielen; auf dem

zweiten fliegt der Ball in das Fenster eines Hauses; das dritte zeigt einen Mann mit dro-
hender Gebärde, und aus einem Fenster blickt eine Frau; auf dem vierten laufen die
Kinder davon.

Dies sind die zwei Geschichten:

1. „Drei Jungen spielen Fußball und ein Junge schießt den Ball und er fliegt durch das
   Fenster der Ball zertrümmert die Fensterscheibe und die Jungen schauen zu und
   ein Mann kommt heraus und schimpft mit ihnen weil sie die Scheibe zerbrochen
   haben also rennen sie fort und dann schaut diese Dame aus ihrem Fenster und sie
   schimpft hinter den Jungen her."
2. „Sie spielen Fußball und er schießt ihn und er fliegt rein dort zertrümmert er die
   Scheibe und sie schauen zu und er kommt raus und schimpft mit ihnen weil sie sie
   zerbrochen haben deshalb rennen sie weg und dann sieht sie raus und sie schimpft
   hinter ihnen her."

Bei der ersten Geschichte braucht der Leser nicht die vier Bilder zu sehen, die als
Grundlage für die Geschichte dienten, wohingegen der Leser für die zweite Geschichte
die ursprünglichen Bilder braucht, um Sinn in der Geschichte zu finden. Die erste Geschichte ist unabhängig von dem Zusammenhang, aus dem sie hervorging, während
die zweite Geschichte sehr viel enger an den Kontext gebunden ist. Daraus folgt, daß
die Bedeutungen der zweiten Geschichte implizit, die der ersten hingegen explizit sind.

Es trifft nicht zu, daß die Arbeiterkinder das Vokabular der Mittelschichtkinder
nicht in ihrem passiven Wortschatz haben. Noch trifft es zu, daß sich die Kinder in
ihrem unausgesprochenen Verständnis des linguistischen Regelsystems unterscheiden. Vielmehr haben wir es hier mit Unterschieden im Sprachgebrauch zu tun, die in
einem spezifischen Zusammenhang entstehen. Das eine Kind expliziert die Bedeutungen, die es mit der Sprache ausdrückt, für die Person, der es die Geschichte erzählt,
während das zweite Kind sie nicht im selben Ausmaß expliziert. Das erste Kind nimmt
sehr wenig als selbstverständlich hin, während das zweite sehr viel voraussetzt. So stellte sich für das erste Kind die Aufgabe, den Zusammenhang in seiner Bedeutung explizit
zu machen, während das zweite Kind die Aufgabe nicht darin sah, solche Bedeutungs-
explikation zu leisten. Es wäre nicht schwierig, sich einen Zusammenhang vorzustellen,
in dem das erste Kind eine Ausdrucksweise annehmen würde, die der des zweiten ähnlich wäre. Worum es uns hier geht, sind die Unterschiede in der Art, in der die Kinder
im Sprachgebrauch einen offensichtlich gleichen Sach-Zusammenhang verwirklichen.
Wir könnten sagen, daß die Sprache des ersten Kindes universale Bedeutungen hervor-
brachte, in dem Sinne, daß die Bedeutungen vom Zusammenhang befreit und so für
jeden verständlich sind; während die Sprache des zweiten Kindes partikulare Bedeutungen schuf in dem Sinne, daß die Bedeutungen eng an den Kontext gebunden sind
und nur dann für andere voll verständlich wären, wenn diese zu dem Zusammenhang

Zugang hätten, der ursprünglich diese Sprechweise hervorrief. So sind universale Bedeutungen weniger an einen gegebenen Kontext gebunden, während partikulare Bedeutungen streng „kontextgebunden" sind.

Nehmen wir ein anderes Beispiel. Wenn die eine Mutter ihr Kind „kontrolliert",
mißt sie vielleicht der Sprache große Bedeutung bei, weil sie dem Kind klar und deutlich machen will, daß es gewisse Regeln und Gründe für diese Vorschriften und ihre
Konsequenzen gibt. Auf diese Weise gewinnt das Kind auf dem Weg über die Sprache Zugang zu den Beziehungen zwischen seiner einzelnen Handlung, die die Kontroll-
handlung der Mutter provozierte, und gewissen allgemeinen Prinzipien, Gründen und
Konsequenzen, die dazu dienen, die einzelne Handlung zu verallgemeinern. Die andere Mutter legt weniger Wert auf die Sprache, wenn sie ihr Kind „kontrolliert"; sie befaßt
sich nur mit der einzelnen Handlung: sie verbindet diese nicht mit allgemeinen Prinzipien und ihren gedanklichen Grundlagen und Konsequenzen.

Beide Kinder lernen, daß es etwas gibt, das sie tun oder unterlassen sollen; aber das
erste Kind hat noch sehr viel mehr gelernt. Die Grundlagen der mütterlichen Handlungen sind ihm klar und deutlich gemacht worden, während die Beweggründe für die
Handlungen der zweiten Mutter implizit sind, unausgesprochen bleiben.

Unsere Forschungen zeigen genau dies Ergebnis. Die sozialen Schichten unterscheiden sich in ihrem Verhältnis zu den *Kontexten*, die gewisse linguistische Realisationen
hervorrufen. Viele Mütter der Mittelschicht (und es ist wichtig hinzuzufügen, daß es
nicht alle sind) legen im Verhältnis zu denen der Arbeiterschicht (und wieder muß ergänzt werden, daß es keineswegs alle sind) größeren Wert auf den Sprachgebrauch bei
der Einführung des Kindes in die Wertordnung der Gruppe, bei seiner Disziplinierung,
bei der Kommunikation und bei der Anerkennung seiner Gefühle. Hier können wir
wiederum feststellen, daß das eine Kind an universalen Bedeutungen orientiert ist, die
über einen gegebenen Zusammenhang hinausgehen, während das zweite Kind an partikularen Bedeutungen orientiert ist, die einem gegebenen Zusammenhang eng verhaftet
sind und ihn somit nicht überschreiten. Das bedeutet freilich nicht, daß Mütter aus der
Arbeiterschicht nicht verbalisieren, sondern daß sie sich von den Müttern aus der Mittelschicht dadurch unterscheiden, daß für sie universale Bedeutungen in *anderen Zusammenhängen* entstehen. Weder sie noch ihre Kinder sind linguistisch „benachteiligt".

Wir können diese beiden Beispiele verallgemeinern und festhalten, daß gewisse
Gruppen von Kindern durch die Formen ihrer Sozialisation dazu gebracht werden,
universale Bedeutungen in *bestimmten Zusammenhängen* zu erfassen und herzustellen, während andere Kindergruppen an partikularen Bedeutungen orientiert sind. Die
linguistischen Verwirklichungen universaler Bedeutungen unterscheiden sich sehr von
denen der partikularen Bedeutungen, und dementsprechend unterscheiden sich die
Arten der sozialen Beziehungen (z. B. zwischen Mutter und Kind), die jene hervorbringen. Wir können ferner behaupten, daß auch die Lerninhalte, Lernformen und die
Muster der Sozialbeziehungen sich sehr unterscheiden.

Wenn wir jetzt die Kinder in der Schule betrachten, erkennen wir, daß dort wahrscheinlich Schwierigkeiten auftauchen. Denn die Schule befaßt sich notwendigerweise mit der Übermittlung und Entwicklung universaler Bedeutungssysteme. Die Schule befaßt sich also damit, Regeln und Verfahren in ihrer Anwendung auf Objekte (wie in den naturwissenschaftlichen Fächern) und Personen (wie in den geisteswissenschaftlichen Fächern) zu erklären, und drückt dies in differenzierter Sprache aus. Auf Grund seiner Sozialisation ist das eine Kind für die auf der Schule vermittelten symbolischen Inhalte schon empfänglich, während das zweite Kind gegenüber den universalen Bedeutungssystemen sehr viel weniger aufgeschlossen ist. Das zweite Kind ist an partikularen Bedeutungssystemen orientiert, die kontextgebunden sind, Regeln und Verfahrensweisen implizit enthalten und an einer Form des Sprachgebrauchs ausgerichtet sind, in der solche Bedeutungen realisiert werden. Die Schule aber versucht notwendig, in den Kindern Bedeutungs- und Beziehungssysteme zu entwickeln für Personen wie Gegenstände, und diese Systeme sind nicht diejenigen, auf die sich die Kinder ursprünglich zwanglos zubewegten. Ob in Europa, in den USA oder in den Entwicklungsländern, das Problem der Erziehbarkeit kann auf einer Ebene überall als Konfrontation verstanden werden zwischen a) den universalen Bedeutungssystemen der Schule und den sozialen Beziehungen, die sie hervorbringen, und b) den partikularen Systemen und den sie hervortreibenden sozialen Beziehungen, die die Kinder in die Schule hineintragen. *Im Rahmen ihrer ursprünglichen Sozialisation waren Orientierungen an „Meta-Sprachen" der Kontrolle und Innovation für diese Kinder nicht verfügbar.*

Die Schule versucht Wissen zu vermitteln, das über den gesunden Menschenverstand hinausgeht (un-commonsense knowledge), das heißt, gesellschaftlich anerkanntes Wissen (public knowledge), das in verschiedenen „Meta-Sprachen" formuliert ist. Dieses Wissen habe ich universal genannt. Sowohl implizit wie explizit vermittelt die Schule jedoch auch Werte und die jeweils gültige Moral, was Auswirkungen auf die Inhalte und Zusammenhänge hat, in denen die schulische Erziehung steht. So werden Kriterien für ein zufriedenstellendes Verhalten von Schülern und Lehrern aufgestellt Diese Werte und Moralauffassungen beeinflussen auch den *Inhalt* des in der Schule vermittelten Wissens; sichtbar wird dies an der Auswahl von Büchern, Texten und Filmen und am Gebrauch von Beispielen und Analogien, die alle benutzt werden, um den Zugang zum „allgemeinen" Wissen (universale Bedeutungen) zu erleichtern. So befindet sich das Kind aus der Arbeiterschicht in einem schwerwiegenden Nachteil, wenn man es zu dem *gesamten* an der Schule herrschenden kulturellen System in Beziehung setzt. Diese ganze Kultur ist nicht für das Arbeiterkind geschaffen, so kann es auch nicht auf sie eingehen, sich nicht in ihr entfalten.

Ich habe die These aufgestellt, daß die Formen eines elaborierten Codes in dem Sinne Zugang zu universalen Bedeutungssystemen gewähren, daß die Regeln und Verfahren, die Objekt- wie Personen-Beziehungen kontrollieren, durch den Sprachgebrauch deutlich werden, während restringierte Codes Zugang zu partikularen Systemen gewähren, in denen diese Regeln und Verfahren durch den Sprachgebrauch verundeutlicht werden (Bernstein 1962). Ich habe auch eine Erklärung der kulturellen Wurzeln dieser Codes und ihrer Veränderungen versucht (die am weitesten ausgearbeitete Fassung findet sich bei Bernstein 1971). Wenn wir jetzt auf unsere frühere Formulierung zurückgreifen, können wir feststellen, daß elaborierte Codes Zugang zu universalen Bedeutungen, die weniger kontextgebunden sind, erlauben, während restringierte Codes Zugang zu weit kontextgebundeneren (von einem speziellen Kontext abhängend) erlauben.

[...]

Daß die Subkultur oder Kultur durch die Formen ihrer sozialen Integration einen restringierten Code bewirkt, bedeutet jetzt aber nicht, daß das daraus folgende Ausdrucks- und Bedeutungssystem sprachlich oder kulturell depriviert ist, daß die Kinder der Schule nichts anbieten können, daß ihre eigenen Vorstellungen nicht bedeutsam sind. Es heißt auch nicht, wir müßten die Kinder in formaler Grammatik unterrichten. Noch heißt es, wir müßten uns an ihrem Dialekt stören. Im Dialekt selbst gibt es nichts, was ein Kind daran hindern könnte, universale Bedeutungen zu internalisieren und zu gebrauchen. Aber falls die Zusammenhänge, in denen sich das Lernen vollzieht, z. B. das Lesen von Büchern, keine Anregungen bieten für die Vorstellungen der Kinder, keine Auslöser sind für die kindliche Neugier und für Erkundungszüge in der Familie und in der näheren Umgebung, dann fühlt sich das Kind in der schulischen Welt nicht zu Hause. Wenn der Lehrer ständig mahnen muß: „Sag es noch einmal. Ich habe dich nicht verstanden", dann will das Kind zum Schluß gar nichts mehr sagen. Wenn die „Kultur" des Lehrers Teil des Bewußtseins des Kindes werden soll, dann muß die „Kultur" des Kindes zuerst im Bewußtsein des Lehrers vorhanden sein.

Das heißt, daß der Lehrer in der Lage sein muß, den Dialekt des Kindes zu verstehen, statt im Gegenteil vorsätzlich zu versuchen, ihn zu ändern. Ein großer Teil unseres schulischen Milieus beruht für die Beteiligten auf bestimmen Sichtweisen, wie sie die symbolische Welt der Mittelschicht auszeichnen, und wenn das Kind in die Schule kommt, kommt es deshalb in ein symbolisches System, das ihm kein Verbindungsstück zu seinem Leben außerhalb der Schule liefert.

Es ist ein anerkanntes Erziehungsprinzip daß wir mit dem arbeiten sollten, was das Kind uns geben kann; warum praktizieren wir das nicht? Die Einführung des Kindes in den universellen Bedeutungszusammenhang gesellschaftlich verbreiteter Denkformen ist nicht „kompensatorische Erziehung"; *es ist Erziehung*. Das heißt nicht, aus den Kindern Angehörige der Mittelschicht machen; die herrschende Praxis könnte dieses Ziel jedoch erreichen mittels der impliziten Werte, die der Form und dem Inhalt der pädagogischen Umgebung zugrundeliegen. Wir müssen zwischen den Prinzipien und Verfahrensweisen, die die Lehrer übertragen und in den Kindern entwickeln auf der einen Seite, und den Sinnzusammenhängen, die sie schaffen, um diese Aufgabe durchzuführen, auf der anderen Seite unterscheiden. Wir sollten endlich zur Kenntnis nehmen, daß die soziale Erfahrung, die das Kind schon besitzt, wertvoll und bedeutsam ist, und die soziale Erfahrung ihm als wertvoll und bedeutsam wieder gezeigt und erläutert werden sollte. Sie kann ihm nur wieder gezeigt werden, wenn sie Teil der Lernerfahrung ist, die wir bewirken. Wenn wir ebenso viel Zeit darauf verwendeten, die Implikationen dieses Sachverhalts zu durchdenken, wie wir für die Implikationen von Piagets Entwicklungsstufen aufwenden, dann könnten die Schulen aufregende und herausfordernde Stätten für die Eltern, die Kinder selbst und auch für die Lehrer werden.[2] Über und hinter den bis hierher aufgeworfenen Fragen erheben sich viel größere: die Frage, was als Wissen zählt; die Frage, was als gültige Ausprägung dieses Wissens gilt; die Frage nach den Organisationen, die wir für schulische Zwecke schaffen. Und jede dieser Fragen können wir nach dem jeweiligen Alter der Schüler aufgliedern. Ich habe es bewußt vermieden, die Frage „in bezug auf welche Fähigkeiten?" hier aufzugreifen, denn selber wenn eine solche Frage irgendwann relevant wird, hängt die Antwort darauf von den Antworten auf die früheren Fragen ab.

Wir müssen die sozialen Voraussetzungen untersuchen, die der Organisation, Verteilung und Bewertung von Wissen zugrunde liegen, denn es gibt nicht nur eine Lösung hierfür. Die Machtverhältnisse, die außerhalb der Schule entstanden sind, beeinflussen die Organisation, Verteilung und Bewertung von Wissen durch den sozialen Zusammenhang hindurch. Die Definition der „Erziehungsfähigkeit" selbst ist zu jeder Zeit ein, wenn auch nur schwacher Ausdruck dieser Machtverhältnisse. Diese Fragen stellen heißt nicht, der Vergangenheit ausweichen, heißt nicht, die eigene Sicht auf das nur Gegenwärtige verkürzen; es geht lediglich darum, daß wir wieder Robert Lynds Frage beachten: „Wissen wozu?" Wir wissen beileibe nicht, wozu ein Kind fähig ist, was es lernen kann, so wie wir bis jetzt noch über keine Theorie verfügen, die uns in die Lage versetzt, optimale Lernumgebungen zu schaffen; und sogar wenn solch eine Theorie existierte, wäre es sehr unwahrscheinlich, daß Geldmittel verfügbar waren, um sie in dem erforderlichen Umfange zu verwirklichen.

---

2   Vgl. als anders begründete Vorstellungen der Lernwelt die futurologischen Schilderungen bei A. Toffler, Der Zukunftsschock, Bern, München, Wien 1970, und G. B. Leonard (Hg.), Erziehung durch Faszination, München 1971.

Drei Reproduktionsfunktionen des Schulsystems[1]

Helmut Fend

Parsons (1964/1968) hat in seinem berühmten Aufsatz über die „Schulklasse als soziales System" von zwei Funktionen des Schulsystems gesprochen: von der Funktion
der Sozialisation und der Selektion. Die Sozialisationsfunktion kennzeichnet er als die
Entwicklung von Bereitschaften und Fähigkeiten für die spätere Rollenerfüllung. Fähigkeiten und Bereitschaften können in zwei Komponenten aufgegliedert werden: einmal in die Fertigkeiten, um die spezifischen Rollen, etwa die Berufstätigkeit, ausüben
zu können, zum andern in die „Rollenverantwortlichkeiten" oder Fähigkeiten, den Erwartungen der anderen hinsichtlich dem diesen Rollen angemessenen Verhalten zu
entsprechen. In marxistischer Terminologie könnte dies so formuliert werden: es geht
einmal darum, das Arbeitsvermögen zu produzieren und zum anderen soll ein solches
Bewußtsein geschaffen werden, das eine Anpassung an die bestehenden Produktionsverhältnisse garantiert.

Die zweite Funktion des Schulsystems bezeichnet Parsons als Selektion oder Allokation. In der Schulklasse wird der soziale Differenzierungsprozeß eingeleitet, indem
Schüler nach dem Kriterium der Leistung verschiedenen sozialen Positionen zugewiesen werden (Parsons 1964/1968: 161 ff.).

Wir haben uns dafür entschieden, von drei Reproduktionsfunktionen des Schulsystems zu sprechen. Dabei wird die obige Sozialisationsfunktion des Schulsystems in
zwei Funktionen aufgelöst: 1.) in die Schaffung von „Arbeitsvermögen" und 2.) in die
Erzeugung sozialintegrativer Bewußtseinslagen. Im ersten Fall geht es um die Organisation solcher Lernprozesse, die fachliche Qualifikationen zur Folge haben. Die große
Bedeutung des Schulsystems für den ökonomischen Sektor der Gesellschaft rechtfertigt die getrennte Betrachtung dieser Funktion. Im zweiten Fall stehen jene Lernprozesse innerhalb des Schulsystems im Mittelpunkt, die überfachliche und außerfachliche
Qualifikationen und Orientierungen zur Folge haben. Diese überfachlichen Qualifikationen und Orientierungen repräsentieren in der Sprache der Sozialisationstheorie
Normen, Werte und Interpretationsmuster, die zu einer Stützung der Sozialverhältnisse
und im engeren Sinne der politischen Verhältnisse der Gesellschaft führen. Wer von
der Anpassungs- oder Sozialisationsfunktion des Schulsystems spricht, der meint meist

---

1 Erstveröffentlichung in: Helmut Fend (1974): Gesellschaftliche Bedingungen schulischer Sozialisation.
   Weinheim und Basel, S. 64–68.

diesen Bereich. Wir wollen allerdings auch dann von Sozialisation sprechen, wenn es um die Erzeugung von Arbeitsvermögen bzw. von fachlichen Qualifikationen geht.

In engem Zusammenhang mit dem Sozialisationsprozeß werden im Schulsystem Individuen zu verschiedenen Schulabschlüssen und damit zu verschiedenen sozialen Positionen geführt (Allokation). Wir kennen diese Prozesse unter der kritischen Perspektive der sozialen Selektion und in dieser kritischen Weise sollen sie hier auch dargestellt werden.

Im folgenden geht es darum zu zeigen, daß das Schulsystem unter den gegenwärtigen historisch-gesellschaftlichen Bedingungen entfalteter Industrienationen drei Reproduktionsfunktionen erfüllt. Dabei konzentriert sich unsere Analyse auf die Bedeutung des schulischen Sozialisationsprozesses für schulexterne Bezugssysteme. Seine personale Funktion tritt in den Hintergrund. In der Reihenfolge werden wir so verfahren, daß zuerst jene Funktionen behandelt werden, die den Hintergrund für die Sozialisationsfunktion der Schule im Sinne der Schaffung systemadaptiver Bewußtseinslagen bilden. Erst wenn die Vorstellungen über die ökonomische Funktion und die Selektionsfunktionen des Schulsystems konkreter geworden sind, läßt sich die uns in dieser Arbeit in erster Linie interessierende Integrationsfunktion des Schulsystems plastisch darstellen.

Vorausblickend kann man die einzelnen Reproduktionsfunktionen wie folgt charakterisieren:

1. Im Schulsystem ist die Reproduktion kultureller Systeme, die oft als Wissen und Fertigkeiten charakterisiert werden, institutionalisiert. Dabei geht es von der Beherrschung grundlegender Symbolsysteme wie Sprache und Schrift bis zum Erwerb spezifischer Berufsqualifikationen. Welche Bedeutung der Institutionalisierung dabei zukommt, zeigt sich im Fach Latein. Die Beherrschung dieser Sprache wäre längst ausgestorben, wenn sie nicht in jeder Generation erneut in der Schule gelehrt würde. Das, was wir als Lehre kennen, bildet das institutionalisierte Arrangement zur Erfüllung dieser Reproduktionsfunktion.

    Diese Reproduktionsfunktion soll im weiteren Verlauf als Funktion der *Qualifizierung* bezeichnet werden. Unter Qualifizierung soll die Vermittlung von Fertigkeiten und Kenntnissen verstanden werden, die zur Ausübung „konkreter" Arbeit und zur Teilhabe am gesellschaftlichen Leben erforderlich sind.

2. Die zweite Reproduktionsfunktion bezieht sich direkt auf die Sozialstruktur einer Gesellschaft. Unter Sozialstruktur wird das System von Positionsverteilungen einer Gesellschaft verstanden, das sich z. B. im Anschluß an die berufliche Tätigkeit ergibt. Danach reproduziert das Schulsystem von Generation zu Generation 1.) die bestehenden sozialen Positionsverteilungen und 2.) die personellen Besetzungen der jeweiligen Positionen (Rekrutierung). Bekannt ist die in diesen Zusammenhang gehörende These von Schelsky, wonach die Schule als zentraler Verteilungsmechanismus von Lebenschancen fungierte (Schelsky 1952). Über die schulischen

Selektionsprozesse werden in deutlicher Interaktion mit der sozialen Herkunft der Schüler definierte Prozentsätze von Schülern in höhere und niedrigere berufliche Positionen kanalisiert. Das impliziert, daß durch die Schule nicht alle möglichen Talente produziert und gefördert werden, sondern nur so viele, als die Gesellschaft – konkret die relevanten Interessengruppen – zu benötigen glaubt und ohne Schaden für die Steigerung des Allgemeinwohls – meist verstanden als Steigerung des Bruttosozialprodukts – meint produzieren zu können. Die klare Erkenntnis dieses Mechanismus entlarvt den Legitimationscharakter des alten statischen Begabungsbegriffs, der jedoch noch stärker im Zusammenhang mit dem zweiten Aspekt der Allokationsfunktion der Schule im Vordergrund stand. Schulen reproduzieren nicht nur Prozentverteilungen von sozialen Positionen, sondern auch die im Generationenwechsel notwendigen Neubesetzungen hoher und niedriger sozialer Positionen. Dabei besteht die deutliche Tendenz der Reproduktion des sozialen Status des Vaters über den sozialen Status des Sohnes. Wäre das nicht der Fall, dann dürfte keine Beziehung zwischen dem Bildungsstatus – und damit weitgehend mit dem beruflichen Status – des Vaters und dem Bildungsstatus des Sohnes bestehen. In diesem Fall bestände eine vollkommene Intergenerationenmobilität. Die Untersuchungen über die Ungleichheit von Bildungschancen haben jedoch gezeigt, daß es hier starke Zusammenhänge gibt. Marxistisch orientierte Soziologen würden dieses Ergebnis dafür werten, daß das Schulsystem die Klassenstruktur einer Gesellschaft reproduziert. Bei sogenannten bürgerlichen Soziologen wird von der Ungleichheit der Bildungschancen oder von der empirisch zu bestimmenden Intergenerationenmobilität gesprochen.

3. Schulsysteme sind Instrumente der gesellschaftlichen Integration. In ihnen ist die Reproduktion von solchen Normen, Werten und Interpretationsmustern institutionalisiert, die zur Sicherung wünschenswerter Herrschaftsverhältnisse dienen. Was als wünschenswert gilt, ist selber das Ergebnis eines von Herrschaftsverhältnissen beeinflußten Auseinandersetzungsprozesses zwischen verschiedenen gesellschaftlichen Gruppen.

Hier liegt die zentrale politische Funktion des schulischen Sozialisationsprozesses, die uns in dieser Arbeit in besonderem Maße beschäftigen wird.

Zur besseren Orientierung dient die Abbildung 1, in der die drei Reproduktionsfunktionen des Schulsystems zusammengefaßt sind. Funktionen erscheinen damit als solche Beiträge zu einem definierten sozialen System, die zu dessen „Handlungsfähigkeit" notwendig sind. Funktionen erscheinen den Beteiligten in der Vorausschau als *Aufgaben* und *Ziele* und in der Rückschau als *Effekte*.

In der Abbildung 1 sind auf der linken Seite die schulexternen Bereiche erwähnt, in denen Systemprobleme auftreten können, zu deren Lösung das Schulsystem einen Beitrag leistet. So kann im Produktionssektor das Problem der Qualifikation der Arbeitskraft auftreten, das nur mehr durch eine Institutionalisierung der Ausbildung zu lösen

Abbildung 1   Reproduktionsfunktion des Schulsystems

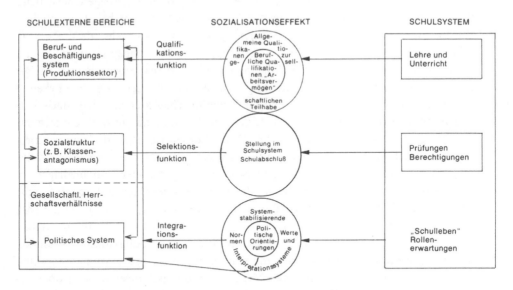

ist. Wir kennen diese Probleme aus der Diskussion der letzten Jahre über den Mangel oder den Überschuß an hochqualifizierten Arbeitskräften. Lehre und Unterricht sind der Lösung dieses – Problems direkt zugeordnet. Die entsprechenden Sozialisationseffekte sind das „Arbeitsvermögen" im engen Sinne (innerer Kreis!) und die allgemeinen Qualifikationen zur gesellschaftlichen Teilhabe im weiteren Sinne.

Die Systemprobleme im Bereich der gesellschaftlichen Sozialstruktur ergeben sich aus dem Zwang, Positionsinhaber zu rekrutieren und die Verteilung hoher und niedriger sozialer Positionen zu sichern. Solche Verteilungen werden im Schulsystem über Prüfungen und Berechtigungen vorgenommen. In der Diskussion um die Gleichheit der Bildungschancen wird diese Funktion des Bildungssystems problematisiert.

Die Charakterisierung der Integrationsfunktion des Schulsystems ist dort relativ einfach, wo eine Beziehung zwischen den Systemproblemen des politischen Bereichs der Gesellschaft und dem Schulsystem hergestellt wird. Das zentrale Systemproblem des politischen Bereichs, zu dessen Lösung das Schulsystem beiträgt, besteht in der Vermittlung der Legitimität der politischen Herrschaftsstrukturen. Die entsprechenden politischen Orientierungen (innerer Kreis!) werden im Schulsystem direkt vermittelt, etwa im Geschichtsunterricht, im Deutsch- oder Sozialkundeunterricht. Wird der Begriff des „politischen Systems" so weit gefaßt, daß darunter auch die zentralen Abhängigkeits- und Herrschaftsverhältnisse fallen, die nicht rechtlich-normativ verankert sind, dann fällt unter die Integrationsfunktion des Schulsystems auch die Legitimation allgemeiner sozialer Verhältnisse, die über schwer faßbare Faktoren des Schullebens, über Rollenerwartungen, Autoritätsverhältnisse und schulstrukturelle Faktoren geleistet wird. Aus diesem Grunde geht der auf die Integrationsfunktion gerichtete Pfeil in der Abbildung 1 vom gesamten Bereich des Schulsystems aus.

Literatur

Parsons, T. (1964/1968): Sozialstruktur und Persönlichkeit. Frankfurt a. M.: Europäische Verlagsanstalt.
Schelsky, H. (1957): Schule und Erziehung in der industriellen Gesellschaft. Würzburg: Werkbund Verlag.

Ökologische Sozialisationsforschung –
Ein Bezugsrahmen[1]

Urie Bronfenbrenner

Einführung

Mit dem folgenden Beitrag möchte ich zu einem Umdenken in Sozialisationstheorie und Sozialisationsforschung anregen. Dabei stütze ich mich auf zwei wichtige Prinzipien. Das erste läßt sich vielleicht am treffendsten mit den Worten von A. N. Leontiew von der Universität Moskau ausdrücken. Als ich vor zehn Jahren am dortigen Institut für Psychologie als Austausch-Wissenschaftler tätig war, unterhielten wir uns öfter über Unterschiede in den theoretischen Annahmen, die der Sozialisationsforschung in der Sowjetunion und den Vereinigten Staaten zugrunde liegen. Bei einem solchen Gespräch ließ Leontiew eine kluge Bemerkung fallen, die er inzwischen wahrscheinlich längst wieder vergessen hat; er sagte: „Mir scheint, die amerikanischen Wissenschaftler suchen ständig nach Erklärungen dafür, wie ein Kind zu dem werden konnte, was es heute ist. Wir in der UdSSR dagegen versuchen herauszufinden, wie es zu dem werden kann, was es noch nicht ist!"

Ein Grund, warum ich mich an Leontiews herausfordernde Äußerung erinnere, liegt darin, daß sie jenen Rat bekräftigte, den mir ein Vierteljahrhundert vorher mein erster Mentor an der Universität, W. E. Dearborn aus Harvard, mit auf den Weg gegeben hatte. In seiner klaren und ruhigen Art hatte er mir einmal gesagt: „Bronfenbrenner, wenn Sie irgend etwas begreifen wollen, müssen Sie versuchen, es zu ändern!"

Geschichte eines Paradoxons

Auch das zweite Prinzip hat wie das erste eine interkulturelle Vorgeschichte, aber eine, die eher von Kontrasten als von Kontinuität geprägt ist, eine etwas längere Darstellung braucht und zu einschneidenden Konsequenzen führt. Über ein Jahrzehnt lang haben der Verfasser und seine Kollegen vergleichende Studien über Kindererziehung in über einem Dutzend Ländern in West- und Osteuropa, Nordamerika, dem Mittleren und dem Fernen Osten durchgeführt (Bronfenbrenner 1962a, 1962b, 1964, 1967, 1970a, 1970b;

---

1   Erstveröffentlichung in: Urie Bronfenbrenner (1976): Ökologische Sozialisationsforschung, hg. von Kurt Lüscher, Stuttgart, 199–220.

Devereux 1970a, 1970b, 1972; Devereux, Shouval, Bronfenbrenner, Rodgers, Kavenaki, Kiely und Karson 1974; Rodgers, Bronfenbrenner und Devereux 1968; Rodgers 1971). Im Verlauf dieser Arbeiten stieß ich zum ersten Mal auf ein Phänomen, das ich bei meinen früheren Forschungen so nie beobachtet hatte: überschneidungsfreie Merkmalsverteilungen zwischen Gruppen von Versuchspersonen. Kinder, die in verschiedenen Kulturen aufgewachsen waren, unterschieden sich nämlich in einigen Punkten so eindeutig in ihrem Verhalten, daß man das jeweilige Herkunftsland praktisch fehlerfrei aus ihren Verhaltensweisen ablesen konnte. Mehr noch, eine derartige kulturelle Verschiedenheit ermutigte zu Schlußfolgerungen, die sowohl wissenschaftlich wie auch sozialpolitisch bedeutsam erschienen: Der kindliche Organismus erschien als außerordentlich bildbar. Das berechtigte zu Hoffnungen für die Zukunft.

Von dieser Hoffnung beflügelt, wandte ich mich Aufgaben zu, die eine für mich ungewohnte Art von beruflicher Tätigkeit darstellten. Zusammen mit Kollegen aus dem eigenen Land begann ich mit Versuchen, mittels wissenschaftlicher Erkenntnisse und Erfahrungen die Entwicklung und Bewertung von sozialpolitischen Entscheidungen und Maßnahmen zu beeinflussen, die die Situation der Kinder in Amerika bzw. die Personen und Institutionen, die für deren Wohl verantwortlich sind, betrafen. Aus diesen Bemühungen entstanden Programme wie „Head Start" (ein bundesweites Netz von Vorschuleinrichtungen für Kinder aus sozial schwachen Familien), „Follow-Through" (ein kleineres Bundesprogramm zur Entfaltung innovativer Strategien pädagogischer und sozialer Art in Grundschulen), „Parent-Child-Centers" (Programme für Eltern und Kinder unter. drei Jahren), „Home Start" (Hilfen für Kinder und Eltern auf dem Weg über wöchentliche Hausbesuche) und einige weitere, noch speziellere Initiativen.

Was zeigte sich nun an Erfolgen bei derartigen Programmen? Vor kurzem schloß ich einen Bericht an ein Komitee der National Academy of Science ab, zu dem ich die vorhandenen Forschungsergebnisse aus Frühförderungs-Projekten der vergangenen zehn Jahre einer Durchsicht unterzog (Bronfenbrenner 1974). Obwohl ein paar bescheidene Erfolge zu beobachten waren, blieben die Ergebnisse insgesamt enttäuschend. Bestenfalls waren kurzlebige Auswirkungen geringen Umfangs festzustellen, wobei wesentliche Überschneidungen in den Merkmalsverteilungen von Versuchs- und Kontrollgruppen vorlagen. Kurz gesagt, mein Optimismus bezüglich der Bildbarkeit des sich entwickelnden Organismus und seiner Empfänglichkeit für Umweltveränderungen schien sich kaum aufrechterhalten zu lassen.

Wie sollte man diesen Widerspruch auflösen? Einerseits gab es nicht zu übersehende Belege für eine Vielfalt in der menschlichen Entwicklung, die auf unterschiedliche Umwelten zurückgeht. Andererseits hatten auch gezielte Bemühungen fähiger Wissenschaftler und Praktiker zur Beeinflussung der menschlichen Entwicklung keine Unterschiede zustandegebracht außer solchen, die sich nur mit ausgeklügelten statistischen Verfahren nachweisen ließen. Dabei beschränkten sich derartige minimale Untersuchungsergebnisse keineswegs auf Forschungen zur Frühförderung, sondern waren praktisch typisch für alle wissenschaftlichen Experimente, die bisher auf dem Gebiet des menschlichen Verhaltens und der menschlichen Entwicklung durchgeführt wurden. Nur wenige der signifikanten Effekte, von denen unsere Fachzeitschriften berichten, hätten mit bloßem Auge registriert werden können. Bei allen waren schwierige statistische Berechnungen nötig, um zeigen zu können, daß überhaupt etwas geschehen war.

Einige Lehren für die Sozialwissenschaft aus der Sozialpolitik

Überlegungen wie diese haben mich veranlaßt, die Stichhaltigkeit unserer theoretischen Modelle und der darauf beruhenden wissenschaftlichen Strategien in Zweifel zu ziehen. Ich wollte mir die Aufgabe stellen herauszufinden, welche Grundelemente ausgesprochen oder unausgesprochen für die von uns verwendeten Modelle bestimmend waren und welche anderen Möglichkeiten sich denken ließen. Der Blick für diese Fragen wurde mir nicht zuletzt durch die Erfahrungen geöffnet, die ich bei dem Versuch sammeln mußte, Änderungen in der Sozialpolitik und in der Praxis der Kindererziehung in der amerikanischen Gesellschaft herbeizuführen. Im Laufe dieser Bemühungen hatte ich viel mit Leuten außerhalb der akademischen Welt zu tun, z. B. mit führenden Politikern, Abgeordneten, Fachleuten aus Wirtschaft und Verwaltung und sonstigen Bürgern. Diese stellten mir häufig Fragen, von denen sie meinten, sie gehörten in meinen Bereich, auf die ich aber keine Antwort wußte. Beispielsweise wurde ich gefragt:

1. Wie wichtig ist es für ein Kind, während der ersten drei Lebensjahre bei der Mutter zu sein?
2. Können Väter sich genauso gut um die Kinder kümmern wie die Mütter?
3. Wie wichtig sind andere Erwachsene neben den Eltern?
4. Ergeben sich irgendwelche Unterschiede, wenn Kleinkinder nur halbtägig statt ganztägig in Tagespflegestellen kommen?
5. Sollten die Jahrgangsklassen in den Schulen aufgelöst werden zugunsten von altersgemischten Klassen?
6. Welche Änderungen in unseren Schulen wären nötig, um die sprunghaft steigende Häufigkeit von Schulabbruch, Rauschgiftsucht und Sachbeschädigung zu senken?
7. Soll man den Eltern gestatten, ihre Kinder zur Arbeit mitzubringen?
8. Welche Auswirkungen hat es für das Kind, wenn Vater und Mutter ganztags arbeiten?
9. Wie wichtig wäre es für unsere Firma, Möglichkeiten zu schaffen, daß Eltern zu Hause sein können, wenn das Kind aus der Schule kommt?
10. Wie kann das Werbefernsehen so gestaltet werden, daß es die Entwicklung der Kinder fördert?

Es wird Sie kaum überraschen, daß es mir nicht möglich war, in unseren wissenschaftlichen Veröffentlichungen Antworten auf solche Fragen zu finden. Nun mag man einwenden, es bestehe gar kein Grund zu der Annahme, dort Antworten zu erhalten, weil dies eher Fragen für die Sozialpolitik als für die Wissenschaft seien. Genau dieses Problem steht im Mittelpunkt des zweiten und noch entscheidenderen Umdenkungsprozesses, den ich mit diesem Beitrag anregen möchte. Ich behaupte, daß ein Eingehen auf die sozialpolitischen Fragen, die von meinen nicht-akademischen Kollegen aufgeworfen worden sind, nicht nur wissenschaftlich relevant, sondern geradezu lebenswichtig ist für die weitere Entwicklung von Theorie und Praxis auf unserem Gebiet. Denn was diese sozialpolitischen Fragestellungen auszeichnet, ist ein Konzept von Umwelt, das sich radikal unterscheidet von jenem, welches gewöhnlich unseren wissenschaftlichen Untersuchungen zugrunde liegt.

Die vorstehenden Fragen zielen nämlich allesamt auf die Wirkung der alltäglichen Umwelt, in der Kinder leben bzw. leben könnten, wenn Sozialpolitik und Erziehungspraxis sich ändern würden. Allein Wandlungen in der alltäglichen Umwelt des Kindes – so die Grundthese dieses Beitrages – vermögen Unterschiede in der Entwicklung hervorzubringen. Einzig mit diesem Prinzip lassen sich die überschneidungsfreien Merkmalsverteilungen erklären, die wir bei unseren interkulturell vergleichenden Forschungen beobachtet haben. Weiter behaupte ich, daß gerade die für die kindliche Entwicklung entscheidenden Besonderheiten der alltäglichen Umwelt in unseren Forschungsmodellen typischerweise ausgeklammert bleiben, und zwar sowohl in der Theorie wie auch in der empirischen Forschung.

Die Ökologie der menschlichen Entwicklung: Ein Überblick

Als erstes müssen wir die Struktur dieser alltäglichen Umwelt und ihrer wichtigsten Bestimmungsgrößen unter die Lupe nehmen. Im folgenden werden wir diese alltägliche Umwelt als soziale Ökologie menschlicher Entwicklung auffassen. Damit knüpfen wir an eine biologische Terminologie an, in der es üblich ist, den unmittelbaren, dauerhaften Lebensraum, die „Nische" des Organismus, als seinen ökologischen Ort zu umschreiben.

Welches sind die Parameter der sozialen Ökologie menschlicher Entwicklung? Es scheint zweckmäßig, drei sich überlagernde Schichten zu unterscheiden:

A) Die oberste und sofort sichtbare Schicht bildet die unmittelbare Umgebung, in der sich das Kind gerade befindet – Haus, Schule, Straße, Spielplatz, Ferienlager usw. Diese Umgebung wiederum läßt sich jeweils nach drei Seiten hin betrachten:

1. nach ihrer räumlichen und stofflichen Anordnung,
2. nach den Personen mit ihren verschiedenen Rollen und Beziehungen zum Kind,
3. nach den Tätigkeiten, die die Personen ausüben, sei es miteinander oder mit dem Kind, einschließlich der sozialen Bedeutung dieser Tätigkeiten.

B) Die zweite, daran anschließende Schicht, in die die unmittelbare Umgebung eingebettet ist, formt und begrenzt das, was innerhalb dieser vor sich geht und vor sich gehen
kann. Auch hier gibt es die physische, die soziale und die Handlungsdimension, wenn
auch vielschichtiger miteinander verknüpft. Meist sind sie zu einem von zwei Systemen
allgemeinerer Art zusammengesetzt:

1. Soziale Netzwerke: Das sind informelle soziale Strukturen, wie sie von Leuten
gebildet werden, die sich in gemeinsame Betätigungen teilen oder Kontakt untereinander halten. Es kann sich dabei um Gruppen von Alterskameraden („peer groups")
Freundeskreise, Cliquen in Nachbarschaft und Beruf oder einfach um Bekannten-
kreise handeln. Sie beruhen auf beiläufigen Zusammenkünften, gegenseitigen Besuchen, Briefkontakten und Anrufen. Ein Kennzeichen dieser informellen Netzwerke
liegt darin, daß sie mit der Zeit wachsen und sich oft räumlich ausdehnen. Sie können
nach Geschlecht, Alter, wirtschaftlicher Stellung oder landsmannschaftlicher Herkunft
gegliedert sein, sich aber auch in solchen Merkmalen überschneiden. Für unser Anliegen ist es sogar von ausschlaggebender Bedeutung, wie weit sie sich überschneiden.
Denn der Verlauf der menschlichen Entwicklung wird entscheidend bestimmt von der
Beschaffenheit und Mannigfaltigkeit der Rollen, Tätigkeiten und Wertvorstellungen in
den sozialen Netzwerken, in denen der einzelne aufwächst.

2. Institutionen: Sie sind die formellen Gegenstücke zu den informellen Netzwerken.
Von diesen unterscheiden sie sich durch klar festgelegte Ziele, Strukturen und Regeln.
Einige, wie die Institutionen des Gesundheits-, Erziehungs- und Sozialwesens, tragen
unmittelbare Verantwortung für das Wohl der Kinder und derer, die sie betreuen (z. B.
Eltern, Lehrer, Jugendfürsorger usw.). Daneben kennt die Gesellschaft aber noch weitere
Organisationen, die zwar in der Regel als nicht so wichtig für den Sozialisationsprozeß
betrachtet werden, tatsächlich aber erst die politischen und praktischen Voraussetzungen schaffen, von denen es auf weite Strecke abhängt, wie die Kinder und ihre Betreuer
ihr Leben verbringen. Zu diesen Institutionen gehören vor allem die staatliche Verwaltung (auf Bundes-, Staats- und Gemeindeebene), das Rechtssystem, wirtschaftliche
und gesellschaftliche Planungsgremien, Industrie und Handel, die Massenmedien, aber
auch einzelne Subsysteme, wie die Verkehrsmittel oder die Einkaufsmöglichkeiten (z. B.
der kleine Laden um die Ecke im Gegensatz zum Supermarkt am Stadtrand).

C) Schließlich wird sowohl die übergreifende soziale Struktur wie auch die darin
eingebettete alltägliche Umgebung von einem *ideologischen System* umschlossen, das
die sozialen Netzwerke, Institutionen, Rollen, Tätigkeiten und ihre Verbindungen mit
Bedeutungen und Motiven ausstattet. Welchen Platz und Stellenwert Kinder und Jugendliche in dieser Ideologie einnehmen, ist von besonderer Wichtigkeit für die Frage,
wie ein bestimmtes System einschließlich der Gesellschaft als Ganzes die junge Generation und die für ihre Erziehung Verantwortlichen behandelt.

Eine Gegenüberstellung von hergebrachten und ökologischen Forschungsmodellen

Wir haben nun die Grundlage für unsere These geschaffen, wonach die Eigenart der oben skizzierten Umwelt des Kindes ziemlich verschieden ist von der Umwelt, wie sie bei unseren wissenschaftlichen Versuchen definiert, operationalisiert und in unseren Fachzeitschriften beschrieben wird. Ich möchte nur ein paar besonders krasse Unterschiede erwähnen:

1. Nach dem eben dargelegten Konzept liegt der Schwerpunkt der Untersuchung auf den dauerhaften (und daher vertrauten) sozialen Kontexten, in denen das Kind lebt bzw. leben könnte, und in denen die Beteiligten dauerhafte (und daher vertraute) Rollen innehaben und Tätigkeiten nachgehen, die in diesem Rahmen ihren sozialen Sinn haben. Eine Blickrichtung wie diese steht im Widerspruch zu vielen, wenn auch nicht allen, Laboratoriumssituationen, wo die Situation zeitlich begrenzt und ungewohnt, die Aufgabenstellung nicht nur ungewohnt, sondern sogar unnatürlich ist (in dem Sinne, daß ihre soziale Bedeutung bestenfalls verschwommen erscheint), und wo sich die Beteiligten nicht kennen.

Tatsächlich kann man ja die amerikanische Entwicklungspsychologie weitgehend als Wissenschaft bezeichnen, die das Verhalten von Kindern in fremden Situationen mit fremden Erwachsenen untersucht.

2. Genauer müßte man sagen: das Verhalten eines Kindes mit einem fremden Erwachsenen – typischerweise einem Studenten. Die bestehenden theoretischen Sozialisationsmodelle und die Untersuchungen, die darauf aufbauen, gehen fast ausnahmslos von einem Zwei-Personen-Modell aus. Das gilt selbst dann, wenn die zweite Person eine vertraute Figur ist, etwa ein Elternteil, Lehrer oder Therapeut. Selbst wenn mehr als eine andere Person bei der Untersuchung berücksichtigt wird, beispielsweise Mutter und Vater, werden sie noch getrennt behandelt. Drei-Personen-Modelle findet man wohl in der Theorie (z. B. Parsons und Bales 1955), aber selten einmal in der Forschungspraxis. Die am meisten gebräuchliche Situation kennt zwei Personen – die eine ein Erwachsener, meist als „VL" (Versuchsleiter) gekennzeichnet, die andere ein Kind, von dem typischerweise als „VP" (Versuchsperson) geredet wird.

3. Der Ausdruck „Versuchsperson" spiegelt die Tatsache wider, daß mit wenigen Ausnahmen das Geschehen so betrachtet wird, als ob es nur in einer Richtung ablaufe. Das Interesse gilt dem Einfluß, den das Verhalten des Versuchsleiters oder des Elternteils, Lehrers oder Therapeuten auf das Kind ausübt, und nicht umgekehrt.

4. Unvermeidlich finden in einem Zwei-Personen-Modell, kennzeichnenderweise aber auch in den wenigen Mehr-Personen-Modellen, nur die unmittelbaren Einwirkungen Beachtung, d. h. der Einfluß von A auf B. Demgegenüber besteht weder Interesse noch häufig die Untersuchungsmöglichkeit für die Frage, wie die Interaktion von A mit B, sprich Mutter mit Kind, durch eine dritte Partei beeinflußt wird, also beispielsweise durch den Vater, ein zweites Kind, die Großeltern oder den Lehrer. Man

könnte das den „Einfluß zweiter Ordnung" nennen. Ich habe nur einen einzigen Komplex von Forschungen auf unserem Gebiet entdecken können, der nach solchen Einflüssen zweiter Ordnung fragt, nämlich die wachsende Literatur über die Wirkung von Fremden auf die Interaktion zwischen Mutter und Kind (vgl. etwa Ainsworth und Bell 1970). Doch auch hier ist der andere Partner ein Fremder.

5. Eine noch einschneidendere Beschränkung liegt in der Tatsache, daß bei vielen unserer Forschungen das Zwei-Personen-System losgelöst von weiteren sozialen Bedingungen, die auf es einwirken oder es umschließen, betrachtet wird.

En passant dürfen wir zur Stützung unserer allgemeinen These festhalten, daß diese für unsere Versuche so typischen Bedingungen kaum charakteristisch sind für die Situationen, in denen Kinder tatsächlich leben und aufwachsen. So gilt für die Familie, die Kindertagesstätte, Vorschule, Spielgruppe, Nachbarschaft oder für das Klassenzimmer folgendes:

a) Gewöhnlich sind dort mehr als zwei Personen beieinander.
b) Das Kind beeinflußt seinerseits diejenigen, von denen es beeinflußt wird.
c) Die anderen Beteiligten sind keine Fremden, sondern Personen, die dauerhafte Rollen und Beziehungen zum Kind haben und für es soziale Rollen repräsentieren.
d) Schließlich ist das Verhalten all dieser Leute tiefgreifend von weiteren sozialen Rollen abhängig, die sie in anderen sozialen Systemen innehaben, und wodurch ihre Beziehungen zueinander und zu den Kindern beeinflußt werden.

Der Gegensatz zwischen den Bedingungen bei unseren Versuchen und denen im täglichen Leben des Kindes zeigt, daß unsere bisherige Forschung ökologisch wenig Gültigkeit beanspruchen kann. Wenn wir das Kind aus der Umwelt, in der es sich normalerweise befindet, herausnehmen und in eine Umgebung versetzen, die ihm fremd ist, in der es sich nur für kurze Zeit aufhält, und wo die Personen, Gegenstände und Erfahrungen fehlen, die sonst im Mittelpunkt seines Daseins stehen, erhalten wir vom Kind ebenso wie von seiner Umwelt nur ein bruchstückhaftes Bild. Folglich dürfte das Potential der Einflußmöglichkeiten zwischen beiden wesentlich größer sein als bisher angenommen.

An dieser Stelle dürfte eine Klarstellung angebracht sein, damit ich nicht mißverstanden werde. Ich behaupte nicht, daß Forschung, die ökologisch nicht valide ist, keine wissenschaftliche Gültigkeit beanspruchen könne. Es gibt viele Untersuchungen, innerhalb wie außerhalb des Laboratoriums, die zwar nicht die Maßstäbe erreichen, die ich eben skizziert habe, die dennoch für unsere Wissenschaft von entscheidender Bedeutung sind – und sogar für die Gesellschaftspolitik. Ich argumentiere nicht gegen andere Arten von Forschung. Ich meine nur, daß wir genauso dringend sozio-ökologische Studien brauchen, wenn unsere Wissenschaft sich tatsächlich fortentwickeln soll. Das Erfordernis ökologischer Validität schließt Versuche im Laboratorium keineswegs aus, vorausgesetzt, die dauerhaften Aspekte in der kindlichen Umwelt, einschließlich der

Personen, werden in die Versuchsanordnung einbezogen und übernehmen dort Tätigkeiten, die mit ihren Rollen in einem Sinnzusammenhang stehen. Wir fassen jetzt unsere vergleichende Analyse herkömmlicher und ökologischer Modelle zusammen und
kommen auf die Unterschiede zwischen beiden zu sprechen, die noch stärker zu der
Folgerung zwingen, Inhalte und Methoden unserer Forschungsaktivitäten auszuweiten.

6. Die klassische Methode der psychologischen Forschung besteht darin, die unabhängige Wirkung jeder einzelnen Variablen gesondert zu erfassen, indem man alle
anderen konstant hält. Ein derartiges Vorgehen setzt ein lineares Modell voraus, nach
dem sich die Variablen trennen und in ihren Wirkungen addieren lassen. Im Gegensatz
dazu legt das ökologische Modell den Schwerpunkt auf die gleichzeitige, nicht-addi-
tive Wirkung eines Bündels von unabhängigen Variablen, die in nicht-linearer Weise
zusammenspielen und ein integriertes System (Lewin 1935) bilden. Von diesem Blickwinkel aus setzt die wissenschaftliche Forschung zweckmäßigerweise nicht bei dem los-
gelösten Beitrag einzelner Variablen an, sondern nimmt ihren Ausgangspunkt von der
spezifischen Wirkung unterschiedlicher Systeme. Wenn eine solche spezifische Wirkung einmal festgestellt ist, besteht die Aufgabe darin, die maßgeblichen Bestandteile
innerhalb des Systems auszumachen und ihre simultane Wechselbeziehung zu erfassen.

7. Da die bestehenden theoretischen Modelle gewöhnlich kulturabhängig sind, enthalten sie nur selten eine ausführliche Darlegung der ideologischen Voraussetzungen
des Untersuchenden oder eine Erörterung der ideologischen Bedeutung der sozialen
Umgebung, Institutionen, Rollen und Tätigkeiten, die die untersuchten Personen ausüben. Eine sozio-ökologische Orientierung dagegen geht davon aus, daß die ideologische Bedeutung einer bestimmten Umgebung oder einer Handlung für die Richtung
ihrer Konsequenzen entscheidend sein kann.

8. Die bestehenden theoretischen Modelle und Forschungspläne beschränken sich
üblicherweise auf Ereignisse und Prozesse, die innerhalb eines einzigen Sozialisationsmilieus auftreten (beispielsweise Familie, Klassenzimmer, Kameradengruppe). Der
ökologische Ansatz verweist dagegen auf die Notwendigkeit, den Schwerpunkt der Forschung breiter zu fassen und Beziehungen zwischen Systemen einzubeziehen, die auf
das Verhalten und die Entwicklung des einzelnen zurückwirken. Dazu zählt nicht nur
die Wechselbeziehung zwischen den verschiedenen Sozialisationsinstanzen (Elternhaus und Schule, Familie und Freundeskreis usw.), sondern der Gesamteinfluß von
Personen, die in verschiedenen Systemen aufeinander bezogene Rollen spielen (z. B. Eltern und Lehrer oder Arzt und werdende Mutter), und die Wirkung auf den einzelnen,
wenn er in verschiedenen Systemen unterschiedliche Rollen zu spielen hat (z. B: widersprüchliche Anforderungen an die Mutter bzw. den Vater in Beruf und Familie).

9. Wie aus dem eben genannten Beispiel hervorgeht, sind die derzeitigen theoretischen Überlegungen meist auf die ökologischen Systeme begrenzt, in denen sich das
Kind selbst gerade aufhält (Familie, Vorschule, Schulklasse, Kameradengruppe usw.).
Nur selten berücksichtigen sie die benachbarten oder übergreifenden Systeme, von
denen faktisch abhängen kann, was sich in dem engeren unmittelbaren Rahmen ab-

spielt oder nicht abspielt. Zu diesen übergreifenden Systemen gehören Art und Anforderungen des elterlichen Arbeitsplatzes, Besonderheiten der Nachbarschaft, Verkehrsmöglichkeiten, das Verhältnis von Schule und Gemeinde, die Rolle des Fernsehens (und zwar nicht nur sein unmittelbarer Einfluß auf das Kind, sondern auch seine mittelbaren Auswirkungen auf die Familie als Ganzes und das Leben in der Gemeinde), sowie eine Menge weiterer ökologischer Vorgänge und Gegebenheiten, die bestimmen, mit wem und wie das Kind seine Zeit verbringt: etwa die Verringerung der Zahl der Familienangehörigen, die Zunahme von Familien mit nur einem Elternteil und die Trennung von Wohn- und Arbeitsstätten, das Verschwinden der alten Nachbarschaften, neue Flächennutzungs- und Bebauungspläne, die räumliche und soziale Mobilität, der Rückgang des Systems der Berufslehre, die Mittelpunktschulen, das Pendeln zwischen Wohnung und Arbeitsplatz, die Erwerbstätigkeit von Müttern, die Delegierung der Kindererziehung an Fachkräfte und andere Personen außerhalb des Elternhauses, die Stadtsanierung sowie Vorhandensein und Gehalt einer ausformulierten staatlichen Kinder-, Jugend- und Familienpolitik).

10. Schließlich neigen die vorliegenden theoretischen Modelle, soweit sie ökologische Variablen einbeziehen, dazu, sie als Konstanten aufzufassen statt als strukturelle Elemente, die einer Veränderung zugänglich sind. Beispielsweise könnte man mit ein bißchen Geschick Faktoren wie den Fernsehkonsum der Familie, das Angebot an Kriterien für ein Forschungsprogramm unterschiedlichen Formen der Einkommenssicherung, die Anwesenheit von Kindern in der Arbeitswelt – oder sogar die Wohnverhältnisse, Arbeitszeiten und Gelegenheiten zu Teilzeitarbeit – nach dem Zufallsprinzip verändern und dann die Wirkung solcher Änderungen auf die Interaktionsmuster in Familie, Schule oder Kameradengruppe und damit auf die verschiedenen Seiten der psychischen Entwicklung des Kindes messen.

Damit haben wir den Kreis geschlossen und können nun zu unseren beiden Ausgangspunkten zurückkehren – zu Leontiews Definition des Ziels von Sozialisationsforschung, und zu Dearborns Richtungsangabe für den Weg dorthin. Das Ziel heißt: „Herausfinden, wie das Kind zu dem werden kann, was es noch nicht ist." Die Methode zum Verständnis dieses Entwicklungsprozesses heißt: „Versuchen, es zu verändern."

[…]

Literatur

Ainsworth, M. D. S., und S. M. V. Bell (1970): Attachment exploration and separation: Illustrated by the behavior of one-year-olds in strange situation. Child Development, 41, 49–67.

Bronfenbrenner, U. (1962a): Some possible effects of a large-scale American shelter program on the Soviet Union and other nations. Report submitted to the U.S. House of Representatives Armed Services Committee, Washington, D.C., May, 8.

Bronfenbrenner, U. (1962b): Soviet methods of character education: Some implications for research. American Psychologist, 17, 550–564.

Bronfenbrenner, U. (1964): Upbringing in collective settings in Switzerland and the U.S.S.R. In: N. Bayley (Chrm.), Social development of the child. Proceedings of the 18th International Congress of Psychology, Washington, D.C., August 1963. Amsterdam: North-Holland Publishing Company.

Bronfenbrenner (1967): Response to pressure from peers versus adults among Soviet and American school children. International Journal of Psychology, 2, 199–207.

Bronfenbrenner, U. (1970a): Reaction to social pressure from adults versus peers among Soviet day school and boarding school pupils in the perspective of an American sample. Journal of Personality and Social Psychology, 15, 179–189.

Bronfenbrenner, U. (1970b): Two worlds of childhood: U.S. and U.S.S.R. New York: Russell Sage Foundation.

Bronfenbrenner, U. (1974): Is early intervention effective? A report on longitudinal evaluations of preschool programs (Vol. 2). Washington, D.C.: Department of HEW, Office of Child Development.

Devereux, E. C. (1970a): The role of peer-group experience in moral development. In J. P. Hill (Hrsg.); Minnesota Symposion on Child Psychology, Band 4, 94–140.

Devereux, E. C. (1970b): Socialization and cross-cultural perspective: A Comparative study of England, Germany, and the United States. In: R. Hill und R. König (Hrsg.); Families in East and West. Paris, Mouton, 72–106.

Devereux, E. C. (1972): Authority and moral development among German and American children: A crossnational pilot experiment. Journal of Comparative Familiy Studies, 99–124.

Devereux, E. C., R. Shouval, U. Bronfenbrenner, E. E. Rodgers, S. Kav-Venaki, E. Kiely und E. Karson (1974): Socialization practices of parents, teachers, and peers in Israel: The Kibbutz versus the city. Child Development, 45, 269–281.

Lewin, K. (1935): A dynamic theory of personality. New York, Mc Graw-Hill.

Parsons, T. und R. F. Bales (1955): Familiy, socialization, and interaction process. Glencoe, III., Free Press.

Rodgers, R. R. (1971): Changes in parental behavior reported by children in West-Germany and the United States. Human Development, 14, 208–224.

Rodgers, R. R., U. Bronfenbrenner und E. C. Devereux (1968): Standards of social behavior among children in four cultures. International Journal of Psychology, 3, (1), 31–41.

Programmatische Überlegungen zu einer Theorie und zur Strategie der Sozialisationsforschung [...]1

Ulrich Oevermann

Vorbemerkung

Die folgende Skizze des Programms einer Theorie der individuellen Bildungsprozesse versteht sich nicht als dessen positiv-affirmative Ausformulierung, sondern sollte als Versuch aufgefaßt werden, Grundfragen eines solchen Theorieprogramms zu entfalten. [...]

„Theorie der Bildungsprozesse" wird im folgenden immer im Sinne einer Theorie individueller Bildungsprozesse bzw. von Bildungsprozessen des Subjekts verstanden. Dabei muß beachtet werden, daß der Terminus „Theorie" nicht im klassischen Sinne zur Bezeichnung eines Systems empirisch gut geprüfter oder gut prüfbarer sowie logisch konsistent miteinander zusammenhängender objekttheoretischer Hypothesen verwendet wird, sondern die Explikation von mehr oder weniger präzise formulierbaren Hintergrundvorstellungen, leitenden theoretischen Vorurteilen, Grundannahmen und programmatischen Heuristiken meint. Man könnte daher ebensogut von einem Theorieprogramm oder aber – etwas anspruchsvoller – von einem metatheoretischen Entwurf sprechen, denn er soll zu einer *Metatheorie der Sozialisationsforschung führen, in die sich einzelne und voneinander isolierte Hypothesen und Theorieansätze integrieren lassen.*

Die angestrebte Theorie der Bildungsprozesse ist insofern auf der metatheoretischen Ebene anzusiedeln, als sie den Erfahrungsgegenstand der Sozialisationsforschung kategorial konstituieren und in dem Maße, in dem das gelingt, die Grundlagen des Messens von empirischen Relationen in diesem Objektbereich liefern soll (Oevermann 1973). Sie baut auf den grundlegenden Ansätzen von George Herbert Mead, Jean Piaget, Sigmund Freud, Noam Chomsky und Charles S. Peirce auf und versucht diese zu integrieren in einem soziologischen Komplement der psychologischen Entwicklungstheorien, das vorläufig als *Theorie der sozialen Konstitution des Subjekts in der Struktur der sozialisatorischen Interaktion* bezeichnet werden kann.

---

1 Erstveröffentlichung in: Klaus Hurrelmann (Hg.): Sozialisation und Lebenslauf. Empirie und Methodik sozialwissenschaftlicher Persönlichkeitsforschung. Hamburg 1976, S. 34–52.

1   Zum Objektbereich einer Theorie der Bildungsprozesse

Die Bildung bzw. Sozialisation des Subjekts bezeichnet *ein universelles Problem der Gattung und ein allgemeines Systemproblem der Gesellschaft.* Jede Form der gesellschaftlichen Organisation muß, da die Ausformung des erwachsenen Exemplars der Gattung auf der Ebene humaner Verhaltenssysteme nicht oder nur teilweise biologisch vorprogrammiert ist, in irgendeiner Weise auf dieses Problem antworten und für diese Antworten institutionalisierte Organisationsformen finden. Das Problem der Sozialisation stellt sich immer in zwei grundsätzlichen Bezügen: Im Hinblick auf die Reproduktion der Gattung und im Hinblick auf die Überlebensfähigkeit des einzelnen Exemplars (in diesem Fall der einzelnen Person); sozialisationstheoretisch enger gesehen: im Hinblick auf die Ausbildung der Handlungsfähigkeit des Subjekts als vollwertigen Mitglieds der Gesellschaft und im Hinblick auf die Sicherung der Autonomie und Identität des einzelnen.

Als universelles Gattungsproblem ist das Problem der Bildung des Subjekts letztlich als Teil des Programms einer Theorie der Evolution zu sehen. Anthropologische und ethologische Grundlagenforschung liefert die Erkenntnisse über die biologisch-genetischen Randbedingungen und Spielräume der menschlichen Ontogenese. Solche Erkenntnisse müssen in der Explikation des in Rede stehenden Theorieprogramms im Hinblick auf die folgenden spezifischeren Aspekte berücksichtigt werden: biologische Initialstrukturen der Ontogenese in der Entfaltung der kognitiven Strukturen, im Erwerb der Sprache und in der Strukturierung der sozialen Beziehungen zwischen Sozialisator und Sozialisandem; Plastizität des neugeborenen Organismus und phylogenetische Ausstattung; emergente Strukturen der Sozietäts- und Familienbildung und der innerartlichen „conversation of gestures"; gattungsspezifische Ausformung der Antriebsbasis.

Die Klärung dieser Fragen erlaubt es, die Spielräume und Restriktionen des Bildungsprozesses des menschlichen Subjekts zu bestimmen und so die spezifischen Probleme der individuellen Entwicklung in der menschlichen Gattung auszugrenzen, gleichsam die Startbedingungen der Ontogenese zu formulieren (Lenneberg 1967; Lorenz 1973; Simpson 1972).

Bildet die Explikation der Startbedingungen und der biologisch-anthropologischen Randbedingungen der Ontogenese gewissermaßen den evolutionstheoretischen Hintergrund einer Theorie der Bildungsprozesse, so steht die *Explikation der Struktur des sozialisierten Subjekts* in ihrem Mittelpunkt. Hier zuerst hat die theoretische Arbeit klärend anzusetzen, wenn der Eklektizismus der Sozialisationsforschung überwunden werden soll. Die Ausformulierung eines solchen Bezugspunktes hat nicht nur einen deskriptiv-analytischen, sondern zugleich auch einen normativen Status, insofern sie die Konzeption der „normalen" Person und des „normalen" Bildungsprozesses beinhaltet. Auch Hypothesen oder Theorieansätze, die aus einem bestimmten wissenschaftstheoretischen Verständnis heraus theoretische Annahmen mit normativem Charakter vermeiden wollen, können sich diesem Umstand nicht entziehen:

Sowohl die Auswahl der für relevant gehaltenen „abhängigen Variablen" des Sozialisationsprozesses als auch die Vermeidung bestimmter Variablen wegen ihres normativen Hintergrundes implizierten immer ein bestimmtes „Menschenbild". Daher wäre es letztlich unwissenschaftlich, die Explikation des Bezugspunktes des „normalen" sozialisierten Subjekts mit dem Hinweis auf die Gefahr der Normativität vermeiden zu wollen.

Die Konzeption des „normal" sozialisierten Subjekts bezieht sich zugleich auf das soziale Handeln in historisch-spezifischen gesellschaftlichen Systemen und auf die darin sich konkret manifestierenden universellen Ausstattungen des Gattungssubjekts. Beide Betrachtungsweisen bedingen trivialerweise einander. *Das Subjekt kann als historisch-spezifisches nur auf dem Hintergrund einer Konzeption des universalen Gattungssubjekts und dessen Handlungsmöglichkeiten erkannt werden; umgekehrt können die gattungsspezifischen Ausstattungen und Handlungspotentiale nur in der Analyse des konkreten Handelns des historisch-spezifischen Subjekts zum Vorschein gebracht werden.* Die getrennte Behandlung dieser beiden Pole darf nicht darüber hinwegtäuschen, daß die Analyse von „universalen Ausstattungen und Strukturen" des Subjekts und seiner gesellschaftlich-historisch spezifischen Ausprägung nicht abtrennbare Problemkreise einer Theorie der Bildungsprozesse sind.

Die bloße Generalisierung der historisch-spezifischen Erscheinung des „normalen" sozialisierten Subjekts führt nicht zur Explikation des genannten Bezugspunktes einer Theorie der Bildungsprozesse. Sie bedeutete Normativität in einem naiv-unkritischen Sinne. Die adäquate Explikation muß in einem Kategorienentwurf entfaltet werden, der nicht gegen, aber über die empirische Erscheinungsweise hinausgehend entwickelt worden ist. Sie muß also auch im Anschluß an die Traditionen der philosophischen Reflexion betrieben werden (Habermas 1973b; Apel 1973). Damit ist sie auf anderer Ebene mit der historisch-spezifischen gesellschaftlichen Realität vermittelt. So wie real die universalen Ausstattungen und Handlungspotentiale des Gattungssubjekts erst unter bestimmten Bedingungen der gesellschaftlichen Entwicklung sich realisieren und manifestieren, so gewinnt ein Kategorienentwurf, der gleichwohl die jeweilige Empirie transzendiert, erst unter bestimmten gesellschaftlichen Bedingungen Kontur und Gestalt.

Ein solcher Entwurf kann daher zugleich den Anspruch universaler Geltung stellen, insofern es ihm gelingt, die Geschichte des sozialen Handelns und seiner Ergebnisse zu rekonstruieren, und er kann als revidierbar und modifikationsbedürftig angesehen werden, insofern er selbst wissenschaftssoziologisch in die reale gesellschaftliche Entwicklung eingebunden ist. [...]

Im Einklang mit der eingangs getroffenen Entscheidung, daß hier nicht affirmativ bestimmte Theoriepositionen entwickelt werden können, sondern nur eine Programmatik von Grundfragen einer Theorie der Bildungsprozesse entfaltet werden kann, soll an dieser Stelle nicht der Versuch der positiven Bestimmung der Struktur des „normalen" sozialisierten Subjekts unternommen werden. Vielmehr sollen die Problemzüge skizziert werden, auf die jeder sozialisationstheoretische Versuch faktisch implizit eine Antwort gibt und explizit einen Lösungsvorschlag machen sollte.

Nach einer Umschreibung, die zwar trivial ist, aber gleichzeitig schwierige metatheoretische Probleme aufwirft, ist *das sozialisierte Subjekt als eine Person zu bezeichnen, die der logischen und moralischen Urteilsfähigkeit, des kumulativen Lernens und synthetischen Erfahrungsurteils, der Selbstreflexion und Normenkritik, der Artikulation eigener Bedürfnisse, des strategischen Handelns und des adäquaten Ausdrucks unmittelbarer Affektionen fähig ist.* In der klassischen Sozialisationsforschung sind diese uns intuitiv zugänglichen Handlungsmöglichkeiten – sieht man einmal von bestimmten Spracherwerbsuntersuchungen (Leuninger u.a. 1972, 1974; Moore 1973; McNeill 1970) und von sich an Piaget orientierenden entwicklungspsychologischen Forschungen (Elkind/Flavell 1969; Kohlberg 1974) ab – mehr oder weniger geschickt durch konventionell eingeführte Indikatoren berücksichtigt worden. Im Rahmen einer Theorie der Bildungsprozesse müssen diese Handlungsmöglichkeiten jedoch als Strukturen des sozialisierten Subjekts explizit rekonstruiert werden, bevor sinnvoll die darauf bezogenen ontogenetischen Prozesse empirisch untersucht werden können. Die universalen, das Subjekt als Gattungssubjekt kennzeichnenden Strukturen müssen dabei von den gesellschaftlich-historisch spezifischen Bewußtseinsstrukturen geschieden werden.

Dafür liegen aus den letzten Jahren Explikationen der Struktur des sozialisierten Subjekts im Hinblick auf die logische und moralische Urteilsfähigkeit (Kohlberg 1974; Piaget 1971a, 1972/73, 1974) und auf die Sprachbeherrschung (Chomsky 1965, 1968; Katz 1972; Lakoff 1971) sowie ansatzweise im Hinblick auf die Dialogfähigkeit (Habermas 1971; Wunderlich 1972) und das Erkennen der eigenen Antriebsbasis vor.

Ebenso wie sich universelle Strukturen des sozialisierten Subjekts angeben lassen, kann deren Ontogenese auf universelle Bedingungen und Verlaufsfrequenzen hin untersucht werden. Dies ist das Programm einschlägiger *Entwicklungstheorien.* Sie lassen sich auf der Ebene der Ausstattung des „epistemischen Subjekts" (Piaget 1971b, S. 138 ff.), d.h. des von der konkret-individuellen und historisch-gesellschaftlich spezifischen Erscheinungsweise der Person abstrahierbaren Gattungssubjekts, grob unter den folgenden Gesichtspunkten ordnen: Theorien der Genese der logischen und moralischen Urteilskraft unterliegenden kognitiven Strukturen und Theorien der Genese des Spracherwerbs in der syntaktischen, semantischen und pragmatischen Dimension. Auf diesem Gebiet sind in den letzten Jahren bedeutende Fortschritte im Rahmen der Architektonik von Kompetenztheorien erzielt worden, auf die sich ein Programm einer Theorie der Bildungsprozesse stützen kann. Am fortgeschrittensten erscheint hier die kognitive Entwicklungstheorie von Piaget.

2   Einige Grundprobleme einer Theorie der Bildungsprozesse

Ausgehend von diesen Grundlagen stellen sich für eine Theorie der Bildungsprozesse – grob gesehen – einige systematische Probleme. Diese Probleme können im folgenden nicht unter allen für sie wesentlichen Gesichtspunkten behandelt werden. Es sollen nur jene Gesichtspunkte thematisiert werden, die für den Erkenntnisfortschritt in der zukünftigen Sozialisationsforschung besonders wichtig zu sein scheinen.

2.1   Das Problem des Verhältnisses von universellen Bewußtseinsstrukturen und deren universellen Entfaltungsprozessen zur Genese individueller Differenzen im Rahmen von Individuierungsprozessen und in diesem Zusammenhang das Problem der Tragfähigkeit der Analyse in den Begriffen der Kompetenz und Performanz

Bis Ende der sechziger Jahre dominierte in der Sozialisationsforschung der Ansatz, Sozialisationsprozesse im Hinblick auf die *Genese individueller Differenzen* zu untersuchen. Meßinstrumente dienten vornehmlich der Abbildung individueller Differenzen in einer Vielzahl von Merkmalsdimensionen, und sozialisationstheoretische Hypothesen wurden primär im Hinblick auf die Erklärung dieser Differenzen formuliert. Heute scheint sich ein starker Trend in der umgekehrten Richtung abzuzeichnen. Entwicklungstheorien, die wie die Piagetsche das Problem der individuellen Differenzierung ausblenden und statt dessen die *universellen Prozesse* der Strukturbildung rekonstruieren, die die Sozialisation aller Individuen gleichermaßen kennzeichnen, rücken immer mehr in den Vordergrund. Im pädagogischen Bereich haben beide Strategien häufig Spuren in einem fatalen Mischungsverhältnis hinterlassen: Einerseits wird im Sinne klassischer Lerntheorien am Gesichtspunkt der Umweltbeeinflussung zur Erklärung individueller Differenzen festgehalten. Andererseits wird die Entfaltung kompetenzartiger Strukturen zum Bezugspunkt dieser Beeinflussung gewählt, so daß die Gefahr entsteht, daß pädagogische Bemühungen, insbesondere kompensatorische Programme, sich auf die Beschleunigung von Entwicklungsprozessen konzentrieren, die ohnehin ablaufen.

Für die zukünftige Sozialisationsforschung wird es wichtig sein, daß die beiden genannten Strategien integriert werden. Unter der Voraussetzung, daß beide Ebenen der Betrachtung und beide Erklärungsprobleme der Sozialisationsforschung analytisch scharf auseinandergehalten werden, muß das Problem der individuellen Differenzierung auf der Folie der Genese universeller Bewußtseinsstrukturen untersucht werden. Dies wird für die pädagogische Praxis eminent wichtig werden, wenn sie sich wirksam auf das konzentrieren will, was nach dieser Argumentation ihre spezifische Aufgabe wäre: Lernprozesse unter dem Gesichtspunkt zu organisieren, daß sich für die Kinder die Möglichkeiten der praktisch folgenreichen Realisierung von Handlungspotentialen (Kompetenzen) verbessern.

In diesem Zusammenhang wird zu prüfen sein, inwieweit das heuristische Schema des Verhältnisses von Kompetenz und Performanz im Hinblick auf die verschiedenen Entwicklungsdimensionen tragfähig ist. Kompetenztheorien würden dann die Ebene der universalen Ausstattungen und Bewußtseinsstrukturen und die (quasi-universellen) Prozesse ihrer Entfaltung abdecken; Performanztheorien würden sich auf die Ebene der Bedingung der handlungspraktischen Realisierung dieser Kompetenzen in der konkreten Lebensgeschichte und damit auf die Ebene der individuellen Differenzen beziehen.

Voraussetzung hierfür ist, daß geklärt wird,

- in welchem Maße die Bewußtseinsstrukturen, die die Kognition sowie die Sprachbeherrschung und Interaktionsfähigkeit konstituieren, im strengen Sinne als Kompetenzen rekonstruiert werden können (Oevermann 1973), und
- in welchem Maße. die ontogenetischen Erwerbstheorien, die mit diesen Kompetenzstrukturen korrespondieren, als Reifungstheorien oder als Theorien eines interaktiven Konstruktivismus im Rahmen einer Subjekt/Objekt-Beziehung formuliert sein müssen.

Die konstruktivistischen Entwicklungstheorien wiederum müssen danach unterschieden werden, ob sie die Entwicklung in den Rahmen der Beziehung des einsamen Subjekts zu seiner Umwelt oder in den Rahmen der Beziehung einer sozialen Interaktion zwischen Subjekten zu ihrer Umwelt einspannen.

Voraussetzung ist weiterhin, daß auf der Ebene von Performanztheorien die Faktoren, die die Realisierung der Kompetenzen im praktischen Handeln bedingen, nicht nur nach dem Modell von psychophysiologischen Restriktionen und Störungen untersucht werden. Dieses Modell wäre interessant für psychologische Theorien, die das Problem der Performanz daraufhin untersuchen, welches die – ebenfalls universellen – Eigenschaften der psychischen Organisation sind, die die Produktion und Wahrnehmung der jeweils Kompetenzen konstituierenden Regeln und Strukturen ermöglichen. Solche Theorien tragen aber wenig dazu bei, die in sich lebensgeschichtlich motivierte spezifische Richtung genetisch zu erklären, in der ein konkretes Individuum von seinen Kompetenzen praktischen Gebrauch macht. Dafür wird man Faktoren und Strukturen verantwortlich machen müssen, die die Performanz positiv bestimmen und wahrscheinlich im wesentlichen als sozial vermittelte Strategien des Handelns zu kennzeichnen sind. In diesem Zusammenhang erhalten die Forschungen über die Struktur und Genese von kognitiven Stilen, von Strategien der Problemlösung, von Motivationen und von Abwehrmechanismen ihr spezifisches Gewicht. Vieles spricht dafür, daß diese vergleichsweise stabilen Persönlichkeitsmerkmale psycho- und soziogenetisch in engem Zusammenhang mit der affektiven Qualität der Eltern-Kind-Beziehungen innerhalb der Familie gesehen werden müssen.

Die Forschung zu den positiv die Performanz bestimmenden Faktoren wird in Zukunft im Vordergrund stehen müssen, weil diese Faktoren den Bereich bezeichnen, in dem pädagogisches Handeln wirksam werden kann. Insofern hat die performanztheoretische Ebene ein größeres Gewicht. Aber man muß gleichzeitig sehen, daß diese Forschungen erst in dem Maße weiterführen, in dem die kompetenztheoretischen Probleme (Rekonstruktionen von Strukturen der Kompetenz, Ausgrenzung universaler Strukturen der Kompetenz und Analyse der universellen Bedingungen ihrer Entfaltung) gelöst worden sind. In dieser Hinsicht sind in den letzten Jahren bedeutende Fortschritte erzielt worden. Diese müssen in die theoretische Fundierung der Sozialisationsforschung konsequent eingebaut werden, damit die pädagogisch relevantere Forschung auf der performanztheoretischen Ebene strategisch richtig ansetzen kann.

2.2 Das Problem der Beziehungen zwischen den Ebenen des epistemischen Subjekts, des idealisierten autonom handlungsfähigen, mit sich identischen Subjekts und der empirisch-konkreten Person

Die kompetenzartigen Strukturen lassen sich als Ausstattungen des epistemischen „Subjekts" bezeichnen, das eine Abstraktion von der konkret handlungsfähigen Person darstellt. Das konkret handlungsfähige Subjekt bildet sich in der Entfaltung dieser Strukturen, aber nicht nur darin. Es ist zugleich ein mit Antrieben, Motiven und Körperlichkeit versehenes Subjekt. Das epistemische Subjekt muß gleichsam, damit es praktisch handlungsfähig wird, seine „innere Natur", seine eigene Antriebsbasis zu beherrschen lernen. Man kann sagen, das *epistemische Subjekt muß zur empirischen autonom handlungsfähigen, mit sich selbst identischen Person transformiert werden.* Der auf dieser Ebene formulierte Subjektbegriff und der darin jeweils implizierte Normalitätsentwurf bilden den metatheoretischen Bezugspunkt einer Theorie der Bildungsprozesse. Von dieser Ebene des für einen gesellschaftlichen Entwicklungsstand jeweils theoretisch idealisierbaren Subjektbegriffs ist die Ebene der Erscheinungsweise der konkreten Person nochmals zu unterscheiden. Auf dieser dritten Ebene sind die abweichenden Sozialisationsprozesse zu analysieren. Somit ließen sich im Rahmen einer Theorie der Bildungsprozesse die drei analytischen Ebenen des epistemischen Subjekts, der autonom handlungsfähigen, mit sich identischen Person und der konkreten Person unterscheiden.

Auf der kompetenztheoretischen Ebene der Analyse der Strukturen des epistemischen Subjekts schließen die theoretischen Fragen an die evolutionstheoretischen Grundlagen der Ethologie an, insofern es hier um die evolutive Emergenz von gattungsspezifischen Ausstattungen und Entwicklungsmöglichkeiten geht. Neben dem noch zu behandelnden Grundproblem des Charakters der sozialen Beeinflussung dieser Entwicklung bleibt hier angesichts der vorliegenden Lösungsversuche und Forschungsergebnisse offen, in welchem Maße und in welchen Hinsichten diese gattungsspezifischen Ausstattungen universell fixiert sind und in welchem Maße und in welchen Hinsichten sie von der gesellschaftlich-historischen Entwicklung selbst abhängig sind, und zwar abhängig nicht nur in dem Sinne, daß zuvor nicht manifeste Handlungspotentiale auf bestimmten Entwicklungsstufen erst „abgerufen" werden, sondern auch in dem Sinne, daß sich neue Strukturen bilden. Dies ist zugleich ein Problem der Abgrenzung der gattungsgeschichtlichen Reichweite von Universalien und des Grades der biologischen Verankerung von Bewußtseinsstrukturen.

Auf der Ebene des epistemischen Subjekts schon stellt sich das Problem der qualitativen Differenz in der Struktur der Erkenntnis der physikalischen und der sozialen Objektwelt. Auf der Ebene der autonom handlungsfähigen, mit sich identischen Person stellt sich das zusätzliche und für die menschliche Gattung auf dem Hintergrund ihrer emergierenden Kompetenzstrukturen spezifische Problem des Erkennens der eigenen Antriebsbasis. Die biologisch fundierte Antriebsbasis ist eine objektive Bedingung jeden Handelns, aber sie läßt sich nur beobachten über den Umweg der Rekonstruktion der sinnkonstituierten und symbolisch vermittelten Lebensgeschichte. Auf dieser Ebene, für die im Rahmen einer Theorie der Bildungsprozesse der Entwurf der psychoanalytischen Entwicklungstheorie einen entscheidenden Anhaltspunkt gibt, liegt das systematische Problem der Ausstattung des menschlichen Organismus mit Subjektivität und der Individuierung des Subjekts. Hier ist auch die Analyse der Genese individueller Differenzen innerhalb des Spielraums gesellschaftlich-historisch spezifischer, idealisierter Normalitätsentwürfe anzusiedeln. Das Problem der sozialen Vermittlung der Ontogenese stellt sich hier insofern anders, als die sozialstrukturell induzierten Handlungszwänge, und historisch spezifischen Deutungsmuster direkt auf die Triebschicksale und Biographien einwirken.

Erst auf der Folie der für die beiden vorausgehenden Ebenen zuständigen Theorieansätze lassen sich sinnvoll die abweichenden, pathogenen Prozesse der Personwerdung untersuchen.

2.3 Das Problem des Verhältnisses von kumulativer Strukturbildung aufgrund eigener Konstruktionstätigkeit des sich bildenden Subjekts zu umweltabhängigem Lernen

Der klassische lerntheoretische Ansatz steht den zuvor entwickelten theoretischen Fragen zum Teil verständnislos gegenüber. Diese Differenzen müßten genauer erklärt werden. Wichtiger aber erscheint uns, daß die lerntheoretischen Ansätze eine Fülle von Einzelerkenntnissen und geprüften Einzelannahmen liefern, die zur Klärung der „performanztheoretischen" Probleme der individuellen und sozialen Randbedingungen der Realisierung der Handlungsmöglichkeiten der Person beitragen können. Im Rahmen einer Theorie der Bildungsprozesse sollte angestrebt werden, an dieser Verbindungslinie entlang bisher isolierte Hypothesen aufeinander beziehen zu können.

2.4 Das Problem der Erklärung universell sequentialisierter Prozesse der Strukturbildung im Hinblick auf Kognition und Sprache

Die kompetenztheoretischen Ansätze implizieren auf dem Hintergrund der Angabe universeller Bewußtseinsstrukturen Entwicklungstheorien in Gestalt von Annahmen über universelle Sequentialisierungen der Abfolge von Stufen. Man spricht hier inzwischen von einer Entwicklungslogik und meint damit die logische Notwendigkeit der Stufenabfolge. Damit stellen sich ganz neue, bisher nicht zureichend geklärte Probleme der Erklärung empirischer Prozesse in den Sozialwissenschaften. Immerhin kann man schon jetzt davon ausgehen, daß diese Theorien mit dem klassischen Modell der Kausalerklärung sich nicht vereinbaren lassen (Piaget 1970, 1971b). Will man die für die Entfaltung der kognitiven Strukturen mit Sicherheit nicht haltbare reifungstheoretische Position vermeiden, so muß dieses Erklärungsproblem befriedigender gelöst werden, als es in der Piagetschen Schule der Fall ist. Im Zusammenhang damit stellt sich das grundsätzliche Problem, ob soziale Prozesse und Strukturen lediglich kontingente Einflußgrößen darstellen, die die Struktur der Entwicklung selber nicht tangieren, oder ob sie diese Entwicklung konstituieren und mithin bei ihnen die Lösung des Problems der Erklärung anzusetzen hat. Dazu unten mehr.

2.5 Das Problem des Erwerbs von Strukturen, die zur Teilnahme am intersubjektiven Dialog befähigen, und das Problem des Verhältnisses von Kognition und Sprache

Sieht man einmal von dem grundlegenderen Problem der sozialen Konstitution der Entwicklung in der Struktur der sozialisatorischen Interaktion ab, dann bleibt im Rahmen der etablierten Entwicklungstheorien immer noch weitgehend offen, welches die Bedingungen für den Erwerb der – „role taking" und die Beherrschung der Reziprozität von Perspektiven implizierenden – Befähigung zur Teilnahme am Dialog und an der intersubjektiv verständlichen Interaktion sind. Zwei grundsätzliche Positionen zeichnen sich hier – grob gesehen – ab. Entweder gehen die diese Fähigkeiten ausmachenden Bewußtseinsstrukturen aus der allgemeinen kognitiven Entwicklung, wie sie Piaget begreift, gleichsam als Ableger hervor, oder aber die kognitive Entwicklung selbst wird durch den Erwerb dieser Strukturen in der Teilnahme an sozialen Interaktionen vorangetrieben. In diesem Zusammenhang gehört auch das für die gegenwärtige Spracherwerbsforschung virulente Problem, inwieweit die sprachliche Entwicklung auf der Ebene von Syntax und Semantik eine vorausgehende Entfaltung kognitiver Universalien voraussetzt oder aber jeweils durch eine eher autonome Entwicklungslogik strukturiert wird.

Das allgemeine Problem des Wechselwirkungsverhältnisses von sprachlicher und kognitiver Entwicklung wird darüber hinaus kompliziert, wenn die pragmatische Dimension der Entwicklung der illokutiven Strukturen von Sprechakten hinzugenommen wird. Hier scheint sich anzudeuten, daß einerseits die Möglichkeit der Fundierung der kognitiven Entwicklung in Strukturen der sprachlichen Entwicklung ernst genommen werden muß und daß andererseits die sprachliche Entwicklung aus der sozialen Struktur der komplexen sozialisatorischen Interaktion zumindestens zu einem wesentlichen Teil erklärt werden muß.

2.6 Die Probleme der Individuierung des Subjekts, des Verhältnisses des epistemischen Subjekts zu seiner inneren Natur, der Erklärung abweichender Sozialisationsprozesse und des Verhältnisses von kognitiver und affektiver Entwicklung

Kognitive und sprachliche Entwicklungstheorien vermögen das Problem der Individuierung des Subjekts und der Konstitution der Ich-Identität nur von den Randbedingungen her zu erfassen. Es wurde schon angedeutet, daß dieses Problem in engem Zusammenhang mit dem systematischen Problem der Beherrschung der inneren Natur und des Erkennens der eigenen Antriebsbasis gesehen werden muß. Hier stehen auf der Grundlage der Psychoanalyse und der psychologischen Motivationstheorien dringend benötigte Lösungsversuche noch aus. Solche Ansätze könnten zugleich die paradigmatische Struktur von Theorien auf der Ebene der „Performanz", der psychischen Mechanismen und Bedingungen der Realisierung von Kompetenzstrukturen im praktischen Handeln abgeben.

Das spezifische Problem des Erkennens der eigenen Antriebsbasis läßt sich versuchsweise damit bezeichnen, daß diese Antriebsbasis „Innen" und „Außen" zugleich ist. Sie ist „Außen", insofern sie die objektive energetische Basis jeden Handelns darstellt, das materielle Substrat der objektiven Motivierung des Handelns. Sie ist „Innen", insofern sie vom Subjekt nur als das eigene Innere erfahren werden kann und als solches in Begriffen des sozial validierten Allgemeinen auf die Ebene der – Subjektivität konstituierenden – Intentionalität gehoben werden muß, bevor sie Grundlage des Motivverstehens in sozialen Interaktionsprozessen werden kann.

Das Problem der sozialen Vermittlung der Persönlichkeitsentwicklung stellt sich deshalb in dieser Dimension ganz anders als im Rahmen von Kompetenztheorien. Hier geht es um die unmittelbare soziale Konstitution der Bedeutung der Strebungen der Antriebsbasis innerhalb der je besonderen, partikularistischen Struktur der Eltern-Kind-Beziehungen als Basis der je individuellen Ausprägung des Entwicklungsverlaufs. Die psychoanalytische Entwicklungstheorie kann hier als ein wichtiges Paradigma gelten (Oevermann 1975b): Funktional dem Gattungsproblem der sexuellen Reproduktion und dem damit verbundenen Problem der Wahl des adäquaten Sexualpartners zugeordnet, muß der Ausfall der Lösung dieses Problems durch angeborene „conversation of gestures" kompensiert werden durch eine zur reifen Sexualorganisation führenden

Synthese von Partialstrebungen. Diese Synthese wird vor der biologischen Geschlechtsreife auf der Ebene sinnhaften Handelns in der Sinnstruktur der Interaktionstriade „Mutter-Vater-Kind" gewissermaßen in einem Beziehungssystem von „Probeobjekten" ausgeformt, das zugleich die Bedingungen der Ablösung von diesen Objektbesetzungen setzt. Es kann vermutet werden, daß die sozial vermittelte Struktur dieses Entwicklungsprozesses den Modus und die Folie für die weiteren Prozesse der Ich-Entwicklung und Individuierung abgibt, die mit der Sexualorganisation selbst inhaltlich nichts oder nicht mehr viel zu tun haben.

Es liegt auf der Hand – und die neueren Forschungen zur Bedeutung der innerfamilialen Kommunikationsstruktur bestätigen uns darin –, daß die Analyse der Genese von individuellen Differenzen schlechthin und von pathogenen Sozialisationsprozessen im besonderen hier ihren systematischen Ausgangspunkt sehen muß.

2.7 Das Problem der sozialen Konstitution der Entwicklungsprozesse

Die vorgehend entfalteten Fragestellungen sind – mehr oder weniger – immanente Forschungsprobleme der verschiedenen psychologischen Entwicklungstheorien, die für die vier großen Gegenstandsbereiche

- Aufbau formal-logischer kognitiver Strukturen der Urteilskraft,
- Erkenntnis des physikalischen Objektbereichs im Funktionskreis instrumentellen Handelns,
- Erkenntnis und Reflexion der sozialen Objektwelt im Funktionskreis kommunikativen Handelns,
- Erkenntnis der eigenen Antriebsbasis

zuständig sind. Neben den später zu behandelnden Problemen der sozialen Einflüsse auf diese Entwicklungsprozesse stellt sich jedoch für alle diese Theorien grundsätzlich das Problem der sozialen Konstitution der Gesetzmäßigkeit der Entwicklungsprozesse selbst. Die Lösung dieser Frage ist eine zentrale Aufgabe im Rahmen der Theorie der Bildungsprozesse. Sie ist entscheidend für das schon genannte Problem der Erklärung, und sie entscheidet darüber, ob die Theorie der Bildungsprozesse primär eine psychologische Theorie oder zugleich auch eine soziologische Theorie sein muß.

Der psychologischen Position der ontogenetischen Entwicklungstheorien soll daher kurz die Möglichkeit ihrer Ergänzung um die Dimension der sozialen Konstitution der Entwicklungsprozesse in der Struktur der sozialisatorischen Interaktion gegenübergestellt werden. Vorweg muß aber betont werden, daß die These von der sozialen Konstitution der ontogenetischen Entwicklung sich scharf von Kausalhypothesen über soziale Einflüsse auf Geschwindigkeit und inhaltliche Akzentuierung der Entwicklungsverläufe abhebt und mehr bezeichnen soll als die Trivialität, daß der Bildungsprozeß des

Subjekts auf die Einbettung in soziale Eltern-Kind-Beziehungen grundsätzlich angewiesen ist. Sie beinhaltet vielmehr, daß selbst die quasi-universelle Sequentialisierung
von Entwicklungsstufen nicht ausschließlich psychologisch immanent, sondern nur
unter Rekurs auf quasi-universelle Struktureigenschaften der sozialisatorischen Interaktion erklärt werden kann. Sie impliziert dabei nicht, daß die psychischen Prozesse
und Strukturen ausschließlich zu einem Derivat sozialer Strukturen werden, aber sie
beansprucht für die Strukturelemente der sozialisatorischen Interaktion mehr als die
bloße Auslöser- und Stimulierungsfunktion inhärent psychobiologisch strukturierter
Entwicklungsprozesse.

Vergleichsweise einfach kann die Möglichkeit eines solchen Ansatzes am Beispiel
der Genese der für die Kommunikationsfähigkeit des Subjekts in Anspruch genommenen Kompetenzstrukturen aufgezeigt werden. Sie können folgerichtig nur als Kompetenzen interpretiert werden (z. B. dialogkonstituierende Universalien [Habermas 1971]),
wenn von ihnen behauptet wird, daß sie – im Sinne von Bedingungen der Möglichkeit –
intersubjektive Dialoge erzeugen. Im Hinblick auf die Ontogenese dieser Kompetenzen
spricht nun vieles dafür, daß sie nicht qua Reifung oder als Ableger der allgemeineren kognitiven Entwicklung sich entfalten, sondern im Vollzug der dialogischen Interaktion sich bilden. Daraus ergibt sich für eine entsprechende Erwerbstheorie das
Dilemma, daß einerseits die „kommunikativen Kompetenzen" nur in der Teilhabe am
Dialog erworben werden können, daß aber andererseits dieser Dialog nur durch diese
Kompetenzen erzeugt werden kann. Dieses Dilemma läßt sich auflösen, wenn für den
Entwicklungsprozeß, das heißt für die sozialisatorische Interaktion, Bedingungen der
Möglichkeit der Dialogstruktur angegeben werden können, die gewissermaßen außer-
halb des Subjekts, zumindest außerhalb des kindlichen Subjekts liegen, das über kom-
munikative Kompetenzen noch nicht verfügt.

Von daher wäre es konsequent, eine zentrale Aufgabe der soziologischen Komponente einer Theorie der Bildungsprozesse in der Analyse solcher Struktureigenschaften
der sozialisatorischen Interaktion zu suchen. Dies kann hier nicht weiter verfolgt werden (vgl. Oevermann u. a. 1976). Nur so viel in diesem Zusammenhang:

Die Suche nach Struktureigenschaften der sozialisatorischen Interaktion umfaßt gleichzeitig die Dimension der Entwicklung der Struktur. Sehr stark vereinfacht
läßt diese sich in vier grobe Stadien einteilen. In einer *ersten* Phase lassen sich die
auf der Grundlage von biologisch radizierten Initialstrukturen ablaufenden Entwicklungsprozesse funktional der Herstellung der partikularistischen Eltern-Kind-Beziehung zuordnen: Diese ist eingerichtet, wenn das Kind aus der diffusen Vielfalt seines
Wahrnehmungs- und Handlungsfeldes eine konkrete Pflege- und Bezugsperson als
identisches Objekt herauslösen kann, mit dem dann eine affektiv hoch belastbare asym-
metrisch-partikularistische Beziehung aufgenommen werden kann.

Von hier aus differenzieren sich in der *zweiten* Phase die Objektbeziehungen des
innerfamilialen partikularistischen Interaktionssystems bis zur Vervollständigung in
der ödipalen Triade aus. Sie konstituieren objektiv die Handlungsstrukturen, die als in-

teriorisierte das Subjekt in der *dritten* Phase der Ablösung aus den partikularistischen Eltern-Kind-Beziehungen grundlegend mit generalisierten Erwartungsmustern und Handlungsautonomie ausstatten. Daraufhin muß es in einer *vierten* Phase im Zusammenhang mit der dann möglichen Einbindung in die sozialstrukturell differenzierten und verschiedenartigen Systeme von Rollenhandeln die Lösung der Probleme der Vermittlung von sozialer und personaler Identität erwerben, und es muß weiterhin Deutungsperspektiven der „interessierten" Positionalisierung in der Gesellschaft sowie das politisch relevante „kollektive Bewußtsein" übernehmen.

Das für die kommunikative Kompetenz angeführte Argument läßt sich im Prinzip auf die Genese aller jener Kompetenzstrukturen ausweiten, für die eine Entfaltung qua autonomer Reifung auf der Grundlage des phylogenetischen Erbes von Initialstrukturen plausibel nicht angenommen werden kann. Vorausgesetzt wird bei diesem Argument eine strenge, nicht eine alltagssprachliche Verwendung des Kompetenzbegriffs (Fodor/Garrett 1966). Kompetenzen sind dann aufzufassen als rekonstruierbare generative Regelstrukturen. Es taucht dann für ontogenetische Kompetenztheorien, also auch für die Piagetsche Entwicklungstheorie, das folgende systematische Problem auf:

Die einer bestimmten Regel oder einer bestimmten Struktur folgende bzw. korrespondierende Handlung taucht in der Ontogenese irgendwann zum erstenmal auf. Welchen Ursprungs ist dann die dieser Handlung generativ zugrunde liegende Regel? Ist diese Handlungsstruktur zufällig entstanden? Das würde zu unplausiblen Konsequenzen bezüglich der universellen Regelhaftigkeit des Entwicklungsverlaufs führen. Hat sich das entsprechende Regelbewußtsein gewissermaßen im Zuge einer autonomen Entwicklungsmechanik von selbst ausdifferenziert? Das würde selbst in der Piagetschen Theorie die Grundposition der Fundierung der kognitiven Entwicklung im praktischen Handeln verletzen.

Die plausibelste Lösung scheint auch für dieses Problem die Annahme zu sein, daß die Regel an der Struktur analoger praktischer Handlungen abgelesen wurde, die vom Kind objektiv durchgeführt wurden, ohne daß es schon über die Voraussetzungen eines korrespondierenden Regelbewußtseins verfügte. Wiederum muß nach den Bedingungen der Möglichkeit solcher Handlungen gefragt werden, nach der „Erzeugungskapazität" außerhalb des Bewußtseins des Kindes. Man kann diese Bedingungen in den Restriktionen der Objekte suchen, auf die die Handlungen bezogen sind. Man kann aber auch, weil dieser Lösungsversuch Schwierigkeiten macht, die Antwort im Rahmen einer Theorie der sozialen Konstitution solcher Handlungsstrukturen wiederum in den Struktureigenschaften der sozialisatorischen Interaktion zu finden versuchen.

Zumindest für eine Parallelität im Aufbau der Strukturen der logischen Urteilskraft und der moralischen Urteilskraft auf der Folie der objektiven Struktur der sozialen Kooperation finden sich – für den Übergang zum Soziozentrismus – Argumente bei Piaget, wenn man seine empirischen Arbeiten unter diesem Gesichtspunkt interpretiert (Piaget 1954, 1959, 1969, 1972b). Diese Argumente lassen sich stärker machen, wenn sie in die Meadsche Theorie der sozialen Konstitution des Selbst eingerückt werden (Mead 1934, 1969). Von diesem Standpunkt wäre von systematischem Interesse zu prüfen, a) inwieweit der Genese der moralischen Urteilskraft im Paradigma der Struktur der sozialen Kooperation möglicherweise das Primat vor der Genese der logischen Urteilskraft zukommt und ob nicht b) die These von der Konstitution der kognitiven Strukturen in der sozialen Struktur der sozialisatorischen Interaktion bis auf die Anfänge der vermeintlich monologisch verlaufenden sensumotorischen Entwicklung stringent ausgedehnt werden kann (Bedeutung der vokalen Geste und der Greifhandlung) (Oevermann 1974a).

In dem Maße, in dem der zur Entwicklungspsychologie komplementäre soziologische Ansatz der sozialen Konstitution der Struktur der Entwicklung in der objektiven Struktur der sozialisatorischen Interaktion in der Programmatik einer Theorie der Bildungsprozesse ausgeführt werden könnte, ließe sich auch das systematische Problem der Erklärung der Logik der Entwicklung von seinen idealistischen Konnotationen befreien und in einer Soziologie der objektiven Strukturen zur Lösung bringen.

Schon an anderer Stelle ist umrissen worden, inwiefern für den Prozeß der Individuierung des Subjekts auf der Folie der Lösung des Problems des Erkennens der eigenen Antriebsbasis, also für die auf die Ausstattung des Organismus mit Subjektivität hinführende Entwicklung, die These der sozialen Konstitution in der Struktur der sozialisatorischen Interaktion entscheidend wird. Für den sozialen Konstitutionsprozeß stehen hier weniger die Struktureigenschaften der Interaktion im Vordergrund, die die Intersubjektivität schlechthin bedingen, als die objektiven latenten Sinnstrukturen, die wahrscheinlich wesentlich über formale Eigenschaften des Sprachhandelns vermittelt und durch die sozialisatorische Interaktion relativ unabhängig von der jeweiligen Sinninterpretationskapazität sowohl der Eltern als auch der Kinder konstituiert werden. Diese objektiven Bedeutungsstrukturen determinieren die Entwicklung des Kindes über das Ausmaß hinaus, indem das kindliche Subjekt die Bedeutungen und den objektiven Sinn von Interaktionen jeweils entziffern kann. Damit konstituieren sie objektiv den Sinn von Verhaltensweisen und Reaktionen, die durch die Strebungen der Antriebsbasis und die unmittelbare Bedürftigkeit des Individuums unmittelbar und zunächst unbegriffen hervorgetrieben werden.

In dem Maße, in dem im Rahmen einer Theorie der Bildungsprozesse die soziologische Komponente der sozialen Konstitution des Subjekts stark gemacht werden kann, ergibt sich der strategische Vorteil, für die Erklärung der Ontogenese auf Annahmen über reich strukturierte Vorausstattungen des Subjekts verzichten und entsprechende reifungstheoretische Vorurteile beseitigen zu können. Es ließe sich zeigen, daß Entwicklungstheorien in dem Maße erklärungsstarke Theorien werden, in dem möglichst wenig von dem, was die Struktur des sozialisierten Subjekts ausmacht und dessen Genese gerade erklärt werden soll, in Annahmen über die jeweils einem Entwicklungsschritt vorausgehenden Initialstrukturen und Vorausstattungen des sich bildenden Subjekts eingeht.

Die mit der These der sozialen Konstitution des Subjekts in der Struktur der sozialisatorischen Interaktion verbundenen vielfältigen Probleme sind systematisch bisher kaum erforscht worden. Dies hängt u. a. damit zusammen, daß sich die Entwicklungspsychologie der soziologischen Theorie und Forschung lediglich zur Klärung von kontingenten Stimulierungsbedingungen der Entwicklung bedient hat und die Soziologie sich letztlich bei der Untersuchung von Sozialisationsphänomenen auf die Erklärungskraft psychologischer Annahmen verlassen hat. Indem eine Theorie der Bildungsprozesse die Prozesse der sozialen Konstitution des Subjekts in den Mittelpunkt rückt, müßte sie zugleich eine psychologische und soziologische Theorie sein und die Integration von Annahmen dieser beiden Disziplinen in der Grundlagenforschung zur Sozialisation motivieren.

2.8 Die Probleme der kulturabhängigen und sozial vermittelten Niveaudifferenzierung kognitiver Strukturen im Hinblick auf spezifische Gegenstandsbereiche und des Parallelismus von Ontogenese und Phylogenese

Die Analyse der Struktureigenschaften der sozialisatorischen Interaktion verspricht demnach Aufklärung darüber, in welchem Maße und mit welcher Entwicklungsrichtung die kompetenzartigen Ausstattungen des epistemischen Subjekts in Abhängigkeit von der gesellschaftlich-historischen Entwicklung sich verändern. Natürlich müssen auch für die sozialisatorische Interaktion universelle gattungsspezifische Struktureigenschaften angenommen werden, aber gleichzeitig schlagen sich makrostrukturelle gesellschaftliche Veränderungen in der Strukturierung der sozialisatorischen Interaktion unmittelbar nieder.

Dieser Gesichtspunkt ist zentral, wenn im Rahmen einer in ihrer Programmatik hier nur grob skizzierten Theorie der Bildungsprozesse Lernprozesse in verschiedenen institutionellen Kontexten, in der Familie, in der Peer-group, in der Schule und an Orten der beruflichen Ausbildung untersucht werden. Es käme hier immer auch darauf an, die für diese institutionellen Kontexte typischen und gesellschaftlich bedingten Strukturen der sozialisatorischen Interaktion herauszuarbeiten und zu klären, welche Paradigmen des Lernens diese Strukturen objektiv und jeweils relativ unabhängig von der expliziten pädagogischen Zielsetzung und dem expliziten Curriculum abgeben.

In dieser Forschungsperspektive wird sich auch das bisher nicht befriedigend gelöste Problem der „décalage" (Piaget), der handlungsbereichs- und gegenstandsspezifischen individuellen Niveaudifferenzierung allgemeiner kognitiver Strukturen untersuchen lassen müssen. über die Struktur der sozialisatorischen Interaktion vermittelt, werden – historisch gesehen – die gesellschaftlich spezifischen Formen der Naturbearbeitung und der sozialen Kooperation und – bezogen auf die strukturelle Differenzierung innerhalb einer Gesellschaft – die entsprechenden subkulturellen Ausformungen intel-

ligenten Verhaltens und moralischen Handelns in die allgemeine kognitive und sprachliche Entwicklung eingehen und deren Strukturen spezifisch akzentuieren.

In diesen Zusammenhang gehört auch die allgemeinere und schwierige Frage, inwieweit das in der Ontogenese erreichbare Strukturniveau von der in analogen Struk-
turbegriffen beschreibbaren Entwicklungshöhe gesellschaftlicher Wissenssysteme und
Normen abhängig ist oder inwieweit umgekehrt die Ontogenese relativ autonom verläuft und darin eine wichtige Bedingung für den „Fortschritt" gesellschaftlichen Wissens zu sehen ist. Dieses Problem der dialektischen Verzahnung von Ontogenese und
Phylogenese kann hier nur angedeutet werden.

3   Erste forschungsstrategische Schlussfolgerungen

Der Gesichtspunkt der sozialen Konstitution des Subjekts sollte auch deshalb im Rahmen der Arbeit an einer Theorie der Bildungsprozesse im Vordergrund stehen, weil
die andere, im engeren Sinne entwicklungspsychologische Komponente dieser Theorie
am ehesten ausgeführt vorliegt. Das gilt insbesondere für die kognitive Entwicklungspsychologie, weniger für die Forschung zum Spracherwerb. Wenn grob Prioritäten von
Forschungsfragen auf dem Hintergrund der gegenwärtigen *Forschungslage angegeben
werden sollen, so mußten Untersuchungen zur Struktur der sozialisatorischen Interaktion
in verschiedenen Entwicklungsphasen und in verschiedenen institutionellen Kontexten
sicherlich an vorderster Stelle stehen.* Die Erforschung der Bedingungen der Individuierung des Subjekts unter dem Bezugspunkt der autonom handlungsfähigen, mit sich
identischen Person wäre schon deshalb, weil man weniger darüber weiß, wichtiger als
die Erforschung der Entfaltung der kognitiven Strukturen im Sinne Piagets. Auf der
kompetenztheoretischen Ebene selbst schließlich wissen wir am wenigsten über die
Ontogenese der kommunikativen Kompetenz.

Generell müßte ein großes Gewicht auf den performanztheoretischen Aspekt der
*Bedingungen der handlungspraktischen Realisierung von Kompetenzen in spezifischen
sozialen Kontexten* gelegt werden, und es müßte in dieser Hinsicht – wiederum sehr
allgemein gesehen – versucht werden, die Erklärung individueller Differenzen theoretisch auf den Hintergrund kompetenz-theoretischer Annahmen zu stellen. In dieser
Hinsicht gewinnen Forschungen über kognitive Stile und psychodynamisch bedingte Strategien der Problem- und Konfliktlösung an Bedeutung (Kagan und Kogan 1970;
Gardner u. a. 1960).

[...]

4 Systematische Verknüpfungen einer Theorie der Bildungsprozesse mit gesellschaftstheoretischen Ansätzen

Bestimmte Richtungen innerhalb einer materialistischen Gesellschaftstheorie gehen heute noch dogmatisch davon aus, daß Theorien über die Bildungsprozesse des Subjekts, wollen sie den Anspruch stellen, kritisch zu sein, aus der Gesellschaftstheorie sich „ableiten" lassen müßten. Diese Position übersieht, daß für eine sozialisationstheoretisch adäquate Bestimmung des Subjektbegriffs als Grundlage einer kritischen Theorie der Bildungsprozesse auf Kategorien zur Erfassung universeller bewußtseinsstruktureller und psychodynamischer Voraussetzungen der Subjekt-Objekt-Relation zurückgegriffen werden muß, die zwar am konkreten, gesellschaftlich historisch vermittelten Handeln von Subjekten sich erweisen müssen, von denen gleichwohl jedoch nicht ausgemacht ist, inwieweit sie umstandslos aus den Grundannahmen einer Gesellschaftstheorie sich ableiten lassen. Diese Position übersieht weiterhin, daß gerade die These der sozialen Konstitution des Subjekts auf Struktureigenschaften der sozialisatorischen Interaktion verwiesen ist, die ihrerseits die universale Konstitution von Intersubjektivität und Reziprozität voraussetzen, Theoreme also, deren Begründung im Rahmen von Ansätzen einer materialistischen Gesellschaftstheorie die größten Schwierigkeiten bereiten und von denen eher anzunehmen ist, daß ihre Geltung implizit im Paradigma des Äquivalententausches vorausgesetzt wird.

Man wird vielmehr das Verhältnis einer *logischen Interdependenz zwischen den in sich jeweils eigenständigen Positionen einer Theorie der Bildungsprozesse und einer Theorie der Gesellschaft* unterstellen müssen. Kritisch ist die Sozialisationsforschung in dieser Sichtweise in dem Maße, in dem es ihr gelingt, die gesellschaftlichen und sozialstrukturellen Verhältnisse unter dem Gesichtspunkt der von ihnen gesetzten restriktiven Bedingungen für die Entfaltung der im Rahmen einer Theorie der Bildungsprozesse unabhängig explizierten Entwicklungsmöglichkeiten des Subjekts zu analysieren. Eine kritische Gesellschaftstheorie ist ihrerseits auf die theoretisch eigenständige Konzeption des Handlungspotentials der Gattung auf der Ebene des Subjekts angewiesen. Umgekehrt bliebe eine Theorie der Bildungsprozesse im Unverbindlichen stecken, wenn sie nicht die soziale Konstitution des Subjekts einbezöge und nicht die Analyse der gesellschaftlich-historischen Entwicklungsprozesse zum Hintergrund hätte, die erst die Realisierung des Handlungspotentials der Gattung konstituieren und damit dem metatheoretischen Subjektbegriff einen materiell-empirischen Gehalt verleihen.

Ebenso problematisch wie ein dogmatisches Postulat der Ableitbarkeit einer Theorie der Bildungsprozesse aus der Gesellschaftstheorie wäre daher die umgekehrte Position, in der eine Theorie der Bildungsprozesse ohne die Berücksichtigung der Fundierung ihres Gegenstandsbereichs in den Prozessen der Vergesellschaftung betrieben würde. Eine solche Abkopplung müßte zwangsläufig zu einer dogmatischen Ontologisierung der Annahmen führen, in deren Namen Forschung in diesem Objektbereich durchgeführt würde. Eine Konzentration der Forschung nach Kriterien der Forschungsökonomie, der theoretischen und realitätserschließenden Relevanz und des theoretischen Verbunds zwischen Einzeluntersuchungen kann daher auch im Gegenstandsbereich einer Theorie der Bildungsprozesse nur gelingen, wenn die systematischen Verknüpfungen zu gesellschaftstheoretischen Ansätzen ausgearbeitet und forschungsstrategisch berücksichtigt werden.

Im folgenden sollen diese *Verknüpfungspunkte* wiederum nicht positiv ausgeführt, sondern in *Form von Grundfragen* benannt werden.

1. Das Problem der sozialen Konstitution der Bildungsprozesse des Subjekts in den objektiven Strukturen der sozialisatorischen Interaktion ist bereits diskutiert worden. Hinzugefügt sei in diesem Zusammenhang lediglich, daß die gesellschaftlich-historisch spezifische Ausformung dieser Strukturen in den verschiedenen institutionellen Kontexten von Familie, Lebenshilfe, Schule und Arbeitswelt eine unmittelbare Frage an makroanalytische Forschungsansätze stellt.

2. Wir haben von der Notwendigkeit der Explikation der Struktur der autonom handlungsfähigen, mit sich identischen Person als Bezugspunkt der Analyse von Sozialisationsprozessen gesprochen. So wie diese Konzeption selbst – wissenschaftshistorisch-genetisch betrachtet – auf bestimmte gesellschaftliche Entwicklungen zurückgeht, so enthält die Explikation dieser Struktur immer auch Normalitätsentwürfe des Subjekts, die Bestandteil gesellschaftlich-kollektiver Deutungsmuster sind. Diese gehen ihrerseits auf sozialstrukturelle Ursprungskonstellationen zurück und können im Rahmen einer Theorie der Bildungsprozesse zwar selbst nicht bestimmt, aber auch nicht ausgeblendet werden.

Als Beispiele für solche auf der Ebene kollektiver Deutungsmuster liegenden Entwürfe der sozialisierten Person können etwa die „bürokratische Persönlichkeit" (Merton), der „innengeleitete" und „außengeleitete Mensch" (Riesman) oder der „eindimensionale Mensch" (Marcuse) gelten. Man wird bei der Explikation solcher Entwürfe und Deutungen versuchen müssen, globale, wenn auch latente Entwicklungstrends „diagnostisch" zu erfassen. Beispielsweise könnte man plausibel zumachen versuchen, daß gegenwärtig in den latenten Entwürfen der „normalen" Person die Leistungsethik in der Variante der Erfolgsethik und die Indifferenz gegenüber Traditionen eine wichtige Stelle einnehmen. Im Rahmen einer zunehmenden Spaltung des individuellen Handlungsraums in Privatheit und Öffentlichkeit bestimmt eine korrespondierende Trennung von formal-öffentlicher Legitimation des Rollenhandelns und der Privatisierung der biographischen „Sinnfrage" in zunehmendem Maße die Entwürfe für die Angemessenheit der Selbstpräsentation.

3. Analytisch unabhängig von den über gesellschaftliche Deutungsmuster vermittelten Entwürfen des Subjektbegriffs wird man objektive sozialstrukturelle und technologisch bedingte Handlungszwänge als real wirksame Bezugspunkte von Bildungsprozessen annehmen müssen: Man kann hier beispielhaft an die sogenannten extrafunktionalen Rekrutierungskriterien und an Anforderungen an die Fähigkeit der effizienten, Konfliktmanagement beherrschenden Kooperation und Kommunikation

denken, sowie an die Fähigkeit der Bewältigung multipler Rollenverpflichtungen. An diese Stelle gehört auch die Problematik eines soziologischen Qualifikationsbegriffs, der für eine Reihe von laufenden Forschungen zentral ist.

4. Individuelle Bildungsprozesse werden in dieser Gesellschaft wesentlich von den innerfamilialen Sozialisationsmilieus und deren Determinanten bestimmt. Die klassische Sozialisationsforschung hat sich vornehmlich auf diese Zusammenhänge konzentriert. Vor allem für die Genese der individuellen Differenzen und für die Eigenschaften, die hier global unter dem Titel der „Performanz" behandelt worden sind, kommt den Einflüssen der sozioökologischen Anregungsbedingungen eine große theoretische und praktische Bedeutung zu. Unser Wissen darüber ist aber nach wie vor lückenhaft.

Analysen der Einflüsse sozioökologischer Parameter können – und das ist der Regelfall – unter dem Gesichtspunkt der quantitativen Bestimmung der Bedeutung einzelner Faktoren für spezifizierte Persönlichkeitsmerkmale des Kindes und des Eltern-Kind-Verhaltens vorgenommen werden (Marjoribanks 1973; Walter 1975). Dabei werden Anregungsbedingungen eher unter dem Aspekt der Variation der Intensität des Anregungspotentials und weniger im Hinblick auf ihre Konstellierung in lebensweltlichen Strukturen begriffen.

Eine strategische Konzentration und ein höherer theoretischer Strukturierungsgrad in diesem Problemkreis ließen sich dann erreichen, wenn das Anregungspotential des gesellschaftlichen Sozialisationsumfeldes unter dem Gesichtspunkt der Rekonstruktion subkulturell spezifischer soziokultureller Lebenswelten und ihrer je eigenen „Sinnstruktur" auf der Folie der sozialstrukturellen Konstellation objektiver Lebenslagen untersucht würde. In dieser Hinsicht wäre allein schon der dringend benötigte Versuch, subkulturelle Milieus sowohl auf der Ebene von strukturtheoretisch zu analysierenden „Klassenlagen" als auch auf der Ebene von soziokulturellen Lebenswelten und Strukturen von Deutungsmustern als je spezifische Konfiguration auszugrenzen, ein bedeutsamer Forschungsfortschritt.

Daran könnte sich nämlich die Bemühung anschließen, die objektive gesellschaftlich vermittelte Motivierung von subkulturell spezifischen innerfamilialen Sozialisationseinflüssen in ihrem komplexen Sinnzusammenhang zu rekonstruieren. Erst dann wäre man berechtigt, von „schichtenspezifischen Sozialisationsprozessen" in einem theoretisch signifikanten Sinne zu sprechen, und in der Lage, Kritiken an dieser schlagwortartigen These zurückzuweisen, die bisher lediglich sozialstatistische Verteilungsmuster bezeichnet und zu deren Erklärung vornehmlich auf psychologische Hypothesen zurückgegriffen hat. Diese Kritiken argumentieren insofern reduktionistisch, als sie die Auflösung der Globalvariable „soziale Herkunft" in kausal eindeutigere Mikrobedingungen des Sozialisationsprozesses empfehlen und die „soziale Herkunft" als sozialstrukturelle und soziokulturelle Kontextuierungs-„variable" aus dem Auge verlieren. Im übrigen gilt diese Argumentation nicht nur im Hinblick auf innerfamiliale Bildungsprozesse, sondern auch für institutionalisierte Bildungsprozesse.

5. Schließlich ist die Forschung im Gegenstandsbereich einer Theorie der Bildungsprozesse auf die Berücksichtigung der institutionellen Differenzierungen in der gesellschaftlichen Organisation von Bildungsprozessen verwiesen. Neben institutionell spezifischen und von daher planbaren „Bildungsveranstaltungen" stehen informelle und naturwüchsige „Bildungsorte und -situationen". Mit dem Grad der Institutionalisierung wächst die organisationsinterne Eigendynamik und damit der Grad der institutionenspezifischen Restringierung und Strukturierung der sozialisatorischen Interaktionen und der expliziten Sozialisationsziele. Bei der analytischen Aufschlüsselung dieses Problemkreises sind ebenfalls Gesichtspunkte der historischen Genese neben bürokratie- und technokratie-theoretischen Ansätzen von Bedeutung.

Diesem Ausblick systematischer Anknüpfungspunkte des Programms einer Theorie der Bildungsprozesse lassen sich vorläufig und konventionalistisch *zwei theorieprogrammatische Foci* zuordnen, die nicht nur in einem hilfswissenschaftlichen Verhältnis zum Programm der Theorie der Bildungsprozesse stehen, sondern dieser als eigenständige Frageansätze mit je eigenen Kategorien der Konstitution des Objektbereichs interdisziplinärer Sozialisationsforschung erst die notwendige gesellschaftstheoretische Fundierung verschaffen. Diese beiden Foci ließen sich vorläufig bezeichnen als

a) „Theorien der historisch-kulturellen Determination und Transmission von Sinnzusammenhängen und Symbolsystemen, speziell von Wissenssystemen, Deutungsmustern und Weltbildern", und als

b) „Makrotheorien der Strukturen und Funktionen der gesellschaftlichen Organisation von Bildungsprozessen".

Die Bedeutung des zweiten Focus für die Sozialisationsforschung wird in der aktuellen Diskussion hinreichend thematisiert, während die soziologische Forschung und Theorieentwicklung zum ersten Focus gegenwärtig nur wenig beizutragen scheint und man hier auf die Arbeiten der Sozialhistoriker angewiesen ist. Einige abschließende Bemerkungen sollen verdeutlichen, was mit diesem Focus gemeint ist.

In der Perspektive einer strukturalistischen Methodologie müßten in einem solchen programmatischen Focus jene kulturellen Traditionen und Sinnstrukturen synchronisch und diachronisch aufgearbeitet werden, die in besonderer Weise die historische Entwicklung des Bildungssystems und der familialen Erziehungspraxis beeinflussen. Es müßte versucht werden, Wissenssysteme und Deutungsmuster, die die expliziten Bildungsziele fundieren, als relativ verselbständigte objektive Argumentationsstrukturen zu behandeln, die gleichsam hinter dem Rücken der subjektiven Intentionalität der einzelnen Personen das Handeln im Sinne eines „Habitus" (Bourdieu) bestimmen. Beispielsweise ist aus dieser Perspektive die Rekonstruktion des gesellschaftlichen Wissens über Sozialisationsprozesse und die darin eingebettete Typisierung der Rolle des Kindes[...] ebenso von Bedeutung wie die Rekonstruktion von Entwürfen des „guten Lebens", die latent in die normative Begründung von Curricula und elterlichen Erziehungszielen eingehen.

Rekonstruktion dieser Art müssten am ehesten an sozial-und kulturhistorische Analysen anschließen und darüber hinaus in dem Bemühen vorgenommen werden, latente Entwicklungstendenzen in der gegenwärtigen gesellschaftlichen Realität des Bildungssystems zu „diagnostizieren". Beispielsweise wäre hier von systematischem Interesse, inwieweit man im Gefolge der Bildungsreform von einer allgemeinen Tendenz der Verwissenschaftlichung sprechen kann und welche Folgen daraus angesichts der strukturellen Ambivalenz entstehen, daß einerseits im Namen von Wissenschaft und Aufklärung Alltagswissen als Basis potentieller Kritik der sozialwissenschaftlicher Erfahrung destruiert, andererseits damit tendenziell Alltagswissen als Basis potentieller Kritik der sozialwissenschaftlichen Erfahrung destruiert und die biographische Erfahrung des Subjekts durch wissenschaftliche autorisiertes Wissen substituiert wird.

Das Problem der Technokratisierung ließe sich aus dieser Perspektive ebenfalls in seiner für das Bildungssystems spezifischen strukturellen Ambivalenz analysieren: Lernziele begründende Bildungsinhalte und pädagogisches Handeln fundierende „Menschenbilder" enthalten immer auch Entwürfe des „guten Lebens", die mit universellem Geltungsanspruch in partikularen Gruppen rauer Bedingungen struktureller Privilegierung entstanden sind. Sie gehen als Elemente materieller Rationalität in bildungspolitisches Handeln ein, das gewissermaßen eine strukturelle Universalisierung der materiellen Entwürfe anvisiert, zum Beispiel in Gestalt des Abbaus von Ungleichheiten in den Bildungschancen. In dem Maße, in dem diese bildungspolitisch vermittelten Strukturveränderungen folgenreich sein sollen, müssen die sich der Mittel formaler Rationalität bedienen, die die Tendenz der Verselbständigung der ihnen inhärenten Orientierungen am technologischen Modell erfolgskontrollierten Handelns in sich tragen und sich damit antagonistisch zu den inhaltlichen Anforderungen pädagogischen Handelns verhalten. Es wäre zu fragen, in welchem Maße diese allgemeine strukturelle Ambivalenz die „Logik" der gegenwärtigen Entwicklungstendenzen im Bildungssystem bestimmt.

Die Mittel der guten Abrichtung[1]

Michel Foucault

Zu Beginn des 17. Jahrhunderts sprach Wallhausen von der „rechten Disziplin oder Zucht" als einer Kunst der „guten Abrichtung".[2] Die Zuchtgewalt ist in der Tat eine Macht, die, anstatt zu entziehen und zu entnehmen, vor allem aufrichtet, herrichtet, zurichtet – um dann allerdings um so mehr entziehen und entnehmen zu können. Sie legt die Kräfte nicht in Ketten, um sie einzuschränken; sie sucht sie allesamt so zu verbinden, daß sie vervielfältigt und nutzbar gemacht werden. Anstatt einheitlich und massenweise alles zu unterwerfen, was ihr untersteht, trennt sie, analysiert sie, differenziert sie, treibt sie ihre Zersetzungen bis zu den notwendigen und hinreichenden Einzelheiten. Sie richtet die unsteten, verworrenen, unnützen Mengen von Körpern zu einer Vielfalt von individuellen Körpern, Elementen, kleinen abgesonderten Zellen, organischen Autonomien, evolutiven Identitäten und Kontinuitäten, kombinatorischen Segmenten ab. Die Disziplin „verfertigt" Individuen: sie ist die spezifische Technik einer Macht, welche die Individuen sowohl als Objekte wie als Instrumente behandelt und einsetzt. Es handelt sich nicht um eine triumphierende Gewalt, die aufgrund ihres Überschwanges an ihre Überlegenheit glaubt, sondern um eine bescheidene und mißtrauische Gewalt, die als eine sparsam kalkulierte, aber beständige Ökonomie funktioniert. Vergleicht man ihre Verfahren mit den majestätischen Ritualen der Souveränität oder mit den großen Staatsapparaten, so sind sie winzig und unscheinbar. Doch sind sie es, die sich allmählich in jene großen Formen einschleichen, ihre Mechanismen umgestalten und ihnen ihre eigenen Prozeduren aufzwingen sollten. Der Justizapparat wird von dieser kaum geheimen Invasion nicht verschont bleiben. Zweifellos liegt der Erfolg der Disziplinarmacht am Einsatz einfacher Instrumente: des hierarchischen Blicks, der normierenden Sanktion und ihrer Kombination im Verfahren der Prüfung.

Die hierarchische Überwachung

Die Durchsetzung der Disziplin erfordert die Einrichtung des zwingenden Blicks: eine Anlage, in der die Techniken des Sehens Machteffekte herbeiführen und in der umgekehrt die Zwangsmittel die Gezwungenen deutlich sichtbar machen. Langsam bauen

---

1   Erstveröffentlichung in: Michel Foucault (1976): Überwachen und Strafen. Frankfurt, S. 220–250.
2   Johann Jacobi von Wallhausen, Kriegskunst zu Fuß, Oppenheim 1615, S. 13.

sich im Laufe des klassischen Zeitalters jene „Observatorien" der menschlichen Viel-
fältigkeit auf, denen die Wissenschaftsgeschichte so wenig Aufmerksamkeit gewidmet
hat. Neben der großen Technologie der Fernrohre, der Linsen, der Lichtkegel, die mit
der Gründung der neuen Physik und Kosmologie Hand in Hand ging, entstanden die
kleinen Techniken der vielfältigen und überkreuzten Überwachungen, der Blicke, die
sehen, ohne gesehen zu werden; eine lichtscheue Kunst des Lichtes und der Sichtbarkeit
hat unbemerkt in den Unterwerfungstechniken und Ausnutzungsverfahren ein neues
Wissen über den Menschen angebahnt.

Diese „Observatorien" haben ein beinahe ideales Muster: das Militärlager. Das Lager
ist die flüchtige und künstliche Stadt, die man fast ganz nach Willen aufbaut und um-
baut. Das Lager ist die Hauptstätte einer Macht, die um so intensiver und diskreter, um
so wirksamer und vorbeugender sein muß, als es eine Macht über Bewaffnete ist. Im
vollkommenen Lager beruht die Machtausübung auf einem System der genauen Überwachung; jeder Blick ist ein Element im Gesamtgetriebe der Macht. [...]

Das Lager ist die Raumordnung einer Macht, die sich mit Hilfe einer allgemeinen
Sichtbarkeit durchsetzt. Im Städtebau und bei der Errichtung von Arbeitersiedlungen,
Spitälern, Asylen, Gefängnissen oder Erziehungsheimen sollte dieses Modell des Lagers
zumindest in seinem Grundprinzip lange Zeit nachwirken: das Prinzip der räumlichen
Verschachtelung hierarchisierter Überwachungen, das Prinzip der „Einlagerung". Das
Lager bedeutete für die wenig rühmliche Kunst der Überwachungen das, was die Dun-
kelkammer für die große Wissenschaft von der Optik war.

Damit entwickelt sich auch die Problematik einer Architektur, die nicht mehr bloß
wie der Prunk der Paläste dem Gesehen-werden oder die Geometrie der Festungen der
Überwachung des äußeren Raumes dient, sondern der inneren, gegliederten und detaillierten Kontrolle und Sichtbarmachung ihrer Insassen. Noch allgemeiner geht es
um eine Architektur, die ein Instrument zur Transformation der Individuen ist: die auf
diejenigen, welche sie verwahrt, einwirkt, ihr Verhalten beeinflußbar macht, die Wirkungen der Macht bis zu ihnen vordringen läßt, sie einer Erkenntnis aussetzt und sie
verändert. Die Steine können sehr wohl gelehrig und erkennbar machen. An die Stelle
des einfachen alten Schemas der Einschließung und Klausur mit der dicken Mauer und
der festen Pforte, die das Hereinkommen und Hinausgehen verhindern, tritt allmählich
der Kalkül der Öffnungen, Wände und Zwischenräume, der Durchgänge und Durch-
blicke. [...]

Auf ähnliche Weise muß das Schulgebäude ein Dressurmittel sein. Was sich Pâris-
Duverney für die Militärschule ausgedacht und dem Architekten Gabriel bis in die
kleinsten Details aufgetragen hat, ist eine pädagogische Maschine. Der Gesundheits-
imperativ schreibt vor, kräftige Körper heranzuzüchten; der Qualifikationszwang gebietet die Herstellung fähiger Offiziere; der politische Imperativ verlangt die Ausbildung
fügsamer Militärs; der moralische Imperativ will die Verhütung von Ausschweifung
und Homosexualität. Dieser vierfache Grund gebietet die Einrichtung von dichten
Trennwänden zwischen den Individuen, aber auch von Durchstichen zur steten Über-

wachung. Das Gebäude der Militärschule sollte selber ein Überwachungsapparat sein; die Zimmer waren den Gang entlang wie eine Reihe kleiner Zellen angeordnet; in regelmäßigen Abständen fand man eine Offizierswohnung, so daß „jede Zehnerschaft von Schülern einen Offizier zur Rechten und zur Linken hatte"; die Schüler waren darin die ganze Nacht eingeschlossen; Pâris hatte darauf bestanden, daß man die „Wand jedes Zimmers auf der Gangseite vom Riegel an bis ein oder zwei Fuß unter der Decke verglase. Abgesehen davon, daß der Blick durch dieses Glasfenster nur angenehm sein kann, möchte man sagen, daß er in vielerlei Hinsicht nützlich ist, ohne von den Gründen der Disziplin zu sprechen, die zu dieser Einrichtung führen können."[3] In den Speisesälen hatte man „ein erhöhtes Podium für die Tische der Studieninspektoren angelegt, damit diese alle Tische der Schüler ihrer Abteilungen während der Mahlzeit überblicken können". Die Aborte hatte man mit Halbtüren ausgestattet, damit der zuständige Aufseher den Kopf und die Beine der Schüler sehen könne, jedoch auch mit genügend hohen seitlichen Trennwänden, „damit die darin Befindlichen sich nicht sehen können".[4] Das sind die unabsehbaren Skrupel der Überwachung, die von der Architektur in tausend unrühmliche Anlagen umgesetzt werden. Doch wird man diese Instrumentierung nur dann lächerlich finden, wenn man ihre unscheinbare, aber durchgreifende Rolle bei der fortschreitenden Objektivierung und immer feineren Durchdringung der individuellen Verhaltensweisen vergißt.

Die Disziplinarinstitutionen haben eine Kontrollmaschinerie hervorgebracht, die als Mikroskop des Verhaltens funktioniert; ihre feinen analytischen Unterscheidungen haben um die Menschen einen Beobachtungs-, Registrier- und Dressurapparat aufgebaut. Wie sind in diesen Beobachtungsmaschinen die Blicke unterteilt? Welche Anschlüsse, welche Verbindungen sind zwischen ihnen installiert? Wie ist es eingerichtet, daß aus ihrer kalkulierten Vielfalt eine homogene und kontinuierliche Macht resultiert?

Der perfekte Disziplinarapparat wäre derjenige, der es einem einzigen Blick ermöglichte, dauernd alles zu sehen. Ein zentraler Punkt wäre zugleich die Lichtquelle, die alle Dinge erhellt, und der Konvergenzpunkt für alles, was gewußt werden muß: ein vollkommenes Auge der Mitte, dem nichts entginge und auf das alle Blicke gerichtet wären. So etwas schwebte Ledoux vor, als er Arc-et-Senans erbaute: im Zentrum der ringförmig angeordneten und nach innen geöffneten Gebäude sollte ein hoher Bau die administrativen Funktionen der Leitung, die polizeilichen Funktionen der Überwachung, die ökonomischen Funktionen der Kontrolle und Erhebung, die religiösen Funktionen der Ermutigung zu Gehorsam und Arbeit auf sich vereinigen; von da würden alle Befehle kommen, da würden alle Tätigkeiten registriert, würden alle Fehler wahrgenommen und beurteilt werden. Und zwar würde sich das alles unmittelbar, dank jener strengen Geometrie vollziehen. Die Vorliebe für kreisförmige Architekturen

---

3   Zit. in: R. Laulan, L'École miitaire de Paris, 1950, S. 117 f.
4   Arch. nat. MM. 666–669. Bentham erzählt, daß seinem Bruder die Idee des *Panopticon* zum ersten Mal beim Besuch der École militaire gekommen sei.

in der zweiten Hälfte des 18. Jahrhunderts hatte mancherlei Gründe; einer davon war zweifellos der, daß sie eine bestimmte politische Utopie zum Ausdruck brachten. […]

Der Disziplinarblick kam aber ohne Relaisstationen nicht aus. Besser als der Kreis konnte die Pyramide seinen beiden Anforderungen entsprechen: einmal mußte er ein lückenloses Netz bilden und imstande sein, seine Angriffspunkte zu vervielfältigen und auf der gesamten zu kontrollierenden Oberfläche zu verteilen; anderseits mußte er einigermaßen diskret sein, um nicht zu schwer auf der zu disziplinierenden Tätigkeit zu lasten, um nicht als Schranke oder Hemmnis zu wirken; er mußte sich in die Disziplinaranlage so integrieren, daß er deren Leistungen steigerte. Der Disziplinarblick muß die Instanzen der Disziplin streuen, um ihre Produktivität zu erhöhen. Er muß die Überwachung aufgliedern und funktionstüchtig machen.

Das ist das Problem der großen Werkstätten und Fabriken, in denen sich ein neuer Typ von Überwachung entwickelt. Diese Überwachung unterscheidet sich von derjenigen in der Manufaktur, die „von außen" ausgeübt wurde, d. h. von Inspektoren, die mit der Durchsetzung der Reglements beauftragt waren. Nunmehr geht es um eine innere, intensive, stetige Kontrolle, die den gesamten Arbeitsprozeß durchzieht und sich nicht allein auf die Produktion bezieht (Art und Menge der Rohstoffe, Art der eingesetzten Instrumente, Dimensionen und Qualitäten der Produkte), sondern die Tätigkeit der Menschen, ihre Geschicklichkeit, ihre Gewandtheit, ihre Behendigkeit, ihren Eifer, ihr Verhalten erfaßt. Diese Überwachung unterscheidet sich aber auch von der häuslichen Kontrolle, bei welcher der Herr neben seinen Bediensteten oder Lehrlingen steht. Denn sie wird durch Angestellte, Aufseher, Kontrolleure, Vorarbeiter sichergestellt. Je umfangreicher und komplexer der Produktionsapparat wird, je höher die Zahl der Arbeiter und der Grad der Arbeitsteilung steigen, um so dringlicher und schwieriger werden die Kontrollaufgaben. Die Überwachung wird zu einer eigenen Funktion, die aber integrierendes Element des Produktionsprozesses sein muß und ihn in seinem ganzen Verlauf begleiten muß. Ein spezialisiertes Personal wird unverzichtbar, das ständig anwesend und von den Arbeitern unterschieden ist: […]

Dieselbe Entwicklung findet in der Umgestaltung des Elementarunterrichts statt: die Überwachung wird zu einer eigenen Aufgabe und zugleich in das Erziehungsverhältnis integriert. Die Vermehrung der Pfarrschulen und das Anwachsen ihrer Schülerzahlen, das Fehlen von Methoden zur gleichzeitigen Regulierung der Tätigkeit einer ganzen Klasse und die daraus folgenden Unruhen machen die Verbesserung der Kontrollen nötig. Um den Lehrer zu unterstützen, wählt Battencourt unter den besten Schülern eine Reihe von „Offizieren" aus: Intendanten, Beobachter, Monitoren, Repetitoren, Vorbeter, Vorschreiber, Tintenmeister, Almosenmeister, Visitatoren. Diese Rollen gehören zwei Ebenen an: die einen haben materielle Aufgaben zu erfüllen (Verteilung von Tinte und Papier, Abgeben von Überfluß an die Armen, Vorlesen der geistlichen Texte an den Festtagen); die anderen haben Überwachungsaufgaben: die „Beobachter" müssen jeden notieren, der seine Bank verläßt, der schwätzt, der weder Rosenkranz noch Stundenbücher hat, der sich bei der Messe schlecht benimmt, der sich auf der Straße Unanständigkeiten, Klatschen, Lärmen zuschulden kommen läßt; die „Admonitoren" müssen auf diejenigen aufpassen, die während ihrer Lektionen sprechen oder vor sich hinsingen, die nicht schreiben oder die tändeln; die „Visitatoren" müssen sich in den Familien nach den Schülern erkundigen, die abwesend waren oder schwere Verstöße begangen haben; die „Intendanten" überwachen alle übrigen Offiziere; allein die „Repetitoren" haben eine pädagogische Aufgabe: sie müssen die Schüler zu je zweien leise lesen lassen.[5] Einige Jahrzehnte später entwirft Demia eine Hierarchie gleichen Typs; doch sind jetzt fast alle Überwachungsfunktionen mit pädagogischen Rollen gekoppelt: ein Unterlehrer bringt das Halten der Feder bei, führt die Hand, verbessert die Irrtümer und notiert gleichzeitig „die Fehler, wenn man streitet"; ein anderer Unterlehrer hat dieselben Aufgaben in der Leseklasse; der Intendant, der die anderen Offiziere kontrolliert und über die allgemeine Haltung wacht, muß auch „die Neuankömmlinge zu den Schulübungen anleiten"; die Dekurione lassen die Lektionen rezitieren und notieren diejenigen, die sie nicht können.[6] Hier zeichnet sich eine „wechselseitige" Institution ab, die drei Prozeduren zusammenfaßt: den eigentlichen Unterricht, die Aneignung von Kenntnissen durch die Ausübung der pädagogischen Tätigkeit und schließlich eine gegenseitige und hierarchisierte Beobachtung. Ein definiertes und geregeltes Überwachungsverhältnis steht im Zentrum der Unterrichtspraxis: nicht mehr als danebenliegendes Element, sondern als ein Mechanismus, der ihre Leistung von innen heraus steigert.

Die hierarchisierte, stetige und funktionelle Überwachung gehört gewiß nicht zu den großen technischen „Erfindungen" des 18. Jahrhunderts – vielmehr beruht ihre schleichende Ausweitung auf den neuen Machtmechanismen, die sie enthält. Mit ihr wird die Disziplinargewalt ein „integriertes" System, das von innen her mit der Ökonomie und den Zwecken der jeweiligen Institution verbunden ist und das sich so zu einer vielfältigen, autonomen und anonymen Gewalt entwickelt. Denn die Überwachung beruht zwar auf Individuen, doch wirkt sie wie ein Beziehungsnetz von oben nach unten und bis zu einem gewissen Grade auch von unten nach oben und nach den Seiten. Dieses Netz „hält" das Ganze und durchsetzt es mit Machtwirkungen, die sich gegenseitig stützen: pausenlos überwachte Überwacher. In der hierarchisierten Überwachung der Disziplinen ist die Macht keine Sache, die man innehat, kein Eigentum, das man überträgt; sondern eine Maschinerie, die funktioniert. Zwar gibt ihr der pyramidenförmige Aufbau einen „Chef"; aber es ist der gesamte Apparat, der „Macht" produziert und die Individuen in seinem beständigen und stetigen Feld verteilt. Das erlaubt es der Disziplinarmacht, absolut indiskret zu sein, da sie immer und überall auf der Lauer ist, da sie keine Zone im Schatten läßt und da sie vor allem diejenigen pausenlos kontrolliert, die

---

5   M. I. D. B., Instruction méthodique pour l'école paroissiale, 1969, S. 68–83.
6   Ch. Demia, Règlement pour les écoles de 14 ville de Lyon, 1716, S. 27–29. Ein ähnliches Phänomen läßt sich in der Organisation der Kollegs feststellen: lange Zeit waren die „Präfekten" unabhängig von den Professoren für kleine Schülergruppen moralisch verantwortlich. Nach 1762 entwickelt sich dann eine Kontrolle, die administrativer und in die Hierarchie besser integriert ist: Aufseher, Quartiermeister, Unterlehrer. Vgl. Dupont-Ferrier, Du college de Clermont au lycée Louis-le-Grand, 1, S. 254 und 476.

zu kontrollieren haben; und zugleich kann sie absolut „diskret" sein, da sie stetig und zu einem Gutteil verschwiegen funktioniert. Die Disziplin hält eine aus Beziehungen bestehende Macht in Gang, die sich durch ihre eigenen Mechanismen selber stützt und aufsehenerregenden Kundmachungen ein lückenloses System kalkulierter Blicke vorzieht. Dank den Techniken der Überwachung vollzieht die „Physik" der Macht ihren Zugriff auf den Körper nach den Gesetzen der Optik und der Mechanik und in einem Spiel von Räumen, Linien, Schirmen, Bündeln, Stufen und verzichtet zumindest im Prinzip auf Ausschreitung und Gewalt. Diese Macht ist scheinbar um so weniger körperlich und physisch, je gelehrter und physikalischer sie ist.

Die normierende Sanktion

1.   [...]

Im Herzen aller Disziplinarsysteme arbeitet ein kleiner Strafmechanismus, der mit seinen eigenen Gesetzen, Delikten, Sanktionsformen und Gerichtsinstanzen so etwas wie ein Justizprivileg genießt. Die Disziplinen etablieren eine „Sub-Justiz"; sie erfassen einen Raum, der von den Gesetzen übergangen wird; sie bestrafen und qualifizieren Verhaltensweisen, die den großen Bestrafungssystemen entwischen. „Beim Eintritt müssen sich die Kameraden gegenseitig begrüßen; ... beim Weggang müssen sie die Waren und Werkzeuge, deren sie sich bedienten, einschließen und zur Nachtzeit ihre Lampen löschen"; es ist ausdrücklich verboten, die Kameraden durch „Gesten oder sonstwie zu unterhalten" ; sie müssen „sich ehrsam und geziemend benehmen"; wer mehr als fünf Minuten abwesend ist, ohne Herrn Oppenheim verständigt zu haben, wird „für einen halben Tag notiert"; und damit sicher ist, daß in dieser kleinlichen Kriminaljustiz nichts vergessen wurde, ist alles verboten, „was Herrn Oppenheim und seinen Teilhabern schaden kann".[7] Was in der Werkstatt, in der Schule, in der Armee überhandnimmt, ist eine Mikro-Justiz der Zeit (Verspätungen, Abwesenheiten, Unterbrechungen), der Tätigkeit (Unaufmerksamkeit, Nachlässigkeit, Faulheit), des Körpers („falsche" Körperhaltungen und Gesten, Unsauberkeit), der Sexualität (Unanständigkeit, Schamlosigkeit). Gleichzeitig werden als Bestrafungen eine Reihe subtiler Verfahren eingesetzt: von der leichten körperlichen Züchtigung bis zu geringfügigen Entziehungen und kleinen Demütigungen. Einerseits sollen die kleinsten Verhaltensfehler mit Strafen belegt werden, anderseits sollen anscheinend harmlose Elemente des Disziplinarapparates zu Strafen umfunktioniert werden: bis alles dazu dienen kann, alles zu bestrafen; bis jedes Subjekt in einem Universum von Strafbarkeiten und Strafmitteln heimisch wird. „Unter Bestrafung, Züchtigung, Korrektion etc. muß alles verstanden werden, was fähig ist, die Kinder die Fehler fühlen zu lassen, die sie begangen haben; alles, was geeignet ist, sie zu demütigen, zu beschämen . . .; sie gewissermaßen

---

7   Provisorisches Reglement für die Fabrik von M. Oppenheim, 29. Sept. 1809.

kaltsinnig, gleichgültig, demütigend zu behandeln, ihnen etwas zu entziehen, sie von einem ihnen übertragenen Amte zu entsetzen."[8]

2.   Die Strafen der Disziplin sind aber nicht nur eine verkleinerte Nachahmung der Gerichtsstrafen, sondern sie haben ihre Eigentümlichkeiten. Unter das Strafsystem der Disziplin fällt die Nicht-Beobachtung, die Abweichung von der Regel. Strafbar ist alles, was nicht konform ist: der Soldat begeht einen „Fehler", wenn er das vorgeschriebene Niveau nicht erreicht; der „Fehler" des Schülers kann ein kleiner Verstoß sein oder die Unfähigkeit, eine Aufgabe zu erfüllen. Das Reglement für die preußische Infanterie sah „alle nur mögliche Strenge" für den Soldaten vor, der nicht gelernt hat, sein Gewehr richtig zu handhaben. Desgleichen „kann ein Schüler, der den Katechismus vom Vortag nicht behalten hat, dazu angehalten werden, ihn so zu lernen, daß er ihn am nächsten Tag fehlerlos hersagen kann; oder er muß ihn stehend oder kniend mit gefalteten Händen anhören, oder man wird ihm eine andere Strafe auferlegen".

Die Ordnung, der durch die Disziplinarstrafen zum Respekt verholfen werden soll, ist zweifacher Art: es ist eine „künstliche" Ordnung, die ausdrücklich durch ein Gesetz, ein Programm, ein Reglement gesetzt ist; es ist aber auch eine Ordnung, die auf beobachtbaren und natürlichen Prozessen beruht: die Dauer einer Lehre, die Zeit einer Übung, das Niveau einer Tauglichkeit hängen auch von natürlichen Regelmäßigkeiten ab. Die Kinder der christlichen Schulen dürfen niemals in eine „Lektion" gesetzt werden, für die sie noch nicht geeignet sind, weil man sie damit der Gefahr aussetzen würde, nichts lernen zu können; gleichwohl ist die Dauer jedes Stadiums reglementiert, und wer nach drei Prüfungen nicht in die höhere Stufe aufsteigen durfte, muß selbstverständlich in die Eselsbank. Im Disziplinarsystem beruht die Bestrafung sowohl auf rechtlichen wie auf natürlichen Gesichtspunkten.

3.   Die Disziplinarstrafe hat die Aufgabe, Abweichungen zu reduzieren. Sie ist darum wesentlich korrigierend. Neben den Strafmitteln, die direkt der Justiz entliehen sind (Geldbuße, Peitsche, Karzer), bevorzugen die Disziplinarsysteme Bestrafungen, die in den Bereich des Übens, des intensivierten, vervielfachten, wiederholten Lernens fallen. […]

4.   In der Disziplin ist die Bestrafung nur ein Element innerhalb eines Systems von Vergütung und Sanktion, von Dressur und Besserung. Der Lehrer „muß Züchtigungen so weit wie nur möglich vermeiden; im Gegenteil, er muß versuchen häufiger Belohnungen auszuteilen als Strafen; denn die Faulen werden durch das Verlangen, ebenso belohnt zu werden wie die Fleißigen, mehr angeeifert als durch die Furcht vor Strafen; darum wird es sehr ersprießlich sein, wenn es dem Lehrer, der eine Strafe anwenden muß, zuvor gelingt, das Herz des Schülers zu gewinnen".[9] Dieser Zweitaktmechanismus ermöglicht eine Reihe von Operationen, die für die Disziplinarjustiz charakteristisch sind. Zunächst die Qualifizierung der Verhaltensweisen und Leistungen auf einer

8   J.-B. de la Salle, Conduite des Écoles chrétiennes, 1828, S. 204 f.
9   Ch. Demia, op. cit., S. 17.

Skala zwischen Gut und Schlecht. Während in der Strafjustiz das Verbot als einfache Scheidelinie fungiert, handelt es sich hier um eine Verteilung zwischen einem positiven und einem negativen Pol. Das gesamte Verhalten fällt unter gute oder schlechte Noten, unter Gutpunkte oder Schlechtpunkte. Und das läßt sich sogar quantifizieren und zu einer Zahlenökonomie ausbauen. Eine ständig auf den neuesten Stand gebrachte Buchführung legt die Strafbilanz eines jeden jederzeit offen. Die Schuljustiz hat dieses System, von dem sich in der Armee und in der Werkstatt zumindest Spuren finden, sehr weit getrieben. [...] In dieser Mikro-Ökonomie einer pausenlosen Justiz vollzieht sich die Differenzierung – nicht der Taten, sondern der Individuen selber: ihrer Natur, ihrer Anlagen, ihres Niveaus, ihres Wertes. Indem sie die Taten mit größter Genauigkeit sanktioniert, durchschaut sie die Individuen „in Wahrheit". Ihr Strafsystem gehört in den Kreislauf der Erkenntnis der Individuen.

5.   Die Anordnung nach Rängen oder Stufen hat eine zweifache Aufgabe: sie soll die Abstände markieren, die Qualitäten, Kompetenzen und Fähigkeiten hierarchisieren; sie soll aber auch bestrafen und belohnen. Die Reihung wirkt sanktionierend, die Sanktionen wirken ordnend. Die Disziplin belohnt durch Beförderungen, durch die Verleihung von Rängen und Plätzen; sie bestraft durch Zurücksetzungen. Der Rang selber gilt als Belohnung oder Bestrafung. [...] Diese hierarchisierende Strafjustiz hat eine doppelte Wirkung: sie sortiert die Schüler nach ihren Tauglichkeiten und ihrem Benehmen und somit auch nach dem Gebrauch, den man nach der Schule von ihnen machen wird; zudem übt sie einen ständigen Druck auf sie aus, damit sie sich alle demselben Muster unterwerfen, damit sie allesamt „zur Unterordnung, zur Fügsamkeit, zur Aufmerksamkeit in den Studien und Übungen, und zur genauen Ausführung der Aufgaben und aller Teile der Disziplin angehalten werden". Damit sie sich alle gleichen.

Im System der Disziplinarmacht zielt die Kunst der Bestrafung nicht auf Sühne und auch nicht eigentlich auf die Unterdrückung eines Vergehens ab. Sie führt vielmehr fünf verschiedene Operationen durch: sie bezieht die einzelnen Taten, Leistungen und Verhaltensweisen auf eine Gesamtheit, die sowohl Vergleichsfeld wie auch Differenzierungsraum und zu befolgende Regel ist. Die Individuen werden untereinander und im Hinblick auf diese Gesamtregel differenziert, wobei diese sich als Mindestmaß, als Durchschnitt oder als optimaler Annäherungswert darstellen kann. Die Fähigkeiten, das Niveau, die „Natur" der Individuen werden quantifiziert und in Werten hierarchisiert. Hand in Hand mit dieser „wertenden" Messung geht der Zwang zur Einhaltung einer Konformität. Als Unterschied zu allen übrigen Unterschieden wird schließlich die äußere Grenze gegenüber dem Anormalen gezogen (die „Schandklasse" der École militaire). Das lückenlose Strafsystem, das alle Punkte und alle Augenblicke der Disziplinaranstalten erfaßt und kontrolliert, wirkt vergleichend, differenzierend, hierarchisierend, homogenisierend, ausschließend. Es wirkt *normend, normierend, normalisierend*.
[...]
In den Disziplinen kommt die Macht der Norm zum Durchbruch. Handelt es sich dabei um das neue Gesetz der modernen Gesellschaft? Sagen wir vorsichtiger, daß

seit dem 18. Jahrhundert die Macht der Norm zu anderen Mächten hinzutritt und neue Grenzziehungen erzwingt: zur Macht des Gesetzes, zur Macht des Wortes und des Textes, zur Macht der Tradition. Das Normale etabliert sich als Zwangsprinzip im Unterricht zusammen mit der Einführung einer standardisierten Erziehung und der Errichtung der Normalschulen; es etabliert sich in dem Bemühen, ein einheitliches Korpus der Medizin und eine durchgängige Spitalversorgung der Nation zu schaffen, womit allgemeine Gesundheitsnormen durchgesetzt werden sollen; es etabliert sich in der Regulierung und Reglementierung der industriellen Verfahren und Produkte.[10] Zusammen mit der Überwachung wird am Ende des klassischen Zeitalters die Normalisierung zu einem der großen Machtinstrumente. An die Stelle der Male, die Standeszugehörigkeiten und Privilegien sichtbar machten, tritt mehr und mehr ein System von Normalitätsgraden, welche die Zugehörigkeit zu einem homogenen Gesellschaftskörper anzeigen, dabei jedoch klassifizierend, hierarchisierend und rangordnend wirken. Einerseits zwingt die Normalisierungsmacht zur Homogenität, anderseits wirkt sie individualisierend, da sie Abstände mißt, Niveaus bestimmt, Besonderheiten fixiert und die Unterschiede nutzbringend aufeinander abstimmt. Die Macht der Norm hat innerhalb eines Systems der formellen Gleichheit so leichtes Spiel, da sie in die Homogenität, welche die Regel ist, als nützlichen Imperativ und als präzises Meßergebnis die gesamte Abstufung der individuellen Unterschiede einbringen kann.

Die Prüfung

Die Prüfung kombiniert die Techniken der überwachenden Hierarchie mit denjenigen der normierenden Sanktion. Sie ist ein normierender Blick, eine qualifizierende, klassifizierende und bestrafende Überwachung. Sie errichtet über den Individuen eine Sichtbarkeit, in der man sie differenzierend behandelt. Darum ist in allen Disziplinaranstalten die Prüfung so stark ritualisiert. In ihr verknüpfen sich das Zeremoniell der Macht und die Formalität des Experiments, die Entfaltung der Stärke und die Ermittlung der Wahrheit. Im Herzen der Disziplinarprozeduren manifestiert sie die subjektivierende Unterwerfung jener, die als Objekte wahrgenommen werden, und die objektivierende Vergegenständlichung jener, die zu Subjekten unterworfen werden. Die Überlagerung der Machtverhältnisse und der Wissensbeziehungen erreicht in der Prüfung ihren sichtbarsten Ausdruck. Auch hier handelt es sich um eine Errungenschaft des klassischen Zeitalters, die von den Wissenschaftshistorikern im Dunkeln gelassen worden ist. Man schreibt die Geschichte der Experimente an den Blindgeborenen, an den Wolfskindern oder mit der Hypnose. Wer jedoch wird die allgemeinere, unschärfere, aber entscheidendere Geschichte der Prüfung schreiben – der Prüfung mit ihren

---

10 Siehe dazu die wesentlichen Ausführungen von G. Canguilhem, Das Normale und das Pathologische. Aus dem Franz. von M. Noll und R. Schubert, München 1974, S. 161–177.

Ritualen, ihren Methoden, ihren Rollen; ihren Frage- und Antwortspielen, ihren No-
tierungs- und Klassifizierungssystemen? In dieser winzigen Technik steckt nämlich ein
ganzer Wissensraum und ebenso ein ganzer Machttyp. Man spricht oft von der Ideologie, welche die Human-„Wissenschaften" verschwiegen oder geschwätzig mit sich herumtragen. Aber die Technologie dieser Wissenschaften, jenes kleine Verfahrensschema,
das eine solche Verbreitung hat (von der Psychiatrie bis zur Pädagogik, von der Diagnose der Krankheiten bis zur Überprüfung von Arbeitskräften), jenes so vertraute
Verfahren der Prüfung – bringt es nicht innerhalb eines einzigen Mechanismus Machtbeziehungen zum Einsatz, mit denen Wissen erhoben und gebildet wird? Die politische Besetzung des Wissens erfolgt ja nicht bloß auf der Ebene des Bewußtseins und
der Vorstellungen und in dem, was man zu wissen glaubt, sondern auf der Ebene dessen, was ein Wissen ermöglicht.

Eine der wesentlichen Bedingungen für die epistemologische Enthemmung der Medizin am Ende des 18. Jahrhunderts war die Organisation des Spitals als „Prüfungsap-
parat". [...]

In gleicher Weise wird die Schule zu einem pausenlos funktionierenden Prüfungs-
apparat, der den gesamten Unterricht begleitet. Es geht immer weniger um jene Wett-
kämpfe, in denen die Schüler ihre Kräfte maßen, und immer mehr um einen ständigen
Vergleich zwischen dem einzelnen und allen anderen, der zugleich Messung und Sanktion ist. Die christlichen Schulbrüder sahen vor, daß ihre Schüler jeden Tag eine Prüfung machen: am ersten Tag in Orthographie, am zweiten in Arithmetik, am dritten
Tag morgens im Katechismus und abends im Schreiben usw. Zudem mußte jeden
Monat eine große Schularbeit geschrieben werden, damit diejenigen bezeichnet werden konnten, die zur Prüfung vor dem Inspektor zugelassen werden durften.[11] Seit 1775
gab es an der Schule für Brücken- und Straßenbau jährlich 16 Prüfungen: drei in Mathematik, drei in Architektur, drei im Zeichnen, zwei im Schreiben, eine im Steinschliff,
eine im Stil, eine in der Planaufnahme, eine in der Landvermessung und eine in der
Gebäudevermessung.[12] Die Prüfung begnügt sich nicht damit, eine Lehrzeit abzuschließen; vielmehr ist sie eines von deren ständigen Elementen und begleitet sie in einem
dauernd wiederholten Machtritual. Und vor allem gestattet es das Examen dem Lehrer,
der sein Wissen weitergibt, seinerseits über den Schülern ein ganzes Feld von Erkenntnissen aufzubauen. Während in der Zunfttradition die Prüfung eine Lehrzeit beende-
te und eine erworbene Fertigkeit bestätigte – das „Meisterstück" bezeugte eine bereits
vollzogene Wissensübertragung –, ist die Prüfung in der Schule ein tatsächlicher und
beständiger Austausch zwischen dem einen und dem andern Wissen: sie bestätigt den
Übergang der Erkenntnisse vom Lehrer an den Schüler, und gleichzeitig erhebt sie am
Schüler ein Wissen, das für den Lehrer bestimmt und ihm vorbehalten ist. Die Schule
wird zum Ort, an dem die Pädagogik erarbeitet wird. Wie die Prozedur der Kranken-

---

11 J.-B. de la Salle, Conduite des Écoles chrétiennes, 1828, S. 160.
12 Vgl. L'Enseignement et la diffusion des sciences au XVIIe, 1964, S. 360.

untersuchung im Spital die Medizin epistemologisch freigesetzt hat, so hat die „Prüfungsschule" den Beginn einer als Wissenschaft auftretenden Pädagogik markiert. Und in gleicher Weise hat die Periode endlos wiederholter Inspektionen und Manöver in der Armee die Entfaltung eines unermeßlichen taktischen Wissens mit sich gebracht, das sich dann in der Zeit der napoleonischen Kriege bewähren konnte.

Die Prüfung ist ein Mechanismus, der eine bestimmte Form der Machtausübung mit einem bestimmten Typ der Wissensformierung kombiniert.

1. *Die Prüfung kehrt die Ökonomie der Sichtbarkeit in der Machtausübung um.* Die traditionelle Macht ist diejenige, die sich sehen läßt, die sich zeigt, die sich kundtut und die die Quelle ihrer Kraft gerade in der Bewegung ihrer Äußerung findet. Jene aber, an denen sich die Macht entfaltet, bleiben im Dunkeln; sie empfangen nur soviel Licht von der Macht, wie diese ihnen zugesteht: den Widerschein eines Augenblicks. Ganz anders die Disziplinarmacht: sie setzt sich durch, indem sie sich unsichtbar macht, während sie den von ihr Unterworfenen die Sichtbarkeit aufzwingt. In der Disziplin sind es die Untertanen, die gesehen werden müssen, die im Scheinwerferlicht stehen, damit der Zugriff der Macht gesichert bleibt. Es ist gerade das ununterbrochene Gesehenwerden, das ständige Gesehenwerden können, was das Disziplinarindividuum in seiner Unterwerfung festhält. Und das Examen ist die Technik, durch welche die Macht, anstatt ihre Mächtigkeit erstrahlen zu lassen und ihren Abglanz auf ihre Untertanen fallen zu lassen, diese in einem Objektivierungsmechanismus einfängt. In dem von ihr beherrschten Raum manifestiert die Disziplinargewalt ihre Macht durch die sorgfältige Zurichtung und Verteilung von Objekten. Die Prüfung ist gleichsam die Zeremonie dieser Objektivierung.
   [...]
   Und diese Umkehrung der Sichtbarkeit im Funktionieren der Disziplinen sollte die Ausübung der Macht bis in die feinsten Details hinein sicherstellen. Man tritt ins Zeitalter der unbegrenzten Überprüfung und der zwingenden Objektivierung ein.

2. Die Prüfung macht auch die Individualität dokumentierbar. Sie läßt ein durchaus gründliches Archiv von Körpern und Tagen weit hinter sich. Die Prüfung stellt die Individuen in ein Feld der Überwachung und steckt sie gleichzeitig in ein Netz des Schreibens und der Schrift; sie überhäuft sie und erfaßt sie und fixiert sie mit einer Unmasse von Dokumenten. Von Anfang an waren die Prüfungsverfahren an ein System der Registrierung und Speicherung von Unterlagen angeschlossen. Als wesentliches Element in den Räderwerken der Disziplin konstituiert sich eine „Schriftmacht", die sich zwar in vielen Punkten an die traditionellen Methoden der administrativen Dokumentation anlehnt, aber doch auch bedeutende Änderungen und Neuerungen einführt. So ging es in der Armee darum, die Deserteure wiederzufinden, wiederholte Aushebungen zu vermeiden, von den Offizieren vorgelegte

fiktive Rechnungen zu korrigieren, alle Dienststellen sowie den Wert eines jeden einzelnen zu erfassen, die Bilanz der Vermißten und der Toten genau zu ziehen. Ähnlich ging es in den Spitälern darum, die Kranken zu erkennen, die Simulanten zu verjagen, die Entwicklung der Krankheiten zu verfolgen, die Wirksamkeit der Behandlungen festzustellen, die gleichartigen Fälle und die Anfänge von Epidemien zu erfassen. Und in den Unterrichtsanstalten hatte man die Geeignetheit eines jeden zu bestimmen, sein Niveau und seine Fertigkeiten festzustellen sowie ihre mögliche Nutzbarmachung anzugeben: „Auf das Register kann man jederzeit zurückgreifen, um die Sitten der Schüler, ihr Fortschreiten in der Frömmigkeit, im Katechismus und im Schreiben entsprechend der Schulzeit, ihrem Geist und ihrer bisherigen Beurteilung zu erkennen."[13]

So formieren sich eine Reihe von Codes der Disziplinarindividualität, mit denen sich die durch die Prüfung ermittelten individuellen Züge vereinheitlichen und verschlüsseln lassen: der physische Code der Signale, der medizinische Code der Symptome, der schulische oder militärische Code der Verhaltensweisen und Leistungen. Diese Codes waren weder in ihrer qualitativen noch in ihrer quantitativen Ausgestaltung sehr entwickelt – gleichwohl markieren sie den Augenblick einer ersten „Formalisierung" des Individuellen innerhalb von Machtbeziehungen.

Die anderen Neuerungen der Disziplinarschrift betreffen die Korrelierung dieser Elemente, die Speicherung und Ordnung der Unterlagen, die Organisation von Vergleichsfeldern zum Zwecke der Klassifizierung, Kategorienbildung, Durchschnittsermittlung und Normenfixierung. [...]

Mit Hilfe dieses angeschlossenen Aufzeichnungsapparates eröffnet das Examen zwei miteinander zusammenhängende Entwicklungen: einerseits konstituiert sich das Individuum als beschreibbarer und analysierbarer Gegenstand, der aber nicht wie das Lebewesen der Naturforscher in „spezifische Eigenschaften" zerlegt wird, sondern unter dem Blick eines beständigen Wissens in seinen besonderen Zügen, in seiner eigentümlichen Entwicklung, in seinen eigenen Fähigkeiten und Fertigkeiten festgehalten wird; andererseits baut sich ein Vergleichssystem auf, das die Messung globaler Phänomene, die Beschreibung von Gruppen, die Charakterisierung kollektiver Tatbestände, die Einschätzung der Abstände zwischen den Individuen und ihre Verteilung in einer „Bevölkerung" erlaubt.

Darin liegt die entscheidende Neuerung dieser kleinen Notierungs-, Registrierungs-, Auflistungs- und Tabellierungstechniken, die uns so vertraut sind: sie haben die epistemologische Blockade der Wissenschaften vom Individuum aufgehoben. Das aristotelische Problem, ob eine Wissenschaft vom Menschen möglich sei, ist gewiß ein grobes Problem und hat vielleicht große Lösungen gefunden. Doch gibt es das kleine historische Problem, daß gegen Ende des 18. Jahrhunderts etwas aufgetaucht ist, was man

---

13 M. I. D. B., Instruction méthodique pour l'école paroissiale, 1669, S. 64.

die „klinischen" Wissenschaften nennen könnte; das Problem des Eintritts des Individuums (und nicht mehr der Spezies) in das Feld des Wissens; das Problem der Einführung der Einzelbeschreibung, der Vernehmung, der Anamnese, des „Dossiers" in den allgemeinen Betrieb des wissenschaftlichen Diskurses. Auf diese simple Tatsachenfrage ist zweifellos nur eine Antwort ohne Größe möglich: man muß sich bei jenen Aufzeichnungs- und Registrierungsverfahren, bei den Überprüfungsmechanismen, bei der Formierung der Disziplinaranlagen und bei der Herausbildung eines neuen Typs von Macht über die Körper umsehen. Die Geburt der Wissenschaften vom Menschen hat sich wohl in jenen ruhmlosen Archiven zugetragen, in denen das moderne System der Zwänge gegen die Körper, die Gesten, die Verhaltensweisen erarbeitet worden ist.

1. Die Prüfung macht mit Hilfe ihrer Dokumentationstechniken aus jedem Individuum einen „Fall": einen Fall, der sowohl Gegenstand für eine Erkenntnis wie auch Zielscheibe für eine Macht ist. Der Fall ist nicht mehr wie in der Kasuistik oder in der Jurisprudenz ein Ganzes von Umständen, das eine Tat qualifiziert und die Anwendung einer Regel modifizieren kann; sondern der Fall ist das Individuum, wie man es beschreiben, abschätzen, messen, mit andern vergleichen kann – und zwar in seiner Individualität selbst; der Fall ist aber auch das Individuum, das man zu dressieren oder zu korrigieren, zu klassifizieren, zu normalisieren, auszuschließen hat usw.

[…]

Als rituelle und zugleich „wissenschaftliche" Fixierung der individuellen Unterschiede, als Festnagelung eines jeden auf seine eigene Einzelheit (im Gegensatz zur Zeremonie, in der Standeszugehörigkeiten, Abstammungen, Privilegien, Ämter zu unübersehbarem Ausdruck kamen), zeigt die Prüfung das Heraufkommen einer neuen Spielart der Macht an, in der jeder seine eigene Individualität als Stand zugewiesen erhält, in der er auf die ihn charakterisierenden Eigenschaften, Maße, Abstände und „Noten" festgelegt wird, die aus ihm einen „Fall" machen.

Letzten Endes steht das Examen im Zentrum der Prozeduren, die das Individuum als Effekt und Objekt von Macht, als Effekt und Objekt von Wissen konstituieren. Indem sie hierarchische Überwachung und normierende Sanktion kombiniert, erbringt die Prüfung die großen Disziplinarleistungen Verteilung und Klassifizierung, der maximalen Ausnutzung der Kräfte und Zeiten, der stetigen Anhäufung und optimalen Zusammensetzung der Fähigkeiten. Also der Herstellung der zellenförmigen, organischen, evolutiven und kombinatorischen Individualität. Die Prüfung ritualisiert jene Disziplinen, die man mit einem Wort charakterisieren kann, indem man sagt, sie sind eine Spielart der Macht, für die der individuelle Unterschied entscheidend ist.

Die Disziplinen markieren die Umkehrung der politischen Achse der Individualisierung. In den Gesellschaften, für die das Feudalsystem nur ein Beispiel ist, erreicht die Individualisierung ihren höchsten Grad in den höheren Bereichen der Macht und am Ort der Souveränität. Je mehr Macht oder Vorrechte einer innehat, um so mehr wird er durch Rituale, Diskurse oder bildliche Darstellungen als Individuum ausgeprägt. Der

„Name" und der Stammbaum, die innerhalb der Verwandtschaft einen Platz anweisen; Heldentaten, welche die Überlegenheiten der Kräfte dartun und durch Erzählungen unsterblich gemacht werden; Zeremonien, die durch ihre Ordnung Machtverhältnisse ausdrücken; Denkmäler oder Stiftungen, die das Überleben nach dem Tode sichern; der Prunk und das Übermaß der Verausgabung; die vielfältigen und sich kreuzenden Bande von Untertänigkeit und Oberhoheit – all das sind Verfahren einer „aufsteigenden" Individualisierung. In einem Disziplinarregime hingegen ist die Individualisierung „absteigend": je anonymer und funktioneller die Macht wird, um so mehr werden die dieser Macht Unterworfenen individualisiert: und zwar weniger durch Zeremonien als durch Überwachungen; weniger durch Erinnerungsberichte als durch Beobachtungen; nicht durch Genealogien, die auf Ahnen verweisen, sondern durch vergleichende Messungen, die sich auf die „Norm" beziehen; weniger durch außerordentliche Taten als durch „Abstände". In einem Disziplinarsystem wird das Kind mehr individualisiert als der Erwachsene, der Kranke mehr als der Gesunde, der Wahnsinnige und der Delinquent mehr als der Normale. Es sind jedenfalls immer die ersteren, auf die unsere Zivilisation alle Individualisierungsmechanismen ansetzt; und wenn man den gesunden, normalen, gesetzestreuen Erwachsenen individualisieren will, so befragt man ihn immer danach, was er noch vom Kind in sich hat, welcher geheime Irrsinn in ihm steckt, welches tiefe Verbrechen er eigentlich begehen wollte. Alle Psychologien, -graphien, -metrien, -analysen, -hygienen, -techniken und -therapien gehen von dieser historischen Wende der Individualisierungsprozeduren aus. [...]

Man sagt oft, das Modell einer Gesellschaft, die wesentlich aus Individuen bestehe, sei den abstrakten Rechtsformen des Vertrags und des Tausches entlehnt. Die Warengesellschaft habe sich als eine vertragliche Vereinigung von isolierten Rechtsobjekten verstanden. Mag sein. Die politische Theorie des 17. und 18. Jahrhunderts scheint diesem Schema tatsächlich häufig zu entsprechen. Doch darf man nicht vergessen, daß es derselben Epoche eine Technik gab, mit deren Hilfe die Individuen als Macht- und Wissenselemente wirklich hergestellt worden sind. Das Individuum ist zweifellos das fiktive Atom einer „ideologischen" Vorstellung der Gesellschaft; es ist aber auch eine Realität, die von der spezifischen Machttechnologie der „Disziplin" produziert worden ist. Man muß aufhören, die Wirkungen der Macht immer negativ zu beschreiben, als ob sie nur „ausschließen", „unterdrücken", „verdrängen", „zensieren", „abstrahieren", „maskieren", „verschleiern" würde. In Wirklichkeit ist die Macht produktiv; und sie produziert Wirkliches. Sie produziert Gegenstandsbereiche und Wahrheitsrituale: das Individuum und seine Erkenntnis sind Ergebnisse dieser Produktion. [...]

Kapitalakkumulation, Klassenkonflikt und Veränderungen im Erziehungswesen[1]

Samuel Bowles und Herbert Gintis

> „Es hatte aber alle Welt einerlei Zunge und Sprache … Und sie sprachen: Wohlauf, laßt uns eine Stadt und einen Turm bauen, dessen Spitze bis an den Himmel reiche, damit wir uns einen Namen machen; denn wir werden sonst zerstreut in alle Länder. Da fuhr der HERR hernieder, daß er sähe die Stadt und den Turm, die die Menschenkinder bauten. Und der HERR sprach: Siehe, es ist einerlei Volk und einerlei Sprache unter ihnen allen, und dies ist der Anfang ihres Tuns; nun wird ihnen nichts mehr verwehrt werden können von allem, was sie sich vorgenommen haben zu tun. Wohlauf, laßt uns herniederfahren und dort ihre Sprache verwirren, daß keiner des andern Sprache verstehe! So zerstreute sie der HERR von dort in alle Länder, daß sie aufhören mußten, die Stadt zu bauen."
>
> *Genesis, 11*

In den vorangegangenen drei Kapiteln haben wir einen Überblick über Entwicklungen gegeben, die das Primar-, Sekundar- und das tertiäre Bildungswesen in den letzten anderthalb Jahrhunderten genommen haben. Wir haben ein Bild gezeichnet, das in seinen historischen Dimensionen recht viele Parallelen zu unserer Analyse der Verknüpfung von Erziehungssystem und Wirtschaftsleben (Kapitel 4 und 5) aufweist. Unsere historische Interpretation geht jedoch erheblich über die mehr statistische und strukturelle Analyse hinaus. Wir haben nämlich mehr zeigen können als nur eine Korrespondenz zwischen Sozialbeziehungen in der Produktion und Sozialbeziehungen im Erziehungswesen zu einem bestimmten Zeitpunkt: Wir haben gezeigt, daß Änderungen der Bildungsstruktur historisch mit Änderungen in der gesellschaftlichen Organisation der Produktion verknüpft sind. Die Tatsache, daß Änderungen in der Produktionsstruktur entsprechenden Änderungen im Schulwesen vorausgegangen sind, bekräftigt die augenscheinlich zentrale Bedeutung der Wirtschaftsstruktur als wichtigem Bestimmungsfaktor der Bildungsstruktur.

---

1 Erstveröffentlichung in: Samuel Bowles und Herbert Gintis (1976): New York: Basic Books. Deutsche Fassung in. Samuel Bowles und Herbert Gintis (1978): Pädagogik und die Widersprüche der Ökonomie. Das Beispiel USA. Frankfurt/Main: Suhrkamp, S. 271–287.

Wie ändert sich Erziehung?

> „Die Schule soll uns für das Leben ausrüsten, und das Leben ist eher eine Zeit
> der Disziplin als des Vergnügens. Disziplin ist die Regel, Vergnügen die Aus-
> nahme ...“
>
> *Aus einer Stellungnahme der Bostoner Schulleiter, 1844*

Es ist nicht überraschend, daß Historiker (und wer sonst mit dem Thema befaßt)
den Wandlungsprozeß im Erziehungswesen abweichend – und oft scharf kontrastie-
rend – interpretieren. Einige, wie der bekannte Bildungshistoriker R. Freeman Butts,
haben die Entwicklung des US-Erziehungswesens als eine „unermüdliche Suche nach
Freiheit"[2] bezeichnet. Butts zufolge lautet die beherrschende Frage in der Bildungsgeschichte der USA: „Welche Art von Erziehung ist am besten geeignet, freie Menschen
und Bürger heranzubilden?" Als die Führer der neuen Nation „eine republikanische
Regierungsreform einführten, der Gleichheit, Demokratie und Freiheit gewidmet, stellten sie fest, daß sie ein Erziehungssystem brauchten, das einer solchen Regierungsform
angemessen wäre".[3] Das Problem, wie die Schulen zu kontrollieren sei.en, wurde zugunsten der Demokratie gelöst: „Die einzige Institution in einer freien Gesellschaft, *die*
jedermann gleichermaßen dient und von allen kontrolliert wird, ist die Regierung; also
sollte die Regierung die allgemeinen Schulen kontrollieren."[4] Der Übergang von der
Ideologie der Allgemeinen Schule in der Mitte des 19. Jahrhunderts zur klassenspezifischen Schichtung um die Jahrhundertwende paßt nahtlos in diese Analyse. Zwar war
der Beitrag der früheren Erzieher zur Durchsetzung von Freiheit erheblich, Butts zufolge war er jedoch nicht vollständig:

> „Ihr Hauptinteresse war es, eine universelle, freie, öffentliche Schule zu entwerfen, die
> freie Institutionen und freie Staatsbürgerlichkeit fördern würde. Während der ersten
> einhundert Jahre der Republik überragte das Bedürfnis, die gemeinsamen Bande und
> Loyalitäten einer freien Gemeinschaft zu schaffen, alles andere. Den Forderungen nach
> Mannigfaltigkeit und Unterschiedlichkeit als der Essenz der Freiheit der Individu-
> en schenkte man weniger Aufmerksamkeit. Das kam später, als die Union gegründet
> worden war, gesichert gegen Opposition von innen, verteidigt gegen Eindringlinge von
> außen und erhalten – trotz eines Krieges zwischen den Staaten selbst."[5]

Das Problem der Schulpflicht bereitet liberalen Denkern gewöhnlich Kopfzerbrechen;
nicht so Butts:

---

2   Butts, in: John E. Sturm und John A. Palmer (eds.), Democratic Legacy in Transition, New York: Van
    Nostrand, 1971, S. 50.
3   Ebd., S. 18.
4   Ebd., S. 27–29.
5   Ebd., S. 27–29.

„Im Interesse einer größeren Freiheit muß eine kleinere eingeschränkt werden. Und um die größere Freiheit zu gewährleisten, mußte der Staat seine Autorität ins Feld führen und nicht nur dafür sorgen, daß Schulen für alle vorhanden waren, sondern auch dafür, daß alle Kinder die Schule tatsächlich besuchten. Massachusettes zeigte den Weg, als es 1852 sein Schulpflichtgesetz verabschiedete. Diese Lösung war wirklich kreativ."[6]

Diese von vielen geteilte Ansicht, die wir als die Interpretation im Sinne des ‚demokratischen Imperativs‘ bezeichnen, erklärt weniger die Wandlungen im Erziehungswesen, als daß sie für das Schulsystem einen Evolutionsprozeß postuliert, in dem es auf irgendwelchen vorherbestimmten, aber relativ dunklen Wegen der Freiheit zustrebe. Konflikte sieht diese Theorie nur bei der Geschwindigkeit der Bewegung, nicht bei der Richtungsänderung vor.

Andere Autoren, die die Rolle des Konfliktes in der Entwicklung des US-Schulsystems hervorheben, haben das gegenwärtige Schulsystem als ein Monument des Triumphes der kleinen Leute über die Mächtigen gedeutet. Typisch für diese Ansicht ist, was Ellwood Cubberly schrieb: „Man kann sagen, das zweite Viertel des 19. Jahrhunderts ist Zeuge des Kampfes für durch Steuern unterhaltene, öffentlich-kontrollierte, nichtkonfessionelle allgemeine Schulen gewesen. Abgesehen vom Kampf um die Abschaffung der Sklaverei waren die Amerikaner vielleicht nie einem Problem konfrontiert, das so viele Emotionen wachgerufen und zu so bitteren Antagonismen geführt hätte."[7]

Natürlich spaltete eine derart erbitterte Diskussion eines allgemeinen Problems die Leute in Anhänger und Gegner der öffentlich unterhaltenen und beaufsichtigten Schulen. Die neue „Interessenallianz" sah, Cubberly zufolge, „Philosophen, Humanisten, Staatsmänner von großer Weitsicht, die Gebildeten aus Neuengland und intelligente Arbeiter aus den Städten" zusammengeschweißt im Kampf für den Fortschritt gegen die Kräfte der Reaktion – „kurzsichtige Politiker, Unwissende und Geizige, die alte aristokratische und die nicht-englischsprechenden Klassen".[8]

Frank Tracy Carleton, ein Historiker, betonte insbesondere die Rolle der Arbeiter in diesen Auseinandersetzungen:

„Bei beinahe jedem Arbeitertreffen [...] wurde diese Forderung aufgenommen. Horace Mann, Henry Barnard, James E. Carter, Robert Dale Owen, George H. Evans und andere leiteten die Bewegung, aber den kraftvollen Antrieb erhielt sie durch die nach-

---

6   Ebd., S. 30.
7   Ellwood P. Cubberly, Public Education in the U.S., Boston: Houghton-Mifflin, 1934, S. 164–165. Es ist in der Tat schwierig, Cubberlys Schriften zur Bildungsgeschichte zu kategorisieren. Obwohl er eindeutig von der Konflikttheorie beeinflusst ist, die ursprünglich von Carleton vorgetragen worden war, äußerte Cubberly auch den evolutionären Idealismus, der von Butts repräsentiert wurde. Zeitweise scheint er auch die technologische Perspektive aufzugreifen, die wir ebenfalls diskutieren.
8   Ebd.

drücklichen Forderungen der aufgerüttelten und beharrlichen, mit dem Stimmzettel bewaffneten Arbeiterklasse.

Die ländlichen Distrikte, die Arbeitgeber und die Reichen brachten für steuerlich finanzierte Schulen kaum Sympathie auf; und oft erhoben sie mit bitterem Protest oder scharfem Angriff ihre Stimme gegen dieses Projekt. Wenn man die Entwicklung eines freien Schulsystems in den einzelnen Bundesstaaten und das vollständige Fehlen eines freien Schulsystem im sklavenhaltenden Süden sorgfältig untersucht, bestätigen sich die allgemeinen Feststellungen."[9]

Wir bezeichnen Cubberleys und Carletons Ansicht als die Interpretation der ‚öffentlichen Forderung nach Erziehung', die S. M. Lipset jüngst als die ‚Theorie vom demokratischen Klassenkampf' aufgegriffen hat.[10]

Andere haben eine Deutung vorgetragen, die zugleich weniger inspirierend als die von Butts und weniger aufregend als die von Cubberley und Carleton ist – man könnte sie als die ‚technologische Interpretation' umschreiben. Dieser Deutung zufolge haben sich Wachstum und Struktur des US-Erziehungswesens den der Zunahme und der Struktur der Qualifikationsanforderungen in der Wirtschaft entspringenden Ausbildungserfordernissen angepaßt. Typisch für diese Sicht ist die folgende Stellungnahme von Martin Trow:

> „Das öffentliche Sekundarschulsystem für die Massen, wie wir es kennen, hat seine Wurzeln in der Transformation von Wirtschaft und Gesellschaft, die nach dem Bürgerkrieg vonstatten ging. [. . .] Das Wachstum des Sekundarschulsystems nach 1870 war großenteils eine Reaktion auf das Drängen der Wirtschaft auf eine Masse von White-collar-Arbeitnehmern mit mehr als nur einer Elementarschulbildung."[11]

Diese drei Interpretationen – der ‚demokratische Imperativ', die ‚öffentliche Forderung nach Erziehung' und die ‚technologische Deutung' – waren bis vor kurzem die vorherrschenden Theorien über die Geschichte des Erziehungswesens in den USA; es wird den Leser nicht überraschen, daß wir sie für unzulänglich halten. Wir führen sie nicht nur deshalb vor, weil sie die akademischen Standardargumentationen bilden, sondern auch, weil wir glauben, daß viele Leser, wenn sie darüber nachdenken, feststellen werden, daß sie einer von ihnen anhängen. Sowohl der ‚demokratische Imperativ' als auch die ‚technologische Deutung' sind irrig, weil sie auf falschen Prämissen aufbauen. Die inspirierende Interpretation von Historikern wie Butts wird durch die Tatsache widerlegt,

---

9   Frank Tracy Carleton, Economic Influences upon Educational Progress in the U.S., 1820–1850, Madison: University of Wisconsin Press, 1911.

10 S. M. Lipset, Political Man: Social Bases of Politics, New York; Doubleday and Co., 1960.

11 Trow, in: Reinhard Bendix und S. M. Lipset, Class, Status and Power, New York: The Free Press, 1966, S. 438.

daß die Geschichte von Struktur, Inhalt und Kontrolle des US-Erziehungssystems eine verblüffende Konsistenz aufweist, jedenfalls soweit es die bewußte Domestizierung der Jugend betrifft. ‚Kontrolle' und nicht ‚Befreiung' heißt die Parole unserer einflußreichsten Erzieher.[12] Wohl hat die Sekundarerziehung Toleranz und kosmopolitische Einstellungen in beträchtlichem Maße gefördert, und die übriggebliebenen Elite-Institute für höhere Bildung in den USA haben bei vielen Studenten das soziale Wahrnehmungsvermögen geschärft. Aber das Autoritätsgehabe dominiert nach wie vor.

Die technologische Sichtweise findet in der Geschichte der Elementarerziehung für die Massen wenig Unterstützung. Es gibt keinen Beweis für eine Zunahme der Qualifikationsanforderungen von seiten der Wirtschaft im 19. Jahrhundert.[13] Die Befürworter einer Erziehung für die Massen waren auch nicht der Meinung, die Schulen würden berufsrelevante Fertigkeiten vermitteln. In der Tat legen die verfügbaren fragmentarischen Angaben die Vermutung nahe, daß gebildete Arbeiter in den Augen der Arbeitgeber zwar ‚wohlerzogen', gewesen sein mögen, daß sie aber – technisch gesehen – nicht produktiver waren als ungebildete Arbeiter.[14] Angesichts der Tatsache, daß schon vor dem Aufleben der Allgemeinen Schule sehr viele Menschen lesen und schreiben konnten (ca. 90 % der erwachsenen Weißen), ist es ganz besonders schwierig, die These aufrechtzuerhalten, daß es das Ziel der frühen Schulreform-Bewegung gewesen sei, Lese- und Schreibfähigkeit in den Massen zu bilden.[15] Was die Sekundar- und tertiäre Bildung betrifft, so wird mit der Berufsqualifikations-Perspektive zwar die Nachfrage nach einem Erziehungswesen erklärt, das die kognitive Entwicklung unterstützte, nicht aber der wirklich kritische Punkt, weshalb das Erziehungssystem gerade diese bestimmte Gestalt annahm. Denn wir haben schon im vorausgegangenen Kapitel gezeigt, daß die Sozialbeziehungen in den heutigen Schulen sich nicht aus dem technischen Gebot ableiten lassen, kognitive Fertigkeiten vermitteln zu müssen. Überdies haben *wir* gezeigt, daß auf die vermittelten kognitiven Fertigkeiten die Verknüpfung von Bildungserfolg und ökonomischem Erfolg nicht zurückgeführt werden kann.[16]

Der Augenschein zugunsten Cubberleys und Carletons Interpretation, der Bildungsfortschritt sei der ‚Forderung der Öffentlichkeit' zu verdanken, überzeugt auf den ersten Blick sehr viel eher. Arbeiternehmerorganisationen und Bürgergruppen haben

---

12 S. Michael Katz, The Irony of Early School Reform, Cambridge, Mass.: Harvard University Press, 1968; und Clarence J. Karier, Joel Spring und Paul C. Violas, Roots of Crises, Chicago: University of Illinois Press, 1973.

13 Alexander J. Field, Skill Requirements in Early Industrialization: The Case of Massachusetts, Arbeitspapier in Ökonomie, University of California at Berkely, Dezember 1973.

14 Hal Luft, New England Textile Labor in the 1840's: From Yankee Farmgirl to Irish Immigrant, Mimeo, Januar 1971.

15 Albert Fishlow, The American Common Scholl Revival: Fact or Fancy? in: Henry Rosovsky (ed.), Industrialization in Two Systems, New York: John Wiley & Sons, 1966; und M. Vanovskis und R. Bernard, Women and Education in the Ante Bellum U.S., Madison: University of Wisconsin Center for Demography and Ecology, Arbeitspapier 73-3, 1973.

16 S. Kapitel 4.

oft mehr Schulbildung gefordert, und nach gebührender Zeit expandierte das Schulwesen. Es resultiert aus dieser Auffassung jedoch eine Reihe von Schwierigkeiten. Erstens haben die Organisatoren der arbeitenden Bevölkerung im untersuchten Zeitraum eine Vielzahl von Forderungen gestellt; Bildungsreform und -expansion waren eher ein sekundäres Vorhaben, wenn man die unmittelbaren wirtschaftlichen Forderungen dagegenhält: Forderungen nach Landreform, Kooperativen, Arbeitsplatzsicherheit und dergleichen mehr. Wenn wir für den Augenblick der Ansicht folgen, die Arbeiterorganisationen seien für den Anstieg der Immatrikulationen verantwortlich gewesen: Wie erklärt sich ihre Fähigkeit, ein erweitertes Schulsystem durchzusetzen, wenn ihre übrigen Forderungen keinen bemerkenswerten Erfolg hatten? Die Antwort lautet unserer Meinung nach, daß die Expansion des Bildungswesens von Arbeitgebern und anderen Mächtigen ebenso unterstützt wurde wie von der organisierten Arbeiterschaft. Wo die Forderungen der organisierten Arbeiterschaft in Sachen Erziehung von denen der Geschäftsleute abwichen – wie z. B. um die Jahrhundertwende beim Ringen um die Kontrolle der Berufsbildung –, hatte die Arbeiterschaft gewöhnlich das Nachsehen. (Allerdings nicht immer, wie der erfolgreiche Kampf der Chicago Federation of Labor zeigt.)

Ein zweites Problem bei dieser Deutung ist, daß die Belege für die Unterstützung der Bildungsexpansion durch die Arbeiterklasse nicht rundum überzeugen können. Wenn die Arbeiterorganisationen Bildungsforderungen stellen, ist das kaum für die Wünsche der Mehrheit der Arbeiter bezeichnend. Im 19. wie auch im 20. Jahrhundert war nur eine kleine Minderheit der Arbeiter gewerkschaftlich organisiert. Die Gewerkschaften im 19. Jahrhundert, deren Bildungsforderungen als Haupterzeugnis für Carletons Ansicht dienen, setzten sich hauptsächlich aus gutsituierten Facharbeiten zusammen. Es ist so gut wie unmöglich festzustellen, welche Bildungsforderungen die nicht-organisierten Leute – Bauern, Arbeiter – erhoben haben. Die Opposition gegen die Schulreformer kam hauptsächlich von den städtischen Organisationen der Bevölkerung und in gewissem Grade aus Lehrerkreisen. den ländlichen Gegenden wurde die Erziehungsreform fast immer oktroyiert.[17]

Drittens läßt Carletons Interpretation fragen: Erhielt die arbeitende Bevölkerung, was sie von der Erziehung erwartete? Es ist unmöglich, diese Frage befriedigend zu beantworten. Jedoch deutet, was an Angaben über Zeitpunkt und Inhalt der Veränderungen im Erziehungswesen verfügbar ist, nicht auf eine Bestätigung dieser Annahme hin. Die Phasen der pädagogischen Gärungen in Neuengland und New York vor dem Bürgerkrieg waren sehr wahrscheinlich durch die wachsende Militanz der Arbeiter und anderer weniger gutsituierter Leute hervorgerufen.

Arbeiter erhoben ihre Stimme für allgemeine Erziehung und lokale Kontrolle; sie erhielten etwas ganz anderes. Wenn man ganz Neuengland betrachtet, ging 1860 ein

---

17 David Tyack, The one Best System: A History of American Urban Education, Cambridge, Mass.: Harvard University Press, 1974.

geringerer Prozentsatz aller Kinder zur Schule als 1840.[18] Die lokale Kontrolle wurde allmählich durch die Errichtung von zentralisierten Schulsystemen, durch die Professionalisierung des Lehrens und die schrittweise Durchsetzung der Regierungsautorität über das Erziehungswesen ausgeschaltet. Für New York deuten die greifbaren Belege darauf hin, daß weder die Einschreibungsquoten noch die Schichtstrukturen der Schule sich zwischen 1795 und 1860 gründlich gewandelt haben.[19] Die Vorkriegsperiode im Nordosten stand im Zeichen der Reorganisation, nicht der Expansion des Erziehungswesens. Andere Regionen – insbesondere der obere Mittelwesten – erlebten eine beträchtliche Expansion; aber das waren keine Hochburgen der Organisation oder Stärke der Arbeiterklasse.

Nach dem Bürgerkrieg nahmen die Schuleinschreibungen in Neuengland, in New York und im ganzen Land zu. Wir stellen die wichtige Rolle des öffentlichen Drucks bei der Öffnung des Schulsystems nicht in Frage; insbesondere in den letzten Jahren haben weitverbreitete Forderungen nach offener Immatrikulation in den Colleges die Entwicklung eines Erziehungssystems für die Massen vorangetrieben. Aber auch hier treffen wir wieder auf das bekannte Muster in dem Verhältnis zwischen Forderungen der Öffentlichkeit und Änderungen im Erziehungswesen. Arme und Familien aus Arbeiterklassen haben nach Zugang zum tertiären Bildungsbereich verlangt, und in gewisser Weise haben sie ihn auch erkämpft. Aber haben sie in die Sackgassen von Gemeinecollege-Programmen geschleust werden wollen? Hatten sie die Vision von Stratifizierung im Erziehungswesen?

Wir finden wenig Bestätigung für die Ansicht, unser Erziehungssystem habe aufgrund der Forderungen der einfachen Leute seine Form erhalten. Wir bezweifeln, daß man selbst bei großzügiger Auslegung des Materials ,öffentlichen Druck' als Erklärung für die Kontrollstrukturen im Erziehungswesen der USA – vom Klassenzimmer über den Schulausschuß bis zu den privaten Stiftungen – heranziehen kann.

Auch bei einer eingeschränkten Analyse, die sich auf die politischen Mechanismen konzentriert, die bei Wandlungen im Erziehungswesen wirksam werden, hat sich die Interpretation ,Druck der Öffentlichkeit' jüngst als weitgehend unzulänglich erwiesen. Von einem ,revisionistischen' Standpunkt in der Bildungsgeschichte aus wurde die vermeintliche Bedeutung des Drucks der Arbeiterklasse für einen Wandel des Erziehungssystems in Frage gestellt; und im Verlauf von weniger als zehn Jahren haben uns die bahnbrechenden Arbeiten von Michael Katz, Clarence Karier, Marvin Lazerson, Carl Kaestle, Joel Spring, David Tyack, Colin Greer und anderen ein völlig anderes Bild der Bildungsgeschichte geliefert.[20] Mit äußerster Sorgfalt sind diese Autoren auf die Berichte

---

18 Vanovskis und Bernard, op. cit. Die Angabe bezieht sich auf Weiße im Alter zwischen 5 und 19 Jahren.
19 C. Kaestle, The Evolution of an Urban School System: New York City 1750–1850. Cambridge, Mass.: Harvard University Press, 1973.
20 Repräsentative Arbeiten sind: Katz (1968), a. a. O.; Michael Katz, Class, Bureau-crazy and Schools, New York: Praeger Publishers, 1971a; Michael Katz (ed.), School Reform Past and Present, Boston: Little Brown and Co., 1971b; Karier, Spring und Violas (1973), a. a. O.; Marvin Lazerson, Origins Of

der frühen Schulkomitees, die Briefe der wichtigen Reformer, auf die einschlägigen Geschäfts- und Stiftungsberichte zurückgegangen. Gestützt sowohl auf traditionelle historische Argumentation wie auf ausgefeilte statistische Verfahren, haben sie eine neue Deutung begründet – sie ist zu mannigfaltig, um sie als ‚Schule‘ zu bezeichnen, aber kohärent genug, um sich locker zusammenfassen zu lassen. Die Expansion der Erziehung für die Massen und die Entwicklung ihrer Strukturformen, so argumentieren diese Autoren, wurden durch demographische Veränderungen im Zusammenhang der Industrialisierung und der Urbanisierung der wirtschaftlichen und gesellschaftlichen Aktivitäten ausgelöst. Den wichtigsten Anstoß gaben jedoch nicht die Berufsqualifikationen, die der komplexere und wachsende Industriesektor forderte, auch nicht in erster Linie der Wunsch, die Verwahrlosung in den Städten zu beseitigen. Vielmehr wurden die Schulen nach Meinung der Autoren zuerst und hauptsächlich als Agenten der sozialen Kontrolle über eine kulturell immer heterogenere, von Armut gepeinigte städtische Bevölkerung in einem zunehmend instabilen und bedrohlichen ökonomischen und politischen System gefördert. Katz, vielleicht der prominenteste unter den Revisionisten, behauptet, das Interesse an den Schulen sei den Arbeitern aufgezwungen worden.[21]

Wie unsere Anmerkungen belegen, haben wir von den revisionistischen Historikern viel gelernt. Unsere Beschäftigung mit der Geschichte des Erziehungswesens in den USA hat jedoch zu einer alternativen Interpretation geführt – die zwar generell den revisionistischen Standpunkt unterstützt, in wesentlichen Punkten jedoch auch von ihm abweicht.

Widersprüche und Veränderungen im Erziehungswesen: ein Überblick

> „Der ganze Kampf mit den Slums wird um die öffentlichen Schulen herum ausgetragen ...“
>
> *Jacor Riis, How the Other Half Lives, 1902*

> „Der Zusammenstoß der Kulturen im Klassenzimmer im wesentlichen ein Klassenkampf, ein sozio-ökonomischer und Rassen-Krieg, der auf dem Kampfplatz Schule ausgefochten wird. [...] Es ist ein ungleichgewichtiger Kampf, insbesondere weil er, wie die meisten Kämpfe, unter dem Deckmantel der gerechten Sache vonstatten geht.“
>
> *Kenneth Clark, Dark Ghettos, 1965*

Unsere Analyse der Veränderungsprozesse im Erziehungswesen ist eine direkte Erweiterung unserer Analyse der kapitalistischen Ökonomie (Kapitel 3). Die Rolle der Erzie-

---

Urban Schools: Public Education in Massachusetts, Cambridge, Mass.: Harvard University Press, 1971; Kaestle (1973), a. a. O., Tyack (1974), a. a. O.; Colon Greer, The Great School Legend, New York: Viking Press, 1973; Clarence Karier, Shaping the American Educational State: 1900 to the Present, New York: The Free Press, 1975.

21 Katz (1968), a. a. O.

hung (wie in den Kapiteln 4 und 5 skizziert) bei der Legitimierung der Klassenstruktur und bei der Verstärkung von Bewußtseinsformen, die mit ihrer Reproduktion in Einklang stehen, stechen auch in unserer Analyse hervor.

Die Akkumulation von Kapital ist die treibende Kraft hinter Transformation und Wachstum der US-Wirtschaft gewesen. In der Produktion wird menschliche Arbeit mit immer größeren Mengen von Maschinen und anderen Kapitalgütern kombiniert; gleichzeitig hat die Leistungsfähigkeit der Arbeiter durch Schulung und Ausbildung zugenommen. – Im Prozeß der Kapitalakkumulation lassen sich zwei wichtige Aspekte identifizieren. Da ist erstens die Steigerung der Produktivkräfte mit der daraus folgenden raschen und anhaltenden Erhöhung des Güter- und Dienstleistungsausstoßes pro Arbeiter.[22] Der zweite Aspekt besteht in der gleichermaßen dramatischen Umbildung der gesellschaftlichen Produktionsverhältnisse. Der Bereich kapitalistischer Kontrolle wird erweitert, indem immer größere Teile der Bevölkerung auf den Status von Lohnarbeitern fixiert werden. Zur gleichen Zeit hat sich die kapitalistische Kontrolle durch die allmähliche Ausweitung und Verfeinerung der hierarchischen Arbeitsteilung im Unternehmen intensiviert.

Die Akkumulation von Kapital und die damit verbundene Ausweitung des Lohnarbeitssystems sind wesentliche Momente der erweiterten Reproduktion des kapitalistischen Systems. Jedoch wird durch Kapitalakkumulation und Erweiterung der kapitalistischen Kontrolle über die Produktion die Reproduktion der kapitalistischen Ordnung auch erschüttert; unvermeidlicherweise entsteht eine sich vergrößernde Klasse von Lohnarbeitern, und es wächst eine Reservearmee aus unbeschäftigten oder nur marginal beschäftigten Arbeitern heran. Die antagonistischen Beziehungen zwischen Kapital und Arbeit und das gesteigerte Potential für Aktionen der Arbeiterklasse gegen das Kapital – ermöglicht durch die Ballung von Arbeitern in großen Unternehmen und einzelnen Stadtgebieten – haben den Fortbestand des Systeme bedroht. Wir bezeichnen diese Spannung zwischen Wachstum und Stabilität als den ‚Widerspruch zwischen Kapitalakkumulation und der Reproduktion der kapitalistischen Produktionsverhältnisse'.[23] Dieser Grundwiderspruch ist eine der Haupttriebkräfte, die in den vergangenen anderthalb Jahrhunderten die Geschichte der USA geprägt haben.

Zu manchen Zeiten hat sich der Widerspruch zwischen Akkumulation und Reproduktion in militanten Klassenauseinandersetzungen und anderen Formen politischer Aktivität ausgedrückt – Beispiele sind die Massenstreiks, die im letzten Viertel des 19. Jahrhunderts und wieder nach dem Ersten Weltkrieg die Wirtschaft lahmlegten,

---

22 James O'Connor entwickelt in seinem Buch Fiscal Crisis of the State, New York: St. Martin's Press, 1973, ein verwandtes, aber nicht identisches Konzept – den Widerspruch zwischen Akkumulation und Legitimation.

23 Raymond Callahan, Education and the Cult of Efficiency, Chicago: University of Chicago Press, 1962; Joel Spring, Education and the Rise of the Corporate State, Boston: Beacon Press, 1972; Clarence J. Karier, Ideology and Evaluation: In Quest of Meritocracy, Wisconsin Conference on Education and Evaluation at Madison, April 1973; Katz (1968), a. a. O.; und Field (1973), a. a. O.

die Populistenrevolte in den achtziger und neunziger Jahren des vergangenen Jahrhunderts, die Sitzstreiks und die Vorstöße zu einer massenhaften Organisierung der Arbeiter in den späten dreißiger Jahren unseres Jahrhunderts sowie die Unruhen in den Städten während der sechziger Jahre. Ebenso wichtig ist jedoch die Tatsache, daß es den herrschenden Eliten während vieler Perioden in der Geschichte der USA gelungen ist, den Klassenkonflikt auf isolierte Kämpfe der Arbeiter in den Fabriken, Büros und Geschäften im ganzen Land abzudrängen. Man löste oder unterdrückte den Widerspruch zeitweilig auf vielfältige Weise: durch korrigierende Sozialreformen; vermittels der Zwangsgewalt des Staates; durch rassistische, sexistische, altersbezogene und auf Bildungsnachweise gestützte Strategien, die die Arbeitgeber benutzten, um „zu teilen und zu herrschen"; durch eine Ideologie, die die Quellen von Ausbeutung und Entfremdung eher verschleierte. Die Expansion der Erziehung für die Massen, die jedes der oben genannten Mittel umfaßt, ist bei der zumindest zeitweiligen Lösung des Widerspruches zwischen Akkumulation und Reproduktion ein zentrales Element gewesen.

Es ist daher kaum zufällig, daß zahlreiche dieser Widersprüche in der US-Ökonomie sich vielfältig im staatlichen Sektor und insbesondere im Erziehungssystem manifestiert haben. Die Reformer befanden sich durchweg in dem Glauben, unsere drängendsten Probleme könnten durch die wohltätigen staatlichen Instanzen gelöst oder doch beträchtlich entschärft werden. Die gesellschaftlichen Mißstände, die das Gewissen der Reformer belasteten, sind jedoch Konsequenzen der grundlegenden Vorgänge in der Ökonomie; sie sind nicht leichthin durch Reformstrategien zu mildern, die die Institutionen Markt und Eigentum unangetastet lassen. Das Problem der Ungleichheit liefert uns ein bezeichnendes Beispiel: Der Eingriff des Staates in die Einkommensverteilung – etwa durch Sozialhilfe, Sozialversicherung, Arbeitslosenversicherung und progressive Besteuerung – hat wahrscheinlich geholfen, dem Ausbruch offener Klassenkonflikte im ökonomischen Bereich vorzubeugen; die Probleme freilich, auf die all dies abzielt, sind immer noch nicht gelöst. Statt dessen beobachten wir eine Krise der Sozialhilfe oder Steuerkonflikte oder Auseinandersetzungen innerhalb des Erziehungssystems wegen des Ressourcentransfers immer häufiger werden das Klassenzimmer und die Zulassungsstelle ebenso wie die Fabrikhalle und das Büro zu Arenen, in denen brisante gesellschaftliche Konflikte ausgetragen werden.

Der Optimismus der Reformer ist unerfüllt geblieben: Das Problem der Ungleichheit ist weiterhin ungelöst; seine Form dagegen hat sich geändert. Aber vom Standpunkt der Kapitalisten aus gesehen kann man die Reformstrategie kaum für einen Fehlschlag halten. Die Verlagerung sozialer Probleme in den staatlichen Sektor spielt für die Reproduktion der kapitalistischen Ordnung eine zentrale Rolle. Konflikte innerhalb des staatlichen Sektors, selbst wenn sie heftig sind und lange andauern, bedrohen offenbar die Profitinteressen sehr viel weniger als diejenigen, die am Verkaufstisch oder im Büro aufbrechen.

Die Überbrückungs-Funktion des Staates bei der gesellschaftlichen Reproduktion bezeichnet eine relativ neue Entwicklung. Vor der Expansion der kapitalistischen

Produktionsweise in den Bereich des kommerziellen Kapitalismus, die sich bis in die ersten Jahrzehnte unseres Jahrhunderts erstreckte, war die Familie imstande, die Akkumulations- und die Reproduktionsfunktion zu vereinen. Die Ablösung der Familie als primärer Produktionseinheit, das wachsende Übergewicht der Lohnarbeit und die Entstehung von Geschäftsorganisationen großen Maßstabs brachten Probleme mit sich, die die Einheit von Akkumulation und Reproduktion zerschlugen. Wir haben versucht zu zeigen, daß die Hauptphasen der Erziehungsreform mit Perioden tiefgreifender sozialer Unruhen und politischer Konflikte zusammenfielen oder unmittelbar darauf folgten. Auch die sich herausbildenden Sozialbeziehungen im Klassenzimmer und in der Schule waren eine Antwort auf das Muster der kapitalistischen Entwicklung. Das System der Klassen-, Rassen- und Geschlechterbeziehungen, das durch die sich entfaltende Struktur der Produktion und durch die ungleiche Entwicklung der Produktion geformt und umgeformt wurde, spiegelte sich in der segmentierten, hierarchisch gegliederten, rassistischen, sexistischen und die Einheimischen vor den Eingewanderten begünstigenden Struktur des Erziehungswesens in den USA.

Die drei Wendepunkte, die wir in der Geschichte des Erziehungswesens in den USA ausgemacht haben, korrespondieren alle mit Perioden besonders heftiger Auseinandersetzungen im Zusammenhang mit der Expansion der Produktionsverhältnisse. So waren die Jahrzehnte vor dem Bürgerkrieg – die Ära der allgemeinen Schulreform – eine Zeit der Arbeitskämpfe, die in Verbindung standen mit dem Aufkommen des Fabriksystems, mit wachsender ökonomischer Ungleichheit und der Bildung und starken Ausdehnung einer ständigen Lohnarbeiterschaft. Die progressive Erziehungsbewegung – die um die Jahrhundertwende einsetzte – erwuchs aus Klassenkonflikten, die in der gleichzeitigen Entstehung der Arbeiterorganisationen und des korporativen Kapitals ihre Ursache hatten. Zumindest in dieser Hinsicht war die progressive Erziehung eine Antwort auf die soziale Unruhe und die Verschiebungen, die daraus entstanden, daß Arbeitskräfte vom Land – einheimische und eingewanderte – in das sprießende korporative Lohnarbeitssystem integriert wurden.

Die jüngste Periode der Gärung im Erziehungswesen, die sich über die sechziger Jahre bis in die Gegenwart hinein erstreckt, ist insgesamt eine Antwort auf die Integration von drei großen Bevölkerungsgruppen in das Lohnarbeitssystem, die nach dem Zweiten Weltkrieg vollzogen wurde: entwurzelte Schwarze aus den Südstaaten, Frauen und die einst respektablen ‚soliden‘ Mitglieder der prä-korporativen kapitalistischen Gemeinschaft – kleine Geschäftsleute, unabhängige Freiberufliche und andere White-collar-Arbeiter.

Der Prozeß der Erziehungsreform: Konflikt und Anpassung

> „Bildung ist nicht Eigentum von irgend jemandem. Sie gehört dem ganzen
> Volk. Und wenn man sie ihm nicht gibt, wird das Volk sich die Bildung nehmen
> müssen."
>
> *Che Guevara, 1964*

Der Gedanke, daß die Dynamik der kapitalistischen Ökonomie und die Formen der
Veränderung im Erziehungswesen in enger Beziehung zueinander stehen, wird dem
Leser nicht neu oder sonderlich kontrovers vorkommen. Auch die Behauptung, Wandlungen im Erziehungswesen seien das Ergebnis heftiger sozialer Konflikte, wird nur bei
den verbohrten Vertretern einer harmonistischen Geschichtsauffassung Widerspruch
hervorrufen. Eine wahrscheinlichere Reaktion auf unseren Überblick dürfte Frustration sein. Wir haben den Transformationsprozeß im Erziehungswesen beschrieben,
ohne die Mechanismen zu benennen, mit deren Hilfe ökonomische Interessen in Erzie-
hungsprogramme umgesetzt werden; diesen entscheidenden letzten Schritt in unserer
Interpretation wollen wir nun tun.

Erstens: Das Wirtschaftssystem und das Erziehungssystem besitzen eine unterschiedliche und voneinander unabhängige Dynamik von Reproduktion und Entwicklung. Der unaufhörliche Wandel innerhalb des Wirtschaftslebens ist ein grundlegendes
Charakteristikum des Kapitalismus. Das Erziehungssystem ist eher weniger dynamisch:
Unsere Schulen und Colleges, Stiftungen und pädagogischen Doktrinen neigen dazu,
kulturelle Werte zu fördern und eine Bildungselite zu unterstützen, die diese Institutionen über die Zeit hinweg reproduzieren und stabilisieren.

Zweitens: Wegen der unabhängigen Dynamik der beiden Systeme ist ständig die
Möglichkeit gegeben, daß sich zwischen Wirtschaft und Erziehung keine Übereinstimmung herstellt. In den vorangegangenen drei Kapiteln haben wir gesehen, daß
das Erziehungssystem seine wirtschaftliche Bedeutung empfängt von der Korrespondenz zwischen seinen sozialen Beziehungen und den gesellschaftlichen Beziehungen
im Wirtschaftsleben. Zur geschichtlichen Dynamik der kapitalistischen Ökonomie
gehörten jedoch fortwährende Veränderungen der Produktionsverhältnisse und die
Transformation der Klassenstruktur. Daher fällt das relativ statische Erziehungssystem
periodisch aus der Übereinstimmung mit den gesellschaftlichen Produktionsverhältnissen heraus und wird zu einer der wirtschaftlichen Entwicklung antithetischen Kraft.
Dieser Bruch zwischen einerseits einer ökonomischen Dynamik, die das Lohnarbeitssystem ausweitet und unaufhörlich die Organisation der Arbeit und die Klassenstruktur
modifiziert, und andererseits dem Erziehungssystem, das dazu neigt, die gesellschaftlichen Verhältnisse zu stabilisieren, ist, so meinen wir, ein wesentliches Moment im
Wandlungsprozeß des Erziehungswesens.

Drittens: Die Anpassung des Erziehungssystems an neue ökonomische Bedingungen geschieht durch zwei unterschiedliche, aber parallele Prozesse. Der eine wird in
der relativ unkoordinierten Interessensverfolgung von Millionen von Individuen und

Gruppen wirksam, wie sie von den jeweiligen Schulausschüssen, dem Markt für private Bildungsdienste und anderen dezentralisierten Organen der Entscheidungsfindung vermittelt wird. Dieser Prozeß, den wir als ‚pluralistische Anpassung' bezeichnen wollen, gebietet angesichts einer sich ändernden ökonomischen Realität eine mehr oder weniger automatische Reorientierung der Bildungsperspektive.[24] Eltern, die eine wirtschaftlich sichere Zukunft für ihre Kinder anstreben, unterstützen oft Wendungen zu einer ‚berufsrelevanten Erziehung'.[25] Die Regierungen versuchen, mit Eingriffen in den Prozeß pädagogischer Entscheidung Erziehung auf den Bedarf ihrer unterschiedlichen politischen Wählerkreise zuzuschneiden. Diese Elemente der pluralistischen Anpassung sind eine starke, latente Kraft zur Wiederherstellung einer ‚natürlichen' Übereinstimmung in den sozialen Bezügen von Erziehung und Produktion. Wenn die Budgets üppig sind und die Nachfrage der Arbeitgeber nach Produkten des Schulsystems groß ist, haben die Erzieher bei der Entwicklung neuer Unterrichtsprogramme und -ansätze relativ freie Hand; auch den Lernenden stehen mehr Möglichkeiten offen, ihren Interessen nachzugehen. Dies galt gewiß für das tertiäre Bildungssystem während der späten sechziger Jahre. Aber wenn das Budget schrumpft und Arbeitslosigkeit droht, wird sowohl mit den Chancen aufgeräumt als auch mit der Nachfrage der Lernenden nach Bildungserlebnissen, die keinen direkten Beitrag zu ihrer ‚Verwertbarkeit' leisten.

Das tagtägliche Wirken dieser pluralistischen Kräfte – die am ‚freien Markt' orientierten Entscheidungen der Lernenden, die Abstimmungen über Schul-Schuldverschreibungen, die Erwägungen gewählter Schulausschüsse usw. – bekräftigt den Anschein demokratischer Kontrolle. Nur selten wird erkannt, daß die wie immer pluralistische Anpassung des Erziehungssystems an eine sich ändernde ökonomische Realität im Kern ein Prozeß ist, der durch den Wandel der Produktionsstrukturen angeleitet wird.

Nur während der Krisenzeiten – die im Rückblick als die bedeutenden Wendepunkte in der Geschichte des Erziehungswesens in den USA erscheinen – erlangt die Kontrolle über die entscheidenden Institutionen ein ausschlaggebendes Gewicht. An diesem Punkt kommt ein zweiter Anpassungsprozeß ins Spiel: der konkrete politische Kampf in Übereinstimmung mit den Klasseninteressen. Besonders in Perioden erheblicher Mißverhältnisse zwischen Schulsystem und Wirtschaft – die vierziger und fünfziger Jahre des 19. und die ersten beiden Jahrzehnte unseres Jahrhunderts sowie die sechziger und die frühen siebziger Jahre – erscheint das Schulsystem weniger als eine Chiffre, die unparteiisch die Wahl von Millionen unabhängiger Akteure aufnimmt und registriert, sondern vielmehr als ein Kampfplatz, auf dem große gesellschaftliche Gruppen ihre Auseinandersetzungen führen. Die Antwort zukunftsorientierter Kapi-

---

24 Binstock (1970), a. a. O.; Burton E. Rosenthal, Educational Investments in Human Capital: The Significance of Stratification in the Labor Market, unveröff. Arbeit, Harvard University 1972.
25 Bureau of the Census, Historical Statistics of the U.S.-Colonial Times to 1957, Washington D.C.: Government Printing Office, 1960.

talisten auf Unruhe im Volk hat typischerweise zwei Seiten: materielle Verbesserungen und Expansion oder Reform des Erziehungswesens. So reagierte man mit höheren Löhnen für die organisierten Arbeiter und der Konsolidierung der Allgemeinen Schule auf die Streiks von 1840. Die Früchte des Populismus als politischer Bewegung bestanden in einem verbesserten Einkommen für die Bauern und der Entwicklung von landwirtschaftlicher Fortbildung und Erziehung. Auf die Bürgerrechtsbewegung und die Aufstände der Schwarzen in den Städten während der sechziger Jahre antwortete man mit einem massiven Programm sogenannter kompensatorischer Erziehung.

Zusammenfassung

> „Die Schwäche der menschlichen Natur ist so groß, daß der Arbeiter, je geschickter, desto eigenwilliger und schwieriger zu behandeln sein wird und natürlich um so weniger geeignet, Teil eines mechanischen Systems zu werden, in dem er [...] dem Ganzen großen Schaden zufügen könnte."
>
> *Andrew Ure, The Philosophy of Manufactures, 1835*

Die Entwicklung eines Erziehungswesens für die Massen – das sich derzeit bis zur Collegestufe hin erstreckt – war in vieler Hinsicht ein genuin fortschrittlicher Vorgang. Heute ist ein größerer Teil der Jugend der USA in Colleges immatrikuliert, als vor 135 Jahren insgesamt für die Elementarschulen eingeschrieben war. Der Analphabetismus wurde faktisch beseitigt: 1870 konnten ein Zehntel der Weißen und ein Fünftel der Schwarzen nicht lesen und schreiben. Diese massive Expansion der Schulbildung und die strukturellen Formen, die sie annahm, wurden der Arbeiterklasse nicht einfach aufgezwungen, obgleich sich Arbeiter und ihre Kinder manchmal gegen den Schulbesuch wehrten. Sie bedeutet aber durchaus keinen Sieg für die Arbeiterklasse, obgleich die Vorteile des Lesens und Schreibens, des Zugangs zu mehr Gelehrsamkeit, die Versorgung der Kinder konkret genug sind. Die Ausformung des US-Erziehungswesens während der vergangenen anderthalb Jahrhunderte war das Ergebnis eines – gewiß ungleichen – Kompromisses zwischen den beiden großen Gesellschaftsklassen. Die liberalen Denker und aufgeklärten Schulreformer – von Horace Mann und Henry Barnard, John Dewey und Ellwood Cubberly bis zu Clark Kerr und Charles Silberman – waren wichtige Vermittler in diesem Prozeß. Sie formulierten die Ziele und halfen, die Programme aufzustellen. Doch die Erziehungselite, die ständig mit der Realisierung von Änderungen im Erziehungswesen befaßt, aber nie aus der finanziellen Abhängigkeit von der Wirtschaftselite befreit war, ist außerstande gewesen, eine unabhängige und andauernde Bewegung für Bildungsreform in Gang zu bringen.

Die wichtigen Akteure mit unabhängiger Macht in der Bildungsarena waren und sind weiterhin Arbeit und Kapital. Wir folgern, daß man Struktur und Umfang des modernen US-Erziehungswesens nicht erklären kann, ohne die Forderungen der arbeitenden Bevölkerung zu beachten – Forderungen nach Alphabetisierung, nach mehr

Berufsmobilität, nach finanzieller Sicherheit, gesellschaftlichem Prestige –, und ohne das Interesse der Wirtschaftselite zu berücksichtigen, eine Institution zu gründen, die gleichzeitig imstande wäre die Leistungsfähigkeit der arbeitenden Bevölkerung zu steigern und dazu beizutragen, die Bedingungen für ihre Ausbeutung zu reproduzieren. In großem Maße ist es den Schulen gelungen, die beiden Funktionen Akkumulation und Reproduktion miteinander zu verknüpfen.

Ökonomisches Kapital, kulturelles Kapital, soziales Kapital[1]

Pierre Bourdieu

Die gesellschaftliche Welt ist akkumulierte Geschichte. Sie darf deshalb nicht auf eine Aneinanderreihung von kurzlebigen und mechanischen Gleichgewichtszuständen reduziert werden, in denen die Menschen die Rolle von austauschbaren Teilchen spielen. Um einer derartigen Reduktion zu entgehen, ist es wichtig, den Kapitalbegriff wieder einzuführen, und mit ihm das Konzept der Kapitalakkumulation mit allen seinen Implikationen. Kapital ist akkumulierte Arbeit, entweder in Form von Materie oder in verinnerlichter, „inkorporierter" Form. Wird Kapital von einzelnen Aktoren oder Gruppen privat und exklusiv angeeignet, so wird dadurch auch die Aneignung sozialer Energie in Form von verdinglichter oder lebendiger Arbeit möglich: Als *vis insita* ist Kapital eine Kraft, die den objektiven und subjektiven Strukturen innewohnt; gleichzeitig ist das Kapital – als *lex insita* – auch grundlegendes Prinzip der inneren Regelmäßigkeiten der sozialen Welt. Auf das Kapital ist es zurückzuführen, daß die Wechselspiele des gesellschaftlichen Lebens, insbesondere des Wirtschaftslebens, nicht wie einfache Glücksspiele verlaufen, in denen jederzeit eine Überraschung möglich ist: Beim Roulette z. B. kann in kürzester Zeit ein ganzes Vermögen gewonnen und damit gewissermaßen in einem einzigen Augenblick ein neuer sozialer Status erlangt werden; im nächsten Augenblick kann dieser Gewinn aber bereits wieder aufs Spiel gesetzt und vernichtet werden. Das Roulette entspricht ziemlich genau dem Bild eines Universums vollkommener Konkurrenz und Chancengleichheit, einer Welt ohne Trägheit, ohne Akkumulation und ohne Vererbung von erworbenen Besitztümern und Eigenschaften. Jeder Augenblick wäre dort vollkommen unabhängig von allen vorausgegangenen, jeder Soldat trüge dort den Marschallsstab im Tornister und jeder könnte dort unverzüglich jedes Ziel verwirklichen, so daß jedermann zu jeder Zeit alles werden könnte. Aber die Akkumulation von Kapital, ob nun in objektivierter oder verinnerlichter Form, braucht Zeit. Dem Kapital wohnt eine Überlebenstendenz inne; es kann ebenso Profite produzieren wie sich selbst reproduzieren oder auch wachsen. Das Kapital ist eine der Objektivität der Dinge innewohnende Kraft, die dafür sorgt, daß nie alles möglich oder gleich

---

1 Erstveröffentlichung in: R. Kreckel (1983) (Hg.). Soziale Ungleichheiten. Soziale Welt, Sonderband 2, S. 183–198.

unmöglich ist.[2] Die zu einem bestimmten Zeitpunkt gegebene Verteilungsstruktur verschiedener Arten und Unterarten von Kapital entspricht der immanenten Struktur der gesellschaftlichen Welt, d. h. der Gesamtheit der ihr innewohnenden Zwänge, durch die das dauerhafte Funktionieren der gesellschaftlichen Wirklichkeit bestimmt und über die Erfolgschancen der Praxis[3] entschieden wird.

Es ist nur möglich, der Struktur und dem Funktionieren der gesellschaftlichen Welt gerecht zu werden, wenn man den Begriff des *Kapitals in allen seinen Erscheinungsformen* einführt, nicht nur in der aus der Wirtschaftstheorie bekannten Form. Die Wirtschaftstheorie hat sich nämlich ihren Kapitalbegriff von einer ökonomischen Praxis aufzwingen lassen, die eine historische Erfindung des Kapitalismus ist. Dieser wirtsaftswissenschaftliche Kapitalbegriff reduziert die Gesamtheit der gesellschaftlichen Austauschverhältnisse auf den bloßen Warenaustausch, der objektiv und subjektiv auf Profitmaximierung ausgerichtet und vom (ökonomischen) *Eigennutz* geleitet ist. Damit erklärt die Wirtschaftstheorie implizit alle anderen Formen sozialen Austausches zu nicht-ökonomischen, *uneigennützigen* Beziehungen. Denn wer den Begriff des Eigennutzes im engen wirtschaftswissenschaftlichen Sinne gebraucht, ist auch zur Verwendung des Komplementarbegriffes der Uneigennützigkeit gezwungen: Man kann nicht die Welt des „Bourgeois" mit seiner doppelten Buchführung erfinden, ohne gleichzeitig die Vorstellung vom reinen und vollkommenen Universum des Künstlers und Intellektuellen mitzuschaffen, wo das „L'art pour l'art" und die reine Theorie uneigennützig regieren. Mit anderen Worten, die Wirtschaftswissenschaft ist zu einer Wissenschaft von den Marktbeziehungen geworden, die in dem Maße, wie sie von den Grundlagen ihres eigenen Gegenstandsbereiches – dem Privateigentum, dem Profit, der Lohnarbeit usw. – abstrahiert, nicht einmal das Gesamtgebiet der ökonomischen Produktion abdeckt. Mit der Begründung einer derartig engen Wirtschaftswissenschaft wurde zugleich das Entstehen einer allgemeinen *Wissenschaft von der Ökonomie der Praxis* verhindert, die den Warentausch lediglich als speziellen Fall unter mehreren möglichen Formen von sozialem Austausch behandelt.

[...]

---

2   Dieses Beharrungsvermögen der Kapitalstrukturen hängt zum einen damit zusammen, daß sie sich in der Regel im Rahmen von Institutionen und Dispositionen reproduzieren, die ihrerseits Produkte von Kapitalstrukturen sind und deshalb auch auf sie abgestimmt sind; selbstverständlich wird es aber durch gezieltes politisch-konservatives Handeln noch verstärkt, nämlich durch eine Politik der Demobilisierung und Depolitisierung, die darauf abzielt, die Beherrschten in einem bloß praktischen Gruppenzustand zu halten, so daß sie lediglich durch das Zusammenspiel von Anordnungen miteinander in Verbindung treten und dazu verurteilt sind, wie ein Aggregat zu funktionieren und auf die immer gleichen isolierten und additiven Praktiken (wie die Entscheidungen des Marktes oder des Wählens) beschränkt zu bleiben.

3   Zum Begriff der Praxis vgl. Bourdieu, P.: Entwurf einer Theorie der Praxis auf der ethnologischen Grundlage der kabylischen Gesellschaft, Frankfurt am Main: Suhrkamp 1976 (franz. Original: Genf 1972).

Das Kapital kann auf drei grundlegende Arten auftreten. In welcher Gestalt es jeweils erscheint, hängt von dem jeweiligen Anwendungsbereich sowie den mehr oder weniger hohen Transformationskosten ab, die Voraussetzung für sein wirksames Auftreten sind: *Das ökonomische Kapital* ist unmittelbar und direkt in Geld konvertierbar und eignet sich besonders zur Institutionalisierung in der Form des Eigentumsrechts; das *kulturelle Kapital* ist unter bestimmten Voraussetzungen in ökonomisches Kapital konvertierbar und eignet sich besonders zur Institutionalisierung in Form von schulischen Titeln; das *soziale Kapital,* das Kapital an sozialen Verpflichtungen oder „Beziehungen", ist unter bestimmten Voraussetzungen ebenfalls in ökonomisches Kapital konvertierbar und eignet sich besonders zur Institutionalisierung in Form von Adelstiteln.

1 Das kulturelle Kapital

Das kulturelle Kapital kann in drei Formen existieren: (1.) in verinnerlichtem, *inkorporiertem Zustand,* in Form von dauerhaften Dispositionen des Organismus, (2.) in *objektiviertem Zustand,* in Form von kulturellen Gütern, Bildern, Büchern, Lexika, Instrumenten oder Maschinen, in denen bestimmte Theorien und deren Kritiken; Problematiken usw. Spuren hinterlassen oder sich verwirklicht haben, und schließlich (3.) in *institutionalisiertem Zustand,* einer Form von Objektivation, die deswegen gesondert behandelt werden muß, weil sie – wie man beim schulischen Titel sieht – dem kulturellen Kapital, das sie ja garantieren soll, ganz einmalige Eigenschaften verleiht.

Der etwas apodiktische Eindruck, den mein „Axiomatisierungsversuch" machen könnte, soll nicht täuschen:[4] Der Begriff des kulturellen Kapitals hat sich mir bei der Forschungsarbeit als theoretische Hypothese angeboten, die es gestattete, die Ungleichheit der schulischen Leistungen von Kindern aus verschiedenen sozialen Klassen zu begreifen. Dabei wurde der „Schulerfolg", d. h. der spezifische Profit, den die Kinder aus verschiedenen sozialen Klassen und Klassenfraktionen auf dem schulischen Markt erlangen können, auf die Verteilung des kulturellen Kapitals zwischen den Klassen und Klassenfraktionen bezogen. Dieser Ausgangspunkt impliziert einen Bruch mit den Prämissen, die sowohl der landläufigen Betrachtungsweise, derzufolge schulischer Erfolg oder Mißerfolg auf die Wirkung natürlicher „Fähigkeiten" zurückgeführt wird, als auch den Theorien vom „Humankapital" zugrundeliegen.

Den Ökonomen der *Humankapital-Schule*[5] kommt der scheinbare Verdienst zu, explizit die Frage aufgeworfen zu haben, in welchem Verhältnis die durch Erziehungsinvestition und durch ökonomische Investition generierten Profitraten zueinander stehen

---

4 Spricht man, wie hier, über Begriffe um ihrer selbst willen, statt sie anzuwenden, so muß man immer schematisch und formal sein, also „theoretisch" im üblichen – aber auch im üblicherweise akzeptierten – Sinne dieses Wortes.

5 Vgl. Insbesondere Becker, G. S.: Human Capital, New York: Columbia University Press 1964.

und wie dieses Verhältnis sich entwickelt. Allerdings bezieht das von ihnen benutzte
Maß für den Ertrag schulischer Investition nur solche Investitionen und Profite ein, die
sich in Geld ausdrücken oder direkt konvertieren lassen, wie die Studienkosten oder
das finanzielle Äquivalent für die zum Studium verwendete Zeit. Außerdem können sie
die relative Bedeutung nicht verständlich machen, die die unterschiedlichen Aktoren
und Klassen der ökonomischen und der kulturellen Investitionen jeweils beimessen;
denn sie stellen die Struktur der unterschiedlichen Profitchancen nicht systematisch
in Rechnung, die die verschiedenen Märkte aufgrund der Größe und Struktur ihres
jeweiligen Einzugsbereiches zu bieten haben. Des Weiteren stellen sie die schulischen
Investitionsstrategien nicht in einem Gesamtzusammenhang mit den anderen Erziehungsstrategien und dem System der Reproduktionsstrategien. Daraus ergibt sich das
unausweichliche Paradoxon, daß die Humankapital-Theoretiker sich selbst dazu ver-
dammen, die am besten verborgene und sozial wirksamste Erziehungsinvestition unberücksichtigt zu lassen, nämlich die Transmission kulturellen Kapitals in der Familie.
Ihre Fragen nach dem Zusammenhang zwischen Bildungs-„Fähigkeit" und Bildungsinvestition zeigen, daß sie die Tatsache übersehen, daß „Fähigkeit" oder „Begabung"
auch das Produkt einer Investition von Zeit und kulturellem Kapital ist.[6] Und da es
darum geht, die Profite der schulischen Investition zu ermitteln, so versteht man, daß
sie nur nach der Rentabilität der Erziehungsausgaben für die „Gesellschaft" als Ganze[7]
oder dem Beitrag der Erziehung zur „nationalen Produktivität"[8] fragen können. Diese
typisch funktionalistische Definition der Erziehungsfunktionen ignoriert den Beitrag,
den das Erziehungssystem zur Reproduktion der Sozialstruktur leistet, indem es die
Vererbung von kulturellem Kapital sanktioniert. Eine derartige Definition von „Humankapital" kann, trotz ihrer „humanistischen" Konnotationen, dem Ökonomismus
nicht entkommen. Sie übersieht u. a., daß der schulische Ertrag schulischen Handelns
vom kulturellen Kapital abhängt, das die Familie zuvor investiert hat, und daß der ökonomische und soziale Ertrag des schulischen Titels von dem ebenfalls ererbten sozialen
Kapital abhängt, das zu seiner Unterstützung zum Einsatz gebracht werden kann.

a)   Inkorporiertes Kulturkapital

Die meisten Eigenschaften des kulturellen Kapitals lassen sich aus der Tatsache herleiten, daß es grundsätzlich körpergebunden ist und Verinnerlichung (incorporation) voraussetzt. Die Akkumulation von Kultur in inkorporiertem Zustand – also in der Form,
die man auf französisch „culture", auf deutsch „Bildung", auf englisch „cultivation"
nennt – setzt einen *Verinnerlichungsprozeß* voraus, der in dem Maße wie er Unterrichts-

---

6   Ebd., S. 63–66.
7   „Social rate of return" (ebd., S. 121).
8   „Social gain of education as measured by its effects an national productivity" (ebd., S. 155).

und Lernzeit erfordert, *Zeit kostet*. Die Zeit muß vom Investor persönlich investiert werden: Genau wie wenn man sich eine sichtbare Muskulatur oder eine gebräunte Haut zulegt, so läßt sich auch die Inkorporation von Bildungskapital nicht durch eine fremde Person vollziehen. Das *Delegationsprinzip* ist hier ausgeschlossen.

Wer am Erwerb von Bildung arbeitet, arbeitet an sich selbst, er „bildet sich". Das setzt voraus, daß man „mit seiner Person bezahlt", wie man im Französischen sagt. D. h., man investiert vor allen Dingen Zeit, aber auch eine Form von sozial konstituierter Libido, die *libido sciendi*, die alle möglichen Entbehrungen, Versagungen und Opfer mit sich bringen kann. Daraus folgt, daß von allen Maßen für kulturelles Kapital diejenigen am wenigsten ungenau sind, die die *Dauer des Bildungserwerbs* zum Maßstab nehmen – selbstverständlich unter der Voraussetzung, daß dabei keine Reduktion auf die bloße Dauer des Schulbesuches vorgenommen wird. Auch die Primärerziehung in der Familie muß in Rechnung gestellt werden, und zwar je nach dem Abstand zu den Erfordernissen des schulischen Marktes entweder als positiver Wert, als gewonnene Zeit und Vorsprung, oder als negativer Faktor, als *doppelt* verlorene Zeit, weil zur *Korrektur* der negativen Folgen nochmals Zeit eingesetzt werden muß.[9]

Inkorporiertes Kapital ist ein Besitztum, das zu einem festen Bestandteil der „Person", zum Habitus geworden ist; aus „Haben" ist „Sein" geworden. Inkorporiertes und damit verinnerlichtes Kapital kann deshalb (im Unterschied zu Geld, Besitz – oder sogar Adelstiteln) nicht durch Schenkung, Vererbung, Kauf oder Tausch *kurzfristig* weitergegeben werden. Daraus folgt, daß die Nutzung oder Ausbeutung kulturellen Kapitals sich für die Eigner ökonomischen oder sozialen Kapitals als besonders problematisch erweist. Ob es sich nun um private Mäzene handelt oder, im Gegenteil, um Unternehmer, die ein „Kaderpersonal" mit spezifischen kulturellen Kompetenzen beschäftigen (von den neuen Staatsmäzenen ganz zu schweigen), immer stellt sich folgendes Problem: Wie läßt sich diese so eng an die Person gebundene Kapitalform kaufen, ohne die Person selbst zu kaufen – denn das würde zum Verlust des Legitimationseffekts führen, der auf der Verschleierung von Abhängigkeit beruht? Wie ist die für bestimmte Unternehmen erforderliche Konzentration von kulturellem Kapital zu bewerkstelligen, ohne zugleich eine Konzentration der Träger dieses Kapitals herbeizuführen, was vielerlei unerwünschte Folgen haben könnte?

Die Inkorporierung von kulturellem Kapital kann sich – je nach Epoche, Gesellschaft und sozialer Klasse in unterschiedlich starkem Maße – ohne ausdrücklich geplante Erziehungsmaßnahmen, also völlig unbewußt vollziehen. Verkörperlichtes Kulturkapital bleibt immer von den Umständen seiner ersten Aneignung geprägt. Sie

---

9 Diese Aussage impliziert keinerlei Anerkennung des Wertes schulischer Leistungsbeurteilungen. Sie stellt lediglich fest, daß eine tatsächliche Beziehung zwischen einem bestimmten kulturellen Kapital und den Gesetzen des schulischen Marktes vorliegt: Verhaltensdispositionen, die auf dem schulischen Markt negativ bewertet werden, können auf anderen Märkten – in erster Linie sicherlich bei den sozialen Beziehungen innerhalb der Schulklasse – einen sehr positiven Wert haben.

hinterlassen mehr oder weniger sichtbare Spuren, z. B. die typische Sprechweise einer Klasse oder Region. Dadurch wird auch der jeweilige Wert eines kulturellen Kapitals mitbestimmt, denn über die Aufnahmefähigkeit eines einzelnen Aktors hinaus kann es ja nicht akkumuliert werden. Es vergeht und stirbt, wie sein Träger stirbt und sein Gedächtnis, seine biologischen Fähigkeiten usw. verliert. D. h., das kulturelle Kapital ist auf vielfältige Weise mit der Person in ihrer biologischen Einzigartigkeit verbunden und wird auf dem Wege der sozialen Vererbung weitergegeben, was freilich immer im Verborgenen geschieht und häufig ganz unsichtbar bleibt. Weil die sozialen Bedingungen der Weitergabe und des Erwerbs von kulturellem Kapital viel verborgener sind, als dies beim ökonomischen Kapital der Fall ist, wird es leicht als bloßes symbolisches Kapital aufgefaßt; d. h., seine wahre Natur als Kapital wird verkannt, und es wird stattdessen als legitime Fähigkeit oder Autorität anerkannt, die auf allen den Märkten (z. B. dem Heiratsmarkt) zum Tragen kommt, wo das ökonomische Kapital keine volle Anerkennung findet. Des weiteren ergibt sich aus dieser wahrhaft „symbolischen Logik", daß der Besitz eines großen kulturellen Kapitals als „etwas besonderes" aufgefaßt wird und deshalb zur Basis für weitere materielle und symbolische Profite wird: Wer über eine bestimmte Kulturkompetenz verfügt, z. B. über die Fähigkeit des Lesens in einer Welt von Analphabeten, gewinnt aufgrund seiner Position in der Verteilungsstruktur des kulturellen Kapitals einen *Seltenheitswert*, aus dem sich Extraprofite ziehen lassen. D. h., derjenige Teil des Profits, der in unserer Gesellschaft aus dem Seltenheitswert bestimmter Formen von kulturellem Kapital erwächst, ist letzten Endes darauf zurückzuführen, daß nicht alle Individuen über die ökonomischen und kulturellen Mittel verfügen die es ihnen ermöglichen, die Bildung ihrer Kinder über das Minimum hinaus zu verlängern, das zu einem gegebenen Zeitpunkt für die Reproduktion der Arbeitskraft mit dem geringsten Marktwert erforderlich ist.[10] Die ungleiche Verteilung von Kapital, also die Struktur des gesamten Feldes bildet somit die Grundlage für die spezifischen Wirkungen von Kapital, nämlich die Fähigkeit zur Aneignung von Profiten und zur Durchsetzung von Spielregeln, die für das Kapital und seine Reproduktion so günstig wie möglich sind.

Die stärkste Grundlage für die symbolische Wirksamkeit von kulturellem Kapital ergibt sich aber zweifellos aus der Logik seiner Übertragung. Einerseits ist der Prozeß der Aneignung von objektiviertem kulturellen Kapital (also: die dafür erforderliche Zeit) bekanntlich in erster Linie von dem in der gesamten Familie verkörperten kulturellen Kapitals abhängig; andererseits ist aber auch bekannt, daß die Akkumulation kulturellen Kapitals von frühester Kindheit an – die Voraussetzung zur schnellen und mühelosen Aneignung jeglicher Art von nützlichen Fähigkeiten – ohne Verzögerung und Zeitverlust nur in Familien stattfindet, die über ein so starkes Kulturkapital ver-

---

10 In einer wenig differenzierten Gesellschaft, in der die Möglichkeiten des Zuganges zu den Instrumenten der Aneignung des kulturellen Erbes sehr ungleich verteilt sind, fungiert die inkorporierte Kultur nicht als Kulturkapital, also als Instrument zum Erwerb exklusiver Vorteile.

fügen, daß die gesamte Zeit der Sozialisation zugleich eine Zeit der Akkumulation ist. Daraus folgt, daß die Übertragung von Kulturkapital zweifellos die am besten verschleierte Form erblicher Übertragung von Kapital ist. Deshalb gewinnt sie in dem System der Reproduktionsstrategien von Kapital um so mehr an Gewicht, je mehr die direkten und sichtbaren Formen der Übertragung sozial mißbilligt und kontrolliert werden.

Es ist unmittelbar ersichtlich, daß die zum Erwerb erforderliche *Zeit* das Bindeglied zwischen ökonomischem und kulturellem Kapital darstellt. Unterschiedliches Kulturkapital in der Familie führt zunächst zu Unterschieden beim Zeitpunkt des Beginns des Übertragungs- und Akkumulationsprozesses, sodann zu Unterschieden in der Fähigkeit, den im eigentlichen Sinne kulturellen Anforderungen eines langandauernden Aneignungsprozesses gerecht zu werden. In engem Zusammenhang damit steht außerdem die Tatsache, daß ein Individuum die Zeit für die Akkumulation von kulturellem Kapital nur so lange ausdehnen kann, wie ihm seine Familie freie, von ökonomischen Zwängen befreite Zeit garantieren kann.

b) Objektiviertes Kulturkapital

Das objektivierte Kulturkapital hat eine Reihe von Eigenschaften, die sich nur durch seine Beziehung zum inkorporierten, verinnerlichten Kulturkapital bestimmen lassen. Kulturelles Kapital ist materiell übertragbar, auf dem Wege über seine materiellen Träger (z. B. Schriften, Gemälde, Denkmäler, Instrumente usw.). Eine Gemäldesammlung etwa läßt sich ebenso gut übertragen wie ökonomisches Kapital – wenn nicht sogar besser, weil sie sich leichter verbergen läßt. Übertragbar ist allerdings nur das juristische Eigentum. Dagegen ist dasjenige Merkmal, das die eigentliche Aneignung erst ermöglicht, nicht (oder nicht notwendigerweise) übertragbar: nämlich die Verfügung über kulturelle Fähigkeiten, die den Genuß eines Gemäldes oder den Gebrauch einer Maschine erst ermöglichen; diese kulturellen Fähigkeiten sind nichts anderes als inkorporiertes Kulturkapital, für das die zuvor dargestellten Übertragungsregeln gelten.

Kulturelle Güter können somit entweder zum Gegenstand materieller Aneignung werden; dies setzt ökonomisches Kapital voraus. Oder sie können symbolisch angeeignet werden, was inkorporiertes Kulturkapital voraussetzt. Daraus folgt, daß der Eigentümer von Produktionsmitteln einen Weg finden muß, entweder selbst das für deren spezifische Aneignung und Nutzung erforderliche inkorporierte Kulturkapital zu erwerben oder sich die Dienste der Inhaber dieses kulturellen Kapitals verfügbar zu machen. Mit anderen Worten, um Maschinen zu besitzen, genügt ökonomisches Kapital; das ihnen anhaftende wissenschaftlich-technische Kulturkapital bestimmt jedoch ihre spezifische Zwecksetzung; sie können deshalb nur angeeignet und angemessen genutzt werden, wenn der Produktionsmittelbesitzer entweder selbst über das erforderliche verinnerlichte Kapital verfügt oder es sich dienstbar zu machen vermag. Zweifellos ist dies die Grundlage für den ambivalenten Status der sog. „Kaderkräfte": Aus der Tat-

sache, daß sie in streng ökonomischem Sinne nicht die Eigentümer der Produktionsmittel sind, die sie benützen, und daß sie von ihrem inkorporierten Kulturkapital nur
profitieren können, indem sie es – in Gestalt von Dienstleistungen oder Produkten – an
die Produktionsmitteleigentümer verkaufen, ergibt sich einerseits, daß sie der Gruppe
der Beherrschten zuzurechnen sind; hebt man andererseits die Tatsache hervor, daß sie
ihre Profite aus der Anwendung einer spezifischen Form von Kapital ziehen, so muß
man sie zur Gruppe der Herrschenden zählen. Alles scheint somit darauf hinzudeuten,
daß die *kollektive* Macht der Inhaber von Kulturkapital – und damit auch die für seine
Beherrschung erforderliche Qualifikationszeit – zunimmt. Dem steht allerdings entgegen, daß die Inhaber von ökonomischem Kapital (als der dominierenden Kapitalform)
die Inhaber von kulturellem Kapital in eine Konkurrenzsituation bringen können; das
fällt umso leichter, als letztere aufgrund der von ihnen erfahrenen Ausbildungs- und
Auslesebedingungen (und insbesondere der Wettbewerbslogik in der Schule und bei
Prüfungen) ohnehin zum Konkurrenzverhalten neigen.

   Die Erscheinungsform von kulturellem Kapital in objektiviertem Zustand ist die
eines autonomen und kohärenten Ganzen, das – obwohl es das Produkt historischen
Handelns ist – seinen eigenen Gesetzen gehorcht, die dem individuellen Willen entzogen sind. Es läßt sich deshalb, wie etwa das Beispiel der Sprache zeigt, nicht auf das inkorporierte Kulturkapital der einzelnen Handelnden – oder auch der Gesamtheit aller
Handelnden – reduzieren. Dabei darf freilich nicht vergessen werden, daß das objektivierte Kulturkapital als materiell und symbolisch aktives und handelndes Kapital nur
fortbesteht, sofern es von Handelnden angeeignet und in Auseinandersetzungen als
Waffe und als Einsatz verwendet wird. Ort dieser Auseinandersetzung ist das Feld der
kulturellen Produktion (Kunst, Wissenschaft usw.) und, darüber hinaus, das Feld der
sozialen Klassen. Dort setzen die Handelnden ihre Kräfte ein und erhalten Profite, die
dem Grad ihrer Fähigkeit zur Beherrschung objektivierten Kulturkapitals (also: ihrem
inkorporierten Kulturkapital) entsprechen.[11]

c)   *Institutionalisiertes Kulturkapital*

Inkorporiertes Kulturkapital ist den gleichen biologischen Grenzen unterworfen wie
seine jeweiligen Inhaber. Die Objektivierung von inkorporiertem Kulturkapital in Form
von *Titeln* ist ein Verfahren, mit dem dieser Mangel ausgeglichen wird: Titel schaffen
einen Unterschied zwischen dem kulturellen Kapital des Autodialektik das ständig
unter Beweiszwang steht, und dem kulturellen Kapital, das durch Titel schulisch sank-

---

11 Die dialektische Beziehung zwischen dem objektivierten Kulturkapital, dessen reinste Form die
    Schrift ist, und dem inkorporierten Kulturkapital ist allzu oft auf die exaltierte These von der „Ernied-
    rigung des Geistes durch den Buchstaben", des „Lebendigen" durch das „Erstarrte" des „Schöpferi-
    schen" durch die „Routine" „de la grâce par la pesanteur" reduziert worden.

tioniert und rechtlich garantiert ist, die (formell) unabhängig von der Person ihres Trägers gelten. Der schulische Titel ist ein Zeugnis für kulturelle Kompetenz, das seinem Inhaber einen dauerhaften und rechtlich garantierten konventionellen Wert überträgt. Die Alchimie des gesellschaftlichen Lebens hat daraus eine Form von kulturellem Kapital geschaffen, dessen Geltung nicht nur relativ unabhängig von der Person seines Trägers ist, sondern auch von dem kulturellen Kapital, das dies tatsächlich zu einem gegebenen Zeitpunkt besitzt: Durch kollektive Magie wird das kulturelle Kapital ebenso institutionalisiert wie, nach Merleau-Ponty, die Lebenden ihre Toten mit Hilfe von Trauerriten „institutionalisieren". Man denke nur an die Prüfungsform des „concours"[12], die aus einem Kontinuum von minimalen Leistungsunterschieden dauerhafte, brutale Diskontinuitäten *produziert*. Nach dem Alles-oder-Nichts-Prinzip wird zwischen dem letzten erfolgreichen und dem ersten durchgefallenen Prüfling ein wesensmäßiger Unterschied institutionalisiert, der die offiziell anerkannte und garantierte *Kompetenz* vom einfachen Kulturkapital scheidet, das unter ständigem Beweiszwang steht. In diesem Fall sieht man deutlich, welche schöpferische Magie sich mit dieser *institutionalisierten Macht* verbindet, der Macht, Menschen zu veranlassen, etwas zu sehen und zu glauben oder, mit einem Wort, etwas anzuerkennen. Durch den schulischen oder akademischen Titel wird dem von einer bestimmten Person besessenen Kulturkapital institutionelle Anerkennung verliehen. Damit wird es u. a. möglich, die Besitzer derartiger Titel zu vergleichen und sogar auszutauschen, indem sie füreinander die *Nachfolge* antreten. Durch die Bestimmung des Geldwertes der für den Erwerb eines bestimmten schulischen Titels erforderlich ist, läßt sich sogar ein „Wechselkurs" ermitteln, der die *Konvertibilität* zwischen kulturellem und ökonomischem Kapital garantiert. Weil der Titel das Produkt einer Umwandlung von ökonomischem in kulturelles Kapital ist, ist die Bestimmung des kulturellen Wertes eines Titelinhabers im Vergleich zu anderen unauflöslich mit dem Geldwert verbunden, für den er auf dem Arbeitsmarkt getauscht werden kann; denn die Bildungsinvestition hat nur Sinn, wenn die Umkehrbarkeit der ursprünglichen Umwandlung von ökonomischem in kulturelles Kapital zumindest teilweise objektiv garantiert ist. Da aber die materiellen und symbolischen Profite, die der schulische Titel garantiert, auch von dessen Seltenheitswert abhängen, kann es vorkommen, dass die Investitionen an Zeit und Anstrengung sich als weniger herausstellen, als bei ihrer ursprünglichen Verausgabung erwartet werden konnte. In diesem Falle hat sich der Wechselkurs zwischen kulturellem und ökonomischem Kapital de facto verändert. Die Rückumwandlungsstrategien von ökonomischem in kulturelles Kapital gehören zu den veränderlichen Faktoren, die die Bildungsexplosion und die Titelinflation beeinflußt haben. Sie werden von der Struktur der Profitchancen bestimmt, die für die unterschiedlichen Kapitalformen jeweils gilt.

---

12 Der „concours" ist eine französische Prüfungsform, bei der nur eine im voraus festgelegte Zahl von Prüflingen erfolgreich sein kann (Anmerkung des Übersetzers).

2 Das soziale Kapital

Das Sozialkapital ist die Gesamtheit der aktuellen und potentiellen Ressourcen, die mit dem Besitz eines dauerhaften Netzes von mehr oder weniger institutionalisierten *Beziehungen* gegenseitigen Kennens oder Anerkennens verbunden sind; oder, anders ausgedrückt, es handelt sich dabei um Ressourcen, die auf der *Zugehörigkeit* zu einer *Gruppe* beruhen.[13] Das Gesamtkapital, das die einzelnen Gruppenmitglieder besitzen, dient ihnen allen gemeinsam als Sicherheit und verleiht ihnen – im weitesten Sinne des Wortes – Kreditwürdigkeit. Sozialkapitalbeziehungen können nur in der Praxis, auf der Grundlage von materiellen und/oder symbolischen Tauschbeziehungen existieren, zu deren Aufrechterhaltung sie beitragen. Sie können auch gesellschaftlich institutionalisiert und garantiert werden, und zwar sowohl durch die Übernahme eines gemeinsamen Namens, der die Zugehörigkeit zu einer Familie, einer Klasse, einem Stamm oder auch einer Schule, einer Partei usw. kennzeichnet, als auch durch eine Vielzahl anderer Institutionalisierungsakte, die die davon Betroffenen gleichzeitig prägen und über das Vorliegen eines Sozialkapitalverhältnisses informieren. Dieses nimmt dadurch eine quasi-reale Existenz an, die durch Austauschbeziehungen am Leben erhalten und verstärkt wird. Bei den Austauschbeziehungen auf denen das Sozialkapital beruht, sind materielle und symbolische Aspekte untrennbar verknüpft. Sie können nur in Gang gebracht und aufrechterhalten werden, wenn diese Verknüpfung erkennbar bleibt. Deshalb lassen sie sich niemals ganz auf Beziehungen objektiver physischer (geographischer) oder auch ökonomischer und sozialer Nähe reduzieren.[14]

[...]

---

13 Auch der Begriff des Sozialkapitals ist nicht aus einer rein theoretischen Arbeit entstanden, noch weniger als eine analoge Ausweitung ökonomischer Begriffe. Vielmehr hat er sich angeboten zur Benennung des Prinzips der sozialen Wirkungen, von Wirkungen also, die zwar auf der Ebene der individuellen Handelnden – wo die statistischen Erhebungen sich zwangsläufig bewegen – klar erfaßbar sind, ohne sich jedoch auf die Summe von individuellen Eigenschaften bestimmter Handelnder reduzieren zu lassen. Diese Wirkungen, die von der Spontansoziologie gerne als das Wirken von „Beziehungen" identifiziert werden, sind in all den Fällen besonders gut sichtbar, wo verschiedene Individuen aus einem etwa gleichwertigen (ökonomischen oder kulturellen) Kapital sehr ungleiche Erträge erzielen, und zwar je nach dem, inwieweit sie in der Lage sind, das Kapital einer mehr oder weniger institutionalisierten und kapitalkräftigen Gruppe (Familie, Ehemalige einer „Elite"-Schule, vornehmer Club, Adel usw.) stellvertretend für sich zu mobilisieren.

14 Bekanntlich kann es vorkommen, daß Nachbarschaftsbeziehungen eine elementare Form der Institutionalisierung erfahren. In Warn oder im Baskenland z. B. tragen die Nachbarn aufgrund weitgehend kodifizierter Regeln bestimmte Bezeichnungen und besondere Funktionen, die nach Rängen („erster Nachbar", „zweiter Nachbar" usw.) differenziert sind und besonders bei den großen zeremoniellen Anlässen des gesellschaftlichen Lebens, wie Beerdigungen und Hochzeiten, zum Tragen kommen. Aber selbst in diesem Falle decken sich die tatsächlich stattfindenden Beziehungen keineswegs immer mit den sozial institutionalisierten Beziehungen.

3   Die Kapitalumwandlungen

Die anderen Kapitalarten können mit Hilfe von ökonomischem Kapital erworben werden, aber nur um den Preis eines mehr oder weniger großen Aufwandes an *Transformationsarbeit,* die notwendig ist, um die in dem jeweiligen Bereich wirksame Form der Macht zu produzieren. So gibt es z. B. bestimmte Güter und Dienstleistungen, die mit Hilfe von ökonomischem Kapital ohne Verzögerung und sekundäre Kosten erworben werden können. Es gibt aber auch solche, die nur aufgrund eines sozialen Beziehungs- oder Verpflichtungskapitals erworben werden können. Derartige Beziehungen oder Verpflichtungen können nur dann kurzfristig, zum richtigen Zeitpunkt, eingesetzt werden, wenn sie bereits seit langem etabliert und lebendig gehalten worden sind, als seien sie ein Selbstzweck. Dies muß außerhalb der Zeit ihrer Nutzung geschehen sein, also um den Preis einer Investition von Beziehungsarbeit, die notwendigerweise langfristig angelegt sein muß; denn die Dauer der verflossenen Zeit ist selbst einer der Faktoren, die dafür sorgen, daß eine einfache und direkte Schuld sich in ein allgemeines Schuldanerkenntnis „ohne Titel und Vertrag" umwandelt – also in Anerkennung.[15]

Man muß somit von der *doppelten* Annahme ausgehen, daß das ökonomische Kapital einerseits allen anderen Kapitalarten zugrundeliegt, daß aber andererseits transformierten und travestierten Erscheinungsformen des ökonomischen Kapitals niemals ganz auf dieses zurückzuführen sind, weil sie ihre spezifischsten Wirkungen überhaupt nur in dem Maße hervorbringen können, wie sie verbergen (und zwar zu allererst vor

---

15 Um einem wahrscheinlichen Mißverständnis entgegenzuwirken, muß präzisiert werden, daß Investitionen im hier erörterten Sinne nicht notwendigerweise auf einem bewußten Kalkül beruhen; vielmehr ist es sehr wahrscheinlich, daß sie in der Logik affektiver Investitionen erlebt werden, d. h. als eine gleichzeitig notwendige und uneigennützige Verpflichtung (involvement). Damit wende ich mich gegen die Historiker, die (selbst wenn sie so sensibel für symbolische Effekte sind, wie E. P. Thompson) zu der Vorstellung neigen, die symbolischen Praxen – gepuderte Perücken und Prunkgewänder – seien ausdrückliche Herrschaftsstrategien, die für das Gesehen-werden (von unten) bestimmt und gemacht sind (intended to be seen). Außerdem neigen sie dazu, großzügige oder wohltätige Verhaltensweisen als „kalkulierte Handlungen zur Befriedigung des Klassenkonfliktes" zu interpretieren. Diese naiv-materialistische Auffassung läßt vergessen, daß gerade die ehrlichsten und uneigennützigsten Handlungen dem objektiven Interesse am meisten konform sein können. Viele Handlungsbereiche, besonders wenn dort das Leugnen von Eigennutz und jeder Art von Berechnung große Bedeutung hat, wie im Bereich der kulturellen Produktion, gewähren nur denjenigen volle Anerkennung – und damit die Weihe, die den Erfolg definiert –, die sich durch den unmittelbaren Konformismus ihrer Investitionen hervortun und damit ihre Aufrichtigkeit und ihre Verbundenheit mit den jeweils geltenden grundlegenden Prinzipien unter Beweis stellen. In der Tat wäre es völlig falsch, die Sprache der rationalen Strategie und des zynischen Kalküls von Kosten und Profit zu verwenden, um die „Wahl" des Habitus zu beschreiben, die einen Artisten, Schriftsteller oder Forscher zu dem „ihm gemäßen" Ort (bzw. Objekt, Material, Stil, Genre usw.) führen. Dies gilt, obwohl z. B. die Veränderung eines Genres, einer Schulenzugehörigkeit oder eines Spezialgebietes – also Wandlungen, die man „mit ganzer Seele" vollzieht – immer als Rückumwandlungen verstanden werden können, deren Orientierung und Triebkraft (die häufig über ihren Erfolg entscheidet), von einem Sinn für Investitionen bestimmt sind. Die Chance, daß dieser nicht als solcher erkennbar ist, ist um so größer, je schärfer er entwickelt ist. Die Unschuld ist das Privileg derer, die in ihrem Bereich wie Fische im Wasser sind …

ihrem eigenen Inhaber), daß das ökonomische Kapital ihnen zugrundeliegt und insofern, wenn auch nur in letzter Instanz, ihre Wirkungen bestimmt. Es ist nur möglich, das Funktionieren des Kapitals in seiner Logik, die Kapitalumwandlungen und das sie bestimmende Gesetz der Kapitalerhaltung zu verstehen, wenn man zwei einseitige und einander entgegengesetzte Betrachtungsweisen bekämpft: Die eine ist der *„Ökonomismus“*, der alle Kapitalformen für letztlich auf ökonomisches Kapital reduzierbar hält und deshalb die spezifische Wirksamkeit der andere Kapitalarten ignoriert; die andere ist der *„Semiologismus“*, der heute durch den Strukturalismus, den symbolischen Interaktionismus und die Ethnomethodologismus vertreten wird. Er reduziert die sozialen Austauschbeziehungen auf Kommunikationsphänomene und ignoriert die brutale Tatsache der universellen Reduzierbarkeit auf die Ökonomie.[16]

[...]

Die Tatsache der gegenseitigen Konvertierbarkeit der verschiedenen Kapitalarten ist der Ausgangspunkt für Strategien, die die Reproduktion des Kapitals (und der Position im sozialen Raum) mit Hilfe möglichst geringer Kapitalumwandlungskosten (Umwandlungsarbeit und inhärente Umwandlungsverluste) erreichen möchten. Die unterschiedlichen Kapitalarten unterscheiden sich nach ihrer Reproduzierbarkeit, also danach, wie leicht sie sich übertragen lassen. Dabei geht es zum einen um das Ausmaß der bei der Kapitalübertragung auftretenden Schwundquote, zum anderen darum, in welchem Maße sich die Kapitalübertragung verschleiern läßt; das Schwundrisiko und die Verschleierungskosten haben die Tendenz, mit entgegengesetzten Vorzeichen zu variieren. Alles, was zur Verschleierung des Ökonomischen beiträgt, trägt auch zur Erhöhung des Schwundrisikos bei, insbesondere bei der Kapitalübertragung zwischen den Generationen. Die auf den ersten Blick gegebene scheinbare Unvereinbarkeit der verschiedenen Kapitalarten trägt deshalb ein beträchtliches Maß an Unsicherheit in alle „Transaktionen zwischen Inhabern unterschiedlicher Kapitalarten hinein“. Ebenso verhält es sich auch bei dem Sozialkapital, bei dem es sich ja um ein Kapital von langfristig nützlichen Verpflichtungen handelt, das durch gegenseitige Geschenke, Gefälligkeiten, Besuche u. ä. produziert und reproduziert wird – durch Tauschbeziehungen also, die Kalküle und Garantien explizit ausschließen und damit das Risiko der „Undankbar-

---

16 Um die Prägnanz dieser beiden antagonistischen Positionen verstehen zu können, die sich gegenseitig als Alibi dienen, müßte man die unbewußten Profite (profits inconscients) und die Profite der Inkonsequenz (profits d'inconscience) analysieren, die sie den Intellektuellen verschaffen. Während die einen im Ökonomismus ein Mittel finden, sich selbst für unbeteiligt zu erklären, indem sie das kulturelle Kapital und alle die spezifischen Profite verschwinden lassen, die sie an die Seite der Herrschenden stellen, bewegen die anderen sich nur in Reich der Symbole und weichen dem – wahrhaft verabscheuungswürdigen – Feld der Ökonomie aus, wo alles sie daran erinnert, daß sie selbst sich letztlich nach ökonomischen Gesichtspunkten bewerten lassen. (Sie tun damit nichts anderes, als auf theoretischer Ebene die Strategie zu reproduzieren, mit der die Intellektuellen und die Artisten ihre Werte – das heißt: ihren Wert – durchzusetzen versuchen, indem sie das Gesetz des Marktes umkehren, wo das, was man hat oder was man verdient, vollkommen bestimmt, was man „wert“ ist und was man ist.)

keit" heraufbeschwören; denn es besteht immer die Gefahr, daß die Anerkennung einer Schuldverpflichtung, die angeblich aus einer derartigen vertragslosen Austauschbeziehung entstanden ist, verweigert wird. Ebenso steht auch dem für die Transmission von Kulturkapital charakteristischen hohen Maß an Verschleierung nicht nur das inhärente Schwundrisiko gegenüber, sondern auch die Tatsache, daß der *schulische Titel* die institutionalisierte Form von Bildungskapital darstellt. Er ist nicht übertragbar (wie der Adelstitel) und nicht käuflich (wie der Börsentitel). Genauer gesagt, die Übertragung von kulturellem Kapital vollzieht sich in größerer Heimlichkeit, aber auch mit größerem Risiko als die des ökonomischen Kapitals; denn die ständige diffuse Übertragung von Kulturkapital in der Familie entzieht sich dem Bewußtsein ebenso wie aller Kontrolle[17] um seine volle Wirksamkeit, zumindest auf dem Arbeitsmarkt, ausspielen zu können, bedarf das kulturelle Kapital deshalb in zunehmendem Maße der Bestätigung durch das Unterrichtssystem, also die Umwandlung in schulische Titel: In dem Maße nämlich, wie der schulische Titel – versehen mit der eigentümlichen Wirksamkeit des „Offiziellen" – zur Vorbedingung für den legitimen Zugang zu einer immer größeren Zahl von Positionen, insbesondere herrschenden Positionen wird, tendiert das Unterrichtssystem dazu, der häuslichen Gruppe immer mehr das Monopol für die Übertragung von Macht und Privilegien zu entziehen.[18]

Der arbiträre Charakter der Aneignung zeigt sich nirgends deutlicher als bei der Übertragung von Kapital, vor allem bei der Sukzession, einem kritischen Moment für jede Macht. Jede Reproduktionsstrategie ist deshalb unausweichlich auch eine Legitimationsstrategie, die darauf zielt, ihre exklusive Aneignung wie auch ihre Reproduktion sakrosankt zu machen. Die subversive Kritik sucht deshalb die Legitimationsstrategie, die darauf abzielt, sowohl die exklusive Aneignung wie auch herrschende Klasse zu treffen, indem sie das Prinzip ihrer Perpetuierung kritisiert. Sie bringt ans Licht, daß die Adelstitel selbst ebenso arbiträr sind wie ihre Übertragung. Wenn aber aufgedeckt ist, daß institutionalisierte Mechanismen wie z. B. die Erbfolgegesetze darauf abzielen, die offizielle und direkte Übertragung von Macht und Privilegien zu regeln, so wächst das Interesse der Inhaber von Kapital, sich solcher Reproduktionsstrategien zu bedie-

---

17 Deshalb entsteht der Anschein, als beruhe die Aufteilung der verschiedenen Titel, die das Unterrichtssystem zuerkennt, allein auf der Verteilung natürlicher Eigenschaften.

18 Im Rahmen einer globalen Strategie der Diversifizierung des Besitzes und der Investitionen, wodurch ein Höchstmaß an Sicherheit und Rentabilität gewährleistet bleiben soll, tendieren die herrschenden Fraktionen dazu, der Erziehungsinvestition immer mehr Raum zuzubilligen. Selbstverständlich haben sie dabei vielerlei Mittel, um den schulischen Urteilen zu entgehen: Abgesehen davon, daß die direkte Übertragung von ökonomischem Kapital immer eines der Hauptinstrumente der Reproduktion bleibt, läßt sich der Effekt schulischer Sanktionen durch die Wirkung von Sozialkapital („Protektion", „Druck", „Beziehungen" usw.) korrigieren. Die schulischen Titel funktionieren niemals vollkommen wie Geld; weil sie niemals ganz von ihrem jeweiligen Besitzer abgelöst werden können, haben sie um so mehr Wert, je mehr Mittel ihr Inhaber besitzt, um sie zu verwerten. Das gilt besonders in den am wenigsten rigiden Sektoren der sozialen Struktur.

nen, die eine bessere Verschleierung der Kapitaltransmission gewährleisten. Da dabei von der Konvertibilität der Kapitalarten Gebrauch gemacht werden muß, ist der Preis dafür ein größerer Kapitalschwund. Je mehr die offizielle Übertragung von ökonomischem Kapital verhindert oder gebremst wird, desto stärker bestimmt deshalb die geheime Zirkulation von Kapital in Gestalt der verschiedenen Formen des Kulturkapitals die Reproduktion der gesellschaftlichen Struktur. Das Unterrichtssystem – ein Reproduktionsinstrument mit besonderer Fähigkeit zur Verschleierung der eigenen Funktion – gewinnt dabei an Bedeutung, und der Markt für soziale Titel, die zum Eintritt in begehrte Positionen berechtigt, vereinheitlicht sich.

Erziehung im Spannungsfeld zwischen Reproduktion und kultureller Produktion[1]

Paul Willis

In diesem Beitrag nutze ich die Gelegenheit, meinem Buch „Learning to Labour" (1977; dt. 1979) einen erneuten Besuch abzustatten. Ich werde im folgenden einige Argumente jenes Buchs im Lichte neuerer theoretischer Entwicklungen überprüfen und meine Argumente einordnen und weiterentwickeln. Ich will dabei versuchen, das Buch vor einem zwiespältigen und widersprüchlichen Schicksal zu bewahren: nämlich einerseits davor, daß es zu einem schlichten Widerstands-Paradigma aufgedonnert und entwertet wird, zu einem Buch, das den Oppositionsgeist oder die Klassengesinnung der Arbeiter feiert, sie romantisiert und sich unkritisch damit identifiziert; andererseits davor, daß das Buch einem tiefsitzenden Pessimismus zugeordnet wird (wie er in den meisten aus den USA kommenden Reaktionen auf das Buch zu erkennen ist) – ein Pessimismus, der die Möglichkeit von Kampf und Veränderung ausschließt. Zugleich mache ich mich an eine Kritik der neueren Theorien über Erziehung und will dabei „Learning to Labour" und ähnliche Arbeiten in meine Variante der Cultural-Studies-Tradition einordnen und einige ihrer anhaltenden Stärken aufzeigen.

Was folgt, ist von zwei entscheidenden Absichten bestimmt. Erstens will ich den „links-funktionalistischen" Aspekt meiner früheren Arbeit eingestehen und zugleich abschwächen: die überentwickelte Symmetrie und Ironie von „Learning to Labour", wo das, was ich „Durchdringungen" (penetrations) genannt habe, allzu ordentlich ummantelt ist von dem, was ich als „Begrenzungen" (limitations) bezeichnet habe – so als ob sich Anpassung und Widerstand in untergeordneten Gruppen genau im Gleichgewicht befinden könnten, und als ob eine spontane Konstruktionszeichnung des Kapitalismus „von unten" möglich wäre. Zweitens will ich eine komplexere, durchdachtere und angemessenere Version eines anderen Aspekts meiner Arbeit propagieren – desjenigen Aspekts, der immer der wichtigste war und den ich heute als den Aspekt der *kulturellen Produktion* bezeichnen möchte: es geht dabei um die Bedeutungsprozesse, das „Machen", das alternative Wissen, die Aktivität und Kreativität untergeordneter Gruppen, um die gesellschaftlichen Erwartungen, die sie erwecken – aber jetzt in einem mehr

---

1 Erstveröffentlichung in: In: Das Argument, H. 179 (1990), S. 9–28; der englischen Fassung in: Gender, Class and Education. Hg. u. eingel. v. Stephen Walker u. Len Baarton. Falmer Press, Barcombe, Lewis, Sussex 1983 (= Beiträge zur 5. Westhill Sociology of Education Conference 1982).

internen und *dialektischeren* Verhältnis zu den Strukturen einer kapitalistischen und patriarchalischen Gesellschaft.

Das Scheitern der sozialdemokratischen Bildungsoffensive und die Reproduktions-Theorie

Die Widersprüche und Illusionen der sozialdemokratischen „Landnahme" im Bildungswesen, der „Bildungsoffensive" (educational settlement), wie sie für die entwickeltesten westlichen Gesellschaften nach dem Kriege charakteristisch waren, sind in neueren europäischen und amerikanischen Arbeiten gründlich analysiert worden. In England ging diese „Bildungsoffensive" davon aus, daß es sich bei der expandierenden kapitalistischen Nachkriegswirtschaft um eine im Grundsätzlichen günstige Erscheinung handele, die den meisten Leuten einen wohlhabenden, mittelschichtorientierten Lebensstil ermöglichen würde. Es gab zwar noch Probleme: Nischen der Armut, der Ungleichheit und des Scheiterns. doch diese galten als Überreste des primitiven präkeynesianischen kapitalistischen Systems. Solche Anachronismen würde man beseitigen können, ohne das Wesen des Kapitalismus grundsätzlich in Frage zu stellen. Höhere Besteuerung und die Expansion des Staates würden das gewiß erledigen. Das bevorzugte Instrument dieser Reformen war die staatliche Erziehung. Selbst potentiell oppositionelle Gruppen, etwa in der Arbeiterbewegung, waren sich darin einig, daß keine eigenständige, außerstaatliche Aktivität dazu notwendig sein würde (vgl. CCCS 1981).

Erziehung schien die Aussicht auf individuelle menschliche Entwicklung und gleichzeitig auf größere soziale Gleichheit zu eröffnen. Glücklicherweise waren beide Ziele miteinander vereinbar, denn sie würden das Wirtschaftssystem effektiver machen: schließlich gab es in einer expandierenden und hoch technisierten Gesellschaft einen Bedarf an hochqualifizierten Arbeitern. Es war also notwendig, „die Begabungsreserven auszuschöpfen". Überdies würde man damit dem alles überragenden Ziel der sozialen Integration näherkommen, denn die Nachfrage der Individuen und die Nachfrage einer gesunden Wirtschaft würden so gleichzeitig befriedigt werden können.

Die scheinbare Kohärenz dieser Ziele war so groß, daß jedes Versagen von Bildungsmaßnahmen immer wieder als Fehler derjenigen angesehen wurde, an die sich diese Maßnahmen richteten. Das Versagen war der Fehler der Bildungsempfänger – ihrer Umwelt, ihres Hintergrunds, ihrer frühen Kindheitserfahrungen oder der sie umgebenden Kultur. Die „kompensatorische Erziehung" und das Interesse an „kultureller Deprivation" hatten beide das Ziel, die Fähigkeiten und Qualifikationen der ärmeren Kinder anzuheben, damit die „Benachteiligten" den allgemein üblichen Startplatz im Rennen des Lebens einnehmen könnten. Die Soziologie der Erziehung grub sich immer tiefere Gruben, indem sie ihre Tunnel immer weiter zurücktrieb in Familie, Kindheit, Individualpsychologie und isolierte Kultureffekte, um so die Quelle des „Versagens" zu identifizieren. Klassen und Klassenanalysen fanden nur Eingang, um eine gigantische

Tautologie zu formulieren: Leute aus der Arbeiterklasse leiden unter Benachteiligungen im Hinblick auf Bildung und Kultur; Leute, die unter solchen Benachteiligungen leiden, gehören zur Arbeiterklasse. Es gab keine *Erklärung* dieser Vorgänge, auch keine Idee, wie sie mit der Ungleichheit der Klassenverhältnisse zusammenhängen könnten.

Wirtschaftskrise, reale Dequalifizierung in der Wirtschaft, Arbeitslosigkeit, Bildungs-„Realismus" und Rechtsruck haben die sozialdemokratische Bildungsoffensive ernsthaft in Frage gestellt (vgl. CCCS 1981). Etwas mehr kritisches Denken hätte aber auch so gezeigt, daß es keine Hoffnung auf die Vereinbarkeit von persönlicher Entwicklung und Gleichheit geben kann. Denn es ist ohne weiteres erkennbar, daß „persönliche Entwicklung" für einige nirgendwohin führt und für andere zu hoch privilegierten Positionen, während noch andere diese Positionen durch nichts anderes erreichen als durch die Mühe der Geburt. Zwischen wirklicher Gleichheit im Leben – Gleichheit der Äußerungen und Möglichkeiten aller Menschen – und der bloßen Gleichheit der Chancen, diesem Banner der Bildungsreform, liegt eine ganze Welt.

Von den „Reproduktions"-Theoretikern ist behauptet worden, daß die sozialdemokratischen Ziele nicht auf Grund von Mängeln der Klientel verfehlt worden seien, sondern weil die Kinder aus der Arbeiterklasse scheitern *sollten*. In der Bildung gehe es nicht um Gleichheit, sondern um Ungleichheit. Der Hauptzweck der Erziehung, nämlich die soziale Integration in die Klassengesellschaft, könne nur erreicht werden, indem die meisten Kinder auf eine *ungleiche* Zukunft vorbereitet werden, und indem die *Unter*entwicklung ihrer Persönlichkeiten gesichert wird. In der „Reproduktions"-Perspektive gibt es in der Wirtschaft nicht einfach Produktions-Rollen, die nur darauf warten, von den Erziehungsprodukten anständig ausgefüllt zu werden, in dieser Perspektive ist es umgekehrt: hier wird behauptet, daß die kapitalistische Produktion und die damit zusammenhängenden Rollen ganz bestimmte Bildungsergebnisse *erfordern*.

„Learning to Labour" läßt sich in diese allgemeine Perspektive einordnen (aber gleichzeitig – und das ist entscheidend – in die Perspektive der Cultural Studies; ich komme darauf zurück). In der Schule geht es zwar um vieles, was mit „Reproduktion" nichts zu tun hat, und der ethnographische Ansatz zeugt davon. Aber solange in einer von Ungleichheit geprägten Klassengesellschaft auf dem Schulwesen die Bürde von Auslese, Einordnung und Prüfung lastet, ist die Reproduktions-Perspektive relevant. Zur Entlarvung des sozialdemokratischen Programms hat mein Buch die qualitative Dimension hinzugefügt. Die Statistiken zeigen deutlich, in welch ungeheurem Ausmaß Bildungsleistungen und Bildungsergebnisse zwischen den Klassen ungleich verteilt sind, aber das läßt sich auf eine Weise erklären, welche die Logik des ursprünglichen Ansatzes intakt läßt: Es handelt sich dann um das Versagen der Kinder aus der Arbeiterklasse samt ihrer Familien. In „Learning to Labour" werden zwei Dinge hinzugefügt: Erstens, daß diejenige Gruppe der Jugendlichen, die am meisten für die neuen Chancen mobilisiert werden müßte, Bildung am aktivsten zurückweist. Zweitens trägt das Buch dazu bei, klarzumachen, daß solche kulturellen Reaktionen alles andere als „ignorant", „anachronistisch", „pathologisch" und ausrottungsbedürftig sind, daß solche

Kulturen vielmehr in manch wichtiger Hinsicht *überlegen* sind, wenn es darum geht, die liberalen Wirkungsmechanismen zu begreifen. Die Kultur der „lads" beispielsweise, die ich in meinem Buch untersucht habe, enthält den Versuch, realistische Vorstellungen über die günstigsten Chancen dieser Gruppe in einer Klassengesellschaft zu entwickeln, während ihre Ratgeber sich längst im Knäuel der humanistischen Entwicklung verheddert haben.

Aber ich glaube, größere Bedeutung hatte das Buch dadurch, daß es den nächsten größeren Schritt im „Reproduktions"-Argument spezifiziert hat – nämlich wie Erziehung *konkret daran beteiligt ist,* das Gegenteil der sozialdemokratischen Hoffnung hervorzurufen, nämlich *Un*gleichheit. Die Skepsis gegenüber sozialdemokratischen Bildungszielen mag berechtigt sein, aber die Reproduktions-Perspektive bewegt sich zu schnell in Richtung auf eine einfache Umkehrung ins Gegenteil. Scheinbar gehorcht Erziehung einfach nur den Imperativen der kapitalistischen Wirtschaft; Hauptziel der Erziehung ist dann die permanente Einpassung von Mitgliedern der Arbeiterklasse in eine Zukunft, die von Ungleichheit geprägt ist. Erfahrungen und Tätigkeiten von Schülern werden hier zu einem bloßen Reflex der strukturellen Determiniertheit. Das Kapital verlangt es – also werden die Schulen es tun, Menschen werden zu Marionetten, zu Tölpeln, zu Zombies, in den tiefsten Empfindungen nach Belieben verführbar. Die Schule ist sogar das Hauptfeld dieses kosmischen Entwurfs. Aber nach allem, was man uns darüber berichtet, wie das konkret vor sich gehen soll, könnte die Schule genausogut eine black box sein (vgl. Apple 1979).

Um aus dieser Sackgasse herauszufinden, um für eine Kritik der Reproduktionstheorie festeren Boden zu gewinnen, ist es nützlich, die Erziehungstheorie vorübergehend beiseite zu lassen und sich dem Ansatz und den allgemeinen Grundlagen der „Culture Studies" zuzuwenden.

Die Perspektive der Cultural Studies

Die Flexibilität und die Reichweite der Cultural Studies beruht teilweise auf einem Eklektizismus und einer Vieldeutigkeit, die von einer Definition unvermeidlich eingeschränkt werden. Da ich jedoch ein Konzept von „Kultur" benötige, um den Boden für meine allgemeine Kritik der Reproduktionstheorien vorzubereiten, ist ein gewisses Maß an Definition erforderlich (dazu ausführlich Johnson 1982).

Ganz allgemein gesprochen, begreife ich das Projekt der Cultural Studies als ein spezifisches Interesse an einem bestimmten Moment der allgemeinsten gesellschaftlichen Prozesse, nämlich an denjenigen Vorgängen, in denen Menschen sich in der Produktion ihres gesellschaftlichen und materiellen Lebens *kollektiv selbst produzieren.* Diese Produktion steht immer im Verhältnis zu einer dominanten, in sich strukturierten Produktionsweise und vollzieht sich in antagonistischen und strukturierten gesellschaftlichen Verhältnissen – nicht zuletzt vollzieht sie sich für die Arbeiterklasse in einem antagonistischen, wenn auch zugleich reproduktiven Verhältnis zu den herrschenden Kulturen und dominanten ideologischen Praxen. Das kulturelle Moment daran betrifft, kurzgesagt, die spezifisch menschliche, kollektive Aktivität der *Bedeutungsmuster* (meaning making) – der *Sinngebung*, wenn man so will, und zwar in bezug auf eine strukturelle Verortung (location), nämlich in bezug auf die Positionen in einem sozialen Verhältnis und in einer Produktionsweise.

Vielleicht ist es hilfreich, wenn man sich das Interesse an Kultur vorstellt als Konzentration auf eine der vielen Formen, in denen die gesellschaftlich Handelnden mit den sozialen Strukturen „verbunden" sind. Ich möchte hier drei Grundformen dieser Verbindung herausstellen. Im orthodox-marxistischen und ganz allgemein im strukturalistischen Denken besteht die erste und grundlegende „Verbindung" in der strukturellen und historischen *Determinierung* von Subjektivität und Kultur – plump gesagt besteht sie darin, daß man als Mitglied eines bestimmten sozialen Geschlechts, einer bestimmten Klasse, einer bestimmten Region geboren wird, daß man geformt und entwickelt wird zu einem gesellschaftlichen Subjekt im Rahmen eines bestimmten kulturellen und ideologischen Netzes und einer bestimmten Sprachgemeinschaft, womit man eine Reihe von zukünftigen Möglichkeiten „ererbt". Das ist mehr oder weniger fixiert. Wir können beispielsweise nicht *beschließen*, reich und männlichen Geschlechts und mit einem bestimmten „kulturellen Kapital" ausgestattet zu sein.

Die zweite übliche Verbindung ist zur ersten komplementär: Sie besteht darin, daß solche Akteure, nachdem sie einmal auf bestimmte Weise geformt worden sind, sich einrichten und sich angemessen verhalten – indem sie vorgegebene Klassen-Rollen in der Produktion beziehen, heiraten, als verantwortliche „Staatsbürger" des bürgerlichen Staates wählen und auf bestimmte Weise handeln, wie um die Strukturen, in die sie hineingeboren wurden, aufrechtzuerhalten und sie für die nächste Generation zu reproduzieren.

Was ich diesen beiden „Verbindungen" hinzufügen möchte, ist ein entscheidendes Moment – ein Moment, das sozusagen zwischen ihnen liegt, das aber zugleich unsere Vorstellung von den beiden Verbindungen verändern sollte. Dieses Moment ist das spezifische Interpretationsobjekt der Cultural Studies. Es besteht darin, daß die übermittelten symbolischen, ideologischen und kulturellen Ressourcen aktiv und kollektiv verwendet und erkundet werden, um so die „ererbten" strukturellen und materiellen Existenzbedingungen zu untersuchen, ihnen einen Sinn zu geben und positiv auf sie zu antworten. Einmal in eine bestimmte strukturelle Position und in eine bestimmte symbolische Gemeinschaft hineingeboren und davon geprägt, Vorgänge, in bezug auf die man keine Wahl hat –, versuchen die Menschen auch, eben diese Vorgänge zu verstehen, sie zu untersuchen und auf sie zu antworten, insbesondere in der Kollektivität ihrer teilweise unbewußten kulturellen Formen. In der ersten hier dargestellten Verbindung geht es eben nicht nur um „Determinationen", sondern auch um Vorgänge, die *verstanden* werden müssen. Damit wird beispielsweise das traditionelle marxistische Konzept von Basis und Überbau und von den Determinationen, die von „der

Ökonomie" ausgehend „nach oben" wirken, nahezu umgestülpt. Behauptet wird eine aktive menschliche Fähigkeit, die in entgegengesetzter Richtung verläuft. Behauptet wird eine aktive und kreative Antwort der Menschen auf das, was sie geformt hat und was sie formt – eine Antwort, die niemals im voraus spezifizierbar ist. In den Cultural Studies wird versucht, diese Bedeutungsgebung, diese Sinngebung darzustellen und zu analysieren, den Vorgang des Konstruierens und den des Konstruiertseins, die Produktion von Bewußtsein und Gefühl und die umfassenderen, einordnenden kulturellen Formen. Natürlich können solche „Kreativität" und „Erfindungskraft" nicht die Gegebenheit und die strukturierende Macht der Geschichte, der sozialen Verortung und der ererbten und tradierten ideologischen und kulturellen Diskurse transzendieren. Und sie können „zu normalen Zeiten" auch nicht verhindern, daß es Aktionen und Verhaltensweisen gibt, durch welche die tradierten gesellschaftlichen Strukturen und Verhältnisse aufrechterhalten und reproduziert werden. Ja, es kann sogar sein, daß durch einige dieser Absichten, dieser psychischen und kollektiven kulturellen Prozesse, durch das Gespür für Kontrolle und Identitätsbildung und durch die damit verbundenen vielfältigen und vielförmigen alltäglichen Entscheidungen und Kompromisse – daß hierdurch etwas von dem, was wir „Struktur" nennen, überhaupt erst produziert und reproduziert wird. Das ist der Grund, warum die Perspektive der Cultural Studies so leicht in eine Reproduktions-Perspektive umkippt und in deren Enge und Pessimismus hineingezogen wird.

Im Rahmen dieser Definition lassen sich detailliertere und konkretere Aspekte der „kulturellen Ebene" angeben. Die „kulturelle Ebene" enthält relativ kohärente Systeme materieller Praxen und ineinandergreifende Symbolsysteme, die ihre bereichsspezifischen Besonderheiten und Ziele haben. Sie bilden das gewöhnliche Milieu der alltäglichen Existenz, das alltägliche Spektrum der gemeinsamen Betroffenheit, Aktivitäten und Kämpfe; durch sie kommen die gesellschaftlichen Akteure zu einer kollektiven, vermittelten, gelebten Bewußtheit in bezug auf ihre Existenzbedingungen und ihr Verhältnis zu anderen Klassen.

Zu den charakteristischen Zügen dieses Milieus gehören: die „gelebte kollektive Bewußtheit" als konkrete Form des Widerstands; relativ rationale kollektive Antworten auf die jeweils gegebenen Dilemmata und Möglichkeiten; unbewußte und kollektive kulturelle Bedeutungen, die in ihrer Immanenz dennoch dazu beitragen, Handlungen zu orientieren und Subjektivität zu konstituieren; kollektive „Interpunktionen" der regulierenden Ideologien und der einengenden Kontroll- und Herrschaftstechniken; widersprüchliche und komplex artikulierte Diskurse und tradierte symbolische Formen und Praxen; komplexe ideologische Effekte, durch welche Bedeutungen reguliert werden – sowohl als inputs als auch als outputs von kulturellen Formen.

Im Rahmen der Cultural-Studies-Perspektive möchte ich hier jedoch am meisten den Begriff der *kulturellen Produktion* hervorheben. Dies ist das aktive Prinzip der „kulturellen Ebene"; das damit verbundene Konzept von sozialen Akteuren steht im Gegensatz zu deren Auffassung als passiven Trägern und Übermittlern von Strukturen und

Ideologien. Die sozialen Akteure werden vielmehr als aktiv Aneignende begriffen; sie produzieren Bedeutungen und kulturelle Formen, indem sie mit Hilfe von Werkzeugen bestimmte Materialien in Produkte verwandeln. Dies geht ganz ähnlich vonstatten wie die materielle Produktion. Kulturelle Produktion ist der *Prozeß* des kollektiven, kreativen Gebrauchs von Diskursen, Bedeutungen, Materialien, Praxen und Gruppenprozessen, wodurch bestimmte Positionen, Verhältnisse und materielle Möglichkeiten erkundet, verstanden und kreativ besetzt werden. Bei unterdrücken Gruppen gehören dazu aller Wahrscheinlichkeit nach Formen der Opposition und, wie ich es in „Learning to Labour" genannt habe, die kulturelle „Durchdringung" von konkreten Orten (sites), Ideologien oder Regionen. Am Rande sei vermerkt, daß die Entdeckung dieser unterdrückten, informellen Formen zum Spezialgebiet einer qualitativen, ethnographischen, angemessenen, „lebendigen" Methode wird – über solche Vorgänge wird von der bürgerlichen Buchhaltung eben kein offizieller Bericht erstattet.

Der Begriff *kulturelle Produktion* insistiert also auf den aktiven, verändernden Aspekten von Kulturen und auf den kollektiven Fähigkeiten sozialer Akteure, nicht nur wie Theoretiker zu denken, sondern auch wie Aktivisten zu handeln. Lebenserfahrungen; individuelle Projekte und Gruppenprojekte; verborgenes, verbotenes und informelles Wissen; private Ängste und Phantasien; die bedrohliche, anarchische Macht, die von Zusammenschlüssen ausgeht, die keinerlei Ehrfurcht kennen; die schmutzige, materielle Produktion all dieser Dinge – das sind nicht bloß interessante, auch nicht die Resultate einer „strukturellen Verortung" mit offenem Ausgang und nicht einmal die private Erkenntnis der Strukturen, wie in Wrights „Private Troubles". Diese Dinge sind vielmehr zentral; sie sind determiniert, aber auch selbst determinierend. (…) Wir sind damit an einem Punkt angelangt, von dem aus wir zur Betrachtung der Hauptbeiträge zur Reproduktionstheorie zurückkehren können.

Das Bildungswesen als Ideologischer Staatsapparat: Althusser

Es war Althusser, der in seinem Aufsatz über die Ideologischen Staatsapparate (1977) Erziehung und Bildung *die* entscheidende Rolle in der gesellschaftlichen Reproduktion zuschreibt. Das Bildungswesen erzeuge die notwendigen Qualifikationen für die Produktion, die notwendig abgestuften Ideologien für die gesellschaftliche Arbeitsteilung, und es sorge für die Bildung von Subjektivität vermittels des berühmten „imaginären Verhältnisses der Individuen zu ihren realen Existenzbedingungen" (Althusser 1977, 133). Es wird darauf hingewiesen, daß im Bildungsbereich trotz der verwirrenden Bestrebungen, das Gegenteil durchzusetzen, fortwährend ein bestimmtes gesellschaftliches Verhältnis hergestellt wird – zum Zwecke der Fortdauer der kapitalistischen Gesellschaftsformation. Aber das ist in gewisser Weise eine Tautologie. Der bloße Augenschein lehrt bereits, daß der Kapitalismus fortbesteht und daß die meisten Kinder zur Schule gehen. Ergo sind Schulen an der Schaffung desjenigen gesellschaftlichen

Verhältnisses beteiligt, das Bedingung ist für das Funktionieren des Kapitalismus. Für eine erklärende Darstellung, die solchen Formalismus und Rationalismus vermeidet, braucht man einen Begriff von der tatsächlichen Bildung von Klassen – sicherlich im Verhältnis zueinander; aber nichtsdestoweniger hat jede ihre eigene profane materielle Existenz. In Althussers impliziter Vorstellung, wie dieses Verhältnis von seiten der Arbeiterklasse praktiziert wird, figuriert die Arbeiterklasse als völlig beherrscht und als bloße Trägerin der Strukturen des Kapitalismus. Die Arbeiterklasse wird bei Althusser geformt, ohne daß er ein Wort über deren eigene kulturelle Produktion verliert.

Teil des Problems ist hier die strukturalistische Vorstellung, die Ökonomie bestehe aus vorgegebenen leeren Stellen oder Plätzen (vgl. Althusser und Balibar 1972, Bd.2, 242; Anm. d. Übers.), die einfach ausgefüllt werden – von Akteuren, die mit der richtigen Ideologie und Subjektivität ausgestattet sind. Die Struktur erscheint hier keineswegs als das Ergebnis von Auseinandersetzungen und Kämpfen um Bedeutungen und Definitionen – und auf seiten der Arbeiterklasse ist eine Quelle dieser Kämpfe das, was ich „kulturelle Produktion" nenne; die Struktur ist hier vielmehr eine hypostasierte Gegebenheit in einer gänzlich ungesellschaftlichen Welt. Die absolut vorgegebenen Umrisse dieser „Plätze" müssen von Akteuren ausgefüllt werden, die über keine gemeinsamen kollektiven Prinzipien von Veränderung und Kontinuität verfügen. Ohne eine Vorstellung davon, daß Strukturen sowohl ein umkämpftes Medium wie ein Ergebnis des sozialen Prozesses sind, wird Reproduktion zu einer mechanischen Unvermeidlichkeit. Eine vorgegebene und vorbestimmte Struktur von Klassenverhältnissen und eine entsprechende Produktionsstruktur wird dann einfach ersetzt. Tätigkeit (agency), Kampf, Veränderung – all das, was zumindest teilweise dazu beiträgt, daß gewissermaßen eine „Ausgangs-Struktur" geschaffen wird – werden in die je schon existierende Vorgegebenheit der leeren Plätze verbannt.

Die Korrespondenz zwischen Ökonomie und Erziehung: Bowles und Gintis

Bowles und Gintis bewegen sich im Rahmen eines ähnlichen Paradigmas. Wir werden hier jedoch nicht mit der ideologischen Arbeitsweise der Ideologischen Staatsapparate konfrontiert, sondern mit dem strukturalistischen Prinzip der „Entsprechung" oder „Korrespondenz" zwischen Erziehungswesen und Ökonomie (Bowles/Gintis 1978). Selbst die Rhetorik einer Autonomie des Reichs der Bildung wird aufgegeben. Unumschränkt herrscht ihre Majestät, die Ökonomie und dies im eigenen Gewand. Die „Gewöhnung" an den Erziehungsprozeß ist genau dieselbe wie die „Gewöhnung" an die Produktion – das eine Verhältnis bereitet direkt das darauf folgende vor. Das Prüfungswesen fügt solcher Sozialisation zur Ungleichheit die Legitimation hinzu. Wir haben hier die Ontologie von der ausgeliehenen Klasse in ihrer ausgeprägtesten Form; kulturelle Formen und materielle Erfahrungen werden hier in Kategorien der unmittelbaren Manipulation dargestellt, als vom Kapital angerufen und begründet. Man fragt sich, wo die Individuen, Klassen oder Gruppen herkommen sollen, die dem schönen Aufruf zu einer sozialistischen pädagogischen Praxis, mit dem Bowles und Gintis ihr Buch abschließen, auch nur zuhören, geschweige denn ihn verstehen. Aus der Welt der „Korrespondenz" können sie bestimmt nicht kommen. Die beiden Hälften der Analyse passen nicht zusammen.

Der Begriff der „Korrespondenz" übergeht die Möglichkeit des Widerstands und verfehlt damit die Konstituierung der Arbeiterklassenidentitäten, welche – zumindest teilweise – von ihrem ideellen Ausdruck in der bürgerlichen Vorstellung getrennt sind. Der Begriff der „Korrespondenz" übergeht, daß die Arbeiterklasse auf ihr Verhältnis zur herrschenden Klasse unabhängig einwirkt; er übersieht so Bewußtsein und Kultur als konstitutive Momente des gesellschaftlichen Prozesses. Menschliches Handeln wird hier als Ergebnis ganz unmenschlicher und abgetrennter Strukturen aufgefaßt. Die Untersuchung ist deshalb nicht in der Lage, das massive und gegenwärtig ganz offensichtliche Nichtzusammenpassen von Ökonomie und Bildung zu begreifen; und so wird es überflüssig, sich mit einer Realanalyse dessen zu befassen, was in Schulen vor sich geht.

Eine Untersuchung wie die von Bowles und Gintis kann leicht eine Menge konventioneller statistischer Arbeiten und bürgerlicher Apologien zu diesem Gebiet übernehmen, denn die Untersuchung bekräftigt in gewisser Weise das, woran diese Leute glauben: daß es nämlich möglich ist, gesellschaftliche Anforderungen korrekt zu identifizieren und ihnen effektiv nachzukommen. Dagegen muß man die offenkundige Tatsache halten, daß die verschiedenen Fraktionen der herrschenden Gruppe untereinander uneins sind, sowohl bezogen auf industriell-instrumentelle Ziele als auch auf humanistische Entwicklungsziele für die Gesellschaft (…), und daß die „Autonomie", der „Professionalismus" und die Beteiligung der Universität an der Formulierung von „Bildungsinteressen" alternative Einschätzungsgrundlagen liefern können. Überdies sind die „Bedürfnisse des Kapitals" meist sowieso widersprüchlich.

Ich behaupte, daß die kulturelle Produktion der verschiedenen beherrschten Gruppen dafür sorgt, daß eine direkte Prägung der Schüler durch gesellschaftliche Anforderungen auch dann unmöglich wäre, wenn die Anforderungen konsistent definiert würden. Dies verweist darauf, daß selbst eine minimale Gewöhnung an Arbeit tatsächlich erst durch das Zusammenspiel vieler Vorgänge an vielen sozialen Orten (sites) erreicht wird – dazu gehört nicht zuletzt die Bildung des sozialen Geschlechts in der Familie und die Produktionserfahrung selbst. Dies verweist auch darauf, daß die Schule nur ein Ort in einer Kette von weiteren Orten ist, die alle in viele verschiedene Formen von „Reproduktions"-Kämpfen verwickelt sind – dazu gehören nicht zuletzt die Bildung des sozialen Geschlechts und der nachfolgenden Generation. Wir dürfen niemals zu früh den Schluß ziehen, die Schule sei der Hauptort für die Zurichtung all dieser warmen, konkreten, mit sozialen Geschlecht ausgestatteten Körper, die dann tatsächlich in die Produktion eintreten, und noch weniger dürfen wir den vollzogenen Übergang in die Produktion rückwärtslesen als Ergebnis einer in den Schulen sich vollziehenden *Klassen*-Logik.

Das Bildungswesen als Ort kultureller Willkür und symbolischer Gewalt: Bourdieu

Unter diesem Gesichtspunkt stellt Bourdieus Untersuchung in Teilen einen echten Fortschritt dar (vgl. Bourdieu und Passeron 1971 u. 1973). Wir werden hier mit einer „kulturellen Ebene" bekannt gemacht – zumindest in Hinsicht auf die herrschende Klasse –, und es wird gezeigt, daß sich diese Ebene tatsächlich von der Ökonomie unterscheidet und ihr gegenüber eine gewisse Autonomie hat. Das, was man sich letztlich als Scheinautonomie vorstellen kann, ist in Wirklichkeit das zentrale Merkmal der Erziehung. Durch ein kohärentes Feld von Regeln und durch eine Reihe von Verhältnissen, die sich selbst als eigenständig und objektiv darstellen, wird genau diejenige Kultur verherrlicht und „offizialisiert", die in Wirklichkeit das Eigentum der herrschenden Klasse ist. Je höher man im Bildungssystem kommt, um so mehr wird diese Kultur deshalb zur selbstverständlichen Voraussetzung. Sie ist Bedingung für den Erfolg. Darüber hinaus wird eben diese Kultur als legitime und objektive Kultur proklamiert. Schüler aus der Arbeiterklasse scheitern nicht, weil sie zur Arbeiterklasse gehören, sondern weil sie nicht über die „objektiven" Qualifikationen und über die „objektive" Sprache verfügen, die für den Erfolg notwendig sind. Sie werden nicht „ausgekühlt", sie werden „aus-codiert"! Das kulturelle Kapital ist zum wirklichen Kapital geworden; Mangel an Kapital – wenn man nämlich nur die eigene Arbeitskraft besitzt und sonst nichts – wird zum Mangel an *kulturellem* Kapital. Während die Produktionsbeziehungen schnell den gesellschaftlichen Ausschluß, die Ungleichheit und die Erblichkeit zeigen, die mit dem wirklichen Kapital verbunden sind, garantiert die Erziehung die scheinbare Gleichwertigkeit, Unabhängigkeit und frei geborene Gleichheit des symbolischen Kapitals. Die Erziehung mystifiziert sich selbst, indem sie verschleiert, wie sie die gesellschaftlichen Kräfteverhältnisse zur Grundlage bat und sie zugleich reproduziert. Ihre Majestät, die Ökonomie, steht gern beiseite, solange die Erziehung ihr diesen Dienst erweist.

Wir haben hier einleuchtende Elemente einer wirklich autonomen Konzeption der Funktionsweise von Prüfungen und Legitimationsprozessen. Wir erhalten überdies eine detaillierte und plausible Darstellung, wie entscheidende ideologische Verkehrungen und Mystifikationen bewirkt werden, ohne daß Bourdieu dabei implizit auf eine Theorie des falschen Bewußtseins zurückkommt.

Natürlich basiert diese Bildungstheorie auf den Grundlagen von Bourdieus umfassenderem System: Die Machtgruppe übt (offenbar in jeder Gesellschaft) ihre Macht aus, um – mittels „kultureller Willkür", verstärkt durch „symbolische Gewalt" – Bedeutungen aufzuzwingen, und sie tut dies auf eine Weise, durch welche das zugrunde liegende Machtverhältnis verschleiert wird. Dies konstituiert eine doppelte Gewalt: die des Aufzwingen und die des Verschleierns. Und dies ist eine wichtige Grundlage für die Erzeugung des „Habitus", eines dauerhaft installierten Erzeugungsprinzips regulierter Improvisationen (vgl. Bourdieu 1979). Der Habitus liefert Dispositionen für Handlungen, die letztlich diejenigen Ausgangsstrukturen und die Machtverhältnisse reproduzieren, welche die Grundlage der ursprünglichen symbolischen Gewalt sind.

Aber wenn man diese allgemeine Theorie näher überdenkt, lassen sich einige Fehler erkennen, die den Wert der Bereichstheorie über Erziehung einschränken. Seltsamerweise sieht man das Problem der Analysen von Althusser und von Bowies und Gintis wiederkehren wie ein Gespenst – nämlich daß der Kultur ein fast völlig abgesonderter Bereich zugewiesen wird; und da die Erziehung eine Komplizenrolle bei der Aufrechterhaltung der Kultur spielt, erscheint die Ökonomie – wenn auch hinter der Szene – als das grundlegende, festliegende Universum und die Kultur als eine Hinzufügung. „Die Ökonomie" tritt hier nicht auf als eine bestimmte Produktionsweise voller Widersprüche, sondern als eine abstrakte Menge von Machtverhältnissen, die zu jeder Art von Gesellschaft scheinbar gleichermaßen passen. Diese Macht wird als etwas Gegebenes genommen, und Kultur wird dann sehr überzeugend hinzugefügt, um die Reproduktion der Macht zu demonstrieren. Aber die ursprüngliche Produktion der Macht ist mythisch; letztlich handelt es sich um eine Voraussetzung, die es dem Spiegelkabinett der Kultur ermöglicht, überhaupt zu existieren und zu reflektieren. Wir haben es hier mit einer vorgegebenen Machtstruktur zu tun, die dann kulturell reproduziert wird. Was aber ist mit der *Herausbildung* der Machtstruktur, mit der das Ganze gewissermaßen „anfing"? Welche Rolle spielt Tätigkeit in dieser „Reproduktion", wenn die Machtfrage bereits erledigt ist, ehe wir mit der Analyse überhaupt begonnen haben?

Ich behaupte, daß wir einen Begriff von strukturierten und dauerhaften Machtverhältnissen überhaupt nur dann gewinnen können, wenn wir über einen materialen Begriff der kulturellen Produktion verfügen, die in den Widersprüchen einer herrschenden Produktionsweise am Werk ist und diese Widersprüche bearbeitet. Bei allem Reichtum des Bourdieuschen Systems – Widerstand, Tätigkeit, Kampf, Differenzen sind aus der Geschichte verbannt. Kapital wird, selbst für die Mächtigsten, zum trägen Besitz – zu formeller Macht, zu Geld und zu symbolischem Reichtum –, statt zu einem Gesamt von umkämpften gesellschaftlichen Verhältnissen, das in der gesamten Produktionsweise am Werk ist.

Der Kern von Bourdieus Bildungstheorie betrifft natürlich die bürgerliche Kultur, und hier gibt es, wie gesagt, Fortschritte. Aber selbst hier, an seinem stärksten Punkt, leidet das System daran, daß jeder Begriff von kultureller Produktion (in meinem Sinne) fehlt. Unter dem massiven Gewicht von homogener symbolischer Gewalt und kultureller Willkür ist das Problem der Unterschiede zwischen Bürgerkindern und der Widerstände von Bürgerkindern unzugänglich. Genau so wenig sind die Stadien der „Akkulturation", ihre charakteristischen Motive, ihre subjektiven und inneren Widersprüche mit dem allgemeinen Begriff des „Habitus" erfaßbar.

Diese Schwierigkeiten und Unangemessenheiten werden sehr viel klarer, wenn wir Bourdieus Schema nicht auf die herrschende Übertragung und Kultur, sondern auf die untergeordnete Kultur und Übertragung beziehen. Die Argumente zur kulturellen *Legitimation* der herrschenden Kultur sind vielleicht hinreichend klar. Aber selbst wenn die Beherrschten akzeptieren, daß sie kein Recht auf *kulturelle* Privilegien haben, ist dies immer noch keine ausreichende Argumentation dafür, daß sie zugleich ihre *gesell-*

schaftliche Unterprivilegierung und ihre *ökonomische* Ausbeutung akzeptieren. Warum sollten sie die Dominanz des kulturellen Kapitals überhaupt eher akzeptieren als die Herrschaft des realen Kapitals? Man könnte genausogut sagen, daß sie auch kein reales Kapital haben, oder daß eine Ideologie zur Vertilgung steht, die die freien Kapazitäten zur Akkumulation sowohl von realem Kapital als auch von symbolischem Kapital betrifft, und an der alle Gefallen haben. Aber dies hindert die Beherrschten nicht daran, gegen die Macht des realen Kapitals Widerstand zu leisten. Wir suchen immer noch nach einer Erklärung, warum die „Machtlosen" ihr ungleiches Schicksal offenbar überwiegend akzeptieren. Platt gesagt: Daß die Beherrschten ihre kulturelle Minderwertigkeit akzeptieren, kann niemals die geeignete Grundlage für ihre allgemeine Unterwerfung unter die Ausbeutung sein, auch wenn es eine mögliche Bedingung dafür sein könnte. Wie verstehen und akzeptieren die „Machtlosen" dann überhaupt ihre Position? Welche Rolle spielen sie in der „Reproduktion"?

Unglücklicherweise hat Bourdieus Reich der Kultur für die Beherrschten nicht dieselbe Erklärungskraft wie für die Herrschenden. Die Beherrschten werden bei ihm tatsächlich zu den Enteigneten. Nach allem, was mit „Kultur" als einem abgetrennten und unabhängigen Bereich bezeichnet wird, bedeutet der Begriff hier in Wirklichkeit bürgerliche Kultur. Die Beherrschten haben demnach keine Kultur. Ihre „Kultur" ist anscheinend ein bloßes Übertragungsmedium, das hinter dem Rücken ihrer „objektiven" Lebenschancen wirksam ist. Die Beherrschten disqualifizieren sich selbst, weil sie niemals eine Chance gehabt haben. Wo bleibt hier die Autonomie der Kultur? [...] Bourdieu fehlt jeder Begriff von einer spezifischen und relativ unabhängigen kulturellen Produktion des Proletariats im Verhältnis zum materiellen Leben; angesichts dieser Tatsache ist es nichtüberraschend, daß sein System zu einer radikalen Bildungspolitik nichts zu sagen hat. Es präsentiert letztlich eine düstere, geschlossene Weberianische Welt, aus der es kein Entrinnen gibt. Es gibt bei ihm keine theoretische Grundlage für eine Politik der Veränderung, für die Erzeugung von alternativem oder radikalem Bewußtsein.

Klassifikation und Rahmung pädagogisch vermittelten Wissens: Bernstein

In Bernsteins Äußerungen über Erziehungscodes und deren Verhältnis zur Produktion gibt es hierzu eine Reihe von deutlichen Hinweisen. Bernstein befaßt sich in dem Aufsatz „Zu einigen Aspekten der Beziehung zwischen Erziehung und Produktion" (1977) zwar nur mit dem Aspekt der „Korrespondenz" und nicht mit Legitimationsfragen (ganz zu schweigen von dem, was ich kulturelle Produktion nenne); wir werden hier jedoch zum ersten Mal mit der Möglichkeit von radikalen Brüchen zwischen Erziehung und Produktionssystem konfrontiert. Der Erziehungscode hat eine Tendenz zur Verbindung von schwacher „Klassifikation" mit schwacher „Rahmung", er tendiert also in Richtung auf einen „integrierten Code"; er speist jedoch ein Industriesystem, das zu starker Klassifikation und starker Rahmung tendiert, also in Richtung auf einen „Sammlungscode" geht – insbesondere unter den Bedingungen von Thatcherismus und Reaganismus. Dieses Auseinandertreten widerspricht allem, was wir von der Korrespondenztheorie her hätten erwarten können; am ausgeprägtesten findet man es auf den „unteren" Ebenen der Erziehung (deren Entwicklung am stärksten in Richtung auf einen integrierten Code geht) sowie auf den „unteren" Ebenen der Industrie (die traditionell und bis heute durch starke Klassifikation und starke Rahmung gekennzeichnet sind): kurz, am ausgeprägtesten ist das Auseinandertreten von Erziehung und Produktion bei der Arbeiterklasse und dort vor allem im unteren Bereich – also genau für diejenigen, die das Hauptgebiet der Korrespondenz-Theorien darstellen.

Bernstein entwickelt diesen Gedanken nicht weiter, aber wenn Aspekte der Erziehung für das Produktionssystem dysfunktional sind, wenn sie also nicht von sich aus das gesellschaftliche Verhältnis hervorbringen, das für den Kapitalismus Teilung von geistiger und körperlicher Arbeit – welche in der Tat ein Eckstein der Klassengesellschaft ist, aber eben nicht einfach durch Unterdrückung oder durch Teilnahme am Arbeitsprozeß hervorgerufen wird. Die Gegenschulkultur hat überdies den Effekt, daß theoretische „Leistungsschwäche" assoziiert wird mit „weltlicher" Frühreife. Diese „Weltlichkeit" zieht die „lads" an und setzt sie in Bewegung – aber zugleich in Richtung auf die Ausbeutungsverhältnisse der Erwachsenen. Sie wollen den Erwachsenen-Konsum und das Erwachsenen-Verhalten, und sie kriegen Jobs. Sie wollen gewissermaßen „die Welt" – auch wenn der Preis dafür ist, daß man sie verliert.

„Learning to Labour" umreißt auch, wie von der Gegenschulkultur einige unbemerkte, aber grundlegende Themen der Männlichkeit in das Selbstgefühl und in die experimentellen Formen und den körperlichen Ausdruck der Arbeitskraft aufgenommen werden. Es ist die Männlichkeit, die dem Widerstand in der Schule seine Schärfe gibt; durch sie wird die Identität abgerundet und ausgefüllt – eine Identität, die in einer sozialen Position angesiedelt ist, die von allen sonstigen Werten entleert ist. Die Männlichkeit ist es aber auch, die dazu beiträgt, daß geistiges Leben diskreditiert und Schwerarbeit akzeptiert wird, indem die Männlichkeit ihr eine verschobene Bedeutung und Würde verleiht. Diese Männlichkeit kann Frauen unterdrücken und zur Reproduktion der konventionellen Geschlechterrollen in der Familie führen. Kreative Kulturen findet man da, wo Stile der Anpassung gelernt werden, wo sie Halt und Form geben. Die Zukunft kann genau da liegen, wo diese Kulturen binden und fesseln.

Unter dem Gesichtspunkt der Cultural Studies ist die „Internalität" festzuhalten, in der einige Strukturen und einige wesentliche ideologische Architekturen des patriarchalen Kapitalismus erlebt und reproduziert werden. Reproduktionsprozesse und Widersprüche sind keine abstrakten Kräfte. Sie sind in das wirkliche Leben der Menschen dynamisch eingebettet; sie sind nicht einfach die Entsprechung oder der Reflex tiefer liegender Strukturen.

Nebenbei sei festgehalten, daß die meisten Aktivitäten trotz all ihrer oppositionellen oder reproduktiven Konsequenzen zugleich als Spaß und als spannend erlebt werden. Angesichts unserer Unfähigkeit, die Umrisse einer sozialistisch gelebten Kultur zu liefern, einer vibrierenden, lustigen, unterhaltsamen Kultur, sollten wir mit unseren Einschätzungen vorsichtig sein. Wir sollten dieser kulturellen Produktion keine undialektische Rationalität aufzwingen, die zum sozialistischen Grabstein für all das wird, was Spaß macht. Wir sollten aus unserer Begegnung mit kultureller Produktion keinen verregneten Beerdigungs-Nachmittag machen, auf dem die Betroffenen sich mit entfernten Verwandten herumschlagen, die hinter dem Geld her sind – hinter dem Klassen-Erbe.

[…]

Schlussfolgerungen

Die Spezifizierungen und Ausarbeitungen, die ich um die Begriffe des Kampfes und der kulturellen Produktion herum vorgenommen habe, sind letztlich Aspekte einer allgemeineren Auffassung über den grundlegenden Kampf in unserer Gesellschaft, den Klassenkampf, und über dessen Verhältnis zu einigen fundamentalen sozialen Kategorien und zur ideologischen Architektur einer kapitalistischen Gesellschaft.

Für mich ist heute entscheidend, daß einige wesentliche Strukturen des Kapitalismus nicht *gegeben* sind, und nicht einfach *von außen* aufgezwungen sind, möglicherweise gegen einen gewissen marginalen Widerstand. Diese Strukturen werden vielmehr in Kämpfen erzeugt und in der kollektiven Identitätsbildung der Subjekte und der Arbeiterklasse. Das heißt, daß die Struktur des Kapitals dem Alltagsleben einer Gesellschaft nicht äußerlich ist, daß sie nicht davon getrennt ist. Die Kämpfe finden nicht woanders statt, jenseits der Struktur.

Und genauso ist die Arbeiterklassse nichts, was vom kapitalistischen System getrennt und abgesondert wäre. Sie steht nicht auf heiligem Grund, der Unterdrückung und Ausbeutung durch das kapitalistische System gegenwärtig unterworfen und darauf wartend, erlöst zu werden und freigesetzt zu werden für seine Zerstörung. Die Arbeiterklasse ist in und durch die Strukturen einer kapitalistischen Gesellschaft geformt, und sie trägt durch ihre Kämpfe Wesentliches zur Erzeugung dieser Strukturen und Formen bei. Vielleicht gegen ihren Willen: Damit will ich sagen, daß die Arbeiterklasse notwendigerweise zumindest mit einem Fuß im System steht – sie kennt kein anderes –, und daß sie sich durch die Widersprüche des Systems und ihre eigene Selbstveränderung durcharbeiten muß, um eine Zukunft zu erreichen, die Punkt für Punkt aus der Erfahrung des Kapitalismus hervorgegangen sein wird. Die Kultur der „lads" beispielsweise ist eine Form des Klassenkampfs, vermittelt durch die Ausgleichsprozesse in der Schule und durch deren Erziehungsparadigma, und dennoch trägt diese Kultur durch die Anti-Haltung gegen geistige Tätigkeit dazu bei, die Teilung zwischen geistiger und körperlicher Arbeit hervorzurufen. Die subjektive Abkapselung der „lads" gegenüber der Arbeitswelt; ihre zynische Manipulation der Arbeitswelt, um möglichst viel Geld rauszuholen; ihre Hingabe an Konsum und Vergnügen, und später an die Gemütlichkeit im Allerheiligsten des proletarischen Heims – und zwar mit *Hilfe des Lohns,* aber möglichst weit entfernt von dem Ort, wo er verdient wird: all das sind auf ihre Weise energische und selbstbewußte Kämpfe für das Recht des „freien Arbeiters", vom Kapital so unabhängig wie möglich zu sein. Aber zugleich macht dies eine Lohnarbeitszukunft subjektiv überhaupt erst möglich; und es trägt direkt bei zu den grundlegenden Teilungen zwischen Arbeit und Vergnügen, zwischen Arbeit und zu Hause, die für den Kapitalismus so charakteristisch sind und durch die hindurch das Patriarchat seine materiellen Formen annimmt.

[...]

Gerade weil strukturale Kausalität und Formierung abstrakt und entlegen zu sein scheinen, weil in solchen Analysen „Subjekte" zuweilen wie Marionetten auf der Bühne der Theorie behandelt werden, sollte dies nicht dazu führen, daß die menschlichen Kämpfe und die sozialen Verhältnisse, die Materialien und die Geschichte, durch die hindurch der Kampf gelebt wird, mit autonomen, kreativen, humanen Individuen zusammengeworfen werden.

Und obwohl die Hauptachse meiner Analyse die Klasse ist, verweist der Begriff der kulturellen Produktion auf die Komplexität, in der viele Unterdrückungsstrukturen in Erfahrung und Kultur miteinander verbunden sind. Kulturelle Produktion bezeichnet nicht die Umrisse formaler Kategorien, wie sie von Theoretikern entworfen worden sind, nicht „Rasse, Klasse, Geschlecht" und deren trockene, man könnte sagen, vegetative Fortpflanzung, sondern die profane, lebendige, eigentümlich fruchtbare, oftmals unkontrollierbare Verbindung dieser Elemente in realen Kulturen, in tatsächlichen kollektiven Lebensentwürfen, Entscheidungen und Veränderungen. Ein charakteristisches Merkmal dafür ist vielleicht, daß die Unterordnung unter eine Art der Herrschaft eine andere Art der Herrschaft aufdecken oder bekämpfen kann, und daß die dominante Platzierung in einer Art von „Diskursen" sowohl andere Arten von Unterordnung aufdecken kann als auch zugleich die ursprüngliche Unterdrückung oder noch weitere reproduzieren kann. Dies ist der eigentliche Stoff, aus dem das materielle und gesellschaftliche Leben immer wieder von neuem geschaffen wird, und erst danach kann er von den Theoretikern als „Rasse, Klasse, Geschlecht" klassifiziert werden. Nur wenn man diese engen kulturellen Verbindungen in verschiedenen Gruppen versteht, kann man tatsächlich herausfinden, was den verschiedenen Gruppen und Interessen gemeinsam ist (und wie *es* ihnen gemeinsam ist), und wie sie an gemeinsamen Fronten und in gemeinsamen Bündnissen mobilisiert werden könnten.

Wir sollten uns natürlich mit spezifischen Formen der Unterdrückung und mit den damit zusammenhängenden besonderen Kampf- und Solidaritätsformen befassen. Aber wir sollten uns auch mit der *Vielzahl von Beziehungen* zwischen den verschiedenen Unterdrückungsformen beschäftigen, nicht einfach als Herrschaftskategorien gefaßt, sondern als Kategorien, von denen aus – alle zusammen genommen – Unterdrückung umkämpft ist. Ihre Verbindung trägt zur Gestaltung konkreter Subjekte und kultureller Formen bei, sie liefert den Spielraum für das Handeln, für Veränderung und für die Erkundung von Widersprüchen und Spannungen zwischen verschiedenen Arten der Unterdrückung. Dies ist gewissermaßen die andere Seite von *Abschließung und Transformation*. Es ist nämlich die Verbindung von ganz unwahrscheinlichen Elementen, wodurch so etwas wie Ausdruckskraft zustande kommt: durch den Gebrauch von beliebigen Diskursen und Materialien – derjenigen, die gerade erreichbar sind, um zu kämpfen, zu handeln und Bedeutungen irgendwelcher Art zu erzeugen. Es kann eine Solidarität geben, die teilweise der kulturellen *Isomorphie* entspringt: Isomorphie kann dazu führen, daß einiges an gesellschaftlicher Macht, an Ausdruck und Aufklärung – in welcher überraschenden Konfiguration auch immer – solchen Punkten zugewendet wird, die zuvor entwichtigt wurden. Beispielsweise ist es möglich, daß die Klassenunterdrückungen in der Schule und in der Fabrik durch die Strukturen der Männlichkeit hindurch bekämpft werden. Berufstätige Frauen können sich in ihre Weiblichkeit hüllen, um qualitative Forderungen in bezug auf die Arbeit zu stellen, für bessere Arbeitsbedingungen, für Produktsicherheit und Kinderbetreuung. Rasse ist eine eigenständige Unterdrückungskategorie; sie kann aber auch ein Prisma sein, durch das hindurch das Klassenverhältnis erfahren wird und „neue" Aspekte der Kapitalstruktur ans Licht gebracht werden – etwa die Versuche des Kapitals, eine internationale Arbeitsteilung zu schaffen, oder die Tendenz des Kapitals, die Arbeitskraft in den Metropolen zu spalten und in verschiedene soziale Schichten aufzuteilen, um in deren unterem Bereich fast so etwas wie eine Kaste zu schaffen. Schwarze leben eine Klassenerfahrung, die teilweise durch die Rasse organisiert ist; aber genau dies kann die Klassenstruktur zu Tage fördern und zugleich ein Reservoir von Bildern, Bedeutungen, Ressourcen und Kulturen liefern, um gegen die Klassenstruktur Widerstand zu leisten. Gegenwärtig sehen wir in der massiven Jugendarbeitslosigkeit eine spezifische Organisierung der Altersstrukturen durch den Kapitalismus, aber wir sehen durch sie auch einiges ans Licht gebracht: die Tendenz des Kapitalismus zur Überproduktion und zur Produktion einer „Reservearmee" für die Arbeitenden. Und wahrscheinlich werden diese Dinge durch die Ressourcen der Jugendlichen, durch ihre kulturellen Formen weiter erkundet, offengelegt und bekämpft werden.

Kämpfe und Auseinandersetzungen sind eine Existenzweise des „demokratischen" Kapitalismus. Gewiß gelingt es vielen Widerständen ganz und gar nicht, die grundlegenden sozialen Strukturen in Frage zu stellen – aber ihren Erfolg zu verlangen bedeutet, jeden Sonntagnachmittag eine epochale Wende zu fordern. Wir haben die Möglichkeiten einer mittleren Linie erkundet und zu sagen vermieden, daß Widerstandsaktionen, die nicht das herrschende System umstürzen, deswegen in der Stützung des Systems aufgehen. Widerstand kann eng zusammenhängen mit Anpassung, aber dies vollzieht sich *nicht* in einer Form, die unvermeidlich wäre, die geplant und gänzlich programmiert wäre als präexistierende Funktion der herrschenden Institutionen und der herrschenden Ideologie. Widerstand ist Teil des weiten Feldes einer allgemeinen menschlichen Praxis, wo Menschen geschaffen werden, indem sie kollektiv ihre Lebensbedingungen und immer die Unvorhersagbarkeit des Verhältnisses zwischen dem, was an diesen Aktivitäten die Verhältnisse reproduziert und befestigt, und dem, was daran unzufrieden ist, widerständig und herausfordernd. Hier ist der Spielraum für Veränderung, für Politik, für das *Werden* – und nicht für den Utopismus oder die Verzweiflung.

Literatur

Althusser, L. (1977): Ideologie und ideologische Staatsapparate. Hamburg

Althusser, L. und E. Balibar (1972): Das Kapital lesen. Übers. v. Klaus-Dieter Thieme. Reinbek (frz.1968)

Apple, M. (1979): What Correspondence Theories of the Hidden Curriculum Miss. In: The Review of Education. Bd.5, Nr. 2

Bernstein, B. (1977): Beiträge zu einer Theorie des pädagogischen Prozesses. Übers. v. Rolf Wiggershaus. Frankfurt/M. (engl. 1975)

Bourdieu, P. (1979): Entwurf einer Theorie der Praxis. Übers. v. Cordula Pialoux u. Bernd Schwibs. Frankfurt/M. (frz. 1972)

Bourdieu, P. und J.-C. Passeron (1971): Die Illusion der Chancengleichheit. Untersuchungen zur Soziologie des Bildungswesens am Beispiel Frankreichs. Übers. v. Barbara u. Robert Picht. Stuttgart (frz. 1964 und 1971)

Bourdieu, P. und J.-C. Passeron (1973): Grundlagen einer Theorie der symbolischen Gewalt. Übers. v. Eva Moldenhauer. Frankfurt/M. (frz. 1970 und 1972)

Bowles, S., und H. Gintis (1978): Pädagogik und die Widersprüche der Ökonomie. Das Beispiel USA. Übers. v. Gerlinde Supplitt. Frankfurt/M. (USA 1976)

CCCS (= Centre for Contemporary Cultural Studies) (1978): Working Class Girls and the Culture of Feminity. In: CCCS Women's Studies Group: Woman Take Issue. London

CCCS Education Group (1981): Unpopular Education. Schooling and Social Democracy in England since 1944. London

Clark, B. R. (1960): The „Cooling-Out" Function in Higher Education. In: American Journal of Sociology 65 (Mai 1960), 569–576

Williams, R. (1977): Marxism and Literature, Oxford

Willis, P. (1979): Spaß am Widerstand. Gegenkultur in der Arbeiterschule. Übers. v. Nils Thomas Lindquist. Frankfurt/M. (engl.: Learning to Labour. How Working Class Kids Get Working Class Jobs. London 1977)

Willis, P. (1981): Profane Culture. Rocker, Hippies: Subversive Stile der Jugendkultur. Übers. v. Sibylle Koch-Grünberg. Frankfurt/M. (engl. 1978)

Willis, P. (1982): Orders of Experience: the Differences of Working Class Cultural Forms. In: Social Text, 4

Chargaff

Understanding Inequality in Schools: The Contribution of Interpretative Studies[1]

Hugh Mehan

Ethnographie studies in the interpretive tradition have made three interrelated contribu-
tions to theories that attempt to account for social inequality: 1.) cultural elements have
been introduced into highly deterministic macrotheories, 2.) human agency has been in-
terjected into theories accounting for social inequality, and 3.) the black box of schooling
has been opened to reveal the reflexive relations between institutional practices and stu-
dents 'careers'. These developments provide a more robust sense of social life. Culture is
not merely a pole reflection of structural forces; it is a system of meaning that mediates
social structure and human action. Social actors no longer function as passive role play-
ers, shaped exclusively by structural forces beyond their control; they become active sense
makers, choosing among alternatives in often contradictory circumstances. Schools are not
black boxes through which students pass on their way to predetermined slots in the capi-
talist order; they have a vibrant life, composed of processes and practices that respond to
competing demands that often unwittingly contribute to inequality.

Research in the sociology of education reflects the distinction between "macro" and
"micro" that has dominated the field of sociology more generally (see, for example,
Alexander et al. 1987; R. Collins 1981a, 1981b; Giddens 1984; Knorr-Cetina and Cicourel
1981). In studies of education, the macro includes structural forces conceptualized at the
societal level, including economic constraints and capitalist demands, while the micro
includes individual or group actions and responses to constraints imposed on social actors. I am not content with this distinction because it perpetuates a false dichotomy, rei-
fies social structure, and relegates social interaction to a residual status.

Recent research on social inequality contains provocative suggestions for ways to
reconceptualize macro-micro interrelationships. These suggestions, as I will explain in
this article, have to do with social agency, cultural mediation, and constitutive activity.
It is no coincidence that many of these ideas have come from field research in schools
and communities. It often takes intimate contact with people and a close analysis of
their words and deeds to capture the subtleties, contradictions, and nuances of everyday life.

---

1   Erstveröffentlichung in: Sociology of Education 1992, Vol. 65 (January): 1–20.

Perhaps because field research in the sociology of education has been perceived to address the less important micropole, its status has been problematic. The long and impressive tradition of studying school environments in the "Chicago tradition" (dating from Waller's [1932] classic, *The Sociology of Teaching* and extending through Becker's [1952, 1953] studies of Chicago schoolteachers and Jackson's [1967] description of classroom life) was eclipsed by the "scientific arithmetic" (Karabel and Halsey 1977; Young 1988) of status: attainment research and the debate over the relative influence of family background and schooling on achievement in school or occupational success (Blau & Duncan, 1967; Coleman et al. 1966; Jencks et al. 1972, 1977). Starting in the mid-1970s, serious questions were raised about macrosociological approaches. Status-attainment models were criticized for not being able to explain differential academic achievement (Karabel and Halsey 1977, p. 44) and for being virtually silent about the processes that produced stratification (Bidwell 1988; Cicourel and Mehan 1983; Hallinen 1989), opening the door for alternatives (Bidwell 1988). Jencks et al. (1972, p. 13), significant representatives of the positivistic school in this debate, anticipated the turn away from positivism with these observations about the limitations of large-scale surveys of schooling:

> We have ignored not only attitudes and values but the internal life of schools. We have been preoccupied with the effects of schooling, especially those effects that might be expected to persist into adulthood. This has led us to adopt a "factory" metaphor, in which schools are seen primarily as places that alter the characteristics of their alumni. Our research has convinced us that this is the wrong way to think about schools. The long-term effects of schooling seem much less significant to us than when we began our work and the internal life of the schools seems correspondingly more important.

In the United Kingdom, one significant approach that developed as an alternative to the positivism of functionalism was the "new sociology of education" (Anyon 1980; Gorbutt 1972; Young 1971, 1988). In the United States, the "interpretive approach" (Erikson 1986; Karabel and Halsey 1977) emerged.

The two traditions have developed independently, with little cross-referencing (a point vividly demonstrated in the recent argument between Jacob [1987 and Atkinson, Delamont, and Hamersley [1988]). The new sociology of education in England attached itself to the tradition of the sociology of knowledge, focusing on the content of the school curriculum, both manifest and latent. The interpretive school in the United States, influenced by ethnomethodology, sociolinguistics, and symbolic interactionism, concentrated on the internal life of schools and home-school relations, often aided by the close analysis of Mehan videotapes taken in classroom, testing, and counseling settings.

These new developments did not meet with universal acclaim. In the most comprehensive review of the sociology of education at that time, Karabel and Halsey (1977, p. 54) complimented the new sociology of education for identifying "what counts as knowledge" as an interesting problem and suggesting a possible way of tackling it, but then took this group to task for not producing either close ethnographic description or a serious body of empirical literature based on its theoretical framework. Wexler (1987, p. 127) criticized the new sociology of education for looking backward historically and for promulgating reactionary ideology. Karabel and Halsey were especially harsh on American interpretive studies for "ultra-relativism" and "sentimental egalitarianism". Presaging a point later made by others (see, for example, Gage 1989; Gilmore and Smith 1982; Ogbu 1982), they said that the emphasis on the social construction of reality in the interpretive approach fails to take into account the social constraints on human actors in everyday life, a position that can lead to the conclusion that social structures exist only in the minds of human actors.

Karabel and Halsey wrote their review of the interpretive paradigm when only Cicourel et al. (1974) was available to them. Their critique underestimated the extent to which the Cicourel group contextualized its argument in institutional terms. Moreover, a number of studies in this tradition have appeared since that review. Although I am not a cheerleader for the interpretive paradigm, I think the time is right to reassess its status.

In what follows, I identify three interrelated contributions made by ethnographic studies in the interpretive tradition to theories that attempt to account for social inequality: 1.) introducing cultural elements into highly deterministic macrotheories, 2.) injecting human agency into theories accounting for social inequality, and 3.) opening the black box of schooling to examine the reflexive relations between institutional practices and students' careers. These developments give us a more robust sense of social life. In the hands of interpretive theorists, culture is not merely a pale reflection of structural forces; it is a system of meaning that mediates social structure and human action. Social actors no longer function as passive role players, shaped exclusively by structural forces beyond their control; they become active sense makers, choosing among alternatives in often contradictory circumstances. Schools are not black boxes through which students pass on their way to predetermined slots in the capitalist order; they have a vibrant life, composed of processes and practices that respond to competing demands that often unwittingly contribute to inequality.

Structure, Culture, and Reproduction

By almost any criterion, and with few exceptions, students from working-class and ethnic-minority backgrounds do poorly in school. They drop out at a higher rate than do their middle-income and ethnic-majority contemporaries. They score lower on standardized and criterion-referenced tests than do their middle-income contemporaries. Their grades are lower (Coleman et al. 1966; Haycock and Navarro 1988; Jencks et al. 1972; National Center for Education Statistics 1986).

Why are students from working-class backgrounds not as successful in school as are their middle-class contemporaries? Why is there a strong tendency for working-class children to end up in working-class jobs? Two answers to this question have been carefully formulated at the macrolevel by Bowles and Gintis (1976), Bourdieu (1977a, 1977b), and Bourdieu and Passeron (1977). For these social scientists and the "reproduction theorists" who have followed them, the core of the matter is the capitalist mode of production. "The capitalist process of production . . . produces not only commodities, not only surplus value, but it also produces and reproduces the capitalist relation itself; on the one hand, the capitalist, on the other hand the wage-laborer" (Marx 1867/1976, p. 724).

Bowles and Gintis (1976) and Wilcox (1982) built on Marx's basic point by explaining social inequality in economic terms. They posited a correspondence between the organization of work and the organization of schooling that trained elites to accept their place at the top of the class economy and trained workers to accept their lower places at the bottom of the class economy. The sons and daughters of workers, placed into ability groups or tracks that encourage docility and conformity to external rules and authority, learn the skills associated with manual work. In contrast, the sons and daughters of the elite are placed into tracks that encourage them to work at their own place without supervision; to make intelligent choices among alternatives; and to internalize, rather than follow, externally constraining norms.

Many problems with Bowles and Gintis's position have been chronicled. The theory is 1.) economically deterministic (Apple 1983; Cole 1988; Giroux 1983), 2.) exaggerates the degree of integration between the demands of the capitalist elites and the organization of schooling (MacLaren 1980, 1989; MacLeod, 1987), and 3.) reduces to the same kind of functionalist argument it presumably replaced (Karabel and Halsey 1977, p. 40n). When one considers macro-micro connections, two other criticisms are relevant: The theory does not examine the processes and practices of schooling that reproduce inequalities and it reduces human actors—students, teachers, parents, workers, and employers—to passive role players, shaped exclusively by the demands of capital.

Bourdieu (1977a, 1977b) and Bourdieu and Passeron (1977) provided a more subtle account of inequality by proposing cultural elements that mediate the relationship between economic structures, schooling, and the lives of people. Distinctive cultural knowledge is transmitted by the families of each social class. As a consequence, children of the dominant class inherit substantially different cultural knowledge, skills, manners, norms, dress, style of interaction, and linguistic facility than do the sons and daughters of the lower class. Students from the dominant class, by virtue of a certain linguistic and cultural competence acquired through family socialization, are provided the means of appropriating success in school. Children who read good books, visit museums, attend concerts, and go to the theater acquire an ease—a familiarity—with the dominant culture that the educational system implicitly requires of its students for academic attainment. Schools and other symbolic institutions contribute to the reproduction of inequality by devising a curriculum that rewards the "cultural capital" of the dominant classes and systematically devalues that of the lower classes. This more nuanced view overcomes the economic determinism of Bowles and Gintis's (1976) position. But still, two problems remain: One is not shown, in concrete social situations, how the school devalues the cultural capital of the lower classes while valorizing the cultural capital of the upper classes. Furthermore, Bourdieu has been criticized for obliterating social actors: Students are treated mainly as bearers of cultural capital—as a bundle of abilities, knowledge, and attitudes furnished by parents (Apple 1983; Giroux 1983; McLeod 1987).

Until we examine the mechanisms of cultural and social reproduction via a close interactional analysis of social practices, especially school practices, we will be left with only a highly suggestive structural view of the relations between social origins, schooling, and subsequent achievements. Fortunately, recent ethnographic work—some specifically influenced by Bourdieu's theoretical orientation and other work not directly influenced by it—gives us insight into how cultural capital works in particular contexts.

Home-School Relations

Lareau (1987, 1989) compared parent-school relations in a white working-class neighborhood with those in an upper middle-class neighborhood. The schools in both neighborhoods shared an ideal of family-school partnership and promoted parental involvement. Teachers in both schools saw parental involvement as a reflection of the concerns parents had for their children's academic success. Despite equivalent formal policies, the quality of parental participation varied from school to school.

The levels and quality of parental involvement were linked to the social and cultural resources that were available to parents in different social-class positions. Working-class parents had limited time and disposable income to intervene in their children's schooling; middle-income parents, with occupational skills and occupational prestige that matched or surpassed those of teachers, had resources to manage child care and transportation and time to meet with teachers, hire tutors, and otherwise become involved in their children's schooling.

The difference in the deployment of social resources was evident in parents' responses to school policies. Teachers in both schools asked parents to get involved in their children's education—to read to their children and help with their homework, for example (which presumes that the parents had competent educational skills, cf. McDermott, Goldman, and Varenne 1984). Parents from low-income families thought that their educational skills were inadequate for this task, while parents from middle-income families felt comfortable helping their children in school. Teachers in both schools asked parents to share concerns with them, an action that presumes that parents view the task of educating children as divided between teachers and parents. The low-income parents were less likely to see that they had the right and responsibility to raise concerns and criticize teachers, while middle-income parents had confidence in their right to monitor teachers and even to criticize their behavior.

By asking low-income parents to attend school events (PTA, back-to school night) and to help in the classroom, teachers were making demands on the time and disposable income of parents and, perhaps more important, challenging their conceptions of the teacher's role and parents' relation to it. Attending afternoon parent-teacher conferences, for example, requires transportation, child care arrangements, and a flexible job. It also assumes that education is a cooperative venture between parents and teachers. The middle-income parents had more time and disposable income than did the working-class parents and defined education as a cooperative responsibility between them and the teacher. The time and income afforded by higher-class jobs, coupled with an attitude that matched the policies of the school, facilitated the middle-income parents' involvement in schooling, whereas the absence of these resources and definition of the educational situation deflated the low-income parents' participation.

Thus, social-class positions and class cultures become a form of cultural capital. Although both working-class and middle-class parents want their children to succeed in school, their "social location" leads them to deploy different Strategies to achieve that goal. The strategy deployed by working-class parents—depending on teachers to educate their children—did not promote success. The strategy deployed by middle-income parents—active participation in supervising and monitoring their children—promoted success. Furthermore, the middle-income parents often challenged the school; if their children had problems, they assumed that the school was responsible. They employed the services of outside experts if the school did not respond to their satisfaction. These practices, interactional manifestations of the ephemeral notion of cultural capital, appear to give middle-class students advantages over their working-class counterparts.

Although Bourdieu is clear about the arbitrary nature of culture, his emphasis on the value of high culture can lead to misinterpretations. He seems to suggest that the culture of the elites is intrinsically more valuable than is the culture of the working class (Lamont and Lareau 1988; Lareau 1987). By showing that working-class and middle-class families each have a stock of knowledge, routines, rituals, and practices that are meaningful, coherent, and goal directed but that only one is picked up and celebrated by the school, Lareau modulates the latent determinism in Bourdieu's position and softens some of the criticisms levied against Bourdieu.

Language at Home and at School

Comparisons of language use in middle-income and lower-income families suggest that there may be a discontinuity between the language of the home and the language of the school—especially for students from certain low-income and linguistic minority backgrounds (Cazden 1986; Delgado-Gaiton 1987; Heath 1982, 1986; Philips 1982; Schultz, Florio, and Erikson 1979; Trueba 1986). For example, Laosa (1973) complained that inquiry-based teaching methods in schools are compatible with the parental teaching styles in Anglo but not in Mexican American families. This discontinuity, in turn, may contribute to the lower achievement and higher dropout rate among minority students.

Heath (1982) compared the way White middle-income teachers talked to their Black low-income elementary school students in the classroom with the way they talked to their own children at home in a community she called "Trackton" Like Cazden (1979), she found that the teachers relied heavily on questions and language games like peekaboo and riddles when they talked to their children at home. The most frequent form of question was the "known-information" variety so often identified with classroom discourse (Mehan 1979; Shuy and Griffin 1978; Sinclair and Coulthard 1975). Middle-income parents also talked to preverbal children often, supplying the surrounding context and hypothetical answers to questions they posed. These "quasi conversations" recapitulated the I-R-E sequence of traditional classroom lessons.

Heath reported that the middle-income teachers taught their own children to label and name objects and to talk about things out of context, which were just the skills demanded of students in school. They also talked to the students in their classrooms in similar ways; they instructed the students primarily through an interrogative format using "known-information questions" and taught students to label objects and identify the features of things.

However, this mode of language use and language socialization was not prevalent in the homes of low-income students. Low-income adults seldom addressed questions to their children at home, and did so even less often to preverbal children. Whereas the teachers would ask questions, the low-income parents would use statements or imperatives. And, when the parents asked their children questions, the questions were much different from the types of questions asked by the teachers. Questions at home called for nonspecific comparisons or analogies as answers: they were not the known-information or information-seeking questions associated with the classroom. Heath concluded that the language used in Trackton homes did not prepare children to cope with the major characteristics of the language used in classrooms: utterances that were interrogative in form but directive in pragmatic function, known-information questions, and questions that asked for information from books.

Heath identified a mismatch between the language used in the home and the language demanded in the classroom. When the structure of discourse in the classroom corresponded to the pattern of discourse in the low-income home, students' academic performance improved. Piestrup (1973) documented this relationship in 14 predominantly Black first-grade classrooms in the Oakland public school system. When teachers employed a style that reflected the taken-forgranted speech patterns of the Black community, instruction was the most effective. Students in classrooms where teachers implicitly incorporated the taken-for-granted features of culturally familiar speech events in classrooms, including rhythmic language, rapid intonation, repetition, alliteration, call and response, variation in pace, and creative language play, scored significantly higher on standardized reading tests than did students in classrooms where teachers used other styles.

Native American children performed poorly in classroom contexts that demanded individualized performance and emphasized competition among peers, but they performed more effectively in those that minimized the obligation of individual students to perform in public contexts (Philips 1982). The classroom contexts in which Native American students operated best were similar in organization to local Native American community contexts, where cooperation, not competition, was valued and sociality, not individuality, was emphasized. Philips attributed the generally poor performance of Native American children to differences in the "structures of participation" that were normatively demanded in the home and in the school. It seems that the patterns of participation that are expected in conventional classrooms create conditions that are unfamiliar and threatening to Native American children.

According to Foster (1989), Marva Collins, the well-known teacher from Chicago's Westside Prep School, employed strategies similar to those of the successful teachers in Piestrup's (1973) study. Although Collins attributed her success to a phonics curriculum, Foster gave more credit to the congruence between Collins's interactional style and the children's cultural experience with familiar language and participation structures, including rhythmic language, call and response, repetition, and deliberate body motions, constituted the interactional pattern.

Foster complimented her informal discussion of Collins's teaching with a more formal analysis of teachers in a predominantly Black community college. She found that classroom discussion increased in degree and intensity when teacher-student interaction was more symmetrical (teachers and students had an equivalent number of turns and cooperative learning groups were formed). This finding parallels a more general one about the value of cooperative learning for linguistic minority youths (Kagan 1986). Successful community college teachers also called for active vocal audience responses and descriptions of personal experiences, strategies that act in ways that are similar to performance patterns in the local Black community. McCullum (1989) made a similar point about the cultural congruity of a Puerto Rican teacher's turn-allocation practices with that of her Puerto Rican students.

Although not cast in the terms of Bourdieu's theory, these comparisons of language at home and at school show the interactional operation of certain aspects of cultural capital. Because the language use of middle-income parents matches the often implicit and tacit demands of the classroom, middle-income children are being equipped with the very skills and techniques that are rewarded in the classroom. Likewise, because the language use of low-income parents does not match the discourse of the classroom, low-income children are not being provided with the cultural capital that is so requisite in the classroom.

There are important implications for educational practice here. One conclusion that could be drawn from this analysis would be this: Change the cultural capital of the low-income family. Increase bedtime reading, the density of known-information questions at home, and so forth. This would be the wrong inference, however, because it is based on the tacit assumption that the prevailing language use and socialization practices of linguistic and ethnic minority children are deficient. Sociolinguists (such as Au 1980; Barnhardt 1982; Cazden 1979, 1986, 1988; Cazden and Mehan 1989; Erickson and Mohatt 1982; Foster 1989; Heath 1986; Philips 1982; Piestrup 1973; Tharp and Gallimore 1988) draw a different inference: Work cooperatively with parents and educators to modify the classroom learning environment in ways that are mutually beneficial for students and society.

For example, to increase Trackton students' verbal skills in naming objects, identifying the characteristics of objects, providing descriptions out of context, and responding to known-information questions, Heath worked with the Trackton teachers on ways to adapt to the community's ways of asking questions. After reviewing tapes with researchers, teachers began social studies lessons with questions that asked for personal experiences and analogical responses, for example, "What's happening there?" "Have you ever been there?" "What's this like?" These questions were similar to the questions that parents asked their children at home. The use of these questions in early stages of instruction were productive in generating active responses from previously passive and "nonverbal" Trackton students. Once the teachers increased the participation of the students in lessons using home questioning styles, they were able to move them through a zone of learning toward school-demanded questioning styles.

In an analogous fashion, teachers working with the Kamehameha Early Education Program in Hawaii spontaneously introduced narratives that were jointly produced by the children into the beginning of reading lessons—a fact later observed by researchers associated with the project (Au 1980; Tharp and Gallimore 1988). In addition, they shifted the focus of instruction from decoding to comprehension, implemented small-group instruction to encourage cooperation, and included children's experiences as part of the discussion of reading materials. All these modifications were consistent with Hawaiian cultural norms and had important consequences. The students' participation in lessons increased, as did their scores on standardized tests. Both these effects were important because of their antidote to the notoriously low school performance of native Hawaiians.

Instead of denying the coherence and personal significance of the language and culture of the home by trying to eradicate their expression within the school, ethnographically informed sociolinguistic researchers propose a model of mutual accommodation in which both teachers and students modify their behavior in the direction of a common goal. The implication of this line of research for the social production of inequality is clear. It shifts the source of school failure from the characteristics of the failing children, their families, and their cultures toward more general societal processes, including schooling (Bernstein 1973; Gumperz 1971, 1981). Sociolinguists have argued that school failure should not be blamed on the child's linguistic code, family arrangements, or cultural practices. The problems that lower-income and ethnic-minority children face in school must be viewed as a consequence of institutional arrangements that do not recognize that children can display skills differently in different types of situations.

Social Agency, Culture, and Inequality

Bourdieu (1989) insisted that his theory is not structurally deterministic. Despite such disclaimers, he has been criticized for not treating the cultural sphere as an object of critical inquiry in its own right, for depicting cultural forms and practices as largely the reflection of structural forces conceptualized at the societal level (Apple 1985; Giroux 1983; MacLeod 1987; Willis 1977), and for treating parents, teachers, and especially students as bearers of cultural capital (Giroux 1983; MacLeod 1987).

As a result of studies that look more closely at the everyday lives of high school students (MacLaren 1980, 1989; MacLeod 1987; Willis 1977), two other significant additions have been made to our understanding of inequality. First, people actively make choices in life, rather than passively respond to the socioeconomic pressures that bear down on them. Second, the cultural sphere gains relative autonomy from structural constraints.

Willis's (1977) interviews with disaffected White working-class males in a British secondary school are well known. He found that the "lads" a group of high school students who would soon drop out, rejected the achievement ideology, subverted the authority of teachers and administrators, and disrupted classes. Willis claimed that the lads' rejection of the school was partly the result of their deep insights into the economic condition of their social class under capitalism.

But their cultural outlook limited their options; equating manual labor with success and mental labor with failure prevented them from seeing that their actions led to a dead end: lower-paying jobs. Blind to the connection between schooling and mobility, they chose to join their brothers and fathers on the shop floor, a choice apparently made happily and without coercion. Thus, what begins as a potential insight into the social relations of production is transformed into a surprisingly uncritical affirmation of class domination. This identification of manual labor with masculinity ensures the lads' acceptance of their subordinate economic fate and the successful reproduction of the class structure.

What distinguishes Willis's interpretation from that of either Bowles and Gintis (1976) or Bourdieu and Passeron (1977) is the agency Willis attributes to the lads, who made real choices to continue in working-class jobs (unlike the students in Bowles and Gintis's rendition, who simply internalized mainstream values of individual achievement, or the students in Bourdieu and Passeron's theory, who simply carried cultural capital on their backs or in their heads). The model of the actor is different here: Students view, inhabit, and help construct the social world (Willis 1977, p. 172; see also, MacLaren 1989, pp. 186–190). The cultural attitudes and practices of working-class groups do not reflect and cannot be traced directly to structural influences or dominant ideologies.

MacLeod's ethnography is not as well known as is Willis's, but I think it makes an even greater contribution to our understanding of social inequality. MacLeod (1987) studied two groups of high school boys in depressed socioeconomic circumstances. One group, "the Brothers" (predominantly Black), the other group, "the Hallway Hangers" (predominantly White), lived in the same housing projects, attended the same school, and experienced the same environment in which success was not common. Despite the similarity of their environment, they did not respond evenly to their circumstances. The Hallway Hangers reacted in ways that were reminiscent of the lads in Willis's account: cutting classes, acting out in the few classes they attended, dropping out, smoking, drinking, using drugs, and committing crimes. In short, they took every opportunity to oppose the regimen of the school and to resist its achievement ideology. In contrast, the Brothers tried to fulfill societally approved roles: attending classes, conforming to rules, studying hard, rejecting drugs, playing basketball, and cultivating girlfriends.

The fact that two different groups of students reacted differently to objectively similar socioeconomic circumstances challenges economically and culturally deterministic reproduction theories. The reaction of the Hallway Hangers vindicates Bourdieu's theory. Confronting a closed opportunity structure, they lowered their aspirations and openly resisted the educational institution and its achievement ideology. But neither Bowles and Gintis nor Bourdieu and Passeron would do as well in explaining the Brothers. The Brothers experienced the same habitus and were exposed to the so-called hidden curriculum of the school in the same manner, but responded to it by eagerly adopting the achievement ideology and maintaining high aspirations for success.

These differences in aspiration pose a problem for MacLeod's analysis as well. We learn that the Brothers and the Hallway Hangers had different hopes and beliefs. But, were there differences in outcome? Did the Brothers actually get ahead—further than we would expect, further than they wished? MacLeod was not clear on the issue of academic achievement and occupational attainment (Powers 1989). Before we applaud the Brothers' new logic of mobility, we must know more about their actual performance. If they stuck it out at school, did they get diplomas? If they graduated, did they get the good jobs they wanted? Or, are we seeing just a more sophisticated version of "cooling out the mark" wherein a limited opportunity structure secured the self-selection of Black workers into the urban underclass?

What shaped the differential responses of the two groups of students? MacLeod identified mediating factors. The Brothers thought that racial inequality has been curbed in the past 20 years; they believed in the equality of educational opportunity. Although effort was not rewarded in their parents' generation, it would be rewarded in their lifetime. Why? Because of the civil rights movement and affirmative action. The United States may have been racist in their parents' lifetime, they thought, but it is more meritocratic in their lifetime. Family life also mediates. The parents of the Brothers wanted their children to have professional careers. Toward that goal, they exercised control over their sons, setting relatively early curfews and expecting them to perform to a certain level at school; violations of academic expectations were punished by restrictions, and the punishments stuck. The parents of the Hallway Hangers did not act in this manner. They gave their sons free rein and did not monitor their schoolwork. Thus, ethnicity and family life serve as mediators between social class and attainment, leading to an acceptance of the achievement ideology by the Brothers and a rejection of it by the Hallway Hangers. Acceptance of the achievement ideology, in turn, resulted in an affirmation of education and high aspirations for job possibilities, while rejection of it resulted in a negation of education and a begrudging anticipation of a life of unskilled manual labor.

What is the general lesson to be learned from MacLeod's study? Economically and culturally determined forces in the theories of Bowles and Gintis and Bourdieu and Passeron do not account adequately for different actions taken in similar socioeconomic circumstances. The Hallway Hangers and the Brothers demonstrate clearly that individuals and groups respond to structures of domination in diverse and unpredictable ways. If reproduction theory is to be rescued from its deterministic tendencies, then we must first, broaden the theory to include social agency and second, broaden the notion of social class to include cultural elements, such as ethnicity, educational histories, peer associations, and family life.

The actions of the Hallway Hangers and the Brothers have something to say to social theory more generally. There is a tendency in social science research to treat "the working class" or "Blacks" or "Asian Americans" as unitary, undifferentiated groups (as MacLaren 1989 and Willis 1977 often slipped into doing). The Brothers and the Hallway Hangers remind us that we must be as sensitive to diversity and variability in subjugated groups in society as in elite groups. So, for example, Ogbu and Matute-Bianchi (1986) and Suarez-Orosco (1987) differentiated among a significant ethnic group, "Latinos" pointing out that immigrant minorities, such as Hispanics from Central and South America, experience different kinds of problems and perform better in U.S. schools than do mainland Puerto Ricans and Mexican Americans, who are assigned to a caste-like status in the United States.

Opening the Black Box

The ethnographic work just reviewed adds culturally mediated action and a sense of agency to theories that attempt to explain social inequality, thereby reminding us that people—alone or in concert with others—make sense even out of dreary daily lives.

Students' actions, as described in resistance theory, are narrowly circumscribed, however; we are told that students resist and reject the expectations of schools and society—a definition that tends to romanticize students' nonconformity and opposition. Not every instance of students' misbehavior can be interpreted as evidence of resistance (Erickson 1984). Not all forms of nonconforming behavior stem from a critique, implicit or explicit, of school-constructed ideologies and relations of domination. A violation of a school rule is not, in itself, an act of resistance unless it is committed by a youth who sees through the school's achievement ideology and acts on that basis (Giroux 1983). As a result of the ambiguity inherent in students' actions and the many ways in which the actions may be interpreted by school officials, a more detailed analysis of students' actions and educators' interpretations of them is needed for resistance theory to become more persuasive.

Willis's and MacLeod's ethnographies develop a theory of resistance by analyzing how socioeconomic structures work through culture to shape students' lives. But note that the one-directionality of the causal arrow found in reproduction theory is reproduced here: Structures of domination are transferred from structure through culture to actors. Because of its sense of cultural mediation, resistance theory is more subtle than is reproduction theory, in which there is a more direct connection between economic structure and human action. Although cultural mediation is a welcome addition to our arsenal of ideas for understanding social inequality, it is not enough. There is another important dimension of the connection between human action and social structure that is not covered by a "top-down" sense of cultural mediation.

Constitutive Action in the School

What I have in mind is constitutive action. Constitutive action defines the meaning of objects and events through elaborate enactments of cultural conventions, institutional practices, and constitutive rules. Constitutive rules, in turn, are those rules that create the very possibility of human activities and the rights and duties of the people associated with them (Austin 1962; Searle 1969; Vendler 1972; Wittgenstein 1951). Some well-documented examples of cultural activities constituted in this way are marriage, property rights (D'Andrade 1987), mental illness, and crime (Pollner 1987).

For a simple example of constitutive action, consider a touchdown in the U.S. version of football. The rules of football are constitutive in that they establish the moves in the game and the rights and duties of the participants. They constitute the conditions under which certain players' behavior counts as a touchdown, a move in that genie. Not just anyone can score a touchdown; only those people who are properly designated football players have this right. Even if a fan jumped out of the stands, grabbed a football, and crossed the goal line, it would not count as a touchdown. The fan does not have the right to perform that action under the rules of football.

Still other rules govern the timing and conduct of actions in football. A player does not score a touchdown every time he crosses the goal line. The game must be in progress; crossing the goal line does not mean the same thing during a practice or a time-out as it does in a game. Instead, what Austin (1962) called the "felicity conditions" of actions must be in force for a player's crossing of the goal line to count as a touchdown. In short, constitutive action enables behavior to count as moves in a game, marriages, crimes, mental illness, and so on.

The institutional practices of schools parallel the constitutive rules of everyday life. Institutional practices are constitutive. Their application determines whether students' behavior counts as instances of certain educational categories. This constitutive work operates on a variety of occasions in and out of schools. Inside schools, its most notable appearance is moment to moment in educational testing sessions, when a psychologist decides whether a student's answer is correct or incorrect and tabulates a sum of such answers to count as the student's intelligence quotient (Cicourel at al. 1974; Marlaire and Maynard 1990; Mehan 1978; Mehan, Hertweck, and Meihls 1985, pp. 88–108). A similar process unfolds in the flow of classroom lessons when teachers judge the correctness and appropriateness of students' answers, the accumulation of such judgments often resulting in the placement of students in ability groups (Allington 1983; Brophy and Good 1974; Cazden 1986; Cicourel at al. 1974; Cole and Griffin 1987; J. Collins 1986; Eder 1981; Gumperz and Herasmichuk 1975; Henry 1975; McDermott, Godspodinoff, and Aron 1978; Michaels 1981; Rist 1973; Wilcox 1982). Educators' constitutive action also determines whether students' behavior should result in their placement in different educational tracks (Cicourel and Kitsuse 1963; Hollingshead 1949; Mehan at al. 1985; Oakes 1982, 1985; Rosenbaum 1976). It operates in counseling sessions when counselors meet with students' to design curricular choices (Cicourel and Kitsuse 1963; DiMaggio 1982; Erickson and Schultz 1982; Rosenbaum 1976). When we examine the day-to-day educational practices in each of these settings, we learn that students are constituted in different ways. As a consequence, differential educational opportunities can be made available to them.

I am distinguishing between the view of human action in resistance theory and the view of human action in constitutive theory. Correctives of reproduction theory cast people as active by introducing human agency into explanations of inequality. Social actors in resistance theory make choices in the face of structurally provided possibilities. However, the practices and procedures by which people, acting together, assemble social structures that then stand independently of their means of production are not the same as those by which people make choices among predetermined options. Our understanding of the reproduction of social inequality will be more complete when we include in our theories the constitutive practices that structure students' educational careers. The importance of educators' constitutive action for our understanding of social inequality is shown when educators determine whether students' behavior counts for their placement in educational programs for the "mentally retarded" and "the educationally handicapped".

[...]

Conclusions

So, what do interpretive studies tell us about inequality in schools? The emergence during the past 13 years of social agency, cultural mediation, and constitutive action as guiding concepts enables us to reassess Karabel and Halsey's (1977) judgment about the interpretive approach for understanding this fundamentally important problem.

From sociolinguistically influenced studies, one learns that school failure cannot be blamed on the characteristics associated with the culture of students who do not succeed in school, such as faulty socialization practices or deficient linguistic codes. Sociolinguistic research has helped shift attention from characterological accounts of individual achievement toward the institutional arrangements of schools that generate both success and failure.

The sociolinguistic argument about the structure and function of language avoids the "ultra-relativism" and "sentimental egalitarianism" attributed to the interpretive tradition by Karabel and Halsey and others (see, for example, Gage 1989), who complained that the interpretive school wished away social structure and real-life constraints. But sociolinguists who are concerned with social inequality have not denied social structure; they have been describing the way in which it traps linguistic minority and low-income children. On the basis of their analysis of the role of language in social stratification, they argue for changes in that system of domination.

Analyses of gang life and home-school relations show that the economic and social demands of capitalism do not fully explain the reproduction of social inequality. By taking the everyday life of youth culture and family life as their starting point, interpretive studies have helped to modulate the economic deterministic tendencies in reproduction theory. At the same time, the cultural sphere gains relative autonomy. As a result of careful analyses of peer associations and family life, cultural forms and practices shed their status as passive reflections of structural forces and become active mediators between human action and the social structure. If we are to devise an adequate account of inequality, then the notion of social class must be expanded to accommodate cultural elements, such as ethnicity, educational histories, family-school relations, and peer associations.

The mechanistic view of schooling that has pervaded reproduction theory has been tempered by careful examinations of life inside schools. The image of the school is transformed from a simple transmission belt, conveying the sons and daughters of the working class straight into working-class jobs or, worse yet, no jobs. In its place we gain an image of the school as an interactional device that shapes students' careers on the basis of an interplay between students' background characteristics and the institutional practices of the school. When the black box of schools is opened to careful observation, one finds that schools are relatively autonomous institutions, responding to community interests and practical circumstances that are not automatically related to the economic demands of capitalism.

One also finds the school's contribution to inequality when the internal life of schools has been examined closely. Educators are engaged in the routine and repetitive work of conducting lessons, administering tests, and attending meetings. Despite its mundane character, this routine work is important. Students' intelligence, their access to educational curricula, their scholastic achievement, steps on their career ladders, their school identities, and their opinions later in life are assembled from such practices.

The skills that students bring to school are subject to differential interpretation by teachers and other educators. Tokens of students' behavior are interpreted to count as instances of educationally relevant categories, from a correct or incorrect response in a lesson or test to designations, such as normal, gifted, or educationally handicapped student. This interpretive work sorts students into educational programs that provide differential educational opportunities. Socially constructed institutionalized practices for locating, assessing, and placing students must operate for students to be designated members of educational categories. If we are to understand the structure of inequality, then we must continue to examine the interactional mechanisms by which that structure is generated.

A more general lesson to be learned from the constitutive approach that motivates these studies is this: The structural aspects of society are not pale reflections of large-scale institutional and historical forces; they are contingent outcomes of people's practical activity (cf. Cicourel 1973; Garfinkel 1967; Giddens 1984[2]). Therefore, if we are to understand the structure of inequality, we must continue to examine the interactional mechanisms by which that structure is generated. I certainly agree with "resistance theorists" who say it is productive to examine the oppositional practices generated by resistant youths in response to structures of constraint and domination. But we must not overlook the constitutive practices that are the foundation of inequality, which I have shown operate in two important contexts: the interaction between educators and students and the interaction between the home and the school. From the practices implemented in both settings, aspects of students' lives are generated.

A final comment on the "macro- micro" issue in the sociology of education: For the most part, macro and micro, structure and agency, have been treated as separate realms in sociological studies of schooling and inequality. That separation certainly character-

---

2   Bowles and Gintis (1988) recently responded to their critics, admitting that practices are not totally
     determined by historical forces. This modification, which tacitly acknowledges the role of social agen-
     cy and culture, brings them closer to the constitutive position described here.

izes the work of Bowles and Gintis and Willis. Bowles and Gintis reduce human actors to passive role players, shaped exclusively by the demands of capital and with virtually no conception of culture. Willis swings the pendulum far in the other direction. His insistence that the lads choose working-class careers reaches such polemical proportions that his account is remarkably free of structurally embedded constraints.

I agree with Giroux (1983) and MacLeod (1987) that showing the interface between the cultural and the structural is crucial to our understanding of social inequality, but I disagree with them that it is just a matter of achieving a "balance" between theories that emphasize structural determinants and those that focus on agency. To understand social inequality and the school's contribution to it, we must collapse the macro-micro, agency-structural dualism by showing how the social fact of inequality emerges from structuring activities to become external and constraining on social actors.

Casting the relationship between features of social structure and interactional process in reflexive terms offers the possibility of transcending the macro-micro or structure-agency dualism that has plagued the sociology of education. Doing so encourages us to demonstrate the situated relevance of social structures in the practical activities of people in social interaction, rather than to treat social structure as a reified abstraction and social processes in situated and historical isolation.

References

Alexander, J., B. Geisen, R. Munch, and N. Smelse (eds.) (1987): The Micro-Macro Link. Berkeley: University of California Press.

Allington, R. (1983): "The Reading Instruction Provided Readers of Different Reading Abilities." Elementary School Journal 83:549–59.

Anyon, J. (1980): "Social Class and the Hidden Curriculum of Work." Journal of Education 163:87–92.

Apple, M. (1983): "Reproduction and Contradiction in Education: An Introduction." In Essays in Class, Ideology and the State. Boston: Routledge & Kagan Paul.

Apple, M. (1985): Education and Power. Boston: Routledge & Kagan Paul.

Atkinson, P., S. Delamont and M. Hamersley (1988): "Qualitative Research Traditions: A British Response to Jacob." Review of Educational Research 58:23150.

Au, K. (1980): "Participation Structures in a Reading Lesson With Hawaiian Children." Anthropology and Education Quarterly 11: 91–115.

Austin, J. L. (1962): How To Do Things With Words. New York: Oxford University Press.

Barnhardt, C. (1982): "'Tuning in': Athabaskan Teachers and Students." In Cross-Cultural Issues in Alaskan Education (vol. 2), edited by R. Barnhardt. Fairbanks: University of Alaska, Center for Cross-Cultural Studies.

Becker, H. (1952): "Social Class Variations in the Teacher-Pupil Relationship." Journal of Educational Sociology 25: 451–65.

Becker, H. (1953): "The Teacher in the Authority Structure of the School." Journal of Educational Sociology 27:128–41.

Bernstein, B. (1973): Class, Codes and Control: Vol. 3. Toward a Theory of Educational Transmissions. London: Routledge & Kogan Paul.

Bidwell, C. E. (1988): "Willard Waller and the Sociology of Education." In Willard Waller on Education and Schools: A Critical Appraisal, edited by Donald J. Willower and William Lowe Boyd. Berkeley, CA: McCutchan.

Blau, P. and O. D. Duncan (1967): The American Occupational Structure. New York: John Wiley & Sons.

Bourdieu, P. (1977a): "Cultural Reproduction and Social Reproduction." In Power and Ideology in Education, edited by Jerome Karabel and A. H. Halsey. Oxford: Oxford University Press.

Bourdieu, Pi. (1977b): Outline of a Theory of Practice. Cambridge, England: Cambridge University Press.

Bourdieu, P. (1989): "Social Space and Symbolic Power." Sociological Theory 7:14–25.

Bourdieu, P. and J.-C. Passeron (1977): Reproduction in Education, Society and Culture. London: Sage.

Bowles, S. and H. Gintis (1976): Schooling in Capitalist America. New York: Basic Books.

Bowles, S. and H. Gintis (1988): "Schooling in Capitalist America: A Reply to Our Critics." In Bowles and Gintis Revisited, edited by Mike Cole. London: Palmer Press.

Brophy, J. and T. Good (1974): Teacher-Student Relationships. New York: Holt, Rinehart & Winston.

Cazden, C. B. (1979): Peekaboo as an Instructional Strategy: Discourse Development at Home and at School (Papers and Reports on Child Language Development No. 17). Stanford, CA: Stanford University Department of Linguistics.

Cazden, C. B. (1986): "Classroom Discourse." In Handbook of Research on Teaching, edited by M. Wittrock. New York: Macmillan.

Cazden, C. B. (1988): Classroom Discourse. New York: Heineman.

Cazden, C. B. and H. Mohan (1989): "Principles from Sociology and Anthropology: Context, Code, Classroom and Culture". In Knowledge Base for the Beginning Teacher, edited by Maynard C. Reynolds. Oxford: Pergamon Press.

Cicourel, A. V. (1973): Cognitive Sociology. New York: Free Press.

Cicourel, A. V., K. Jennings, S. H. M. Jennings, K. Leiter, R. Mackay, H. Mohan and D. Roth (1974): Language Use and School Performance. New York: Academic Press.

Cicourel, A. V. and J. L Kitsuse (1963): Educational Decision Makers. Indianapolis, IN: Bobbs-Merrill.

Cicourel, A. V. and H. Mohan (1983): "Universal Development, Stratifying Practices and Status Attainment." Research in Social Stratification and Mobility 4:3–27.

Cole, M. and P. Griffin (1987): Contextual Factors in Education. Madison: Wisconsin Center for education Research.

Cole, M. 1(988): "Contradictions in the Educational Theory of Gintis and Bowles". In Bowles and Gintis Revisited, edited by Mike Cole. London: Falmer Press.

Coleman, J., E. Campbell, C. Hobson, J. McPartland, A. Mood, F. D. Weinfeld and R. York (1966): Equality of Educational Opportunity. Washington, DC: U.S. Government Printing Office.

Collins, J. (1986): "Differential Instruction in Reading Groups." In The Social Construction of Literacy, edited by J. CookGumperz. Cambridge, England: Cambridge University Press.

Collins, R. (1981a): "Micro Translation as a Theory Building Activity." In Advances in Social Theory and Methodology, edited by K. Knorr-Cetina and A. V. Cicourel. London: Routledge & Kagan Paul.

Collins, R. (1981b): "On the Microfoundations of Macrosociology." American Journal of Sociology 86:984–1014.

D'Andrade, R. G. (1987): "Cultural Meaning Systems." In Culture Theory, edited by Richard A. Shweder and Robert A. LeVine. Cambridge, England: Cambridge University Press.

Delgado-Gaiton, C. (1987): "Traditions and Transitions in the Learning Process of Mexican American Children." In Interpretive Ethnography of Education, edited by George Spindler and Louise Spindler. Hillsdale, NJ: Lawrence Erlbaum.

DiMaggio, P. (1982): "Cultural Capital and School Success." American Sociological Review 47:189–201.

Eder, D. (1981): "Ability Grouping as a Self-Fulfilling Prophecy." Sociology of Education 54:151–61.

Erickson, F. (1984): "An Anthropologist's Perspective." Review of Educational Research 54:63–78.

Erickson, F. (1986): "Qualitative Methods in Research on Teaching." In: Handbook of Research on Teaching, edited by M. Wittrock. New York: Macmillan.

Erickson, F. and G. Mohatt (1982): "Participant Structures in Two Communities." In Doing the Ethnography of Schooling, edited by G. D. Spindler. New York: Holt, Rinehart & Winston.

Erickson, F. and J. Schultz (1982): The Counselor as Gatekeeper. New York Academic Press.

Foster, M. (1989): "It's Cookin' Now: A Performance Analysis of the Speech Events in an Urban Community College." Language in Society 18:1–29.

Gage, N. L. (1989): "The Paradigm Wars and Their Aftermath." Educational Researcher 18:4–10.

Garfinkel, H. (1967): Studies in Ethnomethodology. Englewood Cliffs, NJ: Prentice-Hall.

Giddens, A. (1984): The Constitution of Society. Berkeley: University of California Press.

Gilmore, P. and D. M. Smith (1982) "A Retrospective Discussion of the State of the Art of Ethnography in Education." In Ethnography and Education: Children In and Out of School, edited by P. Gilmore and A. A. Glatthorn. Washington, DC: CAL Press.

Giroux, H. (1983): Theory and Resistance in Education. South Hadley, MA: Bergin & Harvey.

Gorbutt, D. (1972): "The New Sociology of Education." Education for Teaching 1: 3–11.

Gumperz, J. J. (1971): Language in Social Groups. Stanford, CA: Stanford University Press.

Gumperz, J. J. (1981): Discourse Strategies. New York: Cambridge University Press.

Gumperz, J. J. and E. Herasmichuk (1975): "The Conversational Analysis of Meaning: A Study of Classroom Interaction." In Sociocultural Dimensions of Language Use, edited by M. Sanchez and B. G. Blount. New York: Academic Press.

Hallinan, M. T. (1989): "The State of the Art." In Schools and Society (2nd ed.), edited by Jeanne H. Ballantine. Mountain View, CA: Mayfield.

Haycock, K. and S. Navarro (1988): Unfinished Business. Oakland, CA: Achievement Council.

Henry, J. (1975): Culture Against Man. New York: Vintage Books.

Hollingshead, A. B. (1949): Elmstown's Youth. New York John Wiley & Sons.

Jackson, P. (1967): Life in Classrooms. New York: Holt, Rinehart & Winston.

Jacob, E. (1987): "Qualitative Research Tradition: A Review." Review of Educational Research 57:1–50.

Jencks, C. S., S. Bartlett, M. Corcoran, J. Crouse, D. Eaglesfleld, G. Jackson, K. McClelland, P. Mueser, M. Olneck, J. Schwartz, S. Ward and J. Williams (1977): Who Gets Ahead? New York Basic Books.

Jencks, C. S., M. Smith, H. Ackland, M. J. Bare, D. Cohen, H. Glatts, B. Heyns and S. Michelson (1972): Inequality. New York: Basic Books.

Kagan, S. (1988): Cooperative Lemming and Sociocultural Factors in Schooling. In Beyond Language. Los Angeles: California State University, Evaluation, Dissemination and Assessment Center.

Karabel, J. and A. H. Halsey (eds.) (1977): Power and Ideology in Education. New York: Oxford University Press.

Knorr-Cetina, K. and A. V. Cicourel (eds.) (1981): Advances in Social Theory and Methodology: Toward an Integration of Micro- and Macro-Sociology. London: Routledge

Lamont, M. and A. Lareau (1988): "Cultural Capital: Allusions, Gaps and Glissandos in Recent Theoretical Developments." Theoretical Sociology 6:153–68.

Laosa, L. M. (1973): "Reform in Educational and Psychological Assessment: Cultural and Linguistic Issues." Journal of the Association of Mexican-American Educators 1:19–24.

Lareau, A. (1987): "Social Class Differences in Family-School Relationships." Sociology of Education 60:73–85.

Lareau, A. (1989): Home Advantage: Social Class and Parental Intervention in Elementary Education. New York: Falmer Press.

MacLaren, P. (1980): Cries from the Corridor. Toronto: Methuen.

MacLaren, P. (1989): Life in the Schools. New York: Longman.

MacLeod, J. (1987): Ain't No Makin' It. Boulder, CO: Westview Press.

Marlaire, C. L. and D. W. Maynard (1990): "Standardized Testing as an Interactional Phenomenon." Sociology of Education 83:83–101.

Marx, K. (1976): Capital. Harmondsworth, England: Penguin (original work published 1867).

McCullum, P. (1989): "Turn-Allocation in Lessons with North American and Puerto Rican Students." Anthropology and Education Quarterly 20:133–56.

McDermott, R. P. and J. Aron (1978): "Pirendello in the Classroom." In The Futures of Education, edited by M. Reynolds. Reston, VA: Council of Exceptional Children.

McDermott, R. P., S. V. Goldman, and H. Varenne (1984): "When School Goes Home: Some Problems in the Organaziation of Homework." Teachers College Record 85: 391–410.

McDermott, R. P., K. Godspondinoff, and J. Aron (1978): "Criteria for an Ethnographically Adequate Description of Concerted Events and Their Contexts." Semiotica 24(3-4):245–75.

Mehan, H. (1978): "Structuring School Structure." Harvard Educational Review 48:32–61.

Mehan, H. (1979): Learning Lessons. Cambridge, MA: Harvard University Press.

Mehan, H., A. Hetweck and J. L. Meihls (1985): Handicapping the Handicapped: Decision Making in Student? Careers. Stanford, CA: Stanford University Press.

Michaels, S. (1981): "Baring Time: Children's Narrative Style and Differential Access to Literacy." Language In Society 10:423–42.

National Center for Education Statistics. 1986. The Condition of Education: A Statistical Report. Washington, DC: U.S. Department of Education.

Oakes, J. (1982): "Classroom Social Relationships: Exploring the Bowles and Gintis Hypothesis." Sociology of Education 55:197–212.

Oakes, J. (1985): Keeping Track: How Schools Structure Inequality. New Haven, CT: Yale University Press.

Ogbu, J. U. (1985): "Cultural Discontinuities and Schooling." Anthropology and Education Quarterly 13:290–307.

Ogbu, J. U. and E.-M. Matute Bianchi (1988): "Understanding Sociocultural Factors: Knowledge, Identity and School Adjustment," In Beyond Language Los Angeles: California State University, Evaluation, Dissemination and Assessment Center.

Philips, S. (1982): The Invisible Culture: Communication in Classroom and Community on the Warmsprings Indian Reservation. New York: Longman.

Piestrup, A. (1973): Mack Dialect-Interference and Accommodation of Reading Instruction in the First Grade (Monographs of the Language Behavior Research Lab). Berkeley: University of California.

Pollner, M. (1987): Mundane Reason. Cambridge, England: Cambridge University Press.

Powers, B. (1989): "Two Tracks to Nowhere: A Review of MacLeod's Ain't No Makin' lt." Socialist Review 19:155–65.

Rist, R. C. (1973): The Urban School: Factory for Failure. Cambridge, MA: M.I.T. Press.

Rosenbaum, J. (1976): Malring Inequality. New York: Wiley Interscience.

Schultz, J., S. Florin and F. Erickson (1979): "Where's the Floor?" In Ethnography and Education: Children In and Out of School, edited by P. Gilmore and A. A. Glatthorn. Washington, DC: CAL Press.

Searle, J. (1969): Speech Acts. Cambridge, England: Cambridge University Press.

Shuy, R. and P. Griffin (1978): The Study of Children's Functional Language and Education in the Early Years. Washington, DC: CAL Press.

Sinclair, J. M. and R. M. Coulthard (1975): Toward an Analysis of Discourse. New York: Oxford University Press.

Suarez-Orosco, M. M. (1987): "Becoming Somebody: Central American Immigrants in UB, Inner-City Schools." Anthropology and Education Quarterly 18:287–99.

Tharp, R. and R. Gallimore (1988): Rousing Minds to Life: Teaching, Learning and Schooling in Social Context. Cambridge, England: Cambridge University Press.

Trueba, H. (1986): Success or Failure? Learning and the Language Minority Student. New York: Newbury House.

Vendler, Z. (1972): Res Cogitans: An Essay in Rational Psychology. Ithaca, NY: Cornell University Press.

Waller, W. (1932): The Sociology of Teaching. New York: John Wiley & Sons.

Wexler, P. (1987): Social Analysis of Education: After the New Sociology. London: Routledge & Kegan Paul.

Wilcox, K. (1982): "Differential Socialization in the Classroom: Implications for Equal Opportunity." In Doing the Ethnography of Schooling, edited by G. D. Spindler. New York: Holt, Rinehart & Winston.

Willis, P. E. (1977): Learning to Labor. New York: Columbia University Press.

Wittgenstein, L. (1951): The Philosophical Investigations. New York: Macmillan.

Young, M. F. K. (1971): Knowledge and Control London: Routledge & Kegan Paul.

Young, M. F. K. (1988): "Curriculum and Development: Some Lessons from a Critique of the 'New Sociology of Education'", Paper presented at the meeting of the American Educational Research Association, New Orleans, April.

Sozialisation und Erziehung[1]

Niklas Luhmann

1

Im klassischen Konzept der Sozialisation ginge es um die Übertragung von Kulturgut von einer Generation auf die nächste.[2] Ähnlich wie in der Evolutionstheorie, die nicht davon ausgehen kann, daß die Zukunft allein genetisch bestimmt ist, wird Transmission zur Auffangformel für ein zunächst unklar definiertes Problem?[3] Auch hier geht es offenbar um die im vorigen Kapitel ausführlich diskutierte Beziehung von Mensch und Gesellschaft. Wie kann man ernsthaft behaupten, die Gesellschaft bestehe aus Menschen, wenn der Bestand innerhalb einer relativ kurzen Zeit, die sich nach der Lebensdauer der Menschen bemißt, komplett ausgewechselt wird? Oder: was sichert die Einheit und den Fortbestand der Gesellschaft, wenn man damit rechnen muß, daß niemand der heute Lebenden in einhundert Jahren zur Gesellschaft beitragen wird? Zauberformeln wie Transmission oder Sozialisation setzen sich an die Stelle dieses Problems, und die empirische Sozialisationsforschung kann denn auch überzeugend nachweisen, daß es kein Zufall ist, unter welchen Einflüssen nachwachsende Generationen aufwachsen. Im Anschluß an Schleiermachers Pädagogik-Vorlesungen wird daher Erziehung häufig als Resultat einer Generationendifferenz aufgefaßt.[4] Sicherlich kommt es zu tiefgreifenden Einstellungsänderungen, zu „Wertewandel" und dergleichen, aber dies liegt offenbar nicht an Defekten des Sozialisationsprozesses, sondern an neuen Schlüsselerfahrungen (zum Beispiel Kriegen) und vor allem an der Wirkungsweise der Massenmedien.

Die Transmissionstheorie ist wegen der unterstellten strukturellen Asymmetrie von Sozialisator und Sozialisand kritisiert worden. Vor allem in verdichteten Sozialisationsverhältnissen wie Familien oder Schulen kann man Wechselwirkungen beobachten, so daß das asymmetrische Modell durch ein zirkuläres ersetzt werden muß, das dann aber

---

1   Erstveröffentlichung in: Niklas Luhmann (2002): Das Erziehungssystem der Gesellschaft. Frankfurt, S. 48–72.

2   „Socialization' gained currency in the 1930s as a term denoting the process by which culture is transmitted from one generation to the next", liest man an prominenter Stelle bei John W. M. Whiting, Socialization: Anthropological Aspects, International Encyclopedia of the Social Sciences Bd. 14, New York 1968, S. 545–551 (Zitat S. 545).

3   Vgl. Robert Boyd/Peter J. Richerson, Culture and the Evolutionary Process, Chicago 1985.

4   Als Kritik siehe Rolf Nemitz, Kinder und Erwachsene: Zur Kritik der pädagogischen Differenz, Berlin 1996.

die Brechung der Symmetrie berücksichtigen muß. Die Kinder werden, wie immer sie ihre Eltern oder Lehrer tyrannisieren mögen, schließlich doch stärker sozialisiert als die Eltern oder die Lehrer; und jedenfalls wird die Vorstellung einer Kulturguttransmission durch solche Schleifen nicht aufgehoben, sondern nur näher an die empirische Wirklichkeit herangebracht.

Eine weitere Einseitigkeit der Transmissionstheorie liegt darin, daß nur die gelungene Transmission als Sozialisation angesehen wird. Die andere Seite der Form bleibt unbeleuchtet. Es gibt aber durchaus auch die Fälle, in denen ein Angebot Widerstand erregt. Gerade durch die Vorstellung „richtigen" Wissens und „angemessenen" Verhaltens kann die Frage Form finden: warum so, warum nicht anders? Dieser Weg des Widerstandes ist besonders deshalb attraktiv, weil er Chancen bietet, Individualität zu entwickeln. Beim bloßen Copieren von Kulturmustern unterscheidet man sich nicht von anderen; man reproduziert nur, was von allen erwartet wird. Zu den Kulturmustern der Moderne gehört aber nicht zuletzt die hohe Bewertung individueller Besonderheit, ja Einzigartigkeit. Das führt zu der Frage, wie im Sozialisationsprozeß zugleich für Individualisierung gesorgt werden kann unter Einschluß der Verweigerung von Konformität.

Schließlich, und das ist vielleicht der wichtigste Punkt und die wichtigste Korrektur an der klassischen Sozialisationstheorie, hat die Sozialisation es mit Menschen zu tun, von denen man nicht wissen kann, welche Einstellungen sie jeweils aktualisieren und wie sie handeln werden. Sozialisation muß daher auf ein Leben in permanenter Unsicherheit vorbereiten. Das mag eines der Motive sein, die zur Übernahme von Normen anregen, die auch dann gelten, wenn gegen sie verstoßen wird. Man kann dann, bei allen hinzunehmenden Enttäuschungen, wenigstens sicher sein, richtig erwartet zu haben und in seinen Erwartungen die Unterstützung Dritter zu finden.[5] Ebenso vermag ein innen verankertes Selbstbewußtsein zu helfen und nicht zuletzt die Einstellung auf sozial institutionalisierte Individualität, die es als normal erscheinen lässt, dass der eine so, der andere anders denkt und handelt.

Der übliche, in den Schulen gepflegte Ausweg aus dieser konstitutiven Unsicherheit ist: Leistungsschienen bereitzustellen, auf denen man besser sein kann als andere. Das kann durch ein Zensurensystem einprägsam unterstützt werden. Die damit institutionalisierte Komparatistik (es wäre falsch, von Konkurrenz zu sprechen, da Auszeichnungen nicht knapp sind) ist ihrerseits oft kritisiert worden, denn natürlich kommen nicht alle als die besten heraus. Andererseits haben sich keine anderen Formen der Individualisierung entwickeln lassen. Vorzeitiger Abbruch der Schulausbildung oder Weglaufen aus dem Elternhaus werden nicht als Sozialisation anerkannt, weil es nicht zu einer Transmission kommt. Mit etwas mehr Distanz zum Begriff müßte man jedoch anerkennen, daß gerade dies Möglichkeiten sind, im Sozialisationsprozeß Individualität zu behaupten, ja wenn man so will: zu retten. Muß der Begriff der Sozialisation nun

---

5   Vgl. Niklas Luhmann, Rechtssoziologie, 2. Aufl. Opladen 1983, S. 40 ff.

so gebildet werden, daß er seine eigene Negation einschließt und auch die Reaktion gegen Transmission als Form der Sozialisation anerkennt? Denn schließlich zeigen solche Fälle, mögen sie schulpolitisch oder familienpolitisch unerwünscht sein, doch ganz unbestreitbar soziale Effekte des Sozialisationsprozesses.

Hier angelangt, dürfte es zweckmäßig sein, auf den Begriff der Transmission zu verzichten und nach einer anderen Grundlage der Sozialisationstheorie zu suchen. Diesen Weg hat Talcott Parsons beschritten. Parsons sieht Sozialisation als Fall von Interpenetration und Interpenetration als Konsequenz der fortschreitenden Differenzierung des allgemeinen Handlungssystems. […] Da es hier aber nur um eine Analytik des Begriffs von Handlung geht, bleibt völlig offen, wie diese Mischung von Psychischem und Sozialem konkret vor sich geht.

Wenn man zu einer Systemtheorie überwechselt, die von den Operationen ausgeht, die Systeme aus eigenen Produkten reproduzieren, kann diese Abstraktion von den konkreten Operationen nicht länger beibehalten werden. Man wird dann auch die Grundvorstellung von Parsons aufgeben müssen, daß Sozialisation eine Folgenotwendigkeit der Differenzierung des Begriffs von Handlung in seine verschiedenen Komponenten ist. Es bleibt die Einsicht, daß die getrennt operierenden Systeme, hier die psychischen und die sozialen Systeme, eine Innenansicht ihrer wechselseitigen Abhängigkeiten entwickeln müssen, gleichsam eine vereinfachte Version dessen, was in ihrer Umwelt hochkomplex und für sie intransparent abläuft. Auf Seiten des sozialen Systems konstruiert man, wie oben erörtert, „Personen", um sich eine Erfassung der Details ihrer körperlichen und psychischen Operationen zu ersparen und sich mit einem symbolischen Substitut zu begnügen. Dabei wird natürlich vorausgesetzt, daß die entsprechenden Umweltsysteme auf dem Niveau ihrer Eigenkomplexität operieren. Das entsprechende Korrelat auf Seiten psychischer Systeme dürften die Resultate von Sozialisation sein. Es handelt sich also um Eigenleistungen psychischer Systeme, mit denen diese dem Umstand Rechnung tragen, daß sie ihr Leben in sozialen Zusammenhängen zu führen haben. Das mag dann, je nach internen Konsistenzproblemen, auf eine Mischung von (oft gedankenloser) Konformität und Abweichung hinauslaufen.

Will man diesen Gesamtkomplex einer auf beiden Seiten erarbeiteten internen Abspiegelung intransparenter Komplexität bezeichnen und das wechselseitige Angewiesensein auf funktionierende Lösungen zum Ausdruck bringen, kann man den Parsons-Begriff der Interpenetration beibehalten.[6] Man muß dann allerdings berücksichtigen, daß operative Vermischungen ausgeschlossen sind, daß psychische Prozesse nie soziale Prozesse und soziale Prozesse nie psychische Prozesse sein können, sondern daß nur eine wechselseitige Reduktion der Komplexität der jeweils anderen Seite gemeint sein kann. Für die Klärung des Begriffs der Sozialisation genügen aber die bereits eingeführten Begriffe der operativen Schließung und der strukturellen Kopplung. Damit verschiebt sich auch das Bezugsproblem der Sozialisationstheorie. Es geht nicht

---

6   So Niklas Luhmann, Soziale Systeme: Grundriß einer allgemeinen Theorie, Frankfurt, 1984, S. 286 ff.

mehr um die Frage, wie Gesellschaft trotz eines ständigen Austausches ihres Personals kontinuieren kann. Das Problem ist vielmehr, wie operativ geschlossene psychische Systeme auf die strukturelle Kopplung mit dem Gesellschaftssystem reagieren. Und die Antwort lautet: es kommt zu einem „structural drift", der die psychische Autopoiesis dazu bringt, Strukturen zu wählen, mit denen sie in der Gesellschaft zurechtkommt. Das können Automatismen sein, die den Menschen frei machen für eine andere, situative Disposition über Aufmerksamkeit. Es können Neurosen sein oder alle Arten von Triebsublimierungen, für die Freud den Blick geschärft hat. In jedem Falle ist Sozialisation immer Selbstsozialisation und nicht Import von Kulturpartikeln in das psychische System. So ist denn auch die psychische Funktion von Sprache, die bis in den Wahrnehmungsprozeß hineinreicht, etwas völlig anderes als ihre kommunikative Funktion. Auch wenn es dieselben Worte sind, lösen sie im psychischen System ganz andere Rekursionen aus als im sozialen System. Und dies gilt erst recht bei normativen Regeln, kausalen Schemata oder anderen „frames" oder „scripts", die für die strukturelle Kopplung benutzt werden können.

Die Rückführung des Begriffs der Sozialisation auf die Begriffe strukturelle Kopplung und structural drift klärt vor allem, daß Sozialisation ein Vorgang ist, der in allem sozialen Verhalten mitläuft. Diese Automatik der Sozialisation läßt sich nicht verhindern. Jeder Versuch, sie einzuschränken, würde wiederum sozialisierend wirken. Das vor allem muß beachtet werden, wenn es im weiteren um die Frage gehen wird, was zur Sozialisation hinzukommt, wenn Bemühungen um Erziehung einsetzen.

2

Sozialisation vermittelt natürliche und soziale Verhaltensbedingungen als *Selbstverständlichkeiten*. Das führt jedoch im sozialen System zu Schwierigkeiten und Konflikten, wenn man die Erfahrung machen muß, daß das, was für den einen selbstverständlich ist, bei den anderen keineswegs glatt durchgeht. Erziehung *thematisiert* deshalb das, was sie zu erreichen sucht, und weckt damit einen Sinn für die Kontingenz der Festlegungen: Es ist zwar richtig, aber auch anders möglich. So wird der Nachwuchs besser auf die Varietät von Verhaltensbedingungen vorbereitet, mit der ihn die Gesellschaft konfrontieren wird.

Damit ist zugleich gesagt, daß Erziehung nicht nur Handlungen erfordert (die man nachahmen könnte), sondern Kommunikation. Denn sie erfordert, daß man zunächst lernt, was man nicht weiß, und sieht, was man *nicht* sieht, und dann dazu ansetzt, die Lücke zu füllen. Negatives kann aber nur durch Kommunikation, *nicht* durch Handlung, vermittelt werden. Kommunikation hebt etwas hervor, was sich nicht von selbst versteht.[7] Mit der Angewiesenheit auf Kommunikation ist Erziehung zwangsläufig ein

---

7   Vgl. Jerome Bruner, Actual Minds, Possible Worlds, Cambridge Mass. 1986, S. 84.

gesellschaftlicher Prozeß, während Sozialisation über Handlung und Nachahmung laufen kann. Damit ist aber noch nicht ausgemacht, *welche* Kommunikation als Erziehung
aufgefaßt wird.

Der Begriff der Erziehung kann nicht inhaltlich definiert werden – weder durch Angabe bestimmter Erziehungsziele noch durch Angabe bestimmter Lernstoffe. Teleologische Definitionen haben (hier wie in allen Fällen) die unangenehme Konsequenz, daß
eine Erziehung, die ihr Ziel nicht erreicht, gar keine gewesen ist. Darauf hat man mit
dem Begriff der vorgestellten Ziele reagiert. Das läuft aber auf den Vorschlag hinaus,
den wir im folgenden aufgreifen und ausarbeiten werden, nämlich: auf die Absicht des
Erziehens abzustellen.

Auch die Abgrenzung des Begriffs durch Bestimmung der Lernstoffe genügt nicht.
Man müßte dann bestimmte Lernstoffe – rassistische, militaristische usw. – ausschließen, aber das hieße nichts anderes als eine erziehungspolitische Entscheidung als Be-
griffsentscheidung zu verkleiden. Jede inhaltliche Festlegung des Erziehungsbegriffs
führt zu der Frage, was durch sie ausgeschlossen wird und wie sich diese Ausschließung
weltweit und für die Geschichte der Erziehung begründen läßt.

Wir ersetzen deshalb inhaltliche Definitionen durch eine formale, quasi tautologische Definition. Als Erziehung haben alle Kommunikationen zu gelten, die in der Absicht des Erziehens in Interaktionen aktualisiert werden.[8]

Damit ist klargestellt, was durch den Begriff der Erziehung ausgeschlossen werden
soll, nämlich absichtslose Erziehung, also Sozialisation. Die andere, mit der Form Erziehung nicht beleuchtete, unmarkiert bleibende Seite ist zunächst die stets mitlaufen-
de Sozialisation.[9] Erziehung wird eingerichtet, um das zu ergänzen oder zu korrigieren,
was als Resultat von Sozialisation zu erwarten ist. Damit ist zugleich gesagt, daß es sich
im gesellschaftlichen Kontext um einen Vorgang der Differenzierung handelt, der sich
selbst durch Bezugnahme auf eine Absicht kenntlich macht. Alles weitere kann hinzugefügt werden als einschränkende Bedingung dafür, daß eine solche erzieherische Absicht plausibel kommuniziert werden kann.

[…]

Obwohl diese über Absicht laufende Definition des Begriffs der Erziehung quasi
tautologischen Charakter und darin eine eigentümliche Robustheit und Unwiderleg-
barkeit hat, gibt es strukturelle Implikate, die vorausgesetzt sein müssen, damit eine solche Absicht plausibel in Anspruch genommen und zugeschrieben werden kann. Das
wichtigste dürfte die Rollenasymmetrie sein, die sich in einer als Erziehung verstande-

---

8   Vgl. grundsätzlich Niklas Luhmann, System und Absicht der Erziehung, in: Niklas Luhmann/Karl
    Eberhard Schorr (Hg.), Zwischen Absicht und Person: Fragen an die Pädagogik, Frankfurt 1992,
    S. 102–124 sowie die darauf bezogene Diskussion in diesem Band.

9   Im Rückblick sieht man hier erneut, daß der Begriff der Transmission von Kulturgut sich wenig eig-
    net, da er keine klare Abgrenzung von Sozialisation und Erziehung ermöglichen würde, sondern Er-
    ziehung unter den Begriff der Sozialisation subsumieren würde. Damit wären viele der im folgenden
    zu behandelnden Problemstellungen blockiert.

nen Interaktion nicht umkehren läßt. Es muß geklärt sein, wem die Absicht zugeschrieben wird und wem nicht. Damit ist zugleich das Problem der doppelten Kontingenz gelöst. Der Erzieher mag damit rechnen, daß der Zögling sich seiner Einwirkung zu entziehen sucht, nicht aber damit, daß der Zögling mit Gegenerziehung reagiert. Erziehung verträgt, anders gesagt, keine Rückkehr zur offenen Situation der doppelten Kontingenz. Sie ist, um dies auszuschließen, auf ausreichende Vorverständigungen und das heißt nicht zuletzt: auf gesellschaftliche Institutionalisierung angewiesen.

Ein weiteres Implikat ist, daß die Absicht zu erziehen eine gute Absicht sein muß. Dies schließt nicht nur Feindseligkeit und Schädigungsabsicht aus, sondern auch ein eigensüchtiges, den eigenen Vorteil voransetzendes Verhalten.[10] Man sieht leicht, daß auch diese Darstellungserfordernisse sind, die keinen Aufschluß geben über die gemischte und instabile psychische Befindlichkeit des Erziehers. Als Darstellungserfordernisse haben sie jedoch weitreichende, geradezu bindende Folgen, die zu Ergebnissen führen, die Pädagogen nicht mehr ohne weiteres als gut anerkennen würden. Denn die gute Absicht muß sich explizieren, sie muß die Erziehungsziele als gut und die Lernprogramme als richtig und nützlich vorstellen. Auf den Zögling projiziert, heißt das aber, daß sein Verhalten entsprechend bewertet und vom Erziehungsschema aus als gut oder schlecht, als lobenswert oder als ungenügend beurteilt werden muß. Der Lehrer kann nicht gut sagen: so ist es richtig, aber es ist mir gleich, wie ihr euch dazu einstellt. [...]

Schließlich wird üblicherweise eine Kommunikation nur dann als Erziehung angesehen, wenn sie in einem System der Interaktion unter Anwesenden stattfindet.[11] Damit ist garantiert, daß die Erziehung nicht nur verbale Kommunikation ist, sondern zugleich immer auch im Modus der Wahrnehmung des Wahrgenommenwerdens abläuft.[...] Das erlaubt den Gebrauch von „indexical expressions"[12] („wir" zum Beispiel) und Bezugnahmen auf die im Moment aktuelle Situation, die keiner weiteren Erläuterung bedürfen, weil allen Beteiligten klar ist, was gemeint ist.

Der Wahrnehmungskontext ermöglicht, ja erzwingt bei allen Beteiligten Selbsteinschränkungen, die sich nicht in der Form von Kommunikation äußern und deshalb nicht der Bifurkation von Annahme oder Ablehnung einer Mitteilung ausgesetzt sind. Die Reflexivität des Wahrnehmens führt zu einer besonderen Art von Disziplinierung, die freilich auch ihre eigenen provokativen Verstöße kennt. Auf beiden Seiten entstehen Informationsüberschüsse, die reflexiv nicht kontrolliert werden können. Die Schü-

10 Wir finden uns hier in der Nähe des Grundgedankens der Professionssoziologie, den Talcott Parsons ins Gespräch gebracht hat. Siehe: The Professions and Social Structure, Social Forces 17 (1939), S. 457–467.
11 Die Pädagogik spricht allerdings üblicherweise nicht von Interaktion sondern von „Praxis". Das hat fatale Konsequenzen. Die Aufmerksamkeit wird auf das Verhalten des Lehrers eingeschränkt. (Wie steht es um die „Praxis" eines erfahrenen Schülers?) Und das Problem wird im Verhältnis von Theorie und Praxis, das heißt in den Chancen einer wissenschaftlichen Ausbildung der Pädagogen gesehen.
12 Der Begriff stammt von Peirce. Siehe z.B. Charles S. Peirce, Semiotische Schriften Bd. 1, Frankfurt 1986, S. 206 ff. Soziologen zitieren zumeist Harold Garfinkel, Studies in Ethnomethodology, Englewood Cliffs N. J. 1967, S. 4 ff.

ler sehen mehr vom Lehrer, als dieser sieht, daß sie es sehen; und umgekehrt. Aber es fällt schwer, das auf diese Weise erreichte Wissen in Kommunikation umzusetzen. Auch kondensiert es nicht zu einer Art sozialem Gedächtnis, auf das man jederzeit zurückgreifen könnte. Es versickert in nur psychisch verfügbaren und typisch höchst ambivalenten Erinnerungen. Aber das Wahrnehmen des Wahrgenommenwerdens sichert eine eigentümliche und eigentümlich evidente Art von Sozialität, die es ermöglicht, die explizite Kommunikation auf den Unterricht zu konzentrieren.

Mit Interaktion ist im übrigen nicht nur der Fall gemeint, daß der Lehrer sich (wie es in Deutschland, aber auch in Japan üblich ist) an die gesamte Klasse wendet und Einzelne allenfalls stellvertretend für alle mit Fragen und Antworten herausgreift. Eine andere Form, die in Schulen der USA viel praktiziert wird, ist eine intensive Beschäftigung der Lehrerin mit einzelnen Schülern, während die anderen mit Aufgaben beschäftigt oder als Beobachter engagiert werden. Auch das ist Interaktion unter Anwesenden. Die Absicht zu erziehen, an der sich Erziehung als Erziehung erkennt, findet sich also eingebettet in Interaktionssysteme, die auch die über das kommunikative Geschehen weit hinausreichenden Wahrnehmungsleistungen der Teilnehmer in Anspruch nehmen, um Sozialität zu konstituieren. Das heißt nicht, daß sich das soziale System bereits im Medium des reflexiven Wahrnehmens bildet. Die Teilnehmer kommen nicht zusammen, um sich wechselseitig anzustarren. Erst die Kommunikation gibt der Zusammenkunft einen Sinn und eine zeitliche, prozessuale Struktur. Erst sie konstituiert die Interaktion als soziales System. Aber daß dies auch wahrgenommen und über Wahrnehmung mit Informationsüberschüssen ausgestattet wird, ist gleichwohl eine sich penetrant aufdrängende Komponente der Situation. Sie hat zur Folge, daß niemand der Teilnehmer sicher weiß, was eigentlich vor sich geht, und daß man das, worauf andere reagieren, retrospektiv aus ihrem Verhalten erschließen muß. Man wird zwar davon ausgehen können, daß sich bei Lehrern (wie auch bei Schülern) aus der Teilnahme an Unterrichtsinteraktionen gewisse Erfahrungen ergeben und als Grundlage für weiteres Verhalten kondensieren. Aber typisch handelt es sich dabei nicht um Wissen, das man formulieren und anderen weitergeben könnte. Wer sich auf seine Erfahrung beruft, nimmt Autorität in Anspruch.

[...]

3

Die Absicht zu erziehen ist vor allem an Handlungen erkennbar, mit denen der Erzieher versucht, Wissen und Können an jemanden zu vermitteln, der darüber noch nicht verfügt. Dies *„noch nicht"* ist als in die Zeitdimension aufgelöstes Paradox erkennbar.[13] Es

---

13 Siehe dazu Dieter Lenzen, Handlung und Reflexion: Vom pädagogischen Theoriedefizit zur Reflexiven Erziehungswissenschaft, Weinheim 1996, S. 169 ff. im Anschluß an Dietrich Benner, Allgemeine

beruht auf der Annahme, daß ein und dieselbe Person etwas nicht-können und können kann. Oft wird dies auch mit dem Begriff der „Anlage" beschrieben, die wie ein ontologisches Faktum vorhanden sei, aber vom Erzieher erst noch entfaltet werden muß. So kann auch die Tätigkeit des „Vermittelns" als Auflösen einer Paradoxie begriffen werden. Der Erzieher, der die Zukunft nicht kennen kann, kann nicht wissen, ob es geht. Er versucht es einfach.

Eine andere Auflösung dieser Paradoxie findet man in der Unterscheidung von „vermittelbar" und „nicht-vermittelbar". Diese Unterscheidung kann in bezug auf Themen, aber auch in bezug auf Zöglinge spezifiziert werden. Nach einem sehr überzeugenden Vorschlag von Jochen Kade dient sie zugleich als Code des Erziehungssystems.[14] Der Positivwert „vermittelbar" bezeichnet die Operationen des Systems, der Negativwert bezeichnet ihr Scheitern und dient somit als Reflexionswert des Codes. Im Code selbst liegt noch keine Festlegung auf bestimmte Arten von Zöglingen (etwa nach Maßgabe von Schichtung) oder bestimmte Arten von Themen. Er ist formal definiert und offen für alles, was in Betracht kommt. Er ist zugleich universell und spezifisch insofern, als er einen Hinweis darauf enthält, was zu überlegen ist. Die Spezifikation liegt einerseits in der Methode, die es darauf anlegt, den Bereich des Vermittelbaren zu vergrößern (immer unter der Voraussetzung, daß nicht alles geht). Und er setzt andererseits voraus, daß nachträglich noch zu prüfen ist, ob es gelungen ist oder nicht. Er verweist also, ohne sich auf Voraussicht stützen zu können, auf retrospektive Ergebnisse, die über Zensuren und Prüfungen festzustellen sind. Aber er ist nicht identisch mit dem Code der Selektionsverfahren[...] und er beruht deshalb auch nicht auf einer Charakterisierung der Zöglinge nach ihren guten bzw. schlechten Leistungen. Sein Bezugspunkt ist die Operation des Vermittelns.

4

Keine Gesellschaft wird auf Erziehung ganz verzichten können. Auch in einfachsten Gesellschaften wird man finden, daß die Kinder darauf hingewiesen werden, daß sie zum Pinkeln die Hütte verlassen müssen. Es wäre unangebracht, darauf zu warten, daß Sozialisation das ihre tut. Einerseits würde das zu lange dauern und andererseits würde man sich nicht selten mit Effekten konfrontiert finden, die schwer wieder auszubügeln sind. Aber die Einheit von Sozialisation und Erziehung ist zunächst durch die Kleingruppe gewährleistet, in der beides geschieht *und nicht unterschieden wird*.

Pädagogik, Weinheim 1987. Vgl. auch Jerome Bruner, Actual Minds, Possible Worlds, Cambridge Mass. 1986, S. 75 f.

14 So Jochen Kade, Vermittelbar/nicht-vermittelbar: Vermitteln: Aneignen. Im Prozeß der Systembildung des Pädagogischen, Ms 1/1997. [...]

Trotzdem ist die Absicht zu erziehen die Keimzelle einer Differenzierung. Sie wird mehr und mehr in Anspruch genommen, wenn man sieht, daß man nicht einfach hinnehmen kann, was die Sozialisation beschert. Auch ohne institutionelle Veränderungen kann die zunehmende Komplexität der Gesellschaft zunächst durch eine solche Gewichtsverlagerung aufgefangen werden. Ein weiterer Schritt wird notwendig, wenn die Kinder etwas lernen sollen, was die Eltern nicht können; oder was sie, gerade wegen des vertrauten Umgangs mit ihnen, nicht so gut präsentieren können. In Adelskreisen wurden Jungen als Pagen in vornehmere Häuser vermittelt. In der städtischen Mittelschicht werden sie als Lehrlinge einem Meister übergeben. Die Institution des apprenticeship ist sicher eine pädagogische Institution, aber sie führt zunächst nur in einen anderen Sozialisationskontext.

Spätestens nach der Verbreitung des Buchdrucks und nach dem Sichtbarwerden des Umfangs und der Komplexität des vorhandenen Wissens liegt auf der Hand, daß das Leben im Hause nicht ausreicht. Die Väter müssen einen Schock bekommen haben. Man kann einen Hauslehrer einstellen, der unter der Aufsicht des Vaters für Unterricht sorgt. Der Lehrer handelt dann anstelle des Vaters?[...] Entsprechend werden educatio und institutio unterschieden. Oder man kann die Heranwachsenden auf Lateinschulen schicken, dann auf Collegien, schließlich auf inländische oder sogar ausländische Universitäten – jeweils mit Vorteilen und Nachteilen der jetzt unbeaufsichtigten Sozialisation.[15] All das wird aber bis weit ins 18. Jahrhundert hinein als Ergänzung der häuslichen Erziehung behandelt. Literatur über Erziehung wendet sich an die Väter.[16] Sie bietet eine Mischung aus Maximen und Optionen, zeigt aber deutlich, daß die Absicht (der Väter), dem Nachwuchs eine möglichst gute Erziehung angedeihen zu lassen, der Ausgangspunkt ist für die Verselbständigung der Reflexionen über Erziehung.

Dies wird nochmals prinzipiell anders, wenn Lehrer selbst mit pädagogischen Ambitionen auftreten und mehr zu sein und zu können beanspruchen als bloße Handlanger der Häuser. Wir werden unter dem Gesichtspunkt der Professionalisierung darauf zurückkommen. An dieser Stelle interessiert nur, daß die Lehrer nicht Väter ihrer Schüler sind und nichts anderes haben als ihre guten Absichten, auf die sie sich stützen können. Alles andere muß von da aus neu aufgebaut werden. Das Symbol, an dem man Erziehung als Erziehung erkennt, ist ganz allgemein und unspezifisch verfügbar. Es dient als Ausgangspunkt für eine schwierige und langwierige institutionelle Entwicklung, die von der guten Absicht ausgehen, einen entsprechenden gesellschaftlichen Bedarf unterstellen kann und das dazu Notwendige – aufgabengerechte Ausbildung, Gehälter, Unabhängigkeit vom Sozialstatus der Schüler, Gebäude, Unterrichtsmaterial usw. – an-

---

15 Vgl. für eine Abwägung François de La Noue, Discours politiques et militaires (1587), Neuausgabe Genf 1967, S. 133 ff. Der Verfasser zieht sogar deutsche Bildungsanstalten in Betracht, meint allerdings, daß die Söhne dann, wenn sie zurückkämen, einer Resubtilisierung bedürften (S. 147).

16 Siehe z. B. John Locke, Some Thoughts Concerning Education (1693), zit. nach Works, London 1823, Neudruck Aalen 1963, Bd. IX, S. 1–205.

mahnen kann. In systemtheoretische Begrifflichkeit übersetzt, ist die erzieherische Absicht eine Autonomieformel, mit der ein Überschuß an Kommunikationsmöglichkeiten legitimiert werden könnte. Deshalb ist jetzt, und erst jetzt, das Erziehungssystem auf Selbstdisziplinierung verwiesen: auf Selbstorganisation, Methodik und professionelles Selbstbewußtsein der Pädagogen.

Unter evolutionstheoretischen Gesichtspunkten ist dies ein extrem unwahrscheinlicher gesellschaftsstruktureller Umbau. Das 18. Jahrhundert betont die gesellschaftliche Bedeutung von Erziehung, es ist geradezu als das pädagogische Jahrhundert beschrieben worden. Und dann soll man dies Geschäft der guten Absicht der Pädagogen überlassen? Ohne Rückhalt in Verwandtschaft und sozialer Schichtung? Man versteht dies nur unter der Voraussetzung, daß diese Absicht nichts mit psychischen Befindlichkeiten zu tun hat, sondern als Symbol für einen Differenzierungsvorgang dient, der eine neuartige Systembildung erzwingt.

5

Die gute Absicht gebärt aus sich selbst heraus zwei recht ungleiche Kinder, nämlich Erziehung und Selektion. Die Pädagogik hat beide Sprößlinge ungleich beurteilt. Sie hat Erziehung als ihr eigenstes Anliegen geliebt, Selektion dagegen als staatlich aufgezwungenes Amt abgelehnt.[17] Und wenn nicht abgelehnt, dann sieht man doch funktionale und dysfunktionale Rückwirkungen auf das Geschäft der Erziehung.[18] Die Reformüberlegungen der 60er und 70er Jahre hatten sich vornehmlich an diesem Gegensatz orientiert.[...] Sie hatten versucht, die Kinder und Heranwachsenden die Selektion so wenig wie möglich spüren zu lassen, alle Vorselektion durch Herkunft und Elternhaus auszuschalten und denen, die weniger gut abgeschnitten oder Prüfungen nicht bestanden, zweite und dritte Chancen zu geben. Aber selbst wenn man die Mindererfolgreichen mit besonderen Maßnahmen förderte, stellte sich das Problem auch in dieser Gruppe ein: die einen erweisen sich gleicher als die anderen; die einen schafften es, die anderen nicht.

Wir müssen deshalb davon ausgehen, daß Selektion sich nicht vermeiden läßt, wenn Erziehung sich als gute Absicht vorstellt und das Richtige markiert. Auch die Schüler übernehmen die Ergebnisse der Selektionsverfahren als Qualitätszeugnisse in ihre

---

17 Vgl. Ulrich Teichler, Struktur des Hochschulwesens und „Bedarf" an sozialer Ungleichheit: Zum Wandel der Beziehungen zwischen Bildungsplan und Beschäftigungssystem, Mitteilungen aus der Arbeitsmarkt- und Berufsforschung 7 (1974), S. 197–209 (206 ff.). Die nächste Frage wäre natürlich, warum die Selektionsfunktion eigentlich ins Wirtschaftssystem gehört.

18 Vgl. Richard P. Boyle, Functional Dilemmas in the Development of Learning, Sociology of Education 42 (1969), S. 71–90.

wechselseitige Einschätzung. Auch in der Schülerkultur ist daher Selektion etabliert.[19] Weder Sprachen noch Naturwissenschaften, weder Geschichte noch Mathematik lassen sich unter der Voraussetzung unterrichten und lernen, daß es gleichgültig ist, wie der Lernende mit dem Stoff umgeht. In der familialen Erziehung sieht es nicht anders aus. Hier mögen die Eltern schneller motiviert sein, auf die Durchsetzung ihrer Standards zu verzichten. Aber das heißt dann: auf Erziehung zu verzichten und die Sache der Schule oder dem Leben zu überlassen. Im Erziehungsauftrag liegt daher auch eine Kommentierung des Lernverhaltens und eine Bestätigung oder Korrektur, denn anders kann kaum verdeutlicht werden, daß es ernst gemeint ist. Dabei zwingt das Zensurgeben den Lehrer dazu, sich mit dem einzelnen Schüler zu befassen und ihn zu vergleichen,[20] was man vom professionellen Ethos des Pädagogen nicht mit gleicher Sicherheit erwarten könnte. Es mag zunächst um bloße Korrekturen gehen, aber schon sie sind kaum ohne codierte Bewertung im Schema von gut und schlecht (besser und schlechter) möglich. Das gilt verstärkt, wenn die Formen des Lobens und Tadelns gewählt werden, was sich anbietet, wenn man die Leistungen vergleicht mit dem, was vom Zögling zu erwarten ist. Weitere Formalisierungen fügen sich an, vor allem das System der Zensurgebung und der Prüfungen, die bestanden oder nicht bestanden werden können. In der Handhabung dieser Selektionsverfahren geraten die Agenten unter Konsistenzdruck. Sie können nicht gut das, was sie gelobt hatten, als unzureichend zensieren oder Prüfungen mit „durchgefallen" enden lassen bei Leistungen, die bisher immer positiv bewertet worden sind. Es wird Gerechtigkeit erwartet, und zwar im sozialen Vergleich ebenso wie im Stabilhalten der Kriterien, und Verstöße werden als Willkür gebrandmarkt und auf persönliche Abneigungen zugerechnet. Gerechtigkeit setzt Vergleichsmöglichkeiten voraus. Vergleichsmöglichkeiten werden durch Zahlen begünstigt. Man sieht dann mit einem Blick, ob etwas mehr oder weniger ist oder, wenn die Zahlen auf einer Bewertungsskala liegen, besser oder schlechter. Insofern dienen zahlenförmig fixierte Zensuren dem Vergleich. Allerdings verschiebt sich das Problem damit auf die Frage, wie die Zahlen (Zensuren) zustandegekommen sind; und weiter auf die Frage, in welcher Reichweite Zensuren verschiedener Herkunft noch vergleichbar sind; oder wie weit ein zu weit gespannter Vergleich den gemeinten Sachverhalt, nämlich die Schulleistungen, noch greift. Mit gutem Recht mag daher gesagt werden, daß ein Zensurenvergleich auf die Schulklasse eingeschränkt werden sollte, die denselben Unterricht genossen hat.[21]

---

19 Siehe Kurt Holm, Soziale Schicht und Schulverhalten, in: Günter Hartfiel/Kurt Holm (Hg.), Bildung und Erziehung in der Industriegesellschaft: Pädagogische Soziologie in Problemübersichten und Forschungsberichten, Opladen 1973, S. 417–436 (427 ff.); Klaus Hurrelmann, Unterrichtsorganisation und schulische Sozialisation: Eine empirische Untersuchung zur Rolle der „Leistungsdifferenzierung" im schulischen Selektionsprozeß, 2. Aufl. Weinheim 1973, S. 115 ff.

20 Siehe Jörg Ziegenspeck, Zensur und Zeugnis in der Schule: Darstellung der allgemeinen Problematik und der gegenwärtigen Tendenzen, Hannover 1973, S. 74.

21 So Andreas Flitner, Das Schulzeugnis im Lichte neuerer Untersuchungen, Zeitschrift für Pädagogik 6 (1966), S. 509–533; Karlheinz Ingenkamp, Sind Zensuren aus verschiedenen Klassen vergleichbar? betrifft: erziehung 2/3(1969), S. 14. Vgl. auch ders., Zur Problematik der Jahrgangsklasse, Weinheim 1969.

Wenn man darüber hinausgeht, vergleicht man möglicherweise nur die Notengebungs-praxis der Lehrer. Jeder Vergleich muß sich daher die Frage gefallen lassen, wozu er be-nutzt wird. Seine Resultate können nur mit Reflexion auf seine Bedingungen verwendet werden; oder anders gesagt: nicht nur die Gleichheit, sondern auch die Ungleichheit des Verglichenen ist zu berücksichtigen. Man darf vermuten, daß diese reflexive Logik der Konsistenz und der Gerechtigkeit (im Sinne der gleichen Behandlung des Gleichen und der ungleichen Behandlung des Ungleichen) seit eh und je zum Geschäft des Er-ziehens gehört hat. Außerdem wird „Objektivität" erwartet, das heißt: ein Sicheinlassen auf die Voraussetzung, daß andere zum gleichen Urteil kommen würden?[22] Wie anders sollte der Erzieher seine Absicht als sachlich richtig und gut darstellen? Was erklärt aber dann die vehemente Kritik der Selektion als Belastung und als abträgliche Einwir-kung auf die eigentliche Aufgabe des Erziehens?

[...]

Die oft zu hörende Kritik, die Beurteilungen seien nicht objektiv, sie fielen je nach dem Beurteiler (und oft auch zu verschiedenen Zeitpunkten der Beurteilung durch denselben Lehrer) verschieden aus, ist empirisch nicht anzuzweifeln. Fraglich ist aber, ob dies als Fehlleistung gewertet werden muß, was Aussichten auf Verbesserung eröff-nen würde. Der Grund dürfte letztlich darin liegen, daß auch die Leistung selbst, die beurteilt wird, ein Konstrukt ist, das erst im Beurteilungsprozeß erzeugt und daher von vorgestellten Urteilen nicht unabhängig ist. Diese gleichsam zirkuläre Struktur der Ge-samtkonstruktion von Leistung und Urteil dürfte den Bemühungen um Verbesserung in Richtung auf mehr Objektivität Grenzen setzen. Vermutlich wird dies nur die Artifi-zialität des Gesamtvorgangs deutlicher herauspräparieren. Was sich als Ergebnis dieses Aufbaus eines Netzwerkes formalisierter Selektionen abzeichnet, läßt sich mit wenigen Strichen kennzeichnen:

- Die Selektion wird stärker als in aller davorliegenden Tradition *von sozialer Schich-tung abgekoppelt*. Man kann Prüfungen nicht unter Berufung auf Herkunft beste-hen oder umgehen. Allerdings wird dieses Ziel der Herkunftsneutralisierung nur unvollständig erreicht; denn die Statistiken zeigen, daß die Kinder aus besseren Fa-milien trotzdem bessere Chancen haben, im Selektionssystem zu reussieren.
- Die Resultate der Selektion werden notiert und bilden damit ein *Systemgedächtnis*, das es ermöglicht, *anderes zu vergessen*. Vergessen werden nicht nur all die psychi-schen Befindlichkeiten der Sorge und der Unsicherheit; vergessen wird auch, wenn nicht besonders notiert, mit welchem Wissen und Können die Leistungen erbracht worden sind, deren Zensuren vorliegen.

---

22 Streng genommen würde dies erfordern, daß man nicht „in Kenntnis der Person" zensiert, über die man als Klassenlehrer verfügt. Ob dies pädagogisch sinnvoll ist, ließe sich diskutieren. Vgl. dazu Peter Orlik, Kritische Untersuchungen zur Begabtenförderung, Meisenheim 1967, S. 25 ff. Einmal mehr zeigt sich an diesem Beispiel die Diskrepanz von Erziehung und Selektion.

- Sehr typisch ist für ein Systemgedächtnis die Leistung des Vergessens, wichtiger als die Leistung des Erinnerns. Im Falle des Zensurengedächtnisses wird die natürliche Alternative, alle Geschehnisse auf die Person zuzurechnen und mit deren Identität in die Zukunft zu transportieren, zurückgestellt, zumindest abgeschwächt. Die Person erhält die Chance, eine andere zu werden – freilich nur im Schema der besseren oder schlechteren Zensuren. Das System macht über dies formalisierte Gedächtnis Kapazitäten für Änderung frei, während ein System mit nur personbezogenem Gedächtnis dazu neigen würde, Personen mit ihrer Vergangenheit zu identifizieren und „schlechte Schüler" mit den entsprechenden Eigenschaften auszustatten.

- Die Ergebnisse des Selektionsprozesses dienen als Ersatzindikatoren für Erfolge bzw. Mißerfolge der Erziehung, die sich erst in einer fernen, gegenwärtig noch nicht bestimmbaren Zukunft herausstellen werden. Sie ermöglichen es außerdem dem Lehrer, seine eigene Unterrichtstätigkeit in ihren Ergebnissen kritisch zu beobachten, etwa festzustellen, ob die Anforderungen zu leicht oder zu schwer waren.[23]

- Das Netzwerk der Selektionen überzieht das Erziehungssystem mit selbsterzeugter Ungewißheit. Jeder Einzelne wird seine Erfahrungen und Vermutungen haben. Wenn er immer gut war, wird er nicht plötzlich schlecht sein. Aber die Faszination, die das Selektionswesen ausübt, besteht darin, daß man es doch nicht genau weiß.[24] Ähnlich wie in vielen Errungenschaften der Moderne, dem Roman und den juristischen Verfahren zum Beispiel, ist diese Unbestimmtheit des Ausgangs nur temporär gegeben und muß durch das System selbst beendet werden – in unserem Falle durch die beurteilenden Entscheidungen.

- Während die Erziehung im Schutze des Guten und Richtigen operiert, macht sich die Selektion als Entscheidung sichtbar. Sie mag mehr oder weniger gut begründbar sein, aber sie kann nicht vermeiden, als Auswahl aus mehreren Möglichkeiten aufzutreten. Diese Belastung wird jedoch abgeschwächt durch eine zeitliche Streckung des Selektionsprozesses. Er greift rekursiv auf die eigene Geschichte der bereits erteilten Noten und Versetzungs- und Prüfungsentscheidungen zurück und er greift vor auf die Aussicht, daß sich die Resultate verbessern lassen. Auch insofern arbeitet die Selektion mit ihrem eigenen Gedächtnis.

- Die Ergebnisse der Selektion beruhen auf der Auflösung einer eigentümlichen Paradoxie. Die Transparenz der Resultate ist nicht umsonst zu haben. Sie beruht auf der Intransparenz des Entscheidungsvorgangs. Man mag Begründungen for-

---

23 Speziell hierzu Herbert Kalthoff, Das Zensurenpanoptikum: Eine ethnographische Studie zur schulischen Bewertungspraxis, Zeitschrift für Soziologie 25 (1996), S. 106–124.

24 Wer an „Säkularisationsthemen" interessiert ist, könnte hier ein Säkularisat vermuten, nämlich eine Neufassung der alten sakralen Einheit des fascinosum und des tremendum, zugeschnitten auf die Sonderprobleme des Erziehungssystems.

dern, aber Gründe sind leicht zu formulieren; damit wiederholt sich nur das Problem und gibt der Kritik der Selektion immer neue Nahrung.

Dieser auffällige Ausbau eines Netzwerkes von Selektionsentscheidungen und dessen Einbau in das moderne Erziehungssystem verlangen nach einer Erklärung. Häufig wird gesagt, Selektion sei eine Anwendung von Macht oder gar „Gewalt". Das ist jedoch keine Erklärung, sondern nur eine irreführende, gleichsam anklagende Verwendung dieser Begriffe. Nicht jede Verursachung von Zuständen (etwa das Parken eines Wagens an einem freien Platz mit der Folge, daß dort niemand anderes mehr parken kann) ist schon Anwendung von Macht; und so auch nicht die einfache Kommunikation von Zensuren oder Entscheidungen über Versetzung/Nichtversetzung. Der Lehrer wäre auch gar nicht frei, die Herstellung solcher Fakten zu vermeiden. Von (politisch bedenklicher, kontrollbedürftiger) Macht sollte man nur sprechen, wenn mit negativen Sanktionen (hier: schlechten Zensuren) gedroht wird, um ein damit nicht zusammenhängendes Verhalten zu motivieren.[25] Das ist jedoch bei den Selektionsentscheidungen des Erziehungssystems faktisch ausgeschlossen. Der Lehrer kann nicht mit schlechten Zensuren drohen für den Fall, daß ein Schüler ihm nicht in bestimmten außerschulischen Dingen behilflich ist, etwa Rasen mäht oder die Straße fegt. Auch an dieser Differenz zu politisch kontrollbedürftigem Gebrauch von Macht, die auf der Drohung mit negativen Sanktionen beruht, ist die Ausdifferenzierung des Erziehungssystems mitsamt seiner Selektionsmechanismen zu erkennen.

Selektion ist zunächst einmal die zwangsläufige Folge der Absicht, richtig, lebensförderlich, sozial akzeptabel zu erziehen. Trotzdem genügt es nicht, zu sagen, dies sei die Logik (oder „Dialektik"?) der guten Absicht, die sich unter den Bedingungen zunehmender Systemkomplexität entfaltet. Das ist zwar nicht falsch, verschiebt aber nur das Problem in die Frage, weshalb es, historisch gesehen, zu einem derart drastischen Komplexitätsschub kommt und weshalb dabei die Unterscheidung Erziehung/Selektion eine solche Bedeutung erhält. Wir vermuten, daß auch hier die Unterscheidung von Sozialisation und Erziehung herangezogen werden kann. Aus Gründen, die mit dem Umbau der Gesellschaft von einem Primat stratifikatorischer Differenzierung zu einem Primat funktionaler Differenzierung zusammenhängen, verliert die Sozialisation in Familien, die Herkunft erkennen läßt (man muß dann zusätzlich nur noch den Namen nennen), an Bedeutung und wird zurückgedrängt durch intentional gesteuerte Erziehung. Die Entwicklung beginnt schon im 16. Jahrhundert mit einem neuen System der Erziehung in Collegien und Universitäten, die auf den Staatsdienst vorbereitet und auch vom Adel in Anspruch genommen wird.[26] Sie ist gegen Ende des 18. Jahrhunderts mit der Ver-

---

25 Ausführlicher Niklas Luhmann, Macht, Stuttgart 1975.
26 Mit vielen Vorbehalten, die symbolisch zum Ausdruck bringen, daß man dies eigentlich nicht nötig hat, und zum Beispiel zur Gründung besonderer Ritterakademien führen.

drängung häuslicher Erziehung durch Erziehungskonzepte, die nationale Schulen und Universitäten übergreifen, praktisch abgeschlossen.

Es wäre sicher übertrieben, wollte man behaupten, daß Sozialisation in Familien damit an Bedeutung verliert. Aber sie ist immer weniger ausschlaggebend für den sozialen Status, den man im späteren Leben erwarten und einnehmen kann. Die Positionsvergabe erfolgt nicht mehr an Hand von Kriterien der Herkunft, sondern sie wird durch Karrieren vermittelt. Gerade das hat aber zunächst zu der Frage geführt, warum der Staat Karriereinteressen finanzieren sollte.[27] Die Integration von Individuum und Gesellschaft („Integration" im Sinne einer wechselseitigen Einschränkung von Freiheitsgraden) wird jetzt mehr und mehr einer Sequenz von Selektionen überlassen, die einander wechselseitig voraussetzen, aber den nächsten Erfolg nicht garantieren, sondern der künftigen Entscheidung überlassen.[28] Damit wird die Schule zur zentralen Dirigierungsstelle für Chancen im späteren Leben,[29] obwohl sie natürlich nicht determinieren kann, wie spätere Karrieren laufen, und vor allem Großorganisationen (aber zum Beispiel auch die Massenmedien oder der Sport) sich ein eigenes Karrieremanagement vorbehalten.

Dieser Umbau des Modus der sozialen Integration von Herkunft auf Karrieren, also auf Zukunft, ist nicht durch das Erziehungssystem ausgelöst worden, obwohl Pädagogen und Reformer ihr Möglichstes getan haben, um ihm zuzuarbeiten. Der Legitimitätsverlust von Herkunft (und damit: von Sozialisation in den guten Familien oder in der guten Gesellschaft) ist durch die Umstellung des Gesellschaftssystems auf einen Primat funktionaler Differenzierung bedingt, der alle festen, durch Geburt bestimmten Positionszuweisungen auflöst und die Qualität der Inklusion der Individuen in die Gesellschaft, also Glanz und Elend ihres Lebensschicksals, den Kriterien der einzelnen Funktionssysteme überläßt. Das wird in der Moderne durch einen emphatisch betonten Individualismus positiv gewertet. Dabei bleibt jedoch die andere, die dunkle Seite der Karrieren unbeleuchtet.[30] Und vor allem setzt die Gesellschaft sich selbst und die von ihr abhängigen Individuen einer im System selbst erzeugten Ungewißheit aus, deren differentielle Auswirkungen erst noch geklärt werden müssen.

Die Abfolge der Selektionsentscheidungen und die laufende Notierung von besser oder schlechter in bezug auf eigene frühere Leistungen ermöglichen es dem Schüler/ Studenten, seinen Aufenthalt im Erziehungssystem als Teil einer Karriere anzusehen. Karriere heißt unter anderem, daß frühe Stadien für spätere wichtig sind. Die Last der

---

27 So Auxiron, Principes de tout gouvernement, ou examen des causes de la splendeur ou de la foiblesse de tout Etat considéré en lui-mame, et indépendamment des moeurs, Paris 1766, Bd.2, S. 308 f.

28 Hierzu ausführlicher Nadas Luhmann/Karl Eberhard Schorr, Reflexionsprobleme im Erziehungssystem, Neuausgabe Frankfurt 1988, S. 277 ff.

29 Darauf hat vor allem Helmut Schelsky nachdrücklich aufmerksam gemacht. Siehe: Schule und Erziehung in der industriellen Gesellschaft, Würzburg 1957.

30 Vgl. Giancarlo Corsi (gemeint sein könnte: Die dunkle Seite der Karriere, in: Dirk Baecker (Hrsg.), Probleme der Form, Frankfurt 1993, S. 252–265, D. L.)

Karriererelevanz wird daher auf das Erziehungssystem verschoben, auch wenn eigentlich nur die spätere berufliche Karriere interessiert. Man muß sich schon in der Schule bzw. der Universität bewähren, um günstige Ausgangslagen für eine spätere Karriere zu schaffen.[31] Allerdings sind die Selektionsweisen im Erziehungssystem und im Wirtschaftssystem der beruflichen Arbeit ganz verschieden. In Schulen und Universitäten gibt es keine Knappheit von Zensuren und Prüfungserfolgen, so wie es später eine Knappheit von Stellen gibt. Das heißt unter anderem, daß die Gefahr der Arbeitslosigkeit wie ein Schatten die Schulausbildung und das Studium begleiten kann, ohne daß es möglich wäre, im Erziehungssystem schon Sicherheit zu schaffen. Insofern wirkt die Systemgrenzen übergreifende Karriereorientierung sowohl motivierend als auch demotivierend je nach dem, wie der Einzelne diese Situation der Ungewißheit verarbeitet. Man wird kaum hoffen dürfen, daß im Normalfall das Streben nach bestmöglichen Leistungen im Erziehungssystem als Ausweg überzeugt.

In beträchtlichem Umfange verlassen Schüler und Studenten das Erziehungssystem vorzeitig und ohne Abschluß. Man könnte vermuten, daß dies eine Reaktion auf ein schlechtes Abschneiden im Selektionssystem ist. Empirische Untersuchungen scheinen dies jedoch nicht zu bestätigen:[32] Entsprechend wäre es unberechtigt, die Aussteiger (drop-outs) als Schulversager zu charakterisieren. Vermutlich spiegelt sich in diesem Problem die im Verhältnis zur Lebensreife und zu Möglichkeiten, die die Gesellschaft bietet, zu lange Dauer der in Schulen und Hochschulen formalisierten Erziehung. Die Schulen/Hochschulen müßten daher eher auf sich selbst zurückschließen als auf ein Versagen ihrer Klienten. Nicht jede gesellschaftliche Karriere wird über formalisierte Abschlüsse des Erziehungssystems strukturiert.

6

[...]

7

Wenn die Absicht zu erziehen die Absicht impliziert, richtig zu erziehen, hat das Konsequenzen, die über das gespannte Verhältnis von Erziehung und Selektion hinausgehen. Wenn Standards für Richtigkeit vorgegeben sind, ist das anschließende Verhalten

---

31 Siehe D. N. Ashton, The Transition from School to Work: Notes on the Development of Different Frames of Reference among Young Male Workers, The Sociological Review 21 (1973), S. 101–125. Hier S. 106 ff. über Demotivation in der Schule, die sich im späteren Arbeitsleben fortsetzt. Vgl. ferner Martin Kohli, Studium und berufliche Laufbahn: Über den Zusammenhang von Berufswahl und beruflicher Sozialisation, Stuttgart 1973.

32 Vgl. Hannelore Gerstein, Erfolg und Versagen im Gymnasium, Weinheim 1974 S. 115.

entweder richtig oder nicht richtig. Das gilt auch dann, wenn die Kriterien mehrere konkurrierende Möglichkeiten richtigen Verhaltens zulassen – etwa bei Schulaufsätzen oder im Bereich der „hermeneutischen" Disziplinen, sofern nur zwei Bedingungen gewährleistet sind, nämlich (1.) es muß auch erkennbar nicht richtiges Verhalten geben und (2.) das richtige Verhalten muß auch dann, wenn es wiederholt wird, richtig bleiben. Mit einer Unterscheidung, die von Heinz von Foerster stammt, nämlich der von trivialen und nichttrivialen Maschinen,[33] können wir daher auch sagen, daß die Erziehung zu richtigem Wissen und richtigem Verhalten zu einer Trivialisierung der Zöglinge führt.

Trivialmaschinen sind solche, die auf einen bestimmten Input mit Hilfe einer eingebauten Funktion (der „Maschine") einen bestimmten Output produzieren. Ein anderer Input würde, sofern im Resonanzbereich der Maschine liegend, zu einem anderen Output führen. 2 mal 2 ist .... 4; 2 mal 3 ist .... 6. Die Maschine kann durch geeignete Programmierungen zu hoher Komplexität ihrer möglichen Inputs und Outputs gebracht werden. Das ändert nichts an ihrer Trivialität. Entscheidend ist, daß die Wiederholung der Operation zum selben Ergebnis führt. Wenn das nicht geschieht, ist die Maschine kaputt und muß repariert oder ersetzt werden. Man muß nicht damit rechnen, daß Trivialmaschinen aus irgendeiner Laune heraus plötzlich 2 mal 2 ist .... 7 rechnen oder ein Bla-Bla ausstoßen. Trivialmaschinen sind zuverlässige Maschinen.

Das Gegenteil gilt für nichttriviale oder selbstreferentielle Maschinen. Sie operieren mit Hilfe einer eingebauten Reflexionsschleife, die alle Input/Output-Transformationen an der jeweiligen Befindlichkeit der Maschine ausrichten; oder genauer gesagt: an dem jeweiligen historischen Zustand, in den die Maschine sich selbst versetzt hat. Da sich dies mit jeder Operation ändert, verfügen solche Maschinen über ein praktisch unendliches, jedenfalls unausrechenbares Repertoire an Reaktionsmöglichkeiten. Solche Maschinen sind unberechenbare, also unzuverlässige Maschinen.

In den Ohren der Pädagogen mag es schrecklich klingen, wenn man ihr Geschäft als Trivialisierung der Menschen beschreibt. Wenn man den Begriff definitionsgenau (und nicht abwertend) verwendet, liegt er jedoch genau auf der Linie dessen, was man als Erziehung beobachten kann. Es geht sicherlich um eine Steigerung der Komplexität möglicher Beziehungen zwischen Input und Output, wenn dem Schüler zugemutet wird, sich mit Möglichkeiten der Reaktion auf Fragen oder, allgemeiner, auf die Anforderungen praktischer Situationen zu versorgen. Er mag Englisch lernen, aber dann geht es darum, die Sprache richtig zu sprechen bzw. zu verstehen. Eine nichttriviale Maschine könnte vielleicht Gefallen daran finden, die englischen Sätze mit türkischen Vokabeln zu garnieren – sei es wegen des besseren Klanges oder aus rhythmischen Gründen, sei es um nebenbei zu zeigen, daß sie auch die türkische Sprache beherrscht. Das wird jedoch in der Schule weder gelehrt noch gelernt.

---

33 Vgl. Heinz von Foerster, Wissen und Gewissen: Versuch einer Brücke, Frankfurt 1993, z. B. S. 206 ff., 244 ff.

Ein guter Indikator für diese Tendenz zur Trivialisierung ist die im Unterricht und dann in Prüfungen verwendete Fragetechnik. Der Lehrer bzw. Prüfer stellt eine Frage, *obwohl er die Antwort schon weiß*. Das ist im sozialen Alltag unüblich und, wenn es herauskommt, peinlich. In der Schule ist dies ein Standardverfahren der Kontrolle der Trivialisierung. Dieselbe Frage müßte, wenn wiederholt, die gleiche Antwort erhalten. Dabei gerät der Gefragte nicht selten in die schwierige Lage, nicht nur die richtige Antwort finden zu müssen, sondern auch noch herausbekommen zu müssen, was der Fragende für die richtige Antwort hält. Extremformen dieser humorlosen Form des quasi maschinellen Trivialisierens sind die heute viel benutzten Tests. Wer ihre Formblätter auszufüllen hat, darf weder unerwartete (aber ebenfalls richtige) Antworten geben noch die Fragen kommentieren oder ändern. „Tests sind Instrumente, um ein Maß der Trivialisierung festzulegen. Ein hervorragendes Testergebnis verweist auf vollkommene Trivialisierung: der Schüler ist völlig vorhersagbar und darf daher in die Gesellschaft entlassen werden. Er wird weder irgendwelche Überraschungen noch auch irgendwelche Schwierigkeiten bereiten."[34]

Man könnte versucht sein, von hier aus ein Gegenmodell der Erziehung zur Unzuverlässigkeit, zur überraschenden Kreativität, zur Unsinnsproduktion, die etwa gemeinten Sinn erraten läßt, zur ironischen Behandlung von Situationen oder zur ständigen Dekonstruktion der gerade verwendeten Schemata zu entwerfen. Das hätte nicht nur wenig Aussicht auf Realisierung, sondern würde auch dem berechtigten Interesse der Gesellschaft an Vorhersehbarkeit widersprechen. Faktisch hilft sich das Erziehungssystem selbst.

Denn selbstverständlich sind und bleiben Menschen trotz Schulbesuch nichttriviale Maschinen. Was geschieht aber, wenn nichttriviale Systeme sich in Situationen finden, in denen sie der Trivialisierung ausgesetzt sind? Sie stellen sich durch Selbstsozialisation darauf ein. Oder anders gesagt: sie lernen damit umzugehen. Sie bauen eine Reflexionsschleife ein, die ihnen Bedingungen verdeutlicht, unter denen es empfehlenswert ist, sich wie ein triviales System zu verhalten.

[...]

---

34 Heinz von Foerster a. a. o. S. 208.

Teil II
Paradigmen und grundlegende Orientierungen der Erziehungs- und Bildungssoziologie

Das strukturfunktionalistische Paradigma

Hermann Veith

Die Arbeiten von Talcott Parsons (1902–1979), mit dessen Namen das strukturfunktionalistische Paradigma in der Soziologie in erster Linie verbunden ist, gehören heute, drei Jahrzehnte nach seinem Tod, unstrittig zum klassischen sozialwissenschaftlichen Literaturbestand. In der Beurteilung ihrer Bedeutung und Aktualität jedoch gehen die Auffassungen weit auseinander. In der Regel dominieren die Vorbehalte. Die soziologische Diskussion, so die gängige Rezeptionshaltung, sei längst über Parsons' Werke hinausgegangen (Brock et al. 2009). Tatsächlich setzte die Kritik an seinem Ansatz schon in den 1960er Jahren ein. Das ganze System des analytischen Funktionalismus, so der Tenor, wäre in erster Linie eine begrifflich feingezeichnete Apologie des amerikanischen Gesellschaftsmodells. Die methodologische Fokussierung auf die funktionsnotwendigen Anpassungs-, Integrations- und Erhaltungserfordernisse sozialer Systeme hätte in Parsons' Denken zu einer systematischen Überbewertung gesellschaftlicher Konformitätserwartungen geführt. In kapitalistischen Marktgesellschaften jedoch gäbe es unter den Gesellschaftsmitgliedern nicht nur normative Übereinstimmungen, sondern auch – und zwar in erheblichem Ausmaß – Konflikte und abweichendes Verhalten (vgl. Habermas 1973).

Die Einwände trafen. Parsons' herausragende Stellung als Theoretiker war nachhaltig erschüttert. Der Plan, die Soziologie auf grundbegrifflich sichere Fundamente zu stellen, galt als gescheitert. Da er zudem selbst, entgegen seinem eigenen Diktum, nicht immer trennscharf zwischen kategorialer, theoretischer und empirischer Analyse unterschied, erscheint die Skepsis durchaus verständlich. Es erschwert aber auch die Auseinandersetzung mit seinem Gesamtwerk oder mit einzelnen ausgewählten Aspekten. Unter erziehungs- und bildungssoziologischen Vorzeichen kommt hinzu, dass es im anglo-amerikanischen Sprachraum kein semantisches Äquivalent für den deutschen Begriff „Bildung" gibt. Aus diesem Grund wird im Folgenden zunächst danach gefragt, in welchen Bedeutungszusammenhängen Parsons die sinnverwandten Begriffe „education" und „socialization" gebraucht hat. Vor dem zeitgeschichtlichen Hintergrund der 1930er und 1940er Jahre, der dabei in den Blick gerät, kann gezeigt werden, dass beide Begriffe sehr eng mit seinen Vorstellungen von Handeln, Demokratie und „citizenship" verknüpft sind (1). Im Kontext seiner Modernisierungstheorie wird zudem deutlich, dass moderne Bildungssysteme die Aufgabe haben, problematisch gewordene gesellschaftliche Mitgliedschaften mit pädagogischen Lernangeboten zu bearbeiten. Diese dienen im Wesentlichen der Herstellung zukünftiger Teilhabefähigkeiten (2). Die hierzu erforderlichen Bildungseinrichtungen sind mit der fortschreitenden Rationalisierung und Individualisierung in zunehmendem Maße auf akademisch gebildetes Personal angewiesen (3).

1   Von der Theorie des sozialen Handelns zum Konzept der Bürgerbildung

Fast alle Autoren, die sich mit dem Werk von Talcott Parsons beschäftigen, beginnen ihre Darstellungen mit einer kurzen Zusammenfassung seiner in den 1930er Jahren formulierten „voluntaristischen" Handlungstheorie (Münch 1988). Dieses Vorgehen hat sich bewährt, weil es auf eine nachvollziehbare Weise in Parsons' Denken einführt (1.1). Es bietet sich aber auch deshalb an, weil es erlaubt, die Bezüge zwischen seinen theoretischen Überlegungen und den politischen Entwicklungen seiner Zeit herauszuarbeiten. In erziehungs- und bildungssoziologischer Hinsicht sind in diesem Zusammenhang vor allem Parsons' Stellungnahmen zu den wirtschaftlichen Wiederaufbau- und Re-Education-Plänen der amerikanischen Regierung relevant, die er in seiner Funktion als Berater des für die Nachkriegsentwicklung in Deutschland zuständigen Enemy Branch der Foreign Economic Administration abgegeben hatte (1.2).

1.1 Normen – Konsens und Wahlfreiheit

Auf der Basis seiner 1937 unter dem Titel „The Structure of Social Action" erschienenen Monografie, lassen sich Parsons' Thesen zur Begründung der Soziologie als Handlungswissenschaft folgendermaßen zusammenfassen: Menschen sind soziale Wesen, die in ihrem Verhalten wechselseitig aufeinander Bezug nehmen. Das Besondere dabei ist, dass sie sich in ihrer Tätigkeit an Sinnzusammenhängen orientieren, die gesellschaftlich vermittelt sind. Diese „sinnhaft" orientierte Tätigkeit von Personen bestimmt Parsons in Anlehnung an Max Weber als *Handeln*. Durch Handlungen können zielgerichtete Zustandsänderungen in der materiellen und sozialen Welt, aber auch im subjektiven Erleben der Individuen herbeigeführt werden. Wenn Personen miteinander handeln, müssen sie ihre Handlungen gegenseitig aufeinander abstimmen und miteinander koordinieren. Wie diese Koordination hergestellt wird, ist fraglich und die Auffassungen darüber sind – wie Parsons ausführlich erläutert – theoretisch strittig. So argumentieren zum Beispiel

- Biologen, dass die Abstimmung wechselseitiger Verhaltensaktivitäten mittels *erblich angelegter Instinktprogramme* erfolgt. Dem hält Parsons entgegen, dass menschliche Tätigkeiten nur residual unter der Kontrolle genetischer Programme stehen können, weil sich Menschen in Handlungssituationen in der Regel Alternativen bieten, die Wahlmöglichkeiten eröffnen.

- Behavioristische Theoretiker argumentieren, dass Verhalten unter dem Einfluss von *physiologischen Stimuli, Umweltreizen und Verstärkern* steht. Auch das ist nach Parsons' Ansicht nur zum Teil zutreffend. Interaktionsverhalten folgt nämlich auch – und zwar sogar vorwiegend – sozialen Regeln. Diese verweisen ihrerseits auf übergeordnete kulturelle Sinnzusammenhänge. Zudem würde die methodologische Beschränkung auf objektiv messbare Reizgrößen es behavioristischen Lerntheoretikern unmöglich machen, weitergehende Hypothesen über motivationale Verhaltensursachen zu formulieren.
- In utilitaristischen Handlungstheorien spielen subjektive Beweggründe, insbesondere am *Eigeninteresse orientierte Nutzenkalküle* eine entscheidende Rolle. Wie Parsons unter Berufung auf Hobbes jedoch zeigt, besteht unter diesen Voraussetzungen die permanente Gefahr, dass die ungezügelten Egoismen und Willenskräfte in einem Kampf aller gegen alle kollidieren. Sicherheit und Verbindlichkeit indessen erfordern einen normativen Konsens.
- In idealistischen Handlungstheorien wird den Akteuren die Bereitschaft unterstellt, dass sie ihre Eigeninteressen kompromisslos *gemeinsamen Werten und Normen unterordnen*. Aber gerade diese Kompromisslosigkeit hat den gravierenden Nachteil, dass sie zu einer Fixierung auf Ideale verleitet, in deren Folge Menschen in romantische oder utopische Träume fliehen oder zu radikalen Fundamentalisten werden können.

Tatsächlich ist menschliches Verhalten immer multifaktoriell bedingt, also sowohl materiellen als auch organischen, psychischen, sozialen und kulturellen Einflüssen ausgesetzt. Das anthropologische Spezifikum indessen besteht nach Parsons' Auffassung in der *Freiheit der Wahl* von Zielen und Mitteln. Diese Freiheit eröffnet vielfältige Gestaltungsmöglichkeiten. Diese Gestaltungsmöglichkeiten sind jedoch nicht beliebig, weil die Notwendigkeit zur wechselseitigen Verhaltenskoordination verbindliche Abmachungen erzwingt. Verbindlichkeit entsteht, wenn gegenseitige Erwartungen freiwillig beachtet werden. Diese freiwillige Bindung an Normen wiederum setzt einen Wertekonsens voraus und dieser basiert auf der *freien Übereinkunft* eigenständig handelnder Personen. Wahlfreiheit und Konsens sind damit die elementaren Grundbedingungen gesellschaftlicher Freiheit. Mit diesem „voluntaristischen" Handlungskonzept erschien es Parsons möglich, verschiedene wissenschaftliche Disziplinen und Theorietraditionen zusammenzuführen und zu verbinden. Zugleich hatte er eine Erklärung dafür gefunden, warum freiheitlich verfasste Bürgergesellschaften in höherem Maße der menschlichen Verfassung entsprechen – also humaner sind – als jene autoritären und totalitären Herrschaftssysteme, die sich zur Zeit, in der er an seinem Buch arbeitete auch weltpolitisch in der Vordergrund drängten.

1.2 Demokratie – Sozialisation und Erziehung

Parsons selbst hat auf den zeithistorischen Kontext, in dem seine voluntaristischen Überlegungen entstanden sind, wiederholt hingewiesen. Als Kenner der deutschen Verhältnisse – er hatte 1927 an der Universität Heidelberg promoviert – erschien ihm insbesondere der politische Aufstieg der nationalsozialistischen Bewegung erklärungs- bedürftig. Nach seiner Einschätzung waren nämlich die gesellschaftlichen Struktu- ren in Deutschland „from so many points of view" eigentlich soweit entwickelt, dass man durchaus von einer „good society" (Parsons 1969, zitiert nach Gerhardt 2002: 5) hätte sprechen können. Die damit verbundene Frage, warum trotzdem antimodernis- tische Kräfte die Oberhand gewinnen und eine „fundamentalistische" Rebellion gegen den westlichen Rationalismus und seine „institutionalisierten Grundlagen" (Parsons 1942: 281) initiieren konnten, hatte Parsons schon zu Beginn der 1940er Jahre in einer Studie über die „Demokratie und Sozialstruktur in Deutschland vor der Zeit des Natio- nalsozialismus" zu beantworten versucht.

Nach seiner Auffassung war es in der Weimarer Republik, trotz „guter" marktwirt- schaftlicher Rahmenbedingungen und wissenschaftlich-technologischer Infrastruktu- ren nicht gelungen, die Vormachtstellung der alten sozialständisch geprägten Eliten zu brechen. Ein den industriegesellschaftlich dominierten Lebensverhältnissen angemes- senes und der demokratischen Grundordnung entsprechendes Leitbild fehlte. Dadurch hielt und verschärfte sich ein von der Sachlage her völlig unzeitgemäßes *Unbehagen gegenüber der modernen Zivilisation*. Umgetrieben von der Sehnsucht nach intakten gemeinschaftlichen Lebensformen, verklärten die einen eine romantisierend weich- gezeichnete Vergangenheit, während die anderen ihre Hoffnungen auf eine gerechtere und solidarischere Zukunftsgesellschaft projizierten. Die damit verbundenen Spannun- gen zwischen Konservativismus und Radikalismus, Idealismus und Materialismus, Ro- mantizismus und Positivismus hätten sich als unversöhnliche Gegensätze tief in die deutsche „Mentalität" eingegraben. Diese gefühlte innere Zerrissenheit konnte sich die nationalsozialistische Bewegung mit ihrer rassistisch verbrämten Volksgemeinschafts- ideologie zunutze machen und propagandistisch ausbeuten, bevor sie den demokrati- schen Rechtsstaat zertrümmerte, die Wirtschaft gleichschaltete und ihre mörderische Ausgrenzungs- und Vernichtungsideologie in Taten umsetzte.

Nach Parsons' Überzeugung, die er im Frühsommer 1944 anlässlich einer von der „Planungsabteilung für zivile Besatzungsherrschaft" organisierten geheimen „Kon- ferenz über die psychiatrisch-politischen Perspektiven einer kulturellen Re-Orientie- rung Deutschlands" vortrug, konnten diese *mentalitären Strukturen* nur aufgebrochen werden, wenn die als Re-Education geplanten Umerziehungsmaßnahmen, tiefer gin- gen als politische Bildungsprogramme. Deshalb sprach er sich ganz entschieden dafür aus, nach der Zerschlagung des Naziregimes, der NSDAP und der ihr angegliederten Verbände nicht nur die völkische Ideologie zu verbieten und die Kriegsverbrecher zu bestrafen, sondern auch aktiv den Aufbau marktwirtschaftlicher Infrastrukturen und demokratischer Institutionen zu fördern (vgl. Gerhardt 2005). Über den Arbeitsmarkt und das Berufsrollensystem sollten Leistungsorientierungen und Freiheitsrechte in die Gesellschaft einsickern. Dem neu zu ordnenden, meritokratisch zu organisierenden Bildungssystem kam hierbei eine entscheidende Rolle zu.

Ein verlässlicher Aufbau demokratischer Haltungen war nach Parsons' Verständnis dauerhaft nur in Praktiken des Rollenhandelns in *bürgergesellschaftlich geprägten Lebenswelten und Einrichtungen* durch Sozialisation und Erziehung möglich. Durch formale kognitive Bildung und moralische Aufklärung alleine würden die Menschen nicht erfahren können, dass die Demokratie als umfassende Lebensform allen totalitären Systemen praktisch vorzuziehen und im Übrigen auch sozialethisch überlegen ist. Da Demokratien ihre Legitimation aus der freiwilligen Anerkennung gemeinsam geteilter Normen und allgemein begründbarer Werte beziehen, benötigen sie entsprechend strukturierte Lerngelegenheiten. Auch müssen sie per se ein Interesse an der Ermöglichung und Gewährleistung gleichberechtigter Zugangschancen zu Berufen, Ämtern, Statuspositionen und auch Bildungseinrichtungen haben (vgl. Parsons 1971: 32 ff.).

2 Modernisierung und Bildung

Die voluntaristisch begründete Überzeugung, dass demokratische Bürgergesellschaften das bislang höchste Rationalitäts- und Humanitätspotenzial in der Menschheitsgeschichte aufweisen, untermauerte Parsons in zwei modernisierungstheoretisch angelegten Studien (Parsons 1966, 1971). Bildungssoziologisch sind diese historisch-vergleichenden Analysen deshalb von Bedeutung, weil sie, von den Prozessen der Industrialisierung, Demokratisierung, Individualisierung und Rationalisierung ausgehend, auch Rückschlüsse über die Ausdifferenzierung moderner Bildungssysteme ermöglichen (2.1). So zum Beispiel, dass es den zur Kernfamilie geschrumpften Verwandtschaftssystemen im Sog der Auflösung ständischer Gemeinschaftsformen nicht mehr gelang, die für die soziale Integration nachwachsender oder zugewanderter Mitglieder erforderlichen Kenntnisse und Fertigkeiten zu vermitteln. Deshalb wurde von den neu geschaffenen Bildungseinrichtungen erwartet, dass sie sowohl erzieherisch auf zukünftige soziale Rollenübernahmen vorbereiten, als auch die direkte Weitergabe elementarer Zivilisations-, Sozialisations- und Bildungsstandards gewährleisten (2.2).

2.1 Rationalisierung, Industrialisierung, Demokratisierung, Individualisierung

Das System der modernen Gesellschaften entwickelte sich nach Parsons auf den Schultern archaischer, theokratischer und antiker Traditionen in Nordwesteuropa. Es erhielt seine entscheidenden Impulse durch verschiedenartige, zeitlich versetzte Umbrüche und Revolutionen in Kultur, Wirtschaft und Politik. Diese wirkten sich auch auf die

Sozialstrukturen der gesellschaftlichen Gemeinschaften aus. Die von Parsons als sozio-kulturelle Evolution begriffenen Transformationen steigerten die Anpassungsfähigkeit, die innere Differenzierung, die Inklusivität und die Konsistenz der involvierten Sozialsysteme. Im Ganzen lassen sich folgende Entwicklungsmuster erkennen:

- Kulturell setzte das Aufbrechen der traditionellen „Verschmelzung von Religion und Regierung" (Parsons 1971: 88) im Zug der Reformation eine bereits in der Renaissance angestoßene *Säkularisierungs- und Rationalisierungsdynamik* in Gang. An die Stelle des religiösen Glaubens trat die Vernunft und, damit im Zusammenhang stehend, auch das Interesse an der gesellschaftlichen Verwertbarkeit von wissenschaftlich beglaubigtem Wissen. Im Sog der einsetzenden Aufklärung begannen die Territorialherrschaften im 17. Jahrhundert sodann mit dem Aufbau von Schulen. Im 19. Jahrhundert forcierten die Nationalstaaten die Einrichtung von flächendeckenden, altersgestuften und niveaudifferenzierten Bildungssystemen.
- Die *industrielle Revolution* war mit der Durchsetzung des kapitalistischen Wirtschaftssystems gekoppelt. Die damit verbundenen technischen Innovationen und die Expansion unterschiedlicher Finanz-, Waren- und Arbeitsmarktsysteme erzeugten in ihrer Gesamtheit neue Ansprüche an die *Arbeitsmobilität* der Haushalte und Personen. Aus der Notwendigkeit, „sich auf das Stellenangebot einzustellen und den Wohnort zu wechseln oder neue Fertigkeiten zu erlernen" (Parsons 1971: 100), entwickelten sich hochgradig spezifizierte Qualifikationsanforderungen, die in steigendem Maße zur Ausweitung der schulischen und – im 20. Jahrhundert – auch der akademischen Bildung führten.
- Die politischen Revolutionen in Europa und Amerika richteten sich gegen Herrschaftsformen, in denen die Menschen in ihren ständisch limitierten Rechtspositionen als „Untertanen" von Monarchen der Willkür von Obrigkeiten ausgesetzt waren. Trotz zahlreicher Widerstände und Gegenbewegungen konnte sich die *demokratische Revolution* in den westlichen Gesellschaften durchsetzen (vgl. Parsons 1971: 102 ff). Mit der Institutionalisierung verfassungsförmig gesicherter *staatsbürgerlicher Grund- und Beteiligungsrechte* wurden die maßgeblichen Werte der Freiheit, Gleichheit und solidarischen Verantwortlichkeit im politischen System verankert. Dadurch wurden auch staatliche Einrichtungen wie das Bildungssystem legitimationspflichtig im Hinblick auf die Einlösung bürgerlicher Rechtsgleichheits-, politischer Gleichberechtigungs- und sozialer Chancengleichheitsansprüche.
- Die mit dem Auf- und Ausbau des Elementar- bzw. Volksschulsystems im 19. Jahrhundert einsetzende, von Parsons so genannte „Bildungsrevolution" (Parsons 1971: 120) schuf die strukturellen Voraussetzungen für die Entwicklung von allgemeinen Bildungsangeboten, die sich auf das gesamte soziale Spektrum der Bevölkerung und nicht mehr nur auf privilegierte Eliten bezogen. Insofern wirkte die Expansion der Bildung (formal education) zugleich *inklusiv*. Mit der Einführung von Bil-

dungszertifikaten wurden zudem die traditionellen Formen der geburtsständischen Statuszuweisung durchbrochen und der Statuserwerb an *individuelle Leistungen* und *sozialisierte Fähigkeiten* gebunden. Die damit einhergehenden selektiven Effekte waren nach Parsons' Ansicht unvermeidlich, weil die Zugangschancen zu beruflichen Laufbahnen und damit auch die sozialstrukturelle Positionierung in *individualisierten Gesellschaften* in hohem Maße von den schulisch erworbenen Berechtigungen abhängen.

Diejenigen Gesellschaften, die auf der „Modernitätsskala" am weitesten fortgeschritten sind, zeichnen sich nach Parsons' Auffassung somit durch rationalitätsbezogene Kulturmuster, individualisierte Sozialformen, institutionalisierte demokratische Grundrechte und marktwirtschaftliche Wirtschaftsformen aus. Sie verfügen überdies über differenzierte Bildungssysteme, die den funktionalen Erfordernissen und normativen Wertestandards moderner Bürgergesellschaften genügen müssen.

2.2 Die Funktionen des Bildungssystems

Mit der Auflösung der ständegesellschaftlichen Haushaltsgemeinschaften und der Entstehung von erwerbsorientierten Berufsrollen im Zuge der industriellen Revolution war es den auf ihre Kernstrukturen reduzierten Familiensystemen nicht mehr möglich, Sozialisationsbedingungen zu schaffen, die eine bruchlose soziale Einbindung der nachwachsenden Generation gewährleisteten. Im Zuge der Ausbreitung des Marktsystems entstand so die Notwendigkeit, Strukturen zu schaffen, die den Mobilitäts- und Qualifikationserfordernissen des kapitalistischen Wirtschaftssystems Rechnung trugen. Ebenso war es nach dem Wegfall der ständischen Erbrechtsprivilegierung erforderlich, die soziale Statusverteilung neu zu regeln. Mit dem Ausbau der vorhandenen, aber zumeist nur sehr gering entwickelten und lokal separierten Schul- und Universitätskapazitäten begann schließlich die Ausdifferenzierung flächendeckender und miteinander institutionell verbundener Bildungssysteme. Diese mussten mit ihren spezifischen Mitteln dazu beitragen, die im Modernisierungsprozess aufgetretenen Reproduktions- und Integrationsprobleme zu bearbeiten – und sie leisteten dieses durch die *pädagogisch legitimierte Kontrolle von Sozialisationsprozessen* über institutionell organisierte Lernangebote. Im Kern ging es darum, durch die zielgerichtete Gestaltung von Lernumgebungen und Lernprozessen, Menschen auf *zukünftige Mitgliedschaften* in unterschiedlichen Sozialsystemen vorzubereiten.

Versteht man Parsons auf diese Weise, lassen sich die in der Literatur als „gesellschaftliche Funktionen" (Fend 2006) beschriebenen Erfordernisse unter dem spezifizierten Überbegriff der „Erziehungsfunktionen" des Bildungssystems zusammenfassen. Denn unter dem zentralen Gesichtspunkt der sozialen Integration besteht die Haupt-

aufgabe darin, das, was schon Durkheim (1902/03) als „socialisation methodique"[1] bezeichnet hatte, nämlich die *kontinuierliche Erneuerung von Mitgliedschaften im Gemein-
schaftssystem* und die dafür notwendigen *Maßnahmen zur Planung und Herstellung
zukünftiger Teilhabefähigkeiten* zu organisieren. Da Parsons' Darstellung der Funktionen von Bildungssystemen im Wesentlichen auf der Grundlage seiner Arbeit über die
„Schulklasse als soziales System" (Parsons 1959)[2] rezipiert wurde, entstand hier – leider –
der Eindruck als würde es sich im Wesentlichen um Sozialisation und Auslese handeln.
Tatsächlich aber geht es um deutlich mehr und, wie nachfolgend gezeigt werden soll,
vor allem auch um anderes:

- In der kapitalistischen Wirtschaft muss das Bildungssystem unter marktgesell-
schaftlichen Bedingungen kontinuierlich Lösungen zur vorausschauenden Gewährleistung der Beschäftigungsfähigkeit potenzieller Wettbewerber auf dem Arbeitsmarkt entwickeln. Da die beruflichen Tätigkeiten unter dem Einfluss rasanter
technologischer Veränderungen einem beschleunigten Wandel unterliegen, besteht
die sogenannte *Qualifikationsfunktion* inzwischen darin, Kompetenzen aufzubauen,
die so allgemein sind, dass sie zugleich das Flexibilitätspotenzial für alle weiterge-
henden Spezialisierungen sicherstellen.
- In demokratisch verfassten Gemeinwesen muss das Bildungssystem in legitima-
tionspflichtigen Formen darauf hinwirken, dass vor allem Kinder und Jugendliche
die zur politischen Teilhabe erforderlichen Kompetenzen erwerben. In Anlehnung
an Parsons geht es hier folgerichtig um die Herstellung von Bedingungen für „De-
mokratielernen" oder – um es mit Parsons zu formulieren – um „citizenship-edu-
cation". In der deutschsprachigen Literatur zur funktionalistischen Bildungs- und
Erziehungssoziologie ist es jedoch üblich, statt auf die *demokratische Integrationsfunktion* moderner Bildungssysteme, die sich notwendig aus den Funktionser-
fordernissen demokratischer Gesellschaften ergibt, auf deren Legitimations- und
Loyalisierungsfunktionen hinzuweisen. Was in den späten 1960er Jahren durchaus
kritisch gemeint war, weil es sich gegen die Ideologisierung und Verschleierung
von (scheindemokratischen) Herrschaftsverhältnissen richtete, hat aus heutiger
Sicht jedoch auch dazu geführt, dass die demokratiepädagogischen Funktionen
des Bildungssystems, jedenfalls in der deutschsprachigen Diskussion, systematisch
vernachlässigt wurden.
- In individualistisch orientierten Gesellschaften müssen Bildungssysteme auf Probleme Antworten finden, die sich sowohl aus dem institutionalisierten „Rollen-Pluralismus" (Parsons 1971: 23) als auch aus den sozialstrukturellen Ungleichheitslagen
ergeben. Sehr häufig wird in diesem Zusammenhang von der Allokations- und der
Auslesefunktion des Bildungssystems gesprochen. Dabei wird darauf hingewie-

---

1   s. den Text von Durkheim im Kapitel I dieses Handbuches.
2   Parsons' Aufsatz Text ist im Kapitel I dieses Handbuchs abgedruckt.

sen, dass die „Verteilungen auf zukünftige Berufslaufbahnen und Berufe" (Fend 2006, 50) vor allem die Schulen – nach Parsons' Auffassung sogar „notwendigerweise" (Parsons 1971: 121) – mit Selektionsaufgaben konfrontiert. Die damit verbundenen Spannungen und Konflikte würden durch die meritokratische Vorstellung, dass dabei ausschließlich die Leistungen maßgeblich sind, reduziert und legitimiert. Wenn es jedoch in modernen Gesellschaften – wie Parsons ebenfalls darlegte – in der Hauptsache darum geht, Bildung „allen zukommen zu lassen" (ebd.: 121) und die einzelnen auf die mit dem „Rollen-Pluralismus" verbundenen mannigfaltigen potenziellen Mitgliedschaften vorzubereiten, dann haben Bildungssysteme zunächst und primär eine *Inklusionsfunktion*. Wenn sie darüber hinaus die Lernenden nach Leistungen einteilen, führen sie ein universelles Differenzierungskriterium ein, das in der Regel auf den schmalen Bereich der kognitiven und technischen Fähigkeiten bezogen ist, aber selbst in dieser engen Funktion keinesfalls notwendig mit Selektion verbunden sein muss. Im Gegenteil: Gerade mit Blick auf die sozialen Integrationsansprüche hoch individualisierter Gesellschaften geht es primär darum, Teilhabechancen zu gewährleisten und Befähigungen zu fördern, die den eigenständigen Umgang mit sozialer Heterogenität und kultureller Pluralität ermöglichen. Schulen müssen nicht auslesen und schon gar nicht durch Abschulungen oder Zurückversetzungen Teilhabechancen verringern, bevor sie sich überhaupt eröffnen.

• In pluralistisch ausdifferenzierten Gesellschaften gibt es sehr unterschiedliche soziale Milieus, Gruppen und Vereinigungen mit entsprechend verschiedenartigen Wissensbeständen, Werteordnungen, Glaubensüberzeugungen und Alltagspraktiken. Bildungssysteme stehen hier vor dem Problem, tradierte und identitätsstiftende kulturgemeinschaftliche Sinnbestände und Orientierungen so zu vermitteln und weiterzugeben, dass Alltagssituationen auch losgelöst von partikularen Solidargemeinschaften sinnhaft erscheinen und verständlich werden. Diese häufig als *Enkulturation* beschriebene Funktion basiert entscheidend auf Kommunikation und beinhaltet die Vermittlung elementarer Kulturtechniken einschließlich dessen, was man als Grundbildung bezeichnet.

Im Bildungssystem werden die Gesellschaftsmitglieder aber nicht nur auf die zukünftige Teilhabe am wirtschaftlichen, politischen, sozialen und kulturellen Leben vorbereitet, sondern auch dazu motiviert, die mit den antizipierten Rollen und Tätigkeiten verbundenen Wertorientierungen unmittelbar zu übernehmen. Dies geschieht zum einen über bestimmte Praktiken der Disziplinierung – vom Raumarrangement über Zeitordnungen bis hin zum Prüfungssystem –, die vor allem der Durchsetzung rationaler Verhaltensstandards dienen und sich dabei auch auf den Körper erstrecken; zum anderen über sozialisatorische Settings, die so angelegt sind, dass die Personen bereits in den Bildungseinrichtungen im Vollzug von Alltagspraktiken das „motivationale Engagement" (commitment) zum rollenkonformen Handeln entwickeln. Wenn man Parsons' Logik folgt, könnte man im ersten Fall von einer auf das Verhaltenssystem bezogenen *Zivilisationsfunktion* sprechen. Im zweiten Fall spricht auch Parsons von der auf das Persönlichkeitssystem bezogenen *Sozialisationsfunktion* des Bildungssystems. Folgerichtig bestände die eigentliche *Bildungsfunktion* – im Unterschied zur gemeinschaftsbezogenen Enkulturationsfunktion – darin, die Einzelnen zu befähigen, sich kritisch und reflexiv mit universellen Sinn- und Geltungsfragen auseinanderzusetzen.

3   Sozialisation und Professionalisierung

Während *Erziehung* die Vorbereitung auf zukünftige gesellschaftliche Mitgliedschaften intendiert, beinhaltet *Sozialisation* den im Interaktionsprozess mitlaufenden Erwerb der individuellen Grundqualifikationen für gelingendes soziales Rollenhandeln. Durch ihre Einbeziehung als Koakteure in unterschiedliche Rollensysteme lernen die Einzelnen nämlich, mit den Wertpräferenzen, Erwartungen und Verständigungsmitteln ihrer soziokulturellen Umwelt umzugehen. Infolge der dafür erforderlichen Rollenübernahme entstehen – moderiert durch die emotionale Qualität der interpersonellen „Objektbeziehungen" – im Persönlichkeitssystem relativ stabile Motivdispositionen und Normbindungen. Durch Internalisierung werden zudem die symbolischen Codes des Kultursystems verinnerlicht, auf deren Grundlage die Welt erfahren, begriffen, interpretiert und verstanden wird. In hochgradig differenzierten Gesellschaften konzentrieren sich die Sozialisationsleistungen des stark emotional aufgeladenen Familiensystems vor allem auf die ersten Lebensjahre (3.1). Zur Entwicklung des Persönlichkeitssystems, das sich nach Parsons konsekutiv ausdifferenziert und aus den Subsystemen Es, Ich, Über-Ich und Ich-Identität zusammensetzt, werden auch Sozialkontakte benötigt, die affektiv neutraler und mit spezielleren Rollenerwartungen verbunden sind. Nach Parsons' Auffassung hat die Schule hier, neben ihren anderen Funktionen, eine ganz entscheidende sozialisatorische Aufgabe und Wirkung (3.2). In komplexen Gesellschaften werden dabei die Ansprüche an die pädagogisch zu leistende Arbeit immer höher, so dass in zunehmendem Maße eine Professionalisierung durch Akademisierung der beruflichen Ausbildung erforderlich wird (3.3).

3.1 Sozialisation im Familiensystem

In modernen Gesellschaften liegt die primäre Funktion der Kernfamilie im Bereich der frühen vorschulischen Sozialisation. Strukturell besteht das Familiensystem aus vier – nach Parsons' Auffassung komplementären – Rollen (Mutter, Vater, Tochter, Sohn), „die durch die hierarchische Achse der Generation und die qualitative Achse des Geschlechts geschieden sind" (Parsons 1968: 9). Die Familienmitglieder begegnen sich in einem weitestgehend von der Öffentlichkeit abgeschirmten Privatraum. Ihre Beziehungen untereinander sind hierbei in der Regel stark affektgeladen und ganzheitlich. Man schreibt sich gegenseitig Eigenschaften zu, die zumeist die gesamte Person des anderen charakterlich kennzeichnen. Die im Generationenverhältnis angelegte Asymmetrie ist der Grund dafür, dass die elterlichen „Sozialisationsagenten" ihre ihnen zugeschriebene Autorität dazu nutzen, ihre Kinder zu motivieren, den an sie herangetragenen Rollenerwartungen zu entsprechen. Maßgeblich dafür sind der elterliche Erziehungsstil und die damit verbundenen Formen der Zuwendung, auf die die Kinder emotional reagieren. Nach Maßgabe der erlebten Akzeptanz entwickeln sich festere Bindungsmuster. Da die Eltern aber auch als Repräsentanten der Erwachsenengesellschaft wahrgenommen werden, fungieren sie zugleich als Vorbilder einer an individuellen Leistungswerten orientierten Sozialwelt, in der man sich sachlich, rational und differenziert mit teilweise hoch spezifizierten rollenbezogenen Erwartungen auseinandersetzen muss (vgl. Parsons/Bales 1956: 59).

Parsons' heute sicher nicht mehr ganz zeitgemäße Beschreibung des frühkindlichen Sozialisationsprozesses im Familiensystem dient vor allem dazu, die für die Persönlichkeitsentwicklung in den ersten Lebensjahren grundlegenden sozialen Erfordernisse herauszuarbeiten. Nach seiner Auffassung benötigen Säuglinge vor allem *emotionale Zuwendung,* um die elementaren zivilisatorischen Verhaltensweisen und lebensweltlichen Kommunikationsmuster einzuüben. Dabei reagieren sie vor allem auf elterliche Belohnungen und Bestrafungen. Mit Beginn der Sauberkeitserziehung werden vorwiegend kindliche Aktivitäten unterstützt, die den sozialen Erwartungen ihrer Bezugspersonen entsprechen. *Konformität* erzeugt Anerkennung. In Anlehnung an Freud sieht Parsons dann am Ende der Kleinkindzeit – in der ödipalen Phase – die Notwendigkeit, dass die Eltern ihren Kindern klare Grenzen setzen und ihnen bei den Aktivitäten im Familiensystem die volle Teilhabe verweigern. Unter dem Einfluss der elterlichen (genauer: der väterlichen) Autorität entsteht der Zwang, die bis dahin personengebundenen Objektwünsche zu sublimieren und auch die Objekt-Beziehungen umzustrukturieren. Während die Eltern die kindlichen Bedürfnisse nach den geltenden gesellschaftlichen *Alters- und Geschlechtsnormen* einordnen und bewerten, lernen die Kinder, dass sie für ihr Handeln verantwortlich gemacht werden. Gleichzeitig definieren sie ihre eigene Rolle im Familiensystem neu und entwickeln dadurch ein nachhaltiges Interesse an der außerhäuslichen Erweiterung ihrer sozialen Interaktionsbeziehungen.

3.2 Sozialisation im Schulsystem

Im Gegensatz zu den ganzheitlich adressierten Zuschreibungsprozessen, die im Familiensystem üblich sind, lernen die Heranwachsenden im Schulsystem, dass der Status, den sie in außerhäuslichen Kontexten – ob in der Schulklasse oder in der Gruppe der Gleichaltrigen – beanspruchen, durch spezifische Aktivitäten und individuell zurechenbare Leistungen erworben und immer wieder behauptet werden muss. Dabei werden sie an Kriterien gemessen, die unabhängig von ihrer Person auch für andere in dieser Position gelten würden. Vor allem die Schule bietet für diese Art des *performanzorientierten Feedbacks* einen umfassenden institutionellen Rahmen. Ausgehend von der Grundkonstellation der Schüler-Lehrer-Beziehung gibt es in Schulen sehr unterschiedliche, teilweise auch exklusive Sozialsysteme (Schulklasse, Lehrerkollegium, Gleichaltrigengruppe, Elternschaft, etc.). Die Lehrer erscheinen ähnlich wie die Eltern als Repräsentanten der Erwachsenenwelt. Ihre Autorität lässt sich jedoch nicht zureichend mit dem Generationsunterschied begründen. Der Respekt, der ihnen entgegengebracht wird, basiert vielmehr primär auf ihrer fachlichen Kompetenz und auf der ihnen verliehenen Amtsautorität. Die Lehrer müssen die Schüler prinzipiell nach gleichen Maßstäben behandeln. Dies gilt vor allem im Hinblick auf die Leistungsbewertung, die über die Schule hinaus mit folgenreichen Konsequenzen verbunden ist. Sowohl die Schüler als auch die Eltern müssen sich darauf verlassen können, dass die gezeigten Leistungen tatsächlich fachkompetent diagnostiziert, objektiv gemessen gerecht bewertet werden.

Durch die institutionellen Regelungen, die sowohl die Organisation der Schule als auch die Lerngegenstände betreffen, erhalten die Abläufe im Unterricht ein hohes Maß an Verbindlichkeit, Verlässlichkeit und Berechenbarkeit. Dadurch entstehen relativ formale Handlungsstrukturen und Sozialbezüge, die über das Rollenhandeln zur Aneignung und Verinnerlichung von rationalen, universalistischen und meritokratischen Wertorientierungen führen (Dreeben 1968) und gewissermaßen hinter dem Rücken der Beteiligten einen „heimlichen Lehrplan" etablieren (Jackson 1973). Innerhalb der Schulklasse wiederum führt dieses dazu, dass die Schüler diverse Anpassungsstrategien (Zinnecker 1975) entwickeln (z.B. Aufmerksamkeit vortäuschen) oder aber Rollen kreieren, über die sie den Konformitätsdruck des Systems ableiten (Tillmann 2010), sei es durch Überanpassung („Streber") oder durch Abweichung („Klassenclown").

Während die Schüler untereinander in den ersten Schuljahren vor allem Kontakte unter ihresgleichen suchen, um sich ihrer Geschlechtsrolle zu vergewissern, verschieben sich ihre Interessen mit dem Eintritt ins Jugendalter deutlich. Für das Selbstbild und die damit verbundene Identitätsentwicklung werden nunmehr die Anerkennung der persönlichen Individualität hinter der sozialen Rolle sowie der Status, den man sich in der Gleichaltrigengruppe erarbeitet hat, zu maßgeblichen Kriterien. Die Peerkultur bildet ein Gegengewicht zur Schule. In der Gleichaltrigengruppe können nämlich Spannungen abgebaut, aber auch zugespitzt werden. Durch die immer häufiger werdenden Wechsel der Bezugspersonen und -gruppen entsteht die Notwendigkeit zur *Generalisierung* der eigenen Wertorientierungen. Gleichzeitig wird der Prozess der *Differenzierung* der sozio-emotionalen Bindungen forciert, so dass sich das Gefühl *relativer Unabhängigkeit* entwickeln und verfestigen kann. Damit haben die Jugendlichen eines der fundamentalsten Prinzipien der Erwachsenenwelt verinnerlicht, ohne dass es ausdrücklich Unterrichtsthema war.

3.3 Akademische Professionalisierung

Mit der zunehmenden Verwissenschaftlichung des ökonomischen, politischen und sozialen Lebens steigt der Bedarf an akademischer Expertise in den hochindividualisierten modernen Gesellschaften kontinuierlich. Der Universität und den Wissenschaften kommt hierbei die Aufgabe zu, durch Forschung neues Wissen zu generieren, praktische Anwendungen zu entwickeln und über die Lehre die Weitergabe und den Transfer von Erkenntnissen zu sichern (vgl. Parsons 1973). Mit der Expansion des Dienstleistungssektors entstehen neue Tätigkeitsfelder und Berufe, zu deren Ausübung in immer größerem Umfang akademische Vorbildung erforderlich wird. Nach Parsons Ansicht sind diese neuen akademischen Berufe („professions") durch folgende Merkmale bestimmt:

1. Für die unterschiedlichen Professionen gelten die gleichen *Rationalitätskriterien* wie im Wissenschaftssystem, unabhängig davon, ob es sich um wissenschaftliche Arbeiten oder um Tätigkeiten mit konkreten praktischen Anwendungsbezügen handelt.
2. Die Vertreter der akademischen Berufe beanspruchen aufgrund ihrer *fachlichen Kompetenz* eine besondere Autorität. Diese bezieht sich auf einen ganz spezifischen Bereich „von Kenntnissen und Fähigkeiten" (Parsons 1939: 166). Professionell ausgeübte Tätigkeiten erscheinen gerade dort, wo sie auf andere Personen bezogen sind, sachlich und klar auf das zu bearbeitende Problem fokussiert.
3. Aus dem Gebot zur Sachlichkeit resultiert eine *Unparteilichkeit,* die der professionell Tätige nur erreicht, wenn er seine persönlichen Gefühle und Empfindungen, die sich auf die Person des Gegenübers beziehen, neutralisieren kann.
4. Die Vertreter akademischer Professionen orientieren sich in ihrem beruflichen Handeln nicht an den Eigenschaften der Person, mit der sie ein „Arbeitsbündnis" (Oevermann 1996) eingehen, sondern nur an den *fallrelevanten* Aspekten.
5. Sie bewerten ihre Arbeit nicht an partikularen Maßstäben und Kriterien, wie sie in privaten Beziehungen relevant sind, sondern an den universellen Normen und Werten – der *Professionsethik* – ihrer Berufsgruppe (Parsons 1939: 170).

Parsons gibt zu bedenken, dass es sich auch bei diesen Merkmalsbestimmungen um analytische Unterscheidungen handelt. Tatsächlich ist es in der beruflichen Praxis nicht immer einfach rational, fachlich und unparteilich zu agieren. Wo immer interpersonelle Beziehungen eingegangen werden, kommen auch irrationale und diffuse Gefühle, Sympathien und Antipathien, Stereotype und Vorurteile zum Tragen. Deshalb hängt die *Qualität der beruflichen Arbeit* entscheidend davon ab, ob und in welcher Form die genannten professionellen Wertestandards Dominanz gewinnen.

4   Schlussbemerkung

Man kann Parsons vorwerfen, er hätte die Eigendynamik sozialer Systeme auf Kosten
der kreativen Interpretationsleistungen der handelnden Akteure überschätzt und sich
in seinen Analysen der Strukturen und Funktionen sozialer Interaktionssysteme zu
sehr von normativen Ordnungsgesichtspunkten und evolutionären Fortschrittsideen
leiten lassen (vgl. Joas/Knöbel 2004: 72 ff) und deshalb mit guten Gründen sein Werk
beiseitelegen. Man kann sich Parsons aber auch wiederannähern, indem man versucht
seine Fragestellungen zu verstehen und seine Argumentationslogik nachzuvollziehen.
Es geht dann weniger um Konformität und Konventionen, sondern vor allem um individuelle Autonomie, soziale Interaktion und legitime gesellschaftliche Ordnungen. In
diesem Zusammenhang ist Lernen eine motivbildend wirkende Begleiterscheinung der
aktiven Einbeziehung von Personen in normativ vorstrukturierte Handlungssysteme.
Es trägt wesentlich zur Erneuerung sozialer Systeme bei. Das erklärt Parsons' primäres
Interesse am Sozialisationsprozess. Erziehung hingegen unterstützt die Persönlichkeitsentwicklung durch die gezielte Vorbereitung auf zukünftige gesellschaftliche Mitgliedschaften. In demokratischen Bürgergesellschaften beinhaltet dieses den Anspruch auf
Gewährleistung von allgemeinen und gleichen Teilhabechancen. Konsequent zu Ende
gedacht, hat das nur sehr wenig mit Auslese – wie Parsons selbst noch behauptet hatte –
zu tun, sondern vor allem mit Inklusion und Partizipation. Es wird Zeit, dass diese
Sichtweise endlich auch von Bildungs- und Schultheoretikern zur Kenntnis genommen wird.

Literatur

Brock, Ditmar/Junge, Matthias/Diefenbach, Heike/Keller, Reiner/Villányi, Dirk (2009): Sozio-
    logische Paradigmen nach Talcott Parsons. Eine Einführung. Wiesbaden: VS Verlag für
    Sozialwissenschaften.
Durkheim, Émile (1902/1903): Erziehung, Moral und Gesellschaft. Frankfurt/M.: Suhrkamp,
    1984.
Dreeben, Robert (1968): Was wir in der Schule lernen. Frankfurt/M.: Suhrkamp, 1980.
Fend, Helmut (2006): Neue Theorie der Schule. Einführung in das Verstehen von Bildungssys-
    temen. Wiesbaden: VS Verlag für Sozialwissenschaften.
Gerhardt, Uta (2002): Talcott Parsons – an Intellectual Biography. Scholarship and Politics in
    Defense of Democracy. New York: Cambridge University Press.
Gerhardt, Uta (2005): Soziologie der Stunde Null. Zur Gesellschaftskonzeption des amerikani-
    schen Besatzungsregimes in Deutschland 1944–1945/1946. Frankfurt/M.: Suhrkamp..
Habermas, Jürgen (1973): Stichworte zur Theorie der Sozialisation (1968). In: ders.: Kultur und
    Kritik. Frankfurt/M.: Suhrkamp. S. 118–194.
Jackson, Philip W. (1973): „Was macht die Schule?" – Die Lebenswelt des Schülers. betrifft: erzie-
    hung. Weinheim: Beltz. H. 5, S. 18–22.

Joas, Hans/Knöbl, Wolfgang (2004): Sozialtheorie. Zwanzig einführende Vorlesungen. Frankfurt/M.: Suhrkamp.

Münch, Richard (1988): Theorie des Handelns. Zur Rekonstruktion der Beiträge von Talcott Parsons, Émile Durkheim und Max Weber. Frankfurt/M.: Suhrkamp.

Oevermann, Ulrich (1996): Theoretische Skizze einer revidierten Theorie professionalisierten Handelns. In: Combe, Arno/Helsper, Werner (Hrsg.): Pädagogische Professionalität. Untersuchungen zum Typus pädagogischen Handelns. Frankfurt/M.: Suhrkamp. S. 70–182.

Parsons, Talcott (1937): The structure of social action. New York: Free Press, 1949.

Parsons, Talcott (1939): Die akademischen Berufe und die Sozialstruktur. In: ders.: Beiträge zur soziologischen Theorie (herausgegeben von Dietrich Rüschemeyer). Neuwied/Berlin: Luchterhand Verlag, 1964. S. 160–179.

Parsons, Talcott (1942): Demokratie und Sozialstruktur in Deutschland vor der Zeit des Nationalsozialismus. In: ders.: Beiträge zur soziologischen Theorie (herausgegeben von Dietrich Rüschemeyer). Neuwied/Berlin: Luchterhand Verlag, 1964. S. 256–281.

Parsons, Talcott (1959): Die Schulklasse als soziales System: Einige ihrer Funktionen in der amerikanischen Gesellschaft. In: ders.: Sozialstruktur und Persönlichkeit. Frankfurt/M., 1968. S. 161–193.

Parsons, Talcott (1966): Gesellschaften. Evolutionäre und komparative Perspektiven. Frankfurt/Main: Suhrkamp, 1975.

Parsons, Talcott (1968): Einleitung. In: ders.: Sozialstruktur und Persönlichkeit. Frankfurt/M.: Fachbuchhandlung für Psychologie, 1977. S. 5–21.

Parsons, Talcott (1971): Das System moderner Gesellschaften. München: Juventa Verlag, 1972.

Parsons, Talcott/Bales, Robert F. (1956): Family – socialization and interaction process. London: Routledge & Kegan Paul LTD.

Parsons, Talcott/Platt, Gerald M. (1973): Die amerikanische Universität – ein Beitrag zur Soziologie der Erkenntnis. Frankfurt/M.: Suhrkamp, 1990.

Tillmann, Klaus-Jürgen (2010): Sozialisationstheorien: Eine Einführung in den Zusammenhang von Gesellschaft, Institution und Subjektwerdung. Reinbek: Rowohlt.

Zinnecker, Jürgen (Hrsg.) (1975): Der heimliche Lehrplan. Untersuchungen zum Schulunterricht. Weinheim/Basel: Beltz.

Cultural Studies

Albert Scherr

Für die im Kontext des Centre für Contemporary Cultural Studies (CCCS) seit Mitte der 1960er Jahre entwickelte Perspektive sozialwissenschaftlicher Theoriebildung und Forschung ist die Zielsetzung charakteristisch, die Bedeutung kultureller Phänomene und ihre Verschränkungen mit gesellschaftlichen Macht- und Ungleichheitsverhältnissen zu untersuchen. Dabei wird von einem weit gefassten Kulturbegriff ausgegangen, der die alltäglichen Praktiken mit umfasst, durch die soziale Gruppen ihrer Existenz Sinn und Bedeutung verleihen (s. u.). Die Cultural Studies stellen inzwischen eine eigenständige und international einflussreiche Strömung kritischer Gesellschafts- und Sozialtheorie dar.[1]

Obwohl erziehungs- und bildungssoziologische bzw. pädagogische Fragestellungen für die Entwicklung der Cultural Studies von erheblicher Bedeutung waren, sind die Cultural Studies nicht zu den etablierten Paradigmen der deutschsprachigen Erziehungs- und Bildungssoziologie zu rechnen. Bezugnahmen erfolgen nahezu ausschließlich auf die von Paul Willis 1977 publizierte Studie ‚Learning to labour‘, die zu einem inzwischen klassischen Referenztext der Bildungsforschung avanciert ist. Vergleichsweise einflussreicher waren bzw. sind die Cultural Studies dagegen in der älteren Jugendforschung, der Medienforschung, der Geschlechterforschung sowie der Rassismusanalyse und -kritik (s. als Überblick Cohen u. a. 1985; Engelmann 1999; Hörning/Winter 1999); Beachtung erfahren sie auch in der erziehungswissenschaftlichen Diskussion (s. Giroux/McLaren 1994; Mecheril/Witsch 2006). Rolf Linder (2000: 9 ff.) verweist auf Anzeichen für eine Hochkonjunktur „der Cultural Studies, nicht nur im deutschsprachigen Raum", die in der Etablierung einschlägiger Zeitschriften und Buchreihen sichtbar werde. In der Bildungs- und Erziehungssoziologie ist ein solcher Boom jedoch bislang nicht abzusehen.

Hierfür sind m. E. zumindest vier Gründe ausschlaggebend: *Erstens* war die erste Rezeptionswelle der Cultural Studies in Deutschland durch den Zeitgeist einer gesellschaftspolitischen Aufbruchstimmung überformt und hatte ihren Fokus im Interesse an der Entdeckung der widerständigen und rebellischen Potenziale von Jugendsubkulturen. Dies wird exemplarisch in der Übersetzung des englischen Titels von ‚Learning to labour‘ als ‚Spaß am Widerstand‘ (Willis 1982) sowie darin deutlich, dass zwar die Ju-

---

1   s. als Überblick zur Entwicklung Kellner 2001; Lindner 2000; Lutter/Reisenleitner 2002; zum Verhältnis der Cultural Studies zur kritischen Theorie der Frankfurter Schule s. Kellner 2010.

gendstudien des CCCS übersetzt wurden und hohe Verbreitung fanden (s. Clarke u. a. 1981; Cohen u. a. 1985; Diedrichsen/Hebdige/Marx 1983; Willis 1981), weitere genuin bildungssoziologische Analysen neben ,Learning to labour' (s. CCCS 1981) jedoch nicht. *Zweitens* war das Interesse an einer kritischen Bildungssoziologie zwischen ca. Mitte der 1980er Jahre und dem sog. „PISA-Schock" eher gering. Dies hat sich seit ca. zehn Jahren zwar ersichtlich geändert; in der mit der neueren Bildungsdiskussion einhergehenden Konjunktur von Themen wie ,Bildung und soziale Ungleichheit', ,Bildung und Migration' oder ,Bildung und Geschlechterverhältnisse' wird jedoch *drittens* nur selektiv auf die einschlägigen Theorien und Analysen aus den 1970er und 1980er Jahre zurückgegriffen: Im Zuge einer theoretischen Neuorientierung ist zwar Pierre Bourdieus Ungleichheits- und Bildungssoziologie als kritische Gegenposition zu Rational-Choice-Theorien einflussreich. Dagegen ist das theoretische Repertoire der Cultural Studies ebenso weitgehend aus dem Blick geraten wie auch die bildungssoziologischen Studien Basil Bernsteins (s. Bernstein 1972 und 1977). *Viertens* richtet sich das Interesse der Bildungs- und Erziehungssoziologie zentral auf die Analyse der formellen vorschulischen, schulischen, beruflichen und hochschulischen Erziehung und Bildung, ansatzweise auch auf die außerschulische Kinder- und Jugendbildung.[2] Im Unterschied dazu ist für die Cultural Studies und die daran orientierte Critical Pedagogy ein erweitertes Verständnis von Pädagogik leitend, das die Massenmedien und die Alltagskultur als gesellschaftlich zentrale bedeutsame pädagogische Institutionen betrachtet (s. Giroux/McLaren 1994; Willis 1991; Giroux 1998; Kellner 2010).

Vor diesem Hintergrund liegt der Schwerpunkt des vorliegenden Beitrags darauf, das m. E. unausgeschöpfte theoretische Potenzial der Cultural Studies für die Bildungs- und Erziehungssoziologie aufzuzeigen. Ausgehend von einer knappen Charakterisierung theoretischer Grundannahmen der Cultural Studies werden zentrale bildungssoziologische Aspekte, vor allem anhand der Arbeiten von Paul Willis, dargestellt. Deutlich werden soll dabei insbesondere die Abgrenzung der Cultural Studies gegen funktionalistische und ökonomistische Theorien.

1   Gesellschaftliche Verhältnisse, gelebte Erfahrung und kulturelle Produktivität

Die Cultural Studies des CCCS können als ein interdisziplinäres Projekt charakterisiert werden, dessen Ziel die Entwicklung einer kritischen Theorie und Forschung ist, die dazu beitragen will, Ungleichheiten und Herrschaftsverhältnisse aufzudecken und dadurch zu ihrer Veränderung beizutragen. Ausgangspunkt sind die kulturwissenschaftlichen und sozialhistorischen Studien von Richard Hoggart (1957), Raymond Williams (1961) und Edward P. Thompson (1963), an die dann die stärker soziologisch ausgerich-

---

2   Theoriebildung und Forschung zur außerschulischen Bildung haben ihren institutionellen Ort jedoch stärker in der Erziehungswissenschaft als in der Soziologie; s. dazu etwa Coelen/Otto 2008.

tete Forschung und Theoriebildung von AutorInnen wie John Clarke, John Fiske, Stuart Hall, Dick Hebdige, Lawrence Grossberg, Angela McRobbie, Paul Willis u. a. anschließen.[3] Für diese ist es zentral, dass Fragestellungen, wie sie vor allem im Kontext (neo-) marxistischer Theorien diskutiert wurden (Klassenverhältnisse, Ausbeutung, Macht, Ideologie, Hegemonie), aufgegriffen, aber in einer Weise bearbeitet werden, die sich deutlich in Distanz setzt zu einem Materialismus, der darauf zielt, soziale Strukturen und Prozesse insgesamt auf Wirkungen der ökonomischen Struktur zurückzuführen (s. Hall 2000: 37 ff.). Von zentraler Bedeutung hierfür ist die theoretische Distanzierung von einem ökonomisch verkürzten Verständnis sozialer Klassen. In Kritik von Klassentheorien, die allein auf strukturelle Merkmale von Klassenlagen verweisen, wird der Klassenbegriff bei E. P. Thompson (1980) in einer Weise gefasst, die akzentuiert, dass soziale Klassen nicht einfach nur ein Ergebnis ihrer objektiven ökonomischen Position sind, sondern sich in Prozessen bilden, in denen „Männer und Frauen ihre Produktionsverhältnisse *leben*", „ihre festgelegte Position innerhalb des Ensembles sozialer Beziehungen mit ihrer ererbten Kultur und ihren ererbten Erwartungen erfahren" und „diese Erfahrungen kulturell verarbeiten" (ebd.: 268). Gegen deterministische Theorien wird damit dazu aufgefordert, die kulturell voraussetzungsvolle Interpretation von Erfahrungen als einen aktiven Prozess zu begreifen, der zwar keineswegs unabhängig ist von vorgefundenen ökonomischen und politischen Bedingungen, aber durch diese nicht bestimmt und daher auch nicht vorhersehbar ist. Hier wird ein Aspekt deutlich, der für die Cultural Studies insgesamt zentral ist: Soziale Gruppen werden als Akteure betrachtet, die zwar zweifellos ökonomischen Zwängen und kulturellen Einflüssen unterliegen, aber zugleich eigensinnig darauf ausgerichtet sind, „der Welt und dem eigenen Platz in ihr Sinn zu verleihen" (Willis 2000: iiv).[4] Das Interesse der Cultural Studies richtet sich entsprechend auf „die spezifisch menschliche, kollektive Aktivität der Bedeutungsgebung (meaning making)" und auf Praktiken, die eine „aktive und kreative Antwort der Menschen auf das, was sie geformt hat und was sie formt" (Willis 1990: 1) sind.

Das eigenständige theoretische Profil der Cultural Studies resultiert in der Folge aus einer vierfachen Abgrenzung: *Erstens* gegen klassische geisteswissenschaftliche Kulturtheorien, welche die sog. Hochkultur als eigenständige und im Verhältnis zu den Praktiken des Alltagslebens höherwertige Sphäre humaner Produktivität betrachten; *zweitens* gegen einen sich auf Marx berufenden Ökonomismus, der den kulturellen Überbau sowie das individuelle und kollektive Bewusstsein als bloßes Abbild der materiellen Verhältnisse betrachtet; *drittens* gegen einen kultur- und sprachtheoretischen Strukturalismus, der für die eigensinnigen, kreativen und widerständigen Praktiken von Akteuren keinen systematischen Ort in der Theorie vorsieht bzw. darauf zielt, diesbezügliche

---

3   Auf die Differenzen innerhalb der Cultural Studies – im Sinne ihrer Nähe und Distanz zur Marxschen Theorie, ihrer mehr oder weniger starken Abgrenzung vom Strukturalismus usw. – kann in diesem Beitrag nicht eingegangen werden; s. dazu Hall 1999; Grossberg 1999.

4   Alle Zitate aus englischsprachigen Quellen wurden durch den Verfasser ins Deutsche übersetzt.

Annahmen als ideologische Täuschung zu entlarven; *viertens* schließlich gegen die Vorstellung einer geschlossenen Struktur der gesellschaftlichen Verhältnisse, deren Reproduktion durch ökonomischen Zwang, politische Machtverhältnisse und die Wirkung von Ideologien gewährleistet ist. In Hinblick auf das dialektische Verhältnis, das in der Marxschen Formulierung zum Ausdruck kommt, dass die Menschen zwar ihre eigene Geschichte machen, dies aber nicht unter selbstgewählten, sondern unter vorgefundenen Umständen tun, wird damit die Seite des aktiven Handelns betont. Entsprechend charakterisiert Stuart Hall (1999: 24) das dominante Paradigma der Cultural Studies wie folgt:

> „Es entfaltet sich in Opposition gegen die residuale und nur widerspiegelnde Rolle, die
> dem Bereich des ‚Kulturellen‘ oft zugewiesen wird. Auf unterschiedliche Weise wird Kultur als verschlungen mit allen gesellschaftlichen Praktiken betrachtet, und diese Praktiken selbst (…) als sinnliche menschliche Praxis, als Aktivität, mittels deren Männer und
> Frauen ihre Geschichte gestalten.“

Dabei wird von einem Kulturverständnis ausgegangen, das nicht allein auf Normen, Werte, Deutungsmuster, Artikulationsformen, Symbole usw. verweist, die als soziale Vorgaben oder Rahmungen für individuelles und kollektives Erleben, Denken und Handeln relevant sind. Beansprucht wird vielmehr ein weit gefasster Kulturbegriff, der Kultur als „die besondere und distinkte Lebensweise" einer „Gruppe oder Klasse" versteht und zugleich annimmt, dass Kultur als Praxis beobachtet werden kann, in der sich „das Gruppenleben in sinnvoller Form realisiert oder objektiviert" (Clarke u. a. 1981: 41): Die Funktion von Kultur wird dabei zum einem darin gesehen, dass sie die „Landkarten der Bedeutungen" (ebd.) umfasst, die bestimmte Möglichkeiten des Verstehens und der Bedeutungszuweisung eröffnen. Akzentuiert wird darüber hinaus zum anderen die aktive und kreative kulturelle Produktivität, mit denen Akteure ihrer Existenz Sinn und Bedeutung verleihen.[5] Kultur ist demnach sowohl ein „Gefüge von Einschränkungen, ohne das wir nicht sprechen […] könnten" (Hall/Höller 1999: 106), als auch eine Repertoire, das es ermöglicht, eigensinnig und kreativ zu sprechen.

Die theoretische Bedeutung eines solchen Kulturbegriffs ist, Willis (2004: 169) zufolge, darin begründet, dass er auf „symbolische Muster und damit verbundene Praktiken" der „menschlichen Hervorbringung von Bedeutung" verweist, die „nicht auf einen Reflex von irgend etwas anderem reduziert werden können – individuelle Psychologie, ‚Diskurse‘ oder die Ökonomie". Kultur wird entsprechend als der aktive Prozess der Herstellung von Sinn und Bedeutung durch soziale Akteure verstanden, in dem es nicht nur darum geht, die eigene gesellschaftliche Position und die gesellschaftlichen

---

5   Für diese Akzentuierung ist die Rezeption des symbolischen Interaktionismus durch die Cultural Studies von zentraler Bedeutung; s. Hall 2010. Vgl. zum symbolischen Interaktionismus Abels in diesem Band.

Beziehungen zu verstehen, sondern auch um „lebbare Identitäten" und „Strategien für menschliche Würde" (ebd.: 171). Gegenstand von Cultural Studies sind demnach gesellschaftlich situierte, aber gleichwohl nicht determinierte Praktiken, welche die produktiv-kreative und eigensinnige Dimension des Kulturellen beinhalten.

Vor dem Hintergrund dieser Grundannahmen ist es theoretisch konsequent, wenn empirische Forschung nicht auf die Analyse von statistischen Verteilungen, institutionellen Strukturen und Diskursen reduziert wird, sondern zentral als ethnographische Forschung konzipiert wird. Denn die eigensinnigen und kreativen Praktiken sozialer Gruppen sind nur für eine solche Forschung zugänglich, die Praktiken in ihrem jeweiligen Kontext beobachten. Die Aufgabe ethnographischer Forschung wird bei Willis (2000: 109) entsprechend wie folgt gefasst:

> „Die ethnographische Vorstellungskraft (im Original: imagination, A. d. Verf.) sollte sich für die Relationen innerhalb und zwischen zumindest drei Elementen interessieren: die kreative Hervorbringung von Bedeutungen in sinnlichen Praktiken; die Formen, d. h. welche symbolischen Ressourcen für die Hervorbringung von Bedeutungen genutzt werden und wie diese verwendet werden; die sozialen, d. h. die geformten und formenden Beziehungen zu den hauptsächlichen strukturellen Relationen, Zwängen und Konflikten der Gesellschaft."

Die empirische Erforschung von Lebensweisen und Praktiken wird damit als ein nicht von der Analyse gesellschaftlicher Strukturen ablösbares Unternehmen verstanden. Damit folgen die Cultural Studies einem Verständnis soziologischer Forschung, wie es Charles Wright Mills in seiner grundlegenden Studie ‚The sociological imagination' (1959) entwickelt hat.[6] Dort wird die zentrale Aufgabe soziologischer Analyse darin gesehen, die Zusammenhänge zwischen alltäglichen Erfahrungen („private troubles") und gesellschaftlichen Strukturen („biography and history"; „the personal troubles of milieu and the public issues of social structure") durchschaubar zu machen.

Für ein Verständnis der nicht-determinierten, aber auch nicht beliebigen Beziehungen zwischen sozialen Strukturen und Praktiken verwendet Stuart Hall den Begriff der Artikulation. Darunter wird eine „Verknüpfungsform verstanden, die unter bestimmten Umständen aus zwei verschiedenen Elementen eine Einheit herstellen *kann*" (Hall 2000: 65); für diese Verknüpfung wird angenommen, dass sie ein kontingentes Ergebnis sozialer Prozesse sowie – auch hierin wird die Distanzierung vom klassischen Strukturalismus deutlich –, d. h. „nicht für alle Zeiten notwendig, determiniert, absolut oder wesentlich ist" (ebd.).

---

6   s. dazu Hall 2010.

2   Wissenschaft als gesellschaftliche Intervention

Kennzeichnend für die Cultural Studies ist weiter ein Verständnis von Wissenschaft als in jeweiligen gesellschaftlichen Kontexten situierte Praxis, die auf Intervention in gesellschaftliche Auseinandersetzung zielt. Es geht folglich weniger um die Entwicklung einer in sich geschlossenen Theorie, sondern um ein Theoretisieren, das sich auf jeweils aktuelle politische und wissenschaftliche Problematiken bezieht. Raymond Williams (1989) sieht eine zentrale Aufgabe intellektueller Arbeit darin, jeweilige Adressaten in ihrem Verstehen der Zwänge zu unterstützen, mit denen sie in den unterschiedlichen Dimensionen ihres Alltagslebens befasst sind. Das interventionistische Wissenschaftsverständnis der Cultural Studies wird u. a. in ihrer Kritik eines Verständnisses von Jugendsubkulturen als problematische Ausdrucksformen der Adoleszenzkrise deutlich, an dessen Stelle ihre Analyse als Artikulationsform sozialer Ungleichheiten und Konflikte tritt (s. Clarke u. a. 1981), in den Untersuchungen des Zusammenhanges von autoritärer Politik und Rassismus im England der 1970er Jahre (s. CCCS 1982), in der Auseinandersetzung mit essentialistischen Identität- und Kulturtheorien im Diskurs des Multikulturalismus (s. Hall 2004a und b) sowie nicht zuletzt auch in Beiträgen zur Bildungspolitik und Pädagogik. Von Henry Giroux (2004) und Douglas Kellner (2010) werden die Cultural Studies explizit in Beziehung zur Programmatik einer „kritischen Pädagogik der Repräsentationen" bzw. einer „Counterpedagogy" gesetzt, die ihre Adressaten zu einer kritischen Entschlüsselung und zur Entwicklung oppositioneller Lesarten medialer Botschaften sowie zu einem Verständnis der Wirkungen der symbolischen Ebene von Sozialisationsprozessen, Prozessen der Identitätsproduktion und in der Reproduktion sozialer Beziehungen befähigen soll (s. zum Verhältnis von Cultural Studies und kritischer Pädagogik die Beiträge in Giroux/McLaren 1994 und Mecheril/Winter 2006).

Diesem interventionistischen Wissenschaftskonzept korrespondiert ein Verständnis sozialer Phänomene, das John Clarke (2009: 228) pointiert mit folgenden Termini charakterisiert: Soziale Phänomene sind „constructed, contested, contextual, contradictory, conjunctural and changeable". Akzentuiert wird damit, dass Gesellschaft nicht als eine sich geschlossene, konfliktfreie und stabile Ordnung vorgestellt werden kann und dass auf Veränderung zielende Interventionen deshalb möglich sind. Ein theoriegeschichtlich wichtiger Hintergrund für diese Sichtweise ist die Auseinandersetzung mit der Hegemonietheorie Antonio Gramcis (s. dazu Fiske 1999: 260 ff.). Mit dem Begriff Hegemonie wird betont, dass gesellschaftliche Machtverhältnisse mehr als bloße Gewaltverhältnisse sind, sondern auch auf die Zustimmung der Beherrschten angewiesen sind. Diese Zustimmung ist nicht zureichend als Effekt von Manipulation erklärbar, sondern kann – so das Argument der Hegemonietheorie – nur dadurch erreicht werden, dass die Interessen der Beherrschten partiell berücksichtigt werden. Machtverhältnissen entspricht demnach keine stabile und in sich geschlossene Ideologie, in der allein die Interessen der Herrschenden zum Ausdruck kommen, sondern diese führen zu anhaltenden Auseinandersetzungen um legitime und illegitime Sichtweisen der sozialen Wirklichkeit. Entsprechend zielt das Interesse der Cultural Studies in der Medienforschung nicht allein auf jeweils dominante Darstellungen sozialer Verhältnisse in den Massenmedien, sondern auch auf die heterogenen Bedeutungsschichten medialer Botschaften sowie deren oppositionelle und widerständige Aneignung (s. Hall 2004c).

3 Bildungssoziologie jenseits von Funktionalismus und Determinismus

Die skizzierte theoretische Rahmung ist für die bildungssoziologischen Analysen, wie sie v.a. von Paul Willis in seiner zentralen empirischen Studie ‚Learning to labour‘ (1977) sowie den daran anschließenden theoretischen Arbeiten entwickelt wurde, hoch folgenreich. Denn sie eröffnet einerseits eine Forschungsperspektive, die über ein gängiges Verständnis von Schule als Ort der gesellschaftlichen Einwirkung auf SchülerInnen als Erziehungsinstitutionen bzw. Sozialisationsagentur hinaus geht. Das Interesse richtet sich demgegenüber auf die Praktiken, durch die sich SchülerInnen eigensinnig und aktiv mit den Erwartungen und Zwängen auseinandersetzen, mit denen sie in Schulen konfrontiert sind und mit denen sie sich ihrem Schülersein und ihrer Position im Bildungssystem einen Sinn abgewinnen, der über die institutionelle Bestimmung von Schule als Ort der Bildung und der Vorbereitung auf künftige Karrieren hinausgeht bzw. diese konterkariert. Diese Forschungsperspektive verbindet sich mit einer elaborierten theoretischen Kritik solcher Theorien, die einen in sich geschlossenen Reproduktionszusammenhang sozialer Ungleichheiten nahe legen und schulische Bildung als ein Moment dieses Zusammenhangs in den Blick nehmen.

Die zentralen Ergebnisse der ethnographischen Empirie von ‚Learning to labor‘ können wie folgt zusammengefasst werden:

„Willis ... beschreibt in seiner Studie den Widerstand ... einer Gruppe männlicher Jugendlicher der Arbeiterklasse, die an einer englischen Sekundarschule eine Gegenkultur aufführten. Er zeigt, dass der Widerstand dieser Jugendlichen gegen die Eigenschaften, Bedeutungen und Werte des offiziellen schulischen Lehrplans von einer Ideologie des Widerstands ausging, deren Wurzeln in der Arbeiterkultur ihrer Familien und anderer Angehöriger ihrer sozialen Klasse lagen. In den Familien, an den Arbeitsplätzen ihrer Väter und im Leben auf der Straße manifestierte sich *ihre* Kultur, die für sie eine andere, überzeugendere Realität widerspiegelte. Diese Orte ihres Lebens bildeten so die Grundlage für eine Gegenkultur in der Schule [...]" (Falkenberg/Kalthoff 2008: 808). Da die Anlage von ‚Learning to labour‘ und die detaillierten ethnographischen Einsichten, die diese Studie in die schuloppositionellen Praktiken männlicher Arbeiterjugendlicher ermöglicht, in der Sekundärliteratur wiederkehrend dargestellt worden sind (s. u. a. Giddens 1984: 347 ff.; Mahnkopf 1985: 235 ff.; Lindner 2005: 69 ff.) und diese Studie selbst inzwischen wieder in einer deutschsprachigen Neuauflage verfügbar ist, kann hier wird im Folgenden auf eine erneute Darstellung verzichtet werden.[7] Aufgezeigt werden sollen dagegen die zentralen theoretischen Argumentationslinien, die in den bildungstheoretischen Beiträgen von Willis (s. Willis 1981, 1991, 2000: 35 ff. und 2004) entfaltet sind.[8]

3.1 Ungleichheitsreproduktion, Selbsteinfügung und Widerständigkeit im schulischen Kontext

Eine gängige Herangehensweise kritischer Bildungssoziologie an die seit den 1960er Jahren immer wieder dokumentierten Zusammenhänge von gesellschaftlicher Ungleichheitsreproduktion mit ungleichen Bildungschancen und Bildungserfolgen geht von der Frage aus, wie gesellschaftliche Klassenlagen, Machtverhältnisse, Ideologien und die Strukturen des Bildungssystems selbst dazu führen, dass die für die Aufrechterhaltung der gesellschaftlichen Ungleichheitsverhältnisse funktionale schulische Benachteiligung der sozioökonomisch Benachteiligten bewerkstelligt und von diesen akzeptiert wird. In einer solchen Perspektive treten die gesellschaftlich und schulisch Benachteiligten – in den 1960er und 1970er Jahren Arbeiterjugendliche, gegenwärtig Kinder und Jugendliche aus den sog. bildungsfernen Schichten bzw. Milieus, vielfach mit Migrationshintergrund – zentral als Objekt der Einwirkung von Strukturen und Praktiken in den Blick, durch die ihnen gleiche Bildungschancen verweigert werden. In einer in den 1970er und 1980er Jahren einflussreichen Weise charakterisierte Louis Althusser (1977) die Schule entsprechend als den zentralen „ideologischen Staatsapparat", der nicht nur für die Herstellung der Qualifikationen der Arbeitskraft sorgt, die gesellschaftlich benötigt werden, sondern zudem für die „Reproduktion ihrer Unterwerfung unter die Regeln der etablierten Ordnung" (ebd.: 112) hoch bedeutsam ist. D. h.: In der Schule lernt man nicht nur, was man wissen und können muss, um bestimmte Positionen auf dem Arbeitsmarkt einzunehmen, sondern auch, die gesellschaftliche Ordnung selbst und die einem selbst in dieser Ordnung zugewiesene Position zu akzeptieren. Althusser nimmt weiter an, dass die Schule als dominierender ideologischer Staatsapparat die Funktion übernommen hat, die ehedem der Kirche zukam (ebd.: 127 ff.). Obwohl Pierre Bourdieu demgegenüber die Eigenlogik des Bildungssystems betont und zudem bestreitet, dass es für die Erzeugung der ökonomisch erforderlichen Qualifikationen gesellschaftlich exklusiv zuständig ist (s. Bourdieu/Boltanski 1981: 90 ff.), zielen auch seine Analysen dar-

---

7   Zu ihrem Einfluss auf die deutsche Schulforschung s. Breidenstein 2004: 923 ff. sowie Breidenstein 2006: 12 ff.; zu ihrer problematischen Rezeptionsgeschichte Sauter 2006: 119 ff.; zu ihrer Verortung im Kontext interpretativer Bildungsforschung s. den Beitrag von Hugh Mehan im vorliegenden Band.

8   Diese finden in der deutschsprachigen Bildungssoziologie und Erziehungswissenschaft meiner Kenntnis nach bislang keinerlei Beachtung.

auf, aufzuzeigen, dass und wie das Bildungssystem zur Reproduktion sozialer Ungleichheiten beiträgt. Bourdieu und Jean-Claude Passeron (1971) argumentieren, dass Schulen die „Illusion der Chancengleichheit" erzeugen sowie dass der zentrale Mechanismus der schulischen Ungleichheitsreproduktion darin zu sehen ist, dass das außerschulisch erworbene, sozial ungleich verteilte kulturelle Kapital und die sozialisatorisch erworbenen habituellen Dispositionen von zentraler Bedeutung für Bildungs(miss)erfolge sind.

Demgegenüber setzt Paul Willis – und dies in expliziter Kritik u. a. an Althusser und Bourdieu (Willis 1981: 51 ff.; Willis 1991: 15 ff.) – einen grundlegend anderen Ausgangspunkt seiner Analyse: Er grenzt sich dazu einerseits gegen Varianten solcher Reproduktionstheorien ab, die eine quasi selbstverständlich garantierte Funktionalität des Bildungssystems für die gesellschaftliche Reproduktion postulieren; andererseits argumentiert er, dass es nicht zulässig ist, die untergeordneten Gruppen allein als passives Objekt einer Einflussnahme durch Erziehung und Sozialisation zu betrachten, durch die es den dominanten Gruppen gelingt, diese zu formen und zu beherrschen. In seiner Kritik an Bourdieu wird insbesondere argumentiert, dass bei diesem eine kulturelle Dominanz der Herrschenden über die Beherrschten angenommen wird, denen damit die Fähigkeit bestritten wird, eigenständige kulturelle Produktivität zu entfalten und sich dabei in ein widerständiges Verhältnis zur symbolischen Gewalt zu setzen. Willis' Lesart der Bourdieu'schen Theorie kommt pointiert in der These zum Ausdruck, dass die „Beherrschten … bei ihm tatsächlich zu den Enteigneten werden" (Willis 1991: 19), die keine eigene Kultur haben und zugleich nur begrenzten Zugang zur bürgerlichen Kultur finden.[9] Dem entspreche eine Machttheorie, die soziale Konflikte und die Handlungsfähigkeit sozialer Gruppen in umstrittenen Machtbeziehungen ausblendet. Entsprechend werde ökonomisches, kulturelles und soziales Kapital als ein Besitz betrachtet, also, anders als in der Marx'schen Theorie, nicht als konflikthaftes gesellschaftliches Verhältnis. Weiter wendet sich Willis gegen die Annahme, dass es den dominanten Gruppen problemlos gelingt, dem eigenen Nachwuchs die erforderlichen habituellen Dispositionen zu übermitteln. Zwar wird Bourdieu's Theorie von Willis als weiterführende Analyse der „dominanten kulturellen Reproduktion" und der sozialen Reproduktion gewürdigt, gleichwohl trage sie jedoch wenig zum Verständnis der kulturellen Produktion und Reproduktion der Dominierten und deren Rolle in gesellschaftlichen Auseinandersetzungen bei (Willis 1981: 55). In der Folge der Ausblendung von kultureller Produktivität, Handlungsfähigkeit und sozialen Konflikten führe Bourdieus Theorie zu einer „düstere(n), geschlossene(n) Weberianische(n) Welt, aus der es kein Entrinnen gibt" (ebd.: 56).[10]

---

9   Ob diese Interpretation zutreffend ist, kann hier nicht diskutiert werden; anzumerken ist aber, dass sie sich nur auf die frühen bildungssoziologischen Studien Bourdieus bezieht. Vgl. zu Bourdieu den Beitrag von Hillebrandt in diesem Band.

10 S. zum Verhältnis der bildungssoziologischen Theorien von Bourdieu und Willis auch die diesbezüglichen Überlegungen von Jay MacLeod (2004).

An die Stelle der Bourdieu'schen Annahme eines Entsprechungsverhältnisses von Klassenlage und Habitus tritt bei Willis in der Folge eine Untersuchung der in sich widersprüchlichen Praktiken, mit denen soziale Gruppen eine für sich sinnvolle Position zu ihren gesellschaftlichen Existenzbedingungen einnehmen. Entsprechend wird die Ausgangsfrage von ‚Learning to labour' wie folgt formuliert:

> „Die Schwierigkeit zu erklären, wieso Kinder der Mittelklasse Mittelklasse-Jobs kriegen, liegt in der Frage, warum die anderen es ihnen erlauben. Die Schwierigkeiten zu erklären, wieso Arbeiterkinder Arbeiter-Jobs kriegen, liegt in der Frage, warum sie's sich selbst erlauben." (Willis 1978: 11)

In der Beantwortung dieser Frage zeigt Willis auf, dass und warum es für die von ihm beforschten (männlichen) Jugendlichen – vor dem Hintergrund ihrer Stammkultur, der britischen Industriearbeiterkultur – nicht erstrebenswert ist, sich an dem schulischen Versprechen auszurichten, dass individueller Aufstieg durch die Anpassung an schulische Erwartungen erreicht werden kann. Er analysiert die Gegenschulkultur der Arbeiterjugendlichen als eine – keineswegs sozialromantisch zu verklärende, von sexistischen und rassistischen Elementen durchzogene – Form der Selbsteinfügung in eine Arbeiterexistenz, in der körperliche Arbeit maskulin heroisiert und geistige Arbeit verachtet wird.[11] Was aus der Perspektive sozialdemokratischer Bildungsreformkonzepte und der Pädagogik als Scheitern an schulischen Leistungsanforderungen erscheint, stellt sich aus der Sicht der Jugendlichen als eine Form der kollektiven Selbstbehauptung gegen die Forderung dar, sich an den Normen und Werten der Mittelklasse zu orientieren, die in schulischen Regeln und Normen zum Ausdruck kommen. Das widerständige Moment dieser kollektiven Praxis der Verweigerung liegt Willis zufolge zentral darin, dass die Gegenschulkultur eine „implizite Weigerung" darstellt, an der individualistischen Konkurrenz im schulischen Leistungswettbewerb und um die besseren Arbeitsplätze teilzunehmen (ebd.: 199).

Vor diesem Hintergrund formuliert Willis (ebd.: 201) eine grundlegende, nach wie vor aktuelle Kritik des Versprechens schulischer Chancengleichheit:

> „In der Schule mit ihrem Grundparadigma des Unterrichts werden solche Einstellungen, die für den *individuellen* Erfolg notwendig sind, als *allgemein* notwendig dargestellt. Aber niemals wird der Widerspruch zugegeben, dass nicht alle Erfolg haben können und dass es für die Erfolglosen keinen Sinn hat, Anweisungen für den Erfolg zu befolgen (…). In der Schule wird von einer individualistischen Logik zu einer Gruppenlogik verallgemeinert, ohne dass der sehr verschiedene Charakter und der Abstraktionsgrad der letzteren anerkannt würde."

---

11 In der feministischen Kritik ist argumentiert worden, dass bei Willis (1978) keine zureichende kritische Auseinandersetzung mit diesen Aspekten erfolgt; s. McRobbie 1980.

So betrachtet stehen SchülerInnen aus benachteiligten Verhältnissen vor der proble-matischen Alternative, sich entweder in Distanz zum kollektiven Schicksal ihrer Her-kunftsgruppe zu setzen und sich für den Weg des individuellen Aufstiegs zu entscheiden, oder sich gruppensolidarisch zu verhalten, mit der Folge, dass es nicht als anstrebens-wert erscheint, individuelle Chancen des Bildungsaufstiegs zu ergreifen. Damit wird eine in der bildungspolitischen Diskussion gängige Sichtweise in Frage gestellt, die von der Prämisse ausgeht, dass die Möglichkeit eines individuellen Aufstiegs durch Bildung selbstverständlich anstrebenswert ist und dass das Misslingen darauf gerichteter An-strengungen notwendig als Scheitern erlebt wird. Demgegenüber besteht eine nach wie vor aktuelle Aufgabe kritischer Bildungsforschung darin, den individuellen und kollek-tiven Umgang mit schulischen Erwartungen in seinem Zusammenhang mit den Vor-stellungen über eine mögliche und anstrebenswerte berufliche und gesellschaftliche Position zu untersuchen, die Kinder und Jugendliche in Auseinandersetzung mit den Realitätsmodellen, Erwartungen, Normen und Werten entwickeln, die sie in ihren Fa-milien und Verwandtschaften, in Jugendkulturen, in den Massenmedien sowie im Bil-dungssystem selbst vorfinden.

3.2 Durchdringungen, Trennungen und Ideologie

In seiner theoretischen Analyse der ethnographisch beschriebenen Praktiken der schuli-schen Gegenkultur[12] untersucht Willis (1997: 184 ff., Willis 2004: 172 ff.) das Zusammen-wirken der kulturellen Produktivität der Schüler mit ihren strukturellen Bedingungen und ideologischen Überformungen. Dabei wird argumentiert, dass es den schulopposi-tionellen Praktiken zwar partiell gelingt, die leistungsindividualistischen Versprechun-gen der Schule zu entlarven, Kontrolle über die Verausgabung der eigenen Arbeitskraft auszuüben sowie sich die Schule als Ort der eigensinnigen Selbsttätigkeit anzueignen[13] (Durchdringung); es handelt sich seines Erachtens jedoch nur um eine „halbe Ableh-nung und kulturelle Durchdringung", denn sie basiert auf der Akzeptanz gesellschafts-strukturell verankerter hierarchischer Unterscheidungen (Trennungen) von geistiger und körperlicher Arbeit, männlichem und weiblichem Geschlecht sowie von rassisti-schen Klassifikationen. Die praktische Kritik der Gegenschulkultur bewegt sich damit innerhalb eines Rahmens, der keineswegs zu einer emanzipatorischen Gesellschafts-kritik führt. Nur innerhalb dieses Rahmens werden Umwertungen vorgenommen, die eine selbstbewusste Entgegensetzung zur Mittelklassekultur erlauben. Eine strukturell

---

12 s. dazu den Primärtext und die oben erwähnte Sekundärliteratur.

13 Die von Willis beforschten Jugendlichen leiden nicht in der Schule, sondern produzieren ihr ‚Schei-tern' in einer Weise, die ihnen durchaus Spaß bereitet, den sie u. a. daraus ziehen, dass sie in Konfron-tation zur LehrerInnen und angepassten Schülern gehen, denen sie sich als maskuline weiße Männer überlegen fühlen.

ähnliche Praxis beschreibt Jay MacLeod (2004: 149) in Bezug auf die von ihm ethnographisch beobachteten Jugendlichen in einer US-amerikanischen low-income neighborhood:

> „Da sie sehen, dass ökonomischer Erfolg für sie nicht erreichbar ist, ... kehren sie die dominante Ideologie in einer Weise um, die ihnen Zugang zu ‚Erfolg' ermöglicht, jedoch in Formen, welche die dominante Kultur als Scheitern betrachtet.[14]

Willis geht in seiner theoretischen Analyse des ethnographischen Materials jedoch in Distanz zu einer Sichtweise, welche die Affirmation körperlicher Arbeit, des sexistischen Geschlechterverständnisses und der ihm entsprechenden Familienkonzeption sowie der rassistischen Klassifikationen der Gegenkultur ausschließlich als einen Effekt gesellschaftlich dominanter ideologischer Einwirkungen betrachtet. Demgegenüber wird darauf verwiesen, dass ideologische Formen der Konstruktion sozialer Hierarchien „viel ausgeprägter im zivilen Bereich der Gesellschaft als in jeder staatlichen Institution" (Willis 1977: 231) vorzufinden seien.

3.3 Selbstbildung, Populärkultur und Massenmedien

Die Weiterentwicklung dieser Überlegung führt zu einem kritischen Rückblick, in dem Willis (1991) auf eine Überbetonung der Durchdringungen in ‚Learning to labour' verweist und in der Folge eine komplexere Analyse der Verschränkungen von kultureller Produktivität mit gesellschaftlichen Strukturen einfordert. Dazu wird es als erforderlich betrachtet, in den Blick zu nehmen, dass „wesentliche Strukturen des Kapitalismus nicht einfach *gegeben* sind und nicht einfach *von außen* aufgezwungen" werden, sondern Ergebnis sozialer Auseinandersetzungen sowie der „kollektiven Identitätsbildung der Subjekte" sind (ebd.: 24).

Diese Überlegung eröffnet eine Perspektive, die es ermöglicht, in der Analyse von Bildungsprozessen über eine zentral auf die Einfügung in den Arbeitsmarkt und die ökonomische Ungleichheitsstruktur bezogene Betrachtung hinauszugehen: In den Blick tritt die alltägliche „symbolische Arbeit" (Willis 1991: 22 ff.), durch die Individuen und soziale Gruppen ihre Identitäten, ihr Selbst- und Weltverständnis – nicht zuletzt in Auseinandersetzung mit der Populärkultur – aktiv formen.

Vor diesem Hintergrund wird in den Cultural Studies die etablierte Trennung von Bildungs- und Erziehungsforschung einerseits, Medien- und Jugendkulturforschung andererseits in Frage gestellt. Bei Paul Willis (1991: 179 ff.) sowie in den Arbeiten von

---

14 Dieser Modus der Umkehrung vorgefundener Trennungen stellt eine wiederkehrende jugendkulturelle Praxis dar; s. dazu in Hinblick auf jugendlichen Rechtextremismus etwa Bommes/Scherr 1994.

Henry Giroux (1994a und 2005) ist hierfür die Überlegung entscheidend, dass der Einfluss institutioneller Pädagogik auf das individuelle Selbstverständnis, die kollektiven Identitäten und die gesellschaftspolitischen Orientierungen begrenzt ist. Demgegenüber wird es als erforderlich betrachtet, die zentrale Bedeutung von Massenmedien und Populärkultur für ein Verständnis gesellschaftlicher Erziehungs- und Bildungsprozesse zu berücksichtigen. Dies verbindet sich mit einer Kritik einer solchen schulischen Pädagogik, die vor allem auf die Erzeugung arbeitsmarktrelevanter Qualifikationen ausgerichtet ist und deshalb nicht in der Lage ist, den umfassenden „geistigen, imaginativen und körperlich-sinnlichen Möglichkeiten" (Willis 1991: 182) humaner Lebenspraxis gerecht zu werden.

4   Perspektiven

Für die Forschung über Bildung und soziale Ungleichheiten stellt die grundlegende Einsicht von ‚Learning to labour‘, dass das schulische Angebot, Konformität zu schulischen Erwartungen gegen berufliche Karrierechancen einzutauschen, keineswegs für alle gleichermaßen plausibel ist, einen nach wie vor relevanten Ausgangspunkt dar. Folglich ist es für die Bildungsforschung auch künftig relevant zu untersuchen, wie sich SchülerInnen vor dem Hintergrund ihrer Position im Gefüge der sozialen Ungleichheiten und Machtbeziehungen, der daran gebundenen soziokulturellen Orientierungen sowie ihrer jugendkulturellen Verortung zu schulischen Erwartungen ins Verhältnis setzen und dadurch ihre schulischen Erfolge und Misserfolge aktiv mitproduzieren. Dass dabei weitreichende sozialstrukturelle und soziokulturelle Veränderungen gegenüber den 1970er Jahren in Rechnung zu stellen sind und die Existenz einer den damaligen englischen Verhältnissen ähnlichen Arbeiterkultur nicht mehr vorausgesetzt werden kann, stellt keinen prinzipiellen Einwand gegen eine Forschung dar, die darauf zielt, die Zusammenhänge zwischen sozialstrukturellen Positionen, kulturellen Verortungen, kollektiven Erfahrungen und darin begründeten Praktiken zu untersuchen.

Die Cultural Studies fordern diesbezüglich dazu auf, sich auf die Arbeit einer ethnographischen Forschung einzulassen, die eine Analyse gesellschaftlicher Ungleichheits- und Differenzverhältnisse sowie von hegemonialen politischen Projekten, Ideologien und Repräsentationen mit einer empirischen Forschung verbindet, die sich für die Formen der praktischen Auseinandersetzung sozialer Gruppen mit den ihnen auferlegten Lebensbedingungen interessiert. Dass sozioökonomische Ungleichheiten hierfür eine nach wie vor zentral relevante Dimension sind, ist in der Perspektive der Cultural Studies nicht zu bestreiten. Die Weiterentwicklung der Cultural Studies seit den 1970er Jahren akzentuiert jedoch, dass darüber hinaus Fragen der Identitätsbildung unter Bedingungen rassistischer und ethnisierender Grenzziehungen (s. Hall 2004a und b) sowie des Strukturwandels der Geschlechterverhältnisse (s. McRobbie 2010) ebenso als relevant zu betrachten sind wie Veränderungen von einer industriegesellschaftlichen zu einer solchen Ökonomie, in der der medialen Produktion von Bedeutungen und Identitäten eine zentrale Rolle zukommt (s. Willis 2000: 47 ff.).

Weiter betonen die Cultural Studies die Bedeutung der symbolischen Arbeit, mit der außerhalb pädagogischer Institutionen Fragen des individuellen und kollektiven Selbstverständnisses, gesellschaftliche Verhältnisse, politische Ereignisse usw. zum Thema werden. Eine Beschränkung sozialwissenschaftlicher Bildungsforschung auf die Strukturen des Bildungssystems und auf Erziehung und Bildung in schulischen und außerschulischen Bildungsinstitutionen ist in einer solchen Perspektive, wie sie auch kritische Bildungstheorien anderer Provenienz einnehmen, nicht plausibel.

Als interdisziplinär angelegtes Projekt kritischer Theorie sperren sich die Cultural Studies zudem gegen eine Einordnung als Theorieströmung innerhalb einer disziplinär ausdifferenzierten Bildungs- und Erziehungssoziologie. Die Herausforderung der Cultural Studies für die Bildungs- und Erziehungssoziologie liegt insofern auch darin, dass sie die etablierte wissenschaftliche Arbeitsteilung (zwischen Gesellschaftsanalyse und Bildungsforschung, soziologischer Bildungsforschung und kritischer Pädagogik, usw.) in Frage stellen.

Literatur

Althusser, Louis (1977): Ideologie und ideologische Staatsapparate. Hamburg: VSA.

Bernstein, Basil (1972): Studien zur sprachlichen Sozialisation. Düsseldorf: Schwann.

Bernstein, Basil (1975): Beiträge zu einer Theorie des pädagogischen Prozesses. Frankfurt: Suhrkamp.

Bommes, Michael/Scherr, Albert (1994): Rechtsextremismus: Ein Angebot für ganz gewöhnliche Jugendliche. In: J. Mansel (Hg.): Reaktionen Jugendlicher auf gesellschaftliche Bedrohungen. Weinheim und München: Juventa, S. 210–227.

Bourdieu, Pierre/Passeron, Jean-Claude (1971): Die Illusion der Chancengleichheit. Stuttgart: Klett-Cotta.

Bourdieu, Pierre/Boltansli, Luc (1981): Titel und Stelle. In: P. Bourdieu u. a.: Titel und Stelle. Über die Reproduktion sozialer Macht. Frankfurt a. M.: Suhrkamp, S. 89–116.

Breidenstein, Georg (2004): Peer-Interaktion und Peer-Kultur. In: Helsper, Werner/Böhme, Jürgen (Hrsg.): Handbuch der Schulforschung. Wiesbaden: VS, S. 921–942.

Breidenstein, Georg (2006): Den Schülerjob machen. Wiesbaden: VS.

Centre for Contemporary Cultural Studies (1981): Unpopular education: Schooling and social democracy since 1944. London: Hutchinson.

Centre for Contemporary Cultural Studies. (1982).The empire strikes back: Race and racism in 70s Britain. London: Hutchinson.

Coelen, Thomas/Otto, Hans-Uwe (Hrsg.) (2008): Grundbegriffe der Ganztagsbildung. Wiesbaden: VS.

Clarke, John (2009): The Contribution of Cultural Studies for Theory and Empirical Research in Social Work. In: Melzer, Wolfgang/Tippelt, Rudolf (Hrsg.): Kulturen der Bildung. Opladen/Farmington Hills: Barbara Budrich, S. 227–235.

Clarke, John et al. (1981a): Jugendkultur als Widerstand. Frankfurt: Suhrkamp.

Clarke, John et. Al. (1981b): Subkulturen, Kulturen und Klasse. In: J. Clarke et. Al. (Hrsg.): Jugendkultur als Widerstand. Frankfurt: Suhrkamp, S. 39–132.

Cohen, Phil et. Al. (1985): Verborgenes im Licht. Neues zur Jugendfrage. Frankfurt: Suhrkamp.

Diedrichsen, Diedrich/Hebdige, Dick/Marx, Olaph-Dante (1983): Schocker. Stile und Moden der Subkultur. Reinbek: Rowohlt.

Falkenberg, Monika/Kalthoff, Herbert (2008): Das Feld der Bildung. In: Willems, Herbert (Hrsg.): Lehr(er)buch Soziologie. Bd. 2. Wiesbaden: VS, S. 797–816.

Fiske, John (1999): Wie ein Publikum entsteht. In: Hörnung, Karl/Winter, Rainer (Hrsg.): Widerspenstige Kulturen. Frankfurt a. M.: Suhrkamp, S. 238–263

Giroux, Henry (1994): Doing Cultural Studies: Youth and the Challenge of Pedagogy. In: Harvard Educational Review 64, S. 278–308.

Giroux, Henry/McLaren, Peter (Hrsg.) (1994): Between Borders. Pedagogy and the Politcis of Cultural Studies. New York/London: Routledge.

Giroux, Henry (1998): Pädagogik und Widerstand in der Medienkultur. In: Das Argument, H. 227, S. 619–630.

Grossberg, Lawrence (1994): Introduction. Bringin' It All Back Home: Pedagogy and Cultutal Studies. In: Giroux, Henry/McLaren, Peter (Hrsg.): Between Borders. Pedagogy and the Politcis of Cultural Studies. New York/London: Routledge, S. 1–28.

Grossberg, Lawrence (1999): Was sind Cultural Studies? In: : Hörning, Karl/Winter, Rainer (Hrsg.): Widerspenstige Kulturen. Frankfurt: Suhrkamp, S. 43–83.

Hall, Stuart (1999): Die zwei Paradigmen der Cultural Studies. In: Hörning, Karl/Winter, Rainer (Hrsg.): Widerspenstige Kulturen. Frankfurt: Suhrkamp, S. 13.42

Hall, Stuart (2004a): Wer braucht ,Identität'? In: Ders.: Ideologie, Identität, Repräsentation. Hamburg: Argument, S. 167–187.

Hall, Stuart (2004b): Die Frage des Multikulturalismus. In: Ders.: Ideologie, Identität, Repräsentation. Hamburg: Argument, S. 188–227.

Hall, Stuart (2004c): Kodieren/Dekodieren. In: Ders.: Ideologie, Identität, Repräsentation. Hamburg: Argument, S. 81–107.

Hall, Stuart (2010): Cultural Studies in the past and today. Interview mit Rainer Winter und Zeigam Azizov. URL: www.rainer-winter.net/index.php?option=com_content&task=view&id=247&Itemid=1 (Stand: 12. 11. 2011)

Hall, Stuart/Christian Höller (1999): Ein Gefüge von Einschränkungen. In: Engelmann, Jan (Hrsg.): Die kleinen Unterschiede. Frankfurt/New York: Campus, S. 99–122,

Hörnig, Karl H./Winter, Rainer (Hrsg.) (1999): Widerspenstige Kulturen. Cultural Studies als Herausforderung. Frankfurt a. M.: Suhrkamp.

Hoggart, Richard (1957): The Uses of Literacy. Aspects of Working Class Life. Chatto and Windus: Penguin.

Johnson, Richard. (1980). Cultural studies and educational practice. Screen Education, 34, S. 5–16.

Kellner, Douglas (2001): Cultural Studies and Social Theory : A Critical Intervention. In: Ritzer, George/Smart, Barry (Hrsg.): Handbook of Social Theory. London: Sage, S. 395–409. URL: www.gseis.ucl a.edu/faculty/kellner/kellner.html (Stand: 12. 11. 2011).

Kellner, Douglas (2010): Critical Pedagogy, Cultural Studies, and Radical Democracy at the Turn of the Millennium: Reflections on the Work of Henry Giroux. URL: http://gseis.ucla.edu/faculty/kellner/essays/henrygiroux.pdf (Stand: 12. 11. 2011).

Lindner, Rolf (2000): Die Stunde der Cultural Studies. Wien: Facultas.

Lindner, Rolf (2005): Paul Willis und das Centre for Contemporary Cultural Studies. In: Flick, Uwe/von Kardoff, Ernst/Steinke, Ines (Hrsg.): Qualitative Sozialforschung. Reinbek: Rowohlt, S. 63–71.

Lutter, Christina/Reisenleitner, Markus (2002): Cultural Studies. Eine Einführung. Wien: Löcker.

MacLeod, Jay (2004): Ain't No Makin' It. Aspirations and Attainment in a Low-Income Neighborhood. Westview Press.

Mahnkopf, Birgit (1985): Verbürgerlichung. Die Legende vom Ende des Proletariats. Frankfurt/New York: Campus.

McRobbie, Angela (2010): Top Girls. Feminismus und der Aufstieg des neoliberalen Geschlechterregimes. Wiesbaden: VS.

McRobbie, Angela. (1980): Settling accounts with subcultures: A feminist critique. Screen Education,34, 37–49.

Mecheril, Paul/Witsch, Monika (Hrsg.) (2006): Cultural Studies und Pädagogik. Bielefeld: transcript.

Mehan, Hugh: Understanding Inequality in Schools: The Contribution of Interpretive Studies. In: Sociology of Education 1992, Vol. 65, S. 1–20.

Mills, Charles Wright (1959): The Sociological Imagination, London: Oxford University Press.

Sauter, Sven (2006): Die Schule als Kampfplatz und als Aushandlungsraum. In: Mecheril, Paul/Witsch, Monika (Hrsg.): Cultural Studies und Pädagogik. Bielefeld: transcript, S. 111–148.

Thompson, Edward P. (1963): The Making of the English Working Class. Penguin Books.

Thompson, Edward P. (1980): Die englische Gesellschaft im 18. Jahrhundert: Klassenkampf ohne Klasse? In: Ders.: Plebejische Kultur und moralische Ökonomie. Frankfurt/Berlin/Wien: Ullstein, S. 246–288.

Williams, Raymond (1961): The long Revolution. Chatto and Windus: Broadview press.

Willis, Paul (1981): Cultural production is different from cultural reproduction is different from social reproduction is different from reproduction. In: Interchange, Vol. 12, S. 48–67.

Willis, Paul (1991a): Erziehung im Spannungsfeld zwischen Reproduktion und kultureller Produktion. In: Das Argument, H. 179, S. 9–28.

Willis, Paul (1991b): Jugend-Stile. Zur Ästhetik der gemeinsamen Kultur Hamburg: Argument.

Willis, Paul (1977): Learning to labour. How working class kids get working class jobs. Saxon House

Willis, Paul (1978): Spaß am Widerstand. Gegenkultur in der Arbeiterschule. Frankfurt a. M.: Suhrkamp (Neuauflage: Hamburg 2011)

Willis, Paul (2000): The Ethnographic Imagination. Cambridge: Polity Press.

Willis, Paul (2004): Twenty-Five Years On. Old Books, New Times. In: N. Dolby/G. Dimitriadis (Eds.): Lerning to Labour in New Times. New York/London: Routledge.

Winter, Rainer (2001a): Die Kunst des Eigensinns. Cultural Studies als Kritik der Macht. Weilerswist: Velbrück.

Winter, Rainer (2005): Cultural Studies. In: Flick, Uwe/von Kardoff, Ernst/Steinke, Ines (Hrsg.): Qualitative Sozialforschung. Reinbek: Rowohlt, S. 204–212.

Winter, Rainer (2006): Kultur, Reflexivität und das Projekt einer kritischen Pädagogik. In: Mecheril, Paul/Witsch, Monika (Hrsg.): Cultural Studies und Pädagogik. Bielefeld: transcript, S. 21–50.

Historisch-materialistische Ansätze in Bildungsforschung und Pädagogik

Heinz Sünker

Den drei kritischen Bildungsforschern und Freunden Georg Bollenbeck (1947–2010), Ludwig von Friedeburg (1924–2010) und Fritz-Ulrich Kolbe (1955–2010)

Die Beschäftigung mit materialistischen Ansätzen in Bildungsforschung und Pädagogik ist kein Unterfangen aus historischem Interesse allein, sondern vielmehr ein wesentlicher Beitrag zur Analyse gegenwärtiger Verhältnisse in Gesellschaft(en) und Bildungssystemen. Angesichts einer gesellschaftlichen Realität, in der gegenwärtig deutlicher als noch vor einigen Jahrzehnten wird, dass Bildungspolitik in dieser Gesellschaftsformation Mittel in sozialen Konflikten – Klassenkampf – ist, stellt sich dies als notwendiger denn je dar. Vor dem Hintergrund der Kritik an falschen Autonomieannahmen bürgerlicher Pädagogik, damit an einer fehlenden bzw. unzureichenden Reflexion und Analyse gesellschaftlicher Produktions- wie Reproduktionsprozesse in ihrer Bedeutung für Bildungssystem und Pädagogik, bilden in vielfältigen Beiträgen vor allem der „new sociology of education" (Wexler 1987; Sünker/Timmermann/Kolbe 1994) die Fragen nach Konstellationen im Verhältnis von Gesellschaftsform und Bildungssystem, nach Vergesellschaftungsmustern und ihren Folgen für Formen von Subjektivität sowie nach Differenz wie Identität von Pädagogik und Politik den allgemeinen Rahmen materialistischer Ansätze. Dieser Rahmen umfaßt auch Strukturanalyse und Ideologiekritik (insbesondere von Begabungsideologie) sowie die Erarbeitung antikapitalistischer Ansätze von Bildungspraxis. Dabei bietet eine auf die Bildung aller ausgerichtete Perspektive gemeinsam mit der Entfaltung von allgemeiner Mündigkeit und Emanzipation das Ziel, das mit der Vorstellung einer „befreiten" und „vernünftigen" Gesellschaft verbunden ist (vgl. Sünker 2007).

1   Marx, Vergesellschaftung, Erziehung

Die Einsicht in die historisch differente Formung des Menschen im Kontext seiner – praktischen[1] – Beziehungen zu Natur, Gesellschaft und seiner inneren Natur in ihren

---

[1]   Zur grundlegenden Trennung zwischen der weltanschaulichen Ideologie des Marxismus-Leninismus und dem Westlichen Marxismus, damit einer praxisphilosophischen Interpretation der Marxschen Theorie und Analyse, s. Schmied-Kowarzik (1981, 1983), Sünker (1989).

Konsequenzen für seine Entwicklung und die der Abarbeitung an „Welt" kann als Ausgangspunkt einer geschichtsmaterialistischen Analyse, die historische Stufen wie Feudalismus, Kapitalismus und Sozialismus in ihrer Bedeutung für die menschliche Existenz, damit auch für Erziehungs- wie Bildungsbedingungen, unterscheidet, betrachtet werden: „Persönliche Abhängigkeitsverhältnisse (zuerst ganz naturwüchsig) sind die ersten Gesellschaftsformen, in denen sich die menschliche Produktivität nur in geringem Umfang und auf isolierten Punkten entwickelt. Persönliche Unabhängigkeit auf sachlicher Abhängigkeit gegründet ist die zweite große Form, worin sich erst ein System des allgemeinen gesellschaftlichen Stoffwechsels, der universalen Beziehungen, allseitiger Bedürfnisse, und universeller Vermögen bildet. Freie Individualität, gegründet auf die universelle Entwicklung der Individuen und die Unterordnung ihrer gemeinschaftlichen, gesellschaftlichen Produktivität, als ihres gesellschaftlichen Vermögens, ist die dritte Stufe." (Marx o. J./1857–1858: 75; s. weiter 313, 387, 479, 908 f.)

In der Folge wird auch verständlich(er) und nachvollziehbar(er), warum Marx und Engels im „Kommunistischen Manifest" bereits 1848 als Perspektive aufgrund ihrer Analysen wie ihrer politischen Vorstellungen formulieren konnten: „An die Stelle der alten bürgerlichen Gesellschaft mit ihren Klassen und Klassengegensätzen tritt eine Assoziation, worin die freie Entwicklung eines jeden die Bedingung für die freie Entwicklung aller ist" (1972/1848: 482).[2] Deutlich wird damit auch, weshalb es in den Feuerbach-Thesen noch einmal 3 Jahre früher auf der Basis der Kritik eines mechanischen Materialismus heißen konnte: „Die materialistische Lehre von der Veränderung der Umstände und der Erziehung vergißt, daß die Umstände von den Menschen verändert und der Erzieher selbst erzogen werden muss. Sie muß daher die Gesellschaft in zwei Teile – von denen der eine über ihr erhaben ist – sondieren. Das Zusammenfallen des Änderns der Umstände und der menschlichen Tätigkeit oder Selbstveränderung kann nur als *revolutionäre Praxis* gefaßt und rationell verstanden werden" (1969/1845: 5 f.).[3]

Das hieraus erwachsene Leitmotiv vielfältiger – materialistischer – Analysen, Debatten und Auseinandersetzungen lässt sich in der Frage zusammenfassen, ob und wie Erziehung[4] Gesellschaft verändern könne, nachdem zuvor in der 6. Feuerbach-These herausgestellt wurde, das menschliche Wesen sei in seiner Wirklichkeit „das Ensemble der gesellschaftlichen Verhältnisse" (ebd.: 6). Daraus ergeben sich zwei Perspektiven auf das Verhältnis von Erziehung und Gesellschaft: Zum einen handelt es sich um die ‚Re-

---

2   Stedman Jones (2002) hat das Manifest mit einer großformatigen Einleitung versehen, den Text in den unterschiedlichen Traditionen verortet und Perspektiven geklärt.

3   Bei Lefebvre, neben Adorno der relevanteste Vertreter des Westlichen Marxismus, findet sich in seiner „Metaphilosophie" der Versuch einer Reformulierung des letzten Satzes: „Das handelnde Erkennen entfaltet sich in Bildern, in Bildern eines verwandelten Lebens; zugleich muss dieses Erkennen eine Praxis der Veränderung durchmachen. Der Akt, der Erkenntnis und Praxis inauguriert, ist *poietisch*: Er schafft gleichzeitig Begriffe und Bilder, Erkenntnis und Traum" (1975: 122 f.).

4   Zu differenten Semantiken von Erziehung und Bildung, deren Verhältnis zueinander, s. Bollenbeck (1984); Lenhart (1987); Sünker (2003); Winkler (2008); Winkler/Sünker/Roth (2009).

produktionsfrage', also um den Beitrag von Erziehung zur Aufrechterhaltung des status quo, zum anderen aber geht es – gegen eine einseitige Auflösung der Problematik – um die Folgen der Erkenntnis der Widersprüchlichkeit kapitalistischer Wirklichkeit[5], damit um „Werden", „Negativität" und „Ändern".[6]

Um dies präziser diskutieren, vielleicht entscheiden zu können, ist es notwendig, sich der Marxschen Analyse des Kapital-Arbeit-Verhältnisses weiter zu nähern. Die Einschätzung von Marx am Ende seiner Studien zur Gesellschaftsgeschichte im dritten Band des ‚Kapital', alle Wissenschaft sei überflüssig, „wenn die Erscheinungsform und das Wesen der Dinge unmittelbar zusammenfielen" (1969b: 825; vgl. 838), bilden dabei einen Ausgangspunkt für seine bis in die Gegenwart bedeutsame Gesellschafts- wie Bildungsanalyse. Um die Differenz zwischen Erscheinung und Wesen aufzuzeigen, entfaltet Marx systematisch Zusammenhänge und Vermittlungen zwischen Warenfetischismus, Mystifikation des Bewußtseins, Verdinglichungsprozessen. Diese ruhen auf der der Kapitalbewegung immanenten Verkehrungslogik auf, mit der (gesellschaftliche) Produktivkräfte der Arbeit ins Kapital verlegt, historisch-gesellschaftliche Konstellationen naturalisiert, soziale Verhältnisse zu Dingen werden (Marx o. J.: 543 ff.; 908 f.). All dies entspricht „dem Interesse der herrschenden Klasse, indem sie die Naturnotwendigkeit und ewige Berechtigung ihrer Einnahmequellen proklamiert und zu einem Dogma erhebt" (Marx 1969b: 839).[7]

Eingelassen in diese Verkehrungslogik – mit besonderer Bedeutung für Fragen von Erziehung und Bildung sowie von Herrschaftsgründung und -sicherung – ist die der kapitalistischen Formbestimmtheit des Arbeitsprozesses inhärente Spaltung von geistiger und körperlicher Arbeit (Marx 1969a: 381 ff.; vgl. Sohn-Rethel 1970)[8], mit der in der Überwindung dieser Verkehrung die „gesellschaftliche Synthesis von Hand- und

---

5   Zur widerspruchstheoretisch begründeten Grundlegung dialektischen Denkens s. Theunissen (1978), zur Marxschen Analyse des Widerspruchs von Kapital und Arbeit als gesellschaftlichem Verhältnis s. Reichelt (1970).

6   Diese Kategorien bilden auch Leitmotive in Adornos „Negativer Dialektik" (1966), einem entscheidenden Werk des Westlichen Marxismus.

7   Diese Verkehrungslogik gibt im Übrigen auch den Grund ab für die Aufgabenstellung, die Bourdieu (2004: 13 ff.) den Sozialwissenschaften mit ‚Denaturalisierung und Defatalisierung' zur Entzifferung gesellschaftlicher Mechanismen – vor allem denen, die mit der „Anthropologie der Macht" zu tun haben – zuordnet.

8   Wesentlich ist es, die Voraussetzungen dieses Prozesses zu erkennen: „Nachdem das Kapital Jahrhunderte gebraucht, um den Arbeitstag bis zu seinen normalen Maximalgrenzen und dann über dies hinaus, bis zu den Grenzen des natürlichen Tags von 12 Stunden zu verlängern, erfolgte nun, seit der Geburt der großen Industrie im letzten Drittel des 18. Jahrhunderts, eine lawinenartig gewaltsame und maßlose Überstürzung. Jede Schranke von Sitte und Natur, Alter und Geschlecht, Tag und Nacht wurde zertrümmert. Selbst die Begriffe von Tag und Nacht, bäuerlich einfach in den alten Statuten, verschwammen so sehr, daß ein englischer Richter noch 1860 wahrhaft talmudistischen Scharfsinn aufbieten mußte, um ‚urteilskräftig' zu erklären, was Tag und Nacht sei. Das Kapital feierte seine Orgien" (Marx 1969a: 294).

Kopfarbeit"[9] in der Gestalt „polytechnischer Bildung"[10] von Marx ins Auge gefaßt wird. Wesentlich ist die Kenntnis dieser Spaltung wie in die Einsicht in deren Folgen: Denn durch diese Trennung wird zum einen eine gesellschaftlich wesentliche Hierarchie von Tätigkeiten hergestellt; zum anderen wird versucht, die für den Kapitalverwertungsprozeß bedeutsame Frage des Qualifikationsniveaus wie der Qualifikationsstruktur der Ware Arbeitskraft, hergestellt in Erziehungsprozessen (Humankapitalansatz) als unverzichtbar und quasi naturwüchsig dazustellen, ganz im Gegensatz zur Marxschen Perspektive einer universellen Entwicklung einer/s jeden/s (vgl. weiter Heydorn 1979: 148 ff.).

Ist Erziehung damit de facto unter bürgerlich-kapitalistischen Bedingungen auf die Reproduktion des gesellschaftlichen Lebens reduziert, ruht sie wesentlich auf Formierungs- und Zurichtungsprozessen auf, die mit dem Klassencharakter des Erziehungssystems[11] verknüpft sind, so vermittelt – in der Interpretation Heydorns – die Marxsche Idee der Polytechnik zwischen dem Stand der Produktivkräfte und möglich werdenden Bildungsprozessen, die auf die Aneignung von Wirklichkeit gerichtet sind und in einem neuen Bewußtsein über die gesellschaftliche Realität enden (ebd.: 157 ff.), mit dem dann „Bildung zum Agens der Herrschaftsüberwindung" (ebd.: 163) zu werden vermag. „Indem die Großindustrie stetig gebildetere Arbeiter fordern muss, da nur sie den sich unaufhörlich verändernden Bedingungen des Produktionsprozesses gewachsen sind, gerät sie in einen tödlichen Widerspruch. Sie muß die Bildung der Massen heben und ihr Bewusstsein zur gleichen Zeit paralysieren. In diesem Widerspruch liegt der revolutionäre Bildungsansatz" (ebd. 159; vgl. Marx 1969a: 511 f.; Sohn-Rethel 1970: 202 ff.).

Vor diesem Hintergrund nimmt Heydorn eine gesellschafts- wie bildungspolitische Einschätzung und historisch-systematische Verortung des Marxschen Ansatzes vor: „Mit der Marxschen Bildungstheorie sind alle Kategorien entwickelt, um das Verhältnis von Bildung und Herrschaft aufzudecken. Aufklärung und Neuhumanismus hatten dabei eine selbständige Vorarbeit geleistet, die mit Marx nicht der Erledigung verfällt; Comenius, Pestalozzi, Rousseau und Humboldt enthalten stetige, eigene Reaktualisierungsmöglichkeiten" (ebd.: 166).[12]

---

9   Es spricht für die Attraktivität dieser Idee, daß und wie Sennett (2008) in einer großformatigen Studie das „Handwerk" analysiert und feiert.

10 Dies bildet denn auch in Beiträgen zu „materialistischer Pädagogik" den vornehmsten Bezugspunkt, vgl. Schmied-Kowarzik (1983); Titze (1983), Bernhard (2011); vgl. aus kritischer Sicht Tenorth (1992).

11 Wesentlich ist es dabei zu beachten, daß dieses Erziehungssystem nicht allein in der ständischen Verfaßtheit des Schulwesens, damit einem System der Bildungsapartheid, aufgeht, sondern Erziehung und Formierung von Arbeitskraft sich auch wesentlich im Bereich der Sozialen Arbeit (s. Schaarschuch 1990), insbesondere von Jugendhilfe und Jugendpflege, bis hin zur extremen Form von Jugendfürsorge als extremem Disziplinierungsinstrument, vollzieht (s. Steinacker 2007).

12 Gesellschaftspolitisch relevant ist zudem, was Heydorn weiter als wesentlich für Marx herausstellt: „Die Befreiung selbst hat Marx in einem nur selten beachteten Zusammenhang angezeigt, über eine höchste Verinnerlichung der Geschlechterbeziehung, die sich zugleich als Zukunft dartut" (Heydorn 1979: 167).

2 Adler und Bernfeld oder: Kann Erziehung Gesellschaft verändern

Beginnt für Heydorn nach Marx „eine Periode des Verfalls der Vernunft ... auch im Bereich der Bildung" (Heydorn 1979: 166 f.; vgl. Bollenbeck 1999), so verkörpern Außenseiter – disziplinär wie politisch – die Ausnahme (vgl. 1979: 245–271; Marzahn 1971). In den 1920er und 1930er Jahren wird materialistische Bildungstheorie u. a. von Otto und Alice Rühle, Anna Siemsen, Antonio Gramsci, Max Adler und Siegfried Bernfeld weiterentwickelt.[13] Die beiden zuletzt Genannten fragen – hier exemplarisch, weil besonders eindrucksvoll konträr argumentierend, abgehandelt – nach Vermittlungen von Gesellschaftsverhältnissen und Erziehungsprozessen, indem sie gesellschaftskritisch, damit gesellschaftstheoretisch wie -politisch den Kapitalismus kritisierend, sowie in disziplinärer Abgrenzung von der geisteswissenschaftlichen Pädagogik vorgehen.

Adler und Bernfeld entwickeln Leitmotive zur Darstellung eines Zusammenhangs von Gesellschaftsanalyse, Gesellschaftskritik und Erziehungsverhältnissen, die bis heute bedeutsam sind; sei es, dass, was selten geschieht, auf sie systematisch Bezug genommen wird, oder sei es, dass der Problemstand – die Überwindung des Kapitalismus, die Frage nach den Akteuren und die nach einer politischen Bewegung – bis in die Gegenwart hinein als Thematik sich erhalten hat. Den Debatten zugrundeliegend ist die bereits benannte politisch-pädagogische Fragestellung, inwieweit Erziehung Gesellschaft verändern kann; perspektivisch geht es um das Projekt des „Neuen Menschen" und das Problem der ‚Grenzen' der Pädagogik und damit um die Frage nach Strukturen und deren Reproduktion.[14]

Wenn die Gesellschaftsanalyse als Gesellschaftskritik betrieben und mit einer historisch-konkreten Veränderungsperspektive verknüpft wird, so kennzeichnet das den allgemeinen Anspruch, der in den Werken Adlers und Bernfelds enthalten ist; wesentlich ist aber zugleich die Differenz zwischen beiden, die in der je besonderen Perspektive auf die Problemstellung zum Ausdruck gelangt. Es handelt sich dabei zusammengefasst um die jeweilige Antwort auf die Frage nach der Möglichkeit bzw. Unmöglichkeit durch Erziehung Gesellschaft zu verändern, konkreter: Die kapitalistische Klassengesellschaft mit Hilfe von sozialistischer Erziehung zu überwinden, um eine humane Gesellschaft zu entwickeln.

Die Auseinandersetzung Adlers mit historischen Positionen im Kontext von Sozialkritik und Sozialwissenschaft führt ihn zu einer Reformulierung des zugrundeliegenden Problems, was sich im Anschluss an die Marxschen Feuerbach-Thesen als seine genuine Positionierung verstehen lässt: „Die Erziehung fällt daher im folgerichtig gedachten Marxismus sowenig als ein durch die ökonomische Entwicklung überflüssig

---

13 Dieser Außenseiterstatus spiegelt sich – vor allem im Falle Bernfelds – auch in den Biographien und Karrieren: Zu Max Adler s. Schmied-Kowarzik (1988: 160–167); zu Siegfried Bernfeld s. Schmied-Kowarzik (ebd.: 155–160) und die Beiträge in Hörster/Müller (1992).
14 Zur Reproduktionsfrage s. grundlegend Scherr (1984), Sünker (1989).

gemachter Faktor aus der sozialen Gesetzmäßigkeit heraus, wie die menschliche Tätigkeit überhaupt, d. h. die ethische Zielsetzung und die planmäßige Wirksamkeit. Sie erhält nur eine andere Funktion, indem sie aus einer allmächtigen Schöpferin der gesellschaftlichen Entwicklung zu ihrer bewußten Förderin und Vollstreckerin wird. Auf diese Weise wird die Erziehung ihren Charakter wandeln müssen: Sie muß aus einem Klassenmittel der Beherrschung in den Händen der Bourgeoisie zu einem Klassenmittel der Selbsthilfe des Proletariates werden, sie muß aus der konservierenden Ideologie der alten Welt zum zersetzenden und revolutionierenden Ferment in dieser und zur aufbauenden Ideologie der umzuschaffenden Welt werden. Kurz: Erziehung muß sich mit proletarischem Geiste erfüllen und ein Kampfmittel des revolutionären Klassenkampfes selbst werden. Und dies nicht etwa als eine Parteiforderung, sondern als soziologische Konsequenz, d. h. wenn Erziehung überhaupt ein Mittel und nicht ein Hemmnis gesellschaftlicher Entwicklung sein soll" (1926: 25 f.).

Im Anschluss an diese Positionierung lassen sich mehrere Argumentationsfiguren rekonstruieren, die aus ihrem Zusammenhang heraus für die Perspektivenfrage relevant werden. Geht es zum einen um die Kritik der These von der Neutralität der Erziehung und den Nachweis des immanent Politischen von Erziehung und Bildung, weil diese „als soziale Begriffe" (1926: 78) zu entfalten sind, so vermittelt Adler dies in einer sehr modern anmutenden Wendung mit der Rede vom Eigenrecht des Lebens von Kindern und Jugendlichen, mit dem die Funktionalisierung der nachwachsenden Generation für die Aufrechterhaltung des herrschenden status quo kritisiert wird. Zusammengehalten werden diese Leitmotive mit Hilfe der Rede von sozialen Entwicklungsgesetzen, mit der „die Übereinstimmung der kausal notwendigen gesellschaftlichen Entwicklung mit der ethisch erforderten durch den Klassenkampf" (1926: 48) – ganz im Sinne der neokantianischen Fundierung des Austromarxismus – herausgestellt wird.

Vor diesem Hintergrund lassen sich in der Konzeption Adlers Ziel, Mittel und Organisation im Bereich der Erziehung unterscheiden. Der Bezug auf die Marxsche Freiheitsperspektive aller wird von Adler als die entscheidende Differenz zwischen Erziehung und sozialistischer Erziehung verstanden und mit der Aufgabe verbunden: „Jede Erziehung muss darauf ausgehen, den Zögling mit dem Geist der freiesten Selbständigkeit im Denken und Fühlen zu erfüllen, so dass jedes Kind nicht nur ein physisch, sondern auch ein seelisch neuer Mensch wird, ein Anfangspunkt neuer Urteile und neuer Empfindungen und darum auch neuen Schaffens. In den Kindern soll sich nicht das Alte, das Hergebrachte wiederholen, sondern das Neue, noch nicht Dagewesene erzeugen: nur so kommt die Welt weiter" (1926: 104; vgl. 50, 68 f., 126).

Den Zusammenhang zwischen Gesellschaftsveränderung und Änderung der Erziehung stellt Adler her, wenn er davon spricht, dass es um die Erkenntnis gehe, die Zerrüttung und Unkultur der kapitalistischen Welt könne nicht durch bloße Verbesserung alter Zustände und Einrichtungen, sondern nur durch Schaffung einer neuen Gesellschaftsordnung überwunden werden, zu der aber neue Menschen erforderlich seien,

„die auf den Wegen der alten Erziehung und Schulbildung nicht gewonnen werden können" (1926: 117).

Eingelassen in die Zielfrage ist die nach Mitteln und Inhalten. Gegen ökonomistische Verkürzungen in den real existierenden Verhältnissen, damit vor allem der Be-
rufsbildung, stellt Adler die Bedeutung der „Geistesbildung" – im Interesse an einer
„Entfaltung einer höheren Geisteskultur für alle" (1926: 74) – heraus; er verbindet dies –
wie zuvor auch hier der Humboldtschen Linie einer Bildung aller folgend – mit der
Kritik an Positionen, die „spottend fragen: Was braucht der künftige Schlosser, oder
Bauarbeiter, oder Monteur von Kant und Hegel zu wissen, was kümmern ihn Plato und
Aristoteles?" (1926: 75), um dem den „Bildungshunger der Arbeiterjugend" (ebd.) ent-
gegenzusetzen.[15]

Diesem klassischen Ideal einer umfassenden Bildung aller Menschen korrespondiert bei der Frage nach dem sozialen Ort bzw. der Organisation von Erziehung eine
Kritik an der Familienerziehung, der der Bezug auf das Allgemeine fehle, weil immer
nur oder mehrheitlich besondere, damit individualistische bzw. egoistische Interessen
verfolgt würden (1926: 128 f.); strukturell homolog ist diese Position mit der Kritik an
„Ehrenamtlichkeit", die gleichfalls mit Privatismus und mangelnder Professionalität einhergeht (1926: 102 f.). Dementsprechend argumentiert Adler vehement für die Professionalisierung der Erziehungsarbeit in Verbindung mit dem Prinzip der öffentlichen
Verantwortung, um Erziehung als allgemeine und verallgemeinerbare Aufgabe zu fassen
(1926: 81 ff, 103).

Auf der Folie einer Vermittlung von Psychoanalyse und Marxismus – oder von
Freud und Marx (Bernfeld 1967: 66 f.) – rekonstruiert Bernfeld in seinem Hauptwerk
„Sisyphos oder die Grenzen der Erziehung" das Verhältnis von Gesellschaftssystem und
Erziehung, deren Organisation, Mittel und Ideologie. Sein Hauptaugenmerk gilt der Reproduktionsfunktion von Erziehung, der gesellschaftliche wie individuelle Bedeutung
zukommt, was ihn zu der weitgreifenden Einschätzung führt: „Die soziale Funktion
der Erziehung ist die Konservierung der biopsychischen und der sozialökonomischen,
mit ihr der kulturell-geistigen Struktur der Gesellschaft. Nichts als diese Konservierung, diese Fortpflanzung. Was darüber hinaus weist, ist die Tendenz zur Verewigung
der Machtverteilung von heute, und damit der psychisch-sozialen Gegebenheiten von
heute. Sie ist demnach nicht allein Konservierung im Sinne der Reproduktion des Erreichten, sondern Konservierung im Sinne der Verhinderung eines Neuen" (1967: 110).

Der Nachdruck, den er auf die der Erziehung inhärenten Elemente des „Biopsychischen" und „Sozialökonomischen" legt, begründet sich aus seiner Definition von Erziehung, aus dem, was er als Voraussetzung von Erziehung, die er an den Tatbestand der

---

15 Damit ergibt sich eine wichtige Parallele zu Anna Siemsen, die in ihrem Werk sich zum einen mit den
„gesellschaftlichen Grundlagen der Erziehung" (1948) und zum andern immer wieder mit dem klassenspezifischen Verhältnis von Bildung und Literatur befaßt (s. Sänger 2011).

„Kindheit in Gesellschaft" bindet (1967: 50), sieht und ihn zu der Definition führt: „Die Erziehung ist danach die Summe der Reaktionen einer Gesellschaft auf die Entwicklungstatsache" (1967: 51). Diese „soziale Tatsache", Ausdruck der Sozialität von Kindheit (1967: 49), ist für Bernfeld zugleich entscheidend, um zwischen Erziehung und Pädagogik zu differenzieren; semantisch zwischen Erziehung als gesellschaftlichem Prozess und Pädagogik „als System von Normen und Anweisungen" (1967: 51).

Vorbereitet ist damit seine kritische Analyse des Verhältnisses von Macht- und Herrschaftsstrukturen einerseits und dem Erziehungssystem andererseits. Gegen die „guten Absichten" der Pädagogen, Glaubenssätze und Handlungsnormierungen, setzt er die normative Kraft des Faktischen, von ihm als „soziale Grenze" für Pädagogik und Erziehung gekennzeichnet. Bestimmend ist: „Die Organisation der Erziehung diktiert das Erziehungsresultat, alles was in diesem Rahmen sich abspielt, spielt sich bloß ab, ist verhältnismäßig unwesentlich, ändert im besten Fall nichts, hilft vielmehr im gewöhnlichen Fall – dem schlechtesten – geradezu zum Endresultat" (1967: 127).

So kann Bernfeld – bereits 1925 – zusammenbringen, was er aus ideologischer Perspektive als „Tendenz in der Erziehung" (1967: 106) und organisationstheoretisch als das Konservative der Erziehung betrachtet. Dementsprechend kann er von der Erziehung sagen, daß sie niemals die Vorbereitung für eine Strukturänderung der Gesellschaft gewesen sei (1967: 119). Diese „starke" These, die Einsicht in die soziale Grenze der Erziehung sei die Basis für die Einsicht, daß erst nach einer Veränderung der Gesellschaftsstruktur auch Erziehung sich ändere, wird nur bedingt relativiert durch die Aussage, „an einem Ort, unter der Gunst besonderer Umstände und Mittel ist alles möglich, für eine gewisse Zeit lang" (1967: 123).[16]

Zusammengefasst finden sich die wesentlichen Erkenntnisse Bernfelds zum Verhältnis von Gesellschaft und Erziehung in dem, was er den Unterrichtsminister Machiavell sagen lässt, wenn dieser in seiner Analyse hegemonialer Strategien über Erziehung als entscheidendes Machtmittel der Herrschenden zur Machtsicherung spricht. Es geht dabei vor allem um die Erkenntnis auf der Seite der Herrschenden, dass nur eine Beteiligung der Beherrschten an ihrer Beherrschung die Herrschaft absichert: „Die Kinder müssen die bürgerliche Klasse lieben lernen. Und dieser Unterricht muß so nachdrücklich, so sicheren Erfolgs sein, daß ein ganzes Leben in Not und Sklaverei verbracht, nicht hinreicht, diese Liebe zu verlöschen. Was in Wahrheit gewaltsam erzwungene Ausbeutung ist, wir wissen es, soll ihnen als freiwillig dargebrachtes Opfer der Liebe erscheinen. Sie sollen Mehrwert leisten, aber sie sollen es gern tun, aus innerem Liebeszwang, so wie der Liebhaber seiner Geliebten, der Gläubige seinem Gott opfert" (1967: 97 f.).

---

16 Dieser Satz ist notwendig, um Bernfelds Verarbeitung eigener Erfahrungen, die er in seinem Text „Kinderheim Baumgarten – Bericht über einen ernsthaften Versuch mit neuer Erziehung" (1969) systematisiert und dargestellt hat – und die sich als Theorie von Bildungsprozessen lesen lassen –, zu verstehen.

Ergänzt werden diese Ausführungen durch die Erschaffung eines „Intellektuellenstandes" (1967: 99); dies durch Ideologievermittlung in Gestalt „großer Worte" an die bürgerliche Jugend, die insgesamt korrumpiert wird durch die „Annehmlichkeiten eines parasitären Lebens" (1967: 101).[17]

Wenn Bernfeld Machiavell in den Mund legt, es gehe um „organisatorische Maßnahmen", weil aus der Perspektive der herrschenden Klasse dies das entscheidende Problem sei, das konsequent und unerbittlich dem eigenen Einfluß restlos vorbehalten werden müsse, während die Lehrplan- und Unterrichts-, selbst die Erziehungsfragen beruhigt den Pädagogen, Ideologen, ja selbst den Sozialdemokraten überlassen werden könnten (Bernfeld 1967: 98), dann entspricht das einer Strukturanalyse, die die Priorität der Organisationsform für die Herrschaftssicherung mithilfe des Erziehungssystems immer wieder betont. Dieser Sicht stellt Adler seine Position gegenüber, dass es möglich sei, Erziehung als Mittel der Bewußtseinsarbeit im Klassenkampf einzusetzen, um Gesellschaft zu verändern. Der Schwäche des Strukturalismus bei Bernfeld korrespondiert bei Adler seine Betonung „sozialer Gesetze", welche auf die Verbesserung der Menschheit hinwirken.

3 Heydorn: Dialektik der Institutionalisierung von Bildung

Verhalten sich also die Positionen Adlers und Bernfelds gegensätzlich – in der Sprache Hegels: in der Form der abstrakten Negation zueinander –, so ergibt sich eine substantielle Weiterentwicklung erst in den 60er und 70er Jahren in der Bundesrepublik Deutschland[18] mit den Arbeiten von Heinz-Hoachim Heydorn (vgl. Sünker 2003: Kap. V + VII). Zeitgleich bzw. nachfolgend gibt es weitere Beiträge von Autoren, die mit einer materialistischen Fundierung arbeiten: dazu zählen in dieser und der nächsten Generation wesentlich Theodor W. Adorno, Gernot Koneffke, Hans-Jochen Gamm, Ludwig v. Friedeburg, Wolfdietrich Schmied-Kowarzik, Johannes Gröll.[19]

Heydorns Rehabilitierung des Bildungsbegriffs überwindet den wechselseitigen Ausschluss von Positionen, der sich zuvor noch feststellen ließ. Er zielt auf eine gesell-

---

17 Damit ergeben sich interessante Vergleiche mit dem Werk Gramscis (2004; Merkens 2004), dessen Analyse hegemonialer Verhältnisse auch auf Erziehung und Bildung gerichtet ist und der zudem unterschiedliche Typen von Intellektuellen auch mit Bezug auf Positionen im Stellungskrieg der Klassen analysiert.

18 In der DDR zählen vor allem historisch-pädagogische Arbeiten von Robert Alt und Helmut König zu den materialistisch orientierten Beiträgen.

19 In den 70ern gibt es zudem eine von „Jüngeren" ausführlich geführte Debatte um eine „Politische Ökonomie des Ausbildungssektors" und um „Wissenschaft und Kapital", in der versucht wird, die Marxschen Kategorien aus der Kapitalanalyse für die Untersuchung des Ausbildungssektors fruchtbar zu machen (vgl. exemplarisch Altvater/Huisken 1971); eine „Verlängerung" der letztgenannten Debatte gibt es seit einigen Jahren um „Wissensgesellschaft", was richtiger „Wissenskapitalismus" zu nennen ist (Sünker 2009).

schaftskritisch-historisch verfahrenden Entzifferung der „Dialektik der Institutionalisierung von Bildung" (Heydorn 1979)[20], die er auf der Folie von Grundpositionen des
Westlichen Marxismus, dessen Widerspruchstheorie – von ihm als „Widerspruch von
Bildung und Herrschaft" (1979)[21] benannt – entfaltet. Architektur sowie Leitmotivik der
Heydornschen Analysen zeigen Verweisungszusammenhänge auf, innerhalb deren für
ihn Bildungsgeschichte gesellschaftsgeschichtlich, materialistisch, zu entziffern und Bildungstheorie als Gesellschaftskritik zu fundieren ist: Das mit Rekurs auf die alteuropäische und die Aufklärungstradition formulierte Projekt macht seine praxisphiloso-
phische Verortung im Rahmen des Westlichen Marxismus deutlich; es beinhaltet die
bildungstheoretische Reformulierung des Programms der Verwirklichung der Philosophie (vgl. auch Lefebvre 1975). Zusammengefaßt stellt Heydorns Bildungstheorie die ra-
dikalisierte Entfaltung der bildungs- und gesellschaftsgeschichtlich entwickelten Analy-
sekategorien dar. Sie zielt auf einen mäeutischen Begriff von Bildung als in dialogischen
Prozessen „entbundene Selbsttätigkeit" (Heydorn 1979: 27; vgl. Sünker 1989: 133–159).

Wesentlich für alle Analysen wie die grundlegende Perspektive bleibt für Heydorn
ein Bildungsverständnis, demzufolge „der ursprüngliche Ansatz des Bildungsgedan-
kens […] ihn […] als Verständigung des Menschen über seine eigenen Freiheit erkennbar (macht), als Versuch, seine Auslieferung an die Gewalt zu beenden" (1979: 32;
vgl. 323, 337). Dies wird gebündelt als Aufgabe der „Aufgrabung des Menschen und
damit als Herausforderung der Wirklichkeit" (1979: 18).[22]

Heydorn zeigt und betont, dass Bildung – als die aller wie der Überwindung von
Spaltungen auch in „Bildungsinstitutionen" – nur ein Element im historischen Veränderungsprozess mit anderen gemeinsam sein kann (1980: 100, 164). Sie vermag aber
einen eigenen wesentlichen Beitrag zur Veränderung – mit der Perspektive der Mündigkeit und Emanzipation aller – zu leisten, der durch andere gesellschaftliche Praxen
nicht einzuholen ist (1980: 167).[23] Entscheidend ist die je besondere historisch-konkrete Analyse von Konstellationen – als Analyse der Kräfteverhältnisse zwischen Klassen

---

20 Damit wird auch Schule mehr als nur eine Institution von Klassenherrschaft – wie es etwa bei Althusser (1973) mit der Rede vom „ideologischen Staatsapparat" klingt –, wird Dialektik nicht eindimensional aufzulösen gesucht; vgl. auch Koneffke (1969) mit seiner Analyse von „Integration und
Subversion".

21 Friedeburgs „Bildungsreform in Deutschland. Geschichte und gesellschaftlicher Widerspruch" (1989)
läßt sich über weite Strecken komplementär zur Heydornschen Analyse lesen.

22 Diese Füllung wie Perspektive mag auch Differenzen zwischen mystischen Ursprüngen des Bildungs-
denkens und materialistischen Konzepten von „neuen Menschen" charakterisieren.

23 Das Bedingungsgefüge von geschichtlicher Situation und Theoriearbeit wird von Heydorn (1979: 216)
dabei – strukturell und inhaltlich vergleichbar mit Adornos (1972) Reflexionen auf die „Halbbildung" –, relevant auch für unsere Gegenwart, bestimmt: „Fehlt der Bildung die geschichtlich zu-
wachsende Kraft, so ist sie auch theoretisch nicht mehr in der Lage, ihre eigenen Voraussetzungen
aufarbeiten zu können. Pädagogik, in Deutschland lange vornehmlich Teil einer philosophischen Tradition von Weltgeltung, wird mit dem Zerfall der spätbürgerlichen Philosophie isoliert, wird zum Re-
siduum, in dem sich der Antiintellektualismus aller Spielarten austoben darf. Die Bildung wird ihrer

(vgl. Gramsci 2004, Merkens 2004)[24] –, um über Fortschritte oder Rückschritte in der Geschichte der Befreiung der Menschheit befinden zu können: „Ein Bildungskonzept ist nur so weit progressiv, als die Kräfte, die es vertreten, zugleich einen direkten politischen Kampf um die Veränderung der Gesellschaft führen. Nur damit werden die Möglichkeiten der Bildung aktualisiert, wird Bildung zu einem bedeutsamen Moment in der Auseinandersetzung. Bildung für sich selbst vermag wenig, sie ist keine List der Vernunft" (1980: 109 f.).

4 New Sociology of Education und Critical Pedagogy

Der Heydornschen Analyse des in die kapitalistische Gesellschaftsverfassung eingebetteten Funktionalismus von Bildung, mit der die maximale Effizienz des Menschen in einer technologischen Gesellschaft, die auf Anpassung, Wechsel und Mobilität in weithin determinierten sozialen Grenzen beruhe, sichergestellt werden solle (1994: I, 284), korrespondieren auf vielfältige Weise materialistisch orientierte Forschungen aus den Bereichen von ‚critical/radical sociology and politics of education‘ und ‚critical pedagogy‘ (UK und USA). Diese haben sich seit ca.35 Jahren entwickelt und arbeiten inzwischen mit Bezug auf neoliberale Verhältnisse vor allem mit den gesellschaftsanalytischen Kategorien „marketisation" und „commodification" von Bildung, um zeitgenössische Entwicklungen in diesem Felde zu entziffern.[25]

Leitmotivisch werden in vielen Arbeiten die Topoi „Reproduktion und gesellschaftliche Widersprüche im Kapitalismus" (Bowles/Gintis, Giroux), „Ideologie und Curriculum" (Apple, McLaren), „Staat und Bildungssystem" (Dale, Green), „kritische Lehrerbildung" (Kincheloe, Steinberg), „Multikulturalismus und Rassismus" (Giroux, McLaren) und seit einigen Jahren „Globalisierung und Bildung" (Dale, Robertson) thematisch – und manchmal auch miteinander vermittelt.

In der Vermittlung von Politischer Ökonomie und einer Akzentuierung auf class, race and gender – ergänzt um Ideologiekritik – haben eine lange Reihe von Autorinnen und Autoren empirisch gehaltvolle Studien vorgelegt (M. Apple, M. Arnot, St. Ball,

---

eigenen Prämissen nicht mehr habhaft. Damit Bildung jedoch befreienden Charakter gewinnen kann, muss sie sich zunächst selber aufschließen."

Auch in der Perspektive treffen sich Adorno und Heydorn, wenn beide „Mündigkeit" als zentrale Kategorie von Bildungstheorie und -analyse benennen und ersterer herausstellt, es gehe darum „daß die Erziehung eine Erziehung zum Widerspruch und zum Widerstand ist" (Adorno 1971: 145; vgl. Heydorn 1980: 103).

24 Mit Michael Vester ist ein Repräsentant der Nachfolgegeneration nicht nur für die Bildungssoziologie, sondern auch für die Arbeiten an materialistischer Klassenanalyse und Klassenkonzept heute äußerst relevant (s. Vester et al. 2001; Vester 2011).

25 Daß beide inzwischen ein paradigmatisches Stadium erreicht haben, zeigt sich auch an Handbüchern, vgl. Apple/Au/Gandin 2009; Apple/Ball/Gandin 2010; Simons/Olssen/Peters 2009; eine erste Übersicht auf Deutsch vermittelt Kolbe/Sünker/Timmermann (1994).

S. Bowles, L. Chisholm, M. Cole, R. Dale, J. McLeod, H. Gintis, H. Giroux, I. Goodson, A. Green, P. McLaren, J. Kincheloe, A. Lareau, D. Livingstone, S. Robertson, S. Steinberg, Ph. Wexler, G. Whitty)[26], die zu erheblichen Teilen ihren Ausgang mit Arbeiten im Institute of Education/London University aus dem Umfeld von Basil Bernstein sowie von Brian Simon[27] in den 60er und 70er Jahren des letzten Jahrhunderts nehmen.

Herrschaftskritik und Demokratieinteresse gehen dort – auch unter Aufnahme der Debatte um „Citizens or Consumers" – ein enges Bündnis ein, analysieren und destruieren die herrschenden Ideologien von Begabung und Meritokratie, zeigen Klasseninteressen in der Strukturierung von Unterrichtssystemen – auch im System der ‚Comprehensive Schools' – und auf dem ‚Bildungsmarkt' auf, entziffern die soziale Logik von Schule und Identitätsbildungsprozessen und suchen seit dem Beginn der Debatte nach Zusammenhängen von Entwicklungen des kapitalistischen Produktionsprozesses und Veränderungen von Schule als Antwort auf neue Anforderungen an die Qualifikationsstruktur der Ware Arbeitskraft (exemplarisch: Apple 1979, Bowles/Gintis 1976; Ball 2003; Kincheloe/Steinberg/Hinchey 1999; McLaren 1993; Mehan et al. 1996; Wexler 1992; Whitty 1998)[28].

Perspektivisch wird es für eine materialistische Bildungsforschung und Pädagogik um zweierlei gehen: Zum einen im Bereich der Bildungsforschung um die Fortsetzung bzw. Reformulierung wie Präzisierung der Debatte um das von Bowles und Gintis aufgebrachte Korrespondenzprinzip von Arbeitsprozeß und Arbeitskraft, ohne die Widersprüche im Kapital-Arbeit-Verhältnis sowie die inneren Widersprüche zwischen Kapitalfraktionen (etwa: Handwerk und Großindustrie) zu verkennen (vgl. Cole 1988). Insbesondere der Einbezug einer materialistischen Alltagstheorie wie die von Lefebvre vorgelegte (vgl. Sünker 1989) sowie neuer industriesoziologischer Forschungen, die die Widersprüche im postfordistischen Produktionsprozeß zum Gegenstand machen, kann in materialistischer Weise für die Analysen von Bildungsforschung genutzt werden (vgl. Sünker 1999; Wexler 1999).

---

26 ‚Jüngere' sind in diese Namensliste nicht aufgenommen, unbeschadet ihrer Bedeutung!
     Wichtig ist zudem, daß CCCS-Autorinnen und Autoren hier auch nicht aufscheinen, weil unter „Cultural Studies" verhandelt (vgl. Scherr in diesem Bd.).
27 Zum Einstieg in das großformatige Werk der Beiden: Bernstein (1990); Simon (1994).
28 Dabei liegt mit Bowles/Gintis, Democracy & Capitalism (1987) ein bislang nur unzureichend rezipierter Text von zwei Politischen Ökonomen vor, der für die Vermittlung von demokratischer Bildung und die Bildung von Demokratie äußerst bedeutsam ist. Seinen Ausgang nimmt das Buch mit diesem ersten Absatz: „This work is animated by a commitment to the progressive extension of people's capacity to govern their personal lives and social histories. Making good this commitment, we will argue, requires establishing a democratic social order and eliminating the central institutions of the capitalist economy. … But we will maintain that no capitalist society today may reasonably be called democratic in the straightforward sense of securing personal liberty and rendering the exercise of power socially accountable."
     Auch agitatorisch am schärfsten verfährt P. McLaren, s. „Capitalists & Conquerors. A Critical Pedagogy Against Empire" (2005).

Zum anderen geht es im Kontext materialistischer Pädagogik um die „Schulstrukturdebatte" – also das System der Bildungsapartheid, das die deutsche Drei- bzw. Fünfgliedrigkeit mit ihrer besonders extremen klassenspezifisch akzentuierten sozialen Selektivität, einer „Politik der Schließung" (Vester 2007) kennzeichnet –, die von ‚Weltanschauungswissenschaftlern' (auch aus dem MPI für Bildungsforschung) wie interessierten Politikern zum unerwünschten Thema erklärt wird, weil es angeblich um die einzelne „gute Schule" gehe, ohne die darin eingebundene(n) Klassenposition(en) mit ihren Strategien (Ball 2003) zu thematisieren.[29]

Dabei ist aus der international vergleichenden Analyse zu den Folgen unterschiedlicher Schulsysteme als Ergebnis festzuhalten: „Put at its simplest, those countries with the most developed forms of non-selective or comprehensive schooling tend also to be the countries which achieve most equal educational outcomes – both as measured for 15-years olds and among adults – and the countries where social background has the least impact on attainment. On the contrary, the countries with the most intake selection, school choice, tracking and curricula differentiation, tend to be the most unequal in terms of both outcomes and social inheritance" (Green/Preston/Janmaat 2006: 183 f.). Und die Autoren halten zudem fest: "…, questions of equality have been dropping down the agenda in many countries, not least because of completely unsubstantiated but widely held claims that excellence and equality are incompatible. The PISA studies have finally laid this ghost to rest since they show quite clearly that many of the countries with the highest overall levels of achievement are also the countries with relatively equal outcomes. The climate of the times may, therefore, be propitious for a reconsideration of issues which have become undeservedly marginalized" (2006: 185).

Es geht mithin auch heute immer noch um das, was H. Becker (seinerzeit Direktor des MPI für Bildungsforschung) 1966 im Gespräch mit Th. W. Adorno „soziale Startgleichheit" (Adorno 1971: 110) als Voraussetzung von realer Bildungsbeteiligung – und mit Bourdieus „rationaler Pädagogik" zu vermitteln wäre – genannt hat.[30]

Eine andere Bildungsforschung und Pädagogik sowie eine andere Gesellschaft[31] sind also für ein „gutes Leben" aller möglich und notwendig.

---

29 Dabei geht es immer auch um den Gesamtzusammenhang von Bildung und Gesellschaft – auch ohne zu verkennen, daß Bildung mehr als Schule ist (Deutsches Bundesjugendkuratorium).

30 Hinzuweisen ist in diesem Kontext weiter auf die empirisch gesättigten Arbeiten von M. Tomasello, der in der Vygotski-Tradition wesentliche Grundlagen für eine materialistische Theorie von Bildungsprozessen erarbeitet hat (exemplarisch: Tomasello 2010, s. dazu Winkler 2011).

31 Bereits unter feudalistischen Verhältnissen führte die Entwicklung von Herrschaftsformen zwischen 800 und 1000 im ersten Drittel des 11. Jh. zu grundsätzlicher Kritik und dem Versuch, die Verhältnisse zu revolutionieren: in der Gestalt der Ketzerei. „Die Ketzerei vertrat die Gleichheit, die totale Gleichheit" (Duby 1986: 198). Und dies bedeutet en detail: „Indem sie (die Ketzer, HS) die Frauen uneingeschränkt in ihre Gemeinschaft aufnahmen, hoben sie die ursprünglich im gesellschaftlichen Raum errichtete Schranke auf. Das blieb nicht ungestraft: die Aufhebung des Unterschieds zwischen dem Weiblichen und dem Männlichen erlaubte die schlimmsten Verleumdungen und war meiner Ansicht nach der Hauptgrund für das Scheitern. Die Ketzer setzten sich über eine weitere wichtige Kluft

Literatur

Adler, Max (1926): Neue Menschen. Gedanken über sozialistische Erziehung. 2. vermehrte Auflage. Berlin. Laub'sche Verlagsbuchhandlung.

Adorno, Theodor W. (1966): Negative Dialektik. Frankfurt a. M.: Suhrkamp.

Adorno, Theodor W. (1971): Erziehung zur Mündigkeit. Frankfurt a. M.: Suhrkamp.

Adorno, Theodor W. (1972): Theorie der Halbbildung. In: Ders.: Ges. Schriften 8. Soziologische Schriften I. Frankfurt a. M.: Suhrkamp, S. 93–121.

Althusser, Louis (1973): Ideologie und ideologische Staatsapparate. In: Ders.: Marxismus und Ideologie. Berlin: VSA-Verlag, S. 111–169.

Altvater, Elmar/Huisken, Freerk (Hrsg.) (1971): Materialien zur politischen Ökonomie des Ausbildungssektors. Erlangen: Politladen.

Apple, Michael W. (1979): Ideology and Curriculum. London/New York: Routledge.

Apple, Michael W./Ball, Stephan J./Gandin, Luis Armando (Hrsg.) (2010): The Routledge International Handbook of the Sociology of Education. London: Routledge Chapman & Hall.

Apple, Michael W./Au, Wayne/Gandin, Luis Armando (Hrsg.) (2009): The Routledge International Handbook of Critical Education. London: Routledge Chapman & Hall.

Bernstein, Basil (1990): The Structuring of Pedagogic Discourse. Vol. IV: Class, codes, control. London/New York: Routledge.

Bernfeld, Siegfried (1967): Sisyphos oder die Grenzen der Erziehung. Frankfurt a. M.: Suhrkamp.

Bernfeld, Siegfried (1969): Kinderheim Baumgarten – Bericht über einen ernsthaften Versuch mit neuer Erziehung. In: L. v. Werder/R. Wolff (Hrsg.): Antiautoritäre Erziehung und Psychoanalyse. Ausgewählte Schriften Bd. 1. Frankfurt: März-Verlag, S. 84–191.

Bernhard, Armin (2011): Allgemeine Pädagogik: auf praxisphilosophischer Grundlage. Hohengehren: Schneider-Verlag.

Bollenbeck, Georg (1984): Bildung und Kultur. Glanz und Elend eines deutschen Deutungsmusters. Frankfurt a. M.: Suhrkamp.

Bollenbeck, Georg (1999): Tradition, Avantgarde, Reaktion. Deutsche Kontroversen um die kulturelle Moderne 1880–1945. Frankfurt a. M.: Fischer-Verlag.

Bourdieu, Pierre (2004): Der Staatsadel. Konstanz: UVK.

Bowles, Samuel/Gintis, Herbert (1978): Pädagogik und die Widersprüche der Ökonomie. Das Beispiel USA. Frankfurt a. M.: Suhrkamp.

---

hinweg: da sie die Privilegien des priesterlichen ‚Berufs' ablehnten, vermischten sie *clerus* und *populus*; sie luden alle Christen ein, auf die gleiche Art zu fasten und zu beten. Da sie andererseits dazu ermahnten, alle Angriffe zu verzeihen, nicht mehr zu rächen und auch nicht mehr zu strafen, proklamierten sie die Nutzlosigkeit der Spezialisten der Repression, des Stabes und des Militärs. Und schließlich arbeitete innerhalb der Sekte jeder mit seinen eigenen Händen, niemand erwartete, von einem anderen ernährt zu werden, niemand plagte sich im Dienst eines Herrn: die Trennungslinie zwischen Arbeitern und den anderen, den Grundherren, Gerichtsherren, Schutzherren, Inhabern von Strafgewalt, wurde ausgelöscht" (1986: 197f.; vgl. 228ff., bes. 239f.).

Dies verbindet sich mit der Erkenntnis, daß bislang in der Geschichte „Zwang, Betrug und Gewalt" (Moore 1982: 668) beim Bestreben, aus partikularistischem Interesse Gesellschaften zusammen zu halten, und damit Hierarchien, soziale Ungleichheit und Benachteiligung zu verteidigen, eine entscheidende Rolle spielten. Daher fragt Moore (1982: 671), „ob eine bestimmte soziale Funktion überhaupt ausgeübt werden muß, ob die menschliche Gesellschaft nicht ohne Könige, Priester, Kapitalisten oder selbst revolutionäre Bürokraten auskommen könne".

Bowles, Samuel/Gintis, Herbert (1987): Democracy & Capitalism. Property, Community, and the Contradictions of Modern Social Thought. New York: Basic Books.

Cole, Michael (Hrsg.) (1988): Bowles and Gintis Revisited. Correspondence and Contradiction in Educational Theory. London et al.: Falmer.

Duby, George (1986): Die drei Ordnungen – Das Weltbild des Feudalismus. Frankfurt a. M.

Friedeburg, Ludwig v. (1989): Bildungsreform in Deutschland. Geschichte und gesellschaftlicher Widerspruch. Frankfurt a. M.: Suhrkamp.

Green, Andy/Preston, John/Janmaat, Jan Germen (2006): Education, Equality And Social Cohesion. A Comparative Analysis. London: Palgrave Mcmillan.

Heydorn, Heinz-Joachim (1979): Über den Widerspruch von Bildung und Herrschaft. Frankfurt a. M.: Syndikat.

Heydorn, Heinz-Joachim (1980) : Zu einer Neufassung des Bildungsbegriffs. In: Ders.: Ungleichheit für alle. Frankfurt a. M.: Suhrkamp, S. 95–184.

Heydorn, Heinz-Joachim (1994) : Zur inneren Schulverfassung. Elemente einer Kritik der deutschen Bildungsideologie. In : Ders.: Werke Bd. 1. Vaduz: Liechtenstein, S. 283–296.

Kincheloe, Joe/Steinberg, Shirley/Hinchey, Patricia (1999): The Post-Formal Reader. Cognition and Education. New York/London: Falmer.

Kolbe, Fritz-Ulrich/Timmermann, Dieter/Sünker, Heinz (1994): Neue bildungssoziologische Beiträge zur Theorie institutionalisierter Bildung – Markierungen zur Theorieentwicklung. In: H. Sünker/J. Timmermann/F.-U. Kolbe (Hrsg.): Bildung – Gesellschaft – Soziale Ungleichheit, Internationale Beiträge zur Bildungssoziologie und Bildungstheorie. Frankfurt/M.: Suhrkamp. S. 11–33.

Koneffke, Gernot (1969): Integration und Subversion. Zur Funktion des Bildungswesens in der spätkapitalistischen Gesellschaft. In: Das Argument Nr. 54, S. 389–430.

Lefebvre, Henri (1975): Metaphilosophie. Prolegomena. Frankfurt a. M.: Suhrkamp.

Lenhart, Volker (1987): Die Evolution erzieherischen Handelns. Frankfurt a. M.: Lang.

Marx, Karl (o. J.): Grundrisse der Kritik der politischen Ökonomie. Frankfurt a. M.

Marx, Karl (1969): Thesen über Feuerbach. In: Mew Bd. 3. Berlin: Dietz, S. 5–7.

Marx, Karl (1969a): Das Kapital. Erster Band. Berlin: Dietz.

Marx, Karl (1969b): Das Kapital. Dritter Band. Berlin: Dietz.

Marx, Karl/Engels, Friedrich (1972): Manifest der Kommunistischen Partei. In: MEW Bd. 4. Berlin: Dietz.

Marzahn, Christian (1971): Zur Bedeutung der revolutionären Pädagogen der Weimarer Republik für die Rekonstituierung einer marxistischen Erziehungstheorie und -praxis heute. In: Erziehung und Klassenkampf 1, H.1, S. 31–49.

McLaren, Peter (1993): Schooling as a ritual performance: towards a political economy of educational symbols and gestures. 2nd ed. London et al.: Routledge.

McLaren, Peter (2005): Capitalists & Conquerors. A Critical Pedagogy Against Empire. Lanham et al.: Rowman & Littlefield.

Mehan, Hugh/Villanueva, Irene/Hubbard, Lea/Lintz, Angela (1996): Constructing School Success: The Consequences of Untracking Low Achieving Students. Cambridge: Cambridge University Press.

Merkens, Andreas (2004): Erziehung und Bildung im Denken Antonio Gramscis. Eckpunkte einer intellektuellen und politischen Praxis. In: A. Gramsci (Hrsg.): Erziehung und Bildung. Hrsg. im Auftrag des Instituts für kritische Theorie von Andreas Merkens. Hamburg: Argument, S. 15–46.

Moore, Barrington (1982): Ungerechtigkeit. Die sozialen Ursachen von Unterordnung und Widerstand, Frankfurt a. M.: Suhrkamp.

Reichelt, Helmut (1970): Zur logischen Struktur des Kapitalbegriffs bei Karl Marx. Frankfurt a. M.: Europäische Verlagsanstalt.

Sänger, Christoph (2011): Anna Siemsen – Bildung und Literatur. Frankfurt a. M.: Lang.

Schaarschuch, Andreas (1990): Zwischen Regulation und Reproduktion. Gesellschaftliche Modernisierung und die Perspektiven Sozialer Arbeit. Bielefeld: Böllert.

Scherr, Albert (1984): Strukturelle Bedingungen und alltagskulturelle Formen individueller Reproduktion im entwickelten Kapitalismus. München: Profil.

Schmied-Kowarzik, Wolfdietrich (1981): Zur Genesis und Kernstruktur der Marxschen Theorie. Freiburg: Alber.

Schmied-Kowarzik, Wolfdietrich (1983): Materialistische Erziehungstheorie. In: D. Lenzen/ K. Mollenhauer (Hrsg.): Enzyklopädie Erziehungswissenschaft. Band 1: Theorien und Grundbegriffe der Erziehung und Bildung. Stuttgart: Klett-Cotta, S. 101–116.

Schmied-Kowarzik, Wolfdietrich (1988): Kritische Theorie und revolutionäre Praxis. Konzepte und Perspektiven marxistischer Erziehungs- und Bildungstheorie. Bochum: Germinal.

Schmied-Kowarzik, Wolfdietrich (1989): Kritische Philosophie der Praxis. Die Marxsche Theorie und ihre Weiterentwicklung bis in die Gegenwart. In: H. Stachowiak (Hrsg.): Pragmatik. Handbuch pragmatischen Denkens. Bd. 3. Hamburg: Felix Meiner, S. 144–184.

Sennett, Richard (2008): Handwerk. Berlin: Berlin Verlag.

Siemsen, Anna (1948): Die gesellschaftlichen Grundlagen der Erziehung. Hamburg: Oetinger.

Simon, Brian (1994): The State and Educational Change: Essays in the History of Education and Pedagogy. London: Lawrence & Wishart.

Simons, Marten/Olssen, Mark/Peters, Michael (eds.) (2009): Re-Reading Education Policies. A Handbook Studying the Policy of the 21st Century. Rotterdam et al.: Sense Publishers.

Sohn-Rethel, Alfred (1970): Geistige und körperliche Arbeit. Zur Theorie gesellschaftlicher Synthesis. Frankfurt a. M.: Suhrkamp.

Stedman Jones, Gareth (2002): Introduction. In: K. Marx/F. Engels (Hrsg.): The Communist Manifesto. With an Introduction and Notes by G. Stedman Jones. London: Penguin, S. 3–187.

Steinacker, Sven (2007): Der Staat als Erzieher. Jugendpolitik und Jugendfürsorge im Rheinland vom Kaiserreich bis zum Ende des Nazismus. Stuttgart: Ibidem.

Sünker, Heinz (1989): Bildung, Alltag und Subjektivität. Weinheim: Deutscher Studienverlag.

Sünker, Heinz (2003): Politik, Bildung und soziale Gerechtigkeit. Perspektiven für eine demokratische Gesellschaft. Frankfurt a. M.: Lang.

Sünker, Heinz (2007): Gesellschaft, Demokratie und Bildung. In: H. Sünker/I. Miethe (Hrsg.): Bildungspolitik und Bildungsforschung Herausforderungen und Perspektiven für Gesellschaft und Gewerkschaften in Deutschland. Frankfurt a. M.: Lang, S. 11–44.

Sünker, Heinz (2009): Society, Knowledge And Education. In: M. Simons/M. Olssen/M. Peters (eds.): Re-Reading Education Policies. Rotterdam/Taipei: Sense, S. 220–234.

Sünker, Heinz/Timmermann, Dieter/Kolbe, Fritz-Ulrich (Hrsg.) (1994): Bildung, Gesellschaft, soziale Ungleichheit. Frankfurt a. M.: Suhrkamp.

Tenorth, Heinz-Elmar (1992): Materialistisch orientierte Pädagogik. In: J. Petersen/G.-B. Reinert (Hrsg.): Pädagogische Konzeptionen. Donauwörth: Auer, S. 190–203.

Theunissen, Michael (1978): Sein und Schein. Die kritische Funktion der Hegelschen Logik. Frankfurt a. M.: Suhrkamp.

Titze, Hartmut (1983): Erziehung und Bildung in der historisch-materialistischen Position. In: D. Lenzen/K. Mollenhauer (Hrsg.): Theorien und Grundbegriffe der Erziehungswissenschaft. (Enzyklopädie Erziehungswissenschaft Bd. 1). Stuttgart: Klett, S. 42–54.

Tomasello, Michael (2010): Warum wir kooperieren. Frankfurt a. M.: Suhrkamp.

Vester, Michael (2007): Die „kanalisierte Bildungsexpansion". In: H. Sünker/I. Miethe (Hrsg.): Bildungspolitik und Bildungsforschung. Herausforderungen und Perspektiven für Gesellschaft und Gewerkschaften in Deutschland. Frankfurt a. M.: Lang, S. 45–66.

Vester, Michael (2011): Klasse, Schicht, Milieu. In: U.-O. Hans/H. Thiersch (Hrsg.): Handbuch Soziale Arbeit. 4., völlig neue bearb. Aufl. München: Reinhardt, S. 769–795.

Vester, Michael et al. (2001): Soziale Milieus im gesellschaftlichen Wandel. Zwischen Individualisierung und Ausgrenzung. Frankfurt a. M.: Suhrkamp.

Wexler, Philip (1987): Social analysis of education: After the new sociology. London et al.: Routledge.

Wexler, Philip (1992): Becoming somebody: toward a social psychology of school. London et al.: Falmer.

Wexler, Philip (1999): Die Toyota-Schule. Ökonomisierung von Bildung und postmodernes Selbst. In: H. Sünker/H.-H. Krüger (Hrsg.): Kritische Erziehungswissenschaft am Neubeginn?! Frankfurt a. M., S. 35–57.

Whitty, Geoff (1998): Citizens or Consumers? Continuity and Change in Contemporary Education Policy. In: D. Carlson/M. W. Apple (Hrsg.): Power/Knowledge/Pedagogy: The Meaning of Democratic Education in Unsettling Times. Boulder: Westview Press, S. 92–109.

Winkler, Michael (2008): Erziehung – ein Verhängnis? Heydorn und Hegel über Grundlagen der Pädagogik. In: Neue Praxis 38, H.1, S. 110–119.

Winkler, Michael (2011): Michael Tomasello über Kultur und Zeigesituation – oder: noch etwas über die Ignoranz der Erziehungswissenschaft. In: Sozialwissenschaftliche Literatur Rundschau 34, H. 62, 5–14.

Winkler, Michael/Sünker, Heinz/Roth, Leo (2009): Bildung und Erziehung. In: H. J. Sandkühler (Hrsg.): Enzyklopädie Philosophie Bd. 1, Hamburg: Meiner, S. 295–301.

Das subjektorientierte Paradigma

Dieter Geulen

1 Ausgangslage und Problemstellung

Durch das subjektorientierte Paradigma in der Sozialisationstheorie wird explizit ein Problem thematisiert, das in der Bildungs- und Erziehungssoziologie, aber auch in anderen Human- bzw. Sozialwissenschaften wie z. B. der Erziehungswissenschaft, der Psychologie und Soziologie kaum oder nur beiläufig behandelt wird: die Frage nämlich, von welchem *Menschenbild* die betreffende Forschung geleitet wird und welche Konsequenzen daraus für ihre Begriffsbildung, ihr Methodenverständnis und ihren Bezug auf die Praxis folgen. Wir müssen bedenken, dass der Mensch für uns immer nur das „ist", als was wir ihn ansehen. Zumeist bleibt dies implizit und wird nicht ausdrücklich problematisiert und diskutiert. Das ist einigermaßen erstaunlich, hat doch die abendländische Philosophie seit der Antike und insbesondere in der Neuzeit eine Fülle denkbar verschiedener und gegensätzlicher Menschenbilder hervorgebracht, die sich auch in der humanwissenschaftlichen Forschung niederschlägt. Und mit zunehmender Globalisierung werden auch die in anderen Kulturkreisen, etwa in Indien, China und der islamischen Welt entstandenen Vorstellungen bedeutsamer.

Diese Frage betrifft direkt die Relevanz der betreffenden Forschung. Denn wenn eine Forschungsarbeit von einem systematisch beschränkten Begriff vom Menschen ausgeht, wird auch die Bedeutung ihrer Ergebnisse von vornherein entsprechend beschränkt sein. Typischerweise stecken solche Annahmen schon in den zugrundegelegten, scheinbar unschuldigen Begriffen bzw. Variablen. Das machen folgende Beispiele deutlich. So impliziert der Begriff des „human capital", der in der Bildungssoziologie eine Zeit lang als Zielvariable im Schwange war, die im wörtlichen Sinne inhumane Auffassung, dass zu bildende Menschen als eine Art Betriebskapital für die Wirtschaft zu betrachten seien. In der behavioristischen Psychologie der dreißiger bis vierziger Jahre wird die Persönlichkeit als ein Bündel von durch äußere Instanzen initiierten und dann gelernten Reiz-Reaktions-Verknüpfungen aufgefaßt und so ihre Einheit, Subjektivität, Selbstbestimmtheit und vieles andere unterschlagen. Die einflußreiche strukturfunktionalistische Sozialisationstheorie Talcott Parsons' (1951) begreift die menschliche Sozialisation nur als den Erwerb der vom jeweiligen Gesellschaftssystem vorgegebenen und für es funktionalen Rollen und unterschlägt die anderen Persönlichkeitsanteile und deren innovatives Potential. In ähnlicher Weise könnte auch nach den Implikationen etwa der physiologischen Hirnforschung oder der gerade erst beginnenden Forschung zur totalen informationellen Vernetzung für unser Menschenbild gefragt werden.

Dabei wird deutlich, dass unser Problem auch eine politische Dimension hat. Zum Beispiel macht es einen wichtigen Unterschied, ob Menschen als von wirtschaftlichen oder staatlichen Instanzen mehr oder weniger sanft bis offen autoritär zu beherrschende und konforme Individuen angesehen werden oder als selbständig denkende und verantwortlich sozial handelnde Subjekte – eine hier noch etwas plakative, aber einen wesentlichen Punkt unseres Problems treffende Gegenüberstellung.

Sie zeigt übrigens, dass in diesem Zusammenhang der Auffassung von der Art unserer *sozialen Handlungsfähigkeit* eine hervorragende Rolle zukommt (in der soziologischen Theoriebildung seit M. Weber, 1921; G. H. Mead, 1934, und T. Parsons, 1937 ist der Handlungsbegriff grundlegend geworden). Dies wird verständlich, wenn wir uns klar machen, dass alle gesellschaftlichen Prozesse durch menschliches Handeln vermittelt sind; da dieses wiederum von der spezifischen Sozialisation der Akteure abhängt, entscheidet also die Sozialisation der jungen Generation heute darüber, wie unsere Gesellschaft morgen beschaffen sein wird.

Das Problem des Menschenbildes in der deutschen Erziehungswissenschaft

Das hier angerissene Problem betrifft jede Art auf den Menschen bezogener Forschung. Für die mit menschlicher *Bildung und Erziehung* befassten Disziplinen hat es aus zwei Gründen eine herausgehobene Bedeutung. Zum ersten ist ein notwendiges und explizites Thema jeder Theorie über Erziehung die Frage nach den *Erziehungszielen,* die durch die Erziehung realisiert werden sollen. Diese Kategorie bezieht sich offensichtlich auf den Menschen selbst (pointiert formuliert in dem Diktum, dass der Mensch erst durch Erziehung zum Menschen werde), kann also nur mit Rekurs auf eine bestimmte Auffassung vom Menschen konzeptualisiert werden. Dies mag in der alltäglichen Erziehungspraxis unausgesprochen bleiben, eine mit wissenschaftlichem Anspruch auftretende Lehre wird jedoch kaum darauf verzichten können, den Zusammenhang zwischen den von ihr propagierten Erziehungszielen und dem entsprechenden Menschenbild offenzulegen.

Ein zweiter Grund liegt darin, dass jede Theorie über Erziehung die *empirischen Bedingungen menschlicher Bildungsprozesse* klären muß, weil zur praktischen Realisierung der von ihr intendierten Erziehungsziele notwendig erforderlich ist, dass die entsprechenden Bedingungen durch Bildungspolitiker, Pädagogen usw. bereitgestellt werden. Wie vor allem die neuere Sozialisationsforschung gezeigt hat, sind Bildungsprozesse äußerst komplex und bedürfen entsprechender empirischer Forschung über die Zusammenhänge materieller, kultureller und sozialer Bedingungen und Institutionen in der historischen Lebenswelt einerseits und den empirisch-psychologisch zu erforschenden Bedingungen auf der Seite der lernenden Subjekte andererseits. Ohne Kenntnis dieser Zusammenhänge ist eine nicht nur von Wunschphantasien geleitete, sondern ihren Zielen tatsächlich näher kommende Erziehung gar nicht möglich. Was insbesondere die empirische Forschung betrifft, so sind die von ihr angesetzten Variablen notwendig immer schon von einem theoretischen Vorverständnis abgeleitet; das bedeutet für eine reflektierte Sozialisationsforschung, dass sie noch *vor* der empirischen Arbeit zunächst einen Begriff vom sozialisierten Menschen formulieren muß. Eine solcherart reflektierte Sozialisationsforschung tritt an die Stelle früherer pädagogischer Theorien über Bildungsprozesse und ihre Bedingungen.

Man kann sagen, dass die Aufgabe, ein angemessenes Bild vom Menschen, das zumindest seinem subjektiven Selbstverständnis gerecht würde, mit einer empirisch fundierten Theorie darüber zusammenzubringen, wie er sich aufgrund seiner Interaktion mit der Umwelt bildet, von der Erziehungswissenschaft bzw. Sozialisationsforschung bisher nicht gelöst worden ist. In Deutschland war die Erziehungswissenschaft (ausgenommen die Reformpädagogik) bis in die 50er Jahre überwiegend durch das Paradigma einer „geisteswissenschaftlichen Pädagogik" geprägt, die sich als philosophische Disziplin verstand und im Fahrwasser der Philosophie des 19. und beginnenden 20. Jahrhunderts zwar interessante Beiträge etwa zum Wesen der Bildung und zum „pädagogischen Verhältnis" hervorgebracht hat, aber wegen ihrer Bindung an einen dem Idealismus verhafteten, endogenistischen bzw. nativistischen Persönlichkeitsbegriff mit einer gewissen Arroganz den Bezug auf die gesellschaftliche Realität ihrer Zeit eher negativ verstand und auch auf Distanz zur empirischen Forschung mit ihrem an naturwissenschaftlichen Vorbildern geschulten Methodenparadigma blieb (als Überblick empfehlen sich Nachschlagewerke aus den 60er Jahren, etwa Groothoff/Stallmann 1971, 815 ff). So ist sie vor zwei Problemen stehen geblieben, die aber in der folgenden Diskussion in den Vordergrund traten: erstens den Begriff von Persönlichkeit bzw. Bildung im Hinblick auf die Fähigkeiten zum Handeln in der gesellschaftlichen Wirklichkeit weiter zu entwickeln – was nach den jüngsten historischen Erfahrungen nahegelegen hätte –, zweitens der Frage nach den empirischen Bedingungen der Persönlichkeitsgenese im Sinne des Sozialisationsparadigmas nachzugehen, statt sich weiter auf nativistisch-reifungstheoretische Annahmen der älteren deutschen Entwicklungspsychologie zu verlassen (vgl. hierzu das repräsentative Handbuch von Thomae 1959). Das hätte dann auch ihre exklusive Fixierung auf das ambivalente „pädagogische Verhältnis" zum Lehrer gelöst und den Blick auf die vielen anderen sozialisatorischen Bedingungen in der sozialen Umwelt geöffnet.

Als es nach dem Zweiten Weltkrieg in der jungen Bundesrepublik darum ging, das Bildungswesen entsprechend dem neuen demokratischen Verständnis auch in seinen Institutionen umzugestalten, traten diese fatalen Beschränkungen zutage. Die geisteswissenschaftliche Pädagogik mußte das Ende ihrer Epoche eingestehen, und in kurzer Zeit wandelte sich die Erziehungswissenschaft zu einer sozialwissenschaftlichen, insbesondere soziologisch und psychologisch bzw. sozialpsychologisch angereicherten und auf empirischer Forschung basierten Disziplin, als die wir sie heute kennen. Errungenschaften der angelsächsischen Forschung, die an Nazi-Deutschland vorbeigegangen waren, wurden begierig rezipiert, so insbesondere die Sozial- und Lernpsychologie, die Psychoanalyse sowie ganz besonders die *Sozialisationsforschung,* die sich in den USA seit den 1920er Jahren entwickelt hatte. (Ein Dokument für die neue Orientierung auch der Bildungspolitik ist Roth 1969). Ihr empirisch vielfach belegter Grundgedanke, dass die Entwicklung und Bildung des Menschen von den gesellschaftlichen Einflüssen abhängig ist, die er während seiner Kindheit erfährt, wurde von der geisteswissenschaftlichen Pädagogik als Affront wahrgenommen. (Dies wurde sehr deutlich auf der Tagung der Deutschen Gesellschaft für Erziehungswissenschaft 1974, besonders in dem defensiv-polemischen Beitrag G. Bittners, vgl. Neue Sammlung, 14, 1974, H. 4).

Schien es zunächst, als ließe sich dieses Defizit durch die bloße Rezeption der Sozialisationsforschung korrigieren, so zeigte sich bald ein neues Problem. Die empirische Sozialisationsforschung bestand nämlich entsprechend ihrem methodischen Verständnis aus einer Fülle einzelner Befunde über die Auswirkungen einzelner Variablen in der Umwelt eines Kindes auf einzelne Persönlichkeitsmerkmale (vgl. Geulen 2005, 125 ff.). Diese unterscheiden sich jedoch erheblich hinsichtlich Begrifflichkeit, Methode und der jeweils wirksamen Randbedingungen sowie der untersuchten Populationen, sind daher nicht vergleichbar und können insbesondere nicht zu einem einheitlichen Bild vom sich bildenden Menschen zusammengefügt werden. So steht die Erziehungswissenschaft nun vor dem Problem, einerseits über eine Tradition philosophischen Denkens mit hohem Anspruch zu verfügen – allerdings mit dem genannten Defizit im Hinblick auf die genetischen Bedingungen –, andererseits über eine empirische Forschung, die dieses Defizit ausfüllen könnte, aber einem anderen Paradigma entstammt und in ihrer Begrifflichkeit an erstere nicht anschlussfähig zu sein scheint.

Der Ausgangspunkt des subjektorientierten Paradigmas

Hier nun liegt der Ausgangspunkt für die Entwicklung des *subjektorientierten Paradigmas* zunächst in der Sozialisationstheorie. Ein früher Impuls in diese Richtung war die in der deutschen Soziologie beginnenden Kritik (vgl. Dahrendorf 1958, der sich dabei auf Kant beruft) an der struktur-funktionalistischen Rollentheorie, die den Menschen ausschließlich als Träger vorgegebener sozialer Rollen und somit als in seinem Handeln total gesellschaftlich determiniert begreift. Dies mußte den Widerspruch provozieren, dass sich der Mensch schon in seinem reflexiven Selbstverständnis nicht in den ihm angesonnenen Rollen erschöpft, sondern über eine reiche Subjektivität verfügt, die eine weit komplexere Begrifflichkeit erfordert.

Die in der Soziologie geführte kritische Diskussion führte allerdings nicht bis zur Neuformulierung eines umfassenderen Bildes vom Menschen und zur Rezeption dafür relevanter Beiträge der Psychologie und der empirischen Sozialisationsforschung. Geulen (1977) unternahm dann den Versuch, in programmatischer Absicht einen konzeptionellen Rahmen zu entwickeln, der zum ersten auf der Höhe des philosophischen und psychologischen Diskurses den Menschen als sozial handlungsfähiges Subjekt begreift, und zum zweiten *zugleich* der Annahme folgt, dass seine Psychogenese von externen, d. h. spezifischen materiellen, sozialen und kulturellen Bedingungen, eben Sozialisation, abhängt. Wissenschaftstheoretisch anspruchsvoll und problematisch ist dieser Versuch insofern, als er darauf aus ist, zwei bisher getrennte Paradigmen zu verknüpfen, d. h. die relevante philosophisch-hermeneutische Tradition subjekttheoretischen Denkens in einer Begrifflichkeit zu rekonstruieren, die auch mit dem Paradigma analytisch-empirischer Kausalforschung kompatibel ist, und sie so wiederum durch entsprechende Forschung zu erweitern. Zahlreiche Autoren haben diesen Gedanken aufgenommen (Hurrelmann 1983; Leu 1985; Wagner 1983; Geulen/Veith 2004, Teil 2, bes. Bauer; Tillmann 2007).

Im folgenden 2. Abschnitt geben wir zunächst einen Überblick über die historische Entwicklung des Subjekt-Begriffs in der Philosophie der Neuzeit, der den gesellschaftlichen und politischen Kontext seiner Bedeutung und Akzentsetzung auch für uns heute erhellt und ihn begrifflich weiter auffächert. Im 3. Abschnitt wird kritisch der Befund diskutiert, dass am Ende des 19. Jahrhunderts das Subjektverständnis der Aufklärung in eine Krise geriet, die auch zunächst das Verständnis vom sozialisierten Menschen bei den Begründern der Sozialisationstheorie prägte. Im 4. Abschnitt präsentieren wir einen neuen Vorschlag zur Konzeptualisierung des vergesellschafteten Menschen unter dem Blickpunkt seiner sozialen Handlungsfähigkeit als Subjekt (Näheres s. Geulen 2005, bes. Teil III).

2 Die Entwicklung des Subjektbegriffs in der Neuzeit

In der antiken bis mittelalterlichen Philosophie bezeichnet der Begriff des Subjekts im Sinne des lateinischen „subjectum" das Zugrundeliegende, ein dem Substanzbegriff nahe stehendes Sein, das Träger von Qualitäten und Attributen ist bzw. dem sie zugeschrieben werden. Mit dem 17. Jahrhundert (von den zahlreichen Werken zur Geschichte der Philosophie der Neuzeit seien hier genannt: Röd 1999, 1984; Geyer 2007), genauer mit der Philosophie René Descartes', setzt ein Wandel, ja eine gewisse Umkehr des Subjekt-Begriffs hin zu der modernen Bedeutung ein: „Subjekt" meint jetzt insbesondere das erkennende, denkende und handelnde Ich, das einem Objekt gegenübersteht. Wie kommt es zu diesem Bedeutungswandel?

Descartes, der frühe Aufklärer, beginnt philosophisch mit dem methodischen Prinzip, alle überkommenen Wahrheiten, alle eigenen Annahmen und Wahrnehmungen und selbst deren Existenz in Frage zu stellen, um – wenn überhaupt – die Erkenntnis zu finden, die in völliger Klarheit einsichtig und daher nicht mehr zu bezweifeln ist. Seine Antwort ist bekanntlich das „cogito ergo sum", dass bei allen Zweifeln eines stets gewiss ist: dass ich als Zweifelnder bzw. Denkender existiere. Damit wird in die Anthropologie eine höchst folgenreiche Unterscheidung zweier Entitäten eingeführt, nämlich das denkende Bewusstsein (res cogitans) und die realen, räumlich ausgedehnten Dinge (res extensa). Der Mensch hat teil an beidem. Sein Körper ist Teil der Dingwelt, und entsprechend gelten auch für ihn die Gesetze der Mechanik in einem durchaus materialistischen Sinne. Zum anderen verfügt der Mensch über das denkende Bewusstsein, die Fähigkeit, wahre Erkenntnisse unabhängig von den trügerischen Sinneseindrücken der Außenwelt logisch zu konstruieren.

Die hier entscheidenden Sinnmotive dieser Anthropologie können wissenssoziologisch aus dem Zusammenhang der politischen Emanzipationsbewegung des Bürgertums der Neuzeit interpretiert werden. Gegen die mit der überkommenen ständisch-klerikalen Gesellschaftsordnung gekoppelten Vorstellungen, dass der Mensch als „Kind Gottes" wesenhaft in einem jenseitigen Reich wurzele und dass er sich seinen Glauben von den Autoritäten vorgeben lassen müsse, wird nun erstens die oben genannte materialistische These gesetzt, die den Menschen als Teil der diesseitigen Dingwelt bzw. Natur bestimmt. Wenn man will: Die alten Abhängigkeiten von metaphysischen Größen werden umgedeutet in reale, mit naturwissenschaftlichen Mitteln zu erforschende Kontingenzen.

Diese Denklinie ist allerdings stärker in der englischen Aufklärung entwickelt worden. In ihr steht der Gedanke im Vordergrund, dass die Psyche des Menschen wie jeder Gegenstand der Natur mechanistisch-kausal zu begreifen und dass sie im wesentlichen von außen, durch über die Sinne vermittelte Umwelteinflüsse determiniert sei. So liegen z. B. nach Thomas Hobbes den Bewusstseinsphänomenen Bewegungen materieller Partikel zugrunde, und unser Handeln ist nichts weiter als eine lust- bzw. unlustgeleitete Reaktion auf äußere Objekte. Bei John Locke und David Hume werden alle Bewusstseinsinhalte auf Erfahrung zurückgeführt; Begriffe, selbst die grundlegenden Kategorien wie z. B. Kausalität, entstehen durch Assoziation ursprünglich kontingenter Wahrnehmungen. Die Anthropologie des englischen Empirismus, die übrigens ihre kongeniale Weiterentwicklung in der behavioristischen Psychologie in den USA fand, hat der sozialisationstheoretischen Sicht insofern vorgearbeitet, als sie grundsätzlich die Psyche des Menschen und ihre Entwicklung als von realen Bedingungen abhängig sieht und dabei der sinnlichen Erfahrung und ihrer inneren Verarbeitung eine konstitutive Rolle zuweist.

In der zweiten, für die Entstehung des modernen Subjekt-Begriffs entscheidenden Denklinie wird der Mensch emphatisch als mit Vernunft begabtes, denkendes Wesen bestimmt, das nicht vorgegebene Lehrmeinungen zu übernehmen habe, sondern selber Quelle und Autor aller Erkenntnisse ist. Kant definiert Aufklärung zu Beginn seiner Schrift ‚Was ist Aufklärung?' in diesem Sinne geradezu durch den Wahlspruch: „Habe Mut, dich deines *eigenen* Verstandes zu bedienen!" Diese – wie gesagt politisch motivierte – Fassung des Erkenntnisproblems bedeutet eine ungeheure Aufwertung des Subjekts. Es scheint ja, dass ein Subjekt, das zu absoluter Erkenntnis fähig ist, auch selber absolut sein müsse. Das neue Subjekt usurpiert nicht nur die hohen Geltungsansprüche der alten, zuletzt absolutistischen Ordnung, sondern es erhebt weit darüber hinaus den Anspruch, in vernünftiger, von jedermann einsehbarer Weise die besser begründete, daher legitimere, ja letztlich die einzige Erkenntnisquelle zu sein.

Beide Denklinien, besonders aber die zweite, richten sich offensichtlich gegen die überkommenen Ansprüche des ersten Standes, der Kirche. Die eigentümliche Radikalität und Strenge dieses Diskurses, der letzte Gewissheit will und auf die Verabsolutierung des Subjekts hinausläuft, ist jedoch nicht der Subjektivität als Phänomen inhärent, die sich ihrer ja gewiss ist, sondern ist, wie mir scheint, dem ganz anderen Umstand geschuldet, dass das sich von der alten Ordnung emanzipierende Bürgertum seine politischen Ansprüche in überzeugenderer Weise begründen und legitimieren musste. Die Strenge der kontinentalen Aufklärungsphilosophie entspringt also nicht einer immanent philosophischen Notwendigkeit, sondern dem politisch-pragmatischen Motiv, ähnlich wie vor Gericht in einem historischen Streit – der alles andere als akademisch war, sondern in dem es um die gesellschaftliche Existenz des dritten Standes selber ging – die anderen bzw. alle von der eigenen Sache mit argumentativen Mitteln zu überzeugen. Wenn diese Interpretation zutrifft, so lässt sich der Begriff des Subjekts, wenn wir ihn heute säkularisieren, auch ohne die Annahmen der Substantialität und Absolutheit denken, und wir könnten auf diese Annahmen verzichten. Damit wäre der Weg frei, ihn in den Zusammenhang einer sozialisationstheoretischen Konzeption vom Menschen zu stellen.

Eine analoge Bewegung finden wir auch in Bezug auf die Begründung der moralischen und gesellschaftlichen Ordnung. Hier tritt das politische Motiv explizit zutage, wenn auch stärker bei anderen Autoren (Hobbes, Locke, Rousseau, Kant). Die zentralen Ideen sind hier die einer in der Vernunft jedes Menschen begründeten und daher für alle verbindlichen Moral bzw. der am Gesamtinteresse orientierte und in freier Übereinkunft aller geschlossene Gesellschaftsvertrag. Diese Wendung, die den Subjekt-Begriff um die moralische und politische Seite erweitert und ihm dabei zu den oben genannten Attributen auch noch Souveränität attestiert, ist augenscheinlich besonders gegen den zweiten Stand, der die politische Macht hielt bzw. gegen die ständische Gesellschaftsordnung als solche gerichtet.

Die mit dem cartesischen „cogito" (‚Ich denke') eingeleitete Wendung wird fortgesetzt durch die große Philosophie des deutschen Idealismus, wobei als die wichtigsten Theoretiker des Subjekts Kant, Fichte und Hegel zu nennen wären. Kant ist besonders hervorzuheben, zum einen, weil er den in der Erkenntnistheorie überkommenen Apriorismus mit dem Empirismus der englischen Tradition versöhnt, ohne die Souveränität des Subjekts zu opfern, und eine rationalistische soziale Ethik entwirft, zum andern, weil Kant wohl gerade deshalb von großem Einfluss auf Piaget und seine Schule, auch auf Lawrence Kohlberg und andere Autoren geworden ist, die Eckpfeiler der sozialisationstheoretischen Diskussion in der Gegenwart sind.

Der Subjekt-Begriff, den die kontinental-europäische Aufklärung und der deutsche Idealismus entwickelt haben, umfasst also sowohl das erkennende wie das moralisch und politisch handelnde Subjekt. Versuchen wir – auch schon im Vorausblick auf die moderne sozialwissenschaftliche Begrifflichkeit – die wesentlichen Momente in diesem Subjekt-Begriff in einigen Aussagen zusammenzufassen, so wären es etwa folgende:

1. Der Mensch, d. h. das einzelne Individuum als Subjekt, ist befähigt, selbstständig die Welt zu erkennen;
2. es ist reflexiv, d. h. in der Lage, auch sich selbst und sein Denken zu objektivieren und so auch seiner Identität innezuwerden;
3. es ist in der Lage, in gegebenen moralischen Situationen Handlungsalternativen gegeneinander und mit intersubjektiv nachvollziehbaren Gründen abzuwägen und sich im Bewusstsein der Autonomie zu entscheiden;
4. es bezieht sich auf andere Subjekte und deren Interessen, sowohl auf konkrete Andere oder Gruppen als auch auf eine Vorstellung von der Gemeinschaft aller Subjekte;
5. es verständigt sich direkt mit Anderen in sprachlich diskursiver („vernünftiger"), konsensorientierter Kommunikation;
6. es versteht sich selbst bzw. die Gemeinschaft auf der Basis solcher Kommunikation als Autor seines Handelns bzw. im kollektiven Sinne als „Subjekt der Geschichte".

Und nehmen wir – wie oben angedeutet – den Subjekt-Begriff als den zentralen Punkt einer Argumentation, die letztlich eine Kritik der überkommenen Gesellschaftsordnung, eine Begründung und Legitimation für den politischen Anspruch des Bürgertums und das Modell einer neuen Gesellschaftsordnung formuliert, und versuchen die darin implizierten Motive zu interpretieren, so ließen sich diese vielleicht so formulieren: Die Gestaltung der kollektiven Lebensbedingungen ist Angelegenheit aller beteiligten Menschen. Es ist davon auszugehen, dass alle Menschen „von Natur aus" – jedenfalls ihren Möglichkeiten nach – frei und souverän sind. Daher ist die Herrschaft Einzelner über andere nicht gerechtfertigt und muss beseitigt werden.

Die genannten Momente sind zwar im Kontext der bürgerlichen Emanzipationsbewegung in der Neuzeit, also in einer spezifischen historischen Situation entstanden, doch blieben sie auch nach der Französischen Revolution im bürgerlichen Denken etabliert, liegen den modernen Verfassungen und Rechtssystemen zugrunde und bilden den Kern des Begriffs der „Zivilgesellschaft" und des modernen republikanischen Bewußtseins.

Nun ist bemerkenswert, dass das anthropologische Denken nach der Beseitigung der ständischen und nach Errichtung der bürgerlichen Gesellschaftsordnung daran ging, das Subjekt als das bislang letztgültige Apriori selbst zum Objekt zu machen, d. h. auf Bedingungen außerhalb seiner zurückzuführen. Dem hatte der englische Strang der Aufklärungsphilosophie bereits vorgearbeitet (s. o.). In konsequenter Fortsetzung des Programms einer Aufklärung durch Wissenschaft richtete diese sich nun auf das Subjekt selbst (vgl. zum folgenden ausführlicher Geulen 1991). Allen voran ging die neu entstehende Psychologie. Aber auch andere Disziplinen bemächtigten sich des Subjekts durch Reduktion auf ihr jeweiliges Gebiet, auf materiell-physikalische, chemische oder physiologische Größen, auf biologisch-gattungsmäßige, auf ökonomische Bedingungen oder auf das Ensemble der gesellschaftlichen Verhältnisse. Diese vor allem mit den Namen Nietzsche, Darwin und Marx zu kennzeichnende Entwicklung, die ihre Fortsetzung mit Autoren wie Durkheim, Freud, Mead, Lacan und anderen findet und geradewegs in die sozialisationstheoretische Sicht vom Menschen mündet, scheint in ihrer Gesamtheit jedoch gleichzeitig auf eine Destruktion des von der Aufklärung hinterlassenen Subjekt-Begriffs hinauszulaufen; hier scheint also auf den ersten Blick ein Widerspruch zu liegen.

Doch müssen wir unterscheiden. Sicher zwang sie zu einer Rücknahme des Anspruches auf „Absolutheit" dieses Subjekts, der nach dem Aufweis der vielfältigen empirischen Kontingenzen in der Genese dessen, was bislang Subjekt genannt wurde, nicht mehr zu halten war. Für das politische Selbstverständnis des Bürgertums ist dies insofern aber nicht problematisch, als der „absolutistische" Subjekt-Begriff der Aufklärungsepoche nach der Beseitigung des Ancien Régime und der Etablierung der bürgerlichen Gesellschaft seine frühere offensive Funktion eingebüßt hatte bzw. überflüssig geworden war. Der Subjekt-Begriff als solcher war damit jedoch keineswegs vom Tisch, wie die zu Beginn des 19. Jahrhunderts aufblühende idealistische Philosophie und die Romantik beweisen.

Dass dieser Begriff nicht schon durch den Aufweis empirischer Abhängigkeiten falsifiziert wird, ließe sich mit Hinweis auf die philosophische Diskussion zum Problem der Willensfreiheit zeigen, insbesondere schon auf die Kantische (1787, A538 ff) Lösung dieser Frage, gemäß derer der Wille nicht der durchgängigen kausalen Bestimmtheit der raumzeitlichen Dingwelt folgt, sondern einer anderen, der „intelligiblen" Welt angehört. „Autonomie" ist demnach nicht als eine empirische Tatsache im engeren Sinne anzusehen, sondern als ein unabdingbares „Postulat der praktischen Vernunft". In der Sprache unserer Zeit hieße dies, dass unser moralisches Alltagsbewusstsein auch von Autonomie und Verantwortlichkeit offenbar nicht durch die natur- und sozialwissenschaftlichen Erkenntnisse über die Bedingungen der Vorgänge in unserem Gehirn bzw. Bewußtsein grundsätzlich tangiert wird. Die neuerdings von Vertretern der Neurowissenschaften wieder angezettelte Diskussion darüber beruht auf einem Missverständnis über die Differenz dieser kategorialen Ebenen, das unter anderem die ursprünglich politische – und eben nicht kausaltheoretische – Qualität des Autonomie-Begriffs ignoriert (zur gegenwärtigen Diskussion besonders in der Psychologie vgl. v. Cranach/Foppa 1996; Lukas 2004). Außerdem muss zwischen Bedingtheit einer konkreten Handlung und Bedingtheit in der Ontogenese des *Subjektes* dieser Handlung unterschieden werden; aus der Tatsache der empirischen Genese unserer Persönlichkeit folgt keineswegs, dass diese Person nicht im Bewusstsein der Freiheit handeln könnte. Das vielleicht stärkste Argument sehe ich in der Tatsache, dass die Sozialisationsforschung bereits überzeugend demonstriert hat, dass und wieweit Strukturen des Subjekts tatsächlich Ergebnis bestimmter Sozialisationsbedingungen und -prozesse sind; am deutlichsten wird das wohl an der Genfer Schule sowie an der Forschung zur Entstehung des moralischen Bewusstseins (Piaget 1974; Kohlberg 1996).

3   Die Krise des Subjektverständnisses am Ende des 19. Jahrhunderts

Die neuen Einsichten des 19. Jahrhunderts führen also nicht zur Abschaffung des Subjekt-Begriffs, aber zu einer Auffassung vom vergesellschafteten Menschen, die zunächst als resignative Krise des Subjektbegriffs erscheint. Es scheint, dass die fortschreitende Erforschung und Relativierung des Menschen einem neuen Lebensgefühl entgegenkommt: In zunehmendem Maße erfahren die Menschen im 19. Jahrhundert, dass die von ihnen selbst geschaffene Gesellschaft eine ökonomisch-technische und politisch-soziale Eigendynamik entfaltet, in die sie sich zunehmend nur mehr als fremdbestimmte und abhängige eingeordnet sehen. Ein sozialdeterministischer Zug kommt in verschiedenen philosophischen Strömungen vom Historismus bis zum Evolutionismus zum Ausdruck, am deutlichsten wohl bei Marx. Das Subjekt erscheint nicht länger als verdinglichte Entität und (wie bei Descartes bis hin zu Kant) als durch das reine Denken gestiftete Einheit bzw. Einheitlichkeit, sondern nimmt jetzt die aus dem Verhältnis eines Individuellen zu einem diesem fremden, ja antagonistischen Anderen der Gesellschaft entspringende reflexive Bewegung als neue und problematische Erfahrung in sich auf. Dieser von Hegel in erkenntnistheoretischer Perspektive formulierte Sachverhalt ließe sich geradezu als Bestimmung des Subjektes selbst sehen: „Was wahr ist am Subjekt, entfaltet sich in der Beziehung auf das, was es nicht selber ist, keineswegs durch auftrumpfende Affirmation seines Soseins" (Adorno 1973, 133).

Und diese Erfahrung ist es, die das Denken der ersten Sozialisationstheoretiker um die Jahrhundertwende sowie die darauf folgende sozialisationstheoretische Diskussion lange Zeit bestimmt. Wir haben zu prüfen, ob und wie weit diese ersten Formulierungen, die ein neues Moment gewonnen, aber auch wesentliche Momente des Subjekt-Begriffs aufgegeben zu haben scheinen, auch noch in der gegenwärtigen Situation den Ansprüchen an eine Theorie vom gesellschaftlich handlungsfähigen Menschen gerecht werden bzw. revidiert werden müssen.

Emile Durkheim (1992; 1961), der vor allem für die soziologische Diskussion grundlegend wird (vgl. ausführlicher Geulen 1991, 536 f.), erkennt, dass die reale Basis der Gesellschaft die Individuen selbst sind, die sie in Gestalt gesellschaftlicher Werte, Glaubensvorstellungen und Normen verinnerlicht haben. Bemerkenswert ist, dass Durkheim jedoch immer wieder auf den Befund hinweist, dass uns diese Inhalte des Kollektivbewusstseins als äußere, uns objektiv gegenüberstehende Tatsachen erscheinen, die mit einem spezifischen moralischen Zwang (contrainte) auf unser „ individuelles Wesen", das er in physischen Zuständen und Bedürfnissen sieht und das im Grunde animalisch und egoistisch ist, einwirken.

Im wesentlichen sind in diesem Modell vom Subjekt-Begriff der Aufklärung nur noch zwei Momente übrig geblieben, nämlich erstens, dass Individuen in ihrem Handeln nicht realen äußeren Autoritäten folgen, sondern eigenen Rationalitäten, und zweitens, dass diese inneren Gründe als moralische, d.h. gesellschaftliche, gefasst werden. Aufgegeben sind dagegen Bestimmungen, nach denen die subjektiven Motive in der Vernunft begründet seien und damit das Handeln im Bewusstsein der Autonomie stattfindet; an die Stelle der – in der Aufklärung in einem als individuelle wie als universale gedachten – Vernunft ist die Gesellschaft als krude Realität getreten, und statt Autonomie erleben wir innerpsychische Zwänge.

Die Fixierung auf ein inneres Zwangsverhältnis hat jedoch zwei fatale Konsequenzen für die Begrifflichkeit. Gerade weil die „zwingende" Instanz als „gesellschaftliche" identifiziert wird, erscheint die „bezwungene" Instanz als gesellschaftsfrei bzw. nicht gesellschaftlich bedingt – eine späte Nachwirkung der Absolutheits-Annahme der Aufklärung, die wir als unhaltbar erkannt haben. Woher sollte aber eine solche Instanz und die Fähigkeit zu ihrer Reflexion kommen, wenn nicht auch aus Sozialisation? Die zweite Konsequenz des Durkheimschen Modells ist noch gravierender. Weil Gesellschaft als verinnerlichte begriffen wird, *geht sie als äußeres Objekt politischen Handelns verloren.* „Die Übermacht des Objektivierten in den Subjekten, die sie daran hindert, Subjekte zu werden, verhindert ebenso die Erkenntnis des Objektiven" (Adorno 1973, 173). Nicht nur das Objekt der Erkenntnis, sondern das des Handelns geht verloren, und auch dieser Verlust schlägt auf den Subjekt-Begriff selbst zurück. Der reine Rollen-Akteur bewegt sich ganz in der Gesellschaft und steht ihr nicht mehr als Handlungssubjekt gegenüber.

Sigmund Freuds psychoanalytische Theorie (1944; 1948), die nahezu ausschließlich das theoretische Vorverständnis der empirischen Sozialisationsforschung bis in die 1950er Jahre bestimmte, formulierte wenig später als Durkheim von einem psychotherapeutischen Ausgangspunkt aus ein Modell, das dem Durkheimschen ähnlich ist. Aus dem ursprünglichen triebhaften und unser animalisches Erbe enthaltenden „Es" entwickelt sich im Umgang mit der Realität das diese repräsentierende „Ich" und innerhalb seiner wiederum die besondere Instanz des „Über-Ich", das aus einer Identifikation mit dem Vater entsteht und so die von ihm vertretenen Gebote und Verbote, also die Normen der Gesellschaft, vertritt.

Sicher werden bei Freud das Verhältnis der psychischen Instanzen zueinander und die innerpsychische Dynamik komplexer gefaßt, und seine Theorie insgesamt hat die Sozialisationsforschung immens bereichert. Doch auch bei ihm erscheint die Gesellschaft nur als verinnerlichte und eigene, fixe Größe, die Freud sogar mit dem Gewissen gleichsetzt, das als Ich-Ideal, als Instanz der Selbstbeobachtung und als strafende Instanz den anderen Instanzen übermächtig gegenübertritt und, wo sie nicht durch ein starkes Ich relativiert wird, in die neurotische Krankheit führt.

Bei Freud wie Durkheim wird eine Ambivalenz gegenüber dem Subjektbegriff deutlich, die dadurch zustande gekommen sein könnte, dass die Gesellschaft, die im Ancien Régime den Individuen als äußerer Gegenstand bzw. als Gegner sichtbar gegenüber-

stand, *nach* der Revolution als die von den Bürgern ja gewünschte neue Ordnung verinnerlicht war, dass man sich mit ihr *identifizieren* mußte. Später schlugen dann die
unausweichlichen Enttäuschungen in politische Resignation und romantische Sehnsucht nach einem inneren gesellschaftsfreien Reservat um; vielleicht auch hatte man
sich von den autoritären Relikten einer feudalen Verhaltenskultur in der bürgerlichen
Gesellschaft am Ende des 19. Jahrhunderts noch nicht wirklich emanzipiert. So erscheinen diese frühen Modelle vom sozialisierten Menschen als Reflexe einer spezifischen
historischen Situation, deren Anspruch auf universale Gültigkeit und Relevanz für die
heutige Diskussion relativiert wird.

Wir können heute im Gegenteil wieder die dem ursprünglichen Impetus der Aufklärung entsprechende Perspektive verfolgen und konstatieren, dass angesichts der
Entwicklung unserer Gesellschaft – nach einem Jahrhundert singulärer katastrophaler
Erfahrungen und in einer Zeit rapiden, chaotisch anmutenden Wandels – eine subjektorientierte Auffassung vom Menschen und seinem Handeln notwendiger ist denn je.
Die Relevanz dieser Perspektive ergibt sich also aus den Entwicklungstendenzen dieser Gesellschaft selbst: Der moderne Mensch hat vieles von seiner Subjektivität an die
von ihm geschaffene Realität abgegeben, und deshalb glauben manche, dass Subjektivität überflüssig geworden sei. Aber diese Realität hat sich anders entwickelt, sie ist uns
entglitten – einholen können wir sie nur als Subjekte. Die literarische Floskel vom „Tod
des Subjekts" ist ein provozierend gemeinter pragmatischer Widerspruch: Wer so redet,
verhält sich ja schon als Subjekt, und das auch in unserem Sinne (zu dieser Diskussion
etwa Zima 2010). Tatsächlich ist zu beobachten, dass das Thema „Subjekt" in sozialphilosophischen Veröffentlichungen zur Zeit ein boomhaftes Interesse findet (eine Ad-
hoc-Recherche im Internet zum Stichwort ‚Subjekt + Philosophie' bringt im Jahr 2011
mehr als 250 neuere Buchtitel).

4   Desiderata einer subjektorientierten Konzeption sozialer Handlungsfähigkeit und Sozialisation

Die Ergebnisse der vorstehenden Überlegungen seien zum Schluß in Form einiger
Thesen darüber zusammengefasst, welchen Desiderata eine Sozialisationstheorie entsprechen sollte, die wir als „subjektorientiert" bezeichnen und von anderen Theorien
abgrenzen könnten. Diese Konzeption ist vom Verfasser im Zusammenhang und in
weit größerer Ausführlichkeit, als es hier möglich war, an anderen Stellen ausgeführt
und argumentativ und mit Bezug auf die Forschungsliteratur dargestellt worden; darauf sei ausdrücklich verwiesen (Geulen 1977; 2005 Teil 3; dort auch die entsprechenden,
umfangreichen Literaturverweise).

1. Die in einzelnen humanwissenschaftlichen Disziplinen (Pädagogik, Soziologie,
Psychologie und der Sozialisationsforschung) entwickelten Bilder vom Menschen sind
für sich unvollständig, einseitig und besonders in den Implikationen ihres Begriffes

des gesellschaftlichen Handelns problematisch. Daraus resultiert der Vorschlag, einen umfassenderen *Begriff vom vergesellschafteten Menschen als Handlungs-Subjekt* zu entwickeln, der die wesentlichen Errungenschaften dieser Disziplinen aufnimmt und sie unter der in der Philosophie der Aufklärung entwickelten Perspektive in einem Begriff vom Menschen als gesellschaftlich handlungsfähiges Subjekt integriert.

2. Dieser Begriff darf die Persönlichkeit nicht als ahistorisches (wie noch in der Aufklärung) oder statisches Konstrukt (wie häufig in der psychologischen Persönlichkeitsforschung) begreifen, sondern ausdrücklich unter der Annahme, dass sie sich von der Kindheit an erst entwickelt, und zwar auf Basis der genetischen Ausstattung in *Interaktion mit, und abhängig von, den vielfältigen Bedingungen in ihrer jeweiligen, historisch gegebenen Umwelt* (vgl. Schneewind 2004; Asendorpf 2004). Dies ist die zentrale Annahme und das Thema der Sozialisationsforschung überhaupt.

3. Da Persönlichkeit ein empirischer Gegenstand und Sozialisationsforschung empirische Kausalforschung ist, muß die Begrifflichkeit so beschaffen sein, dass sie in *analytisch-empirischer Forschung* weitergeführt werden kann und sich nicht in metaphysischen Anmutungen verliert. Dies mag im sogenannten qualitativen oder auch im statistisch-quantitativen Forschungsparadigma geschehen, wie es in der heutigen Psychologie hoch entwickelt ist. In jedem Fall ist erforderlich, Phänomene auf präzise und analytisch diskriminierende Begriffe zu bringen, die sich mit intersubjektiv konsensfähigen Indikatoren verknüpfen lassen. Sozialisationsprozesse werden damit nicht mehr nur pauschal, sondern auf der Ebene spezifischer Persönlichkeitsvariablen und deren interaktiven Zusammenhängen und entsprechenden individuellen Ausprägungen thematisierbar.

4. Da das sozialisationstheoretische Interesse als politisches, wie oben dargelegt, sich mehr auf den Begriff des sozialen Handelns als auf eine wissenschaftshistorische Diskussion verschiedener Subjektbegriffe richtet, wird die begriffliche Grundlegung gleich auf der Ebene einer *Theorie des sozialen Handelns,* und zwar im Geiste eben des explizierten Subjektbegriffs, angesetzt; unser Thema ist dann nicht „das Subjekt", sondern das Handeln eines Subjekts als solcher.

5. Die Theorie des sozialen Handelns geht methodisch in ihrer Begriffsbildung zunächst von einer Explikation des Selbstverständnisses handelnder Subjekte aus. Ihr empirischer Gegenstand ist also in erster Linie die subjektive Seite eines Handelnden bzw. – wie wir sagen – seine *Handlungsorientierung.* Dem entspricht die eben subjekttheoretische Annahme, dass Subjekte als Autoren bzw. ihre Handlungsorientierung als unabhängige Variable ihres beobachtbaren Verhaltens aufzufassen sind. Wir gehen von dem grundlegenden Sachverhalt aus, dass in unserer Handlungsorientierung zwei nicht auf einander reduzierbare begriffliche Ebenen zu unterscheiden sind, nämlich erstens die Orientierung an Zielen, die wir erreichen wollen, und zweitens die Orientierung an anderen Subjekten in unserem Handlungsfeld:

a) Handeln ist immer auf die Erreichung bzw. Verwirklichung eines „*Zieles*" ausgerichtet ist. Damit ist ein von uns gewünschter Zustand der Realität im weitesten Sinne gemeint, der gegenwärtig noch nicht erreicht, aber prinzipiell durch eine bestimmte Tätigkeit unsererseits erreichbar erscheint und so von uns antizipiert wird. Die Frage, wie diese Spanne überbrückt und das Ziel tatsächlich erreicht werden kann, führt im nächsten Schritt zum Begriff der *„Mittel"* bzw. des Mitteleinsatzes. Es sind dies die in realen Sachzusammenhängen begründeten Bedingungen, die durch entsprechende Tätigkeit hergestellt werden müssen, damit das Ziel erreicht wird. Einen besonderen Akzent möchte ich auf ein drittes Moment der allgemeinen Handlungsorientierung legen, das in vorliegenden Theorien häufig zu kurz behandelt wird, nämlich die *Wahrnehmung der gegebenen Realität.* Dabei kann einerseits zwischen dem Vorverständnis der Realität insgesamt und besonders der gegebenen Situation sowie andererseits den einzelnen Wahrnehmungsakten, die sich auf jeweils bestimmte Gegebenheiten richten, unterschieden werden. Das Vorverständnis ist ein schon vor der aktuellen Wahrnehmung bestehendes relativ dauerhaftes Wissen, eine Repräsentanz der Realität, das den Hintergrund für die Handlungsplanung und das hierzu notwendige Material bereitstellt. Eine zumindest in wesentlichen Zügen konsensuelle, sprachlich vermittelte Repräsentanz der gesellschaftlichen Realität ist eine fundamentale Vorbedingung sozialen Handelns mit Anderen.

b) Ein *anderes Subjekt* scheint zunächst ein Gegenstand wie alle anderen zu sein. Eine phänomenologische Betrachtung zeigt jedoch, dass wir uns nicht hauptsächlich am overten Verhalten des Anderen, sondern schon an seinem geplanten Verhalten orientieren, also an seiner Handlungsorientierung: Ich mache mir ein Bild davon, was der Andere will, welche Absichten er hat, wie er zu meinem Verhalten steht, wie er mich sieht usw. Gleichzeitig weiß ich, dass der Andere im Prinzip das Gleiche in Bezug auf mich tut, sich also fragt, was ich will, wie ich sein Verhalten bzw. ihn sehe usw. Andere nehmen in unserer Handlungsorientierung offenbar eine ausgezeichnete und von allen „Gegenständen" unseres Handelns unterschiedene Stellung ein. Sie sind unseresgleichen – wenn auch in ihrer Identität von uns verschieden – , sie sind *Subjekte, die eine eigene Handlungsorientierung unterhalten und in ihrem Handeln verfolgen, und sie lassen sich nicht widerstandslos zu Objekten unseres Handelns machen.* Eine subjekttheoretische Orientierung kommt also auch hier zur Geltung. Das Verhältnis interagierender Subjekte ist in diesem Sinne formal reziprok. Es kommt hinzu, dass sie eben dies wissen, d. h. ich weiß, dass der Andere weiß, dass ich weiß usw. und umgekehrt. Dieses Phänomen kann als *Intersubjektivität* bezeichnet werden. In dem Maße, in dem ihr Wissen auch inhaltlich übereinstimmt bzw. ihre wechselseitigen Annahmen zutreffen, können wir von einem *Konsens* sprechen. Ein Konsens in zumindest diesem minimalen Sinne ist eine Voraussetzung jeder sozialen Interaktion.

Dieser Prozess kann nicht als „Wahrnehmung" in dem gleichen Sinne aufgefasst werden, wie wir von der Wahrnehmung äußerer Gegenstände vermittels der Sinnesorgane sprechen, denn die subjektive Handlungsorientierung eines Anderen ist einer direkten sinnlichen Wahrnehmung ja nicht zugänglich. Es muss sich also um eine besondere Art der Kognition handeln, die auch durch eine eigene Theorie erklärt werden muss.

Die in der Sozialpsychologie vertretenen Theorien der Empathie bzw. des Ausdrucks-
verstehens und der sogenannten Person-Wahrnehmung werden aus unterschiedlichen
Gründen diesem Problem nicht gerecht. Dagegen bietet die Theorie der *Perspektivenübernahme* einen aussichtsreichen Ansatz zur Lösung des Problems. Perspektivenübernahme (role taking, perspective taking) bezeichnet die u. a. von G. H. Mead (1934) und
J. Piaget (1982) beschriebene mentale Operation, dass ein Subjekt (Ego) innerhalb einer
gegebenen Situation bzw. eines Bezugssystems, in dem es mit einem anderen Subjekt
(Alter) bzw. mit mehreren Subjekten steht, sich virtuell in die Position des bzw. der Anderen versetzen und die dieser Position entsprechende spezifische Perspektive von der
Situation einschließlich von ihm selbst und so auch seine Handlungsorientierung rekonstruieren kann. Auf höheren Stufen können wir auch die Perspektive eines Dritten
oder sogar die aller möglichen Beobachter einnehmen. Diese Operation ist in zahlreichen empirischen Studien gut erforscht und dokumentiert (vgl. Geulen 1982).

c) Um den Begriff des sozialen Handelns zu fassen, müssen wir eine Antwort auf die
Frage finden: Welche Momente konstituieren eine Interaktion zwischen Subjekten, die
in einem tätige Verwirklichung ihrer Ziele ist und beider Subjektcharakter wahrt? Dazu
sind die beiden genannten Begriffsebenen der Ziel-Mittelorientierung und der Orientierung an Anderen in einer dritten Begriffsebene miteinander zu verknüpfen. Diese
enthält folgende Momente:

(1) Es muß eine konsensuelle *„Definition der Situation"* gebildet werden, d. h. ein
Sinnverständnis der Beteiligten von den relevanten aktuellen Gegebenheiten, insbesondere von sich selbst bzw. ihrer Identität und Rolle sowie von der Art der zwischen ihnen
zu entwickelnden Interaktion. (2) *„Kommunikation",* in einem weiten Sinne die sprachliche Mitteilung von Sachverhalten und Intentionen zwischen Subjekten, ist notwendige
Bedingung schon für die Situationsdefinition, darüber hinaus und hauptsächlich über
die relevanten Inhalte der jeweiligen Handlungsorientierungen (Tatsachen, Ziele, Mittel,
Möglichkeiten, Absichten, Handlungen usw.) als notwendige Bedingung der Realisierung, Gestaltung und Lenkung der Interaktion selbst. (3) Ausgehend von den logischen
Möglichkeiten der Kongruenz bzw. der Unvereinbarkeit im Verhältnis der Handlungsorientierungen der Beteiligten gibt es zwei idealtypische Grundformen der Interaktion,
die im Alltagshandeln oft gemischt oder nebeneinander auftreten: Kooperation und
Konfliktaustragung. *„Kooperation"* kann als Handeln mehrerer Subjekte unter einer gemeinsamen Handlungsorientierung bezeichnet werden. Spezifikum und anthropologische Bedeutung der Kooperation liegen darin, dass sie die Möglichkeit bietet, Hand-
lungsziele bzw. Handlungsabläufe zu realisieren, die so umfangreich oder komplex sind,
dass einzelne Subjekte für sich sie gar nicht bewältigen könnten; durch Kooperation
wird also der Bereich der Handlungsmöglichkeiten enorm erweitert. (4) Sind die Handlungsorientierungen der Beteiligten, insbesondere ihre Zielvorstellungen, in einem Feld
miteinander unvereinbar, so nimmt ihre Interaktion die Form einer *Konfliktaustragung*
an. Ein Konflikt kann beigelegt werden, indem beide Partner ihre Zielvorstellungen so
weit modifizieren, dass sie sich nicht mehr widersprechen, aber ein Teil der ursprüng-

lichen Zielvorstellung dennoch beibehalten werden kann (Kompromiss). Bleiben die Beteiligten bei ihrer Handlungsorientierung und kommen die genannten Möglichkeiten nicht in Betracht, so nimmt die Interaktion im Prinzip die Form des *Kampfes* an. Handlungstheoretisch kann Kampf definiert werden als ein soziales Handeln, das darauf gerichtet ist, die eigene Handlungsorientierung gegenüber der des Gegners durchzusetzen bzw. ihre Realisierungschancen im Vergleich zu der des Gegners zu erhöhen. Gemäß der Annahme der Reziprozität der Situationsdefinition bei beiden Beteiligten impliziert Kampf sowohl offensives wie defensives Handeln, d. h. beide Beteiligten versuchen einerseits, eine Realisierung der Handlungsorientierung des Gegners zu verhindern, andererseits müssen sie sich dagegen wehren, dass der Gegner eine Realisierung ihrer Handlungsorientierung zu verhindern trachtet. Ich habe an anderer Stelle den Versuch unternommen, unter Ausschluss des Falles der Gewaltanwendung taktische Handlungsweisen dieser Art näher zu analysieren und auf elementare Schemata zurückzuführen (ausführlicher in Geulen 1977, 449 ff).

So weit unser Vorschlag, einen konzeptionellen Rahmen für eine Theorie des Subjekts bzw. seines sozialen Handelns zu entwerfen, der den obengenannten Desideraten entspricht und als Bezugspunkt einer erfahrungswissenschaftlichen Theorie der Sozialisation angesetzt werden kann, die ihrerseits eine notwendige Grundlage erzieherischer Konzepte und Programme von der pädagogischen Interaktion bis hin zur Bildungspolitik wäre. Die große Zahl der bisher vorliegenden empirischen Untersuchungen zur Sozialisation (vgl. Geulen 1995, 125 ff.) folgt allerdings den verschiedensten partikularen und durch jeweils bestimmte praktische Interessen geleiteten Fragestellungen und kann daher nicht unmittelbar und in einem strengeren Sinne, aber doch – wie ich glaube – nach einer gewissen Interpretationsleistung, als empirische Realisierung dieses Rahmens herangezogen werden. Wünschenswert ist allerdings, dass zukünftige empirische Forschung expliziter von den Annahmen einer subjektorientierten Auffassung vom Menschen, seinem gesellschaftlichen Handeln und seiner Sozialisation ausgehen möge.

Literatur

Adorno, Theodor W. (1973), Negative Dialektik. In: Ges. Schriften, Bd. 6, Frankfurt/M.: Suhrkamp.

Asendorpf, Jens B. (2004): Genom-Umwelt-Wechselwirkungen in der Persönlichkeitsentwicklung. In: Geulen, Dieter./Veith Hermann (Hrsg.), Sozialisationstheorie interdisziplinär. Stuttgart: Lucius & Lucius, S. 35–53.

Bauer, Ullrich (2004): Keine Gesinnungsfrage. Der Subjektbegriff in der Sozialisationsforschung. In: Geulen, Dieter/Veith, Hermann (Hrsg.), Sozialisationstheorie interdisziplinär. Stuttgart: Lucius & Lucius, S. 61–91.

Bittner, Günther (1974): „Entwicklung" oder „Sozialisation"? In: Neue Sammlung, 14, Heft 4, S. 389–396.

Cranach, Mario v./Foppa, Klaus (Hrsg.): (1996): Freiheit des Entscheidens und Handelns. Heidelberg: Asanger

Dahrendorf, Ralf (1958): Homo sociologicus. In: Kölner Zeitschrift für Soziologie und Sozialpsychologie, 10.

Durkheim, Emile (1992): Über soziale Arbeitsteilung. Frankfurt/M.: Suhrkamp.

Durkheim, Emile (1961): Die Regeln der soziologischen Methode. Neuwied: Luchterhand.

Freud, Sigmund (1944): Neue Folge der Vorlesungen zur Einführung in die Psychoanalyse. In: Ges. W. Bd. XV. London: Imago.

Freud, Sigmund (1948): Das Unbehagen in der Kultur. In: Ges. W. Bd.XIV. London: Imago.

Geulen, Dieter (1977): Das vergesellschaftete Subjekt. Zur Grundlegung der Sozialisationstheorie. Frankfurt: Suhrkamp.

Geulen, Dieter (Hrsg.) (1982): Perspektivenübernahme und soziales Handeln. Frankfurt: Suhrkamp.

Geulen, Dieter (1991): Das Gesellschaftliche in der Seele. In: Jüttemann, Gerd/Sonntag, Michael/Wulf, Christoph (Hrsg.): Die Seele. Ihre Geschichte im Abendland. Weinheim: Psychologie Verlagsunion, S. 530–553.

Geulen, Dieter (2005): Subjektorientierte Sozialisationstheorie. Sozialisation als Epigenese des Subjekts in Interaktion mit der gesellschaftlichen Umwelt. Weinheim u. München: Juventa.

Geulen, Dieter/Veith, Hermann (Hrsg.) (2004): Sozialisationstheorie interdisziplinär. Stuttgart: Lucius & Lucius.

Geyer, Paul (2007): Die Entdeckung des modernen Subjekts. Anthropologie von Descartes bis Rousseau. Würzburg: Königshausen u. Neumann.

Groothoff, Hans-Hermann/Stallmann, Martin (Hg.) (1971): Neues pädagogisches Lexikon. Stuttgart: Kreuz, 5. Aufl., Art. Pädagogik, S. 815 ff.

Hurrelmann, Klaus (1983): Das Modell des produktiv realitätsverarbeitenden Subjekts in der Sozialisationsforschung. In: Zeitschrift für Sozialisationsforschung und Erziehungssoziologie, 3, S. 91–109.

Kant, Immanuel (1787): Kritik der reinen Vernunft. Riga: Insel Verlag.

Kohlberg, Lawrence (1996): Die Psychologie der Moralentwicklung. Frankfurt/M: Suhrkamp.

Leu, Hans-Rudolf (1985): Subjektivität als Prozess. München: DJI.

Lukas, Josef (Hg.) (2004): Wie frei ist unser Wille? Psychologische Rundschau, 55, Themenheft

Mead, George-Herbert (1934): Mind, Self, and Society. Chicago: University of Illinois Press.

Parsons, Talcott (1937): The structure of social action. Glencoe: Free Press.

Parsons, Talcott (1951): The social system. New York: Free Press.

Piaget, Jean (1974): Psychologie der Intelligenz. Zürich: Rascher.

Piaget, Jean (1982): Das In-Beziehung-Setzen der Perspektiven. In: Geulen, D. (Hrsg.): Perspektivenübernahme und soziales Handeln. Frankfurt/M.: Suhrkamp, S. 75–85.

Röd, Wolfgang (1999): Die Philosophie der Neuzeit 1, Geschichte der Philosophie Bd.VII. München: Beck, 2. Aufl.

Röd, Wolfgang (1984): Die Philosophie der Neuzeit 2, Geschichte der Philosophie Bd. VIII. München: Beck.

Roth, Heinrich (Hg.) (1969): Begabung und Lernen. Deutscher Bildungsrat. Gutachten und Studien der Bildungskommission Bd. 4. Stuttgart: Klett.

Schneewind, Klaus A. (2004): Sechs Thesen zur Sozialisationstheorie aus der Sicht der Persönlichkeitspsychologie. In: Geulen, Dieter/Veith, Hermann (Hrsg.): Sozialisationstheorie interdisziplinär. Stuttgart: Lucius & Lucius, S. 117–130.

Thomae, Hans (Hrsg.)(1959): Handbuch der Psychologie, Bd. 3, Entwicklungspsychologie, Göttingen: Hogrefe.

Tillmann, Klaus-Jürgen (2007): Sozialisationstheorien: Eine Einführung in den Zusammenhang von Gesellschaft, Institution und Subjektwerdung. Stuttgart: rororo.

Weber, Max (1921): Wirtschaft und Gesellschaft. Grundriß der verstehenden Soziologie. Tübingen: Mohr Siebeck.

Zima, Peter V. (2010): Theorie des Subjekts: Subjektivität und Identität zwischen Moderne und Postmoderne. Stuttgart: utb.

Systemtheoretische Bildungssoziologie: Gesellschaftstheoretische Beiträge und das offene Programm einer allgemeinen Sozialtheorie

Achim Brosziewski

Um den Beitrag der soziologischen Systemtheorie zur Erziehungs- und Bildungssoziologie einschätzen zu können, erscheint mir notwendig, zwischen dem systemtheoretischen Programm und seiner bisherigen Umsetzung zu unterscheiden. Niklas Luhmann selber hat vom universalen Anspruch, seine systemtheoretischen Grundlegungen seien für alles Soziale anwendbar (Luhmann 1984: 33 f.), lediglich Teilausschnitte realisiert. Im Zentrum stand für ihn die Ausarbeitung, Formulierung und Erprobung einer soziologischen Gesellschaftstheorie (Luhmann 1997a). Auch seine zahlreichen Studien zum Erziehungssystem sind vom gesellschaftstheoretischen Interesse dominiert und tragen daher zum Gesamtkanon erziehungs- und bildungssoziologischer Fragestellungen in vielen Fällen nur einige Aspekte bei.[1] Seine Prämissen und Thesen berühren vornehmlich jenen Problemkreis, der sich mit dem Verhältnis von Erziehung und Gesellschaft im Allgemeinen und mit den Grenzen zwischen Erziehungssystem und Gesellschaft im Besonderen beschäftigt. Der Hauptteil der folgenden Darstellung des systemtheoretischen Paradigmas gilt dieser (eingeschränkten) Thematik.[2] Anhand dreier Zentralbegriffe – Funktion, Code und Medium – wird die eigenständige Perspektive der soziologischen Systemtheorie auf die Grenzziehungen der Erziehung und auf das Phänomen ihrer gesellschaftlichen Ausdifferenzierung vorgestellt.[3] Anschließend und

---

1 Luhmann/Schorr 1988 (erstmals 1979); diverse Einzelbeiträge in der Reihe „Fragen an die Pädagogik" Luhmann/Schorr 1982; 1986; 1990; 1992; 1996; Luhmann 2002; 2004a. Gerade Luhmanns Studien zu den Funktionssystemen sind als Elemente der Gesellschaftstheorie zu lesen und nicht als Soziologien der Erziehung, der Wissenschaft, der Religion usw. Auch seine organisationssoziologischen Monographien (1995a und 2000) sowie zahlreiche Artikel und Abschnitte über Unterrichtsinteraktionen und Schulorganisation haben (noch) nicht zu einer Soziologie des Unterrichts oder der Schule geführt.

2 Andere soziologische Systemtheorien bleiben in diesem Text unberücksichtigt, zum einen aus Raumgründen, zum anderen, weil mir ihre Anschlüsse an die Erziehungssoziologie schwieriger erscheinen. Erst recht gelten diese Bedenken für biologische, psychologische und sozialpsychologische Systemtheorien, die zunächst einmal ihre internen Übersetzungsprobleme zu klären hätten. Die Verhältnisse dieser Theorieangebote zur soziologischen Systemtheorie Luhmanns könnten derzeit nur an Einzelproblemen behandelt werden. Ausgespart bleibt weiterhin die inzwischen sehr umfangreiche Auseinandersetzung der Erziehungswissenschaften mit der Systemtheorie. Es soll allein um die Anschlussfähigkeit der Theorie sozialer Systeme an die Erziehungs- und Bildungssoziologie gehen.

3 Der Begriff „System" wird nicht eigens vorgestellt, denn er meint nichts anderes als Grenzziehung und Ausdifferenzierung, mit der Besonderheit, dass nach der grenzziehenden Operation gefragt wird. Für

raumbedingt sehr kurz sollen einige bislang unausgewertete Potentiale der systemtheoretischen Programmatik skizziert werden. Als Ausgangspunkte dienen die Unterscheidung zwischen Interaktion, Organisation und Gesellschaft sowie das Konzept der
Wirkung von Differenzen. Erst die Erprobung der vorgeschlagenen und vielleicht noch
weiterer Wege würde meines Erachtens ein begründetes Urteil darüber erlauben, ob
die Integration des systemtheoretischen Paradigmas in den Theorien- und Forschungskanon der Erziehungs- und Bildungssoziologie lohnt oder nicht.

1   Gesellschaftstheoretische Beiträge zur Erziehungs- und Bildungssoziologie: Funktionen, Codes und Medien als Mechanismen kommunikativer Grenzziehung

Luhmanns Arbeiten standen unter dem erklärten Ziel der Entwicklung und Erprobung
einer Gesellschaftstheorie. Solch eine Intention ist seinem Verständnis nach ein *Selektionsprinzip*. Oder anders gesagt: Er sah in Gesellschaftstheorie eine Spezialsoziologie,
welche die Soziologie eigentlich interessieren müsste, die aber keineswegs alle soziologischen Interessen abdecken könnte (Luhmann 1984: 18). Wenn Luhmann Erziehung
aus gesellschaftstheoretischer Perspektive betrachtete, dann ging es ihm vor allem um
die Grenzverhältnisse von Erziehung und Gesellschaft (einschließlich der komplexen
Überlagerungen, die bei Grenzphänomenen immer faszinieren), nicht aber um all das,
was man im Binnenleben der Erziehung, ihrer Organisationen, ihres Personals oder
ihrer Adressaten feststellen könnte. Die Gesellschaftstheorie ist kein Ersatz für und
keine Überbietung von Bildungssoziologie. Sie attackiert lediglich die allzu einfache
Vorstellung, die Grenzen und die Verhältnisse zwischen Erziehung und Gesellschaft
ließen sich über so wenige Begriffe wie Ordnung, Institution und Kultur fassen. Angeboten wird ein komplexeres Begriffsarrangement, zu dem Begriffe zählen wie Funktion, Code, Medium, Reflexion, Kontingenzformel, operative Schließung, strukturelle
Kopplung, Interpenetration, Selbstreferenz und andere mehr. An den Beispielen der
drei erstgenannten Konzepte soll die These der gesellschaftlichen Ausdifferenzierung
der Erziehung erläutert werden, um im anschließenden Abschnitt 2 auf die im Verhältnis zur Gesellschaftstheorie noch unterentwickelten Pfade der Theorie sozialer Systeme
aufmerksam zu machen.

---

soziale Systeme lautet die Antwort „Kommunikation", für ausdifferenzierte Sozialsysteme „codierte
Kommunikation".

1.1 Die Funktion der Erziehung: Sozialisationsmodifikation

Luhmann versteht unter Funktion einen Zusammenhang von Problem und Problemlösung (Luhmann 1984: 83–91). Der Begriff bezeichnet also nicht nur eine der Komponenten, beispielsweise nicht nur, wie in etlichen Varianten des Institutionenbegriffs, die
Seite von Problemlösungen. Funktionale Analyse richtet sich auf den wechselseitigen
Bezug von Problem und Lösung. Sie kann in beide Richtungen gehen: vom Problem
ausgehend nach Lösungen suchen, oder von Lösungen ausgehend nach dem Problem
suchen. Die Beziehung zwischen Problemen und Lösungen kann nur von einem System konstituiert werden. Funktionale Analyse und Systemtheorie stehen also in einem
unauflösbaren Zusammenhang. Wenn ein Analytiker eine Funktion zu bestimmen versucht, muss er das System benennen, das die Einheit von Problem und Problemlösung
garantiert: „Es gibt Probleme nur als Problem-Systeme (bzw. als Systemprobleme).“
(Luhmann 1984: 84). Für die Etablierung und Tradierung gesellschaftlicher Funktionen
kommt nur die Gesellschaft selbst in Frage; Gesellschaft verstanden als die Einheit aller
Kommunikationen, jenseits derer keine Kommunikation vorkommt.[4]

Die gesellschaftliche Funktion der Erziehung lässt sich Luhmann zufolge an der
Unterscheidung von Erziehung und Sozialisation festmachen.[5] Sozialisation geschieht
laufend und ungesteuert, wo immer Kommunikation auf Teilnehmer und Teilnehmer
auf Kommunikation einwirken. Kein Sozialsystem könnte die dabei ablaufenden Bewusstseinsprozesse erfassen, geschweige denn kontrollieren und in Richtung auf „Erwünschtheit“ dirigieren. Erziehung kann nur auf Resultate von Sozialisationsprozessen
einwirken – und sei es in der Form der Antizipation von vermuteten, erhofften und befürchteten Sozialisationsresultaten. Die gesellschaftliche Funktion der Erziehung hat es,
wie immer man Erziehung selbst definieren mag, auf jeden Fall mit der Differenz von
(selbstläufiger) Sozialisation und (absichtsvoller) Erziehung zu tun. Erziehung zielt auf
die „Personwerdung des Menschen“ (Luhmann 2002: 38) im Zusammen- und Wider-
standsspiel zwischen Sozialisation und Erziehung.

> „Sozialisation hat immer nur ‚lokale‘ Bedeutung, wirkt immer nur für den sozialisieren-
> den Kontext und reicht daher nur bei ohnehin geringer sozialer Mobilität aus. Will man
> übertragbare Resultate erreichen, muß man von Sozialisation zu Erziehung übergehen;
> oder genauer: die ohnehin laufende und unvermeidliche Sozialisation durch Erziehung
> ergänzen. … Je komplexer die Gesellschaft wird und je mobiler die Individuen in ihrer

---

4   Zur Bestimmung von Gesellschaft als Zusammenhang und Einheit aller Kommunikation siehe Luh-
     mann 1997a: 83–91. In der Wortgeschichte von „Problem“ finden sich Wurzeln beim griechischen
     „proballein“. Demnach wäre ein Problem ein Vorwurf. Die Philosophie meint, bei einem Problem
     könne es sich ausschließlich um einen Vorwurf des Denkens an das Sein handeln (Lembeck 1997: 188).
     Doch ursprünglich ging es wohl eher um Fragen, die einem Gremium zur Beantwortung vorgeworfen/
     vorgelegt wurden, also um Kommunikation.
5   Siehe hierzu Luhmann/Schorr 1988: 53; Luhmann 2004c; Luhmann 2002: Kap. 1 und 2.

Teilnahme an einer Vielzahl sozialer Systeme, desto unausweichlicher wird auch die Ausdifferenzierung eines Erziehungssystems, das die Individuen auf ein Leben außerhalb des Erziehungssystems vorbereitet." (Luhmann 2004c: 117)

Erziehung ist Sozialisationsergänzung und Sozialisationskorrektur unter der Intention der Personenänderung (Luhmann 2002: 38,54). Oder auf einen ganz kurzen Nennen gebracht: Die Funktion der Erziehung ist *Sozialisationsmodifikation*. Da solch eine Formel sehr allgemein ist (sonst könnte sie keinen einheitlichen Bezug zur Kommunikation „im Übrigen", zur Gesellschaft realisieren) und beispielsweise nichts darüber aussagt, an welchen Sozialisationsresultaten anzusetzen sei (es können nicht alle sein) und in welche Richtungen Korrekturen vorzunehmen sind, muss es Formen und Mechanismen geben, die die Erziehungsfunktion konkretisieren. Die Konkretisierung wird insbesondere durch die Organisationen und die Professionen des Erziehungssystems geleistet.[6] Vor allem sie spezifizieren, was Sozialisationsmodifikation leisten kann und leisten soll. Alles, was sich so *nicht* spezifizieren lässt und gleichwohl nicht aus der Erziehung entlassen werden soll, wird den Familien und schließlich, als kultureller Imperativ der Bildung, dem Individuum zur Selbsterziehung überantwortet. Jenseits der Schulen und der Interaktion mit professionellen Erziehern findet Erziehung „diffus" statt (so bemerkt auch von der These der „Entgrenzung des Pädagogischen", Lüders et al. 1995). Doch erscheint die Diffusität überhaupt erst im Kontrast zum Spezifischen. Alles Diffuse wird vom Spezifizierten mitbestimmt. Die Vielheit der Erziehung, auch und gerade in ihren „unordentlichen" Formen, lässt immer noch das Erkennen und Thematisieren einer Einheit zu, zu fassen in der Formel von der Sozialisationsmodifikation. Anders könnte sie nicht durch eine Semantik aufgefangen, adressiert und traktiert werden. Anders hätte sich kein Sozialsystem für Erziehung innerhalb aller Kommunikationen ausdifferenzieren können.[7] Es gibt trotz aller pädagogischen Entgrenzungen immer noch Kommunikationen, die weder spezifisch noch diffus erziehend auf ihre Teilnehmer einwirken. Man versuche probehalber, die Symmetrien geselliger oder verhandelnder Runden durch Belehrungsversuche zu unterbrechen, und man wird realisieren, dass die Normalitäten von Geselligkeit und Aushandlung nur unter Verzicht auf Erziehung funktionieren. Die Grenze von Erziehung wird durch die Gesellschaft bestimmt, eben durch die Funktion der Sozialisationsmodifikation. Jede Kommunikation, die nicht als solch eine Modalisierung von Sozialisationsresultaten verstanden kann, bleibt außerhalb der Erziehung.

---

6   Siehe hierzu die Unterscheidung von „Generalisierung und Respezifikation" bei Luhmann 2002: Kap. 6, sowie Kurtz 2004.

7   „Erziehung ist also nur als System identifizierbar, wie immer locker und diskontinuierlich die Einzelaktivitäten miteinander verbunden sein mögen." (Luhmann 2004d: 187).

1.2 Der Code der Erziehung: karriereförderlich/karrierehinderlich

Auch die Frage nach einem binären Code der Erziehung ist gesellschaftstheoretisch und speziell durch ein Vergleichsinteresse mit den Strukturen anderer Funktionssysteme motiviert. Das gesellschaftstheoretische Problem liegt in der Frage: Wie ist es möglich, dass sich ein Kommunikationssystem innerhalb aller Kommunikationen ausgrenzen kann? Denn nur innerhalb einer Grenze lässt sich Komplexität aufbauen und strukturieren. Die Leistung binärer Codierungen liegt in der *Herstellung von kommunikativ hinreichender Eindeutigkeit bei Erhalt der Systemkomplexität.*

Zunächst einmal sind Codes Unterscheidungen wie alle anderen Unterscheidungen auch (vgl. hierzu und zum Folgenden Luhmann 1997a: 359–396). Sie erlauben es, Bezeichnungen zu setzen, die vor dem Hintergrund anderer Bezeichnungen informativ wirken – ein Verfahren, das es schon braucht, um Stühle von Tischen zu unterscheiden und mit weiteren Setzungen ein Abendessen mit Freunden oder eine Unterrichtsstunde zu veranstalten. Das Besondere der Binärcodierung ist lediglich, dass eine Bezeichnung *genau von einer* anderen Bezeichnung unterschieden wird, die dann als Gegensatz oder Kontrast erscheint. Diese Präzision des Unterscheidens erlaubt es, in Differenz zu normalen Alltagstypisierungen die Unterscheidung selbst als Einheit zu behandeln.[8] Die durch den Code gesetzte Einheitsbildung ermöglicht die Ausdifferenzierung eines Kommunikationssystems. Die Komplexität des Systems wird durch die Zweiwertigkeit des Codes erzeugt. Beide Seiten gehören ja zum Code, so dass das System entscheiden kann, welche Seite in welchem Fall zu wählen ist. Auf diese Weise kann das System mit allen Vorkommnissen etwas für sich anfangen. Es saugt gewissermaßen Weltereignisse an, um sich selbst mit der Entscheidung für die eine oder die andere Seite zu befassen. Codegeführte Kommunikationssysteme gewinnen damit eine Identität von einer Prägnanz, die kaum sonst im Bereich sozialer Systeme vorzufinden ist. Darin liegt der Vorteil der Binarisierung im Feld der soziokulturellen Evolution. Darin liegt ihr großer Einfluss in der Formung gesellschaftlicher Strukturen.

Das berühmteste Beispiel ist der Code der Wirtschaft, der Zahlungen von Nichtzahlungen unterscheidet. Ohne diese Unterscheidung würde es keinen Markt geben – jenen „Ort", der dadurch konstituiert wird, dass *beide* Beteiligten, Käufer wie Anbieter, zu *jedem* Preis entscheiden können, ob sie kaufen/verkaufen oder nicht. Zwei Entscheidungen werden auf einen Nenner gebracht – und bleiben doch als zwei verschiedene Entscheidungen erkennbar und sozial anschlussfähig. Das ist die Leistung des Zahlungscodes. Dabei kommt es in nur einer von vier möglichen Konstellationen zur Zahlung; nur dann, wenn der Käufer den Preis zu zahlen und der Verkäufer ihn als Bedingung seiner Leistungsabgabe zu akzeptieren bereit ist. In drei anderen Fällen kommt es bei gegebenen Preisen zu keiner Zahlung: 1. der Käufer will, aber der Verkäufer nicht; 2. der

---

8   Was mit Unterscheidungen wie „Stühle/Freunde" schwierig, höchst subjektiv und kaum kommunikabel wäre – außer vielleicht in der Form von Witzen.

Verkäufer will, aber der Käufer nicht; 3. keiner will. Alle drei Konstellationen werden durch den Code vereinfacht als „Nichtzahlung" bezeichenbar und so zum (möglichen) Auslöser weiterer Kommunikation: der „Aushandlung" von Preis und Leistung, bis sich eine Zahlung ergibt oder bis beide abbrechen und ihre Zahlungsinteressen auf andere Objekte oder auf andere Marktteilnehmer richten. Es ist daher richtig zu sagen, Codierungen „vereinfachen" ein soziales Geschehen. Aber sie tun es nur, weil sie *heterogene Perspektiven ohne Konsenszwang übergreifen* können. Und das Resultat dieser „Vereinfachung" ist der Aufbau einer hohen Komplexität, die kommunikativ verständlich und sozial „behandelbar" ist. Im Beispiel des Zahlungscodes lautet das Resultat: Marktwirtschaft.

Bei der Frage nach einem Code des Erziehungssystems geht es nicht um eine simple Analogie zum Zahlungscode. Es geht um das vorgestellte Problem, wie in der Gesellschaft die Einheit einer Komplexität erzeugt wird, die von Teilnehmern und ihren Beobachtern als Erziehung von allem sonstigen sozialen, kommunikativen Geschehen unterschieden werden kann. Wie kann man *wissen*, von Erziehung betroffen zu sein? Der Vergleich mit dem Zahlungs- und anderen Codes dient dann schon der Analyse, warum Erziehung mit ihrer Kommunikation mehr Probleme haben könnte als andere Funktionssysteme; und ob sich bestimmte Strukturen des Erziehungssystems nicht anhand solch spezifischer Schwierigkeiten erklären lassen.

Luhmann verortet den Code des Erziehungssystem im Selektionsaspekt erzieherischer Handlungen (Luhmann 2004b). Es ginge um ein „besser/schlechter" im Hinblick auf Karrierepositionen, die ein Individuum erreichen könne. Der Code des Erziehungssystems unterscheidet nach karriereförderlich und karrierehinderlich.[9] Dabei ist zuerst an Positionen innerhalb des Erziehungssystems zu denken (Prüfungen, Abschlüsse, Zulassungen, Zertifikationen) und erst in zweiter, vermittelter Hinsicht an erziehungsexterne Positionen im Gesamtsystem der Gesellschaft und seiner übrigen Funktionssysteme. Diese These scheint vielen Beteiligten und Beobachtern des Erziehungssystems inakzeptabel. Sie verkürze das Erziehungsgeschehen auf den Aspekt der Selektion, gerade auf Kosten dessen, worum es der Erziehung „eigentlich" ginge oder zumindest gehen sollte: um Förderung der Individuen oder, in gesellschaftskritischer Haltung, um ihre Emanzipation von Herrschaftsstrukturen. Die Reduktion auf Selektion könne auf keinen Fall ausgerechnet die Einheit der Erziehung generieren. Dabei war Luhmann selbst von einer hochgradigen Unvollkommenheit des Erziehungscodes überzeugt – jedoch nicht aufgrund humanistischer Bildungsanliegen, sondern aufgrund eines systematischen Vergleichs mit den Codes anderer Funktionssysteme. Der karriereförderlich/karrierehinderlich-Code vermag nur vergleichsweise schwache Generalisierungen her-

---

9   Ausführlich: „eine deutliche Differenz von besser und schlechter im Hinblick auf die Förderung der Karriere. Deshalb bildet sich ... ein codiertes Selektionsmedium, das abstrakt genug ist, um Religion und Mathematik, Grundschule und Gymnasium, Arbeiterkinder und Akademikerkinder übergreifen und aufeinander beziehen zu können." (Luhmann 2004b: 33).

vorzubringen (Luhmann 2004b: 46 f.; 2004d: 196 f.). Seine beiden Werte lassen sich nur schwer von sozialen Situationen und Kontexten ablösen und in andere Situationen und Kontexte übertragen. Sie haften zu stark an den Personen, bleiben in die personalen Asymmetrien der „Erziehungsabsichten" eingebunden und forcieren sogar eine „Trivialisierung" der als erziehungsbedürftig markierten Personen (Luhmann 2004b: 36–40). Luhmann teilte mithin die Kritik, dass Selektion im Erziehungssystem vorwiegend als personale Selektion gehandhabt wird. Der Informations- und Kommunikationswert des Erziehungscodes bleibt entsprechend gering[10] – und muss deshalb mit massiven Zusatzeinrichtungen gestützt werden, insbesondere durch überladene Symbolstrukturen (Bildungssemantik, Sondermoralen für Erzieher) und einen hohen Aufwand an Organisation und Interaktion. Die Probleme des Erziehungscodes erklären einige spezifische Probleme der Erziehung mit ihrer Einheitsbildung.[11]

1.3 Das Medium der Erziehung: der Lebenslauf

Schwieriger als die Bestimmung eines Erziehungscodes erweist sich die Suche nach einem Medium erzieherischer Kommunikation. Wiederum ist die Problem- und Vergleichsperspektive entscheidend, die mit dem Medienbegriff eingeführt wird (vgl. zum Folgenden Luhmann 1991a; 1997: Kap. 2). Es geht in diesem Fall nicht um Verbreitungsmedien wie Schrift, Druck, Funk, Film und Computer. Gefragt wird vielmehr nach einer symbolischen Struktur, die geeignet ist, *die Akzeptanz zumutungsreicher Sinnvorschläge wahrscheinlich zu machen.* Jede Kommunikation öffnet eine soziale Situation für die Alternative von Annahme und Ablehnung, für Zustimmung und Widerspruch, für die Artikulation eines „Ja" und eines „Nein" (Luhmann 1997a: 221–230). Wären die beiden Seiten dieser Alternativen immer gleichwahrscheinlich, käme es kaum zu Kommunikation und schon gar nicht zu anspruchsvollen, zumutungsreichen Kommunikationen. Wer hätte schon Lust und Kraft, sich ständig mit Ablehnungen, Widersprüchen und Neins herumzuschlagen; vor allem, wenn keine sozialen Resonanzen für die Beseitigung dieser Negationen zu finden wären? Die Antwort der soziokulturellen Evolution auf dieses Problem liegt in der Entwicklung und Verfeinerung von Symbolstrukturen, die in der Kommunikation als „Annahmeverstärker" fungieren können. In Anlehnung an eine Terminologie von Talcott Parsons nennt Luhmann Symbolstrukturen mit dieser Funktion „symbolisch generalisierte Medien", später kurz „Erfolgsmedien" der Kommunikation (Luhmann 1997a: 316–332). Soweit die Symbolstrukturen Erfolg verspre-

---

10 etwa im Vergleich mit den Informationswerten von Preisen oder Rechtsetzungen, an denen nahezu unbegrenzt viele Personen ihr Handeln orientieren können/müssen.

11 Im Versuch, Theorie und Kritik der Binärcodierung zu vereinbaren, experimentierte Luhmann später damit, einen Primärcode „Vermittlung" (vermittelbar/nicht-vermittelbar; siehe Kade 1997) vom Sekundärcode der Karriereselektion zu unterscheiden (Luhmann 2002: 73).

chen, wirken sie zurück auf die Motivation, sich auf entsprechende Kommunikationen einzulassen, und zwar auf beiden Seiten der Kommunikation, für Initianten wie für Rezipienten. Denn nur eine zirkuläre Motivation realisiert ein Erfolgsversprechen (das, wie jedes Versprechen, in einer konkreten Situation auch scheitern kann).

Zunächst hatte Luhmann kein erziehungsgerechtes Medium identifizieren können und gerade darin ein Sonderproblem des Erziehungssystems gesehen (Luhmann/Schorr 1988: 54–58). Erst als der Medienbegriff für seine Gesamttheorie immer zentraler wurde, entwickelte Luhmann ein erstes Konzept. Er schlug im Anschluss an die berühmten Studien von Philippe Ariès (1976) über die „Entdeckung der Kindheit" vor, im „Kind" das Medium der Erziehung zu sehen (Luhmann 1991b). Damit sind hier keine „echten" Kinder im Sinne ihrer vollkonkretisierten leiblich-mentalen Existenzen gemeint. Gemeint ist die Symbolik „Kind", die in einen kleinen Menschen und alles, was sich als „kindlich" bezeichnen lässt, einen Überschuss an Erlebens- und Verhaltensmöglichkeiten hineinprojeziert; ein Sinnüberschuss, der durch die Differenz zum Erwachsensein gewonnen und mit Hilfe der Differenz kindlich/erwachsen geformt werden kann. Diese Medienkonstruktion ist jedoch äußerst labil, was in der Figur des „Jugendlichen" in aller Deutlichkeit aufscheint, aber auch in vielen anderen Fällen von fraglichen Grenzziehungen zwischen Kindsein und Erwachsensein virulent wird (Kinder erziehen sich untereinander, Erzieher gebärden sich jugendlich, Senioren wollen von jüngeren Volkshochschuldozentinnen über ein gelingendes Leben als Ruheständler belehrt werden, …). Insbesondere kann das Medium kaum abdecken, was unter Weiterbildung, Erziehung durch Massenmedien, lebenslanges Lernen usw. fällt. Daher erprobte Luhmann später, das Medium „Kind" durch ein allgemeineres, die Kindheit einschliessendes Medium „Lebenslauf" zu ersetzen (Luhmann 1997b; 2002: 92–96). Die Symbolstruktur wäre analog zum zuvor beschriebenen Medium zu denken. Es geht also a) wieder nicht um ein „echtes" Leben, sondern b) um eine Symbolik, die in der Kommunikation verfügbar erscheinen lässt, was außerhalb der Kommunikation alles an Leben läuft und nach Führung verlangt; und die c) durch diese Verfügbarkeit zur Beteiligung an erzieherischer, auf Sozialisation einwirkende Kommunikation motiviert; und zwar d) zirkulär, beidseitig motivierend, denn nur motivationale Zirkularität kann die Unwahrscheinlichkeitsschwelle der Akzeptanz erzieherischer Kommunikation senken.

Pädagogisches Handeln zieht aus dem Lebenslauf den Aspekt der Zukunft heraus und stellt sich selber die Aufgabe, eine *bessere* Zukunft zu ermöglichen als sich ohne erzieherische Interventionen einstellen würde. Dazu muss erstens der Vergangenheit der Person ihre determinierende Kraft abgesprochen werden (hier liegt die Pädagogik systematisch im Clinch mit Bourdieus Habitustheorie) und muss zweitens der Eigenbeitrag der Person zu ihrer Zukunft gegenüber allen anderen, fremden und anonymen Zukunftsbedingungen herausgehoben werden. Durch diese doppelte Ausklammerung von Vergangenheitsbestimmtheit und Fremdeinfluss entsteht die ganz persönliche Zukunft. Sie wird, in Form der „Absicht zu erziehen" (Luhmann 2004d), in die Kommunikation eingegeben, als zirkuläre Motivation für Erzieher und Educanden. Die persönliche Zukunft verwandelt den Lebenslauf in ein Medium der Kommunikation. Es ist die eigene und bessere Zukunft, die zur Teilnahme an erzieherischer Kommunikation motiviert. Auch der Erziehende muss den Sinn seines Handelns aus dem künftigen Lebenslauf der zu erziehenden Person gewinnen. Er kann und darf sich nicht einfach auf die aktuelle Situation verlassen; nicht darauf, dass „die Welt" selbst den Zögling schon eines besseren belehren wird. Der als zukunftsoffen gedachte Lebenslauf fungiert mithin als ein Medium der Kommunikation, wie in anderen Funktionssystemen Geld, Macht, Liebe und Wahrheit als Medien fungieren.

1.4 Fazit zur gesellschaftstheoretischen Erziehungsbeobachtung

Die gesellschaftstheoretischen Analysen des Erziehungssystems sind mit den vorgestellten Konzepten nicht ausgeschöpft. Von den im Einleitungsabsatz von Abschnitt 1 genannten und hier ausgelassenen Begriffen wäre vor allem Reflexion von besonderer Relevanz. Die starke Personenfokussierung der Funktions-, Code- und Medienformulierungen erzeugt spezielle Probleme, die den hohen Reflexionsbedarf des Erziehungssystems hervorrufen. Über die Analyse der erzieherischen Reflexionen, mit der Luhmann sich intensiv beschäftigte,[12] kommen daher mehr als sonst die Besonderheiten des Erziehungssystem im „Konzert" der Funktionssysteme zum Tragen. Auch und vor allem Reflexion hat es mit Grenzen und mit Grenzerfahrungen zu tun. Doch ist die Frage nach den Grenzen zwischen Erziehungssystem und Gesellschaftssystem selber eine begrenzte Frage. Man möchte ja nicht nur wissen, ob und wie sich etwas abgrenzt, sondern auch, wie das Terrain diesseits und jenseits der Grenzen beschaffen ist. Dazu müssen weitere Unterscheidungen eingeführt werden, die in ein noch offenes Feld systemtheoretischer Beobachtungen des Erziehungssystems führen. Nachfolgend werden, ohne Anspruch auf Vollständigkeit, Ansatzpunkte für solche Erkundungen vorgestellt.

2 Zur offenen Programmatik einer allgemeinen systemtheoretischen Erziehungs- und Bildungssoziologie

Einen wichtigen Ansatzpunkt für eine allgemeine Theorie sozialer Systeme bildet die Unterscheidung zwischen den Sozialsystemen der Interaktion, der Organisation und der Gesellschaft.[13] Ergiebig wird diese Unterscheidung dann (und nur dann), wenn man sie nicht als Klassifikationen behandelt (was nur zu einer Wiederholung des Be-

---

12 Siehe die in Anmerkung 1 genannten Beiträge.
13 Luhmann 1975; 1984: 16–18; Lee/Brosziewski 2009: 155–180. Vgl. auch Kuper 2004 mit einem Vorschlag, aus dieser Unterscheidung eine erziehungswissenschaftliche Organisationstheorie zu entwickeln.

kannten über Unterrichtsinteraktionen, Schulorganisationen und soziale Schichtung in einer abstrakteren Sprache führen würde). Leitend müsste vielmehr die Vorstellung sein, dass *Differenzen wirken können*. Als Fragen formuliert: Welche Auswirkungen hat die Differenz zwischen Interaktion und Gesellschaft a) für die Interaktion und b) für die Gesellschaft? Welche Auswirkungen hat die Differenz zwischen Interaktion und Organisation a) für die Interaktion und b) für die Organisation? Welche Auswirkungen hat die Differenz zwischen Organisation und Gesellschaft a) für die Organisation und b) für die Gesellschaft? Diese Art der Fragestellung verstünde sich als Alternative zum Schema von „Mikro-Meso-Makro", das bislang das Denken über „Bildungssysteme" fast alternativlos beherrscht.[14] Doch wie kann man sich Analysen zum „Wirken-einer-Differenz" vorstellen? Beispiele dafür hat Luhmann in einem Kapitel über die Differenz von Gesellschaft und Interaktion (Luhmann 1984: Kap. 10) gegeben. Ohne seine Detailanalysen hier wiedergeben zu können, sollen zunächst einige Resultate für das Verhältnis von Unterrichtsinteraktion und Gesellschaft interpretiert werden (2.1), um danach die Differenzwirkungen der beiden anderen Unterscheidungen (2.2 Interaktion/Organisation und 2.3 Organisation/Gesellschaft) anzugehen.

2.1 Interaktion und Gesellschaft

Der Grenzmechanismus von Interaktionen wird im Prinzip der *Anwesenheit* gesehen.[15] Im Kontext reflexiver Wahrnehmung (Wahrnehmen des Wahrgenommenwerdens) handeln Anwesende aus, was in der Kommunikation als anwesend (als gemeinsamer Fokus) behandelt werden soll und was nicht. Die Gesellschaft stellt hierfür vor allem die *Form der Person* bereit – also alles, was von einem Einzelmenschen (mit Körper, Name und sozialen Adressen) situationsübergreifend erwartet werden kann (Luhmann 1995b). Diese Person verschafft sich in einer Interaktion nicht allein durch ihre körperliche Anwesenheit, sondern durch Präsentation ihrer jeweils anderen Rollen Geltung (Goffmans Selbstdarstellungen gehören hierzu, siehe Goffman 1956). Die Person zeigt sich als gesellschaftlich dadurch, dass andernorts anderes von ihr erwartet wird – und dass die Interaktion darauf Rücksicht zu nehmen hat; im Extremfall natürlich auch auf die Demonstration der Ablehnung aller gesellschaftlichen Erwartungen an die Person. Die Interaktion wird auf diese Weise mit Kontingenz versorgt sowie mit Einschrän-

---

14 Und in dessen Rahmen man Luhmanns Analysen irrigerweise allein der „Makro"-Ebene zuordnet. Gerade die kommunikationstheoretischen Anteile, zum Beispiel das Konzept des Erfolgsmediums „Lebenslauf", bleiben in dem Rahmen zwangsläufig unverstanden. Die Systemtheorie startet gerade nicht mit den Unterscheidungen von klein und groß, oben und unten oder enthalten und umfassend (Teil und Ganzes). Sie ist daher auch nicht mit dem Mikro-Meso-Makro-Schema „verrechenbar". Sie nimmt Teil an der Kritik des Schemas (Luhmann 2000: 255).

15 Siehe hierzu und zum Folgenden Luhmann 1984: 560–580 sowie 1997: 813–826. Zu den Grenzziehungsmechanismen der Interaktion und ihrer semantischen Verarbeitung siehe auch Kieserling 1999.

kungen, an die sie anschließt und aus denen sie ihre Besonderheit gewinnen kann und gewinnen muss. Die gesellschaftlich anderweitigen Bindungen bedeuten für die Beteiligten die Freiheit, sich auf die Interaktion einzulassen oder nicht, sich von und in ihr binden zu lassen oder auch nicht – und dies um so stärker, je komplexer die Gesellschaft (mit den je anderen Bindungen) wird und um so mehr sie die Individualität, das heißt die Einzigartigkeit des Rollenmanagements der Einzelpersonen betont.

Diese spezielle Art von Differenzwirksamkeit ist erziehungssoziologisch bislang vornehmlich auf den Zusammenhang von Unterrichtsinteraktionen und Herkunftsfamilie beobachtet, analysiert und interpretiert worden. Man denke beispielsweise an Bourdieus Konzepte des Habitus und der Habitusformation. Einen einflussreichen funktionalistischen Vergleich zwischen Familienrollenstruktur und Schulklassenkonstellation legte Robert Dreeben (1968) vor. Mit dem Konzept der Differenzwirkung von Interaktion und Gesellschaft ließen sich jedoch weitere gesellschaftliche Bereiche mit einbeziehen (und der Einfluss des Familiensystems relativieren), wenn man die Rollen von Educanden in Freundschaftszirkeln, in ihrer Beteiligung an massenmedialer Kommunikation und, je nach Lebensphasen, auch in anderen spezialisierten Funktionssystemen der Gesellschaft mit hinzunimmt. In Aussicht stünde nicht weniger als eine soziologische Sozialisationstheorie, die Interaktions- *und* Gesellschaftstheorie zu verbinden in der Lage ist.

2.2 Interaktion und Organisation

Andere Forschungsthemen werden erschlossen, wenn man die Wirkungen der Differenz von Interaktion und Organisation befragt (Kieserling 1999: 335–387). Auch Organisationen werden als eigenständiger Systemtyp betrachtet, mit autonomen Grenzziehungen, die nicht unvermittelt aus Funktionsorientierungen ableitbar sind (Luhmann 2000). In diesem Sinne erklärt die Funktion der Erziehung nur wenig für die Organisation der Schule (und aller weiterführenden oder kompensierenden Bildungsorganisationen). Organisationen reproduzieren ihre Grenzen durch die Kommunikation von Entscheidungen und durch Rückgriffe und Vorgriffe auf die Resultate von Entscheidungen, die dadurch zu „ihren" Entscheidungen werden. Das Besondere dieser Spezialautopoiesis ist, dass sie Kontingenzen fixiert. Denn Entscheidungen realisieren von verschiedenen Möglichkeiten nur sehr wenige („Wahl zwischen Alternativen") – und der Ausschluss der jeweils nichtgewählten Möglichkeiten wird immer mitangezeigt, so dass man jederzeit auf die Entscheidung zurückgreifen und sie problematisieren könnte. Alles könnte anders sein. Aber die Organisation sagt: Es ist, wie es bei uns ist. Was geändert werden soll, muss entschieden werden. Der zentrale Effekt von Organisationen könnte mithin auch als „formulierte Exklusion" bezeichnet werden.

Für Schulen (die weiteren Bildungsorganisationen seien folgend immer mitgemeint) und ihre Spezialinteraktionen (insbesondere Unterricht) erscheint die beschriebene Exklusionsleistung dominant als Selektion von Personen (Schüler, aber nicht zuletzt auch Lehrpersonen) und von Themen (Lehrplan, Stundenplan, Wochenplan, Unterrichtsplanung, …). In einer organisatorisch spezifizierten Interaktion darf fast niemand und fast nichts mitwirken. Nur so ist es möglich, dass sich die Interaktion der Übriggebliebenen mit Hilfe der organisatorisch übriggelassenen Themen auf den an sich unwahrscheinlichen Vorgang des Lernens Einzelner fokussieren kann.[16] Die Inklusion aller, das Programm der Massenbildung, konnte folglich nur durch eine Vermehrung des Organisationsprinzips und durch eine Feindifferenzierung der Selektionsmechanismen (wiederum: von Personen und Themen) für die einzelnen Interaktionen etabliert und fortgeschrieben werden (Luhmann/Schorr 1988: 258–263). Die „organisierte Anarchie"[17] der Interaktionen wird durch das Format von Noten und Zertifikaten auf Entscheidungen getrimmt. Nur in dieser stark reduktiven Form können Interaktionen ins Netzwerk schulischer Entscheidungen eingebaut werden – abgesehen von Fallproblemen, in denen dann auch einzelne Schüler und einzelne Lehrer aus dem Interaktionsgeschehen herausgelöst und je für sich entscheidungsmäßig aufbereitet werden können. Noten und Zertifikate sorgen also zunächst und vornehmlich für die Organisierbarkeit des Erziehungssystems selbst – und keineswegs direkt und unvermittelt für die allgemeine Statuspositionierung der Individuen und für die Reproduktion der Schichtordnung. Andere Systeme behalten sich selber vor, ob sie etwas, und wenn ja, was sie mit den Zertifikaten für sich anfangen. Erst recht determinieren zertifikationsvermittelte Anfänge nicht, wie die anschließenden Statustransformationen verlaufen werden.

2.3 Organisation und Gesellschaft

Status und Schichtung kommen erst in den Blick, wenn man von der dritten Differenzwirkung ausgeht, von der Wirkung der Differenz von Organisation und Gesellschaft (Luhmann 1997a: 826–847; 2000: 380–416). Die Vermittlung beider Seiten und damit die „Schnittstelle" für alle erzieherisch behandelbaren Wirkungen liegt im gesellschaftlichen Prinzip der *Karriere*.[18] Da Organisationen an jeder Individualkarriere entscheidend beteiligt sind, geht es auch bei der Karriere und hier besonders markant um formulierte Exklusion, um das Feststellen und Festhalten (Protokolle, Formulare, Akten und all das) von *nicht* realisierten Möglichkeiten.[19] Der Begriff darf daher nicht

---

16 Ein möglicher Ansatzpunkt für eine Soziologie des „Aufpassens".

17 in Anlehnung an Cohen et al. 1972.

18 Luhmann 2000: 101–107, 297–301; Luhmann/Schorr 1988: 277–282; Luhmann 2004b: 31–34; Corsi 1993.

19 Jedes noch so kleine Formularfeld scheidet alle Möglichkeiten aus, die an der Stelle des tatsächlich Eingetragenen hätten stehen können. Die Markierung „männlich" hält im Ausweis fest, dass man(n) nichts beanspruchen darf, was weiblichen Personen vorbehalten ist – jedenfalls im Rechtssystem, für das der Ausweis „Informationen enthält".

auf erfolgreiche Passagen und auch nicht auf den Erwerbsbereich eingeschränkt werden. Auch negative Verläufe und Positionierungen in anderen Funktionssystemen sind mitgemeint; auch Aussteiger-, Verbrecher- und Patientenkarrieren sind Karrieren. Karrieren koppeln Rollendispositionen an Biographien und entziehen sie damit dem Kontingenzspielraum der Interaktion. Sie spalten die Sozialwelt der interpersonalen Begegnungen in die Differenz von Organisationspersonal und Organisationsklientel; im Fall der Erziehung als Spaltung in Erzieher und Educanden mit jeweils deutlich verschiedenen und deshalb komplementären Karrieredispositionen. Auf diese Weise erlaubt Organisation der Gesellschaft die zeitliche Stabilisierung komplexer Handlungsprogramme, an denen viele Personen in wechselnden Interaktionskonstellationen beteiligt sind.

Umgekehrt gewinnen Organisationen Entscheidungsmöglichkeiten über Personen (ihres Personals und ihrer Klientel), einschließlich Kriterien der Entscheidungsbearbeitung, so dass nicht jede personale Zurücksetzung (es geht um die Formulierung von Exklusion) gleich persönlich oder gar moralisch genommen werden muss. Es ist gängige soziologische Geschichtsschreibung, dass das Karriereprinzip die alte Schichtordnung aufgelöst und ersetzt hat. Und dass die organisationsförmige Erziehung in Schulen usw. sowohl an der historischen Transformation als auch an der aktuellen Stabilität des Karrieremusters einen erheblichen Anteil hat.

Seltener gesehen und genannt wird, dass die Schulfunktion, künftige Generationen mit Karrierebewusstsein und Karrierefähigkeit auszustatten, mit einem gravierenden Strukturproblem belastet ist, das sich ausgerechnet aus der Ausdifferenzierung des Erziehungssystems ergibt. Man muss unter diesen Bedingungen systeminterne Karrieren (Noten, Zeugnisse, Versetzungen, Diplome, Zulassungen, Zertifikationen, …) von systemexternen Karrieren unterscheiden. Das stört insbesondere die Rollenkomplementarität zwischen Erziehern und Educanden. Denn die für die Organisationen selbst folgenreicheren Entscheidungen betreffen die Erzieher, also das Organisationspersonal. Die Organisationen müssen systeminterne Karrieremobilitäten strukturieren, denn nur so können Bildungsorganisationen ihr eigenes Motivationsproblem dauerhaft lösen. Etwas überspitzt formuliert: Schulen müssen sich aus strukturellen Gründen mehr um die Karriere ihrer Lehrer als um die ihrer Schüler sorgen. Wegen der hohen Interaktionsabhängigkeit ihres „Produktionsbereiches" sind den Schulen bekanntermaßen sehr enge Grenzen gesetzt, die Motivationsfunktion der Hierarchie (Aufstiegschancen in nichtunterrichtende Funktionsstellen) auszunutzen. Die hohe Autonomie, die der Lehrprofession in ihrem Unterrichtshandeln zugestanden wird, kann deshalb nicht ausschließlich unter pädagogischen Kriterien gesehen werden. Sie muss zu einem großen Teil als Motivationsmittel fungieren, das deshalb einer pädagogischen Funktionalisierung enge Grenzen setzt, wie viele Reformbemühungen immer wieder zeigen. Für die Schüler bedeutet dies, dass sie durch ihre Organisationserfahrungen mit und in der Schule kaum auf die Bedingungen systemexterner Karrieren vorbereitet werden, auch und erst recht nicht durch ihre „Rollenvorbilder" der Lehrer. Nicht wenige und nicht selten gerade die „besten Schüler" müssen nach ihrer Schulzeit selbständig herausfinden, dass die innerschulischen Karrierefaktoren (Fleiß und positive Personenbeurteilungen) andernorts keineswegs automatisch Aufstiegschancen garantieren.

3   Fazit zum systemtheoretischen Ansatz der Erziehungs- und Bildungssoziologie

Ich hoffe, die knappen und gedrängten Skizzen lassen erkennen, wie auch klassische Themen der Erziehungs- und Bildungssoziologie (Sozialisation, Selektion, Biographie, …) durch das systemtheoretische Konzept der Differenzwirkungen erschlossen werden können. Eine Durchführung dieses Theorieprogramms müsste die Einzelaspekte vertiefen und integrieren, insbesondere im Blick auf die bestehenden Erkenntnisse anderer Ansätze und in Diskussion mit der Kritik der systemtheoretischen Prämissen. Parallel dazu könnten in ähnlicher Weise weitere Unterscheidungen erprobt werden, die in den jüngeren Theorieentwicklungen an Bedeutung gewonnen haben. Beispielsweise wäre an die Unterscheidung von psychischen und sozialen Systemen zu denken, mit der sich Luhmann selbst vergleichsweise wenig beschäftigt hat, die aber seither von Peter Fuchs stark ausgearbeitet wurde.[20] Mit ihrer Hilfe ließen sich Diskussionen mit sozialpsychologischen Ansätzen über die Probleme der Identitätsbildung starten. Sie bietet zudem Potentiale für eine eigenständige Soziologie des Lernens (Fuchs 2010). Auch die Unterscheidung zwischen Kommunikationstheorie, Differenzierungstheorie und Evolutionstheorie, die Luhmann seinem Hauptwerk „Die Gesellschaft der Gesellschaft" (1997) zugrundelegt, könnte über die bisherigen systemtheoretischen Perspektiven hinausführen, deren Schwerpunkt, wie in Abschnitt 1 gezeigt, im Bereich der Differenzierung lag.[21] Über die Tauglichkeit und Ergiebigkeit einer systemtheoretischen Erziehungs- und Bildungssoziologie wird entschieden, wenn neben den bekannten gesellschaftstheoretischen Pfaden auch andere erprobt sein werden.

Literatur

Ariès, Philippe (1976): Geschichte der Kindheit. München: Hanser.
Cohen, Michael D./March, James G./Olsen, Johan P. (1972): A Garbage Can Model of Organizational Choice. In: Administrative Science Quarterly 17. 1, S. 1–25.
Corsi, Giancarlo (1993): Die dunkle Seite der Karriere. In: Baecker, Dirk (Hrsg.): Probleme der Form. Frankfurt am Main: Suhrkamp, S. 252–265.

---

20 Siehe insbesondere Fuchs 2003; 2005 sowie für Anwendungen auf das Erziehungssystem Fuchs 2006; 2007a; 2007b.
21 Siehe für Kommunikation Kade 2004 und Vanderstraeten 2006, für Evolution Gilgenmann 2010 und Treml 2004.

Dreeben, Robert (1968): On What is Learned in School. Reading, Mass.: Addison-Wesley.

Fuchs, Peter (2003): Der Eigen-Sinn des Bewußtseins: Die Person, die Psyche, die Signatur. Bielefeld: Transcript.

Fuchs, Peter (2005): Die Psyche. Studien zur Innenwelt der Außenwelt der Innenwelt. Weilerswist: Velbrück.

Fuchs, Peter (2006): Vom Zögling zum Formen-Topf: Das Adressenformular der Erziehung. In: Soziale Systeme 12. 2, S. 383–402.

Fuchs, Peter (2007a): Die soziologische Beobachtung der Erziehungswissenschaft. In: Kraft, Volker (Hrsg.): Zwischen Reflexion, Funktion und Leistung: Facetten der Erziehungswissenschaft. Bad Heilbrunn: Klinkhardt, S. 69–82.

Fuchs, Peter (2007b): ‚El Caballero de la Trista Figura‘. Zur Funktion von Lächerlichkeit im System der Erziehung. In: Ricken, Norbert (Hrsg.): Über die Verachtung der Pädagogik. Wiesbaden: VS, S. 199–216.

Fuchs, Peter (2010): Die Zeit und das Lernen. In: Geißler, Karlheinz A./Orthey, Frank Michael/ Fuchs, Peter (Hrsg.): Zeit und Qualität – Zeit und Organisation – Zeit und Lernen. Hannover: Expressum, S. 77–89.

Gilgenmann, Klaus (2010): Lebenslang Lernen – warum Menschen es schon immer konnten, aber erst in der modernen Gesellschaft auch dürfen und sollen. In: Gilgenmann, Klaus/ Mersch, Peter/Treml, Alfred K. (Hrsg.): Kulturelle Vererbung. Erziehung und Bildung in evolutionstheoretischer Sicht. Norderstedt: Books on Demand, S. 91–121.

Goffman, Erving (1956): The Presentation of Self in Everyday Life. Edinburgh: University of Edinburgh, Social Sciences Research Centre.

Kade, Jochen (1997): Vermittelbar/nicht-vermittelbar: Vermitteln: Aneignen. Im Prozeß der Systembildung des Pädagogischen. In: Lenzen/Luhmann (Hrsg.) (1997): Bildung und Weiterbildung im Erziehungssystem. Frankfurt am Main: Suhrkamp, S. 30–70.

Kade, Jochen (2004): Erziehung als pädagogische Kommunikation. In: Lenzen (Hrsg.) (2004): S. 199–232.

Kieserling, André (1999): Kommunikation unter Anwesenden. Frankfurt am Main: Suhrkamp.

Kuper, Harm (2004): Das Thema ‚Organisation‘ in den Arbeiten Luhmanns über das Erziehungssystem. In: Lenzen (Hrsg.) (2004), S. 122–151.

Kurtz, Thomas (2004): Zur Respezifikation der pädagogischen Einheitsformel. In: Lenzen (Hrsg.) (2004), S. 12–36.

Lee, Daniel/Brosziewski, Achim (2009): Observing Society. Meaning, Communication, and Social Systems. Amherst, NY: Cambria Press.

Lembeck, Karl-Heinz (1997): Die Entwicklung des Systemgedankens im Konzept wissenschaftlicher Philosophie: Kant, Cohen, Cassirer. In: Breuninger, Renate (Hrsg.): Philosophie der Subjektivität und das Subjekt der Philosophie. Würzburg: Königshausen & Neumann, S. 179–194.

Lenzen, Dieter (Hrsg.) (2004): Irritationen des Erziehungssystems. Frankfurt am Main: Suhrkamp.

Lenzen, Dieter/Luhmann, Niklas (Hrsg.) (1997): Bildung und Weiterbildung im Erziehungssystem. Frankfurt am Main: Suhrkamp.

Lüders, Christian/Kade, Jochen/Hornstein, Walter (1995): Entgrenzung des Pädagogischen. In: Krüger, Heinz-Hermann/Helsper, Werner (Hrsg.): Einführung in Grundbegriffe und Grundfragen der Erziehungswissenschaft. Opladen: Leske + Budrich, S. 207–215.

Luhmann, Niklas (1975): Interaktion, Organisation, Gesellschaft. In: ders.: Soziologische Aufklärung 2. Opladen: Westdeutscher Verlag, S. 9–24.

Luhmann, Niklas (1984): Soziale Systeme. Grundriß einer allgemeinen Theorie. Frankfurt am Main: Suhrkamp.

Luhmann, Niklas (1991a): Die Unwahrscheinlichkeit der Kommunikation. In: ders.: Soziologische Aufklärung 3. Opladen: Westdeutscher, S. 25–34.

Luhmann, Niklas (1991b): Das Kind als Medium der Erziehung. In: Zeitschrift für Pädagogik 37. 1, S. 19–40.

Luhmann, Niklas (1995a): Funktionen und Folgen formaler Organisation. Berlin: Duncker & Humblot.

Luhmann, Niklas (1995b): Die Form „Person". In: ders.: Soziologische Aufklärung 6. Opladen: Westdeutscher, S. 142–154.

Luhmann, Niklas (1997a): Die Gesellschaft der Gesellschaft. Frankfurt am Main: Suhrkamp.

Luhmann, Niklas (1997b): Erziehung als Formung des Lebenslaufs. In: Lenzen/Luhmann (Hrsg.) (1997), S. 11–29.

Luhmann, Niklas (2000): Organisation und Entscheidung. Wiesbaden: VS.

Luhmann, Niklas (2002): Das Erziehungssystem der Gesellschaft. Frankfurt am Main: Suhrkamp.

Luhmann, Niklas (2004a): Schriften zur Pädagogik. Frankfurt am Main: Suhrkamp.

Luhmann, Niklas (2004b): Codierung und Programmierung: Bildung und Selektion im Erziehungssystem (1986). In: ders. (2004a): Schriften zur Pädagogik. Frankfurt am Main: Suhrkamp, S. 23–47.

Luhmann, Niklas (2004c): Sozialisation und Erziehung (1987). In: ders. (2004a): Schriften zur Pädagogik. Frankfurt am Main: Suhrkamp, S. 111–122.

Luhmann, Niklas (2004d): System und Absicht der Erziehung (1992). In: ders. (2004a): Schriften zur Pädagogik. Frankfurt am Main: Suhrkamp, S. 187–206.

Luhmann, Niklas/Schorr, Karl Eberhard (1988): Reflexionsprobleme im Erziehungssystem (erstmals 1979). Frankfurt am Main: Suhrkamp.

Luhmann, Niklas/Schorr, Karl Eberhard (Hrsg.) (1982): Zwischen Technologie und Selbstreferenz. Fragen an die Pädagogik. Frankfurt am Main: Suhrkamp.

Luhmann, Niklas/Schorr, Karl Eberhard (Hrsg.) (1986): Zwischen Intransparenz und Verstehen. Fragen an die Pädagogik. Frankfurt am Main: Suhrkamp.

Luhmann, Niklas/Schorr, Karl Eberhard (Hrsg.) (1990): Zwischen Anfang und Ende. Fragen an die Pädagogik. Frankfurt am Main: Suhrkamp.

Luhmann, Niklas/Schorr, Karl Eberhard (Hrsg.) (1992): Zwischen Absicht und Person. Fragen an die Pädagogik. Frankfurt am Main: Suhrkamp.

Luhmann, Niklas/Schorr, Karl Eberhard (Hrsg.) (1996): Zwischen System und Umwelt. Fragen an die Pädagogik. Frankfurt am Main: Suhrkamp.

Treml, Alfred K. (2004): Evolution. Ein implizites Kapitel in Luhmanns Erziehungstheorie. In: Lenzen (Hrsg.) (2004), S. 172–198.

Vanderstraeten, Raf (2006): Die Unwahrscheinlichkeit der pädagogischen Kommunikation. In: Ehrenspeck, Yvonne/Lenzen, Dieter (Hrsg.): Beobachtungen des Erziehungssystems. Wiesbaden: VS, S. 95–112.

Ethnomethodologie und Konversationsanalyse

Georg Breidenstein und Tanja Tyagunova

Mit dem Begriff „Ethnomethodologie" ist nicht etwa eine Methodologie wissenschaftlichen Forschens bezeichnet, sondern ein spezifisches Forschungsinteresse an den „Methoden" der Teilnehmer. Die dem ethnomethodologischen Ansatz zugrunde liegende Idee ist einfach: Wenn unsere Alltagswelt einen sinnvollen, strukturierten und geordneten Charakter hat und wenn dies durch kontinuierliche Arbeit der Teilnehmer der Alltagswelt erreicht wird, dann muss es dafür bestimmte Methoden geben. Diese Methoden stehen im Fokus ethnomethodologischer Studien. Die Ethnomethodologie stellt also einen Untersuchungsansatz dar, der die klassische soziologische Frage, wie soziale Ordnung möglich ist, so stellt, dass man sich dem alltäglichen Handeln der Mitglieder einer Gesellschaft zuwendet, in dessen Vollzug die sinnhafte Ordnung erst hergestellt wird.

Die Ethnomethodologie als einen speziellen soziologischen Ansatz zu betrachten, wie es in diesem Beitrag im Wesentlichen geschieht, entspricht allerdings nicht ihrem Selbstverständnis. Sie selbst versteht sich eher als eine radikale Alternative zur (herkömmlichen) Soziologie, zu der sie sich letztlich in einem „asymmetrischen und inkommensurablen" Verhältnis sieht (vgl. Garfinkel/Wieder 1992; auch Garfinkel 1988 und 2002). Darüber hinaus entziehen sich Ethnomethodologen selbst in der Regel einer theoretischen Rede *über* Ethnomethodologie und empfehlen stattdessen, den Zugang zur ethnomethodologischen Vorgehensweise über konkrete Fallstudien zu suchen. Der folgende Versuch einer Überblicksdarstellung ist also notwendigerweise beschränkt und selektiv und bedarf auf jeden Fall der Ergänzung durch die unmittelbare Auseinandersetzung mit empirischen ethnomethodologischen Arbeiten. Schließlich erwachsen auch aus der spezifischen Begrifflichkeit der Ethnomethodologie gewisse Schwierigkeiten für eine einführende Darstellung, insbesondere insofern die meisten dieser Begriffe nur in englischer Sprache vorliegen. Auch grundlegende ethnomethodologische Arbeiten (z. B. Garfinkel 1967; Sacks 1992) liegen bis heute nicht in deutscher Übersetzung vor und in der deutschsprachigen Bildungsforschung ist der ethnomethodologische Ansatz kaum aufgegriffen worden.

1   Grundlinien und methodologische Prämissen der Ethnomethodologie

Harold Garfinkel, mit dessen Namen die Entstehung der Ethnomethodologie untrennbar verbunden ist, hat die konzeptionellen und methodologischen Grundlagen dieses Ansatzes 1967 in dem Band „Studies in Ethnomethodology" formuliert, der eine
Reihe seiner frühen theoretischen Arbeiten und empirischen Studien sowie den programmatischen Aufsatz „What is Ethnomethodology?" enthält. Das ethnomethodologische Forschungsprogramm wurde dann von Harvey Sacks in Zusammenarbeit mit
Emmanuel Schegloff und Gail Jefferson der „Konversationsanalyse" zugrunde gelegt,
die sich in den 1960er und 1970er Jahren zu einer eigenen Forschungsrichtung entwickelt hat und deren charakteristisches Profil vor allem durch Sacks' „Lectures" (1992),
sowie zahlreiche empirische Arbeiten von Schegloff und Jefferson geprägt wurde (v. a.
Sacks/Schegloff/Jefferson 1974; Schegloff/Jefferson/Sacks 1977). Sowohl die Ethnomethodologie als auch die Konversationsanalyse erwachsen aus einer prinzipiellen Front-
stellung gegenüber der traditionellen soziologischen Forschung.
    Garfinkels Vorwurf an die „formal analytische Soziologie" besteht darin, dass sie
den Durkheim'schen Satz – die objektive Realität sozialer Fakten sei das fundamentale Phänomen der Soziologie – ignoriere und stattdessen soziale Fakten lediglich als
Produkte oder Konstruktionen sozialwissenschaftlicher Methoden in den Blick nehme
(Garfinkel 2002: 65–66). Sowohl in den „Studies in Ethnomethodology" (1967) als auch
in „Ethnomethodology's Program" (2002) insistiert Garfinkel darauf, tagtägliches Handeln, soziale Praktiken und die praktischen Umstände der Teilnahme am Alltagshandeln als „phenomena in their own right" (Garfinkel, 1967: 1) zu betrachten.
    Aus ethnomethodologischer Perspektive geht herkömmliche soziologische For-
schung an der Frage, wie sich soziale Phänomene in den und durch die tagtäglichen
Praktiken der Mitglieder der Gesellschaft konstituieren, achtlos vorbei, insoweit sie
die grundlegenden formalen Eigenschaften sozialen Handelns als „Gegebenheit" voraussetzt, diese unerklärt und unsichtbar zum Ausgangspunkt ihrer Untersuchungen
macht und damit alltagsweltliche Wissensbestände und Praktiken als analytische Ressourcen benutzt, anstatt sie zum Thema zu machen. Dies bedeutet, nicht nach den „tatsächlichen" Eigenschaften sozialer Strukturen, sondern nach lokalen Praktiken ihrer
Hervorbringung zu fragen (vgl. Zimmerman/Pollner 1976: 68). Damit re-spezifiziert
die Ethnomethodologie alle alltäglichen Phänomene, die sie nicht als Mittel sondern
als Gegenstand der Untersuchung betrachtet. Die grundlegende ethnomethodologische Prämisse besteht dabei darin, soziale Wirklichkeit als eine „Vollzugswirklichkeit"
(Bergmann 2005: 122) zu verstehen: Soziale Phänomene werden laufend in konzer-
tierten Handlungen und Wahrnehmungen hervorgebracht. Dabei erzeugen alltägliche
soziale Handlungen im Laufe ihrer Durchführung ihre eigene Sichtbarkeit, Beschreib-
barkeit und Verstehbarkeit – was Garfinkel „natural accountability" nennt (2002: 173) –
und sind damit prinzipiell rational. Auch in diesem Punkt setzt die Ethnomethodologie
sich von der „konventionellen Soziologie" ab, die Gesellschaftsmitglieder nicht als me-

thodisch-kompetent Handelnde, sondern als „judgemental dopes", d. h. als „kulturelle Deppen" (Weingarten, Sack 1976: 20) oder „Beurteilungstrottel" (Bergmann 2005: 121) betrachte. Aus ethnomethodologischer Perspektive sind die Handelnden imstande, ihre Wissenssysteme rational, d. h. methodisch und situationsbezogen zu gebrauchen. Infolge ihrer essentiellen Reflexivität dienen praktische Darstellungen einerseits dazu, situierte Beschreibungen und Handeln so „umzuformulieren", dass sie verstehbar und eindeutig innerhalb der Situation ihrer Hervorbringung werden; andererseits sind sie selbst situiert bzw. kontextgebunden und ihrerseits von Mehrdeutigkeit und „Indexikalität" nicht frei und geben insofern Anlass zu weiteren Erklärungen (vgl. dazu Garfinkel/Sacks 1976).

Indem die Ethnomethodologie sich mit methodischen Hervorbringungen praktischer sozialer Handlungen beschäftigt, mit dem „Wie-es-gemacht-wird" und dem „Wie-es-zu-machen-ist", interessiert sie sich nicht dafür, warum sie von Mitgliedern durchgeführt werden oder inwieweit sie korrekt oder falsch sind. Zu allen Fragen nach der Adäquatheit, der Angemessenheit, dem Nutzen oder der Erwünschtheit der durchzuführenden Handlungen postuliert die Ethnomethodologie prinzipielle Indifferenz, was nicht „Wertfreiheit" bedeutet, sondern eher die Einsicht umschreibt, dass es für die Wissenschaft keinen privilegierten Standpunkt gegenüber dem Alltagshandeln gibt. Die praktischen Methoden und das wissenschaftliche Alltagshandeln professioneller Soziologen sind in diesem Zusammenhang für die Ethnomethodologie nicht weniger und nicht mehr von Interesse, als alltagsweltliche Praktiken von Laien.

Ein weiteres Postulat, das mit der unvermeidlichen Mannigfaltigkeit ethnomethodologischer Untersuchungen verbunden ist, wird als „unique adequacy requirement of methods" (Garfinkel/Wieder 1992: 182, Garfinkel 2002b: 175) formuliert. Ausgehend von der ethnomethodologischen Verpflichtung, das „real-lebensweltliche" der Phänomene zu analysieren, hängt die Art und Weise, wie eine Untersuchung durchgeführt und präsentiert wird, vom eigenartigen Charakter des zu untersuchenden Phänomens ab. In diesem Sinne ist die Untersuchungsmethode vom Untersuchungsgegenstand nicht zu trennen. Ethnomethodologen greifen zu Methoden, die eine tiefe Immersion in die spezifische Situation und soziale Praxis ermöglichen, um das zu untersuchende Phänomen adäquat zu erfassen. Denn um imstande zu sein, eine Praxis zu identifizieren und zu verstehen, muss man die Erfahrung ihrer Hervorbringung machen. Gefordert wird also, dass die Forscherin oder der Forscher mindestens in einem allgemeinen Sinne („vulgarly") kompetent in Bezug auf die lokale Hervorbringung und natürliche Erklärbarkeit des zu untersuchenden Phänomens sein muss (Garfinkel 2002b: 175–176).

Die grundlegenden ethnomethodologischen Fragen nach den Prozeduren und Methoden, mittels derer das Alltagsleben verstehbar, d. h. normal, gerechtfertigt, ordnungsgemäß und moralisch wird, interessieren auch die Konversationsanalyse (= KA). Die KA versucht soziale Ordnung in einem Bereich aufzufinden, in dem es unmöglich zu sein scheint, Ordnung oder ihr zu Grunde liegende Regeln zu entdecken, im Bereich alltäglicher Gespräche. Dabei unterscheidet sie sich von anderen sozial-wissenschaftlichen Methoden dadurch, dass sie Gespräche (talk-in-interaction) nicht als ein Fenster behandelt, durch das andere Sozialprozesse oder breitere soziologische Variablen zu untersuchen wären, sondern vielmehr als Analysegegenstand „in its own right", d. h. als einen selbständigen Sozialprozess, der von seinen eigenen Regularitäten gesteuert wird (Hutchby/Wooffitt, 1998: 21).

Ausgehend von der Prämisse der Geordnetheit („order at all points") (Sacks 1984: 22), untersucht die KA also, wie bestimmte Verfahren die Kommunikation sinnvoll und verständlich machen. Grundlegende Verfahren solcher Art sind die sequentielle Organisation der Redezüge im Gespräch und das Sprecherwechsel-System („turn-taking-system"), die die Ablauforganisation von sozialer Interaktion regulieren (vgl. Sacks/Schegloff/Jefferson 1974).

Methodisch ist die KA als streng naturalistischer Forschungsansatz charakterisiert. Der „registrierende Konservierungsmodus" (Bergmann 1985), dem die KA folgt, fordert, soziales Geschehen in den Details seines realen zeitlichen Ablaufs mittels Audio- und/oder Videoaufzeichnung zu fixieren. Erst durch solcherart „passive" Registrierung mit nachfolgender ausführlicher Transkription der aufgezeichneten Rohdaten und eingehender Analyse der Gesprächssequenzen – einschließlich der scheinbar irrelevanten, unwesentlichen oder überflüssigen Feinheiten der Interaktionsdynamik wie etwa Pausen, Betonungen, Gesprächsüberlappungen und Unterbrechungen, Lachen usw. – lasse sich die lokale Ordnung im Laufe ihrer „natürlichen" Hervorbringung erfassen. Das strikt methodisierte Vorgehen der KA, wozu die Notationskonventionen und andere prozedurale Regeln der Analyse zählen, bilden allerdings einen Punkt, an dem KA nicht nur „von außen" sondern auch „von innen" stark kritisiert wird. Schenkein (1976: 421–422, Anmerkung 1) weist in diesem Zusammenhang darauf hin, dass die Untersuchungen der KA sich „in zunehmendem Maße sowohl methodisch als auch grundsätzlich" von „ethnomethodologischen" Untersuchungen unterscheiden.

Die so genannten „studies of work" stellen einen weiteren Forschungsansatz dar, der neben der KA in der Mitte der 1970er Jahre aus dem ethnomethodologischen Forschungsprogramm entstanden ist und dessen Untersuchungsgegenstand die Arbeitsvollzüge in ihrer lokalen Produktion und das in professionellen Praktiken verkörperte Wissen bilden (vgl. Garfinkel 1986). Der Ansatz der „studies of work" kann in gewissem Maße als eine Reaktion auf die Entstehung und den Erfolg der KA angesehen werden (vgl. Bergmann 2005: 130). „Studies of work" betonen die Komplexität professioneller Tätigkeiten und beharren auf der Mannigfaltigkeit und Pluralität der zu benutzenden Methoden, sie insistieren darauf, dass Audio(visuelle) Aufzeichnungen und Transkriptionen nicht als eine „universelle Methode", sondern nur in Bezug auf eine bestimmte Art sozialer Phänomene angewendet werden können (vgl. Francis/Hester 2000: 4–5).

Allgemein formuliert interessieren sich die Ethnomethodologie sowie (ethnomethodologische) Konversationsanalyse für die Kunstfertigkeit praktischen Handelns. Nur mit einem Notizblock, einem Diktaphon und/oder einer Videokamera ausgerüstet, geht der Ethnomethodologe zu Hausfrauen und Labor-Wissenschaftlerinnen, Tibetischen Mönchen und Mathematikern, Polizisten und Ärztinnen, (Hochschul)lehrerinnen und Fernfahrern, um die gewöhnlichsten Dinge zu entdecken. Diese Dinge, die Praktiken der Mitglieder – vom Anstehen in Warteschlangen, über das Schachspiel bis hin zum Führen eines mathematischen Beweises – sind für diejenigen, die sie kunstfertig beherrschen, normalerweise uninteressant und werden von ihnen ignoriert. Wenn der Ethnomethodologe diese ignorierten organisatorischen „practicalities" beschreibt, macht er dies in einer Art und Weise, die es ermöglichen würde, die spezifischen alltagsweltlichen Praktiken zu erlernen. Damit ist eine ethnomethodologische Beschreibung mit der zu beschreibenden Praxis untrennbar verbunden. Sie kann als eine Art Gebrauchsanweisung betrachtet werden, die mit der zu beschreibenden Praxis in reflexiver Beziehung steht. Man erwirbt mit der ethnomethodologischen Beschreibung Kompetenzen für die Praxis von Polizisten, Hausfrauen, Ärztinnen, Mathematikern, Jazz-Spielern oder Beteiligten einer Lehr-Lern-Situation. Aus dieser Perspektive gesehen ist die ethnomethodologische Vorgehensweise von essentiell *pädagogischer* Art. Solcherart Mitspiel-Kompetenzen zu erwerben bedeutet natürlich für die verschiedenen Bereiche sehr Unterschiedliches: Um das alltägliche Handeln von neurologischen Wissenschaftlern zu verstehen, muss man dazugehörige Kenntnisse erwerben (vgl. z. B. Lynch 1985), um zu verstehen, wie Jazz-Improvisation funktioniert, hat ein ethnomethodologischer Forscher das Klavierspiel erlernt (Sudnow 1978). Diese Annäherung an das zu untersuchende Phänomen fordert aber zugleich eine gewisse Entfernung und Distanzierung vom Untersuchungsobjekt, um evidente Zuschreibungen zu vermeiden. Das heißt, dass das Einsetzen von erworbenen Kompetenzen und Kontextwissen in höchst kontrollierter Weise geschehen muss. Dies gilt umso mehr für den Bereich der Interaktion in Lehr- und Lernsituationen. Hier können ethnomethodologische Forscher und Forscherinnen von eigenen alltäglichen Kompetenzen ausgehen, insofern sie alle viele Jahre in settings formaler Bildung verbracht haben. In diesem Bereich besteht die Aufgabe im Wesentlichen darin, Abstand von der Selbstverständlichkeit der eigenen alltäglichen Praxis und der verkörperten Routine des Alltagswissens zu gewinnen.

2   Schulische Praktiken in ethnomethodologischer Perspektive

Ausgehend von dem zentralen Interesse an der kontinuierlich und methodisch (re)produzierten sozialen Realität untersucht die Ethnomethodologie lokale Ordnungen und Verfahren, mittels derer selbstverständliche Ereignisse und Kategorien pädagogischen Handelns, wie etwa „Lehrer", „Schüler", „Vorlesung", „Noten", „Antwort" usw. als solche erzeugt, anerkannt und verstehbar werden. Ethnomethodologische Untersuchungen beschreiben also das Bildungsgeschehen als lokal hervorgebrachte und von Mitgliedern durchgeführte Praxis und fragen, wie diese zur „natürlichen Tatsache" wird. In Form solcher Analysen der „reality-as-a-members'-phenomenon" (Hester/Francis 1997: 95) untersucht der ethnomethodologische Zugang zum Bildungsbereich das, was andere Forschungsansätze voraussetzen.

So zeigen z. B. Keppler und Luckmann (1991) in einer konversationsanalytischen Studie, wie voraussetzungsvoll es ist, im Rahmen eines Alltagsgespräches die „Lehrerrolle" zu übernehmen. Wissenstransfer muss entweder auf einer ‚Einladung' durch die Zuhörer beruhen oder durch diese autorisiert werden. Der situative „Lehrer" eröffnet eine „teaching sequence" erst auf Zeichen entsprechenden Einverständnisses hin, dass die anderen bereit sind, die „Schüler" zu sein. Für die Dauer der „teaching sequence" sind die normalen turn-taking Regeln außer Kraft, d. h. der „Lehrer" behält das Rederecht, bis er die Sequenz beendet. Zeichen von Unaufmerksamkeit oder Desinteresse im Publikum setzen der „teaching sequence" allerdings normalerweise ein Ende. Wenn man sieht, wie interaktionslogisch prekär der Vollzug von Wissenstransfer ist, wird verständlich, inwieweit schulischer Unterricht ganz anderen Regelungsverfahren folgen muss, um die interaktionalen Voraussetzungen für „teaching" auf Dauer zu stellen.

Die Organisation der Unterrichtsinteraktion und das damit eng verbundene Thema der Hervorbringung und Aufrechterhaltung lokaler Unterrichtsordnungen stellen die zentralen Schwerpunkte der Bildungsforschung aus ethnomethodologischer bzw. konversationsanalytischer Perspektive dar und werden dabei in einer ganzen Reihe von Fragestellungen spezifiziert. Gefragt wird u. a. danach, wie die lokale Unterrichtsordnung durch und in Interaktionen der Mitglieder in partikularen Momenten des Unterrichtslebens initiiert, organisiert und aufrecht erhalten wird. Was geschieht im Unterricht und insbesondere mittels welcher Methoden und Ressourcen konstruieren die Mitglieder der Unterrichtspraktiken, Lehrende und Studierende, durch ihre Interaktionen die Unterrichtsordnung und dadurch sich selbst als Lehrende und Studierende? Wie wird von den Beteiligten ihr eigenes Handeln und das Handeln der anderen Mitglieder „verstehbar" (accountable) gemacht? Wie werden die Praktiken einer Schüler- oder Studentengruppe als kollektive Praktiken initiiert, organisiert und aufrecht erhalten? Wie wird die Wiederherstellung der Interaktionsordnung im Falle ihrer Störung bewerkstelligt? Wie werden Autoritäts- und Machtverhältnisse als lokale Phänomene des Klassenzimmers erzeugt und behandelt? u. a. m. Die folgende Zusammenschau exemplarischer ethnomethodologischer und konversationsanalytischer Untersuchungen im Feld der Bildung ist nicht als eine festen Auswahlkriterien folgende Systematisierung oder Einordnung ausgewählter Arbeiten zu verstehen. Sie stellt eher eine unvermeidlich partielle Sammlung von Fallstudien dar, die die Mannigfaltigkeit des ethnomethodologischen Interesses an Bildungsphänomenen als lokal geordneten, praktischen Hervorbringungen demonstriert.

3 Exemplarische empirische Studien zu Unterrichtspraktiken

Organisation und Management des Unterrichts als lokaler Ordnung. Individuelle Lernende in eine kohärente Einheit zu transformieren bildet eine immer aktuelle Aufgabe für die Lehrkraft im Zuge ihrer Bemühungen eine lokale Unterrichtsordnung zu organisieren. Eine klassische Studie dazu stellt die Untersuchung von Payne/Hustler (1980) dar, in der von Lehrern routinehaft benutzte Praktiken der Hervorbringung und Aufrechterhaltung der Unterrichtsordnung im Klassenraum aus konversationsanalytischer Perspektive analysiert werden.

Payne/Hustler beginnen mit der Beobachtung, dass Lehrer regulär mit vielfältigen Ansammlungen von Schülern zu verschiedenen Zeitpunkten umgehen müssen. Trotz unterschiedlicher Zusammensetzung der Schulklassen sind Lehrer imstande, ihre Schüler relativ leicht zu managen. Die zweite Beobachtung besteht darin, dass Lehrer eine allgemeine Strategie beim Umgang mit den Schülern benutzen, nämlich „to constitute them as a class, as a collectivity, as a cohort" (Ebd.: 50). Bei der Analyse dieser „cohorting practices", die die Schüler als eine Einheit, eine Kohorte, konstituieren, zeigen Payne/Hustler auf, dass eines der Verfahren, mittels derer Lehrer ihr „cohorting work" durchführen, darin besteht, das Thema der laufenden Unterrichtsstunde einzusetzen. Die Genese eines für alle gemeinsamen Themas wird z. B. durch die Praktik der Zurückverweisung und Resümierung dessen vollzogen, worüber das „letzte Mal" gesprochen wurde, ohne genau zu sagen, was mit dem „letzten Mal" gemeint ist. Dadurch, dass der Lehrer anwesende Schüler als eine „Klasse", eine „Kohorte" adressiert und sie damit als eine Einheit handeln lässt, stattet er sie mit der Ressource aus, dieses „letzte Mal" herauszufinden, ohne dass jeder einzelne, der jetzt anwesend ist, vorher anwesend gewesen sein muss. Mittels seiner Zusammenfassung macht der Lehrer die *Kategorie* der Personen relevant, die vorher anwesend waren; dies sind Lehrer und Schüler als *eine Klasse* (Ebd.: 56). Auch die Tatsache, dass Lehrer und Schüler einander kennen und über gemeinsame Erfahrungen verfügen entbindet nicht von der Notwendigkeit der Arbeit des Sammelns und Ver-Sammelns der „Kohorte" und der Konstruktion und Re-Konstruktion der Ordnung in jeder konkreten Situation, so Payne und Hustler.

Einer ähnlichen Problematik widmet sich Macbeth (1990), nämlich der Hervorbringung der Unterrichtsordnung als praktisches Handeln, mit der Frage: „wherein lies the locus of order?" (Ebd.: 190). Er zeigt anhand detaillierter sequentieller Analysen, dass diese Ordnung in beobachtbaren Details alltäglicher Szenen aus den Lehr-Lern-Interaktionen besteht, z. B. in Szenen, in denen Sanktionen eingeführt werden. In einer weiteren Studie (1992) zeigt Macbeth „essential reflexive" Beziehungen zwischen der Cohorting-Praktik, der Organisation von Redezügen und der Instruktionsarbeit, die vom Lehrer bezüglich der Klasse durchgeführt wird. In Abgrenzung zu herkömmlichen Betrachtungen der Institution Schule, die die Ordnung in der Vorverteilung („pre-allocation") von Rollen, Stundenplänen, Lehrplänen u. ä. finden, demonstriert Macbeth anhand seiner Analyse des Rederechts („floor") als materiales Objekt, dass die Organisation der Ordnung im Klassenraum eine „lokale Hervorbringung" ist: es geht um die Ausführung von Instruktionen, Zielen, Autorität usw. *als öffentliche*, beobachtbare und analysierbare Ensembles instruktiv-materialer Details (Ebd.: 147).

Die Organisation der Lehr-Lern-Interaktion: das System des Sprecherwechsels („turn-taking system"). McHouls Untersuchung (1978), in der er an Sacks/Schegloff/Jefferson (1974) direkt anschließt, stellt eine grundlegende konversationsanalytische Analyse des „turn-taking system" bei der formalen Organisation des Gesprächs innerhalb der Lehr-Lern-Interaktionen dar, deren verschiedene Aspekte ferner in einer ganzen Reihe von Arbeiten (vgl. Mehan 1979a; Heap 1985; Nassaji/Wells 2000; Lee 2007 u. a.) aufgegriffen wurden. Es zeigt sich, dass die Lehr-Lern-Interaktion durch ein spezifisches System des Sprecherwechsels gekennzeichnet ist: Frage (des Lehrers) – Antwort (des Lernenden) – Bewertung (des Lehrers), wobei die Bewertung des Lehrers systematisch die „third turn position" (Lee 2007) ist.

In analytischer Hinsicht ist die Folge Frage – Antwort – Bewertung *(question – answer – evaluation)* eine Erweiterung der von Sacks, Schegloff und Jefferson (1974) entdeckten einfachsten Interaktionsstruktur *question – answer*, die für das Alltagsgespräch konstitutiv ist. Das System des Sprecherwechsels in der Unterrichtsinteraktion wird als eine Modifikation des Alltagsgesprächs untersucht (vgl. z. B. McHoul 1978). In diesem Sinne hat Mehan einen wichtigen Unterschied zwischen den Lehr(er)fragen und ihren „tagtäglichen" Prototypen festgestellt. Er beschreibt das Phänomen der „knowing information questions", indem er analysiert, wie die Lerninteraktionsbeteiligten ihre für die Lernaufgaben und Lernumstände relevanten Redezüge organisieren. Die Lehrerfragen sind dadurch gekennzeichnet, dass die Antwort vor der Fragestellung bekannt ist (und in der Regel in der Frage implizit eingeschlossen ist). Mit anderen Worten: Der Sinn der (vom Lehrer) gestellten Frage besteht nicht darin, vom Befragten (Lernenden) eine Antwort zu bekommen, die der Fragende noch nicht weiß, sondern eine Antwort, die der Fragende bewerten und auf etwas ihm bereits Bekanntes beziehen kann (Mehan 1979b). Deshalb bevorzugt Mehan statt „question/answer" die Begriffe „initiation/reply" und spricht von der Sequenz „initiation – reply – evaluation" (IRE) (Mehan 1979a).

Den erwähnten Arbeiten zufolge lässt sich diese dreiteilige IRE-Struktur als konstitutiver Mechanismus der Organisation der Interaktionsordnung im Unterricht und der Interaktionsgliederung in einzelne Episoden auffassen. Spätere KA-Untersuchungen haben verschiedene Verfahren beleuchtet, mit deren Hilfe die dreiteilige IRE-Struktur realisiert und durch die Verwendung einer inkompletten Struktur der Redezüge oder prosodischer Manipulationen beim Feedback des Lehrers ausgedehnt werden kann (vgl. z. B. Lerner 1995; Hellermann 2005).

Eine alternative Forschungslinie stellen Francis und Hester (2004a) dar, die die dreiteilige IRE-Struktur in ihrer Generalisierbarkeit und Verbreitung in gewissem Maße einschränken. Sie behalten zwar das Konzept des Sprecherwechselsystems bei, identifizieren dieses aber als eine lokale und partikulare Form der Unterrichtstätigkeit, indem sie zeigen, dass es verschiedene Ausnahmen und Abweichungen von der IRE-Basisstruktur gibt, d. h. dass es nicht eine einzige Form des Sprecherwechselsystems innerhalb der Lehr-Lern-Interaktionen gibt, sondern mehrere Formen, die oft im Rahmen einer einzigen Unterrichtsveranstaltung zustande kommen. Anhand empirischer Daten aus dem Unterricht einer amerikanischen Grundschule untersuchen Francis und Hester unter anderem die Schüler-Selbstauswahl, d. h. die Beobachtung, dass Schüler den Lehrer von Zeit zu Zeit anreden, ohne dabei von ihm dazu ausgewählt werden zu sein. In diesem Zusammenhang sprechen die Autoren von „local speech exchange systems" (Ebd.: 124).

Reparaturen und Korrekturen. Ein weiteres Phänomen, dessen Untersuchung auch durch die Analysen von Alltagsgesprächen durch Sacks, Schegloff und Jefferson (1974) inspiriert wurde, war das des „repair", d. h. der Reparaturen und Korrekturen von Aussagen (vgl. z. B. McHoul 1990; Macbeth 2004). McHoul (1990) hat in seinen Analysen von Reparatur-Verfahren im Vollzug von Lehr-Lern-Interaktionen gezeigt, dass im Unterschied zu Alltagsgesprächen, wo „self-repair" verbreitet ist (vgl. Schegloff, Jefferson, and Sacks 1977), die Lehr-Lern-Kommunikation durch „other-correction" und vom Anderen (vom Lehrer) initiierte „self-correction" gekennzeichnet ist.

Kalthoff schließt im Rahmen einer ethnographischen Studie zu Internatsschulen zum Teil an die erwähnten konversationsanalytischen Studien an. Er beschreibt die inhaltliche Fokussierungstätigkeit der Lehrperson und die Hervorbringung von „Wissen" als „Fabrikation von Antworten im Schulunterricht" (Kalthoff 1995). Er zeigt verschiedene Verfahren der Korrektur von Schülerantworten auf, wobei die komplexeren Verfahren darauf zielen, die Schüler zu einer „Selbstkorrektur" ihrer falschen Antwort zu veranlassen. Der Wechsel zwischen unterschiedlich aufwändigen Verfahren der Korrektur von Schülerantworten im Unterrichtsgespräch stellt sich dabei auch als ein Mittel heraus, das Tempo des Unterrichts zu regulieren (vgl. Kalthoff 1995: 935).

Anders als McHoul, der die Organisation von Korrekturen in der Lehr-Lern-Interaktion mit der von Reparaturen im Alltagsgespräch vergleicht, beharrt Macbeth (2004: 705) darauf, dass „conversational repair and classroom correction are better understood as distinctive, even ‚cooperating' organization". Da die Suche nach und die Formulierung von Antworten (replies) auf die Fragen des Lehrers im Unterrichtsvollzug eine äußerst verbreitete und gut bekannte Aufgabe darstellt, können wir erwarten, dass es organisatorische Ressourcen dafür gibt, einschließlich der Ressourcen für die Bekanntgabe der Antworten in dem Fall, wenn die „korrekte" Antwort nicht gefunden wurde (Ebd.: 704). Reparaturen und Korrekturen sind solcherart routinehaft eingesetzte organisatorische Ressourcen. So kommt Macbeth anders als McHoul zu dem Schluss, dass die Korrektur zwar eine Art der Reparatur im Alltagsgespräch sein kann, doch in der Lehr-Lern-Interaktion sind beide Praktiken mit verschiedenen Beziehungs-Kategorien verbunden und werden unterschiedlich organisiert. Die Erzeugung von Korrektur-Sequenzen ist eine konstitutive Eigenschaft der Instruktions- und Organisationsaufgabe des Unterrichts, während sich Reparaturen auf die Erzeugung eines interaktionalen gemeinsamen Verständnisses richten. Reparaturen stellen eine eigene Form diskursiver Arbeit dar, die der Korrektur-Arbeit vorangeht und sie als solche ermöglicht.

Der Vollzug von Lehr- und Lernaktivitäten. Ein weiteres Thema, auf das ethnomethodologische Untersuchungen fokussieren, sind Aktivitäten, die innerhalb von Lehrveranstaltungen stattfinden. So widmet sich Heap (1990) in seiner ethnomethodologischen Studie zu Leseaktivitäten im Unterricht der Frage, worin die „lokale Rationalität" von Praktiken des Lesens besteht. Er analysiert die Arbeit von Unterbrechungen („interruptions") beim Vorlesen – was können Unterbrechungen von Lehrern tun und was müssen Lehrer in Betracht ziehen, wenn sie entscheiden, jemanden zu unterbrechen und eine Korrektur zu initiieren – und zeigt, dass Unterbrechungen eine positive Instruktionsfunktion für die Gruppe haben können. Hester und Francis (1997) analysieren die Praktiken des Erzählens von Kurzgeschichten in der Grundschule und beschreiben die Interaktionsmethoden, mittels derer eine Erzählung gemeinsam von Lehrern und Schülern produziert wird und Teilnehmer in das hineingezogen werden, was Hester und Francis „reality analysis" nennen.

In einer weiteren Studie führen Francis und Hester (2004b) eine detaillierte Analyse des Anfanges einer universitären Vorlesung im Fach Soziologie durch und zeigen, wie die Begrüßung des Lektors als eine Instruktion funktioniert, insofern sie den Hinweis darauf hervorbringt, dass die Vorlesung beginnt. Damit eine Begrüßung als der Anfang der Vorlesung verstanden wird, wird sie von einer Person formuliert, die sich als „Lektor" identifizieren lässt, und an Personen adressiert, die als „Studenten" erkennbar sind. Die Studenten und der Lektor werden ihrerseits als solche identifiziert, indem sie in diesen Kategorien jeweils verankerte Handlungen vollführen. Die erkennbare gemeinsame Anwesenheit der Vertreter dieser Kategorien und der Sinn ihrer Handlungen stehen also in untrennbaren reflexiven Beziehungen zueinander.

Dem Nachweis, dass eine Vorlesung (wie jede andere Form der Lehrveranstaltung) eine vollkommen praktische Hervorbringung ist, dient auch eine Arbeit von Garfinkel (2002a), in der er die Organisation einer universitären Vorlesung im Fach Chemie „von innen" beschreibt. Im Fokus seines Interesses steht die „ignorierte, inhaltlich-spezifische totale Geordnetheit der Vorlesung als spezifisch-universitäre Arbeit" (Ebd.: 219). Garfinkels Analyse demonstriert, dass verschiede Aktivitäten, die sich innerhalb einer Vorlesung entfalten, etwa der „Vorlesungsanfang", das „Plätze-Nehmen", das „Zu-spät-Kommen", das „Zuhören" oder „Fragen", nicht vorgegebene, sondern orientierende Objekte sind: Studenten müssen sich auf sie orientieren und sie erkennen, um imstande sein zu identifizieren, ob z. B. die Vorlesung schon angefangen hat oder noch nicht, und ob die Frage des Lehrers eine rhetorische oder eine Antwort fordernde ist. Auch die Fähigkeit des Dozenten, erkennbar den „Vorlesungsanfang" hervorzubringen, ist eine essentielle Eigenschaft seiner Kunstfertigkeit die Disziplin und die Ordnung im Vorlesungsraum aufrecht zu erhalten. Die Sammlung der von Garfinkel beschriebenen

Phänomene stellt mannigfaltige Momente der Vorlesung dar, deren Ordnung in ihren inneren Details erkennbar wird.

Ein Beispiel für die Einbeziehung nonverbaler Verhaltenselemente stellt eine Untersuchung von Hecht (2009) dar, der mithilfe von Videoaufzeichnungen in 7. Klassen deutscher und kanadischer Schulen u. a. die Herstellung von „Aufmerksamkeit" analysiert. In einer Studie zum Blickverhalten von Lehrkräften und Schülern beschreibt er die „Darstellung von Erreichbarkeit" und die „Darstellung von Empfangsbereitschaft" mit Blicken (Ebd.: 193), wobei er zwischen „fokussierenden Blicken" (Ebd.: 206), die u. a. der Strukturierung oder Initiierung von Interaktionen dienen können, und „Mitteldistanzblicken" unterscheidet, mittels derer Lehrpersonen „Präsenz" zeigen, „ohne selbst direkt ansprechbar zu sein" (Ebd.: 223 f.).

„Doing student/teacher". Ein dominantes Thema im Feld der Bildungsforschung stellt das der Identitäten und institutionellen Positionen der Teilnehmer dar, sowie der Verhältnisse zwischen Lehrenden und Studierenden, die typischerweise mit dem Hinweis auf „Macht" und „Autorität" als erklärende Kategorien betrachtet werden. Abweichend davon stellt die Ethnomethodologie die Frage ganz anders: Wenn Interaktionsverhältnisse zwischen Lehrenden und Studierenden durch Asymmetrie gekennzeichnet sind, wie wird diese in jedem jeweiligen Fall lokal hervorgebracht? Wie werden „Macht" und „Autorität" als praktische Umstände, auf die Teilnehmer sich gemeinsam orientieren, produziert? Was heißt es also, als „Lehrer" oder „Schüler" zu agieren?

So zeigen Hustler/Payn (1982), wie Lehrer verschiedene Ressourcen bei der Hervorbringung und Etablierung von Autoritäts- und Machtverhältnissen einsetzen, unter anderem die „räumliche" und „zeitliche" Natur des Unterrichts, seine „Periodizität". Die Zeit und ihr Ablauf sind kontinuierlich relevante Eigenschaften des Unterrichts: es gibt bestimmte Zeitpunkte, wenn der Lehrer versucht, die Kohorte von Schülern von einer Aktivität zur anderen zu wechseln. Eine der routinehaft, unbemerkt und methodisch vom Lehrer verwendeten Methoden besteht dabei darin, einen Anspruch auf die Aufmerksamkeit von der Seite der Schüler und damit darauf zu machen, dass die Unterrichtszeit die „Lehrerzeit" ist, also seine eigene Zeit, während der der Lehrer die Kontrolle über die Klasse hat. Macbeth (1991) analysiert die Arbeit kleiner Pausen und zeigt, dass sie nicht die Momente schlichten Stillschweigens bzw. Nicht-Redens, sondern orientierende Interaktionsobjekte sind. Er beschreibt das Phänomen der „adressierten Pausen" und demonstriert, wie sie vom Lehrer als ein Verfahren der Hervorbringung der Autorität eingesetzt werden können.

Benwell/Stokoe (2004) richten den Blick auf „students' resistance to academic tasks and identity". Ihre Analysen der Interaktionen während der Tutorials an einigen englischen Hochschulen fokussieren darauf, was es heißt, die eigene Mitgliedschaft in der Kategorie „Student" zu managen. Die Ergebnisse machen deutlich, dass Studenten nicht nur akademische Kenntnisse erwerben, sondern auch routinehaft „Student-Sein" praktizieren, d. h. partikulare Kulturen und Identitäten konstruieren, wobei das „being a student" eine Distanzierung zu akademischen Leistungen als seinen integrierenden Bestandteil involvieren kann: being „too clever" erweist sich als problematisch innerhalb der von Studenten mitkonstituierten akademischen Kultur.

Leistungsbewertung und Prüfungen. In ethnomethodologischer Perspektive stellt sich auch schulische Leistungsbewertung als situatives und praktisches Problem der Teilnehmer dar. So werden etwa die „Objektivität" oder „Gerechtigkeit" von Noten als in konkreten Praktiken hervorgebrachte Zuschreibungen erkennbar. Kalthoff (1996) beschreibt die Korrektur von Klassenarbeiten und auch die Festsetzung von Noten in Abiturprüfungen als „Verteilungsarbeit" (Ebd.: 115), die sich auf die konkrete Schülergruppe und deren Sortierung bezieht. Verkuyten (2000) zeigt in der Analyse einer Zeugniskonferenz, welche interaktive ‚Arbeit' geleistet wird, um die vergebenen Zensuren als objektiv und gerechtfertigt (accountable) zu etablieren. Während sich gute Noten als unproblematisch erweisen, bedürfen schlechte Noten einer „Erklärung". Diese situativen Erklärungen richten sich immer auf die betreffenden Schüler, und zwar entweder auf mangelnde Begabung oder auf mangelnde Anstrengung. Die Praxis der Leistungsbewertung selbst wird dabei entthematisiert. „Accounts were given in which versions of reality were constructed, making the methods of teaching, interpretation and assessment invisible" (Verkuyten 2000: 469).

Die ethnographischen Analysen von Zaborowski, Meier und Breidenstein (2011) sind zwar nicht durchgängig mit den Mitteln der Ethnomethodologie durchgeführt, sie sind aber insoweit der ethnomethodologischen Perspektive verpflichtet, als sie Szenen schulischer Leistungsbewertung, Prüfungen, Bekanntgaben von Noten, Zeugnisausgaben etc. ‚von innen heraus' beschreiben und sich für die ‚Methoden' der Teilnehmer interessieren. So lässt sich etwa fragen, wie „Schulerfolg" in der Interaktion praktisch hervorgebracht wird, oder auch, wie schlechte Noten in konkreten, lokalen Praktiken prozessiert und verarbeitet werden. Dabei erweisen sich Prüfungen als eines jeder Mittel, die „lernen" allererst darstellbar machen, denn sich zu vergewissern, dass im Unterricht etwas „gelernt" wird (oder gelernt werden kann) scheint zu den zentralen praktischen Problemen der Teilnehmer zu gehören (vgl. Breidenstein 2010). Mithilfe von Leistungsbewertungspraktiken können sich die Teilnehmer wechselseitig *zeigen*, dass im Unterricht etwas „gelernt" wurde, oder zumindest hätte gelernt werden können.

4   Kritik, Potential und Perspektiven

Mit den zuletzt angesprochenen Arbeiten haben wir den Bereich der ethnomethodologischen Forschung im engeren Sinn bereits verlassen, insofern hier ein ethnographisches Vorgehen sich keineswegs auf die Analyse von aus technischer Aufzeichnung gewonnenen Daten beschränkt, wie es die KA fordert und außerdem auch ‚inhaltliche' Aspekte der Interaktion interpretiert werden. In diesen Arbeiten wird die Ethnomethodologie als analytische Einstellung und Heuristik verwendet, indem schulische Realitäten wie etwa „Leistungen" oder „Leistungsvermögen" von Schülern als situative und praktische Hervorbringungen untersucht werden und indem beobachtbares Verhalten von Teilnehmern als praktische Lösung praktischer Probleme verstanden wird, ohne sich der strengeren methodischen Ausrichtung etwa der KA anzuschließen. Das Verhältnis von Ethnomethodologie und Ethnographie wäre genauer zu diskutieren, was an dieser Stelle allerdings nicht geschehen kann (vgl. dazu Pollner/Emerson 2001).

Der Großteil der ethnomethodologischen Forschung zu Interaktionen in Bildungsinstitutionen, soviel lässt sich festhalten, entstammt dem Bereich der KA. Darüber hinaus lässt sich konstatieren, dass insgesamt deutlich die Analyse des Unterrichtsgesprächs als eines spezifischen mit der Institution Schule verbundenen Interaktionsformates die Forschung dominiert. Das Interesse der KA am Unterrichtsgespräch ist verständlich, weil es geradezu den Paradefall eines institutionellen und institutionalisierten Gesprächsformates darstellt. Aus Sicht der Unterrichtsforschung aber mag sich mit dieser Fokussierung der empirischen Analysen auf das Unterrichtsgespräch auch eine gewisse Engführung verbinden. Eine der aussichtsreichen Aufgaben bildet in diesem Zusammenhang die interne Differenzierung und Unterscheidung von Lehr-Lern-Praktiken nicht im Vergleich zum Alltagsgespräch als Basisstruktur (was nahe legt, die institutionelle Ordnung als ihre Abweichung oder Variation zu betrachten), sondern innerhalb der Bildungsinstitution als solcher. Außerdem kann problematisiert werden, dass die Analysen, die sich der Untersuchung der (Re)Produktion der Zentralstellung der Lehrperson in der Unterrichtsinteraktion widmen, ihrerseits einer Fixierung auf die Lehrperson folgen. Die differenzierte Analyse von Schüleraktivitäten kommt in dieser Perspektive zu kurz und all das, was in der Unterrichtssituation jenseits des (offiziellen) Unterrichtsgespräches stattfindet, gerät kaum in den Blick.

Eine sinnvolle Erweiterung im Rahmen ethnomethodologischer Unterrichtsforschung läge also in der Fokussierung auf Lehr-Lern-Aktivitäten jenseits des Unterrichtsgespräches: die Bearbeitung von Aufgaben, die Konstitution von Gruppenarbeit und auch so elementare Tätigkeiten wie das (Ab)schreiben, das Zuhören oder das Plätze-Nehmen – wie wird das gemacht? Welche praktischen Fertigkeiten und interaktiven Vollzüge gehören dazu? Nicht nur das Tun des Lehrers, auch der „Schülerjob" (vgl. Breidenstein 2006) lässt sich als praktische Hervorbringung der Realität schulischen Unterrichts beschreiben. Eine aktuelle Aufgabe stellt in diesem Zusammenhang die systematische Untersuchung von parallelen Schüler- bzw. Studentenaktivitäten während des Unterrichts dar – von „off-task talk" (Markee 2004) bis zur Bearbeitung von „Außen"-Aufgaben, – d. h. all jener Tätigkeiten, die als Nicht-Partizipation betrachtet werden können (vgl. dazu Koole 2007).

Wenn man den Korpus ethnomethodologischer Studien im Bildungsbereich überblickt, fällt weiterhin auf, dass ein Großteil dieser Studien das Feld der Schule und insbesondere der Grundschule in den Blick nimmt, es finden sich nur wenige Studien aus dem Elementarbereich und auch die Hochschule erscheint noch deutlich vernachlässigt.

Nach diesen Bemerkungen zu vernachlässigten Feldern oder Gegenständen ethnomethodologischer Forschung wollen wir zusammenfassend eine vorläufige Zwischenbilanz ziehen: Worin liegen die Stärken des ethnomethodologischen Ansatzes, welchen
Gewinn verschafft die Ethnomethodologie der Unterrichts- und Bildungsforschung?
Was bleibt unthematisiert? Das Potential der Ethnomethodologie zeigt sich sowohl in
ihren Fragestellungen als auch in ihrer Vorgehensweise, indem sie darauf abzielt, Lehr-
Lern-Vollzüge in ihrer Eigenlogik und als „materielle Objekte" zu untersuchen. Dabei
vermeidet sie a priori eingesetzte Konzeptualisierungen und Theoretisierungen, indem
sie Bildungsphänomene in Bezug auf von den Teilnehmern lokal zu lösende praktische
Probleme und Aufgaben analysiert.

Die Ethnomethodologie ermöglicht, nun von etwas weiter weg betrachtet, einen
sehr präzisen analytischen Blick auf die Herstellung lokaler sozialer Ordnung in situierten Praktiken. Sie versetzt in die Lage danach zu fragen, wie bestimmte Realitäten
‚gemacht', das heißt hervor gebracht und aufrecht erhalten werden. Beides scheint uns
besonders aufschlussreich für einen Bereich sozialer Wirklichkeit zu sein, der mit so
großer Selbstverständlichkeit ausgestattet ist wie Schulunterricht. Aus ethnomethodologischer Perspektive wird erkennbar, wie wir alle als Teilnehmer in die Hervorbringung grundlegender Kategorien und Verhältnisse (Schüler, Lehrer, Wissen, lernen etc.)
involviert sind, die wir im (eigenen) Alltag als ‚gegeben' voraussetzen und behandeln.
Die Ethnomethodologie macht auf die vielfältigen Kompetenzen aufmerksam, die in
die Hervorbringung und Aufrechterhaltung dieser ‚Gegebenheiten' eingehen. Auch
Schüler und Studenten erscheinen in dieser Perspektive als kompetente Teilnehmer
einer komplexen Praxis und nicht etwa als defizitäre Adressaten von Pädagogik oder
Bildungsbemühungen.

Die Annahme von „Inkompetenz" auf Seiten der Schüler oder Studenten erscheint
andererseits unverzichtbar für eine pädagogische Praxis – worin sollte sie sonst ihr Ziel
finden? In ethnomethodologischer Perspektive allerdings müsste auch „Inkompetenz"
als situative Hervorbringung (pädagogischer) Praktiken untersucht werden. Damit soll
nur angedeutet sein, welcher Art heuristisches Potential die Ethnomethodologie auch
für die Bildungsforschung noch bereit halten mag.

Literatur

Benwell, Betham M./Stokoe, Elizabeth H. (2004): University Students Resisting Academic Iden-
    tity. In: Applying Conversation Analysis, ed. by K. Richards and P. Seedhouse. Basingsto-
    ke: Palgrave, pp. 124–139.
Bergmann, Jörg R. (1985): Flüchtigkeit und methodische Fixierung sozialer Wirklichkeit. In:
    Bonss, Wolfgang; Hartmann, Heinz (Hg.): Entzauberte Wissenschaft: Zur Realität und
    Geltung soziologischer Forschung. Göttingen: Schwartz, S. 299–320.
Bergmann, Jörg R. (2005) Ethnomethodologie, in: Uwe Flick/Ernst v.Kardorff/Ines Steinke (Hg.),
    Qualitative Sozialforschung. Ein Handbuch. Reinbek: Rowohlt, 4. Auflage. S. 118–135.

Breidenstein, Georg (2006): Teilnahme am Unterricht. Ethnographische Studien zum Schüler-job. Wiesbaden.

Breidenstein, Georg (2010): Überlegungen zu einer Theorie des Unterrichts. In: Zeitschrift für Pädagogik, Jg. 56, H. 6, S. 869–887.

Francis, David/Hester, Stephen (2000): Ethnomethodology and Local Educational Order. In: Francis, David/Hester, Stephen (2000) (Hg.): Local education order: enthnomethodological studies of knowledge in action. Amsterdam; Philadelphia : J. Benjamins Pub. Co., pp. 1–19.

Francis, David/Hester, Stephen (2004a): Identity and interaction in a reception class. In: An invitation to ethnomethodology. London, pp. 121–128.

Francis, David/Hester, Stephen (2004b): Some organizational features of university lectures. In: An invitation to ethnomethodology. London, pp. 115–121.

Garfinkel, Harold (1967): Studies in Ethnomethodology. Englewood Cliffs, NJ: Prentice-Hall.

Garfinkel, Harold (1986) (Hg.): Ethnomethodological studies of work. London: Routledge & Kegan Paul

Garfinkel, Harold (1988): Evidence for Locally Produced, Naturally Accountable Phenomena of Order, Logic, Reason, Meaning, Method, etc. in and as of the Essential Quiddity of Immortal Ordinary Society (I of IV): An Announcement of Studies. In: Sociological Theory 6, pp. 103–109.

Garfinkel, Harold (2002): Ethnomethodology's program: working out Durkeim's aphorism. Edited and Introduced by Anne Rawls. New York: Rowman and Littlefield.

Garfinkel, Harold (2002a): A study of the work of teaching undergraduate chemistry in lecture format. In: Garfinkel, Harold (2002): Ethnomethodology's program: working out Durkeim's aphorism. Edited and Introduced by Anne Rawls. Lanham: Rowman & Littlefield Publishers, pp. 219–244.

Garfinkel, Harold (2002b): Ethnomethodological Policies and Methods. In: Garfinkel, Harold (2002): Ethnomethodology's program: working out Durkeim's aphorism. Edited and Introduced by Anne Rawls. Lanham: Rowman & Littlefield Publishers, pp. 169–195.

Garfinkel, Harold/Wieder, D. Lawrence (1992): Two Incommensurable, Asymetrically Alternate Technologies of Social Analysis. In: Watson, Graham/Seiler, Robert (Hg.), Text in Context: Contributions to Ethnomethodology. London: Sage, pp. 175–206.

Garfinkel, Harold/Sacks, Harvey (1976): Über formale Strukturen praktischer Handlungen. In: Weingarten, Elmar/Sack, Fritz/Schenkein, Jim (Hg.) (1976). Ethnomethodologie. Beiträge zu einer Soziologie des Alltagshandelns. Frankfurt a. M.: Suhrkamp. S. 130–176.

Heap, James L. (1985): Discourse in the production of classroom knowledge: Reading lessons. Curriculum Inquiry 15: S. 245–79.

Heap, James L. (1990): Applied ethnomethodology: looking for the local rationality of reading activities. In: Human Studies 13: S. 39–72.

Hecht, Michael (2009): Selbsttätigkeit im Unterricht. Empirische Untersuchungen in Deutschland und Kanada zur Paradoxie pädagogischen Handelns. Wiesbaden: VS Verlag.

Hellermann, John (2005): Syntactic and prosodic practices for cohesion in series of three-part sequences in classroom talk. In: Research on Language and Social Interaction 38, pp. 105–130.

Hester, Stephen/Francis, David (1997): Reality analysis in a classroom storytelling. In: British Journal of Sociology 48: S. 95–112.

Hustler, David/Payne, George (1982): Power in the classroom. In: Research in Education, 28: S. 49–64.

Hutchby, Ian/Wooffitt, Robin (1998): Conversation analysis: Principles, practices and applications. Cambridge: Polity Press (UK and Europe), Blackwell Publishers Inc (USA).

Kalthoff, Herbert (1995): Die Erzeugung von Wissen. Die Fabrikation von Antworten im Schulunterricht. Zeitschrift für Pädagogik 41: S. 925–939.

Kalthoff, Herbert (1996): Das Zensurenpanoptikum. Eine ethnographische Studie zur schulischen Bewertungspraxis. Zeitschrift für Soziologie 25: S. 106–124.

Keppler, Angela/Luckmann, Thomas (1991): ‚Teaching'. Conversational Transmission of Knowledge. In: Marková, Iwana/Foppa, Klaus (Hg.): Asymmetries in Dialogue. Hemel Hempstead: Harvester Wheatsheaf, pp. 143–165.

Koole, Tom (2007): Parallel activities in the classroom. In: Language and Education 21/6, S. 487–501.

Lee, Yo-An (2007): Third turn position in teacher talk: Contigency and the work of teaching. In: Journal of Pragmatics 39, pp. 1204–1230.

Lerner, Gene (1995): Turn design and the organization of participation in instructional activities. In: Discourse Processes 19, pp. 111–131.

Lynch, Michael (1985): Art and artifact in laboratory science: a study of shop work and shop talk. London: Routledge & Kegan Paul.

Macbeth, Douglas H. (1990): Classroom order as practical action. In: British Journal of Sociology of Education 11: S. 189–214.

Macbeth, Douglas H. (1991): Teacher authority as practical action. In: Linguistics and Education, 3: S. 281–313.

Macbeth, Douglas H. (1992). Classroom „Floors": Material organizations as a course of affairs. In: Peyrot, Mark/Lynch, Michael (Hg.) ‚Ethnomethodology: Contemporary Variations, special issues of Qualitative Sociology, Vol 15 (2): S. 123–50.

Macbeth, Douglas H. (2004): The relevance of repair for classroom correction. In: Language in Society 33, pp. 703–736.

Markee, Numa (2004): The organization of off-talk talk in second language classrooms. In: Richards, Keith/Seedhouse, Paul (Hg.): Applying conversation analysis. Basingstoke: Palgrave Macmillan, pp. 197–213.

McHoul, Alec. W. (1978): The organization of turns at formal talk in the classroom. In: Language in Society 7, pp. 183–213.

McHoul, Alexander (1990): The organization of repair in classrooms. In: Language in Society 19, 349–377.

Mehan, Hugh (1979a): Learning lesson. Cambridge: Harvard University Press.

Mehan, Hugh (1979b): „What Time Is It, Denise?": Asking Knowing Information Questions in Classroom Discourse. In: Theory Into Practice 18, pp. 285–292.

Nassaji, Hossein/Wells, Gordon (2000): What's the use of „Triadic dialogue"? An investigation of teacher-student interaction. In: Applied Linguistics 21, pp. 376–406.

Payne, George/Hustler, David (1980): Teaching the class: The practical management of a cohort. In: British Journal of Sociology of Education, 1 (1): S. 49–66.

Pollner, Melvin/Emerson, Robert M. (2001): Ethnomethodology and ethnography. In: Atkinson, Paul et al. (Hg.) Handbook of Ethnography, London: Sage: S. 118–35.

Sacks, Harvey (1984): Notes on Methodology. In: Atkinson, J. Maxwell/Heritage, John (Hg.): Structures of Social Action: Studies in Conversation Analysis. Cambridge: Cambridge University Press. pp. 21–27.

Sacks, Harvey (1992): Lectures on Conversation (2 vols.), Hg. von Jefferson, G. Oxford: Blackwell.

Sacks, Harvey/Schegloff, Emanuel A./Jefferson, Gail (1974): A simplest systematics for the organization of turn-taking for conversation. In: Language 50, pp. 696–735.

Schegloff, Emanuel A./Jefferson, Gail/Sacks, Harvey (1977): The preference for self-correction in the organization of repair in conversation. In: Language 53, pp. 361–382.

Schenkein, Jim (1976). Letzte Bemerkungen zur Ethnomethodologie. In: Weingarten, Elmar/ Sack, Fritz/Schenkein, Jim (Hg.) (1976). Ethnomethodologie. Beiträge zu einer Soziologie des Alltagshandelns. Frankfurt a. M.: Suhrkamp. S. 416–424.

Sudnow, David (1978): Ways of the hand: the organization of improvised conduct. London: Routledge & Kegan Paul.

Verkuyten, Maykel (2000): School marks and teachers' accountability to colleagues. In: Discource Studies 2 (4), S. 452–472.

Weingarten, Elmar/Sack, Fritz (1976): Ethnomethodologie. Die methodische Konstruktion der Realität. In: Weingarten, Elmar/Sack, Fritz/Schenkein, Jim (Hg.) (1976). Ethnomethodologie. Beiträge zu einer Soziologie des Alltagshandelns. Frankfurt a. M.: Suhrkamp. S. 7–26.

Zaborowski, Katrin U./Meier, Michael/Breidenstein, Georg (2011): Leistungsbewertung und Unterricht – Ethnographische Studien zur Bewertungspraxis in Gymnasium und Sekundarschule. VS Verlag für Sozialwissenschaften.

Zimmerman, Don H./Pollner, Melvin (1976): Die Alltagswelt als Phänomen. In: Weingarten, Elmar/Sack, Fritz/Schenkein, Jim (Hg.) (1976). Ethnomethodologie. Beiträge zu einer Soziologie des Alltagshandelns. Frankfurt a. M.: Suhrkamp. S. 64–104.

Interaktionismus

Heinz Abels

Eine theoretische Wurzel des „Interaktionismus"[1], liegt in der *formalen* Soziologie von Georg Simmel, mit dem amerikanische Soziologen und Philosophen auf ihren Bildungsreisen nach Europa um die Wende zum 20. Jahrhundert in Kontakt kamen. Simmel versteht Gesellschaft nicht als festes Gebilde, sondern als einen *Prozess* unausweichlichen „Mit-, Für- und Nebeneinanderseins der Individuen" (Simmel 1894: 57), in dem sie durch ihr Denken und gemeinsames Handeln die sozialen *Formen* ständig *herstellen*. Die Individuen „wissen", dass sie sich in ihren *sozialen Beziehungen* an bestimmte gesellschaftliche Muster halten, aber auch, dass sie sich im Umgang miteinander wechselseitig beeinflussen und neue, eigene Formen schaffen. Basis ihres Handelns ist das Bewusstsein, „sich zu vergesellschaften oder vergesellschaftet zu sein" (Simmel 1908: 47). Den *Strukturaspekt,* dass es objektive Beziehungsformen gibt, die auf unser Verhalten einwirken, und den *Handlungsaspekt,* dass wir aufeinander und auf die gesellschaftlichen Verhältnisse einwirken, fasst Simmel mit dem Begriff der *Wechselwirkung.* Indem die Individuen wechselseitig aufeinander einwirken, vergesellschaften sie sich zu gemeinsamen Handlungsformen. Gesellschaft besteht in fortlaufender Vergesellschaftung. Die Gründungsväter der amerikanischen Soziologie haben den Begriff „Wechselwirkung" mit „interaction" übersetzt. Eine zweite Wurzel des Interaktionismus liegt im amerikanischen *Pragmatismus,* einer auf Charles Sanders Peirce und William James zurückgehenden Philosophie um die Wende zum 20. Jahrhundert. Peirce erkannte das Wesen des Menschen in seinem *Handeln* (griech. pragmein) und untersuchte das *Den-*

---

1 In der deutschen Soziologie wurde der Interaktionismus innerhalb ganz weniger Jahre vor allem durch Habermas' als Raubdruck kursierende „Stichworte zur Theorie der Sozialisation" (1968), Goffmans gleich zum Bestseller aufsteigenden Titel „Wir alle spielen Theater" (1959, dt. 1969), Krappmanns Buch „Soziologische Dimensionen der Identität. Strukturelle Bedingungen für die Teilnahme an Interaktionsprozessen" (1969), die Arbeit von Berger und Luckmann zur „gesellschaftlichen Konstruktion der Wirklichkeit" (1966, dt. 1970) und schließlich durch Steinerts Sammelband „Symbolische Interaktion" (1973), in dem die wichtigsten amerikanischen Arbeiten zu einer „reflexiven Soziologie" vorgestellt wurden, und den Reader der Arbeitsgruppe Bielefelder Soziologen „Alltagswissen, Interaktion und gesellschaftliche Wirklichkeit" (1973), in dem u. a. Blumers „Methodologischer Standort des Symbolischen Interaktionismus" zum ersten Mal auf Deutsch erschien, bekannt. In der Pädagogik wurde die Diskussion durch Krappmanns zuerst in der Zeitschrift „betrifft: erziehung" erschienenen Beitrag „Neuere Rollenkonzepte als Erklärungsmöglichkeit für Sozialisationsprozesse" (1971) und die Arbeiten von Mollenhauer „Theorien zum Erziehungsprozess" (1972) und Brumlik „Der symbolische Interaktionismus und seine pädagogische Bedeutung" (1973) angestoßen.

ken daraufhin, welche Wirkung wir einem Gegenstand durch seine Benennung zuschreiben. Der stärker empirisch ausgerichtete James vertrat die These, dass Handeln die den Menschen auszeichnende Form der Lebensbewältigung ist und dass dieses Handeln auf eine soziale Organisation und Zustimmung aller Beteiligten abzielt.

Der Soziologe Charles Horton Cooley führte den Ansatz des Pragmatismus mit der These weiter, dass das, was wir über uns und die Welt denken, nicht aus uns selbst, sondern aus der *Kommunikation* mit den Anderen entsteht. Kommunikation entspringt aus spontanen Zeichen, löst sich allmählich aus der Unmittelbarkeit und verdichtet sich nach und nach zu einem „system of standard symbols", das dem Denken und Handeln des Einzelnen und seiner Gruppe Sinn verleiht. (Cooley 1909: 62) Nahezu alles – von der Stimme bis zur Geste, vom gedruckten Wort bis zur Eisenbahn – kann Zeichen sein, und in einer gewissen Weise sind alle Objekte und Handlungen „symbols of the mind". (61) Den Sinn der Zeichen und die Symbole, mit denen wir die Welt deuten, erfahren wir nicht durch Introspektion, sondern in „interaction" und durch „mutual influence". (11) So entsteht ein soziales Bewusstsein, und aus der „cooperation" aller *formt* sich ein lebendiges Ganzes. (vgl. ebd.: 10 f.) Die ersten und wichtigsten Erfahrungen von uns selbst, den Anderen und dem sozialen Ganzen machen wir in den Primärgruppen der Familie, der peer group und der Nachbarschaft. Die Funktion dieser face-to-face Gemeinschaften ist die soziale Organisation der menschlichen Natur zu einem Bewusstsein des „wir", zu einer gemeinsamen Vorstellung von „richtig" und „falsch" und zu gemeinsamen Gefühlen. (vgl. ebd.: 34)

In der Kommunikation, hieß es gerade, entsteht auch unser Bewusstsein von uns selbst. Genauer muss man sagen: *erst* durch die Kommunikation (interaction, intercourse, cooperation) mit den Anderen kommt es zustande und nimmt seine Form an. Deshalb spricht Cooley von einem „looking-glass self" (Cooley 1902: 184): was wir über uns wissen, spiegelt das wider, was die Anderen von uns halten und was sie durch ihr Verhalten uns gegenüber zum Ausdruck gebracht haben und zum Ausdruck bringen. Das Ich erfährt sich über die Perspektive der Anderen.

Mead: Verschränkung der Perspektiven

Im Falle von George Herbert Mead, der oft als Ahnherr des Interaktionismus angesehen wird, muss man eine dritte theoretische Wurzel ansprechen. Als Psychologe orientierte sich Mead stark an der damals in den USA vorherrschenden psychologischen Theorie des *Behaviorismus,* die John B. Watson vertrat. Wie Watson betrachtet er den Menschen zunächst einmal als ein biologisches Wesen, das auf *Reize* aus seiner Umwelt *reagiert.* Diese Umwelt, wendet Mead ein, steht aber nicht fest, sondern existiert „in gewissem Sinne als Hypothese" (Mead 1934b: 293). Das versteht Mead in doppelter Hinsicht: Der Mensch kann sich seine Umwelt selbst aussuchen, und er kann seine Umwelt „organisieren" (ebd.), also selbst schaffen. Einen anderen Unterschied zum Behaviorismus brachte Mead dadurch zum Ausdruck, dass er die nur in eine Wirkungsrichtung blickende Lerntheorie zu einer Theorie der *Kommunikation* erweiterte und diese als *Sozialbehaviorismus* (1934b: 44) bezeichnete. Damit wollte er sagen, dass die Menschen in *sozialen Beziehungen* vor allem auf Reize in Form von *Verhalten* reagieren und dass sie durch ihre Reaktionen *wechselseitig* aufeinander *einwirken*. Wegen der fortlaufenden, wechselseitigen Effekte kann man den Begriff der Kommunikation auch mit *sozialer Interaktion* gleichsetzen.

Nach der Kommunikationstheorie von Mead reagiert der Mensch auf natürliche *Zeichen,* soziale *Gesten* und abstrakte kulturelle *Symbole. Zeichen* ist alles, was wir mit unseren Sinnen wahrnehmen: ein Knall, ein Regenschauer, eine leuchtende Farbe oder ein empfindlicher Schlag. Diese Zeichen lösen instinktive, von jeder sozialen Beziehung *unabhängige* Reaktionen aus. In dieser Hinsicht unterscheidet sich der Mensch nicht vom Tier.

Das ist anders bei der Reaktion auf *soziales Verhalten.* Soziales, also von einem Zweiten wahrnehmbares Verhalten, konstituiert eine *soziale Beziehung,* denn es zeigt nicht nur an, wie jemand *sich* und *seine* Situation ansieht, sondern auch, wie wir auf ihn reagieren und *uns* selbst in der *gemeinsamen* Situation sehen sollen. Deshalb bezeichnet Mead dieses soziale Verhalten auch als *Geste (gesture).* Gesten, vom erhobenen Zeigefinger bis zur Demutsgebärde eines ertappten Politikers oder zum coolen Gelümmel in der letzten Bank bringen etwas zum Ausdruck und setzen eine soziale Interaktion in Gang. Doch anders als z. B. zwei kämpfende Hunde, die im Wechsel von Droh- und Demutsgebärden instinktiv und *sofort* reagieren, ist der Mensch in der Lage, seine Reaktion zu *verzögern*. Ohne dass ihm das bewusst werden muss, *denkt* er erst nach und fragt nach dem *Sinn (meaning)* des Verhaltens. Er abstrahiert von der aktuellen Geste und mobilisiert seine Erfahrungen mit ähnlichen Situationen. Dann wird er z. B. die geballte Faust des Dozenten nicht als Bedrohung, sondern als körperbetonte Didaktik interpretieren. An diesem Beispiel wird zweierlei deutlich: Sinn ist die Verbindung einer Geste mit einer Handlung, die stattgefunden hat und die sie repräsentiert, oder einer Handlung, die von ihr ausgelöst wird. (Mead 1934b: 120 f., Anm. 15) Denken ist das Durchspielen einer Handlung, und zwar einer *gemeinsamen* Handlung. Beides, das *Denken* und das *Handeln*, machen die Interaktion aus.

Die Verzögerung der Reaktion kommt beim Menschen dadurch zustande, dass er die konkrete Situation *verallgemeinert*. Diese Fähigkeit macht den *Geist (mind)* oder den Verstand des Menschen aus. (vgl. Mead 1934b: 86) Er ist dem Menschen nicht vorab gegeben, sondern aus *sozialen* Erfahrungen entstanden, die das Individuum mit *anderen* gemacht hat. Erfahrungen, die sich aus erfolgreichen Reaktionen ergeben haben, werden im Laufe der Zeit *symbolisiert* (52 Anm. 9), das heißt, sie werden zu abstrakten Zeichen, zu *Symbolen,* verallgemeinert. Symbole weisen über die konkrete Situation hinaus auf einen generellen Sinnzusammenhang hin. Symbole können z. B. die schon erwähnte geballte Faust (diesmal vielleicht in einer typischen politischen Situation), die weiße Fahne oder Begriffe wie „deutsche Innerlichkeit" oder „Spätentwickler" sein. Solche Symbole bilden sich in jeder sozialen Gruppe oder Gesellschaft aus. Sie bringen nicht nur *typische* soziale Situationen und Phänomene zum Ausdruck, sondern auch, welche Verhaltenserwartungen eine Gruppe oder die Gesellschaft mit ihnen verbindet. Symbole speichern soziale Erfahrungen und sind sozusagen Teil des kulturellen Gedächtnisses. Von einem *signifikanten Symbol* kann man dann sprechen, wenn es beim anderen Individuum die *gleiche* Vorstellung über die dahinter liegende Bedeutung hervorruft wie im Erzeuger und somit die gleiche Reaktion auslöst. (vgl. ebd.: 188 f.)

In dieser sozialbehavioristischen Erklärung, wie Kommunikation in face-to-face Situationen funktioniert, deutet sich Meads implizite Sozialisationstheorie an: Wir lernen Gesellschaft, indem wir auf das Verhalten anderer reagieren und selbst durch unser Verhalten anzeigen, wie wir die ständige Zukunft des gemeinsamen Handelns definieren. Soziale Interaktion ist immer auch wechselseitige Sozialisation.

Dieser Lernprozess erfolgt in zwei charakteristischen Entwicklungsphasen und sozialen Formen. Die erste Phase bzw. Form ist das *Rollenspiel (play)*, das aus der konkreten Beobachtung *signifikanter Anderer* entspringt. In ihm versetzt sich das Kind total in ihre Rolle und denkt und handelt von ihrem Standpunkt aus. Wenn Lisa mit ihrer Puppe schimpft, dann spielt sie nicht die Mutter, sondern *ist* die schimpfende Mutter. Das Rollenspiel dient dazu, typische Verhaltensformen typischer Personen nachzuvollziehen und im eigenen Verhalten zu festigen.

Den entscheidenden sozialen Schritt vollzieht das Kind dann im gemeinsamen *Regelspiel (game)*. Es erfährt nicht nur, dass an dem Spiel noch viele andere beteiligt sind, sondern auch, dass es offensichtlich bestimmte Regeln gibt, die für alle gelten. Und weil das so ist, macht es die Erfahrung, dass sein eigenes Verhalten vom Verhalten jedes Anderen abhängt wie umgekehrt, dass sein Verhalten jedes andere beeinflusst. Um erfolgreich mitspielen zu können, muss das Kind im Prinzip in die Rollen aller Beteiligten schlüpfen und von ihrem Standpunkt aus denken. Aus der wiederholten Beobachtung typischen Verhaltens in typischen Situationen entsteht die Vorstellung, wie „man" sich in solchen Situationen verhält und verhalten soll. Man lernt gewissermaßen das Prinzip oder die Idee des Verhaltens. Dieses allgemeine Prinzip nennt Mead „the generalized other" (1934a: 154). Damit greift er Simmels Erklärung auf, wie wir unser Bild vom Anderen gewinnen: Wir sehen ihn „in irgendeinem Maße verallgemeinert" (Simmel 1908: 47).

Über die Orientierung an einem generalisierten Anderen werden die einzelnen Haltungen gewissermaßen verbunden oder, wie Mead es nennt, zu einem gemeinsamen Verhalten einer Gruppe oder Gemeinschaft „organisiert" (Mead 1934b: 45). Die Regeln des angemessenen Verhaltens entwickeln sich *organisch* aus konkreten Interaktionen und werden fortlaufend im Horizont eines verallgemeinerten Anderen in konkreten Interaktionen abgestimmt.

Schon im play, ganz deutlich aber im game, zeigt sich, wie die Interaktion abläuft: Auch wenn uns das nicht bewusst sein mag, versetzen wir uns permanent in die Rolle des Anderen („taking of the role of the other", Mead 1934a: 73) und stellen uns vor, wie er reagieren wird. Das *tun* ego und alter nicht nur, sondern sie „wissen" auch, dass sie das tun. In der fortlaufenden Beobachtung ihres Verhaltens und durch die entsprechenden Reaktionen kommt es zu einer *Verschränkung der Perspektiven.* Sie ist gewissermaßen der Motor der Interaktion. Indem die Individuen sich wechselseitig beobachten und ihr Verhalten interpretieren, deuten sie sich gegenseitig an, wie es weitergehen soll.

Diese Interaktion beinhaltet eine doppelte *Konstruktion:* ego versetzt sich nicht in „die" Rolle alters, sondern in eine Rolle, wie ego sie aufgrund seiner Erfahrung *vermutet,* und ego deutet nach der Interpretation der Reaktionen alters zum Zwecke der nächsten Interaktion nicht irgendeine eigene Rolle an, sondern die, die ego hier und jetzt spielen *will.* Aber ego und alter schreiben einander auch nicht irgendeine Rolle zu, sondern eine, die der Andere spielen *soll.* Der Prozess des role-taking ist immer auch einer des wechselseitigen „role-making" (Turner 1962: 216). Interaktion ist *Reaktion* und *Entwurf* zugleich. In diesem Sinne stellt die neuere Sozialisationsforschung auch heraus, dass Kinder in der Familie, im Kindergarten oder in der Schule (vgl. z. B. Krappmann/ Oswald 1995; Krappmann 2004) nicht nur *sozialisiert werden,* sondern *sich auch selbst sozialisieren,* indem sie in face-to-face Interaktionen Regeln und Rollen entwerfen, aushandeln und bestätigen. (vgl. Zinnecker 2000: 279)

In der Interaktion mit signifikanten und symbolischen Anderen verinnerlicht das Kind fremde Erwartungen und seine Reaktionen auf sie und entwickelt so ein *soziales Bild von sich selbst.* Diese Vorstellung, wer es in den Augen der Anderen ist, gewissermaßen die *soziale Identität,* bezeichnet Mead als „me". Im „me" kommen – ähnlich wie beim von Cooley so genannten Spiegelselbst – die (aktuellen) Perspektiven *konkreter* Anderer auf uns zum Ausdruck, aber auch die verinnerlichten sozialen Kontrollen durch den *generalisierten Anderen.* Auf diesen Aspekt hebt Anselm Strauss ab, wenn er schreibt: „Der generalisierte Andere ist der Repräsentant der Gesellschaft im Individuum. Selbst bei Abwesenheit anderer ist das Individuum imstande, sein Verhalten so zu organisieren, dass es dabei berücksichtigt, welche diesbezüglichen Haltungen es von ihrer Seite zu gewärtigen hätte. Daher hängt der generalisierte Andere bei Mead sowohl mit Selbstkontrolle wie mit sozialer Kontrolle eng zusammen." (Strauss 1964: 30) Unter diesem Kontrollaspekt kann man das „me" mit dem „Über-Ich" in der Psychoanalyse nach Freud vergleichen, die Mead ansonsten als Spekulation ablehnt.

In dem Maße, wie wir uns die sozialen Bilder – die Interaktionen gehen ja weiter – dauerhaft zurechnen und danach in typischen Situationen typischerweise handeln, integrieren wir uns kontinuierlich in die sozialen Regeln und Kommunikationsformen dieser Gesellschaft. Doch dieser Prozess ist ein offener: Indem sich die Handelnden durch ihre Aktionen und Reaktionen zu verstehen geben, was in dieser Situation gilt und welchen Sinn sie ihrem wechselseitigen Handeln beimessen, kommt es zu einer kommunikativen *Verständigung* über Gründe und Ziele des Handelns. Verständigung bedeutet natürlich nicht Einverständnis, sondern nur das Anzeigen der weiteren Handlungsabsichten.

Die Vergewisserung aller Beteiligten, um welchen Sinn es sich in einer bestimmten Situation handelt und welches Verhalten deshalb nahe gelegt oder ausgeschlossen wird, erfolgt zum einen über die fortlaufende Beobachtung des Verhaltens der Anderen, zum zweiten über die *Sprache.* Sie ist Träger intersubjektiv geteilten Wissens und versorgt uns mit den Erklärungen für Situationen, wie wir sie normalerweise erleben. Sie ist das Symbolsystem par excellence. Die Sprache ist der Speicher der *kollektiven Erfahrungen* einer Gesellschaft und der daraus entstandenen *kollektiven Erwartungen,* wie in dieser Gesellschaft gehandelt werden *soll.* Hier liegt ein Grund, warum sich kritische Forschungen zur Sozialisation im Allgemeinen und zu pädagogischen Verhältnissen im Besonderen, aber auch Theorien der Gesellschaft und der Kommunikationsverhältnisse ausführlich mit der Sprache befasst haben. Der auffällige Bezug auf Mead hat allerdings noch einen anderen Grund.

Mead hat ein bestimmtes Bild einer *guten Gesellschaft* vor Augen, die er, ganz im Sinne seines Freundes und Kollegen John Dewey, als *Demokratie* verstand. Ihre Qualität – und Gerechtigkeit! – muss sich in einer *universellen Kommunikation* erweisen. Das muss man sich so vorstellen: Jede Gesellschaft ist durch typische signifikante Symbole gekennzeichnet. Weil sie aus Kommunikation entstanden sind und in ihr wieder zum Ausdruck gebracht werden, bezeichnet Mead die gemeinsam geteilten Bedeutungen einer Gesellschaft als „universe of discourse" (Mead 1934a: 89 f., 156), ja die Gesellschaft besteht letztlich nur in diesem Diskurs. Das erinnert deutlich an Simmels frühe These, dass Gesellschaft Vergesellschaftung heißt. Mead stellt diese Erklärung allerdings unter einen moralischen Anspruch: Wir können nur dann von „signifikanten" Symbolen, in denen sich ja das kollektive Wissen um Gründe und Ziele sozialen Handelns immer wieder feststellen, sprechen, wenn sie „alle rationalen Wesen, zu denen wir Kontakte haben, repräsentieren" (Mead 1934b: 316). Ihre Legitimität beziehen sie daraus, dass jeder ihnen zustimmen können muss. „Eine vom moralischen Standpunkt aus gute Sache muss für jedermann unter den gleichen Voraussetzungen gut sein." (Ebd.: 432)

Blumer: Symbolischer Interaktionismus

Seinen Namen erhielt der „Interaktionismus" erst durch Herbert Blumer, der nach dem plötzlichen Tod von Mead dessen Vorlesung zur Sozialpsychologie übernehmen musste. Um den Ansatz von der damals aufkommenden normativen Theorie Talcott Parsons' deutlich abzuheben, aber auch um Meads Erklärung, dass Handeln im Prinzip in wechselseitigen Reaktionen auf Verhalten besteht, in eine neue Richtung zu lenken, gab er ihm den Namen „Symbolischer Interaktionismus". Der Symbolische Interaktionismus markiert den Übergang vom *normativen* zum *interpretativen Paradigma* (Wilson 1970), das nicht die Normativität von Gesellschaft, Struktur oder Rolle, sondern das Individuum und seine Fähigkeit, die Bedingungen seines Handelns selbst zu gestalten, in den Mittelpunkt soziologischer Analyse stellt. Die Interaktionen, in denen diese Bedingungen geschaffen und gefestigt werden, entwickeln sich – genau wie bei Mead – auf der Basis der wechselseitigen Beobachtung konkreten Verhaltens, doch Blumer stellt stärker heraus, dass diese wechselseitige Orientierung vor dem Horizont *individueller* wie *gesellschaftlicher Symbole* erfolgt.

Die Theorie, die Blumer erst 1969 in seinem Aufsatz „Der methodologische Standort des Symbolischen Interaktionismus" systematisiert hat, beruht nach seiner Aussage auf „drei einfachen Prämissen": 1. Menschen handeln Dingen gegenüber auf der Grundlage der *Bedeutungen,* die die Dinge für sie haben. Dinge sind alles, was der Mensch wahrzunehmen vermag, wie physische Objekte (z. B. Stuhl), andere Menschen oder Kategorien von ihnen (z. B. Feinde), Institutionen (z. B. Schule), leitende Ideale (z. B. Ehrlichkeit), soziale Handlungen (z. B. Befehl) oder Alltagssituationen. 2. Die Bedeutung der Dinge wird abgeleitet aus den *sozialen Interaktionen* oder entsteht erst in ihnen. Bedeutungen sind soziale Produkte. 3. Diese Bedeutungen werden in einem *interpretativen Prozess* gehandhabt und durch ihn modifiziert. (vgl. Blumer 1969: 81)

Meads Gedanken der wechselseitigen Verschränkung der Perspektiven führt Blumer fort und sagt, dass die Handelnden sich, ihr Handeln und die objektiven Bedingungen des Handelns kontinuierlich *interpretieren* und damit die soziale Situation *füreinander* und *miteinander definieren.* Nach der These von William I. Thomas, den Blumer als einen Vorläufer des Symbolischen Interaktionismus bezeichnet, haben *soziale Definitionen* reale Konsequenzen: „Wenn Menschen Situationen als real definieren, sind auch ihre Folgen real." (Thomas/Thomas 1928: 114) Indem die Individuen Dingen und Handlungen bestimmte Bedeutungen beimessen, definieren sie den Sinn der aktuellen Situation, und da sie das fortlaufend in unbewusster Reaktion auf die Definitionen der anderen tun, *handeln* sie gewissermaßen den Sinn ihrer Interaktion *aus* und verständigen sich auf eine *gemeinsame Definition* der Situation.

In diesem wechselseitigen Interpretationsprozess interagiert der Handelnde auch mit sich selbst. (vgl. Blumer 1969: 84) Er definiert sich und strukturiert danach sein Handeln. Daraus folgt: Die innere Kommunikation eines jeden Beteiligten an der Interaktion ist Reaktion auf die innere Kommunikation jedes anderen Beteiligten. Das Bewusstsein des Individuums von sich selbst ist auch das – freilich nicht bewusste – Bewusstsein, im Spiegel der Anderen zu stehen.

Nach der Theorie des Symbolischen Interaktionismus bestehen menschliche Gruppen und Gesellschaften im Grunde nur *in den* Handlungen *von* Individuen, die miteinander interagieren, sich und ihr wechselseitiges Handeln interpretieren, daraus Schlüsse ziehen und so fortlaufend den Rahmen des Handelns definieren. Natürlich stellt der Symbolische Interaktionismus in Rechnung, dass es Institutionen, Rollen und soziale Regeln gibt, aber sie werden erst dadurch sozial *wirklich,* dass Menschen sich in ihren Interaktionen an diesen Symbolen orientieren. Die Rolle der Hausfrau wird z. B. erst dann relevant, wenn jemand sie so akzeptiert und ein anderer sie bestätigt. Gegen die *normative* Rollentheorie von Parsons wendet Blumer ein: „Es ist der soziale Prozess des Zusammenlebens, der die Regeln schafft und aufrechterhält, und es sind nicht umgekehrt die Regeln, die das Zusammenleben schaffen und erhalten." (Blumer 1969: 99) Ordnung – so die These von Anselm L. Strauss (1978) – besteht in „negotiations".

Definitionsmacht und Etikettierung

Definition der Situation heißt, ihr einen Sinn zu geben. Definition einer sozialen Situation heißt, dadurch ein Handlungsprogramm zu entwerfen, das auch auf die anderen Teilnehmer zielt. Ob sich die Definitionen decken oder widersprechen, in jedem Fall wird eine soziale Wirklichkeit strukturiert, die die weiteren Interaktionen bestimmt. Howard Becker hat in seiner Studie über „Außenseiter" (1963) gezeigt, dass die Konstruktion der sozialen Wirklichkeit von der *Definitionsmacht* der Beteiligten abhängt. Wem von seinem Lehrer das Etikett „hoffnungsloser Fall" verpasst wurde oder wen die Einheimischen wegen seiner Hautfarbe schneiden, der hat kaum eine Chance, die Wirklichkeit zu seinen Gunsten zu definieren.[2] Sozialpädagogen und Kriminalsoziologen, Eltern, Lehrer und Ordnungstheoretiker haben diesen Etikettierungsansatz *(labelling approach)* wahlweise als subversiv verdammt oder als Aufklärung über „die wahren gesellschaftlichen Verhältnisse" gefeiert. Um den Eindruck zu vermeiden, seine Erklärung abweichenden Verhaltens konzentriere sich ausschließlich auf den *einmaligen* Akt des *einseitigen* Etikettierens, hat Becker den Ansatz später in „Interaktionstheorie abweichenden Verhaltens" umbenannt, dabei aber noch einmal betont, „dass soziale Regeln (…) fortwährend in jeder Situation neu gebildet werden, um dem Vorteil, dem Willen und der Machtposition der verschiedenen Teilnehmer zu entsprechen." (Becker 1971: 173)

Auf den kritischen Definitionsansatz hat sich in der deutschen Pädagogik vor allem Klaus Mollenhauer bezogen, für den „Erziehung nichts anderes ist als Strukturierung von Situationen, also auch Umgang mit den Situationsdefinitionen aller an der pädagogischen Kommunikation Beteiligten" (Mollenhauer 1972: 123). Die Erziehungswirklichkeit weist ein „spezifisches Herrschaftsgefälle" auf, das dem Pädagogen institutionell das „Monopol" der Definition sichert. (vgl. ebd.: 120) Auf der anderen Seite wahren die Schüler mit „symbolischen Techniken" wie Ironie, Gelächter oder Wegschauen ihre Chancen der Situationsdefinition. (vgl. ebd.: 124 ff.)

Anselm Strauss hat in seinem Buch „Spiegel und Masken" (1959) die alltäglichen Definitionen in normalen Interaktionen beschrieben, aber auch gezeigt, wie Definitionen Individuen ihrer Identität berauben. Um Definitionsmacht in Interaktionen geht es auch in zwei berühmten Studien von Erving Goffman. In „Asyle" (1961a) beschreibt er Interaktionsformen in sog. „totalen Institutionen" wie Gefängnissen, psychiatrischen Kliniken oder Gefangenenlagern und wie Patienten und Insassen auf die Vereinnahmungen ihrer Identität reagieren.[3] In „Stigma" (1963a) behandelt er die schwierigen Interaktionen zwischen Behinderten und „Normalen" und die Techniken der Bewäl-

---

2   Zur Auswirkung von Lehrererwartungen vgl. die klassische Arbeit von Rosenthal u. Jacobson (1968): „Pygmalion im Unterricht" oder die Studie zur „Selffulfilling prophecy in Ghetto Education" von Rist (1970).

3   Unter dem Eindruck dieser Studie untersuchte Heinze Schülertaktiken in der Zwangssituation Unterricht und interpretierte sie als Überlebensstrategien und Ausdruck von Distanz und Widerstand. (Heinze 1980)

tigung beschädigter Identität. Manche Interaktionen erfolgen im Gestus, eigene Beeinträchtigungen unsichtbar zu machen oder fremde diskret zu übersehen, andere stellen Versuche dar, die eigene Definition der Situation gegen die diskriminierenden oder auch mitleidigen Erwartungen der Anderen durchzudrücken, in wieder anderen verhalten sich beide Seiten in der Form des „als ob". Die Diskreditierten präsentieren sich so „normal" wie möglich, damit die Anderen so tun können, als würden sie sie wie Normale ansehen.

Soziale Interaktionen spielen sich immer auf mehreren Ebenen ab, und gerade in pädagogischen Situationen dürfen sich diejenigen, denen die Macht der Definition organisatorisch zugesprochen wird, nicht über strukturelle Differenzen der Typisierung der Situation und der Handlungsintentionen täuschen. (vgl. Mollenhauer 1972, 137 ff., 169 ff.)

Goffman: Die Ordnung der Interaktion

Zu weltweiter Popularität kam der Interaktionismus durch die Arbeiten von Erving Goffman. Interaktion ist für ihn das, was sich in einzigartiger Weise in *sozialen Situationen* ereignet, d. h. in Situationen, in denen zwei oder mehr Individuen *körperlich präsent* sind und *aufeinander reagieren*. (vgl. 1983: 55) Soziale Interaktion ist aber nicht bloßes soziales Ereignis, sondern *Handlung*. Diese These kommt schon in seinem frühen Aufsatz „On Face-Work" (1955) zum Ausdruck, wo es heißt: „Jedes Individuum lebt in einer Welt sozialer Begegnungen *(social encounters)*, in denen es in unmittelbaren *(face-to-face)* oder mittelbaren *(mediated)* Kontakt mit anderen Beteiligten gerät. In jeder Begegnung folgt es (auch wenn ihm das nicht bewusst ist, Ergänzung H. A.) einer bestimmten Darstellungslinie *(tends to act out a line)*, d. h. Mustern verbaler und nichtverbaler Handlungen, in denen es zum Ausdruck bringt, wie es die Situation, die anderen Beteiligten und besonders auch sich selbst sieht." (Goffman 1955: 5) Das faktische Verhalten bringt die Anderen zu der Annahme, dass es damit „mehr oder weniger willentlich einen ganz bestimmten Standpunkt zum Ausdruck bringt", und entsprechend reagieren sie. (vgl. ebd.) Deshalb kann das Individuum nicht stur einer Linie folgen, sondern muss auch den *Eindruck,* den es bei den Anderen erweckt, kalkulieren. Konkret heißt das, an seinem *Bild (face)* zu arbeiten.

Unter *face* versteht Goffman das soziale Bild, das das Individuum von sich erzeugen möchte. Es ist ohne die Mitarbeit der Anderen nicht zu haben. Jeder pflegt sein eigenes Image, aber er arbeitet auch am Image des Anderen. Interaktion ist *face-work,* die nach typischen *Ritualen,* wie man z. B. Achtung entgegenbringt oder einander korrigiert, Nähe äußert oder Distanz wahrt, erfolgt. Rituale sind – ganz im Sinne Durkheims – soziale Tatsachen und bringen die soziale Organisation typischer Interaktionen zum Ausdruck, aber sie werden in jeder Interaktion in den modus vivendi transformiert, der die Interaktion für *alle* Beteiligten in Gang hält. Diese Funktion wird besonders in Störungen des face-work deutlich, wenn z. B. jemand sein Selbstbild übertreibt oder es verpatzt. Die Formen der Reaktion, vom scharfen Verweis bis zum taktvollen Wegsehen bei Verlegenheit oder Überspielen von Peinlichkeit, richten sich vordergründig an das Individuum, im Grunde aber sind es *gemeinsame* Versuche, die Ordnung der Interaktion wiederherzustellen und die Vorstellung einer gemeinsamen Wirklichkeit zu erhalten. (vgl. Goffman 1957: 149)

Goffmans Studie „The Presentation of Self in Everyday Life" (1959), die in Deutschland im Jahre 1969 unter dem sprechenden Titel „Wir alle spielen Theater" erschien, führt die gerade vorgestellten Überlegungen zu folgender These weiter: Wenn der Einzelne mit Anderen zusammenkommt, dann ist das wie eine *Darstellung (performance)* auf der Bühne, und wenn sie gelingen soll, dann tut er gut daran, den Eindruck, den er bei Zuschauern und Mitspielern erweckt, zu kontrollieren. (vgl. Goffman 1959: 17) In Goffmans *soziologischer* Analyse geht es nun nicht um die (moralische) Frage, ob die Darstellung wahr oder falsch ist, und auch nicht um die (normative) Frage, ob sie gut oder schlecht ist. Es geht ausschließlich darum, *wie* die Individuen sich darstellen und dadurch ihre Handlungen wechselseitig beeinflussen.

Die Individuen erfinden ihre Darstellungen nicht in jeder Situation neu, sondern bedienen sich eines „standardisierten Ausdrucksrepertoires", mit dem sie „die Situation für das Publikum der Vorstellung zu bestimmen" suchen; Goffman nennt dieses Repertoire *Fassade (front)* (1959: 23). Fassaden sind der gestaltete *Raum*, in dem wir auftreten (Wohnung, Kneipe, Sandburg), die *persönliche Fassade* (Statussymbole, Kleidung, Geschlecht, Körperhaltung oder die Art zu sprechen) und die *soziale Fassade* (die Art, wie man eine bestimmte Rolle, z. B. eines „coolen boys" oder einer „guten Mutter", ausfüllt). Fassaden definieren den sozialen *Rahmen* der Interaktion in doppelter Weise: sie sollen *Normalität* und zugleich *Individualität* anzeigen. Um Anerkennung zu bekommen, präsentieren sich die Individuen in den sozialen Masken, die normalen Rollenerwartungen entsprechen; damit ihr Selbst aber nicht untergeht, distanzieren sie sich von solchen sozialen Standardisierungen und präsentieren sich in den Masken, die zum Ausdruck bringen, was sie eigentlich wollen. Auch wenn uns das nicht bewusst sein mag: Wir wählen unsere Masken nicht zufällig. Ja, die Maske, zitiert Goffman den ebenfalls bei Simmel geschulten Robert Ezra Park, ist „das wahrere (sic!) Selbst" (Park 1926: 250; Klammerzusatz H. A.). Auch wenn ihm das nicht bewusst ist, bringt das Individuum mit jedem Auftritt ein Stück seines Selbst zum *Ausdruck* (vgl. Goffman 1959: 227) und intendiert andererseits, einen bestimmten *Eindruck* von sich erwecken. Da in einer Interaktion alle Beteiligten immer Beobachter und Mitspieler zugleich sind, muss jeder kontinuierlich prüfen, ob der Eindruck, den er erwecken will, und die damit verbundene Botschaft, wie die Interaktion weitergehen soll, richtig verstanden wurden. Ganz im Sinne der Perspektivenverschränkung nach Mead ist Interaktion ganz wesentlich *Ausdruckskontrolle*. (vgl. Goffman 1959: 48 ff.)

Zu den strukturellen Komponenten jeder face-to-face Interaktion gehören die *Rollenerwartungen* der Teilnehmer. Im Normalfall sind die Erwartungen komplementär, und die Interaktionen nehmen ihren Gang. Aber es ist gar nicht so selten, dass jemand eine andere Vorstellung von sich und seiner Rolle hat oder seine Rolle aus aktuellem Anlass anders spielen muss. Goffman führt als Beispiel einen kleinen Jungen an, der auf dem Karussell wild herumhampelt, um den anderen Kindern und vor allem seinen ängstlichen Eltern zu signalisieren, dass er kein Baby mehr ist. (vgl. 1961b: 118 ff.) Dieses Verhalten bezeichnet Goffman als *Rollendistanz*. Rollendistanz heißt nicht, sich sozialen Erwartungen generell zu verweigern, sondern als unangemessen empfundene Rollenerwartungen zurückzuweisen und die Interaktion in eine neue Richtung zu lenken.[4] Rollendistanz beinhaltet also einen *Anspruch*. Rollendistanz kann aber auch der freiwillige *Verzicht* auf ein bestimmtes Recht sein, das man in einer bestimmten Rolle ausüben könnte. Goffman bringt dazu das Beispiel des Chirurgen, der bei einer komplizierten Operation auf ein Missgeschick seines Assistenten nicht mit einem strengen Verweis reagiert, der ihn womöglich noch unsicherer machen würde, sondern mit einem jovialen „Das ist mir bei meiner ersten Operation genau so passiert!" reagiert. (vgl. 1961b: 131 ff.) In diesem Beispiel hat Rollendistanz etwas mit der Abwägung der Vor- und Nachteile eines bestimmten Handelns für die Fortführung eines *gemeinsamen* Handelns zu tun, dient also dazu, eine gestörte Interaktion wieder in Ordnung zu bringen.

Sobald Individuen einander face-to-face begegnen und aufeinander reagieren, werden sie nicht nur „öffentlich", sondern sie treten zugleich in eine „social organization of gatherings" ein, d.h. sie werden mit gewachsenen Vorstellungen von der angemessenen Form des Verhaltens in Zusammenkünften konfrontiert. Außerdem gibt Goffman zu bedenken, dass ein Mensch in einer sozialen Situation zwar aufhören kann zu sprechen, aber er kann „nicht aufhören, mit seinem Körper zu kommunizieren." (1963b: 51) Da jede Interaktion ein Mindestmaß an Engagement erfordert, untersucht Goffman vor allem, wie es in der Sprache des *Körpers* zum Ausdruck gebracht und von den Anderen registriert und bewertet wird. Auf beiden Seiten der Interaktion gibt es mehr oder weniger klare Vorstellungen, welches Benehmen der Situation angemessen ist, welches Engagement sichtbar zum Ausdruck gebracht werden soll und welches Nebenengagement toleriert werden kann oder welche Gefühle und Ansichten zulässig sind. Unter der Annahme der sozialen *Organisation* der Interaktion behandelt Goffman Themen wie gespielte Aufmerksamkeit und höfliche Gleichgültigkeit, die Sprache des Körpers und die Ordnung des Blicks, Kontaktaufnahme zwischen Unbekannten und gegenseitige Offenheit, situative Anstandsformen, Formen der wechselseitigen Kontrolle der Interaktion und den Umgang mit Störungen.

In jeder face-to-face Interaktion stehen die Menschen vor der Frage „Was geht hier eigentlich vor?". Ausdrücklich wird sie gestellt, wenn uns die Situation verwirrend oder zweifelhaft vorkommt, aber sie geht uns auch unbewusst durch den Kopf, wenn „normale Gewissheit besteht", und die expliziten oder stillschweigenden Antworten kommen in unserem weiteren Handeln zum Ausdruck. (vgl. Goffman 1974: 16) Um das,

---

4 Zu Formen (und Grenzen) dieser Distanz in der Schule vgl. Wellendorf (1973) und Heinze (1980).

was zwischen der Frage und dem Handeln passiert, geht es in der „Rahmenanalyse", die Goffman selbst als Versuch über die *Organisation von Erfahrungen* bezeichnet. Mit William I. Thomas nimmt er an, dass die Menschen eine Situation definieren, aber sie *„schaffen* gewöhnlich nicht diese Definition" (Goffman 1974: 9) ganz neu, sondern bringen durch ihre Sozialisation ein gesellschaftliches Vorwissen mit, wie *man* eine bestimmte Situation deutet und erklären kann und wie man entsprechend handelt und fühlt. Diese impliziten „Organisationsprinzipien für Ereignisse" bezeichnet Goffman als *Rahmen (frames).* (1974: 19) Rahmen sind „Interpretationsschemata", nach denen wir ein konkretes Phänomen identifizieren und ihm Sinn verleihen. (vgl. ebd.: 31) Zur Erklärung der Organisation unserer Alltagserfahrungen hebt Goffman vor allem auf die „sozialen Rahmen" ab, also auf die Schemata, die *soziale* Wirklichkeit einer face-to-face Interaktion zu definieren. Zu den primären sozialen Rahmen gehört, eine Situation mit dem Willen und dem Handeln eines Menschen zusammenzubringen und dieses Handeln nicht als zufällig, sondern als „orientiert" anzusehen. Doch in einer *Interaktion* spielt keiner für sich allein, sondern jeder zieht jeden in sein Spiel hinein und gerät in das Spiel eines jeden Anderen – der raffinierte Stratege ebenso wie der still Leidende oder der scheinbar Unbeteiligte am Rande. Dies wissend (oder zumindest ahnend) nehmen wir als weiteren sozialen Rahmen an, dass sich eine Interaktion nach bestimmten normalen *Regeln* vollzieht. (vgl. Goffman 1974: 32 ff.)

Gerade in dieser Hinsicht entfaltet die Rahmenanalyse ihr kritisches Potential. Sie analysiert nicht nur die verbindlichen Regeln eines normalen Spiels, sondern auch die *zulässigen* Regeln, nach denen diese Regeln außer Kraft gesetzt oder modifiziert werden dürfen. Zum sozialen Rahmen einer Interaktion gehört die Annahme, dass das, was gesagt wird, auch wahr ist. Aber wie ist es mit der Täuschung in guter Absicht, der frommen Lüge und der theatralischen Entführung in eine andere Wirklichkeit? Zum sozialen Rahmen gehört auch das Einvernehmen über eine gemeinsame Wirklichkeit. Aber wo liegt die Grenze, ab der man zum Spielverderber wird? Face-to-face Interaktionen leben von Regeln des Taktes. Implizieren sie auch, jede übertriebene Emotion hinzunehmen? Goffman diskutiert all diese Probleme unter der Annahme, dass die Interaktionen selbst eine *Rahmung* sind: Indem die Teilnehmer handeln und aufeinander reagieren, definieren sie den Rahmen, in dem als nächstes gehandelt werden soll. Sie organisieren nicht nur jeder für sich ihre Erfahrungen, sondern schaffen füreinander Ordnung.

In seiner Präsidentschaftsansprache 1982 vor der American Sociological Association hat Goffman noch einmal zusammengefasst, was Interaktion ist und wie sie funktioniert. Sie beginnt, wenn Individuen aufeinander aufmerksam werden, und dauert so lange an, wie sie aufeinander reagieren und ihre Handlungen synchron koordinieren. Jede soziale Situation ist, wie gerade in der „Rahmenanalyse" schon angesprochen, durch eine doppelte Interaktionsordnung gekennzeichnet. Es gibt in jeder Gesellschaft oder Gruppe explizite Regeln oder vage Vorstellungen, wie *man* sich in einer bestimmten Situation verhält, und die Individuen unterstellen einander, dass ihnen dieses Vorwissen bekannt ist und sich alle an diese *soziale Interaktionsordnung* halten. Indem sich die Individuen gegenseitig durch ihr Verhalten anzeigen, was sie *tatsächlich* von der sozialen Definition der Situation halten und wie sie ihre Reaktionen konkret interpretieren, arbeiten sie gemeinsam sukzessive an einer prozessualen, *situativen Interaktionsordnung.* (Goffman 1983: 56 ff.)

Interaktionssysteme: Programme, Themen, Inklusion, Synchronisation

André Kieserling hat in seiner Arbeit „Kommunikation unter Anwesenden" (1999) gezeigt, was die Theorie von Niklas Luhmann[5] für die Analyse von Interaktions*systemen* beitragen kann. „*Interaktionssysteme*", heißt es bei Luhmann, „kommen dadurch zustande, *dass Anwesende sich wechselseitig wahrnehmen.* Das schließt die Wahrnehmung des Sich-Wahrnehmens ein. Ihr Selektionsprinzip und zugleich ihr Grenzbildungsprinzip[6] ist die Anwesenheit. Wer nicht anwesend ist, gehört nicht zum System." (Luhmann 1975: 10) Beispiele für Interaktionssysteme sind das gemeinsame Mittagessen (nicht die Familie selbst!), das Schlangestehen an der Kasse, die Skatrunde oder eine Schlägerei. (vgl. ebd.) Die Systemgrenze zeigt sich darin, „dass man nur *mit* Anwesenden, aber nicht *über* Anwesende sprechen kann; und umgekehrt nur *über* Abwesende, aber nicht *mit* ihnen." (ebd.) Die Kommunikation in so definierten Interaktionssystemen ist strukturell beschränkt, weil sich Teilnehmer und Interaktionen auf jeweils ein Thema konzentrieren müssen (man kann und darf nicht gleichzeitig über alles sprechen) und weil die sprachlichen Interaktionen nacheinander erfolgen müssen (es können nicht alle gleichzeitig reden). (vgl. ebd.: 10 f.)

Kieserling hat mit Begriffen und Thesen der Systemtheorie beschrieben, wie eine Ordnung der Interaktionen zwischen einer überschaubaren Anzahl von Individuen zustande kommt, die sich nicht zufällig in einem überschaubaren Raum begegnen. Da ist zunächst einmal festzuhalten, dass sich die Teilnehmer an einer solchen intendierten Situation auf das *Typenprogramm,* also auf den Sinn der Zusammenkunft verständigen müssen. (vgl. Kieserling 1999: 18) Man kann davon ausgehen, dass es dazu normalerweise keiner expliziten Verhandlung bedarf, denn wer auf eine Party geht, kann unterstellen, dass keiner sie zum Anlass nehmen wird, über den Sinn der Enthaltsamkeit zu referieren. Typenprogramme dienen der Reduktion von Komplexität. Eine ähnliche Funktion hat das *Thema* einer Interaktion. Wenn ein Lehrer zwei Streithähne ins Gebet nimmt, geht es nur um dieses Thema, und der Lehrer sollte sie nicht auch noch

---

5   Luhmanns Ausführungen zu „Interaktionssystemen" (Luhmann 1975) werden hier nicht referiert, obwohl er einen Zentralbegriff des Interaktionismus zu verwenden scheint. Tatsächlich hebt er auf die Anlässe und Formen von *Systemen* ab.

6   Systeme bilden und erhalten sich durch Selektion aus den Möglichkeiten ihrer Umwelt und durch Grenzziehung zu ihr.

ermahnen, beim Diktat sauberer zu schreiben. Typisch für solche face-to-face Interaktionen ist weiterhin, dass jeder Teilnehmer die ganze Zeit in die Kommunikation *eingeschlossen* ist, auch wenn er sich abseits stellt, mit der Nachbarin ein Nebengespräch führt oder einfach nur schweigt. Interaktion bedeutet immer auch undifferenzierte *Inklusion*: Was geschieht, geschieht unter den Augen und unter Einbeziehung aller Anwesenden: jeder wird in seiner ganzen Erscheinung wahrgenommen, und jeder reagiert in seiner ganzen Erscheinung auf den Anderen. Die Interaktion ist deshalb auch erst dann zu Ende, wenn man sich nicht mehr wechselseitig beobachten kann.

Ein weiteres Merkmal der gelingenden Kommunikation unter Anwesenden sieht Kieserling darin, dass Reden und Schweigen *synchronisiert* werden müssen. (vgl. Kieserling 1999: 40) Wer redet, darf nicht den Eindruck erwecken, dass er nie mehr aufhört, wer schweigt, darf nicht den Eindruck vermitteln, ihn ginge das alles gar nichts an. Reden erfolgt und wird zugelassen unter den Bedingungen knapper Zeit und des Rechtes, damit eine bestimmte Ordnung des Systems zu definieren. Also: Wer kurz und knapp „Ruhe!" schreit, sagt, welches Programm angesagt ist und wer als nächster reden darf (in diesem Fall wahrscheinlich ebendieser!), wer folgt, akzeptiert das Programm. Umgekehrt: Wer redet, mutet anderen währenddessen eine bestimmte Passivität zu. Das ist auch notwendig, weil eben nicht alle gleichzeitig reden können. Damit die anderen sich nicht innerlich absentieren, muss er nicht nur seine Rede interessant machen, sondern auch signalisieren, dass sie ebenfalls das Wort bekommen werden.

Mit diesen und weiteren Beobachtungen der Kommunikation unter Anwesenden knüpft Kieserling ausdrücklich an die Arbeiten von Goffman an, der interessanter Weise schon in seiner frühen Arbeit über Rollendistanz die Interaktionsordnung eines Operationsteams als „Handlungssystem" (Goffman 1961b: 131, 137) bezeichnet hat. Auch die schon angedeutete spätere Unterscheidung zwischen einfach *Situiertem*, „was zufällig in einer sozialen Situation verortet ist", und *Situativem*, „was *nur* in face-to-face Konstellationen auftreten kann" (Goffman 1983: 56 f., Hervorhebungen H. A.), deutet an, dass dem dramaturgischen Interaktionismus der Systemgedanke keineswegs fern lag!

Will man an dieser Stelle einen interaktionistischen und einen systemtheoretischen Schluss zugleich ziehen, so könnte er so lauten: Selbst die verworrensten Interaktionen im Alltag weisen eine situative Logik auf, und selbst die rigidesten Regelungen schließen Überraschungen nicht aus!

Attraktive Versprechen und kritische Fragen

Ein entscheidender Grund für die Attraktivität des Interaktionismus insgesamt in den *soziologischen Theorien* liegt sicher auch darin, dass er in den Individuen den Gedanken weckt (oder wachhält!), dass letztlich sie es sind (oder sein können!), die die Gesellschaft und sich als soziale Wesen selbst schaffen (oder schaffen könnten, wenn sie wollten!). Nach Anthony Giddens hilft eine – kritisch gewendete – „interpretative Soziologie", soziale Verdinglichung aufzulösen, indem „die Handelnden (kognitiv) erkennen, dass Strukturen ihre eigenen Produkte sind, und damit die Möglichkeit erhalten, die Kontrolle über sie (praktisch) zurück zu gewinnen" (Giddens 1976: 153).

Der Grund für die Attraktivität in *Theorien der Bildung und der Erziehung* liegt in dem, was im vorletzten Satz (auch in den Klammern!) in Aussicht gestellt bzw. als Auftrag angemahnt wird. Interessant ist der Interaktionismus aber auch, weil er die Anstrengungen des Individuums, sich gegenüber der Gesellschaft ins Spiel zu bringen, und auch die Gefährdungen seiner Identität beschreibt. Kritische Theorien der Erziehung seit dem letzten Drittel des 20. Jahrhunderts, die die Stärkung des Individuums vor allem im Blick haben, und Theorien der Sozialpädagogik, die Hilfe zur Selbsthilfe in eben dieser Hinsicht anbieten, beziehen sich mal mehr, mal weniger ausdrücklich auf diese mahnende Variante des Interaktionismus. Klaus Mollenhauer hielt den interaktionistischen Ansatz für „vielversprechend, weil er die Chance einer Wendung vom manipulativen zum kommunikativen Erziehungsverständnis begründen helfen" und eine nichtrepressive Praxis anleiten kann, die der Durchbildung der persönlichen und sozialen Identität dient. (vgl. 1972: 84, 105 f.) Micha Brumlik sieht die „pädagogische Bedeutung" des Symbolischen Interaktionismus darin gegeben, dass man „Erziehungsvorgänge nur dann zureichend beschreiben und erklären" kann, wenn man „die Regeln menschlicher Interaktion" kennt. (vgl. 1973: 8)

Über der freudigen Begrüßung des Interaktionismus in Deutschland in der Soziologie und der Erziehungswissenschaft in den 1968er Jahren dürfen die Fragen nicht übersehen werden, die er aufwirft. Wie sind die Chancen der „ungekränkten Selbstdarstellung" (Habermas 1971: 138) in konkreten Interaktionen? Welche gesellschaftlichen Orientierungen können die Individuen auf dem Weg in eine andere, individualisierte und reflexive Moderne (Beck 1986) einander unterstellen? Wie frei und selbstbestimmt ist das Handeln in einer Zeit der Außenleitung (Riesman 1950)? Wie ist es um die objektiven Möglichkeiten der individuellen Strukturierung strukturierter Systeme in einer differenzierten und funktional spezialisierten Moderne (Giddens 1990: 33) bestellt, und welcher konkreten subjektiven Fähigkeiten bedarf es, um in die „natürliche und soziale Ereigniswelt" (Giddens 1988: 289) eingreifen zu können? Wie sind Sozialisations- und Erziehungsprozesse zu organisieren, um entsprechende Interaktionskompetenzen (Krappmann 1971; Habermas 1971) auszubilden? Auf diese Fragen müssen im Grunde alle soziologischen (natürlich auch psychologischen und pädagogischen!) Theorien eine Antwort geben. Dem Interaktionismus wird eine Antwort besonders abverlangt, weil er dem Individuum gezeigt hat, wie es sich unter gegebenen Verhältnissen im Spiel hält und unter möglichen besseren ins Spiel bringen kann.

Literatur

(Die erste Jahreszahl steht für das Jahr der Originalveröffentlichung)

Arbeitsgruppe Bielefelder Soziologen (Hrsg.) (1973): Alltagswissen, Interaktion und gesellschaftliche Wirklichkeit. Bd. 1: Symbolischer Interaktionismus und Ethnomethodologie. Reinbek: Rowohlt.

Beck, Ulrich (1986): Risikogesellschaft. Auf dem Weg in eine andere Moderne. Frankfurt am Main: Suhrkamp.

Becker, Howard (1963): Außenseiter. Zur Soziologie abweichenden Verhaltens. Frankfurt am Main: Fischer, 1973.

Becker, Howard (1971): Nachträgliche Betrachtungen zur „Etikettierungstheorie". In: Becker (1963).

Berger, Peter L; Luckmann, Thomas (1966): Die gesellschaftliche Konstruktion der Wirklichkeit. Frankfurt am Main: Fischer, 20. Aufl. 2004.

Blumer, Herbert (1969): Der methodologische Standort des Symbolischen Interaktionismus. In: Arbeitsgruppe Bielefelder Soziologen (Hrsg.) (1973).

Brumlik, Micha (1973): Der symbolische Interaktionismus und seine pädagogische Bedeutung. Frankfurt am Main: Fischer.

Cooley, Charles Horton (1902): Human Nature and the Social Order. Revised edition 1922. New Brunswick: Transaction Books, 1983.

Cooley, Charles Horton (1909): Social Organization. A Study of the Larger Mind. New York: Schocken Books, 1962.

Giddens, Anthony (1976): Interpretative Soziologie. Frankfurt/New York: Campus, 1984.

Giddens, Anthony (1988): Interview. In: Kießling, Bernd (1988): Die „Theorie der Strukturierung". In: Zeitschrift für Soziologie, Jg. 17, H. 4, S. 286–295.

Giddens, Anthony (1990): Konsequenzen der Moderne. Frankfurt am Main: Suhrkamp, 1996.

Goffman, Erving (1955): On Face-Work. In: Goffman (1967a), S. 5–45.

Goffman, Erving (1957): Entfremdung in der Interaktion. In: Goffman (1967b).

Goffman, Erving (1959): Wir alle spielen Theater. München: Piper, 6. Aufl. 1988.

Goffman, Erving (1961a): Asyle. Über die soziale Situation psychiatrischer Patienten und anderer Insassen. Frankfurt am Main: Suhrkamp, 8. Aufl. 1991.

Goffman, Erving (1961b): Interaktion: Spaß am Spiel/Rollendistanz. München: Piper, 1973.

Goffman, Erving (1963a): Stigma. Über Techniken der Bewältigung beschädigter Identität. Frankfurt am Main: Suhrkamp, 12. Aufl. 1996.

Goffman, Erving (1963b): Interaktion im öffentlichen Raum. Frankfurt/New York: Campus, 2009.

Goffman, Erving (1967a): Interaction Ritual. Essays on Face-to-Face Behavior. New York: Anchor Books.

Goffman, Erving (1967b): Interaktionsrituale. Frankfurt am Main: Suhrkamp, 1971.

Goffman, Erving (1974): Rahmenanalyse. Ein Versuch über die Organisation von Alltagserfahrungen. Frankfurt am Main: Suhrkamp, 1980.

Goffman, Erving (1983): Die Interaktionsordnung. In: Goffman (1994).

Goffman, Erving (1994): Interaktion und Geschlecht. Frankfurt am Main: Campus, 2. Aufl. 2001

Habermas, Jürgen (1968): Stichworte zur Theorie der Sozialisation. In: Habermas, Jürgen (1973): Kultur und Kritik. Verstreute Aufsätze. Frankfurt am Main: Suhrkamp, S. 118–194.

Habermas, Jürgen (1971): Vorbereitende Bemerkungen zu einer Theorie der kommunikativen Kompetenz. In: Habermas, Jürgen; Luhmann, Niklas (1971): Theorie der Gesellschaft oder Sozialtechnologie – Was leistet die Systemforschung? Frankfurt am Main: Suhrkamp, S. 101–141.

Heinze, Thomas (1980): Schülertaktiken. München: Urban & Schwarzenberg.

Kieserling, André (1999): Kommunikation unter Anwesenden. Studien über Interaktionssysteme. Frankfurt am Main: Suhrkamp.

Krappmann, Lothar (1969): Soziologische Dimensionen der Identität. Strukturelle Bedingungen für die Teilnahme an Interaktionsprozessen. Stuttgart: Klett, 1. Aufl. 1971.

Krappmann, Lothar (1971): Neuere Rollenkonzepte als Erklärungsmöglichkeit für Sozialisationsprozesse. In: betrifft: erziehung, 1971, H. 3, S. 161–183.

Krappmann, Lothar (2004): Sozialisation in Interaktionen und Beziehungen unter Gleichaltrigen in der Schulklasse. In: Geulen, Dieter; Veith, Hermann (Hrsg.) (2004): Sozialisationstheorie interdisziplinär. Stuttgart: Lucius & Lucius, S. 253–271.

Krappmann, Lothar; Oswald, Hans (1995): Alltag der Schulkinder. Beobachtungen und Analysen von Interaktionen und Sozialbeziehungen. Weinheim: Juventa.

Luhmann, Niklas (1975): Interaktion, Organisation, Gesellschaft. In: Luhmann (1975): Soziologische Aufklärung 2. Opladen: Westdeutscher Verlag.

Mead, George Herbert (1934a): Mind, Self, and Society. From the Standpoint of a Social Behaviorist. Chicago: The University of Chicago Press, 1970.

Mead, George Herbert (1934b): Geist, Identität und Gesellschaft. Frankfurt am Main: Suhrkamp, 1968.

Mollenhauer, Klaus (1972): Theorien zum Erziehungsprozess. München: Juventa.

Park, Robert Ezra (1926): Behind Our Masks. In: Park (1950): Race and Culture. New York: Free Press, First Paperback Edition, 1964, S. 134–139.

Riesman, David (1950): Die einsame Masse. Reinbek: Rowohlt, 1958.

Rist, Ray C. (1970): Student Social Class and Teacher Expectations: The Self-Fulfilling Prophecy in Ghetto Education. In: Harvard Educational Review, Vol. 40, No. 3.

Rosenthal, Robert; Jacobson, Lenore (1968): Pygmalion im Unterricht. Lehrererwartungen und Intelligenzentwicklung der Schüler. Weinheim: Beltz, 1971.

Simmel, Georg (1894): Das Problem der Sociologie. In: Simmel, Georg (1992): Aufsätze 1894–1900. Frankfurt am Main: Suhrkamp.

Simmel, Georg (1908): Soziologie. Untersuchungen über die Formen der Vergesellschaftung. Frankfurt am Main: Suhrkamp, 1992.

Steinert, Heinz (Hrsg.) (1973): Symbolische Interaktion. Arbeiten zu einer reflexiven Soziologie. Stuttgart: Klett.

Strauss, Anselm (1959): Spiegel und Masken. Die Suche nach Identität. Frankfurt am Main: Suhrkamp, 1968.

Strauss, Anselm (1964): Einleitung. In: Mead (1964): Sozialpsychologie. Neuwied: Luchterhand, 1969, S. 1–34.

Strauss, Anselm (1978): Negotiations. Varieties, Contexts, Processes, and Social Order. San Francisco: Jossey-Bass.

Thomas, William I.; Thomas, Dorothy (1928): Das Kind in Amerika. In: Thomas, William I. (1965): Person und Sozialverhalten. Neuwied: Luchterhand, S. 102–116.

Turner, Ralph H. (1962): Rollenübernahme: Prozess vs. Konformität. In: Auwärter, Manfred; u. a. (Hrsg.) (1976): Seminar: Kommunikation, Interaktion, Identität. Frankfurt am Main: Suhrkamp, S. 115–139.

Wellendorf, Franz (1973): Schulische Sozialisation und Identität. Weinheim: Beltz.

Wilson, Thomas P. (1970): Theorien der Interaktion und Modelle soziologischer Erklärung. In: Arbeitsgruppe Bielefelder Soziologen (Hrsg.) (1973), Bd. 1, S. 54–79.

Zinnecker, Jürgen (2000): Selbstsozialisation – Essay über ein aktuelles Konzept. In: Zeitschrift für Soziologie der Erziehung und Sozialisation, 22. Jg., H. 2, S. 272–290.

Das Rational-Choice Paradigma in der Bildungssoziologie

Volker Stocké

Das Rational-Choice (RC) Paradigma kann derzeit in der Bildungssoziologie als der dominante Erklärungsansatz für Bildungsentscheidungen und Bildungsungleichheit angesehen werden. Die psychologische Theorie des geplanten Verhaltens und die soziologische Rational-Choice Theorie bilden zwei Hauptvarianten dieser theoretischen Perspektive. Beide Theorien gehen übereinstimmend davon aus, dass Bildungsentscheidungen und Ungleichheiten im Bildungserwerb das Resultat instrumentell rationaler Entscheidungen unter Bedingungen unterschiedlicher Ressourcenknappheit sind. Abgesehen von diesem Konsens unterscheiden sich die Theorievarianten in der theoretischen Bestimmtheit der als relevant angesehenen Erklärungsfaktoren und dem Grad der bei den Akteuren angenommenen Rationalität voneinander. Eine wachsende Anzahl empirischer Studien untersucht die empirische Angemessenheit der jeweils vorliegenden Annahmen der Theorie sowie der daraus resultierenden Prognosen. Der vorliegende Beitrag stellt die Grundannahmen der verschiedenen Theorievarianten des RC-Paradigmas gegenüber und präsentiert einen Überblick über den aktuellen Stand ihrer empirischen Überprüfung. Die Ergebnisse zeigen, dass die Theorie wichtige Aspekte von Bildungsentscheidungen erfasst und einen relevanten Teil der Herkunftseffekte zu erklären vermag. Die empirische Evidenz erbringt aber auch Hinweise auf die Unvollständigkeit der Theorie. Im abschließenden Teil dieses Beitrags werden mögliche Lösungen dieses Problems diskutiert.

1   Theorien rationaler Bildungsentscheidungen

Die folgende Darstellung des RC-Paradigmas konzentriert sich auf die aus der Psychologie stammende Theorie des geplanten Verhaltens (TPB) und die soziologische Rational-Choice Theorie (RCT). Die ökonomische Humankapitaltheorie (Becker 1964; für einen Einbezug dieses Ansatzes vgl. Stocké 2010) sowie andere Varianten der Werterwartungstheorie bleiben in der folgenden Übersicht aus Platzgründen ausgespart.

1.1 Die Theorie des geplanten Verhaltens

In der TPB von Ajzen (1991) werden Akteure als instrumentell rational und zukunfts-orientiert beschrieben. Ihre Verhaltensintentionen ergeben sich aus ihrer Einstellung zum betreffenden Verhalten, den bei relevanten Bezugspersonen wahrgenommenen normativen Erwartungen und ihrer gefühlten Handlungskontrolle. Die Einstellung ge-genüber dem Verhalten (A) richtet sich danach, wie wahrscheinlich bestimmte Kon-sequenzen i bei der Durchführung der jeweiligen Handlungsoption erwartet (b_i) und wie stark positiv oder negativ diese Konsequenzen bewertet werden (e_i). Die Wert- und Erwartungskomponenten werden multiplikativ miteinander verknüpft und für alle Be-wertungsdimensionen zu einer Gesamteinstellung gegenüber dem bewerteten Verhal-ten aufsummiert: $A = \sum b_i e_i$. Die Intention zur Handlungsdurchführung ist umso stär-ker, je positiver die Verhaltenseinstellung ist (Ajzen 1991). Die subjektive Norm (SN) erfasst die von den Akteuren in der relevanten sozialen Umwelt wahrgenommenen Er-wartungen an ihr Verhalten. Diese Norm ergibt sich einerseits aus der Stärke mit der bei einer bestimmten Bezugsgruppe i eine bestimmte Handlung erwartet wird (n_i). Sie ist andererseits das Resultat der Motivation der Akteure zur Befolgung der wahrgenomme-nen Handlungsanforderungen der betreffenden Bezugsgruppe (m_i). Die insgesamt für die Handlungsintention relevante subjektive Norm bestimmt sich ebenfalls als Summe der Produkte aus Wert und Erwartungen: $SN = \sum n_i m_i$. Akteure sehen sich in unter-schiedlichem Ausmaß zur erfolgreichen Durchführung der Handlungsoptionen in der Lage. Auf Grundlage dieser Überzeugungen ergibt sich die wahrgenommene Verhal-tenskontrolle (PCB). Unterschiedliche Faktoren erleichtern oder erschweren die Ver-haltensdurchführung. Die Fertigkeiten, das Wissen sowie die Ausstattung der Akteure mit begünstigenden Ressourcen bestimmen den Schwierigkeitsgrad eines bestimmten Verhaltens. Die Individuen haben eine Vorstellung davon, in welchem Umfang sie eine bestimmte Erfolgsdeterminante i kontrollieren (c_i) und andererseits wie stark sich diese auf die erfolgreiche Durchführung des betreffenden Verhaltens auswirkt (p_i). Die insge-samt wahrgenommene Kontrolle über ein Verhalten ergibt sich aus der Summe der mit der Kontrollüberzeugung gewichteten Bedeutsamkeit der erfolgsrelevanten Faktoren: $PBC = \sum c_i p_i$. Die Akteure entscheiden sich umso wahrscheinlicher zugunsten einer be-stimmte Handlungsoption, je stärker die Verhaltensintention zugunsten dieser Option ausgeprägt ist.

1.2 Soziologische Rational-Choice Theorie

Die soziologische Rational-Choice Theorie (RCT) geht davon aus, dass sich die zusam-menfassende Bewertung unterschiedlicher Bildungsgänge D_i durch den subjektiv erwar-teten Nutzen SEU (D_i) ausdrücken lässt (Erikson/Jonsson 1996; für ähnliche Versionen der RCT vgl. Breen/Goldthorpe 1997; Esser 1999: 265 ff.). Dieser Erwartungsnutzen ergibt sich auf der Grundlage unterschiedlicher Bildungsrenditen U_{ij}. Dabei bewerten die Akteure die Konsequenzen der möglichen Bildungskarrieren D_i vor dem Hintergrund ihrer Zielsetzungen j. Bei den im Rahmen der Theorie als relevant angesehenen Zielsetzungen handelt es sich um Arbeitsmarkrenditen, wie ein hohes Einkommen, Arbeitsplatzsicherheit und einen angesehenen Beruf (Wilson 2001). Eine weitere, nicht-ökonomische Zielsetzung besteht im intergenerationalen Statuserhalt. Konsistent mit den Annahmen der Prospekt Theorie (Kahneman/Tversky 1979) definiert der soziale Status der Familie den Referenzpunkt dafür, ob der bei unterschiedlichen Bildungskarrieren erwartete Status der Kinder als Auf- oder Abstieg in der Generationenfolge angesehen wird. Es wird angenommen, dass Familien unabhängig von ihrer Statuslage in einem starken Ausmaß zur Vermeidung von intergenerationaler Abwärtsmobilität motiviert sind. Die Chance einer Aufwärtsmobilität trägt dagegen in relativ geringem Ausmaß zur Investitionsneigung in Bildungszertifikate bei. Die Berücksichtigung des Statuserhaltmotivs erfordert, dass die Familien eine Vorstellung davon haben, mit welcher Wahrscheinlichkeit die Kinder mit bestimmten Bildungsabschlüssen zumindest den elterlichen Berufsstatus erreichen. Die Grundlage hierfür sind Alltagstheorien über den Statuszuweisungsprozess und damit über das Funktionieren des Arbeitsmarktes. Die Eignung der unterschiedlichen Bildungsoptionen zum Statuserhalt begründet die Zuschreibung jeweils spezifischer Nutzenbewertungen zu bestimmten Bildungszertifikaten.

Eine zweite Determinante des Erwartungsnutzens von Bildungsoptionen ist die subjektive Erwartung p_i, dass die Lernenden die unterschiedlichen Bildungsgänge D_i erfolgreich absolvieren werden, sodass das Nutzenpotential U_{ij} realisiert werden kann. Diese Erfolgserwartung ergibt sich aus dem Niveau und der Entwicklung der Schulleistungen sowie allen anderen Faktoren, die sich hemmend oder förderlich auf den zukünftigen Bildungserfolg auswirken. Zu diesen Faktoren gehören beispielsweise die Fähigkeit der Eltern zur Lernunterstützung, die Lernmotivation der Kinder sowie die Möglichkeit zur Organisation bezahlten Zusatzunterrichts (Schneider 2005). Im deutschen Bildungssystem stellt die Bildungsempfehlung der Lehrkräfte eine besonders aussagekräftige Information über die angemessene Erfolgserwartung dar.

Die dritte Determinante des Erwartungsnutzens unterschiedlicher Bildungsgänge sind die erwarteten Kosten C_{ik}. Bei diesen Kosten handelt es sich um direkte Ausgaben, etwa für Schulbücher, Unterrichtsmaterialien oder etwaige Schulgebühren, vor allem aber um die während der Ausbildungszeit durch den Verzicht auf Arbeitsmarkteinkommen entstehenden Opportunitätskosten. Bei der Wahl bestimmter Bildungsoptionen entstehen auch nicht-finanzielle Belastungen, zum Beispiel durch das tägliche Pendeln zur gewählten Schule. Bei den Kosten C_{ik} handelt es sich um die Summe der subjektiven Bewertung aller objektiv mit den unterschiedlichen Bildungsoptionen verbundenen Belastungen.

Die Theorie geht davon aus, dass sich die Gesamtbewertung jeder Bildungsoption durch die folgende Formel beschreiben lässt: SEU $(D_i) = p_i \times U_{ij} - C_{ik}$. Während die

Summe der Nutzenwerte U_{ij} multiplikativ mit der subjektiven Erwartung eines erfolgreichen Absolvierens des Bildungsgangs D_i verknüpft ist, werden die Kosten für das Durchlaufen des Bildungsganges mit Sicherheit erwartet. Letztere gehen daher rein additiv in die Gesamtbewertung ein. Die Akteure wählen jene Bildungsoption mit dem höchsten Erwartungsnutzen.

1.3 Erklärung ungleicher Bildungsbeteiligung

Im Rahmen des RC-Paradigmas lassen sich primäre und sekundäre Effekte der sozialen Herkunft unterscheiden (Boudon 1974). Demnach wirkt sich die unterschiedliche Ausstattung von Familien mit ökonomischem, kulturellem und sozialem Kapital auf den Kompetenzerwerb aus. Der auf diese Leistungsunterschiede zurückführbare Teil der sozialen Differenzierung von Bildungsentscheidungen wird als primärer Effekt bezeichnet. Dagegen handelt es sich bei Disparitäten in den Bildungsentscheidungen bei gleichen akademischen Fähigkeiten um sekundäre Effekte der sozialen Herkunft. Die Theorien rationaler Bildungsentscheidungen beanspruchen die Erklärung dieser sekundären Effekte. Somit nimmt das Erklärungspotential der RC-Theorien für Bildungsungleichheit bei größerer Bedeutung sekundärer Effekte zu.

Untersuchungen zeigen trotz Kontrolle akademischer Leistungen signifikante Effekte des Bildungs- und Berufsstatus der Familien auf den Übergang auf verschiedene Schulformen des gegliederten Schulsystems (Müller-Benedict 2007) und auf den Übergang auf die Hochschule (Tolsma et al. 2010). Die für Deutschland verfügbaren Studien – mit dem Ziel einer Abschätzung der relativen Stärke primärer und sekundärer Effekte – kommen beim Übergang in die Sekundarstufe zu folgenden Ergebnissen. Im Bundesland Rheinland-Pfalz lassen sich 53 % des Effektes der elterlichen Klassenlage und 71 % der Einflüsse der Bildungsherkunft auf sekundäre Effekte zurückführen (Stocké 2007c). Nach empirischen Befunden mit Daten aus den Bundesländern Bayern und Hessen lassen sich 40 % der durch die Klassenlage der Eltern bewirkten Ungleichheit in der gewählten Sekundarschulform und 43 % der Effekte des elterlichen Bildungsstatus auf sekundäre Effekte zurückführen (Relikowski et al. 2009). In Untersuchungen mit landesweiten Stichproben für Deutschland finden sich einerseits Ergebnisse, wonach 59 % der Effekte des Bildungsstatus der Eltern auf den Gymnasialbesuch auf sekundäre Effekte zurückgehen (Neugebauer 2010), andererseits wurde festgestellt, dass 44 % der Effekte des elterlichen Bildungsstatus und 42 % des Einflusses der Klassenlage durch sekundäre Effekte erklärt werden können (Neugebauer et al. im Druck). Trotz der inkonsistenten Befundlage ist unbestreitbar, dass beim Übergang in die Sekundarstufe etwa die Hälfte der Bildungsungleichheit auf sekundäre Effekte zurückgeführt werden kann. Für die Entscheidung zugunsten der Aufnahme eines Hochschulstudiums liegen übereinstimmende Belege dafür vor, dass zwischen 80 und 90 % der Herkunftseffekte auf sozial selektives Entscheidungsverhalten zurückgehen (Neugebauer et al. 2010;

Schindler/Reimer 2010). Demnach lassen sich an diesem Bildungsübergang soziale Nachteile potentiell in sehr starkem Umfang im Rahmen des RC-Paradigmas erklären.

Sowohl in der TPB als auch in der RCT werden sekundäre Effekte auf die schlechtere materielle Ausstattung von Familien mit unvorteilhafter sozialer Lage und damit auf größere Belastungen durch die objektiv gleichen Bildungsausgaben zurückgeführt. In der TPB führen diese verschieden stark erlebten Belastungen zu Unterschieden in der Einstellung zu anspruchsvollen Bildungsentscheidungen und in der RCT zu größeren Werten des Kostenparameters. Die beiden Theorien gehen ebenfalls übereinstimmend davon aus, dass sich die durchschnittlich schwächeren Schulleistungen von Schülern mit unvorteilhafter sozialer Herkunft negativ auf die von den Lernenden wahrgenommene Verhaltenskontrolle (TPB) und die Erwartung, anspruchsvolle Bildungsgänge erfolgreich absolvieren zu können (RCT), auswirken. Auch die anderen Determinanten des Zutrauens in den zukünftigen Bildungserfolg sind in Familien mit niedrigerem Sozialstatus weniger vorteilhaft ausgeprägt: Eltern sind in geringerem Maße zur Lernunterstützung in der Lage, die Schüler verfügen über weniger Lernmotivation und die finanziellen Mittel zur Organisation bezahlten Zusatzunterrichts sind knapper.

In der TPB werden sekundäre Effekte außerdem durch die Existenz unterschiedlich anspruchsvoller subjektiver Normen an die eigene Bildungskarriere erklärt. Demnach orientieren sich die Lernenden an den Erwartungen der Bezugsgruppe, deren Zusammensetzung durch die Wirkung des Homophilie-Prinzips, also der Neigung zur Wahl bezüglich wichtiger Merkmale ähnlicher Personen, der eigenen sozialen Herkunft in starkem Umfang entspricht (Sewell et al. 1969). Lernende sehen sich somit häufig mit homogenen Erwartungen der sozialen Umwelt an ihre Bildungskarriere konfrontiert. In der RCT wird das Motiv zum intergenerationalen Statuserhalt als zentraler Erklärungsfaktor für die nach der sozialen Herkunft ungleiche Neigung zur Bildungspartizipation angesehen (Breen/Goldthorpe 1997; Esser 1999: 265 ff.; Erikson/Jonsson 1996). Obwohl Familien unabhängig von ihrer sozialen Herkunft gleich stark zur Vermeidung eines Statusabstiegs in der Generationenfolge motiviert sind, werden hierfür je nach sozialer Lage unterschiedlich anspruchsvolle Bildungstitel als notwendig erachtet. Während in der Arbeiterklasse bereits wenig anspruchsvolle Bildungsabschlüsse für den Statuserhalt ausreichen und so die Motivation zu größeren Bildungsinvestitionen fehlt, führt das Statuserhaltsmotiv bei gehobener sozialer Lage zu einem starken Nutzendifferential zwischen Zertifikaten der Grundbildung und weiterführenden Bildungsabschlüssen (Stocké 2007b).

2 Empirische Bewertung der Theorien rationaler Bildungsentscheidungen

Der vorliegende Forschungsüberblick konzentriert sich auf die Angemessenheit der RC-Theorien für die Erklärung der besonders bedeutsamen Selektion zwischen Sekundarschulformen und der Entscheidung über die Aufnahme eines Studiums. Die wenigen

Anwendungen des RC-Paradigmas in anderen Bildungsetappen, etwa bei der Entscheidung über den Einschulungszeitpunkt (Faust et al. 2007) oder der Partizipation in der Erwachsenenbildung (Behringer 1999; Schömann/Becker 1995), bleiben hierbei unberücksichtigt.

2.1 Bildungsentscheidungen beim Übergang in den Sekundarschulbereich

In der bisherigen Forschung wurden die Theorien rationaler Bildungsentscheidungen in stratifizierten Schulsystemen auf die Entscheidung zwischen unterschiedlichen Bildungsgängen im Sekundarschulbereich und in integrierten Schulsystemen auf die Entscheidung über die Länge des Schulbesuchs angewendet. Es wurde überprüft, ob sich aus der TPB die Bestimmungsfaktoren der Intentionen von Hauptschülern im Bundesland Niedersachsen zur Fortsetzung des Schulbesuchs nach der neunten Klassenstufe ableiten lässt (Schuchart 2009). Wie theoretisch vorhergesagt, haben die Verhaltenseinstellung, die subjektive Norm sowie die Verhaltenskontrolle unter Kontrolle der Schulzensuren jeweils einen eigenständigen Einfluss auf die Absicht eines weiteren Schulbesuchs. Eine US-amerikanische Studie hat die Bestimmungsfaktoren des Abbruchs der High-School mit einer Stichprobe farbiger Schüler untersucht (Davis et al. 2002). Die kurz- und langfristigen Konsequenzenerwartungen sowie deren Bewertung erklären die Verhaltenseinstellung, die subjektive Norm lässt sich auf die Erwartungen von Eltern, Lehrern und Freunden zurückführen und die Verhaltenskontrolle auf erwartete Lernprobleme. Alle drei Komponenten der TPB haben substanzielle Effekte auf die Intention eines weiteren Schulbesuchs und die Realisierung des angestrebten Bildungsabschlusses. Vergleichbare, bestätigende Ergebnisse hat auch eine Untersuchung von Davis et. al. (2003) erbracht.

Während die theoretischen Vorhersagen der TPB in der Bildungssoziologie relativ wenig überprüft wurden, liegt für die Angemessenheit der soziologischen RCT deutlich umfänglichere Evidenz vor. So wurden mit Daten aus den Niederlanden die Determinanten der Erwartungen eines erfolgreichen Abschlusses einer anspruchsvollen Bildungslaufbahn analysiert und geprüft, ob sich diese Erfolgserwartungen auf die Fortsetzung der Schulkarriere nach der Sekundastufe I auswirken (Need/de Jong 2001). Obwohl der Notendurchschnitt der Schüler einen substanziellen Zusammenhang mit den Erfolgserwartungen aufweist, lassen sich bei Kontrolle der Zensuren keine darüberhinausgehenden Effekte der Erfolgswahrscheinlichkeit auf die Bildungsentscheidungen feststellen. Abgesehen von diesem negativen Ergebnis, wirkt sich die Erfolgserwartung in einer Reihe von empirischen Überprüfungen auch bei Kontrolle von Kosten- und Nutzentermen auf verschiedene Bildungsentscheidungen aus (vgl. hierzu die unten dargestellten Ergebnisse entsprechender Studien). Die RCT geht davon aus, dass sich die akademische Selbstwahrnehmung von Lernenden nicht systematisch von der objektiven Leistungsfähigkeit unterscheidet. Diese Annahme wurde in einer Studie mit Schülern im letzten Pflichtschuljahr in Großbritannien getestet (Sullivan 2006). Die vor den Abschlussprüfungen erfassten subjektiven Selbsteinschätzungen der Schüler wurden mit den realisierten Prüfungsergebnissen verglichen. Es zeigt sich eine systematische Überschätzung der eigenen Leistungsfähigkeit, die bei Schülern mit vorteilhafter sozialer Herkunft besonders stark ausgeprägt ist. Da die Selbstwahrnehmung der eigenen akademischen Fähigkeiten eine wichtige Grundlage für die bildungsbezogene Erfolgserwartung darstellt, kann in den festgestellten Verzerrungen eine Ursache der sozialen Disparitäten in der Bildungsbeteiligung gesehen werden.

Da antizipierte Bildungsrenditen in der RCT die zentrale Motivationsgrundlage von Bildungsentscheidungen darstellen, wurde in einer dänischen Studie der Effekt finanzieller und sozialer Nutzenterme für die Entscheidung über den Verbleib im Bildungssystem untersucht (Jæger 2007). Es wurde erfasst, welche Bedeutung die Schüler einem hohen Einkommen und den Bildungsentscheidungen der Freunde zumessen. Je wichtiger diese beiden Faktoren eingeschätzt werden, desto eher haben sich die Jugendlichen für eine Fortsetzung ihrer Bildungskarriere entschieden. Dieser Effekt gilt unter statistischer Kontrolle der Leseleistung der Jugendlichen. Der soziale Status des Elternhauses wirkt sich auch nach Kontrolle der primären Effekte und der berücksichtigten Nutzenterme noch direkt auf die Bildungsentscheidungen aus.

Eine Reihe von Untersuchungen hat empirisch geprüft, inwiefern das Statuserhaltsmotiv Bildungsentscheidungen determiniert. Eine Studie betrachtet die verschiedenen nach der neunten Klassenstufe im dänischen Schulsystem vorliegenden Verzweigungspunkte (Davies et al. 2002). Es wurde geprüft, ob die Wahrscheinlichkeit eines Verbleibs der Jugendlichen im Schulsystem solange hoch bleibt, bis das elterliche Bildungsniveau erreicht worden ist. Erst dann sollte theoriekonform ein Abfall der Bildungsbeteiligung beobachtet werden, wobei dies mit zunehmendem Bildungsstatus der Eltern an späteren Stellen der Bildungslaufbahn auftreten müsste. Die empirischen Ergebnisse bestätigen diese Vorhersage allerdings nur für 5 der 17 durchgeführten Tests. Dagegen zeigt eine Studie mit Daten aus den Niederlanden, dass ein Schulformwechsel auf eine anspruchsvollere Sekundarschulform dann wahrscheinlicher wird, wenn der Abschluss der ursprünglich besuchten Bildungsinstitution unter dem elterlichen Bildungsniveau zurückgeblieben wäre (Tieben 2009). Allerdings konnte nicht bestätigt werden, dass ein Abstieg dann weniger wahrscheinlich ist, wenn dieser zu einem intergenerationalen Statusverlust führen würde. Diese nur teilweise Bestätigung der Wirksamkeit des Statuserhaltsmotivs ist möglicherweise die Folge unterschiedlicher Entscheidungsträger: Während ein Wechsel auf anspruchsvollere Schulformen mehr von der Initiative der Familien abhängt, sind Abstiege stärker durch institutionelle Vorgaben geregelt.

Andere Untersuchungen gehen in stärkerer Übereinstimmung mit der RCT davon aus, dass der Referenzpunkt für die Realisierung von Statuserhalt nicht durch das Bildungsniveau, sondern den Berufsstatus der Familien gesetzt wird. Eine Studie mit Daten aus England und Wales hat mit einer Stichprobe von arbeitsmarktaktiven Personen die Wahrscheinlichkeit, mit der verschiedene Bildungsabschlüsse zu einer bestimmten Klassenlage führen geschätzt (Breen/Yaish 2006). Die resultierenden konditionalen Statuserwerbswahrscheinlichkeiten bilden den Indikator dafür, mit welcher Wahrscheinlichkeit Jugendliche einer jüngeren Kohorte beim Erwerb unterschiedlicher Bildungszertifikate von einem Statuserhalt ausgehen können. Die Bildungsentscheidungen bieten nur teilweise Bestätigung für die Berücksichtigung des Statuserhaltsmotivs. Die in dieser Studie notwendige Annahme einer Übereinstimmung zwischen subjektiv wahrgenommener Eignung von Bildungsabschlüssen und der objektiven Realität wurde in einer Untersuchung aus den Niederlanden gelockert. Es wurde im dritten Jahr der Sekundarschule gemessen, wie wichtig Schüler einen intergenerationalen Statuserhalt ansehen (van de Werfhorst/Hofstede 2007). Dieses Maß wirkt sich positiv auf die Bildungsaspirationen, nicht aber auf die tatsächliche Fortsetzung der Schulkarriere aus. Nach der zugrundeliegenden Theorie sollte allerdings weniger die Wichtigkeit eines Statuserhalts, sondern die Einschätzung der Eignung von Bildungsgängen zur Vermeidung eines Statusabstiegs für Bildungsentscheidungen relevant sein. Diese Hypothese wurde mit Daten aus dem Bundesland Rheinland-Pfalz geprüft. Im Ergebnis zeigt sich, dass die subjektiv wahrgenommene Eignung der Bildungsabschlüsse des dreigliedrigen Schulsystems zum Statuserhalt deren Wahl am Ende der Grundschulzeit erklärt (Stocké 2007b).

In einigen Studien wurde die Erklärungskraft von Kosten, Nutzen und Erfolgserwartungen simultan und damit unter Kontrolle der jeweils anderen theoretischen Parameter untersucht. So wurde in einer Sekundäranalyse mit Daten aus vier Bundesländern die RCT einem empirischen Test unterzogen (Becker 2003). Der Arbeitsmarktnutzen eines Abiturs, die Wichtigkeit eines Statuserhalts sowie die Eignung eines Abiturs zur Erfüllung dieses Motivs, die Kosten eines Abiturs und die Erwartung eines erfolgreichen Absolvierens der Hochschulreife erweisen sich gleichzeitig als für die Intentionen zugunsten einer Gymnasiallaufbahn als relevant. Eine ähnlich umfängliche Überprüfung der Vorhersagen der RCT wurde mit Daten des Forschungsprojekts KOALA-S im bayerischen Schulsystem durchgeführt (Schauenberg 2007). Unter Kontrolle der Schulleistungen der Kinder erweisen sich die Erfolgserwartung sowie das Statuserhaltsmotiv der Eltern als für die in der vierten Klassenstufe angestrebten Schulabschlüsse relevant. Die Nutzenerwartung und die finanziellen Kosten der verschiedenen Abschlüsse haben dagegen keinen Effekt. Bei Berücksichtigung der Erklärungsfaktoren kann die die durch die elterliche Bildung bewirkte Bildungsungleichheit vollständig erklärt werden, wohingegen der Berufsstatus weiterhin einen direkten Effekt ausübt. Ergebnisse aus dem Bundesland Rheinland-Pfalz belegen, dass die beim Durchlaufen der Bildungsgänge des dreigliedrigen Schulsystems antizipierten finanziellen Kosten, die subjektive Wahrscheinlichkeit, die betreffenden Abschlüsse realisieren zu können, und die Einschätzung, ob die Abschlüsse zum Erhalt des elterlichen Berufsprestiges in der Lage sind, in der theoretisch vorhergesagten Art und Weise sozial differenziert sind (Stocké 2007a). Es haben sich signifikante Effekte der Erfolgserwartung und des Statuserhaltsmotivs gezeigt, wohingegen die bewerteten Kosten der Abschlüsse völlig irrelevant sind.

Durch die Berücksichtigung der im Rahmen der RCT vorhergesagten Faktoren lassen sich die direkten Herkunftseffekte auf die Übergangsentscheidungen substanziell reduzieren, bleiben aber auch in dieser Studie weiterhin statistisch signifikant. In einer Anschlussstudie mit der gleichen Datengrundlage wurden zusätzlich die für einen Besuch der jeweiligen Schulform notwendigen Kosten für das Pendeln zur Schule, der bei der Wahl einer Schulform erwartbare Verlust an Freunden sowie das bei Realisierung der Schulabschlüsse erwartete Arbeitseinkommen, Berufsprestige und Arbeitslosigkeitsrisiko einbezogen (Stocké 2008). Bei Kontrolle der kognitiven Fähigkeiten der Schüler haben sich, abgesehen von der Reduktion des Arbeitslosigkeitsrisikos, alle untersuchten Faktoren als signifikante Determinanten der Schulwahl erwiesen. Allerdings verbleiben auch bei dieser sehr umfassenden Operationalisierung der RCT weiterhin direkte Effekte der elterlichen Klassenposition bestehen.

2.2 Rationale Entscheidungen und Hochschulzugang

Beim Hochschulzugang lassen sich starke Einflüsse der sozialen Herkunft feststellen, auch wenn die Jugendlichen beim Erwerb der Hochschulzugangsberechtigung vergleichbare Schulleistungen gezeigt haben (Mayer et al. 2007). Insgesamt sind nur wenige empirische Überprüfungen des RC-Paradigmas für diese Bildungsetappe verfügbar.

Es wurde die Erklärungskraft der TPB für die Studienintentionen von Schülern eines Abschlussjahrgangs beruflicher und allgemeinbildender Gymnasien in Baden-Württemberg untersucht (Watermann/Maaz 2006). Die Einstellung zum Studium wurde mithilfe von 20 Wert- und Erwartungsitems erfasst, die subjektive Norm bezieht sich auf die Erwartungen der Freunde, Eltern, Lehrer sowie anderer wichtiger Bezugspersonen. Die Verhaltenskontrolle wird durch die eingeschätzte Überforderung durch ein Studium gemessen. Alle drei Theoriekomponenten haben signifikante Effekte auf die Studienintentionen von Schülern beider Gymnasialformen. Der anfänglich in allgemeinbildenden Gymnasien bestehende Effekt der elterlichen Bildung wird vollständig erklärt, wohingegen der direkte Einfluss des beruflichen Herkunftsstatus bestehen bleibt.

Die Erklärungskraft der RCT wurde mit der gleichen Datengrundlage geprüft (Maaz 2006). In dieser Studie wirkt sich die Höhe und die Wahrscheinlichkeit des Eintritts eines Statusverlustes, die Erwartung eines erfolgreichen Studienabschlusses sowie die Kosten eines Studiums auf die Intention eines Hochschulzugangs aus (Maaz 2006: 118 f.). Dieses Resultat wird bei statistischer Kontrolle der Schulzensuren beobachtet.

In einer Studie aus den Niederlanden wurde der Effekt der Erwartungen eines erfolgreichen Abschlusses unterschiedlicher post-sekundärer Ausbildungsoptionen auf die Entscheidung zugunsten einer dieser Optionen untersucht (Tolsma et al. 2010). Die Optionen umfassen berufsbezogene oder universitäre Ausbildungen entweder im naturwissenschaftlich-technischen Bereich oder mit anderen Ausbildungsinhalten. Die Erfolgswahrscheinlichkeiten erweisen sich in starkem Maße nach der sozialen Herkunft der Schüler differenziert: Lernende aus Familien mit mehr Einkommen und höherem Bildungsstatus gehen von besseren Erfolgsaussichten bei allen Ausbildungsformen aus und wählen eher ein Universitätsstudium außerhalb des technisch-mathematischen Bereiches. Die Erwartung eines erfolgreichen Abschlusses der Bildungsgänge hat einen substanziellen Einfluss auf das Entscheidungsverhalten, der auch bei statistischer Kontrolle der akademischen Fähigkeiten bestehen bleibt. Obwohl die sekundären Effekte durch den Einbezug der Ausbildungskosten und der Erfolgserwartung deutlich reduziert werden, bleibt hier ebenfalls ein Teil der direkten Herkunftseffekte unerklärt.

Das deutsche Hochschulsystem bietet an den Fachhochschulen im Vergleich zu einem klassischen Universitätsstudium akademisch weniger anspruchsvolle sowie, vor der Umstellung auf die gestuften Studiengänge, kürzere und damit weniger kostspielige tertiäre Bildungsgänge an. Es konnte mit Daten sächsischer Abiturienten gezeigt werden, dass der Übergang auf eine Universität im Vergleich zur Aufnahme eines Fachhochschulstudiums stärker sozial selektiv ist (Becker/Hecken 2008, 2009b; für einen Einbezug unentschiedener Absolventen vgl. Becker/Hecken 2009a). Die Kosten und die Aussichten auf einen erfolgreichen Studienabschluss haben sich als zentrale Determinanten der Entscheidung über einen Studieneintritt erwiesen. Auch Arbeitsmarktrenditen und das Statuserhaltsmotiv erwiesen sich als bedeutsame Prädiktoren der Bildungsentscheidung. Auch in diesen Analysen lassen sich aber, trotz umfänglicher Kontrolle primärer Effekte der sozialen Herkunft, die Vorteile privilegierter Klassenherkunft nicht vollständig erklären.

3   Diskussion und Fazit

Der vorliegende Forschungsüberblick zeigt, dass für die Gültigkeit des RC-Paradigmas ein großes Ausmaß an bestätigender empirischer Evidenz vorliegt. Es muss allerdings auch konstatiert werden, dass in keiner der vorliegenden Untersuchungen eine vollständige Erklärung der beobachteten Herkunftsdisparitäten im Bildungserwerb gelungen ist. Auch wenn die theoretisch vorhergesagten Determinanten vollständig und adäquat operationalisiert werden, lassen sich weiterhin direkte Effekte der sozialen Herkunft auf die Bildungsentscheidungen feststellen. Demnach liegt die Vermutung nahe, dass die Theorie wichtige und nach der sozialen Herkunft differenzierte Determinanten der Bildungsentscheidungen vernachlässigt. Dabei handelt es sich potentiell um Unterschiede in der Ausstattung der Familien mit verschiedenen Formen von Sozialkapital (Bourdieu 1977; Coleman 1988). Dieses Konzept schließt sowohl innerfamiliäres Sozialkapital in der Form von aktiver Unterstützung der Lernenden als auch Netzwerke und effektive Normen im Kontext von Bildungsinstitutionen ein. Entsprechend konnte für die USA festgestellt werden, dass der Grad der intergenerationalen Schließung im Kontext von Bildungsinstitutionen einen bedeutsamen Einfluss auf den Bildungserfolg ausübt (Morgan/Todd 2009). Bildungsentscheidungen beziehen sich auf Investitionen deren Vorteile in der Zukunft realisiert werden, deren Kosten aber aktuell getragen werden müssen. Im RC-Paradigma wird angenommen, dass die Akteure über einen unbegrenzten Zeithorizont verfügen oder zumindest zukünftigen Nutzen mit einer gleichen Diskontierungsrate entwerten. Forschungsergebnisse haben gezeigt, dass sich ein längerer Zeithorizont positiv auf den akademischen Erfolg auswirkt (Kauffman/Husman 2004), dieser über die Generationen hinweg weitergegeben wird (Bartling et al. 2009) und Personen mit niedrigerem sozialen Status zukünftige Vorteile stärker diskontieren (Lawrance 1991). Die empirischen Anwendungen der TPB bieten weiterhin Anhaltspunkte dafür, dass zusätzlich zu den Bewertungen und Erwartungen von Konsequenzen auch die über die subjektive Norm vermittelten Ansprüche der Bezugsumgebung von Bedeutung sind (Davis et al. 2002, 2003; Schuchart 2009; Watermann/Maaz 2006).

Das Modell der Frameselektion (Esser 2001; Kroneberg 2007) bietet eine systematische Möglichkeit zur Integration von Bezugsgruppeneffekten in das RC-Paradigma. Die Theorie geht davon aus, dass eine homogen positive Haltung der Bezugsgruppe zu Bildung dazu führt, dass der Effekt von instrumentell motivierten Zweifeln an einer anspruchsvollen Bildungskarriere, etwa aufgrund geringer Bildungsrenditen oder hohen Kosten, bei Bildungsentscheidungen nicht relevant werden. Auch der inneren Realität von Akteuren in der Form von kognitiv stark verankerten Bildungsansprüchen, wird eine solche rahmende Wirkung zugeschrieben. Entsprechend konnte gezeigt werden, dass Eltern bei der Selektion zwischen Sekundarschulformen dann die selbsteingeschätzten Erfolgsaussichten ihrer Kinder auf anspruchsvolle Bildungszertifikate ignorieren, wenn sie über sehr hohe Bildungsaspirationen verfügen (Kroneberg et al. 2006). Eine weitere Schwäche – zumindest der soziologischen RCT – kann darin gesehen werden, dass die auf der differenziellen Entwicklung kognitiver Fähigkeiten beruhenden primären Effekte der sozialen Herkunft nicht angegangen wird. Dies ist umso überraschender, da mit der Werterwartungstheorie der Leistungsmotivation eine in ihrer theoretischen Logik vollständig kompatible Theorie vorliegt, in der das Streben von Schülern nach Schulerfolg als das Ergebnis eines rationalen Selektionsprozesses erklärt wird (Eccles/Wigfield 2002). Hier wird angenommen, dass der Umfang und die Ausdauer, mit denen Kinder Anstrengungen in Richtung auf gute Schulleistungen unternehmen, durch den subjektiven Erwartungswert von Schulerfolg erklärt werden kann.

Literatur

Ajzen, Icek (1991): The Theory of Planned Behavior. In: Organizational Behavior and Human Decision Processes 50. S. 179–211.

Bartling, Björn/Fehr, Ernst/Fischer, Barbara/Kosse, Fabian/Maréchal, Michael/Pfeiffer, Friedhelm/Schunk, Daniel/Schupp, Jürgen/Spieß, C. Katharina/Wagner Gerd G. (2009): Zeitpräferenzen von Kindern im Vorschulalter: Eine experimentelle Untersuchung im Rahmen des Sozio-oekonomischen Panels (SOEP). DIW-Berlin: SOEPpapers.

Becker, Gary S. (1964): Human Capital. A Theoretical and Empirical Analysis with Special Reference to Education. New York: Columbia University Press.

Becker, Rolf (2003): Educational Expansion and Persistent Inequalities of Education. Utilizing Subjective Expected Utility Theory to Explain Increasing Participation Rates in Upper Secondary School in the Federal Republic of Germany. In: European Sociological Review 19. S. 1–24.

Becker, Rolf/Hecken, Anna E. (2008): Warum werden Arbeiterkinder vom Studium an Universitäten abgelenkt? Eine empirische Überprüfung der „Ablenkungshypothese" von Müller und Pollak (2007) und ihrer Erweiterung durch Hillmert und Jacob (2003). In: Kölner Zeitschrift für Soziologie und Sozialpsychologie 60. S. 3–29.

Becker, Rolf/Hecken, Anna E. (2009a): Higher Education or Vocational Training? An Empirical Test of the Rational Action Model of Educational Choices Suggested by Breen and Goldthorpe and Esser. In: Acta Sociologica 52. S. 25–45.

Becker, Rolf/Hecken, Anna E. (2009b): Why Are Working-Class Children Diverted from Universities? – An Empirical Assessment of the Diversion Thesis. In: European Sociological Review 25. S. 233–250.

Behringer, Friederike (1999): Beteiligung an beruflicher Weiterbildung. Humankapitaltheoretische und handlungstheoretische Erklärung und empirische Evidenz. Opladen: Leske und Budrich.

Boudon, Raymond (1974): Education, Opportunity, and Social Inequality. Changing Prospects in Western Society. New York: Wiley.

Bourdieu, Pierre (1977): Cultural Reproduction and Social Reproduction. In: Karabel, Jerome/Halsey, A. H. (Eds.): Power and Ideology in Education. New York: Oxford University Press. S. 487–511.

Breen, Richard/Goldthorpe, John H. (1997): Explaining Educational Differentials. Towards a Formal Rational Action Theory. In: Rationality and Society 9. S. 275–305.

Breen, Richard/Yaish, Meir (2006): Testing the Breen-Goldthorpe Model of Educational Decision Making. In: Morgan, Stephen L./Grusky, David B./Fields, Gary S. (Eds.): Mobility and Inequality. Frontiers of Research in Sociology and Economics. Stanford: Stanford University Press. S. 232–258.

Coleman, James S. (1988): Social Capital in the Creation of Human Capital. In: American Journal of Sociology 94. S. 95–120.

Davis, Larry E./Ajzen, Icek/Saunders, Jeanne/Williams, Trina (2002): The Decision of African American Students to Complete High School: An Application of the Theory of Planned Behavior. In: Journal of Educational Psychology 94. S. 810–819.

Davis, Larry E./Saunders, Jeanne/Johnson, Sharon/Miller-Cribbs, Julie/Williams, Trina/Wexler, Sandra (2003): Predicting Positive Academic Intention Among African American Males and Females. In: Journal of Applied Social Psychology 33. S. 2306–2326.

Davies, Richard/Heinesen, Eskil/Holm, Anders (2002): The Relative Risk Aversion Hypothesis of Educational Choice. In: Journal of Population Economics 15. S. 683–713.

Eccles, Jacquelynne S./Wigfield, Allan (2002): Motivational Beliefs, Values, and Goals. In: Annual Review of Psychology 53. S. 109–132.

Erikson, Robert/Jonsson, Jan O. (1996): Explaining Class Inequality in Education: The Swedish Case. In: Erikson, Robert/Jonsson, Jan O. (Eds.): Can Education Be Equalized? The Swedish Case in Comparative Perspective. Oxford: Westview Press. S. 1–63.

Erikson, Robert/Goldthorpe, John H./Jackson, Michelle/Yaish, Meir/Cox, D. R. (2005): On Class Differentials in Educational Attainment. In: Proceedings of the National Academy of Sciences 102. S. 9730–9733.

Esser, Hartmut (1999): Soziologie. Spezielle Grundlagen. Band 1: Situationslogik und Handeln. Frankfurt a. M.: Campus.

Esser, Hartmut (2001): Soziologie. Spezielle Grundlagen. Band 6: Sinn und Kultur. Frankfurt a. M.: Campus.

Faust, Gabriele/Kluczniok, Katharina/Pohlmann, Sana (2007): Eltern vor der Entscheidung über vorzeitige Einschulung. In: Zeitschrift Für Pädagogik 53. S. 462–476.

De Graaf, Paul M. (1986): The Impact of Financial and Cultural Resources on Educational Attainment in the Netherlands. In: Sociology of Education 59. S. 237–246.

Jæger, Meier Mads (2007): Economic and Social Returns to Educational Choices: Extending the Utility Function. In: Rationality and Society 19. S. 451–483.

Kahneman, Daniel/Tversky, Amos (1979): Prospect Theory: An Analysis of Decision under Risk. In: Econometrica 47. S. 263–291.

Kauffman, Douglas F./Husman, Jenefer (2004): Effects of Time Perspective on Student Motivation: Introduction to a Special Issue. In: Educational Psychology Review 16. S. 1–7.

Kroneberg, Clemens (2007): Wertrationalität und das Modell der Frame-Selektion. In: Kölner Zeitschrift für Soziologie und Sozialpsychologie 59. S. 215–239.

Kroneberg, Clemens/Stocké, Volker/Yaish, Meir (2006): Norms or Rationality? The Rescue of Jews, Electoral Participation, and Educational Decisions. Working-Paper No. 06-09: Sonderforschungsbereich 504, Universität Mannheim.

Lawrance, Emily C. (1991): Poverty and the Rate of Time Preference: Evidence from Panel Data. In: The Journal of Political Economy 99. S. 54–77.

Maaz, Kai (2006): Soziale Herkunft und Hochschulzugang. Effekte institutioneller Öffnung im Bildungssystem. Wiesbaden: VS Verlag für Sozialwissenschaften.

Mayer, Karl Ulrich/Müller, Walter/Pollak, Reinhard (2007): Germany: Institutional Change and Inequalities of Access in Higher Education. In: Shavit, Yossi/Arum, Richard/Gamoran, Adam/Menahem, Gila (Eds.): Stratification in Higher Education. A Comparative Study. Stanford: Stanford University Press. S. 240–266.

Morgan, Stephen L./Todd, Jennifer L. (2009): Intergenerational Closure and Academic Achievement in High School: A New Evaluation of Coleman's Conjecture. In: Sociology of Education 92. S. 267–286.

Müller-Benedict, Volker (2007): Wodurch kann die soziale Ungleichheit des Schulerfolgs am stärksten verringert werden? In: Kölner Zeitschrift für Soziologie und Sozialpsychologie 59. S. 615–639.

Need, Ariana/de Jong, Uulkje (2001): Educational Differentials in the Netherlands. In: Rationality & Society 13. S. 71–98.

Neugebauer, Martin (2010): Bildungsungleichheit und Grundschulempfehlung beim Übergang auf das Gymnasium: Eine Dekomposition primärer und sekundärer Herkunftseffekte. In: Zeitschrift für Soziologie 39. S. 202–214.

Neugebauer, Martin/Reimer, David/Schindler, Steffen/Stocké, Volker (im Druck): Relative Strength of Primary and Secondary Effects at the Transitions to Secondary School and Tertiary Education in Germany. In: Jackson, Michelle (Ed.): Determined to Fail? Performance, Choice and Education. Stanford: Stanford University Press.

Relikowski, Ilona/Schneider, Thorsten/Blossfeld, Hans-Peter (2009): Primary and Secondary Effects of Social Origin in Migrant and Native Families at the Transition to the Tracks German School System. In: Cherkaoui/Hamilton (Eds.): Raymond Boudon a life in Sociology. Essay in Honour of Raymond Boudon. Volume Three. Oxford, UK: Bardwell Press. S. 149–170.

Schauenberg, Magdalena (2007): Übertrittsentscheidungen nach der Grundschule. Empirische Analysen zu familialen Lebensbedingungen und Rational-Choice. München: Herbert Utz Verlag.

Schindler, Steffen/Reimer, David (2010): Primäre und sekundäre Effekte der sozialen Herkunft beim Übergang in die Hochschulbildung. In: Kölner Zeitschrift für Soziologie und Sozialpsychologie 62. S. 623–653.

Schömann, Klaus/Becker, Rolf (1995): Participation in Further Education over the Life Course: A Longitudinal Study of Three Birth Cohorts in the Federal Republic of Germany. European Sociological Review 11. S. 187–208.

Schneider, Thorsten (2005): Nachhilfe als Strategie zur Verwirklichung von Bildungszielen. Eine empirische Untersuchung mit Daten des Sozio-Ökonomischen Panels (SOEP). In: Zeitschrift für Pädagogik 51. S. 363–379.

Schuchart, Claudia (2009): Warum interessieren sich Hauptschülerinnen und Hauptschüler für einen Realschulabschluss? Eine Analyse individueller Überzeugungen unter besonderer Beachtung geschlechtsspezifischer Differenzen. In: Zeitschrift für Erziehungswissenschaft 12. S. 373–395.

Sewell, William H./Haller, Archibald O./Portes, Alejandro (1969): The Educational and Early Occupational Attainment Process. In: American Sociological Review 34. S. 89–92.

Stocké, Volker (2007a): Explaining Educational Decision and Effects of Families' Social Class Position: An Empirical Test of the Breen-Goldthorpe Model of Educational Attainment. In: European Sociological Review 23. S. 505–519.

Stocké, Volker (2007b): The Motive for Status Maintenance and Inequality in Educational Decisions. Which of the Parents Defines the References Point? Working Paper No. 07-20: Sonderforschungsbereich 504: Universität Mannheim.

Stocké, Volker (2007c): Strength, Sources, and Temporal Development of Primary Effects of Families' Social Status on Secondary School Choice. Working-Paper No. 07-70: Sonderforschungsbereich 504. Universität Mannheim.

Stocké, Volker (2008): Educational Decisions as Rational Choice? Testing the Erikson-Jonsson Model. Sonderforschungsbereich 504. Universität Mannheim.

Stocké, Volker (2010): Der Beitrag der Theorie rationaler Entscheidung zur Erklärung von Bildungsungleichheit. In: Quenzel, Gudrun/Hurrelmann, Klaus (Hrsg): Bildungsverlierer. Neue Ungleichheiten. Wiesbaden: VS Verlag für Sozialwissenschaften. S. 73–94.

Sullivan, Alice (2006): Students as Rational Decision-Makers: the Question of Beliefs and Attitudes. In: London Review of Education 4. S. 271–290.

Tieben, Nicole (2009): Parental Resources and Relative Risk Aversion in Intra-Secondary Transitions: A Trend Analysis of Non-Standard Educational Decision Situations in the Netherlands. In: European Sociological Review 23. S. 1–12.

Tolsma, Jochem/Need, Ariana/de Jong, Uulkje (2010): Explaining Participation Differentials in Dutch Higher Education: The Impact of Subjective Success Probabilities on Level Choice and Field Choice. In: European Sociological Review 26. S. 235–252.

van de Werfhorst, Hermann G./Hofstede, Saskia (2007): Cultural Capital or Relative Risk Aversion? Two Mechanisms for Educational Inequality Compared. In: The British Journal of Sociology 58. S. 391–415.

Watermann, Rainer/Maaz, Kai (2006): Effekte der Öffnung von Wegen zur Hochschulreife auf die Studienintention am Ende der gymnasialen Oberstufe. In: Zeitschrift für Erziehungswissenschaft 9. S. 219–239.

Wilson, Kathryn (2001): The Determinants of Educational Attainment: Modeling and Estimating the Human Capital Model and Education Production Functions. In: Southern Economic Journal 67. S. 518–551.

Der praxistheoretische Ansatz Bourdieus zur Soziologie der Bildung und Erziehung

Frank Hillebrandt

Pierre Bourdieus explizit formulierte Bildungssoziologie aus der Frühphase seines Werkes gilt inzwischen als ein Kernstück seines komplexen Theorieansatzes. Es gibt kaum noch eine Einführung in die Soziologie Bourdieus, die nicht auf die Bedeutung seiner Bildungssoziologie für die werkinterne Entwicklung so zentraler Begriffe wie Habitus, Feld und Kapital eingeht. Die These ist hier, dass die berühmte Studie Bourdieus zu den „feinen Unterschieden" (Bourdieu 1982) ohne seine Bildungssoziologie nicht entstanden wäre (vgl. etwa Heim et al. 2009: 256; Bauer 2002: 416 f.). Gleichsam ist kaum eine andere soziologische Theorie in den letzten zehn Jahren so vielfältig für die Erziehungs- und Bildungssoziologie adaptiert worden wie die Pierre Bourdieus. Offenbar erkennt man heute auch in Deutschland, dass Bourdieus Praxistheorie der Bildungssoziologie entscheidende Impulse geben kann.[1]

Diese Einsicht setzt sich in Frankreich unter anderem deshalb schon deutlich früher durch, weil die bildungssoziologische Studie, die in Deutschland zu Beginn der 1970er Jahre unter dem Titel *Die Illusion der Chancengleichheit* (Bourdieu/Passeron 1971) bekannt wird und die Bourdieu zusammen mit Jean-Claude Passeron bereits in den 1960er Jahren in Frankreich erstellt (vgl. auch Bourdieu/Passeron 2007), bei ihrer dortigen Erstveröffentlichung eine große Skandalwirkung auf das Bildungssystem Frankreichs ausübt und Bourdieu dadurch in der französischen Fachöffentlichkeit bekannt macht (vgl. Baudelot 2005: 167). Bourdieu und Passeron zeigen hier, dass die Bildungseinrichtungen nicht etwa zur Nivellierung sozialer Ungleichheit beitragen. Sie reproduzieren diese nicht nur, sondern verstärken und verfestigen sie gar. Ausgehend von diesem Befund, der zentrale Grundannahmen bürgerlicher Bildungs- und Erziehungstheorien in Frage stellt und deshalb der damaligen Erziehungswissenschaft als Provokation erscheint, lässt sich eine komplexe Soziologie der Erziehungs- und Bildung*praxis* in Bourdieus Gesamtwerk ausfindig machen. Sie ist auf diverse Schriften Bourdieus aus allen Werkphasen

---

1 Ullrich Bauer (vgl. 2002: 416) muss noch 2002 konstatieren, dass Bourdieu in der Bildungssoziologie eher eine Randerscheinung ist. Heute ist diese Aussage kaum noch vorstellbar, weil fast alle aktuelleren bildungssoziologischen Studien und Veröffentlichungen auf Bourdieu Bezug nehmen. Siehe nur exemplarisch die Sammelbände Berger/Kahlert (2008), Becker/Lauterbach (2007), Georg (2006) und Engler/Krais (2004) sowie als beispielhafte Monographie Bremer (2007). Ganz allgemein rückt Bourdieus Praxistheorie in den letzten Jahren immer mehr ins Zentrum auch der soziologischen Forschung in Deutschland. Siehe hierzu Hillebrandt (2008).

verteilt, obwohl sie sich allerdings in einigen zentralen Werken verdichtet. Neben dem bereits angesprochenen frühen Untersuchungen zur Chancengleichheit (vgl. Bourdieu/ Passeron 1971; 2007 sowie Bourdieu et al. 1981) müssen hier vor allem die wissenssoziologische Studie *Homo academicus* (Bourdieu 1988), die die Herrschaftsverhältnisse und -praktiken im akademischen Feld Frankreichs untersucht, und die Aufsatzsammlung mit dem Titel *Wie die Kultur zum Bauern kommt* (Bourdieu 2001b), die aus unterschiedlichen Werkphasen stammende Schriften und Interviewäußerungen Bourdieus zur Bildungssoziologie zusammenträgt, genannt werden. Darüber hinaus ist das umfangreiche Werk zum *Staatsadel* (Bourdieu 2004), in dem Bourdieu die Praxis in den französischen Eliteschulen untersucht, eine wichtige Grundlage einer Bildungssoziologie, die sich um eine Erforschung der Entstehung und Reproduktion von Eliten bemüht (vgl. etwa Hartmann 2005). Zudem werden in bildungssoziologischen Studien immer wieder Werke Bourdieus herangezogen, die sich nicht explizit mit einer Soziologie der Bildung befassen. So gilt etwa die allgemeine Abhandlung zu den Kapitalsorten, die Bourdieu in den 1980er Jahren veröffentlicht (vgl. Bourdieu 1992 und in diesem Band), als ein grundlegender Text der neueren Bildungssoziologie. Eine ähnlich wichtige Bedeutung hat diesbezüglich die allgemeine Theorie des Habitus, wie sie von Bourdieu in unterschiedlichen Büchern entwickelt wird (vgl. etwa Bourdieu 1976: 139 ff.; 1982: 277 ff.; 1987: 97 ff.; 2001a: 165 ff.). Insofern ist Bourdieus Werk nicht nur eine explizite, sondern auch eine implizite Quelle der neueren Bildungssoziologie.

Ein erstes Verständnis der Bildungssoziologie Bourdieus lässt sich meines Erachtens dadurch gewinnen, seine frühe, zunächst vor allem institutionentheoretisch angelegte Bildungssoziologie in ihren Grundannahmen zu verdeutlichen (1), um im Anschluss daran die stärker praxistheoretischen Weiterentwicklungen dieses Ansatzes anhand der Bourdieu'schen Kapital- und Habitustheorie zu vertiefen (2 und 3). Zum Abschluss gehe ich auf die über Bourdieu hinausweisenden Perspektiven einer praxistheoretischen Soziologie der Bildung und Erziehung ein (4).

1   Bildungsungleichheit und die Illusion der Chancengleichheit

„Die ökonomische und soziale Welt [...] nimmt niemals, es sei denn in der Einbildung, bei außer Kraft gesetztem Realitätssinn, die Gestalt eines Universums von Möglichkeiten an, die jedem beliebigen Subjekt gleichermaßen offenstehen." (Bourdieu 1981: 180) Diese Aussage ist die Grundannahme aller Bildungssoziologie Bourdieus. Sie verweist darauf, dass es in der sozialen Welt keine Chancengleichheit geben kann, die aber im Bildungssystem regelmäßig als Illusio vorausgesetzt wird. Weil Bourdieu die Spannungen, die dieser Umstand zwangsläufig mit sich bringt, in den Mittelpunkt seiner Forschungen zur Erziehungs- und Bildungspraxis stellt, wird er in der Bildungssoziologie zu Recht vor allem als Theoretiker sozialer Ungleichheit wahrgenommen. Bourdieu legt seine Bildungssoziologie genau in diesem Sinne an: So fragt er sich beispielsweise in seiner 1989 erschienen, materialreich recherchierten Studie zu den französischen Eliten, wie es durch das französische Bildungssystem zu einer Reproduktion der herrschenden Klasse in einem geschlossenen Zirkel der Macht kommt und welche Mechanismen in diesem Sinne wirksam werden (vgl. Bourdieu 2004). Und bereits in den 1960er Jahren hatten Bourdieu und Jean-Claude Passeron (1971, 2007) die bildungssoziologisch hoch relevante These empirisch belegt, dass das Feld der organisierten, institutionalisierten Erziehung, also das Bildungssystem, soziale Ungleichheiten verstärkt und damit erst nachhaltig erzeugt. Bourdieus Bildungssoziologie zeigt zuallererst, wie das Bildungs-system Chancen blockiert, wie es also daran mitwirkt, soziale Ungleichheit zu verfesti-gen. Während es in der Studie über die „Erben" (Bourdieu und Passeron 1971, 2007) vor allem darum geht zu zeigen, wie das Bildungssystem bereits vorhandene Chancenun-gleichheiten perpetuiert und dadurch nicht nur verfestigt, sondern sogar verstärkt, geht es in der Studie *Titel und Stelle* vor allem darum, wie das Bildungssystem durch die Ver-gabe von Titeln und Bildungsabschlüssen soziale Berufschancen erzeugt oder gleich-zeitig eben auch zerstört. Insofern ergänzen sich diese beiden Studien. Beide Bücher bestätigen letztlich die These, dass die Bildungssoziologie Bourdieus in erster Linie als eine (politische) Soziologie der Macht- und Herrschaftsstrukturen formuliert ist.

Genau diese Forschungsperspektive wird von der deutschen Bildungssoziologie re-lativ spät und dann jedoch sehr instruktiv aufgegriffen und auf das deutsche Bildungs-system angewendet (vgl. exemplarisch Berger/Kahlert 2008; Georg 2006). In diesen Forschungsarbeiten wird herausgefunden, dass gerade das deutsche Bildungssystem ungleiche Lebenschancen nicht nivelliert, sondern vielmehr erst erzeugt und perpetu-iert, und sie bestätigen dadurch eine zentrale Aussage, die Bourdieu und Passeron be-reits in den 1960er Jahren für das Bildungswesen in Frankreich sehr klar formulieren:

> „Das Bildungswesen hat die geheime Funktion, die Gesellschaftsordnung zugleich zu perpetuieren und zu legitimieren, es perpetuiert sie umso wirksamer gerade dadurch, dass seine konservative Funktion unter einem ideologischen Selbstverständnis verbor-gen ist." (Bourdieu/Passeron 1971: 16)[2]

Mit derartigen Thesen, die empirisch belegt werden, provozieren Bourdieu und Passe-ron sowie die ihnen folgenden Bildungssoziologinnen die Akteure im Bildungswesen. Sie leiten damit eine neue Phase der Bildungssoziologie ein, die sich nicht mehr so sehr von den idealistischen Selbstbeschreibungen der Bildungseinrichtungen leiten lässt, sondern die sozialen Folgen der Bildungspraxis in Schulen und Universitäten sozio-logisch untersucht. Dies steht, am Rande bemerkt, in der Tradition Émile Durkheims, der bereits in der Frühphase der Bildungssoziologie feststellt, dass die Schule als so-

---

2 Letztlich wird diese alte These auch heute noch durch Ergebnisse der großen Vergleichsstudien (z. B. PISA) bestätigt. Zur kritischen Interpretation der Daten der PISA-Studien bezüglich der Bildungsun-gleichheit siehe exemplarisch Jungbauer-Gans (2006) und Hinz/Groß (2006).

ziale Tatsache anzusehen ist, die in ihrer sozialen Ausprägung nur als Realität sui generis verstanden werden kann und folglich eine Macht auf die zu ihr assoziierten Akteure
(Schüler, Lehrer) ausübt (vgl. etwa Durkheim 1984: 187 ff.; 229 ff.).

In den gegenwärtigen Schulen herrscht nach Bourdieu die Praxis, „den Kindern
eine schulische ‚Wahrheit' ohne Bezug zu ihrem ökonomischen und sozialen Schicksal
beizubringen" (Bourdieu 2001b: 14). Gerade durch diese Praxis bringt die Schule Klassenunterschiede erst hervor. Demnach ist Bildung als Erwerb kulturellen Kapitals, das
zum sozialen Vorteil eingesetzt werden kann, ein Privileg der herrschenden Klasse, was
heute kaum noch bestritten wird.[3] Bourdieu und Passeron (vgl. 1971: 31 f.) machen dafür
wichtige Gründe geltend (vgl. auch Heim et al. 2009: 256), die sich alle darauf beziehen,
dass die Institutionen des Bildungssystems die bereits vorhandene Ungleichheitsstruktur in der Gesellschaft in ihren Angeboten an Schülerinnen und Studentinnen nicht berücksichtigen und genau dadurch symbolische Gewalt entfalten, die Schülerinnen und
Schüler aus unterprivilegierten Klassen davon abhält, Leistungen zu erbringen, die von
der Schule als gut bewertet werden. So ist bereits der Zugang zu höheren Schulen und
Universitäten abhängig von der Klassenzugehörigkeit. Denn das Herkunftsmilieu wirkt
entscheidend auf die Praktiken der Schülerinnen bzw. Studierenden, die nun nicht fol-
genlos bleiben für die Schul- und Bildungskarriere, weil sie im Bildungssystem implizit
und explizit bewertet werden. So ist beispielsweise der Umgang mit Büchern, der in der
Schule hoch bewertet wird, in der Regel keine selbstverständliche Praxis von Kindern
aus unterprivilegierten Klassen. Ein Zugang zur Schriftsprache dauert deshalb häufig
länger als bei Kindern aus bildungsnahen Herkunftsklassen. Dadurch, dass die Schule
diese feinen Unterschiede nicht berücksichtigt, wirkt sich die Herkunft entscheidend
auf den Schulerfolg aus. Während des Schul- bzw. Universitätsbesuchs kommt es durch
Prüfungen und andere Praxisformen zu einer kontinuierlichen klassenspezifischen Selektion. Die schulischen bzw. studentischen Leistungen werden im Bildungswesen nicht
auf soziale Herkunft, sondern auf individuelle Begabung zurückgeführt, was die Unterschiede zwischen den Herkunftsklassen in der Schule und den anderen Bildungseinrichtungen noch deutlicher zementiert. Diese Formen der symbolischen Gewalt im
Bildungswesen, die als verborgene Mechanismen der Macht von der Soziologie aufgedeckt werden müssen, haben damit zu tun, dass dem Bildungssystem eine große Nähe
zur Kultur der herrschenden Klasse oder zumindest der der mittleren Klasse des Bil-
dungsbürgertums diagnostiziert werden muss. Die meisten Lehrer und Lehrerinnen
kommen aus der mittleren Klasse des Bürgertums und fühlen sich den dort vorherrschenden Werten sehr stark verpflichtet.

---

3   In einem von Rolf Becker und Wolfgang Lauterbach (vgl. 2007) herausgegebenen Buch über „Erklä-
     rungen und Befunde zu den Ursachen der Bildungsungleichheit" (ebd.) wird der Obertitel *Bildung als
     Privileg* in der zweiten, 2007 erschienen Auflage nicht mehr wie noch in der ersten Auflage von 2004
     als Frage formuliert, indem das Fragezeichen weggelassen wird.

Diese frühen, vorrangig feld- und institutionentheoretischen Antworten Bourdieus auf die Frage, wie die Reproduktion der Ungleichheitsstrukturen durch das Bildungssystem praktisch erfolgt, bleiben jedoch in eigentümlicher Weise unbefriedigend. Mit Formulierungen wie, „das Klassenethos [ist] die Neigung zum Wahrscheinlichen" (Bourdieu 1981: 181), klärt Bourdieu den Sachverhalt nicht genau genug auf. In der Perspektive der frühen Bildungssoziologie Bourdieus wird, so Herbert Kalthoff (2006: 108), „ein externes Merkmal – die Zugehörigkeit zu einer sozialen Klasse oder Schicht – zur Erklärung anderer sozialer Praktiken herangezogen: Etwas wird durch etwas anderes erklärt. Das Handeln der Akteure ist damit ein Handeln in den durch Herkunft festgesetzten Grenzen, deren Auswirkung der Soziologe beobachtet."

So verwundert es nicht, dass in der deutschen Rezeption schon relativ früh, etwa von Beate Krais (vgl. 1994: 569 ff.), die Frage aufgeworfen wird, wie denn eigentlich die Privilegierung der Privilegierten und die Unterprivilegierung der Unterprivilegierten durch das Bildungssystem praktisch geschieht. Bourdieus frühe Antworten auf diese Frage beziehen sich auf übersituative Parameter wie die bereits vorhandenen Klassenstrukturen, um die „klassenspezifischen Wahrscheinlichkeiten des Bildungserfolgs" (Bauer 2002: 418) nachzuzeichnen. Zudem untersucht er „die Funktion der Bildungseinrichtungen institutionen- und feldtheoretisch" (ebd.). Erst in seiner gereiften Theorie entstehen die Mittel, die Antworten auf die Frage nach den Gründen für die Bildungsungleichheit zu verfeinern. Diese Mittel werden vor allem durch Bourdieus Kapital- und Habitustheorie bereitgestellt. Diese beiden Theoreme ermöglichen es, die „spezifischen Strategien der Bewältigung schulischer Bildungsanforderungen" (ebd.) praxistheoretisch zu untersuchen. Deshalb wende ich mich im Folgenden zunächst der Kapitaltheorie Bourdieus zu, um darauf aufbauend das Habituskonzept in seiner Bedeutung für die Bildungssoziologie zu diskutieren.

2 Kapitaltheorie

Die unterschiedliche Ausstattung mit kulturellem, sozialem und ökonomischem Kapital der Kinder beim Schuleintritt ist ein wichtiger Ansatzpunkt zur weiteren Ausformulierung der Bourdieuschen Bildungssoziologie. Die genannten Kapitalsorten werden durch symbolische Zusatzdeutungen in ein hierarchisches Bewertungssystem gebracht, wobei der durch kulturelle Formen und Symbole erzeugte Glaube an die Chancengleichheit im Bildungssystem, der in den westlichen Ländern gesellschaftlich weit verbreitet ist, seinen Teil dazu beiträgt, die Ungleichheitsstrukturen zu verfestigen (vgl. Solga 2008). Zur Mitwirkung am Kampf um die Positionen innerhalb der den sozialen Raum differenzierenden Felder wie etwa dem Bildungswesen benötigen die sozialen Akteure die Verfügbarkeit über spezifische Formen von Kapital (vgl. Bourdieu 1992). Denn das Volumen des Kapitals bestimmt die Position, die soziale Akteure in einem Feld einnehmen. Als Kapital fungieren alle Teilungsprinzipien der sozialen Welt, die

Austauschverhältnisse regulieren und als Machtressourcen wirksam sind. Kapital strukturiert den sozialen Raum, indem der Besitz von gesellschaftlich anerkannten Ressourcen über die Verfügung von Lebenschancen entscheidet. Eines der wichtigsten Konzepte der Bourdieu'schen Praxistheorie, an das in der soziologischen Theoriebildung über das Bildungswesen immer wieder angeschlossen wird, ist seine Differenzierung des von Marx abgeleiteten Kapitalbegriffs in differenzierte Kapitalsorten, deren unterschiedliche Zusammensetzung ungleiche Zugänge zu Feldern eröffnet. Bourdieu unterscheidet in einem ersten Schritt ökonomisches, kulturelles und soziales Kapital.[4]

Ökonomisches Kapital tritt in institutionalisierter Form als Währung, Preise und Eigentumsrechte auf, in objektivierter Form als Geld, Eigentum und Vermögen, und in inkorporierter Form als Rationalitätsdisposition. Kulturelles Kapital ist für die Bildungssoziologie von zentraler Bedeutung, weil es durch Bildungszertifikate, Titel und Zeugnisse institutionalisiert wird. Es objektiviert sich in kulturellen Gütern und Artefakten und wird als Geschmack und kulturelles „Vermögen" inkorporiert (vgl. Bourdieu 2001b: 112 ff.). Durch diese Definition rückt vor allem der Begriff des inkorporierten kulturellen Kapitals sehr nah an den Begriff des Habitus heran, wie im nächsten Abschnitt deutlich werden wird. Soziales Kapital umschreibt die Zugehörigkeit zu einer Gruppe und ist institutionalisierbar in Mitgliedschaften und Netzwerken, objektivierbar durch Adels- und Ehrentitel und wird als Akzeptanz und Ansehen in der Gemeinschaft sowie durch ein Wissen um die eigene Wertschätzung und Reputation inkorporiert. Alle Kapitalien existieren demnach als objektive und inkorporierte Strukturen (Habitus). In jeder ihrer Erscheinungsform sichern Kapitalien die Verfügungsmacht ihrer Inhaber, weswegen die Praxis in Feldern der Akkumulation von Kapitalien bzw. der Ökonomie praktischer Dispositionen dient. Dies gelingt durch kontinuierliche Investitionen aller Kapitalsorten, die konvertierbar sind, auch wenn in den verschiedenen sozialen Feldern unterschiedliche Kapitalsorten als Machtressourcen gelten. Eine zusätzliche, alle Hauptkapitalien überlagernde Kapitalsorte bildet das symbolische Kapital, das von Bourdieu im zweiten Schritt seiner Kapitaltheorie als kulturell vermittelte Wahrnehmung und symbolische Anerkennung der anderen drei Kapitalsorten definiert wird. Das symbolische Kapital verleiht den anderen drei Kapitalsorten gesellschaftliche Legitimität und damit Macht. Es ist als Prestige institutionalisiert und wird als Sinn für Distinktion und Unterscheidung inkorporiert. Es ist nicht objektivierbar, da es vor allem in Form von Kodifizierungen des „Unsichtbaren" und als soziale (implizite) Definitionsmacht wirkt.

---

4   Durch die Erweiterung der Definition sozialer Lebenslagen durch die Berücksichtigung des sozialen und kulturellen Kapitals entfernt sich Bourdieus Kultursoziologie von einer marxistischen Klassentheorie, die das ökonomische Kapital als einzig signifikante Quelle der Lebenslage bestimmt. Das kulturelle und soziale Kapital werden von Bourdieu als konstitutive Bestandteile der Lebenslage gefasst, um der strukturellen Vielfalt der Quellen sozialer Ungleichheit theoretisch gerecht werden zu können.

Die Macht und die Fähigkeit zur herrschenden Bestimmung etwa über das Feld der Bildung entstehen durch die symbolische Verdoppelung der Sozialstruktur des Kräftefeldes. Symbolische Verdoppelung meint, dass die für eine bestimmte Position relevanten Kapitalien, die sich objektiv bestimmen lassen (kulturelles, soziales und ökonomisches Kapital), mit Hilfe soziokultureller Praktiken bewertet werden, so dass symbolisches Kapital – verstanden als symbolische Macht – entsteht. Dieses symbolische Kapital zeichnet sich durch allgemeine Akzeptanz aus. Herrschaft in einem Feld legitimiert sich demnach, indem die höheren Positionen symbolisch als legitim definiert werden, so dass sie mit Definitionsmacht ausgestattet werden. Im Feld der Macht, von Bourdieu auch als herrschende Klasse bezeichnet, ist folglich die Definitionsmacht, die bestimmt, welche Praktiken als wertvoll und welche als nicht wertvoll angesehen werden müssen, symbolisch legitimiert, so dass sie zumeist im gesamten sozialen Raum akzeptiert wird (vgl. Bourdieu 1985: 23 ff). Die symbolische Dimension der Praxis ist folglich der Schlüssel zur Analyse von Praxisformen. Dies ist der Grund, warum sich die soziologische Praxistheorie als Kultursoziologie versteht, die den praktischen Sinn, der mit jeder Praxis verbunden ist, mit den Mitteln der Kultursoziologie identifizieren will, um auf diese Weise eine Analyse der Praxis zu ermöglichen. Weil aber die Kapitaltheorie in erster Linie sozialtopologisch angelegt ist und die sozialen Felder deshalb vor allem als Kräftefelder modelliert, reicht sie noch nicht aus, um die Praxis in Feldern zu untersuchen. Erst der Begriff des Habitus ermöglicht es, Kräftefelder als Kampf- bzw. Praxisfelder zu fassen, was für die Untersuchung des Bildungswesens deshalb wichtig ist, weil dadurch die praktische, sich immer wieder aufs Neue ereignende Privilegierung der Privilegierten und die Unterprivilegierung der Unterprivilegierten verstehbar gemacht werden kann.

3 Habitus und Sozialisation

Der Terminus Habitus ist der zentrale Begriff einer praxistheoretischen Soziologie. Er bezeichnet die durch Erfahrungen erzeugten Denk-, Wahrnehmungs-, Bewertungs- und Handlungsdispositionen sozialer Akteure, durch die sie in Praxis verwickelt werden. Das theoretische Konzept des Habitus will zuerst sichtbar machen, dass sich die sozialen Akteure im Vollzug der Praxis nicht voraussetzungslos begegnen, sondern „ihre Geschichte und Gesellschaft im wahrsten Sinne des Wortes stets mit sich herumtragen" (Fröhlich 1994: 34). Mit dem Habitusbegriff wird diese inkorporierte Sozialität erfasst. Damit verfolgt die Praxistheorie das Ziel, das Akteurskonzept der Soziologie vom Intentionalismus zu befreien, indem Akteure als „sozialisierte Körper" (Bourdieu 2005: 18; 1997: 64; vgl. Bourdieu 1987: 135) gefasst werden, die Hervorbringungen der Praxis sind. Denn die im methodologischen Individualismus verfolgte These von der Autonomie des freien und einzigartigen Akteurs übersieht die der Praxis emergenten Objektivierungen und kann daher nicht hinreichend berücksichtigen, wie die Dispositionen sozialer Akteure, die sie in Praxis verwickeln, durch die Praxis selbst hervorgebracht und geformt werden. Wird der Habitus als inkorporierte Sozialität gefasst, können Intentionen des „Handelns" nicht ahistorisch festgelegt werden, sondern müssen stattdessen als Dispositionen verstanden werden, die sich im Vollzug der Praxis den Körpern der sozialen Akteure einschreiben. Die aktive Komponente der Praxis, also das Entstehen von Praktiken durch die Aktivitäten sozialer Akteure, ist demnach nicht auf ahistorische Intentionen zurückzuführen, sondern auf die komplexen Strukturen des Habitus als inkorporierte Sozialität:

> „Genau dies ist die Funktion des Begriffs Habitus: Er gibt dem Akteur eine generierende und einigende, konstruierende und einteilende Macht zurück und erinnert zugleich daran, dass diese sozial geschaffene Fähigkeit, die soziale Wirklichkeit zu schaffen, nicht die eines transzendentalen Subjekts ist, sondern die eines sozial geschaffenen Körpers, der sozial geschaffene und im Verlauf einer räumlich und zeitlich situierten Erfahrung erworbene Gestaltungsprinzipien in der Praxis umsetzt." (Bourdieu 2001a: 175)

Wichtig ist dabei, dass die Theorie des Habitus nicht nur die mentalen Verkörperungen der Sozialität abbilden, sondern auch die emotionalen, dem Bewusstsein der Akteure häufig verschlossenen Komplexe der inkorporierten Sozialität als konstitutiv für die Aktualisierung und Erzeugung von Praktiken begreifen will. Denn der Begriff des Habitus ist nicht auf das Bewusstsein oder die Vernunft bzw. Unvernunft der Akteure begrenzt. Der Habitus ist nicht als psychisches System gefasst, sondern als inkorporierte „zweite Natur" des sozialen Akteurs, die alle Aspekte und eben nicht nur das Bewusstsein der menschlichen Existenz bestimmt:

> „Vermag der Habitus als Operator zu funktionieren, der den Bezug zu den beiden Relationssystemen [zwischen Praxis und Struktur und zwischen Praxis und Habitus; F. H.] in der und durch die Hervorbringung der Praxis praktisch herstellt, so weil er zu Natur gewordene Geschichte ist, die als solche negiert, weil als zweite Natur realisiert wird: In der Tat gibt das ‚Unbewusste' niemals etwas anderes wieder als das Vergessen der Geschichte, das die Geschichte selbst vollzieht, indem sie die objektiven Strukturen, die sie erschafft, in jenen Quasi-Naturen, als welche die Habitusformen zu verstehen sind, verkörpert." (Bourdieu 1976: 171)

Mit dem Begriff Habitus wird „das systematische Funktionieren des sozialisierten Körpers" (Bourdieu 1997: 64) zum Ausdruck gebracht. Dazu gehört, dass Habitusstrukturen als inkorporierte Sozialität abhängig davon sind, wie lange ein bestimmtes Verhältnis zu einer bestimmten Welt von Wahrscheinlichkeiten angedauert hat (vgl. Bourdieu 1987: 120). Das Habituskonzept impliziert mit anderen Worten ein Konzept der Sozialisation sozialer Akteure.

„Da er [der soziale Akteur; F. H.] die (biologische) Eigenschaft hat, der Welt gegenüber offen, also ihr ausgesetzt zu sein und somit von ihr formbar, durch die materiellen und kulturellen Lebensbedingungen, in die er von Anfang an gestellt ist, modellierbar, unterliegt er einem Sozialisationsprozess, aus dem die Individuation selbst hervorgeht, wobei die Singularität des ‚Ich' sich in den gesellschaftlichen Beziehungen und durch sie herausbildet." (Bourdieu 2001a: 172)

Dieser Sozialisationsprozess muss als Inkorporierung eines Systems von Dispositionen des Denkens, Fühlens, Wahrnehmens, Bewertens und Handelns verstanden werden. Diese Dispositionen, die sich zu einem komplexen Habitus formen, werden im Vollzug der Praxis von den sozialen Akteuren inkorporiert und sind mit den emotionalen, kognitiven und mentalen Strukturen der sozialen Akteure unentwirrbar verflochten. Es geht in einem praxistheoretischen Sozialisationsverständnis folglich nicht ausschließlich um die Psychogenese, wie sie etwa Norbert Elias in seiner Theorie der Zivilisation formuliert, ebenso vermeidet es die Praxistheorie, Sozialisation als Bildung einer geglückten, für die Reproduktion der Gesellschaft funktionalen Identität zu interpretieren, wie es in der strukturalistischen Tradition der Sozialisationstheorien von Parsons bis Hurrelmann häufig vertreten wird.

Die Praxistheorie begreift Sozialisation als dynamischen, nicht abschließbaren Prozess der Habitusgenese. Dieser Prozess muss zum einen ganz im Sinne der meisten aktuellen Sozialisationskonzepte als produktive psychische Verarbeitung der Realität durch die sozialen Akteure verstanden werden. Er muss jedoch zusätzlich als das Einschreiben von Handlungs-, Denk-, Wahrnehmungs- und Bewertungsdispositionen in die Körper der sozialen Akteure begriffen werden. Nicht die Psyche, sondern der Körper, der mit der Psyche unentwirrbar verflochten ist, ist für Bourdieu der Ort, an dem sich der Habitus manifestiert. Nur weil sich Dispositionen in den Körper einschreiben, sind sie nach Bourdieu (1976: 200) „geschützt vor absichtlichen und überlegten Transformationen, geschützt selbst noch davor, explizit gemacht zu werden". Die Dispositionen des Habitus sind aufgrund ihrer Verinnerlichung in *Psyche und Körper* eng mit den Emotionen sozialer Akteure verbunden. Und genau deshalb ist der Habitus so wichtig für die Praxisgenese: Akteure, die Praxis initiieren, sind emotional an den Habitus gebunden, ohne diese Bindung reflektieren zu müssen. Deshalb bezeichnet Bourdieu den Habitus auch als zweite Natur des sozialen Akteurs, die sich eben nicht wie ein Gewand ablegen lässt. Der sich im Habitus einschreibende Komplex von Dispositionen wird nur dadurch zum Prinzip der Praxisbeteiligung von sozialen Akteuren, weil alle Akteure zu ihrer individuellen Reproduktion auf die Dispositionen des Habitus angewiesen sind, die sich fest in ihre Körper einschreiben. Und erst diese Einbeziehung des Körpers in die Festlegung der Formen von Habitualisierungen, die zur Bildung von diversen Dispositionen im sozialen Akteur führen, vermeidet es, diese Dispositionen als vom Bewusstsein beliebig steuerbare Eigenschaften zu begreifen, wie es in der cartesianischen

Tradition immer wieder geschehen ist (vgl. Schmidt 2004: 61). Mit dieser theoretischen
Zuspitzung des Sozialisationskonzeptes ist jede überhöhte Vorstellung von Chancengleichheit vollständig unmöglich, weil sich die Schülerinnen und Schüler in der Schule
nicht voraussetzungslos begegnen und mit sehr unterschiedlichen Dispositionen ausgestattet sind, die sich als praxisgenerierende Eigenschaften in die Körper der Akteure
eingeschrieben haben.

Die Habitusgenese muss als das Einschreiben einer Hexis (Körperbeschaffenheit,
Körperhaltung, Körperform, Körperausdruck) in die Körper der sozialen Akteure verstanden werden. Dies schließt die Aspekte der Emotionalität mit ein, die entscheidend
an Körper und Psyche von Akteuren gebunden sind. Der Habitusbegriff ist dadurch
nicht auf Bewusstseinsprozesse verengt. Der Begriff der inkorporierten Sozialität impliziert mit anderen Worten einen differenzierten Begriff des Körpers, der nicht nur als
Speicher, sondern auch als Ausdruck der Denk-, Wahrnehmungs-, Bewertungs- und
Handlungsdispositionen sozialer Akteure gefasst wird. Diese drücken sich jedoch nicht
nur im Körper, sondern auch in anderen, höchst unterschiedlichen symbolischen Formen aus. Denn es sind nicht nur die Haltungen und Erscheinungsformen des Körpers,
sondern auch die kulturellen Zusatzdeutungen des biologischen Individuums, die den
Habitus in einem Lebensstil sichtbar machen. Wichtig ist an dieser Stelle festzuhalten,
dass es einer wissenschaftlichen Objektivierung der Praxis kaum möglich ist, die Dispositionen der Akteure, also ihre Habitus direkt zu beobachten. Dennoch, oder gerade deshalb werden diesbezüglich ahistorisch gefasste Aussagen kategorisch abgelehnt.
„Die Habitus werden aus Tätigkeiten, welche aus ihnen hervorgehen, erkannt" (Krais/
Gebauer 2002: 26).

Nur mit Hilfe einer Beobachtung der praktischen Sinnproduktion, die von Akteuren ausgeht und die sich in symbolischen Formen und kulturellen Schemata verdichtet, können Schlussfolgerungen auf die Dispositionen der Akteure gezogen werden, so
dass sich unterschiedliche Habitus identifizieren lassen. Die Primärsozialisation eines
Akteurs in einer wohlhabenden Umgebung drückt sich beispielsweise nicht nur in der
Haltung des Körpers aus, sondern findet ihre symbolische Repräsentation in der Art des
Sprechens und anderen kulturellen Formen der Stilisierung des Lebens. So wird bereits
beim Schuleintritt der Kinder der klassenspezifische Habitus, der in den ersten Lebensjahren inkorporiert wird, durch die Art des Sprechens, Sitzens, Bewegens etc. deutlich.
Die Einschreibungen der Dispositionen in die Körper verschaffen sich als Habitus Ausdruck in den elementaren Praktiken der sozialen Akteure. Diese sind nun wiederum
Gegenstand habitualisierter Bewertungen. Sie sind mit zum Teil hochkomplexen Formen des praktischen Sinns verbunden, die eine situative Klassifizierung von Praktiken
entstehen lässt, was insbesondere im Bildungswesen deutliche Konsequenzen nach sich
zieht. Denn der inkorporierte Klassenhabitus ist der wichtigste Ausgangspunkt des in
der Schule praktizierten Selektionsdrucks. Hier werden nicht nur die schulischen Leistungen bewertet, wie es die Illusion der Chancengleichheit suggeriert, sondern eben
auch und vorrangig die inkorporierten Dispositionen des Habitus, die sich in sicht-

baren Praktiken ausdrücken und als kulturelles Kapital oder kulturelles Versagen wahrgenommen werden.

Der Begriff und das Konzept des Habitus haben nun vor allem deshalb eine so zentrale Stellung in der praxistheoretischen Soziologie Bourdieus, weil der Habitus als Bindeglied zwischen den objektivierten Formen der Sozialität und dem aktuellen Vollzug der Praxis verstanden wird. „Als ständig von regelhaften Improvisationen überlagerte Erzeugungsgrundlage bewirkt der Habitus als praktischer Sinn das Aufleben des in den Institutionen objektivierten Sinns [...]. Besser noch, erst durch den Habitus finden die Institutionen ihre volle Erfüllung" (Bourdieu 1987: 107). Mit dem Habituskonzept wird zum einen betont, dass Akteure aktiv und schöpferisch an der Entstehung von Praxis beteiligt sind. Zum anderen verdeutlicht das Habituskonzept jedoch, dass sich Akteure nur in habituell geformter Weise an Praxis beteiligen können, dass sie also den in Institutionen, Feldern und anderen Formen der objektivierten Sozialität wie dem Bildungswesen objektivierten Sinn nur dann als praktischen Sinn aktivieren können, wenn sie mit einem Habitus ausgestattet sind, der sich in Relation zu den objektivierten Formen der Sozialität stellen lässt. Die Quelle der Aktivität des sozialen Akteurs ist sein Habitus, der sich im Verlauf der Geschichte als ein komplexes System von Denk-, Wahrnehmungs-, Bewertungs- und Handlungsdispositionen in seinen Körper eingeschrieben hat. Das ist gemeint, wenn Bourdieu den Habitus zugleich als strukturierte und strukturierende Struktur bezeichnet (vgl. Bourdieu 1982: 280).

Diese grundlegende Theorieentscheidung Bourdieus hat weitreichende Konsequenzen auch für die an Bourdieu geschulte Bildungssoziologie: Erst wenn das Bildungssystem mit Hilfe der Habitustheorie nicht nur als Kräftefeld, sondern auch als Praxisfeld verstanden wird, können die Erklärungen für die Reproduktion und Verschärfung der Ungleichheitsstrukturen durch das Bildungssystem vielschichtig und befriedigend ausfallen. Und dennoch wird mit der Habitustheorie eine grundlegende Schwäche der frühen Bildungssoziologie Bourdieus nicht hinreichend überwunden: Trotz aller Dynamik, die mit der Habitustheorie für die Praxis konstatiert wird, steht im Mittelpunkt der an Bourdieu anschließenden Soziologie der Bildungs- und Erziehungspraxis die Suche nach den übersituativen Parametern dafür, wie sich Ungleichheitsstrukturen durch die Praxis im Bildungswesen reproduzieren. Sie erzielt auf diese Weise einerseits sehr wichtige, die Bildungssoziologie bereichernde Ergebnisse darüber, wie das Bildungssystem Ungleichheiten erzeugt und verschärft, kann sich aber andererseits nur schwer von der Fokussierung auf das Ungleichheitsthema befreien. Und genau dieses Defizit, das man als die Situationsvergessenheit der Bourdieu'schen Bildungssoziologie bezeichnen könnte, lässt einige Bildungsforscherinnen neue Wege suchen, im Anschluss an Bourdieu eine praxistheoretische Soziologie der Bildung und Erziehung zu entwerfen, denen ich mich jetzt abschließend zuwende.

4   Die Praxis in den Bildungsinstitutionen – über Bourdieu hinaus

Die Bildungssoziologie im Anschluss an Bourdieu hat es zugunsten einer Soziologie der Praxis der Bildungsungleichheit bisher weitgehend versäumt, die soziologische Praxistheorie in einer Weise zu systematisieren, die es erlaubt, die konkreten situativen Praxisvollzüge in den Einrichtungen der Bildung und Erziehung zu untersuchen. Erst eine solche Untersuchung erlaubt es letztlich, die Praktiken der Privilegierung der Privilegierten und die Praktiken der Unterprivilegierung der Unterprivilegierten konkret im Bildungssystem zu verorten und zu bestimmen. Dies impliziert ethnographische Zugänge zur Schule als Alltagswelt (vgl. Brake/Bremer 2010), die in der Bildungsforschung heute vermehrt vorgenommen werden, weil hier die Erkenntnis immer mehr Raum greift, dass Schule für das hier anzutreffende Personal (Schüler, Lehrer und andere) eine alltägliche Wirklichkeit darstellt, die sich nicht auf die formalen Strukturen der Schulorganisation begrenzen lässt. Eine derartige Forschungsperspektive erfordert aber nicht nur eine Methodenvielfalt zur qualitativen Eingrenzung der Schulpraxis. Sie erfordert gleichsam und nicht weniger dringlich eine theoretische Fundierung der Soziologie der Erziehungspraxis in Schulen, die allerdings – im Gegensatz zur Methodendiskussion – bisher nur unzureichend geleistet wurde. Die soziologische Praxistheorie bietet sich nun genau dazu an, weil sie theoretische Mittel bereitstellt, mit denen die Logik der Praxis etwa in Schulen untersucht werden kann, ohne dabei die theoretische Logik wichtiger zu nehmen, als das, was praktisch geschieht.

> „Die Theorie sozialer Praktiken erschließt der Analyse den schulischen Alltag als ein Bündel aufeinander bezogener, miteinander verschränkter sozialer Praktiken, die es in ihrer Eigendynamik und in ihrem immanenten Funktionieren zu erkunden gilt." (Breidenstein 2006: 18)

Der Blick auf die Praktiken der Erzeugung und Reproduktion schulischer Ordnungen ist demnach unverzichtbar, um ein Verständnis der Schulpraxis zu erlangen, das sich nicht allein an formalen Strukturen orientiert, wie etwa den in Schulen institutionalisierten Selektionsdruck. Zur sozialtheoretischen Ausformulierung dieser Ziele der Bildungssoziologie muss der von Bourdieu in den Mittelpunkt der Sozialtheorie gestellte Begriff der Praxis, der in erziehungswissenschaftlichen Kontexten immer wieder vorkommt, hier aber häufig unreflektiert verwendet wird, in eine systematisierte Form gebracht werden, die ihn aus der herrschaftssoziologischen Engführung befreit, die ihm von Bourdieu gegeben wird.

Eine sehr formale Definition des Begriffs der Praxis sieht zunächst, dass jede Praktik eine Kombination aus Sprechakten (sayings), körperlichen Bewegungen (doings) (vgl. Schatzki 1996: 89) und einer durch Assoziation zwischen „sozialisierten Körpern" (Bourdieu) und materiellen Artefakten ermöglichten Handhabe der Dinge ist (vgl. Reckwitz 2003: 290). Praktiken gelten der Praxistheorie somit als *Ereignisse*, die operativ aufeinander bezogen sind und in ihrer regelmäßigen Verkettung als Praxisformen bestimmt werden. Sozialisierte, mit Habitus ausgestattete, in vielfältiger Form zueinander positionierte Akteure müssen in dieser Theorieanlage als ein Bedingungsgeflecht der Praxis gefasst werden. Akteure sind deshalb der Praxis nicht ursächlich voraus gestellt, sie sind als sozialisierte Körper Komponenten der durch die Praxis selbst hervorgebrachten Bedingungsstrukturen der Entstehung und Verkettung von Praktiken (vgl. Hillebrandt 2009: 71–90; 2010; 2011).

Der zweite Bedingungskomplex für Praktiken und Praxisformen steht konstitutiv in Relation zur körperlich verankerten Sozialität und bezieht sich auf alle Formen der Verdichtung von Sozialität außerhalb von sozialen Akteuren. Zudem sind die Entstehung von Praktiken sowie ihre Verkettung zu Praxisformen konstitutiv mit praktischem Sinn verbunden, der nur durch die Aktivitäten sozialer Akteure entstehen kann und sich in kulturellen Symbolen ausdrückt. Deshalb muss ein soziologischer Begriff der Praxis kultursoziologisch ansetzen, um die Vielfalt der Praxisformen angemessen in den Blick nehmen zu können. Symbole erscheinen dabei nicht als außeralltägliche Sinnwelten, sondern als notwendige Bestandteile der Lebenswirklichkeit sozialer Akteure. Sie sind Ausdrucksformen der Realität, mit denen soziale Akteure praktisch umgehen. Dies impliziert die Annahme, dass sich durch die Aktivitäten der sozialen Akteure kulturelle Erscheinungsformen der Praxis bilden und per definitionem wandeln, weil jede, auch eine routinisierte Bezugnahme auf bereits geformte Symbole mit ihrer Variation verbunden ist. Mit diesem Argument verbindet eine am Praxisbegriff orientierte Kultursoziologie die Ebene der Kulturproduktion mit der Ebene der Kulturrezeption. Diese beiden Ebenen werden als konstitutive Voraussetzungen der praktischen Erzeugung und Reproduktion von kulturellen Formen und Symbolen gefasst. Kultur versteht sich in dieser Theoriekonstruktion als Repertoire der Praxis, durch das Symbole geformt werden und Praxisformen entstehen. Sie nimmt im Vollzug der Praxis materiale Formen an. Es macht deshalb keinen Sinn, Kultur und Materialität zu trennen. Praktiken sind immer zugleich dinglich und körperlich.

Während die Praxistheorie in der Version Bourdieus auf der Basis von makrosozialen Strukturen sozialer Ungleichheit entwickelt wird, basiert sie in ihrer systematisierten Form auf der begründeten Annahme, dass soziale Makrostrukturen aus der Verkettung von Praktiken zu Praxisformen entstehen. Dies kehrt die gesellschaftstheoretische Beweislast der soziologischen Praxistheorie geradezu um. Praxisformen entstehen demnach nicht nur als mikrosoziale Ausformungen von makrosozialen Ungleichheitsstrukturen. Sie müssen auch als mikrosoziale Attraktoren für Strukturdynamiken gefasst werden, die auf der Basis von objektivierten und inkorporierten Formen der Sozialität neue Regelmäßigkeiten der Praxis hervorbringen können.

Mit diesen theoretischen Prämissen ist für die Bildungssoziologie zum einen impliziert, dass die Praxis in Schulen nicht als beliebiges Geschehen gefasst werden kann. Hier werden sozialisierte Körper in Relation gestellt zu einer objektivierten Sozialität, die in Schulen eine ganz spezifische Form annimmt („forme scolair"). Zum anderen wird mit den Paradigmen der soziologischen Praxistheorie deutlich, dass die in dieser Relation zwischen inkorporierter und objektivierter Sozialität entstehenden Praktiken, die sich zu Praxisformen verdichten können, eine eigene Dynamik gewinnen, die sie als eigene Realitätsebene auszeichnet, so dass die Praxis in Schulen nicht mit der sich hier objektivierenden Sozialität, also mit der „forme scolair" gleichgesetzt werden kann.

Die Paradigmen einer systematisierten Soziologie der Praxis, wie ich sie hier in aller Kürze dargestellt habe, verschieben die Perspektive auf die Organisation Schule. Sie erscheint jetzt nicht mehr als statisches Gebilde, das wie eine Erziehungsmaschine im Dienste der durch soziale Ungleichheit geprägten Sozialstruktur funktioniert. Jede Praxistheorie beinhaltet, wie im Anschluss an Bourdieus Bildungssoziologie Herbert Kalthoff (vgl. 2006) hervorhebt, eine Hervorbringungs- bzw. Performanzannahme (sozialisierte Körper in Aktion). Erst diese Grundannahme unterscheidet sie vom klassischen Strukturalismus. Folglich sind auch schulische Ordnungen in der Perspektive einer Soziologie der Praxis immer Produkte der sich vollziehenden Praktiken, die sich in vielfältigen Situationen zu Praxisformen verketten. Der Blick ist mit der soziologischen Praxistheorie nun darauf gerichtet, die situierte Performanz schulischer Praktiken zu analysieren. In dieser Performanz, die nur durch die Aktivitäten der Akteure, die als sozialisierte Körper Denk-, Wahrnehmungs-, Bewertungs- und Handlungsdispositionen (Habitus) inkorporiert haben, entstehen kann, werden symbolische und kulturelle Formen zur Darstellung gebracht. Die kultursoziologische Erforschung dieser Symbolisierungen des praktischen Sinns ist der entscheidende Ausgangspunkt einer am Praxisbegriff ausgerichteten Bildungs- und Schulforschung. Das hier gewonnene empirische Material übernimmt dann auch die Funktion, Theorie zu generieren.

Das von mir hier am Ende einer kurzen Einführung in die Bildungssoziologie Bourdieus formulierte Plädoyer für eine Öffnung dieser bildungssoziologischen Richtung für andere Themen als dem der Bildungsungleichheit will die wichtigen Ergebnisse zu den Ursachen eben dieser Bildungsungleichheit, die an Bourdieu geschulte Bildungsforscherinnen plausibel verifiziert haben, nicht relativieren. Es geht vielmehr darum, die theoretischen Grundlagen einer am Praxisbegriff orientierten Bildungssoziologie zu verbreitern, um dieser wichtigen soziologischen Teildisziplin ein theoretisches Instrumentarium bereitzustellen, das der Vielfalt der gegenwärtigen Bildungs- und Erziehungspraxis gerecht zu werden vermag.

Literatur

Baudelot, Christian 2005: Das Bildungswesen, ein neues wissenschaftliches Objekt, ein Feld neuer Kämpfe, in: Colliot-Thélène, Cathrine et al. (Hg.): Pierre Bourdieu: Deutsch-französische Perspektiven, Frankfurt/M.: Suhrkamp, S. 165–178.

Bauer, Ullrich 2002: Sozialisation und die Reproduktion sozialer Ungleichheit. Bourdieus politische Soziologie und die Sozialisationsforschung, in: Bittlingmayer, Uwe et al. (Hg.):

Theorie als Kampf? Zur politischen Soziologie Pierre Bourdieus, Opladen: Leske und Budrich, S. 415–445.

Becker, Rolf/Wolfgang Lauterbach (Hg.) 2007: Bildung als Privileg. Erklärungen und Befunde zu den Ursachen der Bildungsungleichheit, 2., aktualisierte Auflage, Wiesbaden: VS Verlag.

Berger, Peter A./Heike Kahlert (Hg.) 2008: Institutionalisierte Ungleichheiten. Wie das Bildungswesen Chancen blockiert, 2. Auflage, Weinheim: Juventa.

Bourdieu, Pierre 2005 [1998]: Die männliche Herrschaft, Frankfurt/M.: Suhrkamp.

Bourdieu, Pierre 2004 [1989]: Der Staatsadel, Konstanz: UVK.

Bourdieu, Pierre 2001a [1997]: Meditationen. Zur Kritik der scholastischen Vernunft, Frankfurt/M.: Suhrkamp.

Bourdieu, Pierre 2001b: Wie die Kultur zum Bauern kommt. Über Bildung, Schule und Politik, Schriften zu Politik und Kultur 4, Hamburg: VSA.

Bourdieu, Pierre 1997: Der Tote packt den Lebenden. Schriften zu Politik und Kultur 2, Hamburg: VSA.

Bourdieu, Pierre 1992 [1983]: Ökonomisches Kapital – Kulturelles Kapital – Soziales Kapital, in: ders.: Die verborgenen Mechanismen der Macht, Schriften zu Politik und Kultur 1, Hamburg: VSA, S. 49–79.

Bourdieu, Pierre 1988 [1984]: Homo academicus, Frankfurt/M.: Suhrkamp.

Bourdieu, Pierre 1987 [1980]: Sozialer Sinn. Kritik der theoretischen Vernunft, Frankfurt/M.: Suhrkamp.

Bourdieu, Pierre 1985: Sozialer Raum und „Klassen". Leçon sur la leçon. Zwei Vorlesungen, Frankfurt/M.: Suhrkamp.

Bourdieu, Pierre 1982 [1979]: Die feinen Unterschiede. Kritik der gesellschaftlichen Urteilskraft, Frankfurt/M.: Suhrkamp.

Bourdieu, Pierre 1981: Klassenschicksal, individuelles Handeln und das Gesetz der Wahrscheinlichkeit, in: Bourdieu, Pierre/Luc Boltanski/Monique de Saint Martin/Pascale Maldidier: Titel und Stelle. Über die Reproduktion sozialer Macht, Frankfurt/M.: Europäische Verlagsanstalt, S. 169–226.

Bourdieu, Pierre 1976 [1972]: Entwurf einer Theorie der Praxis auf der ethnologischen Grundlage der kabylischen Gesellschaft, Frankfurt/M.: Suhrkamp.

Bourdieu, Pierre/Jean-Claude Passeron 1971 [1964/71]: Die Illusion der Chancengleichheit, Stuttgart: Klett.

Bourdieu, Pierre/Jean-Claude Passeron 2007 [1964]: Die Erben. Studenten, Bildung und Kultur, Konstanz: UVK.

Bourdieu, Pierre/Luc Boltanski/Monique de Saint Martin/Pascale Maldidier 1981 [1975]: Titel und Stelle. Über die Reproduktion sozialer Macht, Frankfurt/M.: Europäische Verlagsanstalt.

Brake, Anna/Helmut Bremer (Hg.): 2010: Alltagswelt Schule. Die soziale Herstellung schulischer Wirklichkeit, Weinheim und München: Juventa.

Breidenstein, Georg 2006: Teilnahme am Unterricht. Ethnographische Studien zum Schülerjob, Wiesbaden: VS Verlag.

Bremer, Helmut 2007: Soziale Milieus, Habitus und Lernen. Zur sozialen Selektivität des Bildungswesens am Beispiel der Weiterbildung, Weinheim und München: Juventa.

Durkheim, Émile 1984 [1902/1903]: Erziehung, Moral und Gesellschaft, Frankfurt/M.: Suhrkamp.

Engler, Steffani/Beate Krais (Hg.) 2004: Das kulturelle Kapital und die Macht der Klassenstrukturen. Sozialstrukturelle Verschiebungen und Wandlungsprozesse des Habitus, Weinheim/München: Juventa.

Fröhlich, Gerhard 1994: Kapital, Habitus, Feld, Symbol. Grundbegriffe der Kulturtheorie bei Pierre Bourdieu, in: Mörth, Ingo/Gerhard Fröhlich (Hg.): Das symbolische Kapital der Lebensstile. Zur Kultursoziologie der Moderne nach Pierre Bourdieu, Frankfurt/M. und New York: Campus, S. 31–53.

Georg, Werner (Hg.) 2006: Soziale Ungleichheit im Bildungssystem. Eine empirisch-theoretische Bestandsaufnahme, Konstanz: UVK.

Hartmann, Michael 2005: Eliten und das Feld der Macht, in: Colliot-Thélène, Cathrine et al. (Hg.): Pierre Bourdieu: Deutsch-französische Perspektiven, Frankfurt/M.: Suhrkamp, S. 255–275.

Heim, Christof et al. 2009: Bildungssoziologie, in: Fröhlich, Gerhard/Rehbein, Boike (Hg.): Bourdieu Handbuch. Leben – Werk – Wirkung, Stuttgart: Metzler, S. 254–263.

Hillebrandt, Frank 2008: Bourdieus Soziologie als Forschungsfeld, in: Soziologische Revue 31, S. 231–242.

Hillebrandt, Frank 2009: Praktiken des Tauschens. Zur Soziologie symbolischer Formen der Reziprozität, Wiesbaden: VS Verlag.

Hillebrandt, Frank 2010: Sozialität als Praxis. Konturen eines Theorieprogramms, in: Gert Albert, Rainer Greshoff und Rainer Schützeichel (Hg.): Dimensionen und Konzeptionen von Sozialität, Wiesbaden: VS Verlag, S. 293–307.

Hillebrandt, Frank 2011: Cultural Studies und Bourdieus Soziologie der Praxis – Versuch einer überfälligen Vermittlung, in: Suber, Daniel/Hilmar Schäer/Sophia Prinz (Hg.): Pierre Bourdieu und die Kulturwissenschaften. Zur Aktualität eines undisziplinierten Denkens, Konstanz: UVK, S. 133–154.

Hinz, Thomas/Jochen Groß 2006: Schulempfehlung und Leseleistung in Abhängigkeit von Bildungsherkunft und kulturellem Kapital, in: Georg, Werner (Hg.) 2006: Soziale Ungleichheit im Bildungssystem. Eine empirisch-theoretische Bestandsaufnahme, Konstanz: UVK, S. 199–225.

Jungbauer-Gans, Monika 2006: Kulturelles Kapital und Mathematikleistungen – eine Analyse der PISA 2003-Daten für Deutschland, in: Georg, Werner (Hg.): Soziale Ungleichheit im Bildungssystem. Eine empirisch-theoretische Bestandsaufnahme, Konstanz: UVK, S. 175–198.

Kalthoff, Herbert 2006: Doing/undoing class in exklusiven Internatsschulen. Ein Beitrag zur empirischen Bildungsforschung, in: Georg, Werner (Hg.): Soziale Ungleichheit im Bildungssystem. Eine empirisch-theoretische Bestandsaufnahme, Konstanz: UVK, S. 93–122.

Krais, Beate 1994: Erziehungs- und Bildungssoziologie, in: Kerber, Harald/Arnold Schmieder (Hg.): Spezielle Soziologien. Problemfelder, Forschungsbereiche, Anwendungsorientierungen, Reinbek bei Hamburg: Rowohlt, S. 556–576.

Krais, Beate/Gunter Gebauer 2002: Habitus, Bielefeld: Transcript.

Reckwitz, Andreas 2003: Grundelemente einer Theorie sozialer Praktiken. Eine sozialtheoretische Perspektive, in: Zeitschrift für Soziologie 32, S. 282–301.

Schatzki, Theodore R. 1996: Social Practices. A Wittgensteinian Approach to Human Activity and the Social, Cambridge (Ma.): University Press.

Schmidt, Robert 2004: Habitus und Performanz. Empirisch motivierte Fragen an Bourdieus Konzept der Körperlichkeit des Habitus, in: Engler, Steffani/Beate Krais (Hg.): Das kulturelle Kapital und die Macht der Klassenstrukturen. Sozialstrukturelle Verschiebungen und Wandlungsprozesse des Habitus, Weinheim/München: Juventa, S. 55–70.

Solga, Heike 2008: Meritokratie – die moderne Legitimation ungleicher Bildungschancen, in: Berger, Peter A./Heike Kahlert (Hg.): Institutionalisierte Ungleichheiten. Wie das Bildungswesen Chancen blockiert, 2. Auflage, Weinheim: Juventa, S. 19–38.

Objektive Hermeneutik. Die bildungssoziologische Bedeutung des strukturtheoretischen Ansatzes

Werner Helsper

Die bildungssoziologische und sozialisationstheoretische Relevanz der objektiven oder strukturalen Hermeneutik ist weniger in Beiträgen zur Analyse des Bildungssystems zu sehen. Vielmehr ruht die bildungssoziologische Relevanz des strukturtheoretischen Ansatzes vor allem darin, dass zum einen die Struktur der sozialisatorischen Interaktion bestimmt und zum zweiten die Differenz zwischen naturwüchsigen und professionellen Bildungskonstellationen präzise herausgearbeitet wird. Ohne die bildungssoziologische Position des strukturtheoretischen Ansatzes in Gänze darstellen zu können (vgl. etwa Wagner 2004a, b), sollen die folgenden Aspekte in den Mittelpunkt gerückt werden: Im ersten Abschnitt werden die theoretischen Ausgangspunkte sowie zentrale Theoreme und strukturelle Bestimmungen aufgegriffen. Im zweiten Abschnitt wird ein Einblick in die empirisch-rekonstruktive strukturtheoretische Bildungsforschung gegeben. Am Schluss werden der Stand und die Perspektiven des strukturtheoretischen bildungssoziologischen Ansatzes skizziert.

1 Zentrale theoretische Bestimmungen der strukturtheoretischen Bildungssoziologie und Sozialisationstheorie

Im Folgenden werden die wichtigsten theoretischen Bestimmungen und strukturtheoretischen Kernaussagen der objektiven Hermeneutik in ihrer Auslegung im Sinne eines genetisch-strukturtheoretischen Sozialisationsansatzes knapp dargestellt.

1.1 Autonomie der Lebenspraxis im Horizont von Routine und Krise

Mit dem Übergang von der Natur – und damit der instinktgeleiteten Verhaltensregulierung – zur symbolvermittelten Sozialität, die auf sozial generierten und veränderbaren Regeln gründet und in denen vor allem die grundlegenden strukturalen sozialen Universalien der Sprache, der Sprechakte oder der Kognition von grundlegender Bedeutung sind, ist das Problem und die Frage der lebenspraktischen Autonomie aufgeworfen. Lebenspraktische Autonomie in diesem Verständnis ist also kein von außen an die Individuen herangetragener Anspruch, sondern ergibt sich strukturell mit dem Übergang von der Natur zur symbolvermittelten Sozialität und Geschichte, wobei die in der Sozialität gründende Erfordernis zur lebenspraktischen Autonomie in dem Maße immer umfassender freigesetzt wird, als sich in weit modernisierten Gesellschaften Traditionen verflüssigen und in den Sog transformatorischer sozialer Prozesse geraten.

Sozialisation ist dann als jener in sozialer Interaktion gründende Prozess zu rekonstruieren, in dem über strukturale Krisen der Individuation lebenspraktische Autonomie in verschiedenen Strukturvarianten generiert wird. Strukturtheoretisch erhält der Begriff der Krise dabei eine scharfe strukturale Fassung: Da jedwede Lebenspraxis in eine ungewisse Zukunft eingerückt ist, muss – obwohl alltäglich eher der Ausnahmefall – davon ausgegangen werden, dass Routinen als eingeschliffene Lebenspraxen jederzeit in die Krise geraten können. Damit ist die Lebenspraxis in eine gesteigerte Bewährungsdynamik eingerückt, weil keine bewährten Lösungen mehr zur Verfügung stehen (vgl. Oevermann 1991). Die Krise ist strukturtheoretisch jene Zeit-Raum-Konstellation, in der die Routinen manifest zerbrechen und in der die Entstehung des Neuen ermöglicht wird. Ein Verständnis der Krise als der strukturelle Ort der Entstehung des Neuen betont vor allem die Emergenz und das kreative Moment der Veränderung. Diese neuen Entwürfe müssen sich noch bewähren, sind also von Scheitern bedroht. Als bewährte besitzen sie dann das Potenzial, neue Routinen der Krisenlösung zu bilden. Damit wären Routinen immer Ausdruck einer Bewährung in Krisen, die wieder unter neuen Bewährungsdruck geraten können.

Während für die erwachsene Lebenspraxis die Krise eher den Ausnahmefall bildet, wobei sich in beschleunigt verändernden Gesellschaften Krisenkonstellationen auch „veralltäglichen" können, verhält es sich mit den Sozialisationsprozessen bis zum Abschluss der Jugend umgekehrt: Ontogenetisch ist dieser Zeitraum als eine Aufeinanderfolge der Entstehung des psychisch Neuen und damit als Abfolge struktureller Krisen zu verstehen (vgl. Oevermann 2001, 2004; Wagner 2004b). Oevermann (2004) unterscheidet für den ontogentischen Prozess der Individuation dabei vier grundlegende strukturelle Ablösungskrisen: die Krise der Geburt, die Krise der sogenannten „Mutter-Kind-Symbiose", die Krise der ödipalen Triangulation und schließlich die Krise der Adoleszenz. Insbesondere in der Adoleszenzkrise müssen Jugendliche unter Bedingungen weit modernisierter Gesellschaften sich zu den familiär und milieuspezifisch erworbenen Orientierungen neu positionieren, zu ihnen Stellung nehmen und damit eine eigenverantwortete Lebenspraxis generieren (vgl. Oevermann 2001; King 2004).

1.2 Die vier Ebenen des Subjekts

Oevermann unterscheidet vier Ebenen des Subjekts (Oevermann 1976, 1979). Die erste Ebene ist die einer für das Subjekt konstitutiven Ebene der Sozialität sui generis, die mit dem Übergang von der Natur zur regelgeleiteten Sozialität in eins fällt. Das Subjekt in diesem Sinne ist immer bereits soziales und sozialisiertes Subjekt, konstituiert in Formen sozialer Reziprozität, wie sie etwa am Beispiel der Gabe oder der reziproken Begrüßung als Eröffnung einer gemeinsamen Handlungspraxis (vgl. Oevermann 1983) rekonstruiert werden konnten.

Mit dieser ersten Ebene, die die konstitutive Gründung des Subjekts in diesen basalen Formen der Sozialität erfasst, ist die zweite Ebene – die des epistemischen Subjekts – eng verknüpft. Diese Ebene ist eine formale Abstraktion, denn sie bezeichnet ein in dieser Form in der sozialen Realität nicht vorfindbares Subjekt der basalen Kompetenzen und Operationen: etwa des formallogischen Denkens, der Tiefenstruktur der sprachlichen Universalien oder der sozialen Reziprozität. Diese basalen Kompetenzen liegen jeder Subjektformation zugrunde und werden in den primären sozialisatorischen Interaktionen der Ontogenese herausgebildet.

Die dritte Ebene ist die des autonom handlungsfähigen, mit sich identischen Subjekts. Hier wird – im Unterschied zum epistemischen Subjekt – die Ebene der lebenspraktisch-autonomen Handlungsfähigkeit erreicht. Aber auch diese Ebene ist insofern eine allgemeine, als hier die Bestimmungen einer idealtypischen Individuation formuliert werden, die dem Subjekt eine umfassende autonome Handlungsfähigkeit eröffnen und die formalen basalen Kompetenzen in Bezug zur eigenen emotionalen, motivationalen und sozialen Basis in Beziehung setzen. Damit wird auf dieser Ebene ein Idealtypus autonomer Lebenspraxis und Individuation formuliert.

Die vierte Ebene erfasst schließlich die ganz konkrete materiale Lebenspraxis in Form des konkreten empirischen Subjekts. Hier geht es um die Rekonstruktion konkreter Habitusformationen und der Vielfalt von Strukturvarianten, in denen in je milieuspezifischen und biographisch erworbenen Varianten eine individuierte, konkrete Lebenspraxis in Erscheinung tritt.

1.3 Der zentrale Stellenwert der „sozialisatorischen Interaktion" und deren Struktur

Oevermann verweist immer wieder darauf, dass der Individuationsprozess weder durch die Intentionen oder die bewusst artikulierten Ansprüche der Eltern oder anderer pädagogischer Akteure, noch durch abstrakte und allgemeine Kategorien strukturiert wird, sondern dass es die latente Struktur der konkreten sozialisatorischen Interaktion ist, die für die Generierung von Subjektstrukturen und Individuationsverläufen von entscheidender Bedeutung ist. Die Prozesse der Individuation können somit nicht durch subsumtive Deduktion aus übergeordneten Kategorien des Sozialen abgeleitet werden, seien es Kategorien der Organisation, der Sozialstruktur oder der Gesellschaft generell. Vielmehr vollzieht sich der Individuationsprozess anfänglich ausschließlich im Rahmen der konkreten diffusen familiären Vergemeinschaftung.

Entscheidend für die sozialisatorische Interaktion ist deren latente Struktur. Also nicht das Ziel, die Selbständigkeit und Autonomie des Kindes von Anfang an fördern zu wollen, ist entscheidend. Vielmehr das konkrete Zusammenspiel etwa zwischen den

ersten motorischen Verselbständigungsschritten des kleinen Kindes und der unterstützenden, weiter auffordernden und anerkennenden oder aber eher ängstlichen, zurück-
haltenden oder negierenden „Antwort" primärer Bezugspersonen darauf. Hinter dem
Rücken von Eltern, die etwa den Anspruch der Selbständigkeitserziehung formulieren, kann sich somit eine bindende und Heteronomie fördernde Interaktionsstruktur
durchsetzen. Ein weiterer zentraler Aspekt der Latenz der sozialisatorischen Interaktionsstruktur wird dadurch gebildet, dass in den sozialisatorischen Interaktionen mit
dem Kind ein Sinnüberschuss gegenüber den mentalen Repräsentationen des Kindes enthalten ist (vgl. Oevermann 1976; Oevermann u. a. 1976). Im Modus „stellver-
tretender Deutung" schreiben etwa Eltern ihrem Kind in einer Haltung des „Als-ob"
bereits Fähigkeiten zu und interagieren mit dem Kind so, als könne es bereits verstehen und nachvollziehen, was sie ihm sprachlich mitteilen. Damit enthält die sozialisatorische Interaktion immer bereits einen überschüssigen Sinn, der aber die Voraussetzung
dafür ist, dass das Kind diesen nach und nach erschließen und in den eigenen ontogenetischen Kompetenzbildungsprozessen im Sinne psychischer Strukturbildungen aus-
schöpfen kann.

Diese sinnhaft reichhaltige und überschüssige sozialisatorische Interaktion kann
vom Kind aber nur dann als Rekonstruktion des latenten Sinngehalts umfassend genutzt werden, wenn die diffuse Grundstruktur einer engen gegenseitigen affektiven
Bindung entsteht, die – darauf hat bereits Parsons verwiesen (vgl. Parsons 1981) – die
Voraussetzung dafür ist, dass das Kind immer umfassender zu den primären Bezugspersonen in Beziehung treten und ihnen gefallen will. Die Herausbildung dieser grundlegenden sozialen Beziehung ruht also in affektiven, diffusen und partikularistischen
Beziehungsmustern.

Dabei ist die sozialisatorische Interaktion keine statische Struktur, sondern eine prozesshafte. Aufruhend auf dem sozialen Unbewussten des latenten Sinnüberschusses
kann das Kind nach und nach diesen überschüssigen Sinn, der im Modus der stellver-
tretenden Deutung durch die Eltern und andere signifikante Bezugspersonen stets neu
eingespeist wird, für sich erschließen. Dabei ist die psychische Strukturbildung immer
auf Vorhergehendes bezogen, das aber durch die Krisenkonstellationen der Ontogenese
immer wieder geöffnet wird und auf die Herausbildung des psychisch Neuen und damit
auf Transformation ausgelegt ist.

1.4 Sozialisationsinstanzen und -beziehungen in der Spannung naturwüchsiger und professioneller, asymmetrischer und symmetrisch-reziproker Interaktion

Die sozialisatorische Interaktion unterscheidet sich je nachdem, ob es sich um naturwüchsige Generationsbeziehungen im Kontext familiärer Sozialisation, um Sozialisationsprozesse in professionellen Handlungszusammenhängen oder um Sozialisationsverläufe im Rahmen der Gleichaltrigenbeziehungen handelt. Obwohl alle drei Formen

sozialisatorischer Interaktion für die soziale Konstitution der Ontogenese zentral sind, weisen sie doch deutliche Unterschiede auf. Zugleich ist jede Strukturvariante nicht durch eine andere ersetzbar, sondern stellt einen je unverzichtbaren Beitrag zum Individuationsprozess dar.

Die familiären Sozialisationsbeziehungen stellen den Prototyp diffus-affektiver und partikularer Vergemeinschaftung dar, wie Oevermann sie im Anschluss an die pattern variables von Parsons bestimmt. In scharfer Abgrenzung von rollentheoretischen Konzepten der familiären Interaktion werden die familiären Beziehungen als Beziehungen zwischen „ganzen Menschen" begriffen. Wären sie rollenförmig organisiert, also durch universalistische und affektneutrale Haltungen gekennzeichnet, wären dies bereits Indikatoren ihres Scheiterns (vgl. Oevermann 2001; Allert 1998). Struktureigenschaften dieser familiären sozialisatorischen Interaktion sind erstens die Unkündbarkeit der Beziehungen und damit die strukturelle Unersetzbarkeit des „Personals": Kommt es zur Trennung und Auflösung impliziert dies immer bereits ein Scheitern, mit Folgen für die weitere Lebens- und Bildungsgeschichte. Zweitens ist für die familiären Beziehungen die Körperbasis zentral, zwischen den Eltern in Form von sexueller Liebe, zwischen Eltern und Kind in Form einer asexuellen Liebe, die die Befriedigung der kindlichen Körperbedürfnisse und die – auch entscheidend körperliche – Sorge für das Kind umfasst. Die familiären Beziehungen sind damit der für die emotionale Anerkennung unersetzbare Strukturort (vgl. Honneth 1992). Fällt die emotionale Anerkennung aus oder ist prekär und unsicher situiert, ist dies durch professionelle Instanzen (Schule, Hort, Kindergarten etc.) nur sehr bedingt kompensierbar (vgl. Helsper u. a. 2009). Eine dritte Struktureigenschaft besteht im „bedingungslosen" gegenseitigen Vertrauen, das nicht durch äußere Rahmungen, etwa Vereinbarungen, Kontrakte etc. zustande kommt, sondern aus der Gegenseitigkeit der Beziehung und ihrer emotionalen Kommunikation gewonnen werden muss. Eine vierte Struktureigenschaft ist schließlich die generalisierte wechselseitige und lang andauernde Affektbesetzung, die zwar lebensgeschichtlich weitreichende Transformationen durchläuft, aber letztlich lebenslang anhält. Für die sozialisatorische Eltern-Kind-Beziehung bleibt weiterhin zu ergänzen, dass sie – aufgrund der konstitutiven Generationsdifferenz – bis weit in die Adoleszenz hinein eine asymmetrische und hierarchische Beziehung ist. Die Negation dieser Asymmetrie bzw. Generationsdifferenz erzeugt nicht Gleichheit oder Reziprozität zwischen den Generationen, sondern hinterlässt für das Kind eine fundamentale Leerstelle am Ort des vertrauensvollen, verantwortlichen signifikanten Anderen bis zur „Parentifizierung" in der Gestalt, dass Kinder in Extremfällen für ihre Eltern sorgen und sie stabilisieren müssen (vgl. Helsper u. a. 2009).

Sozialisatorische Beziehungen zwischen Kindern und Jugendlichen einerseits und Professionellen andererseits (etwa Erzieherinnen im Kindergarten, Lehrkräften, Sozialpädagogen etc.) sind, obwohl sie ebenfalls konstitutiv eine asymmetrische und komplementäre Struktur aufweisen, durch andere Merkmale als die Eltern-Kind-Beziehungen gekennzeichnet. Ist die familiäre Interaktion durch diffus-affektive Prinzipien und Liebe gekennzeichnet, so sind die Professionellen-Kind-Beziehungen durch die „widersprüchliche Einheit" von diffusen und spezifischen, partikularen und universalistischen Mustern bestimmt (vgl. Oevermann 1996, 2002, 2009; Wagner 1998). Pädagogische Professionelle – etwa Lehrkräfte – sind, weil Kinder noch nicht zwischen ganzen und rollenförmigen Beziehungsmustern scharf trennen können und Heranwachsende im Laufe der Adoleszenz in grundlegende emotionale Ablösungskrisen verwickelt sind, immer auch in diffuse Beziehungen verstrickt. Im Unterschied zu familiären Beziehungen aber müssen diese diffus-affektiven Beziehungen systematisch begrenzt werden: Es bedarf einer reflexiven Distanz, die auch deswegen notwendig ist, weil Professionelle universalistischen Prinzipien der Gleichbehandlung verpflichtet sind und ihr Handeln damit auch rollenförmige Anteile aufweist bzw. sie gerade in transfamiliäre, rollenförmige Interaktionsmuster einsozialisieren müssen. An die Stelle der diffus-intimen, auf Unkündbarkeit angelegten und um die Liebe und Sorge zum Kind zentrierten familiären Beziehungslogik tritt etwa bei Lehrkräften damit die zentrale Orientierung an der „Sache" sowie das um die Vermittlung der Sache zentrierte Arbeitsbündnis mit den Foki der Wissens-, der Normvermittlung und der prophylaktisch-therapeutischen Orientierung (vgl. Helsper 2007; Helsper/Hummrich 2008). Dieses ist um die widersprüchliche Einheit von diffusen und spezifischen, emotionalen und emotional-distanzierten Beziehungsmustern zentriert und durch die Geltung der Bipolarität von Grundregel und Abstinenzregel gekennzeichnet: also einerseits die diffusen Anteile der Beziehung aufzunehmen (Grundregel) und zugleich Distanz zu wahren, reflexive Begrenzungen vornehmen zu können und eine Diffundierung des professionellen Handelns zu vermeiden (Abstinenzregel). Aus diesen widerspruchsvollen Lagerungen resultieren grundlegende Antinomien des pädagogischen Handelns (vgl. Helsper 1996, 2004) und auch eine Gefährdung dieser professionellen sozialisatorischen Interaktion durch diffundierende und entgrenzende Beziehungsformen (vgl. insb. Wernet 2000, 2003, 2005).

Von diesen beiden Formen und Instanzen der sozialisatorischen Interaktion sind die sozialisatorischen Peer-Beziehungen zu unterscheiden (vgl. Oevermann 1996: 146ff., 2000, 2001; Youniss 1994; Krappmann/Oswald 1995). Denn im Unterschied zu den durch Komplementarität und Asymmetrie gekennzeichneten sozialisatorischen Interaktionen zwischen Eltern und Kindern sowie zwischen Professionellen und Heranwachsenden ist die Vergemeinschaftung der Peers durch symmetrische und reziproke Beziehungsmuster charakterisiert. Insbesondere für die Herausbildung symmetrisch-kooperativer Kommunikation und moralischer Strukturen unter prinzipiell Gleichen ist die Peer-Interaktion unersetzbar, „weil sich natürlich die Gleichaltrigen viel leichter und gewissermaßen anschaulicher symmetrisch in Gleichheit begegnen können. (…) Mit den Eltern kann man soziale Kooperation nicht lernen. Man muss dafür Bezugspersonen außerhalb der ödipalen Triade, außerhalb der Familie haben." (Oevermann 2000: 15) Damit leistet die sozialisatorische Peer-Interaktion einen unersetzbaren Beitrag zur Herausbildung kooperativ-symmetrischer Interaktion und demokratischer Vergemeinschaftung. Dies geht mit einer Skepsis gegenüber einer „Pädagogisierung" der

Peer-Beziehungen einher, weil dadurch diese sozialisatorisch unersetzbare symmetrische Struktur asymmetrisch durchdrungen und in ihrer sozialisatorischen Potenzialität gebrochen wird. Für die schulischen Zusammenhänge ergibt sich daraus eine doppelte Bedeutung der Peers: Zum einen stellen sie – als zentraler Adressat des pädagogischen Arbeitsbündnisses – eine „Neugierigen-Gemeinschaft" dar, in der die gegenseitige Unterstützung im Sinne einer „tutorialen Lernkultur" (Oevermann 1996: 176) zentral ist. Zum anderen bilden sie innerhalb des schulischen und auch außerschulischen Zusammenhangs eine eigenständige Peerkultur, der die wichtige sozialisatorische Bedeutung zukommt, „den Schülern gerade auch im Konflikt mit den Lehrern und in der Auflehnung gegen sie" (ebd.: 147) einen Zuwachs an Autonomie und Einzigartigkeit zu eröffnen. Dies wird über die Sozialisationsinstanz der Schule hinaus auf die generelle Bedeutung der jugendlichen Peer-Vergemeinschaftung für die vierte Individuationskrise der Adoleszenz bezogen. Denn für die Herauslösung aus den kindlich erworbenen Haltungen ist die Einbettung in jugendkulturelle Generationszusammenhänge bedeutsam. Die Erprobung von nonkonformen, rebellischen und provokanten Möglichkeiten „richtet sich natürlich auch gegen die kindlichen Bindungen an das Elternhaus und lockert diese zugunsten der individuellen Autonomie. (…) dieser Entwurf von Einzigartigkeit muß also zugleich eine Verwurzlung im Kollektivitätsentwurf der Adoleszenten als einer eigenen Generation erhalten." (Oevermann 2001: 109). Damit gewinnt die Peerkultur einen unersetzbaren Stellenwert in der sozialisatorischen Herausbildung der Auseinandersetzung mit den familiären und institutionellen Zusammenhängen der eigenen Lebensgeschichte und der Generierung eines eigenen, individuellen Habitus im Durchgang durch die Adoleszenzkrise.

2   Exemplarische Einblicke in die rekonstruktiv-strukturtheoretische Sozialisations- und Bildungsforschung

Die empirische Forschung zu Sozialisations- und Bildungsprozessen im Anschluss an den strukturtheoretischen Ansatz hat sich inzwischen ausdifferenziert und umfasst verschiedene Bereiche: etwa schulische und unterrichtliche Bildungsprozesse (s. u.), sozialpädagogische Handlungszusammenhänge (vgl. etwa Nölke 1996; Müller 1996; Nagel 1997; Steinert/Müller 2002), Professionalisierung und professionelle Bildungsprozesse (vgl. etwa zur Lehrerprofessionalität Combe/Buchen 1996, 2005; Fabel-Lamla 2004; Hoff 2005; Herricks 2006; Wernet 2006b, 2009; Ohlhaver 2009; Kunze 2009), familiäre Sozialisation (vgl. Oevermann u. a. 1976; Allert 1981, 1998; Hildenbrand u. a. 1992), jugendkulturelle Vergemeinschaftung und jugendliche Habitusbildung (vgl. Schöll 1992; Wensierski 1994; Oevermann 1984, 1985, 1998; Böhme 2003, 2006a; Hagedorn 2004, 2008) auch in historischer Perspektive (vgl. etwa Stelmaszyk 2002), um nur einige Bereiche zu nennen. Im Folgenden werden einige Forschungsfelder – mit einem Schwerpunkt auf schulischer und jugendlicher Sozialisation – knapp skizziert.

2.1 Schulische Unterrichts- und Bildungsprozesse

Inzwischen liegen eine Reihe rekonstruktiver Studien zur Schule selbst, zum Fachunterricht und zu Unterrichtsprozessen vor (vgl. z. B. Koring 1989; Combe/Helsper 1994; Hollstein u. a. 2002; Gruschka u. a. 2003; Gruschka 2005, 2008, 2009; Meyerhofer 2005; Ohlhaver 2005; Geier 2006, 2010; Twardella 2008, Welzl 2009; Bender 2010; Böhme/Hermann 2011).

Einerseits verdeutlichen diese Studien, dass es sich im Unterrichtsgeschehen um routinisierte Ablaufmuster handelt, in denen der Fortgang des Unterrichts – insbesondere unter aktiver Beteiligung der Schüler – gesichert wird (vgl. Combe/Helsper 1994; Hollstein u. a. 2002: 160 ff.; Meseth u. a. 2004; Gruschka 2009). Andererseits können diese Studien zeigen, wie in den eingeschliffenen Kommunikationsmustern des Unterrichts der bildende Gehalt der Sache und die Vermittlung zwischen Person und Sache gebrochen oder zur „Störung" der Unterrichtsroutine wird. Unterricht funktioniert in dem Sinne, dass die Routinen nicht zusammenbrechen, aber um den Preis sachhaltiger Bildung. So kann Combe am Beispiel von „Jazz im Unterricht" verdeutlichen (vgl. Combe/Helsper 1994: 183 ff.), dass das starre Festhalten an intentionalen didaktischen Planungen den Modus ästhetisch-offener Erfahrung bricht und sich lediglich in einem Unterrichtsverlauf, in dem Zeit gelassen wird und die Alltagsspekulationen der Schüler zum Tragen kommen, Momente ästhetisch-kreativer Bildung zeigen (vgl. zum Kunstunterricht auch Gruschka 2009). Auch Bender (2010) kann im Rahmen einer Schulkulturstudie zu einer kunstprofilierten Grundschule anhand exemplarischer Fallrekonstruktionen von Grundschulkindern die bildenden Potenziale des Ästhetischen im Kunstunterricht verdeutlichen. Zwar wird der imaginierte Anspruch, dass die Schule einem Modus der „Krise durch Muße" im Unterricht genügen soll, vielfältig gebrochen. Dennoch zeigt sich insbesondere für Kinder, die durch eine starke Leistungsethik gekennzeichnet sind, dass in den ästhetischen Ausdruckgestalten der künstlerischen Produktion wesentliche bildende Momente enthalten sind.

Bezüglich der Bearbeitung des Themas Holocaust im Unterricht (vgl. Hollstein u. a. 2002; Meseth u. a. 2004) wird deutlich, dass dieses Thema hinsichtlich seiner moralischen Aufgeladenheit und seines Sonderstatus in einer besonderen Spannung zur Form Unterricht steht (für interkulturelle Unterrichtsthemen vgl. Geier 2007, 2010). Es kommt zu einer Inszenierung und Aufführung von Unterricht und lediglich zur Reproduktion einer vorgängigen „Einübung in die sozial gültig gemachten Redeweisen" (Hollstein u. a. 2002: 167). Erst wenn der gewohnte Modus der Kommunikationsform Unterricht verlassen wird, kann eine Form des Wissens eröffnet werden, die nicht als feststehendes Vermittlungswissen fungiert und damit forschende Züge besitzt. Dessen Ausnahmecharakter in den Unterrichtsroutinen kann auch Welzl (2009) in einer objektiv-hermeneutischen Analyse zur sachbezogenen Schülerfrage im Unterricht verdeutlichen. Diese ist erstens ein seltenes Ereignis und weist zweitens darüber hinaus in den verschiedensten Unterrichtsfächern eine wiederkehrende Struktur auf: Sie wird quasi entschuldigend, als „Ausnahme von der Regel", als Störung des selbstverständlichen Unterrichtsgeschehens eingeführt, was darauf verweist, dass in der Perspektive der Schüler die sachbezogene Frage – in der Interesse und Neugierde ihren Ausdruck finden – als Störung des Unterrichts erscheint.

Dies resultiert daraus, dass nicht „das vermeintlich Anspruchsvollste: die erkenntnis- und wissenschaftstheoretische Fundierung der Sache" (Gruschka 2009: 481) im Zentrum des Unterrichts steht, sondern vielmehr ein Überhang der Didaktisierung, in der Schüler im Sinne eines pädagogischen Pessimismus (Twardella 2008) als ständig überfordert, wenig sach- und interessenorientiert defizitär konstruiert werden. An die Stelle klar strukturierter sachhaltiger Aufforderungen – so sind Schüler anstelle der Auseinandersetzung mit der Sache häufig mit der Klärung dessen beschäftigt, was Lehrer eigentlich von ihnen wollen – treten didaktisierte Surrogate und Zurichtungen der Sache im Sinne von Vereinfachung, Schematisierung oder Umarbeitung, die zur Verunklarung und zur Unterforderung der Schüler tendieren (vgl. Gruschka 2009: 487 ff.). Dabei wird deutlich, dass es häufig nicht die Schüler sind, die die Auseinandersetzung mit der Sache erschweren (vgl. Koring 1989; Combe/Helsper 1994; Gruschka 2009; Twardella 2008). Vielmehr besteht auch in krisenhaften Situationen des Unterrichts die Bereitschaft auf Seiten der Schüler, die Unterrichtsprozesse mit zu tragen und als an der Sache orientierte „stellvertretende Krisenlöser" (vgl. Helsper/Hummrich 2008) den Unterricht zu stützen.

Auch in Unterrichtsstunden, die durch eine proklamierte Schülerorientierung gekennzeichnet sind, ergeben sich erhebliche Probleme in der bildenden Aneignung der Sache durch die Schüler: So konnte schon Koring (1989) auf die Paradoxie einer Aufforderung der Schüler zur eigenständigen sachbezogenen Auseinandersetzung und einer in der Form der Unterrichtsgestaltung und des Lehrerhandelns ruhenden Verunklarung der Sache und des Umschlagens in Dominanz im Unterrichtsgeschehen verweisen. Und Gruschka stellt fest, dass in vielen Unterrichtsstunden, in denen die Schüler aufgefordert werden, von „selbst darauf zu kommen", eigenständig etwas zu erarbeiten, in Gruppenarbeit zu diskutieren und eigenständig zu präsentieren (Gruschka 2009: 479 ff., 487 ff.), die Orientierung, möglichst alle zu Wort kommen zu lassen und die Form der Präsentation im Zentrum stehen, nicht aber die sachhaltige Auseinandersetzung mit den Inhalten selbst. So bleibt die Auseinandersetzung mit den Sachbezügen teilweise resonanzlos und problematische, falsche und in Form bloßer Meinungen artikulierte Sachvorstellungen unkommentiert. Trotz Schüleraktivierung bleibt die Bildung im Medium der Sache auf der Strecke.

Das wohl wichtigste Ergebnis dieser Studien ist, dass die Form Unterricht und die typischen Strukturen der Unterrichtskommunikation häufig routinisiert ablaufen, sodass Tenorth zuzustimmen ist, „dass Unterricht alltäglich geschieht, nicht nur scheitert, sondern Leistungen zeigt, die ihm und dem Handeln der Lehrer zuzurechnen sind" (Tenorth 2006: 583). Allerdings ergibt sich in gleicher Deutlichkeit, dass der Lauf der Unterrichtsroutine zugleich in vielfältigen Formen keine bildende Auseinandersetzung mit der Sache generiert, sodass Unterricht und Bildung in einem Spannungsverhältnis stehen.

2.2 Arbeitsbündnisse, pädagogische Antinomien und Entgrenzung

Das Konzept der „widersprüchlichen Einheit" (Oevermann 1996) bzw. der pädagogischen Antinomien (vgl. Helsper 2004) ist in der Rekonstruktion von Schul- und Unterrichtsszenen ausdifferenziert und inzwischen ansatzweise in ein idealtypisches Modell des pädagogischen Arbeitsbündnisses übersetzt worden (vgl. Helsper u. a. 2007, 2009; Helsper/Hummrich 2008). Besonders systematisch ist die Antinomie von Autonomie und Heteronomie und ihre Strukturvarianten rekonstruiert worden (vgl. Helsper u. a. 2001; Helsper 1996; Helsper u. a. 2006): Mit der „Negation der Schülerautonomie" und der „reproduktiven oder teleologischen Autonomie" – also sich aktiv das vorgegeben Richtige zu erarbeiten – wird die bereits entfaltete Autonomie von Schülern negiert. Diese Formen finden sich in paternalistischen oder stark autoritativen Schulkulturen. In reform- und schülerorientierten Schulkulturen finden sich eher Formen, die mit der Hochschätzung von Schülerautonomie einhergehen: In der „simulierten Autonomie" werden Schüler – entsprechend dem hohen Autonomieideal – in Situationen, in denen Entscheidungen bereits gefallen sind, „scheinbar" in Entscheidungen einbezogen, also eine Art „Als-ob Autonomie" inszeniert. Hier zeigen sich auch Varianten einer „verordneten Autonomie", also dem subtilen Zwang entsprechend dem schulischen Ideal autonom sein zu müssen. Das kann sich mit der „entlastenden Autonomie" verbinden: Lehrer verweisen die Schüler in einer instrumentellen Verwendung des Autonomieanspruchs auf sich zurück, obwohl diese Unterstützung benötigen. In stark um Fürsorge zentrierten Schulkulturen finden sich Varianten einer „Erzeugung von Autonomie durch pädagogische Stützung", die aber zugleich von einer personalisierten Abhängigkeit und Anhänglichkeit der Schüler gekennzeichnet sind. Daneben sind in verschiedenen Schulkulturen Formen der „disziplinierenden Autonomieverwendung" – Selbständigkeit wird für Wohlverhalten gewährt und sanktionierend wieder entzogen – und der „kontrollförmigen Autonomie" – Schüler werden aufgefordert eigenverantwortlich Mitschüler zu kontrollieren – zu finden. Diese vielfältigen Varianten der Verstrickung in die Autonomieantinomie verweisen darauf, dass deren reflexive Handhabung schwierig ist, was sich in den organisationsförmigen Zwängen der Schulpflicht (vgl. Oevermann 1996) in Verbindung mit Autonomieidealen potenziert.

Auch für die Antinomie von Nähe und Distanz liegen Rekonstruktionen vor. Diese oszilliert zwischen einer starken Sach- und Distanzorientierung, in der die Vermittlung mit der Person und den diffusen Bezügen der Schüler tendenziell fehlschlägt und andererseits Schulkulturen, die eine starke Person- und Näheorientierung aufweisen (vgl. Helsper u. a. 2007, 2009; Idel 2007, 2008; Grashoff 2008), in denen Verstrickungen in Näheversprechen im Vordergrund stehen. Dabei zeigt sich, dass in derartigen Schulkulturen in harmonischen Passungen diffuse Bezüge der Schüler aufgenommen und implizit-therapeutisch gewendet werden können. Zweitens deuten sich darin aber auch diffuse Verstrickungen an, wenn die Grenzziehung von Seiten der Lehrkräfte nicht reflexiv erfolgt. Drittens findet sich dann eine starke, tendenziell vergleichgültigte Distanz zwischen Schülern und Lehrern, wo das näheorientierte Versprechen enttäuscht wird. Und viertens lassen sich affektive Entgleisungen von Lehrern rekonstruieren, etwa wenn Schüler Distanz wünschen und Individuationsprozesse in der Frühadoleszenz zur Distanzierung führen, was von an Nähe orientierten Lehrkräften als persönliche Zurückweisung gedeutet wird.

Insbesondere Wernet kann zeigen, wie stark das Lehrerhandeln dazu neigt, die universalistische Distanz zu verlieren (vgl. Wernet 2003, 2005, 2006a). Diese als „Entgrenzung" bezeichnete Verletzung der professionellen Abstinenz, in der Lehrkräfte Schüler kränken, infantilisieren, etikettieren und damit in die schulische Interaktion selbst diffuse Dynamiken einbringen, erklärt Wernet mit einer kompensatorisch gegen die organisationsförmige Distanz gerichteten person- und nähezentrierte Aufladung durch die Lehrer. Dies kann zweitens aber auch damit einhergehen, dass Lehrer sich angesichts von Erfahrungen des Scheiterns im Unterricht einer prekären Situierung im Kollegium bzw. einer Destabilisierung in Professionalisierungsprozessen durch diffus auf die Person der Schüler zielende Schuldzuweisungen entlasten bzw. diese im Sinne emotionaler Übergriffe zu ihrer Stabilisierung verwenden (vgl. Helsper u. a. 2009: 358 ff.). In einem Kulturvergleich zwischen deutschen und US-amerikanischen Schulen arbeitet Rademacher (2009) eine dritte Erklärung heraus: In der Rekonstruktion des ersten Schultages und der Begrüßung der Erstklässler kann sie zeigen, dass sich in den deutschen Begrüßungen immer wieder Ambivalenzen rekonstruieren lassen. Die ersten Schultage in den USA weisen demgegenüber eine klare organisatorische Struktur auf, in der die Schule mit ihren Forderungen im Zentrum steht. Rademacher deutet dies als Ausdruck unterschiedlicher Berufskulturen im Rahmen nationaler Kulturen. Während die Berufskultur der deutschen Lehrer durch eine kritische Haltung zur Institution und einer Orientierung am Kind gekennzeichnet sei, sei die Berufskultur der Lehrer in den USA durch eine Identifikation mit der universalistischen Leistungsorientierung und der Organisation bestimmt. Damit werden als Ergebnis dieser Studie antinomische Strukturen im pädagogischen Handeln durch spezifische Berufskulturen erklärt (vgl. für Schulkulturen Helsper u. a. 2009).

2.3 Soziale Ungleichheit im Zusammenspiel von Schulkarriere, Schulkultur und familiärem Generationstransfer

Obwohl die Anfänge der strukturalen Bildungssoziologie bei Oevermann in Studien zum Zusammenhang von Familie, Sprachcodes und Schulerfolg wurzeln (vgl. Oevermann 1972), sind Perspektiven der Bildungsungleichheit und der schulischen Karriere-

und Biographieverläufe erst in den letzten Jahren in einer strukturtheoretischen Perspektive verstärkt in den Blick genommen worden. So wenden sich etwa Wernet und Silkenbeumer (2012) der Rekonstruktion schulischer Aufstiegsbiographien von der Realschule auf die gymnasiale Oberstufe zu. Im Rückgriff auf Bourdieu und dessen These, dass die zunehmende Bildungsexpansion ehemals schulferne soziale Gruppierungen immer stärker zu einer Involvierung in das schulische Spiel zwingt und zu „intern Ausgegrenzten" werden lässt (vgl. Bourdieu u. a. 1997: 527 ff.), wenden sie sich Aufstiegskarrieren von Jugendlichen zu, „die der Schule als solcher, ihren Wissensbeständen und ihrem Vermittlungsanspruch, ihrem Stil der kognitiven Schulung, ihrer Prämierung von Lernbereitschaft und Lernanstrengung, ihren lebensdisziplinierenden Eingriffen kaum etwas abgewinnen können" (Silkenbeumer/Wernet: 9) und die sich dennoch nicht von der Schule abzuwenden vermögen. Darin wird der jugendliche Typus „eines angestrengt-verkrampften schulischen Erfolgsstrebens" (ebd.: 91) rekonstruiert, für den der Schulbezug fremd und lediglich Mittel zum Zweck bleibt, nicht wirklich in die eigenen Selbst- und Identitätsentwürfe eingearbeitet werden kann und der vor allem durch Belastungen und Spannungen gegenüber schulischen Anforderungen gekennzeichnet ist. Diese angestrengt-angespannten Aufstiegsmuster stehen in der Individuationskrise der Adoleszenz eher für eine Behinderung der Entfaltung lebenspraktischer Autonomie, weil sie die Jugendlichen an ein ihnen fremd bleibendes, von außen auferlegtes und doch von ihnen zugleich zu erfüllendes schulisches Aufstiegsprojekt binden. Damit wird auch deutlich, dass die damit verbundenen hohen Scheiternsrisiken in diesen grundlegenden habituellen Passungsinkonsistenzen ruhen, die pädagogischen Interventionen kaum zugänglich sind. Darauf weisen – wenn auch hinsichtlich des Urteils der pädagogischen Ohnmacht vorsichtiger, weil die schulische Passung auch von der Ausgestaltung und den pädagogischen Kulturen der jeweiligen Schulen entscheidend mit konstituiert wird – auch Kramer u. a. (vgl. Kramer u. a. 2009; Kramer 2011) in einer mikroanalytischen Reformulierung des Bourdieuschen Habitusbegriffs hin, die bereits bei Zehnjährigen im Übergang von der Grundschule in die Schulformen der Sekundarstufe I grundlegende Bildungshabitus rekonstruieren können. Erst vor diesem habituellen Hintergrund sind die schulischen Übergangserfahrungen, die Passungen zu den verschiedenen Schulformen und die Chancen- und Risikopotenziale für die weitere Schullaufbahn zu begreifen.

Andere Studien wenden sich dezidiert den Passungsverhältnissen zwischen Jugendlichen und spezifischen schulkulturellen Ordnungen im Zusammenspiel mit familiären Konstellationen zu (vgl. Helsper u. a. 2001, 2009; Böhme 2000, 2006; Kramer 2002; Busse 2010; Hummrich 2011). Dabei kann für sehr unterschiedliche Schulen herausgearbeitet werden, dass sie keineswegs nur universalistische und spezifische Ordnungen darstellen, sondern – wie Bourdieu dies für das Verhältnis von primären, familiär erworbenen und dem sekundären, schulischen Habitus herausgearbeitet hat (vgl. Bourdieu/Passeron 1973) – zugleich partikularistische symbolische pädagogische Ordnungen repräsentieren. Diese unterscheiden sich zum einen darin, in welcher Deutlichkeit und „Härte" Leistung zum zentralen Bezugspunkt des Schulischen wird und zum zweiten dadurch, welche Haltungen, Selbst- und Identitätsformationen gefordert sind. Diese schulkulturellen Ordnungen konvergieren mit je milieuspezifischen Ordnungen des Habitus, sodass von Schulen als von Institutionen-Milieu-Komplexen gesprochen werden kann, die zentrale primäre Bezugsmilieus, sekundäre Milieus der schulischen „Konversion" und Abstoßungsmilieus aufweisen (vgl. Helsper u. a. 2009: 275 ff; Helsper 2009). In ihnen sind je spezifische Entwürfe genau passender, akzeptabler, noch tolerabler und nicht mehr akzeptabler Schülerhabitus enthalten. Erfolg und Versagen, Adelung und Ausschluss werden für Kinder und Jugendliche aus spezifischen Milieus und deren primären Habituskonfigurationen damit sowohl durch Leistung als auch durch die habituellen Passungen bzw. deren Zusammenspiel bestimmt (vgl. Kramer 2002; Hummrich 2011). Dabei zeigt sich, dass insbesondere auch das Zusammenspiel zwischen Familie und Schule, die Konstellation zwischen schulischen Arbeitsbündnissen und familiären Beziehungsstrukturen entscheidend für die Individuation Jugendlicher ist: So zeigen sich etwa auch bei starken homologen Passungen in „exklusiven" schulischen Räumen dann Individuierungshemmnisse, wenn grundlegende emotionale Anerkennungsprobleme in der Familie vorliegen und Schüler in den schulischen Ordnungen die Erfahrung machen, dass sie auch im schulischen Raum – teilweise entgegen dem institutionellen „Versprechen" – keine emotionale Anerkennung und Stabilisierung erfahren, bzw. auch dort, ähnlich wie in der Familie, lediglich für die optimale Präsentation der Schule „verwendet" werden (vgl. Helsper u. a. 2009; Hummrich 2011).

Vor allem die Studien von Busse (2010) und Sandring (2012) können einen strukturtheoretisch geschärften Blick auf Prozesse des Schulversagens, der Blockierung von Bildungswegen und der Behinderung von Individuierungsprozessen werfen. So kann Busse (2010) zeigen, wie aus dem Zusammenspiel einer an Gemeindekonformität orientierten ländlichen Sekundarschule und spezifischen familiären Milieus eine weitreichende Blockierung von weiterführenden Bildungsmöglichkeiten resultiert. Die Kinder des Dorfes zu erziehen und im Dorf zu halten – vor dem Horizont demographischer Einbrüche und Abwanderung – erzeugt auf Seiten der Schule haltende Bindekräfte und eine ausbleibende Unterstützung gegenüber individuellen Transformations- und Mobilitätswünschen der Jugendlichen, die dann zu einer Individuierungsblockade tendieren, wenn sie sich auch noch mit bindenden und delegierenden Familiendynamiken verklammern, in denen die Eltern die Heranwachsenden für ihre eigene Stabilisierung benötigen. Und Sandring (2012) kann anhand der Analyse einer großen Gesamtschule und deren – lediglich imaginär bleibenden – Versprechens, alle zu fördern und zu unterstützen, verdeutlichen, dass die Zusammenstellung von Klassen, in denen die „Problemschüler", die Wiederholer und die „kritischen Neuzugänge" zusammengefasst werden, geradezu zur Produktion weiteren Schulversagens beiträgt. Denn damit werden Jugendliche zusammengefasst, die – mit unterschiedlicher Deutlichkeit – durch gravierende emotionale familiäre Anerkennungsprobleme und tendenziell schulfremde und wenig bildungsunterstützende familiäre Milieus gekennzeichnet sind. Je deutlicher die Probleme emotionaler Anerkennung ausgeformt sind, je stärker diese grundlegende emotionale Anerkennungsbedürftigkeit in den schulischen Raum hineingetragen und dort im Sinne diffuser Anerkennungs- und Beziehungswünsche zum Ausdruck gebracht wird und als „Störung" in Erscheinung tritt, je deutlicher sich dies mit schulfremden familiären Milieus und ausbleibender familiärer Bildungsunterstützung verbindet und damit auch zum Ausfall individueller sozialer Anerkennung im schulischen Raum führt, um so eher setzt sich der Prozess des Schulversagens fort. Vor allem auch deswegen, weil die Schule damit hoch angespannte und extrem konflikthafte Klassenverbände erzeugt und das schulische Versprechen der Stützung und Förderung pädagogisch nicht eingelöst wird.

Strukturtheoretischen Studien zur Bildungsungleichheit gelingt es damit zusehends, den Blick für die differenzierten Prozesse, die spezifischen Raumkonstellationen und die Passungen zwischen schulkulturellen und milieuspezifischen Ordnungen im Zusammenhang mit anerkennungstheoretischen Perspektiven zu schärfen, die für die Mikroprozesse der Erzeugung von Bildungsungleichheit, von Exklusion und Zugehörigkeit und von Individuierungschancen bzw. deren Erschwerung bei Heranwachsenden bedeutsam sind.

3   Schluss: Desiderate und Perspektiven der strukturtheoretischen Bildungsforschung

Die strukturtheoretische Bildungsforschung besitzt somit vor allem ein großes Erkenntnispotenzial für die Rekonstruktion grundlegender Sozialisations- und Bildungsstrukturen, in denen die mikrologisch-rekonstruktive Erschließung singulärer Fälle mit typologischen Strukturgeneralisierungen systematisch verbunden werden kann. Die daraus resultierenden Erkenntnisse zu basalen Strukturen und Strukturvarianten der sozialisatorischen Interaktion und der sozialen Konstitution von Individuationsprozessen ist sicherlich eine der großen Stärken des strukturtheoretischen Ansatzes. Trotz dieser Verdienste bedarf es jedoch einer weiteren systematischen Forschung, um die Breite der Strukturvarianten besser ausleuchten und zu ausdifferenzierten Strukturgeneralisierungen kommen zu können. So sind etwa die folgenden Desiderate festzuhalten:

- Insbesondere zum zentralen Feld der Entstehung und Ausgestaltung von Bildungsungleichheit liegen – trotz einiger Studien (vgl. oben) – bislang keine systematischen Forschungen vor, die den Zusammenhang von Familie, Bildungsinstitutionen, professionellen Handlungsformen und Arbeitsbündnissen mit individuellen Bildungsprozessen und -abschlüssen differenziert über verschiedene Etappen des Bildungsverlaufs rekonstruieren.
- Das theoretische Modell der strukturellen Individuationskrisen ist bislang empirisch nicht hinreichend untersetzt. Hier bedürfte es insbesondere vertiefender Stu-

dien zur familiären Interaktion der sozialen Herausbildung der dyadischen und triadischen Struktur und insbesondere auch der Individuationsverläufe der Adoleszenzkrise im Zusammenspiel von Familie, Schule, Peers und Jugendkultur.

- Vor allem aber liegen bislang kaum rekonstruktive Längsschnittstudien zu biographischen Verläufen und Individuationsprozessen vor, in denen die zentrale Frage der Reproduktion und Transformation individuierter Fallstrukturen im Sinne eines genetischen Strukturalismus in den Blick genommen und Prozesse der sozialen Konstitution des Habitus und dessen Transformation rekonstruiert werden können.

- Daneben bestehen neue Felder, etwa die virtuellen medialen Welten, die bislang in ihrer sozialisatorischen und bildenden Qualität kaum (vgl. als erste Zugänge etwa Böhme 2006a, Hagedorn 2008) in den Blick strukturtheoretischer Rekonstruktionen gekommen sind.

Literatur

Allert, Tillmann (1981): Zur Dynamik der Interaktionstriade. Unveröffentlichte Dissertation. Frankfurt a. M.

Allert, Tillmann (1998): Die Familie. Fallstudien zur Unverwüstlichkeit einer Lebensform. Berlin/New York 1998: Walter de Gruyter.

Bender, Saskia (2010): Kunst im Kern von Schulkultur. Ästhetische Erfahrung und ästhetische Bildung in der Schule. Wiesbaden: VS Verlag.

Böhme, Jeanette (2000): Schulmythen und ihre imaginäre Verbürgung durch oppositionelle Schüler. Ein Beitrag zur Etablierung erziehungswissenschaftlicher Mythosforschung. Bad Heilbrunn: Klinkhardt.

Böhme, Jeanette (2003): Schülersubkulturen als lebenspraktischer Hiatus von Schulkulturen und Schülerbiographien. Exemplarische Rekonstruktionen zur enttäuschten Opposition eines Internatsgymnasiums. In: Merkens, Hans/Zinnecker, Jürgen (Hrsg.): Jahrbuch Jugendforschung. Opladen: Budrich und Leske, S. 155–172.

Böhme, Jeanette (2006a): Schule am Ende der Buchkultur. Medientheoretische Begründungen schulischer Bildungsarchitekturen. Bad Heilbrunn: Klinkhardt.

Böhme, Jeanette (2006b): Machtformationen medienkultureller Bildungsarchitekturen: Aura und Charismatisierung – Kopie und Standardisierung – Code und Regulierung. In: Zeitschrift für Pädagogik 52, H. 1, S. 27–36.

Böhme, Jeanette/Hermann, Ina (2011): Schule als pädagogischer Machtraum. Typologie schulischer Raumentwürfe. Wiesbaden: VS Verlag.

Bourdieu, Pierre/Passeron, Jean-Claude (1973): Grundlagen einer Theorie der symbolischen Gewalt. Frankfurt a. M.: Suhrkamp.

Bourdieu, Pierre u. a. (1997): Das Elend der Welt. Zeugnisse und Diagnosen alltäglichen Leidens an der Gesellschaft. Hamburg: UVK.

Bröckling, Ulrich (2007): Das unternehmerische Selbst. Frankfurt a. M.: Suhrkamp.

Busse, Susann (2010): Bildungsorientierungen Jugendlicher in Familie und Schule. Die Bedeutung der Sekundarschule als Bildungsort. Wiesbaden: VS Verlag.

Combe, Arno (2005): Lernende Lehrer – Professionalisierung und Schulentwicklung im Lichte der Bildungsgangforschung. In: Schenk, Barbara (Hrsg.): Bausteine einer Bildungsgang-theorie. Wiesbaden: VS Verlag, S. 69–91.

Combe, Arno/Helsper, Werner (1994): Was geschieht im Klassenzimmer? Weinheim: Deutscher Studienverlag.

Combe, Arno/Buchen, Silvia (1996): Belastung von LehrerInnen. Weinheim/München: Juventa.

Fabel-Lamla, Melanie (2004): Professionalisierungspfade ostdeutscher Lehrer. Biographische Verläufe und Professionalisierung im doppelten Modernisierungsprozeß. Wiesbaden: VS Verlag.

Geier, Thomas (2006): „Interkultureller Unterricht": Ordnungsstrukturen von Unterricht als Stiftung kultureller Zugehörigkeit? – Ein Beitrag aus rekonstruktionslogischer Perspektive. In: ZBBS 8, H. 1, S. 119–137.

Geier, Thomas (2011): Interkultureller Unterricht – Inszenierung der Einheit des Differenten. Wiesbaden: VS Verlag.

Grasshoff, Gunther (2008): Zwischen Familie und Klassenlehrer: Pädagogische Generationsbe-ziehungen jugendlicher Waldorfschüler. Wiesbaden: VS Verlag.

Gruschka, Andreas (2005): Auf dem Weg zu einer Theorie des Unterrichtens. Frankfurt a. M.: Frankfurter Beiträge zur Erziehungswissenschaft.

Gruschka, Andreas (2008): Präsentieren als neue Unterrichtsform. Opladen: Barbara Budrich.

Gruschka, Andreas (2009): Erkenntnis in und durch Unterricht. Empirische Studien zur Be-deutung der Erkenntnis und Wissenschaftstheorie für die Didaktik. Münster: Büchse der Pandora.

Gruschka, Andreas u. a. (2003): Innere Schulreform durch Kriseninduktion? Fallrekonstruktio-nen und Strukturanalysen zu den Wirkungen administriell verordneter Schulprogram-marbeit. Frankfurt a. M. (=Frankfurter Beiträge zur Erziehungswissenschaft).

Hagedorn, Jörg (2004): Entgrenzte Diskursarenen jugendkultureller Selbstthematisierung. Re-konstruktionen zur Transformation der Techno-Szene. In: Medien und Erziehung. Zeit-schrift für Medienpädagogik 22, H. 6, S. 46–57.

Hagedorn, Jörg (2008): Jugendkulturen als Fluchtlinien. Zwischen Gestaltung von Welt und der Sorge um das gegenwärtige Selbst. Wiesbaden: VS Verlag.

Helsper, Werner (1996): Antinomien des Lehrerhandelns in modernisierten pädagogischen Kul-turen. Paradoxe Verwendungsweisen von Autonomie und Selbstverantwortlichkeit. In: Combe, Arno/Helsper, Werner (Hrsg.): Pädagogische Professionalität. Frankfurt a. M.: Suhrkamp, S. 521–570.

Helsper, Werner (2004): Antinomien, Widersprüche, Paradoxien: Lehrerarbeit – ein unmög-liches Geschäft? Eine strukturtheoretisch-rekonstruktive Perspektive auf das Leh-rerhandeln. In: Koch-Priewe, Barbara/Kolbe, Franz-Ulrich/Wildt, Johannes (Hrsg.): Grundlagenforschung und mikrodidaktische Reformansätze zur Lehrerbildung. Bad Heilbrunn: Klinkhardt, S. 49–99.

Helsper, Werner (2007): Eine Antwort auf Jürgen Baumerts und Mareike Kunters Kritik am strukturtheoretischen Professionsansatz. In: Zeitschrift für Erziehungswissenschaft 10, H. 4, S. 567–581.

Helsper, Werner (2009): Schulkultur und Milieu – Schulkulturen als symbolische Ordnungen pädagogischen Sinns. In: Melzer, Wolfgang/Tippelt, Rudolf (Hrsg.): Kulturen der Bildung. Beiträge zum 21. Kongress der Deutschen Gesellschaft für Erziehungswissenschaft. Opla-den: Barbara Budrich, S. 155–177.

Helsper, Werner/Böhme, Jeanette/Kramer, Rolf T./Lingkost, Angelika (2001): Schulkultur und Schulmythos. Rekonstruktionen zur Schulkultur I. Opladen: Leske und Budrich.

Helsper, Werner u. a. (2006): Unpolitische Jugend. Wiesbaden: VS Verlag.

Helsper, Werner u. a. (2007): Autorität und Schule. Wiesbaden: VS Verlag.

Helsper, Werner/Hummrich, Merle (2008): Arbeitsbündnis, Schulkultur und Milieu. Reflexionen zu Grundlagen schulischer Bildungsprozesse. In: Breidenstein, Georg/Schütze, Fritz (Hrsg.): Paradoxien in der Reform der Schule. Ergebnisse qualitativer Sozialforschung. Wiesbaden: VS Verlag, S. 43–73.

Helsper, Werner/Kramer, Rolf T./Hummrich, Merle/Busse, Susann (2009): Jugend zwischen Familie und Schule. Eine Studie zu pädagogischen Generationsbeziehungen. Wiesbaden: VS Verlag.

Hericks, Uwe (2006): Professionalisierung als Entwicklungsaufgabe. Rekonstruktionen zur Berufseingangsphase von Lehrerinnen und Lehrern. Wiesbaden: VS Verlag.

Hoff, Walbruga (2005): Schulleitung als Bewährung. Ein fallrekonstruktiver Generationen- und Geschlechtervergleich. Opladen: Barbara Budrich.

Hildenbrand, Bruno u. a. (1992): Bauernfamilien im Modernisierungsprozeß. Frankfurt a. M: Campus.

Hollstein, Oliver u. a. (2002): Nationalsozialismus im Geschichtsunterricht. Beobachtungen unterrichtlicher Kommunikation. Frankfurt a. M.: Frankfurter Beiträge zur Erziehungswissenschaft.

Honneth, Axel (1992): Kampf um Anerkennung. Frankfurt a. M.: Suhrkamp.

Hummrich, Merle (2009): Bildungserfolg und Migration. Biographien junger Frauen in der Einwanderungsgesellschaft. 2. überarbeitete Auflage. Wiesbaden: VS Verlag.

Hummrich, Merle (2011): Jugend und Raum. Exklusive Zugehörigkeitsordnungen in Familie und Schule. Wiesbaden: VS Verlag.

Idel, Till Sebastian (2007): Waldorfschule und Schülerbiographie. Fallrekonstruktionen zur lebensgeschichtlichen Relevanz anthroposophischer Schulkultur. Wiesbaden: VS Verlag.

Idel, Till Sebstian (2008): Biographische Erfahrungen reformschulischer Entgrenzung – am Beispiel der Waldorfschule. In: Breidenstein, Georg/Schütze, Fritz (Hrsg.): Paradoxien in der Reform der Schule. Wiesbaden: VS Verlag, S. 313–327.

King, Vera (2004): Die Entstehung des Neuen in der Adoleszenz. Wiesbaden: VS Verlag.

Koring, Bernhard (1989): Eine Theorie pädagogischen Handelns. Theoretische und empirisch-hermeneutische Untersuchungen zur Professionalisierung der Pädagogik. Weinheim: Deutscher Studien Verlag.

Kramer, Rolf Torsten (2002): Schülerbiographie und Schulkultur. Rekonstruktionen zur Schulkultur II. Opladen: Leske und Budrich.

Kramer, Rolf Torsten (2011): Abschied von Bourdieu? Perspektiven ungleichheitsbezogener Bildungsforschung. Wiesbaden: VS Verlag.

Kramer, Rolf Torsten u. a. (2009): Selektion und Schulkarriere. Kindliche Orientierungsrahmen beim Übergang in die Sekundarstufe I. Wiesbaden: VS Verlag.

Krappmann, Lothar/Oswald, Hans (1995): Alltag der Schulkinder. Weinheim/München: Juventa.

Kunze, Katharina (2009): Professionalisierung als biographisches Projekt. Zum Verhältnis von professionellen Deutungsmustern und biographischen Ressourcen bei Klassenlehrerinnen und Klassenlehrern an Waldorfschulen. Unveröffentlichte Dissertation. Mainz.

Meseth, Wolfgang/Proske, Martin/Radtke, Frank-Olaf (Hrsg.): Schule und Nationalsozialismus. Anspruch und Grenzen des Geschichtsunterrichts. Frankfurt a. M./New York: Campus.

Meyerhöfer, Wolfram (2005): Tests im Test. Das Beispiel PISA. Opladen: Barbara Budrich.

Müller, Hermann J. (1996): ‚Dr. Dehm sagt, wir sind keine Psychotherapeuten.‘ Suchttherapie zwischen Sozialpädagogik/Sozialarbeit und Psychotherapie. In: Combe, A,./Helsper, W. (Hrsg.): Pädagogische Professionalität. Untersuchungen zum Typus pädagogischen Handelns. Frankfurt a. M.: Suhrkamp, S. 810–842.

Nagel, Ulrike (1997): Engagierte Rollendistanz. Professionalität in biographischer Perspektive. Opladen: Leske und Budrich.

Nölke, Eberhard (1996): Strukturelle Paradoxien im Handlungsfeld der Maßnahmen öffentlicher Ersatzerziehung. In: Combe, Arno/Helsper, Werner (Hrsg.): Pädagogische Professionalität. Untersuchungen zum Typus pädagogischen Handelns. Frankfurt a. M.: Suhrkamp, S. 649–678.

Oevermann, Ulrich (1972): Sprache und soziale Herkunft. Ein Beitrag zur Analyse schichtenspezifischer Sozialisationsprozesse und ihre Bedeutung für den Schulerfolg. Frankfurt a. M.: Suhrkamp.

Oevermann, Ulrich (1976): Programmatische Überlegungen zu einer Theorie der Bildungsprozesse und zur Strategie der Sozialisationsforschung. In: Hurrelmann, Klaus (Hrsg.): Sozialisation und Lebenslauf. Reinbek: Rowohlt, S. 34–52.

Oevermann, Ulrich (1979): Sozialisationstheorie. Ansätze zu einer soziologischen Sozialisationstheorie und ihre Konsequenzen für die allgemeine soziologische Analyse. In: Kölner Zeitschrift für Soziologie und Sozialpsychologie. Sonderheft 21. Opladen: Westdeutscher Verlag, S. 143–168.

Oevermann, Ulrich (1983): Zur Sache. Die Bedeutung von Adornos methodologischem Selbstverständnis für die Begründung einer materialen soziologischen Strukturanalyse. In: von Friedeburg, Ludwig/Habermas, Jürgen (Hrsg.): Adorno Konferenz. Frankfurt a. M.: Suhrkamp, S. 234–289.

Oevermann, Ulrich (1984): Neue Jugendsekten als Ort der Verweigerung von Lebenspraxis. In: Messner, Susanne/Pfeifer, Walter Karl/Weber, Matthias (Hrsg.): Beratung im Umfeld von Jugendreligionen. Göttingen: Vandenhoeck und Ruprecht, S. 113–120.

Oevermann, Ulrich (1988): Eine exemplarische Fallrekonstruktion zum Typus versozialwissenschaftlichter Identitätsformation. In: Brose, Hans Georg/Hildenbrand, Bruno (Hrsg.): Vom Ende des Individuums zur Individualität ohne Ende. Opladen: Leske und Budrich, S. 243–286.

Oevermann, Ulrich (1991): Genetischer Strukturalismus und das sozialwissenschaftliche Problem der Erklärung der Entstehung des Neuen. In: Müller-Doohm, Stefan (Hrsg.): Jenseits der Utopie. Frankfurt a. M.: Suhrkamp, S. 267–336.

Oevermann, Ulrich (1995): Ein Modell der Struktur von Religiosität. Zugleich ein Strukturmodell von Lebenspraxis und sozialer Zeit. In: Wohlrab-Sahr, Monika (Hrsg.): Biographie und Religion. Zwischen Ritual und Selbstsuche. Franfurt a. M./New York: Campus, S. 27–102.

Oevermann Ulrich (1996): Theoretische Skizze einer revidierten Theorie professionalisierten Handelns. In: Combe, Arno/Helsper, Werner (Hrsg.): Pädagogische Professionalität. Untersuchungen zum Typus pädagogischen Handelns. Frankfurt a. M.: Suhrkamp, S. 70–183.

Oevermann, Ulrich (1998): Zur sinnlogischen Erklärung und öffentlichen Interpretation von Phänomenen der Gewalt und des Rechtsextremismus bei Jugendlichen. Zugleich eine Analyse des kulturnationalen Syndroms. In: König, Hans-Dieter (Hrsg.): Sozialpsychologie des Rechtsextremismus. Frankfurt a. M.: Suhrkamp, S. 83–125.

Oevermann, Ulrich (2000): Der Stellenwert der „peer-group" in Piagets Entwicklungstheorie. Ein Modell der sozialen Konstitution der Ontogenese. In: Katzenbach, Dieter/Steenbuck, Olaf (Hrsg.): Piaget und die Erziehungswissenschaft heute. Bern u. a.: Peter-Lang, S. 25–46.

Oevermann, Ulrich (2001): Die Soziologie der Generationsbeziehungen und der historischen Generationen aus strukturalistischer Sicht und ihre Bedeutung für die Schulpädagogik.

In: Kramer, Rolf T./Helsper, Werner/Busse, Susann (Hrsg.): Pädagogische Generationsbeziehungen. Opladen, S. 78–126.

Oevermann, Ulrich (2002): Professionalisierungsbedürftigkeit und Professionalisiertheit pädagogischen Handelns. In: Kraul, Margret/Marotzki, Winfried/Schweppe, Cornelia (Hrsg.): Biographie und Profession. Bad Heilbrunn: Klinkhardt, S. 19–64.

Oevermann, Ulrich (2004): Sozialisation als Prozess der Krisenbewältigung. In: Geulen, Dieter/Veith, Hermann (Hrsg.): Sozialisationstheorie interdisziplinär. Aktuelle Perspektiven. Gießen: Lucius & Lucius, S. 155–183.

Oevermann, Ulrich (2008). Profession contra Organisation? Strukturtheoretische Perspektiven zum Verhältnis von Organisation und Profession in der Schule. In: Helsper, Werner/Busse, Susann/Hummrich, Merle/Kramer, Rolf T. (Hrsg.): Pädagogische Professionalität in Organisationen. Wiesbaden: VS Verlag, S. 55–79.

Oevermann, Ulrich (2009): Die Problematik der Strukturlogik des Arbeitsbündnisses und der Dynamik von Übertragung und Gegenübertragung in einer professionalisierten Praxis von Sozialarbeit. In: Becker-Lenz, Rolf/Busse, Stefan/Ehlert, Gudrun/Müller, Silke (Hrsg.): Professionalität in der sozialen Arbeit. Wiesbaden: VS Verlag, S. 113–143.

Oevermann, Ulrich u. a. (1976): Beobachtungen zur Struktur der sozialisatorischen Interaktion.

Ohlhaver, Frank (2005): Schulwesen und Organisation. Gestalt und Problematik staatlicher Schulregulierung. Wiesbaden: VS Verlag.

Ohlhaver, Frank (2009): Der Lehrer „riskiert die Zügel des Unterrichts aus der Hand zu geben, da er sich nur auf die Thematik der Schüler einlässt". Typische Praxen von Lehramtsstudenten in fallrekonstruktiver pädagogischer Kasuistik. In: Pädagogische Korrespondenz, H. 39, S. 21–46.

Parsons, Talcott (1981): Sozialstruktur und Persönlichkeit. Frankfurt a. M.: EVA.

Rademacher, Sandra (2009): Der erste Schultag. Pädagogische Berufskulturen im deutsch-amerikanischen Vergleich. Wiesbaden: VS Verlag.

Sandring, Sabine (2012): Schulversagen und Anerkennung. Scheiternde Schulkarrieren im Spiegel der Anerkennungsbedürfnisse Jugendlicher. Wiesbaden: VS Verlag.

Steinert, Erika/Müller, Hermann (2002): Grenzüberschreitende Zusammenarbeit, Ausbildung, berufliche Sozialisation und professionelles Verständnis ostdeutscher Sozialarbeiterinnen. Herbolzheim: Centaurus Verlag.

Stelmaszyk, Bernhard (2002): Rekonstruktionen von Bildungsgängen preußischer Gymnasiasten sowie der zugehörigen Lehrergutachten aus Reifeprüfungsverfahren der Jahre 1926–1946. Unveröff. Habilitationsschrift. Mainz.

Tenorth, Heinz.Elmar (2006): Professionalität im Lehrberuf. Ratlosigkeit der Theorie, gelingende Praxis. In: Zeitschrift für Erziehungswissenschaft 9, H. 4, S. 580–598.

Twardella, Johannes (2008): Pädagogischer Pessimismus. Eine Fallstudie zu einem Syndrom der Unterrichtskultur an deutschen Schulen. Frankfurt a. M.: Humanities Online.

Wagner, Hans Josef (1998): Eine Theorie pädagogischer Professionalität. Weinheim: Deutscher Studienverlag.

Wagner, Hans Josef (2004a): Sozialität und Reziprozität. Strukturale Sozialisationstheorie I. Frankfurt a. M.: Humanities Online.

Wagner, Hans-Josef (2004b): Krise und Sozialisation. Strukturale Sozialisationstheorie II. Frankfurt a. M.: Humanities Online.

Welzl, Thomas (2009): „Eine Frage" – zur interaktionslogischen Stellung von Schülerfragen im Unterricht. Unveröffentlichtes Vortragsmanuskript auf der Tagung „Beiträge interpretativer Unterrichtsforschung zu einer Theorie des Unterrichts" vom 2. bis 4. 10. 2009 in Kloster Drübbeck. Hannover.

Wernet, Andreas (2000): ‚Wann geben Sie uns die Klassenarbeiten wieder?' Zur Bedeutung der Fallrekonstruktion für die Lehrerbildung. In: Kraimer, Klaus (Hrsg.): Die Fallrekonstruktion. Sinnverstehen in der sozialwissenschaftlichen Forschung. Frankfurt a. M.: Suhrkamp, S. 275–301.

Wernet, Andreas (2003): Pädagogische Permissivität. Schulische Sozialisation und pädagogisches Handeln jenseits der Professionalisierungsfrage. Opladen: Leske und Budrich.

Wernet, Andreas (2005): Über pädagogisches Handeln und den Mythos seiner Professionalisierung. In: Pfadenhauer, Michaela (Hrsg.): Professionelles Handeln. Wiesbaden: VS Verlag, S. 125–147.

Wernet, Andreas (2006a): Hermeneutik – Kasuistik – Fallverstehen. Stuttgart: Kohlhammer.

Wernet, Andreas (2006b): „Mann kann ja sagen, was man will: es ist ein Lehrer-Schüler-Verhältnis. Eine fallanalytische Skizze zu Kollegialitätsproblemen im Referendariat. In: Schuberth, Wilfried/Pohlenz, Philipp (Hrsg.):Qualitätsentwicklung und Evaluation in der Lehrerbildung. Die zweite Phase: Das Referendariat. Potsdam: Universitätsverlag Potsdam, S. 193–209.

Wernet, Andreas (2009): Konformismus statt kollegiale Anerkennung: Fallstudien zur Ausbildungskultur im Referendariat am Beispiel von Beurteilungen. In: Pädagogische Korrespondenz, H. 39, S. 46–64.

Wernet, Andreas/Silkenbeumer, Mirja (2012): Die Mühen des Aufstiegs: Von der Realschule zum Gymnasium. Fallrekonstruktionen zur Formierung des Bildungsselbst. Opladen: Barbara Budrich.

Youniss, James (1994): Soziale Konstruktion und psychische Entwicklung. Frankfurt a. M.: Suhrkamp.

Zinnecker, Jürgen (1987): Jugendkultur 1949–1985. Opladen: Leske und Budrich.

Das sozialisationstheoretische Paradigma

Ullrich Bauer

Der vorliegende Beitrag soll verdeutlichen, wie sich das sozialisationstheoretische Paradigma in den vergangenen Jahrzehnten entwickelt hat und welcher Bezug zur Bildungs- und Erziehungssoziologie damit hergestellt wurde. Dabei werden – im Kern der Darstellung – die grundlegenden Theoriestränge und Themen der Sozialisationsforschung rückverfolgt. Zunächst (1.) steht der Paradigmenwechsel von der Struktur- zur Subjektorientierung im Mittelpunkt. Nachfolgend wird deutlich gemacht, welche Entwicklungen die Sozialisationsforschung seit den 1980er Jahren charakterisieren, obwohl diese bildungs- und erziehungssoziologisch zumeist nicht berücksichtigt wurden. Diskutiert werden (2.) Kernelemente jener Theoriestränge (der interaktionstischen Tradition und der Soziologie Bourdieus), denen zugetraut wird, wichtige Lücken in einer Theorie der Sozialisation zu schließen. Abschließend (3.) wird ein aktueller Diskussionsstand formuliert, an den Perspektiven der Bildungs- und Erziehungssoziologie angeschlossen werden können.

1 Der Paradigmenwechsel in der Sozialisationsforschung

Die Gleichsetzung von Sozialisation mit dem Prozess der Anpassung an vorgegebene soziale Strukturen stellt zunächst das Hauptmotiv einer vor allem soziologisch geprägten Sozialisationsforschung dar. Das Leitmotiv der Integration von Heranwachsenden in ein soziales Gefüge war mit der Frage verbunden, wie Menschen die grundlegenden Kompetenzen erwerben, um in einer sozialen Gruppe handeln zu können. Entsprechend bestimmt eine der ältesten bekannten Definitionen aus dem Oxford Dictionary of the English Language aus dem Jahre 1828 Sozialisation als „to render social, to make fit for living in society." Die damit verbundene Stoßrichtung blieb bis in die Zeit nach dem zweiten Weltkrieg die Frage der gesellschaftlichen Strukturreproduktion. Diese wurde durch unterschiedlich dominierende Strömungen in der Soziologie, wie dem Strukturfunktionalismus und den materialistisch-marxistischen Ansätzen, gleichermaßen gestützt, womit das Sozialisationsparadigma ab der Mitte des 20. Jahrhunderts zu einem Kernbestandteil soziologischer Theoriebildung gehörte (Veith 2008; Hörner, Drinck/Jobst 2008; Tillmann 2010).

Diese generelle Vorstellung der *Prägewirkung* durch Umfeldbedingungen, die bis in die 1960er Jahre hinein sozialisationstheoretische Ansätze dominierte, wurde mehr und mehr zurückgedrängt. Insbesondere die Kritik an strukturfunktionalistisch inspirierten Strömungen in den Sozialwissenschaften hat dieses Grundverständnis von Sozialisation verändert. Zunächst wurde damit das vorherrschende Konformitätsmodell der funktionalistischen Rollentheorie aufgeweicht (durch die Vertreter einer kritischen Rollentheorie), wonach der einzelne Akteur immer nur als eine Art Anhängsel gesellschaftlicher Strukturen galt. Diese Vorstellung ist als Illusion der gesellschaftlichen Übersozialisierung früh kritisiert (Wrong 1961; Wurzbacher 1963), aber erst später, ab dem Ende der 1970er Jahre, tatsächlich verworfen worden.

1.1 Vom Vergesellschaftungs- zum Individuationspol

Mit der Zurückweisung der Hintergrundannahme lediglich passiver Subjektivität entwickelt sich in der Sozialisationsforschung ab dem Ende der 1970er Jahre eine antideterministische Tendenz. Insbesondere der Aspekt der gesellschaftlichen Prägung und der Anpassung an vorgegebene soziale Strukturen, der grosso modo als „Vergesellschaftung" verstanden wurde, wird mehr und mehr relativiert. An seine Stelle tritt ein Leitverständnis von Sozialisation als „Individuation", als Entwicklung zu einer autonomen, sich selbst steuernden Persönlichkeit. Die Perspektive auf die Entwicklung von Persönlichkeitsmerkmalen, Fähigkeiten und Kompetenzen, um eigenständig und autonom zu handeln, besitzt – nicht zufällig – seine Verankerung in der psychologisch orientierten Diskussion (als ein Leitmotiv „Individuals as producers of their development", Lerner/Busch-Rossnagel 1981). In weiten Teilen der sozial- und erziehungswissenschaftlichen Debatte wird die ältere Annahme des voll integrierten, aber passiven Akteurs durch das Konzept des aktiv handelnden Subjekts ersetzt (das „Modell des produktiv realitätsverarbeitenden Subjekts" hierfür stellvertretend, Hurrelmann 1983). Individuation ist mit der Vorstellung eines im Austausch mit der Außenwelt sich erkennenden und selbst reflektierenden Wesens verknüpft. Nicht nur die gesellschaftliche Umwelt nimmt also Einfluss auf die Person, auch das einzelne Subjekt wirkt in einem Verhältnis der Reziprozität (= Wechselseitigkeit) auf sein Umfeld zurück. Sozialisation bezeichnet somit einen lebenslangen Prozess der Interaktion des Einzelnen mit seiner sozialen, personalen und gegenständlichen Umwelt (hierzu ausführlich Bauer 2011).

Der Wechsel von der Vergesellschaftungs- zur Individuationsperspektive, der in fast allen Basisentwürfen zur Theoriebildung vollzogen wird (der Ansatz von Jürgen Habermas als zentrale Ausnahme, vgl. Bauer 2006), ist zugleich ein Wandel der Bezugstheorien in der Sozialisationsforschung. Während die ältere Perspektive von der Dominanz der Strukturbedingungen ausging und den Sozialisationsinstanzen in der Familie, den Peers und der Schule die Potenz zur Rollen- und Verhaltenssteuerung zuwies (hier als Strukturorientierung bzw. pointierter als Strukturzentrierung bezeichnet, s. Abb. 1), verweist die neuere Perspektive auf die Variabilität von Rollen- und Verhaltenserwartungen und die Möglichkeit zu einer autonomen Steuerung der Persönlichkeitsentwick-

Abbildung 1   Der Paradigmenwechsel von der Struktur- zur Subjektzentrierung in der
Sozialisationsforschung. Darstellung im Zeitverlauf.

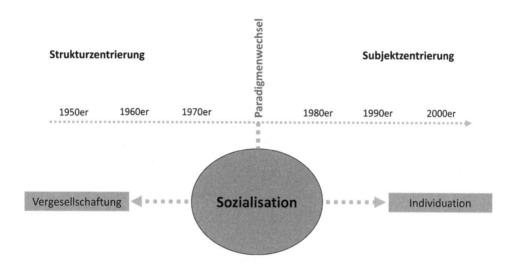

lung (als Subjektorientierung/-zentrierung). Die Perspektive der Strukturzentrierung ist durch das soziologische Hintergrundparadigma materialistischer Theorieansätze, des Strukturfunktionalisums und der funktionalistischen Rollentheorie gekennzeichnet (die psychologische Basistheorie des Behaviorismus eingeschlossen). Die Perspektive der Subjektzentrierung beinhaltet das Hintergrundparadigma konstruktivistischer Ansätze, der kritischen Rollentheorie und später die These der Individualisierung (auch als Entstrukturierungsansatz in der Ungleichheitsforschung diskutiert). Die psychologische Hintergrundfolie, die vor allem durch den Anschluss an die kognitive Wende geprägt ist, kommt im subjektzentrierten Denken indes nur indirekt zur Ausprägung. Sie besteht in einem Ablehnungsverhältnis zur strukturtheoretischen Traditionslinie, für die zuvor die Rezeption der behaviouristischen Theoriestränge stand und der Rollentheorie als Hintergrundfolie diente, sowie in einer losen Anlehnung an individualisierende, mitunter auch sozio-biologische und ethologische Konzepte der Psychologie (Zinnecker 2000).

2   Theorieelemente der Debatte seit den 1980er Jahren

Mit dem Verständnis von Individuation als Potenzial zu einer autonomen Ich-Entwicklung werden Formen der absichtsvollen Interaktion im sozialisationstheoretischen Denken immer weniger bedeutsam. Sie werden seit den 1980er Jahren mit den älteren theoretischen Annahmen zur Strukturzentrierung gleichgesetzt und in der Folge aus dem sozialisationstheoretischen Denken heraus gedrängt. Diese Verdrängungsbewegung, die vor allem den Erziehungsbegriff sehr stark betrifft und in den 1980er und 90er Jahren international vermutlich recht vergleichbar erfolgt (für den angloamerikanischen Diskurs Lareau 2003: 289 f.), wird aus heutiger Perspektive selbst problematisch. Fraglich wird damit, ob strukturelle Aspekte der Sozialisation – also strukturierende Einflussgrößen, die eine direkte Absicht oder zumindest die soziale Akzeptanz bestimmter Folgen von Sozialisationsarrangements beinhalten – tatsächlich so weit vernachlässigt werden können. Gegenbeispiele hierzu existieren inzwischen in vielfältiger Weise: So haben Erkenntnisse zur Ungleichheitsreproduktion (wie die der PISA-Studie) in den vergangenen zehn Jahren erkennen lassen, dass die Frage der ungleichen Ressourcenausstattung im Herkunftsmilieu als strukturierende Hintergrundbedingung eine enorme Wirkung auf den Verlauf von Sozialisationsprozessen behält.

In der jüngeren englischsprachigen Debatte werden diese Aspekte in den vergangenen 20 Jahren revitalisiert, vor allem in Verbindung mit einer wieder enger an die Bedeutung der sozialisatorischen Instanz Familie heranrückenden Perspektive (Denzin 2009; Grusec/Hastings 2008; Sameroff 2009). Damit ist zwar nicht gesagt, dass die „Absicht" der erzieherischen Interaktion in einem kausalen Verhältnis zu den Wirkungen im Sozialisationsgeschehen steht. Eine differenzierte Perspektive erkennt aber an, dass Sozialisationsinstanzen wie die Familie ihre Wirkung in weit geringerem Maße verloren haben, als populär angenommen wird (Herwartz-Emden/Schurt/Waburg 2010). Die Untersuchungen Annette Lareaus (2003) zu sozial und ethnisch differenzierten Herkunftsmilieus und ihrem Einfluss auf das Erziehungsgeschehen stehen hierfür beispielhaft. Lareau geht von sozialstrukturell variierenden Erziehungsstilen aus. Sie differenziert zum einen ein typisches Erziehungsarrangement ressourcenschwacher Gruppen, in dem kindliche Lebenswelten – durchaus „absichtsvoll" durch die Eltern geregelt – selbst organisiert werden müssen und nur von schmalen Korridoren der elterlichen Vermittlung von Autorität und Konventionalität begleitet werden („accomplishment of natural growth"). Zum anderen von einer strukturierten und durchgeplanten Erziehungsrealität in den ressourcenstarken Familien der oberen Mittelschicht, wo absichtsvolle Einflüsse sehr strategisch als Vermittlung von Kompetenzen eingesetzt werden, die in den Bildungs- und Berufskarrieren funktional sein können („concerted cultivation").

2.1 Interaktionen und Strukturorientierung

Mit der Betonung des Aspekts der absichtsvollen Erziehung kehrt – keinesfalls notwendig, aber in dem Auf und Ab theoretischer Perspektivwechsel offenbar aneinander gekoppelt – die Strukturperspektive in die Sozialisationsforschung zurück. Damit wird eine Bewegung unterbrochen, in der die Überbetonung der subjektzentrierten Ansätze die analytische Kraft des Sozialisationsparadigmas eingeschränkt, vielleicht sogar eliminiert hat. Im Gegenzug werden ältere Theorieperspektiven neu belebt. Ein Beispiel hierfür ist die Wiederaufnahme des interaktionistischen Paradigmas als Orientierungsrahmen der Sozialisationsforschung. Heinz Abels und Alexandra König (2010) etwa unterschieden zwischen einer auf die Entwicklung der Persönlichkeit (mit Blick auf die Entwicklung von Identität und Individualität) und einer auf Prozesse der sozialen Integration zielenden Perspektive: „Während es beim Prozess der *Sozialisation* vor allem um die Frage geht, wie das Individuum zum Mithandeln in der Gesellschaft gebracht wird bzw. sich selbst auf die Gesellschaft einstellt, geht es unter der Perspektive ‚Identität' und ‚Individualität' um die Erfahrung des Individuums von sich selbst bzw. seine Meinung von der Besonderheit in den Augen der Anderen." (Abels/König 2010: 21) Der sozialisierende Prozess ist also einer, der Erfahrungen mit der Gesellschaft in eine Kompetenz im Umgang mit der Gesellschaft überträgt (Bauer/Hurrelmann 2007).

Die übliche Einordnung des symbolischen Interaktionismus in die Traditionslinie der subjektzentrierten Ansätze wird damit deutlich relativiert. Handlungsrelevante Wissensstrukturen, die in Interaktionen erschaffen werden, sind *Strukturen* im engeren Sinne. Sie strukturieren die individuelle Wahrnehmung, das Denken und Handeln in der sozialen Realität. Wiewohl diese Strukturen „Produkte des Handelns von Menschen sind" (Abels/König 2010: 50), wirken sie für diejenigen, die in diesen Strukturen sozialisiert werden, im Wortsinne strukturierend, sie werden von außen vorgegeben, sind also nicht frei wählbar. Und somit bedeutet jede Veränderung dieser Strukturen einen aufwendigen Prozess der Dekonstruktion und Neukonstruktion (auch dies setzt die Wahrnehmung und ‚Anerkennung' dieser Strukturen voraus). Strukturlos kann also nicht gehandelt werden, Handlungsautonomie besteht nur in der Modifikation, der Veränderung von Strukturen, in und mit denen Sozialisation stattfindet. Ein Beispiel sind autoritäre Strukturen in der Erziehung, gegen die sich eine nachkommende Generation wendet. Sie lernt diese Strukturen kennen, muss sich zunächst nach ihnen richten, weicht aber dann von ihnen ab und konstruiert eine neue Norm der antiautoritären Erziehung, die kontinuierlich das Prinzip der Negation, also der Ablehnung der alten – aber dennoch *vertrauten* – Strukturen anwendet.

Im symbolischen Interaktionismus ist, obwohl dieser als mikrosoziologischer Ansatz angesehen wird, diese meso- und makrostrukturelle Orientierung als der Bezug auf das von außen Strukturierende enthalten. Wie bereits Joas (1980) arbeiten Abels/König (2010) auf eine strukturorientierte Ausweitung des Interaktionsparadigmas hin. Sie verweisen dabei, für die weitere Diskussion weiterhin richtungsweisend, auf die von Herbert Blumer selbst erstellten Prämissen des symbolischen Interaktionismus: „Die erste Prämisse besagt, dass Menschen ‚Dingen' gegenüber auf der Grundlage der Bedeutungen handeln, die diese Dinge für sie besitzen. […] Die zweite Prämisse besagt, dass die Bedeutung solcher Dinge aus der sozialen Interaktion, die man mit seinen Mitmenschen eingeht, abgeleitet ist oder aus ihr entsteht. Die dritte Prämisse besagt, dass diese Bedeutungen in einem interpretativen Prozess, den die Person in ihrer Auseinandersetzung mit den ihr begegnenden Dingen benutzt, gehandhabt und abgeändert werden." (Blumer 1981 [1969]: 81; hier zit. nach Abels/König 2010: 46) Sozialisationstheoretisch betrachtet ist diese Form der Handlungsorientierung, die auf der „Grundlage von Bedeutungen" fußt (1. Prämisse), die „aus der sozialen Interaktion, die man mit seinen Mitmenschen eingeht, abgeleitet ist oder aus ihr entsteht" (2. Prämisse), eine Strukturorientierung. Diese wird im interpretativen Paradigma anerkannt als kognitive Strukturen der Sinnorientierung, als Strukturen der Lebenswelt oder als sozialer Wissensvorrat, der auf sedimentiertem Erfahrungswissen beruht. Das aus den Interaktionen abgeleitete Wissen fungiert als „Gebrauchsanweisung" (Abels/König 2010: 77). Wenn diese funktioniert, wird sie wieder und wieder angewendet, sie wird „als Rezept habitualisiert" (Schütz/Luckmann 1975: 32; zit. nach Abels/König 2010: 77). Von solchen individuellen Handlungsrezepturen führt der Weg zu einem kollektiv geteilten Wissen, dem „Common-Sense Knowledge" in der Ethnomethodologie Harold Garfinkels: Wir geben uns die Hand zur Begrüßung, einen Sänger oder eine berühmte Schauspielerin bewundern wir, ein Chef hat das Sagen, im Urlaub erwarten wir, dass wir faulenzen können etc. Alle geteilten Wissensstrukturen sind zugleich Typisierungen der sozialen Realität, die durch ihre Anerkennung und ständige Wiederholungen institutionalisiert werden. Institutionalisierung, also die Auf-Dauer-Stellung, findet statt, „sobald habitualisierte Handlungen durch Typen von Handelnden reziprok typisiert werden. […] Wenn habitualisierte Handlungen Institutionen begründen, so sind die entsprechenden Typisierungen Allgemeingut." (Berger/Luckmann 1993 [1966]: 57 zit. nach Abels/König 2010: 99)

2.2 Sozialer Wissensvorrat und Habitus-Bildung

In der phänomenologischen Traditionslinie bedeutet die Habitualisierung eine „Verdichtung" und „Verhärtung" von erworbenen Wissensstrukturen. Hiermit ist eine der Grundannahmen des symbolischen Interaktionismus noch einmal konzentriert: „Die Institutionen stehen dem Individuum als objektive Faktizitäten unabweisbar gegenüber." (ebd.: 64) In der für die Bildungs- und Erziehungssoziologie der vergangenen Jahre ebenso bedeutsamen Sozialtheorie Pierre Bourdieus wiederholen sich diese Überlegungen. Entgegen einer geläufigen Rezeption, ist sein Ansatz nicht gegen die Grundannahmen des symbolischen Interaktionismus gewandt. Im Gegenteil, gerade die interaktionistische Tradition findet sich in Bourdieus Beitrag zur Bildungs- und Erziehungssoziologie wieder (Wagner 1993). Obwohl also Bourdieu selbst den symbolischen Interaktionismus sehr vorsichtig rezipiert, mitunter sogar mit einer Zuordnung zu den subjektzentrierten Ansätzen identifiziert, erscheint ein Synthetisieren fruchtbar.

Bourdieus eigene kritische Abgrenzung basiert dabei offenbar auf einer unzureichenden Rezeption: „Indem der Interaktionismus […] stillschweigend all das ausschließt, was die Interaktionen und deren Repräsentationen in den Individuen […] Strukturen schulden, übernimmt er implizit die Spontantheorie des Handelns, die das Handlungssubjekt und dessen Repräsentationen zum letzten Prinzip [...] erhebt" (Bourdieu 1976: 150; vgl. auch Bourdieu 1970: 19). Wenn er dem Interaktionismus vorwirft, dieser gelange über die Interpretation der sozialen Welt, die schon die sozialen Akteure selbst liefern, nicht hinaus, ist das eine Kritik, die die theoretischen Grundlagen des symbolischen Interaktionismus kaum berühren kann. Eine nicht abstrahierende Perspektive findet sich allenfalls in der empirischen Forschung, die eine zu enge theoretische Orientierung beinhaltet. Beispiele sind Topoi wie „die eigene Welt der Kinder" (BMFSFJ 1998: 17) oder die Welt der Jugendlichen „als Werk ihrer Selbst" (Fend 2000: 205), die sich vielleicht als forschungspraktische Vereinfachungen lesen lassen, die eine strukturorientierte Einbettung (im oben gemeinten Sinne) dieser reinen Lebensweltbeschreibungen kaum noch zulassen. Gleichzeitig stellen aber auch gerade sie nicht den Anschluss an die interaktionistische Theorietradition her. Tatsächlich sind die hier aufgehobenen Theorieelemente wie die Institutionalisierung von Handlungsorientierungen durch Habitualisierung und Routinisierung besonders eng an der von Bourdieu bezeichneten Praxeologie:

1. Zum einen betrifft dies das Konzept eines aus den sozialen Interaktionen abgeleiteten sozialen Wissensvorrates, dessen Operationalisierung bei Bourdieu mehr Ähnlichkeiten als Unterschiede zum symbolischen Interaktionismus erkennen lässt. Die sichtbare Realität ist auch aus seiner Sicht durch und durch sozial und wird durch die Handelnden konstruiert. Auch die scheinbar natürlichsten Klassifizierungen (Männer haben kurze Haare, Frauen sind weniger machtorientiert, ohne Konkurrenz funktioniert Gesellschaft nicht etc.) „beruhen auf Merkmalen, die nichts weniger als natürlich sind, sondern das Ergebnis willkürlicher Festlegungen, das heißt das Ergebnis eines früheren Standes der Machtverhältnisse im Feld der Auseinandersetzungen um die legitime Grenzziehung" (Bourdieu 1990: 96). Die soziale Ordnung befindet sich hiernach in einem Verhältnis der prästabilierten Harmonie mit den in ihr handelnden Akteuren, bei der ein Handlungswissen aus vorausgegangenen Handlungen generiert wird, die als Interaktionen beobachtet (auch von den Involvierten) und für real gehalten werden. Bourdieu nennt dies die „Ur-Bejahung" der sozialen Welt, die die Konstruktionsleistungen der sozialen Akteure an die existierenden gesellschaftlichen Klassifikationen anpasst (Bourdieu 1990: 104).

2. Zum anderen verweist die Idee der Habitualisierung auf eine Gesetz- und Regelmäßigkeit von Handlungen, die vom Individuum selbst gesteuert wird, diesem (und nicht nur einer Handlungssituation) also inhärent ist. Der soziale Wissensvorrat existiert damit nicht virtuell, sondern als eine dem Individuum innewohnende Größe, eine dem Subjekt einverleibte Struktur. Dieses aus den Interaktionen abgeleitete Handlungswissen, das als Gebrauchsanweisung fungiert und als Rezept habitualisiert wird (s. oben), ist die Grundlage der Habitustheorie Bourdieus (hierzu u. v. a. Krais/Gebauer 2002). Was als Wissensvorrat über die soziale Welt

gespeichert wird, drückt sich in kognitiven und körperlichen Dispositionsmustern aus (Fröhlich 2007). Die erlernten und erworbenen Strukturen haben damit eine materiale (körperliche) Basis. Die Dispositionen des Habitus sind Bestandteil und Produkte der Sozialisation. Je früher sie gebildet werden (so die anthropologische Grundannahme Bourdieus), desto stabiler sind sie in der Biografie. Der Habitus als zusammenfassende Figur individueller Wahrnehmungs-, Denk- und Handlungsschemata ist dabei nicht – wie häufig vereinfachend – auf die Bedeutung des französischen *habitude* (also reine Gewohnheit oder Gewohnheitshandeln) zu verkürzen. Bourdieu schlägt ursprünglich für die Beschreibung und Funktion der den Habitus charakterisierenden Eigenschaften die Bezeichnung *Bildung* vor. Bildung wird dabei als Bestandteil eines kognitiven Prozesses der Welterschließung verstanden, der durch offene Lernprozesse charakterisiert und dadurch mit der Theorie des sozialen Lernens verträglich ist. Tatsächlich aber korrigiert Bourdieu hier noch und nimmt den Bildungsbegriff aufgrund missverständlicher Bedeutungszuschreibungen nicht in Gebrauch: „Liefe dieser überbestimmte Begriff nicht Gefahr, falsch verstanden zu werden, und ließen die Bedingungen seiner Gültigkeit sich vollständig bestimmen, so wäre ‚Bildung' (culture), ein Begriff der sich sowohl auf das Prinzip der objektiven Regelmäßigkeiten wie auf das Vermögen des Handelnden als System verinnerlichter Modelle anwenden läßt, dem Begriff ‚Habitus' vorzuziehen." (Bourdieu 1970b: 41, Fn. 23; vgl. auch Bourdieu 1970e: 132).[1]

Bourdieu fürchtet offenbar eine zu große Nähe zu voluntaristischen Ansätzen der Handlungstheorie, die mit dem Bildungsbegriff Handlungsautonomie suggerieren. Dabei ist es die „über den Sozialisationsprozess ontogenetisch" vermittelte „Inkorporierung von sozialen Strukturen" (Bourdieu/Wacquant 1992: 173), die für Bourdieu die Hauptbedeutung des Habituskonstruktes annimmt. Nicht die reine Innovationsfähigkeit des menschlichen Handelns ist also das zu Erklärende (eine für Bourdieu durch die Mainstream-Ansätze ausreichend bedachte Fragestellung), sondern die Innovationsträgheit des Handelns, obwohl keine objektiven Handlungsgrenzen gesetzt sind. Nur so ist zu erklären, dass Bourdieu mit dem Habitusbegriff eine starke Anlehnung an Ansätze vornimmt, die einem Determinismusverdacht unterliegen (dem Vorwurf also, dass sie individuelle Handlungen von außen festgelegt sehen) und es nicht für notwendig hält, seine eigene Abwehr gegen den handlungstheoretischen Determinismus (die für das gesamte Werk konstitutiv ist) auch in der Phase der stärker werdenden Rezeption seiner Arbeiten intensiver zu vertreten.

---

1   Der Begriff *Bildung* ist in der sozialisationstheoretischen Diskussion von Ulrich Oevermann (1976) für die Kennzeichnung dem Habitusbegriff überraschend ähnlicher Eigenschaften Heranwachsender eingesetzt, in der Rezeption aber in einer vielleicht von Bourdieu befürchteten Weise fehlinterpretiert worden.

3 Sozialisation als Interaktion – ein aktueller Diskussionsstand

Sozialisationsforschung nach dem Paradigmenwechsel ist zu stark daran orientiert, Subjektivität und Handlungsautonomie gegen die starke Strukturorientierung in der Forschung der 1950–70er Jahre in Anschlag zu bringen. Der Fortschritt gegenüber der überstrapazierten Perspektive sozialer Determination (eine auf Innovation, sozialen Wandel und individuelle Mobilität ausgerichtete Forschung) ist zwar offensichtlich, mit dem Paradigmenwechsel erfolgte indes auch eine Einengung der Thematik. Eine weithin akzeptierte Definition seit den 1980er Jahren fasst Sozialisation entsprechend als „Prozess der Entstehung und Entwicklung der Persönlichkeit" auf (Geulen/Hurrelmann 1980: 51), die zwar die Auseinandersetzung mit den natürlichen Anlagen und der sozialen sowie der dinglich-materiellen Umwelt beinhaltet, die aber primär auf die Genese des handlungsfähigen Subjektes zielt. Die Stärke dieses Zugangs ist heute nicht mehr leicht verständlich zu machen. Was sich einmal als Gegengewicht gegen die viel zitierte Überlastung mit anpassungsmechanistischen Vorstellungen in der Sozialisationsforschung herausschälte, ist selbst überarbeitungsbedürftig geworden. Im Sozialisationsdiskurs zeigt sich eine Überlastung mit subjekt- oder persönlichkeitszentrierten Vorstellungen: Persönlichkeitsentwicklung als Kern einer Definition von Sozialisation auszugeben, beinhaltet eine eindimensionale Festlegung der Diskussion; damit zielt Sozialisationsforschung qua definitionem auf die Analyse der Prozesse von Persönlichkeitsentwicklung. Sie hat einen subjektzentrierten Überhang, der zudem durch eine psychologische Orientierung der Diskussion begründet wird (Hurrelmann 1986: 9).

Das Auffällige der sozialisationstheoretischen Diskussion seit den 1980er Jahren ist, dass die latente Strukturorientierung des symbolischen Interaktionismus und Bourdieus Konzept der Habitus-Bildung kaum Beachtung finden. Gegenüber der starken Rezeption beider Stränge in der Bildungs- und Erziehungssoziologie, die analog in der erziehungswissenschaftlichen Bildungsforschung erfolgt, ist das eine Ausnahme. Dieses Übergehen beider Stränge ist indes, wie wir heute wissen, nicht mit einer fehlenden Relevanz für die Sozialisationstheorie zu begründen. Vielmehr ist dies mit einem veränderten Forschungsinteresse zu erklären, das den Vergesellschaftungsaspekt im Prozess der Sozialisation nicht mehr als zentralen Gegenstand der Diskussion angesehen hat.

3.1 Dispositionen – entwicklungsoffen und veränderungsträge

Das Zentrum der Sozialisationsforschung bildet also weder nur die Perspektive auf die einzelne Persönlichkeit noch diejenige, die sich auf den Einfluss von Umfeldstrukturen und soziale Eingliederungsprozesse konzentriert. Im Zentrum befinden sich Interaktionsprozesse, die die Vermittlung zwischen Integrationsmechanismen und einer persönlichen Aneignungs- bzw. Verarbeitungskapazität steuern und die zu unterschiedlichen Modi des Umgangs mit Interaktionsanforderungen führen. Wenn Sozialisation heute als dieses prozessuale Geschehen definiert wird, verändert sich die Perspektive: Weder wird die Sicht auf eine zu statische Strukturreproduktion überbetont (die inzwischen ältere Befürchtung in der Sozialisationsforschung, die einzelne aktive Persönlichkeit aus dem Blick zu verlieren); noch führt die Fokussierung auf die einzelne Persönlichkeit zu der Vorstellung, dass Umfeldeinflüsse nur eine untergeordnete Rolle spielen können. Vielmehr erweitert dieser Zugang den Blickwinkel: Er bedeutet eine theoretische Offenheit, die bei einer empirischen Betrachtung sowohl Effekte der Strukturreproduktion (also das „Anpassen" an Strukturvorgaben) als auch zu entwicklungsoffenen und -dynamischen Verläufen (die dissipative Struktur der Persönlichkeitsentwicklung) einordnen kann.

In Abbildung 2 wird diese theoretische Offenheit veranschaulicht. Ausgehend von der Entwicklung individueller Dispositionen, werden Entwicklungsverläufe exemplarisch dargestellt, die entweder offen und dynamisch oder veränderungsträge erfolgen. In der Darstellung ist dies beispielhaft für gesellschaftliche Reproduktionseffekte (etwa sozialer Ungleichheiten) skizziert, die durch die Veränderungsträgheit von Persönlichkeitsdispositionen gestützt wird, die ursprünglich an das Herkunftsmilieu angepasst sind (Pfad B). Umgekehrt können Interaktionsprozesse aber auch die Entstehung von „untypischen" Persönlichkeitsmerkmalen begünstigen (etwa durch den Einfluss signifikanter Bezugspersonen), die einen Wandel von individuellen Dispositionen herbeiführen. Damit werden Reproduktionsprozesse unterbrochen, es erfolgt keine Anpassung an ein Sozialisationsarrangement. Diese „untypische" Entwicklungsdynamik wird der Ausbildung von Autonomie- und Emanzipationspotenzialen Vorschub leisten (Pfad A), sie garantiert Variabilität in der Persönlichkeitsbildung und steht für Entwicklungsof-

Abbildung 2   Die Entwicklung von Dispositionen, Variabilität von Entwicklung und Trägheitseffekte.

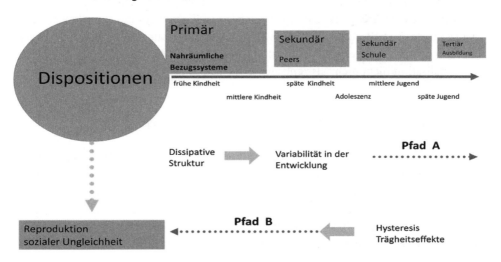

fenheit und eine Form erhöhter Entwicklungsdynamik. Sie kann aber auch als affektives Muster der Abwehr und des Protests bzw. als Abweichung wirksam werden (etwa als Ausbruch aus dem Korpus der elterlichen Normen und Erwartungen, Apathie, stiller Protest etc.).

Kern dieser modellhaften Vorstellung ist die Entwicklung von Dispositionen, die lebenslang erfolgt. Als Modellvorstellung sind diese Überlegungen angelehnt an die Habitus-Theorie Bourdieus. Dabei werden Dispositionen als Anlagen zu einem typischen Verhaltens- und Handlungsmuster sowie zu der Ausbildung von typischen Persönlichkeitsmerkmalen angesehen, die an Erfahrungen in Interaktionsarrangements der Primär-, Sekundär- und Tertiärsozialisation angepasst sind. Dispositionen sind dabei nicht als unabänderliche Merkmale anzusehen. Eine wesentliche Vorannahme betrifft, dass Ähnlichkeiten zwischen Dispositionen und Herkunftseinflüssen um so wahrscheinlicher sind, je früher der Eintritt in herkunftsspezifische Interaktionsarrangements erfolgt und je homogener die Interaktionseinflüsse sind. Mit der Dauer von Sozialisationsprozessen erfolgt allerdings, die zweite wesentliche Vorannahme, eine Vervielfältigung von Interaktionserfahrungen, die notwendig zu einer Vervielfältigung von Möglichkeiten der individuellen Orientierung und damit zu Reflexion und Modifikation eigener Dispositionen führen. Auch hier ist von einer sozialen Typik (also einer Wahrscheinlichkeit) auszugehen, bei der Pfade, die zur Entwicklungsoffenheit und -dynamik (dissipative Struktur) führen, um so wahrscheinlicher sind, je heterogener Sozialisationsarrangements werden. Bleiben dagegen Sozialisationsbedingungen (und damit Interaktionserfahrungen) homogen, ist auch von einer höheren Wahrscheinlichkeit der Veränderungsträgheit (Hysteresis) auszugehen.

3.2 Die Mehrdimensionalität der Sozialisationsforschung

Für das sozialisationstheoretische Paradigma bedeutet der aktuelle Diskussionsstand eine mehrdimensionale Ausrichtung. Zum einen muss das Verständnis von Sozialisation aktualisiert werden. In Abgrenzung zum Begriff der Erziehung als bewusst intendierte, einseitige Einflussnahme bleibt Sozialisation als Modus eines allgemeinen und nicht gerichteten Interaktionsgeschehens logisch übergeordnet. Sozialisation selbst ist demnach „grundsätzlich kein zeitlich begrenzter und abschließbarer Vorgang, sondern geschieht immer dann, wenn Individuen an sozialen Kommunikations- und Handlungszusammenhängen teilnehmen, die Veränderungen im Individuum veranlassen, oder aber für die Verfestigung vorrangig entwickelter Persönlichkeitsmerkmale bedeutsam sind." (Scherr 2006: 26) Sozialisation ist damit im Kern ein Interaktionsphänomen, das – wenn man davon sprechen will – eine doppelte Wirkrichtung hat: Zum einen auf die Prozesse der Individuation in der hier bezeichneten Weise, die entweder die Veränderung oder aber die Verfestigung von Persönlichkeitsmerkmalen beinhalten kann. Zum anderen auf die Prozesse der Vergesellschaftung, da sich soziale Strukturen, in denen gehandelt wird, ebenfalls in einem permanenten Prozess der Veränderung und Verfestigung befinden. Die beiden hiermit bezeichneten Erkenntnispole der Sozialisationsforschung, Vergesellschaftung und Individuation (s. oben), befinden sich also in einem Verhältnis der gegenseitigen Verbundenheit, in dem Veränderungen individueller Verhaltensweisen zu gleichzeitigen Veränderungen einer gesellschaftlichen Realität führen und diese veränderte Realität analog zu einer veränderten Modi der Ausbildung von Persönlichkeitsmerkmalen führt. Dieses Verhältnis gegenseitiger, unauflöslicher Verbundenheit beider traditionellen Sichtweisen in der Sozialisationsforschung kann avancierter auch als dialektisches Verhältnis zwischen Prozessen der Vergesellschaftung und Individuation bezeichnet werden. Es ist somit konstitutiv für die Aktualisierung des sozialisationstheoretischen Paradigmas.

In Tabelle 1 ist dieser erste Aspekt der Mehrdimensionalität als Frage der Theoriebasis der Sozialisationsforschung bezeichnet. Er geht mit der Festlegung auf das Paradigma der wechselseitigen Interaktionseffekte einher und ist auch im engeren Sinne mit der Tradition des symbolischen Interaktionismus verbunden. Die Entwicklung von Dispositionen, die einerseits als Effekte der Veränderungsträgheit die Reproduktion sozialer Strukturen ermöglichen und andererseits – da keine Disposition vollständig an Umfeldbedingungen angepasst sein kann – als individuelle Entwicklungsdynamiken zu einer stetigen Strukturmodifikation führen, ist der Kern einer Aktualisierung der Theoriebasis in der Sozialisationsforschung. Sie wird hier – auf der Theorie-Ebene (1) – als Umriss einer Interaktional-Dispositionalen Theorie der Sozialisation bezeichnet. Diese hat den lebenslangen Interaktionsprozess zwischen der sich entwickelnden Persönlichkeit und den umgebenden sozialen, materiellen und symbolischen Strukturen zum Gegenstand. Interaktionsstrukturen können eine bestimmte Entwicklung der Persönlichkeit wahrscheinlich machen, nicht aber eindeutig festlegen. Dies bezeichnet der probabilistische Zugriff in der Sozialisationsforschung.

Tabelle 1   Aspekte der Mehrdimensionalität in der Sozialisationsforschung.

Aspekte der Mehr-dimensionalität	(1) Theoriebasis der Sozialisationsforschung	(2) Entwicklung von Dispositionen	(3) Differenzierung sozialer Kontexte
Phänomen-Ebene	Sozialisation als Inter-aktion	Veränderungsträgheit und Veränderungsdy-namik	Homogene und plurale Lebenswelten
Theorie-Ebene	Interaktional-Dispo-sitionale Theorie der Sozialisation	Habitus-Theorie, Tran-sactional Development, Agency Forschung	Sozial-ökologische und sozial-strukturelle Diffe-renzierung

Nach dieser vorsichtigen Eingrenzung ist formal jede soziale Interaktion als Prozess der Sozialisation anzusehen. So setzt jede individuelle Handlung eine Entscheidung über die Teilnahme an einer Interaktion voraus und damit über die Akzeptanz, die Verweigerung oder die Modifikation einer Handlungsnorm bzw. Handlungserwartung. Dabei bleibt eine empirische Frage, welche Interaktionsmodi zu einer Akzeptanz, Verweigerung oder Modifikation von Normen führen (was für Prozesse der Vergesellschaftung und Individuation in gleichem Maße entscheidend ist). Erkenntnisse darüber, dass die soziale Herkunft bedeutsame Einflüsse auf die Entwicklung von Dispositionen hat, bilden einen wesentlichen Strang bildungs- und ungleichheitssoziologischer Forschung. Und dennoch kann von keinem kausalen Herkunftseffekt ausgegangen werden. Die grundlegende Annahme (abermals Tabelle 1), dass jeder Parameter individueller Lebens- und Umfeldbedingungen nur durch paradoxe Effekte der Interaktion multimodaler Einflüsse wirkt, ist konstitutiv für eine Perspektive auf die Entwicklung von Dispositionen (2). Die Wechselseitigkeit von Veränderungsträgheit und -dynamik, die Frage danach, wann Handlungsstrukturen erhalten oder modifiziert werden, ist demnach nur empirisch aufzulösen (so die Erklärung „unwahrscheinlicher" Bildungskarrieren, Aufstiege von Heranwachsenden aus Risikolagen, soziale Abstiege aus privilegierten Umfeldbedingungen etc.). Auf der Theorie-Ebene existieren wichtige Anbindungen an diesen Diskussionstand, die die Annahmen zur Dispositionsentwicklung aus einer soziologischen, vor allem lern- und entwicklungspsychologischen Perspektive aufnehmen. Hierzu gehört die sozial-kognitive Lerntheorie (Bandura 1976, 1979), die Habitus-Theorie, die Agency-Forschung (Emirbayer/Mische 1998), die sozialpsychologische Diskussion in der Sozialisationsforschung (Grusec/Hastings 2007) sowie die jüngeren Ansätze zum Transactional Model of Development (Sameroff 2009).

Der dritte Aspekt der Mehrdimensionalität (3) betrifft die Operationalisierung der Lebens- und Umfeldbedingungen. Mit Mehrebenenmodellen (Geulen/Hurrelmann 1980; Steinkamp 1991) ist bereits seit langem ein Versuch unternommen werden, Lebenswelten Heranwachsender zu differenzieren. Die Unterscheidung einer Gesellschafts-, Institutionen- und Interaktionsebene (analog einer Mikro-, Meso-, Makro- und Exoebene) geht auf die Arbeiten zur sozial-ökologischen Sozialisationsforschung zurück (Bronfenbrenners 1976). Sie wenden sich früh gegen die Vorstellung, Sozialisationsbedingungen Heranwachsender müssten mit der hierarchischen Struktur ungleicher Lebensbedingungen im Erwachsenenalter identisch sein (etwa durch ungleiche Einkommensverhältnisse der Eltern bedingt). Die Vorstellung, die Sozialisationsräume von Kindern und Jugendlichen könnten nur als Spiegel der elterlichen Lebensbedingungen gesehen werden, muss als das funktionalistische Erbe in der Sozialisationsforschung verstanden werden, das der Vorstellung „eigenständiger" Lebenswelten der Heranwachsenden keinen Raum lässt. Gleichzeitig ist die Annahme, dass kindliche Lebenswelten als „Sonderwelten" (Geulen/Hurrelmann 1980: 66) mit „Spielraum für soziale Eigengesetzlichkeiten" (ebd.: 65) aufgefasst werden, nicht zu überspannen. Muster der sozialstrukturellen Differenzierung verweisen in empirischer Sicht auf die Bedeutung von Lebensstil- und Mentalitätsmustern in den kindlichen Lebenswelten, die an die Verteilung des ökonomischen und kulturellen im Herkunftsmilieus anschlie-

Abbildung 3   Das AgiS-Milieumodell. Quelle: AgiS. Darstellung in Anlehnung an Bauer/
                  Vester 2008.

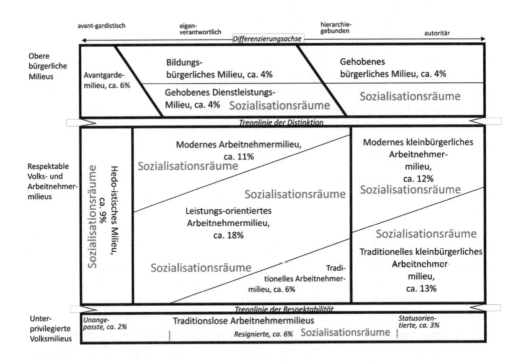

ßen (Büchner/Brake 2006; Kramer/Helsper 2010, Lange-Vester/Redlich; Lareau 2003).
Dabei ist insbesondere die an die Sozialraum-Lehre Bourdieus gekoppelte Milieu-Ty-
pologie (Vester et al. 2001) die entscheidende Referenz für die Verknüpfung konkreter
Sozialisationsräume mit den rahmenden Bedingungen der milieuspezifischen Herkunft
(s. Abb. 3). Auch hier gilt, dass keine kausalen Zusammengänge zwischen der Milieu-
herkunft und den individuellen Lebensstilen präjudiziert werden können; die Stärke
von Zusammenhängen kann nur als empirische Frage beantwortet werden. Aufgrund
der bisherigen Evidenz können aber Sozialisationsräume nicht aus ihrer Verankerung
im sozialstrukturellen Gefüge herausgelöst werden (hierzu auch Bauer/Vester 2008).

Fazit

Das Sozialisationsparadigma, das in den vergangenen Jahren kaum noch als relevanter Forschungsrahmen diskutiert wurde, scheint erst in den vergangenen Jahren wieder Aufschwung zu erhalten. Damit ist eine Lücke in der Entwicklung der Thematik
festzustellen. Rückblickend kann nur vermutet werden, dass unter der Überwindung

des Strukturfunktionalismus und der Zurückdrängung materialistischer Ansätze in der Theoriebildung vor allem das Sozialisationsthema gelitten hat. Es wurde als Zugang angesehen, der nur die dominierenden Einflüsse einer sozialen Struktur auf das Individuum, nicht aber die Konstruktionsleistungen des einzelnen Akteurs beschreiben kann. Mit dem Modell des produktiv realitätsverarbeitenden Subjekts wurde so zwar zu Beginn der 1980er Jahre das Sozialisationsthema an eine neue Diskurslandschaft angepasst (der individualisierte Akteur im Zentrum). Dennoch blieb die weitere Arbeit mit dem Sozialisationstopos im Mainstream sozialwissenschaftlicher Theoriebildung gehemmt. Diese Hemmung ist offenbar vor allem mit der wachsenden Dominanz subjektzentrierter Perspektiven in der Sozialisationsforschung verbunden. Dies bleibt auch für die Bildungs- und Erziehungssoziologie als ernste Warnung zu verstehen, eine breite Strukturorientierung nicht aus ihrem Gegenstandsbezug auszuschließen. In der Sozialisationsforschung hat erst die erneute Fokussierung auf die Frage der Reproduktion sozialer Ungleichheiten zu einer Entideologisierung der Debatte geführt. Die Aufgabe der Strukturorientierung hat einen notwendigen Charakter erhalten, der aus dem Forschungskanon nicht ausgeschlossen werden kann. In diesem Zuge gewinnt auch die Debatte über soziale Hintergrundbedingungen, Modi der Interaktion und Interaktionsarrangements sowie die Ausbildung handlungsleitender Dispositionen an Bedeutung.

Für den sozialwissenschaftlichen Diskurs zu den Themenbereichen Bildung und Erziehung ist diese Entwicklung der Diskussion von hoher Bedeutung. Bildungs- und Erziehungsarrangements haben für unterschiedliche Realitäten des Sozialisationsgeschehens eine rahmende Funktion. Damit werden Sozialisationsverläufe nicht vorherbestimmt, aber strukturiert. Auch wenn die Diskussion der vergangenen Jahre gezeigt hat, dass von absichtsvollen Einflüssen erzieherischer Interaktion und Bildung immer nur als einem relativen Gewicht gesprochen werden kann, erhält die Diskussion über Struktureffekte in Erziehungs- und Bildungsarrangements wieder mehr Bedeutung. Dies scheint vor allem damit zu tun haben, dass die extreme Vorsicht gegenüber einer Perspektive, die die strukturellen Einflüsse der Sozialisation stark macht (die Analyse von Ungleichheiten in der Ressourcenausstattung, milieuspezifischen Lebensbedingungen, Mentalitäten, Erziehungsstilen etc.), inzwischen wieder aufweicht. Das Drängen offener Fragen in der Sozialisationsforschung ist hierbei zu deutlich geworden. Gerade Erkenntnisse dazu, wie weit die langen Arme der sozialen Herkunft reichen, Biografien steuern und schließlich Chancen eröffnen bzw. verschließen können, ist zu einem veritablen Erkenntnisanspruch an die Sozialisationsforschung geworden. In diesem Sinne wird auch die Diskussion über den Zusammenhang zwischen Sozialisation, Bildung und Erziehung neu belebt.

Literatur

Abels, Heinz/König, Alexandra (2010): Sozialisation. Soziologische Antworten auf die Frage, wie wir werden, was wir sind, wie gesellschaftliche Ordnung möglich ist und wie Theorien der Gesellschaft und der Identität ineinanderspielen, Wiesbaden: VS.

Bandura, Albert (1976): Lernen am Modell. Ansätze zu einer sozial-kognitiven Lerntheorie. Stuttgart: Klett.

Bandura, Albert (1979): Sozial-kognitive Lerntheorie. Stuttgart: Klett-Cotta.

Bauer, Ullrich/Hurrelmann, Klaus (2007): Sozialisation. In: Tenorth, Heinz-Elmar/Tippelt, Rudolf (Hrsg.): Lexikon Pädagogik, Weinheim/Basel, S. 672–675.

Bauer, Ullrich (2006): Dominoeffekte sozialwissenschaftlicher Fehldiagnosen. Oder: Individualisiert sozialisiert in der postmodernen Wissensgesellschaft. In: Bittlingmayer, U. H. & Bauer, Ullrich (Hrsg.): Die „Wissensgesellschaft". Mythos, Ideologie oder Realität. Wiesbaden: VS, S. 223–250.

Bauer, Ullrich (2011): Sozialisation und Ungleichheit. Eine Hinführung. Wiesbaden: VS.

Bauer, Ullrich/Vester, Michael (2008): Soziale Ungleichheit und soziale Milieus als Sozialisationskontexte. Erschienen in: Hurrelmann, Klaus/Grundmann, M./Walper, S. (Hrsg.): Handbuch Sozialisationsforschung. 7. vollst. überarb. Aufl. Weinheim und Basel: Beltz, S. 184–202.

Berger, Thomas/Luckmann, Thomas (1993) [1966]: Die gesellschaftliche Konstruktion der Wirklichkeit, 10. Aufl., Frankfurt a. M.: Luchterhand.

Blumer, Herbert (1981): Der methodologische Standort des Symbolischen Interaktionismus. In: Arbeitsgruppe Bielefelder Soziologen (Hrsg.): Alltagswissen, Interaktion und gesellschaftliche Wirklichkeit. 5. Aufl., Opladen: Westdeutscher Verlag, S. 80–146.

BMFSFJ (Bundesministerium für Familie, Senioren, Frauen und Jugend), 1998, Zehnter Kinder- und Jugendbericht. Bericht über die Lebenssituation von Kindern und die Leistungen der Kinderhilfen in Deutschland, Bundestagsdrucksache 13/11368, Bonn.

Bourdieu, Pierre (1974) [1970]: Zur Soziologie der symbolischen Formen, Frankfurt a. M.: Suhrkamp.

Bourdieu, Pierre (1970a): Strukturalismus und soziologische Wissenschaftstheorie, in: Ders., Zur Soziologie der symbolischen Formen, Frankfurt a. M.: Suhrkamp, S. 7–41.

Bourdieu, Pierre (1970b): Klassenstellung und Klassenlage, in: Ders., Zur Soziologie der symbolischen Formen, Frankfurt a. M.: Suhrkamp, S. 42–74.

Bourdieu, Pierre (1970c): Künstlerische Konzeption und intellektuelles Kräftefeld, in: Ders., Zur Soziologie der symbolischen Formen, Frankfurt a. M.: Suhrkamp, S. 75–124.

Bourdieu, Pierre (1970d): Der Habitus als Vermittlung zwischen Struktur und Praxis, in: Ders., Zur Soziologie der symbolischen Formen, Frankfurt a. M.: Suhrkamp, S. 125–158.

Bourdieu, Pierre (1970e): Elemente zu einer soziologischen Theorie der Kunstwahrnehmung, in: Ders., Zur Soziologie der symbolischen Formen, Frankfurt a. M.: Suhrkamp, S. 159–201.

Bourdieu, Pierre (1976) Entwurf einer Theorie der Praxis auf der ethnologischen Grundlage der kabylischen Gesellschaft, Frankfurt a. M.: Suhrkamp

Bourdieu, Pierre (1987) Sozialer Sinn. Kritik der theoretischen Urteilskraft, Frankfurt a. M.: Suhrkamp.

Bourdieu, Pierre (1990): Was heißt sprechen? Die Ökonomie des sprachlichen Tausches, Wien: Braunmüller.

Bourdieu, Pierre/Wacquant, Loïc J. D. (1992): Reflexive Anthropologie, Frankfurt a. M. : Suhrkamp.

Bronfenbrenner, Urie (1976): Ökologische Sozialisationsforschung – Ein Bezugsrahmen, in: Ders., Ökologische Sozialisationsforschung, hrsg. v. Kurt Lüscher, Stuttgart: Klett, S. 199–220.

Brubaker, Rogers (1993): Social Theory as Habitus, in: Calhoun, Craig/LiPuma, Edward/Postone, Moishe (eds.), Bourdieu: Critical Perspectives, Cambridge: University of Chicago Press, S. 212–234.

Büchner, Peter/Brake, Anna (2006): Bildungsort Familie. Transmission von Bildung und Kultur im Alltag von Mehrgenerationenfamilien. Wiesbaden: VS.

Denzin, Norman K. (2009): Childhood socialization. New Brunswick: Aldine Transaction

Emirbayer, Mustafa/Mische, Ann (1998): What is agency? In: American Journal of Sociology, 103(4), S. 962–1023.

Fend, Helmut (2000), Entwicklungspsychologie des Jugendalters. Ein Lehrbuch für pädagogische und psychologische Berufe, Opladen: Leske + Budrich.

Fröhlich, Gerhard (2007): Die Einverleibung sozialer Ungleichheit (Habitus, Hexis). In: Nöstlinger, Elisabeth J./Schmitzer, Ulrike (Hrsg.): Bourdieus Erben. Gesellschaftliche Elitenbildung in Deutschland und Österreich. Budapest: Mandelbaum, S. 41–54.

Geulen, Dieter/Hurrelmann, Klaus (1980): Zur Programmatik einer umfassenden Sozialisationstheorie, in: Hurrelmann, Klaus/Ulich, D. (Hrsg.): Handbuch der Sozialisationsforschung, Basel: Weinheim, S. 51–67.

Grusec, Joan E./Hastings, Paul D. (Eds.) (2006): Handbook of Socialization. Theory and Research. New/London: The Guilford Press.

Herwartz-Emden, Leonie/Schurt, Verena/Waburg, Wiebke (2010): Aufwachsen in heterogenen Sozialisationskontexten. Zur Bedeutung einer geschlechtergerechten interkulturellen Pädagogik. Wiesbaden: VS.

Hörner, Wolfgang/Drinck, Barbara/Jobst, Solvejg (2008): Bildung, Erziehung, Sozialisation. Opladen & Farmington Hills: Barbara Budrich.

Hurrelmann, Klaus (2006): Einführung in die Sozialisationstheorie. Basel: Weinheim.

Hurrelmann, Klaus (1983): Das Modell des produktiv realitätsverarbeitenden Subjekts in der Sozialisationsforschung, in: Zeitschrift für Sozialisationsforschung und Erziehungssoziologie, 3. Jg., H. 3, S. 291–310.

Hurrelmann, Klaus (1986): Einführung in die Sozialisationstheorie. Über den Zusammenhang von Sozialstruktur und Persönlichkeit, Basel: Weinheim.

Joas, Hans (1980): Praktische Intersubjektivität. Die Entwicklung des Werkes von G. H. Mead, Frankfurt a. M.: Suhrkamp.

Krais, Beate/Gebauer, Gunter (2002): Habitus. Bielefeld: Transkript Verlag.

Kramer, Rolf-Thorsten/Helsper, Werner (2010): Kulturelle Passung und Bildungsungleichheit. Potentiale einer an Bourdieu orientierten Analyse der Bildungsungleichheit. In: Krüger, Heinz-Hermann/Kramer, Rolf-Torsten/Rabe-Kleberg, Ursula/Budde, Jürgen (Hrsg.): Bildungsungleichheit revisited. Bildung und soziale Ungleichheit vom Kindergarten bis zur Hochschule. Wiesbaden: VS, S. 103–125.

Lange-Vester, Andrea/Redlich, Miriam (2010): Soziale Milieus und Schule. Milieuspezifische Bildungsstrategien und Lebensperspektiven bei SchülerInnen der Hauptschule und des Gymnasiums, in: Brake, Anna/Bremer, Helmut (Hrsg.): Schule als Alltagswelt. Weinheim und München: Juventa Verlag, S. 185–209.

Lareau, Annette (2003): Unequal Childhoods. Class, Race, And Family Life. Berkeley/Los Angeles/London: University of California Press.

Lerner, Richard M./Busch-Rossnagel, Nancy A. (eds.) (1981): Individuals als Producers of Their Development. A Life-Span Perspective, New York: Academic Press.

Nöstlinger, Elisabeth J./Schmitzer, Ulrike (Hrsg.) (2007): Bourdieus Erben. Gesellschaftliche Elitenbildung in Deutschland und Österreich. Budapest: Mandelbaum.

Oevermann, Ulrich (1976): Programmatische Überlegungen zu einer Theorie der Bildungsprozesse und zur Strategie der Sozialisationsforschung, in: Hurrelmann, Klaus (Hrsg.), Sozialisation und Lebenslauf. Empirie und Methodik sozialwissenschaftlicher Persönlichkeitsforschung, Reinbek b. Hamburg: Rowohlt, S. 34–52.

Prange, Klaus (2007): Erziehung als pädagogischer Grundbegriff. In: Mertens, Gerhard/Frost, Ursula/Böhm, Wilfried (Hrsg.): Handbuch der Erziehungswissenschaft, Bd. 1, Paderborn: Schöningh, S. 193–207.

Sameroff, Arnold (2009): The Transactional Model of Development. How Children and Contexts Shape Each Other, Washington, DC: Amer Psychological Assn.

Scherr, Albert (2006): Bildung, Erziehung, Sozialisation. In: Scherr, Albert (Hrsg.): Soziologische Basics. Eine Einführung für Pädagogen und Pädagoginnen. Wiesbaden: VS, 23–28.

Schütz, Alfred/Luckmann, Thomas (1975): Strukturen der Lebenswelt. Bd. 1, Neuwied: Luchterhand.

Steinkamp, Günther (1991): Sozialstruktur und Sozialisation, in: Hurrelmann, Klaus/Ulich, Dieter (Hrsg.), Neues Handbuch der Sozialisationsforschung, Weinheim, S. 251–277.

Tillmann, Klaus-Jürgen (2010): Sozialisationstheorien: Eine Einführung in den Zusammenhang von Gesellschaft, Institution und Subjektwerdung. Reinbek: Rowohlt.

Veith, Herrmann (2008): Sozialisation. Stuttgart: UTB.

Vester Michael/v. Oertzen Peter/Geiling Heiko (2001): Soziale Milieus im gesellschaftlichen Strukturwandel. Zwischen Integration und Ausgrenzung. Frankfurt a. M.: Suhrkamp.

Wagner, Hans-Josef (1993): Sinn als Grundbegriff in den Konzeptionen von George Herbert Mead und Pierre Bourdieu. Ein kritischer Vergleich, in: Gebauer, Gunter/Wulf, Christoph (Hrsg.), Praxis und Ästhetik. Neue Perspektiven im Denken Pierre Bourdieus, Frankfurt a. M.: Suhrkamp, S. 317–340.

Zinnecker, Jürgen: Selbstsozialisation – Essay über ein aktuelles Konzept, in: Zeitschrift für Soziologie der Erziehung und der Sozialisation, 20. Jg., H. 3, 2000, S. 272–290.

Intersektionalität als forschungsleitende Beobachtungsperspektive

Ulrike Hormel

Mit Bezug auf den Terminus ‚Intersektionalität' hat sich in der Bundesrepublik seit einigen Jahren eine breite sozialwissenschaftliche Diskussion entfaltet, die sich im Kern mit der Entwicklung eines theoretisch und methodologisch angemessenen Modells zur Analyse sozialer Ungleichheiten und Diskriminierungen beschäftigt (vgl. Klinger/ Knapp/Sauer 2007, Walgenbach et al. 2007, Winker/Degele 2009, Lutz et al. 2010).

Dabei hat die zunächst vor allem im Kontext der Geschlechterforschung geführte Debatte zahlreiche historische Vorläufer in der feministischen Theoriebildung (vgl. Walgenbach 2007). Eine zentrale Rolle bei der Genese des Intersektionalitätsansatzes spielen jedoch die politischen und wissenschaftlichen Kontroversen innerhalb des US-amerikanischen Feminismus seit den späten 1970er Jahren und hier insbesondere die Kritik von „schwarzen und anderen rassifizierten Frauen" (Yuval-Davis 2010: 186) an den de facto Ausschlussprozessen der ‚weißen' Frauenbewegung.

Während Leslie McCall im Jahr 2005 für den amerikanischen Kontext davon ausgeht, dass Intersektionalität zwar zu einem „major paradigm of research in women's studies and elsewhere" (Mc Call 2005: 1771) avanciert ist, die methodologische Konkretisierung als sozialwissenschaftlicher Forschungsansatz aber noch aussteht, weist Gudrun-Axeli Knapp auf die Notwendigkeit weiterer gesellschaftstheoretischer Fundierung hin: In einem ebenfalls 2005 erschienen Artikel, der den Titel „Intersektionalität als neues Paradigma feministischer Theorie?" trägt, wirft Knapp die unbeantwortet bleibende Frage auf: „Hat feministische Theorie unbeabsichtigt ein überdimensioniertes Programm produziert, das Fragen aufwirft, die zu groß sind, um beantwortet zu werden? (Knapp 2005: 77)

Die Frage, ob Intersektionalität den Status eines neuen Paradigmas innerhalb der Geschlechterforschung beanspruchen kann, wird gegenwärtig kontrovers diskutiert (vgl. Walgenbach 2011). Dabei ist diese Fragestellung spezifisch konturiert: Sie wird aus der selbstkritischen Betrachtung der Geschlechterforschung als sozialwissenschaftlicher Disziplin heraus formuliert und richtet sich auf die Problematik der selektiven Thematisierung sozialer Ungleichheitsstrukturen und hier insbesondere auf die unzureichende Berücksichtigung von ‚Klasse' und ‚Ethnizität'/‚Race', welche mit dem Intersektionalitätsansatz überwunden werden soll.

Der Intersektionalitätsansatz findet inzwischen aber auch in der soziologischen Ungleichheitsforschung Resonanz (vgl. Schwinn 2007). Hier ist die Themenstellung ebenfalls nicht neu, sondern kann an vielfältige Anknüpfungspunkte anschließen: So wurde in unterschiedlichen Beiträgen bereits seit Anfang der 1980er Jahre wiederkehrend die Notwendigkeit betont, die Analyse insbesondere geschlechtsbezogener und ethnisierender, aber auch alters- und milieubezogener Diskriminierungen systematisch in die Ungleichheitsforschung einzubeziehen. Diese wurden in der Folge als „soziale Diskriminierung bestimmter Personengruppen" (Vester/Gardemin 2001: 250), als „nicht-vertikale Ungleichheiten" (Kreckel 2004: 18) und „horizontale Disparitäten" (Schwinn 2004: 11) zum Thema. Es handelt sich dabei jedoch um verschiedene theoretische Hilfskonstruktionen, mit denen eine konsistente Perspektive auf unterschiedliche Formen sozialer Ungleichheit und deren Interdependenzen nur begrenzt erreicht werden konnte. Entsprechend erneuert Reinhard Kreckel im Jahr 2004 seine bereits 1983 formulierte Forderung, dass „alte und neue, nationale und internationale, vertikale und nicht-vertikale Ungleichheiten alle ein *gemeinsames begriffliches und damit theoretisches Dach benötigen*" (Kreckel 2004: 18). Hieran anknüpfend kommen auch Cornelia Klinger und Gudrun-Axeli Knapp 2005 zu der Einschätzung, dass „sich zur Beschreibung der Diskussionslage in der Gesellschaftstheorie sagen [lässt], dass die Kategorien Klasse, ‚Rasse'/Ethnizität und Geschlecht bislang mit sehr unterschiedlichem Gewicht und noch nie in einer systematisch integrierten Perspektive verhandelt wurden" (Klinger/Knapp 2005: 83).

Es ist allerdings davon auszugehen, dass dies nicht nur der historischen Aufgabenteilung geschuldet ist, in deren Folge sich die Geschlechterforschung wesentlich mit ‚Geschlecht', die Rassismus- und Migrationsforschung mit ‚Race' und ‚Ethnizität' und die allgemeine soziologische Ungleichheitsforschung mit ‚Klasse' bzw. ‚Schicht' u. ‚Milieu' beschäftigt hat. Vielmehr scheint das seit über 20 Jahren mit je unterschiedlicher Akzentuierung formulierte Desiderat, Klasse, Geschlecht, Ethnizität als gesellschaftliche Strukturkategorien in ihrem wechselseitigen Konstitutionsverhältnis zu bestimmen, mit grundlegenden theoretischen Schwierigkeiten konfrontiert zu sein. Diesen Schwierigkeiten setzt sich auch der Intersektionalitätsansatz aus, wenn er mit dem Fokus einer auf Makro-Analyse angelegten Großtheorie konturiert wird, die den Anspruch auf ein eigenständiges Paradigma erhebt. Zudem steht die Beanspruchung eines paradigmatischen Status für den Intersektionalitätsansatz in einem deutlichen Spannungsverhältnis dazu, dass Intersektionalität mitunter als ein recht unspezifisches Schlagwort Verwendung findet, unter dem sehr unterschiedliche Ansätze entfaltet werden (vgl. Chebout 2011).

Vor diesem Hintergrund wird im Folgenden eine voraussetzungsärmer gefasste Perspektive eingenommen und davon ausgegangen, dass die Frage, welche Beobachtungsmöglichkeiten unterschiedliche Konturierungen des Intersektionalitätsansatzes bieten, in Hinblick auf die dort jeweils aufgeworfenen Bezugsprobleme diskutiert und entschieden werden muss. In einem ersten Schritt wird entsprechend zu klären sein, ob und inwiefern der Intersektionalitätsansatz eine spezifische Beobachtungsperspektive für die Untersuchung sozialer Ungleichheiten und Diskriminierungen bereitstellt, um in einem zweiten Schritt danach zu fragen, welchen Beitrag Intersektionalitätsansätze zu einer Analyse von Prozessen der Benachteiligung im Bildungssystem leisten könnten.

1 Intersektionalität als Perspektive zur Beobachtung sozialer Ungleichheiten

Die folgenden Ausführungen beschränken sich auf drei zentrale Referenzpunkte innerhalb der inzwischen recht ausdifferenzierten Intersektionalitätsdiskussion. Erstens wird die Frage im Vordergrund stehen, auf welche spezifischen Bezugsprobleme die Begriffsbildung ‚Intersektionalität' bei Kimberlé Crenshaw reagiert. Zweitens wird der Ansatz von Leslie McCall als Versuch einer Versozialwissenschaftlichung der Intersektionalitätsdebatte vorgestellt und drittens werden die in der deutschsprachigen Debatte vor allem von Cornelia Klinger und Gudrun-Axeli Knapp formulierten Forderungen nach einer gesellschaftstheoretischen Rückbindung des Ansatzes diskutiert.

1.1 Komplexität von Formen der Diskriminierung als politisch-rechtliches Problem

Im Fall der Begründung des Intersektionalitätsansatzes durch Crenshaw (1989) ist zunächst der rechtswissenschaftliche Kontext bedeutsam, auf den die Begriffsbildung Intersektionalität reagiert: Crenshaw weist daraufhin, dass das Rechtssystem in der Anwendung geltender Antidiskriminierungsgesetze selektive Klassifikationsschemata verwendet, mit denen der Sachverhalt der Diskriminierung erfasst wird und gleichzeitig bestimmte Formen von Diskriminierungen, die dem Kategoriensystem nicht entsprechen, aus dem Geltungsbereich des Rechts ausgeschlossen werden. Crenshaw verdeutlicht dieses Problem an verschiedenen Beispielen der US-amerikanischen Antidiskriminierungsrechtsprechung, in denen konkrete Formen, die die Diskriminierung ‚schwarzer' Frauen annimmt, nicht als Diskriminierungssachverhalt anerkannt wurden. Sie gelangt zu der Schlussfolgerung, dass die Diskriminierung ‚schwarzer' Frauen nur unzureichend registriert wird, wenn diese als bloße Addition und nicht als Überschneidung bzw. Kreuzung von Rassismen und Sexismen verstanden wird; vielmehr entsteht dadurch eine *spezifische Qualität der Diskriminierung* (vgl. Crenshaw 1989).

Crenshaws Begriffsbildung lässt sich insofern als eine Form der wissenschaftlichen „Beobachtung zweiter Ordnung" (vgl. Luhmann 1999: 144) charakterisieren, als sie danach fragt, wie Diskriminierungen auf der Ebene der fallorientierten Rechtsprechung durch Gerichte beobachtet werden. Sie kann zeigen, dass das US-amerikanische Antidiskriminierungsrecht als „single-axis framework" (Crenshaw 1989: 139) konstruiert ist und Diskriminierung in der Folge nur im Modus eines Entweder-oder-Schemas, d. h. *entweder* als rassistische oder sexistische, nicht aber als Diskriminierung behandeln kann, die sich gerade durch das *Zusammenwirken* von ‚race' und ‚gender' realisiert. Das an kategorialen diskriminierungsrelevanten Merkmalen wie ‚race' und ‚gender' orientierte rechtlich fixierte Beobachtungsschema stellt sich gegenüber der *sozialen Komplexität von Diskriminierungen* nicht nur als unterkomplex dar, sondern führt paradoxerweise gerade dazu, dass geltendes Antidiskriminierungsrecht Formen von Diskriminierung unsichtbar macht.

Crenshaw bezieht die Intersektionalitätsdiskussion jedoch auch auf das Essentialismus- bzw. Universalisierungsproblem antirassistischer und feministischer Identitätspolitiken, das darin besteht, dass Rassismus vorrangig aus der Perspektive der Diskriminierungserfahrungen ,schwarzer' Männer, Sexismus vorrangig aus der Perspektive der Diskriminierungserfahrungen ,weißer' Frauen formuliert wurde – obwohl hier gerade „intra group differences" einen entscheidenden Unterschied machen (Crenshaw 1994: 93).

Das Spezifikum des Intersektionalitätsverständnisses bei Crenshaw besteht entsprechend darin, dass es auf das Bezugsproblem der Invisibilisierung von Formen der Diskriminierung reagiert: Diese Problematik zeigt sich sowohl in der Konstruktion diskriminierungsrelevanter Tatbestände entlang selektiver Klassifikationsschemata im Rechtssystem, als auch im ausgrenzenden Partikularismus der mit Universalitätsanspruch auftretenden feministischen und antirassistischen Bewegungen. Der Entstehungshintergrund des Intersektionalitätsansatzes lässt sich damit einerseits auf den politisch-wissenschaftlichen Black Feminism und die Critical Race Studies, andererseits auf den politisch-rechtlichen Bezugskontext von Antidiskriminierungsarbeit und Antidiskriminierungsgesetzgebung zurückführen (vgl. dazu Chebout 2011).

1.2 Komplexität sozialer Ungleichheitsrelationen als methodologisches Problem der Sozialstrukturanalyse

Leslie McCall strengt demgegenüber mit ihrem Forschungsprogramm eines „categorial approach" und ihrer Orientierung auf makrosoziologisch angelegte Sozialstrukturanalyse gewissermaßen eine Versozialwissenschaftlichung der Intersektionalitätsdebatte an (vgl. McCall 2005). Erklärte Zielsetzung ist es dabei, die Komplexität sozialer Ungleichheitsverhältnisse durch ein adäquates, möglichst differenziertes Kategoriensystem abbilden zu können, das auf der Unterscheidung von ,Class, Gender und Race' basiert (vgl. McCall 2005: 1784 ff.).

McCall schlägt vor, die differenzierten Linien feministischer Forschung und die damit verbundenen jeweiligen Forschungsparadigmen entlang der Unterscheidung *antikategorial, intrakategorial und interkategorial* als Intersektionalitätsansätze zu redefinieren:

- Als *antikategorial* fasst McCall dekonstruktivistische bzw. poststrukturalistische Ansätze, mit denen kategoriale Zuordnungen nach Class, Gender und Race als gesetzter Ausgangspunkt von Untersuchungen grundlegend in Frage gestellt werden und die sich auf die genealogische oder prozesshafte Herstellung sozial relevanter Unterscheidungen konzentrieren.

- Als *intrakategorial* werden Ansätze definiert, die Konstellationen von Differenz und Ungleichheit in Referenz auf eine Kategorie (Class oder Gender oder Race) bearbeiten. McCall problematisiert dabei deren auf – im Sinne Crenshaws – *Intra*gruppendifferenzen fokussierte Betrachtung, die letztlich zu einer unterkomplexen Beschreibung realer sozialer Ungleichheitsverhältnisse führe. Methodologisch ordnet sie hier im Wesentlichen qualitative Forschungsansätze und Fallstudien zu, die sich mit der intersektionalen Konstitution von Identitäten und darauf bezogener Zuschreibungen und Diskriminierungen auseinander setzen (vgl. McCall 2005: 1775 ff.).

- Ihre eigene, quantitativ orientierte Forschung bezeichnet McCall als *interkategorialen* (bzw. *kategorialen*) Ansatz, der die Kategorien Class, Gender, Race als zentrale Dimensionen heuristisch voraussetzt und auf dieser Grundlage soziale Ungleichheiten zwischen „already constituted social groups" beobachtet (McCall 2005: 1784 f.). Der Fokus liegt auf Wechselwirkungen zwischen den Kategorien in Hinblick auf sozialstrukturell relevante Ungleichheitsrelationen. Bei genauerer Betrachtung der Argumentation wird deutlich, dass der Terminus ‚Kategorie' mit empirisch-methodischer Referenz entwickelt wird: D. h. Class, Gender und Race werden hier vor allem als kategorial operationalisierbare Variablen konzipiert (vgl. dazu auch Kerchner 2011).

Zwar verortet McCall das wissenschaftliche Problem – wie Crenshaw – auf der Ebene der Komplexität und Variabilität der Konstitution sozialer Ungleichheiten und Diskriminierungen. Sie begreift dabei als Intersektionalität jedoch weniger spezifische, durch Rassismen und Sexismen differenzierte sozial-strukturelle Positionierungen und Erfahrungsräume ‚schwarzer' Frauen und deren Ausblendung als gleichermaßen rechtliches wie politisches Problem; im Vordergrund steht vielmehr die empiriefähige Modellierung makrosoziologischer Strukturmerkmale (Gender, Race und Class) und die Beschreibung ihres Zusammenwirkens.

1.3 Komplexität sozialer Ungleichheitsstrukturen und Herrschaftsverhältnisse als Problem von Gesellschaftstheorie

Im Anschluss an McCall wird die Entwicklung interkategorialer Ansätze in der deutschsprachigen Intersektionalitätsforschung vielfach als Zielperspektive bestimmt, um die beobachtete Engführung von Intersektionalitätsansätzen auf der Mikro- und Mesoebene zu überwinden (vgl. Klinger/Knapp 2005: 88). Cornelia Klinger und Gudrun-Axeli Knapp verknüpfen damit den Anspruch, eine gesellschaftstheoretische Grundlegung des Intersektionalitätskonzepts vorzunehmen, die der Ansatz McCalls selbst nicht eröffnet, insofern sie die Analyse von gesellschaftlichen Verhältnissen auf Ungleichheits-relationen zwischen kategorial konstruierten Gruppen verlagert. D. h. die so vorgestellte Intersektionalitätsanalyse bietet keine und schon gar nicht *ist* sie bereits Gesellschafts-theorie. Entsprechend formuliert Knapp (2008: 45 f.):

> „Eine am Konzept der Intersektionalität orientierte Theorie fragt danach, wie Geschlech-terverhältnisse, Klassenverhältnisse und Konfigurationen von Ethnizität in der So-zialstruktur und in der institutionellen Verfasstheit einer gegebenen Ökonomie und Gesellschaft, im nationalen wie im transnationalen Zusammenhang, verbunden sind."

In einer solchen Perspektive können Ungleichheitsstrukturen nicht über die kategoria-le Bestimmung von Gruppenzugehörigkeiten und an der Relationierung sozialer Grup-pen abgelesen werden. So gilt es Knapp zufolge, „die gruppentheoretische Einengung der Kategorien Klasse, Geschlecht, Ethnizität zu überwinden" und den Fokus auf die damit verbundenen „Herrschaftslogiken" zu richten (Knapp 2008: 47) Grundlage der zugrunde gelegten Perspektive ist jedoch die diskussionsbedürftige Setzung, dass „die Trias Klasse, ‚Rasse'/Ethnizität und Geschlecht Verhältnisse bezeichnet, die auf ebenso unterschiedliche wie nachhaltige Weise die Ungleichheitsstruktur nahezu aller Gesell-schaften prägen." (Klinger/Knapp 2005: 73) Die Forschungsperspektive, die sich an eine solche Grundlegung anschließt, beobachtet dann die spezifisch historische Aus-prägung der Überlagerung von Herrschaftsmechanismen entlang der angenommenen triadischen Struktur. Dabei ist jedoch zu berücksichtigen, dass die in den Blick genom-menen „Ungleichheitslagen" keiner „einheitlichen Logik", sondern unterschiedlichen „Konstitutionsbedingungen" (Becker-Schmidt 2007: 60) unterliegen. Dies betrifft aber nicht nur die je unterschiedliche Rückbindung von Klasse, Geschlecht, Ethnizität an ökonomische, politische und rechtliche Strukturen, sondern auch die Frage, ob und in-wiefern diese als klassifikatorische Unterscheidungen in jeweiligen gesellschaftlichen Kontexten bedeutsam werden. Zuletzt hat Paula-Irene Villa darauf hingewiesen, dass mit dem starken Fokus auf makrosoziologisch konturierte Kategorien, die „antikatego-riale Kritik [...] in der intersektionellen Theorie marginalisiert zu werden droht" (Villa 2011: 211). Sie plädiert entsprechend für eine „antikategoriale Wendung" in der Debatte, um zu vermeiden, dass „Intersektionalität [...] zu einem Intersektional*ismus*" wird (Villa 2011: 218).

Hieraus lassen sich einige Schlussfolgerungen ziehen, die auch für die Beobachtung von Bildungsungleichheiten bedeutsam sind: Eine ungleichheitssoziologisch angelegte und gesellschaftstheoretisch begründete Intersektionalitätsforschung kann sich *erstens* nicht damit zufrieden geben, Ungleichheiten an kategorial operationalisierbaren Varia-blen abzulesen und soziale Klassifikationen – wie Klasse, Geschlecht, Ethnizität – mit konkreten sozialen Gruppen gleich zu setzen. Hieran anknüpfend sind *zweitens* anti-kategoriale Perspektiven nicht als „Widerpart", sondern als „unverzichtbares Element" ungleichheitstheoretisch orientierter Intersektionalitätsanalysen (Knapp 2008: 49) zu verstehen. Ein antikategorialer Zugang bezeichnet damit im Unterschied zur Systematisierung McCalls keinen partikularen und genuinen Forschungsstrang, sondern eine Erkenntnis- resp. Beobachtungsposition, die für ungleichheitstheoretisch angelegte Untersuchungen insofern von Bedeutung ist, als Prozesse sozialer Klassifikation zentrale Mechanismen der Konstitution benachteiligungsrelevanter Unterscheidungen darstellen. *Drittens* wäre im Anschluss an die bei Crenshaw mit Bezug auf das Rechtssystem formulierten, aber generell relevanten Überlegungen davon auszugehen, dass die benachteiligungs- und diskriminierungsrelevante Überschneidung sozialer Klassifikationen in und durch soziale Institutionen und Organisationen *spezifisch* hergestellt wird.

2 Intersektionale Perspektiven auf die Analyse von Bildungsungleichheiten

Welche Anknüpfungspunkte der Intersektionalitätsansatz zur Analyse von Ungleichheiten im Bildungssystem bietet, ist bislang nur ansatzweise diskutiert worden (vgl. Leiprecht/Lutz 2005, Weber 2009, Krüger-Potratz 2011). Mit Blick auf die aktuelle bildungssoziologische Forschung und die empirische Bildungsforschung, die sich mit dem Wandel der Chancenstrukturen im Bildungssystem befassen, lässt sich zunächst feststellen, dass Bildungsungleichheiten bereits mit einem differenzierten Kategoriensystem untersucht werden. Die Ergebnisse der einschlägigen Studien wie PISA, IGLU oder TIMMS verweisen dabei auf die inzwischen hinreichend bekannten kumulativen Benachteiligungsmuster, die wiederkehrend in das sinnfällige Bild des ‚bildungsfernen Arbeitersohns mit Migrationshintergrund aus der Großstadt‘ als dem aktuellen Prototyp der Bildungsbenachteiligung gebracht werden (vgl. in unterschiedlichen Variationen Geißler 2005, Kahlert 2008). Während Katharina Walgenbach bereits in der sozialstatistischen Figur der „katholischen Arbeitertochter vom Lande" der 1960er Jahre eine „intersektionale Perspektive" erkennt (Walgenbach 2011: 113), formuliert Marianne Krüger-Potratz die Einschätzung, dass es sich hier lediglich um eine „Addition von Benachteiligung erzeugenden Merkmalen" handelt (Krüger-Potratz 2011: 189). Letztlich geben derartige Bilder vor allem darüber Auskunft, wie die Bildungsforschung Bildungsungleichheiten beobachtet und verweisen auf das diesbezüglich beobachtungsleitende Kategorienensemble. Über die konkreten Prozesse, durch die sich Benachteiligungen und Diskriminierungen (re-)produzieren, ist damit jedoch noch nicht viel ausgesagt.

Intersektionale Analysen von Bildungsbenachteiligungen sind dabei mit einem doppelten Komplexitätsproblem konfrontiert: Zum einen können sie sich nicht damit zufrieden geben, Bildungsbenachteiligungen deskriptiv an Gruppenvariablen und ihren Überschneidungen abzulesen. Zum anderen finden sie eine Ausgangssituation vor, die dadurch charakterisiert ist, dass geschlechts-, klassen- und migrationsbezogene Benachteiligungen in der Bildungsforschung sehr unterschiedlich beobachtet, analysiert und bewertet werden.

2.1 Klassen- und milieubezogene Bildungsbenachteiligungen

Klassen- und milieubezogene Benachteiligungen werden in der aktuellen empirischen Bildungsforschung und der Bildungssoziologie vorrangig im Rahmen deskriptiver Studien (vgl. Hillmert 2008: 77) und mit einer Beobachtungsperspektive untersucht, die mit unterschiedlichen theoretischen Referenzen auf den Zusammenhang von Bildungserfolg und herkunftsabhängigen Kapitalausstattungen sowie familialen Bildungsstrategien fokussiert (vgl. Becker 2011). Dabei wird neben einer an Pierre Bourdieu orientierten Forschung, in deren Zentrum klassen- und milieuspezifische Habitusformierung und Bildungsstrategien sowie die durch das Bildungssystem erzeugte ‚Illusion der Chancengleichheit' stehen (vgl. zusammenfassend Kramer 2011), vor allem an Raymond Boudon (1974) und dessen Unterscheidung zwischen ‚primären und sekundären Herkunftseffekten' angeschlossen (vgl. Becker 2011: 108 ff.) Als primäre Herkunftseffekte gelten unterschiedliche Ausgangsbedingungen von SchülerInnen verschiedener sozialer Herkunft, „die sich in schichtspezifischen Unterschieden der schulischen Leistung und Kompetenzen des Kindes niederschlagen" (Becker 2011: 108); als sekundäre Herkunftseffekte werden demgegenüber insbesondere herkunftsabhängige familiale Bildungsentscheidungen in den Blick genommen, die aus der subjektiven Bewertung der Vor- und Nachteile höherer Bildung sowie der Einschätzung der Erfolgaussichten individueller Bildungsanstrengungen und Bildungsinvestitionen resultieren. Dabei rücken aktuell insbesondere die sekundären Herkunftseffekte in den Fokus von Problematisierungen, weil diese auf eine nicht durch Leistung gedeckte soziale Selektivität verweisen und insofern das meritokratische Selbstverständnis des Bildungssystems in Frage stellen.

In Hinblick auf die Prozesse, die zu Bildungsbenachteiligungen führen, kann jedoch die Herstellung primärer Herkunftseffekte als ein ebenso neuralgischer Punkt gewertet werden, der in der aktuellen Diskussion allerdings in den Hintergrund rückt. Insbesondere wenn Schulleistungen als primäre Herkunftseffekte gefasst werden und der Sozialisation im Elternhaus zugerechnet werden, wie dies im einflussreichen Modell von Rolf Becker zur Erklärung von Bildungsungleichheiten der Fall ist (vgl. Becker 2011: 113), wird von einem allzu engen Reproduktionszirkel von familialer Sozialisation, schulischer Leistung und sozialer Statusallokation ausgegangen. Dabei wird tendentiell ausgeblendet, dass Schule durch ihre spezifischen Operationen zur milieu- und schichtspezifischen Genese und Attribution von Leistung fundamental beiträgt.

Dass Leistungsbewertungen und Schullaufbahnempfehlungen durch klassen- und milieubezogene Zuschreibungen überformt sind, ist nicht zuletzt durch die Ergebnisse der IGLU-Studien gut dokumentiert (vgl. etwa Bos et al. 2004) und auf der Grundlage unterschiedlicher bildungssoziologischer Untersuchungen zur sozialen Selektivität von Leistungseinschätzungen und Notengebungen bereits seit den 1970er Jahren bekannt (vgl. Ditton 2008). Gleichzeitig werden relevante Klassifikationsprozesse, mit denen LehrerInnen ihre SchülerInnen typisieren (vgl. Schumacher 2002), in der Forschung nur sehr begrenzt in den Blick genommen, sondern vor allem in einer Form beobachtet, die dem Beobachtungsmodus des Bildungssystems selbst entspricht: als Effekte, die sich in Zensuren, Übergangsempfehlungen, Bildungszertifikaten etc. niederschlagen. Die komplexen schul- bzw. klassenintern ablaufenden Interaktionsprozesse, in denen Schulleistungen erzeugt und dann individuell attribuiert werden, bleiben dabei ebenso unbeobachtet, wie etwaige konkrete ‚doing class'-Effekte (vgl. Kalthoff 2006) auf der Ebene der formellen und informellen schulischen Kommunikation. Mikrosoziologisch fundierte Untersuchungen zu den sozialen Klassifikationsprozessen in und durch die institutionell gerahmten schulischen Praktiken spielen in der deutschsprachigen Bildungsforschung eine bislang eher marginale Rolle (vgl. dazu Krüger/Rabe-Kleberg/ Kramer/Budde 2010). Monika Falkenberg und Herbert Kalthoff plädieren in diesem Zusammenhang für eine praxistheoretische Schul- und Bildungsforschung, deren genuine Beobachtungsperspektive sie folgendermaßen spezifizieren: Während „Reproduktionstheorien die Logik der Ungleichheit und des Unterschieds [rekonstruieren], beobachten praxistheoretische Ansätze Praktiken des Unterscheidens, durch die soziale Kategorien ihre Wirkung entfalten" (Falkenberg/Kalthoff 2008: 811).

2.2 Migrationsbezogene Bildungsbenachteiligungen

Die Benachteiligung von Kindern und Jugendlichen mit Migrationshintergrund rückt forciert durch die PISA- und IGLU-Studien ins Zentrum bildungspolitischer Debatten und verliert zugleich auch innerhalb der bildungssoziologischen Diskussion ihren randständigen Status. Im Unterschied zur Intersektionalitätsdiskussion, in deren Rahmen ‚Race' und ‚Ethnizität' die immer wieder verwendete Ungleichheits-Trias gemeinsam mit Klasse und Geschlecht komplettieren, verwendet die empirische Bildungsforschung und Bildungssoziologie eine andere beobachtungsleitende Kategorisierung: Mit der Kategorie Migrationshintergrund wird auf individueller Ebene der biographische Faktor Migration in der Familiengenealogie in den Blick genommen. Das typische Benachteiligungsmuster, das auf der Grundlage der vorliegenden Studien durch den Faktor Migrationshintergrund angezeigt wird, wird in der Diskussion um die Ursachen in die Faktoren sozioökonomischer und bildungsbezogener Familienhintergrund sowie Sprachkompetenzen und familiale Sprachverwendungspraxis zerlegt: Nicht der Faktor Migrationshintergrund als solcher, sondern die benachteiligte sozio-ökonomische Lage in Kombination mit mangelnden Kompetenzen in der deutschen Verkehrssprache (vgl. Stanat 2008) erklärt die Benachteiligung im Bildungssystem. Dies hat zur Folge, dass problematische kulturalisierende Erklärungen migrationsbezogener Bildungsbenachteiligung, welche ausbleibende Bildungserfolge über den Topos der Kulturdifferenz bzw. über vermeintliche kulturelle Defizite plausibilisieren (vgl. etwa Schrader/Nikles/ Griese 1979), zwar tendentiell in den Hintergrund treten. Gleichzeitig wird das Problem, dass Bildungsbenachteiligungen vor allem auf Merkmale der Kinder bzw. ihrer Herkunftsfamilien und als Folge der unterschiedlichen Ausstattung mit für den Bildungserfolg erforderlichen Ressourcen zurückgeführt werden, nicht aufgelöst (vgl. kritisch dazu Diefenbach 2008: 140 ff.). Im Fall migrationsbezogener Benachteiligungen stellt sich dabei das spezifische Problem, dass der Topos defizitärer Sprachkompetenzen zu einem selbstevidenten Bezugspunkt der Erklärung für Bildungsbenachteiligungen wird. Reifiziert wird damit nicht zuletzt die Beobachtungslogik des Bildungssystems selbst, in dessen Kontext nicht nur kulturalisierende Sichtweisen sondern zunehmend auch der Verweis auf die familiale Verwendung nicht-deutscher Sprachen „zu einem stehenden Begründungsmuster der Lehrer für negative Selektionsentscheidungen" (Radtke 2008: 662) wird.

Im Unterschied zu Forschungen, die migrationsbezogene Bildungsbenachteiligungen vorrangig als Effekte schulexterner Faktoren untersuchen, liegen bislang nur wenige Untersuchungen vor, welche in einer Umkehr der Beobachtungsperspektive „Bildungskarrieren als Produkte der Organisation Schule verstehen" (Diehm/Radtke 2011: 82). Angesichts der deutlichen Hinweise darauf, dass die sozial selektive Zuweisung von Bildungschancen erheblich von Einflüssen wie dem lokalen Schulangebot und den zu verteilenden Schülerzahlen auf zur Verfügung stehende Schulplätze innerhalb von Schulbezirken (vgl. Hunger/Tränhardt 2001; Gomolla/Radtke 2009) abhängt, ist davon auszugehen, dass das Bildungssystem nach seiner eigenen inneren Logik ungleichheitsrelevante Klassifikationen prozessiert, die nicht mit den sozialstrukturellen Merkmalen und angenommenen Eigenschaften kategorial definierter Gruppen kongruent sind.

In der einschlägigen, organisationssoziologisch angelegten Studie von Mechtild Gomolla und Frank-Olaf Radtke (2009) zur institutionellen Diskriminierung werden in diesem Zusammenhang insbesondere schulische Entscheidungspraktiken herausgearbeitet, mit denen auf der Grundlage organisationsspezifischer Normalitätserwartungen ethnische Differenz hergestellt und als indirekte institutionelle Diskriminierung an den Übergangsschwellen des Bildungssystems wirksam wird. Die legitimatorische Plausibilisierung von Selektionsentscheidungen verknüpft sich dabei u. a. mit der Diagnose vorhandener Sprachdefizite oder vollzieht sich als Konstruktion von „kulturellen Passungsproblemen" zwischen Familienhintergrund und Schule (vgl. Gomolla/Radtke 2009: 268 ff.). Damit ist ein erster Hinweis darauf gegeben, dass ‚Ethnizität' im schulischen Kontext bereits als ein intersektionales Konstrukt prozessiert wird, in dem sich an ‚Kultur', ‚Sprache', ‚soziale Herkunft' anknüpfende Klassifikationen in einer Art und Weise überschneiden dürften, dass diese nicht mehr sinnvoll in makrosoziologische Differenzierungslinien auseinander dividiert werden können.

2.3 Geschlechtsbezogene Benachteiligungen

Die Kategorie Geschlecht scheint seit Ende der 1970er Jahre als eigenständiger und isolierbarer Benachteiligungsfaktor im allgemeinbildenden Schulsystem an Relevanz verloren zu haben. Entsprechend fand auch die Thematisierung geschlechtsbezogener Benachteiligungen in der allgemeinen bildungssoziologischen Forschung bis vor einiger Zeit kaum Resonanz – wie sich etwa noch in dem jüngst erschienenen Lehrbuch Bildungssoziologie (Becker 2011) dokumentiert. In der Tradition der feministischen Schulforschung stehende Untersuchungen verweisen jedoch wiederkehrend auf die Persistenz von geschlechtsspezifischen Disparitäten in unterschiedlichen Fachgebieten und auf den Beitrag der Schule zur Reproduktion geschlechterstereotyper Fachinteressen, Selbstkonzepte und Persönlichkeitsmuster (vgl. Cornelißen 2004). An das Konzept des ‚doing gender' (vgl. West/Zimmerman 1987) anschließende ethnographische Studien richten ihren Blick in mikrosoziologischer Perspektive auf die Herstellung und Darstellung von Geschlecht im Schulalltag. Aufgezeigt wird, dass Geschlecht, verstanden „als die in den Interaktionen immer zugleich dargestellte wie zugeschriebene Geschlechtszugehörigkeit" (Faulstich-Wieland/Weber/Willems 2004: 23), ein zentrales Element schulischer Interaktion darstellt und in Lehr-Lernprozessen Relevanz erlangt.

Inzwischen werden geschlechtsbezogene Benachteiligungen jedoch auch über die Geschlechterforschung hinausgehend diskutiert (vgl. etwa Hadjar 2011). Zentrale Anknüpfungspunkte finden diese bildungssoziologischen Betrachtungen in den durch die OECD-Leistungsstudien dokumentierten geschlechtsspezifischen Benachteiligungsmustern, die vor allem eine Bildungsbenachteiligung von Jungen aufzeigen: Diese zeigt sich auf der Ebene der formalen Schulabschlüsse, beim Besuch differentieller Schulformen und an allen relevanten Übergangsschwellen im allgemeinbildenden Schulsystem (vgl. Aktionsrat Bildung 2009). Da über die Prozesse, die zu den differentiellen Bildungserfolgen führen, relativ wenig bekannt ist, trägt die Debatte um die (neue) Jungenbenachteiligung teilweise recht spekulative Züge und reproduziert mitunter ein stereotypes Geschlechterverhältnis, mit dem Mädchen und Jungen als in ihren Eigenschaften und Bildungschancen unterscheidbare und sich gegenüberstehende Gruppen konstruiert werden. Dies betrifft nicht zuletzt auch Überlegungen, die von einem ursächlichen Zusammenhang der beobachteten Jungenbenachteiligung mit der Überrepräsentation von Frauen in den Lehrberufen und der daraus abgeleiteten Dominanz eines spezifischen weiblichen Unterrichtsstils sowie einer Mädchen bevorzugenden Organisationskultur ausgehen (vgl. bereits Diefenbach/Klein 2002; vgl. kritisch dazu Faulstich-Wieland 2011).

Zugleich hat sich in Bezug auf das Problem der Jungenbenachteiligung eine eigenständige Forschung entwickelt, die die Prozessierung geschlechtsbezogener Klassifikationen analysiert und „Schule als soziale(n) Ort" in den Blick nimmt, an dem „Männlichkeit her- und dargestellt wird" (Budde 2009: 394). Der für diese Analyseperspektive charakteristische Fokus auf die Herstellung unterschiedlicher Formen von Männlichkeit wird jedoch inzwischen auch als Engführung problematisiert und es wird die Notwendigkeit betont, Intersektionalitätsansätzen einen größeren Stellenwert einzuräumen (vgl. Budde/Mammes 2009: 15 ff.). Hintergrund dessen ist die Beobachtung, dass es sich bei dem über kategoriale Variablen identifizierbaren Benachteiligungsmuster um eine Benachteiligung handelt, die nahezu ausschließlich Jungen aus benachteiligten sozialen Milieus und mit Migrationshintergrund betrifft. Es ist folglich davon auszugehen, dass Geschlecht hier nicht als isolierte Zuschreibungs- und Allokationsressource bedeutsam wird, sondern dass sich soziale Differenzierungslinien und Klassifikationen überlagern, die in ihrem Zusammenspiel einen eigenständigen benachteiligenden Effekt erzeugen. Dabei erweist sich die Annahme einer Überwindung der historischen Bildungsbenachteiligung von Mädchen und Frauen als ebenso übergeneralisierend wie die Feststellung einer generellen Benachteiligung von Jungen und Männern: Denn der mit der Bildungsexpansion verknüpfte „Abbau von Geschlechterungleichheiten im Bildungserwerb" wurde „im Wesentlichen über die Einführung einer – bei den Männern bereits vorhandenen – herkunftsabhängigen Stratifikation der Bildungsbeteiligung bei Frauen erreicht" (Solga 2005). Geschlechtsbezogene Bildungsbenachteiligungen überlagern sich offensichtlich immer schon mit der klassenbezogenen Differenzierungspraxis des gegliederten Schulsystems und sie sind nicht unabhängig davon zu analysieren.

Auf die wechselseitige Überformung geschlechtsbezogener und ethnisierender Klassifikationen in der schulischen Kommunikation hat insbesondere Martina Weber (2003; 2009) auf der Grundlage einer qualitativen empirischen Untersuchung hingewiesen. Deren Ergebnisse zeigen, dass insbesondere Jungen mit türkischem Migrationshintergrund über die Zuschreibung, dass diese „extreme Dominanzansprüche gegenüber Frauen" geltend machen, als eine homogene Gruppe typisiert und damit ethnisiert werden (Weber 2003: 145). Dabei werden die professionellen Deutungsmuster über Argumentationsketten gestützt, die der „Gruppe der türkischen Schüler" das generelle Festhalten an einem rückständigen, traditionellen Geschlechterverhältnis attestieren und dies dann in die „Diagnose ‚einfacher Denkstrukturen'" übersetzen, durch die sie türkische Schüler charakterisiert sehen (Weber 2009: 79). Hier findet sich ein erster Hinweis darauf, wie soziale Klassifikationen in schulische Klassifikationen – in diesem Fall in die kognitive Kategorie der ‚einfachen Denkstrukturen' – übersetzt und dann potentiell benachteiligungsrelevant werden.

2.4 Schlussfolgerungen

Eine eigenständige Forschung, die Prozesse der Bildungsbenachteiligung in intersektionaler Perspektive untersucht, müsste zentral an der Frage ansetzen, „welche sozialen Kategorisierungen in welcher Weise subtile Prozesse der Bildungsbenachteiligung hervorbringen" (Weber 2009: 76). Dabei kann die Relevanz sozialer Klassifikationen nicht deduktiv aus makrosoziologisch angelegten Großkategorien wie Klasse, Geschlecht, Ethnizität abgeleitet werden. Insofern organisatorische und institutionelle Kontexte benachteiligungs- und diskriminierungsrelevante Unterscheidungen nach internen, ihrer Eigenrationalität folgenden Kriterien vollziehen, wie insbesondere die intersektionale Beobachtungsperspektive von Crenshaw zeigt, müsste es im Fall des Bildungssystems um die Frage gehen, in welcher Weise wahrgenommene soziale Merkmale von SchülerInnen die Klassifikation im schulischen Interaktionskontext der unterrichtlichen Kommunikation einerseits, selektionsbezogene Entscheidungen im Organisationskontext andererseits leiten. Es ist dabei von spezifischen, durch den schulischen Kontext gerahmten Übersetzungsleistungen auszugehen, durch die sich eine Transformation sozialer Klassifizierungen in „schulische Formen der Klassifizierungen" (Bourdieu 2004: 21 ff.) realisiert. Weitgehend ungeklärt ist jedoch, *wie* soziale Klassifikationen in schulintern legitime, d. h. leistungsbezogene Klassifikationen wie Begabungen, Lernbereitschaften, Sprachkompetenzen etc. übersetzt werden. Hier ist jedoch der neuralgische Punkt der intersektionalen Prozessierung benachteiligungsrelevanter Unterscheidungen im und durch das Bildungssystem zu vermuten.

Literatur

Aktionsrat Bildung (2009): Geschlechterdifferenzen im Bildungssystem, Jahresgutachten 2009, hrsg. von der Vereinigung der Bayerischen Wirtschaft e. V. unter wissenschaftlicher Koordination von Dieter Lenzen, Wiesbaden.

Becker-Schmidt, Regina (2007): ‚Class', ‚gender', ‚ethnicity', ‚race': Logiken der Differenzsetzung, Verschränkungen von Ungleichheitslagen und gesellschaftliche Strukturierung. In: Klinger, Cornelia/Knapp, Gudrun-Axeli/Sauer, Birgit (2007) (Hrsg.): Achsen der Ungleichheit. Zum Verhältnis von Klasse, Geschlecht und Ethnizität. Frankfurt/New York: Campus. S. 56–83.

Becker, Rolf (2011): Entstehung und Reproduktion dauerhafter Bildungsungleichheiten. In: Ders. (Hrsg.): Lehrbuch der Bildungssoziologie. 2. Auflage. Wiesbaden: VS Verlag für Sozialwissenschaften. S. 85–129.

Bos, Wilfried/Voss, Andreas/Lankes, Eva-Maria/Schwippert, Knut/Thiel, Oliver/Valtin, Renate (2004): Schullaufbahnempfehlungen am Ende der vierten Jahrgangsstufe. In: Bos, W. et al. (Hrsg.): IGLU. Schülerleistungen am Ende der vierten Jahrgangsstufe im nationalen und internationalen Vergleich. Münster/New York/München/Berlin: Waxmann. S. 191–228.

Bourdieu, Pierre (2004): Der Staatsadel. Konstanz: UVK.

Budde, Jürgen (2009): Bildungs(miss)erfolge von Jungen in der Schule?! In: Angelika Henschel, Angelika/Krüger, Rolf/Schmitt, Christof/Stange, Waldemar (Hrsg.): Jugendhilfe und Schule, Handbuch für eine gelingende Kooperation, Wiesbaden: VS Verlag für Sozialwissenschaften. S. 394–408.

Budde, Jürgen/Mammes, Ingelore (2009): Positionen und Perspektiven von Jungeforschung, in: Dies. (Hrsg.): Jungenforschung empirisch. Zwischen Schule, männlichem Habitus und Peerkultur, Wiesbaden: VS Verlag für Sozialwissenschaften. S. 15–23.

Chebout, Lucy N. (2011): Wo ist Intersectionality in bundesdeutschen Intersektionalitätsdiskursen. Exzerpte aus dem Reisetagebuch einer Traveling Theory. In: Smykalla, Sandra/Vinz, Dagmar (Hrsg.): Intersektionalität zwischen Gender und Diversity. Münster: Westfälisches Dampfboot. S. 46–60.

Cornelißen, Waltraud (2004): Bildung und Geschlechterordnung in Deutschland. Einige Anmerkungen zur Debatte um die Benachteiligung von Jungen in der Schule. In: Zeitschrift für Frauenforschung und Geschlechterstudien 1/2004, S. 128–136.

Crenshaw, Kimberlé Williams (1989): Demarginalizing the Intersection of Race and Sex: A Black feminist Critique of Antidiscrimination Doctrine. In: The University of Chicago Legal Forum, Feminism in the Law: Theory, Practice and Criticism, S. 139–167.

Crenshaw, Kimberlé Williams (1994): Mapping the Margins: Intersectionality, Identity Politics, and Violence Against Women of Color. In: Fineman, Martha A./Mykitiuk, Roxanne (Hrsg.): The Public Nature of Private Violence. New York: Routledge. S. 93–118.

Diefenbach, Heike/Klein, Michael (2002): ‚Bringing Boys Back In'. Soziale Ungleichheit zwischen den Geschlechtern im Bildungssystem zuungunsten von Jungen am Beispiel der Sekundarschulabschlüsse. In: Zeitschrift für Pädagogik, 48 (6), S. 938–958.

Diefenbach, Heike (2008): Kinder und Jugendliche aus Migrantenfamilien im deutschen Bildungssystem. Erklärungen und empirische Befunde, 2. Auflage. Wiesbaden: VS Verlag für Sozialwissenschaften.

Diehm, Isabell/Radtke, Frank-Olaf (2011): Migration. In: Kade, Jochen et al. (Hrsg.): Pädagogisches Wissen. Stuttgart: Kohlhammer. S. 77–83.

Ditton, Hartmut (2008): Der Beitrag von Schule und Lehrern zur Reproduktion von Bildungsungleichheit. In: Becker, Rolf/Lauterbach, Wolfgang (Hrsg.): Bildung als Privileg. Erklärungen und Befunde zu den Ursachen der Bildungsungleichheit. Wiesbaden: VS Verlag für Sozialwissenschaften. S. 247–275.

Falkenberg, Monika/Kalthoff, Herbert (2008): Das Feld der Bildung. Schulische Institutionen, Schulbevölkerung und gesellschaftliche Integration. In: Willems, Herbert (Hrsg.): Lehr(er)buch Soziologie. Band 2, Wiesbaden: VS Verlag für Sozialwissenschaften. S. 797–816.

Faulstich-Wieland, Hannelore/Weber, Martina/Willems, Katharina (2004): Doing Gender im heutigen Schulalltag. Empirische Studien zur sozialen Konstruktion von Geschlecht in schulischen Interaktionen, Weinheim und München: Juventa.

Faulstich-Wieland, Hannelore (2011): Werden tatsächlich Männer gebraucht, um Bildungsungleichheiten (von Jungen) abzubauen? In: Hadjar, Andreas (Hrsg.): Geschlechtsspezifische Ungleichheiten. Wiesbaden: VS Verlag für Sozialwissenschaften. S. 392–415.

Geißler, Rainer (2005): Die Metamorphose der Arbeitertochter zum Migrantensohn. Zum Wandel der Chancenstruktur im Bildungssystem nach Schicht, Geschlecht, Ethnie und deren Verknüpfungen. In: Berger, Petr A./Kahlert, Heike (Hrsg.): Institutionalisierte Ungleichheiten. Wie das Bildungswesen Chancen blockiert, Weinheim und München: Juventa. S. 71–100.

Gomolla, Mechtild/Radtke, Frank-Olaf (2009): Institutionelle Diskriminierung. Die Herstellung ethnischer Differenz in der Schule. 3. Auflage. Wiesbaden: VS Verlag für Sozialwissenschaften.

Hadjar, Andreas (2011): Geschlechtsspezifische Ungleichheiten. Wiesbaden: VS Verlag für Sozialwissenschaften.

Hillmert, Steffen (2008): Soziale Ungleichheit im Bildungsverlauf: zum Verhältnis von Bildungsinstitutionen und Entscheidungen. In: Becker, Rolf/Lauterbach, Wolfgang (Hrsg.): Bildung als Privileg. Erklärungen und Befunde zu den Ursachen der Bildungsungleichheit. Wiesbaden: VS Verlag für Sozialwissenschaften. S. 75–102.

Kahlert, Heike (2008): Bildung und Erziehung im Übergang zur Wissensgesellschaft. In: Willems, Herbert (Hrsg.): Lehr(er)buch Soziologie. Band 2, Wiesbaden: VS Verlag für Sozialwissenschaften. S. 773–796.

Kalthoff, Herbert (2006): Doing/undoing class in exklusiven Internatsschulen. Ein Beitrag zur empirischen Bildungssoziologie. In: Werner Georg (Hrsg.): Soziale Reproduktion – eine empirisch-theoretische Bestandsaufnahme. Konstanz: UVK. S. 93–122.

Kerchner, Brigitte (2011): Diskursanalyse der Intersektionalität. In: Smykalla, Sandra/Vinz, Dagmar (Hrsg.): Intersektionalität zwischen Gender und Diversity. Münster: Westfälisches Dampfboot. S. 144–161.

Klinger, Cornelia/Knapp, Gudrun-Axeli (2005): Achsen der Ungleichheit – Achsen der Differenz. Verhältnisbestimmungen von Klasse, Geschlecht, ,Rasse'/Ethnizität. In: Transit, Nr. 29/2005, S. 72–95.

Klinger, Cornelia/Knapp, Gudrun-Axeli/Sauer, Birgit (2007) (Hrsg.): Achsen der Ungleichheit. Zum Verhältnis von Klasse, Geschlecht und Ethnizität. Frankfurt/New York: Campus.

Knapp, Gudrun-Axeli (2005): „Intersectionality" – ein neues Paradigma feministischer Theorie? Zur transatlantischen Reise von „Race, Class, Gender". Feministische Studien 23. 2005. S. 68–81.

Knapp, Gudrun-Axeli (2008): ,Intersectionality' – ein neues Paradigma der Geschlechterforschung? In: Casale, Rita/Rendtorff, Barbara (Hrsg.): Was kommt nach der Genderforschung? Bielefeld: transcript: S. 33–53.

Kramer, Rolf-Torsten (2011): Abschied von Bourdieu? Perspektiven ungleichheitsbezogener Bildungsforschung Wiesbaden. VS Verlag für Sozialwissenschaften.

Kreckel, Reinhard (2004): Politische Soziologie der sozialen Ungleichheit. 2. Auflage. Frankfurt a. M.: Campus.

Krüger, Heinz-Hermann/Rabe-Kleberg, Ursula/Kramer, Rolf-Torsten/Budde, Jürgen (2010) (Hrsg.): Bildungsungleichheit revisited. Wiesbaden: VS Verlag für Sozialwissenschaften.

Krüger-Potratz, Marianne (2011): Intersektionalität. In: Faulstich-Wieland, Hannelore (Hrsg.): Umgang mit Heterogenität und Differenz. Baltmannsweiler: Schneider Verlag Hohengehren. S. 183–200.

Leiprecht, Rudolf/Lutz, Helma (2005): Intersektionalität im Klassenzimmer: Ethnizität, Klasse, Geschlecht. In: Leiprecht, Rudolf/Kerber, Anna (Hrsg.): Schule in der Einwanderungsgesellschaft. Schwalbach: Wochenschau Verlag. S. 218–234.

Luhmann, Niklas (1999): Die Gesellschaft der Gesellschaft. Frankfurt a. M.: Suhrkamp.

Lutz, Helma/Herrera Vivar, Maria Teresa/Supik, Linda (2010) (Hrsg.): Fokus Intersektionalität. Bewegungen und Verortungen eines vielschichtigen Konzeptes. Wiesbaden: VS Verlag für Sozialwissenschaften.

McCall, Leslie (2005): The Complexity of Intersectionality. In: Signs. Journal of womanin Culture and society 30. 2005. S. 1771–1800.

Radtke, Frank-Olaf (2008): Schule und Ethnizität. In: Helsper, Werner/Böhme, Jeanette (Hrsg.): Handbuch der Schulforschung. 2. Auflage. Wiesbaden: VS Verlag für Sozialwissenschaften. S. 651–672.

Schrader, Achim/Nikles, Bruno W./Griese, Hartmut M. (1979): Die zweite Generation: Sozialisation und Akkulturation ausländischer Kinder in der Bundesrepublik. Königstein/Ts.: Anton Hain.

Schumacher, Eva (2002): Die soziale Ungleichheit der Lehrer/innen – oder: Gibt es eine Milieuspezifität pädagogischen Handelns? In: Mägdefrau, Jutta/Schumacher, Eva (Hrsg.): Pädagogik und soziale Ungleichheit. Aktuelle Beiträge – Neue Herausforderungen, Bad Heilbrunn/Obb: Klinkhardt. 253–271.

Solga, Heike (2005): Ohne Abschluss in die Bildungsgesellschaft. Die Erwerbschancen gering qualifizierter Personen aus soziologischer und ökonomischer Perspektive. Opladen: Budrich.

Stanat, Petra (2008): Heranwachsende mit Migrationshintergrund im deutschen Bildungswesen. In: Cortina, Kai S. et al. (Hrsg.): Das Bildungswesen in der Bundesrepublik Deutschland. Strukturen und Entwicklungen im Überblick. Reinbek bei Hamburg: Rowohlt. S. 685–743.

Schwinn, Thomas (2004) (Hrsg.): Differenzierung und soziale Ungleichheit. Die zwei Soziologien und ihre Verknüpfung. Frankfurt a. M.: Humanities online.

Schwinn, Thomas (2007): Komplexe Ungleichheitsverhältnisse: Klasse, Ethnie und Geschlecht. In: Klinger, Cornelia/Knapp, Gudrun-Axeli/Sauer, Birgit (Hrsg.): Achsen der Ungleichheit. Zum Verhältnis von Klasse, Geschlecht und Ethnizität. Frankfurt/New York: Campus. S. 271–286.

Villa, Paula-Irene (2010): Verkörperung ist immer mehr. Intersektionalität, Subjektivierung und der Körper. In: Lutz, Helma et al. (Hrsg.): Fokus Intersektionalität. Wiesbaden: VS Verlag für Sozialwissenschaften: S. 203–219.

Walgenbach, Katharina (2007): Gender als interdependente Kategorie. In: Walgenbach, Katharina/Dietze, Gabriele/Hornscheidt, Antje/Palm, Kerstin: Gender als interdependente Kategorie. Neue Perspektiven auf Intersektionalität, Diversität und Heterogenität. Opladen: Verlag Barbara Budrich. S. 23–64.

Walgenbach, Katharina (2011): Intersektionalität als Analyseparadigma kultureller und sozialer Ungleichheiten. In: Bilstein, Johannes/Ecarius, Jutta/Keiner, Edwin (Hrsg.): Kulturelle Differenzen und Globalisierung. Wiesbaden: VS Verlag: S. 113–130.

Weber, Martina (2003): Heterogenität im Schulalltag. Konstruktion ethnischer und geschlechtlicher Unterschiede. Opladen: Leske/Budrich.

Weber, Martina (2009): Das Konzept ‚Intersektionalität' zur Untersuchung von Hierarchisierungsprozessen in schulischen Interaktionen. In: Budde, Jürgen/Willems, Katharina (Hrsg.): Bildung als sozialer Prozess. Weinheim und München: Juventa. S. 73–93.

West, Candace/Zimmerman, Don H. (1987): Doing Gender. In: Gender & Society, I (2), 125–151.

Winker, Gabriela/Degele, Nina (2009): Intersektionalität. Zur Analyse sozialer Ungleichheiten. Bielefeld: transcript.

Yuval-Davis, Nira (2010): Jenseits der Dichotomie von Anerkennung und Umverteilung: Intersektionalität und soziale Schichtung. In: Lutz, Helma/Herrera Vivar, Maria Teresa/Supik, Linda (Hrsg.): Fokus Intersektionalität. Wiesbaden: VS Verlag für Sozialwissenschaften. S. 185–201.

Räumlichkeit in Erziehungs- und Bildungsverhältnissen

Sebastian Dirks und Fabian Kessl

Einleitung

Die Dimension der Räumlichkeit in Erziehungs- und Bildungsverhältnissen blieb lange Zeit systematisch unterbelichtet. Dies ist insofern verwunderlich, da Erziehungs- und Bildungsprozesse nur verortet stattfinden können: Das symbolisiert historisch die Etablierung öffentlicher Regelschulen und sozialpädagogischer Erziehungs- und Bildungsangebote seit dem 18. und vor allem im 19. Jahrhundert. Diese stellen immer spezifische institutionalisierte Bildungsorte für professionelle pädagogische Interaktionen dar. Historisch wird dieses konstitutive Verortung pädagogischer Handlungsvollzüge auch in vielfältiger Weise thematisiert, aber nur selten raumtheoretisch relationiert.

Erst in den vergangenen Jahren bildet sich innerhalb der erziehungswissenschaftlichen wie der erziehungs- und bildungssoziologischen Debatten eine verstärkte raumtheoretische Sensibilität als Reaktion auf bildungs- und sozialpolitische Programme aus, deren zentrales Charakteristikum ihre räumliche Vermessung ist: So wird in den Feldern der Kinder- und Jugendhilfe seit den 1990er Jahren eine kleinräumige und nahraumorientierte Neujustierung der bisherigen Angebotsstrukturen gefordert (*Sozialraumorientierung*) und im schulischen Bereich zielt seit dem Anfang des 21. Jahrhunderts eine rasant wachsende Anzahl von Programmen auf den Aufbau von kommunalen bzw. regionalen *Bildungslandschaften*.

Im vorliegenden Beitrag wird in einer kleinen genealogischen Skizze – erstens – die Thematisierung des Räumlichen in der Erziehungs- und Bildungstheorie nachgezeichnet. Daran anschließend werden – zweitens – die aktuellen raumbezogenen Programme der sozialpädagogischen Sozialraumorientierung und des Aufbaus von kommunalen/regionalen Bildungslandschaften dargestellt und kritisch diskutiert, um vor diesem Hintergrund – drittens – für eine relationale Perspektive auf die gesellschaftliche (Re-) Produktion von Raum und Räumlichkeit im Kontext von Erziehungs- und Bildungsverhältnissen, im Anschluss an jüngere raumsoziologische und raum(re)produktionstheoretische Überlegungen, zu plädieren.

1   Eine genealogische Skizze zur konstitutiven Verortung von Erziehungs- und Bildungsverhältnissen[1]

Die konstitutive Verortung von Erziehungs- und Bildungsverhältnissen ist ein grundlegendes Thema pädagogischer und erziehungswissenschaftlicher Reflexionen. Das belegt bereits die Struktur des Plots von Jean-Jacques Rousseaus (1762/1995) Erziehungsroman *Émile:* Der Zögling wird vom Erzieher aus dem urbanen Raum herausgeführt, um das Zusammenspiel von Natur, Dingen und Menschen wieder zu ermöglichen, das die städtische Vergesellschaftung behindert. Erst die räumliche Verlagerung des Entwicklungsprozesses des Educandus in die „pädagogische Provinz", so Rousseaus berühmte Formel, gibt demnach der „ursprünglichen Veranlagung" des Zöglings jenseits der Stadt wieder ihren notwendigen Raum (ebd.: 12). Der Prozess der menschlichen Vervollkommnung, wie Rousseau und im Anschluss an ihn Kant den Bildungsprozess bestimmen, wird demnach erst durch ein spezifisches räumliches Arrangement ermöglicht. Ist es bei Rousseau noch die räumliche Differenzierung von städtischem und ländlichem Kontext, so rückt im 19. Jahrhundert die spezifische Institutionalisierung von Bildungs- und Erziehungsverhältnissen ins Zentrum des Interesses. Seither wird deren räumlichen Ausgestaltung vehement vollzogen, und mit der Etablierung der öffentlichen Instanzen der Schule und der außerschulischen Bildungs- und Erziehungsangebote *(Soziale Arbeit)* im 19. und beginnenden 20. Jahrhundert zu einem vorläufigen Abschluss gebracht. Es sind diese spezifischen räumlichen Arrangements der Schulgebäude, der Klassenzimmer oder der kommunalen Jugendzentren und sozialpädagogischen Wohngruppen – als Ausdruck der übergeordneten gesellschaftlichen Regelwerke, die insbesondere der nachwachsenden Generation einen angemessenen Entwicklungs- und Entfaltungskontext bereitstellen sollen (vgl. Böhme 2009).

Zugleich bilden gerade diese historisch-spezifischen Formen der spezifischen räumlichen Institutionalisierung von Bildungs- und Erziehungsverhältnissen den Ansatzpunkt für die Programme einer räumlichen (Neu)Vermessung der Erziehungs- und Bildungsverhältnisse seit den Ende des 20. Jahrhunderts auf der einen Seite und für herrschaftskritische Analysen der Dimension von Räumlichkeit in Erziehungs- und Bildungsverhältnissen auf der anderen Seite.

Auf eine explizite räumliche (Neu)Vermessung von Erziehungs- und Bildungsverhältnissen zielen Konzepte, wie das in der kommunal-administrativen Regulierung der Kinder- und Jugendhilfe relativ einflussreiche „Fachkonzept der Sozialraumorientierung" (vgl. Hinte/Treeß 2007). Dieses bezieht sich aus einer erziehungswissenschaftlich höchst umstrittenen anti-pädagogischen Perspektive auf Rousseaus Konzept der pädagogischen Provinz: Jede Form der Institutionalisierung von Bildungs- und Erziehungsverhältnissen wird aus anti-pädagogischer Sicht als Ausdruck der Entfremdung

---

1   Wir möchten uns ganz herzlich bei Sarah Zimmermann bedanken, die am ersten Gliederungsentwurf für diesen Text beteiligt war.

des Menschen von seiner inneren Natur abgelehnt. Pädagogische Handlungsvollzüge werden daher als „kinderfeindlich" und somit als illegitime „Verhaltensmöglichkeiten" kategorisiert (Braunmühl 1978: 79). Damit wird allerdings eine innere Natur des Menschen als einzig relevante Quelle der Subjektwerdung unterstellt, die den Blick für die gegebenen Macht- und Herrschaftsverhältnisse blind stellt (vgl. Winkler 1982): Die räumliche Vermessung und Abgrenzung pädagogischer Provinzen – in der simplifizierten sozialraumorientierten Variante als die homogenisierten Bevölkerungseinheiten bestimmter Wohnareale (Stadtteil oder Quartier) gefasst – soll nun eine subjektive Bedürfnisbefriedigung erlauben.

Herrschaftskritische Analysen bieten hierzu eine alternative Lesart an. Der Erziehungstheoretiker und Reformpädagoge Siegfried Bernfeld ist es, der bereits Anfang des 20. Jahrhunderts mit seinem Konzept des „sozialen Ortes" die räumliche Dimension von Erziehungs- und Bildungsverhältnissen in den Fokus rückt (Bernfeld 1969a: 204; vgl. Niemeyer/Naumann 2006). Diesen können Pädagoginnen und Pädagogen nach seiner Ansicht gerade nicht frei gestalten. Denn der Erzieher, wie der zu Erziehende, befinden sich in einem spezifischen politisch-ökonomisch, sozio-kulturell und historisch-sozial geprägten Gefüge, das heißt an einem „bestimmten, deutlich bezeichneten sozialen Ort" (Bernfeld 1969a: 204). Von dessen „Realität" sind die Möglichkeiten abhängig, die dem Einzelnen oder dem Kollektiv zur Alltagsgestaltung zur Verfügung stehen (ebd.: 199). Die räumliche Dimension der Bildungs- und Erziehungsverhältnisse ist somit auch für Bernfeld Ausdruck gesellschaftlicher Verhältnisse, doch im Gegensatz zu kulturkritischen, aber auch bildungsidealistischen Positionierungen sucht Bernfeld keinen Weg in ein suggeriertes Jenseits dieser Institutionalisierungsformen, sondern Spuren für deren radikale Veränderung auf Basis ihrer macht- und herrschaftsanalytischen Reflexion. Am Beispiel der Schule, die Bernfeld sowohl pädagogisches Experimentierfeld als auch Forschungsgegenstand war, konkretisiert er diesen Gedanken, wenn er darauf hinweist, dass diese „(n)icht aus dem Zweck des Unterrichts gedacht und nicht als Verwirklichung solcher Gedanken entstanden, sondern da (ist), *vor der Didaktik und gegen sie*" (Bernfeld 1973: 27). Das konkrete pädagogisch-räumliche Arrangement, bei Bernfeld: die Schule, stellt somit immer einen Teil der historisch-spezifischen sozialen Ordnung dar, sie markiert und (re)produziert also die jeweilige „Formation des Sozialen" (Ricken 2006: 283) – seit dem 19. Jahrhundert als wohlfahrtsstaatliche Formation (vgl. Kessl 2012/i. E.).

Zugleich sucht Bernfeld das sozialräumliche Arrangement einer Schule in seinem pädagogischen Experiment, der Schulgemeinde Baumgarten, mit etwa 300 „proletarischen" Kindern und Jugendlichen in alternativer Weise zu gestalten (vgl. ebd. 1969b). Diese pädagogische Provinz stellt allerdings für Bernfeld keine andere, geschweige denn eine anti-pädagogische Realität dar. Für den Materialisten Bernfeld ist es vielmehr unstrittig, dass es kein Mittel geben kann, eine gänzlich andere „Volkskultur" zu schaffen. Sozialisationstheoretisch gesprochen hieße das: Es ist nicht möglich, eine andere Form der Enkulturation zu realisieren „solange die Jugend des Proletariats, des Vol-

kes eben, mit zwölf, mit vierzehn Jahren der Straße, der Fabrik, der Zwangsarbeit ausgeliefert wird" (Bernfeld 1973: 125). Diese „äußere Realität", der *soziale Ort,* wird nach
Bernfelds Überzeugung von den Akteuren „verinnerlicht" und prägt somit die Ent-
wicklungsbedingungen der proletarischen Jugend in Baumgarten in entscheidendem
Maße mit (ebd.: 1969a: 199). Indem Bernfeld hier die inkorporierte soziale Struktur benennt, nimmt er in gewisser Hinsicht bereits eine Analysefigur vorweg, die mehr als
ein halbes Jahrhunderts später in Pierre Bourdieus Habituskonzept sowie in der daran
anschließenden erziehungswissenschaftlichen und bildungssoziologischen Diskussion
eine zentrale Rolle spielen wird (vgl. Friebertshäuser/Rieger-Ladich/Wigger 2009).

Neben dieser materialistischen Grundüberzeugung ist es für Bernfeld aber ebenso
unzweifelhaft, dass die sozial-strukturelle Prägung menschlicher Entwicklung im Kontext kapitalistischer Gesellschaften nicht deterministisch verstanden werden darf, dass
vielmehr die Tatsache, „(o)b sich einer als ,krank' *wertet* oder als ,Künstler', für ihn
selbst von ganz hervorragender Bedeutung (ist)" (ebd.; Hervorh. F. K.) – also der soziale Ort nicht nur ein Ort materieller Verfügungsbedingungen, sondern auch histo-
risch-kultureller Gestalt(ung) ist.

Siegfried Bernfeld verweist mit seinen Überlegungen somit einerseits auf das, was
funktionstheoretisch und bildungssoziologisch seit Mitte des 20. Jahrhunderts entweder als „Reproduktionsfunktion" pädagogischer Institutionen (Fend 1980) oder als „Reproduktion der Struktur der Kräfteverhältnisse und der symbolischen Verhältnisse",
den das Unterrichtssystem leiste (Bourdieu 1974: 91), gefasst wird. Und andererseits
verweist er auf die inzwischen vor allem sozialkonstruktivistisch vermittelte Einsicht,
dass soziale Positionierungen historisch-spezifische Regelmäßigkeitsmuster darstellen, und keine fixen Strukturen, also die Analyse von deren Gewordensein notwendiger Bestandteil systematischer Reflexionen auf Erziehungs- und Bildungsverhältnisse
sein sollte.

Analog zu aktuellen Arbeiten im Feld der kritischen Bildungssoziologie, die vor
allem von Pierre Bourdieus Überlegungen inspiriert sind (vgl. Bauer 2010; Bremer
2007), oder machtanalytische Arbeiten, die auf diskurs-, gouvernementalitätsanalyti-
sche und hegemonietheoretische Bestandteile Michel Foucaults, Antonio Gramcis und
Judith Butler zurückgreifen (vgl. Lüders 2007; Ricken 2006; Bernhard 2006; Plößer
2005), basiert Bernfelds Konzept des sozialen Ortes außerdem auf einer herrschafts-
kritischen Perspektive, einem kritischen Bezug auf die bestimmenden Erziehungs- und
Bildungsinstanzen also (vgl. auch Heydorn 1970; Euler/Pongratz 1995) – in seinem Fall:
die Schule. Dieser herrschaftskritische Bezug ist aber im Anschluss an Bernfeld keineswegs nur auf die Schule möglich, sondern sinnvoll auch auf andere pädagogische
Instanzen, wie die außerschulischen Erbringungsinstanzen der Jugendbildung, der beruflichen Weiterbildung und der Sozialen Arbeit.

In diesem Sinne knüpft Michael Winkler (1988) in (s)einer *Theorie der Sozialpädagogik* mit dem Konzept des „pädagogischen Ortes" an Bernfelds Figur des sozialen Ortes
an und spezifiziert diese in einer sozialpädagogischen Perspektive. Als pädagogischen

Ort (vgl. auch Honig 2002) bestimmt Winkler dabei den organisierten sozialen Zu-sammenhang, mit dem auf die Notwendigkeit der Herstellung und Bereitstellung von Freiräumen zur Ermöglichung von Selbstbildungsprozessen reagiert wird. Dazu diffe-renziert er drei Bedingungen eines solchen pädagogischen Ortes: Er bezeichnet erstens einen Raum der Sicherung – die Nutzer_innen erhalten hier eine existentielle Basis für die von ihnen gewählte Lebensführung; er beschreibt zweitens einen Raum der Ermög-lichung dieser subjektiven Lebensführung durch eine solche Existenzsicherung – die Nutzer_innen können die von ihnen aus guten Gründen erstrebenswert erscheinende Lebensführung realisieren; und nicht zuletzt wird mit dem Konzept des pädagogischen Ortes drittens ein Raum der pädagogischen Anregung dieser subjektiven Lebensfüh-rung gefasst – die pädagogische Ausgestaltung des pädagogischen Ortes legt das mög-liche Muster subjektiver Lebensführung nicht fest, sondern regt dessen Wahl- und Realisierung durch die Nutzer_innen nur an.

Mit dem Konzept des pädagogischen Ortes kann somit affirmativ auf die Notwen-digkeit der Herstellung, Bereitstellung und Ausgestaltung von pädagogischen Freiräu-men zur Ermöglichung von Selbstbildungsprozessen und herrschaftskritisch auf deren institutionelle Einschränkung, Begrenzung und Verhinderung hingewiesen werden.

Zugleich verweist Winkler mit der dritten Bedingung eines pädagogischen Ortes – zumindest implizit – bereits auf eine weitere analytische Perspektive, die in den Bern-feldschen Analysen, aber auch den gegenwärtigen erziehungs- und bildungssoziolo-gischen Arbeiten noch immer zu wenig Berücksichtigung findet: die Perspektive der Nutzer_innen pädagogischer Angebote.

Diese kann hinsichtlich der räumlichen Dimensionierung von Erziehungs- und Bil-dungsverhältnissen im Anschluss an die Arbeit einer anderen Reformpädagogin in den Blick genommen werden: Ausgehend von der Frage, wie die Großstadt das Kind forme, legt Martha Muchow gemeinsam mit ihrem Bruder Hans Heinrich Mitte der 1930er Jahre ihre Studie „Der Lebensraum des Großstadtkindes" vor (Muchow/Muchow 1935/1998)[2]. Als Lebensraum beschreiben Muchow/Muchow (ebd.: 73 ff.) den „Raum, in dem man lebt", also den Raum der alltäglichen Lebensführung der Großstadtkin-der. Im Verlauf ihrer Forschungsarbeiten kommen Muchow/Muchow allerdings zu-nehmend Zweifel, ob der von ihnen damit eingenommene Analysefokus angemessen ist. Denn ihnen wird immer deutlicher, dass nicht der gegebene großstädtische Raum das Kind formt, sondern das Kind den urbanen Kontext erst mit herstellt. Deshalb ver-schieben Muchow/Muchow ihren forscherischen Fokus und konzentrieren sich immer deutlicher auf die Untersuchung, „wie das Kind seine Umgebung ‚Großstadt' zu seiner

---

2   Das Erscheinungsdatum der Studie könnte irritieren, liegt es doch im historischen Kontext des deut-schen Faschismus. Die Arbeit von Muchow/Muchow ist allerdings keineswegs dem in diesen Jahren hegemonial werdenden Nationalsozialismus verbunden. Die Studie wurde nicht nur ausschließlich in einer kleinen Auflage nach dem Freitod Muchows (1933) veröffentlicht, sondern von der sich for-mierenden nationalsozialistischen Erziehungswissenschaft und Pädagogik auch weitgehend ignoriert (vgl. Zinnecker 1998: 5).

Umwelt umschafft, und sich alsdann die vom Kinde ‚gelebte Welt' Großstadt darstellt"
(ebd., 69). Ihre Studie, die in einem Arbeiterviertel Hamburgs durchgeführt wurde,
kann somit als eine erste Arbeit gelten, die den Stadtraum nicht nur als Ort der Sozialisation und Aneignung gleichermaßen versteht, sondern die damit fokussierten Prozesse als Prozesse urbaner Raum(re)produktion von den Akteur_innen her, in diesem
Fall der Kinder, in den Blick zu nehmen versucht.

Fast ein Jahrhundert nach diesen frühen Überlegungen zur Räumlichkeit von Er-
ziehungs- und Bildungsverhältnissen bei Bernfeld wie Muchow/Muchow setzen
jüngere Programme mit ihren Plädoyers für einen kleinräumigen Aufbau lokaler In-
klusions- und kommunal-präventiver Sicherungsstrukturen in der Sozialen Arbeit *(Sozialraumorientierung)* und daran – zumindest implizit – anschließende Programme für
den Aufbau so genannter *(kommunaler/regionaler) Bildungslandschaften* die Frage des
räumlichen (Re)Arrangements von Erziehungs- und Bildungsverhältnissen erneut auf
die Agenda.

2   Sozialräume und Bildungslandschaften – zur kleinräumigen Reorganisation von Erziehungs- und Bildungsverhältnissen[3]

Seit Anfang der 1990er Jahre wird in wachsendem Maße eine sozialraumorientierte
Neujustierung sozialarbeiterischer und sozialpädagogischer Angebotsstrukturen gefordert. Sozialraumorientierung markiert dabei sowohl eine handlungskonzeptionelle Reformstrategie als auch eine kommunal-administrative Strategie der neuen Steuerung in
den Feldern Sozialer Arbeit (vgl. zum Überblick Kessl/Reutlinger 2011).

Als Forderung nach einer veränderten *Fachlichkeit* zielen handlungskonzeptionelle
Reformprogramme auf einen integrierten und flexiblen Unterstützungsansatz (vgl.
Deutschendorf et al. 2006). Das „sozialräumliche" Umfeld ist demnach deutlicher im
Rahmen des jeweiligen Handlungsvollzugs wahrzunehmen und gezielter in diesen einzubeziehen. In den Fokus werden nahräumliche Beziehungsstrukturen, angrenzende
Hilfsangebote – in professioneller wie bürgerschaftlicher Form – und sozioökonomische wie kulturelle Rahmenbedingungen der sozialpädagogischen Einzelfallarbeit gerückt. Sozialraumorientierung zielt allerdings nicht nur auf den Einbezug des Umfeldes
in die Fallarbeit und auf deren Kontextualisierung, sondern auch auf die *Aktivierung*
dieser nahräumlichen Ressourcen (vgl. Hamberger 2006: 110). Als kommunal-administrative Strategie der neuen Steuerung beschreibt Sozialraumorientierung eine an
territorialen, geografischen Einheiten ausgerichtete *Dezentralisierung* der kommunalen Sozialen Arbeit und der damit zusammenhängenden Organisationsstrukturen (vgl.
Brocke 2005; Hinte 2002). Im Zuge dessen sind in den vergangenen Jahren im gesamten

---

3   Die nachfolgenden Überlegungen basieren teilweise auf gemeinsamen Überlegungen mit Christian
    Reutlinger, die an anderer Stelle publiziert wurden (vgl. Kessl/Reutlinger 2011).

deutschsprachigen Raum vor allem Jugendamtsstrukturen umgebaut worden oder zumindest in den Fokus eines entsprechenden Umbaus geraten: Quartiersbezogene Interventionsteams wurden aufgebaut, Sozialraumbudgets sollten eingeführt und damit verbunden bezirksbezogene Angebotsstrukturen installiert werden (vgl. Landeshauptstadt München Sozialreferat, Stadtjugendamt/Regionale Kinder- und Jugendhilfeplanung 2005; Herrmann 2006). Diese Dezentralisierungsbestrebungen sind zugleich kein singuläres Phänomen in den Feldern Sozialer Arbeit, sondern stehen seit den 1990er Jahren im Kontext von Prozessen einer „Neuen Steuerung" der staatlichen Administration, vor allem auf kommunalen Level (Krummacher et al. 2003: 148 f.).

Sozialraumorientierte Programme und Strategien knüpfen in unterschiedlicher Weise an vorgängige theorie-konzeptionelle Diskussionen an. Theorie-konzeptionell geschieht dies vor allem (1.) in Bezug auf das von Hans Thiersch (1992) ausformulierte Modell einer Lebensweltorientierten Sozialen Arbeit und hier insbesondere die beiden Struktur- und Handlungsmaximen der Dezentralisierung und Regionalisierung, das heißt einer optimierten institutionellen Zugangsermöglichung bei Einbindung in die gegebenen lebensweltlichen Strukturen; (2.) hinsichtlich des Prinzips der Bürgernähe, das heißt der Öffnung von staatlich verfassten Institutionen, als zentralem Element einer lokalen Sozialpolitik, wie sie Thomas Olk und Hans-Uwe Otto (1985) konturiert haben; und schließlich (3.) in Bezug auf die Idee einer präventiven Grundausrichtung sozialarbeiterischer und sozialpädagogischer Maßnahmen (vgl. Böllert 1995).

Analog zu diesen drei Aspekten findet sich in den gegenwärtigen Forderungen nach einem Aufbau „kommunaler/regionaler Bildungslandschaften" die Betonung der Öffnung von Schulen in die Lebenswelt der Schüler_innen hinein und eine damit verbundene Forderung nach einer institutionellen Kooperation mit anderen vorhandenen lebensweltlichen Bildungs- und Lernangeboten, v.a. der Kinder- und Jugendarbeit – beides mit Verweis auf eine notwendige Optimierung des Lern- und Bildungsorts Schule. Die zentrale Annahme, die den Forderungen nach dem Aufbau von kommunalen/regionalen Bildungslandschaften unterliegt, lautet somit: Der bisherige, schulisch eng geführte Blick *(formale Bildung)* ist auf die gesamte Landschaft möglicher Bildungsorte hin zu erweitern, und damit gerade auch auf andere, nicht-schulische Bildungsorte: Angebote der offenen Jugendarbeit, der Sportverbände oder der kulturellen Kinder- und Jugendarbeit. Sozialpädagogische Vertreter_innen betonen daher auch, dass diesen *non-formalen,* aber auch *informellen* Bildungsorten in Zukunft deutlich mehr Beachtung geschenkt werden müsse (vgl. Bollweg 2008; Otto/Rauschenbach 2004).

Die politische Administration legt dagegen einen anderen Schwerpunkt in der Begründung ihrer Forderungen nach einem Aufbau von kommunalen/regionalen Bildungslandschaften. Zwar fokussieren auch sie auf non-formale und informelle Bildungsanteile, aber wie das Beispiel der vom nordrhein-westfälischen Ministerium für Schule, Wissenschaft und Forschung (2001) gemeinsam mit der Bertelsmann Stiftung herausgegebenen Programmschrift zur Implementierung des Modells „selbständiger Schulen" zeigt, gilt ihr Interesse ausschließlich der Optimierung von Schulen: Durch die Etablierung von Bildungslandschaften seien die notwendigen „Synergieeffekte" bei der Erbringung schulischer Aufgaben zu erzeugen, beispielweise bei der Integration von Schülerinnen und Schülern in den lokalen Arbeitsmarkt.[4]

Die jeweiligen bildungspolitischen Programmforderungen nach einem Aufbau regionaler/kommunaler Bildungslandschaften unterscheiden sich also teilweise deutlich. Auf der einen Seite wollen Protagonisten non- und informeller Bildungsorte diesen bisher eher unbeachteten Bildungsorten durch eine Aufnahme und Positionierung in neuen Bildungslandschaften bzw. „-partnerschaften" (Coelen 2007) größere Berücksichtigung zukommen lassen. Auf der anderen Seite zielt die politische Administration, aber auch Vertreter_innen der Schulentwicklungsforschung auf eine Anpassung der formalen Bildungsorte: Der bestehende schulische Bildungsauftrag soll durch den Einbezug anderer Lernorte in eine zu schaffende Bildungslandschaft, in deren Zentrum weiterhin die schulischen Angebote stehen, optimiert werden.

Trotz dieser konzeptionellen Differenzen ist der Mehrheit der politischen Programme, die auf den Aufbau kommunaler/regionaler Bildungslandschaften zielen, ein anderer Aspekt gemeinsam: Die Forderung nach einem kooperativen Einbezug unterschiedlicher Bildungsorte in neue kleinräumig gefasste (Bildungs-)Landschaften (vgl. Reutlinger 2009): „Ziel ist es daher, bestehende Ansätze zur Entwicklung ressortübergreifender kommunaler Initiativen zur Umsetzung des Lebenslangen Lernens im Sinne eines kohärenten Bildungswesens vor Ort zu stärken und beispielhafte Impulse hinsichtlich der Verknüpfung spezifischer kommunaler Strategien zu setzen." (BMBF 2008).

Auch wenn sich die Debatte um kommunale/regionale Bildungslandschaften primär auf ein organisationales Re-Arrangement von Bildungsorten – häufig im Kontext der Etablierung von Ganztagsschulen – bezieht, während die Überlegungen unter der Überschrift sozialraumorientierte Soziale Arbeit organisational auf eine Dezentralisierung der sozialen Dienstleistungsstrukturen und zugleich fachlich auf einen Einbezug der jeweiligen Umwelt des Einzelfalls zielen, weisen doch beide Diskussionen in Bezug auf die räumliche Dimensionierung von Erziehungs- und Bildungsverhältnisse auf der Ebene des jeweiligen Begründungszusammenhangs ein hohes Maß an Analogien auf: Beide Strategien und damit verbundene Maßnahmen werden in Bezug auf den nahräumlichen Kontext verortet. Dieser Bezugnahme werden dabei mindestens zwei Annahmen unterlegt: Zum einen, dass der Stadtteil die primäre Lebenswelt der Nutzer_innen darstellt bzw. den primären Bildungsort der Schülerinnen und Schüler (vgl. ebd.).; zum anderen wird davon ausgegangen, dass die damit fokussierten lokalen

---

4 Das Programm der „selbständigen Schule" und das damit verbundene Modell „regionaler Bildungslandschaften" wird u. a. aus gewerkschaftlichen Seite (vgl. bspw. die Stellungnahmen der Gewerkschaft für Erziehung und Wissenschaft (GEW) NRW) aufgrund seiner weitgehend fehlenden personellen Unterfütterung und aus bildungspolitischer Perspektive aufgrund der damit verbundenen Durchsetzung eines unternehmerischen Ideals vehement kritisiert.

Zusammenhänge, wie Stadtteile, Quartiere und Nachbarschaften, als kommunitäre und nicht nur als abstrakte administrative Einheiten existent sind oder zu solchen gemacht werden können. Die Existenz dieser hier territorial identifizierten Bevölkerungsgruppen als (potenzielle) kommunitäre Zusammenhänge wird somit entlang räumlicher Einheiten als gegeben vorausgesetzt *(Territorialisierung des Sozialen)*. Weiterhin zielen sowohl sozialraumorientierte Strategien wie Programme zum Aufbau von Bildungslandschaften auf eine kommunale Vernetzung bestehender pädagogischer Institutionen *(Kooperation)*, was per se als sinnvolle Optimierungsstrategie angesehen wird. Das wird damit begründet, dass bisher eine als ineffektiv zu kategorisierende Parallel- oder Singulärstruktur von pädagogischen Angeboten vorliege. Schließlich streben beide Programmperspektiven und die damit verbundenen Strategien eine effektivere Nutzung lokaler Beziehungsressourcen insgesamt an *(lokales soziales Kapital)*, wobei sie auch hier unterstellen, dass diese – analog zu den pädagogischen Angebotsstrukturen – bisher vielfältig ungenutzt geblieben sind.

Den gegenwärtigen kleinräumigen Neujustierungsforderungen von Erziehungs- und Bildungsverhältnissen unterliegen damit in Bezug auf deren räumliche Dimensionierung in vielen Fällen deutliche systematische Verkürzungen: Gesellschaftliche Aufgabenbereiche und die ihnen zugrunde liegenden Problemlagen werden im Sinne der Territorialisierung des Sozialen „in territoriale Probleme uminterpretiert, territorial bedingt und territorial relevant" (Jessop 2007: 38). Diese Verschiebung des Blickes, der gesellschaftlich hergestellte Probleme zu Problemen eines bestimmten Quartiers oder einer lokalisierten *community* umdefiniert, gerät aber in die Gefahr eines mindestens latenten „Raumfetischismus" (Belina 2008): Dem Raum wird die Handlungsfähigkeit zugesprochen, Probleme zu verursachen, wie Kategorisierungen eines Stadtteils als „Patient" symbolisieren können (vgl. schon Ross 1967; 65); und gleichermaßen werden die Orte zu kleinräumigen „Stätten der Heilung" (Duyvendak 2004: 159) erklärt: Die Lösung der territorialisierten Problemlagen sollen nun auch in dem als identifizierten kleinräumigen Zusammenhang geschehen, zum Beispiel in Form der Aktivierung lokaler Beziehungsstrukturen oder der Vernetzung vorhandener Anbieter pädagogischer Angebote in einem Stadtteil, der als sozial benachteiligt markiert wird. Solche Zugänge geraten allerdings in die Gefahr, einzelne Stadtteile bzw. die hier identifizierten (potenziellen) *communities* zu subjektivieren, sie als Ganzes zum „Klienten" pädagogischer Angebote zu machen (vgl. Dirks 2008). Damit kommt es – erstens – zu einer „Pädagogisierung sozialer Struktureffekte" (Groh-Samberg/Grundmann 2006: o. S.), wenn zum Beispiel sozialem Bindungskapital, wie es in Verwandtschaften und Nachbarschaften vorliegt, das Potenzial zur Lösung häufig strukturell verursachter Problemzusammenhänge (z. B. Armut, Erwerbslosigkeit, Migrationsfolgen) zugeschrieben wird, obwohl gerade andere Lösungspotenziale, die nicht aus den Stadtteil heraus generierbar sind, wie soziales Verbindungskapital bzw. institutionelles soziales Kapital, vonnöten wäre (vgl. Beiträge in Kessl/Otto 2004). Zweitens beinhaltet die Annahme, die diesen Perspektiven unterstellt wird, einen ökologischen Fehlschluss (vgl. Wehrheim 2002: 38), weil hier von einer räumlichen Einheit auf eine soziale Einheit rückgeschlossen wird, was gerade im Fall der so genannten benachteiligten städtischen Areale, die häufig von sozialraumorientierten Programmen in den Blick genommen werden, und die auch in Bezug auf den Aufbau von Bildungslandschaften eine zentrale Rolle spielen, von einer einheitlichen Bevölkerungsgruppe nicht die Rede sein kann. Ganz im Gegenteil erweisen sich die hier angesiedelten Bevölkerungsgruppen im Vergleich zu Wohnarealen privilegierter Stadtbewohner_innen in Bezug auf ihre Migrationsbiografien, ihre Religionszugehörigkeit, ihre Muttersprachen oder die Berufsabschlüsse zumeist als sehr viel heterogener (vgl. dazu Landhäußer/Ziegler 2011). Drittens wird das spezifische Instrument der (kleinräumigen) Kooperation kontextunabhängig zum Allheilmittel erklärt, ohne dass dessen Funktion im Kontext neuer Herrschaftsformen berücksichtigt wird (vgl. Sennett 1999: 58 ff.; van Santen/Seckinger 2003: 26).

Aus raumtheoretischer Perspektive erweisen sich die kleinräumigen Neujustierungsversuche in Form sozialraumorientierter Programme und der Programme zum Aufbau kommunaler/regionaler Bildungslandschaften damit häufig als unzureichend. Denn Raum wird hier entweder als gegebenes Moment vorausgesetzt – der Stadtteil oder das Quartier wird damit als absoluter Raum konstruiert – oder räumliche Aspekte, wie Mietpreise, prekäre Gebäudestrukturen öffentlicher Bildungsangebote oder fehlende oder beschränkte Anschlüsse an den öffentlichen Nahverkehr, bleiben gänzlich unberücksichtigt, und die identifizierte Bevölkerungsgruppe wird als selbstverständliche und raumunabhängige Handlungseinheit vorausgesetzt – der Raum wird also relativiert. Beide Annahmen sind unzureichend, wie auch die jüngere Raumtheorie im deutsch- und englischsprachigen Raum verdeutlicht (vgl. Döring/Thielmann 2008). Gegenüber einer Vorstellung des absoluten oder relativen Raums hat sich daher die Erkenntnis durchgesetzt, Raum als relationale Größe zu fassen.

3   Von der Notwendigkeit eines relationalen Raummodells – eine raum(re)produktionstheorische Verortung

Vor dem Hintergrund der analytisch unzureichenden Modellierungen eines absoluten oder eines relativen Raums wird in den sozial- und kulturwissenschaftlichen Diskussionen im englisch- wie deutschsprachigen Raum in den vergangenen Jahren ein relationales Raumverständnis präferiert und ausgearbeitet (vgl. Harvey 2006; Löw 2001; Löw/Sturm 2005; Manderscheid 2006: Schroer 2008; Werlen/Reutlinger 2005; Wehrheim 2009; für die Soziale Arbeit: Kessl/Reutlinger 2007a). Relationale Raummodelle basieren auf der Überzeugung, dass Raum „eine relationale (An)Ordnung sozialer Güter und Menschen (Lebewesen) an Orten" (Löw 2001: 224) darstelle.

Es sind vor allem die Arbeiten der Raumsoziologin Martina Löw (2001), die diese Einsicht auch in erziehungswissenschaftliche und erziehungs- und bildungssoziologische Debatten getragen haben. Löw beschreibt die Konstitution von Räumen als

Gleichzeitigkeit von Spacing und Syntheseleistung (Löw 2001: 160). Mit *Spacing* werden all jene Handlungen und Prozesse beschrieben, in denen Platzierungen von Gütern und Menschen sowie symbolische Markierungen zu deren Kenntlichmachung vorgenommen werden (ebd. 158). Spacing als materielle Ebene der Raumkonstitution kann aber, so Löw mit Verweis auf Läpple (1991) und Elias (1994), nicht ohne eine *Syntheseleistung*, also eine im Prozess der Raumkonstitution notwendige Zusammenfassung von Gütern und Menschen „über Wahrnehmungs-, Vorstellungs- oder Erinnerungsprozesse [...] zu Räumen" (ebd. 159), geschehen. Analytisch sind diese beiden Prozesse voneinander differenzierbar, empirisch verlaufen sie aber gleichzeitig[5]. Löws relationales Verständnis der Raumkonstitution verbindet nicht nur diskursive und materielle Momente, sondern benennt auch „Bewegung und Veränderung als immanentes Moment" (ebd.: 223) ihres Raumbegriffes. Eine derartige Bestimmung weist gleichermaßen auf den Prozess der Herstellung von Räumlichkeit hin, wie auf die Materialisierung und Verstetigung räumlicher Strukturen als Ergebnis von Raum(re)produktionsprozessen. Ein relationaler Raum beschreibt somit ein ständig (re)produziertes Gewebe der Raum(re)produktion.

Das Modell eines relationalen Raums legt somit ein Verständnis von Raum als gesellschaftlichem Zusammenhang nahe. Raum ist in diesem Sinne immer sozialer Raum und nur als solcher denkbar – er stellt ein Produkt gesellschaftlicher Prozesse dar: Nicht der Raum handelt, sondern Menschen stellen diesen in ihren Tätigkeiten immer wieder erneut her. Zugleich ist der Raum als Sozialraum allerdings keine relative Größe, sondern beschreibt auch materiell fassbare räumliche Bedingungen, die prägende Strukturmomente der sozialen Zusammenhänge markieren. Soziale Praxis kann zu spezifischen historischen Momenten also nur unter diesen gegebenen räumlichen Bedingungen realisiert werden – die Herstellung räumlicher Zusammenhänge ist also immer auch eine potenzielle Wiederherstellung bereits bestehender räumlicher Kontexte. Erst auf Basis einer Einsicht in diese konstitutive Gleichzeitigkeit von Herstellung und Wiederherstellung räumlicher Zusammenhänge in der sozialen Praxis kann eine angemessene Inblicknahme der räumlichen Dimensionierung von Erziehungs- und Bildungsverhältnissen gelingen.

Adäquate erziehungs- bzw. bildungssoziologische Perspektiven erfordern daher ein Begreifen der räumlichen Bedingungen von Erziehungs- und Bildungsprozessen einerseits und andererseits die Inblicknahme pädagogischer Institutionen, Fachkräfte sowie der Nutzer_innen als (Re)Produzent_innen dieser räumlichen Zusammenhänge. Für eine adäquate Analyse der räumlichen Dimensionierung von Erziehungs- und Bildungsverhältnissen bedarf es also einer Verknüpfung materialistischer Analysedimensionen, auf deren Relevanz bereits Bernfelds Überlegungen aufmerksam machen können, und

---

5 Löw weist darauf hin, dass kein Spacing ohne Syntheseleistung mögliche sei, jedoch eine Syntheseleistung ohne direktes Spacing (z. B. in der Kunst, der Planung oder in wissenschaftlichen Arbeiten) durchaus vorkomme (vgl. Löw 2001, 165)

praxisanalytischer Perspektiven, wie sie bereits Muchow/Muchow nahe legen. Um einen solchen analytischen Fokus zu gewährleisten, bietet sich der Anschluss an Entwürfe zu einer Raum(re)produktionstheorie an.

Aus einer raum(re)produktionstheoretischen Perspektive rücken die *Prozesse der (Re)Produktion* der räumlichen Dimension von Erziehungs- und Bildungsverhältnissen in den Fokus. Hierzu lässt sich an die theorie-systematischen Prämissen anschließen, wie sie vor allem von Henri Lefèbvre (1974/2010) grundgelegt und in Auseinandersetzung mit seinen Arbeiten in jüngster Zeit in der englischsprachigen *Radical Geography* und der deutschsprachigen Human- und Sozialgeografie aktualisiert und weiterentwickelt wurden (vgl. Brenner 2008; Harvey 1989a; Schmid 2005; für die Erziehungs- und Bildungssoziologie und die Erziehungswissenschaft: Robertson 2010; Sünker 2007).

Den zentralen analytischen Aspekt seiner raum(re)produktionstheoretischen Perspektive formuliert Lefèbvre in den Worten: „Raum ist im *Prozess seiner Produktion zu betrachten*" (Lefèbvre 1977/2002: 6, Hervorh. im Orig.). Zudem betont er, dass soziale Beziehungen immer räumlich untermauert sind (Lefèbvre 1974/2010: 404). Somit versteht er Raum und Räumlichkeit immer als das Ergebnis *und* Voraussetzung sozialer (Re)Produktionsprozesse (Lefèbvre 2010: 30). Seiner Theorie unterlegt Lefèbvre als zentrale Figur die Annahme einer dreifachen Differenzierung von Raum, die Edward Soja als *Triade der Räumlichkeit* (1996) weiter ausgearbeitet hat (vgl. auch Soja 2005; Böhme 2009):

- *l'espace perçu* („wahrgenommener Raum") – Raum der Praktiken,
- *l'espace conçu* („vorgestellter Raum") – Repräsentationen des Raumes und als
- *l'espace vécu* („erlebter Raum") – Raum der Repräsentation.

Im *l'espace percu* verortet Lefèbvre die räumlichen Praktiken als Verbindendes „zwischen täglicher Wirklichkeit (Alltag) und urbaner Wirklichkeit (die Strecken und Netzwerke, die die Orte der Arbeit, des ‚Privat'-lebens und der Freizeit verbinden)" (Lefèbvre 2010: 38, eigene Übersetzung). Dieser Raum der Praktiken, umfasst „das physische Feld, die Natur, den Kosmos, die Materialität und damit den physischen Raum, der durch das Praktisch-Sinnliche *(le practico-sensible)* und die Wahrnehmung der Natur definiert ist" (Schmid 2005: 205). Räumliche Praktiken produzieren und reproduzieren demnach einen materiellen Raum, der sinnlich wahrnehmbar ist, beispielsweise als institutioneller Raum – wie Schule oder Stadtteilzentrum, der das Tun von pädagogischen Fachkräften, Schüler_innen und Eltern prägt und von diesen geprägt wird oder als Ort im urbanen Raum, an dem sich Nutzer_innen sozialpädagogischer Angebote aufhalten. Das heißt der *l'espace perçu* bezieht sich auf alltägliche Orte und räumliche Ensembles, deren Produktion und Reproduktion (ebd.: 211; vgl. Schroer 2008: 137 ff.).

L'espace conçu, die Repräsentationen des Raumes, meint den Raum der administrativen Planung, der organisationalen Entwicklung und der wissenschaftlichen Erfassung (ebd.: 216). Repräsentationen des Raumes umfassen somit den Diskurs über den Raum, das heißt sprachliche, grafische und symbolische Darstellungen und Markierungen als Repräsentation(spraktiken im Raum): (1.) wissenschaftliche Texte, administrative Papiere und organisationale Leitbilder, beispielsweise Strategiepapier der kommunalen Raumplanung oder die Konzeptionen von Bildungslandschaften aber auch Schulordnungen und die Schulgesetzgebung; (2.) kommunale Landkarten und Raumpläne, wie kommunale Kriminalitäts- oder Sozialatlanten oder Schulentwicklungspläne; und (3.) bildförmige Informationen und Raumstrukturierungen durch Zeichensymbole, wie die Beschilderung zur Verhaltensregulierung. *L'espace conçu* meint somit institutionalisierte Konzepte des Raumes, die wissenschaftlich, organisational und politisch Legitimität erlangt haben.

L'espace vécu, der Raum der Repräsentation, beschreibt schließlich die Erfahrungs- und Erlebensdimensionen räumlicher Praktiken. Diese dritte Dimension stellt innerhalb der Raumforschung das umstrittenste Element der Lefèbvreschen Differenzierung dar (vgl. Bareis 2007: 102 ff.). Während Martina Löw (2007: 83) den *l'espace vécu* eher als eine ergänzende Dimension fasst: „Bilder und Symbole, die die räumlichen Praktiken und das Gedachte ergänzen", deutet Schmid (2005: 223) den *l'espace vécu* als umfassende Einheit: Die Räume der Repräsentation beschreibt er als „Darstellungsräume" (ebd.: 223), als Räume der „Bedeutungsproduktion", in denen sich „gesellschaftliche „Werte", Traditionen, Träume – und nicht zuletzt auch kollektive Erfahrungen" repräsentieren (ebd.). Schmid sieht in diesen „das soziale Feld, das Feld der Projekte und Projektionen, der Symbole und Utopien, des *imaginaire* – und wie anzufügen wäre auch des *désir*" (ebd. 2005: 207; vgl. Schroer 2008: 138). Im Anschluss an Schmid kann das *vecu* beispielsweise über individuelle sowie kollektive räumliche Aneignungsformen rekonstruiert werden. Diese können mit dem *perçu* und *conçu* korrespondieren, aber auch zu diesen im Widerspruch stehen. Der *l'espace vécu* zielt somit auf die Ebene der Erfahrung und des Erlebens der Akteure und damit auch auf die Ebene des Körperlichen (Schmid 2005: 219 f.): Das Akteursverhalten, das Erfahren und Erleben der Akteure, (re)produziert Räumlichkeit, beispielsweise durch die körperliche Imagination und Symbolisierung bestimmter Verhaltensweisen, die sich als äußerliche Repräsentation einschreiben. Diese sind auch die temporären oder dauerhaften räumlichen Aneignungen durch Adressat_innen von Erziehungs- und Bildungsinstitutionen.

Räumlichkeit ist raum(re)produktionstheoretisch erst adäquat als Verkopplung aller drei Ebenen beschreibbar. Edward Soja (2005) spricht im Anschluss an Lefèbvres *La Production de l'espace* daher von einer trialektischen Beziehung. Zugleich sieht er im Sinne der raum(re)produktionstheoretischen Perspektive Lefèbvres eine Vorgängigkeit der Ebene des *espace vécu*. Diese markiert auch für ihn den analytischen Ansatzpunkt raum(re)produktionstheoretischen Analysen, von dem aus die beiden anderen Dimensionen, der *espace perçu* und der *espace conçu*, erschlossen werden, da der *espace vécu* „alle anderen realen und imaginären Räume zugleich (enthalte)" (ebd.: 109).

Gestützt werden kann die Raum(re)produktionstheorie durch praxistheoretische Ansätze im Sinne de Certeaus, der dem Gehen – als räumlicher Praxis – die gleiche

Funktion wie der Äußerung in der Sprache zuweist (de Certeau 1988: 189). Die Praxis im Raum, so de Certeau, verschafft der räumlichen Ordnung eine Erscheinung, in dem sie diese aktualisiert (ebd.: 190). Somit erhält zum Beispiel über die Figur des Fußgängers die (Re)Produktion des Raumes ein Subjekt, wobei diese Figur sowohl metaphorisch als auch konkret verstanden werden muss.

Die Aufgabe raum(re)produktionstheoretischer Analysen in Bezug auf Erziehungs- und Bildungsverhältnisse ist es daher, ausgehend von den alltäglichen pädagogischen Praktiken „die Genese jener Institutionen, Substitutionen, Transpositionen, Metaphorisierungen und Anaphorisierungen etc., die den Raum unter ihren Bedingungen transformieren, implizieren und erklären, sowie eine Kritik an ihnen dar(zu)stellen" (Lefèbvre 2010: 404, eigene Übersetzung). Die Verschiebung der relationalen Analyse der Räumlichkeiten zu den *Praktiken in der Triade* ihrer (Re)produktion bewahrt vor einer Fetischisierung des Raumes, sowie vor der Blindheit von verstetigten Strukturen und integriert die Betrachtungen zu einer *materialistischen Praxisanalyse.*

Resümee: Eine angemessene Inblicknahme der räumlichen Dimensionierung von Erziehungs- und Bildungsverhältnissen

Die räumliche Dimensionierung von Erziehungs- und Bildungsverhältnissen steht in einer langen Denktradition innerhalb von erziehungs- und bildungstheoretischen Überlegungen. Insbesondere die Studien von Siegfried Bernfeld und Martha Muchow haben bereits in der ersten Hälfte des 20. Jahrhunderts auf die Notwendigkeit einer materialistischen Praxisanalyse hingewiesen. Dennoch erweisen sich aktuelle Thematisierungen der räumlichen Dimension von Erziehungs- und Bildungsverhältnissen, wie sie sozialpolitisch und sozialpädagogisch in Form sozialraumorientierter Neujustierungsforderungen und bildungspolitisch und schulpädagogisch in Form der Forderung nach regionaler/kommunaler Bildungslandschaften, als raumtheoretisch unzureichend. Eine adäquate raumtheoretische Perspektive hat daher von einem relationalen Raummodell auszugehen. Oder wie Susan L. Robertson (2010: 22) in ihren Überlegungen zum „Spatializing' the sociology of education" schreibt: „For instance, absolute and perceived education spaces, such as a school, are simultaneously territorial (with boundaries that include and exclude) and networked (connected territories or nodes)." Um ein entsprechendes analytisches Verständnisses zu konkretisieren, schlägt sie daher die Differenzierung der folgenden sechs Dimensionen im Sinne einer Heuristik vor:

„1. social relations are *latent in space* and reproduced through systems such as education;
2. education spaces are a product;
3. education spaces are *produced;*
4. *education spaces are polymorphic;*

5. *education* spaces are dynamic geometries of power and social relations; and
6. education spaces and subjectivities are the outcome of a dialectical interaction"
(ebd.; Hervorh. im Orig.).

Unzureichende Beachtung findet in Robertsons Hinweisen allerdings die Frage der historisch-spezifischen Ausgestaltung der entsprechenden räumlichen Praktiken, also die Inblicknahme des (Re)Produktionsprozesses der räumlichen Dimension von Erziehungs- und Bildungsverhältnissen. Eine angemessene Analyse der räumlichen Dimensionierung von Erziehungs- und Bildungsverhältnissen hat daher die alltäglichen pädagogischen Praktiken hinsichtlich ihrer räumlichen Dimensionierung in der Trialektik der Räumlichkeit in den Blick zu nehmen. Damit ist eine raum(re)produktions-theoretische Perspektive benannt, wie sie im Anschluss an die Überlegungen Henri Lefèbvres ausbuchstabiert werden kann. Erziehungs- und bildungssoziologisch angemessen nach Räumlichkeit zu fragen, heißt somit im Sinne einer materialistischen Praxisanalyse sowohl die sozialen Praktiken zu fokussieren, mit denen Erziehungs- und Bildungsorte (wieder)hergestellt werden – und damit Erziehungs- und Bildungsprozesse ermöglicht, erschwert oder verunmöglicht werden – als auch die räumlichen Bedingungen selbst, die innerhalb dieser Erziehungs- und Bildungsprozesse bestätigt, verändert oder unterlaufen werden.

Literatur

Bareis, Ellen (2007): Verkaufsschlager. Urbane Shoppingmalls – Orte des Alltags zwischen Nutzung und Kontrolle. Münster: Westfälisches Dampfboot.

Bauer, Ullrich (2010): Sozialisation und Ungleichheit: Eine Hinführung. Wiesbaden: VS.

Belina, Bernd (2008): No Go Areas historisch-materialistischer Raumdebatten. Zur Kritik von Raumfetischismus und Raumidealismus. In: Demirovic, Alex (Hrsg.): Kritik und Materialität. Münster: Westfälisches Dampfboot, S. 89–109.

Belina, Bernd/Michel Boris (2008): Raumproduktionen. Zu diesem Band. In: dies. (Hrsg.): Raumproduktionen. Beiträge der Radical Geography. Eine Zwischenbilanz. Münster: Westfälisches Dampfboot, S. 7–34.

Bernfeld, Siegfried (1969a): Der soziale Ort und seine Bedeutung für Neurose, Verwahrlosung und Pädagogik. In: ders.: Antiautoritäre Erziehung und Psychoanalyse. Ausgewählte Schriften, Bd. 1. Darmstadt: März: 198–211 [urspr. erschienen in Imago, 15, Jg., 1929].

Bernfeld, Siegfried (1969b): Kinderheim Baumgarten – Bericht über einen ernsthaften Versuch mit neuer Erziehung. In: ders.: Antiautoritäre Erziehung und Psychoanalyse. Ausgewählte Schriften, Bd. 1. Darmstadt: März: S. 84–191.

Bernfeld, Siegfried (1973): Sisyphos oder die Grenzen der Erziehung. a. M.: Suhrkamp.

Bernhard, Armin (2006): Antonio Gramscis Politische Pädagogik. Grundrisse eines praxisphilosophischen Erziehungs- und Bildungsmodells. Hamburg: Argument.

Böhme, Jeanette (Hrsg.) (2009): Schularchitektur im interdisziplinären Diskurs: Territorialisierungskrise und Gestaltungsperspektiven des schulischen Bildungsraums. Wiesbaden: VS.

Böllert, Karin (1995): Zwischen Intervention und Prävention: eine andere Funktionsbestimmung sozialer Arbeit. Neuwied/Kriftel: Luchterhand.

Bollweg, Petra (2008): Lernen zwischen Formalität und Informalität: Zur Deformalisierung von Bildung. Wiesbaden: VS.

Bourdieu, Pierre (1974): Zur Soziologie der symbolischen Formen. Frankfurt a. M.: Suhrkamp.

Braunmühl, Ekkehard von (1978): Zeit für Kinder. Theorie und Praxis von Kinderfeindlichkeit, Kinderfreundlichkeit, Kinderschutz. Zur Beseitigung der Unsicherheit im Umgang mit Kindern. Ein Lernbuch. Frankfurt am M.: Fischer.

Bremer, Helmut (2007): Soziale Milieus, Habitus und Lernen: Zur sozialen Selektivität des Bildungswesens am Beispiel der Weiterbildung. Weinheim/München: Juventa.

Brenner, Neil (2008): Tausend Blätter. Bemerkungen zu den Geographien ungleicher räumlicher Entwicklung. In: Wissen, Markus/Röttger, Bernd/Heeg, Susanne (Hrsg.): Politics of Scale. Räume der Globalisierung und Perspektiven emanzipatorischer Politik. Münster: Westfälisches Dampfboot, S. 57–84.

Brocke, Hartmut (2005): Soziale Arbeit als Koproduktion. In: Projektgruppe „Netzwerke im Stadtteil" (Hrsg.): Grenzen des Sozialraums. Kritik eines Konzepts – Perspektiven für Soziale Arbeit. Wiesbaden: VS, S. 235–260.

Bertelsmann Stiftung/Ministerium für Schule, Wissenschaft und Forschung des Landes Nordrhein-Westfalen (Hrsg.) (2001): Bildung gestalten – Selbstständige Schule NRW, o. O. 2001

Bundesministerium für Bildung und Forschung (BMBF) (2008): Bekanntmachung von Förderrichtlinien für das Programm „Lernen vor Ort". (http://www.lernen-vor-ort.info/de/100. php; Stand: 17. 10. 2011).

Coelen, Thomas (2007): Ganztagsbildung (Kommunale Jugendbildung). Ein Rahmenkonzept für die Praxis. Stuttgart, Vortrag beim Fachkongress „Bildungspartnerschaft in der Entwicklung", 22. 10. 2007 (www.ljrbw.de/ljr/projekte/kommunales/download/vortrag_fachtag_coelen.pdf; Stand: 02. 12. 2009)

De Certeau, Michel (1988): Kunst des Handelns. Berlin: Merve.

Deutschendorf, René/Hamberger, Matthias/Koch, Josef/Lenz, Stefan/Peters, Friedhelm (Hrsg.) (2006): Werkstattbuch INTEGRA: Grundlagen, Anregungen und Arbeitsmaterialien für Integrierte, flexible und sozialräumlich ausgerichtete Erziehungshilfen. Weinheim/München: Juventa, S. 111–124.

Dirks, Sebastian (2008): Regierungsweisen in der Gemeinwesenarbeit. Gouvernementalitäten eines Ansatzes der Sozialen Arbeit. Universität Hamburg (Diplom-Arbeit).

Doderer, Yvonne P. (2003): Urbane Praktiken, Strategien und Raumproduktionen feministischer Frauenöffentlichkeit. Münster: Monsenstein und Vannerdat.

Duyvendak, Jan Willem (2004): Spacing Social Work? Möglichkeiten und Grenzen des Quartiersansatzes. In: Kessl, Fabian/Otto, Hans-Uwe (Hrsg.): Soziale Arbeit und Soziales Kapital. Wiesbaden: VS, S. 157 – 168.

Döring, Jörg/Thielmann, Tristan (Hrsg.) (2008): Spatial Turn. Das Raumparadigma in den Kultur- und Sozialwissenschaften. Bielefeld: transcript.

Elias, Norbert (1994/1984): Über die Zeit. Arbeiten zur Wissenssoziologie II. Frankfurt a. M.: Suhrkamp.

Euler, Peter/Pongratz, Ludwig A. (Hrsg.) (1995): Kritische Bildungstheorie. Zur Aktualität Heinz-Joachim Heydorns. Weinheim: Beltz.

Fend, Helmut (1980): Theorie der Schule. München et al.: Urban und Schwarzenberg.

Friebertshäuser, Barbara/Rieger-Ladich, Markus/Wigger, Lothar (Hrsg.) (2009): Reflexive Erziehungswissenschaft: Forschungsperspektiven im Anschluss an Pierre Bourdieu. Wiesbaden: VS.

Giddens, Anthony (1988): Die Konstitution der Gesellschaft. Grundzüge einer Theorie der Strukturierung. Frankfurt a. M./New York: Campus.

Groh-Samberg, Olaf/Grundmann, Matthias (2006): Soziale Ungleichheit im Kindes- und Jugendalter. In: Aus Politik und Zeitgeschichte, Heft 26, S. 11–24.

Hamberger, Matthias (2006): Der Fall im Feld: Sozial- und ressourcenorientierte Arbeit in den Erziehungshilfen. In: Deutschendorf, René/Hamberger, Matthias/Koch, Josef/Lenz, Stefan/Peters, Friedhelm (Hrsg.) (2006): Werkstattbuch INTEGRA: Grundlagen, Anregungen und Arbeitsmaterialien für Integrierte, flexible und sozialräumlich ausgerichtete Erziehungshilfen. Weinheim/München: Juventa, S. 111–124.

Harvey, David (1989): The Condition of Postmodernity. An Enquiry into the Origins of Cultural Change. Oxford: Blackwell.

Harvey, David (2006): Space as a Keyword. In: Castree, Noel/Gregory, Derek (Hrsg.): David Harvey: a critical reader. Oxford: Blackwell, S. 270–302.

Herod, Andrew (2008): Von der Geographie der Arbeit zur Arbeitsgeographie: Der spatial fix der Arbeit und die Geographie des Kapitalismus. In: Belina, Bernd/Michel, Boris (Hrsg.): Raumproduktionen. Beiträge der Radical Geography. Eine Zwischenbilanz. Münster: Westfälisches Dampfboot, S. 173–204

Herrmann, Klaus (Hrsg.) (2006): Leuchtfeuer querab! Wohin steuert die Sozialraumorientierung? Berlin/Bonn: Westkreuz

Heydorn, Heinz-Joachim (1970): Über den Widerspruch von Bildung und Herrschaft. Frankfurt a. M.: Europäische Verlagsanstalt

Hinte, Wolfgang (2002): Fälle, Felder und Budgets. Zur Rezeption sozialraumorientierter Ansätze in der Jugendhilfe. In: Merten, Roland (Hrsg.) (2002): Sozialraumorientierung. Zwischen fachlicher Innovation und rechtlicher Machbarkeit. Weinheim und München: Juventa, S. 91–126.

Hinte, Wolfgang/Treeß, Helga (2007): Sozialraumorientierung in der Jugendhilfe. Theoretische Grundlagen, Handlungsprinzipien und Praxisbeispiele einer kooperativ-integrativen Pädagogik. Weinheim/München: Juventa.

Honig, Michael-Sebastian (2002): Instituetik frühkindlicher Bildungsprozesse – Ein Forschungsansatz. In: ders.: Ethnografische Qualitätsforschung in der Frühpädagogik, Arbeitspapier II – 08. Universität Trier: Arbeitspapiere des Zentrums für sozialpädagogische Forschung der Universität Trier, S. 19–32 (http://www.uni-trier.de/fileadmin/fb1/prof/PAD/SP2/Arbeitspapiere/Arbeitspapier8_Ethnografische_Qualitaetsforschung_in_der_Fruehpaedagogik.pdf; Stand: 05. 09. 2011)

Jessop, Bob (2007): Raum, Ort und Maßstäbe. Territorialisierungsstrategien in postfordistischen Gesellschaften. In: Kessl, Fabian/Otto, Hans-Uwe (Hrsg.): Territorialisierung des Sozialen. Opladen/Farmington Hills: Barbara Budrich, S. 25–56.

Kessl, Fabian (2012/i. E.): Erziehung im Wohlfahrtsstaat. Stuttgart: Kohlhammer.

Kessl, Fabian/Otto, Hans-Uwe (2004): Soziale Arbeit und Soziales Kapital – Zur Kritik lokaler Gemeinschaftlichkeit. Wiesbaden: VS.

Kessl, Fabian/Reutlinger, Christian (2007): Sozialraum. Eine Einführung. Wiesbaden: VS.

Krummacher, Michael/Kulbach, Roderich/Waltz, Viktoria/Wohlfahrt, Norbert (2003): Soziale Stadt – Sozialraumentwicklung – Quartiersmanagement. Opladen: Leske und Budrich.

Läpple, Dieter (1991): Essay über den Raum. Für ein gesellschaftliches Raumkonzept. In: Häußermann, Hartmut et al. (Hrsg.): Stadt und Raum. Pfaffenweiler: Centaurus, S. 157–207.

Landhäußer, Sandra/Ziegler, Holger (2011): Zur Empirie sozialräumlich orientierter Sozialer Arbeit – Soziales Kapital messen. In: Oelerich, Gertrud/Otto, Hans-Uwe (Hrsg.): Empirische Forschung und Soziale Arbeit. Wiesbaden: VS, S. 65–76.

Lefèbvre, Henri (2010): The Production of Space. Malden/Oxford/Victoria: Blackwell.

Lefèbvre, Henri (1974): La production de l'Espace. Paris: Gallimard.

Lefèbvre, Henri (1977/2002): Die Produktion des städtischen Raums. In: Anarchitektur. Juli 2002 (http://www.anarchitektur.com/aa01_lefebvre/aa01_lefebvre.pdf; Stand: 05.09.2011)

Löw, Martina (2001): Raumsoziologie. Frankfurt a. M.: Suhrkamp.

Löw, Martina/Sturm Gabriele (2005): Raumsoziologie. In: Kessl, Fabian/Reutlinger, Christian/ Maurer, Susanne/Frey, Oliver (Hrsg.): Handbuch Sozialraum. Wiesbaden: VS, S. 31–48.

Lüders, Jenny (2007): Ambivalente Selbstpraktiken: Eine Foucault'sche Perspektive auf Bildungsprozesse in Weblogs. Bielefeld: Transcript.

Manderscheid, Katharina (2006): Sozial-räumliche Grenzgebiete: unsichtbare Zäune und Gegenkulturelle Räume. Eine empirische Exploration der räumlichen Dimension sozialer Ungleichheit. In: Sozialer Sinn, 7. Jg., Heft 2, S. 273–299.

Muchow, Martha/Muchow, Hans Heinrich (1998): Der Lebensraum des Großstadtkindes. Weinheim/München: Juventa.

Niemeyer, Christian/Naumann, Marek (2006): Siegfried Bernfeld (1892–1953). Vom Außenseiter zum Idol des Mainstream. In: Dollinger, Bernd (Hrsg.) (2006): Klassiker der Pädagogik: Die Bildung der modernen Gesellschaft. Wiesbaden: VS, S. 265–288.

Otto, Hans-Uwe/Rauschenbach, Thomas (Hrsg.) (2004): Die andere Seite der Bildung. Zum Verhältnis von formellen und informellen Bildungsprozessen. Wiesbaden: VS.

Olk, Thomas/Otto, Hans-Uwe (Hrsg.) (1985): Gesellschaftliche Perspektiven der Sozialarbeit 4: Lokale Sozialpolitik und Selbsthilfe. Neuwied/Darmstadt: Luchterhand.

Plößer, Melanie (2005): Dekonstruktion – Feminismus – Pädagogik. Vermittlungsansätze zwischen Theorie und Praxis. Königstein: Helmer-Verlag.

Reutlinger, Christian (2009): Bildungslandschaften – raumtheoretisch betrachtet. In: Böhme, Jeanette (Hrsg): Schularchitektur im interdisziplinären Diskurs. Territorialisierungskrise und Gestaltungsperspektiven des schulischen Bildungsraums. Wiesbaden: VS.

Ricken, Norbert (2006): Die Ordnung der Bildung. Beiträge zu einer Genealogie der Bildung. Wiesbaden: VS.

Rousseau, Jean-Jacques (1762/1995): Emil oder Über die Erziehung. Paderborn et al.: Ferdinand Schönigh (12. Aufl.).

Ricken, Norbert (2006): Die Ordnung der Bildung: Beiträge zu einer Genealogie der Bildung. Wiesbaden: VS.

Robertson, Susan L. (2010): ‚Spatializing' the sociology of education: stand-points, entry-points and vantage-points. In: Apple Michael W./Ball, Stephen J./Gandin, Luis Armando (Hrsg.) (2010): The Routledge International Handbook of the Sociology of Education. London/ New York: Routledge, S. 15–26.

Ross, Murray G. (1968): Gemeinwesenarbeit. Theorie – Prinzipien – Praxis. Freiburg: Lambertus.

Rousseau, Jean-Jacques (1762/1995): Emil oder Über die Erziehung. Paderborn et al: Ferdinand Schönigh (12. Aufl.).

Schmid, Christian (2005): Stadt, Raum und Gesellschaft. Henri Lefèbvre und die Theorie der Produktion des Raumes. Stuttgart: Franz Steiner Verlag.

Schroer, Markus (2008): Bringing space back in. Zur Relevanz des Raums als soziologischer Kategorie. In: Döring, Jörg/Thielmann, Tristan (Hrsg.): Das Raumparadigma. Zur Standortbestimmung des Spatial turn. Bielefeld: transcript, S. 125–148.

Sennett, Richard (1999): Der flexible Mensch: die Kultur des neuen Kapitalismus. Berlin: Berlin.

Soja, Edward (1996): Thirdspace: Journeys to Los Angeles and Other Real-And-Imagined Places. Malden/Oxford/Victoria: Blackwell.

Soja, Edward (2005): Die Trialektik der Räumlichkeit. In: Stockhammer, Robert: TopoGraphien der Moderne. Medien zur Repräsentation und Konstruktion von Räumen, München: Fink, S. 93–123.

Sünker, Heinz (2007): Alltag, Raum und Gesellschaft. In: Kessl, Fabian/Otto, Hans-Uwe (Hrsg.): Territorialisierung des Sozialen, Opladen: Barbara Budrich, S. 101–116.

Thiersch, Hans (1992): Lebensweltorientierte soziale Arbeit: Aufgaben der Praxis im sozialen Wandel. Weinheim/München: Juventa.

Santen, Eric van/Seckinger, Mike (2003): Kooperation: Mythos und Realität einer Praxis : eine empirische Studie zur interinstitutionellen Zusammenarbeit am Beispiel der Kinder- und Jugendhilfe. München: Deutsches Jugendinstitut

Wehrheim, Jan (2002): Die überwachte Stadt: Sicherheit, Segregation und Ausgrenzung, Opladen: Westdeutscher Verlag.

Wehrheim, Jan (2009): Der Fremde und die Ordnung der Räume. Opladen/Farmington Hills: Barbara Budrich.

Werlen, Benno/Reutlinger Christian (2005): Sozialgeographie. In: Kessl, Fabian/Reutlinger, Christian/Maurer, Susanne/Frey, Oliver (Hrsg.): Handbuch Sozialraum. Wiesbaden: VS, S. 49–66.

Winkler, Michael (1982): Stichworte zur Antipädagogik. Elemente einer historisch-systematischen Kritik. Stuttgart: Klett.

Winkler, Michael (1988): Eine Theorie der Sozialpädagogik: über Erziehung als Rekonstruktion der Subjektivität. Stuttgart: Klett-Cotta.

Das Agency-Paradigma

Carola Mick

Das Agency-Paradigma, wie es sich seit den 1990er Jahren als eigenständige Strömung innerhalb der Soziologie herausgebildet hat, zielt auf eine innovative Integration von Struktur- und Handlungstheorie (s. Sewell 1992).[1] Das Interesse richtet sich insbesondere auf die Handlungsmöglichkeiten von Individuen innerhalb von Gesellschaften, auf die individuellen und sozialen Bedingungen der Handlungsfähigkeit gesellschaftlicher Akteure und auf ihre Einflussmächtigkeit angesichts ihres sozialen Daseins. Das Agency-Paradigma bewegt sich damit nicht nur im Spannungsfeld zentraler Dichotomien, die die Soziologie seit ihren Anfängen prägen: Handlung und Struktur, Bewusstsein und Sein, Natur und Kultur, Gesellschaft und Individuum, lokal und global. Es bildet darüber hinaus eine Schnittstelle mehrerer Disziplinen, allen voran Soziologie, Anthropologie, Psychologie und Philosophie. Bisher haben die vielfältigen Auseinandersetzungen mit diesem Paradigma zwar nicht zur Ausbildung eines eigenen Forschungszweigs oder einer geteilten Definition von Agency geführt, jedoch arbeiten insbesondere Mustafa Emirbayer und Ann Mische an der *University of Chicago* an der Konturierung des Agency-Paradigmas als Kernstück einer Relationalen Soziologie (s. Emirbayer 1997; Emirbayer/Mische 1998). Ziel des vorliegenden Beitrags ist es, die soziologische Agency-Perspektive mit aus unterschiedlichen methodologischen Standpunkten gewonnenen erziehungs- und bildungssoziologischen sowie erziehungswissenschaftlichen Erkenntnissen in Bezug zu setzen. Dabei soll insbesondere deutlich werden, wie im Rahmen des Agency-Paradigmas eine produktive Verbindung soziologischer und erziehungswissenschaftlicher Forschungsansätze möglich ist.

Die Darstellung beginnt mit einer Definition des Agency-Paradigmas aus Sicht der Relationalen Soziologie, die auf die drei Konzepte *iterativity, projectivity* und *practical-evaluation* (Emirbayer/Mische 1998) zurückgreift. Anschließend werden die epistemologischen und methodologischen Grundlagen einer interdisziplinären Beschäftigung mit dem Agency-Konzept in den Erziehungswissenschaften reflektiert. Aufbauend auf Gilles Deleuzes (1989) Interpretation des Foucaultschen „Dispositivs" und seiner Nutzbarmachung für die Bildungs- und Erziehungssoziologie von Teresa Yurén (Yurén/

---

1   Herzlichen Dank an Albert Scherr für seine richtungsweisenden Anregungen zur vorliegenden Darstellung. Siehe dazu auch Scherr (i. E.)

Romero 2008) werden ausgewählte methodologische Ansätze[2] innerhalb der Erziehungswissenschaften vorgestellt und in Bezug zum Agency-Paradigma der Relationalen Soziologie gesetzt: die soziohistorisch orientierte *Cambridge School*, die marxistisch beeinflusste Kritische Pädagogik, die bildungssoziologischen Studien um Stephen Ball, die auf dem Konzept der Performativität aufbauende erziehungswissenschaftliche Ritualforschung um Christoph Wulf und Jörg Zirfas sowie eine soziokulturelle, an Lev S. Vygotsky inspirierte Strömung der erziehungswissenschaftlichen Ressourcenforschung. Im Vordergrund stehen bei der Auswahl und Darstellung dieser Ansätze die konzeptuellen Überschneidungen mit dem Agency-Paradigma von Emirbayer und Mische (1998). Der Beitrag schließt mit einem Ausblick zu Entwicklungsmöglichkeiten und Perspektiven des soziologischen Agency-Paradigmas.

Agency in der relationalen Perspektive der Soziologie

Die Frage nach der Position des Individuums innerhalb der Gesellschaft durchzieht die Soziologie seit ihren Anfängen. Die Konzeptualisierung dieses Paradigmas greift in unterschiedlicher Weise auf die Begriffspaare Natur und Evolution (Lester F. Ward, Herbert Spencer, Auguste Comte), Materie und Sozialstruktur (Karl Marx, Friedrich Engels), Gesellschaft und Kollektivbewusstsein (Émile Durkheim, Pierre Bourdieu), Kultur (Max Weber) und Ideologie (Karl Mannheim, Louis Althusser, Anthony Giddens) bzw. Diskurs (Michel Foucault) zurück. Émile Durkheims (1992/1999) Überlegungen zur erzieherischen Sozialisation[3] bringen die Bildungssoziologie mit handlungstheoretischen Fragen in Verbindung: Die Unterwerfung unter das Kollektivbewusstsein wird als die Grundlage von Subjektivierung und Handlungsbefähigung sozialer Akteure angesehen. Aus Durkheims Sicht verfolgt Erziehung deshalb das Ziel der Handlungsbefähigung sozialer Akteure durch die Annahme des Kollektivbewusstseins und ihrer Handlungsermächtigung als aktive Teilnehmer an seiner Konstituierung.

Nach Durkheim beschäftigen sich im Zeichen der Dichotomie Struktur versus Handeln verschiedene Theorien mit der Frage nach den gesellschaftlichen Gestaltungsmöglichkeiten sozialisierter Individuen. Der von aufklärerischem Gedankengut beeinflusste Strukturfunktionalismus Talcott Parsons steckt das Spannungsfeld von Agency zwischen Determinismus und Selbstbestimmung ab (s. Emirbayer/Mische 1998: 964ff). Anthony Giddens Theorie der „Strukturierung" (Giddens 2009: 89) ebenso wie Pierre Bourdieus Habitus-Theorie (s. Hillebrandt in diesem Band) vermitteln zwischen diesen Positionen, wie William H. Sewell (1992) es sich zu Nutze macht: Er fasst Strukturen als sozial tradierte, virtuelle Regelsysteme oder Schemata auf, die im Sinne von Karl Mann-

---

2 Die Darstellung erhebt keinen Anspruch auf Vollständigkeit erziehungswissenschaftlicher Ansätze, die mit dem Agency-Paradigma in Verbindung gebracht werden können.

3 S. den Textauszug im ersten Teil des vorliegenden Bandes.

heims totalem Ideologiebegriff und Max Webers Kulturwertideen menschliches, soziales Handeln erst ermöglichen. Mit Hilfe von Bourdieus Habitus-Konzept klärt Sewell das Verhältnis solcher Schemata zu konkreten menschlichen und sächlichen Ressourcen, die sich gegenseitig bedingen und konstituieren. Zusätzlich erarbeitet Sewell mit Hilfe von Giddens Überlegungen eine Möglichkeit, auch Transformationen im Wechselspiel zwischen Ressourcen und Schemata theoretisch zu erfassen. Er betont, dass Schemata erst durch ihre Verkörperung in einer spezifischen Situation von sozialen Akteuren mittels bestimmter Ressourcen Bedeutung erlangen und re- und ko-konstituiert[4] werden. Ressourcen und Schemata würden von den Akteuren selbst aktualisiert und in Kontexte eingebracht, in denen sie dann produktiv wirkten und neue, unvorhersehbare Ressourcen hervorbrächten, die Regelwerke verändern und neu konstituieren könnten. Sie bedingen in diesem Sinne die Handlungsfähigkeit und -mächtigkeit von Akteuren, weswegen Sewell (ebd.: 20) sie ins Zentrum seiner Definition von Agency stellt: „Agency arises from the actor's control of resources, which means the capacity to reinterpret or mobilize an array of resources in terms of schemas other than those that constituted the array".[5]

Ähnlich argumentiert Mustafa Emirbayers und Ann Misches (1998) Relationale Soziologie, die sich aus dem amerikanischen Pragmatismus von John Dewey und George Herbert Mead, der soziologischen Phänomenologie Alfred Schütz sowie Jeffrey Alexanders neofunktionalistischen Überlegungen speist. Die Autoren heben die notwendige Einbettung von Agency in einen strukturellen Kontext hervor, die Alexander (s. ebd.: 967) mit einer hermeneutischen und einer strategischen Komponente von sozialen Handlungen erfasst. Ergänzend betonen sie die Bedeutung der zeitlichen Dimension für das Agency-Paradigma, denn Handlung beruhe auf der situierten und mit einem momentanen Projekt verbundenen Aktualisierung und Anwendung von Ressourcen: „Means and ends develop coterminously within contexts that are themselves ever changing and thus always subject to reevaluation and reconstruction on the part of the reflective intelligence"[6] (ebd.: 967 f). Emirbayer und Mische heben die gegenseitige Bedingung von Zeit und Kontext sowie von Bewusstsein und Gesellschaft hervor, die es Akteuren auch ermögliche, in mehreren vergangenen, gegenwärtigen und zukünftigen Systemen und Strukturen gleichzeitig zu agieren. Sie charakterisieren das Agency-Paradigma dementsprechend als eine triadische Vermittlung zwischen Vergangenheit,

---

4   Mit Hilfe dieses komplexen Ausdrucks verweise ich auf die Gleichzeitigkeit von reaktionärem und transformierendem Konstruieren von Wirklichkeit (re- *und* konstituieren) sowie die interaktive, dialogische Komponente sozialen Handelns (*ko-* ...) (s. Mick 2009).

5   Übersetzung der Autorin: „Handlungsfähigkeit/-mächtigkeit von Akteuren entspringt ihrem Umgang mit Ressourcen, das heißt ihren Möglichkeiten, sie zu reinterpretieren oder mittels ihrer weitere ressourcenvolle Schemata aufzurufen."

6   Übersetzung der Autorin: „Absichten und Mittel entwickeln sich gleichzeitig und innerhalb von Kontexten, die sich ständig verändern und somit immer der Neubewertung und Rekonstruktion von Seiten des reflektierenden Verstandes ausgesetzt sind."

Gegenwart und Zukunft: Handlungen speisten sich notwendigerweise aus tradierten, zur Routine gewordenen Formen des sozialen Engagements, vorübergehend stabilen Identitätskonstrukten, interaktiven Rahmen und sozialen Institutionen (*iterativity*, ebd.: 971). Darüber hinaus ist Agency für die Autoren auch projekthaft: Akteure projizierten ihre gegenwärtigen Handlungswege kreativ im Hinblick auf das Nachfolgende und im Zusammenspiel mit sozial verankerten Hoffnungen, Ängsten und Wünschen in die Zukunft hinein (*projectivity*, ebd.). Dabei bauten sie auf eine sich durch Erfahrung erweiternde praktische Entscheidungsfähigkeit sowie auf die Möglichkeit der Bewertung unterschiedlicher Handlungsalternativen selbst angesichts widersprüchlicher Anforderungen (*practical-evaluative element*, ebd.).

Emirbayer und Mische setzen das Agency-Paradigma zusätzlich in einen größeren, ebenfalls zeitlich bedingten Bedeutungszusammenhang, indem sie auf die historische Wandelbarkeit der jeweils dominanten Auffassungen von ,Zeit' und ,Handlung' hinweisen. Auch das Verhältnis von Akteuren zu kreativem Engagement und Reflexivität kann in unterschiedlichen Situationen und unterschiedlichen zeitlichen Kontexten anders ausfallen (ebd.: 972 f.). Sie betonen des Weiteren die Dialogizität menschlichen Handelns, da Einstellungen, Möglichkeiten, Fähigkeiten und Identitäten sich immer in Bezug zu anderen herstellten. Somit wird das Agency-Paradigma zum Kernstück von Emirbayers (1997) Relationaler Soziologie.

Methodologische Grundlagen erziehungswissenschaftlicher Agency-Forschung

Der *linguistic turn* (Rorty 1967) der 60er Jahre eröffnet die Möglichkeit einer gegenseitigen Bezugnahme von Sozial- und Kulturwissenschaften, wie Sewell (1992) sie fordert. Poststrukturalistische Ansätze schlagen mit dem ,Diskurs'-Begriff eine Brücke zwischen materialistischen und semiotischen Konzeptualisierungen von ,Strukturen' und ,Ressourcen'; sie verweisen auf die performative, d. h. materielle Wirklichkeit hervorbringende Wirkung sprachlich verankerter und archivierter Bedeutungsstrukturen (Foucault 1969). Sie konzeptualisieren Diskurse als historisch geformte und formbare Bedeutungsarchive, die in ihrer kontextspezifischen Aktualisierung als soziale Praxis sowohl Form und Materie als auch handlungsfähige Subjekte, Gesellschaftsstrukturen und Machtbeziehungen hervorbrächten (s. Bublitz 2003). Vergleichbar zu den Wechselwirkungen zwischen Struktur, Ressourcen und Handeln in der Soziologie wird das Subjekt im Poststrukturalismus gleichzeitig zu einem Effekt der sprachlichen Strukturen (Lacan 1966) und zu einem Konstrukteur sozialer Wirklichkeit. Seine Handlungsbefähigung und -ermächtigung basiert auf den immateriellen und materiellen Ressourcen, die ihm verschiedene, miteinander wetteifernde Bedeutungsstränge (Foucault 1982) zur Verfügung stellen.

Im Sinne von Michel Foucaults Diskurstheorie können Bildungssysteme oder Lernumgebungen als ,Dispositive' erfasst werden. Das Konzept verweist auf komplexe soziale

Systeme, die zur Verfolgung bestimmter Bildungsziele sozial konstruiert und in Bewegung gebracht werden, sowie als diskursive Kontexte das sie gleichzeitig bedingende soziale Handeln ermöglichen (s. Yurén/Romero 2008). Deleuze (1989) unterscheidet heuristisch vier verschiedene Dimensionen solcher diskursbasierter Dispositive, die ihre Erforschung in der Analyse auch im Hinblick auf das Agency-Paradigma im Sinne der Relationalen Soziologie ermöglichen: Dispositive wiesen erstens auf die dynamisch sich entwickelnden kontextspezifischen „Diskursivitäten" (*lignes d'énonciation*, Deleuze 1989) hin, d.h. auf die strukturale Komponente des jeweils zeit- und raumspezifischen sag- und denkbaren Wissens (vgl. *rules*, Sewell 1992). Die „Ordnung der Macht" (*lignes de forces*, Deleuze 1989) fragt zweitens nach den mit diesem Wissensbestand verbundenen sozialen Machtbeziehungen und ihren Wechselwirkungen mit dem Dispositiv. Die Dimension der „Objektivierung" (*lignes d'objectivation, lignes de subjectivation*, Deleuze 1989) rückt drittens die diskursive Konstitution der sozialen Wirklichkeit im Dispositiv und die sich daraus für das so entstehende Subjekt ergebenden Handlungsmöglichkeiten in den Vordergrund. Anhand dieser zuletzt genannten zwei Analyseordnungen lassen sich Fragen nach Veränderungsmöglichkeiten in und mit dem System sowie das „praktisch-evaluative Element" (Emirbayer/Mische 1998: 994) von Agency innerhalb von Dispositiven beleuchten. Die „Ordnung des Lichtes" oder der Sichtbarkeit (*lignes de visibilité*, Deleuze 1989) bezeichnet viertens die konkret beobachtbaren Manifestationen von Diskursivitäten, was der Erforschung der Ressourcen im Sinne Sewells (1992) dienen kann. Mit Hilfe dieser vier Perspektiven lassen sich Dispositive des Lernens als komplexe soziale Systeme mit der in ihnen und durch sie ermöglichenden Agency erforschen.

Dies erreichen die hier vorgestellten erziehungswissenschaftlichen Ansätze mittels unterschiedlicher Perspektiven und Methoden der Diskursanalyse. Sie tragen dabei dem konkreten zeitlichen Kontext der Aktualisierung durch soziale Akteure Rechnung und berücksichtigen sowohl die diskursiven Unterwerfungs- und Disziplinierungsmechanismen als auch die Möglichkeit der gesellschaftlichen Subjektivierung. Sie bereichern Foucaults Projekt einer *„description* pure *des événements discursifs"*[7] (Foucault 1969: 39) auf unterschiedliche Weise durch die Berücksichtigung der Dynamiken des Verhandelns und Verkörperns von Diskurspositionen, der Macht und Ermächtigung sowie des Umgangs mit Diskursen und ihren konkreten Manifestationen *in situ* (s. Hacking 2004): durch einen Blick auf die konkreten Produktionsumstände zeichenhaften Handelns, das Wirklichkeit kreativ hervorbringt; durch einen Fokus auf die Mikrodimension konkreter Beispiele solcher sozialen Ereignisse; und durch die Frage nach dem Zusammenspiel institutioneller *top-down* und lokaler *bottom-up* Praktiken.

In den folgenden Kapiteln werden die gegenseitigen Bereicherungsmöglichkeiten dieser erziehungswissenschaftlichen Ansätze und des Agency-Paradigmas beleuchtet.

---

7   Übersetzung der Autorin: „Der Blickwinkel des Projekts einer *reinen* Beschreibung diskursiver Ereignisse."

Ordnung der Diskursivitäten: Handlungsmöglichkeiten und Struktur

Eine soziohistorisch orientierte Forschungsrichtung innerhalb der Erziehungswissenschaften stellt die Frage nach den dynamisch sich entwickelnden kontextspezifischen ‚Diskursivitäten' in den Vordergrund. Sie sucht unter Berufung auf die *Cambridge School* um John G. A. Pocock, John Dunn oder Quentin Skinner (s. Bell 2010) mit Hilfe einer von Methoden der Sprechakttheorie (s. Austin 1962) inspirierten diskursarchäologischen Methode nach raum- und zeitspezifischen „languages of education" (Tröhler 2009), die sich in überlieferten Texten manifestiert. Dieser methodologische Ansatz greift auf Ferdinand de Saussures (1916) Unterscheidung von *langue* und *parole* (s. Tröhler 2009) zurück: In der Terminologie Emirbayers und Misches (1998) macht er sich die notwendige *iterativity* von Sprachhandlungen zu Nutze, um die Typen von Regeln und Repertoires zu ermitteln, mit deren Hilfe Autoren ihre Äußerungen gestalten. Daniel Tröhler[8] (2009) arbeitet auf diese Weise drei Diskursstränge heraus, die er als vorherrschende westliche Bildungsideologien vom 18. Jahrhundert an (mit älteren Wurzeln) bis heute identifiziert: Das Lernziel der Tugendhaftigkeit, die Vorstellung von Bildung als innere, seelische Erfahrung sowie das Streben nach wissenschaftlichem Wissen. Neben der Darstellung der Kontinuität solcher konstitutiver, kontextspezifischer Sprach- und Bedeutungsstrukturen in Bildungsdispositiven heben die Analysen in Folge der *Cambridge School* auch auf die Möglichkeit ihrer Veränderung durch den Gebrauch ab: „*Paroles* […] always depend on *langues*, but to a certain extent authors are free not to choose the dominant *langue* but to refer to recessive *langues*"[9] (Tröhler 2009: 16). Zur Erforschung dieser Dynamik werden Texte im Hinblick auf ihre Wechselwirkungen mit dem unmittelbaren politischen und sozialen Kontext ihrer Produktion analysiert. Dabei zeigt sich, wie unterschiedliche Diskursstränge sich in historischen Kontexten gegenseitig beeinflussen, überlagern und dabei mit der sozialen Realität der Bildungsdispositive in sich gegenseitig bedingenden Wechselwirkungen stehen.

Aus der Perspektive des Agency-Paradigmas geben diese Studien Einblick in die systemische Komponente der Bedeutungsstrukturen, der sich menschliches Handeln bedient. Sie veranschaulichen anhand konkreter Beispiele die Polysemie, die Vielfalt sowie die unendlichen Kombinationsmöglichkeiten (s. Sewell 1992) solcher Ressourcen und ihre Rolle bei der Reproduktion und Veränderung gesellschaftlicher Strukturen, hier in Bezug auf Bildungssysteme. Natürlich deuten sie auch auf die disziplinierenden Wirkungen von Bedeutungssystemen hin, die soziales Handeln in gewisse Schranken verweisen. Der Frage nach den gegenseitigen Bedingungen von Handlungsfähigkeit/-mächtigkeit

---

8   Mit Dank für die Präzisionen an Daniel Tröhler.
9   Übersetzung der Autorin: „*Äußerungen* […] beruhen zwar immer auf *Sprachsystemen,* aber Autoren verfügen über eine gewisse Freiheit, nicht auf das dominierende sondern auf im Hintergrund stehende *Sprachsysteme* zurückzugreifen."

und derartig diskursiv geprägten Dispositiven des Lernens geht eine Reihe an ethnographischen Ansätzen nach, die in den folgenden Abschnitten vorgestellt werden.

Sozialisierung und Subjektivierung

Die neuere sozialwissenschaftliche Identitätsforschung legt großen Wert auf die mit der Sozialisierung verbundene Unterwerfung von Akteuren unter Dispositive des Lernens. Stephen Ball (1998) identifiziert unter Bezugnahme auf Jean-François Lyotard (1979) einen postmodernen Diskurs der „Performanz" (*performativité*, ebd.), der Wissen zum wirtschaftlichen Gut mache und so die Geltungsmacht für Wahrheit, Wirklichkeit und Wissen auf den Markt übertrage. Der dortige Wettbewerb führe zur diskursiven Konstitution miteinander in Konkurrenz stehender und marktorientierter Individuen, die sich flexibel und bindungslos auf immer neue Situationen ein- und umstellten. Unter dem Deckmantel von Autonomie und Freiheit erzeuge dieser Diskurs totale Kontrolle und Fremdbestimmung individueller Handlungsfähigkeit durch den Markt. Ball (1998) zeigt, wie er auch das Bildungssystem beeinflusst und sich über die Gestaltung disziplinierter und disziplinierender Lehreridentitäten auf die soziale Organisation von Schulen und Klassengemeinschaften auswirkt.

James Paul Gee (2000) nähert sich den unterwerfenden und gleichzeitig subjektivierenden Effekten von Sozialisierung über vier heuristisch voneinander unterschiedene Kategorisierungstypen mit Hilfe anthropologisch und soziokulturell (s. Holland/ Skinner et al. 1998) beeinflusster Methoden an: Soziale Kategorien könnten erstens an als ‚natürlich', ‚biologisch' oder ‚genetisch' erachteten Faktoren ansetzen („N-Identity"), wie beispielsweise Geschlechter- (s. Tervooren 2006) oder Alterskategorien (s. Yurén/ Romero 2008). Diese verwiesen implizit auf soziale Strukturen, wie beispielsweise tradierte Genderrollen oder altersspezifische Verantwortungsstrukturen, und seien somit auch mit gesellschaftlicher Positionierung und Machtbeziehungen verbunden. Andere Studien stellen zweitens stärker auf das Erlernen und den performativen Umgang mit schulisch geförderten Identitätsangeboten („Institutional Identities", Gee 2000) ab, die durch institutionelle Vermittlung vergeben würden. Sie trügen zur Disziplinierung der Lerner bei und begrenzten individuelle Einfluss- und Veränderungsmöglichkeiten (s. auch Berg 2010). Sie verweisen darüber hinaus auf eine Ebene der sozialen Selektion (vgl. Bourdieu/Passeron 1970), die mit Identitätsarbeit verbunden ist. Mit dem Konzept der „D-identities" betont Gee (2000: 19) allerdings drittens die generelle Diskursivität und Dialogizität von Identitätskonstruktionen, und somit auch die Möglichkeit des Individuums, diese aktiv an sozialen Praktiken mitwirkend zu gestalten. So charakterisiert Franz Wellendorfs (1974: 22) Studie Identitätsarbeit im institutionellen Kontext durch das Zusammenspiel von „institutionelle[r] Sicherung der relativen Einheit subjektiver Interpretationen einer objektiven Lage von den Interaktionspartnern" auf der einen und der Aktualisierung „je subjektiver Situationserlebnisse und -interpretationen" auf der anderen Seite. Sofia Freire et. al. (2009) beobachten in ihren Daten eine Vielfalt an unterschiedlichen, subjektivierenden Reaktionen auf negative institutionelle Kategorisierungen. Janet Maybins (2006) Untersuchung zeigt, wie viertens auch „A-identities" (Gee 2000) unterschiedliche soziale Gruppenzugehörigkeiten konstruieren und zur individuellen Gestaltung der schulischen Sozialisierung beitragen. Sie beschreibt, wie Kinder in Auseinandersetzungen innerhalb der Freundesgruppen verschiedene institutionelle und nicht-institutionelle Identitätsangebote verhandeln und so gestalterisch Einfluss auf ihre eigene schulische Institutionalisierung ausüben (Maybin 2006: 188). Anja Tervoorens (2006) Studie bestätigt sogar die Möglichkeit, *N-Identities* aktiv mitzugestalten, wobei sie auf Judith Butlers Konzept der Performativität zurückgreift (s. unten): Sie stellt dar, wie das individuelle Ausprobieren, Interpretieren und Einüben zur Verfügung stehender Geschlechter-Rollenmodelle zur Identitätsarbeit wird. Die stilisierte Aneignung des Diskurses in der individuellen Interpretation schreibe sich durch die wiederholte Verkörperung nach und nach in den Körper ein, der so zum Projekt werde.

Im Hinblick auf das Agency-Paradigma geben diese Studien Einblick in die individuelle Handlungsmächtigkeit von Lernern angesichts ihrer eigenen Sozialisierung. Sie zeigen exemplarisch auf, wie Agency als die projekthafte Vermittlung zwischen Vergangenheit und Zukunft zu Stande kommt (s. Emirbayer/Mische 1998). Hierbei bestätigen sie insbesondere die individuellen Einflussmöglichkeiten auf materielle Wirklichkeitsstrukturen. Es bleibt jedoch weiterhin unbeantwortet, wie/ob Handlungsfähigkeit und -mächtigkeit in Bildungsdispositiven gelernt wird. Dieser Frage geht der anschließend dargestellte Ansatz nach.

Handlungsfähigkeit und -mächtigkeit in Lernprozessen

Für Christoph Wulf und Jörg Zirfas (2007) beinhaltet Lernen als Aneignung immer bereits eine Veränderung, was sie als ‚Performativität' konzeptualisieren. In ihrer „Pädagogik des Performativen" kombinieren sie Austins Modell von performativen Sprechakten, Chomskys Unterscheidung von Performanz und Kompetenz, Butlers Studien zur Performativität von Gender-Kategorien sowie *performance*-Studien aus der Anthropologie. Performativität aus Christoph Wulfs und Jörg Zirfas Sicht bezieht sich auf das interaktive Verhandeln und Inszenieren von ‚Form', das heißt auf die situierte Re- und Ko-Konstruktion diskursiver, sozialer und auch materieller Wirklichkeit. Die Analyse solcher Inszenierungen erfolgt anhand von ethnographisch erhobenen und mit Hilfe der dokumentarischen Methode (Bohnsack 2007) festgehaltenen „Szenen"[10] (Wellendorf 1974: 15). Für die interpretative und dialogische Annäherung an die Intersubjektivität der Teilnehmerperspektive werden Methoden eingesetzt, die von der Mikrosoziologie Erving Goffmans (1971) inspiriert sind.

---

10   *Event* (z. B. Latour 1996: 237) im englischsprachigen Raum.

Wulf und Zirfas (2007) beobachten und analysieren eine allgemeine Ritualisierung von Lernprozessen. Sie beschreiben die auf der Mimesis der Aufführung beruhenden Lernrituale als ein zentrales Mittel, die eigene Einfügung in die soziale Ordnung der Bildungsinstitution, der Familie oder der Freundesgruppe konstruktiv mitzugestalten. Lerner würden im Ritual nicht nur tradiertes soziales Handlungswissen erwerben, sondern dieses in einer eigenen Interpretation aufführen. Sie erlebten im Ritual sowohl die Gemeinschaft als auch ihre Individualität und Einmaligkeit – wobei Wulf und Zirfas (2007) die Disziplinareffekte des Rituals nicht verleugnen. Mit Verweis auf Butler (1995) wird allerdings die Gleichzeitigkeit von Wiederholung *(iterativity*[11]*)* und Veränderung im Ritual im Konzept der ‚Performativität' betont. Die Studien bestätigen die Annahme, dass Zeichen als Ressourcen unendlich oft in neuen Kontexten und von neuen Akteuren ‚recycelt', zitiert, persifliert und poetisch verwertet werden und somit unendlich oft unterschiedliche Bedeutsamkeit entfalten können (s. Sewell 1992). Wulf und Zirfas (2007) proklamieren Performativität, die im Sinne des Agency-Paradigmas der Relationalen Soziologie als Handlungsfähigkeit bezeichnet werden kann (Emirbayer/Mische 1998), als eines der wichtigsten Bildungsziele in der gegenwärtigen Gesellschaft.

Die marxistisch beeinflusste kritische Pädagogik stellt zusätzlich die Frage nach der Handlungsmächtigkeit in den Vordergrund und verweist auf die Wechselwirkungen zwischen unterschiedlichen zeitlich-relationalen Kontexten und sozialen Machtbeziehungen. Auf das Konzept des *hidden curriculum* aufbauend, strebt Henry A. Giroux (1983) eine Förderung des Wissens von Lehrern und Erziehern um Diskursivitäten an. Er verfolgt so das Ziel der Befreiung individueller Agency vom Disziplinierungsdruck einzelner Ideologien, und die Befähigung der Akteure zur überkommenden Veränderung von Ungleichheit reproduzierenden Dispositiven (ebd.: 71). Jim Cummins (1986) entwickelt mit dem Konzept des *empowerment* Prämissen für Dispositive des Lernens, welche auf den Prinzipien von Diversität, Demokratie und sozialer Gerechtigkeit aufbauen. Diese legitimieren die gruppenspezifischen sprachlichen und kulturellen Ressourcen gesellschaftlicher Minderheiten, öffnen sich ihren sozialen und kulturellen Netzen und setzen bei der schulischen Sozialisierung an der aktiven Teilnahme der Lerner bei der Konstitution des kollektiven Wissens an (Cummins 1986: 662 ff). Cummins liefert konkrete Forschungsergebnisse bezüglich der Möglichkeiten und Bedingungen der Beeinflussung von Handlungsfähigkeit und Handlungsmächtigkeit. Die im folgenden Teil dargestellten Ansätze können zur weiteren Konkretisierung pädagogischer Strategien dienen, da sie mit der Ebene der Sichtbarkeit von Dispositiven des Lernens die Rolle von Ressourcen im Agency-Paradigma beleuchten.

---

11   Butler bezieht sich dabei auf Jacques Derridas (1990: 28) „itérabilité".

Ordnung der Sichtbarkeit: Ressourcen für Agency

Auf Lev S. Vygotskys Theorien (s. Wertsch 1993, Norris/Jones 2005) aufbauende Studien nähern sich analytisch den materiellen und immateriellen Ressourcen an, die Wertsch (1993: 68 ff) ebenso wie Sewell (1992) als konstitutiv für Agency beschreibt. Sie greifen zur Analyse konkreter sozialer Praktiken im Sinne der Mikroethnographie auf Methoden der Konversationsanalyse (Bloome/Power Carter et al. 2005) sowie auf die *Activity Theory* und die *Cultural Studies* (s. Birr Moje/Lewis 2007) zurück. Als zentrale Ressourcen für zeichenhaftes Handeln (*mediational means*, Wertsch 1993) werden Körperlichkeit, Raum und Zeit identifiziert, ebenso wie unterschiedliche Medien, spezifische Sprachformen, Interaktionstypen, Schrift und multimodale Informations- und Kommunikationstechnologien.

Gee (2008) entwirft das Konzept der *social languages*, um die individuellen Einflussmöglichkeiten auf sprachliche Formen zu betonen: „Any time we act or speak, we must accomplish two things: (1) we must make clear *who* we are, and (2) we must make clear *what* we are doing"[12] (ebd.: 90). Carola Mick (2011a) zeigt anhand einer mikroethnographischen Studie einer Lernaktivität im mehrsprachigen Umfeld die Vielfalt an sprachlichen, kulturellen und sozialen Ressourcen[13] auf, die in einer *social language* zur Selbstdarstellung und Handlung individuell und situationsspezifisch zusammengestellt werden. Sie geht in Anlehnung an Michail Bachtin (in Holquist 1981) davon aus, dass die konstitutive Bedeutung einer Äußerung mit ihrem spezifischen Design sich in erster Linie durch die Dialogizität der sozialen Begegnung, die Heterogenität der Ressourcen und die Vielschichtigkeit der raum-zeitlichen Koordinaten auszeichnet. Mick (2011b) stellt außerdem dar, wie institutionell geförderte kulturelle Vermittlungssysteme bei ihrer Aktualisierung Veränderungen erfahren. Unter Bezugnahme auf Bruno Latours (1996)[14] Konzept der *interobjectivity* kann des Weiteren veranschaulicht werden, wie auch Objekte in der Interaktion eine soziale Bedeutung entfalten, die sich über zeit-räumliche Kontextdimensionen hinaus verselbständigen kann (ebd.: 237). So zeigt Dominique Portante (2011), wie die von Lehrern gestalteten Arbeitsaufträge als kulturelle Ressourcen für die Gruppenarbeit von Lernern in der Interaktion bestimmte Dispositivstrukturen aufrufen, die die Lernaktivität entscheidend beeinflussen. Ebenfalls an Latour anknüpfend entwickelt und analysiert Gérard Gretsch (2010) ein auf dem

---

12 Übersetzung der Autorin: „Sprechen und Handeln verlangt immer zweierlei von uns: Wir müssen klar machen, (1) *wer* wir sind, und (2) *was* wir tun."

13 Darunter verstehen sich auch Bedeutungsstrukturen wie *langues* im Sinne von de Saussures (1916) und Diskursstränge im Sinne von Foucault (1969).

14 Aus Latours (1996) Sicht konstituiert sich Gesellschaft und Struktur dynamisch und unablässig aus einem heterogenen, wirren, unberechenbaren, antagonistischen und dialogischen Zusammenspiel, aus einer Vielfalt an miteinander verwobenen aber trotzdem mehr oder weniger unabhängigen einzelnen Ereignissen und Elementen. Für ihn liegt soziale Realität in den aktualisierten Verstrebungen eines Netzwerkes bestehend aus räumlich-zeitlich situierten Interaktionen von sich gegenseitig konstituierenden und bedingenden im-/materiellen Akteuren.

Computerprogramm „text editor oral (TEO)" aufbauendes Sprachenlernkonzept für Französischlerner in Luxemburg. Er stellt dar, wie TEO als „non-human actor" im Dialog mit den Lernern auftritt und Kinder durch die Möglichkeit der Aufnahme ihrer mündlichen Textproduktionen zur Imitation, gegenseitigen Bereicherung, kritischen Überarbeitung und gezielten Metareflexion, d. h. zu dialogischen Sprachenlernprozessen einlädt.

Während der Faktor Zeit als kulturelle Ressource im Bildungsprozess bisher weniger Aufmerksamkeit erfahren hat, erfreut sich die Dimension des Raums, inspiriert von Henri Lefebvres konstruktivistischer Raumtheorie zunehmenden Interesses. Zahlreiche Studien untersuchen die Wechselwirkungen zwischen notwendigerweise räumlich situierten sozialen Praktiken, ihrer sozialen Konstruktion von Raum und dem gelebten Umgang in und mit Raumkonstruktionen. Thomas Popkewitz (1998) zeigt beispielsweise, wie durch das Bildungssystem zur Re- und Ko-Konstruktion von Grenzen zwischen als ländlich und städtisch charakterisierten Sozialräumen beigetragen wird. Jürgen Zinnecker (1978) konzentriert sich auf Raumkonstruktionen innerhalb von Bildungsinstitutionen durch die alltägliche Schulpraxis: Er unterscheidet in Anlehnung an Goffman (1971) zwischen Handlungen auf einer „Vorderbühne" (Zinnecker 1978), die von Disziplinierungs- und Kontrollpraktiken und dem Interesse an Normkonformität geprägt sind, und einer vor institutioneller Disziplinierung geschützten „Hinterbühne" (ebd.). Dort beobachtet er einen vielfältigeren Ressourceneinsatz, der mit den institutionell geförderten Diskursen in Verhandlung, im Dialog oder im Konflikt steht und an der Gestaltung der institutionellen Realität aktiv beteiligt ist, selbst wenn er sie bewusst ausgrenzt. Die zuvor erwähnte Studie Maybins (2006) fokussiert Identitätskonstruktionen von Lernen auf der institutionellen Hinterbühne, und bestätigt ihre zentrale Bedeutung für die aktive Teilnahme der Lerner an der eigenen schulischen Sozialisierung. Yurén und Romero (2008) beleuchten die Möglichkeiten des Überschreitens von sozial konstruierten Raumgrenzen zwischen dem Innen und Außen der Schule durch soziale Handlungen von Lernern auf der Hinterbühne. Margaret Sheehy (2009) analysiert die Möglichkeiten der Lehrer, auch auf der Vorderbühne zur Überwindung sozial konstruierter Raumgrenzen zwischen privaten und schulischen *literacy*-Praktiken beizutragen. Sie plädiert hierbei für eine dialogische soziale Lehrpraxis und die reflektierende Annäherung an Raumkategorien und -grenzen im Unterricht.

Aufbauend auf Jean Lave und Etienne Wengers Modell vom Lernen als Teilnahme an sozialen Praktiken machen sich Claire Kramsch (1993) und Kris Gutiérrez (2008) diese Beobachtungen für eine Pädagogik des *third space* zu eigen. Sie setzen dabei ebenfalls bewusst auf die gegenseitige Bereicherung von „teacher and [...] student scripts – the formal and the informal, the official and unofficial spaces of the learning environment"[15] (Gutiérrez 2008: 152) beim Design von Dispositiven des Lernens. Sie betrachten, ähn-

---

15 Übersetzung der Autorin: „Lehrer- und Schülerdiskurse, Formelles und Informelles, offizielle und inoffizielle Räume der Lernumgebung".

lich wie Wulf und Zirfas (2007), Agency jenseits der reinen Sozialisierung in institutionell vorgelebte Diskurse als ein wichtiges Bildungsziel und nutzen auf der Vorderbühne die „dialectic between the individual and the social, between the world as it is and the world as it could be"[16] (Gutiérrez 2008: 160) zur Förderung praktisch-kritischer Evaluationsfähigkeiten aus. Mick (i. E.) fokussiert die Handlungsfähigkeit und -mächtigkeit von Lernern auf der Vorderbühne, indem sie das interaktiv gestaltete Design von *third spaces* in vier beobachteten Fallbeispielen gegenüberstellt. Die Analyse deutet auf die vielfältigen Dimensionen und Ressourcen hin, die die Verhandlungen zwischen Unterwerfung und Subjektivierung charakterisieren, und identifiziert die Dauer der erfahrenen Disziplinierung sowie die Garantie des Schutzes vor institutioneller Repression als entscheidende Größen bei der Gestaltung des *third space*. Thomas Rihm (2008) zeigt die Chancen und Risiken kooperativer Organisationsentwicklung unter dem institutionell legitimierten Miteinbezug der Schülerperspektive auf.

Perspektiven

Das Agency-Paradigma erweist sich als eine fruchtbare bildungssoziologische und erziehungswissenschaftliche Forschungsperspektive, die umfassende Einblicke in die unterschiedlichen Dimensionen und Wirkungsweisen von Sozialisationsmechanismen auf die Handlungsmöglichkeiten von Akteuren ermöglicht. Einschlägige Studien zeigen zum einen, wie unterschiedliche zeitlich-relationale Kontexte unterschiedliche Formen von Agency bedingen (s. Emirbayer/Mische 1998: 1005): Die *Cambridge School* erreicht dies aus einer historischen Perspektive auf die zu bestimmten Zeitpunkten dominierenden und sich verändernden Bedeutungsstrukturen. Die unterschiedlichen Ansätze zur Identitätsforschung weisen auf die Disziplinareffekte solcher globaler Bedeutungsstrukturen und somit auf die diskursive Produktion und Eingrenzung von Agency hin. Die kritische Pädagogik ermittelt die kontextuellen und sozialen Faktoren innerhalb von Dispositiven des Lernens, die die Handlungsmächtigkeit von Akteuren beeinflussen. Der Fokus der Performativitätsforschung auf die interpretierende Verkörperung sozialer Positionen veranschaulicht die Ausformung von Handlungsfähigkeit im Rahmen der Sozialisierung. Alle Ansätze verweisen auf die positiven Effekte von heterogenen zeitlich-relationalen Kontexten für das Eigenengagement der Lerner im Sinne von Emirbayers und Misches (1998: 1006 f) Agency-Konzept. Darüber hinaus sensibilisieren sie für die historische Wandelbarkeit von Strukturen, die sowohl auf der Eigendynamik ihres Zusammenspiels mit sozialen Ressourcen und Praktiken als auch auf Machtbeziehungen beruht.

---

16 Übersetzung der Autorin: „Dialektik des Individuellen und des Sozialen, der Welt wie sie ist und wie sie sein könnte".

Zum Zweiten veranschaulichen die hier vorgestellten Studien die strukturellen Möglichkeiten von Agency (s. Emirbayer/Mische 1998: 1009). Die erziehungswissenschaftliche Identitätsforschung gibt einen Hinweis auf die Teilnahme der Lerner an der Konstitution ihrer eigenen Handlungsfähigkeit und -mächtigkeit innerhalb des Dispositivs und darüber hinaus. Die Analyse der sozialen Raumkonstruktion in/mit Bildungsdispositiven veranschaulicht zudem, wie Akteure die Kontexte für die Entfaltung ihrer Handlungsmöglichkeiten schaffen. Die kritische Erforschung der Bedingungen des *empowerment* sozial benachteiligter Akteure bestätigt die Hypothese Emirbayers und Misches (1998: 1010), dass unter bestimmten Umständen auch die Unterwerfung unter einen Diskurs der kritischen Reflexion und der Kreativität Agency fördern kann. Andererseits weisen Troman, Jeffrey und Raggl (2007) mit Bezug auf Ball (1998) auf die disziplinierenden Wirkungen solcher Diskurse hin, die, von einer Wettbewerbs- und Marktlogik vereinnahmt, Handlungsmöglichkeiten beschränken können. Auch bezüglich dieser Dimension ist der Hinweis der *Cambridge School* auf die historische Bedingung solcher Diskurse, ihrer spezifischen Ausformung in Dispositiven des Lernens sowie ihrer kontextspezifischen Wirkungsweise von wichtiger konzeptueller Bedeutung für die Erforschung des Agency-Paradigmas, wie auch Emirbayer und Mische (1998: 972f) betonen.

Der dritte offene Fragenkomplex Emirbayers und Misches könnte Ideen für weitere Forschungsprojekte liefern: „How do changes in agentic orientations allow actors to exercise different forms of mediation over their contexts of action?"[17] (ebd.: 1008). Aus Sicht der Cambridge *School* wäre interessant, die vorherrschenden Konzeptualisierungen des Agency-Paradigmas genauer zu beleuchten, die verschiedenen Bildungsdispositiven zugrunde liegen. Natürlich müsste dieses Projekt konsequenterweise auch auf die hier vorgestellten Ansätze der kritischen Pädagogik und der Pädagogik des Performativen angewendet werden, und das Agency-Paradigma der Relationalen Soziologie auf seine diskursiven Wurzeln hinterfragen. Anhand teilnehmender Beobachtungen kann die Performativitätsforschung die Auswirkungen unterschiedlicher Agency-Konzepte auf die soziale Praxis der Lerner in Bildungsdispositiven beleuchten, wozu die vorgestellten Studien bereits Hinweise liefern. Es verbleibt aber weiterer Forschungsbedarf, insbesondere auch im Hinblick auf Emirbayers und Misches Hypothese eines Zusammenhangs zwischen bereits erlebten Handlungserfahrungen und der Agency-Orientierung von Akteuren sowie der psychologischen Dimension der *projectivity* im Agency-Paradigma.

---

17 Übersetzung der Autorin: „Inwiefern ermöglichen sich verändernde Agency-Orientierungen einen unterschiedlichen Umgang von Akteuren mit den Handlungskontexten ihrer sozialen Praktiken?"

Literatur

Austin, John L. (1962): How we do Things with Words. Cambridge: Havard U.P.

Ball, Stephen J. (1998): Performativity and Fragmentation in ‚Postmodern Schooling'. In: J. Carter, (Hrsg.): Postmodernity and Fragmentation of Welfare. London: Routledge, S. 187–203.

Bell, Duncan S. A. (2010): The Cambridge School and world politics: critical theory, history and conceptual change. Brighton: First Press.

Berg, Kari (2010): Negotiating Identity. In: European Educational Research Journal 9(2), S. 164–176.

Birr Moje, Elizabeth/Lewis, Cynthia (2007): Examining Opportunities to Learn Literacy. In: C. Lewis/P. Enciso/E. Birr Moje (Hrsg.): Reframing Sociocultural Research on Literacy. London: Lawrence Erlbaum Associates, S. 15–48.

Bloome, David/Power Carter, Stephanie et al. (2005): Discourse Analysis and the Study of Classroom Language and Literacy Events. London: Lawrence Erlbaum.

Bohnsack, Ralf (2007): Performativität, Performanz und dokumentarische Methode. In: C. Wulf/ J. Zirfas (Hrsg.): Pädagogik des Performativen. Weinheim: Beltz, S. 200–212.

Bourdieu, Pierre/Passeron, Jean-Claude (1970): La reproduction. Paris: Minuit.

Bublitz, Hannelore (2003): Diskurs. Bielefeld: Transcript.

Butler, Judith (1995): For a careful reading. In: S. Benhabib et al. (Hrsg.): Feminist contentions. New York: Routledge, S. 127–144.

Cummins, Jim (1986): Empowering Minority Students. In: Harvard Educational Review 56 (1), S. 656–675.

De Saussure, Ferdinand (1916, Hrsg. C. Bally): Cours de linguistique générale. Paris: Payot.

Deleuze, Gilles (1989): Qu'est-ce qu'un dispositif. In: Michel Foucault philosophe. Paris: Seuil, S. 185–195.

Derrida, Jacques (1990): Limited Inc. Paris: Galilée.

Durkheim, Emile (1992/1999): Education et sociologie (7. Auflage). Paris: Presses Universitaires de France.

Emirbayer, Mustafa (1997): Manifesto for a Relational Sociology. In: American Journal of Sociology 103(2), S. 281–317.

Emirbayer, Mustafa/Mische, Ann (1998): What is Agency? In: American Journal of Sociology 103(4), S. 962–1023.

Foucault, Michel (1969): Les mots et les choses. Paris: Gallimard.

Foucault, Michel (1982): Das Subjekt und die Macht. In: H. L. Dreyfus/P. Rabinow (Hrsg.): Michel Foucault. Frankfurt/Main: Fischer, S. 241–261.

Freire, Sofia/Carvalho, Carolina et al. (2009): Identity Construction through Schooling. In: European Eudcational Research Journal 8(1), S. 80–88.

Gee, James P. (2000): Identity as an analytic lens for research in education. In: Review of Research in Education 25(1), S. 99–125.

Gee, James P. (2008): Social Linguistics and Literacies. London: Taylor/Francis.

Giddens, Anthony (2009): Sociology. Cambridge: Polity Press.

Giroux, Henry A. (1983): Theory and Resistance in Education. Amherst: Bergin/Garvey.

Goffman, Erving (1971): The Presentation of Self in Everyday Life. London: Penguin.

Gretsch, Gérard (2010): TEO – The role and function of an oral text editor in language learning in a multilingual context. London: Goldsmiths College, unpublished PhD Thesis.

Gutiérrez, Kris D. (2008): Developing a Sociocritical Literacy in the Third Space. In: Reading Research Quarterly 43(2), S. 148–164.

Hacking, Ian (2004): Between Michel Foucault and Erving Goffman. In: Economy and Society 33 (3), S. 277–302.

Holland, Dorothy/Skinner, Debora et al. (1998): Identity and Agency in Cultural Worlds. Cambridge: Harvard University.

Holquist, Michael (Hrsg.) (1981): The dialogic imagination. Five essays by M. M. Bakhtin. Austin: University of Texas.

Kramsch, Claire (1993): Context and culture in language teaching. Oxford: Oxford University.

Lacan, Jacques (1966): Écrits. Paris: Seuil.

Latour, Bruno (1996): On Interobjectivity. In: Mind, Culture and Activity 3 (4), S. 228–245.

Lyotard, Jean-François (1979): La condition postmoderne. Paris: Minuit.

Maybin, Janet (2006): Children's Voices. New York: Palgrave Macmillan.

Mick, Carola (2009): Diskurse von *Ohnmächtigen*. Frankfurt/Main: Peter Lang.

Mick, Carola (2011a): Heteroglossia in a multilingual learning space. In: C. Hélot/M. O'Laoire (Hrsg.): Language Policy For The Multilingual Classroom. Clevedon: Multilingual Matters, S. 22–41.

Mick, Carola (2011b): Learner Agency. In: European Educational Research Journal 10(4), S. 559–571.

Mick, Carola (i. E.): Performativität und Handlungsmächtigkeit im institutionellen Kontext. In: S. Bethmann/C. Helfferich/H. Hoffmann/D. Niermann (Hrsg.): Handlungsfähigkeit, Handlungsmacht, Agency. Qualitative Rekonstruktionen und gesellschaftstheoretische Bezüge. Weinheim: Juventa.

Norris, Sigrid/Jones, Rodney H. (Hrsg.) (2005): Discourse in Action. London: Routledge.

Popkewitz, Thomas S. (1998): Struggling for the Soul. New York: Teachers College.

Portante, D. (2011): Enacted Agency as the Strategic Making of Selves in Plurilingual Literacy Events: framing agency and children as contributors to their own and others' learning. In: European Educational Research Journal 10(4), S. 516–532.

Rihm, Thomas (2008): Teilhaben an Schule. Wiesbaden: VS.

Rorty, Richard (1967): The linguistic turn. Chicago: University of Chicago.

Scherr, Albert (i. E.): Soziale Bedingung von ‚Agency'. In: C. Helfferich/D. Niermann (Hrsg.): Agency und soziale Arbeit. Weinheim/München.

Sewell, William H. (1992): A Theory of Structure: Duality, Agency, and Transformation. In: American Journal of Sociology 98(1), S. 1–29.

Sheehy, Margaret (2009): Can the literacy practices in an after-school programme be practised in school? In: Pedagogy, Culture & Society 17 (2), S. 141–160.

Tervooren, Anja (2006): Im Spielraum von Geschlecht und Begehren. Weinheim: Juventa.

Tröhler, Daniel (2009): Beyond Arguments and Ideas: Languages of Education. In: P. Smeyers/M. Depaepe (Hrsg.): Educational Research (Vol. 4). Dordrecht: Springer, S. 9–22.

Troman, Geoff/Jeffrey, Bob/Raggl, Andrea (2007): Creativity and performativity policies in primary school cultures. In: Journal of Education Policy 22 (5), S. 549–572.

Wellendorf, Franz (1974): Schulische Sozialisation und Identität. Weinheim: Beltz.

Wertsch, James V. (1993): Voices of the Mind. Cambridge: Harvard University.

Wulf, Christoph/Zirfas, Jörg (2007): Pädagogik des Performativen. Weinheim: Beltz.

Yurén, Teresa/Romero, Citlali (Hrsg.) (2008): La formación de los jóvenes en México. Mexico: Casa Juan Pablos.

Zinnecker, Jürgen (1978): Die Schule als Hinterbühne oder Nachrichten aus dem Unterleben der Schüler. In: G.-B. Reinert/J. Zinnecker (Hrsg.): Schüler im Schulbetrieb. Hamburg: Rowohlt, S. 29–121.

Teil III
Erziehungs- und Bildungsinstitutionen

Elementare Bildung

Rita Braches-Chyrek

Mit dem Begriffspaar Elementare Bildung werden in gegenwärtigen Debatten früh-kindliche Lernprozesse umschrieben und gleichzeitig vielfältige Verwendungszusammenhänge in Bezug auf Bildungsprogramme respektive Bildungsbereiche hergestellt.

Seit ihren Anfängen zu Beginn des 19. Jahrhunderts finden frühkindliche Bildungsprozesse in Institutionen parallel zur Familienerziehung und mehrheitlich als Vorbereitung für die Schule statt. Obwohl schon mit den ersten Ideen und Ansätzen zur öffentlichen Kleinkindererziehung eine internationale Bewegung entstanden ist, die insbesondere in den USA und in England zu einer frühen Verschmelzung des Elementarbereichs mit dem öffentlichen Schulsystem führte, entwickelte sich das disziplinäre und professionelle Selbstverständnis der Frühpädagogik in Deutschland weitgehend getrennt von schulbezogenen Aufgaben (vgl. Nawrotzki 2009; Baader 2007). Erst seit den siebziger Jahren gibt es hierzulande wieder Bestrebungen, die formale Trennung des Kindergartens vom schulischen Bildungssystem aufzuheben. Aktuell erfährt der Elementarbereich aufgrund veränderter nationaler und internationaler Bedingungen und Herausforderungen sowie neuerer wissenschaftlicher Erkenntnisse besondere Aufmerksamkeit. Die durch empirische Untersuchungen gestützte Erkenntnis, dass die Lernfähigkeit der Menschen in der frühen Kindheit sehr stark ausgeprägt ist, führte zu vermehrten politischen Bestrebungen den Kindergarten als Elementarbereich neu auszurichten und zu stärken, da davon ausgegangen wird, dass hier die Weichen für „Bildungskarrieren" gestellt werden (OECD 2001; Bos u. a. 2003; Tomasello 2010)[1].

Daher gilt es neben den grundlegenden historischen Entwicklungslinien zum einen die gesellschaftlichen Rahmenbedingungen für den Elementarbereich nachzuzeichnen, da die Frage nach der Bildung in der frühen Kindheit unmittelbar mit der Urteilskraft und Kompetenz von Menschen, ihre gesellschaftlichen Beziehungen bewusst zu regulieren und Gesellschaft zu gestalten verknüpft ist (Sünker 2003). Zum anderen wird das disziplinäre und professionelle Selbstverständnisses elementarer Bildung im Kontext

---

1 Vgl. Sozio-Ökonomisches Panel (SOEP), Nationales Bildungspanel (NEPS), Nationale Untersuchung zur Bildung und Betreuung in der frühen Kindheit (NUBBZK), Early Childhood Education (OECD 2004; Liegle 2008).

neuerer kindheitstheoretischer Perspektiven, die nach dem Recht des Kindes auf angemessene Sorge, Schutz, Versorgung und Partizipation[2] fragen, herausgearbeitet.

Historische Entwicklungen

Mit der europäischen Aufklärung vermehrten sich seit Beginn des 18. Jahrhunderts
im Kontext von gesellschaftlichen Verselbständigungsprozessen die Bemühungen um
die Vermittlung von Wissen. Programme der sozialen Verallgemeinerung des rationalen Wissensfortschrittes gingen einher mit einem veränderten philosophischen Denken über die Erziehung des Menschen (Winkler u. a. 2010). Neu entstehende pädagogische Literatur und eine Intensivierung der pädagogischen Praxis im Rahmen der
Entwicklung neuer Unterrichtsformen und Schulversuche kennzeichnen diesen Beginn
der Verwendungsgeschichte des Begriffs Bildung[3]. In der Ausgestaltung vorschulischer
Betreuungseinrichtungen spielte der Bildungsbegriff – als Inhalt und Ergebnis von Erziehung, als Vermittlung von Urteilsfähigkeit und praxisnaher Kenntnisse (Bollenbeck
1996: 112) – anfänglich eine eher untergeordnete Rolle. Der Begriff der Bildung diente
eher als Unterscheidungsmerkmal, mit dem schon früh differentielle Abstände zwischen Klassen, Geschlechtern und Generationen im Interesse von Distinktionsgewin-
nen und Verwertungschancen markiert werden konnten (Bourdieu 1998; Bollenbeck
1996; Sünker 2003). Dies wird auch daran sichtbar, dass die ersten Einrichtungen der
Frühpädagogik nicht staatlich organisiert waren, sondern als Einrichtungen von der
bürgerlichen Klasse initiiert und getragen wurden (Konrad 2007). Durch die Organisation von Bildungs- bzw. Wohltätigkeitsvereinen konnte sich die bürgerliche Öffentlichkeit ein wichtiges Medium erschaffen, das insbesondere bürgerlichen Frauen – neben
dem Zugang zur bis dahin männlich dominierten Öffentlichkeit – erste Berufsmöglich-
keiten eröffnete (Allen 2000). In der Mehrheit wurden die Vereine von religiösen und
kirchennahen Gemeinschaften gegründet. Viele Ortspfarrer initiierten Vereinsgrün-
dungen und arbeiteten im Vorstand mit. Katholische Frauenorden und evangelische
Diakonissenvereine betrauten ihre Ordensschwestern mit der Kindererziehung in den
Kleinkinderbewahranstalten und Kleinkinderschulen (Konrad 2007: 221). Diese Einrichtungen im Elementarbereich dienten aber nicht nur als familienergänzende Erzie-

---

2   Angelehnt an die UN-Kinderrechtskonvention, die durch die drei P's – Protection, Provision, Partici-
    pation – strukturiert werden kann (Moran-Ellis/Sünker 2008).

3   Da der Begriff der Bildung von unterschiedlichen theoretischen Diskursen aus der Philosophie, der
    Pädagogik, der Ästhetik, der Mystik und der Religion beeinflusst wurde, konnten sich mehrere Be-
    deutungsinhalte, die mit unterschiedlichen Vorstellungen und Sachverhalten verknüpft sind, her-
    ausbilden. Bildung kann als ein Prozess, ein Resultat, ein Ziel oder ein Zustand bezeichnet werden.
    Bildung kann aktiv, passiv, reflexiv, individuell und kollektiv bestimmt sein und wirken. Daher ist
    der Begriff Bildung bis heute diskursiv hochbeweglich, er hat keine Namens- und Verweisungsfunk-
    tion, er lässt sich weder als Bedeutung eindeutig umschreiben noch als Sachverhalt eindeutig klären
    (Bollenbeck 1996; Sünker 2003).

hung der Betreuung von Kindern im vorschulischen Alter, sondern entwickelten auch erste konzeptionelle Vorstellungen einer „sich bildenden Individualität" (Bollenbeck 1996: 113), wie sie sich 1848/1849 in nationalen Bildungsplänen und Entwürfen zu deutschen Volksschulgesetzen widerspiegelten (Franke-Meyer 2011: 90 f.). Den kindlichen Bildungswelten sollte in ersten Konzeptionen zur frühkindlichen Pädagogik und durch die Einrichtung von eigenständigen Bildungsräumen, welche klein und überschaubar gestaltet wurden, Rechnung getragen werden. Parallel dazu entstanden Kleinkinderschulen, deren Ziel die Verhinderung von Armut durch die Vermittlung von „Industriosität" – d.h. Arbeitswilligkeit und Arbeitsdisziplin – war[4]. Die Etablierung von schulnahen Bezeichnungen, wie Kleinkinder- bzw. Stickschule, Bewahrschule, Vorschule, Spielschule, Kinder-Schule usw. charakterisiert diese Entwicklung (vgl. Franke-Meyer 2011; Reyer 1983). Ein disziplinäres und professionelles Selbstverständnis von früher Bildung konnte insbesondere durch die Arbeiten von Johann Heinrich Pestalozzi (1746–1827) und Friedrich Fröbel (1782–1852) konturiert werden, wobei letzterer auch den Begriff des Kinder-Gartens einführte. Der historische Blick auf den Elementarbereich zeigt, dass Kindern durch Förderung und Unterstützung im Familien- und Gemeinschaftsverbund im Bürgertum eine besondere Aufmerksamkeit zukam. Die anthropologische Ausrichtung der frühen Elementarpädagogik nahm die Natur des Kindes in den Blick und etablierte pädagogische Konzepte, die von einem Verpflichtungscharakter geprägt waren, der vorrangig Kinderschutz als Erfordernis für elterliches, familiales, gemeinschaftliches und gesellschaftliches Handeln postulierte. Kindheit als Erziehungskindheit repräsentierte die Struktur einer sozialen Ordnung, die durch die generationale Differenzierung zwischen Erwachsenen und Kindern Verhältnisbestimmungen kindlichen Lebens im Kontext von Schutz und Herrschaft in Handlungskonzepten früher Kindheit ermöglichte. Gleichermaßen muss festgehalten werden, dass die öffentliche Kleinkindererziehung in ihren Anfängen sowohl familienunterstützende (Erziehung und Pflege) als auch kompensatorisch-vorschulische (Anregung kindlicher Bildungsprozesse) Aufgaben erfüllte.

Theorietraditionen

Erziehung ist neben Bildung der zentrale Kernbegriff in der frühen Pädagogik, der seit der Antike in den historischen Sprach- und Denkform und in den theoretischen Diskursen um Erziehungspraxen nachgewiesen werden kann (s. Oelkers 2004; Neumann 2009). In der neuzeitlichen Auseinandersetzung waren die Ausführungen von Jean-Jaques Rousseau (1712–1778) wegweisend für die Entwicklung theoretischer Begrün-

---

4   Wie z. B. die von Theodor Fiedler in Kaiserswerth bei Düsseldorf (1835) eingerichtete Strickschule und spätere Kleinkinderschule, die nach Anregungen der englischen Infant-School-Society von Samuel Wilderspin entstand (Franke-Meyer 2011).

dungskonzepte pädagogischen Handelns in der frühen Kindheit. Er unterteilte die Kindes- und Menschenentwicklung in verschiedene Stufen und ging davon aus, dass Kinder im Rahmen der „natürlichen Erziehung" ihre eigenen Formen des Sehens, des Denkens und des Empfindens entwickeln[5] (Oelkers 2004). Mit dem Konzept des „Sentiments" wird die Verschränkung von Welt- und Selbsterfahrung, die auf individueller Aktivität und Selbstbezug aufruht, in Erziehungsprozessen charakterisiert (vgl. Winkler u. a. 2010). Erziehung wird damit nicht nur als ein Begriff gefasst, der kognitive Entwicklungsprozesse beschreibt, sondern mit ihm werden auch moralische und emotional-affektive Momente in der Kommunikation zwischen Individuen benannt. Pestalozzi gelangt es, Rousseaus Vorstellungen weiterzuentwickeln. Die wichtigste Aufgabe des Erziehers oder der Erzieherin sollte es sein, das Wesen des Kindes zu erkennen und nachzuvollziehen, um dadurch die Anlagen des Menschen zur Entfaltung bringen zu können. Pestalozzi entwickelte erste Ansätze einer Elementarmethode, die darauf ausgerichtet waren, die Kräfte des Menschen (Kopf, Herz und Hand) anzusprechen (Pestalozzi 1999). Auch Fröbel nahm diese Gedanken einer allgemeinen Kindes- und Menschenbildung in unterschiedlichen Entwicklungsstufen auf und begründete im Kontext seiner Vorstellungen des Panentheismus – beeinflusst von Schelling und Fichte – eine Idee der Volkserziehung, die keine Standeserziehung war. Kinder sollten nicht nur bewahrt und unterrichtet werden, sondern im und durch das Spiel angeregt und gefördert werden. Ausgehend von der emotionalen Basis der Mutter-Kind-Beziehung, von der das selbsttätige Handeln des Kindes getragen, strukturiert und herausgefordert wird, begründete Fröbel eine Spieltheorie, die – auch international – in frühpädagogische Didaktiken umgesetzt wurde[6]. Die kognitiv-strukturierende Förderung und Befähigung kategorialer[7] kindlicher Bildungsprozesse, als Aufklärung, innere Entwicklung und Welterfahrung wurde zum Ziel pädagogischen Handelns (vgl. Winkler u. a. 2010).

Obwohl diese theoretischen Grundlegungen zentralen Einfluss auf die Entwicklung von Methoden und institutionellen Rahmungen im Elementarbereich hatten, muss ihre Bedeutung für die Herausbildung erziehungstheoretischer Vorstellungen eher als gering eingeschätzt werden[8]. Der systematische Zusammenhang von einer Theorie der

---

5   „Diese Erziehung geht von der Natur oder von den Menschen oder von den Dingen aus. Die innere Entwicklung unserer Fähigkeiten und unserer Organe ist die Erziehung der Natur; die Anwendung, welche man uns von diesen entwickelten Fähigkeiten und Organen machen lehrt, ist die Erziehung der Menschen, und in dem Gewinn eigener Erfahrungen in Bezug auf die Gegenstände, welche auf uns einwirken, besteht die Erziehung der Dinge" (Rousseau 2010: 15).

6   Fröbel entwickelte seine Spielgaben ursprünglich als autodiaktisches Material für Familien, als Selbstbelehrungs- und Beschäftigungsmittel (vgl. Schäfer 2009).

7   Klafki bestimmte den Begriff kategoriale Bildung, mit dem er den Bildungsgehalt von Lernprozessen in elementare, fundamentale und exemplarische Grunderfahrungen und Sachverhalte einteilte (1963).

8   Friedrich Schleiermacher erwähnt Pestalozzis Vorstellungen nur beiläufig und entwickelte eine eigene Vorstellung von fachdidaktischer und methodischer Kunst, die auf bildungstheoretischen Vorstellungen aufruht (Schleiermacher 2000). Diesterweg erweiterte diese ersten Vorstellungen von Erziehung um das Prinzip der Kulturgemäßheit, die Anschauung und die Selbsttätigkeit (1891).

Erziehung, ihrer allgemeinen Maximen, der Organisation ihrer Einrichtungen und der dezidierten Kindesorientierung konnte erst durch die theoretischen Diskurse der Reformpädagogik entwickelt werden. Die enge Verschmelzung bedeutsamer pädagogischer Reformbewegungen mit Schul-, Lebens- und Gesellschaftsreformen führte zu Beginn des 21. Jahrhunderts zu Innovationsprogrammen, die soziale und kulturelle Veränderungen im Bereich der Erziehung bewirkten[9]. Als eine der größten und international einflussreichsten Bewegungen konnte sich die Montessori-Pädagogik etablieren. Die Medizinerin Maria Montessori (1870–1952) rückte in ihren – vielfach publizierten – Vorstellungen einer Kindergartenpädagogik deutlich von Fröbel ab. Sie ersetzte seine Spielgaben durch Materialien, welche durch die Erzieherin arrangiert werden; die Erzieherin begleitet die kindlichen Aneignungs- und Bildungsprozesse. Maria Montessoris Idealbild der Menschenerziehung beruhte auf dem Ansatz einer biologisch-theologischen Anthropologie. Der erzieherische Fürsorgegedanke wird durch die Konzentration auf kindliche Selbstbildungsprozesse verdrängt. Gestützt durch die Ergebnisse (neuro-)biologischer Forschungen, der empirischen Kinderpsychologie[10] und eigene Beobachtungen entwickelte sie eine Vorstellung von kindlichen Lern- und Bildungsprozessen, die sie als inneren „immanenten" Bauplan beschrieb (Montessori 1994). In der pädagogischen Alltagspraxis sollte Erziehung darauf ausgerichtet sein, die kindlichen Entwicklungsrhythmen bzw. -perioden (Bewegung, Ordnung, Spracherwerb) im Kontext eines institutionalisierten, methodischen geleiteten Lernens zu berücksichtigen. Als nicht viel weniger einflussreich erwies sich die von Rudolf Steiner angeregte pädagogische Praxis, die auf einem anthroposophischen – mystisch-spiritualistischem – Erziehungskonzept beruht. Er ging in seinen Erziehungsvorstellungen ebenfalls vom Kinde aus und entwickelte die Idee, dass sich methodisch geleitetes Lernen und Lehren nur in einer harmonisch-wohltuenden Umgebung, mit rhythmisierenden Lernabläufen, künstlerisch-musischen und spielerischen Angeboten entwickeln könne. Ziel war es, alle physischen, psychischen und intellektuellen Kräfte anzuregen. Es entwickelte sich die sog. Waldorf-Bewegung, die bis heute anthroposophische Theorie- und Methodenmodelle im Elementarbereich, in Schul- und Ausbildungsformen umsetzt und in pädagogischen sowie in sozialen und medizinischen Handlungsfeldern wirksam ist.

Im Kontrast zu den bisher benannten anthropologischen Fundierungen frühkindlicher Bildungs- und Erziehungsprozesse, jedoch nicht weniger vielschichtig und wissenschaftsorientiert, stehen psychoanalytisch konnotierte Auseinandersetzungen mit frühkindlichen Bildungsprozessen. Angelehnt an die Freudsche Psychoanalyse hat

---

9   Schon zu Beginn des 18. Jahrhunderts bildete sich der „childwefare movement" heraus; an ihm beteiligten sich die unterschiedlichsten Sozialreformbewegungen (Braches-Chyrek 2010).

10 Die Anfänge der Kinderpsychologie liegen im 18. Jahrhundert. Zu Beginn des 19. Jahrhunderts löste sich die Kinderpsychologie von der Kindermedizin, entwickelte eigene Konzepte und Begründungen der zentralen Untersuchungsgegenstände Entwicklung, Lernen und Milieu (vgl. Oelkers 2009).

bspw. Siegfried Bernfeld (1892–1953) drei Wahrnehmungen und Deutungsmuster von Kindheit und Kindern herausgearbeitet. Es ist ihm zufolge erstens zu fragen, ob Kinder von Erziehern eher als die Kinder wahrgenommen werden, die sie selber gerne hätten sein und werden wollen, oder ob sie zweitens Kinderleben aus ihren früheren subjektiven Erfahrungen beurteilen, oder ob sie drittens die Kinder in ihrer jeweils spezifischen Subjektivität anerkennen (1973). Diese Projektionen bestimmen das pädagogische Handeln, gleichzeitig implizieren und erfordern sie reflexive pädagogische Distanz, um Kinder in alle Entscheidungsprozesse, die sie betreffen einzubinden. Zudem wird bei Bernfeld demokratische Selbstbestimmung eingefordert; seine Konzeption setzt eine wechselseitige Verwiesenheit von Demokratie und Erziehung voraus, die sich in ähnlicher Weise bei Janus Korczak (1877–1942), in Jean Piagets (1896–1976) Theorie der geistigen und moralischen Entwicklung, in den kollektivistischen Erziehungsvorstellungen des sowjetischen Pädagogen A. S. Makarenko (1888–1939) und in John Deweys (1859–1952) Überlegungen zur Demokratisierung aller Lebensformen findet. In den 70er Jahren verstärkten sich die Einflüsse der Psychoanalyse auf die Frühpädagogik. Insbesondere in der Kinderladenbewegung entwickelte sich eine psychoanalytisch orientierte Pädagogik, die verwoben mit marxistischer Gesellschaftstheorie nicht nur die enge Mutter-Kind-Dyade, die starke Familienorientierung und die ungebrochene „Klerikalisierung" der vorschulischen Einrichtungen in Frage stellte (vgl. Baader 2007), sondern auch eine repressionsfreie Erziehung, als Voraussetzung für die Entwicklung freier und autonomer Subjekte, einforderte. Die Bedeutung der frühen Kindheit im Sozialisationsprozess wurde durch diese Entwicklung in der diskursiven öffentlichen Auseinandersetzung über Bildungsprozesse verstärkt diskutiert.

Auch im Situationsansatz, dessen weit verzweigten ideengeschichtlichen Wurzeln von Paulo Freire, Henry Morris, John Dewey bis hin zu Saul B. Robinsohn zurückreichen, wird elementare Bildung als sozialer Prozess begriffen (Knauf 2009). Aufgegriffen werden die Fröbelschen Gedanken des selbsttätigen Kindes und des individuellen Lernens, um pädagogische Praxis in Verbindung zu sozialen, kulturellen und gesellschaftlichen Kontexten zu denken. Psychologische Erkenntnisse in Verknüpfung mit ökologisch-soziologischen Theoriemodellen sollen kindliche Bildungsprozesse ermöglichen, in denen soziokulturelle Vernetzungen und individuelle Differenzen wahrgenommen, verstanden und bewältigt werden können (Knauf 2009). In ähnlicher Weise stellt auch die Reggio-Pädagogik die individuelle Vielfalt des Kindes in den Mittelpunkt der pädagogischen Arbeit. Ziel ist es, die jeweils spezifischen emotionalen, kognitiven und ästhetischen Ausdruckmöglichkeiten in die pädagogische Handlungspraxis zu integrieren. Dabei soll der kindlichen Vielfalt bei der aktiven Konstruktion ihrer Lebens- und Lernwelten Rechnung getragen werden. Kinder werden als Produzenten ihrer jeweils spezifischen und daher originellen Ansichten über die Welt wahrgenommen, die mit der Metapher der „hundert Sprachen der Kinder" bzw. „hundert Sprachen des Kindes" umschrieben werden (Knauf 2009). Mit der Reggio-Pädagogik konnte der Gedanke von Bildung als biographischer Prozess – eng verknüpft mit den soziokulturellen Bedingungen kindlichen Aufwachsens – zwar in die frühpädagogische Diskussion aufgenommen werden, der emanzipatorische Gehalt des Bildungsbegriffs im Sinne Winklers als „Arbeit an der Freiheit" (2010; Liegle 2006), wird jedoch beschränkt. Erst durch neuere Erkenntnisse der Säuglings- und Kleinkindforschung, der Entwicklungspsychologie, Hirnforschung und Sprachforschung wird wieder eine Idee vom selbsttätigen Kind entwickelt, das eingebettet ist in soziale und kulturelle Bezüge (Ahnert 2008; Tomasello 2002).

Professionelle Differenzierungen

Eng verbunden mit der Theorie- und Methodenentwicklung im Elementarbereich ist die Herausbildung von Institutionen. Eine zusammenfassende Darstellung der institutionellen Ausdifferenzierung frühkindlicher Einrichtungen zeigt, dass bis heute die professionellen und methodischen Differenzierungen im Kern durch zwei Motive geprägt sind: Zum einen weisen sie nach wie vor den Charakter einer familienergänzenden Erziehung auf und zum anderen ordnen sie sich trägerspezifischen – und hier insbesondere klerikerialen – Erziehungs- und Ordnungsvorstellungen unter. Die Methoden und Theorien der frühen Kindheit entstanden im Rahmen dieser institutionellen Realisierungen. Trotz der ersten Bildungsversuche zu Beginn des 19. Jahrhunderts und der darauf folgenden Etablierung der Fröbelbewegung im Deutschen Fröbel-Verband (1874)[11] kam es erst unter dem Reformdruck am Beginn des 20. Jahrhunderts, aufgrund von Geburtenrückgängen und dem starken Interesse an medizinischen und sozialhygienischen Erkenntnissen, zu einer kindgemäßen und erfolgssicheren methodischen Gestaltung der Kindergärten (Reyer 2006). Vorherrschend war lange Zeit das Konzept des Volkskindergartens. Leitmotivisch konnte sich die Konzeption des Kindergartens der Fröbelpädagogin Bertha von Marenholtz-Bülow (1811–1893), die das Industrieschulmotiv mit Fröbels Tätigkeits- bzw. Darstellungsmotiv verband, durchsetzen. Erst Henriette Schrader-Breymann (1827–1899), die Fröbels Spieltheorie mit der Erziehungslehre Pestalozzis verknüpfte und dadurch Funktion wie auch inhaltliche Arbeit des Kindergarten veränderte, leitete eine pädagogische Modernisierung ein. Sie formulierte eine eigenständige Kindergartenpädagogik, die sich bewusst von der Schule abzugrenzen suchte und mit der Formel vom eigenständigen Bildungsauftrag eine eigene institutionelle und pädagogische Identität des Kindergartens ausformte (vgl. Franke-Meyer 2011). Parallel zu diesen inhaltlichen Auseinandersetzungen verstärkten sich die Bestrebungen Kindergartenseminare zu gründen, die sich zu Ausbildungsstätten für Erzieherinnen weiterentwickelten. In der Weimarer Republik setzten sich erziehungs-

---

11 Die Unterdrückung der Emanzipationsbewegungen in der Volkslehrerschaft durch die Stiehlschen Regulative und der Kindergartenbewegung durch das preußische Kindergartenverbot von 1851 diskutiert Franke-Meyer (2011).

wissenschaftliche und psychologische Erkenntnisse als zentrale Bewertungsinstanzen für die „Kindgemäßheit" der pädagogischen Settings in vorschulischen Einrichtungen durch. Sie machten das konkrete Kind, seine Entwicklungs- und Lernprozesse und die kindlichen Eigenwelten zum Gegenstand theoretischer Auseinandersetzungen.

Diese von der Fröbelbewegung mitinitiierten Bestrebungen, einen eigenständigen elementaren Bildungsbereich auszuformen, konnte die „sozialpädagogischen Wendung" des Elementarbereichs nicht aufhalten (Hoffmann 1934). 1922 wurde der Kindergarten durch das Reichsjugendwohlfahrtsgesetz (RJWG) dem Bereich der Wohlfahrtspflege und damit den neu eingerichteten Jugendämtern organisatorisch zugeordnet. Durch diese staatlich-administrative Regulierung verstärkte sich der Nothilfecharakter der Einrichtungen der öffentlichen Kinderbetreuung, gleichzeitig wurde die Freiwilligkeit des Kindergartenbesuchs dauerhaft gesetzlich gerahmt[12]. Die Aufgabe des Kindergartens lag seitdem außerhalb eines bildungstheoretischen Begründungszusammenhangs und wurde bis in die 70er Jahre hinein primär als sozialfürsorgerisch bestimmt. In der DDR hingegen war der Kindergarten seit 1946 fester Bestandteil des schulischen Bildungssystems, da die sog. demokratische Einheitsschule die gesamte Erziehung vom Kindergarten bis zu Hochschule umfasste (Franke-Meyer 2011).

Im Rahmen eines Bündnisses von Aufklärern und Modernisierern, wie Ludwig von Friedeburg (1994) es genannt hat, kam es vor ca. vierzig Jahren in der Bundesrepublik zu Auseinandersetzungen um bildungspolitische Veränderungen (Braches-Chyrek/ Sünker 2008). Begonnen hatte diese Debatte mit Pichts Aufschrei über die „deutsche Bildungskatastrophe", mit dem dieser den „Bildungsnotstand" erklärte; ausgelöst durch „Sputnikschock" und eine damit einhergehend vermutete „technologische Lücke" kam der Ruf nach einer „Ausschöpfung der Begabungsreserven" auf (1964). Es entstanden erneut Diskussionen um den pädagogischen Auftrag des Kindergartens, aus der konkrete Forderungen nach einer engen Zusammenarbeit von Kindergarten und Schule hervorgingen. Der „Strukturplan für das Bildungswesen" (Deutscher Bildungsrat 1970) ordnete den Kindergarten zwar formell – jedoch nicht organisatorisch – als Elementarbereich dem Bildungssystem zu, die Forderung nach Einfügung der öffentlichen Kleinkindererziehung in das staatliche Bildungswesen wurde bis heute nicht umgesetzt.

Die neu erlassenen länderspezifischen Kindergartengesetze sprachen dem Kindergarten einen eigenständigen Bildungsauftrag zu, aber erst durch das 1991 erlassene Kinder- und Jugendhilfegesetz (KJHG) wurde die Bildungs- und Erziehungsfunktion des Kindergartens gesetzlich festgeschrieben. Seit 1994 besteht zudem ein Rechtsanspruch

---

12 In der Zeit des Nationalsozialismus wehrten sich die Trägerverbände gegen die Gleichschaltung und den Zugriff der Nationalsozialistischen Volkswohlfahrt (NSV). Der Fröbelverband wurde 1938 zur Selbstauflösung gezwungen, Waldorf- und Montessori-Kindergärten wurden geschlossen (vgl. Reyer 2006).

auf einen Kindergartenplatz ab dem vollendeten dritten Lebensjahr (§ 24 SGB VIII)[13]. Eine Neuausrichtung der pädagogischen Arbeit im Elementarbereich konnte durch die bundesweite Einführung von Bildungsplänen erreicht werden, da diese mit der bisherigen fachlich-inhaltlichen Beliebigkeit und den traditionellen Handlungskonzepten brechen. Mit den vorliegenden Bildungsplänen der Bundesländer und dem von der Jugendminister- und Kultusministerkonferenz (2004) verabschiedeten gemeinsamen Rahmen für die frühe Bildung in Kindertagesstätten ist eine Entwicklung vollzogen, die sich für die Kindertagesbetreuung als sehr bedeutsam erwiesen hat (Becker-Stoll 2008). Der rechtliche Status und die konzeptionelle Gestaltung der Bildungspläne variieren jedoch erheblich zwischen den Bundesländern und die uneinheitlichen Vorstellungen spiegeln sich in den theoretischen Kontroversen um Selbstbildungs-, Situations- und Ko-Konstruktionsansätzen (sustained-shared-thinking), in Fragen nach der Reichweite und der pädagogisch-praktischen Relevanz von Bildungsplänen wie auch nach der Wirksamkeit von institutionsübergreifenden Ansätzen wider. Erste gemeinsame Bildungspläne für den Elementar- und Primarbereich bieten einen Orientierungsrahmen für die Bildung und Erziehung der Kinder von der Geburt bis zum Ende der Grundschulzeit, wie bspw. in Hessen und Thüringen. Gleichzeitig erfahren die fachlich-inhaltlichen und didaktischen Diskussionen im Elementarbereich in Bezug zu mathematischen, naturwissenschaftlichen Denken und Weltverstehen, der zweitsprachlichen Förderung, Mehrsprachigkeit und des interkulturellen Lernens, der musisch-ästhetischen Bildung und der Bewegungserziehung eine Neuausrichtung. Die Erfassung, Diagnose und Förderung kindlicher Entwicklungs- und Leistungspotentiale stellen ein zentrales Feld frühpädagogischer Arbeit dar.

Aber auch die Ausbildung der Erzieher- und Erzieherinnen ist seit ihren Anfängen im 19. Jahrhundert durch widersprüchliche Professionalisierungsformen geprägt. Sie weist bis heute den höchsten Feminisierungsgrad und einen geringen Akademisierungsgrad auf. Die ErzieherInnenausbildung findet an den Fachschulen bzw. Fachakademien (in Bayern) für Sozialpädagogik statt. Im Feld der Kinder- und Jugendhilfe sind die Erzieher, Erzieherinnen, Kinderpfleger und Kinderpflegerinnen die größte Berufsgruppe. Mehr als die Hälfte aller Beschäftigten im Elementarbereich arbeiten nicht Vollzeit. Beide Entwicklungen – hoher Feminisierungs- und geringer Akademisierungsgrad – führten zur Verortung dieser Berufsgruppen auf den unteren Stufen der Berufshierarchie mit geringem Ansehen und niedriger Vergütung. Die Ergebnisse der PISA-Untersuchungen und die Hochschulreformen im Kontext des Bologna-Prozesses haben die Debatten um die Akademisierung dieses Berufsfeldes neu entfacht, in deren Folge es zur Gründung vielfältiger Studiengänge auf Hochschulebene gekommen ist. Jedoch existieren bis heute keine einheitlichen Rahmenordnungen und Titel

---

13 Der nicht auf veränderte Lebenswelten und Bildungsansprüche von Kindern zurückzuführen ist, sondern auf den Betreuungsanspruch von Kindern im Zusammenhang mit der Änderung des § 218 im Schwangeren- und Familienhilfegesetz (Carle 2000).

für diese „neuen" Studiengänge, kaum wissenschaftliches Personal, keine kongruente Professionspolitik oder abgestimmte Strategien hinsichtlich einer bildungs- und erziehungswissenschaftlichen Akzentuierung der vermittelten Inhalte. Nicht zuletzt bleibt anzumerken, dass es für die Bundesrepublik kaum bedeutsame Forschungsarbeiten auf dem Gebiet Elementarpädagogik gibt, da in diesem Bereich nur an wenigen Hochschulen geforscht wird – ganz im Gegensatz zu den bereits vorliegenden internationalen empirischen Studien (Liegle 2008).

Kindheitstheoretische Perspektiven

Wenn die elementare Bildung den besonderen Bedürfnissen von Kindern in früher Kindheit gerecht werden will, stellt sich angesichts der gegenwärtig für substantielle Veränderungen wenig ermutigenden bildungspolitischen Diskussionslandschaft die Frage nach Alternativen in Begründungen, Strategien und Politik. Gerade die jetzige Umbruchsituation könnte genutzt werden, um kinderpolitische und kinderrechtliche Argumentation verstärkt in die öffentlichen und professionspolitischen Debatten einzubringen und nicht auf einer Optimierung des wirtschaftlichen Leistungsstreben schon im frühen Kindesalter zu insistieren[14]. Wenn, wie Adorno festgehalten hat, das Bedürfnis nach Bildung als ein „objektives" zu kennzeichnen ist (1972: 361 f.), dann lässt sich dies gehaltvoll mit der Rede von den ‚best interests of the child" in der UN-Konvention für die Rechte des Kindes respektive mit dem deutschen unbestimmten Rechtsbegriff „Kindeswohl" vermitteln. Die interne Differenzierung der UN-Konvention nach Schutz, Versorgung und Partizipation ist durchgängig an den Leitvorstellungen von einem qualitativ gehaltvollen Leben aller Kinder, in die das Recht auf Bildung eingelassen ist, zu beziehen. Analytisch als auch gesellschafts- wie kinderpolitisch kann argumentiert werden, dass in der Folge der existierenden institutionellen Rahmenbedingungen, denen nicht einmal eine – vom KJHG geforderte – Kompensation sozialer Benachteiligung gelingt, die Forderung nach einer „Child-Ressource-Policy" aufzustellen ist. Diese sollte von den funktionalen Erfordernissen für ein gesundes, neugieriges, produktives und motiviertes Kind, also eines gebildeten Kindes, ausgehen und dieses – in Übereinstimmung mit der neuen Kindheitsforschung – als Akteur in einem größeren sozialen System und in sozialen Netzwerken verstehen (vgl. Braches-Chyrek/Sünker 2008).

Eine entscheidende Bedeutung kommt hier der Ermöglichung von Bildungsprozessen in frühester Kindheit an zu. Ausgehend von den in der neueren Kindheitsforschung aufgeworfenen Fragen, was Kinder zu Kindern macht, wie Kindheit möglich ist und welche Deutungen und Bilder von Kindern und Kindheit in kindheitstheoretischen Diskursen als auch in die pädagogische Arbeit mit Kindern einfließen, sollte auch im

---

14 Zu einer Rahmung von Kinderpolitik und einer Konkretisierung von Kinderrechten s. Moran-Ellis/
Sünker (2008); Braches-Chyrek (2010).

Elementarbereich ein Prozess eingeleitet werden, den Helga Zeiher als Emanzipationsbewegung bezeichnet hat und der nur durch einen Perspektivenwechsel möglich werden konnte (1996)[15].

Siegfried Bernfeld hat in seinen kindheitstheoretischen Bestimmungen die Perspektive und das Interesse auf die soziale Figuration Kindheit gelenkt. Hier bildete die Frage
danach, was denn aus Kindern Kinder macht, den analytischen Ausgangspunkt, in den
gesellschaftstheoretische und gesellschaftspolitische Problemstellungen eingelassen
waren. „Sie sehen nicht das Kind, wie es ist, sondern im Grund nur das Kind *und* sich
selbst, ein aufs andere bezogen. Und wenn sie selbst von sich abstrahieren könnten, es
interessierte sie gar nicht, wie das Kind an und für sich ist, sondern einzig, wie man aus
ihm etwas anderes bilden könnte. Das Kind ist Mittel zum theologischen, ethischen, so-
zialutopischen Zweck" (Bernfeld 1973: 36 f.). Kindheit als soziale Figuration zu betrachten heißt, dass gesellschaftliche Zusammenhänge, historisch-konkrete Interessen sowie
familiale, pädagogische und institutionelle Zugriffsweisen auf diese spezifische Alterns-
phase und im Verhältnis zu den Generationen zu benennen sind. Dieser veränderte
Blick auf das Kind und das damit hergestellte Wissen über Kinder zeigt sich besonders deutlich in den Forschungsergebnissen der interdisziplinär ausgerichteten Sozialberichterstattung, die stärker auf den Elementarbereich ausgeweitet werden sollten.
Die Wahrnehmung von Kindern als teil-kompetente und teil-autonome Akteure ihres
Selbst und ihrer Sozialwelten stellt die Frage nach den gesellschaftlichen Konstitutionsbedingungen kindlicher Subjektivität[16].

Diese neue Sichtweise – von anglo-amerikanischen Forschungsergebnissen stark
beeinflusst – konzentriert sich auf die Kompetenzen und Handlungsbefähigungen
(agency) von Kindern. Sie räumt der kindlichen Wahrnehmung, Interpretation und Beurteilung ihrer sozialen Welt, ihrer Stimme, ihrem Ausdruck und ihrer Artikulierung
(voice) eine zentrale Stellung in den pädagogischen Handlungsfeldern ein, indem ihnen
eine eigene erzählenswerte Biographie und Kultur zugestanden und gleichzeitig auch
abverlangt wird (Corsaro 1997). Angestrebt werden sollte eine Veränderung der gesellschaftlichen Strukturen, in der mikrosoziale Praktiken des Hervorbringens und des
Sich-Äußerns, also die Stimmen, Ideen und Meinungen von Kindern als Kinder wahrgenommen werden. Kindliche Erfahrungen und Beurteilungen, ihr gemeinsames Handeln und Denken sollten die Bildungsprozesse mit determinieren, um die generationale

---

15 Allison James, Chris Jenks und Alan Prout (1998) unterscheiden zwei Formen und Phasen soziologischer Kindheitsforschung, einerseits das Modell des „transitional theorizing" welches klassische
sozialisationstheoretische Ansätze in der Kindheitsforschung beschreibt und andererseits die theoretischen Analysen von „Kindheit als soziales Phänomen". Das von Bühler-Niederberger und van
Krieken edierte „spezial issue" von „Childhood" zum Thema „New themes in the sociology of childhood" (2008) vermittelt den neuesten Diskussionsstand auf internationaler Ebene.

16 Wissens- wie wissenschaftssoziologisch dazu vermitteln exemplarische Einblicke in die deutsche Entwicklungsdynamik und in vielfältige Debatten, in denen die Differenz von Kindheits- und Kinder-
forschung konstitutiv ist, folgende Bände: Sünker (1993); Honig (1999; 2009); Hengst/Zeiher (2005);
Sünker/Swiderek (2008); Alt/Lange (2009).

Strukturierung (Alanen 2005), die mit der stetigen Optimierung der ökonomischen Leistungsfähigkeit (Employability) im Leben von Kindern und Erwachsen einhergeht, in den theoretischen und methodischen Konzepten der elementaren Bildung benennen und reflektieren zu können.

Literatur

Adorno, Theodor W. (1972): Spätkapitalismus oder Industriegesellschaft? In: ders.: Ges. Schriften, Bd. 8. Soziologische Schriften I. Frankfurt a. M.: Suhrkamp.

Ahnert, Lieselotte (2008): Frühe Bindung. Entstehung und Entwicklung. München. Reinhardt.

Alanen, Leena (2005): Kindheit als generationales Konzept. In: Hengst, Heinz/Zeiher, Helga (Hrsg.): Kindheit soziologisch. Wiesbaden: Verlag für Sozialwissenschaften. S. 65–82.

Alt, Christian/Lange, Andreas (2009): Kindheitsforschung heute – ein Perspektivenwechsel. In: Sozialwissenschaftliche Literatur Rundschau, H. 59. S. 79–92.

Allen, Ann Taylor (2000): Feminismus und Mütterlichkeit in Deutschland 1800–1914. Weinheim: Deutscher Studienverlag.

Baader, Meike Sophia (2007): Home Education versus Making Citizen. Zum Verhältnis von Familie und institutionalisierter Kleinkinderbetreuung in Deutschland und den USA 1857–1933. In: Dollinger, Bernd/Müller, Carsten/Schröer, Wolfgang: Die sozialpädagogische Erziehung des Bürgers. Wiesbaden: Verlag für Sozialwissenschaften. S. 229–243.

Becker-Stoll, Fabienne (2008): Welche Bildung brauchen Kinder? In: Thole, Werner/Roßbach, Hans-Günther/Fölling-Albers, Maria/Tippelt, Rudolf (Hrsg.): Bildung und Kindheit. Pädagogik der Frühen Kindheit in Wissenschaft und Lehre. Opladen: Barbara Budrich Verlag. S. 114–123.

Bernfeld, Siegfried (1973): Sisyphos oder die Grenzen der Erziehung. Frankfurt a. M.: Suhrkamp.

Bollenbeck, Georg (1999): Bildung und Kultur. Frankfurt a. M.: Suhrkamp.

Bos, Wilfried/Lankes, Eva-Maria/Prenzel, Manfred/Schwippert, Knut/Valtin, Renate/Walther, Gerd (2003): Erste Ergebnisse aus IGLU. Schülerleistungen am Ende der vierten Jahrgangsstufe im internationalen Vergleich. Münster: Waxmann.

Bourdieu, Pierre (1998): Praktische Vernunft. Zur Theorie des Handelns. Frankfurt a. M.: Suhrkamp.

Braches-Chyrek, Rita (2010): Kinderrechte: Politiken und Perspektiven. In: Soziale Passagen, Heft 3. S. 63–77.

Braches-Chyrek, Rita/Sünker, Heinz (2008): Bildung, Bildungsapartheit und Kinderrechte. In: Beckmann, Christof/Otto, Hans-Uwe/Richter, Martina/Schrödter, Mark (Hrsg.): Neue Familialität als Herausforderung der Jugendhilfe. Sonderheft der neuen praxis 9. S. 86–107.

Bühler-Niederberger, Doris/van Krieken, Robert (2008): Childhood 2008: Special issue: New themes in the sociology of childhood. In: childhood 15. S. 147–155.

Carle, Ursula (2000): Was bewegt die Schulde. Baltmannsweiler: Schneider Verlag Hohengehren.

Cosaro, William A. (2005): The sociology of Childhood. London: Sage Publications.

Deutscher Bildungsrat (Hrsg.) (1970): Empfehlungen der Bildungskommission: Strukturplan für das Bildungswesen. Stuttgart: Klett.

Franke-Meyer, Diana (2011): Kleinkindererziehung und Kindergarten im Historischen Prozess. Bad Heilbrunn: Klinkhardt.

Diesterweg, Adolf (1891): Ausgewählte Schriften. Band 4. Frankfurt a. M.: Diesterweg.

Friedeburg, Ludwig von (1994): Bildung und Gesellschaft. In: Sozialwissenschaftliche Literatur Rundschau, H. 29. S. 7–13.

Hengst, Heinz/Zeiher, Helga (2005):Vom Kinderwissen zu generationalen Analysen. In: ders. (Hrsg.): Kindheit soziologisch. Wiesbaden: Verlag für Sozialwissenschaften. S. 9–24.

Hoffmann, Erika (1971): Vorschulerziehung in Deutschland. Historische Entwicklung im Abriß. Witten: Luther-Verlag.

Honig, Michael-Sebastian (1999): Entwurf einer Theorie der Kindheit. Frankfurt a. M.:Suhrkamp.

Honig, Michael-Sebastian (2009): Das Kind der Kindheitsforschung. Gegenstandskonstitution in den childhood studies. In: ders. (Hrsg.): Ordnungen der Kindheit. Problemstellungen und Perspektiven der Kindheitsforschung. Weinheim: Juventa. S. 25–51.

James, Allison/Jenks, Chris/Prout, Alan (1998): Theorizing Childhood. Cambridge: Polity Press.

Klafki, Wolfgang (1964): Das pädagogische Problem des Elementaren und die Theorie der kategorialen Bildung. Weinheim: Julius Beltz Verlag.

Konrad, Franz-Michael (2007): Kleinkinderfürsorge als Medium der bürgerlichen Öffentlichkeit in der ersten Hälfte des 19. Jahrhunderts. In: Dollinger, Bernd/Müller, Carsten/Schröer, Wolfgang: Die sozialpädagogische Erziehung des Bürgers. Wiesbaden: Verlag für Sozialwissenschaften. S. 213–228.

Knauf, Tassilo (2009): Moderne Ansätze der Pädagogik der frühen Kindheit. In: Fried, Lilian/Roux, Susanna (Hrsg.): Pädagogik der frühen Kindheit. 2. Aufl. Düsseldorf: Cornelsen. S. 118–129.

Liegle, Ludwig (2006): Bildung und Erziehung in früher Kindheit. Stuttgart. Kohlhammer.

Liegle, Ludwig (2008): Erziehung als Aufforderung zur Bildung. In: Thole, Werner/Roßbach, Hans-Günther/Fölling-Albers, Maria/Tippelt, Rudolf (Hrsg.): Bildung und Kindheit. Pädagogik der Frühen Kindheit in Wissenschaft und Lehre. Opladen: Barbara Budrich Verlag. S. 85–113.

Montessori, Maria (1994): Kinder sind anders. München: Deutscher Taschenbuch Verlag.

Moran-Ellis, Jo/Sünker, Heinz (2008): Kinderrechte und Kinderpolitik. In: Widersprüche, H. 109. S. 53–69.

Nawrotzki, Kirsten D. (2009): „A strategicposition in American education": Diskursive und politische Strategien für die Erweiterung der öffentlichen Kindergärten (1850–1940). In: Ecarius, Jutta/Groppa, Jutta/Malmede, Hans (Hrsg.): Familie und öffentliche Erziehung. Wiesbaden: VS Verlag für Sozialwissenschaften. S. 119–137.

Neumann, Karl (2009): Klassiker der Pädagogik der frühen Kindheit. In: Fried/Lilian/Roux, Susanna (Hrsg.): Pädagogik der frühen Kindheit. 2. Aufl. Düsseldorf: Cornelsen. 107–118.

OECD (2001): Lernen für das Leben. Erste Ergebnisse von PISA 2000. Paris: OECD.

OECD (2004): Early Childhood Policy Review 2002–2004. http://www.bmfsfj.de/Redaktion-BMFSFJ/Abteilung5/Pdf-Anlagen/oecd-hintergrundbericht,property=pdf.pdf.

Oelkers, Jürgen (2004): Erziehung. In: Benner, Dietrich/Oelkers, Jürgen: Historisches Wörterbuch der Pädagogik. Weinheim: Beltz Verlag. S. 303–340.

Oelkers, Jürgen (2009): Reformpädagogik. Seelze/Velber: Kallmeyer Verlag.

Pestalozzi, Johann Heinrich (1999): Kleine Schriften zur Volkserziehung und Menschenbildung. Hrsg. v. Theo Dietrich. 7. Auflage. Bad Heilbrunn: Klinkhardt. S. 18–38.

Picht, Georg (1964): Die deutsche Bildungskatastrophe. Olten: Walter Verlag.

Reyer, Jürgen (1983): Wenn die Mütter arbeiten gingen. Köln: Pahl-Rugenstein Verlag.

Reyer, Jürgen (2006): Einführung in die Geschichte des Kindergartens und der Grundschule. Bad Heilbrunn: Klinkhardt.

Rousseau, Jean Jacques (2010): Èmile oder über die Erziehung. Köln: Anaconda Verlag.

Schäfer, Gerd E. (2001): Bildungsprozesse im Kindesalter. Weinheim: Juventa.

Schäfer, Gerd E. (2009): Der Bildungsbegriff in der Pädagogik der frühen Kindheit. In: Fried/ Lilian/Roux, Susanna (Hrsg.): Pädagogik der frühen Kindheit. 2. Aufl. Düsseldorf. Cornelsen. S. 33–44

Schleiermacher, Friedrich (2000): Texte zur Pädagogik. Band 1. Frankfurt a. M.: Suhrkamp.

Sünker, Heinz (1993): Kindheit zwischen Individualisierung und Institutionalisierung. In: Zentrum für Kindheits- und Jugendforschung (Hrsg.): Wandlungen der Kindheit. Opladen: Leske + Budrich. S. 15–31.

Sünker, Heinz (2003): Politik, Bildung und soziale Gerechtigkeit. Perspektiven für eine demokratische Gesellschaft. Frankfurt a. M.: Peter Lang Verlag.

Sünker, Heinz/Swiderek, Thomas (2008): Lebensalter und Soziale Arbeit 2: Kindheit. Baltmannsweiler: Schneider Verlag Hohengehren.

Tomasello, Michael (2002): Die kulturelle Entwicklung des menschlichen Denkens. Frankfurt a. M./Suhrkamp.

Tomasello, Michael (2010): Warum wir kooperieren. Frankfurt a. M.:Suhrkamp.

Winkler, Michael/Sünker, Heinz/Roth, Leo (2010): Bildung und Erziehung. In: Sandkühler, Hans-Jörg (Hrsg.) (2010): Enzyklopädie Philosophie. Hamburg: Meiner.

Winkler, Michael (2010): Bildung und Erziehung. In: gisa, Heft 2. S. 13–26.

Zeiher, Helga (1996): Hausarbeit. Zur Integration der Kinder in die häusliche Arbeitsteilung. In: Hengst, Heinz/Zeiher, Helga: Die Arbeit der Kinder. München: Juventa. S. 45–70.

Primäre Bildung

Heike Wendt, Irmela Tarelli und Wilfried Bos

Primäre Bildung lässt sich zentral aus zwei Blickwinkeln bestimmen: Einerseits lässt sich die Bedeutung primärer Bildung aus ihrem Stellenwert im systemisch institutionellen Gefüge erschließen. Für das deutsche Bildungssystem stellt hier die Grundschule den zentralen institutionellen Kontext dar. Andererseits ist für die Betrachtung primärer Bildung bedeutsam, Inhalte und deren zentrale bildungstheoretische Grundlegungen sowie ihre gesellschaftlichen Ausdeutungen zu fokussieren. Beide Perspektiven sollen in diesem Beitrag eingenommen werden.

Primäre Bildung aus institutioneller Perspektive

Institutionell lässt sich die primäre Bildung in Deutschland der Grundschule zuordnen, die als eigenständige Schulform mit ausgeprägtem pädagogischem Profil die Primarstufe des deutschen Bildungssystems bildet. Die Grundschule fungiert dabei als Bindeglied zwischen dem Elementarbereich und der gegliederten Sekundarstufe I. Als erste institutionalisierte Schule kommen ihr im deutschen Bildungssystem zwei tragende Funktionen zu, nämlich einerseits eigenständige pädagogische Zielsetzungen zu verfolgen und andererseits auf Anforderungen der aufbauenden Schulformen vorzubereiten (Schorch 2007). Die Grundschule steht mit der institutionellen Verantwortung für primäre Bildungsprozesse in der Pflicht, es allen Schülerinnen und Schülern zu ermöglichen, entscheidende Grundsteine für ihre Bildungskarrieren zu legen: Entsprechende Bildungsprozesse sollen dabei eine umfassende Persönlichkeitsentwicklung sowie den Erwerb einer soliden, vielseitigen und vor allem anschlussfähigen Grundbildung umfassen.

Als *institutionelles Spezifikum* zeichnet sich die Grundschule entgegen der horizontal gegliederten Sekundarstufe auch dadurch aus, dass sie grundsätzlich von allen Kindern eines Jahrgangs besucht wird. Eine Ausnahme bilden hierbei diejenigen Schülerinnen und Schüler mit sonderpädagogischem Förderbedarf, die nicht integrativ an Regelschulen beschult werden. Sie machen einen Anteil von 3–4 % der Gesamtschülerschaft im Primarbereich aus (Statistisches Bundesamt 2011). Mit Blick auf die Gesamtarchitektur des deutschen Bildungswesens steht die Grundschule damit aus institutioneller Perspektive sowohl bezüglich der Zusammensetzung ihrer Schülerschaft als auch in Anbetracht ihres besonderen Bildungsauftrags vor besonderen pädagogischen Herausforderungen.

Historisch betrachtet ist die Grundschule in Bezug auf zentrale strukturelle bzw. organisatorische Merkmale (Zymek 2009a) sowie in inhaltlich konzeptioneller Hinsicht (Lichtenstein-Rother/Röbe 2005) in der Zeit der Weimarer Republik verwurzelt (vgl. Heinzel 2010). Geprägt wurde sie jedoch insbesondere auch durch die spezifischen Besonderheiten der in der zweiten Hälfte des 20. Jahrhunderts zunächst in Ost- und Westdeutschland parallel existenten und schließlich zusammengeführten Bildungssysteme (vgl. vertiefend Zymek 2009b, Fournés 1996, Rodehüser 1987).

Aus *schulrechtlicher Sicht* ist festzuhalten, dass in allen Ländern der Bundesrepublik Deutschland Grundschulen als Regelschulen existieren. Auch wenn sie teilweise an Sekundarschulen angegliedert sind, stellen sie schulrechtlich betrachtet eigenständige Organisationseinheiten dar (Bellenberg/Klemm 2011). Das Schulrecht konkretisiert die einzelnen Aufgaben von Grundschulen und bestimmt zudem die Lehrpläne und die Bildungsprogramme der einzelnen Schulen. Als Vorgaben werden diese, im Rahmen von pädagogischen Freiheiten, durch das Lehrpersonal unter Aufsicht der Schulverwaltung umgesetzt. Mit Ausnahme von Aufgaben, die ausdrücklich dem Bund übertragen sind, sind nach dem Prinzip der Kulturhoheit die einzelnen Länder für die organisatorische und rechtliche Ausgestaltung, sowie für die Finanzierung des Grundschulwesens verantwortlich. Die Ständige Konferenz der Kultusminister der Länder in der Bundesrepublik Deutschland (KMK) dient hier als Gremium der bundesweiten Koordination und Kooperation auf allen Gebieten der Schul-, Bildungs- und Kulturpolitik (Reuter/ Menz 2009).

In *Zahlen* betrachtet besuchten im Schuljahr 2009/2010 in Deutschland 2 914 858 Schülerinnen und Schüler die Grundschule und insgesamt gab es 135 908 Klassen an 16 305 Grundschulen. Hinzu kamen noch 37 835 Schülerinnen und Schüler, die in der Primarstufe an Freien Waldorfschulen oder Integrierten Gesamtschulen lernten (Statistisches Bundesamt 2011).

Das *Lehren und Lernen* in Grundschulen ist in Deutschland mehrheitlich nach dem Jahrgangsklassensystem organisiert. Neben diesem dominierenden Organisationsprinzip gewinnt jedoch insbesondere mit der Ausweitung der Schuleingangsstufe auch die Klassenbildung nach der jahrgangsübergreifenden Altersmischung an Bedeutung (Wendt 2008). Im Schuljahr 2008/2009 lag die durchschnittliche Klassenfrequenz an Grundschulen bei 21,7 Schülerinnen und Schülern pro Klasse (KMK 2010b). Differenzen in den Klassenfrequenzen zwischen den Ländern lassen sich sowohl über unterschiedliche Ressourcenausstattungen als auch durch unterschiedliche Strategien beim Einsatz des Personals erklären.

Unterricht an Grundschulen wird ausschließlich von qualifiziertem Fachpersonal erteilt. *Grundschullehrkräfte* bilden innerhalb der Gruppe aller Lehrkräfte an allgemeinbildenden Schulen mit rund 27,5 % die größte Gruppe (KMK 2010b). In Folge demographischer Entwicklungen (vgl. z. B. Terhart 2005) zeigt sich eine Altersstruktur die sich in Bezug auf den hohen Anteil älterer Lehrkräfte auch im internationalen Vergleich von OECD-Mitgliedsstaaten als eine besonders ungünstige Verteilung erweist (OECD 2005).

Grundschullehrkräfte unterscheiden sich von ihren Kolleginnen und Kollegen der Sekundarstufen, insbesondere im Verhältnis zu Gymnasiallehrkräften, formal dahingehend, dass sie zumeist a) eine kürzere Ausbildungsphase durchlaufen haben, b) einer höheren Stundenverpflichtung unterliegen und c) eine niedrigere Besoldung erhalten (Klemm 2006). Ein weiteres Charakteristikum von Grundschulkollegien ist, dass sie mit einem Anteil von insgesamt 76,2 % überwiegend aus Frauen zusammengesetzt sind (Statistisches Bundesamt 2010).

Vor dem Hintergrund europäischer Standardisierungsbemühungen und dem nationalen Wunsch, zukünftiges Lehrpersonal mit zentralen, organisationalen, personalen und unterrichtlichen Kompetenzen auszustatten, die es ihnen ermöglichen, die an sie gestellten komplexen beruflichen Anforderungen (vgl. KMK 1994, 2000) erfolgreich zu bewältigen, wurden in der letzten Dekade Anstrengungen unternommen, die Lehrerausbildung grundlegend neu zu strukturieren und zu konzipieren. Dies erfolgte sowohl in struktureller, als auch in inhaltlicher Hinsicht (Bastian/Keuffer/Lehberger 2005).

Das Lehren und Lernen an deutschen Grundschulen fand lange Zeit halbtags statt. Seit Ende der 1980er Jahre wurden in zahlreichen Ländern der Bundesrepublik Deutschland Maßnahmen getroffen, die darauf abzielen, für Schulkinder im Primarbereich je nach Bedarf eine verlässliche Betreuung für den gesamten Schulvormittag zu gewährleisten. In den letzten Jahren haben Bund und Länder erhebliche finanzielle Ressourcen in eine erweiterte Infrastruktur für ausgeweitete Bildungs- und Betreuungszeiten investiert (BMBF 2008). In Folge dessen hat sich seit 2002 die Zahl der schulischen Verwaltungseinheiten mit Ganztagsbetrieb mehr als verdoppelt, so dass mittlerweile jeder dritte Schulstandort in Deutschland ein Ganztagsbetrieb ist (KMK 2010c). Im Schuljahr 2008/2009 besuchte jedes fünfte Grundschulkind eine Grundschule mit Ganztagsangebot, während es im Schuljahr 2004/2005 noch 6,8 % aller Grundschülerinnen und Grundschüler waren (KMK 2010c). Mittlerweile haben Ganztagsschulen als solche ein beachtliches Bildungsangebot in Umfang und Breite entwickelt (Holtappels/Rollett 2009). Jedoch erweist sich das Verhältnis von Lernangeboten mit Fachbezug sowie nichtfachspezifischen Lern- oder Neigungsangeboten, sowie das Verhältnis von Angebots- und Nutzungsstruktur als noch unausgewogenen (Bos, Hornberg et al. 2010).

Aus (international) vergleichender Perspektive betrachtet ist auffällig, dass die deutsche Grundschule mit ihrer Trennung von *Kindergarten/Vorschule und Grundschule* eine „Sonderform" darstellt (Hörner 2008). Traditionell bildeten Kindergarten und Grundschule im deutschen Bildungssystem getrennte Bildungsstufen mit unterschiedlichen administrativen Zuordnungen, Ausbildungsstrukturen des Personals, curricularen Strukturen und pädagogischen Orientierungen und Traditionen. Der Beginn der Grundschule kann aus institutioneller Perspektive für fast alle schulpflichtigen Kinder auch als Übergang vom Kindergarten in die Grundschule verstanden werden (vgl. Bos, Hornberg et al. 2010), der in der Regel mit hohen Erwartungen aller Beteiligten verbunden ist. Aus Sicht des Kindes kann dieser Übergang als gelungen bezeichnet werden, wenn die Bildungsangebote der Grundschule aktiv und sozial integriert genutzt werden können. Dies setzt voraus, dass Kinder bereits vor dem Übergang anschlussfähige Kompetenzen erworben haben, die es ihnen ermöglichen, die mit Schuleintritt einhergehenden, vielfältigen neu auftretenden Anforderungen erfolgreich bewältigen zu können. In der sozial- und bildungswissenschaftlichen Forschung gibt es Hinweise dafür, dass bereits bei Schuleintritt Bildungsungleichheiten vorhanden sind (Kratzmann/Schneider 2009). Die Gestaltung eines möglichst reibungslosen Übergangs sowie eine sinnvolle, vorschulische auf kumulatives Lernen setzende Förderung sind nur möglich, wenn vorschulische Einrichtungen und Grundschulen ihre Arbeit inhaltlich aufeinander abstimmen. Formale Grundlagen für intensivere Kooperationen wurden in den letzten Jahren in allen Ländern mit der Novellierung der Grundschullehrpläne, vor allem aber durch die Erarbeitung und Veröffentlichung von Bildungsplänen für Kindertagesstätten geschaffen, die nun auch schulnahe Bildungsbereiche betonen (Diskowski 2008). Nach Maßgabe der KMK (2010a) soll insbesondere Kindern mit Migrationshintergrund oder aus besonders anregungsarmen Elternhäusern, welche Defizite in der deutschen Sprache aufweisen, der Einstieg bzw. der Übergang in die Grundschule durch gezielte Sprachstandserhebungen und Fördermaßnahmen erleichtert werden (Autorengruppe Bildungsberichterstattung 2010).

Im Jahr 1997 verabschiedete die KMK die Empfehlungen zum Schulanfang (KMK 1997). Die damit einhergehenden Novellierungen umfassten die Abschaffung einer bundeseinheitlichen Stichtagregelung. Die Empfehlungen sehen die Möglichkeit einer vorzeitigen Einschulung sowie eine verstärkte Einschränkung von Zurückstellungen vor. Mit diesen Veränderungen wird das Ziel verfolgt, mehr Kinder eines Jahrgangs im jeweiligen Schuljahr einzuschulen und damit das durchschnittliche Einschulungsalter zu reduzieren. Neben der Flexibilisierung der Einschulungen wurde in einer Reihe von Ländern eine Neugestaltung des Schulanfangs umgesetzt, um insgesamt den Übergang optimaler zu gestalten. Die Idee der ‚Neuen Schuleingangsstufe' beinhaltet z. B.: Verzicht auf Feststellung der Schulfähigkeit, unter Umständen halbjährige Einschulung, jahrgangsübergreifende Lerngruppen, lernspezifische innere Differenzierung, Versetzung in Abhängigkeit vom Lernfortschritt, Unterricht und Betreuung durch multiprofessionelle Teams (vgl. Bos, Hornberg et al. 2010).

Auch mit ihrer zumeist nur vierjährigen Dauer und anschließender Selektion bzw. Verteilung auf die leistungsbezogenen Sekundarschulen stellt die deutsche Grundschule aus international vergleichender Perspektive, eine „Sonderform" dar (Hörner, 2008). Der *Übergang von der Grundschule in eine der weiterführenden Schularten*, die mindestens bis zum Ende der Vollzeitschulpflicht besucht werden muss, ist in Deutschland landesrechtlich unterschiedlich geregelt (vgl. Bos, Hornberg et al. 2010, Maaz/Baumert/Gresch/McElvany 2010). In der Mehrheit der Länder ist die Grundschule derzeit vierjährig – nur in Berlin und Brandenburg sechsjährig – angelegt (vgl. Bos et al. 2007), so dass für einen Großteil der Schülerinnen und Schüler der Wechsel in die Sekundarstufe der allgemeinbildenden Schulen ungefähr im Alter von zehn Jahren stattfindet. Der Übergang in die weiterführenden Schulen stellt eine der wichtigsten Statuspassagen im Leben junger Menschen mit langfristigen Folgen für die weitere Bildungskarriere und den Lebensverlauf dar. Die Ergebnisse der Studien KESS (Bos/Gröhlich 2010) und ELEMENT (Lehmann/Lenkeit 2008) deuten an, dass das, „was auf der Ebene der Grundschule nicht gelingt, sich auf der Ebene der Sekundarstufe I, wenn überhaupt, nur noch schwer nachholen" lässt (Schwippert/Bos/Lankes 2004: 188 f.). Das auf der Ebene der Grundschule erreichte Leistungsniveau scheint darüber hinaus auch insofern einen wesentlichen Einfluss auf den weiteren Verlauf von Schullaufbahnen zu haben, als dass Schülerinnen und Schüler im Regelfall bis zu ihrem Schulabschluss auf der Schulform verweilen, auf die sie nach der Grundschule gewechselt sind (Bellenberg/Klemm 2000). In den Fokus der Aufmerksamkeit rückte der Übergang in den letzten Jahren insbesondere durch die Vielzahl an bildungswissenschaftlichen Forschungsergebnissen. Diese zeigten auf, dass an Übergängen zwischen der Grundschule und der Sekundarstufe I Bildungsungleichheiten entstehen können, die mit Prozessen der sozialen Auslese verbunden sind, welche kaum mit Grundsätzen demokratischer Gesellschaften vereinbar sind (vgl. zu Studien zum Thema Übergang u. a.: Maaz/Baumert/Gresch/McElvany 2010, Stubbe 2009).

Mit Veröffentlichungen der Ergebnisse der Internationalen Grundschul-Lese-Untersuchung (IGLU) für die Jahre 2001 und 2006, ihrer nationalen Erweiterung (IGLU-E) um die Lernbereiche Mathematik, Naturwissenschaften, Orthographie und Schreiben im Jahr 2003 (vgl. Bos et al. 2003, 2004, 2005; Bos, Hornberg et al. 2007, 2008, 2010), sowie der Trends in International Mathematics and Science Study (Grundschule) (TIMSS) (Bos, Bonsen, Baumert, Prenzel, Selter, Walther 2008) konnten im letzten Jahrzehnt wesentliche Erkenntnisse über die *Leistungsfähigkeit der deutschen Grundschule* als Institution der primären Bildung gewonnen werden. Die Ergebnisse aus IGLU und TIMSS machen deutlich, dass die deutschen Grundschülerinnen und Grundschüler in Bezug auf ihr mittleres Kompetenzniveau zwar durchaus im internationalen Vergleich mithalten konnten, dass allerdings:

- zwischen den deutschen Bundesländern erhebliche Diskrepanzen bestehen;
- nicht alle vorhandenen Lehr-Lernbedingungen dem Standard anderer an der Studie beteiligter Staaten entsprechen;
- grundsätzlich für den Unterricht weniger Zeit zur Verfügung steht als in anderen europäischen Ländern;
- der Anteil der besonders leistungsstarken Kinder vergleichsweise niedrig ausfällt;
- der Anteil der besonders leistungsschwachen Kinder hingegen deutlich zu hoch ausfällt, und zwar insofern, als dass das erreichte Leseniveau bei einem Teil der Kinder als kaum ausreichend gelten kann, um selbstständig weiterzulernen;
- Kinder, die bereits vorschulische Einrichtungen besucht hatten, über bessere schulische Leistungen verfügen;
- Kinder mit Migrationshintergrund oder Schülerinnen und Schüler aus sozial schwachen Familien in ihrer Kompetenzentwicklung im Verhältnis zu ihren Al-

tersgenossen deutlich zurückliegen und damit bereits in Grundschulen von einer
ausgeprägten Koppelung vom sozio-ökonomischen Status der Elternhäuser und
dem Bildungserfolg der Schülerinnen und Schüler ausgegangen werden muss;
- die Zuweisung auf verschiedene Schulformen, gemessen am Leistungsstand der
  Schülerinnen und Schüler nur suboptimal gelingt.

Die mit Veröffentlichung der Ergebnisse der internationalen Schulleistungsuntersuchungen ausgewiesenen Qualitätsdefizite waren Auslöser für eine umfassende Diskussion über Bildung und Qualität in Deutschland, in deren Folge auch die Bildungspolitik
und -administration ihre *Steuerungsstrategien* für das staatliche Handeln auf allen Ebenen des deutschen Bildungssystems überdenken mussten. Neue Strategien, Verfahren
und Instrumente der Steuerung von Schule – die das Ziel haben die Qualität von Schule,
Unterricht und pädagogischer Arbeit zu verbessern – wurden in allen Ländern der Bundesrepublik Deutschland eingeführt (van Ackeren/Bellenberg 2004, Rürup 2007). Als
Trend formuliert wird die Entwicklung oft in die allgemeine Formel des Wandels von
einer stark input-orientierten, lehrplanbezogenen zu einer auch output-orientierten,
an den Lernergebnissen der Schülerinnen und Schüler orientierten Steuerung des Bildungswesens gekleidet (vgl. Bellenberg 2008, Böttcher 2008). Das neue Modell ist als
ein integriertes Qualitätssicherungssystem zu verstehen, in dem die traditionell vor-
findbaren Steuerungsmechanismen der Input- und Prozesssteuerung systematisch um
Elemente der Outputsteuerung ergänzt werden (Bos/Holtappels/Rösner 2006). Mit
der Veröffentlichung ihrer ‚Gesamtstrategie zum Bildungsmonitoring‘ und der gleichzeitigen Gründung des Instituts für Qualitätsentwicklung im Bildungswesen (IQB) hat
die KMK 2006 einen einheitlichen Rahmen für ein länderübergreifendes Bildungsmonitoring geschaffen, mit dem eine systematische Feststellung von Ergebnissen des
Bildungssystems verfolgt wird (KMK 2006). Dies umfasst neben einer bundesweiten
Bildungsberichterstattung vor allem regelmäßige standardisierte Leistungsmessungen.
Zusätzlich haben mittlerweile alle Länder Verfahren der externen Evaluation, sogenannte Schulinspektionen implementiert (vgl. Müller/Pietsch/Bos 2011).

Primäre Bildung aus bildungstheoretischer Perspektive

Aus *bildungstheoretischer Perspektive* ist der Frage nachzugehen, welche Ausdeutung
der Begriff der primären Bildung im institutionellen Kontext der deutschen Grundschule erfährt. Als allgemeiner Bildungsauftrag der Grundschule kann die Vermittlung grundlegender Bildung formuliert werden. Nach den „Empfehlungen zur Arbeit
in der Grundschule" der KMK ist es die Aufgabe der Grundschule, als Einrichtung alle
schulpflichtigen Kinder unabhängig von Vorleistungen und sozialer Herkunft sowie mit
„unterschiedlichen individuellen Lernvoraussetzungen und Lernfähigkeiten so zu fördern, dass sich Grundlagen für selbständiges Denken, Lernen und Arbeiten entwickeln"

und zudem „Erfahrungen im gestaltenden menschlichen Miteinander" zu vermitteln (KMK 1994: 3). Dabei ergibt sich eine Art „Doppelaufgabe", die zum einen auf individueller Ebene für die Schülerinnen und Schüler die Erschließung ihrer Lebenswirklichkeit sowie eine Unterstützung bei der Bewältigung ihrer eigenen Lebensaufgaben beinhaltet, zum anderen aber die Vorbereitung der Schülerinnen und Schüler auf die Angebote und Anforderungen weiterführender Schulen bedeutet (Schorch 2007). Diese Anforderung beinhaltet auch, dass das Selbstverständnis der Grundschule über das einer bloßen Lern- und Unterrichtsschule hinausgeht und entsprechend neben kognitiv ausgerichtetem Unterricht, selbstgesteuerten, selbstangeleiteten sowie kommunikativen Lernprozessen, auch gemeinschaftsbildende, spielerische, künstlerische, motorische und umwelterkundende Aktivitäten stattfinden sollen (Haarmann 2001). Nach den Empfehlungen der KMK sind die folgenden Fächer und Lernbereiche, die in Lehr- und Rahmenplänen der Länder ausführlich dargestellt werden, als Bestandteil des Grundschulunterrichts zu realisieren (KMK 1994): Deutsch, Mathematik, Sachunterricht, Kunst, Musik, Sport und – in den meisten Ländern – Religion.

Nach Lichtenstein-Rother und Röbe (2005) lassen sich drei Dimensionen des pädagogischen Auftrags von Grundschulen beschreiben: Die *Dimension der Lebensorientierung* umfasst die Vermittlung von Wissen und Können, das zu einem Verständnis der Alltagswirklichkeit führt. Dies verlangt die Erarbeitung von Lerntechniken und -strategien und eine Befähigung zu Kommunikation und Interaktion. Darüber hinaus sollen Neugier für Unbekanntes und eigene Interessen entwickelt werden. Im sozialen Miteinander des heterogenen Lernmilieus spielt die *Dimension der Lebensgestaltung* eine besondere Rolle. Im Rahmen einer Demokratie- und Friedenserziehung können Aspekte wie Respekt, Toleranz und Solidarität vermittelt und eingeübt werden. Besondere Bedeutung erlangt die grundlegende Bildung der Grundschule in Bezug auf die *Dimension der Lebensbewältigung*. Im Mittelpunkt stehen hierbei die Persönlichkeitsentwicklung des einzelnen Kindes und damit auch die Entwicklung eines Verständnisses für sich selbst und die Welt. Zentrale Elemente sind das Vertrauen in die eigenen Fähigkeiten, die Möglichkeit individuelle Entscheidung zu treffen, sowie Eigeninitiative, Zielsetzungen und Eigenverantwortung zu erlernen. Hierbei sollte jedoch nicht aus dem Blick geraten, dass es eben auch zur Kernaufgabe von Grundschulen zählt, in zentrale Kulturtechniken einzuführen. Hierzu zählt insbesondere die gezielte Förderung des Schriftspracherwerbs, welcher als Grundvoraussetzung für Kulturaneignung und Teilnahme am gesellschaftlichen Leben als Schlüsselfunktion angesehen werden kann.

Innerhalb der Erziehungswissenschaften wurde in den letzten Jahren das *Verhältnis von Grund- und Allgemeinbildung* durchaus kritisch diskutiert. Im Zentrum stand die Frage, inwiefern das für die Grundschule relevante Bildungsverständnis mit der Einführung von Bildungsstandards einen grundlegenden Wandel erfahren hat. Länderübergreifende Bildungsstandards liegen für den Primarbereich seit 2004 für die Kernfächer Deutsch und Mathematik vor. Seit dem Schuljahr 2005/2006 bilden sie bundesweit die curriculare Grundlage für die Ausgestaltung des Unterricht (KMK 2004a, 2004b,

2004c). Mit ihrer Einführung wurde u. a. das Ziel verfolgt, die Profession der Lehrkräfte zu stärken und Freiräume für einen variablen inhaltlichen und methodischen Zuschnitt eines Unterrichts zu schaffen, der stärker an den besonderen Bedürfnissen, Interessen und Lebenslagen der jeweiligen Schülerschaft ausgerichtet ist. Bildungsstandards beinhalten als Leistungsstandards definierte Qualitätsvorstellungen und Normen für zukünftige Unterrichts- und Schulentwicklungen und konkretisieren damit den Bildungsauftrag, den Schulen zu erfüllen haben (Klieme et al. 2003). Sie legen allgemeine Bildungsziele fest und benennen Kompetenzen, die Schülerinnen und Schüler bis zum Ende der vierten Jahrgangsstufe als zentrale Inhalte in bestimmten Lernbereichen erworben haben sollen. Abgelöst wurden mit ihnen die klassischen Lehrpläne, die umfassend und detailliert Inhalte und Lernwege vorgegeben hatten, welche von Lehrkräften und Lernenden abzuarbeiten waren. Bildungsstandards sind unmittelbar für die Praxis relevant und repräsentieren veränderte fachdidaktische und unterrichtspraktische Bildungs- und Zielvorstellungen von Schule und Unterricht. Konkret beinhalten sie aber auch fachbezogene Kompetenzerwartungen, deren Erreichen zudem überprüft werden kann (KMK 2004b, 2004c).

Mit der Einführung von Bildungsstandards und der Implementierung der Bildungsmonitoringstrategie gewannen im letzten Jahrzehnt zwei unterschiedliche Kompetenzdefinitionen in bildungspolitischen Auseinandersetzungen zunehmend an Bedeutung (Klieme/Hartig 2007, Wendt/Bos 2011). Gemein ist beiden Kompetenzvorstellungen ein Bezug zum Literacy-Konzept (vgl. Canto-Sperber/Dupuy 2001, DeSeCo-Projekt 2005, Grotlüschen 2007), welches in jüngeren Debatten als eine Variante des Allgemeinbildungskonzepts gefasst wird und pragmatisch den leistungsbezogenen Bildungsauftrag von Schule fokussiert.

Während die Konzeptionen von Bildungsstandards Kompetenzen als schulisch erworbene Handlungsdisposition fasst, liegt derzeit allen internationalen und nationalen Schulleistungsvergleichsstudien eine Definition von Kompetenzen zugrunde, die Klieme und Leutner (2006) als „kontextspezifische kognitive Leistungsdispositionen" fassen (ebd: 137). Entscheidend gegenüber weiter gefassten Kompetenzbegriffen sind zwei Restriktionen: Zum einen werden Kompetenzen im Sinne des Literacy-Konzeptes funktional bestimmt und bereichsspezifisch auf Kontexte bezogen, zum anderen wird Kompetenz explizit auf den kognitiven Bereich beschränkt, d. h., es werden motivationale und affektive Voraussetzungen für erfolgreiches Handeln ausgeklammert. Aus messtheoretischer Perspektive ist diese konzeptuelle Abgrenzung und separate Messung von möglichen interindividuell variierenden Einflussgrößen besonders anschlussfähig, da sie die Möglichkeit schafft, Ergebnisse von Bildungsprozessen angemessen zu beschreiben, indem sie es ermöglicht, Effekte unterschiedlicher individueller Ausgangsbedingungen sowie Entwicklungsprozesse im Bildungsgeschehen differenziert zu betrachten (Klieme/Maag/Merki/Hartig 2007).

Vor dem Hintergrund des wachsenden Einflusses eben dieser Kompetenzdefinition auf jüngere Curriculumsentwicklungen in Deutschland, wurden im letzten Jahrzehnt kritische Stimmen aus verschiedenen Feldern der Erziehungswissenschaft laut (vgl. u. a. Benner 2005, Koch 2004, Messner 2003). Eine erste Kritiklinie formuliert im Kern die Befürchtung der Vernachlässigung anspruchsvoller Bildungskonzepte, die Bildung als Entwicklung von Persönlichkeit im Prozess der Selbstentfaltung und Aneignung sehen, zugunsten einer funktionalen, letztlich ökonomisch bestimmten Perspektive auf Lerninhalte, die vor allem einer erfolgsorientierten Bildungssteuerung dienlich seien (Koch 2004). Eine andere Kritiklinie äußert die Sorge, dass Schulbildung funktionell und instrumentell auf die Vermittlung von Kenntnissen und Fertigkeiten und damit auf die Handhabung bloßer Techniken reduziert und nicht als jenes notwendige Wissen und Können verstanden wird, das für weiterführendes Lernen unentbehrlich ist (Benner 2005). Eine weitere Kritiklinie befürchtet, dass mit Bezug auf Grundbildungskonzepte, die konzeptionell keine eindeutige Abgrenzung der Spezifika von Grund- und Sekundarschulbildungsaufträgen vornehmen, zukünftig die für die Grundschulpädagogik zentralen Leitvorstellungen, die sich unter dem Stichwort „Anfang der Allgemeinbildung" subsummieren, an Bedeutung verlieren (Wittenbruch 2008). Eine weitere Kritiklinie merkt an, dass es zu reflektieren gilt, inwiefern mit der Übernahme des Kompetenzkonzeptes und der wachsenden Bedeutung von Schulleistungsuntersuchungen auch eine Neubewertung dessen vollzogen wurde, was unter gesellschaftlich relevantem Wissen erachtet wird, welches durch Bildung und Qualifizierung vermittelt werden soll. Hier bestünde die Gefahr, dass an den zentralen gesellschaftlichen Institutionen vorbei die empirische Bildungsforschung zur „fünften Kolonne der Globalisierung" würde, indem sie *en passant* zu einer globalen Hegemonie von Bildungszielen beitrage (Wendt/ Bos 2011). Entsprechende Diskurse in einer interdisziplinären Zusammenarbeit aller Teildisziplinen der Erziehungswissenschaft, der empirischen Bildungsforschung, der Psychometrie und der einzelnen Fachdisziplinen als „kritische Freunde" miteinander auszutragen, wird eine zentrale Aufgabe der kommenden Jahre sein. Die Diskutanten werden dabei herausgefordert sein, unter sich stetig verändernden Bedingungen – zu denen sicherlich in einem starken Maße Globalisierung und demographischer Wandel (Autorengruppe Bildungsberichterstattung 2010: 171) gehören werden – ein zeitgemäßes Verständnis von primärer Bildung im institutionellen Kontext der Grundschule zu entwickeln.

Literatur

Autorengruppe Bildungsberichterstattung (Hrsg.) (2010): Bildung in Deutschland 2010. Ein indikatorengestützter Bericht mit einer Analyse zu Perspektiven des Bildungswesens im demografischen Wandel. Bielefeld: Bertelsmann.

Bastian, Johannes/Keuffer, Josef/Lehberger, Reiner (Hrsg.) (2005): Lehrerbildung in der Entwicklung. Das Bachelor-Master-System: Modelle – kritische Hinweise – Erfahrungen. Weinheim: Beltz.

Bellenberg, Gabriele/Klemm, Klaus (2000): Scheitern im System, Scheitern des Systems? Ein et-
   was anderer Blick auf Schulqualität. In: Rolff, Hans-Günter/Bos, Wilfried/Klemm, Klaus/
   Pfeiffer, Hermann/Schulz-Zander, Renate (Hrsg.), Jahrbuch der Schulentwicklung. Daten,
   Beispiele und Perspektiven (Bd. 11, S. 51–75). Weinheim: Juventa.
Bellenberg, Gabriele (2008): Entwicklung der Bildungsplanung in der Bundesrepublik: In: Faul-
   stich-Wieland, Hannelore/Faulstich, Peter (Hrsg.), Erziehungswissenschaft – Ein Grund-
   kurs (S. 307–325). Reinbek: Rowohlt.
Bellenberg, Gabriele/Klemm, Klaus (2011): Die Grundschule im deutschen Schulsystem. In:
   Einsiedler, Wolfgang/Götz, Margarete/Hartinger, Andreas/Heinzel, Friederike/Kahlert,
   Joachim/Sandfuchs, Uwe (Hrsg.), Handbuch Grundschulpädagogik und Grundschuldi-
   daktik (3., vollständig überarb. Aufl., S. 45–51). Bad Heilbrunn: Klinkhardt.
Benner, Dietrich (2005): Schulische Allgemeinbildung versus allgemeine Menschenbildung?
   Von der doppelten Gefahr einer wechselseitigen Beschädigung beider. Zeitschrift für Er-
   ziehungswissenschaft, 8 (4), S. 563–575.
BMBF – Bundesministerium für Bildung und Forschung (Hrsg.) (2008): Investitionsprogramm
   „Zukunft Bildung und Betreuung". Ganztagsschulen. Zeit für mehr. Zugriff unter: http://
   www.bmbf.de/pub/ganztagsschulen-zeit_fuer_mehr.pdf [Stand: 25. 07. 2011].
Böttcher, Wolfgang (2008): Planung und Steuerung von Bildungsorganisationen. In: Faulstich-
   Wieland, Hannelore/Faulstich, Peter (Hrsg.), Erziehungswissenschaft – Ein Grundkurs
   (S. 216–236). Reinbek: Rowohlt.
Bos, Wilfried/Bonsen, Martin/Baumert, Jürgen/Prenzel, Manfred/Selter, Christoph/Walther,
   Gerd (Hrsg.) (2008): TIMSS 2007. Mathematische und naturwissenschaftliche Kompe-
   tenzen von Grundschulkindern in Deutschland im internationalen Vergleich. Münster:
   Waxmann.
Bos, Wilfried/Gröhlich, Carola (Hrsg.) (2010): KESS 8 – Kompetenzen und Einstellungen von
   Schülerinnen und Schülern am Ende der Jahrgangsstufe 8. Münster: Waxmann. (HANSE –
   Hamburger Schriften zur Qualität im Bildungswesen; Bd. 6).
Bos, Wilfried/Holtappels, Heinz Günter/Rösner, Ernst (2006): Schulinspektion in den deutschen
   Bundesländern – eine Baustellenbeschreibung. In: Rolff, Hans-Günter/Bos, Wilfried/
   Klemm, Klaus/Pfeiffer, Hermann/Schulz-Zander, Renate (Hrsg.), Jahrbuch der Schulent-
   wicklung. Daten, Beispiele und Perspektiven (Bd. 14, S. 81–125). Weinheim: Juventa.
Bos, Wilfried/Hornberg, Sabine/Arnold, Karl-Heinz/Faust, Gabriele/Fried, Lilian/Lankes, Eva-
   Maria/Schwippert, Knut/Tarelli, Irmela/Valtin, Renate (Hrsg.) (2010): IGLU 2006 – die
   Grundschule auf dem Prüfstand. Vertiefende Analysen zu Rahmenbedingungen schuli-
   schen Lernens. Münster: Waxmann.
Bos, Wilfried/Hornberg, Sabine/Arnold, Karl-Heinz/Faust, Gabriele/Fried, Lilian/Lankes, Eva-
   Maria/Schwippert, Knut/Valtin, Renate (Hrsg.) (2007): IGLU 2006. Lesekompeten-
   zen von Grundschulkindern in Deutschland im internationalen Vergleich (S. 271–298).
   Münster: Waxmann.
Bos, Wilfried/Hornberg, Sabine/Arnold, Karl-Heinz/Faust, Gabriele/Fried, Lilian/Lankes, Eva-
   Maria/Schwippert, Knut/Valtin, Renate (Hrsg.) (2008): IGLU-E 2006. Die Länder der
   Bundesrepublik Deutschland im nationalen und internationalen Vergleich. Münster:
   Waxmann.
Bos, Wilfried/Lankes, Eva-Maria/Prenzel, Manfred/Schwippert, Knut/Walther, Gerd/Valtin,
   Renate (Hrsg.) (2003): Erste Ergebnisse aus IGLU. Schülerleistungen am Ende der vierten
   Jahrgangsstufe im internationalen Vergleich. Münster: Waxmann.
Bos, Wilfried/Lankes, Eva-Maria/Prenzel, Manfred/Schwippert, Knut/Valtin, Renate/Walther,
   Gerd (Hrsg.) (2004): IGLU. Einige Länder der Bundesrepublik Deutschland im nationa-
   len und internationalen Vergleich. Münster: Waxmann.

Bos, Wilfried/Lankes, Eva-Maria/Prenzel, Manfred/Schwippert, Knut/Valtin, Renate/Walther, Gerd (Hrsg.) (2005): IGLU. Vertiefende Analysen zu Leseverständnis, Rahmenbedingungen und Zusatzstudien. Münster: Waxmann.

Canto-Sperber, Monique/Dupuy, Jean-Pierre (2001): Competencies for the good life and the good society. In: Rychen, Dominique S./Salganik, Laura H. (Hrsg.), Defining and selecting key competencies (S. 67–92). Göttingen: Hogrefe & Huber.

DeSeCo-Projekt (2005). The definition and selection of key competencies. Executive summary. Zugriff unter: http://www.oecd.org/dataoecd/47/61/35070367.pdf [Stand: 01.08.2011].

Diskowski, Detlef (2008): Bildungspläne für Kindertagesstätten – ein neues und noch unbegriffenes Steuerungsinstrument. In: Roßbach, Hans-Günther/Blossfeld, Hans-Peter (Hrsg.), Frühpädagogische Förderung in Institutionen (S. 47–61). Wiesbaden: VS Verlag. [Zeitschrift für Erziehungswissenschaften, Sonderheft 11].

Fournés, Angelika (1996): Entwicklung der Grundschule. Frankfurt a. M: Peter Lang.

Grotlüschen, Anke (Hrsg.) (2007): Literalität, Grundbildung oder Lesekompetenz? Beiträge zu einer Theorie-Praxis-Diskussion. Münster: Waxmann.

Haarmann, Dieter (2001): Die Grundschule – Versuch einer Standortbestimmung. In: Blumenstock, Leonhard/Klein, Heinrich/Petillon, Hanns (Hrsg.), Lernziel: Grundschule weiterentwickeln. Grundlagen, Anregungen, Beispiele. Weinheim: Beltz.

Heinzel, Friederike (2010). Kindheit und Grundschule. In Krüger, Heinz-Hermann/Grunert, Cathleen (Hrsg.), Handbuch der Kindheits- und Jugendforschung (2., aktualisierte und erw. Aufl., S. 595–618). Wiesbaden: VS Verlag.

Holtappels, Heinz Günter/Rollett, Wolfram (2009): Schulentwicklung in Ganztagsschulen. Zur Bedeutung von Zielorientierungen und Konzeption für die Qualität des Bildungsangebots. Zeitschrift für Pädagogik, 54, Beiheft, S. 18–39.

Hörner, Wolfgang (2008): Internationale Entwicklungen. In: Jürgens, Eiko/Standop, Jutta (Hrsg.), Taschenbuch Grundschule. Grundschule als Institution (Bd. 1, S. 50–62). Baltmannsweiler: Schneider.

Klemm, Klaus (2006): Neue Arbeitszeitmodelle. In: Buchen, Herbert/Rolff, Hans-Günter (Hrsg.), Professionswissen Schulleitung (S. 711–727). Weinheim: Beltz.

Klieme, Eckhard/Avenarius, Hermann/Blum, Werner/Döbrich, Peter/Gruber, Hans/Prenzel, Manfred/Reiss, Kristina/Riquarts, Kurt/Rost, Jürgen/Tenorth, Heinz-Elmar/Vollmer, Helmut J. (2003): Zur Entwicklung nationaler Bildungsstandards. Eine Expertise. Bonn: Bundesministerium für Bildung und Forschung.

Klieme, Eckhard/Hartig, Johannes (2007): Kompetenzkonzepte in den Sozialwissenschaften und im erziehungswissenschaftlichen Diskurs. Zeitschrift für Erziehungswissenschaft, Sonderheft 8, S. 11–29.

Klieme, Eckhard/Leutner, Detlef (2006): Kompetenzmodelle zur Erfassung individueller Lernergebnisse und zur Bilanzierung von Bildungsprozessen. Beschreibung eines neu eingerichteten Schwerpunktprogramms bei der DFG. Zeitschrift für Pädagogik, 52, S. 876–903.

Klieme, Eckhard/Maag Merki, Katharina/Hartig, Johannes (2007): Kompetenzbegriff und Bedeutung von Kompetenzen im Bildungswesen. In: Hartig, Johannes/Klieme, Eckhard (Hrsg.), Möglichkeiten und Voraussetzungen technologiebasierter Kompetenzdiagnostik (S. 1–15). Bonn: Bundesministerium für Bildung und Forschung.

KMK – Sekretariat der Ständigen Konferenz der Kultusminister der Länder in der Bundesrepublik Deutschland (1994): Empfehlungen zur Arbeit in der Grundschule. Beschluss der Kultusministerkonferenz vom 02.07.1970 in der Fassung 06.05.1994. Zugriff unter: http://www.kmk.org/fileadmin/veroeffentlichungen_beschluesse/1970/1970_07_02_Empfehlungen_Grundschule.pdf [Stand: 01.08.2011].

KMK – Sekretariat der Ständigen Konferenz der Kultusminister der Länder in der Bundesrepublik Deutschland (1997): Grundsätzliche Überlegungen zu Leistungsvergleichen
innerhalb der Bundesrepublik Deutschland – Konstanzer Beschluss. Beschluss der Kultusministerkonferenz vom 24.10.1997. Zugriff unter: http://www.kmk.org/fileadmin/
veroeffentlichungen_beschluesse/1997/1997_10_24-Konstanzer-Beschluss.pdf [Stand:
01.08.2011].

KMK – Sekretariat der Ständigen Konferenz der Kultusminister der Länder in der Bundesrepublik Deutschland (2000): Aufgaben von Lehrerinnen und Lehrern heute – Fachleute für
das Lernen. Beschluss der Kultusministerkonferenz vom 5.10.2000. Zugriff unter: http://
www.kmk.org/fileadmin/veroeffentlichungen_beschluesse/2000/2000_10_05-Bremer-
Erkl-Lehrerbildung.pdf [Stand: 01.08.2011].

KMK – Sekretariat der Ständigen Konferenz der Kultusminister der Länder in der Bundesrepublik Deutschland (2004a): Bildungsstandards im Fach Deutsch für den Primarbereich.
Beschluss der Kultusministerkonferenz vom 15.10.2004. Zugriff unter: http://www.kmk.
org/fileadmin/veroeffentlichungen_beschluesse/2004/2004_10_15-Bildungsstandards-
Deutsch-Primar.pdf [Stand: 01.08.2011].

KMK – Sekretariat der Ständigen Konferenz der Kultusminister der Länder in der Bundesrepublik Deutschland (2004b): Bildungsstandards im Fach Mathematik für den Primarbereich. Beschluss der Kultusministerkonferenz vom 15.10.2004. Zugriff unter: http://www.
kmk.org/fileadmin/veroeffentlichungen_beschluesse/2004/2004_10_15-Bildungsstan-
dards-Deutsch-Primar.pdf [Stand: 01.08.2011].

KMK – Sekretariat der Ständigen Konferenz der Kultusminister der Länder in der Bundesrepublik Deutschland (2004c): Vereinbarung über Bildungsstandards für den Primarbereich
(Jahrgangsstufe 4). Beschluss der Kultusministerkonferenz vom 15.10.2004. Zugriff unter: http://www.kmk.org/fileadmin/veroeffentlichungen_beschluesse/2004/2004_10_15-
Bildungsstandards-Primar.pdf [Stand: 01.08.2011].

KMK – Sekretariat der Ständigen Konferenz der Kultusminister der Länder in der Bundesrepublik Deutschland (2006): Gesamtstrategie der Kultusministerkonferenz zum Bildungsmonitoring. München: Wolters Kluwer Deutschland.

KMK – Sekretariat der Ständigen Konferenz der Kultusminister der Länder in der Bundesrepublik Deutschland (2010a): Das Bildungswesen in der Bundesrepublik Deutschland 2009.
Darstellung der Kompetenzen, Strukturen und bildungspolitischen Entwicklungen für
den Informationsaustausch in Europa. Zugriff unter: http://www.kmk.org/fileadmin/doc/
Dokumentation/Bildungswesen_pdfs/dossier_dt_ebook.pdf [Stand: 01.08.2011].

KMK – Sekretariat der Ständigen Konferenz der Kultusminister der Länder in der Bundesrepublik Deutschland (2010b): Schüler, Klassen, Lehrer und Absolventen der Schulen 1999
bis 2008. Statistische Veröffentlichungen der Kultusministerkonferenz (Dokumentation
Nr. 188). Zugriff unter: http://www.kmk.org/fileadmin/pdf/Statistik/SKL_2008_Dok_
Nr_188.pdf [Stand: 25.07.2011].

KMK – Sekretariat der Ständigen Konferenz der Kultusminister der Länder in der Bundesrepublik Deutschland (2010c): Allgemeinbildende Schulen in Ganztagsform in den Ländern
in der Bundesrepublik Deutschland. Statistik 2004 bis 2008. Zugriff unter: http://www.
kmk.org/fileadmin/pdf/Statistik/GTS_2008.pdf [Stand: 25.07.2011].

Koch, Lutz (2004): Allgemeinbildung und Grundbildung, Identität oder Alternative? Zeitschrift
für Erziehungswissenschaft, 7 (2), S. 183–191.

Kratzmann, Jens/Schneider, Thorsten (2009): Soziale Ungleichheiten beim Schulstart. Empirische Untersuchungen zur Bedeutung der sozialen Herkunft und des Kindergartenbesuchs

auf den Zeitpunkt der Einschulung. Kölner Zeitschrift für Soziologie und Sozialpsychologie, 61, S. 1–24.

Lehmann, Rainer/Lenkeit, Jenny (2008): ELEMENT. Erhebung zum Lese- und Mathematikverständnis. Entwicklungen in den Jahrgangsstufen 4 bis 6 in Berlin. Abschlussbericht über die Untersuchungen 2003, 2004 und 2005 an Berliner Grundschulen und grundständigen Gymnasien. Zugriff unter: http://www.landtag.sachsen-anhalt.de/fileadmin/downloads/Lehmann_2008.pdf [Stand: 01.08.2011].

Lichtenstein-Rother, Ilse/Röbe, Edeltraud (2005): Grundschule: Der pädagogische Raum für Grundlegung der Bildung. Weinheim: Beltz.

Maaz, Kai/Baumert, Jürgen/Gresch, Cornelia/McElvany, Nele (Hrsg.) (2010): Der Übergang von der Grundschule in die weiterführende Schule. Leistungsgerechtigkeit und regionale, soziale und ethnisch-kulturelle Disparitäten. Bonn: Bundesministerium für Bildung und Forschung.

Messner, Rudolf (2003): PISA und Allgemeinbildung. Zeitschrift für Pädagogik, 49 (3), S. 400–412.

Müller, Sabine/Pietsch, Marcus/Bos, Wilfried (2011): Schulinspektionen in Deutschland – eine erste empirische Zwischenbilanz. Münster: Waxmann.

OECD – Organisation For Economic Co-Operation And Development (2005): Education and training policy. Teachers Matter: Attracting, developing and retaining effective teachers. Paris: OECD.

Reuter, Lutz/Menz, Margarete (2009): Das Schulwesen in der Bundesrepublik Deutschland. In: Mertens, Gerhard/Frost, Ursula/Böhm, Winfried/Ladenthin, Volker (Hrsg.), Handbuch der Erziehungswissenschaft, Schule, Erwachsenenbildung, Weiterbildung (Bd. 2, S. 139–154). Paderborn: Ferdinand Schöningh.

Rodehüser, Franz (1987). Epochen der Grundschulgeschichte. Bochum: Winkler.

Rürup, Matthias (2007): Innovationswege im deutschen Bildungssystem. Die Verbreitung der Idee „Schulautonomie" im Ländervergleich (1. Aufl.). Wiesbaden: VS Verlag.

Schorch, Günther (2007): Studienbuch Grundschulpädagogik (3. Aufl.). Bad Heilbrunn: Klinkhardt.

Schwippert, Knut/Bos, Wilfried/Lankes, Eva-Maria (2004): Heterogenität und Chancengleichheit am Ende der vierten Jahrgangsstufe in den Ländern der Bundesrepublik Deutschland und im internationalen Vergleich. In: Bos, Wilfried/Lankes, Eva-Maria/Prenzel, Manfred/Schwippert, Knut/Valtin, Renate/Walther, Gerd (Hrsg.), IGLU. Einige Länder der Bundesrepublik Deutschland im nationalen und internationalen Vergleich (S. 165–190). Münster: Waxmann.

Statistisches Bundesamt (StBA) (2010): Allgemeinbildende Schulen. Schuljahr 2008/2009. (Fachserie 11, Reihe 1). Wiesbaden: Statistisches Bundesamt.

Statistisches Bundesamt (StBA) (2011): Bildung und Kultur. Allgemeinbildende Schulen. Schuljahr 2009/2010. (Fachserie 11, Reihe 1). Zugriff unter: http://www.destatis.de/jetspeed/portal/cms/Sites/destatis/Internet/DE/Content/Publikationen/Fachveroeffentlichungen/BildungForschungKultur/Schulen/AllgemeinbildendeSchulen2110100107004,property=file.pdf [Stand: 01.08.2011].

Stubbe, Tobias C. (2009): Bildungsentscheidungen und sekundäre Herkunftseffekte. Soziale Disparitäten bei Hamburger Schülerinnen und Schülern der Sekundarstufe I. Münster: Waxmann.

Terhart, Ewald (2005). Grundschularbeit als Beruf. In: Einsiedler, Wolfgang/Götz, Margarete/Hacker, Hartmut (Hrsg.), Handbuch Grundschulpädagogik und Grundschuldidaktik. (2. Aufl., S. 61–67). Bad Heilbrunn: Klinkhardt.

van Ackeren, Isabell/Bellenberg, Gabriele (2004): Parallelarbeiten, Vergleichsarbeiten und Zentrale Abschlussprüfungen. Bestandsaufnahme und Perspektiven. In: Bos, Wilfried/Holtappels, Heinz Günter/Pfeiffer, Hermann/Rolff, Hans-Günter/Schulz-Zander, Renate (Hrsg.), Jahrbuch der Schulentwicklung. Daten, Beispiele und Perspektiven (Bd. 15, S. 125–159). Weinheim: Juventa.

Wendt, Heike/Bos, Wilfried (2011): Fachdidaktik und Bildungsforschung – von der Notwendigkeit zur Kooperation im Zeitalter globalisierter Kompetenzen. In: Bauer, Karl-Oswald/Logemann, Niels (Hrsg.), Unterrichtsqualität und fachdidaktische Forschung. Modelle und Instrumente zur Messung fachspezifischer Lernbedingungen und Kompetenzen (S. 11–33). Münster: Waxmann.

Wendt, Peter (2008): Jahrgangsübergreifende Altersmischung. In: Jürgens, Eiko/Standop, Jutta (Hrsg.), Taschenbuch Grundschule. Grundschule als Institution (Bd. 1, S. 133–146). Baltmannsweiler: Schneider.

Wittenbruch, Wilhelm (2008): Bildung – ein pädagogischer Leitbegriff für Theorie und Praxis der Grundschule. In: Jürgens, Eiko/Standop, Jutta (Hrsg.), Taschenbuch Grundschule. Grundschule als Institution (Bd. 1, S. 1–12). Baltmannsweiler: Schneider.

Zymek, Bernd (2009a): Grundzüge der Schulentwicklung in Deutschland im 19. und 20. Jahrhundert. In: Mertens, Gerhard/Frost, Ursula/Böhm, Winfried/Ladenthin, Volker (Hrsg.), Handbuch der Erziehungswissenschaft, Schule, Erwachsenenbildung, Weiterbildung (Bd. 2, S. 67–86). Paderborn: Ferdinand Schöningh.

Zymek, Bernd (2009b): Expansion und Internationalisierung des deutschen Schulwesens nach 1945. In: Mertens, Gerhard/Frost, Ursula/Böhm, Winfried/Ladenthin, Volker (Hrsg.), Handbuch der Erziehungswissenschaft, Schule, Erwachsenenbildung, Weiterbildung (Bd. 2, S. 67–86). Paderborn: Ferdinand Schöningh.

Sekundäre Bildung in Deutschland

Wolfgang Lauterbach

Generell ist das Bildungssystem ein Ort systematischen Lernens, in dem eine formale Organisation und Methodisierung von Lehr-/Lernprozessen stattfindet. Systematisches Lernen in jungen Jahren ist speziell in Deutschland zu einem wesentlichen Teil in Schulen und in beruflichen Schulen verankert. Die Organisation derartiger Bildungsprozesse ist beim Kind und Jugendlichen am Alter, damit unmittelbar an der individuellen Entwicklung orientiert und innerhalb des Bildungssystems in Schulstufen organisiert (Fend 2006a).

1   Sekundäre Bildung: Was umfasst sie?

Sekundäre Bildung lässt sich als zentraler Bereich innerhalb des formalen Bildungssystems begreifen (Vgl. Tabelle 1). In Deutschland beginnt durch den bestehenden Rechtsanspruch auf einen Kindergartenplatz seit den 1990er Jahren der formale Bildungsprozess ab dem 3. Lebensjahr mit dem Elementarbereich (vgl. zum Elementarbereich ausführlich Braches-Chyrek im Handbuch). Es folgt der Primarbereich (zum Primarbereich ausführlich Wendt/Tarelli/Bos im Band) und ab dem Alter von 10 bis 12 Jahren des Kindes die sekundäre Bildung – gegliedert in die Sekundarstufe I bis zum Alter von 15 bis 16 Jahren (10. Jahrgang) sowie die Sekundarstufe II bis zum Alter von ca. 17 bis 18 Jahren (12. Jahrgang).

Hinsichtlich der Differenzierung nach Leistung als auch in Bezug auf die Präferenzen vieler Eltern mittlere und hohe Bildungsabschlüsse ihrer Kinder zu fördern, kommt der Sekundarstufe eine entscheidende Rolle zu. Denn bis einschließlich der Primarstufe durchlaufen die Kinder eine weitgehend einheitlich organisierte Schulform und erst danach erfolgt eine zentrale Differenzierung: die Wahl unterschiedlicher Schulformen sowie Schulen mit je verschiedenen pädagogischen Schwerpunktsetzungen, Profilen, Curricula, Organisationsformen und Lernkulturen. Dies geschieht in zwei Schritten: Zwischen dem 10. und dem 12. Lebensjahr erfolgt erstens in der Sekundarstufe I eine Differenzierung des Angebots schulischer Bildungsformen. Sie setzt sich zweitens fort in der Sekundarstufe II, in der zusätzlich zwischen schulischer und beruflicher Bildung differenziert wird: Es werden die gymnasiale Oberstufe auf den verschiedenen Schulformen, Fachoberschulen und Berufsfachschulen sowie die duale berufliche Ausbildung und dem beruflichen Grundbildungsjahr unterschieden (zur Berufsbildung vgl. den Beitrag von Heinemann im Band sowie weiter unten).

So differenziert die „sekundäre Bildung" unterteilt in Sekundarstufe I und II die Schulform und Einzelschule (Sekundarstufe I) sowie die formale Trennung zwischen schulisch allgemeinbildender und beruflicher Lernform (Sekundarstufe II). Tabelle 1 verdeutlicht die organisationalen Bildungseinrichtungen in Deutschland, die unter dem Begriff der sekundären Bildung zusammengefasst werden.

Somit hat bereits die sekundäre Bildung neben der allgemeinen Handlungsfähigkeit von Kindern und Jugendlichen und der individuellen Förderung von allgemeinbildenden Kompetenzen auch die gesellschaftliche Funktion der beruflichen Allokation: der Schaffung der „idealen" Passung zwischen den Fähigkeiten des Jugendlichen und den Anforderungen des Arbeitsmarktes.

Tabelle 1   Institutionen der sekundären Bildung in Deutschland

Bildungseinrichtung	Klassifizierung in Deutschland	Internationale Klassifizierung (ISCED97)*
Kindergarten/Vorschule (Alter 3–6/7)	Vorschulische Erziehung (Elementarbereich)	Pre-primary Education (ISCED 0)
Grundschule (bis Klasse 4 (6))	Primarstufe	Primary education (ISCED 1)
Hauptschule, Realschule, Gymnasium (bis Klasse 10)	Sekundarstufe I	Lower secondary of education (ISCED 2A)
Gymnasium (Klasse 11–13), Gesamtschulen (Klasse 11–13), Fachgymnasium	Sekundarstufe II	Upper secondary level of education (ISCED 3A)
Berufsschule Duales System (Erstausbildung), Berufsfachschule, die einen Berufsabschluss vermittelt	Sekundarstufe II	Upper secondary non-tertiary (ISCED 3B)
Fachoberschule, 2jährig, Berufsfachschule, die eine Studienberechtigung vermittelt	Sekundarstufe II	Upper secondary 8ISCED 3A)
Berufsschule (Duales System) (Zweitausbildung, beruflich)	Sekundarstufe II	Post-secondary, non tertiary (ISCED 4B)
Schulen des Gesundheitswesens, 2–3 jährig, Fachschule	Sekundarstufe II	Tertiary-type B (ISCED 5B)
Berufsakademie, Fachhochschule, Universität	Tertiärbereich	Tertiary-type B (ISCED 5a,5B,6)

Quelle: Eigene Darstellung, nach OECD 2010

* Im internationalen Kontext, zum Vergleich von Bildungssystemen und der Bildungsstruktur der Bevölkerung wird der ISCED (International Standard Classification of Education) verwendet. Er ist 1970 von der UNESCO zum ersten Mal diskutiert worden und schließlich wurde er 1997 als ein offizielles Instrument zum Vergleich von Ländern anerkannt. Er fungiert … ‚as an instrument suitable for assembling, compiling and presenting statistics of education both within individual countries and internationally'. (UNESCO 1997)

Durch den Aufbau (Struktur) des Bildungssystems in Deutschland erfolgt eine frühe soziale Verteilung von Schülern. Die Übergänge zwischen der Primarstufe und der Sekundarstufe I sowie nachfolgend der Übertritt in die Sekundarstufe II können quasi als ein „Rüttelsieb" betrachtet werden. In diesem werden für Schüler in jungen Jahren Weichenstellungen vorgenommen, schulische und berufliche Laufbahnen vorstrukturiert und geformt, so dass letzten Endes im jungen Erwachsenenalter die endgültige Passung zum Arbeitsmarkt stattfindet (Hillmert 2010; Weil/Lauterbach 2010; Becker 2009). Nach dem Verlassen der Sekundarstufe I oder II folgen die berufliche Ausbildung im dualen oder vollzeitschulischem Ausbildungssystem oder auch die Vorbereitung auf eine Ausbildung im Überbrückungssystem (Arbeitsgruppe Bildungsbericht 1990; Fend 2006a: 37 f.; Konietzka 2008; BMBF 2011; Weil/Lauterbach 2009).

Theoretisch realisiert wird dieser Übergang durch die Trias der schulischen und beruflichen Qualifikation (primäre und sekundäre Bildung) sowie des qualifikationsadäquaten Arbeitsmarkteintrittes[1]. Dem Modell des „Zwei-Schwellen-Überganges" von der Schule über das Ausbildungssystem in den Arbeitsmarkt, das für die Zeit bis Anfang der 1990er Jahre weitgehend galt, folgte ein Mehr-Schwellen Modell mehrmalig aufeinander folgender Ausbildungen und Praktika. Daher kommt der Sekundarstufe in Schulen seit ca. 15 Jahren auch eine immer größere Bedeutung hinsichtlich der Vorbereitung der Jugendlichen auf das Ausbildungssystem zu (Mertens 1976; Mayer 2004; Lauterbach/Wood 2012).

Insbesondere kommt bei dieser Organisation des schulischen und beruflichen Ausbildungssystems in der Sekundarstufe dem Einfluss des Elternhauses eine besondere Rolle zu: Eltern regeln und steuern die Übergänge zwischen den Schulstufen, Schulformen der Wahl der einzelnen Schule und auch des Übertrittes in eine berufliche Ausbildung in der Sekundarstufe II (Allmendinger/Aisenbrey 2002; Vester 2006; Baumert/Maaz/Trautwein 2009; Becker/Lauterbach 2009).

Betrachtet man im Folgenden die Struktur der Schülerschaft in der Sekundarstufe, die Organisation der Schulformen und die Abschlüsse, so ist historisch gesehen ein genereller Trend höherwertige Abschlüsse anzustreben erkennbar, auch wenn es Unterschiede zwischen Gruppen bspw. nach Migrantenzugehörigkeit in Bezug auf die Abschlüsse gibt (Kristen 2002; Kristen/Dollmann 2009; Beck/Jäpel/Becker 2010). Im Folgenden sollen langfristige Entwicklungen und Aspekte des Sekundarbereiches dargestellt werden.

---

1   Selbstverständlich lässt sich der Arbeitsmarkteintritt auch erst nach der tertiären Bildungsstufe vollziehen.

2   Die Organisation der Sekundarstufe I und II: 16 Länder – 16 Formen?

Historisch gesehen kann formuliert werden, dass nach dem Zweiten Weltkrieg in allen Bundesländern die Schulstruktur der Weimarer Zeit wieder etabliert wurde. Nach einer 4-jährigen Grundschulzeit folgte eine 5-jährige Oberstufe in der Hauptschule, oder man wechselte auf das Gymnasium oder die Mittelschule, die ab dem Jahre 1965 dann in Realschule umbenannt wurde. In der „sowjetisch besetzten Zone" (SBZ) wurde 1959 die polytechnische Oberschule eingeführt, eine Schulform, auf die alle Jugendlichen gingen und die aus einer Reform der 10-jährigen Mittelschule und der 8-jährigen Grundschule entstand. Diese Schulform kann als eine Art integrierte Schule bezeichnet werden, die ohne weitere Binnendifferenzierung auskam. Die Schulstruktur blieb in Westdeutschland bis in den 1960er Jahre dreigliedrig, das Nebeneinander von Haupt- und Realschule sowie dem Gymnasium hatte Bestand. Erst Ende der 1960er Jahre veränderte sich die Schullandschaft durch Einführung von Gesamtschulen, die sich vor allem am skandinavischen Modell der Einheitsschule orientierten (Tillmann 1987).

Die Einführung der Gesamtschule wurde jedoch nicht flächendeckend organisiert, sondern als ein Modellversuch durchgeführt. Augenscheinlichstes Merkmal der Einführung von Gesamtschulen waren zwei Aspekte: Die Gesamtschule wurde „neben" dem regulären dreigliedrigen Schulsystem eingeführt, das dreigliedrige Schulsystem blieb bestehen. Und zweitens folgte die Ausbreitung der Gesamtschulen den Vorgaben von Landesregierungen. In von der SPD geführten Bundesländern (Nordrhein-Westfalen, Hessen, Hamburg, Berlin) wurde die Gesamtschule stark ausgebaut, in Ländern, in denen lange Jahre die CDU oder die CSU regierten (Bayern, Baden-Württemberg, Rheinland-Pfalz) wurden kaum Gesamtschulen errichtet. Die Gesamtschule ersetzte das gegliederte Schulsystem in der Sekundarstufe I und II jedenfalls nicht.

Durch den Zusammenbruch der DDR kam es erneut zu einer Änderung der Schulstruktur. Das Schulsystem der DDR mit der einheitlich organisierten polytechnischen Oberschule wurde aufgelöst und es wurden unterschiedliche Modelle entlang der westdeutschen Schulstruktur eingeführt. Kennzeichen war u. a. die Einführung eines zweigliedrigen Systems in Sachsen, Thüringen und Sachsen-Anhalt. Aber auch Brandenburg hat mittlerweile ein dominant zweigliedriges System, wenngleich es einige wenige Gesamtschulen gibt.

So gesehen ist gegenwärtig der Wechsel vom Primar- in den Sekundarbereich hinsichtlich der Schulstrukturen sehr unterschiedlich geregelt (vgl. Tabelle 2).

Ein wesentliches Kennzeichen ist, dass sich in allen Bundesländern, bis auf Berlin und Brandenburg, der Wechsel nach dem 4. Schuljahr vollzieht. Obwohl die Anzahl der Schulformen in den Bundesländern verschieden sind, lässt sich trotzdem aus der recht heterogen erscheinenden Schulstrukturlandschaft erkennen, dass das Gymnasium in allen Bundesländern vorkommt. Es stellt quasi den „Königsweg" zum Abitur dar. Die Schulstruktur variiert zwischen 2 und 4 Schulformen. Auffallend ist, dass das klassische „dreigliedrige Schulsystem" nur noch in Bayern und Baden-Württemberg anzutreffen

Tabelle 2   Mehrgliedrigkeit in Deutschland

Differen-ziertheit	Schularten					Bundesländer	Mehrere Schulformen	Klassenstufe
	HS	RS	HRS	IGS	Gym			
Zweigliedrig			*		*	Sachsen	Mittelschule	5.–9./10.
						Sachsen-Anhalt	Sekundar-schule	5.–9./10.
						Thüringen	Regelschule	5.–9./10.
						Hamburg	Stadtteilschule	
						Berlin	Integrierte Se-kundarschule	7.–10./12./13.
						Bremen	Oberschule	5.–12./13.
Dreigliedrig	*	*			*	Baden-Würt-temberg		
						Bayern		
			*	*	*	Brandenburg	Oberschule	7.–10.
						Mecklenburg-Vorpommern	Regionale Schule	5.–10.
						Saarland	Erw. Realschule	5.–9./10.
						Rheinland-Pfalz	Realschule plus	5.–9./10./12.
						Schleswig-Holstein	Regionalschule	5.–9./10.
Viergliedrig	*	*		*	*	Hessen		
						Niedersachen		
						Nordrhein-Westfalen		

Quelle: Eigene Zusammenstellung

ist. Sechs Bundesländer, Berlin, Brandenburg, Sachsen, Bremen, Thüringen und Sachsen-Anhalt haben in den letzten Jahren ein zweigliedriges System eingeführt, indem sie Zusammenlegung der Haupt- und Realschule forcierten.

Wenngleich die Diskussionen in den letzten Jahren über die Bildungsstandards geführt wurden, so ist die Schulstrukturdebatte vor allem in der Sekundarstufe I davon wenig betroffen gewesen (Tillmann u. a. 2008). Schulstrukturen sind generell in ihrer derzeitigen Form Ausdruck historischer Entwicklungen sowie demografischer Veränderungen, in jüngster Zeit sind sie speziell dem Rückgang der Schülerzahlen in den letzten 10 Jahren geschuldet. Sehr gut kann dies an den Schulanfängerzahlen bspw. der Länder Brandenburg, Bremen oder Thüringen gesehen werden. Hier vollzog sich zwischen dem Ende der 1990er Jahre und den ersten Jahren des neuen Jahrhunderts zum

Teil ein Rückgang der Schulanfänger um mehr als 60 Prozent, so dass gerade auch in ländlichen Gebieten vor allem in östlichen Bundesländern eine verstärkte Konkurrenz zwischen den Grundschulen stattfand und Jahre später dann auch zwischen den Sekundarschulen (KMK 2006: 86). Aus der Entwicklung der Schülerzahlen kann geschlossen werden, dass die Zusammenlegung der Schulformen vermutlich einem demografisch bedingten politischen Entscheidungsprozess folgt. Am gegenwärtigen Diskussionsstand ist auch zu vermuten, dass die immer wieder kehrende öffentliche Debatte über eine Vereinheitlichung der Schulstrukturen zischen den Bundesländern in den nächsten Jahren vermutlich nicht stattfinden wird. Zum einen sind Schulstrukturfragen „vermintes Gelände" (Tillmann u. a. 2008: 276), da sie auf alte argumentative Positionen, die bis ins 19. Jahrhundert zurückgehen, verweisen. Zum anderen sind doch auch die Ergebnisse der Leistungsentwicklung der Schüler in den einzelnen Schulformen so heterogen, dass eine Zusammenlegung oftmals nicht ratsam erscheint, zudem ist kein einheitliches Bild zu erkennen.

Vergleicht man zusätzlich die erreichte Position im jungen Erwachsenenalter mit der besuchten Schulform bspw. in dem 8. oder 9. Jahrgang so zeigen sich klare Unterschiede zwischen Schulform und dem max. erreichten Bildungsabschluss. Befunde aus der LifE Studie zeigen beispielsweise, dass ca. jeder vierte Schüler im Alter von ca. 15 Jahren einen anderen Schulabschluss erwirbt, als dies noch durch die besuchte Schulform in der 8. Jahrgangsstufe zu erwarten gewesen wäre. Meist waren dies höhere Abschlüsse (Fend 2006b: 274). Die Schulform prädiziert also nur zu einem gewissen Teil den tatsächlich erreichten Schulabschluss.

Betrachten wir in einem zweiten Schritt den Übergang in eine weiterführende Schule, speziell die Regelungen, die in den Ländern für die Aufnahme auf das Gymnasium zur Anwendung kommen. Die Aufnahme in ein Gymnasium ist deswegen von tragender Bedeutung, da in den letzten Jahrzehnten zu beobachten ist, dass immer mehr Familien die Aufnahme in ein Gymnasium wünschen. Nur noch ein kleiner Anteil von unter 10 Prozent der Familien wünscht sich tatsächlich für ihre Kinder den Übergang in eine Hauptschule, obwohl die elterlichen Aspirationen für die gewünschte Schulform stark mit dem Status und dem damit zusammenhängende Statuserhaltungsmotiv korrelieren (Stocké 2009).

Aus Tabelle 3 ist deutlich erkennbar, dass der „freie Elternwille" in 9 Bundesländern zählt, während in den anderen 7 Bundesländern je unterschiedliche Regelungen in Bezug auf die Aussprache einer Empfehlung gelten.

Bedeutsam sind die Übergänge und die Regelungen deshalb, da sich Lernfortschritte der Kinder in der Sekundarstufe I unterschiedlich entwickeln. Je nach Schulform verläuft die Entwicklung anders, die unterschiedliche Komposition der Schülerschaft und die unterschiedlichen Förderpotentiale der Schulformen von der 5. oder 7. bis zur 10. Schulstufe tragen zu einer starken Auseinanderentwicklung der Leistungen der Schüler bei. Unter dem Gesichtspunkt der Aufnahme auf ein Gymnasium hat deshalb die Regelung, beispielsweise die Empfehlung der Lehrer oder der Wille der Eltern, eine besondere Relevanz. Lehrer können insbesondere bei leistungsstärkeren Kindern aus bildungsferneren Familien, die aus Gründen des Statuserhaltungsmotives nur eine Realschule für ihr Kind anstreben würden, durch eine Empfehlung für das Gymnasium motiviert werden, ihr Kind auch tatsächlich auf ein Gymnasium zu senden (Kleine/Paulus/Blossfeld 2009). Ergebnis von Befunden ist, dass insbesondere die Vorgaben der Institution Schule oder auch die Empfehlungen für den Bildungsgang insbesondere gerade bei bildungsfernen Eltern von besonderer Bedeutung sind (vgl. Kristen 2007).

Tabelle 3 Regelungen zur Aufnahme auf das Gymnasium in den Bundesländern

Bundesland	Prüfung/Probeunterricht zur Aufnahme
Baden-Württemberg	3. stufiges Verfahren; Aufnahmeprüfung (Deutsch/Mathe) Notendurchschnitte Realschule: 3,0; Gymnasium 2,5. Beratungsgespräch; Sind Eltern nicht einverstanden: Aufnahmeprüfung. – (Wechsel zur 5. Klassenstufe) (bis 2011; seitdem freie Entscheidung der Eltern)
Bayern	4. Klasse Durchschnitt (Deutsch, Mathe, Heimatkunde, Sachunterricht) besser als 2,33 Empfehlung Gymnasium; 2,66 Realschule; Jahrgangsstufe 5 Deutsch Mathe besser als 2,3; Deutsch, Mathe Englisch besser als 2,33, dann Realschule. Eine Eignungsfeststellung der Grundschule kann ggf. durch einen erfolgreich absolvierten Probeunterricht an der aufnehmenden Schulart erfolgen und „korrigiert" werden. Alle Eltern haben das Recht, ihr Kind zum Probeunterricht anzumelden. (Wechsel zur 5. Klassenstufe)
Berlin	Freie Elternwahl (Wechsel zur 7. Klassenstufe)
Brandenburg	Verfügung über Bildungsgangempfehlung AHR (Allgemeine Hochschulreife) und die Summe der Noten der Fächer Mathematik, Deutsch und erste Fremdsprache im Halbjahreszeugnis der Jahrgangsstufe 6 den Wert sieben nicht übersteigt. Sonst: Eignungsprüfung in Form eines Probeunterrichts (Wechsel zur 7. Klassenstufe)
HB, HH,	
Hessen, MP, NS, Rhl.-P., SL, SH	Freie Elternwahl (Wechsel zur 5. Klassenstufe)
NRW	Empfehlung der GS; ggf. Prognoseunterricht (3 Tage) teil. (Wechsel zur 5. Klassenstufe)
Sachsen	Elternantrag schriftliche Eignungsprüfung. Schüler der Klassenstufe 4 legen die Eignungsprüfung (schriftlich) an bestimmten Grundschulen ab. Note „gut" oder besser ist bestanden (Wechsel zur 5. Klassenstufe)
Sachsen-Anhalt	Eignungsfeststellung: schriftlichen Teil in den Fächern Deutsch/Mathematik & mündlichen Teil. – Im Ergebnis des Verfahrens wird unter Würdigung der Gesamtleistung im Verfahren und der schulischen Voraussetzungen die Schullaufbahnempfehlung der Grundschule bestätigt oder ersetzt. – (Wechsel zur 5. Klassenstufe)
Thüringen	Eine Aufnahmeprüfung besteht aus Probeunterricht an drei aufeinanderfolgenden Tagen mit jeweils vier Unterrichtsstunden. – Die Prüfungskommission setzt am Ende der Aufnahmeprüfung das Ergebnis „bestanden" oder „nicht bestanden" fest. (Wechsel zur 5. Klassenstufe)

Quelle: Kultusministerkonferenz, 18.10.2010; eigene Zusammenstellung

3   Schüler in Schulformen und Schulabschlüsse

Die historische Veränderung der Bedeutung der verschiedenen Schulformen, die in der Sekundarstufe I besucht werden können, lässt sich sehr gut am Anteil der Schüler in der 8. Klassenstufe ablesen. Tabelle 4 zeigt nachdrücklich, dass das Gymnasium zur am stärksten besuchten Schulform geworden ist und dies seit Mitte der 1990er Jahre.

Im Jahrgang 2009/10 besuchen ca. 35 Prozent aller Schüler das Gymnasium, und nur noch 17 Prozent die Hauptschule. Hingegen war zu Beginn der 1990er die Hauptschule noch die am häufigsten besuchte Schulform. In den letzten 15 Jahren sank dann die Zahl der Hauptschüler weiter konstant und die Zahl der Schüler auf Gymnasien stieg weiter auf gegenwärtig 35 Prozent an; der Anteil der Schüler auf den Realschulen bewegt sich kontinuierlich seit ca. 30 Jahren um 25 Prozent.

Nahezu 10 Prozent der Schüler besuchen seit Mitte der 1990er Jahre Integrierte Gesamtschulen. Gut erkennbar ist auch, dass seit Mitte der 1990er Jahre Schulen mit mehreren Bildungsgängen ins Leben gerufen wurden. Diese wurden vor allem als struk-

Tabelle 4   Schüler in Schulformen des 8. Jahrgangs seit 1955/56

| Schuljahr | Schulformanteile in % | | | | | |
	HS*	RS	GY	IGS	SMB**	FöSch
1955/56	69,5	8,3	14,6	–	–	2,7
1960/61	67,9	12,8	16,1	–	–	3,2
1965/66	63,1	15,2	18	–	–	3,8
1970/71	53,7	20,2	21,3	–	–	4,7
1975/76	43,8	23	24,9	3,2	–	5,1
1980/81	38,6	26,9	26	3,8	–	4,6
1985/86	36,8	27,9	26,2	4,6	–	4,4
1990/91	25,2	21,2	22,5	(26,5)***	–	4,1
1995/96	24,2	25,7	30,1	8,9	6,7	3,9
2000/01	22,5	24,5	29,7	9,3	9,3	4,1
2005/06	22,5	25,8	30,9	8,5	6,3	5,3
2009/10	17,0	27,1	35	9,7	7,3	8,6

Quelle: Dedering/Holtappels (2010): Schulische Bildung. S. 366; Statistisches Bundesamt, Fachserie 11, Reihe 1, 2009/10, S. 56.

* Bis 1965: Volksschulen.

** SMB: Schulen mit mehreren Bildungsgängen (i. d. R. verbundene oder teilintegrierte nichtgymnasiale Bildungsgänge)

*** Statistische Erfassung der noch nicht umgewandelten Polytechnischen Oberschulen (POS) unter Gesamtschulen

turelle Neuerungen in den ehemaligen ostdeutschen Ländern eingeführt. In diesen Ländern wird vor allem seit der Wiedervereinigung ein Schulwesen gestaltet, das in der Regel aus dem Gymnasium und einer weiteren Schulart mit Haupt- und Realschulbildungsgang besteht. Diese Situation, die doch recht unterschiedliche Konsequenzen für die Schülerzahlen in den einzelnen Schulformen hat, ist in der folgenden Tabelle 5 ersichtlich. Hier sieht man gerade die unterschiedliche Bedeutung der Schulen in den ostdeutschen Bundesländern.

Aber auch bei den anderen Schulformen gibt es starke Differenzen zwischen den Bundesländern. Während zum Beispiel nur zwischen 27 und 29 Prozent der Schüler das Gymnasium in Bayern und Baden-Württemberg besuchen, gehen ca. 36 Prozent aller Schüler in Berlin in das Gymnasium.

Tabelle 5   Schüler in unterschiedlichen Schulformen des 8. Jahrgangs 2005 differenziert nach Bundesländern

Land	Haupt-schule	Real-schule	Gymna-sium	Schulen mit mehreren Bil-dungsgängen	Gesamt-schule	Beruf-liche Schulen	Sonder-/Förder-Schulen
Baden-Württemberg	24,6	32,8	29,5	–	1,8	8,5	2,8
Bayern	30,5	29,5	27,5	–	0,6	9,4	2,5
Berlin	12,2	20,6	36,3	–	27,7	–	3,2
Brandenburg	–	18,1	33,2	–	44,5	–	4,2
Bremen	20,0	26,4	31,8	–	18,5	–	3,4
Hamburg	9,5	14,3	35,7	4,9	27,1	5,4	3,2
Hessen	15,2	27,3	32,0	–	17,1	5,1	3,3
Mecklenburg-Vorpommern	–	–	32,5	54,6	5,9	1,7	5,4
Niedersachsen	25,6	34,3	28,9	0,4	4,3	3,1	3,5
Nordrhein-Westfalen	24,3	26,0	29,3	–	16,6	–	3,8
Rheinlandpfalz	17,5	23,8	28,1	14,7	4,8	8,0	3,1
Saarland	–	2,0	29,2	39,2	14,6	11,9	3,1
Sachsen	–	–	32,0	61,2	0,2	2,6	4,1
Sachsen-Anhalt	–	–	33,9	57,4	1,8	1,7	5,2
Schleswig-Holstein	26,7	32,1	26,9	–	7,1	4,1	3,1
Thüringen	–	–	34,7	53,7	2,2	4,5	4,9

Quelle: PISA 2006 -Konsortium Deutschland: PISA 2006 in Deutschland. Die Kompetenzen der Jugendlichen im dritten Ländervergleich. Zusammenfassung, S. 5

Die unterschiedlichen Schulstrukturen in den einzelnen Ländern reflektieren vor allem die sehr starken länderspezifischen Traditionen, gerade in der Sekundarstufe I und II (Tillmann u. a. 2008).

4   Klassenwiederholungen und Übergänge in der Sekundarstufe

In Deutschland ist es möglich, aufgrund zu schlechter Leistungen eine Klassenstufe zu wiederholen. Im Bildungsbericht 2006 wurde ausgewiesen, dass es vor allem in der Sekundarstufe I und II bei durchschnittlich jedem dritten Schüler zu einer Wiederholung kommt. Im Schuljahr 2008/09 wiederholten bspw. ca. 184 000 Schüler einmal eine Klasse. (Bildungsbericht 2010: 248) . Zwar hat sich die Quote der Wiederholer seit dem Schuljahr 2006/07 reduziert, trotzdem gibt es nach wie vor große Unterschiede zwischen den einzelnen Bundesländern. Zwischen der Sekundarstufe I und der Sekundarstufe II finden sich kaum Unterschiede. Allerdings wiederholen mit einem Anteil von 3,6 und 3,0 Prozent in den Schuljahren 2006/07 und 2008/09 mehr Schüler in der Sekundarstufe I die Klasse als in der Sekundarstufe II (3,0 und 2,6 Prozent) (Bildungsbericht 2010: 248).

Tabelle 6 zeigt die Quote der Wiederholer im historischen Verlauf seit Mitte der 1990er Jahre. Es zeigt sich, dass die meisten Wiederholungen in der Sekundarstufe I auf der Realschule stattfinden. Mit ca. 5 Prozent der Schüler ist der Anteil der Wiederholer in dieser Schulform am höchsten. Im Gymnasium hingegen am niedrigsten. Auffallend

Tabelle 6   Quote der Wiederholer* im historischen Verlauf (Sekundarbereich I)

Schuljahr	Hauptschule	Schulen mit mehreren Bildungsgängen	Realschule	Gymnasium
1995/96	3,4 (3,8/2,8)	3,4 (4,3/2,4)	5,3 (6,1/4,6)	2,9 (3,5/2,3)
2000/01	4,3 (4,3/3,5)	3,9 (4,8/2,8)	6,0 (6,9/5,1)	3,2 (4,0/2,5)
2004/05	4,6 (4,6/3,6)	4,6 (5,5/3,6)	5,1 (5,8/4,5)	2,3 (2,8/1,9)
2007/08	4,1 (4,5/3,6)	4,3 (5,0/3,5)	5,2 (5,8/4,5)	2,3 (2,9/1,7)

Quelle: Bildungsbericht 2008: 259; Bildungsbericht 2010: 248

Legende: Durchschnitt (Jungs/Mädchen)

* Die Wiederholerquote entspricht dem Anteil der Schülerinnen und Schüler, die im vorangegangenen Schuljahr dieselbe Jahrgangsstufe besucht haben, bezogen auf die Schülergesamtzahl in der betrachteten Jahrgangsstufe. Als Wiederholer können auch Schülerinnen und Schüler gelten, die freiwillig eine Jahrgangsstufe wiederholen, sowie jene, die Zugänge aus dem Ausland oder sonstige Seiteneinsteiger sind. Schülerinnen und Schüler, die nach dem Stichtag der amtlichen Schulstatistik im Verlauf des betrachteten Schuljahres zurückgestellt werden, gehen nicht als Wiederholer ein. Aufgrund der Einführung der flexiblen Schuleingangsstufe in vielen Ländern werden Wiederholer erst ab der 3. Jahrgangsstufe statistisch ausgewiesen.

ist hingegen, dass unabhängig von der Schulform Jungen häufiger die Klasse wiederholen als Mädchen.

Auffallend ist aber auch, dass gerade Klassenwiederholungen kaum einen Effekt auf den weiteren Schulverlauf – im Sinne einer Kompetenzsteigerung – haben (Klemm 2009).

Konzentriert man sich auf die Frage des Überganges in die Sekundarstufe II und fragt nach der Durchlässigkeit in Abhängigkeit von der Schulform, die in der Sekundarstufe I besucht wird, so wird die trennende Wirkung der Schulformen mit ihren je unterschiedlichen Curricula und Anforderungen doch recht deutlich (vgl. Tabelle 7). Der Übertritt auf das Gymnasium in die Sekundarstufe II wird nahezu ausschließlich von Schülern vollzogen, die auch bereits in der Sekundarstufe I auf dem Gymnasium sind. Mehr als 9 von 10 Schülern in der Sekundarstufe II besuchten auch ein Gymnasium in der Sekundarstufe I. Und nur ca. 7 Prozent schaffen den Übergang von einer Realschule auf das Gymnasium (vgl. auch Henz/Maas 1997).

Völlig anders hingegen die Situation auf einer Gesamtschule. Mehr als 16 Prozent kommen im Schuljahr 2008/09 von einer Realschule und immerhin schaffen ca. 3 bis 4 Prozent den Übertritt von einer Hauptschule.

In diesem Sinne kann formuliert werden, dass die Sekundarstufe II auf einem Gymnasium eine sehr homogene Schulstufe hinsichtlich der Zusammensetzung der Schüler-

Tabelle 7   Übergänge in die Sekundarstufe II: Gymnasium oder Integrierte Gesamtschule 2000/01 bis 2008/09 (11. Jg.)

	Hauptschule	Realschule	Schulen mit mehreren Bildungsgängen	Gymnasium	Integrierte Gesamtschule
Gymnasium					
2000/01	0,3	4,7	0,1	90,8	1,1
2003/04	0,3	4,8	0,1	89,8	0,9
2006/07	0,3	5,3	0,2	92,6	1,2
2008/09	0,2	5,3	0,3	92,7	1
Integrierte Gesamtschule					
2000/01	2,9	9,2	0,3	5,0	77,4
2003/04	3,7	12,4	0,3	6,4	70,5
2006/07	4,1	14,8	0,7	5,9	73,1
2008/09	3,5	16,4	0,7	6,0	71,4

Quelle: Bildungsbericht 2010: 249

schaft ist. Kaum ein Schüler in der 11. und 12. Klasse kommt von einer anderen Schule in die gymnasiale Oberstufe.

5   Ausländer, Migranten und Deutsche im Vergleich (Sekundarstufe I und II)

Die in jüngster Zeit bedeutsamer gewordene Diskussion über die starke Leistungssegregation zwischen Migranten und Deutschen zeigt sich vor allem in den Sekundarstufen I und II. Und zwar immer hinsichtlich der erbrachten Qualifikationen und auch in den seit dem Jahr 2000 regelmäßig durchgeführten Leistungsvergleichsstudien (Becker 2011; Stanat 2006; Beck/Jäpel/Becker 2011; auch den Beitrag von Scherr/Niermann in diesem Band).

Differenziert man nach der im statistischen Bundesamt noch verwendeten Kategorie Ausländer und Deutsche, so zeigen sich große Differenzen zwischen Deutschen und Ausländern hinsichtlich ihres Abschlusses (vgl. Tabelle 8).

Insgesamt ist sichtbar, dass das Gymnasium mit dem Abschluss des Abiturs in der Sekundarstufe II der in Deutschland am häufigsten gewählte Abschluss ist. Seit den 1990er Jahren steigt der Anteil der Schüler mit diesem Abschluss kontinuierlich, so dass nahezu jeder dritte Schüler mit dem Abschluss des Abiturs die Sekundarstufe II verlässt. Vergleicht man die Prozentzahl der Abschlüsse mit den Schülern, die in der 8. Klasse

Tabelle 8   Schulabgänger der Sekundarstufe I und II nach Abschluss (Prozentangaben)

	1992	2000	2010
Deutschland gesamt			
Ohne Abschluss	8,2	9,3	6,1
Hauptschulabschluss	27,0	25,1	20,8
Realschulabschluss	40,1	40,0	40,5
Fachhochschulreife	0,7	1,0	1,6
Allg. Hochschulreife	24,0	24,7	31,0
Nur ausländische Kinder/Jugendliche			
Ohne Abschluss	20,9	19,9	12,8
Hauptschulabschluss	44,4	40,2	37,6
Realschulabschluss	26,3	28,9	35,6
Fachhochschulreife	0,6	1,2	1,6
Allg. Hochschulreife	7,8	9,8	12,4

Quelle: Statistisches Bundesamt, Zeitreihen zu Fachserie 11, Reihe 1.

das Gymnasium besuchen (Tabelle 4), so wird aber auch offenkundig, dass ein Wechsel der Schulform recht ausgeprägt ist.

Im Schuljahr 2009/10 besuchen 35 Prozent aller Schüler das Gymnasium, aber es erreichen nur 30 Prozent das Abitur. Hingegen nimmt der Hauptschulabschluss in der Sekundarstufe I kontinuierlich ab und die Realschulabschlüsse bleiben im historischen Verlauf nahezu konstant.

Aber es gibt einen markanten Unterschied zu den Kindern ausländischer Eltern. Bei ihnen ist der Hauptschulabschluss mit ca. 37 Prozent der am häufigsten auftretende Schulabschluss. Betrachtet man gemeinsam den Anteil an ausländischen Kindern ohne Schulabschluss und mit einem Hauptschulabschluss, so wird sehr klar ersichtlich, dass gegenwärtig etwa jeder zweite ausländische Jugendliche keinen Abschluss oder nur einen Hauptschulabschluss hat. Somit finden sich vor allem große Anteile an Schülern mit einer ausländischen Staatszugehörigkeit bei den Schülern ohne Schulabschluss wieder. Die generell seit den 1970er Jahren stattfindende Höherqualifikation (educational upgrading) fand daher zu einem großen Teil ohne die Schüler mit einer ausländischen Staatsangehörigkeit statt. Geißler hat dies treffend in einem im Jahre 2005 veröffentlichten Aufsatz beschrieben: Er verglich die 1960er Jahre mit heute und benannte die teilweise stattfindende Abkopplung der Ausländer als eine Metamorphose von der „benachteiligten Arbeitertochter vom Lande" in den 1960er Jahren hin zum gegenwärtig „benachteiligten Sohn ausländischer Eltern, der in Großstädten lebt" (Geißler 2005).

Vergleichbare Differenzierungen – nun nach dem Migrationshintergrund – wie er bei PISA definiert wurde, zeigen sich auch bei den Vergleichsarbeiten 15-jähriger in den Jahren 2003 und 2006[2] (siehe Tabelle 9).

In beiden Jahren wird deutlich, dass Migranten jeweils deutlich niedrigere Werte in der Lesekompetenz aufweisen, als die 15-jährigen Schüler nicht deutscher Herkunft. Dies sowohl in der Hauptschule als auch auf dem Gymnasium.

Zusammenfassend lässt sich für die Sekundarstufe festhalten, dass starke länderspezifische Unterschiede zu sehr differenten Schulformen führen, dass die Klassenwiederholung zunehmend in den Hintergrund tritt, und dass sowohl bei den Abschlüssen als auch bei dem Lesekompetenzen Migranten und Schüler ausländischer Eltern zu einem wesentlichen Teil niedrigere oder keine Schulabschlüsse absolvieren oder niedrige Kompetenzwerte erreichen, dies unabhängig von der Schulstufe.

---

2   Das Statistische Bundesamt ermittelt seit dem Jahre 2005 Daten zur Feststellung, ob Personen einen Migrationshintergrund haben. Genau werden Angaben zur Zuwanderung, Staatsangehörigkeit und Einwanderung des jeweiligen Befragten sowie dessen Eltern erfragt. Als Personen mit Migrationshintergrund gelten „alle nach 1949 auf das heutige Gebiet der Bundesrepublik Deutschland Zugewanderten, sowie alle in Deutschland geborenen Ausländer und alle in Deutschland als Deutsche Geborenen mit zumindest einem nach 1949 zugewanderten oder als Ausländer in Deutschland geborenen Elternteil"

Tabelle 9   Schulartverteilung*, Lesekompetenz 15-jähriger Schüler im Jahr 2003
                   und 2006 nach Migrationshintergrund und sozio-ökonomischem
                   Status (ISEI)**

ISEI	Insgesamt	HS	RS	SMBG	GYM	IGS	Lesekompetenz
2003							
Ohne Migrationshintergrund							
Niedrig	20,2	30,9	21,9	22,6	14,1	10,5	471
Mittel	52,6	15,1	29,3	14,4	30,9	10,2	516
Hoch	27,2	6,4	19,0	6,6	59,7	8,3	556
Zusammen	100	16,4	24,8	14,2	34,7	9,9	515
Mit Migrationshintergrund (Mind. 1 Elternteil im Ausland geboren)							
Niedrig	41,8	45,3	27,3	4,3	9,9	13,2	433
Mittel	41,0	26,8	32,1	4,1	25,8	11,2	475
Hoch	17,1	13,6	19,5	3,0	54,3	9,6	525
Zusammen	100	34,1	27,1	4,3	22,6	11,9	458
2006							
Ohne Migrationshintergrund							
Niedrig	19,5	30,5	26,0	19,5	12,9	11,1	479
Mittel	52,9	15,6	30,2	11,4	33,1	9,6	521
Hoch	27,6	5,6	20,3	5,5	61,3	7,3	558
Zusammen	100	16,0	26,6	11,5	36,6	9,3	522
Mit Migrationshintergrund (Mind. 1 Elternteil im Ausland geboren)							
Niedrig	44,7	45,7	28,8	3,1	10,7	11,9	441
Mittel	39,6	29,8	28,7	3,8	26,3	11,4	488
Hoch	15,6	15,7	22,5	2,5	50,5	8,9	533
Zusammen	100	36,3	26,8	3,3	22,1	11,5	469

* Ohne Freie Waldorfschulen, Förderschulen und berufliche Schulen

** Für jede Schülerin und jeden Schüler wurde der Index für den höchsten beruflichen Status der Familie gebil-
det (HISEI). Gegenübergestellt werden die 25 % der Schülerinnen und Schüler mit den höchsten Indexwerten
(Hoch), diejenigen 50 % mit mittleren (Mittel) und jene 25 % mit den niedrigsten Indexwerten (Niedrig). Die
Gesamtzahl (Zusammen) entspricht nicht der Summe dieser HISEI-Quartile, da zusätzlich Schülerinnen und
Schüler ohne gültige HISEI-Angabe einbezogen werden.

Quelle: Bildungsbericht 2010: 247 (eigene Darstellung)

6 Die Sekundarstufe und die berufliche Bildung: Das Markenzeichen Deutschlands

Die sekundäre Bildung in Deutschland umfasst aber nicht nur die schulische Bildung, sondern eben auch die berufliche (vgl. ausführlich zu Berufsbildung Heinemann im Handbuch). Blickt man sich das deutsche Bildungssystem an, so findet man zu allererst eine Trennung zwischen schulischem und höherem Bildungssystem, wobei sich das höhere Bildungssystem noch einmal institutionell organisatorisch aufteilt in das System der höheren Allgemeinbildung und das System der beruflichen Ausbildung. Beide Systeme erfüllen unterschiedliche Aufgaben für die Gesellschaft und basieren auf unterschiedlichen institutionellen Ordnungen. Das System der höheren Allgemeinbildung, das die Universitäten und die Fachhochschulen umfasst, basiert eher auf der Idee der Vermittlung allgemeiner Kenntnisse, als streng beruflicher Kenntnisse und basiert wesentlich auf der Idee W. von Humboldts, eine Institution zu schaffen, die sich bewusst zu Beginn des 19. Jahrhunderts gegen die aufkommende Frühindustrialisierung und die damit zusammenhängenden beruflichen Tätigkeiten abgrenzt. Damit war bis in das Schulwesen hinein die Struktur von Gymnasium und nachfolgender Allgemeinbildung konstituiert. Dem gegenüber stehen das traditionelle Handwerk sowie die darauf aufbauende industrielle Produktionsweise und die auf Anwendung und Praktikabilität ausgerichtete Ausbildung[3].

Als Konsequenz folgt, dass sich nahe an der Praxis ein berufsbezogenes Ausbildungssystem entwickelte. Dieses etablierte sich in der Mitte des 19. Jahrhunderts als ein Modell der Betriebsausbildung (Stratmann u. a. 1985). Und gegen Ende des 19. und zu Beginn des 20. Jahrhunderts wurde dieses Prinzip der handwerklichen Ausbildung von der Industrie übernommen und die aufkommende Industrialisierung verlangte durch die Übernahme handwerklicher Produktion in die industrielle Produktion eine immer qualifiziertere Arbeiterschaft. Durch die verspätete Industrialisierung Deutschlands und durch die Übernahme handwerklicher Fertigkeiten in eine industrielle Produktion setze die Produktion in Deutschland auf eine qualitativ hochwertige Produktion von Gütern, etwa in dem bis heute sehr bedeutsamen Zweig des Maschinenbaus. Abelshauser (2004) beschrieb diesen Weg als „diversifizierte Qualitätsproduktion" und als besonderes Merkmal Deutschlands, etwa im Unterschied zur stark tayloristischen Industrieproduktion Englands.

Damit war ein Sonderweg Deutschlands vorgezeichnet, der die Produktion bis heute prägt: Es werden hochwertige Produkte hergestellt, die bereits zu Beginn der Industria-

---

3   Die Gymnasialbildung war damit auf das Studium ausgerichtet und die hohe Übergangsquote von Anfangs ca. 90 Prozent bis noch heute ca. 50 Prozent zeugen von dieser hohen Bedeutung. Gymnasiasten besuchen das höhere Bildungswesen. Es fand ergo eine Trennung des höheren Bildungssystems statt, bei der die Beamten und die akademischen Berufe im höheren allgemeinen Bildungssystem wählten, und Handwerk, Industrie und Gewerbe eher einfachen Kulturtechniken und Nützlichkeitsgedanken folgten.

lisierung auf den Export ausgerichtet waren und deren Markenzeichen der Facharbeiter war und bis heute ist. Der Facharbeiter, der über die berufliche Ausbildung und die Zusatzqualifikation zum Meister werden kann, stellt quasi den Kern der deutschen Handwerks- und Industrieproduktion dar. Sieht man sich die Entwicklung der sektoralen Beschäftigung hierzu an, so wird sehr deutlich, dass der Handwerker oder Facharbeiter in der Industrie das Ausbildungs- und Beschäftigungsmodell schlechthin für Deutschland war und bis heute im Vergleich mit anderen Ländern noch ist.

Das berufliche Ausbildungssystem ist nun Teil der sekundären Bildung. Es umfasst gerade die Schulung von Fertigkeiten, die im Handwerk oder auch in der industriellen Fertigung stark nachgefragt werden. Es gliedert sich in drei Komponenten: (1) das duale System, (2) das vollzeitschulische Ausbildungssystem oder auch Schulberufssystem genannt und (3) das Übergangssystem.

Zu (1): Das duale System ist der „Stolz" der Industrie- und Handelskammern und wird im internationalen Vergleich als vorbildlich gesehen. Vor allem in der zweiten Hälfte des 20.Jahrhunderts wurde die Dualität der Ausbildung, die Aufteilung in Betrieb und in Teilzeitschule immer wieder als bedeutsam gesehen, denn es werden allgemeine und betrieblich-berufliche Qualifikationen „in einem" vermittelt. Das duale System bildet aus für einen anerkannten Ausbildungsberuf nach dem Berufsbildungsgesetz (BBiG) oder der Handwerksordnung (HwO), wobei die Ausbildung zweigeteilt ist. Sie erfolgt zu etwa zu 80 Prozent innerhalb eines Betriebes und zu einem weitaus geringeren Teil in einer Teilzeitberufsschule. Der betrieblich-praktische Teil ist bundeseinheitlich geregelt, so dass die Qualifikationsprofile, die in den Betrieben vermittelt werden, in ganz Deutschland einheitlich sind. Kontrolliert wird die Einheitlichkeit und auch der Standard der Ausbildung durch die Kammern und den zuständigen Stellen, die im Berufsbildungsgesetz benannt sind. Das duale Ausbildungssystem gilt innerhalb der Ausbildungen als der „Königsweg" der Qualifikation für den Arbeitsmarkt (Berufsbildungsbericht 2005, 2008).

(2) Das vollzeitschulische System bildet in einem anerkannten Beruf aus und ist formal einer Ausbildung im dualen System gleichgestellt. Die Verantwortung für diese Ausbildung liegt allerdings in einer Hand und unter der Verantwortung eines alleinigen Trägers, der auch für alle Praktika im dem zu erlernenden Beruf zuständig ist. In beiden Ausbildungssystemen ist die organisatorische Kopplung zwischen Schul- und Berufsausbildung sehr eng. Die verschiedenen Schulzweige qualifizieren allerdings für den Zugang zur Ausbildung recht verschieden: Zu einem sehr großen Teil ist es gerade die Hauptschule, die für das Handwerk und die Industrie qualifiziert, das Gymnasium für die höhere Allgemeinbildung und die Realschule teils für die Berufe im Angestellten- und Dienstleistungsbereich.

Neben diesen beiden beruflichen Ausbildungssystemen ist es gerade das neu geschaffene Übergangssystem (3), das seit den 1980er Jahren bestimmte Probleme der Ausbildungs- und Arbeitsmarktintegration von Jugendlichen auffangen soll (s. dazu den Beitrag von Kohlrausch im vorliegenden Band). Dieses System dient gerade nicht der Qualifikation in einem Beruf, weder im Sinne des dualen Systems noch im Sinne des vollzeitschulischen Systems. Die Möglichkeiten, die ergriffen werden können, dienen der Qualifikation unterhalb eines Lehrberufes, sie dient der Qualifikation zur Vorbereitung auf eine berufliche Ausbildung. Es kann ein Schulabschluss nachgeholt werden oder durch Berufsvorbereitung, Berufsorientierung oder Teilqualifikation auf einen Lehrberuf im dualen System vorbereitet werden. Das Übergangssystem ist also kein berufsqualifizierendes System, sondern ein vorbereitendes System, das von vielen Trägern organisiert wird. Berufsschulen, Berufsfachschulen und auch die Bundesagentur für Arbeit initiieren und finanzieren Maßnahmen.

Damit ist dieses System geschaffen worden, um Jugendliche zu unterstützen, die gerade nicht im dualen oder vollzeitschulischen System eine Ausbildung absolvieren können. Es zielt ergo auf die Stärkung von Kompetenzen im persönlichen und sozialen Bereich, aber auch auf den Erwerb von Zertifikaten, die dokumentieren, dass „der Jugendliche" geeignet ist eine Ausbildung zu absolvieren (kritisch zum Übergangssystem Kohlrausch in diesem Handbuch).

Während nun der Schulabschluss den Zugang zum schulischen und hochschulischen Ausbildungssystem im sekundären und tertiären Teil des Bildungssystems regelt, ist der Einstieg in das duale berufliche Ausbildungssystem quasi ohne schulische Qualifikation möglich. Mit der Bildungsexpansion der 1960er Jahre wurden allerdings zunehmend Schranken gesetzt, so dass gegenwärtig sogar mehr als 70 Prozent der Jugendlichen im dualen System einen mittleren und höheren schulischen Abschluss aufweisen (Berufsbildungsbericht 2005). Diese Entwicklung, das „educational upgrading" führte dann für den Übergang in das berufliche Ausbildungssystem zu massiven Veränderungen der beruflichen Qualifikation im sekundären Bildungsbereich.

Jugendliche, die die Schule mit einem Hauptschulabschluss (ca. 21 Prozent 2009) oder einem Realschulabschluss (ca. 40 Prozent 2009) verlassen, haben ein großes Spektrum an Wahlmöglichkeiten innerhalb des Ausbildungssystems. Allerdings zeigen sich auch hier bereits starke Differenzierungen nach dem Grad der schulischen Ausbildung. Der tatsächliche Übergang zum beruflich vollqualifizierenden Ausbildungssystem ist für Hauptschüler sehr viel schwieriger als für Realschüler oder auch Gymnasiasten. Hauptschüler münden mit gut 50 Prozent in das Übergangssystem während es bei den Realschülern nur knapp 25 Prozent sind (Lauterbach/Weil 2009: 334).

Berufsausbildungen, die Hauptschülern zugänglich sind, bereiten meist immer nur auf traditionelle handwerkliche Ausbildungen vor, wie etwa Bäcker, Friseur, KFZ-Mechaniker, die auch körperliche Anstrengungen erfordern. Zudem nehmen sie oft auch Hauswirtschafts- oder einfache Dienstleistungen auf, die auf gering ausdifferenzierte Zuarbeiterfunktionen vorbereiten (Leschinsky 2008: 400). Realschüler münden dagegen eher in Ausbildungen zu Handels-, Büro-, oder Gesundheitsberufe ein. Diese beruflichen Qualifikationen, werden in Folge der Transformation von der Dienstleistungs- zur Wissensgesellschaft tendenziell weniger gebraucht.

Betrachten wir nun die Schüler, die ohne eine schulische Qualifikation das Schulsystem verlassen und als Teil der sekundären Bildung eine berufliche Qualifikation aufnehmen wollen. Generell hat sich in den letzten Jahren hier eine zentrale „Schieflage" ergeben, die sich vornehmlich auf junge Männer ausländischer Herkunft bezieht. Es sind Jugendliche die keinen Schulabschluss haben und fast ausnahmslos von der Hauptschule kommen oder einen Sonderschulabschluss haben. Obwohl ihr Anteil seit den 1960er Jahren kontinuierlich zurückging, von ca. 20 Prozent auf gegenwärtig 10 Prozent, ist das Niveau seit den 1990er Jahren mit ca. 8 bis 10 Prozent nahezu konstant (Solga/ Wagner 2004). Für diese Jugendlichen ist der Übergang in das duale oder vollzeitschulische Ausbildungssystem besonders schwer. Nahezu 80 Prozent der Schüler ohne Schulabschluss münden in das Übergangssystem und besuchen eine berufsvorbereitende Maßnahme im Übergangssystem (Konsortium Bildungsberichterstattung 2006: 83).

7   Zusammenfassung

Das sekundäre Bildungssystem in Deutschland hat eine zentrale Funktion innerhalb des gesamten Bildungssystems inne: Es vereinbart schulische und berufliche Bildungskomponenten, und es ist durch die Gliederung der Schule in Schulformen und die daran anschließenden ausbildungsspezifischen Wege in den Arbeitsmarkt stark strukturierend für den gesamten Bildungsverlauf von Kindern und Jugendlichen. Seit dem generellen „educational upgrading" von Schülern nimmt die Bedeutung der Hauptschule als einer zentralen schulischen Organisationsform immer weiter ab. Das Gymnasium entwickelt sich zum Kern der schulischen Qualifikationsformen und die Dreigliedrigkeit weicht immer stärker einer Zweigliedrigkeit, in der die Realschule und die Hauptschule zu einer Schulform zusammengelegt werden.

Unterstützt wird diese Entwicklung durch die fünf ostdeutschen Bundesländer, die durch die Einführung eines Zweigliedrigen Schulsystems hier als Vorreiter einer Entwicklung gesehen werden können, die einen großen Teil der Hauptschulproblematik erst gar nicht hat entstehen lassen. Trotzdem wird sich aber weiterhin die Dreigliedrigkeit in den Bundesländern erhalten, in denen durch eine gut ausgebaute handwerklich-industrielle Infrastruktur eine berufliche Qualifikation möglich ist. Dies betrifft vornehmlich die Bundesländer Bayern und Baden-Württemberg.

Innerhalb der schulischen Ausbildung im Sekundarbereich zeigt sich zunehmend, dass Migranten, vor allem Jungen, eine immer problematischere Gruppe darstellen. Sie sind beim Umbau des Arbeitsmarktes zu einem stärker wissensbasierten auf große Probleme gestoßen. Ausländische Jugendliche mit geringen Sprachkompetenzen haben erhebliche Schwierigkeiten, die Schule regulär abzuschließen und danach eine berufliche Ausbildung aufzunehmen. Sie wechseln eher in das Übergangssystem und kommen innerhalb des Systems dann kaum noch in eine vollqualifizierende Berufsausbildung. Das Erstarken der Wissensgesellschaft, also von Berufen, die eher einer Ausbildung im tertiären Bildungsbereich erfordern und die Anpassungsträgheit des Ausbildungssystems bewirken, dass gerade Berufe und damit auch Ausbildungsqualifikationen, die traditionell für Hauptschüler vorgesehen waren, immer problematischer werden. Jugendliche ohne Schulabschluss oder mit einer einfachen Hauptschulausbildung haben es innerhalb der sekundären Bildung immer schwerer, eine traditionelle berufliche Ausbildung zu erwerben. Indikatoren innerhalb des sekundären Bildungsbereichs sind hierfür der konstant gebliebene Anteil an Schülern ohne schulischen Bildungsabschluss und der hohe Teil an ausländischen Schülern mit einem Hauptschulabschluss.

Literatur

Allmendinger, Jutta/Aisenberg, Silke (2002): Soziologische Bildungsforschung. In: Tippelt, Rudolf (Hrsg.), Handbuch Bildungsforschung. Opladen: Leske+Budrich, S. 41–61.

Arbeitsgruppe Bildungsbericht am Max Planck Institut für Bildungsforschung (1990): Das Bildungswesen in der Bundesrepublik Deutschland. Reinbek: Rowohlt.

Baumert, Jürgen/Maaz, Kai/Trautwein, Ulrich (2009): Bildungsentscheidungen. Wiesbaden: VS Verlag für Sozialwissenschaften.

Beck, Michael/Jäpel, Franziska/Becker, Rolf (2010): Determinanten des Bildungserfolges von Migranten. In: Quenzel, Gudrun/Hurrelmann, Klaus (Hrsg.): Bildungsverlierer. Neue Ungleichheiten. Wiesbaden: VS Verlag für Sozialwissenschaften, S. 313–340.

Becker, Rolf (2009): Lehrbuch der Bildungssoziologie. Wiesbaden: VS Verlag für Sozialwissenschaften.

Becker, Rolf/Lauterbach, Wolfgang (2009): Bildung als Privileg – Ursachen, Mechanismen, Prozesse und Wirkungen. In: Becker, Rolf , und Wolfgang Lauterbach (Hrsg.), Bildung als Privileg? Erklärungen und Befunde zu den Ursachen der Bildungsungleichheit. Wiesbaden: VS Verlag für Sozialwissenschaften. S. 11–47.

Becker, Rolf (2011): Integration durch Bildung. Bildungserwerb von jungen Migranten in Deutschland. Wiesbaden: VS Verlag für Sozialwissenschaften.

BMBF (2005): Berufsbildungsbericht. Bonn: o. V.

BMBF (2011): Berufsbildungsbericht. Bonn: o. V.

Dedering, Kathrin/Holtappels, Heinz-Günter (2010): Schulische Bildung In: Tippelt, Rudolf/Schmidt, Bernhard (Hrsg.): Handbuch Bildungsforschung, 3. Aufl., Wiesbaden: VS Verlag für Sozialwissenschaften, S. 365–382.

EURODICE, (2011): Klassenwiederholung während der Pflichtschulzeit in Europa: Regelungen und Statistiken, Eurodice.

Fend, Helmut (2006a): Neue Theorie der Schule Einführung in das Verstehen von Bildungssystemen. Wiesbaden: VS Verlag.

Fend, Helmut, 2006b: Mobilität der Bildungslaufbahnen nach der 9. Schulstufe. Kopplung und Entkopplung von Bildungsverläufen und Berufsausbildung an die Schulformzugehörigkeit – neue Chancen oder alte Determinanten? In: Georg, Werner (Hrsg.): Soziale Ungleichheit im Bildungssystem. Eine empirisch theoretische Bestandsaufnahme. Konstanz: Universitätsverlag, S. 265–291.

Geißler, Rainer (2005): Die Metamorphose der Arbeitertochter zum Migrantensohn. Zum Wandel der Chancenstruktur im Bildungssystem nach Schicht, Geschlecht, Ethnie und deren Verknüpfungen. In: Berger, Peter, A./Kahlert, Heike (Hrsg.): Institutionalisierte Ungleichheiten. Wie das Bildungswesen Chancen blockiert. Weinheim und München: Juventa, S. 71–102.

Henz, Ursula/Maas, Ineke (1995): Chancengleichheit durch die Bildungsexpansion? In: Kölner Zeitschrift für Soziologie und Sozialpsychologie 47 (4), S. 605–634.

Hillmert, Steffen (2009): Bildung und Lebenslauf – Bildung im Lebenslauf. In: Becker, Rolf (Hrsg.): Lehrbuch der Bildungssoziologie. Wiesbaden: VS Verlag für Sozialwissenschaften, S. 215–239.

Kleine, Lydia/Paulus, Wiebke/Blossfeld, Hans-Peter (2009): Die Formation elterlicher Bildungsentscheidungen beim Übergang von der Grundschule in die Sekundarstufe I. In: Baumert, Jürgen/Maaz, Kai/Trautwein, Ulrich (Hrsg.): Bildungsentscheidungen. Wiesbaden: VS Verlag für Sozialwissenschaften, S. 103–125.

Klemm, Klaus (2009): Klassenwiederholungen – teuer und unwirksam. Eine Studie zu den Ausgaben für Klassenwiederholungen in Deutschland. Gütersloh: Bertelsmann Verlag.

Konietzka, Dirk (2008): Berufsbildung im sozialen Wandel. In: Becker, Rolf (Hrsg.): Lehrbuch der Bildungssoziologie. Wiesbaden: VS Verlag für Sozialwissenschaften, S. 259–281.

Konsortium Bildungsberichterstattung (2006): Bildung in Deutschland. Ein indikatorengestützter Bericht mit einer Analyse zu Bildung und Migration. Bielefeld: Bertelsmann.

Kristen, Cornelia (2002): Hauptschule, Realschule oder Gymnasium? Ethnische Unterschiede am ersten Bildungsübergang. Kölner Zeitschrift für Soziologie und Sozialpsychologie 54, S. 534–553.

Kristen, Cornelia (2007): Ethnische Diskiminierung in der Grundschule? Die Vergabe von Noten und Bildungsempfehlungen. Kölner Zeitschrift für Soziologie und Sozialpsychologie 58, S. 79–98.

Kristen, Cornelia/Dollmann, Jörg (2009): Sekundäre Herkunftseffekte der ethnischen Herkunft: Kinder aus türkischen Familien am ersten Bildungsübergang. In: Baumert, Jürgen/Maaz, Kai/Trautwein, Ulrich (Hrsg.), Bildungsentscheidungen. Wiesbaden: VS Verlag für Sozialwissenschaften, S. 205–230.

KMK (2006): Statistische Veröffentlichungen der Kultusministerkonferenz. Dokumentation 179. http://www.kmk.org/fileadmin/veroeffentlichungen_beschluesse/2006/2006_01_01-Schueler-Klassen-Lehrer-95-04.pdf (Abruf 31.1.2012).

Lauterbach, Wolfgang/Wood, Aenne (2012): Wohin nach der Schule. Potsdam: Universitätsverlag.

Leschinsky, Achim (2008): Die Hauptschule – von der Be- zur Enthauptung. In: Cortina, Kai/Baumert, Jürgen/Leschinsky, Achim/Mayer, Karl Ulrich (Hrsg.): Das Bildungswesen in der Bundesrepublik Deutschland, Rowohlt Reinbeck, S. 377–406.

Mayer, Karl-Ulrich (2004): Unordnung und frühes Leid? Bildungs- und Berufsverläufe in den 1980er und 1990er Jahren. In: Hillmert, Steffen/Mayer, Karl-Ulrich (Hrsg.): Geboren 1964 und 1971. Neuere Untersuchungen zu Ausbildungs- und Berufschancen in Westdeutschland. Wiesbaden: VS Verlag für Sozialwissenschaften, S. 201–213.

Mertens, Hans (1976): Beziehungen zwischen Qualifikation und Arbeitsmarkt. In: Schlaffke, Winfried (Hrsg.): Jugendarbeitslosigkeit. Unlösbare Aufgabe für das Bildungs- und Beschäftigungssystem. Köln: Deutscher Instituts Verlag, S. 68–117.

OECD, 2010: Education at a Glance, Internet-Dokument: http://www.oecd.org/document/52/0,3746,en_2649_39263238_45897844_1_1_1_1,00.html; Zugriff 31.1.2012.

PISA (2006): PISA in Deutschland. Die Kompetenzen der Jugendlichen im dritten Ländervergleich. Zusammenfassung.

Solga, Heike/Wagner, Sandra (2004): Die Zurückgelassenen – die soziale Verarmung der Lernumwelt von Hauptschülerinnen und Hauptschülern. In: Becker, Rolf/Lauterbach, Wolfgang (Hrsg.): Bildung als Privileg. Wiesbaden: VS Verlag für Sozialwissenschaften, S. 195–221.

Stanat, Petra (2006): Schulleistungen von Jugendlichen mit Migrationshintergrund: Die Rolle der Zusammensetzung der Schülerschaft. In: Baumert, Jürgen/Stanat, Petra/Watermann,

Rainer (Hrsg.): Herkunftsbedingte Disparitäten im Bildungswesen. Vertiefende Analysen im Rahmen von PISA 2000. Wiesbaden: VS Verlag für Sozialwissenschaften, S. 189–220.

Statistisches Bundesamt Deutschland: Bevölkerung und Erwerbstätigkeit. Bevölkerung mit Migrationshintergrund – Ergebnisse des Mikrozensus 2005.

Stocké, Volker (2009): Adaptivität oder Konformität? Die Bedeutung der Bezugsgruppe und der Leistungsrealität der Kinder für die Entwicklung elterlicher Bildungsaspirationen am Ende der Grundschulzeit. In: Baumert, Jürgen/Maaz, Kai/Trautwein, Ulrich (Hrsg.): Bildungsentscheidungen. Wiesbaden: VS Verlag für Sozialwissenschaften, S. 257–281.

Tillmann, Klaus-Jürgen (1987): Zwischen Euphorie und Stagnation. Erfahrungen mit der Bildungsreform. Hamburg: Bergmann und Helbig.

Tillmann, Klaus-Jürgen/Dedering, Kathrin/Kneuper, Daniel/Kuhlmann, Christian/Nessel, Isa (2008): PISA als bildungspolitisches Ereignis. Fallstudien in vier Bundesländern. Wiesbaden: VS Verlag für Sozialwissenschaften.

Vester, Michael (2006): Die ständische Kanalisierung der Bildungschancen. Bildung und soziale Ungleichheit zwischen Boudon und Bourdieu. In: Georg, Werner (Hrsg.), Soziale Ungleichheit im Bildungssystem. Eine empirisch theoretische Bestandsaufnahme. Konstanz: Universitätsverlag UVK. S. 13–55

Weil, Mareike/Lauterbach, Wolfgang (2009): Von der Schule in den Beruf. In: Becker, Rolf (Hrsg.), Lehrbuch der Bildungssoziologie Wiesbaden: VS Verlag für Sozialwissenschaften, S. 321–357.

UNESCO (1997): International Standard Classification of Education I S C E D. UNESCO Publications.

Das Übergangssystem – Übergänge mit System?

Bettina Kohlrausch

1   Einleitung

In den letzten Jahren haben sich die Wege in die berufliche Bildung ausdifferenziert. Besonders für gering qualifizierte Jugendliche stellt der direkte Übergang von der Schule in die Ausbildung eher die Ausnahme als die Regel dar. Viele von ihnen münden zunächst in Maßnahmen des sogenannten Übergangssystems, also qualifizierende Maßnahmen, die keinen vollqualifizierenden beruflichen Abschluss ermöglichen. Für die massive Ausweitung dieses Übergangssystems gibt es letztlich zwei Erklärungsansätze:

Auf der Angebotsseite wird die mangelnde „Ausbildungsreife" von Jugendlichen genannt. Beispielsweise kommt eine Unternehmensbefragung des Deutschen Industrie- und Handelskammertags zu folgendem Ergebnis: „Besorgnis erregend ist die Zahl der Unternehmen, die mit den Qualifikationen der Schulabgänger unzufrieden sind. Drei Viertel der Unternehmen, die Ausbildungshemmnisse beklagen, stellen bei den Schulabgängern Defizite bei der Ausbildungsreife fest. (…) Damit wird die mangelnde Ausbildungsreife von den Betrieben auch im Jahr 2010 als das zentrale Problem für die Ausbildung genannt." (Deutscher Industrie- und Handelskammertag 2010) Allerdings gibt es weder in der Wissenschaft noch in der berufsbildenden Praxis eine einheitliche Definition von „Ausbildungsreife" (Hilke 2004). Verschiedene Akteure (Wirtschaft, Gewerkschaften und Berufspädagogen) haben teilweise sehr unterschiedliche Vorstellungen davon, was unter „Ausbildungsreife" zu verstehen ist (Eberhard 2006). Im Kriterienkatalog des „Nationalen Pakts für Ausbildung und Fachkräftenachwuchs Deutschland" wird „Ausbildungsreife" als ein mehrdimensionales Konzept definiert, das von den Begriffen der „Berufseignung" und „Vermittelbarkeit" abgegrenzt werden muss und fünf Merkmalsbereiche umfasst: Schulische Basiskenntnisse (z. B. mathematische Grundkenntnisse), psychologische Leistungsmerkmale (z. B. logisches Denken oder Bearbeitungsgeschwindigkeit), physische Merkmale (altersgerechter Entwicklungsstand und gesundheitliche Voraussetzungen), psychologische Merkmale des Arbeitsverhaltens und der Persönlichkeit (z. B. Konfliktfähigkeit, Zuverlässigkeit, Leistungsbereitschaft) und Berufswahlreife (Selbsteinschätzungs- und Informationskompetenz) (Bundesagentur für Arbeit 2008).

Ebenso ist der Begriff zum Spielball politischer Auseinandersetzungen geworden, in denen Vertreter der Wirtschaft die wachsende Zahl von unvermittelten Ausbildungsbewerbern vor allem mit mangelnder „Ausbildungsreife" erklären, während Vertreter

der Gewerkschaften in der Regel abstreiten, dass solche Defizite bei ausbildungsplatz-
suchenden Jugendlichen verstärkt zu finden sind (Eberhard 2006; Eberhard/Ulrich
2006). Sie sehen das Hauptproblem auf der Nachfrageseite und argumentieren, dass
die massive Ausweitung des Übergangssystems mit einer anhaltenden Lücke zwischen
Angebot und Nachfrage an Ausbildungsplätzen einhergeht. Die Verantwortung für die
große Anzahl der Jugendlichen, die in das Übergangssystem einmünden, sei demnach
nicht auf mangelnde Qualifikation der Jugendlichen, sondern auf den Mangel an Ausbildungsplätzen zurückzuführen. In der Tat liegt – legt man eine erweiterte Definition[1]
der Ausbildungsstellennachfrage zugrunde – die Nachfrage nach Ausbildungsplätzen
seit über einem Jahrzehnt über der Zahl der Angebote. Laut Nationalem Bildungsbericht gab es 2009 trotz eines demographisch bedingten Rückgangs der Nachfrage nach
Ausbildungsplätzen noch eine Ausbildungsplatzlücke von gut 60 000 Plätzen (Autorengruppe Bildungsberichterstattung 2010). Es kann also von einer andauernden Krise auf
dem Lehrstellenmarkt gesprochen werden, die sicherlich auch als eine Ursache für die
Entstehung des Übergangssystems verstanden werden muss.

Der vorliegende Beitrag hat einerseits zum Ziel, das Übergangssystem in seiner institutionellen Struktur und der daraus folgenden Strukturierung von Übergängen in
Ausbildung, Arbeitsmarkt oder Arbeitslosigkeit zu beschreiben. Andererseits versucht
dieser Beitrag, eine Bewertung der Effizienz des Systems und eine Diskussion notwendiger Weiterentwicklungen und möglicher Zukunftsperspektiven vorzunehmen.
Abschließend wird diskutiert, inwiefern die zunehmende Bedeutung des Übergangssystems und seine Etablierung als dritte Säule des Berufsbildungssystems einen grundlegenden Wandel der beruflichen Bildung in Deutschland indizieren. Letzteres bezieht
sich sowohl auf die Makroebene der Institutionen als auch auf die Ebene der individuellen Bildungsverläufe und Übergangsprozesse, die – wählt man eine soziologische
Perspektive auf aktuelle Wandlungsprozesse in der beruflichen Bildung – zusammenge-
dacht und aufeinander bezogen werden müssen (Konietzka 2009: 528).

2   Entstehung und Bedeutung des Übergangssystems

2.1 Struktur des Übergangssystems

Eine allgemein akzeptierte Definition des Übergangssystems ist, dass unter diesem Begriff alle Maßnahmen gefasst werden können, die keinen berufsbildenden Abschluss
vermitteln (Baethge et al. 2007). Hierzu gehören z. B. die ein- und zweijährigen Berufsfachschulen, berufsvorbereitende Maßnahmen der Bundesagentur für Arbeit, das Berufsvorbereitungsjahr (BVJ) bzw. Berufseinstiegsjahr (BEJ) und Berufsgrundschuljahr

---

[1]   Hier werden auch jene Bewerber/innen mit alternativen Einmündungen, die aber ihren Vermittlungs-
      wunsch in eine vollqualifizierende Ausbildung aufrecht erhalten, in die Berechnungen miteinbezogen.

(BGJ) sowie die Einstiegsqualifizierungen (EQJ). Es ist schwierig, die Entstehung des Übergangssystems zeitlich genau festzulegen. Münk (2008) fasst den Beginn der 70er Jahre des 20. Jahrhundert als Anfangsphase des Übergangssystems. So wurde 1972 erstmals ein schulisches Berufsgrundschuljahr eingeführt. Während das ursprüngliche Ziel der Einführung des BGJ darin bestand, allgemein qualifizierende Elemente stärker in der beruflichen Bildung zu verankern, gewannen in den 80er Jahren arbeitsmarkt- und sozialpolitische Aspekte an Bedeutung, was symptomatisch für die Entwicklung des gesamten Systems ist: Seit dieser Zeit wurde „auf arbeitsmarktpolitische Krisenerscheinungen und auf den damit verbundenen Ausbildungsrückgang systematisch [...] mit einer erheblichen Ausweitung der schulischen Angebote für unterschiedliche Gruppen Benachteiligter reagiert" (Münk 2008: 36). Zudem schaffte die Einführung des Arbeitsförderungsgesetzes 1969 eine einheitliche gesetzliche Grundlage für Maßnahmen zur Förderung des Ausbildungszugangs benachteiligter Jugendlicher im Rahmen der Bundesagentur für Arbeit, damals noch Bundesanstalt für Arbeitsvermittlung und Arbeitslosenversicherung. Auf dieser Grundlage wurden in den 70er Jahren vermehrt bildungsvorbereitende Maßnahmen angeboten, um die wachsende Zahl von Jugendlichen ohne Ausbildungsvertrag aufzufangen (Bundesministerium für Bildung und Forschung 2005; Dietrich 2008).

Bereits in den 1980er Jahren wurde kritisch die Frage gestellt, ob einschlägige Maßnahmen bloße „Warteschleifen" oder gar „Sackgassen" oder dazu geeignet seien, die berufliche Einmündung Jugendlicher zu verbessern. Als Begriff und damit auch als eigenständiger Gegenstand bildungspolitischer Debatten hat sich das Übergangssystem

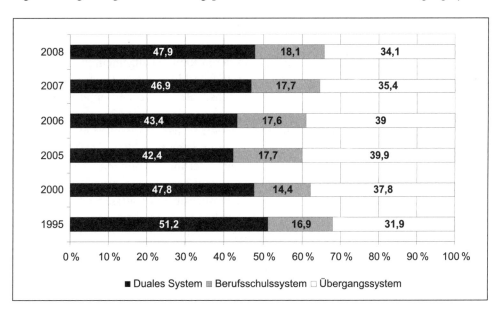

Quelle: (Autorengruppe Bildungsberichterstattung 2010: 96)

allerdings erst in der ersten Dekade des 21. Jahrhunderts etabliert (siehe z. B. Baethge
et al. 2007). Der Bildungsbericht 2006 (Autorengruppe Bildungsberichterstattung 2008;
Baethge 2008) bezeichnet das Übergangssystem erstmals als dritte Säule des Berufsbildungssystems. In diesem Bericht nahmen die Autor/innen zudem eine Quantifizierung
aller Einmündungen in das System vor, wodurch die enormen und bis dahin teilweise
unterschätzten Ausmaße des Übergangssystems deutlich zu Tage traten: 2006 mündeten beinahe ebenso viele Jugendliche ins Übergangssystem wie in das duale System.
Auch wenn im folgenden Bildungsbericht 2008 (Autorengruppe Bildungsberichterstattung 2010) ein leichter Rückgang der Einmündungen ins Übergangssystem verzeichnet wurde, so lagen sie 2008 immer noch über der Anzahl von Einmündungen Mitte
der 90er Jahre und machten ein gutes Drittel der Einmündungen in das System der
beruflichen Bildung aus (siehe Abbildung). Die Zahlen des Bildungsberichtes belegen:
Das Übergangssystem muss als Bestandteil des Systems der beruflichen Bildung verstanden werden.

Auch wenn es der Begriff Übergangssystem nahe legt, so handelt es sich keinesfalls
um ein geordnetes System, welches institutionell zwischen allgemeinbildender Schule
und vollqualifizierender beruflicher Ausbildung verortet ist, sondern eher um ein unübersichtliches Konglomerat verschiedenster Maßnahmen, organisiert von unzähligen
Trägern und umgesetzt an unterschiedlichen Lernorten. Das größte Segment stellen der
Teil der Berufsfachschulen dar, die keinen beruflichen Abschluss vermitteln, und berufsvorbereitende Maßnahmen der Bundesagentur für Arbeit (Autorengruppe Bildungsberichterstattung 2010: 97). Die Inhalte der im Rahmen der Maßnahmen vermittelten
Qualifikationen variieren erheblich. Zusammenfassend verfolgen diese Maßnahmen
vor allem fünf Ziele, wobei es durchaus möglich ist, dass einer Maßnahme mehrere
Ziele zugeordnet werden können:

Nachqualifizierung: Dies sind Angebote, in deren Rahmen allgemeinqualifizierende
Schulabschlüsse – zumeist Haupt- oder Realschulabschluss – nachgeholt werden können. Am häufigsten geschieht dies auf Berufsfachschulen (Autorengruppe Bildungsberichterstattung 2010).

Berufsorientierung: Ziel von arbeitsmarktbezogenen berufsorientierenden Maßnahmen ist es, eine Grundlage für eine „realistische und fundierte Berufswahl" zu schaffen und die Ausbildungsreife der Jugendlichen zu erhöhen (Bundesministerium für
Bildung und Forschung 2005). Dies beinhaltet auch sozialpädagogische Ansätze zur
Bearbeitung persönlicher Problemlagen (z. B. Drogensucht, Straffälligkeit) und moti-
vationaler Defizite. Diesem Ansatz ist die Defizitdiagnose implizit, dass gering qualifizierte Jugendliche oftmals keine realistischen Vorstellungen von den – begrenzten –
Möglichkeiten haben, die der Arbeits- und Ausbildungsmarkt für sie bereithält. Sie
seien zudem häufig nicht zu einer Ausbildungsaufnahme motiviert. Empirische Analysen über die Berufsorientierung gering qualifizierter Jugendlicher konnten diese Annahme allerdings nicht belegen. Diese Jugendlichen haben oftmals sehr konkrete und
realistische Vorstellungen bezüglich ihrer Berufswünsche und Ausbildungschancen

(Solga et al. 2011). Eine Maßnahme, die im Wesentlichen berufsorientierende Funktion hat, ist das Berufsvorbereitungsjahr (BVJ). Hier „werden in verkleinerten Klassen etwa zur Hälfte Fachtheorie und Allgemeinbildung unterrichtet. (…) [D]as BVJ wird von Schülerinnen und Schülern besucht, die keinen Ausbildungsplatz gefunden haben und nicht die Voraussetzungen für die Berufsfachschule oder das Berufsgrundbildungsjahr (BGJ) mitbringen, z. B. weil sie keinen Hauptschulabschluss haben oder aus persönlichen Gründen derzeit zu keinem weiterführenden Schulbesuch in der Lage scheinen" (Bundesministerium für Bildung und Forschung 2005: 52). Berufsorientierende Funktion haben auch ganz überwiegend die berufsvorbereitenden Bildungsmaßnahmen der Bundesagentur für Arbeit. Diese werden meist von Trägern umgesetzt und richten sich an sog. benachteiligte Jugendliche.

Berufsvorbereitung: Die Abgrenzung dieses Ziels zu dem Ziel der Berufsorientierung ist nur schwer klar zu formulieren. Beide Begriffe werden in der öffentlichen Debatte und von verschiedenen Akteuren häufig synonym verwendet. Wichtig ist jedoch, dass in den Maßnahmen verschiedene Problemlagen bearbeitet werden. Ziel berufsvorbereitender Maßnahmen ist schwerpunktmäßig die Verbesserung der Wettbewerbsfähigkeit von als grundsätzlich ausbildungsreif definierten Jugendlichen. Dies geschieht häufig, indem sie berufsbezogene Qualifikationen erwerben, die teilweise auch auf eine Ausbildung angerechnet werden können. So werden im Berufsgrundbildungsjahr Qualifikationen innerhalb eines bestimmten Berufsfeldes angeboten. Wenn im Anschluss daran die Ausbildung in diesem Berufsfeld erfolgt, kann das BGJ auf die Ausbildung angerechnet werden (Gaupp et al. 2008b: 31).

Herstellung von sog. Klebeeffekten: Mit diesem Ansatz sollen die Marktmechanismen des Ausbildungsmarktes teilweise umgangen und benachteiligten Jugendlichen direkte Wege in die Ausbildung eröffnet werden. Dieser Mechanismus wird als Klebeeffekt bezeichnet: Indem Screeningprozesse zwischen Betrieben und Jugendlichen quasi institutionell organisiert werden, können Jugendliche, die unter den Bedingungen des normalen Ausbildungsmarktes vermutlich gar nicht mehr die Chance dazu bekommen hätten, ihre Kompetenzen unter Beweis stellen. Betriebe können die Fähigkeiten der Jugendlichen unabhängig von deren Noten und Schulabschlüssen über einen längeren Zeitraum prüfen (Baas et al. 2011). Der Lernort Betrieb steht bei diesen Maßnahmen im Zentrum, ist allerdings häufig mit Qualifizierungseinheiten in schulischen Kontexten kombiniert. Wichtiges Beispiel sind hier die im Rahmen des Ausbildungspaktes initiierten Einstiegsqualifikationen, die als betriebliche Langzeitpraktika angelegt sind und das Ziel haben, den Jugendlichen im Praktikumsbetrieb einen Ausbildungsplatz zu vermitteln (Bundesministerium für Bildung und Forschung 2007). Aber auch Projekte, die Langzeitpraktika für Hauptschüler/innen anbieten, setzen auf diese Klebeeffekte. Hier spielt allerdings zusätzlich der Präventionsgedanke eine Rolle.

Prävention: Relativ neu ist ein Maßnahmenkonzept, welches präventiv angelegt ist und bereits in der Schule – also vor einem möglichen Scheitern am Übergang in eine berufliche Ausbildung – ansetzt: Es beinhaltet meist eine stärker praxisorientierte Ausrichtung des Unterrichts (meist in Hauptschulen) in Kombination mit ein bis zwei Praxistagen pro Woche oder mehreren Blockpraktika im Betrieb. Diese Maßnahmen werden durch die Länder und/oder die Bundesanstalt für Arbeit mit dem Ziel gefördert, leistungsschwache Schüler/innen bereits in der Schulzeit stärker praxis- und berufsorientiert zu unterrichten, um dadurch ihre Chancen für den Übergang in eine Ausbildung zu verbessern und die Gefahr des Scheiterns an dieser Schwelle zu verringern. Beispiele für diesen Ansatz sind „Praxisklassen" in Bayern, „Berufsstarterklassen" in Niedersachsen oder „Werkstatt Schule" im Saarland (Gaupp et al. 2008a; Solga et al. 2010a; Solga et al. 2010b).

3   Übergänge, Umwege und Sackgassen – Verläufe im Übergangssystem

Neben der Varianz der institutionellen Rahmenbedingungen und der inhaltlichen Ausrichtung der Maßnahmen gibt es erhebliche regionale Disparitäten in der Angebotsstruktur der beruflichen Bildung, welche das Risiko der Jugendlichen, ins Übergangssystem einzumünden, maßgeblich beeinflussen (Autorengruppe Bildungsberichterstattung 2010; Eberhard/Ulrich 2011). Vor allem werden die Eingänge ins und Verläufe im Übergangssystem jedoch durch sozialstrukturelle Faktoren bestimmt.

3.1 Eingänge

Wie in der Einleitung dargestellt, gibt es in der Bewertung des Übergangssystems einen Dissens darüber, ob es sich hier in erster Linie um eine Warteschleife für unvermittelte Bewerber/innen oder um notwendige Nachqualifizierungs- und Unterstützungsangebote für Bewerber/innen mit mangelnder Ausbildungsreife handelt. Ein Blick auf die Qualifikationsstruktur der Jugendlichen, die ins Übergangssystem einmünden, zeigt zunächst, dass die Wahrscheinlichkeit, nach der Schule eine Maßnahme im Übergangssystem zu besuchen, mit sinkendem Bildungsgrad steigt: Von den Jugendlichen, die keinen Schulabschluss haben, mündeten 2008 fast vier Fünftel ins Übergangssystem, von denen mit Hauptschulabschluss immerhin noch die Hälfte und selbst bei jenen mit mittlerem Abschluss sind es mit 27,7 % immerhin noch über ein Viertel (Autorengruppe Bildungsberichterstattung 2010: 98–99). Allerdings sind diesbezüglich erhebliche Unterschiede zwischen den Bundesländern und Regionen festzustellen – in Abhängigkeit von den jeweiligen Arbeitslosenquoten und der sektoralen Struktur des Arbeitsmarktes. Die Einmündungen in das Übergangssystem strukturieren sich allerdings nicht nur nach Schulabschlüssen, sondern sind auch von anderen soziostrukturellen Faktoren abhängig. Gute Schulleistungen und höhere Abschlüsse verbessern die Chancen auf eine Ausbildung zwar, in welchem Maße ist aber abhängig vom Geschlecht, dem Migrationshintergrund und sozioökonomischen Status des Elternhauses (Beicht/Ulrich 2008a).

So ist für Schüler/innen mit Migrationshintergrund die Wahrscheinlichkeit, nach der Schule zunächst eine Maßnahme im Übergangssystem zu beginnen, deutlich größer als für ihre Mitschüler/innen ohne Migrationshintergrund. Auch sind die Jugendlichen, die nach der Schule eine Maßnahme des Übergangssystems besuchen, häufiger männlich (Autorengruppe Bildungsberichterstattung 2008: 158–160). Festzuhalten bleibt, dass niedrigere Bildungsabschlüsse und benachteiligende soziodemographische Faktoren die Chancen auf den Beginn einer vollqualifizierenden beruflichen Ausbildung verringern (Beicht 2009). Ob eine Bearbeitung dieser Problemlagen in Maßnahmen des Übergangssystems die Chancen auf den Übergang in eine berufliche Ausbildung erhöhen, ist damit allerdings noch nicht gesagt.

3.2 Bildungsverläufe im Übergangssystem

Die hohen Einmündungsraten in das Übergangssystem wären dann nicht allzu problematisch, wenn sie für leistungsschwächere Jugendliche lediglich einen notwendigen „qualifikatorischen Umweg" auf dem Weg in die berufliche Ausbildung darstellen würden. Nach aktuellem Kenntnisstand ist dies aber nur für einen Teil der Jugendlichen der Fall. Zunächst begreift der überwiegende Teil der Jugendlichen, die nach der Schule eine Maßnahme des Übergangssystem besuchen, dieses als Notlösung (Gaupp et al. 2008b: 33). Dies bedeutet, dass der Weg über das Übergangsystem in eine berufliche Ausbildung von der überwiegenden Zahl der Teilnehmer/innen nicht der präferierte Weg ist (vergleiche auch Autorengruppe Bildungsberichterstattung 2010: 158). Die hohe Ausbildungsorientierung und der Wunsch, unmittelbar nach der Schule eine Ausbildung zu beginnen – auch von gering qualifizierten Jugendlichen – ist durch zahlreiche Studien belegt (z. B. Solga et al. 2010b).

Auch führt der Besuch einer Maßnahme des Übergangssystems für einen beträchtlichen Teil der Jugendlichen, vor allem dann, wenn sie maximal einen Hauptschulabschluss besitzen, nicht zu einer Ausbildung: Von den Jugendlichen, die maximal einen Hauptschulabschluss besitzen und die nach der Schule in das Übergangssystem einmünden, sind nach zweieinhalb Jahren 6,4 Prozent immer noch im Übergangssystem; ein Viertel befindet sich in unqualifizierter Arbeit oder ist arbeits- oder erwerbslos (Autorengruppe Bildungsberichterstattung 2008: 165; Baethge 2008). Anhand von Daten des DJI-Übergangspanels, welches die Verläufe von Hauptschüler/innen abbildet, konnte gezeigt werden, dass 30 Prozent der Jugendlichen des Panels, die nach der Schule zunächst eine Maßnahme des Übergangssystems begannen, nach zwei Jahren in ungelernter Arbeit waren bzw. wiederkehrende Phasen von Arbeitslosigkeit erlebten (Gaupp et al. 2008b: 34). Auch wenn sich die Problematik eines langen Verbleibs im Übergangssystem verschärft für Jugendliche mit niedrigeren Abschlüssen stellt (siehe auch Seibert/ Kleinert 2010), so kommen die Autoren des nationalen Bildungsberichts zu dem Ergebnis, dass auch bezogen auf alle Teilnehmer/innen am Übergangssystem etwa die Hälfte nicht in eine vollqualifizierende Ausbildung einmündet (Autorengruppe Bildungsberichterstattung 2010: 168).

Weiterhin gibt es Hinweise darauf, dass die individuellen Defizite der Jugendlichen in den Maßnahmen oftmals nicht präzise bearbeitet werden (siehe auch Münst/Scherr 2010). Die Analyse von Übergangsmustern im Rahmen des Sofortprogramms gegen Jugendarbeitslosigkeit (Jump) zeigt, dass die Zuordnung zu bestimmten Maßnahmen häufig nicht durch die qualifikatorischen Defizite der Jugendlichen erklärt werden kann. Ebenso erschien – in Fällen eines längeren Verbleibs im Programm und des Besuchs mehrerer Maßnahmen – die Kombination von Maßnahmen in vielen Fällen sehr beliebig. Beispielsweise besuchten Jugendliche mehrmals hintereinander (bis zu fünf Mal) die Maßnahme „Nachholen des Hauptschulabschlusses" (Kohlrausch 2009: 136 ff.). Es muss davon ausgegangen werden, dass für diese Jugendlichen der Besuch von Maßnahmen des Übergangssystems eine wiederholte Erfahrung des Scheiterns darstellt, welche im Sinne der von Solga (2005) skizzierten Stigmatisierungsprozesse häufig den Rückzug von dem Arbeits- und Ausbildungsmarkt zur Folge hat. Um weitere Erfahrungen des Scheiterns zu vermeiden, meiden diese Jugendlichen Situationen, in denen sich die Negativerfahrungen ihrer bisherigen Schul- und Ausbildungslaufbahn wiederholen könnten, z. B. Bewerbungsverfahren. Auf der Grundlage dieser und ähnlicher Befunde kommen viele Autoren zu dem Schluss, dass das Übergangssystem vor allem eine Sackgasse bzw. ein unübersichtliches Labyrinth sinnloser Maßnahmen für ausbildungslose Jugendliche darstellt (Baethge et al. 2007; Münk 2008).

Dennoch gibt es auch eine beträchtliche Anzahl von Jugendlichen, deren Besuch von Maßnahmen des Übergangssystems in eine berufliche Ausbildung mündet. Etwas optimistischer als die Autoren des Bildungsberichtes kommt Ulrich (2008) zu dem Ergebnis, dass gut zwei Drittel der Absolventen des Übergangssystems nach 15 Monaten in eine berufliche Ausbildung einmünden, wobei der Abschluss eines Bildungsgangs die nachfolgende Übergangsdauer in eine betriebliche Berufsausbildung signifikant verkürzt (Ulrich 2008: 14): Jugendliche, die nicht unmittelbar in eine Berufsausbildung gelangen und stattdessen an einer Maßnahme des Übergangssystems teilnehmen, beginnen signifikant schneller eine Ausbildung als solche, die nach erfolglosen Bewerbungen keine Maßnahme des Übergangssystems besuchen (Beicht/Ulrich 2008b: 291). Allerdings wurde bei diesen Analysen zwar für individuelle Merkmale (z. B. familiärer Hintergrund und individuelle Qualifikation) recht umfassend kontrolliert, nicht aber für soziale Kompetenzen und motivationale Aspekte, die den Erfolg der Ausbildungsplatzsuche entscheidend beeinflussen können (Kohlrausch 2011).

Analysen des DJI-Übergangspanels, welches nur Verläufe von Hauptschüler/innen abbildet, zeigen, dass der Besuch des Übergangssystems für ca. 60 Prozent der Jugendlichen im Verlauf von zwei Jahren in einem oder mehreren Schritten zu einer Berufsausbildung geführt haben (Gaupp et al. 2008b: 33). Welche individuellen Faktoren tragen zu solchen – erfolgreicheren – Verläufen bei? Die Ergebnisse von Studien, die sich mit Verläufen im Übergangssystem befassen, legen nahe, dass auf der Seite der Jugendlichen

höhere Schulabschlüsse, bessere Noten, kein Migrationshintergrund, höheres sozioöko-
nomisches Kapital des Elternhauses und höhere Sozial- und Handlungskompetenzen
Determinanten für einen – wenn auch durch den Besuch der Maßnahme verzögerten –
erfolgreichen Übergang in eine vollqualifizierende berufliche Ausbildung darstellen
(Ulrich 2008; Autorengruppe Bildungsberichterstattung 2010; Kohlrausch 2011).

3.3 Effizienz unterschiedlicher Maßnahmen

Zudem stellt sich die Frage, welche institutionellen Faktoren zu einem erfolgreichen
Übergang in eine berufliche Ausbildung beitragen, d. h. inwiefern die institutionelle
Ausgestaltung von Maßnahmen die Übergangschancen beeinflussen. Diese Frage ist
auf der Grundlage existenter Studien schwer zu beantworten. Belegen die oben dargestellten Befunde doch nicht, dass der Besuch von Maßnahmen des Übergangssystems
tatsächlich maßgeblich dazu beigetragen hat, dass letztlich eine Ausbildung begonnen
werden konnte. Dieses Argument lässt sich nur aufrechterhalten, wenn anhand eines
Kontrollgruppendesigns nachgewiesen wird, dass diese Jugendlichen ohne den Besuch
der entsprechenden Maßnahmen nicht in eine Ausbildung eingemündet wären. Ein solches Design wird bei der Evaluation von Maßnahmen des Übergangssystems allerdings
selten angewandt. Unterschiede in der Effizienz von Maßnahmen (gemessen an den
Übergangsraten in eine Ausbildung nach Abschluss der Maßnahme) können hier weitere Hinweise darauf geben, welchen qualifikatorischen Nutzen die Maßnahmen haben.
Denn, wenn der Erfolg von Maßnahmen abhängig von deren institutioneller Ausgestaltung variiert, wäre dies als Hinweis darauf zu werten, dass es tatsächlich der Inhalt der Maßnahme ist, der die Übergangschancen von Jugendlichen beeinflusst. Beicht
(2009: 10) findet (unter Kontrolle soziodemographischer Merkmale) allerdings keinen
Einfluss der Maßnahmeart auf die Ausbildungschancen, wobei die stark betrieblich ausgerichteten Einstiegsqualifikationen in den Analysen nicht berücksichtigt werden.

Dabei belegen Analysen des Sofortprogramms gegen Jugendarbeitslosigkeit, dass
besonders Maßnahmen, die darauf ausgerichtet waren, direkte Wege in den Ausbildungsmarkt zu eröffnen, häufig erfolgreicher waren als solche, die eher angebotsorientiert ausgerichtet waren und auf Qualifizierungen im schulischen Kontext orientierten
(Dietrich 2001; Kohlrausch 2009). Zu diesem Ergebnis kommen auch Evaluationsergebnisse von Langzeitpraktika an Hauptschulen, die zeigen, dass Teilnehmer/innen
dieser Maßnahmen höhere Übergangschancen haben als vergleichbare Schüler/innen
einer Kontrollgruppe. Zudem verdeutlichten die Analysen der Übergangsmuster, dass
es vor allem die im Rahmen der Betriebspraktika hergestellten Matching-Prozesse zwischen Jugendlichen und Betrieben (Klebeeffekte) waren, die die Übergangschancen der
Jugendlichen verbesserten. Je länger die Praktika dauerten und je berufsspezifischer die
im Praktikum ausgeübte Tätigkeit war, desto höher waren die Chancen, dass die Jugendlichen im Anschluss an die Praktika einen Ausbildungsplatz erhielten. Zudem hat der

ganz überwiegende Teil der Jugendlichen, der im Anschluss an diese Projekte eine Ausbildung begann, diese im Praktikumsbetrieb absolviert. Ferner zeigten die Evaluationen, dass diese Matching-Prozesse deutlich wichtiger für einen erfolgreichen Übergang in eine berufliche Ausbildung waren als individuelle Schulleistungen oder kognitive Fähigkeiten der Jugendlichen (Solga et al. 2010b; Solga/Kretschmann 2010; Baas et al. 2011; Solga et al. 2011).

4 Bewertung des Übergangssystems vor dem Hintergrund der bestehenden Struktur des Bildungssystems

Ist das Übergangssystem nun eine sinnlose Warteschleife – wenn nicht sogar Sackgasse – oder ein notwendiger qualifikatorischer Umweg auf dem Weg eine berufliche Ausbildung? Zunächst wurde deutlich, dass das Übergangssystem vor allem eines nicht ist: Ein System. Die Maßnahmen sind nicht ausreichend aufeinander und auf die Bedürfnisse der Jugendlichen abgestimmt und oftmals nicht mit dem Ausbildungssystem verknüpft. Darüber hinaus belegen die dargestellten Ergebnisse, dass das System der beruflichen Ausbildung durch die Entstehung des Übergangssystems selektiver geworden ist. Sowohl die Wahrscheinlichkeit der Einmündung als auch die Länge des Verbleibs in Maßnahmen des Übergangssystems sind nicht nur durch die Qualifikation der Jugendlichen, sondern auch durch soziodemographische und regionale Faktoren bestimmt. So münden in Ostdeutschland deutlich mehr Jugendliche in überbetriebliche Ausbildung (statt ins Übergangssystem) als in Westdeutschland (Eberhard/Ulrich 2011). Dies und die Tatsache, dass – auch wenn der überwiegende Teil der Einmündungen aus Jugendlichen ohne Schulabschluss oder Hauptschulabschluss besteht – immerhin noch knapp 28 % der Schüler/innen mit mittlerem Abschluss in Maßnahmen des Übergangs einmündet, ist ein Beleg dafür, dass die zunehmende Bedeutung des Übergangssystems nicht (nur) durch mangelnde Ausbildungsreife erklärt werden kann (siehe auch: Ulrich 2008). Unterstellt man, dass zumindest ein Teil der Jugendlichen nicht ausbildungsreif ist und daher zusätzliche Qualifizierung benötigt, um den Anforderungen einer beruflichen Ausbildung gerecht werden zu können, so werden diese Mängel im Übergangssystem häufig nur unzureichend bearbeitet. Dies zeigt sich auch auf der Aggregatebene: Trotz der massiven Ausweitung des Übergangssystems konnte das Problem der Bildungsarmut und Ausbildungslosigkeit nicht gelöst werden. Jedes Jahr verlassen 150 000 junge Erwachsene das Bildungs- und Ausbildungssystem ohne eine abgeschlossene berufliche Ausbildung, wobei jeder bildungsarme Mensch Folgekosten von ca. 22 000 Euro verursacht, kalkuliert man die Ausfälle bzw. Ausgaben im Bereich von Lohnsteuern, Sozialleistungen und Beiträgen zur Arbeitslosenversicherung (Allmendinger et al. 2011: 14, 51). Dennoch kann aufgrund der ausgewerteten Studien festgehalten werden, dass zwischen 50 und 60 % der Jugendlichen innerhalb von maximal zwei Jahren aus dem Übergangssystem in eine vollqualifizierende berufliche Ausbildung wechseln. Hier besteht weiterer Forschungsbedarf, um die Gelingensbedingungen für einen erfolgreichen Übergang näher zu untersuchen. Bisherige Evaluationsergebnisse legen nahe, dass Maßnahmen besonders dann erfolgreich sind, wenn sie eine Stärke des dualen Systems quasi imitieren. Dies ist die Qualifizierung und damit auch Sozialisation von Jugendlichen in betrieblichen Kontexten.

Vor allem aber darf das Übergangssystem nicht unabhängig vom gesamten Berufsbildungssystem betrachtet und bewertet werden. Denn seine Existenz verweist auf strukturelle Schwächen und institutionelle Verschiebungen im System der beruflichen Ausbildung (siehe auch Kohlrausch 2010). Traditionell garantiert das deutsche System der beruflichen Ausbildung vor allem durch die berufliche Sozialisation in betrieblichen Kontexten eine enge Verknüpfung des Ausbildungssystems mit dem Arbeitsmarkt (Müller/Shavit 1998). Aufgrund dieser engen Verknüpfung ist es gelungen, eine nicht nur für die Jugendlichen, sondern auch für die Betriebe attraktive Alternative zu akademischen Ausbildungsgängen zu etablieren und Absolventen beruflicher Bildungsgänge gute Zugänge zu mittleren Berufspositionen zu sichern (Estevez-Abe et al. 2001; Bosch 2008: 239). Die Entstehung des Übergangssystems offenbart, dass das Ausbildungssystem in Deutschland diesen ehemals entscheidenden Vorteil tendenziell eingebüßt hat. Es ist zunehmend weniger in der Lage, auch Jugendliche mit niedriger Schulbildung in das System der beruflichen Bildung und den Arbeitsmarkt zu integrieren (Greinert 2007; Autorengruppe Bildungsberichterstattung 2010). Statt integrierend zu wirken ist das Ausbildungssystem nun ein weiterer Gatekeeper, der Bildungszugänge nach soziodemographischen Faktoren strukturiert und damit bestehende Ungleichheiten im System der schulischen Bildung noch verschärft. Bedenkt man, dass für jene Jugendlichen, die nicht in eine berufliche Ausbildung einmünden, die Teilnahme an Maßnahmen des Übergangssystems eher stigmatisierenden Charakter (Solga 2005) hat, so trägt das Übergangssystem in seiner jetzigen Form sogar zu einer Verfestigung von (Ausbildungs-)Armut bei.

Auch das für das System der beruflichen Bildung konstituierende Prinzip der Beruflichkeit (Baethge/Baethge-Kinsky 1998: 463) gerät durch die skizzierten Entwicklungen im Ausbildungssystem unter Druck. Die berufliche Struktur der vermittelten Qualifikationen ist ein zentrales Organisationsmoment des Ausbildungssystems und gleichzeitig die entscheidende Verbindung zum Arbeitsmarkt. Sie geht einerseits mit einer Standardisierung von Ausbildungsinhalten auf vergleichsweise hohem Niveau einher. Andererseits hat die Strukturierung des Systems entlang bestimmter Berufsbilder eine starke Stratifizierung von Bildungsgängen zur Folge (Allmendinger 1989). Somit hatte dieses Strukturprinzip immer schon die Funktion, Schließungsmechanismen gegenüber An- und Ungelernten zu legitimieren bzw. Facharbeitern eine privilegierte Stellung im Erwerbssystem zu sichern (Baethge/Baethge-Kinsky 1998; Konietzka 2009). Von diesen Schließungsmechanismen sind Geringqualifizierte besonders betroffen, da es gerade für sie schwierig ist, den Anforderungen einer dreijährigen Berufsausbildung gerecht zu werden (Münk 2008). Statt einer Berufsausbildung absolvieren diese Jugendlichen dann

Maßnahmen des Übergangssystems, die – wie dargestellt – kaum arbeitsmarktrelevante Qualifikationen vermitteln. Das Festhalten am Prinzip des Ausbildungsberufs mit einer in der Regel dreijährigen Berufsausbildung kann daher als eine wesentliche Ursache für die massive Expansion des Übergangssystems und als Mechanismus sozialer Schließung betrachtet werden (Solga 2009: 32). Hier wird ein weiteres strukturelles Problem des Systems der beruflichen Bildung sichtbar: Die Regulierung des Systems durch die Sozialpartner, die sicherlich entscheidende Vorteile birgt (Baethge 1999; Thelen 2004), führt in diesem Falle zu Monopolisierungsstrategien und verhindert eine Öffnung des Systems „nach unten". Damit werden zwar die Qualifikationen derjenigen, die sich im System befinden, geschützt – gleichzeitig aber eine Insider/Outsider-Problematik zementiert und gering Qualifizierte dauerhaft vom System der beruflichen Bildung ausgeschlossen (Solga 2009).

Die wachsende Bedeutung des Übergangssystems stellt somit entscheidende Strukturprinzipien der beruflichen Bildung in Frage. Hier erscheint eine Neuorientierung notwendig, um den dauerhaften Ausschluss eines Teils der Jugendlichen vom Ausbildungs- und Erwerbssystem zu verhindern. So müsste darüber nachgedacht werden, ob ein Ausbau außerbetrieblicher Ausbildung, ebenso wie die verstärkte Ausbildung in Betriebsverbünden nicht eine sinnvolle Alternative zum Übergangssystem darstellt. Auch wäre es hilfreich, wenn die im Übergangssystem erworbenen Qualifikationen verstärkt auf eine berufliche Ausbildung angerechnet werden könnten, die Maßnahmen besser aufeinander abgestimmt und Jugendliche im Verlauf durch die Maßnahmen strukturierter betreut würden. Das System muss nicht zwangsläufig eine Sackgasse sein, nicht einmal eine Warteschleife. Für Jugendliche, die tatsächlich Unterstützung benötigen, ist es vor allem dann hilfreich, wenn direkte Zugänge zum Ausbildungs- und Arbeitsmarkt eröffnet werden. In Hinblick auf die in der Einleitung dargestellten konkurrierenden Erklärungen für die Entstehung des Übergangssystems muss aber festgehalten werden, dass seine expansive Entwicklung nicht durch vermeintlich mangelnde Ausbildungsreife auf Seiten der Jugendlichen zu rechtfertigen ist. Vielmehr ist die Etablierung des Übergangssystems als dritte Säule des Berufsbildungssystems Ausdruck struktureller Schwächen der beruflichen Ausbildung in Deutschland.

Literatur

Allmendinger, Jutta: Educational Systems and Labour Market Outcomes. In: European Sociology Review 3. 1989. S. 232–250.

Allmendinger, Jutta/Giesecke, Johannes/Oberschachtsiek, Dirk (2011): Unzureichende Bildung: Folgekosten für die öffentlichen Haushalte. Bielefeld: W. Bertelsmann Stiftung.

Autorengruppe Bildungsberichterstattung (2008): Bildung in Deutschland 2008. Gütersloh: W. Bertelmann Verlag.

Autorengruppe Bildungsberichterstattung (2010): Bildung in Deutschland 2010. Gütersloh: W. Bertelmann Verlag.

Baas, Meike/Eulenberger, Jörg/Geier, Boris/Kohlrausch, Bettina/Lex, Tilly/Richter Maria (2011): „Kleben bleiben?" Der Übergang von Hauptschüler/innen in eine berufliche Ausbildung. Eine vergleichende Analyse von „Praxisklassen" in Bayern und „Berufsstarterklassen" in Niedersachsen. DJI Working Paper. München: Deutsches Jugendinstitut.

Baethge, Martin (1999): Glanz und Elend des deutschen Korporatismus in der Berufsbildung. WSI Mitteilungen 8. 1999. S. 489–497.

Baethge, Martin (2008): Das Übergangssystem: Struktur – Probleme – Gestaltungsperspektiven. In: Münk, Dieter/Rützel, Josef/Schmidt, Christian (Hrsg.): Labyrinth Übergangssystem. Forschungserträge und Entwicklungsperspektiven der Benachteiligtenförderung zwischen Schule, Arbeit und Beruf. Bonn: Pahl-Rugenstein Verlag. S. 53–67.

Baethge, Martin/Baethge-Kinsky, Volker (1998): Jenseits von Beruf und Beruflichkeit? – Neue Formen von Arbeitsorganisation und Beschäftigung und ihre Bedeutung für eine zentrale Kategorie gesellschaftlicher Integration. Mitteilungen aus der Arbeitsmarkt- und Berufsforschung 2. S. 461–472.

Baethge, Martin/Solga, Heike/Wiek, Markus (2007): Berufsbildung im Umbruch: Signale eines überfälligen Aufbruchs. Berlin: Friedrich-Ebert-Stiftung.

Beicht, Ursula (2009): Verbesserung der Ausbildungschancen oder sinnlose Warteschleife? BiBB Report. Bonn: Bundesinstitut für Berufsbildung.

Beicht, Ursula/Ulrich, Joachim Gerd (2008a): Ausbildungsverlauf und Übergang in Beschäftigung. Teilnehmer/innen an betrieblicher und schulischer Berufsausbildung im Vergleich. Berufsbildung in Wissenschaft und Praxis 3. 2008. S. 19–23.

Beicht, Ursula/Ulrich, Joachim Gerd (2008b): Ergebnisse der BiBB-Übergangsstudie. In: Beicht, Ursula/Friedrich, Michael/Ulrich, Joachim Gerd (Hrsg.): Ausbildungschancen und Verbleib von Schulabsolventen. Gütersloh: W. Bertelmann Verlag. S. 101–194.

Bosch, Gerhard (2008): Zur Zukunftsfähigkeit des deutschen Berufsbildungssystems Arbeit 4. S. 239–253.

Bundesagentur für Arbeit (2008): Kriterienkatalog zur Ausbildungsreife. Nationaler Pakt für Ausbildung und Fachkräftenachwuchs in Deutschland. Nürnberg.

Bundesministerium für Bildung und Forschung (2005): Berufliche Qualifizierung mit besonderem Förderbedarf. Benachteiligtenförderung. Berlin.

Bundesministerium für Bildung und Forschung (2007): Nationaler Pakt für Ausbildung und Fachkräftenachwuchs in Deutschland 2007–2010. Berlin.

Deutscher Industrie- und Handelskammertag (2010): Ausbildung 2010. Ergebnisse einer IHK-Unternehmensbefragung. Berlin.

Dietrich, Hans (2001): JUMP, das Jugendsofortprogramm. Unterschiede in den Förderjahrgängen 1999 und 2000 und der Verbleib der Teilnehmer nach Maßnahmenende. IAB Werkstattbericht. Nürnberg.

Dietrich, Hans (2008): Theoretische Überlegungen und empirische Befunde zu berufsvorbereitenden Bildungsangeboten der BA. In: Münk, Dieter/Rützel, Josef/Schmidt, Christian (Hrsg.): Labyrinth Übergangssystem. Forschungserträge und Entwicklungsperspektiven der Benachteiligtenförderung zwischen Schule, Arbeit und Beruf. Bonn: Pahl-Rugenstein Verlag. S. 68–92.

Eberhard, Verena (2006): Das Konzept der Ausbildungsreife – ein ungeklärtes Konstrukt im Spannungsfeld unterschiedlicher Interessen. Ergebnisse aus dem BiBB. Schriftenreihe des Bundesinstituts für Berufsbildung. Bonn: Bundesinstitut für Berufsbildung.

Eberhard, Verena/Ulrich, Joachim Gerd (2011): „Ausbildungsreif" und dennoch ein Fall für das Übergangssystem? Institutionelle Determinanten des Verbleibs von Ausbildungsstellenbewerbern in teilqualifizierenden Bildungsgängen. In: Krekel, Elisabeth/Lex, Tilly

(Hrsg.): Neue Jugend – neue Ausbildung. Beiträge aus der Jugend- und Bildungsforschung. Gütersloh: W. Bertelmann Verlag. S. 97–112.

Estevez-Abe/Margarita/Iversen, Torben/Soskice, David (2001): Social Protection and the Formation of Skills: A Reinterpretation of the Welfare State. In: Hall, Peter A./Soskice, David (Hrsg.): Varieties of Capitalism. The Institutional Foundations of Comparative Advantage. Oxford New York: Oxford University Press. S. 145–183.

Gaupp, Nora/Lex, Tilly/Reißig Birgit (2008a): Ohne Schulabschluss in die Berufsausbildung. Ergebnisse einer Längsschnittuntersuchung. Zeitschrift für Erziehungswissenschaft 3. 2008. S. 388–405.

Gaupp, Nora/Lex, Tilly/Reißig, Birgit (2008b): Von der Hauptschule in Ausbildung und Erwerbsarbeit: Ergebnisse des DJI-Übergangspanels. Bundesministerium für Bildung und Forschung. Berlin.

Greinert, Wolf-Dietrich (2007): Kernschmelze – der drohende Gau unseres Berufsbildungssystems. Berlin: Technische Universität Berlin.

Hilke, Reinhard (2004): Beitrag des Referenten Prof. Reinhard Hilke, Bundesagentur für Arbeit. Fachtagung: Fit für die Arbeit. Können was Zukunft hat. Gütersloh: W. Bertelsmann Verlag.

Kohlrausch, Bettina (2009): A Ticket to Work? Policies for the Young Unemployed in Britain and Germany. Frankfurt am Main/New York: Campus.

Kohlrausch, Bettina (2010): Warum nichts bleibt, wie es war. Zugänge und Übergangsprozesse zu Facharbeit im Wandel. Wiso diskurs. Bonn: Friedrich-Ebert-Stiftung.

Kohlrausch, Bettina (2011): Die Bedeutung von Sozial- und Handlungskompetenzen im Übergang in eine berufliche Ausbildung. Ergebnisse der Evaluation des Projektes „Abschlussquote erhöhen – Berufsfähigkeit steigern". In: Krekel, Elisabeth/Tilly Lex (Hrsg.): Neue Jugend – neue Ausbildung. Beiträge aus der Jugend- und Bildungsforschung. Gütersloh: Bertelsmann. S. 131–143.

Konietzka, Dirk (2009): Berufsbildung im sozialen Wandel. In: Becker, Rolf (Hrsg.): Lehrbuch der Bildungssoziologie. Wiesbaden: VS Verlag. S. 258–280.

Müller, Walter/Shavit, Yossi (1998): The Institutional Embeddedness of the Stratification Process. In: Müller, Walter/Shavit, Yossi (Hrsg.): From School to Work. A Comparative Study of Educational Qualification and Occupational Destinations. Oxford: Clarendon Press. S. 1–48.

Münk, Dieter (2008): Berufliche Bildung im Labyrinth des pädagogischen Zwischenraums: Von Eingängen, Ausgängen, Abgängen – und von Übergängen, die keine sind. In: Münk, Dieter/Rützel, Josef/Schmidt, Christian (Hrsg.): Labyrinth Übergangssystem. Forschungserträge und Entwicklungsperspektiven der Benachteiligtenförderung zwischen Schule, Arbeit und Beruf. Bonn: Pahl-Rugenstein Verlag. S. 31 – 53.

Münst, Senganata/Scherr, Albert 2010: Endbericht der Evaluation: Jugend mit Chancen. Praxisentwicklung und Qualitätssicherung für regional geförderte ESF-Projekte. Freiburg: Pädagogische Hochschule Freiburg.

Seibert, Holger/Kleinert, Corinna (2010): Duale Berufsausbildung. Ungelöste Probleme trotz Entspanung. IAB-Kurzbericht. Nürnberg.

Solga, Heike (2005): Ohne Abschluss in die Bildungsgesellschaft. Opladen: Verlag Barbara Budrich.

Solga, Heike (2009): Wissensgesellschaft: Paradigmenwechsel in der beruflichen Bildung. In: Winfried Heidemann, Winfried/Kuhnhenne, Michaela (Hrsg.): Zukunft der Berufsausbildung. Düsseldorf: Hans-Böckler-Stiftung. S. 21–37.

Solga, Heike/Baas, Meike/Kohlrausch, Bettina (2011): Abschlussbericht. Evaluation des Projekts „Abschlussquote erhöhen – Berufsfähigkeit steigern2" und „Vertiefte Berufsorientierung und Praxisbegleitung". IAB-Forschnungsbericht. Nürnberg.

Solga, Heike/Fromm, Sabine/Richter, Maria (2010a): Evaluation des Projekts „Werkstatt-Schule Saarland". Abschlussbericht. Göttingen: Soziologisches Forschungsinstitut Göttingen.

Solga, Heike/Kohlrausch, Bettina/Kretschmann, Claudia/Fromm, Sabine (2010b): Evaluation des Projektes „Abschlussquote erhöhen – Berufsfähigkeit steigern". IAB-Forschungsbericht. Nürnberg.

Solga, Heike/Kretschmann, Claudia (2010): Follow-Up-Studie zur Evaluation des Projektes „Abschlussquote erhöhen – Berufsfähigkeit steigern". WZB Discussion Paper. Berlin: Wissenschaftszentrum Berlin.

Thelen, Kathleen (2004). How Institutions Evolve: The Political Economy of Skills in Comparative-Historical Perspective. Camebridge: Camebridge University Press.

Ulrich, Joachim Gerd (2008). Jugendliche im Übergangssystem – eine Bestandsaufnahme. BWP@4. Bonn.

Soziologie der Berufsbildung

Lars Heinemann

Sucht man im Internet nach „Berufsbildungssoziologie", erhält man lediglich 68 Hinweise, von denen die übergroße Mehrzahl als Quelle auf das Soziologische Forschungsinstitut der Universität Göttingen (SOFI) verweist. Letzteres hat einen guten Grund, sind die Veröffentlichungen des SOFI doch seit vielen Jahren für das Fachgebiet einschlägig. Dass es allerdings so wenige Treffer sind (auch „Soziologie der Berufsbildung" kommt auf ganze 28), ist erklärungsbedürftig – zumindest für einen Artikel, der den Anspruch hat, in einige grundlegende Fragestellungen der Berufsbildungssoziologie einzuführen.

Zwei Gründe scheinen hier eine Rolle zu spielen. Zum einen ist ein Kernbereich der Berufsbildungssoziologie, der Übergang über die sogenannte erste und zweite Schwelle von der allgemeinbildenden Schule in die Berufsausbildung und von dieser in den Beruf durchaus auch von der Bildungssoziologie bzw. der Berufs-, Arbeits- und Industriesoziologie (mit-)abgedeckt. Zum anderen – und das möchte dieser Aufsatz u. a. zeigen – ist die Berufsbildungsforschung (die dann auch „normale" 137 000 Hits produziert) auf eine Weise auf Interdisziplinarität angewiesen, dass viele Fragestellungen überhaupt nur im Horizont der allgemeinen Berufsbildungsforschung entworfen (oder gar: beantwortet) werden können.

So werden Leser, die hier vor allem eine Einführung in den o. g. „Kernbereich" der Statuspassagen von der Schule über berufliche Bildung in den Beruf erwarten, eventuell enttäuscht sein – dieser Bereich wird nachfolgend auf einen einzigen Abschnitt verkürzt. Allerdings kann es auch für das Verständnis der aktuellen Debatten um z. B. Chancengerechtigkeit in der Berufsbildung, die Leistungsfähigkeit von Berufsbildungssystemen und deren Veränderung im Zuge technischer Modernisierung oder auch europäischer Vereinheitlichungstendenzen von Vorteil sein, eine soziologische Perspektive in den weiteren Kontext der Berufsbildungsforschung zu stellen.

Im Folgenden zeichne ich zunächst einige Debatten zur Entwicklung beruflicher Arbeit nach, da die in Arbeits- und Geschäftsprozessen verlangten Kenntnisse und Fähigkeiten das inhaltliche Ziel beruflicher Bildung mit vorgeben (1.). Das Problem der inhaltlichen Entschlüsselung von Arbeitsprozessen verlangt dabei einen kurzen methodischen Exkurs. Anschließend wird die Ausgestaltung beruflicher Bildung in Deutschland und anderen Ländern umrissen (2.). Daran schließt sich eine Darstellung der Problematiken des Übergangs in das Berufsbildungssystem und den anschließenden

Beruf an (3.). Der Artikel schließt mit einem Abschnitt zu beruflicher Sozialisation und der Entwicklung beruflicher Identität (4.). Dabei wird versucht, möglichst beide Seiten beruflicher Bildung im Blick zu halten: einmal berufliche Bildung als Teil des Bildungssystems mit spezifischen Strukturen und Inhalten, zum anderen die der Schüler und Auszubildenden, für die das Durchlaufen dieses Systems sich als – durchaus risikoreiche – Statuspassage darstellt.

1   Entwicklung beruflicher Arbeit

Zur Veränderung beruflicher Arbeit fanden in den letzten Jahrzehnten einige Debatten in Zusammenhang mit der Diagnose gesellschaftlicher Entwicklungen auf Makroebene statt. Diese befassten und befassen sich vor allem mit technologischen Neuerungen und daraus abgeleiteten Folgerungen zur Rolle und Wertigkeit (beruflicher) Arbeit. Zwei teilweise zusammenhängende Theoriestränge sind hier besonders erwähnenswert. Einmal ist dies die Idee der *Ablösung* v. a. industrieller Arbeitsformen durch grundsätzlich neue Produktionsweisen, zum anderen die These einer grundlegenden *Umgestaltung* von (industrieller) Arbeit.

Für den ersten Theoriestrang sind vor allem die klassischen Arbeiten Bells (1973) und Touraines (1971) zu nennen. Hier ist die These, dass mit dem Aufkommen der „post-industrial society" industrielle Arbeit weitgehend überflüssig werde. Dies hat selbstverständlich Konsequenzen für die berufliche Bildung. Für Arbeitsprozesse, die obsolet werden, braucht nicht ausgebildet zu werden. Für Arbeitsprozesse, die ein hohes Maß an kodifiziertem Wissen verlangen, wären schulische Settings einer Ausbildung im Medium beruflicher Arbeit wahrscheinlich oft vorzuziehen.

Innerhalb des zweiten Theoriestrangs werden v. a. die Konsequenzen weitergehender Automatisierung menschlicher Arbeit betrachtet. in den 70er Jahren ist hier v. a. die These eines zunehmenden „De-Skilling" zu nennen (Braverman 1977). Diese Position ging von der Vorherrschaft tayloristischer Arbeitsprozesse aus. Man müsse, so Taylor zur Erläuterung seines zweiten Grundsatzes zur wissenschaftlichen Betriebsführung, um die Kontrolle der ausführenden Tätigkeiten durch das Management zu gewährleisten wie auch um die Arbeit zu verbilligen, Planung und Ausführung der Arbeit organisatorisch strikt trennen. „Die Werkstatt soll von jeder denkbaren geistigen Arbeit befreit werden. Jegliche Arbeit soll in einem Planungs- und Arbeitsbüro vereinigt werden" (Taylor 2011 (1911): 47). Zu diesem Zweck sei das Studium der Arbeitsprozesse für das Management zu reservieren und vom Arbeiter fernzuhalten. „Die Resultate dieses Studiums der Arbeitsprozesse erhält der Arbeiter nur in Form vereinfachter Arbeitsaufgaben mitgeteilt, die wiederum durch vereinfachte Anweisungen geregelt werden, die zu befolgen – und zwar ohne zu denken und ohne die zugrunde liegenden technischen Daten zu begreifen – von nun an seine Pflicht sind." (Braverman 1977: 97) Bravermans weitergehende Argumentation besteht darin, dass zunehmende Maschinisierung handwerkliche Fähigkeiten für Produktionsprozesse tendenziell ersetzt. Als reine Anhängsel der Maschinen (wie schon bei Marx) verarmt der Bereich der nutzbaren Fähigkeiten der Beschäftigten zunehmend.

In der deutschen Berufssoziologie brachte in den 80er Jahren vor allem die Studie
von Kern/Schumann (1984) neue Bewegung in die Debatte um die Umgestaltung von
Arbeits- und Produktionsprozessen und deren mögliche Auswirkungen auf das Niveau
der darauf bezogenen Tätigkeiten (für einen Überblick siehe Arnold/Münk 2006: 22 f.).
Die Durchsetzung neuer post-tayloristischer Organisationsprinzipien der Arbeit sorgt
dabei auch für neue Qualifikationsanforderungen in der Arbeit – steuernde, planende,
problemlösende Aktivitäten gewinnen stark an Gewicht. Ob diese gewandelten Anforderungen zu Dequalifizierung, einer Polarisierung von Qualifikationsprofilen oder
auch einer modernen „neuen Beruflichkeit" (Kutscha 1992) führen, ist seitdem – bis
heute – umstritten. So argumentieren Kern/Sabel (1994), das auf dem dualen Organisationsprinzip fußende deutsche Facharbeitermodell der deutschen Industrie sei aufgrund seiner rigiden Kompetenzabgrenzungen wenig geeignet, diesen neuen Organisations- und Steuerungsprinzipien zu entsprechen. Sie begründen ihr Plädoyer gegen
die berufsförmig organisierte Facharbeit entsprechend damit, dass die Berufsform der
Arbeit vor allem in der industriellen Produktion zu betrieblichen Demarkationen führe,
die die notwendige Flexibilisierung im modernen Unternehmen behindere. Das Festhalten an der Tradition berufsförmiger Facharbeit befähige die Unternehmen allenfalls
zur Reproduktion des Bestehenden, nicht aber zu Innovationen. Als Ausweg empfehlen sie das japanische Modell der betrieblichen Organisationsentwicklung, das ohne die
Berufsform der Arbeit und damit auch ohne ein berufliches Bildungssystem auskomme
(s. a. Münk 2010: 190).

Zwei Argumente sprechen gegen die Auffassung, im Zuge technologischer Entwicklungen sei die berufsförmige Organisation der Arbeit nicht mehr zeitgemäß. Zum einen
lässt sich gegen die These einer „Verwissenschaftlichung" von Arbeitsprozessen anführen, dass hier die Rolle grundlegender Wissensformen für die Facharbeit jenseits objektivierten Wissens unterschätzt wird. Nicht selten begründet z. B. das „Tacit Knowledge",
das implizite Wissen (vgl. Polanyi 1966; Neuweg 1999), wichtige berufliche Fähigkeiten,
die sich zwar in einer praktischen Prüfung nachweisen lassen, sich jedoch der Beschreibung in der Form expliziten Wissens entziehen. In Deutschland wurde anknüpfend an
die von Wilfried Kruse initiierte Diskussion zum Arbeitsprozesswissen (Kruse 1986)
diese für das berufliche Lernen zentrale Kategorie in zahlreichen Forschungsprojekten
als eine grundlegende Wissensform für das berufliche Lernen identifiziert und entfaltet
(vgl. v. a. Fischer 2000). Arbeitsprozesswissen, als Verständnis der Zusammenhänge der
eigenen Tätigkeit, ist nicht nur notwendig, um moderne Arbeitsanforderungen zu bewältigen, sondern auch, diese zu gestalten. Es ist wahrscheinlich, dass gerade solche im
Prozess der Arbeit erworbene Wissensformen mehr als fachsystematisches Wissen eine
Rolle spielt, wenn es um die Kenntnisse und Fähigkeiten in post-tayloristischen Produktionsprozessen geht.

Vor allem aber gilt zweitens die Frage des Bedarfs an notwendigen Fähigkeiten und Kenntnissen nicht nur für einen bestimmten Grad an Automatisierung. Oft übersehen wird in der Debatte, dass Arbeitsprozesse zur Herstellung ein und desselben Produkts etwa in der Kfz-Industrie durchaus unterschiedlich gestaltet werden können. Der Einführung des europäischen Berufsbildes Kfz-Mechatroniker gingen umfangreiche internationale berufswissenschaftliche Sektorstudien voraus, um die auch in dieser Branche stattfindende „Wissensexplosion" (man denke an die heutige computergestützte Fehlerdiagnose) in ein neues Berufsbild eingehen zu lassen (Rauner/Spöttl 1995; 2002). Gerade die Gestaltungsoffenheit moderner, computergestützter Arbeits- und Geschäftsprozesse erlaubt es schließlich Arbeit so zu gestalten, dass Kenntnisse und Fähigkeiten der Beschäftigten, einschließlich Arbeitsprozesswissen und impliziten Wissens, von ihnen im Arbeitsprozess und zu dessen Gestaltung genutzt werden können. Und dies ist auf durchaus unterschiedliche Weise möglich, ohne dass von vornherein klar wäre, welche Organisationsform nun auf lange Sicht die effizientere wäre (davon abgesehen, dass es noch andere Kriterien geben mag). Allgemein wird z. B. gerade die Kompetenz von Facharbeitern mit dafür verantwortlich gemacht, dass innovationsfreudige „high performance work systems" entstehen können (Toner 2011).

Konsequenzen haben neue Formen der Arbeitsorganisation auch jenseits der Frage nach den jeweils erforderlichen Fähigkeiten, die Bestandteil beruflicher Bildung sind. In seinem Essay „Der flexible Mensch" ist etwa Sennett sehr kritisch gegenüber Einstellungen, die aus einem rein funktionalen Verhältnis zur Arbeit erwachsen. Dieses Thema wird weiter unten wieder aufgenommen.

Die beschriebenen Debatten sind für eine Soziologie der Berufsbildung insofern fundamental, als sie beschreiben, was aus Sicht des Wirtschaftssystems zuallererst die Zielgrößen an Kenntnissen und Fähigkeiten sind, deren Entwicklung ein funktionales Berufsbildungssystem gewährleisten muss. Die Frage nach Ungleichheiten stellt sich anders, wenn weiterhin von Berufen als konstituierendem Element der Arbeitsorganisation oder von zunehmend flexibilisierten Arbeitsstrukturen ausgegangen wird. Auch soziologische Fragestellungen z. B. des Umgangs mit veränderten Qualifikationsprofilen und der Ausbildung zu solchen, verweisen auf eine Analyse der zu Grunde liegenden Arbeitsprozesse. Die Organisation konkreter Arbeits- und Geschäftsprozesse aber spielt tendenziell kaum noch eine Rolle, wenn wie bei Bell oder Vertretern der These der „Wissensgesellschaft" bestimmte „Megatrends" mit betrieblichen Arbeitsverhältnissen kurzgeschlossen werden (s. a. Bittlingmayer 2005).

Exkurs: Methodologische Schwierigkeiten der Berufs- und Berufsbildungsforschung

Die Schwierigkeit, Arbeitsprozesse so zu beschreiben, dass die dabei eingesetzten Kenntnisse und Fähigkeiten erfasst werden können, ist evident. Für die Sozialwissenschaften haben hier bspw. Garfinkel und Engeström Ansätze vorgelegt.

Yrjö Engeströms (1987, 1999) „activity theory" bezieht den Arbeitsprozess in das „betriebliche Handlungssystem" mit ein. Arbeiten und Lernen spielen sich hier nicht nur zwischen Subjekt und Objekt (vermittelt durch Technik) ab, sondern werden auch von Regeln und Normen, Arbeitsorganisation und der Praxis-/Betriebsgemeinschaft beeinflusst. Auch Lernen findet in einem solchen betrieblichen Handlungssystem statt. Damit rücken subjektive Theorien der Beschäftigten über ihr Tun in den Vordergrund. Sie werden in den Rahmen der Kommunikationsbeziehungen innerhalb einer Organisation oder eines Handlungszusammenhangs gestellt, um so z. B. Software Design, Laboratoriums- oder Krankenhausarbeit zu beschreiben.

Harold Garfinkels „Studies of Work" bauen demgegenüber auf einer interessanten Wende des Erkenntnisgegenstands auf. Garfinkel gewann bei der Entwicklung seines Forschungskonzeptes „Studies of Work" die Erkenntnis, dass man jeden Beruf zuletzt praktisch erlernen muss, unabhängig davon, ob es sich dabei um einen Mathematiker oder einen Kraftfahrer handelt (Garfinkel 1986). Das praktische Wissen entspringt danach nicht dem theoretischen Wissen, wie es in der objektivierten Form des fachsystematischen Wissens im System der Wissenschaften vorliegt. Es hat aus Sicht der Ethnomethodologie eine eigene Qualität, die ihm aus dem Modus seiner Hervorbringung zukommt (vgl. ausführlich zum ethnomethodologischen Ansatz den Beitrag von Breidenstein/Tyagunova in diesem Band). Garfinkels Forschungsinteresse bestand darin, das in der praktischen Berufsarbeit inkorporierte Wissen zu entschlüsseln. In diesem Zusammenhang wies er auf die Grenzen sozialwissenschaftlicher Analysemethoden und auf die Notwendigkeit einer verstehenden Fundierung des Analysierens aus der betrieblichen Arbeitspraxis heraus („from within") hin. Er forderte daher auch eine umfassende domänenspezifische Kompetenz der Wissenschaftler, die die berufswissenschaftlichen Studien durchführen (Garfinkel 1967, 1986). Methodisch impliziert dies ein „unique adequacy requirement". Das Primat liegt danach beim Forschungsgegenstand. Selbst wenn man hierbei die methodologische Schwierigkeit übergeht, die Angemessenheit einer Methode in Bezug auf ihren Gegenstand als Kriterium für die Methodenwahl zu akzeptieren – mit welcher Methode kann ihrerseits diese Angemessenheit belegt werden? –, führt das Ziel, Forschungsmethoden einzigartig angemessen auszuwählen und zu entwickeln, in Zweifelsfällen dazu, Methoden zu opfern, wenn sie den Besonderheiten und die Einzigartigkeit der Forschungsgegenstände nicht entsprechen (ebd., 57). Garfinkel selbst zeigt die Bedeutungsverschiebung in der Ethnomethodologie anhand folgender Anekdote:

„In 1954 Fred Strodtbeck was hired by the University of Chicago Law School to analyse taperecordings of jury deliberations obtained from a bugged jury room. Edward Shils was on the committee that hired him. When Strodtbeck proposed to administer Bales Interaction Process Analysis categories, Shils complained: ‚By using Bales Interaction Process Analysis I'm sure we'll learn what about a jury's deliberations makes them a small group. But we want to know what about their deliberations makes them a jury.'" (Garfinkel, Lynch and Livingston 1981: 133; zitiert nach Arminen 2008)

Diese Blickrichtung eben auch auf die Inhalte von Facharbeit lässt sich dann auch für die Entschlüsselung des oben beschriebenen Arbeitsprozesswissens fruchtbar machen – ob im Rahmen von Ethnomethodologie, activity theory oder noch anders. Wie hoch der Grad der domänenspezifischen Kompetenz des Forschers dabei jeweils sein muss, ist unklar. Aus großer fachlicher Nähe hat Lehberger (2012) eine Analyse zum Arbeitsprozesswissen von Werkzeugmechanikern vorgelegt, aus größerer fachlicher Distanz beschreiben Fischer/Röben (2004) organisationales Lernen in der chemischen Industrie.

2   Berufliche Bildung

Im deutschen Berufsbildungssystem nach BBiG (Berufsbildungsgesetz) werden momentan etwa 350 Berufe (in Industrie, Handel, Handwerk, Büro/Verwaltung, Gesundheit und Landwirtschaft) ausgebildet. Dies geschieht an den Lernorten Betrieb und Berufsschule. Auszubildende sind 3–4 Tage im Betrieb im Rahmen eines Ausbildungsvertrags tätig. Die Tätigkeiten werden dabei durch die Ausbildungsordnung geregelt (Ausbildungsdauer, Prüfungsanforderungen, Ausbildungsrahmenplan etc.). Die Berufsschule vermittelt 1–2 Tage pro Woche berufsbezogenen (etwa 2/3) und allgemein bildenden (etwa 1/3) Lehrstoff. Die Ausbildung führt zu staatlich anerkannten Abschlüssen. Zusätzlich besteht die Möglichkeit, einen Beruf in einer Berufsfachschule zu erlernen. Der betriebliche Teil der Ausbildung im dualen System wird zumeist in einem bestimmten Betrieb durchgeführt. Zusätzlich gibt es aber durchaus Möglichkeiten zwischenbetrieblicher Kooperation, z. B. im Rahmen von Ausbildungsverbünden – sei es, um Betrieben Ausbildung zu ermöglichen, die wegen eines schmalen, spezialisierten Geschäftsprofils nicht alle im Ausbildungsrahmenplan geforderten Bereiche abdecken können, sei es, um Ausbildung zu subventionieren (Imdorf/Leemann 2010, 2011). Vor allem im Osten Deutschlands wurde und wird dieses Mittel genutzt, um mit Hilfe öffentlicher Förderung kostenintensive Teile der Ausbildung aus den Betrieben auszulagern. Inwiefern dies eine qualitativ hochwertige Ausbildung im Arbeitsprozess (s. dazu unten) ersetzen kann, erscheint fraglich. Außerdem kann ein solches Arrangement die Ausbildungsfähigkeit der Betriebe untergraben. Diese beruht schließlich nicht nur auf formalen Voraussetzungen. Eine gelungene Ausbildung, die auch für den Betrieb kostendeckend ist, beruht u. a. auf Arbeitsprozessen, die gleichzeitig produktiv und lernförderlich sind sowie auf motivationalen Voraussetzungen, etwa einem Betriebsklima, in dem die Weitergabe von Wissen und Können zwischen Beschäftigten und Auszubildenden normal ist. Sind solche Voraussetzungen nicht vorhanden oder zerstört, lässt sich duale Ausbildung nur schwer etablieren (s. dazu in internationalem Kontext unten). In Österreich dürfte ein sehr hoher Anteil überbetrieblicher Ausbildung v. a. im ersten Ausbildungsjahr zusammen mit einem Ausbau der Berufsfachschulen dafür gesorgt haben, dass dort die Auszubildendenzahlen konstant rückläufig sind – hin zu einem Zustand, der eine Reproduktion der Facharbeiterbasis durch das duale System tendenziell nicht mehr gewährleistet.

Ziel der Ausbildung ist in jedem Fall die „berufliche Handlungsfähigkeit". Es geht in beruflicher Bildung letztlich nicht um das Vermehren des Wissens der Lernenden, sondern ihr Können. Um diese berufliche Handlungsfähigkeit zu entwickeln, ist in Deutschland traditionell seit der Reformpädagogik „Handlungsorientierung" ein Grundbegriff beruflichen Lernens, so bspw. schon bei Kerschensteiner in den 20er Jahren des vorigen Jahrhunderts (dazu und auch zu den Grenzen einer rein auf Handlung abstellenden Pädagogik, s. Gruschka 2002: 266 f.) – auch wenn bis in die 1970er Jahre die industrielle Berufsbildung durchaus noch tayloristisch beeinflusst war. Eine Konsequenz der Orientierung an beruflicher Handlungsfähigkeit ist im schulischen Teil der dualen Berufsbildung das Aufgeben traditioneller Schulfächer und die Einführung von Lernfeldern, die „aus den Tätigkeitsfeldern des Berufs zu entwickeln sind und den spezifischen Bildungsauftrag der Berufsschule einschließen." (KMK 2000: 4)

Mehr oder weniger explizit ausformuliert, ist die Orientierung an beruflicher Handlungsfähigkeit (eben domänenspezifischem Können) – fraglos Ziel jeder Berufsbildung (sofern dies nicht in eine dann notwendige betriebliche Anlernphase nach formalem Abschluss der Ausbildung ausgelagert wird). Die systemischen Architekturen und konkreten Lernarrangements für dieses Ziel variieren allerdings enorm. Um kurz einige Beispiele aufzuzählen, findet sich eine „integrierte" Dualität mit stetem Wechsel aus betrieblicher Ausbildung und Berufsschule v. a. in Deutschland, Österreich, der Schweiz und teilweise Dänemark. In Frankreich, Norwegen oder China existieren (durchaus unterschiedlich gestaltete) Systeme alternierender Dualität mit zunächst schulischer Ausbildung und anschließender betrieblicher Phase. Großbritannien (ohne Schottland) setzte v. a. in den 90er Jahren auf eine berufsschulische, modularisierte Ausbildung für den Erwerb einzelner Teilqualifikationen, die als NVQs (national vocational qualifications) zertifiziert werden. In mediterranen Ländern herrscht ein kursförmiges System, meist von staatlich geförderten Privatanbietern, vor (Homs 2009). Die USA und Australien setzen auf eine „College for all"-Politik mit dem Erwerb beruflicher Qualifikationen an Hochschulen und community colleges. All diese Systeme sind mit jeweils spezifischen Problemen konfrontiert – duale Systeme etwa Fragen nach lernförderlichen betrieblichen Arbeitsumgebungen oder der gelingenden Kooperation der Lernorte Schule und Betrieb, das System der NVQs damit, wie aus einzelnen Teilkompetenzen berufliche Handlungsfähigkeit erwachsen kann, eine college-for-all-Politik mit dem Praxisbezug des so erworbenen Wissens.[1] Australien bspw. baute in den letzten Jahren

1 Für die dem europäischen Binnenmarkt verpflichtete EU-Kommission ist diese Vielfalt an Berufsbildungssystemen (mit auch noch unterschiedlichen Verständnissen von Lernprozessen wie auch des möglichst zu erreichenden Niveaus) naturgemäß ein Ärgernis. Entsprechend versucht sie seit mehr als einem Jahrzehnt, hier Vergleichbarkeit herzustellen (Benchmarking). Ein direkter Eingriff in die nationale Bildungshoheit ist dabei aber unmöglich. Im Rahmen des „Brügge-Kopenhagen Prozesses" wurde entsprechend auf eine „Metaebene" ausgewichen. Mit dem „Europäischen Qualifizierungs-

zusätzlich ein „Apprenticeship"-System aus, so dass nun viele College-Absolventen anschließend noch eine rein berufliche Ausbildung durchlaufen.

Die Unterschiedlichkeit der Berufsbildungsarrangements lässt sich auf je unterschiedliche historische Entwicklung zurückführen. Die traditionelle handwerkliche Berufsbildung in Europa bspw. wurde mit dem Aufkommen der Industrialisierung in einigen Ländern reformiert, in anderen zurückgedrängt. Eine weitere Wurzel des deutschen „Sonderwegs" in der beruflichen Bildung mag im durchaus politischen Einfluss eben des Bildungsbegriffs liegen. Wie von Humboldt bspw. in seinem Entwurf zum Königsbergischen Schulsystem ausgeführt soll „Bildung" grundsätzlich über das Ansammeln einigermaßen nützlicher Kenntnisse und Fähigkeiten hinausgehend Menschen dazu befähigen, sich als Ganze, in ihrer „Persönlichkeit" zu bilden.

Berufliche Bildung ist in Schule wie auch im Arbeitsprozess auf verschiedene Weise gestaltbar, mit Konsequenzen für das Niveau beruflichen Lernens wie auch die Breite der Anwendbarkeit der dabei vermittelten Fähigkeiten und Kenntnisse. Die verschiedenen, teils stark debattierten Befunde der Berufs- und Industriesoziologie zu den am Arbeitsplatz benötigten Fähigkeiten lassen zunächst keinen direkten Schluss darauf zu, auf welche Weise denn berufliche Bildung dazu verhilft, diese auch tatsächlich zu entwickeln.

So gab es in Zusammenhang mit der oben dargestellten These des „De-Skilling" in Deutschland und Frankreich in den 60er und 70er Jahren einigen Druck der Gewerkschaften, Ausbildung aus kapitalistischen Produktionsprozessen in staatlich-schulische Obhut zu verlagern. Für die Debatte der adäquaten Ausbildung für heutige post-tayloristische Arbeitsstrukturen gelten teilweise analoge Argumente. Ausbildung im Arbeitsprozess soll die jeweils notwendige Wissensvermittlung nicht mehr gewährleisten können. Baethge und Baethge/Kinsky (1998) argumentieren, die zunehmende „Entbe-

---

rahmen" (EQR bzw. EQF) und seiner national durchaus unterschiedlichen Umsetzungen werden berufliche und allgemeinbildende Abschlüsse in einen gemeinsamen Rahmen eingeordnet. Zudem werden – ähnlich wie im Bologna-Prozess – einzelnen Qualifizierungsabschnitten im Rahmen von Europass und ECVET Credit Points zugeordnet, um europaweite Mobilität in der Berufsbildung zu ermöglichen. Schließlich setzt ein gemeinsamer (wieder: inhaltlich nicht spezifizierter) Rahmen für Qualitätssicherung (EQUARF) Standards für die Sicherung der Ausbildungsqualität. Die dahinterstehende Logik klingt zunächst bestechend – ohne in nationale Spezifika einzugreifen, wird die Vergleichbarkeit geschaffen, die für den gemeinsamen europäischen Bildungsraum notwendig ist.

Die immanente Logik des ECVET-Systems (die die der in Großbritannien weitgehend gescheiterten NVQs ist!) führt allerdings dazu, dass berufliche Bildung tendenziell in jeweils unabhängige – und unabhängig voneinander zertifizierbare – Abschnitte auseinanderfällt. Dies ist dann nicht weiter bemerkenswert, wenn man – wie viele der oben angeführten Autoren – in der beruflichen Bildung eine Tendenz zur stärkeren Vermittlung deklarativen Wissens und allgemein einer erhöhten Flexibilität durchaus begrüßt. Berufliche Bildung, die auf die Gestaltungskompetenz der Auszubildenden ausgeht und implizites sowie Arbeitsprozesswissen zu vermitteln sucht (s. dazu unten) kann dadurch allerdings empfindlich gestört werden, da die Entwicklung vom Novizen zum Experten eines Fachs eben nicht auf einzelne, leicht abprüfbare Einheiten rückführbar ist (vgl. zur Besonderheit berufsbezogener Kompetenzentwicklung auch die Beiträge in Bolder/Dobischat 2009).

ruflichung" würde unter anderem dadurch befördert, dass nach-tayloristische Arbeits-
organisationen Fähigkeiten erforderten, die über berufliches Fachwissen hinausgin-
gen – was traditionelle berufliche Bildung zunehmend dysfunktional mache. Ähnlich
plädieren Baethge/Solga/Wieck (2007: 71 f.) für eine stärkere Vermittlung fachsystematischen Wissens in der beruflichen Bildung. Es bestehen starke Anzeichen dafür, dass
eine solche Position die Potentiale einer Ausbildung „im Medium des Berufs" (Blankertz
1969) unterschätzt. Es ließe sich einwenden, dass eine moderne berufliche Bildung gerade diese Fähigkeiten befördere und Bildung im Medium des Berufs am besten geeignet sei, domänenspezifisches Wissen, Arbeitsprozesswissen und allgemeinere Fähigkeiten sinnvoll zu verknüpfen (Rauner/Bremer 2004).

Auch auf der „subjektiven" Seite beruflicher Bildung ist deren Ausgestaltung nicht
belanglos. So konzedieren Baethge/Baethge-Kinsky (1998) das selbst mit einer von
ihnen prognostizierten Verschiebung weg vom Beruf als strukturierendem Element der
Arbeitsorganisation die Berufsbildung für die Lernenden weiterhin wichtige Funktionen der Orientierung liefere.

Die konkrete Ausgestaltung beruflicher Bildung im deutschen dualen System weist
einige Spezifika auf, die für bildungssoziologische Fragen besonders interessant sind.
So ist der betriebliche Teil der Ausbildung als Arbeitsverhältnis organisiert. Im Interesse der Unternehmen läge es, jeweils nur genau die Fähigkeiten in der Ausbildung zu
vermitteln, die für den jeweiligen Betrieb relevant sind (von verdeckter Niedriglohnbe-
schäftigung und unbezahlten Überstunden zu schweigen). Wie eine angemessen breite
Ausbildung zu gewährleisten ist, ist jeweils auch politisch umstritten. Schon Offe (1975)
argumentierte zur Modernisierung der beruflichen Bildung mit der Einführung des Be-
rufsbildungsgesetzes, dass der Versuch, die „Bildungsmisere" staatlicherseits zu lösen,
notwendig mit den Interessen der Wirtschaft kollidiere. Größere Verwerfungen brachte
auch die Einführung des zweiten Berufsschultags mit sich. Bis heute gehen etwa die
Leistungen in der Berufsschule nicht in die Ergebnisse der Abschlussprüfungen ein.
Wie leistungsfähig der betriebliche Teil der dualen Ausbildung ist, ist jeweils empirisch
auf verschiedenen Ebenen immer wieder neu zu bestimmen.

Auch die Kooperation der Lernorte Schule und Betrieb gibt immer wieder Anlass zu
Forschung – zumeist als Begleitforschung in Zusammenhang mit Modellversuchen, in
der das reine Sammeln von Daten hinter der Gestaltung neuer Lehr- und Lernformen
zurücktritt (Dehnbostel 1995; Euler 2004). Ein großes Thema ist hier die Vermittlung
zwischen Lernen im Arbeitsprozess und der allgemeineren (auch fachlichen) Bildung
in den Schulen. Der oben angeführte Lernfeldansatz der schulischen Curricula stellt
einen Versuch dar, beides stärker miteinander zu verbinden. Inwiefern dies auch praktisch geschehen ist oder vielmehr nur alter (fachsystematischer) Wein in neue Schläu-
che mit dem Etikett „Lernfeld" gefüllt wurde, ist dabei weiterhin unklar.

3 Übergänge in Ausbildung und Beruf

Die Übergänge von Schule in Ausbildung und später in einen Beruf (die „erste" und „zweite Schwelle", sind anders als bspw. der Zugang zu Universitäten marktförmig geregelt. Dies hat deutliche Effekte auf die unterschiedlichen Möglichkeiten, einen adäquaten Ausbildungsplatz zu bekommen. Der Übergang über die erste Schwelle bringt starke Chancenungleichheiten mit sich (siehe z. B. Reißig/Gaupp 2007). Aus Sicht der Nachfrage nach Auszubildenden geht es darum, hier die für die betrieblichen Arbeits- und Geschäftsprozesse geeignetsten Anwärter auszuwählen und kommenden Fachkräfteengpässen vorzubeugen (Werner 2008); aus Sicht der Bewerber darum, denjenigen Betrieb zu finden, bei dem sie in ihrem Wunschberuf qualitativ hochwertig ausgebildet werden. Beides ist wieder auch von der Gestaltung betrieblicher Arbeits- und Ausbildungsprozesse abhängig.

Jugendliche, die nach einem Ausbildungsplatz suchen, stehen in Konkurrenz. Gerade in Zeiten eines „Überangebots" an Ausbildungssuchenden landen v. a. Hauptschulabgänger dann im sogenannten „Übergangssystem", z. B. Berufsgrundbildungs- und -vorbereitungsjahr (vgl. hierzu ausführlicher die Beiträge von Lauterbach und Kohlrausch im Band). Die Effekte dieser Maßnahmen – inwieweit sie die Ausbildungsfähigkeit fördern oder aber weitere Beschulung eher demotivierend wirkt – sind umstritten (s. a. Lex/Geier 2010).

Um den Übergang über die erste Schwelle zu erleichtern, gibt es schon im allgemeinbildenden Bereich eine Vielzahl von Maßnahmen der Berufsorientierung (im angelsächsischen Raum noch verstärkt als „guidance and councelling"). Durch Betriebsbesichtigungen, Informationen zu Ausbildungsberufen, Praktika etc. sollen vor allem zwei Effekte erzielt werden. Zunächst den, überhaupt einen Ausbildungsplatz zu finden. Gerade im Hauptschulbereich ist das Risiko, keinen Ausbildungsplatz zu finden, stark erhöht. Begründet wird dies oft mit „mangelnder Ausbildungsreife" der Hauptschulabsolventen, also fehlenden Basiskenntnissen v. a. im Bereich Deutsch und Mathematik. Es hat sich gezeigt, dass jenseits dieser Debatte (die u. a. auch dazu diente, die Seite der Betriebe in Zeiten eines Auszubildendenüberangebots seit den 90er Jahren bis in jüngste Zeit vor Ansprüchen an höhere Ausbildungsleistungen abzusichern) die konkreten Ausbildungsentscheidungen potentieller Ausbildungsbetriebe stark von der persönlichen Einschätzung der Bewerber abhängen (Seibert/Hupka-Brunner/Imdorf 2009; Imdorf 2009). Praktika und auch Modellversuche einer engeren Verzahnung von Hauptschule und Betrieb durch Praxistage zeigen hier durchaus erfolgreiche „Klebeffekte" (Solga/Baas/Kohlrausch 2012).

Der zweite Effekt ist der einer verbesserten Berufswahl seitens der Schüler (vgl. u. a. Scherrer/Bayard/Buchmann 2007). Angesichts hoher Abbruchquoten in der Ausbildung existiert hier eine Vielzahl von Programmen zur Berufsorientierung (für eine Übersicht siehe Lippegaus-Grünau/Mahl/Stolz 2010). Dabei sind Interessen und Motivationen der (zukünftigen) Auszubildenden selbstverständlich nicht statisch – mit dem

Prozess der beruflichen Sozialisation verändern sich Einstellungen zu Beruf und Arbeit, wie z. B. Lewalter/Krapp (2004) für das Versicherungswesen zeigen.

Der Übergang über die zweite Schwelle von der beruflichen Ausbildung in das Erwerbsleben stellt für Systeme integrierter Dualität (bei aller Problematik z. B. von Übernahmen, Beschäftigung in einem anderen als dem Ausbildungsberuf etc.) eine deutlich geringere Schwierigkeit da als in schulbasierten Systemen. Auch hinsichtlich der Chancengerechtigkeit ist allerdings ein Problem des deutschen dualen Systems die geringe anschließende Aufstiegsqualifizierung. Die Schweiz erlaubt die ausbildungsbegleitende „Berufsmatura" mit fachgebundener Hochschulzugangsberechtigung – ein Modell, das den zaghaften deutschen Versuchen der Öffnung der Hochschulen für Nichtabiturienten weit überlegen scheint.

4   Berufliche Sozialisation und berufliche Identität

Die berufliche Sozialisationsforschung verfügt über zahlreiche Befunde, die bestätigen, dass die berufliche Kompetenzentwicklung für die Entwicklung sozialer Identität von zentraler Bedeutung ist (für einen Überblick s. Lempert 2006a).

Berufliche Identität ist das Ergebnis eines Entwicklungsprozesses, der auf das engste mit der Entwicklung beruflicher Kompetenz verknüpft ist. Herwig Blankertz betrachtet daher die Entwicklung beruflicher Identität als eine Dimension der beruflichen Kompetenzentwicklung. In seinem Eröffnungsvortrag zum Symposium „SII-Didaktik- und Identitätsentwicklung im Jugendalter" (8. DGfE-Kongress 1982) führte er dazu aus: „Die Dramatik des doppelt qualifizierenden Bildungsganges besteht darin, dass hier die Kompetenzentwicklung durch Sinnstrukturen reguliert ist, die vom Schüler einen Perspektivwechsel verlangen: er muss eine spezifische Berufsrolle antizipieren und sich mit ihr identifizieren – anders würde keine Kompetenzentwicklung denkbar sein" (Blankertz 1983: 139).

Walter Heinz weist in diesem Zusammenhang auf einen weiteren Aspekt beruflicher Identitätsentwicklung hin, dem der Gestaltung der eigenen Biographie: „In der industrialisierten Dienstleistungsgesellschaft verschiebt sich [...] der Gravitationspunkt beruflicher Sozialisationsprozesse von der Vergesellschaftung (im Sinne des Erlernens konventioneller sozialer Rollen) auf die Individualisierung. Dies bedeutet für die berufliche Sozialisation, dass die Verinnerlichung von Arbeitsnormen allmählich der Formulierung subjektiver Ansprüche an die Arbeitsinhalte und der aktiven Gestaltung von Berufsbiographien weicht" (Heinz 1995: 105). Nicht nur Erziehungswissenschaftler wie Christopher Winch (2003) verweisen in dieser Situation auf die Bedeutung von beruflicher Identität als einem Selbstkonzept und auf berufliche Bildung als einer Bildungsform, die die Auszubildenden und Beschäftigten vor enttäuschtem Vertrauen in die Fürsorge der Unternehmen den Beschäftigten gegenüber schützt.

Die Entwicklung und Ausprägung beruflicher Identität wird von verschiedenen Faktoren beeinflusst. Dies sind zum einen Faktoren, die sich aus den jeweiligen Ausbildungsberufen und der für sie typischen Ausbildungsorganisation (Lehrwerkstatt, Lernen im Arbeitsprozess etc.) ergeben (vgl. auch Lempert 2005, 2006b).

Berufliche Identität wie auch berufliches Engagement sind in Stärke und Ausprägung von einer Vielzahl individueller, gesellschaftlicher und Faktoren der Arbeitsorganisation abhängig. Gerade dieses Verhältnis wurde in den Sozialwissenschaften immer wieder thematisiert. Grob lassen sich dabei drei hier relevante Betrachtungsweisen unterscheiden. Neben der Art und Weise, in der Beschäftigte auf die jeweilige Arbeitsorganisation und deren Wandel reagieren, lässt sich der Fokus umgekehrt darauf richten, welche subjektiven Ansprüche an Arbeit gestellt und wie diese umgesetzt werden.

Bereits zu Anfang der Entwicklung der Sozialwissenschaften finden sich etwa bei Max Webers (1922) Plan einer Enquete zu „Auslese und Anpassung (Berufswahl und Berufsschicksal) der Arbeiterschaft der geschlossenen Großindustrie" von 1908 Fragestellungen zum Einfluss der Arbeitsorganisation auf die Beschäftigten ausgearbeitet. Sennett (1998) beschreibt in seinem bekannten Essay „Der flexible Mensch", wie die Organisation in Teams mit flachen Hierarchien in der amerikanischen Werbewirtschaft dazu führt, dass der eigentliche Arbeitsgegenstand – etwa die Entwicklung einer Werbekampagne – aus dem Fokus gerät und sich gegenüber den Einzelinteressen der Beteiligten an ihrer beruflichen Karriere verflüchtigt.

Andererseits existieren seit langem auch Untersuchungen der bewussten Reaktion Beschäftigter auf ihre Arbeitsumstände, etwa wenn in den 50er Jahren zur Blütezeit des Taylorismus in Frankreich eine Gruppe um Carlos Castoriadis und Claude Lefort zeigt, wie französische Fabrikarbeiter durchaus gegen die offizielle Organisation der Arbeitsprozesse ihre Arbeit so gestalten, dass sie überhaupt erst auf angemessene Weise ausführbar wird (siehe etwa Gabler 2005). Wiederum Sennett (2008) versucht in seiner Studie über das Handwerk mit leicht nostalgischem Unterton zu zeigen, wie im Arbeitsprozess eine Beziehung zwischen Arbeitenden und den Arbeitsgegenständen hergestellt werden kann, die zur gelungenen Entwicklung beruflicher Identität führt – eine Beziehung, die er kritisch der vorherrschenden Organisation von Arbeitsprozessen gegenüberstellt.

Wie sich das Verhältnis zu beruflicher Arbeit individuell gestaltet, ist selbstverständlich nicht nur von der Organisation der Arbeitsprozesse abhängig, sondern auch davon, welche Ansprüche etwa auf „Sinn" die Beschäftigten selbst an ihre Arbeit haben. Eine solche Beziehung kann mehr oder weniger gelingen, wiederum abhängig davon, welche Identifikationsmöglichkeiten die Arbeit bietet und ob und wie diese genutzt werden können.

Gelungene Identifikation beschreibt Sennett am Beispiel handwerklicher Arbeit. Die Unmöglichkeit solcher Identifikation in tayloristischen Arbeitsprozessen führte, wie u. a. Marcuse (1964) beschrieb, zu vermehrter Abwesenheit und unbewusster Sabotage. Genau dieser Befund beförderte in den USA die Aufnahme der human relations in die Methoden des Managements, die davon ausgingen, im Engagement der Beschäftigten eine unverzichtbare Bedingung des wirtschaftlichen Erfolgs zu sehen („happy workers are productive workers"). Es ist gleichfalls möglich, dass Beschäftigte selbst solche Ansprüche an Sinnstiftung durch Arbeit auf ein absolutes Minimum reduzieren – ein solches, rein instrumentelles Verhältnis zur eigenen Tätigkeit zeigt Sennett (1998) am Beispiel der Werbebranche.

Nun sind subjektive Ansprüche an die jeweilige Arbeit nicht nur individuell gegeben, sondern auch eingebettet in Einstellungen zur Arbeit auf gesellschaftlicher, klassen- oder auch milieuspezifischer Ebene. Bekanntlich hat in diesem Sinn schon Weber die Konsequenzen der „Wirtschaftsethik der Weltreligionen" durchbuchstabiert. In einer der ersten größeren empirischen Untersuchungen in der Bundesrepublik wurde 1953/5 in der Hüttenindustrie „Das Gesellschaftsbild des Arbeiters", dieses unbekannten Wesens, zum Thema (Popitz et al. 1957) – mit Befunden, die durchaus für Bündel von Einstellungen zu Politik, Gesellschaft und Arbeit sprechen, die von denen der sich herausbildenden Angestelltenkultur klar unterschieden werden können.

Empirisch muss vor diesem Hintergrund untersucht werden, welche Einstellungen gegenüber der Berufsarbeit vorherrschen, wie diese mit Arbeitsprozessen einerseits und subjektiven Ansprüchen an Arbeit andererseits zusammenhängen und wie schließlich dabei allgemeinere Einstellungsbündel zum Tragen kommen. Auch dabei ist es wahrscheinlich hilfreich, die zugrundeliegenden Arbeits- und Geschäftsprozesse und Lernformen genauer miteinzubeziehen. So bleibt die lesenswerte Studie von Boltanski und Chiapello (2003) zum „neuen Geist des Kapitalismus" diesbezüglich u. a. deshalb vage, weil als empirisches Material vorzugsweise Managementtexte verwendet wurden.

Stärker auf berufspädagogische Fragestellungen bezogen ergeben sich vor diesem Hintergrund dann Forschungsfragen, die darauf abzielen, welche Gegebenheiten der Ausbildung – das „Klima" am Arbeitsplatz und in der Berufsschule, die Angemessenheit der Arbeitsaufgaben (Über- bzw. Unterforderung), das Verhältnis zu Ausbildern u. v. a. m. – die Entwicklung von Engagement und Identität fördern oder hemmen. Stärke und Gestalt von Engagement und Identität auf Seiten der Auszubildenden sind in Beziehung zu setzen zu den Potentialen, die die Arbeitsorganisation für ihre Entwicklung und Betätigung bietet. Bei Auszubildenden kommt noch hinzu, den Entwicklungsprozess von Identität und Engagement selbst in seinem Verlauf und in seiner Abhängigkeit von Arbeitsgegebenheiten sowie der Entwicklung beruflicher Kompetenz auf dem Weg vom Novizen zum Experten zu analysieren. Für ein empirisches Forschungsvorhaben bedeutet dies, „subjektive" Gegebenheiten wie unter anderem das Berufswahlverhalten, das Ansehen eines Berufs bei den Auszubildenden und ihrer Peer Group oder die Bedeutung von Arbeit überhaupt einzubeziehen.

Literatur

Arminen, Ilkka (2008): Scientific and „radical" ethnomethodology: from incompatible para-
digms to ethnomethodological sociology, in: Philosophy of the Social Sciences 38 (2),
S. 167–191.

Arnold, Rolf/Münk, Dieter (2006): Berufspädagogische Kategorien didaktischen Handelns, in:
Arnold, Rolf/Lipsmeier, Antonius (Hrsg.): Handbuch der Berufsbildung. Opladen: VS
Verlag für Sozialwissenschaften, S. 13–32.

Baethge, Martin/Baethge-Kinsky, Volker (1998): Jenseits von Beruf und Beruflichkeit? Neue
Formen der Arbeitsorganisation und Beschäftigung und ihre Bedeutung für eine zentrale
Kategorie gesellschaftlicher Integration. Mitteilungen aus der Arbeitsmarkt- und Berufs-
forschung 3, Stuttgart: Kohlhammer.

Baethge, Martin/Solga, Heike/Wieck, Markus (2007): Berufsbildung im Umbruch. Signale eines
überfälligen Aufbruchs. Berlin: Friedrich-Ebert-Stiftung.

Bell, Daniel (1973): The Coming of Post-Industrial Society. New York: Basic Books.

Bittlingmayer, Uwe H. (2005): Die „Wissensgesellschaft" als Wille und Vorstellung, Konstanz:
UVK.

Blankertz, Herwig (1969): Bildung im Zeitalter der großen Industrie. Pädagogik, Schule und Berufsbildung im 19. Jahrhundert. Hannover: Schroedel.

Blankertz, Herwig (1983): Sekundarstufen II – Didaktik und Identitätsbildung im Jugendalter.
In: Benner, Dietrich/Heid, Helmut/Thiersch, Hans (Hrsg.): Beiträge zum 8. Kongress der
Deutschen Gesellschaft für Erziehungswissenschaft. Zeitschrift für Pädagogik, Beiheft 18,
S. 139–157.

Bolder, Axel/Dobischat, Rolf (Hrsg.) (2009): Eigen-Sinn und Widerstand. Kritische Beiträge
zum Kompetenzentwicklungsdiskurs, Wiesbaden: VS Verlag für Sozialwissenschaften.

Boltanski, Luc/Chiapello, Ève (2003): Der neue Geist des Kapitalismus. Konstanz: UVK.

Braverman, Harry (1977): Die Arbeit im modernen Produktionsprozeß, Frankfurt/Main, New
York: Campus.

Dehnbostel, Peter (1995): Neuorientierung wissenschaftlicher Begleitforschung. Eine kritische
Auseinandersetzung mit bestehenden Konzepten und fälligen Fortentwicklungen. In:
Benteler, Paul (Hrsg.): Modellversuchsforschung als Berufsbildungsforschung, Köln: Bo-
termann & Botermann, S. 71–98.

Engeström, Yrjö (1987): Learning by expanding: An activity-theoretical approach to developmental research. Helsinki: Orienta-Konsultit.

Engeström, Yrjö (1999): Activity theory and individual and social transformation. In: Yrjö
Engeström, Reijo Miettinen/Raija-Leena, Punamäki (eds.): Perspectives on activity theory Cambridge, UK: Cambridge University Press, S. 19–38.

Euler, Dieter 2004: Lernortkooperation im Spiegel der Forschung. In: Euler, Dieter (Hrsg.):
Handbuch der Lernortkooperation. Bd. 1: Theoretische Fundierung. Bielefeld: Bertelsmann, S. 17–32.

Fischer, Martin (2000): Von der Arbeitserfahrung zum Arbeitsprozesswissen. Rechnergestützte
Facharbeit im Kontext beruflichen Lernens. Opladen: Leske + Budrich.

Fischer, Martin/Röben, Peter 2004: Arbeitsprozesswissen im Fokus von individuellem und or-
ganisationalem Lernen. Ergebnisse aus Großbetrieben in vier europäischen Ländern. In:
ZfPäd 50:2, S. 182–201.

Gabler, Andrea (2005): Arbeitsanalyse und Selbstbestimmung. Zur Bedeutung und Aktualität
von „Socialisme ou Barbarie". Göttingen: unveröff. Dissertation.

Garfinkel, Harold (1967): Studies in Ethnomethodology. Englewood Cliffs, NJ: Prentice-Hall.

Garfinkel, Harold (1986): Ethnomethodological Studies of Work. London u. a.: Routledge & Kegan Paul.

Gruschka, Andreas (2002): Didaktik. Das Kreuz mit der Vermittlung. Elf Einsprüche gegen den didaktischen Betrieb. Wetzlar: Büchse der Pandora.

Heinz, Walter R. (1999): Berufliche Sozialisation und Kompetenzentwicklung. Der historische Kontext. In: Europäisches Zentrum für die Förderung der Berufsbildung (Hrsg.): Europäische Trends in der Berufs- und Qualifikationsentwicklung. Band 2. Luxemburg: Burkart Sellin. S. 23–41.

Homs, Oriol 2009: Vocational Training in Spain. Towards the Knowledge Society. Barcelona: La Caixa.

Imdorf, Christian/Leemann, Regula Julia (2011): New models of apprenticeship and equal employment opportunity. Do training networks enhance fair hiring practices? In: Journal of Vocational Education and Training. OnlineFirst, published on November 25, 2011 as doi: 10.1080/13636820.2011.622445.

Imdorf, Christian/Leemann, Regula Julia (2010): Ermöglicht die Flexibilisierung in der Berufsausbildung mehr Chancengerechtigkeit bei der Ausbildungsplatzvergabe? Fallstudie eines Schweizer Ausbildungsverbundes. In: Voss-Dahm, Dorothea/Mühge, Gernot/Schmierl, Klaus/Struck, Olaf (Hrsg.): Qualifizierte Facharbeit im Spannungsfeld von Flexibilität und Stabilität – Organisations- und personalpolitische Innovationen im Betrieb. Wiesbaden: VS Verlag für Sozialwissenschaften, S. 49–74.

Imdorf, Christian (2009): Die betriebliche Verwertung von Schulzeugnissen bei der Ausbildungsstellenvergabe, in: Empirische Pädagogik. Zeitschrift zu Theorie und Praxis erziehungswissenschaftlicher Forschung, 23 (4), S. 392–409.

Kern, Horst/Sabel, Charles F. (1994): Verblaßte Tugenden. Zur Krise des deutschen Produktionsmodells. In: Beckenbach, Nils/Treeck, Werner von (Hrsg.): Umbrüche gesellschaftlicher Arbeit. Soziale Welt Sonderband 9. Göttingen: Schwartz, S. 605–624.

Kern, Horst/Schumann, Michael (1984): Das Ende der Arbeitsteilung? Rationalisierung in der industriellen Produktion. München: Beck.

KMK (Sekretariat der ständigen Konferenz der Kultusminister der Länder in der Bundesrepublik Deutschland) (2000): Handreichungen für die Erarbeitung von Rahmenlehrplänen der Kultusministerkonferenz (KMK) für den berufsbezogenen Unterricht in der Berufsschule und ihre Abstimmung mit Ausbildungsordnungen des Bundes für anerkannte Ausbildungsberufe. URL: http://www.kmk.de [Zugriff am 12. 1. 2012].

Kruse, Wilfried (1986): Von der Notwendigkeit des Arbeitsprozeß-Wissens. In: Schweizer, Jochen (Hrsg.): Bildung für eine menschliche Zukunft. Weinheim, Basel: Juventa, S. 188–193.

Kutscha, Günter (1992): „Entberuflichung" und „neue Beruflichkeit" – Thesen und Aspekte zur Modernisierung der Berufsbildung und ihrer Theorie. In: Zeitschrift für Berufs- und Wirtschaftspädagogik, 88 (7), S. 535–548.

Lehberger, Jürgen (2012): Arbeitsprozesswissen – Didaktisches Zentrum für Bildung und Qualifizierung. Münster: Lit (im Druck).

Lempert, Wolfgang (2005): Entwicklung moralischer Urteilskompetenz. In: Rauner, Felix (Hrsg.): Handbuch Berufsbildungsforschung. Bielefeld: Bertelsmann Verlag, S. 329–336.

Lempert, Wolfgang (2006a): Berufliche Sozialisation. Persönlichkeitsentwicklung in der betrieblichen Ausbildung und Arbeit. Baltmannsweiler: Schneider.

Lempert, Wolfgang (2006b): Berufliche Sozialisation und berufliches Lernen. In: Arnold, Rolf/Lipsmeier, Antonius (Hrsg.): Handbuch der Berufsbildung. Opladen: VS Verlag für Sozialwissenschaften, S. 413–420.

Lewalter, Doris/Krapp, Andreas (2004): Interesse und berufliche Sozialisation im Rahmen der Ausbildung. In: Empirische Pädagogik. Zeitschrift zu Theorie und Praxis erziehungswissenschaftlicher Forschung. 18 (4), S. 432–459.

Lex, Tilly/Geier, Boris (2010): Übergangssystem in der beruflichen Bildung: Wahrnehmung einer zweiten Chance oder Risiken des Ausstiegs? In: Bosch, Gerhard/Krone, Sirikit/Langer, Dirk (Hrsg.): Das Berufsbildungssystem in Deutschland, Wiesbaden: VS Verlag für Sozialwissenschaften, S. 165–188.

Lippegaus-Grünau, Petra/Mahl, Franciska/Stolz, Iris (2010): Berufsorientierung – Programme und Projekte von Bund und Ländern, Kommunen und Stiftungen im Überblick. München: dji.

Marcuse, Herbert (1964): The One-Dimensional Man. Boston: Beacon Press.

Münk, Dieter (2010): Fest gemauert in der Erden? Der europäische Integrationsprozess und die berufliche Bildung in der Bundesrepublik Deutschland. In: Bosch, Gerhard/Krone, Siriki/Langer, Dirk (Hrsg.): Das Berufsbildungssystem in Deutschland, Wiesbaden: VS Verlag für Sozialwissenschaften, S. 189–220.

Neuweg, Georg Hans (1999): Wissen – Können – Reflexion. Ausgewählte Verhältnisbestimmungen. Innsbruck u. a.: Studien-Verlag.

Offe, Claus (1975): Berufsbildungsreform. Eine Fallstudie. Frankfurt/Main: Suhrkamp.

Polanyi, Michael (1966): The Tacit Dimension. Garden City: Doubleday.

Popitz, Henrich/Bahrdt Hans P./Jüres, Ernst A./Kersting, Hanno (1957): Das Gesellschaftsbild des Arbeiters. Soziologische Untersuchungen in der Hüttenindustrie. Tübingen: Mohr.

Rauner, Felix/Spöttl, Georg (2002): Der Kfz-Mechatroniker – Vom Neuling zum Experten. Bielefeld: Bertelsmann.

Rauner, Felix/Spöttl, Georg (1995): Berufliche Bildung und betriebliche Innovation als Moment des europäischen Strukturwandels, diskutiert am Beispiel der FORCE-Sektorstudie zum Kfz-Gewerbe. In: Dybowski, Gisela/Pütz, Helmut/Rauner, Felix (Hrsg.): Zwischen Bewahren und Bewähren – Berufsbildung und Berufsbildungsforschung als Innovation. Bremen: Donat-Verlag, S. 85–101.

Rauner, Felix/Bremer, Reiner (2004): Bildung im Medium beruflicher Arbeitsprozesse. Die berufspädagogische Entschlüsselung beruflicher Kompetenzen im Konflikt zwischen bildungstheoretischer Normierung und Praxisaffirmation. In: Zeitschrift für Pädagogik, 50 (2), S. 149–161.

Reißig, Birgit/Gaupp, Nora (2007): Chancenungleichheiten an der ersten Schwelle Schule – Ausbildung: Ergebnisse aus dem DJI-Übergangspanel. In: Eckert, Thomas (Hrsg.): Übergänge im Bildungswesen. Münster: Lit, S. 143–161.

Ruth, Klaus (2009): Gegenstände und Methoden der Industriekulturforschung. In: Fischer, Martin/Spöttl, Georg (Hrsg.): Forschungsperspektiven in Facharbeit und Berufsbildung. Strategien und Methoden der Berufsbildungsforschung. Frankfurt/Main: Peter Lang, S. 63–88.

Scherrer, Regina/Bayard, Sybille/Buchmann, Marlies (2007): Nicht-Passung zwischen Berufswunsch und besuchtem Schulniveau an der ersten Schwelle. In: Eckert, Thomas (Hrsg.): Übergänge im Bildungswesen. Münster: Waxmann, S. 105–124.

Seibert, Holger/ Hupka-Brunner, Sandra/ Imdorf, Christian (2009): Wie Ausbildungssysteme Chancen verteilen. Berufsbildungschancen und ethnische Herkunft in Deutschland und der Schweiz unter Berücksichtigung des regionalen Verhältnisses von betrieblichen und schulischen Ausbildungen. In: Kölner Zeitschrift für Soziologie und Sozialpsychologie, 61 (4), S. 595–620.

Sennett, Richard (1998): Der flexible Mensch. Die Kultur des neuen Kapitalismus. Darmstadt: Wissenschaftliche Buchgesellschaft.

Sennett, Richard (2008): Das Handwerk. Berlin: Berlin Verlag.

Solga, Heike/Baas, Meike/Kohlrausch, Bettina (2012): Mangelnde Ausbildungsreife – Hemmnis bei der Lehrstellensuche von Jugendlichen mit Hauptschulabschluss? Wissenschaftszentrum Berlin (Hrsg.): WZBrief Bildung 19.

Taylor, Frederick (2011/1911): Die Grundsätze wissenschaftlicher Betriebsführung. Paderborn: Salzwasser.

Toner, Phillip (2011): Workforce Skills and Innovation: An Overview of Major Themes in the Literature. Paris: OECD.

Touraine, Alain (1971): The Post-Industrial Society. Tomorrow's Social History: Classes, Conflicts and Culture in the Programmed Society. New York: Random House.

Weber, Max (1982/1922): Gesammelte Aufsätze zur Religionssoziologie I. 5. Auflage. Tübingen: Mohr (UTB).

Werner, Dirk (2008): MINT-Fachkräfteengpass, betriebliche Bildung und politischer Handlungsbedarf – Ergebnisse einer IW-Umfrage. In: IW Trends 4/2008, S. 1–17.

Winch, Christopher (2003): Occupational Identity and Vocational Education. Educational Philosophy and Theory 35 (1): S. 117.

Hochschulforschung

Andrea Lange-Vester und Christel Teiwes-Kügler

Die Hochschulforschung umfasst ein breit angelegtes und von verschiedenen Disziplinen bearbeitetes Themenspektrum. Dieser Beitrag befasst sich zunächst mit der Forschung zu den Studierenden (Kap. 1), die einen deutlichen Schwerpunkt der Hochschulforschung bildet. Kapitel 2 gilt der Situation des wissenschaftlichen Personals und hier vor allem der zunehmend prekären Lage wissenschaftlicher MitarbeiterInnen. Kapitel 3 beschäftigt sich mit den derzeit stattfindenden Strukturreformen im Hochschulsystem.

1 Forschungen zu den Studierenden

In den vergangenen Jahrzehnten hat sich die soziale Zusammensetzung der Studierenden verändert. Welche Anteile die Geschlechter und die verschiedenen Herkunftsgruppen an der Gesamtheit der Studierenden haben und welche Erfahrungen die Studierenden in ihren Studiengängen machen, ist Gegenstand zahlreicher Studien. Stellvertretend kann hier verwiesen werden auf die seit 1951 alle drei Jahre stattfindenden Sozialerhebungen des Deutschen Studentenwerks zur wirtschaftlichen und sozialen Lage der Studierenden in Deutschland, die vom Bundesministerium für Bildung und Forschung (BMBF) finanziert und von der Hochschul-Informations-System GmbH (HIS) durchgeführt werden sowie auf die seit Jahrzehnten durchgeführten Untersuchungen und Studierendensurveys der Konstanzer AG Hochschulforschung.

1.1 Entwicklung der Bildungsbeteiligung an deutschen Hochschulen

Die Bildungsexpansion der vergangenen Jahrzehnte hat sich auch in einer zunehmenden Beteiligung an der Hochschulbildung niedergeschlagen. Während im Jahr 1948 insgesamt 87 644 Studierende an deutschen Hochschulen gezählt wurden, waren es im Wintersemester 2009/2010, gut 60 Jahre später, 2 121 178 Studierende (Wissenschaft weltoffen 2011). Enorme Zuwächse hatten die Hochschulen insbesondere in den 1970er und 1980er Jahren zu verzeichnen. Zu einem Rückgang der Studierendenzahlen kam es erstmals in der zweiten Hälfte der 1990er Jahre. Dieser Prozess wiederholte sich im folgenden Jahrzehnt: Nachdem es 2004 erstmals mehr als zwei Millionen Studierende in

Deutschland gab, blieben die Zahlen in der Folgezeit unterhalb dieser Marke, die erst 2009 wieder überschritten wurde (vgl. ebd.).

Rückläufige Studierendenzahlen nach 2004 fielen zeitlich zusammen mit der Einführung allgemeiner Studiengebühren in verschiedenen Bundesländern (z. B. in Nordrhein-Westfalen um 16 % und in Hessen um 14 % nach Einführung von Studiengebühren für Langzeitstudierende). Bundesweit ging die Zahl der StudienanfängerInnen im Studienjahr 2004 um 6 % gegenüber dem Vorjahr zurück (vgl. Statistisches Bundesamt 2004b). Gegenwärtig gehen Vorausberechnungen davon aus, dass die Zahl der StudienanfängerInnen bis 2025 nicht unter dem Niveau der vergangenen zehn Jahre liegen wird (vgl. Autorengruppe Bildungsberichterstattung 2010).

1.2 Entwicklung der sozialen Zusammensetzung der Studierenden

Soziale Zusammensetzung nach Geschlecht
Die genannten rückläufigen Studierendenzahlen in der zweiten Hälfte der 1990er Jahre gehen auf das Konto der Männer. Bei den Frauen ist die Beteiligung an der Hochschulbildung in den vergangenen Jahrzehnten bis zum Wintersemester 2004/2005 ausnahmslos gestiegen. In der Folgezeit kam es dann, wie bei den Männern, zu einem Rückgang der Frauen an den Hochschulen. Im Wintersemester 2009/2010 wurden erstmals mehr als eine Million Studentinnen in Deutschland notiert (vgl. Statistisches Bundesamt 2011: 13).

Die Frauen stellen knapp die Hälfte der Studierenden an deutschen Hochschulen. Dabei beträgt ihr Anteil an den Universitäten seit dem Wintersemester 2001/2002 etwas mehr als 50 %. Deutlicher dominieren die Frauen an den Kunst- und Musikhochschulen, während an den Fachhochschulen die Männer klar in der Mehrheit sind (vgl. ebd.).

Ausländische Studierende
Über die Jahrzehnte gestiegen ist auch der Anteil der ausländischen Studierenden. Bis Anfang der 1990er Jahre lag er bei Werten um 5,5 bis 6 %. Seit Ende der 1990er Jahre ist er auf über 10 % angestiegen (vgl. Wissenschaft weltoffen 2011).

Der Anteil an Studierenden innerhalb der Gruppe der Zugewanderten mit ausländischer Staatsangehörigkeit fällt mit 11 Prozent sehr gering aus. Auch sind die meisten Migrantengruppen an deutschen Hochschulen unterrepräsentiert, was angesichts der Bildungsverläufe und Bildungsbeteiligung im Schulsystem in dieser Gruppe kaum überrascht. In der Gruppe der zwischen 20 und unter 30 Jahre alten Studierenden lag der Anteil derjenigen mit Migrationshintergrund im Jahr 2008 bei unter 17 %, während der Anteil dieser Gruppe an der Bevölkerung bei 23 % lag (vgl. Autorengruppe Bildungsberichterstattung 2010: 124).

Soziale Herkunft der Studierenden

In den vergangenen Jahrzehnten haben Bildungsbeteiligung und Qualifikation insbesondere in den Milieus der gesellschaftlichen Mitte stark zugenommen. Bestimmte Teilgruppen der Mitte erwerben inzwischen höhere Bildungsabschlüsse in einer Größenordnung, die dem Bildungserwerb einiger Fraktionen der oberen Milieus in nichts nachsteht (vgl. Vester 2004).

Das aber gilt nur für bestimmte Gruppen. „Die grundlegenden sozialen Disparitäten erweisen sich als relativ stabil. Die Gruppen mit der höchsten Beteiligungsquote beim Hochschulzugang – Kinder aus Selbständigen- und Beamtenfamilien, in denen mindestens ein Elternteil ein Studium absolviert hat – weist auch 2007 noch eine etwa fünf Mal so hohe Studierchance auf wie die Gruppe mit der niedrigsten Beteiligungsquote, den Kindern aus Arbeiterfamilien" (BMBF 2010: 9). Unser Bildungssystem bleibt, so der Präsident des Deutschen Studentenwerks „weit entfernt von sozial offenen Hochschulen" (Dobischat 2010).

1.3 Verborgene Selektionsmechanismen und Akkulturationsleistungen

Es sind nicht nur die finanziellen Ressourcen einer Familie und auch nicht nur die Noten, Prüfungen oder Zulassungsbarrieren, an denen die höhere Bildung scheitert. Fehlende Bildungstradition lässt sich nicht ohne weiteres ersetzen. Bildungsaufsteiger müssen im Studium erhebliche Akkulturationsanstrengungen unternehmen. Diese Akkulturation bedeutet Verunsicherung und sie kostet Zeit, die sich in einer Verlängerung des Studiums niederschlagen kann oder auch in einer „Selbsteliminierung" (Bourdieu/ Passeron 1971), einem scheinbar freiwilligen Studienabbruch, der nicht in unmittelbarem Zusammenhang mit einer nicht bestandenen Prüfung steht.

Bourdieu und Passeron haben Anfang der 1960er Jahre die Mechanismen sozialer Privilegierung und Benachteiligung an den französischen Hochschulen untersucht. Die Abdrängung der Nachkommen aus den unteren und mittleren Klassen sowie insbesondere der Frauen auf die weniger renommierten geistes- und naturwissenschaftlichen Fakultäten, die Verlängerung des Studiums und die Unsicherheit im Studiengang interpretieren die Autoren als verborgene Formen, „in denen sich die Ungleichheit der Bildungschancen manifestiert" (ebd.: 20). Verschleiert werden diese Selektionsmechanismen mithilfe der Begabungsideologie. Sie schreibt Erfolge und Misserfolge der individuellen Begabung oder Persönlichkeit zu, die „in Wirklichkeit von frühzeitigen Orientierungen abhängig sind, die unweigerlich durch das familiäre Milieu bestimmt werden" (ebd.: 31).

Fachkulturen und Habitus der Studierenden

In Deutschland sind die Untersuchungen von Bourdieu und Passeron sowie Bourdieus Habitustheorie (vgl. Bourdieu 1982) unter anderem von der Fachkulturforschung aufgegriffen worden (Portele/Huber 1983, Liebau/Huber 1985). Zu erwähnen sind hier insbesondere Studien zu ausgewählten Fächern, die im Umkreis des von Zinnecker geleiteten Siegener DFG Projekts „Studium und Biographie" entstanden sind (vgl. u. a. Engler 1993, Friebertshäuser 1992). Einen Überblick über die Kulturen unterschiedlicher Fächer gibt Bargel (1988).

Die Fachkulturforschung arbeitet mit der Annahme, dass sich über Sozialisationsprozesse im Studienfach ein gemeinsamer Fachhabitus ausbildet. Die Aufmerksamkeit neuerer Untersuchungen, die an die Fachkulturforschung anschließen, gehen verstärkt dem „Klassenhabitus" (Bourdieu 1982) nach, der auch Studierende derselben Fachrichtung voneinander trennt. Ausgangspunkt dieser Forschungsrichtung ist die Annahme, dass Studierende über habitusspezifische Zugänge zu Bildung verfügen, für die langfristig innerhalb der Herkunftskultur erworbene Dispositionen zentral sind (vgl. Lange-Vester/Teiwes-Kügler 2004, Schmitt 2010, Bülow-Schramm/Gertof 2004).

Insgesamt bestätigen Fachkultur- und Habitusforschung, dass die Selektionsmechanismen der Verunsicherung, Verlängerung und der Abdrängung auf bestimmte Fächergruppen auch an deutschen Hochschulen wirksam sind. Innerhalb der Fächerstruktur der Studierenden, die in den vergangenen 20 Jahren weitgehend stabil geblieben ist (vgl. Isserstedt u. a. 2010), sind beispielsweise in sozialwissenschaftlicher Richtung Studierende der Herkunftsgruppe „niedrig" deutlich überrepräsentiert. Zugleich dominieren dort die Frauen und der Anteil an Langzeitstudierenden und Studienabbrechern ist zumindest in den herkömmlichen Diplom- und Magisterstudiengängen stets hoch gewesen (vgl. Heublein u. a. 2002: 28).

2   Forschungen zum wissenschaftlichen Personal an Hochschulen

Ein Teil der Hochschulforschung befasst sich mit dem wissenschaftlichen Personal an den Hochschulen.[1] Insbesondere die Gruppe der wissenschaftlichen MitarbeiterInnen ist in den vergangenen Jahren stärker in den Blick gerückt. Dafür haben unter anderem die Befristungsregelungen für die Mitarbeit an Hochschulen sowie die zunehmende Prekarität in dieser Statusgruppe (vgl. Krais 2008: 196 ff) einen Anlass gegeben.

Prekarisierung wissenschaftlicher MitarbeiterInnen
Mit der 5. Novelle des Hochschulrahmengesetzes wurde im Jahr 2002 die sachgrundlose Höchstbefristungsdauer eingeführt und damit die Möglichkeit, als wissenschaftlicher Mitarbeiter an der Hochschule tätig zu sein, auf zwölf Jahre (in der Regel sechs Jahre vor und sechs Jahre nach der Promotion) begrenzt.

---

1   Studentische und wissenschaftliche Hilfskräfte sind dabei zumeist nicht Gegenstand der Untersuchung. Eine aktuelle Analyse ihrer Situation findet sich bei Schneickert/Lenger 2010.

Die Zwölf-Jahres-Frist wurde seinerzeit unter den Stichworten „Berufsverbot" (vgl. BdWi 2002) diskutiert, weil es das Hochschulgesetz einerseits untersagt, nach zwölf Jahren noch befristet beschäftigt zu werden, andererseits aber so gut wie keine unbefristeten Stellen vorhanden sind.

Seit 2007 ermöglicht das Wissenschaftszeitvertragsgesetz (vgl. WissZeitVG 2007 sowie die Evaluation bei Jongmanns 2011) unter bestimmten Voraussetzungen die Mitarbeit in Drittmittelprojekten auch nach Überschreiten der zwölf Jahre. Davon profitieren können WissenschaftlerInnen in drittmittelstarken Fächern wie z. B. den Naturwissenschaften, während sich Geistes- und SozialwissenschaftlerInnen hier weniger Wege zum Verbleib an der Hochschule öffnen.[2] Für eine dauerhaft gesicherte Mitarbeit bleiben sie auf die Professur angewiesen, die in der Regel noch immer die Habilitation erfordert, obwohl die Hochschulgesetzgebung deren Erwerb als Voraussetzung für die Berufung auf eine Professur 2002 abgeschafft hat. Eingeführt wurde die Juniorprofessur, die den Weg in die Lebenszeitprofessur ohne Habilitation ebnen soll. Deren tatsächliche Zahl ist allerdings erheblich hinter den ursprünglichen Plänen des BMBF zurückgeblieben, bis zum Jahr 2010 insgesamt 6000 Juniorprofessuren einzurichten. Ende 2009 gab es 994 JuniorprofessorInnen (vgl. Statistisches Bundesamt 2010: 40).

Der Anteil der befristet beschäftigten wissenschaftlichen MitarbeiterInnen, der seit den 1980er Jahren beständig zwischen 74 % und 76 % gelegen hat, ist nach 2005 gestiegen (Jongmanns 2011: 14). Aktuell arbeiten an den Universitäten insgesamt 88 % der wissenschaftlichen MitarbeiterInnen befristet. Bei den Nichtpromovierten gilt dies für 93 %, bei den Promovierten für 81 % (vgl. Jaksztat u. a. 2010: 13).

Vor allem die Zunahme an Drittmittelbeschäftigen hat dem Mittelbau an den Hochschulen in den vergangenen 20 Jahren ein starkes Wachstum beschert. Im Jahr 2005 lag ihr Anteil bereits bei 43,7 % der wissenschaftlichen MitarbeiterInnen (vgl. BMBF 2008: 53). Zunehmende Prekarisierung kommt auch in den häufig nur kurzen Vertragslaufzeiten von wenigen Monaten in Drittmittelprojekten zum Ausdruck.

Die Situation im Mittelbau verschärft sich auch aufgrund zunehmender Konkurrenz um zahlenmäßig stagnierende Professuren (s. u.). Unklar ist allerdings, wie groß der Anteil der Promovierenden und der wissenschaftlichen MitarbeiterInnen ist, der eine längerfristige berufliche Zukunft an der Hochschule für sich anstrebt. Ungeachtet dessen gehen Schätzungen davon aus, dass nur jedes dritte Promotionsvorhaben erfolgreich abgeschlossen wird (BMBF 2008: 72) und dass „ca. 90 Prozent der jungen wissenschaftlichen Mitarbeiter/-innen (…) keine längerfristige berufliche Perspektive innerhalb der Hochschule" haben (Grühn u. a. 2009: 15).

---

2   Diese Verteilung der Drittmittel findet eine Entsprechung in den Antragsaktivitäten bei den ProfessorInnen der unterschiedlichen Fachrichtungen. Vgl. dazu Böhmer u. a. 2011.

Geschlechterungleichheiten im Mittelbau

Bisherige Studien zur Beschäftigungssituation wissenschaftlicher MitarbeiterInnen konzentrieren sich insbesondere auf Fragen der Geschlechterordnung und -ungleichheit im wissenschaftlichen Feld. Zu nennen sind hier vor allem die Forschungen von Krais (2008, 2000) und Beaufaÿs (2003) sowie auch die Untersuchung von Kahlert (2011) über Wissenschaftskarrieren. Neben Geschlechterdifferenzen sind ebenfalls fachbezogene Unterschiede und Gemeinsamkeiten wissenschaftlicher MitarbeiterInnen in diesen Untersuchungen zentral.

Soziale Herkunft wissenschaftlicher MitarbeiterInnen

Die Ungleichheit nach der sozialen Herkunft im Mittelbau ist hingegen kaum ein Thema. Ältere Untersuchungen sprechen insgesamt für die hohe soziale Selektivität der Promotion (Hartmann 2002, Enders/Teichler 1995), die fächerspezifisch aber auch von gegenläufigen Entwicklungen sozialer Öffnung markiert sein kann, wie Hartmann (2002: 56 ff) am Beispiel der Ingenieure zeigt. Dass vor allem bei den Juristen Exklusivität vorherrscht (vgl. ebd.), bestätigen neuere Zahlen von Lenger (2008: 97). In seiner Stichprobe (1876 zufällig ausgewählte DoktorandInnen) kommen insgesamt zwei Drittel der Promovierenden aus einem akademischen Elternhaus. Jeder sechste Doktorand hat mindestens einen Elternteil mit Promotion (vgl. ebd.: 77). Gleichzeitig gibt es aber bei den SozialwissenschaftlerInnen 30 % Promovierende, deren Eltern die Mittlere Reife oder einen Hauptschulabschluss erworben haben. Bei den Ingenieuren und in den Geistes-, Wirtschafts- und Naturwissenschaften ist der Wert ähnlich (vgl. ebd.: 97).

Demnach ist durchaus von einer Binnendifferenzierung bei den wissenschaftlichen MitarbeiterInnen auszugehen. Sie wird bestätigt von der Habitus- und Milieuforschung, die für den Mittelbau verschiedene Strategien beruflicher Positionierung herausarbeitet, die jeweils mit der sozialen Platzierung und dem spezifischen Herkunftsmilieu korrespondieren und sich dabei deutlich voneinander abgrenzen (vgl. Lange-Vester/Teiwes-Kügler 2011: 145 ff).

Der Weg zur Professur

Über die Erfahrungen und Handlungsstrategien der WissenschaftlerInnen auf dem weiteren Qualifikationsweg hin zur Professur haben vor allem Engler (2000, 2001) und Beaufaÿs (2003) gearbeitet. Demnach kommt es in den Konstruktionen einer wissenschaftlichen Persönlichkeit zu einer engen Kopplung von wissenschaftlichem Charisma und Männlichkeit (vgl. Engler 2000: 140).

Dies belegen auch die Zahlen zum Frauenanteil an den Professuren, der seit 1992 zwar auf inzwischen 18 % gestiegen ist (vgl. Jacob/Teichler 2011). Unter 18 Ländern, die in die Studie einbezogen waren, rangiert Deutschland damit dennoch auf dem vorletzten Platz.

Im Blick auf die Gesamtzahl der Professuren herrscht vor allem an Universitäten und gleichgestellten Hochschulen eher Stagnation. 1999 gab es hier insgesamt 24 205 Professuren, zehn Jahre später waren es 24 356. An den Hochschulen ist die Situation nicht sehr viel besser: Ihre Zahl stieg im gleichen Zeitraum immerhin von 37 974 auf 40 165 (vgl. Statistisches Bundesamt 2010).

3 Strukturveränderungen und Dynamiken im Hochschulbereich

Etwa seit Beginn der 1990er Jahre wurde ein Prozess grundlegender Reformen im Hochschulsystem in Gang gesetzt. Diese ‚neuen‘ Strukturreformen stehen im Zusammenhang mit einer immer stärkeren europäischen und internationalen Verflechtung unterschiedlichster Gesellschaftsbereiche und Politikfelder, so auch der Bildungs- und Wissenschaftspolitik. Dies hat zu einer Reihe von mit einander zusammenhängenden Reformprozessen geführt, von denen wir drei der wichtigen aufgreifen: (1) Strukturreform der Hochschulen, (2) Studiengangsreform und (3) Reform der Hochschul- bzw. Forschungsfinanzierung. Sie bringen gravierende, bislang noch kaum absehbare Veränderungen für alle Akteure des Hochschulbereichs mit sich.

3.1 Hochschulstrukturreform – New Public Management

Unter der Maßgabe unternehmerischer Strategien des *New Public Management* und *neuer Steuerungsinstrumente* werden seit Ende der 1990er Jahre nach öffentlichen Verwaltungen und Behörden nun auch die Hochschulen und Universitäten reformiert. Im Zuge der Reformen wurden staatliche Aufgaben zurückgenommen, insbesondere auch staatliche Finanzierungsaufgaben, werden Hochschulen nach wirtschaftsliberalen Leistungs- und Erfolgskriterien und unter Wettbewerbs- und Konkurrenzbedingungen wie Dienstleistungsunternehmen geführt. Zu den neuen Steuerungsinstrumenten gehören Kontrakte und Zielvereinbarungen zwischen Hochschulen und Landesministerien sowie zwischen Hochschulleitungen und einzelnen Fakultäten bzw. Instituten, ebenso die 1998 an Aktiengesellschaften und Unternehmen orientierte Einrichtung extern besetzter Hochschul- bzw. Aufsichtsräte.[3] Insgesamt wurden an den Hochschulen die Organe der Selbstverwaltung in ihrer Position geschwächt und mit ihnen auch die demokratischen Mitbestimmungsrechte der Statusgruppen. Die Neustrukturierung hat zu einer Zentralisierung der Entscheidungsstrukturen bei Hochschulleitungen und -verwaltungen geführt.

Die Hochschulen haben durch diesen Prozess einerseits mehr Autonomie und Gestaltungspielräume erhalten, gleichzeitig haben externe Einflussnahmen zugenommen (Radke 2008: 123, Münch 2009: 77). Noch ist ungeklärt, wie wissenschaftliche Auto-

---

3   Eine ähnlich weitreichende Umstrukturierung des Hochschulsystems vollzieht sich auch in Österreich (vgl. Kehm u. a. 2008: 23 f.).

nomie, Output-Steuerung und Nützlichkeitserwartungen zusammengehen. Die Strukturreformen werden unter Stichworten wie „Entdemokratisierung", „Ökonomisierung",
oder „Kapitalisierung" des Hochschulbereichs z. T. heftig kritisiert und als ökonomische
Engführung der Hochschulbildung aufgefasst (vgl. z. B. Liessmann 2006, Radtke 2008,
Liesner/Lohmann 2009, Oelze 2010, Steinert 2010, Adam u. a. 2010, Münch 2009 u. 2011,
aus Sicht der Studierenden Berg/Weber 2006).

Forschungsbilanzen zu den Hochschulstrukturreformen
Die Hochschulforschung hat die Strukturreformen im Hochschulsystem durch zahlreiche Untersuchungen begleitet, die zu teilweise durchaus kontroversen Einschätzungen
gelangen. Neben zahlreichen kleineren Einzelstudien finden sich, meist vom Bundesministerium für Bildung und Forschung (BMBF) und der Deutschen Forschungsgemeinschaft (DFG) finanzierte, umfangreichere und z. T. auch international vergleichende
Studien an größeren Forschungseinrichtungen wie der Hochschul-Informations-System
GmbH (HIS), dem Internationalen Zentrum für Hochschulforschung Kassel (INCHER),
sowie dem Institut für Hochschulforschung (HoF-)Wittenberg.[4]
    Erste Zwischenbilanzen zu den verschiedenen Strukturveränderungen im Hoch-
schulbereich sind dokumentiert bei Schimank (2005) sowie in Sammelbänden von
Kehm u. a. (2008), Kehm (2008) und Bogumil/Heinze (2009), aus der Perspektive der
Geschlechterforschung von Zimmermann u. a. (2008). Der Transformationsprozess der
ostdeutschen Hochschulen, die neben einem Systemwechsel nach 1990 auch einen erheblichen Schwund des wissenschaftlichen Personals zu bewältigen hatten, wurde vor
allem vom Institut für Hochschulforschung HoF-Wittenberg forschend begleitet (vgl.
exemplarisch Pasternack 1999, 2007). Regelmäßige Publikationen zu den Hochschulreformen liefert zudem die „Zeitschrift für Hochschulentwicklung" (ZFHE). Internationale Vergleichsstudien zu den Besonderheiten des deutschen Hochschulsystems liegen
u. a. vor von Janson u. a. (2007), Teichler (2007) sowie von Kreckel (2008).
    Die Zwischenbilanzen beleuchten verschiedenste Aspekte der Strukturreformen
aus unterschiedlichen Perspektiven. Bedeutsame Ergebnisse sind u. E.: In allen Bundesländern wurden neue Steuerungsinstrumente (Hochschulräte, Zielvereinbarungen, Globalbudgets etc.) in die Landeshochschulgesetze aufgenommen. Zeitverlauf und
Intensität sind jedoch unterschiedlich. Die Strukturreformen können zu mehr Leistungsfähigkeit und Effizienz der Hochschulen beitragen, dies aber nur, wenn alle Hochschulangehörigen diesen Prozess aktiv mittragen. Hier sind die Einschätzungen eher
skeptisch. Die Verhandlungen zu Kontrakten und Zielvereinbarungen zwischen Hochschulen und Landesregierungen werden z. T. auf Augenhöhe geführt, häufiger sind sie
jedoch hierarchisch strukturiert und sehen sich die Hochschulen dabei nicht als gleich-

---

4   Das von der Bertelsmann Stiftung und dem Hochschulrat gegründete Centrum für Hochschulent-
    wicklung (CHE) in Gütersloh führt regelmäßig Befragungen durch, aus denen ein Hochschulranking
    abgeleitet wird.

berechtigte Verhandlungspartner. Instrumente und Kennzahlen der Leistungs- und Qualitätsüberprüfung werden überwiegend noch als unzureichend bewertet. Geblieben sind grundsätzliche Bedenken, dass sich die Universitäten von ihrer Verpflichtung auf Wahrheitsfindung zugunsten außengesteuerter Interessen verabschieden könnten.

Für die österreichische Diskussion kann stellvertretend auf Liessmann (2006) hingewiesen werden. Für öffentliches Aufsehen sorgte seine These, die im Zusammenhang mit der globalisierten Wissensgesellschaft stattfindenden Strukturreformen kämen einer Standardisierung und Vereinheitlichung von Bildungsprozessen nach der Logik der Taylorismus gleich.

3.2 Studiengangsreformen und Bologna-Prozess

Als einer der Auslöser der Strukturreformen gilt der *Bologna-Prozess* (für Kritiker auch „Vorwand" zur Durchsetzung der universitären Strukturreformen, vgl. z. B. Radke 2008: 118), dem sich inzwischen 47 europäische Länder angeschlossen haben.[5] Zur schrittweisen Schaffung eines einheitlichen europäischen Hochschulraums bis zum Jahr 2010 wurden in vielen europäischen Ländern, so auch in Deutschland, tiefgreifende Umstrukturierungen im Studiengangsystem vorgenommen und gestufte, modularisierte Bachelor- und Masterstudiengänge eingeführt. Sie ersetzen schrittweise Staatsexamen, Diplom- und Magisterabschlüsse und gehen mit einer Vielzahl von Neuerungen einher (u. a. Akkreditierungsverfahren, einheitliche Leistungsbewertungen durch das Punktesystem des European Credit Transfer Systems (ECTS), modularisierte Studieninhalte und Modulprüfungen). Angestrebt wird, die Studiengänge international anerkannt, vergleichbar und global wettbewerbsfähiger zu machen und dadurch die grenzüberschreitende Mobilität von Studierenden und wissenschaftlichem Personal zu steigern. Gleichzeitig sollen die Qualität der Studiengänge in Lehre und Betreuung sowie die Beschäftigungsfähigkeit der Hochschulabsolventen (Employability) verbessert, die Studienabbruchquoten gesenkt und beruflich oder anderweitig Qualifizierten der Zugang zu Hochschulen ermöglicht werden.

Kritische Bestandsaufnahme zur deutschen Umsetzung von Bologna
Kritisiert wird die spezifische deutsche Umsetzung von Bologna (vgl. Witte 2006), hier stehen sich „Bologneser" und „Humboldtianer" mit ihren grundlegend verschiedenen Bildungsbegriffen relativ unversöhnlich gegenüber (vgl. Oelze 2010: 179). Umstritten sind vor allem die Modularisierung der Studieninhalte, die Festlegung darauf, die herkömmlichen Studiengänge vollständig durch Bachelor- und Masterabschlüsse zu

---

5   Zur Geschichte des Prozesses, den jährlichen Folgekonferenzen, Beschlüssen und Erklärungen vgl. Homepage des BMBF unter: http://www.bmbf.de/.de3336.php, http://www.bmbf.de/de/15553.php und http://www.bmbf.de/.de7222.php.

ersetzen, den Bachelor als ersten berufsqualifizierenden Abschluss festzulegen und selektive Zugangsbeschränkungen für die Masterstudiengänge einzuführen. Kritik an den Studiengangsreformen kommt von verschiedenen gesellschaftlichen Interessengruppen und Akteuren des Hochschulsystems und auch von der Hochschulforschung. Die Studierenden haben im Herbst 2009 mit bundesweiten Protesten, Streiks und Demonstrationen auf die Bologna-Umsetzung reagiert. Einen „radikalen Kurswechsel" forderte auch die Gewerkschaft Erziehung und Wissenschaft (vgl. Banscherus u. a. 2009: 105 ff). Für Konfliktstoff sorgte zudem der Beschluss der Kultusministerkonferenz (KMK) vom Dezember 2007, die Abschlüsse der gestuften Studiengänge an Fachhochschulen denen der Universitäten gleichzustellen und Fachhochschulabsolventen das Promotionsrecht zuzugestehen (vgl. HRK o. J.).

Gleichwohl hat die Umsetzung des Bologna-Prozesses in den letzten Jahren erheblich an Dynamik gewonnen. Zum Wintersemester 2010/11 waren nach Auskunft des BMBF etwa 82 % aller Studiengänge an deutschen Hochschulen auf die neuen Studiengänge umgestellt. Mediziner und Juristen haben die Umstellung bislang verweigert und einzelne Universitäten bzw. Bundesländer sind jüngst auch zu ihren alten Studiengängen und Abschlüssen zurückgekehrt.

Inzwischen gibt es zahlreiche Untersuchungen zu den Auswirkungen bzw. Erfolgen des Bologna-Prozesses. U. a. liegen Studien vor zu den Studien- und Berufsperspektiven von Bachelorstudierenden sowie zur Beurteilung der neuen Studiengänge durch Studierende und Unternehmen in Deutschland (Grützmacher u. a. 2011, Briedis u. a. 2011), zu Studienabbruch und Absolventen in den neuen Studiengängen (Heublein u. a. 2009) sowie zum Mobilitätsverhalten von Studierenden und wissenschaftlichen MitarbeiterInnen (Heublein u. a. 2008, Jaksztat u. a. 2011).

Während die Bundesregierung und die mitverantwortlichen bildungspolitischen Institutionen (KMK, HRK und BMBF) vor allem die positiven Seiten der Neuerungen betonen, zeigen erste differenzierte Studien zur Umsetzung der Bologna-Ziele (vgl. Banscherus u. a. 2009) und zu Bologna-Erfahrungen von Hochschulangehörigen in Deutschland, der Schweiz und Österreich (vgl. Liesner/Lohmann 2009, Wagner 2011) durchaus problematische und widersprüchliche Entwicklungstendenzen auf. Es sind vor allem folgende Aspekte der Studiengangsreformen, die die Forschung kritisch hervorhebt: Die neuen Studiengänge gehen aufgrund der inhaltlichen Überfrachtung und des hohen Studien- und Prüfungsaufwandes mit erheblichen Belastungen für Studierende und Lehrende einher (Banscherus u. a. 2009, Heublein u. a. 2009). Sie lassen zu wenig Zeit und Raum für die Entwicklung und Vertiefung eigener wissenschaftlicher Interessen und können von Studierenden, die neben dem Studium arbeiten oder anderweitige familiäre Verpflichtungen haben, kaum bewältigt werden (Banscherus u. a. 2009). Mobilität und Auslandsaufenthalte fallen in den neuen Studiengängen geringer aus als in herkömmlichen Studiengängen (Isserstedt u. a. 2010, Briedis u. a. 2011). Die Auslandsaufenthalte gehen mit Studienzeitverlängerungen einher und setzen Ressourcen voraus, über die Studierende aus weniger privilegierten Familien in der Regel nicht verfügen. Sie sind in unteren Herkunftsgruppen deutlich seltener als in gehobenen Gruppen (Heublein u. a. 2008). Der Übergang in den Beruf gelingt lediglich bei Bachelor-Absolventen der Fachhochschulen in mathematischen, naturwissenschaftlichen und technischen Fächern wirklich gut. Die Studienabbruchzahlen sind zwar in den geistes- und kulturwissenschaftlichen Studiengängen gesunken. Die frühen Prüfungen in den BA-Studiengängen führen aber besonders in den ingenieurwissenschaftlichen Studiengängen, und hier neuerdings speziell an Fachhochschulen, zu einer erhöhten Abbruchquote (Heublein u. a. 2009). Der Frauenanteil liegt bei Masterstudierenden deutlich unter dem im Bachelorstudium und ist auch niedriger als bei den Universitätsabschlüssen in herkömmlichen Studiengängen (Banscherus u. a. 2009).

Diese Effekte vermitteln nicht den Eindruck einer sozialen Öffnung der Hochschulen infolge der neuen Studienstrukturen. Vielmehr scheint sich die Selektion nach sozialer Herkunft und Geschlecht teilweise zu verstärken.

3.3 Hochschulfinanzierung im Rahmen der Exzellenzinitiative

Einschneidende Veränderungen betreffen schließlich die Finanzierung der Hochschulen und Forschungsbereiche. Die deutschen Hochschulen und Universitäten sind seit Jahren chronisch unterfinanziert. Der aktuelle OECD Bildungsbericht bestätigt, dass Deutschland bei den Bildungsausgaben im internationalen Vergleich nach wie vor einen der hinteren Ränge belegt – und dies auch im Tertiär-Bereich. Bei der Ausbildung von Hochqualifizierten werden erhebliche Rückstände notiert (vgl. OECD-Veröffentlichung 2011: 3 f u. 6 f). Zwar verdoppelten sich die Abschlüsse an Universitäten und Fachhochschulen hierzulande zwischen 1995 und 2009 auf 28 %, der OECD-Durchschnitt ist jedoch im gleichen Zeitraum von 20 % auf 38 % angestiegen. Niedrigere Studienabschlussquoten als Deutschland verzeichnen nur noch Spanien, Slowenien, die Türkei und Mexiko.

Die bundesdeutsche Hochschulpolitik stellt sich den Herausforderungen des internationalen Wettbewerbs und dem viel beklagten (akademischen) Fachkräftemangel nicht durch Förderung in der Breite und dem Ausbau von Studienplätzen, sondern sie hat sich für eine Stärkung der Spitzenforschung und für die Errichtung von Eliteuniversitäten entschieden. Mit der sog. *Exzellenzinitiative* (einer Initiative von Bund und Ländern aus dem Jahr 2005) wurde ein Programm zur ausgewählten Förderung von Wissenschaft und Forschung an deutschen Hochschulen beschlossen. Wie die Deutsche Forschungsgemeinschaft (DFG) betont, ist damit der Abschied verbunden gewesen „von der lange gehegten – und verhängnisvollen – Vorstellung, alle Universitäten seien gleich und müssten gleich behandelt werden" (DFG o. J.). Stattdessen setzt die Initiative „gezielt auf Ungleichheit und auf die Förderung der verpönten Elite" (ebd.). Es gelangen damit nicht insgesamt mehr staatliche Gelder in das Hochschulsystem, sondern die Finanzierung erfolgt in drei Förderlinien – „Zukunftskonzepte", „Exzellenzcluster", „Graduiertenschulen" über ein mehrstufiges Bewerbungsverfahren und nach vermeintlichen Leistungskriterien an ausgewählte Universitäten und Forschungsschwerpunkte. Sie sollen als „Leuchttürme der Wissenschaft international ausstrahlen" (vgl. BMBF o. J.). Nach zwei abgeschlossenen Auswahlverfahren (Oktober 2006 u. Oktober 2007) haben Bund und Länder im Juni 2009 eine Fortsetzung der Exzellenzinitiative bis 2017 und eine Aufstockung des Fördervolumens beschlossen. Für die ersten beiden Förderrunden wurden insgesamt 1,9 Mrd. Euro zur Verfügung gestellt, weitere 2,7 Mrd. für die dritte Runde, zu der im September 2011 eine Vorauswahl getroffen wurde. 75 Prozent der Fördermittel trägt jeweils der Bund, 25 Prozent finanzieren die Bundesländer.[6]

Kritische Stimmen und bedenkenswerte Befunde

Auf der Ebene der Hochschulleitungen gab es anfänglich sehr viele Befürworter der Exzellenzinitiative, hofften doch alle, als Einrichtungen der Spitzenforschung ausgezeichnet und in den Genuss der Fördermittel zu gelangen. Inzwischen ist eine gewisse Ernüchterung eingetreten. Es zeichnet sich eine erhebliche Konzentration der Mittel an süddeutschen Universitäten ab, während Nord- und Ostdeutschland weitgehend leer ausgingen. Ebenso wurden Zweifel an fairen Wettbewerbsbedingungen laut, da vorwiegend ohnehin ressourcenstarke große Universitäten sowie naturwissenschaftlich-technisch und lebenswissenschaftlich ausgerichtete Forschungsfelder und Universitäten als exzellent ausgewiesen wurden (Münch 2007: 59 f., Hartmann 2010a: 372 f.).

Die Einschätzung der DFG (o. J.), dass die Exzellenzinitiative neue Impulse, Dynamiken und sehr viel kreatives Engagement in der Hochschullandschaft freigesetzt habe, findet durchaus Zustimmung. Dennoch zeichnen sich auch problematische Entwicklungen ab. Erste Bilanzen liegen vor vom Institut für Forschungsinformation und Qualitätssicherung (iFQ) in Bonn (vgl. Sondermann u. a. 2008) sowie von der Interdisziplinären Arbeitsgruppe Exzellenzinitiative der Berlin-Brandenburgischen Akademie der Wissenschaften (vgl. Leibfried 2010). In beiden Studien wird eine Fortsetzung der Exzellenzinitiative befürwortet und gleichzeitig ist die vorsichtige Rede von „nicht-intendierten Nebenwirkungen" (Leibfried 2010: 30) und von „Spannungslinien" (Sondermann u. a. 2008: Executive Summery).

Diese ‚Nebenwirkungen' werden von anderen WissenschaftlerInnen kritischer formuliert. Münch (2007) zeigt auf, dass sich die staatliche Grundfinanzierung der Hochschulen erheblich zur Drittmittelfinanzierung hin verschoben hat und dass „Dispositive der Macht" (ebd. 47), durch symbolisches Kapital und Deutungshoheit legitimierte Akteure des wissenschaftlichen Feldes (u. a. die DFG) mittels Förderpolitik Exzellenz erst konstruieren und herstellen. Hartmann (2010b: 23) spricht bei der Mittelvergabe vom Matthäusprinzip. Erwartet wird eine weitere Konzentration staatlicher Mittel auf wenige ausgewählte Institutionen, womit kleinere und mittlere Universitäten weiter-

---

6   Informationen zur Exzellenzinitiative finden sich auf der Homepage des BMBF unter http://www. bmbf.de/de/14300.php, und http://www.bmbf.de/1321.php.

hin systematisch benachteiligt blieben, ebenso wie geistes- und sozialwissenschaftliche Fächer (vgl. Hartmann 2010b: 21ff., Wintermantel 2006: 10, Münch 2007: 59ff.). Dies hätte langfristig eine ausgeprägte vertikale Differenzierung und Hierarchisierung der Hochschulen zur Folge und letztlich eine Trennung von Forschung und Lehre. Damit verbunden wäre die dauerhafte Aufspaltung bzw. Zweiteilung der Hochschulen in leistungsfähige Elite- bzw. Forschungsuniversitäten auf der einen und schlecht ausgestattete, der Lehre und berufsführenden Ausbildung von Studierenden verpflichtete Massenuniversitäten auf der anderen Seite. Damit einher ginge auch eine Hierarchisierung von Studierenden und wissenschaftlichem Personal (Steinert 2010: 316 f).

Die ungleiche Mittelverteilung wird sich nicht nur zwischen den Universitäten, sondern vor allem auch zwischen den einzelnen Fakultäten und Fachbereichen *innerhalb* der Universitäten niederschlagen (vgl. Teichler 2005, Neidhardt 2010, Hartmann 2010a). Spätestens mit Auslaufen der ersten Förderung ab 2012 müssen die Bundesländer und Exzellenz-Universitäten ihre Spitzenforschung nach einer Übergangsfrist selbst finanzieren. Die absehbaren Finanzierungsprobleme lassen eine weitere Zuspitzung der internen Verteilungskämpfe erwarten und könnten exklusive Universitäten dazu verleiten, nach dem Vorbild der USA die gerade vielfach abgeschafften Studiengebühren wieder einzuführen (vgl. Hartmann 2010a: 31ff). Dies würde die ohnehin vorhandene Selektion bzw. Privilegierung Studierender nach sozialer Herkunft weiter verstärken.

Literatur

Adam, Christian/Müller, Jan/Thun, René/Warnecke Wilhelm (Hrsg.) (2010): Die bedingte Universität. Stuttgart: Schmetterling Verlag.

Autorengruppe Bildungsberichterstattung (2010): Bildung in Deutschland 2010. Bielefeld: wbv.

Banscherus, Ulf/Gulbins, Annerose/Himpele, Klemens/Staack, Sonja (2009): Der Bologna-Prozess zwischen Anspruch und Wirklichkeit. Gewerkschaft Erziehung und Wissenschaft GEW. Frankfurt a. M.

Bargel, Tino (1988), Wieviele Kulturen hat die Universität? Hefte zur Bildungs- und Hochschulforschung 2. AG Hochschulforschung Sozialwissenschaftliche Fakultät. Universität Konstanz.

Beaufaÿs, Sandra (2003): Wie werden Wissenschaftler gemacht? Beobachtungen zur wechselseitigen Konstitution von Geschlecht und Wissenschaft. Bielefeld: transcript.

Berg, Christian/Weber, Regina (2006): Hochschulreform aus studentischer Perspektive. In: Aus Politik und Zeitgeschichte, 48/2006, S. 14–20.

BdWi – Bund demokratischer Wissenschaftlerinnen und Wissenschaftler (2002): ArbeitnehmerInnenschutz oder Berufsverbot? Der Streit um die neue „Zwölf-Jahres-Frist" im Hochschulrahmengesetz. 15. 04. 2002. Fundstelle: http://www.bdwi.de/forum/archiv/archiv/441766.html. Zugriff: 20. 09. 2011.

Bogumil, Jörg/Heinze, Rolf G. (Hrsg.) (2009): Neue Steuerung von Hochschulen. Berlin: edition sigma.

Briedis, Kolja/Heine, Christoph/Kongegen-Grenier, Christiane/Schröder, Ann-Katrin (2011): Mit dem Bachelor in den Beruf. Arbeitsmarktbefähigung und -akzeptanz von Bachelorstudierenden und -absolventen, hrsg. vom Stifterverband für die Deutsche Wissenschaft. Essen.

Bourdieu, Pierre (1982): Die feinen Unterschiede. Frankfurt a. M.: Suhrkamp.

BMBF – Bundesministerium für Bildung und Wissenschaft (o. J.): Exzellenzinitiative. Fundstelle: http://www.bmbf.de/.de/1321.php. Zugriff : 28. 07. 2009.

BMBF – Bundesministerium für Bildung und Forschung (2008): Bundesbericht zur Förderung des Wissenschaftlichen Nachwuchses (BuWiN). Fundstelle: http://kisswin.eu/fileadmin/kisswin/download/BUWIN_download.pdf. Zugriff: 28. 06. 11.

BMBF – Bundesministerium für Bildung und Forschung (Hrsg.) (2010): Die wirtschaftliche und soziale Lage der Studierenden in der Bundesrepublik Deutschland 2009. 19. Sozialerhebung des Deutschen Studentenwerks. Ausgewählte Ergebnisse. Bonn/Berlin.

Bülow-Schramm, Margret/Gerlof, Karsten (2004): Lebensweltliche Konstruktionen von Studierenden – Brücken zum Habitus? In: Engler, Steffani/Krais Beate (Hrsg.), S. 141–158.

DFG Deutsche Forschungsgemeinschaft (o. J.): DGF Videoportal zur Exzellenzinitiative. Fundstelle: http://www.exzellenz-initiative.de/exzellenzinitiative: Zugriff: 20. 09. 11

Dobischat, Rolf (2010): „weit entfernt von sozial offenen Hochschulen". Statement von DSW-Präsident Prof. Dr. Rolf Dobischat am 23.4. Fundstelle: http://www.studentenwerke.de/pdf/Statement_Dobischat19SE.pdf. Zugriff: 1. 12. 2010.

Enders, Jürgen/Teichler, Ulrich (1995): Der Hochschullehrerberuf im internationalen Vergleich: Ergebnisse einer Befragung über die wissenschaftliche Profession in 13 Ländern. Bonn: BMBF.

Engler, Steffani (2001): „In Einsamkeit und Freiheit"? Konstanz: UVK.

Engler, Steffani (2000): Zum Selbstverständnis von Professoren und der *illusio* des wissenschaftlichen Feldes. In: Krais, Beate (Hrsg.): Wissenschaftskultur und Geschlechterordnung. Frankfurt a. M./New York: Campus., 121–151.

Engler, Steffani (1993): Fachkultur, Geschlecht und soziale Reproduktion. Weinheim: Deutscher Studien-Verlag.

Engler, Steffani/Krais, Beate (Hrsg.) (2004): Das kulturelle Kapital und die Macht der Klassenstrukturen. Weinheim/München: Juventa.

Friebertshäuser, Barbara (1992): Übergangsphase Studienbeginn. Eine Feldstudie über Riten der Initiation in eine studentische Fachkultur. Weinheim/München: Juventa.

Grühn, Dieter/Hecht, Heidemarie/Rubelt, Jürgen/Schmidt, Boris (2009): Der wissenschaftliche „Mittelbau" an deutschen Hochschulen. Ver.di Fachbereich Bildung, Wissenschaft und Forschung. Berlin.

Grützmacher, Judith/Ortenburger, Andreas/Heine, Christoph (2011): Studien- und Berufsperspektiven von Bachelorstudierenden in Deutschland. HIS: Forum Hochschule, 7/2011. Hannover.

Haffner, Yvonne/Krais, Beate (Hrsg.) (2008): Arbeit als Lebensform? Beruflicher Erfolg, private Lebensführung und Chancengleichheit in akademischen Berufsfeldern. Frankfurt a. M./New York: Campus.

Hartmann, Michael (2002): Der Mythos von den Leistungseliten. Frankfurt a. M./New York: Campus.

Hartmann, Michael (2010a): Die Exzellenzinitiative und ihre Folgen. Leviathan. Berliner Zeitschrift für Sozialwissenschaft. 38. Jg., 3/2010, S. 369–387.

Hartmann, Michael (2010b): Die Exzellenzinitiative – ein Paradigmenwechsel in der deutschen Hochschulpolitik. In: Adam, Christian/Müller, Jan/Thun, René/Warnecke Wilhelm (Hrsg.), S. 20–42.

Heublein, Ulrich/Hutzsch, Christopher/Schreiber/Lörz, Markus (2008): Auslandsmobilität deutscher Studierender: Ausmaß, Motive und Gründe des Desinteresses. In: Zeitschrift für Bildung und Erziehung 61, S. 437–450.

Heublein, Ulrich/Hutzsch, Christopher/Schreiber, Jochen/Sommer, Dieter/Besuch, Georg (2009): Ursachen des Studienabbruchs in Bachelor- und in herkömmlichen Studiengängen. HIS-Projektbericht. Hannover.

HRK (2006): Statistische Daten zur Einführung von Bachelor und Masterstudiengängen. Wintersemester 2006/2007. In: Statistiken zur Hochschulpolitik 2/2006. Bonn.

HRK (2010): Statistische Daten zur Einführung von Bachelor- und Masterstudiengängen. Wintersemester 2010/2011. In: Statistiken zur Hochschulpolitik 2/2010. Bonn.

HRK (o. J.): Promotion von FH-Absolventen: Fundstelle: http://www.hrk.de/de/service_fuer_hochschulmitglieder/151.php, Zugriff: 03.10.2011.

Huber, Ludwig (Hrsg.) (1983): Ausbildung und Sozialisation in der Hochschule. Stuttgart: Klett-Cotta.

Isserstedt, Wolfgang/Middendorff, Elke/Kandulla, Maren/Borchert, Lars/Leszczensky, Michael (2010): Die wirtschaftliche und soziale Lage der Studierenden in der Bundesrepublik Deutschland 2009. 19. Sozialerhebung des Deutschen Studentenwerks, hrsg. vom Bundesministerium für Bildung und Forschung. Berlin/Bonn.

Jacob, Anna-Katharina/Teichler, Ulrich (2011): Der Wandel des Hochschullehrerberufs im internationalen Vergleich. Fundstelle: http://www.uni-kassel.de/uni/universitaet/uni-nachrichtenportal/nachrichten/article/professoren-zufrieden-mit-arbeitsbedingungen-aber-weniger-zeit-fuer-lehre.html. Zugriff: 04.10.2011.

Jaksztat, Steffen/Schindler, Nora/Briedis, Kolja (2010): Wissenschaftliche Karrieren. Beschäftigungsbedingungen, berufliche Orientierungen und Kompetenzen des wissenschaftlichen Nachwuchses. HIS: Forum Hochschule, 14/2010. Hannover.

Jaksztat, Steffen/Schindler, Nora/Briedis, Kolja (2011): Die internationale Ausrichtung des wissenschaftlichen Nachwuchses. HIS: Forum Hochschule, 10/2011. Hannover.

Janson, Kerstin/Schomburg, Harald/Teichler, Ulrich (2007): Wege zur Professur. Qualifizierung und Beschäftigung an Hochschulen in Deutschland und den USA. Münster: Waxmann.

Jongmanns, Georg (2011): Evaluation des Wissenschaftszeitvertragsgesetztes (WissZeitVG). HIS: Forum Hochschule, 4/2011. Hannover.

Kahlert, Heike (2011): Wissenschaftliche Nachwuchskarrieren zwischen Auf- und Ausstieg. Opladen: Barbara Budrich.

Kehm, Barbara M. (Hrsg.) (2008): Hochschule im Wandel. Frankfurt a. M./New York: Campus.

Kehm, Barbara M./Mayer, Evelies/Teichler, Ulrich (Hrsg.) (2008): Hochschulen in neuer Verantwortung, strategisch, überlastet, divers? Bonn: Lemmens Medien GmbH.

Krais, Beate (Hrsg.) (2000): Wissenschaftskultur und Geschlechterordnung. Frankfurt a. M./New York: Campus.

Krais, Beate (2008): Wissenschaft als Lebensform: Die alltagspraktische Seite akademischer Karrieren. In: Haffner, Yvonne/Krais, Beate (Hrsg.): Arbeit als Lebensform? Beruflicher Erfolg, private Lebensführung und Chancengleichheit in akademischen Berufsfeldern. Frankfurt a. M./New York: Campus, S. 177–211.

Lange-Vester, Andrea/Teiwes-Kügler, Christel (2011): Zwischen W3 und Hartz IV – Arbeitssituation und Zukunft des wissenschaftlichen Nachwuchses. Abschlussbericht zur Studie „Wissenschaftliche Mitarbeiterinnen und Mitarbeiter" im Auftrag von ver.di. Hannover.

Lange-Vester, Andrea/Teiwes-Kügler, Christel (2004): Soziale Ungleichheiten und Konfliktlinien im studentischen Feld. In: Engler, Steffani/Krais, Beate (Hrsg.): Das kulturelle Kapital und die Macht der Klassenstrukturen. Weinheim/München: Juventa, S. 159–187.

Leibfried, Stefan 2010 (Hrsg.): Die Exzellenzinitiative. Interdisziplinäre Arbeitsgruppe Exzellenzinitiative der Berlin-Brandenburgischen Akademie der Wissenschaft. Frankfurt/New York: Campus.

Liebau, Eckhard/Huber, Ludwig (1985): Die Kulturen der Fächer. Neue Sammlung, 25(3), S. 314–339.

Liessmann, Konrad Paul (2006): Theorie der Unbildung. Wien: Zsolnay Verlag.

Liesner, Andrea/Lohmann Ingrid (Hrsg.) (2009): Bachelor Bolognese, Erfahrungen mit der neuen Studienstruktur. Opladen: Barbara Budrich.

Münch, Richard (2007): Die akademische Elite. Frankfurt a. M.: edition suhrkamp.

Münch, Richard (2009): Globale Eliten, lokale Autoritäten. Bildung und Wissenschaft unter dem Regime von PISA, McKinsey&Co. Frankfurt a. M.: edition suhrkamp.

Münch, Richard (2011): Akademischer Kapitalismus. Über die politische Ökonomie der Hochschulreform. Frankfurt a. M.: edition suhrkamp.

Neidhardt, Friedhelm (2010): Exzellenzinitiative – Einschätzungen und Nachfragen. In: Leibfried (Hrsg.): Die Exzellenzinitiative. Interdisziplinäre Arbeitsgruppe Exzellenzinitiative der Berlin-Brandenburgischen Akademie der Wissenschaft. Frankfurt/New York: Campus, S. 53–80.

OECD-Veröffentlichung (2011): Bildung auf einen Blick. Wesentliche Ergebnisse der Ausgabe 2011. Fundstelle: http://www.kmk.org/fileadmin/pdf/PresseUndAktuelles/2011/eag_2011_Lange_PM.pdf. Zugriff: 19. 09. 2011.

Oelze, Berthold (2010): Für eine kritische Soziologie des Bologna-Prozesses. In: Soziologie, 39. Jg., 2/2010, S. 179–185.

Pasternack, Peer (1999): „Demokratische Erneuerung". Eine universitätsgeschichtliche Untersuchung des ostdeutschen Hochschulumbaus 1989–1995. Weinheim: Beltz.

Pasternack, Peer (2007) (Hrsg.): Stabilisierungsfaktoren und Innovationsagenturen. Die ostdeutschen Hochschulen und die zweite Phase des Aufbaus Ost. Leipzig: Akademische Verlagsanstalt.

Portele, Gerhard/Huber, Ludwig (1983): Hochschule und Persönlichkeitsentwicklung. In: Huber, Ludwig (Hrsg.), S. 92–113.

Radtke, Frank-Olaf (2008): Die außengeleitete Universität. In: WestEnd. Neue Zeitschrift für Sozialforschung. 5. Jg., 1/2008, S. 117–133.

Schimank, Uwe (2005): „New Public Management" and the Academic Profession: Reflections on the German Situation. In: Minerva 43, S. 361–376.

Schneickert, Christian/Lenger, Alexander (2010): Studentische Hilfskräfte im deutschen Bildungswesen. In: Berliner Journal für Soziologie. 2/10, 203–224.

Serrano-Verlarde, Kathia (2009): Mythos Bologna? 10 Jahre Forschung zum Bolognaprozess. In: Soziologie, Jg. 38, 2/2009, S. 193–203.

Sondermann, Michael/Simon, Dagmar/Scholz, Anne-Marie/Hornborstel, Stefan (2008): Die Exzellenzinitiative: Beobachtungen aus der Implementierungsphase. iFQ-Working Paper No.5. Dezember 2008. Bonn.

Statistisches Bundesamt (2004a): Bildung und Kultur. Studierende an Hochschulen. Fachserie 11/Reihe 4.1. Wiesbaden. Fundstelle: http://www.destatis.de/jetspeed/portal/cms/Sites/destatis/Internet/DE/Content/Publikationen/Fachveroeffentlichungen/BildungForschungKultur/Hochschulen/StudierendeHochschulenEndg2110410047004,property=file.pdf. Zugriff: 19. 09. 2011.

Statistisches Bundesamt (2004b): Derzeit 3 % weniger Studierende als im vorigen Wintersemester. Pressemitteilung vom 29. November. Fundstelle: www.destatis.de/presse/deutsch/pm2004/p5050071.htm. Zugriff: 19. 09. 2011.

Statistisches Bundesamt (2010): Bildung und Kultur. Personal an Hochschulen 2009. Fachserie 11 Reihe 4.4. Wiesbaden. Fundstelle: http://www.destatis.de/jetspeed/portal/cms/Sites/destatis/Internet/DE/Content/Publikationen/Fachveroeffentlichungen/BildungForschungKultur/Hochschulen/PersonalHochschulen2110440097004,property=file.pdf. Zugriff: 19.09.2011.

Statistisches Bundesamt (2011): Bildung und Kultur. Studierende an Hochschulen. Fachserie 11/Reihe 4.1. Wiesbaden. Fundstelle: http://www.destatis.de/jetspeed/portal/cms/Sites/destatis/Internet/DE/Content/Publikationen/Fachveroeffentlichungen/BildungForschungKultur/Hochschulen/StudierendeHochschulenEndg2110410117004,property=file.pdf. Zugriff: 20.09.2011.

Steinert, Heinz (2010): Die nächste Universitätsreform ist schon da. In: Soziologie, 39. Jg., 3/2010, S. 310–324.

Teichler, Ulrich (2005): Hochschulstrukturen im Umbruch. Frankfurt a. M./New York: Campus.

Teichler, Ulrich (2007): Die Internationalisierung der Hochschulen. Frankfurt a. M./New York: Campus.

Vester, Michael (2004): Die Illusion der Bildungsexpansion. In: Engler, Steffani/Krais, Beate (Hrsg.), S. 13–53.

Wagner, Erwin (Hrsg.) (2011): „Wer sind „die Studierenden" in der „Bologna-Ära"? Zeitschrift für Hochschulentwicklung (ZFHE), Jg. 6, 2/2011.

Wissenschaft weltoffen (2011): Daten und Fakten zur Internationalität von Studium und Forschung in Deutschland. Schwerpunkt 2011: Zum Master ins Ausland, hrsg. von DAAD Deutscher Akademischer Austauschdienst und Hochschulinformationssystem HIS. Bielefeld.

Wissenschaft weltoffen 2011 (2011): Daten. Fundstelle: http://www.wissenschaft-weltoffen.de/daten/1/1 Zugriff: 19.09.2011.

WissZeitVG – Gesetz über befristete Arbeitsverträge in der Wissenschaft von 2007. Fundstelle: www.gesetze-im-internet.de/bundesrecht/wisszeitvg.pdf. Zugriff: 02.10.2011.

Wintermantel, Margret (2006): Hochschulreform aus Sicht der Hochschulen. In: Aus Politik und Zeitgeschichte, 48/2006, S. 8–13.

Witte Johanna (2006): Die deutsche Umsetzung des Bologna-Prozesses. In: Aus Politik und Zeitgeschichte, 48/2006, S. 21–27.

Zimmermann, Karin/Kamphans, Marion/Metz-Göckel, Sigrid (Hrsg.) (2008): Perspektiven der Hochschulforschung. Wiesbaden: VS Verlag.

Weiterbildung – Eine Domäne privatwirtschaftlicher Gestaltungsansprüche

Rolf Dobischat und Robert Schurgatz

„Indem die Großindustrie stetig gebildetere Arbeiter fordern muß, da nur sie den sich unaufhörlich verändernden Bedingungen des Produktionsprozesses gewachsen sind, gerät sie in einen tödlichen Widerspruch. Sie muß die Bildung der Massen heben und ihr Bewußtsein zur gleichen Zeit paralysieren. Sie muß Bildung akkumulieren unter gleichzeitiger Vernichtung ihrer emanzipatorischen Möglichkeit. So offenbart der kapitalistische Bildungsrealismus seine Verwundbarkeit."

Heinz Joachim Heydorn 1970, S. 159

1 Weiterbildung: Gegenstand soziologischer Forschung?

Das von Weymann herausgegebene „Handbuch für die Soziologie der Weiterbildung", das zuletzt im Jahr 1980 in der 3. Auflage publiziert wurde, hatte sich der Perspektive verschrieben, einen Brückenschlag zwischen Theorien bzw. Begründungsansätzen über Weiterbildung (vgl. hierzu exemplarisch Picht/Edding/Tietgens 1972; Siebert 1977; Lenhardt 1974; Axmacher 1974) einerseits und der Rezeption isolierten Wissens aus unterschiedlichen Subdisziplinen der Soziologie (Industrie-, Bildungs- und Berufssoziologie, Sozialisationstheorie, Sozial- und Arbeitsmarktforschung etc.) in der Weiterbildung(sforschung) andererseits herzustellen. Sein Fazit seinerzeit lautete, eine soziologische Theorie der Erwachsenenbildung ist erst in Konturen erkennbar, eine etablierte spezielle Soziologie existiert jedoch nicht (vgl. Weymann 1980: 7). Zwar wurde mit Expansion der Weiterbildungsforschung im Zuge der von Roth (1962) proklamierten realistischen Wende eine Abkehr von der hermeneutischen Tradition der Theoriebildung hin zu einer empirischen, evidenzbasierten Bildungsforschung vollzogen, die als Ausdruck einer „Versozialwissenschaftlichung" des Gegenstandsbereichs bewertet werden kann. Eine Soziologie der Weiterbildung konnte sich in Anlehnung an den damaligen Befund von Weymann aber bis dato noch nicht konstituieren. Feststellbar ist, dass sich das Forschungsfeld der Weiterbildung in den letzten 30 Jahren inhaltlich wie auch hinsichtlich des methodischen Instrumentariums erheblich ausdifferenziert hat (vgl. hierzu Tippelt/Schmidt 2010; Tippelt/Hippel 2010). Bei der Theoriebildung befindet sich die Disziplin aber noch immer in einem Stadium der weitgehenden Adaption aus affinen Bezugsdisziplinen (Soziologie, Psychologie, Ökonomie etc.), deren theoretische Konzepte und Modelle wie auch die daraus generierten Empirieerträge sich nahtlos in den Geltungsanspruch der Weiterbildung einfügen, und damit lediglich der Funktion einer Selbstvergewisserung und Legitimation dienen (vgl. Bittlingmayer 2005 am Beispiel der „Wissensgesellschaft"). Zwar haben beispielsweise Erkenntnisse aus der (bildungs-)soziologischen Theorie und Forschung in der Weiterbildungsforschung ein breites Fundament in der Teilnehmer-/Adressaten- bzw. Partizipationsforschung gelegt. Dennoch kann angesichts der vorherrschenden Rezeptionslogik gegenwärtig nach wie vor nur von einer Soziologie *für* die Weiterbildung gesprochen werden.

Im Rahmen dieses Beitrags kann das gegenwärtige Spektrum der Weiterbildungsforschung in seiner Breite nicht entfaltet werden. Hervorgehoben werden zentrale Strukturprobleme mit der Schwerpunktsetzung auf die betriebliche Weiterbildung, da in diesem Feld die Interessenkonflikte in verschärfter Form zu Tage treten. Thematisiert werden im Folgenden sozialhistorische Aspekte der Institutionalisierung sowie die sich seit den 1990er Jahren abzeichnende Privatisierungstendenz. In diesem Kontext wird die betriebliche Weiterbildung als Teil von Personal- und Organisationsentwicklung diskutiert und es werden ausgewählte Ergebnisse der Teilnehmerforschung[1] präsentiert. Letztlich wird der Blick auf die sozialisierende Funktion von Weiterbildung im betrieblichen Handlungsfeld gerichtet und Interessengegensätze skizziert. Abschließend wird die Bedeutung von Weiterbildung im gesamtgesellschaftlichen Kontext betrachtet und ihre ideologisierende Wirkung kritisch diskutiert.

2   Referenzpunkte zur Weiterbildungsentwicklung: von der Vergesellschaftung zur Verbetrieblichung

Die historischen Wurzeln der Weiterbildung liegen in der Aufklärung, in der sich bereits erste Institutionalisierungsprozesse herauskristallisierten (vgl. Tietgens 2010: 28). Weiterbildung in dieser Epoche war von einem emanzipatorischen Bemühen getragen, das auf die Selbstbefreiung des Menschen abzielte. Ausdruck fand dies innerhalb der sich in der Arbeiterbewegung entwickelnden Arbeiterbildung, deren Zielsetzung Karl Liebknecht mit dem Postulat „Wissen ist Macht" auf den Punkt brachte (vgl. Brödel 2007). Bildung und Weiterbildung in diesem Kontext waren Mittel, gesellschaftliche Zustände transparent zu machen und durch die Analyse der Herrschaftsstrukturen zu gesellschaftspolitischen Gegenentwürfen zu gelangen.

Ihre gegenwärtige Relevanz hat die Weiterbildung erst durch die Bildungsexpansion in den 1970er Jahre erhalten, in der sie konzeptionell fundiert und als „Fortsetzung oder Wiederaufnahme organisierten Lernens nach Abschluss einer unterschiedlich ausgedehnten ersten Bildungsphase" (Deutscher Bildungsrat 1970: 197) begrifflich definiert wurde. Dem Lernen, das bis zu diesem Zeitpunkt sowohl institutionell als auch im ge-

---

1   Aus Gründen der besseren Lesbarkeit wird auf die Verwendung männlicher und weiblicher Sprachformen verzichtet. Sämtliche Gruppenbezeichnungen gelten für beiderlei Geschlecht.

sellschaftlichen Bewusstsein auf die Kinder- und Jugendphase beschränkt war, wurde ein wachsender Bedeutungsgehalt auch für das Erwachsenenalter zugewiesen. Differenziert wurden Lernprozesse in den Kategorien von beruflicher, allgemeiner und politischer Weiterbildung, deren Entwicklung jedoch sehr unterschiedlich verlief. Während die berufliche Weiterbildung quantitativ betrachtet zu einer „Erfolgsstory" avancierte, reduzierte sich die Anerkennung der politischen Weiterbildung als eigenständiger Bereich erheblich, so dass sie zunehmend als Aspekt unter die allgemeine Weiterbildung subsumiert wurde, die im Laufe der Zeit ihren Fokus wiederum verstärkt auf die berufliche Weiterbildung gerichtet hat (vgl. Dehnbostel 2008: 12; Dobischat/Düsseldorff/Dikau 2006). Die Deklaration von Weiterbildung als eine Zukunftsformel „gesamtgesellschaftlichen Interesses" (Deutscher Bildungsrat 1970: 199) mit dem gesteckten Zielhorizont, sie als quartären, staatlich verantworteten und regulierten Sektor des Bildungssystems zu verankern, kann vor der Hintergrundfolie gesellschaftlich und ökonomisch veränderter Rahmenbedingungen als Prozess zunehmender „Vergesellschaftung" interpretiert werden. Das Ziel staatlicher Verantwortung war durch die Hoffnung geprägt, entstandene individuelle, strukturelle, institutionell-organisatorische, technologische, wettbewerbliche, betrieblich-unternehmerische, finanzielle, arbeitsmarktqualifikatorische sowie regionale Verwerfungen und Schieflagen mit staatlich-intervenierender und regulierender Ordnungspolitik lösen und kollidierende Interessen ausbalancieren zu können. In diese Zeit datiert auch das ambitionierte Konzept des Lebenslangen Lernens, das sich als strategisches Konstrukt einer strukturellen Umgestaltung des Bildungssystems verstand und als Bewältigungsansatz für neue Herausforderungen wirken sollte (vgl. Kommission der Europäischen Gemeinschaften 2000: 9). Die bildungspolitischen Leitlinien in den 80er und 90er Jahren kehrten diese Perspektive paradigmatisch um. Unter dem Regime neoliberaler Theorien und veränderter Kapitalverwertungsbedingungen einer globalisierten Weltökonomie gewann das Prinzip der Marktförmigkeit von Weiterbildung Oberhand (vgl. Dobischat/Husemann 1995). Weiterbildungsnotwendigkeiten resultieren dabei aus dem postulierten Wandel in der ökonomischen Wertschöpfung und der damit einhergehenden Modernisierung des Produktionsprozesses und der Arbeitsorganisation (vgl. Schumann 2002: 105). Flankiert ist dieser Wandel vom Trend zu höher qualifizierter, mehr auf abstraktem Wissen und weniger auf praktischem Können beruhender Erwerbsarbeit bei gleichzeitigem Rückgang einfacher Arbeitstätigkeiten (Baethge/Baetge-Kinsky 2006). Mit der Argumentationsfigur, dass die Dynamik der gesellschaftlichen Wissensproduktion kaum durch eine staatliche Bildungsversorgung gewährleistet werden könne, wurden konsequenterweise staatliche Gestaltungsansprüche zurückgedrängt. Parallel dazu hat die Forderung nach mehr individuellem Engagement und höherer Eigenverantwortung für das Lernen und für Weiterbildungsaktivitäten (vgl. Bremer 2010), gekoppelt an das vage Versprechen einer „Garantie für die Employability", Entwicklungen von De-Institutionalisierung und Reprivatisierung (der Kosten und Risiken) eingeleitet, die zu strukturellen Verwüstungen in der Weiterbildungslandschaft geführt haben. Beispiel hierfür ist der kontinuierliche Rückzug in der finanziellen Ausstattung der staatlichen Weiterbildungsförderung (vgl. Jakob/Kolf 2011), die bei den Beschäftigten in den Weiterbildungseinrichtungen zu prekären Arbeitsverhältnissen geführt haben (vgl. Dobischat/Fischell/Rosendahl 2011; Dies. 2010). Während also im bildungspolitischen Diskurs und in der alltäglichen Thematisierung Weiterbildung eine erhebliche Aufwertung erfahren hat, vermitteln die empirischen Daten, dass sich die bekannten ungleichheitsproduzierenden Strukturprobleme in der Weiterbildung nicht aufgelöst, sondern konserviert haben. In deren Folge konnten sich die etablierten Inklusions- und Exklusionsmuster beim Zugang zum und bei der Partizipation am Lernen in Abhängigkeit von chancenzuweisenden Merkmalen im bildungssoziologischen Koordinatensystem (Erwerbsstatus, Einkommen, Bildungsniveau, Stellung im Beruf/Betrieb etc.) dauerhaft stabilisieren (vgl. Dobischat 2005).

Mit den postulierten gesellschaftlichen und individuellen Notwendigkeiten, das Qualifikationsniveau der Erwerbsbevölkerung über die Schlüsselrolle von Weiterbildung positiv zu beeinflussen, sind eine Vielzahl von internationalen und nationalen Förderprogrammen mit dem Zielhorizont einer Steigerung der Partizipationsquote an Weiterbildungsprozessen bzw. der Erhöhung der Aspiration auf Weiterbildung forciert worden. Durch individuelle, selbstinitiierte und -organisierte Lernanstrengungen – was als zentrale Botschaft in vielen Programmen formuliert ist – wird die Ausweitung biografischer Gestaltungsmöglichkeiten sowie die Inaussichtstellung von Berufs- und Arbeitsmarktchancen suggeriert, was zur Nivellierung sozialer Ungleichheit führen könne. Insbesondere für die Begründung beruflich-betrieblicher Weiterbildung wird darauf abgestellt, dass sich das Schul- und Berufswissen gegenüber dem Weiterbildungswissen relativiere und auf diese Weise der frühzeitigen Selektion im Bildungswesen durchaus kompensatorisch entgegengewirkt werden könne. Für das betriebliche Lernen wird angenommen, dass die „zunehmende normative Subjektivierung des unmittelbaren Arbeitsprozesses" (vgl. Baethge 1991: 6), die sich in gewachsenen Ansprüchen der Arbeitnehmer an Selbständigkeit, Partizipation und Mitbestimmung in der Arbeitswelt niederschlägt, durch aktives Lernen und Weiterbildung eine konkrete Realisierung mit genereller Chanceneröffnung (vgl. Kistler 2010: 12) erfahren kann. Inwiefern diese Option durch reale Teilhabe- und Aufstiegsmobilität individuell realisiert werden kann, erscheint mit Rückgriff auf die Befunde aus einschlägigen bildungssoziologischen und arbeitsmarktpolitischen Studien fraglich, denn die Bedingungen von Bildungsverläufen sind, trotz des postulierten Wandels hin zu einer „Wissensgesellschaft", wesentlich von den Verwertungsbedingungen der Arbeitskraft bzw. von den durch Lohnarbeit bestimmten Strukturen geprägt (vgl. Schmitz 1980: 122). Im Unterschied zu anderen Weiterbildungsformen ist speziell die betriebliche Weiterbildung dadurch charakterisiert, dass Betriebe (1) die Rekrutierung der Teilnehmer steuern, (2) einen Einfluss auf inhaltliche und methodische Ausgestaltung der Weiterbildung nehmen und (3) die Verwertung der in der Weiterbildung erworbenen Qualifikationen bestimmen (vgl. ebd.: 121).

Die Durchsetzung des ökonomischen Primats von Weiterbildung lässt sich an der quantitativen Expansion der beruflich-betrieblichen Weiterbildung ablesen, die mittlerweile zum größten Sektor im Weiterbildungssystem avanciert ist. Den Ergebnissen des Adult Education Survey (AES) zufolge waren 81 % aller Teilnahmen an Weiterbildung beruflich motiviert (BMBF 2011: 16) und zu knapp 60 % von den Betrieben veranlasst (ebd.: 5). Die quantitative Ausweitung von beruflich-betrieblicher Weiterbildung hat nicht nur sukzessiv die anderen Bereiche substituiert bzw. an die Peripherie gedrängt, sondern sie ist auch zum Indikator für den Rückzug staatlicher Regulierungs- und Interventionsansprüche geworden. Damit haben die Betriebe eine deutliche Einflusssphäre auf die Inhalte, die Gestaltung und Verwertung von Weiterbildung erhalten, die Kühnlein (1997) als „Verbetrieblichung der Weiterbildung" charakterisiert. Dieser Aspekt soll im Folgenden näher betrachtet werden.

3 Weiterbildung im betrieblichen Kontext

3.1 Personal- und Organisationsentwicklung und die Neuorientierung des Lernens

Zahlreiche industriesoziologische Studien weisen darauf hin, dass seit Mitte der 1980er Jahre umfassende betriebliche Reorganisationsprozesse greifen, in deren Folge die funktions- und berufsbezogene Gestaltung der Betriebs- und Arbeitsorganisation einer prozessorientierten weicht (vgl. Baethge/Baethge-Kinsky 2006: 160). Der Paradigmenwechsel in den betrieblichen Rationalisierungsmustern führt zu einem dynamisierten Leistungsprofil der Mitarbeiter, so dass Weiterbildung/Qualifizierung/Lernen zu einem integralen und proaktiven Bestandteil der betrieblichen Personal- und Organisationsentwicklung wird (vgl. Dobischat/Düsseldorff 2010). Begleitet und inspiriert ist dies durch Managementphilosophien, die die betriebliche Organisation als umweltoffenes und sich selbst regulierendes System interpretieren, dessen Kontingenz und situative Flexibilität von den Organisationsmitgliedern zu nutzen und im Sinne einer permanenten Optimierung zu verändern ist (vgl. Schreyögg 2003). Diese Sichtweise hat eine erhebliche Stimulanz für eine Neuorientierung des betrieblichen Lernens verursacht, dessen Fokus sich stärker auf die Lernimpulse und Lerngegenstände, die aus den unmittelbaren Arbeitsprozessen entstehen, lenkt, sofern Lernreize im Arbeitsvollzug sowie verarbeitungskonforme, adäquate Lernarrangements existent sind (vgl. Baethge et al. 2003). Auf lernorganisatorischer und didaktisch-methodischer Ebene geht es dabei um die Bedeutung informeller Lernprozesse im Arbeitsvollzug (gegenüber formalisierten Lernprozessen), die kurzfristige und bedarfsgerechte Weiterbildung ermöglichen können. Die arbeitsplatznahe Weiterbildung und Qualifizierung wird aufgrund ihres hohen Praxisbezugs als flexibel und auf die konkrete Arbeitssituation übertragbar angesehen, weil der Lerntransfer durch eine Verkürzung des individuellen Aneignungs- und Verarbeitungsprozesses bei der Umsetzung vom *Lern*feld in das *Funktions*feld Effizienz und Effektivität verspricht.

3.2 Betriebliche Weiterbildung im Spiegel ausgewählter Daten

Strukturen und quantitative Dimensionen des betrieblichen Weiterbildungsgeschehens werden seit Jahren mittels empirisch, repräsentativer Betriebs- und Unternehmensbefragungen erhoben, wobei eine Vergleichbarkeit zwischen den Studien angesichts der verwandten Erhebungsmethoden und -zeiträumen, des Spektrums der einbezogenen Lernformen, der Gruppe der Befragten und der Befragungskonzepte nur bedingt gegeben ist (vgl. Käpplinger 2007: 383).

Betrachtet man das Aktivitätsniveau der Betriebe, so kommt die CVTS3-Studie für das Jahr 2005 auf eine Beteiligungsquote von 69 %, das Institut der Deutschen Wirtschaft (IW) ermittelte für das Jahr 2008 sogar eine Quote von ca. 84 %. Die Daten aus dem renommierten IAB-Betriebspanel zeigen, dass der Anteil weiterbildungsaktiver Betriebe nach einem Zwischenhoch im Jahr 2008 (49 %) auf 45 % im Jahr 2009 absank, was aber als temporärer Effekt der Wirtschafts- und Finanzkrise interpretiert wird (vgl. Stegmaier 2010: 41). Die Varianzbreite im Aktivitätsspektrum in Abhängigkeit von der Beschäftigtenzahl ist markant. Aus den Befunden des IAB-Betriebspanels (2009) wird erkennbar, dass das betriebliche Aktivitätsniveau mit der Betriebsgröße (Beschäftigtenzahl) deutlich zunimmt. Während Kleinbetriebe nur in geringerem Umfang ihren Mitarbeitern Weiterbildungsangebote unterbreiten, sind bei Großbetrieben nahezu alle Beschäftigten weiterbildungsaktiv (vgl. Stegmaier 2010: 42), was u. a. darauf zurückzuführen ist, dass diese in der Regel entsprechende interne Organisationsstrukturen für systematische Konzepte von Weiterbildung in der Verbindung von Personal- und Organisationsentwicklung verankert haben. Zudem werden Klein- und Mittelbetriebe (KMU) durch Weiterbildungskosten stärker belastet als große Unternehmen, was zu einer geringeren Investitionsrendite führt (vgl. Neubäumer et al. 2006). Beschäftigte in Großbetrieben haben insofern höhere Chancen, in betriebliche Qualifizierungsprozesse involviert zu werden, während Mitarbeiter in KMU mit höheren Barrieren beim Zugang konfrontiert sind. Aber auch die Beschäftigungsbranche nimmt Einfluss auf die Lernteilhabechancen. So profitieren Beschäftigte in der Dienstleistungsbranche stärker als Mitarbeiter im primären Sektor, im Handel oder im verarbeitenden Gewerbe (vgl. Elsholz et al. 2010: 52 ff.).

Während das betriebliche Weiterbildungsangebot ein Indikator für den quantitativen Umfang ist, lassen die investierten Zeit- und Kostenvolumen weitere Rückschlüsse auf die Weiterbildungsintensität zu. Aus beiden Parametern ist ein Rückgang des betrieblichen Engagements ersichtlich, der in verschiedenen Studien allerdings unterschiedlich stark quantifiziert ist (vgl. Lenske/Werner 2009: 11; Behringer/Moraal/Schönfeld 2008: 11). Gründe für den Rückgang betrieblicher Weiterbildungsinvestitionen sind u. a. in Reprivatisierungsstrategien bei den notwendigen Zeit- und Kostenvolumen zu Lasten der Beschäftigten zu vermuten (vgl. Ahlene/Dobischat 2011).

Zwar geben die herangezogenen Parameter näheren Aufschluss über Umfang und Intensität der betrieblichen Weiterbildung. Aus bildungssoziologischer Perspektive ist jedoch die Reichweite betrieblicher Weiterbildung von Interesse, denn sie liefert Erkenntnisse, wie viele Mitarbeiter tatsächlich teilnehmen und um welche Belegschaftsgruppen es sich dabei handelt. Diese Informationen werden durch die Erhebung von Teilnahmequoten gewonnen.

Alle einschlägigen Studien hierzu kommen zu dem Ergebnis, dass auch die betrieblichen Teilnahmequoten rückläufig sind. Bestätigt wird dies auch durch die repräsentative Personenbefragung im Rahmen des Adult Education Survey (AES), in der für das Jahr 2009 eine Abwärtsbewegung der betrieblichen Teilnahmequote von 29 % auf 26 % (vgl. BMBF 2011: 21) diagnostiziert wird. Differenziert man die Beteiligungsquote nach dem Merkmal Qualifikationsniveau, so wird evident, dass die Partizipationsmuster die hinlänglich bekannten Disparitäten und Polarisierungen widerspiegeln (vgl. Bosch 2009: 106; Kistler 2010: 15), was den Gesetzmäßigkeiten des „Matthäus-Prinzips" folgt, was da lautet, wer hat, dem wird gegeben (vgl. Bolder 2006).

In der empirischen Bildungsforschung gibt es unabweisbare Befunde zum Kontext des erreichten Bildungsniveaus in enger Verbindung zu den sozio-ökonomischen Hintergrundvariablen, die jeweils divergierende Verlaufsmuster in den subjektiven Bildungs- und Erwerbsbiografien erklären. Dieser Kontext, erweitert auf den Gegenstandsbereich der Weiterbildungsaspiration wie auch der konkreten Teilnahme, wurde bereits in der ersten nationalen Weiterbildungserhebung, dem Berichtssystem Weiterbildung aus dem Jahr 1979 thematisiert und in allen Folgeerhebungen immer wieder als kontinuierlicher und stabiler Befund herausgearbeitet (vgl. BMBF 2011: 30). Begrifflich ist der Zusammenhang zwischen der Entstehung von Chancendisparitäten in Abhängigkeit vom erreichten schulischen und beruflichen Ausgangsniveaus und der geringen Chance einer Kompensation durch Weiterbildung als „doppelte Selektivität" (Faulstich 1981: 61.) oder „Weiterbildungsschere" (Schulenberg et al. 1978: 525) bezeichnet worden.

Den AES-Ergebnissen zufolge verzeichnen un- und angelernte Erwerbstätige die geringsten und die Fach- und Führungskräfte die höchsten Teilnahmequoten. Gut- bzw. Hochqualifizierte sind somit die eindeutigen Profiteure betrieblicher Qualifizierung (vgl. BMBF 2011: 26). Als Hinweis darauf, dass es sich bei den AES-Daten nicht um singuläre Befunde handelt, soll hier nur auf die gleichlautenden und bestätigenden Ergebnisse aus dem IAB-Panel wie auch der europäischen CVTS3-Studie hingewiesen werden (vgl. Moraal et al. 2009).

Die Bedeutung arbeitsbezogener Lernformen hat die Hoffnung genährt, dass bestehende Selektionsmechanismen beim betrieblichen Lernzugang (gerade bei Prozessen organisierten Lernens) aufgebrochen und dass bislang unterrepräsentierte Gruppen (Geringqualifizierte, Migranten, ältere Arbeitnehmer) stärker in das betriebliche Weiterbildungsgeschehen integriert werden können (Expertenkommission Finanzierung

Lebenslangen Lernens 2004: 274–275). Die Option, durch die Schaffung von lernförderlichen Arbeitsbedingungen zur Nivellierung von Zugangsungleichheit und der Herausbildung von Lernkompetenzen beizutragen, wurde von Baethge/Baethge-Kinsky in einer repräsentativen Studie untersucht (vgl. 2002: 135). Demnach wird die betriebliche Lernpartizipation nicht ausschließlich durch soziodemografische und betriebs- und beschäftigungsbezogene Merkmale beeinflusst, sondern wird vielmehr durch wachsende Anforderungen des beruflichen Tätigkeitsumfeldes definiert (vgl. Hall/Krekel 2008: 73), was insbesondere die Notwendigkeit der Arbeitsprozessgestaltung als zentrales betriebliches Handlungsfeld für die Implementierung formalen und informellen Lernens markiert. Erst dessen positive Gestaltung bildet die Voraussetzung, dass Sortierlogiken nicht mehr oder zumindest weniger greifen können (vgl. Elsholz 2010: 8; Moraal et al. 2009: 7 f.). Die Hoffnung auf eine Barriereabsenkung bei Qualifizierungszugängen für Geringqualifizierte, was im Übrigen auch für Beschäftige mit Migrationshintergrund seine Gültigkeit besitzt (vgl. Moraal 2011), wird durch neuere Studien relativiert, denn Hinweise auf betriebliche Reorganisationsstrategien, die sich erneut in Richtung einer „Retaylorisierung" entwickeln, implizieren die Gefahr einer Reduzierung von Lernanreizen im Arbeitsprozess, was der generellen Reduktion potenzieller Lerngelegenheitsstrukturen gleich kommen würde (vgl. Kuhlmann 2009). Eine „Retaylorisierung" der Arbeitsprozesse würde vornehmlich die formal geringer Qualifizierten auf den unteren Ebenen der Arbeitsplatzhierarchie tangieren und sie bezüglich ihrer objektiven Lernchancen marginalisieren. Nicht nur die Kompensation von Zugangsbenachteiligung bliebe damit verwehrt, sondern es käme zu einer „doppelten Privilegierung der Gruppen mit guter Ausbildung und lernförderlichen Arbeitsplätzen und einer doppelten Depravierung derjenigen, die auf der Basis schlechter Ausbildung und wenig lernförderlicher Arbeitsumgebung die notwendigen Kompetenzen für lebenslanges Lernen nicht entwickeln bzw. nachholen können" (Baethge/Baethge-Kinsky 2002: 136).

Bilanzierend ist festzuhalten, dass die mit Vehemenz in der bildungspolitischen Debatte vorgetragene Forderung nach einer Intensivierung des Lebenslangen Lernens mit einer tatsächlichen Stagnation infolge zurückgehender öffentlicher Bildungsinvestitionen einerseits und der Privatwirtschaft andererseits einhergeht. Damit sind die Perspektiven eines Abbaus der Selektionsmuster beim Zugang zum betrieblichen Lernen gegenwärtig nicht besonders aussichtsreich, was sich zukünftig angesichts des prognostizierten Fachkräftemangels als Engpassvariable und Mismatch-Problem in der betrieblichen Rekrutierungspolitik herausstellen könnte.

3.3 Nutzen von und Chancen durch betriebliche Weiterbildung

Die dominierende Theorie zur betrieblichen und individuellen Weiterbildungspartizipation ist die Humankapitaltheorie, die eine nutzenmaximierende Entscheidungsrationalität für die beteiligten Akteure unterstellt. Die Bewertung des individuellen Erwerbs von Fähigkeitspotenzialen und Handlungskompetenzen (Inputressourcen) erfährt in der sozialen Realität, wie z. B. am Arbeitsmarkt, eine monetäre Entsprechung, die sich in einer investitionsadäquaten Bezahlung und Bildungsrendite vergegenständlicht. In dieser Logik führen betriebliche Bildungsinvestitionen in die Humankapitalausstattung (Belegschaftsmitglieder) zu einer erhöhten Arbeitsproduktivität, die als Voraussetzung für das Generieren höherer Betriebserträge gilt. Bei der Betrachtung des Nutzens von Weiterbildung kann zwischen einem subjektiven „weichen" Nutzen und objektiv „harten" Erträgen, die sich in Einkommenszuwächsen niederschlagen, unterschieden werden. Der subjektive Nutzen wird von den Teilnehmern überwiegend anerkannt und positiv mit persönlicher Weiterentwicklung, Verbesserung der beruflichen Leistungsfähigkeit oder der Anpassung an neue Tätigkeitsanforderungen verbunden (vgl. Beicht/Krekel/ Walden 2006). Dennoch kann es sein, dass derartige subjektive Einschätzungen einer „Nutzenillusion" (Behringer 1996: 103 f.) unterliegen und die real eingetretenen Effekte überschätzt werden (vgl. Wolter/Schiener 2009: 92). Die ungleichheitsverstärkende Wirkung von Weiterbildung kann erst dann wirksam werden, wenn die Teilnahme daran einen Einfluss auf andere Dimensionen sozialer Ungleichheit (Einkommen) hat (vgl. ebd.: 91). Die meist unhinterfragte Annahme, Weiterbildung würde per se individuelle Einkommenszuwächse (und betriebliche Renditen) generieren, haben Wolter/ Schiener (2009) anhand von Daten des SOEP der Jahre 1996–1998 analysiert. Zwar konnte ein signifikant positiver Effekt durch eine Weiterbildungsteilnahme nachgewiesen werden, jedoch zeigte die Betrachtung der untersuchten Gruppen Ertragsdifferenzen. So wurden die größten Einkommenseffekte in der Gruppe der Arbeitnehmer mit (höchstens) einem Hauptschulabschluss erzielt, während die Ertragseffekte bei den Hochqualifizierten (mit Fach- und Hochschulabschluss) nicht mehr signifikant waren (vgl. ebd.: 110). Dieser Befund macht deutlich, dass die Weiterbildung bei Hochqualifizierten in den oberen betrieblichen Statushierarchien integraler Bestandteil des beruflichen Karriereverlaufs ist und damit eine Art „Selbstverständlichkeit", die häufig nicht mehr separat gratifiziert und honoriert wird. Die Autoren merken dazu an, dass die Rolle von Weiterbildung im Statusallokationsprozess nur eine untergeordnete Rolle spielt, da die Ungleichheiten der Berufs- und Einkommenspositionen nur geringfügig verändert werden (vgl. ebd.: 113). Vielmehr hat betriebliche Weiterbildung eine statuserhaltende Funktion, die im Zusammenhang mit der zunehmenden Destabilisierung biografischer Kontinuität von Bildung, Ausbildung und Erwerbstätigkeit durch unsicher werdende Statuspassagen im Beschäftigungssystem gesehen werden muss (vgl. Hillmert 2010). Inwiefern Weiterbildung einen Beitrag zu erhöhten Chancen und der Nivellierung sozialer Disparitäten zu leisten vermag, ist in Anbetracht dieser Ergebnisse fraglich. Umstritten bleibt generell auch, ob Bildungsinvestitionen im Lebenszyklus immer einen vergleichbaren Ertrag erwirtschaften. Zu befürchten ist vielmehr, dass, wenn Weiterbildung zum sozialen Standard avanciert, ihre Funktion als Mittel des Aufstiegs ausgedünnt wird. Stattdessen wird die Chancenrealisierung für den Einzelnen mit steigendem Qualifikationsniveau der Erwerbsbevölkerung quantitativ immer unwahrscheinlicher (vgl. früh hierzu bereits Brater 1980: 88). Entscheidend ist die Tatsache, dass die Bedingung für die Inwertsetzung der Qualifikationen – in Bourdieus Terminologie der *Titel* –, in den Händen derer liegt, die die Bedingungen der Qualifikationsverwertung im Betrieb bereitzustellen vermögen. Heid hat darauf verwiesen, dass die „Diagnose der Ungleichheit unter den Menschen in besonderem Maß von den Interessen derer bestimmt wird, denen diese Ungleichheit durchaus nutzt" (2003: 90) und zwar insofern, als dass mit der steigenden Anzahl hochqualifizierter Bewerber um die entsprechenden Positionen die Konkurrenz sich um diese erhöht. In dieser Situation wird auch Weiterbildung zum Strukturzwang und führt in ein Dilemma; einerseits setzt derjenige, der sich weigert, seine Qualifikation zu steigern, seine ‚employability' aufs Spiel, andererseits trägt er, wenn er der Weiterbildungsaufforderung nachkommt, zur Inflation eben dieser Qualifikationen bei (Qualifikationsparadox). Die Folge ist ein erhöhter Konkurrenzdruck auf dem Arbeitsmarkt zu Gunsten der Betriebe. Gleichzeitig wird Weiterbildung zu einem „Dumping-Instrument" (Bolder 2006: 441), da es die eigene Arbeit effektiviert und so einen Nährboden für Rationalisierungsprozesse schafft, woraus wiederum eine verschärfte Arbeitsmarksituation resultiert, weitere Qualifizierungszwänge evoziert und eine permanente Entwertungsspirale in Gang gesetzt wird. Auf diese Weise „hilft" Weiterbildung dem Arbeitnehmer, sich selbst gewissermaßen überflüssig zu machen.

3.4 Interessenkonflikte in der betrieblichen Weiterbildung

Weiterbildung im betrieblichen Kontext ist nicht nur Vehikel der Reproduktion des Arbeitsvermögens, sondern kann auch noch für weitere Kalküle instrumentalisiert werden. Sie übernimmt als Teil der Personalpolitik die Funktion betrieblicher Hierarchiebildung, um sich daraus entwickelnde Leistungsansprüche und -differenzen zu legitimieren bzw. zu sanktionieren. Die Schaffung einer lernförderlichen Unternehmenskultur zielt nicht nur auf die Förderung individuellen Lernens der Belegschaftsmitglieder im Sinne der betrieblichen Zweckrationalität ab, sondern zugleich auch auf die Identifikation mit dem Unternehmen als eine „identitätsstiftende Lebenswelt" (vgl. Axmacher 1990: 121), welche wiederum die Loyalität und die Bindung der Belegschaft sichern soll (vgl. Schmitz 1978). Aus der Perspektive der Transaktionskostentheorie kann betriebliche Weiterbildung so zu einer Senkung der Kontrollkosten beitragen. Hierbei entscheidet der Grad der Kontrollierbarkeit der Arbeitsleistung über die Weiterbildungsteilnahme. Weiterbildung erfolgt demnach nur bei Mitarbeitern, die komplexe Arbeiten vollführen und deren Kontrolle am schwierigsten realisierbar ist (vgl. Behringer/Kampmann/Käpplinger 2009: 41 f.). In diesem Kontext übernimmt sie neben der Kontroll- auch eine Sozialisationsfunktion (vgl. Nienhüser 1999: 146) und dient der Steuerung von Werteorientierung, um die Akzeptanz gegenüber betrieblichen Anforderungen und neuen Technologien zu erhöhen und zugleich die subjektiven Lerninteressen und -motivationen auf die Erreichung unternehmerischer Zielkategorien auszurichten (vgl. Schmitz 1980: 124).

Die Gründe für Diskrepanzen zwischen Mitarbeiterqualifikationen und betrieblichen Anforderungen, die erst Weiterbildung und Qualifizierung initiieren, sind nicht zuletzt auch eine Frage der Arbeitsorganisation und damit auch der Partizipation der Belegschaft an deren Gestaltung. Weitreichende Gestaltungsoptionen sind jedoch in den seltensten Fällen gegeben und die betrieblichen Mitbestimmungsrechte weisen nur begrenzte Reichweiten für die Durchsetzung von Arbeitnehmerinteressen auf (vgl. Dobischat/Düsseldorff 2010), weshalb eine „subjektive Normierung der Arbeit" z. B. über Bildungsaktivitäten zur Entwicklung individueller Entfaltungs- und Dispositionsspielräume mit deutlichen Grenzziehungen markiert sein dürften, die gegen subjektive Gestaltungsansprüche immunisierend wirken. Die Etablierung einer partizipativen und nachfrageorientierten Personal- und Bildungsplanung im Sinne eines „bottom-up-Ansatzes", in dem die individuellen Lerninteressen der Arbeitnehmer zur Geltung kommen (vgl. Allespach/Novak 2005:48 ff.), hat sich in der betrieblichen Praxis bislang nur wenig durchsetzen können. In der betrieblichen Realität ist Weiterbildung nach wie vor ein „top-down-Prozess", der in der Regel angebotsorientiert organisiert und auf Grundlage einer Anordnung oder durch Vorschlag des Vorgesetzten initiiert wird (BMBF 2011: 5). Somit bleiben subjektive Ansprüche an die Gestaltung von Arbeit und Lernen im betrieblichen Kontext in die prioritäre Zweckrationalität zur Einreichung betrieblicher Ziele unter Vermeidung kollidierender Interessen eingebettet (vgl. Dobischat/ Düsseldorff 2010). Die Artikulation des Weiterbildungsbedarfs bleibt weitgehend von den Qualifikations- und Kompetenzanforderungen der jeweiligen Arbeitsorganisation determiniert und ersetzt die pädagogische, von der individuellen Bildungsgeschichte abhängige Bestimmung desselben (vgl. Brater 1980: 66).

4 Fazit

Außerhalb des betrieblichen Kontextes übernimmt Weiterbildung häufig die Funktion eines „ideologisch-psychologischen Reparaturbetriebes" (Weymann 1980: 15) – wie es beispielsweise in Weiterbildungsmaßnahmen für Arbeitslose häufig der Fall ist (vgl. Brödel 2010: 907). Auf die ideologisierende und herrschaftsverklärende Wirkung von Weiterbildung hat bereits Mitte der 1970er Jahre Offe hingewiesen und die Funktion des Bildungssystems als „Generalprävention von Klassenkonflikten" (1975: 235) dechiffriert. Weiterbildung lässt sich laut Offe für die „Durchsetzung von Gesellschafts*bildern* und gesamtgesellschaftlichen Situations*deutungen*" (1975: 241) instrumentalisieren. So könne mithilfe von Weiterbildung ein „Vertröstungseffekt" erzeugt werden, der die individuell erlebten Frustrationen, die durch Strukturprobleme des Arbeitsmarktes entstehen, kanalisiert, indem er sie „in der Zeitdimension kontingent werden" (ebd.: 242) ließe. Die Funktion von Weiterbildung besteht darin, „die dauernde Revidierbarkeit

und die Nicht-Endgültigkeit des sozialen Status als *subjektive Realität* zu etablieren"
(ebd.). So wird ein objektives Strukturproblem in ein subjektives Qualifizierungspro-
blem transformiert sowie individualisiert und damit im Bildungsverlauf zeitlich ge-
streckt. Dadurch wird „die individuelle Lernanstrengung [...] anstelle der kollektiven
und organisierten politischen Auseinandersetzung als adäquates Mittel der sozialen
Veränderung nahegelegt" (ebd.). Die Folge dieser Leistungsideologie, die das Schicksal nicht als ein soziales begreift, führt zur kollektiven Entsolidarisierung. Misserfolg
wird diskursiv auf individuelle Defizite zurückgeworfen und unterbindet jedwede Sys-
temkritik. Der Einzelne wird zum „Auslöffler der Suppe, die er sich selbst eingebrockt
hat" (Beck 1983: 58), stilisiert und internalisiert diese Attribuierung (hoffentlich lebenslang). Damit depolitisiert Weiterbildung potentielle Klassenkonflikte und perpetuiert
die politischen und ökonomischen Bedingungen, unter denen diese Ungleichheiten
erst entstehen. Mitunter verrichtet selbst die allgemeine Weiterbildung „sozialtherapeu-
tische" Dienste, indem sie kompensierend auf die Zerstörung personaler und gesellschaftlicher Identität einwirkt, die durch den entfremdenden Charakter der Lohnarbeit
hervorgerufen wird. Damit ist Weiterbildung „Opfer als auch Täter des Modernisierungsprozesses" (Geißler 1996: 24).

Der „Widerspruch von Bildung und Herrschaft", den Heydorn darin verortet hat, dass
die kapitalistische Produktionsweise (Weiter)Bildung notwendig macht, zugleich aber
emanzipatorisches Potenzial freisetzt, das zu einem Umsturz desselben führen könnte
(Heydorn 1970: 159), scheint sich heute aufgelöst zu haben. Weiterbildung, die sich bei
Dahrendorf noch als „Bürgerrecht" gegenüber dem Staat artikuliert hatte, ist zu einer
affirmativen Bürgerpflicht und Bringschuld (durch die wachsende Selbstverständlichkeit eines privaten Zeit- und Kostenaufwands) degeneriert, berufliche Aufstiegsambi-
tionen werden hingegen individuell immer weniger realisierbar. Durch ökonomische
Zielsetzungen in Form der betrieblichen Verwertung ist Weiterbildung partikularen
Interessen unterworfen, die gleichzeitig eine „Paradigmenangleichung ökonomischer
und pädagogischer Vernunft" (Arnold 1991: 19) suggerieren. Diese Ökonomisierung be-
raubt die Weiterbildung ihres emanzipatorischen Potenzials und macht Weiterbildung
zum „Ausdruck und Mittel der Reproduktionsbedingungen der Gesellschaft" (Geißler
1996: 22). (Weiter-)„Bildung in der heutigen Zeit muss vielmehr als Verfügung des Menschen über sich selbst" (Heydorn 1970: 120) verstanden werden, in dessen Zentrum die
Aufklärung über die Entstehungszusammenhänge und Veränderungsbedingungen der
soziokulturellen Wirklichkeit steht. Die gegenwärtige Bildungskrise kann nicht bloß
Gegenstand der pädagogischen Fachdisziplin sein [...] isolierte Reformen allein [...]
helfen nicht (und) „eben so wenig reichen isolierte Reflexionen und Untersuchungen
über soziale Faktoren, welche die Bildung beeinflussen und beeinträchtigen [...] (denn)
sie bewegen sich im Rahmen von Zusammenhängen, die selber erst zu durchdringen
wären" (Adorno 1972: 7–8).

In diesem Sinne müsste sich die Weiterbildungsforschung gegenüber der von zunehmend ökonomischen Handlungszwängen bestimmten Praxis abgrenzen und zugleich

ihr ökonomisches Abhängigkeitsverhältnis kritisch reflektieren (Horkheimer 1972: 163). Dies setzt jedoch einen umfassenden Diskurs mit den Strukturen des Bildungssystems, seinen Effekten und Wirkungen, den gesellschaftlich vorherrschenden Bildungsidealen wie auch mit den dadurch produzierten trügerischen Illusionen und Mythen voraus. Eine Soziologie *der* Weiterbildung, wie Weymann sie bereits in Ansätzen konturierte, könnte einen ertragreichen und konstruktiven Beitrag dazu leisten.

Literatur

Adorno, Theodor, W. (1972): Theorie der Halbbildung. Frankfurt/Main: Suhrkamp.

AG Qualifikationsentwicklungs-Management (Hrsg.) (2002): Kompetenzentwicklung 2002: Auf dem Weg zu einer neuen Lernkultur. Münster: Waxmann.

Ahlene, Eva/Dobischat, Rolf (2011): Betriebliche Lernzeitkonten – Zwischenbilanz einer Debatte. In: Berufsbildung in Wissenschaft und Praxis 42, Heft 1, S. 44 – 47.

Ahlheim, Klaus/Ackermann, Heike (Hrsg.) (1996): Lernziel Konkurrenz? Erwachsenenbildung im „Standort Deutschland"; eine Streitschrift. Opladen: Leske+Budrich.

Albert, Martin/Nienhüser, Werner (Hrsg.) (1999): Die Bildungsgesellschaft im Unternehmen? Festschrift für Wolfgang Weber. München u.a: Hampp.

Allespach, Martin/Novak, Hermann (2005): Bildungsplanung: Mit oder ohne die Beschäftigten. Berufsbildung in Wissenschaft und Praxis 34, Heft 6, S. 48–51.

Arnold, Rolf (1991): Betriebliche Weiterbildung. Heilbrunn: Klinkhardt.

Arnold, Rolf/Lipsmeier, Antonius (Hrsg.) (2006): Handbuch der Berufsbildung. 2. überarbeitete und erweiterte Auflage. Wiesbaden: VS Verlag.

Axmacher, Dirk (1974): Erwachsenenbildung im Kapitalismus. Ein Beitrag zur politischen Ökonomie des Ausbildungssektors in der BRD. Frankfurt/Main: Fischer Taschenbuch Verlag.

Axmacher, Dirk (1990): Religion, Berufsaskese und Mitarbeiterentwicklung. In: Zeitschrift für Berufs- und Wirtschaftspädagogik 86, Heft 2, S. 116–126.

Baethge, Martin (1991). Arbeit, Vergesellschaftung, Identität – Zur zunehmenden normativen Subjektivierung der Arbeit. In: Soziale Welt 42, Heft 1, S. 6–19.

Baethge, Martin/Baethge-Kinsky, Volker (2002): Arbeit – die zweite Chance. Zum Verhältnis von Arbeitserfahrungen und lebenslangem Lernen. In: AG Qualifikationsentwicklungs-Management (2002): S. 69–140.

Baethge, Martin/Beathge-Kinsky, Volker/Holm, Ruth/Tullius, Knut (2003): Anforderungen und Probleme beruflicher und betrieblicher Weiterbildung. Expertise im Auftrag der Hans-Böckler-Stiftung. Düsseldorf.

Baethge, Martin/Baethge-Kinsky, Volker (2006): Ökonomie, Technik, Organisation. Zur Entwicklung von Qualifikationsstruktur und Qualifikationsprofilen von Fachkräften. In: Arnold/Lipsmeier (2006): S. 153–173.

Bardeleben, Richard von/Bolder, Axel/Heid, Helmut (Hrsg.) (1996): Kosten und Nutzen beruflicher Bildung. Zeitschrift für Berufs- und Wirtschaftspädagogik. Beiheft 12. Stuttgart: Franz Steiner Verlag.

Beck, Ulrich (1983): Jenseits von Stand und Klasse? Soziale Ungleichheiten, gesellschaftliche Individualisierungsprozesse und die Entstehung neuer Formationen und Identitäten. In: Kreckel (1983): S. 35–74.

Behringer, Friederike (1996): Zum individuellen Nutzen betrieblicher Weiterbildung: Subjektive Einschätzungen und objektive Veränderungen. In: Bardeleben/Bolder/Heid (1996): S. 84–104.

Behringer, Friederike/Kampmann, Jara/Käpplinger, Bernd (2009): Theoretische Erklärungsansätze zur betrieblichen Weiterbildungsbeteiligung. In: Behringer/Käpplinger/Pätzold (2009): S. 35–52.

Behringer, Friederike/Käpplinger, Bernd/Pätzold, Günter (Hrsg.) (2009): Betriebliche Weiterbildung – der Continuing Vocational Training Survey (CVTS) im Spiegel nationaler und europäischer Perspektiven. Zeitschrift für Berufs- und Wirtschaftspädagogik, Beiheft 22/09. Stuttgart: Franz Steiner Verlag.

Behringer, Friederike/Moraal, Dick/Schönfeld, Gudrun (2008): Betriebliche Weiterbildung in Europa: Deutschland weiterhin nur im Mittelfeld. Aktuelle Ergebnisse aus CVTS3. In: Berufsbildung in Wissenschaft und Praxis 37, Heft 1, S. 9–14.

Beicht, Ursula/Krekel, Elisabeth M./Walden, Günter (2006): Berufliche Weiterbildung – Welche Kosten und welchen Nutzen haben die Teilnehmenden? Bielefeld: Bertelsmann.

Bittlingmayer, Uwe (2005): „Wissensgesellschaft" als Wille und Vorstellung. Konstanz: UVK-Verl.-Ges.

Bittlingmayer, Uwe/Bauer, Ullrich (Hrsg.) (2006): Die „Wissensgesellschaft". Mythos, Ideologie oder Realität? Wiesbaden: VS Verlag.

Bolder, Axel (2006): Weiterbildung in der Wissensgesellschaft. Die Vollendung des Matthäus-Prinzips. In: Bittlingmayer/Bauer (2006): S. 431–444.

Bolder, Axel/Epping, Rudolf/Klein, Rosemarie/Reutter, Gerhard/Seiverth, Andreas (Hrsg.) (2010): Neue Lebenslaufregimes – neue Konzepte der Bildung Erwachsener? Wiesbaden: VS Verlag.

Bosch, Gerhard (2009): Berufliche Weiterbildung in Deutschland 1969 bis 2009 – Entwicklung und Reformoptionen. In: Bothfeld/Sesselmeier/Bogedan (2009): S. 94–111.

Bothfeld, Silke/Sesselmeier, Werner/Bogedan, Claudia (Hrsg.) (2009): Arbeitsmarktpolitik in der sozialen Marktwirtschaft. Vom Arbeitsförderungsgesetz zum Sozialgesetzbuch II und III. Wiesbaden: VS Verlag.

Brater, Michael (1980): Die Aufgaben beruflicher Weiterbildung. Zur Konzeption einer „subjektorientierten Weiterbildung". In : Weymann (1980): S. 66–101.

Bremer, Helmut (2010): Was kommt nach dem „selbstgesteuerten Lernen"? Zu Irrwegen, Gegenhorizonten und möglichen Auswegen einer verhängnisvollen Debatte. In: Bolder et al. (2010): S. 215–242.

Brödel, Rainer (2010): Weiterbildung von Arbeitslosen. In: Tipplet/Hippel von (2010): S. 905–916.

Brödel, Rainer: „Wissen ist Macht – Macht ist Wissen" (1872) von Wilhelm Liebknecht. In: Koerrenz/Meilhammer/Schneider (2007): S. 197–206.

Brüsemeister, Thomas/Eubel, Klaus-Dieter (Hrsg.) (2003): Zur Modernisierung der Schule. Bielefeld: Transcript.

Bundesministerium für Bildung und Forschung (2011): Weiterbildungsverhalten in Deutschland. AES 2010 Trendbericht. Bonn.

Dahrendorf, Ralf (1968): Bildung ist Bürgerrecht. Plädoyer für eine aktive Bildungspolitik. Hamburg: Wegner.

Dehnbostel, Peter (2008): Berufliche Weiterbildung. Grundlagen aus arbeitnehmerorientierter Sicht. Berlin: Edition Sigma.

Deutscher Bildungsrat (1970): Strukturplan für das Bildungswesen. Stuttgart: Klett.

Dobischat, Rolf (2005): Weiterbildung im Konzept des Lebenslangen Lernens – Weiterbildungspolitik im Spannungsfeld zwischen Systembildung und -destabilisierung. In: Recht der Jugend und des Bildungswesens 53, Heft 2, S. 156 – 168.

Dobischat, Rolf/Düsseldorff, Karl/Dikau, Joachim (2006): Rechtliche und organisatorische Bedingungen der beruflichen Weiterbildung. In: Arnold/Lipsmeier (2006): S. 531 – 546.

Dobischat, Rolf/Fischell, Marcel/Rosendahl, Anna (2010): Professionalität bei prekärer Beschäftigung? Weiterbildung als Beruf im Spannungsfeld von professionellem Anspruch und Destabilisierung im Erwerbsverlauf. In: Bolder et al. (2010): S. 163 – 182.

Dobischat, Rolf/Fischell, Marcel/Rosendahl, Anna (2011): Die Weiterbildungsbranche – ein Beispiel für die Etablierung prekärer Beschäftigungsformen. In: Denk-doch-mal. Onelinemagazin für Arbeit-Bildung-Gesellschaft (Netzwerk Gesellschaftsethik), Heft 3; http://www.denk-doch-mal.de/node/382.

Dobischat, Rolf/Husemann, Rudolf (Hrsg.) (1995): Berufliche Weiterbildung als freier Markt? Regulationsanforderungen der beruflichen Weiterbildung in der Diskussion. Berlin: Edition Sigma.

Dobischat, Rolf; Düsseldorff, Karl (2010): Personalentwicklung und Arbeitnehmer. In: Tippelt/Hippel von (2010): S. 917 – 937.

Elsholz, Uwe/Gillen, Julia/Meyer, Rita (2010): Soziale Ungleichheit in der beruflichen und betrieblichen Weiterbildung. Stand der Forschung und Forschungsbedarf. Arbeitspapier 191 – Bildung und Qualifizierung der Hans-Böckler-Stiftung. Düsseldorf.

Expertenkommission Finanzierung Lebenslangen Lernens (2004): Schlussbericht der unabhängigen Expertenkommission Finanzierung Lebenslangen Lernens: Der Weg in die Zukunft. 28. Juli 2004. URL: www.bmbf.de/pub/schlussbericht_kommission_lll.pdf (Stand: 27.01.2008).

Faulstich, Peter (1981): Arbeitsorientierte Erwachsenenbildung. Frankfurt am Main: Diesterweg.

Geißler, Karlheinz A. (1996): Erwachsenenbildung in der Moderne – moderne Erwachsenenbildung. In: Ahlheim/Ackermann (1996): S. 9–25.

Hall, Anja/Krekel, Elisabeth M. (2008): Berufliche Weiterbildung Erwerbstätiger – zur Erklärungskraft tätigkeitsbezogener Merkmale für das Weiterbildungsverhalten. In: Report – Zeitschrift für Weiterbildungsforschung 31, Heft 1, S. 65–77.

Heid, Helmut (2000): Chancengleichheit unter den Bedingungen sozialstruktureller Ungleichheit. Zur gesellschaftlichen Funktion eines Legitimationsmusters. In: Brüsemeister/Eubel (2003): S. 149 – 154.

Heydorn, Heinz-Joachim (1970): Über den Widerspruch von Bildung und Herrschaft. Frankfurt am Main: Europäische Verlags Anstalt.

Hillmert, Steffen (2010): „Neue Flexibilität" und klassische Ungleichheiten: Ausbildungs- und Berufsverläufe in Deutschland. In: Bolder et al. (2010): S. 43–56.

Horkheimer, Max 1972: Gesellschaft im Übergang. Frankfurt am Main: Athenäum-Fischer Taschenbuchverlag.

Jakob, Johannes/Kolf, Ingo (2011): Rotstift bei der Arbeitsförderung. Die Reform der arbeitsmarktpolitischen Instrumente. In: Soziale Sicherheit 60, Heft 5, S. 186 – 193.

Käpplinger, Bernd (2007): Welche Betriebe in Deutschland sind weiterbildungsaktiv? Nutzung des CVTS-Datensatzes zur Analyse der betrieblichen Weiterbildung. In: Zeitschrift für Berufs- und Wirtschaftspädagogik 103, Heft 3, S. 382–396.

Kistler, Ernst (2010) Gute Arbeit und lebenslanges Lernen – das Versagen der Weiterbildung in Deutschland : Expertise im Auftrag des Gesprächskreises Arbeit und Qualifizierung der Friedrich-Ebert-Stiftung. Bonn.

Koerrenz, Ralf/Meilhammer, Elisabeth/Schneider, Käthe (Hrsg.) (2007): Wegweisende Werke zur Erwachsenenbildung. Jena: Edition Paideia.

Kommission der Europäischen Gemeinschaften (2000): Memorandum über Lebenslanges Lernen. Brüssel, den 30.10.2000/SEK(2000) 1832.

Kreckel, Reinhart (Hrsg.) (1983): Soziale Ungleichheiten. Sozialen Welt, Sonderband 2. Göttingen: Schwartz.

Kuhlmann, Martin (2009): Perspektiven der Arbeitspolitik nach der Krise. Entwicklungslinien und Handlungsbedingungen. In: WSI-Mitteilungen 62, Heft 12, S. 675–682.

Kühnlein, Gertrud (1997): Verbetrieblichung von Weiterbildung als Zukunftstrend? Anmerkungen zum Bedeutungswandel von beruflicher Weiterbildung und Konsequenzen für Bildungsforschung. In: Arbeit 6, Heft 3, S. 267–281.

Lenhardt, Gero (1974): Berufliche Weiterbildung und Arbeitsteilung in der Industrieproduktion. Frankfurt/Main: Suhrkamp.

Lenske, Werner/Werner, Dirk (2009): Umfang, Kosten und Trends der betrieblichen Weiterbildung. Ergebnisse der IW-Weiterbildungserhebung 2008. In: IW-Trends 36, Heft 1, S. 51–66.

Moraal, Dick (2011): Migranten in der Weiterbildung ganz schön selten. In: Denk-doch-mal. Onelinemagazin für Arbeit-Bildung-Gesellschaft (Netzwerk Gesellschaftsethik), Sonderheft „Migranten in Deutschland; http://www.denk-doch-mal.de/node/414.

Moraal, Dick/Lorig, Barbara/Schreiber, Daniel/Azeez, Ulrike (2009): Ein Blick hinter die Kulissen der betrieblichen Weiterbildung in Deutschland. Daten und Fakten der nationalen CVTS3-Zusatzerhebung. In: BIBB-Report 7.

Neubäumer, Renate/Kohaut, Susanne/Seidenspinner, Margarete (2006): Determinanten betrieblicher Weiterbildung: ein ganzheitlicher Ansatz zur Erklärung des betrieblichen Weiterbildungsverhaltens und eine empirische Analyse für Westdeutschland. In: Schmollers Jahrbuch 126, S. 437–471.

Nienhüser, Werner (1999): Weiterbildung als Macht – Macht macht Weiterbildung? In: Albert/Nienhüser (1999): S. 131–161.

Offe, Claus (1975): Bildungssystem, Beschäftigungssystem und Bildungspolitik – Ansätze zu einer gesamtgesellschaftlichen Funktionsbestimmung des Bildungswesens.In: Roth/Friedrich (1975): S. 217–252.

Picht, Georg/Edding, Friedrich/Tietgens, Hans (Hrsg.) (1972): Leitlinien der Erwachsenenbildung. Braunschweig: Westermann.

Roth, Heinrich (1962): Die realistische Wendung in der pädagogischen Forschung. Neue Samlung 2, S. 481–491.

Roth, Heinrich/Friedrich, Dagmar (Hrsg.) (1975): Bildungsforschung. Probleme – Perspektiven – Prioritäten. Stuttgart: Klett.

Schmitz, Enno (1978): Leistung und Loyalität. Berufliche Weiterbildung und Personalpolitik in Industrieunternehmen. Stuttgart: Klett-Cotta.

Schmitz, Enno (1980): Betriebliche Weiterbildung als Personalpolitik. In: Weymann (1980): S. 120–136.

Schreyögg, Georg (2003): Organisation. Grundlagen moderner Organisationsgestaltung. Mit Fallstudien. 4., vollständig überarbeitete und erweiterte Auflage. Wiesbaden: Gabler.

Schulenberg, Wolfgang/Loeber, Heinz-Dieter/Loeber-Pautsch, Uta/Pühler, Susanne (1978): Soziale Faktoren der Bildungsbereitschaft Erwachsener. Stuttgart: Klett-Cotta.

Schumann, Michael (2002): Struktureller Wandel und Entwicklung der Qualifikationsanforderungen. In: SOFI-Mitteilungen 31, S. 105–112.

Siebert, Horst (Hrsg.) (1977): Begründungen gegenwärtiger Erwachsenenbildung. Braunschweig: Westermann.

Stegmaier, Jens (2010): Betriebliche Berufsausbildung und Weiterbildung in Deutschland. Nürnberg: IAB.

Tietgens, Hans (2010): Geschichte der Erwachsenenbildung. In: Tippelt/Hippel (2010): S. 25–41.

Tippelt, Rudolf/Hippel, von Aiga (Hrsg.) (2010): Handbuch Erwachsenenbildung/Weiterbildung. 4. Auflage. Wiesbaden: VS Verlag.

Tippelt, Rudolf/Schmidt, Bernhard (Hrsg.) (2010): Handbuch Bildungsforschung. Wiesbaden.

Weymann, Ansgar (1980): Handbuch für die Soziologie der Weiterbildung. 3. Auflage. Darmstadt/Neuwied: Luchterhand.

Wolter, Felix/Schiener, Jürgen (2009): Einkommenseffekte beruflicher Weiterbildung. Empirische Analysen auf Basis des Mikrozensus—Panels. In: Kölner Zeitschrift für Soziologie und Sozialpsychologie 61, Heft 1, S. 90–117.

Kinder- und Jugendhilfe als Erziehungs- und Bildungsinstanz

Holger Ziegler

In der gegenwärtigen sozialpädagogischen Diskussion, so argumentierten Werner Thole und Hans Pfaffenberger (2002) vor einigen Jahren, spiele der Erziehungsbegriff keine bedeutende Rolle mehr. Diese Feststellung bezieht sich nicht nur auf sozialarbeitswissenschaftliche Bestimmungsversuche der Sozialen Arbeit, die einen Bezug auf Erziehung und Pädagogik mit hohem argumentativem Aufwand zu vermeiden trachten. Sie bezieht sich auch nicht auf sich zunehmend verbreitete Entwürfe einer sozial-räumlichen Orientierung, welche sich – teilweise im Anklang an antipädagogische Positionen – explizit als ganzheitlich auf Stadtteile und nicht erzieherisch auf Individuen gerichtete Strategien verstehen. Auch jenseits solcher spezifischer Perspektiven und Ansätze beschreibt sich die Kinder- und Jugendhilfe häufig in einer Semantik, die auf den Erziehungsbegriff verzichtet. Stattdessen ist von Empowerment, Förderung, Hilfe und Kontrolle, Problembearbeitung oder Problemlösung, Aktivierung, Befähigung, Care, Integration etc. und teilweise selbst von Therapie die Rede. Die Frage, ob und in welcher Form die Kinder- und Jugendhilfe Erziehung betreibt, ist jedoch unabhängig von der Frage des semantischen Stellenwerts des Erziehungsbegriffs zu untersuchen.

Versteht man Erziehung in Anlehnung an den rationalistischen Erziehungstheoretiker Wolfgang Brezinka (1990: 95) als (intentionale) Handlungen, „durch die Menschen versuchen, die Persönlichkeit anderer Menschen in irgendeiner Hinsicht zu fördern" bzw. als Praktiken, die darauf gerichtet sind, „das Gefüge der psychischen Dispositionen anderer Menschen in irgendeiner Hinsicht dauerhaft zu verbessern oder seine als wertvoll beurteilten Komponenten zu erhalten oder die Entstehung von Dispositionen, die als schlecht bewertet werden, zu verhüten", so lässt sich die Jugendhilfe analytisch ohne Weiteres als eine Instanz der Erziehung beschreiben. Geht man weiterhin davon aus, dass es bei Erziehung darum geht, AkteurInnen in normativ gültige sozial-kulturelle Verkehrsformen einzuführen, diese habituell zu verankern und in diesem Rahmen die Bedingungen und Kompetenzen für eine eigenständige, autonome Lebensführung bereitzustellen (vgl. Winkler 1999, Schrödter 2011), dann besteht kein Zweifel daran, dass die Einrichtungen der Kinder- und Jugendhilfe erzieherischen Zwecken dienen.

Fabian Kessl und Hans-Uwe Otto (2011: 391) haben die allgemeine Aufgabe der Sozialen Arbeit, inklusive ihrer auf Kinder und Jugendliche bezogenen Teilbereiche, darin bestimmt, „subjektive Lebensführungs- und Subjektivierungsweisen in Bezug auf die wohlfahrtsstaatlich als gültig vereinbarten Normalitätsmodelle zu regulieren". Innerhalb

einer (sozial-)politisch gesetzten und geforderten Normalität – und den damit korrespondierenden Erwartungen an eine methodisch-rationale Lebensführung – geht es der
Kinder- und Jugendhilfe darum, in der nachwachsenden Generation ‚handlungsfähige‘,
‚normale‘ Subjekte mit stabilen Identitäten hervorzubringen (vgl. Ziegler 2005). Dabei
lassen sich die Maßnahmen der Kinder- und Jugendhilfe als spezifischer Typus sozialpolitischer Intervention beschreiben. In seiner soziologischen Theorie sozialpolitischer
Interventionen beschreibt Franz-Xaver Kaufmann (1982) diesen Interventionstyp als
‚pädagogische Intervention‘. Während rechtliche Interventionen der Sozialpolitik den
Rechtsstatus von Personen regulieren und ökonomische Interventionen in die Einkommensverhältnisse der AkteurInnen eingreifen, umfassen pädagogische Interventionen
der Sozialpolitik beratende, bildende und rehabilitative Anstrengungen, die sich auf
die Handlungsfähigkeiten und -bereitschaften von Personen richten. Als solche stellen sie ‚people-changing‘ und ‚people-processing technologies‘ (Hasenfeld 1972, 2000)
dar: Sie sind personenbezogene Formen der Bearbeitung der praktischen Lebensführung von AkteurInnen, die auf Motivationen, Orientierungen und Kompetenzen einwirken, um personale Bewältigungsstrategien zu regulieren (vgl. Böhnisch 2008)
und „Änderung[en] des physischen und psychischen Status von Personen" (Olk/Otto
1987: 7) hervorzubringen.

Als allgemeine Zielgrößen der erzieherischen Interventionen der Kinder- und Jugendhilfe gelten dabei die Autonomisierung und die Normalisierung ihrer AdressatInnen. Diese werden auch in der formalen Rechtsgrundlage, dem Kinder- und Jugendhilfegesetz, reflektiert, wenn es dort in § 1 Abs. 1 SGB VIII heißt, jeder junge Mensch
habe „ein Recht auf Förderung seiner Entwicklung und auf Erziehung zu einer *eigenverantwortlichen und gemeinschaftsfähigen* Persönlichkeit" [Herv. H. Z.]. Die mit Blick
auf die Frage der Gemeinschaftsfähigkeit zum Ausdruck kommende Aufgabe der „Eingliederung des Einzelnen in den sozialen Zusammenhang" (Mollenhauer 1959: 131) und
damit verbunden des Schutzes gesellschaftlicher Normalitätsstandards (vgl. Olk/Otto
1987: 11) ist vor dem Hintergrund der wohlfahrtsstaatlichen Verortung der Kinder- und
Jugendhilfe in einer spezifischen Weise konturiert. So beschreiben z. B. Gero Lenhardt
und Claus Offe (1977: 101–102) die Aktivitäten des Sozialstaats vor allem als Strategien
der aktiven Proletarisierung, d. h. als „staatliche Bearbeitung des Problems der dauerhaften Transformation von Nicht-Lohnarbeitern in Lohnarbeiter" und als kontinuierliche Sicherstellung der Bedingungen und Voraussetzungen einer dauerhaften „Eingliederung der Arbeitskraft in den Arbeitsmarkt" (für die Soziale Arbeit: Müller/Otto
1980). Die Aufgabe der Sozialisation und Ausbildung künftiger Arbeitskräfte ist eine
gegenwärtig wie historisch bedeutsame Grundlage dafür, Erziehung als Bestandteil der
wohlfahrtsstaatlichen Gestaltung gesellschaftlicher Verhältnisse und sozialer Verkehrsformen zu etablieren (vgl. Gottschall 2001).

Auch wenn ein Bezug auf die Sicherstellung der Bedingungen von Lohnarbeit von
Beginn an konstitutiv für die erzieherischen Ausrichtungen der Sozialen Arbeit war
(vgl. Hollstein 1973, Sünker 1995), lässt sich gegenwärtig davon sprechen, dass eine

solche Ausrichtung erzieherischer Leistungen mit Blick auf die Sicherstellung von Arbeits- und Beschäftigungsfähigkeit bzw. die Förderung von ‚Humankapital' eine Re-Akzentuierung und Intensivierung im Kontext von Ideen eines aktivierenden sozialen ‚Investitionsstaates' erfährt (vgl. Lessenich 2008). Diese Konzipierung von Wohlfahrt als produktive Sozialinvestition ist insbesondere von dem Gedanken beseelt, dass Leistungen weniger die dekommodifizierenden Funktionen der Minderung von Lohnarbeitsrisiken und des Statuserhalts der LeistungsempfängerInnen fokussieren und vor allem keinesfalls Anspruchdenken und Müßiggang hervorbringen sollten (vgl. Gerdes 2006). Programmatisch steht dabei eine generelle Umsteuerung „from Welfare to Work" im Mittelpunkt der Agenda (vgl. Loedemel/Trickey 2000, Peck 2001, Dahme/Wohlfahrt 2005).

Ein bedeutsamer Hintergrund für die Konzeptionen eines sozialen Investitionsstaats ist die Diagnose eines gesellschaftlichen Wandels von einer Industriegesellschaft hin zu einer ‚Wissensgesellschaft' (dazu: Bittlingmayer 2005, Bittlingmayer/Bauer 2006). In einer solchen Wissensgesellschaft sei ‚Bildung' individuell die zentrale Ressource gesellschaftlicher Teilhabe und kollektiv der wesentliche Produktionsfaktor eines ansonsten rohstoffarmen Landes. Vor dem Hintergrund dieser Diagnose wird die Notwendigkeit einer pädagogischen Mobilisierung von Humanressourcen sowie kenntnis- und fertigkeitsbezogener Schlüsselkompetenzen als das zentrale Instrument einer rationalen und nachhaltigen Sozialpolitik beschrieben.[1]. Entsprechend gewinnen pädagogische Interventionen gegenüber ökonomischen Umverteilungen an strategischer Bedeutung. Zugleich wird durch einen verstärkten sozialpolitischen Fokus auf ‚Investitionen' in Kinder und Familien (vgl. Esping-Andersen 2004) die Tendenz befördert, sozial-strukturelle Problemlagen in einer personen- und verhaltensorientierten Weise zu problematisieren (vgl. Kessl et al. 2007). Auch wenn man diese Umgestaltungsprozesse nicht in Gänze als eine ‚Sozialpädagogisierung' der Sozialpolitik (vgl. Opielka 2008) bzw. als „reaktionär[e] Pädagogisierung sozialer Struktureffekte" (Groh-Samberg/Grundmann 2006: 18) interpretiert und darauf verweist, dass bereits die Institutionalisierung der Jugendhilfe mit einer Umdeutung von ‚Verwahrlosungserscheinungen' der (sub-)proletarischen Jugend von einem Problem der politischen Ökonomie zu einem Problem der Erziehung einherging (vgl. Ferchhoff/Peters 1979), ist kaum zu bestreiten, dass

---

1   Die Diagnose einer Wissensgesellschaft stellt auch den Hintergrund für eine vergleichsweise neue Debatte dar. Dabei wird die Kinder- und Jugendhilfe als ein Feld der *Bildung* dechiffriert und ihr potentieller Stellenwert im ‚informellen' – oder besser vor- und außerschulischen – Bildungs- und Qualifikationsbereich betont. Zumal sich die Semantik der Bildung, gerade auch gegenüber dem Erziehungsbegriff als (professions-)politisch opportun erweist, findet die Tendenz zu einer Umdeutung der klassischen Aufgaben- und Leistungsbeschreibungen der Kinder- und Jugendhilfe. Statt einer Instanz sozialer Unterstützung (und Kontrolle) wird die Kinder- und Jugendhilfe als eine Bildungspraxis beschrieben, die sich im Sinne einer Kompetenzerweiterung von Kindern und Jugendlichen als eine gesellschaftlich ‚nützliche Investition' erweise, zumal sie in der Lage sei, die Interessen der Subjekte an Selbstbildung und gesellschaftliche Verwertungsinteressen zu versöhnen (vgl. BMFSFJ 2006, kritisch Kaiser 2011, Karl/Schröer 2006).

die gegenwärtige Sozialstaatsreform eine ‚aktivierungspädagogische' Umgestaltung des bisherigen sozialstaatlichen Arrangements nahe legt (vgl. Kessl 2006), die sich sozial-psychischer Steuerungsstrategien bedient (vgl. Opielka 2008, van Berkel/Valkenburg 2007) und absehbar in einer „politisch gewollten Bedeutungszunahme von [...] sozialen Diensten" (Schmid 2003: 258) mündet. Denn die grundlegende Idee, dass Investitionen in das Humanvermögen die rationalste und nachhaltigste Form der Sozialpolitik in einer Wissensgesellschaft seien, korrespondiert offensichtlich mit einem eher dienstleistungs- als transferintensiven Verständnis von Wohlfahrtsstaatlichkeit, in dem bildungs- und erziehungsbezogene Strategien in den Mittelpunkt sozialpolitischer Aktivitäten rücken.

Nicht zuletzt vor dem Hintergrund des relativen Bedeutungsgewinns pädagogischer Interventionen des Wohlfahrtsstaats findet eine intensive Debatte über den (gesellschaftlichen) Stellenwert der Kinder- und Jugendhilfe als eine eigenständige und allgemeine Instanz der Erziehung und Bildung statt. Diese Debatte ist nicht ohne historische Vorläufer. Seit Beginn der Institutionalisierung der Kinder- und Jugendhilfe wurde in Fachkreisen kontrovers darüber diskutiert, ob die Sozialpädagogik eine Instanz darstelle bzw. darstellen solle, die vor allem darauf gerichtet ist, Handlungs-, Erziehungs- und Versorgungsleistungen von Familien zu beeinflussen oder ob sie als eine öffentlich bereitgestellte eigenständige dritte Sozialisations- und Erziehungsinstanz neben der Familie und der Schule zu verstehen bzw. zu gestalten sei. In der Tat fanden sich auch in der öffentlichen Jugendfürsorge im ersten Drittel des 20. Jahrhunderts gleichzeitig ‚präventiv' ausgerichtete jugendpflegerische Maßnahmen, mit denen die Jugendhilfe durchaus einem eigenständigen Sozialisationsanspruch folgte und sozialpolitisch orientierte, überwiegend reaktive, fürsorgerische Maßnahmen, die die Funktionsfähigkeit von Erziehungsleistungen Dritter kontrollieren und erhöhen sollten. Konzeptionen einer Jugendhilfe, die mehr leisten solle als die Funktion der Fürsorge in Notsituationen bzw. die einer Lückenbüßerin für scheiternde Familien zu erfüllen, sondern als eine Instanz zu etablieren sei, in deren Zuständigkeit all das fiele, was Erziehung jenseits von Familie und Schule betreffe (vgl. Bäumer 1929), finden sich spätestens seit den 1920er Jahren. Ein solcher volkserzieherischer Anspruch ist (zumindest in der Bundesrepublik) nicht eingelöst worden. Ob die Einlösung eines solchen Anspruchs indes überhaupt wünschenswert wäre, ist zumindest strittig. Im Anschluss an Burkhart Müller kann die Frage gestellt werden, ob die Vorstellung einer Jugendhilfe, die eine Normalbedingung des Aufwachsens darstellt, nicht einen sehr weitreichenden, eigenständigen Erziehungsauftrag des Staates voraussetzt, „der seine Erziehungsziele unabhängig von denen der Eltern definiert und im Konfliktfall gegen diese durchsetzen darf" (Müller 2003: 79). Unabhängig von normativ-konzeptionellen Debatten gewinnt seit den frühen 1990er Jahren eine sozialdiagnostische Deutung in der Fachdebatte der Kinder- und Jugendhilfe an Bedeutung, die einen Wandel der Jugendhilfe weg von einer Instanz der Nothilfe im besonderen Fall hin zu einem allgemeinen Regelangebot der Erziehung für die gesamte nachwachsende Generation konstatiert. Diese Diagnose versteht sich weniger als programmatischer Entwurf, sondern als wirklichkeitswissenschaftliche Beobachtung. Die Kinder- und Jugendhilfe, so die These, habe sich de facto zu einer ubiquitären, von einem ‚Randgruppen-‘ und Problembezug emanzipierten, Sozialisationsinstanz mit einem allgemeinen Erziehungsauftrag entwickelt. Begründet wird dieser Wandel vor dem Hintergrund einer spezifischen, sozialtheoretisch wie empirisch strittigen Deutung gesellschaftlicher Entwicklungsprozesse.

Während systemtheoretische begründete Analysen, wie etwa die von Michael Bommes und Alber Scherr (1996), darauf verweisen, dass die Soziale Arbeit (und ihr auf Kinder und Jugendliche bezogener Teilbereich) gerade kein eigenständiges, seine Aufgaben autonom bestimmendes Funktionssystem darstelle[2], sondern vielmehr im Sinne einer Exklusions-Vermeidung Krisen und Ausschließungsgefährdungen innerhalb anderer primärer sozialer Funktionssysteme bearbeite oder als stellvertretende Inklusions-Vermittlung die Wiedereingliederung in solche Systeme organisiere[3], konstatieren z. B. Christian Lüders und Michael Winkler (1992: 367) vor dem Hintergrund individualisierungs- und modernisierungstheoretischer Annahmen, dass die Sozialpädagogik inzwischen „zur Pädagogik schlechthin in einer Gesellschaft" geworden sei, die generell „alle Kinder und Jugendlichen mit Problem- und Lebenslagen konfrontiert, die nach neuen pädagogischen Antworten verlangen". Auch Johanna Mierendorff und Thomas Olk (2007: 564) sprechen von einem deutlichen Wandel im Verhältnis von Familie und öffentlicher Erziehung, in der sich ein Wandel der Jugendhilfe hin zu einer bedeutsamen eigenständigen Sozialisationsinstanz manifestiere. Die Familie sei inzwischen „reduziert auf die Kernaufgaben der Sozialisation, alle anderen Aufgaben sollten idealer Weise von professionellen Trägern außerfamilialer Sozialisation übernommen werden" (vgl. hierzu auch Hoffmeister im Band). Zugleich, so konstatieren Mierendorff und Olk (2007: 564), würden „Fürsorgethemen […im] modernen Jugendhilfediskurs kaum mehr eine Rolle" spielen.

Auch wenn man das Problem beiseite lässt, dass die individualisierungstheoretische Deutung von Modernisierungsprozessen gegenwärtiger Klassengesellschaften – inklusive der These einer generellen Schwächung familialer Bindungen – einer Reihe grundlegender empirischer Zweifel ausgesetzt ist (zur pädagogischen Rezeption: Dollinger 2007), ist die Frage, ob die These eines solchen gravierenden Wandels der Bedeutung der Kinder- und Jugendhilfe Korrespondenzen in der Wirklichkeit findet, zumindest strittig (dazu grundlegend: Seelmeyer 2008). Um der Frage nachzugehen, ob und inwiefern die Kinder- und Jugendhilfe eine eigenständige und autonome Erziehungsinstanz

---

2   Andere Systemtheoretiker, wie z. B. Dirk Baecker (1994), Roland Merten (2000) oder Georg Weber und Frank Hillebrandt (1999) beschreiben Soziale Arbeit als ein eigenständiges Funktionssystem oder zumindest als autonomes Teilsystem. Allerdings wird hier Soziale Arbeit nicht als Instanz der Erziehung oder Bildung beschrieben, sondern als ein Funktionssystem ‚Hilfe'.

3   Darüber hinaus argumentieren Bommes und Scherr (1996), dass der Sozialen Arbeit die Aufgabe zukomme – als Exklusions-Verwaltung – dauerhaft von Teil-Systemen ausgeschlossene Individuen zu betreuen.

darstellt oder ob sie, wie Bommes und Scherr argumentieren, auf andere Funktionssysteme bezogen bleibt, bietet es sich an, die einzelnen Felder der Kinder- und Jugendhilfe zu betrachten. Hierzu werden im Folgenden der Kita-Bereich, die Kinder- und Jugendhilfe an (Ganztags-)Schulen, die Jugendsozialarbeit, die Hilfen zur Erziehung und die Kinder- und Jugendarbeit in den Blick genommen.

Die Interventions- und Arbeitsfelder der Kinder- und Jugendhilfe

Unstrittig ist zunächst, dass öffentliche Formen der Erziehung und Bildung im Kita-Bereich auch in den alten Ländern der Bundesrepublik quantitativ stark ausgeweitet worden sind. Auch qualitative Veränderungen dieser Formen der frühkindlichen Erziehung sind kaum zu bestreiten: Mit den Bewahranstalten des 19. und frühen 20. Jahrhunderts, die verwahrlosungsgefährdete Kinder der Unterschicht zu proletarischer Sittlichkeit führen sollen (vgl. Reyer 1983, 1987), haben die Einrichtungen der öffentlichen Kleinkindererziehung nur wenig gemeinsam. Zumindest für über Dreijährige stellen sie inzwischen ein weitgehend normales Angebot dar, von dem mehr oder weniger umfassend und in allgemeiner Weise Gebrauch gemacht wird (die Besuchsquote der Drei- bis Sechsjährigen in Einrichtungen der Kindestagesbetreuung liegt bei über 90 %). Der Anspruch, eine Regelinstitution der Kinderbetreuung und -erziehung darzustellen, wird auch im Kinderförderungsgesetz reflektiert, dass ab 2013 einen Rechtsanspruch auf frühkindliche Förderung in einer Tageseinrichtung oder in der Kindertagespflege für alle Kinder vorsieht, die ihr erstes Lebensjahr vollendet haben. Da in Deutschland diese Formen der Erziehung und Bildung von Kindern zur Kinder- und Jugendhilfe gehören, lässt sich im Kita-Bereich in der Tat davon sprechen, dass die Kinder- und Jugendhilfe als eine allgemeine und als eine mehr oder weniger eigenständige Erziehungsinstanz auftritt. Allerdings ist zweifelhaft, ob sich die Erziehung in Kindertagesstätten oder Horten tatsächlich als ein sozialpädagogischer Kernbereich beschreiben lässt, zumal in den meisten westlichen Industrieländern der Elementarbereich dem schulischen Bildungssystem zugeordnet wird.[4]

In anderen Bereichen tritt die Kinder- und Jugendhilfe weniger eindeutig als eine allgemeine und eigenständige Erziehungsinstanz auf. Die Hoffnung, dass sich die Jugendhilfe als eine solche Erziehungs- und Bildungsinstanz etablieren könne, ist nicht zuletzt vor dem Hintergrund einer neuen Bildungsdebatte (vgl. Rauschenbach 2009) im Kontext der Umgestaltung von Halbtags- zu Ganztagsschulen verbreitet (hierzu: Coelen/Dollinger im Band). Diese Umgestaltung hat sich bislang in knapp einem Drittel aller Schulen vollzogen. Dabei wird für die Kinder- und Jugendhilfe die Chance beschrieben, „in besonderem Maße Einfluss auf die Bildung von Kindern und Jugendlichen wie auf den schulischen Bereich zu gewinnen" (Coelen et al. 2008: 374). Aller-

---

4   Auch entwickeln sich derzeit vergleichsweise eigenständige Studiengänge für frühkindliche Pädagogik.

dings ist zumindest strittig, ob und inwiefern die Jugendhilfe im Kontext der bisherigen Umstrukturierungen der Schule aus ihrer „Rolle der Substitutionsinstanz des formalen Bildungssystems" (Kessl et al. 2002: 79) herausgetreten ist und nicht mehr als ein „kompensatorisches Anhängsel" auftritt, das sich um verhaltensauffällige und schulverweigernde Jugendliche kümmert, sondern als eine „eigenständige, bildungsrelevante Sozialisationsinstanz" (Kessl et al. 2004: 25). Auf einer konzeptionellen Ebene finden sich interessante und analytisch gut begründete Entwürfe hinsichtlich der Möglichkeiten einer veränderten, über einen schulzentrierten Fokus hinaus erweiterten Perspektive auf Bildungs- und Erziehungsprozesse. Dabei wird der Kinder- und Jugendhilfe eine maßgebliche Rolle zugeschrieben, z.B. als ein „Ort flexibler Bildung" (Bock/Otto 2007) oder als Instanz der „Ganztagsbildung" (Coelen 2004), die auf subjektive emanzipatorische Bildungsprozesse abstellt. Auch wenn es im Einzelnen Schulen geben mag, die ihre Bildungs- und Erziehungsverständnisse in diese Richtung erweitert haben, bleibt empirisch ein additives Modell vorherrschend, in dem sich „das vornehmliche Engagement der Jugendhilfeseite [...] weitgehend auf die unterrichtsabgewandte Seite von Ganztagsangeboten" beschränkt (Oelerich 2007: 33), d.h. auf Hausaufgabenhilfe, Förderunterricht, Mittagsmahlzeiten sowie Freizeitangebote. Dabei konkurriert die Jugendhilfe mit anderen öffentlichen, freien und gewerblichen Trägern, die auf anders ausgebildete Fachkräfte und nicht selten auch auf Honorarkräfte und Ehrenamtliche zurückgreifen. „Die häufigsten Angebote in Ganztagsschulen", so führen etwa Günter Holtappels et al. (2008: 33) aus, seien „Hausaufgabenhilfe und -betreuung, gefolgt von Sport und musisch-künstlerischen Angeboten". Dabei sei die „Teilnahmequote der Schüler/innen am Ganztag [...] insgesamt relativ niedrig [.... Die] meisten Ganztagsangebote werden nur partiell von Schülerinnen und Schülern genutzt (ebd.: 38).

Blickt man auf das traditionelle Feld der Kinder- und Jugendhilfe an Schulen, die Schulsozialarbeit, so ist es unstrittig, dass auch diese in den letzten Jahren deutlich ausgebaut worden ist. In diesem Sinne hat die Kinder- und Jugendhilfe im Feld der Schule an Bedeutung und ggf. auch an Einfluss gewonnen. Gleichzeitig machen Studien aber darauf aufmerksam, dass Schulsozialarbeit funktional nach wie vor häufig als eine Art Spezialdienst für ProblemschülerInnen verstanden wird bzw. als solcher agiert (vgl. ebd.). Mit Blick auf die gegenwärtige Gestaltung von Schule und die derzeit vorherrschende Form der ‚Arbeitsteilung' von Schule und Jugendhilfe ist es demnach eine sehr optimistische Deutung, wenn die Kinder- und Jugendhilfe an Schulen als eine im engeren Sinne eigenständige Erziehungsinstanz interpretiert wird. Während Hans Thiersch Ende der 1970er Jahre die Kooperation von Jugendhilfe und Schule noch mit dem „Bündnis zwischen dem Hausherrn und einer Haushaltshilfe" (Thiersch 1979: 4) verglichen hat, mag das Ausmaß der Dominanz der Schule im Bereich der Ganztagsschulen in unterschiedlichen Einrichtungen stark variieren, ernsthaft zu bestreiten ist jedoch insgesamt weder die schulische Dominanz in der Ganztagschule noch die Tatsache, dass Ideen einer ‚sozialpädagogischen Schule' (vgl. Homfeldt et al. 1977, Helsper 2001) bislang wenig Korrespondenzen in der Wirklichkeit finden.

Die Maßnahmen der Jugendsozialarbeit, einem weiteren wichtigen Feld der Kinder- und Jugendhilfe, beschreiben vor allem Maßnahmen für junge Menschen, die „sozialen Benachteiligungen" und „individuellen Beeinträchtigungen" ausgesetzt sind (vgl. § 13 SGB VIII). Auch jugendsozialarbeiterische Maßnahmen weisen ohne Zweifel erzieherischen Charakter auf. Inhaltlich sind sie überwiegend auf Fragen der „sozialen Integration" in einem allgemeinen Sinne und auf die Eingliederung in die Arbeitswelt (oder die Schule) im Besonderen gerichtet (§ 13 SGB VIII). In dieser Hinsicht lässt sich mit guten Gründen davon sprechen, dass zwar ggf. allgemeine sozialisatorische Aufgaben durch die Jugendsozialarbeit erfüllt werden, wesentlich sind aber Maßnahmen der Bearbeitung sozialer Problemlagen, die häufig an der Schnittstelle zu den Regularien des SGB II (Grundsicherung für Arbeitsuchende) situiert sind. Im Zuge der Neuregulierung des SGB VIII durch das Kinder- und Jugendhilfeweiterentwicklungsgesetz von 2005 wird die Nachrangigkeit der Jugendsozialarbeit gegenüber dem SGB II und insbesondere gegenüber Vermittlungsleistungen nach § 3 Abs. 2 SGB II und gegenüber Leistungen zur Eingliederung in Arbeit nach §§ 14–16 SGB II rechtsverbindlich. In dieser Hinsicht ist die Frage, ob die Jugendsozialarbeit eine eigenständige allgemeine Erziehungs- und Sozialisationsinstanz ist, gegenwärtig weniger virulent als die Frage, ob sich ohne Weiteres noch von einem eigenständig sozialpädagogisch bearbeiteten Aufgabenbereich der Jugendsozialarbeit sprechen lässt oder ob die Leistungen der Jugendsozialarbeit de facto zu einem *Appendix der Hartz IV-Gesetzgebungen* geworden sind.

Als der klassische Kernbereich der Jugendhilfe gelten die Hilfen zur Erziehung, die ihren historischen Vorgänger in der Fürsorgeerziehung finden. Der traditionelle Nothilfecharakter der Jugendhilfe lässt sich mit Blick auf die fürsorgeerzieherischen Maßnahmen eindrücklich nachweisen. Die Fürsorgeerziehung war sowohl vor als auch seit dem Inkrafttreten des Reichsjugendwohlfahrtsgesetzes 1924 der Familienerziehung konstitutiv nachgeordnet: Jugendhilfe, so skizziert Johannes Münder (1990: 3) das Verhältnis von Familie und Fürsorgeerziehung, „ist Ausfallbürge dann, wenn Familienerziehung nicht funktioniert. Eine eigenständige Profilierung von Hilfe und Erziehung kommt der Jugendwohlfahrt nicht zu". Diese Subsidiarität der Jugendfürsorge im Reichsjugendwohlfahrtsgesetz reflektierte die Festschreibung von Erziehung in der Weimarer Verfassung als die ‚oberste Pflicht' und als ‚natürliches Recht' der Eltern. Die Familie, so der dabei zentrale Gedanke, „sei vorrangig für die Erziehung und der Staat vorrangig für die schulische Bildung zuständig. Nur im Notfall, wenn die Familie diese Funktion nicht erfüllen könne, dürfe die Gesellschaft eingreifen, um Schaden abzuwehren" (Gottschall 2001: 12). Auch wenn die ordnungsstaatliche Fundierung der Fürsorgeerziehung im Reichsjugendwohlfahrtsgesetz (RJWG) ungleich stärker ausgeprägt war als im Kinder- und Jugendhilfegesetz, und die Hilfen zur Erziehung keinesfalls mit dem Zwangscharakter der Fürsorgeerziehung zu vergleichen sind, erscheint es bemerkenswert, in welchem Ausmaß das RJWG und das gegenwärtige SGB VIII hinsichtlich des subsidiären Charakters der Kinder- und Jugendhilfe korrespondieren. So ist der Art. 6 Abs. 2 des Grundgesetzes – „Pflege und Erziehung der Kinder sind das natürliche Recht der Eltern und die zuvörderst ihnen obliegende Pflicht. Über ihre Betätigung wacht die staatliche Gemeinschaft" – offensichtlich in der Bundesrepublik nicht weniger gültig als in der Weimarer Republik. Dieser grundgesetzliche Artikel wird nicht zufällig im § 1 Abs. 2 des SGB VIII wörtlich zitiert. Der sechste Artikel des Grundgesetzes mandatiert den Staat zu Maßnahmen, die auf der Beobachtung und Verbesserung elterlicher Erziehungsleistungen dienen. Genau hierauf sind die Hilfen zur Erziehung, aber auch die Maßnahmen des erzieherischen Kinderschutzes ausgerichtet (dazu: Oelkers 2011).

Dabei ist insbesondere bemerkenswert, dass eine grundlegende gesetzliche Bestimmung der Hilfen zur Erziehung in § 27 Abs.1 SGB VIII wie folgt lautet: „Ein Personensorgeberechtigter hat bei der Erziehung eines Kindes oder eines Jugendlichen Anspruch auf Hilfe (Hilfe zur Erziehung), wenn eine dem Wohl des Kindes oder des Jugendlichen entsprechende Erziehung nicht gewährleistet ist und die Hilfe für seine Entwicklung geeignet und notwendig ist". Anders formuliert sind es weniger die jungen Menschen selbst als vielmehr die Personensorgeberechtigten, die ein Recht auf erzieherische Hilfen haben. Dabei bleiben die Hilfen zur Erziehung prinzipiell nachrangig zur ‚natürlichen' Erziehungsaufgabe der Eltern. Solcherlei naturbezogener Bestimmungen mögen je nach politischer Perspektive anachronistisch oder zeitgemäß anmuten, jedenfalls sind sie rechtsgültig und es gibt keinen Hinweis darauf, dass sich die Kinder- und Jugendhilfe als (subsidiäre) Instanz öffentlicher Erziehung nicht an die gültigen Gesetze halten würde. Der subsidiäre Charakter der Hilfen zur Erziehung wird auch bei einem Blick auf die Gründe der erzieherischen Hilfen offenbar. Folgt man einer aktuellen Analyse von Fendrich et al. (2010: 5) auf der Basis der Kinder- und Jugendhilfestatistik, dann lassen sich die Gründe für eine Gewährung von Hilfen zur Erziehung in drei Kategorien einteilen. In etwa zwei Fünftel besteht der maßgebliche Grund der erzieherischen Hilfe in der Diagnose eingeschränkter parentaler Erziehungskompetenzen sowie elterlicher oder familialer Problemlagen und Konflikte, gut ein Drittel wird mit einer Unversorgtheit, einem Betreuungs- oder Förderungsmangel oder einer Gefährdung des Kindeswohls begründet. Ein weiteres knappes Viertel der Hilfen zur Erziehung findet schließlich in der Diagnose von Verhaltens- und Entwicklungsauffälligkeiten der Kinder und Jugendlichen ihren Ausgangspunkt. Dabei nimmt bei älteren Jugendlichen der Anteil der zuletzt genannten Gruppe erwartungsgemäß zu. Dennoch bleibt der Bezug auf eine Re-Etablierung der Erziehungs-, Sozialisations- oder allgemeiner der Funktionsfähigkeit der Familie als der Normalinstitution der Erziehung zentral. Dabei stellen die erzieherischen Hilfen auch dann, wenn sie sich eher direkt auf die je einzelnen Kinder und Jugendlichen richten, *keinesfalls einfache ‚normale' und ‚allgemeine' Formen der Einflussnahme auf das Sozialisationsgeschehen* dar. Vielmehr sind sie vor allem Maßnahmen der „besondere[n] Erziehung und Förderung bei vorliegenden psychosozialen Problemen und Notlagen" (Dörr/Günther 2003: 16) bzw. bei Mängellagen im Erziehungs- bzw. Sozialisationsprozess, die im Falle der Überwindung der Problemlage wieder eingestellt werden. Dies gilt auch dann, wenn eine erhebliche Anzahl junger Menschen zu AdressatInnen der erzieherischen Hilfen werden. So wurden etwa 2009 insgesamt etwas mehr als 950 000 junge Menschen von den Leistungen dieser Hilfen (jenseits der Erziehungsberatung) erreicht[5] (vgl. Lotte/Pothmann 2010).

Dem steht jedoch nicht entgegen, dass die so erreichten Kinder, Jugendlichen und Familien nicht nur mit Blick auf besondere Schwierigkeiten in ihrer Lebensführung, sondern auch in sozio-demografischer Hinsicht nach wie vor klar beschrieben werden können. Im Durchschnitt empfangen über drei Fünftel der Familien, denen eine Hilfe zur Erziehung gewährt wird staatliche Transferleistungen (in der Regel ALG II). Der Anteil von Alleinerziehenden ist unter den EmpfängerInnen erzieherischer Hilfen zwischen viermal (bei ambulanten Hilfen) und fünfmal so hoch wie bei Zwei-Eltern Familien (bei stationären Hilfen) (vgl. Rauschenbach et al. 2009). Von einer ,Normalisierung' ihres AdressatInnenkreises in sozialstruktureller Hinsicht sind die Hilfen zur Erziehung demnach weit entfernt.

Mit Blick auf die Etablierung der Jugendfürsorge sprechen historische Rekonstruktionen in der Regel davon, dass sich die fürsorgerischen Maßnahmen am Leitbild der bürgerlichen Kleinfamilie orientiert und auf die vermeintlich oder tatsächlich mangelnde Erziehungsfähigkeit (sub-)proletarischer Familien gerichtet hätten, um wahlweise ,normale' familiäre Verhältnisse wiederherzustellen oder die ,verwahrloste' Jugend (wieder) sozial ,tüchtig' und erwerbsfähig zu machen, um sie in Normalerwerbs- und Normalfamilienverläufe zurückzuführen. Es ist kaum zu bestreiten, dass sich inzwischen der obrigkeitsstaatlich orientierte Zwangscharakter der Maßnahmen, aber auch das Vokabular bei der Charakterisierung des Klientels verändert hat – obgleich sich z. B. der pejorative Begriff der ,Verwahrlosung'[6] inzwischen durchaus wieder größerer Konjunktur erfreut (vgl. Klein 2009, 2011). Zumindest *strittig* dürfte jedoch die Frage sein, ob sich die grundlegende *Ausrichtung* und der *primär fokussierte AdressatInnenkreis der Hilfen* zur Erziehung tatsächlich in dem Maße *strukturell verändert und verallgemeinert* hat, wie es modernisierungstheoretische Deutungen nahe legen. Wenig umstritten ist schließlich, dass die Wiederherstellung der normalen Erziehungs- und Funktionsfähigkeit der Familie nach wie vor einen zentralen Referenzpunkt der erzieherischen Hilfen darstellt. Dies gilt in der Regel auch für die Heimerziehung (§ 34 SGB VIII) oder für Maßnahmen intensiver sozialpädagogischer Einzelbetreuung (§ 35 SGB VIII), auch wenn dies Formen der Hilfen zur Erziehung sind, die sich insgesamt weniger auf die Beeinflussung der Erziehungsfähigkeiten Dritter richten, sondern eigenständige Sozialisations- und Erziehungsstrategien darstellen. Gleichwohl stellt selbst in der familien-

---

5   Dabei waren gut zwei Drittel der Hilfen ambulante, familienunterstützende und -ergänzende Maßnahmen und etwas unter einem Drittel familienersetzende Maßnahmen in Form von Vollzeitpflege oder Heimerziehung. Insbesondere die ambulanten Hilfen nehmen in den letzten Jahrzehnten mehr oder weniger kontinuierlich zu.

6   Im Kinder- und Jugendhilfegesetz von 1991 hat man sich von dem im JWG noch gebrauchten Begriff der Verwahrlosung verabschiedet. Im Verwahrlosungsbegriff, so die Kritik, vermischen sich „bürgerliches Vorurteil, autoritäre Erziehungsvorstellungen von abweichendem Verhalten und undemokratische Ordnungsvorstellungen" (Kuhlmann 2010: 21).

ersetzenden Heimerziehung „eine Rückkehr in die Familie" ein jugendhilferechtlich zentrales Ziel dar (vgl. § 34 SGB VIII).

Vor diesem Hintergrund spricht einiges dafür, dass die Leistungen der Kinder- und Jugendhilfe zwar erzieherischen Charakter haben, die Jugendhilfe selbst jedoch – zumindest mit Blick auf den Leistungsbereich der erzieherischen Hilfen – weniger als eine allgemeine Erziehungs- und Sozialisationsinstanz zu beschreiben ist, sondern als Teil der Sozialen Arbeit eine „öffentliche Reaktion auf einen politisch anerkannten sozialen Hilfe- und Befähigungsbedarf" (Rauschenbach/Züchner 2010: 170) darstellt, sofern dieser Bedarf auf Aufwachsens- und Lebensführungsprobleme der nachwachsenden Generation bezogen wird.

Ein letzter und historisch zentraler Bereich der Kinder- und Jugendhilfe ist schließlich die Jugend- und Jugendverbandsarbeit. Auch wenn die Angebote dieser Einrichtungen der Jugendhilfe empirisch keinesfalls einen quantitativen Anteil von Kindern und Jugendlichen erreichen, der – gemessen an jeweiligen Jahrgangskohorten – mit dem Kita- oder Schulbereich vergleichbar wäre, sind sie ihrem Anspruch und ihrer Konzeption nach ein Teil der Kinder- und Jugendhilfe, der als eine eigenständige und allgemeine Sozialisationsinstanz auftritt. Dabei ist bemerkenswert, dass sich insbesondere die offene Kinder- und Jugendarbeit weniger als Erziehungsinstanz, sondern vielmehr als eine Instanz beschreibt, die den Anspruch hat „Kindern und Jugendlichen ein Feld anzubieten, das Selbstbildung ermöglicht und unterstützt" (Sturzenhecker/Richter 2009: 103).

Ein genuiner Bildungsauftrag, wie ihn die Jugendarbeit für sich reklamiert, wird inzwischen auch zunehmend auch für die Kinder- und Jugendhilfe insgesamt diskutiert. So findet sich eine – vergleichsweise neue – Debatte, die die Kinder- und Jugendhilfe als eine Instanz der Bildung interpretiert. Dabei wird häufig jene, bereits ausgeführte, politische Programmatik reflektiert, die ‚Bildung' im Sinne einer Kompetenzerweiterung als ein zentrales Moment einer investiven Politik in der Wissensgesellschaft dechiffriert. Im Kontext dieser Debatte wird die (umstrittene) professionspolitische Tendenz befördert, klassische erzieherische Interventionslogiken und -ziele der Kinder- und Jugendhilfe in die attraktivere Semantik von Bildung zu überführen. Sofern sich die Bildungsfunktion der Kinder- und Jugendhilfe jedoch nicht auf eine sozialpolitische Förderung von Humankapital beschränkt, ist es zweifelhaft ob die Kinder- und Jugendhilfe sinnvollerweise als eine öffentliche Instanz beschreiben werden kann, die sich primär auf das Problem der Bildung richtet. Zwar ist nicht zu bestreiten, dass mit dem in § 1 SGB VIII formulierten Recht junger Menschen auf Förderung ihrer Entwicklung zu einer eigenverantwortlichen Persönlichkeit ein Zielhorizont formuliert wird, der, sofern Eigenverantwortung im Sinne einer vernünftig begründeten Selbstbestimmung übersetzt wird, zentrale Aspekte des klassischen Bildungsbegriffs beinhaltet (vgl. Scherr 2002, dazu auch: Andresen et al. 2008, Sünker 1989). Nimmt man den Bildungsbegriff jedoch systematisch ernst, spricht viel für die These, dass zwar möglicherweise die Kinder- und Jugendarbeit, nicht aber die Kinder- und Jugendhilfe in Gänze als Bildungsinstanz beschrieben werden kann. Mit Blick auf die Kinder- und Jugendhilfe, lässt sich mit Michael Winkler (2006) davon sprechen, dass Bildung zwar eine mögliche Antwort auf jene Problemlagen sein mag, die die Kinder- und Jugendhilfe typischerweise bearbeitet, das Problem selbst jedoch vornehmlich ein Problem der Erziehung ist. Winklers Gedanke überzeugt insbesondere dann, wenn man die Begriffe Erziehung und Bildung unterscheidet – etwa in Form von Erziehen als Vermitteln von Werten und „Bildung als dem Vorgang, durch den ein Individuum zu einer eigenen Wertorientierung und Lebensform kommt" (Müller 1996: 89) – ohne sie in Opposition zueinander zu stellen. Aus dieser Perspektive lässt sich Erziehung als eine Voraussetzung und personalisierende Möglichkeitsbasis von Bildung verstehen (vgl. Winkler 2006). Albert Scherr verweist in vergleichbarer Weise darauf, dass Bildung – sofern der Begriff nicht vollkommen trivialisiert wird – von einer Reihe sozialer Bedingungen und Voraussetzungen abhängt (vgl. Sünker 1989), zu denen insbesondere „eine halbwegs gelingende alltägliche Lebensbewältigung [gehört...]. Die Kinder- und Jugendhilfe hat es nun vielfach mit Adressaten zu tun, die gerade bei solcher alltäglicher psychosozialer Lebensbewältigung Hilfen benötigt. Sie bewegt sich dann im Vor- bzw. Umfeld von Bildung, ist damit befasst, Individuen psychisch und sozial überhaupt erst in die Lage zu versetzen, sich auf Selbstbildungsprozesse [...] einzulassen" (Scherr 2002: 95). Die Pointe der Argumentation von Winkler und Scherr besteht nun gerade nicht darin zu bestreiten, dass die Kinder- und Jugendhilfe Bildungsprozesse im Sinne einer demokratisch-partizipatorischen Befähigung der Subjekte anregen könne „in Auseinandersetzung mit den je eigenen biographischen und aktuellen Erfahrungen zu einem rational begründeten Selbst- und Weltverständnis zu gelangen und auf dieser Grundlage eine eigenverantwortliche Lebensgestaltung zu realisieren[7]" (Scherr 2002: 96, vgl. Sünker 2003) bzw. auf eine Steigerung der biografischen Kompetenz zur autonomen Lebensführung ziele (vgl. Lenz et al. 2004). Vielmehr argumentieren sie, dass das vornehmliche Problem, auf das die Kinder- und Jugendhilfe reagiere, ein Problem der Erziehung (vgl. Winkler 2006) bzw. der alltäglichen Lebensbewältigung sei (vgl. Scherr 2002). Vor diesem Hintergrund gewinnt das *Selbstverständnis der Kinder- und Jugendarbeit als eine Instanz der* (immer auch politisch zu verstehenden) *Bildung* an Kontur. Während insbesondere die erzieherischen Hilfen der Kinder- und Jugendhilfe kompensatorische Erziehungsleistungen darstellen, die der Bewältigung von Problemen der Lebensführung dienen, besteht der Auftrag der Kinder- und Jugendarbeit vor allem darin, Angebote zur Verfügung zu stellen, die „an den Interessen junger Menschen anknüpfen und von ihnen mitbestimmt und mitgestaltet werden, sie zur Selbstbestimmung befähigen und zur gesellschaftlichen Mitverantwortung und zu sozialem Engagement anregen und hinführen" (§ 11 Abs. 1 SGB VIII). Auch wenn eine wesentliche TeilnehmerInnengruppe der offenen Jugendarbeit sozial und ökonomisch benachteiligte Jugendliche sind, stellt die

---

7   Dabei ist fraglich, inwiefern die gegenwärtige sozial selektive Schule eine Bildungsinstanz in diesem
    Sinne darstellt (vgl. Sünker 2003).

Jugendarbeit ihrer Anlage nach ein allgemeines, nicht curricular strukturiertes und offenes, d. h. eben nicht auf spezifische ‚Problemgruppen' ausgerichtetes Angebot dar, das weniger auf Problemreduktion, sondern auf die Schaffung von Erfahrungsfreiräumen im Sinne eines Rahmens für Selbstentfaltung, Selbstbestimmung und Selbstentwicklungsprozesse zielen soll (vgl. Sturzenhecker 2006; Graff 1999).

Die Kinder- und Jugendarbeit kann in diesem Sinne als eine eigenständige und im Kern allgemeine Bildungs- und Erziehungsinstanz verstanden werden. Gleichwohl finden sich notorisch Bestrebungen, die Jugendarbeit für Aufgaben der Devianz- und Gewaltprävention sowie hinsichtlich ihrer Funktionalität für schulische und berufliche Qualifikation – als Instanz der Umsetzung inhaltlicher Erziehungs- bzw. Präventionsprogramme (vgl. Sturzenhecker 2007) – zu instrumentalisieren und damit zu einem *Instrument der kompensatorischen Spezialerziehung* aber auch der sozialen Kontrolle *umzugestalten.* Diese reduktionistische Ausrichtung ist insbesondere vor dem Hintergrund der Tatsache relevant, dass die offene Kinder- und Jugendarbeit in einem besonderen Maße austeritätspolitischen Strategien ausgesetzt ist. Zumal kein einklagbarer individueller Rechtsanspruch der AdressatInnen auf offene Kinder- und Jugendarbeit besteht, wird diese in kommunalen Haushaltssicherungskonzepten teilweise (fälschlich) als ‚freiwillige Leistung' dargestellt. Zumindest findet sich häufig die Tendenz, in einer extensiven Auslegung auf die Bestimmung zu rekurrieren, dass öffentliche Träger zwar einen „angemessenen Anteil" der Mittel für die Kinder- und Jugendhilfe für die Jugendarbeit zur Verfügung stellen muss (§ 79 Abs. 2 SGB VIII), der „Träger der öffentlichen Jugendhilfe im Rahmen der verfügbaren Haushaltsmittel" jedoch selbst über „Art und Höhe der Förderung" entscheiden kann (§ 74 Abs. 3 SGB VIII). Im Ergebnis findet sich insgesamt zwar eine deutliche Expansion der Kinder- und Jugendhilfe insgesamt, während seit Mitte der 1990er Jahre ein Rückgang der öffentlich geförderten Maßnahmen der Kinder- und Jugendarbeit und des Beschäftigungsvolumens in diesem Bereich der Jugendhilfe festgestellt werden kann, der von einer Ausweitung prekärer und befristeter Beschäftigungsverhältnisse begleitet wird (vgl. Bröring/Pothmann 2010, Hafeneger 2008, Pothmann 2008)

Im Sinne einer Gesamtbetrachtung aller Felder der Kinder- und Jugendhilfe lässt sich davon sprechen, dass die Kinder- und Jugendhilfe eine öffentliche Einrichtung darstellt, die in erzieherischer Form in die Lebensführung von Familien und jungen Menschen eingreift und dabei ggf. Bildungsprozesse befördert. Ebenso wenig kann bestritten werden, dass die „Lebensphasen und Anteile einer institutionalisierten und betreuten Kindheit als feste Bestandteile des Aufwachsens [...] beständig zu[nehmen]" (Rauschenbach 2009: 215). Nimmt man den Kita-Bereich aus, stellt die Kinder- und Jugendhilfe in ihren klassischen Kernbereichen jedoch in aller Regel keine allgemeine, eigenständige Erziehungsinstanz dar. *Der eigenständige Bildungsort der Jugendarbeit erfährt seit den 1990er Jahren (zumindest in den westlichen Bundesländern) eher einen relativen Bedeutungsverlust. Der Bereich der erzieherischen Hilfen ist vor allem dadurch gekennzeichnet, dass ambulante familienunterstützende und -ergänzende Maßnahmen re-*

lativ zu den stationären familienersetzenden Maßnahmen an Bedeutung gewonnen haben. Dabei hat der Zwangscharakter der Maßnahmen abgenommen und es ist nicht abwegig die Jugendämter – trotz einer deutlichen Zunahme von Sorgerechtsentzügen und In-obhutnahmen von Kindern in den letzten Jahren – eher als einen Bestandteil der wohl-fahrtsstaatlichen Infrastruktur, denn als Kinderentziehungsbehörden zu beschreiben. Analytisch legt dieser Wandel aber zugleich nahe, dass die Maßnahmen der Jugendhilfe weniger denn je eigenständige Erziehungsmaßnahmen darstellen, sondern vor allem subsidiäre Maßnahmen, die sich auf die Unterstützung von Erziehungsleistungen Drit-ter richten. Das bedeutet nun nicht, dass es falsch sei Kinder- und Jugendhilfe als Erzie-hungsinstanz zu beschreiben. Zutreffender ist jedoch die Kinder- und Jugendhilfe als Einrichtung der personenbezogenen Wohlfahrtsproduktion (vgl. Böllert 2010) bzw. als eine Instanz des wohlfahrtsstaatlichen Arrangements zu verstehen, die mittels pädago-gischer Interventionen soziale Lebensführungsprobleme bzw. sozial(politisch) proble-matisierte Lebensführungen bearbeit.

Literatur

Andresen, Sabine/Otto, Hans-Uwe/Ziegler, Holger (2008): Bildung as Human Development: An educational view on the Capabilities Approach. In: Otto, Hans-Uwe/Ziegler, Holger (Hrsg.): Capabilities – Handlungsbefähigung und Verwirklichungschancen in der Erzie-hungswissenschaft. Wiesbaden: VS.

Baecker, Dirk (1994): Soziale Hilfe als Funktionssystem der Gesellschaft. In: Zeitschrift für So-ziologie, 2: S. 93–110.

Bäumer, Gertrud (1929): Die historischen und sozialen Voraussetzungen der Sozialpädagogik und die Entwicklung ihrer Theorie. In: Nohl, Hermann/Pallat, Ludwig (Hrsg.): Handbuch der Pädagogik. Fünfter Band. Sozialpädagogik. Berlin, Leipzig: Beltz.

Bittlingmayer, Uwe (2005): ,Wissensgesellschaft' als Wille und Vorstellung. Konstanz: UVK.

Bittlingmayer, U./Bauer, U. (Hrsg.) (2006): Die ,Wissensgesellschaft'. Mythos, Ideologie oder Realität. Wiesbaden: VS.

Böhnisch, Lothar (2008): Sozialpädagogik der Lebensalter. Weinheim: Juventa.

Böllert, Karin (Hrsg.) (2010): Soziale Arbeit als Wohlfahrtsproduktion. Wiesbaden: VS.

Bommes, Michael/Scherr, Albert (1996): Exklusionsvermeidung, Inklusionsvermittlung und/oder Exklusionsverwaltung. Zur gesellschaftstheoretischen Bestimmung Sozialer Arbeit. In: neue praxis, 2: S. 107–123.

Brezinka, Wolfgang (1990): Grundbegriffe der Erziehungswissenschaft. Analyse, Kritik, Vor-schläge. München, Basel: UTB.

Bröring, Manfred/Pothmann, Jens (2010): Kinder- und Jugendarbeit 2008 im Bundesländerver-gleich. Öffentlich geförderte Maßnahmen im Spiegel der amtlichen Statistik. Dortmund.

Bundesministerium für Familie, Senioren, Frauen und Jugend (BMFSFJ) (Hrsg.) (2006): Zwölf-ter Kinder- und Jugendbericht. Bericht über die Lebenssituation junger Menschen und die Leistungen der Kinder- und Jugendhilfe in Deutschland. Berlin.

Coelen, Thomas/Oelerich, Gertrud/Prüß, Franz (2008): Jugendhilfe und Schule. In: Bielefelder Arbeitsgruppe 8 (Hrsg.): Soziale Arbeit in Gesellschaft. Wiesbaden.

Coelen, Thomas (2004): ‚Ganztagsbildung' – Integration von Aus- und Identitätsbildung durch die Kooperation zwischen Schulen und Jugendhilfeeinrichtungen. In: Otto, Hans-Uwe/ Coelen, Thomas(Hrsg.): Grundbegriffe der Ganztagsbildung. Beiträge zu einem neuen Bildungsverständnis in der Wissensgesellschaft. Wiesbaden: VS.

Dahme, Hans-Jürgen/Wohlfahrt, Norbert (Hrsg.) (2005): Aktivierende soziale Arbeit. Theorie – Handlungsfelder – Praxis. Baltmannsweiler: Praetoria.

Dollinger, Bernd (2007): Reflexive Individualisierung als Mythologem pädagogischer Zeitdiagnostik. Skepsisdefizite und Reflexionsaufforderungen. In: Zeitschrift für Erziehungswissenschaft 10: S. 75–89.

Dörr, Günter/Günther, Herbert (2003): Sonderpädagogik. Baltmannsweiler: Praetoria.

Esping-Andersen, Gøsta (2004): Ein neues Modell sozialer Sicherung in der Europäischen Union? In: Zeitschrift für Sozialreform, 1/2: S. 189–210.

Fendrich, Sandra/Pothmann, Jens/Wilk, Agathe (2009): Welche Probleme führen zu einer Hilfe zur Erziehung? In: KomDat Jugendhilfe, 3: S. 6–7.

Ferchhoff, Wilfried/Peters, Friedrich (1979): Die Labeling-Perspektive in der Sozialpädagogik. Bielefeld: Univ.

Gerdes, Jürgen (2006): Der „dritte Weg" als ideologische Kolonialisierung der Lebenswelt. Die Sozialdemokratie in der Wissensgesellschaft. In: Bittlingmayer, Uwe/Bauer, Ullrich (Hrsg.): Die Wissensgesellschaft. Mythos, Ideologie oder Realität. Wiesbaden: VS.

Gottschall, Karin (2001): Erziehung und Bildung im deutschen Sozialstaat. Stärken, Schwächen und Reformbedarfe im europäischen Vergleich, ZeS-Arbeitspapier 9-2001. Bremen.

Graff, Ulrike (1999): Selbstbestimmung für Mädchen. Pädagogische Auswertung der Theorie und Praxis des Mädchentreffs Bielefeld. Münster: Helmer.

Groh-Samberg, Olaf/Grundmann, Martin (2006): Soziale Ungleichheit im Kindes- und Jugendalter. In: Aus Politik und Zeitgeschichte, 26, S. 11–24.

Hafeneger, Benno (2008): Aktuelle Situation der Kinder- und Jugendarbeit – ein Kommentar zur aktuellen Datenlage. In: Lindner, W. (Hrsg.): Kinder- und Jugendarbeit wirkt. Ausgewählte Evaluationsergebnisse der Kinder- und Jugendarbeit. Wiesbaden: VS.

Hasenfeld, Yeheskel (1972): People processing organisations: an exchange approach. In: American Sociological Review, 37: S. 256–263.

Hasenfeld, Yeheskel (2000): Social Welfare Administration and Organisational Theory. In: Patti, Rino (Hrsg.): The handbook of social welfare management, London: Sage Publications.

Helsper, Werner (2001): Die sozialpädagogische Schule als Bildungsvision? In: Becker, Peter/ Schirp, Jochen(Hrsg.): Jugendhilfe und Schule. Zwei Handlungsrationalitäten auf dem Weg zu einer?, Münster: Beltz.

Homfeldt, Hans-Günther/Lauff, Werner/Maxeiner, Jürgen (1977): Für eine sozialpädagogische Schule. Grundlagen, Probleme, Perspektiven. Weinheim, München: Juventa.

Wollstein, Walter (1973): Hilfe und Kapital. Zur Funktionsbestimmung der Sozialarbeit. In: Wollstein, Walter/Meinhold, Marianne (Hrsg.): Sozialarbeit unter kapitalistischen Produktionsbedingungen. Frankfurt a. M.: Fischer-TB.

Holtappels, Heinz-Günter (2008): Schule und Sozialpädagogik – Chancen, Formen und Probleme der Kooperation. In: Helsper, Werner/Böhme, Jeanette (Hrsg.), Handbuch der Schulforschung. Wiesbaden: VS.

Holtappels, Heinz-Günter./Kamski, Ilse/Schnetzer, Thomas (2008): Ganztagsschule im Spiegel der Forschung. Zentrale Ergebnisse der Ausgangserhebung der Studie zur Entwicklung von Ganztagsschulen (StEG) – Eine Informationsbroschüre. http://www.ganztaegig-lernen.de/media/web/download/doku04-netz.pdf

Kaiser, Yvonne (2011): Jugendhilfe und Bildung. Rekonstruktion von Bildungsprozessen in einem Projekt für Schulverweigerer. Wiesbaden: VS.

Karl, Ute/Schröer, Wolfgang (2006): Fördern und Fordern – Sozialpädagogische Herausforderungen im Jugendalter angesichts sozialpolitischer Umstrukturierungen. In: Spies, Anke/Tredop, Dietmar (Hrsg.): ‚Risikobiografien'. Benachteiligte Jugendliche zwischen Ausgrenzung und Förderprojekten. Wiesbaden: VS.

Kaufmann, Franz-Xaver 1982: Elemente einer soziologischen Theorie sozialpolitischer Intervention. In: Kaufmann, Franz-Xaver (Hrsg.): Staatliche Sozialpolitik und Familie. München.

Kessl, Fabian (2006): Aktivierungspädagogik statt wohlfahrtsstaatlicher Dienstleistung? Das aktivierungspolitische Re-Arrangement der bundesdeutschen Kinder- und Jugendhilfe. In: Zeitschrift für Sozialreform, 2: S. 217–232.

Kessl, Fabian/Kutscher, Nadia/Otto, Hans-Uwe/Ziegler, Holger (2004): Bildungsprozesse im sozialen Kontext unter dem Aspekt der Bedeutung des Sozialraums für das Aufwachsen von Kindern und Jugendlichen. Expertise zum 8. Kinder- und Jugendbericht der Landesregierung NRW. Düsseldorf.

Kessl, Fabian/Reutlinger, Christian/Ziegler, Holger (Hrsg.) (2007): Erziehung zur Armut? Soziale Arbeit und die ‚neue Unterschicht'. Wiesbaden: VS.

Kessl, Fabian/Otto, Hans-Uwe (2011): Soziale Arbeit und soziale Dienste. In: Evers, Adalbert/Heinze, Rolf/Olk, Thomas (Hrsg.): Handbuch Soziale Dienste. Wiesbaden: VS.

Kessl, Fabian/Otto, Hans-Uwe/Treptow, Rainer (2002): Jugendhilfe als Bildung. In: Münchmeier, Richard/Otto, Hans-Uwe/Rabe-Kleberg, Ursula (Hrsg.): Bildung und Lebenskompetenz. Kinder- und Jugendhilfe vor neuen Aufgaben. Opladen: VS.

Klein, Alexandra (2009): Moral Panics Reloaded. Sexuelle Verwahrlosung und die Underclass. In: Soziale Passagen, 1: S. 23–34.

Klein, Alexandra (2011): Verwahrlosung – Eine sozialpädagogische Vergegenwärtigung mit Klaus Mollenhauer. In: Soziale Passagen, 3: S. 115–125.

Kuhlmann, Carola (2010): Erziehungsvorstellungen in der Heimerziehung der 50er und 60er Jahre. Maßstäbe für angemessenes Erziehungsverhalten und für Grenzen ausgeübter Erziehungs- und Anstaltsgewalt. Expertise für den Runden Tisch ‚Heimerziehung in den 50er und 60er Jahren'. http://www.rundertisch-heimerziehung.de/documents/RTH_Expertise_Erziehungsvorstellungen.pdf

Lenhardt, Gero/Offe, Claus (1977): Staatstheorie und Sozialpolitik. Politisch-soziologische Erklärungsansätze für Funktionen und Innovationsprozesse der Sozialpolitik. In: von Ferber, Christian/Kaufmann, Franz-Xaver (Hrsg.): Soziologie und Sozialpolitik. Opladen.

Lenz, Karl/Schefold, Werner/Schröer, Wolfgang (2004): Entgrenzte Lebensbewältigung. Jugend, Geschlecht und Jugendhilfe. Weinheim, München: Juventa.

Lessenich, Stephan (2008): Die Neuerfindung des Sozialen. Der Sozialstaat im flexiblen Kapitalismus, Bielefeld: Transcript.

Lødemel, Ivar/Trickey, Heather (Hrsg.) (2000): An offer you can't refuse. Workfare in international Perspective. Bristol: Sage Publications.

Lotte, Josefin/Pothmann, Jens (2010): Bedarf an Hilfen für Familien ungebrochen – Inanspruchnahme steigt auf über 1 Million junge Menschen. Hilfen zur Erziehung und Eingliederungshilfen für seelisch behinderte junge Menschen 2009. In: KomDat-Jugendhilfe, 2: S. 2–4.

Lüders, Christian/Winkler, Michael (1992): Sozialpädagogik – auf dem Weg zu ihrer Normalität. In: Zeitschrift für Pädagogik 38: S. 359–370.

Merten, Roland (2000): Soziale Arbeit als autonomes Funktionssystem der modernen Gesellschaft? Argumente für eine konstruktive Perspektive. In: Merten, Roland (Hrsg.): Systemtheorie Sozialer Arbeit. Neue Ansätze und veränderte Perspektiven. Opladen: Leske + Budrich.

Mierendorff, Johanna/Olk, Thomas (2007): Kinder und Jugendhilfe. In: Ecarius, Jutta (Hrsg.): Handbuch Familie. Wiesbaden: VS.

Mollenhauer, Klaus (1959): Die Ursprünge der Sozialpädagogik in der Industriellen Gesellschaft: eine Untersuchung zur Struktur sozialpädagogischen Denkens und Handelns. Weinheim, Berlin: Beltz.

Müller, Burkhard (1996): Bildungsansprüche der Jugendarbeit. In: Brenner, Gerd/Hafeneger, Benno (Hg): Pädagogik mit Jugendlichen. Bildungsansprüche. Wertevermittlung und Individualisierung. Weinheim, München: Beltz, Juventa.

Müller, Burkhard (2003): Ist Elementarbildung eine genuine Aufgabe der Jugendhilfe? In: BMFSFJ (Hrsg.): Mehr Chancen für Kinder und Jugendliche. Stand und Perspektiven der Jugendhilfe in Deutschland. Band 3. Bonn.

Müller, Siegfried/Otto, Hans-Uwe (1980): Gesellschaftliche Bedingungen und Funktionsprobleme der Organisation Sozialer Arbeit im Kontext staatlichen Handelns. In: Müller, Siegfried/Otto, Hans-Uwe (Hrsg.): Sozialarbeit als Sozialbürokratie. Zur Neuorganisation sozialer Dienste. neue praxis, Sonderheft 5: S. 5–29.

Münder, Johannes (1990): Das Jugendhilferecht. Berlin: Nomos-Verlag.

Oelerich, Gertrud (2007): Ganztagsschulen und Ganztagsangebote in Deutschland – Schwerpunkte, Entwicklungen und Diskurse. In: Bettmer, Franz/Maykus, Stephan/Prüß, Franz/Richter, André (Hrsg.): Ganztagsschule als Forschungsfeld. Wiesbaden: VS.

Oelkers, Nina (2011): Kindeswohlgefährdung: Selektive Korrektur elterlicher Erziehungspraktiken in der Kinder- und Jugendhilfe. In: Dollinger, Bernd/Schmidt-Semisch, Henning (Hrsg.): Gerechte Ausgrenzung? Wohlfahrtsproduktion und die neue Lust am Strafen. Wiesbaden: VS.

Olk, Th./Otto, Hans-Uwe (1987): Institutionalisierungsprozesse sozialer Hilfe. Kontinuitäten und Umbrüche. In: Olk, Thomas/Otto, Hans-Uwe (Hrsg.): Soziale Dienste im Wandel. Neuwied, Darmstadt: Luchterhand.

Opielka, M. 2008: Welchen Sozialstaat braucht die Soziale Arbeit der Zukunft? In: Bütow, B./Chassé, K. A./Hirt, R. (Hrsg.): Soziale Arbeit nach dem Sozialpädagogischen Jahrhundert. Positionsbestimmungen Sozialer Arbeit im Post-Wohlfahrtsstaat. Opladen, Farmington Hills: Budrich.

Peck, Jamie (2001): Workfare States. New York, London: The guilford press.

Pothmann, Jens (2008): Aktuelle Daten zu Stand und Entwicklung der Kinder- und Jugendarbeit – eine empirische Analyse. In: Lindner, Werner (Hrsg.): Kinder- und Jugendarbeit wirkt. Ausgewählte Evaluationsergebnisse der Kinder- und Jugendarbeit. Wiesbaden: VS.

Rauschenbach, Thomas (2009): Bildung – eine ambivalente Herausforderung für die Soziale Arbeit? In: Soziale Passagen, 1, 2: S. 209–226.

Rauschenbach, Thomas/Pothmann, Jens/Wilk, Agathe (2009): Armut, Migration, Alleinerziehend – HzE in prekären Lebenslagen. Neue Einsichten in die sozialen Zusammenhänge der Adressaten der Kinder- und Jugendhilfe. In: KomDat, 1: S. 9–11.

Rauschenbach, Thomas/Züchner, Ivo (2010): Theorie der Sozialen Arbeit. In: Thole, Werner (Hrsg.): Grundriss Soziale Arbeit. Wiesbaden: VS.

Reyer, Jürgen (1983): Wenn die Mütter arbeiten gingen … – Eine sozialhistorische Studie zur Entstehung der öffentlichen Kleinkinderziehung im 19. Jahrhundert in Deutschland. Köln: Pahl-Rugenstein.

Reyer, Jürgen (1987): Geschichte der öffentlichen Kleinkinderziehung im Deutschen Kaiserreich, in der Weimarer Republik und in der Zeit des Nationalsozialismus. In: Erning, Günter/

Neumann, Karl/Reyer, Jürgen (Hrsg.): Geschichte des Kindergartens. Freiburg: Lambertus.

Scherr, Albert (2002): Der Bildungsauftrag der Jugendarbeit: Aufgaben und Selbstverständnis im Spannungsfeld von sozialpolitischer Indienstnahme und aktueller Bildungsdebatte. In: Münchmeier, Richard/Otto, Hans-Uwe/Rabe-Kleberg, Ursula (Hrsg.): Bildung und Lebenskompetenz: Kinder- und Jugendhilfe vor neuen Aufgaben. Wiesbaden: VS.

Schmid, Josef (2003): Vergleichende Wohlfahrtsstaatsforschung. In: Berg-Schlosser, Dirk/Müller-Rommel, Ferdinand (Hrsg.): Vergleichende Politikwissenschaft. Wiesbaden: VS.

Schrödter, Mark (2011): Subjekt und Autonomie. In: Thiersch, Hans/Otto, Hans-Uwe (Hrsg.): Handbuch Sozialarbeit/Sozialpädagogik. München: Reinhardt.

Seelmeyer, U. 2008: Das Ende der Normalisierung? Soziale Arbeit zwischen Normativität und Normalität. Wiesbaden: VS.

Sturzenhecker, Benedikt (2006): Strukturbedingungen der Kinder- und Jugendarbeit und ihre Funktionalität für Bildung. In: Lindner, Werner (Hrsg.): 1964–2004: Vierzig Jahre Kinder- und Jugendarbeit in Deutschland. Wiesbaden: VS.

Sturzenhecker, Benedikt (2007): Zum Milieucharakter von Jugendverbandsarbeit. In: deutsche jugend, 3: S. 112–119.

Sturzenhecker, Benedikt/Richter, Elisabeth (2009): Demokratiebildung in der Kinder- und Jugendarbeit – partizipative Potenziale nutzen. In: Himmelmann, Gerhard/Lange, Dirk (Hrsg.): Demokratiedidaktik. Impulse für die Politische Bildung. Wiesbaden.

Sünker, Heinz (1989): Bildung, Alltag und Subjektivität. Weinheim: Studienverlag.

Sünker, Heinz (1995): Theoretische Ansätze, gesellschaftspolitische Kontexte und professionelle Perspektiven Sozialer Arbeit. In: Sünker, Heinz (Hrsg.): Theorie, Politik und Praxis Sozialer Arbeit. Bielefeld: Kleine Verlag.

Sünker, Heinz (2003): Politik, Bildung und soziale Gerechtigkeit. Perspektiven für eine demokratische Gesellschaft. Frankfurt a. M.

Thiersch, Hans: Probleme der Schule – Zur Notwendigkeit von Schulsozialarbeit. In: GEW (Hrsg.): Im Brennpunkt. Juli 1979: S. 3–9.

Thole, Werner/Pfaffenberger, Hans (2002): Erziehung. In: Deutscher Verein für öffentliche und private Fürsorge (Hrsg.): Fachlexikon der sozialen Arbeit. Frankfurt a. M.: Nomos.

van Berkel, Rik/Valkenburg, Ben (Hrsg.) (2007): Making it personal. Individualising activation services in the EU. Bristol: PolicyPress.

Weber, Georg/Hillebrandt, Frank (1999): Soziale Hilfe – ein Teilsystem der Gesellschaft. Wissenssoziologische und systemtheoretische Überlegungen. Opladen, Wiesbaden: VS.

Winkler, Michael (1999): Erziehung. In: Krüger, Heinz-Hermann/Helsper, Werner (Hrsg.): Einführung in die Grundbegriffe und Grundfragen der Erziehungswissenschaft. Opladen: VS.

Winkler, Michael (2006): Bildung mag zwar die Antwort sein – das Problem aber ist die Erziehung. In: Zeitschrift für Sozialpädagogik, 2: S. 182–201.

Ziegler, Holger (2005): Soziale Arbeit als Garant für ‚das Soziale‘ in der Kontrolle? In: Kriminologisches Journal 37: S. 163–182.

Politische Bildung[1]

Helmut Bremer/Jürgen Gerdes

1 Einleitung: Gegenstand und aktuelle Situation

Ziele, Aufgaben und Institutionen politischer Bildung

Politische Bildung in der demokratischen Gesellschaft zielt ganz allgemein darauf, zum einen die Urteilsfähigkeit der AkteurInnen gegenüber politischen Zusammenhängen zu unterstützen, zum anderen auch darauf, die Handlungsfähigkeit zu stärken, also Interessen und Überzeugungen ggfs. im politischen Prozess zur Geltung zu bringen. Häufig wird zusammengenommen die „politische Mündigkeit" als übergeordnetes Ziel politischer Bildung bezeichnet. Darüber hinaus werden manchmal auch mit demokratischen Normen und Prinzipien korrespondierende Einstellungen und Orientierungen sowie Methodenkompetenzen (z.B. der selbstständigen Informationsbeschaffung und des Umgangs mit Massenmedien) als wesentliche Aspekte der Vermittlungsleistung politischer Bildung genannt. Politische Bildung kann institutionell differenziert werden in schulische und außerschulische politische Bildung; bei letzterer lassen sich wiederum die Jugend- und Erwachsenenbildung unterscheiden.[2] Die außerschulische politische Bildung unterscheidet sich von der schulischen vor allem durch das Freiwilligkeitsprinzip. Während also politische Bildung in der Schule zum verpflichtenden Unterricht gehört und somit auch ein mehr oder weniger festes Curriculum existiert, je nach Bundesland und Schulform allerdings unterschiedlich eingebunden in die entsprechenden Unterrichtsfächer „Gemeinschaftskunde", Sozialkunde", „Politik und Wirtschaft" usw., ist politische Bildung im außerschulischen Bereich anders verankert. Hier existiert eine historisch gewachsene Pluralität verschiedener Träger und Einrichtungen (vgl. Beer/

---

1 Wir bedanken uns sehr bei den Herausgebern für die hilfreichen Kommentare zu einer früheren Version dieses Aufsatzes.
2 Einen guten Überblick über verschiedene Ansätze, Schwerpunkte und Debatten, der auch für Einsteiger gut lesbar ist, bieten die Publikationen von Pohl (2004) und Hufer u. a. (2004), die in Interviewform wichtige VertreterInnen und Positionen der Fachdiskurse präsentieren. Weitere Standardquellen: für schulische politische Bildung Sander 2005, für außerschulische Jugendbildung Hafeneger 2011, für politische Erwachsenenbildung Beer u. a. 1999.

Cremer 1999). Dabei ist die Bildungsarbeit oft Bestandteil umfassenderer Ziele einer Organisation (beispielsweise Gewerkschaften, Kirchen, Jugendverbände).[3]

Als Fachgebiet konstituiert sich politische Bildung aus mehreren Bezugswissenschaften. Traditionell zählen dazu vor allem die Politikwissenschaft, Erziehungswissenschaft und Soziologie. Aber auch Geschichtswissenschaft, Rechtswissenschaft und Naturwissenschaften sind zu nennen; im Zuge des Aufstiegs des Kompetenzparadigmas gewinnt auch die Pädagogische Psychologie an Einfluss, und aktuell zeigt sich an der Debatte um die „Ökonomische Bildung" ein Erstarken der Wirtschaftswissenschaften (vgl. APuZ 2011) Innerhalb dieser Bezüge hat sich jedoch seit den 1960er und 1970er Jahren in zum Teil spannungsreichen Abgrenzungen zur Politikwissenschaft die Politikdidaktik als dominante Leitdisziplin herauskristallisiert, die sich dabei inzwischen oft als eigene Wissenschaft von der Politikwissenschaft und anderen Bezugsdisziplinen abzukoppeln sucht (GPJE 2002). Vor allem im schulischen Bereich wird die konzeptionelle Ausrichtung politischer Bildung von der Politikdidaktik dominiert, die sich aber seit einigen Jahren von der so genannten „Demokratiepädagogik" herausgefordert sieht (siehe unten). Verglichen damit ist die außerschulische politische Bildung stärker sozialwissenschaftlich orientiert; für die politische Jugendbildung ist zudem eine größere Nähe zur Sozialen Arbeit kennzeichnend.

Eine grobe Systematisierung verschiedener Ansätze und Schwerpunktsetzungen kann anhand der Unterscheidung einer *Gegenstandsorientierung* (von einem bestimmten politischen Wissen ausgehend, das aus Sicht des Staates, einer Organisation und im Hinblick auf ein bestimmtes Staats- oder Demokratieverständnis als wünschenswert gilt) oder *Adressatenorientierung* (also vom Subjekt und dessen Zugängen zu Politik ausgehend) erfolgen. Hier werden zunächst zwei unterschiedliche, sich nicht zwingend ausschließende Funktionen sichtbar, die politische Bildung haben kann bzw. an denen sie ansetzen kann, nämlich auf der einen Seite einen Beitrag zur Stabilisierung und Legitimation des politischen Systems zu liefern, auf der anderen Seite (etwas emphatisch formuliert) die Emanzipation des Subjektes zu befördern. Auch wenn diese griffige Zuordnung nicht allen Positionen gerecht wird, so lassen sich doch viele weitere Diskurse der politischen Bildung, auch historische Entwicklungen, von dieser Gegenüberstellung aus verstehen, so etwa die Frage nach dem Politikbegriff: Dominiert z.B. ein eher „enges", d.h. auf den Staat und die etablierten Institutionen des politischen Systems bezogenes Verständnis, oder ein eher „weites", das eher darauf blickt, wie sich Politik im Sinne der „Regelung der allgemeinen Angelegenheiten" in Alltag und Lebenswelt niederschlägt bzw. auch von dort aus erwartet wird?[4] In dieser Gegenüberstellung werden

---

3   Damit zusammen hängen unterschiedliche rechtliche Einbindungen (Jugendbildung ist im Kinder- und Jugendhilfegesetz verankert, Ziele demokratisch-politischer Bildung sind häufig in den Landesschulgesetzen, politische Erwachsenenbildung in den verschiedenen Weiterbildungsgesetzen der Länder geregelt).

4   Vgl. zu unterschiedlichen Politikbegriffen z.B. Meyer 2009.

bekannte sozialwissenschaftliche Gegensatzpaare wie „Subjekt/Objekt", „Individuum/
Gesellschaft" oder „Lebenswelt/System" sichtbar, die mit disziplinären Bezügen korrelieren, ohne jedoch vollständig darin aufzugehen. Soziologische Zugänge würden dabei
stets die Verwobenheit von „Subjekt" und „Gegenstand" in komplexe gesellschaftliche
Zusammenhänge fokussieren.

Politische Bildung und „Krise der politischen Repräsentation"

Die Situation der politischen Bildung kann nicht losgelöst von der Situation der Politik insgesamt gesehen werden. Hier ist einerseits die hohe Relevanz gesellschaftlicher
Problem- und Konfliktfelder kennzeichnend (etwa wachsende soziale Ungleichheit,
„Globalisierung", ökonomische Krise, weltweite Krisenherde, ökologische Gefährdungen, Rechtsextremismus und Rassismus). Andererseits wird eine „Krise der Politik"
bzw. „Krise der politischen Repräsentation" konstatiert, sichtbar etwa an der Politik-
bzw. Parteienverdrossenheit, zurückgehender Wahlbeteiligung und dem Bindungs-
verlust politischer und politiknaher Institutionen und ihrer Beteiligungsformen (vgl.
Vester 2001, Neugebauer 2007). Eine neue Zuspitzung hat dies durch die Diagnose der
„Postdemokratie" (Crouch 2008) bekommen, bei der behauptet wird, dass jenseits von
Wahlen und anderen intakten demokratischen Verfahren die „reale Politik hinter verschlossenen Türen gemacht" wird, wobei Regierungen eng mit ökonomischen Eliten,
Verbänden und Lobbyisten kooperieren (Crouch 2008: 10 ff.). So gibt es offenbar einen
Reproduktionszusammenhang zwischen politischen Leistungen und politischer Apathie: Einerseits führen enttäuschte Regulierungserwartungen zu zunehmender Abwen-
dung von der Politik insbesondere bei sozial benachteiligten Gruppen (vgl. Embacher
2009), andererseits resultiert eine mangelnde politische Partizipation dieser benachteiligten Gruppen wiederum darin, dass ihre Anliegen seitens der etablierten Politik unzureichend berücksichtigt werden.

Ohne hier auf die Verflechtung von politischer Bildung mit der politischen Lage
insgesamt näher eingehen zu können (vgl. dazu etwa Bremer u. a. 2012.), so ist vor diesem Hintergrund doch in vielen Bereichen der politischen Bildung von einer „Krise"
derselben die Rede. Diese kann etwa für die schulische politische Bildung festgemacht
werden am Zurückdrängen des fachlichen Unterrichts bzw. des Politikanteils zugunsten der vermehrten Berücksichtigung anderer Disziplinen und Inhalte in Sozial- oder
Gemeinschaftskunde. Ein Beispiel für letzteres ist die Einführung eines neuen Faches
„Politik und Wirtschaft" in Nordrhein-Westfalen, Niedersachsen, Hessen und Hamburg
(Tschirner 2009). Noch dramatischer stellt sich die Lage für die außerschulische politische Bildung dar, wo zurückgehende bzw. stagnierende Teilnehmerzahlen und Kür-
zungen öffentlicher Fördergelder zu einer existenziellen Bedrohung werden (vgl. für die
Erwachsenenbildung Bilger/Rosenblatt 2011: 15, Ciupke 2008).

Für die Analyse der Eingebundenheit politischer Bildung in gesellschaftliche Prozesse erscheint insbesondere die Soziologie als Beobachtungs- und Reflexionswissenschaft geradezu prädestiniert. Tatsächlich gehört sie auch zu den selbstverständlichen Bezugswissenschaften der politischen Bildung. Ihr Stellenwert ist jedoch, sofern es nicht eine eher gegenstandsbezogene politische Soziologie im engeren Sinn betrifft, seit geraumer Zeit zurückgegangen (Späte 2012, für die politische Erwachsenenbildung vgl. etwa Reichling 1999). Ob dies auf die schon erwähnten disziplinären Verdrängungsprozesse zurück zu führen ist, in dessen Folge sich die Politikdidaktik als eigenständige Wissenschaft zu etablieren sucht, was, so Steffens (2010: 26), als „Rezeptionsfilter" gegenüber Personen und Argumentationen aus anderen Disziplinen wirke, oder als „hausgemachtes" Problem zu sehen ist – nämlich Folge davon, dass sich die Soziologie selbst lange Zeit „wenig für Fragen der politischen Bildung interessiert hat" (Massing 2007: 33 f.) – soll hier nicht näher erörtert werden. Bedauerlich ist das dennoch, weil damit der spezifische Beitrag der Soziologie für die Konstituierung des Fachs verloren zu gehen droht, wenn soziologisch relevante Inhalte und Perspektiven (etwa zu sozialer Ungleichheit) nicht oder nur sehr selektiv Eingang in das Fach finden.

Wir wollen im nächsten Abschnitt zunächst skizzieren, was es heißt, politische Bildung aus soziologischer Perspektive zu betrachten (2.), bevor wir im Anschluss daran auf die wichtigsten aktuelle Themen und Kontroversen eingehen (3.).

2   Die spezifische soziologische Perspektive auf politische Bildung

In der Beziehung zur politischen Bildung kann Soziologie zum einen relevant werden als eine Disziplin, die ein spezifisches Sachwissen (nämlich über die Gesellschaft, deren Wandlungsprozesse, soziale Probleme usw.) liefert, das als bedeutsam für politische Urteils- und Handlungsfähigkeit gilt und daher durch politische Bildung vermittelt werden muss. In dieser Perspektive ist Soziologie vergleichbar mit anderen Disziplinen wie Wirtschaftswissenschaft, Geschichtswissenschaft, Rechtswissenschaft und verschiedene Natur- und Technikwissenschaften, die ebenfalls Wissensbestände zu aktuellen und generellen spezifischen Problemfeldern liefern.

Diese Fokussierung auf ein bestimmtes Sachwissen ist sicherlich wichtig. Eine spezifische soziologische Perspektive auf die politische Bildung wird aber erst deutlich, wenn Soziologie nicht nur als ein „Zulieferer" gesehen wird, sondern als eine Disziplin, die auf Grund ihrer Eigenlogik geeignet ist, den Gegenstand politische Bildung in seiner gesellschaftlichen Einbindung, z.B. hinsichtlich der beteiligten Akteure, Institutionen und Interessen, umfassender zu durchdringen. Eine solche Sichtweise steht tendenziell in Spannung zu den Versuchen, politische Bildung in Gestalt der Politikdidaktik als eigenständige Wissenschaft zu konzipieren (was freilich auch innerhalb der Politikdidaktik selbst umstritten ist; vgl. exemplarisch Steffens (2010).

Indem die Soziologie die Gesellschaft als Ganzes zum Gegenstand hat, werden das politische System (Demokratie als Staatsform), die politischen und gesellschaftlichen Institutionen einschließlich des Bildungssystems sowie die Interdependenzen dazwischen zu sozialen Phänomenen, die einer gesellschaftlichen Logik folgen, die es zu untersuchen gilt. In dieser Perspektive unterscheidet sich die Soziologie von anderen „zuliefernden" Bezugswissenschaften, indem soziologische Einsichten zu einer informierten Reflexion über die strukturellen und institutionellen Bedingungen der Praxis politischer Bildung sowie der jeweiligen gesellschaftlichen und politischen Bedingungen ihrer Steuerung, Reglementierung, Förderung und Finanzierung beitragen können. Geht man zudem davon aus, dass politische Bildung neben dem unvermeidlichen Gegenstandsbezug die Adressatenorientierung nicht aus dem Blick verlieren sollte, so kann Soziologie etwa unter Rückgriff auf Untersuchungen zu den Lebenslagen, sozialen Milieus und Sozialisationsbedingungen der Adressaten, ein spezifisches Wissen über gesellschaftliche Ursachen des Gelingens oder Nichtgelingens der Vermittlung politischer Kompetenzen hervorbringen. Zwar greift die Politikwissenschaft bzw. Politikdidaktik (ebenso wie die Erziehungswissenschaft) mehr oder weniger stark auf soziologische Zugänge zurück. Jedoch geschieht das, aus durchaus nachvollziehbaren Gründen, eher unsystematisch und selektiv. Im Ergebnis steht eine wirklich „umfassende soziologische Fundierung" politischer Bildung immer noch aus (Hahn 1997: 109; vgl. auch Massing 2007: 34) bzw. ist diese allenfalls in Ansätzen vorhanden (vgl. Lamnek 1997). Zu erwarten ist, dass dies konzeptionelle, inhaltliche und begriffliche Konsequenzen hätte, die bestimmte Eigenlogiken und Selbstverständnisse in der politischen Bildung in Frage stellen.[5]

In der hier umrissenen Perspektive wird Soziologie im Sinne der klassischen Begründung Durkheims (1984: 115 ff.) als eine bestimmte *Methode* der analytischen Beobachtung sichtbar, Wir wollen hier neben diesem generellen Blick auf das soziale Phänomen politischer Bildung zwei Forschungsbereiche nennen, von denen ein genuiner Beitrag der Soziologie für die politische Bildung kommen kann. Zum einen sind das *Gesellschafts- und Zeitdiagnosen*, die über den Zustand der Gesellschaft, d. h. ihre innere Gliederung, die Herrschafts- und Machtstrukturen, Probleme und Konfliktfelder sowie die Wandlungs- oder Beharrungskräfte, aufklären. Beispiele dafür, wie Gesellschaftsdiagnosen auf die politische Bildung wirken können, sind etwa die Kritische Theorie in den 1960 und 1970er Jahren und Ulrich Becks Individualisierungsthese (1986) seit den 1980er Jahren. Mit dem Einfluss der Kritischen Theorie wurde in den 1960er und 1970er Jahren ein bestimmtes emanzipatorisches Verständnis gestärkt, das von der zentralen Bedeutung kapitalistisch-repressiver Klassenstrukturen ausging, deren (exemplarische,

---

5   Widmaier (2008: 4) problematisiert dies als eine Art ‚übergriffigen Versuch' am Beispiel der Sozialpädagogik, von deren Seite es Versuche gibt, (sozialpädagogische) Jugendarbeit generell als politische Jugendarbeit zu verstehen.

vgl. Negt 1975) Bewusstwerdung ins Zentrum politischer Erwachsenenbildung gestellt werden sollte. Auch in der schulischen Politikdidaktik hatte die Kritische Theorie einen starken Einfluss, was sich u. a. in einschlägigen Veränderungen der Kategorien politikdidaktischer Konzeptionen ihrer damaligen wichtigsten Vertreter (Fischer, Hilligen, Giesecke) zugunsten von „Emanzipation", „Demokratisierung" und „Herrschaftsabbau" niederschlug (vgl. Gagel 2005: 210 ff.). Becks These einer vermeintlichen „Auflösung von Klassen und Schichten" hat auf konflikthafte Klassenstrukturen aufbauende Argumentationsmuster in der politischen Bildung geschwächt, gleichzeitig aber auch eine stärkere Subjekt- und Lebensweltorientierung gefördert. Außerdem hat seine Annahme einer „Entgrenzung der Politik" und das Aufkommen verschiedener Formen von „Subpolitik" (1986: 300 ff.) dazu beigetragen, einen gesellschaftlich erweiterten Politikbegriff zu stärken (kritisch dazu Massing 2004).

Zum anderen bildet die *Politische Sozialisation* ein für die politische Bildung relevantes Forschungsfeld. Bei der Sozialisationsforschung geht es immer um die klassische soziologische Fragestellung nach dem Verhältnis von Individuum und Gesellschaft, bei politischer Sozialisation (Claußen/Geißler 1996, Hopf/Hopf 1997) also darum, wie Menschen politische Identität ausbilden oder auch durch Lernen und praktisches Einüben Passungen zu bestimmten Bürgerrollen entwickeln. Politische Sozialisation geht einerseits institutioneller politischer Bildung voraus, ohne dass dies automatisch darin münden muss (etwa zur Teilnahme an Angeboten der außerschulischen politischen Bildung). Politische Bildung selbst ist andererseits auch Teil des politischen Sozialisationsprozesses. Der Fokus (institutioneller und intentionaler) politischer Bildung wird damit erweitert; es geht nicht mehr nur um Unterricht, sondern die gesamten formellen und informellen lebensweltlich-milieuspezifischen Prozesse der Politisierung.

Innerhalb der politischen Bildung liegt der Gewinn gerade soziologisch fundierter Sozialisationstheorien darin, in Erweiterung eines auf Unterricht und kognitives Lernen und Wissen verengten Blicks die Durchdringung des gesamten Lebens mit Herrschafts- und Machtstrukturen aufzuzeigen. Es geht dabei auch darum, wie die sozialen Subjekte mit den politikbezogenen Anforderungen der Gesellschaft und des politischen Systems umgehen und Identität ausbilden (vgl. Scherr 2010). Schließlich ermöglicht politische Sozialisationsforschung auch einen Zugriff auf das Thema sozialer Ungleichheit (Bauer 2011), das in der politischen Sozialisationsforschung weitgehend eine Blindstelle ist (vgl. aber Vester 2003).

Analysen zu Ausmaß, Gestalt und Struktur sozialer Ungleichheit, die u. a. auch Aufschluss über das Herrschaftsgefüge geben (vgl. etwa Vester u. a. 2001), stellen heute wahrscheinlich auch im Allgemeinen einen der wichtigsten Beiträge der Soziologie für politische Bildung dar. Insoweit der Demokratie das Prinzip staatsbürgerlicher Gleichheit zugrunde liegt (vgl. Dahl 2000), sind soziale Ungleichheiten, die sich in politische Ungleichheiten übersetzen, ein sehr ernstes demokratiepolitisches Problem.

3   Aktuelle Themen und Kontroversen

Die Geschichte der politischen Bildung[6], ihre politikdidaktischen Konzeptionen sowie auch die aktuellen Fachdiskurse lassen sich auf bestimmte wiederkehrende Grundprobleme beziehen und daraus resultierend in bestimmten Spannungsfeldern situiert verstehen, wie insbesondere staatliche Indienstnahme vs. pädagogische Eigendynamik (vgl. Kuhn u. a. 1993), Gegenstands- vs. Adressatenorientierung und enger vs. weiter Politikbegriff.

In der unmittelbaren Nachkriegszeit spielte zunächst die Debatte zwischen Theodor Wilhelm, der unter dem Pseudonym Friedrich Oetinger, inspiriert von den Vorstellungen amerikanischer „Re-Education"-Programme ein damals viel beachtetes Modell der „Erziehung zur Partnerschaft" veröffentlichte (für die Erwachsenenbildung vgl. Borinski 1954), und Theodor Litt, der an die Tradition staatsbürgerlicher Erziehung der Weimarer Republik anknüpfte, eine bedeutende Rolle. Während Wilhelm eher adressatenorientiert und in einem eher weiten, die gesellschaftliche Praxis im Alltag einbeziehenden Politikverständnis die sozio-kulturellen Bedingungen einer den Nationalsozialismus wesentlich begünstigenden obrigkeitsstaatlichen Mentalität überwinden wollte, legte Litt gegenstandsbezogen ein auf die politischen Institutionen im engeren Sinn basiertes Verständnis von Politik zugrunde, das den Boden bereitete für die in der Politikdidaktik einflussreiche Rezeption einschlägiger Arbeiten der sich in den 1960er Jahren in Deutschland allmählich re-etablierenden Soziologie zur Bedeutung und Funktion sozialer und politischer Konflikte (Dahrendorf 1965) auf Basis eines legitimen Interessenspluralismus (Fraenkel 1991).

In der Folge dominierte im Kontext der Institutionalisierung der politischen Bildung als eigenständige wissenschaftliche Disziplin eine stark gegenstandsorientierte Perspektive, die durch eine prioritäre Orientierung an der sich konstituierenden Politikwissenschaft begünstigt wurde. Zur Beantwortung der Grundfrage der politischen Didaktik nach der Auswahl der Inhalte sowie ihrer Begründung und Vermittlungsmethoden war zudem das aus der Allgemeinen Didaktik übernommene „kategoriale Paradigma" (vgl. insbesondere Klafki 1963) überaus einflussreich. In den ersten politikdidaktischen Theorien und Konzeptionen ging es um die Identifizierung „wesentlicher" und „elementarer" Begriffe, Konzepte und Schlüsselprobleme, die im Sinn exemplarischen Lernens (für die Erwachsenenbildung vgl. Negt 1975) einerseits die Komplexität der politischen Realität und des zu vermittelnden Inhalts ermöglichen und andererseits als Analyseinstrumente, weitestgehend unabhängig von politischen Ideologien, geeignet sind, aus der Perspektive der politischen Bildung bedeutsame Fragen an politische Ereignisse zu stellen (vgl. Herdegen 2010).

---

6   Auf die Geschichte der außerschulischen politischen Bildung gehen wir hier aus Platzgründen nicht explizit ein; für einen Überblick zur Erwachsenenbildung vgl. Hufer (2012) und Ciupke (1999), zur außerschulischen Jugendbildung Hafeneger (1997).

Die Studentenbewegung ab Ende der 1960er Jahre hat dann zu einer gesellschaftlichen Erweiterung des Politikbegriffs beigetragen, indem die Forderung nach Demokratisierung der politischen Institutionen mit der Demokratisierung möglichst vieler gesellschaftlicher Bereiche (Ökonomie, Bildungsinstitutionen, Familie) in Verbindung gebracht wurde und im Kontext des zentralen Begriffs der Emanzipation eine adressatenorientierte Ergänzung eines mit der Fokussierung auf politische Herrschaftsstrukturen dennoch nicht minder wichtigen Gegenstandsorientierung angestrebt wurde. Durch den bundespolitischen Machtverlust der CDU und den bildungspolitischen Reformen der sozialliberalen Koalition in den 1970er Jahren geriet die politische Bildung wiederum stark in den Sog einer politischen Instrumentalisierung im Kontext parteipolitischer Auseinandersetzungen zwischen den beiden Volksparteien.

Eine Beruhigung dieser Debatten wurde mit dem berühmten „Beutelsbacher Konsens" eingeleitet, auf den sich die meisten Fachdidaktiker implizit einigten und der in den drei Prinzipien des Überwältigungs- bzw. Indoktrinationsverbots, des Kontroversitäts- bzw. Pluralismusgebots und der Orientierung an Schülerinteressen bestand (vgl. dazu Schiele/Schneider 1992, zur Kritik vgl. Nonnenmacher 2011). In der folgenden als „Repädagogisierung" (Gagel 2005: 223 ff.) bezeichneten Phase wendete sich die Politikdidaktik wieder stärker ihren wissenschaftstheoretischen, didaktischen und methodischen Fragen zu, was nun allerdings zu einer Verschiebung von inhaltsbezogenen zu schülerorientierten und lebensweltbezogenen Ansätzen führte.

Seit etwa Ende der 1990er Jahre dominieren allerdings wieder Bemühungen, politische Bildung stärker gegenstandsbezogen auf eine politikwissenschaftliche Fundierung auszurichten, weil insbesondere bei einigen Vertretern der Politikdidaktik der Eindruck vorherrschte, dass Politik im engeren Sinn als der „Kern der politischen Bildung" (Massing 2004) und damit die Konturen des Faches im Kontext einer Proliferation von vorrangig an den Adressaten orientierten didaktischen Prinzipien wie z. B. Erfahrungs-, Handlungs- und Problemorientierung zu verschwimmen drohten (vgl. Lange 2009: 41).

Nachfolgend gehen wir nun kurz auf die aktuell bedeutsamsten Themen und Kontroversen in der politischen Bildung ein.

Politikdidaktik und Demokratiepädagogik

Die im letzten Jahrzehnt besonders intensiv geführte Debatte zwischen Demokratiepädagogik und Politikdidaktik lässt sich ebenso am besten mit unterschiedlichen Akzentuierungen von Gegenstands- und Adressatenorientierung und damit assoziierten Politikbegriffen verschiedener Reichweite entziffern. Sich als „demokratiepädagogisch" verstehende Ansätze treten für eine institutionelle, didaktische und inhaltliche Erweiterung des Verständnisses politischer Bildung ein, das über die kognitive Vermittlung von Kenntnissen politischer Prozesse im sozialkundlichen Fachunterricht weit hinaus geht. Grundlegend ist ein Verständnis, wonach Demokratie in Anlehnung an Dewey vor allem als „Lebensform" und nicht nur als „Regierungs-" oder „Staatsform" anzusehen ist. Anlässlich am Beginn der 1990er Jahre zunehmend bei Jugendlichen zu beobachtender Syndrome wie Rechtsextremismus, Fremdenfeindlichkeit und Politik- und Demokratieverdrossenheit adressiert die Demokratiepädagogik vor diesem Hintergrund primär die politische Sozialisationsfunktion der Schule und plädiert in reformpädagogischer Tradition dafür, die Partizipationsmöglichkeiten von SchülerInnen in der Institution Schule zu stärken und ein erfahrungs- und handlungsorientiertes Lernen in Projekten möglichst fächerübergreifend, am besten auch klassen- und klassenstufenübergreifend, und in einer möglichst kontinuierlichen schulischen Zusammenarbeit mit Gemeinden und zivilgesellschaftlichen Assoziationen zu organisieren. Vor diesem Hintergrund lässt sich sicher sagen, dass die Demokratiepädagogik im Namen einer deutlichen Adressatenorientierung und der pragmatistischen Fundierung eine Perspektive auf politische Bildung einnimmt, die praxeologisch-verstehenden soziologischen Ansätzen nahe steht. Durch eine möglichst weitreichende Beteiligung sollen die SchülerInnen sowohl in ihren Selbstwirksamkeitsüberzeugungen gestärkt werden als auch die Qualität (auf gegenseitige Achtung und Anerkennung basierenden) intersubjektiven und sozialen Handelns verbessert werden (Edelstein/Fauser 2001; Beutel/Fauser 2007). Die theoretisch-konzeptionelle Begründung eines in die Gesellschaft erweiterten Politikbegriffs stellt letztlich die zentrale Norm der Demokratie dar. Diese sei auf ihr korrespondierende kooperative Haltungen und Praktiken auch in gesellschaftlichen und lebensweltlichen Verhältnissen angewiesen, weil auch nur durch demokratische politische Kultur letztlich die Unterstützungsbereitschaft seitens der BürgerInnen zu erreichen sei, auf die die Demokratie als Regierungsform angewiesen ist (Fauser 2007).

Die demokratiepädagogische These, „dass die Erfahrung demokratischer Verhältnisse im Nahbereich, in Familie, Schule, Verein oder Betrieb eine Voraussetzung für Interesse und Bereitschaft zu demokratischem Engagement auch im Verhältnis zu Gesellschaft und Staat bildet" (Edelstein/Fauser 2001: 19), hat jedoch außerordentlich vehemente und anhaltende Kritik aus dem Lager der etablierten Politikdidaktik hervorgerufen. Aus wissenssoziologischer Sicht sind dabei allein schon der enorme theoretische und rhetorische Aufwand und die Leidenschaftlichkeit, mit der die Debatte geführt wurde, interessant. Es spricht einiges dafür, dass mindestens zum Teil auch die Verteidigung berufsständischer Interessen und gesellschaftlicher Positionen sowie die Konkurrenz um Fördermittel eine Rolle gespielt haben (vgl. Sander 2007; Bremer/Kleemann-Göhring 2010). Dem Inhalt nach wird den demokratiepädagogischen Ansätzen die Verwendung „defizitäre[r]" Demokratie- und Politikbegriffe vorgeworfen (Massing 2002, 2004; Weißeno 2002), die die sich von lebensweltlichen Interaktionen stark unterscheidenden systemischen Mechanismen realer politischer Prozesse nicht erfassen würden. Mittels selektiver Anleihen aus der Politikwissenschaft sind dabei verschiedene Thesen über vermeintlich kategoriale Differenzen zwischen politischem System und institutionalisierter Politik einerseits und Gesellschaft und Lebenswelt andererseits vertreten worden, die aber teilweise selbst aus politikwissenschaftlicher, insbesondere aber aus demokratietheoretischer Sicht umstritten sein dürften (vgl. dazu Bittlingmayer u. a. 2012). In der Sorge, dass Politik als der eigentliche Gegenstand politischer Bildung verloren geht, wenn sie von ihren gesellschaftlichen Voraussetzungen und Konsequenzen gedacht und aus lebensweltlichen und gesellschaftlichen Interaktionen abgeleitet wird, sind von Politikdidaktikern verschiedene spezifische Merkmale politischer Prozesse genannt worden: z. B. die Repräsentationslogik kollektiver Interessen, die Institutionen des Rechtsstaats und der Gewaltenteilung, das staatliche Gewaltmonopol (Sander 2007), die insgesamt anonyme, bürokratische Organisation moderner Gesellschaften (Goll 2011), und insbesondere die Präsenz von angeblich privaten Harmonieorientierungen widersprechenden Interessenkonflikten (Reinhardt 2006) und der strategische Parteienkampf als „das erfolgshungrige Niederringen des Gegners" (Patzelt 2004: 72). Diese erkennbar auf einem engen bzw. systemischen und politikwissenschaftlich inspirierten Politikverständnis basierenden Einwände werfen allerdings die Frage auf, ob und inwieweit die in der politischen Bildung zu vermittelnden Kompetenzen demokratischer Staatsbürger sich mit sozialwissenschaftlichen Analysefähigkeiten oder speziellen Handlungsrationalitäten professioneller politischer Eliten decken. Die einerseits bescheidenere und andererseits aber auch darüber hinaus gehende politische Perspektive des Bürgers könnte ja z. B. eher darin bestehen, die Programme und Regulierungsvorschläge politischer Akteure danach beurteilen zu können, inwieweit sie den eigenen Überzeugungen und Interessen entsprechen und wie die politischen Akteure ggf. darauf aufmerksam gemacht werden können.

Abgesehen von den erwähnten strukturellen Verstrickungen, die die Vehemenz der Debatte ein Stück weit erklären können, verweisen die beiden Positionen in gewisser Weise auf gegenseitige theoretisch-konzeptionelle Leerstellen. So ist die Argumentation des erfahrungsbezogenen, situierten und handlungsorientierten Lernens durchaus plausibel und macht lerntheoretische Mängel in manchen politikdidaktischen Konzeptionen deutlich. Anders herum scheint die gesellschafts- und herrschaftstheoretische Dimension in der Demokratiepädagogik insgesamt unterbelichtet zu sein.

Kompetenz und Bildungsstandards

Die Frage, welche Bedeutung das durch die internationalen Vergleichsstudien diskursmächtig gewordene Kompetenzparadigma für die politische Bildung hat, ist vor allem Gegenstand von Debatten in der Politikdidaktik.[7] Zuletzt wurde ein Ansatz propagiert, der relativ linear, bisweilen an „Trichterpädagogik" erinnernde sog. Basis- und Fachkonzepte auf die Ebene des Politikunterrichts herunter zu brechen sucht (Weißeno u. a.

---

7   Mit Kompetenzen ist in diesem Zusammenhang ein Spektrum von definierten fachlichen problemlösenden (und empirisch messbaren) Fähigkeiten gemeint, die in Bildungseinrichtungen zu vermitteln sind. So gesehen handelt es sich um einen rein outputorientierten Ansatz.

2010). In Reaktion darauf und ohne das Kompetenzparadigma grundsätzlich in Frage zu stellen wurde daran jüngst kritisiert, dass diese Vorschläge sowohl auf disziplinär verengenden Vorannahmen über den Gegenstand als auch auf einem eindimensional an der Vermittlung von Begriffswissen orientierten hierarchischen Lehr- und Lernverständnis beruhen (Autorengruppe Fachdidaktik 2011). In diesem Streit kommen letztlich zwei unterschiedliche theoretische Positionen darüber zum Ausdruck, ob die Politikdidaktik bzw. politische Bildung als eher eng politikwissenschaftlich oder breiter sozialwissenschaftlich fundierte Disziplin zu konzipieren ist (vgl. Hedtke 2011). Auch die Gegenüberstellung von Gegenstands- und Adressatenbezogenheit kommt wieder zum Ausdruck, wenn z. B. angemahnt wird, dass politische Bildung selbst eine „kommunikative Praxis offener und demokratischer Verständigung" sei, die die Bedürfnisse, Erfahrungen und Deutungsmuster der Adressaten einbeziehen müsse (Autorengruppe Fachdidaktik 2011: 167).

Daneben gibt es (vermehrt auf Seiten der außerschulischen Jugend- und Erwachsenenbildung) kritische bis abwehrende Stimmen, die betonen, dass politische Bildung zu vielschichtig sei, um überhaupt in die derzeit propagierten Kompetenzraster und -stufen gepresst werden zu können (vgl. Hufer 2008, Brokmeier/Ciupke 2010). Verwiesen wird hier bisweilen auf Negts Konzept „gesellschaftlicher Kompetenzen" (vgl. daran anknüpfend Zeuner 2009), in dem ein anderer, bildungstheoretisch anschlussfähiger Kompetenzbegriff zugrunde gelegt wird.

Konstruktivismus

Die Rezeption des (radikalen) Konstruktivismus hat auch die politische Bildung erreicht und wird hier kontrovers diskutiert (vgl. Detjen/Sander 2001; Hufer u. a. 2004: 386 ff.). Im Kern ist der Konstruktivismus bekanntlich eine Erkenntnistheorie, die postuliert, dass jede Wahrnehmung und Erkenntnis einen selbstreferenziellen aktiven Konstruktionsakt darstellt. Wenn, wie daraus abzuleiten ist, die Wirklichkeit nicht objektiv zugänglich ist, sondern als subjektive Vorstellung davon im Gehirn entsteht, dann verlieren zum einen als selbstverständlich vorausgesetzte Normen und Wahrheiten an Verbindlichkeit, zum anderen wird angesichts der behaupteten Selbstbezogenheit aller Erkenntnisprozesse relativiert, inwiefern Erziehungs- bzw. Bildungsziele überhaupt lehrbar sind.

In der Folge sehen Vertreter einer emanzipatorischen Bildung die Gefahr, dass der Konstruktivismus einer Beliebigkeit von Themen und Zielen Tür und Tor öffnet und somit einer Kultur des „anything goes" den Weg bereitet (Hufer 2001). Demgegenüber heben Anhänger des Konstruktivismus zunächst hervor, dass damit dem Eigensinn und der Aktivität der Subjekte beim Lern- und Bildungsprozess Rechnung getragen wird. Von dieser Position ausgehend kritisieren sie einen (nunmehr als „veraltet" erscheinenden) Ansatz politischer Bildung, der auf einer missionarisch daherkommenden „Belehrungskultur" beruht (Sander 2002); es gelte jedoch anzuerkennen, dass „die Zeit der vollmundigen gesellschaftsverändernden Versprechungen durch eine progressive Bildungsarbeit (…) vorbei" sei und „Hoffnungen, durch aufklärende Bildungsarbeit gesellschaftliche Strukturen verändern zu können, (…) enttäuscht" worden seien (Arnold/ Siebert 1995: 24).

Sichtbar werden letztlich auch in der Konstruktivismuskontroverse wieder polarisierte Positionen, die im Prinzip auch in anderen Debatten auftauchen (etwa „Lebenswelt" oder „System", „enger" oder „weiter" Politikbegriff). Dabei kann eine soziologisch aufgeklärte Position sich dadurch auszeichnen, dass Werte oder die kontingenten Interpretationen universeller Normen nicht als absolut geltend zu setzen, sondern nach ihren historischen und sozialen Voraussetzungen und Trägern zu befragen sind (vgl. etwa Bourdieu (1992: 43 ff.) im Streitgespräch mit Vertretern der „Frankfurter Schule"). Demgegenüber muss sich der Konstruktivismus fragen lassen, wie Weltsichten und Wirklichkeitskonstruktionen in die Subjekte gelangen und wie zentrale politische Kategorien wie Herrschaft, Macht, Interessen, Konflikt überhaupt zugänglich zu machen sind (Ludwig 1999).

Beteiligungsstrukturen, soziale Ungleichheit, „Bildungsferne" und politische Bildung?

Eher wenig diskutiert wird in der politischen Bildung heute im Gegensatz zu den 1960er und 1970er Jahren das Thema „Bildung und soziale Ungleichheit". Soziale Ungleichheit taucht wohl, vor allem in der schulischen politischen Bildung, als ein zu vermittelndes Sachwissen über die Gesellschaft auf (Breit/Massing 2010). Weniger wird aber problematisiert, inwiefern politische Bildung soziale Ungleichheit zu adressieren hätte oder gar selbst von sozialer Ungleichheit betroffen ist und zur Reproduktion derselben beiträgt.

Im Bereich der politischen Erwachsenenbildung ist das Thema implizit enthalten im traditionsreichen Strang der Adressaten-, Zielgruppen- und Teilnehmerforschung, in dem es um die Beteiligungsstrukturen der Erwachsenenbildung insgesamt und wie man damit umgehen kann geht. Die erheblich ausgeprägte soziale Selektivität der Teilnahme ist dadurch gut belegt (Bremer 2010) und korrespondiert mit anderen Befunden zur politischen Partizipation und zu politischem Interesse (Böhnke 2011). Allerdings finden die Befunde im Diskurs meist wenig Resonanz. In den letzten Jahren ist das Thema unter dem Label „Bildungsferne" und „Politikferne" vermehrt im Diskurs aufgenommen worden (Detjen 2007). Häufig ist hier eine Abwehr zu beobachten. Dabei wird aus einer von normativ begründeten Bürgerleitbildern und von einem engeren Politikverständnis geprägten Perspektive heraus argumentiert, in der „bildungsferne" Gruppen als politisch defizitär erscheinen, denen fundamentale Voraussetzungen für politische Bildungsarbeit fehlen (so Schiele 2008: 286). Demgegenüber gibt es durchaus Studien, die politisches Interesse bei sozial benachteiligten, als vermeintlich bildungs-

und politikfern geltenden Lernenden aufzeigen (vgl. exemplarisch Kohl/Seibring 2012, für funktionale Analphabeten Pape 2011, für MigrantInnen Munsch 2010), an die politische Bildung anknüpfen kann (vgl. Widmaier/Nonnenmacher 2012).

Im Umgang politischer Bildung mit sozialer Ungleichheit wird demnach wie in anderen Fachdiskursen auch wiederum die Frage des Politikbegriffs relevant (Scherr 1995). Dabei erweisen sich engere Politikbegriffe und daraus hervorgehende Defizitperspektiven im Lichte der zuletzt genannten Befunde und Konzepte als nicht hinreichend, um dem drängenden Problem der sozialen Selektivität der politischen Bildung gerecht zu werden, weil sie die subtilen Prozesse der Ausgrenzung aus dem politischen Feld nicht hinreichend reflektiert (Bremer 2008). Zu fragen ist, inwiefern politische Bildung selbst an dieser Ausgrenzung beteiligt ist und damit einen Beitrag leistet zur Reproduktion der sozialen Selektivität in der politischen Partizipation und Bildung (Bremer 2012; Bittlingmayer u. a. 2012).

„Elementarisierung"

Unter dem Stichwort „Elementarisierung" politischer Bildung (Schiele 2009, vgl. mehrere Beiträge in Frech/Juchler 2011) werden neuerdings verstärkt Überlegungen angestellt, wie die bisherige mangelhafte Breitenwirkung politischer Bildung, die aufgrund ihrer insgesamt eher wissenschaftszentrierten Ausrichtung vor allem Angebote für bildungsnahe und ohnehin politikinteressierte Bevölkerungsruppen gemacht hat, korrigiert werden kann. Im Spannungsfeld zwischen Gegenstands- und Adressatenorientierung setzen diese Versuche an ersterer an, indem sie in Anknüpfung an das kategoriale Paradigma Politik auf das elementar für notwendig gehaltene Wissen reduzieren und allenfalls auf der Ebene der medialen und sprachlichen Vermittlung „Zugeständnisse" an die Adressaten machen; nur vereinzelt wird bislang versucht, das Konzept der Elementarisierung gleichzeitig auf die politikrelevanten alltagsweltlichen Deutungen und Voraussetzungen auszudehnen (Petrik 2011).

Politische Bildung und Bildungsmarkt

Vor allem in der außerschulischen politischen Bildung ist seit den 1990er Jahren die Frage der Marktorientierung brisant, die als eine Folge der übergreifenden Ökonomisierung des Bildungs- und Sozialwesens zu sehen ist. Die im Zuge neoliberaler Politik erfolgten Kürzungen öffentlich geförderter Weiterbildung haben diese Situation zum Teil dramatisch verschärft und zum Schließen zahlreicher Einrichtungen geführt. Auf außerschulischer politischer Bildung lastet, verschärft durch bundesweite Evaluationsstudien (Fritz u. a. 2006, Schröder u. a. 2004), der Druck, sich am Markt ökonomisch zu behaupten, wogegen sich aus leicht nachvollziehbaren Gründen generell breiter Widerstand regt (vgl. die Beiträge in Hufer u. a. 2004). Zum Teil wird darauf verwiesen, Zielgruppenkonzepte effektiver zu nutzen und in ein „Milieumarketing" (Barz/Tippelt 2004) zu überführen. Wenn damit verbunden ist, „marktgängige" Veranstaltungen für identifizierbare „zahlungskräftige Kunden" zu konzipieren, scheint jedoch die Gefahr begründet, dass die ursprünglich emanzipatorische Intention dieses oben bereits angerissenen Forschungsstrangs verloren geht – im Gegenteil bekommen ökonomisch potente Teilnehmenden durch politische Bildung zusätzliche Vorteile, um ihre Interessen durchzusetzen.

Kritische politische Bildung

Ein neuer Impuls für die Begründung und Ausgestaltung politischer Bildung geht seit kurzem von der „Kritischen politische Bildung" aus. Das ist aus soziologischer Perspektive vor allem deshalb interessant, weil damit explizit ein verstärkter (Wieder-) Anschluss der politischen Bildung an kritische Gesellschaftstheorien angestrebt wird. Gezielt wird darauf, Macht- und Herrschaftsverhältnisse moderner Gesellschaften angemessen zu analysieren und für politische Bildung zugänglich zu machen. Zudem gelte es aber auch, „einen kritisch reflexiven Blick auf die didaktische und pädagogische Praxis zu richten" (Lösch/Thimmel 2010: 7). Es bleibt vorerst abzuwarten, welche Wirkung die in dieser Positionierung implizit enthaltene Kritik an der gegenwärtigen, vor allem politikdidaktisch geprägten Theorie- und Praxisdiskussion haben wird. Sie ist jedoch als Impuls dagegen zu verstehen, dass in einer zu engen, politikwissenschaftlich begründeten gegenstandsbezogenen Perspektive der Bezug zu gesamtgesellschaftlichen Fragen verloren zu gehen droht.

4 Schlussbemerkung

Gerade diese letzten Bemerkungen lassen deutlich werden, welchen Beitrag die Soziologie für politische Bildung leisten kann. *Zum ersten* kann dieser darin bestehen, die Kritik am hegemonialen Diskurs zuzuspitzen, dem gegenwärtig bisweilen die Tendenz zu Selbstreferentialität und zum Durchsetzen eines „Ein- und Ausschlussmechanismus" (Steffens 2010: 26) innewohnt. Gerade aus der soziologischen Perspektive lassen sich vermeintlich rein fachliche Auseinandersetzungen als Ausdruck disziplinärer Verdrängungen und Kämpfe dechiffrieren. So kann der soziologische Blick durch das Aufdecken solcher Zusammenhänge dazu beitragen, die Rolle und den gesellschaftlichen Ort der politischen Bildung präziser zu bestimmen bzw. zu relationieren, indem Interessen und Intentionen der beteiligten Akteure analytisch offen gelegt werden. An dieser Stelle ist auch die Debatte um Demokratiepädagogik und politische Bildung zu verorten, in deren widerstreitenden Positionen sich Kämpfe um die Deutungshoheit über das Feld der politischen Bildung manifestieren. Dabei erstaunt, mit welcher Kontinuität adressaten- bzw. gegenstandsbezogene Perspektiven immer wieder in neuem Gewand zeigen.

Zum zweiten heben soziologische Arbeiten die Bedeutung und Verschärfung der sozialen Ungleichheit, insbesondere im Bildungswesen, hervor. Zwar wird das seit kurzem wieder vermehrt diskutiert; allerdings bleibt es vorerst oft bei einem Registrieren des Problems, ohne dass mögliche Konsequenzen für Konzeption und Ausgestaltung politischer Bildung nachhaltig ausbuchstabiert werden. Auch vor dem Hintergrund tatsächlicher oder vermeintlicher „postdemokratischer" Entwicklungen gewinnt das an Brisanz. Vieles spricht für eine Verschärfung der ohnehin bestehenden Selektivität der politischen Partizipation (Merkel/Petring 2011) und Bildung. Dies beinhaltet offensichtlich ein ernstes demokratiepolitisches Problem, solange Demokratie als „Regierung des Volkes durch das Volk für das Volk" (Abraham Lincoln) verstanden werden soll.

Zum dritten kann ein Beitrag der Soziologie für die politische Bildung in einer Präzisierung der Adressaten- oder Subjektorientierung liegen. Manche erziehungswissenschaftliche, oft empathisch aufgeladene Subjektbegriffe auf der einen und die häufig aus der Politikwissenschaft bzw. Politikdidaktik geäußerte Sorge vor einem ‚Zerfasern' des Gegenstands zugunsten einer diffusen Adressatenorientierung auf der anderen Seite lassen sich mit soziologisch und sozialisationstheoretisch geerdeten Subjektbegriffen vermeiden. Es gilt, „Entstehung und Verfestigung subjektiver und politischer Kompetenz bzw. Inkompetenz soziologisch zu erklären" und „klassen-, schicht- und milieuspezifisch ausgeprägte Formen politischer Subjektivität" in Rechnung zu stellen (Scherr 2010: 306 f.). In diesem Zusammenhang muss die Forschung zu politischer Sozialisation neu belebt werden und mit dem Problem der sozialen Ungleichheit und der Krise der politischen Repräsentation verbunden werden. Hier wären auch soziologisch akzentuierte Arbeiten (etwa von Bourdieu und Foucault) verstärkt aufzunehmen, die eine zunehmende Verschiebung von Herrschafts- und Machtstrukturen in die Subjekte betonen und auf symbolische Gewaltverhältnisse hinweisen.

Literatur

Arnold, Rolf/Siebert, Horst (1995): Konstruktivistische Erwachsenenbildung. Hohengehren: Schneider.

Aus Politik und Zeitgeschichte (2011): Schwerpunktheft „Ökonomische Bildung". 12/2011

Autorengruppe Fachdidaktik (2011): Konzepte der politischen Bildung. Schwalbach: Wochenschau.

Barz, Heiner/Tippelt, Rudolf (Hrsg.) (2004): Weiterbildung und soziale Milieus in Deutschland. 2 Bde. Bielefeld: wbv.

Bauer, Ullrich (2011): Sozialisation und Ungleichheit: Eine Hinführung. Wiesbaden: VS.

Beck, Ulrich (1986): Risikogesellschaft. Frankfurt/M.: Suhrkamp.

Beer, Wolfgang/Cremer, Will (1999): Die Träger außerschulischer politischer Bildung. In: Beer u. a. (1999), S. 111–144.

Beer, Wolfgang/Cremer, Will/Massing, Peter (1999) (Hrsg.): Handbuch politische Erwachsenenbildung. Schwalbach: Wochenschau.

Beutel, Wolfgang/Fauser, Peter (Hrsg.) (2007): Demokratiepädagogik: Lernen für die Zivilgesellschaft, Schwalbach: Wochenschau.

Bilger, Frauke/von Rosenbladt, Bernhard (2011): Weiterbildungsverhalten in Deutschland. Bonn/Berlin: bmbf.

Bittlingmayer, Uwe H./Gerdes, Jürgen/Sahrai, Diana/Scherr, Albert (2012): Entpolitisierung wider Willen? Anmerkungen zum Spannungsverhältnis von schulischen Social- und Life Skills-Programmen und politischer Bildung. In: Bremer u. a. , i. E.

Böhnke, Petra (2011): Ungleiche Verteilung politischer und zivilgesellschaftlicher Partizipation. In: Aus Politik und Zeitgeschichte 1-2/2011, S. 18–25.

Borinski, Fritz (1954): Der Weg zum Mitbürger. Düsseldorf/Köln: Diederichs.

Bourdieu, Pierre (1992): „Fieldwork in Philosophy". In: ders.: Rede und Antwort. Frankfurt/M.: Suhrkamp, S. 15–49.

Breit, Gotthard/Schiele, Siegfried (Hrsg.) (2002): Demokratie-Lernen als Aufgabe der politischen Bildung, Schwalbach: Wochenschau.

Breit, Gerhard/Massing, Peter (Hrsg.) (2010): Soziale Milieus: Politische und gesellschaftliche Lebenswelten in Deutschland. Schwalbach: Wochenschau.

Bremer, Helmut (2008): Das „politische Spiel" zwischen Selbstausschließung und Fremdausschließung. In: Außerschulische Bildung 3/2008, S. 266–272.

Bremer, Helmut (2010): Zugänge zur politischen Erwachsenenbildung. Milieupräferenzen und Mechanismen der Selektivität. In: Hessische Blätter für Volksbildung 4/2010, S. 325–335.

Bremer, Helmut (2012): „Bildungsferne" und politische Bildung. Zur Reproduktion sozialer Ungleichheit durch das politische Feld. In: Widmaier/Nonnenmacher (Hrsg.), i. E.

Bremer, Helmut/Kleemann-Göhring, Mark (2010): Demokratiepädagogik oder politische Bildung: Gegensatz oder falsche Alternative? In: Außerschulische Bildung 3/2010, S. 226–233.

Bremer, Helmut/Kleemann-Göhring, Mark/Teiwes-Kügler, Christel/Trumann, Jana (Hrsg.) (2012): Politische Bildung – politisierende Bildung – politische Sozialisation. Weinheim: Juventa, i. E.

Brokmeier, Boris/Ciupke, Paul (2010): Außerschulische politische Bildung zwischen Deskriptoren und Niveaustufen. Zur aktuellen Debatte um den Deutschen Qualifikationsrahmen. In: Außerschulische Bildung. 2/2010, S. 135–139.

Ciupke, Paul (1999): Historische Entwicklungslinien: Politische Erwachsenenbildung von der Aufklärung bis zum Ende des Nationalsozialismus. In: Beer u. a. (Hrsg.): S. 61–86.

Ciupke, Paul (2008): Verluste und Konstanten: Neue Zahlen und einige (auch alte) Erkenntnisse zur politischen Erwachsenenbildung in NRW. In: Außerschulische Bildung 2/2008, S. 210–211.

Claußen, Bernhard/Geißler, Rainer (Hrsg.) (1996): Die Politisierung des Menschen. Ein Handbuch, Opladen: Leske+Budrich.

Crouch, Colin (2008): Postdemokratie. Frankfurt/M.: Suhrkamp.

Dahl, Robert A. (2000): On Democracy, New Haven/London: Yale University Press.

Dahrendorf, Ralf (1965): Gesellschaft und Demokratie in Deutschland, München: Piper.

Detjen, Joachim (2007): Politische Bildung für bildungsferne Milieus. Aus Politik und Zeitgeschichte 32-33/2007, S. 3–8.

Detjen, Joachim/Sander, Wolfgang (2001): Konstruktivismus und Politikdidaktik: Ein Chat-Interview. In: Politische Bildung 4/2011, S. 128–138.

Durkheim, Émile (1984): Die Regeln der soziologischen Methode. Frankfurt/M.: Suhrkamp.

Edelstein, Wolfgang/Fauser, Peter (2001): Demokratie-Lernen als Aufgabe politischer Bildung. Gutachten zum BLK-Programm, Bonn: Bund-Länder-Kommission für Bildungsplanung und Forschungsförderung.

Embacher, Serge (2009): „Demokratie! Nein danke?" Demokratieverdruss in Deutschland, Bonn: J.HW. Dietz Nachf.

Fauser, Peter (2007): Demokratiepädagogik und politische Bildung. Ein Diskussionsbeitrag. In: Beutel, Wolfgang/Fauser, Peter (Hrsg.): S. 16–41.

Fraenkel, Ernst (1991): Deutschland und die westlichen Demokratien, Frankfurt/M.: Suhrkamp.

Frech, Siegfried/Juchler, Ingo (Hrsg.) (2011): Bürger auf Abwegen? Politikdistanz und politische Bildung, Schwalbach: Wochenschau.

Fritz, Karsten/Maier, Katharina/Böhnisch, Lothar (2006): Politische Erwachsenenbildung. Weinheim: Juventa.

Gagel, Walter (2005): Geschichte der politischen Bildung in der Bundesrepublik Deutschland 1945–1989/90, Wiesbaden: VS.

Gesellschaft für Politikdidaktik und politische Jugend- und Erwachsenenbildung (GPJE) (Hrsg.) (2002): Politische Bildung als Wissenschaft. Schwalbach: Wochenschau.

Goll, Thomas (2011): Demokratie-Lernen im Politikunterricht. In: ders. (Hrsg.) Bildung für die Demokratie. Beiträge von Politikdidaktik und Demokratiepädagogik, Schwalbach: Wochenschau, S. 101–123.

Hafeneger, Benno (1997): Geschichte der außerschulischen politischen Jugendbildung. In: ders. (Hrsg.): Handbuch politische Jugendbildung. Schwalbach: Wochenschau, S. 21–36.

Hafeneger, Benno (2011): Handbuch Außerschulische Jugendbildung: Grundlagen, Handlungsfelder, Akteure. Schwalbach: Wochenschau.

Hahn, Kornelia (1997): Politische Bildung als angewandte Soziologie. In: Lamnek (Hrsg.): S. 81–114.

Hedtke, Reinhold (2011): Die politische Domäne im sozialwissenschaftlichen Feld. In: Autorengruppe Fachdidaktik (Hrsg.): S. 51–68.

Herdegen, Peter (2010): Von der kategorialen Politik-Didaktik zu Basiskonzepten der Sozialwissenschaften? Zum Problem der Inhaltsauswahl in der Politischen Bildung. In: Gesellschaft-Wirtschaft-Politik (GWP) 1/2010, S. 131–144.

Hopf, Christel/Hopf, Wulf (1997): Familie, Persönlichkeit, Politik. Weinheim: Juventa.

Hufer, Klaus-Peter (2001): Konstruktivismus in der Kritik. In: Erwachsenenbildung 1/2001, S. 2–6.

Hufer, Klaus-Peter (2008): Funktionalität statt Aufklärung? Politische Erwachsenenbildung und die Konjunktur der Kompetenz. In: kursiv. Journal für politische Bildung 3/2008, S. 12–17.

Hufer, Klaus-Peter (2012): Politische Erwachsenenbildung: Programme und Konzeptionen als Spiegel gesellschaftspolitischer Verhältnisse und fachdidaktischer und wissenschaftlicher Trends In: Bremer u. a. (Hrsg.), i. E.

Hufer, Klaus-Peter/Pohl, Kerstin/Scheurich, Imke (Hrsg.) (2004): Positionen der politischen Bildung 2. Ein Interviewbuch zur außerschulischen Jugend- und Erwachsenenbildung. Schwalbach: Wochenschau.

Klafki, Wolfgang (1963): Studien zur Bildungstheorie und Didaktik, Weinheim: Beltz.

Kohl, Wiebke/Seibring, Anne (Hrsg.) (2012): „Unsichtbares" Politikprogramm? Themenwelten und politisches Interesse von bildungsfernen Jugendlichen. Bonn: bpb. i. E.

Kuhn, Hans-Werner/Massing, Peter/Skuhr, Werner (Hrsg.) (1993): Politische Bildung in Deutschland. Entwicklung – Stand – Perspektiven, Opladen: Leske+Budrich.

Lamnek, Siegfried (Hrsg.) (1997): Soziologie und Politische Bildung. Opladen: Leske+Budrich.

Lange, Dirk (2009): Demokratiepädagogik und Politische Bildung. Zwischen Fachlichkeit und Schulprinzip. In: Beutel, Wolfgang/Fauser, Peter (Hrsg.): Demokratie, Lernqualität und Schulentwicklung, Schwalbach: Wochenschau, S. 43–54.

Lösch, Bettina/Thimmel, Andreas (Hrsg.) (2010): Kritische politische Bildung. Ein Handbuch. Schwalbach: Wochenschau.

Ludwig, Joachim (1999): Subjektperspektiven in neueren Lernbegriffen. In: Zeitschrift für Pädagogik 5/1999, S. 667–682.

Massing, Peter (2002): Demokratie-Lernen oder Politik-Lernen? In: Breit/Schiele (Hrsg.): S. 160–187.

Massing, Peter (2004): Der Kern der politischen Bildung? In: Breit, Gotthard/Schiele, Siegfried (Hrsg.): Demokratie braucht Bildung, Schwalbach: Wochenschau, S. 81–98.

Massing, Peter (2007): Bezugswissenschaften. In: Weißeno, Georg/Hufer, Klaus-Peter/Kuhn, Hans-Werner/Massing, Peter/Richter, Dagmar (Hrsg.) (2007): Wörterbuch Politische Bildung. Schwalbach: Wochenschau, S. 30–38.

Merkel, Wolfgang/Petring, Alexander (2011): Partizipation und Inklusion. In: Demokratie in Deutschland 2011 – Ein Report der Friedrich-Ebert-Stiftung, verfügbar unter: http://www. demokratie-deutschland-2011.de/common/pdf/Partizipation_und_Inklusion.pdf.

Meyer, Thomas (2009): Was ist Politik? Opladen: Leske+Budrich.

Munsch, Chantal (2010): Engagement und Diversity. Der Kontext von Dominanz und sozialer Ungleichheit am Beispiel Migration. Weinheim: Juventa.

Negt, Oskar (1975): Soziologische Phantasie und exemplarisches Lernen. Frankfurt/M.: EVA.

Neugebauer, Gero (2007): Politische Milieus in Deutschland. Bonn: Dietz.

Nonnenmacher, Frank (2011): Handlungsorientierung und politische Aktion in der schulischen politischen Bildung. Ursprünge, Grenzen und Herausforderungen, In: Widmaier, Benedikt/Nonnenmacher, Frank (Hrsg.): Partizipation als Bildungsziel. Politische Aktion in der politischen Bildung, Schwalbach: Wochenschau, S. 83–99.

Patzelt, Werner J. (2004): Demokratieerziehung oder politische Bildung? Eine Auseinandersetzung mit Peter Fauser. In: Kursiv: Journal für politische Bildung 8 (4): S. 66–76.

Pape, Natalie (2011): Politische Partizipation aus der Sicht funktionaler Analphabet/inn/en. In: Report 34. (3), S. 15–23.

Petrik, Andreas (2011): Zwischen Abstraktion und Analogie. Grundformen politikdidaktischer Elementarisierung an Unterrichtsbeispielen. In: Frech/Juchler (Hrsg.): S. 241–270.

Pohl, Kerstin (Hrsg.) (2004): Positionen der politischen Bildung 1. Ein Interviewbuch zur Politikdidaktik. Schwalbach: Wochenschau.

Reichling, Norbert (1999): Ziele und Erwartungshorizonte politischer Erwachsenenbildung. In: Beer u. a., S. 145–166.

Reinhardt, Sybille (2006): Konfliktfähigkeit als Demokratiekompetenz. In: Gesellschaft-Wirtschaft-Politik (GWP) 1/2006, S. 101–113.

Sander, Wolfgang (2002): Von der Volksbelehrung zur modernen Profession. In: Butterwegge, Christoph/Hentges, Gudrun (Hrsg.): Politische Bildung und Globalisierung. Opladen: Leske+Budich, S. 11–24.

Sander, Wolfgang (Hrsg.) (2005): Handbuch politische Bildung. Schwalbach: Wochenschau.

Sander, Wolfgang (2007): Demokratie-Lernen und politische Bildung. Fachliche, überfachliche und schulpädagogische Aspekte. In: Beutel/Fauser (Hrsg.): S. 71–85.

Scherr, Albert (1995): Soziale Identitäten Jugendlicher. Opladen: Leske+Budrich.

Scherr, Albert (2010): Subjektivität als Schlüsselbegriff kritischer politischer Bildung. In: Lösch/Thimmel (Hrsg.): S. 303–314.

Schiele, Siegfried (2008): Politische Bildung für alle – kein Traum, sondern eine Notwendigkeit. In: Außerschulische Bildung 3/2008, S. 280–287.

Schiele, Siegfried (2009): Elementarisierung politischer Bildung. Überlegungen für ein Konzept. In: Oberreuter, Heinrich (Hrsg.): Standortbestimmung Politische Bildung, Schwalbach: Wochenschau, 349–363.

Schiele, Siegfried/Schneider, Herbert (Hrsg.) (1992): Reicht der Beutelsbacher Konsens? Schwalbach: Wochenschau.

Schröder, Achim/Balzter, Nadine/Schroedter, Thomas (2004): Politische Jugendbildung auf dem Prüfstand. Ergebnisse einer bundesweiten Evaluation. Weinheim: Juventa.

Späte, Katrin (2012): Ideale Demokratie? Eine kritische Diskussion schulischer politischer Bildungskonzepte aus soziologischer Perspektive. In: Bremer u. a. 2012: i. E.

Steffens, Gerd (2010): Braucht kritisch-emanzipatorische Bildung heute eine Neubegründung? In: Lösch/Thimmel (Hrsg.): S. 25–36.

Tschirner, Martina (2009): Das neue Fach „Politik und Wirtschaft": Citoyen oder Bourgois? In: Kluge, Sven/Steffens, Gerd/Weiß, Edgar (Hrsg.): Entdemokratisierung und Gegenaufklärung, Jahrbuch für Pädagogik 2009, Frankfurt/M. u. a.: Peter Lang, S. 125–135.

Vester, Michael (2001): Milieus und soziale Gerechtigkeit. In: Korte, Karl-Rudolf/Weidenfeld, Werner (Hrsg.): Deutschland-Trendbuch. Opladen: Leske+Budrich, S. 136–183.

Vester, Michael (2003): Autoritarismus und Klassenzugehörigkeit. In: Demirovic, Alex (Hrsg.): Modelle kritischer Gesellschaftstheorie. Stuttgart/Weimar: J. B. Metzlar., S. 195–224.

Vester, Michael/von Oertzen, Peter/Geiling, Heiko/Hermann, Thomas/Müller, Dagmar (2001): Soziale Milieus im gesellschaftlichen Strukturwandel. Frankfurt/M.: Suhrkamp.

Weißeno, Georg (2002): Demokratie besser verstehen – Politisches Lernen im Politikunterricht. In: Breit/Schiele (Hrsg.): S. 95–116.

Weißeno, Georg/Detjen, Joachim/Juchler, Ingo/Massing, Peter/Richter, Dagmar (2010): Konzepte der Politik – ein Kompetenzmodell. Bonn: bpb

Widmaier, Benedikt (2008): Bezugswissenschaften und Wissenschaftsbezüge der (katholisch-sozial orientierten) Politischen Bildung. AKSB-Dossier, [verfügbar unter: http://www.aksb.de/upload/dateien/Bezugswissenschaften_17_11_2008endgklein.pdf]

Widmaier, Benedikt/Nonnemacher, Frank (Hrsg.) (2012): Politische Bildung unter erschwerten Bedingungen. Schwalbach: Wochenschau, i. E.

Zeuner, Christine (2009): Zur Bedeutung gesellschaftlicher Kompetenzen im Sinne eines kritischen bildungstheoretischen Ansatzes. In: Bolder, Axel/Dobischat, Rolf (Hrsg.): Eigen-Sinn und Widerstand. Kritische Beiträge zum Kompetenzentwicklungsdiskurs. Jahrbuch Arbeit und Bildung 1. Wiesbaden: VS, S. 260–281.

Außerschulische Jugendbildung

Benno Hafeneger

Die außerschulische Jugendbildung ist ein eigenständiges, plurales und institutionalisiertes Lern- und Erfahrungsfeld mit vielfältigen Angeboten in der Freizeit von Jugendlichen und jungen Erwachsenen. Sie ist sowohl Teil des Bildungssystems als auch der Jugendhilfe/-arbeit nach SGB VIII (KJHG) mit einem eigenen Auftrag und mit einer Rechtsgrundlage, die neben der rahmenden Bundesgesetzgebung weiter in den Ausführungsgesetzen und Richtlinien der Bundesländer sowie kommunalen Förderrichtlinien geregelt ist. Das Feld ist einerseits Teil der Jugendarbeit, andererseits hat es – in Abgrenzung zur formalen und informellen Bildung – auch eine eigene und abgrenzbare Angebotsstruktur als non-formales Lern- und Bildungsfeld (vgl. Pothmann 2011). Im engeren Sinne gehört – so die bundesgesetzliche Formulierung – nach § 11, Abs. 3 KJHG (SGB VIII) zu den Schwerpunkten der Jugendarbeit die „außerschulische Jugendbildung mit allgemeiner, politischer, sozialer, gesundheitlicher, kultureller, naturkundlicher und technischer Bildung". Weiter sind nach § 11 als Zielsetzungen formuliert, die Jugendlichen „zur Selbstbestimmung zu befähigen und zu gesellschaftlicher Mitverantwortung und zu sozialem Engagement anzuregen und hinzuführen".

Begriff und Bildungsinstitution

In der neueren Geschichte des Bildungswesens und -systems sowie der Differenzierung der Jugendpflege/-arbeit hat sich mit der außerschulischen Jugendbildung – für die Lebensphase der verlängerten und differenzierten, individualisierten und entgrenzten Jugendzeit – unter dem Aspekt von „Bildung in der Freizeit" und als Baustein von lifelong learning ein breites und differenziertes Spektrum von Strukturen und Trägern, Bildungsorten und Angeboten sowie ein traditionsreicher normativer und theoretisch-konzeptioneller Horizont mit zugehörigen Praktiken entwickelt (Thole 2000, Lüders/Behr-Heintze 2009, Hafeneger 2011a). Der Versuch, über das Feld und die Institutionen einen Überblick zu geben, muss mit einer Reihe von Unschärfen und Begründungsverpflichtungen fertig werden; der Begriff außerschulische Jugendbildung bündelt heterogene Praxisfelder, Institutionen, Arbeitsformen und Zielgruppen. So werden in dem neueren Handbuch (Hafeneger 2011a) neben bildungstheoretischen Reflexionen und strukturellen Einordnungen insgesamt 23 themenbezogene Handlungsfelder vorgestellt, die zeigen, wie differenziert und vielschichtig die Trägerlandschaft, die konzeptionellen Ansätze, offenen Curricula und Praxisentwicklungen sind. Danach umfasst und ermöglicht die außerschulische Jugendbildung u. a. die politische, kulturelle, interkulturelle, religiöse, soziale, technische, historisch-politische, ökologische, beruforientierte, biografische, internationale, globalisierte, sexuelle, körperbezogene Bildung; dann die Menschenrechts-, Gesundheits-, Medien-, Mädchen-, Jungenbildung, sowie Bildung für nachhaltige Entwicklung (BNE) und Bildung gegen rechtsextreme Orientierungen.

Bereits mit Blick auf einzelne Schwerpunktbereiche zeigt sich eine heterogene Landschaft, die durch den hohen Stellenwert bzw. die Schwerpunktsetzung in den Bereichen der politischen und kulturellen Bildung gekennzeichnet ist. So gibt es „ein breites Angebot im Bereich der politischen Bildung. Konfessionell und gewerkschaftlich geprägte Bildungsträger (z. B. in Form von Akademien) gehören hierzu ebenso wie die Bildungswerke der Wirtschaft, die Bundes- und Landeszentralen für politische Bildung, viele Angebote der Volkshochschulen, der Jugendverbände und die politischen Stiftungen. Es gibt landes- und bundesweit tätige Dachverbände, eigene Publikationsorgane und ein breites Spektrum an Angeboten und Aktivitäten bis hinein in das Internet" (Lüders/ Behr-Heintze 2009: 450).

Das Feld der außerschulischen Jugendbildung ist von konstituierenden Strukturelementen und einem Spannungsfeld bestimmt, zu denen u. a. die Förder- und Trägerinteressen, das Professionswissen und -können, die Bildungsbedürfnisse und Interessen von Jugendlichen, die rechtlichen und materiellen Bedingungen (Ressourcen) sowie die (professionellen) Spielräume im Feld der Träger zählen. Es ist eingebunden in die jeweils zeitbezogenen bildungs- und wohlfahrtspolitischen Interessen und Konstellationen sowie die Bedeutung von Jugendpolitik. Mit der beginnenden Verrechtlichung und Förderung der außerschulischen Jugendbildung im Rahmen der Jugendpflege/-arbeit gibt es zunächst in der Wilhelminischen Zeit (mit den Preußischen Jugendpflegeerlassen) zu Beginn des 20. Jahrhunderts ein eindeutiges Anpassungsinteresse; mit der Jugendpflege sollte die junge Generation hin zu „Kaiser, Gott und Vaterland" beeinflusst und verpflichtet werden. In der Weimarer Republik entwickeln sich mit dem Reichsjugendwohlfahrtsgesetz (RJWG) aus dem Jahr 1924 ein Trägerpluralismus und ein breites Bildungsangebot. In der Geschichte der Bundesrepublik ist die gesetzliche Grundlage zunächst im Jugendwohlfahrtsgesetz (JWG), dann ab 1990 im Kinder- und Jugendhilfegesetz (KJHG) geregelt. In den 1970er Jahren tragen neue Ländergesetze (Jugendbildungsförderungsgesetze) zur Förderung und einen breiten Ausbau der außerschulischen Jugendbildung bei (vgl. Dudek 1990, Naudascher 1990, Hafeneger 1992).

In der Gesetzes- und Förderungsgeschichte verändern sich die politischen und fachlichen Interessen und Schwerpunkte; dabei schwankt die Förderung seit Beginn der 1980er Jahre zwischen Ausbau, Stagnation und Abbau. Die gegenwärtige Situation wird vom Bundesjugendkuratorium (BJK) als relative Bedeutungslosigkeit von Jugendpolitik charakterisiert, die nicht zuletzt mit der Schwierigkeit verbunden ist, die „Jugend unter heutigen gesellschaftlichen Bedingungen überhaupt noch als Gegenstand politischen Handelns begrifflich genau zu fassen. Jugend als klar umrissene Lebensphase, als Übergangsphase vom Status der Kindheit in den des Erwachsenen scheint sich weitgehend verflüchtigt zu haben. Es wird daher zunehmend begründungsbedürftig, Jugendpolitik als eigenes Handlungsfeld sowohl gegenüber einer Politik für Kinder als auch einer Politik für (junge) Erwachsene abzugrenzen" (2009: 10).

Die Breite der professionellen Arbeitsfelder begründet sich bildungstheoretisch und fachpolitisch – so die pädagogische Denkfigur – aus der Perspektive der verlängerten Jugendphase, des aktiven, adoleszenten Jugendlichen und jungen Erwachsenen im Alter zwischen 12 und 27 Jahren, die mit ihren Übergängen, Bewältigungsaufgaben und Entwicklungslogiken auf der Suche nach Orientierung und Inspiration, Identität und Integration sind. Dabei bieten Bildungsorte/-zonen und -zeiten in der Freizeit selbstgesteuerte Reflexions- und Wissenserwerbsprozesse; sie sind – im klassischen und engeren Sinne – von Einmal- und Kurzzeitveranstaltungen (in Form von Seminaren, Tagungen, Fortbildungen, Schulungen, Ausbildungen, Workshops, Reisen etc.) und auch durch längerfristigen Kooperationskontexten und befristeten Projekten gekennzeichnet. Hier ist die Profession zuständig für die Vorbereitung, Durchführung und Auswertung von spezifischen non-formalen (trägerbezogenen) Angeboten und Schwerpunkten, Programmen und Formaten. Solche non-formalen Bildungsangebote und Absichten folgen einem offenen Curriculum, schwach vorstrukturieren Lernsettings und pädagogisch intendierten Absichten. Diese Merkmale gehören zum „Kernbestand" einer Profession, die als Jugendbildungsreferenten, Dozenten oder pädagogische Mitarbeiter ausgewiesen sind.

Außerschulische Jugendbildung – eine non-formale und informelle Bildungswelt

In der neueren Bildungsdiskussion hat zunächst mit dem 12. Kinder- und Jugendbericht der Bundesregierung (2005) und dann folgenden Publikationen eine fruchtbare Differenzierung und Neu-Akzentuierung des Bildungsbegriffs und auch der Bildungsfelder eingesetzt. Danach ist die außerschulische Jugendbildung im engeren Sinne ein non-formales Bildungsfeld mit eigenen Orten, Zeiten und Inhalten, mit eigenen konzeptionellen, normativen und theoretischen Horizonten. In ihm werden professionell begleitet, arrangiert und bei freiwilliger Teilnahme jugendliche Bildungsprozesse ermöglicht und begleitet; diese sind bildungsdialogisch ausgerichtet und beziehen sich auf den handelnden Jugendlichen mit den von ihm eingebrachten Motiven und begründeten Bildungsbedeutungen. Lernen und Bildung wird als ein vielschichtiger, kognitiver und emotionaler, sozialer und biografischer Vorgang verstanden.

Der wissenschaftlich-systematische und empirische Blick auf die formale Bildung (vor allem in der Schule als zentralem formalen Bildungsort), die non-formale Bildung (u. a. angeboten von Trägern der Jugendarbeit/-bildung, Bildungsstätten, Akademien) und die informelle Bildung (im Jugendleben, im Alltag der Kinder- und Jugendarbeit) sowie auf die jeweiligen Implikationen (Settings, Bildungsprozesse) hat in den letzten

Jahren einen Bildungsdiskurs zwischen und innerhalb der jeweiligen Akteursgruppen provoziert (vgl. Otto/Rauschenbach 2004, Otto/Kutscher 2004, BMFSFJ 2005, Harring u. a. 2007, Tippelt/Schmidt 2009, Lüders/Behr-Heintze 2009, Coelen/Gusinde 2011). Dabei wird die außerschulische Jugendbildung im engeren Sinne als non-formale und im weiteren Sinne auch als informelle Bildung definiert und verstanden. Sie wird als ein aktiver Prozess charakterisiert, in dem sich das Subjekt eigenständig und selbsttätig in der Auseinandersetzung mit der politischen, sozialen, kulturellen und natürlichen Umwelt bildet. Die Bildung des jugendlichen Subjekts in diesem Sinne braucht folglich außerschulische und außerfamiliale Bildungsgelegenheiten durch eine stimulierende Umwelt und die Auseinandersetzung mit Personen in der institutionalisierten Welt der Bildung. Diese erfolgt dabei in einem Ko-Konstruktionsprozess zwischen einem lernwilligen Subjekt und seiner sozialen Umwelt. Danach finden in modernen Gesellschaften – so ihre Entwicklungslogik – Bildungs- und Lernprozesse an unterschiedlichen Bildungsorten (gerade auch vor, neben und nach der Schule, weil Bildung mehr als Schule ist) statt, in denen sich wiederum unterschiedliche Bildungs- und Lernmöglichkeiten eröffnen. Rauschenbach (2009) bietet mit dem Begriff der „anderen Seite der Bildung" bzw. „Alltagsbildung" drei ineinander verwobenen Dimensionen an, die er mit „anderen Bildungsorten", die „anderen Modalitäten" und die „anderen Inhalte" verbindet (S. 84 f.). Nach dem erweiterten Bildungskonzept findet Bildung und Lernen von Kindern und Jugendlichen „an unterschiedlichen Bildungs- und Lernorten statt, da Bildungsprozesse keine institutionellen Grenzen kennen, sich zeitlich, räumlich und sozial nicht eingrenzen lassen" (Deutscher Bundestag 2005: 91). Nach diesem Konzept strukturiert sich die Bildungs- und Lernwelt systematisch folgendermaßen:

1. Die formale Bildung beschreibt das hierarchisch strukturierte und zeitlich aufeinander folgende Bildungs- und Ausbildungssystem und hat einen weitgehend verpflichtenden Charakter mit anerkannten Abschlüssen und Qualifikationen. Formale Bildung erfolgt in den dafür eingerichteten Institutionen – Schule, Hochschule, Ausbildung – nach verschulten Lernarrangements (verbunden mit kognitiv verengten Standards und Kompetenzen). Die formale Bildung ist ein Feld, auf dem soziale Unterschiede ausgespielt werden (Bude 2011). Dabei gehört zu den historischen Verdiensten der Schule, dass sie „nicht nur der wichtigste institutionelle Bildungsakteur für Kinder und Jugendliche, sondern auch ein elementarer Lernbeschleuniger für das thematische Spektrum der inkludierten Unterrichtsfächer" ist (Rauschenbach 2009: 77). Weiter wird in der neueren Schuldiskussion auf ungenutzte Potentiale des Bildungsraumes Schule hingewiesen, die über eine kognitiv ausgerichtete Unterrichtsschule hinausgeht und sich in den Perspektiven einer „guten" Ganztagsschule entfalten können.

2. Die non-formale Bildung vollzieht sich in Formen organisierter Bildung und als Lernen neben dem formalen Bildungs- und Ausbildungssystem, die Teilnahme ist üblicherweise freiwillig und hat Angebotscharakter. Hierzu zählen Bildungsange-

bote wie Seminare, Fortbildungen, Schulungen, workshops und vielfältige produktive Formate der Aneignung und Gestaltung (z. B. Theater, Musik, Reisen, web 2.0), der Bewegung und von Körpererfahrungen (vgl. Niekrenz/Witte 2011), die von unterschiedlichen öffentlichen und freien Trägern, Verbänden, Vereinen oder Initiativen angeboten werden. Die Lernsettings sind bei aller Planung immer auch offen und flexibel, die Teilnehmer sind als Akteure aktiv in die inhaltlichen Akzentsetzungen, den Verlauf und die Gestaltung der Bildungsvorhaben einbezogen. Diese sind an den Interessen der Teilnehmer orientiert, führen zu keinem Abschluss, haben oftmals aber einen ergänzenden Charakter zum formellen Bildungs- und Ausbildungssystem und werden teilweise auch zertifiziert. Hier gilt für erfolgreiche Bildungsprozesse, dass „arrangierte Bildungssettings auf der einen Seite in Rechnung stellen müssen, dass Lernende selbst konstitutiv am Bildungsgeschehen zu beteiligen sind, dass sie aber zugleich auf der anderen Seite auch gezielte Lernstimuli und gestaltete Lernumgebungen benötigen" (Rauschenbach 2009: 111). Themenbezogene Bildungsangebote im Rahmen von Seminaren, Kursen, Lehrgängen etc. finden im institutionalisierten und organisatorischen Rahmen mit „elaborierten Vermittlungsformen" statt (Lüders/Behr-Heintze 2009: 458)

3. Die informelle Bildung bzw. das informelle Lernen beschreibt ungeplante und nicht-intendierte, situative und beiläufige Bildungs- und Lernprozesse, die sich als Begleiterscheinungen im Alltag von Jugendarbeit/-hilfe, Familie, Nachbarschaft, Peer Group und Jugendkultur, Arbeit, Medien und Freizeit ergeben bzw. ermöglicht werden. Dies sind Bildungsorte, die institutionell organisiert sind, aber nicht ausschließlich einen Bildungsauftrag haben; oder auch Orte ohne organisierte Bildungsmerkmale, die aber mit Bildungsprozessen en passant (beiläufig) verbunden sind. Nach dem 12. Kinder- und Jugendbericht (2005) sind die Einrichtung der Kinder- und Jugendarbeit „institutionalisierte Bildungsorte"; zu ihnen gehören nach § 11 (3) SGB – neben den Bereichen der außerschulischen Jugendbildung als nonformale Bildung – die „Jugendarbeit in Sport, Spiel und Geselligkeit; arbeitswelt-, schul- und familienbezogene Jugendarbeit; internationale Jugendarbeit; Kinder- und Jugenderholung; Jugendberatung".

Im informellen Lernen geht es um freiwilliges Selbstlernen, das im Lebenslauf (als bildungsbiografischer Bestandteil) und in unmittelbaren Zusammenhängen und kommunikativen Alltagswelten des Lebens und Handelns stattfindet. So ist die Jugendarbeit ein bedeutsamer Ort für die – vorübergehende und/oder prägende – Persönlichkeits- und Mentalitätsentwicklung, für alternative und partizipative Erfahrungen, für Anerkennung und Selbstbestimmung, den Erwerb von Kompetenzen, von Orientierung und Lebensgewohnheiten. „Für die offenen Angebote außerschulischer Bildung, für die entsprechende verbandliche, ebenso wie für die offene Jugendarbeit gilt, dass außerschulische Bildung nicht den Gegenstand und das Ziel expliziter Bemühungen, spezifischer Verfahren und Strukturen darstellt, sondern gleichsam nebenher geschieht" (Lüders/

Behr-Heintze 2009: 458). Nach Rauschenbach (2009) gehören zu den Kernelementen der Bildung in dem freiwilligen Angebotsfeld der Jugendarbeit vor allem „Prozesse der Aneignung, der Anerkennung, der Selbstentfaltung, der Selbstbestimmung, der anderen, alternativen Erfahrungen, vergleichsweise frei von Zwängen" (S. 197). Weitere bedeutsame informelle Lern- und Bildungsorte sind die jugendkulturellen Szenen und informellen Cliquen sowie – vor dem Hintergrund medientechnischer Innovationen – die Mobiltelefone, das Internet und Web 2.0. Mit den netzgestützten Lernformen (E-Learning), der Nutzung von und Teilnahme an virtuellen sozialen Netzwerken, der Kommunikation über Chats und Newsgroups, dann Web 2.0 mit der Möglichkeit umfassender Eigenaktivität, dialogischer Lernformen und Partizipation, entstehen auch neue Gruppen-, Erlebnis und Bildungsgemeinschaften, verändern sich zeitliches und räumliches Empfinden sowie Gesprächskulturen (vgl. Schorb 2010).

Neben dem non-formalen Lernfeld und der Profession, die für die Organisation von Lernprozessen – im Sinne von Ko-Produktionsprozessen – zuständig ist, hat vor allem das informelle Lernen bzw. die informelle Bildung u. a. in der Jugendarbeit (vor allem der offenen Jugendarbeit und Jugendverbandsarbeit) in der pädagogischen Diskussion neu an Bedeutung gewonnen (vgl. Müller u. a. 2005, Cloos u. a. 2007, Thole 2008, Lüders/Behr-Heintze 2009). „Danach realisiert sich Bildung in der sozial-pädagogischen Arena der Kinder- und Jugendarbeit durchaus erfolgreich, vorausgesetzt, dass die Prämisse ‚sparsamer‘, zurückhaltender pädagogischer Intervention im Vollzug eines immer auch ‚mitmachenden‘ Handelns, in denen andere Orientierungen und Perspektiven auf die Welt kommuniziert und sichtbar von den PädagogInnen vorgetragen werden, auf Akzeptanz trifft. Die in der Kinder- und Jugendarbeit von den AdressatInnen zu generierende Bildung basiert auf dieser Übereinkunft und auf der Aneignung von nur informell erfahrbarem Wissen. Sie ist vornehmlich lebensweltbezogene, Alltagskommunikation abstützende, sozial und kulturell kanonisierte Bildung eines nicht-formalisierten Lernvorgangs und basiert auf Wissen, auf das zur Realisierung und Abstützung des Alltag routiniert zurückgegriffen werden kann" (Thole 2008: 337).

In der offenen und verbandlichen Jugendarbeit, den beiden bedeutsamen Bildungsorten und Lernwelten der Jugendarbeit, gibt es vielfältige Lern- und Bildungsgelegenheiten in den Prozessen des Erwachsenwerdens. Zu dem großen Potential gehört „nahezu alles, was sich als außerschulisches Themenspektrum für Kinder und Jugendliche anbietet" (Rauschenbach 2009: 185). Dies reicht in den Jugendverbänden mit ihren unterschiedlichen Eigenwelten und Gesellungsformen von Sport und Bewegung, über den Naturschutz, das Rettungswesen bis hin zu interkulturellen Begegnungen, Ferienlager und erlebnispädagogische Aktivitäten sowie Formen des ehrenamtlichen Engagements. Die offene Jugendarbeit ist ein Bildungsraum mit alltäglich-situativen Bildungsgelegenheiten und -vollzügen, die von Arbeitsgruppen, über learning by doing bis hin zur Austragung von Konflikten, kreativen Selbstinszenierungen, Performances im jugendkulturellen Alltag und zur freiwilligen Selbstverwaltung reichen (vgl. Müller/Schmidt/Schulz 2005, Schulz 2010).

Kompetenzen in der Jugendbildung

Im 12. Kinder- und Jugendbericht (2005) wird beschrieben, welche Kompetenzen, Fähigkeiten und Fertigkeiten die junge Generation für die Bewältigung ihres zukünftigen Lebens beherrschen sollte um sich in der modernen Wissensgesellschaft zurechtzufinden. Unterschieden wird dabei zwischen kultureller Kompetenz (sprachlich-symbolische Welt), instrumenteller Kompetenz (Fähigkeit, mit der materiell-dinglichen Welt umzugehen), sozialer Kompetenz (Auseinandersetzung mit der sozialen Welt) und der personalen Kompetenz (ästhetisch-expressive Fähigkeiten). Mit der Übernahme des Kompetenzbegriffes und seiner Differenzierung (z. B. in Fach-, Sozial- und Methodenkompetenz, in fachliche und überfachliche Kompetenzen, in soziale, emotionale und kommunikative Kompetenzen, in hard skills und soft skills) sowie der skizzierten Unterscheidung von formalen, non-formalen und informellen Lernen „wird seit einigen Jahren die gesamte Bildungsdiskussion neu akzentuiert" (Rohlfs u. a. 2008; vgl. dazu kritisch Gelhard 2011).

In der außerschulischen Jugendbildung ist der Kompetenzbegriff in zweierlei Richtung aufgenommen worden. Einmal ist damit nach Negt (1994, 2010) die Vermittlung von sechs Kompetenzen bzw. gesellschaftlichen Schlüsselqualifikationen gemeint, um Menschheitsprobleme und Zukunftsaufgaben lösen zu können: „Den Umgang mit bedrohter und gebrochener Identität lernen (Kompetenz der Fremd- und Selbstwahrnehmung); gesellschaftliche Wirkungen begreifen und Entscheidungsvermögen entwickeln (technologische Kompetenz); der pflegliche Umgang mit Menschen und Dingen (ökologische Kompetenz); Erinnerungs- und Utopiefähigkeit (historische Kompetenz); Sensibilität für Enteignungsverfahren, Wahrnehmungsfähigkeit für Recht und Unrecht, für Gleichheit und Gerechtigkeit (Gerechtigkeitskompetenz); die wirtschaftlichen Zusammenhänge des Gemeinwesens verstehen, ohne die Sicht auf betriebswirtschaftliche Funktionsweisen zu verengen" (1994: 276 ff.). Ein anderer Akzent betont in der sozialpädagogischen Denktradition die Entwicklung von Lebensführungs- und Lebensbewältigungskompetenzen, die es den Individuen mit den vier Weltbezügen – kulturelle, instrumentelle, soziale und personale Kompetenzen – ermöglichen sollen, ihre biografischen Übergänge und Prozesse des Erwachsenwerdens produktiv zu bewältigen und zu gestalten. Hier zeigen empirische Befunde die Bedeutung und Vielfalt der spezifischen Potenziale der außerschulischen Jugendbildung; so werden z. B. in den Bildungs- und Lernwelten des freiwilligen Engagements soziale, partizipative, reflexive und demokratische Kompetenzen erworben (vgl. Wahler u. a. 2008, Rauschenbach 2009).

Konzeptionelle Ansätze und empirische Befunde

Die normativen, theoretisch-konzeptionellen Ansätze der außerschulischen Jugendbildung haben in der Geschichte der Bundesrepublik eine lange Tradition. Sie reichen von

demokratisch-emanzipatorischen, subjektorientierten, sozial-räumlichen und bezie-
hungsorientierten Fundierungen bis hin zu unterschiedlichen konzeptionellen Ansätzen
in der Mädchen-/Jungenbildung, in der politischen, interkulturellen, ökologischen, internationalen, medienorientierten, bewegungsorientierten, ästhetischen, erlebnisorien-
tierten und religiösen Bildung (vgl. Hafeneger 2011a). In der Diskussion um das Kom-
petenzprofil, die Qualifikationen und Merkmale der Profession werden seit den 1960er
Jahren – orientiert an bzw. verwoben mit theoretisch-konzeptionellen Debatten und
Theorien der Jugendarbeit – unterschiedliche normative Begründungen entwickelt. Das
gilt vor allem für die politische Jugendbildung, die zeitweise zum Zentrum der Diskurse wird und für die Orientierungen wie „Aufklärung und Mündigkeit", „Klassenbe-
wusstsein", „Emanzipation", „Interessen und Bedürfnisse", „Erfahrungen", „Alltags- und
Lebensweltorientierung" und „Subjektorientierung" angeboten werden. Neben vielen
Einzelfeld- und themenbezogenen Begründungen werden in der neueren Diskussion
gemeinsame und rahmende Denktraditionen und Orientierungen wie Aufklärung und
Vernunft, Kritik und Demokratie, Subjektorientierung und Emanzipation als Selbstverständnis des Feldes und einer Pädagogik angeboten, die sich als eine politische Pädagogik versteht (vgl. Lösch/Thimmel 2010).

Von dem non-formalen Feld mit seinen unterschiedlichen Formaten und Settings
sollen – so das gemeinsame Interesse – bildungsorientierte, aufklärende, Kompetenz
gewinnende und emanzipatorische Impulse ausgehen. Es soll mit seinen Angeboten,
seiner Lernkultur und mit produktiven Irritationen ein von Rationalität und Diskurs-
freundlichkeit geprägter Bildungsraum sein. Auf die prägenden Potenziale, Bedeutungen und elementaren Erfahrungen non-formaler Bildungsangebote für die Identitätsbildung und Kompetenzentwicklung, die Biografie und Integration der jungen Generation
ist wiederholt hingewiesen worden. Sie liegen nach Rauschenbach (2009) in Bereichen
wie „Erkenntnis-, Reflexions- und Orientierungsgewinn", „kritische Aufklärung und
Handlungsfähigkeit", „Demokratie, Teilhabe und Partizipation", „Selbstwertgefühl und
Selbstwirksamkeitserfahrungen", „Aneignung und Gestaltung von sozialen Räumen",
„Einmischung und Protest", „kulturelle Praxen", „Anerkennung und Strategien der Lebensbewältigung", „Körper- und Bewegungserleben".

Die non-formale und informelle Bildung kann – wie erste empirische Studien nachweisen – für die erreichten Jugendlichen und jungen Erwachsenen eine biografisch relevante und persönlichkeitsbildende Bedeutung im Prozess des Erwachsenwerdens
haben, die als die „andere Seite der Bildung" und als „verkannte Bedeutung der Alltagsbildung" charakterisiert wird (Otto/Coelen 2004, Rauschenbach 2009). Ermöglicht
werden biografische und kollektive Erfahrungen, Praktiken und ein kreativer Aktionis-
mus, die in den ungerichteten Suchbewegungen in der langen adoleszenten Phase für
die (politische und kulturelle) Orientierungsbildung und auch für biografisch-politi-
sche und transformative Prozesse („transformative learning", „meaning perspectives")
eine große Bedeutung haben (können). Danach können aus den kollektiven Praxen
schließlich eigene und neue Lebensorientierungen hervor gehen, sodass konstatiert

werden kann, dass hier in der praktischen Interkulturalität ein Bildungsprozess vollzogen werden kann.

Es gibt bisher eine wenig entwickelte empirische Forschung und die vorliegenden empirischen Befunde und Evaluationsberichte können seit den 1990er Jahren nach drei Forschungszugängen unterschieden werden: „der Blick der Adressatinnen und Adressaten; der Blick auf die institutionelle Praxis; der Blick auf die im jeweiligen Feld haupt- und ehrenamtlich Tätigen" (Lüders/Behr-Heintze 2009: 462). Die Studien und Berichte geben zahlreiche biografische Einblicke vor allem in Jugendliche, die in Jugendverbänden engagiert sind; in institutionelle Themen, Praxen und die Rahmenbedingungen von Trägern; dann in das Feld – das Profil und Selbstverständnis, die Motive und Interessen – der haupt- und ehrenamtlich Tätigen.

Interessen und Teilnahme

Die alle vier Jahre vom Statistischen Bundesamt vorgelegte amtliche Statistik zur Kinder- und Jugendarbeit ist weit davon entfernt, dieses Arbeitsfeld in seinem gesamten Umfang zu erfassen. Zu dem Aufgabenbereich der Jugendarbeit werden die Fachkräfte gezählt, die in der kulturellen Jugend(bildungs)arbeit, außerschulischen Jugendbildungsarbeit, der Mitarbeiteraus- und -fortbildung (§ 11 Abs. 3 Nr. 1 und § 74 Abs. 6 SGB VIII), der Kinder- und Jugenderholung, der internationalen, freizeitbezogenen, offenen und mobilen Jugendarbeit tätig sind. Das empirische Bild über die Teilnahme ist nicht einheitlich und unterliegt für die non-formale und informelle Bildung erheblichen Schwankungen; regelmäßige Teilnahme- und Beteiligungsstudien gibt es bisher nicht. So ist in den vorliegenden Studien einerseits von etwa 20 bis 30 Prozent eines Altersjahrgangs die Rede, die im Laufe ihres Lebens an der Jugendverbandsarbeit teilnehmen; andere Studien und Surveys sprechen von 76 Prozent der 14- bis 24-Jährigen, die regelmäßig Angebote von Vereinen, Gruppen und Initiativen nutzen und wahrnehmen (vgl. im Überblick: Rauschenbach 2009: 188 ff.).

Die „knappe Ressource" Kinder- und Jugendarbeit – und damit auch die außerschulische Jugendbildung – hat in den letzten Jahren gegenüber anderen Feldern der Kinder- und Jugendhilfe förderpolitisch an Bedeutung verloren. Die jährliche Förderung durch den Bund (Kinder- und Jugendplan), die Bundesländer und Kommunen schwankt in den letzten Jahren zwischen 90 und 110 Millionen Euro. Die außerschulische Jugendbildung gehört nach der Kinder- und Jugendhilfestatistik seit Beginn der 2000er Jahre in personeller Hinsicht zu den Verlierern und steht im Zeichen des Personal- und Stellenabbaus (Rauschenbach/Schilling 2005, Pothmann 2008). Zu Beginn des Jahres 2010 wurden die Ergebnisse der Erhebung für das Jahr 2008 vorgelegt. Danach hat sich „seit Ende der 1990er-Jahre das Volumen der Beschäftigten in Einrichtungen der Kinder- und Jugendarbeit bundesweit von 49 967 auf 42 926 reduziert (−14 %)" (KOMdat 2009: 5). Diese rückläufige Beschäftigungsentwicklung erfolgt vor dem Hintergrund einer konstant bleibenden Zahl von Einrichtungen, einem deutlicheren Rückgang in den östlichen Bundesländern und einer weiter zunehmenden formalen Professionalisierung (Wissen und Können mit einschlägigen Hochschulabschlüssen). Dies wird sich vor dem Hintergrund der demografischen Entwicklungen und weniger Neueinstellungen voraussichtlich weiter fortsetzen.

Kooperation und Vernetzung

Vor dem Hintergrund erweiterter Bildungsvorstellungen und des Zusammenhanges von Bildung, Erziehung und Begleitung (und auch Betreuung in der frühkindlichen Bildung) als „Verwirklichungsgerechtigkeit" (Coelen/Otto 2008: 17) gehört die außerschulische Jugendbildung als halb-formale Bildung mit ihren Vorstellungen und Entwicklungen zur „mehrdimensionalen Bildung" in den sich neu gestaltenden kommunalen und regionalen Bildungslandschaften (Berse 2009). Das gilt insbesondere für Ansätze im Zusammenhang von Schule, Familie und Jugendhilfe, der schulbezogenen Jugendarbeit (informellen Bildung), in der projektbezogenen Kooperation von Jugendarbeit/-bildung und Schule sowie der Ganztagsbildung mit außerunterrichtlichen Formen von Bildungs- und Freizeitangeboten.

Schule hat einen formalen und die außerschulischen Lernfelder (hier vor allem Jugendverbände, Offene Jugendarbeit, Online-Lernkontexte) haben auch einen non-formalen und informellen Bildungsauftrag. Beide sind in öffentlicher Verantwortung, arbeitsteilig und kooperativ zuständig für die Entwicklung, das Lernen und die Bildung der jungen Generation. Dabei kommt dem „lebenslangen" Zusammenspiel von formellen, non-formalen und informellen, schulischen und außerschulischen Lernkontexten/-gewohnheiten für biografische Lern- und Bildungsprozesse – d. h. für den Erwerb, die Vermittlung und den Zugewinn individueller Lebensführungskompetenzen zu Zeiten ungewisser Normalitäten in der Lebensführung moderner Gesellschaften – ein herausragender Stellenwert zu. Aufgrund der Vielfalt der Angebote bietet die Jugendarbeit als informelle Bildung (und darüber hinaus) die Chance, die lebensweltlichen Interessen von Jugendlichen zu berücksichtigen und damit eine Verknüpfung mit Schule und Familie herzustellen. Ihr wechselseitiges Wissen kann sich unter Berücksichtigung sozialräumlicher Ressourcen zielgerichtet ergänzen, zur Lebensbewältigung beitragen und bildungserweiternd wirken; das gilt mit unterschiedlichen Angeboten für alle Jugendlichen und vor allem für Jugendliche aus bildungsbenachteiligten Milieus und mit Migrationshintergrund in ihrem Schülersein (am Ort der Schule).

In einem konstruktiven Dialog und vertraglichen Vereinbarungen, der fachlichen Anerkennung und partnerschaftlichen Kooperation von Schule und Jugendbildung „auf Augenhöhe" sowie dem strukturellen Aufbau der Zusammenarbeit liegen große Chancen. Die Vernetzung kann verschiedene Strukturen annehmen; sie kann sowohl additiv, integrativ oder delegativ als auch kooperativ sein. Dabei wären institutionelle Sichtweisen und ihre Logiken zugunsten eines Gesamtblickes und der Gestaltungschancen der „Orte, Inhalte und Modalitäten ins Blickfeld zu rücken und die darin liegenden Möglichkeiten" (Rauschenbach 2009: 220) auszuloten. So ist z. B. die informelle und nonformale Lern- und Bildungswelt der Jugendarbeit, die etwa 30 Prozent der Kinder und Jugendlichen erreicht und in ihrer Biografie begleitet, ein eigenwilliges Bildungsfeld, in dem Kompetenzen, soziales Kapital, Demokratiebildung und Partizipation, Verantwortung und Engagement, Reflexionsvermögen und gesellschaftliche Nützlichkeit gelernt, vermittelt und angeeignet werden. Die Bildungs- und Lernwelt der Jugendarbeit und Jugendbildungsstätten, der Jugendverbände und Offenen Jugendarbeit können mit ihren kontinuierlichen Angeboten den Jugendlichen auch mit Blick auf den Schulerfolg, ein gelingendes Leben und Lust am Lernen, neue Erlebnis- und Entdeckungsräume ermöglichen, Spaß und Beteiligungsmöglichkeiten eröffnen sowie Erfolgserlebnisse und Anerkennungserfahrungen vermitteln.

Bildungsungleichheit in der Jugendbildung

Vor allem die schulischen Strukturen des Bildungssystems tragen zur Verstärkung und Verfestigung sozialer Ungleichheit bei, die wiederum mit den vor- und außerschulischen Sozialisationsbedingungen verbunden sind und sich in den Sozialisations- und Bildungsprozessen der jungen Generation vollziehen. Bei allen Veränderungen ist es dem Bildungssystem in Deutschland bisher wenig gelungen, soziale Ungleichheiten im Bildungsverlauf zu verringern und dem Ziel Bildungsgerechtigkeit näher zu kommen; sozial bedingte Bildungsungleichheit wird im (formalen) Bildungssystem nicht abgebaut, sondern verfestigt und vergrößert sich weiter. Bildungssoziologisch ist die außerschulische Jugendbildung im Bildungssystem und in der Kinder-/und Jugendhilfe (damit im Sozialstaatssystem) verortet. Sie ist folglich mit ihren institutionalisierten Bildungseinrichtungen und organisierten Angeboten in die sozialen und ethnischen Ungleichheitstrukturen eingebunden und unterliegt – bei aller Offenheit und Pluralität, Freiwilligkeit und Selbstbestimmung – auch den Mechanismen von Herkunft und Milieu, Zugängen und Auslese. Die Bedeutung der sozialen Herkunft mit ihren Effekten im formalen Bildungssystem (vor allem die Schule) ist abgeschwächt auch in der außerschulischen Jugendbildung ein Tatbestand sozialer Realität und beeinflusst Bildungsprozesse, Entwicklungs- und Lebenschancen sowie die soziale Integration der heranwachsenden Generation – wenn auch nicht in der Bedeutung und dem Ausmaß wie das Bildungssystem im Bereich von Schule, beruflicher Ausbildung und Hochschule (vgl. Becker/Reimer 2010, Hopf 2010, Scherr 2010, Bude 2011).

Die außerschulischen Bildungsbereiche sind mit ihren Strukturen, ihrer Freiwilligkeit, Offenheit und Differenziertheit offener und durchlässiger als die schulischen; der Unterschied ist weiter, dass sie weniger auf Leistung und Selektion, als auf soziale, politische, kulturelle Lernprozesse sowie Vergemeinschaftungs- und Gemeinschaftserfahrungen setzen. Sie bieten mit ihren vielfältigen Lernfeldern zugleich – so ihre normative Orientierung – mit gelingenden Angeboten und Bildungsformen vielfältige Potenziale und Chancen für Bildung und Entwicklung, Autonomie, Emanzipation und Kompensation. Die Bildungsorte und -strukturen der außerschulischen Jugendbildung können somit – mit ihrem „sozialen" und „kulturellen" Kapital – einen „kleinen" und zugleich spezifischen biographiefördernden Beitrag zur Entwicklung von „Daseinskompetenzen", zur Lebensführung/-bewältigung und somit auch „bescheidenen" Minderung von Bildungsungleichheit leisten (Hafeneger 2011a).

Außerschulische Jugendbildung ist ein „knappes Gut" und in den Genuss kommen vor allem diejenigen, die Gelegenheit und Zugang haben, den institutionellen Vorgaben und Anforderungen entsprechen, eher eine Nähe zu diesem Bildungsbereich haben. Dabei sind die non-formalen (institutionalisierten und organisierten) von den informellen (beiläufigen) Bildungsorten zu unterscheiden, hier spiegeln sich die vertrauten Muster der sozialen Selektivität. Während Jugendliche und junge Erwachsene aus bildungsnahen Milieus und familialen Traditionen mehr an non-formalen Bildungsangeboten und Handlungsfeldern (Seminaren, Lehrgängen, work-shops etc.) von Trägern (Jugendverbänden, kommunalen Bildungswerken, Volkshochschulen, Kirchen, Gewerkschaften etc.) teilnehmen, erreichen Angebote der Jugendarbeit mit ihren informellen Bildungsmöglichkeiten und Handlungsfeldern auch sozial benachteiligte Jugendliche und junge Erwachsene (vgl. Harring 2007, Thole/Höblich 2008). Das gilt vor allem für die Offene Jugendarbeit, Jugendsozialarbeit und vereinzelt auch die Jugendverbandsarbeit; letztere, wenn ihr Milieucharakter und ihre Praxen auch Zugänge zu solchen Jugendlichen haben und ermöglichen. Von Bedeutung sind vor allem die Jugendverbandsarbeit und Vereine, die als (sozial-)pädagogische Arenen vielfältige informelle Bildungsanlässe bieten und ermöglichen. Für sie gilt nach den vorliegenden Daten, dass es „vor allem sozial integrierte Jugendliche mit höherem Bildungsniveau sind, die sich freiwillig engagieren und damit von der verbandlichen Arbeit als informellen Lernort profitieren" (Thole/Höblich 2008: 80). Weitere sozial und ethnisch differenzierte und segregierte informelle Bildungsorte und Lernwelten sind die Freizeitaktivitäten von Jugendlichen im Rahmen von jugendkulturellen Gesellungsformen, Peerbeziehungen, Kultur-/Musik-/Bewegungs- und Medienaktivitäten; hier bieten sich – neben Risiken in problematischen Gesellungsformen – heterogene, facettenreiche und vielfältige Möglichkeiten des Erwerbs von personalen, sozialen und fachlichen Kompetenzen sowie von „Lern-, Erfahrungs- und Experimentierchancen" (Harring 2007: 245).

Inklusion als Herausforderung

Im Rahmen der schulischen Inklusions- und Integrationsdebatte sowie des Beitrages der Kinder- und Jugendhilfe in der Entwicklung integrierter Bildungs- und Soziallandschaften ist auch die außerschulische Jugendbildung herausgefordert, nach Wegen und Möglichkeiten zu suchen, um sozial benachteiligte und Jugendliche mit Migrationshintergrund in ihre Angebote und Settings, Strukturen und Prozesse einzubeziehen. Dabei geht es nicht nur um Förderfragen im engeren Sinne oder um kompensatorische Angebote, sondern eine inklusive und integrative außerschulische Bildungsperspektive, mit der die etwa 20 Prozent der Jugendlichen in den Blick geraten, die als bildungsbezogene und gesellschaftliche „Risikogruppe" bezeichnet werden (Hafeneger 2011). Damit sind für die außerschulische Jugendbildung neue Herausforderungen und Fragen angesprochen, deren Klärung erst begonnen haben und zu denen gehören: Was bedeutet das Verständnis einer inklusiven Jugendbildung für die weitgehend homogenisierte, milieubezogene und strukturbedingt selektive „Trägerlandschaft" und deren Bildungsformate? Welche Chancen und Grenzen werden auf der Makroebene (Strukturfragen), Mesoebene (Institutionen und Träger) und der Mikroebene (Prozesse im konkreten Bildungsalltag) gesehen und welche Differenzen bzw. Differenzierungen kann die Jugendbildung mit ihren Milieubezügen/-tradierungen aushalten? Von der Beantwortung dieser Fragen, den empirischen Klärungen und experimentellen Praxen wird es abhängen, ob die außerschulische Jugendbildung mehr ein homogenisierter Bildungsort ist bzw. bleibt oder ob das heterogene Feld – als lernende Organisationen bzw. Institutionen – einen Inklusionsanspruch verfolgt und neue öffnende (experimentelle) Entwicklungen hin zu einer inklusiven (gemeinsamen) Bildung favorisiert.

Jugendbildung als Beruf

Mit der Herausbildung der außerschulischen Jugendbildung als einem eigenständigen Arbeitsfeld in der Jugendpflege, Jugendarbeit und -förderung (Jugendpolitik) haben sich in dem Feld auch pädagogisch-professionelle Profile und Kompetenzmerkmale entwickelt und immer wieder verändert. Die außerschulische Jugendbildung und deren Profession haben sich mit der Geschichte der Jugendpflege/-arbeit und hier der Profession der „Jugendpflege(r)" herausgebildet. Sie beginnt in der Wilhelminischen Zeit, entwickelt sich in der Weimarer Republik und erfährt ihre Differenzierung in der Geschichte der Bundesrepublik. Sie ist mit der Geschichte und Herausbildung der sozialen Arbeit/sozialen Pädagogik und der Kinder- und Jugendhilfe, der sozialen Berufe und der Entwicklung von akademischen Ausbildungsstätten verwoben. Zunächst ist die Profession in das Feld der kommunalen Jugendpflege/des kommunalen Jugendpflegers mit ihren Bildungs-/Seminarangeboten und Jugendheimen sowie in die Jugendarbeit von Jugendverbänden eingebunden. Erst in der Geschichte der Bundesrepublik – und hier vor allem seit den 1970er Jahren – bilden sich die eigenständigen und vielfältigen Arbeitsfelder der außerschulischen Jugendbildung und die Profession mit akademischer Ausbildung als Jugendbildungsreferent, pädagogischer Mitarbeiter und Dozent heraus (vgl. Lange 2010).

Die neue Entwicklung von Professionalisierung und Professionalität geht einher mit der Etablierung von Ausbildungsgängen an Fachhochschulen und Universitäten sowie den Einstellungsvorgaben durch Landesgesetze der Jugendförderung/-bildung und die zugehörigen Richtlinien. Während in den 50er und 60er Jahren des 20. Jahrhunderts noch viele Mitarbeiter (kommunale Jugendpfleger, Mitarbeiter in Häusern der Offenen Tür, Mitarbeiter bei freien Trägern/Jugendverbänden) aus berufsfremden Bereichen kommen und lediglich eine Zusatzausbildung hatten, entwickelt sich die Professionalisierung seit Beginn der 70er Jahre mit der Einstellung von ausgebildeten Fachkräften mit akademischer Ausbildung (vor allem Sozialarbeiter/-pädagogen, Diplom-Pädagogen). Mit den Jugendbildungsgesetzen der Länder beginnt eine sukzessive – eingebunden in eine Phase der Expansion, dann der Stagnation und des Abbaus, aber auch der weiteren Konsolidierung – Professionalisierung des Arbeitsfeldes der außerschulischen (politischen) Jugendbildung; so gab es z. B. im Jahr 1976 in NRW 114 und in Hessen im Jahr 1991 insgesamt 122 Jugendbildungsreferenten (vgl. Lüers 1979).

Die Profession gibt es in der weiteren Entwicklung als Jugendbildungsreferenten, pädagogische Mitarbeiter und Fachkräfte in unterschiedlichen Arbeitsfeldern und Schwerpunkten; so in den Bereichen der politischen, kulturellen, sportlichen, ökologischen, historisch-politischen, gesundheitlichen, arbeitsweltbezogenen, religiösen, sozialen, internationalen und interkulturellen Bildung, in der Jungen- und Mädchenbildung, der Medien- und Bewegungsbildung, der Erlebnis- und Abenteuerpädagogik, der Menschenrechts- und Diversity-Pädagogik. Die „klassischen" professionellen Arbeitsfelder, Zuständigkeiten und Kompetenzen der Profession können nach den unterschiedlichen Einrichtungen, Angeboten und Settings der öffentlichen und freien Träger sowie der Bildungsinstitutionen mit ihrer pluralistischen Struktur und thematischen Vielfalt differenziert werden (z. B. Giesecke 2000, Hess 2004). Beschäftigt sind die hauptamtlichen Mitarbeiter bei freien Trägern wie den Jugendverbänden/-ringen, in Jugendbildungs- und -begegnungsstätten, in Kirchen, Akademien, Bildungswerken, Gewerkschaften, bei Arbeit und Leben, dann bei Parteien und Stiftungen sowie bei öffentlichen Trägern; zu letzteren zählen die kommunale(n) Jugendämter/-förderung (Jugendbildungswerke), Volkshochschulen, die Bundeszentrale und die Landeszentralen für politische Bildung. Die Finanzierung der Profession erfolgt (anteilmäßig) über die Träger (Jugend- und Erwachsenenverbände), öffentliche Zuschüsse aus kommunalen und Landeshaushalten bzw. Landes(förderungs)gesetzen, den Kinder- und Jugendplan des Bundes (KJP) sowie aus zeitlich befristeten Projektmitteln von Stiftungen, Ministerien, der EU für spezifische Bildungsprogramme, Angebote und Aktivitäten. Nach Giesecke (1987) findet professionelles pädagogisches Handeln „im Rahmen bestimmter Institutionen statt, in denen es Lernfelder gibt, die ihrerseits eine Fülle von Lernsituationen enthalten" (S. 40). Zu den Bildungs- und Handlungsräumen gehören die „klassischen" Seminare, Schulungen, Tagungen und Fortbildungen, aber auch Projekte, workshops, Reisen, Erkundungen, kulturell-ästhetische Produktionen und Museen.

In der weiteren Differenzierung und den begrifflichen Angeboten sind die außerschulischen Pädagogen nach Giesecke (1987) professionelle „Lernhelfer", die „Lernen ermöglichen" (S. 13); dabei ist pädagogisches Handeln eine spezifische Form des sozialen (d. h. wechselseitigen) Handelns und der pädagogischen Beziehung. Er unterscheidet mit „Unterrichten, Informieren, Beraten, Arrangieren und Animieren" fünf Grundformen pädagogischen Handelns und in dieser Denktradition schaffen Pädagogen vor allem Gelegenheiten und Arrangements für Lernen (Ermöglichungsdidaktik). Sie organisieren Lernen und moderieren Prozesse, sie stellen sich mit ihren Kenntnissen, Möglichkeiten und Angeboten zur „Verfügung". Weitere Begriffsangebote im deutschen Bildungsdiskurs sehen die pädagogische Profession als „gute Lehrer" mit Persönlichkeit (Roth 2011), als Netzwerker, Drehpunktperson und Boundary-Management; ihre personale Bedeutung wird in der einbettenden Kultur von Jugendlichen in entwicklungsfördernde und kreative Netzwerke, in prosoziale Milieus und Lebenswelten gesehen. Dabei sind die erwachsenen Pädagogen mit ihrem balancierenden Beziehungs- und Arbeitsangebot von Nähe und Distanz sowie einem zugehörigen „Arbeitsvertrag" für die Jugendlichen interessante und interessierte sowie Biografie begleitende Zeitgenossen. Es geht um einen professionellen Habitus, der Bildungsanlässe/-gelegenheiten wahrnimmt, anregt und schafft; der gleichzeitig „sparsam mit direktiven Interventionen und Anregungen" umgeht „und zugleich dennoch eine wahrnehmbare, pädagogische Präsenz" kommuniziert" (Thole/Höblich 2008: 85).

Literatur

Becker, Birgit/Reimer, David (Hrsg.) (2010): Vom Kindergarten bis zur Hochschule. Die Generierung von ethnischen und sozialen Disparitäten in der Bildungsbiographie. Wiesbaden: VS Verlag.

Berse, Christoph (2009): Mehrdimensionale Bildung im Kontext kommunaler Bildungslandschaften. Opladen: Budrich.

Bude, Heinz (2011): Bildungspanik. Was unsere Gesellschaft spaltet. München: Hauser.

Bundesjugendkuratorium (BJK) (2009): Zur Neupositionierung von Jugendpolitik. Berlin.

Cloos, Peter/Köngeter, Stefan/Müller, Burkhard/Thole, Werner (2007): Die Pädagogik der Kinder- und Jugendarbeit. Wiesbaden: VS Verlag.

Coelen, Thomas/Otto, Hans-Uwe (Hrsg.) (2008): Grundbegriffe Ganztagsbildung. Das Handbuch. Wiesbaden: VS Verlag.

Coelen, Thomas/Gusinde, Frank (Hrsg.) (2011): Was ist Jugendbildung? Positionen – Definitionen – Perspektiven. Weinheim und München: Juventa.

Deutscher Bundestag (2005): Bildung, Betreuung und Erziehung vor und neben der Schule. Zwölfter Kinder- und Jugendbericht der Bundesregierung. Berlin.

Dudek, Peter (1990): Jugend als Objekt der Wissenschaften. Opladen: Westdeutscher Verlag

Gelhard, Andreas (2011): Kritik der Kompetenz. Berlin: Diaphanes.

Giesecke, Hermann (1987): Pädagogik als Beruf. Weinheim und München: Juventa.

Giesecke, Hermann (2000): Politische Bildung. Didaktik und Methodik für Schule und Jugendarbeit. (2. Auflage). München: Juventa.

Hafeneger, Benno (1992): Jugendarbeit als Beruf. Opladen: Westdeutscher Verlag.

Hafeneger, Benno (2011): Inklusive Jugendbildung – eine rahmende Skizze. In: Coelen, Thomas/ Gusinde, Frank (Hrsg.): Was ist Jugendbildung? Positionen – Definitionen – Perspektiven. Weinheim und München: Juventa.

Hafeneger, Benno (Hrsg.) (2011a): Handbuch Außerschulische Jugendbildung. Schwalbach/Ts.: Wochenschau Verlag.

Harring, Marius/Rohlfs, Carsten/Palentien, Christian (Hrsg.) (2007): Perspektiven der Bildung. Wiesbaden: VS Verlag.

Harring, Marius (2007): Informelle Bildung – Bildungsprozesse im Kontext von Bildung im Jugendalter. In: Harring, Marius/Rohlfs, Carsten/Palentien, Christian (Hrsg.) (2007): a. a. O., S. 237–258.

Hess, Gerhard/Ilg, Wolfgang/Weingardt, Martin (2004): Kompetenzprofile. Weinheim und München: Juventa.

Hopf, Wulf (2010): Freiheit – Leistung – Ungleichheit. Bildung und soziale Herkunft in Deutschland. Weinheim und München: Juventa.

KOMdat, Heft Nr. 3/09 (12. Jg.). Dortmund/München.

Lange, Dirk (2010): Monitor politische Bildung. Schwalbach/Ts.: Wochenschau Verlag.

Lösch, Bettina/Thimmel, Andreas (Hrsg.) (2010): Kritische politische Bildung. Schwalbach/Ts.: Wochenschau Verlag.

Lüders, Christian/Behr-Heintze, Andrea (2009): Außerschulische Jugendbildung. In: Tippelt, Rudolf/Schmidt, Bernhard (Hrsg.): Handbuch Bildungsforschung. Wiesbaden: VS Verlag. S. 445–466.

Lüers, Ulf (1979): Jugendarbeit im Zugriff von Verwaltung und Politik. Frankfurt/M.: Verlag Jugend & Politik.

Naudascher, Brigitte (1990): Freizeit in öffentlicher Hand. Düsseldorf: Bröchler.

Otto, Hans-Uwe/Kutscher, Nadia (2004): Informelle Bildung online. Perspektiven für Bildung, Jugendarbeit und Medienpädagogik. Weinheim und München: Juventa.

Müller, Burkhard/Schmidt, Susanne/Schulz, Marc (2005): Wahrnehmen können. Jugendarbeit und informelle Bildung. Freiburg: Lambertus.

Negt, Oskar (Hrsg.) (1994): Die zweite Gesellschaftsreform. Göttingen: Steidl.

Negt, Oskar (2010): Politische Bildung und Demokratie. In: Aufenanger, Stefan/Hamburger, Franz/Ludwig, Luise/Tippelt/Rudolf (Hrsg.): Bildung in der Demokratie. Opladen & Farmington Hills: Budrich. S. 27–37.

Niekrenz, Yvonne/Witte, Matthias (Hrsg.) (2011): Jugend und Körper. Leibliche Erfahrungswelten. Weinheim und München: Juventa.

Otto, Hans-Uwe/Rauschenbach, Thomas (Hrsg.) (2004): Die andere Seite der Bildung. Zum Verhältnis von formellen und informellen Bildungsprozessen. Wiesbaden: VS Verlag.

Pothmann, Jens (2008): Aktuelle Daten zu Stand und Entwicklung der Kinder- und Jugendarbeit – eine empirische Analyse. In: Lindner, Werner (Hrsg.), Kinder- und Jugendarbeit wirkt. Wiesbaden: VS Verlag, S. 9–20.

Pothmann, Jens (2011): Gesetzliche Grundlagen, Wege der Finanzierung, Spektrum der Träger. In: Hafeneger, Benno (Hrsg.), Handbuch Außerschulische Jugendbildung. Schwalbach/ Ts: Wochenschau Verlag, S. 139–156.

Rauschenbach, Thomas/Schilling, Matthias (Hrsg.) (2005): Kinder- und Jugendhilfereport 2. Analysen, Befunde und Perspektiven. Beiträge zur Kinder- und Jugendhilfeforschung. Weinheim und München: Juventa.

Rauschenbach, Thomas (2009): Zukunftschance Bildung. Weinheim und München: Juventa.

Rohlfs, Carsten/Harring, Marius/Palentien, Christian (Hrsg.) (2008): Kompetenz-Bildung. Soziale, emotionale und kommunikative Kompetenz von Kindern und Jugendlichen. Wiesbaden: VS Verlag.

Roth, Gerhard (2011): Bildung braucht Persönlichkeit. Stuttgart: Klett.

Scherr, Albert (2010): Soziale Ungleichheit als Sozialisationsbedingung. In: Theunert, Helga (Hrsg.): Medien, Bildung, Soziale Ungleichheit. München: Kopäd, S. 23–34.

Schorb, Bernd/Kiessling, Matthias/Würfel, Maren/Keilhauer, Jan (2010): Medienkonvergenz Monitoring. Soziale-Online-Netzweke-Report. Leipzig.

Schulz, Marc (2010): Performances. Jugendliche Bildungsbewegungen im pädagogischen Kontext. Wiesbaden: VS Verlag.

Tippelt, Rudolf/Schmidt, Bernhard (Hrsg.) (2008): Handbuch Bildungsforschung. 2. überarbeitete und erweiterte Auflage. Wiesbaden: VS Verlag.

Thole, Werner (2000): Kinder- und Jugendarbeit. Eine Einführung. Weinheim und München: Juventa.

Thole, Werner (2008): Zur Perspektive der Kinder- und Jugendarbeit als pädagogisches Handlungsfeld. In: Lindner, Werner (Hrsg.): Kinder- und Jugendarbeit wirkt. Wiesbaden: VS Verlag, S. 323–337.

Thole, Werner/Höblich, Davina (2008): „Freizeit" und „Kultur" als Bildungsorte. Kompetenzerwerb über non-formale und informelle Praxen von Kindern und Jugendlichen. In: Rohlfs, Carsten/Harring, Marius/Palentien, Christian (Hrsg.), a. a. O., S. 69–93.

Wahler, Peter/Tully, Claus, Jürgen/Preiß, Christine (2008): Jugendlichen in neuen Lernwelten. Wiesbaden: VS Verlag.

Sonderpädagogische Fördersysteme

Justin J. W. Powell und Lisa Pfahl

Sonderpädagogische Förderung soll benachteiligte, beeinträchtigte und behinderte Schüler und Schülerinnen in ihrem Lernen und in ihrer sozialen Entwicklung unterstützen. Schüler und Schülerinnen werden in den Bereichen Lernen, Sehen, Hören, Sprache, körperliche und motorische Entwicklung, geistige Entwicklung sowie emotionale und soziale Entwicklung sonderpädagogisch gefördert. Um ihre individuellen Lernziele zu erreichen und ihre größtmögliche Teilhabe am Leben in der Schule und in der Gesellschaft zu ermöglichen, erhalten diese Kinder und Jugendliche zusätzliche Aufmerksamkeit und Ressourcen. Diese Leistungen werden jedoch in sehr unterschiedlichen Schulformen angeboten – die allermeisten sonderpädagogischen Unterstützungsleistungen werden noch in Sonder- bzw. Förderschulen bereitgestellt. Parallel dazu gibt es seit den 1970er-Jahren, verstärkt seit den 1980er-Jahren, in manchen Bundesländern stetig – aber graduell – ausgebaute Programme gemeinsamen Unterrichts behinderter und nichtbehinderter Kinder (Eberwein 2009). Dennoch gibt es die inklusive Bildung – ein inzwischen als globale Norm gesetztes Ziel und in Deutschland durch Ratifizierung der Behindertenrechtskonvention 2009 eine gesetzgeberische Selbstverpflichtung – nur vereinzelt, nicht flächendeckend.

Deutschland war einst Pionier des Ansatzes der Hilfs- und Sonderschule, welcher vielen als beeinträchtigt wahrgenommenen Kindern überhaupt erst den Weg ins Bildungssystem ebnete. Heute stellt Deutschland im Ländervergleich ein außergewöhnliches Land dar – aufgrund der Persistenz des hochdifferenzierten segregativen Sonderschulwesens. Dabei wird die getrennte Beschulung von Kindern, sei es begründet durch eine medizinisch-klinische Diagnostik oder legitimiert durch eine professionelle pädagogische Autorität, zunehmend kontrovers diskutiert (Stöppler 2010; Wocken 2010). Eine Transformation hin zu einem inklusiven Bildungssystem, in dem alle Schüler und Schülerinnen möglichst lange gemeinsam lernen, hat es jedoch bisher nur regional bedingt gegeben. Beständig scheint vor allem die Kluft zwischen Integrations-Rhetorik und anhaltender gesellschaftlicher und schulischer Realität der Aussonderung und Separation.

Im deutschen Bildungswesen werden nach wie vor Schüler und Schülerinnen mit sonderpädagogischem Förderbedarf zum Großteil in Sondereinrichtungen oder -lerngruppen unterrichtet. Seit Jahrzehnten verlässt die große Mehrheit der Absolventen und Absolventinnen von Sonderschulen die Schule ohne Hauptschulabschluss – Tendenz steigend: im Jahr 2008 erhielten vier von fünf Sonderschülern und Sonderschülerinnen keinen Schulabschluss (Krappmann/Leschinsky/Powell 2003: 773; Werning/Reiser

2008: 534; KMK 2010a). Folglich wird dieser Personengruppe somit auch der Zugang zum beruflichen Ausbildungssystem, dem Hochschulsystem und dem Arbeitsmarkt häufig versagt. Für den Zugang zum Arbeitsmarkt und damit für die Lebenschancen insgesamt sind Bildung und Ausbildung entscheidend, wie die Lebensverlaufsforschung belegt (Mayer 2009). Schulische Bildung, der sich eine berufliche Ausbildung anschließt, ist mehr denn je die Mindestvoraussetzung für eine existenzsichernde, stetige Beschäftigung geworden (Solga 2005). Damit rücken Fragen nach dem Zugang zu bestimmten Schulformen, den dort angeboten Lernopportunitäten und den Abschlussraten, die je nach Bundesland, Schulform und Schule erheblich variieren, bei der Betrachtung der sonderpädagogischen Fördersysteme ins Zentrum.

Daher wird in diesem Beitrag aus der Perspektive der Bildungssoziologie ein kritischer Blick auf die sonderpädagogischen Fördersysteme, die Disziplinbildung der Sonderpädagogik und die Folgen von Sonderbeschulung für behinderte und benachteiligte Schülergruppen entwickelt. Dazu werden einleitend einige Kennzeichen sonderpädagogischer Förderung zusammengefasst und in historischer Perspektive wichtige Entwicklungen sonderpädagogischer Fördersysteme nachgezeichnet. Im Mittelpunkt des Beitrags steht die Ausdifferenzierung der sonderpädagogischen Arbeitsfelder und die zahlenmäßige Verteilung klassifizierter Schüler und Schülerinnen auf Sonderschulen und allgemeine Schulen anhand der aktuellen amtlichen Statistik. Um den besonderen Entwicklungspfad Deutschlands zu verdeutlichen, werden außerdem Ergebnisse ländervergleichender Studien dargestellt sowie Erkenntnisse diskursanalytischer Forschung zur Sonderpädagogik präsentiert, die die Persistenz schulischer Segregation professionssoziologisch erklärt. Abschließend wird eine lebenslaufs- bzw. biografieanalytische Perspektive auf die Folgen schulischer Segregation eingenommen. Dabei werden die sozialen Stigmatisierungsprozesse sowie die Subjektivierungswirkung der sonderpädagogischen Klassifizierungspraktiken beschrieben. Die Folgen schulischer Segregation stehen den Zielen eines inklusiv ausgerichteten Bildungswesens entgegen, das auf einer Förderung von Kindern und Jugendlichen mit ihren individuellen Bedürfnissen durch einen produktiven Umgang mit der Vielfalt der Lernvoraussetzungen in gemeinsamen Schulen und im gemeinsamen Unterricht basiert. In einem Ausblick wird die seit 2009 in Deutschland gesetzlich bindende Behindertenrechtskonvention vorgestellt, die Inklusion von allen Kindern, Jugendlichen und Erwachsenen im Bildungswesen als Menschenrecht festschreibt.

Von der Exklusion zur Inklusion? Die anhaltende Segregation und Separation bei gleichzeitiger Ausweitung der Integration

Wie erfolgreich sind die unterschiedlichen Schul- und Unterrichtsformen – die von Unterricht im Krankenhaus über Sonderschulen hin zu mobilen Diensten oder Kooperationsklassen bis zum vollzeitigem gemeinsamen Unterricht reichen – in der Unterstützung von Kindern und Jugendlichen mit sonderpädagogischem Förderbedarf? Diese Frage kann bisher mangels repräsentativer Längsschnittuntersuchungen zum direkten Vergleich aller Schulformen und der langfristigen Entwicklung der Lernenden für die Bundesländer Deutschlands nicht abschließend beantwortet werden. Analysen, die die Qualität und Ergebnisse verschiedener Ansätze und Fördersysteme vergleichen, um *„good practices"* festzustellen und zu verbreiten, fehlen in der bildungs- und erziehungswissenschaftlichen Forschung weitgehend. Doch auch wenn die zur Verfügung stehende quantitative Datenbasis dieses Beitrags – die amtliche Statistik – nach wie vor unbefriedigend bleibt (Cloerkes 2003), erlaubt sie es uns dennoch, die Strukturen und die Herausforderungen dieses Bildungsbereichs zu verdeutlichen. Die Forschung zu schulischer Integration und inklusiver Bildung zeigt zudem, dass erfolgreiche und realisierbare Alternativen zur Sonderbeschulung existieren und ausgeweitet werden (können) – auch in Deutschland.

Die sonderpädagogischen Fördersysteme Deutschlands können im Hinblick auf die Förderorte grundlegend unterschieden werden; dabei vollzieht sich in vielen westlichen Ländern ein gradueller Übergang von der Exklusion zur vollständigen Inklusion entlang eines Kontinuums von Segregation (Trennung zwischen Gebäuden), über Separation (Trennung innerhalb eines Gebäudes) und Integration (teilweise gemeinsamer Unterricht) hin zu vollständiger Inklusion (gemeinsamer Unterricht). Eine Überwindung der prinzipiellen Exklusion, wie sie in den 1960er-Jahren in Deutschland erreicht wurde, ist demnach nur der erste Schritt auf dem Weg zur größtmöglichen Teilhabe an formal organisierten Lernmöglichkeiten. Der gegenwärtige Ausbau des Sonderschulsystems bei gleichzeitiger Zunahme von schulischer Integration steht der aktuellen bildungspolitischen Zielsetzung der Inklusion aller Schüler und Schülerinnen in gemeinsamen Klassen entgegen; dabei verspricht die Überwindung der Segregation über die Separation und die Integration hin zur Inklusion eine kontinuierliche Verminderung der Stigmatisierung der Schüler und Schülerinnen (Powell 2011). Länder wie Norwegen oder Italien beweisen, dass es möglich ist, auf unterschiedliche Lernorte größtenteils zu verzichten – zugunsten einer inklusiven Schule für alle. Deutschland ist noch sehr weit entfernt vom Ziel der Inklusion. Dies hängt sowohl mit der Institutionalisierung der Fördersysteme im 20. Jahrhundert zusammen als auch mit den Professionsinteressen der Sonderpädagogik sowie der allgemeinen Pädagogik (Pfahl 2011).

Die bestehenden sonderpädagogischen Fördersysteme sind Teil des allgemeinen Bildungswesens, bildeten jedoch über die Zeit hinweg ein eigenständiges, hochdifferenziertes Gefüge an Einrichtungen aus. Sonderpädagogische Förderung erfährt weltweit eine starke Ausweitung. Trotz ihres Ursprungs im Zuge der Aufklärungsbewegung (noch vor Einführung der allgemeinen Schulpflicht) und ihrem prägenden Einfluss auf das Bildungssystem insgesamt werden sonderpädagogischen Fördersystemen sowohl in der Bildungsforschung als auch in der Bildungspolitik (noch) zu wenig Aufmerksamkeit geschenkt (Richardson/Powell 2011). Oft werden sie fachlich, räumlich und diskursiv marginalisiert oder gar als Teil klinischer Institutionen verstanden.

Voraussetzung der Analyse der heute existierenden sonderpädagogischen Fördersysteme ist eine Begriffsbestimmung der unterschiedlichen Förderorte innerhalb des Bildungswesens. Dies ist umso wichtiger, als in Deutschland, wie in den meisten anderen Ländern Europas, eine Auflösung der traditionellen Dichotomie von Sonder- versus Regelschule zu beobachten ist und sonderpädagogische Förderung an unterschiedlichen Lernorten bereitgestellt wird (EADSNE 2003). Die Autoren dieses Beitrags schlagen in Anlehnung an den gegenwärtigen Gebrauch vor, die Beschulung von behinderten, beeinträchtigten und benachteiligten Kindern und Jugendlichen in einem räumlich getrennten Sonderschulwesen als Segregation, den (nahezu) vollständigen Unterricht in separaten Klassen und Lerngruppen an allgemeinen Schulen als Separation, den größtenteils gemeinsamen Unterricht als Integration und den auf Vielfalt und Differenzen jeglicher Art (etwa Schicht, Geschlecht, Migrationshintergrund, gemessene Intelligenz u. a.) ausgerichteten vollständig gemeinsamen Unterricht an allgemeinen Schulen als Inklusion zu bezeichnen. Dabei gibt es in der inklusiven Bildung unterschiedliche Schwerpunkte, etwa in den Unterrichtszielen, der Gruppenzusammensetzung innerhalb des Klassenzimmers oder der Individualisierung des Unterrichts auf Basis von Förderplänen (u. a. Index for Inclusion nach Booth/Ainscow 2000; Boban/Hinz 2003). Wichtig sind aber auch geteilte Prinzipien einer Pädagogik der Vielfalt wie die Akzeptanz von Verschiedenheit, der gleichberechtigten Teilhabe in den Lerngruppen als auch der demokratischen Mitbestimmung von Schülern und Schülerinnen, Eltern und Lehrkräften in ihrer Schule (vgl. Giroux 1997; Prengel 2006; Seitz 2003).

Die Expansion sonderpädagogischer Fördersysteme wurde durch die Ausweitung der allgemeinen Schulpflicht, der Ausrichtung des Bildungswesens an der Leitidee einer grundlegenden Bildung für alle Bürger und Bürgerinnen, aber auch durch die Etablierung der sonderpädagogischen Profession und ihre starke Interessenvertretung gesichert. Wurden benachteiligte und behinderte Kinder und Jugendlichen lange vom Schulbesuch komplett ausgeschlossen, wurde ihr Einschluss in das Bildungswesen durch die Gründung neuer Organisationsformen vorangetrieben, die die „Bildsamkeit" unterschiedlicher Zielgruppen berücksichtigten: zunächst in einigen „Blinden"- und „Taubstummen"-Schulen und durch Einrichtung von „Idiotenschulen" oder „Hilfsklassen" für arme, verwahrloste und kranke Kinder (Ellger-Rüttgardt 2008). Zu Beginn des 20. Jahrhunderts wurde eine flächendeckende Versorgung mit Hilfsschulen in Deutschland angestrebt – und schließlich erreicht. Ihre Aufgabe war es, die Volksschulen von den „schwach begabten" Schülern und Schülerinnen zu „entlasten" und diesen an den Hilfsschulen besonderen Schutz und (körperliche) Fürsorge zukommen zu lassen. Der Ausbau der Hilfsschulen als eigenständiges Schulwesen ging mit der Anerkennung der Hilfsschullehrkräfte als eigenständiger Berufsstand einher (Hänsel 2005). Die seit 1908 erscheinende *Die Hilfsschule* wurde zur Zeitschrift des Berufsverbandes der Sonderpädagogik und dokumentiert die Geschichte der Sonderpädagogik vor, während und nach dem Nationalsozialismus: „Erfolg, Niedergang, Neuanfang" (Möckel 1998). Nach der Etablierung der eigenständigen Schulform zu Beginn des 20. Jahrhunderts wurde das

Hilfsschulwesen in der Zeit des Dritten Reichs auch zur Erfassung von kranken, behinderten und benachteiligten Personen genutzt. Kinder und Jugendliche aus pädagogischen Einrichtungen wurden teilweise in Kollaboration mit den Nationalsozialisten den grausamen und tödlichen Maßnahmen der „Rassenhygiene" ausgeliefert, teilweise wurden sie von Pädagogen und Pädagoginnen vor nationalsozialistischen Übergriffen versteckt und geschützt (Ellger-Rüttgardt 2008).

Die Restauration des sonderpädagogischen Fördersystems nach 1945 und der Rückgriff auf Modelle der Weimarer Republik ebneten den Weg zum stetigen Ausbau über das 20. Jahrhundert hinweg. Insbesondere ab den 1960er Jahren begann in Deutschland durch die Einrichtung zahlreicher neuer Schulformen und einer Ausweitung des Angebots in den vor- und nachschulischen Bereich eine weltweit nahezu einzigartige Ausdifferenzierung der sonderpädagogischen Fördersysteme (Powell 2011). Die etwas später einsetzende und erstarkende Bestrebung von Eltern förderbedürftiger Kinder, diese an allgemeinen Schulen zu integrieren, führte zur Einrichtung von Modellschulen des gemeinsamen Unterrichts, aber bislang nicht zu einer Abkehr des Ansatzes der separaten Beschulung (Preuss-Lausitz 2001). Die Professionalisierungsgeschichte der deutschen Sonderpädagogik blieb über das 20. Jahrhundert hinweg eng an den Ausbau von Sonderschulen für arme, auffällige, kranke und behinderte Kinder und Jugendliche geknüpft (Moser et al. 2008). Die Separation der Kinder und Jugendlichen und ihre schulische Segregation sicherte den Berufsangehörigen der Sonderpädagogik die Alleinzuständigkeit für die Schülergruppen an den für sie geschaffenen Sonderschuleinrichtungen, wie eine Diskurs- und Machtanalyse der Sonderpädagogik für den Förderschwerpunkt Lernen zeigt (Pfahl 2011). Bis heute besitzt die Sonderpädagogik ein Interesse an der Erhaltung separierender Einrichtungen aus Sorge um den Verlust der Autonomie und ihrer teilweise ökonomischen Besserstellung gegenüber Lehrkräften von Grund-, Haupt- und Realschulen und stützt damit die Segregation.

Das deutsche Fördersystem im internationalen Kontext

Im Vergleich mit anderen europäischen Staaten liegt Deutschland mit dem Anteil von Schülern und Schülerinnen, denen sonderpädagogischer Förderbedarf attestiert wird, im Mittelfeld. Der Anteil der Schüler und Schülerinnen mit sonderpädagogischem Förderbedarf, die an Sonderschulen unterrichtet wird, ist hingegen im europäischen Vergleich sehr hoch. Dabei variieren sowohl die Förderquoten als auch die Segregationsraten von Schülern und Schülerinnen mit sonderpädagogischem Förderbedarf regional. Im Hinblick auf die europäischen Nachbarländer und die USA wird klar, dass die Bandbreite der Gruppengrößen sehr unterschiedlich ist – von einem Prozent in Italien bis zu einem Fünftel in Finnland (siehe Abbildung 1: auf der linken Seite befinden sich die Gesamtförderquoten in Prozent, diese geben Aufschluss über den Anteil aller Schüler und Schülerinnen, die als förderbedürftig klassifiziert sind). Noch größere

Varianzen zeigen sich aufgrund der grundlegend verschiedenen Bildungssysteme, von denen einige nahezu vollständig segregieren (wie z. B. Belgien) bis hin zu Italien, wo nur vereinzelt an Sonderschulen unterrichtet wird (siehe Abbildung 1: auf der rechten Seite befinden sich die Segregationsraten; diese geben Aufschluss über den Anteil der Schüler und Schülerinnen mit sonderpädagogischem Förderbedarf, die schulisch segregiert, d. h. an Sonderschulen unterrichtet werden).

Abbildung 1   Förderquoten und Segregationsraten in Deutschland, Europa und USA

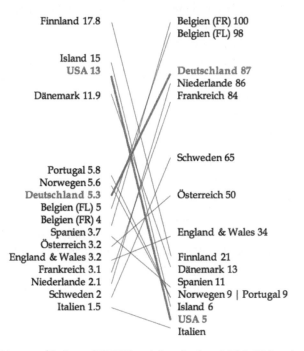

Quelle: Powell/Pfahl 2009 auf Basis von EADSNE (2003), Eurydice (2002), US DoED (2005).

An dem Vergleich von Deutschland und den USA wird exemplarisch deutlich, dass auch zwei Länder, deren sonderpädagogische Fördersysteme ursprünglich relativ ähnlich waren, zunehmend divergieren, sowohl in den Partizipations- und Segregationsraten als auch in den Absolventenzahlen (Powell 2011). In den USA gibt es heute eine relativ große klassifizierte Gruppe, die größtenteils in Regelschulen integriert ist (jedoch nicht ganztägig in Regelklassen inkludiert ist). In Deutschland wird eine viel kleinere Gruppe klassifiziert, diese wird dann jedoch fast ausschließlich räumlich getrennt unterrichtet. Sonderpädagogische Fördersysteme nehmen innerhalb Europas und den USA sehr verschiedene Formen an. Ein schulrechtlich anerkannter Förderbedarf von Kindern und Jugendlichen mit Benachteiligungen und Behinderungen kann eine Ausnahme sein – oder zur Selbstverständlichkeit an Regelschulen werden.

Grundlegend sind drei Modelle sonderpädagogischer Fördersysteme zu unterscheiden: Das „binäre Modell", das „Kontinuum-Modell" und das „Inklusions-Modell". Diese differenzieren sich nach den Lernorten und den Gruppengrößen; sie weisen Segregationsraten von nahezu 0 bis 100 % auf (siehe Abbildung 1). Der internationale Vergleich kontrastiert das „binäre Modell" im deutschen Fall (mit der strikten Trennung zwischen allgemeinen Schulen und Sonderschulen) und das „Kontinuum-Modell" im amerikanischen Fall (in dem vielfältige Organisationsformen existieren). Keines der beiden Länder hat eine unitäre, auf die „Inklusion aller Kinder" ausgerichtete Schulstruktur. Ein solches „Inklusions-Modell," bei dem alle Schüler und Schülerinnen den größten Teil des Schulalltags gemeinsam unterrichtet werden, findet sich z. B. in Italien, Island und Norwegen, wobei sich die Ausgestaltung der Unterstützungssysteme und ihre Leistungen unterscheiden. Der deutsch-amerikanische Vergleich zeigt zudem, dass es nicht ausreicht, nur über das Entweder/Oder der Segregation und Inklusion zu sprechen, da es in den USA und zunehmend auch in Deutschland eine Reihe unterschiedlicher Organisationsformen der Förderung gibt.

Klassifizierung und Stigmatisierung: das Etikettierungs-Ressourcen-Dilemma

Im Zuge der Einschulungsuntersuchungen, des Grundschulunterrichts oder der Zuweisung in die verschiedenen Schultypen der Sekundarstufe wird im segregativen deutschen Bildungswesen „auffälligen" oder beeinträchtigten Kindern und Jugendlichen ein sonderpädagogischer Förderungsbedarf attestiert, dem in der Regel eine Sonderschulüberweisung folgt. Die sonderpädagogische Förderung wurde 1994 zu sonderpädagogischen Förderschwerpunkten umstrukturiert, aber die organisatorische Differenzierung und Stratifizierung der Schulformen ist geblieben. Der Prozess des sonderpädagogischen Klassifizierens wird in erster Linie durch die pädagogische Praxis in Schulen bestimmt, wobei international anerkannte Klassifikationssysteme der Weltgesundheitsorganisation wie der *„International Classification of Functioning, Disability and Health"* und national bestimmte Klassifikationssysteme einflussreich wirken (Hirschberg 2009).

Sonderpädagogische Fördersysteme beruhen auf dem Versuch, den Förderbedarf von Kindern und Jugendlichen zu typisieren und zu klassifizieren. In einem stratifizierten Bildungswesen wie dem Deutschlands werden Schülerinnen und Schüler von Beginn ihrer Schulzeit an biologischen, kognitiven oder sozialen Standards gemessen, um festzustellen, ob sie von den durchschnittlich zu erwartenden Fähigkeiten, Leistungen oder Verhaltensweisen abweichen. In den Bildungseinrichtungen sind es im Besonderen die Prozesse des Klassifizierens von Schülern und Schülerinnen, die dazu führen, dass Einzelne als „defizitär" oder „abweichend" wahrgenommen werden. Zugleich stellt das Klassifizieren von Schülern und Schülerinnen den Mechanismus dar, an den die Vergabe von Ressourcen und die Gewährung von Rechten in Bildungseinrichtungen geknüpft ist. Der Prozess der Klassifizierung von Schülergruppen stellt somit eine Schlüsselrolle für die Schullaufbahn von Kindern und Jugendlichen dar. Auf der Schulebene wird dies als „Etikettierungs-Ressourcen-Dilemma" beschrieben (Füssel/Kretschmann 1993), da die Bereitstellung zusätzlicher Ressourcen bislang durch eine Klassifikation der Schüler und Schülerinnen legitimiert werden muss, die ihre Diskreditierbarkeit erhöht. Im deutschen sonderpädagogischen Fördersystem stellt in der Regel die Sonderschule den Ort dar, an dem zusätzliche Ressourcen zur Verfügung gestellt werden. Mit der Klassifizierung eines sonderpädagogischen Förderbedarfs geht deshalb regelmäßig eine Stigmatisierung und Segregierung der Bedürftigen einher.

Die Feststellungsverfahren des sonderpädagogischen Förderbedarfs werden von Lehrkräften, Ärzten und Psychologen vorgenommen. Diese zeitaufwändigen Verfahren setzen in der Regel erst nach größeren Leistungsrückständen der Schüler und Schülerinnen ein und gehen größtenteils erst nach erfolgter Sonderschulüberweisung mit einer zusätzlichen Ressourcenzuwendung einher – darin besteht eine „doppelte Diskriminierung" dieser Kinder und Jugendlichen. Die Verfahren sind nicht „ergebnisoffen" und lassen die Möglichkeit einer besonderen Förderung in der allgemeinen Schule, wie beispielsweise dem Erstellen eines individuellen Lehrplans, meist ungenutzt (Kottmann 2006). Die von den Feststellungsverfahren erfassten Schüler und Schülerinnen stellten schon immer eine sozial sehr selektive Gruppe dar (Hofsäss 1993). Ältere Studien belegen, dass die Mehrheit aller Sonderschüler und -schülerinnen mit sonderpädagogischem Förderbedarf, sozial und ökonomisch benachteiligt ist (z. B. Hofmann 1930; Begemann 1970; Wocken 2000). Sehr viele Schüler und Schülerinnen der Sonderschule für Lernbehinderte wachsen mit erwerbslosen oder gering qualifizierten Eltern auf (Pfahl 2004). Kinder und Jugendliche mit Migrationshintergrund sind dabei deutlich überrepräsentiert (Kornmann 2003). Ähnlich wie in Deutschland sind ethnische Minderheiten in den USA, Kanada oder Neuseeland seit Jahrzehnten in sonderpädagogischen Maßnahmen überrepräsentiert (Gabel et al. 2009). Zudem tragen Jungen ein größeres Risiko, an einer Sonderschule segregiert zu werden – vor allem an Sonderschulen für Lernbehinderte, an der sie zwei Drittel der Schülerschaft darstellen (Faulstich-Wieland 2004). Diese Indikatoren verdeutlichen die Bildungsungleichheiten an der Schnittstelle zwischen Sonder- und Regelschule.

Aktuelle Entwicklungen sonderpädagogischer Förderung in Deutschland

2008 gab es 482 415 Schüler und Schülerinnen, die in Sonder- oder Förderschulen und allgemeinen Schulen in Deutschland sonderpädagogische Förderung erhalten haben (KMK 2010a). Damit wurde die höchste Gesamtförderquote jemals erreicht: über 6 % aller Schüler und Schülerinnen erhielten an Sonder- oder Förderschulen sowie an allgemeinen Schulen eine sonderpädagogische Förderung. Es wurden 88 924 Schülerinnen und Schüler mit sonderpädagogischem Förderbedarf gezählt, die allgemeine Schulen besuchten. Der Anteil dieser sogenannten Integrationsschüler/innen (erst seit der Jahrtausendwende in der amtlichen Bundesstatistik ausgewiesen) ist seit 2000 von 12,4 % auf 18,4 % im Jahr 2008 graduell angestiegen, wobei diese Zahlen große Unterschiede in der Art und Dauer der zugeteilten Förderung verdecken. Die Mehrheit lernte in Grundschulen (59,5 %), in Hauptschulen (17,0 %) oder in Integrierten Gesamtschulen (6,0 %). Ebenfalls waren diese in allgemeinen Schulen geförderten Kinder recht konzentriert auf wenige Kategorien, nämlich die Förderschwerpunkte Lernen (44,8 %), emotionale und soziale Entwicklung (22,4 %) und Sprache (15,6 %) (KMK 2010a).

Die Verteilung aller sonderpädagogisch geförderten Kinder und Jugendlichen unter die seit 1994 gültigen Schwerpunkte hat sich graduell verändert, wobei insbesondere der größte Schwerpunkt (Lernen) rückläufig ist und der drittgrößte emotionale und soziale Entwicklung ansteigt (aktueller Anteil und absolute Zahlen für 2008 in Klammern): Üblicherweise wird unterschieden zwischen dem Förderschwerpunkt Lernen (43,7 %; 210 952) und sonstigen Förderschwerpunkten (56,3 %; 271 463). Zur Oberkategorie „Sonstige" gehören: geistige Entwicklung (16,0 %); emotionale und soziale Entwicklung (11,5 %); Sprache (10,6 %); körperliche und motorische Entwicklung (6,5 %); Förderschwerpunkt übergreifend bzw. ohne Zuordnung (5,0 %); Hören (3,1 %); Kranke (2,1 %); Sehen (1,5 %). Diese Schüler und Schülerinnen wurden von insgesamt 65 014 Lehrern und Lehrerinnen in 40 131 Klassen aller Förderschwerpunkte unterrichtet. Ungefähr zehn Schüler und Schülerinnen werden pro Klasse unterrichtet, und dieses Schüler/ Lehrer-Verhältnis von 6 zu 1 ist das bisher niedrigste (KMK 2010a).

Trotz Entwicklungen hin zur verstärkten schulischen Integration wird bis heute der überwiegende Teil der sonderpädagogisch geförderten Schülerinnen und Schüler in Sonderschulen unterrichtet. Auch die große Chance der deutschen Wiedervereinigung wurde nicht genutzt, um die schulische Integration flächendeckend auszuweiten. Im Gegenteil sind es insbesondere die neuen Bundesländer, die hohe Sonderbeschulungsraten aufweisen (KMK 2010a).

Dennoch zeigen die großen Disparitäten in den Sonderschulbesuchsquoten von 1992 bis 2008 die Dynamiken des Besuchs dieser Schulform. Insgesamt ist, getrieben von 13 Bundesländern, die Bundesquote von 4,18 % auf 4,92 % gestiegen, wobei die Erhöhung besonders markant war in Thüringen (7,47 %), Sachsen-Anhalt (8,73 %) und Mecklenburg-Vorpommern (9,15 %), dort also zwei bis drei Mal so viele Schüler und Schülerinnen eine Sonderschule besuchen wie in Schleswig-Holstein (3,12 %), wo ein signifikanter Rückgang erreicht wurde (siehe Tabelle 1). Auch die Stadtstaaten Hamburg und Bremen konnten leichte Rückgänge der Sonderschulbesuchszahlen verzeichnen. Diese Fälle belegen, dass ein Wandel in beide Richtungen möglich ist. Sowohl über die Zeit als auch räumlich zeigen diese Differenzen, dass – so wichtig individuelle Merkmale der Lernenden auch sind – die kulturellen und sozioökonomischen Rahmenbedingungen, die politischen Entscheidungen und die Ermessensspielräume in Schulen bei der Überweisungspraxis von enormer Bedeutung sind. Durch die Einnahme einer räumlich und historisch vergleichenden Perspektive können darüber hinaus sowohl die schulischen Strukturen als hochgradig variabel als auch die existierenden Behinderungska-

Tabelle 1   Sonderschulbesuchsquoten, Bundesländer,
               1992–2008

Bundesland	1992	1994	1996	1998	2000	2002	2004	2006	2008
BW	4.47	4.39	4.31	4.27	4.31	4.48	4.51	4.55	4.71
BY	3.99	4.23	4.45	4.65	4.65	4.64	4.49	4.42	4.62
BE	3.75	3.55	3.56	3.80	4.06	4.35	4.55	4.47	4.36
BB	4.72	4.67	4.68	4.94	5.34	5.66	6.08	5.98	5.42
HB	4.69	4.43	4.15	4.11	4.13	3.73	3.87	4.22	4.61
HH	**5.19**	5.20	5.09	5.00	4.88	4.90	4.87	4.82	4.88
HE	3.14	3.17	3.26	3.43	3.68	4.00	4.17	4.28	4.31
MV	4.63	4.86	5.30	5.94	6.70	7.40	**8.24**	**8.65**	**9.15**
NI	3.69	3.71	3.75	3.91	4.09	4.31	4.36	4.29	4.40
NW	4.50	4.54	4.40	4.29	4.57	4.88	5.00	5.07	5.24
RP	3.27	3.26	3.31	3.41	3.64	3.84	3.88	3.84	3.77
SL	*2.85*	*2.83*	*2.95*	*3.12*	*3.30*	*3.62*	3.84	4.01	4.23
SN	4.01	4.38	4.77	5.13	5.45	5.92	6.50	6.91	6.90
ST	5.02	**5.43**	5.76	**6.28**	**7.01**	7.67	8.12	8.46	8.73
SH	4.71	4.59	4.24	4.07	4.06	3.93	*3.75*	*3.54*	*3.12*
TH	4.55	4.97	**5.59**	6.25	6.98	**7.76**	7.88	8.00	7.47
Deutschland	4.18	4.26	4.32	4.43	4.61	4.80	4.85	4.85	4.92

Quelle: KMK 2010a. NB: *Niedrigste* und **höchste** Anteile.

tegorien als soziale Konstrukte aufgezeigt werden: Demnach ist die Klassifikation von Schülern und Schülerinnen nicht nur mit klinischen oder individuellen Faktoren zu erklären, sondern sie erlaubt es, Rückschlüsse auf erstaunlich disparate Rahmenbedingungen der über das 20. Jahrhundert massiv expandierten sonderpädagogischen Fördersysteme zu ziehen (Powell 2011).

Folgen der Sonderbeschulung: Stigmatisierung und Fehlende Schulabschlüsse

Die Klassifikation „förderbedürftig" und die Überweisung an eine Sonderschule hat weitreichende Folgen für die Betroffenen. Schüler und Schülerinnen, die eine Sonderschule besucht haben, stehen mit dem Ende der Schulzeit vor großen Hürden, da sie in der Regel kein qualifizierendes Schulzertifikat besitzen und ihnen der Übergang in postsekundäre Bildung ohne solche Zertifikate weitestgehend verwehrt wird. Auch der Übergang in berufliche Bildung wird strukturell stark erschwert, denn nur einer bzw.

Tabelle 2   Sonderschulabgänger/innen ohne Hauptschulabschluss, Bundesländer, 1992–2008 (%)

Bundesland	1992	1994	1996	1998	2000	2002	2004	2006	2008
BW	74	76	75	77	80	80	78	78	78
BY	85	84	85	86	87	88	85	84	84
BE	84	84	81	80	66	60	65	58	61
BB	77	79	81	85	87	89	92	94	95
HB	85	85	79	85	89	84	84	79	81
HH	74	71	81	80	81	84	83	86	80
HE	89	88	90	89	87	86	87	83	87
MV	93	95	91	86	87	88	85	81	81
NI	81	79	80	78	78	80	79	75	76
NW	52	54	51	56	60	65	68	69	68
RP	85	83	82	80	82	83	78	78	76
SL	89	82	88	90	92	86	79	74	66
SN	6	93	91	86	88	85	85	82	82
ST	94	90	85	82	81	85	82	76	77
SH	95	96	97	96	97	98	98	97	97
TH	91	94	92	89	84	80	72	65	57
Deutschland	73	78	78	78	79	80	79	77	76

Quelle: KMK 2010a.

eine von fünf Abgängern bzw. Abgängerinnen verlässt die Sonderschule mit einem Abschluss – allerdings mit einer großen Varianz je nach Förderschwerpunkt. Davon erhalten die meisten Sonderschüler und -schülerinnen einen Hauptschulabschluss (2008: 21,5 %; 9 978), einige wenige erreichen einen Realschulabschluss (2,1 %; 971), oder die (Fach-)Hochschulreife (0,1 %; 76) (KMK 2010a: xvi). Der Anteil der Abgänger und Abgängerinnen ohne Abschluss variiert innerhalb Deutschlands stark; im Jahr 2008 lag die Quote zwischen 57 % in Thüringen oder 61 % in Berlin über einen Mittelwert für Deutschland insgesamt von 76 % bis hin zu 95 % in Brandenburg oder 97 % in Schleswig-Holstein (vgl. Tabelle 2). Die Spannbreite reflektiert auch Unterschiede in den schulgesetzlichen Regelungen, Differenzen in der sozioökonomischen Zusammensetzung der Schülerschaft und Disparitäten in den Integrationsraten.

Im weiteren Lebensverlauf bleibt die Erwerbs- und Lebenssituation ehemaliger Sonderschüler und -schülerinnen zumeist prekär und durch Maßnahmen beruflicher (Wieder-)Eingliederung geprägt. Zusätzliche segregierende Maßnahmen bringen Menschen mit Behinderungen nicht langfristig in qualifizierte Arbeitsverhältnisse. Die beruflichen Benachteiligungen der Sonderschulabgängerinnen und Schulabgänger vermag jedoch auch ein Zuwachs an Angeboten im sogenannten Übergangssystem nicht zu kompensieren, weil die Maßnahmen beruflich nicht qualifizieren (Baethge et al. 2007), und nur in Einzelfällen zur Berufsausbildung führen (Pfahl 2004). Die damit verbunde-nen Arbeitslosigkeits- und Armutsrisiken werden durch die laufenden sozialpolitischen Maßnahmen nur unzureichend kompensiert. Hingegen versprechen bildungspolitische Reformen, die gegen die Herstellung von „Bildungsarmut" (Allmendinger 1999) und auf schulische Inklusion gerichtet sind, nicht nur die Arbeitsmarktsituation von Men-schen mit Behinderungen zu verbessern, sondern auch die Möglichkeit der sozialen Teilhabe. Ein Übergang in eine berufliche Ausbildung gelingt Schülern und Schülerin-nen im Anschluss an die sonderpädagogische Förderung an Sonderschulen nur äußerst selten. Studien zum Schul- und Lebensverlauf von Abgängern und Abgängerinnen von Lernbehindertenschulen zeigen, dass nur sehr wenige von ihnen in eine Berufsausbil-dung gelangen (Pfahl 2004; Wagner 2005), wobei denjenigen jungen Erwachsenen, die integrativ beschult wurden, der Übergang tendenziell besser gelingt (Ginnold 2008). Es ist bekannt, dass sich selbst für Jugendliche, die auf der Sonderschule für Lernbehin-derte einen Hauptschulabschluss erlangen konnten, der Sonderschulbesuch bei der Suche nach einem Ausbildungsplatz negativ auswirkt. Handlungs- und wissenssoziolo-gische Forschungsansätze, die das Verhalten der Schüler und Schülerinnen einbeziehen, können erklären, weshalb dies so ist.

Viele Jugendliche antizipieren ihre Chancenlosigkeit und reagieren in dieser Situa-tion mutlos – sie ziehen sich aufgrund ihrer geringen Chancen von den Anforderungen der Erwerbsgesellschaft zurück. Denn die Benachteiligungen von Sonderschülern und -schülerinnen liegen in den Bereichen familialer Herkunft, misslungener Schulkarriere und einer sozialen Stigmatisierung. Die Jugendlichen erfahren durch gesellschaftliche Zuschreibungen eine Abwertung (Marquardt 1975). Die negativen Fremdzuschreibun-gen beeinflussen die Selbstwahrnehmung der Jugendlichen und ihre Persönlichkeits-bildung; sie führen – vermittelt durch eine Beschränkung der personalen und sozialen Rollen, die die Betroffenen in sozialen Interaktionen einnehmen können – zur Schädi-gung ihrer sozialen Identität (Goffman 1975; Krappmann [1971] 2005). Mögliche und wahrscheinliche Auswirkungen der Stigmatisierung stellen extreme Anpassung oder gar Rebellion gegenüber aus ihrer Sicht unzumutbaren gesellschaftlichen Erwartungen dar. Diese Formen des Umgangs mit der Stigmatisierung versprechen in Bezug auf die berufliche Orientierung der Jugendlichen wenig Erfolg. Ein Stigma-Management, das ein passives „Vermittelt-werden" in das berufliche Bildungssystem ermöglicht, führt ebenso wenig zu einer beruflichen Integration wie die Abwehr einer beruflichen Orien-tierung durch aktive Verhaltensweisen.

Dabei zeigen genealogisch-biografische Studien, dass als behindert klassifizierte Per-sonen eine lebensweltliche und berufliche Orientierung ausbilden, die durch die exis-tierenden diskursiven Behinderungszuschreibungen, mit denen sie sich identifizieren, geprägt sind (Freitag 2005). Ehemalige Sonderschüler und -schülerinnen verfolgen aufgrund zahlreicher negativer sozialer Erfahrungen Stigmatisierungsvermeidungsstrategien, d. h. sie gehen bestimmten sozialen Situationen wie Bewerbungen oder sozialen Vergleichen mit Gleichaltrigen aus dem Weg, um nicht diskreditiert zu werden. Sie greifen die ihnen durch die Institutionen angebotenen Beschreibungen der Hilfsbedürftigkeit als Selbsttechniken auf und richten teilweise ihr Handeln danach aus. Dies führt dazu, dass sie ihre bereits eingeschränkten Handlungsmöglichkeiten nicht wahrnehmen (dazu Pfahl 2011). Die Praxis der schulischen Segregation, die trotz fehlender formaler Bildungserfolge durch sonderpädagogische Förderung an Sonderschulen dadurch gerechtfertigt wird, dass Sonderschulen ein „geschütztes" und „schützendes" Territorium außerhalb der Leistungsansprüche des allgemeinen Bildungswesens darstellen, sozialisiert die Schüler und Schülerinnen als Adressaten der wissenschaftlichen Behinderungsdiskurse in reduzierte Erwartungen (Pfahl/Powell 2011). Die im Diskurs um Behinderung bereitgestellten Kategorien (z. B. „lernbehindert") dienen dabei der Selbsteinschätzung der Betroffenen. So fließt das an der Schule erworbene, subjektiv-biografisch angeeignete Wissen über Behinderung als „Störung" oder „individuelles Defizit", in das berufliche und lebensweltliche Handeln der jungen Erwachsenen ein. Ehemalige Sonderschüler und -schülerinnen fügen sich in die ihnen angebotenen sozialen Positionen als „Hilfsbedürftige" ein und verbleiben langfristig in abhängigen Subjektpositionen. Zugleich wird das segregative Fördersystem durch die pädagogischen und sonderpädagogischen Disziplinen und die von ihnen hervorgebrachten Diskurse um Behinderung und Begabung aufrechterhalten (Pfahl 2011) .

Der Großteil der ehemals sonderpädagogisch geförderten Jugendlichen und jungen Erwachsenen wird nach der Schule in separierende Maßnahmen der Berufsvorbereitung gelenkt (Baethge et al. 2007). In diesen beruflich nicht qualifizierenden Maßnahmen verbleiben die jungen Erwachsenen in der Regel über mehrere Jahre, wobei Einzelnen ein nachholender Eintritt in eine Berufsausbildung gelingt, die große Mehrheit jedoch ohne berufliche Qualifikation bleibt. Das deutsche sonderpädagogische Fördersystem trägt somit dazu bei, dass junge Erwachsene ohne Ausbildung bleiben. Ohne Schulabschluss bleiben junge Erwachsene mit ehemaligem sonderpädagogischen Förderbedarf in der Regel dauerhaft geringverdienend oder erwerbslos. Zwar bleiben auch in den anderen europäischen Ländern Menschen mit Behinderungen im späteren Lebensverlauf überdurchschnittlich häufig arbeitslos und abhängig von staatlichen Leistungen und staatlicher Fürsorge (Maschke 2008). Junge Erwachsene jedoch, die in einem inklusiv ausgerichteten Bildungswesen gemeinsam unterrichtet werden, erhalten auf diese Weise mehr Bildung und von Beginn an erhöhte Teilhabechancen, wie der internationale Vergleich gezeigt hat. Schulabgänger und -abgängerinnen aus inklusiv ausgerichteten Bildungssystemen erhalten häufiger qualifizierende Schulabschlüsse, es eröffnen sich ihnen bessere Arbeitsmarktchancen, und die Aussicht auf berufliche Partizipation ist weniger prekär (Knauer/Ramseger 2009). Auf die persistente

Ausgrenzung von behinderten Personen in segregativen Bildungssystemen reagiert eine umfassende Menschenrechtskonvention, deren weltweite Ratifizierung seit 2006 erfolgt.[1]

Einfluss der UN Behindertenrechtskonvention und Schritte hin zur inklusiven Bildung

Die UN-Konvention über die Rechte behinderter Menschen (BRK), die 2009 von der Bundesregierung ratifiziert wurde, legt fest, die Diskriminierung von Menschen mit Behinderungen in allen Lebensbereichen zu verbieten und ihnen die politischen, wirtschaftlichen, sozialen und kulturellen Menschenrechte zu garantieren sowie Teilhabe am gesellschaftlichen Leben zu ermöglichen. Die Konvention untermauert den Paradigmenwechsel vom medizinischen zum menschenrechtlichen Modell von Behinderung und „stellt den vorläufigen Abschluss der schrittweisen Anerkennung des Rechts auf inklusive Bildung für Menschen mit Behinderung dar. Sonderschulen werden durch Art. 24 BRK zwar nicht kategorisch verboten, die systematische Aussonderung behinderter Personen aus dem allgemeinen Bildungssystem stellt allerdings eine Vertragsverletzung dar" (Degener 2009: 216–217). Nach Artikel 24 sollen alle Bereiche von Bildungssystemen inklusiv umgestaltet werden. Inklusiv heißt: Alle Lernenden werden gemeinsam unterrichtet. Die UN-Konvention geht damit über das seit 1994 im Grundgesetz verankerte Gebot „Niemand darf wegen seiner Behinderung benachteiligt werden" (Artikel 3, Absatz 3 GG) hinaus, denn es legt unmissverständlich nahe, Menschen mit Behinderungen den Zugang zu allgemeinen und weiterführenden Regelschulen und zu tertiärer Bildung nicht länger zu verwehren, d. h. ausreichend für inklusive Bildung auf allen Ebenen zu sorgen. Vor Ratifizierung der BRK hatte das Bundesverfassungsgericht diese Prinzipien der individuellen Förderung und des Wahlrechts nicht nur gestärkt. Am 8. Oktober 1997 hat das oberste Gericht (1 BvR 9/97) entschieden, dass dieses Grundrecht nur dann einen Anspruch auf integrative Beschulung gewähre, wenn in einem Bundesland entsprechende Ressourcen zur Verfügung stehen, aber ein Bundesland könne nicht gezwungen werden, diese zur Verfügung zu stellen; Haushaltsvorbehalte gibt es noch in vielen Bundesländern (Füssel 2009). Zukünftig ist aber das Gebot der Gleichbehandlung im Sinne der BRK auszulegen, weil Bund, Länder, deutsche Gerichte und Schulbehörden diese neuen Maßstäbe zu berücksichtigen haben und die Grundrechte in Einklang mit der internationalen Konvention bringen müssen.

Auch wenn die Konvention ein völkerrechtlicher Vertrag ist, der durch ein Vertragsgesetz gemäß Artikel 59 II GG in deutsches Bundesrecht umgesetzt wird, liegen bisher nur wenige rechtskräftige Urteile in Bezug auf die BRK vor; diese werden durch die Monitoringstelle im Deutschen Institut für Menschenrechte dokumentiert und kom-

---

1   Seit 2006 haben über 100 Länder die Konvention ratifiziert, siehe www.un.org/disabilities.

mentiert (DIM 2011). Deutschland hat sich, wie alle anderen Vertragsstaaten auch, dazu verpflichtet, Menschen mit Behinderungen einen gleichberechtigten Zugang zu einem inklusiven Bildungssystem zu gewährleisten (Aichele 2010), weshalb bei mangelnder Umsetzung der BRK in den Ländern eine Klärung vor dem Verfassungsgericht nötig wird (Aichele 2011).

Bei der Verwirklichung dieses Rechts haben die Vertragsstaaten sicherzustellen, dass Menschen nicht aufgrund einer Behinderung vom allgemeinen Bildungssystem und vom Besuch weiterführender Schulen ausgeschlossen werden. Menschen mit Behinderungen erhalten das Recht auf gleichberechtigten Zugang zu einem integrativen, hochwertigen und unentgeltlichen Unterricht an Grund- und weiterführenden Schulen mit angemessenen Vorkehrungen für ihre besonderen Bedürfnisse. Dies soll dadurch sichergestellt werden, dass Menschen die notwendige Unterstützung ihrer Bedürfnisse innerhalb des allgemeinen Bildungssystems erhalten.

Auch die Kultusministerkonferenz hat im Jahr 2010 in einer Stellungnahme Eckpunkte der bereitzustellenden barrierefreien inklusiven Bildungsangebote festgehalten: „Ein inklusiver Unterricht trägt der Vielfalt von unterschiedlichen Lern- und Leistungsvoraussetzungen der Kinder und Jugendlichen Rechnung. Es werden die Voraussetzungen dafür geschaffen, dass sie sich über eine Vielfalt an Handlungsmöglichkeiten selbstbestimmt und selbstgesteuert in ihren Entwicklungsprozess einbringen. Das Konzept des handlungsorientierten, ganzheitlichen Unterrichts soll den Kindern und Jugendlichen die notwendigen Erfahrungs- und Zugangsfelder für aktive, zunehmend selbstständige und ergebnisorientierte Entwicklungsprozesse bieten. Damit werden Grundlagen für ein nachhaltiges, lebenslanges Lernen gelegt […]" (KMK 2010b: 8–11).

Fazit

Die im vorliegenden Beitrag beschriebenen Kennzeichen der sonderpädagogischen Fördersysteme stehen in einem engen Zusammenhang mit dem Aufbau des deutschen Bildungswesens, seiner Gliedrigkeit und den Praktiken der Messung und Bewertung von Leistung sowie der Zuweisung und Überweisung an unterschiedliche Schultypen. Die Stratifizierung der Sekundarstufe bildet eine organisationelle Infrastruktur, die die Selektion von Schülern und Schülerinnen begünstigt, anstatt das Ziel des gemeinsamen Lernens zu stärken. Die bestehenden pädagogischen Institutionen und Disziplinen schaffen Diskurse um Begabung, Leistungsfähigkeit, Behinderung, und Förderbedarfe die der Legitimation sonderpädagogischer Fördersysteme dienen, die einem Großteil der förderbedürftigen Kinder und Jugendlichen keine Bildungserfolge garantiert. Der bildungspolitische Anspruch des deutschen Bildungswesens, die individuelle Förderung und gesellschaftliche Integration von Kindern und Jugendlichen durch schulische Segregation zu gewährleisten, kann als revidiert gelten. Die Bildungserfolge anderer demokratischer Staaten gehen u. a. auf das bildungspolitische Ziel einer Inklusion von

allen Schülern und Schülerinnen an gemeinsamen Schulen zurück (Richardson/Powell
2011). Das Bildungswesen als ein Ort der Vielfalt verstanden, trägt zur gesellschaftlichen
Integration aller bei, weil es die Aufmerksamkeit der Beteiligten auf mögliche kulturelle, soziale, psychische oder körperliche Gemeinsamkeiten und Unterschiede lenkt und
diese in den Bildungsprozessen der Kinder und Jugendlichen produktiv macht (Preuss-
Lausitz 2001).

Der vorliegende Beitrag verdeutlicht, wie weit das deutsche Bildungswesen von der
Forderung nach einer schulischen Inklusion aller Kinder und Jugendlichen entfernt ist.
Das deutsche Bildungswesen wird der Forderung nach Inklusion in mehrfacher Hin-
sicht (noch) nicht gerecht: Im Vergleich zu den meisten europäischen Staaten schafft die
Bildungspolitik in Deutschland bislang schulorganisatorische Voraussetzungen, die sich
stark an dem Prinzip orientieren, Leistungshomogenität von Schülergruppen herstellen
zu wollen. Im Gegensatz dazu orientieren sich viele andere europäische Staaten an den
Prinzipien der Leistungsheterogenität und Individualisierung, indem sie einen großen
Anteil von Schülern und Schülerinnen mit sonderpädagogischem Förderbedarf in den
allgemeinen Schulen unterrichten und benachteiligte Kinder besonders unterstützen.
Darüber sichern sie den Erfolg ihrer Bildungssysteme insgesamt. In Deutschland hingegen wurden im Jahr 2008 über 82 Prozent aller Schüler und Schülerinnen mit festge-
stelltem Förderbedarf in Sonderschulen unterrichtet. Ein ähnlich großer Anteil verließ
die Schule ohne Abschluss.

Wie die Vergleiche der Bundesländer und der Nationalstaaten gezeigt hat, gibt es
eine enorme Bandbreite sonderpädagogischer Fördersysteme. Förderung kann entweder nahezu ausschließlich in besonderen Einrichtungen angeboten werden oder – ganz
im Gegenteil – an allen allgemeinbildenden Schulen. Es handelt sich somit nicht um
eine Frage der Machbarkeit, die den Grad der schulischen Integration und die Einrichtung inklusiver Klassen und Schulen bestimmen, sondern um Fragen der bildungspolitischen Umsetzung international anerkannter Menschenrechte auf Bildung und
gesellschaftliche Teilhabe.

Literatur

Aichele, Valentin (2010): Behinderung und Menschenrechte: Die UN-Konvention über die
    Rechte von Menschen mit Behinderungen. In: Aus Politik und Zeitgeschichte 23/2010,
    S. 13–19.
Aichele, Valentin (2011): Zur Rezeption der UN-Behindertenrechtskonvention in der gericht-
    lichen Praxis. In: AnwBl 10, S. 727–730.
Allmendinger, Jutta (1999): Bildungsarmut. Zur Verschränkung von Bildungs- und Sozialpoli-
    tik. In: Soziale Welt 50, S. 35–50.
Baethge, Martin/Solga, Heike/Wieck, Markus (2007): Berufsbildung im Umbruch – Signale ei-
    nes überfälligen Aufbruchs. Bonn/Berlin: Friedrich-Ebert-Stiftung.

Begemann, Ernst (1970): Die Erziehung der sozio-kulturell benachteiligten Schüler. Hannover: Schroedel.

Boban, Ines/Hinz, Andreas (2003). Index für Inklusion. Lernen und Teilhabe in der Schule der Vielfalt entwickeln. Halle-Wittenberg: Martin-Luther-Universität.

Booth, Tony/Ainscow, Mel (2000): Index for Inclusion. Developing Learning and Participation in Schools. London: Centre for Studies on Inclusive Education (UK).

Cloerkes, Günther (2003): Zahlen zum Staunen. Die deutsche Schulstatistik. In: ders. (Hrsg.): Wie man behindert wird. Heidelberg: Winter, S. 11–25.

Degener, Theresia (2009): Die UN – Behindertenrechtskonvention als Inklusionsmotor. In: Recht der Jugend und des Bildungswesens 2/2009, S. 200–219.

DIM (2011): Stellungnahme der Monitoring-Stelle (31. März 2011), Eckpunkte zur Verwirklichung eines inklusiven Bildungssystems: Empfehlungen an die Länder, die Kultusministerkonferenz (KMK) und den Bund. Berlin: Deutsches Institut fur Menschenrechte.

EADSNE (2003). Special Education across Europe in 2003: Trends in Provision in 18 European Countries. Middelfart, DK: European Agency for Development in Special Needs Education.

Eberwein, Hans (2009): Zur Integrationsentwicklung in Deutschland in Schule und Kindergarten. In: Eberwein, H./Knauer, S. (Hrsg.), S. 504–513.

Eberwein, Hans/Knauer, Sabine (Hrsg.) (2009): Integrationspädagogik. Kinder mit und ohne Beeinträchtigung lernen gemeinsam. Weinheim: Beltz.

Ellger-Rüttgardt, Sieglind (2008): Geschichte der Sonderpädagogik. München: Reinhardt.

Eurydice (2005): Key Data on Education in Europe 2005, Brussels: Europäische Kommission.

Faulstich-Wieland, Hannelore (2004): Schule und Geschlecht. In: Helsper, W. (Hrsg.) Handbuch der Schulforschung. Wiesbaden: VS Verlag, S. 647–669.

Freitag, Walburga K. (2005): Contergan. Eine genealogische Studie des Zusammenhangs wissenschaftlicher Diskurse und biographischer Erfahrungen. Münster: Waxmann.

Füssel, Hans-Peter/Kretschmann, Rudolf (1993): Gemeinsamer Unterricht für behinderte und nicht-behinderte Kinder. Witterschlick: Wehle.

Füssel, Hans-Peter (2009): „Niemand darf wegen seiner Behinderung benachteiligt werden". Die schulrechtlichen Rahmenbedingungen für eine integrative Pädagogik. In: Eberwein, H./Knauer, S. 158–163.

Gabel, Susan/Curcic, Svjetlana/Powell, Justin J. W./Kader, Khaled/Albee, Lynn. Migration and Ethnic Group Disproportionality in Special Education. Disability & Society 24(5): S. 625–639.

Ginnold, Antje (2008): Der Übergang Schule – Beruf von Jugendlichen mit Lernbehinderung: Einstieg – Ausstieg – Warteschleife. Bad Heilbrunn: Klinkhardt.

Giroux, Henry (1997): Pedagogy and the Politics of Hope. Theory, Culture, and Schooling. Boulder, CO: Westview Press.

Goffman, Erving (1975): Stigma – Über Techniken der Bewältigung beschädigter Identität. Frankfurt am Main: Suhrkamp Verlag.

Hänsel, Dagmar (2005): Die Historiographie der Sonderschule. Eine kritische Analyse. In: Zeitschrift für Pädagogik 51(1), S. 101–114.

Hirschberg, Marianne (2009): Behinderung im internationalen Diskurs: Die flexible Klassifizierung der Weltgesundheitsorganisation. Frankfurt/Main: Campus.

Hofmann, Wolfgang (1930): Erhebungen über die Berufsfähigkeit entlassener Hilfsschüler. In: Die Hilfsschule 23, S. 132–146.

Hofsäss, Thomas (1993): Die Überweisung von Schülern auf die Hilfsschule und die Schule für Lernbehinderte in Deutschland seit 1918. Berlin: Marhold.

KMK (2010a): Sonderpädagogische Förderung in Schulen 1999 bis 2008. Statistische Veröffentlichungen Dokumentation Nr. 189 – März 2010. Bonn: Ständige Konferenz der Kultusminister der Länder in der Bundesrepublik Deutschland.

KMK (2010b): „Inklusive Bildung von Kindern und Jugendlichen mit Behinderungen in Schulen" (Entwurfsfassung, Stand: 03. 12. 2010). Bonn: KMK.

Knauer, Sabine/Ramseger, Jörg (Hrsg.) (2009) Welchen Beitrag leistet die schulische Integration von Menschen mit Behinderungen auf dem Weg in den ersten Arbeitsmarkt? Berlin:
Bundesministerium für Arbeit und Soziales.

Kornmann, Reimer (2003): Zur Überrepräsentation ausländischer Kinder und Jugendlicher in
„Sonderschulen mit dem Schwerpunkt Lernen". In: Auernheimer, G. (Hrsg.), Schieflagen
im Bildungssystem. Opladen: Leske & Budrich, S. 81–112.

Kottmann, Brigitte (2006): Selektion in die Sonderschule. Das Verfahren zur Feststellung von
sonderpädagogischem Förderbedarf als Gegenstand empirischer Forschung. Bad Heilbrunn: Klinkhardt.

Krappmann, Lothar ([1971] 2005): Soziologische Dimensionen der Identität. Stuttgart: Klett.

Krappmann, Lothar/Leschinsky, Achim/Powell, Justin (2003): Kinder, die besonderer pädagogischer Förderung bedürfen. In: Cortina, K. S., et al. (Hrsg.): Das Bildungswesen in der
Bundesrepublik Deutschland. Reinbek: Rowohlt, S. 755–786.

Marquardt, Regine (1975): Sonderschule – und was dann? Zur Situation von Sonderschülern auf
dem Arbeitsmarkt und im Beruf. München: Aspekte Verlag.

Maschke, Michael (2008): Behindertenpolitik in der Europäischen Union. Lebenssituation behinderter Menschen und nationale Behindertenpolitik in 15 Mitgliedsstaaten. Wiesbaden: VS Verlag.

Mayer, Karl Ulrich (2009): Lebensverlauf. In: Solga, H./Powell, J./Berger, P. A. (Hrsg.), Soziale Ungleichheit. Klassische Texte zur Sozialstrukturanalyse. Frankfurt/Main: Campus,
S. 411–426.

Möckel, Andreas (Hrsg.) (1998): Erfolg – Niedergang – Neuanfang. 100 Jahre Verband Deutscher Sonderpädagogik. München: Reinhardt.

Moser, Vera/Loeken, Hiltrud/Windisch, Matthias/Saalow, Michaela (2008): Sonderpädagogische Professionsforschung: Eine Skizze des Forschungsstands. In: Zeitschrift für Heilpädagogik 3/08, S. 82–87.

Pfahl, Lisa (2004): Stigma-Management im Jobcoaching. Berufliche Orientierungen benachteiligter Jugendlicher (Diplomarbeit). Selbständige Nachwuchsgruppe Working Paper
1/2004. Berlin: Max-Planck-Institut für Bildungsforschung.

Pfahl, Lisa (2011): Techniken der Behinderung. Der deutsche Lernbehinderungsdiskurs, die
Sonderschule und ihre Auswirkungen auf Bildungsbiografien. Bielefeld: transcript Verlag.

Pfahl, Lisa/Powell, Justin J. W. (2010): Draußen vor der Tür: Die Arbeitsmarktsituation von
Menschen mit Behinderung. In: Aus Politik und Zeitgeschichte 23/2010: S. 32–38.

Pfahl, Lisa/Powell, Justin J. W. (2011): Legitimating School Segregation. The Special Education
Profession and the Discourse of Learning Disability in Germany. Disability & Society
26(4): S. 449–462.

Powell, Justin J. W. (2011): Barriers to Inclusion: Special Education in the United States and Germany. Boulder, CO: Paradigm Publishers.

Powell, Justin J. W./Pfahl, Lisa (2009): Ein kontinuierlicher deutscher Sonderweg? In: Knauer, S./
Ramseger, J. (Hrsg.), Welchen Beitrag leistet die schulische Integration von Menschen mit
Behinderungen auf dem Weg in den ersten Arbeitsmarkt? Berlin: BMAS, S. 61–73.

Prengel, Annedore (2006): Pädagogik der Vielfalt. Wiesbaden: VS Verlag.

Preuss-Lausitz, Ulf (2001): Gemeinsamer Unterricht Behinderter und Nichtbehinderter. In: Zeitschrift für Erziehungswissenschaft 4(2): S. 209–224.

Richardson, John G./Powell, Justin J. W. (2011): Comparing Special Education: Origins to Contemporary Paradoxes. Stanford, CA: Stanford University Press.

Seitz, Simone (2008): Leitlinien didaktischen Handelns. In: Zeitschrift für Heilpädagogik 59(6): S. 226–233.

Solga, Heike (2005): Ohne Abschluss in die Bildungsgesellschaft. Opladen: Verlag Barbara Budrich.

Stöppler, Thomas (2010): Ja zur Vielfalt (sonder-)pädagogischer Angebote. In: Aus Politik und Zeitgeschichte 23/2010: S. 19–24.

US DoED (2005): Annual Report to Congress on the Implementation of the Individuals with Disabilities Education Act. Washington, DC: U.S. Department of Education.

Wagner, Sandra J. (2005): Jugendliche ohne Berufsausbildung. Aachen: Shaker.

Werning, Rolf/Reiser, Helmut (2008): Sonderpädagogische Förderung. In: Cortina, K. S., et al. (Hrsg.), Das Bildungswesen in der Bundesrepublik Deutschland. Reinbek: Rowohlt, S. 505–539.

Wocken, Hans (2000): Leistung, Intelligenz und Soziallage von Schülern mit Lernbehinderungen. In: Zeitschrift für Heilpädagogik 12/2000, S. 492–503.

Wocken, Hans (2010): Über Widersacher der Inklusion und ihre Gegenreden. In: Aus Politik und Zeitgeschichte 13/2010: S. 25–31.

Gesundheitserziehung und -bildung als Handlungsfelder einer reflexiven Gesundheitspädagogik. Geschichte, Gegenwart und Perspektiven

Annette Miriam Stroß

Einleitung

Gesundheitserziehung und Gesundheitsbildung können als Handlungsfelder der sich seit einigen Jahren etablierenden Wissenschaftsdisziplin Gesundheitspädagogik beschrieben werden. Die Notwendigkeit einer disziplinären Einbettung gesundheitspädagogischer Handlungsfelder ist innerhalb der erziehungswissenschaftlichen Diskussion bereits von verschiedener Seite betont worden, so z. B. von Georg Hörmann (1999, 2009), Britta Wulfhorst (2002), und Elisabeth Zwick (2004). Eine wissenschafts- und disziplinbezogene Kontextuierung der Handlungsfelder (vgl. Stroß 2006, 2009) hat darüber hinaus den Vorteil, die Besonderheiten des erziehungswissenschaftlichen Zugangs herauszustellen und zugleich eine distanzierte (Beobachter-)Perspektive gegenüber der in den Handlungsfeldern wirkenden Logik – die Gesundheit als oberstes Ziel postuliert – einzunehmen („reflexive health pedagogy"; zur „Reflexivität" als Ziel einer neuen – nicht elitären – Forschungspraxis vgl. auch Lynch 2004). Daneben sind Gesundheitserziehung und Gesundheitsbildung gesellschaftstheoretisch einzubetten, denn erst vor dem Hintergrund eines – historisierenden – modernisierungstheoretischen Verständnisses (Beck u. a. 1996; Beck/Lau 2004; Helsper u. a. 2003) können die gegenwärtigen Anforderungen an die genannten wie auch an weitere Handlungsfelder (Gesundheitsförderung, Gesundheitskommunikation) verdeutlicht werden, welche wiederum in zunehmendem Maße mit der Reflektiertheit des eigenen Handelns („Gesundheitsbildung Zweiter Ordnung") zu verbinden sind, um den steigenden Ansprüchen auf Professionalität des Handelns zu genügen. Solchermaßen sind Forderungen nach einem theorie- und begriffssensiblen wie gesellschaftstheoretisch reflektierten Umgang mit Fragen der Gesundheitserziehung und Gesundheitsbildung heute unabdingbar. Zugrundegelegt wird hierbei ein Professionalitätsverständnis, das „biographische Reflexionen und überhaupt Reflexivität als Bewusstheit über das eigene Tun […] als Schlüsselkompetenz von Professionalität" auffasst (Combe/Kolbe 2004: 835).

1 Gesundheitserziehung im Schnittfeld zweier Professionen

In historischer Perspektive kann Gesundheitserziehung – bezogen auf Heranwachsende – als Oberbegriff für verschiedene Termini wie physische Erziehung (18. Jh.), Gesundheitslehre, Hygiene, Diätetik und Gesundheitspflege (19. bzw. frühes 20. Jh.) rekonstruiert werden. Dabei werden unter Gesundheitserziehung direkte Instruktionsformen ebenso verstanden wie strukturelle Vorschläge und Maßnahmen (z. B. „helle und saubere Klassenräume" zur Erhaltung der Schülergesundheit). Institutionalisiert sich der Bereich der Gesundheitserziehung im Verlaufe des 19. Jahrhunderts und verselbstständigt sich dieser damit gegenüber den Herkunftsbereichen Pädagogik und Medizin, bleibt er doch, wenn auch mit wechselnden Dominanzen, rückgebunden an die beiden genannten Bezugsdisziplinen. Das heißt zugleich: (1) Gesundheitserziehung kann nicht als ein historisches Faktum gelten, das sich dem Betrachter quasi unmittelbar erschließt. Sie muss vielmehr als ein Konstrukt begriffen werden, das sich abhängig von dem jeweils gewählten Zugang zeigt. (2) Scheinen Texte zur Gesundheitserziehung zunächst über die unmittelbare Relevanz ihrer Inhalte erschließbar zu sein (moralisierender Zugang), können diese weitaus ertragreicher aus der Distanz einer Beobachterperspektive erschlossen werden, die Inhalte und Autoren in einen Zusammenhang bringt. Danach erschließen sich die Inhalte und deren Funktionen erst in Abhängigkeit von der gesellschaftlichen bzw. beruflichen Stellung ihrer Verfasser (ausführlicher hierzu Stroß 2009: 30–38).

Ein Beispiel liefert die zwischen Pädagogen und Medizinern geführten Diskussion über den Schularzt im späten 19. und frühen 20. Jahrhundert (vgl. Stroß 2000: 214–227). Die Diskussion findet statt vor dem Hintergrund der Einrichtung von Schularztstellen in verschiedenen deutschen Städten seit den 1880er Jahren; die ersten Städte sind Frankfurt am Main, Breslau, Leipzig und Dresden. Bereits Anfang des 20. Jahrhunderts sind in fast allen größeren Städten des Deutschen Reiches Schulärzte vorhanden. Trägt man die seit den 1890er Jahren in die Diskussion gebrachten Argumente für oder gegen den Schularzt zusammen, lassen sich, erstens, eindeutige Unterscheidungen zwischen den gegen den Schularzt votierenden Pädagogen und den für den Schularzt optierenden Medizinern feststellen Und es lässt sich, zweitens, auf pädagogischer Seite noch bis ins frühe 20. Jahrhundert hinein ein Diskursüberschuss feststellen, der den institutionellen Gegebenheiten, also den Tätigkeiten der Schulärzte, gar nicht entspricht. So wird von Lehrern vor allem auf mögliche Störungen des Unterrichts durch den Arzt hingewiesen; beklagt wird, dass die Schule kein Krankenhaus sei und dass man einem Teil der gesundheitlichen Störungen durch eine spätere Einschulung der Kinder vorbeugen könne. Gewarnt wird vor möglichen Ambitionen der Ärzte, den Hygieneunterricht selbst in die Hand nehmen zu wollen. Kritisch hierzu heißt es, der Lehrer kenne seine Schüler doch viel besser und überdies stelle der Arzt im Klassenraum als „Überträger" von Krankheiten eine Gefahr für Schüler und Lehrer dar. Mediziner dagegen beklagen vor allem die mangelnde Fachkompetenz der Lehrer sowohl bei der Beurteilung von Schülerkrankheiten als auch bei der Gestaltung des Gesundheitsunterrichts, und sie fordern die – in manchen Seminaranstalten auch umgesetzte – Hygieneausbildung der Lehrer durch Seminarärzte. Faktische Einmischungen von Ärzten in den Schulunterricht gibt es nicht. Zuständig sind die frühen Schulärzte hauptsächlich für die Gebäude- und Einrichtungshygiene sowie – später – für die zumeist außerhalb der Schulen durchgeführten Reihenuntersuchungen von Schülern.

Deutlich wird an diesem Beispiel, dass die Umsetzung einer – an sich sinnvollen – Institution, des Schularztes, im Diskurs gewissermaßen eigendynamisch gebrochen wird und dass die Brechungen wiederum abhängig von den jeweiligen Professionsinteressen sind. Denn: Seitens der beteiligten Lehrer, und beteiligt sind vor allem Volksschullehrer, wird eine entscheidende – und für die Selbstdefinition des Berufsstandes immer wieder zentrale – Besonderheit, die Bedeutung der in der Literatur häufig mystifizierten „erzieherischen Kompetenz", in Gefahr gesehen. Diese Kompetenz droht der Schularzt dem Lehrer durch fachliche Überlegenheit streitig zu machen. Seitens der beteiligten Ärzte wird dagegen – fachlich begründet und in den Argumenten gleichzeitig verklausuliert – in erster Linie ein Interesse an der Erweiterung der eigenen Tätigkeitsfelder kundgetan – und auch erfolgreich umgesetzt. Der Unterricht in den Volksschulen selbst bleibt davon unberührt. Mit anderen Worten: Aus den Texten zum Schularzt spricht einerseits die problematische Stellung der Volksschullehrer im Modernisierungsprozess, die bis in die Weimarer Zeit ohne akademische Ausbildung blieben und sich gerade deshalb in ihrer „Besonderheit" behaupten mussten, andererseits die – durch die Überfüllung des Medizinstudiums im ausgehenden 19. Jahrhundert – forcierte Suche von Ärzten nach neuen Betätigungsfeldern.

Historisch-systematisch lässt sich der Wandel der seit der Aufklärungszeit an die Institution Schule gebundenen Gesundheitserziehung darüber hinaus durch folgenden Dreischritt charakterisieren: die Pädagogisierung (im ausgehenden 18. Jahrhundert), die Medizinisierung (seit Mitte des 19. Jahrhunderts) und die Repädagogisierung (in den 20er Jahren des 20. Jahrhunderts) des Diskurses im Anschluss an die langfristige traditionelle Dominanz der Theologie (insbes. vermittelt durch die Dorfpfarrer) vor Beginn der Aufklärungszeit (vgl. Stroß 1995). Wird die Geschichte der Gesundheitserziehung vom 18. bis 20. Jahrhundert in diesem Zusammenhang als eine Geschichte der Konkurrenzen, aber auch der „versäumten" Kooperationsmöglichkeiten zwischen Pädagogen und Medizinern rekonstruiert, stellt sich zugleich die Frage nach dem Spannungsverhältnis zwischen (medizinischem) Fachwissen und (pädagogischer) Moralisierung. Und es stellt sich die Frage, ob ein stärkerer Bezug auf medizinisches Fachwissen eine Resistenz gegenüber den, historisch gesehen, erfolgreichen Bemühungen ermöglicht hätte, gesundheitsbezogene Inhalte im Unterricht der Volks- bzw. (nach 1920) Grundschulen pädagogisch-moralisch und damit letztlich normativ aufzuladen. Denn genau solche normativen Überlagerungen sind für die Vermittlung gesundheitserzieherischer Inhalte, vor allem im 18. Jahrhundert („Pädagogisierung") und nach 1920 („Repädagogisierung") bis zum Ende der Weimarer Zeit, charakteristisch (vgl. Stroß 2000, 2009).

Mit der (Volks-)Schule als Ort der Gesundheitserziehung und ihrer wachsenden Bedeutung als Sozialisationsinstanz im Verlauf des 19. Jahrhunderts wird zugleich eine
Funktionsteilung zwischen Lehrern und Ärzten eingeführt, die dann, unausgesprochen,
auch bei der weiteren gemeinsamen Ausgestaltung des Feldes der Gesundheitserziehung
wirksam bleibt. Richtet sich die – berechtigte – Kritik von Ärzten im 18. und frühen
19. Jahrhundert noch auf die defizitäre Vorbildung der Volksschullehrer und lässt diese
Kritik (wie auch die Tatsache selbst) die Beziehungen zwischen Lehrern und Ärzten
zunächst als Konkurrenz erscheinen, so trägt die im Laufe des 19. Jahrhunderts durchgesetzte seminaristische Ausbildung der Volksschullehrer zur Konsolidierung eines
Standesbewusstseins bei, das in der Folge die funktionale Differenzierung und längerfristige Stabilisierung der schulischen Gesundheitserziehung als eines im wesentlichen
von Ärzten und Lehrern gemeinsam getragenen eigenständigen Bereiches ermöglicht.
Die eingeführte Funktionsteilung lässt sich zugleich auf die Unterscheidung der Wissensformen von Profession und Wissenschaft zurückbeziehen: Vertritt der Arzt – entgegen der handlungsorientierten Logik der Profession – im Überschneidungsbereich vor
allem das wissenschaftsgebundene Fachwissen, so repräsentiert der Lehrer innerhalb
der Gesundheitserziehung die handlungsorientierte Logik professionell gebundenen
Wissens durch eine formalisierte, die Auseinandersetzung mit medizinischen Inhalten bis auf wenige (wissenschaftsambitionierte) Ausnahmen eher vermeidende Orientierung an Moral, Prävention, Wissenspopularisierung und -didaktisierung. Während
der Arzt damit auf eine – für den Lehrer nicht einholbare – (relativ) professionsferne
Wissenschaftlichkeit des Wissens zielt, beruft sich der Lehrer auf die – für den „Nicht-
pädagogen" ebenfalls unerreichbare – Spezifik handlungsorientierten Wissens. Die inhaltliche Ausprägung des Überschneidungsbereiches der Gesundheitserziehung umfasst
damit die moral- beziehungsweise präventionsorientierte, unterrichtsdidaktische Aufbe-
reitung des Wissens ebenso wie auch die handlungsorientierte Anwendung experimen-
tell-pädagogischer Forschungsmethoden. Unter Bedingungen einer vergleichsweise
gering entwickelten pädagogischen Professionalität, vor allem im Bereich der wissenschaftlich institutionalisierten Ausbildung von Lehrern, führt diese spezifische Orientierung des pädagogischen Wissens nicht zu einer gleichberechtigten Alterität beider
Wissensformen.

2   Gesundheitspädagogik Erster und Zweiter Ordnung – eine begriffskritische Analyse

Gesundheitserzieherische Maßnahmen werden in der Aufklärungszeit im 18. Jahrhundert mit den Normen und Wertvorstellungen des entstehenden Bürgertums (Tugendhaftigkeit, Fleiß, Sauberkeit, Ordnung etc.) verbunden. Das Selbstverständnis einer auf
gesellschaftliche Anpassungsprozesse zielenden und mit Methoden der individuellen
Abschreckung arbeitenden Gesundheitserziehung lässt sich für das 19. und 20. Jahr-

hundert anhand differierender Leitvorstellungen und -begriffe (wie z. B. Gesundheits-lehre, Gesundheitsunterricht, Gesundheitsförderung) bis in die sechziger und siebziger Jahre des 20. Jahrhunderts hinein rekonstruieren (vgl. Kost 1985; Labisch 1992). War Gesundheitspädagogik Erster Ordnung noch bis in die frühen siebziger Jahre des 20. Jahrhunderts vorwiegend am sog. medizinischen Risikofaktorenkonzept orientiert, findet seit den siebziger und achtziger Jahren des 20. Jahrhunderts – zunächst in den USA und Großbritannien, später auch in Deutschland – eine multidisziplinäre Öffnung in Richtung auf Psychologie, Soziologie und andere Wissenschaften (wie die Politikwis-senschaft) statt. Wichtig für diesen Öffnungsprozess ist auch die Entstehung der neuen Multidisziplin Gesundheitswissenschaften in Deutschland, die sich u. a. als grundlagen-orientiertes Gegenmodell zu einem politiknahen Public-Health-Verständnis im anglo-amerikanischen Raum etabliert hat (vgl. Hurrelmann 1999: 5 sowie – ergänzend hierzu – Stroß 2009: 101–126). Ungeachtet der seit den achtziger Jahren des 20. Jahrhunderts vollzogenen inhaltlichen Umorientierungen (Partizipation, Empowerment, struktu-relle Maßnahmen etc.; vgl. Bundesministerium 2009: insbes. 56–74), gilt „Gesundheit" bis heute als normative Vorgabe (vgl. Kühn 1993, 2009; Seedhouse 1997). Damit kann Gesundheitspädagogik Erster Ordnung als ein Konstrukt verstanden werden, das me-thodisch und inhaltlich weitgehend eklektisch zusammengesetzt von der Medizin über weite Strecken funktionalisiert worden ist. Durch die fehlende kritische erziehungswis-senschaftliche Reflexion zielt dieses Konzept trotz der Erweiterung der individuums- und gruppenbezogenen Perspektive auf gesundheitsförderliche bzw. -verhindernde Rahmenbedingungen (vgl. World Health Organization 1993 [1986]) seit den achtziger Jahren des 20. Jahrhunderts weiterhin auf gesundheitserzieherische Maßnahmen Erster Ordnung, und das heißt: auf Gesundheit als normative Vorgabe. Die Abkehr von einem autoritativen Erziehungsverständnis (1950/60er Jahre), die Modifizierung von Verhal-tens- und Lerntheorien (1970er Jahre) sowie die zunehmende Orientierung an einem partizipatorischen Erziehungsverständnis (seit den 1980er Jahren) haben diesbezüglich keinen qualitativen Wechsel, sondern lediglich graduelle Änderungen erwirken können.

Gesundheitspädagogik Zweiter Ordnung knüpft an ein partizipatives und auf Empo-werment gerichtetes Erziehungsverständnis an, lehnt in ihrer Einbettung in erziehungs-wissenschaftliche Grundlagenreflexion allerdings die Orientierung an „Gesundheit" im Sinne einer starren normativen Vorgabe ab und bemüht sich statt dessen, die normati-ven Grundierungen von Gesundheit selbst reflexiv zu halten (vgl. hierzu in jüngster Zeit die umfassende Studie von Bittlingmayer u. a. 2009). Kritisiert worden sind im Vorfeld disziplinspezifischer Überlegungen zur Gesundheitspädagogik bereits ein verkürztes Partizipationsverständnis (z. B. Compliance gegenüber medizinischen Anweisungen), unreflektierte „Blaming-the-victim"-Strategien (im Sinne persönlicher Schuldzuwei-sungen) sowie eine in Teilen bis heute unhinterfragte Mittelschichts-Orientierung gesundheitserzieherischer Maßnahmen (vgl. Franzkowiak/Wenzel 2001: 717). Eine „disziplinabhängige Akzentuierung" (Wulfhorst 2002: 87) im Sinne eines „eigenstän-digen Beitrags" (Zwick 2004: 7) aus erziehungswissenschaftlicher Sicht steht nach wie vor in den Anfängen. Um grundlegenden Postulaten und neueren Forschungsergebnissen aus der Erziehungswissenschaft Rechnung zu tragen, hat sich Gesundheitspädagogik Zweiter Ordnung deshalb konsequenterweise an einer Meta-Ebene zu orientieren: durch kritische Reflexion des Erziehungsbegriffs und – damit zusammenhängend – durch Kritik an der naiven und als solche nicht problematisierten normativen Setzung von „Gesundheit" als Erziehungsziel (vgl. Stroß 2009: insbes. 62–68; vgl. ergänzend Schnabel u. a. 2009).

Programme und Konzepte wie auch kritische Überlegungen zur Gesundheitserziehung operieren bis in die Gegenwart hinein mit einem reduzierten Erziehungsverständnis (vgl. ergänzend hierzu Abschnitt 3.1). In Erweiterung kognitiver Informationsvermittlungsstrategien und in Anlehnung an verhaltenspsychologische Modelle wird Erziehung häufig als Psychotechnik, d. h. als gezielte, kognitive, emotionale und soziale Faktoren berücksichtigende „Kombination von Informations- und Einstellungsveränderungsstrategien" aufgefasst (Laaser/Hurrelmann/Wolters 1993: 186), oder der Erziehungsbegriff wird – mit Blick auf die zweihundertjährige Tradition schulischer Gesundheitserziehung – als mit „verkehrten" Methoden der Abschreckung (im 20. Jh. z. B. Demonstration von „Raucherbeinen" in Filmen) verbunden betrachtet und gegenüber unspezifischen Begriffen (wie z. B. Gesundheitsförderung) pauschal zurückgewiesen. Beide Positionen – Psychotechnik wie auch Ablehnung – werden der Komplexität des Erziehungsbegriffs nicht gerecht. Gesundheitspädagogik zweiter Ordnung hat deshalb die impliziten ebenso wie auch die dargestellten Erziehungsverständnisse in Programmen und Konzepten der Gesundheitserziehung zu analysieren, um vor dem Hintergrund der historischen (und systematisierbaren) Komplexität des Erziehungsbegriffs (vgl. Langewand 2003) ein neues Verständnis (von der Besonderheit) des gesundheitserzieherischen Zuganges zu entwickeln und um Gesundheitserziehung gegenüber alternativen Begriffen wie Gesundheitsberatung und -förderung deutlicher konturieren zu können. Gesundheitserziehung Zweiter Ordnung kann damit begriffen werden als ein spezifischer Zugang in einem interdisziplinären Ensemble theoretisierbarer und methodisierbarer Herangehensweisen zur Frage der Gesundheit(sförderung) von Menschen.

3   Alternativen zur Gesundheitserziehung? Gesundheitsförderung, Gesundheitsbildung, Gesundheitskommunikation

In Misskredit geraten ist der Begriff der Gesundheitserziehung in Deutschland seit Mitte der 1970er Jahre. „Die Gesundheitserziehung ist individuums-, symptom-, krankheits- und verhaltensorientiert", heißt es in einem rückblickenden Resümee. „Ihr Aufklärungs- und Erziehungsmodell ist expertengestützt. Partizipation wird auf Teilnahme an Trainingsmaßnahmen bzw. Compliance gegenüber medizinischen Anweisungen verkürzt. Die komplexe Lebensweise der Adressaten/innen wird reduziert auf epidemiologisch objektivierbare Verhaltenselemente („lifestyle"). Widerstand gegenüber fremdbestimmten Verhaltensänderungen wird dem Individuum als persönliche Schuld an nachfolgender Erkrankung zurückgespiegelt („blaming the victim"). Lebenslagen und Lebensbedingungen von Individuen und Kollektiven sind unzureichend reflektiert und werden den epidemiologischen Maßzahlen der Mortalität bzw. Morbidität untergeordnet. Vielen Ansätzen der Gesundheitserziehung unterliegt konzeptionell wie pragmatisch eine unreflektierte Mittelschichtorientierung, wie sie sich etwa in der kommunikativen Verengung auf Printmedien äußert oder im effektiven Ausschluss sozialer und ethnischer Minderheiten als möglicher Zielgruppen" (Franzkowiak/Wenzel 2001: 717).

3.1 Gesundheitsförderung

Liefert die Ottawa-Charta den Rahmen für ein umfassendes – politische und ökologische Dimensionen beinhaltendes – Verständnis von Gesundheitsförderung, so wird in dem hieran anschließenden Konzept der „Gesundheitsfördernden Schule" der Begriff der Gesundheitserziehung (Barkholz/Paulus 1998: 11/134 f.) ausdrücklich aufgegeben zugunsten einer „Gesundheitsförderung in Schulen" im Sinne spezifisch zugeschnittener, entwicklungs-, sozial- und gesundheitspsychologische bzw. -soziologische Theorien berücksichtigender Unterrichtsprogramme sowie zugunsten „gesundheitsfördernder Schulen" im Sinne eines an der Herstellung gesundheitsfördernder Rahmenbedingungen ausgerichteten Ansatzes.

Entwickelt worden ist hier also ein Konzept, das einseitigen, auf (individuelle) Vermittlung setzenden Zugängen gegenüber deutlich überlegen ist. Denn: Entsprechend der systemischen Sichtweise kommen Verhalten bzw. Handeln Einzelner (einschließlich interaktiver Komponenten) und die Verhältnisse in den Blick und wird der biopsychophysische Fokus erweitert um politische, soziale, ökologische Dimensionen, die prozessual gestaltet (sei es durch Partizipation von Schülerinnen und Schülern, durch Mitwirkung von Eltern, durch regionale und überregionale Netzwerkbildungen, durch Raum- und Pausenhofgestaltung usw.) in gesundheitsfördernden Maßnahmen Eingang finden. „An solchen Prozessen", schreibt der für das BLK-Modellprojekt als wissenschaftlicher Berater sowie für das Anschlussprojekt OPUS (Offenes Partizipationsnetz und Schulgesundheit) an der Bildungswissenschaftlichen Hochschule Flensburg zuständige Leiter Peter Paulus zusammen mit Ulrich Barkholz, „kann gelernt werden, dass ‚Umwelt' nicht als gegeben hingenommen werden muss, sondern dass sie über soziale Kommunikation und Konstruktion veränderbar werden kann. So kann erfahren werden, dass Gesundheit auch etwas mit gesellschaftlichen Machtverhältnissen und mit Demokratie zu tun hat." (ebd.: 135) Gegenüber den kritisierten Programmen zur Gesundheitserziehung wird also eine (im weitesten Sinne) soziologische Kontextuierung vorgenommen: Es wird ein Übergang vom personalen auf den systemischen Fokus vollzogen und die bestehenden gesellschaftlichen Machtverhältnisse rücken in den Blick. Und dennoch müssen Kritik und Zurückdrängen des Begriffs der Gesundheitserzie-

hung wie auch die hier gewählte Form der soziologischen Einbettung ebenso problematisiert werden wie auch die in diesem Zusammenhang fehlende Skepsis, zum Beispiel
gegenüber der – hier ideal gedachten – Veränderbarkeit des Gesamtsystems (zur Unterscheidung von Gesundheitsförderung und gesundheitsbezogener Prävention vgl.
Schnabel 2007; Bundesministerium 2009: 50–76).

(1) Immer wieder betont werden die Möglichkeiten jedes einzelnen, durch eigene Initiative (und „gute Beziehungen"; Barkholz/Paulus 1998: 14) eine positive, weil gesundheitsfördernde Umgestaltung gegebener Strukturen und (Macht-)Verhältnisse erwirken
zu können. Dies wird nicht nur für möglich, sondern zugleich für wünschenswert gehalten. „An die Stelle eines einseitig negativen Bildes von Gesundheit […] tritt ein positives
Bild von Gesundheit, das an der Erreichung von mehr Lebensfreude und Lebensqualität orientiert ist." (ebd.: 135) Damit wird der Fokus erneut vom sozialen System auf das
personale System gelenkt, und es wird die Aktivität des Einzelnen ins Zentrum anzusto-
ßender bzw. durch Settings (Programme, Raumgestaltung, Netzwerke usw.) vorzube-
reitender Veränderungsprozesse gestellt. Die Idee, durch Bereitstellung des „richtigen"
Settings persönlichkeitsentwickelnde Prozesse bei Kindern und Jugendlichen in Gang
zu setzen, entspricht jedoch traditionellerweise einem Erziehungsverständnis, wie dies
beispielsweise von dem späterhin so bezeichneten ‚Begründer' einer wissenschaftlichen
Pädagogik, Johann Friedrich Herbart, bereits im frühen 19. Jahrhundert formuliert worden ist (vgl. Herbart 1955). Mit anderen Worten: Der – im vorherigen Abschnitt bereits
erläuterte – Versuch, Gesundheitserziehung per se mit „Zeigefingerpädagogik" und
„Abschreckungsdidaktik" gleichzusetzen (vgl. Barkholz/Paulus 1998: 135), greift deutlich zu kurz. Denn Erziehung in einem begrifflich und historisch alerten Sinne umfasst
(neben weiteren Faktoren wie der Vorbildfunktion von Bezugspersonen und der Wissensvermittlung) sehr wohl die Bereitstellung der „richtigen" Umgebung (vgl. Herbart
1955: 69) – auch wenn sich das Verständnis dessen, was unter einer die Erziehung begünstigenden Umgebung gefasst wird, abhängig von den gesellschaftlichen, familialen
und individuellen Bedingungen, im Laufe der Jahrhunderte geändert hat. Überträgt
man das hier genannte Erziehungsverständnis – unabhängig von den historisch, kulturell etc. jeweils für richtig gehaltenen Inhalten und Zielsetzungen – und appliziert
man das dem Erziehungsbegriff innewohnende Potential auf das heute kritisierte Verständnis von Gesundheitserziehung, heißt das zugleich: Der Begriff der Erziehung ist
im Rahmen der Gesundheitsförderung zu schnell aufgegeben worden, statt ihn zumindest als entwicklungsfähiges Konzept zu sehen. Dies erscheint umso bedeutsamer vor
dem Hintergrund der Tatsache, dass die weitaus überwiegende Mehrzahl gesundheitsfördernder Programme (insgesamt ca. 85 %) sehr wohl personen- und nicht systembe-
zogen ist (vgl. Mittag 2006: 92).

(2) „Eine Politik der Gesundheitsförderung muss Hindernisse identifizieren, die einer
gesundheitsgerechteren Gestaltung politischer Entscheidungen und Programme entge-
genstehen" (World Health Organization 1993). Für den Einzelnen soll erfahrbar werden,
„dass Gesundheit auch etwas mit gesellschaftlichen Machtverhältnissen und Demokra-

tie zu tun hat" (Barkholz/Paulus 1998: 135). Die hier genannten Forderungen stehen für ein Verständnis von Gesundheitsförderung, das den gesellschaftlichen Zusammenhang in kritischer Weise mit einbezieht und an der Erhöhung von sozialer Gerechtigkeit, Chancengleichheit und Partizipation ausgerichtet ist. Die genannten Forderungen sollen nicht nur theoretische Grundlage des Konzepts „Gesundheitsförderung" sein, sie sollen darüber hinaus für die Adressaten gesundheitsfördernder Maßnahmen „erfahrbar" werden. Und doch entspricht die auf diese Weise vorgenommene Kontextuierung nicht der (gesellschafts-)kritischen Lesart, wie sie im Anschluss an soziologische Lesarten Bourdieus und anderer (z. B. Bourdieu 1997, 2004; vgl. umfassender zu Bourdieu den Beitrag von Hillebrandt im Handbuch) vorgenommen werden muss. Statt nämlich Kontextuierung als methodischen Zugang zu verstehen, der sich durch eine Analyse auf zweiter Ebene erschließt, bleibt die hier vorgenommene Kontextuierung auf der (ersten) Ebene der bloßen inhaltlichen Ergänzung und Anspruchshaltung stehen. Erst in der Anwendung des kontextuierenden Blicks als eines methodisierenden Blicks kann jedoch der Fokus vom personalen zum sozialen System in konsequenter Weise vollzogen werden und wird das System folglich in seiner Beharrungskraft rekonstruierbar gegenüber idealen Forderungen nach Veränderung (vgl. hierzu ausführlicher Stroß 2009: 27–38). Doch das heißt zugleich: Das Konzept der Gesundheitsförderung ist als in einem sozialen Feld oder Raum generiert zu betrachten, der durch Machtverhältnisse gekennzeichnet ist. Damit unterliegt Gesundheitsförderung in ihren jeweiligen inhaltlichen Ausformulierungen (und zwar abhängig von der Stellung der Autoren im sozialen Raum, vom leitenden resp. unterstellten Handlungsdruck, der damit einhergehenden Gesellschaftsaffinität usw.; vgl. Kühn 1993: 118–140) den vorhandenen Systemzwängen. Mit anderen Worten: Damit ein gesellschaftskritischer Fokus zur Anwendung gelangen kann, muss die Betonung bezüglich der konzeptuellen Forderungen von Gesundheitsförderung auf der Beharrungskraft von Strukturen liegen, hinsichtlich der im Feld agierenden Individuen auf der Persistenz des jeweils gegebenen (Gesundheits-) Habitus. Veränderungsmöglichkeiten für das Gesamtsystem ergäben sich wiederum einzig auf der Basis eines desillusionierenden Blicks (vgl. für die neuere Diskussion zur „Bildungsgerechtigkeit" Stojanov 2008).

3.2 Gesundheitsbildung

Gesundheitsbildung tritt in Deutschland in der zweiten Hälfte der achtziger Jahre des 20. Jahrhunderts als neues Gebiet innerhalb der Erwachsenenbildung hervor. In Abgrenzung zur Gesundheitserziehung und deren Bezug auf Kinder und Jugendliche adressiert Gesundheitsbildung Erwachsene (ergänzend hierzu Stroß 1994, 2011). Im Gegensatz zu der – von den Befürwortern der Gesundheitsbildung unterstellten – Zielorientierung von Gesundheitserziehung (vgl. Tietgens 1987: 7) wird diese „Zieleindeutigkeit [hier] […] in Frage gestellt" und wird „Gesundheitsbildung im Sinne eines prozessualen Vorgangs" betrachtet, weil zwar „Orientierungshilfen gegeben, aber keine Entscheidungen für individuelles Handeln abgenommen werden" können (ebd.). Damit knüpft Gesundheitsbildung im weitesten Sinne an die alteuropäische Bildungstradition und ein humanistisches Menschenbild an, das die Selbstvervollkommnung des einzelnen ins Zentrum stellt: „Die Antike ist für die Entwicklung der gesamten europäischen Gesundheitsbildung die bestimmende geistige Kraft. Zwischen ca. 500 v. Chr. und 300 v. Chr. erlebt ein Konzept von Gesundheitsbildung seinen Höhepunkt, das noch bis in die erste Hälfte des 19. Jahrhunderts hinein das gesamte abendländische Denken beeinflusste [...] Gesundheit und Leben in Einklang mit der Natur sind in der Antike ein und dasselbe. [...] Das Gesundheitsverständnis geht damit weit über die Vorstellung des ‚leiblichen Wohlbefindens' hinaus, es wird zur ‚natürlichen Norm', zum ‚natürlichen Maß' für Individuum und Gesellschaft" (Haug 1991: 72/75). „Nicht mehr das Vermitteln von Inhalten steht im Vordergrund, sondern die Unterstützung beim Entwickeln von Selbstkompetenz", schreibt Wolfgang Knörzer, Mitbegründer des Heidelberger Instituts für Persönlichkeitsentwicklung und Gesundheitsbildung. „Als Selbstkompetenz", so Knörzer, „bezeichne ich die Summe der Fähigkeiten, die eigenen Begrenzungen und Rahmungen sensibel wahrzunehmen, Möglichkeiten zu kennen und anwenden zu können, diese Begrenzungen zu erweitern und sie dort, wo dies nicht möglich ist, zu akzeptieren." (Knörzer 1994: 61f.) Für Eberhard Göpel, Mitglied der Forschungs- und Entwicklungsgruppe Gesundheitswissenschaften am Oberstufenkolleg der Universität Bielefeld, verbindet sich Gesundheitsbildung, noch weitreichender, mit der Vorstellung einer Emanzipation des Menschen von den vorherrschenden gesellschaftlichen Normen überhaupt: „Gesundheit ist für mich eine Verständigungsmetapher, ein Bild, das wir benutzen können, um uns über die Möglichkeit von Befreiung zu verständigen. Befreiung von sozialen Normen, soweit sie einengend wirken [...] Befreiung in einem engeren Sinne dient dazu, sich vor allem von einengenden Verfestigungen kultureller Normen zu befreien, sich mehr Individualität anzueignen, ein breiteres Spektrum von Lebensmöglichkeiten in einer Zeit der Standardisierungen zu entwickeln. Individualisierung hier also verstanden als mehr Mut zur subjektiven Aneignung des Lebens." (Göpel in: Venth 1987: 211f.) Die Anleihen an eine kritische bzw. kritisch-konstruktive Erziehungswissenschaft werden bei Christoph Haug in ähnlicher Weise deutlich, wenn es hier heißt: „Gesundheitsbildung muss stets aufmerksam und skeptisch gegenüber ‚ideologischer Okkupierung' sein und sich der Frage nach dem Recht auf Krankheit im Einzelfall immer wieder aufs neue stellen, denn sie ist – wie Erziehung und Bildung überhaupt – mit einer Wertentscheidung verbunden; d. h. wann, wo und wie immer Gesundheitsbildung betrieben wird, sollte der ideologische Überbau vorher genau reflektiert werden". Und: „Gesundheitsbildung muss eine theoretische Basis aufweisen und damit klar Stellung zu ihren Grundkategorien beziehen, diese offen legen und der ideologiekritischen Reflexion zugänglich machen." (Haug 1991: 406)

Sofern Gesundheitsbildung nicht auf „die Verhältnisse" abzielt und sie auch nicht die „Gesamtbevölkerung im Blick hat", sofern Gesundheitsbildung Gesundheit weder

„herstellen" noch sie sich „in ihrem Erfolg daran messen [lassen möchte], ob Menschen gesünder werden", scheint sie „zugleich weniger und mehr als Gesundheitsförderung" zu sein (Papenkort 2002: 110). Denn: Fehlt einerseits der soziologische Blick auf gesundheitsfördernde Verhältnisse wie auch die (normierende) Orientierung am Wirksamkeitspostulat, werden andererseits Forderungen nach kritischer Reflexion bestehender Normen erhoben, rückt gesundheitsbezogenes Handeln als individuelle Entscheidung in den Blickpunkt und wird in diesem Zusammenhang schließlich auf die Historizität gesundheitsbezogener Maßnahmen durch den Fokus auf die Geschichte der Gesundheitsbildung seit der Antike aufmerksam gemacht.

(1) Durch ihre spezielle Orientierung an der Erwachsenenbildung transportiert Gesundheitsbildung in erkennbarer Weise sowohl die Ideologie als auch die Probleme ihrer Klientel, hier der Teilnehmerinnen und Teilnehmer an Volkshochschulkursen: „Besonders nachgefragt werden Veranstaltungen, in denen unkonventionelle Heilmethoden im weitesten Sinne im Mittelpunkt stehen. Gemeint sind nicht nur therapeutische, sondern auch präventive Verfahren und Systeme, die als Ergänzung [...] oder Ersatz [...] zu den Verfahren und Systemen gesehen werden, die den Hauptströmungen wissenschaftlichen und weltanschaulichen Denkens folgen" (ebd.: 118). Nach einer Befragung von hauptamtlichen pädagogischen Mitarbeitern und Kursleitern gehören deutsche Frauen mit mittlerem bis höherem Schulabschluss im Alter zwischen 35 und 50 Jahren zum Stammpublikum: „Der Widerspruch zwischen der mehrheitlichen Offenheit der geplanten und der Spezifität der tatsächlichen Teilnehmerschaft lässt die Vermutung zu, dass die Gesundheitsbildung, obwohl explizit geschlechts-, alters- und schichtneutral, inhaltlich und/oder methodisch implizit für bildungsgewohnte Frauen mittlerer Altersstufen ist." (ebd.: 119)

(2) Artikuliert sich der skeptische Blick innerhalb der Gesundheitsbildung sowohl „textimmanent" (z. B. durch alternativmedizinische Angebote) als auch übergreifend und systemkritisch (in dem z. B. die Gesundheitsorientierung als „Gesundheitswahn" in Frage gestellt oder darauf aufmerksam gemacht wird, „dass die Definition dessen, was als Gesundheit und Krankheit gelten soll, mit Herrschaftsansprüchen verbunden" ist; Venth 1987: 16), so scheint das skeptische Reflexionspotential im Bereich der Gesundheitsbildung bislang nicht hinreichend ausgeschöpft worden zu sein, wie auch den randständig gebliebenen Äußerungen Eberhard Göpels oder Christoph Haugs zur „Befreiung von sozialen Normen" bzw. zur Gefahr der „ideologischen Okkupation" entnommen werden kann. Denn wird die „Bildungsbedeutsamkeit des Skeptischen" (Schönherr 2003: 15) gerade darin gesehen, so etwas „wie ein Fremdkörper, ja wie ein Störenfried im erziehungswissenschaftlichen Gegenwartsdiskurs" (ebd.: 11) zu sein, hieße das für Vertreterinnen und Vertreter von Konzepten zur Gesundheitsbildung, die kritische Reflexion bestehender Normen und die vorherrschende Orientierung am Wirksamkeitspostulat noch stärker und konsequenter ins Zentrum ihrer eigenen Überlegungen zu stellen. Und stellt sich aus dieser Perspektive „die Frage nach der Realisierbarkeit einer skeptischen Bildung unter den Bedingungen organisierten Lernens überhaupt und

unter den vorherrschenden speziellen Bedingungen unserer Bildungsinstitutionen im besonderen" (ebd.: 163 f.), gälte es darüber hinaus einen Begriff von Gesundheitsbildung zu formulieren, der dem Problem der Standardisierung von Bildungs- bzw. Lernprozessen in Institutionen noch stärker Rechnung trägt (vgl. hierzu Stroß 2005, 2007). Gegenwärtige Bemühungen, den Bildungsbegriff lebenslauf- statt institutionenorientiert zu reformulieren (vgl. z. B. Sachverständigenkommission Zwölfter Kinder- und Jugendbericht 2006: 80–98), sind in weiterführende Überlegungen mit einzubeziehen.

(3) Eine kritisch-soziologische Perspektive im Bourdieuschen Sinne fehlt dem Konzept der Gesundheitsbildung, sofern „Freiwilligkeit" und „Entscheidungsspielräume" gesundheitsbezogener Angebote nicht rückgebunden werden an die desillusionierende Analyse der durch die Stellung des Einzelnen im sozialen Raum und die Gebundenheit an den sozialen Habitus vom System gesetzten Grenzen. Zu leisten wäre eine solche Perspektivierung im vorliegenden Fall sowohl – auf einer ersten Ebene – durch Aufklärungsarbeit gegenüber den Adressaten gesundheitsbildnerischer Maßnahmen bezüglich faktischer Entscheidungsspielräume respektive habitueller Grenzen als auch – auf zweiter Ebene – durch die Fokussierung der realen Existenz und Persistenz geschlechts-, alters- und schichtspezifischer Ungleichverteilung bei der Wahrnehmung gesundheitsbezogener Weiterbildungsangebote. Aus kritisch-soziologischer Perspektive ist Gesundheitsbildung damit nicht nur als Ausdruck, sondern auch als Produzentin struktureller Ungleichheit zu betrachten. Dem solchermaßen „unpolitischen" Konzept wird von dem Erziehungswissenschaftler Georg Hörmann zu recht die Orientierung an privilegierten Klassen bzw. Schichten wie auch eine das Opfer zum „Täter" stilisierende individualisierende Verantwortungsethik vorgehalten. „Was sich als Modell ganzheitlicher oder alternativer Gesundheitsbewegung anzupreisen scheint", so schreibt Hörmann, „bedarf daher jeweils einer kritischen Untersuchung seiner kulturellen Bedingtheit und einer innovativen Weiterentwicklung […] Ansonsten könnte der Bewegung einer ‚ganzheitlichen Gesundheitsbildung' das gleiche Schicksal beschieden sein wie der bereits vor über 100 Jahren bestehenden Gesundheitsgegenkultur […], die 1840 als Teil der Popular health movement entstand […] und in modernen Varianten einer holistischen Medizin und eines ‚Healthismus' […] ihre Reaktivierung findet." (Hörmann 1999: 14)

3.3 Gesundheitskommunikation

Gesundheitskommunikation ist in der US-amerikanischen Debatte in den siebziger Jahren des 20. Jahrhunderts zunächst an der Erforschung der Arzt-Patient-Kommunikation und der Beeinflussung der Bevölkerung durch öffentliche Gesundheitskampagnen orientiert gewesen. In den 1980er Jahren hat sich ihr Forschungsschwerpunkt zunehmend in Richtung Massenmedien (Presse, Funk, Fernsehen, Computer) und deren Funktion für die Beeinflussung des bevölkerungsweiten Gesundheitsverhaltens verlagert. Seit den 1990er Jahren wird das Forschungsfeld der Gesundheitskommunikation in den USA als wichtiger Bestandteil der Gesundheitspolitik gesehen. Die Bedeutung interaktiver Medien ist in diesem Zeitraum deutlich gewachsen. In der Folge sind „lineare Kommunikationsmodelle, in denen ein Sender über einen bestimmten Kanal eine bestimmte Botschaft an einen bestimmten Empfänger übermittelt" (Hurrelmann/ Leppin 2001: 11), relativiert worden zugunsten eines (idealen) Kommunikationsverständnisses „[according to] which the participants create and share information with one another to reach a mutual understanding" (Roger/Kincaid zit. nach Hurrelmann/ Leppin 2001: 11). Innerhalb Deutschlands ist das Feld der Gesundheitskommunikation erst seit wenigen Jahren in größerem Umfang bekannt geworden (vgl. Jazbinsek 2000; Hurrelmann/Leppin 2001; Harms/Gänshirt 2005).

In Folge des wachsenden Gesundheitsmarktes ist Gesundheitskommunikation heute in zunehmendem Maße an den Profit-Sektor gebunden. Das neue, sich mit der Notwendigkeit zu gesundheitsbezogener Kommunikation verbindende Paradigma folgt – so der Sozialforscher Gerhard Schulze – einer Logik, auf die sich die im Gesundheitssektor Tätigen in Zukunft einzustellen haben: „Bisher hatte die Markteinführung neuer Produkte Verordnungscharakter. In der Zukunft hat jede Einführung diskursiven Charakter. Was sich durchsetzt, geht aus einer kollektiven Interaktion zwischen allen Marktbeteiligten und aus einem gemeinsamen Lernprozess hervor. Bisher ließ sich das in Bezug auf Körper und Gesundheit wesentliche Vertrauen der Kunden pauschal und fast bedingungslos voraussetzen [...] Zukünftig ist dieses Vertrauen mühsam zu erwerben [...] es setzt sich durch, was die Kunden als gut ansehen [...] Bisher unterlag das Interesse der Kunden der Definitionsmacht der Experten. Zukünftig definieren die Kunden ihre Interessen selbst. Ob sie besser als die Experten artikulieren können, was gut für sie ist, liegt bei ihnen und hängt von ihrem Bildungsstand, ihrem Reflexionsvermögen und ihrer Kompetenz im Informationsmanagement ab." (Schulze 2005: 8) Gesundheitskommunikation basiert damit in wesentlichen Teilen auf der Ideologie (und Realität) des neuen Gesundheitsmarktes, die den mündigen Verbraucher postuliert und Gesundheit im Übrigen für „käuflich" oder zumindest für erwerbbar hält.

(1) In Folge des starken Anwendungsbezugs und der überwiegend programmatischen Ausrichtung des Forschungsfeldes ist die Orientierung am „mündigen Verbraucher" als nicht unproblematisch zu sehen. Im Gegenteil scheint diese Orientierung eher aus der Not heraus geboren zu sein, da sie gerade nicht von der Tendenz zur Beförderung freier Willensentscheidungen (für oder gegen eine bestimmte Einstellung zum Thema Gesundheit, für oder gegen bestimmte Produkte auf dem Gesundheitsmarkt) begleitet wird. Gerhard Schulze schreibt hierzu: „Trotz aller Versuche, den Laien mit einfachen Antworten zufrieden zu stellen, ist ihm [dem Laien, Anm. d. Verf.] die Relativität und Vorläufigkeit des ihm als gesichert präsentierten Wissens nicht verborgen geblieben" (Schulze 2005: 6). „Das gestiegene Selbstbewusstsein der Kunden in Verbindung mit den sich verschärfenden Rahmenbedingungen in der Gesundheitsversorgung erfordert ein Umdenken bei der Vermarktung klassischer und innovativer Gesundheitsleistungen", heißt es in einem der führenden Handbücher zum Gesundheitsmar-

keting. „Kundenorientierung und -interaktion werden zum zentralen Erfolgsfaktor" (Harms/Strohschön 2005: 137/141). Dabei gilt: „Um erfolgreich zu sein, müssen gesundheitsorientierte Aktionen und Kampagnen zielorientiert und zielgruppengerecht gestaltet, also strategisch geplant werden." (Harms/Kreyher 2005: 153) Folgerichtig zielen auch die von den Vertretern einer Marketing-bewussten Gesundheitskommunikation geforderten „vertrauensbildenden" Maßnahmen nicht darauf, die Optionalität gesundheitsbezogener Entscheidungen sichtbar zu machen und den Entscheidungsspielraum von Kundinnen und Kunden zu vergrößern, sondern vielmehr darauf, neue (Schein-)Sicherheiten zu produzieren. Doch damit wird die (methodische) Skepsis als reflektierte (Selbst-)Begrenzungsstrategie des neuen Forschungsfeldes ausgelagert, fungiert Gesundheitskommunikation als hybrides und selbstgefälliges Unternehmen und wird die Skepsis an die Kunden abgegeben, deren (inhaltliche) Skepsis es nunmehr zu minimieren gilt. „Wann kommt die Botschaft von Gesundheitskampagnen an?" fragen die Ulmer Mediziner Jochen Haisch und Sören Gauß in ihrer Untersuchung zur Effektivität suggestiver bzw. kommunikativer Strategien und erklären, „dass konsistente Kommunikation, insbesondere wenn sie beim Kommunikanten salient ist, wirkungsvoll ist", wohingegen „Ambiguität, die durch widersprüchliche und verunsichernde Aspekte [...] durch Betonung von Nachteilen oder von Vor- und Nachteilen [...] für die Wirksamkeit von Kommunikation nicht förderlich" ist (Haisch/Gauß 2006: 41).

Mit anderen Worten: Sofern der Zweifel am „richtigen" Gesundheitshandeln weder nach innen (z.B. durch die Nennung von Entscheidungsmöglichkeiten) noch nach außen (z.B. durch eine nicht auf die Wirksamkeit ihrer Strategien fixierte, sondern vielmehr an der Verflüssigung der Kommunikation und der Verbreiterung von „Expertise" interessierte Forschungsausrichtung) zugelassen werden kann, wird der Entwicklungslogik moderner Gesellschaften allenfalls rhetorisch entsprochen (vgl. hierzu auch Dierks u.a. 2000: 150). Denn diese geht gerade mit einer Entgrenzung des Expertenstatus einher. Lautet die (vorläufige) Antwort auf die mit gesellschaftlichen Modernisierungsprozessen einhergehende Entgrenzung des Expertenstatus, „vertrauensbildende" Maßnahmen beim Kunden durchzuführen, scheinen die Manipulationsversuche der zu potentiellen Kunden mutierten Teilnehmerinnen und Teilnehmer am Kommunikationsprozess umso energischer zu werden, je mehr die Entmonopolisierung der Erkenntnis und die Entthronung der Experten in Folge der reflexiven Modernisierung voranschreiten.

(2) Die gegenwärtige Chance des neuen Forschungsfeldes liegt dabei nicht in der Perpetuierung der Gesundheitsideologie als verkaufsträchtiges Dogma, sondern in der Verflüssigung und Reflexivierung gesundheitsbezogener Kommunikationsprozesse, kurz: in der Zunahme des – mit der reflexiven Modernisierung verbundenen – Zweifel(n)s an einfachen Wahrheiten. Doch das hieße zugleich, die Grundlagenforschung zu stärken und über die in der deutschen Diskussion bereits vorhandenen Postulate (nach „Gemeinnützigkeit", Erhöhung der Selbststeuerungskompetenzen von Patienten usw.; vgl. Hurrelmann/Leppin 2001: 15) hinausgehend eine kritisch-soziologisch kontextu-

ierende und skeptische Lesart zu installieren, die sich um die (noch fehlende) Theorie der Gesundheitskommunikation bemüht (vgl. hierzu auch Signitzer 2001: 32). In diesem Zusammenhang relevante Fragen lauten beispielsweise: Durch welche Interessen/ Interessengruppen ist der soziale Raum der Teilnehmerinnen und Teilnehmer an Gesundheitskommunikationsprozessen gekennzeichnet? Wer definiert Gesundheitskommunikation? Auf welchen Ebenen (innerhalb der scientific community, im Austausch mit Patienten etc.) wird Kritik geübt? Wie äußert sich die Kritik? Welchen Stellenwert hat die geäußerte Kritik im sozialen Raum? Welche Kritikpunkte fehlen in der Diskussion bislang bzw. müssten ergänzt werden?

(3) Kritische Grundlagenforschung hätte folglich auch nicht bei der Frage anzusetzen, ob Gesundheitsprobleme überhaupt Kommunikationsprobleme seien (vgl. ebd.: 26), sondern sie hätte vielmehr zu fragen, welches alternative Begriffsverständnis dem offensichtlich verkürzten Kommunikationsbegriff innerhalb des gegenwärtig vorherrschenden Paradigmas einer an Marketing-Strategien orientierten Gesundheitskommunikation entgegengesetzt werden kann. Dabei sind strukturelle Probleme wie fehlende Kommunikationsmöglichkeiten (aufgrund der jeweiligen Stellung einzelner bzw. von Interessengruppen im sozialen Raum) ebenso zu berücksichtigen wie auch ethische Fragen und Probleme, etwa die Frage nach „gelingender" Gesundheitskommunikation. In deren Mittelpunkt müsste dann keineswegs (mehr) die wirksame „Beeinflussung" von Gesundheitsverhalten stehen, sondern könnte beispielsweise das Interesse stehen, die (biografischen) Geschichten der Teilnehmerinnen und Teilnehmer an Kommunikationsprozessen wahrzunehmen, mit denen diese ihren eigenen „gesundheitsschädigenden" Handlungen bzw. Verhaltensweisen einen Sinn geben (vgl. z. B. den narrativen Ansatz nach Pettegrew in: Signitzer 2001: 26 f.). Insoweit würde die Rekonstruktion systemisch bedingter, sich individuell artikulierender Sinngebungsprozesse und -strukturen zumindest eine Möglichkeit bereitstellen für ein neues – kritisches – Verständnis von Gesundheitskommunikation, wobei naive Vorstellungen einer wirksamkeitsbezogenen Überführung „falscher" Sinngebungen in „richtige" (etwa „Rauchen stiftet Gemeinschaft" vs. „ein gemeinsames Diätprogramm stiftet Gemeinschaft") wiederum zu vermeiden sind.

4 Exkurs: Rückkehr eines dogmatischen Verständnisses von Gesundheitserziehung

Eine bemerkenswerte Rehabilitierung erfährt der Begriff der „Gesundheitserziehung" (health education) gegenwärtig im Bereich der US-amerikanischen Gesundheitskommunikation. So wird soziales Marketing als ein „Instrument der Gesundheitserziehung" verstanden (McDermott 2001: 164), das die Effektivität gesundheitserzieherischer Maßnahmen durch seine klare Kundenorientierung und -zentrierung erhöht. Einer der Protagonisten, Robert McDermott vom Florida Prevention Research Center an der University of South Florida, schreibt hierzu: „Einem gesunden Skeptizismus zum Trotz hat das soziale Marketing bei der Änderung von Wissen und Praktiken in Bezug auf Bluthochdruck [...], Reduzierung des Cholesterinspiegels [...] und Änderung von Rauchverhalten [...] Effekte nachweisen können. In Entwicklungsländern hat soziales Marketing eine positive Wirkung auf Stillen, Ernährungspraktiken, die Überwachung von Wachstum, die Kontrolle von Durchfall und die persönliche Hygiene gehabt [...] Sein Einsatz hat darüber hinaus geholfen, die Impfraten bei Kindern in Entwicklungsländern zu steigern [...] und in einigen Teilen der Welt die Zufuhr von Vitamin A zu verbessern" (ebd.: 164 f.). Dabei soll dem Kunden das Gefühl vermittelt werden, die eigenen Vorstellungen von „Gesundheit" durch die in Kampagnen vermittelten Verhaltensänderungen stärker realisieren zu können: „Gesundheit ist das, was mir hilft zu sein, was ich sein will und zu tun, was ich tun will. Und ich möchte hinzufügen: das mir hilft, so zu leben, wie ich leben möchte" (ebd.: 167). Schlagen die Methoden fehl, so lautet die lapidare Antwort: „Wie bei jeder Methode gibt es gute und schlechte Praktiker, die sie umsetzen. [...] Gesundheitspädagogen sind unter Umständen also zurzeit noch nicht genügend geschult oder haben keine ausreichende Erfahrung mit sozialem Marketing, um eine richtige von einer falschen Anwendung zu unterscheiden." (ebd.: 166) Erschwerend hinzu käme mitunter die „Fehlwahrnehmung von Gesundheitspädagogen [...], dass es dieser Herangehensweise an ‚sozialer Wärme' mangelt oder das sie zu stark dem Stil der Werbebranche verhaftet ist". Weitere Bedenken bezögen sich auf die „Ethik des sozialen Marketings, inklusive seiner ‚Moralität' [...], oder das Heraufbeschwören einer ‚Bewusstseinskontrolle' [...], selbst wenn diese Ablehnung zum Teil auf Naivität und Halbwahrheiten" beruhen würde (ebd.). Eine ablehnende Haltung wird schließlich damit begründet, „dass Gesundheitspädagogen seit Jahrzehnten intensiv daran gearbeitet haben, ihre eigene Identität zu etablieren, sowie [zumindest in den USA; Anm. d. Verf.] einen professionellen Titel, der vom Bureau of Health Professions anerkannt wird, zu erlangen. In einem langwierigen Prozess haben sie ihre eigene Rolle definiert, ihre professionellen Kompetenzen herausgearbeitet, den Zertifizierungsprozess erarbeitet und die Kodifizierung einer ethischen Praxis in ihrem Berufsfeld entwickelt." (ebd.)

5   Gesundheitsbildung Zweiter Ordnung als „Arbeit am Mythos" – ein professionsorientierter Ausblick

Als kritische Grundlagendisziplin hat Gesundheitspädagogik Zweiter Ordnung die neueren Ansätze innerhalb der Gesundheitserziehung und -förderung (setting-Ansatz, life-events-Ansatz, salutogenetisches Modell etc.; vgl. Bundesministerium 2009: 50–76) daraufhin zu untersuchen, inwiefern sie die Zielvorgabe „Gesundheit" offen halten und – basierend auf einem kritisch-sozialen Verständnis – Spielräume für die Entwicklung individueller Gesundheits- und Krankheitsverständnisse kreieren. Darüber hinaus sind die mit „Gesundheit" unterschwellig verbundenen Mythen (in den Köpfen professionell Handelnder) zu fokussieren und zum Anlass für die – ausbildungs- und ad-ressatenbezogene – Entwicklung je eigener Verständnisse von sowie eines bewussten Umganges mit Krankheit und Gesundheit in professionellen Handlungsfeldern zu neh-men (Gesundheitsbildung Zweiter Ordnung)). Dabei sind vor allem vier Mythen wich-tig: (1) der mit Vorstellungen von Krankheit als Ausdruck individueller bzw. kollektiver Bestrafung („Strafe Gottes") einhergehende Schuldmythos, (2) der von der Vorstellung einer „Herstellbarkeit" von Gesundheit sowie der Wirksamkeit gesundheitsbezogenen Handelns begleitete Kausalitätsmythos, (3) der mit dem Glauben an eine – durch die Fortschritte in Medizin, Naturwissenschaften und Technik – zunehmende Effektivität gesundheitsbezogenen Handelns einhergehende Fortschrittsmythos und (4) der von der Vorstellung, Krankheiten bzw. die Tatsache des Krankseins von Menschen wenn nicht gänzlich abschaffen, so doch wirksam vermindern zu können, getragene Über-windungsmythos. Erst im Durchgang durch das mythische Denken, und das heißt in der Bewusstwerdung unterschwellig wirkender Mythen werden die Möglichkeiten für ein kritisch-reflektiertes Handeln im Rahmen einer Gesundheitsbildung bereitge-stellt. Zu problematisieren ist vor diesem Hintergrund (1) ein auf individualisierende Diagnosen und individuelle Defizite bezogenes Verständnis, das Krankheit auf eigenes Versagen zurückführt, (2) ein Gesundheitsverständnis, das Gesundheit durch die rich-tige Medikation, durch Technik und Techniken als herstellbar, als „machbar" betrach-tet, (3) der Wunsch, zu immer „mehr Gesundheit" zu gelangen, trotz des Wissens, dass der wissenschaftliche bzw. der technische Fortschritt permanent neue Risiken produ-ziert, (4) die Folgen eines Gesundheitsdiskurses, der in seiner massiven Ausrichtung auf das Gesundheitsideal Krankheiten tendenziell verdrängt und der die Tatsache des „Krankseins" von Menschen als einen anthropologischen Tatbestand aus dem Blick ver-liert (vgl. hierzu auch Schmidt 2008).

Die Notwendigkeit, solchen und anderen in den Köpfen professionell Handelnder unterschwellig wirkenden Mythen, „auf die Spur" zu kommen, wird innerhalb der er-ziehungswissenschaftlichen Forschung bereits seit einiger Zeit erkannt. Ihre Notwen-digkeit wird etwa im Rahmen qualitätsentwickelnder Programme, so zum Beispiel in der Schulentwicklungsforschung, diskutiert (vgl. Böhme 2000: 259). Für die Aus-, Fort- und Weiterbildung im Gesundheitsbereich ist eine solche Aufklärungsarbeit noch nicht geleistet worden. Als eine der in Zukunft wichtigen Aufgaben im Rahmen einer reflexi-ven Gesundheitsbildung kann deshalb die „Arbeit am Mythos" bezeichnet werden (aus-führlicher hierzu Stroß 2009: 127–135). Mit anderen Worten: Es muss insgesamt darum gehen, dass Gesundheitsbildung als Aufforderung zur Selbsttätigkeit und zur kritischen Reflexion (vor)gegebener Normen begriffen werden kann.

Literatur

Barkholz, Ulrich; Paulus, Peter (1998): Gesundheitsfördernde Schulen. Konzept, Projektergebnisse, Möglichkeiten der Beteiligung. Gamburg: Verlag für Gesundheitsförderung.

Beck, Ulrich (1986): Risikogesellschaft. Auf dem Weg in eine andere Moderne. Frankfurt/M: Suhrkamp.

Beck, Ulrich/Lau, Christoph (Hrsg.) (2004): Entgrenzung und Entscheidung. Was ist neu an der Theorie reflexiver Modernisierung? Frankfurt/M: Suhrkamp.

Beck, Ulrich u. a. (1996): Reflexive Modernisierung. Eine Kontroverse. Frankfurt/M: Suhrkamp.

Bittlingmayer, Uwe H./Sahrai, Diana/Schnabel, Peter-Ernst (Hrsg.) (2009): Normativität und Public Health. Vergessene Dimensionen gesundheitlicher Ungleichheit. Wiesbaden: VS.

Böhme, Jeanette (2000): Schulmythen und ihre imaginäre Verbürgung durch oppositionelle Schüler. Ein Beitrag zur Etablierung erziehungswissenschaftlicher Mythosforschung, Bad Heilbrunn/Obb: Klinkhardt.

Bourdieu, Pierre (1997): Die verborgenen Mechanismen der Macht. Unveränd. Nachdr. der Erstaufl. von 1992, Hamburg: VSA-Verlag.

Bourdieu, Pierre (2004): Teilnehmende Objektivierung. In: Ohnacker, Elke/Schultheis, Frank (Hrsg.): Pierre Bourdieu. Schwierige Interdisziplinarität. Zum Verständnis von Soziologie und Geschichtswissenschaft, Münster: Westfälisches Dampfboot, S. 172–186.

Bundesministerium für Familie, Senioren, Frauen und Jugend (Hrsg.) (2009): 13. Kinder- und Jugendbericht. Bericht über die Lebenssituation junger Menschen und die Leistungen der Kinder- und Jugendhilfe in Deutschland, Köln.

Combe, Arno/Kolbe, Fritz-Ulrich (2004): Lehrerprofessionalität: Wissen, Können, Handeln. In: Helsper, Werner/Böhme, Jeanette (Hrsg.): Handbuch der Schulforschung, Wiesbaden: VS, S. 833–852.

Dierks, Marie-Luise u. a. (2000): Patienten als Kunden. Informationsbedarf und Qualität von Patienteninformationen aus Sicht der Public Health-Forschung. In: Jazbinsek, D. (Hrsg.): Gesundheitskommunikation, Wiesbaden: VS, S. 150–163.

Franzkowiak, Peter/Wenzel, Eberhard (2001): Gesundheitserziehung und Gesundheitsförderung. In: Otto, Hans-Uwe/Thiersch, Hans (Hrsg.): Handbuch Sozialarbeit/Sozialpädagogik. 2. völlig neu überarb. u. aktual. Aufl. Neuwied: Reinhardt Ernst, S. 716–722.

Göpel, Eberhard u. a. (1987): Gesprächsausschnitt aus einer Veranstaltung des VIII. Deutschen Volkshochschultages 1986 in München. In: Venth, Angela (Hrsg.): Gesundheit und Krankheit als Bildungsproblem, Bad Heilbrunn/Obb: Klinkhardt, S. 209–226.

Habermas, Jürgen (1982): Vorbereitende Bemerkungen zu einer Theorie der kommunikativen Kompetenz. In: Habermas, Jürgen/Luhmann, Niklas: Theorie der Gesellschaft oder Sozialtechnologie, Frankfurt/M.: Suhrkamp, S. 101–141.

Haisch, Jochen/Gauß, Sören (2006): Wirksame Gesundheitskommunikation. Wann kommt die Botschaft von Gesundheitskampagnen an? In: Prävention. Zeitschrift für Gesundheitsförderung 2, S. 38–41.

Harms, Fred/Gänshirt, Dorothee (Hrsg.) (2005): Gesundheitsmarketing. Patientenempowerment als Kernkompetenz, Stuttgart: Lucius & Lucius.

Harms, Fred/Kreyher, Volker J. (2005): Gesundheitsmarketing als Managementkonzept. In: Harms, Fred/Gänshirt, Dorothee (Hrsg.): Gesundheitsmarketing. Patientenempowerment als Kernkompetenz, Stuttgart: Lucius & Lucius, S. 143–165.

Harms, Fred/Strohschön, Klaus-Erich (2005): Innovationsmanagement als Grundlage der Kundenbindung. In: Harms, Fred/Gänshirt, Dorothee (Hrsg.): Gesundheitsmarketing. Patientenempowerment als Kernkompetenz, Stuttgart: Lucius & Lucius, S. 115–142.

Harms, Fred u. a. (2005): Customer-Relationship-Management (CRM). Zukunftsperspektiven für innovative Pharmamarketingkonzepte. In: Harms, Fred/Gänshirt, Dorothee (Hrsg.): Gesundheitsmarketing. Patientenempowerment als Kernkompetenz, Stuttgart: Lucius & Lucius, S. 58–84.

Haug, Christoph (1991): Gesundheitsbildung im Wandel. Die Tradition der europäischen Gesundheitsbildung und der „Health-Promotion"-Ansatz in den USA in ihrer Bedeutung für die gegenwärtige Gesundheitspädagogik, Bad Heilbrunn/Obb: Klinkhardt.

Helsper, Werner u. a. (2003): Ungewissheit. Pädagogische Felder im Modernisierungsprozess, Weilerswist: Velbrück.

Herbart, Johann F. (1955): Über die ästhetische Darstellung der Welt als das Hauptgeschäft der Erziehung (1804). In: Blochmann, Elisabeth u. a. (Hrsg.): Aus Herbarts Jugendschriften, Weinheim: Julius Beltz, S. 59–74.

Hörmann, Georg (1999): Stichwort: Gesundheitserziehung. In: Zeitschrift für Erziehungswissenschaft 2, Heft 1, S. 5–29.

Hörmann, Georg (2009): Gesundheitserziehung und Gesundheitspädagogik. Perspektiven eines „alten" neuen Fachs. In: Nicolaus, Jürgen u. a. (Hrsg.): Leben nach Herzenslust? Lebensstil und Gesundheit aus psychologischer und pädagogischer Sicht, Freiburg i. Br.: Centaurus-Verl, S. 13–33.

Hurrelmann, Klaus (Hrsg.) (1999): Gesundheitswissenschaften. Berlin u. a.: Springer.

Hurrelmann, Klaus/Leppin, Anja (Hrsg.) (2001): Moderne Gesundheitskommunikation, Bern: Huber.

Jazbinsek, Dietmar (Hrsg.) (2000): Gesundheitskommunikation, Wiesbaden: VS.

Knörzer, Wolfgang (1994): Ein systemisches Modell der Gesundheitsbildung. In: Ders. (Hrsg.): Ganzheitliche Gesundheitsbildung in Theorie und Praxis, Heidelberg: Karl F. Haug Fachbuchverlag, S. 49–71.

Kost, Franz (1985): Volksschule und Disziplin. Aus der Zürcher Schulgeschichte zwischen 1830 und 1930, Zürich: Limmat.

Kühn, Hagen (1993): Healthismus. Eine Analyse der Präventionspolitik und Gesundheitsförderung in den USA, Berlin: edition sigma.

Kühn, Hagen (im Gespräch mit Uwe H. Bittlingmayer, Diana Sahrai u. Peter E. Schnabel) (2009): Präventionspolitik: Ein Rückblick auf eine frühe Diagnose. In: Bittlingmayer, Uwe H./Sahrai, Diana/Schnabel, Peter-Ernst (Hrsg.) (2009): Normativität und Public Health. Vergessene Dimensionen gesundheitlicher Ungleichheit. Wiesbaden: VS, S. 425–455.

Laaser, Ulrich/Hurrelmann, Klaus/Wolters, Paul (1993): Prävention, Gesundheitsförderung und Gesundheitserziehung. In: Hurrelmann, Klaus/Laaser, Ulrich (Hrsg.): Gesundheitswissenschaften: Handbuch für Lehre, Forschung und Praxis, Weinheim/Basel: Juventa, 1. Aufl., S. 176–203.

Labisch, Alfons (1992): Homo Hygienicus. Gesundheit und Medizin in der Neuzeit. Frankfurt a. M./New York: Campus Verlag.

Langewand, Alfred (2003): Über die Schwierigkeit, Erziehung als Aufforderung zur Selbsttätigkeit zu begreifen. In: Zeitschrift für Pädagogik 49, S. 274–289.

Lynch, Michael (2004): Gegen Reflexivität als akademischer Tugend und Quelle privilegierten Wissens. In: Zeitschrift für Qualitative Bildungs-, Beratungs- und Sozialforschung 2, S. 273–309.

McDermott, Robert J. (2001): Soziales Marketing: Ein Instrument der Gesundheitserziehung. In: Hurrelmann, Klaus/Leppin, Anja (Hrsg.): Moderne Gesundheitskommunikation, Bern: Huber, S. 164–168.

Mittag, Waldemar (2006): Evaluation von Gesundheitsförderungsmaßnahmen. In: Lohaus, Arnold u. a. (Hrsg.): Gesundheitsförderung im Kindes- und Jugendalter, Göttingen: Hogrefe, S. 89–112.

Papenkort, Ulrich (2002): Gesundheitsbildung. In: Homfeldt, Hans Günther u. a. (Hrsg.): Studienbuch Gesundheit: Soziale Differenz – Strategien – Wissenschaftliche Disziplinen, Neuwied: Luchterhand, S. 107–125.

Sachverständigenkommission Zwölfter Kinder- und Jugendbericht (Hrsg.) (2006): Entwicklungspotentiale institutioneller Angebote im Elementarbereich. Bd. 2, München.

Schmidt, Bettina (2008): Eigenverantwortung haben immer die Anderen. Der Verantwortungsdiskurs im Gesundheitswesen, Bern: Hans Huber.

Schnabel, Peter-Ernst (2007): Gesundheit fördern und Krankheit prävenieren. Besonderheiten, Leistungen und Potenziale aktueller Konzepte vorbeugenden Versorgungshandelns, Weinheim/München: Juventa.

Schnabel, Peter-Ernst/Bittlingmayer, Uwe H./Sahrai, Diana (2009): Normativität und Public Health, Einleitende Bemerkungen in problempräzisierender und sensibilisierender Absicht. In: Bittlingmayer, Uwe H./Sahrai, Diana/Schnabel, Peter-Ernst (Hrsg.) (2009): Normativität und Public Health. Vergessene Dimensionen gesundheitlicher Ungleichheit. Wiesbaden: VS, S. 11–43.

Schönherr, Christian (2003): Skepsis als Bildung? Skeptisch-transzendentalkritische Pädagogik und die Frage nach ihrer „Konstruktivität", Würzburg: Königshausen & Neumann.

Schulze, Gerhard (2005): Unterwegs zu einem neuen Gesundheitsmarkt. In: Harms, Fred/ Gänshirt, Dorothee (Hrsg.): Gesundheitsmarketing. Patientenempowerment als Kernkompetenz, Stuttgart: Lucius & Lucius, S. 1–11.

Seedhouse, David (1997): Health promotion: Philosophy, prejudice, and practice. Chichester: J. Wiley.

Signitzer, Benno (2001): Ansätze und Forschungsfelder der Health Communication. In: Hurrelmann, Klaus/Leppin, Anja (Hrsg.): Moderne Gesundheitskommunikation, Bern: Huber, S. 22–35.

Stojanov, Krassimir (2008): Bildungsgerechtigkeit als Freiheitseinschränkung? Kritische Anmerkungen zum Gebrauch der Gerechtigkeitskategorie in der empirischen Bildungsforschung. In: Zeitschrift für Pädagogik 54, S. 516–531.

Stroß, Annette Miriam (1994): Der Erwachsene. In: Lenzen, Dieter (Hrsg.): Erziehungswissenschaft. Ein Grundkurs, Reinbek: Rowohlt, S. 409–428.

Stroß, Annette Miriam (1995): „Gesundheitserziehung" zwischen Pädagogik und Medizin. Themenkonjunkturen und Professionalisierungsprobleme in Deutschland 1770–1930. In: Zeitschrift für Pädagogik 41, S. 169–184.

Stroß, Annette Miriam (1996): „Gesundheitserziehung" als Norm? Historische Stationen eines pädagogischen Praxisfeldes in der Moderne. In: Zeitschrift für Gesundheitswissenschaften 4, S. 102–110.

Stroß, Annette Miriam (2000): Pädagogik und Medizin: Ihre Beziehungen in ‚Gesundheitserziehung' und wissenschaftlicher Pädagogik 1779–1933 (= Habil.-schrift, Humboldt-Universität zu Berlin, 1998), Weinheim: Julius Beltz.

Stroß, Annette Miriam (2005): Bildung standardisieren? Zu einer aktuellen Debatte aus erziehungswissenschaftlicher Sicht. In: KERYKS 6, S. 191–216.

Stroß, Annette Miriam (2006): Von der Gesundheitserziehung Erster Ordnung zur Gesundheitserziehung Zweiter Ordnung. Plädoyer für einen Perspektivenwechsel oder: Vom Fehlen und von der Notwendigkeit gesundheitspädagogischer Grundlagenreflexion. In: Prävention 2, S. 3–6.

Stroß, Annette Miriam (2007): Bildungsstandards – auf dem Boden eines bildungspolitischen Pragmatismus" oder radikaler Skepsis? Anmerkungen aus Sicht der Allgemeinen Erziehungswissenschaft. In: Holling, Agnes u. a. (Hrsg.): Identität als Lebensthema. Festschrift für Arnold Schäfer, Langförden: Geest, S. 193–208.

Stroß, Annette Miriam (2009): Reflexive Gesundheitspädagogik. Interdisziplinäre Zugänge – erziehungswissenschaftliche Perspektiven, Berlin: Lit-Verlag.

Stroß, Annette Miriam (2011): Erwachsene und Alter. In: Caruso, Marcelo u. a. (Hrsg.): Handbuch der Historischen Bildungsforschung, Bad Heilbrunn/Obb: Klinkhardt. (i. Dr.)

Tietgens, Hans (1987): Vorbemerkungen. In: Venth, Angela (Hrsg.): Gesundheit und Krankheit als Bildungsproblem, Bad Heilbrunn/Obb: Klinkhardt, S. 7–9.

Venth, Angela (Hrsg.) (1987): Gesundheit und Krankheit als Bildungsproblem, Bad Heilbrunn/ Obb: Klinkhardt.

World Health Organization (Hrsg.) (1993): Ottawa-Charta zur Gesundheitsförderung. Entwicklung einer gesundheitsfördernden Gesamtpolitik (1986). Nachdr. der autorisierten Fassung, Gamburg.

Wulfhorst, Britta (2002): Theorie der Gesundheitspädagogik. Legitimation, Aufgabe und Funktionen von Gesundheitserziehung, Weinheim/München: Juventa.

Zwick, Elisabeth (2004): Gesundheitspädagogik. Wege zur Konstituierung einer erziehungswissenschaftlichen Teildisziplin, Münster: Lit-Verlag.

Geschichte, Gegenwart und Perspektiven der Ganztagsschule

Thomas Coelen und Bernd Dollinger

Einleitung: Schulen außerhalb der Gesellschaft?

In jüngster Vergangenheit expandierte das Interesse am Thema ‚Ganztagsschule' (GTS) erheblich. Dabei sollte nicht vergessen werden, dass dieses Thema eine lange Tradition aufweist, da in Deutschland erst im 19. Jahrhundert die zunächst ganztägige Organisation der Schule einer rationalisierten, zunehmend bürokratisch strukturierten Halbtagsschule wich (vgl. Edelstein 2008: 83; Ludwig 2008). Mit der Halbtagsschule wurde eine Institution geschaffen, die staatliche, gesellschaftliche und professionelle Interessen vereinte und der es in ihren Organisationsformen, die sie von sozialen Zwängen und Reflexionen in hohem Maße freistellte, gelang, ihrer Außenwelt durch „stabile Abwehrmechanismen" oder „Ignoranz" (Oelkers 2006: 72) zu begegnen. Schule reagierte zwar auf Bildungspolitik und schulinterne Problemdefinitionen, weniger jedoch auf den Nachweis gesellschaftlicher Problemlagen oder eines anderweitigen Handlungsbedarfs, der eben außerhalb von Schule und Bildungspolitik verortet wurde.[1]

Die aktuelle Ganztagsschuldebatte wirft diesbezüglich Fragen auf. Sie macht deutlich, dass die Halbtagsschule zwar eine tendenzielle Abschottung von gesellschaftlichen Rahmenbedingungen leistete, dies aber nicht gleichbedeutend war mit einer faktischen Unabhängigkeit. Tatsächlich beansprucht(e) halbtägig organisiertes Unterrichten wesentliche außerschulische Leistungen, die häufig implizit vorausgesetzt wurden, die nun aber im Zuge der verstärkten Etablierung von GTS explizit gemacht werden. Dies gilt in besonderer Weise für die in der Nachkriegszeit zunächst noch als weitgehend selbstverständlich akzeptierte Annahme, Mütter leisteten die nachmittägliche Betreuung ihrer Kinder. Die Infragestellung dieser geschlechtsdiskriminierenden Praxis und Program-

---

1   In dieser Tradition wird zuweilen bis heute aus schulpädagogischer Sicht davor gewarnt, Schulen würden im Zuge des Ausbaus von Ganztagsprogrammen mit „gesellschaftlichen Gegenwartsproblemen und jugendlichen Problemgruppen" (Walter/Leschinsky 2008: 398) konfrontiert und könnten dadurch eine „Beeinträchtigung der zentralen Struktureigentümlichkeiten von Schule" erfahren. Als zentrale Struktureigentümlichkeiten werden dabei eine reflexive „Distanz zu den übrigen Lebenskontexten" und eine „Orientierung an Leistungsstandards" (ebd.) definiert. Die Schule wird so per definitionem als weitgehend gesellschaftsunabhängige Institution konzipiert, die besondere Leistungen nur entfalten könne, wenn und indem sie sich eigenen Prinzipien und Gesetzlichkeiten verpflichtet, die mit anderen Lebenszusammenhängen höchstens lose gekoppelt sind.

matik sowie weitere gesellschaftliche Veränderungen, etwa wachsende Scheidungs-
quoten, familialer Wandel und hohe Kinderarmut im Falle von Alleinerziehung (vgl.
Edelstein 2008), machen demgegenüber die Forderung nach einer verbesserten Betreu-
ungssituation plausibel, wie sie z. B. GTS offerieren.

Die mit diesen Hinweisen angedeutete Verwicklung von gesellschaftlichen Veränderungen und der Schulorganisation bezeugt exemplarisch, dass das Schulwesen unmittelbar in die Reproduktion der sozialen Ordnung mit ihren jeweils spezifischen Problemen,
hierarchischen Strukturen und Ausgrenzungen eingebunden ist (vgl. Bourdieu 2005).
Die gesellschaftliche Abschottung der Schule war historisch gleichsam nur ein Spiel auf
der Vorderbühne, während auf der Hinterbühne manifeste Interessenslagen die deutsche Halbtagsschule und das selektive schulische Gesamtsystem stabilisierten: Insbesondere die meritokratische Legitimation schulischer Selektion und Allokation (Solga
2005) sowie die Zielprojektion einer homogenen Schülerschaft (Tillmann 2008) si-
cherten den Glauben an eine gerechte, von gesellschaftlichen Zwängen und Problemen
weitgehend unbefleckte Bildungspolitik und Schulpraxis. Schulische Erziehung schien
legitimerweise ein hohes Maß an Ungleichheit – gleichsam als Systemerfordernis – mit
sich zu führen: Es wurde vermittelt, dass das deutsche Schulsystem individuelle Begabungen frühzeitig zu sortieren habe, um einer Ungleichheit der Schülerschaft begegnen
und sie in homogenisierte Klassenstrukturen transformieren zu können. Das gegliederte Schulsystem und die ihm vorausgehende, nur relativ kurze Phase gemeinsamen
Lernens in der Primarstufe wurden als Notwendigkeit gekennzeichnet, um qua Homogenisierung optimale Fördermöglichkeiten innerhalb von Klassen zu erreichen (vgl.
Tillmann 2008).

Beide Annahmen – die meritokratische Legitimation der Bildungspolitik und die
mit ihr verbundene These einer durch Leistungsselektion zu erreichenden Homogenität – waren durch empirische Studien seit längerer Zeit als unzureichend bekannt (vgl.
Blossfeld/Shavit 1993; Müller 1998). Im Zuge der hohen massenmedialen Aufmerksamkeit für Befunde internationaler Leistungsmessungen zu Beginn des neuen Jahrtausends
wurden die Annahmen bildungspolitisch und auch durch die empirische Bildungsforschung verstärkt thematisiert und problematisiert (vgl. Dollinger 2010). Dies bildet
die Hintergrundfolie, vor der die aktuelle Expansion des Ganztagsschulwesens vollzogen wird.

So kann seit Beginn des neuen Jahrtausends – vor allem nach Veröffentlichung der
Studie „PISA 2000" (Deutsches PISA-Konsortium 2001) – ein Boom des politischen,
wissenschaftlichen und praktischen Interesses an GTS konstatiert werden. Sie avan-
cierten zu einer zentralen Aktionsfläche und Hoffnungsformel der Bildungspolitik und
spielen bis heute eine erhebliche Rolle im Kontext von Bildungsreformen. In diesem
Sinne fordert die Auseinandersetzung mit dem Topos GTS dazu auf, die komplexe Relation von Bildungspolitik, -forschung und -praxis zu thematisieren, da GTS – so der
Ausgangspunkt dieses Beitrags – nicht nur als Ausweitung der in der Schule verbrach-
ten Zeit zu verstehen ist. Diese Ausweitung ist zwar formal zutreffend, gleichwohl ist für

unseren Zugang ein Verständnis zentral, das die GTS als einen spezifischen Topos mit hoher symbolischer Aufladung in den Blick nimmt. Kolbe u. a. (2009) fokussieren die GTS demgemäß als „symbolische Konstruktion". Hieran anknüpfend ist die GTS in ihrer aktuellen Verfasstheit nur zu erschließen, wenn ihre Einlagerung in historisch gewordene, umfassende bildungspolitische, öffentliche und wissenschaftliche Debatten ernst genommen wird. Der Topos GTS rückt somit – über zeitliche Verfügungen und auch über organisationale Strukturen und personale Interaktionen hinausgehend – grundlegend als bedeutungsorientierte Praxis in den Mittelpunkt, deren Realität auf besondere Interessen, Hoffnungen und (politische und öffentliche) Inszenierungen verweist.

Von diesem Punkt ausgehend, thematisieren wir bewusst zunächst Programmatiken von GTS. Im Anschluss werden die verschiedenen Organisationsformen und Angebote dargestellt; es folgt eine Beschreibung der in solchen Arrangements tätigen Professions- und Personalgruppen. Im vierten Abschnitt wird schließlich die Perspektive von SchülerInnen und ihren Familien eingenommen. Im abschließenden Fazit greifen wir die Rahmensetzung der Einleitung wieder auf.

1   Programmatik

Die Art und Weise, wie das deutsche Schulwesen langfristig und mit außerordentlich starker ,Pfadabhängigkeit' (Pierson 2000) etabliert wurde – vorrangig in Form von Halbtagsschulen, die in ihrer Gliederung die Ständegesellschaft des 19. Jahrhunderts nachbildeten –, war und ist keine Selbstverständlichkeit. Ein international vergleichender Blick zeigt, dass die spezifische Institutionalisierung und Organisationsbildung des deutschen Schulwesens eine Sonderform bleibt, die in anderen Ländern meist grundlegend konterkariert wurde, insbesondere durch weniger tiefgreifende Selektionen (vgl. Below 2009).

Nationale Schulwesen werden sehr unterschiedlich institutionalisiert und prozessiert, je nach Rahmenbedingungen, Interessen und den zugrunde liegenden Leitideen. Diese Kontingenz ist allerdings nicht mit einer hohen Veränderbarkeit zu verwechseln. Die konjunkturell immer wieder aufkommenden Reformbestrebungen, die die Etablierung des deutschen Schulwesens historisch begleiteten (vgl. Benner/Kemper 2001–2007), lassen sich auch als Reaktionen auf dessen hartnäckige Strukturkonservierung verstehen: In seiner programmatischen – wenn auch, wie beschrieben, auf der Hinterbühne konterkarierten – Abschottung von politischem, gesellschaftlichem und kulturellem Wandel bot und bietet das Schulwesen immer neue Angriffsflächen für multiple Reformforderungen. Eine dieser Forderungen war bereits um die Wende des 19. zum 20. Jahrhundert der Versuch einer erneuten ganztägigen Organisation der Schule (Ludwig 2008). Sie war mit reformpädagogischen Strömungen dieser Zeit assoziiert, die u. a. auf internatsförmige, in ländlichen Lebensräumen verortete Schulformen Bezug nahmen.

Paradigmatische Bedeutung kam der so genannten „Landerziehungsheimbewegung" zu (z. B. Oelkers 2005: 164 ff; Röhrs 2001: 133 ff). In Deutschland wurde sie von Hermann Lietz geprägt, der nachhaltig von dem Jenaer Pädagogik-Professor Wilhelm Rein gefördert und begleitet wurde, einem in Deutschland und international zur damaligen Zeit sehr bekannten Herbartianer (vgl. Coriand u. a. 2009). Aus dem Herbartianismus, wie ihn Rein und andere entwickelt hatten, konnten einige Reformforderungen übernommen werden (z. B. die Revision einer reinen Lernschule zugunsten einer charakterbildenden Erziehung), und zudem wurde an Programmatiken angeschlossen, die die Kulturkritik des *fin de siècle* kennzeichneten (vgl. Radkau 1998). Den theoretisch und praktisch jeweils sehr unterschiedlichen Modellen war gemeinsam, dass sie sich in emphatischer Absicht von den bestehenden Schulen distanzierten, um Alternativentwürfe zu realisieren. Vorherrschend waren aufklärungs- und modernisierungskritische Begründungen für Versuche, Formen gemeinschaftlicher Erziehung von Kindern bzw. zwischen Kindern und Erziehern zu etablieren, die in ihrer vermuteten besonderen Erziehungsqualität der Indifferenz und Einseitigkeit der modernen Gesellschaft gegenübergestellt wurden (vgl. Oelkers 1991). Und nicht zuletzt diente die zeitliche Ausweitung der pädagogischen Arbeit mit Kindern und Jugendlichen mitunter ihrer umfassenden Kontrolle.

Die mit diesen Hinweisen angesprochenen Ambivalenzen – die Vermengung genuin pädagogischer Überlegungen mit einer anti-intellektualistischen Argumentationsrichtung, mit Kontrollmotiven und einer stark normativen Orientierung – wurden in der Nachkriegszeit fortgeführt, wenn auch mit unterschiedlicher Begründung und Schwerpunktsetzung. Ganztagschulmodelle blieben in der Position, eine Alternative zu präsentieren, die für spezifische Akteure attraktiv sein konnte, um Kritik an der zeitgenössischen Gesellschaft und ihrem Schulwesen zu üben und um einen verbreiterten, reformpädagogisch inspirierten Bildungsbegriff einzufordern. So fanden sich entsprechende reformpädagogische Motive in Herman Nohls (1947/1965) Konzept von „Tagesheimschulen" der 1950er Jahre wieder, und auch später blieben reformpädagogische Referenzen im deutschen Ganztagsdiskurs von Bedeutung. Gewisse „Diskontinuitäten", so Ludwig (2008: 523), ergaben sich in den späten 1960er Jahren, in denen GTS die Erwartung zugeschrieben wurde, sowohl Begabungen zu fördern als auch Bildungsungleichheiten abzubauen (vgl. Deutscher Bildungsrat 1970); diese Bestrebungen wurden nun mit neuen sozialwissenschaftlichen Befunden begründet. In diesem Sinne ist der jüngere Ganztagsdiskurs in hohem Maße sozialpolitisch motiviert (vgl. Holtappels 1994: 103; Bettmer 2007), ohne dass reformpädagogische und kulturkritische Motive an Bedeutung verloren hätten. Mit Ganztagsschulen wurden – ob empirisch begründet oder nicht, wird unten näher geklärt – Hoffnungen verbunden, mittels individueller Förderung ein größeres Maß an Bildungsgerechtigkeit herbeizuführen und ein breites Verständnis von Bildung durchzusetzen (vgl. Deutscher Bildungsrat 1970).

In der Zusammenschau der programmatischen Entwicklungen zeigen sich auf dieser Grundlage vier zentrale Motivstränge, die historisch etabliert wurden und aktuell von Bedeutung sind:

- das *familienpolitische* Motiv einer erweiterten Betreuung von Kindern und Jugend-lichen mit einer optimierten Vereinbarkeit von Berufstätigkeit und Familienleben (und mit Rückwirkungen auf das Familienleben),
- das *wirtschaftspolitische* Ziel einer maximierten Ausschöpfung und Förderung von Begabung bzw. Begabungsreserven,
- das *kinder- und jugendpolitische sowie -pädagogische* Motiv einer Verbreiterung des Bildungsbegriffs und einer stärkeren Orientierung von Schule und Unterricht an Schülern und ihrer Partizipation,
- schließlich das *bildungs- und sozialpolitische* Motiv einer Reduktion von Bildungs-ungleichheiten und einer Erweiterung von Teilhabechancen.

Kennzeichnend für die aktuelle Situation ist, dass sich die verschiedenen Motive zu einer komplexen Gemengelage verdichten. Die Akteure im Rahmen von GTS folgen nicht ver-gleichbaren Orientierungen, sondern nehmen gemäß ihrer Perspektiven und Interes-sen spezifische Schwerpunktsetzungen vor (vgl. Breuer/Reh 2010; Dzierzbicka/Horvath 2008). Eine Besonderheit ist dabei hervorzuheben: GTS verlieren den Status des Alter-nativen, indem sie zunehmend gesellschaftliche Normalität werden (s. u.). Nachdem sie über etwa ein Jahrhundert lang in Deutschland vorrangig als emphatischer Alternativ-entwurf attraktiv waren, gerieten sie mit Beginn des neuen Jahrtausends in das Zen-trum der institutionenbezogenen Bildungspolitik und sollen seitdem zunehmend als Normaleinrichtungen die an sie gestellten Erwartungen – welche im Vergleich zu den tradierten Halbtagsschulen auf die beschriebene Weise erweitert wurden – erfüllen. Dies konfrontiert das in GTS agierende Personal mit besonderen Anforderungen an seine Selbstlegitimation (vgl. Kolbe u. a. 2009), und es wird die empirisch zu diskutie-rende Frage aufgeworfen, ob bzw. welche Ziele durch die Expansion des Ganztagsange-botes erreicht werden können. Beides wird im Folgenden näher behandelt. Bevor wir diesbezüglich auf das Personal von GTS und die Adressaten eingehen, sind zunächst die Organisationsformen zu klären.

2 Organisation

Der aktuelle Ausbau von Schulen zu so genannten *Neuen Ganztagsschulen* macht Dif-ferenzierungen notwendig. Zunächst ist festzuhalten, dass sich eine Schule „Ganztags-schule" nennen darf, wenn sie an mindestens drei Wochentagen je mindestens sieben Zeitstunden (d. h. beispielsweise dienstags bis donnerstags von 8–15 Uhr) neben dem Unterricht weitere Lern- und Freizeitangebote sowie ein warmes Mittagessen bereithält und wenn dieses Arrangement von der Schulleitung verantwortet wird. Auf diese Min-destanforderungen einigten sich die Kultusminister der sechzehn schulpolitisch auto-nomen Bundesländer Ende 2003 (vgl. KMK 2004). In der Folgezeit wurde der Bestand an GTS deutlich erweitert: Er hat sich laut Kultusministerkonferenz zwischen 2004 und 2008 verdoppelt und wächst weiterhin, sodass derzeit beispielsweise in mehr als jedem

dritten Grundschulstandort (37 %) Ganztagsbetrieb angeboten wird, von den Hauptschulen haben 39 % ein Ganztagsangebot, Gymnasien zu 34 %, Realschulen zu 25 %; Gesamtschulen sind traditionell fast alle ganztägig (vgl. Autorengruppe Bildungsbericht
2010: 73; zu Schülerzahlen siehe Abschnitt 4).

Es bestehen erhebliche Unterschiede zwischen den Ländern. Vorreiter des Ausbaus
war Rheinland-Pfalz, das bereits 2001 – unabhängig vom PISA-Schock – ein Ganztags-
schulprogramm auflegte. Allein in dem mit 18 Mio. Einwohnern bevölkerungsreichsten
Bundesland Nordrhein-Westfalen ist zwischen 2002 und 2008 der Anteil von allgemein bildenden GTS von 10 % auf 61 % geschnellt (vgl. Autorengruppe Bildungsbericht
2010: 74). Das ist neben den ostdeutschen Bundesländern die höchste Angebotsdichte.
Schlusslichter der Ganztagsschulentwicklung sind Niedersachsen und Baden-Württemberg.

Regionale sowie konzeptionelle Differenzierungen sind nun insofern nötig, als komplexe Formen der politischen Steuerung, der Organisationsformen und der kooperativen Praxen implementiert wurden:

- Auf der Ebene *politischer Steuerung* ist festzustellen, dass die Mittel zum Ausbau
  der Neuen GTS der Bund in Form des Investitionsprogramms „Zukunft Bildung
  und Betreuung" (IZBB) zur Verfügung stellte (2003–2009: vier Milliarden Euro)
  und dadurch die größte bildungspolitische Offensive seit den 1970er Jahren startete.
  Damit ist zugleich die erste organisationale Kooperationsebene in Bezug auf GTS
  benannt: Aufgrund der Kulturhoheit der Länder musste der Bund seine Unterstützung auf Sachmittel und indirekte Maßnahmen zur Personal- und Organisationsentwicklung beschränken; für das zweitgenannte wurde die Deutsche Kinder- und
  Jugendstiftung (DKJS) ausgestattet, die in den meisten Bundesländern so genannte
  „Serviceagenturen" eröffnete.[2]

  Hinzu kommt eine zweite organisationale Kooperationsebene: jene zwischen
  Bundesland und Kommunen. Diese führten in ihrer Funktion als so genannter ‚äußerer' Schulträger die Baumaßnahmen mit Hilfe der IZBB-Mittel durch, wohingegen
  sich die Träger der so genannten ‚inneren' Schulangelegenheiten – die Länder – auf
  die Steuerung dieser Mittel nach politischen Schwerpunkten und auf kleinere Perso-
  nalzulagen beschränkten. Die Kommunen wurden zudem vielfach Anstellungsträ-
  ger oder zumindest weitreichende Finanzier des an GTS nun immer zahlreicheren
  nicht-unterrichtenden Personals (siehe den folgenden Abschnitt). Auf politisch-
  administrativer Ebene hat demnach fast jede GTS in Deutschland mit mindestens
  drei Ebenen zu tun: Kommune (Schulverwaltung: Gebäude, Personal), Land (Schul-

---

2 Siehe das Ganztagsschul-Portal des Bundesministeriums für Bildung und Forschung: www.ganztags-
schulen.org bzw. die Informationsseite zum Begleitprogramm und zu den Service-Agenturen: www.
ganztaegig-lernen.de/www/gtl3.aspx oder http://www.dkjs.de/programme/kita-und-schulegestalten/
ganztaegig-lernen.html.

aufsicht: Lehrerstunden, pädagogische Schwerpunkte) und Bund (Service-Agentur: Fortbildung, Unterstützung).

- Auf der Ebene von *Organisationsformen* weist die „gebundene" (d. h. für alle SchülerInnen verpflichtende und über den Schultag zeitlich „rhythmisierte") Form zwar die längste und schulpädagogisch am besten fundierte Tradition auf. Am weitesten verbreitet ist jedoch die *additive Organisationsform* (z. B. als „Offene Ganztagsschule" im Primarbereich in NRW). Hier werden an mindestens drei Wochentagen dem traditionellen Vormittagsunterricht ein Mittagessen sowie an einigen Nachmittagen diverse Freizeit- und Lernangebote hinzugefügt (meist bis 15 oder 16 Uhr). Im Gegensatz zur gebundenen Form erfolgt hier die Anmeldung zum so genannten ‚Ganztag' (halb-)jährlich durch die Eltern auf freiwilliger Basis; der Schultag ist nicht rhythmisiert, sondern Unterrichtsvormittag und Betreuungsnachmittag sind tendenziell strikt voneinander getrennt – sowohl in inhaltlich-methodischer, als auch in personeller Hinsicht.[3]
- Allen Ganztagsschulformen ist gemeinsam, dass sie äußerst *komplexen Kooperationsanforderungen* unterliegen: Über die interne Zusammenarbeit von unterschiedlichen Personalgruppen hinaus sind GTS konstitutiv und unausweichlich auf externe Kooperationspartner angewiesen. Man kann in Kurzform sagen: Ohne Kooperation mit außerschulischen Organisationen gäbe es kaum eine einzige Neue GTS in Deutschland. Diese Einsicht wiederum verändert den verengten Blick auf eine einzige Organisationsart – nämlich die schulische – hin zu einer Betrachtung von hybriden Personal- und Institutionskonstellationen.[4] Die meisten Kooperationspartner der deutschen GTS kommen aus den Leistungsbereichen der Kinder- und Jugendhilfe (SGB VIII/KJHG): 2007 waren ca. 60 % frei-gemeinnützigen Trägern zuzurechnen (z. B. Wohlfahrts- und Jugendverbände, Sport-, Kultur-, Musik- und sonstige Vereine, Initiativen und Kirchen), 23 % waren staatlich oder kommunal und 18 % gewerblich ausgerichtet.[5] Die häufigsten Angebotsinhalte sind: Sport, Freizeit, Handwerk/Hauswirtschaft, Hausaufgabenbetreuung und soziales Lernen. Im Jahr 2005 wurde von den meisten Partnern an den GTS folgendes täg-

---

3 Außerdem unterliegen an einigen GTS nur SchülerInnen bestimmter Jahrgänge oder Klassen der ganztägigen Schulpflicht, während andere bis mittags zur Schule gehen – man nennt diese Organisationsformen *teilgebundene Ganztagsschulen*.

4 Dem versucht der Begriff „Ganztagsbildung" (zuletzt Coelen/Otto 2011) gerecht zu werden; wesentliche Bezugspunkte sind hierbei die Aspekte multiprofessioneller Teams und institutioneller Kooperationen. Mit dem Begriff sollen – anders als in vielen Konzepten von Ganztagsschulen – sowohl schulische als auch außerschulische, formelle wie informelle Bildungsorte systematisch in den Blick genommen werden. Ganztagsbildung ist somit nicht der Theoriebegriff zur GTS, sondern beleuchtet das Verhältnis und ggf. die Zusammenarbeit von schul- und sozialpädagogischen Institutionen und Professionen.

5 Persönliche Mitteilung am 16.03.2009 durch Bettina Arnoldt vom Deutschen Jugendinstitut mit freundlicher Genehmigung des StEG-Konsortiums.

lich angeboten: die Mittagspausenbetreuung, die Beaufsichtigung von Freizeitaktivitäten und die Hausaufgabenbetreuung (vgl. Arnoldt 2007: 93).

Mit der Vielfalt der Organisationsformen und der Kooperationspartner sind unterschiedliche *Motive* für die Zusammenarbeit assoziiert. Sie lassen sich unterteilen in: *nutzerorientierte* (Freizeitangebote für Kinder und Jugendliche, Vermittlung von Kompetenzen, Förderung von Benachteiligten), *kooperationsorientierte* (Kooperationskultur, Vernetzung in der Kommune) und *anbieterorientierte* Beweggründe (finanzielle Erwägungen, Auslastung der Mitarbeiter, Erschließen neuer Zielgruppen). Für freie Anbieter sind nutzerorientierte Gründe wichtiger als für öffentliche oder gewerbliche (z.B. betonen Jugendhilfeträger deutlich stärker Aspekte der Förderung und Vernetzung; für Sportvereine ist Talentsichtung ein wichtiger Grund; öffentlichen Anbietern ist eine verbesserte Kooperationskultur am wichtigsten; gewerbliche Anbieter nennen häufiger anbieterorientierte Beweggründe; vgl. Arnoldt/Züchner 2008: 636f.).

Insgesamt ist zu beachten, dass die Schwerpunkte dessen, was die neue schulische Organisationsform überhaupt ‚ganztägig' macht, außerschulisch sind (vor allem in den Bereichen Tagesbetreuung und Jugendarbeit). Die Relevanz der Kooperationspartner mit ihren jeweils unterschiedlichen organisationalen und professionellen Besonderheiten und ihren distinkten Motiven für eine Kooperation ist deshalb als außerordentlich hoch zu veranschlagen.

3   Personal

In GTS stellen sich besondere Kooperationsanforderungen, denn im Zuge des Wandels von einer Halbtagsschule ändert sich die Zusammensetzung der Mitarbeiterschaft erheblich: In einer Schule wirken dann nicht mehr ausschließlich LehrerInnen (neben dem Hausmeister und der Sekretärin sowie vereinzelten SchulsozialarbeiterInnen), sondern es kommt eine völlig neue und große Beschäftigtengruppe hinzu: das so genannte „weitere pädagogisch tätige Personal" (wptP). Dieses Personal trägt die ‚Ganztägigkeit' fast vollständig, denn kaum ein Bundesland hat die Zahl bzw. Stunden von LehrerInnen in einem Maße aufgestockt, wie es die klassische Form der gebundenen GTS verlangen würde. Einfach ausgedrückt: In Grundschulen steht die Anzahl der Lehrkräfte zur Anzahl des wptP fast im Verhältnis 1:2, in Sek. I-Schulen ist es in etwa umgekehrt.[6]

Diese Personenverhältnisse sind jedoch nicht zu verwechseln mit den Arbeitsumfängen, also den pädagogischen Kontaktzeiten zu SchülerInnen, da die Beschäftigungsumfänge der Personalgruppen stark divergieren: Beispielsweise waren 2007 an Grundschulen 59% der Lehrkräfte Vollzeitbeschäftigte, hingegen nur 14% des wptP (in

---

6   So die Zahlenverhältnisse auf den Folien zur Pressekonferenz des StEG-Konsortiums vom 11.11.2010: www.ganztagsschulen.org/_downloads/Folien_Pressekonferenz.pdf (Zugriff am 04.08.2011).

der Sekundarstufe I nur 11 %).[7] Hinzu kommen gravierende Unterschiede bei Vertragslaufzeiten und Gehältern.

Problematisch ist außerdem das formale Qualifikationsniveau des wptP: 39 % dieser Personalgruppe haben keine – oder noch keine abgeschlossene – pädagogische
Ausbildung. Das wptP bestand 2007 im Bundesdurchschnitt zu knapp einem Drittel
aus ErzieherInnen, zu ca. 11 % aus SozialpädagogInnen und nur zu 7 % aus universi-
tär ausgebildeten Diplom-PädagogInnen oder -PsychologInnen.[8] Mehr als zwei Drittel
des wptP hat – im Unterschied zu den LehrerInnen – keinen Hochschulabschluss (an
Grundschulen sogar über 80 %).

Vor diesem Hintergrund ist eine Herausarbeitung jener Legitimationsdiskurse besonders erhellend, die von GrundschullehrerInnen in Bezug auf GTS geführt werden
(vgl. Fritzsche u. a. 2009): Die befragten LehrerInnen wollen mithilfe der neuen Organisationsform zweierlei Defizite kompensieren: Einerseits soll – in familienkritischer Haltung – die Freizeit der SchülerInnen scholarisiert werden, d. h. sie sollen mehr lernen
und üben; andererseits soll – in schulkritischer Absicht – die Schule familiärer gestaltet
werden. Hier klingt etwas an, was vielerorts ein praktisches Problem darstellt: GrundschullehrerInnen nehmen die Gestaltung und Umsetzung der Ganztagsangebote – kon-
trafaktisch – als eine zusätzliche Aufgabe ihrer eigenen Professionsrolle wahr und nicht
als genuine Aufgabe eines multiprofessionellen Teams.

Unter anderem um solche Missverständnisse abzubauen, wird eine Vielzahl von Fortbildungen angeboten, in denen das neu zusammengestellte Personal individuell, grup-
pen-, team- oder schulbezogen für die komplexe Zusammenarbeit gerüstet wird (vgl.
Thimm 2008). In den grundständigen Ausbildungen der verschiedenen Berufsgruppen
(LehrerInnen, PädagogInnen, SozialpädagogInnen, ErzieherInnen etc.) ist demgegenüber das Thema GTS quantitativ bisher wenig verbreitet (vgl. Oelkers 2011); in qualitativer Hinsicht zeigt eine explorative Onlinebefragung von Lehramtsstudierenden und
StudienseminarleiterInnen zwei bedeutsame Befunde (vgl. Coelen/Schulte 2011):

- Die Auseinandersetzung mit dem Thema GTS erfolgt entweder aufgrund eines
  auch außerhalb der Lehramtsausbildung vorhandenen, intrinsisch motivierten Interesses oder aufgrund von persönlicher Betroffenheit, wenn Studierende (meist als

---

7   Persönliche Mitteilung durch Bettina Arnoldt (vgl. Fußnote 5). Anders betrachtet: In Grundschu-
    len waren 2009 durchschnittlich 73 % des wptP festangestellte Mitarbeiter/innen, 17 % waren ne-
    benberuflich und 9 % ehrenamtlich aktiv. In der Sekundarstufe I sind weitaus mehr nebenberuflich
    und ehrenamtlich engagierte Personen beteiligt: 43 % bzw. 14 %, hauptberuflich waren 43 % tätig (vgl.
    StEG-Konsortium 2010: 23).
8   Persönliche Mitteilung durch Bettina Arnoldt (vgl. Fußnote 5). Immerhin waren an Grundschulen
    zwei Jahre später, also in 2009, 74 % des wptP ErzieherInnen; in der Sekundarstufe I war der Anteil der
    beruflich Qualifizierten mit ca. 50 % jedoch weiterhin wesentlich niedriger (vgl. StEG-Konsortium
    2010: 23).

Praktikanten) oder Referendare in die Organisation oder Durchführung von schulischen Ganztagsangeboten eingebunden sind.
- GTS werden von Studierenden und Referendaren eher als individuelle Personalan-
forderung an die LehrerInnen aufgefasst statt als eine Aufgabe, die gemeinsam
mit anderen Professionen im Rahmen einer Organisationsentwicklung anzugehen wäre.

Nur ein kleiner Teil der befragten Studierenden und Referendare sieht eine systematische Beschäftigung mit dem Thema als unerlässlich an bzw. ist an ihr interessiert. Angesichts der Erfordernisse der sich verändernden Schulrealität kann die Entwicklung
einer „interprofessionellen Kompetenz" (Coelen/Schulte 2011) bereits während der
ersten und zweiten Phase der Lehramtsausbildung als dringend notwendig angesehen werden – idealerweise in gemeinsamen Lehrveranstaltungen mit Studierenden der
Sozialpädagogik.

4   Adressaten

Die Adressaten der GTS sind vielfältig. Es lässt sich zunächst an Kinder, Jugendliche
und ihre Eltern denken. Darüber hinaus können indirekte Adressaten benannt werden, da durch die verbesserte Vereinbarkeit von Familie und Beruf auch Arbeitgeber,
Familien und soziale Netzwerke adressiert werden.[9] Die Erweiterung des Adressatenkreises könnte letztlich bis zur Gesamtbevölkerung reichen; von einer Erhöhung gesellschaftlicher Teilhabechancen und einer Öffnung von Schulen wären letztlich alle
gesellschaftlichen Instanzen tangiert. Bleibt man demgegenüber bei einer Begrenzung
der Perspektive – wie sie hier nötig ist –, so ist in erster Linie auf die Kinder und Jugendlichen zu sehen, die GTS besuchen.

Angesichts der in Deutschland geltenden Schulpflicht werden mit dem Ausbau des
Ganztagsschulwesens potentiell alle Kinder und Jugendlichen zu Adressaten von GTS.
Dieser triviale Sachverhalt träfe allerdings nur bei einem umfassenden Ausbau von gebundenen Organisationsformen zu. Sobald Öffnungen gegeben sind, wie dies beim
jüngst vollzogenen Ausbau in Deutschland mit der Mischung offener und gebundner
Formen der Fall ist, muss der Frage nachgegangen werden, welche Adressatenkreise
durch spezifische Organisationsformen vorrangig erreicht werden. Es ist denkbar, dass
nur bestimmte soziale Milieus jeweils überdurchschnittlich häufig offene und/oder gebundene GTS besuchen, woraus Folgewirkungen für die Erreichbarkeit der oben ge-

---

9   Nach Daten des StEG-Konsortiums (2010: 21) fühlen sich viele Eltern durch die Ganztagsschule entlastet; dies gelte insbesondere für Familien mit niedrigerem sozioökonomischen Status; das Familienklima entwickle sich positiver, wenn Kinder regelmäßig die Ganztagsschule besuchen.

nannten Zielsetzungen resultieren. Befunde der „Studie zur Entwicklung von Ganztags-schulen" (StEG) geben hierüber Auskunft:

Wie oben ausgeführt, hat sich der Bestand an GTS in den letzten Jahren mehr als verdoppelt und wächst weiterhin. Nicht in gleichem Maße jedoch steigt der Anteil der Schüler, die ebensolche Angebote nutzen: In Sachsen (69 %) und Thüringen (52 %) tun dies über die Hälfte, in Baden-Württemberg und Nordrhein-Westfalen je ein Viertel der SchülerInnen, im Saarland bzw. im Vorreiterland Rheinland-Pfalz 13 % bzw. 15 % (vgl. Autorengruppe Bildungsbericht 2010: 74).

Allerdings erfolgt der Besuch mit sozial ungleicher Verteilung. Nach den Befunden der StEG nehmen etwas mehr Kinder aus sozial privilegierten Familien an den An-geboten von Ganztagsgrundschulen teil, während für die Sekundarstufe I der Anteil von Kindern aus Familien in unterdurchschnittlich sozialen Lagen leicht größer ist (vgl. Steiner 2009). Insgesamt ist zudem die Teilnahmequote von Kindern mit Migrations-hintergrund im Primarbereich geringer als von Kindern ohne Migrationshintergrund (vgl. StEG-Konsortium 2010: 11). Falls GTS tatsächlich besonders gute Förderleistungen erbringen,[10] so ist hieraus der Schluss zu ziehen, dass benachteiligte Milieus in relatio-naler Sicht weniger vom Ausbau von GTS profitieren bzw. zusätzlich benachteiligt wer-den. Dies scheint der Fall zu sein, da im Primarbereich eher Kinder aus privilegierteren Milieus GTS besuchen und sich dies erst umkehrt, nachdem im Übergang zur Sekun-darstufe I bereits entscheidende Selektionen realisiert wurden. Es kommt hinzu, dass auch der Besuch bestimmter Organisationsformen von GTS (d. h. offene bzw. gebun-dene Formen) in Abhängigkeit vom sozialen Herkunftsstatus der SchülerInnen zu ste-hen scheint: Steiner (2009) konstatiert, dass die in Deutschland dominierende offene Ganztagsform vorrangig von einer sozial eher privilegierten Schülerschaft besucht werde, sodass eine tendenzielle Ausrichtung der Expansion von GTS an den Interessen mittlerer sozialer Schichten festgestellt werden könne (ebd.: 86).

Ohnehin ist zu beachten, dass die These, die GTS könne Bildungsungleichheiten ab-bauen, höchst voraussetzungsvoll ist. Es ist zum einen in Rechnung zu stellen, dass in-ternationale Vergleiche keinen systematischen Zusammenhang zwischen ganztägiger Schulorganisation und einem geringen Niveau an Bildungsungleichheit nachweisen (vgl. Einsiedler u. a. 2008; Radisch u. a. 2008). Zum anderen ist davon auszugehen, dass Übergangsstellen innerhalb des Schulsystems eine Schlüsselfunktion bei der Reproduk-tion von Ungleichheiten besitzen (vgl. Gomolla/Radtke 2009). Trifft dies zu, so müsste die Expansion des Ganztagsschulwesens für sich genommen kaum relevant bezüglich der Reproduktion von Ungleichheiten sein, da durch die Expansion weder die Über-

---

10 Auf empirischer Grundlage ist dies bisher nicht gesichert: Aus den StEG-Befunden (2010: 16 ff) re-sultiert, dass dauerhafte Teilnahme das Risiko für Klassenwiederholungen sowie problematisches Sozialverhalten verringern kann. Wirkungen auf Noten und Motivation sind generell abhängig von Angebotsqualität und Teilnahmeregelmäßigkeit. Insbesondere Noten werden durch die Ganztägigkeit nicht per se verbessert, sondern nur bei gleichzeitig hoher Schulqualität (z. B. differenzierenden Lehr-methoden).

gangsstellen beseitigt noch die Zahl an statushohen Bildungs- oder Berufspositionen verändert wird. Möglicherweise können sich die Ungleichheitsrelationen verschieben, aber da es alleine aufgrund der Expansion von GTS z. B. nicht mehr Gymnasialplätze als zuvor gibt, würde der selektive Zugang an sich nicht modifiziert.

Es wäre sogar zu befürchten, dass besondere Mechanismen einer institutionellen Diskriminierung zum Tragen kommen könnten. So ist aus der Einrichtung von Vorbereitungsklassen bekannt, „dass auch relativ leistungsfähige Kinder mit Migrationshintergrund deshalb an Hauptschulen empfohlen wurden, weil im Untersuchungszeitraum nur Hauptschulen Vorbereitungsklassen führten" (Diefenbach 2009: 450). Es zeigte sich eine Art wohlmeinender Diskriminierung in Förderabsicht. Im Falle von GTS wurden in der Sekundarstufe I Haupt- und Förderschulen häufiger ganztägig ausgebaut als Realschulen und Gymnasien (vgl. Autorengruppe Bildungsbericht 2010: 73). Da der Ausbau in besonderer Weise mit besonders guten Förderpotentialen begründet wurde, könnten vergleichbare Diskriminierungen wie im Falle der Einführung von Vorbereitungsklassen greifen. Zwar ist diese spekulative Annahme einer empirischen Prüfung zuzuführen, sie scheint jedoch nicht unplausibel, wenn man annimmt, dass die Adressaten von GTS nicht alle im gleichen Maße von ihnen profitieren, sondern den durch den Ausbau ermöglichten Chancen auch neuartige Selektionsmuster und Benachteiligungen gegenüberstehen. Der Forschung bietet sich hier noch ein aufschlussreiches Feld.

Fazit: Ganztagsschulen innerhalb des gesellschaftlichen Wandels

Wir stellten oben fest, dass der Ausbau von GTS die Wahrnehmung der Relation von Schule und Gesellschaft verändert. Die programmatisch avisierten Ziele von GTS führen dazu, Schulen in höheren Maße als zuvor als Teilbereich der Gesellschaft mit ihren spezifischen Problemen und Handlungsaufforderungen in den Blick zu nehmen. Die bisherige Bilanz der GTS ist diesbezüglich ambivalent: Relativ unstrittig dürfte sein, dass eine verbesserte Vereinbarkeit von Familienleben und elterlicher Berufstätigkeit erreichbar ist. Andere Ziele wie die nachhaltige Verbreitung eines erweiterten Bildungsverständnisses, der Abbau von Bildungsungleichheiten und die optimierte Förderung einzelner Kinder stellen nach wie vor Herausforderungen dar, die zumindest in der Breite des Ausbaus von GTS noch nicht umfassend realisiert wurden.

Wird dies nicht normativ gelesen, sondern analytisch, so ist die Tatsache zu beachten, dass GTS nicht schlicht Halbtagsschulen sind, die in zeitlicher Hinsicht erweitert wurden. Vielmehr führte der Ausbau von GTS zu neuartigen Organisationsformen mit besonderer Abhängigkeit von vielschichtigen Steuerungsformen, mit spezifischen Konstellationen inter- und intraprofessioneller Kooperation sowie einer lokalen Öffnung von Schulen. Diese hohe Komplexität steht der Erwartung eindeutiger Konsequenzen des Ausbaus von GTS entgegen; es zeigen sich sehr unterschiedliche, regional und lokal spezifische Bearbeitungsformen der Praxis der ‚Ganztagsschule'.

Literatur

Arnoldt, Bettina (2007): Öffnung von Ganztagsschule. In: Holtappels u. a. (Hrsg.): Ganztagsschulen in Deutschland. Weinheim: Juventa. S. 86–105.

Arnoldt, Bettina/Züchner, Ivo (2008): Kooperationsbeziehungen an Ganztagsschulen. In: Coelen, Thomas/Otto, Hans-Uwe (Hrsg.): Grundbegriffe Ganztagsbildung. Das Handbuch. Wiesbaden: VS. S. 633–644.

Autorengruppe Bildungsberichterstattung (2010): Bildung in Deutschland 2010. Bielefeld: wbv.

Below, Susanne v. (2009): Bildungssysteme im historischen und internationalen Vergleich. In: Becker, Rolf (Hrsg.): Lehrbuch der Bildungssoziologie. Wiesbaden: VS. S. 131–153.

Benner, Dietrich/Kemper, Herwart (2001–2007): Theorie und Geschichte der Reformpädagogik. 3 Teile. Weinheim: Beltz.

Bettmer, Franz (2007): Soziale Ungleichheit und Exklusion – Theoretische und empirische Bezüge im Kontext von Jugendhilfe und Schule. In: Bettmer, Franz/Maykus, Stephan/Prüß, Franz/Richter, André (Hrsg.): Ganztagsschule als Forschungsfeld. Wiesbaden: VS. S. 187–211.

Blossfeld, Hans-Peter/Shavit, Yossi (1993): Dauerhafte Ungleichheiten. Zur Veränderung des Einflusses der sozialen Herkunft auf die Bildungschancen in dreizehn industrialisierten Ländern. In: Zeitschrift für Pädagogik 39. S. 25–52.

Bourdieu, Pierre (2005): Die verborgenen Mechanismen der Macht. Hamburg: VSA-Verlag.

Breuer, Anne/Reh, Sabine (2010): Zwei ungleiche Professionen? Wie LehrerInnen und ErzieherInnen in Teams zusammenarbeiten. In: Soziale Passagen 2. S. 29–46.

Coelen, Thomas/Schulte, Michaela (2011): Auf der Suche nach interprofessionellen Kompetenzen. ‚ganztags‘ in der Lehrer/innenbildung. In: Kraler, Christian/Schnabel-Schüle, Helga/Schratz, Michael/Weyand, Birgit (Hrsg.): Kulturen der Lehrerbildung. Münster: Waxmann (i. D.).

Coelen, Thomas/Otto, Hans-Uwe (2011): Ganztagsbildung. In: Otto, Hans-Uwe/Thiersch, Hans (Hrsg.): Handbuch Soziale Arbeit 4. Auflage. München: Reinhardt. S. 445–454.

Coriand, Rotraud/Henkel, Katrin/Böhme, Gabriele (2009): Wilhelm Rein (Bibliografie Pädagogischer Herbartianismus). http://www.uni-jena.de/unijenamedia/Downloads/faculties/fsv/institut_erzwi/ls_sozpaed/herbar/Rein.pdf, Zugriff am 08. 11. 2009.

Deutscher Bildungsrat (1970): Strukturplan für das Bildungswesen. Stuttgart: Klett.

Deutsches PISA-Konsortium (Hrsg.) (2001): PISA 2000. Basiskompetenzen von Schülerinnen und Schülern im internationalen Vergleich. Opladen: Leske und Budrich.

Diefenbach, Heike (2009): Der Bildungserfolg von Schülern mit Migrationshintergrund im Vergleich zu Schülern ohne Migrationshintergrund. In: Becker, Rolf (Hrsg.): Lehrbuch der Bildungssoziologie. Wiesbaden: VS. S. 433–457.

Dollinger, Bernd (2010): Bildungsungleichheit als Problemarbeit. In: Soziale Probleme 21. 168–191.

Dzierzbicka, Agnieszka/Horvath, Wolfgang (2008): Diskursanalyse zu „Ganztagsbildung". In: Coelen, Thomas/Otto, Hans-Uwe (Hrsg.): Grundbegriffe Ganztagsbildung. Das Handbuch. Wiesbaden: VS. S. 878–886.

Edelstein, Wolfgang (2008): Ganztagsschule: ein entwicklungspädagogischer Systemwechsel? In: Henschel, Angelika/Krüger, Rolf/Schmitt, Christof/Stange, Waldemar (Hrsg.): Jugendhilfe und Schule. Wiesbaden: VS. S. 83–93.

Einsiedler, Wolfgang/Martinschke, Sabine/Kammermeyer, Gisela (2008): Die Grundschule zwischen Heterogenität und gemeinsamer Bildung. In: Cortina, Kai S./Baumert, Jürgen/Leschinsky, Achim/Mayer, Karl U./Trommer, Luitgard (Hrsg.): Das Bildungswesen in der Bundesrepublik Deutschland. Reinbek bei Hamburg: Rowohlt. S. 325–374.

Fritzsche, Bettina/Idel, Till-Sebastian/Reh, Sabine/Labede, Julia/Altmann, Stefanie/Breuer, Anne/Klais, Sabrina/Lahr, Evelyn/Surmann, Antonia (2009): Legitimation des Ganztags an Grundschulen. In: Kolbe, Fritz-Ulrich/Reh, Sabine/Idel, Till-Sebastian/Fritzsche, Bettina/Rabenstein, Kerstin (Hrsg.): Ganztagsschule als symbolische Konstruktion. Wiesbaden: VS. S. 83–106.

Gomolla, Mechtild/Radtke, Franz-Olaf (2009): Institutionelle Diskriminierung. Die Herstellung ethnischer Differenz in der Schule. 3. Auflage. Wiesbaden: VS.

Holtappels, Heinz-Günter (1994): Ganztagsschule und Schulöffnung – Perspektiven für die Schulentwicklung. Weinheim: Juventa.

KMK (2004) – Sekretariat der Ständigen Konferenz der Kultusminister der Länder der Bundesrepublik Deutschland: Bericht über die allgemein bildenden Schulen in Ganztagsform in Ländern der Bundesrepublik Deutschland – Schuljahr 2002/03. Beschluss der Kultusministerkonferenz vom 04. 01. 2004.

Kolbe, Fritz-Ulrich/Reh, Sabine/Idel, Till-Sebastian/Fritzsche, Bettina/Rabenstein, Kerstin (2009): Ganztagsschule als symbolische Konstruktion – Analysen und Falldarstellungen aus schultheoretischer Perspektive. In: Dies. (Hrsg.): Ganztagsschule als symbolische Konstruktion. Fallanalysen zu Legitimationsdiskursen in schultheoretischer Perspektive. Wiesbaden: VS. S. 11–20.

Ludwig, Harald (2008): Geschichte der modernen Ganztagsschule. In: Coelen, Thomas/Otto, Hans-Uwe (Hrsg.): Grundbegriffe Ganztagsbildung. Das Handbuch. Wiesbaden: VS. S. 517–526.

Müller, Walter (1998): Erwartete und unerwartete Folgen der Bildungsexpansion. In: Friedrichs, Jürgen/Lepsius, Mario-Rainer/Mayer, Karl-Ulrich (Hrsg.): Die Diagnosefähigkeit der Soziologie. Opladen: Westdeutscher Verlag. S. 81–112.

Nohl, Herman (1947/1965): Die pädagogische Aufgabe der Gegenwart. In: ders.: Aufgaben und Wege der Sozialpädagogik. Weinheim: Beltz. S. 56–63.

Oelkers, Jürgen (1991): Erziehung und Gemeinschaft. Eine historische Analyse reformpädagogischer Optionen. In: Berg, Christa/Ellger-Rüttgart, Sieglind (Hrsg.): „Du bist nichts, Dein Volk ist alles". Forschungen zum Verhältnis von Pädagogik und Nationalsozialismus. Weinheim: Deutscher Studienverlag. S. 22–45.

Oelkers, Jürgen (2005): Reformpädagogik. 4. Auflage. Weinheim: Juventa.

Oelkers, Jürgen (2006): Pädagogik in der Krise der Moderne. In: Harney, Klaus/Krüger, Heinz-Hermann (Hrsg.): Einführung in die Geschichte der Erziehungswissenschaft und Erziehungswirklichkeit. 3. Auflage. Opladen: Budrich. S. 71–115.

Oelkers, Jürgen (2011): Expertise zum Thema: „Ganztagsschule" in der Ausbildung der Professionen. Im Auftrag der Deutschen Kinder- und Jugendstiftung. http://www.ganztaegig-lernen.org/media/web/download/Expertise_Oelkers.pdf; Zugriff am 09. 08. 2011.

Pierson, Paul (2000): Increasing Returns, Path Dependence, and the Study of Politics. In: American Political Science Review 2. S. 251–267.

Radisch, Falk/Stecher, Ludwig/Fischer, Natalie/Klieme, Eckhard (2008): Wirkungen außerunterrichtlicher Angebote an Ganztagsschulen. In: Coelen, Thomas/Otto, Hans-Uwe (Hrsg.): Grundbegriffe Ganztagsbildung. Das Handbuch. Wiesbaden: VS. S. 929–937.

Radkau, Joachim (1998): Das Zeitalter der Nervosität. Deutschland zwischen Bismarck und Hitler. München/Wien: Hanser.

Röhrs, Hermann (2001): Die Reformpädagogik. Ursprung und Verlauf unter internationalem Aspekt. 6. Auflage. Weinheim: Beltz.

Solga, Heike (2005): Ohne Abschluss in die Bildungsgesellschaft. Die Erwerbschancen gering qualifizierter Personen aus ökonomischer und soziologischer Perspektive. Opladen: Budrich.

StEG-Konsortium (Hrsg.) (2010): Ganztagsschule: Entwicklung und Wirkungen. Ergebnisse der Studie zur Entwicklung von Ganztagsschulen 2005–2010. Frankfurt a. M: DIPF.

Steiner, Christina (2009): Mehr Chancengleichheit durch die Ganztagsschule? In: Stecher, Ludwig/Allemann-Ghionda, Cristina/Helsper, Werner/Klieme, Eckhard (Hrsg.): Ganztägige Bildung und Betreuung. In: Zeitschrift für Pädagogik 54. S. 81–105.

Thimm, Karl-Heinz (2008): Personelle Kooperation und Fortbildung. In: Coelen, Thomas/Otto, Hans-Uwe (Hrsg.): Grundbegriffe Ganztagsbildung. Das Handbuch. Wiesbaden: VS. S. 809–818.

Tillmann, Klaus-Jürgen (2008): Viel Selektion – wenig Leistung. Ein empirischer Blick auf Erfolg und Scheitern in deutschen Schulen. In: Liebau, Eckhard/Zirfas, Jörg (Hrsg.): Ungerechtigkeit der Bildung – Bildung der Ungerechtigkeit. Opladen: Budrich. S. 155–173.

Walter, Paul/Leschinsky, Achim (2008): Überschätzte Helfer? Erwartungen an die Sozialpädagogik in der Schule. In: Stecher, Ludwig/Allemann-Ghionda, Cristina/Helsper, Werner/Klieme, Eckhard (Hrsg.): Ganztägige Bildung und Betreuung. In: Zeitschrift für Pädagogik 54. S. 396–415.

Internationale Schulstrukturvergleiche

Isabell van Ackeren und Esther Dominique Klein

Die Struktur von Schulsystemen bezeichnet das Gefüge von Bildungsinstitutionen in einem definierten Abschnitt der Bildungskarriere zwischen der Elementarstufe und dem Tertiären Bildungsbereich. Sie ist neben dem Inhalt (Fächer, Curricula) eine der beiden zentralen Dimensionen von Bildungssystemen (von Below 2011: 150). Die Schulstruktur ist durch die Ausdifferenzierung (Stratifizierung) in verschiedene Schulstufen (Primar- und Sekundarstufe) sowie Schulformen bzw. Schulzweige innerhalb einer Schulform gekennzeichnet; dabei lassen sich insbesondere allgemeinbildende und berufsbildende sowie s. g. niedere, mittlere und höhere Bildungsgänge unterscheiden. Zur Schulstruktur gehören z. B. auch die generellen Regelungen des Übergangs zwischen Jahrgangsstufen, Schulformen und Bildungsgängen sowie Schul- und Bildungsstufen. In einem weiteren Sinne bezeichnet der Strukturbegriff im Schulsystem zudem die Verteilung von Zuständigkeiten auf organisatorische Einheiten der Bildungsadministration und die Gestaltung der Kooperationsbeziehungen zwischen diesen Einheiten, von der Schulaufsicht bis zur Einzelschule; somit gibt es eine Nähe zum Steuerungsbegriff. Dabei erweist sich das Verhältnis von Zentralisierung und Dezentralisierung und somit der Grad der Übertragung von Verantwortung von der zentralen Lenkungseinheit auf regionale und lokale Einheiten bis hin zur Einzelschule als bedeutsam (vgl. zu Steuerungs- bzw. Governance-Typen von Bildungssystemen im internationalen Vergleich Windzio/Sackmann/Martens 2005; Schmid/Hafner/Pirolt 2007).

Mit der Struktur des Schul- bzw. des Bildungssystems suchen Gesellschaften die Qualifikationen zu erzeugen, die sie benötigen, um sich von Generation zu Generation zu reproduzieren (vgl. Fend 1980). Darüber hinaus verteilen sie insbesondere die Zutrittschancen für gesellschaftliche Positionen (Selektions-bzw. Allokationsfunktion), wenngleich das Verhältnis von Schule, Ausbildungs- und Beschäftigungssystem brüchiger geworden ist und qualifizierte Schulabschlüsse nicht mehr per se gute Berufspositionen garantieren. Zudem erfolgt die Zuteilung von Lebenschancen nicht allein auf der Basis des Leistungsprinzips. Vielmehr zeigt sich, dass andere Einflussgrößen, wie die soziale Herkunft, die gezeigten Leistungen und ihre Bewertung in schulischen Selektionsprozessen mehr oder weniger überlagern. Dass die Qualifikations- und Selektionsfunktion von Schule nicht in allen Ländern zufriedenstellend realisiert werden, haben nicht zuletzt die Befunde der international vergleichenden Leistungsstudien der letzten Jahre gezeigt. Begabungen werden nicht überall hinreichend gefördert bzw. Kinder und Jugendliche werden – zudem in Abhängigkeit von ihrer familialen Herkunft – in ihrer Entwicklung in der Schule in einigen Ländern stark ausgebremst; demgegenüber gelingt die Förderung in anderen Staaten deutlich besser, was sie für Vergleiche und Transferstrategien (*policy borrowing* und *policy lending*, vgl. Steiner-Khamsi 2010) interessant macht. Dabei werden auch die Wirkungen der strukturellen Ausgestaltung von Schulsystemen diskutiert, etwa in nach Leistung separierenden bzw. integrierenden Bildungsgängen.

Die Qualität von Bildung und Ausbildung hat in der Verknüpfung mit grundsätzlichen wirtschaftlichen, arbeitsmarkt-, familien-, sozialpolitischen sowie demografischen Fragen gesamtgesellschaftliche Relevanz. Insofern sind moderne Staaten herausgefordert, ihre Bildungssysteme strukturell weiterzuentwickeln und in ihrem Ertrag, auch unter der Perspektive von Teilhabe und Chancengleichheit, systematisch zu überprüfen. In diesem Zusammenhang haben Systemvergleiche Konjunktur; wie nie zuvor wird länderübergreifend insbesondere schulische Leistung gemessen und international verglichen. Im Anschluss an die Befunde der PISA-Erhebungen wird zudem – über eine bloße Bestandsaufnahme der Erträge von Bildung hinaus – länderübergreifend nach strukturell gestaltbaren ‚Gelingensbedingungen' erfolgreicher Bildungsprozesse gefragt, um Ansatzpunkte für die systematische, datengestützte Qualitätsentwicklung von Schulsystemen zu gewinnen. Dieser Einschätzung liegt die Vermutung zugrunde, dass es eine mehr oder weniger optimale Konfiguration von Gestaltungsinstrumenten auf politisch-administrativer Ebene gibt, die eine institutionell gestützte Verbesserung von Lernprozessen ermöglicht.

Nachfolgend werden zunächst die Wurzeln internationaler Vergleiche von Schulsystemen betrachtet, um sie sodann hinsichtlich ihrer grundsätzlichen Funktionen, konzeptionellen Grundlagen, aktuellen ausgewählten Befunde sowie Chancen und Grenzen zu reflektieren. Neben der systematisch-vergleichenden Betrachtung von Lernerträgen im Kontext der Schulleistungsforschung seit Mitte des vergangenen Jahrhunderts wird es auch um den Beitrag der Vergleichenden Erziehungswissenschaft (VE) in diesem Zusammenhang gehen. Dies wird ergänzt um die Skizze entsprechender indikatorengestützter Vergleichsansätze.

1   Traditionslinien der Deskription und Analyse von Schulstruktur bzw. Strukturwirkungen

Die Entwicklung der Pädagogik als wissenschaftliche Disziplin ist eng mit der Anwendung vergleichender Methoden verbunden. Der Vergleich ist einer der „fundamentalen Wege zur Gewinnung und zur Erweiterung von Erkenntnissen sowie zur Erhöhung des Kenntnisniveaus" (Mitter 2001: 91) in vielen Wissenschaftsbereichen. Schließt man den systematischen Vergleich von Schulsystemen auf der Grundlage umfänglicher Informationen und Daten im Sinne einer Auslandskunde mit ein, reichen die außeruniversitären Wurzeln vergleichender Ansätze bis in das 19. Jh. zurück. Aber auch die großen

Large Scale Assessments haben eine Tradition, die weit in die Mitte des letzten Jahrhunderts zurückreicht. Die systematische, international vergleichende Analyse von Zusammenhängen zwischen Schulstruktur und Bildungsungleichheit wird zudem im Kontext indikatorengestützter Bildungsberichterstattung aufgegriffen.

1.1 Vergleichende Erziehungswissenschaft: Beschreibung von Bildungssystemen und Bildungsproblemen

Die VE ist eine Teildisziplin der Erziehungswissenschaft, die einerseits auf den Vergleich als Methode wissenschaftlicher Forschung zielt und andererseits die umfängliche Analyse von Bildungssystemen sowie von spezifischen, auf andere Länder bezogenen Fragestellungen zum Gegenstand hat. Dabei berücksichtigt sie insbesondere die Bedeutung kultureller Kontexte. Als akademische Disziplin hielt sie in den 1920er Jahren in den USA, England und Deutschland an den Universitäten Einzug. Der Durchbruch vom vorwissenschaftlichen zum wissenschaftlichen Vergleich ist mit dem Namen Marc Antoine Jullien de Paris (1775–1848) verknüpft, einem französischen Intellektuellen und Pädagogen. Er ging davon aus, dass Länder untereinander von erfolgreichen Bildungspraktiken im Sinne der Qualitätsentwicklung profitieren könnten, forderte dementsprechend die umfängliche Sammlung zentraler Informationen und Daten zu den europäischen Bildungssystemen und empfahl Auslandsbesuche. Zunehmend zeigte sich jedoch, dass die unterschiedlichen Strukturen und Merkmale, die die Bildungssysteme kennzeichnen, in verschiedene, historisch gewachsene gesellschaftliche Kontexte mit unterschiedlichen Grundwerten, Verwaltungstraditionen und bildungspolitischen Prioritätensetzungen eingebettet sind und sich somit Vergleiche und erst recht die Übertragung von Strukturen und Maßnahmen als voraussetzungsvoll erweisen. Zur weiteren Differenzierung dieser erstmals von Jullien explizit formulierten Funktion des Erkenntnisgewinns wird in der Literatur immer wieder auf die von Hörner (1997) vorgeschlagene Typologie verwiesen:

- idiographische Vergleichsfunktion: Sie wird vom Interesse am Beschreiben des Besonderen von Bildungsphänomenen geleitet.
- experimentelle Vergleichsfunktion: Durch den Vergleich wird nach universellen und allgemeingültigen Prinzipien gesucht, indem ein Phänomen in unterschiedlichen, länderspezifischen Kontexten verglichen wird.
- melioristische Vergleichsfunktion: Das Erkenntnisinteresse ist von der Motivation bestimmt, aus den Erfahrungen anderer Länder zu lernen.
- evolutionistische Vergleichsfunktion: Dies gilt im gleichen Maße für das Verfolgen von allgemeinen Entwicklungstrends in anderen Ländern, die für die eigene Praxis bedeutsam sind oder sein könnten.

Im Spannungsfeld von Forschungsinteresse und Anwendungsorientierung ergibt sich die für die VE stets bedeutende Frage, „wieweit mit Hilfe vergleichender Methoden theoretisch-generalisierende Aussagen formuliert sind und darüber hinaus Vorhersagen oder sogar Urteile über ‚universelle' Probleme und Entwicklungstrends [...] getroffen werden können. [...] Letztendlich steht die Bestimmung des Vergleichsziels in enger Verbindung mit der umstrittenen Frage, wieweit aus Vergleichen Handlungsanleitungen zur Verbesserung von Bildung und Erziehung abgeleitet werden können" (Mitter 1997: 644–645). Die Disziplin ist u. a. von der Entwicklung von der Gesamtanalyse nationaler Bildungssysteme hin zur Untersuchung problemorientierter Ansätze gekennzeichnet, wie sich u. a. an der Nachfrage international agierender Institutionen wie der OECD nach vertiefenden Analysen länderübergreifend relevanter Diskussions- und Gestaltungsfelder zeigt (s. u.).

1.2 Internationale Schulleistungsforschung: Empirische Analyse von Lernerträgen

Bis zu den 1950er Jahren bezog sich die VE vor allem auf die separate Beschreibung der Bildungssysteme in ausgewählten Ländern. Die Untersuchungen waren kaum empiriegestützt und eher anekdotischer und damit kaum generalisierbarer Natur. Die schnelle technologische Entwicklung führte jedoch zu einem rasch wachsenden Bewusstsein für den Bedarf einer vorausschauenden Bildungsplanung. Es vollzog sich ein Paradigmenwechsel von der Betrachtung schulischen Inputs (z. B. finanzielle Rahmenbedingungen) hin zur empirischen Erfassung des vor allem kognitiven Lernertrags von Schule. Entsprechende quantitative Methoden, die einen cross-nationalen Vergleich ermöglichen, wurden entwickelt. Dahinter steht bis heute das Ziel, wichtige Systemmonitoring- und Benchmark-Informationen zur outputorientierten Qualität des Schulsystems zur Verfügung zu stellen und dabei zu helfen, ein Verständnis für mögliche Erklärungen der festgestellten Differenzen zwischen Bildungssystemen zu entwickeln sowie Ansatzpunkte für steuernde Maßnahmen zu erkennen.

Die erste Hauptuntersuchung stellt die „First International Mathematics Study" (FIMS) mit ihrer Erhebung 1963/64 in zwölf Ländern mit insgesamt 133 000 Schülerinnen und Schülern der Sekundarstufen I und II dar (vgl. zum systematischen Überblick über die Studien Goy/van Ackeren/Schwippert 2008). An der zweiten Mathematikstudie (SIMS) in den frühen 80er Jahren nahm Deutschland nicht teil.[1] Im Bereich der Testung naturwissenschaftlicher Inhalte war eine größere Anzahl deutscher Bundesländer wiederum nur in die erste und die letzte – „First International Science Study" im Jahr 1970 und TIMSS – involviert. Die „Second International Science Study" zwischen

---

1   Erst die dritte IEA-Untersuchung zu mathematischen kombiniert mit naturwissenschaftlichen Leistungen Mitte der 1990er Jahre fand mit deutscher Beteiligung statt und verhalf Large Scale Assessments unter dem Akronym TIMSS zu großer Aufmerksamkeit.

1983 und 1986 wurde aus deutscher Sicht ausgelassen. Die frühen Studien wurden bereits durch Hintergrundbefragungen von Schülerinnen und Schülern, Lehrkräften und Schulleitung zu schulischen und außerschulischen Merkmalen ergänzt, eingebettet in den Kontext der nationalstaatlichen Kultur, Geschichte und der sozialen Strukturen.

Die zum Teil bedenklichen, da in einigen Altersgruppen mittelmäßigen bis unterdurchschnittlichen deutschen Befunde der ersten Studien fielen in eine Zeit, in der Georg Picht den deutschen Bildungsnotstand als ökonomische Krise analysierte und Ralf Dahrendorf aus bildungsbürgerrechtlicher Perspektive aufzeigte, wie massiv das Bildungssystem an der Reproduktion sozialer Ungleichheit beteiligt ist, ohne dass die international vergleichenden Befunde aus FIMS und der nachfolgenden naturwissenschaftlichen FIS-Studie nennenswerten Eingang in die nationale Diskussion fanden. Unter dem offensichtlich zeitlosen Titel „Im internationalen Vergleich schneidet das Bildungswesen der Bundesrepublik miserabel ab: Die deutschen Schüler auf dem letzten Platz" schrieb Matthiesen 1974 in DIE ZEIT mit Blick auf diese Ergebnisse von FISS:

> „Vor allem gegen die Effektivität des von vielen so gelobten traditionellen dreigliedrigen Schulwesens liefert die Studie Belege. Rigoros wie sonst kaum irgendwo in der Welt liest dieses System die Schüler aus, so dass sich bei uns in den Abschlussklassen der Sekundarstufe II nur neun Prozent eines Jahrgangs befinden; in den USA sind es 75 %, 70 in Japan, 47 in Belgien oder 29 in Australien …".

Bereits 1971 waren es von außen kommende Beobachter, die das westdeutsche Bildungssystem im Rahmen eines OECD-Länderexamens begutachtet hatten und ihm ein vernichtendes Urteil hinsichtlich seiner Struktur ausstellten. Unter dem Titel „Bildungswesen: Mangelhaft" lautete der Befund (zit. nach Luehrig 1973):

> „Die wirtschaftlichen, gesellschaftlichen und politischen Gegebenheiten in der BRD haben sich seit den zwanziger Jahren grundlegend gewandelt. Das Bildungswesen wurde jedoch nach der Hitlerzeit so wieder aufgebaut, wie es vorher gewesen war, und ist in den meisten wichtigen Merkmalen bis heute so geblieben."

Eine mögliche Erklärung für die trotz solcher Befunde weitgehende Abstinenz Deutschlands bei den Studien der 1970er und 1980er Jahre wird u. a. in der eher geisteswissenschaftlichen Tradition der deutschen Pädagogik gesehen. Die systematische empirische und international vergleichende Schulleistungsforschung hat erst seit dem „TIMSS-Schock" Mitte der 1990er Jahre einen anderen Stellenwert erhalten. Im Rückblick auf die seither vergangenen Jahrzehnte kann festgestellt werden, dass die Vorboten der absinkenden internationalen Konkurrenzfähigkeit – auch in der Verknüpfung mit Fragen der strukturellen Ausgestaltung des Schulsystems – nicht verhindert haben, dass der Anschluss an den Modernisierungszug zum Ende des 20. Jahrhunderts verpasst war. Dieser Befund war auch deshalb deprimierend, weil er das Ende einer Entwicklung markiert, die mit einer internationalen Spitzenstellung des deutschen Bildungssystems begonnen hatte, das zu Beginn des 20. Jahrhundert im internationalen Vergleich noch als strukturell und curricular modern sowie finanziell gut ausgestattet galt. Die Befunde der neueren Vergleichsstudien haben gleichwohl die Schulstrukturdebatte hierzulande neu belebt (s. u.).

1.3 Internationale Bildungsberichterstattung: Indikatorengestützte Analysen

Die Entwicklung einer ausgeprägten Sozial- und darin eingebundenen Bildungsstatistik über die Generierung von Leistungsdaten hinaus setzte international in den 1970er Jahren nach dem Erfolg der Entwicklung ökonomischer Indikatoren ein. Unter dem Schlagwort *social indicator movement* konzentrierten sich die Bemühungen unterschiedlicher sozialwissenschaftlicher Forschungsrichtungen auf die Sammlung von Daten und ihre Indikatorisierung, um solche sozialen Themen zu erfassen, die politisch anzugehen sind (z. B. Chancenungleichheit). Vor diesem Hintergrund strebte man danach, wirtschafts- und sozialpolitische Bedürfnisse etwa im Hinblick auf die Ressourcenallokation auf der Grundlage valider statistischer Daten zu identifizieren. Einige der sozialen Indikatoren betrafen das Bildungswesen; ein erstes Indikatorenset für den Bildungsbereich wurde 1973 von der OECD entwickelt. Der zunehmende Bedarf an systematischen Bildungsindikatoren markiert zugleich den Beginn der Forschung über Indikatoren *(indicator research),* ihre Entwicklung, ihre Anordnung und die Möglichkeiten der Nutzbarmachung (vgl. Avenarius u. a. 2003) und berücksichtigt dabei die Systemebene (z. B. Schulstruktur, Bildungsausgaben, Bildungszeit) ebenso wie gesellschaftliche Rahmenbedingungen (z. B. Demografie, Arbeitsmarkt, Wirtschaft).

Die Ebenen der Indikatorisierung und das damit verbundene Interesse der Nutzbarmachung können zu unterschiedlichen Formen der Bildungsberichterstattung führen. Dabei haben sich verschiedene Ansätze herausgebildet, um eine überschaubare und sinnvolle Anzahl an Indikatoren aus der Vielzahl der Möglichkeiten herauszufiltern: Zentral erweist sich der *problem finding*-Ansatz, bei dem es um die Identifizierung von wesentlichen Indikatoren als Frühwarnsystem für Probleme geht.

2   Zentrale Befunde internationaler Strukturvergleiche aus deutscher Perspektive

Vor allem die Vergleichsstudien TIMSS und PISA haben dem deutschen Bildungssystem einen Spiegel vorgehalten. Die Befunde dieser und weiterer Studien zeigen gravierende strukturelle Probleme des Schulsystems auf. Im Zuge dessen gerieten auch die Steuerungssysteme anderer Länder in den Blick. Zentrale Erkenntnisse unterschiedlicher Zugänge des Vergleichs von Bildungssystemen und ihrer Strukturen werden nachfolgend skizziert.

2.1 Schulleistungsvergleiche: Ungleichheit wird an Nahtstellen des Schulsystems kumulativ verstärkt

Besonderes Aufsehen haben in den vergangenen Jahren die Resultate aus internationalen Vergleichen erzielt, die deshalb an erster Stelle näher beleuchtet werden. Es ist insbesondere der Befund der *sozialen Abhängigkeit des Kompetenzerwerbs,* der dabei im Fokus steht (vgl. zusammenfassend OECD 2010a). Für alle Teilnehmerstaaten offenbaren die PISA-Studien einen systematischen Zusammenhang zwischen sozialer Herkunft und schulischer Leistung in allen getesteten Kompetenzbereichen: Schülerinnen und Schüler aus Familien gehobener Sozialschichten erreichen am Ende der Pflichtschulzeit durchschnittlich bessere Leistungen und höhere Bildungsabschlüsse in den getesteten Domänen als Jugendliche aus sozial schwachen Familien. Allerdings ist dieser Zusammenhang in Deutschland besonders stark ausgeprägt; hierzulande geht die überdurchschnittliche Bildungsungleichheit weiterhin mit eher durchschnittlichen Leistungen einher. Das in den Daten aus Deutschland zum Ausdruck kommende Ausmaß sozial bedingter Ungleichheit wird weiterhin nur von wenigen anderen an den PISA-Studien teilnehmenden OECD-Ländern übertroffen, obgleich die Differenz der Mittelwerte seit PISA 2000 gesunken ist (Klieme et al. 2010: 249). Der Zusammenhang zwischen sozialer Lage und Kompetenzerwerb scheint zudem ein kumulativer Prozess zu sein, der vor der Grundschule beginnt und an Nahtstellen des Bildungssystems verstärkt wird. Die wesentlichen Weichenstellungen hinsichtlich der so ausgestalteten Verteilung von Bildungschancen erfolgen beim Wechsel von der Grundschule zu den unterschiedlichen weiterführenden Schulen, sie werden also in der Grundschule zumindest vorbereitet (vgl. im Überblick van Ackeren/Klemm 2011).

Die in den Ländern bestehenden Unterschiede in der Relation zwischen Schülerleistungen und sozioökonomischem Status zeigen, dass die Differenzen erheblich variieren, was zugleich bedeutet, dass sie nicht unvermeidlich sind. Bedenkenswert ist zudem, dass gerade in denjenigen Ländern, die auf eine Heterogenität im Klassenzimmer als Herausforderung bzw. Ressource setzen, die getesteten Schülerinnen und Schüler tendenziell auch bessere Leistungen verzeichnen (Goy/van Ackeren/Schwippert 2008). Somit zeigen die Vergleichsuntersuchungen, dass die angestrebte Chancengerechtigkeit gerade in Deutschland bislang nicht erreicht wurde und die hierzulande beklagte Heterogenität in anderen Ländern weniger Probleme zu bereiten scheint. Dabei sind die deutschen Sekundarschulen aus der Perspektive von Schulsystemen, die weniger stark gegliedert sind als das bundesdeutsche System, durchaus homogene Schulformen. So fallen die in PISA erfassten Kompetenzen der 15-Jährigen innerhalb einer

Einzelschule im internationalen Vergleich bemerkenswert homogen aus: „Vergegenwärtigt man sich diesen Sachverhalt, muss die in Deutschland häufig zu hörende Klage über die zu große Leistungsheterogenität in Sekundarschulen verblüffen. Im internationalen Vergleich gibt es kaum leistungshomogenere Sekundarschulen als in Deutschland" (Deutsches PISA-Konsortium 2001: 454). Aus der deutschen Innensicht zeigt sich demgegenüber eine große *Leistungsheterogenität* auf den Ebenen der Schulform, der Einzelschule und auch auf der Ebene der einzelnen Klasse: Die verschiedenen Large Scale Assessments führen deutlich vor Augen, dass die Schülerschaft in den Sekundarschulen nicht leistungshomogen sortiert ist. Sie zeigen erhebliche Überlappungen in den Leistungsfähigkeiten der einzelnen Schulformen: Die Kompetenzverteilungen leistungsmäßig benachbarter Schulformen reichen jeweils in den Kernbereich der anderen Schulformen hinein (ebd.: 121; Klieme et al. 2010: 56). Die hohen Überschneidungsbereiche machen deutlich, dass es die Fachleistungen der Schülerinnen und Schüler in vielen Fällen erlauben würden, z. B. von einer Realschule auf ein Gymnasium zu wechseln. Umgekehrt findet sich in der Schülerschaft der Gymnasien ein nennenswerter Anteil solcher Jugendlicher, deren Fachleistungen eher zum Anforderungsniveau anderer Schulformen passen. So handelt es sich bei den deutschen Sekundarschulen um Lerngruppierungen, die hinsichtlich der Leistungsfähigkeit weitaus heterogener zusammengesetzt sind als gemeinhin angenommen (vgl. zusammenfassend Tillmann 2007).

Ein weiteres Augenmerk wurde mit PISA auf die Situation von *Jugendlichen mit Migrationshintergrund* gelegt. Es war erst der Wechsel vom Ausländer- zum Migrantenkonzept, der durch die PISA-Studien durchgesetzt wurde und das Ausmaß der Probleme sichtbar gemacht hat. Hierbei zeigt sich, dass gerade Jugendliche aus Familien, in denen beide Elternteile im Ausland geboren wurden, auffällige Defizite im schulischen Erfolg aufweisen. Die Vergleichsstudien IGLU und PISA signalisieren für die Primar- und die Sekundarstufe (vgl. zsammenfassend Konsortium Bildungsberichterstattung 2006): Nach wie vor lernen Kinder und Jugendliche mit einer Migrationsgeschichte im deutschen Schulsystem im Mittel eklatant weniger als ihre jeweils gleichaltrigen Mitschülerinnen und Mitschüler ohne Migrationshintergrund[2]. Die international vergleichende Sicht belegt darüber hinaus: Auch wenn man Deutschland nur mit Ländern vergleicht, die eine ähnliche Migrationsgeschichte haben, zeigt sich, dass es den deutschen Schulen deutlich schlechter als denen dieser Länder gelingt, Heranwachsende mit Migrationshintergrund zu schulischen Erfolgen zu führen, wenngleich sich mittlerweile im Verlauf der PISA-Erhebungswellen Fortschritte abzeichnen (Klieme et al. 2010: 200 ff). Die sehr differenzierten Analysen, die auf der Basis der neueren Leistungsstudien möglich wurden, verweisen auf ein ganzes Bündel erklärender Faktoren; Schichtzugehörigkeit, Beherrschung der Unterrichtssprache und Schulstruktureffekte müssen an erster Stelle genannt werden. Mit Blick auf den letzten Aspekt bleibt festzustel-

---

2   Bedeutsam erscheint der Hinweis, dass die Schülerschaft „mit Migrationshintergrund" in Deutschland in hohem Maße heterogen ist, was im Diskurs oftmals zu wenig beachtet wird.

len, dass Grundschulkinder ohne Zuwanderungshintergrund gegenüber den Kindern mit Migrationsgeschichte bei vergleichbaren kognitiven Fähigkeiten und bei gleichen Schulleistungen eine deutlich höhere Chance haben, eine Empfehlung für den Besuch des Gymnasiums zu erhalten (Autorengruppe Bildungsberichterstattung 2010: 65). Das Zusammenwirken von schicht- und sprachbedingten Unterschieden und die Verstärkung der dadurch verursachten Leistungsunterschiede durch die Effekte, die sich aus der durchaus nicht leistungsorientierten Verteilung von Kindern auf unterschiedlich anspruchsvolle Bildungs- und Ausbildungsgänge ergeben, führen zu der dokumentierten Benachteiligung. Die Unterschiede sind in Deutschland im Vergleich mit Staaten, die wie Deutschland bedeutende Zuwanderungen aufweisen, besonders ausgeprägt.

2.2 Vergleichende Erziehungswissenschaft: Hinweise auf effektive Ansätze der Steuerung von Bildungssystemen

Großflächig angelegte Schulleistungsuntersuchungen besitzen ihre Grenzen u. a. dort, wo Fragen nach den Ursachen für unterschiedliche Ergebnisse in den erfassten Kompetenzbereichen, nach der Entwicklung und Verbesserung von Schule und Unterricht oder Fragen nach Wirkungszusammenhängen bei Bildungsprozessen im historischen und soziokulturellen Kontext gestellt und beantwortet werden sollen. Mit den PISA-Resultaten wird z. B. deutlich, dass kein Faktor allein erklären kann, warum Länder oder Schulen gut oder weniger gut abschneiden. Gute schulische Leistungen bei Gewährleistung einer ausgewogenen Verteilung der Bildungschancen sind vielmehr das Zusammenspiel einer Reihe von Faktoren außerhalb und innerhalb eines Systems (z. B. Ditton 2007). Genauere Einsichten, welches die wesentlichen Faktoren sind und in welcher Wechselbeziehung sie zueinander stehen, sind eine Voraussetzung, um die Ursachen für die Unterschiede in den Resultaten stärker aufhellen zu können. Hier bietet die Vergleichende Erziehungswissenschaft vertiefende Zugänge. Komparative Untersuchungen können durch die Analyse funktional bzw. strukturell gleicher Probleme unter variierenden Bedingungen bei Beachtung des jeweiligen Kontextes zu vertiefenden Einsichten führen. Vor diesem Hintergrund gibt es insbesondere im Anschluss an die publizierten Ergebnisse der PISA-Studie – auf der Suche nach Ursachen für das erfolgreichere Abschneiden anderer Staaten – Folgeaktivitäten zur wissenschaftlichen Analyse von Länderunterschieden.

Eine Untersuchung, die dieses Forschungsdesiderat unmittelbar im Anschluss an die ersten Veröffentlichungen der PISA-Studien aufgegriffen hat, ist die Studie „Vertiefender Vergleich der Schulsysteme ausgewählter PISA-Staaten", die hier exemplarisch benannt wird (vgl. Arbeitsgruppe Internationale Vergleichsstudie 2003). Dabei handelt es sich um einen kriteriengeleiteten Vergleich von sechs erfolgreichen PISA-Teilnehmerstaaten (Kanada, England, Finnland, Frankreich, Niederlande und Schweden). Renommierte Bildungsforscher aus diesen Ländern wurden gebeten, nach einem einheitlichen

Analyseraster („analytic framework") zentrale Merkmale des jeweiligen gesellschaft-lichen und bildungspolitischen Kontextes, des Schulsystems sowie der pädagogischen Praxis im Land darzustellen. Die Vergleichskriterien wurden anhand von Konzepten der Schulwirkungsforschung entwickelt und systematisiert. In einem zweiten Schritt wurden die Aussagen und Befunde in diesen Länderberichten von einem aus Bildungs-forscherinnen und -forschern bestehenden nationalen Konsortium nach einheitlichen Kriterien analysiert und systematisch verglichen. „Die Synthetisierung gemeinsamer Merkmale […] sollte jene wesentlichen Hypothesen deutlich machen, die – zumindest was die Systemebene und die Ebene der Einzelschule angeht – ausschlaggebend für die Erklärung des Abschneidens bei PISA sein dürften" (Döbert 2008: 305).

Die Untersuchung hat zwar Klarheit erbracht, welche Reformansätze und Steue-rungsstrategien die erfolgreicheren Bildungssysteme kennzeichnen; hinsichtlich der Erklärungen für PISA-Varianzen gab es jedoch nur erste hypothetische Ansätze. Als wahrscheinliche Ursachen für den Erfolg von Bildungssystemen wurden unter anderem die folgenden Maßnahmen bildungspolitischer Steuerung ermittelt: kontinuierliche und zielführende Reform- und Innovationspolitik, Festlegung von Bildungsstandards und Systembeobachtung nach Maßgabe dieser Bildungsstandards, Implementierung systematischer interner und externer Evaluationsverfahren, Organisation von Unter-stützungssystemen für Schulen und Lehrkräfte, Integration und Förderung von Schüle-rinnen und Schülern mit Migrationshintergrund, rationale und differenzierte Steuerung des Ressourceneinsatzes. Im Hinblick auf Aspekte der strukturellen Ausgestaltung der Bildungssysteme wurde deutlich, dass die betrachteten erfolgreichen Schulsysteme über eine überschaubare und flexible innere Organisation verfügen. „Die beruflichen Aus-bildungsgänge sind weitgehend in das Schulsystem einbezogen, der Vorschulbereich ist meist integraler Bestandteil des Bildungswesens und Ganztagsunterricht oder zumin-dest verlängerter Halbtagsunterricht ist verbreitet. Die Schulsysteme in den Vergleichs-ländern haben […] in der Regel schwach selektiven Charakter" (Döbert 2008: 306). Offen blieb jedoch, wie die PISA-Varianzen zu erklären sind; die Befunde haben eher hypothesengenerierenden Charakter. „Vor allem aber blieb offen, welche Steuerungsin-strumente in welcher Kombination national als notwendig und hinreichend für das er-folgreiche Abschneiden bei PISA anzusehen sind" (ebd.: 309).

In einer aktuellen OECD-Studie zur Frage „What Makes a School Successful?" (OECD 2010b) formulieren die Autoren auf der Grundlage eines mittlerweile deutlich umfangreicheren internationalen PISA-Datensatzes, ergänzt um eine vertiefende Ana-lyse der Schulstrukturen und Steuerungsstrategien der beteiligten Länder, ein deut-licheres Fazit, insbesondere im Hinblick auf den Schulstrukturvergleich:

> „Systems that show high performance and an equitable distribution of learning outcomes tend
> to be comprehensive, requiring teachers and schools to embrace diverse student populations
> through personalised educational pathways. In contrast, school systems that assume that stu-
> dents have different destinations with different expectations and differentiation in terms of

how they are placed in schools, classes and grades often show less equitable outcomes without an overall performance advantage" (OECD 2010b: 13).

Als weitere Kennzeichen erfolgreicher Schulsysteme werden u. a. ein hoher Grad an einzelschulischer Autonomie bei der Ausgestaltung der Curricula sowie der Einsatz von Assessments mit geringem Wettbewerbscharakter (low stakes) genannt. Gleichwohl wird darauf verwiesen, dass die Realisierung solcher Maßnahmen nicht zwingend für ihren Erfolg sein muss. „Not all successful school systems share the same organisational characteristics, and not all school systems that are organised in this way achieve high levels of performance and a moderate impact of socioeconomic background on student performance" (OECD 2010: 29b). Festhalten lässt sich, dass Large Scale Assessments zunehmend mit vertiefenden, ländervergleichenden Forschungsansätzen verknüpft werden, welche die spezifischen nationalen Kontexte der Vergleichsländer bewusst aufgreifen und analysieren.

2.3 Indikatorengestützte Analysen: Bildungsungleichheit im Fokus

Die OECD gehört zu den wichtigsten internationalen bildungspolitischen Instanzen, deren Studien in nationaler Politikentwicklung vielfach beachtet werden. Die Organisation widmet sich zwar bereits von Beginn an auch bildungspolitischen Themen, doch erst in der letzten Dekade wurde sie zu einem bedeutenden Akteur in diesem Politikfeld. Ihre zentralen Steuerungsmechanismen sind Koordination, Meinungsbildung und Benchmarking als systematischer und kontinuierlicher Prozess des internationalen Vergleichens. Gleichwohl gibt es keine *top down* verordneten Angleichungsprozesse, etwa mit Blick auf Lehrplanfragen oder die strukturelle Gestaltung von Bildungssystemen. Der aktuelle rechtliche Rahmen für europäische Bildungsfragen macht deutlich, dass Bildungspolitik unter Berufung auf nationalstaatliche kulturelle und sprachliche Identität in den Verantwortungsbereich der einzelnen Mitgliedstaaten fällt. Die Zusammenarbeit im Hinblick auf eine qualitativ hochwertige Bildung, etwa über die Bereitstellung vergleichender Informationen zu den europäischen Schulsystemen und Reformmaßnahmen sowie über die Sammlung bildungsstatistischer Indikatoren, wird hingegen im Sinne einer gemeinschaftsfreundlichen Gestaltung dieses Politikbereichs durch die Europäische Union gefördert (nach dem Prinzip der offenen Koordinierungsmethode).

Auf internationaler Ebene bietet die OECD mit ihrer jährlich erscheinenden Publikation „Education at a Glance" bzw. „Bildung auf einen Blick" (zuletzt: OECD 2011) das prominenteste Beispiel regelmäßiger Bildungsberichterstattung. Die Indikatoren liefern aktuelle Informationen zum Funktionieren, zur Entwicklung und zum Einfluss von Bildung, und zwar vom Elementarbereich, über den Pflichtschulbereich bis hin zum außerschulischen und lebenslangen Lernen, um darüber die Bildungssysteme der OECD-Länder darzustellen und vergleichen zu können. Mit Blick auf schulische

Kontextmerkmale werden demografische und soziale Charakteristika, finanzielle und personelle Ressourcen, Bildungsbeteiligung und auch Aspekte der Schulorganisation berichtet. Zu den Prozessvariablen gehören u. a. Klassengröße, Schüler-Lehrer-Relationen und Zeitnutzung. Im Fokus der output-orientierten Datensätze stehen die mit Leistungsstudien erhobenen Schülerleistungen. Die Qualitätsfrage der Schulen hat dabei im Laufe der bisher erschienenen Ausgaben deutlich an Gewicht gewonnen. Im Rahmen der Präsentation des Materials aus den berichteten Ländern wird zugleich vorsichtig versucht, zentrale internationale Entwicklungstendenzen auszumachen.

Neben Themen wie der Steuerung von Bildungssystemen (etwa zu Evidenzbasierung, Wirkung von Bildungsmärkten), Akteuren im Bildungswesen (Lehrerbildung, Schulleitung) und besonderer pädagogischer Förderung (z. B. Migration) werden auch im engeren Sine schulstrukturelle Aspekte aufgegriffen, die insbesondere im Zusammenhang mit der Thematisierung von Chancengleichheit stehen: Mit der Publikation „No More Failures: Ten Steps to Equity in Education" (OECD 2007) beispielsweise wird das Thema des Schulversagens aufgegriffen. So zielen viele Initiativen in den Mitgliederstaaten darauf, schulisches Versagen (z. B. im Hinblick auf Schülerinnen und Schüler ohne Schulabschluss) systematisch anzugehen. Zentrale Analysefelder sind in diesem Zusammenhang u. a. die Gliederung von Bildungssystemen und damit verbundene Selektionsprozesse im Verlauf von Bildungskarrieren, so genannte *second chance*-Programme, die weitere Wege zum Erwerb eines Schulabschlusses ermöglichen, Fragen der Wirkung des Sitzenbleibens, Möglichkeiten der Kooperation mit Eltern, frühkindliche Erziehung und Bildung sowie die besonderen Bedürfnisse von Migrantinnen und Migranten sowie Minderheiten. In diesem Zusammenhang ist auch auf die Studie „Equity in Student Achievement Across OECD Countries: An Investigation of the Role of Policies" (Causa/Chapuis 2009) hinzuweisen. Darin werden ebenfalls Zusammenhänge zwischen bildungspolitischem Handeln bzw. der Ausgestaltung von Schulsystemen und indikatorengestützten Aspekten von Bildungsungleichheit analysiert. Die Autoren kommen zu folgendem Schluss im Hinblick auf schulstrukturelle Aspekte:

> „Policies allowing increasing social mix are found to reduce school socio-economic segregation without affecting overall performance. Countries that emphasise childcare and pre-school institutions exhibit lower levels of inequality of opportunity, suggesting the effectiveness of early intervention policies in reducing persistence of education outcomes across generations" (ebd.: 2).

Gleichwohl bleibt grundsätzlich anzumerken, dass sich die Analyse struktureller Effekte, zudem in vergleichender Perspektive, als besonders herausfordernd erweist, da sie sich nicht analytisch von anderen relevanten Faktoren und „nationalen Eigenheiten" (von Below 2011: 154) des Systems trennen lassen.

3   Fazit: Schulstrukturen und Forschungszugänge im Umbruch

Seit Ende 2001 liegen der Öffentlichkeit Resultate der internationalen PISA-Studie vor. Das unter- bis durchschnittliche Abschneiden Deutschlands hat zu einer bis dahin in dieser Intensität nicht gekannten Auseinandersetzung um bildungspolitisch angemessene Reaktionen geführt. Die Autorinnen und Autoren der internationalen als auch der nationalen PISA-Rapporte sind selbst allerdings eher verhalten im Hinblick auf konkrete Handlungskonsequenzen. So wird immer wieder darauf verwiesen, dass aus den PISA-Ergebnissen nicht automatisch auf Kausalbeziehungen geschlossen werden kann. Denn mit keinem untersuchten Faktor allein können Leistungsdifferenzen erklärt werden; es handelt sich vielmehr um ein Bündel entscheidender Einflussgrößen. Dennoch ist es auch ein zentrales Ziel von PISA, über Leistungs- und Zustandsbeschreibungen in und zwischen den Ländern Anhaltspunkte für die Gestaltung der nationalen Bildungspolitik zu liefern. So wird mit PISA hierzulande eine Vielzahl bildungspolitischer Maßnahmen legitimiert; im Kern betreffen diese insbesondere auch strukturelle Aspekte des Bildungssystems: die bessere und kostenfreie Förderung im Vorschulbereich, die Förderung früherer Einschulung einschließlich der schulorganisatorischen Umgestaltung der Eingangsphase, die Sicherung von Mindeststandards in der gemeinsamen Grundschulzeit sowie zum Ende der Pflichtschulzeit, die bessere Leistungsdiagnose und -prognose im Übergang von der Primar- in die Sekundarstufe, die Verbesserung der Sprachkompetenz, die Förderung bildungsbenachteiligter Schülerinnen und Schüler, die Einführung ganztagsschulischer Angebote, die teilweise Abschaffung der Nicht-Versetzung, Qualitätssicherung durch evaluative Maßnahmen (Parallelarbeiten, Vergleichsarbeiten, zentrale Abschlussprüfungen, Schulinspektion), eine Verkürzung der Abiturzeit auf zwölf Jahre und Reformen der Lehrerbildung.

PISA hat – auch im Kontext demografischer Verknappung – zugleich die Diskussion über die Schulstruktur in Deutschland neu entfacht, wenngleich die erkennbaren Leistungsunterschiede zwischen Schulsystemen nicht unmittelbar auf die unterschiedlichen Schulstrukturen zurückzuführen sind, zumal die Studie, wie im Übrigen auch alle anderen Large Scale Assessments, querschnittlich angelegt ist und insofern über Kausaleffekte kaum Aussagen getroffen werden können. Zudem reichen die vorliegenden Daten für multivariate statistische Analysen nicht aus. Die Befundlage ist allerdings deutlich eindeutiger, wenn es nicht um die erreichten Kompetenzen, sondern um den Grad der sozialen Auslese geht; hier zeichnen sich deutliche Systemeffekte ab, die international auch mehr oder weniger deutlich formuliert werden: Je früher die Selektion, desto stärker findet soziale Auslese statt (s. o.). Dabei kann festgestellt werden, dass in anderen Ländern in leistungsheterogenen Lerngruppen eine breit fundierte Leistungsfähigkeit *und* Spitzenleistungen erzielt werden können.

Zugleich zeichnen sich neu akzentuierte komparative Forschungszugänge ab: So spricht Steiner-Khamsi (2010) von einer deutlichen Expansion vergleichender Forschung in den vergangenen zehn Jahren, mit der Leistungsdaten kontextualisiert werden können; dabei kommt dem Transferaspekt besondere Bedeutung zu, um die Steuerung von Bildungssystemen wissensbasiert zu stützen. Zugleich stellt Steiner-Khamsi eine Verschiebung vergleichender Forschung bzw. ihrer Nutzung fest: „In many instances of policy borrowing, the term ‚international standards‘ (vaguely defined) has replaced more concrete references to lessons learned in a particular educational system. […] The educational system of another country serves as an external reference to which one's educational system is compared, then aligned" (ebd.: 332). Abzuwarten bleibt, inwieweit sich Steuerungs- und Strukturfragen nationaler, kulturell differenzierter Bildungssysteme in Zukunft einander annähern werden und welche Rolle dabei dem Agenda Setting durch internationale Organisationen zukommt. Diese Perspektive schließt die Frage nach dem Spannungsverhältnis zwischen der Ganzheitlichkeit von Bildung und dem ausschnitthaften Charakter des empirischen Zugangs ein. So sind Schulstrukturvergleiche überwiegend empirisch fundiert, würden jedoch von einer differenzierteren Auseinandersetzung mit bildungs- und schultheoretischen Ansätzen profitieren (vgl. Ladenthin 2004), nicht zuletzt vor dem Hintergrund ihrer implizit normierenden Wirkung auf die Ausgestaltung von Bildungsprogrammen und -strukturen.

Literatur

Ackeren, Isabell van/Klemm, Klaus (2011): Entstehung, Struktur und Steuerung des deutschen Schulsystems. Wiesbaden: VS.

Arbeitsgruppe Internationale Vergleichsstudie (2003): Vertiefender Vergleich der Schulsysteme ausgewählter PISA-Teilnehmerstaaten. Kanada, England, Finnland, Frankreich, Niederlande, Schweden. Bonn: BMBF.

Autorengruppe Bildungsberichterstattung (2010): Bildung in Deutschland 2010. Ein indikatorengestützter Bericht mit einer Analyse zu Perspektiven des Bildungswesens im demografischen Wandel. Bielefeld: W. Bertelsmann Verlag.

Avenarius, Hermann et al. (2003): Bildungsberichterstattung für Deutschland: Konzeption. DIPF: Frankfurt a. M.

Below, Susanne von (2011): Bildungssysteme im historischen und internationalen Vergleich. In: Becker (2001): Lehrbuch der Bildungssoziologie. Wiesbaden: VS Verlag, S. 139–162.

Causa, Orsetta/Chapuis, Catherine (2009): Equity in Student Achievement Across OECD Countries: An Investigation of the Role of Policies. Working Papers, No. 708. Paris: OECD.

Deutsches PISA-Konsortium (Hrsg.) (2001): PISA 2000, Basiskompetenzen von Schülerinnen und Schülern im internationalen Vergleich. Opladen: Leske + Budrich.

Ditton, Hartmut (2007): Schulqualität – Modelle zwischen Konstruktion, empirischen Befunden und Implementierung. In: Buer (2007): Qualität von Schule. Frankfurt, Main u. a.: Lang, S. 83–92.

Döbert, Hans (2008): Zur Steuerung von Schulsystemen. Einsichten aus der Analyse von Einflussfaktoren auf die PISA-Ergebnisse. In: Hofmann et al. (2008): Qualitative und quantitative Aspekte. Münster: Waxmann, S. 299–320.

Fend, Helmut (1980): Theorie der Schule. München u. a.: Urban und Schwarzenberg.

Goy, Martin/Ackeren, Isabell van/Schwippert, Knut (2008): Ein halbes Jahrhundert internationale Schulleistungsstudien. Eine systematische Übersicht. In: Tertium Comparationis 14. H. 1. S. 77–107.

Hörner, Wolfgang (1997): „Europa" als Herausforderung für die Vergleichende Erziehungswissenschaft, Reflexionen über die politische Funktion einer pädagogischen Disziplin: In: Kodron et al. (1997): Vergleichende Erziehungswissenschaft, Herausforderung, Vermittlung, Praxis. Köln: Böhlau, S. 65–80.

Klieme, Eckhard,/Artelt, Cordula/Hartig, Johannes/Jude, Nina/Köller, Olaf/Prenzel, Manfred/ Schneider, Wolfgang/Stanat, Petra (Hrsg.) (2010): PISA 2009. Bilanz nach einem Jahrzehnt. Münster: Waxmann.

Konsortium Bildungsberichterstattung (2006): Bildung in Deutschland. Ein indikatorengestützter Bericht mit einer Analyse zu Bildung und Migration. Bielefeld: W. Bertelsmann Verlag

Ladenthin, Volker (2004): PISA – Recht und Grenzen einer globalen empirischen Studie. Eine bildungstheoretische Betrachtung. In: Vierteljahresschrift für wissenschaftliche Pädagogik 79. H. 3. S. 354–375.

Luehrig, Holger (1973): Wirtschaftsriese, Bildungszwerg. Der Diskussionshintergrund zum Bildungsgesamtplan 1973. Analysen des OECD-Reports. Reinbek: Rowohlt.

Matthiesen, Hayo (1974): Im internationalen Vergleich schneidet das Bildungswesen der Bundesrepublik miserabel ab. Die deutschen Schüler auf dem letzten Platz. DIE ZEIT Nr. 39, 20.09.1974, S. 17.

Mitter, Wolfgang (1997): Vergleichende Erziehungswissenschaft: In: Hierdeis et al. (1997): Taschenbuch der Pädagogik. Band 2. Baltmannsweiler: Schneider, S. 641–651.

Mitter, Wolfgang (2001): Der Vergleich in der Erziehungswissenschaft und die Vergleichende Erziehungswissenschaft. In: Bildung und Erziehung 54. H. 1. S. 91–103.

OECD (2007): No More Failures: Ten Steps to Equity in Education. Paris: OECD.

OECD (2010a): PISA 2009 Results: Overcoming Social Background. Equity in learning Opportunities and Outcomes. Volume II. Paris: OECD.

OECD (2010b): PISA 2009 Results: What Makes a School Successful? Resources, Policies and Practices. Volume IV. Paris: OECD.

OECD (2011): Bildung auf einen Blick 2011. OECD-Indikatoren. Paris: OECD.

Schmid, Kurt/Hafner, Helmut/Pirolt, Richard (2007): Reform von Schulgovernance-Systemen. Vergleichende Analyse der Reformprozesse in Österreich und bei einigen PISA-Teilnehmerländern. ibw – Schriftenreihe Nr. 135. Wien: ibw.

Steiner-Khamsi, Gita (2010): The politics and Economics of Comparison. Comparative Education Review 54. H. 3. S. 323–342.

Tillmann, Klaus-Jürgen (2007): Viel Selektion – wenig Leistung. Ein empirischer Blick auf Erfolg und Scheitern in deutschen Schulen. In: Fischer: Zur Gerechtigkeit im Bildungssystem. Münster: Waxmann, S. 25–37.

Windzio, Michael/Sackmann, Reinhold/Martens, Kerstin (2005): Types of Governance in Education. A Quantitative Analysis. TranState Working Papers No. 25. Bremen: Universität Bremen.

Teil IV
Bedingungen und Kontexte
von Erziehungs- und Bildungsprozessen

Ökonomisierung von Bildung

Thomas Höhne

1 Der Ökonomisierungsdiskurs: Problematisierung und begriffliche Unterscheidungen

Ökonomisierung wird allgemein als ein Veränderungsprozess beschrieben, durch den entweder eine System- oder Handlungslogik, ein Diskurs, eine Praktik oder Wissen zunehmend oder durchgehend von ökonomischen Kriterien dominiert[1] (Bellmann 2001: 387) oder mit dem „der zunehmende Einfluss der Ökonomie auf das Denken und Handeln von Individuen und Organisationen in verschiedenen sozialen Subsystemen" bezeichnet wird (Löffler 2003: 19, Krönig 2007, Pelizzari 2001). Der Ökonomisierungsbegriff beinhaltet hierbei ‚die Ökonomie' als Ausgangspunkt der Transformation(en) und zugleich eine Hegemoniethese, nach der die ökonomische Handlungslogik, Semantik oder Rationalität in nicht-ökonomische Bereiche ‚eindringt', sie überformt oder überschreibt (vgl. Bellmann 2001: 388 f.). Im kritischen Sozialstaatsdiskurs wird Ökonomisierung unter den Vorzeichen des „neoliberalen Wohlfahrtsstaatsabbaus" daher auch als „neue Form sozialer Regulierung" bezeichnet", in dessen Rahmen die Reduzierung von Kosten als „unabweisbare Herausforderung" (Kessl 2002: 1118–1119) und scheinbar unideologischer Sachzwang in den Vordergrund gerückt wird[2].

Der Ökonomisierungsbegriff hat nicht nur mittlerweile Einzug in Handbücher gehalten (Radtke 2009, Kessl 2002), sondern Prozesse der Ökonomisierung werden in ganz unterschiedlichen Bereichen beobachtet: Neben Bildung (Lohmann 2010, Radtke 2009, Graßl 2008, Paulo Freire Zentrum/Österr. HochschülerInnenschaft 2005, Hoffmann/Maak-Rheinländer 2001) wird Ökonomisierung auch in Politik und Wissenschaft festgestellt (Pelizzari 2001, Hoffmann/Neumann 2003), im Gesundheitsbereich

---

1   Damit ist die hier nicht weiter zu verfolgende These verknüpft, dass soziale Felder, Praktiken, Diskurse usw. grundsätzlich *auch immer* ökonomisch strukturiert sind (ohne von ‚der Ökonomie' direkt abhängig zu sein) und ‚die Ökonomie' in unterschiedlichen subtilen und unscheinbaren Formen wie etwa alltäglichen Rationalisierungen, Zeitmanagement usw. für den gesamten sozialen Raum konstitutiv ist (vgl. Bourdieu 1997, Bongearts 2008)

2   Paradigmatisch für den neoliberalen Diskurs, der seit Beginn der 1980er Jahre die umfassende Deregulierung des Staates zum Ziel hatte, stehen die beiden ‚There-is-no'- Aussagen Margaret Thatchers: Zum einen „There is no alternative" (TINA), mit der die eindimensionale (Aus)Schließung jedweder politischen Alternativen programmatisch in den Vordergrund gerückt wird und zum anderen „There is no such thing as society" womit das Individuum zum einzig möglichen Ausgangs- und Bezugspunkt für (legitimes) gesellschaftliches Handeln gemacht wird.

(Bauer 2006), in der sozialen Arbeit (Spatscheck u.a 2008) sowie auf der Ebene des Subjekts als Ökonomisierung des Selbst (Voß 2000). Einzelne Bereiche übergreifend wird Ökonomisierung für die gesamte Gesellschaft bis auf die Weltsystemebene (Krönig 2007, Münch 2009) bzw. für ‚das Soziale' schlechthin festgestellt (Bröckling u.a. 2000). Da der Ökonomisierungsbegriff hierbei auf *qualitativ und quantitativ* übergreifende und grundlegende Veränderungen bezogen wird, stellt sich die Frage nach der *Reichweite des Ökonomisierungsbegriffs* und den Phänomenen, die damit erklärt werden können.

Neben den Gemeinsamkeiten von Ökonomisierungsprozessen zeigt sich, dass ökonomische Formen, Instrumente und Leitbilder nicht 1:1 in andere Felder übernommen, sondern selbst *vermittelt und transformiert* werden, d.h. sie durchlaufen eine Formveränderung und eine Adaption an die neuen Feldbedingungen, die jeweils wieder feldspezifisch legitimatorisch abgesichert werden (Harms/Reichard 2003). Der Ökonomisierungsbegriff bezieht sich hierbei dreifach sowohl auf den Ausgangspunkt (Ökonomie) als auch auf den Prozess sowie das Ergebnis der Transformation. Im Ökonomisierungsdiskurs wird darüber hinaus in vielfältiger Weise ein elementares *innen/ außen*-Verhältnis und zugleich die Überschreitung der damit gezogenen Grenze durch die Transformation konstruiert. Für den Ökonomisierungsdiskurs sind noch weitere Differenzen tragend wie die von *eigen/primär/genuin/rein vs. fremd/sekundär/artifiziell/ unrein* (Ursprungslogik gegenüber Fremdlogik), *alt/neu* (Zustandsveränderung) oder *vorher/nachher* (Zeitachse der Transformation). In einer weiteren Bedeutung wird er jedoch auch „als ein quasi naturwüchsiger Veränderungsprozess in den bestehenden Sozialverwaltungen identifiziert, dem mit konzeptionellen Neustrukturierungsvorschlägen zu begegnen sei" (Kessl 2002: 1123).

Ein weiterer wichtiger Aspekt für die Analyse von Ökonomisierung als spezifischer Transformationsprozess ist die Frage nach den *Orten und Akteuren von Ökonomisierung*, die einen Ausgangs- und Zielpunkt beinhalten. So macht etwa der Erziehungswissenschaftler Peter Vogel zwar politische Akteure als Verantwortliche für die Expansion „ökonomischer Denkformen" in den pädagogischen Diskurs aus. Diese werden aber wiederum auf einen „Sieg der Ökonomie über die Politik" (Vogel 1997: 365) zurückgeführt. Als Ausgangspunkt der Veränderungsbewegung wird hierbei *in letzter Instanz* die Ökonomie begriffen, während nach Einschätzung anderer Beobachter wie Berthold Vogel die „Ökonomisierung der Politik" nicht als ‚feindliche Übernahme' verstanden, sondern als „strategisches Projekt der Politik" (Vogel 2007: 64) selbst gedeutet wird: Mithilfe „wirtschaftlicher Leitbilder" werde versucht, den „Druck knapper Haushalte zu regulieren, um die Steuerungsfähigkeit aufrecht zu erhalten" (ebd.). Zudem verschieben sich mit der Ökonomisierung von Bildung auch die normativen Grundlagen in entscheidender Weise dadurch, dass sich das „im Sozialstaatskompromiss eingespielte Verständnis von Wert- und Zweckrationalität" (Radtke 2009: 625) verändert. Ein Effekt ist, dass wertrationale Setzungen (gesellschaftliche Normen, spezifische Werte) in den Hintergrund treten zugunsten einer an zweckrationalen Zielen ausgerichteten Wahrnehmung auf individuelles und kollektives Handeln.

Grosso modo können drei Verwendungsweisen des Ökonomisierungsbegriffs unterschieden werden: 1. Er wird als *analytischer Begriff* wie in der eingangs verwendeten Definition verwendet, um einen spezifischen Transformationsprozess zu bezeichnen, 2. als *kritischer Begriff*, um die als Ökonomisierung bezeichnete Entwicklung in Frage zu stellen, zu kritisieren und auf negative Effekte aufmerksam zu machen usw. Und schließlich tritt er im Ökonomisierungsdiskurs 3. noch in Form der *Kritik der Kritik* auf. Hierbei beziehen sich die ProtagonistInnen ihrerseits kritisch auf die Ökonomisierungskritik: So wird entweder direkt ein effizienteres Bildungssystem gefordert (Tenorth 2005, Böttcher 2002) oder diverse theoretisch-analytische Defizite der Ökonomisierungskritik festgestellt und kritisiert: Sie bliebe oft bei der Diskursanalyse stehen, würde zumeist nur isolierte Betrachtungen von Einzelphänomenen anstellen, keine ausreichende Analyse der Auswirkungen von Ökonomisierung durchführen (Schimank 2008: 622–623), es mangele insgesamt an einem analytischen Konzept (Kessl 2002: 1125) und es werde vor allem erziehungswissenschaftlich das Verhältnis von Bildungs- und Wirtschaftssystem theoretisch ausgeblendet (Barz 2010: 151).

Angesichts dieser Desiderate ist es das Ziel dieses Beitrags, primär Merkmale für ein analytisches Konzept von Ökonomisierung zu entwickeln. Zu diesem Zweck werden im ersten Schritt begriffliche Abgrenzungen vorgenommen (2.), anschließend relevante theoretische Ansätze für die Analyse von Ökonomisierungsprozessen referiert (3.), um schließlich einige Eckpunkte eines Ökonomisierungskonzepts zu markieren, aus dem sich Perspektiven für eine empirische Erforschung von Ökonomisierungsprozessen eröffnen sollen (4.).

2 Ökonomisierung als Kapitalisierung, Kommodifizierung und Privatisierung von Bildung

Im Ökonomisierungsdiskurs werden wahlweise die Begriffe *Kapitalisierung, Kommodifizierung und Privatisierung* synonym mit dem Ökonomisierungsbegriff verwendet, bei denen aber der Fokus unterschiedlich ist, wie die folgende begriffliche Differenzierung deutlich macht.

2.1 Kapitalisierung

Richard Münch versteht unter ‚Kapitalisierung' von Bildung, dass diese „nicht mehr als Kollektivgut der Gesellschaft gestaltet (…), sondern als Individualgut und Ware auf einem globalen Bildungsmarkt gehandelt wird" (Münch 2010: 47). Erst wenn Bildung zu einer auf einem Markt gehandelten Ware gemacht worden sei, „dann entscheidet in erster Linie der gebotene Luxus über den Prestigewert eines Bildungstitels und dieser wiederum über den zu erzielenden Geldwert" (ebd.: 51). Der diesem Prozess der Kapitalisierung unterliegende weite Kapitalbegriff bezieht sich nicht nur auf ökonomisches Kapital, sondern auch auf andere Formen wie symbolisches Kapital („Prestigewert'), kulturelles oder auch soziales Kapital (vgl. Bourdieu 1997). Die Kapitalisierung von Bildung beinhaltet daher einen Prozess der gezielten Wertsteigerung von Bildungskapital sowie die Konvertierbarkeit *unterschiedlicher* Kapitalsorten untereinander, bei der Bildung als kulturelles Kapital *primär* zum Tauschmittel gemacht wird.

2.2 Kommodifizierung

Reinhold Sackmann definiert in seiner Untersuchung zur Internationalisierung von Bildungsmärkten ‚Kommodifizierung' in Anlehnung an Karl Polanyi als einen ökonomischen Prozess, „bei dem eine Dienstleistung oder ein Gegenstand zu einem marktwirtschaftlich gehandelten Gut wird bzw. ein Akteur sein Handeln zunehmend am Gewinn orientiert" (Sackmann 2004: 66). Der „Kommodifizierungsgrad" kann sich dabei historisch verändern (ebd.), d.h. Märkte können unterschiedlich stark in soziale Institutionen eingebettet sein (Polanyi 1978: 75). Entsprechend unterscheidet Sackmann *zum einen* gütertheoretisch zwischen a) Bildung als privatem Gut (Weiterbildung, Nachhilfe), b) Bildung als Stellvertreter-Gut (betriebliche Ausbildung) und c) Bildung als öffentlichem Gut (Primarschulunterricht) (ebd.: 68) und *zum anderen* zwischen 1) dekommodifizierten Anbietern (staatliche Universitäten), 2) privaten, nicht gewinnorientierten Anbietern (Stiftungen) und 3) gewinnorientierten Anbietern (ebd.: 67). Mit diesen Unterscheidungen kommt er zu dem Ergebnis, dass es keine Anzeichen für ein „schnelles Wachstum eines internationalen Bildungsmarktes" gebe, weil der Marktanteil etwa von privaten, nicht gewinnorientierten Hochschulen in Deutschland nur 1 % und von gewinnorientierten in den USA nur 2,9 % ausmache (ebd.: 88). Die Problematik einer solchen Betrachtung liegt in der engen und strikten Trennung von privaten Akteuren nach ‚gewinnorientiert' und ‚nicht-gewinnorientiert', nach denen die Ausbreitung von Märkten bemessen wird. Da nur geldwerte Gewinne von Bildungsanbietern auf dem expliziten Bildungsmarkt berücksichtigt werden, bleiben etwa Stiftungen bei dieser Betrachtung außen vor, deren Engagement im Bildungsbereich aber den Einstieg in eine schleichende Privatisierung bedeuten kann (Höhne/Schreck 2009, Bank 2007, Klausenitzer 2004), wie ein erweiterter Privatisierungsbegriff deutlich macht.

2.3 Privatisierung

Formal können mehrere Privatisierungsformen wie formelle Privatisierung oder Organisationsprivatisierung (Umwandlung in eine AG, GmbH), funktionale Privatisierung (Contracting-out, Auslagerung) und der materiellen Privatisierung (Aufgabenprivatisierung mit Anteilsveräußerung an private Unternehmen, vgl. Saalfrank: 2005: 71 ff.,

Dickhaus/Dietz 2004: 6) unterschieden werden. Privatisierung kann jedoch in einer erweiterten Definition bereits mit der Privatisierung unterschiedlicher Steuerungs-mittel oder der Einführung managerialer Elemente wie erfolgsabhängiger Vergütung vorliegen (Jansen/Priddat 2007: 25). In diesem erweiterten begrifflichen Rahmen be-inhaltet dies ein *Kontinuum von Privatisierungsformen* und damit ein weites „Güter-spektrum" (ebd.), das über die Unterscheidung von privat/öffentlich (= staatlich) oder gewinnorientiert/nicht-gewinnorientiert (= privat) hinausgeht. Dies ist nicht nur an-gesichts der Entwicklung von öffentlichen Gütern zu „Hybridformen", d.h. der „pri-vaten Ko-Produktion öffentlicher Güter" (ebd.) sowie der zunehmenden Bedeutung gerade von nicht gewinnorientierten, aber privaten Organisationen (i.e. vor allem Stif-tungen) bei der Leistungserbringung öffentlicher Dienstleistungen von zentraler Be-deutung (vgl. Bank 2007). Sondern auch, weil Bildungsorganisationen sich historisch als Teil eines umfassenderen Systems sozialer Sicherungssysteme entwickelt haben und ähnliche Privatisierungstendenzen in unterschiedlichen sozialpolitischen Bereichen wie Gesundheit, Sozialversicherung und Altersvorsorge zu beobachten sind. Historisch sowie systematisch ist es also notwendig, „Privatisierung in einem weiteren Sinne" zu definieren (Klausenitzer 2004: 151), sie nicht nur an formalen Rechts- und Eigentums-formen festzumachen. So können explizite Märkte von so genannten Quasi-Märkten unterschieden werden (Weiss 2001), mit denen wettbewerbs- und effizienzsteigernde (Steuerungs-)Mittel im Bildungs- und Sozialbereich auf der Ebene von Handlungen, Praktiken und Programmen eingeführt werden, die nachhaltig entsprechende For-men institutioneller Ökonomisierung befördern. Stephen Ball und Deborah Youdell sprechen im selben Sinne von *endogener Privatisierung* – im Unterschied zu exogenen, d.h. expliziten Privatisierungsformen –, die sich auf „importing ideas, techniques and practices from the private sector in order to make the public sector more like businesses and more business-like" beziehen (Ball/Youdell 2008: 9–10). Diese Form der Bildungs-privatisierung ist weltweit beobachtbar (ebd.). Für Ökonomisierungsformen im Hoch-schulbereich hat Uwe Schimank seinerseits verschiedene „Grade der Ökonomisierung" unterschieden, wodurch der autonome Kern graduell durch verminderte Zahlungsfä-higkeit über Sparzwänge bis hin zur expliziten Gewinnerzielung schrittweise ökonomi-siert werden kann (Schimank 2008: 630).

3   Ökonomisierung: Ansätze, Programm und Kritik

Wie eingangs deutlich gemacht, zeichnet sich der Ökonomisierungsdiskurs durch un-terschiedliche theoretische und kritische Positionen aus, die im Folgenden darge-stellt werden. Zunächst werden vier Ansätze referiert, die auf unterschiedlichen Ebe-nen theoretische und kritische Perspektiven auf Ökonomisierungsprozesse eröffnen: Im Rahmen der *Gouvernementalitätsstudien* liegt der Fokus auf den Veränderungen von Regierungstechnologien und den Auswirken auf Subjektebene. Hierbei spielt die

Ökonomisierung als soziale Verallgemeinerung des Unternehmertums eine zentrale Rolle. Auf der Ebene sozialer Systeme wird Ökonomisierung im Kontext von *Differenzierungstheorien* als Entdifferenzierung begriffen, zu denen Systemtheorien wie auch die Feldtheorie Bourdieus gezählt werden. In der Perspektive der *Governanceforschung* stellt sich Ökonomisierung als verändertes politisches Steuerungshandeln im Bildungsbereich unter verstärkter strategischer Integration privatwirtschaftlicher Akteure und ökonomischer Handlungsmotive der Beteiligten dar. Mit Hilfe *neoinstitutionalistischer Theorien* kann Ökonomisierung schließlich als Diffusion eines globalen Rationalitätsmodells interpretiert werden. Darüber hinaus werden anschließend unter Punkt fünf noch *institutionenökonomische Ansätze* als eine Positionen vorgestellt, mit der eine stärkere Ausrichtung von Bildungsinstitutionen an primär ökonomischen Kategorien (Exzellenz, Wettbewerb) theoretisch begründet respektive rationalisiert wird.

3.1 Ökonomisierung als soziale Verallgemeinerung des Unternehmersubjekts

In der Perspektive der Gouvernementalitätsstudien wird Ökonomisierung als Durchsetzung einer neuen Regierungstechnologie konzipiert, die sich dadurch auszeichnet, dass das Subjekt zu einer neuen und spezifischen Form der Selbstregierung aufgefordert bzw. angerufen wird. Foucault betont den Unterschied des homo oeconomicus als Tauschpartner (nach klassisch liberalem Verständnis) und der neuen neo-liberalen Figur des homo oeconomicus als „Unternehmer seiner selbst (…), der für sich selbst sein eigenes Kapital ist, sein eigener Produzent, sein eigenes Einkommen" (Foucault 2004: 314). Die Übertragung ökonomischer Prinzipien auf das Subjekt ist kein äußerlicher Prozess von Zwang und Unterwerfung, sondern transformiert insofern das Selbst- und Fremdverhältnis der Subjekte in spezifischer Weise, als sie auf unterschiedlichen Modi der Selbst-Hervorbringung beruht: Pädagogisch als Selbst-organisiertes lebenslanges Lernen, psychologisch als Selbst-gesteuerter Kompetenzerwerb und ökonomisch als Selbst-Unternehmer (vgl. Bröckling/Krasmann/Lemke 2000). Die Interaktionslogik zwischen den Subjekten, die damit etabliert wird, ist nicht mehr rein subsumtionslogisch etwa durch einen objektiven Entfremdungsbegriff zu erklären, da die Trennung von Kapital, Arbeit, Interaktion und Subjekt in der neuen Subjektform ‚aufgehoben' wird. Gegenüber repressiven (Selbst-)Technologien findet sich eine Semantik der Selbst-Kreation bzw. -schöpfung, deren neue produktive Dimension darin besteht, dass ökonomische Prinzipien als ‚subjekt-ferne' Zweckorientierungen zunehmend mit ‚subjekt-nahen' pädagogisch-psychologischen Formen und Begriffen wie ‚Selbst-Organisation' oder ‚Autonomie' gekoppelt werden. Auf diese Art werden Humanum und Kapital, Pädagogik und Ökonomie in einer hybriden Konstruktion verschmolzen und ökonomische Prinzipien können über entsprechende *Vermittlungsbegriffe* in den Sinnhaushalt der Subjekte integriert werden. Dabei geht es um eine systematische Aktivierung der individuellen ‚Bildungs- und Arbeitsreserven'. Analog zum neuen Steuerungsregime im (bildungs)politischen Bereich wird über Diskurse und Praktiken ein „Regime der Selbstführung" (Masschelein/Simons 2005: 14) etabliert, bei dem der Lernende „für sein Lernen und die Entwicklung seines Humankapitals somit selbst verantwortlich" gemacht wird (ebd.: 18). Ökonomisierungsprozesse wie auch der Ökonomiebegriff selbst enthalten hierbei eine praxeologische Dimension, da ökonomisch-unternehmerisches Handeln sich in soziales Handeln förmlich einschreibt und zu einer eigenen Subjektform des „unternehmerischen Selbst" verdichtet wird (Bröckling 2007). Diese taucht in pädagogisierter Form etwa des lebenslangen Lernens auf, in dem die Grenze von Leben und Lernen analog zu Leben und Arbeiten im unternehmerischen Selbst aufgehoben ist (ebd.: Masschelein/Simons 2005: 34).

3.2 Ökonomisierung als Entdifferenzierung und Hierarchisierung der Felder bzw. Systeme

Aus differenzierungstheoretischer Sicht wird Ökonomisierung als Prozess der strukturellen Entdifferenzierung auf der Ebene sozialer Systeme (Richter 2009, Krönig 2007, Radtke 2009) oder als „Intrusion" (Bourdieu 1998b: 112 ff.) beschrieben, bei der die spezifische Logik eines Feldes (‚Nomos') durch einen anderen feldfremden Nomos überlagert wird. Durch die Intrusion in Form neuer Diskurse, Handlungen und Logiken geht die ‚relative Autonomie' des Bildungsfeldes Stück für Stück in eine höhergradige Abhängigkeit des ökonomischen Feldes und damit in eine stärkere Heteronomie über. Analog zu Nomos und Intrusion kann Ökonomisierung systemtheoretisch als Umkodierung des systemeigenen Codes verstanden werden, nämlich als „Evolution von Nebencodierungen verschiedener Funktionssysteme zur Wirtschaft" (Richter 2009: 40), wodurch es über die vorhandenen strukturellen Kopplungen von Erziehungs- und Wirtschaftssystem (Bildungstitel, Bildungsfinanzierung) hinaus zu einer Veränderung von Kommunikation, Beschreibungs- und Handlungsformen kommt. Eine zentrale Rolle spielt hierbei der Qualitätsbegriff insofern, als

> „sich tatsächlich *im Erziehungssystem selbst* (...) ein Bezug zu wirtschaftlicher Kommunikation eröffnet hat, den man als Nebencodierung darstellen kann. Der Erziehung gelingt es durch die generativ-metaphorische Umdeutung ihres Präferenzwertes ‚besser lernen' mit dem Erstcode der Wirtschaft, die Nebenkodierung ‚Qualität' zu evoluieren" (Krönig 2007: 104, Hervorh. im Orig.)

Der *paradigmatische Wechsel*, der als „Umstellung der in den 60er und 70er Jahren dominierenden vier Leitkonzepte *Quantität, Egalität, Staat und Wissenschaft* auf *Qualität, Exzellenz, Markt und Evaluation*" in den 1990er Jahren beschrieben wird (Terhart 2000: 810), ist als Formwechsel von einer pädagogischen zu einer „ökonomischen Form der Bestimmung von Qualität" bestimmbar (ebd.: 812). Nur wenn ein Qualitätsbegriff nach betriebswirtschaftlicher Steuerungslogik als „einer an *Produkten bzw. Wirkungen* festgemachten vergleichenden Überprüfung der Leistungsfähigkeit" (ebd.: 823) vorausgesetzt wird, kann Bildungsqualität auf der Ebene der einzelnen Organisation überhaupt erst „gemanagt werden" (Krönig 2007: 106). Damit verschiebt sich gleichzeitig auch der Gegenstand erzieherischen Handelns vom individuellen Kind als „Medium der Erziehung" (Luhmann 2002: 90) zur individuellen Schule als Organisation, die in puncto Leistung(sfähigkeit) *gemanagt* wird. Die Individualisierung der Schule als zentrale Handlungseinheit steht hierbei in einem eigentümlichen Kontrast zur „Ent-Individualisierung des ‚Erziehungsgegenstandes', um Vergleichbarkeit in Güte und Leistung sichtbar machen zu können" (Kröning 2007: 111). Zudem werden weitergehende *deprofessionalisierende Effekte* durch die Übertragung von Managementtheorien in den Bildungsbereich befürchtet, die den Kern pädagogischer Professionalität verändern (Radtke 2009: 632). So wird etwa bei der differenzlosen Anwendung des Konzepts des ‚lernenden Unternehmens' – verallgemeinert in dem Konzept der ‚lernenden Organisation' und verlängert zur ‚lernenden Schule' – auf die Problematik verwiesen, dass es zu einer Konfusion von professionell-pädagogischem und managerialem Wissenskomplexen komme, da die verschiedenen Ebenen von Organisation und Interaktion sowie die konstitutive Rollenasymmetrie von Lehrenden/Lernenden relativiert oder aufgehoben würden (Tacke 2005).

3.3 Ökonomisierung als Steuerungswechsel im ‚Schatten der Hierarchie'

Der Governancebegriff umfasst in einem weiten Verständnis „alle Formen sozialer Handlungskoordination" (Mayntz 2004: 66), mit denen im Kontrast zur hierarchischen Steuerung die Komplexität politischer Steuerung erfasst werden soll. Dem Staat kommt hierbei die Rolle des „Primus inter pares" zu (ebd.: 69), wobei die horizontalen Kooperationsbeziehungen zwischen den verschiedenen politischen, administrativen, privatwirtschaftlichen und zivilgesellschaftlichen Akteuren von zentraler Bedeutung sind. Nach dem Motto ‚divide et impera' stellt sich der scheinbare Machtverlust des Staates als „Formwandel staatlichen Handelns" (ebd.: 72) dar, den er aufgrund der wirtschaftlichen Krisen der 1970er Jahre (Ölschock, Ende des Bretton Woods Systems, strukturelle Arbeitslosigkeit usw.) vollzog. Die in der Folge vorgenommene Integration ökonomienaher Elemente (z. B. New Public Management) in politisch-administratives Handeln stellt sich aus dieser Perspektive als eine *Einbettung politischen Handelns in ökonomische Kontexte, d. h. als eine Modernisierungsstrategie* dar, die mit einer ‚Entbettung' der Ökonomie von staatlich-politischer Steuerung einher geht. Diesen institutionellen Spielraum für hybride Steuerung und Akteurskonstellationen auch im Bildungsbereich zu schaffen, welche die Grundlage für Ökonomisierung bilden (Höhne/Schreck 2009), bleibt nach wie vor staatlich-politischer Steuerung vorbehalten und vollzieht sich daher stets im „Schatten der Hierarchie" (Mayntz 2004: 72).

3.4 Ökonomisierung als Diffusion eines globalen Rationalitätsmodells

Neoinstitutionalistische Ansätze sind für die Analyse von Ökonomisierungsprozessen sowohl auf der Mikro- und Mesoebene interessant, auf der Praktiken und institutionelle Strukturen von Organisationen erforscht werden (Meyer/Rowan 2009), als auch auf der Makroebene, auf der Vergleiche zwischen verschiedenen Organisationen, Feldern und Ländern/Staaten vorgenommen werden können (Meyer 2005). Vergleichende Untersuchungen zur weltweiten Expansion des Bildungssystems im Rahmen des „Weltkultur" bzw. World-Polity-Ansatzes (Meyer 2005) konnten eine weltweite Diffusion bestimmter institutioneller Strukturen und Inhalte im Bildungssystemen zeigen (zusammenfassend Adick 2009: 264). Im Kern geht es um die globale Verbreitung eines westlich dominierten Rationalitätsmodells, das sich durch spezifische Subjekt- und Handlungsvorstellungen auszeichnet: ein arbeitsethisch diszipliniertes, rationales Subjekt auf der einen Seite und die Objektivität wissenschaftlicher Erkenntnis sowie die Zweckmittelrationalität auf der anderen Seite. Diese Annahmen repräsentieren in wesentlichen Teilen die Leitvorstellung des homo oeconomicus- Modells, das damit eine globale Verbreitung findet. Die weltweite Standardisierung von Titeln, Zeugnissen und Abschlüssen (Meyer/Ramirez 2005: 229) sind zudem wichtige Indizien für *Isomorphieprozesse* wie ‚*Zwang*‘, ‚*Mimesis*‘ und ‚*normativer Druck*‘" (Meyer/Rowan 2009: 39), die grundlegende Mechanismen einer gleichförmigen Entwicklung von Organisationen beschreiben, welche „langfristig zu einer Homogenisierung von formalen Strukturen und Praktiken innerhalb eines organisationalen Feldes" führen können (Koch 2009: 119). Im Bildungsbereich beruhen Ökonomisierungsprozesse auf Isomorphiemechanismen, die bildungspolitisch z. B. durch die Schaffung von best-practice-Beispielen (= Mimesis) (Höhne/Schreck 2009: 224 ff.), über normativen Druck in Form des Profilierungsgebots für Schulen (Schulprogramme) oder erzwungene Isomorphie qua gesetzlicher Bestimmungen (Bildungsstandards, zentrale Vergleichsarbeiten) umgesetzt werden.

Neben den Isomorphieprozessen sind es vor allem die „Rationalitätsmythen", welche die institutionelle Struktur von Organisationen respektive Bildungsorganisationen kennzeichnen. In diesen Mythen sind die sozial akzeptierten Mittel zur rationalen Wahl der Organisationsziele (Zweck-Mittel) festgelegt (vgl. Walgenbach 1999: 325).

Die *technischen Umwelten* von Unternehmen sind von einer Rationalität der Effizienz von Abläufen, Produktion und Produkten geprägt (Kennzahlen, klare quantifizierbare Indikatoren und Kausalitäten), während Schulen oder Universitäten als Organisationen mit *institutionellen Umwelten* aufgrund des Rationalisierungsdefizits (keine klare Zweck-Mittel-Rationalität oder Kausalität, Technologiedefizit) auf soziale Normen zur Legitimation ihres Handelns und zur Erlangung von Handlungssicherheit angewiesen sind. Mangelnde Effizienz muss mit Legitimation und einer nachvollziehbaren Professionsethik ausgeglichen werden, was Bildungsorganisationen strukturell anfällig für eine entsprechende Effizienzkritik von außen macht und daher eine Sollbruchstelle für mögliche Ökonomisierungen darstellt.

3.5 Institutionenökonomische Mikro-Ökonomisierung als wissenschaftliches und bildungspolitisches Programm

Mit der Einführung von Instrumenten der Neuen Steuerung bzw. des New Public Management auf der Ebene staatlicher Kommunalverwaltung in den 1990er Jahren rückten
mit Blick auf alle Organisationen zusehends mikroökonomische Prinzipien in den Vordergrund. Mit Blick auf den Wechsel von der Input- zur Outputsteuerung wird daher
„von einer Mikroökonomisierung makroökonomischer Ziele" gesprochen (Ambrosius
2003: 43). Eine entsprechende Verschiebung zur *Mikroökonomisierung von Bildungsorganisationen und -prozessen* lässt sich auch in der bildungsökonomischen Forschung
beobachten, die sich in den 1990er Jahren „von makroökonomischen Untersuchungen
der externen Wirkungen (ökonomische Rentabilität) von Bildungsausgaben hin zu mikroökonomischen Fragen nach dem Verhältnis zwischen verfügbaren Ressourcen und
zu erzielende Leistungen" verschoben hat (Becker 2000: 100). Im Anschluss an die Definition der Schule von Helmut Fend als „pädagogische Handlungseinheit" (Fend 1986)
wird Schule seit Mitte der 1990er Jahre zunehmend als *individuelle mikroökonomische
Handlungseinheit* definiert (Vgl. Böttcher 2002). So wird beispielsweise gegenüber der
vermeintlich erwiesenen Ineffizienz „traditioneller, vertikal-bürokratischer Strukturen"
und für die Begründung eines „effizienten, hochwertigen Bildungsangebots" (Brückner/
Tarazona 2010: 83) auf die Neue Institutionenökonomik zurückgegriffen, mit der das
organisationale Verhalten pädagogischer Akteure reformuliert wird (ebd.: 86 f.). Die
Institutionenökonomik schließt an neoklassische Annahmen (homo oeconomicus, methodologischer Individualismus, Nutzenorientierung usw.) einer marktvermittelten
Tauschbeziehung an, geht aber insofern über sie hinaus, als sie besagte gesellschaftliche
Institutionen wie Macht, unvollständige Information, strategisches Verhalten usw. mit in
den Blick nimmt. Drei Theorien bilden die Eckpunkte des institutionenökonomischen
Theorieprogramms: Die Theorie der Verfügungsrechte (individueller Nutzenmaximie-
rer), die Agenturtheorie (Prinzipal-Agent, Primat der Zweckrationalität, Opportunis-
mus) und die Transaktionskostentheorie (Effizienz von Tauschhandeln qua Vertrag)
stellen den mikroökonomischen Rahmen zur Erklärung von effizientem Handeln und
Entscheiden in Organisationen, vor allem aber in Unternehmen dar. Ausgehend vom
‚ökonomischen Feld' (Pierre Bourdieu) werden institutionenökonomische Annahmen
im Weiteren auf nicht-ökonomische Organisationen und damit auf andere Felder übertragen mit dem Hauptziel, die jeweiligen Handlungstypen und -logiken nach Effizienz-
kriterien zu analysieren mit der Perspektive, diese zu optimieren[3].

Daran anschließend können Bildungsorganisationen und -prozesse nun als Dienstleistungen reformuliert werden, deren Effizienz in Form von Zielvereinbarungen festgelegt werden kann (Brückner/Tarazona 2010: 101). Bildungsorganisationen werden im

---

3   Hierbei haben sich vor allem in der Politikwissenschaft subdisziplinäre Schnittbereiche wie die Ver-
    fassungsökonomik oder Neue politische Ökonomik herausgebildet (z. B. Dehling/Schubert 2011)

Rahmen der „Ökonomie der Organisation und Neue Bildungsökonomie" als „produzierende Einheit" mit „Produktionszielen" und einer „inneren Ökonomie" (Böttcher 2002: 72) definiert, für deren Entwicklung „Management" und die dominierende „betriebswirtschaftliche Perspektive" gefordert wird (ebd.: 73). Beobachtbar ist somit auf der semantischen und konzeptionellen Ebene eine Reformulierung von Schule und Bildungszielen unter (institutionen)ökonomischen Vorzeichen, durch die Bildungseinrichtungen zu ökonomischen Handlungseinheiten transformiert werden.

4 Eckpunkte eines Ökonomisierungskonzepts

Abschließend sollen nach den begrifflichen Abgrenzungen und der Darstellung relevanter theoretischer Ansätze nun sechs zentrale Dimensionen eines theoretischen Konzepts von Ökonomisierung mit Blick auf Bildung skizziert werden:

1. Der Begriff der Ökonomisierung bezeichnet eine *komplexe Transformation*, bei der die Form oder Struktur von Feldern, Systemen, Praktiken und Subjektivierungsformen durch ökonomische Konzepte, Diskurse, Logiken, Leitbilder, marktanaloge Instrumente usw. so verändert wird, dass es – graduell abgestuft – zu einer Hierarchisierung bzw. Abhängigkeit von einer ökonomischen Logik kommt. Ökonomisierung kann hierbei zwar feld- und systemspezifische unterschiedliche Formen annehmen und sich auf unterschiedlichen Ebenen unter Beteiligung verschiedener Akteure vollziehen, aber es lassen sich zentrale Gemeinsamkeiten einer übergreifenden Ökonomisierung beobachten. Systemtheoretisch kann besagte Strukturveränderung als Genese einer wirkungsvollen Nebencodierung oder feldtheoretisch als Intrusion (Bourdieu 1998: 112 ff.) beschrieben werden.
2. Drei funktionale Merkmale sind für Ökonomisierungsprozesse bzw. für eine ökonomische Logik charakteristisch: a) Es gilt *ein Primat der Effizienz,* was sich auf das Verhältnis von Aufwand (investment) und Ertrag (return of investment) einschließlich der Logik seiner Steigerung/Optimierung bezieht, b) vorherrschend sind *rationalistisch-technologische Steuerungsvorstellungen* (Zweck-Mittel-Verhältnis, Wirkungskausalität), c) neben einer direkten Vermarktlichung sind im Bildungsbereich vor allem *marktförmige Mechanismen und Instrumente* bzw. Quasi-Märkte für Ökonomisierungsprozesse von zentraler Bedeutung (permanenter Leistungs-Vergleich, Wettbewerb und Konkurrenz als Anreizsystem, Qualitätskontrolle und Evaluation usw.).
3. Analog zum erweiterten Privatisierungsbegriff und dem weiten Privatisierungsspektrum (Punkt 2) sind *qualitativ verschiedene Ökonomisierungsgrade* zu unterscheiden (Schimank 2008). Ökonomisierung bezeichnet daher einen graduellen Veränderungsprozess, bei dem die Abstufungen auf einer Achse zwischen ‚relativer Autonomie' und ‚absoluter Heteronomie' liegen (vgl. Schimank 2008). Letz-

tere repräsentieren hierbei einen Zustand, in dem Bildung zu einer abhängigen Variablen von ökonomischen Variablen wie Effizienz und/oder Gewinn, d. h. von Marktbildung(smechanismen) gemacht wird.

4. Ökonomisierung ist ein *strategisches Projekt der Politik* (Vogel 2007: 64) und bildet das zentrale Instrument einer umfassenderen De- und Re-Regulierungspolitik in den kostenintensiven Sozial-, Gesundheits- und Bildungsbereichen. Staat und Politik fungieren hierbei als die wesentlichen sozial legitimierten ‚Vermittler‘ marktanaloger Maßnahmen und Instrumente in den Bildungsbereich. Eine antagonistische Entgegensetzung von Staat/Politik und Ökonomie führt daher theoretisch in die Irre, da Ökonomisierung eine Transformation staatlicher Politik selbst beinhaltet (Pellizzari 2001, Mayntz 2004) und daraus nicht das Verschwinden staatlicher Regulierung folgt.

5. Bei der *Legitimation von Ökonomisierungsprozessen* wird strategisch neben dem Sachzwangargument auch auf ein Arsenal multireferentieller und hybrider Begriffe zurückgegriffen, die als semantische Verbindungsglieder zwischen mehreren Feldern fungieren und zwischen heteronomen Logiken vermitteln. Zentral zählen dazu Begriffe wie ‚Qualität‘, ‚Autonomie‘, ‚Freiheit‘, oder ‚Verantwortung‘, die auch Anschlüsse an eine ökonomische Semantik ermöglichen – u. a. auch im Bildungsbereich. Ein Effekt dieser hybriden Semantisierung ist die *Veränderung normativer Bezüge in Richtung einer* Delegitimation jeder Art politischer Regulierung, wodurch im Gegenzug die Vermarktlichung in Sozial- und Bildungsbereichen nachhaltiger legitimiert wird. Dies beinhaltet auch eine Aufwertung individualistischer Werte und Normen bei gleichzeitiger Abwertung/Relativierung kollektiver Wertbezüge wie Gleichheit und Gerechtigkeit.

6. Die Effekte von Ökonomisierung sind ambivalent (Schimank 2008: 634), was auf die *Grenzen der Ökonomisierung* hindeutet. Aufgrund des Rationalisierungs- bzw. Technologiedefizits pädagogischen Handelns und der Kostenkrankheit[4] von Bildungsdienstleistungen sind die Grenzen einer rein effizienzorientierten Ökonomisierung von Bildung schon strukturell gegeben, über die hinaus der Grenznutzen abnimmt. Wichtig ist hierbei die *Unterscheidung von Effizienz und Effektivität*[5], ohne – wie in Ökonomisierungsstrategien üblich – letztere zur abhängigen Variable der ersteren zu machen.

Mit diesen sechs Merkmalen ist die Richtung einer Analyse von Ökonomisierungsprozessen im Bildungsbereich angedeutet, mit denen die Veränderungen von Wissen,

---

4 Der Begriff der Kostenkrankheit bezeichnet die grundlegende Effizienzproblematik im Bildungsbereich, dass „ständig steigenden realen Durchschnittsausgaben keine sichtbare Verbesserung der Bildungsqualität" gegenüber steht (Weiß 2001: 69).

5 Im Unterschied zum Aufwand-Ertrags-Verhältnis (Effizienz) bezeichnet der Effektivitätsbegriff die Differenz von beabsichtigten und erreichten Zielen oder Wirkungen.

Diskursen und Macht in Bezug auf Felder, Organisationen und Subjekte bei Ökono-misierungsprozessen berücksichtigt werden können, um die Vielgestaltigkeit und Ebe-nenkomplexität unterschiedlicher Ökonomisierungsformen im Blick zu behalten. Was die empirische Forschungslage betrifft, so liegt zwar keine systematische Ökonomisie-rungsforschung für den Bildungsbereich vor, doch liefern Fallstudien und vereinzel-te Befunde deutliche empirische Indizien für eine zunehmende Ökonomisierung von Bildung seit den 1990er Jahren: Sei es der expandierende Markt privater Nachhilfe (Dohmen u.a. 2008), die zunehmende Privatisierung von Weiterbildungskosten und die Ausbreitung von Weiterbildungsmärkten (Dröll 1999), die vermehrte Einbindung privater Akteure im Schulbereich (Höhne/Schreck 2009), die Formierung und politi-sche Forcierung internationaler Bildungsmärkte im Zuge von GATS (Lohmann 2010), das verstärkte Zusammenspiel privater globaler Bildungsdienstleister und transnatio-nalen Organisationen wie der OECD wie etwa im Fall von PISA (Flitner 2006), die zunehmende Anzahl privater Schulen und Universitäten (GEW 2009), die flächen-deckende Durchsetzung marktanaloger Instrumente wie New Public Management in einzelnen pädagogischen Arbeitsfeldern wie der Jugendhilfe (Kessl 2002) oder die ver-stärkte private Finanzierung von Lernen über die Lebensspanne (Dohmen 2009). Die Komplexität der Ökonomisierung von Bildung ist gerade in ihrer teilweise subtilen und unscheinbaren Prozesshaftigkeit, dem Zusammenwirken harter und weicher Krite-rien sowie diskursiver, rechtlicher und subjektiver Praktiken analytisch und empirisch schwer fassbar. Daher besteht ein erster Schritt für die systematische Erforschung von Ökonomisierung darin, besagte Komplexität und Subtilität der Veränderungen und die damit einhergehenden möglichen Effekte theoretisch-analytisch plausibel zu machen. Dem nachzukommen, war das Ziel des vorliegenden Artikels.

Literatur

Adick, Christel (2009): World Polity – ein Forschungsprogramm und Theorierahmen zur Erklä-rung weltweiter Bildungsentwicklungen. In: Koch, Sascha/Schemmann, Michael (Hrsg.): Neo-Institutionalismus in der Erziehungswissenschaft. Wiesbaden: VS Verlag, S. 258–291.

Ambrosius, Gerold (2003): Das Verhältnis von Staat und Wirtschaft in historischer Perspektive – vornehmlich im Hinblick auf die kommunale Ebene. In: Harms, Jens/Reichard, Chris-toph (Hrsg.): Die Ökonomisierung des öffentlichen Sektors: Instrumente und Trends. Baden-Baden: Nomos, S. 29–46.

Ball, J. Stephen/Youdell, Deborah (2008): Hidden Privatisation in Public Education. Brüssel: Education International.

Bank, Volker (2007): Stiftungen und Unternehmensberatungen – Unterstützung von Schulent-wicklung im Spannungsfeld gesellschaftlicher Verantwortung und ökonomischer Effi-zienz. In: van Buer/Wagner, a.a.O. S. 273–284.

Barz, Heiner (Hrsg.) (2010): Handbuch Bildungsfinanzierung. Wiesbaden: VS Verlag.

Barz, Heiner (2010a): Bildung und Ökonomisierungskritik – Die Perspektive der Erziehungs-wissenschaften. In: ders. (Hrsg.), a.a.O., S. 145–154.

Bauer, Ullrich (2006): Die sozialen Kosten der Ökonomisierung von Gesundheit. In: Aus Politik und Zeitgeschichte, Nr. 8-9. Bonn, S. 17–24

Bellmann, Johannes (2001): Zur Selektivität des pädagogischen Blicks auf Ökonomie. In: Vierteljahresschrift für wissenschaftliche Pädagogik, H. 4, S. 386–408.

Böttcher, Wolfgang (2002): Kann die ökononomische Schule auch eine pädagogische sein? Weinheim/München: Juventa.

Bongearts, Gregor (2008): Die Verdrängung des Ökonomischen. Bourdieus Theorie der Moderne. Bielefeld: Transcript.

Bourdieu, Pierre (1997): Ökonomisches Kapital – Kulturelles Kapital – Soziales Kapital. In: Ders.: Die verborgenen Mechanismen der Macht. Hamburg: VSA, S. 49–80.

Bourdieu, Pierre (1998): Das ökonomische Feld. In: Ders.: Der Einzige und sein Eigenheim. Hamburg: VSA, S. 162–204.

Bourdieu, Pierre (1998b): Über das Fernsehen. Frankfurt Main: Suhrkamp.

Bröckling, Ulrich (2007): Das unternehmerische Selbst. Soziologie einer Subjektivierungsform. Frankfurt Main: Suhrkamp.

Bröckling, Ulrich/Kraßmann, Susann/Lemke, Thomas (Hrsg.) (2000): Gouvernementalität der Gegenwart. Studien zur Ökonomisierung des Sozialen. Frankfurt a. M.: Suhrkamp.

Brückner, Yvonne/Tarazona, Mareike (2010): Finanzierungsformen, Zielvereinbarungen, New Public Management, Globalbudgets. In: Altrichter, Herbert/Maag Merki, Katharina (Hrsg.): Handbuch Neue Steuerung im Schulsystem. Wiesbaden: VS, S. 81–110.

Dehling, Jochen/Schubert, Klaus (2011): Ökonomische Theorien der Politik. Wiesbaden: VS Verlag.

Dickhaus, Barbara/Dietz, Kristina (2004): Öffentliche Dienstleistungen unter Privatisierungsdruck. Abrufbar unter: http://www.weed-online.org/themen/61441.html (18. 3. 11).

Dohmen, Dieter u. a. (2008): Was wissen wir über Nachhilfe – Sachstand und Auswertung der Forschungsliteratur zu Angebot, Nachfrage und Wirkungen. Berlin: BMBF.

Dröll, Hajo (1999): Weiterbildungspolitik (Abrufbar unter: http://www.die-bonn.de/publikationen/online-texte/index.asp).

Fend, Helmut (1986): ‚Gute Schulen – schlechte Schulen‘. Die einzelne Schule als pädagogische Handlungseinheit. In: Die Deutsche Schule. 78.Jg./Heft 3, S. 275–293.

Elisabeth Flitner (2006): Pädagogische Wertschöpfung. Zur Rationalisierung von Schulsystemen durch public-private-partnerships am Beispiel von PISA. In: Oelkers, Jürgen/Horlacher, Rebekka, Casale, Rita (Hrsg.): Rationalität und Bildung. Studien im Umkreis Max Webers. Zürich, S. 245–266.

Foucault, Michel (2004): Geschichte der Gouvernementalität II. Die Geburt der Biopolitik. Frankfurt Main: Suhrkamp.

GEW (2009): Privatisierungsreport – 8 (Abrufbar unter: http://www.gew.de/Privatisierungsreport_8_Das_oeffentliche_Bildungswesen_in_Deutschland.html).

Graßl, Hans (2008): Ökonomisierung der Bildungsproduktion. Baden-Baden: Nomos.

Harms, Jens/Reichard, Christoph (Hrsg.) (2003): Die Ökonomisierung des öffentlichen Sektors: Instrumente und Trends. Baden-Baden: Nomos.

Höhne, Thomas/Schreck, Bruno (2009): Private Akteure im Bildungssystem. Weinheim/München: Juventa.

Hoffmann, Dittrich/Neumann, Karl (2003): Ökonomisierung der Wissenschaft. Forschen, Lehren und Lernen nach den Regeln des ‚Marktes‘. Weinheim u. a.: Beltz.

Hoffmann, Dittrich/Maak-Rheinländer, Kathrin (2001): Ökonomisierung der Bildung. Die Pädagogik unter den Zwängen des ‚Marktes‘. Weinheim u. a.: Beltz.

Jansen, Stephan A./Priddat, Birger B. (2007): Theorien der öffentlichen Güter: Rekonstruktionen sozialer Konstruktionen – Politik- und wirtschaftswissenschaftliche Korrekturvorschläge. In: Dies./Stehr, Nico (Hrsg.): Die Zukunft des Öffentlichen. VS: Wiesbaden, S. 12–48.

Kessl, Fabian (2002): Ökonomisierung. In: Schröer, Wolfgang/Struck, Norbert/Wolff, Mechtild (Hrsg.): Handbuch Kinder- und Jugendhilfe. Weinheim/München: Juventa, S. 1113–1128.

Klausenitzer, Jürgen (2004): Thesen zur Rationalisierung und Privatisierung im Bildungsbereich. Für einen erweiterten Privatisierungsbegriff. In: Huffschmid, Jörg (Koord.): Die Privatisierung der Welt. (Reader des wissenschaftlichen Beirats von Attac). Hamburg: VSA. S. 140–158.

Koch, Sascha (2009): Die Bausteine neoinstitutionalistischer Organisationstheorie – Begriffe und Konzepte im Lauf der Zeit. In: Koch, Sascha/Schemann, Michael (Hrsg.): Neoinstitutionalismus in der Erziehungswissenschaft. Wiesbaden: VS, S. 110–132.

Krönig, Franz Kasper (2007): Die Ökonomisierung der Gesellschaft: Systemtheoretische Perspektiven. Bielefeld: Transcript.

Löffler, Elke (2003): Die Ökonomisierung des Staates – Versuch einer Begriffsklärung. In: Harms, Jens/Reichard, Christoph (Hrsg.) (2003): Die Ökonomisierung des öffentlichen Sektors: Instrumente und Trends. Baden-Baden: Nomos, S. 19–28.

Lohmann, Ingrid (2010): Bildung am Ende der Moderne. Beträge zur Kritik der Privatisierung des Bildungswesens. Abrufbar unter: http://www.erzwiss.uni-hamburg.de/Personal/Lohmann/Privatisierungskritik/index.html (Zugriff 10.3.2011).

Luhmann, Niklas (2002): Das Erziehungssystem der Gesellschaft. Frankfurt: Suhrkamp.

Masschelein, Jan/Simons, Maarten (2005): Globale Immunität – Oder Eine Kleine Kartographie Des Europäischen Bildungsraums. Zürich/Berlin: Diaphenes.

Mayntz, Renate (2004): Governance im modernen Staat. In: Benz, Arthur (Hrsg.): Governance – Regieren in komplexen Regelsystemen. Wiesbaden: VS, S. 65–76.

Meyer, John W. (2005): Weltkultur. Frankfurt: Suhrkamp

Meyer, John W./Ramirez, O. Francisco (2005): Die globale Institutionalisierung der Bildung. In: Meyer, W. John: Weltkultur. Frankfurt: Suhrkamp, S. 212–234.

Meyer, John W./Rowan, Brian (2009): Institutionalisierte Organisationen. Formale Struktur als Mythos und Zeremonie. In: Koch, Sascha/Schemann, Michael (Hrsg.): Neoinstitutionalismus in der Erziehungswissenschaft. Wiesbaden: VS, S. 28–56.

Münch, Richard (2009): Globale Eliten, lokale Autoritäten. Bildung und Wissenschaft unter dem Regime von PISA, McKinsey und Co. Frankfurt: Suhrkamp.

Münch (2010): Bologna oder die Kapitalisierung der Bildung. In: Blätter für deutsche und internationale Politik, 1/2010, S. 47–54.

Paulo Freire Zentrum/Österr. HochschülerInnenschaft (Hrsg.) (2005): Ökonomisierung der Bildung. Wien: Mandelbaum.

Pelizzari, Alessandro (2001): Die Ökonomisierung des Politischen. Konstanz: UVK.

Polanyi, Karl (1978): The Great Transformation. Frankfurt/Main: Suhrkamp.

Radtke, Frank-Olaf (2009): Ökonomisierung. In: Andresen, Sabine u. a. (Hrsg.): Handwörterbuch Erziehungswissenschaft. Weinheim/Basel: Beltz, S. 621–636.

Radtke, Frank-Olaf/Weiss, Manfred (Hrsg.) (2000): Schulautonomie, Wohlfahrtsstaat und Chancengleichheit. Opladen: Leske/Budrich.

Richter, Peter (2009): Ökonomisierung als gesellschaftliche Entdifferenzierung. Eine Soziologie zum Wandel des öffentlichen Sektors. Konstanz: UVK.

Saalfrank, Wolf-Thorsten (2005): Schule zwischen staatlicher Aufsicht und Autonomie. Würzburg: Ergon.

Sackmann, Reinhold (2004): Internationalisierung von Bildungsmärkten? Empirische Daten zur Kommerzialisierung von Bildung in Deutschland und den USA. In: Beiträge zur Hochschulforschung, H. 4, S. 62–92.

Schimank, Uwe (2008): Ökonomisierung der Hochschulen – Eine Makro-, Meso-, Mikroperspektive. In: Rehberg, Karl-Siegbert (Hrsg.): Die Natur der Gesellschaft. Verhandlungen des 33. Kongresses der Deutschen Gesellschaft für Soziologie in Kassel 2006. Frankfurt/M.: Campus, S. 622–635.

Spatscheck, Christian/Arnegger, Manuel/Kraus, Sibylle/Mattner, Astrid/Schneider Beate (Hrsg.) (2008): Soziale Arbeit und Ökonomisierung. Analysen und Handlungsstrategien. Berlin: Schibri Verlag (Schriftenreihe der ASFH Berlin).

Tacke, Veronika (2005): Schulreform als aktive Deprofessionalisierung? In: Klatetzki, Thomas/ Tacke, Veronika (Hrsg.): Organisation und Profession. Wiesbaden: VS, S. 165–199.

Tenorth, Heinz-Elmar (2005): Bildung Milchmädchenrechnung. Warum der Vorwurf der Ökonomisierung des Bildungswesens falsch ist. In: Die ZEIT, 6. 10. 2005.

van Buer, Jürgen/Wagner, Cornelia (Hrsg.) (2007): Qualität von Schule. Ein kritisches Handbuch. Frankfurt am Main u. a.: Peter Lang.

Vogel, Peter (1997): Ökonomische Denkformen und pädagogischer Diskurs. In: Krüger, Heinz-Hermann/Obertz, Jan-Hendrik (Hrsg.): Bildung zwischen Staat und Markt. Opladen: Leske/Budrich, S. 351–368.

Vogel, Berthold (2007): Die Staatsbedürftigkeit der Gesellschaft. Hamburg: Hamburger Edition.

Voß, Günter G. (2000): Unternehmer der eigenen Arbeitskraft – Einige Folgerungen für die Bildungssoziologie. In: ZSE, H. 2, S. 149–166.

Weiß, Manfred (2001): Quasi-Märkte im Schulbereich. In: Oelkers, Jürgen (Hrsg.): Zukunftsfragen der Bildung. Weinheim/Basel: Beltz, S. 69–85.

Walgenbach, Peter (1999): Institutionalistische Ansätze in der Organisationsforschung. In: Kieser, Alfred (Hrsg.): Organisationstheorien. Stuttgart u. a.: Kohlhammer, S. 319–354.

Soziale Mobilität und soziale Ungleichheit

Dirk Konietzka

1 Einleitung

Unter sozialer Mobilität werden gemeinhin Bewegungen, Wechsel und Übergänge von Personen zwischen sozialen Positionen verstanden. Zwar können auch kollektive Akteure oder andere soziale Gebilde mobil sein (Sorokin 1927: 133), jedoch richtet sich die soziologische Mobilitätsforschung vornehmlich auf Individuen (und gegebenenfalls Haushalte).

Soziale Mobilität steht im Zentrum der soziologischen Analyse sozialer Integration und Exklusion, der Verteilung von Lebenschancen und des sozialen Wandels. Sie ist ein elementarer Aspekt der Strukturen sozialer Ungleichheit in modernen, institutionell differenzierten Gesellschaften. Die Analyse des Wechsels zwischen Positionen impliziert den Vergleich von mindestens zwei Zeitpunkten. Die Vergleichszeitpunkte können sich entweder auf mehrere Generationen (intergenerationale Mobilität) oder auf verschiedene Zeitpunkte im individuellen Lebenslauf (intragenerationale Mobilität) beziehen. Die Strukturen sozialer Mobilität geben Auskunft über das Ausmaß von Offenheit oder Geschlossenheit sozialer Positionen. Richtung und soziale Selektivität von Mobilitätsprozessen in der Bildungs- und Erwerbssphäre informieren darüber, in welchem Ausmaß eine Gesellschaft meritokratischen Idealen und dem Ziel der Chancengleichheit gerecht wird. In dem Maße, wie die in Mobilitätsprozessen involvierten sozialen Positionen mit spezifischen vor- oder nachteiligen Lebensbedingungen verbunden sind, ist soziale Mobilität ungleichheitsrelevant.

Soziale Mobilität ist ein theoretischer Schlüsselaspekt der Analyse der Strukturen sozialer Ungleichheit. So setzt die Existenz *sozialer Klassen* ein Mindestmaß zeitlicher Stabilität von Klassenlagen und damit mehr oder weniger ausgeprägte Schranken der Inter-Klassen-Mobilität voraus. Modelle *sozialer Schichtung* implizieren umgekehrt die Annahme, dass in modernen Gesellschaften Auf- und Abstiege auf der Hierarchieleiter sozialer Statuspositionen typisch oder sogar notwendig sind.

Die soziologische Mobilitätsanalyse war seit ihren Anfängen inhaltlich auf die Analyse *beruflicher Mobilität* ausgerichtet, so wie die Analyse sozialer Ungleichheit seit ihren Ursprüngen bei Marx, Weber und Geiger im Kern eine Analyse arbeitsmarkt- und erwerbsbedingter Ungleichheit war. In ihren konzeptuellen Grundlagen war die Mobilitätsforschung allerdings nicht auf diesen Bereich beschränkt. Bereits Sorokin (1927) und Geiger (1962a)[1] verwiesen darauf, dass sich Phänomene sozialer Mobilität prinzipiell auf alle Lebensbereiche erstrecken. Sorokin unterschied zwischen beruflicher, ökonomischer und politischer Schichtung (1927: 11). Allerdings rückte er die berufliche Schichtung in den Fokus, weil diese, im Gegensatz zur politischen und zur ökonomischen bzw. Einkommensungleichheit, zeitlich relativ stabil, öffentlich sichtbar und quantitativ leichter messbar und damit auch besser vergleichbar ist (Mayer 1975: 129 f.). Beruf und Erwerbsarbeit gelten nach wie vor als die „wichtigste Determinante sozialer Ungleichheit" (Hradil 2005: 377), da in der Gegenwartsgesellschaft Arbeitsmarkt und Erwerbssystem eine elementare Instanz der Verteilung der Lebenschancen von Individuen und Haushalten sind. Insofern Arbeitsmarktlagen durch berufliche Kategorien bestimmt werden, repräsentiert die Berufsstruktur auch heute „the spine of the stratification system" (Rose et al. 2010: 4). Vor diesem Hintergrund gehören berufsbezogene Merkmale zu den Hauptkriterien der sozialen Position eines Individuums, auch wenn wohlfahrtsstaatliche, soziokulturelle und geschlechtsbezogene als eigenständige Einflussfaktoren wirken (Crompton 2008).

Die Wechselwirkungen erwerbsbedingter Ungleichheiten mit anderen Lebensbereichen gehören zu den zentralen Fragestellungen der lebenslaufbezogenen Analyse *intragenerationaler* Mobilität. In der deutschsprachigen Ungleichheitsliteratur wurde vor allem in den 1980er und 1990er Jahren die These vertreten, dass ‚vertikale' Schichten- und Klassenmodelle zunehmend durch ‚horizontale' oder soziokulturelle Ungleichheiten überlagert werden. Diese Sichtweise hat sich teilweise zu einer neuen Lehrbuch-Orthodoxie entwickelt, ist allerdings bislang eher dürftig durch empirische Forschung untermauert.[2] Wie zu zeigen sein wird, ist die Behauptung, dass die Konzepte der Schichten und Klassen ein gemeinsames ‚vertikales Modell' sozialer Ungleichheit konstituieren, vor dem Hintergrund der historischen Entwicklung der Ungleichheits- und Mobilitätsforschung kaum nachvollziehbar.

Empirisch beobachtbare Muster sozialer Mobilität sind immer auch von der Positionen*struktur* abhängig, d. h. vom jeweils zugrunde gelegten Ungleichheitsmodell, durch das der Forscher[3] ein spezifisches Gerüst an Feldern, Klassen oder Positionen im „sozialen Raum" aufspannt. Die empirisch festgestellte Übergangshäufigkeit (Fluktuation) ist insofern „eine Funktion des Schichtungsfeldes, das man zum Zwecke der Fluktuationsmessung konstruiert" (Geiger 1962b: 121). Die vorherrschenden Modelle der Mobilitätsforschung unterscheiden sich nicht nur in der Feinmaschigkeit der zugrunde gelegten Kategorien, sondern in ihren Kategorien*systemen*. Vor diesem Hintergrund befasst sich der erste Teil dieses Beitrags mit den konzeptuellen Grundlagen und der historischen

---

1   Erstveröffentlicht 1955. Geiger starb im Jahr 1952.
2   Ironischerweise stellte Karl Martin Bolte im Jahr 1961 fest: „Wenn man das kleine Häuflein empirischer Arbeiten überblickt ..., so muß man sich ernsthaft wundern, woher eigentlich so mach einer seine Kenntnisse bezieht, der über die Schichtung in unserer Gesellschaft berichtet" (Bolte 1961: 50).
3   hier als generisches Maskulinum verwendet

Entwicklung der Analyse inter- und intragenerationaler Mobilität (Abschnitte 2 und 3). Der zweite Teil richtet sich auf den Wandel der Lebenslaufmobilität in Deutschland mit Schwerpunkt bei der Bildungs- und Erwerbsmobilität im Übergang von der Schule in den Beruf. Eine umfassende Darstellung der Ergebnisse der empirischen Mobilitätsforschung würde den Rahmen dieses Beitrages überschreiten. Für Überblicke zu verschiedenen Aspekten der sozialen Mobilität in Deutschland sei daher auf Berger (2001), Pointner/Hinz (2005), Geißler (2006) und Rössel (2009) verwiesen. Eine für den Bereich der intergenerationalen Mobilität im internationalen Vergleich maßgebliche Gesamtdarstellung findet sich bei Breen (2004).

2   Status und Klasse als Bezugssysteme sozialer Ungleichheit

In der Mobilitätsforschung haben sich seit der Mitte des letzten Jahrhunderts zwei verschiedene Modelle gesellschaftlicher Differenzierung herausgebildet. Beide ziehen den Beruf als zentralen Indikator der sozialen Position heran, jedoch wird die theoretische Essenz dieses Kriteriums grundlegend verschieden beurteilt und Berufe werden nach unterschiedlichen Logiken sortiert bzw. klassifiziert: Auf der einen Seite basiert das eindimensionale, vertikale *Berufsprestigemodell,* auf kontinulierlichen beruflichen Skalen, auf der anderen Seite zieht das *Berufsklassenmodell* im Hinblick auf Lebensbedingungen und -chancen homogene berufliche Kategorien oder Positionen heran. Beide Modelle werden zumeist auf Max Webers Unterscheidung der Kategorien der Klasse, des Stands und der Ehre zurückgeführt (Weber 1922). Dessen Einfluss auf die internationale Mobilitätsforschung verdankt sich nicht zuletzt der englischsprachigen Übersetzung von „Wirtschaft und Gesellschaft" im Jahr 1946, durch welche die Begriffe *Class, Status* und *Prestige* in die amerikanische Soziologie eingeflossen sind und zur Unterscheidung von zwei grundlegenden Dimensionen sozialer Ungleichheit geführt haben – der durch ökonomische Ressourcen *(class)* und der durch soziale Wertschätzung *(status)* geprägten Ungleichheit.[4]

2.1 *Status, Prestige und Schichtung*

Als Ausgangspunkt der soziologischen Mobilitätsforschung kann das Werk „Social Mobility" von Pitrim Sorokin (1927) betrachtet werden. Sorokin steht am Anfang der pa-

---

4   In den frühen amerikanischen Studien zu Schichtung und Mobilität existierte diese begriffliche Trennung nicht. Warner/Lunt/1941: 88) verwendeten den Terminus Klasse, untersuchten aber inhaltlich das, was nach Weber „prestige strata" (Blau/Duncan 1967: 6) darstellen. Sorokin verwendete die Begriffe „classes" und „strata" weitgehend synonym, sprach aber an einigen Stellen im engeren Sinne von „occupational classes" (vgl. Sorokin 1927: 18, 119).

radigmatischen Ausrichtung der sozialen Mobilitätsforschung am Problem des sozialen Auf- und Abstiegs, d. h. der Bewegung von Individuen in einer *hierarchisch gedachten* Struktur sozialer Positionen, welche die empirische Mobilitätsforschung insbesondere in den 1950er und 1960er Jahren beherrschte (vgl. Bolte 1962). Er unterschied zwischen horizontaler und vertikaler Mobiliät und unterteilte letztere in Aufstiegs- und Abstiegsmobilität (Sorokin 1927: 7, 136). Als hauptsächliche gesellschaftliche Sphären sozialer Ungleichheit betrachtete er die ökonomische, politische und berufliche Ungleichheit. Ferner unterschied Sorokin Mobilität zwischen den Generationen („from the father to the children", ebd.: 419) und Mobilität innerhalb einer Generation („in the life of one generation", ebd.: 425). Obwohl vertikale Mobilität im vieldimensionalen sozialen Raum („social space", ebd.: 3 ff.) nur einen geringen Teil aller Formen der Mobilität ausmacht, stand für Sorokin die vertikale Dimension des sozialen Raums im Zentrum des Interesses (ebd.: 7 f.). Horizontale Mobilität war bei ihm durch die Abwesenheit einer hierarchischen Komponente bestimmt, (ebd.: 9), also „rein residual definiert" (Mayer 1975: 127).

Eine der ersten genuinen empirischen Mobilitätsstudien stellt die auf einer repräsentativen Bevölkerungsbefragung in Großbritannien im Jahr 1949 beruhende Studie von David Glass dar (Glass 1954; Glass/Hall 1954). Sie markierte zusammen mit Theodor Geigers Untersuchung „Soziale Umschichtungen in einer dänischen Mittelstadt" (1951) den Startpunkt der empirischen Mobilitätsforschung nach dem Zweiten Weltkrieg. Letztlich wurde Glass' und nicht Geigers Studie zum Vorbild für die späteren Untersuchungen, die in den 1950er Jahren im Kontext des *Research Committee* der *International Sociological Association (ISA)* entstanden.

Wie Sorokin ging Glass davon aus, dass die Status- bzw. Schichtungsstruktur eine vertikale Ordnung hat bzw. in eine solche transformiert werden kann. Als zentrales Kriterium, nach welchem die Position eines Individuums in einer Schichtungsstruktur bestimmt werden kann, betrachtete er den Beruf (Glass 1954: 5). Die Annahme lautete, dass Berufe anhand des Prestiges, das sie in einer Gemeinde genossen, in eine vertikale Hierarchie gebracht werden können (ebd.: 6). Dem Berufsprestige-Ansatz folgten die meisten der in den 1950er Jahren entstandenen nationalen (zum Teil regionalen) Mobilitätsstudien – darunter Lipset/Bendix (1959), Svalastoga (1959) und Bolte (1959). Der Schwerpunkt dieser Untersuchungen lag bei der Analyse der intergenerationalen Mobilität mit Hilfe von Kreuztabellen. Auf dieser Basis wurde der Status der Befragten in Relation zum Status der Elterngeneration (bzw. des Vaters) gesetzt und mit Hilfe von statistischen Zusammenhangsmaßen wie dem Assoziationsindex die intergenerationale Vererbung resp. Selbstrekrutierung von Statuspositionen berechnet.

In den 1960er Jahren erhielt die Mobilitätsforschung entscheidende neue Impulse durch das Status-Attainment-Modell von Blau/Duncan (1967). Die Autoren führten durch die Anwendung multivariater Analyseverfahren, insbesondere der linearen Regression und Pfadanalyse, methodische Innovationen ein, die es erlaubten, den Einfluss der sozialen Herkunft und des erreichten Bildungsniveaus auf die berufliche Platzierung bzw. den *Sozio-ökonomischen Status* (socio-economic status, SES) von Befragten zu bestimmen. Mit Blau und Duncan verlagerte sich zugleich der Fokus der Mobilitäts-analyse von makrostukturellen Fragen nach dem Gesamtausmaß von Mobiliät in einer Gesellschaft oder dem Ausmaß der Selbstrekrutierung verschiedener sozialer Schichten auf die Frage nach den Determinanten individuellen Statuserwerbs. Ungeachtet dieser Neuausrichtung der Mobilitätsforschung legten auch Blau/Duncan den Fokus „on the stratified hierarchy of occupations" (ebd.: 5). In der Tradition des vertikalen Ansatzes gingen sie weiterhin von der Annahme aus, „that the occupation structure is more or less continuously graded in regard to status than being a set of discrete status classes" (ebd.: 124).[5] Zwar konstatierten sie das Problem, dass „occupations of very different cha-racter may have similar status scores" (ebd.: 121), jedoch erforderte die Anwendung ins-besondere von linearen Regressionsanalysen die Konstruktion einer eindimensionalen metrischen Berufsskala.

Die Dominanz des vertikalen Paradigmas in der Mobilitätsforschung in den Nach-kriegsjahrzehnten erklärt Mayer (1975) nicht zuletzt durch die Einfachheit der zugrunde liegenden Annahmen. Die Analyse sozialer Mobilität als vertikaler Statusveränderung erfordert keine spezifischen Kenntnisse über „die Struktur und die Beziehungen zwi-schen Positionen" (Mayer 1975: 128). Der Ansatz der vertikalen und eindimensionalen Sortierung von Berufen abstrahiert von spezifischen Ausformungen der Sozial- bzw. Positionsstruktur einer Gesellschaft und ermöglicht auf diese Weise, Veränderungen des sozialen Status von Individuen unterschiedlicher sozialer Herkunft gesamtgesell-schaftlich vergleichend zu untersuchen (ebd.).

Für die Verbreitung des Status-Prestige-Modells in den Nachkriegsjahrzehnten spiel-ten ferner ideologische Gründe eine Rolle. So führte die vorherrschende liberale Per-spektive einer relativ offenen, kontinuierlichen Schichtungsstruktur zur Ablehnung älterer Klassen- und Schichtungsmodelle, die klar abgrenzbare Großgruppen mit spe-zifischen Mentalitäten und potenziell politisierbaren Interessen identifiziert hatten (Hradil 1987: 80).[6]

Auch die Schichtungsforschung im Nachkriegsdeutschland wurde durch den verti-kalen Ansatz geprägt, indem Schichten auf der Basis eines synthetischen Summenindex oder des Indikators des Prestiges von Berufen konstruiert bzw. unterschieden wurden (vgl. Moore/Kleining 1960; Scheuch/Daheim 1961). Ein Kritiker des vertikalen Ansat-zes war Dahrendorf (1965). Dessen am frühen Schichtungsmodell von Theodor Geiger

---

5   Blau/Duncan (1967: 5) folgen Weber darin, dass „classes" primär ökonomisch und „prestige strata" (Stände) eher durch Lebensführung, Konsumstile und soziale Anerkennung bestimmt sind. Zugleich kommen sie zu dem Urteil, dass „...economic rather than prestige criteria are undoubtedly the crucial ones in the stratification system of the entire society" (Blau/Duncan 167: 6). Interessanterweise rücken Blau/Duncan die Kategorie des Prestiges von Berufen in die Nähe des Weberschen Klassenbegriffs. Für sie ist die berufliche Position, verstanden als Stellung in der Prestigeskala, „probably the best sin-gle indicator of it [class]".

6   Dies gilt auch für die Schichtungsstudie von Geiger (1932). Bolte et al. (1966: 283) sahen darin nicht mehr als eine „wichtige und interessante Momentaufnahme der Situation in der Mitte der ersten Hälfte dieses Jahrhunderts".

orientierte Skizze sozialer Schichtung, spielte mit der Metapher eines durch Stockwerke und Räume aufgeteilten Hauses, steuerte allerdings nur einen marginalen Beitrag zur Schichtungsanalyse bei. Das vertikale Schichtungsmodell verlor schließlich im Lauf der 1970er an Überzeugungskraft, und es wurde in den 1980er Jahren ultimativ durch neue Konzepte sozialer Lagen und Milieus ersetzt (Hradil 1987). Durch den Fokus auf „neue soziale Ungleichheiten" entfernte sich die deutschsprachige Forschung in der Folge allerdings von der internationalen Ungleichheitsdiskussion, welche sich in den 1970er und 1980er Jahren vor allem um den Gegensatz zwischen der vertikalen und der klassenbasierten Perspektive drehte (Hout/DiPrete 2006: 5). Zwar erlangte die Klassenperspektive ein zunehmend größeres Gewicht, jedoch ist das Konzept des Berufsprestiges bis heute in der Mobilitätsforschung ein gewichtiges Analyseinstrument geblieben. Die sogenannte „Treiman-Konstante" stellt eine im internationalen Vergleich weitgehend invariante Berufsprestige-Ordnung fest – es handelt sich um „may be the only universal sociologists have discovered" (Hout/DiPrete 2006: 3).

2.2 Soziale Klassen

Seit den 1970ern Jahren wurde das vertikale Paradigma der Mobilitätsforschung zunehmend durch klassenbasierte Ansätze der Ungleichheits- und Mobilitätsanalyse herausgefordert. Im klassenanalytischen Modell wird soziale Mobilität in einen sozialen Raum projeziert, der durch strukturell verschiedene Positionen auf dem Arbeitsmarkt aufgespannt wird. Ausgehend von der Annahme, dass Lebenschancen von Individuen in erster Linie von der strukturellen Position im Arbeitsmarkt und nicht der Stellung auf der Hierarchieleiter des Prestiges abhängen, wurde dem Berufsprestige-Ansatz vorgehalten, strukturelle Unterschiede zwischen Berufen und Positionen zu ignorieren und durch das Instrument einer eindimensionalen Prestigeskala soziale Beziehungen auf Oben-Unten-Verhältnisse zu reduzieren. Kritisiert wurde, dass soziale Positionen, die ursächlich ganz unterschiedliche Lebensbedingungen und Lebenschancen bereitstellen, als statusgleich betrachtet und Mobilitätsprozesse zwischen in Bezug auf ihre soziale Wertschätzung zwar ähnlichen, aber strukturell unterschiedlichen Positionen auf ‚bloße' horizontale Mobilität reduziert werden (Goldthorpe 1985). Eine konzeptuell auf der Basis einer Berufsprestigestruktur operierende Mobilitätsforschung könne mit dem Zugang zu Positionen verbundene soziale Konflikte und „die Folgen der Mobilität auf die Klassenbildung" (ebd.: 179) nicht erfassen und sei entsprechend zur Analyse wirtschaftlichen und sozialen Wandels ungeeignet (Mayer 1975: 144).

Im Kern des klassenanalytischen Modells steht die Annahme, dass individuelle Lebenschancen (im Hinblick auf Bildung, Gesundheit, materielle Belohnungen, ökonomische Sicherheit, Autorität, Autonomie und soziale Mobilität) in besonderem Maße von strukturellen Positionen auf dem Arbeitsmarkt bestimmt werden. Solche strukturellen Positionen stellen ihren Inhabern eine spezifische Marktmacht bzw. Ressourcen und damit Lebenschancen bereit (Rose 2010: 6).[7] Für berufliche Ungleichheit ist in diesem Sinne nicht der über das Ansehen in der Bevölkerung bestimmte berufliche Status ausschlaggebend, sondern der mit der beruflichen Position verknüpfte Handlungsspielraum. Entsprechend steht nicht die Frage im Vordergrund, ob und in welchem Ausmaß Individuen der Auf- oder Abstieg gelingt, sondern welche Bewegungen in dem als Klassenstruktur konzipierten System beruflicher Positionen erfolgen. Als wesentliche Faktoren bzw. Ursachen des beruflichen Mobilitätsgeschehens werden der berufsstrukturelle Wandel – in den vergangenen Jahrzehnten insbesondere das Wachsen der Dienstklasse, der nichtmanuellen Tätigkeiten und der Rückgang der Arbeiterklassen – betrachtet. Vor diesem Hintergrund rücken Fragen nach den Zu- und Abströmen zwischen alten und neuen Positionen und die entsprechenden Chancenverhältnisse des Zugangs zu den Positionen in das Zentrum des theoretischen Interesses.

Das klassenanalytische Modell der Mobilitätsforschung wird paradigmatisch von Erikson und Goldthorpe vertreten (Goldthorpe et al. 1980; 1985; Erikson/Goldthorpe 1992; Breen 2004). Im Kern der Klassendifferenzierung stehen Unterschiede in „employment relationships" und „employment contracts" (Goldthorpe 2000: 1578), welche als maßgeblich für die Höhe und Stabilität von Einkommen, Zukunftsaussichten, Mobilitätschancen, Einstellungen und Handeln betrachtet werden und als Basis für Konflikte zwischen unterschiedlichen Klassen gelten. Die beiden zentralen Differenzierungslinien von Klassenlagen sind demnach die Stellung im Erwerbsleben (mit der Unterscheidung zwischen Arbeitergebern, Selbstständigen und abhängigen Beschäftigten) und die Art der Regulierung des Beschäftigungsverhältnisses (mit der Unterscheidung Dienstverhältnis, Mischverhältnis und Arbeitskontrakt).

Das hier skizzierte Klassenmodell unterscheidet sich nicht nur fundamental vom Statusprestigemodell, sondern auch vom Marx'schen Klassenbegriff, der im Kapitalismus eine einfache Klassendichotomie vorsieht und damit letztlich nur einen Typ von Beschäftigungsverhältnis differenziert. Marx „pays no systematic attention to variation in employment relationships that would form classes within the employed labor force" (Sørensen 2001: 292).

Wie bereits erwähnt, werden die Ursprünge des klassenanalytischen Paradigmas der empirischen Mobilitätsforschung zumeist mit Webers Begriff der sozialen Klasse verbunden. Sørensen (2000: 1527) verweist allerdings darauf, dass sich Weber nur in zwei kurzen Kapiteln in „Wirtschaft und Gesellschaft" (1922) mit den Begriffen Klasse und Stand beschäftigt und darin „neither a discussion nor an extensive analysis" des Klassenbegriffs geleistet hat. Eine intensivere Auseinandersetzung mit verschiedenen soziologischen und ökonomischen Klassenbegriffen und ebenso eine Definition des Begriffs der sozialen Schichtung findet sich dagegen bei Geiger (1932), jedoch ist diese in der

---

7   Die Klassenstruktur wird als „sets of structural positions", die durch Beziehungen im Arbeitsmarkt und in Organisationen bestimmt werden, betrachtet. „Class positions exist independently of individual occupants of these positions. They are ‚empty places'" (Sørensen 1991: 72).

Ungleichheits- und Mobilitätsforschung ohne große Wirkung geblieben.[8] Geigers Beitrag zur klassenanalytischen Schule der Mobilitätsforschung geht allerdings über begriffliche Taxonomien hinaus. Die bereits erwähnte Studie „Soziale Umschichtungen in einer dänischen Mittelstadt" (1951) stellt das wohl erste Beispiel einer Analyse der intergenerationalen Mobilität einer gesamten Population dar. Geiger untersuchte intergenerationale Mobilitätsprozesse explizit im makrosoziologischen Kontext einer sich wandelnden beruflichen Positionenstruktur (vgl. Geiger 1949). Indem er die Folgen des Übergangs von der industriellen Klassengesellschaft zur „postindustriellen" Gegenwart für die Individuen bzw. die Kindergeneration der Angehörigen verschiedener Berufsschichten in das Zentrum des theoretischen Interesses rückte, betrachtete er „die Kategorien des Auf- und Abstiegs" als „struktursoziologisch entbehrlich" (Geiger 1962b: 127). „Seitenbewegungen auf gleichem Niveau" (ebd.: 123) wie der Wechsel „von gewerblichen zu immateriellen Berufen" (ebd.: 124) waren für ihn vor dem Hintergrund der Transformation der „Klassengesellschaft im Schmelztiegel" von erheblich größerem Interesse als vertikale Statusänderungen.

Ganz im Sinne der durch Geiger geleisteten Vorarbeiten wandte sich der klassenanalytische Ansatz in den 1970er Jahren von der primär mikrosoziologisch ausgerichteten Frage nach den individuellen Faktoren beruflichen Erfolgs und sozialen Aufstiegs hin zu den strukturellen, nachfrageseitigen Rahmenbedingungen sozialer Mobilität sowie den Folgen von Mobilität für Muster sozialer Klassenbildung. In diesem Zusammenhang wurde Geiger als Vorbereiter der berufsstrukturellen Mobilitätsforschung und des klassenstrukturellen Ansatzes von verschiedenen Autoren gewürdigt (Westergaard/ Resler 1976: 287; Goldthorpe 1985: 196; Sørensen 1991, 2000).

3　Lebenslaufmobilität

In den 1970er Jahren formierte sich nicht nur das klassenanalytische Modell der Mobilitätsforschung, auch die Analyse *intragenerationaler Mobilität* wurde im Rahmen des Lebenslaufparadigmas auf neue Füße gestellt. Die Lebenslaufforschung hat das ursprünglich abstrakte Postulat, dass soziale Mobilität einen mehrdimensionalen und dynamischen Charakter aufweist, in ein empirisches Forschungsprogramm, das die Zeitdimension auf der Ebene der Datenerhebung und -analyse ins Zentrum rückt, übersetzt. Eine frühe Skizze einer lebenslaufbezogenen Analyse sozialer Mobilität hatte wiederum Theodor Geiger geleistet. Dieser stellte fest, dass Gesellschaft im Allgemeinen und soziale Mobilität im Besonderen „ein kontinuerlicher Prozess" (Geiger 1962a: 102)

8　„Since only Marx and Weber have been translated into English, Weber has become the main justification for developing class concepts that are alternative to Marx's, despite the fragmentary nature of Weber's writings about this and the lack of importance of class concepts in his writings" (Sørensen 2000: 1527).

in der Zeit ist und folglich „die Rekrutierung jeder Schicht und der gesamten geschichteten Gesellschaft als ein kontiuierlich fließender Prozess erforscht werden [muss], was er wirklich ist, und das heißt in Termini der Dynamik, welche den Zeitfaktor enthalten" (ebd.: 102). Eine dynamische Betrachtungsweise richte konsequenterweise den „Blick auf Bewegungen, nicht aber auf ihre fixierten Ausgangs- und Zielpunkte" (Geiger 1962b: 150). Im Idealfall sollte eine „Studie einer allumfassenden Mobilität (…) so viele Bewegungen zeigen wie möglich" (Geiger 1962a: 105). Geigers Forderung einer dynamischen Mobilitätsanalyse der „Lebensbahn" wurde zwei Jahrzehnte später von Mayer und Müller (1971: 154) aufgegriffen, indem sie „a dynamic perspective of social mobility as structured processes over time" postulierten. Wie Geiger forderten sie, dass die Mobilitätsforschung nicht nur die Start- und Zielpunkte sozialer Bewegungen erfassen sollte, sondern „ideally any point at which a mobility-step occurs" (ebd.: 154). Zudem sollte die Mobilitätsanalyse bereichsübergreifend ausgerichtet werden, d. h. „sequences of specific positions, roles and statuses for which occupational career is but one example" (ebd.: 152) untersuchen.

Ein solches multidimensionales, dynamisches Programm der Mobilitätsforschung kristallierte sich im Lauf der 1970er Jahre in Form des Forschungsparadigmas des Lebenslaufs heraus. Zum einen wurden die Methodologie der Analyse von Längsschnittdaten weiterentwickelt und die konzeptuellen, methodischen und statistischen sowie EDV-Voraussetzungen einer dynamischen empirischen Forschung geschaffen, zum anderen avancierte das Lebenslaufparadigma zur übergreifenden konzeptuellen Klammer der Analyse von Übergängen und Bewegungen im „sozialen Raum" in der Soziologie und ihren Nachbardisziplinen. Das Konzept des Lebenslaufs hat nicht zuletzt die Forschung in verschiedenen Bindestrichsoziologien (wie der Familiensoziologie, Sozialisationsforschung, Bildungs-, Berufs- und Arbeitsmarktsoziologie sowie Migrationsforschung) integriert.

Die soziologische Lebenslaufforschung verbindet mit der klassenanalytischen Mobilitätsforschung eine übergeordnete makrosoziologische und sozialstrukturelle Orientierung. Die Lebenslaufanalyse untersucht Wechsel und Dynamik sowohl auf der Ebene individueller Statusveränderungen als auch auf der Makroebene des sozialen und institutionellen Wandels. Die Struktur des Lebenslaufs von Individuen ist nach Mayer (1990: 9) durch die Abfolge von Aktivitäten und Ereignissen bestimmt, die „in verschiedenen Lebensbereichen und verschiedenen institutionalisierten Handlungsfeldern" angesiedelt sind. Zu diesen zählen „insbesondere die Familien- und Haushaltsgeschichte, Bildungs- und Ausbildungswege, Erwerbs- und Berufskarrieren, Wohnungs- und Wohnortsverläufe und Wanderungen" (ebd.: 9). Das Lebenslaufparadigma hat damit in gewisser Weise die Vision Geigers – die Analyse intragenerationaler Mobilität durch Abbildung kontinuierlicher Ereignisverläufe – in inhaltlicher und methodischer Perspektive realisiert.

Die lebenslaufbezogene Analyse von Mobilität zeichnet sich durch drei grundlegende Merkmale aus, welche die traditionelle Mobilitätsforschung erweitern (Huinink

1995: 154 f.). *Erstens* ist der Lebenslauf in zeitlicher Hinsicht durch komplexe Verläufe und längerfristige Wege an Stelle von isolierten und situativen Ereignissen gekennzeichnet. Der individuelle Lebenslauf wird als selbstreferenzieller Prozess betrachtet, d.h. Individuen agieren auf der Basis eigener Ressourcen und früherer Erfahrungen sowie der erwarteten Konsequenzen, welche Entscheidungsalternativen für den zukünftigen Lebenslauf haben. *Zweitens* hat der Lebenslauf eine mehrdimensionale Struktur, d.h. Lebensläufe erstrecken sich über verschiedene Lebensbereiche. Sie werden nicht nur durch die Logik des Handelns in einzelnen Lebensbereichen, sondern auch durch Einbettungen und wechselseitige Beziehungen des Handelns zwischen Lebensbereichen geprägt. *Drittens* besitzt der Lebenslauf eine Mehrebenenstruktur. Individuelle Lebensläufe werden durch den Einfluss der Entscheidungen anderer Personen, sozialer Gruppen, Institutionen und Organisationen geprägt. Zugleich wirken die Entscheidungen individueller Akteure auf soziale Strukturen ein (Huinink 1995). Kohortenspezifische Strukturen von Lebensläufen bilden in diesem Sinne einen Faktor des sozialen und historischen Wandels (Elder 1985).

Zusammenfassend kann man sagen, dass die Analyse sozialer Mobilität durch das Lebenslaufparadigma ultimativ neukonzipiert wurde. Nicht zuletzt wurde die traditionelle Orientierung an intergenerationaler beruflicher Mobilität inhaltlich und methodologisch erweitert und die vormals periphere Frage, wie berufliche Mobilität auf Mobilitätsprozesse in anderen Lebensbereichen zurückwirkt und von diesen mitbestimmt wird, in das Zentrum des Forschungsinteresses gerückt.

4   Wandel der Lebenslaufmobilität in Deutschland

In Bezug auf die sozialgeschichtliche Entwicklung der Lebenslaufstrukturen in der Bundesrepublik Deutschland werden gemeinhin zwei Phasen unterschieden.[9] Die ersten beiden Nachkriegsjahrzehnte waren demnach – unterstützt durch den Ausbau sozialstaatlicher Sicherung und die kontinuierliche Verbesserung der materiellen Lebensbedingungen – durch eine zunehmende Institutionalisierung und Standardisierung des Lebenslaufs geprägt (Kohli 1985; Buchmann 1989), in deren Folge Lebensläufe eine erhöhte Ordnung, Homogenität und Erwartbarkeit aufwiesen. Bezugspunkte der Gestaltung des Lebenslaufs waren im Bereich der Erwerbssphäre vor allem das sogenannte Normalarbeitsverhältnis sowie im privaten Bereich das Modell der ‚modernen Kernfamilie', das sich in einer nahezu universellen frühen Eheschließung und Familiengründung von Frauen und Männern bei gleichzeitig ausgeprägter geschlechtsspezifischer Ungleichheit manifestierte (Peuckert 2008). Die spätestens mit dem Beginn der 1970er Jahre veränderten wirtschaftlichen, sozialen und soziokulturellen Rahmenbedingungen in der Bundesrepublik haben vor allem auf die Lebensläufe der nachrückenden jünge-

---

9   Die Entwicklung ist Ostdeutschland vor und nach 1990 erfordert eine eigenständige Betrachtung.

ren Kohorten eingewirkt. Im Allgemeinen wird davon ausgegangen, dass strukturelle Verschiebungen im Bildungs- und Erwerbssystem sowie tiefgreifende soziokulturelle Veränderungen, darunter die Abnahme von traditionellen familienorientierten Vergesellschaftungsmustern von Frauen, zu einer De-Standardisierung der Lebensläufe jüngerer Geburtskohorten geführt haben. Die Frage einer fundamentalen Umstellung des Lebenslaufregimes seit den 1970er Jahren ist jedoch bis heute umstritten (vgl. Konietzka 2010). Einen säkularen Strukturbruch des Lebenslaufregimes und einen Übergang zu einem qualitativ neuartigen Vergesellschaftungsmodus postulieren verschiedene makrosoziologische Theorieansätze – der zweiten Moderne (Beck 1986), des Wertewandels (Inglehart 1990) und des 'zweiten demografischen Übergangs' (Kaa 1987). Die entsprechenden Thesen sind jedoch empirisch notorisch schwer zu belegen oder widerlegen, und man kann den Erkenntnisgewinn durch „simple trend projections and historical dichotomies" (Mayer 2005: 25) grundsätzlich in Frage stellen. Im Folgenden sollen daher exemplarisch zentrale empirische Evidenzen zum Wandel der sozialen Mobilität zwischen Schule und Beruf in Deutschland präsentiert werden.

4.1 Lebensläufe zwischen Schule und Erwerbsleben

Ein prägender Faktor des Wandels des Übergangs von der Schule in den Beruf war die Bildungsexpansion seit den 1960er Jahren. Diese wird zumeist auf den Ausbau der weiterführenden Allgemeinbildung und Hochschulausbildung bezogen. Die Analyse des Wandels der Bildungsbeteiligung muss aber auch den Bereich der beruflichen Bildung einbeziehen, denn es haben sich nicht nur die relativen Gewichte der verschiedenen allgemeinbildenden Schulen, sondern auch die Struktur der Ausbildungsbereiche und -berufe sowie die Sortierungen zwischen Allgemein- und Berufsbildung massiv verändert. Die Anteile eines Altersjahrgangs, die eine weiterführende allgemeinbildende Schule abschließen und im Anschluss eine berufliche bzw. akademische Ausbildung beginnen, haben stark zugenommen und die Bildungs- und Ausbildungsphase hat sich verlängert. Berufsanfänger sind außerdem seit den 1980er Jahren auf dem Arbeitsmarkt auf ungünstigere Rahmenbedingungen getroffen. Aufgrund des Wandels betrieblicher Strukturen, der Arbeitsorganisation und Qualifikationsanforderungen wird häufg von einer allgemeinen Prekarisierung der Berufseinstiegsphase, erhöhter Arbeitslosigkeit und zunehmender befristeter Beschäftigung sowie abnehmenden Verwertungschancen der Berufsausbildung ausgegangen. Die empirische Forschung zeigt in der Tat, dass sich die Mobilitätsmuster zwischen Schule und Beruf gewandelt haben. Der Übergang von der Schule in den Beruf wurde durch einen späteren Beginn, eine Verlängerung der Ausbildungsphase, wiederholte Ein- und Austritte in und zwischen den Ausbildungsinstitutionen sowie zunehmende Überschneidungen zwischen den Lebensphasen Ausbildung und Erwerbsleben geprägt. Im Gegensatz zu pauschalen Szenarieren der Prekarisierung des Erwerbseinstiegs haben empirische Studien aber eine im Zeitvergleich relativ stabile Beziehung zwischen Ausbildungsabschlüssen und beruflichen Positionen aufgezeigt (Konietzka 1999, 2002). Arbeitslosigkeitsphasen sind am Anfang des Erwerbslebens in der Mehrheit der Fälle eher von kurzer Dauer, während Langzeitarbeitslosigkeit vor allem ältere (männliche) Beschäftige betrifft. Das Risiko befristeter Beschäftigung konzentriert sich zwar bei den unter 35-Jährigen (Schmid 2006), jedoch haben Befristungen beim Berufseinstieg nicht unbedingt längerfristige Folgen im Erwerbsverlauf (Scherer 2003). Die Forschungsergebnisse zur Lebenslaufmobilität in den Bereichen Bildung und Beschäftigung in Deutschland verweisen damit nicht auf eine Entwertung von Bildungsabschlüssen – sei es aufgrund von Tendenzen einer Bildungsinflation, sei es aufgrund einer nachfrageseitig verringerten Nachfrage nach qualfizierten jungen Erwachsenen. Vielmehr ist der Übergang von der Schule in den Beruf in Deutschland durch eine anhaltende Strukturierungskraft formaler, insbesondere beruflicher Ausbildungsabschlüsse bestimmt. Durch die starke bildungsmäßige Schließung des Arbeitsmarktzugangs haben vor allem die formal nicht oder gering Qualifizierten Probleme des Zugangs zu regulären Arbeitsverhältnissen (Baethge et al. 2007). Der Ausschluss von Erwerbsarbeit infolge mangelnder Bildung und Ausbildung gehört daher zu den in Deutschland zentralen neuen Arbeitsmarktrisiken (Schmid 2006: 9). Zahlreiche Studien haben gezeigt, dass Personen ohne Schul- und/oder beruflichen Ausbildungsabschluss das mit Abstand höchste Risiko aufweisen, arbeitslos zu werden, einen geringen Berufsstatus zu haben und eine atypische, instabile oder befristete Beschäftigung auszuüben (vgl. Solga 2002; Giesecke/Groß 2002; Baethge et al. 2007). Insgesamt ist also der Wandel der Mobilität beim Übergang in den Arbeitsmarkt und im frühen Erwerbsverlauf in Deutschland weniger durch eine allgemein erhöhte Diskontinuität und Prekarisierung als durch eine Konzentration von Übergangsrisiken bei formal gering Qualifizierten geprägt.

4.2 Institutionelle Rahmenbedingungen des Übergangs in das Erwerbsleben

Die in Deutschland anhaltende, wenn nicht zunehmende Bedeutung der formellen Bildung für individuelle Erwerbschancen und die vergleichsweise hohe Stabilität des Übergangsprozesses lassen sich durch spezifische institutionelle Arrangements des Übergangs vom Bildungssystem in den Arbeitsmarkt erklären. So hat die international vergleichende Forschung zum Übergang in den Arbeitsmarkt die zentrale Relevanz der institutionellen Rahmenbedingungen von Bildungs- und Ausbildungsverläufen herausgestellt (Müller/Shavit 1998; Kerckhoff 2001). Eine Besonderheit des deutschen Übergangsregimes besteht darin, dass die marktseitig gestiegenen Arbeitsmarktrisiken in geringerem Ausmaß als in Ländern mit liberalen, flexiblen Arbeitsmärkten zu Lasten von Berufseinsteigern gegangen sind (vgl. Gangl 2003; Hillmert/Mayer 2004; Scherer 2005; Konietzka 2011). Entscheidend für das Mobilitätsgeschehen zwischen Schule und Beruf in Deutschland sind die hohe Standardisierung und Stratifizierung des Bildungssystems, eine starke berufliche Spezialisierung des Ausbildungssystems sowie eine daran angeschlossene enge Verknüpfung der Institutionen des Ausbildungssystems mit dem Arbeitsmarkt und seinen Institutionen (Kerckhoff 2001; Thelen 2004). Die institutionelle Architektur von Ausbildung und Qualifikationserwerb sowie die Verzahnung von Ausbildungs- und Erwerbssystem können erklären, warum generalisierende Thesen der Bildungsinflation die Rolle von Bildung für Arbeitsmarktchancen in Deutschland unzureichend erfassen. So bildet etwa die Signal- und Filtertheorien zugrunde liegende Annahme, dass Bildungszertifikate primär Indikatoren für die Lernfähigkeit und die zu erwartende Produktivität von Bewerbern darstellen, die vorherrschenden Mechanismen von Bildungserwerb und -verwertung nicht realistisch ab. Ein zentraler Faktor des im internationalen Maßstab vergleichsweise reibungslosen Übergangs in Beschäftigung ist stattdessen das beruflich differenzierte System der nichtakademischen Ausbildung und Qualifzierung, das institutionell eng mit den Qualifikationsanforderungen in den mittleren Berufspositionen abgestimmt ist. Dieses Arrangement hat in der Vergangenheit nicht zuletzt den Hochschulsektor entlastet. Man kann davon ausgehen, dass die Expansion der tertiären Bildung in Deutschland auch aus diesem Grund eine im internationalen Maßstab vergleichsweise geringe Dynamik aufgewiesen und damit mittelbar einer allgemeinen Bildungsinflation entgegengewirkt hat (Müller/Shavit 1998).

Literatur

Baethge, Martin/Heike Solga/Markus Wieck (2007): Berufsbildung im Umbruch. Signale eines überfälligen Aufbruchs. Berlin: Friedrich-Ebert-Stiftung.

Beck, Ulrich (1986): Risikogesellschaft. Auf dem Weg in eine andere Moderne. Frankfurt/M.: Suhrkamp.

Berger, Peter A. (2001): Soziale Mobilität, in: Bernhard Schäfers, Wolfgang Zapf (Hrsg.): Handwörterbuch zur Gesellschaft Deutschlands. Opladen: Leske+Budrich, S. 595–605.

Blau, Peter M./Otis Duncan (1967). The American occupational structure. New York: Wiley & Sons.

Bolte, Karl Martin (1959): Sozialer Aufstieg und Abstieg. Eine Untersuchung über Berufsprestige und Berufsmobilität. Stuttgart: Enke.

Bolte, Karl Martin (1961): Einige Anmerkungen zur Problematik der Analyse von „Schichtungen" in sozialen Systemen. In: David Glass und René König (Hrsg.): Soziale Schichtung und soziale Mobilität. Sonderheft 5 der Kölner Zeitschrift für Soziologie und Sozialpsychologie: S. 29–53.

Bolte, Karl Martin (1962): Vertikale Mobilität. In: König, René (Hg): Handbuch der empirischen Sozialforschung. Band I. Stuttgart: Enke, S. 1–42.

Bolte, Karl Martin/Dieter Kappe/Friedhelm Neidhardt, 1966: Soziale Schichtung in der Bundesrepublik Deutschland. In: Karl Martin Bolte: Deutsche Gesellschaft im Wandel. Opladen: Leske, S. 233–343.

Breen, Richard (Hrsg.) (2004). Social Mobility in Europe. Oxford: Oxford University Press.

Buchmann, Marlis (1989): The Script of Life in Modern Society. Entry into Adulthood in a Changing World. Chicago: University of Chicago Press.

Crompton, Rosemary (2008): Class and Stratification, 3rd edition. Cambridge: Polity.

Dahrendorf, Ralf (1965): Gesellschaft und Demokratie in Deutschland. München: Piper.

Elder, Glen H., Jr. (1985): Perspectives on the Life Course. In: Ders. (Hrsg.): Life Course Dynamics: Trajectories and Transitions, 1968–1980, Ithaca: Cornell University Press, S. 23–49.

Erikson, Robert/John H. Goldthorpe (1992): The Constant Flux: A Study of Class Mobility in Industrial Societies. Oxford: Oxford University Press.

Gangl, Markus (2003): Returns to Education in Context: Individual Education and Transition Outcomes in European Labour Markets. S. 156–185 in: Walter Müller und Markus Gangl (Hrsg.): Transitions from Education to Work in Europe – the Integration of Youth into EU Labour Markets. Oxford: Clarendon Press.

Geiger, Theodor (1932): Die soziale Schichtung des deutschen Volkes. Stuttgart: Enke.

Geiger, Theodor (1949): Die Klassengesellschaft im Schmelztiegel. Köln: Kiepenheuer.

Geiger, Theodor (1951): Soziale Umschichtungen in einer dänischen Mittelstadt. Aarhus/Kopenhagen: Munksgaard.

Geiger, Theodor (1962a [1955]): Eine dynamische Analyse sozialer Mobilität. In: Paul Trappe (Hrsg.): Theodor Geiger. Arbeiten zur Soziologie. Neuwied/Berlin: Luchterhand, S. 100–113.

Geiger, Theodor (1962b [1955]): Typologie und Mechanik der gesellschaftlichen Fluktuation. In: Paul Trappe (Hrsg.): Theodor Geiger. Arbeiten zur Soziologie. Neuwied/Berlin: Luchterhand, S. 114–150.

Geißler, Rainer, 2006: Die Sozialstruktur Deutschlands, 4. Auflage. Wiesbaden: VS Verlag.

Giesecke, Johannes/Martin Groß (2002): Befristete Beschäftigung: Chance oder Risiko? Kölner Zeitschrift für Soziologie und Sozialpsychologie 54: S. 85–108.

Glass, David (1954): Introduction. In: Ders. (Hrsg.), Social Mobility in Britain, London: Routledge & Kegan Paul, S. 3–28.

Glass, David/John Hall (1954): A Description of a Sample Inquiry into Social Mobility in Great Britain. In: David Glass (Hrsg.): Social Mobility in Britain. London: Routldge & Kegan Paul, S. 79–97.

Goldthorpe, John (1985): Soziale Mobilität und Klassenbildung. Zur Erneuerung einer Tradition soziologischer Forschung. In: Hermann Strasser und John Goldthorpe (Hrsg.): Die Analyse sozialer Ungleichheit, S. 174–204. Opladen: Westdeutscher Verlag.

Goldthorpe, John (2000): Rent, Class Conflict, and Class Structure: A Commentary on Sørensen. In: American Journal of Sociology 106: S. 1572–82.

Goldthorpe, John/Catriona Llewellyn/Clive Payne (1980): Social Mobility and Class Structure in Modern Britain. Oxford: Clarendon Press.

Hillmert, Steffen/Karl Ulrich Mayer (Hrsg.) (2004): Geboren 1964 und 1971. Neuere Untersuchungen zu Ausbildungs- und Berufschancen in Westdeutschland. Wiesbaden: VS Verlag.

Hout, Michael/Thomas DiPrete (2006): What we have learned: RC28's contributions to knowledge about social stratification. In: Research in Social Stratification and Mobility 24: S. 1–20.

Hradil, Stefan (1987): Sozialstrukturanalyse in fortgeschrittenen Gesellschaften. Von Klassen und Schichten zu Lagen und Milieus. Opladen: Leske + Budrich.

Hradil, Stefan (2005): Soziale Ungleichheit. Wiesbaden. 8. Auflage: VS Verlag.

Huinink, Johannes (1995): Warum noch Familie? Zur Attraktivität von Partnerschaft und Elternschaft in unserer Gesellschaft. Frankfurt/M.: Campus.

Inglehart, Ronald (1990): Culture Shift in Advanced Industrial Society. Princeton: Princeton University Press.

Kaa, Dirk van de (1987): Europe's Second Demographic Transition. Population Bulletin 42: 1–57.

Kerckhoff, Alan (2001): Education and Social Stratification Processes in Comparative Perspective. In: Sociology of Education: S. 3–18.

Kohli, Martin (1985): Die Institutionalisierung des Lebenslaufs. Historische Befunde und theoretische Argumente, in: Kölner Zeitschrift für Soziologie und Sozialpsychologie 37: S. 1–29.

Konietzka, Dirk (1999): Ausbildung und Beruf. Die Geburtsjahrgänge 1919–1961 auf dem Weg von der Schule in das Erwerbsleben. Opladen/Wiesbaden: Westdeutscher Verlag.

Konietzka, Dirk (2002): Die soziale Differenzierung des Übergangs in den Beruf. In: Kölner Zeitschrift für Soziologie und Sozialpsychologie 54: S. 674–693.

Konietzka, Dirk (2010): Zeiten des Übergangs. Sozialer Wandel des Übergangs in das Erwachsenenalter. Wiesbaden: VS Verlag.

Konietzka, Dirk (2011): Berufsbildung im sozialen Wandel. In: Rolf Becker (Hrsg.): Lehrbuch der Bildungssoziologie. Fragestellungen, Theorien und empirische Befunde, 2. Auflage. Wiesbaden: VS Verlag, S. 265–288.

Lipset, Seymour/Reinhard Bendix (1959): Social Mobility in Industrial Society. Berkeley, Los Angeles: University of California Press.

Mayer, Karl Ulrich (1975): Soziale Mobilität. In: Erhard Wiehn und Karl Ulrich Mayer: Soziale Schichtung und Mobilität. München: Beck, S. 122–160.

Mayer, Karl Ulrich (1990): Lebensverläufe und sozialer Wandel. Anmerkungen zu einem Forschungsprogramm. In: Ders. (Hrsg.): Lebensverläufe und sozialer Wandel. Sonderheft 31 der Kölner Zeitschrift für Soziologie und Sozialpsychologie: S. 7–21.

Mayer, Karl Ulrich (2005): Life Courses and Life Chances in a Comparative Perspective. In: Stefan Svallfors (Hrsg.): Analyzing Inequality: Life Chances and Social Mobility in Comparative Perspective. Palo Alto: Stanford University Press, S. 17–55.

Mayer, Karl Ulrich/Walter Müller (1971): Progress in Social Mobility Research? Some Comments on Mobility Analysis and New Data on Intergenerational Mobility in West Germany. Quality and Quantity 5: S. 141–178.

Moore, Harriett/Gerhard Kleining (1960): Das soziale Selbstbild der Gesellschaftsschichten in Deutschland. Kölner Zeitschrift für Soziologie und Sozialpsychologie 12: S. 86–119.

Müller, Walter/Yossi Shavit (1998): The institutional embeddedness of the Stratification Process: A Comparative Study of Qualifications and Occupations in Thirteen Countries. In: Yossi Shavit und Walter Müller (Hrsg.): From School to Work A Comparative Study of Educational Qualifications and Occupational Destinations. Oxford: Clarendon Press, S. 1–48.

Peuckert, Rüdiger (2008): Familienformen im sozialen Wandel, 7. Auflage, Wiesbaden: VS Verlag.

Pointner, Sonja/Thomas Hinz (2005): Mobilität im Arbeitsmarkt. In: Martin Abraham und Thomas Hinz (Hrsg.), Arbeitsmarktsoziologie, Wiesbaden: VS Verlag, S. 99–132.

Rose, David/Eric Harrison (Hrsg.): Social Class in Europe: An Introduction to the European Socio-economic Classification. London: Routledge.

Rose, David/Eric Harrison/David Pevalin (2010): The European Socio-economic Classification: A Prolegomenon. In: David Rose und Eric Harrison (Hrsg.): Social Class in Europe: An Introduction to the European Socio-economic Classification. London: Routledge, S. 3–38.

Rössel, Jörg (2009): Sozialstrukturanalyse. Eine kompakte Einführung. Wiesbaden: VS Verlag.

Scheuch, Erwin K./Hansjürgen Daheim (1961): Sozialprestige und soziale Schichtung. In: David Glass und René König (Hg): Soziale Schichtung und soziale Mobilität. Sonderheft 5 der Kölner Zeitschrift für Soziologie und Sozialpsychologie: S. 65–103.

Scherer, Stefani (2003): Sprungbrett oder Falle? Konsequenzen der Position des Erwerbseintritts auf den Karriereverlauf in Westdeutschland, Großbritannien und Italien. In: Walter Mül-

ler und Stefani Scherer (Hrsg.): Mehr Risiken – mehr Ungleichheit? Abbau von Wohlfahrtsstaat, Flexibilisierung von Arbeit und die Folgen. Frankfurt/M.: Campus, S. 137–165.

Scherer, Stefani (2005): Patterns of Labour Market Entry – Long Wait or Career Instability? An
Empirical Comparison of Italy, Great Britain and West Germany. European Sociological
Review 21: S. 427–440.

Schmid, Günther (2006): Social Risk Management Through Transitional Labour Markets. Socio-Economic Review 4: S. 1–33.

Solga, Heike (2002): „Ausbildungslosigkeit" als soziales Stigma in Bildungsgesellschaften. Ein
soziologischer Erklärungsbeitrag für die wachsenden Arbeitsmarktprobleme von gering qualifizierten Personen. Kölner Zeitschrift für Soziologie und Sozialpsychologie 54:
S. 476–505.

Sorokin, Pitirim (1927): Social Mobility. New York: Harper & Brothers.

Svalastoga, Kaare (1959): Prestige, Class and Mobility. Copenhagen: Gyldendal.

Sørensen Aage (1991): On the Usefulness of Class Analysis in Research on Social Mobility and
Socioeconomic Inequality. Acta Sociologica 34: S. 71–87 .

Sørensen, Aage (2000): Toward a Sounder Basis for Class Analysis. In: American. Journal of Sociology 106: S. 1523–1558.

Sørensen, Aage (2001): The Basic Concepts of Stratification Research: Class, Status, and Power. In David Grusky (Hrsg.) Social Stratification: Class, Race, and Gender in Sociological
Perspective. Boulder: Westview Press, S. 229–240.

Thelen, Kathleen (2004): How Institutions Evolve. The Political Economy of Skills in Germany,
Britain, the United States, and Japan. Cambridge: Cambridge University Press.

Warner, Lloyd/Paul Lunt (1941): The Social Life of a Modern Community. Yale: Yale University Press.

Weber, Max (1922): Wirtschaft und Gesellschaft. Grundriß der verstehenden Soziologie. Tübingen: Mohr.

Westergaard, John/Henrietta Resler (1976): Class in a Capitalist Society. A Study of Contemporary Britain, London: Heinemann.

Die Milieubezogenheit von Bildung

Helmut Bremer

Entstehungskontext von Milieukonzepten

Mit der Milieubezogenheit von Bildung ist eine Forschungsrichtung benannt, die in der bildungssoziologischen Tradition zur Untersuchung des Zusammenhangs von sozialer Ungleichheit und Bildung steht. Es geht also allgemein darum, Bildung in den Kontext der sozialen Lage bzw. der Eingebundenheit in soziale Zusammenhänge zu stellen. Die Verwendung des Milieubegriffs ist keineswegs einheitlich. Zumeist wird mit (sozialem) Milieu eine soziologische Kategorie bezeichnet, die in der Bildungsforschung ansonsten oft mit den Begriffen „Klasse" oder „Schicht" ausgedrückt wird.

Die Entstehung der Forschungsrichtung ist vor dem Hintergrund sozialstruktureller Debatten seit den 1970er Jahren zu sehen. Damals wurde zunehmend Kritik an der Aussage- und Erklärungskraft von Klassen- und Schichtenansätzen geübt. Angesichts von Studien zum Wahl- und Freizeit-, aber auch zum Bildungsverhalten, wurde zunehmend in Frage gestellt, inwiefern die Praxis der Menschen noch einen klassen- bzw. schichtspezifischen Charakter aufweise (vgl. Beck 1986). Hauptkritikpunkte waren (vgl. Hradil 2001: 363 ff., Geißler 2008: 103): (1) Die Konzentration auf ökonomische Ursachen sozialer Ungleichheit (2) Die Konzentration auf die (männliche) Erwerbssphäre als Hauptfaktor sozialer Ungleichheit (3) Die rein vertikale Dimension von sozialer Ungleichheit (4) Die Nichtberücksichtigung zunehmender (alltags-)kultureller Differenzen (5) Ein mindestens latenter Determinismus der subjektiven Praxis durch objektive Bedingungen und die soziale Stellung gemäß der vereinfachenden Formel „Das Sein bestimmt das Bewusstsein".

Diese Kritik, die letztlich auf die Grenzen von ausschließlich sozioökonomisch fundierten Klassen- und Schichtenansätzen verweist, hat zur Weiterentwicklung sozialstruktureller Konzepte geführt.[1] In diesem Zusammenhang wurden Begriffe wie Milieu, Lebensstil, Lebensweise, soziale Lage und Lebensführung aufgegriffen (vgl. Hradil 1987). Diese Konzepte verbindet die „Problematisierung des Konnexes zwischen der äußeren Lage einerseits und dem Denken und Handeln von Menschen andererseits" (ebd: 132). Soziale Gruppen und Identitäten sollen nicht mehr nur durch Merkmale der Berufs- und Sozialstatistik, sondern auch anhand der durch die Subjekte hervor gebrachten Praxis und ihrer Mentalitäten bestimmt werden. Unterschiedlich gesehen wurde dabei

---

[1] Diese Kritik trifft im Kern (obwohl es sich um eine sehr differenzierte Berufsklassenstruktur handelt, die sich an den Tätigkeiten orientiert und dem Anwachsen sog. Dienstklassen Rechnung trägt) auch auf das Beispiel der EGP-Klassen zu, das heute in der Bildungsforschung breit zum Einsatz kommt.

hingegen, wie stark die Praxis der Subjekte mit den objektiven Bedingungen verbunden ist, bzw. ob sie sich vollständig davon entkoppelt hat (vgl. dazu Otte 2005).

Ein für das Subjekt und dessen Praxis geöffneter Ansatz erweist sich für bildungswissenschaftliche Fragestellungen als besonders anschlussfähig. So hat Hradil (1987: 105 ff.) schon frühzeitig die Sozialisationsforschung als ein wesentliches Feld benannt, für das die neuen Ansätze der Sozialstrukturanalyse fruchtbar gemacht werden können – galt doch das „Scheitern" der schichtspezifischen Sozialisationsforschung (Krappmann u. a. 1976) als ein besonders prominentes Beispiel dafür, die Grenzen sozioökonomischer Klassen- und Schichtmodelle deutlich zu machen (vgl. auch Grundmann 1994).

Gerade wenn es darum geht, die offensichtliche Vielschichtigkeit von Lebensweisen und deren Zustandekommen angemessen in den Blick zu nehmen, bietet sich ein Konzept wie das des Milieus an.

> „Bereits in unserem Alltagsverständnis verstehen wir Milieus als einen Zusammenhang, der verschiedene soziale Instanzen oder Ebenen miteinander verbindet. Milieu bezeichnet gemeinhin die besondere soziale Umwelt, in deren Mitte ('au milieu') Menschen leben, wohnen und tätig sind und die ihrem Habitus entspricht. Hier finden sie ihresgleichen, andere Menschen, mit deren ‚Art' sie zusammenpassen. Verbindend ist das Gewohnte (‚ethos') beziehungsweise eine gemeinsame Haltung (‚hexis', ‚habitus'), die sich im Zusammenleben nach und nach entwickelt hat" (Vester u. a. 2001: 168 f.).

Milieukonzepte können demnach einholen, wie Bildung insgesamt in Alltag, soziale Lage und Lebensweise eingebunden ist. Das ermöglicht es, die Bildungspraxis sozialer Gruppen im Sinne Bourdieus als Teil von praxeologischen *Bildungsstrategien* herauszuarbeiten. Demgegenüber kann eine auf sozialstatistische Merkmale gestützte Bildungsforschung empirisch nur Korrelationen der Bildungspraxis mit der Klassen- oder Schichtzugehörigkeit aufzeigen, über mögliche dahinter stehende Handlungsintentionen aber letztlich nur hypothetische Aussagen treffen.

Entwicklungslinien

Der Milieubegriff ist in den Sozialwissenschaften bereits lange eingeführt, hat aber über weite Zeit ein Schattendasein geführt. Hradil (1992) hat die verschiedenen Entwicklungslinien skizziert.[2] Der Begriff tauchte erstmals auf, als es darum ging, die Prägung des Menschen nicht aus biologischer Vererbung, sondern aus ihn umgebenden Umwelteinflüssen heraus zu erklären. Émile Durkheim räumte dem Konzept des sozialen Milieus dann 1893 erstmals einen zentralen Platz ein (1984: 194 f.): „Der erste Ursprung eines jeden sozialen Vorgangs von einiger Bedeutung muß in der Konstitution des inneren sozialen Milieus gesucht werden". Bei ihm sind soziale Milieus bestimmt

---

2 Noch ausführlicher zeichnet Matthiesen (1998) verschiedene Phasen der Entwicklung des Milieubegriffs nach und weitet diesen auf eine raumwissenschaftliche Perspektive aus.

durch die äußere soziale Position (Beruf) und durch eine innere Bewusstseinshaltung (moralische Regeln und Habitus; siehe unten). Die innere, subjektive Seite wurde später in der phänomenologischen Perspektive stärker fokussiert. Max Scheler bezeichnete Milieu als „ausschnitthaft wahrgenommene Umwelteinwirkung" (Hradil 1992: 22); Aaron Gurwitsch sah Milieu als den Bereich „des Erlebens schlechthin" (Hitzler/Honer 1984: 61). Daran knüpfte später Richard Grathoff (1989) wieder an.

Wenn heute von Milieus die Rede ist, treten diese unterschiedlichen Sichtweisen zu Tage. Hinzu kommt, dass der Terminus auch alltagssprachlich verwendet wird und mit unterschiedlichen Bedeutungen belegt ist. Letztlich haben diese ‚Unschärfe' und ein damit zusammenhängender unterschiedlicher Begriffsgebrauch[3] sicherlich zur Popularität des Begriffs beigetragen.[4]

In den Sozialwissenschaften haben sich seit den 1980er Jahren unterschiedliche Varianten, Forschungsschwerpunkte und -interessen entwickelt, die unter dem Begriff „Milieuforschung" subsumiert werden (vgl. APuZ 2006) und auf die in unterschiedlicher Weise in der bildungssoziologischen Forschung zugegriffen wird.

Nachfolgend werden die bekanntesten dieser Ansätze vorgestellt, deren theoretische Begründung kurz umrissen, um schließlich die wichtigsten, sich darauf stützenden bildungssoziologischen Studien zu resümieren.[5]

1   Sinus-Lebensweltforschung: Milieu als Lebensstilgruppe

Ansatz

Sehr bekannt geworden ist das Milieu-Modell der SINUS-Lebensweltforschung. Der überwiegend in der kommerziellen Markt- und Meinungsforschung eingesetzte Ansatz wurde theoretisch meist wenig fundiert, am ausführlichsten im Rahmen einer Untersuchung zu den Adressaten der politischen Bildungsangebote der Friedrich-Ebert-Stiftung (Flaig u. a. 1993). Die Entstehung des Ansatzes wird dabei auch platziert in den Kontext der Diskussion um neuere Konzepte der Sozialstrukturanalyse. In diesem Zusammenhang wird vage u. a. auf den Sozialkonstruktivismus von Berger/Luckmann, den Lebens- und Alltagsweltbegriff bei Husserl und Schütz und die soziokulturelle

---

3   Begriffe wie Lebensstil, Lebensführung und Lebensweise werden bisweilen synonym zu Milieu verwendet (für eine Unterscheidung vgl. Hradil 2001: 147 f.).

4   Bittlingmayer/Bauer (2006: 214 f.) identifizierten in diesem Zusammenhang verschiedene Verwendungsweisen des Milieubegriffs: Neben einer spezifischen, auf die Lebensführung sozialer Gruppen orientierte Richtung, die im Grunde erst die Verwendung des Begriffs Milieu rechtfertige, werden häufig durch Schichtmerkmale definierte Gruppen schlicht in „Milieus" umbenannt, oder es werden vorhandene Datensätze unter Hinzuziehung weiterer Indikatoren als Milieus re-analysiert.

5   Nicht eingegangen wird auf die Untersuchung von Gerhard Schulze (1992), der Milieus als innengerichtete Erlebnisgemeinschaften konzipiert, die weitgehend von der sozioökonomischen Schichtung entkoppelt sind und sich nach dem Muster der „Beziehungswahl" bilden (ebd.: 544). Der Ansatz ist zwar sehr bekannt geworden; Anschlüsse in der Bildungsforschung hat es aber kaum gegeben.

Klassentheorie Bourdieus verwiesen (vgl. ebd.: 33 ff.). Eine eindeutige eigene theoretische Verortung erfolgt jedoch nicht. Soziale Milieus werden eher deskriptiv verstanden als „subkulturelle Einheiten innerhalb einer Gesellschaft, die Menschen ähnlicher Lebensauffassung und Lebensweise zusammenfassen" (ebd.: 55). Zwar sehen die Autoren im Unterschied zu Schulzes Erlebnismilieus, dass „sozialhierarchische Strukturen" fortbestehen (ebd.: 49), gehen aber zugleich tendenziell von einer Dominanz des Subjekts aus, wenn sie betonen, dass soziale Zugehörigkeit „weniger von schicht- bzw. klassenspezifischen Merkmalen geprägt [wird, H.B] als von Lebensstil-Gemeinsamkeiten und deren Wahrnehmung" und „dass ‚Lebenswelt' sich subjektiv konstituiert und ausdrückt: in milieuspezifischen Wertorientierungen, im Lebensstil, in kulturellen Vorlieben und ästhetischen Neigungen" (ebd.: 55 f.).

Die Nähe zu phänomenologischen Ansätzen wird auch in einer neueren Publikation aus der Sinus-Forschung deutlich, wenn in Bezug auf die Auswertung des empirischen Materials die „sozialwissenschaftlich-hermeneutische Rekonstruktion von Alltag" (Wippermann u. a. 2011: 301) als Ziel formuliert wird, das dargestellte Vorgehen und die genannten Bezüge aber vermuten lassen, dass dabei den subjektiven Sinnrekonstruktionen stärkeres Gewicht beigemessen wird.[6] Unterschieden werden aktuell zehn soziale Milieus, die sich nach einer vertikalen Schichteinstufung (und entsprechendem Bildungsabschluss) und einer horizontalen Wertewandeldimension verorten lassen.

Ein Problem dieses Ansatzes besteht darin, dass die genaue Methodologie nicht offen gelegt wird, so dass die Ergebnisse nicht oder nur bedingt nachprüfbar sind. Ein zweites Problem kann darin gesehen werden, dass das Modell in den vergangenen Jahren mehrmals erheblich „umgebaut" wurde, was dem Eindruck einer Beliebigkeit Vorschub leisten kann. Damit zusammen hängt ein drittes Problem, denn durch das mehrfache Umbauen des Modells ist die Anschlussfähigkeit zu sozialhistorischen Milieutraditionen (etwa durch das Subsumieren von kleinbürgerlichen und Arbeitermilieus) immer mehr verloren gegangen (vgl. Bremer 2007: 134 ff.), so dass auch eine Verbindung zu anderen sozialstrukturellen Konzepten erschwert ist.

Bildungssoziologische Forschung: Die Differenziertheit von Bildung

Gestützt auf diesen Milieuansatz sind (teils durch das Sinus-Institut selbst, teils von WissenschaftlerInnen in Kooperation damit) Studien in verschiedenen Bereichen des Bildungs- und Erziehungswesens durchgeführt worden.

Zwei Arbeiten haben sich mit Erziehung und Familie beschäftigt und geben Einblicke in milieuspezifische Erziehungsstile und Sozialisation. Im Auftrag der Konrad-

---

6   Empirisch hat das Sinus-Institut bei der Entwicklung des Modells mit narrativ angelegten Interviews gearbeitet und dabei bestimmte Themen des Alltags exploriert, sog. „Milieubausteine" (ebd.: 71). Soziodemographische Merkmale werden als „passive Merkmale" (ebd.) später zugeordnet. Auf der Basis von 1 400 Interviews wurden so die Milieus als Typen gefunden. Aus diesem qualitativen Material wurde dann eine Statementbatterie mit mehr als 40 Items entwickelt (der sog. „Milieuindikator"), um die Milieutypologie zu quantifizieren.

Adenauer-Stiftung hat das Sinus-Institut das Erziehungsverhalten in den Familien milieuspezifisch differenziert (Merkle/Wippermann 2008; vgl. auch Choi in diesem Band). Deutlich wird, dass die verstärkten Anforderungen an Bildung, Arbeit und Beruf enormen Druck in den Familien erzeugen und in erheblicher Weise zur Verstärkung sozialer Trennungen beitragen (vgl. Merkle/Wippermann 2008: 7 ff.). Das reichhaltige (quantitative und qualitative) empirische Material zeigt insgesamt auch auf, wie gesellschaftliche Bildungsanforderungen milieuspezifisch gebrochen werden, auf die Bildungsaspirationen und den Erziehungsalltag in den Familien wirken und die Reproduktionsstrategien der sozialen Milieus verändern. Bildung bekommt dabei in den Milieus eine spezifische Funktion, als Erfolgsschlüssel (ebd.: 92), Persönlichkeitsvervollkommnung (ebd.: 118) oder Elitebildung (ebd.: 139) bei den oberen Milieus, als Mittel zum Aufstieg bei manchen mittleren Milieus (ebd.: 159), oder auch als Notwendigkeit zur Existenzsicherung bei unterprivilegierten Milieus (ebd.: 179). Präsentiert werden zudem soziale Milieus der MigrantInnen (vgl. auch Wippermann/Flaig 2009). Das zeigt zum einen, dass die Vorstellung von MigrantInnen als einer homogenen Gruppe nicht zutrifft. Zum anderen bestätigt sich der bekannte Befund, dass die Bildungsaspirationen von MigrantInnen entgegen landläufigen Annahmen relativ hoch sind (74 % geben an, dass Bildung und Wissen einen hohen Wert haben; vgl. ebd: 5).

Im Schulbereich ist eine Studie entstanden, die die Milieuzugehörigkeit von GrundschulehrerInnen untersucht hat (Schumacher 2002). Ein zentrales Ergebnis ist (neben dem Befund, dass nahezu 70 % der Lehrenden an Grundschulen aus dem Liberal-Intellektuellen Milieu kommen), dass sich in den pädagogischen Zielen, den Vorlieben für Methoden der Unterrichtsgestaltung, Vorstellungen zu den bevorzugten Lernformen usw. Zusammenhänge mit der Milieuzugehörigkeit zeigen. Die Vorstellungen vom professionellen Alltag sind demnach milieuspezifisch gefärbt. Die Befunde können so gedeutet werden, dass in die pädagogischen Handlungskonzepte die gesellschaftlichen Habitus-Schemata der Pädagogen mit einfließen und soziale Selektivität nicht intendiert befördern (vgl. ebd.: 267 f.).

Eine Reihe von Milieuuntersuchungen sind im Bereich der Erwachsenenbildung durchgeführt worden. Das dürfte dem Umstand geschuldet sein, dass Erwachsenenbildung dem Prinzip der Freiwilligkeit verpflichtet ist und von daher schon immer stärker auf eine systematische Teilnehmergewinnung und Zielgruppenarbeit ausgerichtet war. Für beides liefern Milieustudien als Grundlage realitätsnahe Daten – sei es, um kompensatorische Angebote für benachteiligte Zielgruppen zu entwickeln, oder sei es, um Institutionen das Agieren an einem Weiterbildungsmarkt zu erleichtern (vgl. Tippelt u. a. 2008). Schon erwähnt wurde eine von der Friedrich-Ebert-Stiftung in Zusammenarbeit mit dem Sinus-Institut zu Beginn der 1990er Jahre durchgeführte, empirisch umfangreiche Untersuchung im Bereich der politischen Erwachsenenbildung (Flaig u. a. 1993). Weitere Studien zum Zusammenhang von Milieu und Weiterbildung kommen aus der Forschungsgruppe um Heiner Barz und Rudolf Tippelt (Barz 2000; Barz/Tippelt 2003; Barz/Tippelt 2004; Tippelt u. a. 2008).

Zusammengefasst lässt sich aus diesen Arbeiten herauslesen, dass Weiterbildung milieuspezifisch ganz unterschiedliche Funktionen beigemessen wird. So drückt sich die besondere Lebensweise der oberen Milieus zumeist auch in einem exklusiven Bildungsverständnis aus. Stärker betont werden Aspekte wie Persönlichkeitsbildung, Individualität, Selbstentfaltung und – in jüngerer Zeit – auch Selbstpräsentation und Selbstvermarktung, zu der Weiterbildung beitragen soll. Interessen werden deutlich artikuliert; mit Weiterbildung wird eher Chancenerweiterung verbunden. Bei den sozial weiter unten stehenden Milieus ist das Verhältnis zu Bildung ‚unaufgeladener'. Es geht ihnen um Status, Tugenden, sozial bezogene Ziele, Qualifikation oder Mühsal und Notwendigkeit; solche Aspekte der Notwendigkeiten und Nutzenerwägungen mischen sich mit Motiven der Horizonterweiterung (um die es immer auch geht). Speziell bei den unteren Milieus bestehen nach wie vor große Barrieren zu Bildung und Weiterbildung.

In den Bereich der außerschulischen Bildungsarbeit kann auch eine neue Studie des Sinus-Instituts gestellt werden, die sich mit den politischen Interessen „bildungsferner" Jugendlicher befasst (Calmbach/Borgstedt i. E.). Die Autoren können das „unsichtbare Politikprogramm" dieser vermeintlich „unpolitischen" Gruppe plausibel ans Licht bringen und Anschlussmöglichkeiten für politische Bildung aufzeigen.

2   Vester u. a.: Milieu als Typ des Habitus

Ansatz

Das wohl theoretisch am gründlichsten ausgearbeitete Milieukonzept haben Vester u. a. (2001; Bremer/Lange-Vester 2006; Bremer 2007) seit den 1980er Jahren entwickelt, anfänglich in Kooperation mit dem Sinus-Institut, dessen Arbeiten als „Pionierleistung" (Vester u. a. 2001: 230) gewürdigt werden. Vor allem drei Theoriebausteine werden zusammengeführt:

Zunächst wird begrifflich-konzeptionell an Durkheim angeschlossen. Er ging davon aus, dass sich im Zuge zunehmender Arbeitsteilung der soziale Zusammenhalt in modernen Gesellschaften vor allem aus den sich immer weiter differenzierenden Berufsgruppen entwickeln wird. Soziale Milieus bilden sich demnach dadurch, dass Individuen „Ideen, Interessen, Gefühle und Beschäftigungen gemeinsam haben", darauf hin „eine engere Gruppe bilden" und dabei einen „Korpus moralischer Regeln" entwickeln (Durkheim 1988: 55 f.). Durkheims Grundgedanke ist, dass soziale Milieus zweifach bestimmt sind: „Objektiv" durch eine (berufliche) Position in der Gesellschaft, „subjektiv" durch einen darauf abgestimmten „moralischen Habitus" (ebd.: 44).

Einen *zweiten* Anker bilden Arbeiten der frühen „Cultural Studies". Zum einen wird deren ethnologischer Kulturbegriff aufgenommen, wonach Kultur Lebensweise des Alltags ist (Williams 1972). Zum anderen wird für die Frage des Milieuwandels der Gedanke der ‚Metamorphose der Klassenkulturen' übernommen. In den generationstypischen Auseinandersetzungen erfahren die Grundwerte des Herkunftsmilieus demnach eine Umformung (vgl. Clarke/Hall u. a. 1979), die sich jedoch in den Bahnen des Herkunftsmilieus bewegt.

Bourdieus Habitus-Feld-Konzept gibt diesen Grundgedanken dann *drittens* ein theoretisch elaboriertes Fundament. Bourdieu unterscheidet bekanntlich beim Habitus „Wahrnehmungs-, Denk- und Handlungsschemata" (Bourdieu 1987), mit denen sich die soziale Welt quasi in die Subjekte einschreibt: „Die von den sozialen Akteuren im praktischen Erkennen eingesetzten kognitiven Strukturen sind inkorporierte soziale Strukturen" (Bourdieu 1982: 730; vgl. ausführlich zu Bourdieu Hillebrandt im Band). Folgt man dieser Einsicht, dann ist das Milieu bzw. bei Bourdieu die Klasse nicht nur etwas, was den Menschen äußerlich ist, sondern sie tragen den Bauplan ihres Herkunftsmilieus quasi in sich. Damit wird das traditionelle „Sein-Bewusstseins-Schema" durchbrochen, das den Gegensatz von Objekt/Subjekt bzw. Gesellschaft/Individuum voraussetzt. Die Lebensweise eines sozialen Milieus ist auf den Habitus zurückzuführen; ein soziales Milieu repräsentiert daher anders gesagt zugleich einen bestimmten Typ des Habitus.

Die Forschungsgruppe unterscheidet ebenfalls zehn, in sich weiter differenzierte soziale Milieus, die durch Prozesse sozialer Vererbung nach dem Muster der „Habitusmetamorphose" (Vester u. a. 2001: 324 ff.) in spezifischer Weise miteinander verbunden sind. Das Muster dieses Sozialisationsprozesses wurde anhand von Zwei-Generationen-Interviews empirisch herausgearbeitet (Vester u. a. 2001: 311 ff.; vgl. auch Faulstich-Wieland 2000: 267 ff.) und auch in noch längerer historischer Perspektive aufgezeigt (vgl. Lange-Vester 2007). Zentrales Ergebnis ist, dass Milieus sich vor allem fünf großen sog. „Traditionslinien" zuordnen lassen: die Traditionslinie von Macht und Besitz (oben rechts), der akademischen Intelligenz (oben halb-links), der Facharbeit und der praktischen Intelligenz (mitte-links) sowie die ständische kleinbürgerliche und die unterprivilegierte Traditionslinie (mitte-rechts und unten) (Vester u. a. 2001: 26 ff.).

In diesem Ansatz erscheint die Milieugliederung nicht als Gegensatz zur früheren Sozialstrukturgliederung, sondern als ein Fortbestehen: „als pluralisierte Klassengesellschaft".

Die Forschungsgruppe um Vester u. a. betreibt also Milieuforschung als Habitusforschung (und hat daran angelehnt das Verfahren der sog. „Habitus-Hermeneutik" entwickelt (Bremer/Teiwes-Kügler i. E.). Bourdieus Feldkonzept kommt dabei in der Bildungsforschung zum Tragen, indem Bildung als Feld gesehen wird, in dem um Interessen und Deutungshoheit, den „legitimen Bildungsbegriff", gerungen wird. Zu diesem Feld haben die sozialen Milieus, gestützt auf ihren Habitus und mit unterschiedlichen Kompetenzen ausgestattet, in spezifischer Weise „Passung" – oder eben nicht. Im Vergleich zum Milieukonzept des Sinus-Instituts wird damit wesentlich deutlicher akzentuiert, dass die Milieupluralität im Bildungswesen nicht nur als differenzierte Vielfalt zu sehen ist, sondern dass es von Macht- und Herrschaftseffekten durchdrungen ist, und dass auch die Bildungseinrichtungen mit den darin tätigen Professionen darin verstrickt sind. So wird letztlich eingeholt, dass die Milieus gesellschaftlich in einem Funktions- und Herrschaftsgefüge stehen, das sich spezifisch in das Feld der Bildung übersetzt.

Bildungssoziologische Forschung: Kämpfe um Bildung

Welches Bild sich dadurch ergibt, hat Michael Vester für die gesellschaftliche Makroebene ausführlich untersucht (Vester 2004, 2005). Wesentliches Ergebnis ist ein beträchtliches Ansteigen der Bildungsabschlüsse in den mittleren Milieus (insbesondere
bei den Milieus der praktischen Intelligenz) (vgl. Abb. 1). Zurückgeführt wird dies auf
die Umstellungsstrategien, mit denen Bourdieu (1982: 210 ff) auf neue, durch einen anderen Gebrauch des Bildungswesens gekennzeichnete Weisen sozialer Reproduktion
hingewiesen hat. Die Bildungsstrategien der oberen Milieus sind in diesem Zusammenhang eingebunden in das Ziel der sozialen und kulturellen Hegemonie, den respektablen Milieus der Mitte geht es um mehr Autonomie und Statussicherung, den unterprivilegierten Milieus um Mithalten und das Vermeiden von Ausgrenzung, wobei Bildung
oft als Bürde und Notwendigkeit erscheint. Letztlich handelt es sich bei der Bildungs-
mobilität weniger um eine vertikale Aufstiegsorientierung, sondern in erster Linie um
eine horizontale Verschiebung hin zu mehr „kulturellem Kapital". Für Deutschland
zeigt sich dabei, dass die gestiegenen Bildungsaspirationen in fast allen sozialen Milieus durch äußere Regulierungen, innere Dispositionen der Milieus sowie eine nicht
hinreichend auf die neuen Bildungsmilieus eingestellte pädagogische Kultur „gebremst"
(Vester 2004: 47) werden (Abbildung 1 zeigt diesen Effekt anhand der Abitur- und
Hochschulabschlussquoten). Dieses „komplexe System der ‚Sortierungen' (…) lenkt die
Bildungsstrategien dieser Milieus auf ‚bescheidenere' Berufsziele" (ebd.: 13).

Neben dieser Untersuchung zur Makroebene der sozialen Milieus hat die Forschungsgruppe mehrere Studien vorgelegt, durch die verschiedene Bereiche des Bildungswesens
ausgeleuchtet wurden. Eine Besonderheit der Arbeiten liegt darin, dass die fast ausnahmslos qualitativen Untersuchungen aufgrund ihrer besonderen Methodologie und
Typenbildung (Bremer/Teiwes-Kügler 2010) eine Verbindung zwischen der Mikro- und
der Makroebene erlauben. Dadurch können die auf der Mikroebene herausgearbeiteten
Prozesse an gesamtgesellschaftliche Milieustrukturen angeschlossen werden.

Lange-Vester/Redlich (2010) fragen am Beispiel von HauptschülerInnen und GymnasiastInnen nach der jeweiligen Wahrnehmung und Verarbeitung schulischer Erfahrungen und deren Integration in die alltägliche Lebensführung. Während Hauptschüler-
Innen eine sozial relativ homogene Gruppe bilden, für die Schule in erster Linie wichtig
ist als Ort der Vergemeinschaftung, zeigen sich bei den befragten GymnasiastInnen heterogene Bildungsstrategien, die je nach milieuspezifischer „Mitgift" eher Praktiken
von Unsicherheit, von Souveränität oder von Angestrengtheit zeigen. Die Studie macht
damit auf die sozialen Differenzierungen innerhalb der mittleren und unteren sozialen
Lagen aufmerksam, auf die sich Schule und Lehrende einstellen müssen.

Thematisch knüpft daran eine Untersuchung an, deren Augenmerk der sozial heterogen zusammengesetzten Gruppe der Lehrkräfte und ihren milieu- und habitus-
spezifischen Auffassungen gilt, die, so die These, als handlungsleitende Schemata die
berufliche Praxis im Schulalltag strukturieren (Lange-Vester/Teiwes-Kügler i. E.). Herausgearbeitet werden fünf verschiedene Handlungsprinzipien von LehrerInnen un-

Abbildung 1 Soziale Milieus und die ständische Stufung der Bildungswege

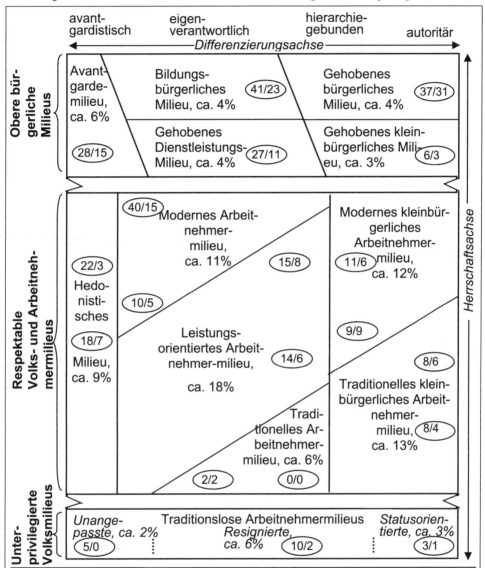

(A/H) Bildungskennziffern: *Abitur* (einschl. Fachabitur) / *Hochschulabschluss* (einschl. Fachhochschulen) je 100 Milieuangehörige in Westdeutschland 1991 [Durchschnitt 15,1% / 7,7%]. Abbrecher(innen) Gymnasien und Realschulen 8,8% (1991). Lesebeispiel: In der oberen Teilgruppe des Modernen Arbeitnehmermilieus haben ca. 40% ein Abitur oder Fachabitur und ca. 15% einen Hochschul- oder Fachhochschulabschluss.

Statistische Grundlage der Milieuprofile und der Bildungskennziffern: Repräsentative Erhebung (n =2.699) der deutschsprachigen Wohnbevölkerung ab 14 Jahre 1991 (nach: M. Vester u a., Soziale Milieus im gesellschaftlichen Strukturwandel, Frankfurt a.M. 2001); Neuformulierung der früheren Milieubezeichnungen aufgrund einer differenzierenden Neuauswertung dieser Erhebung (in: W. Vögele u.a. (Hg.), Soziale Milieus und Kirche, Würzburg 2002); Hochrechnung auf die Milieugrößen von 2003 (nach: Sigma - Sozialwissenschaftliches Institut für Gegenwartsfragen, Die sozialen Milieus in der Verbraucheranalyse, www.sigma.online.de v. 22.9.2003).

M. Vester (Konzept) / D. Gardemin (Grafik) – agis Universität Hannover - 2004

terschiedlicher Schulformen, die jeweils mit den Mustern ihrer sozialen Herkunft verbunden sind. Die Studie stellt vor allem einen ‚blinden Fleck' heraus, der die sehr unterschiedlichen Haltungstypen von Lehrkräften auch eint: Gemeinsam ist ihnen demnach die Schwierigkeit, einen verstehenden Zugang zu bildungsungewohnten Kindern zu finden.

Eine weitere Arbeit blickt am Beispiel von Studierenden der Sozialwissenschaften in das Feld der Hochschule (Lange-Vester/Teiwes-Kügler 2004; vgl. auch dieselben in diesem Band). Herausgearbeitet werden acht milieuspezifische Studierendentypen, die sich in unterschiedlicher Weise das Studium aneignen. Auch hier zeigen sich Studienstile, die von Souveränität und habitustypischer Vertrautheit mit den Spielregeln des akademischen Feldes, von angestrengter Aneignung oder von Verunsicherung geprägt sind. Zudem wird deutlich, dass die Herausbildung von Studienstilen und -strategien eingebunden ist um Kämpfe um die „richtige" Art des Studierens. Mit Bourdieu geht es um die „legitime Kultur" und die damit verbundene „symbolische Gewalt" (Lange-Vester/Teiwes-Kügler 2006), die es insbesondere Bildungsaußenseitern schwer macht, sich in diesem Feld zu behaupten.

In den Bereich der Hochschulforschung gehört auch eine Untersuchung zu den wissenschaftlichen MitarbeiterInnen, die im Zuge ihrer beruflich zunehmend prekären Situation in den letzten Jahren an Aufmerksamkeit gewonnen haben (Lange-Vester/ Teiwes-Kügler 2011). Herausgearbeitet werden sechs unterschiedliche Handlungsmuster bzw. Strategien, mit denen die wissenschaftlichen MitarbeiterInnen um berufliche Positionierung bemüht sind (ebd.: 146). Auffällig sind die Unterschiede im Selbstbewusstsein und in der Selbstpräsentation zwischen Angehörigen älterer Bildungsmilieus und aus Familien mit akademischer Erfahrung gegenüber den ‚Neueinsteigern' im wissenschaftlichen Feld.

In einer anderen Arbeit wurden Adressaten und Teilnehmende gewerkschaftlicher Erwachsenenbildung differenziert (Bremer 1999; 2007). Präsentiert werden fünf milieuspezifische Bildungstypen, wobei (wie auch bei den zuvor referierten Arbeiten nach dem Sinus-Ansatz) als generelles Muster zu erkennen ist, dass mit höherer sozialer Herkunft und steigendem formalen Bildungsniveau Sicherheit und selbstbewusstes Artikulieren von Interessen im Feld zunehmen. Auch wird deutlich, dass offenbar auch in der (politischen) Weiterbildung oft ein bestimmter Habitus erwartet wird. In Anlehnung an Bourdieus Konzept der „rationalen Pädagogik" wird die Entwicklung „milieubezogener pädagogischen Reflexivität" (Bremer 2009) gefordert. In den Bereich Erwachsenenbildung gehören zudem Arbeiten, die den Ansatz auf das Phänomen des funktionalen Analphabetismus anwenden (Bremer 2010, Pape 2011).

In einer neueren Studie haben Geiling u. a. (2011) diesen Ansatz erstmals auf MigrantInnen bezogen und dabei bei Spätaussiedlern und türkeistämmigen Deutschen fünf „soziale Milieus mit Migrationshintergrund" unterschieden. Die Studie ist hier deshalb interessant, weil zwei dieser Typen (Bildungsorientierte und Erfolgsorientierte) sich als Bildungsaufsteiger kennzeichnen lassen, für die Bildung von zentraler Bedeutung für die soziale Identität ist. Überhaupt verdeutlicht die Studie, ebenso wie die Untersuchung zu den Migrantenmilieus des Sinus-Insititus (Wippermann/Flaig 2009), dass Bildung insbesondere für die „dauerhafte Anerkennung" (Geiling u. a. 2011: 283) dieser Milieus von zentraler Bedeutung ist.

Neben diesen, explizit den Ansatz nutzenden Studien gibt es einige Arbeiten, die sich mehr oder weniger stark an das Milieukonzept der Forschungsgruppe um Michael Vester anlehnen. Auf die Anregungskraft für die Sozialisationsforschung wurde bereits hingewiesen. Bauer (2011) hat zuletzt vorgeschlagen, den Ansatz für eine ungleichheitsbezogene Sozialisationsforschung fruchtbar zu machen (vgl. auch Bauer/Vester 2008).

Büchner/Brake (2006) haben in ihrer sich auf Bourdieus Habituskonzept stützenden Studie die Genese und die Veränderung von Bildungsstrategien in der Familie als einen langen, mehrere Generationen andauernden Prozess untersucht und dabei zum Teil eine Verortung in den Traditionslinien sozialer Milieus vorgenommen.

Grundmann u. a. (2007) arbeiten auf der Basis der Sekundäranalyse einer Längsschnittstudie zur Entwicklung des isländischen Bildungssystems prägnant das Verhältnis von lebensweltlichen und schulischen Bildungsprozessen heraus (vgl. auch Grundmann u. a. 2003). Sie konstruieren dabei einerseits auf der Basis der ihnen zur Verfügung stehenden Daten Gruppen, die Milieus genannt werden, rekurrieren aber auch stark auf das Milieumodell von Vester u. a., um die Diskrepanz zwischen schulischen Anforderungen und unterschiedlichen Lebenswelten deutlich zu machen.

Einen ähnlichen Ausgangspunkt findet man bei Kramer/Helsper (2010). Sie fokussieren gestützt auf die Theorie Bourdieus die Passungskonflikte zwischen den realen Schülerhabitus und dem von der Schule geforderten „impliziten" Habitus. Um das zu verdeutlichen, sprechen sie von „Schule-Milieu-Beziehungen" (ebd.: 112) und nutzen dabei den Milieuansatz von Vester u. a. gewissermaßen als heuristische Orientierung, indem sie Schulen bzw. Schulkulturen in bestimmten Milieus verorten. Helsper (2006) spricht an anderer Stelle auch von „Institutionen-Milieu-Komplexen". Gerade in dieser Verortung von Schulen in sozialen Milieus liegt ein besonderer Gewinn, weil damit empirisch eingeholt und auch symbolisch ausgedrückt werden kann, wie Bildungseinrichtungen von bestimmten Milieus regelrecht bewohnt werden – und sich dadurch für andere Milieus gerade als „unbewohnbar" erweisen können. Für die Erwachsenenbildung hat Bremer (2007: 167) diesen Zusammenhang aufgezeigt.

In den Bereich der Erwachsenenbildung gehört wiederum eine Studie zum funktionalen Analphabetismus, in der es u. a. darum geht, diese Gruppe präziser zu differenzieren. Dazu nutzt die Forschungsgruppe um Ullrich Bauer und Uwe Bittlingmayer eine eigene theoretisch begründete Idealtypologie sowie einen breiten Fundus an empirischen Daten, bei dessen Erhebung milieuindizierende Statements eingesetzt wurden. Im Ergebnis können so anhand von Cluster und Faktorenanalysen angelehnt an die Milieutypologie der Gruppe von Vester Milieus abgebildet werden (Bittlingmayer u. a. 2010; Sahrai u. a. 2011).

3   Dokumentarische Methode: Milieu als „konjunktiver Erfahrungsraum"

Etwas anders gelagert ist der Milieubegriff, der in Arbeiten der Dokumentarischen Methode verwendet wird. Er geht zurück auf Karl Mannheims Begriff des „konjunktiven Erfahrungsraums" (vgl. Bohnsack 2007: 111 ff.), d. h. einer Verbundenheit von Akteuren aufgrund struktureller Ähnlichkeit von Erfahrungen: „Milieus sind als ‚konjunktive Erfahrungsräume' dadurch charakterisiert, dass ihre Angehörigen, ihre Träger durch Gemeinsamkeiten des Schicksals, des biographischen Erlebens, Gemeinsamkeiten der Sozialisationsgeschichte miteinander verbunden sind" (ebd.: 111). Hier wird auch der Habitusbegriff aufgenommen, der jedoch etwas anders als bei Bourdieu als „Orientierungsrahmen" verstanden wird (Bohnsack u. a. 2007: 15). Davon ausgehend können u. a. unterschieden werden Generations-, Geschlechter-, Migrations- oder Bildungsmilieus (vgl. Bohnsack 2007: 112). Während hier Milieus als Ausdruck verschiedener Dimensionen oder „Typiken" erscheinen, wird der Begriff Milieu in anderen Arbeiten als eigenständige Kategorie gegenüber Geschlecht und Generation eingeordnet (vgl. etwa Meuser 2007: 218), wobei dann mitunter Grobeinteilungen wie „Arbeitermilieu" oder „bürgerliches Milieu" verwendet werden (vgl. Loos 1999).

Der Milieubegriff erscheint als etwas unscharf. Der Ansatz wird hier dennoch erwähnt, weil er in vielen qualitativen Studien im Bereich der Erziehungs- und Sozialwissenschaften verwendet wird. Einen Überblick zu geben ist deshalb schwierig, weil – folgt man dem vagen Milieubegriff – im Grunde jede Arbeit, die sich auf die Dokumentarische Methode stützt, als Milieuforschung bezeichnet werden könnte. Bildungssoziologisch interessante Forschungsschwerpunkte (Überblick bei Bohnsack u. a. 2007) liegen dabei im Bereich der Jugend- und Generationsforschung (exemplarisch Bohnsack 1989; Schäffer 2003), im Bereich der Geschlechterforschung (exemplarisch Loos 1999), in der Verbindung von Migrationsbewegungen und Bildung (exemplarisch Nohl u. a. 2010) und im engeren erziehungswissenschaftlichen Feld, für den Bereich der Schule zuletzt etwa Kramer (2011).

Die Studien geben oft einen eindrucksvollen Einblick in die Mikroprozesse des Bildungsgeschehens. Das Problem ist, dass der zu Grunde gelegte Milieubegriff bisher nicht an den sozialstrukturell akzentuierten und etablierten Begriff des „sozialen Milieus" angeschlossen wurde, obwohl diese Ebene vor allem mit Mannheims Betonung von der „Seinsverbundenheit" bzw. „Standortgebundenheit des Denkens" (vgl. Bohnsack 2007: 173) prinzipiell im Ansatz verankert ist (vgl. dazu Meuser 2007). Dadurch können Verbindungen zur Makroebene nicht explizit hergestellt, allenfalls nur vermutet werden (vgl. Kramer 2011: 332). Es wird abzuwarten sein, wie diese Lücke künftig geschlossen wird.

4   Schlussbemerkung

Der Beitrag versucht, die bisherigen Forschungen zur Milieubezogenheit von Bildung zu ordnen. Selbstverständlich gehen nicht alle Studien in der vorgenommenen Logik auf.[7] Ohne noch mal auf die anfangs formulierten Begründungen von Milieukonzepten im Hinblick auf die Kritik an Klassen- und Schichtenkonzepten explizit einzugehen, soll hier kurz resümiert werden, welchen Ertrag eine milieubezogene Bildungsforschung hat bzw. haben kann.

1. Milieustudien erbringen durch ihren Zugriff auf den Alltag ein lebens- bzw. praxisnahes Wissen. Hradil (2006) sieht im Milieukonzept eine „praxisbezogene Forschungsperspektive", aber auch die praxeologische Soziologie Bourdieus geht in diese Richtung der Alltagsnähe. Soziale Ungleichheit bleibt dadurch nicht abstrakt, sondern kann gewissermaßen in den Praktiken aufgefunden werden. An die so hervorgebrachten Erkenntnisse kann auf verschiedenen Ebenen des Bildungswesens angeknüpft werden; beispielsweise kann entsprechendes Wissen etwa in die Ausbildung pädagogischer Professionen einfließen, um Umgang mit Differenz und Heterogenität, Individualisierung des Unterrichts usw. zu befördern.
2. Im Unterschied zu sozio-ökonomischen Klassenansätzen beziehen Milieuansätze auch mit ein, wie die Subjekte mit den objektiven Lebensbedingungen umgehen und diese verarbeiten. In den Blick gerät dadurch, wie Bildung in den Alltag der Menschen eingebunden ist und erfahren wird. Diese Kontextualisierung ermöglicht es, die subjektive Sinnhaftigkeit von Bildung mit einzuholen, die verloren geht, wenn nur Bildungsabschlüsse und Kompetenzen gemessen werden.
3. Ein ganz wesentlicher Vorteil von Milieuansätzen gegenüber sozioökonomischen Klassen- und Schichtkonzepten ist, dass sie nicht nur vertikale, sondern auch horizontale Unterscheidungen sichtbar machen können. Zum einen ist damit eine größere Differenzierung verbunden, die über das hinausgeht, was in den engen Grenzen traditioneller Klassen- und Schichteinteilungen möglich ist. Bourdieu (1982: 210 ff.) hat mit den Ausführungen zu den „Umstellungsstrategien" die enorme Dynamik aufgezeigt, die für die Re-Produktion sozialer Klassen in modernen Gesellschaften kennzeichnend ist. Diese Dynamik lässt sich aber nicht allein durch vertikale Auf- und Abstiege ausdrücken, sondern durch ein Gemenge von vertikalen, horizontalen und (über die Dimension Zeit) auch diagonalen Mobilitätswegen. Die Bildungspraxis sozialer Milieus erscheint im Anschluss daran als Teil von Bil-

---

7   So liegen etwa eindrucksvolle biographisch angelegte Arbeiten vor (Alheit u. a. 1999; Herzberg 2004), die ihre Ergebnisse durchaus milieutheoretisch verorten, ohne genau einem der aufgelisteten Konzepte zu folgen. Choi (2009) hat in einer quantitativ ausgerichteten Studie das typische Umgehen mit schulischen und gesellschaftlichen Leistungsanforderungen untersucht und für die dabei explorierten fünf Gruppen den Begriff des „Leistungsmilieus" verwendet.

dungsstrategien, die einzuordnen sind in die Re-Produktionsstrategien der Klassen insgesamt und die sich in „Kämpfen um Bildung" ausdrücken.

4. Milieustudien können ein vertieftes Wissen über Mechanismen sozialer Selektivität im Bildungswesen hervorbringen. Beispielsweise geraten gerade durch qualitative Arbeiten die Mikroprozesse der Bildungspraxis und damit die oft konflikthaften Akkulturations- und Passungsprobleme sowie die milieuspezifisch gefärbte pädagogische Kommunikation deutlich in den Blick, die schon Bourdieu als verdeckt wirkenden Selektionsmechanismus aufgezeigt hat. Insgesamt kann mit dem theoretischen und empirischen Vorgehen des Ansatzes das Prozesshafte bei der Herstellung sozialer Ungleichheit im Bildungswesen aufgezeigt werden, das immer noch zu wenig erforscht ist.

Schließlich sei auf einige Desiderate hingewiesen. Dazu ist zunächst zu sagen, dass der heute relativ häufigen Verwendung des Begriffs „Milieu" gegenübersteht, dass das Konzept in der empirischen Bildungsforschung bis heute nur zögerlich angewendet worden ist. Ein Grund dafür dürfte sicher darin liegen, dass es sich um Ansätze handelt, die (da man die Milieuzugehörigkeit nicht aus der Sozial- und Berufsstatistik einfach herausdestillieren kann) sowohl für qualitative wie für quantitative Untersuchungen komplexe Forschungsanlagen erfordern. Das erscheint allerdings angesichts der komplexen Problemlagen auch als angemessen.

Ein Desiderat stellt zunächst die bei manchen Ansätzen unzureichende theoretische Fundierung dar. Betrachtet man die vorliegenden Studien, so gibt es darüber hinaus erhebliche Lücken. Besonders fällt auf, dass der Schulbereich bisher sehr wenig erforscht ist, ebenso die frühkindliche Bildung. In der Hochschule fehlt es vor allem an Arbeiten, die sich auf die neuen Studiengänge beziehen. In der Sozialisationsforschung werden milieugestützte empirische Untersuchungen oft gefordert, bisher aber wenig umgesetzt. In der Weiterbildung wären Studien zur Wirkung von Weiterbildung sinnvoll. Besonders interessant sind dabei immer Untersuchungen, die die lebensweltliche und institutionelle Passung in den Blick nehmen und an Übergangsprozessen ansetzen.

Im Ergebnis sind somit die Möglichkeiten, die Milieuansätze bieten, bisher kaum ausgeschöpft. In der empirischen Bildungsforschung dominieren andere Paradigmen und Methoden. Angesichts dessen, was Milieustudien leisten können, bleibt zu hoffen, dass sie künftig stärker Berücksichtigung finden

Literatur

Alheit, Peter/Haack, Hanna/Hofschen, Heinz-G./Meyer-Braun, Renate (1999): Gebrochene Modernisierung – Der langsame Wandel proletarischer Milieus. 2 Bde. Bremen: Bothmer.

APuZ (2006): Schwerpunktheft „Soziale Milieus". Heft 44-45/2006.

Barz, Heiner (2000): Weiterbildung und soziale Milieus. Neuwied-Kriftel: Luchterhand.

Barz, Heiner/Tippelt, Rudolf (2003): Bildung und soziale Milieus: Determinanten des lebenslangen Lernens in einer Metropole. In: Zeitschrift für Pädagogik. 3/2003, S. 323–340.

Barz, Heiner/Tippelt, Rudolf (Hrsg.) (2004): Weiterbildung und soziale Milieus in Deutschland. 2 Bde. Bielefeld: wbv.

Bauer, Ullrich (2011): Sozialisation und Ungleichheit. Eine Hinführung. Wiesbaden: VS.

Bauer, Ullrich/Vester, Michael (2008): Soziale Ungleichheit und soziale Milieus als Sozialisationskontexte. In: Hurrelmann, Klaus/Grundmann, Matthias/Walper, Sabine (Hrsg.): Handbuch Sozialisationsforschung. Weinheim: Beltz, S. 184–202.

Beck, Ulrich (1986): Risikogesellschaft. Auf dem Weg in eine andere Moderne. Frankfurt/Main: Suhrkamp.

Bittlingmayer, Uwe H./Bauer, Ullrich (2006): Ungleichheit – Bildung – Herrschaft. Zur politischen Soziologie der Milieutheorie Michael Vesters. In: Bremer, Helmut/Lange-Vester, Andrea (Hrsg.): Soziale Milieus und Wandel der Sozialstruktur. Wiesbaden: VS, S. 212–234.

Bittlingmayer, Uwe H./Drucks, Stephan/Gerdes, Jürgen/Bauer, Ullrich (2010): Der (Alp-)Traum fortwährender Bildungsexpansion. Die Wiederkehr des (funktionalen) Analphabetismus in Zeiten wissensgesellschaftlichen Wandels. In: Quenzel, Gudrun/Klaus Hurrelmann (Hrsg.): Bildungsarmut. Neue Ungleichheiten, Wiesbaden: VS, S. 341–374.

Bohnsack, Ralf (1989): Generation, Milieu und Geschlecht – Ergebnisse aus Gruppendiskussionen mit Jugendlichen. Opladen: Leske+Budrich.

Bohnsack, Ralf (2007): Rekonstruktive Sozialforschung. Eine Einführung. Opladen: Barbara Budrich.

Bohnsack, Ralf/Nentwig-Gesemann, Iris/Nohl, Arnd-Michael (2007): Einleitung: Die dokumentarische Methode und ihre Forschungspraxis. In: Dies. (Hrsg.): S. 9–27.

Bohnsack, Ralf/Nentwig-Gesemann, Iris/Nohl, Arnd-Michael (2007) (Hrsg.): Die dokumentarische Methode und ihre Forschungspraxis. Opladen: VS.

Bourdieu, Pierre (1982): Die feinen Unterschiede. Frankfurt/Main: Suhrkamp.

Bourdieu, Pierre (1987): Sozialer Sinn. Frankfurt/Main: Suhrkamp.

Bremer, Helmut (1999): Soziale Milieus und Bildungsurlaub. Hannover: agis.

Bremer, Helmut (2007): Soziale Milieus, Habitus und Lernen. Weinheim: Juventa.

Bremer, Helmut (2009): Die Notwendigkeit milieubezogener pädagogischer Reflexivität. In: Friebertshäuser, Barbara/Rieger-Ladich, Markus/Wigger, Lothar (Hrsg.): Reflexive Erziehungswissenschaft. Forschungsperspektiven im Anschluss an Pierre Bourdieu. Wiesbaden: VS, S. 209–308.

Bremer, Helmut (2010) Literalität, Bildung und die Alltagskultur sozialer Milieus. In: Bundesverband Alphabetisierung und Grundbildung e. V./Bothe, Joachim (Hrsg.) (2010): Das ist doch keine Kunst! Kulturelle Grundlagen und künstlerische Ansätze von Alphabetisierung und Grundbildung. Münster: Waxmann, S. 89–105.

Bremer, Helmut/Lange-Vester, Andrea (2006): Einleitung: Zur Entwicklung des Konzeptes sozialer Milieus und Mentalitäten. In: Bremer, Helmut/Lange-Vester, Andrea (Hrsg.): Soziale Milieus und Wandel der Sozialstruktur, Wiesbaden: VS, S. 11–36.

Bremer, Helmut/Teiwes-Kügler, Christel (2010): Typenbildung in der Habitus- und Milieuforschung: Das soziale Spiel durchschaubarer machen. In: Ecarius, Jutta/Schäffer, Burkhard (Hrsg.): Typenbildung und Theoriegenerierung. Opladen: Barbara Budrich, S. 251–276.

Bremer, Helmut/Teiwes-Kügler, Christel (i. E.): Zur Theorie und Praxis der „Habitus-Hermeneutik". In: Brake, Anna/Bremer, Helmut/Lange-Vester, Andrea (Hrsg.): Arbeiten mit Bourdieu. Weinheim: Juventa.

Büchner, Peter/Brake, Anna (Hrsg.) (2006): Bildungsort Familie. Wiesbaden: VS.

Calmbach, Marc/Borgstedt, Silke (i. E.): ,Unsichtbares' Politikprogramm? Zusammenfassung
    der zentralen Befunde einer qualitativen Untersuchung von Sinus Sociovision im Rah-
    men des bpb-Projekts Elementarisierung von politischer Bildung. In: Kohl, Wiebke/
    Seibring, Anne (Hrsg.): „Unsichtbares" Politikprogramm? Themenwelten und politisches
    Interesse von bildungsfernen Jugendlichen. Bonn: bpb.
Choi, Frauke (2009): Leistungsmilieus und Bildungszugang. Wiesbaden: VS.
Clarke, John/Hall, Stuart u.a (1979): Jugendkultur als Widerstand. Frankfurt/Main: Syndikat.
Durkheim, Émile (1984): Die Regeln der soziologischen Methode. Frankfurt/Main: Suhrkamp.
Durkheim, Émile (1988): Über soziale Arbeitsteilung. Frankfurt/M.: Suhrkamp.
Faulstich-Wieland, Hannelore (2000): Individuum und Gesellschaft. München: Oldenbourg.
Flaig, Berthold Bodo/Meyer, Thomas/Ueltzhöffer, Jörg (1993): Alltagsästhetik und politische
    Kultur. Bonn: Dietz.
Geiling, Heiko/Gardemin, Daniel/Meise, Stephan/König, Andrea (2011): Migration – Teilhabe –
    Milieus: Spätaussiedler und türkeistämmige Deutsche im sozialen Raum. Wiesbaden: VS
Geißler, Rainer (2008): Die Sozialstruktur Deutschlands. Wiesbaden: VS.
Grathoff, Richard (1989): Milieu und Lebenswelt. Frankfurt/Main: Suhrkamp.
Grundmann, Matthias (1994): Das „Scheitern" der sozialstrukturellen Sozialisationsforschung
    oder frühzeitiger Abbruch einer fruchtbaren Diskussion? In: Zeitschrift für Soziologie
    der Erziehung und Sozialisation. Heft 2/1994, S. 163–196.
Grundmann, Matthias/Groh-Samberg, Olaf/Bittlingmayer, Uwe H./Bauer, Ullrich (2003): Mi-
    lieuspezifische Bildungsstrategien in Familie und Gleichaltrigengruppe. In: Zeitschrift für
    Erziehungswissenschaft, 6. Jg., H. I, S. 25–45.
Grundmann, Matthias/Bittlingmayer, Uwe H./Dravenau, Daniel/Groh-Samberg, Olaf (2007):
    Bildung als Privileg und Fluch – zum Zusammenhang zwischen lebensweltlichen und in-
    stitutionalisierten Bildungsprozessen. In: Becker, Rolf/Lauterbach, Wolfgang (Hrsg.): Bil-
    dung als Privileg. 2. Aufl. Wiesbaden: VS, S. 43–70.
Helsper, Werner (2006): Elite und Bildung im Schulsystem – Schulen als Institutionen-Mili-
    eu-Komplexe in der ausdifferenzierten höheren Bildungslandschaft. In: Ecarius, Jutta/
    Wigger, Lothar (Hrsg.): Elitenbildung – Bildungselite. Opladen: Barbara Budrich, S. 162–
    187.
Herzberg, Heidrun (2004): Biographie und Lernhabitus. Eine Studie im Rostocker Werftarbei-
    termilieu. Frankfurt/Main, New York: Campus.
Hitzler, Ronald/Honer, Anne (1984): Lebenswelt – Milieu – Situation. In: Kölner Zeitschrift für
    Soziologie und Sozialpsychologie. 36. Jg., H. 1, S. 56–74.
Hradil, Stefan (1987): Sozialstrukturanalyse in einer fortgeschrittenen Gesellschaft. Opladen:
    Leske+Budrich.
Hradil, Stefan (1992): Alte Begriffe und neue Strukturen. Die Milieu-, Subkultur- und Lebens-
    stilforschung der 80er Jahre. In: Ders. (Hrsg.): Zwischen Bewußtsein und Sein. Opladen:
    Leske+Budrich, S. 15–55.
Hradil, Stefan (2001): Soziale Ungleichheit in Deutschland. Opladen: Leske+Budrich.
Hradil, Stefan (2006): Soziale Milieus – eine praxisbezogene Forschungsperspektive. In: APuZ
    44-45/2006, S. 3–10.
Kramer, Rolf-Torsten (2011): Abschied von Bourdieu? Perspektiven ungleichheitsbezogener Bil-
    dungsforschung. Wiesbaden: VS.
Kramer, Rolf-Torsten/Helsper, Werner (2010): Kulturelle Passung und Bildungsungleichheit –
    Potenziale einer an Bourdieu orientierten Analyse der Bildungsungleichheit: In: Krüger,
    Heinz-Hermann/Rabe-Kleberg, Ulrike/Kramer, Rolf-Torsten/Budde, Jörg (Hrsg.): Bil-
    dungsungleichheit revisited. Wiesbaden, S. 103–125.

Krappmann, Lothar/Oevermann, Ulrich/Kreppner, Kurt (1976): Was kommt nach der schichtspezifischen Sozialisationsforschung? In: Lepsius, Rainer M. (Hrsg.): Verhandlungen des 17. Deutschen Soziologentages. Zwischenbilanz der Soziologie. Stuttgart: Enke, S. 258–264.

Lange-Vester, Andrea (2007): Habitus der Volksklassen. Münster: Lit.

Lange-Vester, Andrea/Teiwes-Kügler, Christel (2004): Soziale Ungleichheiten und Konfliktlinien im studentischen Feld. In: Engler, Steffani/Krais, Beate (Hrsg.): Das kulturelle Kapital und die Macht der Klassenstrukturen. Weinheim: Juventa, S. 159–187.

Lange-Vester, Andrea/Teiwes-Kügler, Christel (2006): Die symbolische Gewalt der legitimen Kultur. In: Georg, Werner (Hrsg.): Soziale Ungleichheit im Bildungssystem. Konstanz: UVK, S. 55–92.

Lange-Vester, Andrea/Teiwes-Kügler, Christel (2011): Zwischen W3 und Hartz IV – Arbeitssituation und Zukunft des wissenschaftlichen Nachwuchses. Abschlussbericht zur Studie „Wissenschaftliche Mitarbeiterinnen und Mitarbeiter" im Auftrag von ver.di. Hannover.

Lange-Vester, Andrea/Teiwes-Kügler, Christel (i. E.): Habitusmuster und Handlungsstrategien von Lehrerinnen und Lehrern: Akteure und Komplizen im Feld der Bildung. In: Soeffner, Hans-Georg (Hrsg.): Transnationale Vergesellschaftungen. Verhandlungen des 35. Kongresses der Deutschen Gesellschaft für Soziologie in Frankfurt am Main 2010.

Lange-Vester, Andrea/Redlich, Miriam (2010): Soziale Milieus und Schule. Milieuspezifische Bildungsstrategien und Lebensperspektiven bei SchülerInnen der Hauptschule und des Gymnasiums. In: Brake, Anna/Bremer, Helmut (Hrsg.): Alltagswelt Schule. Weinheim: Juventa, S. 185–210.

Liebenwein, Sylvia (2008): Erziehung und soziale Milieus. Elterliche Erziehungsstile in milieuspezifischer Differenzierung. Wiesbaden: VS.

Loos, Peter (1999): Zwischen pragmatischer und moralischer Ordnung. Der männliche Blick auf das Geschlechterverhältnis im Milieuvergleich. Opladen: Leske+Budrich.

Matthiesen, Ulf (1998): Milieus in Transformationen. In: Ders. (Hrsg.): Die Räume der Milieus. Berlin: Edition Sigma, S. 17–79.

Merkle, Tanja/Wippermann, Carsten (2008): Eltern unter Druck. Selbstverständnisse, Befindlichkeiten und Bedürfnisse von Eltern in verschiedenen Lebenswelten. Stuttgart: Lucius & Lucius.

Meuser, Michael (2007): Repräsentation sozialer Strukturen im Wissen. In: Bohnsack u. a. (Hrsg.): S. 209–224.

Nohl, Arnd-Michael/Schittenhelm, Karin/Schmidtke, Oliver/Weiß, Anja (Hrsg.) (2010): Kulturelles Kapital in der Migration. Hochqualifizierte Einwanderer und Einwanderinnen auf dem Arbeitsmarkt. Wiesbaden: VS.

Otte, Gunnar (2005): Hat die Lebensstilforschung eine Zukunft? Eine Auseinandersetzung mit aktuellen Bilanzierungsversuchen. In: Kölner Zeitschrift für Soziologie und Sozialpsychologie. 1/2005, S. 1–31.

Pape, Natalie (2011): Politische Partizipation aus der Sicht funktionaler Analphabet/inn/en. In: Report. 34. Jg. 3/2011, S. 15–23.

Sahrai, Diana/Gerdes, Jürgen/Drucks, Stephan/Tuncer, Hidayet (2011): Die Idealtypologie des funktionalen Analphabetismus. In: Projektträger im DLR e. V. (Hrsg.) (2011): Zielgruppen in Alphabetisierung und Grundbildung Erwachsener. Bielefeld: wbv, S. 33–58.

Schäffer, Burkhard (2003): Generationen – Medien – Bildung. Opladen: Leske+Budrich.

Schulze, Gerhard (1992): Die Erlebnisgesellschaft. Frankfurt/Main, New York: Campus.

Schumacher, Eva (2002): Die soziale Ungleichheit der Lehrer/innen – oder: Gibt es eine Milieuspezifität pädagogischen Handelns? In: Mägdefrau, Jutta/Schumacher, Eva (Hrsg.): Pädagogik und soziale Ungleichheit. Bad Heilbrunn/Obb.: Klinkhardt, S. 253–269.

Tippelt, Rudolf/Reich, Jutta/von Hippel, Aiga/Barz, Heiner/Baum, Dajana (2008): Weiterbil-
    dung und soziale Milieus in Deutschland – Band 3: Milieumarketing implementieren.
    Bielefeld: wbv.
Vester, Michael (2004): Die Illusion der Bildungsexpansion. In: Engler, Steffani/Krais, Beate
    (Hrsg.): Das kulturelle Kapital und die Macht der Klassenstrukturen. Weinheim: Juventa,
    S. 13–53.
Vester, Michael (2005): Die selektive Bildungsexpansion. In: Berger, Peter A./Kahlert, Heike
    (Hrsg.) (2005): Institutionalisierte Ungleichheiten. Weinheim: Juventa, S. 39–70.
Vester, Michael/von Oertzen, Peter/Geiling, Heiko/Hermann, Thomas/Müller, Dagmar (2001):
    Soziale Milieus im gesellschaftlichen Strukturwandel. Frankfurt/M.: Suhrkamp.
Williams, Raymond (1972): Gesellschaftsgeschichte als Begriffsgeschichte. München: Rogner
    und Bernhard.
Wippermann, Carsten/Arnold, Norbert/Möller-Slawinski, Heide/Borchard, Michael (2011):
    Chancengerechtigkeit im Gesundheitssystem. Wiesbaden: VS.
Wippermann, Carsten/Flaig, Berthold Bodo (2009): Lebenswelten von Migrantinnen und Mi-
    granten. In: APuZ, S. 3–11.

Interkulturelle Bildungsprozesse in außerschulischen Kontexten

Arnd-Michael Nohl und Florian von Rosenberg

Noch bis in die Mitte des 20. Jahrhunderts konnte Bildung als „die subjektive Seinsweise der Kultur" (Nohl 1957: 140 f.) bzw. als „nichts anderes als Kultur nach der Seite ihrer subjektiven Zueignung" (Adorno 1978: 90) bezeichnet werden. Seither ist indes zunehmend unklar geworden, welche Kultur man sich der Bildung halber zueignen solle, erscheinen doch die zeitgenössischen Gesellschaften – auch, aber nicht nur aufgrund der Einwanderung – kulturell immer unübersichtlicher und heterogener. Die kulturelle Unbestimmtheit einer Gesellschaft, „in der jedem einzelnen klar wird, daß man auch anders leben kann" – wie es bei Brumlik/Leggewie (1990: 435) zur multikulturellen Gesellschaft heißt –, muss aber nicht notwendiger Weise zum Problem für Bildung, sondern kann auch ihr Katalysator werden. Denn heutzutage haben es „Bildungsprozesse ... (häufig) mit der Begegnung, Auseinandersetzung, Verarbeitung von Fremdem, dem einzelnen Unbekannten, zu tun" (Wulf 1998: 41). Angesichts der Pluralität von Kulturen tritt die *aneignende* Durchdringung *einer* Kultur in den Hintergrund und Bildung wird zur (bisweilen kritisch-distanzierten) *Auseinandersetzung* mit kultureller Heterogenität.

In unserem Aufsatz wollen wir uns mit der Frage beschäftigen, wie interkulturelle Bildungsprozesse theoretisch reflektiert und empirisch erfasst werden. Unseren Überblick über die einschlägige Forschung fokussieren wir auf solche Arbeiten, die sich vornehmlich mit interkulturellen Bildungsprozessen in außerschulischen Kontexten befassen, wobei Interkulturalität sowohl für Einheimische als auch Migrant(inn)en bildsam sein kann (Koller 2002a: 97).[1] Zu den interkulturellen Bildungsprozessen zählen sowohl informelle als auch solche innerhalb von Organisationen der Jugend- und Erwachsenenbildung (Abschnitt 1). Fragt man danach, wie diese interkulturellen Bildungsprozesse theoretisch gefasst sind, so wird eine Parallelität der in den einschlägigen Forschungen herangezogenen Bildungs- und Kulturbegriffe unübersehbar: Während Kultur auf der einen Seite vornehmlich als Konstruktion begriffen wird und Bildung ihrer reflexiven Kritik dient, erscheint in anderen Untersuchungen Bildung als ein Ineinander von Reflexion und praktischen Handlungsvollzügen, die sich auf die impliziten, in die Ge-

---

[1] Es geht uns also weder darum, inwiefern kulturelle Zugehörigkeiten den schulischen Bildungserfolg beeinflussen, noch um Interkulturalität als Gegenstand *schulischer* Bildung (siehe Geyer in diesem Band). Einen Überblick zur Forschung über *unterschiedliche* pädagogische Grundprozesse im Kontext von Interkulturalität bietet Gogolin (2009).

wohnheiten eingeschriebenen Aspekte der Kultur beziehen (Abschnitt 2). Wenngleich ein Großteil der Forschung zu außerschulischen interkulturellen Bildungsprozessen theoretisch angelegt ist, finden sich auch empirische Studien. Insofern ist danach zu fragen, wie das Verhältnis von theoretischer und empirischer Forschung hier gestaltet wird (Abschnitt 3). Unseren Beitrag abschließend werden wir einige Desiderata der interkulturellen Bildungsforschung diskutieren (Abschnitt 4).

1 Organisierte und selbstläufige interkulturelle Bildungsprozesse

Das, was man heute als interkulturelle Bildungsforschung bezeichnet, hat in Deutschland zu jenem Zeitpunkt begonnen, als die „Gastarbeiter/innen" ihre Kinder nachgezogen haben (vgl. Gogolin 2009: 297). Unter dem Label der Ausländerpädagogik war die Erziehungswissenschaft in den 1970er und frühen 1980er Jahren vornehmlich mit der Frage beschäftigt, wie Schüler/innen mit Migrationshintergrund, deren Kulturen als fremd und defizitär angesehen wurden, an die Normalitätserwartungen der Schule angepasst werden sollten. In assimilationspädagogischen Konzepten erschien die Kultur des Aufnahmelandes nicht nur als fraglos gültige, sondern auch als homogene Nationalkultur (vgl. Nohl 2010: 17–48).[2]

Das zu Beginn der 1980er Jahre entwickelte Gegenkonzept der interkulturellen Pädagogik hat sich in seinen Anfängen nicht gegen die homogenisierende und ethnisierende Vorstellung von Kultur, sondern gegen die Defizitannahme gewandt und ihr die Differenzhypothese gegenübergestellt. Gerade angesichts der gleichberechtigten Unterschiedlichkeit der Kulturen könne man sich interkulturell bilden (vgl. ebd.: 49 ff.). Beide, Ausländer- und interkulturelle Pädagogik, wurden später (ab 1990) jedoch zu Recht dafür kritisiert, kulturelle Zugehörigkeiten so in den Vordergrund zu rücken, dass sie zur gesellschaftlich institutionalisierten Diskriminierungsressource werden können. Als Alternative wurde vorgeschlagen, die für Diskriminierung anfälligen organisationalen Eigenlogiken der pädagogischen Praxis zu beachten (vgl. Gomolla/Radtke 2002).

Die genannten Ansätze, die sich unter den Schlagworten „Defizit" – „Differenz" – „Diskriminierung" fassen lassen, beziehen sich alle auf organisierte, insbesondere in Schulen stattfindende interkulturelle Bildung. Formale Bildungsprozesse werden charakteristischer Weise durch ein Curriculum gesteuert und sind auf Ziele gerichtet, die der jeweilige Träger (etwa das Kultusministerium) für verbindlich erklärt hat. Die Teilnahme am Unterricht oder Seminar ist daran gebunden, dass man sich diesen formalisierten Erwartungen prinzipiell unterwirft. Erwartungswidriges Verhalten kann – bis hin zum Ausschluss aus der Bildungsorganisation – sanktioniert werden, erwartungskonformes Verhalten wird – etwa mit Zertifikaten – belohnt. Derart *organisierte* inter-

---

2   Auch nach der Jahrtausendwende finden sich assimilationistische Ansätze gegenüber Migrant(inn)en, die unter der Chiffre des Neo-Assimilationismus kritisch diskutiert werden (vgl. Otto/Schrödter 2006).

kulturelle Bildung findet sich aber nicht nur in der Schule, sondern auch in Einrichtungen der Erwachsenenbildung und sozialpädagogischen Jugendbildung (siehe dazu Herrmann 2009; Bibouche 2006; Fischer et al. 2001).

In diesen außerschulischen Kontexten kann interkulturelle Bildung einen formalen Charakter aufweisen, soweit sie durch Curriculum und Ziele organisatorisch festgelegt ist. Vielfach vollziehen sich in der Jugend- und Erwachsenenbildung aber auch informelle interkulturelle Bildungsprozesse: Angestoßen durch offenere Angebote (z. B. ein Beratungsgespräch, eine Vortragsveranstaltung oder einen Workshop) bilden sich Teilnehmer/innen vor dem Hintergrund von Interkulturalität.

Besondere Aufmerksamkeit haben in der Forschung jene interkulturellen Bildungsprozesse erhalten, die sich abseits pädagogischer Intentionen und Organisierung, quasi selbstläufig entfalten. Hierzu zählen insbesondere die biographisch angelegten Bildungsprozesse, wie sie bei einer deutsch-iranischen Studentin (Koller 2002a), einem Konvertiten (Rosenberg 2011) oder einem Breakdancer türkischer Herkunft (Nohl 2003) zu finden sind. Dabei können selbstläufige interkulturelle Bildungsprozesse durchaus auch innerhalb von Organisationen stattfinden, so z. B. anlässlich einer eher zufällig aufkommenden Diskussion über Rassismus in einem wissenschaftlichen Symposium (Kokemohr 2007). Denn für den informellen Charakter dieser Bildungsprozesse ist es entscheidend, dass sie weder curricular festgelegt sind, noch das (Nicht-)Erreichen ihrer Ziele (positiv bzw. negativ) sanktioniert wird.

2 Bildungs- und Kulturbegriffe in der interkulturellen Bildungsforschung

Die Anfänge der interkulturellen Pädagogik waren noch stark von einem bildungspolitischen und -praktischen Interesse gekennzeichnet, wobei der Kultur- oder Bildungsbegriff kaum systematisch reflektiert wurde. Erst in den 1990er Jahren erschienen Untersuchungen, in denen der Kultur- und bisweilen auch der Bildungsbegriff der interkulturellen Pädagogik umfassender erörtert wurden (vgl. u. a. Prengel 1993; Nieke 2008, zuerst: 1995; Kiesel 1996; Auernheimer 1995). Nach der Jahrtausendwende wurde die interkulturelle Pädagogik dann maßgeblich durch die Kritik an ihren Kulturalisierungstendenzen (siehe neben Radtke/Gomolla 2002 auch schon Bukow/Llaryora 1988) verunsichert. In produktiver Weise ist diese Infragestellung insbesondere in der außerschulischen interkulturellen Bildungsforschung aufgenommen und dazu genutzt worden, die Theorie der interkulturellen Bildung zu schärfen (siehe dazu auch Nohl 2010: 131–144).

Im Folgenden wollen wir uns nun mit jenen Arbeiten zur interkulturellen Bildungsforschung beschäftigen, in denen der Bildungs- und Kulturbegriff systematisch reflektiert wird. Deutlich wird dabei, dass die in Anschlag gebrachten Kultur- und Bildungsbegriffe wechselseitig aufeinander verweisen. Trotz einiger Binnendifferenzen lässt sich hier der kritisch-reflexive Ansatz (2.1) von solchen Ansätzen unterscheiden,

die eher die Einbindung in die Selbstverständlichkeiten von Kulturen (2.2), diskurstheo-
retische (2.3) oder xenosophische (2.4) Aspekte der Bildungsprozesse unterstreichen.

2.1 Interkulturelle Bildung als kritisch-reflexive Auseinandersetzung mit dem „Kulturellen"

Die Bildsamkeit der kritisch-reflexiven Auseinandersetzung mit der eigenen Kultur
wird von Albert Scherr betont. Scherr geht davon aus, dass, obgleich Kulturdifferenzen
für die funktional differenzierte (moderne) Gesellschaft „strukturell belanglos sind", sie
für die „alltägliche Lebensführung" sehr wohl bedeutsam sein können (2001: 349), und
zwar zum einen, insofern und insoweit sie die Partizipation an gesellschaftlichen Funktionssystemen betreffen (und möglicherweise verhindern), zum anderen, weil die alltägliche Lebensführung zum Medium von Bildungsprozessen werden kann. In dieser
Hinsicht begreift Scherr Bildung als „bewusste Auseinandersetzung mit den kulturellen
Rahmungen des Selbst- und Weltverständnisses" (ebd.: 348), wobei die hierbei zu erlan-
gende Selbstbestimmung immer nur eine „Autonomie innerhalb eines mit anderen geteilten kulturellen und sprachlichen Rahmens" sein kann (ebd.: 350). Scherr knüpft mit
seinem Bildungsbegriff an Marotzki an, bei dem er hervorhebt, Bildung werde als „Re-
flexivwerden der eigenen relativ-natürlichen Selbst- und Weltinterpretation" begriffen
(ebd.: 352). Er sieht es daher als „Aufgabe interkultureller Pädagogik", „erstens eine Auseinandersetzung mit solchen kulturellen Kontexten und Praktiken zu ermöglichen, die
substanzielle Differenzerfahrungen beinhalten, und zweitens dazu beizutragen, dass jeweilige Erfahrungen reflexiv verarbeitet werden können, also mit einer rationalen und
damit diskursiv überprüfbaren Vergewisserung bzw. Veränderung des eigenen Selbst-
und Weltverständnisses einhergehen, die ungebrochene Identifikationen relativiert"
(ebd.: 352). Mithin traut er (mit Marotzki) den Individuen „die Fähigkeit" zu, „sich ihrer
eigenen lebensgeschichtlich entwickelten Dispositionen bewusst zu werden und diese
in Bildungsprozessen zu überschreiten" (ebd.: 354).

Zu einer Theorie der „Bildung in der Einwanderungsgesellschaft" hat dies Scherr
mit Ulrike Hormel ausgearbeitet, wobei sie sich nun dezidiert von der interkulturellen
Pädagogik abgrenzen und auf Ansätze der Menschenrechtsbildung, Diversity-Pädagogik und der Auseinandersetzung mit Nationalsozialismus, Holocaust und Rassismus
zurückgreifen. Bildungsarbeit ziele hier nicht nur auf die „Überwindung struktureller, institutioneller und interaktionaler Diskriminierungen" (Hormel/Scherr 2005: 285).
Es gehe auch um die „Befähigung aller Einzelnen [d. h. Einheimischer wie Migranten;
Anm. d. Verf.] zu einer eigenverantwortlichen Gestaltung ihrer Lebenspraxis – auch im
Verhältnis zu ethnisierenden, kulturellen und religiösen Vorgaben und Festlegungen,
aber auch zu nationalstaatlichen Vergemeinschaftungszumutungen" (ebd.: 13).

Die Potentiale reflexiver Distanzierungsmöglichkeiten werden auch von Astrid
Messerschmidt betont. Sie beschäftigt sich mit der Frage, wie eine kritische Bildungs-

theorie in Bezug auf die Themen „Globalisierung", „Migration" und den „zeitgeschichtlichen Nachwirkungen von Nationalsozialismus und Kolonialismus" zu konzipieren ist (2009: 9). Es gehe bei diesen Themen nicht alleine um den Wissenserwerb (weshalb sie auch den Begriff des Lernens, etwa denjenigen des interkulturellen Lernens, ablehnt), sondern um die Beschäftigung mit den „inneren Widersprüchen" (ebd.: 13), die sich aus diesen Themen gerade dadurch ergeben, dass alle in sie verstrickt bzw. von ihnen betroffen seien. Um dieser „Arbeit an den eigenen Verhältnisbestimmungen zu den gesellschaftlichen Gegenständen" (ebd.: 10) nachzugehen, arbeitet Messerschmidt mit dem „Instrumentarium bildungstheoretischer Widerspruchsanalysen" (2009: 8).

Im uns hier am meisten interessierenden Kontext der Migration rückt Messerschmidt dezidiert von solchen Kulturalisierungen ab, wie sie für die interkulturelle Pädagogik immer wieder kritisiert wurden (exemplarisch: Gomolla/Radtke 2002). Denn „Kultur" sei – so Messerschmidt – jederzeit für die Konstruktion von Differenzen und die Abwertung des Anderen instrumentalisierbar. Es gehe in der Bildungsarbeit aber um eine „Aufarbeitung der Prozesse des Andersmachens und der Differenzmarkierungen" (ebd.: 120). Dabei stehe Bildungsarbeit vor dem „Dilemma, Differenzen einerseits nicht auszublenden … und sie andererseits nicht identifizierend festzuschreiben" (ebd.: 121). Inhaltlich müsse die „Art und Weise des Thematisierens von Migration" (ebd.: 138) reflektiert werden, wozu – etwa in der politischen Bildung – die Aufmerksamkeit „von der Problematisierung von Identitäten auf eine Analyse der Bedingungen von Zugehörigkeit und Partizipation" (ebd.: 139) zu verlagern sei. Demgegenüber ginge es „auf der Beziehungsebene" um den „Umgang miteinander" (ebd.: 138), d. h. um „die Wirkung von Machtasymmetrien und Diskriminierungserfahrungen", in die man als Mehrheitsangehöriger „kontextual … verflochten" ist, ohne an ihnen individuelle Schuld haben zu müssen (ebd.: 141). Kritik könne daher nie nur am Rassismus geübt werden, sondern finde immer schon „innerhalb" des Rassismus statt (ebd.: 220). Denn man „stößt auf die eigene strukturelle Verwobenheit mit dem Problem – sei es aufgrund eigener Diskriminierungserfahrungen oder aufgrund der eigenen privilegierten Position" (ebd.: 222). Das Moment der Kritik wird von Messerschmidt (in Auseinandersetzung mit Heydorn und Adorno) in seiner Unabgeschlossenheit betont; die in der Bildungsarbeit aufzudeckenden immanenten Widersprüche seien prinzipiell nicht auflösbar (ebd.: 252), sodass es bei dieser „Befähigung zu kritischer Selbstreflexion" keinen „der Kritik entzogenen gesicherten Standpunkt" gebe (ebd.: 257).

Wie Messerschmidt verwendet auch Krassimir Stojanov einen kritischen Impetus. Ohne die Zeichen der Zeit einer posttraditionalen Gesellschaft zu verkennen, versucht Stojanov (vgl. 2006: 224) entgegen verbreiteten Diskursgewohnheiten den Bildungsbegriff normativ zu fundieren und dabei gleichzeitig universalistische Kriterien in den Blick zu nehmen.[3] Einen dritten Weg zwischen den geistes- und sozialwissenschaft-

---

3   Der erhöhte bildungsphilosophische Aufwand, der für dieses Projekt betrieben werden muss, ist einer der Stärken von Stojanovs Arbeit. Mehr noch als bei anderen Ansätzen liegt in der in unserem Beitrag notwendigen Verkürzung seines Begriffsrahmens die Gefahr des Missverständnisses.

lichen Interpretationslinien suchend, hebt Stojanov (ebd.: 16) vor allem auf die intersubjektive Verfasstheit von Bildungsprozessen ab. Den zentralen Bezugspunkt bildet dabei
die anerkennungstheoretische Arbeit von Axel Honneth, die Stojanov bildungstheoretisch wenden möchte. Stojanovs (ebd.: 9) grundlegende These ist dabei, „dass Bildung
qua individuelle Selbst-Entwicklung und Welt-Erschließung ein intersubjektiv vermittelter Vorgang ist, der dann initiiert wird, wenn die Interaktionen, in denen er eingebettet ist, bestimmte Qualitätsmerkmale" aufweisen. Für Stojanov ist die „Entwicklung
individueller Autonomie" und „sozialer Partizipation", welche er als Bildungsprozess
versteht, „durch eine bestimmte Qualität von Sozialbeziehungen" bestimmt (ebd.: 12).
Vor dem Hintergrund von Anerkennung und Missachtung versucht Stojanov ein nor-
matives Kriterium für das Ge- und Misslingen von solchen Interaktionen zu finden, die
der Selbstentwicklung und Welt-Erschließung von Individuen förderlich bzw. hinder-
lich sein können.

Aus der Perspektive von interkulturellen Bildungsprozessen fragt Stojanov nun
nach dem Zusammenhang von „Welterschließung" und „kultureller Zugehörigkeit"
(ebd.: 163). Er fokussiert den „Umgang mit den eigenen kulturellen Zugehörigkeiten
und kulturellen Horizonten als eine wesentliche Dimension" von (interkulturellen) Bildungsprozessen (ebd.: 165). Bildungsprozesse siedelt Stojanov (ebd.: 163) nun in der
„Dialektik der ‚Kulturhaftigkeit'" zwischen der ursprünglichen Situierung der Selbst-
und der Wirklichkeitsvorstellungen des Einzelnen in partikularen, primär ansozialisierten Kontexten auf der einen Seite und der Überschreitung dieser Kontexte durch
die transformierende Artikulation der Selbst- und Wirklichkeitsvorstellungen im Zuge
der Welt-Erschließung auf der anderen" (ebd.) an. Dabei betont Stojanov (vgl. ebd.: 167)
die Differenz zwischen Individualität und kollektiver Zugehörigkeit, wobei letztere für
sich genommen noch keine anerkennungswürdige Leistung des Individuums ist (vgl.
ebd.: 168). Anerkennungswürdig und in diesem Sinne auch ein Kennzeichen von Bildung ist für Stojanov jedoch, „wenn das Individuum seine kulturelle Zugehörigkeit
bzw. seine „ansozialisierten" kulturspezifischen Horizonte und Wertevorstellungen als
wertvoll für die gesamte Gesellschaft *artikulieren* kann." (ebd.; Hervorhebung im Original) Scherr, Hormel und Messerschmidt ähnlich, nimmt damit auch Stojanov einen
reflexionstheoretischen Standpunkt ein, in dem Bildungsprozesse mit einer Distanzierung von der eigenen kulturellen Eingebundenheit einhergehen. Dies bewertet er als
Kennzeichen eines „individuellen autonomen Handelns" (2006: 168). Die Möglichkeit
der Artikulation – und damit ein Stück weit die Dezentrierung der eigenen kulturellen Eingebundenheit – ist für Stojanov (2006: 223) eine Voraussetzung für die „Teilnahme am diskursiven Spiel des „Gründe-Gebens" und „Nach-Gründen-Verlangens" und
somit letztlich (…) ein Mittel des ‚Kampfes um Anerkennung'".

2.2 Bildung und die Auseinandersetzung mit den selbstverständlichen Gewissheiten kultureller Einbindungen

Die reflexiven Distanzierungsmöglichkeiten, die im Zentrum der Arbeiten von Scherr, Hormel, Messerschmidt und Stojanov stehen, werden in der frühen lebenswelttheoretischen Arbeit von Nieke wie auch in den pragmatistisch inspirierten bzw. habitustheoretischen Ausarbeitungen von Nohl und Koller zu interkulturellen Bildungsprozessen infrage gestellt.

Wolfgang Nieke (2008) definiert Kultur als die „Gesamtheit der kollektiven Orientierungsmuster einer Lebenswelt" (ebd.: 50) und unterstreicht, dass es sich bei der Lebenswelt mit ihren Orientierungsmustern um die „Gesamtheit der fraglosen Gewissheiten des Alltags" handele (ebd.: 51). Mit einem solchen an die Phänomenologie von Alfred Schütz angelehnten Kulturbegriff kann sich Nieke nicht nur gegen die – beim Ersterscheinen seines Buches 1995 vorherrschende – Tendenz der interkulturellen Pädagogik wenden, Kulturen mit Gesellschaft bzw. Nation – etwa im Sinne etwa einer „türkischen" oder „deutschen Kultur" – gleichzusetzen, sondern er hält fest, dass es in jeder Gesellschaft viele Kulturen gebe (vgl. ebd.: 49). Er knüpft auch an jene Kultur- und Sozialtheorien an, die – wie etwa Bourdieus Habitustheorie – den vorreflexiven Charakter sozialen Handelns betonen.

Ausgangspunkt der interkulturellen Erziehung und Bildung (zwischen denen Nieke nicht unterscheidet) müsse es dann aber sein, sich aus der „Konfrontation" mit fremden Lebenswelten heraus der „unvermeidlichen Eingebundenheit des eigenen Denkens und Wertens in die selbstverständlichen Denkgrundlagen der eigenen Lebenswelt" (ebd.: 76) bewusst zu werden. Aufgrund der Unhintergehbarkeit der lebensweltlichen Einbindung könne es hier nicht um eine „völlige Lösung" von ihr gehen, sondern nur um einen „aufgeklärten Ethnozentrismus", d. h. um „ein Bewusstsein von der Unvermeidlichkeit dieses Eingebundenseins in die Denk- und Wertgrundlagen der eigenen Lebenswelt sowie davon, dass andere in ihren Lebenswelten in ebensolcher Weise verankert sind" (ebd.: 77). Gleichwohl komme es dabei zur „Befremdung" (ebd.), die nicht immer nur exotisch, sondern im Alltag auch außerordentlich verunsichernd sein könne. Neben einer Reihe anderer Handlungsmaxime, die Nieke zu den Zielen interkultureller Erziehung und Bildung zählt,[4] sei es wichtig, die Befremdung der eigenen durch andere Lebenswelten aushalten zu lernen.

Ist bei Nieke die Befremdung durch fremde Lebenswelten ein Anlass zur (gleichwohl lebensweltlich begrenzten) Reflexion, so werden in den am Pragmatismus John Deweys orientierten Arbeiten von Arnd-Michael Nohl solche interkulturellen Bildungsprozesse herausgearbeitet, in denen das Aufeinandertreffen unterschiedlicher kultureller Selbstverständlichkeiten mit spontanen Handlungspraktiken verknüpft ist. Im Rahmen einer

---

4   Hierzu gehören Toleranz, Sensibilität für Rassismus, Solidarität, Konfliktbewältigung u. a. mehr (siehe Nieke 2008: 75 f).

breiter angelegten empirischen Untersuchung hat Nohl (2003; 2004) gezeigt, dass Jugendliche, deren Eltern aus der Türkei eingewandert sind, eine tiefgreifende Differenz
zwischen ihrer Herkunftsfamilie und der Aufnahmegesellschaft erfahren. Da die Jugendlichen angesichts des Generationenbruchs von ihren Eltern keine Handlungs- und
Lebensgewohnheiten übernehmen können, explorieren sie in spontanen Handlungspraktiken (wie dem Breakdance und der plötzlichen Hinwendung zum Islam) neue
Wege der Lebensführung. Sobald sich diese neuen Handlungspraktiken gesellschaftlich
bewährt haben, werden sie zur Basis der eigenen Lebensorientierung. Bildung wird hier
also nicht nur – wie in den bisher dargestellten Arbeiten – als Auseinandersetzung mit
dem Fremden bzw. Anderen begriffen, sondern als die Entfaltung neuer – in Lebensorientierungen verbürgter – handlungspraktischer Selbstverständlichkeiten, welche mit
Prozessen der Subjektivierung einhergeht.

Auch Hans-Christoph Koller begreift Bildung als transformatives Geschehen, diskutiert dieses aber unter Rückgriff auf Bourdieus Begriff des Habitus. Der Habitus wird
von Koller (2002b: 185) mit Bourdieu verstanden als ein „durch Sozialisation erwor-
benes, größtenteils unbewusstes System von Dispositionen bzw. von Wahrnehmungs-,
Denk- und Handlungsschemata". Die Auseinandersetzung mit anderen Kulturen wird
mit dem Habitusmodell (gegenüber einer reflexiven Distanzierung) eine Ebene tiefer
angesetzt, insofern der Habitus auch strukturierend auf Reflexionsgewohnheiten einwirkt. Das Habitus-Konzept hilft damit zunächst, „die relative Konstanz und Regelmäßigkeit sozialer Praktiken" (Koller 2002b: 185) zu erklären. Reflexionen sind also durch
die eigene habituelle Standortgebundenheit limitiert, ohne dass diese Limitierung reflexiv einfach aufzuheben wäre. Für einen Bildungsprozess auf der Ebene des Habitus bedarf es daher zunächst eines Anlasses, der die Grenzen des Habitus dauerhaft infrage
stellt. Diesen Anlass findet Koller (2002b: 185) im Zusammenhang mit interkulturellen
Bildungsprozessen in der schon von Scherr angebrachten Differenz zwischen kulturellem Deutungsmuster und gesellschaftlichen Strukturen. Koller (vgl. 2002b: 185) geht
davon aus, dass es bei transnationalen Migrationsprozessen zu Passungsschwierigkeiten
zwischen dem Habitus von Migrant(inn)en und den Strukturen der Aufnahmegesellschaft kommen kann. Gerade in Passungsschwierigkeiten und den damit zusammenhängenden Funktionsstörungen des Habitus sieht Koller (2002b: 185) das Potential,
„neue Wahrnehmungs-, Denk- und Handlungsdispositionen" und damit Bildungsprozesse im Sinne von Habitustransformationen zu entfalten. Die Distanzierung von den
eigenen kulturellen Wurzeln erfolgt hier weniger reflexiv als vielmehr handelnd.

2.3 Bildung zwischen Diskursen

Andernorts zielt Hans-Christoph Koller – unter Bezugnahme auf Lyotard (Koller
2002a) und die Cultural Studies (Koller 2002b: 191 ff.) – weniger auf die habituelle, als
vielmehr auf die *diskursive* Einbindung von Akteuren in durch Pluralität strukturier-

ten Gesellschaften ab. Anhand von biographischen Interviews interessieren Koller vor allem die Verarbeitung von Migrationserfahrungen, da sich in ihnen besonders markante Potentiale für Bildungsprozesse finden. Aus einer an den sprachphilosophischen Überlegungen Lyotards geschulten Perspektive deutet Koller (2002a: 95) die wachsende Vielfalt von Lebensstilen „als Vielfalt heterogener Sprachspiele und Diskursarten". Die unterschiedlichen Diskursarten erscheinen dabei nicht „als eine bunte Vielfalt friedlich koexistierender Qualitäten", sondern als eine „potentiell konflikthafte Konstellation" (Koller 2002a: 95). Bezogen auf Bildungsprozesse interessiert Koller nun vor allem der Umgang mit aufeinandertreffenden Diskursen, die nicht ineinander übersetzbar und die in diesem Sinne widerstreitend strukturiert sind. In diesen konflikthaften Situationen findet Koller (2002a: 114) das Potential für Bildungsprozesse, die er entsprechend seiner sprachphilosophischen Ausgangspunkte als ‚Suchprozesse' und ‚rhetorische Öffnungen' „für neue Selbstdefinitionen in einer von der beständigen Möglichkeit des Widerstreits geprägten Welt" kennzeichnet.

Einen dekonstruktiven Zugang zu Kultur sucht Hans-Christoph Koller in seinen Bezugnahmen auf die Cultural Studies und Stuart Hall. Vom Strukturalismus beeinflusst lässt sich für Hall Kultur „als der (teilweise unbewusste) begriffliche und sprachliche Rahmen verstehen, mittels dessen eine Gesellschaft ihre Existenzbedingungen – und d. h. vor allem das Verhältnis zwischen Welt und Mensch und Welt und Natur – klassifiziert" (Koller 2002b: 193). Kulturen zeigen sich dabei weniger einheitlich als vielmehr vielschichtig, durchmischt und überlagert, weshalb in den Cultural Studies auch von hybriden Kulturen und damit verbundenen hybriden Identitäten gesprochen wird. Gerade in der Uneinheitlichkeit und Pluralität sieht Koller (2002b: 196) mit Hall nun Möglichkeiten der „Entstehung neuer ‚Kulturen'" und damit das Potential für interkulturelle Bildungsprozesse, in denen es zu „kulturellen Um- oder Neu-Identifizierungen" kommt, wodurch neue kulturelle Zugehörigkeiten geschaffen werden. Von der Idee ausgehend, dass Sprachen und – in dieser theoretischen Perspektive – damit auch Kulturen immer ein „Überraschungspotential" (Koller 2002b: 195) besitzen, betonen die Cultural Studies stärker den fragilen und sich wandelnden Charakter kultureller Gebilde. Vor dem Hintergrund dieses diskurstheoretisch fundierten Kulturbegriffs geht es in Bildungsprozessen darum, kulturelle „Artikulationen aufzulösen, neue Verknüpfungen herzustellen und auf diese Weise neue Identitäten bzw. Welt- und Selbstverhältnisse hervorzubringen" (Koller 2002b: 197).

An die sprach- und diskurstheoretisch fundierten Arbeiten von Hans-Christoph Koller anschließend befasst sich auch Nadine Rose mit Bildungsprozessen, verstanden als die Transformation von Selbst- und Weltverhältnissen in Migrationsbiographien. Unter Bezug auf das Konzept der Subjektivierung von Judith Butler stellt Rose (2011: 363) heraus, wie sich ein Subjekt erst „in Abhängigkeit von und in Unterwerfung unter normativ wirksame Diskurse konstituiert." Subjekte und diskursive Subjektkonstitution sind somit als Relationierung zwischen individueller und kollektiver Handlungspraxis zu verstehen. Bildung wird damit gleichzeitig auf individueller Ebene als

„Infragestellung und Verschiebung des Subjekt-Seins" und auf kollektiver Ebene als „Infragestellung und ggf. Verschiebung der kollektiven Bedingungen des Seins" verstanden (ebd.: 364). Rose (2011: 362) untersucht nun mit den Mitteln der Biographieforschung die Perspektive der Akteure und rekonstruiert, wie „Migrationsandere" mit den ihnen zugeschriebenen und unter Umständen diskriminierenden Subjektpositionierungen umgehen. Anhand von Fallbeispielen zeigt Rose (2011: 367; 371), wie sich Akteure auch diskriminierende Zuschreibungen subversiv aneignen und als „Bildungsherausforderungen" nutzen.

2.4 Die Bildsamkeit der Fremdheit

Wie Koller und Rose gebraucht auch Rainer Kokemohr einen sprachphilosophischen Bezugsrahmen – in Anlehnung an Ricoeur und Lacan –, ergänzt diesen aber mit den systematischen Reflexionen des Fremden von Waldenfels. Kokemohr (2007: 13) interessiert in diesem Kontext die Frage, „in welcher Weise Erfahrungen von Fremdheit Bildungsprozesse herausfordern." Das Fremde steht für Kokemohr (2007: 28) „dem Eigenen kraft seiner anderen Ordnungsfiguration entgegen." In diesem Sinne ist das Fremde das außerhalb der eigenen Ordnung Stehende. Es kann dort, „wo Erfahrungen nicht in die Grundfiguren jener lebensgeschichtlich aufgebauten Ordnungen integriert werden" (ebd.: 14), Bildungsprozesse initiieren. Bildung wird dabei von Kokemohr als ein Prozess verstanden, der „symbolisch typisierende Konfigurationen" von Selbst- und Weltverhältnissen aufbricht und transformiert (ebd.: 16). Kokemohr untersucht nun anhand des Transkriptes einer Diskussion – die auf einem Symposium im Rahmen eines Afrika-Sonderforschungsbereiches entstand und um den Konflikt um die Bewertung einer Rassismuserfahrung kreist – Bildungspotentiale. Im Bezug auf das Fremde wird Bildung hier als ein Prozess ausgewiesen, der auf das Nicht-Verstehen-Können des Fremden „mit dem Entwurf eines anderen Welt- und Selbstverhältnisses antwortet" (ebd.: 65).

Einen Anschluss zu Kokemohrs bildungstheoretischer Auseinandersetzung mit dem Fremden findet sich bei Alfred Schäfer. Auch dieser geht von einem Konzept der Fremdheit aus, „dessen Qualität gerade darin besteht, dass in ihm die Notwendigkeit des Scheiterns der eigenen Selbst- und Fremdwahrnehmungsgewohnheiten sich aufdrängt" (2009: 188). Im Zusammenspiel mit ethnographischen Dokumenten aus Forschungsprojekten über die Dogen aus Mali und die Batemi in Nord-Tansania entwickelt Schäfer (2009: 192) einen bildungsethnologischen Ansatz, welcher eine „doppelte Fremdheit" impliziert. Einerseits beschreibt Schäfer „,Bildungsprozesse' in anderen Kulturen", wodurch er sich als Ethnologe in eine „Wissenschaft vom kulturell Fremden" einordnet (ebd.: 195). Andererseits sieht er den Umgang als Forscher mit den für ihn fremden Selbst- und Weltverständnissen als eine eigene Fremdheitserfahrung, wodurch die Ethnographie selbst zum „Bildungsproblem" wird. Sowohl Kokemohr als auch Schäfer

(2009: 189), die beide ein Interesse an bildungstheoretisch angelegten Afrikastudien verbindet, stellen heraus, dass sich Fremdheitserfahrungen nicht auf den „fremdkulturellen Kontakt" beschränken müssen. Damit werden direkt und indirekt über den Begriff der Fremdheit Anschlüsse für Arbeiten geschaffen, die interkulturelle Bildungsprozesse abseits nationalstaatlicher Codierungen zu erforschen suchen.

In diese Sinne untersucht Florian von Rosenberg (2011) interkulturelle Bildungsprozesse von Akteuren, die durch Konversionen, das Führen einer binationalen Paarbeziehung oder das Aufwachsen in einer binationalen Familie Fremdheitserfahrungen gemacht haben, die sich nicht direkt auf Migration zwischen Nationalstaaten zurückführen lassen. In fallübergreifenden Analysen von 25 Interviews konnte eine viergliedrige Phasentypik ausgearbeitet werden, die über die Phasen von unspezifischen Kontakten, erprobenden Einlassungen, kontinuierlichen Auseinandersetzungen und neuen biographischen Selbstthematisierung Einblicke in fallübergreifende Mikrostrukturen von interkulturellen Bildungsprozessen in Auseinandersetzung mit fremden Erfahrungsansprüchen gibt (vgl. Rosenberg 2011). Wie bei Kokemohr und Schäfer wählt auch Rosenberg das Fremde als eine sich widersetzende Erfahrung zum Ausgangspunkt für eine Konzeptionalisierung von interkulturellen Bildungsprozessen. Im Fokus der Ausarbeitungen steht die Fassung eines veränderten Kulturbegriffs für die Systematisierung einer interkulturellen Pädagogik, welcher sich nicht mehr an den Grenzen des Nationalstaates, sondern an den Grenzen von Erfahrungsräumen festmachen lässt (vgl. hierzu Nohl 2010, Kap. 6; Rosenberg 2010). Interkulturelle Erfahrungen finden aus dieser Perspektive auch abseits von Migrationsprozessen statt, beispielsweise im Aufeinandertreffen unterschiedlicher Generationen, Geschlechter oder Milieus. In einer Verbindung zwischen einem in Praktiken verankerten Erfahrungsbegriff und Überlegungen zu Interkulturalität rückt bei Rosenberg, ähnlich wie bei Kokemohr und Schäfer, ein enger Bezug zu Konzeptionen des Fremden in den Vordergrund, insofern das fremd bleibt, was außerhalb des eigenen Erfahrungsraumes und damit außerhalb der eigenen kollektiven Zugehörigkeit bleibt oder bleiben muss.[5]

3   Zum Verhältnis von theoretischer und empirischer Forschung

Das vorherige Kapitel hat angezeigt, wie wichtig und grundlegend die systematischen Reflexionen des Kultur- und Bildungsbegriffes für die Konzeptionalisierung von interkulturellen Bildungsprozessen sind. Gleichzeitig wird jedoch auch deutlich, dass die Ausarbeitungen – wie dies allgemein für die Erziehungswissenschaft gilt – stark durch

---

5   Wenn sich interkulturelle Bildungsprozesse auf kollektive Zugehörigkeiten im Allgemeinen, d. h. nicht notwendiger Weise auf ethnisch-kulturelle Zugehörigkeiten, beziehen, lassen sich daneben auch Bildungsprozesse im Kontext von Unterschieden der Generation, des Geschlechts oder der Schicht- bzw. Klassenzugehörigkeit denken.

Theorieimporte aus der Philosophie, Soziologie und Kulturwissenschaft geprägt sind. Eine Möglichkeit, Theorien nicht nur zu importieren, sondern diese aus einer eigenständigen Perspektive systematisch weiterzuentwickeln, kann sich – neben dem Bezug auf das Pädagogische – aus dem Wechselverhältnis von theoretischen und empirischen Arbeitstechniken ergeben. Wenn man empirische Dokumente nicht nur zur Veranschaulichung, Legitimation und Bestätigung von theoretischen Reflexionen verwendet, sondern als Material, das theoretischen Überformungen widersteht, bietet sich die Möglichkeit zur erziehungswissenschaftlichen Theoriegenerierung. So werden die Theorieimporte von Ausgangs- zu wechselseitigen Einsatz- und Bezugspunkten einer empirisch fundierten Theorie interkultureller Bildungsprozesse. Empirische Rekonstruktionen und theoretische Reflexionen treten in ein Resonanzverhältnis, bei dem im besten Fall ein wechselseitiger Differenzierungsprozess einsetzt, aus dem eine neue „theoretische Empirie" (Kalthoff u.a. 2008) beziehungsweise eine neue empirisch gegründete Theorie (Glaser/Strauss 1967) entsteht. In Bezug auf die Erforschung interkultureller Bildungsprozesse in außerschulischen Kontexten steckt dieser Forschungszweig, trotz der in Kapitel 2 schon erörterten produktiven Einlassungen unterschiedlicher Autor(inn)en, noch weitestgehend in den Kinderschuhen. Gegenwärtig lassen sich neben den ausschließlich theoretisch arbeitenden Ansätzen insbesondere zwei auf Theoriegenerierung abzielende Vorgehensweisen unterscheiden, die wir als *Verknüpfung von theoretischer Reflexion und Einzelfallanalyse* und als *Verknüpfung von theoretischer Reflexion und typenbildender Forschung* kennzeichnen möchten: Die meisten der in Kapitel 2 verhandelten Autoren und Autorinnen (Koller 2002b; Kokemohr 2007) arbeiten mit theoretischen Reflexionen in Verbindung mit Einzelfallanalysen. Theorie und Empirie fungieren hier als wechselseitige Resonanzböden, wobei in der Regel die Grundlagentheorien durch die empirischen Rekonstruktionen wenig infrage gestellt werden. Dennoch ermöglichen hier die empirischen Rekonstruktionen vom Einzelfall ausgehend, die Grundlagentheorie bildungstheoretisch zu konkretisieren und teilweise zu differenzieren. Sind die theoretischen Reflexionen in Verbindung mit Einzelfallanalysen noch viel zu spärlich gesät, stehen – anders als in anderen Forschungsbereichen – im Kontext von interkulturellen Bildungsprozessen Verknüpfungen von theoretischen Reflexionen mit typenbildenden Forschungen noch weitestgehend aus. Typenbildende Forschung bietet die Möglichkeit, auch Grundlagentheorien in Frage zu stellen bzw. zumindest zu differenzieren.[6]

---

6   Zu ersten Ansätzen einer auf Typenbildungen setzenden Bildungsforschung im Kontext von Interkulturalität vgl. Nohl 2003; Rosenberg 2011.

4 Fazit: Desiderata in der Forschung zu interkulturellen Bildungsprozessen

Angesichts der bislang nur wenig ausdifferenzierten und recht aspekthaften empirischen Untersuchungen zur interkulturellen Bildung in außerschulischen Kontexten bestehen noch große Forschungspotentiale. Damit die Empirie hier auch einen kräftigen Resonanzboden für die theoretische Reflexion bieten kann, sollten diese empirischen Studien so angelegt sein, dass sie generalisierungsfähige Ergebnisse erbringen. Dies gilt nicht nur für die quantitative, sondern auch für die qualitative Forschung.

Allerdings gibt es bislang keine uns bekannte quantitative, standardisierte Untersuchung zu interkulturellen Bildungsprozessen, allzumal keine, die an die in Abschnitt 2 erörterten Ansätze anknüpfen würde. Sicherlich gibt es Schwierigkeiten, mit standardisierten Befragungen der Prozesshaftigkeit von Bildungsprozessen auf die Spur zu kommen (weshalb ja zumeist die Ergebnisse von – zumal schulischer – Bildung, nicht aber ihr Verlauf, erforscht werden). Gleichwohl muss es als eine ungerechtfertigte Beschränkung gelten, dass die theoretischen Ansätze der interkulturellen Bildungsforschung, wenn überhaupt, so nur mit dem qualitativen Forschungsparadigma verknüpft sind. An diesem Punkt bedarf es also noch weiterer Forschungsarbeit.

Die Desiderata interkultureller Bildungsforschung beziehen sich allerdings nicht nur auf das Verhältnis von empirischer und theoretischer Untersuchung, sondern betreffen auch inhaltliche Fragen. Bislang wurden Prozesse interkultureller Bildung vornehmlich als eine Angelegenheit des Individuums behandelt. Im Dunkeln blieb dabei zum einen, in welcher Weise individuelle Bildung mit gesellschaftlichen Bedingungen zu tun hat, zum anderen, ob es neben individuellen auch kollektive Bildungsprozesse gibt.

Jene Menschen, die einen interkulturellen Bildungsprozess durchlaufen, werden hierzu meist von gesellschaftlichen Umständen (z. B. durch eine hohe kulturelle Heterogenität der Gesellschaft) veranlasst. Auch die Verlaufsform des Bildungsprozesses und die Frage, ob er überhaupt gesellschaftliche Anerkennung findet, sind nicht ohne die soziale Einbettung auch individueller Handlungsvollzüge denkbar. Die theoretische und empirische Forschung sollte dieses Verhältnis individueller interkultureller Bildungsprozesse zur Gesellschaft, ihren Funktionssystemen, Milieus und Organisationen in Zukunft in den Blick nehmen.[7]

Hiervon ausgehend muss Bildung sich nicht auf das Individuum beschränken, sondern kann auch kollektiv angelegt sein (vgl. Schäffer 2003: 211 ff). Hinsichtlich interkultureller Bildung wäre danach zu fragen, wie sich Realgruppen oder soziale Milieus angesichts ihrer Auseinandersetzung mit kultureller Pluralität verändern und wie sich dabei neue kollektive Orientierungen entfalten.[8] Zu denken wäre hier nicht nur an Mi-

---

7 Wie in Abschnitt 2 deutlich gemacht, gibt es in diese Richtung schon Bemühungen, so etwa in den bildungstheoretischen Bezugnahmen auf die Arbeiten von Pierre Bourdieu.

8 Barbara Asbrand (2009) hat solche kollektiven Prozesse im Horizont der Globalisierung – allerdings unter dem Stichwort Lernen – rekonstruiert.

grantenmilieus, sondern auch an solche Gruppen, die sich in besonderer Weise mit kultureller Heterogenität auseinandersetzen, seien dies Gruppen von Einheimischen in Einwandervierteln oder auch Angehörige autochthoner Minderheiten. Noch weitergehend könnte man danach fragen, ob nicht auch die Gesellschaft selbst, die sich ihrer kulturellen Pluralität zunehmend bewusster wird und sie in ihren Diskurs integriert, einen interkulturellen Bildungsprozess durchläuft.

Literaturangaben

Adorno, Theodor W. (1978): Theorie der Halbbildung. In: Pleines, Jürgen E. (Hg.): Bildungstheorien. Freiburg u. a.: Herder. 89–99.

Asbrand, Barbara (2009): Wissen und Handeln in der Weltgesellschaft. Münster u. a.: Waxmann.

Auernheimer, Georg (1995): Einführung in die interkulturelle Erziehung. Darmstadt: Wissenschaftliche Buchgesellschaft.

Bibouche, Seddik (Hrsg.) (2006): Interkulturelle Integration in der Kinder- und Jugendarbeit. Orientierungen für die Praxis. Weinheim u. Basel: Juventa.

Brumlik, Micha/Leggewie, Claus (1992): Konturen der Einwanderungsgesellschaft: Nationale Identität, Multikulturalismus und „Civil Society". In: Bade, Klaus-Jürgen (Hg.): Deutsche im Ausland – Fremde in Deutschland. München: Beck. 430–442.

Bukow, Wolf-Dietrich/Llaryora, Roberto (1988): Mitbürger aus der Fremde. Opladen: Westdeutscher Verlag.

Fischer, Veronika/Kallinikidou, Desbina/Stimm-Armingeon, Birgit (Hg., 2001): Handbuch interkulturelle Gruppenarbeit. Bad Schwalbach: Wochenschau.

Glaser, Barney/Strauss, Anselm (1967): The Discovery of Grounded Theory. Chicago: Aldine.

Gogolin, Ingrid (2009): Interkulturelle Bildungsforschung. In: Tippelt, Rudolf (Hrsg.): Handbuch Bildungsforschung. Wiesbaden: VS. 297–315.

Gomolla, Mechthild/Radtke, Frank-Olaf (2002): Institutionelle Diskriminierung. Opladen: Leske + Budrich.

Herrmann, Fatma (2009): Künstlerische Gestaltung in der interkulturellen Erwachsenenbildung. Wiesbaden: VS.

Hormel, Ulrike/Scherr, Albert (2005): Bildung für die Einwanderungsgesellschaft. Bonn: Bundeszentrale für politische Bildung.

Kalthoff, Herbert/Hirschhauer, Stefan/Lindemann, Gesa (2008): Theoretische Empirie. Zur Relevanz qualitativer Forschung. Frankfurt a. M.: Suhrkamp.

Kiesel, Doron (1996): Das Dilemma der Differenz. Frankfurt am Main: Iko.

Kokemohr, Rainer (2007): Bildung als Welt und Selbstentwurf im Anspruch des Fremden. In Hans-Christoph Koller/Winfried Marotzki/Olaf Sanders (Hrsg.): Bildungsprozesse und Fremdheitserfahrungen. Bielefeld: Transcript. 13–68.

Koller, Hans-Christioph (2002b): Bildung und Migration. Bildungstheoretische Überlegungen im Anschluss an Bourdieu und Cultural Studies. In: Friedrichs, Werner/Sanders, Olaf (Hrsg.): Bildung/Transformation. Bielefeld: Transcript. 181–200.

Koller, Hans-Christoph (2002a): Bildung und kulturelle Differenz. Zur Erforschung biographischer Bildungsprozesse von MigrantInnen. In: Kraul, Margret/Marotzki, Winfried (Hg.): Biographische Arbeit. Opladen: Leske + Budrich. 92–116.

Messerschmidt, Astrid (2009): Weltbilder und Selbstbilder. Frankfurt a. M.: Brandes & Apsel.

Nieke, Wwolfgang (2008³): Interkulturelle Erziehung und Bildung. Wiesbaden: VS.

Nohl, Arnd-Michael (2003): Interkulturelle Bildung im Breakdance. In: Androutsopoulos, Jannis (Hg.): Hip-Hop. Bielefeld: Transcript. 297–320.

Nohl, Arnd-Michael (2004): Bildung und Islam. In: Wulf, Christoph/Macha, Hildegart/Liebau, Eckhart (Hg.): Formen des Religiösen. Weinheim: Beltz/Deutscher Studienverlag. 286–296.

Nohl, Arnd-Michael (2010): Konzepte interkultureller Pädagogik. Bad Heilbrunn: Klinkhardt.

Nohl, Hermann (1957): Die pädagogische Bewegung in Deutschland und ihre Theorie. Frankfurt a. M.: Klostermann.

Otto, Hans-Uwe/Schrödter, Martin (Hrsg.) (2006): Soziale Arbeit in der Migrationsgesellschaft: Multikulturalismus – Neo-Assimilation – Transnationalität. Sonderheft 8 der Neuen Praxis. Lahnstein: Luchterhand.

Prengel, Annedore (1993): Pädagogik der Vielfalt. Opladen: Leske u. Budrich.

Rose, Nadine (2011): Migration als Bildungsherausforderung für wen? Subjektivierung und Bildung im Spiegel von Migrationsbiographien. Dissertation an der Helmut-Schmidt-Universität. Hamburg.

Rosenberg, Florian v. (2010): Mehrdimensionale Differenzlinien. Einige Anmerkungen zu einer interkulturellen Pädagogik. In: Erwägen, Wissen, Ethik. Jg. 21, Heft 2. Stuttgart: Lucius & Lucius. 200–203.

Rosenberg, Florian v. (2011): Phasen interkultureller Bildungsprozesse. Fremde Erfahrungsansprüche als Anlass für die Transformation von Selbst- und Weltverhältnissen. In: Zeitschrift für Bildungsforschung. Volume 1, Heft 1, Wiesbaden: VS. 41–54.

Schäfer, Alfred (2009): Bildende Fremdheit. In: Wigger, Lothar (Hrsg.): Wie ist Bildung möglich? Bad Heilbrunn: Klinkhardt. 185–200.

Schäffer, Burkhardt (2003): Generation, Medien, Bildung. Opladen: Leske u. Budrich.

Scherr, Albert (2001): Interkulturelle Bildung als Befähigung zu einem reflexiven Umgang mit kulturellen Einbettungen. In: Neue Praxis, H. 4. 347–357.

Stojanov, Krassimir (2006): Bildung und Anerkennung. Wiesbaden: VS.

Wulf, Christoph (1998): Bildung als interkulturelle Aufgabe. In: Borelli, Michelle (Hrsg.): Deutsche Gegenwartspädagogik. Baltmannsweiler: Schneider. 41–55.

Migration und Kultur im schulischen Kontext

Albert Scherr und Debora Niermann

Der Sachverhalt, dass es sich bei einem erheblichen Anteil der SchülerInnen in Deutschland um Kinder und Jugendliche mit Migrationshintergrund handelt, wird in politischen, medialen und wissenschaftlichen Diskursen vor allem in Hinblick auf drei zu unterscheidende, aber miteinander verschränkte Aspekte thematisiert: *Erstens* werden die Ursachen und Folgen der durch zahlreiche empirische Studien dokumentierten Bildungsbenachteiligung von Kindern und Jugendlichen mit Migrationshintergrund in den Blick genommen und es wird nach Erfordernissen einer Bildungspolitik und Pädagogik gefragt, die dazu beitragen kann, Chancengleichheit zu gewährleisten. Motiviert ist dies nicht allein durch ein generelles Interesse an einer gerechten Gesellschaftung in Verbindung mit der durchaus problematischen Erwartung, dass Schulen als zentraler Ort der Zuweisung von Bildungs- und Berufschancen dem meritokratischen Ideal entsprechen können (s. Bommes 2011; Scherr/Bittlingmayer 2009). Hinzu kommen *zweitens* bildungsökonomische Überlegungen, die akzentuieren, dass es für eine Verbesserung des Humankapitals erforderlich sei, die Bildungspotenziale auch der Bevölkerung mit Migrationshintergrund auszuschöpfen (s. Bundesregierung 2007: 63 ff.). *Drittens* wird Migration im schulischen (wie auch im außerschulischen) Kontext unter dem Gesichtspunkt zum Thema, welche Probleme und Chancen sich aus kulturellen Differenzen ergeben, die durch Tradierungsprozesse aus der Herkunftsgesellschaft bzw. durch Ethnisierungsprozesse in der Einwanderungsgesellschaft bedingt sind. Situiert ist die diesbezügliche Debatte in einer gesellschaftspolitischen Kontroverse über die Frage, ob bzw. in welchem Umfang moderne Gesellschaften auf die Gewährleistung kultureller Homogenität (,Leitkultur') angewiesen sind oder aber kulturelle Vielfalt als ein unproblematischer Sachverhalt bzw. als Bereicherung (,Multikulturalität', ,Diversität') anzusehen sei. Die Verknüpfung dieser Aspekte resultiert zentral aus der in der wissenschaftlichen Diskussion wiederkehrend kritisierten (s. u.), politisch und pädagogisch aber gleichwohl immer noch einflussreichen Annahme, dass kulturelle (ethnische und religiöse) Merkmale von Migrantengruppen als zentrale – oder zumindest als eigenständige – Ursache der gesellschaftlichen und der bildungsspezifischen Benachteiligung zu betrachten seien.

Für die wissenschaftliche Bearbeitung der skizzierten Thematik relevante Theoriebildung und Forschung erfolgt innerhalb der Soziologie sowohl durch die Bildungs- und Erziehungssoziologie, hier insbesondere mit einem Fokus auf die Bildungsbenachteiligung (s. als einführenden Überblick Diefenbach 2008), als auch durch die Migrationssoziologie (s. als einführenden Überblick Kalter 2008; Treibel 2011). Ein die Theorien und Forschungsergebnisse beider Teildisziplinen übergreifender Diskurs hat sich bislang nicht entwickelt. Innerhalb der – von der Soziologie wiederum nur unklar abgegrenzten – Erziehungswissenschaft ist die Ausdifferenzierung einer eigenständigen Teildisziplin ‚Interkulturelle Pädagogik' bzw. ‚Migrationspädagogik' erfolgt. Diese zielt auf die Konturierung einer pädagogischen Theorie und Praxis, die durch einen reflektierten Umgang mit soziokultureller Heterogenität gekennzeichnet ist und zur Überwindung diskriminierender Strukturen und Praktiken beiträgt. Die Theoriebildung der neueren Interkulturellen Pädagogik und Migrationspädagogik erfolgt in Bezugnahme auf soziologische Theorien und Begriffe sowie in kritischer Auseinandersetzung mit der Verwendung kultureller Stereotype und Zuschreibungen in älteren erziehungswissenschaftlichen Theorien und der pädagogischen Praxis (s. u. a. Auernheimer 2010; Diehm/Radtke 1999; Fürstenau/Gomolla 2009a und b, 2010; Hormel/Scherr 2004; Krüger-Potratz 2005; Nohl 2010).

Eine umfassende Rekonstruktion der sozialwissenschaftlichen Theorien, Forschungsergebnisse und Kontroversen, die für eine Analyse des Zusammenhanges von Schule, Migration und Kultur relevant sind, kann aufgrund der ausdifferenzierten soziologischen und erziehungswissenschaftlichen Diskurse und der Fülle der vorliegenden empirischen Studien hier nicht geleistet werden.[1] Ausgehend von einem knappen Überblick über Ergebnisse empirischer Forschung zur schulischen Bildungsbenachteiligung von Kindern und Jugendlichen mit Migrationshintergrund werden im Folgenden ausgewählte theoretische Positionen, die auf eine soziologische Erklärung dieses Sachverhalts zielen, dargestellt. Akzentuiert wird dabei ein grundlagentheoretischer Klärungsbedarf in Hinblick auf die Frage, wie soziale Ungleichheiten und soziokulturelle Unterschiede in der Einwanderungsgesellschaft angemessen beschrieben und empirisch erfasst werden können sowie welcher Stellenwert ihnen für die Erklärung gesellschaftlicher Ungleichheiten, Machtverhältnisse und Konflikte und deren Auswirkungen auf den schulischen Kontext zukommt.

Migrationshintergrund und schulische Benachteiligung

In der empirischen Bildungsforschung liegen zahlreiche Studien vor, in denen die Bildungssituation von SchülerInnen mit und ohne Migrationshintergrund vergleichend betrachtet wird (s. als Überblick Konsortium Bildungsberichterstattung 2006: 137 ff.; Diefenbach 2008: 22 ff.; Diefenbach 2009; Klieme u. a. 2010: 199 ff.; Lauterbach/Becker

---

1   Insbesondere wird darauf verzichtet, die Veränderungen erziehungswissenschaftlicher Diskurse, der pädagogischen Semantiken und Praktiken seit der Etablierung der sog. Ausländerpädagogik in den 1970er Jahren nachzuzeichnen (s. dazu die Beiträge von Hormel und Nohl in diesem Band sowie die oben erwähnte Literatur zur interkulturellen Pädagogik).

2009; Statistisches Bundesamt 2011a: 188 ff.). An die Stelle der älteren Unterscheidung von deutschen und ausländischen Schülern auf Grundlage der Staatsangehörigkeit ist damit ein Kriterium getreten, welches der Tatsache Rechnung tragen soll, dass das Merkmal Staatsangehörigkeit in Folge des veränderten Einbürgerungsrechts und des hohen Anteils von Spätaussiedlern an den Einwanderern seit den 1990er Jahren nicht mehr dazu geeignet ist, die migrationsbedingte Veränderung der Bevölkerungsstruktur zu erfassen. Zentrale Ergebnisse amtlicher Daten und empirischer Studien, die mit dieser Unterscheidung operieren, lassen sich wie folgt zusammenfassen:

- 19,6 % der in Deutschland Lebenden haben aktuell einen Migrationshintergrund,[2] davon sind weniger als die Hälfte Ausländer (8,2 %). Der Altersdurchschnitt liegt unter dem der Bevölkerung ohne Migrationshintergrund; bei den unter 5jährigen liegt der Anteil der Kinder mit Migrationshintergrund bei 34,4 % (Statistisches Bundesamt 2011b: 9 f.).
- Personen mit Migrationshintergrund sind überproportional in Arbeiterberufen erwerbstätig: 35 % als Arbeiter (ohne Migrationshintergrund: 15 %) und weitere 13 % als Facharbeiter (oM: 15 %). 17 % arbeiten als einfache Angestellte (oM: 15 %), 14 % als mittlere Angestellte (oM: 24 %), 12 % als höhere Angestellte (oM: 15 %), 6 % als Selbstständige (oM: 9 %) und 2 % als Beamte (oM: 7 %) (Statistisches Bundesamt 2011a: 198). Die Arbeitslosenquote ist (2009) mit 12,7 % deutlicher höher als die der Gesamtheit aller Erwerbspersonen (6,2 %; Statistisches Bundesamt 2011b: 8).
- Die Familien von Kindern und Jugendlichen mit Migrationshintergrund haben einen „deutlich niedrigeren sozioökonomischen Status als Familien ohne Migrationsgeschichte", ein Unterschied, der im internationalen Vergleich besonders stark ausgeprägt ist (Klieme u. a. 2010: 211).
- 28 % aller SchülerInnen haben einen Migrationshintergrund (Statistisches Bundesamt 2011a: 56). Sie sind in Hauptschulen überrepräsentiert, in Gymnasien unterrepräsentiert und folglich von benachteiligenden Struktureffekten des Bildungssystems und benachteiligenden Schulformeffekten betroffen. Der Anteil der SchülerInnen mit Migrationshintergrund an Grundschulen beträgt 31,8 %, an Hauptschulen 43,2 % an Realschulen 27,1 %, an Gymnasien 22,6 % (Statistisches Bundesamt 2011b: 45).
- Kinder mit Migrationshintergrund werden von vorschulischen Bildungsangeboten relativ weniger erreicht (Becker/Tremel 2006) und sie werden relativ häufiger von der Einschulung zurückgestellt (Diefenbach 2008: 49 f.).

---

2   Zu den Menschen mit Migrationshintergrund zählen „alle nach 1949 auf das heutige Gebiet der Bundesrepublik Deutschland Zugewanderten sowie alle in Deutschland geborenen Ausländer und alle in Deutschland als Deutsche Geborenen mit zumindest einem zugewanderten oder als Ausländer in Deutschland geborenen Elternteil" (Statistisches Bundesamt 2011b: 6).

- Bereits in der Grundschule werden SchülerInnen mit Migrationshintergrund relativ häufiger auf Förder- und Sonderschulen überwiesen (Krappmann/Leschinsky/Powell 2003; Wagner/Powell 2002); Schüler/innen ohne deutsche Staatsangehörigkeit besuchen „etwa doppelt so häufig eine Förderschule mit dem Schwerpunkt Lernen wie deutsche Schüler" (Diefenbach 2008: 65).
- Im Übergang von der Grundschule auf weiterführende Schulen werden Schüler/innen mit Migrationshintergrund benachteiligt. Dies ist nicht zureichend als Folge schulischer Leistungsunterschiede erklärbar: Nach Kontrolle der erzielten schulischen Leistungen und des sozioökonomischen Status ist die Chance von Kindern ohne Migrationshintergrund auf eine Gymnasialempfehlung signifikant höher. Zudem liegen Hinweise darauf vor, dass Schüler/innen mit Migrationshintergrund in der Grundschule bei gleichen Leistungen schlechtere Noten erhalten (Konsortium Bildungsberichterstattung 2006: 165; Bos u.a 2007: 289).
- Bildungsaufstiege von der Hauptschule auf Realschulen oder Gymnasien werden von Schülern mit Migrationshintergrund relativ seltener realisiert, Bildungsabstiege sind dagegen häufiger als bei Schülern ohne Migrationshintergrund (Konsortium Bildungsberichterstattung 2006: 152).
- Ein Migrationshintergrund wirkt sich negativ auf die Übergangschancen in das duale Ausbildungssystem aus (Uhly/Granato 2006); mit 31 % ist der Anteil von Jugendlichen mit Migrationshintergrund in Berufsvorbereitungsmaßnahmen überproportional hoch. (BIBB 2010: 92 f).
- 14,1 % der Bevölkerung mit Migrationshintergrund verfügen über keinen formalen Schulabschluss (oM: 1,9 %), 44,7 % über keinen berufsqualifizierenden Abschluss (oM: 20,1 %) (Statistisches Bundesamt 2011a: 11). Deutlich häufiger als SchülerInnen ohne Migrationshintergrund verlassen migrantische Jugendliche die allgemeinbildende Schule ohne qualifizierenden Abschluss (Alba et al. 1994; Solga 2005).
- Das relativ schlechtere Abschneiden von Schülern mit Migrationshintergrund im Bildungssystem lässt sich nicht als Effekt niedrigerer Bildungsaspirationen erklären; neuere empirische Studien deuten vielmehr darauf hin, dass Migranten über höhere Bildungsaspirationen verfügen als Einheimische mit gleichem sozioökonomischen Status (s. Dollmann 2010: 145 f.; Klieme u. a. 2010: 227).
- Unstrittig ist in der einschlägigen Forschung, dass die schulische Benachteiligung von Schülern mit Migrationshintergrund eng mit dem sozioökonomischen Status ihrer Familien zusammenhängt, also ein Effekt der gesamtgesellschaftlichen Benachteiligung von Migranten ist, der zudem besonders ausgeprägt ist, wenn in der Familie nicht deutsch gesprochen wird (s. Esser 2006: 285 ff.; Mülller/Stanat 2006; Dollmann/Kristen 2010).
- Die vorliegenden Daten weisen jedoch darauf hin, dass die relative Bildungsbenachteiligung von Migranten nicht vollständig als Effekt von sozioökonomischem Status und Sprachdifferenzen erklärbar ist. Diesbezügliche Erklärungen sind zudem dann unvollständig, wenn sie die institutionellen Strukturen und die schulischen Prak-

tiken, die dazu führen, dass Herkunftseffekte zu Benachteiligungen führen (s. u.; Kapitel 3), ausblenden. Darüber hinaus werden in qualitativen empirischen Studien zu den Bildungsbiografien von Migrantinnen und Migranten (Hummrich 2009; Tepecik 2011), in der Analyse von Übergangsprozessen (Gomolla/Radtke 2007) und schulischen Ethnisierungsprozessen (Weber 2003; vgl. Williams 1985) Formen ethnischer Diskriminierung deutlich. Dagegen wird von Kristen (2002) und Esser (2001) sowie Schulze, Unger und Hradil (2008: 46 ff.) auf der Grundlage quantitativer Datenanalysen eine Diskriminierung im Übergang von der Grundschule auf weiterführende Schulen bestritten, die über die Auswirkungen des sozioökonomischen Status und der Familiensprache auf die schulischen Leistungen hinausgeht. Vor diesem Hintergrund wird kontrovers diskutiert, welche Bedeutung Formen direkter und institutioneller Diskriminierung bei der Herstellung von Bildungsbenachteiligung haben (s. zum Begriff institutionelle Diskriminierung Gomolla 2010 sowie den Beitrag von Hasse im vorliegenden Band; zur einschlägigen Kontroverse Diefenbach 2009: 444 ff.; Hormel 2010: 178 ff.). Zudem wird in Hinblick auf Migranten türkischer Herkunft auf mögliche Effekte der Verbreitung negativer Stereotype hingewiesen (Klieme u. a. 2010: 227).

Zusammenfassend lässt sich feststellen, dass vorliegende empirische Studien eine in allen Stufen der schulischen Bildungslaufbahn folgenreiche Bildungsbenachteiligung von Kindern und Jugendlichen mit Migrationshintergrund nachweisen und damit dazu beitragen, dass Forderungen nach einer Überwindung dieser Benachteiligung im Kontext der Bildungs-, Einwanderungs- und Integrationspolitik Resonanz finden.

Ersichtlich handelt es sich bei dem im Rahmen dieser Forschung – in der Absicht der empirischen Erfassung von Bildungsungleichheiten – verwendeten Kriterium ‚Migrationshintergrund' jedoch um ein durchaus problematisches Unterscheidungsmerkmal: Zum einem ist das Kriterium Migrationshintergrund als solches nicht unmittelbar für die Erklärung von Bildungs(miss)erfolgen relevant, sondern nur ein indirekter Indikator für potenziell bildungsrelevante Unterschiede, etwa die in Familien gesprochene Sprache oder eine geringere Vertrautheit mit den Strukturen des deutschen Bildungssystems. Zum anderen verweist die Kategorie ‚Bevölkerung mit Migrationshintergrund' auf eine in sich heterogene Teilpopulation,[3] die zudem von der einheimischen Bevölkerung nicht klar abgegrenzt ist (s. zur Operationalisierung Statistisches Bundesamt 2011a: 401 ff.). Dass sich die Kategorie Migrationshintergrund gleichwohl in der politischen, medialen und pädagogischen Kommunikation etabliert hat, ist insofern ein so-

---

3 Zur Verdeutlichung: Schüler mit Migrationshintergrund sind zu über 70 % in Deutschland geboren und haben hier ihre Schullaufbahn absolviert (Diefenbach 2009: 436 f.), was diese Teilgruppe deutlich etwa von ungeleiteten minderjährigen Flüchtlingen unterscheidet, bei denen sich die eigene Migrationserfahrung mit einer kurzen Aufenthaltsdauer und einem vielfach unsicheren Aufenthaltsstatus verbindet.

ziologisch erklärungsbedürftiger Sachverhalt. Dieser verweist auf eine gesellschaftliche Situation, in der – im Unterschied zu klassischen Einwanderungsländern[4] – ein Einwanderungshintergrund auch in der zweiten und dritten Generation noch als ein relevantes Unterscheidungsmerkmal gilt, da gesellschaftliche Zugehörigkeit immer noch auch über Abstammung definiert wird.

Es ist vor diesem Hintergrund wenig überraschend, dass in der einschlägigen Forschung erhebliche Unterschiede bezüglich des Bildungsmisserfolgs von Teilgruppen der Kinder und Jugendlichen mit Migrationshintergrund deutlich werden. Diese korrelieren statistisch mit der Staatsangehörigkeit bzw. dem Herkunftsland der Eltern, wobei erhebliche Unterschiede zwischen national unterschiedenen Gruppen, so etwa zwischen Migranten italienischer und spanischer Herkunft, deutlich werden (s. Berlin-Institut 2009; Geißler/Weber-Menges 2008). Als besondere Problemgruppe markiert werden im politischen und medialen Diskurs sowie in einschlägigen Datenanalysen insbesondere Schüler mit türkischem Migrationshintergrund (s. zuletzt El-Maffalani/Toprak 2011).

Das heißt nun aber nicht, dass es plausibel wäre, die Staatsangehörigkeit bzw. die Herkunftsnationalität (oder Ethnizität) als erklärende Faktoren zu beanspruchen, wie dies im medialen Diskurs und auch in Teilen des wissenschaftlichen Diskurses nahe gelegt wird, wenn Teilgruppen der Migrationsbevölkerung in einschlägigen Statistiken nach (Herkunfts-)Nationalität unterschieden und die Daten auf dieser Grundlage analysiert werden. Denn beanspruchbar ist auch Nationalität zweifellos nicht als eine erklärende Variable für Bildungs(miss)erfolge, sondern allenfalls als ein Indikator, der auf mit Herkunftsnationalität bzw. Staatsangehörigkeit häufig einhergehende sozial relevante Unterschiede, etwa der sozioökonomischen Position oder des formalen Bildungsniveaus, verweist, Unterschiede, die ihrerseits eine Folge der selektiven Einwanderungspolitik sowie von unterschiedlichen Migrationsdynamiken sind.

Migrationseffekte und schulische Bildung

Die Ergebnisse der einschlägigen empirischen Studien (s. o.) lassen sich zu der These zusammenfassen, dass das, was als Bildungsmisserfolge von Schülern mit Migrationshintergrund bzw. jeweilig national unterschiedener Gruppen sichtbar wird, überwiegend durch sozioökonomische Benachteiligung bedingt ist, also vor allem ein Effekt der

---

4   In den USA wird in einschlägigen Umfragen der Migrationshintergrund nicht erfasst. Erhoben wird dagegen die Kategorie ‚Race‘ (white, black, asian und weitere); begründet wird dies mit der Notwendigkeit, Folgen rassistischer Diskriminierung beschreibbar zu machen, nicht mit der rassenideologischen Annahme, dass es „Rassen" als unterscheidbare soziale Gruppen gibt. Im Weiteren wird noch darauf einzugehen sein, dass ein kritisch-reflexiver Umgang mit der Kategorie Ethnizität in Deutschland dagegen noch nicht durchgesetzt ist.

durch die deutsche Einwanderungspolitik seit den 1960er Jahren herbeigeführten sozialstrukturellen Positionierung von Migranten (s. Herbert 2001) ist.

Hinzu kommt, dass im deutschen Bildungssystem als Normalfall vorausgesetzt wird,
dass schulisch relevante sprachliche Kompetenzen vor- und außerschulisch entwickelt
werden und nur Kenntnisse der deutschen Sprache (sowie ggf. der englischen) schulisch als relevante Kompetenz anerkannt werden. Bestehende Sprachenvielfalt bleibt in
der Regel ungenutzt (Schader 2004). Aus diesem „monolingualen Habitus der Schule"
(Gogolin 1994) und der darin eingeschlossenen institutionellen Entwertung der Erstsprachen migrantischer Schüler/innen resultiert eine doppelte Benachteiligung derjenigen
Schüler, die deutsche Sprachkenntnisse nicht zureichend in vor- und außerschulischen
Kontexten erwerben und weiterentwickeln können (Stanat/Christensen 2006).

Beeinträchtigungen des Erwerbs der deutschen Sprache sind insbesondere dann
wahrscheinlich, wenn Strukturen sozialer Segregation zwischen Einheimischen und
Migranten in Wohngebieten gegeben sind und zugleich mit einer schulischen Trennung
deutschsprachiger und nicht deutschsprachiger Schüler/innen einhergehen. Denn Untersuchungen zum Zusammenhang von sozialräumlicher Segregation und Spracherwerb (s. Esser 2006: 94 ff.) zeigen, dass sozialräumliche Segregation keine direkten, oder
jedenfalls nur schwache negative Effekte auf den Spracherwerb hat; solche negativen
Effekte entstehen vielmehr insbesondere dann, wenn Segregation in Wohngebieten zu
einer nach sprachlichen Vorkenntnissen und dem formalem Bildungsniveau selektiven Zusammensetzung von Schulen und Schulklassen führt (Esser 2006: 337 ff.; Stanat
2006). Eine in Hinblick auf sprachliche Bedingungen schulischen Erfolgs problematische Zusammensetzung von Schulklassen ist nun aber keine naturwüchsige Folge sozialräumlicher Segregation,[5] sondern entsteht durch bildungspolitische Festlegungen und
institutionelle Selektionsprozesse sowie dadurch, dass nicht-migrantische Eltern Anstrengungen unternehmen, die Zuweisung ihrer Kinder auf Schulen mit einem hohen
Migrantenanteil zu vermeiden (s. Baur/Häußermann 2009: 360 ff.).

Ein weiterer migrationsspezifischer Benachteiligungseffekt ist in der Unsicherheit
des Aufenthaltsstatus zu sehen, von der Arbeitsmigranten ohne dauerhafte Aufenthalts-
berechtigung sowie Asylsuchende und Geduldete betroffen sind. Wenn die Dauer des
weiteren Aufenthalts nicht absehbar ist, sind auch die Chancen, eine Bildungskarriere
im Aufenthaltsland zu durchlaufen unsicher, und dies kann Bildungsanstrengungen
entmutigen:

> „Über 650 000 Personen wandern in Deutschland jährlich zu und über 550 000 Perso-
> nen sind pro Jahr auch wieder abgewandert. Wenn es nicht gelingt, diese Situation durch
> eine konjunkturunabhängige Einwanderungspolitik zu beruhigen, d.h. die Fluktua-

---

5   Von der Problematik sozialräumlicher Segregation in besonderer Weise betroffen sind Asylsuchende
    und Geduldete, die in Sammelunterkünften untergebracht sind. Studien zu den Bildungschancen von
    Kindern und Jugendlichen, die unter diesen Bedingungen aufwachsen, liegen bislang nicht vor.

tionsquote auch dadurch zu verringern, dass die Migranten in Deutschland ein eindeutiges und langfristiges Angebot im Hinblick auf Sicherheit und Absicherung erhalten,
wird sich auch die Bildungspolitik mit den Folgen einer verfehlten Zuwanderungspolitik
dauerhaft auseinandersetzen müssen. (…) Familien sind nur dann zu einer klaren Zu-
kunftsplanung in der Lage, wenn sie selbst über ihre Zukunft entscheiden können, d. h.
Rechtsverhältnisse vorfinden, die ihnen diese Entscheidung ermöglichen." (Hamburger
2005: 15)

Kinder und Jugendliche im Asylverfahren bzw. mit befristeter Duldung werden zudem
häufig in Vorbereitungsklassen beschult (Koch 2007) und in Gemeinschaftsunterkünf-
ten fehlt es den Kindern meist an geeigneten Rückzugsmöglichkeiten, um Hausaufgaben erledigen zu können (Ringel/Balluseck 2003: 179 f.).

In einer ethnographischen Studie zu Bildungsverläufen junger Frauen mit türkischem Migrationshintergrund wird eine weitere migrationsspezifische Problematik deutlich: Inken Keim (2007) zeigt auf, dass in der von ihr beforschten Gruppe eine
Wendung von scheiternden zu erfolgreichen Bildungsbiografien nicht zuletzt dadurch
möglich wurde, dass ein außerschulischer Kontakt zu einer als Identifikationsfigur taug-
lichen bildungserfolgreichen Migrantin entstand. Darin, dass Kinder und Jugendliche
mit Migrationshintergrund typischerweise wenige Chancen haben, im schulischen
Kontext entsprechende Rollenvorbilder zu finden, ist ein weiteres Element des Repro-
duktionszusammenhanges von Bildungsungleichheit zu sehen.

Exkurs: Lehrer/innen mit Migrationshintergrund

An die Erhöhung des momentan deutlich unterrepräsentativen Anteils von migrantischen Lehrkräften mit 6,2 %[6] (vgl. Georgi et al. 2011) knüpfen sich Erwartungen, dass
migrantische Lehrende ein besonderes Vertrauens- und Förderungsverhältnis mit migrantischen Schüler/innen eingehen können und sich als kompetente Ansprechpartner
in der Elternarbeit erweisen. Tatsächlich identifizieren sich migrantische Lehramtsan-
wärter/innen aufgrund eigener biografischer Erfahrungen im deutschen Schulsystem
mit solchen an sie gestellten Anforderungen und verstehen den Lehrberuf „als soziokulturelle Mission und gezielte Unterstützung für die Gruppe der Menschen mit Migrationshintergrund" (Karakaşoğlu 2000: 435).

Forderungen nach Erhöhung des Anteils migrantischer Lehrer/innen greifen eine
Sichtweise auf, die in den 1970er Jahren als Kritik der Mittelschichtinstitution Schule
formuliert wurde; an die Stelle einer Kritik der Distanz der Institution Schule und ihrer
Lehrer/innen zur Arbeiterkultur tritt dabei die Kritik der Distanz von nicht-migran-

---

6   Der Großteil der migrantischen Lehrkräfte unterrichtet an Grund-, Haupt-, Real-, Gesamt- und Son-
     derschulen (20. 000) sowie an Berufsschulen (15 000) und 11 000 an Gymnasien (Georgi et al. 2011: 18).

tischen Lehrer/innen zum Erfahrungshintergrund migrantischer Schüler/innen. Dies verbindet sich mit der Annahme, eine hohe sozio-kulturelle Nähe mit entsprechend geteilten Normalitätserwartungen würde im Lehrer-Schüler-Verhältnis zu positiven Bildungskarrieren und damit zur Überwindung gruppenspezifischer Bildungsbenachteiligung beitragen. In Studien aus den USA, Kanada und Großbritannien wird weiter akzentuiert, dass migrantische Lehrer/innen als positive Rollenmodelle für migrantische Schüler/innen bedeutsam seien: „(…) directly or indirectly, minority teachers serve as mentors, role models, disciplinarians, advocates, cultural translators, and surrogate parents for minority students (Torres et al. 2004: 19). Brophy und Good (1986) betonen die Zugehörigkeit zur gleichen Minderheit als zentrales Kriterium dafür, ob die Lehrperson als role model anerkannt wird. Ehrenberg et al. weisen darüber hinaus darauf hin, dass minority students eine bessere Bewertung und Leistungsbeurteilung durch minority teacher erhalten, wenn sie der gleichen Minderheit angehören (vgl. Ehrenberg/Brewer 1995). Solomon (1997: 406) argumentiert, dass weniger geteilte kulturelle Hintergründe, sondern vielmehr ein gemeinsames Differenzerleben, nicht der dominanten Mehrheitsgesellschaft anzugehören, identifikationsstiftend seien.

Eine der wenigen umfassenderen Arbeiten in diesem Themenfeld haben im deutschsprachigen Kontext Georgi, Ackermann und Karakas (2011) vorgelegt. Darin wird u. a. die Frage fokussiert, inwiefern migrantische Lehrkräfte tatsächlich diversitätsbewusste Ansätze im Klassenzimmer praktizieren und damit als „change agents" fungieren. Als Ergebnis konstatieren Georgi et al. einen bewussten, jedoch nicht unbedingt professionellen und reflektierten Umgang mit Heterogenität.

> „So wird die lebensgeschichtliche Auseinandersetzung der Lehrkräfte mit Multikulturalität zwar häufig im Unterricht wirksam – wie etwa durch Schaffung von Vertrauen, Konfliktlösungskompetenz oder Themenwahl im Unterricht –, die Ergebnisse der Studie zeigen jedoch, dass der Umgang mit *diversity* bei den Befragten eher intuitiv inspiriert ist. Die gezielte Förderung interkultureller Lernprozesse durch Unterrichtseinheiten, der Einsatz spezifischer Methoden und die Durchführung von Projekten spielen in den Erzählungen der Befragten eine untergeordnete Rolle." (Georgi et al. 2011: 266)

Schule und kulturelle Differenzen

Bildungsbenachteiligungen von Schülern mit Migrationshintergrund sind aus dem Zusammenspiel sozioökonomischer Benachteiligung mit besonderen Belastungen, die aus der (politischen und rechtlich konturierten) Situation von Migranten resultieren sowie mit diskriminierenden Strukturen und Praktiken, die in das deutsche Bildungssystem eingeschrieben sind, erklärbar. Insofern ist es keineswegs voraussetzbar und evident, dass ein Erklärungsbedarf für die schulische Benachteiligung besteht, der national oder ethnisch gefassten, tatsächlichen oder vermeintlichen kulturellen Differenzen zwischen einheimischer Mehrheitsbevölkerung und migrantischen Minderheiten einen eigenständigen Stellenwert zuweist. Vielmehr ist die Bedeutung, die kulturellen, insbesondere ethnischen Differenzen zugesprochen wird, selbst erklärungsbedürftig, und es ist zu analysieren, was die Funktion und die Auswirkungen diesbezüglicher Annahmen im schulischen Umgang mit Migration sind.

Diesbezüglich ist zunächst darauf hinzuweisen, dass die Etablierung eines staatlichen Schulsystems und die Durchsetzung der allgemeinen Schulpflicht historisch und systematisch eng mit der Entstehung von Nationalstaaten verschränkt ist (s. Gellner 1995): Mit Schulen verschaffen sich Nationalstaaten eine Institution, die nicht nur auf ökonomische Erfordernisse der Industriegesellschaft reagiert, sondern auch darauf ausgerichtet ist, allen Bürgern das zu vermitteln, was als zentrale kulturelle Grundlage der „imaginierten Gemeinschaft" Nation (Anderson 1996) gilt, insbesondere eine einheitliche nationale Sprache, die Akzeptanz der politischen Ordnung, ein national konturiertes Geschichtsbewusstsein und Gesellschaftsverständnis sowie ein nationales Zugehörigkeits- und Zusammengehörigkeitsgefühl. Radtke (2004: 630) fasst die Ergebnisse einschlägiger Analysen wie folgt zusammen: Schulen sollen „aus der Sicht ihrer staatlichen Veranstalter und Verwalter die innere kulturelle Einheit der Gemeinschaft konsolidieren, zugleich aber Kohärenz über soziale Standes- und Klassendifferenzen hinweg befestigen, Loyalität gegenüber dem Staat und seiner Regierung(-sform) erzeugen und nationale Mobilisierung gegen äußere Bedrohungen erleichtern".

Schulen ist in nationalstaatlich verfassten Gesellschaften damit ein kultureller Homogenisierungsauftrag zugewiesen, der nicht aus genuin pädagogischen Erfordernissen resultiert, sondern aus der staatlich-politischen Aufgabenzuweisung an Schulen. Dies wird auch daran sichtbar, dass unterschiedliche staatlich-politische Verständnisse der kulturellen Grundlagen der Nation zu je spezifischen schulischen Umgangsformen mit kultureller Differenz führen (s. Hormel/Scherr 2004: 41 ff.; Schiffauer u. a. 2002; Scherr 2007): So entspricht der politischen Programmatik des kanadischen Multikulturalismus eine schulische Pädagogik, die kulturelle Vielfalt als Normalfall sowie als pädagogisch anzuerkennende und zu fördernde Pluralität im Rahmen multikultureller Schulkonzepte und Curricula betrachtet; im Kontrast dazu impliziert der republikanische Universalismus französischer Prägung die Vorstellung einer universellen Kultur der Menschenrechte und der Vernunft, die schulisch gegen die Bindungen von Schülern an partikulare (regionale, religiöse oder ethnische) Kulturen durchzusetzen ist. Für Deutschland ist eine unklare Gemengelage von nationalstaatlichen, universalistischen und multikulturellen Elementen sowohl für die Bildungspolitik als auch für die schulische Pädagogik kennzeichnend.

Damit ist darauf hingewiesen, dass die Thematisierung von Migranten als kulturell Andere, die im deutschen Kontext durch national und/oder ethnisch gefasste Unterscheidungen von Kulturen sowie inzwischen zunehmend auch durch eine religionsbezogene Unterscheidung bewerkstelligt wird (s. Hüttermann 2011), auf die gesellschaftspolitische Konstruktion nationaler Identität verweist: Ein tradiertes Verständnis deutscher Nationalität als Abstammungs- und Kulturgemeinschaft verschafft der Unterscheidung zwischen einer als kulturell homogen konzipierten Mehrheitsgesellschaft und als ethnischen Minderheiten verstandenen Migrantengruppen Plausibilität. Migranten wird im Diskurs über nationale Identität die Funktion der konstitutiven Anderen zugewiesen, die es ermöglichen, mittels negativer Abgrenzung die eigene nationale Identität zu bestimmen. Im pädagogischen Kontext der 1970er und 1980er Jahre führte dies zu einer einflussreichen Ausprägung der interkulturellen Pädagogik, die von einem national-kulturellen bzw. ethnisch-kulturellen Determinismus ausgeht und dadurch entsprechenden Alltagstheorien von Lehrer/innen wissenschaftlichen Rückhalt verschafft (s. dazu in kritischer Perspektive etwa Krüger-Potratz 2005; Nohl 2010). Aber auch im bildungssoziologischen Diskurs ist die Annahme verbreitet, dass Ethnien bzw. ethnische Gruppen als kulturelle Einheiten und als Sozialisationskontext zu unterscheiden seien.[7]

Kritische Analysen der Kategorien Ethnizität und ethnische Gruppen, die in der Soziologie seit Max Weber entwickelt worden sind (s. dazu u. a. Bommes/Scherr 1991; Brubaker 2007; Bukow/Llaryora 1988; Nassehi 1999; Scherr 2000; als Überblick zu angelsächsischen Diskussion Sollars 1996), fordern demgegenüber dazu auf, die Existenz ethnischer Gruppen und die Relevanz ethnischer Unterscheidungen in modernen Gesellschaften nicht als soziale Tatsache vorauszusetzen; sie analysieren Prozesse der Fremd- und Selbstethnisierung als eine mögliche – aber keineswegs alternativlose – Reaktion auf Erfahrungen in der Aufnahmegesellschaft und gehen in Distanz zu der Annahme, dass Ethnizität in modernen Gesellschaften als ein Merkmal verstanden werden kann, das von selbstverständlicher und zentraler Bedeutung für das individuelle Selbstverständnis und für soziales Handeln ist. Empirisch zeigt die Sinus-Studie zu Migrantenmilieus in Deutschland (Wippermann/Flaig 2009), dass für die Lebensstile und Werteorientierungen von Migranten ethnische Differenzen keineswegs zentral sind. Vielmehr weist die Milieustruktur der Bevölkerung mit Migrationshintergrund eine der einheimischen Bevölkerung vergleichbare Differenzierung auf, und die Milieuzugehörigkeit lässt sich nicht aus der Herkunftsnationalität ableiten.

Die Problematiken kulturalistischer Deutungen sind auch im erziehungswissenschaftlichen Diskurs seit Mitte der 1980er Jahre wiederkehrend thematisiert worden; im Rahmen einer (Selbst-)Kritik interkultureller Pädagogik wurden kulturalistische Deutungen pädagogischer Probleme substanziell in Frage gestellt und danach gefragt, welche Funktion diesen Deutungen für die Aufrechterhaltung der Bildungsbenachteiligung von Migranten und für die Stabilisierung pädagogischer Strukturen und Praktiken zukommt, die zur Aufrechthaltung von Machtverhältnissen zwischen Mehrheitsgesell-

---

7 Auf Nachweise zu dieser Behauptung kann hier verzichtet werden, weil die Rede von Ethnien und ethnischen Gruppen in der deutschen Bildungssoziologie ein durchgängiges Element des Diskurses ist.

schaft und Minderheiten beitragen (s. etwa Diehm/Radtke 1999; Hamburger 2009; Hormel/Scherr 2004; Mecheril 2004).

Frank-Olaf Radtke (2004: 636) akzentuiert, dass die spezifische Attraktivität kulturalistischer Stereotype im pädagogischen Kontext nicht allein einen Effekt der Übernahme des politischen, medialen und erziehungswissenschaftlichen Ethnisierungsdiskurses in das Professionswissen darstellt, sondern auch darin begründet ist, dass kausale Zurechnungen des Bildungsmisserfolgs von Migranten „auf Merkmale der ‚fremden' Kultur [...] wegen ihres Entlastungseffekts [...] hoch willkommen und deshalb kaum zu korrigieren sind". D.h.: Probleme und Konflikte, die daraus resultieren, dass schulische Pädagogik nicht zureichend darauf eingestellt ist, dass sie einen familialen Erwerb der deutschen Sprache und eine Vertrautheit mit den Gepflogenheiten und Erwartungen deutscher Schulen[8] faktisch nicht voraussetzen kann, werden nicht als Problem der Institution Schule bzw. des pädagogischen Personals zum Thema, sondern als Folge schulexterner, von Schulen und Lehrer/innen nicht zu verantwortender Sachverhalte. Kulturstereotype und kulturdeterministische Sichtweisen ermöglichen es damit, die Tatsache des schulischen Misserfolgs migrantischer Schüler in einer Weise zu verstehen, die es erlaubt, auf eine Infragestellung etablierter schulischer Strukturen und Praktiken zu verzichten.

Ausblick – Migration und die institutionelle Herstellung sozialer Ungleichheit

Der soziologische und erziehungswissenschaftliche Diskurs über die Ursachen der Bildungsbenachteiligung von Migranten schließt überwiegend – z.T. implizit – an Traditionslinien bildungssoziologischer Ungleichheitstheorien an. Diese argumentieren mit unterschiedlicher Akzentuierung, dass Differenzen zwischen den vor- und außerschulisch erworbenen Fähigkeiten und Dispositionen (bei Raymond Boudon: primäre und sekundäre Herkunftseffekte; bei Pierre Bourdieu: kulturelles Kapital und Habitus; bei Basil Bernstein: elaborierter und restringierter Sprachcode) einerseits und den schulisch als voraussetzbar geltenden Fähigkeiten, Erwartungen und Normalitätsannahmen andererseits die Produktion und Reproduktion von Ungleichheiten erklären. Gemeinsame Kernannahme dieser Theorien ist die Annahme, dass Bedingungen erfolgreicher Karrieren in Schulen als durch das Bildungsbürgertum bzw. die Mittelschichten geprägte Institutionen außerschulische Sozialisations- und Lernprozesse sowie Unterstützungsleistungen sind, die einen mittleren oder hohen sozioökonomischen Status der Herkunftsfamilien voraussetzen. Daran anschließende empirische Studien können mit hoher Plausibilität Zusammenhänge zwischen dem sozioökonomischen Status der

---

8   Dass diese kein Ausdruck einer homogenen nationalen Kultur, sondern klassen- und milieuspezifisch sind, ist ein in der Bildungssoziologie seit den Arbeiten von Basil Bernstein und Pierre Bourdieu anerkanntes Argument; s. dazu auch Schumacher (2002).

Herkunftsfamilie und den Bildungschancen von Schüler/innen aufzeigen. Für die Erklärung empirischer Häufigkeiten und statistischer Zusammenhänge, die bei der Erforschung der Bildungsbenachteiligung von Migranten sichtbar werden, müssen die Kernannahmen dieser Theorien nur geringfügig modifiziert werden: Denn zum einen lässt sich, wie gezeigt, die Bildungsbenachteiligung von Migranten in Deutschland weitgehend als Effekt ihrer sozioökonomischen Position erklären; zum anderen können Erklärungen, die auf die Bedeutung sprachlicher und kultureller Differenzen verweisen, die Argumente, die im Hinblick auf das fehlende Passungsverhältnis von Arbeiterkultur und Mittelschichtkultur formuliert worden sind, als auf herkunftssprachliche und ethnische Differenzen bezogene Argumente reformuliert werden (s. zusammenfassend Diefenbach 2009: 439 ff.).

Es ist jedoch theoretisch problematisch und empirisch nicht haltbar, Migrationshintergrund in gleicher Weise als eine erklärende Variable zu beanspruchen wie den sozioökonomischen Status und damit mehr oder weniger eng verknüpfte Klassenkulturen oder Milieus: Denn es ist erstens nicht plausibel anzunehmen, dass Staatsangehörigkeit, Herkunftsnationalität oder ethnische Selbst- und Fremdverortung als solche in einem direkten Zusammenhang mit für Bildungslaufbahnen folgenreichen sozialen Lebensbedingungen und individuellen Dispositionen stehen; und es ist zweitens auch nicht plausibel, im Fall von Migranten – im Unterschied zur nicht-migrantischen Bevölkerung – generell zu unterstellen, dass sie einer (und nur einer) von der Kultur der Mehrheitsbevölkerung unterschiedenen, ethnischen Kultur angehören sowie zu postulieren, dass diese Zugehörigkeiten folgenreich für Bildungslaufbahnen sind. Denn dies würde voraussetzen, dass Migranten die Fähigkeit zur kreativen Anpassung kultureller Traditionen an die Bedingungen der Einwanderungsgesellschaft sowie die Fähigkeit zur Distanzierung und Kritik von Traditionen und zur Auseinandersetzung mit heterogenen kulturellen Kontexten prinzipiell bestritten wird.

Empirisch wird – so in Studien über Bildungslaufbahnen von Schülern mit Migrationshintergrund (s. Hummrich 2002; Weber 2003; Tepecik 2011) – deutlich, dass Ethnizität in Bildungslaufbahnen vor allem als externe Zuschreibung relevant wird, so etwa in der Form einer pädagogischen Kommunikation, die es aufstiegsorientierten Migrant/innen nahe legt, ihre eigenen Möglichkeiten nicht zu überschätzen, und damit dazu tendiert, Bildungsanstrengungen zu entmutigen.

Bereits in den bildungssoziologischen Traditionslinien des symbolischen Interaktionismus, der Ethnomethodologie und der Cultural Studies (s. dazu die Beiträge im Kapitel III dieses Bandes) wurde aufgezeigt, dass die Bedeutung der direkten und indirekten Effekte der sozialen Herkunft für Bildungslaufbahnen nur dann angemessen verstanden werden kann, wenn das Zusammenwirken institutioneller Strukturen und Praktiken mit den schulischen Praktiken von Schüler/innen analysiert wird, die ihrerseits Resultat einer eigensinnigen Auseinandersetzung mit schulischen Erwartungen und Erfahrungen sowie dem Spannungsverhältnis von gesellschaftlich hegemonialer Kultur, Klassenkulturen, Milieus und Jugendkulturen sind. In ethnographischen Studien über migrantische Jugendliche wird die zentrale Bedeutung von Gleichaltrigengruppen für die Bearbeitung dieses Spannungsverhältnisses deutlich (s. Keim 2007; Riegel 2004).

Auf die spezifische Bedeutung institutioneller Praktiken im Fall der – quantitativ kleinen (s. Wippermann/Flaig 2009) – Teilgruppe der Migrationsbevölkerung, bei der sozioökonomische Benachteiligung und ein geringes formales Bildungsniveau mit traditionalistischen Erziehungsstilen, familialen Praktiken und Werteorientierungen einhergehen, weisen Aladin El-Mafaalani und Ahmet Toprak (2011: 10) hin:

> „Die pädagogischen Institutionen sind gerade deshalb von besonderer Bedeutung, weil benachteiligte Migrantenfamilien kaum in der Lage sind, ihren Kindern beim schulischen Lernen und bei der sozialen Etablierung zu helfen. Im Gegenteil: Sie kennen sich kaum mit dem Schul- und Ausbildungssystem aus, verstehen häufig nicht die pädagogischen Ziele und überschätzen die Funktion der Schule in Deutschland. Das führt dazu, dass die Eltern die pädagogische Verantwortung umfassend an die Schulen und Lehrkräfte abtreten, was von den Lehrkräften dann häufig als Desinteresse gedeutet wird."

Gegenüber bildungssoziologischen Traditionen, die den zentralen Stellenwert von Klassenlagen und sozialen Milieus für Bildungschancen sowie die Bedeutung von Passungsverhältnissen zwischen außerschulisch erworbenen Dispositionen und schulischen Erwartungen betonen, nimmt die am Konzept der strukturellen und institutionellen Diskriminierung ausgerichtete Bildungsforschung (Gomolla/Radtke 2002; Gomolla 2011; Imdorf 2010; s. auch den Beitrag von Hasse im vorliegenden Band) eine Perspektivenverschiebung vor: Ausgehend von im Kontext der US-amerikanischen Rassismusforschung entwickelten Theorien wird die Herstellung der Bildungsbenachteiligung von Migranten dort als Effekt der Strukturen des Bildungssystems sowie der Strukturen und Prozesse von Schulen als Organisationen in den Blick genommen. Akzentuiert wird, dass Schulen mittels ethnischer Diskriminierung die Probleme bearbeiten, die daraus resultieren, dass sie im Fall von Schüler/innen mit Migrationshintergrund überproportional häufig mit Schüler/innen konfrontiert sind, die andere Lernvoraussetzungen haben, als „der von der Organisation erwartete Normalschüler" (Radtke 2004: 640). Die Gliederung des Bildungssystems in ungleiche Bildungsgänge veranlasst Schulen, SchülerInnen, die entsprechende Erwartungen nicht erfüllen, auszusortieren, an andere Schulformen zu verweisen und damit zugleich die Fiktion des Normalschülers aufrechtzuerhalten. Mit der Etablierung von Migrationshintergrund bzw. Ethnizität als gesellschaftlich gängige Unterscheidungskategorien sowie der – auch durch wissenschaftliche Studien – gestützten Annahme, dass Migrationshintergrund bzw. Ethnizität einen negativen Einfluss auf Bildungschancen haben, erhalten Schulen die Möglichkeit, entsprechende Selektionsprozesse vorzunehmen und zu begründen. Die Effekte entsprechender Entscheidungen verdichten sich dann zu benachteiligenden Bildungskarrieren. Mechthild Gomolla (2011: 82) verweist exemplarisch auf zwei Mechanismen institutioneller Diskriminierung, die hierbei wirksam werden:

- „Wurden Schüler mit anderen Erstsprachen als Deutsch beim Eintritt in die Schule häufig zurückgestellt, markierte ihr höheres Alter später in der Grundschule bei geringeren sichtbaren Lernerfolgen eine potenzielle Sonderschulbedürftigkeit.
- Beim Übergang in die Sekundarschule wurde vor dem Hintergrund fehlender Sprachförderung an den höheren Sekundarschulen in einigen Grundschulen die Tendenz ersichtlich, Entscheidungen strategisch zu umgehen, indem die Gesamtschule von vornherein als die Schule für Kinder mit Migrationshintergrund erachtet wurde."

Radtke (2004: 641) formuliert die Einschätzung, dass institutionelle Diskriminierung nicht allein und seiner Einschätzung nach auch nicht primär als direkte ethnische Diskriminierung auf der Grundlage von Vorurteilen zustande kommt: „Migrantenkinder werden (…) nicht direkt diskriminiert, die Unterscheidung nach ethnischen Merkmalen kommt dennoch prominent in der Kommunikation der Organisation vor. Sie wird als Ressource dann benutzt, wenn es um die nachträgliche Begründung und Darstellung der wie immer zustande gekommenen Selektions- und Allokationsentscheidungen geht." Demgegenüber weist u. a. Schofield (2006) darauf hin, dass durchaus auch mit direkten Effekten von ethnischen Stereotypen und Vorurteilen im schulischen Kontext zu rechnen ist; anzunehmen sei, dass ethnische und geschlechtsbezogene Stereotype sowohl für die Leistungserwartungen von Lehrer/innen als auch für das Vertrauen von Schülern in die eigene Leistungsfähigkeit und damit auch für ihre schulische Leistungsfähigkeit folgenreich sind.

Die bislang allerdings empirisch nur durch wenige Studien fundierten Theorien struktureller und institutioneller Diskriminierung in Schulen (Gomolla 2005; Gomolla/Radtke 2007; Gomolla 2010) fordern nicht nur dazu auf, detaillierte Untersuchungen der Verwendung migrationsbezogener, insbesondere ethnischer Unterscheidungen im schulischen Kontext und ihrer Folgen vorzunehmen. Sie weisen darüber hinaus darauf hin, dass soziologische Gruppenklassifikationen (Bevölkerung mit Migrationshintergrund; ethnische Gruppen) dann sozial folgenreich sind, wenn sie als Legitimation gesellschaftlich etablierter Unterscheidungen wirksam werden. Insofern steht die migrationsbezogene Bildungsforschung vor der Herausforderung, sich nicht nur aus wissenschaftsinternen Gründen, sondern auch in Hinblick auf ihre gesellschaftlichen Auswirkungen kritisch mit der Verwendung nationaler, ethnischer und religiöser Unterscheidungen in ihren Theorien und Forschungskonzepten auseinanderzusetzen.

Literaturverzeichnis

Alba, Richard/Handl, Johann/Mueller, Walter: (1994): Ethnische Ungleichheit im deutschen Bildungssystem. In: Kölner Zeitschrift für Soziologie und Sozialpsychologie. 46, 2. S. 209–237.

Anderson, Benedict (1996): Die Erfindung der Nation. Frankfurt/New York. Campus.

Auernheimer, Georg (2010): Einführung in die interkulturelle Pädagogik. Darmstadt. Wissenschaftliche Buchgesellschaft.

Baur, Christine/Häußermann, Harmut (2009): Ethnische Segregation in deutschen Schulen. In: Leviathan, H. 37, S. 353–366.

Becker, Rolf/Tremel, Patricia (2006): Auswirkungen vorschulischer Kinderbetreuung auf die Bildungschancen von Migrantenkindern. Soziale Welt 57: 397–418.

Berlin-Institut für Bevölkerung und Entwicklung (2009): Ungenutzte Potenziale. Zur Lage der Integration in Deutschland. Berlin. URL: http://www.berlin-institut.org/fileadmin/user_upload/Zuwanderung/Integration_RZ_online.pdf (Abrufdatum: 01. 11. 2011)

Bommes, Michael/Scherr, Albert (1991): Der Gebrauchswert von Selbst- und Fremdethnisierung in Strukturen sozialer Ungleichheit. In: Prokla. Zeitschrift für kritische Sozialwissenschaft, H. 83, S. 291–316.

Bommes, Michael (2011): Die Unwahrscheinlichkeit der Erziehung und die ,Integration von Migrantenkindern. In: Bommes, Michael: Migration und Migrationsforschung in der modernen Gesellschaft. Osnabrück, S. 101–114: Institut für Migrationsforschung und interkulturelle Studien.

Bos, Wilfried u. a. (Hrsg.) (2007): IGLU 2006. Lesekompetenzen von Grundschulkindern in Deutschland im internationalen Vergleich. Münster: Waxmann Verlag.

Brophy Jere/Good Thomas (1986): Teacher behavior and student achievement. In: Wittrock, Merlin (Hrsg.), Handbook of research on teaching. S. 328–375. New York. Macmillan/Collier.

Brubaker, Rogers (2007): Ethnizität ohne Gruppen. Hamburg. Hamburger Edition.

Bundesinstitut für Berufsbildung (BIBB) (2010): Datenreport zum Berufsbildungsbericht 2010. Informationen und Analysen zur Entwicklung der beruflichen Bildung. Bonn: Bertelsmann Verlag

Bukow, Wolf-Dietrich/Llaryora, Roberto (1998): Mitbürger aus der Fremde – Soziogenese ethnischer Minoritäten. Opladen. Westdeutscher Verlag.

Bundesinstitut für Berufsbildung (2010): Datenreport zum Berufsbildungsbericht 2010. Informationen und Analysen zur Entwicklung der beruflichen Bildung. Bonn. Bundesinstitut für Berufsbildung.

Bundesregierung (2007): Der Nationale Integrationsplan. Berlin. URL: http://www.bundesregierung.de/nsc_true/Content/DE/__Anlagen/IB/nip-broschuere-best-practise,property=publicationFile.pdf/nip-broschuere-best-practise. (Abrufdatum 01. 11. 2011)

Diefenbach, Heike (2008): Kinder und Jugendliche aus Migrantenfamilien im deutschen Bildungssystem – Erklärung und empirische Befunde. Wiesbaden. VS Verlag für Sozialwissenschaften.

Diefenbach, Heike (2009): Der Bildungserfolg von Schülern mit Migrationshintergrund im Vergleich zum Bildungserfolg von Schülern ohne Migrationshintergrund. In: Becker, Rolf (Hrsg.): Lehrbuch der Bildungssoziologie. Wiesbaden. S. 433–458: VS Verlag für Sozialwissenschaften.

Diehm, Isabell/Radtke, Frank-Olaf (1999): Erziehung und Migration. Stuttgart: Kohhammer.

Dollmann, Jörg (2010): Türkischstämmige Kinder am ersten Bildungsübergang: Primäre und sekundäre Herkunftseffekte. Wiesbaden: VS Verlag für Sozialwissenschaften.

Dollmann, Jörg/Kristen, Cornalia (2010): Herkunftssprache als Ressource für den Schuler-folg? Das Beispiel türkischer Grundschulkinder. In: Zeitschrift für Pädagogik. 55. Bei-heft. S. 123–146.

Ehrenberg, Ronald/Brewer, Dominic (1995): Do School and Teacher Characteristics Matter? Evidence from the NELS88. Industrial and Labor Relations Review. 48 (3). S. 547 – 561.

El-Mafaalani, Aladin/Toprak, Ahmet (2011): Muslimische Kinder und Jugendliche in Deutsch-land. Lebenswelten – Denkmuster – Herausforderungen. Berlin/Sankt Augustin.

Esser, Hartmut (2001): Integration und ethnische Schichtung. Arbeitspapier Nr. 40 des MZES. Mannheim.

Esser, Hartmut (2006): Sprache und Integration. Frankfurt/New York: Campus.

Fürstenau, Sara/Gomolla, Mechthild (2009a): Migration und schulischer Wandel: Unterricht. Wiesbaden: VS Verlag für Sozialwissenschaften.

Fürstenau, S./Gomolla, Mechthild (2009b): Migration und schulischer Wandel: Mehrsprachig-keit. Wiesbaden: VS Verlag für Sozialwissenschaften.

Fürstenau, Sara/Gomolla, Mechthild (2010): Migration und schulischer Wandel: Elternbeteili-gung. Wiesbaden: VS Verlag für Sozialwissenschaften.

Geißler, Rainer/Weber-Menges, Sonja (2008): Migrantenkinder im Bildungssystem: doppelt be-nachteiligt. In: Aus Politik und Zeitgeschichte, H. 49, S. 14–22.

Gellner, Ernest (1995): Nationalismus und Moderne. Berlin: Rotbuch Verlag.

Georgi, Viola B./Ackermann, Lisanne/Karaks, Nurten (2011): Vielfalt im Lehrerzimmer. Selbst-verständnis und schulische Integration von Lehrenden mit Migrationshintergrund in Deutschland. Münster: Waxmann Verlag.

Gogolin, Ingrid (1994): Der monolinguale Habitus der multilingualen Schule. Münster/New York: Waxmann Verlag.

Gomolla, Mechthild (2005): Institutionelle Diskriminierung im Bildungs- und Erziehungssys-tem. In: Leiprecht, Rudolf/Kerber, Ann (Hrsg.): Schule in der Einwanderungsgesellschaft. Schwalbach: Wochenschau Verlag.

Gomolla, Mechthild (2010): Institutionelle Diskriminierung. Neue Zugänge zu einem alten Pro-blem. In: Hormel, Ulrike/Scherr, Albert (Hrsg.): Diskriminierung. Grundlagen und For-schungsergebnisse. Wiesbaden, S. 61–94: VS Verlag für Sozialwissenschaften.

Gomolla, Mechthild/Radtke, Frank-Olaf (2007): Institutionelle Diskriminierung. Wiesbaden: VS Verlag für Sozialwissenschaften.

Han, Petrus (2000): Soziologie der Migration. Stuttgart: UTB für Wissenschaft.

Hamburger, Franz (2005): Der Kampf um Bildung und Erfolg. In: Hamburger, Franz/Badawia, Tarek/Hummrich, Merle (Hrsg.): Migration und Bildung. Wiesbaden. S. 7–22: VS Verlag für Sozialwissenschaften.

Hamburger, Franz (2009): Abschied von der interkulturellen Pädagogik. Weinheim und Mün-chen: Juventa.

Herbert, Ulrich (2001): Geschichte der Ausländerpolitik in Deutschland. München: C. H. Beck Verlag.

Hormel, Ulrike (2010): Diskriminierung von Kindern und Jugendlichen mit Migrationshinter-grund im Bildungssystem. In: Hormel, Ulrike/Scherr, Albert (Hrsg.): Diskriminierung. Grundlagen und Forschungsergebnisse. Wiesbaden, S. 35–60: VS Verlag für Sozialwis-senschaften.

Hormel, Ulrike/Scherr, Albert (2003): Was heißt „Ethnien" und „ethnische Konflikte" in der modernen Gesellschaft? In: Axel Groenemeyer/Jürgen Mansel (Hg.): Die Ethnisierung von Alltagskonflikten. Opladen. S. 47–68: Leske + Budrich.

Hormel, Ulrike/Scherr, Albert (2004): Bildung für die Einwanderungsgesellschaft. Wiesbaden: VS Verlag für Sozialwissenschaften.

Hummrich, Merle (2009): Bildungserfolg und Migration. Wiesbaden: VS Verlag für Sozialwissenschaften.

Hüttermann, Jörg (2011): Moscheekonflikte im Figurationsprozess der Einwanderungsgesellschaft: eine soziologische Analyse. In: Krüger-Potratz, Marianne/Schiffauer, Werner (Hrsg.): Migrationsreport 2010. Frankfurt/New York. S. 39–82: Campus.

Kalter, Frank (Hrsg.) (2008): Migration und Integration. KZfSS, Sonderheft 48. Wiesbaden.

Karakaşoğlu, Yasemin (2000): Religiöse Orientierungen und Erziehungsvorstellungen: Eine empirische Untersuchung zu Orientierungen bei türkischen 'Lehramts- und Pädagogik-Studentinnen im Ruhrgebiet. Frankfurt: IKO Verlag für Interkulturelle Kommunikation.

Keim, Inken (2007): Die „türkischen Powergirls". Lebenswelt und kommunikativer Stil einer Migrantinnengruppe in Mannheim. Tübingen: Narr.

Klieme, Eckhard u. a. (Hrsg.) (2010): PISA 2009. Bilanz nach einem Jahrzehnt. Münster/New York/München/Berlin: Waxmann Verlag.

Koch, Ute (2007): Konfliktfelder bei der Gewährung des Rechts auf Bildung für Kinder ohne Aufenthaltsrecht und Duldung. In: Heimbach-Steins, Marianne/Kruip, Gerhard (Hrsg.): Das Menschenrecht auf Bildung und seine Umsetzung in Deutschland, Diagnosen – Reflexionen – Perspektiven. Bielefeld: Bertelsmann.

Konsortium Bildungsberichterstattung (2006): Bildung in Deutschland: Ein indikatorengestützter Bericht mit einer Analyse zu Bildung und Migration. URL: http://www.bildungsbericht.de/daten/gesamtbericht.pdf. (Abrufdatum: 26.11.2011)

Krappmann, Lothar, Achim Leschinsky/Justin Powell, 2003: Kinder, die besonderer pädagogischer Förderung bedürfen. In: Cortina, Kai S. et al.(Hrsg.): Das Bildungswesen in der Bundesrepublik Deutschland. Reinbek. S. 755–786: Rowohlt.

Kristen, Cornelia (2002): Hauptschule, Realschule oder Gymnasium? Ethnische Unterschiede am ersten Bildungsübergang. KZfSS, 54. Jg., S. 534–552.

Krüger-Potratz, Marianne (2005): Interkulturelle Bildung: Eine Einführung. Münster: Waxmann Verlag.

Lauterbach, Wolfgang/Becker, Rolf (2009): Integration durch Bildung: Bildungserwerb von jungen Migranten in Deutschland. Wiesbaden: VS Verlag für Sozialwissenschaften.

Leiprecht, Rudolf/Kerber, Anne (Hrsg.) (2005): Schule in der Einwanderungsgesellschaft. Bad Schwalbach: Wochenschau Verlag.

Mecheril, Paul (2004): Einführung in die Migrationspädagogik. Weinheim. Basel: Beltz Verlag.

Müller, Andrea G/Stanat, Petra (2006): Schulischer Erfolg von Schülerinnen und Schülern mit Migrationshintergrund. Analysen zur Situation von Jugendlichen aus der ehemaligen Sowjetunion und von Jugendlichen türkischer Herkunft. In: Baumert, Jürgen/Stanat, Petra/Watermann, Rainer (Hrsg.): Herkunftsbedingte Disparitäten im Bildungswesen. Differenzielle Bildungsprozesse und Probleme der Verteilungsgerechtigkeit. Wiesbaden. S. 221–255: VS Verlag für Sozialwissenschaften.

Nassehi, Armin (1999): Das stahlharte Gehäuse der Zugehörigkeiten. In: Ders.: Differenzierungsfolgen. Opladen. S. 203–226: Westdeutscher Verlag.

Nohl, Arndt-Michael (2010): Konzepte interkultureller Pädagogik: Bad Heilbrunn: Klinkhardt.

Radtke, Frank-Olaf (2004): Schule und Ethnizität. In: Helsper, Werner/Böhme, Jeanette (Hrsg.): Handbuch der Schulforschung. Wiesbaden. S. 625–646: VS Verlag für Sozialwissenschaften.

Riegel, Christine (2004): Im Kampf um Zugehörigkeit und Anerkennung. Frankfurt/London: IKO Verlag.

Ringel, Jutta/Balluseck, Hilde von (2003): Die Schule. In: Hilde von Balluseck (Hrsg.): Minderjährige Flüchtlinge. Sozialisationsbedingungen, Akkulturationsstrategien und Unterstützungssysteme. Opladen. S. 176–182: VS Verlag für Sozialwissenschaften.

Schader, Basil (2004): Sprachenvielfalt als Chance. Das Handbuch. Zürich: Orell Füssli.

Scherr, Albert (2000): Ethnisierung als Ressource und Praxis. In: Prokla – Zeitschrift für kritische Sozialwissenschaft, H. 120/2000, S. 399–414.

Scherr, Albert (2007): Schools and cultural difference. In: Kotthoff, Helga/Spencer-Oatey, Helen (Eds.): Handbook of Intercultural Communication. Berlin/New York 2007, S. 303–323: Mouton de Gruyter.

Scherr, Albert/Bittlingmayer, Uwe (2009): Warum Chancengleichheit nicht genügt. Für ein Konzept der Befähigungsgerechtigkeit. In: Vorgänge, 48. Jg. H. 4, S. 43–52.

Schiffauer, Werner u. a. (Hrsg.) (2002): Staat – Schule – Ethnizität. Münster: Waxmann Verlag.

Schofield, Janet Ward (2006): Migrationshintergrund, Minderheitenzugehörigkeit und Bildungserfolg. Forschungsbilanz der AKI am Wissenschaftszentrum Berlin für Sozialforschung. Berlin. URL: http://www2000.wzb.eu/alt/aki/files/aki_forschungsbilanz_5_kurz.pdf (Abrufdatum: 01. 11. 2011)

Schumacher, Eva (2002): Die soziale Ungleichheit der LehrerInnen – oder: Gibt es eine Milieuspezifität pädagogischen Handelns? In: Mägdefrau, Jutta/Schumacher, Eva (Hrsg.): Pädagogik und soziale Ungleichheit. Bad Heilbrunn. S. 253–270: Klinkhardt.

Schulze, Alexander/Unger, Rainer/Hradil, Stefan (2008): Bildungschancen und Lernbedingungen an Wiesbadener Grundschulen am Übergang zur Sekundarstufe I. Wiesbaden: Projektgruppe Sozialbericht zur Bildungsbeteiligung, Amt für Soziale Arbeit, Landeshauptstadt Wiesbaden.

Solga, Heike (2005): Ohne Abschluss in der Bildungsgesellschaft. Opladen: Verlag Barbara Budrich.

Sollars, Werner (Ed.) (1996): Theories of Ethnicity. New York: New York University Press.

Solomon, R. Patrick (1997): Race, role modellimg, and representation in teacher education. In: Canadian Journal of Education, 22 (4): S. 395–410.

Stanat, Petra/Christensen, Gayle (2006): Schulerfolg von Jugendlichen mit Migrationshintergrund im internationalen Vergleich. Eine Analyse von Voraussetzungen und Erträgen schulischen Lernens im Rahmen von PISA 2003. Berlin: URL [http://www.bmbf.de/pub/bildungsforschung_band_neunzehn.pdf] (Abrufdatum: 01. 11. 2011)

Stanat, Petra (2000): Schulleistungen von Jugendlichen mit Migrationshintergrund: Die Rolle der Zusammensetzung der Schülerschaft. In: Baumert, Jürgen/Stanat, Petra/Watermann, Rainer (Hrsg.) Differenzielle Bildungsprozesse und Probleme der Verteilungsgerechtigkeit. Wiesbaden .S. 189–219: VS Verlag für Sozialwissenschaften.

Statistisches Bundesamt (2011a): Datenreport 2011. Bonn.

Statistisches Bundesamt (2011b): Bevölkerung und Erwerbstätigkeit. Bevölkerung mit Migrationshintergrund. Wiesbaden.

Tepecik, Ebru (2011): Bildungserfolge mit Migrationshintergrund. Wiesbaden. VS Verlag für Sozialwissenschaften.

Torres, Judith/Satnos, Janet/Peck, Nancy/Cortes, Lydia (2004) Minority Teacher Recruitment, Development and Retention: The Educational Alliance at Brown University. Northeast and Islands Regional Educational Lab at Brown Univ.

Treibel, Anette (2011): Migration in der modernen Gesellschaft: Soziale Folgen von Einwanderung, Gastarbeit und Flucht. Weinheim. München: Juventa.

Uhly, Alexandra/Granato, Mona (2006): Werden ausländische Jugendliche aus dem dualen System der Berufsausbildung verdrängt? In: BiBB, Heft 3. Bielefeld.

Wagner, Sandra/Powell, Justin (2002): Zur Entwicklung der Überrepräsentanz von Migrantenjugendlichen an Sonderschulen in der BRD seit 1991. In: Gemeinsam Leben 10. S. 66–71.

Weber, Martina (2003): Heterogenität im Schulalltag. Konstruktionen ethnischer und geschlechtsbezogener Unterschiede. Opladen: Leske + Budrich.

Williams, Jenny (1985): Redefining Institutional Racism. In: Ethnic and Racial Studies. 8. S. 323–348.

Wimmer, Andreas (2008): Ethnische Grenzziehungen in der Immigrationsgesellschaft. In: Kalter, Frank (Hrsg.): Migration und Integration. KZfSS Sonderheft 48. Wiesbaden. S. 57–80.

Wippermann, Carsten/Flaig, Berthold Bodo (2009) Lebenswelten von Migrantinnen und Migranten. In: Aus Politik und Zeitgeschichte, H. 5/2009. S. 3–11.

Institutionelle Diskriminierung[1]

Raimund Hasse und Lucia Schmidt

1 Einleitung

Bei institutioneller Diskriminierung geht es um dauerhafte Benachteiligungen sozialer Gruppen, die auf überindividuelle Sachverhalte wie Normen, Regeln und Routinen sowie auf kollektiv verfügbare Begründungen zurückgeführt werden. Als Verursacher werden insbesondere Organisationen und in Organisationen tätige Professionen berücksichtigt. Wichtig ist, dass keine Diskriminierungsabsichten der Beteiligten vorausgesetzt werden. Das Konzept ist deshalb durch eine scharfe Abgrenzung gegenüber der sozialpsychologischen Vorurteilsforschung gekennzeichnet, bei der individuelle Einstellungen und dem Wesen nach intentional motivierte Handlungen im Zentrum der Aufmerksamkeit stehen (Nelson 2009).

Das Konzept der institutionellen Diskriminierung wird vorwiegend auf die systematische und über Einzelfälle hinausweisende Benachteiligung ethnischer Minderheiten bezogen. Offen eingestanden wird, dass das Phänomenen vergleichsweise schwierig nachzuweisen und dass dessen Wirkmächtigkeit sogar in der universitären Lehre schwer zu vermitteln ist.[2] Im Rahmen dieser Einleitung soll institutionelle Diskriminierung zunächst anhand eines Vortrags illustriert werden, den der Rechtssoziologe Craig Reinarman auf der *National Drug Treatment Conference* in Glasgow gehalten hat (Reinarman 2006). Thema des Vortrags ist institutionelle Diskriminierung in der US-amerikanischen Drogenpolitik und im Umgang mit Drogenproblemen. Vorangestellt wird in dem Vortrag, dass der Umgang mit Drogenproblemen ein Arbeitsbereich ist, in dem viele Menschen mit zutiefst humanistischen Motiven tätig sind. Im Anschluss hieran geht es um die „oftmals eher subtilen Formen der modernen institutionellen Diskriminierung, die sowohl die Reaktionen der Strafjustiz, als auch gesundheitsbezogene Reaktionen auf Alkohol- und Drogenprobleme durchdringen – vom ‚racial profiling' in Polizeikontrollen bis hin zur unterschiedlichen Behandlung von ‚racial and ethnic minorities' in therapeutischen Settings" (Reinarman 2006, Übers. d.Verf.).

1 Der Beitrag basiert auf Forschungen im Rahmen des Projekts „Organisation und Ungleichheit. Eine empirische Untersuchung zu institutionellen Settings und Begründungsmustern schulischen Entscheidens", dankenswerterweise von 2009 – 2012 gefördert vom Schweizerischen Nationalfonds (SNF).
2 Für einen interessanten didaktischen Vorschlag siehe aber Obach (2000: 52 ff).

Das Beispiel von Reinarman bezieht sich auf Legislative, Exekutive und Judikative; es umfasst ein breites Spektrum an Massnahmen sozialer Kontrolle und Behandlung; und es belegt eindrucksvoll, dass die aufgezeigten Diskriminierungen sogar geeignet sind, eklatant unterschiedliche Inhaftierungsraten zu begründen. Den Bezugspunkt der Ausführungen von Reinarman bilden nicht-intendierte Diskriminierungen, die in eine systematische Benachteiligung von Afro-Amerikanern einmünden. Diese werden häufiger kontrolliert, es kommt öfter zur Anklage, Angeklagte werden eher und zu höheren Gefängnisstrafen verurteilt, und Möglichkeiten der Entlassung auf Bewährung werden restriktiver genutzt. Zugleich fungieren sie eher und länger als Zielgruppe von therapeutischen Massnahmen und speziellen Programmen, ohne dass von absichtsvollen Diskriminierungen auszugehen ist.

Nicht-intendierte Diskriminierungen sind auch in anderen Bereichen aufgezeigt worden (s. Hormel/Scherr 2010). Aktuelle Ergebnisse zu vier wichtigen Diskriminierungsbereichen werden ebenso in einem state of the art-Report der *Annual Review of Sociology* diskutiert (Pager/Shepherd 2008). Dabei geht es um ein breites Spektrum an Benachteiligungen, die vom Berufsleben über die Qualität von Dienstleistungen bis hin zum Kredit- und Immobilienwesen reichen. Ethnische Minderheiten zahlen demnach z. B. nicht nur höhere Mieten, sondern sogar höhere Preise beim Erwerb von Wohneigentum.

2 Sozialwissenschaftliche Eingrenzung

Bevor wir in den folgenden Punkten auf die bildungswissenschaftliche Verwendung des Konzepts der institutionellen Diskriminierung und auf dort berücksichtigte Theoriegrundlagen eingehen, erfolgt eine Hinführung zu den Grundbegriffen Institution und Diskriminierung. Zunächst zur Diskriminierung. Der Begriff bezieht sich allgemein auf Unterscheidungen zwischen Angehörigen sozialer Gruppen, die für die eine Seite der Unterschiedenen relative Benachteiligungen beinhalten – d. h. weniger Vor- und mehr Nachteile im Sinne von Nutzen und Kosten, geringere Chancen und höhere Risiken oder auch kleinere Möglichkeitsräume im Sinne von Optionen. Im Zentrum der Aufmerksamkeit steht die relative Benachteiligung sozialer Gruppen: Klassenlage, Geschlecht und Alter, ethnische Zugehörigkeit oder Rasse, Religion, Staatsangehörigkeit sowie Herkunft sind dabei die wichtigsten Kategorien.

Sofern es um messbare Benachteiligungen geht, so wie insbesondere bei der Höhe des Erwerbseinkommens sowie bei Bildungsabschlüssen, lassen sich diese Benachteiligungen sehr genau beschreiben. In der Bildung drücken sie sich beispielsweise in unterschiedlichen Chancen auf bestimmte Bildungsabschlüsse aus. Zugehörigkeit zu einer Gruppe informiert in diesen Fällen über Erfolgswahrscheinlichkeiten, so wie es für MigrantInnen oder Angehörige der Arbeiterklasse (in der Vergangenheit auch für Mädchen und für BewohnerInnen ländlicher Räume) geringere Wahrscheinlichkeiten für einen hohen Bildungsabschluss gibt. Benachteiligungen dieser Art sind zunächst lediglich ein empirischer Befund, der keinerlei Aussagen über Ursachen, Mechanismen und Begründungen enthält.[3]

Chancenungleichheiten, die aus der Zugehörigkeit zu sozialen Gruppen resultieren, widersprechen grundlegenden Werten moderner Gesellschaften. Sie gelten als soziales Problem, das erhebliche Aufmerksamkeit bindet – in den Massenmedien, in der Politik und nicht zuletzt in der Wissenschaft. Diese Aufmerksamkeit ist in der kulturellen Verfasstheit moderner Gesellschaften begründet, die einen Ausgangspunkt neo-institutionalistischer Analysen bildet (Meyer et al. 1987; Hasse 2006; Hasse/Krücken 2005). Ungleichheiten und Ungleichbehandlungen sind demnach in besonderer Weise rechtfertigungspflichtig. Im Prinzip bietet nur der Verweis auf individuelle Leistungsmerkmale und -potenziale in Form von Begabung und Einsatzbereitschaft Möglichkeiten der Legitimierung. In vielen Fällen und insbesondere an der Schnittstelle zwischen Ausbildung und Berufstätigkeit werden diese individuellen Leistungsmerkmale und -potenziale wesentlich über Bildung bestimmt. So sind Bildungserfolge oftmals eine formale Voraussetzung für die Besetzung von Stellen, und in den meisten Fällen dienen sie als Kriterium für die Vorauswahl darüber, ob überhaupt die Chance vergeben wird, sich im Vorstellungsgespräch oder durch Eignungstests empfehlen zu können. Chancengleichheit und Nicht-Diskriminierung im Bildungssystem haben deshalb nicht nur einen hohen Eigenwert, sondern sie sind auch eine Voraussetzung dafür, Ungleichheiten im Erwerbsleben und hierin begründete Einkommens- und Statusunterschiede rechtfertigen zu können. Das Bildungssystem ist deshalb in besonderer Weise mit der normativen Erwartung fairer Chancenverteilung konfrontiert (Solga 2005; Meyer 2001).

Soweit das Ideal. Empirisch ist der Befund erheblich unterschiedlicher Chancen und Risiken entsprechend der Zugehörigkeit zu sozialen Gruppen eindeutig. Bezogen auf das Bildungssystem bezeichnet der Fachterminus „institutionelle Diskriminierung" im einfachsten – und harmlosesten – Fall die rein statistische Erwartung, dass soziale Kategorien und Gruppenzugehörigkeiten unterschiedliche Wahrscheinlichkeiten für erfolgreiche Bildungsverläufe bedingen. Das hier zu Grunde liegende Institutionenverständnis geht auf Emile Durheim zurück, der Institutionen als regelmässige und typische, nicht im Einzelfall begründete und statistisch erwartbare Sachverhalte auswies (Durkheim 1980). Die Institutionentheorie erlaubt im Anschluss an Weiterentwicklungen aus der zweiten Hälfte des 20. Jahrhunderts (zsf. Hasse/Krücken 2008, 2009; Jepperson 1991; Zucker 1977) auch weiter reichende Verständnisse institutioneller Diskriminierung. Es geht dann nicht nur um dauerhafte und systematische Benach-

---

3 Etwas weiter gehend ist der aus der Ökonomie stammende Begriff der *statistischen Diskriminierung* (Arrow 1998). Statistische Diskriminierung liegt vor, wenn etwa über Einstellungen, Beförderungen oder Entlohnungen (tatsächliche oder angenommene) Durchschnittswerte einer Gruppe entscheiden. Sie ist in unvollständigen Informationslagen von Entscheidungsträgern begründet. Z.B. kann weiblichen Mitarbeitern in dem entsprechenden Alter generell ein „Schwangerschaftsrisiko" zugeschrieben werden, weil man die genaueren Lebensumstände der einzelnen Mitarbeiterin nicht kennt.

teiligungen, sondern darum, dass und wie diese durch Institutionen hervorgebracht werden. Organisationen gelten dabei als ein Institutionentyp mit erheblichem Diskriminierungspotenzial, weil die Umsetzung formaler Regelungen Spielräume für nicht in der Sache begründete Ungleichbehandlungen eröffnet. Organisationen wie z. B. Schulen und Unternehmen sind deshalb der bevorzugte Gegenstand bei der Erforschung institutioneller Diskriminierung.

Definieren lässt sich institutionelle Diskriminierung somit – und im Anschluss an Durkheim – als andauernde und systematische Benachteiligung von Angehörigen sozialer Gruppen, die – gemäss institutionentheoretischer Weiterentwicklungen – in veralltäglichten, routinisierten und nicht in Frage gestellten Praktiken insbesondere in organisatorischen Kontexten begründet ist. Ein Grossteil hierauf bezogener Forschungsbeiträge thematisiert das Erwerbsleben, indem Beurteilungs- und Beförderungspraktiken sowie Fragen der Entlohnung mit verdeckten und alltäglichen Diskriminierungen in Unternehmen in Beziehung gesetzt werden. Vor allem in Bezug auf die Benachteiligung von Frauen ist dabei ein dichtes Netz empirischer Einzelbefunde geknüpft worden (siehe zsf. Baron et al. 2007; Castilla 2008). Ein zweiter Schwerpunkt der durch Organisationen hervorgebrachten Diskriminierungen fokussiert den Bildungsbereich. Institutionelle Diskriminierungen bezeichnen hier nicht bloss unterschiedliche Erfolgswahrscheinlichkeiten für soziale Gruppen. Vielmehr geht es um die „starke These", dass Organisationen des Bildungssystems und insbesondere schulische Kontexte aktiv zur Re-Produktion sozialer Ungleichheit beitragen (Hodges Persell 2004; Kronig 2007).

Die Identifikation von Diskriminierungswirkungen ist geeignet, sowohl institutionalisierte Praktiken und Routinen als auch institutionelle Arrangements in Frage zu stellen. Forschungsbeiträge zum Thema der institutionellen Diskriminierung können deshalb zur De-Legitimierung, d. h. zur kritischen Hinterfragung bestehender Institutionen beitragen und die Suche nach Reformen und Alternativen anregen. Institutionentheoretisch kommen sie deshalb als Auslöser institutioneller Wandlungsprozesse in Betracht, die mit der Problematisierung etablierter Praktiken und Arrangements einsetzen (Oliver 1991; Seo/Creed 2002). Forschungsbeiträge zum Thema der institutionellen Diskriminierung sind insofern nicht blosse Beobachtung, sondern Teil der Gesellschaftskritik.

3 Institutioneller Rassismus als Ausgangspunkt

Im Rückblick zeigt sich, dass die gesellschaftspolitischen Debatten um institutionellen Rassismus in den USA der 1960er Jahren als Ausgangspunkt der Konzeptentwicklung anzusehen sind.[4] Dabei hatten die US-amerikanische Bürgerrechtsbewegung und die

---

4 Ausführlichere Darstellungen zu den Ursprüngen des Konzepts der institutionellen Diskriminierung finden sich in Gomolla (2010) und Hormel (2007). Zur relevanten Gesetzgebung, wichtigen Program-

Ende der 1960er Jahre entstehenden neuen sozialen Bewegungen eine zentrale Rolle inne. Ziele der frühen Bürgerrechtsbewegung waren die Überwindung der Rassentrennung, verbreiterter Vorurteilshaltungen und die Verankerung gesetzlicher Regelungen zum Schutz der schwarzen Bevölkerung vor Diskriminierung. Vor dem Hintergrund des Ausbleibens realer Verbesserungen trotz formaler rechtlicher Gleichstellung wurde Rassismus dann seit Mitte der 60er Jahre zunehmend als ein gesellschaftlich tief verankertes und zentrale Lebensbereiche durchdringendes Phänomen erkannt, das mit den bis dato gängigen Erklärungsangeboten nicht hinreichend erfassbar schien.

Der Begriff des institutionellen Rassismus wurde in einer mit ‚Black Power: The Politics of Liberation in America' betitelten Publikation von Carmichael/Hamilton (1967) bekannt gemacht. Die Autoren, zwei Aktivisten der amerikanischen *Black Power*-Bewegung, unterscheiden zwischen offenen und verdeckten bzw. subtilen Formen des Rassismus und setzen diese Unterscheidung weitgehend gleich mit derjenigen zwischen individuellem und institutionellem Rassismus. Ziel war es, individuelle rassistische Handlungen abzugrenzen von Effekten, die aus Strukturen unterschiedlicher Institutionen resultieren und die kontinuierlich fortdauern, ohne dass sie aktiv von Menschen unterstützt oder aufrechterhalten werden. Institutioneller Rassismus fungiert dabei als politisch-strategischer Begriff, der der Skandalisierung der sozial benachteiligten Situation der schwarzen Bevölkerung dient.

Im Hinblick auf den später einsetzenden europäischen Diskurs ist ein Schlüsselereignis aus Grossbritannien hervorzuheben – die Veröffentlichung des Abschlussberichts der sog. MacPherson-Kommission (MacPherson of Cluny 1999). Anlass des Berichts war ein Angriff auf zwei schwarze Collegeschüler durch fünf weisse Jugendliche, in dessen Verlauf einer der Collegeschüler rassistisch beschimpft und getötet wurde. Die Aufklärung des Falles wurde durch die Polizei verschleppt, bis das Verfahren schliesslich eingestellt wurde. Eine 1997 begonnene Untersuchung der polizeilichen Aufklärungsarbeit wies institutionellen Rassismus als eine wesentliche Ursache aus. Institutioneller Rassismus – im Bericht zusammengefasst als das „kollektive Versagen einer Organisation, Menschen aufgrund ihrer Hautfarbe, Kultur oder ethnischen Herkunft eine angemessene und professionelle Dienstleistung zu bieten" und unter anderem auf unwissentliche Vorurteile und rassistische Stereotypisierungen zurückgeführt – wurde dabei auf allen Ebenen des Polizeiapparates identifiziert, aber auch in weiten Bereich der Politik und Verwaltung. Der Bericht enthielt darüber hinaus eine Reihe von Empfehlungen, die nicht nur die Polizei, sondern auch andere gesellschaftliche Teilbereiche wie das Bildungssystem betrafen.

Das Konzept des institutionellen Rassismus hat sich als programmatischer Bezugspunkt von ‚race equality'-Politiken seither vielfach bewährt. Theoretische Entwürfe zum institutionellen Rassismus haben demgegenüber weniger überzeugen können. Zu

---

men (*affirmative action programs* in den USA, *positive action*-Programmen in GB) und Meilensteinen wie dem u. g. MacPherson-Bericht siehe auch Ware (2007).

den zentralen Kritikpunkten zählten im anglo-amerikanischen Diskurs insbesondere der inflationäre Gebrauch des Begriffs, die fehlende (Weiter-)Entwicklung methodologischer Grundlagen sowie theoretische Unzulänglichkeiten bei der Konzeptualisierung einer institutionellen Erklärungsebene (s. Berard 2008: 735; Gomolla 2010: 72 ff). Im Zusammenhang mit einer Suche nach Erklärungen für die Reproduktion von Bildungsungleichheit ist die Bezugnahme auf institutionellen Rassismus somit ambivalent zu beurteilen: Einerseits eröffnen sich gesellschaftspolitisch viel versprechende Signaleffekte und neuartige Reformperspektiven, weil die Ursachensuche weder auf ein „blaming the victim" noch auf individuelles Versagen des Lehrpersonals hinausläuft; andererseits handelt es sich um ein Konzept, das durch erhebliche theoretische Unreife charakterisiert ist.

4 Institutionelle Diskriminierung im Kontext anderer Erklärungen zur Bildungsungleichheit

Im deutschen Sprachraum finden sich einerseits Bezugnahmen auf den Diskurs zu institutionellem Rassismus, andererseits bezieht man sich vornehmlich auf das Bildungswesen und auf die dortige Benachteiligung von SchülerInnen mit Migrationshintergrund. Vereinzelten Beiträgen aus den 1990er Jahren (Bommes/Radtke 1993) folgte eine einflussreiche Schulstudie von Gomolla/Radtke (2002), die „Institutionelle Diskriminierung" zum Titel hat. Wie Gomolla (2010: 77 f) herausstellt, ist die Untersuchung von institutioneller Diskriminierung auf den Beitrag sog. institutioneller Settings an der Herstellung, Verfestigung und Modifizierung sozialer Differenzen ausgerichtet. Das Forschungsinteresse gilt der Einbettung von Diskriminierung in die normale Alltagskultur von Organisationen und in die Berufskultur der dort arbeitenden Professionellen.

Einen wichtigen Ausgangspunkt dieser Forschungsperspektive bilden Beiträge zur langfristigen und ungebrochenen Entwicklung schulstatistischer Daten. Sie belegen, dass, entgegen modernisierungstheoretischer Erwartungen, Herkunft nach wie vor eine massgebliche und dauerhafte Determinante des Bildungserfolgs darstellt (Blossfeld/Shavit 1993; Hodges Persell et al. 2004). Während der Befund geringerer Bildungschancen insbesondere für Kinder mit Migrationshintergrund unstrittig ist, liegen diesbezüglich verschiedene Erklärungsansätze vor.[5] Oftmals werden die Ursachen in sog. ausserschulischen Faktoren – d.h. bei den Betroffenen selbst und in ihrem familiären Umfeld – lokalisiert. So modellieren im Anschluss an Boudon (1974) zahlreiche Forschungsbeiträge Bildungsverläufe als Ergebnis rationaler Entscheidungen von SchülerInnen bzw. Eltern (s. dazu den Beitrag von Stocké im vorliegenden Band). Institutionelle Strukturen des Bildungssystems werden hier lediglich als Kontextbedingungen

---

5   Siehe bspw. die Systematisierung vorliegender Ansätze in Diefenbach (2007) sowie Schmidt/Hasse (2010a).

für individuelle Entscheidungsprozesse von SchülerInnen bzw. von Eltern berücksichtigt (vgl. Dravenau/Groh-Samberg 2005: 106 f). Das Entscheidungsverhalten von Lehrpersonen in Form von Beurteilungen und Selektionen kann als – relativ kleines – Komplementärthema dieses Forschungsschwerpunktes begriffen werden. Wichtig dabei ist, dass institutionelle Diskriminierung in Form einer Zuweisung nach Massgabe sozialer Kategorien insbesondere im mittleren Leistungsbereich (d. h. bei Noten nahe am Durchschnitt) diagnostiziert worden ist (vgl. auch Coradi Vellacott/Wolter 2005: 34 f).

Befunden wie diesen stehen Ergebnisse anderer Studien gegenüber, so dass die Datenlage als uneindeutig zu charakterisieren ist. Mit konkretem Bezug auf institutionelle Diskriminierung warnt Diefenbach (2007) deshalb vor voreiligen Interpretationen angesichts der bislang spärlichen Datenlage und stellt den Forschungsbedarf hinsichtlich des Beitrags von Schulen bzw. LehrerInnen zur Reproduktion ungleicher Bildungschancen deutlich heraus. Kritischer äussert sich Kristen (2006), die aufgrund einer eigenen empirischen Untersuchung zu dem Schluss kommt, dass „derzeit keine Anzeichen dafür zu bestehen scheinen, dass Grundschulkinder aus bestimmten Herkunftsgruppen systematisch diskriminiert werden und deshalb am ersten Bildungsübergang schlechter abschneiden als Mitschülerinnen und Mitschüler ohne Zuwanderungshintergrund" (94). Aber auch sie betont die unzureichende Datenlage und warnt vor voreiligen Schlussfolgerungen (ebenda). Ein aktueller Beitrag von Becker et al. (2011) interpretiert die Replikation der Befunde von Kristen (2006) hingegen als eindeutige Widerlegung eines Einflusses institutioneller Faktoren. Die Schlussfolgerung überrascht jedoch, da vor allem Überweisungen von SchülerInnen mit sehr eindeutigem Leistungsausweis untersucht wurden – also ausgerechnet der Gruppe, für die ohnehin relativ geringe Diskriminierungseffekte durch schulische Faktoren anzunehmen sind.

5   Organisationsentscheidungen als Ursachen schulischer Diskriminierung

Studien zur institutionellen Diskriminierung begreifen die systematische Benachteiligung von MigrantInnen als multifaktorielles Ergebnis und diagnostizieren vor diesem Hintergrund eine Vernachlässigung der Erforschung schulischer Faktoren. Ihnen geht es jedoch weniger um die detaillierte Berechnung von Effekten, als vielmehr um die Identifizierung organisatorischer Strukturen, Regeln und Praktiken, über die Bildungsungleichheit reproduziert wird (Gomolla/Radtke 2002; Berger/Kahlert 2005b; Imdorf 2008). So interessieren sich Gomolla/Radtke (2002) insbesondere für die von Lehrpersonen getroffenen schulischen Selektionsentscheide an zentralen Übergangsschwellen der Bildungslaufbahn. Angenommen wird, dass Entscheidungen dann passend sind, wenn sie sich in den etablierten Deutungs- und Wissenshaushalt einer Schule einfügen lassen. Entscheidungen mit Diskriminierungseffekten resultieren demnach aus der Anwendung kollektiver Deutungs- und Wissensbestände auf einzelne Entscheidungen. Da Einzelentscheidungen mitsamt dahinter liegenden Deutungen und Wissensbeständen jedoch kaum direkt beobachtet werden können, wollen sie an „retrospektiven Aussagen zur Begründung von Entscheidungen … ablesen, was in der Organisation als erfolgreich, organisationskonform, korrekt und legitim gilt" (2002: 146). Angenommen wird dabei, dass Kinder mit Migrationshintergrund hierdurch systematisch benachteiligt werden.

Kernthese der Studie ist es, dass spezifische Organisationskontexte sowie Ziele und Kalküle einzelner Schulen als zentrale Einflussgrössen fungieren. Um deren Verbindung zu Diskriminierungseffekten aufzuzeigen, werden Opportunitätserwägungen in Bezug auf das reibungslose Funktionieren von Schulorganisation und Unterricht sowie zur Sicherung des eigenen Schulbestandes herausgearbeitet und mit Diskriminierungseffekten in Beziehung gesetzt. Institutionelle Diskriminierung ist demnach eine Organisationsressource, auf die opportunistisch, situativ und nach Massgabe organisatorischer Erwägungen zurückgegriffen wird, um andere Ziele zu erreichen (siehe Gomolla 2000: 67).

Das Konzept der institutionellen Diskriminierung verschiebt die Aufmerksamkeit eindeutig von Dispositionen und Entscheidungen der Benachteiligten hin zum Bildungssystem als Verursacher sozialer Ungleichheit. Es steht somit in einer Tradition der Bildungssoziologie, die bis in die 1960er Jahre zurückreicht (Cicourel/Kitsuse 1963; Bourdieu/Passeron 1971; Oakes 1985). In dieser Perspektive ist das Bildungssystem aktiver Produzent sozialer Ungleichheit (vgl. auch die Texte von Mehan und Willis im vorliegenden Band). Einen Schwerpunkt dieser Forschungsausrichtung bildet die Frage, wie Lehrpersonen ihre SchülerInnen evaluieren, wie sie Entscheidungen treffen und welche Empfehlungen sie aussprechen. Gomolla/Radtke (2002) beziehen sich insbesondere auf das Entscheidungsverhalten von LehrerInnen und Schulautoritäten abgebender Schulen, so wie es in Deutschland im Regelfall für die Überweisung von der Grundschule zur Sekundarstufe 1 massgeblich ist. Daneben werden Selektionsentscheidungen in Form von Repetitionen sowie Zuweisungen zu Sonderschulen und anderen Spezialeinrichtungen des Bildungswesens berücksichtigt, die in jeder Jahrgangsstufe – und teils sogar während des laufenden Schuljahres – vorkommen können.

Institutionelle Diskriminierung, verstanden als die systematische Benachteiligung von SchülerInnen mit Migrationshintergrund bei Überweisungen und Selektionsentscheidungen, wird von den Autoren mit Bezugnahme auf ein breites Spektrum an Organisationstheorien begründet. Wenngleich die theoretische Argumentation zuweilen komplex ausfällt, kann sie wie folgt zusammengefasst werden: Entscheidungsverhalten von LehrerInnen und Schulen

- orientiert sich an schulbezogenen funktionalen Erwägungen (wie z. B. der Klassengrösse),
- berücksichtigt organisatorische Interessen der Schule (wie z. B. die Möglichkeit der Einwerbung von Fördermitteln),

- bezieht sich auf Erwartungen der gesellschaftlichen Umwelt (insbesondere Aufsichtsbehörden, Eltern, andere Schulen) und
- ist Gegenstand retrospektiver Sinnstiftung (also der nachträglichen Begründung wie auch immer zustande gekommener Entscheidungen).

Insgesamt entsteht so das Bild von Schulen als wirkmächtigen Akteuren, denen die Fähigkeit zugeschrieben wird, mehr oder weniger rationale Entscheidungen zu treffen und ex-post mit Sinn auszustatten. Diskriminierung wird dabei als ein Nebeneffekt begriffen.

Das Konzept der institutionellen Diskriminierung ist nicht auf Zuweisungs- und Selektionsentscheidungen beschränkt. Anspruch ist vielmehr, als mehrdimensionaler Ansatz verschiedene Ebenen und unterschiedliche Passagen der Bildungslaufbahn zu berücksichtigen. Darüber hinaus ist wichtig, dass sich das Bildungssystem nicht auf die Summe seiner Schulen reduzieren lässt, weil auch Entscheidungen von bildungspolitischen Einrichtungen und von Schulverwaltungen zu berücksichtigen sind. Diese determinieren bis zu einem gewissen Grad Zuweisungspraktiken und andere Schulentscheidungen, sie sind verantwortlich für curriculare Vorgaben (man denke etwa an die Möglichkeit, Türkisch als erste oder wenigstens als zweite Fremdsprache anzubieten), und sie gestalten das Bildungssystem in seiner Gesamtheit. Diskussionen um die Dauer der Grundschulzeit (und um die genaue Gestaltung der Überweisungsregelung), Kontroversen darüber, ob und ab wann unterschiedliche Leistungsniveaus eingeführt werden und ob diese zu getrennten Schulen bzw. zu verschiedenen Klassen führen oder fachspezifisch angeboten werden, und nicht zuletzt die Frage, wie viele Plätze jeweils zur Verfügung gestellt werden, sind im Kern bildungspolitische Themen, deren Entscheidungen ein erhebliches Diskriminierungspotenzial bergen.[6] Es geht also nicht nur um Fragen der Zuweisung, sondern auch um vorhandene „slots" und um deren soziale Bedeutung z. B. in Form eines Ausschlusses von weiteren Bildungsoptionen. Für die theoretische Konzeptualisierung ist dabei jedoch entscheidend, dass sich das o. g. Entscheidungsmodell und die hierin begründeten Diskriminierungswirkungen auch auf andere Entscheidungen und auf andere Organisationen des Bildungssystems übertragen lassen. Schulische Überweisungsentscheidungen fungieren insofern als Modell, anhand dessen sich institutionelle Diskriminierung gut erforschen lässt.

---

6 Für eine überzeugende Illustration dieses Aspekts siehe Powell (2007), der den Konstruktionsprozess sogenannter schulischer Behinderung aufzeigt und Effekte des Bildungssystems durch einen Vergleich zwischen Deutschland und den USA verdeutlicht.

6   Kritik

Die Studie von Gomolla und Radtke (2002) hat sich im deutschsprachigen Raum als einflussreich erwiesen und das Verständnis über institutionelle Diskriminierung grundlegend geprägt. Zwei Merkmale sind dabei hervorstechend: zum einen die Zuspitzung auf organisatorische Entscheidungen; zum anderen die Verbindung organisationstheoretischer und empirischer Ansprüche. Vor dem Hintergrund der Resonanz der Studie sind zwei mögliche Kritikpunkte zu berücksichtigen:

1. die Vernachlässigung der genauen Bestimmung der Effekte institutioneller Diskriminierung durch Entscheidungen von bzw. in Bildungsorganisationen;
2. die Vernachlässigung einer überzeugenden Verknüpfung von Theorie und Empirie insbesondere hinsichtlich der Bedeutung von Begründungen.

(ad 1) In modernen Bildungssystemen sind Beurteilungen von SchülerInnen durch LehrerInnen und Formen des *Tracking* – d. h. der Zuweisung zu unterschiedlich qualifizierenden Bildungslaufbahnen – derzeit weitgehend alternativlos. Wie immer diese Zuweisung im Detail geregelt ist, stets scheint sie gesellschaftliche Ungleichheiten abzubilden. Da im Vergleich zwischen Ländern und Regionen ebenso wie im zeitlichen Verlauf nicht nur die Zuweisungspraktiken, sondern auch eine Vielzahl anderer Faktoren variieren, sind aussagekräftige Vergleiche oder gar quasi-experimentelle Versuchsanordnungen nur begrenzt möglich. Gleichwohl gelten einzelne Beobachtungen als unstrittig: Hierzu zählt, dass im Falle von Mädchen eine ehedem benachteiligte Gruppe in den letzten Jahren und Jahrzehnten stark aufgeholt hat. Ebenso ist der relative Bildungserfolg einzelner Minoritäten (z. B. MigrantInnen asiatischer Herkunft in den USA, Deutsche in der Schweiz etc.) auffällig geworden. Dessen ungeachtet spiegelt der Bildungsverlauf sehr stark den sozioökonomischen und kulturellen Hintergrund der SchülerInnen. Deshalb ist es naheliegend, insbesondere Dispositionen, Kontextbedingungen und Entscheidungspräferenzen seitens der SchülerInnen bzw. der Eltern verantwortlich zu machen. Hierzu passt, dass Arrangements, die Zuweisungsfragen und Laufbahnentscheidungen in die Hände der SchülerInnen und Eltern legen, sozial noch selektiver wirken als Zuweisungsentscheidungen des Lehrpersonals (siehe zsf. Ditton 2010).

Dessen ungeachtet fehlen eindeutige Belege für die Widerlegung institutioneller – d. h. durch Organisationen und Professionen hervorgebrachter Diskriminierungseffekte. So ist bei Überweisungen der Verweis auf Noten, die im Klassenverbund zugeteilt werden, generell nicht überzeugend, weil man aus der kritisierten Perspektive ja anzunehmen hat, dass auch diese Benotungen als Medium institutioneller Diskriminierung fungieren. Klassen- und schulübergeordnete standardisierte Tests sind demgegenüber aussagekräftiger, insbesondere wenn die Auswertung ausserhalb der Schulen erfolgt. Allerdings beziehen sich diese Tests nicht unbedingt auf in der Schule erbrachte Leistungen, und sie sind nicht in der Lage, Lernfortschritte in der Schule von ausserhalb der

Schule erworbenen Wissensbeständen abzugrenzen. Es ist deshalb auch bei standardisierten Tests nicht unbedingt klar, ob die Lernfähigkeiten und -bereitschaften gemessen werden, mit denen Selektionsentscheidungen zu begründen sind.

(ad 2) Der zweite Kritikpunkt bezieht sich auf den Kern der von Gomolla und Radtke vorgelegten Untersuchungsperspektive. Sie betrifft zunächst das Verhältnis von theoretischer Positionierung und empirischer Beschreibung. Den theoretischen Referenzrahmen von Gomolla/Radtke (2002) bilden insbesondere nicht-rationalistische Organisationstheorien aus der zweiten Hälfte des 20. Jahrhunderts. Hierzu zählen Grundlagen der verhaltenswissenschaftlichen Entscheidungstheorie und deren institutionentheoretische Weiterentwicklungen (insb. March/Simon 1958; March/Olsen 1976, 1989), an diese Grundlagen anschliessende systemtheoretische Konzepte (Luhmann 1973, 1981), Anfänge der neo-institutionalistischen Organisationstheorie (etwa Meyer/Scott 1983) sowie das enactment-Modell von Karl Weick (1995). Gemeinsames Band ist der Fokus auf Organisationsentscheidungen und die Betonung begrenzter oder gar fehlender Zweck-Mittel-Rationalität.[7] Sämtliche herangezogenen Theorien sind auch in vielen anderen Beiträgen auf Bildungsorganisationen bezogen worden, teils sind sie sogar direkt aus der Untersuchung von Bildungsorganisationen hervorgegangen (Weick 1976; Meyer/Rowan 1977; Meyer et al. 1981; Luhmann/Lenzen 2002: Kapitel 6). Das hieraus abzuleitende Ergebnis ist, Schulen ein – im Vergleich zu anderen Organisationen – überaus geringes Rationalitätsniveau zuzuschreiben. Diese Theorieperspektive wird bei Gomolla/Radtke überraschenderweise mit empirischen Beschreibungen kombiniert, in denen Schulen als mehr oder weniger rationale und strategiefähige Akteure beschrieben werden, die Ressourcen einsetzen und nach Massgabe eigener Kalkulationen und Interessenlagen entscheiden. Vor diesem Hintergrund wird Diskriminierung dann als nicht-intendierter Effekt dargestellt.

Daran ansetzende Kritik bezieht sich zum einen auf die lose Kopplung von gewählter theoretischer Fassade (nicht-rationalistische Organisationsansätze) und empirischen Fallbeschreibungen (zu interessengeleiteten Schulen). Zum anderen geht es um die empirische Umsetzung selbst, die im Kern auf die Analyse entscheidungsrelevanter Deutungshaushalte und Begründungen mittels Interviews mit Lehrpersonen ausgerichtet ist. Die dieser Forschungstrategie zu Grunde liegende Annahme einer Identifikation von entscheidungsprägenden Deutungen und Gründen ist nicht ohne Weiteres mit dem

---

7   Mit der frühen verhaltenswissenschaftlichen Entscheidungslehre und der Systemtheorie Luhmanns lassen sich zunächst prozedurale Aspekte und Formen der Konditionalprogrammierung in den Vordergrund rücken, der Neo-Institutionalismus betont die geringen Effekte formaler Entscheidungsprozesse durch Verweise auf die Prägewirkung institutioneller Umwelten sowie durch Hervorhebung unzureichender Implementationsmöglichkeiten („lose Kopplung"), und mit Weicks Modell sowie mit den Weiterentwicklungen der verhaltenswissenschaftlichen Entscheidungstheorie kann man begründen, dass Entscheidungen erst ex-post mit Sinn ausgestattet (und zuvor weitgehend unreflektiert getroffen) werden.

Postulat retrospektiver Sinnstiftung in Einklang zu bringen, so wie es im Anschluss an Weick hervorzuheben wäre.[8] Dabei sind auch Anschlüsse an neuere organisationstheoretische Entwicklungen und an aktuelle neo-institutionalistische Diskussionen naheliegend, die generell weniger stark auf Entscheidungen i. e. S. fokussieren als vielmehr auf alltägliche organisatorische Praktiken und auf die Verwendung sog. *narratives* (siehe Hasse/Schmidt 2010a).

7   Perspektiven und Ausblick

Die wichtigsten Perspektiven ergeben sich aus einer konstruktiven Auseinandersetzung mit beiden genannten Kritikpunkten. Zunächst zur Kritik unzureichender Daten, mit denen Schuleffekte statistisch nachgewiesen werden könnten. Hier stehen sich offensichtlich verschiedene Grundüberzeugungen gegenüber. Beide Lager sind durch unvereinbare methodische Herangehensweisen (Analyse aggregierter Daten vs. verstehende Verfahren) und durch unterschiedliche Theoriefestlegungen (ökonomische Theorien rationaler Wahl vs. institutionentheoretische Positionen) gekennzeichnet. Darüber hinaus lassen sich spezifische Forschungsgegenstände und Problemdeutungen (ausserschulische Ursachen vs. schulische Ursachen) mit spezifischen gesellschaftspolitischen Implikationen (Intervention in ausserschulische Kontexte vs. Reformbedarf auf Seiten des Bildungssystems) eindeutig diesen Lagern zuordnen.

Vor dem Hintergrund dieser Gegensätzlichkeit wäre es wissenschaftstheoretisch naiv, Konsenschancen oder Perspektiven für Kompromisse und Synthesen zu überschätzen. Dennoch birgt die Auseinandersetzung mit der Gegenposition das Potenzial, das eigene Profil zu schärfen und an Überzeugungskraft zu gewinnen. Das gilt vor allem für den Einwand geringer Effekte schulischer Faktoren, dem letztlich nur mit mehr Offenheit gegenüber quantitativen Methoden zu begegnen ist. Forschungsstrategisch eröffnet die Konzentration auf Grenzfälle bei Überweisungsentscheidungen viel versprechende Perspektiven; auch könnte die Einbeziehung von Studien zum Vergleich zwischen Schulsystemen und Entscheidungsverfahren über (unterschiedliche) Schuleffekte informieren.

In theoretischer Hinsicht könnte die Analyse von Schul- bzw. LehrerInnenentscheidungen von der Einbeziehung ökonomischer Theorien und neuerer institutionenökonomischer Entwicklungen profitieren, wenn man mehr oder weniger rationale Akteure und deren Interessenlagen als Ausgangspunkte favorisiert. Diese Einbeziehung würde nicht nur für – unterschiedlich starke – Anreize für Entscheidungs-outcomes sensibilisieren, sondern auch dafür, dass bei Überweisungen unterschiedliche Prozesskosten

---

8   Zudem kann in Anlehnung an neo-institutionalistische Ausgangspositionen kritisch hinterfragt werden, ob in Interviews geäusserte Aussendarstellungen und Rechtfertigungen nicht schärfer von intern massgeblichen Entscheidungskriterien abzugrenzen sind.

anfallen und es nicht zuletzt darum gehen könnte, Reaktionen relevanter Umwelten (Eltern, Schulbehörden etc.) so einzuschätzen, dass man möglichst beschwerdefrei und mit wenig Rechtfertigungsaufwand zurechtkommt. Institutionenökonomische Theorien könnten schliesslich auch helfen, das Verhältnis zwischen individueller und organisatorischer Rationalität besser zu fassen, indem z. B. stärker auf Grundfiguren der principal/agency-Theorie eingegangen wird (siehe z. B. Eisenhardt 1989; Kiser 1999; Shapiro 2005). Die Perspektive einzelner LehrerInnen ist schliesslich nicht einfach mit der von Schulen gleichzusetzen – und die einzelner Schulen nicht mit der des Bildungssystems insgesamt.

Nun zur konstruktiven Wendung des zweiten Kritikstranges: Beim Zusammenhang von Entscheidungen und Begründungen im speziellen Fall von Überweisungen ist zunächst hervorzuheben, dass es eine offene empirische Frage ist, inwiefern Entscheidungsverhalten durch organisatorische Interessen, Rationalitäten oder Logiken determiniert ist oder ob andere Erwägungen im Vordergrund stehen. Demgegenüber ist die Beobachtung unstrittig, dass Schulen kontinuierlich und routinisiert Zuweisungsentscheidungen produzieren (müssen). Entscheidungen über SchülerInnen haben insofern stets den Charakter einer fortlaufenden organisatorischen Praxis, die nicht gut zur Annahme einer sequenziellen Abfolge von Entscheidung und nachfolgender Begründung im Sinne eines *retrospective sensemaking* passt. Begründungen fungieren vielmehr auch als – möglicherweise implizit bleibende – Vorgeschichte für nachfolgende Entscheidungen.

Mit Bezug auf ein laufendes Forschungsprojekt, bei dem nicht zuletzt Gruppeninterviews mit Lehrpersonen durchgeführt werden, deuten erste Zwischenergebnisse auf folgende kollektive Begründungsmuster für Überweisungen zu niedrig qualifizierenden Sekundarschulen (siehe Hasse/Schmidt 2010b):

- Berücksichtigung mässiger langfristiger Bildungsambitionen,
- Schutz vor Überforderung aufgrund von Bildungsansprüchen, die als unrealistisch gelten, sofern sie Herkunftsnachteile nicht berücksichtigen,
- Schutz vor Erwartungen überambitionierter Eltern, wobei insbesondere angestrebte Aufwärtsmobilität und fehlende Statuskonsistenz als Hinweise auf unangemessene Erwartungen gedeutet werden.

Einerseits berichten Lehrpersonen von ihren Erfahrungen, dass diese Begründungsmuster sehr oft auf Kinder mit Migrationshintergrund zu beziehen sind. Andererseits ist zu berücksichtigen, dass Begründungsmuster, die sich auf die freie Entfaltung nach Massgabe eigener Willensbekundungen beziehen („Ambitionen"), gesellschaftlich ebenso hochgradig legitimiert sind wie Schutzbegründungen („Schutz vor Überforderung", „Schutz vor unvernünftigen Erwartungen"). Es handelt sich hier um zentrale Rechtfertigungsgrundlagen eines breiten Spektrums professioneller Tätigkeiten und helfender Berufe (siehe ausführlicher hierzu Schmidt/Hasse 2010b).

Bei Zuschreibungen nach Massgabe sozialer Kategorien können solche an sich hochgradig legitimen Begründungen Diskriminierungen bewirken, die den Entscheidern vorbewusst bleiben. Insofern ist institutionelle Diskriminierung durchaus vereinbar mit gut gemeinten Absichten, ganz so wie es eingangs mit Verweis auf Craig Reinarman (2006) dargestellt wurde. Die an Ungleichheitsfragen interessierte Bildungsforschung wäre deshalb gut beraten, sich stärker und genauer als bislang geschehen mit Aspekten institutioneller Diskriminierung auseinanderzusetzen und so dazu beizutragen, über das schwer zu fassende Phänomen institutioneller Ursachen von Bildungsungleichheit aufzuklären. Denn während in den vergangenen Jahren und Jahrzehnten viel Wissen zum manifesten Problem des Einflusses herkunftsspezifischer Faktoren generiert und zusammengetragen worden ist, kann institutionelle Diskriminierung noch immer als latentes Problem begriffen werden. Dessen forschungsstrategische – und gesellschaftspraktische – Implikationen scheinen noch lange nicht ausgeschöpft. Die in diesem Beitrag referierten Grundlagen liefern dafür gute Anknüpfungspunkte, ohne bereits abschliessende Antworten zu geben.

Literatur

Arrow, Kenneth J. (1998): What Has Economics to Say about Racial Discrimination. In: The Journal of Economic Perspectives 12: S. 91–100.

Baron, James N. et al. (2007): In the Company of Women: Gender, Inequality, and the Logic of Bureaucracy in Start-up Firms. In: Work & Occupation 34: S. 35–66.

Becker, Rolf/Jäpel, Franziska/Beck, Michael (2011): Statistische und institutionelle Diskriminierung von Migranten im Schweizer Schulsystem. Oder: Werden Migranten oder bestimmte Bevölkerungsgruppen in der Schule benachteiligt? Online verfügbar: www.snf.ch/SiteCollectionDocuments/medienmitteilungen/DiskriminierungMigranten Schweiz.pdf.

Berard, Tim (2008): The Neglected Social Psychology of Institutional Racism. In: Sociology Compass, Vol. 2/2: S. 734–764.

Berger, Peter A./Kahlert, Heike (2005b): Bildung als Institution: (Re-) Produktionsmechanismen sozialer Ungleichheit. In: Berger, P. A./Kahlert, H. (Hrsg.): Institutionalisierte Ungleichheiten. Wie das Bildungswesen Chancen blockiert. Weinheim/München: Juventa, S. 7–16.

Blossfeld, Hans-Peter/Shavit, Yossi (1993): Persisting Barriers. Changes in Educational Opportunities in Thirteen Countries. In: Shavit, Y./Blossfeld, H.-P. (eds.): Persistent Inequality. Changing Educational Attainment in Thirteen Countries. Boulder: Westview Press, S. 1–23.

Bommes, Michael/Radtke, Frank-Olaf (1993): Institutionalisierte Diskriminierung von Migrantenkindern. Die Herstellung ethnischer Differenz in der Schule. In: Zeitschrift für Pädagogik, 39 (3): S. 483–497.

Boudon, Raymond (1974): Education, Opportunity and Social Inequality: Changing Prospects in Western Society. New York: Wiley.

Bourdieu, Pierre/Passeron, Jean Claude (1971): Die Illusion der Chancengleichheit. Stuttgart: Klett.

Carmichael, Stokely Hamilton, Charles V. (1967): Black Power. The Politics of Liberation in America. London: Penguin.

Castilla, Emilio J. (2008): Gender, Race, and Meritocracy in Organizational Careers. In: American Journal of Sociology 113: S. 1479–1526.

Cicourel, Aaron V./Kitsuse, John I. (1963): The educational decision-makers. Indianapolis: Bobbs-Merill.

Coradi Velacott, Maja/Wolter, Stefan C. (2005): Chancengerechtigkeit im schweizerischen Bildungswesen. Aarau: Schweizerische Koordinationsstelle für Bildungsforschung.

Diefenbach, Heike (2007): Bildungschancen und Bildungs(miss)erfolg von ausländischen Schülern oder Schülern aus Migrantenfamilien im System schulischer Bildung. In: Becker, R./ Lauterbach, W. (Hrsg.): Bildung als Privileg. Erklärungen und Befunde zu den Ursachen der Bildungsungleichheit. Wiesbaden: VS Verlag, S. 217–241.

Ditton, Hartmut (2010): Selektion und Exklusion im Bildungssystem. In: Quenzel, G./Hurrelmann, K. (Hrsg.), Bildungsverlierer. Neue Ungleichheiten. Wiebaden: VS, S. 53–71.

Dravenau, Daniel/Groh-Samberg, Olaf (2005): Bildungsbenachteiligung als Institutioneneffekt. Zur Verschränkung kultureller und institutioneller Diskriminierung. In: Berger, P. A./ Kahlert, H. (Hrsg.): Institutionalisierte Ungleichheiten. Wie das Bildungswesen Chancen blockiert. Weinheim/München: Juventa, S. 103–129.

Durkheim, Émile (1980): Die Regeln der soziologischen Methode. Herausgegeben und eingeleitet von René König, Neuwied: Luchterhand.

Eisenhardt, Kathleen M. (1989): Agency Theory: An Assessment and Review. In Academy of Management Review 14: S. 57–74.

Gomolla, Mechthild (2000): Ethnisch-kulturelle Zuschreibungen und Mechanismen institutionalisierter Diskriminierung in der Schule. In: Attia, I./Marburger, H. (Hrsg.): Alltag und Lebenswelt von Migrantenjugendlichen. Frankfurt a. M.: IKO, S. 49–70.

Gomolla, Mechthild (2010): Institutionelle Diskriminierung. Neue Zugänge zu einem alten Problem. In: Hormel, U./Scherr, A. (Hrsg.): Diskriminierung. Grundlagen und Forschungsergebnisse. Wiesbaden: VS Verlag, S. 61–93.

Gomolla, Mechtild/Radtke, Frank-Olaf (2002): Institutionelle Diskriminierung. Die Herstellung ethnischer Differenz in der Schule. Opladen: Leske & Budrich (3. Auflage: VS Verlag 2009).

Hasse, Raimund (2006): Der Neo-Institutionalismus als makrosoziologische Kulturtheorie. In: Senge, K./Helmann, K.-U. (Hrsg.), Einführung in den Neo-Institutionalismus. Opladen: VS Verlag, S. 150–160.

Hasse, Raimund/Krücken, Georg (2005): Neo-Institutionalismus. Zweite Auflage, mit einem Vorwort von John W. Meyer. Bielefeld: Transcript-Verlag.

Hasse, Raimund/Krücken, Georg, (2008): Institution. In: Baur, N./Korte, H./Löw, M./Schroer, M. (Hrsg.), Handbuch Soziologie. Wiesbaden: VS: Verlag für Sozialwissenschaften, S. 162–183.

Hasse, Raimund/Krücken, Georg (2009): Neo-institutionalistische Theorie. In: Kneer, G./ Schroer, M. (Hrsg.), Soziologische Theorien. Ein Handbuch. Wiesbaden: VS Verlag für Sozialwissenschaften, S. 237–251.

Hasse, Raimund/Schmidt, Lucia (2010a): Unternehmertum, Arbeit, Sprache. Zur Mikrofundierung des Neo-Institutionalismus. In: Sociologia Internationalis 48/2: S. 81–108.

Hasse, Raimund/Schmidt, Lucia (2010b): Inequality decisions and accounts: The case of tracking in a Swiss elementary school. Institute for Sociology, University of Lucerne, Working Paper 09 (http://www.unilu.ch/files/hasse_schmidt_inequality-decisions-and-accounts.pdf).

Hodges Persell, Caroline/Arum, Richard/Seufert, Kathryn (2004): Racial and Ethnic Educational Inequality in Global Perspective. In: Ritzer, G. (ed.): Handbook of Social Problems. A Comparative International Perspective. Thousand Oaks, CA: Sage, S. 261–280.

Hormel, Ulrike (2007): Diskriminierung in der Einwanderungsgesellschaft. Begründungsprobleme pädagogischer Strategien und Konzepte. Wiesbaden: VS Verlag.

Hormel, Ulrike/Scherr, Albert (Hrsg.) (2010): Diskriminierung. Grundlagen und Forschungsergebnisse. Wiesbaden: VS Verlag.

Imdorf, Christian (2008): Der Ausschluss ‚ausländischer‘ Jugendlicher bei der Lehrlingsauswahl – ein Fall von institutioneller Diskriminierung? In: Rehberg, K.-S. (Hrsg.): Die Natur der Gesellschaft. Verhandlungen des 33. Kongresses der DGS in Kassel 2006 (CD-Rom). Frankfurt a. M.: Campus.

Jepperson, Ronald L. (1991): Institutions, Institutional Effects, and Institutionalization. In: Powell, W. W./DiMaggio, P. J. (eds.): The New Institutionalism in Organizational Analysis. Chicago: University of Chicago Press, S. 143–163.

Kiser, Edgar (1999): Comparing Varieties of Agency Theory in Economics, Political Science, and Sociology: An Illustration from State Policy Implementation. In: Sociological Theory 17: S. 146–170.

Kristen, Cornelia (2006): Ethnische Diskriminierung in der Grundschule? Die Vergabe von Noten und Bildungsempfehlungen. In: Kölner Zeitschrift für Soziologie und Sozialpsychologie, 58 (1): S. 79–97.

Kronig, Winfried (2007): Die systematische Zufälligkeit des Bildungserfolgs. Theoretische Erklärungen und empirische Untersuchungen zur Lernentwicklung und zur Leistungsbeurteilung in unterschiedlichen Schulklassen. Bern: Haupt.

Luhmann, Niklas (1973): Zweckbegriff und Systemrationalität. Über die Funktion von Zwecken in sozialen Systemen. Frankfurt a. M.: Suhrkamp.

Luhmann, Niklas (1981): Organisation und Entscheidung. In: Luhmann, N., Soziologische Aufklärung 3 (Soziale Systeme, Gesellschaft, Organisation). Opladen: Westdeutscher Verlag, S. 335–389.

Luhmann, Niklas/Lenzen, Dieter (2002): Das Erziehungssystem der Gesellschaft. Frankfurt/Main: Surkamp.

MacPherson of Cluny, Sir William (1999): The Stephen Lawrence Inquiry. Report, Presented to Parliament by the Home Secretary. February 1999. Online verfügbar: www.archive.official-documents.co.uk/document/cm42/4262/4262.htm.

March, James G./Olsen, Johan P. (1976): Ambiguity and Choice in Organizations. Bergen, Norway: Universitetsforlaget.

March, James G./Olsen, Johan P. (1989): Rediscovering Institutions. The Organizational Basis of Politics. New York: Free Press.

March, James G./Simon, Herbert A. (1958): Organizations. New York: Wiley.

Meyer, John W. (2001): Reflections: The Worldwide Commitment to Educational Equality. In: Sociology of Education. Extra Issue 2001: S. 154–158.

Meyer, John W./Boli, John/Thomas, George M. (1987): Ontology and Rationalization in the Western Cultural Account. In: Thomas, G. M. et al.. (eds.), Institutional Structure: Constituting State, Society, and the Individual. Newbury Park: Sage, S. 12–38.

Meyer, John W./Rowan, Brian (1977): Institutionalized Organizations: Formal Stucture as Myth and Ceremony. In: American Journal of Sociology 83: S. 340–363.

Meyer, John W./Scott, W. Richard (eds.) (1983): Organizational Environments. Ritual and Rationality, Beverly Hills, CA: Sage.

Meyer, John W./Scott, W. Richard/Deal, Terrence E. (1981): Institutional and Technical Sources of Organizational Structure: Explaining the Structure of Educational Organizations. In: Stein, Herman D. (ed.), Organization and the Human Services, edited by Herman D. Stein. Philadephia, PA: Temple University Press, S. 157–178.

Nelson, Todd D. (ed.) (2009): Handbook of Prejudice, Stereotyping and Discrimination. New York, NY: Psychology Press.

Oakes, Jeannie (1985): Keeping Track. How Schools Structure Inequality. New Haven: Yale University Press (2nd edition 2005).

Obach, Brian K. (2000): Teaching about institutional discrimination and the controversies of Affirmative Action. In: Teaching Sociology 28: S. 50–55.

Oliver, Christine (1991): The Antecendence of Deinstitutionalization. In: Organization Studies 13: S. 563–588.

Pager, Devah/Shepherd, Hana (2008): Racial Discrimination in Employment, Housing, Credit, and Consumer Markets. In: Annual Review of Sociology 34: S. 181–209.

Powell, Justin J. (2007): Behinderung in der Schule, behindert durch Schule? Die Institutionalisierung der ‚schulischen Behinderung'. In: Waldschmidt, A./Schneider, W. (Hrsg.), Disability Studies, Kultursoziologie und Behinderung. Bielefeld: Transcript, S. 321–343.

Reinarman, Craig (2006): Understanding institutional discrimination. Vortrag im Rahmen der National Drug Treatment Conference 2006, Glasgow. Online verfügbar: http://www.exchangesupplies.org/conferences/NDTC/2006_NDTC/speakers/craig_reinarman_1.html.

Schmidt, Lucia/Hasse, Raimund (2010a): Der Arbeitsbegriff in der Soziologie sozialer Probleme und im Neo-Institutionalismus – Konzeptualisierung und Anwendung im Forschungsfeld Bildungsungleichheit. In: Groenemeyer, A. (Hrsg.), Doing Social Problems. Mikroanalysen der Konstruktion und Bearbeitung sozialer Probleme. Wiesbaden: VS: Verlag, S. 57–78.

Schmidt, Lucia/Hasse, Raimund (2010b): Kulturelle Zurechnungen und Vokabulare der Problemkonstruktion. In: Soziale Probleme 21/2: S. 141–166.

Seo, Myeong-Gu/Creed, Douglas W. E. (2002): Institutional Contradictions, Praxis, and Institutional Change: A Dialectical Perspective. In: Academy of Management Review, 27: S. 222–248.

Shapiro, Susan P. (2005): Agency Theory. In: Annual Review of Sociology 31: 263–284.

Solga, Heike (2005): Meritokratie – die moderne Legitimation ungleicher Bildungschancen. In: Berger, P. A./Kahlert, H. (Hrsg.): Institutionalisierte Ungleichheiten. Wie das Bildungssystem Chancen blockiert. Weinheim: Juventa, S. 19–38.

Ware, Leland (2007): A comparative analysis of unconscious and institutional discrimination in the United States and Britain. In: Georgia Journal of International and Comparative Law 36 (1): S. 89–159.

Weick, Karl E. (1976): Educational Organizations as Loosely Coupled Systems. In: Administrative Science Quarterly 21: S. 1–19.

Weick, Karl E. (1995): Sensemaking in Organizations. Thousand Oaks, CA: Sage.

Zucker, Lynne G. (1977): The Role of Institutionalization in Cultural Persistence. In: American Sociological Review 42: S. 726–743.

Der Wandel der Familie und dessen Effekte auf Erziehungs- und Bildungsprozesse

Dieter Hoffmeister

1 Merkmale und Ursachen des familiären Wandels

Seit einigen Dekaden beobachten wir einen rasanten Wandel der familiären Lebensformen. Uneinigkeit besteht darüber, wie dessen Folgen einzuschätzen sind, was also eine abnehmende Heiratsneigung bei zunehmender Trennungs- und Scheidungsneigung, die zunehmend spätere Familiengründung, ein höheres Lebensalter bei Erstgebärenden und Familiengründern sowie die damit verbundene sinkende Geburtenrate für die gesellschaftliche Entwicklung unter dem Strich bedeuten.

Für die einen hat all dies nahezu biblische Ausmaße angenommen. Für sie verheißen die damit einhergehenden Veränderungen in der demographischen Struktur, in den Geschlechterrollenverhältnissen und Erziehungsstilen oder der Generationensolidarität nichts Gutes. Vor allem die mit dieser Entwicklung korrespondierende Pluralisierung der Lebensformen und Lebensstile (Nave-Herz 2007) ist ihnen verdächtig, denn sie ermöglicht Orientierung an „falschen" Idealen jenseits des kleinbürgerlichen Ehe- und Familienlebens. Gemutmaßt werden folglich Generationenkonflikte, Bindungslosigkeit und moralischer Verfall mit weitreichenden Folgen für das Gemeinwesen. Alarmstufe rot! – so lautet hier die Devise.

Andere wiederum schauen zuallererst auf die dahinter verborgenen biographischen Zick-Zack-Kurse, Zwangsstrategien und Betroffenheiten. Blickt man allerdings zurück in das vor- bzw. frühindustrielle Zeitalter, so muss man konstatieren: All dies stellt nur die „Wiederkehr einer Vielfalt" dar, die es in sozialhistorischer Perspektive schon immer gegeben hat – um es mit den Worten Trutz von Trothas zu formulieren (von Trotha 1995; Maihofer 2004). Dritte wiederum sind bemüht, das Geschehen im Lichte unterschiedlicher Theorien und Theoreme zu erklären, fügen der Diskussion um den familiären Wandel gar hier und dort einen weiteren argumentativen Theorie-Baustein hinzu, der dazu beitragen soll, das Verstehen dieses Prozesses zu erleichtern.

Alle diese unterschiedlichen Perspektiven, die sich in ihrer Mehrzahl als deskriptive, analytische oder auch moralisierende Diskurse beschreiben lassen, beschäftigen sich erst allmählich intensiver mit den Folgen dieses Prozesses, insbesondere für einen Teil der hiervon betroffenen Kinder und Jugendlichen. Vor dem Hintergrund der jüngeren Diskussion um den Stellenwert von Bildung erlangen damit auch die Familienentwicklung und ihre Folgen eine immer größere Bedeutung.

Was also müssen, dürfen und können wir von den familiären Veränderungen sowie der damit einhergehenden Pluralisierung der Lebensformen mit Blick auf Bildungserwerbsprozesse bei Kindern und Jugendlichen erwarten? Wie wirken sich die empirisch beobachtbaren Veränderungen auf nachfolgende Generationen aus? Oder anders gefragt: Wie umfassend, nachhaltig, ja revolutionär ist der familiäre Wandel mit Blick auf die qualifikatorische, identitäre und soziale Selbstverortung der heute Jüngeren? Und welche Auswirkungen hat er vor allem auf den Kompetenzerwerb, der dabei eine herausragende Rolle spielt? Dass all dies für das künftige gesellschaftliche Zusammenleben, für die gesellschaftliche Kohäsion insgesamt, eine prominente Bedeutung besitzt, sollte allen an der Diskussion um den familiären Wandel Beteiligten inzwischen klar geworden sein. Konsens besteht zunächst einmal hinsichtlich folgender Beobachtungen: Die Erwartungen an Partnerschaft, Ehe und Familie haben sich in den vergangenen Dekaden stark verändert. Die Suche nach dem „Summum Bonum", dem Maximum an Glück und erfülltem Leben also, wie Kant es einmal bezeichnet hat, steht dabei im Zentrum (Düsing 1971). Diese Suche aber kann unter gegenwärtigen Bedingungen nur dann erfolgreich sein, wenn sie sich den sehr individuellen biographischen Rahmenbedingungen und Vorstellungen auf die eine oder andere Weise fügt, oder anders formuliert: wenn sie sich in diese einfügen lässt (Grundmann/Hoffmeister 2009). Familiäre Veränderungen werden also nicht nur von außen laufend beobachtet, gemessen und bewertet, sie werden auch von den empirischen „Familien-Subjekten" selbst ständig reflektiert, bewertet und um- bzw. neu gestaltet. Dieser Prozess, so ließe sich aus einer kulturkritischen Perspektive argumentieren, ist zunehmend dem Eudämonismus eines Selbstverwirklichungscodes geschuldet, der dem Imperativ „Erlebe dein Leben" (Schulze 1992) folgt. Und er hat Folgen und Nebenfolgen, die eben genau dieses hedonistische Erleben eher verhindern als ermöglichen.

Aus einer anderen Perspektive ließe sich allerdings auch argumentieren, dass die familiären Veränderungen in den letzten etwa 40 Jahren als Befreiung aus tradierten Zwängen und Verregelungen, aus geschlechtsspezifischen Abhängigkeiten und aus einer Moral interpretierbar sind, die gesellschaftliche Exklusion und Bestrafung für jene bereithielt, die sich ihr nicht fügen wollten. Aus diesem Blickwinkel handelt es sich also eher um den erfolgreichen Ausbruch aus einer Welt tradierter und unreflektierter Erwartungen, Vorschriften und Verregelungen.

Eine zentrale Frage mit Blick auf Bildungs- bzw. Kompetenzerwerbsprozesse von Kindern und Jugendlichen aus und in der „Familie heute" lautet dabei aber nicht nur, ob Familien im Wandel derzeit eher Leid oder doch eher Hoffnung produzieren, ob Familie also *zer*bricht oder zu neuen Ufern *auf*bricht. Eine entscheidende Frage lautet, ob die Familie bei alldem, und dies gleichsam hinter ihrem eigenen Rücken, derzeit einen Funktionswandel oder, schlimmer noch, einen Funktionsverlust erfährt. Davon könnte dann auch das Bildungssystem betroffen sein – und im Umkehrschluss diese Wirkung sogar noch verstärken. Wo Funktionen allerdings verloren gehen oder sich verändern, da müssen sie zuvor auch existiert haben. Was also war, ist oder wird künftig die Funktion der Familie sein und was genau droht derzeit im Rahmen ihres Struktur- und Mentalitätswandels verloren zu gehen oder sich zu verändern?

Betrachtet man die zentralen Funktionen der Familie wie Reproduktion, Sozialisation, Platzierung, Kooperation und Solidarität oder Generationalität im Lichte der familiensoziologischen Literatur genauer, so betreffen fast alle diese Funktionen vor allem Familien mit Kindern. Es geht also um Familie als Ort der Produktion und Reproduktion von Humanvermögen im Sinne gesellschaftlicher Kohäsion im weitesten Verständnis (Nave-Herz 2007). Die zentrale Frage lautet nun: Inwieweit irritieren die sinkende Heiratsneigung, das späte Eheeintrittsalter, das hohe Lebensalter bei Geburt des ersten Kindes, die damit verbundene Abnahme der Kinderzahl pro Ehe sowie die Zunahme von Trennungen/Scheidungen oder die zunehmende Emotionalisierung der Beziehungsverhältnisse den gesellschaftlichen Zusammenhalt? Zwar bestehen Familien aus individuellen Akteuren, die vornehmlich aus Eigeninteresse handeln und keine gesellschaftlichen Wohlfahrtsinteressen verfolgen, dennoch „leisten Familien Erhebliches für die gesellschaftliche Wohlfahrtsproduktion, insbesondere zum Erhalt des Humanvermögens einer Gesellschaft" (Huinink 2006: 225). Aber: Ist es vorstellbar, dass all diese Funktionen, oder doch ein Teil von ihnen, in modernen Gesellschaften gar nicht mehr benötigt werden um gesellschaftliche Kohäsion herzustellen oder zu erhalten? Ist die Pluralisierung der Lebens- und Beziehungsformen, die es heute fast Jedem ermöglichen (oder wahlweise auch verunmöglichen) nach seiner eigenen Facon zu leben und dabei glücklich zu werden, nicht Ausdruck eines solchen Obsoletwerdens einst bedeutsamer familiärer Funktionen?

Hält man einen Moment inne und schaut sich das Ganze im Lichte sozialhistorischer Forschungen an, dann wird schnell klar: Bereits ein kurzer Blick zurück zeigt, dass es gravierende Veränderungen in den Formen des menschlichen Zusammenlebens immer schon gegeben hat. Nicht durchgängig zwar, aber stets im Gefolge von Umbrüchen an den Nahstellen des gesellschaftlichen Wandels – vor allem im Rahmen von Veränderungen der gesellschaftlichen Produktionsverhältnisse. Bereits aus dem Studium von Engels' Schriften geht hervor, dass die Entwicklung von der Regellosigkeit hin zur noch heute bekannten monogamen Ehe eine Folge der Möglichkeit war, Überschussproduktion durch neue Produktions- und Anbaumethoden (etwa Fruchtwechselwirtschaft, Bebauung der Brache usw.) zu erwirtschaften. Engels führt in diesem Zusammenhang auch aus, dass dabei die frühe monogame Einehe als Vorform der späteren Hausvaterfamilie noch wenig mit individueller Geschlechtsliebe zu tun hatte, da „die Ehen nach wie vor Konvenienzehen (im Gegensatz zu Neigungsehen; D.H.) blieben (…) die nicht auf natürliche, sondern auf ökonomische Bedingungen gegründet war" (Engels 1970: 67–68). Dass dies mit einem historischen Sieg des Privateigentums über das Gemeineigentum einherging, notierte auch Marx: „Sobald Eigentum in größeren Massen sich ansammelte (…) und ein immer größer werdender Teil in Privatbesitz war, wurde die Abstammung in weiblicher Linie reif zur Abschaffung." (Marx 1976: 342). Herkunft wurde nun, wegen der Erbfolge, nach dem Vater (patrilinear) bestimmt, womit die monogame Ehe und Familie sich als Folge einer ökonomischen Entwicklung erweist. Ähnlich auch Diamond, der die Zähmung und Züchtung von Tieren, veränderte Anbaumethoden und das damit einhergehende Sesshaftwerden im so genannten fruchtbaren Halbmond als Grund einer Veränderung in den Formen des menschlichen Zusammenlebens anführt (Diamond 2006). Dies gilt ebenso für die viel später erfolgende Transformation und Aufspaltung des „Ganzen Hauses" (Brunner 1950) in einerseits protoindustrielle Haushaltsformen sowie andererseits den Industriearbeiterhaushalt (Kriedte et al. 1978; Hoffmeister 1984).

Alle diese Übergänge waren geprägt durch neue Regeln des Zusammenlebens, veränderte Rollenmuster und ein neues Verständnis dessen, was als Familie empfunden und gelebt wurde. Um es an einem Beispiel zu verdeutlichen: In den protoindustriellen Gewerberegionen etwa wiesen bestimmte Familienstrategien in weiten Teilen Westeuropas spätestens ab dem 18. Jahrhundert eine eigene Reproduktionslogik und Rationalität auf: Waren im agraischen System Heirat und Familiengründung bis dahin noch an eine im Erbgang verfügbare Stelle (in der Regel den Bauernhof oder die Handwerkerstelle) gebunden, so galt – bei aller Variabilität im Heiratsverhalten und bei der Familiengründung – in den protoindustriellen Haushalten nun eine andere Logik. Hier war eine frühe Eheschließung notwendig, weil der Lebensunterhalt nicht mehr auf ererbtem Besitz beruhte, sondern aus eigener Arbeit resultierte. Auch unterlag man keinen herrschaftlichen Kontrollmechanismen mehr und frühe Heirat sowie Zeugung waren im Rahmen des Verlagswesens geradezu notwendig für die hausindustrielle Produktion. Folgen hiervon waren dann: die Abkehr von der traditionellen Geschlechterrollenorientierung bei Angleichung geschlechtsspezifischer Verhaltensweisen, regional hohe „Illegitimitätsquoten" (uneheliche Geburten), eine veränderte Rolle der Nachkommen, ein nicht mehr der bäuerlichen Familienform entsprechender Lebenszyklus sowie allgemeiner moralischer Verfall – jedenfalls nach den Maßstäben der Kirche und einiger zeitgenössischer „Moralapostel". In den sich in dieser Phase ebenfalls bereits herausbildenden proletarischen Industriearbeiterfamilien wiederum dominierten Besitzlosigkeit, Mobilität, Kinderarbeit und eine rigide Rollenteilung, stets überformt von existentieller Armut und notbehelfsökonomischen Überlebensstrategien (Hoffmeister 1984).

Mit welchen Bewältigungsstrategien die Umbrüche in den Produktionsverhältnissen jeweils einhergingen, ist in historischer Perspektive sehr variabel. Die Bedeutung der Produktionsweise für den Familienbildungsprozess sowie für das Familienklima aber erweist sich in der Rückschau als durchgängig dominant. Sie bestimmte die strukturellen Veränderungen ebenso wie die Fertilitätsraten, die Geschlechterverhältnisse oder den familienspezifischen „Wert" der Nachkommen – in einer Zeit jedenfalls, in der die frühe Arbeiterbewegung noch keine Sozialversicherungssysteme erkämpft hatte. Mal waren es primäre Effekte (die strukturelle Auflösung des ganzen Hauses als Produktions-, Lebens- und Konsumtionsgemeinschaft etwa), dann wieder sekundäre (die

Veränderung von Erziehungsstilen infolge sinkender Geburtenraten und einem damit veränderten Stellenwert von Kindern), die Familie einem gewissen Wandel aussetzten. Und stets folgten die jeweiligen *Funktionen* der Familie den sich verändernden ökonomisch-arbeitsförmigen Rahmenbedingungen. Folgt man also dem Gedanken, dass Struktur und Funktion der Familie, ebenso wie das familiäre Binnenklima als Funktion einer jeweils dominanten gesellschaftlichen Produktionsweise betrachtet werden muss, dann sollte auch der gegenwärtige familiäre Wandel vor diesem Hintergrund betrachtet werden, weil er dann in gewisser Hinsicht auch der Rahmung durch seine ökonomische Formbestimmung folgt (Becker 1996).

Im Horizont sozialhistorischer Beobachtungen erweisen sich die Funktionen der Familie sowie ihr Selbstverständnis also als höchst variabel. Vieles davon verschwindet zudem nach kurzer Zeit bereits wieder – und zwar in dem Maße, in dem die Bedingungen in ökonomischer Hinsicht obsolet geworden sind, von denen bestimmte Strukturen und Funktionen von Familie hervorgebracht wurden. Folglich war auch erwartbar, dass sich mit der sukzessiven Auflösung bzw. Umstrukturierung größerer Bereiche der industriellen Produktionsweise auch die klassische Industriearbeiterfamilie der bundesrepublikanischen Nachkriegsära, dem „golden age of marriage", spätestens mit der Auflösung ihrer industriegesellschaftlichen Grundlagen ab den 60er Jahren sukzessive zu verabschieden begann. Ab etwa dieser Zeit nämlich treten nicht nur neue Formen des Miteinanders (und bisweilen auch Gegeneinanders) ins Relief, es ist auch ein Wandel in den Produktionsweisen als Basis der bis dahin dominanten kleinfamiliären Lebensformen zu beobachten: die Dienstleistungsgesellschaft gewinnt zunehmend an Kontur.

Insofern waren es nicht, wie von einigen Familiensoziologen zunächst gemutmaßt, in erster Linie medizinische Errungenschaften (die Möglichkeit der Geburtenregelung etwa) oder juristische Neuerungen (der Wegfall des Kuppeleiparagraphen im Jahre 1973 oder die Reform des Ehe-, Familien- und Scheidungsrechts in den Jahren 1976/1977), die den jüngsten Wandel der Familie im Kern begründet haben; es sind auch nicht jene „Alleinstellungsmerkmale" individualisierungstheoretischer Überlegungen, wie etwa zunehmende Enttraditionalisierung und Anonymisierung, Wahlfreiheiten und Wahlzwänge, ein Mehr an Flexibilität und Mobilität oder die Bildungsschübe der 70er Jahre (Peuckert 2005). Es sind vielmehr die stets *hinter* diesen Merkmalen verborgenen Veränderungen in den Produktionsverhältnissen und Produktionsweisen, die all dies bewirkten.

Dies festzuhalten ist wichtig, wenn man die Ursachen für die jüngeren Veränderungen der Familie in den Blick nimmt. Ab den ausgehenden 1960er Jahren ist dies der Zerfall der alten, standorttreuen Industrien, flankiert vom Aufschwung einer postmodernen Finanz- und Dienstleistungsindustrie, die die Immaterialität der Arbeitstätigkeiten mit neu zu erwerbenden Kompetenzen zu verknüpfen trachtet. Genau diese Transformation von der Industrie- zur Dienstleistungsgesellschaft stellt eine der zentralen Ursachen dar für den Zerfall tradierter Formen des familiären Zusammenlebens.

Die Wende zur Informations- und Dienstleistungsgesellschaft ermöglicht eben keine friedliche Koexistenz zwischen hausbackener Kleinräumigkeit, Beständigkeit und Traditionsorientierung einerseits und postmoderner Kompetenzentwicklung, dem Erwerb symbolanalytischer Fähigkeiten und dem Bekenntnis zu einer alles in allem flexiblen Lebensweise auf der anderen Seite (Sennett 1998).

Eines steht hier, dies sei bereits an dieser Stelle angemerkt, stets im Zentrum: neue Lernkulturen und Kompetenzformen, die einhergehen mit lebenslangem Wissenserwerb und ständiger Kompetenzentwicklung – was unter den veränderten und sich weiter verändernden Lebensbedingungen nicht umstandslos organisierbar ist. Die Auflösung der tradierten Lebensformen nämlich hat auch den Prozess von Wissensaneignung und Kompetenzerwerb irritiert, der im Umkehrschluss als zentrale Ressource und Motor des Wandels selber benötigt wird. Es müssen also unter jenen Bedingungen zentrale Ressourcen generiert, mobilisiert und erhalten werden, die die Grundlagen dieser Hervorbringung selber aufgelöst haben. Eine klassische Dilemma-Situation.

Entsprechend lassen sich für die Bundesrepublik der 70er, 80er und 90er Jahre Brüche auch in den bildungs- und arbeitsmarktvermittelten Lebensweisen beobachten, die auf familiäre Veränderungen zurückgehen. Die Ergebnisse der PISA-Studien sind nur eines der vielen Beispiele dafür, wie qualifikatorische und arbeitsmarktspezifische Marginalisierungs- und Exklusionsprozesse Familien erodieren, dabei gesellschaftliche Teilhabe verhindern – und letztlich vor genau diesem Hintergrund eine Diskussion über die sozioökonomischen Ursachen für mangelnde Kompetenzerlangung entfacht wird, die die im Zentrum stehenden familiären Folgen der industriegesellschaftlichen Metamorphose aus einer völlig anderen Perspektive, einer bildungspolitischen etwa, erklärt.

Auch in der Familiensoziologie selber bleibt der Zusammenhang zwischen ökonomischer Entwicklung und Familienentwicklung weitgehend ausgeblendet. So wird unter anderem in differenzierungstheoretischer Perspektive die These vertreten, die funktionale Ausdifferenzierung der Gesellschaft habe auch zu einer Ausdifferenzierung der Privatheit, insonderheit der Familie, in unterschiedliche Privatheitstypen (individualistisch, partnerschaftsorientiert sowie kindorientiert) geführt (Meyer 1993). Familiäre Pluralisierung erscheint damit als eine Folge funktionaler Ausdifferenzierung. Eine andere, wenngleich damit korrespondierende These ist die von der De-Institutionalisierung der Familie (Tyrell 1988). Mit der Deinstitutionalisierung des Lebenslaufs, so etwa der Argumentationsgang, haben auch Ehe und Familie ihre Plausibilität verloren und stellten von daher keine erstrebenswerte Lebensform mehr dar. In anderen Worten: Mit der Erosion der Normalbiographie ist auch die quasi teleologische Einmündung in Ehe und Familie dahin – womit deren Verschwinden letztlich mit der zunehmenden Variabilität des Lebenslaufs insgesamt erklärt wird und nicht mit den der Erosion der Erwerbs*biographien* zugrunde liegenden Veränderungen der Erwerbs*arbeit*.

Vertreter von Rational-Choice-Theorien wiederum versuchen, familiären Wandel mit dessen Nutzenfunktion zu erklären (Becker 1996; Hill/Kopp 2006). Akteure entscheiden sich in dieser Perspektive stets für jene Handlungsalternativen, von denen sie sich den größtmöglichen Nutzen versprechen – in den Intimbeziehungen, ebenso wie mit Blick auf die entsprechenden Lebensformen. Da Nutzen einerseits im Privaten hergestellt wird, auf der anderen Seite aber als Begriff auch beruflichen Nutzen (Karrieremöglichkeiten) einbeziehen kann, kommt es, folgt man dieser Perspektive, immer häufiger zu Entscheidungen gegen tradierte Lebensformen: zu Kinderlosigkeit oder zu Scheidungen etwa. Gesellschaftliche Kohäsion wird hier also unter anderem durch geringeren bzw. größeren Nutzen in und durch Familie oder berufliche Teilhabe hergestellt. Sie erscheint ebenfalls als ungewollter Effekt privater Entscheidungen, wird darüber hinaus aber auch zunehmend als Funktion der Verfügung über ökonomische Ressourcen betrachtet.

All diese, hier nur sehr kursorisch skizzierten Perspektiven und Erklärungsmuster für familiären Wandel zeichnet Huinink (2006) in einem synoptischen Überblick sehr differenziert für die verschiedenen Forschungsfelder der empirischen Familiensoziologie nach. Dabei werden auch unterschiedliche Perspektiven, Forschungslücken sowie Anschlussmöglichkeiten aufgezeigt. Die grundsätzlich ökonomische Formbestimmung der Familie bleibt allerdings auch hier weitgehend unbeachtet, wobei nicht klar wird, ob dies der mangelnden Forschungspraxis in diesem Bereich geschuldet ist. Fast resignativ resümiert er schließlich: *„Kulturelle und institutionelle Aspekte des Wandels der Familie* sind systematisch unterbelichtet und scheinen mir bislang nicht tiefgreifend genug verstanden. Das mag an der theoretischen Dominanz von Differenzierungstheorien und demografischen Modellen gelegen haben, die für eine Beschreibung des familialen Wandels sehr hilfreich und instruktiv, für die Erklärung dieses Wandels aber weniger aufschlussreich waren. Die *Wechselbeziehungen zwischen Familie und gesellschaftlichen Teilsystemen* bzw. deren Repräsentanten sind auf bestimmte Bereiche verengt (Familie und Arbeitsmarkt) untersucht worden. Die familiensoziologische Forschung hat daher nur partiell einen profunden Stand im Hinblick auf familienpolitische Implikationen der aktuellen Entwicklung erreicht"* (Huinink 2006: 237).

Erstaunlich ist es in der Tat schon, warum *Erklärungen* für die *Ursachen* des Wandels, und nicht nur kulturelle und institutionelle, sondern auch ökonomische Erklärungen (jenseits jener, die sich mit der „Ökonomie menschlichen Handelns" oder mit Blick auf Arbeitsmarktdaten befassen), bei all den unterschiedlichen Perspektiven so dünn gesät sind. Erstaunlich also, warum mit Blick auf die jüngere Entwicklung nicht intensiver auf die sich verändernden Produktionsverhältnisse und -logiken geschaut wird. Denn bereits auf der phänomenologischen Ebene brachten genau diese, gerahmt von Elektronisierung und Computerisierung, spätestens ab den 1970er Jahren Massen- und Langzeitarbeitslosigkeit ebenso hervor wie vorher nicht gekannte Mobilitäts- und Qualifizierungszwänge. Sie schufen damit ihrerseits eine der Ursachen für den Zerfall tradierter Familiensysteme. Dabei entstanden im Lichte des Primats immaterieller sowie zunehmend affektiv-emotionaler Arbeitsformen und Dienstleistungen im tertiären und quartiären Sektor als neuen Dominanten der Wertschöpfungskette biographische Flexibilitätszwänge, die weit in die Privatsphäre hineinreichen (Negri/Hardt 1997; Sennett

1998). Etwas zugespitzt könnte man formulieren: Nicht mehr die tradierte Kleinfamilie, sondern der vollmobile Single wurde zur zentralen Zielfigur eines Arbeitsmarktes, der nun zunehmend bestimmte Kompetenzen und Bereitschaften einforderte. Von Schlüsselqualifikationen (Mertens 1974) war dabei die Rede oder vorher bereits von extrafunktionalen Fähigkeiten und Fertigkeiten (Dahrendorf 1956). Später dann traten wahlweise ganze Kompetenzbündel sowie die Pflicht ihres Erwerbs ins Relief – eine Forderung, die das Augenmerk vor allem auf das Bildungssystem richtete und noch richtet.

All dies hatte und hat Auswirkungen auf das Zusammenleben – sowohl auf die individuelle Lebensführung, als auch auf das familiäre Selbstverständnis (Möller 1998). Langfristig stabile soziale Beziehungskonfigurationen jedenfalls gerieten unter diesen Bedingungen nicht nur unter Druck, sondern massenhaft auch ins Wanken. Neue Kompetenzmuster, man könnte auch formulieren Identitätskonzepte, verkoppelten sich im Schatten des Arbeitsmarktes mit einer bestimmten, immer häufiger aber nur noch temporären Lebensweise. Diese schienen aber ihrerseits nun nicht mehr nur von den Produktionsverhältnissen aufgezwungen, sondern insgesamt erstrebens- und lebenswert zu sein. Der postmoderne Wissensarbeiter, ausgestattet mit dem psychosozialen Eigenschaftsprofil eines Entrepreneurs war geboren: informationsbasiert, familienlos und in vielerlei Hinsicht entgrenzt (Negri/Hardt 1997; Bittlingmayer 2006).

Das massenhafte Misslingen dieser neuen Lebensweisen, ihre Konflikthaftigkeit und letztlich auch ihre individuelle Perspektivlosigkeit führte dazu, dass tradierte Einstellungs- und Orientierungsmuster mit Blick auf das, was Familie eigentlich sein könnte/sollte/müsste bis heute nicht von der Bildfläche verschwinden wollte. Gleichzeitig hielten die alten Lebensweisen aber auch nicht Schritt mit dieser Entwicklung. Und so wiederholte sich wie in einem unendlichen Regress die Flucht ins Private und hier vor allem in Partnerliebe als Ursache und Voraussetzung für das Gelingen von Familie. Partnerliebe erreicht unter diesen neuen Bedingungen ihre Höchstform – obwohl die Grundlagen ihres Funktionierens immer fragiler geworden sind. Das, was man sich von ihr versprach, wurde also immer illusorischer: Überzeitlichkeit, lebenslange wechselseitige Verlässlichkeit, sexuelle Attraktivität und Empathie bei dauerhaft-konfliktfreier Liebeskommunikation – so etwa die Schlagworte, unter denen man auch heute noch gängige Erwartungen subsumieren könnte.

Dass all dies unter den skizzierten Bedingungen immer seltener funktioniert, hält nur wenige davon ab, sich gleichwohl daran zu versuchen. Die Folgen: Man vermeidet und erprobt (nichteheliche Lebensgemeinschaften), kündigt Bestehendes auf (Trennung/Scheidung), erprobt aufs Neue (Fortsetzungsfamilien und fortgesetzte Fortsetzungsfamilien) oder experimentiert mit neuen alten Lebensformen (Gemeinschaften unterschiedlichster Art und Intention). Was allerdings auf den ersten Blick als Spielart eines privatisierten und intimisierten Strebens nach einem hedonistischen Lebensideal erscheint, wird bei näherem Hinsehen zum Umherirren zwischen Suche und Versuchung, Abbruch und Neubeginn, Abwicklung und Reorganisation. Der Familienbegriff vermag bei alldem längst nicht mehr hinreichend die Vielfalt all dieser Lebensformen, ihre Logiken und ihre ganz spezifischen Klimata auch nur annähernd zu erfassen – potenziert noch einmal durch ihre Serialität. Wer etwa aus der Perspektive von Kindern und Jugendlichen in solchen Lebensformen letztlich zu den leiblichen oder sozialen Eltern, zu den Großeltern oder Geschwistern gerechnet werden darf, muss oder sollte, und wem eher Zuneigung und Vertrauen entgegengebracht wird – das ist allein von den Umständen des jeweiligen (biographischen) Falles abhängig.

Aber: All dies ist ja nicht nur negativ. Wie in jedem pluralen Umfeld, so lassen sich auch hier Freiheitsspalte und Perspektiven erblicken. Positiv daran ist, dass es eben genau diese neuen Lebensmuster überhaupt gibt, dass also niemand (mehr) gezwungen ist, in einer Atmosphäre kleinfamiliärer Unterdrückung und Kontrolle, geschlechtsspezifischer Ungleichheit und Verhaustierung der Frau (Heinsohn/Knieper 1976) zu leben. Zwar waren die bereits skizzierten Möglichkeiten zur Geburtenregelung ab etwa den 60er Jahren, die Verbesserung der Bildungsangebote (vor allem für Mädchen und Frauen), der Wegfall des Kuppeleiparagraphen, die Reform des Ehe- und Familienrechts, das neue Kindschaftsrecht im Jahre 1998 oder das Gesetz zur Ächtung häuslicher und erzieherischer Gewalt im Jahre 2000 nicht die eigentlichen Ursachen für familiäre Veränderungen. Aber all dies eröffnete Freiheitsspalte. Man kann also mit Fug und Recht auch von einer erfolgreichen Überwindung des familiären Fundamentalismus sprechen, wenn von familiärem Wandel bzw. von familiärer Pluralisierung die Rede ist – freilich um den Preis des Wegfalls einer wegweisenden, starken und stabilen Zeit- und Weltdeutung, die noch den Erhalt „geordneter" Familienstrukturen auf der Agenda hatte.

Problematisch daran sind vor allem zwei Dinge: zum einen die Tatsache, dass nach wie vor nur jene Familien unter dem besonderen Schutz des Staates stehen, deren Grundlage die zivilrechtliche Ehe darstellt; zum anderen die Beobachtung, dass dieser Schutz der Ehe auch zu ihrer Idealisierung als *privates Liebessystem* geführt und sie damit gegenüber dem Familiensystem in seiner Gesamtheit aufgewertet hat. Das Misslingen der Liebe lässt damit viele Beteiligte in den Strudel sich verselbständigender Emotionalitäten und serieller Biographie- und Lebensmuster geraten. Die Folge: Sie werden zwischen den Mühlsteinen einer Pluralität zerrieben, deren biographische Folgen für sie weder absehbar noch im Grunde gewollt waren (Grundmann/Hoffmeister 2009). Dazu zählt die arbeitslose Verkäuferin, die Mutterschaft als Perspektive begreift und schließlich im Sozialhilfebezug endet, ebenso, wie deren zum Zahlvater degradierter Ex-Ehemann, dessen neue Lebenspartnerin sich in the long run auch nicht als das erweist, was er sich anfänglich darunter vorgestellt und davon versprochen hatte. Womit wir bei den Kindern aus solchen Lösungs- und Auflösungsprozessen angelangt wären. Es gibt also offenbar auch Verlierer in diesem Prozess.

2   Gewinner und Verlierer

Wer sind nun die Gewinner und Verlierer des familiären Wandels, des Hoffens und Experimentierens, des Ausprobierens und Revidierens? So eindeutig ist das vermutlich gar nicht auszumachen. In der öffentlichen Diskussion über den familiären Wandel jedenfalls dominieren nach wie vor die Risiken und damit die (potentiellen) Verlierer (Beck/ Beck-Gernsheim 1994). Dazu zählt zunächst einmal die Gesellschaft als Ganzes. Hier sind Thesen und Studien über den Krieg der Generationen im Verteilungskampf um verbleibende Ressourcen (Schirrmacher 2005) und das Brüchigwerden gesellschaftsvertraglicher Grundlagen samt der Notwendigkeit ihrer Neujustierung (Hoff 2006), bis hin zum Zusammenhang von Armut und familiärem Wandel (Klocke/Hurrelmann 2001) versammelt. Dass sich bei der Erprobung neuer Lebensformen diesseits und jenseits von Familie auch Freiheitsspalte öffnen, ist eine eher seltene Perspektive (Dörner 2008; Burkart 2009).

Daneben existieren all jene, die nicht müde werden zu betonen, dass sie für ein „klassisches Familienleben" nicht geboren seien und ein Leben jenseits davon ihnen allemal mehr bedeute; jene also, die sich im Lichte der neuen Möglichkeiten erst gar nicht auf Ehe und Familie verpflichten lassen – wobei sich hier allerdings die Frage stellt: Zählen sie damit tatsächlich zu den „Gewinnern" oder ist ein solches Selbstverständnis nur eine funktionale Suggestion (Grundmann/Hoffmeister 2009)? Anders vermutlich all jene, die sich aus unerträglichen familiären Rahmenbedingungen und Lebensweisen befreien konnten, eine konfliktreiche Familienbeziehung also ohne weitreichende Folgen aufkündigen und verlassen konnten. Vermutlich zählen zu den Gewinnern auch jene, die sich als Ein-Eltern-Familie oder in einer Fortsetzungsfamilie bester psychosozialer Gesundheit und Resilienz erfreuen.

Was aber ist mit den Kindern und Jugendlichen in all den pluralen Lebensformen jenseits der bürgerlichen Kleinfamilie? In einigen Beiträgen wird diesen neuen Familienformen ja attestiert, Kinder und Jugendliche könnten dort gewisse „Sozialisationskompetenzen" als Ressource erlangen. Dies freilich nur unter bestimmten Voraussetzungen: etwa wenn alleinerziehende Mütter oder Väter einer gesicherten Erwerbstätigkeit nachgehen und über ein entsprechendes Einkommen und Kinderbetreuungsmöglichkeiten verfügen. Wenn dabei noch ein eher partnerschaftlich orientierter Familienstil praktiziert wird, bestehen für Kinder gute Chancen, eine sogar größere Selbstständigkeit zu erreichen als in anderen Familienformen (Walper/Schwarz 1999).

Positive Beobachtungen in diese Richtung haben auch Hetherington et al. (1999) in den USA gemacht. Langfristig betrachtet, so ihre Ergebnisse, bestehen kaum Unterschiede in den Familienbeziehungen zwischen leiblichen Kernfamilien und Stieffamilien (Hetherington/Kelly 2002). Zwar müssten im Rahmen der Betrachtung die Familienbeziehungen nach jeweiligem im Eltern-Kind-Verhältnis differenziert werden – Mädchen lehnten dann das Hinzutreten eines Stiefvaters eher ab, während Wiederverheiratung die Söhne stabilisiere (Beham 2004; Werneck 2004) –, maßgeblich für das Gelingen oder Misslingen einer neuen Familienbeziehung aber sei vor allem eine erfolgreiche Reorganisation der Lebensverhältnisse, die Etablierung stabiler und durchlässiger (Sub)Systemgrenzen sowie die Rolle, die der neu hinzu getretene Elternteil gegenüber dem Kind/den Kindern einnehme (Hetherington/Kelly 2002). Eine solch „anforderungsorientierte Perspektive", wie Walper es einmal formulierte (Walper/ Schwarz 1999), ermögliche es den Kindern in der Folge sogar, ein stärkeres Selbstbewusstsein oder funktionalere Handlungsoptionen herauszubilden, als dies in der bürgerlichen Kleinfamilie möglich sei. Wer aber sind nun die klaren Verlierer des familiären Wandels und mit welchen Problemen haben sie zu kämpfen?

Unterschiedliche Dimensionen des Verlierens

Verlierer, das sind offenbar vor allem Jene, die im Strudel der vielen Flexibilitäten und Pluralitäten unterzugehen drohen. Jene, die an einer Trennung/Scheidung, an einer neuen Partnerschaft oder Wiederverheiratung und den damit verbundenen psychosozialen und ökonomischen Problemen zerbrechen. Es sind also Jene, deren gesellschaftliche Teilhabe damit in Frage gestellt wird und die daran auf die eine oder andere Art und Weise erkranken, kurzum: Jene, für die Stabilität, Dauerhaftigkeit und Zukunftsgewissheit hilfreicher gewesen wären, als Instabilität, Wechsel und Zukunftsungewissheit. Und genau hier besteht die Gefahr, dass dies vor allem Kinder und Jugendliche betrifft, die in Ein-Eltern-Familien, in Fortsetzungs- und fortgesetzten Fortsetzungsfamilien, in binuklearen Familien jedweder Art, in Regenbogenfamilien – und neuerdings auch in so genannten polyamoren Familiensystemen leben.

Problem auslösend sind hier nicht die den jeweiligen Lebensformen zugrunde liegenden Neigungen, Familienklimata oder Erziehungsstile. Problem auslösend sind einerseits die Diskriminierungen und Stigmatisierungen, die mit einem Aufwachsen in bestimmten Familiensystemen einhergehen – so jedenfalls Eggen im Familienhandbuch des Staatsinstituts für Frühpädagogik (IFP Eggen 2010) –; auf der anderen Seite die Erfahrungen, die mit vorgängigen Familienereignissen wie Trennung/Scheidung gemacht wurden oder belastende Zwänge, die mit einer bestimmten Lebens- bzw. Familienform einhergehen. Dies sind möglicherweise deren strukturelle Instabilität und Temporalität, die ökonomische Situation, ein Übermaß an Serialität in zum Teil unterschiedlichen Lebensformen oder die mit deren Auflösung erneut auftauchenden Konflikte, ökonomischen Zwänge und Umorientierungsnotwendigkeiten.

Dass all dies sich nicht allein auf den gesamten Sozialisationsprozess, sondern im engeren Sinne auch auf die Vermittlung von Bildungsinhalten und Kompetenzen auswirken kann, ist auch Lehrerinnen und Lehrern an nahezu allen Schulformen längst gewärtig. Ebenfalls bekannt ist der in den PISA-Studien nachgewiesene Zusammenhang zwischen sozialer Herkunft und Chancengleichheit im Bildungssystem (Baumert et al. 2001; Baumert/Schümer 2001). So konnte etwa Schlemmer nachweisen, dass Kinder aus anderen Familienformen als denen der traditionellen Klein- bzw. Ehegattenfamilie in Haupt- und Förderschulen stärker vertreten sind, als in Gymnasien (Schlemmer 2004; vgl. auch Knörzer et al. 2007: 40 ff.). Offenbar hat dieses empirische Faktum etwas mit den bei den Kindern gemessenen Belastungen zu tun, denen sie ausgesetzt waren, *weil* sie in einer solchen Lebens- bzw. Familienform lebten – was im Umkehrschluss nichts über die kommunikative, emotionale oder pädagogische Qualität der jeweiligen Struktur einer Lebensform aussagt, sondern eher etwas über die Belastungen, die die in ihr Lebenden erleben, *weil* sie in ihr leben. Diese Belastungen können unterschiedliche Ausformungen annehmen und in unterschiedlichen Phasen jeweils anders erlebt werden.

Im Zentrum aller heute bekannten familiären Belastungen stehen Trennung und Scheidung als einschneidendes biographisches Erlebnis, also die mehr oder weniger prozessuale Auflösung einer Familie (Krack-Roberg 2010). Und genau dort treten auch bestimmte Belastungsformen in den unterschiedlichen Phasen auf. So absorbiert bereits die so genannte Ambivalenzphase die elterliche Aufmerksamkeit in der Regel nachhaltig. Schon das „Erwägen" einer Trennung/Scheidung führt bei den meisten Elternteilen zu einer Abkehr von der Außenwelt und zu einem Anstieg der partnerschaftlichen und damit auch familiären Spannungen bzw. Konflikten. Davon bleibt das Familienklima natürlich nicht unbehelligt. In der eigentlichen Trennungs- bzw. Scheidungsphase häufen sich zumeist diese Konflikte. Zudem müssen hier juristische Entscheidungen getroffen und der Zerrüttungszustand (auch als juristisch relevanter Scheidungsgrund) dokumentiert werden (Schneider 1994).

Noch vor der Kindschaftsrechtsreform entbrannte in diesem Zusammenhang zudem häufig ein erbitterter Kampf ums Kind, der in vielen Familien bis heute anhält, denn: Derjenige Elternteil, in dessen Haushalt das gemeinsame Kind lebte bzw. lebt, ist grundsätzlich unterhaltsberechtigt, darf, mit Blick auf das Kindeswohl, in der Regel weiterhin über den (ehemals) gemeinsamen Wohnraum verfügen und besitzt zudem die „Exklusivrechte" am kindlichen Wachsen und Gedeihen – ein „Exklusivitätsvorteil", der den sinkenden Geburtenraten sowie dem Wandel der Kindesrolle geschuldet ist (Hoffmeister 2001). Genau darum ist nicht selten eine Form der Auseinandersetzung zu beobachten, den der amerikanische Forscher Gardner als Parental Alienation Syndrom beschreibt (Gardner 2002; Napp-Peters 2005) – die systematische Programmierung von Kindern durch einen Elternteil im Sinne der Ausgrenzung des anderen Elternteils und der Erlangung von „Exklusivrechten" über die Kinder. Die Folge ist eine „Pädagogik", die Ambivalenz, Culparisierung oder Parentifizierung Vorschub leistet und damit dem Kindeswohl diametral entgegensteht.

Das Leiden der von diesen und ähnlichen Entwicklungen betroffenen Kinder wird von nur wenigen Studien erfasst, die sich im engeren oder weiteren Sinne mit dem familiären Wandel auseinandersetzen (Jopt 1992; Figdor 1991). Zwar könnte man nun der Meinung sein, dass nach der Kindschaftsrechtsreform im Jahre 1998 die Sorgerechtsauseinadersetzungen ihren Schrecken weitgehend verloren haben. Aber auch danach haben Kinder in der Regel weiterhin ihren Lebensmittelpunkt bei einem der beiden Elternteile, womit ihre *soziale Beziehung* zu den Eltern ähnlich ungleich verteilt ist, ähnlich wie nach altem Recht. Obwohl also der „Umgang mit beiden Elternteilen" (§ 1626 III BGB) als zwingend notwendig zum Wohl des Kindes betrachtet wird und von beiden Eltern auch aktiv zu fördern ist, lässt sich in der Praxis ein symmetrischer Alltagsbezug beider Eltern zum Kind auch unter der neuen Rechtslage nur schwer herstellen und aus dessen Perspektive ist damit ein „Leben zwischen den Fronten" in vielerlei Hinsicht fortgeschrieben. Nach einer Untersuchung von Schneider/Matthias-Bleck bestanden bei 20 % der Nachscheidungsfamilien gerichtlich fixierte Umgangsregelungen und rund 40 % aller Kinder von umgangsberechtigten Elternteilen hatten keinen bzw. einen nur eingeschränkten Umgang mit beiden Elternteilen (Schneider/Matthias-Bleck 2004).

Aber nicht nur Scheidungsprozesse und ihre Folgen bringen Kinder und Jugendliche in die lebensgeschichtliche Bredouille. Vielmehr hat auch die Tatsache, dass die Geburtenrate landauf landab seit Jahren rückläufig ist, den Wert des einzelnen Kindes erhöht – was zu einem Wandel der Erziehungsstile geführt hat. Dabei ist ein Auseinanderklaffen zu beobachten: Während einem Teil der heutigen Eltern Kinder zum Luxusgut geraten, welches mit allen Mitteln zu fördern ist (was nicht selten zu einer Überforderung der Kinder führt), sind bei anderen Kindesvernachlässigung und Gewalt zu beobachten (Schneider 1994). Letzteres nicht selten als Folge sozialer Abstiege, die ihrerseits mit einer veränderten Familiensituation korrespondieren. Auf welcher Seite genau sich jeweils die Gewinner und Verlierer dabei befinden, ist nicht immer so genau auszumachen, denn inwieweit die familiären Veränderungen Auswirkungen auf das kindliche Befinden haben, hängt von verschiedenen Faktoren ab. Für eine gelingende kindliche Entwicklung jedenfalls sind Verlässlichkeit und Kontinuität sowie ein Gefühl von Geborgenheit in den Beziehungsverhältnissen wichtige Voraussetzungen. Erst dies ermöglicht es ihnen spezifische Lernerfahrungen zu machen (Friedl/Maier-Aichen 1991: 224).

Es gilt also, in den neuen familiären Organisationsformen zu bestehen, Zuständigkeiten erfolgreich auszuhandeln und festzulegen, Absprachen zu treffen und einzuhalten – kurzum: eine geordnete Sozialisation samt Bildung und Erziehung unter veränderten und sich möglicherweise auch weiterhin verändernden familiären Bedingungen zu ermöglichen. Dass dies nicht immer problemlos gelingt, liegt auf der Hand. Und so reichen die entsprechenden Reaktionen der betroffenen Kinder, abhängig von Alter, Geschlecht und familiärem Hintergrund, von Introvertiertheit bis hin zur Verhaltensauffälligkeit (Kardas/Langemayr 1996; Bauers 1993). Für die in fortgesetzten Fortsetzungsfamilien lebenden Kinder und Jugendlichen können Probleme hier also dadurch entstehen, dass die sich mehrmals verändernden Rahmenbedingungen das Erleben von Familie als akzeptable Sozialisationsinstanz, als Matrix für die Befriedigung emotionaler und lebenspraktischer Bedürfnisse, verhindern.

All dies hat etwas mit der Komplexität und Variabilität sozialer Beziehungen zu tun, denn: „Gerade aus der Perspektive betroffener Kinder erscheinen die Beziehungen innerhalb eines solchen (…) mehrfachen Familienzusammenhanges als außerordentlich komplex: sie enthalten das Ensemble seiner biologischen, juristischen und soziologischen (konkret im Alltag gelebten) Familienbeziehungen und schließen demnach ebenso das nicht im Haushalt wohnende Elternteil, ggf. dessen neue Stieffamilie, wie auch die im Haushalt oder außerhalb lebenden Geschwister, Halbgeschwister oder Quasi-Geschwister mit ein" (Schultheis/Böhmler 1998: 8). Es gibt also gute Gründe für die Annahme, dass die das Kindeswohl langfristig betreffenden Rahmenbedingungen in einem Teil dieser postmodernen Arrangements irritiert werden und bestimmte Rekompositionslogiken und -hoffnungen scheitern – nicht nur an ökonomischen oder organisatorischen Problemen, sondern auch mit Blick auf die Geschwister- und/oder Eltern-Kind-Beziehungen (Friedl/Maier-Aichen 1991; Schneider 1994; Peuckert 2005; Nave-Herz 2007). Dies betrifft nicht nur Fortsetzungsfamilien, sondern auch Scheidungsfamilien, Ein-Eltern-Familien oder andere Strukturformen jenseits traditioneller Elternschaften. Zusammenfassend lassen sich die hier versammelten Gefährdungspotentiale etwa wie folgt skizzieren:

a) Die Konflikthaftigkeit von Trennungs- und/oder Scheidungsverläufen ist stark vom Umgang damit durch die beteiligten Eltern abhängig. Problematisch wird es, wenn es den Eltern nicht gelingt, die Paarebene von der Eltern-Kind-Ebene zum Wohle der Kinder zu trennen.

b) Die Verknüpfung von Familien*kulturen* als Folge der Verknüpfung von Familien*systemen* erhöht die organisatorische und psychosoziale Komplexität eines Familiensystems. Dies geht mit nachhaltigen organisatorischen Veränderungen einher. Vor allem in entwicklungspsychologisch relevanten Übergangs- oder biographischen Statuspassagen ist dies mit erhöhten Spannungen verbunden.

c) Nacheheliche Machtkämpfe (PAS) potenzieren das Leiden von Kindern aus Trennungs- und Scheidungsfamilien sowie bei binuklear gelebter Elternschaft insgesamt.

d) Erzieherisch stellt der „Machtzuwachs" von Kindern eine ebenfalls bislang wenig beachtete Folge im Horizont des familiären Wandels dar. Da Kindern immer mehr Entscheidungsfreiheiten zugerechnet werden, haben Eltern als „binukleare Erziehungskonglomerate" oft nur geringen Einfluss auf die Durchsetzung ihre Erwartungen und Absprachen. Ist die nachfamiliäre Kooperations- und Kommunikationsbereitschaft eingeschränkt, so werden sie leicht Opfer einer kindlichen Perspektive, die die Gefahr des Erlernens von Vermeidungsstrategien anstelle von Konfliktbewältigungs- und Anstrengungsbereitschaft begünstigt (Schlemmer 2004: 85).

e) Trotz ungünstiger Voraussetzungen dient vielen Eltern das Ideal der leiblichen Kleinfamilie mit ihren Mythen und Orientierungsmustern als Garant für ein gelingendes Familienleben. „Leib, Dach, Name, Mutter- und Vaterschaft" (Ley/Borer 1992:12) lauten die Mythen, die solches verheißen. Als Leit- und Zielvorstellungen haben solche Orientierungsmuster die Funktion, Komplexität zu reduzieren und Bedeutung in einer unüberschaubar gewordenen (Familien)Welt zu stiften. Gleichzeitig wirken sie aber auch bedeutungsverdeckend, denn häufig werden ihnen

Bedeutungen zugeschrieben, die sie unter nach-, vor- oder nebenfamiliären Bedingungen nicht erlangen können. Im Umkehrschluss verhindert aber genau dies das Erkennen der Andersartigkeit der neuen Lebensweise und die hier notwendigen Arrangements. Indem also der Lebensalltag an die Existenz von Mythen und Bildern als Voraussetzung ihrer Verwirklichung gekoppelt bleibt, droht das Familienleben jenseits der traditionellen Kleinfamilie hieran immer wieder aufs Neue zu zerbrechen.

Solche Beobachtungen gewinnen an Brisanz, wenn Kinder nicht nur die einmalige Aufspaltung in biologische und soziale Elternteile mit allen hieraus resultierenden Beziehungsdynamiken und Konfliktmustern, Familienstilen, Kommunikationsformen und emotionalen Zugehörigkeiten erleben, sondern serielle Mehrelternschaften. Dies konfrontiert sie mit ständigen Um- und Neuorientierungsnotwendigkeiten, was zwar potentiell bewältigbar ist, allerdings nicht selten genau dann Probleme aufwirft, wenn ein solches Spiel mit mehreren Unbekannten die beteiligten Erwachsenen zu überfordern und das gesamte Familienklima damit zu gefährden beginnt (Bliersbach 2000).

Vielen Beteiligten ist dabei gar nicht klar, welches Belastungs- und Konfliktpotential in den neuen Familienformen verborgen ist, denn der Staat schützt im Grunde nach wie vor eher die Ehe als die Familie. Klar ist Vielen auch nicht, was unter einem *angemessenen Umgang* mit kindlichen Belastungen zu verstehen ist und welche Anpassungsleistungen von wem in diesem Zusammenhang erbracht werden müssen. Von besonderer Schwere ist das deshalb, weil alle Beteiligten in den neuen Familienformen ihre je eigene Bewältigungslogik entwickeln. Dies erhöht nämlich die Komplexität und lässt Heterogenität an Stelle von Homogenität dominieren – was im Übrigen auch einen großen Teil der in der familiensoziologischen Literatur viel beachteten Ein-Eltern-Familien zutrifft, bei denen es sich häufig um Übergangsformen auf dem Wege hin zu einer Fortsetzungsfamilie bzw. fortgesetzten Fortsetzungsfamilie handelt (Beck-Gernsheim 1990).

Diversifizierung, Pluralisierung und Serialität der Familienformen stellen alles in allem offenbar also gewisse Risikofaktoren dar. Darauf lassen Beiträge schließen, die ihren Fokus auf das familiäre Konflikt- und Risikopotential richten. Zwar wird auch immer betont, dass ein angemessener Umgang mit den Veränderungen in den Lebensformen sogar Vorteile berge, aber ein solch „angemessener" Umgang kann weder garantiert, noch irgendwie herbeigeredet werden. Die Verlierer des familiären Wandels zeichnen sich – gemäß der Logik dieses Duals – häufig durch Mehrfachbetroffenheiten aus, die aus einem Amalgam von Scheidungserleben, Arbeitslosigkeit, ökonomischer Marginalisierung und psychosozialer Deprivation bestehen. Wo die Ökonomisierung aller Lebensbereiche ihre Schneisen schlägt, da bleibt es also häufig nicht beim Thema Familie, da gehen auch Arbeitslosigkeit, Krankheit, Erziehungsprobleme oder Schulversagen eine unheilvolle Symbiose mit dem Rahmenthema Familie ein (Hoffmeister et al. 2007).

Familie, heute zum letzten Ort der Inklusion der Vollperson geworden, vergibt es eben nicht, wenn man aus ihr aus- oder nicht in sie eintritt und statt dessen in zeitgenössischen Alternativen sein Heil sucht. Familie ist, anders als die kinderlose Ehe oder verwandte Lebensformen, zudem unkündbar. Das betrifft Erziehungsfragen ebenso wie ökonomische Verknüpfungen oder verwandtschaftliche Beziehungen. Obwohl es in empirischer Perspektive bislang weitgehend unentschieden ist, wie sich Chancen und Risiken letztendlich verteilen, ist doch weitgehend unbestritten, dass familiäre Pluralisierung entscheidende Auswirkungen auf den Bildungserwerb von Kindern und Jugendlichen hat. Zu fragen ist also nicht nur, was all dies für die gesellschaftliche Funktion der Familie bedeutet, sondern auch, welche Folgen für den Bildungserwerb und die Kompetenzentwicklung von Kindern und Jugendlichen davon zu erwarten ist.

3 Familiärer Wandel und Bildungserwerb

Spätestens seit der Veröffentlichung der PISA-Untersuchungen (Baumert et al. 2001; Baumert/Schüma 2001) ist jedem aufmerksamen Beobachter klar, dass Familie nicht nur Ort primärer Sozialisation entlang einer bestimmten Schicht- bzw. Milieuzugehörigkeit ist, sondern auch, dass hier auch entscheidende Bildungsinhalte und Kompetenzprofile an die nächste Generation weitergegeben werden, sich also Bildungschancen eröffnen oder verschließen (vgl. hierzu auch die klassischen Position bei Bernstein, Oevermann und Bourdieu im Band sowie aktuell die Beiträge von Bauer, Bremer und Choi im Band). Das hat einerseits etwas mit der Familie als Bildungsort zu tun, andererseits aber auch mit den familiären Ausgangslagen für eine gelingende schulische Bildungskarriere. Familie, oder besser: jene Lebensformen, die aus heutiger Perspektive darunter zu verstehen sind, spielen also eine wichtige Rolle. Was aber bedeuten sie für den Bildungs- und Kompetenzerwerb in ihnen und jenseits von ihnen? Welchen Stellenwert hat das Zusammenspiel von privater und öffentlicher Bildung und Erziehung unter den skizzierten Bedingungen?

Obwohl auf der strukturellen Ebene zwischen den unterschiedlichen Lebensformen (etwa nichtehelichen Lebensgemeinschaften mit und ohne Kindern, Scheidungsfamilien, Fortsetzungsfamilien – primären wie sekundären Stieffamilien also – oder Ein-Eltern-Familien) grundlegende Unterschiede bestehen, existieren Hinweise darauf, dass hier, zumindest temporär, bestimmte Belastungen erlebt werden und verarbeitet werden müssen. Empirisch wurden dabei immer wieder einschlägige Beobachtungen gemacht. So etwa die, dass Alter und Geschlecht der betroffenen Kinder oder deren Stellung in der Familie mit Blick auf deren Problemverarbeitungsmuster eine Rolle spielen, dass die Verarbeitung von Familienereignissen wie etwa Trennung und/oder Scheidung davon abhängt, ob es sich bereits im Vorfeld um Konfliktfamilien gehandelt hat oder dass sich nach etwa einem Jahr die negativen Auswirkungen wieder abzuschwächen beginnen (Gaier 1990; Walper/Schwarz 1999: 40 ff.; Hetherington/Kelly 2002).

Unabhängig davon aber, ob Selbstabwertung, erhöhte Transgressionsbereitschaft oder andere Verhaltensdispositionen bei familiären Veränderungen stattfinden: wichtig ist es zu registrieren, dass Kinder und Jugendliche in bestimmten Phasen ihrer Entwicklung spannungsreiche Ereignisse und Konstellationen *überhaupt* erleben. Und zwar im Zusammenhang mit familiärem Wandel – *ihrem* ganz persönlichen familiären Wandel. Dass dieser von der Mehrzahl der betroffenen Eltern weder bewusst gewählt, noch in Kauf genommen oder gar entschieden wurde, ändert nichts an diesem Erleben (Grundmann/Hoffmeister 2009). Dass Eltern aber von der Betroffenheit ihrer Kinder ihrerseits betroffen sind, davon zeugt unter anderem die den Buchmarkt seit Jahren überflutende Beratungsliteratur.

Von alldem bleibt das Bildungssystem und hier insbesondere die Schule nicht ausgenommen. Vieles weist darauf hin, dass Kinder, die familiäre Veränderungen hautnah erleben, auch Bildungsbenachteiligungen erleben. In empirischer Perspektive etwa kommen Bien/Hartl/Teubner in ihrer vom BMFSFJ in Auftrag gegeben Studie über „Stieffamilien in Deutschland" im Jahre 2002 zu dem Ergebnis, dass nicht nur familiäre Ungleichheiten entlang der Familienstrukturen messbar sind, sondern diese Ungleichheiten sich auch am Schulformbesuch ablesen lassen. Kinder aus Stieffamilien etwa besuchen, ebenso wie solche aus Ein-Eltern-Familien, signifikant häufiger eine Hauptschule und entsprechend seltener ein Gymnasium. Ähnliches lässt sich auch mit Blick auf die Quote der Wiederholer beobachten, die in Ein-Eltern-Familien signifikant hoch ist (Bien et al. 2002: 166). Darüber hinaus erreichten Scheidungskinder in Schulleistungstests signifikant schlechtere Ergebnisse als Kinder aus leiblichen Kernfamilien, jedenfalls in bestimmten Lernfeldern und Wissensbereichen, wie etwa beim Grundwissen oder (Text)Verstehen. Im Rahmen einer Sekundäranalyse der zweiten und dritten Welle des Familiensurveys konnte ebenfalls festgestellt werden, dass vor allem männliche Jungendliche aus Stieffamilien mit Blick auf ihre Schulleistungen deutlich schlechter beurteilt wurden als ihre Klassenkameraden (Bien/Marbach 2003). Ob dies der Realität der Schulleistungen entspricht oder die Beurteilung eher einer bestimmten Erwartungshaltung entspricht, sei hier dahingestellt (Schlemmer 2004). Walper/Schwarz bestätigen diese Ergebnisse mit Blick auf die Scheidungsfamilie weitgehend: „Kinder aus geschiedenen Ehen zeigen häufiger als Kinder aus vollständigen Familien Schwierigkeiten im Umgang mit Freunden im Schulbereich oder depressives oder aggressives Verhalten" (Walper/Schwarz 1999: 113).

Alle jüngeren Studien zu den schulischen Problemen von Kindern und Jugendlichen aus so genannten „alternativen Familien" bestätigen im Grunde nur, was bereits zu Beginn der 70er Jahre von Bendkower/Oggenfuss (in: Neumann/Sohns 2001) und in den 90ern noch einmal aus psychologischer Perspektive von Lengua/Sandler (1996) erhoben worden war: vor allem Trennung und/oder Scheidung stellen für die hiervon betroffenen Kinder ein kritisches Lebensereignis dar, das mit der eigentlichen Aufspaltung des Haushalts nicht zu Ende ist, sondern sich auch im weiteren familienbiographischen Verlauf häufig als Belastung erweist. Dies wirkt sich insgesamt in Richtung auf ein höheres Delinquenzverhalten sowie eine höhere Risikobereitschaft aus, so dass sich auch für diesen Bereich formulieren lässt: „Die stärksten Veränderungen in der langfristigen

Kriminalitätsentwicklung und die größten Unterschiede der Verbrechensrate beim interkulturellen Vergleich stehen in einem hohen Zusammenhang mit dem Wandel der
Familie" (Kaiser 1996: 464). All das begünstigt Leistungserbringung und Kompetenzerwerb ebenso wenig, wie die deutlich geringere Kooperationsbereitschaft „alternativer
Familiensysteme" mit Schule – was einer „Übergabe" der Erziehungshoheit an Schule
zu Lasten der Kinder gleichkommt (Schlemmer 2004:188).

Ein ganz anderes „Risiko" stellt das so genannte Transmissionsrisiko dar, die Reinsze-
nierung des Erlebten im eigenen biographischen Verlauf. Dass Scheidungskinder ein
erhöhtes Risiko tragen ihrerseits eine Scheidung zu erleben, ist empirisch weitgehend
belegt (Bröning 2008: 25 ff). Nimmt man Hinweise hierauf ernst, so dürfte dies künftig
nicht nur die Scheidungsziffern ans Galoppieren bringen, sondern auch die Kinderzah-
len weiterhin sinken und die familiäre Vielfalt explodieren lassen.

Was kann aus alldem gefolgert werden? Zum einen, dass die Beurteilung des familiären Wandels stark vom jeweiligen „Point of view" abhängt. Begriffe man nämlich die
derzeit beobachtbare familiäre Pluralisierung als Adaptionsprozess, mit dem das Familiensystem auf die gesellschaftlichen (insonderheit ökonomischen) Veränderungen
reagiert – und nicht unter strukturfunktionalistischer Perspektive als Zerfall der Familie –, so hätten wir es hier, wieder einmal, mit einem Übergangsphänomen zu tun. Unterschiedliche Lebensformen wären dann, einschließlich der multiplen Elternschaften,
irgendwann nichts Besonderes und erst recht nichts Bedrohliches mehr. In dieser Perspektive wären nicht die Veränderungen in den Strukturformen des familiären Zusammenlebens das Problem, sondern deren lebenspraktische, politische, juristische oder
pädagogische Rahmenbedingungen, die sich nur langsam verändern. Es ist also nicht
beliebig, von welcher Position aus man das Problem bzw. die Entwicklung betrachtet.

Während das strukturfunktionalistisch begründete Verfallsargument zuvörderst auf
Rückkehr zur tradierten Lebensform drängt, eröffnet das Entwicklungsargument eine
andere Perspektive, in deren Horizont von einzelnen gesellschaftlichen Systemen gewisse Adaptionsleistungen zu erbringen sind. Inwieweit dabei unhinterfragt Forderungen der Wirtschaft (etwa nach bestimmten Bildungsinhalten und Kompetenzen,
Schulzeitdauern oder Schulformen) übernommen werden müssen, das ist eine ganz andere Frage. Gerade für das Bildungssystem bedeutete dies: Potentiale von Kindern und
Jugendlichen, die familiären Wandel als belastend erleben, müssen künftig besser ausgeschöpft werden.

Thesen zum notwendigen Rearrangement des Verhältnisses von Schule und Familie

Sowohl das pädagogische Bemühen um Schüler mit einschlägigen biographischen Lebenserfahrungen, als auch deren Bewertung durch Lehrerinnen und Lehrer berücksichtigt gegenwärtig die Tatsache nicht hinreichend, dass bestimmte Ereignisse in ihren
Herkunftsfamilien sie in ihrem Lernvermögen limitieren könnten. Temporäre Verhal-

tensänderungen im schulischen Alltag oder Schwankungen in der individuellen Leistungserbringung resultieren womöglich aus einer Veränderung der familiären Situation, die nicht erkannt, in ihren Auswirkungen nicht hinreichend beachtet oder sogar negativ beurteilt wird. Dies zu erkennen, zu reflektieren und sinnvoll in die pädagogische Arbeit zu integrieren ist Aufgabe des Schulsystems, dessen protektive Funktion als Unterstützungssystem mehrfach festgestellt wurde (Schlemmer 2004: 101 ff.) und die entlang einiger Berücksichtigungen ihrem Erziehungsauftrag auch unter veränderten Bedingungen gerecht werden kann (Schlemmer 2004: 290 ff.). Hierzu drei Thesen:

1. Beide Funktionssysteme, Schule ebenso wie Familie, werden sich künftig (noch) *stärker aufeinander beziehen* müssen. Dies ist nicht zuletzt deshalb unvermeidbar, weil das Bildungssystem bereits derzeit mit Familienformen konfrontiert ist, die nicht mehr zwingend auf elterlicher Gemeinsamkeit, leiblicher Elternschaft, kleinfamiliärer Zuständigkeit oder strikter Rollentrennung fußen. Es sind also neue Sozialisationspraxen *in* den Familien zu berücksichtigen, was auch neue Kooperationspraxen *mit* den Familien erfordert.

2. Dies erzwingt im Weiteren geradezu eine *Revision gängiger sozialisationstheoretischer Perspektiven* in Richtung auf einen stärker erziehungspartnerschaftlich geprägten Zusammenhang zwischen Elternhaus und Schule (vgl. hierzu auch den Beiträge von Bauer und Hartung im Band). Diesem wird Schule bislang vor allem im Rahmen von Elternabenden, Elternpflegschaften und Elterneinzelgesprächen (Elterntage) gerecht. Elternarbeit unter den veränderten familiären Bedingungen bedeutet aber mehr als dies: sie setzt Sensibilität für die je spezifischen Umstände des Falles ebenso voraus wie Eltern-Schule-Kooperationen auf sehr unterschiedlichen Feldern – und zwar unter der Bedingung von zumindest phasenweiser Intransparenz und Kontingenz. Eine weitere Öffnung der Schule ist also unhintergehbar – auch und gerade mit Blick auf eine stärkere Zusammenarbeit mit Eltern jenseits der traditionellen Kleinfamilie. Informationsaustausch und voneinander lernen durch Vernetzung lautet hier die Devise.

3. Schule muss sich künftig auch in ihren *organisatorischen Strukturen*, mit Blick auf die *Qualifikation der Lehrenden* sowie in ihren *mentalen Voraussetzungen* den veränderten und sich weiterhin verändernden Lebensweisen anpassen, was bedeutet: vor allem diagnostische Kompetenzen bei Lehrerinnen und Lehrern müssen gefördert, neue Kooperationsformen mit Eltern (bereits in der Lehrerausbildung) erprobt, ganztätige Unterrichts- und Betreuungsformen angeboten, Schulsozialarbeit gefördert und bei alldem immer wieder der wechselseitige Austausch mit Eltern angestrebt werden. Per Saldo bedeutet all dies, flexibler und damit angemessener auf Veränderungen in den Lebenswelten der Schüler zu reagieren.

In gewisser Weise folgen diese kursorischen Überlegungen der Annahme, dass das Bildungssystem nicht umhinkommt, sich entlang der familiären Ausdifferenzierung ebenfalls auszudifferenzieren. Es geht also, wie Luhmann formuliert, um „Folgen der Ausdifferenzierung für das ausdifferenzierte System", die vor dem Hintergrund generalisierter Sinnbezüge nur „Professionalisierung und Organisation" (Luhmann 2002: 144) lauten können. Eine allgemeine Konsequenz wäre also: Schule universalisiert sich, was einen historisch vergleichsweise jungen Trend markierte. Auf der Inhaltsseite müsste die Funktion der Schule folglich darin bestehen, Schüler nicht mehr nur auf Selektion, sondern auch auf Kooperation und hier vor allem auf Variation vorzubereiten (Luhmann 2002). Will Schule also anschlussfähig bleiben an gesellschaftliche Entwicklung (wie sie hier für den Bereich der Familienentwicklung nachgezeichnet wurde), dann muss sie Schüler in die Lage versetzen, mit Kontingenz und Komplexität und damit auch mit Rückschlägen, Unsicherheiten und Risiken umzugehen. All dies gilt allerdings auch für sie selbst. „Die Balance zwischen Emotionalität und Rationalität ist sowohl hinsichtlich des normativen Wandels der Generationenbeziehungen innerhalb von Familie und Schule aufgrund der Verschiebung der Symmetrieachse neu auszuloten" (Schlemmer 2004: 85).

Pädagogen sind bei alledem gehalten, die Probleme ihrer Schüler zunächst einmal zu registrieren. Zwar sind ihnen die Grundzüge der skizzierten Familienentwicklung in der Regel bekannt. Dass sich Verlierer der hier skizzierten familiären Veränderungen aber auch in ihrer Klasse befinden könnten, ist ihnen oft nicht geläufig. Häufig werden regressive Tendenzen im Leistungsbereich, werden Motivations- und Konzentrationsschwächen, plötzlich auftretende expressive Verhaltensmuster oder sich häufende Krankheiten, Depressivität und Verschlossenheit gar nicht mit der familiären Situation in Verbindung gebracht (Neumann/Sohns 2001). Dies liegt nicht zuletzt am spärlichen Informationsfluss zwischen Schule und Elternhaus. Lehrerinnen und Lehrer sind nämlich in der Regel nicht darüber informiert, was in den Familien ihrer Schüler und Schülerinnen passiert, in welcher familiären Konstellation sich diese gerade befinden, wie sich die Zuständigkeiten dort verteilen, wie es mit dem Kontakt zum möglicherweise außerhalb lebenden Elternteil bestellt ist, welches Familienklima und welche Konflikthäufigkeit hier vorherrschen und welche (sorge)rechtlichen Rahmenbedingungen für sie als Pädagogen letztlich zu beachten sind. Schwerer noch einzuschätzen sind Entwicklungen im zeitlichen Verlauf – etwa wenn es zur sukzessiven Abnahme von Kontakthäufigkeiten zu einem der beiden Elternteile kommt, sich in der Familie personelle Wechsel anbahnen oder die Konflikthäufigkeiten zunehmen. All dies ist für die Lehrenden nicht einfach zu erkennen oder zu erkunden.

Eine weitere Problemebene neben diesen „Erziehungsfragen" ist die von Leistungserbringung und Leistungsbeurteilung. Lehrer, dies ergaben wiederholt empirische Untersuchungen, beurteilten Schüler sowohl in ihren Schulleistungen als auch hinsichtlich ihres Sozialverhaltens immer dann schlechter, wenn sie um eine (zumindest aus ihrer Sicht) problematische familiäre Situation wussten (Neumann/Sohns 2001). Die Tatsache, dass vor diesem Hintergrund auch positive Lernerfahrungen möglich sind (Hetherington/Kelly 2002), diese aber erst dann wirksam werden, wenn die Schüler entsprechend gefördert und unterstützt werden und alle Beteiligten dabei miteinander kooperieren, wird häufig nicht erkannt. Dies zu erkennen bedarf nicht nur ausgeprägter pädagogischer Professionalität und Kompetenz, sondern auch entsprechender professionsbezogener Voraussetzungen – wie sie zum Teil im Rahmen des neuen Lehrerausbildungsgesetzes (LABG) in NRW formuliert wurden.

Schule hätte aber noch weitere Möglichkeiten. Etwa auf der Ebene der Lehr- und Lerninhalte. Angesichts der rasanten Veränderungen in den Lebens- und Familienformen ist nicht zuletzt auch Prävention sinnvoll. Diese könnte darin bestehen, dass Lehrer und Schüler sich mit dem Thema Familie auf der unterrichtsinhaltlichen Ebene noch intensiver als bisher befassen, Familie also noch konturierter zum Unterrichtsgegenstand erheben und dabei genau jene kognitiven Kompetenzen vermitteln, über die Kinder und Jugendliche verfügen müssen, wenn es zum lebensgeschichtlichen „Ernstfall" kommt. Immer ist die kognitive Ausstattung eines Kindes oder Jugendlichen die erste und unmittelbare Antwort auf mögliche Probleme. Überträgt man diesen Gedanken auf die Schule, so stellt sich allerdings sofort die Frage: Wer soll all dies im schulischen Kontext leisten? Oder anders formuliert: Werden in Schule nicht per se kognitive Fähigkeiten und Kompetenzen gefördert, werden hier nicht per se Problemlösungstechniken erlernt, wird hier nicht per se der Umgang mit Macht und Ohnmacht erörtert und wird hier nicht auch Wissen über Familie erworben? Und last but not least: Ist Schule eigentlich eine gesellschaftliche „Reparaturanstalt", zuständig nicht nur für Kompetenz- und Wissenserwerb, sondern nun auch noch für die in der Familie entstandenen und der Marktförmigkeit der Eltern geschuldeten Probleme ihrer Edukanten?

4 Schlussbemerkungen

Gerade weil nicht nur die Eltern, sondern auch Lehrer und Lehrerinnen in Phasen familiärer Veränderungen besonders bedeutsam für Kinder und Jugendliche sind, kann Schule sich all diesen Aufgaben nicht entziehen. Auch muss sie als zentrale Sozialisationsinstanz ihre Anschlussfähigkeit an Gesellschaft erhalten. Dies bedeutet im Umkehrschluss nicht, dass sie in pädagogischer Perspektive all das unreflektiert auffangen muss, was die familiären Folgen postmoderner Ökonomisierung ihr abverlangen. So ist Schule durchaus in der Lage, ihre eigene Funktion im Horizont des Wandels der Produktionsverhältnisse zu reflektieren und zu thematisieren – auch und vor allem mit den beteiligten Schülerinnen und Schülern. Aber Grenzen bestehen dort, wo sich Person, Rolle und Funktion voneinander unterscheiden (Luhmann 2002: 150).

Jedem historischen Strukturwandel der Familie geht eine Veränderung in den Produktionsverhältnissen und -bedingungen voraus. Und ebenso ist jeder familiäre Wandel mehr oder weniger ein von Brüchen begleiteter Reflex auf eben diese sich verändernden Produktionsverhältnisse und -bedingungen. Wie diese Brüche jeweils bewältigt werden, das hängt vom Stand der gesellschaftlichen Reflexion dieses Prozesses und dessen Organisation in den einzelnen Systemen ab. Erziehung als gesellschaftlich institutionalisierte Sozialisation ist eine auf Veränderung der Person abzielende Veranstaltung und insofern in gewisser Hinsicht ebenfalls ein „Produktionsprozess". Da sich Schüler wegen ihres in schulexternen Familiensystemen angehäuften Leidensdrucks allerdings nicht nahtlos in diese Logik einfügen und in beliebiger Weise auf bestimmte Ziele hin erziehen lassen, sind vorab definierte (Erziehungs-)Resultate genau dann nicht erreichbar, wenn Schüler gängige pädagogische Vermittlungsprozesse unterlaufen – etwa durch innere Emigration oder Aggressivität und Desinteresse. Eine Möglichkeit von Schule besteht dann darin, das offizielle Curriculum genau jenen Bedingungen anzupassen, die dieses Unterlaufen hervorrufen und begünstigen, diese Bedingungen also zu thematisieren und zu reflektieren.

Mit Blick auf die gegenwärtigen familiären Veränderungen bedeutet dies: Schule muss das Verhältnis zwischen *Bildungserwerb* (bzw. Kompetenzerwerb) und einer mit der Familienentwicklung korrespondierenden *Erziehung* wieder ins rechte Lot rücken. In Zeiten, in denen Bildung zu einem unverzichtbaren Gut geworden ist und in denen Familienentwicklung stark auf Bildungserwerb und vice versa durchschlägt, zeigt sich die Bedeutung der Familie als Ort von Lernerfahrung. Bildungseinrichtungen, die im Zuge des Modernisierungsprozesses familiären Wandel in Gang gesetzt haben, seit PISA aber stark auf Selektion setzen, dürfen sich also nicht länger aus der Verantwortung für das von ihnen in Gang Gesetzte zu Ungunsten der davon betroffenen Kinder zurückziehen (Schlemmer 2004: 188).

Lernerfahrung in einem weiteren Sinne meint aber auch: Vor allem in den Refugien des Privaten werden bestimmte Voraussetzungen für Lernen – wie etwa das Erlernen von Empathie und Solidarität, von Generationalität und (neuen) sozialen Rollen – erworben. Es sind im Grunde also die klassischen Aufgaben und Funktionen, die der Familie in funktionalistischer Perspektive zugeschrieben werden, die aber nun unter sich verändernden und zum Teil bereits veränderten Bedingungen angeeignet werden müssen, um den familiären Wandel selbst zu bewältigen. Dass am Ende ein anderer Familienbegriff und eine veränderte Familiensemantik stehen, ist Teil dieses Prozesses. Fällt Familie in dieser Hinsicht aus, dann funktioniert auch die Vermittlung dieser Funktionen nicht. Jedenfalls dann nicht, wenn Kinder in prekären Lebenssituationen nicht in einer Weise unterstützt werden, die deren Kompetenzentwicklung ermöglicht. Und was läge näher, als dies in und durch Schule zu leisten?

In einigen Feldern reagiert das Bildungssystem bereits auf die Probleme. Zwar steht dabei nicht zuallererst die familiäre Pluralisierung im Fokus, immerhin aber die damit zusammenhängende Produktion und Reproduktion von Bildungsungleichheit. Dies gilt etwa für Probleme von Schülerinnen und Schülern aus Familien mit Migrationshintergrund oder für das Thema Gewalt in der Schule (Bojanowski 2004). Reaktionen des Bildungssystems im Sinne einer sinnvollen Prävention/Intervention lassen sich dabei auf vier Feldern erkennen:

1. Schulprofilbildung
2. Stärkere Verankerung von Schulsozialarbeit
3. Eröffnen offener und gebundener Ganztagsschulangebote
4. Neujustierung der Ausbildung angehender Lehrerinnen und Lehrer
5. Stärkerer Elterneinbezug sowie Elternbildungsangebote

Von der Schule ausgehende pädagogische Flankierung ist also auf mehreren Ebenen möglich: auf der Inhaltsebene (Familie als Unterrichtsgegenstand), auf der personellen Ebene (Professionalisierung des Lehrerberufs), auf der Beratungsebene (Einbezug von Beratung in den schulischen Alltag), auf der institutionell-organisatorischen Ebene (Betreuung in Ganztagsschulen, Förderangebote) oder auf der organisatorischen Ebene (Stärkung und Vernetzung der Eltern-Kind-Schulebene). Auch Beratungsliteratur (Hurrelmann/Unverzagt 2000) sowie mit Schulen kooperierende Beratungseinrichtungen existieren inzwischen hinreichend – so u. v. a. etwa das STEP-Elterntraining zur Stärkung der elterlichen Erziehungskompetenz; Triple P als Hilfe in schwierigen Erziehungssituationen oder das Jugendförderprogramm Lions-Quest (Hartung/Kluwe/Sahrai 2010).

Auch die Soziologie, insbesondere die Bildungssoziologie, wird sich künftig stärker an der Lehrerausbildung beteiligen müssen. Und zwar vor dem Hintergrund der Erkenntnis, dass bestimmte Entwicklungen sich wechselseitig bedingen, dass also etwa familien- und bildungssoziologische Expertise künftig stärker zusammengeführt werden muss. Wenn also die Chancen offener Familiensysteme sensibler als bisher durch das Bildungssystem wahrgenommen und ins System eingearbeitet werden, dann sollten zunächst einmal die davon betroffenen Kinder und Jugendlichen eine größere Unterstützung erfahren. Und zwar nicht allein mit Blick auf den Erwerb von Kompetenzen, die die weitere Flexibilisierung ihrer Lebensläufe in den Dienst der Verwertbarkeit stellt. Eher schon mit Blick auf Reflexivität, Selbstvergewisserung und Stabilität. Und wer könnte dies professioneller und kompetenter leisten als der den Kindern und Jugendlichen vertraute Sozialisationsraum Schule? Jedenfalls ist dieser immer dann gefragt, wenn die erste und wichtigste Sozialisationsinstanz, die Familie, selber in schweres Fahrwasser geraten ist.

Literatur

Bauers, Bärbel (1993): Psychische Folgen von Trennung und Scheidung für Kinder. In: Mehhe, Klaus/Schilling, Herbert/Weber, Matthias (Hrsg.): Kinder im Scheidungskonflikt. Beratung von Kindern und Eltern bei Trennung und Scheidung, München: Juventa, S. 39–61.
Baumert, Jürgen (2001): PISA 2000. Basiskompetenzen von Schülerinnen und Schülern im internationalen Vergleich. Deutsches PISA-Konsortium, Opladen: Leske/Budrich.
Baumert, Jürgen/Schümer, Gundel (2001): Familiäre Lebensverhältnisse, Bildungsbeteiligung und Kompetenzerwerb. In: Baumert, Jürgen (Hrsg.): PISA 2000: Basiskompetenzen

von Schülerinnen und Schülern im internationalen Vergleich, Opladen: Leske/Budrich, S. 323–411.

Becker, Gary (1996): Familie, Gesellschaft und Politik – die ökonomische Perspektive, Tübingen: Mohr.

Beck-Gernsheim, Elisabeth (1990): Das ganz normale Chaos der Liebe, Frankfurt am Main: Suhrkamp.

Beck, Ulrich/Beck-Gernsheim Elisabeth (1994) (Hrsg.): Riskante Freiheiten. Individualisierung in modernen Gesellschaften, Frankfurt am Main: Suhrkamp.

Beham, Martina (2004): Mutter-Kind-Beziehungen in Nachscheidungsfamilien. In: Zartler, Ulrike/Wilk, Liselotte/Kränzl-Nagl, Renate (Hrsg.): Wenn Eltern sich trennen. Wie Kinder, Frauen und Männer Scheidung erleben, Frankfurt/New York: Campus, S. 133–155.

Bien, Walter/Hartl, Angela/Teubner, Markus (2002) (Hrsg.): Stieffamilien in Deutschland. Eltern und Kinder zwischen Normalität und Konflikt, Opladen: Leske/Budrich.

Bien, Walter/Marbach, Jan (2003) (Hrsg.): Partnerschaft und Familiengründung. Ergebnisse der dritten Welle des Familien-Survey, Opladen: Leske/Budrich.

Bittlingmayer, Uwe H. (2006): „Aber das weiß man doch" – Anmerkungen zur Wissensökonomie. In: Bittlingmayer, Uwe H./Bauer, Ullrich (Hrsg.): Die „Wissensgesellschaft". Mythos, Ideologie oder Realität?, Wiesbaden; VS Verlag, S. 323–353.

Bliersbach, Gerhard (2000) Halbschwestern, Stiefväter und wer sonst noch dazu gehört. Leben in Patchwork-Familien, Düsseldorf: Walter.

Bojanowski, Arnulf (2004): Der hannoversche Modellversuch „Lernorte im Dialog – Kooperation und Netzwerkbildung in der Benachteiligtenförderung. In: Bojanowski, Arnulf/Eckert, Manfred/Stach, Meinhard (Hrsg.): Berufliche Bildung Benachteiligter vor neuen Herausforderungen. Umbau der Förderlandschaft – innovative Netzwerke – neue Aktivierungsformen, 13. Hochschultage Berufliche Bildung, Bielefeld: Bertelsmann, S. 83–100.

Bröning, Sonja (2008): Kinder im Blick. Theoretische und empirische Grundlagen eines Gruppenangebots für Familien in konfliktbelasteten Trennungssituationen, Münster: Waxmann.

Brunner, Otto (1950): Das „ganze Haus" und die alteuropäische „Ökonomik". In: Zeitschrift für Nationalökonomie 13, Göttingen.

Burkart, Günter (2009) (Hrsg.): Zukunft der Familie. Prognosen und Szenarien. In: Zeitschrift für Familienforschung, Sonderheft 6, Opladen: Budrich.

Dahrendorf, Ralf (1956): Industrielle Fertigkeiten und soziale Schichtung. In: Kölner Zeitschrift für Soziologie und Sozialpsychologie, 8, S. 540–568.

Diamond, Jared (2006): Arm und Reich. Die Schicksale menschlicher Gesellschaften, Frankfurt: Fischer.

Dörner, K. (2008): Noch pflegen Töchter und Schwiegertöchter – und leiden unter der Last. In: Sternberg, Thomas/Kröger, Maria (Hrsg.), Generationen. Aspekte des demografischen Wandels, Münster: Dialogverlag, S. 105 – 114.

Düsing, Klaus (1971): Das Problem des höchsten Gutes in Kants praktischer Philosophie. In: Kant Studien, 62, S. 5–42.

Eggen, Bernd (2010): Kinder in gleichgeschlechtlichen Lebensgemeinschaften, in: Familienhandbuch des Staatsinstituts für Frühpädagogik (IFP); http://www.familienhandbuch.de/cmain/f_Aktuelles/a_Elternschaft/s_985.html (abgerufen am 21. 6. 2010)

Engels, Friedrich (1970): Der Ursprung der Familie, des Privateigentums und des Staates (im Anschluss an Lewis H. Morgans Forschungen). In: Marx, Karl/Engels, Friedrich: Ausgewählte Schriften, Berlin, S. 155–302.

Figdor, Helmuth (1991) Kinder aus geschiedenen Ehen: Zwischen Trauma und Hoffnung, Mainz: Psychosozial.

Friedl, Ingrid/Maier-Aichen, Regine (1991): Leben in Stieffamilien. Familiendynamiken und Alltagsbewältigung in neuen Familienkonstellationen, Weinheim und München: Juventa.

Gaier, Otto R. (1990): Manchmal mein' ich ich hätt' auf der Welt nix verloren. Scheidungskinder erzählen, Lizensausgabe für die Büchergilde Gutenberg, Gütersloh.

Gardner, Richard A. (2002): Das elterliche Entfremdungssyndrom (Parental Alienation Syndrome, PAS): Anregungen für gerichtliche Sorge- und Umgangsregelungen – eine empirische Untersuchung, Berlin: VWB Verlag.

Grundmann Matthias/Hoffmeister, Dieter (2009): Familie nach der Familie. Alternativen zur bürgerlichen Kleinfamilie. In: Burkart, Günter (Hrsg.): Zukunft der Familie. Prognosen und Szenarien, Zeitschrift für Familienforschung, Sonderheft 6, Opladen, S. 157–179.

Hartung, Susanne/Kluwe, Sabine/Sahrai, Diana (2010): Elternbildung und Elternpartizipation in Settings. Eine programmspezifische und vergleichende Analyse von Interventionsprogrammen in Kita, Schule und Kommune. Gesamtbericht, Bielefeld: Fakultät für Gesundheitswissenschaften

Heinsohn, Gunnar/Knieper, Rolf (1976): Theorie des Familienrechts, Geschlechtsrollenaufhebung, Kindesvernachlässigung, Geburtenrückgang, Frankfurt: Suhrkamp.

Hetherington E. Mavis/Kelly, John (2002): Scheidung. Die Perspektiven der Kinder, Weinheim: Beltz.

Hetherington, E. Mavis/Henderson, Sandra H./Reiss, David (1999): Adolescent siblings in stepfamilies: Familiy Functioning and Adolescent Adjustment, Monographs of the Society for Research in Child Development, Volume 64.

Hill, Paul B./Kopp, Johannes (2006): Familiensoziologie. Grundlagen und theoretische Perspektiven, Wiesbaden: VS Verlag.

Hoff, Andreas (2006): Intergenerationale Familienbeziehungen im Wandel. In: Engstler, Heribert/Tesch-Römer, Clemens/Wurm, Susanne (Hrsg.): Altwerden in Deutschland. Sozialer Wandel und individuelle Entwicklung in der zweiten Lebenshälfte, Wiesbaden: VS Verlag, S. 231–289.

Hoffmeister, Dieter (1984): Arbeiterfamilienschicksale im 19. Jahrhundert. Qualitative Untersuchungen zum Zusammenhang von familiärer Unvollständigkeit, Notbehelfsökonomie und Arbeiterbewegung, Marburg: Verlag Arbeiterbewegung und Gesellschaftswissenschaft.

Hoffmeister, Dieter (2001): Mythos Familie. Zur soziologischen Theorie familialen Wandels, Opladen: Leske/Budrich.

Hoffmeister, Dieter/Ballach, Annika/Schäfer, Franka (2007): Von Bettlern und Business-Menschen. Städtische Armut am Beispiel Münster, Berlin/Münster: Lit Verlag.

Huinink, Johannes (2006): Zur Positionsbestimmung der empirischen Familiensoziologie. In: Zeitschrift für Familienforschung, 18. Jg., Heft 2, Bamberg, S. 212–252.

Hurrelmann, Klaus/Unverzagt, Gerlinde (2000): Kinder stark machen für das Leben: Herzenswärme, Freiräume, klare Regeln, Freiburg: Herder.

Jopt, Uwe-Jörg (1992): Im Namen des Kindes: Plädoyer für die Abschaffung des alleinigen Sorgerechts. Hamburg: Rasch/Röhring.

Kaiser, Günther (1996): Kriminologie: ein Lehrbuch, Heidelberg: CF Müller.

Kardas, Jeannette/Langemayr, Arnold (1996): Familien in Trennung und Scheidung – Ausgewählte psychologische Aspekte des Erlebens und Verhaltens von Scheidungskindern, Stuttgart: Ferdinand Enke.

Klocke, Andreas/Hurrelmann, Klaus (2001) (Hrsg.): Kinder und Jugendliche in Armut. Umfang, Auswirkungen und Konsequenzen. Opladen: Westdeutscher Verlag.

Knörzer, Wolfgang/Grass, Karl/Schumacher, Eva (2007): Den Anfang der Schulzeit pädagogisch gestalten. Studien und Arbeitsbuch für den Anfangsunterricht, Weinheim/Basel: Beltz.

Krack-Roberg, Elle (2010): Ehescheidungen 2009. In: Statistisches Bundesamt (Hrsg.), Wiesbaden.

Kriedte, Peter/Medick, Hans/Schlumbohm, Jürgen (1978): Industrialisierung vor der Industrialisierung, Göttingen.

Lengua, Liliana J./Sandler, Irwin N. (1996): Self-regulation as a moderator of the relation between coping and symptomatology in children of divorce. In: Journal of Abnormal Child Psychology, Nr. 24, S. 681–701.

Ley, Katharina/Borer, Christine (1992): Und sie paaren sich wieder. Über Fortsetzungsfamilien, Tübingen: Ed. Diskord.

Lüscher, Kurt/Pillemer Karl (1998): Die Ambivalenz familialer Generationenbeziehungen. Konzeptuelle Überlegungen zu einem aktuellen Thema der familienwissenschaftlichen Forschung, Arbeitspapier Nr. 22 (unveröff.), Universität Konstanz.

Luhmann, Niklas (2002): Das Erziehungssystem der Gesellschaft, Frankfurt: Suhrkamp.

Meyer, Thomas (1993) Der Monopolverlust der Familie. Vom Teilsystem Familie zum Teilsystem privater Lebensformen. In: Kölner Zeitschrift für Soziologie und Sozialpsychologie, Jg. 45, Köln, S. 213–217.

Marx, Karl (1976): Die ethnologischen Exzerpthefte, hrsg. von L. Krader, übers. von Angelika Schweikhart, Frankfurt: Suhrkamp.

Mertens, Dieter (1974): Schlüsselqualifikationen. Thesen zur Schulung für eine moderne Gesellschaft. In: Mitteilungen aus der Arbeitsmarkt- und Berufsforschung 7, Stuttgart.

Möller, Carola (1998): Die gesellschaftliche Gesamtarbeit neu gestalten. In: Das Argument, Heft 226.

Napp-Peters, Anneke (2005): Mehrelternfamilien als „Normal"-Familien – Ausgrenzung und Eltern-Kind-Entfremdung nach Trennung und Scheidung. In: Praxis der Kinderpsychologie und Kinderpsychiatrie, Heft 10, S. 792–802.

Nave-Herz, Rosemarie (2007): Familie heute. Wandel der Familienstrukturen und Folgen für die Erziehung, Darmstadt: WBG.

Negri, Antonio/Hardt, Michael (1997): Die Arbeit des Dionysos, Berlin: ID Verlag.

Neumann, Karl/Sohns, Susanne (2001): Weniger Chancen für Scheidungskinder? Scheidungskinder im Kontext der Schule. In: Graumann, Olga (Hrsg.): Schule in Not. Eine Institution auf der Suche nach Verbündeten, Bad Heilbrunn: Klinkhardt, S. 35–57.

Peuckert, Rüdiger (2005): Familienformen im sozialen Wandel, Stuttgart: UTB.

Schirrmacher, Frank (2005): Das Methusalem-Komplott, München: Wilhelm Heyne.

Schlemmer, Elisabeth (2004): Familienbiografien und Schulkarrieren von Kindern. Theorie und Empirie, Wiesbaden: VS Verlag.

Schneider, Werner (1994): Streitende Liebe. Zur Soziologie familialer Konflikte, Opladen: Leske/Budrich.

Schneider, Norbert F./Matthias-Bleck, Heike (2004): Das neue Umgangsrecht für Kinder und seine Folgen, Forschungsprojekt der Universität Mainz von 2003–2004. http://www.soziologie.uni-mainz.de/schneider/sub/wwwumgangsrecht.html (abgerufen am: 23.6.2010)

Schultheis, Franz/Böhmler, Daniela (1998): Einleitung: Fortsetzungsfamilien – ein Stiefkind der deutschsprachigen Familienforschung. In: Meulders-Klein, Marie-Therese/Théry, Irene (Hrsg.): Fortsetzungsfamilien. Neue familiale Lebensformen in pluridisziplinärer Betrachtung, Konstanz: Universitätsverlag, S. 7–19.

Schulze, Gerhard (1992): Die Erlebnisgesellschaft: Kultursoziologie der Gegenwart, Frankfurt: Campus.

Sennett, Richard (1998) Der flexible Mensch. Die Kultur des neuen Kapitalismus, Berlin: Bloomsbury.

Tyrell, Hartmann (1988): Ehe und Familie – Institutionalisierung und Deinstitutionalisierung. In: Lüscher, Kurt/Schultheiß, Franz/Wehrspaun, Michael (Hrsg.): Die postmoderne Familie. Konstanz: Universitätsverlag, S. 145–156.

von Trotha, Trutz (1995): Pluralisierung familialer Lebensformen? In: Vaskovics, Laszlo A. (Hrsg.): Familie. Soziologie familialer Lebenswelten, Soziologische Revue, Sonderheft 3, München, S. 55–60.

Walper, Sabine/Schwarz, Beate (1999) (Hrsg.): Was wird aus den Kindern? Chancen und Risiken für die Entwicklung von Kindern aus Trennungs- und Stieffamilien, Weinheim und München: Juventa.

Werneck, Harald (2004): Vater-Kind-Beziehungen in Nachscheidungsfamilien. In: Zartler, Ulrike/Wilk, Liselotte/Kränzl-Nagl, Renate (Hrsg.): Wenn Eltern sich trennen. Wie Kinder, Frauen und Männer Scheidung erleben, Frankfurt/New York: Campus, S. 155–181.

Elterliche Erziehungsstile in sozialen Milieus

Frauke Choi

Aus Sicht Emile Durkheims ist die soziologische Relevanz von Erziehung als „planmäßige[r] Sozialisation der jungen Generation" (1922/72: 30) mit dem Ziel, „im Kinde gewisse physische, intellektuelle und sittliche Zustände zu schaffen und zu entwickeln, die sowohl die politische Gesellschaft in ihrer Einheit als auch das spezielle Milieu (…) von ihm verlangen" (ebd.), unbestritten. Und doch lässt sich aus der Forschungslage bis heute das Verhältnis von Gesellschaft, Erziehung und Personalisation nur annähernd bestimmen. Zum einen muss sich der wissenschaftliche Diskurs mit der zwangsläufig normativ geprägten Ausrichtung des Erziehungsbegriffs in einer sich wandelnden Gesellschaft auseinandersetzen. Auch das Verhältnis von Erziehung zu den Begriffen Sozialisation, Bildung und Enkulturation ist bis heute nicht abschließend geklärt. Zum anderen ist der empirische Zugang durch konkurrierende und sich wandelnde Sozialstrukturmodelle geprägt, vor allem unter der Perspektive von sozialer Ungleichheit. Unbestritten ist, dass die soziale Lebenslage und Milieuzugehörigkeit von Vätern und Müttern, insbesondere der Bildungsgrad, einen entscheidenden Einfluss auf das Entwicklungsumfeld und das Erziehungshandeln haben (vgl. Drinck 2008; Hoff et al. 2002).

Der vorliegende Beitrag gibt einen kursorischen Überblick über den wissenschaftlichen Diskurs zum Zusammenhang von Sozialstruktur und elterlicher Erziehung seit dem 2. Weltkrieg. Dazu werden nach einer kurzen Erläuterung des Begriffs ‚Erziehungsstile' Erklärungsmodelle und Erkenntnisse aus der sozialstrukturellen Sozialisationsforschung aufgegriffen, in der Erziehung vor allem als ‚Transmissionsriemen' bei der Reproduktion sozialer Ungleichheit fungiert. Anschließend werden deskriptive Studienergebnisse über milieuspezifische Erziehung diskutiert. Im letzten Teil des Beitrags geht es vor allem darum aufzuzeigen, in welchen Bereichen Fragen noch unbeantwortet sind.

Erziehungsstile

Erziehung wird in der Regel als ein „Unterbegriff" von Sozialisation verwendet (vgl. Hurrelmann 2006: 17). Während Erziehung meist im Kontext von geplanten, bewussten und intentionalen Einflussnahmen auf die Persönlichkeitsentwicklung von Heranwachsenden verwendet wird (vgl. Brezinka 1959: 27), umfasst Sozialisation „alle Impulse"

Abbildung 1   Typisierung elterlicher Erziehungsstile (Quelle: Hurrelmann 2006: 161;
                  geringfügig verändert nach Tausch/Tausch 1998).

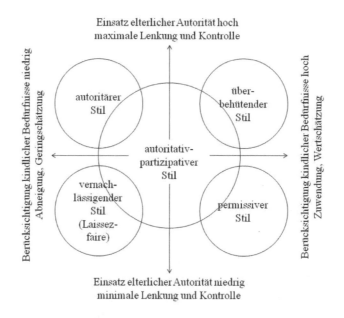

(Hurrelmann 2006: 17) von Seiten der Umwelt, auch unbewusste Einflüsse und über die gesamte Lebensspanne.

Die konkrete Definition und inhaltliche Ausprägung dessen, was unter Erziehungsstilen zu verstehen ist, ist recht unterschiedlich (vgl. Schneewind 1980: 19 ff.). Ganz allgemein gefasst können unter Erziehungsstilen vorherrschende Formen von spezifisch ausgeprägtem, konkreten erzieherischen Verhaltens in der Interaktion mit Kindern verstanden werden (Heidbrink/Lück 2004: 469), das auf erwünschte Verhaltensweisen, Fähigkeiten, Einstellungen und Persönlichkeitseigenschaften des Kindes zielt (vgl. Hurrelmann 2006: 156). Dieser Stil wird gleichzeitig vom Verhalten des Kindes beeinflusst und steht in Wechselwirkung mit zahlreichen sozialökologischen Faktoren (vgl. Schneewind 1980: 25 ff.). Ein Schema für typische Grundstile schlägt z. B. Hurrelmann (2006) vor, in das einschlägige, auf Grundlage empirischer Studien gewonnene Modelle und Erkenntnisse von Erziehungsverhalten eingeflossen sind (vgl. Abbildung 1). Grundlage für die Verortung unterschiedlicher Stile sind die Ausprägungen der Dimensionen ‚elterliche Lenkung' und ‚Berücksichtigung kindlicher Bedürfnisse'.

Demnach wirken sich ein autoritärer, überbehütender, vernachlässigender und permissiver Stil mehr oder weniger negativ auf die Selbstständigkeits-, Leistungs- und soziale Entwicklung der Kinder aus (vgl. ebd.: 158 ff.). Um „beim Kind Selbstständigkeit und Autonomie zur fördern und Leistungsförderung und soziale Verantwortlichkeit zu stärken" (2006: 163), gilt der *autoritativ-partizipative* Stil als optimal, bei dem partnerschaftliche und kooperative Aushandlungsprozesse den Erziehungsprozess bestimmen, ohne dass die elterliche Führung aufgeben wird.

Erziehungsstile und soziale Ungleichheit

In den 60er und 70er Jahren konzentrierten sich weite Teile einer sich etablierenden schichtspezifischen Sozialisationsforschung auf die Familie und ihre Erziehungsleistungen, die vor Schuleintritt im Verlauf der primären Sozialisation als zentrale Sozialisationsinstanz bei der Entwicklung von Leistungsbereitschaft, einer „gesunden" Persönlichkeit und bei der gesellschaftlichen Reproduktion angesehen wurde (vgl. Steinkamp 1998: 257 ff.). Die Familie, die „die Grundwerte der Gesellschaft gewissermaßen ungebrochen an die nachwachsende Generation weitervermittelt" (Hurrelmann 1998: 108), fungiert als zentrale Vermittlungsinstanz für die „Reproduktion gesellschaftlich erwünschter Sozialcharaktere" (ebd.). Typische Muster an Wahrnehmungen, Meinungen, Einstellungen und Werten der Eltern aus der Unterschicht auf der einen Seite und der Mittel- und Oberschicht auf der anderen wurden als subkulturelle Antwort auf die institutionellen Gegebenheiten einer differenzierten Rollenstruktur der modernen Industriegesellschaft gedeutet. Die über den Beruf geprägten typischen Charakterzüge von Eltern würden zusammen mit den an den Berufsstatus gekoppelten ökonomischen Verhältnissen die familialen Interaktionsstrukturen, das Bildungsklima, das Aspirationsniveau, die normativen Standards, das Erziehungsverhalten und die Erziehungsziele der Eltern schichtspezifisch beeinflussen (vgl. Rolff 1967: 19 ff.).

Es gab eine Fülle an Untersuchungen, in denen der Zusammenhang zwischen zentralen Dimensionen des Erziehungshandelns und Kriterien sozialer Schichtung untersucht wurde (vgl. zusammenfassend Lukesch 1975). Zu den international am häufigsten zitierten Arbeiten über den Zusammenhang von Schichtzugehörigkeit, der damit in Verbindung gebrachten Arbeitsbedingungen, Persönlichkeit und Erziehungszielen von Eltern gehören die Untersuchungen von Melvin L. Kohn (1969/77: 1981). In seinem Modell verbindet er die Schichtzugehörigkeit mit typischen Arbeitsbedingungen, insbesondere dem Grad an Selbstbestimmung (vgl. Kohn/Schooler 1981: 80 f.). Kohn stellt in seiner internationalen Studie einerseits einen Zusammenhang zwischen Schichtzugehörigkeit und den Wertvorstellungen der Eltern für sich selbst fest: Je höher die soziale Schicht, desto höher werden Indikatoren für Selbstbestimmung und desto geringer werden Indikatoren für Anpassung an Autoritäten bewertet (vgl. ebd.:59; 63). Zum gleichen Ergebnis gelangt er bei der Betrachtung des Zusammenhangs von Schichtzugehörigkeit und elterlichen Wertvorstellungen, bei denen er nahezu die gleichen Indikatoren eingesetzt hat (vgl. ebd.: 63). In der sozialen Orientierung schlage sich eine niedrige Schichtzugehörigkeit in einem autoritären Konservatismus nieder.

Andere Autoren argumentierten unter Rückgriff auf das Familienmodell von Parsons (Parsons/Bales 1955) und Neidhardt (1970): Die relativ machtlose Stellung und die geringe Komplexität der Arbeitsanforderungen des Vaters in der Unterschicht beein-flusse dessen Wertorientierung und führe zu einem rigiden autoritären Erziehungs-verhalten des Vaters (vgl. Thomae 1972: 756). In Mittelschichtfamilien stehe dagegen eine Erziehung zur Selbstständigkeit in engem Zusammenhang mit einem positiven, emotionalen Eltern-Kind-Verhältnis (vgl. Milhoffer 1973: 167 f.). Dies mache sich vor allem im Kontrollverhalten der Eltern bemerkbar. So wird z. B. im Zweiten Familienbe-richt (1975: 55) über die vermehrte Anwendung physischer Strafen in der Unterschicht berichtet, während Mittelschichteltern eher mit dem Entzug emotionaler Zuwendung reagieren (vgl. auch Bernstein 1972: 213 ff.). Im Zuge vermehrter Kritik am strukturfunk-tionalistischen Rollenmodell von Neidhardt und Parsons verlor dieses an Bedeutung.

Mitte der 70er Jahre setzte vermehrt Kritik an den theoretischen Konzepten und der empirischen Umsetzung der Konzepte schichtspezifischer Sozialisationsforschung ein (vgl. zusammenfassend Choi 2009: 54 ff.). Kohns Arbeiten als auch Nachfolgestudien konnten zwar die Bedeutung der Berufserfahrungen für die Persönlichkeitsentwick-lung der Eltern nachweisen, aber sie konnten keine empirisch angemessenen Belege für die Auswirkungen der durch die Berufs- und Arbeitsbedingungen beeinflussten Per-sönlichkeit der Eltern auf das familiale Sozialisationsmilieu liefern (vgl. Hurrelmann 1998: 115 f.). Die Studien erklären letztlich nur wenig Varianz und weisen zudem ein erhebliches Maß an schichtinterner Varianz auf, was vor allem auf die unzulängliche Umsetzung eines hierarchischen Mehrebenenmodells zurückgeführt wurde, den relativ willkürlichen Einsatz von Variablen der sozialen Schicht und des Erziehungsgeschehens sowie der Ausblendung zentraler Dimensionen familialer Lebenswelten (vgl. Steinkamp 1998: 253 f.). Die theoretische Verknüpfung des Schichtmodells mit typischen Mentali-täten, die sich schließlich in den Handlungen selbst niederschlagen, spiegelt sich in de-terministischer Weise in den Studien der schichtspezifischen Sozialisationsforschung: Gesellschaftliche Prägungen beeinflussen die Entwicklung des Einzelnen unidirektional und lassen nur ganz begrenzte Spielräume für individuell abweichende Entwicklungen und Eigendynamiken von kleinen Gruppen und Netzwerken (vgl. Hradil 1992: 16). Die kritische Auseinandersetzung mit den Ergebnissen fokussierte auch eine Auseinander-setzung mit den Schwächen des Schichtungskonzeptes selbst, wie sie sich auch im Rah-men der Theoriediskussion um soziale Ungleichheit und Sozialstrukturanalyse vollzog (ders. 1987; s. auch die Beiträge von Bremer und Berger et al. in diesem Band). Spezifi-sche Lebenslagen von Familien blieben letztlich unberücksichtigt, so dass marxistische Kritiker eine Rückkehr zu einem neomarxistischen Klassenbegriff oder die Einführung eines Konzepts von Subkulturen forderten (vgl. Gottschalch et al. 1971; Caesar 1972).

Die neuere sozialstrukturelle Sozialisationsforschung und sozialökologische Ansätze

Die „neuere sozialstrukturelle Sozialisationsforschung" (Steinkamp 1998: 259) leitete vor allem aus der Kritik am bisherigen Schichtkonzept eine differenziertere Erfassung von Dimensionen der Sozialstruktur ab und setzte durch die Verbindung dieser Dimensionen mit Indikatoren der familialen und kindlichen Sozialisationsebene die Idee eines Mehrebenenmodells auch empirisch um (vgl. ebd.). Dabei orientierten sich die Studien forschungsstrategisch zunehmend an ökologischen Ansätzen aus der Familienforschung (vgl. Bertram 1976: 103), die vor allem von Bronfenbrenner (1976) aufgegriffen wurden. Sie zielten auf die Erfassung der Gesamtheit von sozialen, kulturellen und materiellen Handlungskontexten, mit der sich die entwicklungsrelevante gesellschaftliche Eingebundenheit des Individuums beschreiben lässt. Gegenstand der Analyse sind nicht nur Ereignisse und Prozesse innerhalb analytisch unterscheidbarer Umweltsystembezüge, wie Familie, Peergroup, Nachbarschaften, Freizeitgruppen, Arbeitsplatz, Betrieb bis hin zu gesamtgesellschaftlichen Zusammenhängen, mit denen sich das Individuum in Abhängigkeit von seinem Entwicklungsstand auseinandersetzt. Es wird gleichzeitig ein systemhafter Effekt der Wechselbeziehungen zwischen den verschiedenen Umweltbezügen auf die Entwicklung des Einzelnen unterstellt. Die ökologische Sozialisationsforschung distanziert sich damit deutlich von bisherigen linearen Modellen, nach denen sich Variablen separieren und in ihren Wirkungen addieren lassen (Bronfenbrenner 1976: 207).

Die sozialstrukturelle Sozialisationsforschung griff sozialökologische Konzepte vor allem deshalb auf, um zu erklärungskräftigeren Modellen sozialisationsrelevanter sozialer Ungleichheitslagen zu gelangen, indem sie sich stärker auf die vermittelnden Variablen zwischen Lebens- und Arbeitsbedingungen der Familien und den Erziehungsvorstellungen und -handlungen der Eltern konzentrierten (vgl. Bertram 1982: 47). Vor allem wurden Wohnumweltbedingungen und im Anschluss an Kohn die Arbeitsbedingungen und -erfahrungen sehr differenziert erfasst (vgl. Vaskovics 1982: 8). Bei Schneewind und seinen Mitarbeitern werden die familialen Erfahrungsräume mit ihren materiellen und sozialen Komponenten zum ‚ökologischen Gesamtkontext' familialer Erziehungsstile kombiniert (vgl. Beckmann et al. 1982: 144). Beim Soziotopen-Ansatz von Bargel et al. (1978) wird die sozialökologische Umwelt durch die relativ pragmatische Auswahl an Merkmalen regionaler Einheiten (‚Lokalitäten' wie Gemeinde oder ‚Quartier') bestimmt, die sozioökonomische Zusammensetzung, soziales Klima, kulturelles Milieu und Infrastrukturmerkmale umfassen. Durch dieses Konzept sollen sich ‚räumliche Elemente', ‚soziale Bedeutungen' und ‚psychisches Erleben' als Erfahrungs- und Handlungswelt des Einzelnen miteinander verbinden (vgl. Bargel et al. 1982: 205 f.). Nach wie vor spielen elterliche Erziehungsstile und Erziehungshandeln als „Transportmedium der Sozialisation" (Hurrelmann 1998: 122) eine zentrale Rolle.

Nun geriet einerseits das familiale Anregungspotenzial als miteinander verschränkte sachlich-räumliche und soziale Umwelt der kindlichen Entwicklung in den Fokus, vor allem auch in den USA (‚Family-Environment'). Engfer (1980) referiert nach Sichtung internationaler Studien zur kognitiven Entwicklung von Kindern z. B. folgende relevante Dimensionen elterlichen Erziehungsverhaltens: Befriedigung sozial-emotionaler Bedürfnisse, wenig Einschränkung durch Strenge und Bestrafung, verbale Ansprache und intellektuelle Anregung in der Interaktion, mit steigendem Alter zunehmende elterliche Anforderungen und Unterstützung im Bereich der Leistung, Selbstständigkeit und Sprache. Gleichzeitig hänge die Wirksamkeit mit Faktoren der sozialen Umwelt zusammen wie Bewegungsfreiheit im Kleinkindalter, geeignetes Spielzeug, Anregung durch Bücher, farbliche Ausgestaltung der Wohnung, strukturierte Alltagsorganisation, günstige äußere Bedingungen für Schularbeiten (vgl. ebd.: 139 ff.). Dabei zeige sich in einigen Studien, dass diese Anregungsbedingungen einerseits schichtspezifisch variieren, andererseits aber auch unabhängig von der Schichtzugehörigkeit Wirkung entfalten können (vgl. ebd. 1980: 139).

Andererseits wurde in Studien, wie die von Steinkamp und Stief (1978), der Kohnsche Ansatz der schichtspezifischen Sozialisationsforschung vor allem im Hinblick auf eine differenziertere Erfassung der Arbeitsbedingungen und -erfahrungen des Vaters und die Berücksichtigung indirekter Einflüsse innerhalb eines Mehrebenenmodells modifiziert. Das Modell berücksichtigt sozialstrukturelle Variablen, Merkmale väterlicher Arbeitsbedingungen und -erfahrungen mit Blick auf Selbstbestimmung und Selbstverwirklichung, elterliche Erziehungsziele und -praktiken sowie perzipierte Erziehungseinstellungen und -praktiken des Kindes (vgl. ebd.: 87 ff.). Die empirische Pfadanalyse belegt einen indirekten Einfluss der Vermittlungsebenen: Die sozialstrukturellen ‚objektiven' Positionsvariablen korrelieren mit der Arbeitsplatzsituation, die Arbeitsplatzsituation wirkt auf die ‚subjektiven' Arbeitsplatzerfahrungen, die Arbeitsplatzerfahrungen beeinflussen die Erziehungsziele und letztere wiederum die Erziehungspraktiken (vgl. ebd.: 296). Auch wenn das Vorgehen von Steinkamp und Stief mit Blick auf die Annahmen der ökologischen Forschung nicht unumstritten ist (vgl. dazu Bertram 1981: 49 ff.), wird nach Hradil (1987: 114) die Überlegenheit differenzierter Sozialstrukturmodelle gegenüber dem Schichtkonzept deutlich: Wurden bei der Analyse zwei Schichten nach Berufsstatus gebildet, konnten nur 10 % der Varianz elterlicher Erziehungsziele aufgeklärt werden. Die Kombination der erklärungskräftigsten sozialstrukturellen Variablen konnte 37 % der elterlichen Erziehungsziele aufklären, 41 % der erziehungsrelevanten Einstellungen der Väter und 33 % der Mütter, 15 % der elterlichen induktiven und 13 % der machtorientierten Sanktionspraktiken (vgl. Steinkamp/Stief 1979: 180 ff.). Die Variablen familialer Sozialisation erklären wiederum 26 % der Varianz von Selbstbestimmung und autoritärem Konventionalismus in der kindlichen Persönlichkeit (ebd.: 191).

Der höhere Erklärungswert erklärt sich vor allem aus der Tatsache, dass das Schichtmodell mit Dimensionen erweitert wurde, die näher an der familialen Lebenswelt liegen (vgl. Hradil 1987: 117). Ausgangspunkt für eine möglichst differenzierte Erfassung von Dimensionen der sozialen Position der Familie sind aber nicht mehr theoretisch abgeleitete oder vorab konsistent deskriptiv konzipierte Sozialstrukturmodelle, sondern bestimmte Erziehungs- und Sozialisationsstile, die in engem Zusammenhang mit der Persönlichkeitsentwicklung des Kindes stehen. Ergebnis sind dann unterschiedliche Statuskonstellationen, die Gruppierungen mit möglichst homogenen Sozialisationsstilen beinhalten. Damit resultiert aus dieser Vorgehensweise eine nicht zu unterschätzende Variation an sozialisationsrelevanten Sozialstrukturmodellen, was für die Aufklärung der Wirksamkeit einer ‚allgemeinen‘ sozialen Lage nicht mehr hilfreich sein kann (vgl. ebd.: 119; Herlyn 1985). Ein Verdienst der sozialökologischen Forschung liegt vor allem darin, dass sie die Perspektive eines Mehrebenenmodells gefordert hat, das der Familie als Mesoebene eine interpretierende Funktion zuspricht, die zu einer ‚Brechung‘ sozialstruktureller Faktoren beiträgt. Auch das Kind wird nicht mehr nur als bloßes Objekt von Erziehung verstanden. Umwelt ist nicht als Faktizität zu interpretieren, sondern stets eine „wahrgenommene und erlebte Umwelt" (Ries 1982: 35), die aktiv angeeignet wird (vgl. Lüscher 1982: 77). So konnte in zahlreichen Studien die Bedeutung der kulturell geprägten, subjektiven Verarbeitung sozialstruktureller Bedingungen belegt werden.

Erziehungsstile in sozialen Milieus

Obwohl die sozialökologische Sozialisationsforschung Ansatzpunkte für eine Weiterentwicklung der schichtspezifischen Sozialisationsforschung lieferte, gewann sie zwar theoretisch an Einfluss, wurde aber aufgrund der komplexen Modellannahmen bisher kaum empirisch umgesetzt (vgl. Grundmann 1994: 164). Statt an Fragen sozialstruktureller Sozialisationsforschung weiterzuarbeiten, führten Grenzziehungen zwischen theoretischen Paradigmen des Strukturfunktionalismus, Marxismus und Interaktionismus sowie disziplinären Forschungsperspektiven schließlich zu einer weiteren Zersplitterung der Sozialisationsforschung. Unterstützt durch das nachlassende öffentliche Interesse an Fragen der Chancengleichheit und einer zunehmenden Skepsis gegenüber der Planbarkeit von Erziehungseffekten (vgl. Luckesch/Schneewind 1978: 12; Zinnecker 2000) flaute das Interessen an Fragen zum Zusammenhang von sozialer Ungleichheit und Erziehungsleistungen innerhalb der Familie im Laufe der 80er und 90er Jahre fast gänzlich ab (vgl. Schmidt 2002: 249). Neuere Studien konzentrieren sich häufig auf Bildungsaspirationen und Schulorientierungen der Eltern. Stattdessen wurden die Erkenntnisse der neueren sozialstrukturellen Sozialisationsforschung vor allem von anderen Bereichen sozialwissenschaftlicher Forschung aufgegriffen und weiterentwickelt. Sie dienten als Vorarbeiten für differenziertere deskriptive Modelle in der Sozialstrukturanalyse, wie sie in Deutschland mit den Begriffen der sozialen Lagen, sozialen Milieus bzw. Lebensstile (Hradil 1987) oder im Sozialraummodell von Bourdieu (1982)

umschrieben werden. In den USA richtet sich der Blick vor allem auf die sozialstrukturelle Analyse familialer Erziehung im Kontext von ‚race‘, ‚ethnicity‘ und ‚neighborhoods‘ (vgl. Lareau/Conley 2008).

Die in den Milieustudien zugrunde gelegten Definitionen, die theoretischen Bezüge
(vgl. dazu Hradil 2006: 5 ff.) und die Abgrenzung zum Begriff des Lebensstils sind allerdings recht unterschiedlich. Je nach Komplexität der Definition sind neben Mentalitäten das typische Umfeld (Beruf, Wohnen, Einkommen etc.) und das Alltagsverhalten
eingeschlossen (vgl. ebd.: 5). Daneben hat der Milieubegriff eine historische Entwicklung durchlaufen, die sich sehr allgemein als Schwerpunktverschiebung von ‚objektiven‘
Umweltkomponenten hin zu ‚subjektiv‘ wahrgenommenen und als wirksam erlebten
Umwelten beschreiben lässt (vgl. Hradil 1992: 21 ff.):

> „In der neueren Forschung werden unter ‚sozialen Milieus‘ üblicherweise Gruppen
> Gleichgesinnter verstanden, die jeweils ähnliche Werthaltungen, Prinzipien der Lebens-
> gestaltung, Beziehungen zu Mitmenschen und Mentalitäten aufweisen. Im Kern werden
> sie also durch ‚psychologisch tief sitzende‘ psychische Dispositionen definiert. Diejeni-
> gen, die dem gleichen sozialen Milieu angehören, interpretieren und gestalten ihre Um-
> welt folglich in ähnlicher Weise und unterscheiden sich dadurch von anderen sozialen
> Milieus.“ (Hradil 2006: 4)

Die Vorteile des Milieumodells liegen zunächst in der definitorischen – nicht empirischen – Abkoppelung von ‚objektiven‘ Lebensbedingungen und ‚subjektiven‘ Verar-
beitungs- bzw. Bearbeitungsmustern. Deshalb lässt es durch eine zunächst getrennte
Ermittlung äußerer Lebensbedingungen und innerer Haltungen und der anschließenden Betrachtung ihrer empirischen Verschränkung die Analyse relativ autonomer Subjektivität zu (vgl. Hradil 2001: 45). Auf der anderen Seite wird durch die Annahme von
Gruppen mit typischen Orientierungsmustern nicht eine völlige ‚Individualisierung‘
von sozialen Ungleichheiten unterstellt, weshalb sich der Milieuansatz nicht nur für
die Analyse gesellschaftlicher Pluralisierungstendenzen, sondern auch für die Frage
nach gruppenspezifischen Reproduktionsprozessen sozialer Ungleichheit eignet. Demnach vermittelt der Milieuansatz zwischen einer prägenden Kraft von Komponenten
der sozialen Lage und den individuellen Verarbeitungsweisen und spannt damit den
Bogen zwischen ‚objektiven‘ makrosoziologischen Bedingungen und ‚subjektiven‘ mikrosoziologischen Auswirkungen. Allerdings wurden die Ansätze bisher überwiegend
in der anwendungsorientierten Sozialforschung aufgegriffen, vor allem in der Markt-
und Wahlforschung (vgl. Hradil 2006: 4). Studien mit Bezug zu familialer Sozialisation
und Erziehung liegen dagegen kaum vor.

Eine der wenigen Studien, die Daten zu milieuspezifischen Erziehungsstilen liefern,
ist die Studie „Eltern unter Druck“ des Forschungsinstituts Sinus Sociovision GmbH
im Auftrag der Konrad Adenauer Stiftung (Merkle/Wippermann 2008). Bei den ‚Sinus-Milieus‘ werden Menschen nach typischen allgemeinen Orientierungen als auch

Abbildung 2   Überblick über die Befragungsgruppe der Eltern mit Kindern unter
18 Jahren nach Milieuzugehörigkeit (Quelle: Merkle/Wippermann 2008).

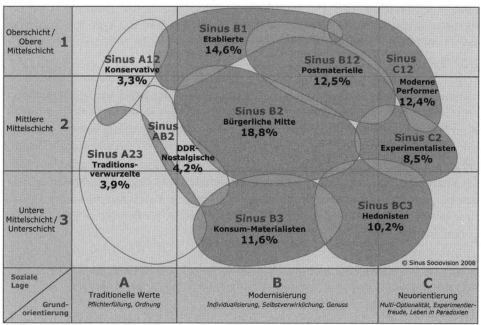

Basis: TdWI 2007/08; n = 4.760 Fälle

solchen zu den Bereichen Arbeit, Familie, Freizeit, Geld und Konsum gruppiert. Die
Ergebnisse werden entlang der Hauptdimensionen *Werte* (Kognitionen, Einstellungen),
Lebensstile (Routinen, Gewohnheiten) und *soziale Lage* (Einkommen, Bildung, Beruf,
Alter) abgebildet (vgl. Abbildung 2).[1]

In der Studie wurden Väter und Mütter mit Kindern unter 18 Jahren aus sieben sozialen Milieus u. a. nach ihren Erziehungszielen und ihrem Erziehungsverhalten gefragt. Im Ergebnis beschreiben Merkle und Wippermann für die ‚oberen bis mittleren‘
Milieus folgende Ausprägungen (vgl. Tabelle 1): *Postmaterielle* und *Etablierte* würden zu
einem autoritativen Erziehungsstil tendieren, wobei bei den Etablierten auch über autoritäre Erziehungspraktiken, zum Teil mit physischen Sanktionen, berichtet werde. Auch
der Erziehungsstil der *Modernen Performer* wird als autoritativ beschrieben. Klare Vorgaben und Regeln würden eine große Rolle spielen bei gleichzeitig hohen Anforderungen an die Leistung der Kinder.

---

1 Aufgrund der Altersstruktur wurden nur die grau hinterlegten Milieus in die Analyse einbezogen (vgl.
Merkle/Wippermann 2008: 29). Daneben wurden noch Migranten-Milieus erhoben (vgl. zu den Ergebnissen ebd.: 15 f.; 57 ff.).

Bei der *Bürgerlichen Mitte* spreche ein überdurchschnittliches ‚Behüten' der Kinder bei gleichzeitiger Orientierung an Werten der Konformität für einen tendenziell überbehütenden Erziehungsstil. Der permissive Erziehungsstil herrsche vor allem bei den ebenfalls in der Mitte der Sozialstruktur verorteten *Experimentalisten* vor. Selbstständigkeit sei in diesem Milieu ein wichtiges Ziel und die Kinder bekommen viel Raum zur Selbstentfaltung.

Bei den ‚mittleren bis unteren' Milieus, wie z. B. bei den *Konsummaterialisten,* bekommen die Kinder nach Merkle und Wippermann in der Regel wenig Aufmerksamkeit für ihre Bedürfnisse, es sei denn, es handele sich um Konsum. Gleichzeitig fehle es an einem Erziehungskonzept, so dass ein permissiv-vernachlässigender Erziehungsstil vorherrsche. Auch *Hedonisten* würden wenig Bezug auf die Bedürfnisse der Kinder nehmen. Der Stellenwert von Erziehungszielen wie Fleiß und Gehorsam sei aus Sicht der Eltern negativ belegt. Fürsorglichkeit und Schutz sowie Regeln für die Kinder würden als anstrengend empfunden und deren Fehlen als entwicklungsrelevanter Beitrag zur Selbstständigkeitsentwicklung der Kinder dargestellt, so dass der Laissez-faire-Stil dominiere (vgl. Merkle/Wippermann 2008: 76 ff.).

Daneben konstatieren die Autoren die Tendenz für „ein deutliches [schichtspezifisches, F. C.] Auseinandertriften der Milieus", in denen sich letztlich auch milieuspezifische Abgrenzungsprozesse widerspiegeln (Merkle/Wippermann 2008: 8):

> „Die (…) massive Trennungslinie sozialer Abgrenzung verläuft heute zwischen aktiven
> Eltern, die sich um ihre Kinder kümmern, sie bewusst erziehen und intensiv fördern, ge
> genüber Eltern, die die Entwicklung ihrer Kinder laufen lassen. Diese Eltern sind schnell
> mit ihren Kindern überfordert, stellen an sie eher niedrige Anforderungen und sind oft
> schon zufrieden, wenn sie nicht kriminell oder schwanger werden. Der Anteil der Eltern
> liegt bei etwas mehr als einem Fünftel. Diese Trennungslinie trennt die Ober- und Mit
> telschicht von den Milieus am unteren Rand der Gesellschaft." (ebd.)

Milieuspezifisch lässt sich dieses Ergebnis weiter differenzieren: Auf die gesellschaftlich vermittelten Anforderungen an ihre Erziehungsarbeit reagieren Etablierte eher offensiv, die Bürgerliche Mitte mit Ängsten und Aufopferungsbereitschaft und Konsummaterialisten weichen der Aufgabe schließlich eher aus (vgl. ebd.: 9 ff.). Eine Studie von Liebenwein (2008), die auf Grundlage der Sinus-Milieus Familien mit Vorschulkindern und neben Erziehungszielen und -stilen auch die eigenen Erziehungserfahrungen der Eltern in den Blick nimmt, kommt zu ähnlichen Ergebnissen.

Kritisch ist einzuwenden, dass bei den Milieus von Sinus Sociovision die Berechnungsverfahren nicht offengelegt werden und die Ergebnisse sich damit einer intersubjektiven Nachprüfung entziehen (zur Kritik an Sinus-Milieus vgl. Zerger 2000). Ein alternatives Milieumodell wurde z. B. von Vester et al. empirisch umgesetzt (Vester et al. 2001). Darüber hinaus gibt es kaum Hinweise darauf, *wie* typisch letztlich die beschriebenen Erziehungsstile für die Milieus sind. Choi (2009) stellt z. B. in ihrer Studie

Tabelle 1   Übersicht über die Ergebnisse der Sinus-Studie „Eltern unter Druck"
(Quelle: Binz/Nicodemus 2011; Aufstellung nach Merkle/Wippermann
2008).

Sinus-Milieu	Stichpunkte zu den Merkmalen des Milieus	Merkmale der Erziehung
Etablierte (14,6 %)	Selbstbewusstsein als gesellschaftliche Elite; Erfolg durch Leistung; Flexibilität und Anpassungsbereitschaft; Erfolgsethik; Machbarkeitsdenken; überdurchschnittliches Bildungsniveau (S. 77)	autoritativer Erziehungsstil mit Tendenz zu Strenge; ambitionierte Erziehungsarbeit; hohe Ansprüche an die Entwicklung des Kindes; Setzen auf Fachliteratur und Ratgeber (S. 84 ff.)
Postmaterielle (12,5 %)	liberale, individualistische Grundhaltung; großes Vertrauen in eigene Fähigkeiten; nachhaltige, gesundheitsbewusste Lebensführung; Partnerschaftlichkeit; anspruchsvolles und selektives Konsumdenken, stark überdurchschnittliche formale Bildung (S. 94 f.)	autoritativer Erziehungsstil; selbstkritische Erziehungsarbeit; hohe Ansprüche an eigene Leistung; Kinder als Geschenk (S. 107 ff.)
Moderne Performer (12,4 %)	Leistungsehrgeiz; persönliche Selbstverwirklichung, Trendsetterbewusstsein; Ich-Vertrauen; Leistungsoptimismus; Multimedia-Begeisterung; Anerkennung und Status von hoher Bedeutung (S. 121 ff.)	autoritative Erziehung mit klarer Vorgabe und Orientierung an Vorschriften und Regeln; selbstbewusste von eigener Intuition geprägte Erziehungsarbeit; hohe lern- und leistungsorientierte Anforderungen an das Kind (S. 132 ff.)
Bürgerliche Mitte (18,8 %)	Wunsch nach angemessenem Status in der wohl situierten Mitte; Wunsch nach Lebensqualität; Balance von Arbeit und Freizeit; Sicherung des Status quo; Anpassungsbereitschaft (S. 141)	aufopfernde Erziehungsarbeit, behüten und beschützen; umfassende Information; behüten und beschützen; Risiken meiden; starkes Engagement v. a. der Mütter (S. 151 ff.)
Experimentalisten (8,5 %)	pragmatisch-lockere Grundhaltung; Individualismus; unkonventioneller Lebenslauf; Lust am Risiko; junges Milieu, Job als Selbstverwirklichung (S. 182 f.)	permissiver Erziehungsstil, Maxime der Gleichstellung in der Erziehung, intuitives Vorgehen; innovative pädagogische Ansätze; freie Entfaltung des Kindes; Selbstständigkeit (S. 191 ff.)
Konsummaterialisten (11,6 %)	Träume vom besseren Leben; starke Gegenwartsorientierung; spontaner und prestigeorientierter Konsumstil; Abgrenzungsbemühungen gegenüber Randgruppen; wenig Bildungskapital (S. 161 ff.)	permissiv-vernachlässigender Erziehungsstil, Erziehungsverständnis stark auf bestrafende Elemente reduziert; keine expliziten Erziehungsziele; frühe Selbstständigkeit; Medienkonsum hoch; Konsum ist Fürsorge (S. 171 ff.)
Hedonisten (10,2 %)	Spontaner Konsumstil; kaum Lebensplanung; Suche nach Spaß und Zwanglosigkeit – gleichzeitig oft Träume von heilem, geordneten Leben; starke Freizeitorientierung; zumeist unsichere wirtschaftliche Verhältnisse; aggressive Abgrenzung nach „oben" und „unten" (S. 202 f.)	konzeptloses „Laissez-faire"; Erziehung ist negativ belegter Begriff und primär anstrengend; konzeptloses „Laissez-faire", viel Freiheit und Verantwortung für das Kind (S. 213 ff.)

„Leistungsmilieus und Bildungszugang" Unterschiede bei elterlichen Orientierungen zwischen Eltern mit typischen Leistungsorientierungsmustern fest, die je nach Vergleichsmaßstab mehr oder weniger deutlich ausgeprägt sind: Elterliche Ziele der Selbststeuerung weichen in der ‚ambitionierten' und ‚kontinuierlich-motivierten' Gruppe, die seltener im unteren Bereich der Sozialstruktur zu finden sind, um rund 0,2 Standardabweichungseinheiten vom Durchschnitt *aller* befragten Eltern ab. Der Abstand zum Mittelwert der ‚Schwachambitionierten' beträgt rund 0,45 Standardabweichungseinheiten und der Mittelwertunterschied zu ‚diskontinuierlich-motivierten' Befragten immerhin rund 0,6 Standardabweichungseinheiten. Letztere sind seltener im oberen Bereich der Sozialstruktur zu finden (vgl. ebd. 2009: 211 f.; 236). Auch differenzierende Analysen, die Merkmale von Vätern *und* Müttern in ihrem Einfluss auf die Qualität der familialen Interaktion und der kindlichen Entwicklung unterscheiden, sind notwendig, um die Erziehungswirklichkeit in Familien angemessen zu beleuchten. Diese Forderung stellt sich auch mit Blick auf den internationalen Forschungsstand (vgl. Duncan/ Magnuson 2003: 98).

Fraglich ist generell, ob die Selbstaussagen der Eltern das tatsächliche Interaktionsgeschehen in der Familie hinreichend erfassen. Schwarz und Silbereisen kommen z. B. in einer Untersuchung zur Verteilung des autoritativen Erziehungsstils in unterschiedlichen Lebenslagen zu dem Ergebnis, dass aus der Wahrnehmung der befragten Kinder unabhängig von der Lebenslage der Familie zu etwa gleichen relativen Anteilen das Erziehungsverhalten der Eltern als autoritativ einzustufen ist (vgl. Schwarz/Silbereisen 1998: 233). Daneben fanden sie Hinweise, dass dem autoritativen Erziehungsstil in unterschiedlichen Lebenslagen eine unterschiedliche Bedeutung für die kindliche Entwicklung zukommt (vgl. ebd.: 236 ff.). Auch die unterschiedlichen Eigenschaften der Kinder, auf die Eltern mit unterschiedlichem Erziehungsverhalten reagieren, wurden bisher häufig ausgeblendet. Hier müssten aufwändigere Studiendesigns und der Einsatz alternativer Methoden, z. B. Beobachtungsstudien, die Forschungslage komplettieren. Annette Lareau und Elliot B. Weininger (2009) fragen z. B. vor dem theoretischen Hintergrund des Sozialraummodells von Bourdieu nach den Auswirkungen von Kohns konstatierten schichtspezifischen Unterschieden in den Erziehungszielen der Eltern auf die Ebene familialer Interaktionsprozesse. Sie konstatieren aus ihren ethnografischen Beobachtungsstudien in den USA, dass trotz der betonten Selbstständigkeitserziehung der Eltern Mittelschichtkinder durchaus in bestimmten Bereichen (z. B. bei bestimmten Entscheidungen, im Bereich der Freizeitaktivitäten) mit hohen Anpassungsforderungen und Kontrolle durch Erwachsenenautoritäten konfrontiert werden. Auch werden gleiche familiale Aktivitäten von Eltern aus der Mittel- und Unterschicht mit unterschiedlichen Zielen und Motiven begründet (vgl. Weininger/Lareau 2009: 685 ff.):

> „Our results imply that, at the level of actual behavior, it is implausible to assume a simple one-to-one correspondence between class and either conformity or self-direction. Rather, the relation between value commitments and behavior are complex and may entail paradoxical pathways." (ebd.: 693)

Zusammenfassung und Ausblick

Es existieren vereinzelt Studien, die auf Grundlage eines Konzepts der Lebenslagen und Milieus einen alternativen Zugang zum Phänomen der Reproduktion von sozialer Ungleichheit suchen, um die Wirkmechanismen intergenerationaler Vererbung sozialer Ungleichheit aus sozialisationstheoretischer Perspektive besser erklären zu können (vgl. z. B. Hradil 1994; Grundmann et al. 2003; Choi 2009; zusammenfassend Bauer/ Vester 2008). Diesen Anspruch hat die Forschung bisher noch nicht zufriedenstellend erfüllt, insbesondere mit Blick auf die Rolle elterlicher Erziehungsstile. Auch sind die in diesem Kontext theoretischen, normativen und definitorischen Fragen noch nicht abschließend geklärt. Ansatzpunkte für eine Weiterentwicklung, um zu verhindern, dass Familie und elterliche Erziehung nicht isoliert und undifferenziert betrachtet werden, ergeben sich insbesondere aus den Thesen ökologischer Ansätze und neuen Konzepten der Sozialstrukturanalyse. Dass dies seit Jahrzehnten bisher noch nicht sehr weit fortgeschritten ist, mag vielleicht auch an den hohen Anforderungen an die empirischen Designs und Stichprobengrößen liegen, die solche Modelle erfordern.

Deskriptiv orientierte Arbeiten zu milieuspezifischen Erziehungszielen und -stilen könnten vor allem im Kontext einer Adressatenforschung fruchtbar sein. So finden sich in den referierten Studien Hinweise auf milieuspezifische Reaktionen auf die Aufgabe elterlicher Erziehung und damit auch auf unterschiedliche Unterstützungsbedürfnisse von Familien. Daran können beispielsweise Konzepte der Familienbildung und -beratung anknüpfen. Dazu müssten die Studien künftig aber idealerweise ein Mehrebenendesign aufweisen, um milieuspezifische Wechselwirkungen mit Faktoren des Mikro-, Meso-, Exo- und Makrosystems zu analysieren.

Literaturverzeichnis

Bargel, Tino/Fauser, Richard/Mundt, Jörn W. (1982): Lokale Umwelten und familiale Sozialisation: Konzeptualisierung und Befunde. In: Vaskovics, Laszlo A. (1982): S. 204–236.

Bargel, Tino/Kuthe, Manfred/Mundt, Jörn W. (1978): Die Indizierung von Soziotopen als Grundlage der Messung sozialer Disparitäten. In: Hoffmann-Nowotny, Hans-Joachim (1978): S. 43–92.

Bauer, Ullrich/Vester, Michael (2008): Soziale Ungleichheit und soziale Milieus als Sozialisationskontexte. In: Hurrelmann, Klaus/Grundmann, Matthias/Walper, Sabine (2008): S. 184–202.

Beck, Ulrich/Brater, Michael (1978): Berufliche Arbeitsteilung und soziale Ungleichheit. Eine gesellschaftlich-historische Theorie der Berufe. 1. Aufl. Frankfurt/Main: Campus-Verl.

Beckmann, Michael/Krohns, Hans-Christian/Schneewind, Klaus A. (1982): Ökologische Belastungsfaktoren, Persönlichkeitsvariablen und Erziehungsstil als Determinanten sozialer Scheu bei Kindern. In: Vaskovics, Laszlo A. (1982): S. 143–167.

Bernstein, Basil (1972): Studien zur sprachlichen Sozialisation. Düsseldorf: Pädag. Verl. Schwann.

Bertram, Hans (1976): Probleme einer sozialstrukturell orientierten Sozialisationsforschung. In: Zeitschrift für Soziologie der Erziehung und Sozialisation 5 (2), S. 103–117.

Bertram, Hans (1981): Sozialstruktur und Sozialisation. Zur mikrosoziologischen Analyse von Chancenungleichheit. Darmstadt/Neuwied: Luchterhand.

Bertram, Hans (1982): Von der schichtenspezifischen zur sozialökologischen Sozialisationsforschung. In: Vaskovics, Laszlo A. (1982): S. 25–54.

Binz, Christine/Nicodemus, Johanna (2011): Übersicht über die Ergebnisse der Sinus-Studie „Eltern unter Druck". Unveröff. Arbeitspapier des Zentrums für Bildungs- und Hochschulforschung (ZBH). Mainz, Universität Mainz

Bornstein, Marc H. (Hrsg.) (2002): Handbook of parenting, Vol. 2: Biology and ecology of parenting (2nd ed.). Mahwah: Erlbaum.

Bornstein, Marc H./Bradley, Robert H. (Hrsg.) (2003): Socioeconomic Status, Parenting, and Child Development. Mahwah: Erlbaum.

Bourdieu, Pierre (1982): Die feinen Unterschiede. Kritik der gesellschaftlichen Urteilskraft. Frankfurt am Main: Suhrkamp.

Brezinka, Wolfgang (1959): Pädagogik und die erzieherische Wirklichkeit. In: Zeitschrift für Pädagogik (5): S. 1–34.

Bronfenbrenner, Urie (1976): Ökologische Sozialisationsforschung. Stuttgart: Klett.

Burr, Wesley R./Hill, Reuben/Nye, F. Ivan/Reiss, Ira L. (Hrsg.) (1979): Contemporary Theories About the Family. Vol. Research-Based Theories. New York: Free Press.

Caesar, Beatrice (1972): Autorität in der Familie. Ein Beitrag zum Problem schichtenspezifischer Sozialisation. Reinbek bei Hamburg: Rowohlt.

Choi, Frauke (2009): Leistungsmilieus und Bildungszugang. Zum Zusammenhang von sozialer Herkunft und Verbleib im Bildungssystem. Wiesbaden: VS Verlag.

Dieter Lenzen (Hrsg.) (2004): Pädagogische Grundbegriffe. Reinbek bei Hamburg: Rowohlt.

Drinck, Barbara (2008): II. Erziehung. In: Hörner, Wolfgang/Drinck, Barbara/Jobst, Solvejg (2008): S. 73–156.

Duncan, Greg J./Magnuson, Katherine A. (2003): Off with Hollingshead: Socioeconomic Resources, Parenting, and Child Development. In: Bornstein, Marc H./Bradley, Robert H. (2003): S. 83–106

Durkheim, Émile (1922/1972): Erziehung und Soziologie. 1. Aufl. Düsseldorf: Schwann.

Engfer, Annette (1980): Sozioökologische Determinanten des elterlichen Erziehungsverhaltens. In: Schneewind, Klaus Alfred/Herrmann, Theo (1980): S. 123–160.

Gecas, V. (1979): The Influence of Social Class on Socialisation. In: Burr, Wesley R./Hill, Reuben/ Nye, F. Ivan/Reiss, Ira. L. (1979): S. 365–404.

Gottschalch, Wilfried/Neumann-Schönwetter, Marina/Soukup, Gunther (1971): Sozialisationsforschung. Materialien, Probleme, Kritik. Frankfurt am Main: Fischer-Taschenbuch-Verl.

Graumann, Carl F. (Hrsg.) (1975): Handbuch der Psychologie. Bd. 7: Sozialpsychologie. Göttingen: Hogrefe.

Grüneisen, Veronika/Hoff, Ernst-Hartmut (1977): Familienerziehung und Lebenssituation. Der Einfluß der Lebensbedingungen und Arbeitserfahrungen auf Erziehungseinstellungen und Erziehungsverhalten von Eltern. Weinheim: Beltz.

Grundmann, Matthias (1994): Das „Scheitern" der sozialstrukturellen Sozialisationsforschung oder frühzeitiger Abbruch einer fruchtbaren Diskussion? In: Zeitschrift für Soziologie der Erziehung und Sozialisation 14. Jg (Heft 2): S. 163–186.

Grundmann, Matthias; Groh-Samberg, Olaf; Bittlingmayer, Uwe H.; Bauer, Ullrich (2003): Milieuspezifische Bildungsstrategien in Familie und Gleichaltrigengruppe. In: Zeitschrift für Erziehungswissenschaft 6 (1): S. 25–45.

Heidbrink, Horst; Lück, Helmut E. (2004): Erziehungs-/Unterrichtsstil. In: Lenzen, Dieter (2004): S. 469–481.

Herlyn, Ingrid (1985): Sozialökologische Sozialisationsforschung: Ersatz, Ergänzung oder Differenzierung des schichtspezifischen Ansatzes. In: Kölner Zeitschrift für Soziologie und Sozialpsychologie 37: S. 116–128.

Hoff, Erika/Laursen, Brett/Tardiff, Twila (2002). Socioeconomic status and parenting. In: Bornstein, Marc H. (2002): S. 231–252

Hoffmann-Nowotny, Hans-Joachim (Hrsg.) (1978): Messung sozialer Disparitäten. Frankfurt/New York: Campus-Verlag.

Hörner, Wolfgang/Drinck, Barbara/Jobst, Solvejg (Hrsg.) (2008): Bildung, Erziehung, Sozialisation. Grundbegriffe der Erziehungswissenschaft. Opladen: Budrich.

Hradil, Stefan (1987): Sozialstrukturanalyse in einer fortgeschrittenen Gesellschaft. Von Klassen und Schichten zu Lagen und Milieus. Opladen: Leske + Budrich.

Hradil, Stefan (1992): Alte Begriffe und neue Strukturen. Die Milieu-, Subkultur- und Lebensstilforschung der 80er Jahre. In: Hradil, Stefan (1992): S. 15–55.

Hradil, Stefan (1994): Sozialisation und Reproduktion in pluralistischen Wohlfahrtsgesellschaften. In: Sünker, Heinz/Timmermann, Dieter/Kolbe Fritz-Ulrich (Hrsg.) (1994): Bildung, Gesellschaft, soziale Ungleichheit. Internationale Beiträge zur Bildungssoziologie und Bildungstheorie. Frankfurt am Main: Suhrkamp.

Hradil, Stefan (2006): Soziale Milieus – eine praxisorientierte Forschungsperspektive. In: Aus Politik und Zeitgeschichte (44–45): S. 3–10.

Hradil, Stefan (Hrsg.) (1992): Zwischen Bewußtsein und Sein. Die Vermittlung „objektiver" Lebensbedingungen und „subjektiver" Lebensweisen. Opladen: Leske + Budrich.

Hurrelmann, Klaus (1983): Das Modell des produktiv realitätsverarbeitenden Subjekts in der Sozialforschung. In: Zeitschrift für Sozialisationsforschung und Erziehungssoziologie (3): S. 91–103.

Hurrelmann, Klaus (2006): Einführung in die Sozialisationstheorie. 9., unveränd. Weinheim: Beltz.

Hurrelmann, Klaus und Ulich, Dieter (Hrsg.) (1998): Handbuch der Sozialisationsforschung. Weinheim: Beltz

Hurrelmann, Klaus/Grundmann, Matthias/Walper, Sabine (Hrsg.) (2008): Handbuch Sozialisationsforschung. 7. vollst überarb Aufl. Weinheim: Beltz.

Hurrelmann, Klaus; Ulich, Dieter (Hrsg.) (1998): Handbuch der Sozialisationsforschung. 5., neu ausgestattete Aufl., Studienausg. Weinheim: Beltz.

Kohn, Melvin L. (1977/1969): Class and Conformity. A Study in Values (With a Reassessment). 2. Aufl. Chacago/London: Univ. Press.

Kohn, Melvin L. (1981): Persönlichkeit, Beruf und soziale Schichtung. 1. Aufl. Stuttgart: Klett-Cotta.

Kohn, Melvin L. (Hrsg.) (1981): Persönlichkeit, Beruf und soziale Schichtung. 1. Aufl. Stuttgart: Klett-Cotta.

Kohn, Melvin L.; Schooler, Carmi (1981): Schichtung, Beruf und Orientierung. In: Kohn, Melvin L. (1981): S. 59–90.

Lareau, Annette/Conley, Dalton (Eds.) (2008): Socail class: how does it work? New York: Russel Sage Foundation.

Liebenwein, Sylva (2008): Erziehung und soziale Milieus. Elterliche Erziehungsstile in milieuspezifischer Differenzierung. Wiesbaden: VS.

Lüschen, Günther und Lupri, Eugen (Hrsg.) (1970): Soziologie der Familie. Sonderheft 14 der Kölner Zeitschrift für Soziologie und Sozialpsychologie. Opladen: Westdt. Verlag.

Lüscher, Kurt (1982): Ökologie und menschliche Entwicklung in soziologischer Sicht – Elemente einer pragmatisch-ökologischen Sozialisationsforschung. In: Vaskovics, Laszlo A. (1982): S. 73–95.

Lukesch, Helmut (1975): Kriterien sozialer Schichtung und ihre Beziehung zu Merkmalen des Erziehungsstils. In: Zeitschrift für experimentelle und angewandte Psychologie (1): S. 55–79.

Lukesch, Helmut; Schneewind, Klaus A. (1978): Themen und Probleme der familiären Sozialisationsforschung. In: Schneewind, Klaus A./Lukesch, Helmut (1978): S. 11–23.

Merkle, Tanja/Wippermann, Carsten/Henry-Huthmacher, Christine (2008): Eltern unter Druck. Selbstverständnisse, Befindlichkeiten und Bedürfnisse von Eltern in verschiedenen Lebenswelten. Stuttgart: Lucius & Lucius.

Neidhardt, Friedhelm (1970): Strukturbedingungen und Probleme familialer Sozialisation. In: Lüschen, Günther und Lupri, Eugen (1970): S. 144–168.

Parsons, Talcott/Bales, Robert F. (1955): Family, Socialization and Interaction Process. New York: Free Press.

Ries, Heinz A. (1982): Fünf Forderungen zur Konzeptionalisierung familiärer Umwelt aus der Sicht ökologischer Sozialisationsforschung. In: Vaskovics, Laszlo A. (1982): S. 96–119.

Rolff, Hans-Günter (1967): Sozialisation und Auslese durch die Schule. Heidelberg: Quelle & Meyer.

Rost, Detlef H. (Hrsg.) (2001): Handwörterbuch pädagogische Psychologie. 2., überarb. und erw. Weinheim: Beltz.

Schmidt, Uwe (2002): Deutsche Familiensoziologie. Entwicklung nach dem zweiten Weltkrieg. Wiesbaden: Westdt. Verlag.

Schneewind, Klaus A. (1980): Elterliche Erziehungsstile. einige Anmerkungen zum Forschungsgegenstand. In: Schneewind, Klaus A.; Herrmann, Theo (1980): S. 19–30.

Schneewind, Klaus A./Lukesch, Helmut (Hrsg.) (1978): Familiäre Sozialisation. Probleme, Ergebnisse, Perspektiven. Stuttgart: Klett-Cotta.

Schneewind, Klaus A.; Herrmann, Theo (Hrsg.) (1980): Erziehungsstilforschung. Theorien, Methoden und Anwendung der Psychologie elterlichen Erziehungsverhaltens. Bern: Huber

Schneewind, Klaus Alfred/Herrmann, Theo (Hrsg.) (1980): Erziehungsstilforschung. Theorien, Methoden und Anwendung der Psychologie elterlichen Erziehungsverhaltens. Bern: Huber.

Schwarz, Beate; Silbereisen, Rainer K. (1998): Anteil und Bedeutung autoritativer Erziehung in verschiedenen Lebenslagen. In: Zinnecker, Jürgen; Silbereisen, Rainer K.; Georg, Werner (1998): S. 229–242.

Steinkamp, Günther (1998): Sozialstruktur und Sozialisation. In: Hurrelmann, Klaus und Ulich, Dieter (1998): S. 251–278.

Steinkamp, Günther; Stief, Wolfgang H. (1978): Lebensbedingungen und Sozialisation. Die Abhängigkeit von Sozialisationsprozessen in der Familie von ihrer Stellung im Verteilungssystem ökonomischer, sozialer und kultureller Ressourcen und Partizipationschancen. Opladen: Westdt. Verlag.

Steinkamp, Günther; Stief, Wolfgang H. (1979): Familiale Lebensbedingungen und Sozialisation. Beziehungen zwischen gesellschaftlicher Ungleichheitslage, familialer Sozialisation und Persönlichkeitsmerkmalen des Kindes. In: Soziale Welt 30, S. 172–204.

Tausch, Reinhard; Tausch, Anne-Marie (1998): Erziehungspsychologie. Begegnung von Person zu Person. 11., korrigierte Aufl. Göttingen: Hogrefe.

Thomae, Hans (1975): Soziale Schichten als Sozialisationsvariablen. In: Graumann, Carl F. (1975): S. 748–777.

Vaskovics, Laszlo A. (1982) (Hrsg.): Umweltbedingungen familialer Sozialisation. Beiträge zur sozialökologischen Sozialisationsforschung. Stuttgart: Enke.

Vaskovics, Laszlo A. (1982): Sozialökologische Einflussfaktoren familialer Sozialisation. In: Laszlo A. Vaskovics (Hrsg.): Umweltbedingungen familialer Sozialisation. Beiträge zur sozialökologischen Sozialisationsforschung. Stuttgart: Enke, S. 1–24.

Vaskovics, Laszlo A. (Hrsg.) (1982): Umweltbedingungen familialer Sozialisation. Beiträge zur sozialökologischen Sozialisationsforschung. Stuttgart: Enke.

Vaskovics, Laszlo A. (Hrsg.) (1982): Umweltbedingungen familialer Sozialisation. Beiträge zur sozialökologischen Sozialisationsforschung. Stuttgart: Enke.

Vester, Michael/Oertzen, Peter von/Geiling, Heiko/Hermann, Thomas/Müller, Dagmar (2001): Soziale Milieus im gesellschaftlichen Strukturwandel. Zwischen Integration und Ausgrenzung. Frankfurt am Main: Suhrkamp.

Weininger, Elliot B./Lareau, Annette (2009): Paradoxical Pathways: An Ethnographic Extension of Kohn's Findings on Class and Childrearing. In: Journal of Marriage and Family 71: S. 680–695

Zerger, Frithjof (2000): Klassen, Milieus und Individualisierung. Eine empirische Untersuchung zum Umbruch der Sozialstruktur. Frankfurt am Main: Campus-Verlag

Zinnecker, Jürgen (2000): Selbstsozialisation – Essay über ein aktuelles Konzept. In: Zeitschrift für Soziologie der Erziehung und Sozialisation 20: S. 272–290.

Zinnecker, Jürgen; Silbereisen, Rainer K.; Georg, Werner (Hrsg.) (1998): Kindheit in Deutschland. Aktueller Survey über Kinder und ihre Eltern, Bd. 8. Weinheim: Juventa

Zweiter Familienbericht (1975): Familie und Sozialisation – Leistungen und Leistungsgrenzen der Familie hinsichtlich des Erziehungs- und Bildungsprozesses der jungen Generation. Herausgegeben vom Bundesminister für Jugend, Familie und Gesundheit. Bonn.

Eltern-Kind-Interaktionen

Peter-Ernst Schnabel

1 Ortsbestimmung

Dass Eltern-Kind-Interaktionen etwas mit dem Heranwachsen von Kindern in unserer Gesellschaft zu tun haben, steht wohl ebenso außer Frage wie der Umstand, dass es sich um ein Themenfeld handelt, mit dem sich sowohl die Bildungs- als auch die Erziehungssoziologie beschäftigen sollten (Hörner et al. 2010). Inzwischen wurden aber nicht nur die tiefenpsychologischen Annahmen über die lebenslange Prägekraft der frühen Eltern-Kindbeziehungen unter dem Eindruck empirischer Befunde Stück für Stück zurück genommen (Asendorpf 2004). Wir haben im Einvernehmen mit der Systemtheorie Niklas Luhmanns begonnen, neu und anders über das Verhältnis von Individuum (Umwelt) und Familie (System) nachzudenken. (Luhmann 1990). Die Familie selbst scheint immer mehr ihrer erzieherischen Aufgaben an externe Institutionen abgeben zu müssen (Nave-Herz 1996; vgl. auch den Beitrag von Hoffmeister im Band). Die Ausbildungswege junger Menschen unter Mitwirkung nicht familiärer Einrichtungen werden immer länger (Hurrelmann 2007). Wie man hört, haben sich außerdem die Einstellungen gegenüber Kindern ebenso zum Besseren verändert wie die Beziehungen der Paare und die häusliche Rollenteilung zwischen den Geschlechtern (Peuckert 2008: 229 ff). Andererseits häufen sich die Meldungen über Gewalt und Missbrauch in den Familien (Lamnek/Ottermann 2006). All dieser Veränderungen eingedenk, scheint es heute zwar immer noch klar, *dass*, nicht aber genau, *welche* Rolle Eltern-Kind-Interaktionen innerhalb jener Prozesse spielen, die die Wissenschaft mit den trennunscharfen Begriffen Erziehung, Bildung und Sozialisation bedenkt.

Wenn wir *Erziehung* als die intendierte, geplante, erfolgskontrollierte, auf Interaktion zwischen konkreten und/oder fiktiven Partnern beruhende, oft aber keineswegs immer einem dezidierten Programm folgende, aber dann ziel-mittel-geplante und -kontrollierte Einflussnahme auf die Entwicklung von Menschen definieren, dann können wir sagen, dass sie sich zur Sozialisation wie ein Teil zu einem fast unüberschaubaren Ganzen verhält (Geissler 2006). Denn nach einem inzwischen unter Sozialwissenschaftlern kaum noch in Frage gestellten Konsens, müssen wir unter *Sozialisation* den lebenslangen Prozess des fremd- und selbstbestimmten Sammelns, Bearbeitens und selektiven Aneignens von Erfahrungen verstehen, im Verlauf dessen sich Menschen zu mehr oder weniger selbstbestimmungs- oder anpassungsfähigen Mitgliedern der Gesellschaft entwickeln (vgl. den Beitrag von Bauer in diesem Handbuch). Wie sie schließt *Bildung* eine Vielzahl von Erziehungs- und Ausbildungsaktivitäten unter mehr (Erzieher, Lehrer, Ausbilder usw.) oder weniger (Eltern, Verwandte, Bekannte, Gleichaltrige usw.) professioneller Anleitung und Begleitung mit ein. In Abgrenzung zur Sozialisation bezieht sich jedoch das, was heute mit dem eher traditionellen Begriff der Bildung umschrieben wird, weniger auf den vergesellschafteten, um nicht zu sagen „gesellschaftstauglichen", sondern auf den individuellen, die menschliche *Persönlichkeit* in ihrer Einzigartigkeit gerichteten Teil des heranwachsenden Individuums (Scherr 2006) und kommt damit wiederum demjenigen sehr nahe, was die Sozialisationsforschung unter *Identitätsentwicklung* versteht (Abels 2010).

In all diesen Geschehnissen spielt die *Interaktion* unaufhaltsam miteinander kommunizierender und durch Kommunikation von einander lernender Menschen ein durchgängig wichtige, ja unvermeidbare Rolle (Watzlawick et al. 1996). Die Interaktion zwischen Eltern und Kindern tut dies auch, nicht aber in diesem universellen Ausmaß. Für das Gelingen des gesellschafts*verträglichen*, subjektiv *befriedigenden* (vgl. Geulen in diesem Handbuch) und in dieser Kombination zugleich auch *gesunden* (Kolip/Lademann 2006 sowie der Beitrag von Stroß in diesem Handbuch) Hineinwachsens in unsere Gesellschaft, ist sie vor allem in Phasen der frühkindlichen und kindlichen Entwicklung („primäre" Sozialisation) von herausragender Bedeutung, um dann mit dem Beginn der so genannten „sekundären" Sozialisation und dem sukzessiven Eintritt in das von außerfamiliären Instanzen organisierte (Kindergarten, Schule, Berufsausbildung, Beruf) Privat- und Arbeitsleben ergänzt, in ihrem Einfluss aber nie ganz ersetzt zu werden.[1]

2   Ausgangslage

Zu den Aporien moderner, auf die Wahrung sozialer Ungleichheit und bürgerlicher Privilegien ausgerichteten Gesellschaften (van den Loo/van Reijen 2005) gehört es u. a., dass sie dem vielfach totgesagten, oft als Sündenbock für sozial-, bildungs-, sicherheits- und neuerdings gesundheitspolitische Fehlentwicklungen benutzten Kernbereich der Eltern-Kind-Interaktion, der *Familie*[2] immer mehr Aufgaben, neuerdings in zunehmendem Maße die Regeneration und Betreuung/Pflege Kranker und Behinderter

---

1   Im Unterschied zu anderen, so genannten „Sozialisationsagenturen" begleitet sie die Menschen als Herkunftsfamilie, eigene Familie und Familie der Kinder ein Leben lang, wobei die Herkunftsfamilie in Form der dort gesammelten Erfahrungen und in Person der immer länger lebenden Eltern einen z. T. erheblichen, nicht immer positiven Einfluss auf das Leben in der eigenen Familie und das eigene Wirken als Großeltern in der Familie der Kinder auszuüben vermag (Liegle/Lüscher 2008).

2   Im Blick auf den sozialen Wandel und entsprechenden Entwicklungen innerhalb des familiären Sektors (s. hierzu auch den Beitrag von Hoffmeister in diesem Handbuch) soll im Folgenden mit der neueren Soziologie unter „Familie" jeder soziale Ort verstanden werden, an dem Kinder unter der gleich- oder verschiedengeschlechtlichen biologischen und/oder sozialen Elternschaft einzelner oder mehrerer Personen aufgezogen und sozialisiert werden (Lüscher 2003).

zumuten, parallel dazu aber der Mehrheit von ihnen die materiellen, sozialen und letztlich auch personalen Grundlagen entziehen, um diese erfüllen zu können (Roudinesco
2008). Dass wir es mit immer mehr Alternativformen elterlich-kindlichen Zusammenlebens (Einelternfamilien, Patchworkfamilien, verschieden- und gleichgeschlechtlichen Lebensgemeinschaften mit eigenen und adoptierten Kindern) zu tun haben, dass
die Scheidungsziffern steigen, die Wiederverheiratungszahlen im Unterschied zu früher sinken, immer weniger neue Familien gegründet, immer weniger Kinder geboren werden und Erstgeborene immer später im Leben der Mütter zur Welt kommen,
ist kein Zufall (Schnabel 2001). Vielmehr scheint es sich hierbei um eine *Reaktion* auf
den Umstand zu handeln, dass sich in den kapitalistisch verformten Gesellschaften der
Gegenwart, Familie in Gestalt der lange Zeit funktionalen (bürgerlichen) Kern- oder
Kleinfamilie für immer weniger Menschen immer weniger leben lässt und das Feld unterschiedlichster Eltern-Kind-Interaktionen als deren eigentliches Movens im Interesse von Nachwuchs, Familie und Gesellschaft und unter Berücksichtigung des sozialen
Wandels anders organisiert, in Teilen möglicherweise sogar neu erfunden werden muss
(Ittel/Merkens 2006).

3   Formen der Eltern-Kind-Interaktion

Begrifflich umschreibt Interaktion zunächst nicht mehr als das wie auch immer orientierte situative Aufeinandertreffen von mindestens zwei Informationsträgern bzw. -sen-
dern, die noch nicht einmal beide konkrete Menschen sein und sich nicht „face to face"
gegenüber sitzen oder stehen müssen. Wer den Begriff verwendet, tut zunächst einmal
nicht mehr als zu beschreiben, dass Menschen tatsächlicher und/oder virtueller Konsistenz und/oder deren existierende bzw. virtuelle Artefakte aufeinander reagieren. Zum
eigentlich *sozialen Ereignis* wird Interaktion dem Klassiker der soziologischen Handlungstheorie, Max Weber (1969: 427 ff) zufolge, wenn es sich als mit subjektivem Sinn
verbundenes Tun, Dulden oder Unterlassen auf das Verhalten anderer bezieht und
daran in seinem Ablauf orientiert ist.[3] Was hingegen *tatsächlich* passiert, wenn Eltern
und Kinder interagieren, erschließt sich uns erst, wenn wir es schaffen, den Zeitpunkt
im Leben der Menschen und die Situationen, in denen sich Eltern-Kind Interaktionen

---

3   Hierzu haben Talcott Parsons mit seinem Konzept der struktur-funktionalen Rollenübernahme (s. Par-
    sons in diesem Handbuch), Pierre Bourdieu mit seinem *Habitus*-Konzept (s. Bourdieu und den Bei-
    trag von Hillebrandt in diesem Handbuch), George H. Mead (1934) mit seiner Identitätslehre, Jürgen
    Habermas (1981) mit seiner Theorie kommunikativen Handelns (s. auch den Beitrag von Geulen in
    diesem Handbuch), Peter Berger und Thomas Luckmann mit ihrer vom symbolischen Interaktionis-
    mus George H. Mead inspirierten Theorie der sozialen Konstruktion der Wirklichkeit (1980) und Urie
    Bronfenbrenner mit seiner ökologischen Sozialisationsforschung (s. Bronfenbrenner in diesem Hand-
    buch) wichtige und weiterführende Hintergrundtheorien erarbeitet, die in diesem Beitrag gelegentlich
    erwähnt, nicht aber inhaltlich ausgeführt, geschweige denn diskutiert werden können.

ereignen, mit den Formen, Motiven und Funktionen in Beziehung zu setzen, im Rahmen und aufgrund derer sie zustande kommen.

3.1 Mutter-Kind-Interaktionen

Über die Einflüsse der Mutter-Kind-Interaktionen wissen wir mindestens dreimal *mehr*, als über die Vater-Kind-Interaktionen. Das hat aber weniger mit ihrer höheren Bedeutung für die Sozialisation des Nachwuchses als mit der ihrerseits untersuchungsbedürftigen, normativ bedingten Selektivität wissenschaftlicher Forschung zu tun. Denn neuere sozialpsychologische Längsschnittuntersuchungen lassen vermuten, dass sich im Rahmen von Mutter- und Vater-Kind-Interaktionen zwar qualitativ verschiedene, aber *komplementäre* Einflussnahmen ereignen. (Grossmann/Grossmann 2004). Außerdem entspricht es nicht nur den Bedürfnissen von Säuglingen, Kleinkindern und Kindern und fördert deren Beziehungsfähigkeit auch im späteren Erwachsenenalter (Neumann 2002), wenn sie von beiden zeitgleich so viel wie möglich erfahren. Eine in vielen Untersuchungen wiederholt gefundene 60–70 %ige *Mehrheit*, die von früh an eine auf Bindungssicherheit gegründete, emotional befriedigende, kommunikativ kompetente und gleich starke Beziehung zu beiden Elternteilen entwickeln konnte, scheint später auch mehrheitlich in der Lage, eine befriedigende Beziehung zu ihren eigenen Kindern aufzubauen.[4] Für die *kleinere* Gruppe mit ungleich oder unterentwickelten Mutter-Kind- und/oder Vater-Kindbindungen lässt sich demgegenüber zwar auch eine, in diesem Fall negative Langzeitwirkung, jedoch nicht mit der gleichen statistischen Sicherheit prognostizieren (Main 1995).

Mit einer Mischung aus besonderen *biologischen* und *seelischen* Voraussetzungen (Feinfühligkeit, Fürsorglichkeit, Akzeptanz) und *sozialen* Bedingungen (insbes. Sozialisation, Rollenzuweisung, geschlechtliche Arbeitsteilung) hängt es zusammen, dass Müttern unter all den schwierigen Aufgaben, die im Laufe der Entwicklung vom Säuglings bis ins Kindheitsalter erfüllt werden müssen, vor allem diejenigen zufallen, die auf das Erteilen von Zuwendung, die Vermittlung von *Urvertrauen* und *Sicherheit*, auf *Stressreduktion* und *Affektkontrolle* gerichtet sind (Ahnert 2010). Davon, wie die in der Anfangsphase verfügbarere Mutter aufgrund des ihr eigenen Vermögens zunächst die zahlreichen nonverbalen, später auch verbalen Signale des Säuglings- und Kleinkinds wahrnimmt, interpretiert und sie angemessen befriedigt, hängt es ab, wie viel Sicherheit, emotionale Zufriedenheit und Selbstvertrauen (vs. Verlassensangst, emotionale Frustration, Auto- bzw. Fremdaggressivität, Subordinationsbereitschaft) ein Kind ent-

---

4 Allerdings warnen Kritiker der Bindungstheorie u. a. wegen der relativ geringen Höhe der dabei gemessenen Zusammenhänge davor, den Einfluss früher Bindungserfahrungen auf das Sozialisationsgeschehen zu über- und den Einflusse späterer Erfahrungen zu unterschätzen (u. a. Meyer/Pilkonis 2008).

wickelt. Deren Qualität und die besonders geforderte Fähigkeit der Mütter, eine angemessene Balance zwischen eigenen Zuwendungsbedürfnisse und Verlustängsten auf der einen und den Lernbedürfnissen und ersten Unabhängigkeitsstrebungen des Kindes auf der anderen Seite herzustellen, entscheiden darüber mit, wie neben der *Selbstfindung* die zweite der in der Frühphase auf beide Eltern zukommenden Hauptaufgaben, die *Explorationsunterstützung* auf eine für Kinder und Bezugspersonen gleichermaßen befriedigende Weise bewältigt werden kann. In der Gewissheit, trotz fehlerhaften Verhaltens bedingungslos geliebt und jederzeit in die Schutz und Trost spendenden Arme der Eltern zurückkehren zu können, die Lebenswelt spielerisch erkunden, nützliche Erfahrungen sammeln und das eigene Verhalten unter Bezugnahme auf das Verhalten anderer Menschen verstehen und einschätzen zu lernen, ist eine der wichtigsten Erfahrungen dieser Zeit. Je befriedigender sie unter Assistenz der Eltern organisiert werden kann, um so leichter fällt es dem Nachwuchs, die weiteren, von zunehmender Fremdheit, Unsicherheit, psycho-emotionalen und sozialen Anforderungen und Belastungen begleiteten Prozesse der Erfahrungsverarbeitung in Kindheit und Adoleszenz zu durchlaufen. Dazu gehören die Aneignung und Mehrung *emotionaler, kognitiver* und *kommunikativer* Kompetenzen, die Förderung von *Selbstbewusstsein,* sowie die Entwicklung von *Selbstwirksamkeitsempfinden* (Bandura 1997), *Kohärenzsinn* (Antonovsky 1987), *Geschlechtsrollenidentität* (Bilden 1991) und die zur weiteren Persönlichkeitsentwicklung gehörenden Fähigkeiten der Rollenübernahme und des *Rollenmanagements* (Krappmann 1993).

Darüber, wie Mütter in der Kleinkindphase mit dem Nachwuchs verschiedenen Geschlechts interagieren und mit welchen (Langzeit-)Folgen, ist nur wenig Sicheres bekannt. Dass neben der besonderen Bio-Physis vor allem die von der Genderforschung in den letzten Jahren herausgearbeiteten sozialen, einschließlich der an Vorurteilen statt Fakten orientierten rechts-, familien- und arbeitsmarktpolitischen *Verhältnisse* an der Konstruktion weiblicher und männlicher (Normal-)Biographien[5] und der damit zusammenhängenden Selbstverwirklichungschancen ebenso beteiligt sind, wie die frühen Effekte familiärer Sozialisation, steht außer Frage (Schmidt-Denter 2005). Ob allerdings die Mütter durch die Bevorzugung von Söhnen (häufigeres Aufnehmen, längeres Stillen, intensiveres Bespielen usw.) tatsächlich so unmittelbar Einfluss nehmen, wie noch in den 1960er und 1970er Jahren angenommen wurde (Scheu 1981), darf inzwischen bezweifelt werden (Zimmermann 2006: 176 ff); nicht aber die Tatsache, dass Mütter ihre Töchter anders behandeln als die Söhne.

---

5   Hier verstanden als analytisches Konstrukt, mit dem sich das immer noch in den Familien, aber auch von den anderen Sozialisationsagenturen (Kindergärten, Schulen, Ausbildungseinrichtungen) betriebene, früh beginnende Einschleusen der Kinder in geschlechtstypische Lebensentwürfe, insbes. Bildungs- und Berufsbiographien, relativ gut beschreiben und kritisch bearbeiten lässt. Geändert hat sich an diesem Zurichtungsgeschehen allerdings, dass die dort vorgezeichneten Bahnen unter dem vor allem schichtspezifisch variierenden Einfluss von Familien und anderen Sozialisationsagenturen heute leichter verlassen werden können als früher.

Als Vorbilder oder Negativmodelle spielen sie eine unverzichtbare Rolle bei der Suche ihrer *Töchter* nach sexueller und sozialer Geschlechtsrollenidentität, einschließlich der zum gesellschaftlichen Überleben als Frauen benötigten Rollendistanz und Ambiguitätstoleranz. Womit in Anlehnung an das von Krappmann (1993) vertretene Sozialisationskonzept die von der Mehrheit der Frauen tagtäglich aufgebrachten Fähigkeiten gemeint sind, die in der Frauenrolle selbst angelegten Widersprüche (Geliebte, Mutter, Familienmanagerin, Berufstätige usw.) sowie die Diskrepanzen zwischen Frauen- und Männerrolle und die Spannungen zwischen der Rolle, die den Frauen gesellschaftlich zugewiesen wird, und ihren eigenen Selbstverwirklichungsambitionen aushalten zu können, ohne wegen der damit einhergehenden typischen Belastungen und normalen alltäglichen Leiden (Dreitzel 1972) sozial, psychisch und/oder psychosomatisch zu dekompensieren.

Ihren *Söhnen* gegenüber können sich die Mütter natürlich je nach Maßgabe persönlicher Erfahrung, Reife, Einfühlungsvermögen, Selbstsicherheit und eigenem Rollenselbstverständnis traditionsorientiert, rollenkonform, unterwürfig und überprotektiv verhalten. In zunehmendem Maße sind sie aber auch selbstbewusst genug und in der Lage, dem männlichen Nachwuchs Vorteile in der späteren Realitätsaneignung zu verschaffen, indem sie sie verstärkt an die weibliche Gefühlswelt heran führen, ihnen durch Vorleben andere als männertypische Möglichkeiten der Erfahrungsverarbeitung erschließen, sich – wie bei ihren Töchtern auch – als Vermittlerinnen eines *moderneren*, auf Verhandlung und familieninterne Arbeitsteilung beruhenden Rollenverständnisses zu betätigen und sie trotz starker gefühlsmäßiger Bindungen bei ihren Explorations- und Loslösungsbestrebungen zu unterstützen.

3.2 Vater-Kind-Interaktionen

Obwohl die Väter aufgrund gesellschafsstruktureller Vorgaben und entsprechender Einstellungs- und Verhaltensklischees, die neuerdings jedoch an Prägekraft zu verlieren scheinen (Schmidt-Denter 2005: 28 ff) und kulturell erheblich variieren können (Keller 2008), sehr viel weniger Zeit (wöchentlich etwa ein Drittel) mit ihren Kindern verbringen als die Mütter, sollte ihr Einfluss auf deren Werdegang nicht in dem Maße unterschätzt werden, wie dies in der aktuellen Forschung geschieht (Fthenakis/Minsel 2002). In Ergänzung zu der auf körperlicher Nähe, zärtlicher Zuwendung, Feinfühligkeit, Emotionalität beruhenden Mutter-Kind-Interaktion repräsentieren sie nämlich nicht nur die von *Sachlichkeit* und (ökonomischer) *Rationalität* geprägte, besonders anpassungsproblematische Außenwelt der Familie. Als Hauptarrangeur für *Spiele* („Spielfeinfühligkeit") und familiäre Unternehmungen unterstützten sie außerdem die Lern- und Explorationsbedürfnisse der Kinder auf besondere Weise und tragen damit zur Stärkung jenes *Teils* kindlichen Selbstwert- und Selbstwirksamkeitsempfindens bei, der auf instrumentellem Wissen, sozialen Kompetenzen, der Kommunikation mit externen Anderen und permanenter Lernbereitschaft gründet (Grossmann/Grossmann 2004: 240 ff).

Wenig Problematisches ist über die Väter-*Söhne*-Interaktion in der *Kleinkind*- und *Kinderphase* bekannt. Als Einflussfaktoren scheinen hier u. a. die *Abwesendheit* der Väter, die damit möglicherweise einher gehende Bereitschaft, sie als *übermächtige* Identifikationsfiguren selbst dann zu verehren, wenn deren autoritäres Auftreten Ängste erzeugt, aber auch die stärkere, von den Vätern mit großer Bereitschaft angenommene, oft in geschlechtshomogenen Kontexten befriedigte *Abenteuerlust* der Söhne scheinen hier ebenso zu wirken, wie deren ausgeprägtes Bedürfnis, vom übermächtigen Vater anerkannt zu werden (Diamond 2007: 110 ff). Allerdings müssen Väter all ihre menschliche Reife, komunikative Kompetenz und ihre Qualitäten als glaubhafte, mehr oder weniger nachahmenswerte Modelle für Geschlechtsrollenidentität um so mehr in die Waagschale werfen, wenn die *Pubertät* naht und die Söhne meist unbewusst zu sozialen, nicht zuletzt auch geschlechtsreifen Konkurrenten der Väter avancieren.

Die *Töchter* hingegen bleiben nicht nur die „kleinen Lieblinge" der Anfangszeit. Am Arm der Väter betreten sie die von Sachlichkeit geprägte Männerwelt und machen die für die erfolgreiche Organisation ihres späteres Leben wichtige Erfahrung, dass mit Männern *anders* verfahren werden muss als mit Frauen, um ihre Ziele zu erreichen (Braconnier 2008). Ihre Väter unterstützen sie dabei, sich erstmalig selbst mit den *Augen* von Männern einzuschätzen. Väter beeinflussen die *Partnerwahl* ihrer Töchter in ähnlich starkem Maße wie die Mütter diejenige ihrer Söhne und sie schaffen es, durch eine entsprechend motivierende Betreuung besonders dann nachhaltig positiven Einfluss auf den beruflichen *Werdegang* ihrer Töchter auszuüben, wenn es darum geht, Berufe zu ergreifen und/oder Positionen einzunehmen, die normalerweise Männern vorbehalten sind.

3.3 Bedeutung der Vater-Mutter- für die Eltern-Kinder-Interaktion

Die Ergebnisse der *Trennungsforschung* (Stolz/Strini 2009) verweisen nicht nur auf die herausragende Bedeutung einer funktionierenden Elternbeziehung für die subjektiv befriedigende und objektiv erfolgreiche Entwicklung des Nachwuchses, der die Eltern-Kind-Interaktion immer auch als *Dreierbeziehung* wahrnimmt und goutiert (Neumann 2002: 16 ff). Auch die Eltern selbst können ihre sich z. T. überschneidenden, z. T. auch von einander unterscheidenden Aufgaben zum einen nur dann erfüllen, wenn die familieninternen Beziehungen in punkto Kommunikation, Kooperation und gegenseitige Unterstützung auf allseits verträgliche Weise funktionieren. Zum anderen lassen die Erkenntnisse der gesundheitsbezogenen Jugend- und *Familienforschung* (Jungbauer-Gans/Kriwy 2004, Richter et al. 2008) darauf schließen, dass die Qualität dessen, was sich innerfamiliär und dort interaktiv ereignet, mit dem sozialen *Status*, hauptsächlich der materiellen Situation, dem Bildungsgrad, dem Schweregrad tagtäglich erfahrener Belastungen sowie dem Ausmaß erreichbarer Kompensationsmöglichkeiten (soziale und kulturelle Teilhabe, Krankenversorgung, präventive Dienste usw.), d. h. in Abhängigkeit von Faktoren variiert, die sich der Einflussnahme durch Eltern und Kinder mit *sinkender* Schichtzugehörigkeit (King et al. 2010) entziehen.

Einer anhaltenden Fixierung der Familiensoziologie und -psychologie auf den „Normal-Typ" der bürgerlichen *Klein-* oder *Kernfamilie* ist es zu verdanken, dass wir über die zahlenmäßig inzwischen ansteigenden Alternativformen familiären Zusammenlebens, wie die Eineltern- (18 v. H.), die Stief- oder Patchworkfamilien (10 v. H.) und die gleichgeschlechtlichen Lebensgemeinschaften mit Kindern, die so genannten Regenbogenfamilien (2 v. H.) sowie deren Einfluss auf die Qualität der Eltern-Eltern und Eltern-Kind-Interaktionen in Erziehung und Sozialisation noch relativ wenig wissen (Peuckert 2008). Von den mehrheitlich (80 %) weiblich betreuten *Einelternfamilien* ist neben der hohen Verarmungswahrscheinlichkeit bekannt, dass sie auf frühere (zu 60 % getrennt lebend, geschieden) und aktuelle (insbes. Vereinbarkeit von Privatleben und Beruf) Problemlagen mit erhöhtem Risikoverhalten (insbes. Medikamenten- und Substanzmissbrauch) sowie psychischen und psychosomatischen Erkrankungsrisiken, die Kinder mit verstärkt auto- (Mädchen) und fremdaggressivem (Jungen) Verhalten, erhöhter psychosomatischer Erkrankungswahrscheinlichkeit und schulischen Problemen reagieren (Fegert/Ziegenhain 2003). Für sie, wie für *Stief-* oder *Patchworkfamilien* und deren Angehörige, gilt, dass sie vor allem unter Trennungsproblemen und Intergenerationenkonflikten leiden, aber auch, dass sie ebenso wie die materiell und bildungsmäßig schlechter gestellten Angehörigen von Familien mit *Migrationshintergrund* oder *mehr als zwei* Kindern mit sachangemessener pädagogischer, ökonomischer und sozial-struktureller Unterstützung (z. B. Arbeitsplatzgarantie, Hortplätze in Kindertagesstätten, spezielle Beratungsangebote usw.) mindestens ebenso gute Erziehungs- und Sozialisationsarbeit leisten können, wie das Gros der Kern- bzw. Kleinfamilien (vgl. den Beitrag von Hartung in diesem Handbuch).

3.4 *Interaktionen in Familien mit gleichgeschlechtlichen Eltern*

Von allen Familienformationen haben diejenigen mit gleichgeschlechtlichen Eltern, die so genannten „Regenbogenfamilien", am entschiedensten mit den biologischen Gegebenheiten und den bislang geltenden gesellschaftlichen Konventionen gebrochen. Bei ihnen, die zwei Prozent aller Kinder sozialisierenden Lebensgemeinschaften repräsentieren, war deshalb mit einem stärkeren sozialen Außendruck, als bei den anderen oben erwähnten postmodernen Konstellationen (vor allem Eineltern- und Patchworkfamilien), gegebenenfalls mit mehr internen Spannungen und – wie vorschnell vermutet wurde – mit homoerotischen Sozialisationseffekten beim Nachwuchs gerechnet worden.

Derartigen Vorurteilen gegenüber hat man in noch spärlichen[6] US-amerikanischen (Stacey/Biblarz 2001) und deutschen Studien (Berger et al. 2000) jedoch festgestellt, dass Kinder aus Regenbogenfamilien weder häufiger von Verhaltensstörungen betroffen sind, noch verstärkt zur Entwicklung homosexueller Geschlechtsidentitäten tendieren. Wie bei ihren Eltern ist die Neigung zum Ausleben rigider Geschlechtsrollenstereotypen geringer verbreitet als bei den Mitgliedern heterosexueller Lebensgemeinschaften. Wie diese haben sie jedoch in ihrem sozialen Umfeld unter Diskriminierungen zu leiden, die ihnen einerseits das Zusammensein und die Kommunikation mit den Angehörigen konventionellerer Familientypen erschwert, deren sie sich andererseits aber mit großer Loyalität gegenüber den eigenen Eltern und erstaunlicher Widerstandskraft zu erwehren wissen (Streib-Brzic/Gerlach 2005). Noch zu wenig ist bisher über die Wirkung auf das familiäre Alltagsleben, die Unterschiede zwischen schwulen und lesbischen und über differierende Sozialisationseffekte homo- und heterosexueller Lebensgemeinschaften mit Kindern bekannt (Carpacchio 2009).

4   Funktionen der Eltern-Kind-Interaktionen

Phänomenologisch betrachtet können Eltern-Kind-Interaktionen verschiedenartig in Erscheinung treten. Sie dienen der Herstellung dessen, was in der neueren Sozialpsychologie unter dem Begriff der *Bindung* diskutiert und untersucht wird. Ohne Interaktion ist *Kommunikation* – zentraler Gegenstand u. a. der kritischen Theorie kommunikativen Handelns (Habermas 1981) und der Systemtheorie (s. den Beitrag von Luhmann in diesem Handbuch)[7] – kaum denkbar. Man kann sie aber auch als besondere und nachhaltig wirkende Triebkräfte sozialen Lernens betrachten, die vor allem mit den Frühphasen der *Erziehung* und *Sozialisation* zu tun haben. Analytisch und aus forschungspragmatischen Gründen muss man sie zwar von einander unterscheiden. Faktisch jedoch hängen sie insofern miteinander zusammen, als die Qualität früher, aber auch späterer Elter-Kind-Beziehungen darüber mitbestimmt, wie hochwertig, inspirierend und allseits verträglich Menschen im Lebenslauf miteinander kommunizieren können, und eine solchermaßen gelingende Kommunikation etwas ist, von der alle in

---

6   Von den insgesamt nicht mehr als einhundert vorliegenden internationalen Untersuchungen/Abhandlungen stammen zwei Drittel aus den USA und Großbritannien, kümmern sich – wie eine kürzlich (Carpacchio 2009) veröffentlichte Dissertation an der Universität München belegt – zu rd. 50 % um lesbische, zu etwa 15 % um schwule und 35 % um einen Vergleich beider Familienarten und fußen zu einem Drittel auf empirisch selbst erhobenen Daten.

7   „Geborenere" Wissenschaften, die sich mit dem Kommunikationsphänomen beschäftigen, sind immer noch die Linguistik (hauptsächlich die Sprechakt- und Diskursanalyse) die Kommunikationsund neuerdings die Medienwissenschaft. Seit den 1970er Jahren interessieren sich aber auch die Sozialwissenschaften, die Entwicklungspsychologie, die Soziologie (vor allem Handlungs- und Systemtheorie) und neuerdings die Gesundheitswissenschaften (Gesundheitskommunikation) verstärkt für die Ergebnisse der Kommunikationsforschung.

das Erziehungssystem und das Sozialisationsgeschehen involvierten Personen – Agenten wie Adressaten – profitieren (Hopf 2005).

4.1 Interaktion als Bindung

Ohne Interaktion kann Bindung nicht wirksam werden. Sie tut es, wenn ein Kind so genanntes „Urvertrauen"[8] gegenüber einer Person entwickelt, die in der Lage ist, Trost und Sicherheit in allen ungewohnten, mit Angst besetzten und deshalb *problematischen* Lebenslagen zu spenden (Spangler/Schieche 2009). Anfänglich ist dies aus den oben erwähnten Gründen meist die Mutter. Zu ihnen können aber auch die Väter und – im Fall des Versagens oder Ausfalls eines oder beider Elternteile – andere Bezugspersonen gehören. Bindung kann zu einer hohen, beiderseits befriedigenden Qualität und für Kinder zu einem Gewinn an Selbstsicherheit und Selbstwirksamkeitsempfinden führen, wenn die erwachsene Person selbst gelernt hat und in der Lage ist, die zunächst nonverbalen, später verbalen Befindlichkeitssignale der Heranwachsenden angemessen zu *interpretieren* und bedürfnisgerecht auf sie zu *reagieren*.

Ausgehend von den ersten Beobachtungen des englischen Kinderpsychologen John Bowlby (1972), die in entwicklungspsychologischen Langzeitstudien (u. a. Bowlby/Salter Ainsworth 2001; Main 2011) bestätigt und konzeptionell weiterentwickelt wurden, hat die Wissenschaft mittlerweile gelernt, zwischen verschiedenen *Typen* durchlebter Bindungsqualität zu unterscheiden, sie als *Ergebnis* unterschiedlicher Interaktionsqualitäten zwischen Eltern und Kindern zu deuten und von ihnen auf die *Entwicklungschancen* kognitiver, kommunikativer und sozialer Kompetenzen des Nachwuchses zu schließen[9]. Der Mehrheitstypus „sichere Bindung" (45–50 %) ermöglicht es Kindern, Nähe und Distanz zu Bezugspersonen und die damit verbundenen emotionalen Effekte gut zu regulieren und darauf ein problemloses Explorationsverhalten aufzubauen. „Unsicher vermeidend gebundene" Kinder des zweiten Typs (rd. 20–25 %) reagieren in Situationen des Verlassenwerdens äußerlich scheinbar unbeeindruckt, erleben gleichzeitig aber

---

8   Unter „Urvertrauen" versteht sein Entdecker, der US-amerikanische Tiefenpsychologe und Therapeut deutscher Herkunft, Erik H. Erikson (1968), ein Grundgefühl („basic trust"), das Kinder von Geburt an dafür entwickeln, welchen Menschen (Mutter, Vater u. a.) sie in bestimmten Situationen (An- und Abwesenheit) vertrauen können. Es ist für die Entwicklung von angstfreier Explorations- und Lernfähigkeit außerhalb des familiären Kontextes und eine damit einhergehende Affektkontrolle sowie die anschließenden Phasen der Ausbildung von Ich- und soziale Identität von grundlegender Bedeutung

9   Bemerkenswert, wenn auch für die in diesem Beitrag behandelte Thematik nur von nebensächlicher Bedeutung ist der Umstand, dass in Ländervergleichen (Gloger-Tippelt et al. 2000) das quantitative Vorkommen der einzelnen Typen (> „sicher gebunden = 65 % der US-amerikanischen, aber nur 45 % der deutschen Mittelschichtkinder, „desorganisiert-desorientiert gebunden" = 5 % in den USA, 20 % in Deutschland) stark variiert und Anlass dazu geben könnte, sich Fragen nach den individuellen und gesellschaftlichen Gründen und Folgen der Existenz familieninterner Interaktionskulturen zu stellen.

erheblichen emotionalen Stress, der sich in späteren Lebensphasen auf psychopathische oder psychosomatische Weise manifestieren kann. „Unsicher-ambivalent gebundene" Kinder des dritten Typs (rd. 15–20 %) und des vierten Typs mit „desorganisierter Bindung" (5–10 %) reagieren nicht nur in allen tatsächlichen und/oder phantasierten Trennungssituationen, sondern im Umgang mit allen Fremden emotional unsicher bis übertrieben ängstlich, wenn sie aufgrund der eigenen unsicheren oder widersprüchlichen Bindungserfahrungen mit ihren elterlichen Bezugspersonen eine kommunikativ gehaltvolle, auf Vertrauen und Reziprozität gegründete Beziehung zu Anderen aufzubauen versuchen (Brisch 1999).

Vor allem Kinder des ersten Typs zeigen im Kindergarten und Schule *angemesseneres* Sozialverhalten, mehr Kreativität beim freien Spielen, ein höheres Selbstwertgefühl und *weniger* depressive Symptome. Sie sind *offener* für Sozialkontakte mit Erwachsenen und in der Lage, größtmöglichen und berechenbareren *Nutzen* aus ihrem Umgang mit Gleichaltrigen zu ziehen (Hopf 2005). Ferner ist festgestellt worden, dass sich das Ausmaß der in das Bindungsentwicklungsgeschehen involvierten Väter und anderer Bezugspersonen sowie die Anzahl der Kinder in den einzelnen Typengruppen kulturell erheblich unterscheiden können (Gloger-Tippelt et al. 2000; Siegler et al. 2006). Was wiederum erlaubt, auf die *familien-* (systemischen) und *externen* (sozialökologischen) Bedingungen für das Gelingen resp. Misslingen familiär organisierter Elter-Kind-Interaktionen zurückzuschließen, darauf aufbauend, individual- und system*therapeutisch* angemessen zu reagieren oder es aufgrund genaueren Wissens über die Zielgruppen ermöglicht, treffsichere *Vorbeugungs*strategien entwickeln und durchführen zu können.

4.2 Interaktion als Kommunikation

Den größten Teil dessen, was wir als Kinder-, Jugend- oder Erwachsenenpersönlichkeit repräsentieren, was wir wissen und können und wie wir uns in den verschiedenen von uns er- und durchlebten sozialen Kontexten bewähren, erlangen wir durch Kommunikation mit eingebildeten und/oder tatsächlichen Anderen (Mead 1934). Beides steht den Menschen *nicht frei*, sondern scheint mit ihrer gesellschaftlichen Überlebensunfähigkeit dermaßen eng verbunden, dass der austro-amerikanische Psychotherapeut und Klassiker der Kommunikationsforschung, Paul Watzlawick im ersten seiner fünf berühmten, zur Kurzcharakteristik des Kommunikationsphänomens formulierten, Axiome[10] unwi-

---

10 In der von Paul Watzlawick und Mitarbeitern vorgegebenen Reihenfolge lauten sie: 1. Man kann nicht nicht kommunizieren, 2. Jede Kommunikation hat einen Inhalts- und einen Beziehungsaspekt, 3. Kommunikationsabläufe werden unterschiedlich strukturiert, 4. Menschliche Kommunikation bedient sich analoger und digitaler Modalitäten, 5. Kommunikation verläuft entweder symmetrisch oder komplementär.

dersprochen behaupten kann, dass wir uns ihrer nicht *entziehen* können, selbst wenn wir es wollten (Watzlawick et al. 1968: 50 ff).

Um zu kommunizieren und durch den Austausch mit Anderen, bei dem sich die Teilhaber verschiedener, unterschiedlich wirksamer und einander ergänzender, von der Wissenschaft so bezeichneter „Kanäle" (verbal, para-oder nonverbal, massenmedial) bedienen können (Schulz von Thun 1989; Frindte 2001) den größtmöglichen Nutzen zu erzielen, genügt es nicht, bloß zu *interagieren*. Die Art, in der wir es tun, muss auch bestimmte *Qualitätskriterien* erfüllen, die der Sozialwissenschaftler Jürgen Habermas (1971) in den Vorüberlegungen zu seiner Theorie der kommunikativen Kompetenz mit Authentizität, Richtigkeit, Wahrhaftigkeit und Glaubhaftigkeit benannt und in ihrer Bedeutung für den Prozess wechselseitigen, empathischen und *erfolgreichen* Verstehens sowie für die Aneignung sozial-*emanzipatorischer* Kompetenzen diskutiert hat. Solche Fähigkeiten erwirbt man – wie u. a. auch von der geisteswissenschaftlich-hermeneutischen Pädagogik (vgl. auch den Beitrag von Oevermann in diesem Handbuch) und Politikwissenschaften (Schmid 2008) herausgearbeitet worden ist – vorzugsweise nur in Lernsituationen und mit Unterstützung von Sozialisationsagenturen, für die im Unterschied zu der von überwiegend ökonomischen Rationalitätskriterien dominierten, „unvollendet" modernen *Lebens-* und *Arbeitswelt* (Habermas 1992), die Prinzipien maximaler *Herrschaftsfreiheit*, *Gleichheit* und *Solidarität* bestimmend sein sollten.[11] Zu ihnen gehören die Eltern-Kind-Interaktionen und -Beziehungen als besonders früh ansetzende Impulsgeber in unmittelbarer Abhängigkeit von den jeweils praktizierten autoritären, permissiven, autoritativen oder vernachlässigenden *Erziehungsstilen* (vgl. auch den Beitrag von Choi in diesem Handbuch), die wiederum durch die *Lebenserfahrungen* der Erziehenden und die *strukturellen* Gegebenheiten innerhalb und außerhalb der Familien und Schulen (vgl. hierzu die Beiträge von Hoffmeister und Hartung in diesem Handbuch) beeinflusst werden. Doch *müssen* sie dies, wie zahlreiche, in dieser Hinsicht widersprüchliche Befunde der neueren Familien- (Ecarius 2007) und Schulforschung (Helsper/Böhme 2004) belegen, durchaus *nicht* immer tun.[12]

---

11 Kritik, die an dieser optimistischen Position unter Hinweis auf die tatsächlichen Verhältnisse in diesen Einrichtungen geübt wird, ist nicht von der Hand zu weisen. Die Praxis, an vorderster Front die der Sozialarbeit oder die der neuerdings um die Realisierung eines geradezu gigantischen Umlernprojekts bemühte Präventions- und Gesundheitsförderungspolitik (Bals et al. 2008) zeigt aber auch, dass es neben den Familien, Kindergärten, Schulen, Universitäten usw. aufgrund der ihnen eigenen Abschottungs- und Selbsterhaltungsambitionen auch noch andere soziale Räume/Nischen (> Settings) gibt, in denen alternative Orientierungen und Verhaltensweisen entwickelt und vermittelt werden können.

12 Neben klaren Befunden, die bei funktionierender Sozialisation in Familie und Schule Anlass zu einer gute Prognose bei Kindern und Schülern geben und bei gestörter Sozialisation Anlass zu eine schlechte Prognose hoch wahrscheinlich werden lassen, gibt es immer wieder eine hohe, entstehungs- und verlaufsanalytisch viel zu wenig erforschte Anzahl von Kindern/Schülern aus funktionierenden Kontexten mit schlechter und aus schlecht funktionierenden Kontexten mit guter Prognose.

4.3 Interaktion in Erziehung und Sozialisation

Bindung und Kommunikation erlauben es, die eher *situativen* Momente des sozial organisierten Hineinwachsens in die Gesellschaft zu beschreiben und zu untersuchen. Bei Sozialisation, die – wie oben bereits erwähnt – Erziehung als mehr oder weniger intendiertes, ziel-mittel-geplantes und -kontrolliertes Teilgeschehen einschließt, geht es dem gegenüber um den *längsschnittanalytischen* Blick auf das, was infolge *unzähliger*, sich im Laufe der Entwicklung von der Säuglings- über die Jugendphase bis zum Erwachsenenalter in Art und Wirkung erheblich *verändernden* Eltern-Kind-Interaktionen heraus bildet.

4.3.1 Interaktion und elterliche Erziehungsstile

Unstrittig ist bis heute, dass kleine und größere Menschen sowohl durch rigide kontrollierende, strafende, auf Drohung und Abschreckung basierende wie durch lobende, auf Lob und Anerkennung beruhende Praktiken zum Ziel aller Pädagogik, dem Lernen, gebracht werden können. Weniger klar, durch vielfältige Erfahrungen inzwischen belegt, ist jedoch, dass durch Lob, Anerkennung und Stärkung der dem Zögling oder Sozialisanden eigene Ressourcen besser und nachhaltiger gelernt wird als durch Erziehungsstile, die ihre Ziele durch die Erzeugung von Angst und die Androhung bzw. Praktizierung von Strafe zu erreichen suchen (Burow 2011). Um so erstaunlicher ist es, dass auch heute noch, dies allerdings weniger in den Familien der aufgeklärteren Ober- und Mittelschicht (Lieberwein 2008: 49 ff) und in den höheren Bildungsanstalten die historisch sehr viel ältere Abschreckungspädagogik noch weit verbreitet ist und dem Druck gesellschaftlicher Ereignisse (Befunde von PISA auf der einen, Jugendkriminalität, Rechts- bzw. Linksradikalismus, Integrationsprobleme usw. auf der anderen Seite) wieder an Zulauf zu gewinnen scheint.

Die familienbezogene Erziehungsforschung, die sich niemals nur mit Fragen der schnellst- und bestmöglichen Erreichbarkeit von Lernzielen, sondern immer auch mit den sozialen Verhältnissen beschäftigt hat, im Rahmen derer Erziehung geschieht, hat sich die dabei auftretenden Zusammenhänge an Hand zunehmend komplexerer Wechselwirkungsmodelle[13] zu verdeutlichen versucht. Von all diesen Modellen hat sich das

---

13 Vom französischen Philosophen und Aufklärer J. J. Rousseau (1762) stammt einer der ersten und einfachsten Versuche, zwischen einer positiven, der eigentlichen Natur des Menschen förderlichen und einer negativen, Zivilisationseffekte überbetonenden Erziehung zu unterscheiden. Die US-Amerikaner Lewin, Lipitt und White (1939) experimentierten mit einer Dreierskala von ihnen als „autokratisch", „demokratisch" und „laissez faire" benannten Stilen, um bestimmte soziale Klimata zu erzeugen. Diana Baumrind (1971) entwickelte eine Vierermatrix (autoritär, autoritativ, permissiv, vernachlässigend), während Glen H. Elder (1962) mit einer Achterskala (autokratisch, autoritär, demokratisch, egalitär, permissiv, laissez-faire, negierend) an die Grenzen dessen stieß, was ein auf analytische Tren-

in Anlehnung an die interaktionsoptimistischen Prinzipien der klientenzentrierten Gesprächspsychotherapie Carl R. Rogers (1942/1972) entwickelte *Vierfelderschema* der Entwicklungspsychologin Diana Baumrind (1971) mit den interaktiven Voraussetzungen und psychosozialen Folgen bestimmter Erziehungsstile beschäftigt. Von größter Wärme und Zuneigung und geringster Rigidität und Kontrolle ist der *permissive* Erziehungsstil gekennzeichnet. Die Eltern verhalten sich tolerant, akzeptieren die Besonderheiten des kindlichen Verhaltens in hohem Maße, strafen vergleichsweise wenig, setzen – was sich ebenso wie beim *vernachlässigenden* bis *negierend-desinteressierten* Stil (Elder 1962) als Nachteil für die Entwicklung der Kinderpersönlichkeit erwiesen hat – so gut wie keine Grenzen. Aufgrund elterlichen Fehlverhaltens kann er in einen *überprotektiven* Erziehungsstil umschlagen, der bei den Kindern zu mangelndem Selbstvertrauen und fehlender Leistungsbereitschaft, tyrannischem Verhalten bei gleichzeitiger Lebensuntüchtigkeit und im Extremfall sogar zu den von der Familientherapie beobachteten Psychopathien führen kann (Wirsching/Seibt 2002). Auf der Gegenseite der Vierermatrix rangiert der *autoritäre,* durch hohe Kontrollbereitschaft, geringe Zuneigung, fehlende emotionaler Wärme und Empathie charakterisierte Erziehungsstil. Seine elterlichen Vertreter lassen sich nicht hinterfragen, wenden bei Nichtbefolgung strenge Strafen an und tragen auf Seiten der Kinder zu hoher Aggressivität, fehlendem Selbstwertgefühl und fehlenden sozialen Kompetenzen bei. Der *autoritative* Erziehungsstil schließlich vereint Kontroll- sowie gelegentliche Strafambitionen und hohe Zuwendungsbereitschaft miteinander. Seine Vertreter setzten klare Standards und Regeln, auf deren strikte Einhaltung geachtet wird. Es herrscht eine offene, um Anerkennung des kindlichen Standpunktes bemühte Kommunikation. Als anspruchsvollster und zeitaufwendigster trägt er zur Entwicklung von Kinderpersönlichkeiten bei, die viel Eigenkontrolle zeigen und ein hohes Maß an sozialen und intellektuellen Kompetenzen besitzen.

Zu den zwar familiengemachten, gesellschaftlich aber gern in Kauf genommenen Erziehungsdilemmata gehört u. a. der schon länger bekannte, empirisch aber noch nicht so lange belegte Umstand, dass Anwendung und Folgen qualitativ unterschiedlicher Erziehungsstile schicht- und neuerdings milieuabhängig variieren (Grundmann et al. 2006). Mehrheitlich scheinen auch heute noch die Familien aus den unteren Soziallagen und den dort vertretenen Milieus den eher bestrafenden, wenig argumentativen, strikt kontrollierenden, Macht als Disziplinierungsmittel einsetzenden, abschreckungspädagogischen Erziehungsstil zu priorisieren. Demgegenüber scheint den Kindern der Mittel- und Oberschicht der mehrheitlich argumentative, indirekte Lenkungstechniken einsetzende, durch stärkere Kinderzentriertheit und Wärme ausgezeichnete, überwiegend positiv und wenn negativ, dann begründet sanktionierende Erziehungsstil ihrer Eltern sowohl psycho-sozial als auch körperlich zugute zu kommen. An dem familiär

---

nungsschärfe zielendes Instrumentarium zu leisten vermag. Neuere Klassifizierungsversuche nehmen regelmäßig Bezug auf diesen, hauptsächlich in den 1960er und 1970er Jahren ausgearbeiteten Kategorienmix (Ecarius 2007).

erzeugten, gesellschaftlich aber gerne in Kauf genommenen Skandal, dass gerade der Teil der Kinder und Jugendlichen nicht in den Genuss derjenigen Erziehungspraktiken gelangt, von denen sie am meisten profitieren würden, ist durch Elternschulung allein nur wenig zu ändern (siehe hierzu Hartung im Band). Sie muss, wenn sie nachhaltig wirken soll, durch sozial-, familien- und bildungspolitische Maßnahmen begleitet werden, zu denen allerdings der notwendige Gestaltungswille zurzeit noch fehlt.[14]

4.3.2 Interaktion und Sozialisation

Es wäre unpassend, sich Erziehungs- und Bildungsprozesse wie beliebig auf einer Perlenschnur aneinander gereihte Interaktionsereignisse vorzustellen. Vielmehr stellen sie ein kompliziertes, inhaltlich und qualitativ variables, mit der neuro-biologischen Entwicklung des Organismus einher gehendes Gesamtgeschehen dar, welches mit zunehmendem Alter von den wachsenden psychosozialen Fähigkeiten der *Sozialisanden*, den an Einfluss und Bedeutung im Lebenslauf variierenden *Sozialisationsagenturen* sowie den gesellschaftlichen *Verhältnissen* bestimmt und deshalb in den Sozialwissenschaften gerne auch als Modell[15] mit unterschiedlich vielen aufeinander aufbauenden und ineinander greifenden Kompetenzstufen (Niederbacher/Zimmermann 2011) dargestellt wird.

Qualitativ bauen diese von *Phase zu Phase* (Säugling/Kleinkind – Kind – Jugendliche, Erwachsene) und *Stufe für Stufe* (Urvertrauen, Selbstfindung – Ich-Identität – soziale Identität – transsituative Identität) zwar im Idealfall aufeinander auf (Hoff 1981). Sodass in Übereinstimmung mit den oben bereits erwähnten *längsschnittanalytischen* Befunden der Bindungs- (Grossmann/Grossmann 2004; Neumann 2005) und Sozialisationsforschung (Faltermaier 2008) davon auszugehen ist, dass die Intensität der kindlichen Bindungserfahrungen insbesondere dann positiv mit der Aneignung emotionaler, kognitiver und sozialer, insbesondere kommunikativer Kompetenzen im späteren Jugend- und jungen Erwachsenenalter bei gleichbleibend kompetenter Begleitung durch elterliche und andere Bezugspersonen korreliert. Aber auch die Effekte stattgehabter, durch unerfahrene und/oder inkompetente Bezugspersonen verursachter Kommunikations*fehler* können in späteren Phasen durchaus noch, wenn auch unter erheblich stär-

---

14 Dies hat es in den 70er- und 80er Jahren des vergangenen Jahrhunderts schon einmal gegeben, als es unter dem Eindruck des „Sputnick-Schocks" und einer von dem deutschen Pädagogen G. Picht (1965) erstmalig ausgerufenen „Bildungskatastrophe" gefiel, die Bildungsreserven der Unterschichten durch den Ausbau von Schulen, Universitäten und die Reform der Lehrerausbildung relativ erfolgreich zu mobilisieren. Unter dem Eindruck des aktuellen Fachkräftemangels in der deutschen Wirtschaft und vergleichbaren regierungspolitischen Konstellationen könnte sich ähnliches wieder ereignen.

15 Zu den bekanntesten unter Sozialwissenschaftlern diskutierten gehören das fünfstufige Modell der kognitiven Entwicklung des Schweizer Entwicklungspsychologen Jean Piaget, das dreistufige Modell der moralischen Entwicklung des US-Amerikaners Lawrence Kohlberg und das achtstufige Modell der psychosozialen (Persönlichkeits-)Entwicklung des US-amerikanischen Psychotherapeuten deutscher Herkunft, Erik H. Erikson.

kerem persönlichen Aufwand und mit fremder, meist kostspieliger Hilfe *kompensiert* werden. Das betrifft sowohl die ausgleichenden Einflüsse erfolgreich belehrter Eltern in späteren Abschnitten der familiären Sozialisation (Bertram/Bertram 2009), als auch die Arbeit von Kindergärten und Schulen, Gleichaltrigengruppen, Aus-, Fortbildungs- und Therapieeinrichtungen, die ihr Selbstverständnis und ihre Existenzberechtigung auf eben dieser Annahme gründen und neuerdings immer stärker dazu übergehen, die Eltern und den familiären Interaktionskontext aus Gründen der Erfolgssicherung in ihre Bemühungen einzubeziehen.

5   Zum Schluss

Mit den Folgen gelingender und misslingender Elter-Kind-Interaktionen waren bisher vor allem die Psychotherapie, Pädagogik und die Sozialarbeit – und wenn, dann überwiegend unter dem Gesichtspunkt von Interaktion*defiziten* und deren Folgen – befasst. Fehlende oder qualitativ unangemessene Interaktions- und Kommunikationsangebote seitens der Eltern werden und wurden nicht erst seit PISA für *Bildungs*schwächen des Nachwuchses, für *Gewalt*exzesse, *Amokläufer*tum an den Schulen, *Substanzmissbrauch*, für bestimmte Formen der *Adipositas* und andere Formen ungesunden Verhaltens (Ernährung, Bewegung usw.) bei Kindern und Jugendlichen verantwortlich gemacht (Bohrhardt 1999). Statistisch korreliert inkompetentes und unangemessenes Erziehungsverhalten, welches in bildungsfernen Familien aus *unteren Soziallagen* häufiger anzutreffen ist als in der Mittel- und Oberschicht, mit unterentwickeltem Gesundheitsbewusstsein und erhöhtem *Risikoverhalten*, stärkeren *Belastungen* in Arbeit und Freizeit, geringerer sozialer und kultureller *Teilhabe*, höherem *Erkrankungs*risiko, schlechterer Kranken*versorgung* sowie einer geringeren durchschnittlichen *Lebenserwartung und* relativ früher *Sterbewahrscheinlichkeit* (Wirsching/Stierlin 1994; Schnabel 2001: 87 ff; Lampert/Richter 2006; Wardsworth/Bartley 2006, Erhardt et al. 2008). All diese sozialen, psychischen und somatischen Folgeerscheinungen, die wir von der Forschung aufgezeigt und in zahlreichen Sozial- bzw. Gesundheitsberichten auf Kommunal-, Länder- und Bundesebene oder in Gutachten zum Zweck der Politikberatung zusammengefasst finden, wurden bzw. werden überwiegend querschnittsanalytisch und korrelationsstatistisch ermittelt und viel zu selten durch Längsschnittuntersuchungen überprüft. Um *kausale* Wirkungszusammenhänge, aufgrund derer von den körperlichen, seelischen und sozialen Folgen auf familiäre Störungen oder von diesen auf die Folgen zurück geschlossen werden dürfte, handelt es sich nicht. Außerdem liefern uns die meisten dieser Berichte nur Informationen über den rd. *fünfzehnprozentigen* Anteil derjenigen, soziale und gesundheitliche Risiken im Lebenslauf akkumulierenden und schlechter versorgten Familien, für die sich der kriseninterventionisch ausgerichtete und kontrollierende Sozialstaat traditionsgemäß interessiert, mit dem jedoch eine an *nachhaltigen* Wirkungen interessierte moderne Sozial- und Gesundheitsförderungspolitik allein nicht viel anfangen kann (vgl. hierzu den Beitrag von Stroß in diesem Band).

Die familienbezogene Sozial- und Gesundheitsforschung, die einer auf die Stärkung von Ressourcen statt auf die bloße Vermeidung/Minderung von Risiken zielenden Gesundheitspolitik zuarbeiten könnte und dafür auch das Gros der vermeintlich unauffälligen bzw. gesunden Familien in den Blick nehmen müsste (Schnabel 2001), steckt gegenwärtig noch in den Kinderschuhen.[16] Immerhin ist es ihr aber bisher schon gelungen, systemische und individuelle *Determinanten*[17] für ein sozialverträgliches und gesundes Überleben in und mit Familien zu identifizieren (Abel et al. 2003; Kolip/Lademann 2006; Erhardt/Ravens-Sieberer 2008). Sie machen es nicht nur möglich, gesunde von *scheinbar* gesunden und *gefährdeten* Familien zu unterscheiden. Anhand des jeweiligen Verfügungsgrades über die mit dem Terminus umschriebenen *Merkmale/Eigenheiten* familiären Zusammenlebens und die *Wechselbeziehungen* zwischen ihnen lassen sich außerdem die jeweiligen Belastungsgrade und – Entlastungspotenziale der unterschiedlichen, heute existierenden Familientypen (Kern-oder Kleinfamilien, Familien mit mehr als zwei Kindern, Einelternfamilien, Stief- oder Regenbogenfamilien usw.) sowie – darauf aufbauend – die jeweiligen *Kompensationsbedürfnisse* bestimmen und/oder die Effekte entsprechender Förderungsmassnahmen *erfolgskontrollieren*.

Zur Gruppe der *systemischen* Determinanten, die über den Zusammenhalt und Sozialisationsfähigkeit der Familie als Ganzer bestimmen, gehören als wichtigste die persönliche *Reife* und die *Kompetenzen* der Eltern, die das Familienleben maßgeblich organisieren. Deren hohe Qualität korreliert nach allem, was wir bislang wissen, positiv mit der qualitativen Höhe des *innerfamiliären* Interaktions-, Kommunikations- und Erziehungsgeschehens, der Angemessenheit geschlechtlicher *Arbeitsteilung*, aber auch damit, wie gut die Interaktion- und Kommunikation zwischen der Familie und *anderen* für deren Überleben wichtigen *Systemen* (Peers, Schulen, Arbeitsstellen, Krankenhäuser usw.) organisiert ist, mit einer möglichst *hohen Positionierung* der Familie im System sozialer Ungleichheit und/oder möglichst günstigen Zugriffschancen auf gesellschaftlich vorgehaltene *Unterstützungs*- bzw. *Kompensations*leistungen (Schnabel 2011). Zu den auf das *Individuum* oder einzelne Familienmitglieder bezogenen (Gesundheits-) Determinanten gehören ein gute *körperliche* und *seelische* Verfassung, bestimmte unter

---

16 Das hat vor allem mit eingeschliffenen Traditionen im Umgang mit sozialen Problemen, u. a. mit Krankheit, ebenso zu tun, wie mit der professionellen Dominanz kontrollambitionierter und *krisen-interventionistisch-kurativ* orientierter Sozialpolitiker und Mediziner, dem geltenden Sozial- und Versorgungsrecht und den über Jahrhunderte hinweg gewachsenen Politik- und *Versorgungsstrukturen* sowie mit einer Forschungspolitik zu tun, die vor allem Projekte zur Untersuchung von Problemen (Fehlentwicklungen, Krankheiten), kaum aber zur Untersuchung von Normalität und Gesundheit finanziert.

17 Über „Indikatoren", die sich von Determinanten dadurch unterscheiden, dass ihre Wirkungen in kontrollgruppenorientierten Untersuchungen, die der komplexen Materie wegen möglichst Längsschnittstudien sein sollten, empirisch nachgewiesen worden ist, verfügen wir noch nicht (Schnabel 2011).

dem Begriff „gesundheitsförderlicher Lebensstil" zusammengefasste *Verhaltensweisen*, hohe kognitive und kommunikative *Kompetenzen*, insbes. wirksame Problem- und Konfliktbearbeitungsfähigkeiten, ein guter *Krankheitsversorgungs*status, ein leichter Zugang zu *Bildungs-* und *Gesundheitsförderungs*angeboten, *sozial-kulturelle* Teilhabechancen sowie eine verträgliche (gewaltfreie, kooperative, unterstützende) soziale und eine von schädlichen Einträgen möglichst wenig beeinträchtigte materiale *Umwelt*.

Es wäre natürlich unsinnig, zu behaupten, dass all dieses mit der Beschaffenheit der Eltern-Kinder-Interaktionen allein und/oder unmittelbar zusammenhinge. Viel spricht aber für die noch überprüfungsbedürftige Annahme, dass deren *hohe*, vor allem emotional befriedigende, intellektuell anregende und kreativ inspirierende *Qualität*, wie sie sich nur in einer von Partnerschaft, positiver Zuwendung und hoher kommunikativer Kompetenzen getragenen *familiären* Lebenswelt zu entwickeln vermag, dem Nachwuchs die besten Ausgangsbedingungen dafür liefert, die emotionalen, intellektuellen und kommunikativen Herausforderungen *späterer* Lebensphasen erfolgreich zu meistern. Insofern hätten alle auf psychosoziale Kompensation und Gesundheitsförderung abzielenden Maßnahmen, Programme und Projekte allen Grund, in den frühen familiendominierten Entwicklungsabschnitten und nicht wie *bisher* erst im *Erwachsenenalter* anzusetzen, wo die Folgen tief eingeschliffener, oft auch fremdbestimmter Lebensstile nur personell und materiell aufwendig bearbeitet und kaum noch grundlegend korrigiert werden können.

Literatur

Abel, Thomas/Buddeberg, Claus/Duetz, Margreet (2003): Gesundheitsrelevante Lebensstile. In: Buddeberg, Claus (Hrsg.): Psychosoziale Medizin. Heidelberg: Springer, S. 295–306.

Abels Heinz (2010): Identität. Wiesbaden: VS.

Ahnert Lieselotte (2010). Wie viel Mutter braucht ein Kind: Bindung – Bildung – Betreuung: öffentlich + privat. Heidelberg: Spektrum.

Antonovsky Aaron (1987): Unravelling the mystery of health. San Francisco. Jossey-Bass Publishers.

Asendorpf Jens (2004): Psychologie der Persönlichkeit. Berlin, Heidelberg: Springer.

Baconnier Alain (2008): Väter und Töchter: eine prägende Beziehung verstehen. Stuttgart: Kreuz.

Bals, Thomas/Hanses, Andreas/Melzer Wolfgang (2008) (Hrsg.): Gesundheitsförderung in pädagogischen Settings. Ein Überblick über Präventionsansätze in zielgruppenorientierten Lebenswelten. Weinheim, München: Juventa.

Bandura, Albert (1997): Self-efficacy. The experience of control. New York: Worth.

Barth, Stephan (2000): Vaterschaft im Wandel. URL: http://ebookbrowse.comvaterschaft-im-Wandel-pdf-d29450693 (Zugriff am 02. 06. 2011)

Bauer Ullrich/Bittlingmayer Uwe H./Richter Matthias (2008): Health inequalities. Determinanten und Mechanismen gesundheitlicher Ungleichheit. Wiesbaden: VS.

Baumrind, Diana (1971): Current patterns of parental authority. Developmental Psychology Monograph, The American Psychological Association.

Berger, Peter/Luckmann Thomas (1980): Die gesellschaftliche Konstruktion der Wirklichkeit. Eine Theorie der Wissenssoziologie. Frankfurt a. M: Fischer.

Berger, Walter/Reisbeck, Günter/Schwer, Petra (2000). Lesben – Schwule – Kinder. Eine Analyse zum Forschungsstand. Ministerium für Frauen, Jugend, Familie und Gesundheit des Landes Nordrhein-Westfalen, Referat Öffentlichkeitsarbeit (Hrsg.). Düsseldorf.

Bertram, Hans/Bertram, Birgit (2009): Familie, Sozialisation und die Zukunft der Kinder. Opladen: Budrich.

Bilden, Helga (1991): Geschlechtsspezifische Sozialisation. In: Hurrelmann, Klaus/Ulich, Dieter (Hrsg.): Neues Handbuch der Sozialisationsforschung. Weinheim, Basel: Beltz, S. 279–302.

Bohrhardt, Ralf (1999): Ist wirklich die Familie schuld? Familialer Wandel und soziale Probleme im Lebenslauf. Opladen: Leske+Budrich.

Bowlby, John (1972): Mutterliebe und kindliche Entwicklung. München, Basel: Ernst Reinhardt.

Bowlby, John/Salter Ainsworth, Mary D. (2001): Frühe Bindung und kindliche Entwicklung. München, Basel: E. Reinheardt.

Brisch, Karl H. (1999): Bindungsstörungen. Von der Bindungstheorie zur Therapie. Stuttgart. Klett-Cotta.

Büchner, Peter (2002): Kindheit und Familie. In: Krüger, Heinz-Hermann/Grunert, Cathleen (Hrsg.): Handbuch Kinder- und Jugendforschung. Opladen: VS, S. 475–496.

Burow Olaf-Axel (2011). Positive Pädagogik. Sieben Wege zu Lernfreude und Schulglück. Basel, Berlin: Beltz.

Carpacchio, Ina (2009): Kinder in Regenbogenfamilien. Eine Studie zur Diskriminierung von Kindern Homosexueller und zum Vergleich von Regenbogenfamilien und heterosexuellen Familien. Ludwig-Maximilian-Universität München. Diss. Psych/Päd). URL: http://www.edoc.ub.uni-muenchen.de/9868/Carpacchio_Ina.pdf (Stand: 06. 10. 2011).

Diamond, Michael J. (2007): Söhne und Väter. Eine Beziehung im lebenslangen Wandel. Frankfurt a. M.: Brandes und Apsel.

Dreitzel, Hans P. (1972): Die gesellschaftlichen Leiden und das Leiden an der Gesellschaft. Vorstudien zu einer Pathologie des Rollenverhaltens. Stuttgart: DTV.

Ecarius, Jutta (2007). Handbuch Familie. Wiesbaden: VS.

Elder, Glen H. (1962): Structural variations in the child rearing relationship. Sociometry 25, 241–262.

Erhart Michael, Ravens-Sieberer Ulrike (2008): Die Rolle struktureller Aspekte von Familie, innerfamiliärer Kommunikation und Unterstützung für die Gesundheit im Kinder und Jugendalter. In: Richter, Matthias et al. (Hrsg.): Gesundheit, Ungleichheit und jugendliche Lebenswelten. Weinheim, München: Juventa, S. 189–211.

Erikson, Erik H. (1968): Identity, youth and crisis. New York: W. W. Norton.

Faltermaier, Toni (2008): Sozialisation im Lebenslauf. In: Hurrelmann, Klaus/Walter, Sabine/Grundmann, Matthias (Hrsg.): Handbuch Sozialisationsforschung. Weinheim, Basel: Beltz, 157–172.

Fegert Jörg M./Ziegenhain, Ute (2003): Hilfe für Alleinerziehende. Die Lebenssituation von Einelternfamilien in Deutschland. Weinheim: Juventa.

Frindte, Wolfgang (2001): Einführung in die Kommunikationspsychologie. Weinheim, Basel: Beltz.

Fthenakis, Wassilios/Minsel, Beate (2002): Die Rolle des Vaters in der Familie. Bundesministerium für Familie. Senioren, Frauen und Jugend (Hrsg.). URL: http://www.bmfsfj.de/RedaktionBMFSFJ/Broschuerenstelle/Pdf-Anlagen/PRM-24420-SR-Band-213,property=pdf,bereich=bmfsfj,sprache=de,rwb=true.pdf. Stand: 26. 11. 2011.

Geissler, Erich E. (2006): Die Erziehung. Ihre Bedeutung, ihre Grundlagen und ihre Mittel. Würzburg: Ergon.

Gloger-Tippelt, Gabriele/Vetter, Jürgen/Rauh, Hellgard (2000): Untersuchung mit der „Fremden Situation" in deutschsprachigen Ländern: ein Überblick. Psychologie in Erziehung und Unterricht 47, S. 87–98.

Grossmann, Karin/Grossmann, Klaus E. (2004): Bindung – das Gefüge psychischer Sicherheit. Stuttgart: Klett-Cotta.

Grundmann, Matthias/Dravenau, Daniel/Bittlingmayer, Uwe H./Edelstein, Wolfgang (2006): Handlungsbefähigung und Milieu. Zur Analyse milieuspezifischer Alltagspraktiken und ihrer Ungleichheitsrelevanz. Berlin: LIT-Verlag.

Habermas, Jürgen (1971): Vorbereitende Bemerkungen zu einer Theorie der kommunikativen Kompetenz. In: Habermas, Jürgen/Luhmann, Niklas (Hrsg.): Theorie der Gesellschaft oder Sozialtechnologie. Frankfurt a. M.: Suhrkamp, S. 101–141.

Habermas, Jürgen (1981): Theorie des kommunikativen Handelns, Band 1 und 2, Frankfurt a. M.: Suhrkamp.

Habermas, Jürgen (1992). Die Moderne – Ein unvollendetes Projekt. In: Habermas, Jürgen: Kleine politische Schriften I–IV. Frankfurt a. M.: Suhrkamp, S. 390–445.

Hesper, Werner/Böhm, Jeanette (2004) (Hrsg.): Handbuch der Schulforschung. Wiesbaden: VS.

Hoff, Ernst (1981): Sozialisation als Entwicklung der Beziehung zwischen Person und Umwelt. Zeitschrift für Sozialisationsforschung und Erziehungssoziologie 1, S. 91–115.

Hörner, Wolfgang/Driesch, Barbara/Jobst, Solvejg (2010): Bildung, Erziehung, Sozialisation. Stuttgart: UTB.

Hopf, Christel (2005): Frühe Bindung und Sozialisation. Eine Einführung. Weinheim, München: Juventa.

Hurrelmann, Klaus (2007). Lebensphase Jugend. Eine Einführung in die sozialwissenschaftliche Jugendforschung. Weinheim, München: Juventa.

Ittel, Angela/Merkens, Hans (2006): Interdisziplinäre Jugendforschung. Jugendliche zwischen Familie, Feinden und Freunden. Wiesbaden: VS.

Jungbauer-Gans, Monika/Kriwy, Peter (2004) (Hrsg.): Soziale Benachteiligung und Gesundheit von Kindern und Jugendlichen. Wiesbaden: VS.

Keller, Heidi (2008). Kultur und Bindung. In: Ahnert, Lieselotte (Hrsg.): Frühe Bindung. München, Basel: Reinhardt, S. 110–124.

Kolip, Petra/Lademann, J. (2006): Familie und Gesundheit. In: Hurrelmann, Klaus/Laaser Ullrich (Hrsg.): Handbuch Gesundheitswissenschaften. Weinheim, München: Juventa, S. 625–652.

Krappmann, Lothar (1993): Soziologische Dimensionen der Identität. Strukturelle Bedingungen für die Teilhabe an Interaktionsprozessen, 8. Auflage. Stuttgart: Klett.

Kreppner, Kurt (2001): Eltern-Kind-Beziehungen: Forschungsbefunde. In: Bayrisches Staatsministerium für Arbeit und Sozialordnung, Familie und Frauen (Hrsg.): Familienhandbuch des Staatsinstituts für Frühpädagogik (IFP). URL: www.familienhandbuch.de (Zugriff am 05. 07. 2011)

Lamnek, Siegfried/Luedtke, Jens/Ottermann, Ralf (2006): Tatort Familie. Häusliche Gewalt im gesellschaftlichen Kontext. Wiesbaden: VS.

Lampert, Thomas/Richter, Matthias (2006): Gesundheitliche Ungleichheit bei Kindern und Jugendlichen. In: Richter, Matthias/Hurrelmann, Klaus (Hrsg.): Gesundheitliche Ungleichheit. Wiesbaden: VS, S. 199–220.

Lewin, Kurt/Lipitt, Ronald/White, Ralf K. (1939). Patterns of aggressive behavior in experimentally created social climates. Journal of Social Psychology 10, S. 271–299.

Lieberwein, Sylva (2008): Erziehung und soziale Milieus. Elterliche Erziehungsstile in milieuspezifischer Differenzierung. Wiesbaden: VS.

Liegle, Ludwig/Lüscher, Kurt (2008): Generative Sozialisation. In: Hurrelmann, Klaus/Grundmann, Matthias/Walper, Sabine (Hrsg.): Handbuch Sozialisationsforschung. Weinheim, Basel, S. 141–156.

Loo van den, Hans/Reijen van, Willem (1992): Modernisierung. Projekt und Paradox. München: dtv.

Luhmann, Niklas (1990): Sozialsystem Familie. In: Luhmann, Niklas: Soziologische Aufklärung 5. Wiesbaden: VS Verlag, S. 196–217.

Lüscher, Kurt (2003): Familie pragmatisch definieren. Erwägungen – Wissen – Ethik 14 (3), S. 539–542.

Main, Mary (1995): Desorganisation im Bildungsverhalten. In: Spangler, Gottfried/Zimmermann, Peter (Hrsg.): Die Bindungstheorie. Stuttgart: Klett-Cotta, S. 123–139.

Mead, George Herbert (1934): Mind, Self, Society. From the standpoint of a Behaviorist. (Morris, Charles ed.). Chicago: University of Chicago.

Meyer, Björn/Pilkonis, Peter A. (2008): Bindungstheorie und Persönlichkeitsstörungen: konzeptionelle Zusammenhänge, empirische Ergebnisse, Behandlungsimplikationen. In: Strauß, Bernhard (Hrsg.): Bindung und Pathologie. Stuttgart: Klett-Cotta, S. 212–252.

Mitscherlich, Alexander (2003): Auf dem Weg zur vaterlosen Gesellschaft. Weinheim: Beltz.

Nave-Herz, Rosemarie (2009): Familie heute. Wandel der Familienstrukturen und Folgen für die Erziehung. Berlin: Primus.

Neumann, Eva (2002): Die Paarbeziehung Erwachsener und Erinnerungen an die Eltern-Kind-Beziehung – Eine Untersuchung zur Kontinuität von Bindung. Zeitschrift für Familienforschung 14 (3), S. 234–256.

Niederbacher, Arne/Zimmermann, Peter (2011): Grundwissen Sozialisation. Einführung zur Sozialisation im Kinder- und Jugendalter. Wiesbaden: VS.

Picht, Georg (1965). Die deutsche Bildungskatastrophe. München: Dt. Taschenbuch.

Peuckert, Rüdiger (2008). Familienform im sozialen Wandel. Wiesbaden: VS.

Richter, Matthias/Hurrelmann, Klaus (2006). Gesundheitliche Ungleichheit. Grundlagen, Probleme, Perspektiven. Wiesbaden: VS.

Roudinesco, Elisabeth (2008): Die Familie ist tot. Es lebe die Familie. Stuttgart: Klett-Cotta.

Rogers, Carl R. (1942/1972): Nicht direktive Beratung (Counseling and Psychotherapy). München. Kindler.

Rousseau, Jean Jacques (1976/1998): Emil oder über die Erziehung, 13. Auflage, Paderborn: Schöningh.

Scherr, Albert (2006). Bildung, Erziehung, Sozialisation. In: Scherr, Albert (Hrsg.): Soziologische Basics. Wiesbaden: VS, S. 19–23.

Scheu, Ursula (1981). Wir werden nicht als Mädchen geboren, wir werden dazu gemacht. Frankfurt a. M.: Fischer.

Schmid, Hans Bernhard (2008): Das Individuum in der Politik. Deutsche Zeitschrift für Philosophie 56(2), 308–313.

Schmidt-Denter, Ulrich (2005): Soziale Beziehungen im Lebenslauf. Lehrbuch der sozialen Entwicklung. Weinheim, Basel: Beltz PVU.

Schnabel, Peter-Ernst (2001). Gesundheit und Familie. Bedingungen, Möglichkeiten und Konzepte der Gesundheitsförderung. Weinheim, München: Juventa.

Schnabel, Peter-Ernst (2011). Gesundheitsförderung für Familien. Ist Gesundheit messbar (Gesundheitsdeterminenten – es gibt sie und man kann sie messen). Primary Care 11 (5), S. 268–270.

Schulz von Thun, Friedemann (1989): Miteinander reden. Stile, Werte und Persönlichkeitsentwicklung. Reinbek: Rowohlt.

Siegler, Robert/DeLoach, Judy/Eisenberg, Nancy (2008): Entwicklungspsychologie im Kindes- und Jugendalter. Heidelberg: Spektrum.

Spangler, Gottfried/Schieche, Michael (2009): Psychologie der Bindung. In: Spangler, Gottfried/Zimmermann, Peter (Hrsg.): Die Bindungstheorie. Stuttgart: Klett-Cotta, S. 297–310.

Stacey, Judith/Biblarz, Timothy J. (2001): (How) Does the sexual orientation of parents matter? American Sociological Review 66, S. 159–183.

Stolz, Cornelia/Strini, Manuela (2009): Kindheit im Schatten des Elternkonfliktes von Trennung und Scheidung. Hamburg: Diplomica.

Streib-Brzic, Uli/Gerlach, Stephanie (2005): Und was sagen die Kinder dazu? Gespräche mit Töchtern lesbischer und schwuler Eltern. Berlin: Querverlag.

Wadsworth, Michael, Bartley Mel (2006): Social inequality. Family structure in the life course. In: Wendt, Claus/Wolf, Christof (Hrsg.): Soziologie der Gesundheit, Sonderheft 46 der Kölner Zeitschrift für Soziologie und Sozialpsychologie. Wiesbaden, S. 125–143.

Watzlawick, Paul/Beavin, Jeanette H./Jackson, Don D. (1968). Menschliche Kommunikation – Formen, Störungen, Paradoxien. Bern: Hans Huber.

Weber, Max (1969): Gesammelte Aufsätze zur Wissenschaftslehre. Tübingen: J.C.B. Mohr.

Wirsching, Michael/Stierlin, Helm (1994): Krankheit und Familie. Stuttgart: Klett-Cotta.

Wirsching, Michael/Seibt, Peter (2002) (Hrsg.): Paar- und Familientherapie. Berlin: Springer.

Zimmermann, Peter (2006): Grundwissen Sozialisation. Einführung zur Sozialisation im Kindes- und Jugendalter. Wiesbaden: VS Verlag.

Familienbildung und Elternbildungsprogramme

Susanne Hartung

In den letzten Jahren werden die Bildung und Unterstützung von Eltern verstärkt thematisiert und eine Debatte um Erziehungskompetenzen geführt. Die Thematisierung von Bildung und Erziehung sowie die damit verbundenen Erwartungen und Anforderungen an Eltern und Familien spiegeln in der Regel gesellschaftliche Entwicklungen wider (Hoffmeister 2008). So wird Elternbildung in Zeiten und Epochen virulent, in denen – empirisch oder normativ – von einem starken gesellschaftlichen Wandel (z. B. Wissensgesellschaft, Globalisierung) ausgegangen wird. Einerseits kann es darum gehen, dass sich Eltern angesichts gesellschaftlichen Wandels nicht (mehr) genügend in der Lage fühlen bzw. für fähig gehalten werden, ihre Kinder angemessen auf die gesellschaftlichen Anforderungen vorzubereiten. Aus dieser Perspektive können Unterstützungsangebote der Elternbildung bzw. Familienbildung als Reaktion auf gesellschaftlichen Wandel betrachtet werden. Andererseits kann die Frage nach der Erziehungsfähigkeit auch aus normativer Perspektive gestellt werden, in der es das Ziel von Elternbildung ist, auf gesellschaftliche Entwicklung einzuwirken bzw. Wandel nachhaltig zu initiieren (Hartung/Sahrai 2011).

Die öffentlichen, politischen und wissenschaftlichen Diskussionen des letzten Jahrzehnts haben immer wieder die Frage nach der Erziehungsfähigkeit heutiger Eltern bzw. die Frage nach der Notwendigkeit, Eltern in ihrer Erziehung zu unterstützen, aufgegriffen. Ein breiter öffentlicher Konsens über die Diagnose einer allgemeinen Erziehungsunsicherheit bildet den Hintergrund für Diskussionen, die i. d. R. einen gestiegenen Bedarf an Elternbildung konstatieren. In der Folge finden Fernsehsendungen und Ratgeberliteratur zu Erziehungsfragen, die Zusammenarbeit zwischen Eltern und pädagogischem Personal an Schulen und Kitas sowie vor allem Elternbildungsprogramme und Elternkurse in höherem Maße Beachtung und Verbreitung (Hurrelmann 2006; Bauer/Bittlingmayer 2005).

Elternbildungsprogramme bzw. -kurse sind dabei überwiegend universell, d. h. kaum auf eine spezifische Zielgruppe wie z. B. Migrantengruppen ausgerichtet. Studienergebnisse der Bildungsforschung und Sozialepidemiologie haben jedoch dazu beigetragen, dass sich der Blick für zielgruppenspezifische Bedarfe und Bedürfnisse öffnet und Zielgruppen wie schwer erreichbare Eltern, mit potentiell hohem Bedarf zunehmend Aufmerksamkeit zu teil wird (Bauer/Bittlingmayer 2006). Dazu beigetragen, dass Eltern mit niedrigem sozialen Status in den Blick von Elternbildung kommen haben bspw. die Ergebnisse der Pisa-Studien (Klieme et al. 2010; Deutsches PISA Konsortium

2001, 2002), die den Einfluss von sozialer Herkunft auf den Schulerfolg deutscher Schülerinnen und Schüler belegen. Soziale Merkmale wie niedriger elterliche Schul- bzw.
Bildungsabschluss, geringes Einkommen, Migrationshintergrund und der Familienstatus der Alleinerziehenden werden, auch wenn sich deutsche Pisa-Ergebnisse von 2000
bis 2009 verbessert haben, immer noch mit erheblich geringeren Chancen auf einen
hohen Schulabschluss in Zusammenhang gebracht. Auch für die Gesundheit von Kindern fanden sich ähnliche Zusammenhänge. Die deutsche Studie zur Kinder- und Jugendgesundheit (KiGGS) verweist darauf, dass Kinder aus niedrigen sozialen Schichten
ein höheres Risiko haben zu erkranken und häufiger Entwicklungsstörungen aufweisen
als Kinder aus besser gestellten Familien (RKI 2008; RKI/BZgA 2008). Neben diesen
Befunden haben die hohe Zahl, der in den letzten Jahren öffentlich gewordenen Fälle
von Missbrauch, Gewalt an und Vernachlässigung von Kindern, die Debatte um zielgruppenspezifische Elternbildung sicherlich auch angetrieben.

Angebote zur Unterstützung von Eltern in Belangen der Erziehung ihrer Kinder bereitzustellen, ist seit Beginn der 1990er Jahre in § 16 des Kinder- und Jugendhilfegesetzes explizit als staatlicher Auftrag formuliert. Eltern- oder besser Familienbildung soll
dabei „auf Bedürfnisse und Interessen sowie auf Erfahrungen von Familien in unterschiedlichen Lebenslagen und Erziehungssituationen eingehen, die Familien zur Mitarbeit in Erziehungseinrichtungen und in Formen der Selbst- und Nachbarschaftshilfe
besser befähigen sowie junge Menschen auf Ehe, Partnerschaft und das Zusammenleben mit Kindern vorbereiten" (§ 16 Abs. 1 SGB VIII). Die Förderung von Familien
schließt hierbei auch „Angebote der Beratung in allgemeinen Fragen der Erziehung
und Entwicklung junger Menschen" (§ 16 Abs. 2 SGB VIII) ein. In Deutschland nehmen
sich vornehmlich Familienbildungsstätten dieses Förderauftrags an. Dafür bieten Sie
Elternbildungsprogramme, -kurse und -trainings, Möglichkeiten zum gegenseitigem
Austausch und Beratung der Eltern an.

Historische Entwicklung der Elternbildungsstrukturen in Deutschland

Elternbildung hat in Deutschland eine lange und wechselvolle Tradition (vgl. Textor
2007; Pettinger 1995; Strätling 1990; Schymroch 1989), während dieser Elternbildung
vonseiten unterschiedlicher Akteure (Privatpersonen, Kirchen, Wohlfahrtverbänden
und/oder staatlichen Einrichtungen) angeboten wurde. Die Entwicklung der Angebote
von Elternbildung, -unterstützung und im Weiteren der Kinderförderung hängt mit
der gesellschaftlich dominierenden Vorstellung von Frauen bzw. Familie ab (Tschöpe-
Scheffler/Wirtz 2008). Genauso wird Elternbildung von Erwartungen und Herausforderungen geprägt, deren Erfüllung an Eltern herangetragen werden bzw. denen sich
Eltern, vor allem in Zeiten gesellschaftlicher Umbrüche und Wandels, gegenübersehen.
So machte Friedrich Fröbel seine Vorschläge zur Gründung einer Mütterschule bereits
im frühen 19. Jahrhundert zu Zeiten der ersten Industrialisierung. In dieser Epoche be-

gannen auch Mütter mehr und mehr einer beruflichen Tätigkeit nachzugehen, wodurch die Zeit für Erziehung und Bildung ihrer Kinder knapp bis nicht mehr vorhanden war.

Institutionell beginnt die Elternbildung mit der – 1917 von der Kindergärtnerin Luise Lampert gegründeten – ersten deutschen Mütterschule in Stuttgart. Angetrieben durch die damals herrschenden schlechten Wohn-, Arbeits- und Hygienebedingungen und einer hohen Säuglingssterblichkeit, konzentrierte sich die durch die erste Mütterschule initiierte „erste Mütterschulbewegung" zwischen 1917 und 1936 überwiegend auf die Vermittlung von Kenntnissen der Hygiene, Ernährung, Säuglings- und Kinderpflege. Näh- und Kochkurse nahmen die Mütterschulen erst nach 1933 in ihr Programm auf.

Ab 1919 wurde das Angebot der Mütterschulen von einigen Elternschulen ergänzt, die im Zuge der Emanzipationsbewegung und gestiegenen Erwerbstätigkeit von Frauen auch Väter als ihre Zielgruppe betrachteten. Neben der Verbesserung der Lebens- und Bildungsbedingungen von Familien verfolgten die Initiatorinnen institutioneller Elternbildung in der Weimarer Zeit aber auch die Etablierung neuer Berufsfelder für Frauen im Bereich der außerhäuslichen Erziehung und eben der Familienbildung.

Elternbildung ist aber auch ein politisches Thema, dessen Inhalte und Ziele durch Normativität geprägt sind. So betrieb der Nationalsozialismus Mütterschulen aus gänzlich anderen Gründen als ihre Initiatorinnen und Initiatoren. Ab 1933 vereinte der nationalsozialistische Staat alle Mütterschulen unter dem Dach des „Mütterdienstes im Deutschen Frauenwerk" und nutzte sie für seine Ideologie. Hierin war die Frau auf ihre Rolle als Mutter reduziert. Zugewiesen war ihr der Platz bei Familie und Heim. Das Beispiel des Nationalsozialismus macht auf eine besonders bedrückende Weise deutlich, wie der Staat – als Akteur von Elternbildung – diese für sich instrumentalisieren kann. Auch wenn die Angebote nicht grundsätzlich neu waren, so wurde die Arbeit der Mütterschulen nun keinesfalls mehr von emanzipatorischen Gedanken, sondern allein von der nationalsozialistischen Ideologie bestimmt (Schymroch 1989).

Nachdem die Alliierten die ideologisch funktionalisierten Mütterschulen nach Kriegsende auflösten, fanden bereits 1946 erste Neugründungen in der Trägerschaft von Kommunen, freien Wohlfahrtsverbänden und Kirchen statt. Die damit einsetzende „zweite Mütterschulbewegung" verfolgte zunächst das Ziel, die materielle und seelische Not der Frauen im zerstörten Deutschland zu lindern. Erst ab den 1950er Jahren trat der Bildungsgedanke wieder mehr in den Vordergrund. Dabei war die Arbeit nach dem Frauenbild dieser Jahre vornehmlich auf Frauen und Mütter ausgerichtet, wobei es in erster Linie darum ging „mütterliche Persönlichkeiten" zu formen (Schymroch 1989).

Mitte der 1960er und 1970er Jahre begann sich das Rollenverständnis von Mann und Frau und ihrer Aufgabenteilung zu verändern (vgl. hierzu den Beitrag von Hoffmeister in diesem Band). Seither wird versucht alle Familienmitglieder oder zumindest beide Elternteile – Mütter und Väter – durch die Elternbildungsangebote anzusprechen. Die Umbenennung von „Mütterschulen" in „Familienbildungsstätten" verdeutlicht diese Erweiterung des Adressatenkreises auch begrifflich. Während in den Jahrzehnten zuvor die Vermittlung praktischer Kenntnisse und Fähigkeiten zur Verbesserung des Kindeswohls im Mittelpunkt stand, kamen nun Angebote zur Persönlichkeitsentwicklung hinzu. Diese Ziele von Familienbildung bzw. Elternbildung sind bis heute im § 16 des Kinder- und Jugendhilfegesetzes und auch im Förderungsgesetz der Erwachsenenbildung (EbFöG) verankert.

Während in der Bundesrepublik Deutschland Eltern- und Familienbildung bis in die 1980er/1990er Jahre überwiegend in der Hand freier (Weiterbildungs-)Träger wie Kirchen, Verbänden der freien Wohlfahrtspflege oder privaten Vereinen lagen und dabei immer als Aufgabe der Familie angesehen wurde, war das in der DDR anders. Hier sollten Eltern ihre Kinder in „vertrauensvollem Zusammenwirken mit staatlichen und gesellschaftlichen Einrichtungen (…) zu aktiven Erbauern des Sozialismus" erziehen (§ 3 des Familiengesetzbuchs der DDR). Hierfür standen neben einem landesweit gut ausgebauten System der Kinderbetreuung verschiedenste Angebote der Elternbildung an Volkshochschulen oder Einrichtungen des Gesundheitswesens zur Verfügung sowie in der Schwangeren- und Mütterberatung und der Erwachsenenweiterbildungsstätte in der DDR URANIA (Wittke 2010).

Elternbildung heute zwischen staatlichem Auftrag und privatem Markt

Elternbildung bedeutet heute Information, Erfahrungsaustausch, Entdecken bzw. Aufdecken eigener Stärken und das Bereitstellen von Praxistipps für den Erziehungsalltag. Das zeigt sich auch in der weit gefächerten Angebotspalette von Eltern- und Familienbildung, die in den letzten Jahren quantitativ ausgeweitet worden ist. Eine im Auftrag des Familienministeriums durchgeführte bundesweite Erhebung ergab für 2004 ca. 200 000 familienbezogene Bildungsangebote mit über zwei Millionen Teilnehmerinnen und Teilnehmern (Lösel 2006).

In Deutschland hat sich der Staat mit dem § 16 SGB VIII dazu verpflichtet, Elternbildungs- und Beratungsangebote finanziell zu unterstützen: Danach sollen „Leistungen der allgemeinen Förderung der Erziehung in der Familie angeboten werden". Der in § 16 Abs. 3 erwähnte Landesrechtsvorbehalt schränkt die Finanzierung von Familienbildung jedoch wieder deutlich ein, denn die Förderung soll „im Rahmen der verfügbaren Haushaltmittel nach pflichtgemäßem Ermessen" (§ 74 Abs. 3 SGB VIII) erfolgen. Deshalb finanziert sich auch institutionell angebundene Elternbildung nur teilweise aus öffentlichen Mitteln wie den Zuschüssen von Stadt oder Landkreis. Ergänzt werden diese – zumeist unzureichenden Gelder – durch Kursgebühren, Spenden aber auch über Aktionen wie der Veranstaltung von Märkten. Durch den staatlich festgeschriebenen Auftrag Familienbildung anzubieten, wird ein großer Teil der Angebote von bereits etablierten Institutionen wie Familienbildungsstätten oder Beratungsstellen in staatlicher, konfessioneller oder freier Trägerschaft bereitgestellt.

Neben den traditionell gewachsenen Strukturen von Elternbildung hat sich in den letzten Jahren auch ein „Markt" von größtenteils standardisierten Elternbildungsangeboten entwickelt. Einerseits handelt es sich um Elternkurse (wie STEP oder Triple P), die in vielen anderen westlichen Ländern bereits bekannt, weit verbreitet und auf deutsche Verhältnisse übertragen wurden. Andererseits gingen die Angebote auch aus Projekten deutscher Wissenschaft (z. B. ElternAG) und (sozial-)pädagogischer Praxis (z. B. Starke Eltern – Starke Kinder) hervor. Viele von diesen Angeboten in privater oder gemeinnütziger Trägerschaft haben mittlerweile Eingang in Kurspläne der Familienbildungsstätten gefunden und werden von Institutionen der Familien- und Jugendhilfe empfohlen bzw. unterstützt, z. T. auch mittels staatlicher Zuschüsse.

Häufig wird der Boom privater Angebote mit der öffentlich diskutierten und bereits erwähnten These allgemeiner Erziehungsunsicherheit von Eltern und teilweise auch mit dem im Jahr 2000 eingeführten § 1631 Abs. 2 des BGB in Verbindung gebracht (Ecarius 2007). Danach haben Kinder seit 2000 ein gesetzliches Recht auf gewaltfreie Erziehung und körperliche, geistige als auch seelische Verletzungen sind verboten. Eltern in dieser Aufgabe zu unterstützen, haben sich Elternbildungsangebote bzw. ihre Anbieter und Träger zum Ziel gemacht.

Der Präventionsgedanke in der Elternbildung

Familienbildung war und ist immer von normativen Ideen geprägt gewesen, wie sich in der Betrachtung der historischen Entwicklung zeigt. Familie ist primäre Sozialisationsinstanz, weshalb Elternbildung aus erziehungs-, sozial- und gesundheitswissenschaftlicher Perspektive eine zentrale Rolle für die Kommunikation und Interaktion zwischen den Familienmitgliedern einnimmt (Hurrelmann et al. 2008, Walter et al. 2000; vgl. hierzu ausführlich Schnabel in diesem Band). Ganz grundlegend soll Elternbildung psychischer und physischer Gewalt sowie Vernachlässigung vorbeugen. Familie ist ein Ort, wo Prävention von Gewalt, Krankheit und anderen Entwicklungsbelastungen von Heranwachsenden beginnt.

Erkenntnisse der Armuts- und Sozialberichterstattung sowie Studien zur Kinder- und Jugendgesundheit haben dazu beigetragen, dass Entwicklungschancen und Gesundheit von Kindern stärker mit ihrer sozialen Herkunft bzw. dem familiären Hintergrund der Kinder in Zusammenhang gebracht werden. Nachweislich sind Kinder aufgrund ihrer sozialen Herkunft, vor allem wenn sie mit einer ungünstigen Ressourcenausstattung ihrer Eltern in der Entwicklung zusammenfällt, benachteiligt (Lampert/ Richter 2008): Kinder aus Familien mit niedrigem sozioökonomischem Status weisen ein relativ höheres Risiko für Krankheiten (mit Ausnahme von Allergien und Neurodermitis) auf. Sie praktizieren eher ein ungünstiges Gesundheitsverhalten, wofür im Kindesalter vor allem das Bewegungs- und Ernährungsverhalten bedeutsam ist, während es im Jugendalter zudem auch auf den Umgang mit Suchtmitteln wie Alkohol, Tabak und Drogen ankommt. Kinder aus Familien mit einem sozioökonomisch niedrigen Status erleiden zudem häufiger Unfälle und weisen in Schuleingangsuntersuchungen in weitaus höherem Maße Störungen in ihrer Sprech-, Sprach- oder auch intellektuellen Entwicklung auf.

Familiale soziale Benachteiligung im Kindes- und Jugendalter hat Einfluss auf Lebens- und Gesundheitschancen über den Verlauf des Lebens (Richter et al. 2008). Aufgrund dieser Kenntnis ist in den letzten Jahren insbesondere der Anteil an Programmen gewachsen, der die Entwicklung von Kindern aus sozial benachteiligten Familien in den Blick nimmt und dabei z. B. auf ihr Gesundheitsverhalten (Ernährung und Bewegung) und den familiären Umgang mit Konflikten eingeht. Elternbildung zielt aus präventiver Perspektive darauf ab, Familien so zu unterstützen und zu stärken, dass Kinder die bestmöglichen Entwicklungschancen bekommen.

Elternbildung: Aufgaben und Angebotsvielfalt

Elternbildung können *mediale Angebote* wie klassische Printmedien in Form von Elternratgebern, Elternbriefen und Elternzeitschriften sein. Zu den jüngeren medialen Angeboten ist das Internet als Informationsquelle, Ort des Austauschs mit anderen Eltern und neuerdings auch mit interaktiven Lernangeboten hinzugekommen. Zur Elternbildung gehören regelmäßig stattfindende, institutionell angebundene und teilweise moderierte *Eltern- bzw. Mutter-Kind-Gruppen,* die sich vorwiegend an Eltern von Säuglingen und Babys während des ersten Lebensjahres richten. Formeller und standardisiert sind *Elternkurse bzw. Elterntrainings,* da sie ein Vorgehen nach Programmstruktur oder Modulen vorgeben, regelmäßig und in Kleingruppen stattfinden und auf wissenschaftlichen (Erziehungs- und Bildungs-)Konzepten und praxiserprobten Ansätzen basieren. So arbeiten sie entweder nach humanistischen Schulen oder verhaltenstherapeutisch und kognitiv-behavioral (Tschöpe-Scheffler/Wirtz 2008: 165). Zur Elternbildung zählen auch Formen der *Partnerschaft und Vernetzung* zwischen Pädagogen und Eltern z. B. als Erziehungspartnerschaften oder in Familienzentren sowie die Vernetzung von Institutionen (wie Kita, Familienbildungsstätte und Schule), Zielgruppen bzw. Communities (z. B. Migranten) und damit die Verknüpfung zwischen familiären Lebenswelten.

Elternbildung steht vor der Herausforderung verschiedenste Aufgaben zu erfüllen (Pettinger/Rollik 2005: 175):

- Die Angebote sollen Eltern dazu befähigen und unterstützen, die Entwicklung ihrer Kinder bestmöglich zu fördern.
- Elternbildung soll Eltern ermöglichen sich mit ihren eigenen Wert- bzw. Erziehungsvorstellungen auseinanderzusetzen, ihre erzieherischen Fähigkeiten und Kompetenzen stärken und zur Verbesserung der Lebensqualität von Familien beitragen.

- Elternbildung soll sich darüber hinaus der Aufgabe annehmen, gesellschaftliche Partizipationsmöglichkeiten bzw. gesellschaftliche Integrationschancen von Eltern und ihren Kindern zu erhöhen, dafür sollen soziale Infrastrukturen für Familien, d. h. strukturelle bzw. institutionelle Vernetzung von Betreuungs-, Bildungs- und Beratungseinrichtungen hergestellt bzw. stärker ausgeweitet werden.

Die Programmentwicklerinnen und -entwickler sowie die Kursleiterinnen und -leiter von Elternbildungsangeboten legen besonderen Wert darauf, dass ihre Angebote wahrgenommen werden, als an den Bedürfnissen von Familien und den an sie gerichteten gesellschaftlichen Anforderungen orientiert. Statt Eltern in fertigen Erziehungsstrategien zu unterweisen, wollen die Akteure der Elternbildung mit ihren Angeboten erzieherische und allgemeine Handlungsspielräume von Eltern ausweiten, indem sie Möglichkeiten schaffen, dass Eltern ihre Erziehungsvorstellungen und Erfahrungen mit sich und anderen reflektieren sowie neue entwicklungsfördernde Interaktions- und Verhaltensweisen erlernen und erproben können (kritisch hierzu Marzinzik/Kluwe 2009).

Dies entspricht einem umfassenden Anforderungskatalog, der viel von Kursleiterinnen und -leitern, den Einrichtungen an denen sie stattfinden bzw. in die sie eingebunden sind und nicht zuletzt auch von den Eltern verlangt.

Chancen und Risiken im heutigen Elternbildungsspektrum

Das heutige Spektrum in der Elternbildung ist so vielfältig, dass ein Überblick allenfalls Entwicklungslinien und Unterscheidungskategorien aufzeigen kann (für weitere Übersichten siehe u. a. auch Tschöpe-Scheffler 2005, 2006). So ist Elternbildung auf Bedürfnisse und Bedarfe sowie Nutzungsmöglichkeiten ausgerichtet, die nach Alters- bzw. Entwicklungsphasen von Kindern (Säugling/Kleinkind, Vorschulkind, Schulkind, Jugendliche) sowie sozialen Lebenslagen (nach Merkmalen wie Einkommen, Bildungsstand, Berufstätigkeit, Migrationshintergrund, Einelternfamilie usw.) variieren und den Einsatz verschiedener Methoden (Eltern-Kind-Gruppen, Elterngesprächskreise, textbasierte Wissensvermittlung, videogestützte Kommunikation usw.) erfordern.

Die Frage der Erreichbarkeit von Zielgruppen mit potentiell hohem Unterstützungsbedarf nimmt in der aktuellen Diskussion um Elternbildung eine besonders zentrale Rolle ein. Die Evaluation von Elternbildungsangebote hat immer wieder gezeigt (bereits Nave-Herz 1964), dass die durchaus erfolgreichen, jedoch meist kostenpflichtigen Kurse in der Regel häufiger von Eltern mit einem relativ hohen Bildungsniveau besucht werden, während schulbildungsferne Gruppen an diesen Kursformaten eher wenig teilnahmen (Marzinzik/Kluwe 2007). Besonders in der gesundheitswissenschaftlichen Forschung fand dieser Umstand enorme Beachtung und wurde unter dem Label „Präventionsdilemma" thematisiert – d. h. die Elterngruppen, die am meisten von Elternbildung profitieren, werden am wenigsten von diesen erreicht (Bauer/Bittlingmayer 2005; Hartung et al. 2010).

In den letzten Jahren sind von allen beteiligten Akteuren ganz unterschiedliche Konzepte und Zugänge entwickelt und erprobt worden, um diesem Dilemma zu begegnen. Zwei Wege haben sich dabei als besonders wirksam erwiesen: Erstens eine stärker zielgruppenspezifische, auf die Bedarfe sozial benachteiligter Gruppen zugeschnittene Programmgestaltung und zweitens die Nutzung von Gehstrukturen wie Hausbesuche sowie vor allem die Anbindung der Programme an die soziale Lebenswelt der Familien (wie Stadtteil, Schule und Kita) (Hartung et al. 2010). Dieses Vorgehen zeigt sich in Konzepten des Ausbaus der Kindertagesstätten in Familienzentren oder an der Einbindung von Elternkursen und Elterntrainings in Schulen, Kindertagesstätten und im Rahmen der Familienhilfe. Nennenswert für die zielgruppenspezifische Erreichung dieser Gruppen sind Konzepte wie die Eltern-AG von Armbruster (2006) oder das Konzept der Stadtteilmütter, die inzwischen in vielen Städten implementiert sind (weiterer Überblick über Elternbildungsprojekte für sozial Benachteiligte siehe www.gesundheitliche-chancengleichheit.de).

Doch auch die gute Öffentlichkeitsarbeit einiger an sozial Benachteiligte gerichtete Projekte, darf nicht darüber hinwegtäuschen, dass sie aufgrund dessen, dass sie größtenteils nicht bundesweit arbeiten und zumeist nur einmal stattfinden, nur einen Bruchteil der vulnerablen Zielgruppen erreichen. Auch wenn sich eine zielgruppenspezifische Ansprache in Programmevaluation als günstig erwiesen hat, sind Familienbildungsstätten als traditionelle Institutionen und die vielen der auf kommerziellen Strukturen beruhenden Elternkurse doch universell ausgerichtet. Nur 20 % der Familienbildungsstätten gaben 2006 in der Erhebung des BMFSFJ an, zielgruppenspezifische Angebote z. B. für Alleinerziehende anzubieten. Diese zielgruppenspezifischen Angebote zielten dabei wesentlich deutlicher als universelle Maßnahmen auf die Bereiche „Alltagskompetenzen" bzw. „Alltagsbewältigung", „Schaffung eines sozialen Netzwerks" und „Problembewältigung" (Lösel 2006: 90 f.). Institutionelle langjährige Strukturen von Familienbildung, d. h. die Angebote von vielen Familienbildungsstätten sind weitgehend auf Kommstrukturen und finanzielle Beteiligung angelegt (ähnlich auch Erziehungskurse, Erziehungstrainings oder Erziehungscoaching) und sprechen zumeist die Klientel der Mittelschicht an.

Insgesamt lässt sich das Angebotsspektrum nun so beschreiben: es besteht Unübersichtlichkeit in der Vielfalt, aber es gibt „für alle etwas"; es finden mehr kostenpflichtige universelle Angebote statt, während Angebote für vulnerable Zielgruppen nur partiell d. h. für einige Gruppen und an einigen Orten vorhanden sind.

Beispiele neuerer Entwicklungen: sozialräumliche und institutionelle Vernetzung

Eine stärkere Verbindung zwischen Familien und anderen Sozialisationsinstanzen wie Schule und Kita wird in neueren Ansätzen der Entwicklungs- und Bildungsförderung angestrebt. Beispielhaft für diese Entwicklung sind das Landesprojekt „Familienzentren in NRW" (http://www.familienzentrum.nrw.de/) und das Familienzentrum Schillerstraße „Early Excellence" (http://www.early-excellence.de). Neben dem Besuch der Schule wird auch der Besuch von Kindertagesstätten in den nächsten Jahren zunehmend zur Normalbiografie von Heranwachsenden gehören (Tietze 2007). Nicht zuletzt deshalb macht es Sinn, Elternbildung stärker in diesen Lebenswelten zu verankern und damit automatisch da zu sein, wo Eltern zwangsläufig auf sie treffen müssten.

Das Berliner Modell der Early Excellence Centre entstand nach britischem Vorbild (zu Beginn Familienzentrum Schillerstraße, heute ansässig im Pestalozzi-Fröbel-Haus) und kann als ein Leuchtturmprojekt verstanden werden. Hier vernetzen sich nicht nur eine Kindertageseinrichtung mit Beratungs- und Bildungseinrichtungen für Eltern sondern das „Early Excellence"-Zentrum verbindet Kindertageseinrichtungen bzw. Familienzentren, Ganztagsbereiche von Grund- und Sekundarschulen sowie Ausbildungsstätten für Pädagogen und Einrichtungen der Kinder- und Jugendhilfe.

Als erstes Bundesland hat sich NRW mit seinem Landesprojekt „Familienzentren NRW" das Ziel gesteckt Kindertageseinrichtungen bundeslandübergreifend zu Familienzentren umzugestalten, d.h. Knotenpunkte für ein Netzwerk unterschiedlicher Förder-, Beratungs- und Bildungsangebote für Familien zu bilden. Mittlerweile existieren mehr als 2000 zertifizierte Familienzentren. Das heißt, dass Kindertagesstätten als Familienzentren mit Familien- und Erziehungsberatungsstellen und Familienbildungsstätten zusammenarbeiten, deren Beraterinnen und Berater, Kursleiterinnen und Kursleiter z.B. offene Sprechstunden oder regelmäßige Kurse anbieten. Bestehenden Schwellenängsten wollen die Angebote entgegen wirken, indem sich Berater auf möglichst informellem Weg den Eltern z.B. in Elterncafes bekannt machen, Terminvereinbarungen organisiert werden und die Anonymität der Ratsuchenden gewährleistet ist. Dem pädagogischen Personal der Familienzentren in NRW ist die Rolle der Organisatoren und Multiplikatoren zugedacht; sie informieren Eltern z.B. auch darüber, welche Berater und welche Beratungsstelle oder welcher Kurs für welche Problemlage geeignet sind. Ob Elternbildung von den Mitarbeiterinnen und Mitarbeitern der Zentren selbst oder von den hierauf spezialisierten Institutionen angeboten werden, hängt dabei neben den finanziellen Mitteln auch von zeitlichen und sozialen Ressourcen ab. Familienzentren sollen und wollen sich nach dem Landesprogramm NRW am Bedarf ihres Sozialraums orientieren. Für diese Einschätzung greifen sie auf eigene Beobachtungen, die Kooperation mit sozialräumlichen Gremien sowie auch auf teilweise vorliegende Bedarfsanalysen zurück.

Elternbildung im Spannungsverhältnis zwischen erzieherischen Anforderungen und gesellschaftlichen Zumutungen

Bundespolitische Initiativen wie der Ausbau von Kinderbetreuungseinrichtungen, Ganztagsschulen und die Einführung der Elternzeit für Mütter wie Väter sollen Eltern in der Wahrnehmung und Erfüllung ihrer gesellschaftlichen Verantwortung für eine leistungsfähige nächste Generation unterstützen, wie gewissermaßen auch die Vielzahl von Elternbildungsangeboten dazu beitragen soll. Diese politischen Initiativen symbolisieren staatlichen Einsatz für die Belange von Familien, gleichzeitig schwingt aber auch ein Appell an Familien mit, ihrer Verantwortung für die nächste Generation unter diesen stetig verbesserten Bedingungen auch gerecht zu werden.

Solche politischen Initiativen suggerieren damit z. T. zwar eine staatliche Übernahme von Verantwortung für Kindererziehung, doch lässt sich auch beobachten, dass es z. T. bei schlichter Rhetorik bleibt und finanzielle – weil zumeist kommunale – Mittel für gute Umsetzung und Qualität dieser Initiativen fehlen. Gerade der Erfüllung hoher Ansprüche an Kindertagesstätten, sich bspw. in NRW als Familienzentren zertifizieren zu lassen, stehen strukturelle Probleme und knappe personelle und zeitliche Ressourcen in den Einrichtungen entgegen. Ein Grund dafür, weshalb der Anspruch auf umfassende Integration von Familien im nahen Sozialraum von Familienzentren häufig schwer einzulösen ist und gerade die Beteiligung von Familien, deren Kinder nicht die Einrichtung besuchen, bislang noch als schwierig gilt. Ressourcen werden insbesondere auch für das Erreichen von Familien aus dem unteren sozialstrukturellen Bereich benötigt.

Anders als es die jüngere Familienpolitik glauben machen will, lässt sich insgesamt ein Rückzug des Staates aus der Finanzierung vieler Bereiche der Sozialpolitik beobachten. Der Rückzug des Staates trifft besonders Familien in schwierigen Lebenslagen die Sozialleistungen beziehen, arbeitslos sind, in prekären Beschäftigungsverhältnissen leben, alleinerziehend sind oder/und teilweise aufgrund ihres Migrationshintergrunds benachteiligt sind. In dieser Ambivalenz von impliziter Forderung an Eltern zur Erziehung ihrer Kinder zu leistungsfähigen Bürgern und den gleichzeitig begrenzten, durch staatliche Institutionen geschaffenen strukturellen Ressourcen, besteht die Gefahr Familien strukturell und permanent in Überforderungssituationen hineinzuschieben (Schnabel 2001, 2004). Dies gilt insbesondere für die Familien aus dem unteren sozialstrukturellen Bereich, die immer mehr Leistung bringen sollen bei immer schlechteren Ausgangsbedingungen.

Die Idee, Einfluss auf die familiäre Erziehung auszuüben, ist kein neues Phänomen. Wie Elternbildung in der jeweiligen Zeit betrachtet wird und welche Funktion ihr beigemessen wird, bildet einen Kontext für jeweilige Erziehungs- und Bildungsprozesse. Angefangen bei der Idee von Fröbel, dass Kindergärten auch Bildungsstätten für Eltern bzw. Mütter sein können, über die Zeit der Frauenemanzipationsbewegung der Weimarer Republik, vor deren Hintergrund Frauen mehr Einfluss auf die weitere Entwicklung institutioneller Familienbildung anstrebten, über die Bestrebungen des Nationalsozialismus und der DDR, die Familienbildung zentralisierten und im Sinne ihrer jeweiligen Ideologie institutionell strukturierten: bis heute haben sich nicht nur Angebote der Elternbildung, sondern auch diesbezügliche Grundhaltungen mehrfach verändert.

Obwohl Elternbildung heute keineswegs gemein ist mit vergangenen Formen familiärer Instrumentalisierung, bei denen Familie als Keimzelle des Nationalsozialismus oder auch des Sozialismus angesehen und gebraucht wurde, lassen sich auch heute Tendenzen einer Instrumentalisierung von Elternbildung ausmachen bzw. diskutieren. So wird Eltern vermittelt, und dies ist z. T. auch ein älteres Motiv, dass sie mit ihrer Erziehung eben umfassende gesellschaftliche Verantwortung tragen.

Bedenklich stimmt eine im Elternbildungssektor in den letzten Jahren zu beobachtende Entwicklung einer Zunahme von privaten Angeboten. Aus ökonomischen Gesichtspunkten sind diese überwiegend universell ausgerichtet. Elternbildungsprojekte für Eltern aus schwierigen Lebenslagen bzw. aus den unteren sozialstrukturellen Bereichen der Gesellschaft sind dagegen noch rar gesät und wären ohne massives oftmals ehrenamtliches Engagement Einzelner und privater Spenden nicht möglich. Denn gerade um sozial benachteiligte Kinder und ihre Eltern mit Eltern- bzw. Familienbildungsangeboten zu erreichen, braucht es qualifiziertes Personal, welches die notwendigen zeitlichen Ressourcen aufwenden kann und welches sich bei einem weiteren Rückzug des Staates aus der Finanzierung nicht allein aus Elternbeiträgen und privaten Spenden bezahlen oder über ehrenamtliches Engagement bereitstellen lässt.

Aber auch wenn man den Blick zu Eltern wendet, die es sich finanziell und zeitlich leisten können an Elternbildungsangeboten teilzunehmen, so braucht es mehr als „optimale" häusliche Erziehung, damit Kinder selbstständig, selbstbewusst und gleichzeitig sozial agieren lernen und die Erfahrung von selbstbestimmtem Handeln machen können. Eine allein auf die Leistungsfähigkeit von Kindern fokussierte Erziehung und Gesellschaft könnte da insgesamt die falschen Signale setzen.

Zusammenfassung

Elternbildung und -erziehung kann sowohl im historischen Rückblick als auch aktuell als wichtiger Bestandteil des bildungs- und erziehungssoziologischen und gleichwohl des gesundheitswissenschaftlichen Diskurses angesehen werden. Elternbildung ist keine reine Wissensvermittlung von Erziehungsstrategien bzw. Erziehungsstilen. Das Ziel heutiger Elternbildung ist es vielmehr, Erziehungskompetenzen von Eltern und anderen erziehenden Familienangehörigen zu stärken und ihre Handlungsspielräume zu erweitern (Tschöpe-Scheffler/Wirtz 2008). Elternbildung richtet sich dazu überwiegend an einem ressourcenorientierten Vorgehen aus, durch das Erziehungskompetenzen gestärkt werden sollen und Eltern die Möglichkeit bekommen, sich persönlich weiterentwickeln zu können. Auch die Bildung von formellen und informellen unterstützenden Netzwerken der Eltern ist ein Ziel von Elternbildung. Um Eltern zu erreichen, denen ein hoher Bedarf an Unterstützung attestiert wird, haben sich insbesondere zielgruppenspezifische Angebote als erfolgreich erwiesen.

Eltern fühlen sich heute unter einem starken Druck bzw. es besteht Unklarheit darüber wie Kinder optimal auf die Zukunft vorbereitet werden können, angesichts sich rasch verändernder Anforderungen an Heranwachsende und einer nur unübersichtlichen gesellschaftlichen Entwicklung. Elternbildungsangebote bzw. der Austausch mit anderen Eltern und pädagogischen Fachkräften können bei der Klärung dieser Fragen unterstützend wirken, jedoch ist es ein schmaler Grad zwischen dem Angebot von Unterstützungsleistungen für Eltern und der Abschiebung gesellschaftlicher Verantwortung an Eltern.

Literatur

Armbruster, Meinrad M. (2006): Eltern AG. Das Empowermentprogramm für mehr Elternkompetenz in Problemfamilien. Heidelberg: Carl Auer.

Bauer, Ullrich/Bittlingmayer, Uwe H. (2005): Wer profitiert von Elternbildung? Who Benefits from Parental Training? In: Zeitschrift für Soziologie der Erziehung und Sozialisation, 25 (3), S. 263–280.

Bauer, Ullrich/Bittlingmayer, Uwe H. (2006): Zielgruppenspezifische Gesundheitsförderung. In: Hurrelmann, Klaus/Laaser, Ulrich/Razum, Oliver (Hrsg.): Handbuch Gesundheitswissenschaften, 4. vollst. überarb. Aufl., Weinheim: Juventa, S. 781–818.

Deutsches PISA-Konsortium (Hrsg.) (2002): PISA 2000 – Die Länder der Bundesrepublik Deutschland im Vergleich. Opladen: Leske + Budrich.

Deutsches PISA-Konsortium (Hrsg.) (2001): PISA 2000: Basiskompetenzen von Schülerinnen und Schülern im internationalen Vergleich. Opladen: Leske + Budrich.

Ecarius, Jutta (Hrsg.) (2007): Handbuch Familie. Wiesbaden: VS Verlag für Sozialwissenschaften.

Fuhrer, Urs (2005): Was macht gute Erziehung aus und wie können Eltern gute Erzieher werden? In: Zeitschrift für Soziologie der Erziehung und Sozialisation, 25 (3), S. 231–247.

Hartung, Susanne/Sahrai, Diana (i. E.): Elternbildungsprogramme. In: Sandfuchs, Uwe/Melzer, Wolfgang/Dühlmeier, Bernd/Rausch, Adly (Hrsg.): Handbuch Erziehung. Bad Heilbrunn: Julius Klinkhardt.

Hartung, Susanne/Kluwe, Sabine/Sahrai, Diana (2010): Elternbildung und Elternpartizipation in Settings: Eine programmspezifische und vergleichende Analyse von Interventionsprogrammen in Kita, Schule und Kommune. Abschlussbericht Projekt BEEP. [http://www.lions-quest.de/erfahrungen-mit-lions-quest/wissenschaftliche-studien-und-evaluationen/uebersicht-evaluationen/elternbildung-u-elternpartizipation-in-settings.html, 07.11.2011].

Hoffmeister, Dieter (2008): Randale in der Keimzelle. In: Ahrens, Johannes/Beer, Raphael/Bittlingmayer, Uwe H./Gerdes, Jürgen (Hrsg.): Beschreiben und/oder Bewerten, Bd. 1: Normativität in sozialwissenschaftlichen Forschungsfeldern. Münster: Lit-Verlag, S. 203–230.

Hurrelmann, Klaus (2006): Warum wir Elternschulen und Familienzentren brauchen. In: Biesinger, Albert/Schweitzer, Friedrich (Hrsg.): Bündnis für Erziehung. Unsere Verantwortung für gemeinsame Werte. Freiburg: Herder, S. 103–110.

Hurrelmann, Klaus/Grundmann, Matthias/Walper, Sabine (Hrsg.). Handbuch Sozialisationsforschung, 7. vollst. überarb. Aufl., Weinheim: Beltz.

Klieme, Eckhard/Artelt, Cordula/Hartig, Johannes/Jude, Nina/Köller, Olaf/Prenzel, Manfred/Schneider, Wolfgang/Stanat, Petra (Hrsg.) (2010): PISA 2009. Bilanz nach einem Jahrzehnt. Münster, New York, München, Berlin: Waxmann.

Lösel, Friedrich (2006): Bestandsaufnahme und Evaluation von Angeboten im Elternbildungsbereich. Hrsg. Bundesministerium für Familie, Senioren, Frauen und Jugend. Berlin: BMFSFJ.

Marzinzik, Kordula/Kluwe, Sabine (2009): Normativität in der Elternbildung. In: Bittlingmayer, Uwe H./Sahrai, Diana/Schnabel, Peter-Ernst (Hrsg.): Normativität und Public Health. Vergessene Dimensionen gesundheitlicher Ungleichheit. Wiesbaden: VS Verlag für Sozialwissenschaften, S. 389–405.

Marzinzik, Kordula/Kluwe, Sabine (2007): Stärkung der Erziehungskompetenz durch Elternkurse. Zur Wirksamkeit und Reichweite des Elterntrainings STEP. In: Prävention 29 (3), S. 79–82.

Nave-Herz, Rosemarie (1964): Elternschule. Entwicklung und Stand im Rahmen der institutionellen Elternerziehung in Westdeutschland und Westberlin. Berlin: Luchterhand.

Pettinger, Rudolf/Rollik, Heribert (2005): Familienbildung als Angebot der Jugendhilfe. Rechtliche Grundlagen – familiale Problemlagen – Innovationen. Hrsg. Bundesministerium für Familie, Senioren, Frauen und Jugend [http://www.bmfsfj.de/Publikationen/familienbildung/root.html, 10. 09. 2011].

Pettinger, Rudolf (1995): Von der Mütterschule zur Familienbildung als Instrument kommunaler Familienpolitik und Jugendhilfeplanung. In: AGEF-Informationsdienst, 4, S. 50–54.

Richter, Matthias/Hurrelmann, Klaus/Klocke, Andreas/Melzer, Wolfgang/Ravens-Sieberer, Ulrike (2008): Gesundheit, Ungleichheit und jugendliche Lebenswelten. Ergebnisse der zweiten internationalen Vergleichsstudie im Auftrag der Weltgesundheitsorganisation WHO. Wiesbaden: Juventa.

Robert Koch Institut/Bundeszentrale für gesundheitliche Aufklärung (Hrsg.) (2008): Erkennen – Bewerten – Handeln: Zur Gesundheit von Kindern und Jugendlichen in Deutschland. Berlin/Köln.

Robert Koch Institut (2008): Lebensphasenspezifische Gesundheit von Kindern und Jugendlichen in Deutschland. Ergebnisse des Nationalen Kinder- und Jugendgesundheitssurveys (KiGGS). Berlin.

Schnabel, Peter-Ernst (2001): Familie und Gesundheit. Bedingungen, Möglichkeiten und Konzepte der Gesundheitsförderung. Weinheim/München: Juventa.

Schnabel, Peter-Ernst (2004): Gesundheitsförderung in Familie und Schule. In: Hurrelmann, Klaus/Klotz, Thomas/Haisch, Jochen (Hrsg.): Lehrbuch Prävention und Gesundheitsförderung. Bern u. a.: Huber, S. 281–292.

Schymroch, Hildegard (1989): Von der Mütterschule zur Familienbildungsstätte. Freiburg: Lambertus.

Smolka, Adelheid (2002): Beratungsbedarf- und Informationsstrategien im Erziehungsalltag. Ergebnisse einer Elternbefragung zum Thema Familienbildung (Ifb-Materialien, 5/2002). Bamberg: Institut für Bildungsforschung [http://www.jugendamt.nuernberg.de/downloads/kampagne_erziehung/ke_elternbefragung_in_nuernberg.pdf, 08. 12. 2010].

Strätling, Barthold (1990): Eltern- und Familienbildung. In: Textor, Martin R. (Hrsg.): Hilfen für Familien. Eine Einführung für psychosoziale Berufe. Frankfurt am Main: Fischer Taschenbuch Verlag. S. 215–237.

Textor, Martin R. (2007): Familienbildung. In: Ecarius, Jutta (Hrsg.): Handbuch Familie. Wiesbaden: VS Verlag für Sozialwissenschaften, S. 366–388.

Tietze, Wolfgang (2008): Sozialisation in Krippe und Kindergarten. In: Hurrelmann, Klaus/ Grundmann, Matthias/Walper, Sabine (Hrsg.). Handbuch Sozialisationsforschung, 7. vollst. überarb. Aufl., Weinheim: Beltz, S. 274–289.

Tschöpe-Scheffler, Sigrid (2005): Unterstützungsangebote zur Stärkung der elterlichen Erziehungsverantwortung oder: Starke Eltern haben starke Kinder. In: Zeitschrift für Soziologie der Erziehung und Sozialisation, 25 (3), S. 248–262.

Tschöpe-Scheffler, Sigrid (2006): Konzepte der Elternbildung – eine kritische Übersicht. 2. Aufl. Opladen: Budrich Verlag.

Tschöpe-Scheffler, Sigrid/Wirtz, Wolfgang (2008): Familienbildung – institutionelle Entwicklungslinien und Herausforderungen. In: Diller, Angelika/Heitkötter, Martina/Rauschenbach, Thomas (Hrsg.). Familie im Zentrum: Kinderfördernde und elternunterstützende Einrichtungen – aktuelle Entwicklungslinien und Herausforderungen. München: Verlag Deutsches Jugendinstitut, S. 157–177.

Walter, Wolfgang/Bierschock, Kurt P./Oberndorfer, Rotraut/Schmitt, Christian/Smolka, Adelheid (2000): Familienbildung als präventives Angebot. Einrichtungen, Ansätze, Weiterentwicklungen. Bamberg: Staatsinstitut für Familienforschung an der Universität Bamberg, ifb-Materialien, 5/2000 [http://www.ifb.bayern.de/imperia/md/content/stmas/ifb/materialien/mat_2000_5.pdf, 08.12.2010].

Wittke, Verena (2010): Historischer Abriss von Familienbildung. Projekt „mobile Familienbildung“, AWO Bundesverband e. V., [http://www.mobile-familienbildung.de/hr/HrSpFb-1.2.Historischer_Abriss.pdf, 08.12.2010].

Peers

Robert Heyer, Christian Palentien und Aydin Gürlevik

Erstmals wurde in den 1960er- und 1970er Jahren dargestellt – und seitdem auch nicht mehr bestritten –, dass Kinder und Jugendliche aufgrund unterschiedlicher Sozialisationsmilieus auch unterschiedliche Chancen haben, sich zu gesellschaftlich handlungsfähigen Subjekten zu bilden (vgl. Geulen 2002: 192). Im Kontext der PISA-Studien scheint dieser Zusammenhang insbesondere im Hinblick auf die Leistungen und den schulischen Erfolg von Kindern und Jugendlichen heute wieder von Relevanz zu sein. Aber nicht nur die schulische Sozialisation ist für die Entstehung ungleicher Lebenschancen bedeutsam.

Im Mittelpunkt des folgenden Beitrags steht eine umfassende Betrachtung der Peer-Beziehungen im Jugendalter. Gezeigt werden soll,

(1.) dass sich die Lebensbedingungen aller Bevölkerungsgruppen in Deutschland in den letzten Jahren stark in Richtung einer „Individualisierung" verschoben haben: Jugendliche haben heute hohe Freiheitsgrade für die Gestaltung ihrer eigenen individuellen Lebensweise und der subjektiven Lebenswelt mit einem eigenständigen Lebensstil. Peers sind die zentrale Sozialisationsinstanz in der Jugendphase.

(2.) Trotz veränderter Lebensbedingungen von Jugendlichen – und teilweise auch schon von Kindern, dies im Hinblick auf eine Zunahme an Selbstverantwortlichkeit – sind die traditionellen Sozialisationsfunktionen von Peers in den letzten Jahrzehnten gleich geblieben.

(3.) Um mit den hohen Anforderungen in der Jugendphase konstruktiv umgehen zu können, benötigen Jugendliche verschiedenste Strategien, Probleme anzugehen und zu lösen. Diese sind abhängig von individuellen volitionalen, motivationalen, praktischen, sozialen und psychischen Voraussetzungen und damit auch von Sozialisationsprozessen. In diesem Zusammenhang haben sich insbesondere die positiven und negativen Auswirkungen, die mit der Zugehörigkeit zu Gleichaltrigengruppen einhergehen, verändert.

1 Veränderte Lebenssituation von Kindern und Jugendlichen

Schule und Ausbildung

Betrachtet man die Lebenssituation von Kindern und Jugendlichen, so kommt vor allem dem Bereich der Schule heute ein wesentlich größerer Stellenwert zu als noch vor einigen Jahren: Kinder und Jugendliche verbringen – im Vergleich zu früheren Jahren – mehr Zeit in Schulen. Hurrelmann (2008: 55) spricht in Anlehnung an Hornstein (1990) von einer starken Verschulung der Jugendphase, laut Helsper und Böhme (2010: 619) ist die Schule „zur zentralen gesellschaftlichen Organisation des Kindes- und Jugendalters geworden" und nimmt damit als Sozialisationsinstanz im Kindes- und Jugendalter eine der bedeutendsten Rollen ein.

Ursache hierfür ist die Bildungsexpansion. Von Anfang der 1960er- bis Mitte der 1980er-Jahre ist die Erwerbsquote der 15- bis 20jährigen von 75,9 % auf 45 % gesunken (Olk/Strikker 1991:174). 1990 sind noch 40 % dieser Altersgruppe erwerbstätig, zur Jahrtausendwende sind es 32,1 %. Dieser Wert blieb bis 2009 – mit 31,5 % – relativ stabil (Statistisches Bundesamt 2010: 146).Mit den Entwicklungen der Erwerbsquote der 15- bis 20jährigen einher geht eine Tendenz zu höherer schulischer Qualifikation und Bildung: Bereits für das Jahr 1991 ist ein Anteil von 35 % Schülerinnen und Schüler feststellbar, die das Abitur oder die Fachhochschulreife erwerben. Die Ergebnisse der 15. Sozialerhebung des Deutschen Studentenwerks zeigen, dass zwar zu Beginn der 1950er Jahre noch der größte Teil der Schülerinnen und Schüler des achten Schuljahrgangs (78 %) die Hauptschule besuchte, sich dieser Anteil seither jedoch kontinuierlich reduzierte. 1995 betrug er nur noch 25 %. Entsprechend zugenommen hat dagegen sowohl die Zahl der Realschülerinnen und -schüler als auch die der Gymnasiastinnen und Gymnasiasten. Besuchten 1952 nur 15 % aller Schülerinnen und Schüler des achten Schuljahrgangs ein Gymnasium, so war dieser Wert bis 1995 auf fast ein Drittel gestiegen (Bundesministerium für Bildung, Wissenschaft, Forschung und Technologie 1998). Der Trend zu höherer schulischer Bildung setzt sich auch nach 2000 fort: Bundesweit betrachtet ist ein leichter Anstieg des Erwerbs einer allgemeinen Hochschulreife zu verzeichnen (2004: 24,3 %; 2008: 27,2 %; Autorengruppe Bildungsberichterstattung 2010: 269). Dieser Anstieg der Bildungsbeteiligung bildet die Grundvoraussetzung für eine höhere Bildungsbeteiligung auch im Hochschulbereich: Die Quote der Studienanfängerinnen und -anfänger hat – mit einem leichten Einbruch 2006 – insgesamt leicht zugenommen und lag 2008 für Studierende, die das deutsche Schulsystem durchlaufen haben, bei 34 % (ebd.: 122).

Die Verlagerung des relativen Schulbesuches wirkt sich auf die Struktur der Lebensphase Jugend insgesamt aus: Zinnecker (1991) beschreibt diesen Prozess als einen Strukturwandel der Lebensphase Jugend von einem „Übergangs"- zu einem „Bildungsmoratorium". Baethge (1985) zeigt hierzu, dass Prozesse beruflicher Arbeit, die noch vor wenigen Jahrzehnten als entscheidende Sozialisationsinstanzen diese Lebensphase prägten, selten geworden sind. Die Klassifizierung des Strukturwandels der Erfahrungsfelder der nachwachsenden Generation wird von ihm insgesamt als ein Prozess des Wandels von einem „produktionistischen" hin zu einem „konsumistischen" Sozialisationsparadigma beschrieben: Dem Zugewinn an zeitlichen und kommunikativen Dispositionsmöglichkeiten steht die lange Entbehrung der Erfahrung gesellschaftlicher

Nützlichkeit gegenüber, die mit einem Verlust von arbeits- und lebensweltlich vermittelter Gesellschaftlichkeit unmittelbar verknüpft ist.

Fasst man die Entwicklungen im Schulbereich zusammen, kann festgestellt werden, dass Eingliederungen in betriebliche Ausbildungseinrichtungen, die noch vor wenigen Jahrzehnten als entscheidende Sozialisationsinstanzen die Lebensphase Jugend prägten, die Ausnahme geworden sind. Heute kommt dem schulischen Bereich die vorherrschende Bedeutung bei den unter 18jährigen zu. Anspruchsvolle Erwartungen an eine eigene Berufstätigkeit haben weiterhin dazu geführt, dass nur eine verschwindende Minderheit der Schülerinnen und Schüler schulische Leistungen als unwichtig erachtet. Oftmals wird der hiermit verbundene Leistungsdruck noch durch elterliche Erwartungen verstärkt. Mit dem Trend zu höherer schulischer Qualifikation hat auch eine Erfahrungsrelativierung der Älteren stattgefunden: Noch vor einigen Jahrzehnten konnten Eltern ihre Autorität auf ein bei ihren Kindern nicht vorhandenes Wissen gründen. Nicht mehr nur in schulischen Kontexten, sondern auch in arbeits- und somit lebenspraktischen Kontexten sind diese Wissens- und Erfahrungsvorsprünge heute jedoch veraltet: Kinder und Jugendliche haben damit eine sehr hohe Eigenverantwortung für ihre schulische Laufbahn erlangt.

Freizeit- und Konsumbereich

Die größer werdende Zahl von Schülerinnen und Schülern im Jugendalter und der geringere Stellenwert der Erwerbsarbeit in der Jugendphase gehen mit wachsenden zeitlichen Dispositionsmöglichkeiten für eine zunehmende Anzahl Jugendlicher, aber auch schon Kinder einher (vgl. Shell Deutschland Holding 2006: 77ff.).Bedingt durch eine zunehmende Mobilität, die zur Verfügung stehende freie Zeit (und die Möglichkeit zur individuellen Gestaltung dieser) und eine komplexe, hochgradig diversifizierte Angebotslandschaft von möglichen Freizeitaktivitäten haben darüber hinaus die Wahl- und Freiheitsgrade bei der Freizeitgestaltung quantitativ zugenommen und erleben heute auch eine neue Qualität (vgl. Prahl 2002: 171 ff.; Harring 2010: 27 ff.).

Zur Ausgestaltung der Freizeit stehen einem erheblichen Teil der Jugendlichen „beträchtliche finanzielle Mittel" zur Verfügung (Shell Deutschland Holding 2006: 77; vgl. auch Hurrelmann 2010: 134 f.). Fernsehen, Freunde treffen, im Internet surfen oder Disco- und Partybesuche sind Freizeitaktivitäten, denen viele Jugendlichen gern und oft nachgehen (vgl. Shell Deutschland Holding 2006: 77 ff.). Neben dem Umgang mit neuen Medien kommt dabei auch den traditionellen Freizeitaktivitäten ein hoher Stellenwert zu: Die Musik – insbesondere das Hören – ist für Jugendliche immer noch von zentralem Interesse (vgl. ebd.).

Im Vergleich zu früheren Kinder- und Jugendgenerationen können sich zwar Kinder und Jugendliche heute die Gründung eines selbständigen Haushaltes erst zu einem relativ späten Zeitpunkt leisten. Der Auszug aus dem Elternhaus hat sich in das dritte Lebensjahrzehnt verlagert (vgl. Strohmeier/Herlth 1989). Dennoch – oder vielleicht gerade deshalb – gewinnen mit dem steigenden Alter der Jugendlichen die Peers im Freizeitbereich an Stellenwert.

Die eingangs angesprochenen Sozialisationsmilieus werden maßgeblich beeinflusst durch Ungleichheitsmerkmale sozialer, geschlechtlicher und migrationsbedingter Art. Herwartz-Emden et al. (2010: 62) verweisen in Anlehnung an Bronfenbrenner (1981) auf drei sozialökologische Erfahrungsräume, die auf den Entwicklungsprozess Einfluss nehmen: die Selbsterfahrung, konkrete Erfahrungen durch Beziehungen zu Sozialisationsinstanzen wie Familie und Schule und abstrakte Erfahrungsräume institutioneller und medialer Natur. Diese Erfahrungsräume sind geprägt durch „Vorgaben wie Einkommenshöhe, Geschwisteranzahl, Wohnungsgröße, soziale Milieuzugehörigkeit der Familie, Bezugsgruppen oder Netzwerke, Formen der familialen Alltagsgestaltung, Erziehungsstile, Wertmuster und Zukunftsvorstellungen" (Herwartz-Emden et al. 2010: 62). So sind auch Entwicklungsaufgaben der Jugendphase „geschlechtsspezifisch variiert und davon abhängig, in welcher gesellschaftlichen Position sich das jugendliche Individuum befindet" – bspw. bei Jugendlichen mit Migrationshintergrund: sie haben z. T. zusätzliche Aufgaben – neben dem Streben nach Autonomie und Anerkennung – zu bewältigen (ebd.: 73; 63 ff.).

Familie

Die Veränderungen, die mit der Verschulung der Lebensphase Jugend einhergehen, bleiben nicht auf den Freizeit- und Bildungssektor beschränkt. Vielmehr betreffen sie auch andere lebensweltliche Bereiche Jugendlicher wie die Familie. Sowohl soziologisch wie auch psychologisch gestaltet sich die familiale Sozialisation als zunehmend heterogener: Die Ehe als überwiegende Lebensform wird relativiert. Der Anteil derjenigen, die sich für diese Art des Zusammenlebens entscheiden, hat stark abgenommen. Heute kommen Formen des nichtfamilialen Zusammenlebens wieder auf, die vor der Blütezeit der Kleinfamilie bekannt waren – Haushaltsformen, die nicht durch Verwandtschaft gebildet sind, sondern verschiedene Mischformen des Zusammenlebens darstellen. Darunter fallen verschiedene heute gesellschaftlich akzeptierte Familienkonstellationen wie Ein-Eltern- oder Ein-Kind-Familien, nichteheliche Lebensgemeinschaften mit Kind(ern) oder gleichgeschlechtliche Partnerschaften und nehmen in ihrer Quantität neben dem „Normalentwurf der ehelichen Zwei-Eltern-Familie" zu (BMFSJ 2005: 58 ff.). Die Zahl der Familien, in denen Väter und Mütter einer außerhäuslichen Erwerbstätigkeit nachgehen, steigt (vgl. Bundesministerium für Familie und Senioren 1994: 53).

Die strukturellen Veränderungen von Familie werden begleitet von einem Wandel der Institution in ihrem inneren Bereich durch Veränderungen der Erziehungsmethoden im Kontext familialen Aufwachsens: Das Eltern-Kind-Verhältnis orientiert sich zunehmend an einem Ideal der Gleichberechtigung der Kinder. Wünsche und Entwicklungsrichtungen von Kindern werden durch Erziehungsberechtigte bereits früh ernst genommen – „die jüngste Generation erlebt familiale Erziehung als eine offene Interaktionsstruktur" (Ecarius et al. 2011: 48). Eltern und Kinder diskutieren heute über viele Themen, Kinder handeln ihre Freiheiten und Konflikte aus (Partnerfamilie), anstelle einer schnellen Beendigung von Diskussionen im Sinne des bzw. der Erziehenden (vgl. BMFSJ 2005: 68). Bei einem großen Anteil an bzw. in Familien sind die Disziplinierungspraktiken der Eltern wesentlich einfühlsamer geworden. Gleichzeitig jedoch besteht eine innerfamiliale Bedürftigkeit gegenseitiger Unterstützung, um sich den gesellschaftlichen und beruflichen Anforderungen gemeinsam stellen zu können (vgl. Böhnisch 2010: 95). Diese Veränderungen des Zusammenlebens gingen und gehen einher mit einer Veränderung von als eher ‚traditionell‘ zu bezeichnenden Rollenbildern.

Im Verlauf der Jugendphase sinkt die Bedeutung der Eltern für die psychosoziale Entwicklung Jugendlicher. Zudem verringert sich auch die Kontrolle der freizeitlichen und schulischen Betätigungen, obschon das Elternhaus immer noch der Mittelpunkt jugendlichen Lebens als stabile Bezugsgröße und Ort der Grundversorgung ist. Abels beschreibt – im Rekurs auf die Theorie Eisenstadts – die Jugend als Lebensbereich, der als „*noch* die Familie und *schon* die Gesellschaft" beschrieben werden kann und damit eine Lebensphase kennzeichnet, in der Jugendliche erlernen müssen, gesellschaftlich handlungsfähig zu werden und Verantwortung zu übernehmen, sich gleichsam aber noch auf die Sicherheit der Familie stützen können (Abels 2008: 108; Hervorhebung i. O.).

2   Auswirkungen der veränderten Lebenssituation auf Peer-Beziehungen Jugendlicher

Konstitutiv für die Jugendphase ist, dass mit einem Bedeutungsverlust der Eltern besonders im Bereich Freizeit und Schule gleichzeitig ein Bedeutungszuwachs Gleichaltriger einhergeht. Lernen mit Gleichaltrigen ist von zentraler Bedeutung für den Aufbau von Selbstverständnis und die Entwicklung von sozialen Kompetenzen (vgl. Fend 1998: 229). Hierbei lassen sich zwei Tendenzen von Gleichaltrigenkonstellationen unterscheiden: Jugendliche vergemeinschaften sich erstens aufgrund gemeinsamer Interessen (Musik oder Sport sowie andere Hobbies) und ordnen sich interessengesteuert Cliquen oder Szenen zu. Diese bieten ihnen Möglichkeiten, sich individuell zu verwirklichen, sozial zu verorten und ‚Vergemeinschaftung‘ zu betreiben (vgl. Hitzler/Niederbacher 2010a; 2010b). Mit 71 % geben fast drei Viertel der Jugendlichen an, einer Clique anzugehören, besonders häufig im Alter zwischen 15 und 21 Jahren (76 %; Shell Deutschland Holding 2006: 81 ff.). Vergemeinschaftungsformen wie Cliquen, Szenen oder Jugendkulturen weisen jeweils eigene Sinnbezüge auf und unterscheiden sich strukturell (zu einer genauen Abgrenzung dieser drei Formen jugendlicher Vergemeinschaftung vgl. etwa Ferchhoff 2007; Hitzler/Niederbacher 2010a; 2010b; Scherr 2010). Ihnen gemeinsam ist, dass sie Jugendlichen Räume bieten, „Einstellungen, Orientierungen, Lebenskonzepte und Identitätsentwürfe zu verhandeln und auszuprobieren" (vgl. Herwartz-Emden et al. 2010: 67). Innerhalb dieser sozialen Räume wird oft ein selbst gestalteter, spezifischer Habitus geschaffen, der aus Kleidungsstil, Sprache, Gestik und Mimik, Bedeutungsaufbau von Symbolen oder Events, Gestaltungsvorstellungen des Lebens und der Freizeit usw. besteht. Dieser ‚eigene' Habitus unterscheidet sich oft deutlich von den Umgangs- und Lebensformen der ‚Anderen' – dies sind insbesondere Erwachsene, von denen sich die Jugendlichen genauso wie von anderen Jugendlichen oder ‚konkurrierenden' Szenen abgrenzen – und bietet gerade in der Zeit des Heranwachsens im Zuge der Identitätssuche Orientierung und Sicherheit im Umgang mit anderen Mitgliedern solcher Gruppen (vgl. Müller et al. 2002; Hill 2002; Kopiez/Schramm 2008). Szenen musikorientierter (z.B. Black Metal), politisch motivierter (z.B. Antifa) oder sportlich orientierter Art (z.B. Skater) als ‚juvenile Vergemeinschaftungsformen' verstehen Hitzler und Niederbacher (2010a: 15) als Sozialräume, an denen Jugendliche autonom und freizeitlich – gegenüber „herkömmlichen ‚Sozialisationsagenturen'" – Sinn finden; der Szene-Begriff beziehe „Strukturveränderungen dieses Erfahrungsraumes" unter Berücksichtigung der „technischen Innovationen und sozialen Wandlungsprozesse" ein.

Demgegenüber stehen zweitens Peers, verstanden als diejenigen Gleichaltrigen, die – als Gleichgesinnte – bezogen auf den sozialen Rang als ebenbürtig angesehen werden. Die Verwendung des Begriffs Peers betont die sozialisatorischen Leistungen dieser Gruppe und bezeichnet damit in Anlehnung an Breidenstein (2008: 945) „genau jenen Aspekt der Altersgleichheit […], der sozial relevant wird und der die Spezifik von sozialen Beziehungen zwischen „Gleichen" anspricht". Peers können einzelne Freundinnen und Freunde sein, aber auch Gruppen von Gleichaltrigen wie größere Freundschaftsnetzwerke, welche wiederum unterschieden werden können in informelle Cliquen oder formalisierte Gruppen (vgl. Krüger/Grunert 2008: 382).

Bereits im Kindesalter haben Peers zunächst als Freundschaften – im Grundschulalter bspw. Einzelfreundschaften zwischen zwei Kindern als „dyadische Beziehung" – eine sozialisatorische Bedeutung (Krüger/Grunert 2008: 384). Die Bedeutung von Freundschaften nimmt im Laufe des Jugendalters zu. Die Shell-Studie aus dem Jahr 2000 verweist auf die hohe Bedeutung von Freundschaften im Jugendalter: So gaben 2000 bis zu 96 % der befragten 15- bis 24jährigen Jugendlichen an, dass sie „eine wirkliche Freundin/einen wirklichen Freund" haben und sich einer Peer-Group zugehörig fühlen (Deutsche Shell 2000: 209).

Die Zugehörigkeit zu einer Peer-Group zeichnet sich häufig durch ein Gefühl der Exklusivität aus: Sie ist nicht generell gegeben, sondern wird durch verschiedene Mechanismen bei der Kontaktaufnahme zu und dem Eintritt in eine solche Gruppe erworben. Akzeptanz durch eine oft hierarchisch gestaltete Gruppenstruktur, die von Auf- und Abstiegen gekennzeichnet sein kann und stets geprägt ist von „Exklusionsdrohung", stellt die Basis einer solchen Zugehörigkeit dar (Breidenstein 2008: 954).

Im Kontext von Peer-Beziehungen erwerben Jugendliche durch informelle Lernprozesse Kompetenzen personaler, sozialer und kommunikativer Art (vgl. Krappmann/ Oswald 1995). Gemeinsame Orientierungen solcher Peer-Beziehungen bestehen in der eigenen „Verselbstständigung und Abgrenzung gegen die Erwachsenenwelt", dienen aber auch als Orte, an denen sich Jugendliche Lösungen für Probleme familiärer oder schulischer Art suchen, Entwicklungsaufgaben bearbeiten, „eigene Sozialräume gestalten, Beziehungsformen ausprobieren sowie kulturelle Zuordnung finden" (ebd.). Gleichzeitig können Peer-Konstellationen, wenn sie bspw. geprägt sind von gewaltaffinen Orientierungen, Risiken für Heranwachsende mit sich bringen und sich negativ auf die Entwicklung von Kompetenzen auswirken (vgl. Pfaff/Krüger 2006: 142, zit. n. Krüger/Grunert 2008: 385).

3 Problemverhalten und Entwicklungsprobleme

Bedingungen für Problembelastungen

Aus einem Missverhältnis zwischen situativen Anforderungen einerseits und eigenen Handlungskompetenzen andererseits entwickeln sich oftmals untaugliche Lösungen, die in ihren Erscheinungsformen und Folgen von der sozialen Umwelt der ‚Erwachsenen' (Familie, Schule usw.) als inakzeptabel bezeichnet werden. Dissozialität und Delinquenz, psychosomatische Störungen und gesundheitsgefährdende Verhaltensweisen stellen solche auffällige oder geächtete und damit für die jeweiligen Personen prekäre Strategien der Reaktion auf Problemkonstellationen dar; in diesem Sinne handelt es sich um fehlgeleitete Formen der Auseinandersetzung mit der eigenen Lebenslage. Dem stehen Formen der Problemverarbeitung gegenüber, die von der sozialen Umwelt als konform bezeichnet werden.

Risikofaktoren für abweichendes Verhalten im Jugendalter

Risiken im Jugendalter liegen auf verschiedenen Ebenen. Sie können aus Benachteiligungen sozialer Art wie z. B. Armut resultieren, sind sozialisatorisch oder schichtspezifisch bedingt oder haben geschlechts- und rollenspezifische Ursachen (vgl. Bornschier 2007: 11 ff.). Laut Bornischer (1998, zit. n. ders. 2007: 32) – entsteht abweichendes Verhalten aus dem Zusammenwirken von Freiheit und Bindung als „nicht ganz widerspruchsfreie[…] Bedürfnisse". So, wie Freiheit Sicherheit erfordert, erfordert das Bedürfnis nach Sicherheit auch den Aufbau von Macht, um Unsicherheiten zu bewältigen. Erfolgt ein solcher Machtaufbau, äußert sich dieser gleichsam als „soziale Macht von Gruppen, die Gruppen binden" (ebd.). Soziale Macht entsteht insbesondere durch Gruppensolidarität – und kann durch Individuen mobilisiert werden oder nach außen hin vertreten werden. Um diese Macht für das Individuum zu erhalten, sind Austauschbeziehungen und ein ‚sich Fügen' unter den Normen der Gruppenkultur nötig. Kleingruppen oder Individuen, die sich von (Groß-)Gruppen durch ein wie auch immer geartetes abweichendes Verhalten unterscheiden, beeinträchtigen die „Einheit und Solidarität der Gruppe": Diese „Macht der Gruppe (nämlich ‚soziale Macht' [...]) und das Interesse an Machterhalt sind der Kern des Problems abweichenden Verhaltens" im Kontext von Peer-Groups (ebd.: 33).

Kam der Familie lange Zeit die ausgleichende Funktion z. B. für entstehende Konflikte im Kontext von Peer-Groups zu, so muss diese Funktion insbesondere bei einem Aufwachsen unter anomischen Bedingungen stark relativiert werden. Im Zuge einer solchen familialen Sozialisation (vgl. für eine dezidierte Darstellung z. B. Böhnisch 2010: 89 ff.) können im Jugendalter zusätzlich abweichende Verhaltensweisen entstehen. Die durch Gegenseitigkeit geprägte Familie, die als sozialer Rückzugsraum und emotionale Stütze sowohl für Kinder als auch für deren Erziehungsberechtigte dient, stellt sich als eine „auf sich gegenseitig angewiesene Intimgruppe Bedürftiger" dar (Böhnisch 2010: 95), da sie „in industriekapitalistischen Gesellschaften strukturell überfordert" und durch die entemotionalisierte und rationalisierte Arbeitswelt einem großen gesellschaftlichem Druck ausgesetzt ist: „Die Familie soll die Arbeitsgesellschaft sozialemotional stützen und reproduzieren, muss aber gleichzeitig damit zurechtkommen, dass Konflikte [...] aus der Arbeitsgesellschaft in die Familie hineinreichen und ihre Bindungs- und Regenerationsfähigkeit bedrohen. Sie soll also funktionieren, indem sie Probleme integrieren muss, die immer wieder ihre Funktionsfähigkeit bedrohen."(ebd.: 96; zum Zusammenhang von Arbeitswelt, individueller Ebene und Interaktionen zwischen den Familienmitgliedern vgl. auch Hurrelmann 2001: 117). Um die Überforderungen dieses Drucks innerfamiliär gemeinsam zu bewältigen, muss eine kommunikative Basis bestehen. Ist diese nicht gegeben, „kann in der Folge eine innerfamiliale Vermischung von Hilflosigkeit und Bedürftigkeit entstehen", die in Gewalt umschlagen kann (Böhnisch 2010: 95). Heintz (1968, zit. n. Bornschier 2007: 163 ff.) verweist auf Rollenkonflikte im Zuge der Ablösung von der Familie, die sich in Status- und Perspektivunsicherheiten (welche Frauen- und Männerrollen können eingenommen werden) sowie Kompensationsmechanismen äußern können (wie z. B. durch Betonung von Stärke und Männlichkeit, vgl. auch Herwartz-Emden et al. 2010, 69 ff.). Andererseits beschreibt er mögliche Risikofaktoren wie unvollständige Familien, Migrationsbewegungen, Gewalterfahrungen (auch im Herkunftsland), geringe Bleibechancen von bspw. Asylbewerberinnen und -bewerbern sowie kulturelle Differenzen und mediale Gewaltdarstellungen als Ursache abweichenden Verhaltens.

Als konkrete Ausdrucksformen abweichenden Verhaltens gelten z. B. jugendlicher Drogenkonsum, Suizid(versuche) oder leichtsinniges Verkehrsverhalten (vgl. Hurrelmann 2001: 179). Besonders Alkohol- und Nikotinkonsum nimmt bei Jugendlichen den höchsten Stellenwert ein. Zwar wird hier derzeit ein abnehmender Trend des übermäßigen Alkoholkonsums festgestellt, die Befunde für gesundheitsgefährdenden Konsum sind jedoch nach wie vor vergleichsweise hoch (vgl. Die Drogenbeauftragte der Bundesregierung 2009: 22; 38 f.). Begünstigend auf Suchterkrankungen (und negativ auch auf die allgemeine Gesundheit, vgl. BMAS 2005: 139) wirken sich „Armut, Arbeitslosigkeit und ein niedriger sozioökonomischer Status aus" (BMAS 2008: 172 f.).

Problematisches Konsumverhalten gehört zu den nach innen gerichteten, rückzugsorientierten Formen der Problemverarbeitung, vor allem, wenn der Konsum kompensatorisch motiviert ist: Hier steht mehr der Akt des Kaufens als die Nutzung des gekauften Gegenstands im Vordergrund und soll ein nicht gelöstes Problem ausgleichen. Der ‚Sache an sich' kommt damit kein bedeutender Stellenwert zu. Das vielfach nicht vorhandene Bewusstsein Jugendlicher für die Motivation eines Kaufs oder Konsums lässt den Übergang vom unauffälligen Kaufverhalten zur Kaufsucht oder vom unauffälligen Konsumverhalten zur Konsumsucht fließend werden: „Kaufsucht liegt dann vor, wenn das kompensatorische Kosumverhalten die für ein Suchtverhalten typischen Merkmale zeigt, nämlich die Verengung auf bestimmte Objekte, die Unwiderstehlichkeit und in vielen Fällen auch die Dosissteigerung und das Auftreten von Entzugserscheinungen" (Lange 2000: 5). Abweichendes Verhalten kann auch resultieren aus einem Zustand relativer Deprivation. Bornschier (2007: 135) definiert diesen Zustand in Anlehnung an Davies (1962) als „eine anhaltende Periode wirtschaftlicher und sozialer Besserstellung[, die] von einer deutlichen Rezession abgelöst wird, [woraus …] bei den betroffenen Akteuren eine ‚unerträgliche Lücke' zwischen Erwartungen und den Möglichkeiten ihrer Einlösung [entsteht]. Eine solche ‚Lücke' oder relative Deprivation verursacht nach Davies Angstgefühle, Enttäuschung und Frustration." Individuen beziehen sich in ihrem Streben nach diesen Möglichkeiten auf Referenzgruppen und beanspruchen die Werte dieser Personen(gruppen) aufgrund ihrer eigenen „sozial definierten Voraussetzungen" auch für sich – es handelt sich somit auch um eine „individualistische Perspektive" (ebd.: 241 paraphrasiert n. Runciman 1966). Eine Form von Deprivation, von dem heute insbesondere auch Kinder und Jugendliche betroffen sind, ist Armut.

Armut ist heute „nicht mehr das Schicksal einer kleinen randständigen und sozialpolitisch vernachlässigten Gruppe, sondern das Armutsrisiko gehört heute zur Lebenswirklichkeit einer großen Zahl von Normalfamilien" (Klocke/Hurrelmann 2001: 11) und betrifft zudem Kinder und Jugendliche von alleinerziehenden Elternteilen, Familien mit zwei oder mehr Kindern und/oder mit Migrationshintergrund sowie Menschen in prekären Arbeitsverhältnissen (vgl. Bäcker et al. 2008: 363 ff.; Butterwegge 2010: 537 f.) – nach Zahlen des zweiten deutschen Armuts- und Reichtumsberichts (BMAS 2005: 139) sind Kinder und Jugendliche sogar die am meisten von Armut und Reichtum betroffene Altersgruppe (etwa 16 % der Kinder und Jugendlichen leben in einem Haushalt mit weniger als 50 % des Äquivalenzeinkommens; vgl. Bertram/Kohl 2010: 13). Ursachen von Armut liegen in der ungleichen Verteilung von „materiellen und immateriellen Ressourcen" (vgl. Hurrelmann 2001: 107). Studien belegen, dass die relative Armut der Kinder und Jugendlichen in Deutschland in den letzten Jahren weiter zugenommen hat. Besonders vom Armutsrisiko betroffen sind mit 32,6 % Kinder und Jugendliche, die einen Migrationshintergrund haben (im Vergleich zu 13,7 % der Kinder und Jugendlichen ohne Migrationshintergrund; BMAS 2008: 141).

Der Zusammenhang zwischen Armut und abweichendem Verhalten wird insbesondere über die Bildungschancen vermittelt. Zahlreiche Studien und Veröffentlichungen betonen, dass das Bildungssystem herkunftsbedingte Disparitäten als bedeutendes Kriterium zur Selektion nutzt (vgl. Becker/Lauterbach 2007; Baumert et al. 2009; Autorengruppe Bildungsberichterstattung 2010). So selektierte Jugendliche, denen es nicht gelingt, erfolgreich eine Schule abzuschließen oder den Übergang in die Berufstätigkeit zu bewältigen, neigen häufiger zu gewalttätigen Handlungen wie Sachbeschädigung oder Körperverletzung – von zentraler Bedeutung sind insbesondere die von den Jugendlichen selbst beurteilten beruflichen Zukunftschancen. Ein geringeres Bildungsniveau erzeugt darüber hinaus ein hohes Desintegrationsniveau (vgl. Heitmeyer et al. 1998: 334 f.). Die Zugehörigkeit zu devianten Peer-Groups kann diese Effekte noch begünstigen (vgl. ebd.: 347 ff.).

4 Funktionale Problembewältigung durch Peer-Kapital und informelle Bildung

Bedingt durch die Entwicklung und zunehmende Implementierung von Ganztagsschulen und damit verbundenen außerunterrichtlichen Aktivitäten ist die Schule neben Interaktionsräumen wie Pausen ein Ort, an dem Jugendliche viel Zeit mit Gleichaltrigen verbringen. Schule erscheint damit auch „als Ort einer Peer-Kultur", wenngleich sie auch „in vielfacher Weise kontextabhängig" (ebd.: 951) und dabei „von eigenen Normen und Verhaltensmustern geprägt ist, die wenig mit Schule und ihren spezifischen Anforderungen zu tun haben, sondern vielmehr der sozialen Logik von Gruppenbildungsprozessen und Praktiken interner Vergemeinschaftung und Abgrenzung folgen" (ebd.: 950).

Gerade im Zuge der zunehmend gemeinsamen Arbeit von Schulen und Institutionen der Jugendverbandsarbeit, Sportvereinen, der Jugendhilfe, Musikschulen und anderen Kooperationspartnerinnen und -partnern werden Bereiche schulischen Lernens mit außerschulischen Lernorten in ihren unterschiedlichen Zielsetzungen und Methoden verknüpft. Daher ist auch die These, dass zentrale Bildungsanlässe nicht nur innerhalb des Unterrichts stattfinden, längst konsensfähig. Zwar nimmt die Schule bei der Vermittlung von Wissen nach wie vor eine zentrale Rolle ein, aber gerade seit der Jahrtausendwende wurde der Bildungsbegriff hinsichtlich der Orte, an denen Bildung vermittelt wird, in formale, non-formale[1] und informelle Bildung ausgeweitet und der Bildungsdiskurs um Orte und Prozesse informeller und non-formaler Bildung erweitert (vgl. Dohmen 2001; Rauschenbach et al. 2006; Harring et al. 2007; Otto/Rauschenbach 2008).

---

1 Im Rahmen dieses Aufsatzes bleibt das non-formale Lernen unberücksichtigt.

Während die formale Bildung orts- bzw. institutionsgebunden ist, Lernprozesse sich an verschiedenen Richtlinien wie Curricula oder Rahmenplänen orientieren und damit Lehr-Lern-Prozesse strukturiert auf eine formale Qualifizierung oder Zertifizierung hinwirken, vollzieht sich informelles Lernen sowohl bewusst als auch unbewusst außerhalb von strukturierten und kontrollierten Lernarrangements, also eher situativ und beiläufig oder ungeplant, kann jedoch ebenso zielgerichtet sein (vgl. BMFSJ 2005: 126 f.). Der Prozess ist hierbei von vorrangiger Bedeutung. Informelle Bildungsprozesse finden bspw. in der Familie oder der Peer-Group statt und befinden sich damit oft im Alltag von Kindern und Jugendlichen. Keinesfalls darf das informelle Lernen als unbedeutend bewertet werden, da sachliche wie auch zentrale überfachliche Kompetenzen oft zu großen Teilen in informellen Settings erlernt werden (vgl. Harring 2007: 237 f.). Das Lernen zwischen Peers „bringt dabei spezifische Lernleistungen hervor, wie gegenseitige Anregungen durch kritische Rückmeldungen, den Erwerb sozialer Fähigkeiten zum Argumentieren und Aushandeln [… und] den Zuwachs an Kreativität durch gemeinsame Denkanstrengungen" (Krüger/Grunert 2008: 385). Für soziale Interaktion notwendige Verhaltensregeln wie Empathie, Argumentations- und Kooperationsfähigkeit, die unter Rücksichtnahme auf andere erlernt werden, können ihm Rahmen von Peer-Groups in einem geschützten Raum erprobt und ausgehandelt werden (vgl. Harring 2007: 247 f.). Jugendliche lernen, die Funktion sozialer Netzwerke zu begreifen und erwerben Handlungsoptionen, wie diese aufrechterhalten werden können und welche Ressourcen sie selbst dazu aufbringen müssen (vgl. Krüger/Grunert 2008: 386). Auch Selbstkompetenzen wie (zeitliche) Selbstorganisation, „Verabredungspraxis sowie Koordination mit anderen Freizeitaktivitäten" bieten Erfahrungsräume und sind dabei verbunden mit Erfahrungen von Selbstwirksamkeit (ebd.; auch: 388).

Fachliche Kompetenzen werden besonders in den Bereichen Sprache, Medien und Sport (vgl. Harring 2007: 252) erlernt. Als weiterer Lern- und Erfahrungsraum kann der Bereich Musik ergänzt werden: Anhand von Biografiestudien fand Hill (2002: 203 ff.) bei verschiedenen Jugendlichen, dass die musikalische Aktivität von jugendlichen Bands stabilisierend auf sowohl problematische wie auch positive Entwicklungsverläufe einwirkt und Jugendlichen Orientierung und Halt bieten kann – allerdings kann unzureichend reflektiertes Nacheifern populärkultureller und medial präsentierter Lebensstile und ein Idolisieren dieser auch zu unrealistischen Vorstellungen führen und mit Misserfolgserlebnissen der Jugendlichen einher gehen. Der Kompetenzerwerb in informellen schulischen und freizeitweltlichen Peer-Settings scheint jedoch abhängig von familialen Ressourcen zu sein (vgl. Krüger/Grunert 2008: 388).

Zum Umgang mit Problemen wie abweichendem Verhalten im Jugendalter gibt es verschiedene (sozial-)pädagogische Krisenbewältigungsmodelle, Trainings gegen Aggression, Modelle des Täter-Opfer-Ausgleichs oder andere Konzepte, die im schulischen Rahmen eingesetzt werden (vgl. z. B. Böhnisch 2010: 186 ff.). Diese Modelle, die im Jugendalter oftmals im pädagogischen Setting der Schule Anwendung finden, haben je nach Problemlage ihren Sinn und beziehen unterschiedliche Perspektiven und Ak-

teure in ihre jeweiligen Maßnahmen ein, wenngleich sie die Ursachen dieser Problemlagen vielfach nicht in den Blick nehmen: So kommt z. B. der Schule heute die wohl
stärkste Bedeutung für die (auch spätere) Lebenssituation von Kindern und Jugendlichen zu: Der Bereich der ungelernten Arbeit ist nach wie vor von einer permanenten Bedrohung durch Arbeitslosigkeit, schlechte Arbeitsbedingungen und ein geringes
Einkommen gekennzeichnet. Es gelingt derzeit nicht, diesen Kreislauf, der über Generationen hinweg wirken und zu einer Homogenisierung sozialer Milieus bis hin zu
möglicher Segregation führen kann, zu durchbrechen.

Als zentral für die Entwicklung von Jugendlichen, zum Lösen der Aufgaben des Jugendalters, für die Bewältigung von Schwierigkeiten bei der Ablösung von der Familie
und der Übernahme von Verantwortung für sich und andere und als Hilfe bei Problemen und Schwierigkeiten können Peer-Konzepte erachtet werden, die Jugendlichen
Möglichkeiten eröffnen, durch gleichaltrige Expertinnen und Experten Handlungsoptionen zu erfahren und Schwierigkeiten zu bewältigen. Diese sog. Peer-Involvement-
Ansätze (vgl. Kästner 2003) machen sich die Kompetenzen Jugendlicher zu Nutze (und
ziehen gleichzeitig auch weiteren Kompetenzerwerb nach sich): Denn für Probleme von
Jugendlichen können andere Jugendliche einen Expertenstatus einnehmen, da die Lebenslagen und Probleme sowie Bewältigungsstrategien auf gleicher Ebene liegen und
Gleichaltrige als unvoreingenommen wahrgenommen werden. Eine Vertrauensbasis
kann insbesondere bei Themen schneller gebildet werden, die gegenüber Erwachsenen
schnell unangenehm sein können (wie Sexualität) oder (meist von anderen Erwachsenen) stigmatisiert werden (wie Konsum von Alkohol oder Drogen).

Ein prominentes Beispiel für Peer-Involvement-Ansätze ist die Peer-Mediation, die
oftmals im Rahmen von Streitschlichterprojekten an Schulen eingesetzt wird. Unter
Leitung von jugendlichen Streitschlichterinnen und -schlichtern – die i. d. R. eine Streit-
schlichterausbildung erhalten haben – als neutrale Dritte werden Konflikte auf freiwilliger Basis ausgehandelt. Ziel ist dabei, dass sich die streitenden Parteien in die jeweilig
andere Partei einfühlen lernt und eine Einigung aus gegenseitigem Verständnis resultiert. Zusätzlich von Relevanz für die o. g. Risikofaktoren jugendlichen Aufwachsens
ist das sog. Peer-Counceling, bei denen es sich um freiwillige Beratungsgespräche handelt, in denen problembelastete Jugendliche mit anderen Jugendlichen zu Themen wie
Drogen- und Suchtmittelkonsum, Fragen der sexuellen Entwicklung, Gewalt- und Aus-
grenzungserfahrungen das Gespräch suchen und sich Rat einholen können. Leitmotiv
solcher Councelings ist wie bei der Mediation die leichtere Bearbeitung für Heranwachsende relevanter Themen mit Gleichaltrigen und damit auch für die Lösungsfindung.
Voraussetzung ist natürlich, dass die beratenden Jugendlichen Empathie und ausgeprägte kommunikative Kompetenzen besitzen, die sie in der Regel durch Schulungen
erwerben.

Peer-Education fokussiert die Weitergabe von Wissen durch Jugendliche an Jugendliche in Projektform. Zentral sind der Erwerb von Fertigkeiten und Verhaltens-
modifikationen, die Förderung von Persönlichkeitsentwicklung und ein Aufbau von

Bewältigungsstrategien in verschiedenen Problemlagen. Ziele von Peer-Education liegen in dem „Wunsch nach positiver Veränderung aller Beteiligten", die durch aktive Partizipation von Jugendlichen erreicht werden kann (Kästner 2003: 58 ff.). Speziell ausgebildete Educator sind maßgebliche Gestalter dieser Settings. Sie vermitteln Sachinformationen und können diese durch Selbsterfahrungen ergänzen. Die jugendlichen Adressatinnen und Adressaten erfahren und entwickeln ein positives Selbstkonzept und erleben im Idealfall einen Zuwachs an Selbstwert und Ich-Stärke, eine Förderung sozialer Kompetenzen mit Hilfe von Kontakt- und Kommunikationstrainings, Kompetenzen in Teamfähigkeit, Stressbewältigungsmaßnahmen durch Aufzeigen von Entspannungsmöglichkeiten, das Erlernen von Konfliktbewältigungsstrategien und Präventionsmaßnahmen im Gesundheitsbereich sowie Informationsvermittlung (vgl. Kästner 2003: 52 ff., 62). Die Position der Jugendlichen wird somit insgesamt gestärkt, indem sie befähigt werden sollen, ihre Probleme zu artikulieren und nach außen zu tragen, statt sich mit ihnen ‚im Stillen' auseinander zu setzen.

5 Zusammenfassung und Ausblick

Zieht man eine Zwischenbilanz der Lebenssituation von Jugendlichen, dann kann festgestellt werden, dass Jugendliche, aber auch schon Kinder, heute zwar in fast allen Lebensbereichen eine große Zahl an Freiheiten haben, sich dadurch aber gleichzeitig verschiedenen Anforderungen stellen müssen: Sie müssen ihre eigenen sozialen Beziehungen organisieren, sie müssen ihre Schullaufbahn mit ihrer großen Bedeutung für die spätere Berufstätigkeit selbst in die Hand nehmen, sie müssen sich im Freizeit- und Medienbereich selbständig bewegen und auch lernen, mit dem zur Verfügung stehenden Geld für Freizeitaktivitäten wirtschaftlich autonom umzugehen. Die mit diesen Freiheitsgraden im Jugendalter verbundene Selbständigkeit und Selbstverantwortlichkeit strahlt auch auf die Peer-Beziehungen im Jugendalter aus. Diesen Anforderungen gerecht zu werden kann auch großen Druck auf Jugendliche ausüben. Überforderung und Überlastung können die Folge sein.

Im vorangegangenen Kapitel wurden Möglichkeiten des Kompetenzzuwachses in informellen Bildungsprozessen auf verschiedenen Ebenen beschrieben. Gesicherte und empirisch fundierte Erkenntnisse, wie ein Zuwachs an Kompetenzen in derartigen Settings erworben werden kann, fehlen jedoch weitgehend oder sind bezogen auf spezifische Bereiche wie das arbeitsbezogene Lernen (vgl. Overwien 2008: 134). Insbesondere der Nachweis eines langfristigen Kompetenzzuwachses oder die Annahme einer Spezifität von Bildungsprozessen durch Peers im Vergleich mit anderen Settings sind empirisch noch nicht hinreichend belegt. Was die Stärkung gerade informeller Lernprozesse betrifft, kann hier die Ganztagsschule durch gute pädagogische Konzepte und Zusammenarbeit Impulse setzen, bspw. zur Verbindung verschiedener Ansätze formaler, nonformaler und informeller Bildungsprozesse. So können Maßnahmen ergriffen werden, um informelles Lernen unterstützen (vgl. Marsick/Volpe 1999: 90, zit. n. Overwien 2008: 129).

Gesichert scheint, dass Jugendliche mit Peers in Aushandlungsprozessen zu Problemlösungen gelangen, die nachhaltige Einsicht bei Kindern und Jugendlichen hervorrufen können (vgl. Grunert 2006: 28). Doch auch Peer-Involvement-Ansätze sind bislang vielfach nicht theoretisch wie empirisch überprüft, zahlreiche und oft erfolgreiche lokale oder überregionale Praxisprojekte belegen jedoch ihren Nutzen.

Literatur

Abels, Heinz (2008): Lebensphase Jugend. In: Abels, Heinz/Honig, Michael-Sebastian/Saake, Irmhild/Weymann, Ansgar: Lebensphasen. Eine Einführung. Wiesbaden: VS Verlag für Sozialwissenschaften. S. 77–157.

Autorengruppe Bildungsberichterstattung (Hrsg.) (2010): Bildung in Deutschland. Ein indikatorengestützter Bericht mit einer Analyse zu Übergängen im Anschluss an den Sekundarbereich I. Bielefeld: Bertelsmann.

Bäcker, Gerhard/Naegele, Gerhard/Bispinck, Reinhard/Hofemann, Klaus/Neubauer, Jennifer (2008): Sozialpolitik und soziale Lage in Deutschland. Band 1: Grundlagen, Arbeit, Einkommen und Finanzierung, 4. Aufl., Wiesbaden: VS Verlag für Sozialwissenschaften.

Baethge, Martin (1985): Individualisierung als Hoffnung und als Verhängnis. Aporien und Paradoxien der Adoleszenz in spätbürgerlichen Gesellschaften oder: die Bedrohung von Subjektivität. In: Soziale Welt, 3. S. 299–312.

Baumert, Jürgen/Maaz, Kai/Trautwein, Ulrich (Hrsg.) (2010): Bildungsentscheidungen. Wiesbaden: VS Verlag für Sozialwissenschaften.

Becker, Rolf/Lauterbach, Wolfgang (Hrsg.) (2007): Bildung als Privileg. 2. Aufl., Wiesbaden: VS Verlag für Sozialwissenschaften.

Bertram, Hans/Kohl, Steffen: (2010): Zur Lage der Kinder in Deutschland 2010: Kinder stärken für eine ungewisse Zukunft. Deutsches Komitee für UNICEF. Köln.

Böhnisch, Lothar (2010): Abweichendes Verhalten. Eine pädagogisch-soziologische Einführung. 4. Aufl., Weinheim/München: Juventa.

Böhnisch, Lothar (2004): Männliche Sozialisation. Eine Einführung. Weinheim/München: Juventa.

Bornschier, Volker (2007): Konflikt, Gewalt und Kriminalität und abweichendes Verhalten. Ursachen, Zeit- und Gesellschaftsvergleiche. Berlin: LIT Verlag.

Breidenstein, Georg (2008): Peer-Interaktionen und Peer-Kultur. In: Helsper, Werner/Böhme, Jeanette (Hrsg.): Handbuch der Schulforschung. 2. Aufl., Wiesbaden: VS Verlag für Sozialwissenschaften. S. 945–964.

Bronfenbrenner, Urie (1981): Die Ökologie der menschlichen Entwicklung. Natürliche und geplante Experimente. Stuttgart: Klett.

Bundesministerium für Arbeit und Soziales (Hrsg.) (2008): Lebenslagen in Deutschland. Der 3. Armuts- und Reichtumsbericht der Bundesregierung. Bonn.

Bundesministerium für Arbeit und Soziales (Hrsg.) (2005): Lebenslagen in Deutschland. Der 2. Armuts- und Reichtumsbericht der Bundesregierung. Bonn.

Bundesministerium für Bildung, Wissenschaft, Forschung und Technologie (Hrsg.) (1998): Die wirtschaftliche und soziale Lage der Studierenden in der Bundesrepublik Deutschland.

15. Sozialerhebung des Deutschen Studentenwerks durchgeführt durch das HIS Hochschul-Informations-System. Bonn.

Bundesministerium für Familie, Senioren, Frauen und Jugend (Hrsg.) (2005): Zwölfter Kinder- und Jugendbericht. Bericht über die Lebenssituation junger Menschen und die Leistungen der Kinder und Jugendhilfe in Deutschland. Bildung, Betreuung und Erziehung vor und neben der Schule. Berlin.

Bundesministerium für Familie und Senioren (Hrsg.) (1994): Familien und Familienpolitik im geeinten Deutschland. Zukunft des Humanvermögens. 5. Familienbericht. Bonn.

Butterwegge, Christoph (2010): Kinderarmut und Bildung. In: Quenzel, Gudrun/Hurrelmann, Klaus (Hrsg.): Bildungsverlierer. Neue Ungleichheiten. Wiesbaden: VS Verlag für Sozialwissenschaften. S. 537–555.

Deutsche Shell (Hrsg.) (2000): Jugend 2000. Bd.1. Opladen: Leske + Budrich.

Die Drogenbeauftragte der Bundesregierung (Hrsg.) (2009): Drogen- und Suchtbericht. Bundesministerium für Gesundheit. Berlin.

Dohmen, Günther (2001): Das informelle Lernen. Die internationale Erschließung einer bisher vernachlässigten Grundform menschlichen Lernens für das lebenslange Lernen aller. Hrsg. vom Bundesministerium für Bildung und Forschung. Bonn.

Durkheim, Émile (1983): Der Selbstmord. 11. Aufl., Frankfurt am Main: Suhrkamp.

Ecarius, Jutta/Köbel, Nils/Wahl, Katrin (2011): Familie, Erziehung und Sozialisation. Wiesbaden: VS Verlag für Sozialwissenschaften.

Fend, Helmut (1998): Eltern und Freunde. Soziale Entwicklung im Jugendalter. Bern: Verlag Hans Huber.

Ferchhoff, Wilfried (2007): Jugend und Jugendkulturen im 21. Jahrhundert. Lebensformen und Lebensstile. Wiesbaden: VS Verlag für Sozialwissenschaften.

Geulen, Dieter (2002): Subjekt, Sozialisation, „Selbstsozialisation". Einige kritische und einige versöhnliche Bemerkungen. In: Zeitschrift für Soziologie der Erziehung und Sozialisation, 22, S. 186–196.

Grunert, Cathleen (2006): Bildung und Lernen – ein Thema der Kindheits- und Jugendforschung. In: Rauschenbach, Thomas/Düx, Wiebken/Sass, Erich (Hrsg.): Informelles Lernen im Jugendalter. Vernachlässigte Dimensionen der Bildungsdebatte. Weinheim/München: Juventa. S. 15–34.

Harring, Marius (2010): Freizeit, Bildung und Peers – informelle Bildungsprozesse im Kontext heterogener Freizeitwelten und Peer-Interaktionen Jugendlicher. In: Harring, Marius/Böhm-Kasper, Oliver/Rohlfs, Carsten/Palentien, Christian (Hrsg.): Freundschaften, Cliquen und Jugendkulturen. Peers als Bildungs- und Sozialisationsinstanzen. Wiesbaden: VS Verlag für Sozialwissenschaften. S. 21–59.

Harring, Marius/Rohlfs, Carsten/Palentien, Christian (Hrsg.) (2007): Perspektiven der Bildung. Kinder und Jugendliche in formellen, nicht-formellen und informellen Bildungsprozessen. Wiesbaden: VS Verlag für Sozialwissenschaften.

Harring, Marius (2007): Informelle Bildung – Bildungsprozesse im Kontext von Peerbeziehungen im Jugendalter. In: Harring, Marius/Rohlfs, Carsten/Palentien, Christian (Hrsg.): Perspektiven der Bildung. Kinder und Jugendliche in formellen, nicht-formellen und informellen Bildungsprozessen. Wiesbaden: VS Verlag für Sozialwissenschaften. S. 237–258.

Heitmeyer, Wilhelm/Collmann, Birgit/Conrads, Jutta/Matuschek, Ingo/Kraul, Dietmar/Kühnel, Wolfgang/Möller, Renate/Ulbrich-Hermann, Matthias (1998): Gewalt. Schattenseiten der Individualisierung bei Jugendlichen aus unterschiedlichen Milieus. 3. Aufl., Weinheim/München: Juventa.

Helsper, Werner/Böhme, Jeanette (2010): Jugend und Schule. In: Krüger, Heinz-Hermann/ Grunert, Cathleen (Hrsg.): Handbuch Kindheits- und Jugendforschung. 2. Aufl., Wiesbaden: VS Verlag für Sozialwissenschaften. S. 619–659.

Herwartz-Emden, Leonie/Schurt, Verena/Waburg, Wiebke (2010): Aufwachsen in heterogenen Sozialisationskontexten. Zur Bedeutung einer geschlechtergerechten interkulturellen Pädagogik. Wiesbaden: VS Verlag für Sozialwissenschaften.

Hill, Burkhard (2002): Musik als Medium in der Jugendarbeit. In: Müller, Renate/Glogner, Patrick/Rhein, Stefanie/Heim, Jens (Hrsg.): Wozu Jugendliche Musik und Medien gebrauchen. Jugendliche Identität und musikalische und mediale Geschmacksbildung. Weinheim/München: Juventa. S. 195–207.

Hitzler, Ronald/Niederbacher, Arne (2010a): Leben in Szenen. Formen juveniler Vergemeinschaftung heute. 3. Aufl., Wiesbaden: VS Verlag für Sozialwissenschaften.

Hitzler, Ronald/Niederbacher, Arne (2010b): Forschungsfeld „Szenen" – zum Gegenstand der DoSE. In: Harring, Marius/Böhm-Kasper, Oliver/Rohlfs, Carsten/Palentien, Christian (Hrsg.): Freundschaften, Cliquen und Jugendkulturen. Peers als Bildungs- und Sozialisationsinstanzen. Wiesbaden: VS Verlag für Sozialwissenschaften. S. 91–103.

Hornstein, Walter (1990): Aufwachsen mit Widersprüchen. Stuttgart: Klett.

Hurrelmann, Klaus (2010): Lebensphase Jugend. Eine Einführung in die sozialwissenschaftliche Jugendforschung. Weinheim/München: Juventa.

Hurrelmann, Klaus (2008): Veränderte Bedingungen des Aufwachsens. In: Rohlfs, Carsten/ Harring, Marius/Palentien, Christian (Hrsg.): Kompetenz-Bildung. Soziale, emotionale und kommunikative Kompetenzen von Kindern und Jugendlichen. Wiesbaden: VS Verlag für Sozialwissenschaften. S. 53–67.

Hurrelmann, Klaus (2001): Einführung in die Sozialisationstheorie. Über den Zusammenhang von Sozialstruktur und Persönlichkeit. 7. Aufl., Weinheim/Basel: Beltz.

Kästner, Mandy (2003): Peer-Education – ein sozialpädagogischer Arbeitsansatz. In: Nörber, Martin (Hrsg.): Peer Education. Bildung und Erziehung von Gleichaltrigen durch Gleichaltrige. 1. Aufl., Weinheim: Beltz. S. 50–64.

Klocke, Andreas/Hurrelmann, Klaus (Hrsg.) (2001): Kinder und Jugendliche in Armut. Umfang, Auswirkungen und Konsequenzen. 2. Aufl., Wiesbaden: Westdeutscher Verlag.

Kopiez, Reinhard/Schramm, Holger (2008): Die alltägliche Nutzung von Musik. In: Bruhn, Herbert/Kopiez, Reinhard/Lehmann, Andreas C. (Hrsg.): Musikpsychologie. Das neue Handbuch. Reinbek bei Hamburg: Rowohlt. S. 253–265.

Krappmann, Lothar/Oswald, Hans (1995): Alltag der Schulkinder. Beobachtungen und Analysen von Interaktionen und Sozialbeziehungen. Weinheim/München: Juventa.

Krüger, Heinz-Hermann/Grunert, Cathleen (2008): Peergroups. In: Coelen, Thomas/Otto, Hans-Uwe (Hrsg.): Grundbegriffe Ganztagsbildung. Das Handbuch. Wiesbaden: VS Verlag für Sozialwissenschaften. S. 382–391.

Lange, Elmar (2000): „Haste was, dann biste was!". Kompensatorischer Konsum und Kaufsucht bei Jugendlichen. In: Thema Jugend. Zeitschrift für Jugendschutz und Erziehung. H. 2. S. 5–7.

Müller, Renate/Glogner, Patrick/Rhein, Stefanie/Heim, Jens (2002): Zum sozialen Gebrauch von Musik und Medien durch Jugendliche. Überlegungen im Lichte kultursoziologischer Theorien. In: Müller, Renate/Glogner, Patrick/Rhein, Stefanie/Heim, Jens (Hrsg.): Wozu Jugendliche Musik und Medien gebrauchen. Jugendliche Identität und musikalische und mediale Geschmacksbildung. Weinheim/München: Juventa. S. 9–26.

Olk, Thomas/Strikker, Frank (1991): Jugend und Arbeit. Individualisierungs- und Flexibilisierungstendenzen in der Statuspassage Schule/Arbeitswelt. In: Heitmeyer, Wilhelm/Olk,

Thomas (Hrsg.): Individualisierung von Jugend. Gesellschaftliche Prozesse, subjektive Verarbeitungsformen, jugendpolitische Konsequenzen. Weinheim/München: Juventa. S. 159–193.

Otto, Hans-Uwe/Rauschenbach, Thomas (Hrsg.) (2008): Die andere Seite der Bildung. Zum Verhältnis von formellen und informellen Bildungsprozessen. 2. Aufl., Wiesbaden: VS Verlag für Sozialwissenschaften.

Overwien, Bernd: Informelles Lernen. In: Coelen, Thomas/Otto, Hans-Uwe. (Hrsg.): Grundbegriffe Ganztagsbildung. Das Handbuch. Wiesbaden: VS Verlag für Sozialwissenschaften. S. 128–136.

Prahl, Hans-Werner (2002): Soziologie der Freizeit. Paderborn: Schöningh.

Rauschenbach, Thomas/Düx, Wiebken/Sass, Erich (Hrsg.) (2006): Informelles Lernen im Jugendalter. Vernachlässigte Dimensionen der Bildungsdebatte. Weinheim/München: Juventa.

Scherr, Albert (2010): Cliquen/informelle Gruppen: Strukturmerkmale, Funktionen und Potentiale. In: Harring, Marius/Böhm-Kasper, Oliver/Rohlfs, Carsten/Palentien, Christian (Hrsg.): Freundschaften, Cliquen und Jugendkulturen. Peers als Bildungs- und Sozialisationsinstanzen. Wiesbaden: VS Verlag für Sozialwissenschaften. S. 73–90.

Shell Deutschland Holding (Hrsg.) (2006): Jugend 2006. Eine pragmatische Generation unter Druck. Frankfurt am Main: Fischer.

Statistisches Bundesamt (Hrsg.) (2010): Mikrozensus. Bevölkerung und Erwerbstätigkeit. Stand und Entwicklung der Erwerbstätigkeit. Deutschland. 2009 (Fachserie 1, Reihe 4.1.1). Wiesbaden. Online verfügbar unter http://www.destatis.de/jetspeed/portal/cms/Sites/destatis/Internet/DE/Content/Publikationen/Fachveroeffentlichugen/Arbeitsmarkt/Erwerbstaetige/StandEntwicklungErwerbstaetigkeit2010411097004,property=file.pdf (letzter Zugriff am 12. Jul. 2011).

Strohmeier, Klaus P./Herlth, Alois (1989): Wandel der Familie und Familienentwicklung. In: Herlth, Alois/Strohmeier, Klaus P. (Hrsg.): Lebenslauf und Familienentwicklung: Mikroanalysen des Wandels familialer Lebensformen. Opladen: Leske + Budrich. S. 7–16.

Zinnecker, Jürgen (1991): Jugend als Bildungsmoratorium. Zur Theorie des Wandels der Jugendphase in west- und osteuropäischen Gesellschaften. In: Melzer, Wolfgang (Hrsg.): Osteuropäische Jugend im Wandel. Ergebnisse vergleichender Jugendforschung in der Sowjetunion, Polen, Ungarn und der DDR. Weinheim/München: Juventa. S. 9–24.

Schule als soziale Organisation – Zur Duplexstruktur schulpädagogischen Handelns

Hans-Günter Rolff

Das Schulsystem ist die größte soziale Organisation in hochentwickelten Gesellschaften in dem Sinne, dass sie über die meisten Organisationseinheiten und Mitglieder verfügt. Es gibt im Schuljahr 2009/2010 etwa 38 000 Schulen in Deutschland, ca. 795 000 Lehrkräfte, 40 000 Schulleiter und ungefähr 11,7 Millionen Schülerinnen und Schüler; dazu kommen noch die Behörden und Unterstützungssysteme. Wenn die soziale Organisation Schule im Folgenden in analytischer Absicht dargestellt wird, geht es dabei nicht um die Organisation der Schule, sondern um die Schule als Organisation, also nicht um das ganze Schulwesen, sondern um die Einzelschule, die man allerdings als die „Gestaltungseinheit" (Fend 1986) des Ganzen ansehen kann.

1 Einige Eigenarten der Schule als Organisation

Die Schule unterscheidet sich in einigen Systemkomponenten von anderen Organisationen, in der Summe sogar wesentlich. So sind die Ziele der Schule entweder durch das Curriculum und durch Bildungsstandards bis ins Detail vorgegeben oder aber äußerst vage formuliert wie die Beispiele „individuelle Förderung" oder „Hochschulreife" veranschaulichen mögen. Gleichzeitig sind der Schule hehre Ziele aufgegeben wie „Erziehung zur Mündigkeit" oder Wertevermittlung, die direkt gar nicht angestrebt werden können, sondern zum Großteil eigene Erziehungsleistungen der zu Erziehenden voraussetzen: Mündig kann man nicht „gemacht" werden, sondern zur Mündigkeit kann man sich letztlich nur selbst emanzipieren, wozu die Schule durchaus anregen kann.

Dieses Beispiel weist bereits auf eine zweite Eigenart der Schule als Organisation hin: Die Schule ist nur begrenzt technologisierbar; sie ist nicht nur durch ein Technologiedefizit (Luhmann/Schorr 1979) gekennzeichnet, sie verträgt auch gar keine durchgreifende Technologie. In der Schule geht es um Lern-, Erziehungs- und Bildungsprozesse, also um pädagogisches und nicht nur technisches Handeln. Gelingendes pädagogisches Handeln setzt Offenheit für bisher Ungehörtes, Verstehen, Perspektivenverschränkung, Achtsamkeit oder Empathie voraus,– alles Handlungsvoraussetzungen, die nicht von technischen Apparaten vollzogen werden können. Auch Sozialtechnologien, die nach dem Muster von Wenn-Dann-Beziehungen funktionieren, haben ihre Grenzen im pädagogischen Prozess, weil keine Garantie auf eine Dann-Wirkung besteht, die von einem

Wenn-Impuls ausgeht: Individuen sind im Prinzip frei, anders zu reagieren, als es statistisch ermittelte Zusammenhänge vermuten lassen.

Die Basisinteraktion in Schulen ist in diesem Sinne eine pädagogische, die den besonderen Charakter der Schule als Organisation bestimmt. Das gilt auch für Unterricht; denn wie wir schon seit Herbart (1806: 77) wissen: „Unterricht erzieht." Die Basisinteraktion in der Schule ist gekennzeichnet durch ein Generationenverhältnis von Erzieher und Zögling (um die Sprache der geisteswissenschaftlichen Pädagogik zu benutzen, vgl. z.B. Nohl 1949), das gleichzeitig ein Abhängigkeitsverhältnis ist, das sich aber im Laufe der Schulzeit aufheben sollte (Erziehung gelingt nur, wenn sich der Erzieher selber überflüssig macht). Zum Erziehungsverhältnis gehört zudem eine immer wieder neu herzustellende Balance von Nähe und Distanz: Ohne Nähe erreicht der erziehende Lehrer seine Schüler nicht, kann er sie nicht begeistern; ohne Distanz wird aus Erziehung Verführung (vgl. Wulf u. a. 2004).

Dessen ungeachtet ist die Schule fraglos eine soziale Organisation wie viele andere auch. Aber sie hat Eigenarten. Wenn die Schule im Folgenden als soziale Organisation beschrieben und analysiert werden soll, dürfen diese Eigenarten nicht aus dem Blick geraten. Als Leitlinie der Darlegung wird eine durchgehende Duplexstruktur der Handlungssteuerung gewählt, die sich auf allen Ebenen der Organisationsanalyse nachweisen lässt.

Mit Duplexstruktur ist eine doppelbödige Handlungsorientierung gemeint, die sich auf zwei Ebenen vollzieht, die in unterschiedlichen Beziehungen zueinander stehen: Sie können sich ergänzen, aber auch widersprechen, sich gegenseitig blockieren, aber aus der Spannung heraus auch Entwicklungsdynamiken erzeugen, je nachdem, ob es sich bei der Konstellation der beiden Ebenen um eine bloße Dualität oder eine komplexe Dialektik handelt. Die Konstellationen sollen im Folgenden für die wichtigsten Organisationsbereiche analysiert werden, für die Rahmenbedingungen, die Organisationsstruktur, die Organisationskultur und schließlich die Prozessorganisation.

Wenn man die Duplexstruktur als Analyselinie konsequent weiterverfolgt, besteht vielleicht Hoffnung, das Besondere der Schule als soziale Organisation besser zu verstehen.

2   Funktionen von Schule

Die Einzelschule existiert nicht isoliert und solitär, sondern sie ist Teil des Schulsystems. Das Schulsystem wird von der Gesellschaft unterhalten, weil es eine Funktion für die Gesellschaft erfüllt. Die gesellschaftliche Funktion ist so stark ausgeprägt, dass sie bis in die innersten Interaktionsprozesse hineinwirkt und diese prägt. Es sind vor allem drei Funktionen, die erwähnungswert sind und die allesamt die eine Duplexstruktur aufweisen, wobei die beiden Ebenen in einem Gegensatz zueinander stehen.

2.1 Bildung vs. Qualifikation

Die Schule hat einen Bildungsauftrag, der von staatlichen oder auch von privaten Trägern ausgesprochenen wird. Er zielt im Kern auf umfassende Persönlichkeitsbildung, bei der sich die Heranwachsenden sowohl individuell entfalten als auch als Mitmenschen wie als Staatsbürger bewegen und bewähren können sollen. Bildung ist im idealistischen Sinne verwertungsfrei, sie dient der selbstbestimmten Persönlichkeitsentwicklung, die eine Grenze nur in sozialer Verantwortung kennt.

Realiter müssen die Bildungsprozesse auch wirtschaftlichen Qualifikationsanforderungen gehorchen, d.h. auf Berufe oder ein Hochschulstudium vorbereiten. Der Bildungsauftrag und die Qualifikationsanforderungen liegen auf unterschiedlichen Ebenen, die während einer Schullaufbahn in Widerspruch zueinander geraten können.

2.2 Allokation vs. Selektion

Die Bildungssoziologie beschreibt seit langem die Allokations- bzw. Verteilungsfunktion der Schule (vgl. z.B. Parsons 1968: 161 ff.). Mit Allokation ist die

passgerechte Verteilung von qualifizierten Absolventen der Schule auf Berufseinmündungen und Studiengänge gemeint. Parsons vermutet, dass sich die Allokation entlang „einer einzigen Hauptachse, der Leistung, vollzieht" (Parsons 1964: 166) und insofern gerecht ist.

Eine Fülle empirischer Studien hat indes seit Jahrzehnten belegt, was von den PISA-Studien immer wieder bestätigt wird, dass die Allokationsfunktion gleichzeitig selektiv wirkt: Nicht nur die Leistung entscheidet über den Statuserwerb, sondern auch die soziale Herkunft. Allokation und Selektion stehen nicht selten im Widerspruch zueinander.

2.3 Erziehung vs. Sozialisation

Erziehung wird in der Regel als intentionale verstanden, bei der Erzieher wie erziehend-unterrichtende Lehrer direkt oder indirekt, in jedem Falle systematisch bestimmte Absichten verfolgen. Diese Absichten sind vom Anspruch her pädagogisch reflektiert und bildungstheoretisch begründet.

Mindestens ebenso einflussreich im Schulalltag wirken die Sozialisationsbedingungen, die kaum erziehungsphilosophisch verortet und häufig den Akteuren auch gar nicht bewusst sind. Sie sind gesellschaftlichen Ursprungs, nähren sich aus Familienmilieus, sind Folgen der innerschulischen Selektion und werden zunehmend durch die allgegenwärtigen Massenmedien geformt. Sie haben selten einen erzieherischen, also intentionalen Anspruch, unterhöhlen ihn aber desto eher.

Die Doppelstruktur, die bei der gesellschaftlichen Funktionsbestimmung der Schule auszumachen ist, wirkt hinein in jede Einzelschule und bildet gleichsam einen spannungsreichen Rahmen für die Duplexstruktur des Handelns der wichtigsten Organisationsmitglieder.

3 Organisationsstruktur von Schule: Profibürokratie

Organisationstheoretisch handelt es sich gemäß Mintzberg bei der Schule um eine Profibürokratie. Mintzberg versteht darunter eine Organisation, bei der komplexe professionelle Arbeit bürokratisch organisiert wird, was seiner Meinung nach auch für Lehrerarbeit zutrifft. Weil professionelle Arbeit jedoch komplex ist, „muss sie direkt von den ausführenden Mitarbeitern in eigener Verantwortung kontrolliert werden. Aus diesem Grund setzt die Organisation den einzigen Koordinationsmechanismus ein, der Standardisierung und zugleich Dezentralisation zulässt,– die Standardisierung der von den ausführenden Mitarbeitern erwarteten Qualifikationen" (Mintzberg 1992: 256), was auch die Basis legt für den im Folgenden zu analysierenden Gleichheitsmythos. Bei Profibürokratien ist der so genannte betriebliche Kern der ausgeweiteste Organisationsteil, also die Lehrtätigkeit der Lehrpersonen und das Lernen der Schüler. In den Begriffen der fünf Mintzbergschen Strukturelemente (Mintzberg 1992: 26 ff.) verfügt die Schule über eine nur kleine Technostruktur, aber um einen wachsenden Hilfsstab aus Sozialpädagogen, Schulpsychologen, Verwaltungsleitern, Unterrichtsassistenten usw., der in Schulsystemen wie dem finnischen bereits stark ausgebaut ist. Die vierte Struktur, die Strategische Spitze, besteht aus der Schulleitung und die fünfte Struktur, die Mittellinie, ist in kleinen Schulen gar nicht und in größeren nur ansatzweise vorhanden. Schulen als Organisationen existieren in der Tat in sehr unterschiedlichen Größen (von den kleinen Grund- und Hauptschulen bis hin zu sehr großen Gesamtschulen, Gymnasien und Berufsschulen), was Folgen vor allem für die Mittellinie hat.

Mintzberg sieht für Organisationen dieses Typs größere Probleme auf dem Feld der Innovationen: „Vorhandene Methoden oder Programme lassen sich von einzelnen Spezialisten perfektionieren. Doch neue Verfahren passen gewöhnlich nicht in das vorhandene Kategorienschema, so dass interdisziplinäre Zusammenarbeit erforderlich ist. Infolge dessen führt die Zurückhaltung der professionellen Mitarbeiter im Hinblick auf kooperative Zusammenarbeit mit den Kollegen zu Innovationsproblemen" (Mintzberg 1992: 281).

3.1 Gefügeartige und teamartige Kooperation/Arbeitsteilung zuerst und dann erst Kooperation

Bei der kooperativen Zusammenarbeit in Schulen ist eine horizontale Form der Kooperation zwischen Lehrern zu unterscheiden von vertikaler Kooperation zwischen Schulleitungen und Lehrern. Beide Kooperationsformen haben sich historisch im Verlaufe des Vergesellschaftungsprozesses der Erziehung entwickelt und gleichzeitig überlagert. Der historische Ausgangspunkt der Lehrtätigkeit war die Bürokratie, erst die kirchliche, später die staatliche. Ebenso wichtig ist deshalb die Unterscheidung von gefügeartiger und teamartiger Kooperation, die aus der Industriesoziologie stammt. Wenn wir den Bezug auf „technische Anlagen" durch „Schulorganisation" ersetzen, dann sind fünf von sechs Kategorien der Industriesoziologie (Popitz/Bahrdt 1964: 66 f.) zu verwenden, um die beiden für Schule charakteristischen Kooperationsformen begrifflich eindeutig zu bestimmen:

- Die erste Kooperationsform, die gefügeartige Kooperation, ist bedingt durch die (Schulorganisation): Sie ermöglicht die Kooperation, gibt die Arbeitsteilung vor und vermittelt die Kooperation.
- Es besteht eine feste Systematik der Arbeitsplätze, die der (Schulorganisation) so zugeordnet sind, mit der eine freie Beweglichkeit des einzelnen weitgehend verhindert wird.
- Es besteht eine feste Unterteilung der Arbeitsaufgaben, die durch die (Schulorganisation) so weitgehend vorgegeben ist, dass eine Dispositionschance über die Verteilung der zu leistenden Arbeit auf die Arbeitskräfte ausgeschlossen ist.
- Durch die (Schulorganisation) ist die zeitliche Ordnung als konkretes Nacheinander bis ins Detail vorgegeben.
- Eine Hilfeleistung durch unmittelbare Beteiligung an der Arbeitsaufgabe ist nicht möglich.
- Diese Organisationsgefüge ist durchaus nicht „lose gekoppelt" im Sinne von Weick (1985: 21 ff.), sondern eher fest gefügt. „Lose gekoppelt" ist die zweite Kooperationsform, i. e. S. die teamartige Kooperation:
- Die teamartige Kooperation ist ebenfalls durch die (Schulorganisation) bedingt: Sie ermöglicht die Kooperation und gibt die Arbeitsteilung als solche vor, ohne jedoch die Kooperation zu vermitteln.
- Die räumliche Anordnung der Arbeitsvollzüge lässt eine freie Beweglichkeit des Einzelnen im gemeinsamen Arbeitsraum zu.
- Eine gemeinsame Dispositionschance über die Verteilung der zu leistenden Arbeit auf die einzelnen Arbeitskräfte ist gegeben.
- Durch die (Schulorganisation) ist die zeitliche Ordnung als Rahmen vorgegeben.
- Es besteht ein wechselseitiges Unterstützungsverhältnis: einer kann dem anderen durch unmittelbare Beteiligung an dessen Arbeitsaufgabe Hilfe leisten.

Die Lehrerarbeit vollzieht sich durchaus kooperativ, aber weniger teamartig, sondern gefügeartig (im Folgenden entlang der oben aufgeführten Kriterien): Das Gefüge von Lehr- und Stundenplan der Profibürokratie Schule „gibt die Arbeitsteilung vor und vermittelt die Kooperation". Es bestimmt nicht nur die vertikale Kooperation, die Trennung von Leitungs- und Lehrtätigkeit, es definiert auch die horizontale Kooperation, die Aufteilung der Lehrinhalte und Kompetenzbereiche nach Fächern, Jahrgang und Stundendeputat sowie die Zuteilung von Fachlehrern. Da der Lehrplan als ganzer vermittelt und von den Schülern ganzheitlich angeeignet werden muss, organisiert dieses Gefüge auch die Kooperation, also den planvollen Bezug jedes Lehrers jeden Fachs in jeder Unterrichtsstunde auf das Ganze des Bildungsprozesses. Es besteht für die Lehrtätigkeit zweifellos eine „feste Systematik der Arbeitsplätze", eine „feste Unterteilung der Arbeitsaufgabe" und eine „zeitliche Ordnung [...] bis ins Detail", die „eine freie Beweglichkeit des einzelnen weitgehend verhinder(n), und eine „Hilfeleistung durch unmittelbare Beteiligung an der Arbeitsaufgabe des anderen ist nicht möglich".

3.2 Hierarchie vs. Gleichheitsmythos

Die Duplexstruktur des organisationalen Handelns in der Schule findet nicht nur Ausdruck sich ergänzender Kooperationsformen, sondern auch im Umstand, dass die Schule strukturell hierarchisch aufgebaut ist, im Alltagsbewusstsein der Lehrkräfte jedoch ein Gleichheitsmythos vorherrscht. Die innerschulische Hierarchie besteht aus Schulleitung und Lehrerschaft. Das Lehrer-Schüler-Verhältnis ist ohnehin ein streng hierarchisches. Schulleitungen können nicht mehr als „primus inter paris" verstanden werden, seitdem sie Dienstvorgesetzte geworden sind. Es gibt zudem Stellvertreter und in größeren Schulen auch Abteilungs- und Stufenleiter. Zum neu entstehenden „Mittelbau" zwischen Lehrern und Leitung gehören auch die Vorsitzenden von Fachgruppen, zumindest wenn diese Aufgaben der Unterrichtsentwicklung oder Qualitätssicherung übernommen haben.

Weil sie, wie erwähnt, gleich qualifiziert sind und weil die Arbeit in den Klassen vergleichsweise ähnlich ist, herrscht in den meisten Lehrerkollegien die Vorstellung vor, es seien alle gleich. Lortie hat diesem Umstand schon sehr früh einen Namen gegeben, nämlich Autonomie-Paritäts-Muster (Lortie 1975: 70 ff.). Dieses besagt, dass alle Lehrerinnen und Lehrer ungeachtet unterschiedlicher Berufserfahrungen, Interessen, Vorlieben und Können gleich angesehen und behandelt werden möchten. Offene Bewertung wird durch das „Kollegialitätsprinzip" vermieden. Es besteht eine Scheu, Unterschiede sichtbar zu machen. Lehrpersonen, die etwas wollen und öffentlich machen, haben es schwer, da der Versuch der Profilierung im Kollegium häufig negativ bewertet wird. Der tabuisierte Umgang mit Unterschieden in den Schulen bewirkt, dass Differenzen eher verschleiert, denn als Ausgangspunkte für Auseinandersetzungen und somit als Lernchance genutzt werden. Gelegenheiten, die Verständnis und Wertschätzung für unterschiedliche Positionen fördern und Widerspruch als notwendiges, positives Korrektiv sichtbar machen, werden nur selten gesucht. Es handelt sich dabei eindeutig um einen Mythos, weil jeder weiß, wer zu den besseren Lehrpersonen gehört und wer eher schwach ist und „mitgezogen" wird.

Lehrerarbeit findet traditionell unter der Bedingung von Autonomie statt. Die einzelnen Fach- oder Jahrgangsgruppen stehen eher nebeneinander, statt zu kooperieren. Kooperation ist gefügeartig und nicht teamartig, weil die traditionellen Arbeitsabläufe teamartige Kooperation nicht erfordern. Qualität von Schule ergib sich deshalb eher additiv; sie besteht aus der Summe der Lehrerarbeit, aber wenig aus der Synergie der ganzen Schule. Autonomie der Lehrerarbeit bedeutet im Kern Vereinzelung. Sie ist strukturelle Voraussetzung dafür, dass sich Lehrerarbeit schwer vergleichen lässt und der Gleichheitsmythos aufrechterhalten werden kann. Umgekehrt dient der „Egalitarismus dazu, Autonomie zu schützen" (Lortie 1975: 195).

Das organisationssoziologisch herausragende Merkmal der Schule ist der Umstand, dass Lehrinnen und Lehrer in der Regel Einzelarbeiter sind, wie es sie mit Ausnahme des Hausarztes vermutlich in keiner anderen akademischen Disziplin geben dürfte. Hinter der zumeist geschlossenen Klassentür stehen Lehrer allein vor der Klasse. In den Köpfen existiert kein voll ausgebildetes Organisationsbewusstsein, sondern eine weitgehend partikularistische klassen- bzw. fachbezogene Perspektive. Vor diesem Hintergrund spricht Lortie (1975: 13 ff.) von einer zellularen Grundstruktur der Schule. Vor dem Hintergrund des industriesoziologischen Diskurses handelt es sich bei der zellularen Struktur allerdings nicht um Monozellen, sondern um eine Verbindung aller Zellen zu einer gefügeartigen Organisationsstruktur.

4 Kultur von Schule

Die Kultur von Schule weist ebenfalls eine Duplexstruktur auf – und zwar eine dialektische, wobei beide Ebenen sich gegenseitig voraussetzen, aber auch in Gegensatz zueinander geraten können. Grundlegend ist das doppelte „Kerngeschäft", das Schulen auszeichnet, nämlich Lernen und Lehren.

4.1 Lernkultur vs. Lehrkultur

Der ultimative Zweck von Schule ist, für Schüler optimale Lerngelegenheiten bereit zu stellen. Schulen wurden eingerichtet, damit Schülerinnen und Schüler darin lernen. Um das Lernen zu systematisieren und zu verstetigen, werden Lehrpersonen eingestellt, die lehren und zwar in der Form von Unterricht. Lernen geschieht allerdings nicht nur im Unterricht. Schüler lernen auch in den Pausen und sie lernen nicht nur im Klassenverband, sondern in klassenübergreifenden Arbeitsgruppen, und sie lernen auch allein, zu Hause durch die Hausaufgaben, aber auch in der Schule, am deutlichsten, wenn es Selbstlernzentren gibt, die immer häufiger eingerichtet werden. Die Lernkultur einer Schule ist also üblicherweise breiter gefächert als der Unterricht.

Der Unterricht indes ist traditionellerweise lehrerzentriert. Fast alle Interaktionen laufen über die Lehrer und die Lehrer sind es auch, die die Interpunktion bei der Kommunikation setzen. Der Trend indes geht zum schüleraktivierenden Unterricht. Dieser setzt sich allerdings nur mühsam durch, wie fast alle Ergebnisse aller Schulinspektionen zeigen. Dies hängt mit einer weiteren Doppelseitigkeit der Schulkultur zusammen, der Aufspaltung der Lehrkultur in eine pädagogische und eine Fachkultur.

Zur Lernkultur gehören schließlich die „institutionellen Lernmilieus", wie Baumert u. a. (2003: 455 ff.) sie nennen. Auch diese zeigen eine Duplexstruktur: Die offizielle Seite sind die Schulformen und die ihnen auferlegten Bildungsziele und Lehrpläne, die inoffizielle eben jene durch die Schulformen institutionalisierten Lernmilieus, die nicht selten eine ganz andere Wirklichkeit konstituieren wie etwa am Beispiel der Hauptschule zu studieren ist, die die Schülerinnen und Schüler weniger fördert und mehr entmutigt als der offizielle Bildungsauftrag postuliert.

4.2 Pädagogische Kultur und Fachkultur

Man kann die Lehrerschaft aufgliedern in Lehrpersonen, die eher pädagogisch orientiert sind, und solche, die sich in erster Linie als Fachpersonen verstehen. Die Kombination oder gar Integration beider Orientierungen kommen verhältnismäßig selten vor. Die Doppelstruktur ist zum Teil durch Schulformzugehörigkeit und zum Teil durch die Organisation der Lehrerausbildung bedingt. Grundschulen sind Kinderschulen mit wenig Fachunterricht und Lehrpersonen, die Fächer nicht vertieft studiert haben, sich aber häufig als „Anwälte der Heranwachsenden" verstehen.

Bei Sekundarschulen, besonders bei Gymnasien stehen indes die Fächer im Vordergrund und die damit verbundene Fachlichkeit. Das Fachstudium und der Fachunterricht geben die Folie ab für die Identifikation der Lehrer mit ihrem Beruf. Und die Fachkulturen wiederum sind in sich hoch differenziert: Die Naturwissenschaftler verstehen sich eher als Vertreter der sog. exakten und experimentellen Wissenschaften, die Sprachlehrer als Linguisten und manchmal auch als Internationalisten, die Sozialwissenschaftler vertreten häufig die kritischen Fächer und die Mathematiker wiederum pflegen eine ganz eigene Kultur.

4.3 Schulprogramm vs. Grammatik der Schule

Schulen sind seit einigen Jahren aufgerufen, sich selbst Ziele zu setzen durch Zieldiskussionen und Zielvereinbarungen. Der technische Terminus für Zielsysteme von

Schulen ist von der Managementwissenschaft übernommen worden und heißt Leitbild. Das Leitbild soll zukunftsgerichtet sein und das gemeinsame Selbstverständnis oder den gemeinsamen Grund ausdrücken, hinter bzw. auf dem sich die ganze Schulgemeinde versammeln kann. Es soll das Handeln Aller orientieren und lenken und in einem Schulprogramm ausgedrückt werden, das einen Umsetzungsplan der Leitziele darstellt.

Ein Leitbild bezeichnet häufig die obere Lage eines Doppelbodens, der auf der so genannte Grammatik der Schule ruht. Dieser Begriff stammt von Tyack und Tobin. Er wurde von ihnen benutzt, um die Frage zu klären, warum die etablierten institutionalisierten Formen von Schule so stabil sind und warum die meisten (Reform-)Herausforderungen so schnell verwelken oder marginalisiert werden." (Tyack/Tobin 1994: 453). Die Grammatik der Schule besteht nach Tyack und Tobin aus den regulären und regulierenden Strukturen und Regeln, die den Alltag des Lehrens und Lernens prägen. Dazu zählen sie Regulative, die vorsehen, wie Zeit und Raum aufgeteilt werden, also Stundentakt und Klassen, wie Schülerinnen und Schüler klassifiziert werden oder wie das Weltwissen in Fächer aufgeteilt wird (Tyack/Tobin 1994: 455 f.).

Diese in den Schulalltag eingelassenen Regulative wirken wie ein „heimlicher Lehrplan" oder wie eine „Zwangsjacke" (ebd.: 455) und sie sind ebenso wirkmächtig wie schwer zu erkennen, genau wie die Grammatik des Sprechens, die die Sprache regelt, aber sich nur zu erkennen gibt, wenn man einen (grammatikalischen) Fehler macht. Ein Leitbild, welches Handeln in der Schule lenken und gar verändern will, muss mit dem „Bodensatz" des Handelns rechnen, das hier mit der einprägsamen Metapher Grammatik veranschaulicht wird. Wer die Grammatik erkennen will, muss nach den impliziten Regeln fragen, die Handeln steuern. Und wenn sie so verborgen sind, dass man sie nicht findet, hilft nur, das Handeln quasi-experimentell zu verändern und über die üblichen Grenzen gehen; dann werden zumindest die Grenzregeln an die Oberfläche geholt.

5　　Akteure: Verlautbarte und Gebrauchs-Theorien

Die wesentlichen Akteure von Schule sind die Lehrpersonen (und zunehmend weiteres Personal, vor allem in Ganztagsschulen), die Schulleitungen (nebst Behörden) und die Schülerinnen und Schüler (nebst Eltern), wobei die hier gewählte Reihenfolge willkürlich ist. Argyris und Schön (1978) haben wir die Einsicht zu verdanken, dass den Akteuren eine Duplexstruktur ihrer handlungsleitenden Alltagstheorien bzw. mentalen Modelle zu eigen ist. Sie unterscheiden eine sogenannte Verlautbarte Theorie (espoused theory) von einer Gebrauchstheorie (theory in use).

Die Gebrauchstheorie in der von Argyris/Schön Modell I genannten Variante stellt das allgemein gebräuchliche Handlungsmodell dar; davon sind alle Akteure auch entgegen ihrer Selbsteinschätzung durch Sozialisation und kulturell-organisatorische Gegebenheiten beherrscht. Die Leitwerte dieses Modells sind auf Abschottung und Durchsetzung der jeweils eigenen Handlungsrationalität gerichtet. Die darauf aufbauenden Handlungsstrategien der Akteure sehen vor, die Verteidigung der eigenen Position, die Beurteilung der Gedanken und Aktionen anderer, die Zuschreibung von Ursachen stets auf eine Weise vorzunehmen, dass sie von anderen Menschen nicht untersucht und nicht ohne weiteres getestet werden können. Die Konsequenzen sind „defensive Routinen" wie Abwehrverhalten, Vertuschen mikropolitischer Zusammenhänge, Verteidigungsverhalten oder Prozesse, die sich selbst verriegeln.

Anspruchsvolles individuelles und organisatorisches Handeln erfordert demgegenüber das Erlernen eines anderen Handlungsmodells: Die theory in use, Modell II. Gegenüber Modell I ist dieses gekennzeichnet durch die Leitwerte relevanter Information und freier und informierter Entscheidung, damit Fehler entdeckt und korrigiert werden. Aus diesen Leitwerten folgen Aktionsstrategien, die Verteidigung, Beurteilung und Zuschreibung so anlegen, dass Andere überprüfen können, wie diese zustande kommen. Damit wird Abwehrverhalten reduziert.

Während defensive organisationale Routinen nach Modell I in einem sich selbst verstärkenden Prozess Strategien des „Überspielens" hervorbringen, ist es das Ziel von *Interventionen*, diese Systematik von Lernblockaden zu dechiffrieren und zu überwinden. Die für Modell II erforderlichen Fähigkeiten können allerdings nur durch selbstreflexive Lernprozesse erworben werden, – eben weil die stets noch wirksame Modell-I-Orientierung Dechiffrierungen beständig verhindert.

Von der Gebrauchstheorie, die das tatsächliche Handeln „steuert", ist die Verlautbarte Theorie zu unterscheiden. Dies ist die nach außen geäußerte Theorie des Handelns, die Handeln plausibilisieren oder auch legitimieren soll. Sie bewegt sich aus gesellschaftlich erwünschten Gründen gern auf der Ebene des Modells II, auch wenn das konkrete Handeln auf der Ebene des Modells I verharrt.

Ein verbreitetes Beispiel für die Doppelbödigkeit der Handlungsorientierungen ist das Selbstverständnis von Lehrpersonen, sie redeten im Unterricht wenig (Verlautbarte Theorie) und sie überließen den Schülern dafür umso mehr Redeanteile. Die Wirklichkeit (Gebrauchstheorie) zeigt demgegenüber das Gegenteil. Die Lehrpersonen unterschätzen ihren Redeanteil durchweg und zum Teil um das Mehrfache (vgl. Helmke 2009: 141 ff.).

Auch Schulleiterhandeln changiert zwischen beiden Ebenen der handlungsleitenden Theorien, auch wenn es dazu bisher kaum Untersuchungen gibt: Typischerweise überschätzen die verlautbarten Theorien von Schulleitern deren Handlungskompetenz, die Beteiligung der Lehrkräfte an Entscheidungen und die Fortschritte in der Schulentwicklung (vgl. Holtappes/Klemm/Rolff 2008). Tatsächlich haben sie wenig Handlungskompetenz, selbst wenn sie Dienstvorgesetzte sind, werden Lehrkräfte in vielen Schulen nicht oder nur wenig an Entscheidungen beteiligt und geht die Schulentwicklung gar nicht oder nur sehr mühselig voran.

Auf eine weitere Form von Duplexstruktur verweist Doris Blutner, wenn sie ein Mitgliedschaftsdilemma der Lehrer diagnostiziert, das sie für die Ursache des Umstands ausmacht, dass „aktive Veränderungsbemühungen von Schulleitern [...] kein oder nur ein sehr halbherziges Mittun der Kollegen nach sich ziehen" (Blutner 2004). In deutschen Schulen konstituiert sich das Mitgliedschaftsverhältnis von Lehrerinnen und Lehrern in der Tat auch doppelt, nämlich dienstherrlich gegenüber dem Bundesland und formal-organisatorisch gegenüber dem Schulleiter. Das Dilemma entsteht laut Blutner dadurch, „dass unterrichtsbezogene Mitgliedschaftsleistungen aufgrund fehlender Anreizinstrumente als Leistungen nur unzureichend anerkannt werden können und dass Schulleiter *zusätzliche* freiwillige Beiträge einwerben müssen, um die Verfolgung fachverbindender oder unterrichtsunabhängiger Ziele zu ermöglichen. Freiwillige Kooperationsbemühungen besitzen jedoch nur geringe Erfolgschancen […], weil Aufwand-Nutzen-Abwägungen den Einzelnen zum Trittbrettfahren verleiten" (Blutner 2004: 142) und zum Einzelkämpfer machen.

Lehrer schließen ihren Anstellungsvertrag nicht mit der Schule, sondern mit dem jeweiligen Bundesland. Das Land klärt mit dem Vertragsschluss das Mitgliedschaftsverhältnis von Lehrpersonen nahezu definitiv, während auf der anderen Seite die Abstimmung der wechselseitigen Erwartungen zwischen Schule und Lehrer unvollständig bleiben. Für die konkrete Arbeit in der Schule setzt der Stundenplan dem Lehrer die nahezu einzige Verbindlichkeit. Darüber hinausgehende Verhaltenserwartungen seitens des Schulleiters oder auch innerhalb des Lehrerkollegiums erlangen dagegen keinen verbindlichen Status. Sie sind weder Gegenstand des Vertrages zwischen Land und Lehrer noch werden sie beim Eintritt in die Schule mit der Schulleitung vereinbart. Sie erscheinen den Lehrern deshalb als „optional, freiwillig und qua Herrschaftsposition nicht durchsetzbar […]. Der Schulleiter, der ausschließlich formal-organisatorische Weisungsbefugnisse gegenüber dem Lehrer besitzt, erfährt den Lehrer als *freien Mitarbeiter*" (Blutner 2004: 149). Lehrerinnen und Lehrer verstehen sich demnach häufig eher als Mitglied einer Profession, denn als Mitglied einer Organisation, also einer Schule.

6 Edukative und administrative Prozessstruktur

Auch wenn Unterricht und Erziehung fast immer zusammenfallen, woraus die erwähnte Formel vom „erziehenden Unterricht" ihre Berechtigung zieht, finden sie doch auf unterschiedlichen Prozessebenen statt, einer edukativen und einer administrativen Ebene. Die Interaktion zwischen Lehrern und Schülern kommt weitgehend vermittelt über einen dritten Faktor zustande: über die durch Curricula gesteuerte Lehr- und Lerngegenstände. In der traditionellen Erziehungswissenschaft wird diese Dreierkonstellation als „didaktisches Dreieck" bezeichnet mit den Ecken „Lehrer", „Schüler" und „Gegenstände". In den Begriffen der Sozialisationstheorie kann das Interaktionsgefüge innerhalb des „didaktischen Dreiecks" als *edukative soziale Organisation* aufgefasst werden, also als interpersonaler Interaktionszusammenhang, der Unterricht überhaupt erst möglich macht.

Der „Idealfall" einer repressionsfreien Schule könnte dadurch definiert werden, dass die Verhaltenserwartungen von Schülern und Lehrern untereinander und gegeneinander übereinstimmen und sich zudem in Deckung mit dem Angebot an „Gegenständen" befinden. Diskrepanzen würden, sofern sie überhaupt auftreten, innerhalb dieser Dreierkonstellation geregelt: Etwa durch dialogische Abstimmung der Erwartungsdiskrepanzen, durch Änderung der „Gegenstände" oder auch durch Gruppenwechsel. In diesem idealtypischen Sozialisationsprozess sind Lehren und Lernen Akte kollektiver Selbstbestimmung, nicht außengesteuertes Rollenhandeln. Es existiert in der Schule gleichsam keinerlei Interaktion außerhalb des didaktischen Dreiecks. Dieser Idealfall wäre allerdings nur dann ideal und nicht nur eine Neuauflage der „pädagogischen Provinz", wenn auch der gesamtgesellschaftliche Interaktionsprozess gewissermaßen herrschaftsfrei verliefe.

Die heutige Schule ist von diesem „Idealzustand" weit entfernt. Typisch ist vielmehr, dass die Prozessorganisation von Konflikten und Widersprüchen gekennzeichnet ist. Ein wesentliches Konfliktpotential birgt schon die formale Unterrichtsorganisation, die ohne ein gewisses Maß an Differenzierung nicht funktionsfähig sein könnte. Denn Differenzierung ist das zentrale Organisationsprinzip zur Lösung von Problemen, die im schulischen Sozialisationsprozess durch die Heterogenität der Schülerpopulation, die unterschiedlichen Lehrerqualifikationen, die Stoffvielfalt und die selektiven Anforderungen verschiedener Ausbildungsziele und Abschlüsse entstehen. Im Zuge der Schulreform setzen sich Formen der administrativen Prozessorganisation wie äußere und flexible Differenzierung immer stärker durch. Äußere Differenzierung stellt durch die Gruppierung der Schüler in fachspezifische Leistungskurse eine merkliche Lockerung gegenüber dem herkömmlichen Stammklassenunterricht dadurch her, dass jeweils zwei bis vier Niveaukurse eingerichtet werden. Der Wechsel in einen höheren oder niederen Kurs erfolgt halb- oder dritteljährlich – und zwar fachunabhängig. Leistungsdifferenzierung, die das Erwartungsniveau erhöht, weil sie die erreichbaren Abschlüsse und damit auch die Berufschancen zu einer prinzipiell offenen Frage erklärt, verschärft allgemein die Leistungskonkurrenz – wie Wellendorf für das herkömmliche Gymnasium diagnostiziert hat. Sie ist Quelle permanenter objektiver wie subjektiver Unsicherheit der Schüler darüber, ob sie das angestrebte Schulziel (und die Zwischenziele) erreichen werden, wobei ihnen die Möglichkeit des Scheiterns am Beispiel versagender Schüler handgreiflich vor Augen geführt wird" (Wellendorf 1969: 37). Verstärkt wird dieses Konfliktfeld noch dadurch, dass die schulische Leistungsmessung sich weithin als unzuverlässig erwiesen hat. Zudem wird schulische Leistung gerade in einer stark differenzierten Unterrichtsorganisation in der Regel individuell erbracht, zumindest aber individuell bewertet. Deshalb trifft auch auf die Schule zu, was Offes allgemeine Analyse des Leistungsprinzips feststellt: „Es fungiert nicht nur als Norm, die Gleichheit gewährleistet, sondern ebenso sehr als Legitimationsprinzip, das gesellschaftliche Ungleichheit rechtfertigt; indem es den Anspruch auf soziale Gleichheit propagiert, engt es ihn ein. Es sanktioniert solche Formen der Ungleichheit, die durch individuelle Leistungen zustande gekommen sind. Insofern ist das Leistungsprinzip auch eine Norm der Ungleichheit." (Offe 1970: 43 f.) Diese Norm der Ungleichheit wird für Schüler spätestens dann unmittelbar erfahrbar, wenn die Nachfrage nach studienqualifizierenden Bildungsgängen zahlreicher wird, als Studienplätze vorhanden sind. Die Lehrer geraten in einen Rollenkonflikt: Einerseits wird, häufig im Einklang mit ihrem Selbstverständnis, von ihnen erwartet, alle Schüler so weit wie möglich edukativ zu fördern; andererseits müssen sie aufgenötigte Selektionsprozesse administrativ vollziehen.

Die Bruchstellen des schulischen Sozialisationsprozesses reproduzieren sich im Unterricht. Auch wenn jede Vermittlung von „Wissen" und „Techniken" unwillkürlich „Werte" mit vermittelt und die kognitive Struktur des Wertsystems durchaus als Wissensstoff Bestandteil des Unterrichts ist, Unterricht und Erziehung letztlich also gar nicht zu trennen sind, fallen sie im Bewusstsein der in der heutigen Schule Agierenden dennoch auseinander – zumindest wird die Erziehung nicht so bewusst und systematisch betrieben wie der Unterricht. Der Unterricht intendiert vornehmlich die Vermittlung von „Wissen" und „Techniken". Die Planung des Unterrichts ist durch das Curriculum kodifiziert: Die „Curriculumstruktur steuert den Unterricht", heißt es bei Johnson (1972: 45). Derart vorgeplante, den Unterricht steuernde Curricula verführen dazu, den Anteil des „erziehenden Unterrichts" nur verschwiegen und damit unkontrolliert stattfinden zu lassen bzw. in den Bereich der ungeplanten Lehr- und Lernprozesse zu verbannen. Die Ideologie des Unterrichts intendiert dann nur Lernergebnisse, die mit Johnson als „Wissen" und „Techniken" klassifiziert werden können. „Werte" und „soziales Lernen" haben dann nur noch instrumentelle Funktion; sie werden als Mittel eingesetzt, um Lernunwillige mehr oder weniger geschickt dennoch zu den gewünschten Lernergebnissen zu bringen. Die Erziehungsfunktion der Schule wird indes gleichsam heimlich ausgeübt („hidden curriculum") bzw. sie gerät in einen unartikulierten Widerspruch zum Unterricht. In der heutigen Lernschule findet Erziehung häufig nur dann bewusst statt, wenn Verhaltensschwierigkeiten entstanden sind, denen dann mit dem üblichen Katalog der Erziehungsmittel begegnet wird – allerdings mit schwindendem Erfolg.

Aus der Analyse des Konfliktpotentials der Prozessorganisation der Schule geht hervor, dass die Interaktion von Lehrern, Schülern und Gegenständen äußerst brüchig ist. Um Lehr- und Lernprozess angesichts dieses Konfliktpotentials dennoch aufrechtzuerhalten, wird gegenwärtig die *administrative soziale Organisation* gewissermaßen von außen her stabilisiert. Ein kunstvoll komplexes System von Gesetzen und Richtlinien, von Schulverfassungen und Schulordnungen, von Abschlussberechtigungen und Abschlussanforderungen, von Zeugnissen und Zensuren, von Strafen und Auszeichnungen, von Klassenverbänden und Stundenplänen oder von Klassen- und Vertrauenslehrern sichert gewissermaßen bürokratisch den Ablauf des Lehr- und Lernbetriebes.

7 Zukunftsperspektiven

Wenn man das Verständnis des besonderen Charakters der Schule als Organisation vertiefen will, muss man organisationale Veränderungsprozesse untersuchen. Wenn man
die Grenzen der Schule erkennen will, muss man Überschreitungsversuche studieren.
Anders ausgedrückt: Wenn das Bild einer professionellen Schule mehr als eine Vision
sein soll, muss man analysieren, unter welchen Bedingungen ein solches Modell von
Schule zu realisieren ist.

Das alles zusammengenommen verweist auf Organisationskonzepte, die seit einiger
Zeit als Organisations-Lernen thematisiert und konzeptualisiert werden. Die Grund-
idee dabei ist: Schulen sind nicht nur Lernorganisationen, d. h., die Organisation systematischer Lernprozesse, sie sind als Organisationen auch selbst zu Lernprozessen fähig
und auch dazu aufgerufen.

7.1 Individuelles Lernen und Organisations-Lernen

Das Konzept des Organisations-Lernens geht von einem scheinbaren Paradox aus: Lernen im unmittelbaren Sinne können letztlich nur Individuen, aber Individuen lernen
fast immer im Rahmen einer Organisation, die Lernen überhaupt erst ermöglicht, aber
auch behindert, deutet oder verstellt. Umgekehrt ist die Lernkapazität einer Organisation mehr als die Summe der Lernpotentiale der Mitglieder, und dennoch besteht sie
nur aus ihren Mitgliedern. Argyris/Schön haben die bisher produktivste Konzeption
des Organisations-Lernens vorgelegt (Argyris/Schön 1978: 16 ff.)

Organisations-Lernen bezieht sich nach Argyris/Schön auf das Ganze der Organisation unter der Perspektive von Lernsystemen. Lernsysteme werden komplexe Bündel
von Annahmen, Normen und Handlungsstrategien genannt, die das Lernpotential kollektiver Interaktionen repräsentieren, die einerseits also Lernen ermöglichen, andererseits aber auch selber Gegenstand von Lernprozessen – im Sinne von organisationalen
Entwicklungsprozessen – sind. Lernsysteme haben eine kognitive Seite oder Wissens-
seite: Argyris/Schön benutzen in diesem Zusammenhang den Begriff der kognitiven
Landkarten, worunter sie die von allen Mitgliedern geteilten Beschreibungen der Auf-
bau- und Ablauforganisation der Organisation verstehen. Organisations-Lernen ist insofern selbstbezogen bzw. reflexiv als die Mitglieder sich diese kognitiven Landkarten
nicht nur aneignen, sondern sie auch konstruieren, genauer: zur Konstruktion einzelner
Elemente oder auch ganzer Teile der Landkarten prinzipiell in der Lage sind. Argyris/
Schön bezeichnen diese kognitiven Landkarten als die eigentlichen „Medien des Organisations-Lernens". Es wird auch in Teams gearbeitet und gelernt. Teams sind sozusagen
die vermittelnde Ebene zwischen Individuum und Organisation.

7.2 Lernniveaus und Problemlösungskapazitäten

Beim Organisations-Lernen unterscheiden Argyris/Schön bekanntermaßen drei Niveaus, wobei sie Begriffe von Bateson benutzen:

Einfachschleifen-Lernen: Dieses funktioniert wie ein Thermostat, der Abweichungen und Fehler entdeckt und weiß, wie diese korrigiert werden können. Dabei ändert sich die Organisation nicht.

Doppelschleifen-Lernen: Hier wird die Regelung durch den Thermostat in Frage gestellt und ein neues Problemlösungssystem gesucht. Das umfasst auch die „Modifikation der Normen, Strategien und Ziele, die der Organisation zugrunde liegen" (Argyris/Schön 1978: 3), also auch die Änderung oder Abschaffung des Thermostats.

Deutero-Lernen: Hierbei handelt es sich um Meta-Lernen, um das Lernen des Lernens, um den Aufbau von Problemlösungs-Kapazitäten. Nach Argyris/Schön (1978: 26 f.) ist es vornehmlich Ziel des Organisations-Lernens, zu lernen, wie Einschleifen- und Zweischleifen-Lernen adäquat ausgeführt wird, welches der Kontext von Lernprozessen ist und wie man ihn erweitern kann, vor allem durch Abbau von Lernbarrieren.

Eine interessante Frage ist in diesem Zusammenhang, ob ein einzelner Lehrer überhaupt in der Lage sein kann, das Niveau des Einschleifen-Lernens zu überschreiten oder ob es dazu nicht der teamartigen Kooperation mit Kollegen bedarf. Wir neigen in der Tat zu dieser Annahme. So haben wir in unserer Veröffentlichung über das „Institutionelle Schulentwicklungs-Programm" (Dalin/Rolff 1990) ebenfalls drei Stadien der Entwicklung (von Schulen) unterschieden, die man fraglos als Niveaus des Organisations-Lernens begreifen kann:

Die *fragmentierte Schule*, bei der es wohl gefügeartige, aber keine teamartige Kooperation gibt und auch kein gemeinsames Zielsystem und keine allen bewusste Organisationskultur.

Die *Projekt-Schule*, bei der etliche, vielleicht auch viele Lehrer sich zu Projektteams organisiert haben, in diesen auch Neues lernen und die Organisation auch mit Lernpotential anreichern. Indem sie die Projekte aber nicht aufeinander beziehen, verschenken sie Synergie-Effekte und Meta-Lernen.

Meta-Lernen institutionalisiert die *Problemlöse-Schule*, die das Organisations-Lernen und damit auch die Schulentwicklung selbst zum Lerngegenstand macht. In der Problemlöse-Schule drückt sich Organisations-Lernen aus in Veränderungen der Aufbau- und Ablauforganisation und damit in Veränderungen der Organisations-Struktur und -Kultur und außerdem in Weiterentwicklungen der kognitiven Landkarten der Organisationsmitglieder.

Man könnte auch bündig formulieren, dass es beim Organisations-Lernen letztlich um die Erhöhung von Problemlösungskapazitäten geht.

7.3 Fazit

Durch die Analyse der Schule als soziale Organisation zog sich durchgängig eine Duplexstruktur von der Funktionsbestimmung der Schule über Struktur- und Kultur-
analysen der Schule als Organisation bis zu den handlungsleitenden Theorien der
Hauptakteure und einer doppelgesichtigen Prozessorganisation. Aufgabe der Organisationsanalyse ist es, diese Duplexstruktur zu konkretisieren und Aufgabe der Organisationsentwicklung ist, sie zu bearbeiten und wo nötig aufzulösen.

Literaturhinweise

Argyris, Chris (1997): Wissen in Aktion. Stuttgart: Klett.
Argyris, Chris/Schön, Donald (1978).: Organizational Learning. Reading Mass. München: Ad-
    dison-Wesley.
Baumert, Jürgen u. a. (2001): PISA 2000. Opladen: Leske und Budrich.
Blutner, Doris (2004): Führungskompetenz im Mitgliedschaftsdilemma. In: Böttcher,Wolfgang/
    Terhart, Erhard (Hrsg): Organisationstheorie in pädagogischen Feldern. Wiesbaden: VS.
Dalin, Per/Rolff, Hans-Günter (1990): Institutionelles Schulentwicklungs- Programm. Soest:
    Verlagskontor.
Fend, Helmut (1986): Die Einzelschule als Gestaltungseinheit. In: Zeitschrift für Pädagogik, H. 41.
Helmke, Andreas (2009): Unterrichtsqualität und Lehrerprofessionalität. Seelze: Klett/Kallmeyer.
Herbart, Johann-Friedrich (1976): Ausgewählte Schriften zur Pädagogik. Berlin: 1806 .
Holtappels, Heinz-Günter/Klemm, Klaus/Rolff, Hans-Günter (Hrsg) (2008): Schulentwicklung
    durch Gestaltungsautonomie. Münster: Waxmann.
Johnson, Marc (1971): Definitionen und Modelle in der Curriculumtheoerie. In: Achtenhagen,
    Frank/Meyer, Hilbert (Hrsg.) (1971): Curriculumrevision. München: Kösel.
Lortie, Dan C. (1975): Schoolteachers. A sociological Study: Chicago: University Press.
Luhmann, Niklas/Schorr, Karl-Eberhard (1979): Das Technologiedefizit der Erziehung und die
    Pädagogik. In: Zeitschrift für Pädagogik, Jg. 25, H. 3, S. 345–366.
Mintzberg, Herbert (1992): Die Mintzberg-Struktur. Landsberg: verlag moderne industrie.
Nohl, Hermann (1935): Die pädagogische Bewegung in Deutschland und ihre Theorie. Frankfurt
    am Main: Schulte-Bulmke.
Offe, Claus (1970): Leistungsprinzip und industrielle Arbeit. Frankfurt am Main: Europäische
    Verlagsanstalt.
Parsons, Talcott (1968): Die Schulklasse als soziales System. In: ders.: Sozialstruktur und Persön-
    lichkeit. Frankfurt: Europäische Verlagsanstalt.
Popitz, Heinrich, Bahrdt, Hans Paul (1964): Technik und Industriearbeit. Tübingen: Siebeck &
    Mohr.
Tobin, David/Tyack, William (1994): The „Grammar of Schooling." In: American Educational
    Research Journal 3, 31.
Weick, Karl E. (1985): Der Prozess des Organisierens. Frankfurt am Main: Suhrkamp.
Wellendorf, Franz (1969): Zur Situation des höheren Schülers in Familie und Schule. In: Liebel,
    Manfred/Wellendorf, Franz (Hrsg.) (1969): Schülerselbstbefreiung. Frankfurt am Main:
    Suhrkamp.
Wulf, Christoph u. a. (2004): Bildung im Ritual: Schule, Familie, Jugend, Medien. Wiesbaden:
    VS Verlag.

Autorinnen und Autoren

Abels, Heinz, Jg. 1943, Dr. Dr., em. Univ.-Prof., Institut für Soziologie, FernUniversität Hagen. Arbeitsschwerpunkte: Soziologische Theorien, Identität, Interaktion, Ethnomethodologie, Wirklichkeit, Wissen, Sozialisation. Kontakt: heinz.abels@fernuni-hagen.de

Bauer, Ullrich, Jg. 1971, Dr. PH, Soziologie (M. A.), Prof. für Sozialisationsforschung an der Universität Duisburg-Essen, Fakultät für Bildungswissenschaften, Arbeitsschwerpunkte: Sozialisation, Ungleichheit, Bildung, Gesundheit, Sozialreformen. Kontakt: ullrich.bauer@uni-due.de.

Bittlingmayer, Uwe H., Jg. 1970, Dr. phil, Prof. für Soziologie mit Schwerpunkt Bildungsforschung am Institut für Soziologie der Pädagogischen Hochschule Freiburg. Arbeitsschwerpunkte: empirische Bildungs-, Ungleichheits- und Gesundheitsforschung; Soziologie Pierre Bourdieus, Kritische Theorie, Gesellschaftstheorie und Zeitdiagnose, politische Bildung. Kontakt: uwe.bittlingmayer@ph-freiburg.de.

Bos, Wilfried, Jg. 1953, Dr., Prof. für Bildungsforschung und Qualitätssicherung und Direktor des Instituts für Schulentwicklungsforschung an der TU Dortmund. Arbeitsschwerpunkte: Internationale und nationale Bildungsforschung (u. a. IGLU, TIMSS & KESS), Empirische Forschungsmethoden, pädagogische Chinaforschung, Qualitätssicherung im Bildungswesen, Evaluation und Begleitforschung zum Ganztagsgymnasium NRW, sowie regionalen Netzwerken und Bildungsberichterstattung. Kontakt: officebos@ifs.tu-dortmund.de.

Braches-Chyrek, Rita, Jg. 1968, Dr. rer. soc., wiss. Mitarbeiterin der Bergischen Universität Wuppertal, Fachbereich G (Sozialpädagogik), Promotionskolleg Kinder und Kindheiten im Spannungsfeld gesellschaftlicher Modernisierungen und Forschungszentrum Kindheiten. Gesellschaften. Arbeitsschwerpunkte: Geschichte und Theorie Sozialer Arbeit, Kindheitsforschung, Geschlechterforschung. Kontakt: braches@uni-wuppertal.de.

Breidenstein, Georg, Dr. phil. habil., Prof. für Erziehungswissenschaft an der Martin-Luther-Universität Halle-Wittenberg, Institut für Schulpädagogik und Grundschuldidaktik, Arbeitsschwerpunkte: Soziologie der Kindheit, Schul- und Unterrichtsforschung, Methoden und Methodologie Qualitativer Sozialforschung. Kontakt: georg.breidenstein@paedagogik.uni-halle.de.

Bremer, Helmut, Jg. 1959, Dr. phil., Dipl-Sozialwiss., Prof. für Erwachsenenbildung/Politische Bildung an der Universität Duisburg-Essen, Fakultät für Bildungswissenschaften. Arbeitsschwerpunkte: Politische Bildung und Sozialisation, soziale Ungleichheit und Bildung, Milieu- und Habitusforschung und ihre Methoden. Kontakt: helmut.bremer@uni-due.de.

Brosziewski, Achim, Jg. 1961, Dr. oec. habil., Diplom-Volkswirt sozialwissenschaftlicher Richtung, Prof. für Bildungsforschung an der Pädagogischen Hochschule Thurgau. Arbeitsschwerpunkte: Bildungs- und Mediensoziologie, Organisationssoziologie, Kommunikationstheorie. Kontakt: achim.brosziewski@phtg.ch.

Choi, Frauke, Dr. phil., Geschäftsführerin des Zentrums für Bildungs- und Hochschulforschung der Uni Mainz. Arbeitsschwerpunkte: Bildung und soziale Ungleichheit, Schulentwicklung und Evaluation. Kontakt: frauke.choi@uni-mainz.de.

Coelen, Thomas, Jg. 1966, Dr. phil. habil, Prof. für Erziehungswissenschaft an der Universität Siegen, Fakultät „Bildung-Architektur-Künste". Arbeitsschwerpunkte: Ganztagsbildung (im internationalen Vergleich), Jugendbildung, Pädagogik und Architektur. Kontakt: coelen@erz-wiss.uni-siegen.de.

Dirks, Sebastian, Sozialwissenschaftler, lebt und arbeitet in Hamburg. Arbeitsschwerpunkte: Kritische Gemeinwesenarbeit, Urbane Raum(re)produktion, Gender- und Migrationspädagogik. Kontakt: sebastian.dirks@alice.de.

Dobischat, Rolf, Jg. 1950, Dr. rer.pol. phil. habil., Dipl.-Hdl., Dipl.-Soz., Prof. für Wirtschaftspädagogik mit dem Schwerpunkt Berufliche Aus- und Weiterbildung an der Universität Duisburg-Essen, Fakultät für Bildungswissenschaften, Institut für Berufs- und Weiterbildung (IBW). Arbeitsschwerpunkte: Berufsbildungs-, Regional- und betriebliche Weiterbildungsforschung. Kontakt: rolf.dobischat@uni-due.de.

Dollinger, Bernd, Jg. 1974, Dr. phil., Prof. für Soziale Arbeit und Sozialpädagogik an der Universität Siegen. Arbeitsschwerpunkte: interdisziplinäre Jugendkriminalitätsforschung, Schulsozialarbeit, Suchtforschung, Theorie der Sozialen Arbeit. Kontakt: dollinger@fb2.uni-siegen.de.

Gerdes, Jürgen, Jg. 1957, Dipl.-Politikwissenschaftler, Wissenschaftlicher Mitarbeiter an der Pädagogischen Hochschule Freiburg, Institut für Soziologie. Arbeitsschwerpunkte: Politische Theorie, Politische Bildung, Staatsbürgerschaft, Gerechtigkeit, Sozialstaat, Migration, Integration. Kontakt: juergen.gerdes@ph-freiburg.de.

Geulen, Dieter, Jg. 1938, Dr. phil. (Psychologie), Dipl.-Soz., Prof. (i. R.) für allgemeine Erziehungswissenschaft am Fachbereich Erziehungswissenschaft und Psychologie der Freien Universität Berlin. Arbeitsschwerpunkte: Sozialisationstheorie, Geschichte der Sozialisationsforschung, Theorie des sozialen Handelns, sozial-kognitive Entwicklung. Kontakt: dieter.geulen@web.de.

Gürlevik, Aydin, Jg. 1980, Wissenschaftlicher Mitarbeiter im Arbeitsbereich Bildung und Sozialisation am Fachbereich Erziehungs- und Bildungswissenschaften der Universität Bremen. Arbeitsschwerpunkte: Bildungs- und Sozialisationsforschung mit besonderem Fokus auf Bildungsentscheidungen und Übergänge im staatlichen wie privatem Schulsystem. Kontakt: guerlevik@uni-bremen.de.

Hafeneger, Benno, Jg. 1948, Dr. phil., Prof. für Außerschulische Jugendbildung an der Philipps-Universität Marburg, Institut für Erziehungswissenschaft. Arbeitsschwerpunkte: Jugendforschung, Bildung der jungen Generation, Jugend und Rechtsextremismus. Kontakt: benno.hafeneger@staff.uni-marburg.de.

Hartung, Susanne, Jg. 1977, Gesundheitswissenschaftlerin und Diplom-Soziologin, wissenschaftliche Mitarbeiterin in der Forschungsgruppe Public Health am Wissenschaftszentrum Berlin für Sozialforschung. Arbeitsschwerpunkte: Ungleichheit, Partizipation, Gesundheit, Sozialkapital, soziale Netzwerke, Elternarbeit und Elternbildung. Kontakt: hartung@wzb.eu.

Hasse, Raimund, Jg. 1962, Dr. rer soc., Dipl.-Soz., Prof. für Soziologie: Organisation und Wissen an der Universität Luzern. Arbeitsschwerpunkte: Organisation und Innovation, Organisation und Ungleichheit, neo-institutionalistische Theorie. Kontakt: raimund.hasse@unilu.ch.

Heinemann, Lars, Jg. 1965, Dr. phil, M. A., wissenschaftlicher Mitarbeiter in der Forschungsgruppe Berufsbildungsforschung an der Universität Bremen. Arbeitsschwerpunkte: Berufsbildungsforschung, Kritische Theorie, Soziologie Max Webers, Ethnizitätsforschung. Kontakt: lheine@uni-bremen.de.

Heyer, Robert, Jg. 1983, Wissenschaftlicher Mitarbeiter im Arbeitsbereich Bildung und Sozialisation am Fachbereich Erziehungs- und Bildungswissenschaften der Universität Bremen. Arbeitsschwerpunkte: Bildungs- und Sozialisationsforschung sowie Jugendforschung mit besonderem Fokus auf Sozialisation durch Musik. Kontakt: rheyer@uni-bremen.de.

Helsper, Werner, Jg. 1953, Dr. phil., Prof. für Schulforschung und Allgemeine Didaktik am Institut für Schulpädagogik und Grundschuldidaktik der Universität Halle-Witten-

berg, Arbeitsschwerpunkte: Theorie der Schule und der Schulkultur, Jugend- und Schulforschung, Professionstheorie, Qualitative Forschungsmethoden. Kontakt: werner.hel-
sper@paedagogik.uni-halle.de.

Hillebrandt, Frank, Jg. 1966, Dr. phil., Prof. für Allgemeine Soziologie und Soziologische
Theorie an der FernUniversität in Hagen. Arbeitsschwerpunkte: Soziologische Theo-
rie, Kultur-, Wirtschafts- und Techniksoziologie, Soziologische Zeitdiagnose. Kontakt:
Frank.Hillebrandt@fernuni-hagen.de.

Höhne, Thomas, Jg. 1962, Prof. für Allgemeine Erziehungswissenschaft an der PH Freiburg. Arbeitsschwerpunkte: Bildungs- und Wissensforschung, Veränderungen bildungspolitischer Steuerung, Politische Ökonomie der Bildung, Bildung und soziale Ungleichheit, Diskursanalyse und qualitative Forschung. Kontakt: thomas.hoehne@ph-freiburg.
de.

Hoffmeister, Dieter, Jg. 1950, Prof. Dr. phil. am Institut für Soziologie der Universität
Münster. Arbeitsschwerpunkte: Familien- und Jugendsoziologie, Bildungssoziologie
und Ungleichheitsforschung, Kontakt: hoffmed@uni-meunster.de.

Hormel, Ulrike, Jg. 1968, Dr. paed., vertritt derzeit eine Professur für Interkulturelle Pädagogik an der Universität Osnabrück. Arbeitsschwerpunkte: Migrationspädagogik, Dis-
kriminierungs- und Intersektionalitätsforschung. Kontakt: hormel@ph-freiburg.de.

Kessl, Fabian, Jg. 1971, Erziehungs- und Politikwissenschaftler, Prof. für Theorie und Methoden der Sozialen Arbeit, Universität Duisburg-Essen, Fakultät für Bildungswissenschaften. Arbeitsschwerpunkte: Wohlfahrtsstaatliche Transformationsforschung, Machtanalyse, Theorie Sozialer Arbeit, Urbane Raum(re)produktion. Kontakt: fabian.kessl@
uni-due.de.

Klein, Esther Dominique, Jg. 1982, Anglistik, Sozialwissenschaften, Erziehungswissenschaft (Staatsexamen), wissenschaftliche Mitarbeiterin in der Arbeitsgruppe Bildungsforschung sowie Mitglied des DFG-Graduiertenkollegs „Naturwissenschaftlicher Unterricht" an der Universität Duisburg-Essen; Arbeitsschwerpunkte: International vergleichende Erziehungswissenschaft, Steuerung von Schule. Kontakt: dominique.klein@
uni-duisburg-essen.de.

Kohlrausch, Bettina, Jg. 1976, Dr. rer. pol, Soziologie (M. A.), wissenschaftliche Mitarbeiterin am Soziologischen Forschungsinstitut Göttingen (SOFI). Arbeitschwerpunkte:
International vergleichende Berufsbildungsforschung, Übergänge von Schule in Arbeit
gering qualifizierter Jugendlicher, Lebenslaufforschung. Kontakt: bettina.kohlrausch@
sofi.uni-goettingen.de.

Konietzka, Dirk, Jg. 1966, Dr. phil., Prof. für Allgemeine Soziologie, Sozialstrukturana-lyse und empirische Sozialforschung am Institut für Soziologie der TU Braunschweig. Arbeitsschwerpunkte: Transitionsforschung, Arbeits- und Berufssoziologie, Analyse so-zialen Wandels, Sozialstrukturanalyse. Kontakt: d.konietzka@tu-bs.de.

Lange-Vester, Andrea, Jg. 1961, Dr. phil., Deutsche Sprachwissenschaft/Politische Wis-senschaft (M. A.), Vertretungsprofessorin Theorie der Sozialisation und Erziehung an der Fakultät für Pädagogik der Universität der Bundeswehr München. Arbeitsschwer-punkte: Habitus- und Milieuforschung und ihre Methoden, Bildungssoziologie, Sozial-struktur und soziale Ungleichheit, Interkulturelle Bildung. Kontakt: a.lange-vester@ha-bitus-und-milieu.de.

Lauterbach, Wolfgang, Jg., 1960, Dr. phil., Prof. für sozialwissenschaftliche Bildungsfor-schung am Departement Erziehungswissenschaften der Universität Potsdam. Arbeits-schwerpunkte: Bildungs- und Familiensoziologie, Bildungsübergänge, Bildungs- und Migrationsforschung, Sozialstrukturanalyse, Reichtums- und Vermögensforschung. Kontakt: wolfgang.lauterbach@uni-potsdam.de.

Mick, Carola, Jg. 1980, Dr. phil., Romanistik/VWL (Diplom), Dozentin für Allgemeine Linguistik an der Universität Paris V (René Descartes), Zentrum für Bevölkerungs- und Entwicklungsforschung (CEPED). Arbeitsschwerpunkte: Migrations- und Bildungsfor-schung, Soziolinguistik und Diskursanalyse. Kontakt: mickcarola@yahoo.es.

Niermann, Debora, Jg. 1984, M. A., Sozialpädagogin, wissenschaftliche Mitarbeiterin am Institut für Soziologie der PH Freiburg. Arbeitsschwerpunkte: rekonstruktive Metho-den, Migrations- und Familiensoziologie, Geschlechterforschung. Kontakt: debora.nier-mann@ph-freiburg.de.

Nohl, Arnd-Michael, Jg. 1968, Dr. phil., Dr. phil. habil, Erziehungswissenschaftler (M. A.), Prof. für Erziehungswissenschaft, insbesondere systematische Pädagogik, an der Hel-mut-Schmidt-Universität/Universität der Bundeswehr, Hamburg. Arbeitsschwerpunkte: Allgemeine und interkulturelle Pädagogik, qualitative Methoden, Bildungs- und Migra-tionsforschung. Kontakt: nohl@hsu-hh.de.

Palentien, Christian, Jg. 1969, Dr. phil. habil., Diplom-Pädagoge, Prof. für Bildungs- und Sozialisationsforschung und Leiter des Arbeitsbereichs Bildung und Sozialisation am Fachbereich Erziehungs- und Bildungswissenschaften der Universität Bremen. Arbeits-schwerpunkte: Sozialisations- und Bildungsforschung, Kindheits-, Jugend- und Ar-mutsforschung. Kontakt: palentien@uni-bremen.de.

Pfahl, Lisa, Jg. 1975, Dr. phil., Diplom-Soziologin, Leiterin der Forschungsstelle Inklusion an der Universität Bremen, Fachbereich Bildungs- und Erziehungswissenschaften, Arbeitsschwerpunkte: Wissen, Soziale Ungleichheit, Disability Studies, Inklusion in Schule und Beruf. Zurzeit Vertretungsprofessorin für Inklusive Pädagogik an der Universität Bremen. Kontakt: pfahl@uni-bremen.de.

Powell, Justin J. W., Jg. 1970, Dr. phil. (Soziologie), Projektleiter am Wissenschaftszentrum Berlin für Sozialforschung, z. Zt. Vertretungsprofessor für Bildungssoziologie an der Universität Hannover. Arbeitsschwerpunkte: Bildung und Ausbildung, Ungleichheit, Disability Studies. Kontakt: powell@wzb.eu.

Rolff, Hans-Günter, Jg. 1939, emeritierter Prof. für Bildungsforschung am „Institut für Schulentwicklungsforschung" der TU Dortmund, wissenschaftlicher Leiter der „Dortmunder Akademie für Pädagogische Führungskräfte" und wissenschaftlicher Leiter des Fernstudienganges „Schulmanagement" der TU-Kaiserslautern. Arbeitsgebiete: Organisationsanalyse und Organisationsentwicklung, Qualitätsmanagement und Evaluation, Schulentwicklung sowie Sozialisation. Kontakt: rolff@ifs.uni-dortmund.de.

Scherr, Albert, Jg. 1958, Dr. phil., Diplom-Soziologe, Prof. für allgemeine Soziologie am Institut für Soziologie an der Pädagogischen Hochschule Freiburg. Arbeitsschwerpunkte: Bildungs- und Erziehungssoziologie, Diskriminierungsforschung, Jugendforschung, Soziologie der Sozialen Arbeit. Kontakt: scherr@ph-freiburg.de.

Schmidt, Lucia, Jg. 1961, Dr. rer soc., Dipl.-Soz., wissenschaftliche Mitarbeiterin am Soziologischen Seminar der Universität Luzern. Arbeitsschwerpunkte: Soziologie sozialer Probleme, Medikalisierung. Kontakt: lucia.schmidt@unilu.ch.

Schnabel, Peter-Ernst, Jg. 1943, Dr. phil., Soziologe, Prof. a. D. an der Universität Bielefeld und ehemaliger wissenschaftlicher Mitarbeiter der Fakultät für Gesundheitswissenschaften (Arbeitsgruppe: Prävention und Gesundheitsförderung). Arbeitsschwerpunkte: Wissenschaftstheorie und -geschichte, Sozialisations-, Gesundheits- und Kommunikationsforschung, Theorie und Praxis der Gesundheitsförderung. Kontakt: peter-ernst. schnabel@uni-bielefeld.de.

Schurgatz, Robert, Jg. 1981, Dipl.-Päd., wissenschaftlicher Mitarbeiter am Fachgebiet Wirtschaftspädagogik mit dem Schwerpunkt Berufliche Aus- und Weiterbildung an der Universität Duisburg-Essen, Fakultät für Bildungswissenschaften, Institut für Berufs- und Weiterbildung (IBW). Arbeitsschwerpunkte: Betriebliche Weiterbildungsforschung, sozialwissenschaftliche Diskursanalyse, Übergänge in der beruflichen Bildung. Kontakt: robert.schurgatz@freenet.de.

Stocké, Volker, Jg. 1966, Dr. phil., Diplom-Soziologe, Prof. für Soziologie mit dem Schwerpunkt längsschnittliche Bildungsforschung an der Otto-Friedrich-Universität Bamberg. Arbeitsschwerpunkte: Bildungssoziologie, quantitative Forschungsmethoden, soziologische Theorien, Arbeitsmarktsoziologie. Kontakt: volker.stocke@uni-bamberg. de.

Stroß, Annette Miriam, Dr. phil. habil., M. A., Jg. 1962, Prof. für Allgemeine Erziehungswissenschaft mit dem Schwerpunkt Gesundheitspädagogik an der Pädagogischen Hochschule Karlsruhe. Ihre Arbeitsschwerpunkte sind Bildungs- und Erziehungstheorien, pädagogische Wissenschaftsgeschichte, Gesundheitserziehung/-wissenschaften, Qualitätssicherung in der Erziehungswissenschaft. Kontakt: annette.stross@ph-karlsruhe.de.

Sünker, Heinz, Jg. 1948, Dr. phil., M. A., Prof. für Sozialpädagogik und Sozialpolitik an der Bergischen Universität Wuppertal, FB Bildungs- und Sozialwissenschaften. Arbeitsschwerpunkte: Kritische Gesellschafts- und Bildungstheorie, Theorie und Geschichte Sozialer Arbeit, Nationalsozialismus und Widerstand, Kindheits- und Jugendforschung, Kinder- und Jugendhilfe, politische Sozialisationsforschung. Kontakt: suenker@uni-wuppertal.de.

Tarelli, Irmela, Jg. 1979, Dipl. Päd., ist wissenschaftliche Mitarbeiterin am Institut für Schulentwicklungsforschung der TU Dortmund und Projektleiterin der Internationalen Grundschul-Lese-Untersuchung (IGLU/PIRLS 2011). Aktuelle Arbeitsschwerpunkte: International vergleichende Schulleistungsforschung (Grundschule); Lesesozialisation im Elternhaus. Kontakt: tarelli@ifs.tu-dortmund.de.

Teiwes-Kügler, Christel, Jg. 1955, Dipl.-Sozialwissenschaftlerin, wissenschaftliche Mitarbeiterin am Institut für Berufs- und Weiterbildung der Universität Duisburg-Essen, Fachgebiet Erwachsenenbildung/Politische Bildung. Arbeitsschwerpunkte: Bildung u. soziale Ungleichheit, Theorie und Methoden der typenbildenden Habitus- u. Milieuanalyse, politische Bildung und interessenpolitische Orientierungen. Kontakt: christel.teiwes-kuegler@uni-due.de.

Tyagunova, Tanja, Jg. 1978, M. A., Doktorandin am Institut für Schulpädagogik und Grundschuldidaktik, Zentrum für Schul- und Bildungsforschung, Martin-Luther-Universität Halle-Wittenberg. Arbeitsschwerpunkte: Ethnomethodologie, Konversationsanalyse, Kommunikations- und Interaktionspraktiken in der Schule und Hochschule. Kontakt: tanya.tyagunova@gmail.com.

van Ackeren, Isabell, Jg. 1974, Dr. phil., Biologie, Germanistik, Erziehungswissenschaft (Staatsexamen), Prof. für Erziehungswissenschaft mit dem Schwerpunkt Bildungssystem- und Schulentwicklungsforschung an der Universität Duisburg-Essen, Fakultät für

Bildungswissenschaften, AG Bildungsforschung. Arbeitsschwerpunkte: Vergleichende Erziehungswissenschaft, Steuerung im Bildungswesen, Schulentwicklungsforschung. Kontakt: isabell.van-ackeren@uni-due.de.

von Rosenberg, Florian, Jg. 1980, Dr. phil., Diplom Pädagoge, Mitarbeiter an der Professur für Erziehungswissenschaft an der Helmut-Schmidt Universität Hamburg. Arbeitsschwerpunkte: Bildungstheorie und Bildungsforschung, Jugend- und Schulforschung, Methoden der rekonstruktiven Sozialforschung. Kontakt: fvr@hsu-hh.de.

Veith, Hermann, Jg. 1960, Dr. phil., MA Erziehungswissenschaft, Prof. für Pädagogik und Sozialisationsforschung am Pädagogischen Seminar der Universität Göttingen. Arbeitsschwerpunkte: Sozialisation, Schule und Schulentwicklung. hveith@gwdg.de.

Wendt, Heike, Jg. 1983, Dipl. Päd., wissenschaftliche Mitarbeiterin am Institut für Schule, Entwicklungsforschung der Technischen Universität Dortmund und Projektleiterin der Studie „Trends in International Mathematics and Science Study (TIMSS) 2011 Grundschule". Aktuelle Arbeitsschwerpunkte: International Vergleichende Erziehungswissenschaft, Schulleistungsmessung, pädagogische Südafrikaforschung und Verfahren zur Erfassung von Schülerkomposition. Kontakt: wendt@ifs.tu-dortmund.de

Ziegler, Holger, Jg. 1974, Dr. phil., Erziehungswissenschaftler M. A., Prof. für Soziale Arbeit an der Fakultät für Erziehungswissenschaft, Universität Bielefeld. Arbeitsschwerpunkte: Jugendhilfe, Gerechtigkeit, Ungleichheit, Wirkungsforschung. Kontakt: holger.ziegler@uni-bielefeld.de.